域外漢籍珍本文庫編纂出版委員會

域外漢籍珍本文庫

第一輯

史部

西南師範大學出版社
人民出版社

中國社會科學院中國歷史研究所

中國人民大學國學院

主持編纂

域外漢籍珍本文庫編纂出版委員會

漢籍之路

——《域外漢籍珍本文庫》序言

中國歷史上的對外文化交流有兩條道路：一條是絲綢之路，傳播中國的物質文化；一條是漢籍之路，傳播中國的精神文化。

絲綢之路主要是中外物質文化交流的道路，這是舉世公認的。絲綢之路（silkroad）的概念，是十九世紀後期由德國學者提出的。各國研究者接受了這一概念，並習慣用它來解釋古代中外文化交流的歷史。但是，現在看來，這一概念有一定的局限。首先，中外文化交流不僅僅是物質互換，還有精神的溝通。絲綢之路概念的緣起，是對東西方商貿交流的研究，對精神文化的關注稍顯薄弱。其次，中外交流不完全是中國與西方的交流，也包括與東方其他各國的交流。儘管到了今天，絲綢之路的概念經過開拓，形成沙漠絲路、草原絲路、海上絲路三個部分，可是仍然無法包容中国與東亞、東南亞諸國交流的內容。再次，中外文化交流與經濟商貿交流的線路，也不完全相同，在歷史時間上也有較大的差異。所有這些，便是我們提出漢籍之路（bookroad）的原因。

漢籍是中國精神文化的載體，漢籍之路是中外精神文化交流的道路。沿著漢籍傳播的軌跡，尋找中外精神文化交流的道路，應該是當代學者和出版人的責任。這些年，有志於此的學者，做了很多工作；有的學者就提出用書籍之路的概念，來研究中日文化交流。但是仔細想來，書籍之路的提法不如漢籍之路明確，探究的範圍也不應該局限在兩國之間，應該把漢籍之路作為打開古代中外精神文化交流史的鑰匙。

漢籍之路的概念發萌於《域外漢籍珍本文庫》叢書的編纂工作。在海外漢籍的版本調查、珍稀文獻的收集整理過程中，我們逐漸認識到漢籍文獻流傳海外的一些特點。一般來說，漢字文化是中國民族文化的結晶，浸潤了東亞與東南亞文化圈。在古代，漢籍的傳播是主動的、發散性的；傳播的途徑點面結合。在近代，漢籍的傳播是被動的、線性的，珍貴的文獻被不平等交易或戰爭掠奪到海外。毫無疑問，漢籍傳播的形式與道路，無法與傳統意義上的絲綢之路重合，而這方面的工作又是研究中外文化交流的主要内容。這樣，突破絲綢之路的傳統思路，構建研究中國文化傳播與交流新的理論模式，也就成為必然要求。絲綢之路是一條商貿的道路，漢籍之路是一條文化的道路。區别這兩條道路，對於釐清我們概念的誤會，拓展研究的視野，將會有一定的意義。當然，這還有待於學術界的研究，有待於學者們的認同，有待於我們更多的共識。

《域外漢籍珍本文庫》叢書是國家『十一五』重大文化出版工程項目，寫入《國家『十一五』文化發展綱要》之中。域外漢籍珍本是指國外圖書館、研究機構和個人收藏的、國内不見或少見的漢文古籍文獻，内容有三：其一指我國歷史上流失到海外的漢文著述；其二指域外翻刻、整理、注釋的漢文著作（如和刻本、高麗刻本、安南刻本等）；其三指原採用漢字的國家與地區學人用漢文撰寫的、與漢文化有關的著述。這些文獻内容豐富，涉及中國經學、史學、佛學、道學、民間宗教、通關檔案、傳記、文學、政制、雜記等各個方面，彌足珍貴，是研究中國傳統文化的重要資料，是研究中外文化交流的核心資料，同時是研究歷史上東亞漢語言文化圈的基本資料，是中華文化的珍貴遺產。

胡錦濤同志在黨的十七大報告中，強調了『做好文化典籍整理工作』對『弘揚中華文化，建設中華民族共有精神家園』的重要性。當前，隨著我國經濟的迅速發展，我國政府與民間有多個斥重金回購流失文物的舉措，但是對佚散海外的漢文古籍的回購、複製、整理工作重視並不夠。域外漢籍珍本是中華文化的寶貴財富，更應該引起我們的重視。

《域外漢籍珍本文庫》叢書計劃出版一套影印古籍，共計八百本，囊括兩千餘種珍稀典籍，應該是當代中國最輝煌的出版工程之一。從某種意義上說，對流失國外珍稀文獻的搜尋整理，不是一項簡單的文化活動，更主要的目的是通過這項活動，妥善保存中華文化遺產，豐富中華文化內涵，熔鑄中華文化精神，從而強化中華民族的尊嚴，提升國家的形象。同時，佚散在海外的漢籍文獻，由於各個國家重視程度的不同、保護手段的差異，文獻的品相也各有不同，因此，儘快地刊印無法再生的域外漢籍珍本，應該是迫在眉睫的重大出版任務。

改革開放以來，我國對外交往日益頻繁，與許許多多國家互結友好，以漢字為特質的中華文化也得到世界各國文化學術界的重視，整理域外漢籍不僅是國內學者的呼籲，也是國外學者的倡議。在這種良好的條件下，我們經過反復論證，決定在學界鼎力襄助下，編纂出版《域外漢籍珍本文庫》，以留下前人超越時空的智慧和豐富多彩的文化典籍。

毋庸諱言，《域外漢籍珍本文庫》叢書的編纂，也將給中外文化交流史研究積累豐富的學術資料，給漢籍之路的理論注入更深厚的文化內涵，流失在海外的漢文古籍便是『漢籍之路』閃亮的標識。我國的出版工作者應該弘揚漢籍之路理論，推動漢籍收集出版工作，使中華文化的價值進一步得到世界的認同。

《域外漢籍珍本文庫》資料搜集與編纂已進行多年，版本調查、編目、複製、出版等各項工作進展有序。作爲成果的《文庫》將由西南師範大學出版社、人民出版社共同出版。今年，本叢書第一輯將與學者、讀者見面，特應編者與出版者之邀而為序，茲綴數語，以表心志。

柳斌杰

戊子仲秋

編纂凡例

甲　本叢書所收著作為海內外各機構或個人收藏之域外漢籍善本、孤本、稀見本。

乙　本叢書收書，大致包含三類：

一、中國歷史上流失到海外的漢文著述。

二、域外鈔錄、翻刻、整理、注釋的漢文著作（如和刻本、高麗刻本、安南刻本等）。

三、原採用漢字的國家與地區學人用漢文撰寫的、與漢文化有關的著述。

此外，近數百年來歐美來華傳教士用漢字或雙語撰寫的、與漢文化有關的著述，作爲附類也酌情收入。

丙　漢籍域外刻本、鈔本與域外漢文著作常帶有其本民族語言符號，如和刻本中常有日文訓讀標記，高麗刻本、安南刻本也有類似或其他標記。這類刻本因其記錄了漢籍全文或片斷，間接地反映漢籍古貌，故有其獨到版本價值，茲一併納入叢書之中。

丁　本叢書均為影印，原版舛誤，均不修飾，以存其真。

戊　本叢書均製成上下欄之統一格式，簡約版面，便宜閱讀。

己　本叢書按四部分類法，分爲經、史、子、集四部，各部之下再分數類，同類文獻均按作者生年編次。作者年代無可考者置於年代可考者之後。此外，各類若有域外學人漢文著述，則統一置於最後，亦按作者生年編次。

庚　本叢書所收每種古籍，均撰寫提要，為讀者提供有關此文獻之基本學術線索。

辛　本叢書對於同一種古籍之不同版本，若均為稀善者，則兼收並蓄。

域外漢籍珍本文庫編纂出版委員會

二〇〇八年九月一日

史部目次

第一册

第二册

第三册

第四冊

第五冊

史記（一）

提要

《史記》一百三十卷，漢司馬遷撰、劉宋裴駰集解、唐司馬貞補並索隱、張守節正義，日本宮内廳書陵部藏元至元二十五年（一二八八年）彭寅翁刊刻崇道精舍本。每半葉十行二十一字，注文小字雙行，行同正文，黑口，左右雙邊。版心著錄『史』或『史記』，並記卷數、頁數。卷首有『目錄』，後有裴駰『史記集解序』，司馬貞『補史記序』、『史記索隱序』，張守節『史記正義序』、『史記正義論例謚法解』，並有司馬貞『三皇本紀』。是書為一百三十卷全本，有八葉為抄補。此書日本有兩部全本，此為其一。國内國家圖書館藏元刊本亦題至正二十五年彭寅翁刊崇道精舍本，然其印刷字體、編排次序等均有所不同。

史記目録

集解　宋中郎外兵曹參軍裴　駰

補史　唐朝散大夫國子博士弘文館學士河内司馬　貞

索隱　唐朝散大夫國子博士弘文館學士河内司馬　貞

正義　唐諸王侍讀宣義郎守右清道率府長史張　守節

帝紀

第一卷　史記一

五帝

三皇司馬貞補史

第二卷　史記二

夏

第三卷　史記三

殷

第四卷　史記四

周

第五卷　史記五

秦昭襄王

莊襄王

第六卷　史記六

秦始皇帝

二世皇帝

第七卷　史記七

項羽

第八卷　史記八

漢高祖

第九卷　史記九

呂太后

第十卷　史記十

孝文帝

第十一卷　史記十一

孝景帝

第十二卷　史記十二

孝武帝

第八卷　史記三十
平準書
世家
第一卷　史記三十一
吳太伯
第二卷　史記三十二
齊太公
第三卷　史記三十三
魯周公
第四卷　史記三十四
燕召公
第五卷　史記三十五
管蔡
第六卷　史記三十六
陳杞
第七卷　史記三十七
衛康叔
第八卷　史記三十八
宋微子
第九卷　史記三十九
晋
第十卷　史記四十
楚
第十一卷　史記四十一
越王句踐
第十二卷　史記四十二
鄭
第十三卷　史記四十三
趙
第十四卷　史記四十四
魏
第十五卷　史記四十五
韓
第十六卷　史記四十六
田敬仲完
第十七卷　史記四十七

孔子
第十八卷　史記四十八
陳涉
第十九卷　史記四十九
外戚
第二十卷　史記五十
楚元王
第二十一卷　史記五十一
荆燕
第二十二卷　史記五十二
齊悼惠王
第二十三卷　史記五十三
蕭相國
第二十四卷　史記五十四
曹相國
第二十五卷　史記五十五
留侯
第二十六卷　史記五十六
陳丞相
第二十七卷　史記五十七
絳侯
第二十八卷　史記五十八
梁孝王
第二十九卷　史記五十九
五宗
第三十卷　史記六十
三王

列傳
第一卷　史記六十一
伯夷
第二卷　史記六十二
管晏
第三卷　史記六十三
老子　莊子
申不害　韓非
第四卷　史記六十四

司馬穰苴
第五卷　史記六十五
孫武　吳起
第六卷　史記六十六
伍子胥
第七卷　史記六十七
仲尼弟子
第八卷　史記六十八
商君鞅
第九卷　史記六十九
蘇秦
第十卷　史記七十
張儀　陳軫
犀首
第十一卷　史記七十一
樗里子　甘茂
甘羅
第十二卷　史記七十二

穰侯
第十三卷　史記七十三
白起　王翦
第十四卷　史記七十四
孟軻　淳于髡
慎到　騶奭
荀卿
第十五卷　史記七十五
孟嘗君
第十六卷　史記七十六
平原君　虞卿
第十七卷　史記七十七
信陵君
第十八卷　史記七十八
春申君
第十九卷　史記七十九
范雎　蔡澤
第二十卷　史記八十

張蒼　周昌
任敖　申屠嘉
韋賢　魏相
邴吉　黄霸
韋玄成　匡衡
第三十七卷　史記九十七
酈食其　陸賈
朱建
第三十八卷　史記九十八

此葉缺

第四十六卷　史記一百六
吴王濞
第四十七卷　史記一百七
竇嬰　田蚡
灌夫
第四十八卷　史記一百八
韓安國
第四十九卷　史記一百九
李廣

此葉缺

史記目録終

安成郡彭寅翁
栞于崇道精舍

史記集解序

裴駰 司馬貞索隱曰駰字龍駒河東聞喜人宋中郎外兵曹參軍父松之宋丗朝太中大夫注三國志宋書父子同傳○正義曰裴駰採九經諸史并漢書音義及衆書之目而解史記故題史記集解序序緒也孫炎云謂端緒也孔子作易序卦子夏作詩序之義其來尚矣

班固有言曰 索隱曰固撰漢書作司馬遷傳評其作史記所採之書兼論其得失故裴駰此序先引之爲說也按固字孟堅扶風人後漢明帝時仕至中護軍祖穉潁川太守父彪徐令續太史公書 司馬遷 正義曰字子長左馮翊人也漢武帝時爲太史令撰史記百三十篇父談亦爲太史令 據左氏國語 索隱曰仲尼作春秋經魯史左丘明作傳合三十篇故曰左氏傳國語亦丘明所撰上起于周之穆王下訖敬王其諸侯之事起魯莊公迄春秋末凡二十一篇 采世本戰國策 索隱曰劉向云世本古史官明於古事者之所記也錄黃帝已來帝王諸侯及卿大夫系謚名號凡十五篇也戰國策高誘云六國時縱橫之說也一曰短長書亦曰國事劉向撰爲三十篇名曰戰國策按此是班固取其後名而書之非遷時已名戰國策 述楚漢春秋 索隱曰漢太中大夫楚人陸賈所撰記項氏與漢高祖初起及說惠文間事 接其後事訖于天漢 索隱曰武帝年號言太史公所記迄至武帝天漢之年也 其言秦漢詳矣至於采經摭傳 索隱曰按字書摭拾也音之亦反 分散數家之事甚多疏略或有抵捂 索隱曰抵音丁禮反捂音吾故反抵者觸也捂亦斜相抵觸之名按今學梁上斜柱是也斜觸謂之捂下觸謂之抵抵捂言其參差也以言彼此二文同出一家而自相乖舛 亦其所涉獵者廣博貫穿經傳馳騁古今上下數千載間斯已勤矣 正義曰言作史記採經傳百家之事上下二千餘年此其甚勤於撰錄也 又其是非頗謬於聖人 索隱曰聖人謂周公孔子也言周孔之教皆宗儒尚德今太史公乃先黃老崇勢利是謬於聖人○正義曰太史公史記各顯六家之宗黃老道家之宗六經儒家之首序游俠則退處士述貨殖則崇勢利處士賤貧原憲非病太史之體務涉多時有國之規備陳臧否天人地理咸使該通而遷天縱之才述作無滯故異周孔之道班固詆之裴駰引序亦通人之蔽也而固作漢書與史記同者五十餘卷謹寫史記少加異者不弱即劣何更非剝史記乃是後士妄非前賢又史記五十二萬六千五百言敘二千四百一十三年事漢書八十一萬言敘二百二十五年事司馬遷引父致意班固父脩而蔽之優劣可知矣 論大道則先黃老而後六經 正義曰大道者皆禀乎自然不可稱道也道在天地之前先天地生不知其名字之曰道黃帝老子遵崇斯道故太史公論大道須先黃老而後六經 序游俠則退處士而進姦雄 索隱曰游俠謂輕死重氣如荆軻豫讓之輩也游從也行也俠挾也持也言能相從游行挾持之事又曰同是非曰俠○正義曰姦雄姦猾雄豪之人 述貨殖 正義曰殖生也言貨物滋生也 則崇勢利 正義曰利之人 此其所蔽也 正義曰此三者是司馬遷不達理也 然自劉向揚雄博極羣書皆稱遷有良史之才服其善序事理辯

而不華質而不俚索隱曰俚音里劉德曰俚即鄙也崔浩云世有鄙俚之語則俚亦對也謂詞不鄙樸其文直其事核不虛美不隱惡故謂之實錄駰以爲固之所言世稱其當正義曰駰音因當音丁浪反裴駰以班固所論司馬遷史記是非世人稱班固之言雖時有紕繆索隱曰紕音匹之反紕猶錯也亦作性字書云織者兩絲同齒曰性繆亦與謬同實勤成一家正義曰雖有小紕繆實編勒成一家之書矣總其大較索隱曰較音角較猶畧也則大較猶言大畧也。正義曰較明也信命世之宏才也索隱曰按孟子云五百年生一賢其間必有名世者趙岐曰名世次聖之才物來能名此言命若名也言賢人有名於世也宏才大才謂史遷考較此書文句不同有多有少莫辯其實而世之惑者定彼從此是非相貿真僞舛雜正義曰貿音茂舛音昌轉反言世之迷惑僞識之人或定彼從此本更相貿易真僞雜亂不能辯其是非故中散大夫東莞徐廣研核衆本爲音義正義曰作音義十三卷裴駰爲注散入百三十篇具列異同兼述訓解正義曰徐作音義具列異同之本兼述訓解釋也麤有所發明而殊恨省略索隱曰殊絶也左傳曰斬其木不殊言絶恨其所撰大省畧。正義曰省音山景反聊以愚管索隱曰按東方朔云以管窺天以蠡測海皆喻小也然此語本出莊子文今云愚管者是駰謙言已愚陋管見所識不能遠大也增演徐氏正義曰演音羊善反增益也言裴駰更增益演徐氏之說采經傳百家并先儒之說正義曰採取也或取傳說採諸子百家兼取先儒之義先儒謂孔安國鄭玄服虔賈逵等是也言百家實其非一豫是有益悉皆抄內正義曰並採經傳之說有裨益史記盡抄內其中抄音楚交反刪其游辭取其要實正義曰刪音師顏反刪除也去經傳諸家浮游之辭取其精要之實或義在可疑則數家兼列正義曰兼列數家之說不同各有道理致生疑惑不敢偏棄故皆兼列漢書音義稱臣瓚者莫知氏姓索隱曰按即傅瓚而劉孝標以爲于瓚非也據向法盛書于瓚穆帝時爲大將軍誅死不言有註漢書之事又其註漢書有引祿秩令及茂陵書然彼二書亡於西晉非于所見也必知是傅瓚者按穆天子傳目錄云傅瓚爲校書郎與荀勗同校定穆天子傳即當西晉之朝在于之前尚見茂陵等書又稱臣者以其職典秘書故也瓚音殘岸反今直云瓚曰又都無姓名者但云漢書音義正義曰漢書音義中有全無姓名者裴氏注史記直云漢書音義按大顏以爲無名義今有六卷題云孟康或云服虔蓋後所加皆非其實未詳指歸也時見微意有所裨補正義曰見音賢見反裨音卑又音頻移反裨益也裴氏云時見已之微意亦有所補益也譬嘒星之繼朝陽索隱曰嘒微小貌也詩云嘒彼小星三五在東言衆無名微小之星各隨三心五噣出在東方亦能繼朝陽之光嘒音火慧反朝陽日也嘒星繼朝陽喻己淺薄而註史記也飛塵之集華嶽正義曰西嶽華山極高大裴氏自喻材藻輕小如飛塵之集華岳亦能成其高大管子云海不辭水故能成其大山不辭土故能成其高華音故化反又如字以徐爲本正義曰徐廣音義辨諸家異同故以徐爲本也號曰集解未詳則闕弗敢臆說正義曰有未詳審之處則闕而不論不敢以胷臆之中而妄解說也人心不同正義曰言人心既不同所見亦殊別也聞見異辭正義曰耳聞目見心意既乖其辭所以各異也班氏所謂疏略抵捂者依違不悉辯也索隱曰裴氏言今或依違不復更辯明之也按周公世家敘傳曰依之違之周公綏之是也愧非胥臣之多聞索隱曰胥大夫曰季名曰胥臣按國語稱晉文公使趙衰爲卿辭曰欒枝貞慎先軫有謀胥臣多聞皆可以爲輔文胥臣對文公黃帝二十五子及巳豫皆八等事是多聞也子產之博物索隱曰鄭卿公孫僑字子產按左氏傳子產聘晉言晉侯之疾非實沈臺駘之祟乃說飲食哀樂及內官不及同姓則能生疾晉侯聞子產之言曰博物君子也妄言末學蕪穢舊史豈足以關諸畜德庶賢無所用心而已索隱曰關預也畜德謂積德多學之人也裴氏謙言己今此集解豈足關預於積學多識之士乎正是與望聖賢勝於飽食終日無所用心愈於論語不有博弈者乎之人耳

補史記序

小司馬氏

太史公古之良史也家承二正之業人當五百之運兼以代爲史官親掌圖籍慨春秋之絶筆傷舊典之闕文遂乃錯綜古今囊括記録本皇王之遺事採人臣之故實爰自黃帝迄于漢武歴載悠邈舊章罕補漁獵則窮於百氏筆削乃成於一家父作子述其勤至矣然其敘勸褒貶頗稱折衷後之作者咸取則焉夫以首創者難爲功因循者易爲力自左氏之後未有體制而司馬公補立紀傳規模別爲書表題目莫不本紀十二象歳星之一周八書有八篇法天時之八節十表放剛柔十日三十世家比月有三旬七十列傳取懸車之暮齒百三十篇象閏餘而成歳其間禮樂刑政君舉必書福善禍淫用垂炯誡事廣而文省詞質而理暢斯亦盡美矣而有未盡善者具如後論雖意出當時而義非經遠蓋先史之未備成後學之深疑借如本紀敘

五帝而闕三皇世家載列國而有外戚郟許春秋次國略而不書張吳敵國蕃王抑而不載並編録有闕竊所未安又列傳所著有管晏及老子韓非管晏乃齊之賢卿即如其例則吳之延陵鄭之子產晉之叔向衛之史魚盛德不闕何爲蓋闕伯陽清虛爲教韓子峻刻制法靜躁不同德刑斯舛今宜柱史共漆園同傳公子與商君並列可不善歟其中遠近乖張詞義踳駮或篇章倒錯或贊論䴡疎蓋由遭逢非罪有所未

暇故十篇有録無書是也然其網絡古今叙述懲勸異左氏之微婉有南史之典實所以揚雄班固等咸稱其有良史之才蓋信乎其然也後褚少孫亦頗加補綴然猶未能周備貞業謝顔門人非博古而家傳是學頗事討論思欲續成先志潤色舊史輒黜陟升降改定篇目其有不備並採諸典籍以補闕遺其百三十篇之贊記非周悉並更申而述之附于衆篇之末雖曰狂簡必有可觀其所改更具條于後至如徐廣唯

略出音訓兼記異同未能考覈是非解釋文句其裴駰實亦後進名家博採羣書專取經傳訓釋以爲集解然則時有冗長至於盤根錯節殘缺紕繆咸拱手而不言斯未可謂通學也今輙採按今古仍以裴爲本兼自見愚管重爲之註號曰小司馬史記然前朝顔師古止註漢史今並謂之顔氏漢書貞雖位不逮顔公既補史舊兼下新意亦何讓焉

史記補史序

史記索隱序

朝散大夫國子博士弘文館學士河內司馬貞

史記者漢太史司馬遷父子之所述也遷自以承五百之運繼春秋而纂是史其襃貶覈實頗亞於丘明之書於是上始軒轅下訖天漢作十二本紀十表八書三十系家七十列傳凡一百三十篇始變左氏之體而年載悠邈簡冊闕遺勒成一家其勤至矣又其屬稾先據左氏國語系本戰國策楚漢春秋及諸子百家之書而後貫穿經傳馳騁古今錯綜隱括各使成一國一家之事故其意難究詳矣比於班書微爲古質故漢晉名賢未知見重所以魏文侯聽古樂則唯恐卧良有以也逮至晉末有中散大夫東莞徐廣始考異同作音義十三卷宋外兵參軍裴駰又取經傳訓釋作集解合爲八十卷雖麤見微意而未窮討論南齊輕車錄事鄒誕生亦作音義三卷音則微殊義乃更略爾後其學中廢貞觀中諫議大夫崇賢館學士劉伯莊達學宏才鉤深探賾又作音義二十卷比於徐鄒音則具矣殘文錯節異旨微義雖知獨善不見傍通欲使後人從何準的貞謏聞陋識頗事鑽研而家傳是書不敢失墜初欲改更舛錯裨補疎遺義有未通兼重註述然以此書殘缺雖多實爲古史忽加穿鑿難允物情今止探求異聞採摭典故解其所未解申其所未申者釋文演註又重爲述贊凡三十卷號曰史記索隱雖未敢藏之書府亦欲以貽厥孫謀云

史記索隱序

史記正義序

諸王侍讀宣義郎守右清道率府長史張守節上

史記者漢太史公司馬遷作遷生龍門耕牧河
山之陽南遊江淮講學齊魯之郡紹太史繼春
秋括文魯史而包左氏國語采世本戰國策而
摭楚漢春秋貫紬經傳旁搜史子上起軒轅下
暨天漢作十二本紀帝王興廢悉詳三十世家
君國存亡畢著八書贊陰陽禮樂十表定代系
年封七十列傳忠臣孝子之誠備矣筆削冠於
史籍題目足以經邦裴駰服其善序事理辯而
不華質而不俚其文直其事核不虛美不隱惡
故謂之實錄自劉向揚雄皆稱良史之才況墳
典湮滅簡冊闕遺比之春秋言辭古質方之兩
漢文省理幽守節涉學三十餘年六籍九流地
里蒼雅銳心觀採評史漢詮衆訓釋而作正義
郡國城邑委曲申明古典幽微竊探其美索理
允愜次舊書之旨兼音解注引致旁通凡成三
十卷名曰史記正義發揮膏肓之辭思濟滄溟
之海未敢侔諸秘府冀訓詁而齊流庶貽厥子
孫世疇茲史于時歲次丙子開元二十四年八
月殺青斯竟

史記正義序

史記正義論例謚法解

諸王侍讀宣義郎守右清道率府長史張守節上

論史例

古者帝王右史記言左史記事言為尚書事為春秋太史公兼之故名曰史記并採六家雜說以成一史備論君臣父子夫妻長幼之序天地山川國邑名號殊俗物類之品也太史公作史記起黃帝高陽高辛唐堯虞舜夏殷周秦訖于漢武帝天漢四年合二千四百一十三年作本紀十二象歲十二月也作表十象天之剛柔十日以記封建世代終始也作書八象一歲八節以記天地日月山川禮樂也作世家三十象一月三十日三十輻共一轂以記世祿之家輔弼股肱之臣忠孝得失也作列傳七十象一行七十二日言七十者舉全數也餘二日象閏餘也以記王侯將相英賢略立功名於天下可序列也合百三十篇象一歲十二月及閏餘也而太史公作此五品廢一不可以統理天地勸獎箴誡為後之楷模也

論注例

史記文與古文尚書同者則取孔安國注若與伏生尚書同者則用鄭玄王肅馬融所釋與三傳同者取杜元凱服虔何休賈逵范甯等注與三禮論語孝經同者則取鄭玄馬融王肅之注與韓詩同者則取毛傳鄭箋等釋與周易同者則依王氏之注與諸子諸史雜書及先儒解釋善者而裴駰並引為注又徐中散作音訓校集諸本異同或義理可通者稱一本云又一本云別記異文裴氏亦引之為注

論字例

史漢文字相承已久若悅字作說閑字作閒智字作知汝字作女早字作蚤後字作后既字作溉勅字作飭制字作剬此之般流緣古少字通共用之史漢本有此古字者乃為好本程邈變篆為隸楷則有常後代作文隨時改易衛宏官書數體呂忱或字多奇鍾王等家以能為法致令楷文改變非復一端咸著秘書傳之歷代又字體乖日久其黼黻之字法從黹[丁履反]今之史本則有從耑[音端]秦本紀云天子賜孝公黼黻鄒誕生音甫弗而鄒氏之前史本已從耑矣如此之類並即依行不可更改若其黿鼉從龜辭從舌覺學從與泰恭從小匱匠從走巢藻從果耕藉從禾席下為帶美下為大哀下為衣極下為點析旁著片惡上安西餐側出頭離邊作禹此之等類例直是訛字能[勑勇反]字為錫[音陽]以支[章移反]代文

問分反將无混無若茲之流便成兩失

論音例

史文與傳諸書同若劉氏並依舊本爲音至如太史公改五帝本紀便章百姓便程東作便程南譌便程西成便在伏物咸依見字讀之太史變尚書文者義理特美或訓意改其古澀何煩如劉氏依尚書舊音斯例蓋多不可具錄著在正義隨文音之舊字宜詳其理庶明太史公之達學也然則先儒音字比方爲音至魏祕書孫炎始作反音又未甚切今並依孫反音以傳後學鄭康成云其始書之也倉卒無字或以音類比方假借爲之趣於近之而已受之者非一邦之人其鄉同言異字同音異於茲遂生輕重訛謬矣然方言差別固自不同河北江南最爲鉅異或失在浮清或滯於重濁今之取捨冀除茲弊夫質有精麤謂之好惡並如字心有愛憎稱爲好惡並去聲當體則名譽音餘情乖則曰毀譽音預自壞乎怪反壞撤上音怪自斷徒緩反自去離也刀斷端管反以刀割令相去也耶也奢反末番之辭也亦且反助也句之語也復音伏又扶富反重也過古卧反越度也解核買反自散也閒紀莧反隟也畜許又反畜許六反養也先蘇前反仙胥然反尤羽求反侯胡溝反治持並音直之反之止而反脂砥祇並音旨夷反惟維遺唯並音以隹反怡貽頤詒並音與之反夷寅彝姨並音以脂反私息脂反綏雖睢荾並音息遺反偲司伺絲並音巨文反巵枝祇肢並音章移反祇岐並音巨支反其期旗綦騏並音渠之反祈旂蘄幾畿並音渠希反僖熙嬉嘻並音許其反希睎晞稀並音虛幾反霏妃非騑並音芳非反飛非菲並音匪肥反尸屍蓍並音式脂反詩書之反巾居人反斤筋舉欣反篇偏並音芳連反穿詳連反里李裏並音良止反至贄並脂利反志之吏反利泣力至反史所置反寺嗣飼並辭吏反字牸並疾置反自疾二反置致躓鷙並陟利反器去冀反氣去既反亟去未反冀覬几利反既居未反覆數救反又數福反副敷救反富鍑並府副反若斯清濁實亦難分博學碩材乃有甄異此例極廣不可具言庶後學士幸留意焉

音字例

文或相似音或有異一字單錄乃恐致疑兩字連文撿尋稍易若音上字言上別之所音下字乃復書下有長句在文中須音則題其字

發字例

古書字少假借蓋多字或數音觀義點發皆依平上去入若發平聲每從寅起又一字三四音者同聲異喚一處共發恐難辯別故略舉四十二字如字初音者皆爲正字不須點發

畜許六反養也又許救反六畜也又勑六反聚也從訟容反隨也又縱容反南北也又且容反又子勇反相勸也又足用反侍也數色具反曆數數也又色五反次第也又色角反頻也

傳逐戀反，書傳也。又逐全反，拘付也。又張戀反，驛也。卒子律反，終也。又蒼忽反，急也。尊忽反，兵人也。

字體各別，不辨故發之也。辟君也，激也。又頻亦反，罪也，闢也。又匹亦反，諭也。又音避，譬也，以譬反。

覓反，辟從也。施書豉反，張也。又式豉反，與也。又羊豉反，延也。閒紀閑反，隙也。又紀莧反，閒也。又莧閑反。

也。又靜反。射成亦反，又食亦反。夜反，射也。又音石。夏胡馬反，諸夏也。又胡雅反，陽夏縣也。又胡嫁反，春夏也。

復符富反，重也。又音福，除也。又扶六反，役也。又音伏。重直拱反，尊也。又直用反，累也。又直龍反，疊也。適之也，又丁歷反，大也。又張革反，責也。又音敵，當也。又音石，宜也。

在宋關，禹弟即所築也。汜音祀，水名，在襄城。又孚劍反，水在成皋。又音凡，邑名。人呼土爲汜橋也。又音夷。樂音岳，謂音樂也。又音洛，歡也。又五教反，好也。情願也。

也。覆敷富反，蓋也。又敷福反，再也。恐丘勇反，懼也。又丘用反，疑也。惡烏各反，又烏路反，憎也。

也。又音烏。謂於何也。斷端管反，有物割截也。又段緩反，自相分也。又端亂反，斷疑事也。解佳買反，除結縛也。

也。被皮義反，買敝也。又佳債反，又音蟹。幾居豈反，音機，又音祈，近也。又音冀，亦冀望字也。又音

怠墮也。又核詠反，縫解。

卒、錄過光卧反，度也，罪過也。又音戈，經過也，度前也。率所律反，平例也，又音類也，率伏也。又音刷。

也。徐廣云：率即斂也。又所律反，將帥也。又音色類反，將帥也。丞丘勿反，勁也，又君勿反，姓也。上時讓反。

音位也，元在物之上也。又時掌反，自下而上也。王于方反，人主也。又于放反，盛也，又張式反，長上也。又覇王。

籍才昔反，名籍也。又鳶藉也。又粗夜反，即借也。培蒲回反，又蒲內反，補也。又板也。勝音升，又式證反。

難乃丹反，艱也，又乃旦反，危也。使所里反，又所吏反。相息羊反，又息匠反。沈針甚反，又針禁反。

直今反，又沈禁反，又歃沒也。任入今反，又入禁反。棺音官，又古玩反，又古患反，斂之也。造曹早反，又七到反。

到反，至也。妻七低反，又七帝反。費音祕，又扶味反，用也，又非味反，邑也，又扶味反，姓也。

諡法解

惟周公旦、太公望開嗣王業，建功于牧野，終將葬，乃制諡，遂敘諡法。諡者，行之迹；號者，功之表。古者有大功，則賜之善號以爲稱也。車服者，位之章也。是以大行受大名，細行受細名。行出於己，名生於人。名謂號諡

民無能名神不名一善

一德不懈簡一不委曲

靖民則法皇靖安

平易不訾簡不信訾毀

德象天地帝同於天帝

尊賢貴義恭尊事賢人，寵貴義士

仁義所往王民往歸之

敬事供上恭供奉也

立志及衆公志無私也

尊賢敬讓恭敬有德，讓有功

執應八方侯所執行八方應之

既過能改恭言自知

賞慶刑威君能行四者

執事堅固恭守正不移

從之成羣君民從之

愛民長弟恭順長接弟

揚善賦簡聖所稱得人，所善得實，所賦得簡

執禮御賓恭迎待賓也

敬賓厚禮聖 厚於禮

芘親之闕恭 脩德以益之

照臨四方明 以明照之

尊賢讓善恭 不專己善推於人

譖訴不行明 逆知之故不行

威儀悉備欽 威則可畏儀則可象

經緯天地文 成其道

大慮靜民定 思樹惠

道德博聞文 無不知

純行不爽定 行不傷一

學勤好問文 不恥下問

安民大慮定 以慮安民

慈惠愛民文 惠以成政

安民法古定 不失舊意

愍民惠禮文 惠而有礼

辟地有德襄 取之以義

賜民爵位文 与同升

甲胄有勞襄 亟征伐

綏柔士民德 安民以居安士以事

小心畏忌僖 思所當忌

剛彊直理武 剛無欲彊不屈懷忠恕正曲直

質淵受諫釐 深故能受

諫爭不威德 不以威拒諫

有罰而還釐 知難而退

威彊敵德武 與有德者敵

溫柔賢善懿 性純淑

克定禍亂武 以兵征故能定

心能制義度 制事得宜

刑民克服武 法以正民能使服

聰明叡哲獻 有通知之聰

夸志多窮武 大志行兵多所窮極

知質有聖獻 有所通而無蔽

安民立政成 政以安定

五宗安之孝 五世之宗

淵源流通康 性無忌

慈惠愛親孝 周愛族親

溫柔好樂康 好豐年勤民事

秉德不回孝 順於德而不違

安樂撫民康 無四方之虞

協時肇享孝 協合肇始

合民安樂康 富而教之
執心克莊齊 能自嚴
布德執義穆 故穆
資輔就共齊 資輔佐而共成
中情見貌穆 性公肅
甄心動懼頃 甄精
容儀恭美昭 有儀可象行恭可美
敏以敬慎頃 疾於所慎敬
昭德有勞昭 能勞謹
柔德安衆靖 成衆立使安

聖聞周達昭 聖聖通合
恭己鮮言靖 恭己正身少言而中
治而無眚平 無災罪也
寬樂令終靖 性寬樂義以善自終
執事有制平 不任意
威德剛武圉 禦亂患
布剛治紀平 施之政事
彌年壽考胡 久也
由義而濟景 用義而成
保民耆艾胡 六十曰耆七十曰艾

耆意大慮景 耆強也
布義行剛景 以剛行義
追補前過剛 勤善以補過
清白守節貞 行清白執志固
猛以剛果威 猛則少寬果敢行
大慮克就貞 能大慮非正而何
猛以彊果威 強甚於剛
不隱無屈貞 恒然無私
彊義執正威 問正言無邪
辟土服遠桓 以武正定

治典不殺祁 秉常不衰
克敬動民桓 敬以使之
大慮行節孝 言成其節
辟土兼國桓 兼人故啓土
治民克盡使 克盡無恩惠
能思辯衆元 別之使各有次
好和不爭安 生而少斷
行義說民元 民說其義
道德純一思 道大而德一
始建國都元 非善之長可以始之

大慮兆民思大親民而不殺
主義行德元以義為主行德故
外內思索思言求善
聖善周聞宣闡謂所聞善事也
追悔前過思思而能改
兵甲亟作莊以數征為嚴
行見中外慤表裏
叡圉克服莊通邊圉使能服
狀古述今譽立言之稱
勝敵志強莊不撓故勝

昭功寧民商明有功者
死於原野莊非嚴何以死難
克殺秉政夷秉政不任賢
屢征殺伐莊以嚴整之
安心好靜夷不爽政
武而不遂莊武功不成
執義揚善懷稱人之善
柔質慈民惠知其性
慈仁短折懷短未六十折未三十
愛民好與惠與謂施

述義不克丁不能成義
夙夜警戒敬敬身思戒
有功安民烈以武立功
秉德尊業烈
合善典法敬非敬何以善之
剛克為伐翼伐功也
剛德克就肅成其敬使為終
思慮深遠翼小心翼翼
執心決斷肅言嚴果
外內貞復白正而復終始一

不生其國聲生於外家
不勤成名靈任本性不見賢思齊
未家短折傷未家未娶
死而志成靈志事不[illegible]命
愛民好治戴好民治
死見神能靈有鬼不為厲
典禮不愆戴無過
亂而不損靈不能以治損亂
短折不成殤有知而夭殤
好祭鬼怪靈瀆鬼神不致遠

隱拂不成隱不以隱括政其性
極知鬼神靈其智能聰徹
不顯尸國隱以閒主國
見美堅長隱美過其令
殺戮無辜厲
官人應實知能官人
愎很遂過剌去諫曰愎反是曰很
肆行勞祀悼放心勞於淫祀言不修德
不思忘愛剌忘其愛己者
年中早夭悼年不稱志

諡法　十三

蚤孤短折哀早未知人事
恐懼從處悼從處言險圮
恭仁短折哀體恭質仁功未施
凶年無穀荒不務耕稼
好變動民躁數移徙
外內從亂荒家不治官不治
不悔前過戾知而不改
好樂怠政荒淫於聲樂怠於政事
枯威肆行醜肆意行威
在國遭憂愍仍多大喪

壅遏不通幽弱損不凌
在國逢難愍兵寇之事
蚤孤鋪位幽鋪位即位而卒
禍亂方作愍國無政動長亂
動祭亂常幽易神之班
使民悲傷愍苛政賊害
柔質受諫慧以虛受人
貞心大度匡心正而用察少
名實不爽質不傷言相應
德正應和莫正其德應其和

諡法　十四

溫良好樂良言其人可好可樂
施勤無私類無私唯義所在
慈和徧服順能使人皆服其慈和
思慮果遠明自任多近於專
博聞多能憲雖多能不至於大道
嗇於賜與愛言貪恡
滿志多窮惑自足者必不惑
危身奉上忠險不辭難
思慮不爽厚不差所思而得
克威捷行魏有威而敏行

好内遠豐易心淫於家以不奉禮
克威惠禮魏雖威不逆禮
去禮遠衆煬不率禮不親長
教誨不倦長以道教之
内外賓服正言以正服之
肇敏行成直始疾行成言不深
彰義揜過堅明義以蓋前過
蹏遠繼位紹非其弟過得之
華言無實夸恢誕
好廉自克節自勝其清欲

此葉缺

此葉缺

蜀廣漢犍為武都西有金城武威張掖酒泉敦煌又西
南有牂柯越巂益州
魏地觜觽參之分野其界自高陵以東盡河東河内南
有陳留及汝南之召陵隱彊新汲西華長平潁川之舞
陽郾陵河南之開封中牟陽武酸棗卷音丘權反
周地柳七星張之分野今之河南洛陽穀城平陰偃師
鞏緱氏
韓地角亢氏之分野韓分晉得南陽郡及潁川之父城
定陵襄城潁陽潁陰長社陽翟郟東接汝南西接弘農
得新安宜陽鄭今河南之新鄭及成皋滎陽潁川之崇

高城陽
趙地昴畢之分埜趙分晉得趙國北有信都眞定常山又得涿郡之高陽鄚州鄉東有廣平鉅鹿清河河間又得渤海郡之東平舒中邑文安東州成平章武河以北也南至浮水繁陽内黄斥丘西有太原定襄雲中五原上黨

燕地尾箕之分埜召公封於燕後三十六世與六國俱稱王東有漁陽右北平遼西遼東西有上谷代郡鴈門南有涿郡之易容城范陽北有新成故安涿縣良鄉新昌及渤海之安次樂浪玄菟亦其分焉

齊地虛危之分埜東有菑川東萊瑯耶高密膠東南有泰山城陽北有千乘清河以南渤海之高樂高城重合陽信西有濟南平原

魯地奎婁之分埜東至東海南有泗水至淮得臨淮之下相睢陵僮取慮

宋地房心之分埜今之沛梁楚山陽濟陰東平及東郡之須昌壽張今之睢陽

衛地營室東壁之分埜今之東郡及魏郡之黎陽河内之野王朝歌

楚地翼軫之分埜今之南郡江夏零陵桂陽武陵長沙及漢中汝南郡後陳營屬焉

吳地斗牛之分埜今之會稽九江丹陽豫章廬江廣陵六安臨淮郡

粤地牽牛婺女之分埜今蒼梧鬱林合浦交阯九眞南海日南

以前是戰國時諸國界域及相侵伐犬牙深入然亦不能委細故畧記之用知大略

史記正義論例謚法解

三皇本紀

補史記　小司馬氏撰并注

小司馬氏云：太史公作史記，古今君臣宜應上自開闢，下迄當代，以爲一家之首尾。今闕三皇，而以五帝爲首者，正以大戴禮有五帝德篇，又帝繫皆敘自黃帝已下，故因以五帝本紀爲首。其實三皇已還，載籍罕備，然君臣之始，教化之先，既論古史，不合全闕。近代皇甫謐作帝王代紀，徐整作三五歷，皆論三皇已來事，斯亦近古之一證。今並採而集之，作三皇本紀，雖復淺近，聊補闕云。

太皞庖犧氏，風姓，代燧人氏，繼天而王。母曰華胥，履大人迹於雷澤，而生庖犧於成紀。蛇身人首，按伏犧風姓，出國語。其華胥已下出帝王世紀。然雷澤，澤名，即舜所漁之地，在濟陰。成紀亦地名，按天水有成紀縣。有聖德。仰則觀象於天，俯則觀法於地，旁觀鳥獸之文與地之宜，近取諸身，遠取諸物，始畫八卦，以通神明之德，以類萬物之情。造書契以代結繩之政，於是始制嫁娶，以儷皮爲禮。按譙周古史考：伏犧制嫁娶，以儷皮爲禮也。結網罟以教佃漁，故曰宓犧氏。按事出漢書歷志。宓音伏。養犧牲以庖廚，故曰庖犧。有龍瑞，以龍紀官，號曰龍師。作三十五弦之瑟。木德王，注春令，故易稱帝出乎震，月令孟春其帝太皞是也。按位在東方，象日之明，故稱太皞。皞，明也。都於陳，東封太山，立一十一年崩。按皇甫謐云：伏犧葬南郡，或曰冢在山陽高平之西也。其後裔當春秋時有任、宿、須句、顓臾，皆風姓之胤也。

女媧氏亦風姓，蛇身人首，有神聖之德，代宓犧立，號曰女希氏。無革造，惟作笙簧，按禮明堂位及世本皆云女媧作簧。故易不載，不承五運。一曰女媧亦木德王，蓋宓犧之後，已經數世，金木輪環，周而復始，特舉女媧，以其功高而充三皇，故頻木王也。當其末年也，諸侯有共工氏，任智刑以強，霸而不王，以水乘木，乃與祝融戰，不勝而怒，乃頭觸不周山崩，天柱折，地維缺。女媧乃鍊五色石以補天，斷鼇足以立四極，聚蘆灰以止滔水，以濟冀州。按其事出淮南子也。於是地平天成，不改舊物。女媧氏沒，神農氏作。按：三皇諸者不同。譙周以燧人爲皇，宋均以祝融爲皇，而鄭玄依春秋緯以女媧爲皇，承伏犧。皇甫謐亦同。今依之爲說也。

炎帝神農氏，姜姓。母曰女登，有媧氏之女，爲少典妃，感神龍而生炎帝。人身牛首，長於姜水，因以爲姓。按國語：炎帝、黃帝皆少典之子，其母又皆有媧氏之女。據諸子及古史考，炎帝之後凡八代，五百餘年，軒轅氏代之，豈炎帝、黃帝是昆弟而同母氏乎？皇甫謐以爲少典、有媧代諸侯國號，然則姜、姬二帝同出少典氏，黃帝之母又是神農母氏之後代女，所同皇是有媧氏女也。火德王，故曰炎帝，以火名官。斲木爲耜，揉木爲耒，耒耨之用，以教萬人，始教耕，故號神農氏。於是作蜡祭，以赭鞭鞭草木，始嘗百草，始有醫藥。又作五弦之瑟。教人日中爲市，交易而退，各得其所。遂重八卦爲六十四爻。初都陳，後居曲阜。按今淮陽有神農井，又左傳魯有大庭氏之庫，是也。立一百二十年崩，葬長沙。神農本起烈山，故左氏稱烈山氏之子曰柱，亦曰厲山氏，禮曰厲山氏之有天下是也按鄭玄云厲山神農所起亦曰有烈山皇甫謐曰厲山今隨之厲鄉也神農納奔水氏之女曰聽談爲妃生帝哀哀生帝克克生帝榆罔凡八代五百三十年而軒轅氏興焉按神農之後凡八代事見帝王代紀及古史考然古典亡矣祝誰望二代皆前聞君子考按古書而爲此說豈至今鑿空作此紀亦據以爲說其暢稱神農氏沒即榆罔榆罔猶襲神農之號也其後有州甫甘許戲露齊紀怡向申呂皆姜姓之後並爲諸侯或分四岳當周室甫侯申伯爲王賢相齊許列爲諸侯霸於中國蓋聖人德澤廣大故其祚胤繁昌久長云

一說三皇謂天皇地皇人皇爲三皇既是開闢之初君臣之始圖緯所載不可全弃故兼序之天地初立有天皇氏十二頭澹泊無所施爲而俗自化木德王歲起攝提兄弟十二人立各一萬八千歲蓋天地初立神人首出行化故其可世長久也然言十二頭者非謂一人之身有十二頭蓋古質比之鳥獸頭數故也地皇十一頭火德王姓十一人興於熊耳龍門等山亦各萬八千歲人皇九頭乘雲車駕六羽出谷口兄弟九人分長九州各立城邑凡一百五十世合四萬五千六百年天皇已下皆出河圖及三五曆也自人皇已後有五龍氏五龍氏兄弟五人並乘龍上下故曰五龍燧人氏按其君鑽燧出火教人熟食在伏犧氏前譙周以爲三皇之首也大庭氏柏皇氏中央氏卷須氏栗陸氏驪連氏赫胥氏尊盧氏渾沌氏昊英氏有巢氏朱襄氏葛天氏陰康氏無懷氏斯蓋三皇已來有天下者之號按皇甫謐以爲太昊已下十五君皆襲庖犧之號但載籍不紀莫知姓王年代所都之處而韓詩以爲自古封太山禪梁甫者萬有餘家仲尼觀之不能盡識管子亦曰古封太山七十二家夷吾所識十有二焉首有無懷氏然則無懷之前天皇已後年紀悠邈皇王何昇而告但古書亡矣不可備論豈得謂無帝王耶故春秋緯稱自開闢至於獲麟凡三百二十七萬六千歲分爲十紀凡世七萬六百年一曰九頭紀二曰五龍紀三曰攝提紀四曰合雒紀五曰連通紀六曰序命紀七曰脩飛紀八曰回提紀九曰禪通紀十曰流訖紀蓋流訖當黃帝時制九紀之間是以錄於此補紀之也

三皇本紀　　補史記

五帝本紀第一

裴駰曰凡是徐氏義稱徐姓名以別之餘者悉是駰注解并集衆家義。司馬貞索隱曰紀者記也本其事而記之故曰本紀又紀理也絲縷有紀而帝王書稱紀者言爲後代綱紀也。正義曰鄭玄注中候敕省圖云德合五帝坐星者稱帝又坤靈圖云德配天地在正不在私曰帝按太史公依世本大戴禮以黄帝顓頊帝嚳唐堯虞舜爲五帝譙周應劭宋均皆同而孔安國皇甫謐帝王世紀孫氏注世本並以伏犧神農黄帝爲三皇少昊顓頊高辛唐虞爲五帝

史記一

五帝本紀第一。裴松之史目云天子稱本紀諸侯曰世家本者繫其本系故曰本紀者理也統理衆事繫之年月名之曰紀第者次序之目一者數之始故曰五帝本紀第一。又曰禮云動則左史書之言則右史書之正義云左陽故記動右陰故記言言爲尚書事爲春秋按春秋時置左右史故云史記也

黄帝者，徐廣曰號有熊。索隱曰按有土德之瑞土色黄故稱黄帝猶神農火德王而稱炎帝然也此以黄帝爲五帝之首蓋依大戴禮五帝德又譙周宋均亦以爲然而孔安國皇甫謐帝王代紀及孫氏注系本並以伏犧神農黄帝爲三皇少昊高陽高辛唐虞爲五帝注號有熊者以其本是有熊國君之子故也亦號軒轅之丘因以爲名又以爲號又據左傳亦號帝鴻氏也。正義曰輿地志云涿鹿本名彭城黄帝初都遷有熊也按黄帝有熊國君乃少典國君之次子號曰有熊氏又曰縉雲氏又曰帝鴻氏亦曰帝軒氏母曰附寶之祁野見大電繞北斗樞星感而懷孕二十四月而生黄帝於壽丘壽丘在魯東門之北今在兖州曲阜縣東北六里生日角龍顔有景雲之瑞以土德王故曰黄帝封泰山禪亭亭亭在牟陰

少典之子，譙周曰有熊國君少典之子也。皇甫謐曰有熊今河南新鄭是也。索隱曰少典者諸侯國號非人名也又按國語云少典娶有蟜氏女生黄帝炎帝然則炎帝亦少典之子炎黄二帝雖則相承如帝王代紀中間凡隔八帝五百餘年若以少典是其父名豈黄帝經五百餘年而始代炎帝後爲天子乎何其年之長也又按秦本紀云顓頊氏之裔孫曰女脩吞

玄鳥之卵而生大業大業娶少典氏而生柏翳明少典是國號非人名也黄帝即少典氏後代之子孫賈逵亦以左傳高陽氏有才子八人亦謂其後代子孫而稱爲子是也譙周字允南蜀人魏散騎常侍撰古史考之說也皇甫謐字士安晉人號玄晏先生今所引者是其所作帝王世紀也

姓公孫名曰軒轅。索隱曰按皇甫謐云黄帝生於壽丘長於姬水因以爲姓居軒轅之丘因以爲名又以爲號是本姓公孫長居姬水因改姓姬

生而神靈弱而能言，索隱曰弱謂幼弱時也蓋未合能言之時而黄帝即言所以爲神異也潘岳有哀弱子篇其子未七旬曰弱。正義曰言神異也

幼而徇齊，徐廣曰墨子曰年踰十五則聰明心慮無不徇通矣駰案徇疾齊速也言聖德幼而疾速也。索隱曰斯文未明今案徇齊皆德也書曰聰明齊聖左傳曰子雖齊聖齊謂聖德齊肅也又按孔子家語及大戴禮並作叡齊一本作慧齊叡慧皆智也太史公采大戴禮而爲此紀今彼文無作徇者史記舊本亦有作濬齊蓋古字假借徇爲濬濬深也義亦並通爾雅齊速俱訓爲疾尚書大傳曰多聞而齊給鄭注云齊疾也今裴氏注云徇亦訓疾未見所出或當讀徇爲迅迅於爾雅與齊俱訓疾則迅濬雖異字而音同也又爾雅曰宣徇遍也濬通也是遍之與通義亦相近言黄帝幼而才智周徧且辯給也故墨子亦云年踰五十則聰明心慮不徇通矣俗本作十五非是按謂年五十已成人

長而敦敏成而聰明。正義曰成謂年二十冠成人也聰明聞見明辯也此以上至軒轅皆大戴禮文

軒轅之時神農氏世衰。皇甫謐曰易稱庖犧氏沒神農氏作是爲炎帝。索隱曰世衰謂神農氏後代子孫道德衰薄非指炎帝之身即班固所謂參盧皇甫謐所云帝榆罔是也。正義曰帝王世紀云神農氏姜姓也母曰任姒有蟜氏女登爲少典妃遊華陽有神龍首感生炎帝人身牛首長於姜水有聖德以火德王故號炎帝初都陳又徙魯又曰魁隗氏又曰連山氏又曰列山氏括地志云厲山在隨州隨縣北百里山東有石穴曰神農生於厲鄉所謂列山氏也春秋時爲厲國

諸侯相侵伐暴虐百姓而神農氏弗能征於是軒

轅。乃習用干戈，以征不享，索隱曰：謂用干戈以征諸侯之不朝享者。本或作亨，亨訓直，以征諸侯之不直者。諸侯咸來賓從，而蚩尤最為暴，莫能伐。應劭曰：蚩尤，古天子。瓚曰：孔子三朝記曰：蚩尤，庶人之貪者。○索隱曰：按此紀云諸侯相侵伐，蚩尤最為暴，則蚩尤非為天子也。又管子曰：蚩尤受盧山之金而作五兵，明非庶人，蓋諸侯號也。劉向別錄云：孔子見魯哀公問政，比三朝，退而為此記，故曰三朝，凡七篇，並入大戴禮。今此文見用兵篇也。○正義曰：龍魚河圖云：黃帝攝政，有蚩尤兄弟八十一人，並獸身人語，銅頭鐵額，食沙，造立兵仗刀戟大弩，威振天下，誅殺無道，萬民欽命黃帝行天子事。黃帝以仁義不能禁止蚩尤，乃仰天而歎。天遣玄女下授黃帝兵符，伏蚩尤。後天下復擾亂，黃帝遂畫蚩尤形像以威天下，天下咸謂蚩尤不死，八方皆為殄滅。山海經云：黃帝令應龍攻蚩尤，蚩尤請風伯雨師以從，大風雨。黃帝乃下天女曰魃，以止雨。雨止，遂殺蚩尤。孔安國曰：九黎君號蚩尤是也。炎帝欲侵陵諸侯，諸侯咸歸軒轅。軒轅乃修德振兵，正義曰：振，整也。治五氣，王肅曰：五行之氣。○索隱曰：謂春甲乙木氣，夏丙丁火氣之屬，是五氣也。蓺五種，蓺，樹也。詩云：蓺之荏菽。周禮曰：穀宜五種。鄭玄曰：五種，黍稷菽麥稻也。○索隱曰：蓺音魚曳反。種音朱用反。此註所引見詩大雅生民之篇。爾雅云：荏菽，戎菽也。郭璞曰：今之胡豆。鄭氏曰：豆之大者是也。○正義曰：蓺音魚曳反。種之勇反。撫萬民，度四方，王肅曰：度四方而安撫之。○正義曰：度音徒洛反。教熊羆貔貅貙虎，索隱曰：書云：如虎如貔。爾雅曰：貔，白狐。又曰：貙獌，似狸。此六者猛獸，可以教戰。周禮有服不氏，掌教擾猛獸，即古服牛乘馬，亦其類也。○正義曰：熊音雄。羆音碑。貔音毗。貅音休。貙音丑于反。羆如熊，黃白色。郭璞云：貔，執夷，虎屬也。按：言教士卒習戰，以猛獸之名名之，用威敵也。以與炎帝戰於阪泉之野，服虔曰：阪泉，地名。皇甫謐曰：在上谷。○正義曰：阪音白板反。括地志云：阪泉今名黃帝泉，在嬀州懷戎縣東五十六里。出五里至涿鹿東北，與涿水合。又有涿鹿故城，在嬀州東南五十里，本黃帝所都也。晉太康地理志云：涿鹿城東一里有阪泉，上有黃帝祠。按：阪泉之野則平野之地也。

三戰然後得其志。正義曰：謂黃帝克炎帝之後。蚩尤作亂，不用帝命。正義曰：言蚩尤不用黃帝之命也。於是黃帝乃徵師諸侯，與蚩尤戰於涿鹿之野，服虔曰：涿鹿，山名，在涿郡。張晏曰：涿鹿在上谷。○索隱曰：或作濁鹿，古今字異耳。按：地理志上谷有涿鹿縣，然則服虔云在涿郡者誤也。遂禽殺蚩尤。皇覽曰：蚩尤冢在東平郡壽張縣闞鄉城中，高七丈，民常十月祀之，有赤氣出，如匹絳帛，民名為蚩尤旗。肩髀冢在山陽郡鉅野縣重聚，大小與闞冢等。傳言黃帝與蚩尤戰於涿鹿之野，黃帝殺之，身體異處，故別葬之。○索隱曰：按皇甫謐云：黃帝使應龍殺蚩尤于凶黎之谷。或曰黃帝斬蚩尤于中冀，因名其地曰絕轡之野。皇覽，書名也。記先代冢墓之處，宜皇王之省覽，故曰皇覽。是魏人王象、繆襲等所撰也。而諸侯咸尊軒轅為天子，代神農氏，是為黃帝。天下有不順者，黃帝從而征之，平者去之，正義曰：平服者即去之也。披山通道，徐廣曰：披，他本亦作陂，字蓋當為陂，陂者旁其邊之謂也。披語誠合今世，然古今不必同也。○索隱曰：披音如字，謂披山林草木而行以通道也。徐廣音詖，恐稍迂也。未嘗寧居。東至于海，登丸山，徐廣曰：丸，一作凡。駰案：地理志曰丸山在郎邪朱虛縣。○索隱曰：丸音扶嚴反。○正義曰：丸音丸。括地志云：丸山即丹山，在青州臨朐縣界朱虛故縣西北二十里，丹水出焉。丸音紈。守節括地志有凡山，凡山即丸山，是一山耳。諸處字誤，或丸或凡也。漢書郊祀志云：禪丸山。顏師古云：在朱虛，亦與括地志相合，明丸山是也。及岱宗。正義曰：泰山，東嶽也，在兗州博城縣西北三十里也。西至于空桐，登雞頭。應劭曰：山名也。韋昭曰：在隴右。○索隱曰：山名也。後漢王孟塞雞頭道，在隴西。一曰崆峒山之別名。○正義曰：括地志云：空桐山在肅州福祿縣東南六十里。抱朴子內篇云：黃帝西見中黃子，受九品之方，過空桐，從廣成子受自然之經，即此山。括地志又云：笄頭山一名崆峒山，在原州平高縣西百里，禹貢涇水所出。輿地志云：或即雞頭山也。酈元云：蓋大隴山異名也。莊子云：廣成子學道於崆峒山，黃帝問道於廣成子，蓋在此。按：二處崆峒皆云黃帝登之，未詳孰是。南至于江，登熊湘。北逐葷粥，合符釜山，而邑于涿鹿之阿。遷徙往來無常處，以師兵爲營衛。官名皆以雲命，爲雲師。置左右大監，監于萬國。萬國和，而鬼神山川封禪與爲多焉。獲寶鼎，迎日推筴。舉風后、力牧、常先、大鴻以治民。

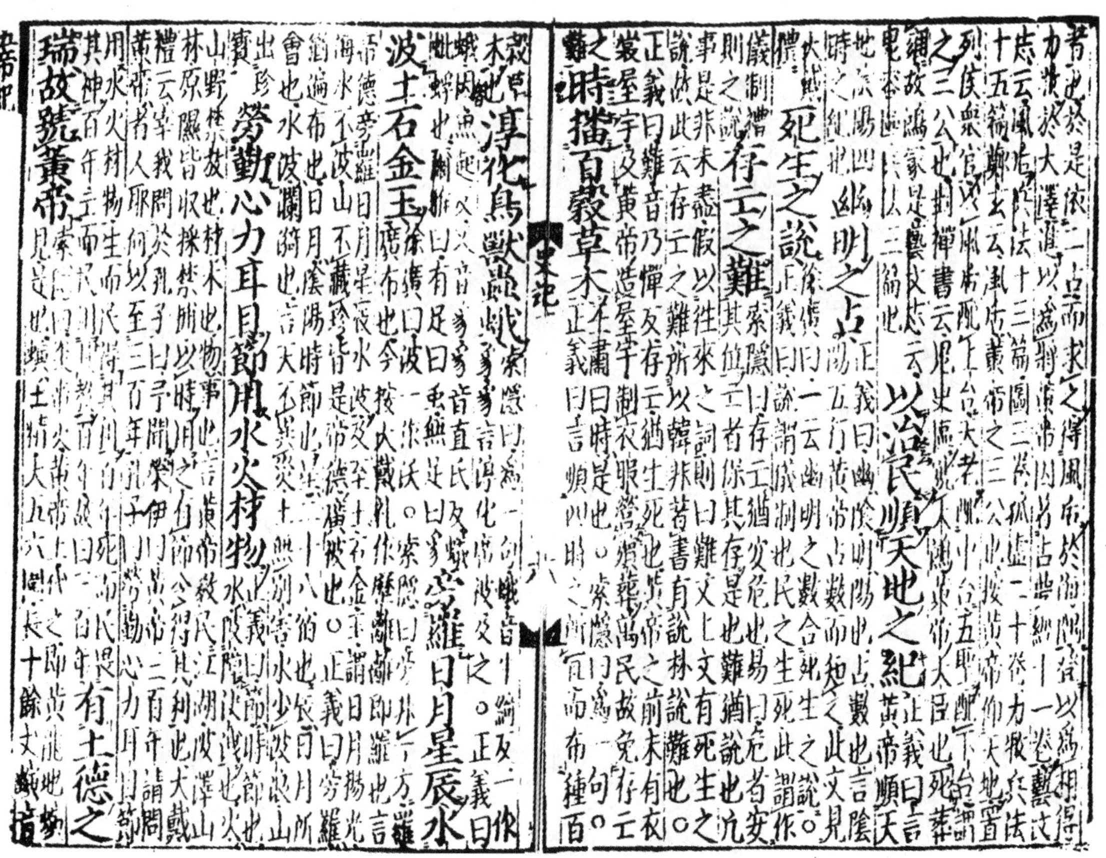

順天地之紀，幽明之占，死生之說，存亡之難。時播百穀草木，淳化鳥獸蟲蛾，旁羅日月星辰水波土石金玉，勞勤心力耳目，節用水火材物。有土德之瑞，故號黃帝。

引。○正義曰螾音以刃反。

黄帝二十五子，其得姓者十四人。索隱曰舊解破四爲三，言得姓十三人耳。今按國語胥臣云黄帝之子二十五宗，其得姓者十四人，爲十二姓，姬、酉、祁、己、滕、葴、任、荀、僖、姞、嬛、依是也。唯青陽與夷鼓同己姓。又云青陽與蒼林爲姬姓，上則十四人爲十二姓，其文甚明，唯姬姓再稱青陽與蒼林，蓋國語文誤，所以致令前儒共疑。其姬姓青陽當爲玄囂，是帝嚳祖，本與黄帝同姬姓，其國語上文青陽即是少昊金天氏，爲己姓者耳。既理在不疑，無煩破四爲三。○正義曰僖音力其反，姞其吉反，嬛音在宣反。

黄帝居軒轅之丘，皇甫謐曰受國於有熊，居軒轅之丘，故因以爲名，又以爲號。山海經曰在窮山之際，西射之南。張晏曰作軒冕之服，故謂之軒轅。而娶於西陵之女，正義曰西陵國名也。是爲嫘祖。徐廣曰祖一作俎。嫘力追反。○索隱曰一曰雷祖，音力堆反。○正義曰作傫。嫘祖爲黄帝正妃，索隱曰按黄帝立四妃，象后妃四星。皇甫謐云元妃西陵氏女曰累祖，生昌意；次妃方雷氏女曰女節，生青陽；次妃彤魚氏女生夷鼓，一名蒼林；次妃嫫母，班在三人之下。按國語夷鼓、蒼林是二人，又按漢書古今人表彤魚氏生夷鼓，嫫母生蒼林，不得如謐所說。生二子，其後皆有天下：其一曰玄囂，是爲青陽，太史公曰據大戴禮以累祖生昌意及玄囂，玄囂即青陽也。皇甫謐以青陽爲少昊，乃方雷氏所生，是其所見異也。○索隱曰玄囂，帝嚳之祖。按皇甫謐及宋衷皆云玄囂、青陽即少昊也。今此紀下云玄囂不得在帝位，則太史公意青陽非少昊明矣。而此又云玄囂是爲青陽，當是誤也。謂二人皆黄帝子，並列其名，所以前史因誤以玄囂、青陽爲一人耳。宋衷又云玄囂、青陽是爲少昊，繼黄帝立者，而史不敘，蓋少昊金德王，非五運之次，故敘五帝不數之也。青陽降居江水；正義曰括地志云安陽故城在豫州新息縣西南八十里。應劭云古江國也。地理志亦云安陽，古江國也。其二曰昌意，昌意降居若水。索隱曰降，下也。言帝子爲諸侯，降居江水、若水，皆在蜀，即所封國也。水經曰水出旄牛徼外，東南至故關爲若水，南過卭都，又東北至朱提縣爲瀘江水。是蜀有此二水也。昌意娶蜀山氏女，曰昌僕，生高陽，高陽有聖德

焉。正義曰華陽國志及十三州志云蜀之先肇於人皇之際，黄帝之子昌意娶蜀山氏，後子孫因封焉。帝顓頊高陽氏，黄帝之孫，昌意之子，母曰昌僕，亦謂之女樞。河圖云瑶光如蜺貫月，正白，感女樞於幽房之宫，生顓頊，首戴干戈，有德大也。

黄帝崩，皇甫謐曰在位百年而崩，年百一十一歲。○索隱曰按大戴禮宰我問孔子曰：榮伊言黄帝三百歲，請問黄帝何人也，抑非人也？何以至三百年乎？對曰：生而人得其利百年，死而人畏其神百年，亡而人用其教百年，則士安之說畧可憑矣。○正義曰列仙傳云黄帝自擇亡日，與羣臣辭，還葬橋山，山崩，棺空，唯有劍舄在棺焉。葬橋山。○皇覽曰黄帝冢在上郡橋山。○索隱曰地理志橋山在上郡同陽縣，山有黄帝冢也。○正義曰括地志云黄帝陵在寧州羅川縣東八十里子午山。地理志云上郡陽周縣橋山南有黄帝冢。按陽周，隋改爲羅川。爾雅云山銳而高曰橋也。其孫昌意之子高陽立，是爲帝顓頊也。

帝顓頊高陽者，皇甫謐曰都帝丘，今東郡濮陽是。○索隱曰宋衷云顓頊名，高陽有天下號也。張晏曰高陽者，所興地名也。黄帝之孫而昌意之子也。靜淵以有謀，疏通而知事；養材以任地，索隱曰言能養材物以任地。大戴禮作養財。載時以象天，索隱曰載，行也。言行四時以象天。大戴禮作履時以象天，履亦踐而行也。依鬼神以制義，索隱曰鬼神聰明正直，當盡心敬事，因制尊卑之義。故禮曰降于祖廟之謂仁義是也。○正義曰鬼之靈者曰神也。鬼神謂山川之神也，能興雲致雨，潤養萬物也。故已依馮之，制義也。制，古制字。治氣以教化，索隱曰謂理四時五行之氣，以教化萬人也。絜誠以祭祀。北至于幽陵，正義曰幽州也。南至于交阯，正義曰阯音止。交州也。西至于流沙，地理志曰流沙在張掖居延縣。○正義曰濟渡也。括地志云居延海南，甘州張掖縣東北千六十四里是。東至于蟠木。海外經曰東海中有山焉，名曰度索，上有大桃樹，屈蟠三千里，東北有門，名曰鬼門，萬鬼所聚也。天帝使神人守之，一名鬱壘，主閱領萬鬼，若害人之鬼，以葦索縛之，射以桃弧，投虎食也。動靜之物，正義

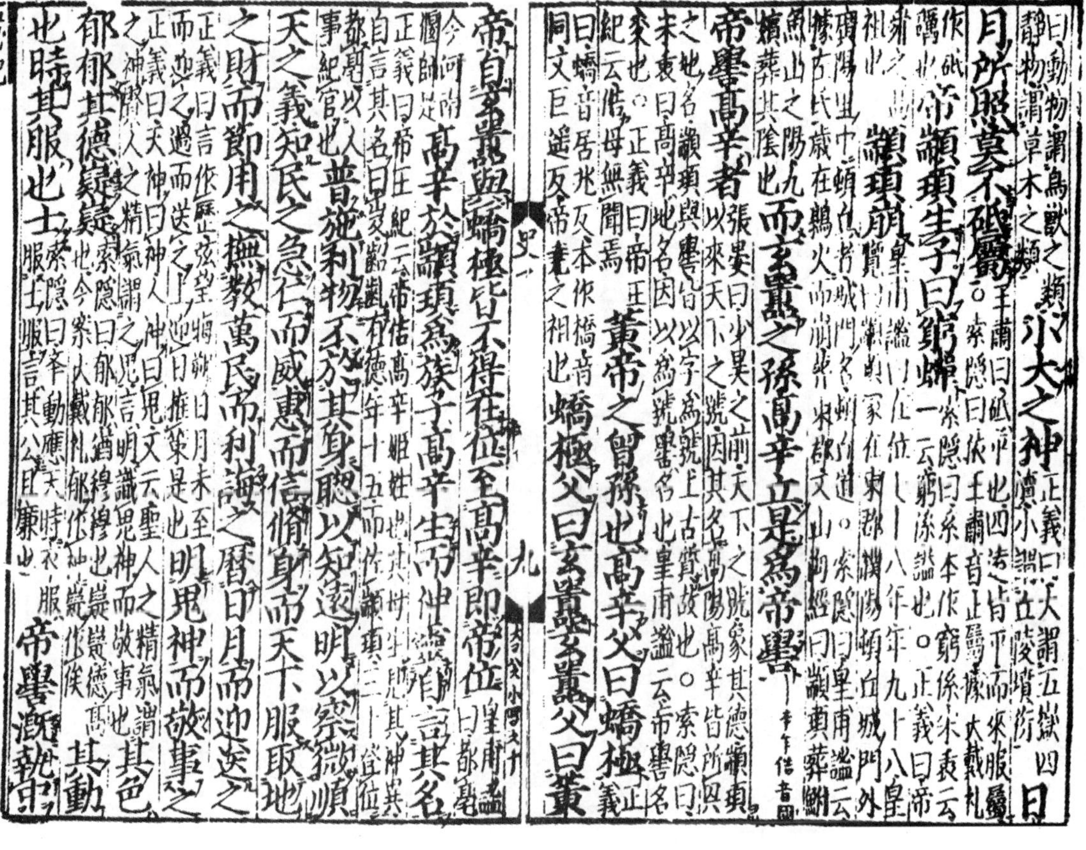

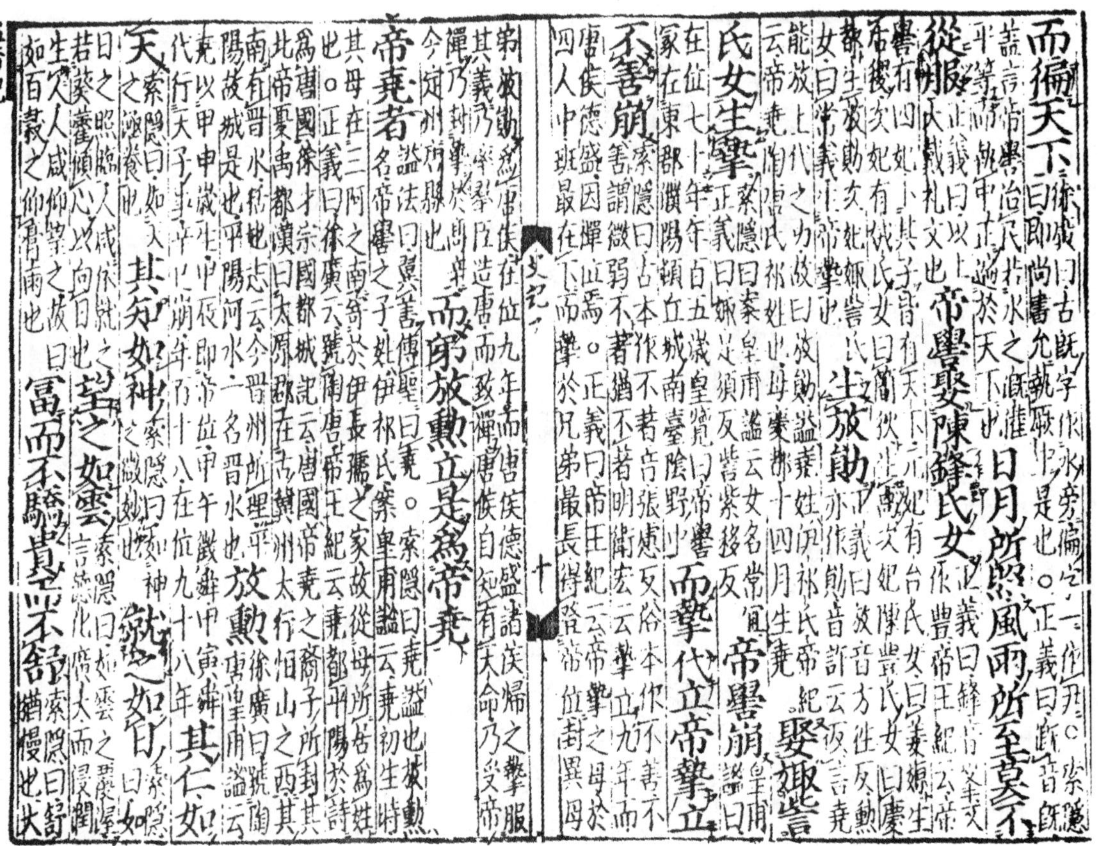

黻冕。不豫作 **黃收純衣** 徐廣曰純一作絞 駰案太古冠冕圖云夏名冕曰收 禮記曰野夫黃冠 鄭玄曰純衣士之祭服 ○索隱曰收冕名 其色黃 故曰黃收 象古質素也 純讀曰緇 **彤車乘白馬** **能明馴德** 徐廣曰馴古訓字 ○索隱曰史記馴字徐廣皆讀曰訓 訓順也 言聖德能順人也 案尚書作俊德 孔安國云能明俊德之士 與此文意別也 **以親九族九族既睦便章百姓** 徐廣曰下云便程東作 然則訓平為便也 尚書並作平 孔安國曰百姓百官 鄭玄曰百姓羣臣之父子兄弟 ○索隱曰古文尚書作平 此文蓋讀平為便 平既訓便 因作便章 其今文作辯章 古平字亦作便音婢緣反 便則訓辯 遂為辯章 鄒誕生本亦同也 **百姓昭明合和萬國乃命羲和** 孔安國曰重黎之後羲氏和氏世掌天地之官 ○正義曰呂刑傳云重即羲 黎即和 雖別為氏族 而出自重黎也 按聖人不獨治 必須賢輔 乃命相天地之官 若周禮天官卿地官卿也 **敬順昊天** 正義曰敬猶恭勤也 元氣昊然廣大 故云昊天 釋天云春為蒼天 夏為昊天 秋為旻天 冬為上天 而獨言昊天者 以堯能敬天 大故以昊天言之

十一

數法日月星辰 正義曰曆數之法曰甲乙 月之大小 昏明遞中之星 日月所會之辰 定其天數 以為一歲之曆 **敬授民時** 索隱曰尚書作曆象日月 則此言數法是訓曆象二字 謂命羲和以曆數之法觀察日月星辰之早晚 以敬授人時也 ○正義曰尚書考靈耀云 主春者張昏中 可以種稷 主夏者火昏中 可以種黍菽 主秋者虛昏中 可以種麥 主冬者昴昏中 可以收斂蓋藏 天子視四星之中 知民緩急 急則不賦力役 故云敬授民時也 **分命羲仲居郁夷曰暘谷** 孔安國曰東表之地稱嵎夷 日出於暘谷 羲仲治東方之官 ○索隱曰舊本作湯谷 今並依尚書字 案淮南子曰 日出湯谷 浴於咸池 則湯谷亦有他證明矣 又下曰昧谷 徐廣云一作柳谷 柳亦日入處地名 太史公博採經記而為此史 廣記異聞 不必皆依尚書 郁夷亦地之別名也 ○正義曰郁音隅 暘或作陽 尚書及禹貢青州云嵎夷既略 按 嵎夷青州也 堯命羲仲理東方青州嵎夷之地 日所出處 名曰陽明之谷 羲仲主東方之官 若周禮春官卿 **敬道日出便程東作** 孔安國曰敬道出日 平均次序東作之事 以務農也 ○索隱曰劉伯莊傳皆依古史作平秩 尚書大傳曰辯秩東作 則是訓秩為程 言便課其作程 若也 ○正義曰道音導 便音平 程後同 導訓也 三春主東 故言日出 耕作在春 故言東作 命羲仲恭勤道導 訓民東作之事 使有程期也 **日中星鳥以殷中春** 孔安國曰日中謂春分之日也 鳥 南方朱鳥七宿 殷 正也 春分之昏 鳥星畢見 以正仲春之氣節 轉以推季孟 則可知也 ○正義曰下中音仲 夏秋冬並同 **其民析鳥獸字微** 孔安國曰春事既起 丁壯就功 言其民老壯分析也 乳化曰字 尚書微作尾 字說文云尾交接也 **申命羲叔居南交** 孔安國曰夏與春交 此治南方之官也 ○索隱曰孔註未是 然則冬與秋交 何故下無其文 且東嵎夷 西昧谷 北幽都 三方皆言地 而夏獨不言地 乃云與春交 斯不例之甚也 然南方地有名交阯者 或古文略舉一字名地 南交則是交阯不疑也 ○正義曰羲叔主南方官 若周禮夏官卿也 **便程南為敬致** 孔安國曰為化也 平序南方化育之事 敬行其教 以致其功也 ○索隱曰為依字讀 春言東作 夏言南為 皆是耕作營為勸農之事 孔安國強讀為訛字 雖則訓化 解釋亦甚紆回也

十二

○正義曰為音于偽反 命羲叔宜恭勤民事 致其種植 使有程期也 **日永星火以正中夏** 孔安國曰永 長也 謂夏至之日 火 蒼龍之中星 舉中則七星見可知也 以正中夏之節也 ○駰案 鄭玄曰日長者日見之漏五十五刻 日短者日見之漏四十五刻 **其民因鳥獸希革** 孔安國曰因 謂老弱因就在田之丁壯以助農也 夏時鳥獸毛羽希少改易也 革 改也 **申命和仲居西土曰昧谷** 徐廣曰一無土字 以為西者今天水之西縣也 駰案鄭玄曰西 西之西 今人謂之兌山 若龍西之西縣也 ○正義曰 日入于谷而天下冥 故曰昧谷 此居治西方之官 若周禮秋官卿 掌秋天之政也 **敬道日入便程西成** 孔安國曰秋 西方 萬物成也 ○正義曰和仲主西方之職也 **夜中星虛以正中秋** 孔安國曰宵 夜也 春言日 秋言夜 互相備也 虛 玄武之中星 亦言七星皆以秋分日見 以正三秋也 ○索隱曰虛舊依字讀 而鄒誕生音墟 案虛星主墳墓 鄒氏頗得其理 **其民夷易鳥獸毛毨** 孔安國曰夷 平也 老壯者在田與夏平也 毨 理也 毛更生整理 **申命和叔居北方曰幽**

都。便在伏物。日短，星昴，以正中冬。其民燠，鳥獸氄毛。歲三百六十六日，以閏月正四時。信飭百官，衆功皆興。堯曰：「誰可順此事？」放齊曰：「嗣子丹朱開明。」堯曰：「吁！頑凶，不用。」堯又曰：「誰可者？」讙兜曰：「共工旁聚布功，可用。」堯曰：「共工善言，其用僻，似恭漫天，不可。」堯又曰：「嗟，四

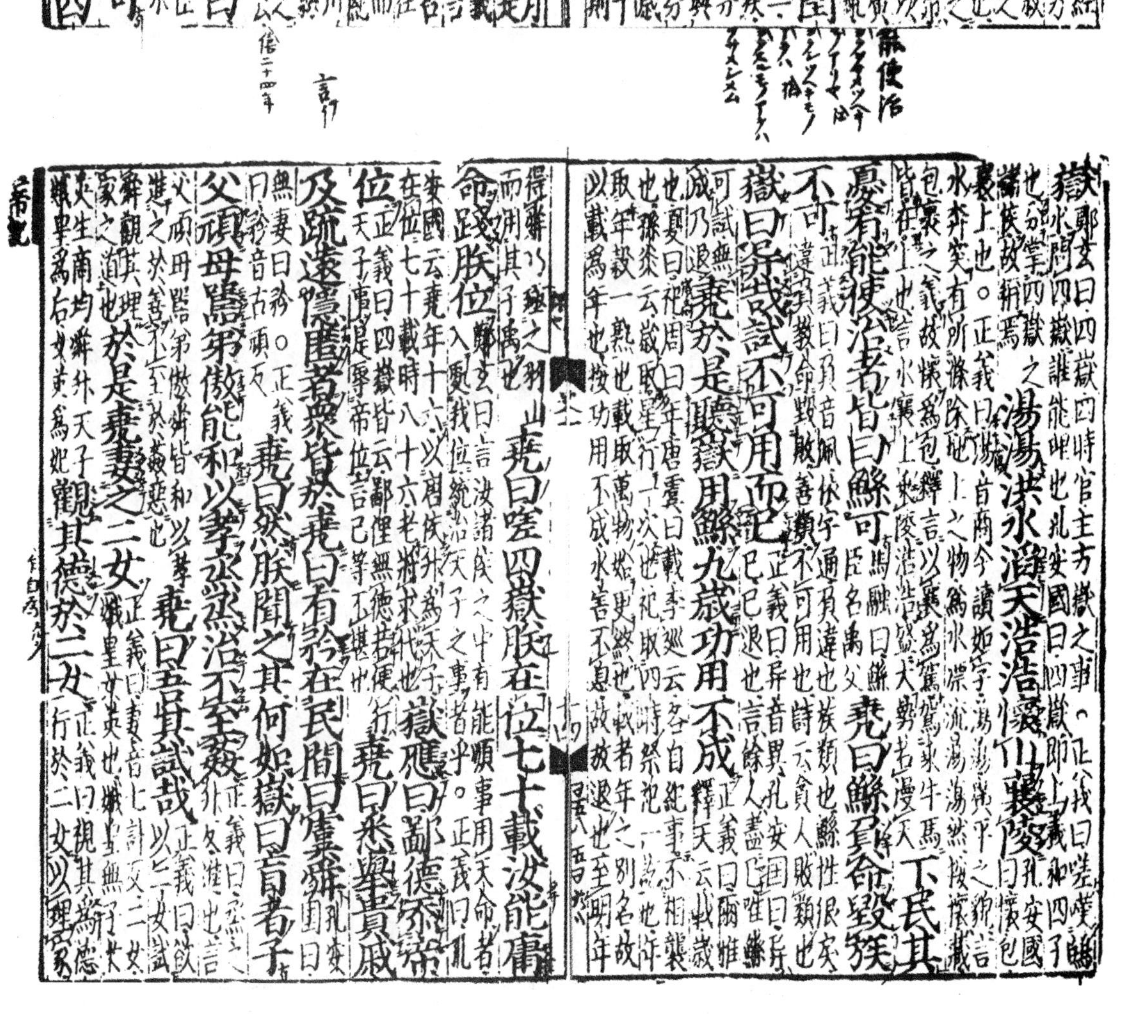

嶽，湯湯洪水滔天，浩浩懷山襄陵，下民其憂，有能使治者？」皆曰鯀可。堯曰：「鯀負命毀族，不可。」嶽曰：「异哉，試不可用而已。」堯於是聽嶽用鯀。九歲，功用不成。堯曰：「嗟！四嶽：朕在位七十載，汝能庸命，踐朕位？」嶽應曰：「鄙德忝帝位。」堯曰：「悉舉貴戚及疏遠隱匿者。」衆皆言於堯曰：「有矜在民間，曰虞舜。」堯曰：「然，朕聞之。其何如？」嶽曰：「盲者子。父頑，母嚚，弟傲，能和以孝，烝烝治，不至姦。」堯曰：「吾其試哉。」於是堯妻之二女，觀其德於二女。

而觀匡也舜飭下二女於嬀汭孔安國曰舜所居嬀水之汭索隱曰列女傳云二女長
曰娥皇次曰女英系本作女瑩大戴禮作女匽皇甫謐
云嬀水在河東虞鄉縣歷山西汭水涯也猶洛汭渭汭然
也。正義曰飭音敕下音胡亞反汭音芮舜能整齊二
女以義理下二女之心於嬀汭使行婦道於虞氏也括
地志云嬀汭水源出蒲州河東南山許慎云水涯曰汭
按地記云河東郡青山東山中有二泉下南流者嬀水
北流者汭水二水異源合流出谷西注河嬀水北曰汭
也又云河東縣二里故蒲坂城舜所都也城中有舜廟
城外有舜宅及二妃壇如婦禮堯善之乃使舜慎和五典鄭玄曰五典五教也蓋試以司徒之職
五典能從乃徧入百官百官時序賓於四
門四門穆穆諸侯遠方賓客皆敬馬融曰四門四方之門諸侯群臣朝者舜賓迎之皆有美德也
堯使舜入山林川澤暴風雷雨舜行不迷索隱曰尚書云納于大麓穀梁傳云林屬於山曰麓是山足
曰麓故此以為入山林不迷孔氏以麓訓錄言令舜大
錄万機之政與此不同堯以為聖召舜曰女謀事至而言可績三
年矣鄭玄曰三年者賓四門之後三年也女登帝位舜讓於德不懌徐廣曰音
亦今文尚書作不怡怡懌也。索隱曰古文作不嗣今
文作不怡怡即懌也謂辭讓於德不堪所以心意不悅
懌也俗本作澤誤尔亦當為懌正月上日馬融曰上日朔日也。正義曰鄭玄云帝王易代莫不改
正建朔此時未改故依堯正月上日也舜受終於文祖文祖者堯大
祖也鄭玄曰文祖者五府之大名猶周之明堂。索隱曰尚書帝命驗曰五府五帝之廟蒼曰靈府赤曰
文祖黃曰神斗白曰顯紀黑曰玄矩唐虞謂之五府夏
謂世室殷謂重屋周謂明堂皆祀五帝之所也。正義
曰舜受堯終帝之事於文祖也尚書帝命驗云帝者承
天立府以尊天重象也五府者黃曰神斗注云唐虞謂
之天府夏謂之正室殷謂之重屋周謂之明堂皆祀五
帝之所也文祖者赤帝熛怒之府名曰文祖火精光明
文章之祖故謂之文祖周曰明堂神斗者黃帝含樞紐
之府名曰神斗斗主也土精澄靜四行之主故謂之神
斗周曰太室顯紀者白帝招拒之府名曰顯紀紀法也金
精斷割万物故謂之顯紀周曰總章玄矩者黑帝光紀
之府名曰玄矩矩法也水精玄昧能權輕重故謂之玄
矩周曰玄堂靈府者蒼帝靈威仰之府名曰靈府周曰
青陽於是帝堯老命舜攝行天子之政以觀天命舜乃在
璿璣玉衡以齊七政鄭玄曰璿璣玉衡渾天儀也七政日月五星也。正義曰說文云璿
赤玉也按舜雖受堯命猶不自安更以璿璣玉衡以正
天文璣為運轉衡為橫簫運璣使動於下以衡望之是
玉者正天文之器也觀其齊與不齊今七政齊則已受禪
為是察之云玉衡長八尺孔徑一寸下端望之以視星
宿並懸璣以象天而以衡望之轉璣窺衡以知星宿
[illegible]徑八尺圓周二尺五寸而強也鄭玄云運轉者為璣持
正者為衡尚書大傳云政者齊中也謂春秋冬夏天文
地理人道所以為政也道正而萬事順成故天道政之
大遂類於上帝[illegible]
[illegible]
六宗鄭玄曰六宗星辰司中司命風師雨師也。駰案六
以[illegible]
日月所會十二次也司中司命文昌第五第四星也風
師箕星也雨師畢星也[illegible]
也水旱也禮祭法云埋少牢於太昭祭時也[illegible]
壇祭寒暑也王宮祭日也夜明祭月也幽禜祭星也雩禜
祭水旱也司馬彪續漢書云安帝立六宗祀於洛陽城
西北亥地禮比大社[illegible]
新禮以六宗之神諸家說不同乃廢之[illegible]望于山川
正義曰望者遙望而祭山川也[illegible]五嶽四瀆也[illegible]
[illegible]辯于群神[illegible]
[illegible]
。正義曰[illegible]揖五瑞擇吉月日見四
嶽諸牧班瑞[illegible]
往班之[illegible]
寸公執桓圭九寸侯執信圭七寸伯執躬圭五寸子執
穀璧男執蒲璧皆五寸[illegible]
云宋末會稽修禹廟於廟庭山土中得五等圭璧百餘

校形與周禮同皆短小此即禹會諸侯於會稽執以禮神而埋之其璽今猶在 歲二月東巡狩至於岱宗柴 馬融曰舜受終後五年之二月鄭玄曰建卯之月也柴祭東嶽者考績柴燎。正義曰按既班瑞羣后即東巡若守土之諸侯會岱宗之嶽於柴告至也王者巡狩以諸侯自專一國威福任己恐其壅遏上命澤不下流故巡行問人疾苦也風俗通云太山之尊者一曰岱宗岱始也長也萬物之始陰陽交代故爲五岳之長也按二月仲月也仲中也言得其中也 望秩於山川 正義曰乃以秩望祭東方諸侯境內之名山大川也按言秩者五嶽視三公四瀆視諸侯 遂見東方君長合時月正日 鄭玄曰協正四時之月數及日名備有失誤。正義曰既見東方君長乃合同四時氣節月之太小日之甲乙使齊一也周禮太史掌正歲年以序事頒正朔於邦國則節氣晦朔皆天子頒之猶恐諸侯國異或不齊同因巡狩合正之 同律度量衡 鄭玄曰同陰律度丈尺量斗斛衡斤兩也。正義曰律之十二律度之丈尺量之斗斛衡之斤兩皆使天下相同無制度長短輕重異也漢律志云虞書云同律度量衡所以齊遠近立民信也律有十二陽六爲律陰六爲呂律以統氣類物一曰黃鍾二曰太蔟三曰姑洗四曰蕤賓五曰夷則六曰無射呂以旅陽宣氣一曰林鍾二曰南呂三曰應鍾四曰大呂五曰夾鍾六曰中呂度者分寸尺丈引也所以度長短也本起黃鍾之管長以子穀秬黍中者一黍爲一分十分爲一寸十寸爲尺十尺爲丈十丈爲引而五度審矣量者龠合升斗斛也所以量多少也本起黃鍾之龠以子穀秬黍中者千有二百實爲一龠十龠爲合十合爲升十升爲斗十斗爲斛而五量嘉矣衡權者銖兩斤鈞石也所以稱物輕重也本起於黃鍾之一龠容千二百黍重十二銖二十四銖爲兩十六兩爲斤三十斤爲鈞四鈞爲石而五權謹矣衡平也權重也 脩五禮 馬融曰吉凶賓軍嘉也。正義曰周禮以吉禮事邦國之鬼神祇以凶禮哀邦國之憂以賓禮親邦國以軍禮同邦國以嘉禮親萬民也尚書堯典云類于上帝吉禮也如喪考妣凶禮也羣后四朝賓禮也大禹謨云汝徂征軍禮也堯典云女于時嘉禮也 五玉 鄭玄曰即五瑞也執之曰瑞陳列曰玉 三帛 馬融曰三孤所執也鄭玄曰帛所以薦玉也必三者高陽氏後用赤繒高辛氏後用黑繒其餘諸侯皆用白繒。正義曰孔安國云諸侯世子執纁公之孤執玄附庸之君執黃也按三統紀推伏羲爲天統色尚赤神農爲地統色尚黑黃帝爲人統色尚白少昊黃帝子亦尚白故高陽氏又天統亦尚赤堯爲人統故用白 二生 正義曰羔鴈也鄭玄注周禮大宗伯云羔小羊也取其羣不失其類也鴈取其候時而行也卿執羔大夫執鴈按羔鴈性馴可以爲贄 一死 正義曰雉也馬融云一死雉士所執也按不可生爲贄故死雉取其守介死不失節也 贄 馬融曰贄二生羔鴈卿大夫所執一死雉士所執。正義曰摯音至贄執也鄭玄云贄之言至所以自致也韋昭云贄六贄皮帛卿執羔大夫執鴈士執雉庶人執鹿工商執雞也 如五器卒乃復 馬融曰五器上五玉五玉礼終則還之三帛已下不還也。正義曰卒音子律反復音伏字 五月南巡狩八月西巡狩十一月北巡狩皆如初歸至于祖禰廟 正義曰禰音乃礼反何休云生曰父死曰考廟曰禰也 用特牛禮五歲一巡狩羣后四朝 鄭玄曰巡狩之年諸侯見於方嶽之下其間四年四方諸侯分來朝於京師也 徧告以言 正義曰徧音遍言徧告天子治理之言也 明試以功車服以庸 正義曰孔安國云功成則錫車服以表顯其能用也 肇十有二州決川 馬融曰禹平水土置九州舜以冀州之北廣大分置并州燕齊遼遠分燕置幽州分齊爲營州於是爲十二州也鄭玄曰更爲之定界濬水害也 象以典刑 馬融曰言咎繇制五常之刑無犯之者但有其象無其人也。正義曰孔安國云象法也法用常刑用不越法也 流宥五刑 馬融曰流放宥寬也一曰幼少二曰老耄三曰惷愚五刑謂墨劓剕宮大辟。正義曰孔安國云以流放之法寬五刑也鄭玄云三宥一曰弗識二曰過失三曰遺忘也 鞭作官刑 馬融曰爲辨治官事者爲刑 扑作教刑 鄭玄曰扑檟楚也扑爲教官爲刑者 金作贖刑 馬融曰金黃金也意善功惡使出金贖罪坐不戒慎者 眚災過赦 鄭玄曰眚災爲人作患害者也過失雖有害則赦之 怙終賊刑 徐廣曰終一作衆鄭玄曰怙其姦邪終身以爲殘賊則用刑之 欽哉欽哉惟刑之靜哉 徐廣曰今文云惟刑之謐哉爾雅曰謐靜也。索隱曰案古文作恤哉且今文是伏生口誦邮謐声近遂作謐也讙兜進言共工正義曰讙兜渾沌也共工窮奇也鯀檮杌也三苗饕餮也左傳云舜臣堯流四凶投諸四裔以禦魑魅也堯曰不可而試之工師正義曰工師若今大匠卿也共工果淫辟正義曰辟疋亦反四嶽舉鯀治鴻水堯以爲不可嶽彊請試之試之而無功故百姓不便三苗馬融曰国名也。正義曰左傳云自古諸侯不用王命虞有三苗夏有觀扈孔安国云縉雲氏之後爲諸侯號饕餮也吳起云三苗之国左洞庭而右彭蠡按洞庭湖名在岳州巴陵西南一里南與青草湖連彭蠡湖名在江州潯陽縣東南五十二里以天子在北故洞庭在西爲左彭蠡在東爲右今江州鄂州岳州三苗之地也在江淮荊州正義曰淮讀曰匯音胡罪反今彭蠡湖也本屬荊州尚書云南入于江東匯澤爲彭蠡是也數爲亂於是舜歸而言於帝請流共工於幽陵馬融曰北裔也。正義曰尚書及大戴禮皆作幽州括地志云故龔城在檀州燕樂縣界故老傳云舜流共工幽州居此城神異經云西北荒有人焉人面朱髮蛇身人手足而食五穀禽獸頑愚名曰共工以變北狄徐廣曰變一作燮。索隱曰變謂變其形及衣服同於夷狄也徐廣云作燮燮和也。正義曰言四凶流四裔各於四夷放共工等爲中国之風俗也放驩兜於崇山馬融曰南裔也。正義曰神異經云南方荒中有人焉人面鳥喙而有翼兩手足扶翼而行食海中魚爲人很惡不畏風雨禽獸犯死乃休名曰讙兜也以變南蠻遷三苗於三危馬融曰西裔也。正義曰括地志云三危山有三峯故曰三危俗亦名卑羽山在沙州燉煌縣東南三十里神異經云西荒中有人焉面目手足皆人形而胳下有翼不能飛爲人饕餮淫逸名曰苗民又山海經云大荒北經黑水之北有人有翼名曰苗民也以變西戎殛鯀於羽山馬融曰殛誅也羽山東裔也。正義曰殛音紀力反孔安国云殛竄放流皆誅也括地志云羽山在沂州臨沂縣界神異經云東方有人焉人形而身多毛自解水土知通塞爲人自用欲爲欲息皆云是鯀也

以變東夷四皋而天下咸服堯立七十年得舜二十年而老令舜攝行天子之政薦之於天堯辟位二十八年而崩徐廣曰堯在位凡九十八年。駰案皇覽曰堯冢在濟陰城陽劉向曰堯葬濟陰丘壠山呂氏春秋曰堯葬穀林皇甫謐曰穀林即城陽堯都平陽於詩爲唐国。正義曰皇甫謐云堯即位九十八年通舜攝二十八年也凡百一十七歲孔安国云堯壽百一十六歲括地志云堯陵在濮州雷澤縣西三里郭生述征記云城陽縣東有堯冢亦曰堯陵有碑是也括地志云雷澤縣本漢郕陽縣也百姓悲哀如喪父母三年四方莫舉樂正義曰尚書云三載四海遏密八音以思堯堯知子丹朱之不肖索隱曰鄭玄曰肖似也不似言不如人也皇甫謐云堯娶散宜氏之女曰女皇生丹朱又有庶子九人皆不肖也不足授天下於是乃權授舜索隱曰父子繼立常道也求賢而禪權道也權者反常而合道。正義曰五帝官天下老則禪賢故權試舜也授舜則天下得其利而丹朱病授丹朱則天下病而丹朱得其利堯曰終不以天下之病而利一人而卒授舜以天下堯崩三年之喪畢舜讓辟丹朱於南河之南劉熙曰南河九河之最在南者。正義曰括地志云故堯城在濮州鄄城縣東北十五里竹書云昔堯德衰爲舜所囚也又有偃朱故城在縣西北十五里竹書云舜囚堯復偃塞丹朱使不與父相見也按濮州北臨漯大川也河在堯都之南故曰南河禹貢至于南河是也其偃朱城所居即舜讓避丹朱於河南之南邑也諸侯朝覲者不之丹朱而之舜獄訟者不之丹朱而之舜謳歌者不謳歌丹朱而謳歌舜舜曰天也夫而後之中國踐天子位焉劉熙曰天子之位不可曠年於是遂反格于文祖而當帝位帝王所都爲中故曰中国是爲帝舜

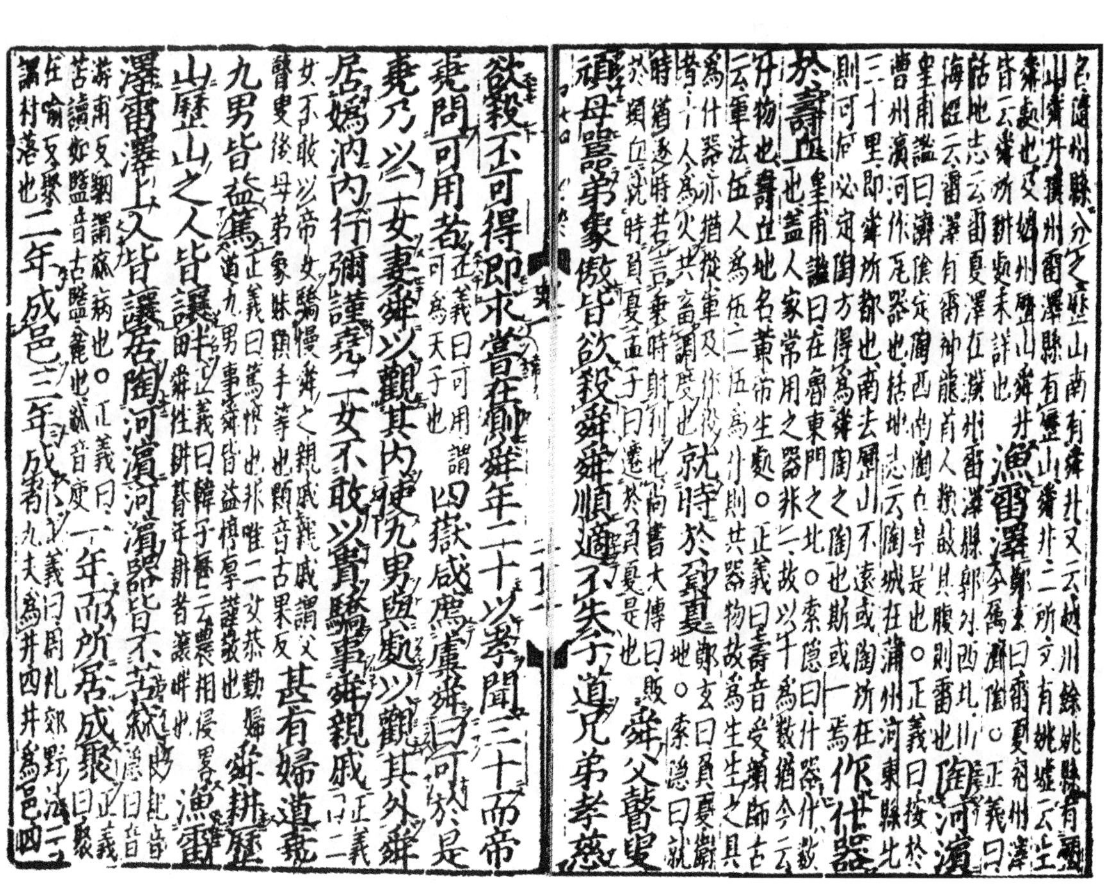

虞舜者，謚法曰仁聖盛明曰舜。○索隱曰虞國名在河東大陽縣舜謚也皇甫謐云舜字都君也。○正義曰括地志云故虞城在陝州河北縣東北五十里虞山之上酈元注水經云幹橋東北有虞城堯以女嬪于虞之地也又宋州虞城大襄國所封之邑杜預云舜後諸侯也又越州餘姚縣顧野王云舜後支庶所封之地舜姚姓故云餘姚縣西七十里有漢上虞故縣會稽舊記云舜上虞人去虞三十里有姚丘即舜所生也周處風土記云舜東夷之人生姚丘括地志又云姚墟在濮州雷澤縣東十三里孝經援神契云舜生於姚墟按二所未詳名曰重華。索隱皇甫謐云舜以堯之二十一年甲子生三十一年甲午徵用七十九年壬午即真百歲癸卯崩。○正義曰尚書云重華協于帝孔安國云華謂文德也言其光文重合於堯瞽瞍姓嬀妻曰握登見大虹意感而生舜於姚墟故姓姚目重童子故曰重華字都君龍顏大口黑色身長六尺一寸重華父曰瞽叟，正義曰先台反孔安國曰無目曰瞽舜父有目不能分別好惡故時人謂之瞽配字曰叟叟無目之稱也瞽叟父曰橋牛，正義曰橋又音嬌橋牛父曰句望，正義曰句古侯反望音亡句望父曰敬康，敬康父曰窮蟬，窮蟬父曰帝顓頊，顓頊父曰昌意：以至舜七世矣。自從窮蟬以至帝舜，皆微為庶人。舜父瞽叟盲，而舜母死，索隱曰皇甫謐云舜母名握登生舜於姚墟因姓姚氏也瞽叟更娶妻而生象，象傲。瞽叟愛後妻子，常欲殺舜，舜避逃；及有小過，則受罪。順事父及後母與弟，日以篤謹，匪有解。舜，冀州之人也。正義曰蒲州河東縣本屬冀州宋永初山川記云蒲坂城中有舜廟城外有舜宅及二妃壇括地志云嬀州有嬀水源出城中耆舊傳云即舜釐降二女於嬀汭之所外城中有舜井城北有嬀汭山上有舜廟未詳按嬀州亦冀州城是也舜耕歷山，鄭玄曰在河東。○正義曰括地志云蒲州河東縣雷首山一名中條山亦名歷山亦名首陽山亦名蒲山亦名襄山亦名甘棗山亦名猪山亦名狗頭山亦名薄山亦名吳山此山西起雷首山東至吳坂凡十二名隨州縣分之歷山南有舜井又云越州餘姚縣有歷山舜井濮州雷澤縣有歷山舜井二所又有姚墟云生舜處也又嬀州歷山舜井皆云舜所耕處未詳也漁雷澤，鄭玄曰雷夏兗州澤今屬濟陰。○正義曰括地志云雷夏澤在濮州雷澤縣郭外西北山海經云雷澤有雷神龍首人頰鼓其腹則雷也陶河濱，皇甫謐曰濟陰定陶西南陶丘亭是也。○正義曰按於曹州濱河作瓦器也括地志云陶城在蒲州河東縣北三十里即舜所都也南去歷山不遠或陶所在則可必定陶方得為舜陶之陶也斯或一焉作什器於壽丘，皇甫謐曰在魯東門之北。○索隱曰什器什數也蓋人家常用之器非一故以十為數猶今云什物也壽丘地名黃帝生處。○正義曰壽音受顏師古云軍法伍人為伍二伍為什則共其器物故為生生之具為什器亦猶從軍及作役者十人為火共畜調度也就時於負夏。鄭玄曰負夏衛地。○索隱曰就時猶逐時若言乘時射利也尚書大傳曰販於頓丘就時負夏孟子曰遷於負夏是也舜父瞽叟頑，母嚚，弟象傲，皆欲殺舜。舜順適不失子道，兄弟孝慈。欲殺，不可得；即求，嘗在側。舜年二十以孝聞。三十而帝堯問可用者，正義曰可用謂可為天子也四嶽咸薦虞舜，曰可。於是堯乃以二女妻舜以觀其內，使九男與處以觀其外。舜居嬀汭，內行彌謹。堯二女不敢以貴驕事舜親戚，正義曰二女不敢以帝女驕慢舜之親戚親戚謂父瞽叟後母弟象妹顆手等也顆音古果反甚有婦道。堯九男皆益篤。正義曰篤厚也非唯二女恭勤婦道九男事舜皆益厚謹敬也舜耕歷山，歷山之人皆讓畔；正義曰韓子云歷山之農者侵略舜往耕焉期年耕者讓畔也漁雷澤，雷澤上人皆讓居；陶河濱，河濱器皆不苦窳。索隱曰窳音游甫反鄭玄云窳病也。○正義曰苦讀如盬音古盬麤也窳音庾一年而所居成聚，正義曰聚在喻反聚謂村落也二年成邑，三年成都。正義曰周禮郊野法九夫為井四井為邑四

邑爲丘。四丘爲甸。四甸爲縣。四縣爲都也。堯乃賜舜絺衣正義曰：絺，勑遲反。細葛布衣也。鄭氏音竹几反。與琴，爲築倉廩，予牛羊。瞽叟尚復欲殺之，使舜上塗廩，瞽叟從下縱火焚廩。舜乃以兩笠自扞而下，去，得不死。索隱曰：言以笠自扞己，身有似鳥張翅而輕下，得不損傷。皇甫謐云：兩繖。繖，笠類。列女傳云：二女教舜鳥工上廩是也。○正義曰：通史云：瞽叟使舜滌廩，舜告堯二女，女曰：時其焚汝，鵲汝衣裳，鳥工往。舜既登廩，得免去也。後瞽叟又使舜穿井，舜穿井爲匿空旁出。劉熙曰：舜以權謀自免，亦大聖有神人之助也。○索隱曰：空音孔。列女傳所謂龍工入井是也。○正義曰：言舜潛匿穿孔旁，從他井而出也。通史云：舜穿井，又告二女，二女曰：去汝裳衣，龍工往。入井，瞽叟與象下土實井，舜從他井出去也。括地志云：舜井在嬀州懷戎縣西城中，其西又有一井，耆舊傳云並舜井也。舜自中出。帝王紀云：河東有舜井，未詳也。舜既入深，瞽叟與象共下土實井，索隱曰：亦作塡井。舜從

匿空出去。瞽叟、象喜，以舜爲已死。象曰：「本謀者象。」象與其父母分，正義曰：扶問反。於是曰：「舜妻堯二女，與琴，象取之。牛羊倉廩予父母。」象乃止舜宮居，正義曰：宮即室也。爾雅云：室謂之宮。鄭云：命士已上父子異宮也。鼓其琴。舜往見之。象鄂不懌，曰：「我思舜正鬱陶！」舜曰：「然，爾其庶矣！」索隱曰：言汝猶當庶幾於友悌之情義也。如孟子取尚書文又云：惟茲臣庶，汝其于予治。欲令象共我理臣庶也。舜復事瞽叟愛弟彌謹。於是堯乃試舜五典百官，皆治。昔高陽氏有才子八人，名見左傳。世得其利，謂之「八愷」。賈逵曰：愷，和也。○索隱曰：左傳史克對季文子曰：昔高陽氏有才子八人，蒼舒、隤敳、檮戭、大臨、尨降、庭堅、仲容、叔達。高辛氏有才子八人，名見左傳。世謂之「八元」。賈逵曰：元，善也。○索隱曰：左傳高辛氏有才子八人，伯奮、仲堪、叔獻、季仲、伯虎、仲熊、叔豹、季貍。此

十六族者，世濟其美，索隱曰：謂元愷各有親族，故稱族也。濟，成也。言後代成前代也。不隕其名。至於堯，堯未能舉。舜舉八愷，使主后土，王肅曰：君治九土之宜。杜預曰：后土，地也。○索隱曰：禹爲司空，司空主土，則禹在八愷之中。○正義曰：春秋正義云：后，君也。天曰皇天，地曰后土。以揆百事，莫不時序。正義曰：言禹度九土之宜，無不以時得其次序。舉八元，使布五教于四方，索隱曰：契爲司徒，司徒敷五教，則契在八元之數。父義，母慈，兄友，弟恭，子孝，內平外成。正義曰：杜預云：內諸夏，外夷狄也。按契作五常之教，諸夏太平，夷狄向化也。昔帝鴻氏有不才子，賈逵曰：帝鴻，黃帝也。不才子，其苗裔讙兜也。掩義隱賊，好行凶慝，天下謂之渾沌。正義曰：慝，惡也。一本云：天下之民謂之渾沌。渾沌即讙兜也。言掩義事，陰爲賊害，而好凶惡，故謂之渾沌也。杜預云：渾沌，不開通之皃。神異經云：崑崙西有獸焉，其狀如犬，長毛，四足，似熊而無爪，有目而不見，行不開，有兩耳而不聞，有人知往，

有腹無五藏，有腹直，食徑過。人有德行而往抵觸之，有凶德而往依憑之，名渾沌。又莊子云：南海之帝爲儵忽，中央之帝爲渾沌。儵與忽時相遇於渾沌之地，渾沌待之甚善。儵與忽謀欲報渾沌之德，曰：人皆有七竅以視聽食息，此獨無有，嘗試鑿之。日鑿一竅，七日而渾沌死。杜預言讙兜性似，故號之也。少皞氏服虔曰：金天氏帝號。有不才子，毀信惡忠，崇飾惡言，天下謂之窮奇。服虔曰：謂共工氏也。其行窮而好奇。○正義曰：謂共工言毀敗信行，惡其忠直，有惡言語，高飾之，故謂之窮奇。按常行終必窮極，好諂諛奇異於人也。神異經云：西北有獸，其狀似虎，有翼能飛，使勦食人，知人言語，聞人鬭輒食直者，聞人忠信輒食其鼻，聞人惡逆不善輒殺獸往饋之，名曰窮奇。按言共工性似，故號之也。顓頊氏有不才子，不可教訓，不知話言，天下謂之檮杌。賈逵曰：檮杌，頑凶無疇匹之貌，謂鯀也。○正義曰：檮音道，杌音五骨反。謂鯀也。凶頑不可教訓，不從詔令，故謂之檮杌。按言無疇匹，言自縱恣也。神異經云：西方荒中有獸焉，其狀如虎而大，毛長二尺，人面，虎足，豬口牙，尾長一丈八

凡擾亂荒忽名檮杌一名傲很一名難訓按鯀性似故號之也此三族世憂之至于堯堯未能去縉雲氏賈逵曰縉雲氏姜姓也炎帝之苗裔當黃帝時任縉雲之官也○正義曰今括州縉雲縣蓋其所封也舊云縉赤繒也有不才子貪於飲食冒于貨賄天下謂之饕餮正義曰此以上四凶出左傳文或本有並文相類四凶故書之恐本錯脫耳謂三苗也言貪飲食冒貨賄故謂之饕餮神異經云西南有人焉身多毛頭上戴豕性很惡好息積財而不用善奪人穀物強者畏羣而擊單名饕餮言三苗性似故號之天下惡之比之三凶杜預云非帝子孫故別之以比三凶也舜賓於四門正義曰杜預云闢四門達四聰以賓禮眾賢乃流四凶族遷于四裔賈逵曰四裔之地去王城四千里以御螭魅正義曰螭魅人面獸身四足好惑人山林異氣所生以為人害○正義曰御音魚呂反螭音丑知反魅音媚按御螭魅恐更有邪諂之人故流放四凶以禦之也故下云無凶人也於是四門辟言毋凶人也

舜入于大麓烈風雷雨不迷堯乃知舜之足授天下堯老使舜攝行天子政巡狩舜得舉用事二十年而堯使攝政攝政八年而堯崩三年喪畢讓丹朱天下歸舜而禹皋陶契后稷伯夷夔龍垂益彭祖索隱曰彭祖即陸終氏之第三子籛鏗之後後為大彭亦稱彭祖○正義曰高姚二音皋陶字庭堅英六二國是其後也契音薛殷之祖也伯夷齊太公之祖也夔巨龜反樂官也倕音垂亦作垂內言之官益伯翳也即秦趙之祖彭祖自堯時舉用歷夏殷封於大彭自堯時而皆舉用未有分職正義曰分音符問反如字分謂封疆爵土也於是舜乃至於文祖謀于四嶽辟四門明通四方耳目命十二牧論帝德行厚德遠佞人正義曰舜命十二牧論帝堯之德又敷之於天下遠離邪佞之人言能如此則夷狄亦服從也則蠻夷率服舜謂四嶽

鼓良刃反

時是音如字或作蒔音侍

曰有能奮庸馬融曰奮明庸功也美堯之事者使居官相事皆曰伯禹為司空可美帝功舜曰嗟然禹汝平水土維是勉哉禹拜稽首讓於稷契與皋陶舜曰然往矣鄭玄曰然其舉得其人汝往居此官不聽其所讓也舜曰棄黎民始飢徐廣曰今文尚書作祖飢祖始也○索隱曰古文作阻飢阻以為阻難也祖阻聲相近未知誰得汝后稷播時百穀鄭玄曰時讀曰蒔○正義曰稷農官也播時謂順四時而播百穀舜曰契百姓不親五品不馴鄭玄曰五品父母兄弟子也王肅曰五品五常也○正義曰馴音訓汝為司徒而敬敷五教在寬馬融曰五品之教舜曰皋陶蠻夷猾夏鄭玄曰猾夏侵亂中國也寇賊姦軌鄭玄曰由內為姦起外為軌○正義亦作宄音軌汝作士馬融曰獄官之長○正義曰按言大理獄也五刑有服正義曰孔安國云服從也言輕重之中正也按墨黥其額湼以墨劓截

鼻也剕刖足也宮淫刑也男子割勢婦人幽閉也大辟死刑也五服三就馬融曰五刑墨劓剕宮大辟三就謂大罪陳諸原野次罪於市朝同族適甸師氏既服五刑當就三處五流有度正義曰度音徒洛反尚書作宅孔安國云五刑之流各有所居也五度三居正義曰謂度其遠近為三等之居也維明能信馬融曰謂在八議君不忍刑宥之以遠五等之差亦有三等之居大罪投四裔次九州之外次中國之外當明其罪能使信服之舜曰誰能馴予工馬融曰謂主百工之官也皆曰垂可於是以垂為共工馬融曰為司空共理百工之事舜曰誰能馴予上下馬融曰上謂原下謂隰草木鳥獸皆曰益可於是以益為朕虞馬融曰虞掌山澤之官名益拜稽首讓于諸臣朱虎熊羆索隱曰即高辛氏之子伯虎仲熊也○正義曰孔安國云朱虎熊羆二臣也垂益所讓四人皆在元凱之中也舜曰往矣汝諧遂以朱虎熊羆為佐正義曰為益之佐也舜曰嗟

四嶽有能典朕三禮 曰伯夷可 舜曰嗟伯夷以汝爲秩宗 夙夜維敬 直哉維靜潔 伯夷讓夔龍 舜曰然 以夔爲典樂 教穉子 直而溫 寬而栗 剛而毋虐 簡而毋傲 詩言意 歌長言 聲依永 律和聲 八音能諧 毋相奪倫 神人以和 夔曰於予擊石拊石 百獸率舞 舜曰龍 朕畏忌讒說殄僞 振驚朕衆 命汝爲納言 夙夜出入朕命 惟信

舜曰嗟 女二十有二人 敬哉 維時相天事 三歲一考功 三考絀陟 遠近衆功咸興 分北三苗 此二十二人咸成厥功 皐陶爲大理 平 民各伏得其實 伯夷主禮 上下咸讓 垂主工師 百工致功 益主虞 山澤辟 棄主稷 百穀時茂 契主司徒 百姓親和 龍主賓客 遠人至 十二牧行而九州莫敢辟違 唯禹之功爲大 披九山 通九澤 決九河 定九州 各以其職來貢 不失厥宜 方五千里 至于荒服 南撫交阯北發 西戎析枝渠廋氏羌 北山戎發息慎 東長鳥夷 四海之內咸戴

帝舜之功於是禹乃興九招之樂 索隱曰招音韶即舜樂簫韶九成故曰九招 致異物鳳皇來翔天下明德皆自虞帝始舜年二十以孝聞年三十堯舉之年五十攝行天子事年五十八堯崩年六十一代堯踐帝位 皇甫謐曰舜所都或言蒲坂或言平陽或言潘潘今上谷也 正義曰括地志云平陽今晉州城是也蒲坂今蒲州南二里河東縣界蒲坂故城是潘今嬀州城是也 踐帝位三十九年南巡狩崩於蒼梧之野葬於江南九疑是為零陵 皇覽曰舜冢在零陵營浦縣其山九谿皆相似故曰九疑傳曰舜葬蒼梧象為之耕禮記曰舜葬蒼梧二妃不從山海經曰蒼梧山帝舜葬于陽丹朱葬于陰皇甫謐曰或曰二妃葬衡山 舜之踐帝位載天子旗往朝父瞽叟夔夔唯謹 徐廣曰夔夔敬貌 如子道封弟象為諸侯 孟康曰封之有鼻音鼻○正義曰帝王紀云舜弟象封於有鼻 括地志云鼻亭神在道縣北六十里故老傳云舜葬九疑象來至此後人立祠名為鼻亭神輿地志云零陵郡應陽縣東有山有象廟王隱晉書云此山有鼻墟象所封也 舜子商均亦不肖 皇甫謐曰娥皇無子女英生商均○正義曰譙周云以虞封舜子今宋州虞城縣括地志云虞國舜後所封邑也或云封舜子均於商故號商均也 舜乃豫薦禹於天 索隱曰謂告天使之攝位 十七年而崩三年喪畢禹亦乃讓舜子 正義曰括地志云禹居洛州陽城者避商均非時久居也 如舜讓堯子諸侯歸之然後禹踐天子位堯子丹朱舜子商均皆有疆土 譙周曰以唐封堯之子以虞封舜之子○索隱曰漢書律曆志云封堯子朱於丹淵為諸侯商均封於虞在梁國今虞城縣也○正義曰括地志云定州唐縣堯後所封宋州虞城縣舜後所封也 以奉先祀服其服禮樂如之以客見天子 正義曰為天子之賓客也 天子弗臣示不敢專也自黃帝至舜

禹皆同姓而異其國號以章明德 徐廣曰外傳曰黃帝之子二十五子其得姓者十四人虞翻云以德為氏姓文虞說以允有二十五人其二人同姓姬文十一人為十一姓酉祁己滕箴任荀釐姞儇依是也餘十二姓德薄不紀錄 故黃帝為有熊帝顓頊為高陽帝嚳為高辛帝堯為陶唐 韋昭曰陶唐皆國名猶湯稱殷商矣張晏曰堯為唐侯國於中山唐縣是也 帝舜為有虞 皇甫謐曰舜嬪于虞因以為氏今河東太陽西山上虞城是也 帝禹為夏后而別氏姓姒氏契為商姓子氏 索隱曰禮緯曰禹母脩己吞薏苡而生禹因姓姒氏而契姓子氏者亦以其母吞乙子而生 棄為周姓姬氏 鄭玄駁許慎五經異義曰春秋左傳無駭卒羽父請謚與族公問族於衆仲衆仲對曰天子建德因生以賜姓胙之土而命之氏諸侯以字為氏因以為族官有世功則有官族邑亦如之公命以字為展氏以此言之天子賜姓命氏諸侯命族族者氏之別名也姓者所以統繫百世使不別也氏者所以別子孫之所出故世本之篇言姓則在上言氏則在下也

太史公曰 正義曰太史公司馬遷自謂也自敘傳云太史公曰先人有言又云太史公曰余聞之董生又云太史公遭李陵之禍明太史公司馬遷自號也遷為太史公官題贊首也虞喜志林云古者主天官者皆上公非獨遷也 學者多稱五帝尚矣 索隱曰尚上也言久遠也然尚矣文出大戴禮 然尚書獨載堯以來而百家言黃帝其文不雅馴 正義曰馴訓也謂百家之言皆非典雅之訓 薦紳先生難言之 徐廣曰薦紳即縉紳也古字假借 孔子所傳宰予問五帝德及帝繫姓 正義曰繫音奚計反五帝德及帝繫姓皆大戴禮文及孔子家語篇名漢儒者以二書非經恐不是聖人之言故或不傳學也 儒者或不傳 索隱曰五帝德帝繫姓皆大戴禮及孔子家語篇名以二者皆非正經故漢時儒者以為非聖人之言故多不傳學 余嘗西至空桐 正義曰余太史公自稱也嘗曾也空桐山在原州平高縣西百里黃帝問道於

氏異作謚

北過涿鹿〔正義曰涿鹿山在嬀州東南五十里〕東漸於海，南浮江淮矣。至長老皆各往往稱黃帝堯舜之處，風教固殊焉，總之不離古文者近是。〔索隱曰古文即帝德帝系二書也，近是聖人之說〕予觀春秋國語，其發明五帝德帝繫姓章矣。〔索隱曰太史公言以春秋國語古書得加考驗，益以發明五帝德帝系等說，足近章著也〕顧弟弗深考，〔徐廣曰弟但也。史記諸書皆如此者非一，又本忠蜀都賦曰弟如滇池而不詳者，多以為字誤，學者安可不博觀乎。○正義曰顧念也，弟且也，太史公言博考古文，擇其言尤不虛甚著者矣，思念亦且不須史深考論〕其所表見皆不虛。〔索隱曰言帝德帝系所表見者皆不為虛妄也〕書缺有間矣，〔正義曰言古文尚書缺失其間多矣，而無說黃帝之語〕其軼乃時時見於他說。〔索隱曰言古典殘缺有年載，故曰有間，然帝皇遺事散軼，乃時時旁見於他記說，即帝德帝系等說也〕非好學深思，心知其意，固難為淺見寡聞道也。余并論次，擇其言尤雅者，故著為本紀書首。〔正義曰太史公據古文并諸子百家論次，擇其言語訓典雅者，故著為五帝本紀，在史記百三十篇書之首〕

索隱述贊曰：

帝出少典，居于軒丘。既代炎曆，遂禽蚩尤。高陽嗣位，靜深有謀。小大遠近，莫不懷柔。爰洎帝嚳，列聖同休。帝摯之弟，其號放勳。就之如日，望之如雲。郁夷東作，昧谷西曛。明敭仄陋，玄德升聞。能讓天下，賢哉二君。

右述贊之體，深所不安。何者？夫敘事美功，合有首末，懲惡勸善，具稱褒貶。觀太史公贊論之中，或國有數君，或士兼百行，不能備論，總始曰何略，申撮其要，乃煩取一事，偏引一奇，即為一篇之贊，將為龜鏡，誠所不取。斯亦明月之珠不能無纇矣。今並重為一百三十篇之贊云。

五帝本紀第一　史記一

夏本紀第二　　史記二

夏禹謚法曰受禪成功曰禹。正義曰夏者帝禹封國號也。帝王紀云禹受封爲夏伯，在豫州外方之南，今河南陽翟是也。名曰文命。索隱曰尚書云文命敷于四海，孔安國云外布文德教命。不云是禹名。太史公皆以放勳、重華、文命爲名，孔文云虞氏舜名，則堯舜禹湯皆名矣。蓋古質，帝王之號皆以名，後代因其行追而爲謚，其實禹是名。故張晏云少昊已前天下之號象其德，顓頊已來天下之號因其名。又按系本鯀取有辛氏女，謂之女志，是生高密。宋衷云高密，禹所封國。○正義曰帝王紀云父鯀妻脩已，見流星貫昴，夢接意感，又吞神珠薏苡，胸坼而生禹，名文命，字密，身九尺二寸長，本西夷人也。大戴禮云高陽之孫，鯀之子，曰文命。揚雄蜀王本紀云禹本汶山郡廣柔縣人也，生於石紐。括地志云茂州汶川縣石紐山在縣西七十三里。華陽國志云今夷人共營其地，方百里不敢居牧，至今猶不敢放六畜。按廣柔，隋改曰汶川。禹之父曰鯀，鯀之父曰帝顓頊，索隱曰皇甫謐云鯀，帝顓頊之子，字熙。又連山易云鯀封於崇，故國語謂之崇伯鯀。系本亦以鯀爲顓頊子。漢書律曆志則云顓頊五代而生鯀。按鯀既仕堯，與舜代系殊懸，舜即顓頊六代孫，則鯀非是顓頊之子。蓋班氏之言近得其實。顓頊之父曰昌意，昌意之父曰黃帝。禹者，黃帝之玄孫而帝顓頊之孫也。禹之曾大父昌意及父鯀皆不得在帝位，爲人臣。

當帝堯之時，鴻水滔天，索隱曰一作洪。鴻，大也。以鳥大曰鴻，小曰鴈，故近代文字大義者皆作鴻也。浩浩懷山襄陵，下民其憂。堯求能治水者，羣臣四嶽皆曰鯀可。堯曰：「鯀爲人負命毀族，不可。」四嶽曰：「等之未有賢於鯀者，願帝試之。」於是堯聽四嶽，用鯀治水。九年而水不息，功用不成。於是帝堯乃求人，更得舜。舜登用，攝行天子之政，巡狩。行視鯀之治水無狀，索隱曰言無功狀。乃殛鯀於羽山以死。正義曰殛音紀力反。鯀之羽山，化爲黃熊，入于羽淵。熊音乃來反，下三點爲三足也。束晳發蒙紀云鼈三足曰熊。天下皆以舜之誅爲是。於是舜舉鯀子禹，而使續鯀之業。

堯崩，帝舜問四嶽曰：「有能成美堯之事者使居官？」皆曰：「伯禹爲司空，可成美堯之功。」舜曰：「嗟，然！」命禹：「女平水土，維是勉之。」禹拜稽首，讓於契、后稷、皋陶。舜曰：「女其往視爾事矣。」

禹爲人敏給克勤；其德不違，其仁可親，其言可信；聲爲律，索隱曰言禹聲音應鍾律。身爲度，王肅曰以身爲法度。○索隱曰按今巫猶稱禹步。稱以出，徐廣曰一作士。○索隱曰按大戴禮見作士，又一解云上聲與身爲律度，則權衡亦出於其身，故云稱以出。亹亹穆穆，爲綱爲紀。

禹乃遂與益、后稷奉帝命，命諸侯百姓興人徒以傅土，行山表木，尚書傅字作敷，馬融曰敷，分也。○索隱曰大戴禮作傅土，故此紀依之。傅即付也，謂付功屬役之事。謂令人分布理九州之土地也。表木，謂刊木立爲表記。尚書作隨山刊木。定高山大川。馬融曰定其差秩，祀禮所視也。○駰案尚書大傳曰高山大川，五嶽四瀆之屬。禹傷先人父鯀功之不成受誅，乃勞身焦思，居外十三年，過家門不敢入。薄衣食，致孝于鬼神。馬融曰祭祀豐絜。卑宮室，致費於溝淢。包氏曰方里爲井，井間有溝，溝廣深四尺。十里爲成，成間有淢，淢廣深八尺。陸行乘車，水行乘船，泥行乘橇，徐廣曰他書或作蕝。駰案孟康曰橇形如箕，擿行泥上。如淳曰橇音茅蕝之蕝。謂以板置其泥上以通行路也。○正義曰按橇形如船而短小，兩頭微起，人曲一腳，泥上擿進，用拾泥上之物。今杭州溫州海邊有之也。山行乘檋，徐廣曰檋一作橋，音丘遙反。駰案如淳曰檋車謂以鐵如錐，頭長半寸，施之履下，以上山不蹉跌也。又音紀錄反。○正義曰按上山前齒短，後齒長；下山前齒長，後齒短也。檋音與上同也。

夏紀

左準繩右規矩王肅曰左右言常用也。索隱曰左所運用堪為人之準繩右所舉動必應規
矩也載四時王肅曰所以行不違四時之宜也以開九州通九道陂九澤
度九山令益予眾庶稻可種卑溼命后稷予眾庶難得
之食食少調有餘相給以均諸侯禹乃行相地宜所有
以貢及山川之便利禹行自冀州始冀州既載孔安國曰堯所
都也先施貢賦役載於書也。鄭玄曰兩河閒曰冀州。正義曰按理水及貢賦從帝都為始也黃河自勝州東
直南至華陰即東至懷州南又東北至平州碣石山入海也東河之西西河之東南河之北皆冀州也壺
口治梁及岐鄭玄曰地理志壺口山在河東北屈梁山在左馮翊夏陽岐山在右扶風美陽。正義
曰括地志云壺口山在慈州吉昌縣西南五十里冀州境也梁山在同州韓城縣東南十九里岐山在岐州岐山
縣東北十里二山雍州境也孔安國曰從東循山理水而西也既修太原至于嶽陽孔安
國曰太原今為郡名太嶽在太原西南山南曰陽。索隱曰嶽太嶽即冀州之鎮霍太山也按地理志霍太山
在河東彘縣東凡如此類不引書者皆地理志文也。正義曰括地志云霍山在沁州沁源縣西七八十里
覃懷致功孔安國曰覃懷近河地名。鄭玄曰懷縣屬河內。索隱曰按河內有懷縣今驗地無名覃
者蓋覃懷二字或當時共為一地之名至於衡漳孔安國曰漳水橫流。索隱曰案孔註以衡為
橫非王肅云衡漳二水名地理志清漳水出上黨沾縣東北至阜城縣入河濁漳水出上黨長子縣東至鄴入
清漳也。正義曰括地志云故懷城在懷州武陟縣西十一里衡漳水在瀛州東北百二十五里平舒縣界也
其土白壤孔安國曰無塊曰壤賦上上錯孔安國曰上上第一錯雜出第二之
田中中孔安國曰九州之中為第五常衛既從大陸既為索隱曰地理志
恒水出恒山衛水在靈壽大陸澤在鉅鹿。索隱曰此文改恒山恒水作常避漢文帝諱也常水出常山
上曲陽縣東入滱水出常山靈壽縣東入滹沱鳥夷皮服鄭玄曰鳥夷東北之民賦食鳥獸者

孔安國曰服其皮明水害除。正義曰括地志云靺鞨國古肅慎也在京東北萬里已下東及北各抵大海其
國南有白山鳥獸草木皆白其人處山林間土氣極寒常為穴居以深為貴至接九梯養豕食肉衣其皮冬以
豬膏塗身厚數分以禦風寒貴臭穢不潔作廁於中圜之而居多勇力善射弓長四尺如弩矢用楛長一尺八
寸青石為鏃葬則交木作槨殺豬積槨上富者至數百貧者數十以為死人之糧以土覆之以繩繫於槨頭
出土上以酒灑酹繩腐而止無四時祭祀也夾右碣石孔安國曰碣石海畔之山也入于
海徐廣曰海一作河。索隱曰地理志云碣石山在北平驪城縣西南太康地理志云樂浪遂城縣有碣石
山長城所起又水經云在遼西臨渝縣南水中蓋碣石山有二此云夾右碣石入于海當非北平之碣石濟
河維沇州鄭玄曰言沇州之界在此兩水之閒九河既道馬融曰九河名徒駭太史馬頰
覆鬴胡蘇簡絜鉤盤鬲津雷夏既澤雍沮會同鄭玄曰雍水沮水相觸而合入此澤中地
理志曰雷澤在濟陰城陽。索隱曰爾雅云水自河出為雍也。正義曰括地志云雷夏澤在濮州雷澤縣郭
外西北雍沮二水在雷澤西北平地也桑土既蠶於是民得下丘居土孔安
國曰大水去民下丘居平土就桑蠶其土黑墳孔安國曰色黑而墳起草繇木條孔安
國曰繇茂條長也田中下孔安國曰第六賦貞作十有三年乃同鄭玄曰貞
正也治此州正作不休十三年乃有賦與八州同言功難也其賦中下其貢漆絲其篚織
文孔安國曰地宜漆林又宜桑蠶織文錦綺之屬盛之筐篚而貢焉浮於濟漯通於河鄭玄
曰地理志云漯水出東郡東武陽。索隱曰濟水出河東垣縣王屋山東其流至濟陰故應劭云濟水出平原
漯陰縣東漯水出東郡東武陽縣北至千乘縣而入于海海岱維青州鄭玄曰青州界自海西至
岱山。正義曰按舉分山堣夷既略馬融曰堣夷地名用功少曰略
青州為營州遼西及遼東。索隱曰孔安國云東表之地稱嵎夷按今文
尚書及帝命驗並作禺鐵在遼西鐵古夷字也濰淄其
道鄭玄曰地理志濰水出琅邪淄水出泰山萊蕪縣原山。正義曰括地志云淄州淄川縣東北淄水所出淄州淄

川縣東北七十里原山淄水所出俗傳云禹理水功畢土石黑數里之中波若漆故謂之淄水也 **其土白墳海濱廣潟** 徐廣曰一作澤又作斥 **厥田斥鹵** 鄭玄曰斥謂地鹹鹵。索隱曰鹵音魯說文云鹵鹹地東方謂之斥西方謂之鹵 **田上下賦中上** 孔安國曰田第三賦第四 **厥貢鹽絺海物維錯** 孔安國曰絺細葛錯雜非一種鄭玄曰海物海魚也魚種類尤雜 **岱畎絲枲鉛松怪石** 孔安國曰畎谷也怪異好石似玉者岱山之谷出此五物皆貢之 **萊夷為牧** 孔安國曰萊夷地名可以放牧。索隱曰按左傳云萊人劫孔子孔子稱夷不亂華又云齊侯伐萊服虔以為東萊黃縣是今按地理志黃縣有萊山恐即此地之夷 **其篚酓絲** 孔安國曰檿桑蠶絲中琴瑟弦。索隱曰檿音厭說文云檿山桑是蠶食檿之絲也 **浮於汶通於濟** 鄭玄曰地理志汶水出泰山萊蕪縣西南入于濟 **海岱及淮維徐州** 孔安國曰東至海北至岱南及淮 **淮沂其治蒙羽其藝** 鄭玄曰地理志沂水出泰山蓋縣蒙羽二山名孔安國曰二水已治二山可以種藝。索隱曰水經云淮水出南陽平氏縣胎簪山北過桐柏山沂水出泰山蓋縣艾山南過下邳縣入泗蒙山在泰山蒙陰縣西羽山在東海祝其縣南殛鯀之地 **大野既都** 鄭玄曰大野在山陽鉅野北名鉅野澤孔安國曰水所停曰都 **東原底平** 鄭玄曰東原地名。索隱曰張華博物志云兗州東平郡即尚書之東原也。正義曰廣平曰原徐州在東故曰東原水去已致平復言可耕種也 **其土赤埴墳** 徐廣曰埴一作戠黏土也 **草木漸包** 孔安國曰漸進長也包叢生也 **其田上中賦中中** 孔安國曰田第二賦第五 **貢維土五色** 鄭玄曰土五色者所以為大社之封。正義曰韓詩外傳云天子社廣五丈東方青南方赤西方白北方黑上冒以黃土將封諸侯各取方土苴以白茅以為社此太康地記云城陽姑幕有五色土封諸侯錫之茅土用為社此土即禹貢徐州土也今屬兗州莒縣也 **羽畎夏翟** 孔安國曰夏翟翟雉名也羽中旌旄羽山之谷有之 **嶧陽孤桐** 孔安國曰嶧山之陽特生桐中琴瑟鄭玄曰地理志嶧山在下邳。正義曰括地志云嶧山在兗州鄒縣南二十二里鄒山記云鄒山古之嶧山言絡繹相連屬也今猶多桐樹按今獨生桐尚徵一偏似琴瑟 **泗濱浮磬** 孔安國曰泗水涯水中見石可以為磬。正義曰括地志云泗水□□□城□泗□出石磬 **淮夷蠙珠臮魚** 孔安國曰淮夷二水出蠙珠及美魚。鄭玄曰淮夷淮水之上夷民也。索隱曰按尚書云淮夷蠙珠臮魚今徐州言淮夷則鄭解為得蠙一作玭並步玄反蠙蚌也言夷人所居淮水之處有此蚌珠與魚也又作濱濱則也 **其篚玄纖縞** 鄭玄曰纖細也祭服之材尚細。正義曰玄黑繒纖細繒縞白繒以細繒染為黑色 **浮于淮泗** 正義曰括地志云泗水源在兗州泗水縣東陪尾山其源有四道因以為名 **通于河** 徐廣曰一作荷 **淮海維揚州** 孔安國曰北據淮南距海 **彭蠡既都** 鄭玄曰地理志彭蠡澤在豫章彭澤西孔安國曰 **陽鳥所居** 隨陽之鳥鴻鴈之屬冬月居此澤也。索隱曰都古文尚書作豬孔安國云水所停曰豬鄭玄云南方謂都為豬則是水聚會之義。正義曰蠡音禮括地志云彭蠡湖在江州潯陽縣東南五十二里 **三江既入** 索隱曰韋昭云三江謂松江錢唐江浦陽江今按地理志有南江中江北江是為三江其南江從會稽吳縣南東入海中江從丹陽蕪湖東北至會稽陽羨縣東入海北江從會稽毗陵縣北東入海故下文東為中江又東為北江孔安國云自彭蠡江分為三入震澤遂為北江有北有中南可知也 **震澤致定** 孔安國曰震澤吳南太湖名言三江既已入致定為震澤。索隱曰震一作振地理志云會稽吳縣故周太伯所封國具區在其西古文以為震澤又左傳稱笠澤亦謂此也。正義曰澤在蘇州西四十五里三江者在蘇州東南三十里名三江口一江西南上七十里至太湖名曰松江古笠澤江一江東南上七十里白蜆湖名曰上江亦曰東江一江東北下三百餘里入海名曰下江亦曰婁江於其分處號曰三江口顧夷吳地記云松江東北行七十里得三江口東北入海為婁江東南入海為東江并松江為三江是也言理三江入海非入震澤也按太湖西南湖州諸溪從天目山下西北宣州諸山有溪並下太湖太湖東北流各至三江口入海其湖無通彭蠡湖及太湖處並阻山陸諸儒及地志等解三江既入皆非也周禮職方氏云揚州藪曰具區川曰三江按五湖三江者韋昭注非也其源俱不通太潤引解三江既入失之遠矣五湖者𦳝湖游湖莫湖貢湖胥湖皆太湖東岸五灣為五湖蓋古時應別今並相連𦳝湖在莫里山東周廻三十餘里西口闊二里其口東則莫里山北則徐侯山西與莫湖連莫湖在莫里山西及北北與胥湖連胥湖在胥山西南與莫湖連各周廻五六十里西連太湖游湖在北二十里在長山東湖西口闊二里其口東南岸樹里山西北岸長山湖周廻五六十里貢湖在長山西其口闊四五里口東南長山山南即山陽村西北連常州無錫縣老岸湖周廻一百九十里已上湖身向東北長七十餘里兩湖西亦連太湖河渠書云於吳則通渠三江五湖貨殖傳云夫吳有三江五湖之利又太史公自叙傳云登姑蘇望五湖是也竹箭既布孔安國曰[illegible]其草惟夭其木惟喬孔安國曰少長曰夭喬高也其土塗泥馬融曰漸洳也田下下賦下上上雜孔安國曰田第九賦第七雜出第六貢金三品孔安國曰金銀銅鄭玄曰銅三色也瑤琨竹箭孔安國曰瑤琨皆美玉也齒革羽毛孔安國曰象齒犀皮鳥羽旄牛尾也○正義曰周禮考工記云犀甲七屬兕甲六屬鄭云

犀似水牛豬頭大腹庳腳蹄有三甲好食棘也亦有一角者按西南夷常貢犛牛尾為旌旗之飾舊說通謂之旄故尚書云右秉白旄詩云建旐設旄皆此牛也島夷卉服孔安國曰南海島夷草服葛越○正義曰括地志云百濟國西南渤海中有大島十五所皆邑落有人居屬百濟又倭國武皇后改曰日本國在百濟南隔海依島而居凡百餘小國此皆揚州之東島夷也按東南之夷草服葛越焦竹之屬越即苧祁也其篚織貝孔安國曰織細紵也貝水物也鄭玄曰貝錦名也詩云成是貝錦凡織者先染其絲織之即成矣其包橘柚錫貢孔安國曰小曰橘大曰柚錫命乃貢言不常也鄭玄曰有錫則貢之或時乏則不貢錫所以柔金也均江海通淮泗鄭玄曰均讀曰沿沿順水行也荊及衡陽維荊州孔安國曰北據荊山南及衡山之陽江漢朝宗于海孔安國曰二水經此州而入海有似於朝百川以海為宗宗尊也○正義曰括地志云江水源出岷山南岷山南流至益州即東南流入蜀至瀘州東流經三峽過荊州與漢水合孫卿子云江水其源可以濫觴也又云岷水源出梁州金牛縣東一十八

里嶓冢山九江甚中孔安國曰江於此州界分為九道甚得地勢之中鄭玄曰地理志九江在潯陽南皆東合為大江○索隱曰按尋陽記九江者烏江蚌江烏白江嘉靡江沙江畎江廩江隄江菌江又張須元緣江圖所載有三里五畎烏土白蚌九江之名不同沱涔已道孔安國曰沱江別名涔水名鄭玄曰水自江出為沱漢為涔○索隱曰涔亦作潛沱出蜀郡郫縣西東入江潛出漢中安陽縣西北入漢故爾雅云水自江出為沱漢出為潛○正義曰括地志云繁江水受郫江禹貢曰岷山導江東別為沱源出益州新繁縣潛水一名復水今名龍門水源出利州綿谷縣東龍門山大石穴下也雲夢土為治孔安國曰雲夢之澤在江南其中有平土丘水去可為耕作畎畝之治○索隱曰夢一作瞢鄒誕生又音蒙按雲土夢本二澤名蓋人以二澤相近或合稱雲夢耳若者豫左傳云昭王寢於雲中又楚子鄭伯田于江南之夢則是二澤各別也韋昭曰雲土今為縣屬江夏南郡華容今按括地志云江夏有雲杜縣是其土塗泥田下中賦上下孔安國曰田第八賦第三貢羽旄齒革金三品杶榦栝柏

鄭玄曰四木名孔安國曰榦柘也柏葉松身曰栝礪砥砮丹孔安國曰砥細於礪皆磨石也砮石中矢鏃丹朱類也維箘簬楛徐廣曰[illegible]作箭足杆即楛也音楛箭足者矢鏃也或以箭足訓釋僅音乎駰案鄭玄曰箘簬聆風也三國致貢其名馬融曰言箘簬楛三國所致貢其名善也包匭菁茅鄭玄曰匭纏結也菁茅茅有毛刺者給宗廟縮酒重之故包裹又纏結也○正義曰括地志云辰州盧溪縣西南三百五十里有包茅山武陽記云山際出包茅有刺而三脊因名包茅山其篚玄纁璣組孔安國曰此州染玄纁色善故貢之璣珠類生於水中組綬類也九江入賜大龜孔安國曰尺二寸曰大龜出於九江水中龜不常用錫命而納之浮於江沱涔於漢踰于雒至於南河荊河惟豫州孔安國曰西南至荊山北距河水○正義曰括地志云荊山在襄州荊山縣西八十里韓子云卞和得玉璞於楚之荊山即此也汝州北河也伊雒瀍澗既入於河孔安國曰伊出陸渾山洛出上洛山澗出澠池山瀍出河南北山四水合

流而入河。索隱曰伊水出弘農盧氏縣東洛水出弘農上洛縣冢嶺山瀍水出河南穀城縣潛亭北澗水出弘農新安縣東皆入河。正義曰括地志云伊水出虢州盧氏縣東巒山東北流入洛水出商州洛南縣冢嶺山東流經洛州郭內又各合伊水瀍水出洛州新安縣東南流至洛州郭內南入洛澗水源出洛州新安縣東白石山東北與穀水合流經洛州郭內東流入洛也滎播既都孔安國曰滎澤波水已成遏都。索隱曰古文尚書作滎波此及今文並云滎播播是水播溢之義滎是澤名故左傳云狄及衛戰於滎澤鄭玄云今塞為平地滎陽人猶謂其處為滎播道荷澤被明都孔安國曰荷澤在胡陵明都澤名在荷東北水流溢覆被之。索隱曰荷澤在濟陰定陶縣東明都音孟豬澤在梁國睢陽縣東北爾雅左傳謂之孟諸今文亦為然惟周禮稱望諸皆此地之一名。正義曰括地志云荷澤在曹州濟陰縣東北九十里定陶城東今名龍池亦名九卿陂其土壤下土墳壚孔安國曰壚疏也馬融曰豫州地有三等下者墳壚也田中上賦雜上中孔安國曰田第四賦第二又雜出第一貢漆

絲絺紵其篚纖絮孔安國曰細綿也錫貢磬錯孔安國曰治玉石曰錯治磬錯浮於雒達於河華陽黑水惟梁州孔安國曰東據華山之南西距黑水。正義曰括地志云黑水源出梁州城固縣西北太山汶嶓既蓺孔安國曰鄭玄曰地理志岷山在蜀郡湔氐道嶓冢山在漢陽西。索隱曰汶一作㟭又作岷岷山封嵎一云瀆在蜀郡湔氐道西徼江水所出嶓冢山在隴西西縣漢水所出也。正義曰括地志云岷山在岷州溢洛南一里連綿至蜀二千里皆名岷山嶓冢山在梁州金牛縣東二十八里嶓音子踐反氐音丁兮反沱涔既道孔安國曰沱潛發源此州入荊州蔡蒙旅平孔安國曰蔡蒙二山名祭山曰旅平言治功畢也鄭玄曰地理志蔡蒙在漢嘉縣。索隱曰此非徐州之蒙蒙在蜀郡青衣縣青衣後改為漢嘉縣蔡山不知所在也。正義曰括地志云蒙山在雅州嚴道縣南十里和夷厎績馬融曰和夷地名也其土青驪孔安國曰色青黑也田下上賦下中三錯孔安國曰田第七賦第八雜出第七第九三等貢璆鐵銀鏤砮磬

孔安國曰璆玉名鄭玄曰黃金之美者謂之鏐鏤剛鐵可以刻鏤也熊羆狐狸織皮孔安國曰貢四獸之皮也織皮今罽也西傾因桓是來馬融曰治西傾山因桓水是來言無餘道也鄭玄曰地理志西傾山在隴西臨洮。索隱曰西傾在隴西臨洮縣西南桓水出蜀郡岷山西南行羌中入海也。正義曰括地志云西傾山今嵹臺山在洮州臨潭縣西南三百三十六里浮于潛踰于沔孔安國曰漢上水為潛鄭玄曰或謂漢為沔入于渭亂于河孔安國曰正絕流曰亂黑水西河惟雍州孔安國曰西距黑水東據河龍門之河在冀州西。索隱曰地理志益州滇池有黑水祠鄭玄引地說云三危山黑水出其南山海經黑水出崑崙墟西北隅也弱水既西孔安國曰導之西流至于合黎鄭玄曰眾水皆東此獨西流也。索隱曰水經云弱水出張掖刪丹縣西北至酒泉會水縣入合黎山腹山海經云弱水出崑崙墟西南隅也涇屬渭汭孔安國曰屬逮也水北曰汭言治涇水入于渭也鄭玄曰地理志涇水出安定涇陽。索隱曰渭水出首陽縣鳥鼠同穴山說文云水相入曰

汭。正義曰括地志云涇水源出原州百泉縣西南笄頭山涇谷渭水源出渭原縣西七十六里鳥鼠山今名青雀山渭有三源並出鳥鼠山東流入河按言理涇水及至渭水又理漆沮亦從渭流復理灃水亦同入渭者也漆沮既從正義曰括地志云漆水源出岐州普潤縣東南岐山漆溪東入渭沮水一名石川水源出雍州富平縣東入櫟陽縣南漢高帝於櫟陽置萬年縣十三州地理志云萬年縣南有涇渭北有小河即沮水也詩云古公去漆沮即此二水灃水所同灃音豐孔安國曰漆沮之水已從入渭灃水所同於渭也。索隱曰漆沮二水漆水出右扶風漆縣西沮水地理志無文而水經以濁水出北地直路縣東過馮翊祋祤縣入洛豉以灃沮各是一水名孔安國獨以為一又云是洛水灃水出右扶風鄠縣南東北過上林苑入渭。正義曰括地志云灃水出雍州鄠縣終南山灃水出焉荊岐已旅孔安國曰荊在岐東非荊州之荊也。正義曰括地志云荊山在雍州富平縣今名掘陵原岐山在岐州岐山縣東北十里尚書正義云洪水時祭祀禮廢已旅祭言理水功畢也按雍州荊山即黃帝及禹鑄鼎地也雍州荊山縣西荊山即卞和得玉璞

若終南敦物至于鳥鼠孔安國曰三山名言相望也鄭玄曰地理志終南敦物皆在右扶風武功也○索隱曰按左傳中南山杜預以為終南山地理志云太一山古文以為終南垂山古文以為敦物皆在扶風武功縣東○正義曰括地志云終南山一名中南山一名太一山一名南山一名橘山一名楚山一名周南山一名地肺山

原隰底績至于都野鄭玄曰地理志都野在武威名曰休屠澤○正義曰括地志云原隰低下地也言從渭州致功西北至涼州都野沙州三危山也括地志云三危山在沙州敦煌縣東南四十里都野澤在涼州姑臧縣東北二百八十里

三危既度三苗大序鄭玄引河圖及地說云三危山在鳥鼠西南與岷山相連度實西裔之山也已可居三苗之族大有次序美禹之功

其土黃壤田上上賦中下孔安國曰田第一賦第六人功少

貢璆琳琅玕孔安國曰璆琳皆玉名琅玕石而似珠

浮于積石至于龍門西河孔安國曰積石山在金城西南河所經也龍門山在河東之西界○索隱曰積石在金城河關縣西南羌中龍門山在左馮翊夏陽縣西北○正義曰括地志云積石山今名小積石山在河州枹罕縣西七里河州在京西二千四百七十二里龍門山在同州韓城縣北五十里李奇云禹鑿通河水處廣八十步三秦記云龍門水懸船而行兩旁有山水陸不通龜魚集龍門下數千不得上上則為龍故云暴鰓點額龍門下按河在冀州西故云西河也

會于渭汭孔安國曰逆流曰會自渭北涯逆水西上○正義曰水北曰汭言從西河北下至于龍門南行至于華陰渭水之北皆雍州城也

織皮昆侖析支渠搜西戎即序孔安國曰織皮毛布此四國在荒服之外流沙之內羌髳之屬皆就次序美禹之功及戎狄也○索隱曰鄭玄云衣皮之民居此昆侖析支渠搜三山之野者皆西戎也王肅曰昆侖在臨羌西析支在河關西西戎西域也王肅以為地名而不言山今按地理志金城臨羌縣有昆侖祠敦煌廣至縣有昆侖障朔方有渠搜縣

道九山索隱曰太行西傾熊耳嶓冢岍岐荆山內方岐是九山也古分為三條故地理志有北條之荆山馬融以汧為北條西傾為中條嶓冢為南條鄭玄分四列汧為陰列西傾次陰列嶓冢為陽列岷山為次陽列

汧及岐至于荆山鄭玄曰地理志汧在右扶風也○索隱曰汧一作岍汧水出焉故其字或從山或從水猶岍山然也地理志云吳山在右扶風汧縣西古文以為汧山岐山在美陽西北荆山在懷德縣南也○正義曰括地志云岍山在隴州汧源縣西六十里其山東鄰岐岫西接隴岡汧水出焉括地志云岐山在岐州岐山縣東北十里

踰于河壺口雷首索隱曰雷首山在河東蒲坂縣東南

至于太嶽孔安國曰三山在冀州太嶽在上黨西也○索隱曰太嶽即霍太山已見上○正義曰括地志云壺口山在慈州吉昌縣西南雷首山在蒲州河東縣南霍山也在沁州沁源縣

砥柱析城至于王屋孔安國曰此三山在冀州之南河之北○索隱曰析城山在河東濩澤縣西南王屋山在河東垣縣○正義曰括地志云底柱山俗名三門山在陝州陝石縣東北五十里在河之中孔安國云砥柱山名河水分流包山而過山見水中若柱然也括地志云析城山在澤州陽城縣西南七十里山甚高峻上平坦有二水東濁西清左右不生草木括地志云王屋山在懷州王屋縣北十里古今地名云山方七百里山之河陽山也

太行常山至于碣石入于海孔安國曰此二山連延東北接碣石而入滄海○索隱曰太行山在河內山陽縣西北常山恒山在上曲陽縣西北○正義曰括地志云太行山在懷州河內縣北二十五里有羊腸坂恒山在定州恒陽縣西北百四十里道書福地記云恒山高三千三百丈上方二十里有大玄之泉神草十九種可度俗

西傾朱圉鳥鼠至于太華鄭玄曰地理志西傾在隴西臨洮縣西南朱圉在天水冀縣南鳥鼠山在隴西首陽縣西南太華山在弘農華陰南○索隱曰朱圉在漢陽南鳥鼠山渭水所出在隴西之西○索隱曰圉

熊耳外方桐柏至于負尾音扶鄭玄曰地理志熊耳在盧氏東外方在潁川嵩高縣嵩高山古文以為外方山也桐柏山在南陽平氏東南○索隱曰熊耳山在弘農盧氏縣東外方山即潁川嵩高縣嵩高山古文尚書以為外方山一名太室山在南陽平氏縣東南陪尾山在江夏安陸東北若橫尾者○正義曰括地志云華山在華州華陰縣界八

里。熊耳山在虢州盧氏縣南五十里。嵩高山亦名太室山，亦名外方山，在洛州陽城縣北二十三里也。桐柏山在唐州桐柏縣東南五十里，淮水出焉。陪尾山古陪尾山也，在安州安陸縣北六十里。**道嶓冢，至于荊山**。鄭玄曰：地理志荊山在南郡臨沮。○正義曰：括地志云：嶓冢山在梁州，荊山在襄州荊山縣西八十里也。又云荊山縣本漢臨沮縣地也。沮水即漢水也。按縣孫叔敖激沮水為雲夢澤是也。**內方至于大別**。鄭玄曰：地理志內方在竟陵，名立章山，大別在廬江安豐縣。○索隱曰：內方山在竟陵縣東北。大別山在大國安豐縣。今土人謂之甑山。○正義曰：括地志云章山在荊州長林縣東北六十里。今漢水附章山之東，與經史符會。按大別山今沙洲在山上，漢江經其左，今俗猶云甑山。注云在安豐，非漢所經也。**汶山之陽至于衡山**。索隱曰：在長沙湘南縣東南。廣雅云：岣嶁謂之衡山。○正義曰：括地志云：岷山在茂州汶川縣。衡山在衡州湘潭縣西四十一里。**過九江，至于敷淺原**。徐廣曰：淺一作滅。駰案國語曰：敷淺原一名博陽山，在豫章。**道九川**。索隱曰：弱、黑、河、瀁、江、沇、淮、渭、洛為九川。**弱水**

至於合黎。鄭玄曰：地理志弱水出張掖。孔安國曰：合黎，山名。酒泉會水縣東北。鄭玄曰：水名，在流沙東。○索隱曰：水經云合黎山在酒泉會水縣東北。鄭玄引地說亦以為然。孔云水名。當是其山弱水故所記各不同。○正義曰：括地志云：蘭門山一名合黎，一名窮石山，在甘州刪丹縣西南七十里。淮南子云弱水源出窮石山。又云合黎一名羌谷水，一名鮮水，一名覆表水，今名副投河，亦名張掖河，南自吐谷渾界流入甘州張掖縣。今按合黎水出臨松山東而北流，歷張掖故城下，又北流經張掖縣二十三里，又北流經合黎山折而北流，經流沙磧之西入居延海，行千五百里。合黎山，張掖縣西北二百里也。**餘波入于流沙**。孔安國曰：弱水餘波西溢入流沙。鄭玄曰：地理志流沙在居延東北，名居延澤。地記曰：弱水西流入合黎山腹，餘波入于流沙，通於南海。馬融、王肅皆云合黎、流沙是地名。○索隱曰：地理志張掖居延縣西北有居延澤，古文以為流沙。廣志流沙在玉門關外，有居延澤居延城。又山海經云流沙出鍾山，西南行昆侖墟入海。按是地兼有水，故一云地名，一云水名。馬、鄭不同，抑有由也。**道黑水，至于三危，入于南海**。鄭玄曰：地理志益州滇池有黑水祠，

而不記此山水所在。地記曰：三危山在鳥鼠之西南。孔安國曰：黑水自北而南，經三危，過梁州，入南海也。○正義曰：括地志云：黑水源出伊州伊吾縣北百二十里，又南流二十里而絕。三危山在沙州燉煌縣東南四十里。按南海即揚州東大海。岷江下至揚州東入海也。其黑水源在伊州，從伊州東南三千餘里至鄯州，鄯州東南四百餘里至河州，入黃河。河州有小積石山，即禹貢浮於積石至于龍門者。然黃河源從西南下，出大昆侖東北隅，東北流經于闐，入鹽澤，即東南潛行入吐谷渾界大積石山，又東北流至小積石山，又東北流，來處極遠，無流其黑水當洮水時合從黃河而行，何得入于南海？去此甚遠，隨南山隴山岷山之嶺，當是洮水浩浩西戎，不聞致功，古文疏略。**道河積石**，索隱曰：爾雅云河出昆侖虛，色白。漢書西域傳云：河有兩源，一出蔥嶺，一出于闐。于闐河北流與蔥嶺河合，東注蒲昌海，一名鹽澤。其水停冬夏不增減。其南出積石為中國河。是河源發昆侖，禹導河自積石而加功也。**至于龍門，南至華陰**，孔安國曰：北而東行。○正義曰：華陰縣在華山北，本魏之陰晉縣，秦惠文王更名寧秦，漢高帝改曰華陰。**東至砥**

柱。孔安國曰：砥柱，山名。河水分流，包山而過，山見水中若柱然也。在西虢之界。○正義曰：砥柱山俗名三門山。禹鑿此山，三道河水，故曰三門也。**又東至于盟津**。孔安國曰：在洛北。○索隱曰：盟，古孟字。孟津在河陰。十三州記云：河陽縣在於河上，即孟津也。在洛陽。○正義曰：杜預云：盟，河內郡河陽縣南孟津也。在洛陽城北，都道所湊，古今為津。武王上度之，迹代呼為武濟。括地志云：盟津，周武王伐紂，與八百諸侯會盟津，亦曰孟津，又曰富平津。水經云小平津，今云河陽津者即是也。**東過雒汭，至于大伾**。孔安國曰：洛汭，洛入河處。山再成曰伾。○索隱曰：爾雅云山一成曰邳，或以為成皋山是。○正義曰：李巡云山再重曰英，一重曰邳。括地志云：大伾山今名黎陽東山，又曰青壇山，在衛州黎陽南七里。張揖云今城皋，非也。**北過降水，至于大陸**。鄭玄曰：地理志降水在信都南。孔安國曰：大陸，澤名。○索隱曰：地理志絳水從糸，出信都國，與漳河水並流入海。大陸在鉅鹿。爾雅云晉有大陸，鄭樂以為此澤也。○正義曰：括地志云：降水源出潞州屯留縣西南方，東北流入冀州入海。**北播為九河，同為逆河，入**

于海鄭玄曰下尾合名曰逆河言相迎受也○正義曰播布也河至冀州分布爲九河下至滄州更同合
爲一大河名曰逆河而夾右碣石入於渤海也嶓冢道瀁東流爲漢鄭玄曰地理志瀁水
出隴西氐道至武都爲漢今江夏謂之夏水○索隱曰
水經云瀁水出隴西氐道縣嶓冢山東至武都沮縣爲
漢水地理志云至江夏謂之夏水山海經亦以漢出嶓
冢山孔安國云泉始出山爲瀁水東南流爲沔水至
漢中東行爲漢水○正義曰括地志云嶓冢山水始出
山沮洳故曰沮水東南爲瀁水又爲沔水至漢中爲漢
水至均州爲滄浪水始欲出大江爲夏口又爲沔口漢江一名沔江也又東爲蒼浪之水
孔安國曰別流也在荊州○索隱曰馬融鄭玄皆以滄
浪爲夏水即漢河之別流也漁父歌曰滄浪之水清兮
可以濯吾纓是此水也○正義曰括地志云均州武當
縣有滄浪水庾仲雍漢水記云武當縣西四十里漢水
中有洲名滄浪洲也地記云水出荊山東南流爲滄浪水過三澨入于大別孔安國曰三澨
水名鄭玄曰在江夏竟陵之界○索隱曰水經云三澨
地名在南郡鄀縣北沱孔安國鄭玄以爲水名今竟陵有

三參水俗云是三澨水參音去聲南入于江東匯澤爲彭蠡孔安國曰匯回也水
東回爲彭蠡大澤東爲北江入于海孔安國曰自彭蠡江分爲三道入震澤遂爲北江而
入海汶山道江東別爲沱又東至于醴孔安國曰馬融王肅皆以醴爲水名
鄭玄曰醴陵名也大阜曰陵長沙有醴陵縣○索隱曰
按騷人所歌濯余佩於醴浦明醴是水孔安國馬融
得其實文穎書志林以醴是江沅之別流而醴字作澧也過九江至于東陵孔安國曰東陵
地名東迆北會于匯孔安國曰迆溢也東溢分流都共北會爲彭蠡東爲中江入
于海孔安國曰有北有中南可知也○正義曰括地志云禹貢三江俱會於彭蠡合爲一江入于海道
沇水東爲濟入于河泆爲滎鄭玄曰地理志沇水出河東垣王屋山東至河內
武德入河泆爲滎孔安國曰濟在溫西北滎澤在敖倉
東南○索隱曰水經云自河東垣縣王屋山東流爲沇
水至溫縣西北爲濟水○正義曰括地志云沇水出懷
州王屋縣北十里王屋山頂崖下石泉渟不流其深不

測至縣西北二里平地其源重發而東南流爲汜水
經云汜東至溫縣西北爲濟水又南當鞏之南北入于
河釋名云濟者濟也下濟于河又按濟水入河而南截
度河南岸溢爲滎澤在鄭州滎澤縣西北四里今無水成
平地東出陶丘北孔安國曰陶丘丘再成者也鄭玄曰地理志陶丘在濟陰定陶西北○正義曰
括地志云陶丘在濮州鄄城西南二十四里又云在曹
州城中徐才宗國都記云此城中高丘即古之陶丘
又東至于荷孔安國曰荷澤之水又東北會于汶正義曰汶音問地理志云汶水
出泰山郡萊蕪縣原山西南入泲又東北入于海道淮自桐柏正義曰地理志
云桐柏山在南陽平氏縣東南淮水所出按在唐州東五十餘里東會于泗沂東入于
海孔安國曰與泗沂二水合入海也道渭自鳥鼠同穴孔安國曰鳥鼠共爲雌雄同穴
處此山遂名曰鳥鼠渭水出焉○正義曰括地志云鳥
鼠山今名青雀山在渭州渭源縣西七十六里山海經
云鳥鼠同穴之山渭水出焉郭璞注云今在隴西首陽
縣西南山有鳥鼠同穴鳥名鵌鼠名鼵如人家鼠而短

尾以鵌似鵽而小黃黑色穴入地三四尺鼠在內鳥在外鵌音余鼵扶廢反鵽丁刮反似雉形也東會于
灃正義曰灃音豐括地志云雍州鄠縣終南山灃水出焉北入渭也又東北至于涇正義
曰括地志云涇水出原州百泉縣西南笄頭山涇谷東南流入渭也東過漆沮入于河漆沮[illegible]
國曰漆沮二水名亦曰洛水出馮翊北道雒自熊耳孔安國曰在宜陽之西○正義曰括地志
云洛水出商州洛南縣西冢嶺山東北流入河熊耳山在虢州盧氏縣南五十里洛所經東北會于
澗瀍孔安國曰會於河南城南○正義曰括地志云澗水出洛州新安縣東白石山之陰地理志云瀍水
出河南穀城縣替亭北東南入於洛又東會于伊孔安國曰合於洛陽之南東北入于
河孔安國曰合於鞏之東也於是九州攸同四奧既居孔安國曰四方之宅已可
居九山栞旅孔安國曰九州名山已槎木通道而旅祭也九川滌原孔安國曰九州
之川已滌除泉源無壅塞九澤既陂孔安國曰九州之澤已陂障無決溢也四海會同

允音兗

六府甚脩孔安國曰六府金木水火土穀眾土交正致慎財賦鄭玄曰眾土美惡及高下得其正矣亦致其貢篚慎其財物之賦咸則三壤成賦鄭玄曰三壤上中下各三等也中國賜土姓祗台德先不距朕行令天子之國以外五百里甸服孔安國曰規方千里之內謂之甸服百里賦納緫孔安國曰甸服內之百里近王城者禾槀曰緫二百里納銍孔安國曰所鉏謂禾穗三百里納秸服孔安國曰秸槀也服槀役四百里粟五百里米孔安國曰所納精者少麤者多甸服外五百里侯服孔安國曰侯候也斥候而服事百里采馬融曰采事也各受王事者二百里任國孔安國曰任王事者

三百里諸侯孔安國曰三百里同為王者斥候故合三為一名侯服外五百里綏服孔安國曰綏安也服王者政教三百里揆文教孔安國曰揆度也度王者文教而行之三百里皆同二百里奮武衛孔安國曰文教之外二百里奮武衛天子所以安之也綏服外五百里要服孔安國曰要束以文教者也三百里夷孔安國曰守平常之教事王者而已二百里蔡馬融曰蔡法也受王者刑法而已要服外五百里荒服馬融曰政教荒忽因其故俗而治之三百里蠻馬融曰蠻慢也禮簡怠慢來不距去不禁二百里流馬融曰流行無城郭常居東漸于海西被于流沙朔南暨聲教訖于四海於是帝錫禹玄圭以告成功于天下天下於是太平治皋陶作士以理民帝舜朝禹

伯夷皋陶相與語帝前皋陶述其謀曰信其道德謀明輔和禹曰然如何皋陶曰於慎其身脩思長敦序九族眾明高翼近可遠在已禹拜美言曰然皋陶曰於在知人在安民禹曰吁皆若是惟帝其難之知人則智能官人能安民則惠黎民懷之能知能惠何憂乎驩兜何遷乎有苗何畏乎巧言善色佞人皋陶曰然於亦行有九德亦言其有德乃言曰始事事寬而栗柔而立愿而共

治而敬擾而毅直而溫簡而廉剛而實彊而義章其有常吉哉日宣三德蚤夜翊明有家日嚴振敬六德亮采有國翕受普施九德咸事俊乂在官百吏肅謹毋教邪淫奇謀非其人居其官是謂亂天事天討有罪五刑五用哉吾言底可行乎禹曰女言致可績行皋陶曰余未有知思贊道哉

皆所知思之翼贊於古道耳謙辭也上並尚書皐陶謨文略其經不全備也帝舜謂禹曰女亦昌言禹拜曰於予何言予思日孳孳皐陶難禹曰何謂孳孳禹曰鴻水滔天浩浩懷山襄陵下民皆服於水予陸行乘車水行乘舟泥行乘毳山行乘檋行山栞木正義曰行寒孟反栞口寒反與益予衆庶稻鮮食孔安國曰鳥獸所食殺曰鮮○索隱曰予音與上與謂同與之與下予謂施予予衆庶之稻糧以決九川致四海濬畎澮致之川鄭玄曰畎澮田間溝也與稷予衆庶難得之食食少調有餘補不足徙居衆民乃定萬國爲治皐陶曰然此而美也禹曰於帝慎乃在位安爾止鄭玄曰安汝之所止無妄動動則擾民輔德天下大應清意以昭待上帝命天其重命

用休鄭玄曰天將重命汝以美應謂符瑞也帝曰吁臣哉臣哉臣作朕股肱耳目予欲左右有民女輔之馬融曰我欲左右助民汝當翼成我也余欲觀古人之象日月星辰作文繡服色女明之予欲聞六律五聲八音來始滑以出入五言女聽尚書滑字作忽鄭玄曰忽者臣見君所秉書思對命者也君亦有焉以出內政教於五官○索隱曰古文尚書作在治忽今文作采政忽先儒各隨字解之今此云來始滑於義無所通蓋采字相近滑忽聲相亂始又與治相似因誤爲來始滑今依今文音采政忽三字劉伯莊云聽諸侯能爲政及忽怠者是也五言謂仁義禮智信五德之言鄭玄以爲出納政教五官非也予即辟女匡拂予女無面諛退而謗予敬四輔臣尚書大傳曰古者天子必有四鄰前曰疑後曰丞左曰輔右曰弼諸衆讒嬖臣徐廣曰臣一作吾○索隱曰諸衆讒嬖臣爲一句君字宜屬下文君德誠施皆清矣禹

夏紀

曰然帝即不時布同善惡則毋功孔安國曰帝用臣不是則賢愚並位優劣同流故也帝曰正義曰此一字及下禹曰尚書並無太史公有此文帝及禹相答極爲次序當應別見書毋若丹朱傲維慢游是好毋水舟行朋淫于家鄭玄曰朋淫淫門內用絕其世予不能順是禹曰予辛壬娶塗山癸甲生啓孔安國曰塗山國名辛日娶至于甲四日往治水也○索隱曰杜預云塗山在壽春東北皇甫謐云今九江當塗有禹廟則塗山在江南也系本曰塗山氏女名女媧是禹娶塗山氏號女媧也又按尚書云娶于塗山辛壬癸甲啓呱呱而泣予弗子今此云辛壬娶塗山癸甲生啓蓋今文尚書脫漏太史公取爲言亦不稽其本意豈有辛壬娶妻經二日生子不經之甚予不子正義曰此五字爲一句禹辛日娶至甲四日往理水及生啓不入門我不得名子以故成水土之功又一云過門不入不得有子愛之心帝繫云禹娶塗山氏之子謂之女媧是生啓也以故能成水土功輔成五服至于五千里

州十二師外薄四海正義曰爾雅云九夷八狄七戎六蠻謂之四海釋名云海晦也夷蠻晦昧無知故云四海也咸建五長孔安國曰五國立賢者一人爲方伯謂之五長以相統治各道有功苗頑不即功孔安國曰三苗頑凶不得就官善惡分別帝其念哉帝曰道吾德乃女功序之也皐陶於是敬禹之德令民皆則禹不如言刑從之索隱曰謂不用命之人則以刑罰而從之也舜德大明於是夔行樂正義曰若今太常卿也祖考至羣后相讓鳥獸翔舞簫韶九成鳳皇來儀孔安國曰韶舜樂名備樂九奏而致鳳皇也百獸率舞百官信諧帝用此作歌曰陟天之命維時維幾孔安國曰奉正天命以臨民惟在順時惟在慎微乃歌曰股肱喜哉元首起哉百工熙哉孔安國曰股肱之臣喜樂盡忠君之治功乃起百官之業乃得以廣皐陶

夏紀

拜手稽首揚言曰念哉鄭玄曰使臣念帝之戒率為興事慎乃憲敬哉孔安國曰率臣下為政治當慎汝法度敬其職乃更為歌曰元首明哉股肱良哉庶事康哉舜又歌曰元首叢脞哉孔安國曰叢脞細碎無大略也股肱惰哉萬事墮哉君如此則臣懈惰萬事墮廢也帝拜曰然往欽哉於是天下皆宗禹之明度數聲樂徐廣曰舜本紀云禹乃興九韶之樂為山川神主帝舜薦禹於天為嗣十七年劉熙曰若此則舜格于文祖二十年之後攝禹使得祭祀與而帝舜崩三年喪畢禹辭辟舜之子商均於陽城劉熙曰今潁川陽城是也天下諸侯皆去商均而朝禹禹於是遂即天子位皇甫謐曰都平陽或在安邑或在晉陽南面朝天下國號曰夏后姓姒氏孔緯曰祖以吞薏苡生帝禹立而舉皋陶薦

之且授政焉而皋陶卒正義曰帝王紀云皋陶生於曲阜曲阜偃地故帝因之而以賜姓曰偃堯禪舜命之作士舜禪禹禹即帝位以咎陶最賢薦之於天將有禪之意未及禪會皋陶卒括地志云咎繇墓在壽州安豐縣南一百三十里故六城東東都陂内大冢也封皋陶之後於英六徐廣曰史記皆作英字而以英布是此苗裔○索隱曰地理志云六安國六縣咎繇後偃姓所封國英地闕不知所在以為黥布是其後也○正義曰英蓋蓼也括地志云光州固始縣本春秋時蓼國偃姓皋陶之後也左傳云子燮滅蓼太康地志云蓼國先在南陽故縣今豫州郾縣界故胡城是後徙於此括地志云故六城在壽州安豐縣南一百三十二里春秋文五年秋楚成大心滅之或在許正義曰皇覽曰皋陶冢在廬江六縣○索隱曰許在潁川○正義曰括地志云許故城在許州許昌縣南三十里本漢許縣故許國也而后舉益任之政十年帝禹東巡狩至于會稽而崩皇甫謐曰年百歲也以天下授益三年之喪畢益讓帝禹之子啟而辟居箕山

之陽劉熙曰崇高之北○正義曰按陰即陽城也括地志云陽城縣在箕山北十三里又云嵩字古嵩字相似其陽城縣在嵩山南二十三里則為嵩山之陽也禹子啟賢天下屬意焉及禹崩雖授益益之佐禹日淺天下未洽故諸侯皆去益而朝啟曰吾君帝禹之子也於是啟遂即天子之位是為夏后帝啟夏后帝啟禹之子其母塗山氏之女也有扈氏不服地理志曰扶風鄠縣是扈國○正義曰括地志云雍州南鄠縣本夏之扈國也地理志云鄠縣古扈國有戶亭訓纂云戶扈鄠三字一也古今字不同耳啟伐之大戰於甘馬融曰甘有扈氏南郊地名○索隱曰夏啟所伐鄠南有甘亭將戰作甘誓乃召六卿申之孔安國曰天子六軍其將皆命卿也啟曰嗟六事之人孔安國曰各有軍事故曰六事予誓告女有扈氏威侮五行怠棄三正鄭玄曰五

行四時盛德所行之政也威侮暴逆之三正天地人之正道也天用勦絕其命孔安國曰勦截也今予維共行天之罰孔安國曰共奉也左不攻于左右不攻于右女不共命鄭玄曰左車左右車右御非其馬之政女不共命孔安國曰御以正馬為政也三者有失皆不奉我命也用命賞于祖孔安國曰天子親征必載遷廟之祖主行有功則賞祖主前示不專也不用命僇于社孔安國曰天子親征又載社主謂之社事不用命奔北者則僇之社主前社主陰陰主殺也予則帑僇女孔安國曰非但止身辱及汝子言恥累之遂滅有扈氏天下咸朝夏后帝啟崩徐廣曰皇甫謐曰夏啟元年甲辰十年癸亥子帝太康立帝太康失國孔安國曰盤于遊田不恤民事為羿所逐不得反國昆弟五人索隱曰皇甫謐云號五觀也須于洛汭作五子之歌孔安國曰太康五弟與其母待太康于洛水之北怨其不反故作歌太康崩弟中康立是為

帝中康。帝中康時，羲和湎淫，廢時亂日。孔安國曰：羲氏和氏掌天地四時之官，太康之後沈湎于酒，過差非度，廢天時，亂甲乙。胤往征之，作胤征。孔安國曰：胤國之君受王命往征之。○鄭玄曰：胤，臣名。

中康崩，子帝相立。帝相崩，子帝少康立。索隱曰：左傳魏莊子曰：昔有夏之衰也，后羿自鉏遷于窮石，因夏民以代夏政，恃其射也，不修民事，而信用伯明氏之讒子寒浞，浞殺羿，烹之以食其子，子不忍食，殺于窮門。浞因羿室，生澆及豷，使澆滅斟灌氏及斟尋氏，而相為澆所滅。后緡歸于有仍，生少康。有夏之臣靡自有鬲收二國之燼，以滅浞而立少康。少康滅澆于過，后杼滅豷于戈，有窮遂亡。然則帝相自被篡殺，中間經羿浞二氏，蓋三數十年，而此紀都不言之，直云帝相崩子少康立，疏略之甚。○正義曰：帝王紀云：帝羿有窮氏未聞其姓，何先帝嚳以上世掌射正，至嚳賜以彤弓素矢，封之鉏，為帝司射，歷虞夏。羿學射於吉甫，其臂長，故以善射聞。及夏之衰，自鉏遷于窮石，因夏民以代夏號。帝相徙于商丘，依同姓諸侯斟尋。羿恃其善射，不脩民事，淫于田獸，棄其良臣武羅、伯姻、熊髡、尨圉，而信寒浞。寒浞，伯明氏之讒子，伯明后以讒棄之，而羿以為己相。寒浞殺羿於桃梧，而烹之以食其子，其子不忍食之，死于窮門。浞遂代夏立為帝。寒浞襲有窮之號，因羿之室，生奡及豷。奡多力，能陸地行舟。使奡帥師滅斟灌、斟尋，殺夏帝相，封奡於過，封豷於戈，恃其詐力，不恤民事。初奡之殺帝相也，妃有仍氏女曰后緡，歸有仍，生少康。初夏之貴臣曰靡，事羿，羿死，逃於有鬲氏，收斟尋二國餘燼，殺寒浞，立少康，滅奡于過，后杼滅豷于戈，有窮遂亡也。按帝相被篡，歷羿浞二世，四十年，而此紀不說，亦馬遷所為疏略也。奡音五告反，豷音許器反。括地志云：故鉏城在滑州衛城縣東十里。晉地記云：河南有窮谷，蓋本有窮氏所遷也。括地志云：商丘，今宋州也。斟灌故城在青州壽光縣東五十四里。斟尋故城，今青州北海縣是也。故過鄉亭在萊州掖縣西北二十里，本過國也。故鄩城在洛州鞏縣界。杜預云：國名，今河南鞏縣也。故寒城在濰州之間也。寒國在北海平壽縣東寒亭也。臣瓚云：斟尋在河南，蓋後遷北海也。汲冢古文云：太康居斟尋，羿亦居之，桀又居之。尚書云：太康失邦，兄弟五人須于洛汭，此即太康居之，為近洛也。又吳起對魏武侯曰：夏桀之居，左河濟，右太華，伊闕在其南，羊腸在其北。又周書度邑篇云：武王問太公：吾將因有夏之居，即河南是也。括地志云：故鄩城在洛州鞏縣西南五十八里，蓋桀所居也。陽翟縣又是禹所封，為夏伯。

帝少康崩，子帝予立。索隱曰：予音佇。系本作宁，音同也。左傳曰：杼滅豷于戈。國語云：杼能帥禹者也。帝予崩，子帝槐立。索隱曰：槐音回。系本作芬。帝槐崩，子帝芒立。索隱曰：芒音亡。鄒誕生又音荒也。帝芒崩，子帝泄立。索隱曰：系本作泄。帝泄崩，子帝不降立。索隱曰：系本作帝降。帝不降崩，弟帝扃立。帝扃崩，子帝廑立。索隱曰：音覲。鄒誕生又音勤。帝廑崩，立帝不降之子孔甲，是為帝孔甲。帝孔甲立，好方鬼神，事淫亂。夏后氏德衰，諸侯畔之。天降龍二，有雌雄，孔甲不能食，正義：食音寺。未得豢龍氏。賈逵曰：豢，養也。穀食曰豢。陶唐既衰，其後有劉累，服虔曰：劉累之後為諸侯者，夏后賜之姓。○正義曰：括地志云：劉累故城在洛州緱氏縣南五十五里，乃劉累之故地也。學擾龍于豢龍氏，以事孔甲。應劭曰：擾音柔。擾，馴也。能順養得其嗜欲。孔甲賜之姓曰御龍氏，服虔曰：御亦養也。受豕韋之後。徐廣曰：受，一作更。○賈逵曰：劉累之後至商不絕，以代豕韋之後。祝融之後封於豕韋，殷武丁滅之，以劉累之後代之。○索隱曰：按系本，豕韋，防姓。龍一雌死，以食夏后。夏后使求，賈逵曰：夏后既饗而又使求致龍，劉累不能得而懼也。懼而遷去。左傳曰：遷于魯縣。

孔甲崩，子帝皋立。左傳曰：皋墓在殽南陵。帝皋崩，子帝發立。帝發崩，子帝履癸立，是為桀。索隱曰：桀名也。按系本帝皋生發及桀，此以發生桀，皇甫謐同也。帝桀之時，謚法：賊人多殺曰桀。自孔甲以來而諸侯多畔夏，桀不務德而武傷百姓，百姓弗堪。迺召湯而囚之夏臺，索隱曰：獄名。夏曰均臺。皇甫謐云：地在陽翟是也。已而釋之。湯修德，諸侯皆歸湯，湯遂率兵以伐夏桀。

二十三

二十四

史記

走鳴條孔安國曰地在安邑之西鄭玄曰南夷地名遂放而死徐廣曰從禹至桀十七君十四世駰案汲冢紀年曰有王與無王用歲四百七十一年矣。正義曰括地志云廬州巢縣有巢湖即尚書成湯伐桀放於南巢者也淮南子云湯敗桀於歷山與末喜同舟浮江奔南巢之山而死國語云滿於巢湖又云夏桀伐有施施人以末喜女焉末喜音末桀謂人曰吾悔不遂殺湯於夏臺使至此湯乃踐天子位代夏朝天下湯封夏之後正義曰括地志云夏亭故城在汝州郟城縣東北五十四里蓋夏后所封也至周封於杞也正義曰括地志云汴州雍丘縣古杞國城也周武王封禹後號東樓公也

太史公曰禹為姒姓其後分封用國為姓故有夏后氏有扈氏有男氏斟尋氏彤城氏褒氏費氏徐廣曰一云斟氏尋氏。索隱曰系本男作南尋作鄩費作弗而不云彤城及褒按周有彤伯蓋彤城氏之後張敖地理記云濟南平壽縣其地即古斟尋國又下云斟戈氏按左傳系本皆云斟灌氏杞氏繒氏辛氏冥氏斟戈氏孔子正夏時學者多傳夏小正云禮運稱孔子曰我欲觀夏道是故之杞而不足徵也吾得夏時焉鄭玄曰得夏四時之書其存者有小正。索隱曰小正大戴記篇名正音征自虞夏時貢賦備矣或言禹會諸侯江南計功而崩因葬焉命曰會稽會稽者會計也皇覽曰禹冢在山陰縣會稽山上會稽山本名苗山在縣南去縣七里越傳曰禹到大越上苗山大會計爵有德封有功因而更名苗山曰會稽因病死葬葦棺穿壙深七尺上無漏泄下無積水壇高三尺土階三等周方一畝呂氏春秋曰禹葬會稽不煩人徒墨子曰禹葬會稽衣衾三領桐棺三寸地理志云山上有禹井禹祠相傳以為下有群鳥耘田也。索隱曰抵李也音下禮反葦棺者以葦為棺謂蘧蒢而斂非也禹雖儉約豈萬乘之主而臣子乃以藻蒢裹尸乎墨子言桐棺三寸差近人情。正義曰括地志云禹陵在越州會稽縣南十三里廟在縣東南十一里

索隱述贊曰

堯遭洪水　黎人阻飢　禹勤溝洫　手足胼胝

言乘四載　動履四時　娶妻有日　過門不私

九土既理　玄圭錫茲　帝啓嗣立　有扈違命

五子作歌　太康失政　羿浞斯侮　夏室不競

降于孔甲　擾龍乖性　嗟彼鳴條　其終不令

夏本紀第二　史記二

殷本紀第三

殷契，索隱曰：契始封商，其後裔盤庚遷殷，殷在鄴南，遂爲天下號，契是殷家始祖，故言殷契。○正義曰：括地志云：相州安陽縣本盤庚所都，即北冢殷墟，南去朝歌城百四十六里。竹書紀年云：盤庚自奄遷于北冢，曰殷墟，南去鄴四十里。是舊鄴城西南三十里有洹水，南岸三里有安陽城，西有城名殷墟，所謂北冢者也。今按洹水在相州北四里，安陽城即相州外城也。母曰簡狄，索隱曰：舊本作易，易狄音同，又作逷，吐歷反。有娀索隱曰：有娀在不周之北。○正義曰：按記云：桀敗於有娀之墟，有娀當在蒲州也。氏之女，爲帝嚳次妃。三人行浴，見玄鳥墯其卵，簡狄取吞之，因孕生契。索隱曰：譙周云：契生堯代，舜始舉之，必非嚳子，以其父微，故不著名。其母娀氏女，與宗婦三人浴于川，玄鳥遺卵，簡狄吞之，則簡狄非帝嚳次妃明也。契長而佐禹治水有功，帝舜乃命契曰：百姓不親，五品不訓，汝爲司徒而敬敷五教，五教在寬。封于商，鄭玄曰：商國在太華之陽。皇甫謐曰：今上洛商是也。○索隱曰：堯封契於商，即詩商頌云有娀方將，帝立子生商是也。○正義曰：括地志云：商州東八十里商洛縣，本商邑，古之商國，帝嚳之子卨所封也。賜姓子氏。禮緯曰：祖以玄鳥生子也。○正義曰：括地志云：故城在滑州韋城縣東北八十里，蓋子姓之別邑。契興於唐、虞、大禹之際，功業著於百姓，百姓以平。契卒，子昭明立。昭明卒，子相土立。宋衷曰：相土就契封於商。春秋左氏傳曰：閼伯居商丘，相土因之。○索隱曰：相土佐夏，功著於商。詩頌曰：相土烈烈，海外有截。是也。左傳曰：昔陶唐氏火正閼伯居商丘，相土因之，是始封商也。○正義曰：括地志云：宋州城古閼伯之墟，即商丘也，又云羿所封之地。相土卒，子昌若立。昌若卒，子曹圉立。索隱曰：系本作糧圉也。○正義曰：圉音語。曹圉卒，子冥立。宋衷曰：冥爲司空，勤其官事，死於水中，殷人郊之。○索隱曰：禮記曰：冥勤其官而水死。殷人祖契而郊冥也。冥卒，子振立。索隱曰：系本作核。振卒，

子微立。索隱曰：皇甫謐云：微字上甲，其母以甲日生故也。商家生子以日爲名，蓋自微始。譙周以爲死稱廟主曰甲也。微卒，子報丁立。報音博。報丁卒，子報乙立。報乙卒，子報丙立。報丙卒，子主壬立。主壬卒，子主癸立。主癸卒，子天乙立，是爲成湯。張晏曰：禹湯皆字也。二王號從唐虞之文，從高陽之質，故夏殷之王皆以名爲號。謚法曰：除虐去殘曰湯。○索隱曰：湯名履。書曰：予小子履是也。又稱天乙者，譙周云：夏殷之禮，生稱王，死稱廟主，皆以帝名配之，天亦帝也，殷人尊湯，故曰天乙。從契至湯凡十四代，故國語曰：玄王勤商，十四代興。玄王，契也。成湯，自契至湯八遷。孔安國曰：十四世凡八遷國都。湯始居亳，皇甫謐曰：梁國穀熟爲南亳，即湯都也。○正義曰：括地志云：宋州穀熟縣西南三十五里南亳故城，即南亳，湯都也。宋州北五十里大蒙城爲景亳，湯所盟地，因景山爲名。河南偃師爲西亳，帝嚳及湯所都，盤庚亦從都之。從先王居，孔安國曰：契父帝嚳都亳，湯自商丘遷焉，故曰從先王居。○正義曰：按亳，偃師城也。商丘，宋州也。湯即位，都南亳，後徙西亳也。括地志云：亳邑故城在洛州偃師縣西十四里，本帝嚳之墟，商湯之都也。作帝誥。索隱曰：一作俈。孔安國以爲作誥告先王，言己來居亳也。湯征諸侯。孔安國曰：爲夏方伯，得專征伐。葛伯不祀，湯始伐之。孟子曰：湯居亳，與葛爲鄰。地理志曰：葛，今梁國寧陵之葛鄉。湯曰：予有言：人視水見形，視民知治不。伊尹曰：明哉！言能聽，道乃進。君國子民，爲善者皆在王官。勉哉，勉哉！湯曰：汝不能敬命，予大罰殛之，無有攸赦。作湯征。伊尹名阿衡。索隱曰：孫子兵書：伊尹名摯。孔安國曰：伊摯。然解者以阿衡爲官名。按：阿，倚也；衡，平也。言依倚而取平。書曰：惟嗣王弗惠于阿衡。亦曰保衡，皆伊尹之官號，非名也。皇甫謐云：伊尹，力牧之後，生於空桑。又呂氏春秋云：有侁氏得嬰兒于空桑，後居伊水，命曰伊尹。尹，正也，謂湯使之正天下。阿衡欲奸湯而無由，乃爲有莘氏媵臣，列女傳曰：湯妃有莘氏之

女。正義曰：括地志云古莘國在汴州陳留縣東五里，故莘城是也。陳留風俗傳云陳留外黃有莘昌亭，本宋地，莘氏邑也。媵，以證反。爾雅云媵，將送也。負鼎俎，以滋味說湯，致于王道。或曰，伊尹處士，湯使人聘迎之，五反然後肯往從湯，言素王及九主之事。劉向別錄曰：九主者，有法君、專君、授君、勞君、等君、寄君、破君、國君、三歲社君，凡九品，圖畫其形。索隱曰：按：素王者太素上皇，其道質素，故稱素王。九主者，三皇、五帝及夏禹也。或曰，九主謂九皇也。然按注劉向所稱九主，載之七錄，名稱甚奇，不知所憑據耳。法君謂用法嚴急之君，若秦孝公及始皇等也。勞君謂勤勞天下，若禹稷等也。等君者，平也，謂定等威，均祿賞，若高祖封功臣，侯雍齒也。授君謂人君不能自理，而政歸其臣，若燕王噲授子之、禹授益之比也。專君謂專己獨斷，不任賢臣，若漢宣之比也。破君謂輕敵致寇，國滅君死，若楚戊、吳濞等是也。寄君謂人困於下，主驕於上，離析可待，故孟子謂之寄君也。國君謂國當為固，字之訛耳。固謂完城郭，利甲兵，而不修德，若三苗、智伯之類也。三歲社君謂在襁褓而主社稷，若周成王、漢昭、平等是也。又註本謂法君、勞君、等君、專君、授君、破君、國君，以三歲社君為二，恐非。湯舉任以國政。伊尹去湯適夏。既醜有夏，復歸于亳。入自北門，遇女鳩、女房，作女鳩女房。孔安國曰：鳩、房二人，湯之賢臣。二篇皆所以醜夏而還之意也。

湯出，見野張網四面，祝曰：「自天下四方皆入吾網。」湯曰：「嘻，盡之矣！」乃去其三面，祝曰：「欲左，左。欲右，右。不用命，乃入吾網。」諸侯聞之，曰：「湯德至矣，及禽獸。」

當是時，夏桀為虐政淫荒，而諸侯昆吾氏為亂。正義曰：帝嚳時陸終之長子昆吾氏之後也。世本云昆吾者衛氏是。湯乃興師率諸侯，伊尹從湯，湯自把鉞以伐昆吾，遂伐桀。湯曰：「格女眾庶，來，女悉聽朕言。匪台小子敢行舉亂，馬融曰：台，我也。有夏多罪。予維聞女眾言，夏氏有罪。予畏上帝，不敢不正。孔安國曰：不敢不正桀之罪誅之。今夏多罪，天命殛之。今女有眾，女曰『我君不恤我眾，舍我嗇事而割政』。孔安國曰：奪民農功而為割剝之政。女其曰『有罪，其奈何』？夏王率止眾力，率奪夏國。孔安國曰：桀之君臣相率遏止眾力，使不得事農，而相率割剝夏之邑居也。有眾率怠不和，馬融曰：眾民相率怠惰不和同。曰：『是日何時喪？予與女皆亡！』尚書大傳曰：桀云天之有日，猶吾之有民，日有亡哉？日亡則吾亦亡矣。夏德若茲，今朕必往。爾尚及予一人致天之罰，予其大理女。尚書理字作賚，鄭玄曰：賚，賜也。女毋不信，朕不食言。索隱曰：左傳云食言多矣，能無肥乎，是謂妄言為食言。女不從誓言，予則帑僇女，無有攸赦。」以告令師，作湯誓。於是湯曰「吾甚武」，號曰武王。詩云武王載斾，有虔秉鉞。毛傳曰：武王，湯也。

桀敗於有娀之虛，桀犇於鳴條，正義曰：括地志云高涯原在蒲州安邑縣北三十里南坂口，即古鳴條陌也。鳴條戰地，在安邑西。夏師敗績。湯遂伐三葼，俘厥寶玉，孔安國曰：三葼，國名，桀走保之，今定陶也。俘，取也。正義曰：括地志云曹州濟陰縣即古定陶也，東有三鬷亭是也。義伯、仲伯作典寶。孔安國曰：二臣作典寶一篇，言國之常寶也。湯既勝夏，欲遷其社，不可，作夏社。孔安國曰：欲變置社稷，而後世無及句龍者，故不可而止。一云：孔安國曰言夏社不可遷之義。伊尹報政。徐廣曰：一云伊尹報政。於是諸侯畢服，湯乃踐天子位，平定海內。

湯歸至于泰卷陶，徐廣曰：一無此陶字。孔安國曰：地名。湯自三鬷而還。索隱曰：鄒誕生卷作餉，又作泂，則卷當為泂，與尚書同，非衍字也。其下陶字是衍耳。何以知然？解尚書者以大坰今定陶是也，舊本或旁記其地名，後人轉寫遂衍斯字也。正義曰：陶，古銘反。中壨作誥。孔安國曰：仲虺，湯左相，奚仲之後。索隱曰：壨音如字。尚書又作虺也。

既絀夏命，孔安國曰：絀其王命。還亳，作湯誥。維三月，王自至於東郊。告諸侯羣后：「毋不有功於民，勤力迺事。予乃大罰殛女，毋予怨。」曰：「古禹、皋陶久勞于外，其有功乎民，民乃有安。東為江，北為濟，西為河，南為淮，四瀆已脩，萬民乃有居。后稷降播，農殖百穀。三公咸有功于民，故后有立。徐廣曰：一作土。○索隱曰：謂禹、皋陶有功於人，建立其後，故云有立。昔蚩尤與其大夫作亂百姓，帝乃弗予，有狀。索隱曰：帝，天也。謂蚩尤作亂，上天乃不佑之，是為弗與。有狀，言其罪大而有形狀，故黃帝滅之。先王言不可不勉。索隱曰：先王指黃帝、帝堯、帝舜等言。禹、咎繇以久勞于外，故後有立。及蚩尤作亂，天不佑之，乃致黃帝滅之。皆是先王賞有功、誅有罪。言今汝不可不勉。此湯誡其臣。曰：『不道，毋之在國，徐廣曰：之，一作政。○索隱曰：不道猶無道也。又誡諸侯云：汝為臣不道，我則無令汝在國，女毋我怨。」以令諸侯。伊尹作咸有一德，孔安國曰：言君臣皆有一德。○索隱曰：按尚書，伊尹作咸有一德在太甲時，太史公記之於此，謂成湯之日，其言又失次序。咎單作明居。馬融曰：咎單，湯司空也。明居民之法也。湯乃改正朔，易服色，上白，朝會以晝。湯崩。皇覽曰：湯冢在濟陰亳縣北東郭，去縣三里。冢四方，方各十步，高七尺，上平，處平地。漢哀帝建平元年，大司空御史長卿案行水災，因行湯冢。劉向曰：殷湯無葬處。皇甫謐曰：即位十七年而踐天子位，為天子十三年，年百歲而崩。○索隱曰：長卿，諸本多作劫，姓扶，風俗通有御氏，為漢司空御史，其名長卿，明劫非也。亦有劫彊，不得為御史。○正義曰：括地志云：薄城北郭東三里平地有湯冢，按在蒙，即北薄也。又云：洛州偃師縣東六里有湯冢，近桐宮，蓋此是也。太子太丁未立而卒，於是迺立太丁之弟外丙，是為帝外丙。帝外丙即位三年，崩，立外丙之弟中壬，是為帝中壬。正義曰：中壬，壬二音。帝中壬即位四年，崩，伊尹迺立太丁之子太甲。正義曰：尚書孔序云成湯既沒，太甲元年，不言有外丙、仲壬，而太史公採世本有外丙、仲壬，二書不同，當是信則傳信，疑則傳疑。太甲，成湯適長孫也。是為帝太甲。帝太甲元年，伊尹作伊訓，作肆命，作徂后。鄭玄曰：肆命者，陳政教所當為也。徂后者，言湯之法度也。帝太甲既立三年，不明，暴虐，不遵湯法，亂德，於是伊尹放之於桐宮。孔安國曰：湯葬地。鄭玄曰：地名也，有王離宮焉。○正義曰：晉太康地記云：尸鄉南有亳坂，東有城，太甲所放處也。按尸鄉在洛州偃師縣西南五里。三年，伊尹攝行政當國，以朝諸侯。

帝太甲居桐宮三年，悔過自責，反善，於是伊尹迺迎帝太甲而授之政。帝太甲修德，諸侯咸歸殷，百姓以寧。伊尹嘉之，迺作太甲訓三篇，褒帝太甲，稱太宗。太宗崩，子沃丁立。帝沃丁之時，伊尹卒。既葬伊尹於亳，皇覽曰：伊尹冢在濟陰己氏。○正義曰：括地志云：伊尹墓在洛州偃師縣西北八里。又云：宋州楚丘縣西北十五里有伊尹墓，恐非也。帝王世紀云：伊尹名摯，為湯相，號阿衡，年百歲卒，大霧三日，沃丁以天子之禮葬之。咎單遂訓伊尹事，作沃丁。沃丁崩，弟太庚立，是為帝太庚。帝太庚崩，子帝小甲立。徐廣曰：世表云帝小甲，太庚弟也。帝小甲崩，弟雍己立，是為帝雍己。殷道衰，諸侯或不至。帝雍己崩，弟太戊立，是為帝太戊。帝太戊立伊陟為相。孔安國曰：伊陟，伊尹之子。亳有祥桑穀共生於朝，一暮大拱。孔安國曰：祥，妖怪也。二木合生，不恭之罰。○鄭玄曰：[illegible]之日共。○索隱曰：此云一暮大拱，尚書大傳作七日大拱，與此不同。帝太戊懼，問伊陟。伊陟曰：「臣聞妖不勝德，帝之政其有闕與？帝其修德。」太戊從之而祥桑枯死而去【索隱曰劉伯莊言枯死而消去不見今以為由帝修德而妖祥去】伊陟贊言于巫咸【孔安國曰贊告也巫咸臣名也○正義曰檢巫咸及子賢冢皆在蘇州常熟縣西海虞山上蓋二子本吳人也】巫咸治王家有成作咸艾【馬融曰艾治也】作太戊帝太戊贊伊陟于廟言弗臣伊陟讓作原命【馬融曰原臣名也命原以禹湯之道我所修也】殷復興諸侯歸之故稱中宗中宗崩子帝中丁立帝中丁遷于隞【孔安國曰地名皇甫謐曰或云河南敖倉是○索隱曰隞亦作囂並音敖字○正義曰括地志云滎陽故城在鄭州滎澤縣西南十七里殷時敖地也】河亶甲居相【孔安國曰地名在河北○正義曰括地志云故殷城在相州內黃縣東南十三里即河亶甲所築居之故名殷城也】祖乙遷于邢【索隱曰邢音耿近代本亦作耿今河東皮氏有耿鄉○正義曰括地志云絳州龍門縣東南十二里耿城故耿國也】帝仲丁崩弟外壬立是為帝

外壬仲丁書闕不具【索隱曰蓋太史公知舊有仲丁書今已遺闕不具也】帝外壬崩弟河亶甲立是為帝河亶甲河亶甲時殷復衰河亶甲崩子帝祖乙立帝祖乙立殷復興巫賢任職祖乙崩子帝祖辛立帝祖辛崩弟沃甲立是為帝沃甲【索隱曰系本一作開甲】帝沃甲崩立沃甲兄祖辛之子祖丁是為帝祖丁帝祖丁崩立弟沃甲之子南庚是為帝南庚帝南庚崩立帝祖丁之子陽甲是為帝陽甲帝陽甲之時殷衰自中丁以來廢適而更立諸弟子弟子或爭相代立比九世亂於是諸侯莫朝帝陽甲崩弟盤庚立是為帝盤庚帝盤庚之時殷已都河北盤庚渡河南復居成湯之故居迺

五遷無定處【孔安國曰自湯至盤庚凡五遷都○正義曰湯自南亳遷西亳仲丁遷敖河亶甲居相祖乙居耿盤庚渡河南居西亳是五遷】殷民咨胥皆怨不欲徙【孔安國曰胥相也民不欲徙皆咨嗟憂愁相與怨其上】盤庚乃告諭諸侯大臣曰昔高后成湯與爾之先祖俱定天下法則可修舍而弗勉何以成德乃遂涉河南治亳【鄭玄曰治於亳之殷地商家自此徙而改號曰殷亳皇甫謐曰今偃師是也】行湯之政然後百姓由寧殷道復興諸侯來朝以其遵成湯之德也帝盤庚崩弟小辛立是為帝小辛帝小辛立殷復衰百姓思盤庚迺作盤庚三篇【索隱曰尚書盤庚將治亳殷民咨胥怨作盤庚此以盤庚崩弟小辛立百姓思之乃作盤庚由不見古文也】帝小辛崩弟小乙立是為帝小乙帝小乙崩子帝武丁立帝武丁

即位思復興殷而未得其佐三年不言政事決定於冢宰【鄭玄曰冢宰天官卿貳王事者】以觀國風武丁夜夢得聖人名曰說以夢所見視羣臣百吏皆非也於是迺使百工營求之野得說於傅險中【徐廣曰尸子云傅巖在北海之洲○索隱曰舊本作險亦作巖也○正義曰地理志云傅險即傅說版築之處所隱之窟名聖人窟在今陝州河北縣北七里即虞國虢國之界又有傅說祠注水經云沙澗水北虞山東南經傅巖歷傅說隱室前俗名聖人窟】是時說為胥靡築於傅險【孔安國曰傅氏之巖在虞虢之界通道所經有澗水壞道常使胥靡刑人築護此道說賢人而隱代胥靡築之以供食也】見於武丁武丁曰是也得而與之語果聖人舉以為相殷國大治故遂以傅險姓之號曰傅說帝武丁祭成湯明日有飛雉登鼎耳而呴【正義曰音構呴雉鳴也詩云雉之朝】

武丁懼。祖己曰：王勿憂，先修政事。祖己乃訓王曰：唯天監下典厥義，降年有永有不永，非天夭民，中絕其命。民有不若德，不聽罪，天既附命正厥德，乃曰其奈何。嗚呼！王嗣敬民，罔非天繼，常祀毋禮于棄道。武丁修政行德，天下咸驩，殷道復興。

帝武丁崩，子帝祖庚立。祖己嘉武丁之以祥雉為德，立其廟為高宗，遂作高宗肜日及訓。

帝祖庚崩，弟祖甲立，是為帝甲。帝甲淫亂，殷復衰。

帝甲崩，子帝廩辛立。帝廩辛崩，弟庚丁立，是為帝庚丁。帝庚丁崩，子帝武乙立。殷復去亳，徙河北。

帝武乙無道，為偶人，謂之天神。與之博，令人為行。天神不勝，乃僇辱之。為革囊，盛血，卬而射之，命曰射天。武乙獵於河渭之閒，暴雷，武乙震死。子帝太丁立。帝太丁崩，子帝乙立。帝乙立，殷益衰。

帝乙長子曰微子啟，啟母賤，不得嗣。少子辛，辛母正后，辛為嗣。帝乙崩，子辛立，是為帝辛，天下謂之紂。

帝紂資辨捷疾，聞見甚敏；材力過人，手格猛獸；知足以距諫，言足以飾非；矜人臣以能，高天下以聲，以為皆出己之下。好酒淫樂，嬖於婦人。愛妲己，妲己之言是從。於是使師涓作新淫聲，北里之舞，靡靡之樂。厚賦稅以實鹿臺之錢，而盈鉅橋之粟。益收狗馬奇物，充仞宮室。益廣沙丘苑臺，多取野獸蜚鳥置其中。慢於鬼神。大㝡樂戲於沙丘，以酒為池，縣肉為林，使男女倮相逐其閒，為長夜之飲。

百姓怨望而諸侯有畔者，於是紂乃重刑辟，有炮格之法。以西伯昌、九侯、鄂侯為三公。

殷時九侯城也。

九侯有好女，入之紂。九侯女不憙淫，（徐廣曰：一云紂不憙。）紂怒，殺之，而醢九侯。鄂侯爭之彊，辨之疾，并脯鄂侯。西伯昌聞之，竊嘆。崇侯虎知之，以告紂，紂囚西伯羑里。（地理志曰：河內湯陰有羑里城，西伯所拘處。韋昭曰：音酉。○正義曰：羑一作牖，音酉。羑城在相州湯陰縣北九里，紂囚西伯城也。帝王世紀云：囚文王，文王之長子曰伯邑考質於殷，為紂御，紂烹為羹，賜文王曰：聖人當不食其子羹。文王食之。紂曰：誰謂西伯聖者？食其子羹尚不知也。）西伯之臣閎夭之徒，求美女奇物善馬以獻紂，紂乃赦西伯。西伯出而獻洛西之地，（正義曰：洛水一名漆沮水，在同州。洛西之地，謂洛西丹坊等州地也。）以請除炮格之刑。紂乃許之，賜弓矢斧鉞，使得征伐，為西伯。而用費中為政。（正義曰：費音扶味反。費姓，仲名也。）費中善諛，好利，殷人弗親。紂又用惡來。（索隱曰：秦之祖蜚廉子。）惡來善毀讒，諸侯以此益疏。西伯歸，乃陰修德行善，諸侯多叛紂而往歸西伯。西伯滋大，紂由是稍失權重。王子比干諫，弗聽。商容賢者，百姓愛之，紂廢之。及西伯伐飢國，滅之，（徐廣曰：飢一作肌，又作耆。）紂之臣祖伊（孔安國曰：祖己後，賢臣也。）聞之而咎周，（孔安國曰：咎，惡也。）恐，奔告紂曰：「天既訖我殷命，假人元龜，（徐廣曰：元一作卜。馬融曰：元龜，大龜也，長一尺二寸。孔安國曰：至人以人事觀殷，大龜以神靈考之，皆無知吉者。）無敢知吉，非先王不相我後人，（孔安國曰：相，助也。）維王淫虐用自絕，故天棄我，不有安食，不虞知天性，不迪率典。（鄭玄曰：王暴虐於民，使不得安食，逆亂陰陽，不度天性，傲狠明德，不修教法。）今我民罔不欲喪，曰『天曷不降威，大命胡不至』？今王其奈何？」紂曰：「我生不有命在天乎！」祖伊反，曰：「紂不可諫矣。」西伯既卒，周武王之東伐，至盟津，諸侯叛殷會周者八百。諸侯皆曰：「紂可伐矣。」武王曰：「爾未知天命。」乃復歸。紂愈淫亂不止。微子數諫不聽，乃與大師、少師謀，遂去。比干曰：「為人臣者，不得不以死爭。」迺強諫紂。紂怒曰：「吾聞聖人心有七竅。」剖比干，觀其心。（正義曰：括地志云：比干見微子去，箕子狂，乃歎曰：主過不諫非忠也，畏死不言非勇也，過則諫，不用則死，忠之至也。進諫不去者三日，紂問何以自持，比干曰：修善行仁，以義自持。紂怒曰：吾聞聖人心有七竅，信諸？遂殺比干，刳視其心也。）箕子懼，乃詳狂為奴，紂又囚之。殷之大師、少師乃持其祭樂器奔周。周武王於是遂率諸侯伐紂。紂亦發兵距之牧野。（鄭玄曰：牧野，紂南郊地名也。○正義曰：括地志云：今衛州城即殷牧野之地，周武王伐紂築也。）甲子日，紂兵敗。紂走入，登鹿臺，（徐廣曰：鹿一作廩。）衣其寶玉衣，赴火而死。（正義曰：周書云：紂取天智玉琰五，環身以自焚。）周武王遂斬紂頭，縣之大白旗。殺妲己。釋箕子之囚，封比干之墓，表商容之閭。（索隱曰：皇甫謐云：商容與殷人觀周軍之入，則以為人名。鄭玄云：商家典樂之官，知禮容，所以禮署稱容臺。）封紂子武庚祿父，以續殷祀，（譙周曰：殷凡三十一世，六百餘年。汲冢紀年云：湯滅夏以至于受，二十九王，用歲四百九十六年也。）令修行盤庚之政。殷民大說。於是周武王為天子。其後世貶帝號，號為王。（索隱曰：按夏、殷天子亦皆稱帝，代以德薄不及五帝，始貶帝號，號之為王，故本紀皆帝，而後總曰三代也。）而封殷後為諸侯，屬周。（正義曰：即武庚祿父。）周武王崩，武庚與管叔、蔡叔作亂，成王命周

公訟之而立。微子於宋以續殷後焉。

太史公曰：余以頌次契之事，自成湯以來，采於詩書。契為子姓，其後分封，以國為姓，有殷氏、來氏、宋氏、空桐氏、稚氏（索隱曰：按系本，子姓無稚氏）、北殷氏（索隱曰：系本作髦氏，又有時氏、蕭氏、黎氏，然北殷氏蓋秦寧公所伐亳王，湯之後）、目夷氏。孔子曰：殷路車為善，而色尚白。（索隱曰：論語孔子曰乘殷之路，禮記曰殷人尚白。太史公為贊不取成文，遂作此語，蹂哉。）

索隱述贊曰：

簡狄吞乙，是為殷祖。玄王啓商，
伊尹負俎。上開三面，下獻九主。
旋師泰卷，繼相臣扈。遷囂圮耿，
不常厥土。武乙無道，禍因射天。
帝辛淫亂，拒諫賊賢。九侯見醢，
炮烙興焉。黃鉞斯杖，白旗是懸。
哀哉瓊室，殷祀用遷。

史卷三　十三

史貳阡玖佰陸拾伍字　注肆阡伍佰壹拾貳字

殷本紀第三　史記三

周本紀第四　史記四

周后稷（正義曰：因太王所居周原，因號曰周。地理志云：右扶風美陽縣岐山西北中水鄉，周太王所邑。括地志云：故周城一名美陽城，在雍州武功縣西北，即太王城也。），名棄。其母有邰氏女（正義：邰，天來反，亦作斄，同。說文云：炎帝之後，姜姓，封邰，周棄外家。），曰姜原（韓詩章句云：姜，姓；原，字。或曰姜原，謚號也。）。姜原為帝嚳元妃（索隱曰：譙周以為棄，帝嚳之胄，其父亦不著，與此異。）。姜原出野，見巨人跡，心忻然說，欲踐之，踐之而身動如孕者。居期而生子，以為不祥，棄之隘巷（索隱曰：已下皆詩大雅生民篇所云。），馬牛過者皆辟不踐；徙置之林中，適會山林多人，遷之；而棄渠中冰上，飛鳥以其翼覆薦之。姜原以為神，遂收養長之。初欲棄之，因名曰棄。

棄為兒時，屹如巨人之志。其遊戲，好種樹麻、菽，麻、菽美。及為成人，遂好耕農，相地之宜，宜穀者稼穡焉（正義曰：種曰稼，斂曰穡。），民皆法則之。帝堯聞之，舉棄為農師，天下得其利，有功。帝舜曰：「棄，黎民始飢（今文尚書云祖飢。祖，始也。故此作始飢。），爾后稷播時百穀。」封棄於邰（徐廣曰：今斄鄉在扶風。），號曰后稷，別姓姬氏（禮緯曰：祖以履大跡而生。）。后稷之興，在陶唐、虞、夏之際，皆有令德。后稷卒（山海經曰：黑水青水之間有廣都之野，后稷葬焉。皇甫謐曰：冢去中國三萬里。），子不窋立（索隱曰：帝王世紀云后稷納姞氏生不窋。而譙周按國語云世后稷以服事虞夏，言世稷官，是失其代數也。若不窋親棄之子，至文王千餘歲唯十四代，亦不合事情。○正義曰：括地志云不窋故城在慶州弘化縣南三里，即不窋在戎狄所居城也。）。不窋末年，夏后氏政衰，去稷不務（韋昭曰：夏太康失國，廢稷之官，不復務農。），不窋以失其宮爲邠戎狄之間。不窋卒，子鞠立。鞠卒，子公劉立。公劉雖在戎狄之間，復修后稷之業，務耕種，行地宜，自漆、沮度渭，取材用，（正義曰：括地志云：豳州新平縣即漢漆縣也。漆水在岐州普潤縣東南岐山，漆水東入渭。）行者有資，居者有畜積，民賴其慶。百姓懷之，多徙而保歸焉。周道之興自此始，故詩人歌樂思其德。（索隱曰：即詩大雅篤公劉是也。）公劉卒，子慶節立，國於豳。（徐廣曰：新平漆縣之東北有豳亭。○索隱曰：豳即邠也，古今字異耳。）慶節卒，子皇僕立。皇僕卒，子差弗立。差弗卒，子毀隃立。（音踰。世本作偽榆。）毀隃卒，子公非立。（索隱曰：世本云公非辟方。皇甫謐云公非字辟方。）公非卒，子高圉立。（宋忠曰：高圉能率稷者也，周人報之。○索隱曰：世本云高圉侯侔。）高圉卒，子亞圉立。（系本云亞圉雲都。皇甫謐云雲都亞圉字。○索隱曰：漢書古今表曰雲都亞圉弟。按如此誤，則辟方、侯侔亦皆二人名，實未能詳。）亞圉卒，子公叔祖類立。（索隱曰：世本云太公組紺諸盩。叔類凡四名。皇甫謐云公祖一名組紺諸盩，字叔類，號曰太公也。）公叔祖類卒，子古公亶父立。古公亶父復修后稷、公劉之業，積德行義，國人皆戴之。薰育戎狄攻之，欲得財物，予之。已復攻，欲得地與民。民皆怒，欲戰。古公曰：「有民立君，將以利之。今戎狄所為攻戰，以吾地與民。民之在我，與其在彼，何異。民欲以我故戰，殺人父子而君之，予不忍為。」乃與私屬遂去豳，度漆、沮，（徐廣曰：水在杜陽岐山。杜陽縣在扶風。）踰梁山，（正義曰：括地志云梁山在雍州好畤縣西北。）止於岐下。（徐廣曰：山在扶風美陽西北，其南有周原。皇甫謐云邑於周地，故始改國曰周。）豳人舉國扶老攜弱，盡復歸古公於岐下。及他旁國聞古公仁，亦多歸之。於是古公乃貶戎狄之俗，而營築城郭室屋，而邑別居之。（徐廣曰：分別而邑落居也。）作五官有司。（禮記曰：天子之五官曰司徒、司馬、司空、司士、司寇，典司五眾。鄭玄云此殷時制。）民皆歌樂之，頌其德。（索隱曰：即詩頌云「后稷之孫，實維太王，居岐之陽，實始翦商」是也。）古公有長子曰太伯，次曰虞仲。太姜（正義曰：國語云齊、許、申、呂四國皆姜姓也，四岳之後。太姜，太王之妃，王季之母也。）生少子季歷，季歷娶太任，（正義曰：列女傳曰太任，摯任氏之中女。○）皆賢婦人，生昌，有聖瑞。（正義曰：尚書帝命驗云：季秋之月甲子，赤爵銜丹書入于豐，止于昌戶。其書云：「敬勝怠者吉，怠勝敬者滅；義勝欲者從，欲勝義者凶。凡事不強則枉，不敬則不正。枉者廢滅，敬者萬世。以仁得之，以仁守之，其量百世；以不仁得之，以仁守之，其量十世；以不仁得之，以不仁守之，不及其世。」此。）古公曰：「我世當有興者，其在昌乎？」長子太伯、虞仲知古公欲立季歷以傳昌，乃二人亡如荊蠻，（正義曰：太伯奔吳，所居城在蘇州北五十里常州無錫縣界梅里村，其城及冢見存。而云亡荊蠻者，楚滅越，其地屬楚，秦諱楚，改曰荊，故通號吳越之地為荊。及此人書史加云蠻，勢之然也。）文身斷髮，（應劭曰：常在水中，故斷其髮，文其身，以象龍子，故不見害。）以讓季歷。古公卒，季歷立，是為公季。公季修古公遺道，篤於行義，諸侯順之。公季卒，（皇甫謐云：葬鄠縣之南山。）子昌立，是為西伯。西伯曰文王，（正義曰：帝王世紀云文王龍顏虎肩，身長十尺，胸有四乳。）遵后稷、公劉之業，則古公、公季之法，篤仁，敬老，慈少。禮下賢者，日中不暇食以待士，士以此多歸之。伯夷、叔齊在孤竹，（應劭曰：在遼西令支。○正義曰：姓墨氏。）聞西伯善養養老，盍往歸之。太顛、閎夭、散宜生、鬻子、辛甲大夫之徒皆往歸之。劉向別錄曰鬻子名熊封於楚辛甲故殷之臣事紂蓋七十五諫而不聽去至周召公與語賢之告文王文王親自迎之以爲公卿封長子今上黨所治縣是也崇侯虎譖西伯於殷紂曰：「西伯積善累德，諸侯皆嚮之，將不利於帝。」帝紂乃囚西伯於羑里。閎夭之徒患之，乃求有莘氏美女，正義曰括地志云古莘國城在同州河西縣南二十里莘姒姓夏禹之後即散宜生等求有莘美女獻紂者驪戎之文馬，正義曰括地志云驪戎故城在雍州新豐縣東南殷周時驪戎國城也按驪戎馬赤鬣縞身目如黃金文王以獻紂也有熊九駟，正義曰括地志云鄭州新鄭縣本有熊氏之墟也按九駟三十六匹馬也他奇怪物，因殷嬖臣費仲而獻之紂。紂大說，曰：「此一物足以釋西伯，況其多乎！」索隱曰一物謂有莘氏之美女也以殷紂淫昏好色故然

乃赦西伯，賜之弓矢斧鉞，使西伯得征伐。曰：「譖西伯者，崇侯虎也。」西伯乃獻洛西之地，以請紂去炮格之刑。紂許之。西伯陰行善，諸侯皆來決平。於是虞、芮之人地理志虞在河東大陽縣芮在馮翊臨晉縣○正義曰括地志云故虞城在陝州河北縣東北五十里虞山之上古虞國也故芮城在芮城縣西二十里古芮國也晉太康地記云虞西百四十里有芮城括地志云又閒原在河北縣西六十五里詩云虞芮質厥成毛萇云虞芮之君相與爭田久而不平乃相謂曰西伯仁人也盍往質焉乃相與朝周入其境國君相謂曰我等小人不可履君子之庭乃相讓所爭以爲閒田也今尚在注引地理志芮在臨晉者恐疎然閒原在河東復與虞芮相接按臨晉在河西同州非臨晉芮城明矣有獄不能決，乃如周。入界，耕者皆讓畔，民俗皆讓長。虞、芮之人未見西伯，皆慙，相謂曰：「吾所爭，周人所恥，何往為，祇取辱耳。」遂還，

俱讓而去。諸侯聞之，曰「西伯蓋受命之君」。明年，伐犬戎。山海經曰有人人面獸身名曰犬戎○正義曰又云黃帝之後生卅明卅明生白犬白犬有二是爲犬戎說文云赤狄本犬種故字從犬後漢書云犬戎槃瓠之後也今長沙武陵蠻是也明年，伐密須。應劭曰密須氏姞姓之國瓚曰安定陰密縣是明年，敗耆國。徐廣曰一作[illegible]○正義曰即黎國也鄒誕生云本或作黎孔安國云黎在上黨東北括地志云故黎城黎侯國也在潞州黎城縣東北尚書云西伯既戡黎是也殷之祖伊聞之，懼，以告帝紂。紂曰：「不有天命乎？是何能為！」明年，伐邘。徐廣曰邘城在野王縣西北音于○正義曰括地志云故邘城在懷州河內縣西北明年，伐崇侯虎。正義曰皇甫謐云夏鯀封崇崇國蓋在豐鎬之間詩云既伐于崇作邑于豐是國之地也而作豐邑，徐廣曰豐在京兆鄠縣東有靈臺鎬在上林昆明北有鎬池去豐二十五里皆在長安南數十里也自岐下而徙都豐。明年，西伯崩，徐廣曰文王九十七乃崩○正義曰括地志云文王墓在雍州萬年縣西南原上太子發立，是為武王。西伯蓋即位五十年。其囚羑里，蓋益易之八卦為六十四卦。詩人道西伯，蓋受命之年稱王而斷虞芮之訟。正義曰二國相讓後諸侯歸西伯者四十餘國咸尊西伯爲王蓋此年受命之年稱王也帝王世紀云文王即位四十二年歲在鶉火文王更爲受命之元年始稱王矣又毛詩云文王九十七而終終時受命九年則受命之元年年八十九也後十年而崩，正義曰十當爲九諡為文王。改法度，制正朔矣。追尊古公為太王，公季為王季：正義曰易緯云文王受命改正朔布王號於天下鄭玄信而用之言文王稱王已改正朔布王號矣按天無二王豈紂存而周稱王哉若文王自稱王改正朔則是功業成矣武王何復得云大勳未集欲卒父業也禮記大傳云牧之野武成大事而退追王太王亶父王季歷文王昌據此文乃是追王爲王何得文王自改正朔蓋王瑞自太王興。武王即位，太公望為師，

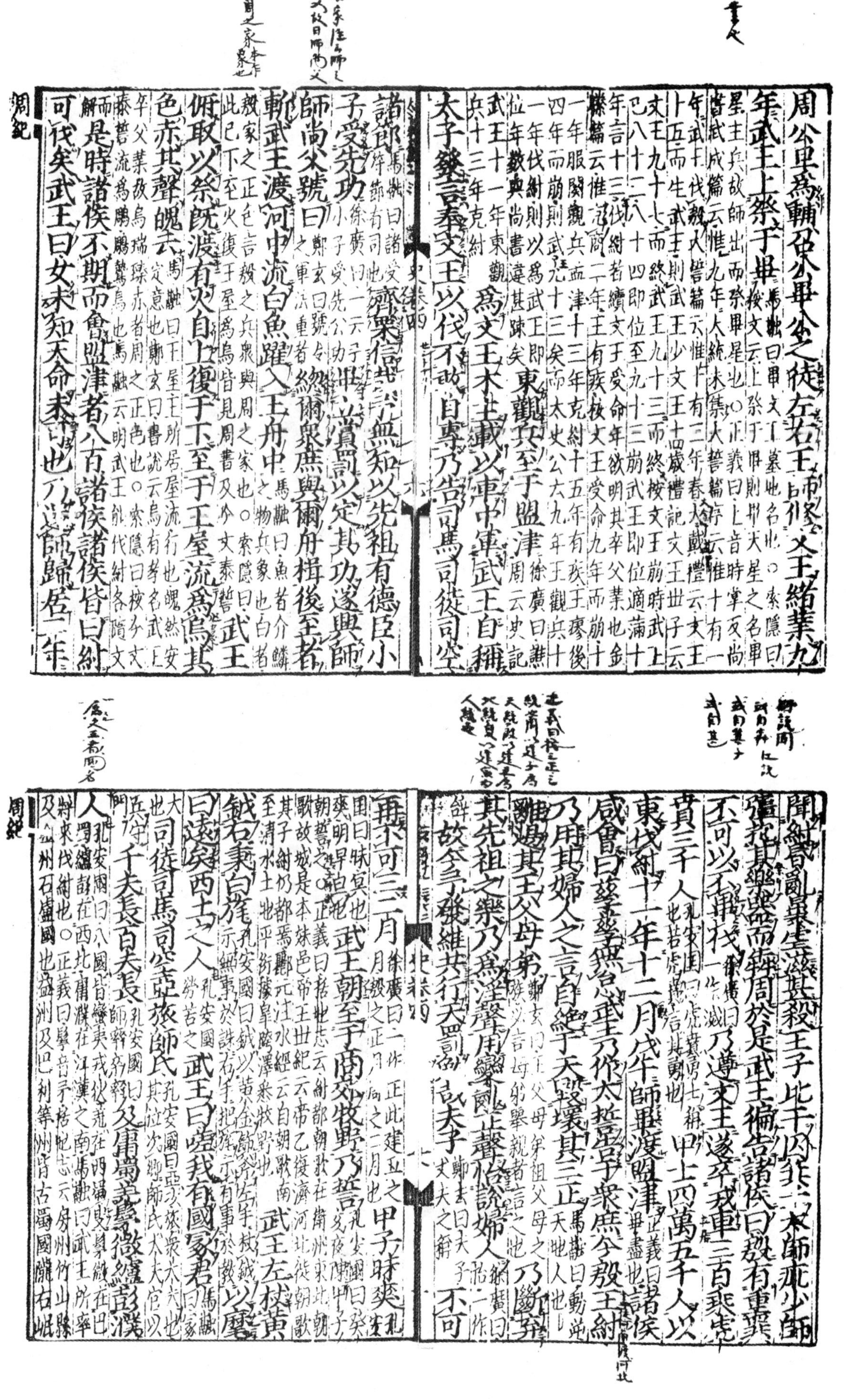

周公旦爲輔，召公、畢公之徒左右王，師修文王緒業。九年，武王上祭于畢。東觀兵，至于盟津。爲文王木主，載以車，中軍。武王自稱太子發，言奉文王以伐，不敢自專。乃告司馬、司徒、司空、諸節：齊栗，信哉！予無知，以先祖有德臣，小子受先功，畢立賞罰，以定其功。遂興師。師尚父號曰：總爾衆庶，與爾舟楫，後至者斬。武王渡河，中流，白魚躍入王舟中，武王俯取以祭。既渡，有火自上復于下，至于王屋，流爲烏，其色赤，其聲魄云。是時，諸侯不期而會盟津者八百諸侯。諸侯皆曰：紂可伐矣。武王曰：女未知天命，未可也。乃還師歸。居二年，

聞紂昏亂暴虐滋甚，殺王子比干，囚箕子。太師疵、少師彊抱其樂器而奔周。於是武王徧告諸侯曰：殷有重罪，不可以不畢伐。乃遵文王，遂率戎車三百乘，虎賁三千人，甲士四萬五千人，以東伐紂。十一年十二月戊午，師畢渡盟津，諸侯咸會。曰：孳孳無怠！武王乃作太誓，告于衆庶：今殷王紂乃用其婦人之言，自絕于天，毀壞其三正，離逷其王父母弟，乃斷棄其先祖之樂，乃爲淫聲，用變亂正聲，怡說婦人。故今予發維共行天罰。勉哉夫子，不可再，不可三！二月甲子昧爽，武王朝至于商郊牧野，乃誓。武王左杖黃鉞，右秉白旄，以麾。曰：遠矣西土之人！武王曰：嗟！我有國冢君，司徒、司馬、司空，亞旅、師氏，千夫長、百夫長，及庸、蜀、羌、髳、微、纑、彭、濮人，

隴蜀等州以西羌微纑以南古髳國之地戎府之南古微盧彭三國之地漢在巴蜀西南有髳州微濮州纑州彭州焉稱爾戈比爾干立爾矛予其誓王曰古人有言曰牝雞無晨牝雞之晨惟家之索婦人知外事雌代雄鳴則家盡今殷王紂維婦人言是用自棄其先祖肆祀不荅鄭玄曰肆祭名荅問也自棄其家國遺其王父母弟不用乃維四方之多罪逋逃是崇是長是信是使孔安國曰言紂棄其賢臣而尊長逃亡罪人信用之也俾暴虐于百姓以姦軌于商國今予發維共行天之罰今日之事不過六步七步乃止齊焉孔安國曰今日戰事就敵不過六步七步乃止相齊言當旅進一心也夫子勉哉不過於四伐五伐六伐七伐乃止齊焉孔安國曰伐謂擊刺也少則四五多則六七以為例也勉哉夫子尚桓桓鄭玄曰威武皃如虎如羆如豺如離徐廣曰此訓與螭同于商郊不禦克犇以役西土鄭玄曰禦彊禦謂彊暴也古克殺也不得暴殺紂師之犇走者當以為周之役也勉哉夫子爾所不勉其于爾身有戮鄭玄曰所言且也誓已諸侯兵會者車四千乘陳師牧野帝紂聞武王來亦發兵七十萬人距武王武王使師尚父與百夫致師周禮環人掌致師鄭玄曰致師者致其必戰之志也古者將戰先使勇力之士犯敵焉春秋傳曰楚許伯御樂伯攝叔為右以致晉師許伯曰吾聞致師者御靡旌摩壘而還樂伯曰吾聞致師者左射以菆代御執轡御下兩馬掉鞅而還攝叔曰吾聞致師者右入壘折馘執俘而還皆行其所聞而復以大卒馳帝紂師徐廣曰帝一作商○正義曰大卒謂戎車三百五十乘士卒二万六千二百五十人有虎賁三千人紂師雖眾皆無戰之心心欲武王亟入紂師皆倒兵

以戰以開武王武王馳之紂兵皆崩畔紂紂走反入登于鹿臺之上蒙衣其殊玉衣音於既反○正義曰周書云甲子夕紂取天智玉琰五環身以自焚注天智玉之善者縫環其身凡焚四千玉也庶玉則銷天智玉不銷如此則紂身不盡也自燔于火而死武王持大白旗以麾諸侯諸侯畢拜武王武王乃揖諸侯諸侯畢從武王至商國正義曰謂商國至朝歌百姓咸待於郊於是武王使群臣告語商百姓曰上天降休商人皆再拜稽首武王亦荅拜索隱曰武王雖以臣伐君頗有慙德不應荅商人之拜太史公失辭耳尋上文諸侯畢拜賀武王武王尚且報揖無容遂下拜商人遂入至紂死所武王自射之三發而後下車以輕劍擊之正義曰周書作輕呂擊之輕呂劒名以黃鉞斬紂頭縣大白之旗已而至紂之嬖妾二女二女皆經自殺武王又射三發擊以劍斬以玄鉞司馬法曰夏執玄鉞宋均曰玄鉞用鐵不磨礪縣其頭小白之旗武王已乃出復軍其明日除道修社及商紂宮及期百夫荷罕旗以先驅蔡邕獨斷曰前驅有九旒雲罕東京賦曰雲罕九旒薛綜曰旒旗名武王弟叔振鐸奉陳常車周公旦把大鉞畢公把小鉞以夾武王散宜生太顛閎夭皆執劍以衛武王既入立于社南大卒之左右畢從毛叔鄭奉明水周禮曰司烜氏以鑑取明水於月鄭玄曰鑑鏡屬也取月之水欲得陰陽之絜氣陳明水以為玄酒衛康叔封布茲徐廣曰茲者籍席之名諸侯病曰負茲○索隱曰茲一作苙公明草也言茲舉成器言苙見絜草也召公奭贊采正義曰贊佐也采幣也師尚父牽牲尹佚筴祝曰正義曰尹佚讀筴祝文以祭社也殷

之末孫季紂殄廢先王明德侮蔑神祇不祀昏暴商邑
百姓其章顯聞于天皇上帝於是武王再拜稽首曰膺
更監本作受大命革殷受天明命武王又再拜稽首乃出封
商紂子祿父殷之餘民武王為殷初定未集乃使其弟
管叔鮮蔡叔度相祿父治殷正義曰地理志云河內殷之舊都周既滅殷分其畿內為三國詩邶鄘衛是邶以封紂子武庚鄘管叔尹之衛蔡叔尹之曰三監帝王世紀云自殷都以東為衛管叔監之殷都以西為鄘蔡叔監之殷都以北為邶霍叔監之是為三監未詳孰是已而命召公釋
箕子之囚徐廣曰釋一作原命畢公釋百姓之囚表商容之閭
命南宮括散鹿臺之財發鉅橋之粟以振貧弱萌隸命
南宮括史佚展九鼎保玉徐廣曰保一作寶命閎夭封比干之

墓正義曰封謂益其土及畫疆界括地志云墓在衛州汲縣北十[illegible]命宗祝享祠于軍乃
罷兵西歸行狩記政事作武成孔安國曰武功成也封諸侯班賜
宗彝作分殷之器物鄭玄云宗彝宗廟樽也作分器者王之命及所受物也武王
追思先聖王乃褒封神農之後於焦地理志弘農陝縣有焦城故焦國也
黃帝之後於祝正義曰左傳云祝其實夾谷即祝其也服虔云東海郡祝其縣也
帝堯之後於薊地理志燕國有薊縣帝舜之後於陳正義曰括地志云陳州宛丘縣在陳城中即古陳國也帝舜後遏父為周陶正武王賴其器用封其子媯滿於陳都宛丘之側大禹
之後於杞正義曰括地志云汴州雍丘縣古杞國城也周武王封禹後號東樓公二十一代為楚所滅
於是封功臣謀士而師尚父為首封封尚父於營丘曰
齊爾雅曰水出其前而左曰營丘郭璞曰今齊之營丘淄水過其南及東正義曰營丘在臨淄縣北百步

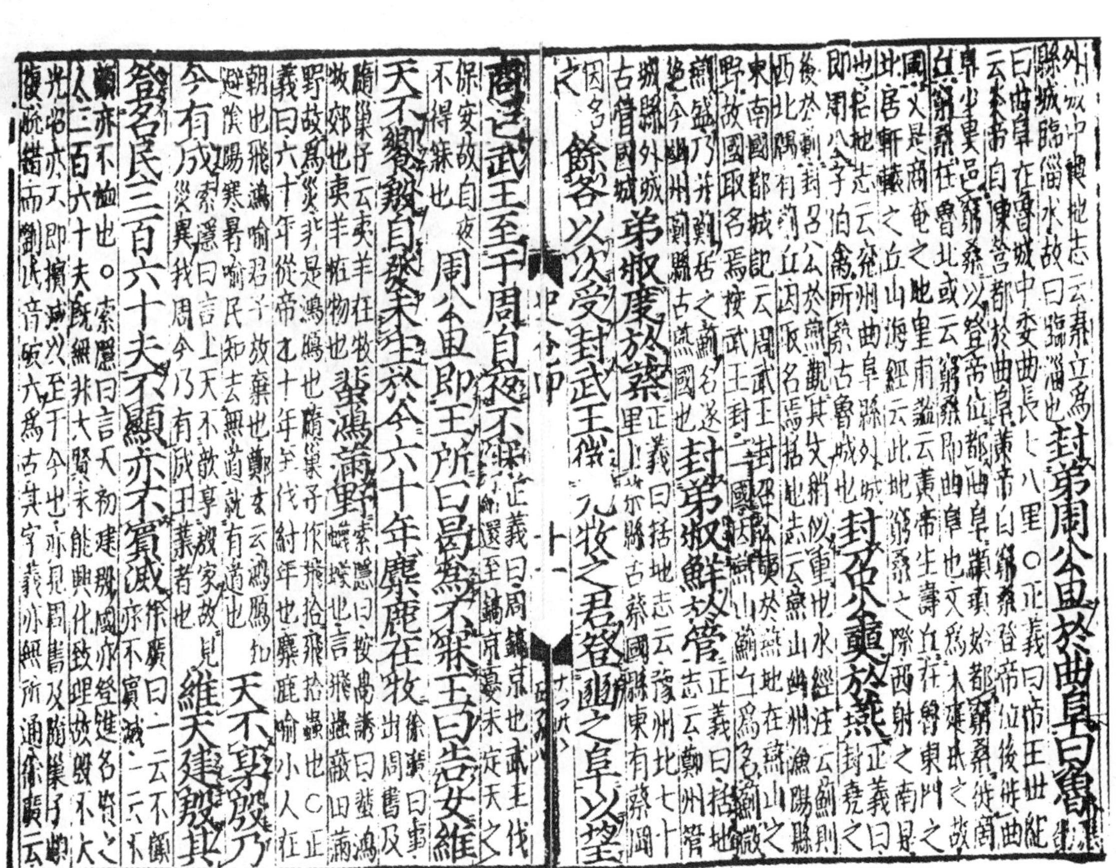
外城中[illegible]立為
縣城臨淄水故曰臨淄也封弟周公旦於曲阜曰魯正義曰[illegible]曲阜在魯城中委曲長七八里○正義曰帝王世紀云炎帝自陳營都於曲阜黃帝自窮桑登帝位後徙曲阜少昊邑于窮桑以登帝位都曲阜顓頊始都窮桑徙商丘窮桑在魯北或云窮桑即曲阜也又為大庭氏之故國又是商奄之地皇甫謐云黃帝生於壽丘在魯東門之北居軒轅之丘山海經云此地窮桑之際西射之南是也括地志云兗州曲阜縣外城即周公旦子伯禽所築古魯城也封召公奭於燕正義曰[illegible]
東南國都城記云周武王封召公奭於燕地在燕山之野故國取名焉[illegible]
薊乃并薊居之[illegible]
絕今鄭州管城縣古管國也封弟叔鮮於管正義曰括地志云鄭州管城縣外城古管國城也
弟叔度於蔡正義曰括地志云豫州北七十里上蔡縣古蔡國城[illegible]因名
餘各以次受封武王徵九牧之君登豳之阜以望

商邑武王至于周自夜不寐正義曰周鎬京也武王伐紂還至鎬京憂未定天之保安故自夜不得寐也周公旦即王所曰曷為不寐王曰告女維
天不饗殷自發未生於今六十年麋鹿在牧徐廣曰[illegible]出周書及隨巢子云夷羊在牧牧郊也夷羊怪物也蜚鴻滿野索隱曰按高誘曰蜚鴻蠛蠓也言飛蟲蔽田滿野故為災正義曰六十年從帝乙十年至伐紂年也麋鹿喻小人在朝也飛鴻喻君子放棄也[illegible]避陰陽寒暑喻民知去無道就有道也天不享殷乃
今有成索隱曰言上天不歆享殷家故見災異我周今乃有成功業者也維天建殷其
登名民三百六十夫不顯亦不賓滅徐廣曰一云不顧亦不賓滅索隱曰言天初建殷國亦登進名賢之人三百六十夫既無非大賢未能興化致理故殷不大光昭亦不即擯滅以至今也亦見周書及隨巢子頗亦古其字義亦無所通徐廣云[illegible]

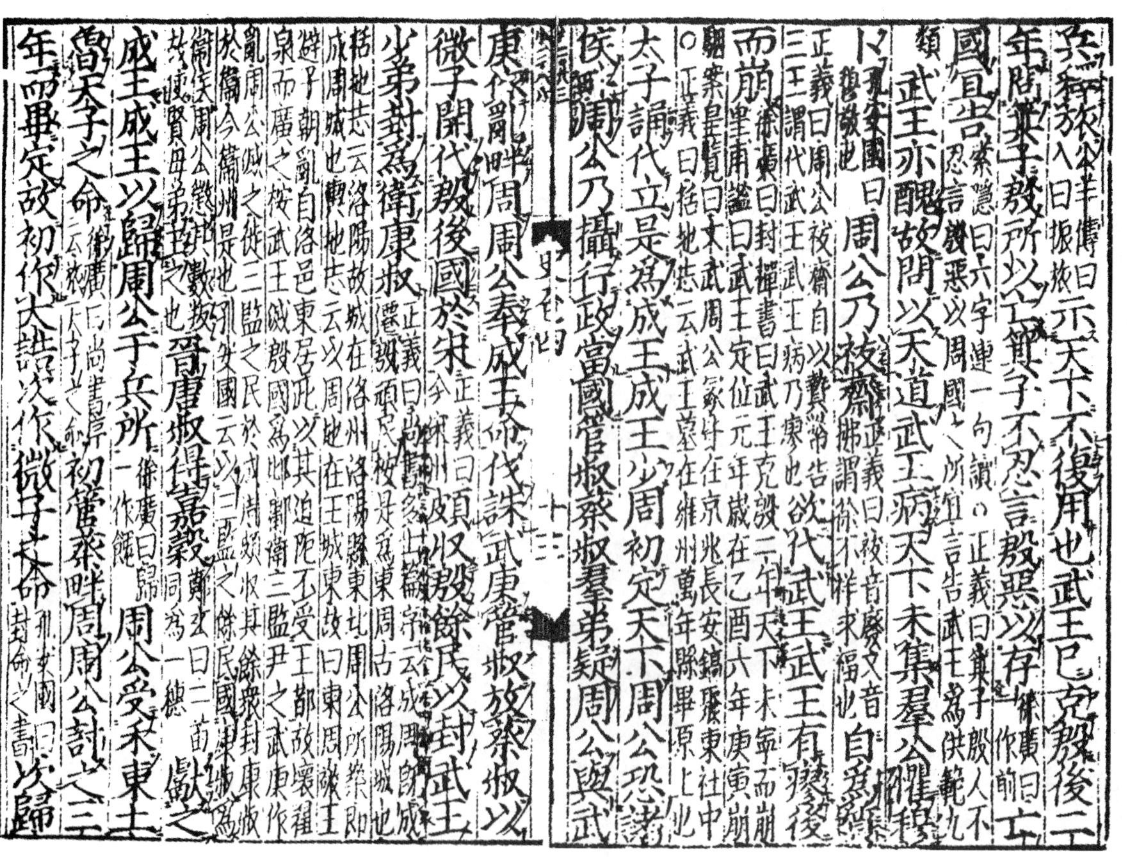

以至今我未定天保何暇寐王曰定天保依天室悉求夫惡貶從殷王受日夜勞來定我西土我維顯服及德方明自洛汭延于伊汭居易毋固其有夏之居我南望三塗北望嶽鄙顧詹有河粵詹雒伊毋遠天室營周居于雒邑而後去縱馬於華山之陽放牛於桃林之虛偃干戈振

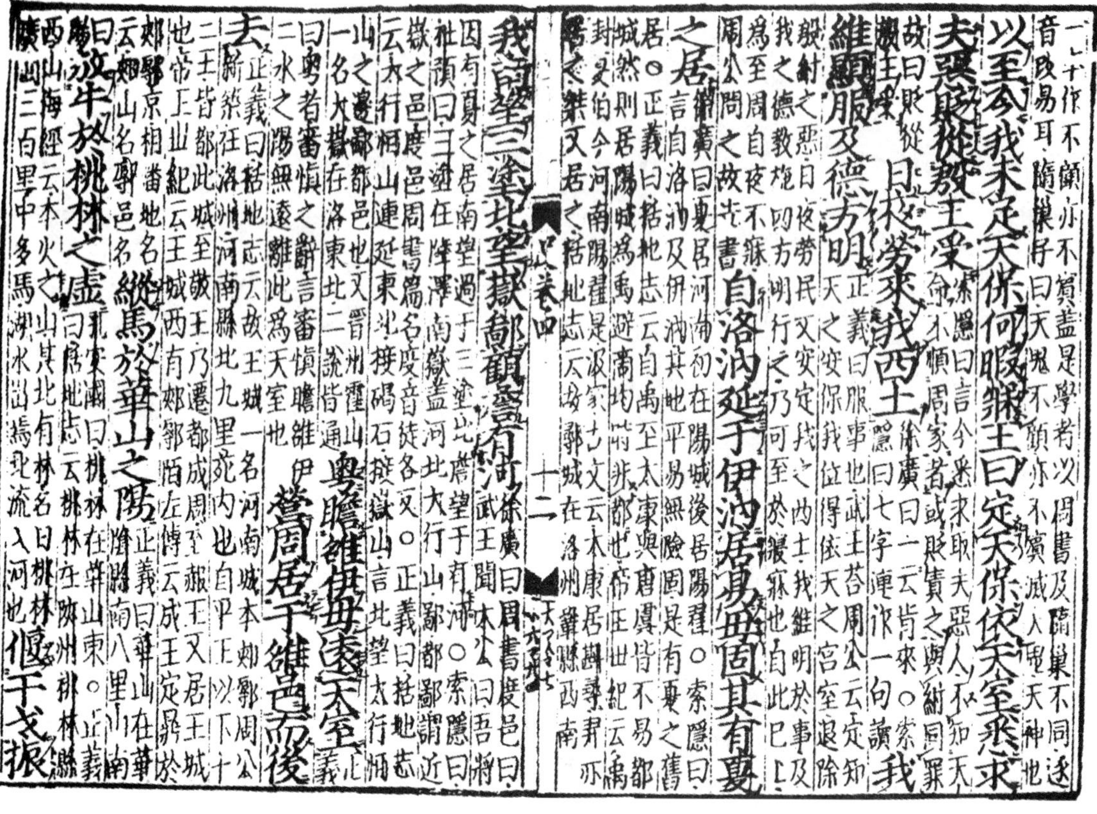

兵釋旅示天下不復用也武王已克殷後二年問箕子殷所以亡箕子不忍言殷惡以存亡國宜告武王亦醜故問以天道武王病天下未集羣公懼穆卜周公乃祓齋自為質欲代武王武王有瘳後而崩太子誦代立是為成王成王少周初定天下周公恐諸侯畔周公乃攝行政當國管叔蔡叔羣弟疑周公與武庚作亂畔周周公奉成王命伐誅武庚管叔放蔡叔以微子開代殷後國於宋頗收殷餘民以封武王少弟封為衛康叔晉唐叔得嘉穀獻之成王成王以歸周公于兵所周公受禾東土魯天子之命初管蔡畔周周公討之三年而畢定故初作大誥次作微子之命次歸

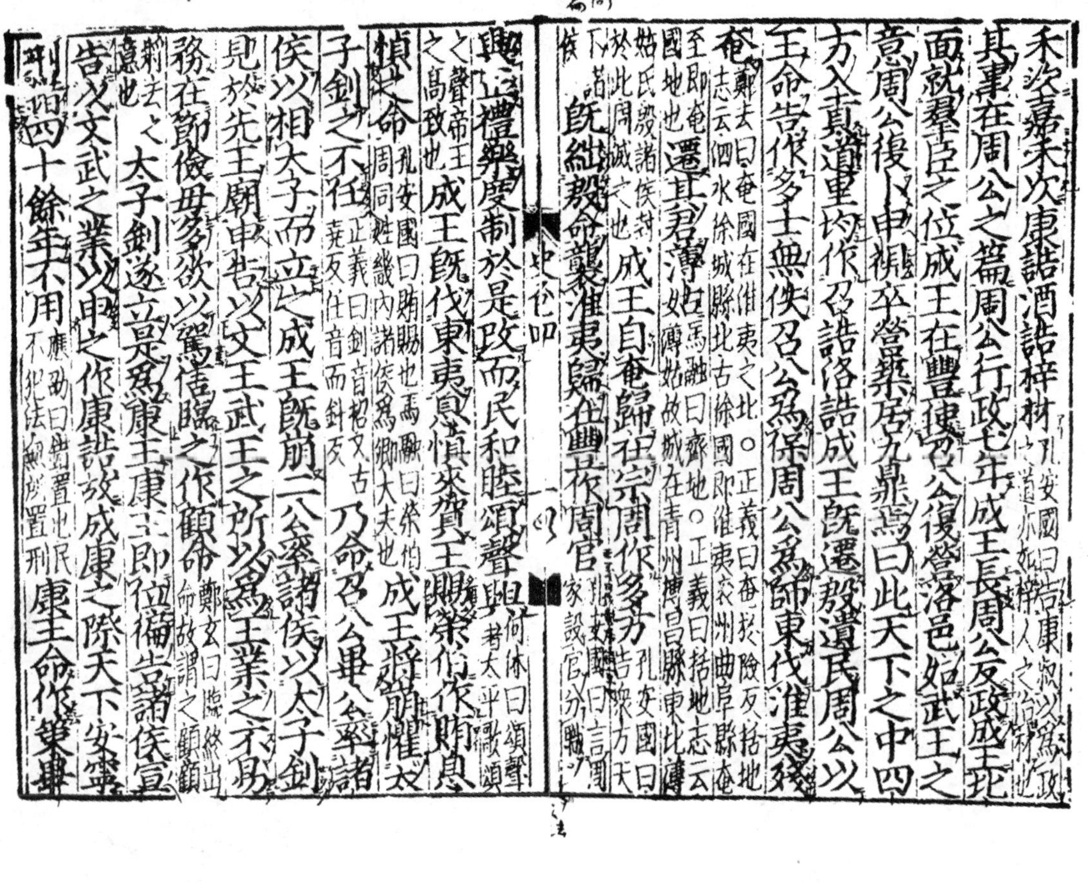

禾次嘉禾次康誥酒誥梓材其事在周公之篇周公行政七年成王長周公反政成王北面就羣臣之位成王在豐使召公復營洛邑如武王之意周公復卜申視卒營築居九鼎焉曰此天下之中四方入貢道里均作召誥洛誥成王既遷殷遺民周公以王命告作多士無佚召公為保周公為師東伐淮夷殘奄遷其君薄姑成王自奄歸在宗周作多方既絀殷命襲淮夷歸在豐作周官興正禮樂度制於是改而民和睦頌聲興成王既伐東夷息慎來賀王賜榮伯作賄息慎之命成王將崩懼太子釗之不任乃命召公畢公率諸侯以相太子而立之成王既崩二公率諸侯以太子釗見於先王廟申告以文王武王之所以為王業之不易務在節儉毋多欲以篤信臨之作顧命太子釗遂立是為康王康王即位徧告諸侯宣告以文武之業以申之作康誥故成康之際天下安寧刑錯四十餘年不用康王命作策畢

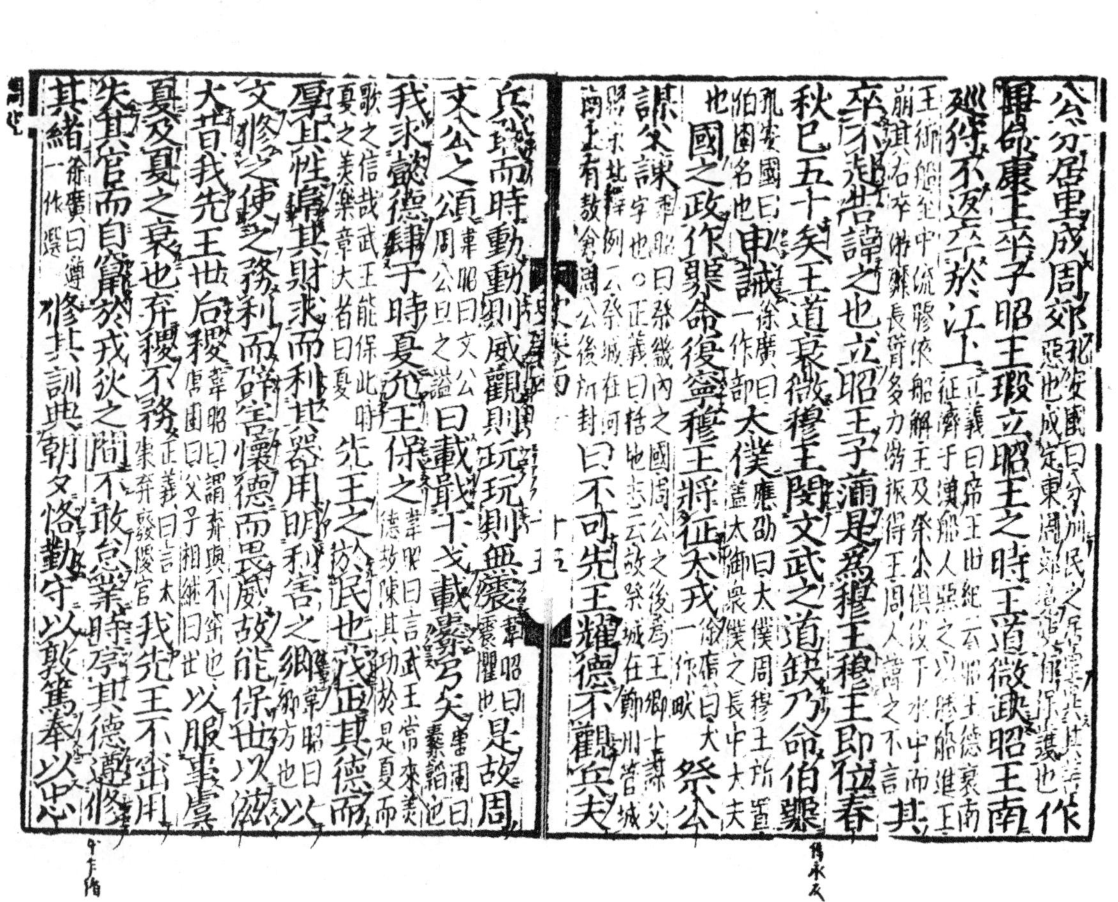

公分居里成周郊作畢命康王卒子昭王瑕立昭王之時王道微缺昭王南巡狩不返卒於江上其卒不赴告諱之也立昭王子滿是為穆王穆王即位春秋已五十矣王道衰微穆王閔文武之道缺乃命伯臩申誡太僕國之政作臩命復寧穆王將征犬戎祭公謀父諫曰不可先王耀德不觀兵夫兵戢而時動動則威觀則玩玩則無震是故周文公之頌曰載戢干戈載櫜弓矢我求懿德肆于時夏允王保之先王之於民也茂正其德而厚其性阜其財求而利其器用明利害之鄉以文修之使之務利而辟害懷德而畏威故能保世以滋大昔我先王世后稷以服事虞夏及夏之衰也棄稷不務我先王不窋用失其官而自竄於戎狄之閒不敢怠業時序其德遵修其緒修其訓典朝夕恪勤守以敦篤奉以忠

信奕世載德不忝前人至于文王武王昭前之光明而加之以慈和事神保民莫不欣喜商王帝辛大惡于民庶民不忍訢戴武王以致戎于商牧正義曰紂近郊地名牧野是故先王非務武也勤恤民隱而除其害也夫先王之制邦內甸服邦外侯服侯衛賓服韋昭曰此總言之也侯侯圻衛衛圻也夷蠻要服戎翟荒服甸服者祭韋昭曰供日祭侯服者祀韋昭曰供月祀賓服者享韋昭曰供時享要服者貢供歲貢荒服者王韋昭曰王事天子也日祭月祀時享歲貢終王先王之順祀也有不祭則修意韋昭曰先修志意以自責也畿內近知王意也有不祀則修言韋昭曰言號令也有不享則修文韋昭曰文典法也有不貢則修名韋昭曰名謂尊卑職貢之名號也有不王則修德韋昭曰遠人不至則修文德序成而有不至則修刑韋昭曰序成謂上五者次序已成有不至則有刑於是有刑不祭伐不祀征不享讓不貢告不王於是有刑罰之辟有攻伐之兵有征討之備有威讓之命有文告之辭布令陳辭而有不至則增修於德無勤民於遠是以近無不聽遠無不服今自大畢伯士之終也徐廣曰犬戎之君犬戎氏以其職來王正義曰賈逵云大畢伯士犬戎氏之二君也天子曰予必以不享征之且觀之兵無乃廢先王之訓而王幾頓乎吾聞犬戎樹敦韋昭曰樹立也言犬戎立性敦篤也率舊德而守終純固其有以禦我矣王遂征之得四白狼四白鹿以歸自是荒服者不至諸侯有不睦者甫侯言於王作修刑辟王曰吁來有國有土告汝祥刑孔安國曰告汝善用刑之道也在今爾安百姓何擇非其人何敬非其刑何居非其宜與兩造具備師聽五辭五辭簡信正於五刑五刑不簡正於五罰孔安國曰不簡核謂不應五刑當正五罰出金贖罪也五罰不服正於五過孔安國曰不服不應罰也正於五過從赦免之五過之疵官獄內獄閱實其罪惟鈞其過五刑之疑有赦五罰之疑有赦其審克之簡信有眾惟訊有稽無簡不疑共嚴天威黥辟疑赦其罰百率閱實其罪劓辟疑赦其罰倍灑閱實其罪臏辟疑赦其罰倍差

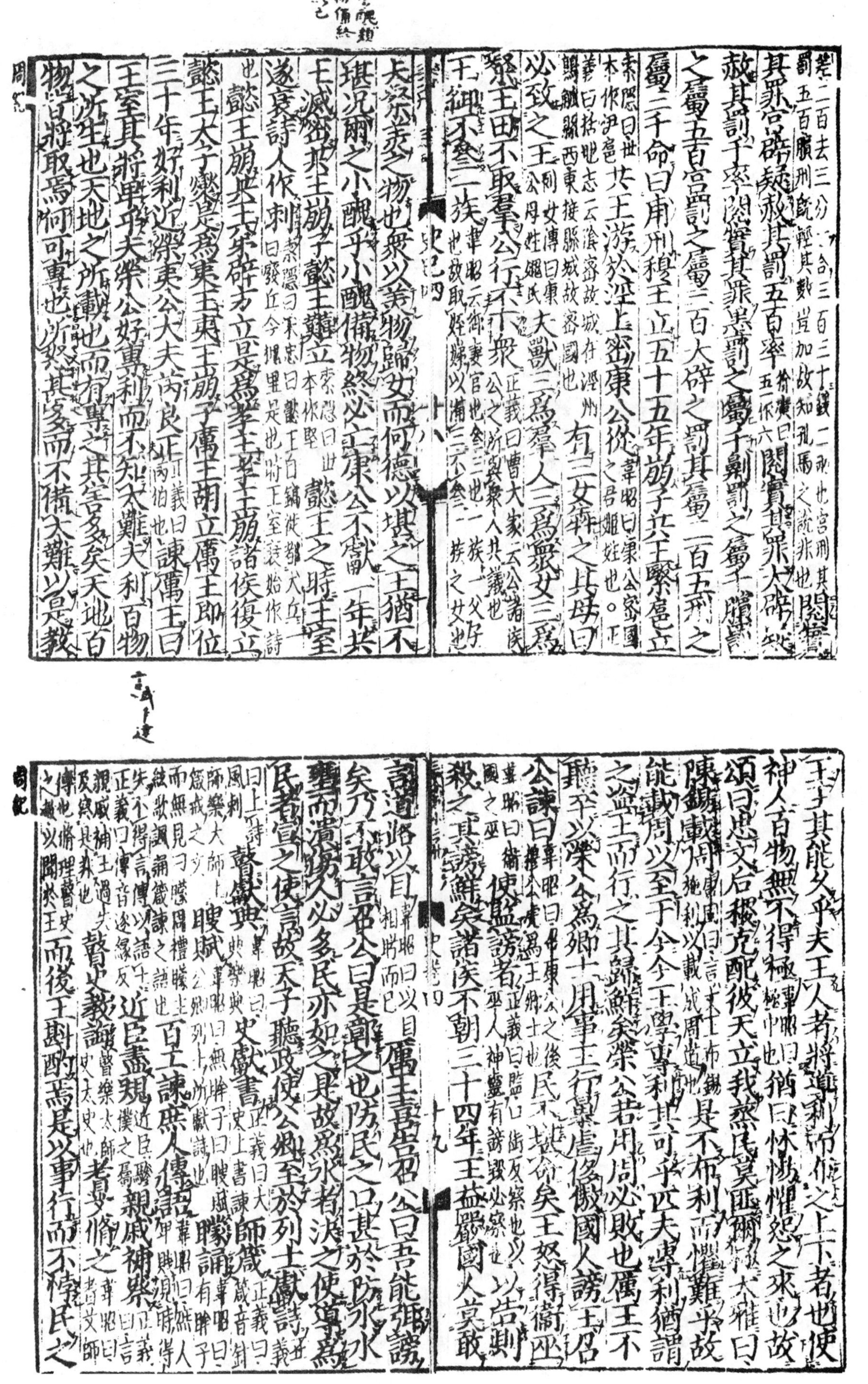

其罪。宮辟疑赦，其罰五百率，（徐廣曰：五一作六。）閱實其罪。大辟疑赦，其罰千率，閱實其罪。墨罰之屬千，劓罰之屬千，臏罰之屬五百，宮罰之屬三百，大辟之罰其屬二百，五刑之屬三千。命曰甫刑。穆王立五十五年，崩，子共王繄扈立。（索隱曰：世本作伊扈。）共王游於涇上，密康公從，（韋昭曰：康公，密國之君，姬姓也。）有三女奔之。其母曰：必致之王。夫獸三為群，人三為眾，女三為粲。王田不取群，公行不下眾，王御不參一族。夫粲，美之物也。眾以美物歸女，而何德以堪之？王猶不堪，況爾之小醜乎！小醜備物，終必亡。康公不獻，一年，共王滅密。共王崩，子懿王囏立。（索隱曰：世本作堅。）懿王之時，王室遂衰，詩人作刺。懿王崩，共王弟辟方立，是為孝王。孝王崩，諸侯復立懿王太子燮，是為夷王。夷王崩，子厲王胡立。厲王即位三十年，好利，近榮夷公。大夫芮良夫（正義曰：芮伯也。）諫厲王曰：王室其將卑乎？夫榮公好專利而不知大難。夫利，百物之所生也，天地之所載也，而有專之，其害多矣。天地百物皆將取焉，何可專也？所怒甚多，而不備大難。以是教王，王其能久乎？夫王人者，將導利而布之上下者也。使神人百物無不得極，猶日怵惕懼怨之來也。故頌曰：思文后稷，克配彼天，立我蒸民，莫匪爾極。大雅曰：陳錫載周。是不布利而懼難乎，故能載周以至于今。今王學專利，其可乎？匹夫專利，猶謂之盜，王而行之，其歸鮮矣。榮公若用，周必敗也。厲王不聽，卒以榮公為卿士，用事。王行暴虐侈傲，國人謗王。召公諫曰：民不堪命矣。王怒，得衛巫，使監謗者，以告則殺之。其謗鮮矣，諸侯不朝。三十四年，王益嚴，國人莫敢言，道路以目。厲王喜，告召公曰：吾能弭謗矣，乃不敢言。召公曰：是鄣之也。防民之口，甚於防水。水壅而潰，傷人必多，民亦如之。是故為水者決之使導，為民者宣之使言。故天子聽政，使公卿至於列士獻詩，瞽獻曲，史獻書，師箴，瞍賦，矇誦，百工諫，庶人傳語，近臣盡規，親戚補察，瞽史教誨，耆艾修之，而後王斟酌焉，是以事行而不悖。民之

有口也猶土之有山川也財用於是乎出猶其有原隰衍沃也韋昭曰下平曰衍有溉曰沃衣食於是乎生口之宣言也善敗於是乎興行善而備敗所以產財用衣食者也夫民慮之於心而宣之於口成而行之若壅其口其與能幾何王不聽於是國莫敢出言三年乃相與畔襲厲王厲王出奔於彘韋昭曰彘晉地漢為縣屬河東今曰永安○正義曰括地志云晉州霍邑縣本漢彘縣後改彘曰永安從鄗奔晉地厲王太子靜匿召公之家國人聞之乃圍之召公曰昔吾驟諫王驟數也王不從以及此難也今殺王太子王其以我為讎而懟怒乎夫事君者險而不讎懟韋昭曰在危險之中怨而不怒況事王乎乃以其子代王太子太子竟得脫召公周公二相行政號曰共和索隱曰共音如字若汲冢紀年則云共伯和干王位也共音恭共國伯爵言共伯攝王政故云干王位也○正義曰共音巨用反韋昭云彘之亂公卿相與和而脩政事號曰共和也魯連子云衛州共城縣本周共伯之國也共伯名和好行仁義諸侯賢之周厲王無道國人作難王奔于彘諸侯奉和以行天子事號曰共和元年十四年厲王死於彘共伯使諸侯奉王子靖為宣王而共伯復歸國于衛也世家云釐侯十三年周厲王出奔于彘共和行政焉二十八年周宣王立四十二年釐侯卒太子共伯餘立為君共伯弟和襲攻共伯於墓上共伯入釐侯羨自殺衛人因葬釐侯旁謚曰共伯而立和為衛侯是為武公按此文共伯不得立而和立為武公武公之立在共伯卒後年歲又不相當年表亦同明紀年及魯連子非也共和十四年厲王死于彘太子靜長於召公家二相乃共立之為王是為宣王宣王即位二相輔之脩政法文武成康之遺風諸侯復宗周十二年魯武公來朝宣王不脩籍於千畝正義曰應劭云古者天子耕藉田千畝為天下先瓚曰藉蹈藉也按宣王不脩親耕之禮也虢文公諫曰不可賈逵云文公文王母弟虢仲之後為王卿士也韋昭曰文公虢叔之後西虢也宣王都鎬在畿內也○正義曰括地志云故虢城在岐州陳倉縣東四十里又云大人之大原在晉州平陽縣北不可索隱曰國語曰虢文公諫云夫民之大事在農上帝之粢盛於是乎出民之蕃庶於是乎生民人之共給於是乎取事具載國語王弗聽三十九年戰于千畝索隱曰地名在西河介休縣王師敗績于姜氏之戎韋昭曰西戎別種四嶽之後也宣王既亡南國之師韋昭曰敗於姜戎時所亡也南國江漢之間乃料民於太原料數也唐固曰南國南陽也仲山甫諫曰民不可料也正義曰毛萇云仲山甫樊穆仲也括地志云漢樊縣城在兗州瑕丘縣西南古樊國仲山甫所封也宣王不聽卒料民四十六年宣王崩正義曰周春秋云宣王殺杜伯而無辜後三年宣王會諸侯田于圃日中杜伯起於道左衣朱衣冠操朱弓矢射宣王中心折脊而死國語云杜伯射王於鄗子幽王宮湦立徐廣曰一作生幽王二年西周三川皆震徐廣曰涇渭洛也駰案韋昭曰西周鎬京地震動故三川亦動○正義曰按涇渭二水在雍州北洛水一名漆沮在雍州東北南流入渭此時以王城為東周鎬京為西周伯陽甫曰周將亡矣韋昭曰伯陽甫周大夫也唐固曰伯陽甫周柱下史老子也夫天地之氣不失其序若過其序民亂之也韋昭曰過失也言民不敢斥王者也陽伏而不能出陰迫而不能烝韋昭曰烝升也陽氣在下陰氣迫之使不能升也於是有地震今三川實震是陽失其所而填陰也韋昭曰為陰所填笮也陽失而在陰韋昭曰在陰下也原必塞原塞國必亡夫水土演而民用也韋昭曰水土氣通為演演猶潤也演則生物民得用之土無所演民乏財用不亡何待昔伊洛竭

而夏亡韋昭曰禹都陽城伊洛所近也河竭而商亡韋昭曰商人都衛河水所經也今周德若二代之季矣其川原又塞塞必竭夫國必依山川山崩川竭亡國之徵也川竭必山崩韋昭曰水泉不潤枯朽而崩也若國亡不過十年數之紀也韋昭曰數起於一終於十十則更故曰紀也天之所棄不過其紀是歲也三川竭岐山崩三年幽王嬖愛褒姒索隱曰褒國名夏同姓姓姒氏禮婦人稱國及姓其女是龍漦妖子爲人所收褒人納之于王故曰褒姒○正義曰括地志云褒國故城在梁州褒城縣東二百步古褒國也褒姒生子伯服幽王欲廢太子太子母申侯女而爲后後幽王得褒姒愛之欲廢申后幷去太子宜臼以褒姒爲后以伯服爲太子周太史伯陽讀史記曰正義曰諸國皆有史以記事故曰史記周亡矣昔

自夏后氏之衰也有二神龍止於夏帝庭而言曰余褒之二君集解韋昭曰龍自號褒之二先君也夏帝卜殺之與去之與止之莫吉卜請其漦而藏之乃吉集解韋昭曰漦龍所吐沫龍之精氣也於是布幣而策告之韋昭曰以簡策之書告龍而請其漦也龍亡而漦在櫝而去之韋昭曰櫝匱也夏亡傳此器殷殷亡又傳此器周比三代莫敢發之至厲王之末集解韋昭曰末年王流彘之歲發而觀之漦流于庭不可除厲王使婦人裸而譟之韋昭曰譟謹呼也唐固曰羣呼曰譟漦化爲玄黿以入王後宮索隱曰亦作蚖音元玄蚖蜴也後宮之童妾既齔韋昭曰毀齒曰齔女七歲而毀齒也而遭之既笄而孕正義曰笄音雞禮記云女子許嫁而笄鄭玄云笄今簪無夫而生子懼而棄之宣王之時童女謠曰

檿弧箕服實亡周國韋昭曰山桑曰檿弧弓也箕木名服矢房也於是宣王聞之有夫婦賣是器者宣王使執而戮之逃於道而見鄉者後宮童妾所棄妖子出於路者正義曰夫婦賣檿弧者宣王欲執戮之遂逃於路遇此妖子哀而收之聞其夜啼哀而收之夫婦遂亡奔於褒正義曰國語云周幽王伐有褒褒人以褒姒女焉與虢石甫比也褒人有罪請入童妾所棄女子者於王以贖罪棄女子出於褒是爲褒姒當幽王三年王之後宮見而愛之生子伯服竟廢申后及太子以褒姒爲后伯服爲太子索隱曰左傳所謂攜王奸命是也太史伯陽曰禍成矣無可奈何褒姒不好笑幽王欲其笑萬方故不笑幽王爲烽燧正義曰晝日燃燧以望火煙夜舉燧以望火光也燧土魯也燧炬火也皆山上安之有寇舉之大鼓有寇至則舉烽火諸侯悉至至而無寇褒姒乃大笑幽王說之爲數舉烽火其後不信諸侯益不至幽王以虢石父爲卿用事國人皆怨石父爲人佞巧徐廣曰佞一作諂善諛好利王用之又廢申后去太子也申侯怒與繒正義曰繒自陵反國語云繒姒姓夏禹後括地志云繒縣在沂州承縣古侯國西夷犬戎攻幽王幽王舉烽火徵兵兵莫至遂殺幽王驪山下索隱曰驪山在雍州新豐縣南故驪戎國也驪音黎徐廣音力知反虜褒姒盡取周賂而去汲冢紀年曰自武王滅殷以至幽王凡二百五十七年也○正義曰按汲冢書晉咸和五年汲郡汲縣發魏襄王冢得古書冊七十五卷於是諸侯乃即申侯而共立故幽王太子宜臼是爲平王以奉周祀平王立東遷于雒

邑（正義曰即王城也平王以前號東都至敬王以後及戰國為西周）辟戎寇平王之時周室衰微諸侯彊并弱齊楚秦晉始大政由方伯（周禮曰九命作伯鄭衆云長諸侯為方伯）四十九年魯隱公即位五十一年平王崩太子洩父（正音曰音泄）蚤死立其子林是為桓王桓王平王孫也桓王三年鄭莊公朝桓王不禮（索隱曰在鄭隱六年）五年鄭怨與魯易許田許田天子之用事太山田也（索隱曰左傳鄭伯以璧假許田祊易祊田是鄭祀太山之田許是魯朝京師之湯沐邑有周公廟鄭以其近故易取之此云許田天子用事太山田誤矣○正義曰杜預云成王營王城有遷都之志故賜周公許田以為魯國朝宿之邑後世因而立周公別廟焉鄭桓公友周宣王之母弟封鄭有助祭太山湯沐之邑在祊鄭以天子不復巡狩故欲以祊易許田各從本國所近之宜也恐魯以周公別廟為疑故云已廢太山之祀而欲為魯祀周公遜辭以求也）

（括地志云許田在許州許昌縣南有魯城周公廟在城中祊田在沂州費縣東南按宛鄭大夫）八年魯殺隱公（正義曰子允令公子翬殺隱公）立桓公十三年伐鄭（索隱曰在魯桓五年）鄭射傷桓王桓王去歸（索隱曰左傳繻葛之役祝聃射王中肩是也）二十三年桓王崩子莊王佗立莊王四年周公黑肩欲殺莊王而立王子克（賈逵曰莊王弟子儀也）辛伯告王（賈逵曰辛伯周大夫）王殺周公（索隱曰左傳云初子儀有寵於桓王桓王屬諸周公辛伯諫曰並后匹嫡兩政耦國亂之本也周公不從故及於難然周公向先王旨自取誅夷辛伯正君臣之義卒安王業二卿優劣識可識也）王子克奔燕（正義曰杜預云南燕姞姓也）十五年莊王崩子釐王胡齊立（正義曰釐音僖傳本曰釐王）釐王三年齊桓公始霸五年釐王崩子惠王閬立（索隱曰世本名毋涼）惠王二年初莊王嬖姬姚（正義曰杜預云姚姓也）生子穨

（索隱曰莊王子釐王弟惠王之叔父也）穨有寵及惠王即位奪其大臣園以為囿（左傳曰蔿國之圃以為囿也）故大夫邊伯等五人作亂（左傳曰五人者蔿國邊伯詹父子禽祝跪也）謀召燕衛師（正義曰南燕滑州胙城衛衛州南也）伐惠王惠王奔溫（正義曰左傳云蘇忿生十二邑之一也杜預云今河內溫縣）已居鄭之櫟（杜預云櫟鄭大邑○正義曰）立釐王弟穨為王樂及徧舞（賈逵曰徧舞六代之樂也）鄭虢君怒四年鄭與虢君伐殺王穨（正義曰賈逵云鄭厲公虢公林父也）復入惠王惠王十年賜齊桓公為伯二十五年惠王崩子襄王鄭立襄王母早死後母曰惠后（左傳曰陳媯歸于京師實惠后也○正義曰按陳國媯姓）惠后生叔帶（索隱曰東王子襄王弟封於甘故左傳稱甘昭公○正義曰東王子襄王

弟封之於甘括地志云故甘城在洛州河南縣西南二十五里左傳云甘昭公王子叔帶也洛陽記云河南縣西南有甘水出焉北流入洛山上有甘城即甘公菜邑）有寵於惠王襄王畏之三年叔帶與戎翟謀伐襄王襄王欲誅叔帶叔帶奔齊齊桓公使管仲平戎于周使隰朋平戎于晉（服虔曰戎伐周晉伐戎救周故和也）王以上卿禮管仲管仲辭曰臣賤有司也有天子之二守國高在（杜預曰國子高子天子所命為齊守臣皆上卿也）若節春秋來承王命何以禮焉（賈逵曰節時也王肅曰春秋聘享之節也）陪臣敢辭（服虔曰陪重也諸侯之臣曰陪臣）王曰舅氏（賈逵曰舅氏言伯舅之使也○正義曰武王娶太公女為后故呼舅氏）余嘉乃勳（言我善汝有平戎功勳）毋逆朕命管仲卒受下卿之禮而還九年齊桓公卒十二年叔帶復歸于周（左傳曰王召之

十三年，鄭伐滑，（正義曰：滑，姬姓之國。左傳曰：滑人叛鄭而服於衛也。○正義曰：杜預云滑故國都河南緱氏縣，為秦所滅，時屬鄭晉，後屬周。括地志云緱氏故城本費城也，在洛州緱氏縣東南。）王使游孫、伯服請滑，（賈逵曰：二子周大夫。）鄭文公怨惠王之入不與厲公爵，（服虔曰：惠王以后之鞶鑑與鄭厲公，而獨與虢公玉爵。○正義曰：左傳云莊公二十一年，王巡虢守，虢公為王宮于玤，王與之酒泉。鄭伯之享王也，王以后之鞶鑑予之。虢公請器，王予之爵。鄭伯由是始惡於王。杜預云：鞶帶而以鏡為飾也。爵，飲酒器也。玤，虢地。酒泉，周邑。）又怨襄王之與衛滑，（服虔曰：滑小國，近鄭，出世服從而更違叛鄭，鄭師伐之，聽命，後自退於王，王以與衛。）故囚伯服。王怒，將以翟伐鄭。富辰諫（周大夫。）曰：「凡我周之東徙，晉、鄭焉依。子頹之亂，又鄭之由定，今以小怨棄之！」王不聽。十五年，王降翟師以伐鄭。王德翟人，將以其女為后。富辰諫曰：「平、桓、莊、惠皆受鄭勞，王棄親親翟，不可從。」王不聽。十六年，王絀翟后，翟人來誅，殺譚伯。（賈逵曰：譚伯，周大夫原伯毛伯也。○索隱曰：按國語亦云殺譚伯，而左傳太叔之難獲周公忌父、原伯、毛伯、富辰，傳文讀譚為原，杜預然。春秋有譚，何妨此時亦仕王朝。賈據傳文殺，國語既云殺譚伯，故太史公依之，不從左傳，誤也。）富辰曰：「吾數諫不從，如是不出，王以我為懟乎？」乃以其屬死之。初，惠后欲立王子帶，故以黨開翟人，翟人遂入周。襄王出奔鄭，（正義曰：公羊傳云王者無外，此其言出何？不能事母也。）鄭居王于氾。（賈逵曰：鄭南氾也，在襄城縣南。○正義曰：氾音凡。括地志云故氾城在許州襄城縣南。）子帶立為王，取襄王所絀翟后與居溫。十七年，襄王告急于晉，晉文公納王而誅叔帶。襄王乃賜晉文公珪鬯弓矢，為伯，以河內地與晉。（正義曰：溫、原、攢茅之田也。）二十年，晉文公召襄王，襄王會之河陽、踐土，（賈逵曰：河陽，晉之溫也。踐土，鄭地名，在河內。）諸侯畢朝，書諱曰「天王狩于河陽」。（左傳曰：仲尼曰以臣召君，不可以訓，故書曰狩。）二十四年，晉文公卒。三十一年，秦穆公卒。三十二年，襄王崩，子頃王壬臣立。頃王六年，崩，子匡王班立。匡王六年，崩，弟瑜立，是為定王。定王元年，楚莊王伐陸渾之戎，（地理志陸渾縣屬弘農郡。○正義曰：杜預云允姓之戎居陸渾，在秦西北，二國誘而徙伊川，遂從戎號，今洛州陸渾縣取其號也。後漢書云陸渾戎自瓜州遷於伊川。按僖二十二年秋，秦晉遷陸渾之戎於伊川。）次洛，使人問九鼎。王使王孫滿應設以辭，（賈逵曰：王孫滿，周大夫也。）楚兵乃去。十年，楚莊王圍鄭，鄭伯降，已而復之。十六年，楚莊王卒。二十一年，定王崩，子簡王夷立。簡王十三年，晉殺其君厲公，迎子周於周，立為悼公。十四年，簡王崩，子靈王泄心立。靈王二十四年，齊崔杼弒其君莊公。二十七年，靈王崩，（皇覽曰：靈王冢在河南城西南柏亭西周山上，蓋以靈王生而有髭而神，故諡靈王。其冢民祀之不絕。）子景王貴立。（索隱曰：名貴。按國語景王二十一年鑄大錢及無射，單穆公及泠州鳩各設辭以諫，今此不言，亦其略耳。）景王十八年，后太子聖而早卒。二十年，景王愛子朝，（賈逵曰：景王之長庶子。）欲立之，會崩，（皇覽曰：景王冢在洛陽太倉中。秦封呂不韋洛陽十萬戶，故大其城，并圍景王冢也。）子丐之黨與爭立，國人立長子猛為王，子朝攻殺猛。猛為悼王。晉人攻子朝而立丐，是為敬王。（賈逵曰：敬王，王猛母弟。）敬王元年，晉人入敬王，子朝自立，敬王不得入居澤[賈逵曰澤邑周地也]四年晉率諸侯入敬王于周子朝為臣[春秋曰子朝奔楚皇覽曰子朝冢在南陽西鄂縣今西鄂晁氏自謂子朝後也]諸侯城周十六年子朝之徒復作亂敬王犇于晉十七年晉定公遂入敬王于周三十九年齊田常殺其君簡公四十一年楚滅陳孔子卒四十二年敬王崩[徐廣曰皇甫謐曰敬王四十四年元己卯崩壬戌也]子元王仁立[徐廣曰世本云元王赤也皇甫謐]元王八年崩子定王介立[徐廣曰世本云貞王介也皇甫謐曰元王十一年癸未三晉滅智伯二十八年崩三子爭立應為東王○索隱曰世本云元王赤皇甫謐云貞定王考據二文則是元有兩名一名仁一名赤如史記則元王子定王為宋王父定王即貞王也依世本則元王是貞王子必有一乖誤然此定當為貞字誤耳豈周家有兩定王代數又非遠乎皇甫謐見此疑而不決遂彌縫史記世本之誤因謂為貞定王未為得也]定王十六年三晉滅知伯分有其地二十八年定王崩[徐廣曰皇甫謐曰貞定王十年元癸亥崩壬申]長子去疾立是為哀王哀王立三月弟叔襲殺哀王而自立是為思王思王立五月少弟嵬攻殺思王而自立是為考王此三王皆定王之子考王十五年崩[徐廣曰皇甫謐曰考哲王元辛丑崩乙卯]子威烈王午立考王封其弟于河南[正義曰帝王世紀云考哲王封弟揭於河南續周公之官是為西周桓公按自敬王遷都成周號東周也桓公都王城號西周桓公]是為桓公以續周公之官職桓公卒子威公代立威公卒子惠公代立乃封其少子於鞏以奉王號東周惠公[徐廣曰索隱曰考王封其弟于河南為桓公卒子威公立卒子惠公立長子曰西周公又封少子於鞏仍襲父號曰東周惠公於是有東西二周也按世本西周桓公名揭居河南東周惠公名班居洛陽是也]

威烈王二十三年九鼎震命韓魏趙為諸侯二十四年崩[徐廣曰皇甫謐曰元丙辰崩己卯駰案宋忠曰威烈王葬洛陽城中東北隅也]子安王驕立是歲盜殺楚聲王安王立二十六年崩[皇甫謐曰安王元庚辰崩乙巳]子烈王喜立烈王二年周太史儋[索隱曰老子列傳曰儋即老子耳又曰非也驗其年代人○正義曰幽王時有伯陽甫唐固曰伯陽甫老子也按幽王元年至孔子卒三百餘年孔子卒後一百二十九年儋見秦獻公然老子當孔子時唐固之說非也]見秦獻公曰始周與秦國合而別別五百載復合[韋昭曰周孝王封伯翳之後為侯伯與周別五百載至昭王時西周君臣自歸受罪獻其邑三十六城合也韋昭曰周封秦為始別謂秦仲也五百歲謂從秦仲至孝公彊大顯王致伯與之親合也○索隱曰按周封非子為附庸邑之秦號曰秦嬴是始合及秦襄公始列為諸侯是別之也自秦列為諸侯至昭王五十二年西周君臣獻邑三十六城以入於秦凡五百一十六年是合也云五百舉其大數]合十七歲而霸王者出焉[徐廣曰從此後十七年而秦昭王立駰按韋昭曰武王昭王皆伯至始皇而王天下○索隱曰霸王謂始皇也自周以邑入秦至始皇初立政由太后嫪毐至九年誅毐正十七年○正義曰周始與秦國合者謂周秦俱黃帝之後至非子未別封是合也而別者謂非子年周封非子為附庸邑之秦後二十九君至秦孝公二年五伯載周顯王致文武胙於秦孝公復與之親是合也合十七歲而霸王者出謂從秦孝公三年至十九年周顯王致胙於秦孝公是霸也孝公子惠王稱王是王者出也然五百載者非子生秦侯已下二十八君至孝公二年都合四百八十六年兼之非子邑秦之後十四年則成五百載]十年烈王崩弟扁立[扁音遍典反]是為顯王顯王五年賀秦獻公獻公稱伯九年致文武胙於秦孝公[胙膰肉也左傳曰王使宰孔賜齊侯胙曰天子有事于文武]二十五年秦會諸侯於周二十六年周致伯於秦孝公

三十三年，賀秦惠王。三十五年，致文武胙於秦惠王。四十四年，秦惠王稱王。其後諸侯皆為王。索隱曰：謂韓、魏、齊、趙也。四十八年，顯王崩，子慎靚王定立。慎靚王立六年，崩，子赧王延立。索隱曰：皇甫謐云名誕。赧非謚，謚法無赧。正以微弱，竊𫛛逃債，赧然慙愧，故號曰赧耳。爾雅面慙曰赧。王赧時東西周分治。索隱曰：按高誘曰：西周，王城，今河南。東周，成周，洛陽之地。王赧徙都西周。西周武公之共太子死，徐廣曰：武公，惠公之長子。○索隱曰：按戰國策作東周武公。有五庶子，毋適立。司馬翦正義曰：楚臣也。謂楚王曰：不如以地資公子咎，為請太子。左成曰：正義曰：楚臣也。不可。周不聽，是公之知困而交疏於周也。正義曰：言以地資公子咎，請為太子，周若不許，是楚於周交益疏。不如請周君孰欲立，以微告翦，翦請令楚賀之以地。果立公子咎為太子。八年，秦攻宜陽，正義曰：括地志云：故韓城，一名宜陽城，在洛州福昌縣東也。楚救之。而楚以周為秦故，將伐之。索隱曰：宜陽，韓地，秦攻而楚救之，周為韓出兵，而楚疑周為秦，因加兵伐周。蘇代為周說楚王曰：何以周為秦之禍也？索隱曰：蘇代說楚王，何以道周為秦？周實不為秦。今王責周為秦，周懼楚，必入秦，是為禍也。言周之為秦甚於楚者，欲令周入秦也，故謂周秦也。索隱曰：周秦相近，秦欲并周，而外睦於周，故當時諸侯咸謂周秦。周知其不可解，必入於秦，此為秦取周之精者也。為王計者，周於秦因善之，不於秦亦言善之，以疏之於秦。正義曰：言楚若善周，周必疏於秦。周絕於秦，必入於郢矣。正義曰：郢，楚都也。年蘇代說楚合周。秦借道兩周之間，將以伐韓，周恐借之畏於

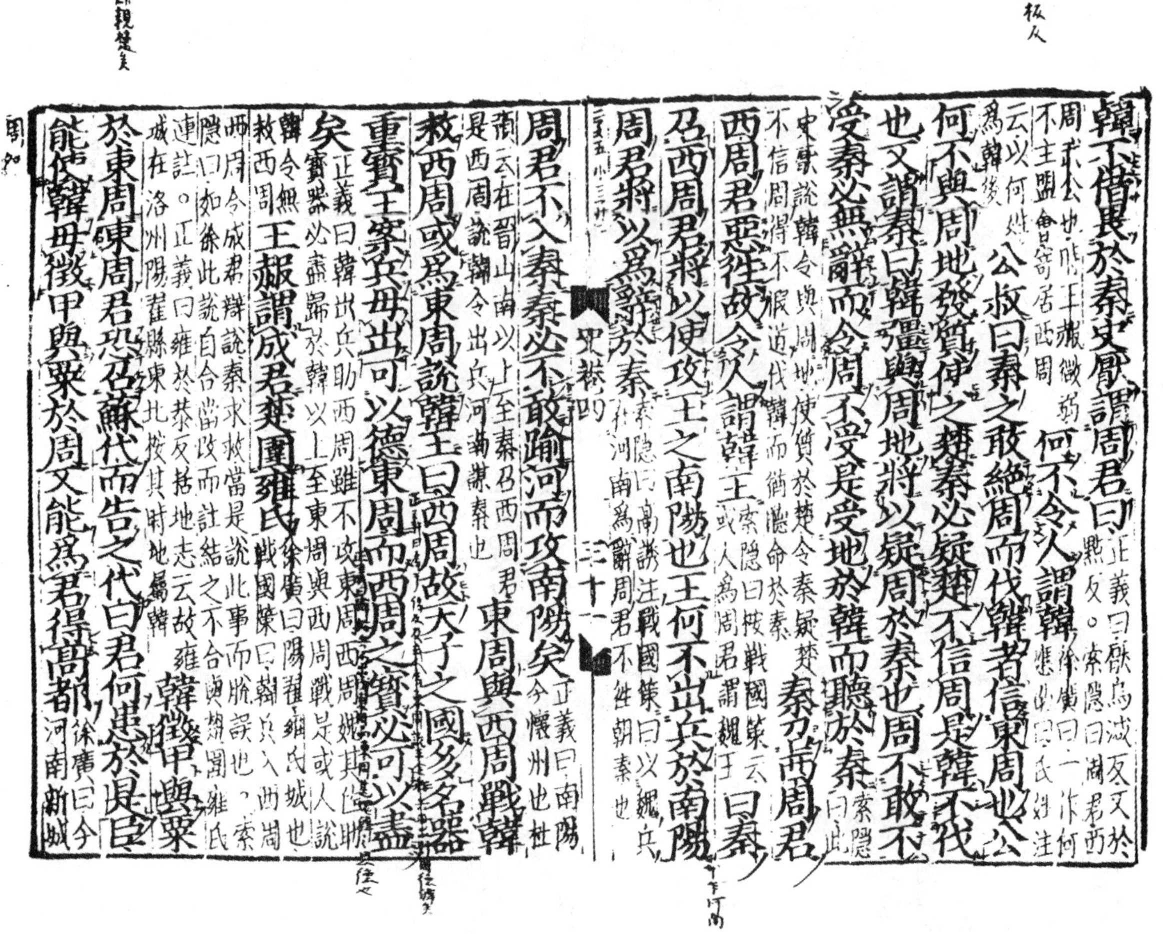

韓，不借畏於秦。史厭謂周君曰：正義曰：厭，烏減反，又於點反。○索隱曰：周君，西周武公也。時王赧微弱，不主盟會，且寄居西周。何不令人謂韓徐廣曰：一作何。[illegible]以[illegible]氏姓注云以何姓為韓後。公叔曰：秦之敢絕周而伐韓者，信東周也。公何不與周地，發質使之楚？秦必疑楚，不信周，是韓不伐也。又謂秦曰：韓彊與周地，將以疑周於秦也，周不敢不受。秦必無辭而令周不受，是受地於韓而聽於秦。索隱曰：此史厭說韓令與周地，使質於楚，令秦疑楚，不信周，得不假道伐韓，而猶聽命於秦。秦召周君，西周君惡往，故令人謂韓王索隱曰：按戰國策云：或人為周君謂魏王。曰：秦召西周君，將以使攻王之南陽也，王何不出兵於南陽？周君將以為辭於秦。索隱曰：高誘注戰國策曰：以魏兵在河南，為辭周君不往朝秦也。周君不入秦，秦必不敢踰河而攻南陽矣。正義曰：南陽，今懷州也。杜預云在晉山南，以上至秦召西周君，是西周說韓令出兵河南，謝秦也。東周與西周戰，韓救西周。或為東周說韓王曰：西周故天子之國，多名器重寶。王案兵毋出，可以德東周，而西周之寶必可以盡矣。正義曰：韓出兵助西周，雖不攻東周，西周姚其[illegible]實器必盡歸於韓。以上至東周與西周戰，是或人說韓令無救西周。王赧謂成君。楚圍雍氏，徐廣曰：陽翟雍氏城也。戰國策曰：韓兵入西周，西周令成君辯說秦求救，當是說此事而脫誤也。○索隱曰：如徐此說，自合當改而註結之，不合與楚圍雍氏連註。○正義曰：雍，於恭反。括地志云：故雍城在洛州陽翟縣東北，按其時地屬韓。韓徵甲與粟於東周，東周君恐，召蘇代而告之。代曰：君何患於是？臣能使韓毋徵甲與粟於周，又能為君得高都。徐廣曰：今河南新城

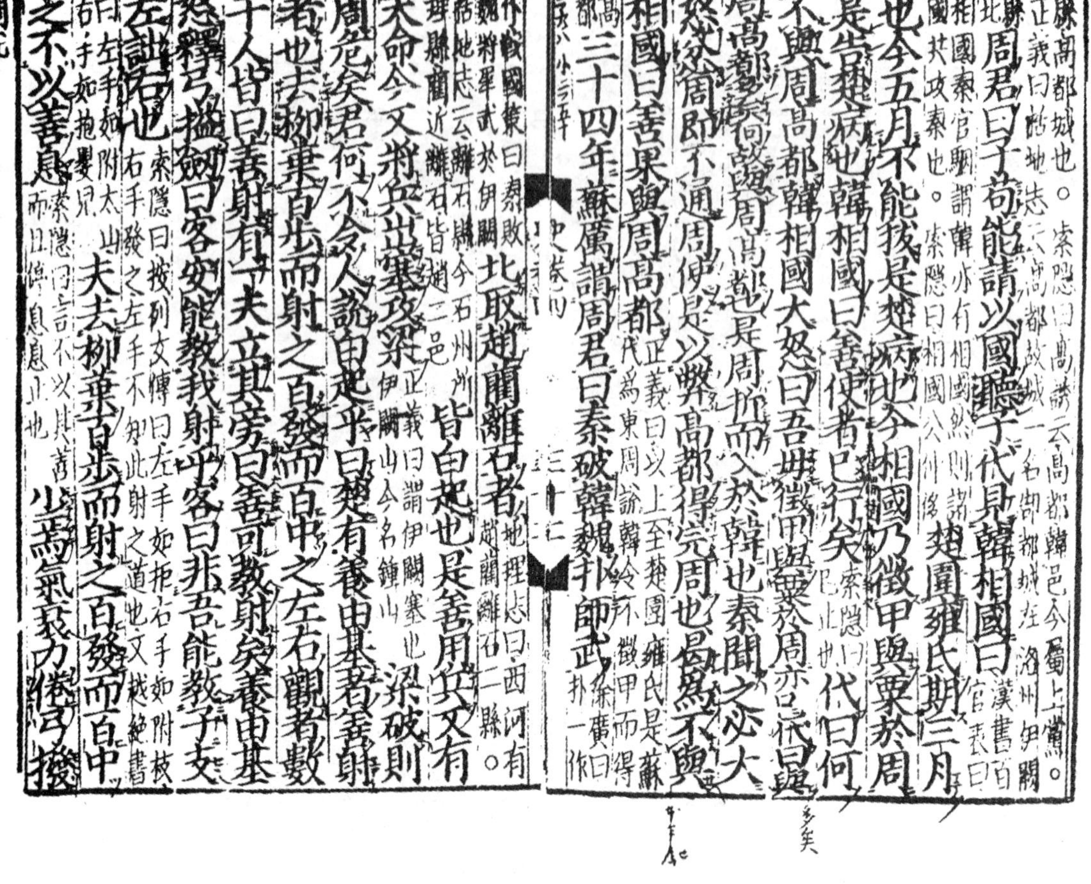

陽翟都城也。索隱曰高誘云高都韓邑今屬上黨。正義曰括地志云高都故城一名郜都城在洛州伊闕縣北。周君曰子苟能請以國聽子代見韓相國曰漢書百官表曰相國秦官駰謂韓亦有相國然則諸國並效秦也。索隱曰相國公仲侈楚圍雍氏期三月也今五月不能拔是楚病也今相國乃徵甲與粟於周是告楚病也韓相國曰善使者已行矣索隱曰已止也代曰何不與周高都韓相國大怒曰吾毋徵甲與粟於周亦已多矣何故與周高都也代曰與周高都是周折而入於韓也秦聞之必大怒忿周即不通周使是以弊高都得完周也曷為不與相國曰善果與周高都正義曰以上至楚圍雍氏是蘇代為東周說韓令不徵甲而得高都三十四年蘇厲謂周君曰秦破韓魏扑師武徐廣曰扑一作

戰國策曰秦敗魏將犀武於伊闕北取趙藺離石者地理志曰西河有藺離石二縣。括地志云離石縣今石州所理縣藺近離石皆趙二邑皆白起也是善用兵又有天命今又將兵出塞攻梁正義曰謂伊闕塞也伊闕山今名鍾山梁破則周危矣君何不令人說白起乎曰楚有養由基者善射者也去柳葉百步而射之百發而百中之左右觀者數千人皆曰善射有一夫立其旁曰善可教射矣養由基怒釋弓搤劍曰客安能教我射乎客曰非吾能教子支左詘右也索隱曰按列女傳曰左手如拒右手如附枝右手發之左手不知此射之道也文穎註書曰左手如附太山右手如抱嬰兒夫去柳葉百步而射之百發而百中之不以善息索隱曰言不以其善而且停息息止也少焉氣衰力倦弓撥

周紀

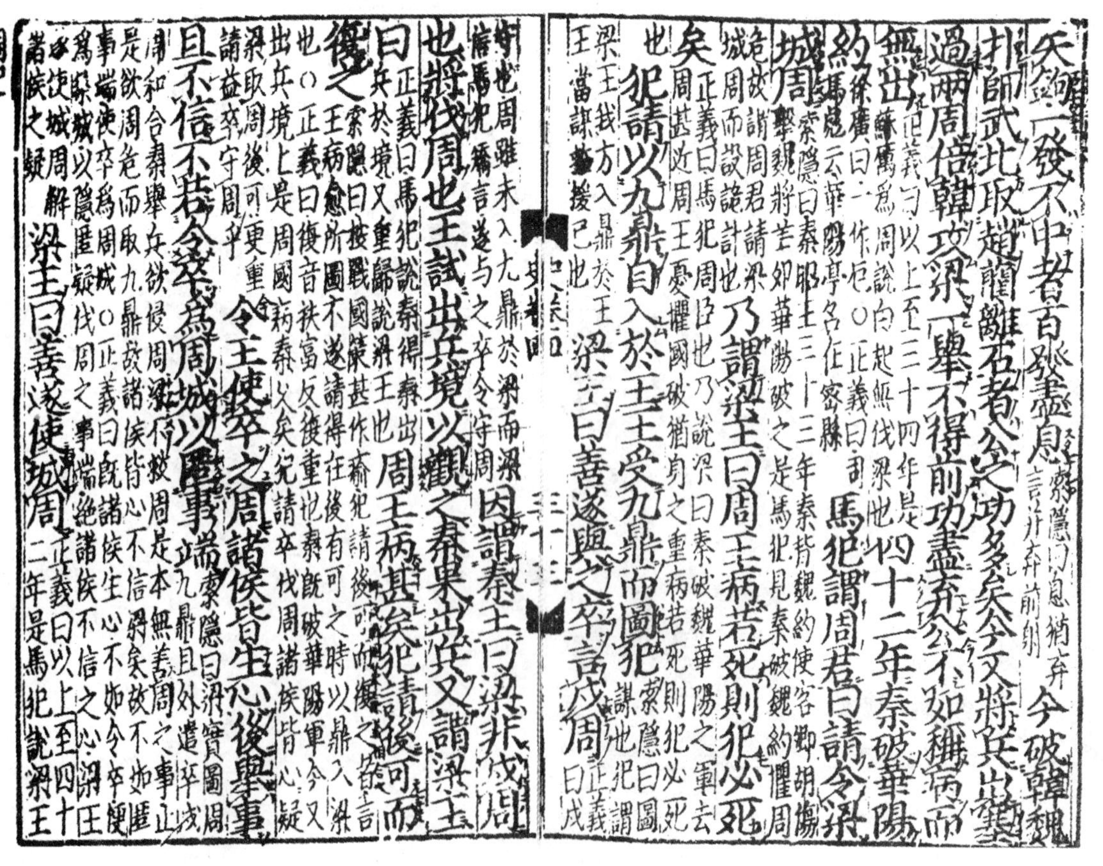

矢鉤一發不中者百發盡息索隱曰息猶弃也言并弃前射今破韓魏扑師武北取趙藺離石者公之功多矣今又將兵出塞過兩周倍韓攻梁一舉不得前功盡弃公不如稱病而無出正義曰以上至三十四年是蘇厲為周說白起無伐梁也四十二年秦破華陽約徐廣曰一作厄○正義曰司馬彪云華陽亭名在密縣馬犯謂周君曰請令梁城周索隱曰秦昭王三十三年秦背魏約使客卿胡傷擊魏將芒卯華陽破之是馬犯見秦破魏約懼周危故請周君請梁城周而設詭計也乃謂梁王曰周王病若死則犯必死矣正義曰馬犯周臣也乃說梁曰秦破魏華陽之軍去周甚近周王憂懼國破猶身之重病若死則犯必死也犯請以九鼎自入於王王受九鼎而圖犯索隱曰圖謀也犯謂梁王我方入鼎於王當謀救援己也梁王曰善遂與之卒言戍周正義曰戍

守也周雖未入九鼎於梁而梁信馬犯稱言遂与之卒令守周因謂秦王曰梁非戍周也將伐周也王試出兵境以觀之秦果出兵又謂梁王曰周王病甚矣犯請後可而復之索隱曰馬犯說秦得秦出兵於境又重歸說梁王也正義曰馬犯說梁王病愈所圖不遂請得在後有可之時以鼎入梁也○正義曰復音扶富反後重也秦既破華陽軍令又出兵境上是周國病秦以矣究請卒伐周諸侯皆心疑梁取周後可更重請益卒守周乎今王使卒之周諸侯皆生心後舉事且不信不若令卒為周城以匿事端索隱曰梁實欲周和合秦舉兵欲侵周梁得救周是本無善周之事是欲周危而取九鼎故諸侯皆心不信梁矣故不如令卒便事端使卒為周城○正義曰既諸侯不信之心梁王為除猜以隱匿欲伐周之事端絕諸侯生心梁王曰善遂使城周正義曰以上至四十二年是馬犯說梁王使城周解諸侯之疑

周紀

為周最欲

四十五年周君之秦客謂周最索隱曰最音司喻反周之公子也曰公不若譽秦王之孝因以應為太后養地徐廣曰地理志云應鄉今潁川父城縣應鄉是也○索隱曰戰國策作原泉周地太后秦昭王母宣太后姓羋氏也秦王必喜是公有秦交交善周君必以為公功交惡勸周君入秦者必有罪矣正義曰客謂周最曰周君與秦交善是最之功也與秦交惡勸周君入秦者周最令必得罪也以上四十五年是周客說周最令周君以應入秦得交善而歸也秦攻周而周最謂秦王曰為王計者不攻周攻周實不足以利聲畏天下天下以聲畏秦必東合於齊兵弊於周合天下於齊則秦不王矣天下欲弊秦勸王攻周秦與天下弊則令不行矣正義曰秦欲攻周周最說秦曰周天子之國雖有重器名寶土地狹少不足利秦而王若攻之乃有攻天子之聲而令天下有攻天子之声畏秦使諸侯歸於齊秦兵空弊於周則秦不王矣是天下欲弊秦故勸王攻周令秦受天下弊而令教命不行於諸侯矣以上秦攻周是周最說秦也

五十八年三晉距秦周令其相國之秦以秦之輕也還其行正義曰以秦輕易周相故相國於是反歸周也客謂相國曰秦之輕重未可知也正義曰言秦之輕相國重相國亦未可知秦欲知三國之情公不如急見秦王曰請為王聽東方之變秦王必重公重公是秦重周周以取秦也齊重則固有周聚以收齊徐廣曰聚一作最最亦古之聚字○正義曰按周聚事齊而和於齊周故得齊重令相國又得秦重是相國收秦周聚收齊周常不失大國之交也是周常不失重國之交也秦信周發兵攻三晉正義曰三晉韓魏趙也以上至五十八年是客說周相國令報三國之情得秦重也

五十九年秦取韓陽城負黍徐廣曰陽城有負黍聚○正義曰括地志云陽城洛州縣也負黍亭在陽城縣西南三十五里故周邑左傳云鄭伐周負黍是也今屬韓國西周恐倍秦與諸侯約從文穎曰關東為從關西為橫孟康曰南北為從東西為橫瓚曰以利合曰從以威勢相脅曰橫○正義曰按諸說未允關東地南北長長為從六國共居之關西地東西廣廣為橫秦獨居之將天下銳師出伊闕攻秦正義曰西周以秦取韓陽城負黍恐懼倍秦之約共諸侯連從須天下銳師從洛州南出伊闕攻秦令秦無得通陽城正義曰謂軍令不得通陽城秦昭王怒使將軍摎攻西周漢書百官表曰前後左右將軍皆周末官也○正義曰摎音紏虬反西周君犇秦正義曰西周武公頓首受罪盡獻其邑三十六口三萬索隱曰秦昭王之五十一年秦受其獻歸其君於周周君王赧卒宋忠曰謚曰西周武公○索隱曰西周武公也徐以西周武公是惠公之長子此周君即西周武公也蓋此時武公與王赧皆卒故連言之也周民遂東亡秦取九鼎寶器而遷西周公於𢡊狐徐廣曰𢡊音憚○索隱曰西周武公之太子文公也武公卒而立為秦所遷而東周亦不知其名號戰國策雖有周文君亦不知滅時定當何主蓋周室衰微略無紀錄故太史公雖考衆書以卒其事然二國代系甚不分明○正義曰括地志云汝州外古梁城即𢡊狐聚也陽人故城即陽人聚也在汝州梁縣西四十里梁亦古梁城也在汝州梁縣西十五里新城今洛州伊闕也按𢡊狐陽人傍在三城之間後七歲秦莊襄王滅東西周徐廣曰周比亡之時凡七縣河南洛陽穀城平陰偃師鞏緱氏○正義曰括地志云故穀城在洛州河南縣西北苑中河陰縣城本漢平陰縣在洛州洛陽縣東北十三州志云在平陰大河南魏文帝改曰河陰東西周皆入于秦周既不祀皇甫謐曰周凡三十七王八百六十七年○索隱曰既盡也言周祚盡滅無主祭祀○正義曰按王赧卒後天下無主三十五年七雄並爭至秦始皇立天下一統十五年海內咸歸於漢矣

太史公曰學者皆稱周伐紂居洛邑綜其實不然武王營之成王使召公卜居居九鼎焉而周復都豐鎬至犬戎敗幽王周乃東徙于洛邑所謂周公葬我畢畢在鎬東南杜中徐廣曰杜一作社秦滅周漢興九十有餘載天子將封太山東巡狩至河南求周苗裔封其後嘉三十里地號曰周子南君比列侯以奉其先祭祀徐廣曰自周亡乙巳至元鼎四年戊辰一百四十四年漢之九十四年也漢武元鼎四年封周後也瓚曰汲冢古文謂衛將軍文子為子南彌牟其後有子南勁朝于魏後惠成王如衛命子南為侯秦并六國衛最為後疑嘉是衛後故比子南而稱君也○正義曰括地志云周承休城一名梁城在汝州梁縣東北帝王世紀云漢武帝元鼎四年東巡河洛思周德乃封姬嘉三千戶地方三十里為周子南君以奉周祀元鼎三年嘉弟昭進爵為承休侯在此城也平帝元始四年進為鄭公光武建武二年封姬常為周承休公顔師古云子南其封邑之號故總言周子南君案自嘉以下皆姓姬氏者在史傳讚言子南為氏恐非

索隱述贊曰

后稷居邰　太王作周　丹開雀録　火降烏流　三分既有　八百不謀　蒼兕誓衆　白魚入舟　太師抱樂　箕子挶囚　成康之日　政簡刑措　南巡不還　西服莫附　共和之後　王室多故　檿弧興謡　龍漦作蠱　頹帶挂禍　實傾周祚

周本紀第四　史記四

秦本紀第五　史記五

索隱曰秦雖嬴姓之祖本西戎附庸之君豈以諸侯之邦而與五帝三王同稱本紀斯必不可可降為世家

秦之先帝顓頊之苗裔正義曰黃帝之孫號高陽氏孫曰女脩女脩織玄鳥隕卵女脩吞之生子大業索隱曰女脩顓頊之裔女吞鳦子而生大業其父不著而秦趙以母族而祖顓頊非生人之義也按左傳郯國少昊之後而嬴姓蓋其族也則秦趙宜祖少昊氏○正義曰列女傳云陶子生五歲而佐禹曹大家注云陶子者皐陶之子伯益也按此即知大業是皐陶大業取少典之子曰女華女華生大費索隱曰扶味反一音祕尋費後以為氏則扶味反為得此即秦趙之祖嬴姓之先一名伯翳尚書謂之伯益系本漢書謂之伯益是也尋檢史記上下諸文伯翳與伯益是一人不疑而陳杞系家即敘伯翳與伯益為二不知太史公疑而未決邪抑亦謬誤爾

與禹平水土已成帝錫玄圭禹受曰非予能成亦大費為輔帝舜曰咨爾費贊禹功其賜爾皁游索隱曰游音旒謂賜以皁色旌旆之旒爾後嗣將大出索隱曰出猶生也言爾後嗣繁昌將大生出子孫也乃妻之姚姓之玉女徐廣曰皇甫謐云賜之玄玉妻以姚姓之女也大費拜受佐舜調馴鳥獸鳥獸多馴服是為柏翳舜賜姓嬴氏大費生子二人一曰大廉實鳥俗氏索隱曰以仲衍鳥身人言故為鳥俗氏俗一作浴二曰若木實費氏索隱曰以王父字為費氏也其玄孫曰費昌子孫或在中國或在夷狄費昌當夏桀之時去夏歸商為湯御以敗桀於鳴條大廉玄孫曰孟戲中衍索隱曰舊解以孟戲仲衍是一人今以孟仲分字當是二人名也鳥身人言帝太戊聞而卜之使御

以致使御而妻之自太戊以下中衍之後遂世有功以佐殷國故嬴姓多顯遂為諸侯其玄孫曰中潏徐廣曰一作滑。正義曰中音仲潏音決在西戎保西垂生蜚廉蜚廉生惡來惡來有力手裂虎兕蜚廉善走父子俱以材力事殷紂周武王之伐紂并殺惡來是時蜚廉為紂石北方徐廣曰皇甫謐云作石北方還無所報為壇霍太山地理志霍太山在河東彘縣而報得石棺正義曰紂既崩無所歸報故為壇於霍太山而祭紂報云作得石棺銘曰帝令處父不與殷亂索隱曰處父蜚廉別號賜爾石棺以華氏死遂葬於霍太山皇甫謐云去彘縣十五里有冢常祠之。索隱曰言天賜石棺以光華其族事盡非實無信蜚廉復有子曰季勝正義曰音升

季勝生孟增孟增幸於周成王是為宅皋狼正義曰西河郡皋狼縣皋狼生衡父衡父生造父造父以善御幸於周繆王得驥溫驪徐廣曰溫一作盜。索隱曰鄒誕本作駵驪黑色驊駵騄耳之駟正義曰八駿皆因其毛色以為名號西巡狩樂而忘歸正義曰紀年云穆王十七年西征於崑崙丘見西王母徐偃王作亂造父為繆王御長驅歸周一日千里以救亂正義曰古史考云徐偃王與楚文王同時去周穆王遠矣且王者行有周衛豈得救亂而獨長驅日行千里乎並言此事非實

王元年至十八年矣繆王以趙城封造父徐廣曰趙城在河東永安縣造父族由此為趙氏自蜚廉生季勝已下五世至造父別居趙趙衰其後也惡來革者蜚廉子也蚤死有子曰女防女防生旁皋旁皋生太几太几生大駱大駱生非子以造父之寵皆蒙趙城姓趙氏非子居犬丘徐廣曰今槐里也好馬及畜正義曰好火到反畜許救反善養息之犬丘人言之周孝王孝王召使主馬于汧渭之閒正義曰汧音牽言於二水之閒在隴州以東馬大蕃息孝王欲以為大駱適嗣申侯之女為大駱妻生子成為適申侯乃言孝王曰昔我先酈山之女為戎胥軒妻生中潏以親故歸周保西垂西垂以其故和睦今

我復與大駱妻生適子成申駱重婚西戎皆服所以為王王其圖之於是孝王曰昔伯翳為舜主畜畜多息故有土賜姓嬴今其後世亦為朕息馬朕其分土為附庸邑之秦徐廣曰今天水隴西縣秦亭是也使復續嬴氏祀號曰秦嬴亦不廢申侯之女子為駱適者以和西戎秦嬴生秦侯秦侯立十年卒生公伯公伯立三年卒生秦仲秦仲立三年周厲王無道諸侯或叛之西戎反王室滅犬丘大駱之族周宣王即位徐廣曰宣王元年秦仲之十八年也乃以秦仲為大夫誅西戎西戎殺秦仲秦仲立二十三年死於戎毛詩序曰秦仲始大有車馬禮樂侍御之好也有子五人其長者曰莊公周宣王乃召莊公

昆弟五人，與兵七千人，使伐西戎，破之。於是復予秦仲後及其先大駱地犬丘并有之，為西垂大夫。莊公居其故西犬丘，生子三人，其長男世父。世父曰：「戎殺我大父仲，我非殺戎王則不敢入邑。」遂將擊戎，讓其弟襄公。襄公為太子。莊公立四十四年卒，太子襄公代立。襄公元年，以女弟繆嬴為豐王妻。襄公二年，戎圍犬丘世父，世父擊之，為戎人所虜。歲餘，復歸世父。七年春，周幽王用褒姒廢太子，立褒姒子為適，數欺諸侯，諸侯叛之。西戎犬戎與申侯伐周，殺幽王酈山下。而秦襄公將兵救周，戰甚力，有功。周避犬戎難，東徙雒邑，襄公以兵送周平王。平王封襄公為諸侯，賜之岐以西之地。曰：「戎無道，侵奪我岐、豐之地，秦能攻逐戎，即有其地。」與誓，封爵之。襄公於是始國，與諸侯通使聘享之禮，乃用駵駒徐廣曰赤馬黑鬣曰駵、黃牛、羝羊各三，祠上帝西畤。徐廣曰祠白帝。○索隱曰襄公始列為諸侯，自以居西，西縣名，故作西畤，祠白帝。畤，止也，言神靈之所依止也。亦音市，謂為壇以祭天也。十二年，伐戎而至岐，卒。生文公。文公元年，居西垂宮。三年，文公以兵七百人東獵。四年，至汧渭之會。曰：「昔周邑我先秦嬴於此，後卒獲為諸侯。」乃卜居之，占曰吉，即營邑之。十年，初為鄜畤，徐廣曰鄜縣屬馮翊。○索隱曰音孚。鄜，亦縣名。於鄜地作畤，故曰鄜畤。故封禪書曰秦文公夢黃蛇自天而下屬地，其口止於鄜衍，史敦以為神，故立此畤也。用三牢。十三年，初有史以紀事，民多化者。十六年，文公以兵伐戎，戎敗走。於是文公遂收周餘民有之，地至岐，岐以東獻之周。十九年，得陳寶。索隱曰按漢書郊祀志云：文公獲若石云，于陳倉北阪城祠之，其神來若雄雉，其聲殷云，野雞夜鳴，以一牢祠之，號曰陳寶。又臣瓚云：陳倉縣有寶夫人祠，歲與葉君神會，祭有光雷電之聲。二十年，法初有三族之罪。張晏曰父母、兄弟、妻子也。如淳曰父族、母族、妻族也。二十七年，伐南山大梓，豐大特。徐廣曰今武都故道有怒特祠，圖大牛，上生樹本，有牛從木中出，後見於豐水之中。四十八年，文公太子卒，賜謚為竫公。徐廣曰文公之四十四年，魯隱之元年也。竫公之長子為太子，是文公孫也。五十年，文公卒，葬西山。徐廣曰皇甫謐云葬於西山，在今隴西之西縣。竫公子立，是為寧公。徐廣曰一作曼。寧公二年，公徙居平陽。徐廣曰郿之平陽亭。遣兵伐蕩社。索隱曰西戎之君號曰亳王，蓋成湯之胤，其邑曰蕩社。徐廣云一作湯杜。三年，與亳戰，亳王奔戎，遂滅蕩社。皇甫謐云亳王號湯，西夷之國也。四年，魯公子翬弒其君隱公。正義曰音暉。十二年，伐蕩氏，取之。寧公生十歲立，立十二年卒，葬西山。生子三人，長男武公為太子。武公弟德公，同母魯姬子。生出子。寧公卒，大庶長弗忌、威壘、正義曰力追反。三父廢太子而立出子為君。出子六年，三父等復共令人賊殺出子。出子生五歲立，立六年卒。三父等乃復立故太子武公。武公元年，伐彭戲氏，正義曰戲音許宜反，戎號也。蓋同州彭衙故城是也。至于華山下，居平陽封宮。正義曰宮在岐州平陽城內也。三年，誅三父等而夷三族，以其殺出子也。鄭高渠眯殺其君昭公。索隱曰：昭公，魯桓公十七年，左傳作高渠彌也。十年，伐邽、冀戎，初縣之。地理志隴西有上邽縣，冀縣屬天水郡。十一年，初縣杜、鄭。地理志京兆有鄭縣、杜縣。滅小虢。索隱曰：此虢在雍州。十三年，齊人管至父、連稱等殺其君襄公而立公孫無知。晉滅霍、魏、耿。索隱曰：春秋魯閔公元年左傳云晉滅耿、滅魏、滅霍。杜預注曰：三國皆姬姓。齊雍廩殺無知、管至父等而立齊桓公。齊、晉為彊國。十九年，晉曲沃始為晉侯。索隱曰：晉穆侯少子桓叔封曲沃，號曲沃桓叔，至武公滅晉侯緡，始為晉君也。齊桓公伯於鄄。正義伯音霸。二十年，武公卒，葬雍平陽。初以人從死，從死者六十六人。有子一人，名曰白，白不立，封平陽。立其弟德公。德公元年，初居雍城大鄭宮。徐廣曰：今縣。以犧三百牢祠鄜畤。卜居雍。後子孫飲馬於河。梁伯、芮伯來朝。索隱曰：梁，嬴姓；芮，姬姓。梁國在馮翊夏陽，芮國在馮翊臨晉。二年，初伏，孟康曰：六月伏日初也。周時無，至此乃有之。以狗禦蠱。徐廣曰：年表云初作伏，祠社，磔狗邑四門也。○正義曰：蠱者，熱毒惡氣為傷害人，故磔狗以禦之。狗，陽畜也。德公生三十三歲而立，立二年卒。生子三人：長子宣公，中子成公，少子穆公。長子宣公立。宣公元年，衛、燕伐周，出惠王，立王子穨。三年，鄭伯、虢叔殺子穨而入惠王。四年，作密畤。正義曰：括地志云漢有五畤，在岐州雍縣南，則鄜畤、吳陽上畤、下畤、密畤、北畤。秦文公夢黃蛇自天而下屬地，其口止於鄜衍，作畤，郊祭白帝，曰鄜畤。秦宣公作密畤於渭南，祭青帝。秦靈公作吳陽上畤、下畤，祭赤帝、黃帝。漢高帝曰：天有五帝，今四，何也？待我而具五。遂立黑帝，曰北畤是也。與晉戰河陽，勝之。十二年，宣公卒。

生子九人，莫立，立其弟成公。成公元年，梁伯、芮伯來朝。齊桓公伐山戎，次于孤竹。正義曰：括地志云孤竹故城在平州盧龍縣十二里，殷時諸侯竹國也。成公立四年卒。子七人，莫立，立其弟繆公。索隱曰：□。正義曰：已上皆史失其名，今按世本古史考得繆公名任好。繆公任好元年，自將伐茅津，正義曰：劉伯莊云戎號也。括地志云茅津及茅城在陝州河北縣西。勝之。四年，迎婦於晉，晉太子申生姊也。其歲，齊桓公伐楚，至邵陵。五年，晉獻公滅虞、虢，虜虞君與其大夫百里傒，以璧馬賂於虞故也。既虜百里傒，以為秦繆公夫人媵於秦。百里傒亡秦走宛，地理志南陽有宛縣。○正義曰：宛，於元反，今鄧州縣。楚鄙人執之。繆公聞百里傒賢，欲重贖之，恐楚人不與，乃使人謂楚曰：「吾媵臣百里傒在焉，請以五羖羊皮贖之。」楚人遂許與之。當是時，百里傒年已七十餘。繆公釋其囚，與語國事。謝曰：「臣亡國之臣，何足問！」繆公曰：「虞君不用子，故亡，非子罪也。」固問，語三日，繆公大說，授之國政，號曰五羖大夫。百里傒讓曰：「臣不及臣友蹇叔，蹇叔賢而世莫知。臣常游困於齊而乞食銍人，徐廣曰：銍，一作銍。○正義曰：銍音珍栗反。銍，地名，在沛郡。蹇叔收臣。臣因而欲事齊君無知，蹇叔止臣，臣得脫齊難，遂之周。周王子穨好牛，臣以養牛干之。及穨欲用臣，蹇叔止臣，臣去，得不誅。事虞君，蹇叔止臣。臣知虞君不用臣，臣誠私利祿爵，且留。再用其言，得脫；一不用，及虞君難。

是以知其賢於是穆公使人厚幣迎蹇叔以為上大夫秋繆公自將伐晉戰於河曲晉驪姬作亂太子申生死新城重耳夷吾出奔九年齊桓公會諸侯於葵丘晉獻公卒立驪姬子奚齊其臣里克殺奚齊荀息立卓子克又殺卓子及荀息夷吾使人請秦求入晉於是繆公許之使百里傒將兵送夷吾夷吾謂曰誠得立請割晉之河西八城與秦及至已立而使丕鄭謝秦背約不與河西城而殺里克丕鄭聞之恐因與繆公謀曰

晉人不欲夷吾實欲重耳今背秦約而殺里克皆呂甥郤芮之計也願君以利急召呂郤呂郤至則更入重耳便繆公許之使人與丕鄭歸召呂郤呂郤等疑丕鄭有閒乃言夷吾殺丕鄭丕鄭子丕豹奔秦說繆公曰晉君無道百姓不親可伐也繆公曰百姓苟不便何故能誅其大臣能誅其大臣此其調也不聽而陰用豹十二年齊管仲隰朋死晉旱來請粟丕豹說繆公勿與因其饑而伐之繆公問公孫支支曰饑穰更事耳不可不與問百里傒傒曰夷吾得罪於君其百姓何罪於

是用百里傒公孫支言卒與之粟以船漕車轉自雍相望至絳十四年秦饑請粟於晉晉君謀之群臣虢射曰因其饑伐之可有大功晉君從之十五年興兵將攻秦繆公發兵使丕豹將自往擊之九月壬戌與晉惠公夷吾合戰於韓地晉君棄其軍與秦爭利還而馬騺繆公與麾下馳追之不能得晉君反為晉軍所圍晉擊繆公繆公傷於是岐下食善馬者三百人馳冒晉軍晉軍解圍遂脫繆公而反生得晉君初繆公亡善馬岐下野人共得

而食之者三百餘人吏逐得欲法之繆公曰君子不以畜產害人吾聞食善馬肉不飲酒傷人乃皆賜酒而赦之三百人者聞秦擊晉皆求從從而見繆公窘亦皆推鋒爭死以報食馬之德於是繆公虜晉君以歸令於國齊宿吾將以晉君祠上帝周天子聞之曰晉我同姓為請晉君夷吾姊亦為繆公夫人夫人聞之乃衰絰跣曰妾兄弟不能相救以辱君命繆公曰我得晉君以為功今天子為請夫人是憂乃與晉君盟許歸之更舍上舍而饋之七牢十一月歸晉君夷吾夷吾獻其河西地使太子圉為質於秦秦妻子圉

以宗社。是時秦地東至河。十八年，齊桓公卒。二十年，秦滅梁、芮。二十二年，晉公子圉聞晉君病，曰：「梁，我母家也，（正義曰：子圉母，梁伯之女。）而秦滅之。我兄弟多，即君百歲後，秦必留我，而晉輕，亦更立他子。」子圉乃亡歸晉。二十三年，晉惠公卒，子圉立為君。秦怨圉亡去，乃迎晉公子重耳於楚，而妻以故子圉妻。重耳初謝，後乃受。繆公益禮厚遇之。二十四年春，秦使人告晉大臣，欲入重耳。晉許之，於是使人送重耳。二月，重耳立為晉君，是為文公。文公使人殺子圉。子圉是為懷公。其秋，周襄王弟帶以翟伐王，王出居鄭。（正義曰：王居于氾邑。）二十五年，周王使人告難於晉、秦。秦繆公將兵助晉文公入襄王，殺王弟帶。二十八年，晉文公敗楚於城濮。（正義曰：城濮，衛地，[illegible]）三十年，繆公助晉文公圍鄭。（文公過鄭，鄭不禮之。）鄭使人言繆公曰：「亡鄭厚晉，於晉而得矣，而秦未有利。晉之彊，秦之憂也。」繆公乃罷兵歸，晉亦罷。三十二年冬，晉文公卒。鄭人有賣鄭於秦曰：「我主其城門，鄭可襲也。」繆公問蹇叔、百里傒，對曰：「徑數國千里而襲人，希有得利者。且人賣鄭，庸知我國人不有以我情告鄭者乎？不可。」繆公曰：「子不知也，吾已決矣。」遂發兵，使百里傒子孟明視，蹇叔子西乞術及白乙丙將兵。行日，百里傒、蹇叔二人哭之。繆公聞，怒曰：「孤發兵而子沮哭

吾軍，何也？」二老曰：「臣非敢沮君軍。軍行，臣子與往；（監本作吾。正義曰：與音預。）臣老，遲還恐不相見，故哭耳。」二老退，謂其子曰：「汝軍即敗，必於殽阨矣。」（正義曰：括地志云：二殽山又名嶔岑山，在洛州永寧縣西北，即古之殽道也。）三十三年春，秦兵遂東，更晉地，過周北門。周王孫滿曰：「秦師無禮，（正義曰：左傳云：秦師過周北門，左右免冑而下，超乘者三百乘。王孫滿尚幼，觀之，曰：秦師輕而無禮，必敗。杜預云：謂過天子門不卷甲束兵，超乘示勇也。）不敗何待！」兵至滑，（正義曰：姬姓小國也。）鄭販賣賈人弦高（人姓名），持十二牛將賣之周，見秦兵，恐死虜，因獻其牛，曰：「聞大國將誅鄭，鄭君謹修守御備，使臣以牛十二勞軍士。」秦三將軍相謂曰：「將襲鄭，鄭今已覺之，往無及已。」滅滑。滑，晉之邊邑也。當是時，晉文公喪尚未葬。太子襄公怒曰：「秦侮我孤，因喪破我滑。」遂墨衰絰，發兵遮秦兵於殽，擊之，大破秦軍，無一人得脫者。虜秦三將以歸。文公夫人，秦女也，（服虔曰：繆公女。）為秦三囚將請曰：「繆公之怨此三人入於骨髓，願令此三人歸，令我君得自快烹之。」晉君許之，歸秦三將。三將至，繆公素服郊迎，嚮三人哭曰：「孤以不用百里傒、蹇叔言以辱三子，三子何罪乎？子其悉心雪恥，毋怠。」遂復三人官秩如故，愈益厚之。三十四年，楚太子商臣弒其父成王代立。繆公於是復使孟明視等將兵伐晉，戰于彭衙。（杜預曰：馮翊郃陽縣西北有衙城。）秦不利，引兵歸。戎王使由余。（正義曰：戎人姓名。）

於秦。由余其先晉人也，亡入戎，能晉言。聞繆公賢，故使由余觀秦。秦繆公示以宮室、積聚。由余曰：「使鬼為之，則勞神矣。使人為之，亦苦民矣。」繆公怪之，問曰：「中國以詩書禮樂法度為政，然尚時亂，今戎夷無此，何以為治，不亦難乎？」由余笑曰：「此乃中國所以亂也。夫自上聖黃帝作為禮樂法度，身以先之，僅以小治。及其後世，日以驕淫。阻法度之威，以責督於下，下罷極【正義曰罷音皮】則以仁義怨望於上，上下交爭怨而相篡弒，至於滅宗，皆以此類也。夫戎夷不然。上含淳德以遇其下，下懷忠信以事其上，一國之政猶一身之治，不知所以治，此真聖人之治也。」於是繆公退而問內史廖曰【漢書百官表曰內史周官也】：「孤聞鄰國有聖人，敵國之憂也。今由余賢，寡人之害，將奈之何？」內史廖曰：「戎王處辟匿【徐廣曰辟一作僻】，未聞中國之聲。君試遺其女樂，以奪其志；為由余請，以疏其間；留而莫遣，以失其期。戎王怪之，必疑由余。君臣有間，乃可虜也。且戎王好樂，必怠於政。」繆公曰：「善。」因與由余曲席而坐，傳器而食，問其地形與其兵勢盡詧，而後令內史廖以女樂二八遺戎王。戎王受而說之，終年不還。於是秦乃歸由余。由余數諫不聽，繆公又數使人間要由余，由余遂去降秦。繆公以客禮禮之，問伐戎之形。三十六年，繆公復益厚孟明等，使將兵伐晉，渡河焚船，大敗晉人，取王官及鄗【徐廣曰左傳作郊駰案服虔曰此晉地也不能有○正義曰鄗音郊】，以報殽之役。晉人皆城守不敢出。於是繆公乃自茅津【徐廣曰在大陽】渡河，封殽中尸【賈逵曰封識之○正義曰杜預云封埋藏也】，為發喪，哭之三日。乃誓於軍曰：「嗟士卒！聽無譁，余誓告汝。古之人謀黃髮番番【正義曰番音婆字當作皤皤白頭貌言髮白而更黃故云黃髮番番】，則無所過。」以申思不用蹇叔、百里傒之謀，故作此誓，令後世以記余過。君子聞之，皆為垂涕，曰：「嗟乎！秦繆公之與人周也【服虔曰周備也】，卒得孟明之慶。」三十七年，秦用由余謀伐戎王，益國十二，開地千里，遂霸西戎。天子使召公過賀繆公以金鼓。三十九年，繆公卒，葬雍【皇覽曰秦繆公冢在橐泉宮祈年觀下○正義曰秦繆公冢在岐州雍縣東南二里】。從死者百七十七人，秦之良臣子輿氏三人【正義曰左傳云子車氏之三子杜預云子車秦大夫也】名曰奄息、仲行、鍼虎，亦在從死之中【正義曰行音胡郎反鍼音其廉反應劭云秦繆公與群臣飲酒酣公曰生共此樂死共此哀於是奄息三人許諾及公薨皆從死杜預云此以人葬為殉也】。秦人哀之，為作歌黃鳥之詩。君子曰：「秦繆公廣地益國，東服彊晉，西霸戎夷，然不為諸侯盟主，亦宜哉。死而棄民，收其良臣而從死。且先王崩，尚猶遺德垂法，況奪之善人良臣百姓所哀者乎？是以知秦不能復東征也。」繆公子四十人，其太子罃代立，是為康公。康公元年。往歲繆公之卒，晉襄公亦卒；襄公之

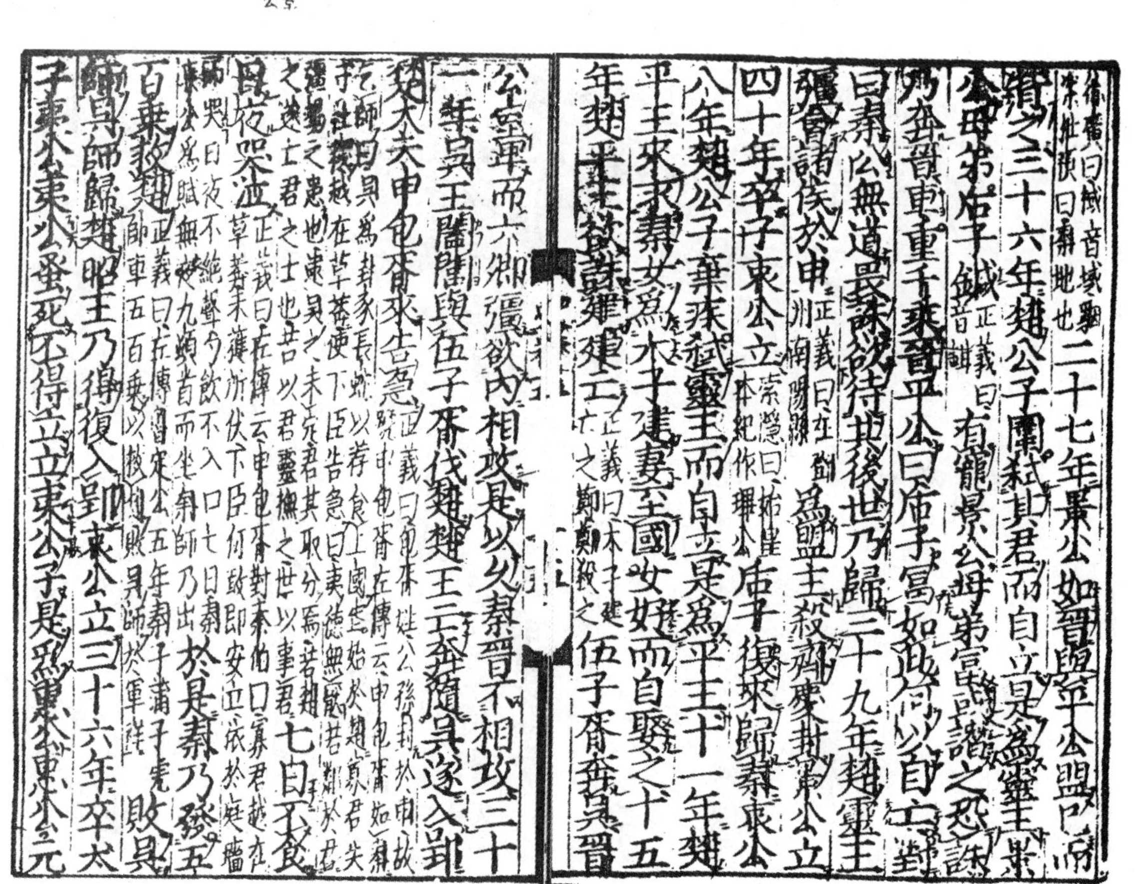

秦紀

弟名雍，秦出也，在秦。晉趙盾欲立之，使隨會來迎雍，秦以兵送至令狐。晉立襄公子而反擊秦師，秦師敗，隨會來奔。二年，秦伐晉，取武城，報令狐之役。四年，晉伐秦，取少梁。六年，秦伐晉，取羈馬。戰於河曲，大敗晉軍。晉人患隨會在秦為亂，乃使魏讎餘詳反，合謀會，詐而得會，會遂歸晉。康公立十二年卒，子共公立。共公二年，晉趙穿弒其君靈公。三年，楚莊王彊，北兵至雒，問周鼎。共公立五年卒，子桓公立。桓公三年，晉敗我一將。十年，楚莊王服鄭，北敗晉兵於河上。當是之時，楚霸，為會盟合諸侯。二十四年，晉厲公初立，與秦桓公夾河而盟。歸而秦倍盟，與翟合謀擊晉。二十六年，晉率諸侯伐秦，秦軍敗走，追至涇而還。桓公立二十七年卒，子景公立。景公四年，晉欒書弒其君厲公。十五年，救鄭，敗晉兵於櫟。是時晉悼公為盟主。十八年，晉悼公彊，數會諸侯，率以伐秦，敗秦軍。秦軍走，晉兵追之，遂渡涇，至棫林而還。

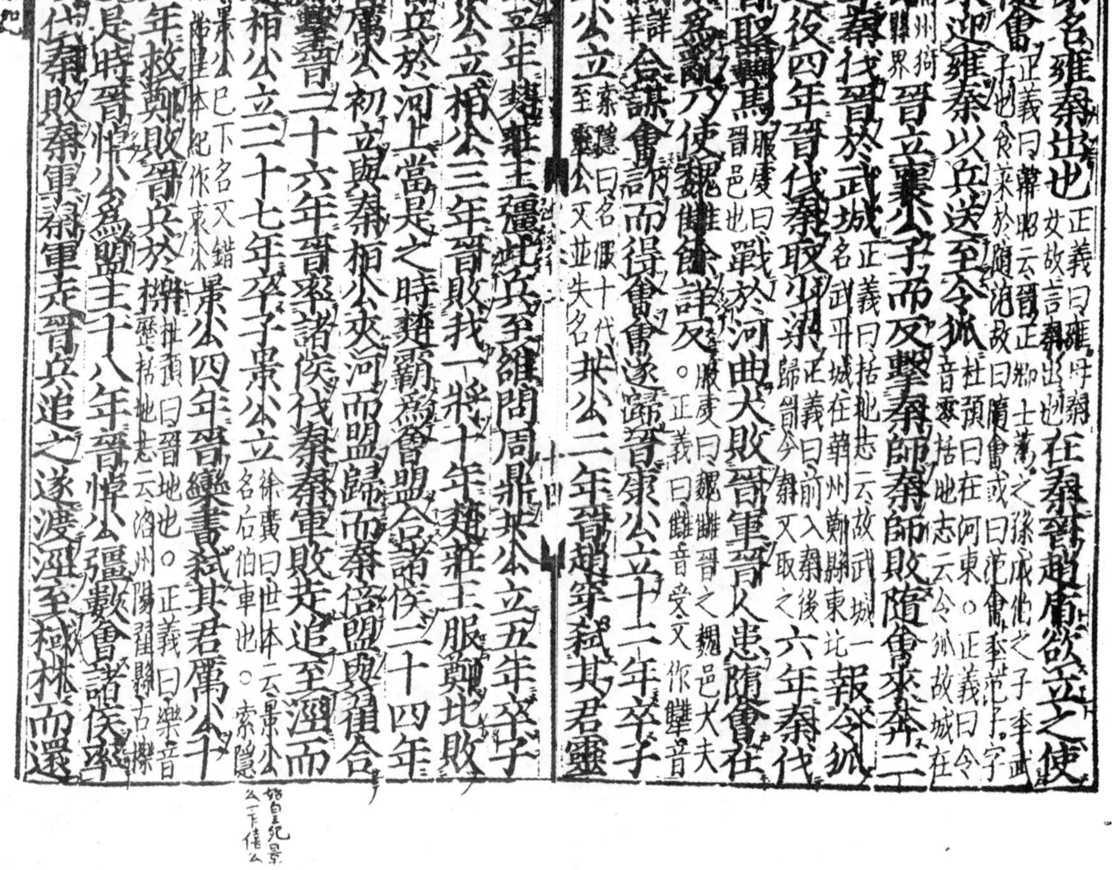

二十七年，景公如晉，與平公盟，已而背之。三十六年，楚公子圍弒其君而自立，是為靈王。景公母弟后子鍼有寵，景公母弟富，或譖之，恐誅，乃奔晉，車重千乘。晉平公曰：「后子富如此，何以自亡？」對曰：「秦公無道，畏誅，欲待其後世乃歸。」三十九年，楚靈王彊，會諸侯於申，為盟主，殺齊慶封。景公立四十年卒，子哀公立。后子復來歸秦。哀公八年，楚公子棄疾弒靈王而自立，是為平王。十一年，楚平王來求秦女為太子建妻。至國，女好而自娶之。十五年，楚平王欲誅建，建亡；伍子胥奔吳。晉公室卑而六卿彊，欲內相攻，是以久秦晉不相攻。三十一年，吳王闔閭與伍子胥伐楚，楚王亡奔隨，吳遂入郢。楚大夫申包胥來告急，七日不食，日夜哭泣。於是秦乃發五百乘救楚，敗吳師。吳師歸，楚昭王乃得復入郢。哀公立三十六年卒。太子夷公，夷公蚤死，不得立，立夷公子，是為惠公。

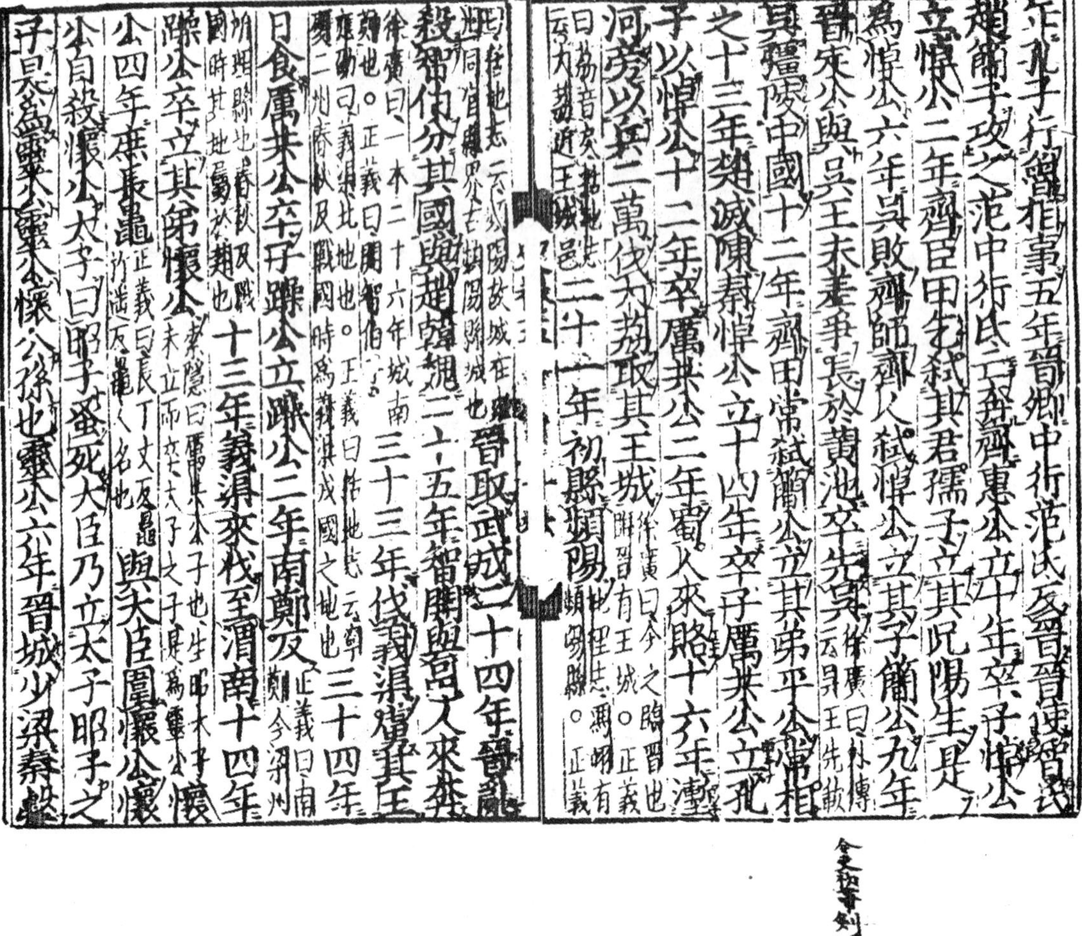

年孔子行相事五年晉卿中行范氏反晉晉使智氏趙簡子攻之范中行氏亡奔齊惠公立十年卒子悼公立悼公二年齊臣田乞弑其君孺子立其兄陽生是為悼公六年吳敗齊師齊人弑悼公立其子簡公九年晉定公與吳王夫差爭長於黃池卒先吳（徐廣曰外傳云吳王先歃）吳彊陵中國十二年齊田常弑簡公立其弟平公常相之十三年楚滅陳秦悼公立十四年卒子厲共公立孔子以悼公十二年卒厲共公二年蜀人來賂十六年塹河旁以兵二萬伐大荔取其王城（徐廣曰今之臨晉也。正義曰荔音[illegible]括地志云[illegible]大荔[illegible]近王城邑[illegible]）二十一年初縣頻陽（[illegible]地理志[illegible]有頻陽縣。正義[illegible]）晉取武成二十四年晉亂殺智伯分其國與趙韓魏二十五年智開與邑人來奔（徐廣曰一本二十六年城南鄭也。正義曰開智伯之[illegible]）三十三年伐義渠虜其王（正義曰括地志云[illegible]）三十四年日食厲共公卒子躁公立躁公二年南鄭反（正義曰南鄭今梁州）十三年義渠來伐至渭南十四年躁公卒立其弟懷公（索隱曰厲共公子也[illegible]）懷公四年庶長鼂（正義曰長丁丈反鼂[illegible]）與大臣圍懷公懷公自殺懷公太子曰昭子蚤死大臣乃立太子昭子之子是為靈公靈公懷公孫也靈公六年晉城少梁秦擊之十三年城籍姑靈公卒子獻公不得立（索隱曰[illegible]）立靈公季父悼子是為簡公簡公昭子之弟而懷公子也（索隱[illegible]）簡公六年令吏初帶劍（[illegible]）塹洛城重泉（[illegible]地理志重泉縣[illegible]。正義曰[illegible]括地志云重泉故城在同州蒲城縣東南）十六年卒（徐廣曰[illegible]十五年也）子惠公立惠公十二年子出子生十三年伐蜀取南鄭惠公卒出子立出子二年庶長改迎靈公之子獻公于河西而立之（正義曰西者[illegible]）殺出子及其母沈之淵旁秦以往者數易君君臣乖亂故晉復彊奪秦河西地（正義曰[illegible]）獻公元年（徐廣曰丁酉）止從死二年城櫟陽（徐廣曰徙都之今萬年是也。）四年正月庚寅孝公生十一年周太史儋見獻公曰周故與秦國合而別別五百歲復合合七十七歲而霸王出十六年桃冬花十八年雨金櫟陽二十一年與晉戰於石門斬首六萬天子賀以黼黻（周禮曰白與黑謂之黼黑與青謂之黻）二十三年與魏晉戰少梁虜其將公孫痤（正義曰痤在戈反）二十四年獻公卒（徐廣曰[illegible]二十三年）子孝公立（索隱曰名渠梁）年已二十一歲矣孝公元年（徐廣曰[illegible]）河山以東彊國六與齊威楚宣魏惠燕悼韓哀趙成侯並淮泗之間（正義曰[illegible]淮泗二水）小國十餘楚魏與秦接界

秦紀

魏築長城自鄭濱洛以北有上郡楚自漢中南有巴黔中周室微諸侯力政爭相併秦僻在雍州不與中國諸侯之會盟夷翟遇之孝公於是布惠振孤寡招戰士明功賞下令國中曰昔我繆公自岐雍之間修德行武東平晉亂以河爲界西霸戎翟廣地千里天子致伯諸侯畢賀爲後世開業甚光美會往者厲躁簡公出子之不寧國家內憂未遑外事三晉攻奪我先君河西地諸侯卑秦醜莫大焉獻公即位鎮撫邊境徙治櫟陽且欲東伐復繆公之故地脩繆公之政令寡人思念先君之意常痛於心賓客羣臣有能出奇計彊秦者吾且尊官與之分土於是乃出兵東圍陝城西斬戎之獂王衛鞅聞是令下西入秦因景監求見孝公二年天子致胙三年衛鞅說孝公變法脩刑內務耕稼外勸戰死之賞罰孝公善之甘龍杜摯等弗然相與爭之卒用鞅法百姓苦之居三年百姓便之乃拜鞅爲左庶長其事在商君語中七年與魏惠王會杜平八年與魏戰元里有功十年衛鞅爲大良造將兵圍魏安邑降之十二年作爲咸陽築冀闕

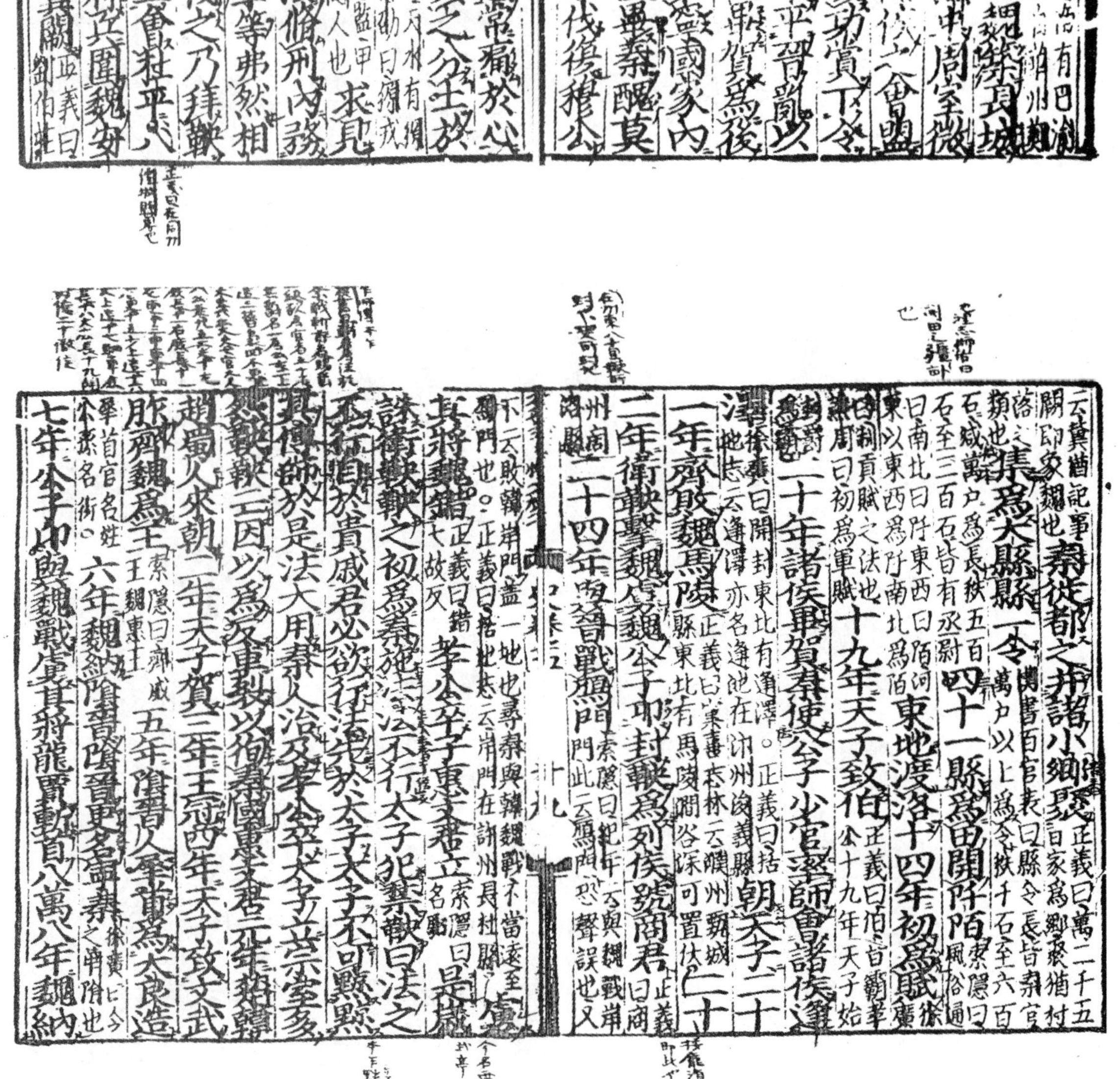

秦徙都之并諸小鄉聚集爲大縣縣一令四十一縣爲田開阡陌東地渡洛十四年初爲賦十九年天子致伯二十年諸侯畢賀秦使公子少官率師會諸侯逢澤朝天子二十一年齊敗魏馬陵二十二年衛鞅擊魏虜魏公子卬封鞅爲列侯號商君二十四年與晉戰鴈門虜其將魏錯孝公卒子惠文君立是歲誅衛鞅鞅之初爲秦施法法不行太子犯禁鞅曰法之不行自於貴戚君必欲行法先於太子太子不可黥黥其傅師於是法大用秦人治及孝公卒太子立宗室多怨鞅鞅亡因以爲反而卒車裂以徇秦國惠文君元年楚韓趙蜀人來朝二年天子賀三年王冠四年天子致文武胙齊魏爲王五年陰晉人犀首爲大良造六年魏納陰晉陰晉更名寧秦七年公子卬與魏戰虜其將龍賈斬首八萬八年魏納

河西地。九年，渡河取汾陰、皮氏。（地理志云：二縣屬河東。正義曰：括地志云：汾陰在蒲州。皮氏在絳州龍門縣。）與魏王會應。（正義曰：應，乙陵反。括地志云：故應城因應山爲名，古之應國，在汝州魯山縣東。）圍焦，降之。（正義曰：焦城在陝州城內東北，因焦水爲名，按武王克商，封神農之後於焦。）十年，張儀相秦。魏納上郡十五縣。（正義曰：魏前納陰晉，次納河西，今納上郡、鄜、綏等州，盡河西濱洛之地矣。）十一年，縣義渠。（正義曰：括地志云：寧、原、慶三州，秦北地郡，戰國及春秋時爲義渠戎國之地，古西戎也。）歸魏焦、曲沃。義渠君爲臣。更名少梁曰夏陽。十二年，初臘。（正義曰：十二月臘日也。秦惠文王始效中國爲之，故云初臘。臘，獵也，獵禽獸以歲終祭先祖，因立此日也。）十三年四月戊午，魏君爲王，韓亦爲王。（正義曰：魏襄王、韓宣惠王。）使張儀伐取陝，出其人與魏。十四年，更爲元年。二年，張儀與齊、楚大臣會齧桑。三年，韓、魏太子來朝。張儀相魏。五年，王游至北河。（徐廣曰：戎地，在河上。）七年，樂池相秦。（正義曰：樂音岳，池音池。徒何反，又如字。）韓、趙、魏、燕、齊帥匈奴共攻秦。秦使庶長疾與戰脩魚，（正義曰：脩魚，韓邑。）虜其將申差，敗趙公子渴、韓太子奐，斬首八萬二千。八年，張儀復相秦。九年，司馬錯伐蜀，滅之。伐取趙中都、西陽。（正義曰：括地志云：中都故縣在汾州平遙縣西南十二里，即中都也。西陽即中陽也，在汾州隰城縣南。地理志云：西河郡有中陽縣。一云：西陽屬西河郡。）十年，韓太子蒼來質。伐取韓石章。（正義曰：韓地名。）伐敗趙將泥。（徐廣曰：將一作莊。）伐取義渠二十五城。十一年，樗里疾攻魏焦，降之。敗韓岸門，斬首萬，其將犀首走。公子通封於蜀。（徐廣曰：是歲燕噲元年。）燕君讓其臣子之。十二年，王與梁王會臨晉。庶長疾攻趙，虜趙將莊。張儀相楚。十三年，庶長章擊楚於丹陽，虜其將屈匄，斬首八萬；又攻楚漢中，取地六百里，置漢中郡。楚圍雍氏，秦使庶長疾助韓而東攻齊，到滿助魏攻燕。（正義曰：滿，或作蒲。蒲，秦將姓名也。）十四年，伐楚，取召陵。丹、犂臣，蜀相壯殺蜀侯來降。（正義曰：二戎號也，臣伏於蜀。蜀相殺蜀侯，并丹、犂二國降秦。在蜀西南姚府內。）惠王卒，子武王立。（索隱曰：名蕩。）韓、魏、齊、楚、越皆賓從。（徐廣曰：越一作趙。）武王元年，與魏惠王會臨晉。（徐廣曰：表云：東王。○正義曰：按魏惠王卒已二十五年矣。）誅蜀相壯。張儀、魏章皆東出之魏。伐義渠、丹、犂。二年，初置丞相，（應劭曰：丞者，承也；相者，助也。）樗里疾、甘茂爲左右丞相。張儀死於魏。三年，與韓襄王會臨晉外。（正義曰：謂臨晉城外。一作小水。）南公揭卒，樗里疾相韓。武王謂甘茂曰：「寡人欲容車通三川，窺周室，死不恨矣。」其秋，使甘茂、庶長封伐宜陽。（正義曰：在河南府福昌縣，故韓城是也。此韓之大都，取之三川路乃通也。）四年，拔宜陽，斬首六萬。涉河，城武遂。（徐廣曰：韓也。）魏太子來朝。武王有力好戲，力士任鄙、烏獲、孟說皆至大官。王與孟說舉鼎，絕臏。（徐廣曰：一作脈。○正義曰：臏，頻忍反，脛骨也。）八月，武王死。族孟說。武王取魏女爲后，無子。立異母弟，是爲昭襄王。（索隱曰：名則，一名稷。）昭襄王母楚人，姓羋氏，號宣太后。武王死時，昭襄王爲質於燕，燕人送歸，得立。昭襄王元年，嚴君疾爲相。（正義曰：蓋封蜀郡嚴道，因號嚴君。疾，名也。）甘茂出之魏。二年，

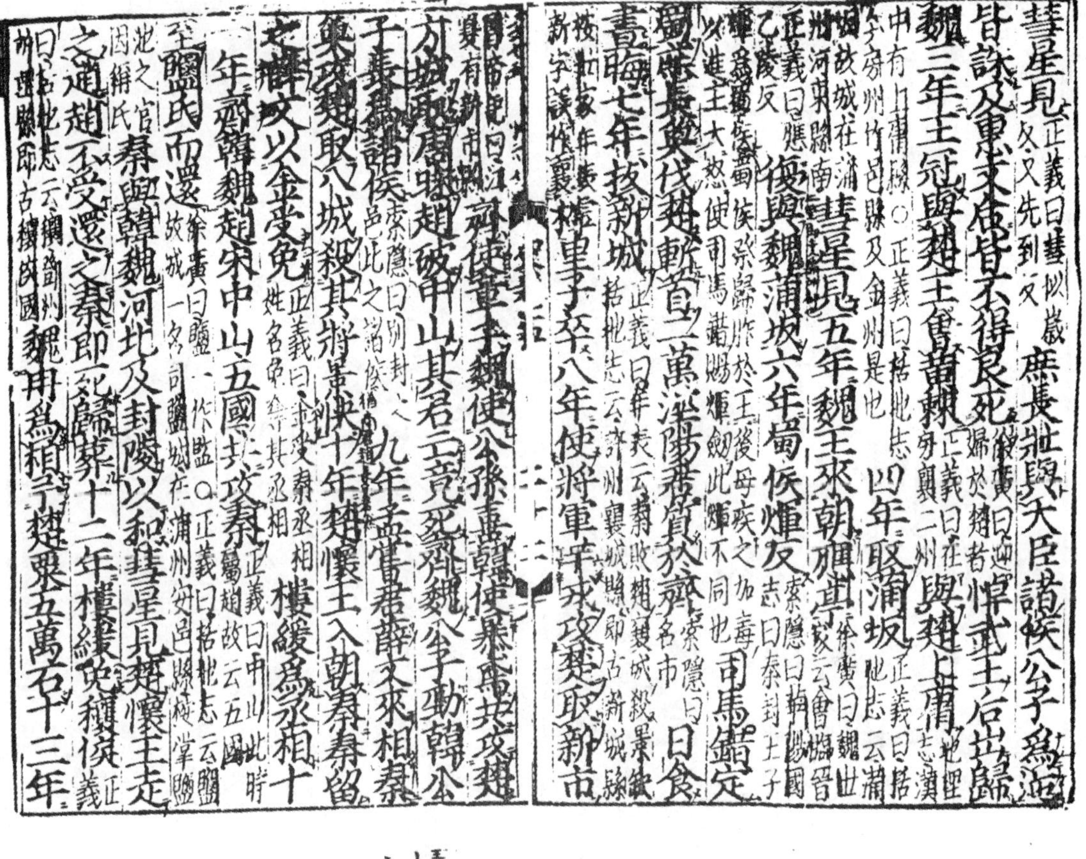

秦紀

彗星見。燕長壯與大臣、諸侯、公子為逆，皆誅，及惠文后皆不得良死。悼武王后出歸魏。三年，王冠。與楚王會黃棘，與楚上庸。四年，取蒲阪。彗星見。五年，魏王來朝應亭，復與魏蒲阪。六年，蜀侯煇反，司馬錯定蜀。庶長奐伐楚，斬首二萬。涇陽君質於齊。日食，晝晦。七年，拔新城。樗里子卒。八年，使將軍芊戎攻楚，取新市。齊使章子，魏使公孫喜，韓使暴鳶共攻楚方城，取唐眜。趙破中山，其君亡，竟死齊。魏公子勁、韓公子長為諸侯。九年，孟嘗君薛文來相秦。奐攻楚，取八城，殺其將景快。十年，楚懷王入朝秦，秦留之。薛文以金受免。樓緩為丞相。十一年，齊、韓、魏、趙、宋、中山五國共攻秦，至鹽氏而還。秦與韓、魏河北及封陵以和。彗星見。楚懷王走之趙，趙不受，還之秦，即死，歸葬。十二年，樓緩免，穰侯魏冄為相。予楚粟五萬石。十三年，

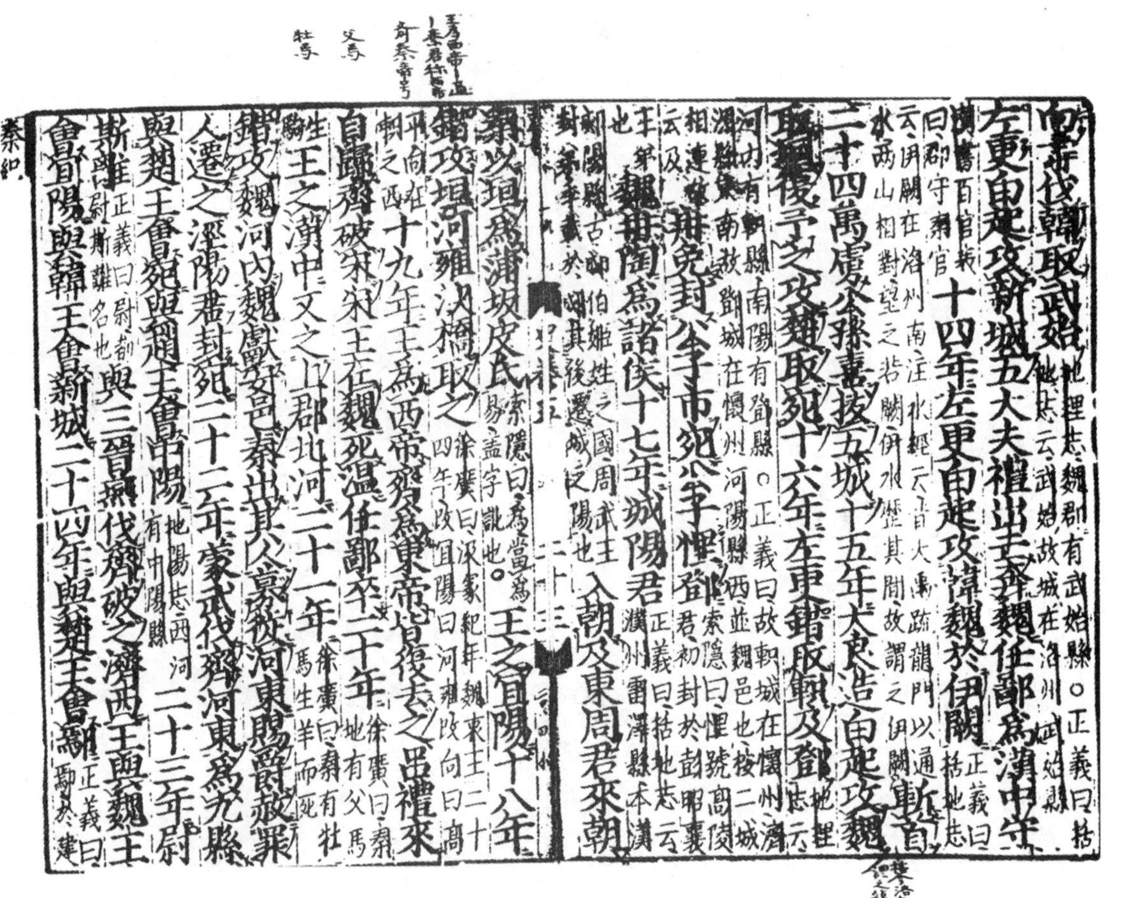

秦紀

向壽伐韓，取武始。左更白起攻新城。五大夫禮出亡奔魏。任鄙為漢中守。十四年，左更白起攻韓、魏於伊闕，斬首二十四萬，虜公孫喜，拔五城。十五年，大良造白起攻魏，取垣，復予之。攻楚，取宛。十六年，左更錯取軹及鄧。冄免。封公子巿宛，公子悝鄧，魏冄陶，為諸侯。十七年，城陽君入朝，及東周君來朝。秦以垣為蒲阪、皮氏。王之宜陽。十八年，錯攻垣、河雍，決橋取之。十九年，王為西帝，齊為東帝，皆復去之。呂禮來自歸。齊破宋，宋王在魏，死溫。任鄙卒。二十年，王之漢中，又之上郡、北河。二十一年，錯攻魏河內。魏獻安邑，秦出其人，募徙河東賜爵，赦罪人遷之。涇陽君封宛。二十二年，蒙武伐齊。河東為九縣。與楚王會宛。與趙王會中陽。二十三年，尉斯離與三晉、燕伐齊，破之濟西。王與魏王會宜陽，與韓王會新城。二十四年，與魏王會鄢。

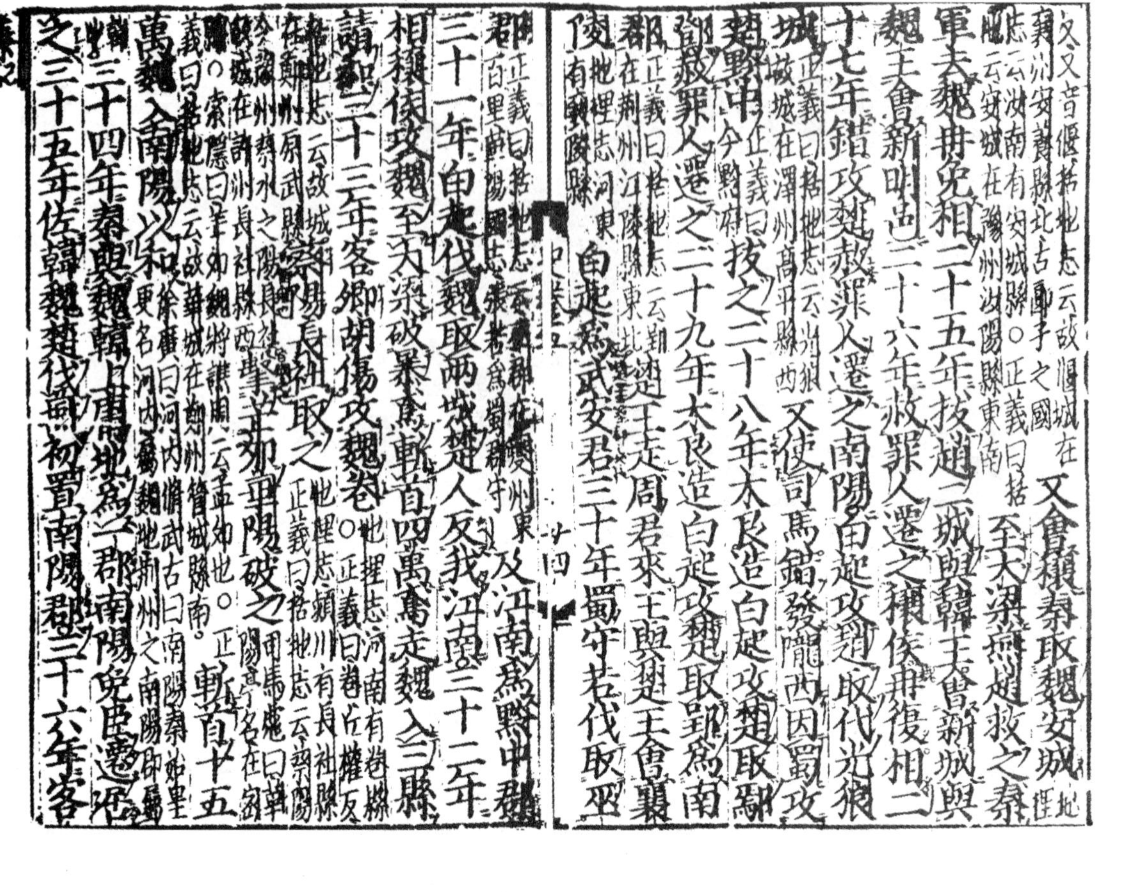

又音偃。括地志云：故偃城在襄州安養縣北，古鄾子之國。又會穰。秦取魏安城，正義括地志云汝南有安城縣。○正義曰：括地志云安城在豫州汝陽縣東南。至大梁，燕、趙救之，秦軍去。魏冄免相。二十五年，拔趙二城。與韓王會新城，與魏王會新明邑。二十六年，赦罪人遷之穰。侯冄復相。二十七年，錯攻魏。赦罪人遷之南陽。白起攻趙，取代光狼城。正義曰：括地志云光狼故城在澤州高平縣西。又使司馬錯發隴西，因蜀攻楚黔中，拔之。二十八年，大良造白起攻楚，取鄢、鄧，赦罪人遷之。二十九年，大良造白起攻楚，取郢為南郡，正義曰：括地志云郢城在荊州江陵縣東北。楚王走。周君來。王與楚王會襄陵。白起為武安君。三十年，蜀守若伐楚，取巫郡，及江南為黔中郡。三十一年，白起伐魏，取兩城。楚人反我江南。三十二年，相穰侯攻魏，至大梁，破暴鳶，斬首四萬，鳶走，魏入三縣請和。三十三年，客卿胡傷攻魏卷、蔡陽、長社，取之。擊芒卯華陽，破之，斬首十五萬。魏入南陽以和。三十四年，秦與魏、韓上庸地為一郡，南陽免臣遷居之。三十五年，佐韓、魏、楚伐燕。初置南陽郡。三十六年，客

卿竈攻齊，取剛、壽，正義曰：括地志云故剛城在兗州龔丘縣界。壽，鄆州之縣。予穰侯。三十八年，中更胡傷攻趙閼與，不能取。四十年，悼太子死魏，歸葬芷陽。四十一年夏，攻魏，取邢丘、懷。四十二年，安國君為太子。十月，宣太后薨，葬芷陽酈山。九月，穰侯出之陶。四十三年，武安君白起攻韓，拔九城，斬首五萬。四十四年，攻韓南郡，取之。四十五年，五大夫賁攻韓，取十城。葉陽君悝出之國，未至而死。四十七年，秦攻韓上黨，上黨降趙，秦因攻趙，趙發兵擊秦，相距。秦使武安君白起擊，大破趙於長平，四十餘萬盡殺之。四十八年十月，韓獻垣雍。秦軍分為三軍。武安君歸。王齕將伐趙武安皮牢，拔之。司馬梗北定太原，盡有韓上黨。正月，兵罷，復守上黨。其十月，五大夫陵攻趙邯鄲。四十九年正月，益發卒佐陵。陵戰不善，免，王齕代將。其十月，將軍張唐攻魏，為蔡尉捐弗守，還斬之。五十年十月，武安君白起有罪，為士伍，遷陰密。張唐攻鄭，拔之。十二月，益發卒軍汾城旁。正義曰：括地志云臨汾故城在絳州正平縣東北。武安

秦紀

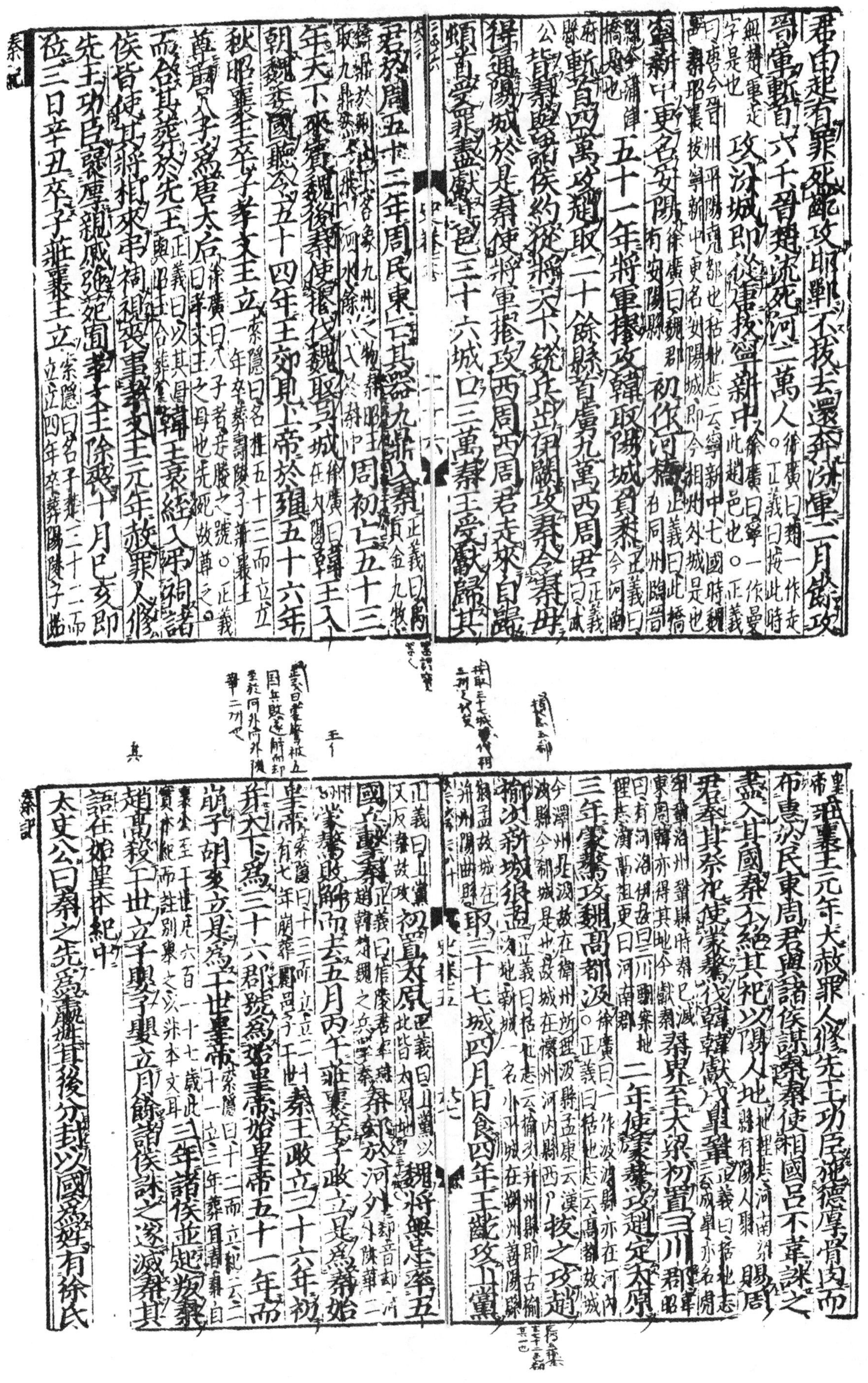
君白起有罪，死。齕攻邯鄲，不拔，去，還奔汾軍二月餘。攻晉軍，斬首六千，晉楚流死河二萬人。攻汾城，即從唐拔甯新中，甯新中更名安陽。初作河橋。五十一年，將軍摎攻韓，取陽城、負黍，斬首四萬。攻趙，取二十餘縣，首虜九萬。西周君背秦，與諸侯約從，將天下銳兵出伊闕攻秦，令秦毋得通陽城。於是秦使將軍摎攻西周。西周君走來自歸，頓首受罪，盡獻其邑三十六城，口三萬。秦王受獻，歸其君於周。五十二年，周民東亡，其器九鼎入秦。周初亡。五十三年，天下來賓。魏後，秦使摎伐魏，取吳城。韓王入朝，魏委國聽令。五十四年，王郊見上帝於雍。五十六年秋，昭襄王卒，子孝文王立。尊唐八子為唐太后，而合其葬於先王。韓王衰絰入弔祠，諸侯皆使其將相來弔祠，視喪事。孝文王元年，赦罪人，修先王功臣，褒厚親戚，弛苑囿。孝文王除喪，十月己亥即位，三日辛丑卒，子莊襄王立。

莊襄王元年，大赦罪人，修先王功臣，施德厚骨肉而布惠於民。東周君與諸侯謀秦，秦使相國呂不韋誅之，盡入其國。秦不絕其祀，以陽人地賜周君，奉其祭祀。使蒙驁伐韓，韓獻成皋、鞏。秦界至大梁，初置三川郡。二年，使蒙驁攻趙，定太原。三年，蒙驁攻魏高都、汲，拔之。攻趙榆次、新城、狼孟，取三十七城。四月日食。四年，王齕攻上黨。初置太原郡。魏將無忌率五國兵擊秦，秦卻於河外。蒙驁敗，解而去。五月丙午，莊襄王卒，子政立，是為秦始皇帝。秦王政立二十六年，初并天下為三十六郡，號為始皇帝。始皇帝五十一年而崩，子胡亥立，是為二世皇帝。三年，諸侯並起叛秦，趙高殺二世，立子嬰。子嬰立月餘，諸侯誅之，遂滅秦。其語在始皇本紀中。太史公曰：秦之先為嬴姓。其後分封，以國為姓，有徐氏、郯氏、莒氏、終黎氏、〔徐廣曰世本作鍾離。索隱曰系本氏姓篇云有姓終黎者是〕運奄氏、菟裘氏、將梁氏、黃氏、江氏、脩魚氏、白冥氏、蜚廉氏、秦氏。然秦以其先造父封趙城，為趙氏。

索隱述贊曰：

柏翳佐舜，皁游是擾。蜚廉事紂，石樓斯營。造父善馭，封之趙城。非子息馬，厥號秦嬴。禮樂射御，西垂有聲。襄公救周，始命列國。金祠白帝，龍祚水德。祥應陳寶，妖除豐特。里奚救霸，衛鞅任刻。厥后吞并，率成凶慝。

秦本紀第五　　史記五

秦始皇本紀第六　　史記六

秦始皇帝者，秦莊襄王子也。〔索隱曰莊襄王者孝文王之中子，昭襄王之孫也，名子楚。按戰國策本名子異，後為華陽夫人嗣，夫人楚人，因改名子楚〕莊襄王為秦質子於趙，見呂不韋姬，悅而取之，〔索隱曰按不韋傳云不韋娶邯鄲豪家女善歌舞有娠而獻於子楚〕生始皇。以秦昭王四十八年正月生於邯鄲。及生，名為政，姓趙氏。〔徐廣曰一作正。宋忠云以正月旦生，故名正。○索隱曰系本作政，又生於趙，故曰趙政。一曰秦與趙同祖，以趙城為榮，故姓趙氏。○正義曰正音政，周正建子之正也。後以始皇諱，故音征〕年十三歲，莊襄王死，政代立為秦王。當是之時，秦地已并巴、蜀、漢中，越宛有郢，置南郡矣；北收上郡以東，有河東、太原、上黨郡；東至滎陽，滅二周，置三川郡。呂不韋為相，封十萬戶，號曰文信侯。招致賓客游士，欲以并天下。李斯為舍人。〔文穎曰主廄內小吏官名，或曰侍從賓客謂之舍人也〕蒙驁、王齮、麃公等為將軍。〔徐廣曰齮一作齕。○索隱曰蒙驁，齊人，蒙武之父。蒙驁、王齮，即王齕，昭王二十九年代大夫陵伐趙者。麃公蓋麃邑之公，史失其姓名。○正義曰齮魚綺反。麃彼苗反〕王年少，初即位，委國事大臣。晉陽反，元年，將軍蒙驁擊定之。二年，麃公將卒攻卷，〔正義曰卷丘員反〕斬首三萬。三年，蒙驁攻韓，取十三城。王齮死。十月，將軍蒙驁攻魏氏暘、有詭。〔徐廣曰暘音場。○索隱曰音暢。魏之邑名〕歲大饑。四年，拔暘、有詭。三月，軍罷。秦質子歸自趙，趙太子出歸國。十月庚寅，蝗蟲從東方來，蔽天。天下疫。百姓內粟千石，拜爵一級。

五年，將軍驁攻魏，定酸棗、地理志陳留有酸棗縣。燕、虛、長平、徐廣曰：一作千騶。案地理志汝南有新郪長平縣。雍丘、山陽城，索隱曰：二邑名。春秋桓十二年會于虛。地理志陳留有雍丘縣，河內有山陽縣。正義曰：雍，於用反。皆拔之，取二十城。初置東郡。冬雷。

六年，韓、魏、趙、衛、楚共擊秦，取壽陵。正義曰：徐廣云在常山。按本趙邑也。秦出兵，五國兵罷。拔衛，迫東郡，其君角率其支屬徙居野王，阻其山以保魏之河內。

七年，彗星先出東方，見北方，五月見西方。正義曰：彗，似歲反。將軍驁死。以攻龍、孤、慶都，徐廣曰：慶一作應。還兵攻汲。彗星復見西方十六日。夏太后死。索隱曰：莊襄王母。

八年，王弟長安君成蟜將軍擊趙，正義曰：蟜，紀兆反。反，死屯留，正義曰：括地志云屯留故城在潞州長子縣。軍吏皆斬死，遷其民於臨洮。正義曰：臨洮水，故名臨洮。洮州在隴西。將軍壁死，正義曰：言成蟜自殺壁壘之內。卒屯留、蒲鶮反，戮其屍。徐廣曰：鶮，一作鵑。屯留、蒲鶮皆地名也。壁於此地時，士卒死者皆戮其屍。正義曰：鶮音鶴。河魚大上，索隱曰：謂河水溢，魚大上平地，亦言遭水害也。輕車重馬東就食。徐廣曰：一無此重字。索隱曰：言秦人東就食。河魚大上，為災，人遂東就食，皆輕車重馬而去。正義曰：上，時掌反。

嫪毐封為長信侯。予之山陽地，正義曰：括地志云：山陽故城在懷州修武縣西北，太行山東南。令毐居之。宮室車馬衣服苑囿馳獵恣毐。事無小大皆決於毐。又以河西太原郡更為毐國。

九年，彗星見，或竟天。攻魏垣、蒲陽。正義曰：垣，一作垣音袁。四月，上宿雍。己酉，王冠，帶劍。正義曰：冠，古亂反。長信侯毐作亂而覺，矯王御璽及太后璽以發縣卒及衛卒、官騎、戎翟君公、舍人，將欲攻蘄年宮為亂。索隱曰：蘄年宮在雍。王知之，令相國昌平君、昌文君發卒攻毐。索隱曰：昌平君，楚之公子，立以為相，後徙於郢，項燕立為荊王，史失其名。昌文君名亦不知也。戰咸陽，斬首數百，皆拜爵，及宦者皆在戰中，亦拜爵一級。毐等敗走。即令國中：有生得毐，賜錢百萬；殺之，五十萬。盡得毐等。衛尉竭、內史肆、佐弋竭、漢書百官表曰：衛尉，秦官。內史，秦官。佐弋，秦官。武帝改為佽飛。掌弋射者。中大夫令齊等正義曰：中大夫令，秦官也。二十人皆梟首。正義曰：縣首於木上曰梟。車裂以徇，滅其宗。及其舍人，輕者為鬼薪。如淳曰：律說鬼薪作三歲。應劭曰：取薪給宗廟為鬼薪。及奪爵遷蜀四千餘家，家房陵。正義曰：括地志云房陵，古楚漢中郡地，今房州房陵縣是也。四月寒凍，有死者。楊端和攻衍氏。索隱曰：衍氏，魏邑。正義曰：衍，羊戰反，在鄭州。彗星見西方，又見北方，從斗以南八十日。

十年，徐廣曰：甲子。相國呂不韋坐嫪毐免。桓齮為將軍。齊、趙來置酒。齊人茅焦說秦王曰：「秦方以天下為事，而大王有遷母太后之名，恐諸侯聞之，由此倍秦也。」秦王乃迎太后於雍，而入咸陽。說苑曰：秦始皇帝太后不謹，幸郎嫪毐，封以為長信侯，為生兩子。毐專國事，浸益驕奢，與侍中左右貴臣俱博飲酒醉，爭言而鬭，瞋目大叱曰：「吾乃皇帝之假父也，窶人子何敢乃與我亢！」所與鬭者走行白皇帝。皇帝大怒，毐懼誅，因作亂，戰咸陽宮。毐敗，始皇乃取毐四支車裂之，取其兩弟囊撲殺之，取皇太后遷之于萯陽宮。下令曰：「敢以太后事諫者，戮而殺之！蒺藜其脊。」諫而死者二十七人。茅焦乃上說曰：「齊客茅焦願上諫皇帝。」……皇帝乃自迎太后歸於咸陽，復為母子如初。復居甘泉宮。徐廣曰：表云咸陽南宮也。大索，逐客，李斯上書說，乃止逐客令。李斯因說秦王，請先取韓以恐他國，於是使斯下韓。韓王患之，與韓非謀弱秦。大梁人尉繚來，說秦王曰：「以秦之彊，諸侯譬如郡縣之君，臣但恐諸侯合從，翕而出不意，此乃智伯、夫差、湣王之所以亡也。願大王毋愛財物，賂其豪臣，以亂其謀，不過亡三十萬金，則諸侯可盡。」秦王從其計，見尉繚亢禮，衣服食飲與繚同。繚曰：「秦王為人，蜂準，徐廣曰：蜂一作隆。索隱曰：準，鼻也。長目，摯鳥膺，正義曰：摯鳥，鶻。膺突向前，其性悍勇。豺聲，少恩而虎狼心，居約易出人下，得志亦輕食人。正義曰：易，以豉反。我布衣，然見我常身自下我。誠使秦王得志於天下，天下皆為虜矣。不可與久游。」乃亡去。秦王覺，固止，以為秦國尉，卒用其計策。而李斯用事。

十一年，王翦、桓齮、楊端和攻鄴，取九城。王翦攻閼與、橑楊，徐廣曰：橑音老，在并州。皆并為一軍。翦將十八日，軍歸斗食以下，漢書百官表曰：百石以下有斗食佐史秩。什推二人從軍。索隱曰：言王翦為將軍中，皆歸斗食以下，無功，佐史什推擇二人令從軍耳。取鄴安陽，桓齮將。

十二年，文信侯不韋死，竊葬。索隱曰：按，不韋飲鴆死，其賓客數千人竊共葬於洛陽北芒山。其舍人臨者，晉人也逐出之；正義曰：臨，力禁反。臨，哭也。若是三晉之人，逐出令歸；秦人六百石以上奪爵，遷；正義曰：上時，掌反。若是秦人哭臨者，奪其官爵，遷移於房陵。五百石以下不臨，遷，勿奪爵。正義曰：若是秦人不哭臨，不奪官爵，亦遷移於房陵。自今以來，操國事不道如嫪毐、不韋者籍其門，視此。徐廣曰：門，一作文。○索隱曰：謂籍沒其一門，皆為徒隸，後並視此為常。○正義曰：籍，錄其子孫，禁不得仕。秋，復嫪毐舍人遷蜀者。當是之時，天下大旱，六月至八月乃雨。

十三年，桓齮攻趙平陽，正義曰：括地志云：故城在相州臨漳縣西。殺趙將扈輒，斬首十萬。王之河南。正月，彗星見東方。十月，桓齮攻趙。

十四年，攻趙軍於平陽，取宜安，正義曰：括地志云：宜安故城在常州藁城縣西南。破之，殺其將軍。桓齮定平陽、武城。正義曰：即貝州武城縣。韓非使秦，秦用李斯謀，留非，非死雲陽。正義曰：括地志云：[illegible]在雍州雲陽縣。韓王請為臣。

十五年，大興兵，一軍至鄴，一軍至太原，取狼孟。徐廣曰：地理志太原有狼孟縣。地動。

十六年九月，發卒受地韓南陽假守騰。假，格雅反。守，音狩。初令男子書年。魏獻地於秦。秦置麗邑。正義曰：括地志云：在雍州新豐縣。

十七年，內史騰攻韓，得韓王安，盡納其地，正義曰：韓王安九年，秦滅之。以其地為郡，命曰潁川。地動。華陽太后卒。民大饑。

十八年，徐廣曰：巴郡出大人，長二十五丈六尺。大興兵攻趙，王翦將上地，正義曰上郡上縣今綏州等是也 下井陘（服虔曰陘音刑山名在常山今為縣）端和將河內，羌瘣伐趙，端和圍邯鄲城。十九年，王翦、羌瘣（正義曰瘣胡罪反）盡定取趙地東陽，得趙王。（索隱曰趙王遷也 正義曰趙幽繆王遷八年秦取趙 地至平陽在貝州歷亭縣界遷上於房陵）引兵欲攻燕，屯中山。秦王之邯鄲，諸嘗與王生趙時母家有仇怨，皆阬之。秦王還，從太原、上郡歸。始皇帝母太后崩。趙公子嘉率其宗數百人之代，自立為代王，東與燕合兵，軍上谷。大饑。

二十年，燕太子丹患秦兵至國，恐，使荊軻刺秦王。秦王覺之，體解軻以徇（正義曰紅買反），而使王翦、辛勝攻燕。燕、代發兵擊秦軍，秦軍破燕易水之西。

二十一年，王賁（正義曰音奔）攻薊。乃益發卒詣王翦軍，遂破燕太子軍，取燕薊城，得太子丹之首。燕王東收遼東而王之。（正義曰王于放反）王翦謝病老歸。新鄭反。昌平君徙於郢。大雨雪，（正義曰雨于遇反）深二尺五寸。

二十二年，王賁攻魏，引河溝灌大梁，大梁城壞，其王請降，（索隱曰魏王假也）盡取其地。

二十三年，秦王復召王翦，彊起之，使將擊荊。（正義曰秦號楚為荊者，以莊襄王名子楚，諱之，故言荊也）取陳以南至平輿，（括地志云故南平輿縣○正義曰平輿縣也）虜荊王。（索隱曰荊王負芻也）秦王游至郢陳。荊將項燕立昌平君為荊王，反秦於淮南。（徐廣曰淮一作江○正義曰即淮南也）

二十四年，王翦、蒙武攻荊，破荊軍，昌平君死，項燕遂自殺。

二十五年，大興兵，使王賁將，攻燕遼東，得燕王喜。（正義曰燕王喜之三十三年滅）還攻代，虜代王嘉。王翦遂定荊江南地；（正義曰言王翦遂平定楚及江南地）降越君，（正義曰降越君已滅其餘自稱君長，今降秦）置會稽郡。五月，天下大酺。（服虔曰酺音蒲，飲酒聚會也。○正義曰天下歡樂大飲酒也。秦既平韓趙魏燕楚五國，故天下大酺也）

二十六年，齊王建與其相后勝（正義曰音升，齊相姓名）發兵守其西界，不通秦。秦使將軍王賁從燕南攻齊，得齊王建。（索隱曰六國皆滅也。十七年得韓王安，十九年得趙王遷，二十二年魏王假降，二十三年虜荊王，二十五年得燕王喜，二十六年得齊王建○正義曰齊王建之四十四年，齊國亡）

秦初并天下，令丞相、御史曰：「異日韓王納地效璽，（正義曰）請為藩臣，已而倍約，與趙、魏合從畔秦，故興兵誅之，虜其王。寡人以為善，庶幾息兵革。趙王使其相李牧來約盟，故歸其質子。（正義曰）已而倍盟，反我太原，故興兵誅之，得其王。趙公子嘉乃自立為代王，故舉兵擊滅之。魏王始約服入秦，已而與韓、趙謀襲秦，秦兵吏誅，遂破之。荊王獻青陽以西，（正義曰青陽，地名，長沙縣是也）已而畔約，擊我南郡，故發兵誅，得其王，遂定其

荆地。燕王昏亂，其太子丹乃陰令荆軻爲賊，兵吏誅，滅
其國。齊王用后勝計，絶秦使，欲爲亂，兵吏誅，虜其王，平
齊地。寡人以眇眇之身，興兵誅暴亂，賴宗廟之靈，六王
咸伏其辜，天下大定。今名號不更，無以稱成功，傳後世。
其議帝號。丞相綰、御史大夫劫、漢書百官表曰御史大夫秦官[illegible]曰侍御史之秦以稱大夫也○索隱曰綰姓王劫姓馮廷尉斯等漢書百官表曰廷尉秦官應劭曰聽獄必質諸朝廷與衆共之兵獄同制故稱廷尉皆曰：昔者五帝地方千里，其外侯
服夷服，諸侯或朝或否，天子不能制。今陛下蔡邕曰陛階也所由升堂也天子必有近臣立於陛側以戒不虞謂之陛下者群臣與天子言不敢指斥故呼在陛下者與之言因卑達尊之意也上書亦如之興義兵，誅殘賊，平定天下，海內爲郡縣，
法令由一統，自上古以來未嘗有，五帝所不及。臣等謹
與博士議曰：漢書百官表曰博士秦官掌通古今古有天皇，有地皇，有泰
皇，索隱曰按天皇地皇之下即云泰皇當人皇也而封禪書云昔者太帝使素女鼓瑟而悲蓋三皇已前稱泰皇一云泰皇太昊也泰皇最貴。臣等昧死上尊號，王爲泰皇。命
爲制，令爲詔，蔡邕曰制書帝者制度之命也其文曰制詔詔書詔告也天子自稱曰
朕。蔡邕曰朕我也古者上下共稱之貴賤不嫌則可以同號之義也皋陶與帝舜言曰朕言惠可底行屈原曰朕皇考至秦然後天子獨以爲稱漢因而不改王曰：去泰，正義曰去音丘呂反著皇，采上
古帝位號，號曰皇帝。他如議。制曰：可。蔡邕曰群臣有所奏請尚書令奏之下有司曰制天子答之曰可追尊莊襄王爲太上皇。漢高祖尊父曰太上皇亦放此
制曰：朕聞太古有號毋謚，中古有號，死而以行爲謚。如

此，則子議父，臣議君也，甚無謂，朕弗取焉。自今已來，除
謚法。謚法周公所作朕爲始皇帝。後世以計數，正義曰數色主反二世三
世至于萬世，傳之無窮。始皇推終始五德之傳，鄭音丁戀反索隱曰音張戀反傳次也謂五行之德始終相次也漢書郊祀志曰齊人鄒子之徒論著終始五德之運及始皇采用以爲周得火德，秦代周德，從所不勝。正義曰勝申證反以周爲火德能滅火者水也故稱從其所不勝於秦方今水德之始，索隱曰封禪書曰秦文公獲黑龍以爲水瑞秦皇因自謂爲水德也改年始，朝賀正義曰周以建子之月爲正秦以建亥之月爲正故其年始用十月而朝賀皆自十月朔。衣服旄旌節旗正義曰旄音毛旌音精旄旗者編毛爲之以音其周禮六稱熊虎爲旗旄節者編毛爲之以象竹節漢書云蘇武執節在匈奴牧羊節毛盡落是也周禮云掌節者山國用虎節土國用人節澤國用龍節皆以金爲之道路以旌節門關用符節都鄙用管節皆用竹爲之皆
上黑。正義曰以水德屬北方故上黑數以六爲紀，符、法冠皆六寸，而輿
六尺，六尺爲步，乘六馬。張晏曰水北方黑終數六故以六寸爲符六尺爲步瓚曰水數六故以六爲名○索隱曰管子司馬法皆云六尺爲步非獨秦制又按禮記王制曰古者八尺爲步今以周尺六尺四寸爲步之尺數亦不同更名河曰德水，以爲水德
之始。剛毅戾深，事皆決於法，刻削毋仁恩和義，然後合
五德之數。索隱曰水主陰陰刑殺故急法刻削以合五德之數於是急法，久者不
赦。丞相綰等言：諸侯初破，燕、齊、荆地遠，不爲置
王，毋以塡之。塡音鎭請立諸子，唯上幸許。始皇下其議於群臣，
群臣皆以爲便。廷尉李斯議曰：周文武所封子弟同姓
甚衆，然後屬疏遠，相攻擊如仇讎，諸侯更相誅伐，周天

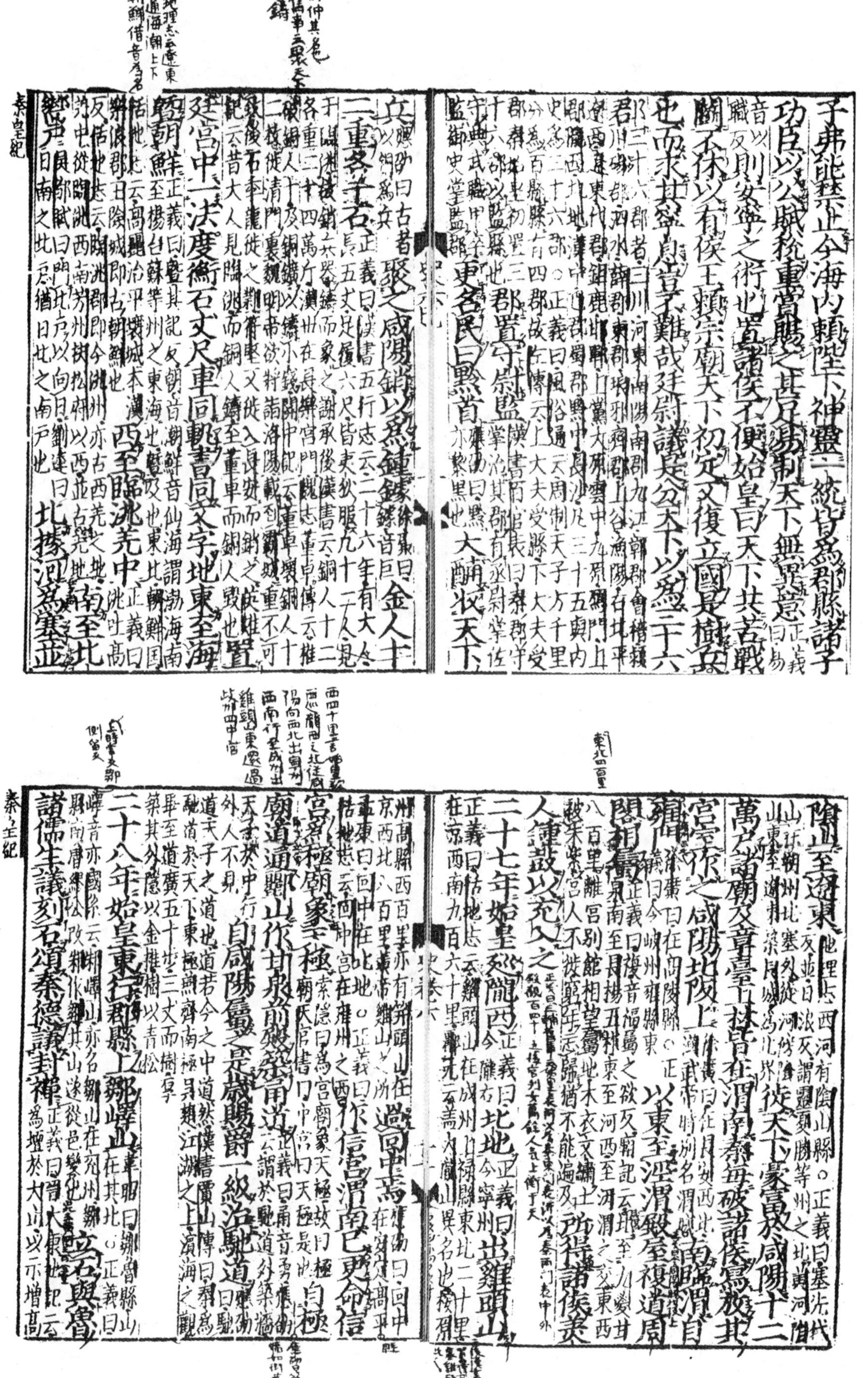

子弗能禁止。今海內賴陛下神靈一統，皆為郡縣，諸子功臣以公賦稅重賞賜之，甚足易制。天下無異意，則安寧之術也。置諸侯不便。」始皇曰：「天下共苦戰鬭不休，以有侯王。賴宗廟，天下初定，又復立國，是樹兵也，而求其寧息，豈不難哉！廷尉議是。」分天下以為三十六郡，郡置守、尉、監。更名民曰「黔首」。大酺。收天下兵，聚之咸陽，銷以為鍾鐻，金人十二，重各千石，置廷宮中。一法度衡石丈尺。車同軌。書同文字。地東至海暨朝鮮，西至臨洮、羌中，南至北嚮戶，北據河為塞，並陰山至遼東。徙天下豪富於咸陽十二萬戶。諸廟及章臺、上林皆在渭南。秦每破諸侯，寫放其宮室，作之咸陽北阪上，南臨渭，自雍門以東至涇、渭，殿屋複道周閣相屬。所得諸侯美人鍾鼓，以充入之。

二十七年，始皇巡隴西、北地，出雞頭山，過回中。焉作信宮渭南，已更命信宮為極廟，象天極。自極廟道通酈山，作甘泉前殿。築甬道，自咸陽屬之。是歲，賜爵一級。治馳道。

二十八年，始皇東行郡縣，上鄒嶧山。立石，與魯諸儒生議，刻石頌秦德，議封禪也。爲墠於梁父以祭地，示增廣也。祭尚玄酒而俎魚。墠皆廣長十二丈，壇高三尺，階三等，而樹石太山之上，高一丈二尺，刻之。祭山川之事，乃遂上泰山，正義曰：太山一曰岱宗，東嶽也，在兗州博城縣西北。郭璞云：從泰山下至山頭百四十八里三百步。道書福地記云：泰山高四千九百丈二尺，周迴二千里，多芝草玉石，長津甘泉，仙人室。又有長津由泉仙人室。晏曰：天高不可及，於泰山上立封禪而祭之，冀近神靈也。瓚曰：積土爲封，謂負土於泰山上，爲壇而祭之。立石，封，祠祀。服虔曰：增天之高，歸功於天。張下，風雨暴至，休於樹下，因封其樹爲五大夫。正義曰：封作復，復音福。禪梁父。服虔曰：禪，闡廣土地也。瓚曰：古者聖王封泰山，禪亭亭或梁父，皆太山下小山，除地爲墠，祭於梁父，後改墠曰禪。○正義曰：梁父山在兗州泗水縣北。刻所立石，其辭曰：皇帝臨位，作制明法，臣下脩飭。索隱曰：此泰山刻石銘，其詞每三句爲韻，凡十二韻。下之罘、碣石、會稽三銘皆然。正義曰：飭音敕。二十有六年，初并天下，罔不賓服。

親巡遠方黎民，登茲泰山，周覽東極。從臣思迹，正義曰：從，財用反。本原事業，祗誦功德。治道運行，諸產得宜，皆有法式。大義休明，垂于後世，順承勿革。皇帝躬聖，既平天下，不懈於治。夙興夜寐，建設長利，專隆教誨。訓經宣達，遠近畢理，咸承聖志。貴賤分明，男女禮順，慎遵職事。昭隔內外，徐廣曰：隔，一作融。靡不清淨，施于後嗣。化及無窮，遵奉遺詔，永承重戒。於是乃並勃海以東，正義曰：並，白浪反。勃，作渤，蒲忽反。過黃、腄，地理志東萊有黃縣、腄縣。○正義曰：腄，逐瑞反，或作陲。括地志云：黃縣故城在萊州黃縣東南二十五里，古萊子國也。牟平縣城在黃縣南百三十里。括地志云：牟平縣，古腄縣也。窮成山，登之罘，地理志：之罘山在腄縣。○正義曰：罘音浮。括地志云：之罘山在萊州文登縣東北百九十里。成山在文登縣西北。窮猶登極也。封禪書云：八神，五曰陽

主，祠之罘；七曰日主，祠成山。成山斗入海。又云：之罘山在海中。文登縣，古腄縣也。立石頌秦德焉而去。南登琅邪，正義曰：今密州即古琅邪也。大樂之，留三月。乃徙黔首三萬戶琅邪臺下，地理志云：越王句踐嘗治琅邪縣，起臺館。○索隱曰：山海經：琅邪臺在渤海閒。蓋海畔有山，形如臺，在琅邪，故曰琅邪臺。○正義曰：括地志云：密州諸城縣東南百七十里有琅邪臺，越王句踐徙都琅邪，立觀臺以望東海，即句踐起臺處。復十二歲。正義曰：復音福。復三萬戶臺下者。作琅邪臺，立石刻，頌秦德，明得意。曰：索隱曰：二句爲韻。維二十六年，皇帝作始。端平法度，萬物之紀。以明人事，合同父子。聖智仁義，顯白道理。東撫東土，以省卒士。事已大畢，乃臨于海。皇帝之功，勤勞本事。上農除末，黔首是富。普天之下，摶心揖志。索隱曰：摶，古專字。左傳云：如琴瑟之專壹。揖音集。

器械一量，正義曰：內成曰器，甲胄鉏耰之屬；外成曰械，謂戈矛弓戟之屬。一量者，同度量之義。同書文字。日月所照，舟輿所載。皆終其命，莫不得意。應時動事，是維皇帝。匡飭異俗，陵水經地。正義曰：陵作凌。猶歷也。經，界也。憂恤黔首，朝夕不懈。除疑定法，咸知所辟。音避。方伯分職，諸治經易。正義曰：言方伯分職，治所理常在平易。舉錯必當，莫不如畫。正義曰：畫，胡卦反。謂政理齊整，分明如畫。皇帝之明，臨察四方。尊卑貴賤，不踰次行。正義曰：行，胡郎反。姦邪不容，皆務貞良。細大盡力，莫敢怠荒。遠邇辟隱，正義曰：辟，匹亦反。專務肅莊。端直敦忠，事業有常。皇帝之德，存定四極。誅亂除害，興利致福。節事以時，諸產繁殖。黔首安寧，不用兵革。正義曰：革，音棘。六親相保，終

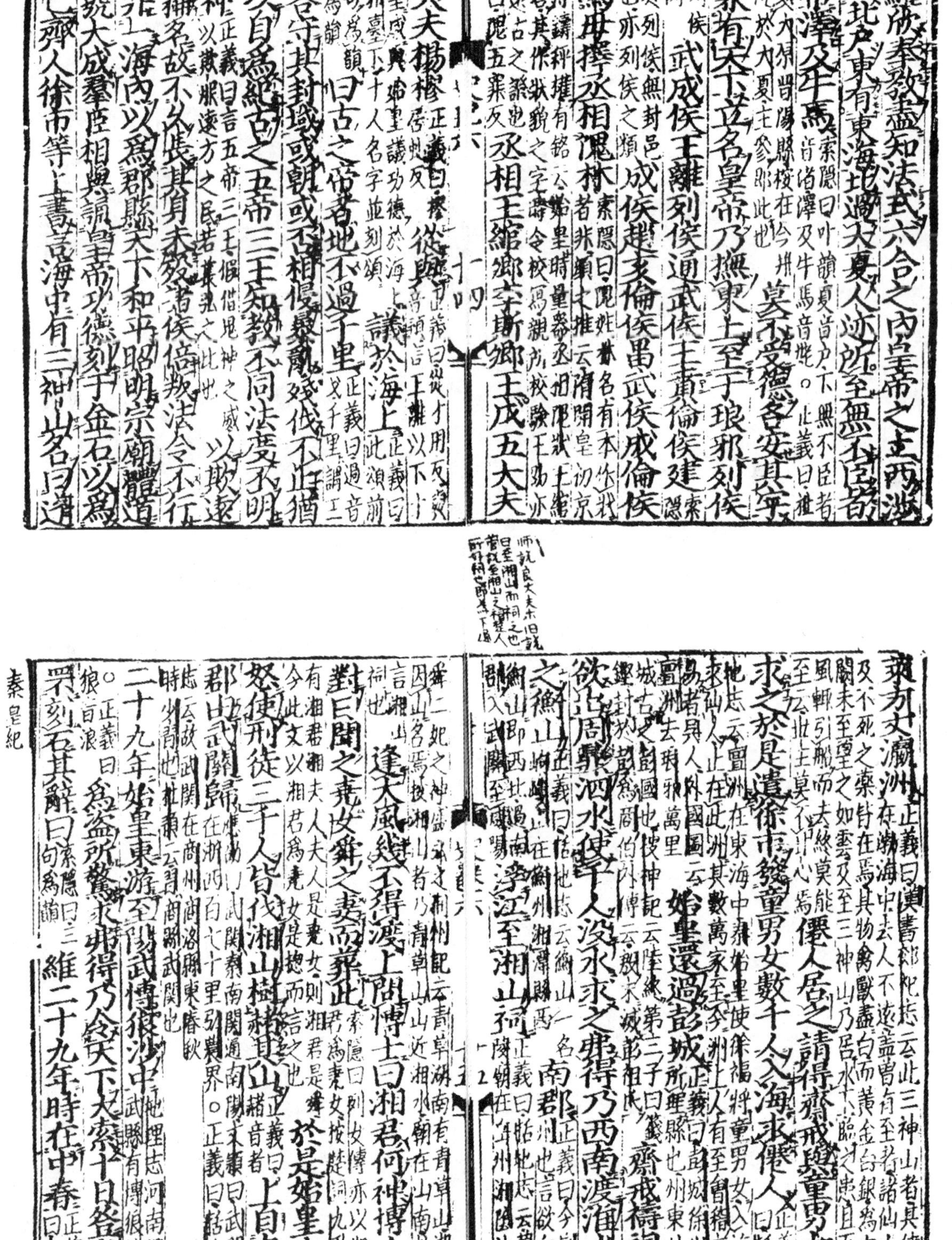

無寇賊驩欣奉教盡知法式六合之內皇帝之土西涉流沙南盡北戶東有東海北過大夏人跡所至無不臣者功蓋五帝澤及牛馬索隱曰叶韻夏音戶下無不臣者音渚澤及牛馬音姥○正義曰推一云大夏大須晉陽縣按在今并州遷實沈於大夏主參即此也莫不受德各安其宇維秦王兼有天下立名為皇帝乃撫東土至于琅邪列侯張晏曰列侯者見序例武成侯王離列侯通武侯王賁倫侯建索隱曰爵卑於列侯無封邑者倫類也亦列侯之類成侯趙亥倫侯昌武侯成倫侯武信侯馮毋擇丞相隗林索隱曰隗姓林名有本作狀者非顏之推云開皇初京師穿地得鑄秤權有銘云始皇時量器丞相隗狀王綰二人列名其作狀貌之字令校寫親所按驗王劭亦云然斯遠古之證也○正義曰隗五罪反丞相王綰卿李斯卿王戊五大夫趙嬰五大夫楊樛正義曰樛居虯反從與正義曰從才用反與音預言王離以下十人從始皇議功德於海上立石於琅邪臺下十人名字並刻頌議於海上正義曰此頌前後三句為韻曰古之帝者地不過千里正義曰過音戈千里謂王畿諸侯各守其封域或朝或否相侵暴亂殘伐不止猶刻金石以自為紀古之五帝三王知教不同法度不明假威鬼神正義曰言五帝三王假借鬼神之威以欺服遠方之民若萇弘之比也以欺遠方實不稱名故不久長其身未歿諸侯倍叛法令不行今皇帝并一海內以為郡縣天下和平昭明宗廟體道行德尊號大成群臣相與誦皇帝功德刻于金石以為表經既已齊人徐市等上書言海中有三神山名曰蓬萊方丈瀛洲正義曰漢書郊祀志云此三神山者其傳在渤海中去人不遠蓋曾有至者諸仙人及不死之藥皆在焉其物禽獸盡白而黃金白銀為宮闕未至望之如雲及至三神山乃居水下臨之患且至風輒引船而去終莫能至云世主莫不甘心焉僊人居之請得齋戒與童男女求之正義曰括地志云亶洲在東海中秦始皇使徐福將童男女入海求仙人止在此洲共數萬家至今洲上人有至會稽市易者吳人外國圖云亶洲去琅邪萬里於是遣徐市發童男女數千人入海求僊人始皇還過彭城正義曰彭城縣也州東外城古之彭國也搜神記云陸終第三子曰籛鏗封於彭為商伯外傳云殷末滅彭祖氏齋戒禱祠欲出周鼎泗水使千人沒水求之弗得乃西南渡淮水之衡山正義曰括地志云衡山一名岣嶁山在衡州湘潭縣西南郡正義曰今荊州也言欲向衡山即西北過南郡入武關至咸陽浮江至湘山祠正義曰括地志云黃陵廟在岳州湘陰縣北舜二妃之神廟在湘陰荊州記云青草湖南有青草山湖因山名焉按湘山者乃青草山山近湘水廟在山南故言湘山祠也逢大風幾不得渡上問博士曰湘君何神博士對曰聞之堯女舜之妻而葬此索隱曰列女傳亦以湘君為堯女按楚詞九歌有湘君湘夫人夫人是堯女則湘君當是舜今此文以湘君為堯女是總而言之也於是始皇大怒使刑徒三千人皆伐湘山樹赭其山正義曰赭音者上自南郡由武關歸索隱曰武關秦南關通南陽在析西百七十里弘農界○正義曰括地志云故武關在商州商洛縣東九十里春秋時少習也杜預云少習商縣武關也二十九年始皇東游至陽武博狼沙中索隱曰地理志河南陽武縣有博狼沙○正義曰狼音浪為盜所驚求弗得乃令天下大索十日登之罘刻石其辭曰索隱曰三句為韻維二十九年時在中春正義曰中

音仲古者帝王巡狩常以仲月陽和方起。皇帝東游,巡登之罘,臨照于海。從臣嘉觀,正義曰從才用反觀音館原念休烈,追誦本始。大聖作治,建定法度,顯著綱紀。外教諸侯,光施文惠,明以義理。六國回辟,貪戾無厭,虐殺不已。皇帝哀衆,遂發討師,奮揚武德。義誅信行,威燀旁達,徐廣曰燀充善反莫不賓服。烹滅彊暴,振救黔首,周定四極。普施明法,經緯天下,永為儀則。大矣哉!宇縣之中,宇宇宙縣赤縣承順聖意。索隱曰協韻音億羣臣誦功,請刻于石,表垂于常式。其東觀曰:維二十九年,皇帝春游,覽省遠方。逮于海隅,遂登之罘,昭臨朝陽。觀望廣麗,從臣咸念,原道至明。聖法初興,清理疆內,外誅暴

彊。武威旁暢,振動四極,禽滅六王。闡并天下,甾害絕息,永偃戎兵。皇帝明德,經理宇內,視聽不怠。索隱曰怠協韻音鉏其反故國語范蠡曰得時不怠時不再來亦以怠與臺為韻作立大義,昭設備器,咸有章旗。職臣遵分,各知所行,事無嫌疑。黔首改化,遠邇同度,臨古絕尤。常職既定,後嗣循業,長承聖治。羣臣嘉德,祗誦聖烈,請刻之罘。旋,遂之琅邪,道上黨入。索隱曰道猶從也

三十年,無事。

三十一年徐廣曰使黔首自實田也十二月,更名臘曰嘉平。太原真人茅盈內紀曰始皇三十一年九月庚子盈曾祖父濛乃於華山之中乘雲駕龍白日昇天先是其邑謠歌曰神仙得者茅初成駕龍上昇入太清時下玄洲戲赤城繼世而往在我盈帝若學之臘嘉平始皇聞謠歌而問其故

父老具對此仙人之謠歌,勸帝求長生之術。於是始皇欣然乃有尋仙之志,因改臘曰嘉平。○索隱曰廣雅云夏曰清祀殷曰嘉平周曰大蜡亦曰臘秦蓋改周臘而從殷之號賜黔首里六石米,二羊。始皇為微行咸陽,張晏曰若微賤之所為故曰微行與武士四人俱,夜出逢盜蘭池,地理志渭城縣有蘭池宮○正義曰括地志云蘭池陂即古蘭池在咸陽縣界見窘,武士擊殺盜,關中大索二十日。米石千六百。

三十二年,始皇之碣石,使燕人盧生求羨門、韋昭曰古仙人高誓。正義曰亦古仙人刻碣石門。徐廣曰一作明壞城郭,決通隄防。其辭曰:遂興師旅,誅戮無道,為逆滅息。武殄暴逆,正義曰此一頌三句為韻文復無罪,徐廣曰復一作夏○正義曰復音福言秦以武力誅殄息暴逆以文訓道令無罪失故復除之庶心咸服。惠論功勞,賞及牛馬,恩肥土域。皇帝奮威,

德并諸侯,初一泰平。墮壞城郭,正義曰墮許規反毀也決通川防,夷去險阻。地勢既定,黎庶無繇,正義曰繇音遙天下咸撫。男樂其疇,女修其業,事各有序。惠被諸產,久並來田,徐廣曰來一作分莫不安所。羣臣誦烈,請刻此石,垂著儀矩。因使韓終、侯公、石生求仙人不死之藥。始皇巡北邊,從上郡入。燕人盧生使正義曰使所吏反入海還,以鬼神事,因奏錄圖書,曰:亡秦者胡也。鄭玄曰胡胡亥秦二世名也秦見圖書不知此為人名反備北胡始皇乃使將軍蒙恬發兵三十萬人北擊胡,略取河南地。正義曰謂靈夏勝等州

三十三年,發諸嘗逋亡人、贅壻、索隱曰贅謂居窮有子使就其婦家為贅壻

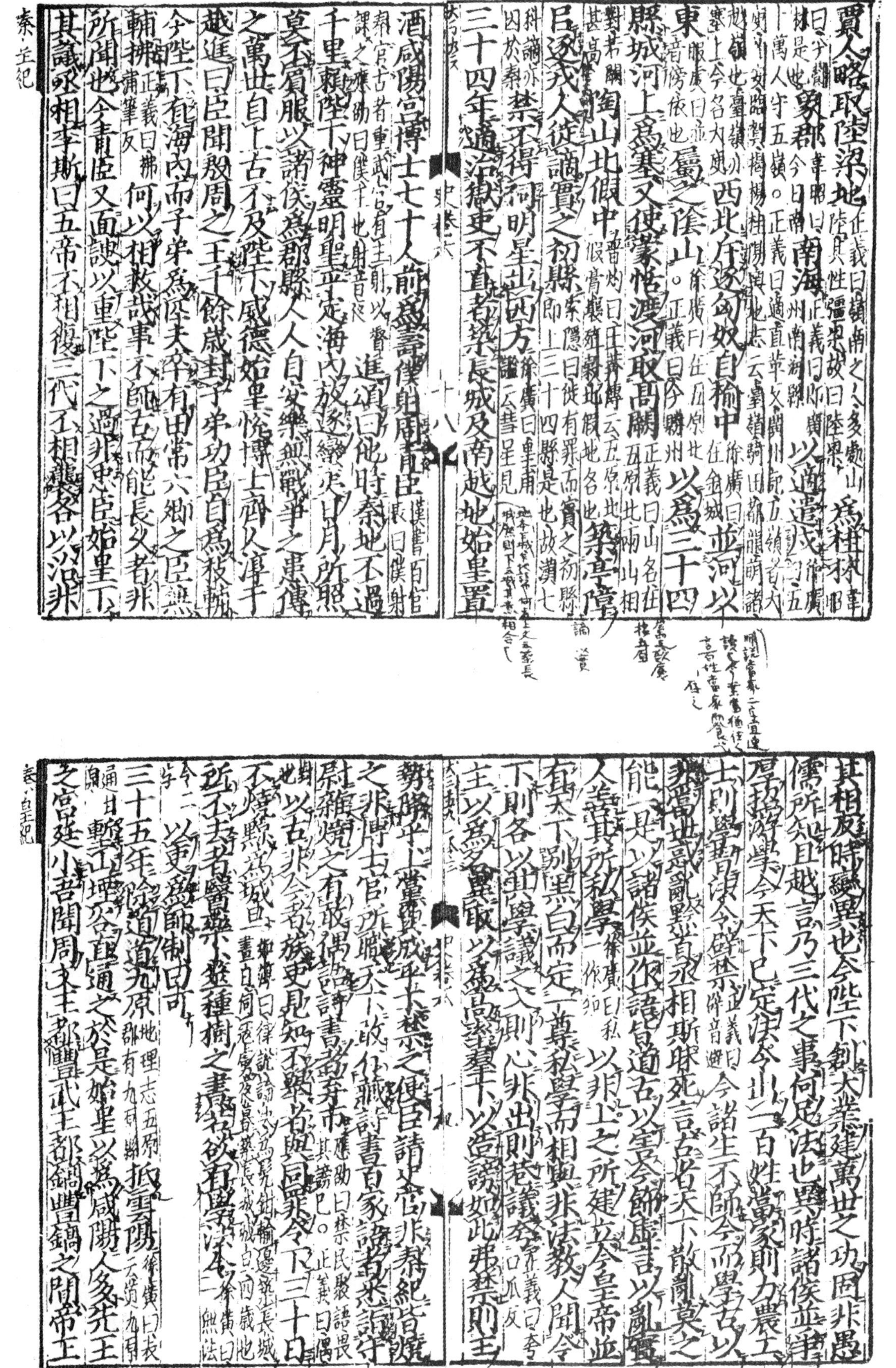

賈人略取陸梁地，為桂林、象郡、南海，以適遣戍。西北斥逐匈奴。自榆中並河以東，屬之陰山，以為三十四縣，城河上為塞。又使蒙恬渡河取高闕、陶山、北假中，築亭障以逐戎人。徙謫，實之初縣。禁不得祠。明星出西方。三十四年，適治獄吏不直者，築長城及南越地。

始皇置酒咸陽宮，博士七十人前為壽。僕射周青臣進頌曰：他時秦地不過千里，賴陛下神靈明聖，平定海內，放逐蠻夷，日月所照，莫不賓服。以諸侯為郡縣，人人自安樂，無戰爭之患，傳之萬世。自上古不及陛下威德。始皇悅。博士齊人淳于越進曰：臣聞殷周之王千餘歲，封子弟功臣，自為枝輔。今陛下有海內，而子弟為匹夫，卒有田常、六卿之臣，無輔拂，何以相救哉？事不師古而能長久者，非所聞也。今青臣又面諛以重陛下之過，非忠臣。始皇下其議。丞相李斯曰：五帝不相復，三代不相襲，各以治，非

其相反，時變異也。今陛下創大業，建萬世之功，固非愚儒所知。且越言乃三代之事，何足法也？異時諸侯並爭，厚招游學。今天下已定，法令出一，百姓當家則力農工，士則學習法令辟禁。今諸生不師今而學古，以非當世，惑亂黔首。丞相臣斯昧死言：古者天下散亂，莫之能一，是以諸侯並作，語皆道古以害今，飾虛言以亂實，人善其所私學，以非上之所建立。今皇帝并有天下，別黑白而定一尊。私學而相與非法教，人聞令下，則各以其學議之，入則心非，出則巷議，夸主以為名，異取以為高，率群下以造謗。如此弗禁，則主勢降乎上，黨與成乎下。禁之便。臣請史官非秦記皆燒之。非博士官所職，天下敢有藏詩、書、百家語者，悉詣守、尉雜燒之。有敢偶語詩書者棄市。以古非今者族。吏見知不舉者與同罪。令下三十日不燒，黥為城旦。所不去者，醫藥卜筮種樹之書。若欲有學法令，以吏為師。制曰：可。

三十五年，除道，道九原抵雲陽，塹山堙谷，直通之。於是始皇以為咸陽人多，先王之宮廷小，吾聞周文王都豐，武王都鎬，豐鎬之間，帝王

之都也。乃營作朝宮渭南上林苑中。先作前殿阿房，正義曰：房，白郎反。括地志云：秦阿房宮亦曰阿城，在雍州長安縣西北。東西五百步，南北五十丈，上可以坐萬人，下可以建五丈旗。索隱曰：此以其形名宮也，言其宮四阿旁廣也。阿房，後為宮名。周馳為閣道，自殿下直抵南山。表南山之顛以為闕。為複道，自阿房渡渭，屬之咸陽，以象天極閣道絕漢抵營室也。索隱曰：謂為複道渡渭屬咸陽，象天文閣道絕漢抵營室也。天官書曰：天極紫宮後十七星絕漢抵營室，曰閣道。阿房宮未成；成，欲更擇令名名之。作宮阿房，故天下謂之阿房宮。隱宮正義曰：餘刑見於市，朝宮刑一百日，隱於蔭室養之乃可，故曰隱宮，下蠶室是。徒刑者七十餘萬人，乃分作阿房宮，或作麗山。發北山石槨，乃寫蜀、荊地材皆至。關中計宮三百，關外四百餘。於是立石東海上朐界中，以為秦東門。因徙三萬家麗邑，正義曰：麗音離。五萬家雲陽，皆復不事十歲。盧生說始皇曰：「臣等求芝奇藥仙者常弗遇，類物有害之者。方中，人主時為微行以辟惡鬼，惡鬼辟，真人至。人主所居而人臣知之，則害於神。真人者，入水不濡，入火不爇，正義曰：爇，而悅反。陵雲氣，與天地久長。今上治天下，未能恬倓。願上所居宮毋令人知，然後不死之藥殆可得也。」於是始皇曰：「吾慕真人，自謂『真人』，不稱『朕』。」乃令咸陽之旁二百里內宮觀二百七十復道甬道相連，帷帳鍾鼓美人充之，各案署不移徙。行所幸，有言其處者，

罪死。始皇帝幸梁山宮，徐廣曰：在好畤。○正義曰：括地志云：梁山宮在雍州好畤縣西十二里。從山上見丞相車騎眾，弗善也。中人或告丞相，丞相後損車騎。始皇怒曰：「此中人泄吾語。」案問莫服。當是時，詔捕諸時在旁者，皆殺之。自是後莫知行之所在。聽事，群臣受決事，悉於咸陽宮。侯生盧生相與謀曰：說苑曰：侯生，韓客。「始皇為人，天性剛戾自用，起諸侯，并天下，意得欲從，以為自古莫及己。專任獄吏，獄吏得親幸。博士雖七十人，特備員弗用。丞相諸大臣皆受成事，倚辨於上。上樂以刑殺為威，正義曰：樂，五孝反。天下畏罪持祿，莫敢盡忠。上不聞過而日驕，下懾伏謾欺以取容。秦法，不得兼方，不驗，輒死。正義曰：言秦施法，不得兼方，若今民之有方伎，不得兼兩齊，試不驗，輒賜死，言法酷。然候星氣者至三百人，皆良士，畏忌諱諛，不敢端言其過。天下之事無小大皆決於上，上至以衡石量書，正義曰：衡，秤衡也。言表牋奏請，秤取一石，日夜有程期，不滿不得休息。日夜有呈，不中呈不得休息。貪於權勢至如此，未可為求仙藥。」於是乃亡去。始皇聞亡，乃大怒曰：「吾前收天下書不中用者盡去之。悉召文學方術士甚眾，欲以興太平，方士欲練以求奇藥。徐廣曰：一云「欲以練求」。今聞韓眾正義曰：眾音終。去不報，徐市等費以巨萬計，終不得藥，徒姦利相告日聞。徐廣曰：一作「問」。盧生等吾尊賜之甚厚，今乃誹謗我，以重吾不德也。諸生在咸

陽者吾使人廉問或爲訞言以亂黔首於是使御史悉案問諸生諸生傳相告引乃自除犯禁者四百六十餘人皆阬之咸陽使天下知之以懲後益發謫徙邊徐廣曰徙於北河榆中耐徙三處拜爵一級始皇長子扶蘇諫曰天下初定遠方黔首未集諸生皆誦法孔子今上皆重法繩之臣恐天下不安唯上察之始皇怒使扶蘇北監蒙恬於上郡正義曰括地志云上郡故城在綏州上縣東南三十六年熒惑守心有墜星下東郡至地爲石徐廣曰表云石晝隕黔首或刻其石曰始皇帝死而地分始皇聞之遣御史逐問莫服盡取石旁居人誅之因燔銷其石始皇不

樂使博士爲仙真人詩及行所游天下傳令樂人歌弦之正義曰傳張戀反令力呈反秋使者從關東夜過華陰平舒道正義曰括地志云平舒故城在華州華陰縣西北有人持璧遮使者曰爲吾遺滈池君服虔曰水神也張晏曰武王居鎬鎬池君則武王也武王伐商故神云始皇荒淫若紂矣今亦可伐也孟康曰長安西南有滈池○索隱曰秦水德王故其君將亡水神先自相告也因言曰今年祖龍死蘇林曰祖始也龍人君象謂始皇也服虔曰龍人之先象也言王亦人之先也應劭曰祖人之先龍君之象使者問其故因忽不見置其璧去使者奉璧具以聞始皇默然良久曰山鬼固不過知一歲事也退言曰祖龍者人之先也使御府視璧乃二十八年行渡江所沈璧也於是始皇卜之卦得游徙吉遷北河榆中三萬

家正義曰謂北河勝州也榆中即今勝州榆林縣也拜爵一級三十七年十月癸丑始皇出游左丞相斯從右丞相去疾守少子胡亥愛慕請從上許之十一月行至雲夢望祀虞舜於九疑山正義曰括地志云九疑山在永州唐興縣東南皇覽云舜冢在零陵郡營浮江下觀籍柯渡海渚正義曰括地志云舒州同安縣東按舒州在江中疑海字過丹陽正義曰括地志云丹陽郡故在潤州江寧縣東南秦以爲鄣郡也至錢唐正義曰錢唐今杭州縣臨浙江曰江水至會稽山陰爲浙江水波惡乃西百二十里從狹中渡徐廣曰蓋在餘杭也顧夷曰餘杭者秦始皇至會稽經此立爲縣上會稽祭大禹正義曰越州會稽山上有禹穴及廟望于南海而立石刻頌秦德索隱曰三句爲韻凡二十四韻其文曰正義曰其碑見在會稽山上其文及書皆李斯其字四寸畫如小指圓鐫今文字整頓是小篆字

皇帝休烈平一宇內德惠脩長三十有七年親巡天下周覽遠方遂登會稽宣省習俗黔首齋莊群臣誦功本原事迹追首高明索隱曰今檢會稽刻石文首字作道雅符人情也秦聖臨國始定刑名顯陳舊章正義曰碑文作書章初平法式審別職任以立恆常六王專倍貪戾傲猛率衆自彊正義曰碑文作恣邪彊暴虐恣行負力而驕數動甲兵陰通閒使以事合從行爲辟方內飾詐謀外來侵邊遂起禍殃義威誅之殄熄暴悖亂賊滅亡聖德廣密六合之中被澤無疆皇帝并宇兼聽萬事遠近畢清運理群物考驗事實各載其名貴賤並通善否陳前靡有

潔誠。飾省宣義，徐廣曰：省，一作非。○正義：省音山景反，省，過也。有子而嫁，倍死不貞。防隔內外，禁止淫泆，男女絜誠。夫為寄豭，正義：豭音加，牡豬也。言夫淫他室，若寄豭之豬。殺之無罪，男秉義程。妻為逃嫁，子不得母，正義曰：言妻棄夫逃嫁，子乃失母。咸化廉清。大治濯俗，天下承風，蒙被休經。皆遵度軌，和安敦勉，莫不順令。正義曰：令，力呈反。黔首脩潔，人樂同則，嘉保太平。後敬奉法，常治無極，輿舟不傾。從臣誦烈，請刻此石，光垂休銘。還過吳，從江乘渡。地理志丹陽有江乘縣。○正義：江乘故縣在潤州句容縣北。並海上，北至琅邪。方士徐市等入海求神藥，數歲不得，費多，恐譴，乃詐曰：蓬萊藥可得，然常為大鮫魚所苦，故不得至，願請善射與俱，見則以連弩射之。始皇夢與海神戰，如人狀。問占夢博士，曰：水神不可見，以大魚蛟龍為候。今上禱祠備謹，而有此惡神，當除去，而善神可致。乃令入海者齎捕巨魚具，而自以連弩候大魚出射之。自琅邪北至榮成山，正義曰：山在萊州。弗見。至之罘，見巨魚，射殺一魚。遂並海西，至平原津而病。徐廣曰：渡河而病。始皇惡言死，群臣莫敢言死事。上病益甚，乃為璽書賜公子扶蘇曰：與喪會咸陽而葬。書已封，在中車府令趙高徐廣曰：主乘輿路車。行符璽事所，未授使者。七月丙寅，始皇崩於沙丘平臺。徐廣曰：年五十。沙丘去長安二千餘里。趙有沙丘宮，在鉅鹿，武靈王之死處。○正義曰：括地志云沙丘臺在邢州平鄉縣東北。丞相斯為

上崩在外，恐諸公子及天下有變，乃祕之，不發喪。棺載轀涼車中，正義曰：棺音館，又古患反。故幸宦者參乘，所至上食。百官奏事如故，宦者輒從轀涼車中可其奏事。獨子胡亥、趙高及所幸宦者五六人知上死。趙高故嘗教胡亥書及獄律令法事，胡亥私幸之。高乃與公子胡亥、丞相斯陰謀破去始皇所封書賜公子扶蘇者，而更詐為丞相斯受始皇遺詔沙丘，立子胡亥為太子。更為書賜公子扶蘇、蒙恬，數以罪，其賜死。語具在李斯傳中。行，遂從井陘抵九原。徐廣曰：在常山。會暑，上轀車臭，乃詔從官令車載一石鮑魚，以亂其臭。行從直道至咸陽，發喪。太子胡亥襲位，為二世皇帝。九月，葬始皇酈山。始皇初即位，穿治酈山，及并天下，天下徒送詣七十餘萬人，穿三泉，下銅徐廣曰：一作錮。錮，鑄塞。○正義曰：顏師古云：三重之泉也。而致槨，宮觀百官奇器珍怪徙臧滿之。正義曰：言冢內作宮觀及百官位次，奇器珍怪徙藏滿冢中。臧，才浪反。令匠作機弩矢，有所穿近者輒射之。以水銀為百川江河大海，機相灌輸，正義曰：灌音館。輸音戍。上具天文，下具地理。以人魚膏為燭，徐廣曰：人魚似鮎，四足。○正義曰：廣志云：鯢魚聲如小兒啼，形如鱧，可以治牛，出伊水。異物志云：人魚似人形，長尺餘，不堪食，皮利於鮫魚，鋸材木入。項上有小穿，氣從中出。出東海中，今台州有之。按：今帝王用漆燈冢中，則火不滅。度不滅者久之。正義曰：度，田洛反。二世曰：先帝後宮非有子者，出焉不宜，皆令從死，死者甚眾。葬既已下，或言工

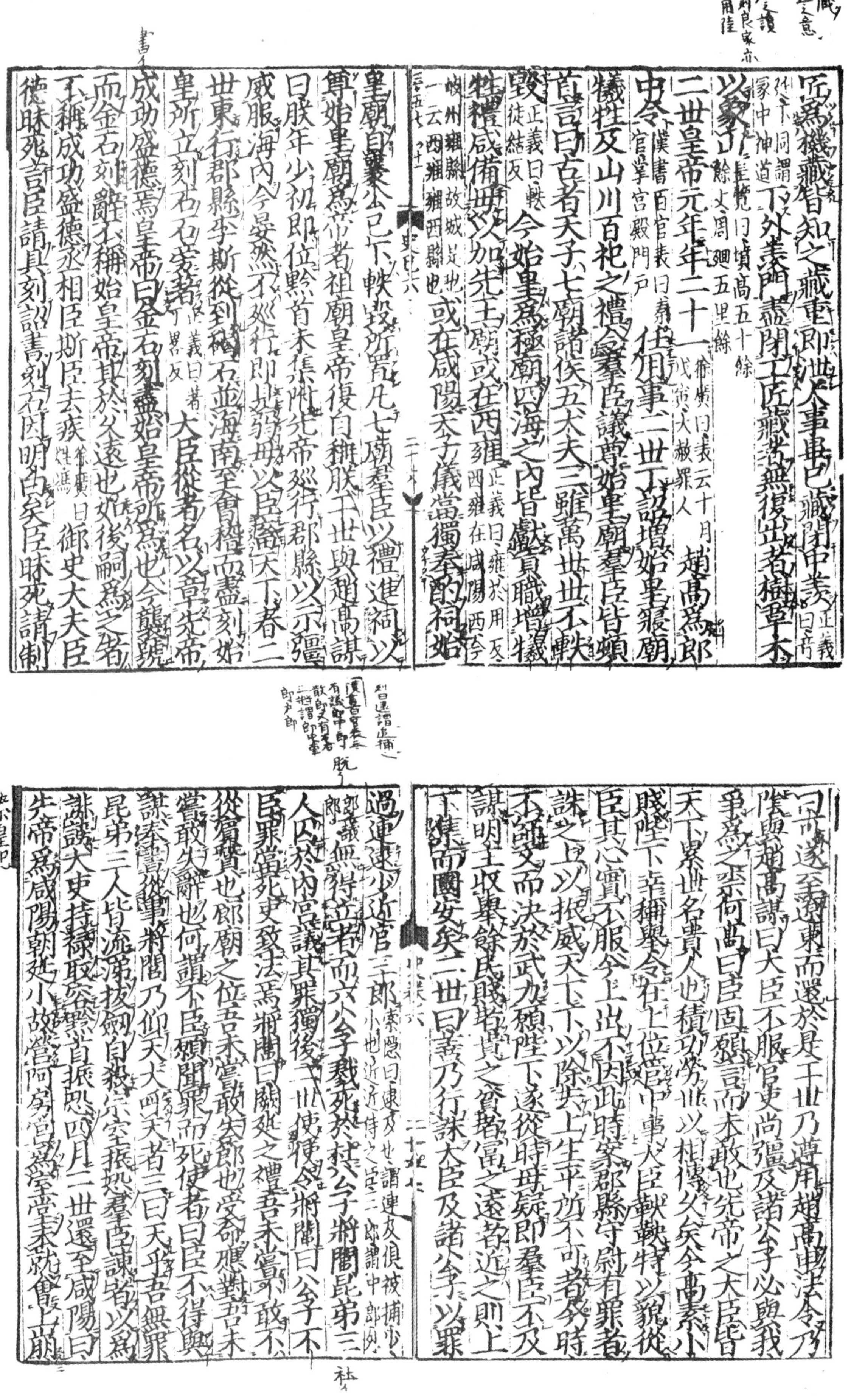
匠爲機臧皆知之臧重即泄大事畢已臧閉中羨〔正義曰羨音延〕

〔同謂冢中神道〕下外羨門盡閉工匠臧者無復出者樹草木

以象山〔皇覽曰墳高五十餘丈周廻五里餘〕

二世皇帝元年年二十一〔徐廣曰表云十月戊寅大赦罪人〕趙高爲郎

中令〔漢書百官表曰郎中令掌宮殿門戶〕任用事二世下詔增始皇寢廟

犧牲及山川百祀之禮令群臣議尊始皇廟群臣皆頓

首言曰古者天子七廟諸侯五大夫三雖萬世世不軼

毀〔正義曰軼徒結反〕今始皇爲極廟四海之內皆獻貢職增犧

牲禮咸備毋以加先王廟或在西雍〔正義曰雍於用反西雍在咸陽西今

岐州雍縣故城是也一云西雍雍西縣也〕或在咸陽天子儀當獨奉酌祠始

史記六　二十八

皇廟自襄公已下軼毀所置凡七廟群臣以禮進祠以

尊始皇廟爲帝者祖廟皇帝復自稱朕二世與趙高謀

曰朕年少初即位黔首未集附先帝巡行郡縣以示彊

威服海內今晏然不巡行即見弱毋以臣畜天下春二

世東行郡縣李斯從到碣石並海南至會稽而盡刻始

皇所立刻石石旁著〔正義曰著張略反〕大臣從者名以章先帝

成功盛德焉皇帝曰金石刻盡始皇帝所爲也今襲號

而金石刻辭不稱始皇帝其於久遠也如後嗣爲之者

不稱成功盛德丞相臣斯臣去疾〔徐廣曰姓馮〕御史大夫臣

德昧死言臣請具刻詔書刻石因明白矣臣昧死請制

曰可遂至遼東而還於是二世乃遵用趙高申法令乃

陰與趙高謀曰大臣不服官吏尚彊及諸公子必與我

爭爲之奈何高曰臣固願言而未敢也先帝之大臣皆

天下累世名貴人也積功勞世以相傳久矣今高素小

賤陛下幸稱舉令在上位管中事大臣鞅鞅特以貌從

臣其心實不服今上出不因此時案郡縣守尉有罪者

誅之上以振威天下下以除去上生平所不可者今時

不師文而決於武力願陛下遂從時毋疑即群臣不及

謀明主收舉餘民賤者貴之貧者富之遠者近之則上

下集而國安矣二世曰善乃行誅大臣及諸公子以罪

史記六　二十九

過連逮少近官三郎〔索隱曰逮及也謂連及俱被捕少近近侍之臣三郎謂中郎外

郎散郎〕無得立者而六公子戮死於杜公子將閭昆弟三

人囚於內宮議其罪獨後二世使使令將閭曰公子不

臣罪當死吏致法焉將閭曰闕廷之禮吾未嘗敢不

從賓贊也廊廟之位吾未嘗敢失節也受命應對吾未

嘗敢失辭也何謂不臣願聞罪而死使者曰臣不得與

謀奉書從事將閭乃仰天大呼天者三曰天乎吾無罪

昆弟三人皆流涕拔劍自殺宗室振恐群臣諫者以爲

誹謗大吏持祿取容黔首振恐四月二世還至咸陽曰

先帝爲咸陽朝廷小故營阿房宮爲室堂未就會上崩

罷其作者，復土酈山。酈山事大畢，今釋阿房宮弗就，則是章先帝舉事過也。復作阿房宮。外撫四夷，如始皇計。盡徵其材士正義曰謂材官蹶張之士五萬人為屯衛咸陽，令教射狗馬禽獸。當食者多，度不足，下調郡縣轉輸菽粟芻稾，皆令自齎糧食，咸陽三百里內不得食其穀。用法益刻深。七月，戍卒陳勝正義曰勝音升等反故荊地，為張楚。李奇曰張大楚國也勝自立為楚王，居陳，遣諸將徇地。山東郡縣少年苦秦吏，皆殺其守尉令丞反，以應陳涉，相立為侯王，合從西鄉，名為伐秦，不可勝數也。謁者使東方來，漢書百官表曰謁者秦官掌賓贊受事以反者聞二世。二世怒，下吏。後使者至，上問，對曰：

「群盜，郡守尉方逐捕，今盡得，不足憂。」上悅。武臣自立為趙王，魏咎為魏王，田儋為齊王。服虔曰儋音負擔沛公起沛。項梁舉兵會稽郡。二年冬，陳涉所遣周章等將西至戲，應劭曰戲弘農湖西界孟康曰水名今戲亭是也蘇林曰邑名在新豐東南三十里兵數十萬。二世大驚，與群臣謀曰：「柰何？」少府章邯曰：漢書百官表曰少府秦官應劭曰掌山澤陂池之稅名曰禁錢以給私養自別為藏少者小也故稱曰少府「盜已至，眾彊，今發近縣不及矣。酈山徒多，請赦之，授兵以擊之。」二世乃大赦天下，使章邯將，擊破周章軍而走，遂殺章曹陽。晉灼曰亭名在弘農東十二里魏武帝改曰好陽○正義曰括地志云在陝州桃林縣東南二世益遣長史司馬欣、董翳

佐章邯擊盜，殺陳勝城父，正義曰父音甫括地志云城父乃亳州城父縣也破項梁定陶，正義曰今曹州定陶縣滅魏咎臨濟。正義曰今淄州縣楚地盜名將已死，章邯乃北渡河，擊趙王歇等於鉅鹿。正義曰括地志云邢州平鄉縣是趙高說二世曰：「先帝臨制天下久，故群臣不敢為非、進邪說。今陛下富於春秋，初即位，柰何與公卿廷決事？事即有誤，示群臣短也。天子稱朕，固不聞聲。」索隱曰言天子常處禁中臣下屬望纔有朕兆耳不見其形也於是二世常居禁中，蔡邕曰禁中者門戶有禁非侍御者不得入故曰禁中與高決諸事。其後公卿希得朝見，盜賊益多，而關中卒發東擊盜者毋已。右丞相去疾、左丞相斯、將軍馮劫進諫曰：「關東群盜並起，秦發兵誅擊，所殺亡甚眾，然猶不止。盜多，皆以戍漕轉作事苦，賦稅大也。請且止阿房宮作者，減省四邊戍轉。」二世曰：「吾聞之韓子曰：『堯舜采椽不刮，索隱曰采木名刮音括茅茨不翦，飯土塯，徐廣曰飯器謂之簋索隱曰如字○啜土形，如淳曰土形飯器之屬盛羹器也雖監門之養，不觳於此。索隱曰謂監門之卒養卒也觳音學謂盡也古學反○正義曰苦角反言堯舜之儉糲粢之食藜藿之羹亦不盡於此禹鑿龍門，通大夏，正義曰括地志云大夏今并州晉陽及汾絳等州是也決河亭水，正義曰決亭壅水亭平也放之海，身自持築臿，正義曰臿鍬也脛毋毛，臣虜之勞不烈於此矣。』正義曰烈酷也凡所為貴有天下者，得肆意極欲，主重明法，下不敢為非，以制御海內矣。夫虞、夏之主，貴

爲天子親處窮苦之實以徇百姓尚何於法朕尊萬乘毋其實吾欲造千乘之駕萬乘之屬充吾號名且先帝起諸侯兼天下天下已定外攘四夷以安邊境作宮室以章得意而君觀先帝功業有緒今朕即位二年之間羣盜並起君不能禁又欲罷先帝之所爲是上毋以報先帝次不爲朕盡忠力何以在位下去疾斯劫吏案責他罪去疾劫曰將相不辱自殺斯卒囚就五刑三年章邯等將其卒圍鉅鹿楚上將軍項羽將楚卒往正義曰卒子忽反[illegible]救鉅鹿冬趙高爲丞相竟案李斯殺之夏章邯等戰數却二世使人讓邯邯恐使長史欣請事趙高弗見又弗信欣恐亡去高使人捕追不及欣見邯曰趙高用事於中將軍有功亦誅無功亦誅項羽急擊秦軍虜王離邯等遂以兵降諸侯八月己亥徐廣曰一作卯趙高欲爲亂恐羣臣不聽乃先設驗持鹿獻於二世曰馬也二世笑曰丞相誤邪謂鹿爲馬問左右左右或默或言馬以阿順趙高或言鹿高因陰中諸言鹿者以法後羣臣皆畏高高前數言關東盜毋能爲也及項羽虜秦將王離等鉅鹿下而前章邯等軍數却上書請益助燕趙齊楚韓魏皆立爲王自關以東大氐盡畔秦吏應諸侯正義曰氐丁禮反畧也諸侯咸率其衆西鄉沛公將數萬人已屠武關使人私

於高高恐二世怒誅及其身乃謝病不朝見二世夢白虎齧其左驂馬殺之心不樂怪問占夢卜曰涇水爲祟二世乃齋於望夷宮張晏曰望夷宮在長陵西北長平觀道東故亭處是也臨涇水作之以望北夷○正義曰括地志云秦望夷宮在雍州咸陽縣東南欲祠涇沈四白馬使使責讓高以盜賊事高懼乃陰與其壻咸陽令閻樂其弟趙成謀曰上不聽諫今事急欲歸禍於吾宗吾欲易置上更立公子嬰子嬰仁儉百姓皆載其言使郎中令爲內應徐廣曰一云郎中令趙成詐爲有大賊令樂召吏發卒追劫樂母置高舍遣樂將吏卒千餘人至望夷宮殿門縛衛令僕射曰賊入此何不止衛令曰周廬設卒甚謹西京賦曰徼道外周千廬內[illegible]曰士傳宮外內爲廬舍晝則巡行非常夜則警備不虞安得賊敢入宮樂遂斬衛令直將吏入行射郎宦者郎宦者大驚或走或格格者輒死死者數十人郎中令與樂俱入射上幄坐幃二世怒召左右左右皆惶擾不鬭旁有宦者一人侍不敢去二世入內謂曰公何不蚤告我乃至於此宦者曰臣不敢言故得全使臣蚤言皆已誅安得至今閻樂前即二世數曰足下驕恣索隱曰羣臣士庶相與言曰殿下閣下足下侍者執事皆謙類誅殺無道天下共畔足下足下其自爲計二世曰丞相可得見否樂曰不可二世曰吾願得一郡爲王弗許又曰願爲萬戶侯弗許曰願與妻子爲黔首比諸公子閻樂

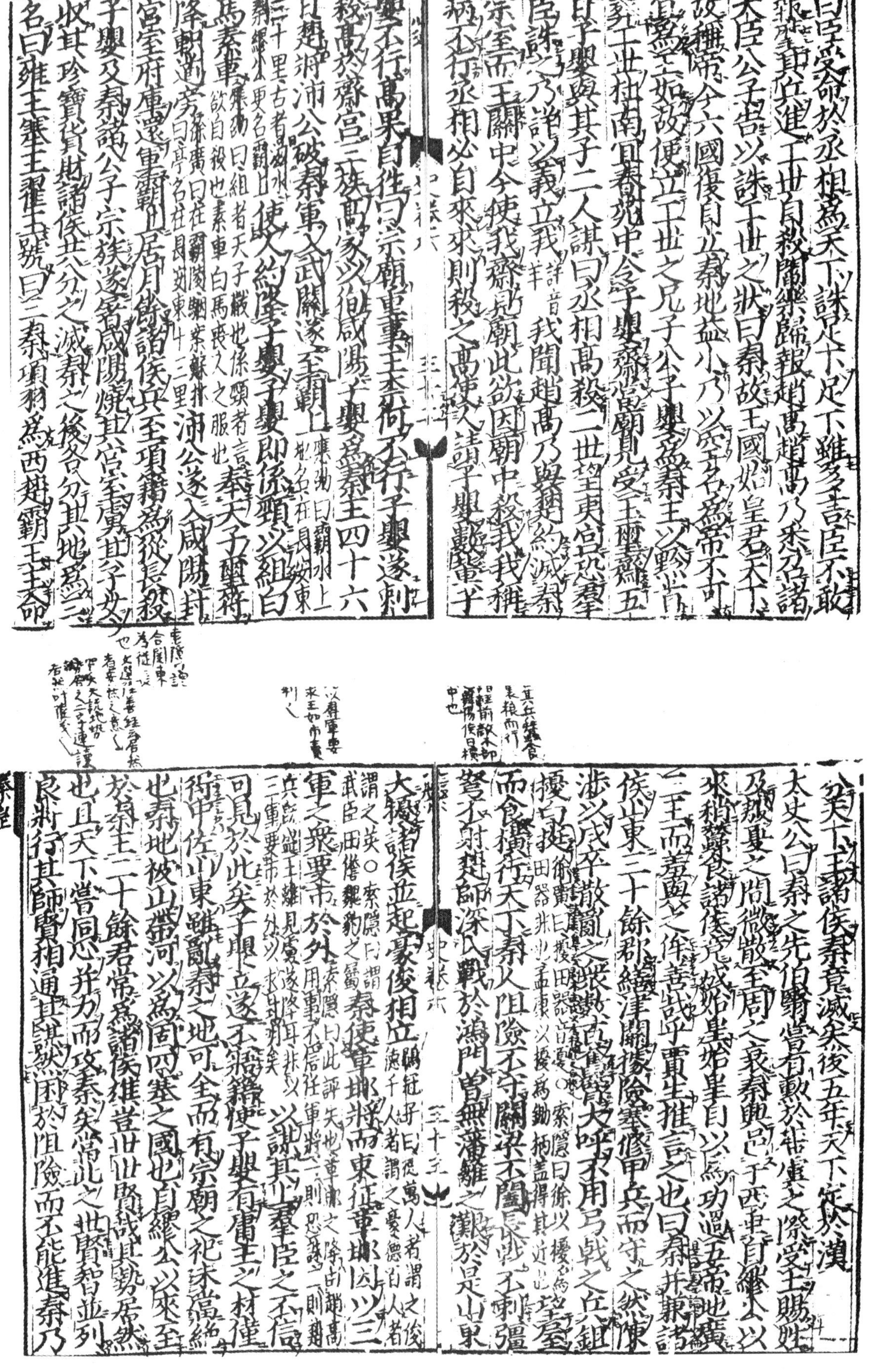

曰吾受命於丞相爲天下誅足下足下雖多言臣不敢報麾其兵進二世自殺閻樂歸報趙高趙高乃悉召諸大臣公子告以誅二世之狀曰秦故王國始皇君天下故稱帝今六國復自立秦地益小乃以空名爲帝不可宜爲王如故便立二世之兄子公子嬰爲秦王以黔首葬二世杜南宜春苑中令子嬰齋當廟見受王璽齋五日子嬰與其子二人謀曰丞相高殺二世望夷宮恐羣臣誅之乃詳以義立我詳音羊我聞趙高乃與楚約滅秦宗室而王關中今使我齋見廟此欲因廟中殺我我稱病不行丞相必自來來則殺之高使人請子嬰數輩子嬰不行高果自往曰宗廟重事王奈何不行子嬰遂刺殺高於齋宮三族高家以徇咸陽子嬰爲秦王四十六日楚將沛公破秦軍入武關遂至霸上應劭曰霸水上地名在長安東三十里古者霸水名滋水秦繆公更名霸以使人約降子嬰子嬰即係頸以組白馬素車應劭曰組者天子黻也係頸者言欲自殺也素車白馬喪人之服也奉天子璽符降軹道旁徐廣曰在霸陵駰案蘇林曰亭名在長安東十三里沛公遂入咸陽封宮室府庫還軍霸上居月餘諸侯兵至項籍爲從長殺子嬰及秦諸公子宗族遂屠咸陽燒其宮室虜其子女收其珍寶貨財諸侯共分之滅秦之後各分其地爲三名曰雍王塞王翟王號曰三秦項羽爲西楚霸王主命

矣天下王諸侯秦竟滅矣後五年天下定於漢

太史公曰秦之先伯翳嘗有勳於唐虞之際受土賜姓及殷夏之間微散至周之衰秦興邑于西垂自繆公以來稍蠶食諸侯竟成始皇始皇自以爲功過五帝地廣三王而羞與之侔善哉乎賈生推言之也曰秦并兼諸侯山東三十餘郡繕津關據險塞修甲兵而守之然陳涉以戍卒散亂之衆數百奮臂大呼不用弓戟之兵鉏櫌白梃[illegible]徐廣曰櫌田器音憂○索隱曰徐以櫌爲田器非也孟康以櫌爲鉏柄蓋得其近也望屋而食橫行天下秦人阻險不守關梁不闔長戟不刺彊弩不射楚師深入戰於鴻門曾無藩籬之艱於是山東大擾諸侯並起豪俊相立鶡冠子曰德萬人者謂之俊德千人者謂之豪德百人者謂之英○索隱曰謂武臣田儋魏豹之屬秦使章邯將而東征章邯因以三軍之衆要市於外索隱曰此評失也章邯之降由趙高用事不信任軍將一則恐誅一則趙兵盛王離見虜遂降耳非以三軍要市於外以求其利矣以謀其上羣臣之不信可見於此矣子嬰立遂不寤藉使子嬰有庸主之材僅得中佐山東雖亂秦之地可全而有宗廟之祀未當絕也秦地被山帶河以爲固四塞之國也自繆公以來至於秦王二十餘君常爲諸侯雄豈世世賢哉其勢居然也且天下嘗同心并力而攻秦矣當此之世賢智並列良將行其師賢相通其謀然困於阻險而不能進秦乃

延入戰而爲之開關，百萬之徒逃北而遂壞。豈勇力智慧不足哉？形不利，勢不便也。秦小邑并大城，守險塞而軍，高壘毋戰，閉關據阨，荷戟而守之。諸侯起於匹夫，以利合，非有素王之行也。其交未親，其下未附，名爲亡秦，其實利之也。彼見秦阻之難犯也，必退師。安土息民，以待其敝，收弱扶罷，以令大國之君，不患不得意於海內。貴爲天子，富有天下，而身爲禽者，其救敗非也。秦王足己不問，遂過而不變。二世受之，因而不改，暴虐以重禍。子嬰孤立無親，危弱無輔。三主惑而終身不悟，亡，不亦宜乎？當此時也，世非無深慮知化之士也，然所以不敢盡忠拂過者，秦俗多忌諱之禁，忠言未卒於口而身爲戮沒矣。故使天下之士，傾耳而聽，重足而立，拑口而不言。是以三主失道，忠臣不敢諫，智士不敢謀，天下已亂，姦不上聞，豈不哀哉！先王知壅蔽之傷國也，故置公卿大夫士，以飾法設刑，而天下治。其彊也，禁暴誅亂而天下服。其弱也，五伯征而諸侯從。其削也，內守外附而社稷存。故秦之盛也，繁法嚴刑而天下振；及其衰也，百姓怨望而海內畔矣。故周五序得其道，而千餘歲不絕。秦本末並失，故不長久。由此觀之，安危之統相去遠矣。野諺曰「前事之不忘，後事之師也」。是以君子爲

國，觀之上古，驗之當世，參以人事，察盛衰之理，審權勢之宜，去就有序，變化有時，故曠日長久而社稷安矣。秦孝公據殽函之固，擁雍州之地，君臣固守而窺周室，有席卷天下，包舉宇內，囊括四海之意，并吞八荒之心。當是時，商君佐之，內立法度，務耕織，修守戰之備，外連衡而鬬諸侯，於是秦人拱手而取西河之外。孝公既沒，惠王、武王蒙故業，因遺册，南兼漢中，西舉巴蜀，東割膏腴之地，收要害之郡。諸侯恐懼，會盟而謀弱秦，不愛珍器重寶肥美之地，以致天下之士，合從締交，相與爲一。當是時，齊有孟嘗，趙有平原，楚有春申，魏有信陵。此四君者，皆明知而忠信，寬厚而愛人，尊賢重士，約從離衡，并韓、魏、燕、趙、宋、衛、中山之衆。於是六國之士，有甯越、徐尚、蘇秦、杜赫之屬爲之謀，齊明、周最、陳軫、昭滑、樓緩、翟景、蘇厲、樂毅之徒通其意，吳起、孫臏、帶佗、兒良

王廖田忌廉頗趙奢之朋制其兵索隱曰吳起衛人事魏文侯孫臏齊威之後[illegible]按曰王廖貴先兒良貴後二人皆天下常以十倍豪士田忌齊將也廉頗趙奢皆趙之將也之地百萬之衆叩關而攻秦秦人開關延敵九國之師逡巡遁逃而不敢進秦無亡矢遺鏃之費而天下諸侯已困矣於是從散約解爭割地而賂秦秦有餘力而制其敝追亡逐北伏尸百萬流血漂鹵徐廣曰鹵一作櫓也因利乘便宰割天下分裂河山彊國請服弱國入朝延及孝文莊襄王享國日淺國家無事及至秦王續六世之餘烈張晏曰孝公惠文王武王昭王孝文王莊襄王振長策而御宇內吞二周而亡諸侯履至尊而制六合執捶拊以鞭笞天下徐廣曰拊一作拍○索

隱曰賈本論作敲朴威振四海南取百越之地韋昭曰越有百邑以為桂林象郡百越之君俛首係頸委命下吏乃使蒙恬北築長城而守藩籬卻匈奴七百餘里胡人不敢南下而牧馬士不敢彎弓而報怨於是廢先王之道燔百家之言以愚黔首墮名城墮壞堅城恐人復阻以害己殺豪俊收天下之兵聚之咸陽銷鋒鑄鐻以為金人十二以弱黔首之民然後斬華為城徐廣曰斬一作踐駰案服虔曰斷華山為城○索隱曰踐亦出賈本論文崔浩云踐登也因河為津據億丈之城臨不測之谿以為固良將勁弩守要害之處信臣精卒陳利兵而誰何如淳曰何猶問也○索隱曰崔浩云何或為呵漢舊儀衛郎官分五夜誰呵呵夜行者誰也何呵字同天下以定秦

秦皇紀

王之心自以為關中之固金城千里子孫帝王萬世之業也秦王既沒餘威振於殊俗陳涉甕牖繩樞之子服虔曰以繩係戶樞也孟康曰以瓮為窓也甿隸之人如淳曰甿古氓字氓民也而遷徙之徒才能不及中人非有仲尼墨翟之賢陶朱猗頓之富躡足行伍之閒而倔起什伯之中漢書音義曰首出十長百長之中如淳曰時皆辟屈在十百之中率罷散之卒將數百之衆而轉攻秦斬木為兵揭竿為旗天下雲集響應贏糧而景從山東豪俊遂並起而亡秦族矣且夫天下非小弱也雍州之地殽函之固自若也韋昭曰殽謂二殽函谷關陳涉之位非尊於齊楚燕趙韓魏宋衛中山之君鉏耰棘矜服虔曰以鉏柄及棘作矛槿也如淳曰

耰椎塊椎也非銛於句戟長鎩也徐廣曰銛一作銛駰案如淳曰長刃矛也文曰矛刃下有鐵橫方上曲句鎩所拜反適戍之衆非抗於九國之師深謀遠慮行軍用兵之道非及鄉時之士也然而成敗異變功業相反也試使山東之國與陳涉度長絜大漢書音義曰絜束之也比權量力則不可同年而語矣然秦以區區之地千乘之權招八州而朝同列百有餘年矣然後以六合為家殽函為宮一夫作難而七廟墮身死人手為天下笑者何也仁義不施而攻守之勢異也秦并海內兼諸侯南面稱帝徐廣曰一本有此篇無前者秦孝公已下而又以秦并兼諸侯山東三十餘郡繼此末也○索隱曰按賈誼過秦論以孝公已下為上篇秦兼并諸侯為下篇鄒誕生云太史公刪賈誼過秦論著此論當其

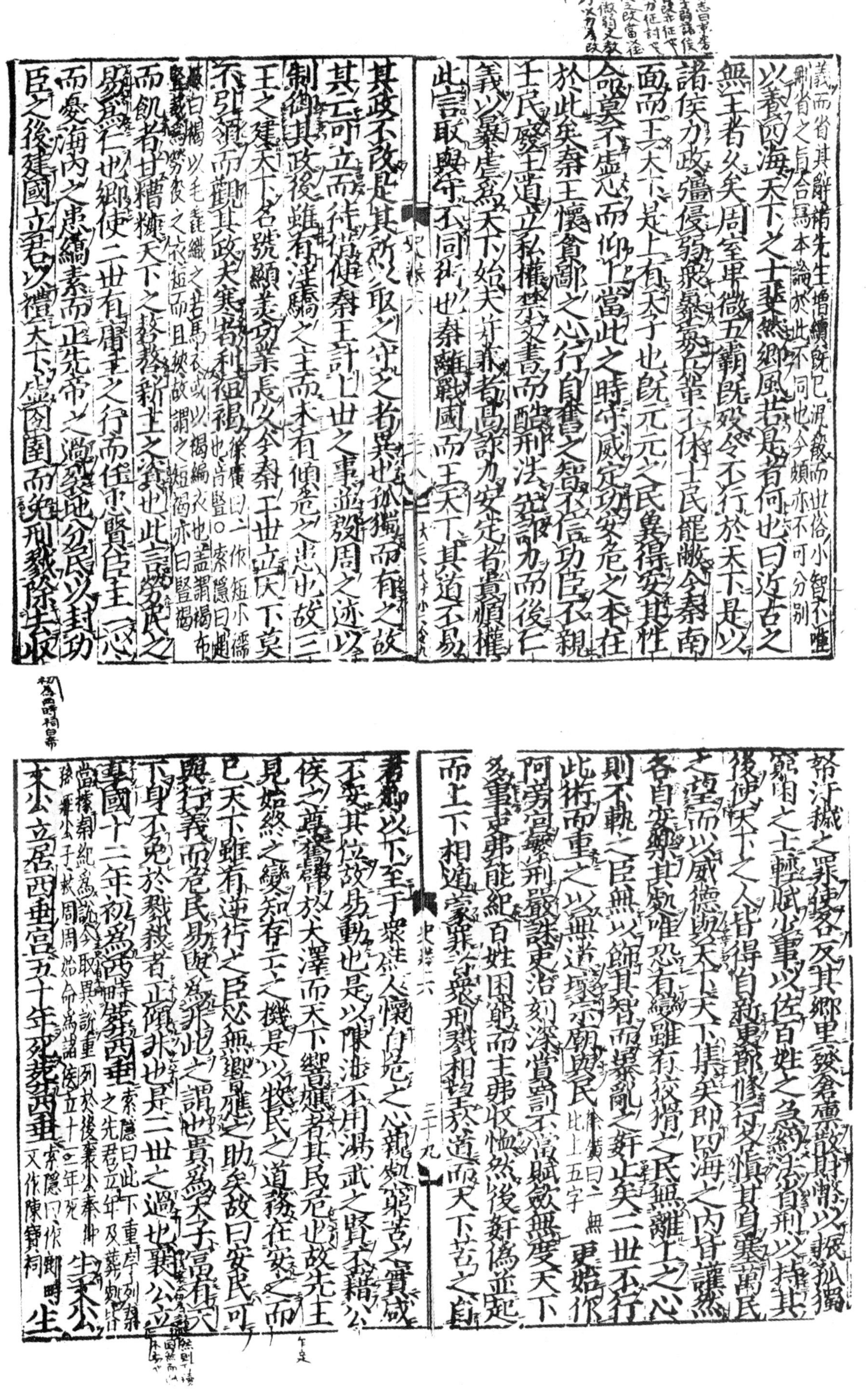

義而省其辭，禆先生增續，既已溷殽，而世俗小智不唯刪省之旨，合爲本論，於此不同也，今頗亦不可分別

以養四海。天下之士斐然鄉風，若是者何也？曰：近古之無王者久矣。周室卑微，五霸既歿，令不行於天下，是以諸侯力政，彊侵弱，衆暴寡，兵革不休，士民罷敝。今秦南面而王天下，是上有天子也。既元元之民冀得安其性命，莫不虛心而仰上，當此之時，守威定功，安危之本在於此矣。秦王懷貪鄙之心，行自奮之智，不信功臣，不親士民，廢王道，立私權，禁文書而酷刑法，先詐力而後仁義，以暴虐爲天下始。夫并兼者高詐力，安定者貴順權，此言取與守不同術也。秦離戰國而王天下，其道不易，其政不改，是其所以取之守之者異也。孤獨而有之，故其亡可立而待。借使秦王計上世之事，並殷周之迹，以制御其政，後雖有淫驕之主，而未有傾危之患也。故三王之建天下，名號顯美，功業長久。今秦二世立，天下莫不引領而觀其政。夫寒者利裋褐，徐廣曰：一作短，小襦也，音豎。○索隱曰：裋謂褐布豎裁，爲勞役之衣，短而且狹，故謂之短褐，亦曰豎褐。而飢者甘糟糠，天下之嗷嗷，新主之資也。此言勞民之易爲仁也。鄉使二世有庸主之行，而任忠賢，臣主一心而憂海內之患，縞素而正先帝之過，裂地分民以封功臣之後，建國立君以禮天下，虛囹圉而免刑戮，除去收

帑汙穢之罪，使各反其鄉里，發倉廩，散財幣，以振孤獨窮困之士，輕賦少事，以佐百姓之急，約法省刑以持其後，使天下之人皆得自新，更節修行，各慎其身，塞萬民之望，而以威德與天下，天下集矣。即四海之內，皆讙然各自安樂其處，唯恐有變，雖有狡猾之民，無離上之心，則不軌之臣無以飾其智，而暴亂之姦止矣。二世不行此術，而重之以無道，壞宗廟與民，徐廣曰：一無此上五字。更始作阿房宮，繁刑嚴誅，吏治刻深，賞罰不當，賦斂無度，天下多事，吏弗能紀，百姓困窮而主弗收恤。然後姦偽並起，而上下相遁，蒙罪者衆，刑戮相望於道，而天下苦之。自君卿以下至于衆庶，人懷自危之心，親處窮苦之實，咸不安其位，故易動也。是以陳涉不用湯武之賢，不藉公侯之尊，奮臂於大澤而天下響應者，其民危也。故先王見始終之變，知存亡之機，是以牧民之道，務在安之而已。天下雖有逆行之臣，必無響應之助矣。故曰「安民可與行義，而危民易與爲非」，此之謂也。貴爲天子，富有天下，身不免於戮殺者，正傾非也。是二世之過也。

襄公立，享國十二年。初爲西畤。葬西垂。索隱曰：此下重序列秦之先君立年及葬處，皆當據秦紀爲說，與正史小有不同，今取異說重列於後。秦本紀襄公十二年死，……生文公。文公立，居西垂宮。五十年死，葬西垂。索隱曰：又作陳寶祠。生

狗

靜公不享國而死。生憲公。憲公享國十二年。居西新邑。死，葬衙。生武公、德公、出子。出子享國六年。居西陵。（索隱曰：一云居西陂）庶長弗忌、威累、參父三人，率賊賊出子鄙衍，葬衙。武公立。武公享國二十年。居平陽封宮。葬宣陽聚東南。三庶長伏其罪。德公立。德公享國二年。居雍大鄭宮。生宣公、成公、繆公。葬陽。初伏，以御蠱。宣公享國十二年。居陽宮。葬陽。初志閏月。成公享國四年。居雍之宮。葬陽。齊伐山戎、孤竹。繆公享國三十九年。天子致霸。葬雍。繆公學著人。（索隱曰：著音貯，文音宁。著即宁也。門屏之間曰宁。謂學於宁門之人。詩云俟我於著乎而是也）生康公。康公享國十二年。居雍高寢。葬竘社。生共公。共公享國五年。居雍高寢。葬康公南。生桓公。桓公享國二十七年。居雍太寢。葬義里丘北。生景公。景公享國四十年。居雍高寢。葬丘里南。生畢公。（徐廣曰：春秋作哀公）畢公享國三十六年。葬車里北。生夷公。夷公不享國。死，葬左宮。生惠公。惠公享國十年。葬車里。生悼公。悼公享國十五年。葬僖公西。城雍。生剌龔公。（正義曰：剌，一作利）剌龔公享國三十四年。葬入里。（徐廣曰：一作人）生躁公、懷公。其十年，彗星見。躁公享國十四年。居受寢。葬悼公南。其元年，彗星見。懷公從晉來。享國四年。葬櫟圉氏。生靈公。諸臣圍懷公，懷公自殺。肅靈公，昭子子也。居涇陽。享國十年。葬悼公西。生簡公。簡公從晉來。享國十五年。葬僖公西。生惠公。其七年，百姓初帶劍。惠公享國十三年。葬陵圉。生出公。出公享國二年。出公自殺，葬雍。獻公享國二十三年。葬嚻圉。生孝公。孝公享國二十四年。葬弟圉。生惠文王。其十三年，始都咸陽。惠文王享國二十七年。葬公陵。生悼武王。悼武王享國四年。葬永陵。昭襄王享國五十六年。葬茝陽。生孝文王。孝文王享國一年。葬壽陵。生莊襄王。莊襄王享國三年。葬茝陽。生始皇帝。呂不韋相。獻公立七年，初行為市。十年，為戶籍相伍。孝公立十六年。時桃李冬華。惠文王生十九年而立。立二年，初行錢。有新生兒曰秦且王。悼武王生十九年而立。立三年，渭水赤三日。昭襄王生十九年而立。立四年，初爲田開阡陌。孝文王生五十三年而立。莊襄王生三十二年而立。立二年，取太原地。莊襄王元年，大赦，脩先王功臣，施德厚骨肉，布惠於民。東周與諸侯謀秦，秦使相國不韋誅之，盡入其國。秦不絕其祀，以陽人地賜周君，奉其祭祀。始皇享國三十七年。葬酈邑（正義曰酈山也）。生二世皇帝。始皇生十三年而立。二世皇帝享國三年。葬宜春（正義曰宜春苑在雍州萬年縣西南三十四里上文葬以黔首禮）。趙高爲丞相安武侯。二世生十二年而立（徐廣曰本紀云二十一）。右秦襄公至二世，六百一十歲（正義曰秦本紀自襄公八年至二世五百七十六年，年表自襄公元年至二世五百六十一年，三說不同，未知孰是）。

孝明皇帝（正義曰班固典引云後漢明帝永平十七年詔問班固太史遷語中寧有非邪班固上表陳秦過失及賈誼言皆之云）十七年十月十五日乙丑，曰（索隱曰此已下是孝明帝訪班固評賈馬贊中論秦二世得失，後人因取其說附之此末）：周曆已移，仁不代母（索隱曰周曆已移周亡也仁不代母謂周木德木生火周爲漢母也言曆運之道仁恩之情子不代母謂火不代木言漢不合即代周也秦值其閏位得在木火之閒也○正義曰始皇以爲周火德也秦水代周從所不勝爲水德之始也後周木德也秦水德也五行之運水生木木生火火生土土生金金生水所生者爲母出者爲子帝王之次子代母秦爵水是母代子故言若有德之君相代不母承其子也）。秦直其位，呂政殘虐。然以諸侯十三（正義曰始皇初爲諸侯年十三○索隱曰始皇名政是呂不韋姬有娠獻莊襄王而生故曰呂政），并兼天下，極情縱欲，養育宗親。三十七年，兵無所不加，制作政令，施

於後王。蓋得聖人之威，河神授圖，據狼、狐，蹈參、伐，佐政驅除（正義曰狼狐主弓矢星在東井參伐在西方斯以事言秦據蹈狼狐參伐以氣滅天下），距之稱始皇（正義曰距至也）。始皇既歿，胡亥極愚，酈山未畢，復作阿房，以遂前策。云「凡所爲貴有天下者，肆意極欲，大臣至欲罷先君所爲」。誅斯、去疾，任用趙高。痛哉言乎！人頭畜鳴。不威不伐惡，不篤不虛亡（正義曰言胡亥藉帝王之威無惡不伐殘酷暴虐滋已深焉以至滅亡豈其虛哉），距之不得留，殘虐以促期，雖居形便之國，猶不得存。子嬰度次得嗣，冠（正義曰冠音館）玉冠，佩華紱，車黃屋（蔡邕曰黃屋者蓋以黃爲裏），從百司，謁七廟。小人乘非位，莫不怳忽失守，偷安日日，獨能長念卻慮，父子作權，近取於戶牖之閒，竟誅猾臣，爲君討賊。高死之後，賓婚未得盡相勞，餐未及下咽，酒未及濡脣，楚兵已屠關中，真人翔霸上，素車嬰組，奉其符璽，以歸帝者。鄭伯茅旌鸞刀，嚴王退舍（杜預注左傳曰楚莊王伐鄭鄭伯肉袒左執茅旌右執鸞刀以逆莊王莊王退舍七里而許之平茅旌宗廟祭祀宗廟器者也執宗廟器者示以宗廟血食自歸○正義曰嚴音莊）。河決不可復壅，魚爛不可復全。賈誼、司馬遷曰：「向使嬰有庸主之才，僅得中佐，山東雖亂，秦之地可全而有，宗廟之祀未當絕也。」秦之積衰，天下土崩瓦解（正義曰言秦國敗壞若屋宇崩頹衆瓦解散也），雖有周旦之材，無所復陳其巧，而以責一日之孤（正義曰孤音胡），誤哉！俗傳秦始皇起罪惡，胡亥極，得其理矣。

後小子云秦地可全所謂不通時變者也

紀季以酅春秋不名吾讀秦紀

至於子嬰車裂趙高未嘗不健其決憐其志嬰死生之

義備矣

索隱述贊曰

六國陵替　二周淪亡　并一天下

號為始皇　阿房雲構　金狄成行

南遊勒石　東瞰浮梁　滈池見遺

沙丘告喪　二世矯制　趙高是與

詐因指鹿　災生噬虎　子嬰見推

恩報君父　下乏中佐　上乃庸主

欲振頹綱　云誰克補

秦始皇本紀第六　史記六

項羽本紀第七　史記七

項籍者下相人也字羽初起時年二十四其季父項梁梁父即楚將項燕為秦將王翦所戮者也項氏世世為楚將封於項故姓項氏

項籍少時學書不成去學劍又不成項梁怒之籍曰書足以記名姓而已劍一人敵不足學學萬人敵於是項梁乃教籍兵法籍大喜略知其意又不肯竟學項梁嘗有櫟陽逮乃請蘄獄掾曹咎書抵櫟陽獄掾司馬欣以故事得已項梁殺人與籍避仇於吳中吳中賢士大夫皆出項梁下每吳中有大繇役及喪項梁常為主辦陰以兵法部勒賓客及子弟以是知其能秦始皇帝游會稽渡浙江

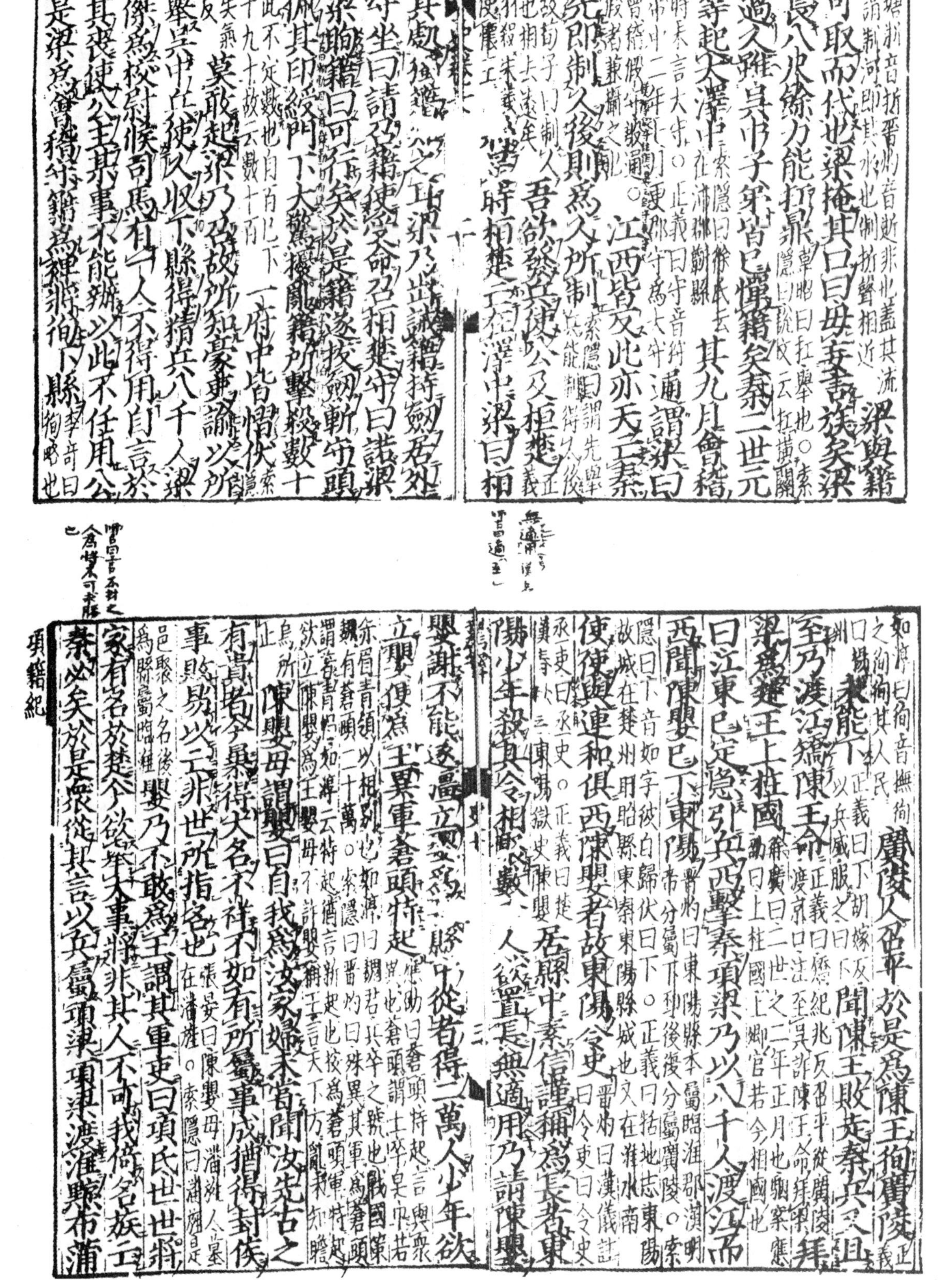

梁與籍俱觀，籍曰：彼可取而代也。梁掩其口曰：毋妄言，族矣。梁以此奇籍。籍長八尺餘，力能扛鼎，才氣過人，雖吳中子弟皆已憚籍矣。秦二世元年七月，陳涉等起大澤中。其九月，會稽守通謂梁曰：江西皆反，此亦天亡秦之時也。吾聞先即制人，後則為人所制。吾欲發兵，使公及桓楚將。是時桓楚亡在澤中。梁曰：桓楚亡人，莫知其處，獨籍知之耳。梁乃出，誡籍持劍居外待。梁復入，與守坐，曰：請召籍，使受命召桓楚。守曰：諾。梁召籍入。須臾，梁眴籍曰：可行矣。於是籍遂拔劍斬守頭。項梁持守頭，佩其印綬。門下大驚，擾亂，籍所擊殺數十百人。一府中皆慴伏，莫敢起。梁乃召故所知豪吏，諭以所為起大事，遂舉吳中兵。使人收下縣，得精兵八千人。梁部署吳中豪傑為校尉、候、司馬。有一人不得用，自言於梁。梁曰：前時某喪使公主某事，不能辦，以此不任用公。眾乃皆伏。於是梁為會稽守，籍為裨將，徇下縣。

廣陵人召平於是為陳王徇廣陵，未能下。聞陳王敗走，秦兵又且至，乃渡江矯陳王命，拜梁為楚王上柱國，曰：江東已定，急引兵西擊秦。項梁乃以八千人渡江而西。聞陳嬰已下東陽，使使欲與連和俱西。陳嬰者，故東陽令史，居縣中，素信謹，稱為長者。東陽少年殺其令，相聚數千人，欲置長，無適用，乃請陳嬰。嬰謝不能，遂彊立嬰為長，縣中從者得二萬人。少年欲立嬰便為王，異軍蒼頭特起。陳嬰母謂嬰曰：自我為汝家婦，未嘗聞汝先古之有貴者。今暴得大名，不祥。不如有所屬，事成猶得封侯，事敗易以亡，非世所指名也。嬰乃不敢為王。謂其軍吏曰：項氏世世將家，有名於楚。今欲舉大事，將非其人，不可。我倚名族，亡秦必矣。於是眾從其言，以兵屬項梁。項梁渡淮，黥布、蒲將軍服虔曰英布起於蒲地因以為號如淳曰言當陽君蒲將軍皆屬項梁此自更有蒲將軍○索隱曰按布姓英咎繇之後後以罪被黥故改姓黥以應相者之言韋昭云蒲姓也是英布與蒲將軍二人共以兵屬項梁也故服虔以為英布起蒲非也按黥布初起於江湖之間亦以兵屬焉凡六七萬人軍下邳正義曰彼悲反下邳泗水縣也應劭云邳在薛徙邳故曰下邳按有上邳故曰下邳當是時秦嘉陳涉世家曰秦嘉廣陵人已立景駒為楚王文穎曰景駒楚族景氏駒名軍彭城東正義曰括地志云徐州彭城縣古相國也言秦嘉軍於此城之東欲距項梁項梁謂軍吏曰陳王先首事戰不利未聞所在今秦嘉倍陳王而立景駒逆無道乃進兵擊秦嘉秦嘉軍敗走追之至胡陵韋昭曰今胡陵屬山陽章帝改曰胡陵嘉還戰一日嘉死軍降景駒走死梁地項梁已并秦嘉軍軍胡陵將引軍

而西章邯軍至栗徐廣曰縣名在沛項梁使別將朱雞石餘樊君與戰餘樊君死朱雞石軍敗亡走胡陵項梁乃引兵入薛正義曰括地志云故薛城古薛侯國也在徐州滕縣界黃帝之所封誅雞石項梁前使項羽別攻襄城正義曰許州襄城縣襄城堅守不下已拔皆阬之還報項梁項梁聞陳王定死召諸別將會薛計事此時沛公亦起沛往焉居鄛人范增索隱曰鄛音剿又音勦絕之勦地理志居鄛縣在廬江郡古巢國是故巢國夏桀所奔荀悅漢紀云范增阜陵人年七十素居家好奇計往說項梁曰陳勝敗固當正義曰漢書作云固宜當應敗也當音如字夫秦滅六國楚最無罪自懷王入秦不反楚人憐之至今故楚南公曰徐廣曰楚人也善言陰陽駰案文穎曰南方老人也○正義曰虞喜志林云南公者

道士識廢興之數知亡秦者必於楚漢書藝文志云南公十三篇六國時人在陰陽家流楚雖三戶亡秦必楚也瓚曰楚人怨秦雖三戶猶足以亡秦也○索隱曰臣瓚與蘇林解同韋昭以為三戶楚三大姓昭屈景也二說皆非按左氏以畀楚師于三戶杜預註云今丹水縣北三戶亭則是地名不疑○正義曰按服虔云三戶漳水津也孟康云津峽名也在鄴西三十里括地志云濁漳水又東經葛公亭北經三戶峽為三戶津在相州滏陽縣界然則南公辨陰陽識廢興之數知秦亡必於三戶故出此言後項羽果度三戶津破章邯軍降章邯秦遂亡是南公之善識今陳勝首事不立楚後而自立其勢不長今君起江東楚蠭起之將如淳曰蠭起猶言蠭午也衆蠭飛起交橫若午言其多也○索隱曰凡物交橫為午言蜂之起交橫也故劉向傳註云蜂午雜沓也鄭玄云一縱一橫為午皆爭附君者以君世世楚將為能復立楚之後也於是項梁然其言乃求楚懷王孫心民間為正義曰為于偽反

人牧羊立以為楚懷王徐廣曰此時二世之二年六月從民所望也應劭曰以祖諡為號者順民望陳嬰為楚上柱國封五縣與懷王都盱台鄭玄曰音煦怡○正義曰盱況于反眙以之反盱眙今楚州臨淮水縣也懷王都之項梁自號為武信君居數月引兵攻亢父正義曰亢音剛又苦浪反父音甫括地志云亢父故城在兗州任城縣南與齊田榮司馬龍且正義曰且子余反軍救東阿正義曰括地志云東阿故城在齊州東阿縣西南漢東阿縣城秦時齊之阿也大破秦軍於東阿田榮即引兵歸逐其王假假亡走楚假相田角亡走趙角弟田閒故齊將居趙不敢歸田榮立田儋子市為齊王項梁已破東阿下軍遂追秦軍數使使趣正義曰下使色吏反趣音促齊兵欲與俱西田榮曰楚殺田假趙殺田角田閒乃

發兵。項梁曰：「田假為與國之王，（如淳曰：相與交善為與國，黨與也。○索隱曰：高誘注戰國策云：與國，同福之國。）窮來從我，不忍殺之。」趙亦不殺田角、田間以市於齊。（張晏曰：若市買相貿易以利也。梁救榮，榮不出兵，以梁念殺假等，未必多出兵，不如依春秋寄公待以禮也。文可以貿易也。以除已害，遂背德而輔假以伐齊，故曰市貿易也。故齊王建之弟，故令趙殺之，以為已利，而楚保全不殺，以貿其討，故曰市也。○索隱曰：韋昭云：市，利於齊也。劉氏亦云：市猶要也。留田假而不殺，欲以要齊也。）齊遂不肯發兵助楚。項梁使沛公及項羽別攻城陽，（正義曰：括地志云：濮州雷澤縣本漢郕陽縣，古郕伯姬姓之國，其後遷於成之陽，故曰城陽。）屠之。西破秦軍濮陽東，（正義曰：括地志云：濮陽即濮州濮陽縣，古昆吾之國。）秦兵收入濮陽。沛公、項羽乃攻定陶。（正義曰：定陶，曹州城。）定陶未下，去，西略地至雝丘，（正義曰：雝丘，今汴州縣。地理志云古杞國。）大破秦軍，斬李由。（應劭曰：由，李斯子。）還攻外黃。（正義曰：括地志云：故周城即外黃，地在雍丘縣東。張晏曰：魏郡有內黃，故加外。縣有黃溝，故名。）外黃未下。項梁起東阿，西（北）至定陶，再破秦軍，項羽等又斬李由，益輕秦，有驕色。宋義乃諫項梁曰：「戰勝而將驕卒惰者敗。今卒少惰矣，秦兵日益，臣為君畏之。」項梁弗聽。乃使宋義使於齊。道遇齊使者高陵君顯，（張晏曰：顯，名也。高陵，縣名。○索隱曰：高陵君顯。）曰：「公將見武信君乎？」曰：「然。」曰：「臣論武信君軍必敗。公徐行即免死，疾行則及禍。」秦果悉起兵益章邯，擊楚軍，大破之定陶，項梁死。沛公、項羽去外黃攻陳留，陳留堅守不能下。沛公、項羽相與謀曰：「今項梁軍破，士卒恐。」乃與呂臣軍俱引兵而東。呂臣軍彭城東，項羽軍彭城西，沛公軍碭。（應劭曰：碭屬梁國。蘇林曰：碭音唐。○正義曰：括地志云：宋州碭山縣是也。）章邯已破項梁軍，則以為楚地兵不足憂，乃渡河擊趙，大破之。當此時，趙歇為王，陳餘為將，張耳為相，皆走入鉅鹿城。章邯令王離、涉閒圍鉅鹿，（張晏曰：涉閒，秦將也。）章邯軍其南，築甬道而輸之粟。（應劭曰：恐敵抄輜重，故築牆垣如街巷也。）陳餘為將，將卒數萬人而軍鉅鹿之北，此所謂河北之軍也。楚兵已破於定陶，懷王恐，從盱台之彭城，并項羽、呂臣軍自將之。以呂臣為司徒，以其父呂青為令尹。（應劭曰：令尹，楚官。諸侯之卿唯楚稱令尹，餘國皆稱相。）以沛公為碭郡長，（蘇林曰：長如郡守也。）封為武安侯，將碭郡兵。初，宋義所遇齊使者高陵君顯在楚軍，見楚王曰：「宋義論武信君之軍必敗，居數日，軍果敗。兵未戰而先見敗徵，此可謂知兵矣。」王召宋義與計事而大說之，因置以為上將軍，項羽為魯公，為次將，范增為末將，救趙。諸別將皆屬宋義，號為卿子冠軍。（文穎曰：卿子，時人相褒尊之辭，猶言公子也。上將，故言冠軍。張晏曰：若霍去病功冠三軍，因封為冠軍侯，至今為縣名。）行至安陽，留四十六日不進。（索隱曰：傅寬傳云從攻安陽、扛里，則安陽扛里俱在河南。顏師古以為今相州安陽縣。按：此兵猶未渡河，不應即至相州安陽。今檢後魏書地形志云己氏有安陽城，隱士所居也。○正義曰：括地志云：安陽縣，相州所理縣。七國時魏寧新中邑，秦昭王拔魏寧新中，更名安陽。張耳傳云章邯軍……）

項羽

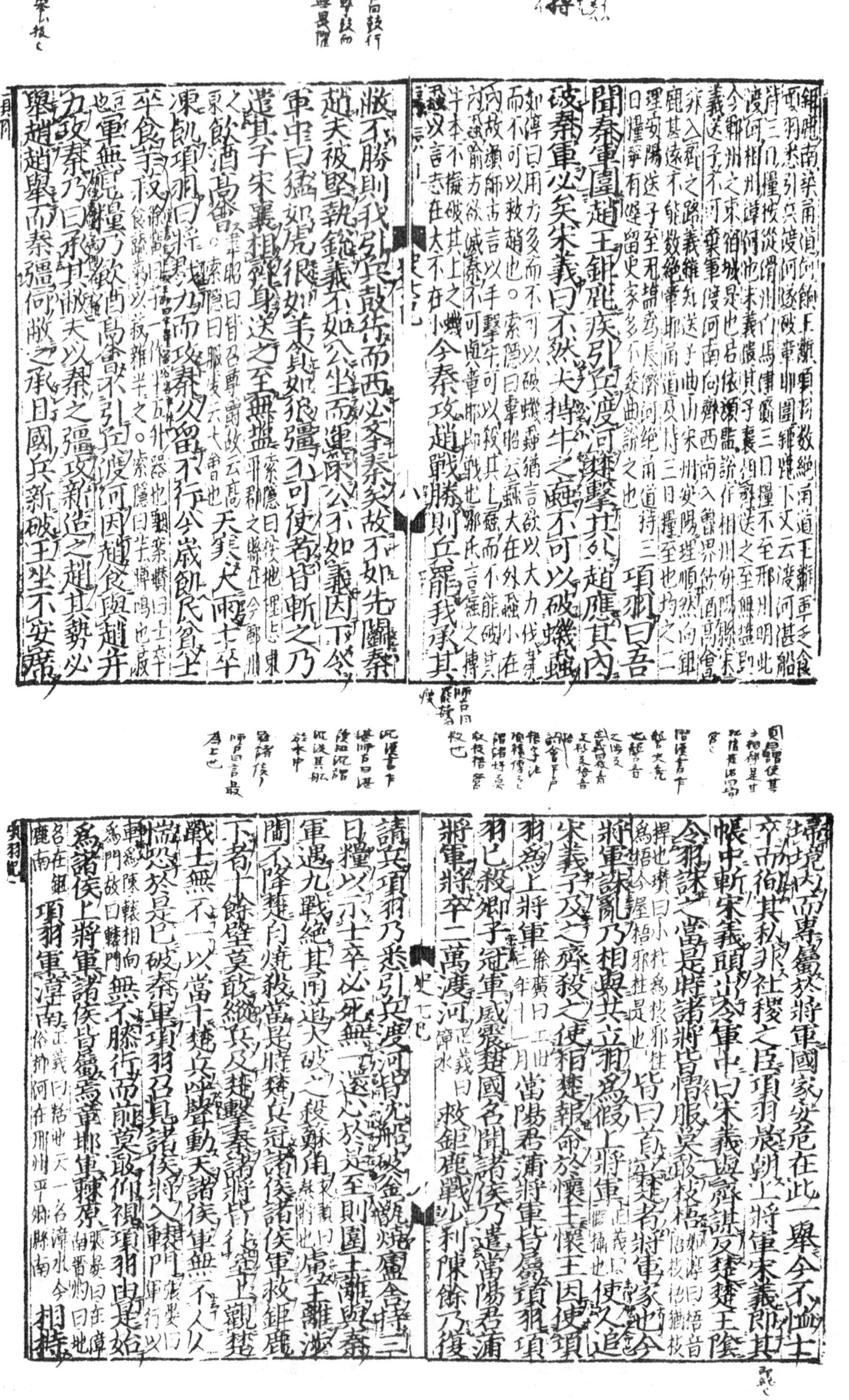

項羽曰：吾聞秦軍圍趙王鉅鹿，疾引兵渡河，楚擊其外，趙應其內，破秦軍必矣。宋義曰：不然。夫搏牛之䖟不可以破蟣蝨。今秦攻趙，戰勝則兵罷，我承其敝；不勝，則我引兵鼓行而西，必舉秦矣。故不如先鬭秦趙。夫被堅執銳，義不如公；坐而運策，公不如義。因下令軍中曰：猛如虎，很如羊，貪如狼，彊不可使者，皆斬之。乃遣其子宋襄相齊，身送之至無鹽，飲酒高會。天寒大雨，士卒凍飢。項羽曰：將戮力而攻秦，久留不行。今歲饑民貧，士卒食芋菽，軍無見糧，乃飲酒高會，不引兵渡河因趙食，與趙并力攻秦，乃曰承其敝。夫以秦之彊，攻新造之趙，其勢必舉趙。趙舉而秦彊，何敝之承！且國兵新破，王坐不安席，

埽境內而專屬於將軍，國家安危，在此一舉。今不恤士卒而徇其私，非社稷之臣。項羽晨朝上將軍宋義，即其帳中斬宋義頭，出令軍中曰：宋義與齊謀反楚，楚王陰令羽誅之。當是時，諸將皆慴服，莫敢枝梧。皆曰：首立楚者，將軍家也。今將軍誅亂。乃相與共立羽為假上將軍。使人追宋義子，及之齊，殺之。使桓楚報命於懷王。懷王因使項羽為上將軍，當陽君、蒲將軍皆屬項羽。

項羽已殺卿子冠軍，威震楚國，名聞諸侯。乃遣當陽君、蒲將軍將卒二萬渡河，救鉅鹿。戰少利，陳餘復請兵。項羽乃悉引兵渡河，皆沈船，破釜甑，燒廬舍，持三日糧，以示士卒必死，無一還心。於是至則圍王離，與秦軍遇，九戰，絕其甬道，大破之，殺蘇角，虜王離。涉閒不降楚，自燒殺。當是時，楚兵冠諸侯。諸侯軍救鉅鹿下者十餘壁，莫敢縱兵。及楚擊秦，諸將皆從壁上觀。楚戰士無不一以當十，楚兵呼聲動天，諸侯軍無不人人惴恐。於是已破秦軍，項羽召見諸侯將，入轅門，無不膝行而前，莫敢仰視。項羽由是始為諸侯上將軍，諸侯皆屬焉。

章邯軍棘原，項羽軍漳南，相持

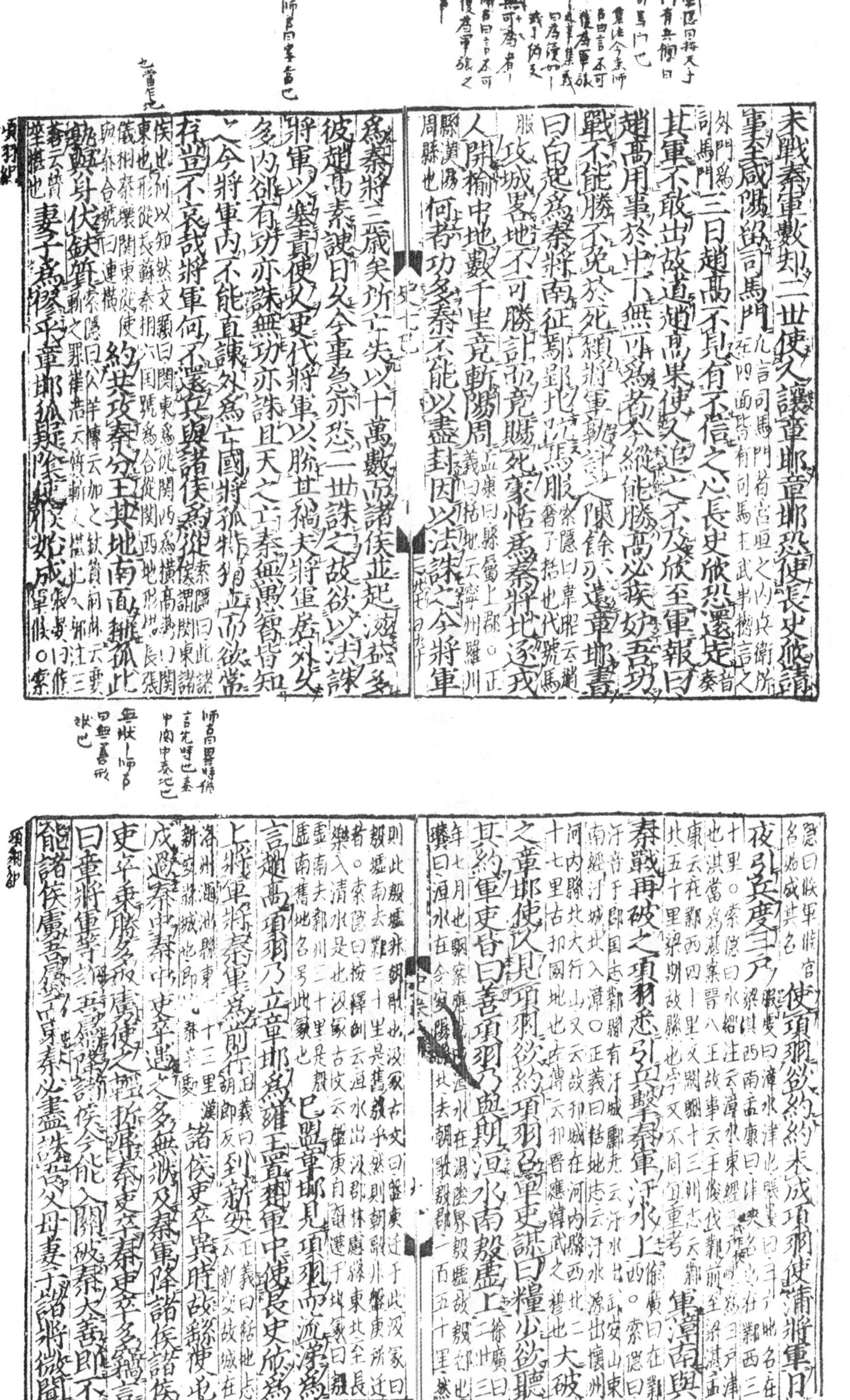

未戰，秦軍數却，二世使人讓章邯。章邯恐，使長史欣請事。至咸陽，留司馬門三日，趙高不見，有不信之心。長史欣恐，還走其軍，不敢出故道。趙高果使人追之，不及。欣至軍，報曰：趙高用事於中，下無可為者。今戰能勝，高必疾妒吾功；戰不能勝，不免於死。願將軍孰計之。陳餘亦遺章邯書曰：白起為秦將，南征鄢郢，北阬馬服，攻城略地，不可勝計，而竟賜死。蒙恬為秦將，北逐戎人，開榆中地數千里，竟斬陽周。何者？功多，秦不能盡封，因以法誅之。今將軍為秦將三歲矣，所亡失以十萬數，而諸侯並起滋益多。彼趙高素諛日久，今事急，亦恐二世誅之，故欲以法誅將軍以塞責，使人更代將軍以脫其禍。夫將軍居外久，多內郤，有功亦誅，無功亦誅。且天之亡秦，無愚智皆知之。今將軍內不能直諫，外為亡國將，孤特獨立而欲常存，豈不哀哉！將軍何不還兵與諸侯為從，約共攻秦，分王其地，南面稱孤？此孰與身伏鈇質，妻子為僇乎？章邯狐疑，陰使成

使項羽，欲約。約未成，項羽使蒲將軍日夜引兵度三戶，軍漳南，與秦戰，再破之。項羽悉引兵擊秦軍汙水上，大破之。章邯使人見項羽，欲約。項羽召軍吏謀曰：糧少，欲聽其約。軍吏皆曰：善。項羽乃與期洹水南殷虛上。已盟，章邯見項羽而流涕，為言趙高。項羽乃立章邯為雍王，置楚軍中。使長史欣為上將軍，將秦軍為前行。到新安。諸侯吏卒異時故繇使屯戍過秦中，秦中吏卒遇之多無狀，及秦軍降諸侯，諸侯吏卒乘勝多奴虜使之，輕折辱秦吏卒。秦吏卒多竊言曰：章將軍等詐吾屬降諸侯，今能入關破秦，大善；即不能，諸侯虜吾屬而東，秦必盡誅吾父母妻子。諸將微聞

其計以告項羽。項羽召黥布、蒲將軍計曰：秦吏卒尚衆，其心不服，至關中不聽，事必危，不如擊殺之，而獨與章邯、長史欣、都尉翳入秦。於是楚軍夜擊阬秦卒二十餘萬人新安城南。行略定秦地。函谷關有兵守關，不得入。又聞沛公已破咸陽，項羽大怒，使當陽君等擊關。項羽遂入，至于戲西。沛公軍霸上，未得與項羽相見。沛公左司馬曹無傷使人言於項羽曰：沛公欲王關中，使子嬰為相，珍寶盡有之。項羽大怒曰：旦日饗士卒，為擊破沛公軍。當是時，項羽兵四十萬，在新豐鴻門；沛公兵十萬，在霸上。范增說項羽曰：沛公居山東時，貪於財貨，好美姬。今入關，財物無所取，婦女無所幸，此其志不在小。吾令人望其氣，皆為龍虎，成五采，此天子氣也。急擊勿失。楚左尹項伯者，項羽季父也，素善留侯張良。張良是時從沛公，項伯乃夜馳之沛公軍，私見張良，具告以事，欲呼張良與俱去，曰：毋從俱死也。張良曰：臣為韓王送沛公，沛公今事有急，亡去不義，不可不語。良乃入，具告沛公。沛公大驚曰：為之柰何。

張良曰：誰為大王為此計者。曰：鯫生說我曰：距關，毋內諸侯，秦地可盡王也。故聽之。良曰：料大王士卒足以當項王乎。沛公默然曰：固不如也。且為之柰何。張良曰：請往謂項伯，言沛公不敢背項王也。沛公曰：君安與項伯有故。張良曰：秦時與臣游，項伯殺人，臣活之。今事有急，故幸來告良。沛公曰：孰與君少長。良曰：長於臣。沛公曰：君為我呼入，吾得兄事之。張良出，要項伯。項伯即入見沛公。沛公奉卮酒為壽，約為婚姻，曰：吾入關，秋豪不敢有所近，籍吏民，封府庫，而待將軍。所以遣將守關者，備他盜之出入與非常也。日夜望將軍至，豈敢反乎。願伯具言臣之不敢倍德也。項伯許諾，謂沛公曰：旦日不可不蚤自來謝項王。沛公曰：諾。於是項伯復夜去，至軍中，具以沛公言報項王，因言曰：沛公不先破關中，公豈敢入乎。今人有大功而擊之，不義也，不如因善遇之。項王許諾。沛公旦日從百餘騎來見項王，至鴻門，謝曰：臣與將軍戮力而攻秦，將軍戰河北，臣戰河南，然不自意能先入關破秦，得復見將軍於此。今者有小人之言，令將軍與臣有郤。項王曰：此沛公左司馬曹無傷言之，不然，籍何以至此。項王即日因留沛公與飲。項王、項伯東嚮坐，亞父南嚮坐。

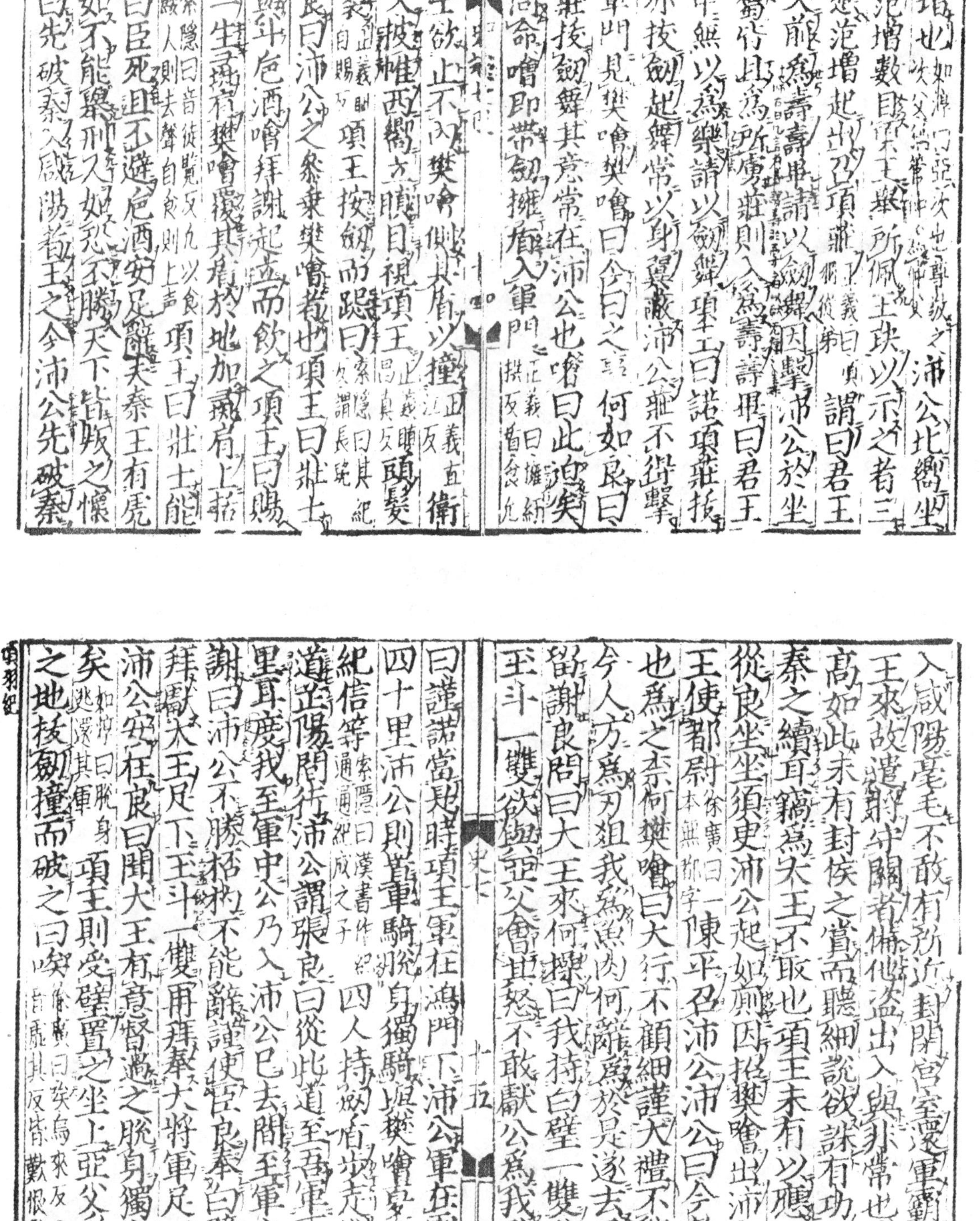

坐。亞父者范增也。（如淳曰亞次也尊敬之次父也）沛公北嚮坐，張良西嚮侍。范增數目項王，舉所佩玉玦以示之者三，項王默然不應。范增起，出召項莊，（正義曰項莊項羽從弟）謂曰：「君王為人不忍，若入前為壽，壽畢，請以劍舞，因擊沛公於坐，殺之。不者，若屬皆且為所虜。」莊則入為壽，壽畢，曰：「君王與沛公飲，軍中無以為樂，請以劍舞。」項王曰：「諾。」項莊拔劍起舞，項伯亦拔劍起舞，常以身翼蔽沛公，莊不得擊。於是張良至軍門，見樊噲。樊噲曰：「今日之事何如？」良曰：「甚急。今者項莊拔劍舞，其意常在沛公也。」噲曰：「此迫矣，臣請入，與之同命。」噲即帶劍擁盾入軍門。（正義曰擁紆拱反盾食允反）交戟之衛士欲止不內，樊噲側其盾以撞，（正義直江反）衛士仆地，噲遂入，披帷西嚮立，瞋目視項王，（正義瞋昌真反）頭髮上指，目眥盡裂。（正義眥自賜反）項王按劍而跽曰：（索隱曰其紀反謂長跪）「客何為者？」張良曰：「沛公之參乘樊噲者也。」項王曰：「壯士，賜之卮酒。」則與斗卮酒。噲拜謝，起，立而飲之。項王曰：「賜之彘肩。」則與一生彘肩。樊噲覆其盾於地，加彘肩上，拔劍切而啗之。（索隱曰音徒覽反以食餧人則去聲自食則上聲）項王曰：「壯士，能復飲乎？」樊噲曰：「臣死且不避，卮酒安足辭！夫秦王有虎狼之心，殺人如不能舉，刑人如恐不勝，天下皆叛之。懷王與諸將約曰『先破秦入咸陽者王之』。今沛公先破秦

入咸陽，毫毛不敢有所近，封閉宮室，還軍霸上，以待大王來。故遣將守關者，備他盜出入與非常也。勞苦而功高如此，未有封侯之賞，而聽細說，欲誅有功之人。此亡秦之續耳，竊為大王不取也。」項王未有以應，曰：「坐。」樊噲從良坐。坐須臾，沛公起如廁，因招樊噲出。沛公已出，項王使都尉（徐廣曰一本無都字）陳平召沛公。沛公曰：「今者出，未辭也，為之奈何？」樊噲曰：「大行不顧細謹，大禮不辭小讓。如今人方為刀俎，我為魚肉，何辭為。」於是遂去。乃令張良留謝。良問曰：「大王來何操？」曰：「我持白璧一雙，欲獻項王，玉斗一雙，欲與亞父，會其怒，不敢獻。公為我獻之。」張良曰：「謹諾。」當是時，項王軍在鴻門下，沛公軍在霸上，相去四十里。沛公則置車騎，脫身獨騎，與樊噲、夏侯嬰、靳彊、紀信等（索隱曰漢書作紀通通紀成之子）四人持劍盾步走，從酈山下，道芷陽閒行。沛公謂張良曰：「從此道至吾軍，不過二十里耳。度我至軍中，公乃入。」沛公已去，閒至軍中。張良入謝，曰：「沛公不勝桮杓，不能辭。謹使臣良奉白璧一雙，再拜獻大王足下；玉斗一雙，再拜奉大將軍足下。」項王曰：「沛公安在？」良曰：「聞大王有意督過之，脫身獨去，已至軍矣。」（如淳曰脫身逃還其軍）項王則受璧，置之坐上。亞父受玉斗，置之地，拔劍撞而破之，曰：「唉！（徐廣曰唉烏來反○索隱曰唉音熙其反皆歎恨發聲之辭）

豎子不足與謀。奪項王天下者，必沛公也。吾屬今為之虜矣。沛公至軍，立誅殺曹無傷。居數日，項羽引兵西屠咸陽，殺秦降王子嬰，燒秦宮室，火三月不滅；收其貨寶婦女而東。人或說項王曰：「關中阻山河四塞，集解徐廣曰東函谷，南武關，西散關，北蕭關。地肥饒，可都以霸。」項王見秦宮室皆以燒殘破，又心懷思欲東歸，曰：「富貴不歸故鄉，如衣繡夜行，誰知之者！」說者曰：「人言楚人沐猴而冠耳，果然。」集解張晏曰沐猴，獼猴也。○索隱曰言獼猴不任久著冠帶，以喻楚人性躁暴。果然，言果如人言也。楊子法言云說者是蔡生，漢書云是韓生。項王聞之，烹說者。項王使人致命懷王。懷王曰：「如約。」乃尊懷王為義帝。項王欲自王，先王諸將相。謂曰：

「天下初發難時，集解服虔曰兵初起時。○正義難，乃憚反。假立諸侯後以伐秦。然身被堅執銳首事，暴露於野正義暴，蒲卜反。三年，滅秦定天下者，皆將相諸君與籍之力也。義帝雖無功，故當分其地而王之。」諸將皆曰：「善。」乃分天下，立諸將為侯王。項王、范增疑沛公之有天下，業已講解，集解蘇林曰講，和也。○索隱曰服虔云解，折也。說文云講，和解也。漢書作媾解，蘇林云媾，和也。是媾之與講俱訓和也。業，事也。言雖有疑心，然事已和解也。又惡負約，恐諸侯叛之，乃陰謀曰：「巴、蜀道險，秦之遷人皆居蜀。」乃曰：「巴、蜀亦關中地也。」故立沛公為漢王，王巴、蜀、漢中，都南鄭。正義曰括地志云南鄭，梁州所理縣也。而三分關中，王秦降將以距塞漢王。項王乃立章邯為雍王，王咸陽

以西，都廢丘。索隱曰孟康曰縣名，今槐里是也。韋昭曰周時名犬丘，懿王所都，秦欲廢之，故曰廢丘。○正義曰括地志云犬丘故城一名廢丘故城，在雍州始平縣東南十里。地理志云漢高三年引水灌廢丘，章邯自殺，更名廢丘曰槐里。長史欣者，故為櫟陽獄掾，嘗有德於項梁；都尉董翳者，本勸章邯降楚。故立司馬欣為塞王，集解韋昭曰在長安東，名桃林塞。王咸陽以東至河，都櫟陽；集解蘇林曰櫟音藥。○正義曰括地志云櫟陽故城一名万年城，在雍州櫟陽縣東北二十五里，秦獻公之城，櫟陽即此也。立董翳為翟王，王上郡，都高奴。集解文穎曰上郡，秦所置，項羽以董翳為翟王，更名為翟。○索隱曰按今鄜州有高奴城。○正義曰括地志云延州州城即漢高奴縣。徙魏王豹為西魏王，王河東，都平陽。瑕丘集解徐廣曰一云瑕丘公也。申陽者，集解服虔曰瑕丘，縣屬山陽，申陽名。文穎曰姓瑕丘，字申陽。瓚曰瑕丘公，申陽是瑕丘縣名。張耳嬖臣也，先下河南郡，迎楚河上，

故立申陽為河南王，都雒陽。正義曰括地志云洛陽故城在洛州洛陽縣東北二十六里，周公所築，即成周城也。輿地志云成周之地，秦莊襄王以為洛陽縣，三川守理之。後漢都洛陽，改為雒。漢以火德，忌水，故去洛旁水而加佳。佳於行次為土，土，水之忌也。水得土而流，土得水而柔，故除佳以加水。韓王成因故都，都陽翟。正義曰括地志云陽翟，洛州縣也。左傳云鄭伯突入于櫟，杜預云櫟，鄭別都，今河南陽翟縣是也。地理志云陽翟縣是禹貢潁川郡，夏禹之國。趙將司馬卬定河內，數有功，故立卬為殷王，王河內，都朝歌。徙趙王歇為代王。趙相張耳素賢，又從入關，故立耳為常山王，王趙地，都襄國。正義曰括地志云邢州城本漢襄國縣，秦置三十六郡，於此置信都縣，屬鉅鹿郡，項羽改曰襄國，立張耳為常山王，理信都。地理志云故邢侯國也。帝王世紀云邢侯為紂三公，以忠諫被誅。史記云周武王封周公旦之子為邢侯。左傳云凡蔣邢茅周公之胤也。當陽君黥布為楚將，

常冠軍故立布為九江王都六正義曰括地志云故六城在壽州安豐縣南百三十二里本六國偃姓皋繇之後所封也黥布亦皋繇之後居六國初吳芮為鄱令故號曰鄱君今鄱陽縣是也○正義鄱陽作番番音婆鄱君吳芮韋昭曰鄱音蒲河反率百越佐諸侯又從入關故立芮為衡山王都邾音誅括地志云故邾城在黃州黃岡縣東南二十里本春秋時邾國邾子曹姓俠居至魯隱公徙蘄音機文穎曰邾音朱縣名屬江夏○正義曰說文云義帝柱國共敖正義共音恭將兵擊南郡功多因立敖為臨江王漢書音義曰本南郡改為臨江国都江陵正義曰江陵荊州縣史記江陵故郢都也徙燕王韓廣為遼東王徐廣曰都無終燕將臧荼從楚救趙因從入關故立荼為燕王都薊徙齊王田巿為膠東王徐廣曰都即墨○正義曰括地志云即墨故城在萊州膠水縣南六十里古齊地本漢舊縣膠音交在膠水之東齊將田

史卷七　十八

都從共救趙因從入關故立都為齊王都臨菑索隱曰按國紀及田儋傳云臨淄此言臨菑誤○正義曰菑側其反括地志云青州臨淄縣即古臨淄地也一名齊城古營丘之地所封齊之都也少昊時有爽鳩氏虞夏時有季崱殷時有逢伯陵殷末有薄姑氏為諸侯國此地後太公封方五百里故秦所滅齊王建孫田安項羽方渡河救趙田安下濟北數城引其兵降項羽故立安為濟北王都博陽正義曰在濟北田榮者數負項梁又不肯將兵從楚擊秦以故不封成安君正義曰地理志云成安縣在潁川郡屬豫州陳餘棄將印去不從入關然素聞其賢有功於趙聞其在南皮正義曰括地志云故南皮城在滄州南皮縣北四里本漢皮縣城即陳餘所封也故因環封三縣漢書音義曰繞南皮三縣以封之番君將梅鋗韋昭曰鋗呼玄反功多故封十萬戶侯

項王自立為西楚霸王正義曰貨殖傳云淮北沛陳汝南南郡為西楚也彭城以東東海吳廣陵為東楚也衡山九江江南豫章長沙為南楚也王九郡都彭城孟康云舊名江陵為南楚吳為東楚彭城為西楚○正義曰彭城徐州縣漢之元年四月諸侯罷戲下各就國索隱曰戲音麾水名也言下者如許下洛下然也按上文云項羽入至戲西鴻門沛公還軍霸上是羽初停軍於戲水今言諸侯罷戲下是各受封邑號令說自戲下各就國何須假借文字以為旌麾之下乎顏師古劉伯莊之說皆非也項王出之國使人徙義帝曰古之帝者地方千里必居上游文穎曰居水之上流也游或作流乃使使徙義帝長沙郴縣如淳曰郴音綝趣義帝行其群臣稍稍背叛之乃陰令衡山臨江王擊殺之江中文穎曰郴縣有義帝冢歲時常祠不絕韓王成無軍功項王不使之國與

史卷七　十九

俱至彭城廢以為侯已又殺之臧荼之國因逐韓廣之遼東廣弗聽荼擊殺廣無終并王其地田榮聞項羽徙齊王巿膠東而立齊將田都為齊王乃大怒不肯遣齊王之膠東因以齊反迎擊田都田都走楚齊王巿畏項王乃亡之膠東就國田榮怒追擊殺之即墨榮因自立為齊王而西擊殺濟北王田安并王三齊漢書音義曰齊與濟北膠東○正義曰三齊記云右即墨中臨淄左平陸謂之三齊榮與彭越將軍印令反梁地陳餘陰使張同夏說說齊王田榮曰項羽為天下宰不平今盡王故王於醜地而王其群臣諸將善地逐其故主趙王乃北居代餘以為不可聞大王起兵且不聽不

義願大王資餘兵請以擊常山以復趙王請以國爲扞蔽齊王許之因遣兵之趙陳餘悉發三縣兵與齊并力擊常山大破之張耳走歸漢陳餘迎故趙王歇於代反之趙趙王因立陳餘爲代王是時漢還定三秦項羽聞漢王皆已并關中且東齊趙叛之大怒乃以故吳令鄭昌爲韓王以距漢令蕭公角等蘇林曰言號也或曰蕭令也時令皆稱公擊彭越彭越敗蕭公角等漢使張良徇韓乃遺項王書曰漢王失職欲得關中如約即止不敢東又以齊梁反書遺項羽曰齊欲與趙并滅楚楚以此故無西意而北擊齊徵兵九江王布布稱疾不往使將將數千人行項王由此怨布也漢之二年冬項羽遂北至城陽田榮亦將兵會戰田榮不勝走至平原平原民殺之遂北燒夷齊城郭室屋皆阬田榮降卒係虜其老弱婦女徇齊至北海多所殘滅齊人相聚而叛之於是田榮弟田橫收齊亡卒得數萬人反城陽項王因留連戰未能下春漢王部徐廣曰一作劫○索隱曰按漢書作劫字五諸侯兵徐廣曰塞翟魏殷河南○索隱曰應劭曰雍翟塞殷韓也韋昭曰塞翟魏殷河南雍時已敗也○索隱曰按徐廣韋昭皆數塞翟與及殷韓等顏師古不數三秦謂常山河南韓魏殷顏衞意皆同乃以陳餘兵爲五未知孰是部意按韓王鄭昌拒漢漢使韓信擊破之則是韓亦不得而已破散也韓不在此數五諸侯者塞翟河南魏殷也○正義按師古曰諸家之說皆非張良遺羽書曰漢欲令得關中如約即止不敢復東謂出關之東也今羽乃聞漢王東之時漢因已得三秦矣五諸侯者謂常山河南韓魏殷也此年十月常山王張耳降河南王申陽降韓王鄭昌降魏王豹降虜殷王卬皆漢東之後故知謂此爲五諸侯時雖未得常山之地功臣年表云張耳棄國與大臣歸漢則當亦有士卒爾時雍王猶在廢丘被圍即非五侯之數也尋此紀文昭然可見前賢注釋並失指趣高紀及漢書皆言劫五諸侯兵兒兵初降士卒未可自指麾故須劫略而行又云發關中兵收三河士卒發謂差點發也收謂劫略收斂也韋昭云河南河東河內中陽都雒陽韓王成都陽翟河南也魏豹都平陽河東也司馬卬都朝歌張耳都襄國河內也此三河士則五諸侯兵也更著雍塞翟則成八諸侯矣重明顏公之說非故韓信傳云漢二年出關收魏河南韓殷王皆降是凡五十六萬人東伐楚項王聞之即令諸將擊齊而自以精兵三萬人南從魯出胡陵正義按括地志云徐州魯兗州曲阜縣也地理志云湖陵在山陽縣屬也四月漢皆已入彭城收其貨寶美人日置酒高會項王乃西從蕭正義曰括地志云徐州蕭縣古蕭叔之國春秋時爲宋附庸帝王世紀云蕭封子姓之別爲附庸也晨擊漢軍而東至彭城日中大破漢軍張晏曰一日之中也或曰一擊之至日中大破漢軍皆走相隨入穀泗水徐廣曰二水皆在沛郡彭城殺漢卒十餘萬人漢卒皆南走山正義曰走音奏楚又追擊至靈壁東徐廣曰在彭城○索隱曰孟康曰故小縣在彭城南○正義曰括地志云靈壁故城在徐州符離縣西北九十里睢水上徐廣曰睢水於彭城入泗水○正義曰睢音雖括地志云睢水首受浚儀縣蒗蕩水東經取慮入泗過郡四行至一千二百六十里也矣漢軍卻爲楚所擠服虔曰擠音濟民之濟擠排也多殺漢卒十餘萬人皆入睢水睢水爲之不流正義曰于僞反圍漢王三匝於是大風從西北而起折木發屋揚沙石窈冥晝晦徐廣曰晦亦作逢迎楚軍楚軍大亂壞散而漢王乃得與數十騎遁

夫欲過沛收家室而西楚亦使人追之沛取漢王家家皆亡不與漢王相見漢王道逢得孝惠魯元服虔曰元長也食邑於魯韋昭曰元謚也乃載行楚騎追漢王漢王急推墮孝惠魯元車下滕公常下收載之如是者三曰雖急不可以驅柰何棄之於是遂得脫求太公呂后不相遇審食其徐廣曰食其音異基○索隱曰食音異按酈審趙三人同名其音合並同以六國時有司馬食其並慕其名也食從太公呂后閒行如淳曰間出間行步微行同義也求漢王反遇楚軍楚軍遂與歸報項王項王常置軍中是時呂后兄周呂侯徐廣曰名澤○正義曰蘇林云以姓名侯也晉灼云外戚表周呂令武侯澤也呂縣名封於呂以爲國顏師古云周呂封名令武其謚也蘇云以封名侯非也爲漢將兵居下邑徐廣曰在梁○正義曰括地志云宋州碭山縣本下邑縣也在宋州東一百五十里故今下邑在宋州之東一百一十里也漢王間往從之稍稍收其士卒至滎陽諸敗軍皆會蕭何亦發關中老弱未傅悉詣滎陽服虔曰傅音付盡東○古者二十而傅三年耕有一年儲故二十三年而後役之如淳曰律年二十三傅之疇官各從其父疇內學之高不滿六尺二寸以下爲罷癃漢儀注民年二十三爲正一歲爲衛士一歲爲材官騎士習射御騎馳戰陳又曰年五十六衰老乃得免爲庶民就田里今老弱未嘗傅者皆發之未二十三爲弱過五十六爲老食貨志曰月爲更卒已復爲正一歲屯戍一歲力役三十倍於古者○索隱曰按姚氏云古者更卒不過一月踐更五月而休又顏云五當爲三言一歲之中三月居更三日戍邊總九十三日古者役人歲不過三日此所謂一歲力役三十倍於古也案言之疑繆得之矣復大振楚起於彭城常乘勝逐北與漢戰滎陽南京索閒漢敗楚索隱曰京縣名屬河南有索亭晉灼曰索音柵○正義曰括地志云京縣城在鄭州滎陽縣東南二十里鄭之京邑也晉太康地志云鄭太叔段所居邑滎陽縣即大索城杜預云成皋東有大索城又有小索故城在滎陽縣北四里京相璠地名云京縣有大索亭小索亭大小氏兄弟居之故有大小之號按楚與漢戰滎陽南京索間即此三城耳楚以故不能過滎陽而西項王之救彭城追漢王至滎陽田橫亦得收齊立田榮子廣爲齊王漢王之敗彭城諸侯皆復與楚而背漢漢軍滎陽築甬道屬之河以取敖倉粟應劭曰敖地名在滎陽西北山臨河有大倉○正義曰括地志云敖倉在鄭州滎陽縣西十五里縣門之東北臨汴水南帶三皇山秦時置倉於敖山名敖倉云漢之三年項王數侵奪漢甬道漢王食乏恐請和割滎陽以西爲漢項王欲聽之歷陽侯正義曰括地志云和州歷陽縣本漢舊縣也淮南子云歷陽之都一夕而爲湖至漢帝時歷陽淪爲歷湖范增曰漢易與耳今釋弗取

史記七　廿二

後必悔之項王乃與范增急圍滎陽漢王患之乃用陳平計閒項王項王使者來爲太牢具舉欲進之見使者詳驚愕曰吾以爲亞父使者乃反項王使者更持去以惡食食正義曰上如字下音寺項王使者使者歸報項王項王乃疑范增與漢有私稍奪之權范增大怒曰天下事大定矣君王自爲之願賜骸骨歸卒伍項王許之行未至彭城疽發背而死皇覽曰亞父冢在廬江居巢縣郭東居巢廷中有亞父井吏民皆祭亞父於居巢廷上長吏初視事皆祭然後從政後更造祠於郭東至今祠之○正義曰疽七餘反崔浩云疽附骨癰也括地志云鋼鑊山在廬州巢縣東北五里昔范增也此山之陽從佐項羽也漢將紀信說漢王曰事已急矣請爲王誑楚爲王王可以閒出於是漢王

漢書合注集義董説敖大巳天下春秋之敖亭大倉秦大倉記敖氏名詩所謂薄狩敖是秦立倉於此也春秋地名曰敖山敖倉滎陽西十七里也

夜出女子滎陽東門被甲二千人楚兵四面擊之紀信
乘黃屋車正義曰李斐云天子車以黃繒為蓋裏傅左纛李斐曰纛毛羽幢也在乘輿車
衡左方上注之蔡邕曰以犛牛尾為之如斗或在騑頭或在衡曰城中食盡漢王降
楚軍皆呼萬歲漢王亦與數十騎從城西門出走成皐
正義曰括地志云成皐故縣在洛州汜水縣西南二里項王見紀信問漢王安在
信曰漢王已出矣項王燒殺紀信漢王使御史大夫周
苛樅公樅音七從反魏豹守滎陽周苛樅公謀曰反國之王
難與守城乃共殺魏豹楚下滎陽城生得周苛項王謂
周苛曰為我將我以公為上將軍封三萬戶周苛罵曰
若不趣降漢漢今虜若若非漢敵也項王怒烹周苛并

史卷七

殺樅公漢王之出滎陽南走宛葉得九江王布行收兵
復入保成皐漢之四年項王進兵圍成皐漢王逃徐廣曰一云獨
出○索隱曰音徒濶反與漢書逃一作跳字獨與滕公出成皐北門北門名
玉門渡河走脩武從張耳韓信軍諸將稍稍得出成皐從
漢王楚遂拔成皐欲西漢使兵距之鞏令其不得西是
時彭越渡河擊楚東阿殺楚將軍薛公項王乃自東擊
彭越漢王得淮陰侯兵欲渡河南鄭忠說漢王乃止壁
河內使劉賈將兵佐彭越燒楚積聚正義積音子賜反項王東
擊破之走彭越漢王則引兵渡河復取成皐軍廣武就
敖倉食項王已定東海來西與漢俱臨廣武而軍孟康曰於

滎陽築兩城相對為廣武在敖倉西三皇山上正義
曰括地志云東廣武西廣武在鄭州滎陽縣西二十里
戴延之西征記云三皇山上有二城東曰東廣武西
曰西廣武各在一山頭相去百步汴水從廣澗中東南
流今澗無水城各有三面在敖倉西郭緣生述征記云
一澗橫絕上過名曰廣武相對皆立城塹遂號東西廣
武相守數月當此時彭越數反梁地絕楚糧食項王患
之為高俎置太公其上如淳曰高俎几之上李奇曰軍中巢櫓方面人謂之俎也○索
隱曰俎亦机之類故夏侯湛新論為机机猶俎也比太
公於牲肉故置之俎上按左氏楚子登巢車以望
晉軍杜預謂車上櫓也故李氏云巢中櫓又引時人
亦謂此為俎也○正義曰括地志云東廣武城有高壇
即是項羽坐太公俎上者今名項羽堆亦呼為太公亭
顏師古云俎者所以薦肉示欲烹之故置俎上也
告漢王曰今不急下吾烹太公漢王曰吾與項羽俱北
面受命懷王曰約為兄弟吾翁即若翁必欲烹而翁則

史卷七

幸分我一桮羹項王怒欲殺之項伯曰天下事未可知
且為天下者不顧家雖殺之無益祇益禍耳項王從之
楚漢久相持未決丁壯苦軍旅老弱罷轉漕項王謂漢
王曰天下匈匈數歲者徒以吾兩人耳願與漢王挑戰
李奇曰挑身獨戰不復須眾也挑字音茶了反韋昭曰挑戰擿嬈敵求戰若致師決雌雄毋徒苦
天下之民父子為也漢王笑謝曰吾寧鬭智不能鬭力
項王令壯士出挑戰漢有善騎射者樓煩應劭曰樓煩胡也今樓煩縣
楚挑戰三合樓煩輒射殺之項王大怒乃自被甲持
戟挑戰樓煩欲射之項王瞋目叱之樓煩目不敢視手
不敢發遂走還入壁不敢復出漢王使人間問之乃項

項羽紀

王也漢王大驚於是項王乃即漢王相與臨廣武閒而語漢王數之項王怒欲一戰漢王不聽項王伏弩射中漢王漢王傷走入成皋項王聞淮陰侯已舉河北破齊趙且欲擊楚乃使龍且〔韋昭曰音子閭反〕往擊之淮陰侯與戰騎將灌嬰擊之大破楚軍殺龍且韓信因自立為齊王項王聞龍且軍破則恐使盱台人武涉往說淮陰侯淮陰侯弗聽是時彭越復反下梁地絕楚糧項王乃謂海春侯大司馬曹咎等曰謹守成皋則漢欲挑戰慎勿與戰毋令得東而已我十五日必誅彭越定梁地復從將軍乃東行擊陳留〔正義曰括地志云陳留汴州縣也在州東五十里本漢陳留郡及陳留縣之地孟康云留鄭邑也後為陳所并故曰陳留臣瓚又按宋有留邑彭城留是也此留屬陳故曰陳留〕外黃外黃不下數日已降項王怒悉令男子年十五已上詣城東欲阬之外黃令舍人兒年十三〔蘇林曰令之舍人兒也如淳曰以其幼弱故系其父春秋傳曰仍叔之子是也〕往說項王曰彭越彊劫〔正義彊其兩反〕外黃外黃恐故且降待大王大王至又皆阬之百姓豈有歸心從此以東梁地十餘城皆恐莫肯下矣項王然其言乃赦外黃當阬者東至睢陽〔正義曰括地志云宋州睢陽縣本漢睢陽縣也地理志云睢陽縣故宋國也〕聞之皆爭下項王漢果數挑楚軍戰楚軍不出使人辱之五六日大司馬怒渡兵汜水〔張晏曰汜水在濟陰界如淳曰汜音祀左傳曰鄙在鄭地汜瓚曰高祖攻曹咎成皋渡汜水而戰今成皋城東汜水是也○索

史卷七　北六

隱曰按今此水見名汜水音似張晏云在濟陰亦未全失按古濟水當此截河而南又東流溢為滎澤然水南曰陰此亦在濟之陰非彼濟陰郡耳臣瓚之說是○正義曰括地志云汜水源出洛州汜水縣東南三十二里方山山海經云浮戲之山汜水出焉〕士卒半渡漢擊之大破楚軍盡得楚國貨賂大司馬咎長史翳塞王欣皆自剄汜水上〔鄭玄曰剄音經鼎反以刀割頸為剄〕大司馬咎者故蘄獄掾長史欣亦故櫟陽獄吏兩人嘗有德於項梁是以項王信任之當是時項王在睢陽聞海春侯軍敗則引兵還漢軍方圍鍾離眛〔漢書音義曰眛音末〕於滎陽東項王至漢軍畏楚盡走險阻是時漢兵盛食多項王兵罷食絕漢遣陸賈說項王請太公項王弗聽漢王復使侯公往說項王項王乃與漢約中分天下割鴻溝以西者為漢〔文穎曰於滎陽下引河東南為鴻溝以通宋鄭陳蔡曹衛與濟汝淮泗會於楚即今官渡水也○正義曰應劭云在滎陽東二十里張華云大梁城在浚儀縣北縣西北渠水東經此城南又北屈分為二渠其一渠東南流始皇鑿引河水以灌大梁謂之鴻溝楚漢會此其一渠東經陽武縣南為官渡水按張華此說是〕鴻溝而東者為楚項王許之即歸漢王父母妻子軍皆呼萬歲漢王乃封侯公為平國君〔正義曰按楚漢春秋云上欲封之乃肯見曰此天下之辯士所居傾國故號曰平國君〕匿弗肯復見曰此天下辯士所居傾國故號為平國君項王已約乃引兵解而東歸漢欲西歸張良陳平說曰漢有天下太半〔韋昭曰凡數三分有二為太半一為少半〕而諸侯皆附之楚兵罷食盡此天亡楚之時也不如因其機而

史卷七　北七

項羽紀

遂取之。今釋弗擊，此所謂養虎自遺患也。正義遺，唯季反。漢王聽之。漢五年，漢王乃追項王至陽夏南，徐廣曰：夏音賈。○正義曰：括地志云：陳州太康縣本漢陽夏縣也。續漢書郡國志云：陽夏屬陳國。按：太康縣城，夏后太康所築，隋改陽夏為太康。止軍，與淮陰侯韓信、建成侯彭越期會而擊楚軍。至固陵，徐廣曰：在陽夏。駰案：晉灼曰：即固始也。○正義曰：括地志云：固陵，縣名也，在陳州宛丘縣西北四十二里。而信、越之兵不會。楚擊漢軍，大破之。漢王復入壁，深塹而自守。謂張子房曰：「諸侯不從約，為之柰何？」對曰：「楚兵且破，信、越未有分地，李奇曰：信、越等未有益地之分也。韋昭曰：信等雖名為王，未有所畫經界。其不至固宜。君王能與共分天下，今可立致也。即不能，事未可知也。君王能自陳以東傅海，正義曰：傅音附，著也。陳，即陳州，古陳國都也。自陳著海，并齊舊地，盡與齊王韓信也。盡與韓信；睢陽以北至穀城，正義曰：括地志云：穀城故城在濟州東阿縣東二十六里。睢陽，宋州也。自宋州以北至濟州穀城際黃河，盡與相國彭越。以與彭越：使各自為戰，則楚易敗也。」正義為，于偽反。漢王曰：「善。」於是乃發使者告韓信、彭越曰：「并力擊楚。楚破，自陳以東傅海與齊王，睢陽以北至穀城與彭相國。」使者至，韓信、彭越皆報曰：「請今進兵。」韓信乃從齊往，劉賈軍從壽春並行，屠城父，如淳曰：並行，並擊之。○正義曰：父音甫。壽州壽春縣也。城父，亳州縣也。屠謂多刑殺也。劉賈入圍壽州，引兵過淮北，屠殺亳州城父，而東北至垓下。至垓下。徐廣曰：在沛之洨縣。洨，下交切。駰案：李奇曰：沛洨縣聚邑名也。○索隱曰：張揖三蒼注云：垓，堤名，在沛郡。○正義曰：按：垓下是高岡絕巖，今猶高三四丈，其聚邑及堤在垓之側，因取名焉。今在亳州真源縣東十里，與老君廟接。洨音户交反。大司馬周殷叛楚，以舒屠六，如淳曰：以舒之眾屠破六縣。○正義曰：括地志云：舒，今廬江之故舒城是也。故六城在壽州安豐縣南百二十里，偃姓，咎繇之後。按：周殷叛楚，使舒屠六，而不言所以。舉九江兵，正義曰：九江郡，壽州也。楚考烈王二十二年自陳徙壽春，號云郢，至王負芻為秦將王翦、蒙武所滅，於此置九江郡。應劭云：自廬江尋陽分為……比江也。隨劉賈、彭越皆會垓下，詣項王。項王軍壁垓下，兵少食盡，漢軍及諸侯兵圍之數重。夜聞漢軍四面皆楚歌，應劭曰：楚歌者，謂雞鳴歌也。漢已略得其地，故楚歌者多雞鳴時歌也。○正義曰：顏師古云：楚人之歌也，猶言吳謳、越吟。若雞鳴為歌之名，於理則可，不得云雞鳴時也。高祖戚夫人楚舞，自為楚歌，豈亦雞鳴時乎？按：顏識是也。項王乃大驚曰：「漢皆已得楚乎？是何楚人之多也！」項王則夜起，飲帳中。有美人名虞，徐廣曰：一云姓虞氏。○正義曰：括地志云：虞姬墓在濠州定遠縣東六十里。長老傳云項羽美人冢也。常幸從；駿馬名騅，正義曰：音隹。顏師古云：青白色也。釋畜云：蒼白雜毛，騅也。常騎之。於是項王乃悲歌忼慨，自為詩曰：「力拔山兮氣蓋世，時不利兮騅不逝。騅不逝兮可柰何，虞兮虞兮柰若何！」歌數闋，美人和之。正義楚漢春秋云：歌曰：漢兵已略地，四方楚歌聲。大王意氣盡，賤妾何聊生。和音胡臥反。項王泣數行下，正義數，色角反。行，胡郎反。左右皆泣，莫能仰視。於是項王乃上馬騎，正義曰：其綺反。凡單乘曰騎，後同。麾下正義麾亦作戲，同，許危反。壯士騎從者八百餘人，直夜潰圍南出，馳走。平明，漢軍乃覺之，令騎將灌嬰以五千騎追之。項王渡淮，騎能屬者音燭。正義屬。百餘人耳。項王至陰陵，徐廣曰：在淮南。○正義曰：括地志云：陰陵縣故城在濠州定遠縣西北六十里。地理志云陰陵縣屬九江郡。迷失道，問一田父，田父紿曰「左」。紿音殆。文穎曰：紿，欺也。令之左去。左，乃陷大澤中。以故漢追及之。項王乃復引兵而東，至東城，漢書音義曰：縣名，屬臨淮。○正義曰：括地志云東城縣故城在濠州定遠縣東南五十里。地理志云東城縣屬九江郡。乃有二十八騎。漢騎追者數千人。項王自度不得脫，謂其騎曰：「吾起兵至今八歲矣，身七十餘戰，所當者破，所擊者服，未嘗敗北，遂霸有天下。然今卒困於此，正義曰：卒，子律反。此天之亡我，非戰之罪也。今日固決死，願為諸君快戰，必三勝之，為諸君潰圍，斬將，刈旗，令諸君知天亡我，非戰之罪也。」乃分其騎以為四隊，四嚮。漢軍圍之數重。項王謂其騎曰：「吾為公取彼一將。」

令四面騎馳下，期山東為三處。正義曰：期遇山東，分為三處。括地志云九頭山在滁州全椒縣西北九十六里。江表傳云項羽敗至烏江，漢兵追羽至此，一日九戰，因名。於是項王大呼馳下，呼，火故反。漢軍皆披靡，正義曰：上披，彼反。靡言精體低垂。遂斬漢一將。是時，赤泉侯為騎將，追項王，項王瞋目而叱之，赤泉侯人馬俱驚，辟易數里。正義曰：言人馬俱驚，開張易舊處，乃至數里。與其騎會為三處。漢軍不知項王所在，乃分軍為三，復圍之。項王乃馳，復斬漢一都尉，殺數十百人，復聚其騎，亡其兩騎耳。乃謂其騎曰：「何如？」騎皆伏曰：「如大王言。」於是項王乃欲東渡烏江。索隱曰：在牛渚。○正義曰：括地志云烏江亭即和州烏江縣是也。晉初為縣。按：烏江亭屬臨淮。水經云江水又北出，左傳黃律口，漢書所謂烏江亭長檥船以待項羽，即此也。烏江亭長檥船待，徐廣曰：檥音儀，一音蟻。駰案：孟康曰：檥，正也。應劭曰：檥，附也，附船著岸也。如淳曰：南方人謂整船向岸曰檥。○索隱曰：檥，字諸家各以意解，鄒誕本作「樣」，尚以反。劉氏亦有此音。謂項王曰：「江東雖小，地方千里，眾數十萬人，亦足王也。願大王急渡。今獨臣有船，漢軍至，無以渡。」項王笑曰：「天之亡我，我何渡為！且籍與江東子弟八千人渡江而西，今無一人還，縱江東父兄憐而王我，我何面目見之？縱彼不言，籍獨不愧於心乎？」乃謂亭長曰：「吾知公長者。吾騎此馬五歲，正義曰：騎，音奇。所當無敵，嘗一日行千里，不忍殺之，以賜公。」乃令騎皆下馬步行，持短兵接戰。獨籍所殺漢軍數百人。項王身亦被十餘創。顧見漢

騎司馬呂馬童，曰：「若非吾故人乎？」馬童面之，張晏曰：以故人故，難視斫之，故背之也。如淳曰：面，不正視也。指王翳曰：「此項王也。」項王乃曰：「吾聞漢購我頭千金，邑萬戶，正義曰：漢以千金萬戶購羽。吾為若德。」徐廣曰：亦可是功德之德。○正義曰：為，于偽反。言呂馬童與項羽先是故人，有恩德於羽。乃自刎而死。王翳取其頭，餘騎相蹂踐爭項王，相殺者數十人。最其後，郎中騎楊喜，騎司馬呂馬童，郎中呂勝、楊武各得其一體。五人共會其體，皆是。故分其地為五：封呂馬童為中水侯，索隱曰：按晉書地理志中水縣屬河間。○正義曰：括地志云中水縣屬河間郡。應劭云在易、滱二水之中，故曰中水也。封王翳為杜衍侯，索隱曰：按地理志縣在南陽。按表作杜衍侯。○正義曰：括地志云杜衍故縣在鄧州南陽縣西二十三里。封楊喜為赤

泉侯〔索隱曰南陽有丹水縣疑丹泉後改按漢書表及後漢作赤泉音火志反〕封楊武爲吳防侯〔索隱曰地理志縣名有汝南吳房縣不漢舊縣○正義曰括地志云吳房縣本漢舊縣孟康云本房子國吳王闔廬弟夫概奔楚楚封於此爲堂谿氏本房子國以封吳故曰吳房也〕封呂勝爲涅陽侯〔徐廣曰五人後坐事國除○索隱曰地理志南陽縣名○正義曰涅音乃結反括地志云涅陽故城在鄧州穰縣東北六十里本漢舊縣也應劭云在涅水之陽〕項王已死〔徐廣曰漢五年之十二月也駰案皇甫謐曰項王以始皇十五年己巳歲生死時年三十一矣〕楚地皆降漢獨魯不下漢乃引天下兵欲屠之爲其守禮義爲主死節乃持項王頭視魯魯父兄乃降始楚懷王初封項籍爲魯公及其死魯最後下故以魯公禮葬項王穀城〔皇覽曰項羽冢在東郡穀城東去縣十五里○正義曰括地志云項羽墓在濟州東阿縣東二十七里穀城西三里述征記項羽墓在穀城西北三里半許冢有碣石項王之墓〕漢王爲發哀泣之而去諸項氏枝屬漢王皆不誅乃封項伯爲射陽侯〔正義曰射音食夜反括地志云楚州山陽縣本漢射陽縣在射水之陽故名射陽也〕桃侯〔徐廣曰名襄○正義曰括地志云故城在滑州胙城縣東四十里漢書云桃侯劉襄以將軍封〕平皋侯〔徐廣曰名佗○正義曰括地志云平皋故城在懷州武德縣東二十里漢平皋縣〕玄武侯〔徐廣曰表中不見〕皆項氏賜姓劉氏

太史公曰吾聞之周生曰〔文穎曰周時賢者○正義曰孔文祥云周生漢時儒者姓周按太史公云吾聞之周生則周生與太史公耳目相接明矣是漢人與太史公同時〕舜目蓋重瞳子〔正義曰尸子云舜兩眸子是謂重瞳〕又聞項羽亦重瞳子羽豈其苗裔邪何興之暴也夫秦失其政陳涉首難豪傑蠭起相與並爭不可勝數然羽非有尺寸乘勢起隴畝之中三年遂將五諸侯滅秦〔此謂山東六國而齊趙韓魏燕五國並起從伐秦故云五諸侯〕分裂天下而封王侯政由羽出號爲霸王位雖不終近古以來未嘗有也及羽背關懷楚〔正義曰顏師古云背關謂背約不王高祖於關中懷楚謂思東歸而都彭城〕放逐義帝而自立怨王侯叛己難矣自矜功伐奮其私智而不師古謂霸王之業欲以力征經營天下五年卒亡其國〔正義曰卒音子律反五年謂高帝元年至五年殺項羽東城〕身死東城尚不覺寤而不自責過矣乃引天亡我非用兵之罪也豈不謬哉

索隱述贊曰亡秦鹿走偽楚狐鳴

雲鬱沛谷　劍挺吳城　勳開魯甸

勢合碭兵　卿子無罪　亞父推誠

始救趙歇　終誅子嬰　違約王漢

背關懷楚　常遷上游　臣迫故主

靈壁大振　成皋久拒　戰非無功

天實不與　嗟彼蓋代　卒爲凶豎

項羽本紀第七　史記七

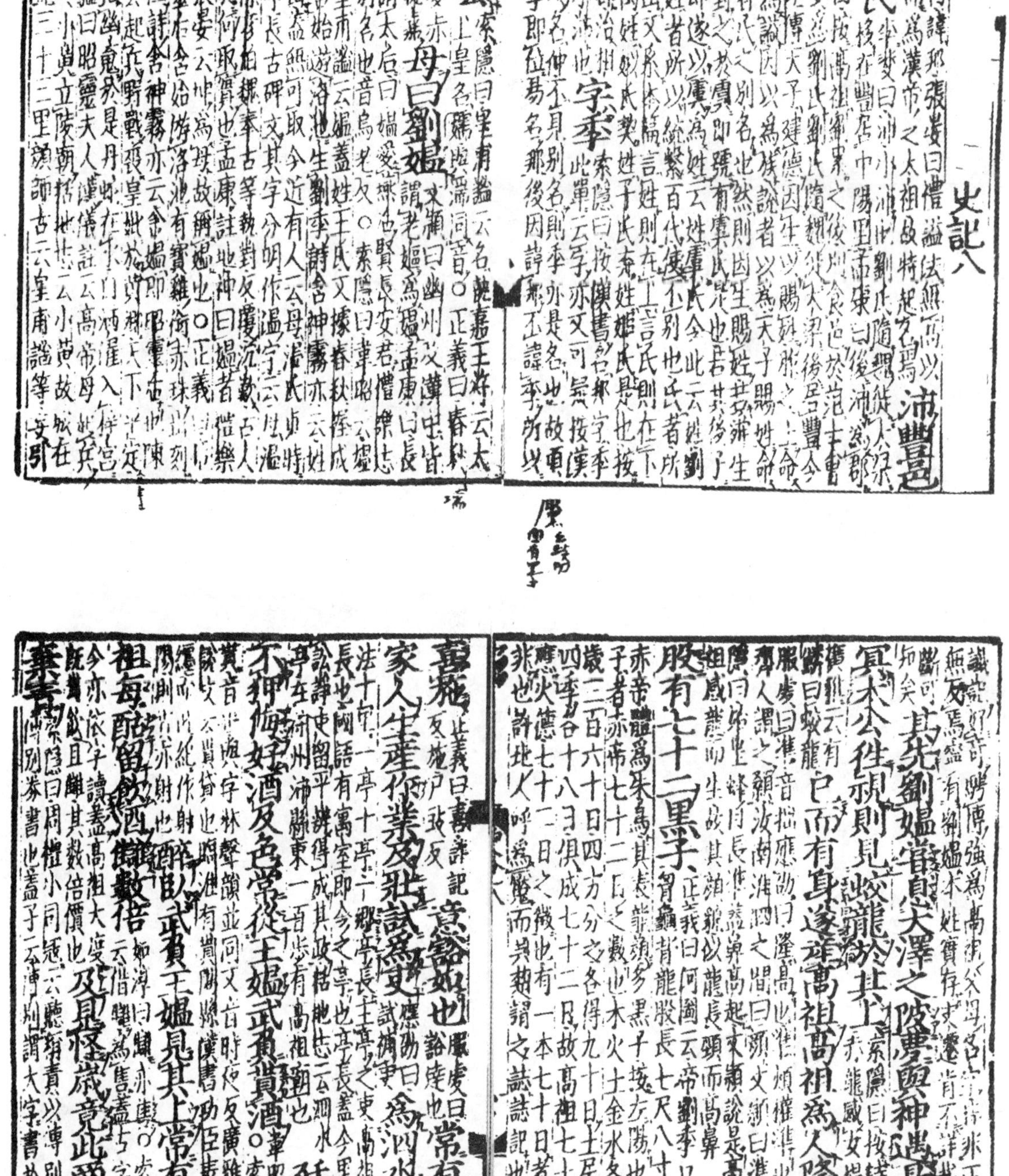

高祖本紀第八　史記八

高祖，沛豐邑中陽里人，姓劉氏，字季。父曰太公，母曰劉媼。其先劉媼嘗息大澤之陂，夢與神遇。是時雷電晦冥，太公往視，則見蛟龍於其上。已而有身，遂產高祖。高祖為人，隆準而龍顏，美須髯，左股有七十二黑子。仁而愛人，喜施，意豁如也。常有大度，不事家人生產作業。及壯，試為吏，為泗水亭長，廷中吏無所不狎侮。好酒及色。常從王媼、武負貰酒，醉臥，武負、王媼見其上常有龍，怪之。高祖每酤留飲，酒讎數倍。及見怪，歲竟，此兩家常折券棄責。

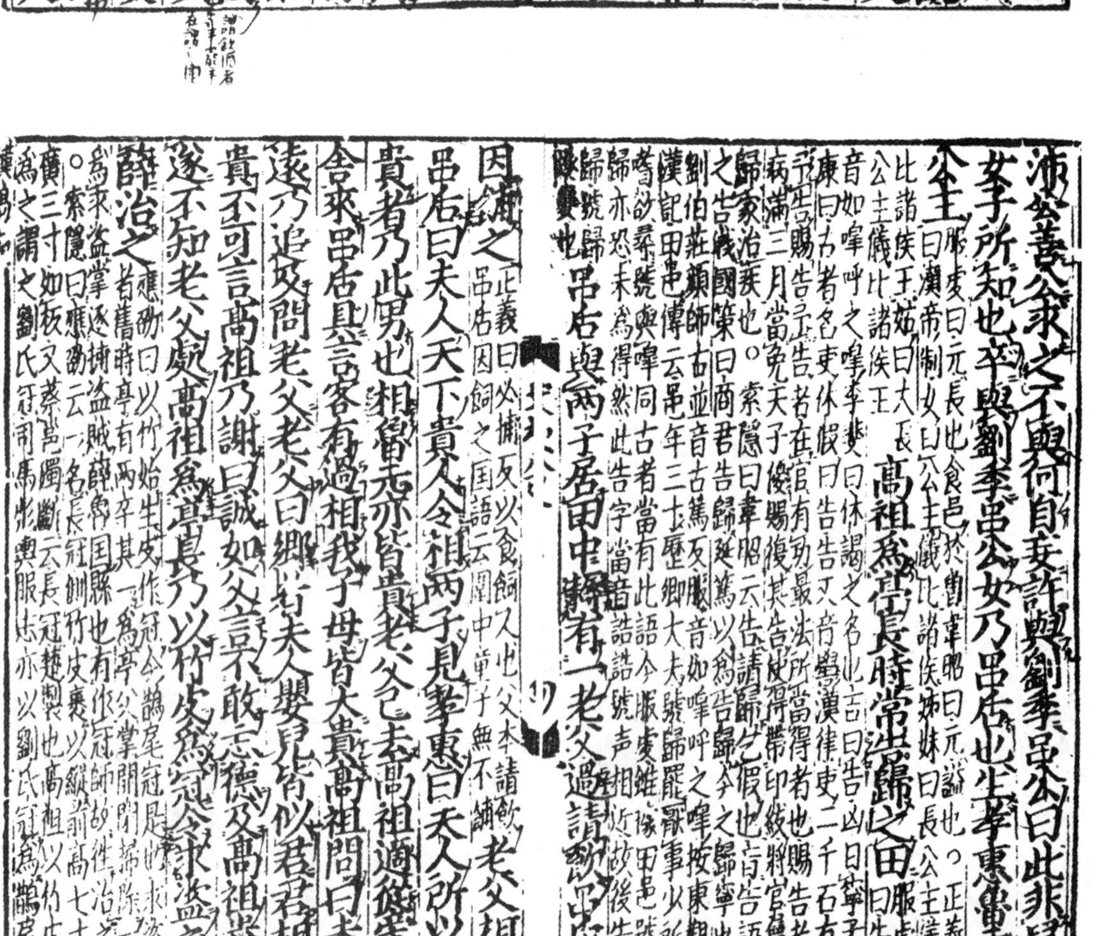

高祖常繇咸陽，縱觀，觀秦皇帝，喟然太息曰：嗟乎，大丈夫當如此也。單父人呂公善沛令，避仇從之客，因家沛焉。沛中豪桀吏聞令有重客，皆往賀。蕭何爲主吏，主進，令諸大夫曰：進不滿千錢，坐之堂下。高祖爲亭長，素易諸吏，乃紿爲謁曰賀錢萬，實不持一錢。謁入，呂公大驚，起，迎之門。呂公者，好相人，見高祖狀貌，因重敬之，引入坐。蕭何曰：劉季固多大言，少成事。高祖因狎侮諸客，遂坐上坐，無所詘。酒闌，呂公因目固留高祖。高祖竟酒，後。呂公曰：臣少好相人，相人多矣，無如季相，願季自愛。臣有息女，願爲季箕帚妾。酒罷，呂媼怒呂公曰：公始常欲奇此女，與貴人。

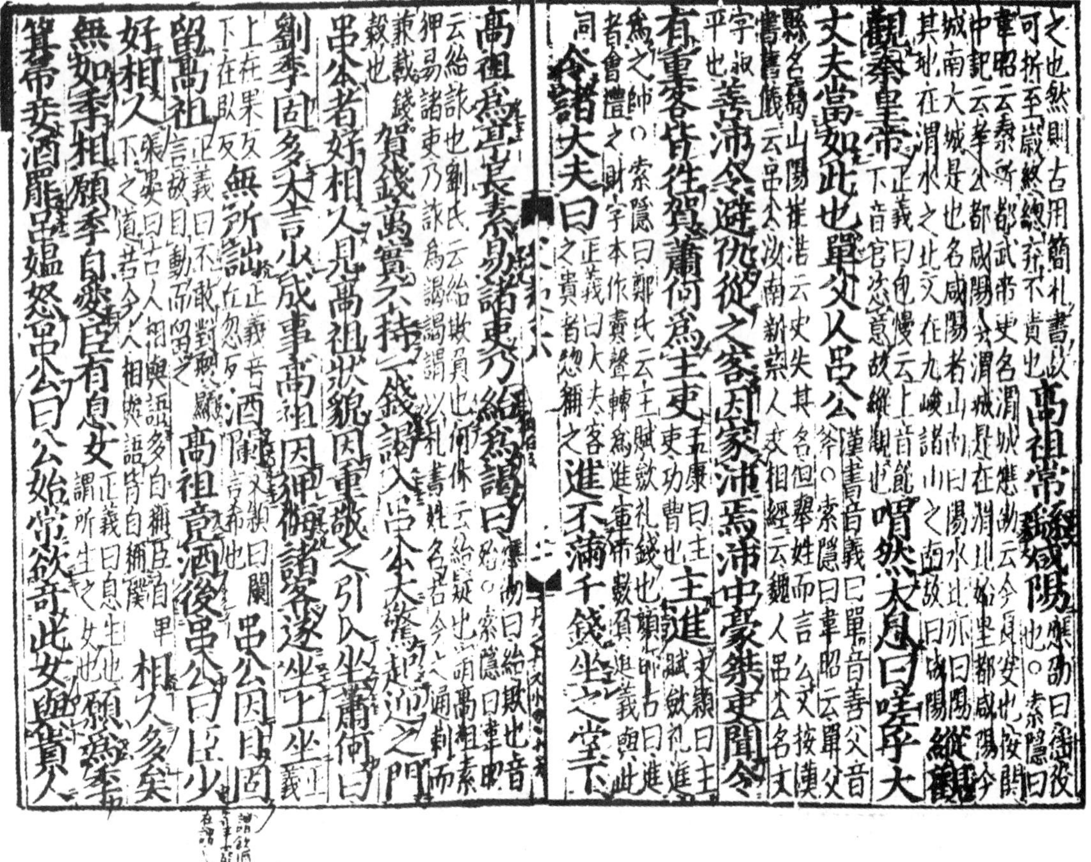

沛令善公，求之不與，何自妄許與劉季？呂公曰：此非兒女子所知也。卒與劉季。呂公女乃呂后也，生孝惠帝、魯元公主。高祖爲亭長時，常告歸之田。呂后與兩子居田中耨，有一老父過請飲，呂后因餔之。老父相呂后曰：夫人天下貴人。令相兩子，見孝惠，曰：夫人所以貴者，乃此男也。相魯元，亦皆貴。老父已去，高祖適從旁舍來，呂后具言客有過，相我子母皆大貴。高祖問，曰：未遠。乃追及，問老父。老父曰：鄉者夫人嬰兒皆似君，君相貴不可言。高祖乃謝曰：誠如父言，不敢忘德。及高祖貴，遂不知老父處。高祖爲亭長，乃以竹皮爲冠，令求盜之薛治之。

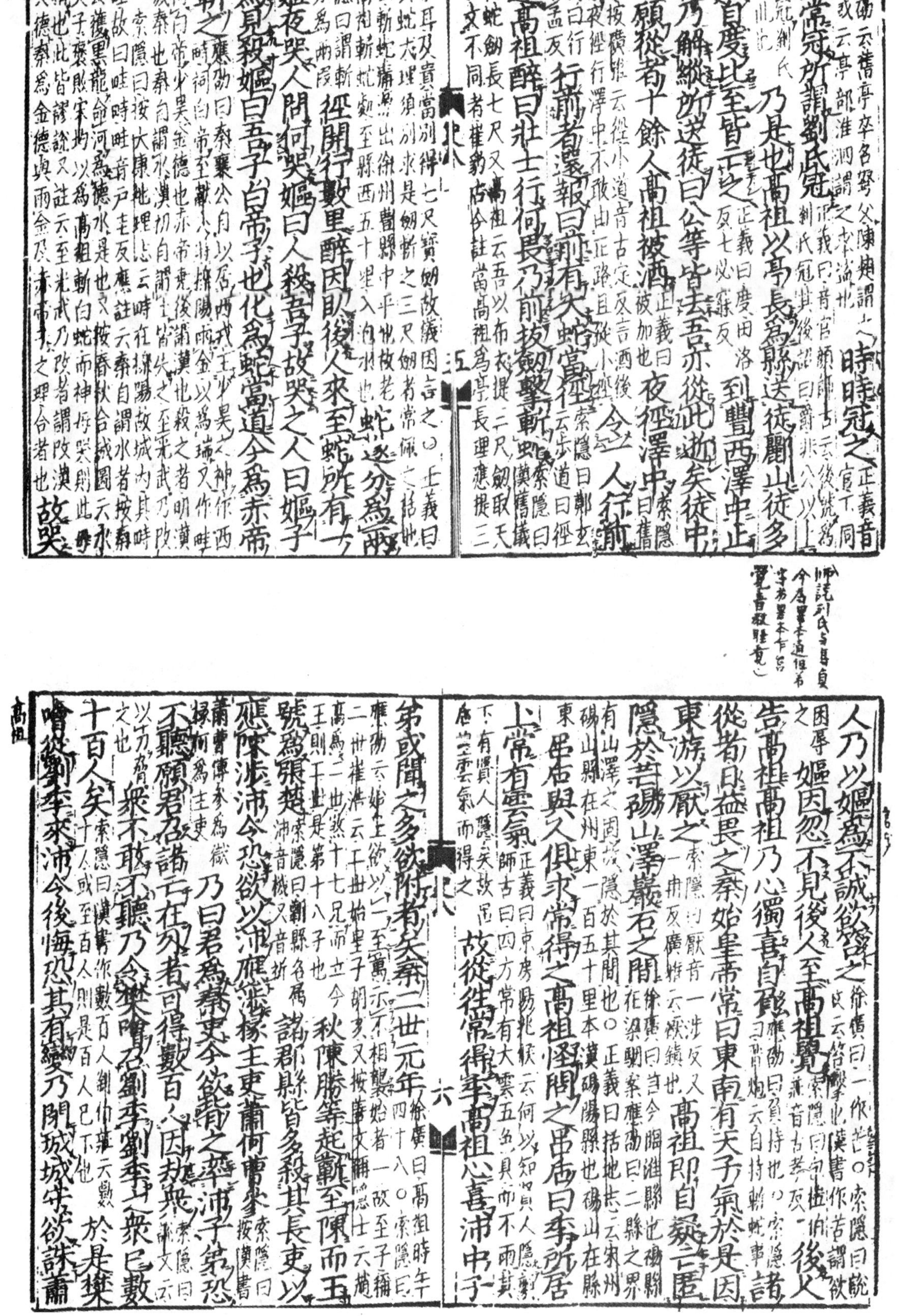

時時冠之。及貴常冠，所謂劉氏冠乃是也。高祖以亭長為縣送徒酈山，徒多道亡。自度比至皆亡之，到豐西澤中，止飲，夜乃解縱所送徒。曰：公等皆去，吾亦從此逝矣！徒中壯士願從者十餘人。高祖被酒，夜徑澤中，令一人行前。行前者還報曰：前有大蛇當徑，願還。高祖醉，曰：壯士行，何畏！乃前，拔劍擊斬蛇。蛇遂分為兩，徑開。行數里，醉，因臥。後人來至蛇所，有一老嫗夜哭。人問何哭，嫗曰：人殺吾子，故哭之。人曰：嫗子何為見殺？嫗曰：吾，白帝子也，化為蛇，當道，今為赤帝子斬之，故哭。

人乃以嫗為不誠，欲告之，嫗因忽不見。後人至，高祖覺。後人告高祖，高祖乃心獨喜，自負。諸從者日益畏之。秦始皇帝常曰東南有天子氣，於是因東游以厭之。高祖即自疑，亡匿，隱於芒碭山澤巖石之間。呂后與人俱求，常得之。高祖怪問之。呂后曰：季所居上常有雲氣，故從往常得季。高祖心喜。沛中子弟或聞之，多欲附者矣。秦二世元年秋，陳勝等起蘄，至陳而王，號為張楚。諸郡縣皆多殺其長吏以應陳涉。沛令恐，欲以沛應涉。掾、主吏蕭何、曹參乃曰：君為秦吏，今欲背之，率沛子弟，恐不聽。願君召諸亡在外者，可得數百人，因劫眾，眾不敢不聽。乃令樊噲召劉季。劉季之眾已數十百人矣。於是樊噲從劉季來。沛令後悔，恐其有變，乃閉城城守，欲誅蕭白帝子殺者赤帝子故上赤於是少年豪吏如蕭曹樊噲等皆爲收沛子弟二三千人攻胡陵方與鄒德曰音房豫屬山陽郡○索隱曰韋昭曰胡陵縣名屬山陽章帝改曰胡陸還守豐秦二世二年陳涉之將周章軍西至戲而還索隱曰應劭云章字文陳人文穎云戲在新豐東二十里戲亭北子康云水名也文述征記云戲水自驪山馮公谷北流經戲亭東入渭按今其水東惟有戲驛存還謂爲章邯所破而還邯音酣燕趙齊魏皆自立爲王索隱曰按高紀二世二年八月武臣自立爲趙王田儋自立爲齊王韓廣自立爲燕王魏咎自立爲魏王項氏起吳秦泗川監平索隱曰泗川今沛郡也高祖更名沛秦時御史監郡若今刺史平名也○索隱曰如淳云秦并天下爲三十六郡置守尉監故此有監平下有守壯則平壯皆名也將兵圍豐二日出與戰破之命雍齒守豐引兵之薛泗川守壯如淳曰壯名也敗於薛走至戚如淳曰戚音才歷反○索隱曰晉灼云東海縣也正義曰括地志云沂州臨沂縣有戚城縣故城地理志云臨沂縣屬東海郡沛公左司馬得泗川守壯殺之索隱曰漢書作曹無傷師古云得司馬之名非也沛公還軍亢父鄒德曰亢音剛父音甫○索隱曰亢音苦浪反又苦郎反括地志云亢父故城在兗州任城縣南五十里至方與周市來攻方與未戰陳王使魏人周市略地文穎曰周市魏人也周市使人謂雍齒曰豐故梁徙也今魏地已定者數十城齒今下魏魏以齒爲侯守豐不下且屠豐雍齒雅不欲屬沛公服虔曰雅故也及魏招之即反爲魏守豐沛公引兵攻豐不能取沛公

高祖紀

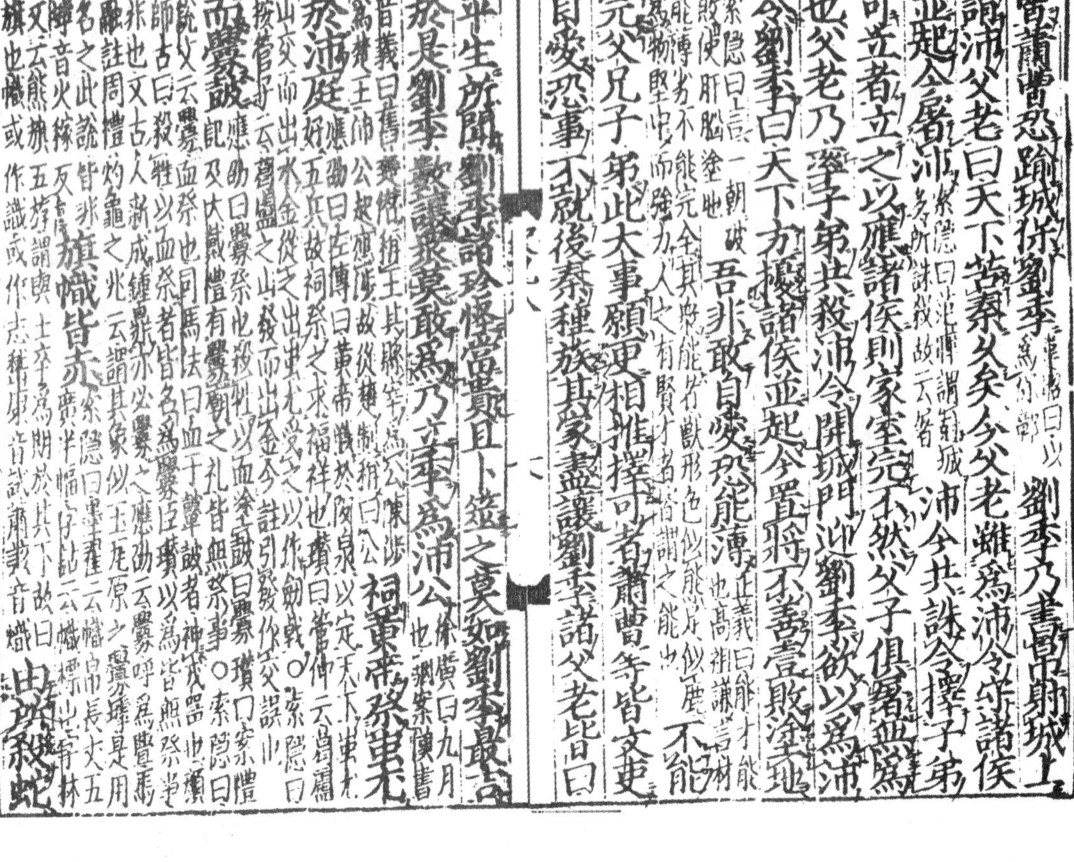

曹蕭曹恐踰城保劉季韋昭曰以爲保鄣劉季乃書帛射城上謂沛父老曰天下苦秦久矣今父老雖爲沛令守諸侯並起今屠沛索隱曰沛縣謂圍城爲所誅殺故云屠沛今共誅令擇子弟可立者立之以應諸侯則家室完不然父子俱屠無爲也父老乃率子弟共殺沛令開城門迎劉季欲以爲沛令劉季曰天下方擾諸侯並起今置將不善壹敗塗地索隱曰言一朝破敗使肝腦塗地吾非敢自愛恐能薄正義曰能才能也高祖謙言材能薄劣不能完全其父兄子弟能獸形色似熊足似鹿爲物堅中而強力人之有賢才者謂之能出不能完父兄子弟此大事願更相推擇可者蕭曹等皆文吏自愛恐事不就後秦種族其家盡讓劉季諸父老皆曰平生所聞劉季諸珍怪當貴且卜筮之莫如劉季最吉於是劉季數讓衆莫敢爲乃立季爲沛公徐廣曰九月也駰案漢書音義曰舊楚僭稱王其縣宰爲公陳涉爲楚王沛公起應涉故從楚制稱曰公祠黃帝祭蚩尤於沛庭應劭曰左傳曰黃帝戰於阪泉以定天下蚩尤好五兵故祠祭之求福祥也○瓚曰管仲云葛盧山發而出水金從之出蚩尤受之以作劍戟○索隱曰按管子云葛盧之山發而出金今註引發作交誤也而釁鼓應劭曰釁祭也殺牲以血塗鼓曰釁瓚曰案禮記及大戴禮有釁廟之礼皆無祭事○索隱曰說文云釁血祭也司馬法曰血于鼙鼓者神戎器也師古曰殺牲以血祭者皆名爲釁瓚以爲皆無祭事非也又古人新成鍾鼎亦必釁之應劭云釁呼爲豐焉鄭註周禮灼龜之兆云謂其象似玉瓦原之釁罅是用名之此說皆非噂音火稼反旗幟皆赤索隱曰幟音志又昌志反半幅曰幟又云熊旗五游謂與士卒爲期於其下故曰旗也幟或作識或作志標幟音試又音幟由所殺蛇

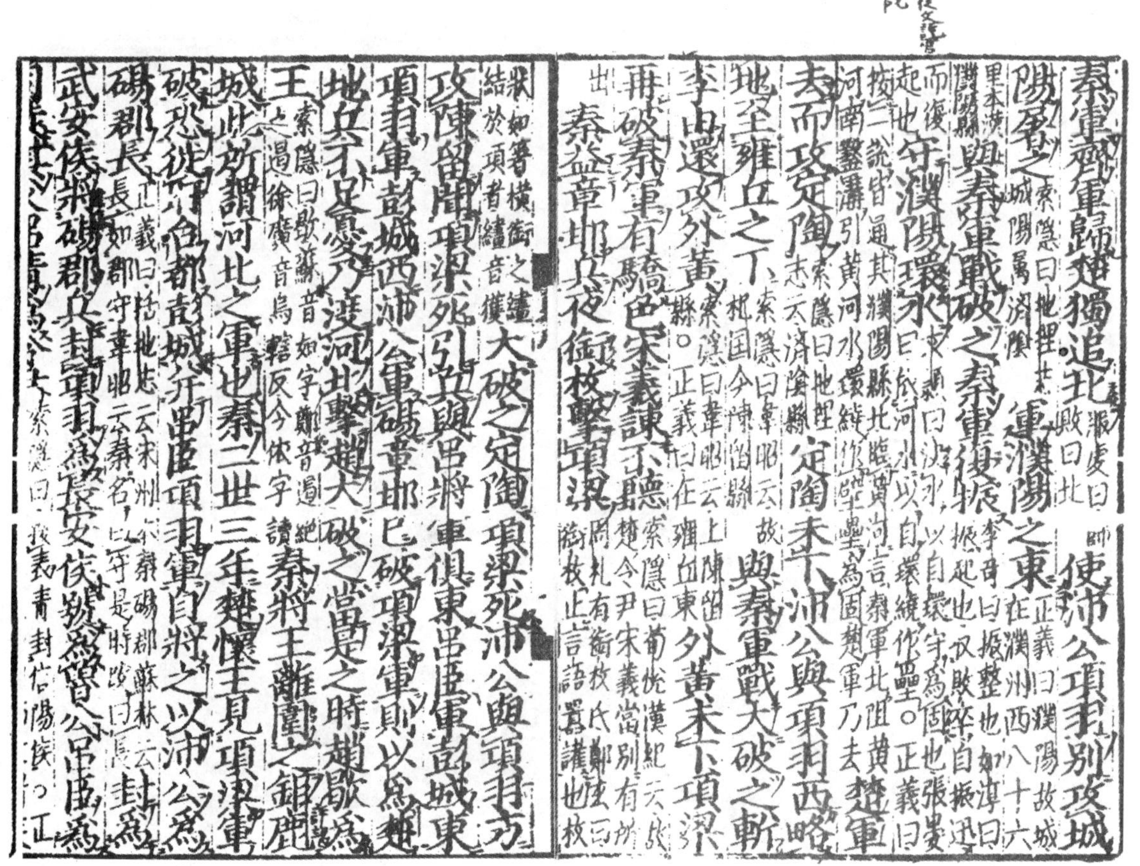

病還之沛。沛公怨雍齒與豐子弟叛之，聞東陽甯君、秦嘉立景駒為假王，在留，乃往從之，欲請兵以攻豐。是時秦將章邯從陳，別將司馬𡰱將兵北定楚地，屠相，至碭。東陽甯君、沛公引兵西，與戰蕭西，不利。還收兵聚留，引兵攻碭，三日乃取碭。因收碭兵，得五六千人。攻下邑，拔之。還軍豐。聞項梁在薛，從騎百餘往見之。項梁益沛公卒五千人，五大夫將十人。沛公還，引兵攻豐。從項梁月餘，項羽已拔襄城還。項梁盡召別將居薛。聞陳王定死，因立楚後懷王孫心為楚王，治盱台。項梁號武信君。居數月，北攻亢父，救東阿，破

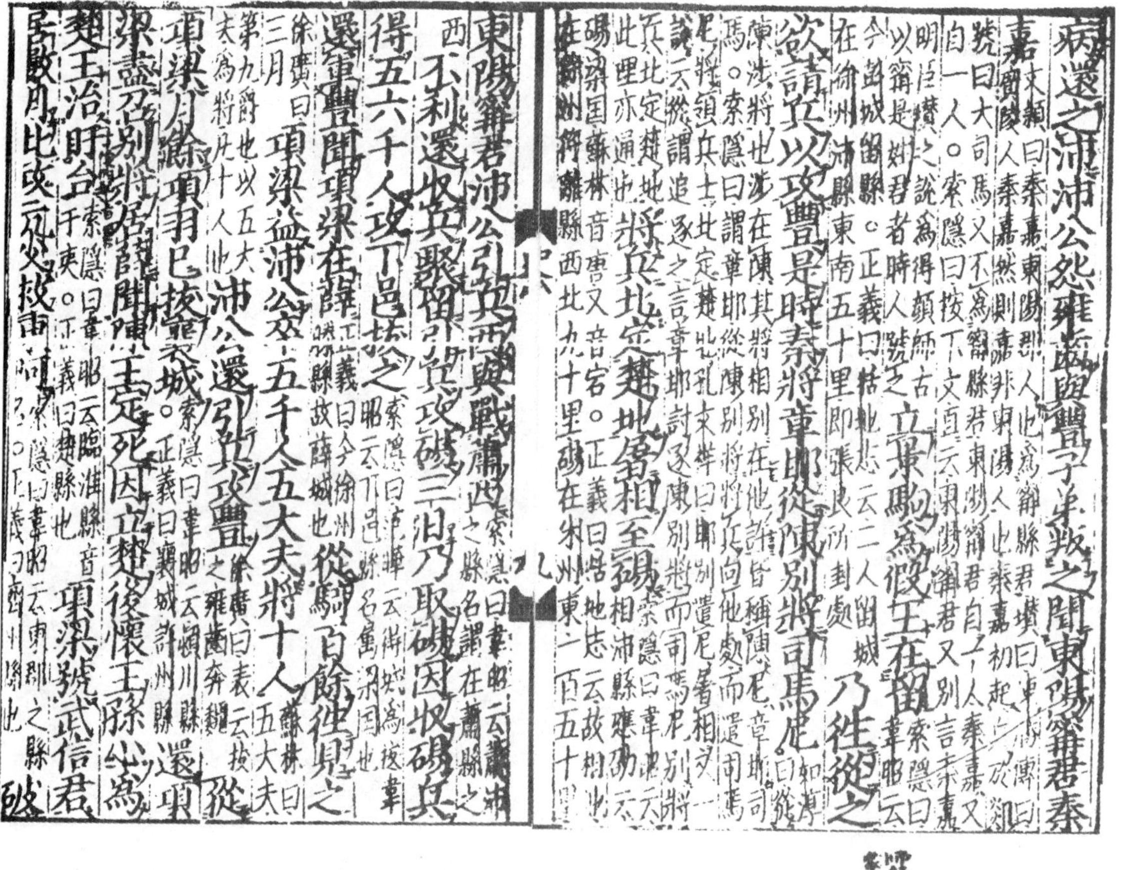

秦軍。齊軍歸，楚獨追北，使沛公、項羽別攻城陽，屠之。軍濮陽之東，與秦軍戰，破之。秦軍復振，守濮陽，環水。楚軍去而攻定陶，定陶未下。沛公與項羽西略地至雍丘之下，與秦軍戰，大破之，斬李由。還攻外黃，外黃未下。項梁再破秦軍，有驕色。宋義諫，不聽。秦益章邯兵，夜銜枚擊項梁，大破之定陶，項梁死。沛公與項羽方攻陳留，聞項梁死，引兵與呂將軍俱東。呂臣軍彭城東，項羽軍彭城西，沛公軍碭。章邯已破項梁軍，則以為楚地兵不足憂，乃渡河，北擊趙，大破之。當是之時，趙歇為王，秦將王離圍之鉅鹿城，此所謂河北之軍也。秦二世三年，楚懷王見項梁軍破，恐，徙盱台都彭城，并呂臣、項羽軍自將之。以沛公為碭郡長，封為武安侯，將碭郡兵。封項羽為長安侯，號為魯公。呂臣為

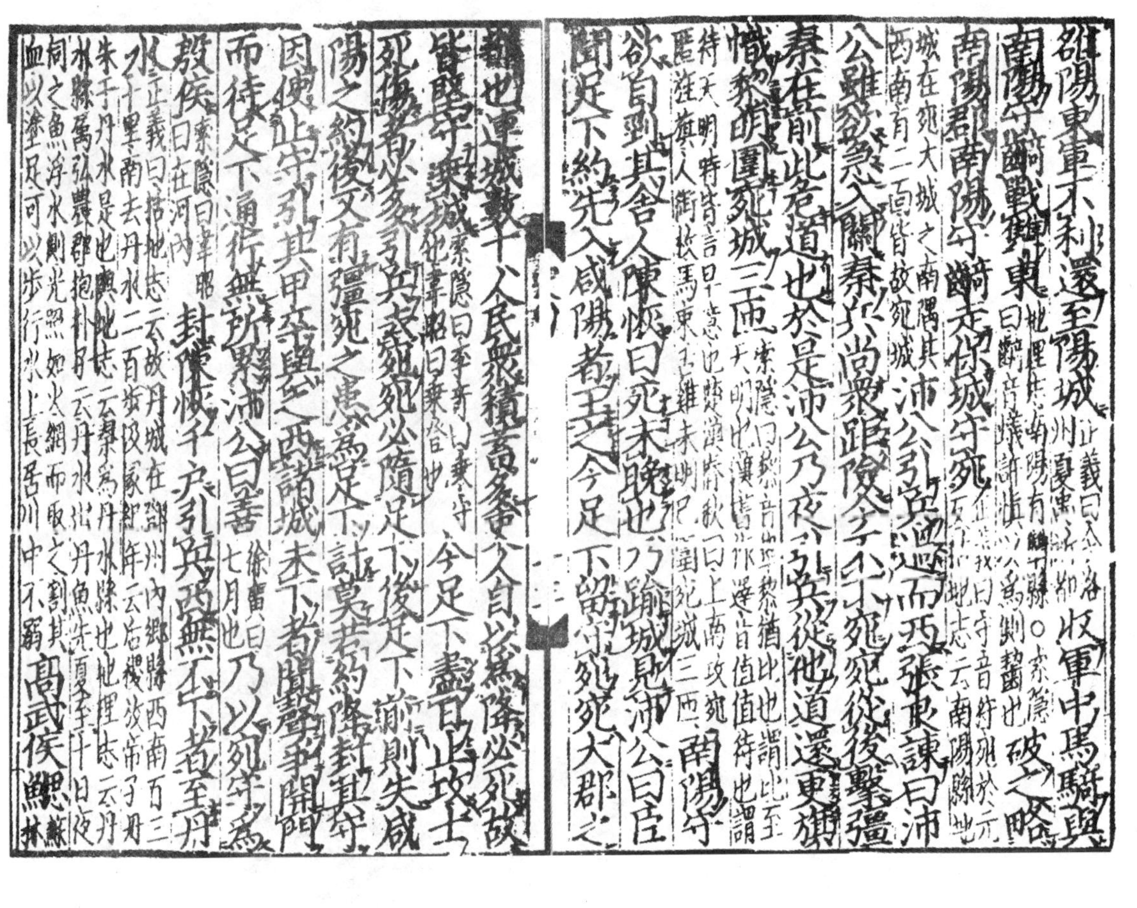

雒陽東軍不利還至陽城正義曰今洛州陽城縣收軍中馬騎與南陽守齮戰犨東地理志南陽有犨縣○索隱曰齮音蟻許慎以為齮齧也破之略南陽郡南陽守齮走保城守宛正義括地志云南陽縣[illegible]城在宛大城之南隅其西南有二面皆故宛城沛公引兵過而西張良諫曰沛公雖欲急入關秦兵尚衆距險今不下宛宛從後擊彊秦在前此危道也於是沛公乃夜引兵從他道還更旗幟黎明索隱曰黎猶比也謂比至天明也漢書作遲明遲音值值待也謂待天明[illegible]匿旗人銜枚馬束舌雖未明已圍宛城三匝圍宛城三匝南陽守欲自剄其舍人陳恢曰死未晚也乃踰城見沛公曰臣聞足下約先入咸陽者王之今足下留守宛宛大郡之都也連城數十人民衆積蓄多吏人自以為降必死故皆堅守乘城索隱曰乘守也韋昭曰乘登也今足下盡日止攻士死傷者必多引兵去宛宛必隨足下後足下前則失咸陽之約後又有彊宛之患為足下計莫若約降封其守因使止守引其甲卒與之西諸城未下者聞聲爭開門而待足下通行無所累沛公曰善徐廣曰七月也乃以宛守為殷侯索隱曰[illegible]在河內封陳恢千戶引兵西無不下者至丹水正義曰括地志云故丹城在鄧州內鄉縣西南百三十里南去丹水二百步[illegible]丹水是也[illegible]地理志云丹水縣屬弘農郡抱朴子云丹水出丹魚先夏至十日夜伺之魚浮水側光照如火網而取之割其血以塗足可以步行水上長居川中不溺高武侯鰓蘇林

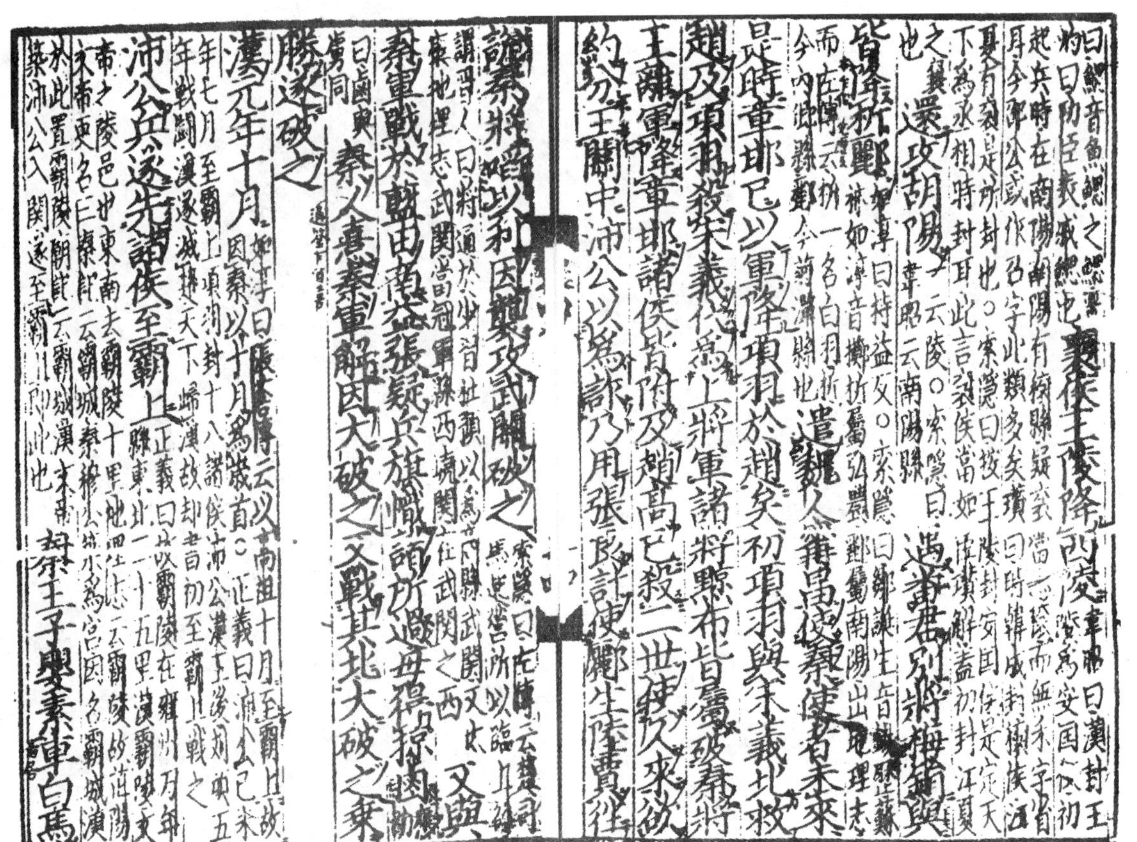

曰鰓音魚鰓之鰓[illegible]功臣表戚鰓也襄侯王陵降西陵韋昭曰漢封王陵為安國侯初起兵時在南陽南陽有穰縣疑當為穰[illegible]字省耳今鄧公或作召字此類多矣瓚曰時韓成封襄侯[illegible]襄有襄邑是所封也○索隱曰按王陵封安國侯定天下為丞相時封耳此言襄侯當如[illegible]瓚解蓋初封江夏之襄[illegible]也還攻胡陽韋昭云南陽縣[illegible]云陵○索隱曰[illegible]遇番君別將梅鋗與皆降析酈[illegible]蘇林曰持益反○索隱曰鄉[illegible]如淳音櫟析屬弘農酈屬南陽[illegible]地理志[illegible]左傳云析一名白羽[illegible]今內鄉縣酈今菊潭縣也遣魏人甯昌使秦使者未來是時章邯已以軍降項羽於趙矣初項羽與宋義北救趙及項羽殺宋義代為上將軍諸將黥布皆屬破秦將王離軍降章邯諸侯皆附及趙高已殺二世使人來欲約分王關中沛公以為詐乃用張良計使酈生陸賈往說秦將啗以利因襲攻武關破之索隱曰[illegible]左傳[illegible]謂晉人曰將通於少習以[illegible]武關[illegible]地理志武關當冠軍縣西境關在武關之西又與秦軍戰於藍田南益張疑兵旗幟諸所過毋得掠鹵[illegible]秦人憙秦軍解因大破之又戰其北大破之乘勝遂破之漢元年十月如淳曰張蒼傳云以十月為歲首○正義曰[illegible]十月至霸上[illegible]故因秦以十月為歲首○正義曰沛公[illegible]年七月至霸上項羽封十八諸侯沛公漢王[illegible]年戰鬬漢遂滅秦[illegible]天下歸漢故却言初至霸上戰之沛公兵遂先諸侯至霸上正義曰[illegible]以霸陵在雍州萬年縣東北[illegible]五里漢霸陵文帝之陵邑也東南去霸陵十里[illegible]一云霸陵故芷陽文帝更名[illegible]一云霸城秦穆公[illegible]名霸城漢於此置霸陵霸[illegible]一云[illegible]漢末[illegible]禁沛公入關遂至霸上[illegible]也秦王子嬰素車白馬

係頸以組，封皇帝璽符節，索隱曰韋昭云天子印稱璽又獨以玉符發兵將也節使者所操也說文云符信也漢制以竹長六寸分而相合釋名云節為號令賞罰之節也又節毛上下相重取象竹節又漢官儀曰子嬰上始皇璽因服御之代代傳受號曰漢傳國璽○正義曰按天子有六璽皇帝行璽皇帝之璽皇帝信璽天子行璽天子之璽天子信璽凡事皆用之璽令施行天子信璽以發兵皆以武都紫泥封青布囊白素兩端無縫臣瓚說云紫泥水在今成州與地志云漢封詔璽用紫泥則此水之泥也降軹道旁。索隱曰軹音以漢書宮殿疏云軹道東去霸城觀四里觀東去霸水百步蘇林云在長安東十三里○正義曰軹音紙括地志云軹道在雍州萬年縣東北十六里苑中諸將或言誅秦王，索隱曰楚漢春秋曰樊噲請殺之沛公曰：「始懷王遣我，固以能寬容；且人已服降，又殺之，不祥。」乃以秦王屬吏，正義曰屬音之欲反屬付也遂西入咸陽。欲止宮休舍，正義曰休息也言欲居止宮殿中而休息也樊噲、張良諫，乃封秦重寶財物府庫，還軍霸上。召諸縣父老豪桀曰：「父老苦秦苛法久矣，誹謗者族，索隱曰誹音非謗音布浪反偶語者棄市。應劭曰秦禁民聚語偶對也始皇本紀曰偶語詩書者棄市○索隱曰按禮記云刑人於市與眾棄之故今律謂絞刑為棄市也吾與諸侯約，先入關者王之，吾當王關中。與父老約，法三章耳：殺人者死，傷人及盜抵罪。應劭曰抵至也又當也除秦酷政但至於罪也李奇曰傷人有曲直盜贓有多少罪名不可豫定故凡言抵罪未知抵何罪也張晏曰秦法一人犯罪舉家及隣伍坐之今但當其身坐合於東語父子兄弟罪不相及也○索隱曰韋昭云抵當也謂使各當其罪今按秦法有三族之刑漢但約法三章耳殺人者死傷人及盜者使之抵罪餘並不論其辜以言省刑也則抵訓為至殺人以外唯傷人及盜使至罪名耳餘悉除去秦法。諸吏人皆案堵如故。應劭曰案次第堵牆堵也凡

史八　十五

吾所以來，為父老除害，非有所侵暴，無恐！且吾所以還軍霸上，待諸侯至而定約束耳。」乃使人與秦吏行縣鄉邑，告諭之。秦人大喜，爭持牛羊酒食獻饗軍士。沛公又讓不受，曰：「倉粟多，非乏，不欲費人。」人又益喜，唯恐沛公不為秦王。或說沛公索隱曰楚漢春秋云解先生云遣守函谷無內項王而張良世家云鯫生說我言鯫小也小生即解生曰：「秦富十倍天下，地形彊。今聞章邯降項羽，項羽乃號為雍王，王關中。今則來，沛公恐不得有此。可急使兵守函谷關，正義曰顏師古曰今桃林南有洪溜澗古函谷也其水北流入河西岸猶有舊關餘跡西征記云函谷形如函也其水山原壁立數十仞谷中容一車無內諸侯軍，稍徵關中兵以自益，距之。」沛公然其計，從之。十一月中，項羽果率諸侯兵西，欲入關，關門閉。聞沛公已定關中，大怒，使黥布等攻破函谷關。十二月中，遂至戲。正義曰許宜反沛公左司馬曹無傷聞項王怒，欲攻沛公，使人言項羽曰：「沛公欲王關中，令子嬰為相，珍寶盡有之。」欲以求封。正義曰曹無傷欲致沛公而項羽求封亞父勸項羽擊沛公。索隱曰范增也項羽以范增號曰亞父亞次也言尊敬之次於父猶管仲齊謂仲父父並音甫方饗士，旦日合戰。是時項羽兵四十萬，號百萬。沛公兵十萬，號二十萬，力不敵。會項伯欲活張良，夜往見良，因以文諭項羽，正義曰項羽季父也名纏公不先破關中公豈敢入乎今人有大功擊之不義也以文諭之項羽乃止。沛公從百餘騎，驅之鴻門，索隱曰姚察云在新豐古城東未至戲水道南有斷原南北洞門是也見

史八　十六

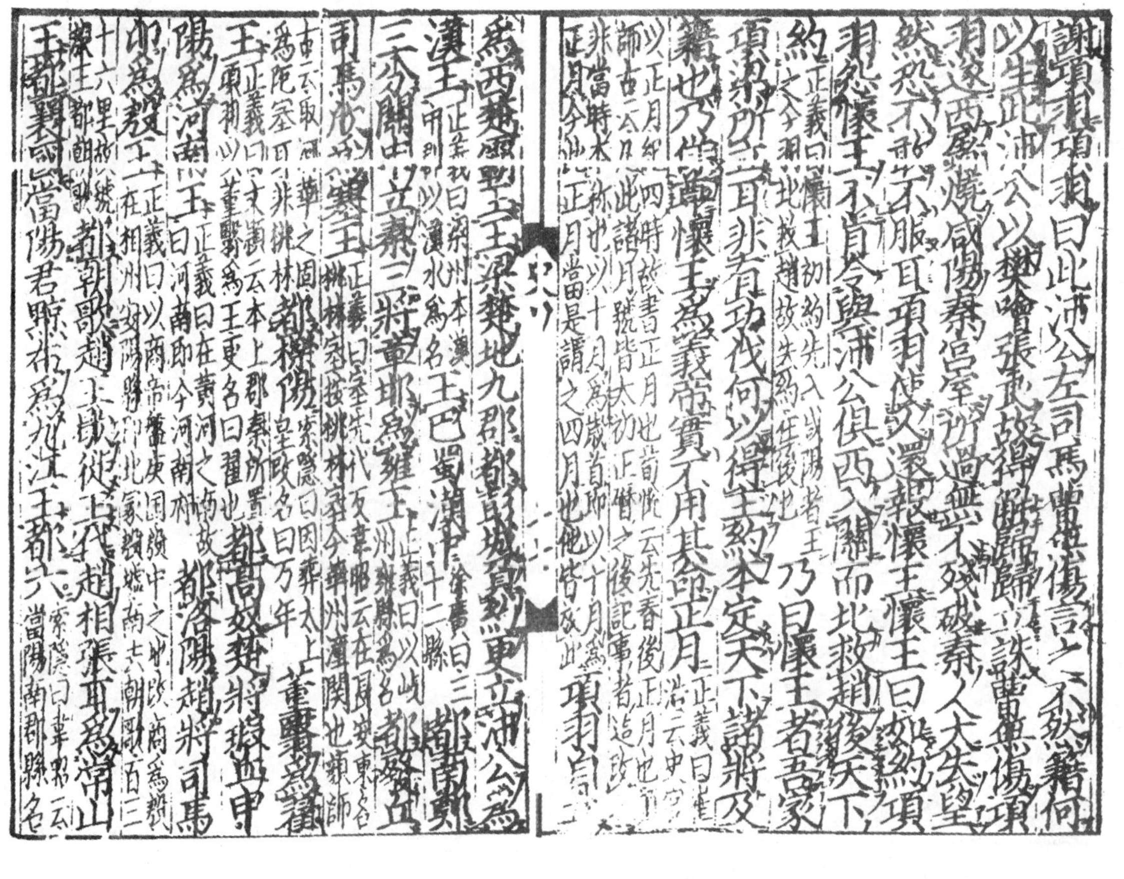

謝項羽。項羽曰：此沛公左司馬曹無傷言之，不然，籍何以生此。沛公以樊噲、張良故，得解歸。歸，立誅曹無傷。項羽遂西屠燒咸陽秦宮室，所過無不殘破。秦人大失望，然恐，不敢不服耳。項羽使人還報懷王。懷王曰：如約。項羽怨懷王不肯令與沛公俱西入關，而北救趙，後天下約。（正義曰：懷王初約先入咸陽者王之……）乃曰：懷王者，吾家項梁所立耳，非有功伐，何以得主約。本定天下，諸將及籍也。乃尊懷王為義帝，實不用其命。正月，（……以正月……四時故書正月也……此諸月號皆太初正曆之後記事者追改之……非當時本稱也……以十月為歲首……正月當是謂之四月也，他皆放此。）項羽自立為西楚霸王，王梁楚地九郡，都彭城。負約，更立沛公為漢王，（正義曰：梁州本漢中，以漢水為名。）王巴、蜀、漢中，（徐廣曰：三十一縣。）都南鄭。三分關中，立秦三將：章邯為雍王，（正義曰：以岐州雍縣為名。）都廢丘。司馬欣為塞王，（正義曰：……桃林塞……今華州潼關也……）都櫟陽。（索隱曰：……因葬太上皇，改名曰萬年。）董翳為翟王，（正義曰：……本上郡，秦所置……更名曰翟也。）都高奴。楚將瑕丘申陽為河南王，（正義曰：河南即今河南府。）都洛陽。趙將司馬卬為殷王，（正義曰：以商帝盤庚……）都朝歌。趙王歇徙王代。趙相張耳為常山王，都襄國。當陽君黥布為九江王，都六。（索隱曰：……地理志六縣屬六安國。）

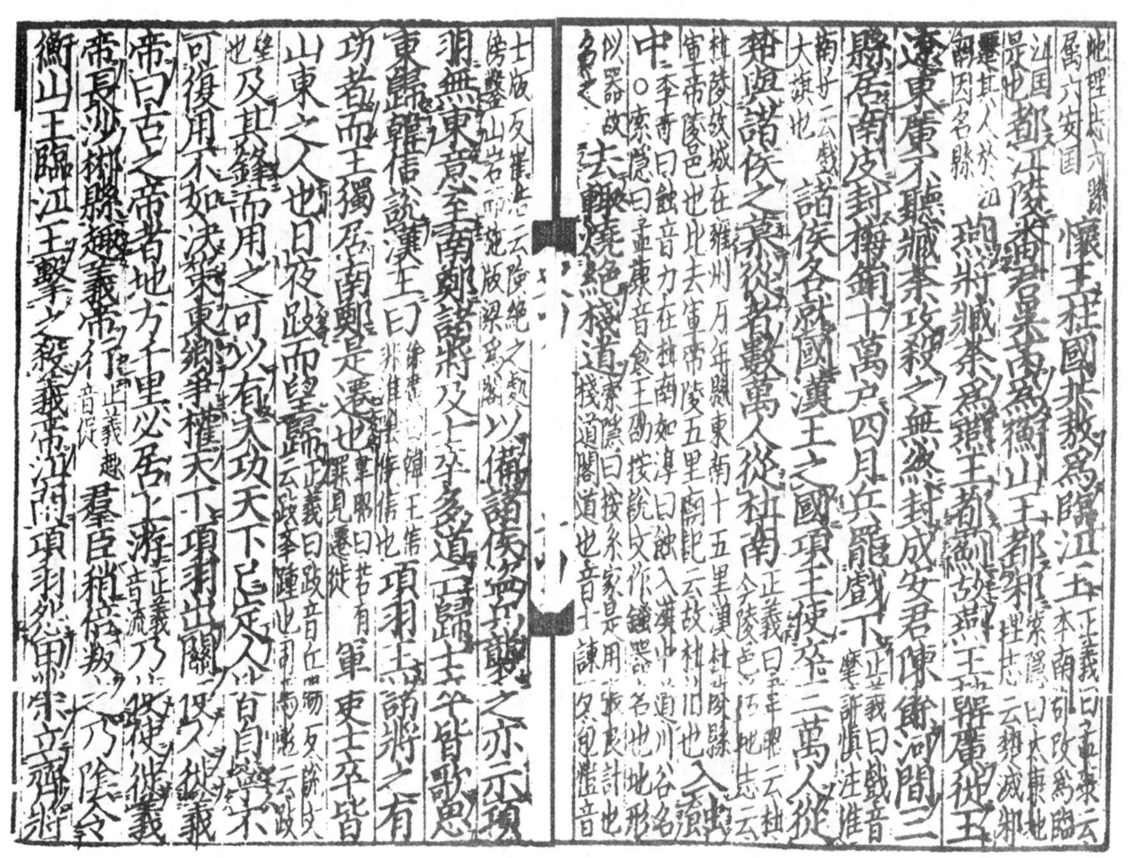

懷王柱國共敖為臨江王，（正義曰：……本南郡……）都江陵。番君吳芮為衡山王，都邾。（索隱曰：……地理志云邾縣……）燕將臧荼為燕王，都薊。故燕王韓廣徙為遼東王。廣不聽，臧荼攻殺之無終。封成安君陳餘河間三縣，居南皮。封梅鋗十萬戶。四月，兵罷戲下，諸侯各就國。（……戲……大旗也。）漢王之國，項王使卒三萬人從，（正義曰：……）楚與諸侯之慕從者數萬人，從杜南入蝕中。（……杜陵故城在雍州萬年縣東南十五里……宣帝陵邑也……）（索隱曰：……蝕音力……）去輒燒絕棧道，（索隱曰：……棧道，閣道也……）以備諸侯盜兵，亦示項羽無東意。（……崔浩云：險絕之處，傍鑿山岩，而施版梁為閣。）至南鄭，諸將及士卒多道亡歸，士卒皆歌思東歸。韓信說漢王曰：（徐廣曰：韓王信。駰案：非韓王信也。）項羽王諸將之有功者，而王獨居南鄭，是遷也。（韋昭曰：……）軍吏士卒皆山東之人也，日夜跂而望歸，（正義曰：跂音丘豉反……）及其鋒而用之，可以有大功。天下已定，人皆自寧，不可復用，不如決策東鄉，爭權天下。項羽出關，使人徙義帝，曰：古之帝者地方千里，必居上游。（正義曰：……音流。）乃使使徙義帝長沙郴縣。趣義帝行，（正義曰：趣音促。）群臣稍稍背叛之，乃陰令衡山王、臨江王擊之，殺義帝江南。項羽怨田榮……

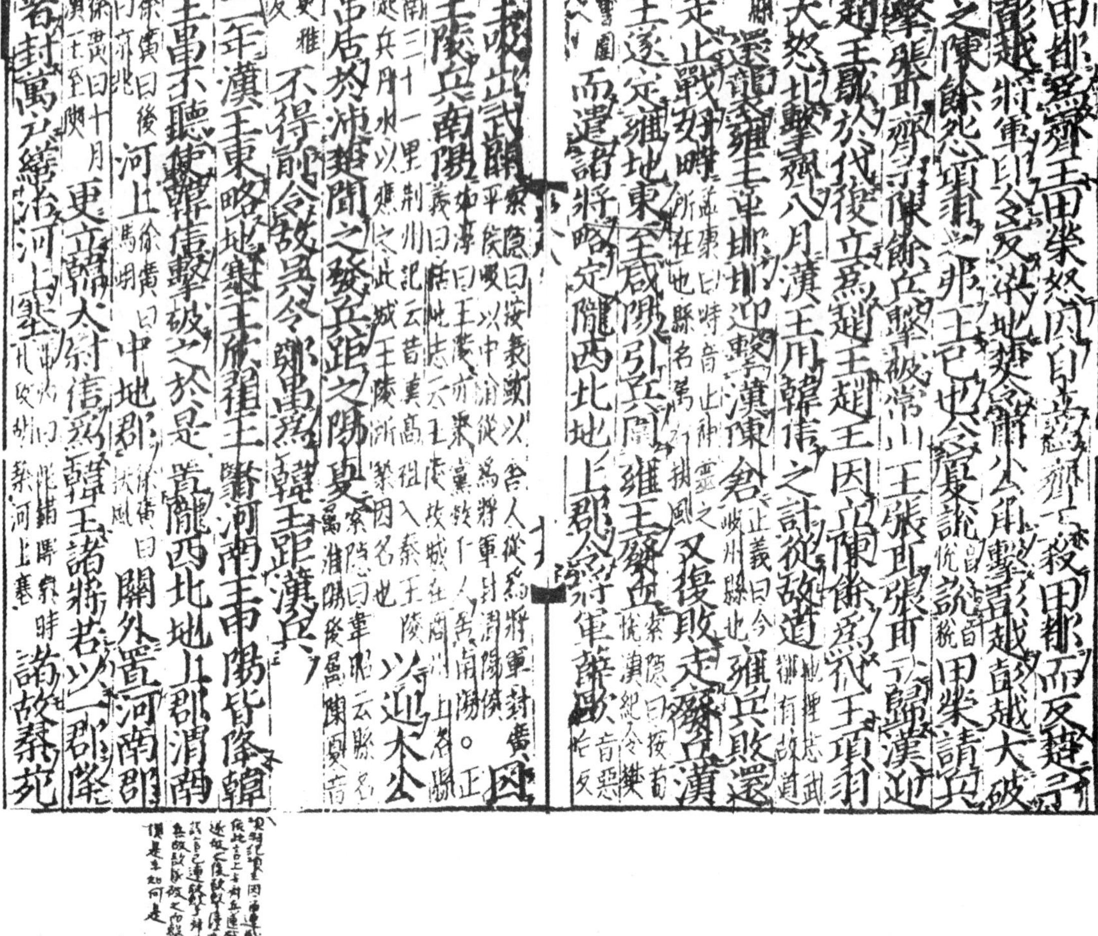
甲都為齊王。田榮怒，因自立為齊王，殺田都而反楚，予彭越將軍印，令反梁地。楚令蕭公角擊彭越，彭越大破之。陳餘怨項羽之弗王己也，令夏說（說音悅）說田榮，請兵擊張耳。齊予陳餘兵，擊破常山王張耳，張耳亡歸漢。迎趙王歇於代，復立為趙王。趙王因立陳餘為代王。項羽大怒，北擊齊。八月，漢王用韓信之計，從故道（地理志武都有故道）還，襲雍王章邯。邯迎擊漢陳倉（正義曰今岐州縣也），雍兵敗，還走；止戰好畤（孟康曰畤音止。神靈之所在也。縣名，屬右扶風），又復敗，走廢丘。漢王遂定雍地。東至咸陽，引兵圍雍王廢丘（索隱曰按漢紀令樊噲圍），而遣諸將略定隴西、北地、上郡。令將軍薛歐（音惡，於后反）、王吸出武關（索隱曰按歐以舍人從，為將軍，封廣平侯。吸以中涓從，為將軍，封清陽侯），因王陵兵南陽（正義曰括地志云王陵故城在商州上洛縣南三十一里。荊州記云昔漢高祖入秦，王陵起兵丹水以應之，此城王陵所築，因名也），以迎太公、呂后於沛。楚聞之，發兵距之陽夏（索隱曰韋昭云縣名，屬淮陽。夏音更雅反），不得前。令故吳令鄭昌為韓王，距漢兵。

二年，漢王東略地，塞王欣、翟王翳、河南王申陽皆降。韓王昌不聽，使韓信擊破之。於是置隴西、北地、上郡、渭南（徐廣曰京兆）、河上（徐廣曰後為馮翊）、中地郡（徐廣曰扶風）；關外置河南郡。更立韓太尉信為韓王（徐廣曰十月，漢王至陝）。諸將以萬人若以一郡降者，封萬戶。繕治河上塞。諸故秦苑囿園池，皆令人得田之。正月，虜雍王弟章平。大赦罪人。漢王之出關至陝，撫關外父老，還，張耳來見，漢王厚遇之。二月，令除秦社稷，更立漢社稷。三月，漢王從臨晉渡，魏王豹將兵從。下河內，虜殷王，置河內郡。南渡平陰津，至雒陽。新城（正義曰括地志云洛州伊闕縣在州南七十里，本漢新城也。隋文帝改新城為伊闕，取伊闕山為名也）三老董公（正義曰百官表云十里一亭，亭有長；十亭一鄉，鄉有三老，三老掌教化，皆秦制也。又楚漢春秋云董公八十二，遂封為成侯）遮說漢王以義帝死故。漢王聞之，袒而大哭（如淳曰袒亦肉袒也。如禮袒踊）。遂為義帝發喪，臨三日。發使者告諸侯曰：「天下共立義帝，北面事之。今項羽放殺義帝於江南，大逆無道。寡人親為發喪，諸侯皆縞素。悉發關內兵，收三河士（韋昭曰河南、河東、河內），南浮江漢以下（正義曰南收三河士，發關內兵，從雍州入子午道至漢中，歷漢水而下，從是東行至徐州，擊楚），願從諸侯王擊楚之殺義帝者。」是時項王北擊齊，田榮與戰城陽。田榮敗，走平原（正義曰德州平原縣是），平原民殺之。齊皆降楚。楚因焚燒其城郭，係虜其子女。齊人叛之。田榮弟橫立榮子廣為齊王，齊王反楚城陽。項羽雖聞漢東，既已連齊兵，欲遂破之而擊漢。漢王以故得劫五諸侯兵，遂入彭城。項羽聞之，乃引兵去齊，從魯（正義曰兗州曲阜也）出胡陵（正義曰地理志云胡陵在山陽郡），至蕭（正義曰徐州蕭縣），與漢大戰彭城靈壁東（正義曰在徐州符離縣西北九十里）睢水上，大破漢軍，多殺士卒。

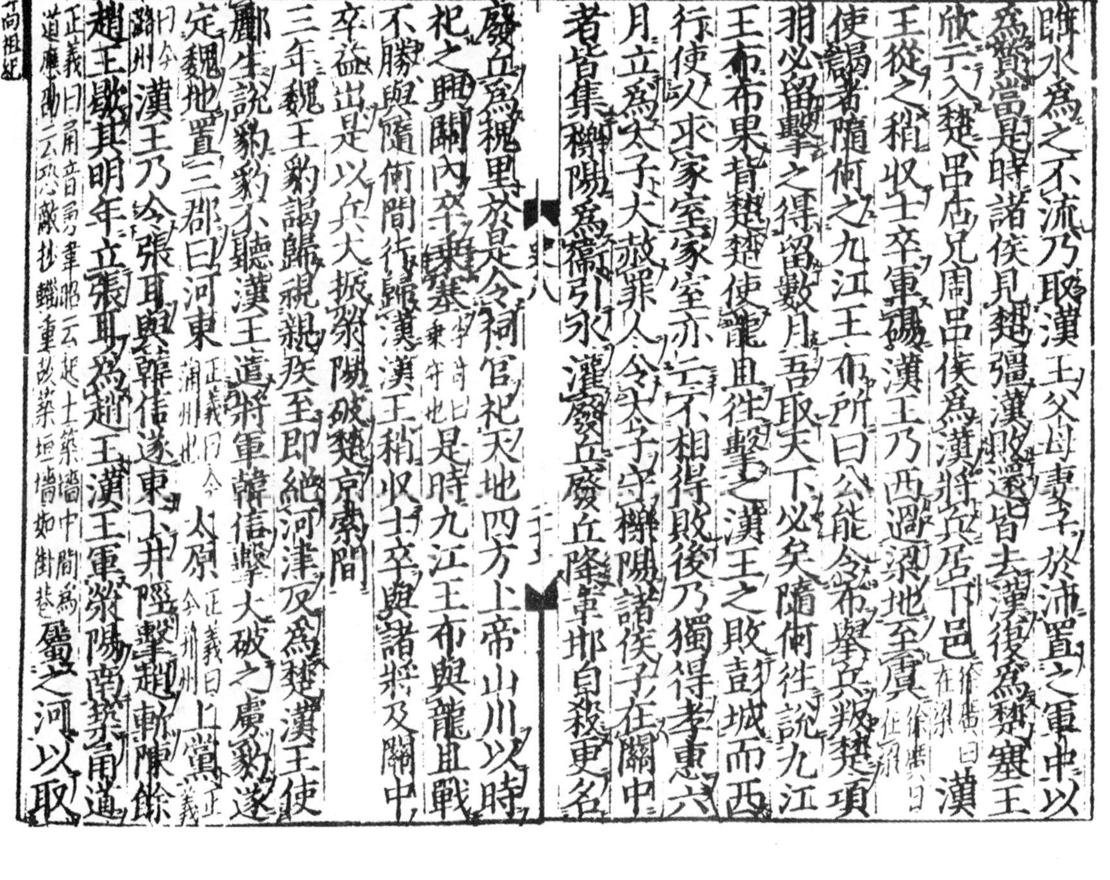
睢水爲之不流。乃取漢王父母妻子於沛，置之軍中以爲質。當是時，諸侯見楚彊漢敗，還皆去漢復爲楚。塞王欣亡入楚。呂后兄周呂侯爲漢將，兵居下邑，徐廣曰在梁漢王從之，稍收士卒，軍碭。漢王乃西過梁地，至虞。徐廣曰在梁使謁者隨何之九江王布所，曰：「公能令布舉兵叛楚，項羽必留擊之。得留數月，吾取天下必矣。」隨何往說九江王布，布果背楚。楚使龍且往擊之。漢王之敗彭城而西，行使人求家室，家室亦亡，不相得。敗後乃獨得孝惠，六月，立爲太子，大赦罪人。令太子守櫟陽，諸侯子在關中者皆集櫟陽爲衛。引水灌廢丘，廢丘降，章邯自殺。更名廢丘爲槐里。於是令祠官祀天地四方上帝山川，以時祀之。興關內卒乘塞。李奇曰乘守也是時九江王布與龍且戰，不勝，與隨何閒行歸漢。漢王稍收士卒，與諸將及關中卒益出，是以兵大振滎陽，破楚京、索閒。

三年，魏王豹謁歸視親疾，至即絕河津，反爲楚。漢王使酈生說豹，豹不聽。漢王遣將軍韓信擊，大破之，虜豹。遂定魏地，置三郡，曰河東、正義曰今蒲州也太原、正義曰今并州上黨。正義曰今潞州漢王乃令張耳與韓信遂東下井陘擊趙，斬陳餘、趙王歇。其明年，立張耳爲趙王。漢王軍滎陽南，築甬道正義曰甬音勇韋昭云起土築牆中間爲道應劭云恐敵抄輜重故築垣牆如街巷屬之河，以取

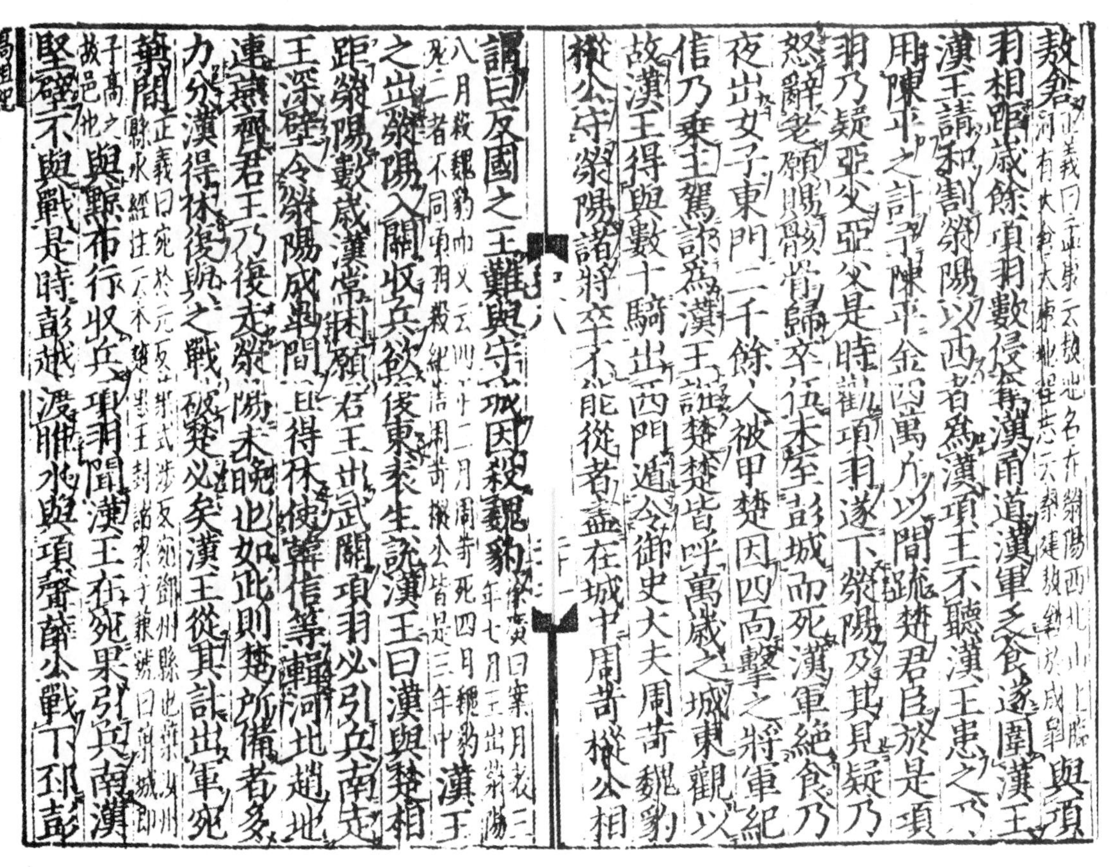
敖倉。正義曰孟康云敖地名在滎陽西北山上臨河有大倉太康地記云秦建敖倉於成皋與項羽相距歲餘。項羽數侵奪漢甬道，漢軍乏食，遂圍漢王。漢王請和，割滎陽以西者爲漢。項王不聽。漢王患之，乃用陳平之計，予陳平金四萬斤，以閒疏楚君臣。於是項羽乃疑亞父。亞父是時勸項羽遂下滎陽，及其見疑，乃怒，辭老，願賜骸骨歸卒伍，未至彭城而死。漢軍絕食，乃夜出女子東門二千餘人，被甲，楚因四面擊之。將軍紀信乃乘王駕，詐爲漢王，誑楚，楚皆呼萬歲，之城東觀，以故漢王得與數十騎出西門遁。令御史大夫周苛、魏豹、樅公守滎陽。諸將卒不能從者，盡在城中。周苛、樅公相謂曰：「反國之王，難與守城。」因殺魏豹。徐廣曰案月表三年七月王出滎陽八月殺魏豹而又云四年十二月周苛死二者不同項羽殺紀信周苛樅公皆是三年中漢王之出滎陽入關，收兵欲復東。袁生說漢王曰：「漢與楚相距滎陽數歲，漢常困。願君王出武關，項羽必引兵南走，王深壁，令滎陽成皋閒且得休。使韓信等輯河北趙地，連燕齊，君王乃復走滎陽，未晚也。如此，則楚所備者多，力分，漢得休，復與之戰，破楚必矣。」漢王從其計，出軍宛葉閒，正義曰宛於元反今鄧州縣也葉式涉反今許州葉縣也水經注云古葉楚王封諸梁子高之故邑也與黥布行收兵。項羽聞漢王在宛，果引兵南。漢堅壁不與戰。是時彭越渡睢水，與項聲、薛公戰下邳，彭

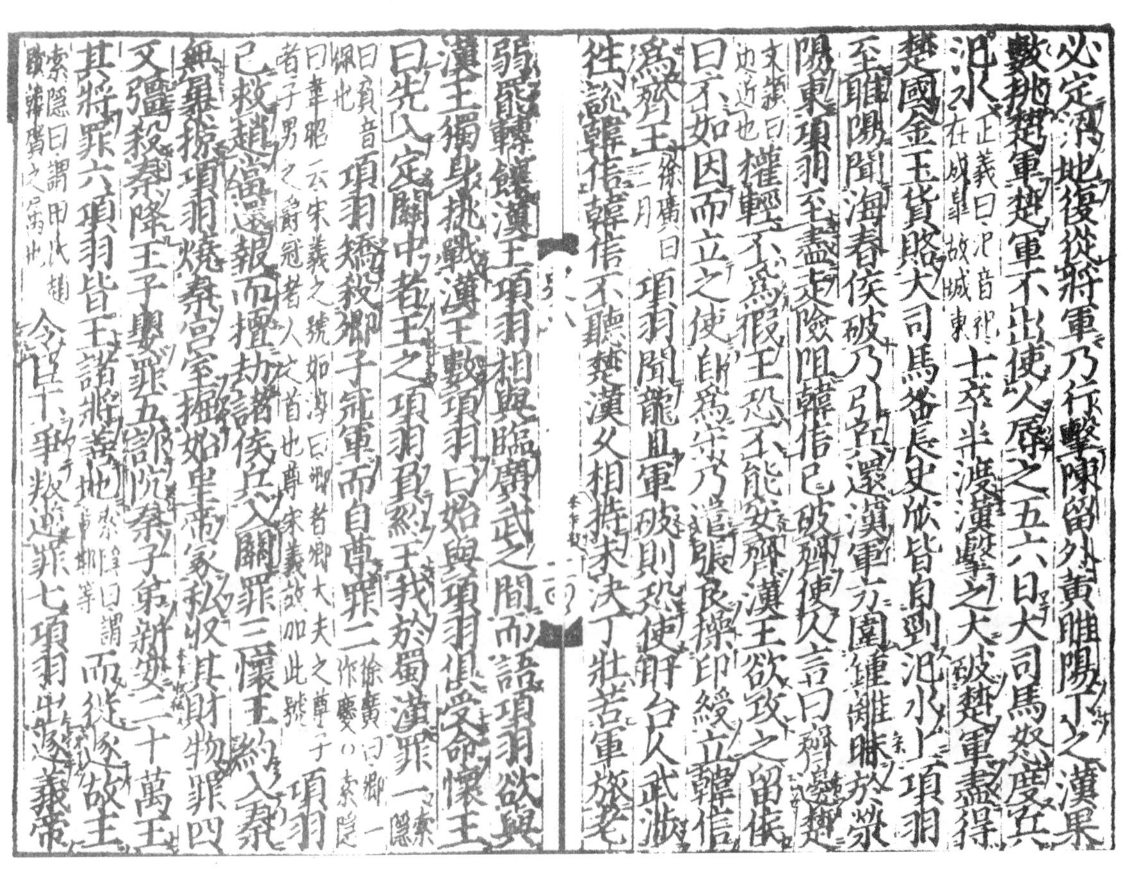

越大破楚軍項羽乃引兵東擊彭越漢王亦引兵北軍
成皋項羽已破走彭越聞漢王復軍成皋乃復引兵西
拔滎陽誅周苛樅公而虜韓王信遂圍成皋漢王跳獨
與滕公共車出成皋玉門北渡河馳宿脩武自稱使者晨馳入張耳韓信
壁而奪之軍乃使張耳北益收兵趙地韓信東擊齊
漢王得韓信軍則復振引兵臨河南饗軍小脩武南欲復戰郎中鄭忠乃說止漢王使高壘深塹
勿與戰漢王聽其計使盧綰劉賈將卒
二萬人騎數百渡白馬津入楚地
與彭越復擊破楚軍燕郭西遂復
下梁地十餘城淮陰已受命東未渡平原漢王使酈生
往說齊王田廣廣叛楚與漢和共擊項羽韓信用蒯通
計遂襲破齊齊王烹酈生東走高密項羽聞韓信已舉
河北兵破齊趙且欲擊楚則使龍且周蘭往擊
之韓信與戰騎將灌嬰擊大破楚軍殺龍且齊王廣奔
彭越當此時彭越將兵居梁地往來苦楚兵絕其糧食
四年項羽乃謂海春侯大司馬曹咎曰謹守成皋若漢
挑戰慎勿與戰毋令得東而已我十五日

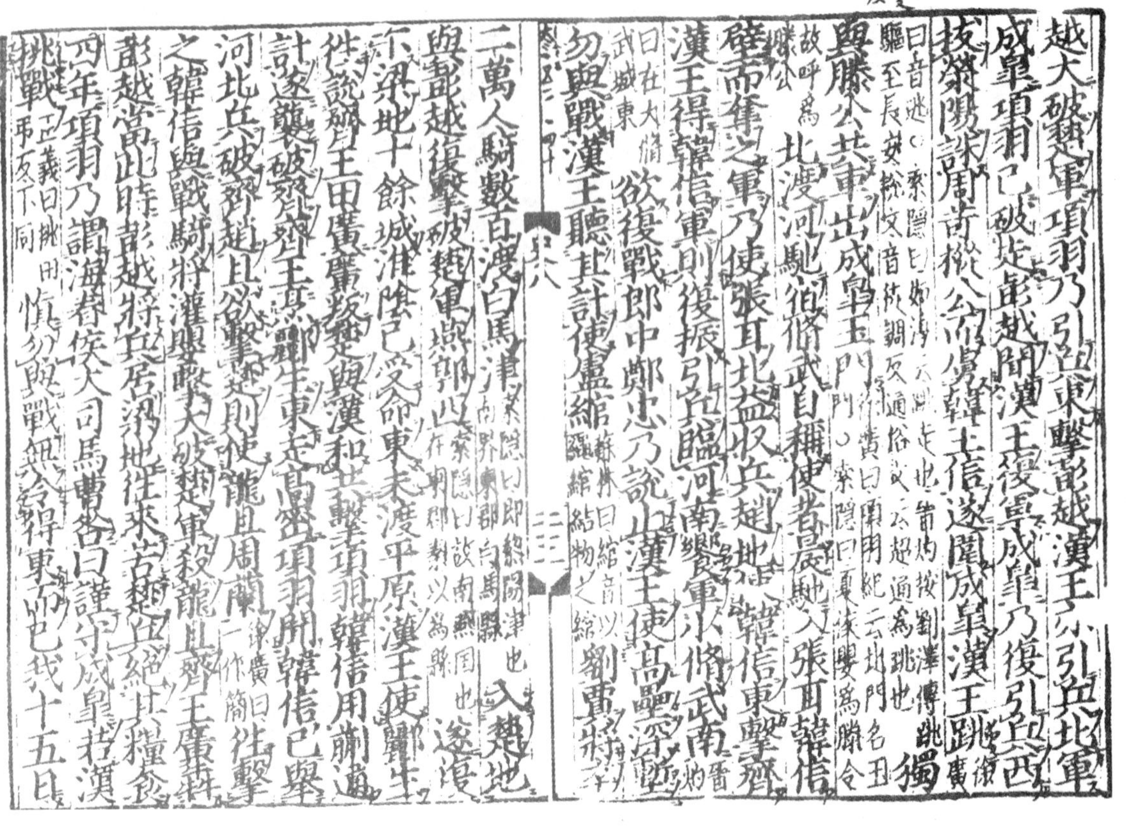

必定梁地復從將軍乃行擊陳留外黃睢陽下之漢果
數挑楚軍楚軍不出使人辱之五六日大司馬怒度兵
汜水士卒半渡漢擊之大破楚軍盡得
楚國金玉貨賂大司馬咎長史欣皆自剄汜水上項羽
至睢陽聞海春侯破乃引兵還漢軍方圍鍾離眛於滎
陽東項羽至盡走險阻韓信已破齊使人言曰齊邊楚
權輕不為假王恐不能安齊漢王欲攻之留侯
曰不如因而立之使自為守乃遣張良操印綬立韓信
為齊王項羽聞龍且軍破則恐使盱台人武涉
往說韓信韓信不聽楚漢久相持未決丁壯苦軍旅老
弱罷轉饟漢王項羽相與臨廣武之間而語項羽欲與
漢王獨身挑戰漢王數項羽曰始與項羽俱受命懷王
曰先入定關中者王之項羽負約王我於蜀漢罪一
項羽矯殺卿子冠軍而自尊罪二
項羽已救趙當還報而擅劫諸侯兵入關罪三懷王約入秦
無暴掠項羽燒秦宮室掘始皇帝冢私收其財物罪四
又彊殺秦降王子嬰罪五詐阬秦子弟新安二十萬王
其將罪六項羽皆王諸將善地而徙逐故主令臣下爭叛逆罪七項羽出逐義帝

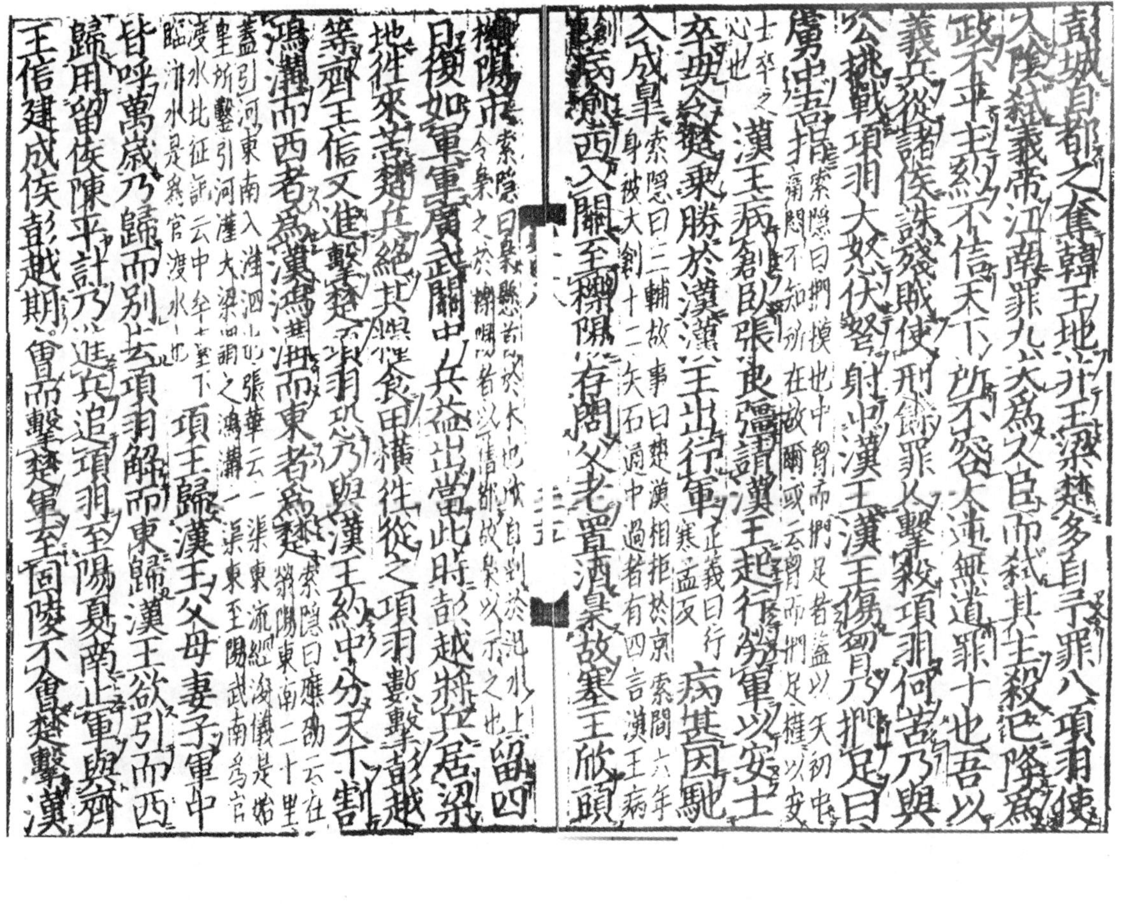

彭城，自都之；奪韓王地，并王梁楚，多自予，罪八。項羽使人陰弒義帝江南，罪九。夫為人臣而弒其主，殺已降，為政不平，主約不信，天下所不容，大逆無道，罪十也。吾以義兵從諸侯誅殘賊，使刑餘罪人擊殺項羽，何苦乃與公挑戰！」項羽大怒，伏弩射中漢王。漢王傷匈，乃捫足曰：「虜中吾指！」〔索隱曰：捫，摸也。中匈而捫足者，蓋以矢初中，不知所在，或云詐而捫足，權以安士卒之心也。〕漢王病創臥，張良彊請漢王起行勞軍，以安士卒，毋令楚乘勝於漢。漢王出行軍，〔正義曰：行，寒孟反。〕病甚，因馳入成皋。〔索隱曰：三輔故事曰楚漢相拒於京索間六年，身被大創十二，矢石通中過者有四。〕病愈，西入關，至櫟陽，存問父老，置酒，梟故塞王欣頭櫟陽市。〔索隱曰：梟，懸首於木也。欣自剄於汜水上，今梟之於櫟陽者，以示之也。〕留四日，復如軍，軍廣武。關中兵益出。當此時，彭越將兵居梁地，往來苦楚兵，絕其糧食。田橫往從之。項羽數擊彭越等，齊王信又進擊楚。項羽恐，乃與漢王約，中分天下，割鴻溝而西者為漢，鴻溝而東者為楚。〔索隱曰：應劭云在滎陽東南二十里。張華云一渠東流經浚儀，是始皇所鑿，引河東南入淮泗也。張華云一渠東流經浚儀，是為官渡水。北征記云中牟臺下臨汴水，是為官渡水也。〕項王歸漢王父母妻子，軍中皆呼萬歲，乃歸而別去。項羽解而東歸。漢王欲引而西歸，用留侯、陳平計，乃進兵追項羽，至陽夏南止軍，與齊王信、建成侯彭越期會而擊楚軍。至固陵，不會。楚擊漢

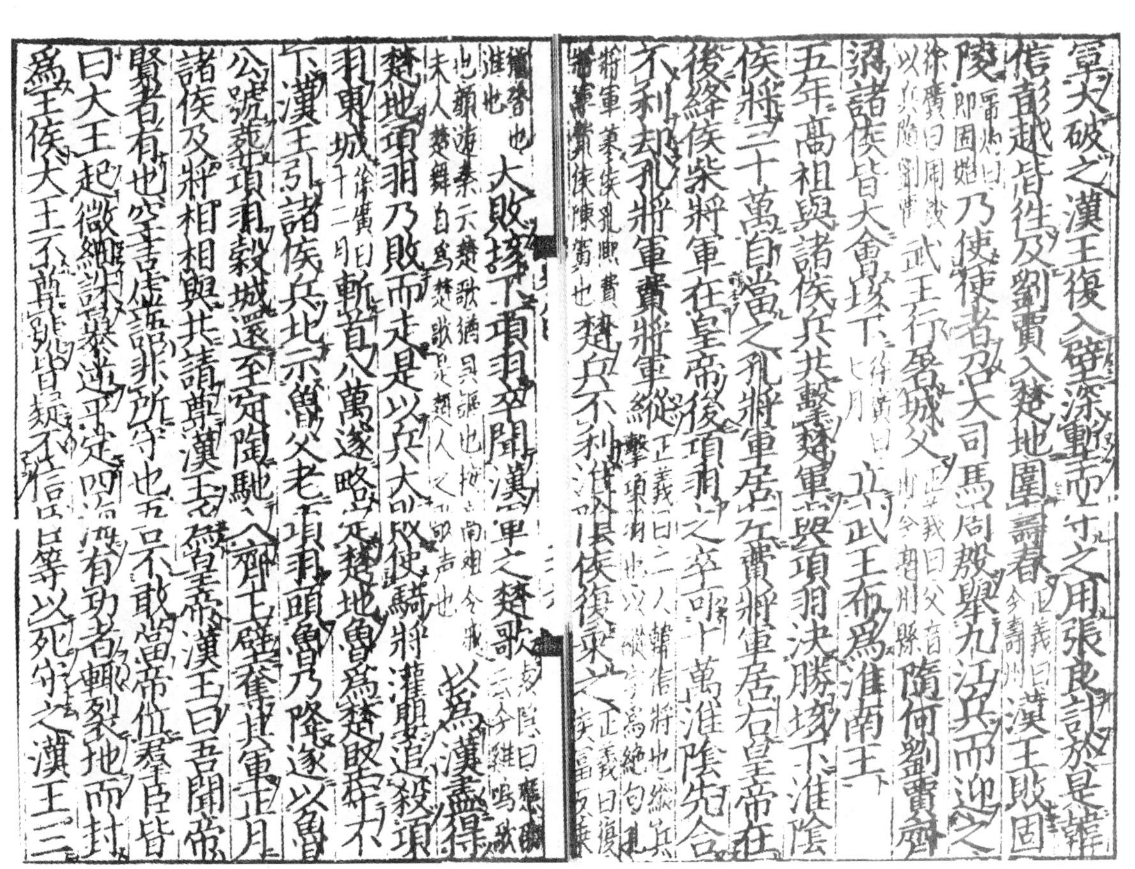

軍，大破之。漢王復入壁，深塹而守之。用張良計，於是韓信、彭越皆往。及劉賈入楚地，圍壽春，〔正義曰：今壽州。〕漢王敗固陵，〔固陵即固始。〕乃使使者召大司馬周殷舉九江兵而迎之〔徐廣曰：周殷〕武王，行屠城父，〔正義曰：父音甫，今亳州縣。〕隨劉賈、齊梁諸侯皆大會垓下。立武王布為淮南王。五年，高祖與諸侯兵共擊楚軍，與項羽決勝垓下。淮陰侯將三十萬自當之，孔將軍居左，費將軍居右，皇帝在後，絳侯、柴將軍在皇帝後。項羽之卒可十萬。淮陰先合，不利，卻。孔將軍、費將軍縱，〔正義曰：二人韓信將也。孔熙為蓼侯，陳賀為費侯也。縱擊項羽也。〕楚兵不利，淮陰侯復乘之，〔正義曰：復，扶富反。〕大敗垓下。項羽卒聞漢軍之楚歌，〔索隱曰：楚人之歌也。〕以為漢盡得楚地，〔顏游秦云：楚歌猶吳謳也。〕項羽乃敗而走，是以兵大敗。使騎將灌嬰追殺項羽東城，〔徐廣曰：十二月。〕斬首八萬，遂略定楚地。魯為楚堅守不下。漢王引諸侯兵北，示魯父老項羽頭，魯乃降。遂以魯公號葬項羽穀城。還至定陶，馳入齊王壁，奪其軍。正月，諸侯及將相相與共請尊漢王為皇帝。漢王曰：「吾聞帝賢者有也，空言虛語，非所守也，吾不敢當帝位。」群臣皆曰：「大王起微細，誅暴逆，平定四海，有功者輒裂地而封為王侯。大王不尊號，皆疑不信。臣等以死守之。」漢王三

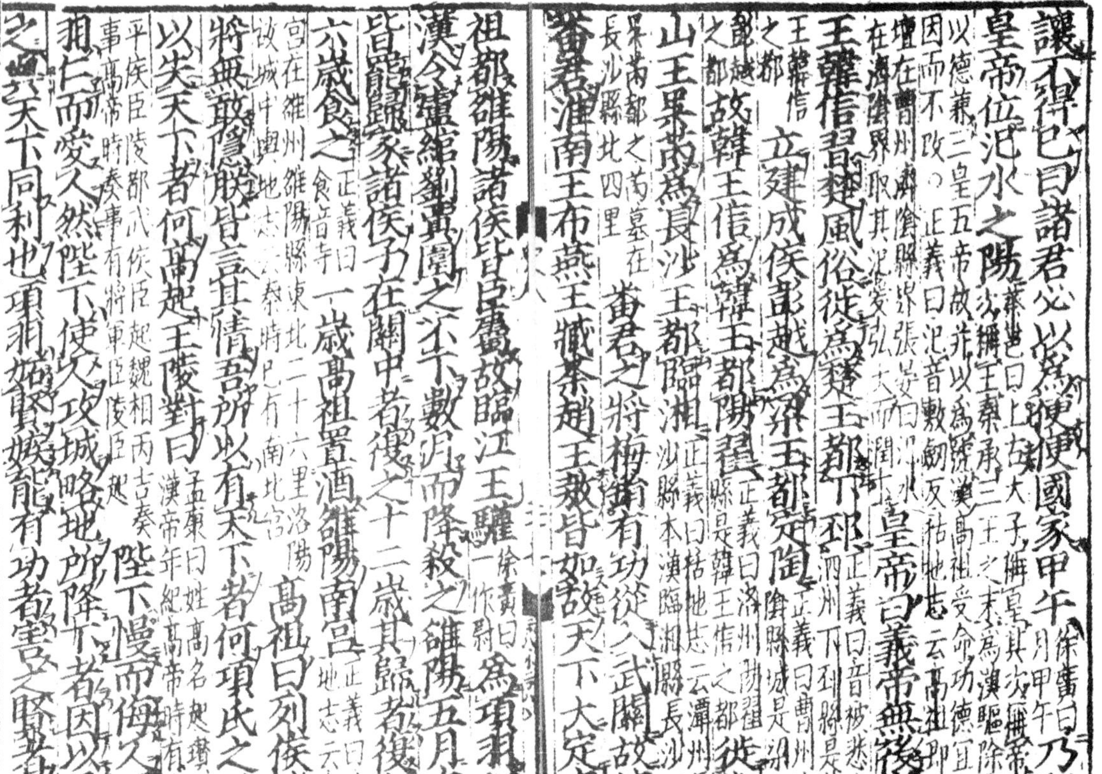

讓，不得已，曰：「諸君必以為便，便國家。」甲午（集解徐廣曰二月甲午），乃即皇帝位氾水之陽。（集解蔡邕曰上古天子稱皇，其次稱帝。秦承三王之末，為漢驅除，自以德兼三皇五帝，故并以為號。漢高祖受命，功德宜之，因而不改。○正義曰氾音敷劍反。括地志云高祖即位壇在曹州濟陰縣界。張晏曰氾水在濟陰界，取其氾愛弘大而潤下。）皇帝曰義帝無後。齊王韓信習楚風俗，徙為楚王，都下邳。（正義曰音被悲反。泗州下邳縣是楚都。）立建成侯彭越為梁王，都定陶。（正義曰曹州濟陰縣城是梁王之都。）故韓王信為韓王，都陽翟。（正義曰洛州陽翟縣是韓王信之都。）徙衡山王吳芮為長沙王，都臨湘。（正義曰括地志云潭州長沙縣本漢臨湘縣，長沙王吳芮都之，芮墓在長沙縣北四里。）番君之將梅鋗有功，從入武關，故德番君。淮南王布、燕王臧荼、趙王敖皆如故。天下大定。高祖都雒陽，諸侯皆臣屬。故臨江王驩（集解徐廣曰驩一作尉）為項羽叛漢，令盧綰、劉賈圍之，不下。數月而降，殺之雒陽。五月，兵皆罷歸家。諸侯子在關中者復之十二歲，其歸者復之六歲，食之一歲。（正義曰食音寺。）高祖置酒雒陽南宮。（正義曰括地志云南宮在雒州雒陽縣東北二十六里洛陽故城中。輿地志云秦時已有南北宮。）高祖曰：「列侯諸將無敢隱朕，皆言其情。吾所以有天下者何？項氏之所以失天下者何？」高起、王陵對曰（集解孟康曰姓高名起。瓚曰漢帝年紀高帝時有信平侯臣陵、都武侯臣起。魏相丙吉奏事高帝時奏事有將軍臣陵臣起）：「陛下慢而侮人，項羽仁而愛人。然陛下使人攻城略地，所降下者因以予之，與天下同利也。項羽妒賢嫉能，有功者害之，賢者疑之，戰勝而不予人功，得地而不予人利，此所以失天下也。」高祖曰：「公知其一，未知其二。夫運籌策帷帳之中，決勝於千里之外，吾不如子房。鎮國家，撫百姓，給餽饟，不絕糧道，吾不如蕭何。連百萬之軍，戰必勝，攻必取，吾不如韓信。此三者，皆人傑也，吾能用之，此吾所以取天下也。項羽有一范增而不能用，此其所以為我擒也。」高祖欲長都雒陽，齊人劉敬說，及留侯勸上入都關中，高祖是日駕，入都關中。六月，大赦天下。十月，燕王臧荼反，攻下代地。高祖自將擊之，得燕王臧荼。即立太尉盧綰為燕王。使丞相噲將兵攻代。其秋，利幾反（正義曰幾音機，姓名也），高祖自將兵擊之，利幾走。利幾者，項氏之將。項氏敗，利幾為陳公，不隨項羽，亡降高祖，高祖侯之潁川。高祖至雒陽，舉通侯籍召之（集解如淳曰得在通籍），而利幾恐，故反。

六年，高祖五日一朝太公，如家人父子禮。太公家令說太公曰：「天無二日，土無二王。今高祖雖子，人主也；太公雖父，人臣也。奈何令人主拜人臣！如此，則威重不行。」後高祖朝，太公擁篲（集解李奇曰為恭也，如今卒持帚者也），迎門卻行。高祖大驚，下扶太公。太公曰：「帝，人主也，奈何以我亂天下法！」於是高祖乃尊太公為太上皇。（集解蔡邕曰不言帝，非天子也。○索隱曰按本紀秦始皇

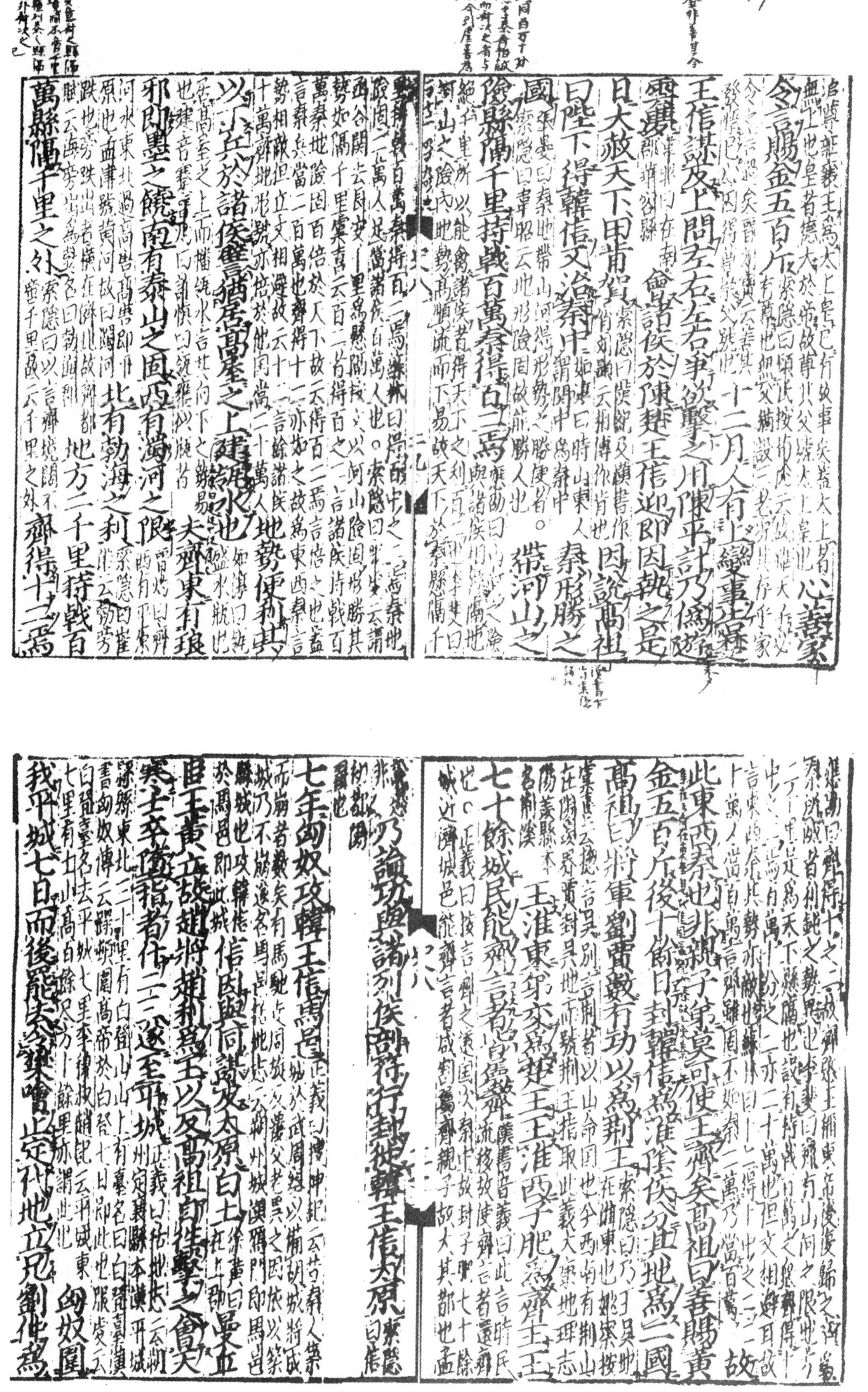

心善家令言，賜金五百斤。十二月，人有上變事告楚王信謀反，上問左右，左右爭欲擊之。用陳平計，乃僞游雲夢，會諸侯於陳，楚王信迎，即因執之。是日，大赦天下。田肯賀，因說高祖曰：陛下得韓信，又治秦中。秦，形勝之國，帶河山之險，縣隔千里，持戟百萬，秦得百二焉。地勢便利，其以下兵於諸侯，譬猶居高屋之上建瓴水也。夫齊，東有琅邪、即墨之饒，南有泰山之固，西有濁河之限，北有勃海之利。地方二千里，持戟百萬，縣隔千里之外，齊得十二焉。故此東西秦也。非親子弟，莫可使王齊矣。高祖曰：善。賜黃金五百斤。後十餘日，封韓信爲淮陰侯，分其地爲二國。高祖曰將軍劉賈數有功，以爲荊王，王淮東。弟交爲楚王，王淮西。子肥爲齊王，王七十餘城，民能齊言者皆屬齊。乃論功，與諸列侯剖符行封。徙韓王信太原。

七年，匈奴攻韓王信馬邑，信因與謀反太原。白土曼丘臣、王黃立故趙將趙利爲王以反，高祖自往擊之。會天寒，士卒墮指者什二三，遂至平城。匈奴圍我平城，七日而後罷去。令樊噲止定代地。立兄劉仲爲代王。二月，高祖自平城過趙、雒陽，至長安。長樂宮成，丞相已下徙治長安。索隱曰漢儀注高祖六年更名咸陽曰長安三輔舊事渭城本咸陽地高祖爲新城七年屬長安也

八年，高祖東擊韓王信餘反寇於東垣。地理志云東垣高帝更名曰眞定

蕭丞相營作未央宮，正義曰括地志云未央宮在雍州長安縣西北十里長安故城中顔師古云未央殿雖南嚮而當上書奏事謁見之徒皆詣北闕公車司馬亦在北焉是則以北闕爲正門而又有東門東闕至於西南兩面無門闕也蕭何初立未央宮以厭勝之術理宜然也按北闕爲正者蓋象秦作前殿度渭水屬之咸陽以象天極閣道絕漢抵營室也立東闕、北闕、關中記曰東有蒼龍闕北有玄武闕所謂北闕○索隱曰東闕名蒼龍北闕名玄武無西南二闕者蓋蕭何以厭勝之法故不立說文云闕門觀也秦家舊宮皆在渭北而立東闕北闕蓋取其便前殿、武庫、太倉。高祖還，見宮闕壯甚，怒，謂蕭何曰：「天下匈匈苦戰數歲，成敗未可知，是何治宮室過度也？」蕭何曰：「天下方未定，故可因遂就宮室。且夫天子以四海爲家，非壯麗無以重威，且無令後世有以加也。」高祖乃說。高祖之東垣，過柏人，正義曰括地志云柏人故城在邢州柏人縣西北十二里漢柏人屬趙國趙相貫高等謀弒高祖，高祖心動，因不留。代王劉仲棄國亡，自歸雒陽，廢以爲合陽侯。正義曰括地志云郃陽故城在同州河西縣三里魏文侯十七年攻秦至鄭而還築在郃水之陽也

九年，趙相貫高等事發覺，夷三族。廢趙王敖爲宣平侯。是歲，徙貴族楚昭、屈、景、懷、齊田氏關中。未央宮成。高祖大朝諸侯群臣，置酒未央前殿。高祖奉玉卮，應劭曰飲酒禮器也受四升起爲太上皇壽，曰：「始大人常以臣無賴，晉灼曰許慎曰賴利也無利入於家也或曰江湖之間謂小兒多詐狡獪爲無賴不能治產業，不如仲力。今某之業所就孰與仲多？」殿上群臣皆呼萬歲，大笑爲樂。

十年十月，淮南王黥布、梁王彭越、燕王盧綰、荊王劉賈、楚王劉交、齊王劉肥、長沙王吳芮皆來朝長樂宮。正義曰括地志云秦櫟陽故宮在雍州櫟陽縣北三十五里秦獻公所造三輔黃圖云高祖居長安未有宮室居櫟陽宮也春夏無事。七月，太上皇崩櫟陽宮。楚王、梁王皆來送葬。漢書云秦葬萬年赦櫟陽囚。更命酈邑曰新豐。正義作麗音力知反括地志云新豐故城在雍州新豐縣西南四里漢新豐宮也太上皇時悽愴不樂高祖竊因左右問故答以平生所好皆屠販少年酤酒賣餅鬬雞蹴踘以此爲歡今皆無此故不樂高祖乃作新豐徙諸故人實之太上皇乃悅按前于酈邑築城寺徙其民實之未改其名太上皇崩後命曰新豐

八月，趙相國陳豨鄭氏曰東海人名豨反代地。上曰：「豨嘗爲吾使，甚有信。代地吾所急也，故封豨爲列侯，徐廣曰豨攻定臧荼有功封陽夏侯以相國守代，今乃與王黃等劫掠代地！代地吏民非有罪也，其赦代吏民。」九月，上自東往擊之。至邯鄲，上喜曰：「豨不南據邯鄲而阻漳水，吾知其無能爲也。」聞豨將皆故賈人也，上曰：「吾知所以與之。」乃多以金啗豨將，豨將多降者。

十一年，高祖在邯鄲誅豨等未畢，豨將侯敞將萬餘人游行，王黃軍曲逆，索隱曰今中山蒲陰是張春渡河正義曰陳豨將也文穎曰劉伯莊云彼時聊城在黃河之東王莽時黃河今潤河西北也今在博州西北深陰鄙括地志云王莽九城人居近河側

高祖紀

祖父墳墓為水所衝引河決入深川此王莽河因枯也擊聊城徐廣曰在平原正義曰括地志云故聊城在博州聊城縣西二十里春秋時齊之西界聊攝也戰國時亦為齊地秦漢皆為東郡之聊城也漢使將軍郭蒙與齊將擊大破之太尉周勃漢書百官表曰太尉秦官掌武事應劭曰自上安下曰尉武官悉以為稱道太原入韋昭曰道猶從定代地至馬邑馬邑不下即攻殘之豨將趙利守東垣高祖攻之不下月餘卒罵高祖高祖怒城降令出罵者斬之不罵者原之於是乃分趙山北立子恒以為代王都晉陽如淳曰文紀言都中都又文帝過太原復晉陽中都二歲似遷都於中都也春淮陰侯韓信謀反關中夷三族夏梁王彭越謀反廢遷蜀復欲反遂夷三族立子恢為梁王子友為淮陽王秋七月淮南王黥布反東

并荊王劉賈地北渡淮楚王交走入薛高祖自往擊之立子長為淮南王

十二年十月高祖已擊布軍會甀徐廣曰在蘄縣西甀一作垂案漢書音義曰會音儈保邑名甀音直偽反○索隱曰漢書甀作缶音保非也布走令別將追之高祖還歸過沛留置酒沛宮正義曰括地志云沛宮故地在徐州沛縣東南二十里一步悉召故人父老子弟縱酒發沛中兒得百二十人教之歌酒酣應劭曰不醒不醉曰酣一曰酣洽也高祖擊筑韋昭曰筑古樂有弦擊之不鼓○正義曰音竹應劭曰狀似瑟而大頭安弦以竹擊之故名曰筑顏師古云今筑形似瑟而小細項自為歌詩曰大風起兮雲飛揚威加海內兮歸故鄉安得猛士兮守四方令兒皆和習之高祖乃起舞慷慨傷懷泣數行

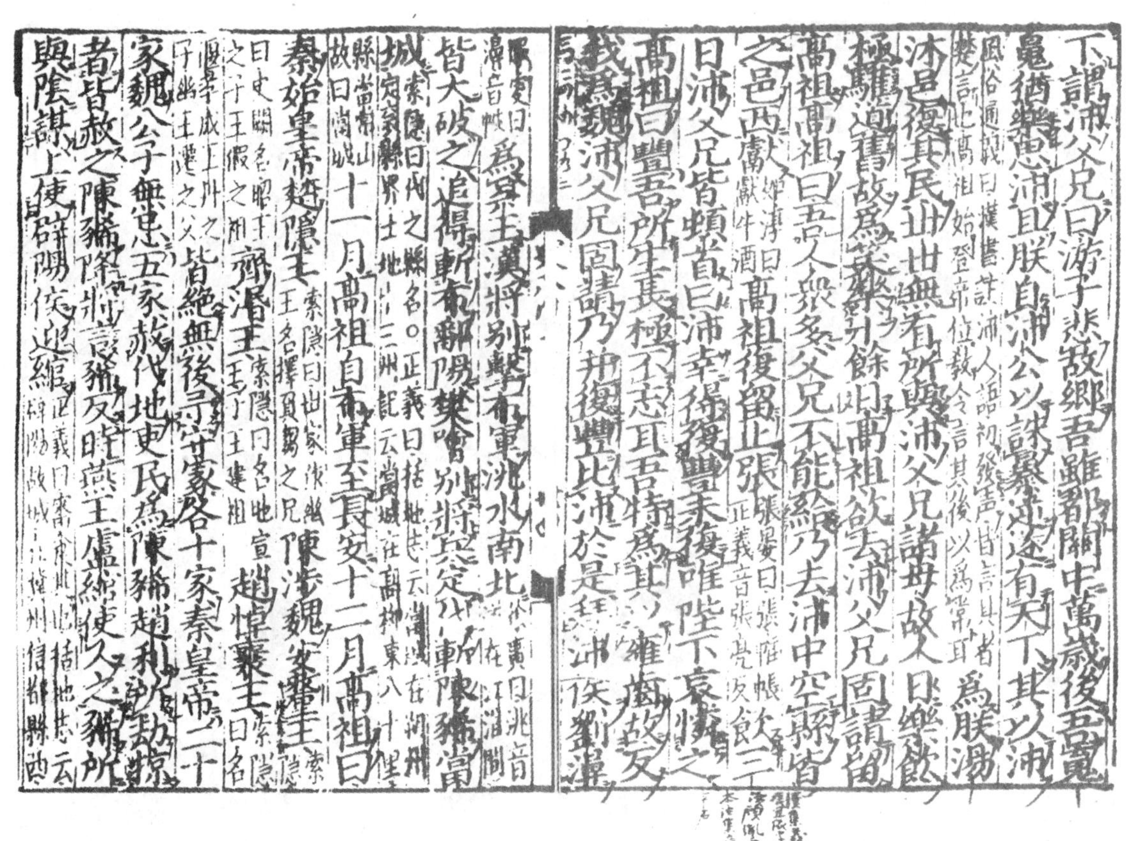

下謂沛父兄曰游子悲故鄉吾雖都關中萬歲後吾魂魄猶樂思沛且朕自沛公以誅暴逆遂有天下其以沛為朕湯風俗通義曰漢書註沛人語初發聲皆言其者楚言也高祖始登帝位教令言其後以為常耳沐邑復其民世世無有所與沛父兄諸母故人日樂飲極驩道舊故為笑樂十餘日高祖欲去沛父兄固請留高祖高祖曰吾人眾多父兄不能給乃去沛中空縣皆之邑西獻如淳曰獻牛酒高祖復留止張張晏曰張帷帳正義音張亮反飲三日沛父兄皆頓首曰沛幸得復豐未復唯陛下哀憐之高祖曰豐吾所生長極不忘耳吾特為其以雍齒故反我為魏沛父兄固請乃并復豐比沛於是拜沛侯劉濞

駰案漢書音義曰濞音帔為吳王漢將別擊布軍洮水南北徐廣曰洮音兆在江淮間皆大破之追得斬布鄱陽樊噲別將兵定代斬陳豨當城索隱曰代之縣名○正義曰括地志云當城在蔚州興唐縣界古地在二州記云當城在高柳東八十里縣當常山故曰當城十一月高祖自布軍至長安十二月高祖曰秦始皇帝楚隱王索隱曰出家後凝王名擇皆謂之兒陳涉魏安釐王索隱曰史記名圉王之子王假之祖齊緡王索隱曰名地宣王子王建祖趙悼襄王索隱曰名偃孝成王丹之子子幽王遷之父皆絕無後予守冢各十家秦皇帝二十家魏公子無忌五家赦代地吏民為陳豨趙利所劫掠者皆赦之陳豨降將言豨反時燕王盧綰使人之豨所與陰謀上使辟陽侯迎綰正義曰審食其也括地志云辟陽故城在冀州信都縣西

三十五里 漢舊儀 綰稱病。辟陽侯歸，具言綰反有端矣。二月，使
樊噲、周勃將兵擊燕王綰，赦燕吏民與反者。立皇子建
為燕王。高祖擊布時，為流矢所中，行道病。病甚，呂后迎
良醫，醫入見，高祖問醫，醫曰：「病可治。」於是高祖嫚罵
之曰：「吾以布衣持三尺劍取天下，此非天命乎？命乃在
天，雖扁鵲何益！」遂不使治病，賜金五十斤罷之。已而呂
后問：「陛下百歲後，蕭相國即死，令誰代之？」上曰：「曹參可。」
問其次，上曰：「王陵可。然陵少戇，陳平可以助之。陳平智
有餘，然難以獨任。周勃重厚少文，然安劉氏者必勃也，
可令為太尉。」呂后復問其次，上曰：「此後亦非而所知也。」

盧綰與數千騎居塞下候伺，幸上病愈，自入謝。四月甲
辰，高祖崩長樂宮。皇甫謐曰高祖以秦昭王五十一年生至漢十二年年六十三 四日
不發喪。呂后與審食其謀曰：「諸將與帝為編戶民，今北
面為臣，此常怏怏，今乃事少主，非盡族是，天下不安。」人
或聞之，語酈將軍。漢書曰酈商 酈將軍往見審食其，曰：「吾聞
帝已崩，四日不發喪，欲誅諸將。誠如此，天下危矣。陳平、
灌嬰將十萬守滎陽，樊噲、周勃將二十萬定燕、代，此聞
帝崩，諸將皆誅，必連兵還鄉以攻關中。大臣內叛，諸侯
外反，亡可翹足而待也。」審食其入言之，乃以丁未發喪，
大赦天下。盧綰聞高祖崩，遂亡入匈奴。丙寅，葬。徐廣曰五月

高祖紀

己巳，立太子，正義曰丙寅葬後四日至己巳即立太子為帝有本脫巳字者妄引漢書云巳下者非
至太上皇廟。正義曰三輔黃圖云太上皇廟在長安城香室南馮翊府北括地志云漢太上皇廟在雍州長安縣西北長安故城中酒池之北高帝廟北高帝廟亦在故城中也 羣臣皆曰：「高
祖起微細，撥亂世反之正，平定天下，為漢太祖，功最高。
上尊號為高皇帝。」太子襲號為皇帝，孝惠帝也。令郡國
諸侯各立高祖廟，以歲時祠。及孝惠五年，思高祖之悲
樂沛，以沛宮為高祖原廟。徐廣曰光武紀曰上幸豐祠高祖於原廟駰案謂原者再也先既已立廟今又再立故謂之原廟 高祖所教歌兒百二十人，皆令為
吹樂，後有缺，輒補之。高祖八男：長庶齊悼惠王肥；次孝
惠，呂后子；次戚夫人子趙隱王如意；次代王恒，已立為

孝文帝，薄太后子；次梁王恢，呂太后時徙為趙共王；次
淮陽王友，呂太后時徙為趙幽王；次淮南厲王長；次燕
王建。
太史公曰：夏之政忠。忠之敝，小人以野，鄭玄曰忠質厚也野少禮節也
故殷人承之以敬。敬之敝，小人以鬼，鄭玄曰多威儀如事鬼神 故周
人承之以文。文之敝，小人以僿，徐廣曰一作薄駰案史記音隱曰僿音西志反 鄭玄曰文尊卑之差也薄苟習文法無悃誠也○索隱曰鄭音先代反鄒本作薄音扶各反本一作僿而徐廣云一作薄是本不同也然此語本出表記作其民之敝利而巧文而不慙賊而蔽也裴氏引音隱云僿音先志反蔽僿聲相近故以蔽為僿耳 故救僿莫若以忠。鄭玄曰復反始 三王之道
若循環，終而復始。周秦之間，可謂文敝矣。秦政不改，反

酷刑法，豈不繆乎？故漢興，承敝易變，使人不倦，得天統矣。朝以十月。車服黃屋左纛。葬長陵。皇甫謐曰：長陵山東西廣百二十步，高十三丈，在渭水北，去長安城三十五里。○正義曰：括地志云長陵在雍州咸陽縣東三十里。

索隱述贊曰：

高祖初起，始自徒中。言從泗上，即號沛公。嘯命豪傑，奮發材雄。彤雲鬱砀，素靈夜哭。龍變星聚，蛇分徑空。項氏主命，負約棄功。王我巴蜀，實憤于衷。三秦既北，五兵遂東。氾水即位，咸陽築宮。威加四海，還歌大風。

高祖本紀第八　史記八

呂后本紀第九　史記九

索隱曰：呂太后以女主臨朝，自孝惠崩後立少帝而始稱制，正合附惠紀而論之。不然，或別為呂后本紀，豈得全沒孝惠而獨稱呂后本紀？合依班氏分為二紀焉。

呂太后者，徐廣曰：呂后父呂公，漢元年為臨泗侯，四年卒。高后元年追謚曰呂宣王。高祖微時妃也，漢書音義曰：諱雉。○索隱曰：字娥姁也。生孝惠帝、漢書音義曰：諱盈。女魯元太后。及高祖為漢王，得定陶戚姬，如淳曰：姬音怡，衆妾之總稱也。漢官儀曰：姬妾數百。瓚曰：漢秩祿令及茂陵書姬內官也，秩比二千石，位次婕妤下，在七子八子之上。○索隱曰：如淳音怡，非也。茂陵書云姬是內官，是矣。然官號及婦人通稱姬者，姬，周之姓，所以左傳稱伯姬、叔姬，以言天子之宗女貴於他姓，故遂以姬為婦人美號。故詩曰「雖有姬姜，不弃顦顇」是也。愛幸，生趙隱王如意。孝惠為人仁弱，高祖以為不類我，常欲廢太子，立戚姬子如意，如意類我。戚姬幸，常從上之關東，日夜啼泣，欲立其子代太子。呂后年長，常留守，希見上，益疏。如意立為趙王後，幾代太子者數矣，索隱曰：幾音祈，又音其紀反。賴大臣爭之，及留侯策，索隱曰：謂張良招東園公等令太子卑辭安車以迎四皓也。太子得毋廢。呂后為人剛毅，佐高祖定天下，所誅大臣多呂后力。呂后兄二人，皆為將。長兄周呂侯徐廣曰：名澤。高祖八年卒，謚曰令武侯，追謚曰悼武王。死事，封其子呂台為酈侯，徐廣曰：酈一作鄜。○索隱曰：鄜，鄉名。台並音怡，[illegible]音胎。子產為交侯；徐廣曰：一作洨。次兄呂釋之為建成侯。徐廣曰：惠帝二年卒，謚康侯。高祖十二年四月甲辰，崩長樂宮，太子襲號為帝。是時高祖八子：長男肥，孝惠兄

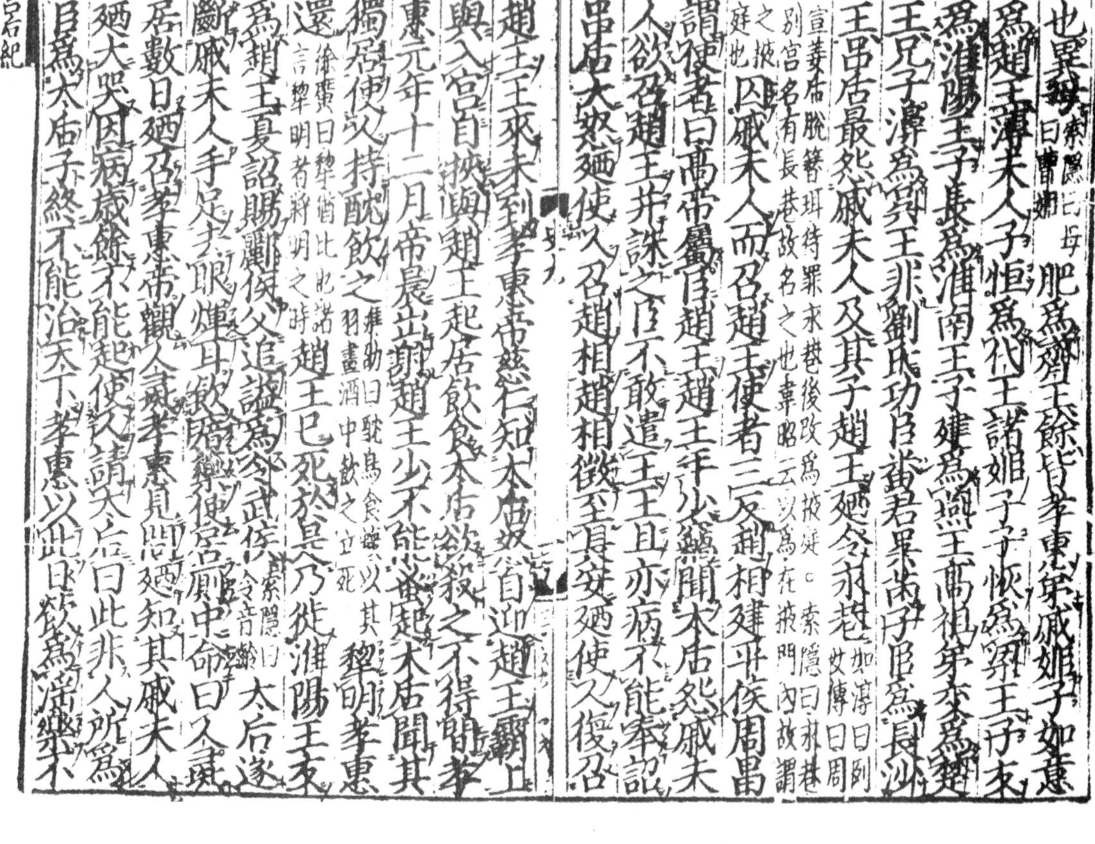

也異母。索隱曰：異母，曰曹姬。肥爲齊王，餘皆孝惠弟。戚姬子如意爲趙王。薄夫人子恒爲代王。諸姬子子恢爲梁王，子友爲淮陽王，子長爲淮南王，子建爲燕王。高祖弟交爲楚王，兄子濞爲吳王。非劉氏功臣番君吳芮子臣爲長沙王。呂后最怨戚夫人及其子趙王，迺令永巷如淳曰：列女傳曰周宣姜后脫簪珥待罪永巷。後改爲掖庭。○索隱曰：永巷，別宮名，有長巷，故名之也。韋昭云：以爲在掖門內，故謂之掖庭也。囚戚夫人，而召趙王。使者三反，趙相建平侯周昌謂使者曰：高帝屬臣趙王，趙王年少。竊聞太后怨戚夫人，欲召趙王并誅之，臣不敢遣王。王且亦病，不能奉詔。呂后大怒，迺使人召趙相。趙相徵至長安，迺使人復召

趙王。王來，未到。孝惠帝慈仁，知太后怒，自迎趙王霸上，與入宮，自挾與趙王起居飲食。太后欲殺之，不得閒。孝惠元年十二月，帝晨出射。趙王少，不能蚤起。太后聞其獨居，使人持酖飲之。應劭曰：酖鳥食蝮，以其羽畫酒中，飲之立死。犂明，孝惠還。徐廣曰：犂猶比也。諸言犂明者，將明之時。趙王已死。於是乃徙淮陽王友爲趙王。夏，詔賜酈侯父追謚爲令武侯。索隱曰：令音鈴。太后遂斷戚夫人手足，去眼，煇耳，飲瘖藥，使居廁中，命曰人彘。居數日，迺召孝惠帝觀人彘。孝惠見，問，迺知其戚夫人，迺大哭，因病，歲餘不能起。使人請太后曰：此非人所爲。臣爲太后子，終不能治天下。孝惠以此日飲爲淫樂，不

呂后紀

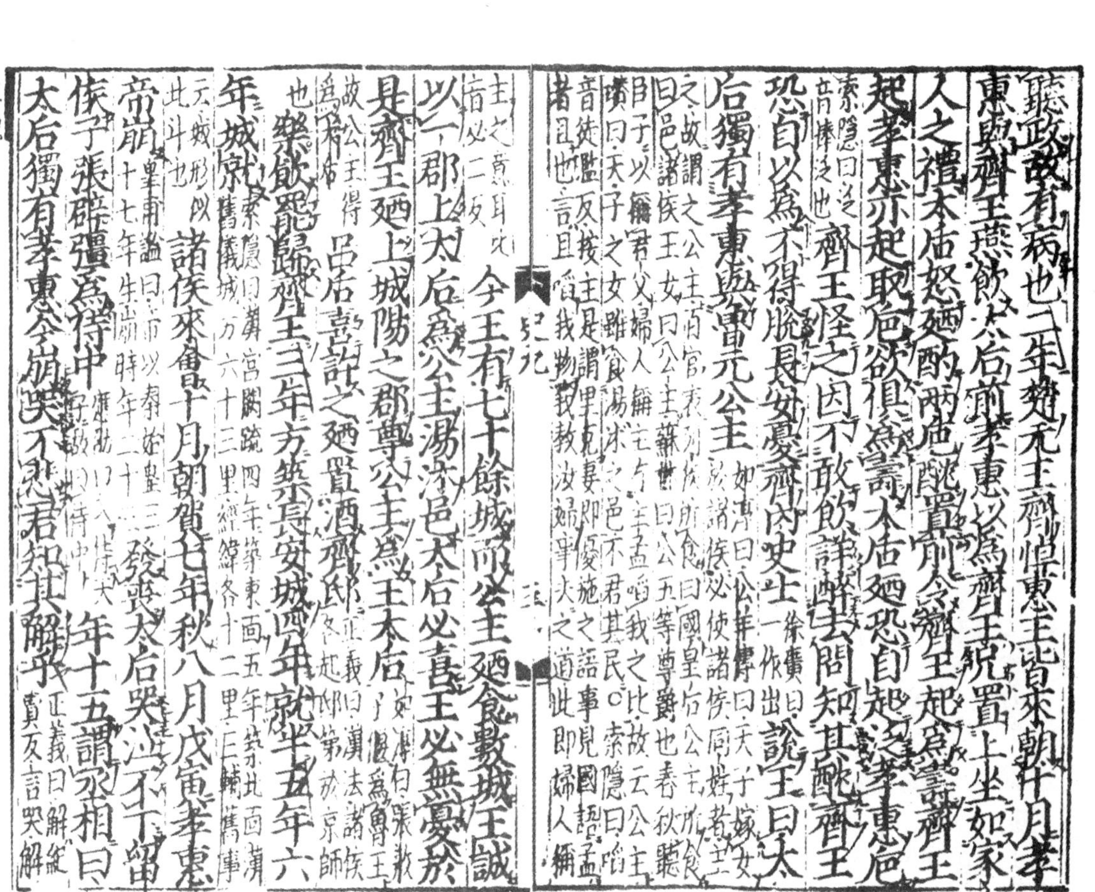

聽政，故有病也。二年，楚元王、齊悼惠王皆來朝。十月，孝惠與齊王燕飲太后前，孝惠以爲齊王兄，置上坐，如家人之禮。太后怒，迺令酌兩卮酖，置前，令齊王起爲壽。齊王起，孝惠亦起，取卮欲俱爲壽。太后迺恐，自起泛孝惠卮。索隱曰：泛音捧，泛也。齊王怪之，因不敢飲，詳醉去。問，知其酖，齊王恐，自以爲不得脫長安，憂。齊內史士徐廣曰：一作出。說王曰：太后獨有孝惠與魯元公主。如淳曰：公羊傳曰：天子嫁女於諸侯，必使諸侯同姓者主之，故謂之公主。百官表列侯所食曰國，皇后公主所食曰邑，諸侯王女曰公主。蘇林曰：公，五等尊爵也。春秋聽臣子以稱君父。婦人稱主，有主孟啗我之比，故云公主。韋昭曰：天子之女雖食湯沐之邑，不君其民。○索隱曰：啗音徒濫反。按：主是謂里克妻，即優施之語，事見國語。孟者，且也。言且啗我物，我教汝婦事夫之道。此即婦人稱主之意耳也。音必二反。今王有七十餘城，而公主迺食數城。王誠以一郡上太后，爲公主湯沐邑，太后必喜，王必無憂。於是齊王迺上城陽之郡，尊公主爲王太后。如淳曰：張敖偃爲魯王，故公主得爲稱后。呂后喜，許之。迺置酒齊邸，正義曰：漢法，諸侯各起邸第於京師。樂飲，罷，歸齊王。三年，方築長安城，四年就半，五年六年城就。索隱曰：漢宮闕疏：四年築東面，五年築北面。漢舊儀：城方六十三里，經緯各十二里。三輔舊事云：城形似北斗也。諸侯來會。十月朝賀。七年秋八月戊寅，孝惠帝崩。皇甫謐曰：帝以秦始皇三十七年生，崩時年二十三。發喪，太后哭，泣不下。留侯子張辟彊爲侍中，年十五，謂丞相曰：太后獨有孝惠，今崩，哭不悲，君知其解乎？正義曰：解，紀賣反，言哭解。

呂后紀

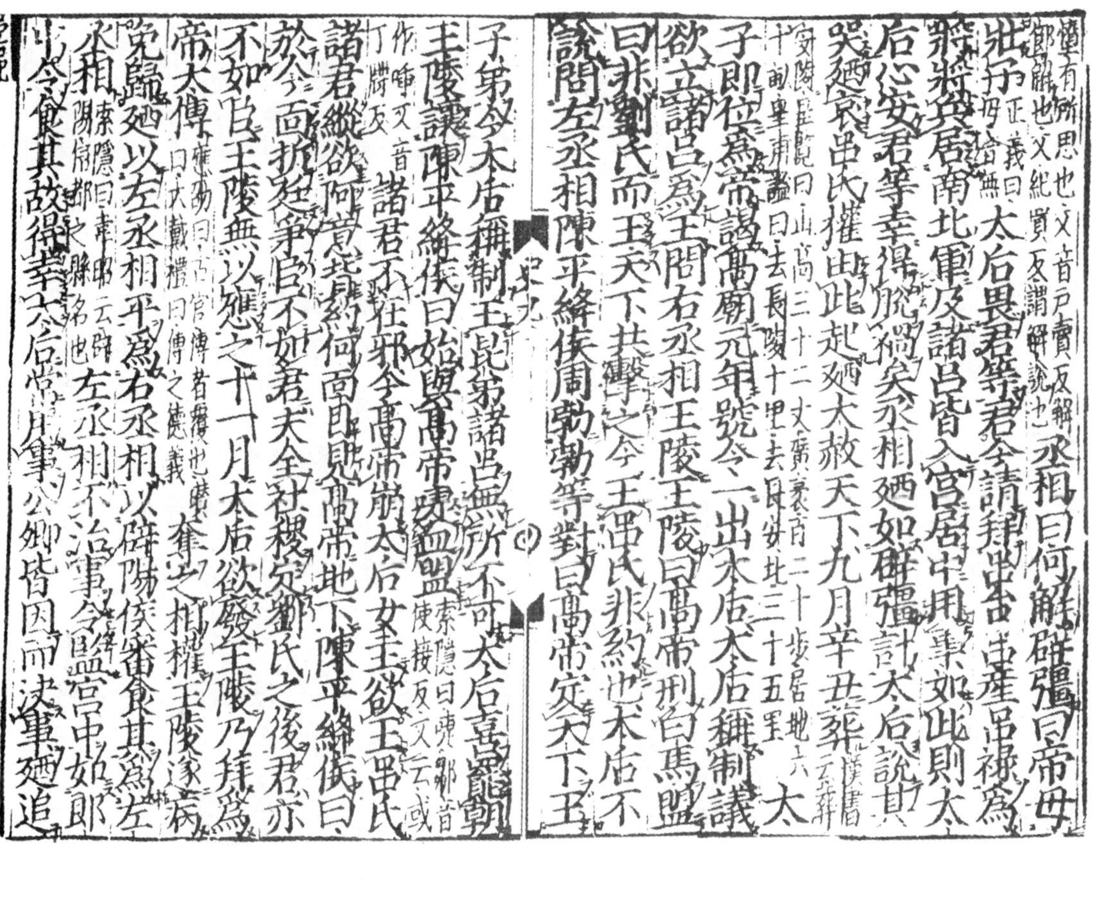

噲有所思也。又音戶賣反。解，卻解也。又紀買反，謂解說也。丞相曰：「何解？」辟彊曰：「帝毋壯子，（毋，音無。正義曰：毋，音無。）太后畏君等。君今請拜呂台、呂產、呂祿為將，將兵居南北軍，及諸呂皆入宮，居中用事，如此則太后心安，君等幸得脫禍矣。」丞相迺如辟彊計。太后說，其哭迺哀。呂氏權由此起。迺大赦天下。九月辛丑，葬。（漢書云葬安陵。皇覽曰：山高三十二丈，廣袤各百二十步，居地六十畝。皇甫謐曰：去長陵十里，去長安北三十五里。）太子即位為帝，謁高廟。元年，號令一出太后。太后稱制，議欲立諸呂為王，問右丞相王陵。王陵曰：「高帝刑白馬盟曰『非劉氏而王，天下共擊之』。今王呂氏，非約也。」太后不說。問左丞相陳平、絳侯周勃。勃等對曰：「高帝定天下，王子弟，今太后稱制，王昆弟諸呂，無所不可。」太后喜，罷朝。王陵讓陳平、絳侯曰：「始與高帝啑血盟，（索隱曰：啑，鄭音使接反。又云或作喢，又音丁牒反。）諸君不在邪？今高帝崩，太后女主，欲王呂氏，諸君縱欲阿意背約，何面目見高帝地下？」陳平、絳侯曰：「於今面折廷爭，臣不如君；夫全社稷，定劉氏之後，君亦不如臣。」王陵無以應之。十一月，太后欲廢王陵，乃拜為帝太傅，（韋昭曰：古官。傅者，覆也。大戴禮曰：傅之德義。）奪之相權。王陵遂病免歸。迺以左丞相平為右丞相，以辟陽侯審食其為左丞相。（索隱曰：韋昭云辟陽，信都縣名也。）左丞相不治事，令監宮中，如郎中令。食其故得幸太后，常用事，公卿皆因而決事。迺追

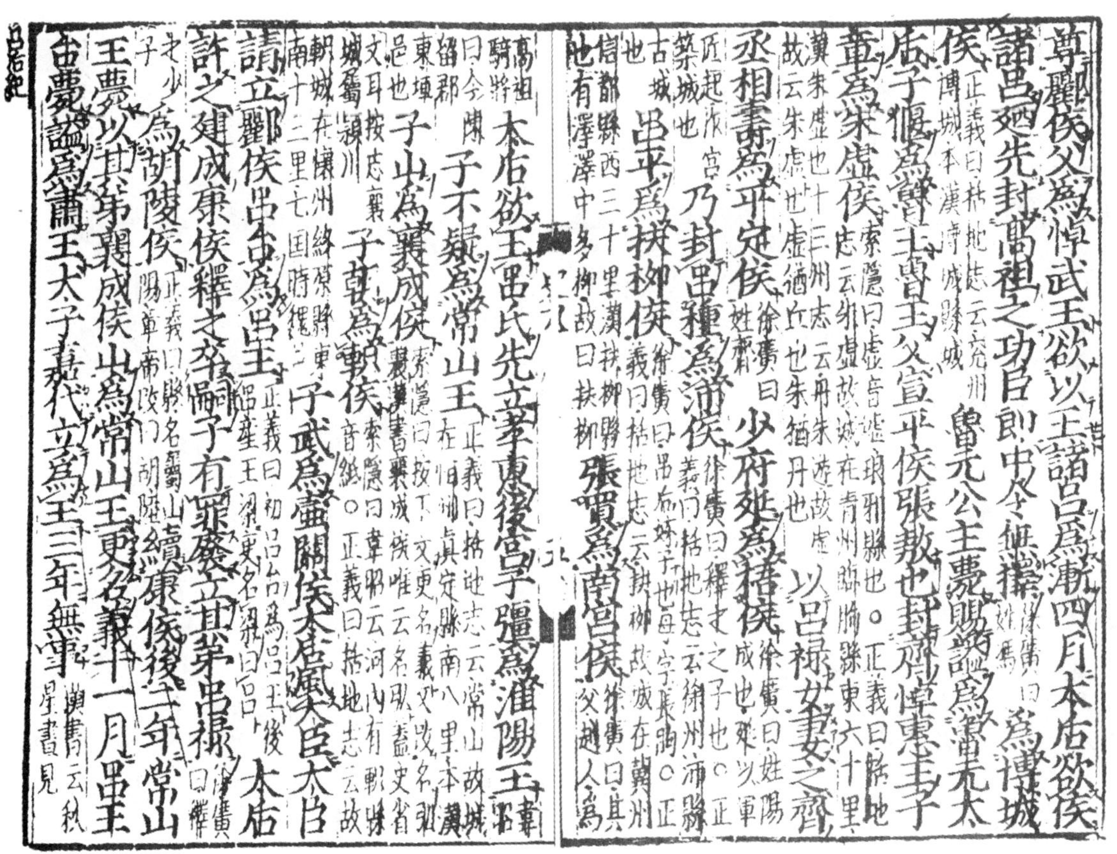

尊酈侯父為悼武王，欲以王諸呂為漸。四月，太后欲侯諸呂，迺先封高祖之功臣郎中令無擇（徐廣曰：姓馮。）為博城侯。（正義曰：括地志云兗州博城，本漢博城縣城。）魯元公主薨，賜謚為魯元太后。子偃為魯王。魯王父，宣平侯張敖也。封齊悼惠王子章為朱虛侯，（索隱曰：虛音墟，琅邪縣也。○正義曰：括地志云朱虛故城在青州臨朐縣東六十里，漢朱虛也。十三州志云丹朱游故虛，故云朱虛也。虛猶丘也，朱猶丹也。）以呂祿女妻之。齊丞相壽為平定侯。（徐廣曰：姓齊。）少府延為梧侯。（徐廣曰：姓陽成也。率以軍匠起宮，築城也。）乃封呂種為沛侯。（徐廣曰：釋之子也。○正義曰：括地志云徐州沛縣古城。）呂平為扶柳侯，（徐廣曰：呂后姊子也，母字長姁。○正義曰：括地志云扶柳故城在冀州信都縣西三十里，漢扶柳縣也。有澤，澤中多柳，故曰扶柳。）張買為南宮侯。（徐廣曰：其父越人，為高祖騎將。）

太后欲王呂氏，先立孝惠後宮子彊為淮陽王，（韋昭曰：今陳留郡。）子不疑為常山王，（正義曰：括地志云常山故城在恒州真定縣南八里，本漢東垣邑也。）子山為襄成侯，（索隱曰：按下文更名義，此改名弘。漢書襄城作襄成侯，唯云名弘，蓋史省文耳。按志，襄城屬潁川。）子朝為軹侯，（音紙。○正義曰：括地志云故軹城在懷州濟源縣東南十三里，七國時魏邑。）子武為壺關侯。太后風大臣，大臣請立酈侯呂台為呂王，（正義曰：初呂台為呂王，後呂產王梁，更名梁曰呂。）太后許之。建成康侯釋之卒，嗣子有罪，廢，立其弟呂祿（徐廣曰：釋之少子。）為胡陵侯，（正義曰：縣名，屬山陽，章帝改曰胡陸。）續康侯後。二年，常山王薨，以其弟襄成侯山為常山王，更名義。十一月，呂王台薨，謚為肅王，太子嘉代立為王。三年，無事。（漢書云：秋，星晝見。）

四年，封呂嬃為臨光侯，呂他為俞侯，索隱曰他音陁俞音輸○正義曰括地志云故鄃城在德州平原縣西南三十里本漢鄃縣呂他邑也 呂更始為贅其侯，徐廣曰表云呂祐弟子淮陽丞相呂勝為贅其侯○索隱曰按表贅其在臨淮 呂忿為呂成侯，正義曰括地志云故呂城在鄧州南陽縣西三十里呂尚先祖封 及諸侯丞相五人。徐廣曰中邑侯朱通山都侯王恬開松茲侯徐厲滕侯呂更始醴陵侯越 宣平侯女為孝惠皇后時無子，詳為有身，取美人子名之，正義曰劉伯莊云諸美人元幸呂氏懷身而入宮生子 殺其母，立所名子為太子。孝惠崩，太子立為帝。帝壯，或聞其母死，非真皇后子，迺出言曰：后安能殺吾母而名我？我未壯，壯即為變。太后聞而患之，恐其為亂，迺幽之永巷中，言帝病甚，左右莫得見。太后曰：凡有天下治為萬民命徐廣曰一無此字者，蓋之如天，容之如地，上有懽心以安百姓，百姓欣然以事其上，懽欣交通而天下治。今皇帝病久不已，迺失惑惛亂，不能繼嗣奉宗廟祭祀，不可屬天下，其代之。羣臣皆頓首言：皇太后為天下齊民計所以安宗廟社稷甚深，羣臣頓首奉詔。帝廢位，太后幽殺之。五月丙辰，立常山王義為帝，更名曰弘。不稱元年者，以太后制天下事也。以軹侯朝為常山王。置太尉官，絳侯勃為太尉。五年八月，淮陽王薨，以弟壺關侯武為淮陽王。六年十月，太后曰呂王嘉居處驕恣，廢之，以肅王台弟呂產為呂王。夏，赦天下。封齊悼惠王子

呂后紀

史記九

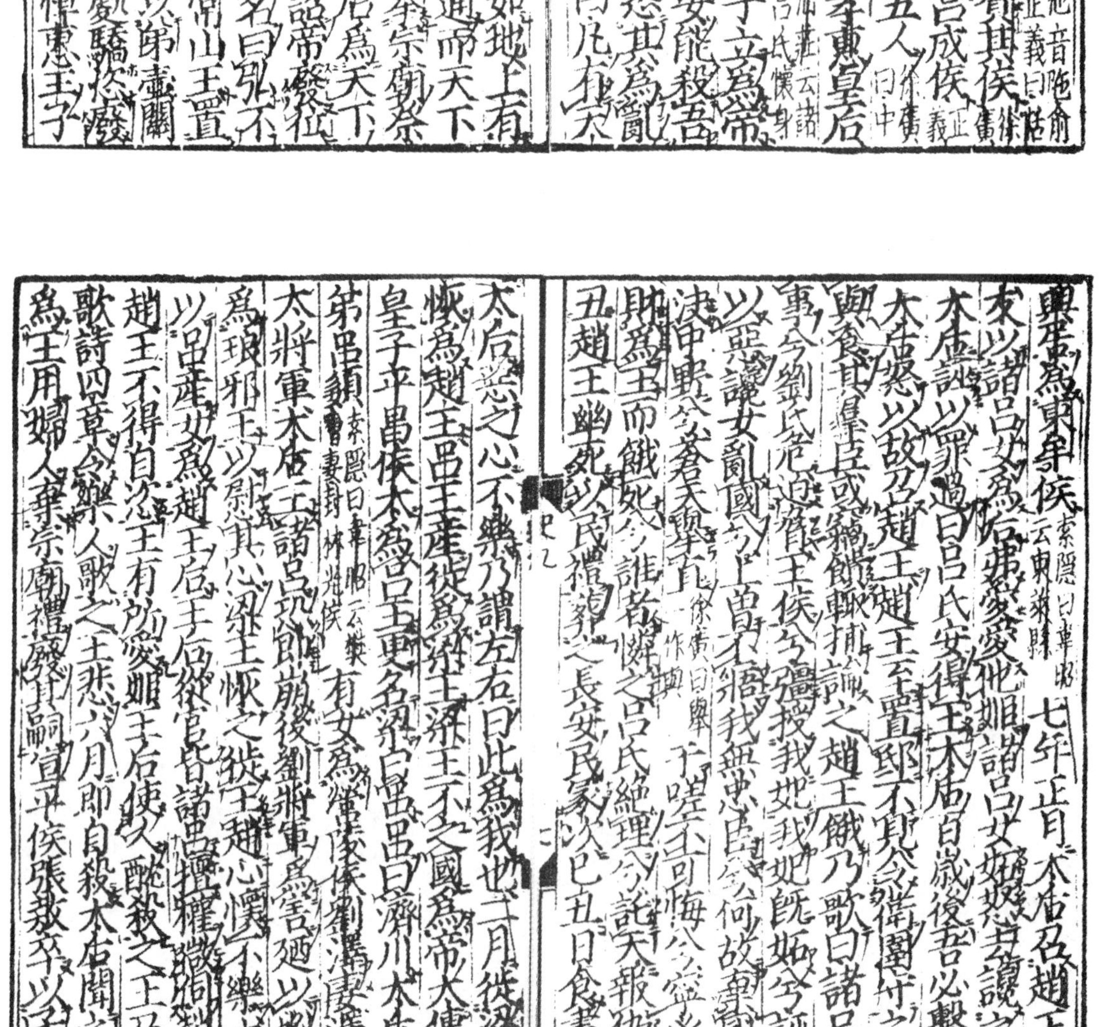

興居為東牟侯。索隱曰韋昭云東萊縣 七年正月，太后召趙王友。友以諸呂女為后，弗愛，愛他姬，諸呂女妒，怒去，讒之於太后，誣以罪過，曰：呂氏安得王！太后百歲後，吾必擊之。太后怒，以故召趙王。趙王至，置邸不見，令衛圍守之，弗與食。其羣臣或竊饋，輒捕論之。趙王餓，乃歌曰：諸呂用事兮劉氏危，迫脅王侯兮彊授我妃。我妃既妒兮誣我以惡，讒女亂國兮上曾不寤。我無忠臣兮何故棄國？自決中野兮蒼天舉直！徐廣曰舉一作與 于嗟不可悔兮寧蚤自財。為王而餓死兮誰者憐之！呂氏絕理兮託天報仇。丁丑，趙王幽死，以民禮葬之長安民冢次。己丑，日食，晝晦。太后惡之，心不樂，乃謂左右曰：此為我也。二月，徙梁王恢為趙王。呂王產徙為梁王，梁王不之國，為帝太傅。立皇子平昌侯太為呂王。更名梁曰呂，呂曰濟川。太后女弟呂嬃索隱曰韋昭云嬃音須妻封林光侯 有女為營陵侯劉澤妻，澤為大將軍。太后王諸呂，恐即崩後劉將軍為害，迺以劉澤為琅邪王，以慰其心。梁王恢之徙王趙，心懷不樂。太后以呂產女為趙王后。王后從官皆諸呂，擅權，微伺趙王，趙王不得自恣。王有所愛姬，王后使人酖殺之。王乃為歌詩四章，令樂人歌之。王悲，六月即自殺。太后聞之，以為王用婦人棄宗廟禮，廢其嗣。宣平侯張敖卒，以子偃

史記九 二

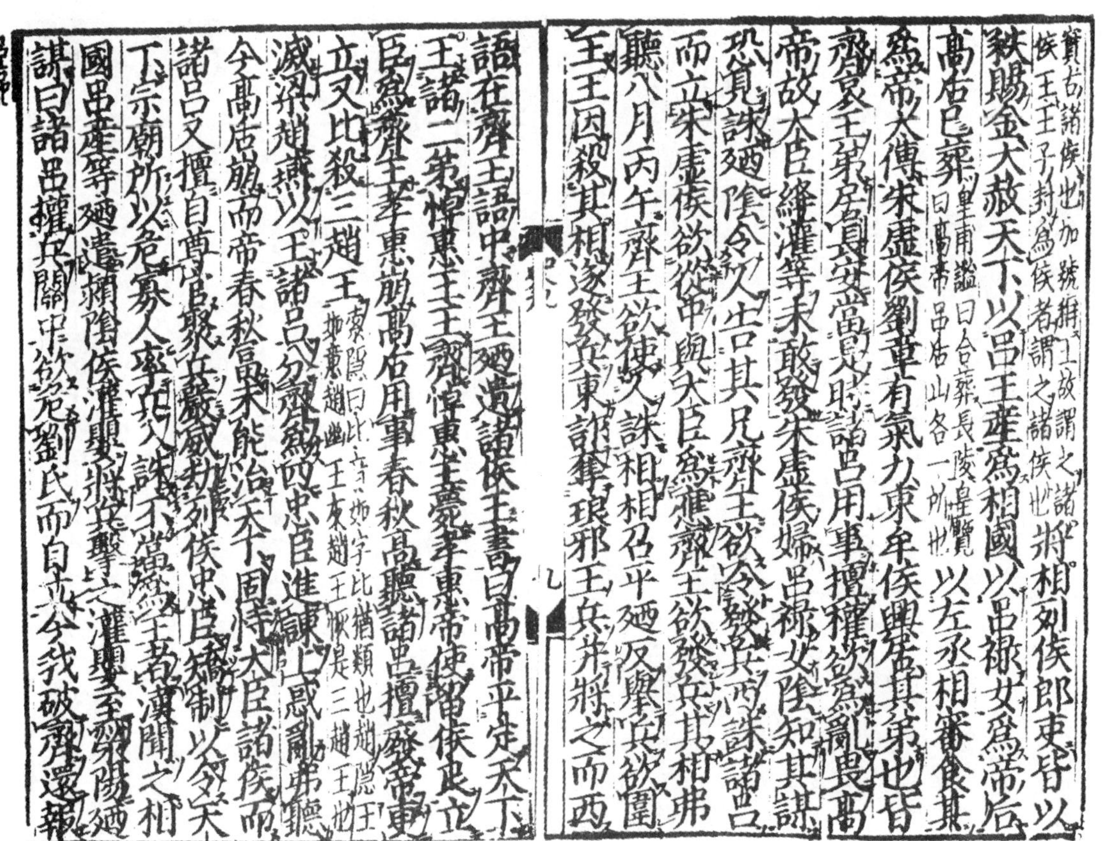

為魯王敖賜謚為魯元王秋太后使使告代王欲徙王
趙代王謝願守代邊太傅産丞相平等言武信侯呂祿
徐廣曰呂后兄子也前封胡陵侯蓋號曰武信上侯位次第一駰案如淳曰上大者位在上功臣侯表有第一第二之次也
請立為趙王太后許之追尊祿父康侯為
趙昭王九月燕靈王建薨有美人子太后使人殺之無
後國除八年十月立呂肅王子東平侯呂通為燕王封
通弟呂莊為東平侯三月中呂后祓還正義曰祓芳弗反又音廢後同
過軹道見物如蒼犬據高后掖徐廣曰掖音戟忽弗復見卜之
云趙王如意為祟高后遂病掖傷高后為外孫魯元王
偃年少蚤失父母孤弱迺封張敖前姬兩子侈為新都
侯壽為樂昌侯徐廣曰今細陽之池陽鄉以輔魯元王偃及封中大
謁者張釋為建陵侯徐廣曰一云張釋卿駰案如淳曰百官表謁者掌賓贊受事灌嬰為中謁者後常以奄人為之諸官加中者多奄人也呂榮為祝茲侯徐廣曰呂后昆弟子諸
中宦者令丞皆為關內侯食邑五百戶如淳曰列侯出關就國關內侯但爵其身有加異者與關內之邑食其租稅也風俗通義曰秦時六國未平將帥皆家關中故稱關內侯七
月中高后病甚迺令趙王呂祿為上將軍軍北軍呂王
産居南軍呂太后誡産祿曰高帝已定天下與大臣約
曰非劉氏王者天下共擊之今呂氏王大臣弗平我即
崩帝年少大臣恐為變必據兵衛宮慎毋送喪毋為人
所制辛巳高后崩遺詔賜諸侯王各千金韋昭曰皇子封為王者其

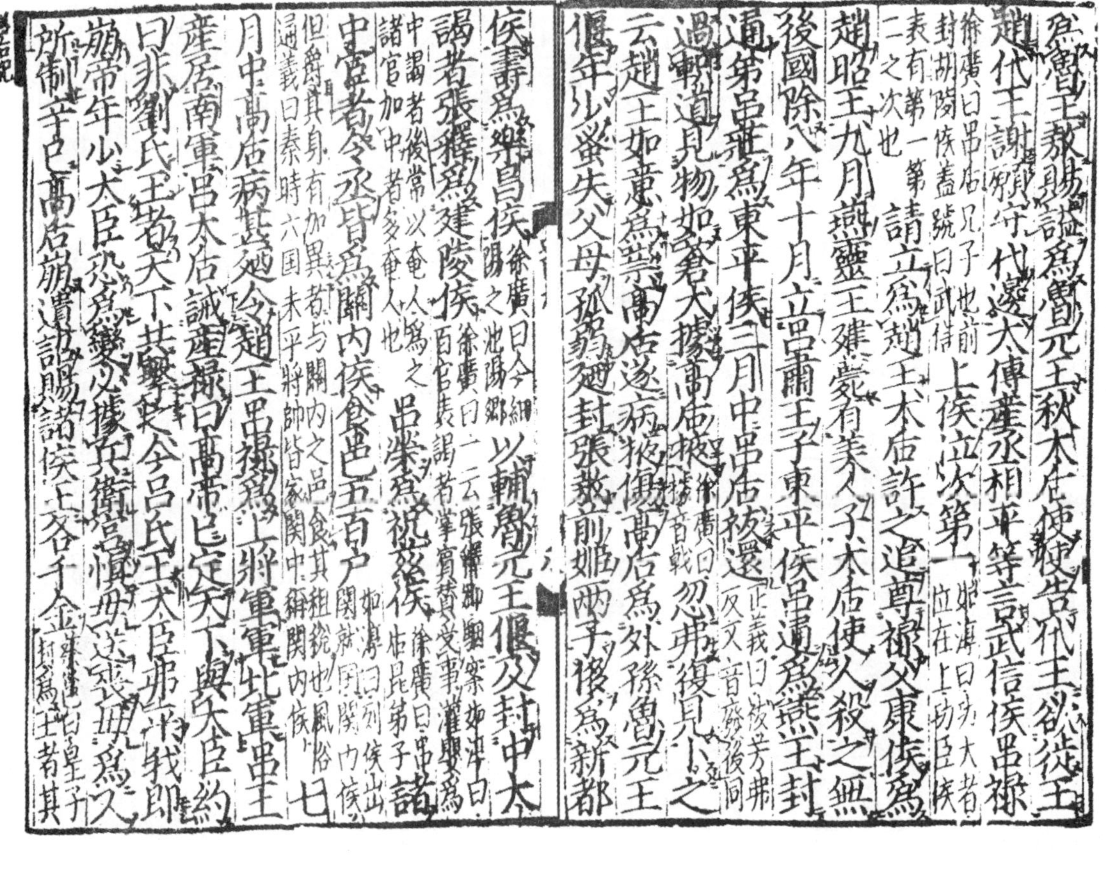

實古諸侯也加號稱王故謂之諸侯王王子封為侯者謂之諸侯也將相列侯郎吏皆以
秩賜金大赦天下以呂王産為相國以呂祿女為帝后
高后已葬皇甫謐曰合葬長陵皇覽曰高帝呂后山各一所也以左丞相審食其
為帝太傅朱虛侯劉章有氣力東牟侯興居其弟也皆
齊哀王弟居長安當是時諸呂用事擅權欲為亂畏高
帝故大臣絳灌等未敢發朱虛侯婦呂祿女陰知其謀
恐見誅迺陰令人告其兄齊王欲令發兵西誅諸呂
而立朱虛侯欲從中與大臣為應齊王欲發兵其相弗
聽八月丙午齊王欲使人誅相相召平迺反舉兵欲圍
王王因殺其相遂發兵東詐奪琅邪王兵并將之而西
語在齊王語中齊王迺遺諸侯王書曰高帝平定天下
王諸子弟悼惠王王齊悼惠王薨孝惠帝使留侯良立
臣為齊王孝惠崩高后用事春秋高聽諸呂擅廢帝更
立又比殺三趙王索隱曰比音必寐反比猶頻也趙隱王如意趙幽王友趙王恢是三趙王也
滅梁趙燕以王諸呂分齊為四忠臣進諫上惑亂弗聽
今高后崩而帝春秋富未能治天下固恃大臣諸侯而
諸呂又擅自尊官聚兵嚴威劫列侯忠臣矯制以令天
下宗廟所以危寡人率兵入誅不當為王者漢聞之相
國呂産等迺遣潁陰侯灌嬰將兵擊之灌嬰至滎陽迺
謀曰諸呂權兵關中欲危劉氏而自立今我破齊還報

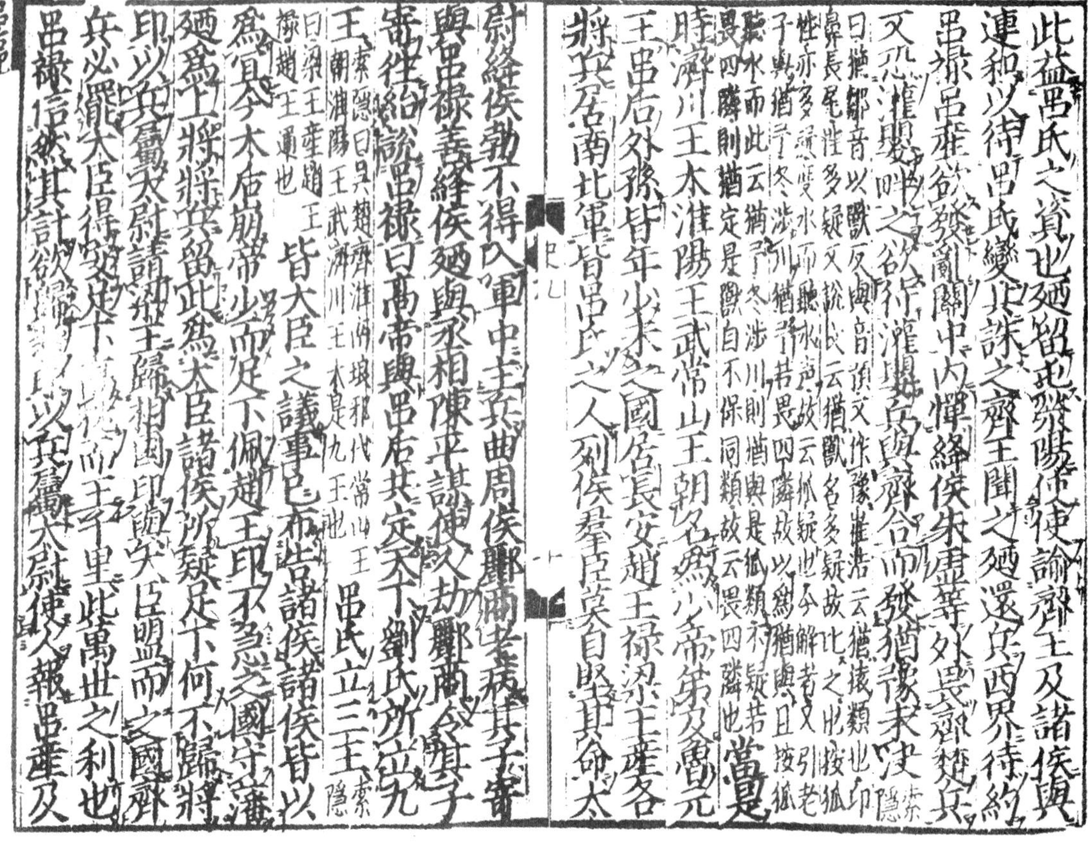

此益呂氏之資也。乃留屯滎陽，使使諭齊王及諸侯與連和，以待呂氏變，共誅之。齊王聞之，乃還兵西界待約。呂祿、呂產欲發亂關中，內憚絳侯、朱虛等，外畏齊、楚兵，又恐灌嬰畔之，欲待灌嬰兵與齊合而發，猶豫未決。索隱曰猶鄒音以獸反與音預又作豫崔浩云猶猨類也卬鼻長尾性多疑又說文云猶獸名多疑故比之狐按狐性亦多疑度冰而聽冰聲故云狐疑也今解者又引老子與兮若冬涉川猶兮若畏四鄰故以爲猶與且按狐聽冰而此云猶兮冬涉川則猶與是狐類不疑若畏四鄰則猶定是獸自不保同類故云畏四鄰也 當是時，濟川王太、淮陽王武、常山王朝名爲少帝弟，及魯元王呂后外孫，皆年少未之國，居長安。趙王祿、梁王產各將兵居南北軍，皆呂氏之人。列侯群臣莫自堅其命。太尉絳侯勃不得入軍中主兵。曲周侯酈商老病，其子寄與呂祿善。絳侯乃與丞相陳平謀，使人劫酈商，令其子寄往紿說呂祿曰：「高帝與呂后共定天下，劉氏所立九王，索隱曰吳楚齊淮南琅邪代常山王朝淮陽王武濟川王太是九王也 呂氏所立三王，索隱曰梁王產趙王祿燕王通也 皆大臣之議，事已布告諸侯，諸侯皆以爲宜。今太后崩，帝少，而足下佩趙王印，不急之國守藩，乃爲上將，將兵留此，爲大臣諸侯所疑。足下何不歸將印，以兵屬太尉？請梁王歸相國印，與大臣盟而之國，齊兵必罷，大臣得安，足下高枕而王千里，此萬世之利也。」呂祿信然其計，欲歸將印，以兵屬太尉。使人報呂產及

諸呂老人，或以爲便，或曰不便，計猶豫未有所決。呂祿信酈寄，時與出游獵。過其姑呂嬃，嬃大怒，曰：「若爲將而棄軍，呂氏今無處矣。」索隱曰顏師古以爲言見誅滅無處所也 乃悉出珠玉寶器散堂下，曰：「毋爲他人守也。」左丞相食其免。八月庚申旦，平陽侯窋行御史大夫事，見相國產計事。郎中令賈壽使從齊來，因數產曰：「王不蚤之國，今雖欲行，尚可得邪？」具以灌嬰與齊楚合從，欲誅諸呂告產，乃趣產急入宮。平陽侯頗聞其語，乃馳告丞相、太尉。太尉欲入北軍，不得入。襄平侯通徐廣曰姓紀 尚符節。張晏曰紀信子也尚主也今符節令 ○索隱曰張晏云紀信子又晉灼云信被火死不見有後按功臣表襄平侯紀通父成以將軍定三秦死事子侯通則通非信子張晏說謬誤 乃令持節矯內太尉北軍。太尉復令酈寄與典客劉揭集解漢書百官表曰典客秦官掌諸侯歸義蠻夷 先說呂祿曰：「帝使太尉守北軍，欲足下之國，急歸將印辭去，不然，禍且起。」呂祿以爲酈兄徐廣曰音況字也名寄 不欺己，遂解印屬典客，而以兵授太尉。太尉將之入軍門，行令軍中曰：「爲呂氏右襢，爲劉氏左襢。」軍中皆左襢爲劉氏。太尉行至，將軍呂祿亦已解上將印去，太尉遂將北軍。然尚有南軍。平陽侯聞之，以呂產謀告丞相平，丞相平乃召朱虛侯佐太尉。太尉令朱虛侯監軍門。令平陽侯告衛尉：「毋入相國產殿門。」呂產不知呂祿已去北軍，乃入未央宮，欲爲亂

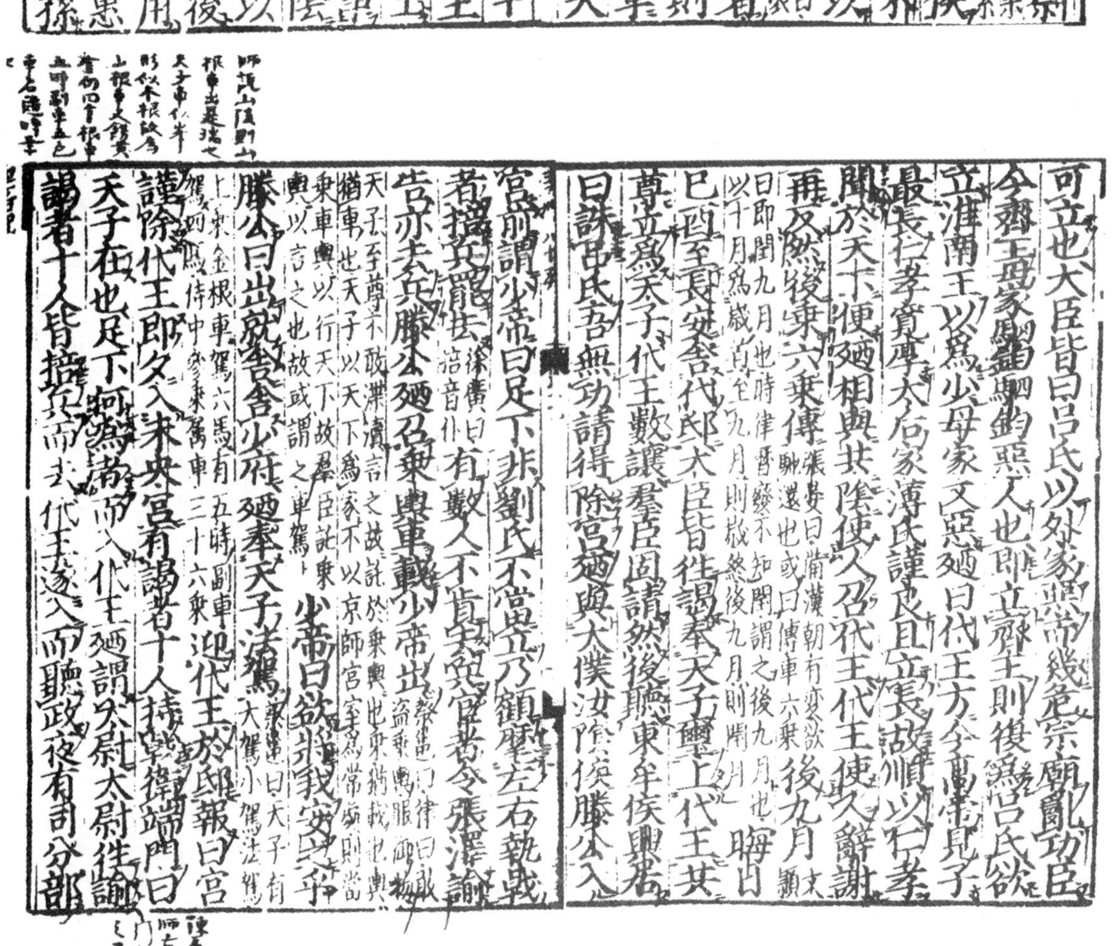

殿門弗得入，裴回往來。平陽侯恐弗勝，馳語太尉。太尉尚恐不勝諸呂，未敢訟言誅之，徐廣曰：訟，一作公。駰案：韋昭曰：訟猶公也。○索隱：韋昭以訟為公，徐廣亦云然，蓋公為得之，公言猶明言也。又解者以訟為誦，誦說也。乃遣朱虛侯謂曰：「急入宮衛帝。」朱虛侯請卒，太尉予卒千餘人。入未央宮門，遂見產廷中。日餔時，遂擊產。產走，天風大起，以故其從官亂，莫敢鬬。逐產，殺之郎中府吏廁中。集解：如淳曰：郎中令掌宮殿門戶，故其府在宮中，後轉為光祿勳也。朱虛侯已殺產，帝命謁者持節勞朱虛侯。朱虛侯欲奪節信，謁者不肯，朱虛侯則從與載，因節信馳走，斬長樂衛尉呂更始。還，馳入北軍，報太尉。太尉起，拜賀朱虛侯曰：「所患獨呂產，今已誅，天下定矣。」遂遣人分部悉捕諸呂男女，無少長皆斬之。辛酉，捕斬呂祿，而笞殺呂嬃。使人誅燕王呂通，而廢魯王偃。壬戌，以帝太傅食其復為左丞相。戊辰，徙濟川王王梁，立趙幽王子遂為趙王。遣朱虛侯章以誅諸呂氏事告齊王，令罷兵。灌嬰兵亦罷滎陽而歸。

諸大臣相與陰謀曰：「少帝及梁、淮陽、常山王，皆非真孝惠子也。呂后以計詐名他人子，殺其母，養後宮，令孝惠子之，立以為後，及諸王，以彊呂氏。今皆已夷滅諸呂，而置所立，即長用事，吾屬無類矣。不如視諸王最賢者立之。」或言「齊悼惠王高帝長子，今其適子為齊王，推本言之，高帝適長孫，

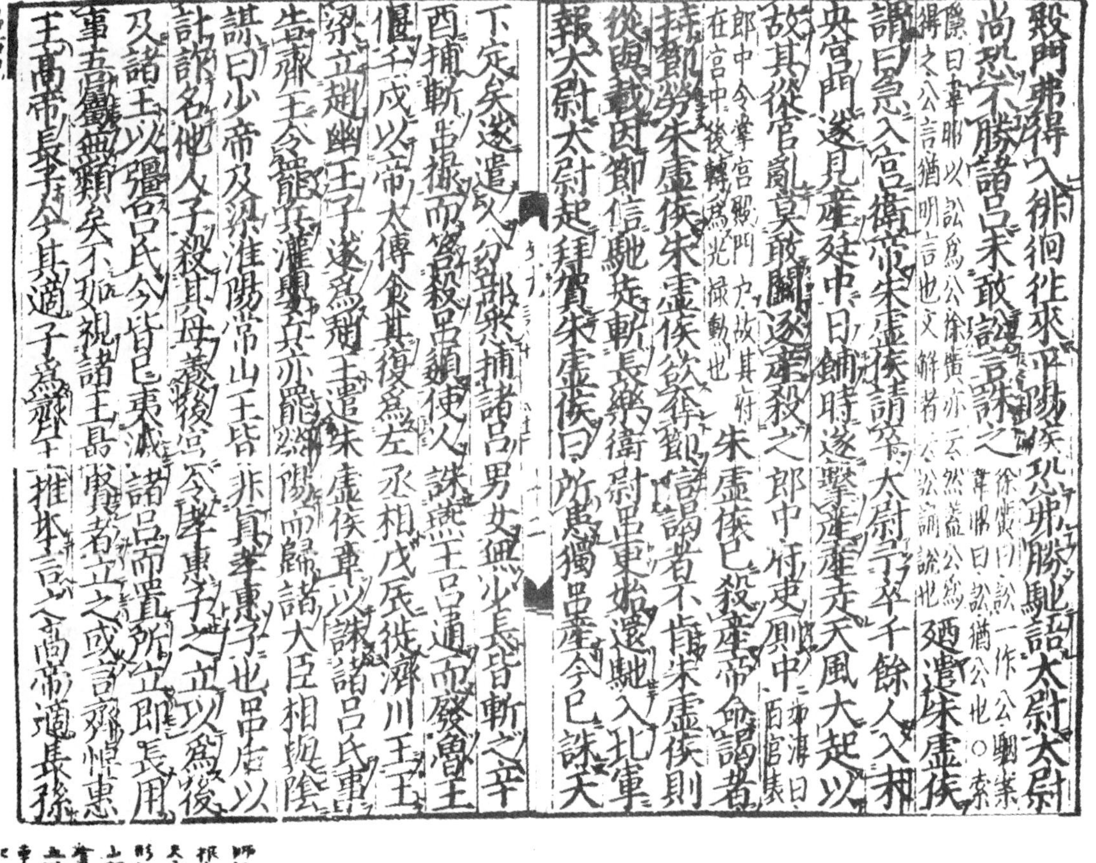

可立也」。大臣皆曰：「呂氏以外家惡而幾危宗廟，亂功臣。今齊王母家駟鈞，駟鈞，惡人也。即立齊王，則復為呂氏。」欲立淮南王，以為少，母家又惡。乃曰：「代王方今高帝見子，最長，仁孝寬厚。太后家薄氏謹良。且立長故順，以仁孝聞於天下，便。」乃相與共陰使人召代王。代王使人辭謝。再反，然後乘六乘傳。張晏曰：備漢朝有變，欲急速也。或曰傳車六乘。後九月晦日己酉，文穎曰：即閏九月也。時律曆廢，不知閏，謂之後九月也。以十月為歲首，至九月則歲終，後九月則閏月。至長安，舍代邸。大臣皆往謁，奉天子璽上代王，共尊立為天子。代王數讓，群臣固請，然後聽。

東牟侯興居曰：「誅呂氏吾無功，請得除宮。」乃與太僕汝陰侯滕公入宮，前謂少帝曰：「足下非劉氏，不當立。」乃顧麾左右執戟者掊兵罷去。徐廣曰：掊音仆。有數人不肯去兵，宦者令張澤諭告，亦去兵。滕公乃召乘輿車載少帝出。蔡邕曰：律曰「敢盜乘輿服御物」。天子至尊，不敢渫瀆言之，故託於乘輿。乘猶載也，輿猶車也。天子以天下為家，不以京師宮室為常處，則當乘車輿以行天下，故群臣託乘輿以言之也，故或謂之「車駕」。少帝曰：「欲將我安之乎？」滕公曰：「出就舍。」舍少府。乃奉天子法駕，蔡邕曰：天子有大駕、小駕、法駕。法駕上所乘，曰金根車，駕六馬；有五時副車，皆駕四馬，侍中參乘，屬車三十六乘。迎代王於邸。報曰：「宮謹除。」代王即夕入未央宮。有謁者十人持戟衛端門，曰：「天子在也，足下何為者而入？」代王乃謂太尉。太尉往諭，謁者十人皆掊兵而去。代王遂入而聽政。夜有司分部

誅滅梁淮陽常山王及少帝於邸代王立為天子二十
三年崩謚為孝文皇帝
太史公曰孝惠皇帝高后之時黎民得離戰國之苦君
臣俱欲休息乎無為故惠帝垂拱高后女主稱制政不
出房戶天下晏然刑罰罕用罪人是希民務稼穡衣食
滋殖

索隱述贊曰　高祖猶微　呂氏作妃　及正軒掖
尚私食其　志懷安忍　性狹猜疑
置鴆齊悼　殘彘戚姬　孝惠崩殞
其哭不悲　諸呂用事　天下示私
大臣菹醢　支孽芟夷　禍盈斯驗
蒼狗爲菑

呂后本紀第九　史記九

孝文本紀第十　史記十

孝文皇帝漢書音義曰諱恒高祖中子也高祖十一年春已破
陳豨軍定代地立為代王都中都正義曰括地志云中都故城在汾州平遙縣西南十二里秦屬太原郡也太后薄氏子即位十七年高后八年七
月高后崩九月諸呂呂產等欲為亂以危劉氏大臣共
誅之謀召立代王事在呂后語中丞相陳平太尉周勃
等使人迎代王代王問左右郎中令張武等張武等議
曰漢大臣皆故高帝時大將習兵多謀詐此其屬意非
止此也特畏高帝呂太后威耳今已誅諸呂新啑血京
師公羊傳曰京大也師衆也天子之居必以衆大之辭言之也○索隱曰漢書啑作喋音跕丁牒反漢書陳湯杜業皆言喋血無盟歃事廣雅云喋履也謂履涉之此以迎大王為名實不可信
願大王稱疾毋往以觀其變中尉宋昌進曰索隱曰東觀漢記宋揚傳宋義後有宋昌又會稽典錄昌宋義孫也群臣之議皆非也夫秦失其政
諸侯豪桀並起人人自以為得之者以萬數然卒踐天
子之位者劉氏也天下絕望一矣高帝封王子弟地犬
牙相制索隱曰言封子弟境土交接若犬之牙不正相當而相銜入也此所謂盤石之
宗也索隱曰言其固如磐石此語見太公六韜天下服其彊二矣漢興除秦
奇政約法令施德惠人人自安難動搖三矣夫以呂太
后之嚴立諸呂為三王擅權專制然而太尉以一節入
北軍索隱曰即紀通所矯帝之節一呼士皆左袒為劉氏叛諸呂卒

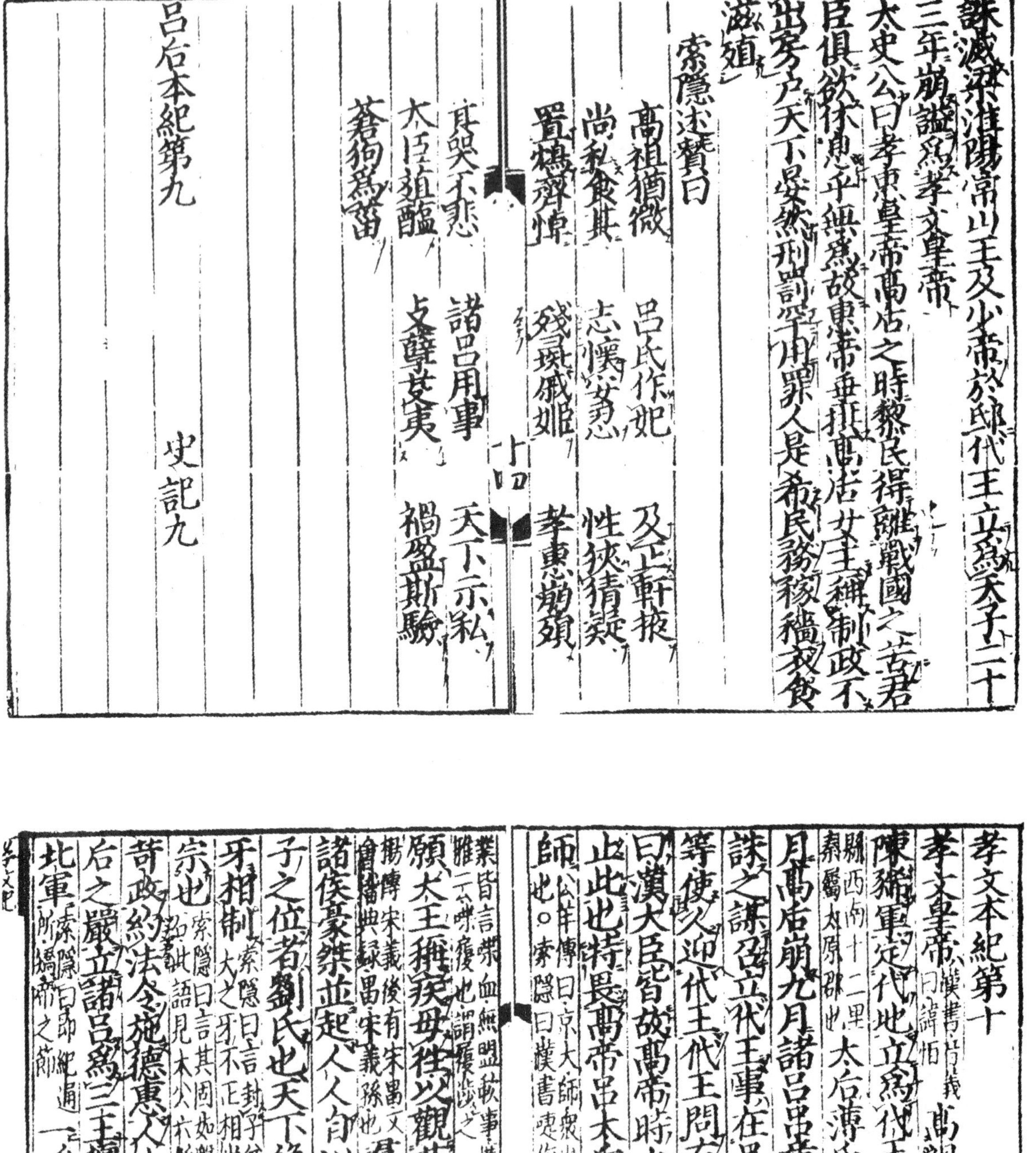

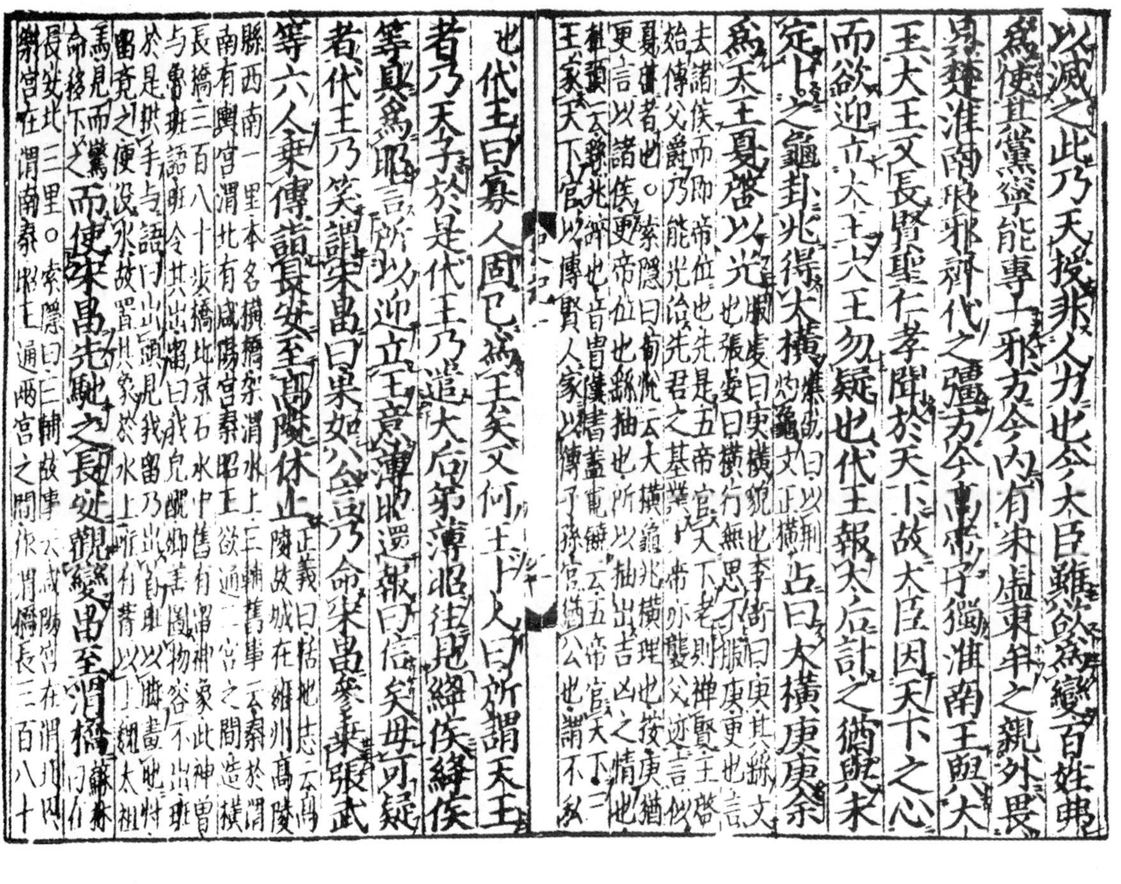

以滅之此乃天授非人力也今大臣雖欲為變百姓弗為使其黨寧能專一邪方今內有朱虛東牟之親外畏吳楚淮南琅邪齊代之彊方今高帝子獨淮南王與大王大王又長賢聖仁孝聞於天下故大臣因天下之心而欲迎立大王大王勿疑也代王報太后計之猶與未定卜之龜卦兆得大橫集解應劭曰龜曰兆以荊灼龜文正橫占曰大橫庚庚余為天王夏啟以光服虔曰庚庚橫貌也李奇曰庚庚其繇文也張晏曰橫行無思不服庚更也言去諸侯而即帝位也先是五帝官天下老則禪賢至啟始傳父爵乃能光治先君之基業文帝亦襲父迹言似夏啟者也○索隱曰荀悅云大橫龜兆橫理也按庚庚猶更更言以諸侯更帝位也繇抽也所以抽出吉凶之情也都頭一云繇兆辭也音胄漢書蓋寬饒云五帝官天下三王家天下官以傳賢家以傳子孫官猶公也謂不私也代王曰寡人固已為王矣又何王卜人曰所謂天王者乃天子於是代王乃遣太后弟薄昭往見絳侯絳侯等具為昭言所以迎立王意薄昭還報曰信矣毋可疑者代王乃笑謂宋昌曰果如公言乃命宋昌參乘張武等六人乘傳詣長安至高陵休止正義曰括地志云高陵故城在雍州高陵縣西南一里本名橫橋架渭水上三輔舊事云秦於渭南有興宮渭北有咸陽宮秦昭王欲通二宮之間造橫長橋三百八十步橋北京石水中舊有忖留神象此神曾與魯班語班令其出忖留曰我貌醜卿善圖物容不出班於是拱手與語曰出頭見我忖留乃出首班以腳畫地忖留覺之便沒水故置其象於水上唯有背以上魏太祖馬見而驚命移下之而使宋昌先馳之長安觀變昌至渭橋蘇林曰在長安北三里○索隱曰三輔故事云咸陽宮在渭北興樂宮在渭南秦昭王通兩宮之間作渭橋長三百八十

步○又關中記云石柱以北屬扶風石柱以南屬京兆也丞相以下皆迎宋昌還報代王馳至渭橋群臣拜謁稱臣代王下車拜太尉勃進曰願請間言索隱曰包愷音閑言欲向空閑處語顏師古云閒容也猶言中閒請容暇之頃當有所陳不欲即公論也宋昌曰所言公公言之所言私王者不受私太尉乃跪上天子璽符代王謝曰至代邸而議之索隱曰說文云邸屬國舍遂馳入代邸群臣從至丞相陳平太尉周勃大將軍陳武御史大夫張蒼宗正劉郢漢書百官表曰宗正秦官應劭曰周成王時彤伯入為宗正朱虛侯劉章東牟侯劉興居典客劉揭皆再拜言曰子弘等皆非孝惠帝子不當奉宗廟臣謹請與陰安侯蘇林曰高帝兄伯妻羹頡侯信母也列侯頃王后徐廣曰代王劉仲之妻劉氏索隱蘇林曰仲子濞為吳王故追謚為頃王也如淳曰頃王后封陰安侯時呂須為林光侯蕭何夫人亦為酇侯文宗室表此時無陰安侯其為頃王后也○索隱曰按蘇林徐廣等皆以為二人封號而樂彥如淳以頃王后別封陰安侯與漢祠令相合以陰安侯是別人封號非也頃王后是代頃王后文帝之伯母代王降為郃陽侯故云列侯頃王后韋昭曰陰安屬魏郡也與琅邪王宗室大臣列侯吏二千石議曰大王高帝長子宜為高帝嗣願大王即天子位代王曰奉高帝宗廟重事也寡人不佞不足以稱宗廟願請楚王計宜者蘇林曰楚王名交高帝弟○索隱曰交高帝弟最尊言更請楚王計宜者故下云皆為宜也寡人不敢當群臣皆伏固請代王西鄉讓者三南鄉讓者再如淳曰讓群臣也或曰賓主位東西面君臣位南北面故西鄉坐三讓不受群臣猶稱宜乃更南鄉坐示變即君位之漸也丞相平等皆曰臣伏計之太

孝文紀

王奉高帝宗廟最宜稱。雖天下諸侯萬民以爲宜。臣等爲宗廟社稷計，不敢忽。願大王幸聽臣等。臣謹奉天子璽符再拜上。代王曰：宗室將相王列侯以爲莫宜寡人，寡人不敢辭。遂即天子位。羣臣以禮次侍。乃使太僕嬰與東牟侯興居清宮，蔡邕曰：天子行幸所至，必遣靜宮令先按行清靜殿中，以虞非常。○索隱曰：按漢儀云，皇帝起居案宮清宮而後行。奉天子法駕，迎于代邸。索隱曰：漢官儀云，天子鹵簿有大駕、法駕、小駕。大駕公卿奉引，大將軍參乘，屬車八十一乘。法駕公卿不在鹵簿中，惟京兆尹、執金吾、長安令奉引，侍中參乘，屬車三十六乘。皇帝即日夕入未央宮。乃夜拜宋昌爲衛將軍，鎮撫南北軍。以張武爲郎中令，行殿中。還坐前殿。於是夜下詔書曰：閒者諸呂用事擅權，謀爲大逆，欲以危劉氏宗廟，賴將相列侯宗室大臣誅之，皆伏其辜。朕初即位，其赦天下，賜民爵一級，女子百戶牛酒，蘇林曰：男賜爵，女子賜牛酒。○索隱曰：按封禪書云，百戶牛一頭、酒十石。樂產云：婦人無夫或無子，不霑爵，故賜之。酺五日。文穎曰：漢律，三人已上無故羣飲，罰金四兩。今詔橫賜，得令會聚飲食五日。○索隱曰：說文云，酺，王者布德，大飲酒也。出錢爲醵，出食爲酺。又按趙武靈王滅中山，酺五日，是其所起遠也。孝文皇帝元年十月庚戌，徙立故琅邪王澤爲燕王。辛亥，皇帝即阼，正義曰：阼，主人階也。謁高廟。右丞相平正義曰：此時尚右。徙爲左丞相，太尉勃爲右丞相，大將軍灌嬰爲太尉。諸呂所奪齊楚故地，皆復與之。壬子，遣車騎將軍薄昭迎皇太后于代。皇帝曰：呂產自置爲相國，呂祿爲上將軍，擅

矯遣灌將軍嬰將兵擊齊，欲代劉氏，嬰留滎陽弗擊，與諸侯合謀以誅呂氏。呂產欲爲不善，丞相陳平與太尉周勃謀奪呂產等軍。朱虛侯劉章首先捕呂產等。太尉身率襄平侯通持節承詔入北軍。典客劉揭身奪趙王呂祿印。益封太尉勃萬戶，賜金五千斤。丞相陳平、灌將軍嬰邑各三千戶，金二千斤。朱虛侯劉章、襄平侯通、東牟侯劉興居邑各二千戶，金千斤。徐廣曰：十一月辛丑。封典客揭正義曰：括地志云，陽信故城在滄州無棣縣東南三十里，漢陽信縣。爲陽信侯，索隱曰：韋昭云，勃海縣。賜金千斤。十二月，上曰：法者，治之正也，所以禁暴而率善人也。今犯法已論，而使毋罪之父母妻子同產坐之，及爲收帑，朕甚不取。其議之。有司皆曰：民不能自治，故爲法以禁之。相坐坐收，所以累其心，使重犯法，所從來遠矣。如故便。上曰：朕聞法正則民慤，罪當則民從。且夫牧民而導之善者，吏也。其既不能導，又以不正之法罪之，是反害於民爲暴者也。何以禁之？朕未見其便，其孰計之。有司皆曰：陛下加大惠，德甚盛，非臣等所及也。請奉詔書，除收帑諸相坐律令。應劭曰：帑，子也。秦法一人有罪，并坐其家室。今除此律。正月，有司言曰：蚤建太子，所以尊宗廟。請立太子。上曰：朕既不德，上帝神明未歆享，天下人民未有嗛志。索隱曰：嗛者，不滿之意也。未有嗛志，言天下皆志不滿也。漢書嗛作愜，音篋。今縱不能博求

天下賢聖有德之人而禪天下焉而曰豫建太子是重吾不德也謂天下何其安之（索隱曰言何以謂於天下也其發聲也安者徐也言徐徐且待也）有司曰豫建太子所以重宗廟社稷不忘天下也上曰楚王季父也春秋高閱天下之義理多矣（如淳曰閱猶言多所更歷也）明於國家之大體吳王於朕兄也惠仁以好德淮南王弟也秉德以陪朕（蘇林曰陪輔也）豈為不豫哉諸侯王宗室昆弟有功臣多賢及有德義者若舉有德以陪朕之不能終是社稷之靈天下之福也今不選舉焉而曰必子人其以朕為忘賢有德者而專於子非所以憂天下也朕甚不取也有司皆固請曰古者殷周有國治安皆千餘歲古之有天下者莫不長焉用此道也（索隱曰言古之有天下者無不長久立子故云莫長焉用此道者用殷周立子之道故安治千有餘歲也）立嗣必子所從來遠矣高帝親率士大夫始平天下建諸侯為帝者太祖諸侯王及列侯始受國者皆亦為其國祖子孫繼嗣世世弗絕天下之大義也故高帝設之以撫海內今釋宜建而更選於諸侯及宗室非高帝之志也更議不宜（索隱曰言不宜更別議）子某最長純厚慈仁請建以為太子上乃許之因賜天下民當代父後者爵各一級（韋昭曰帝以立子為後不欲獨饗其福故賜天下為父後者爵）封將軍薄昭為軹侯（徐廣曰正月乙巳也）三月有司請立皇后薄太后曰諸侯皆同姓立太

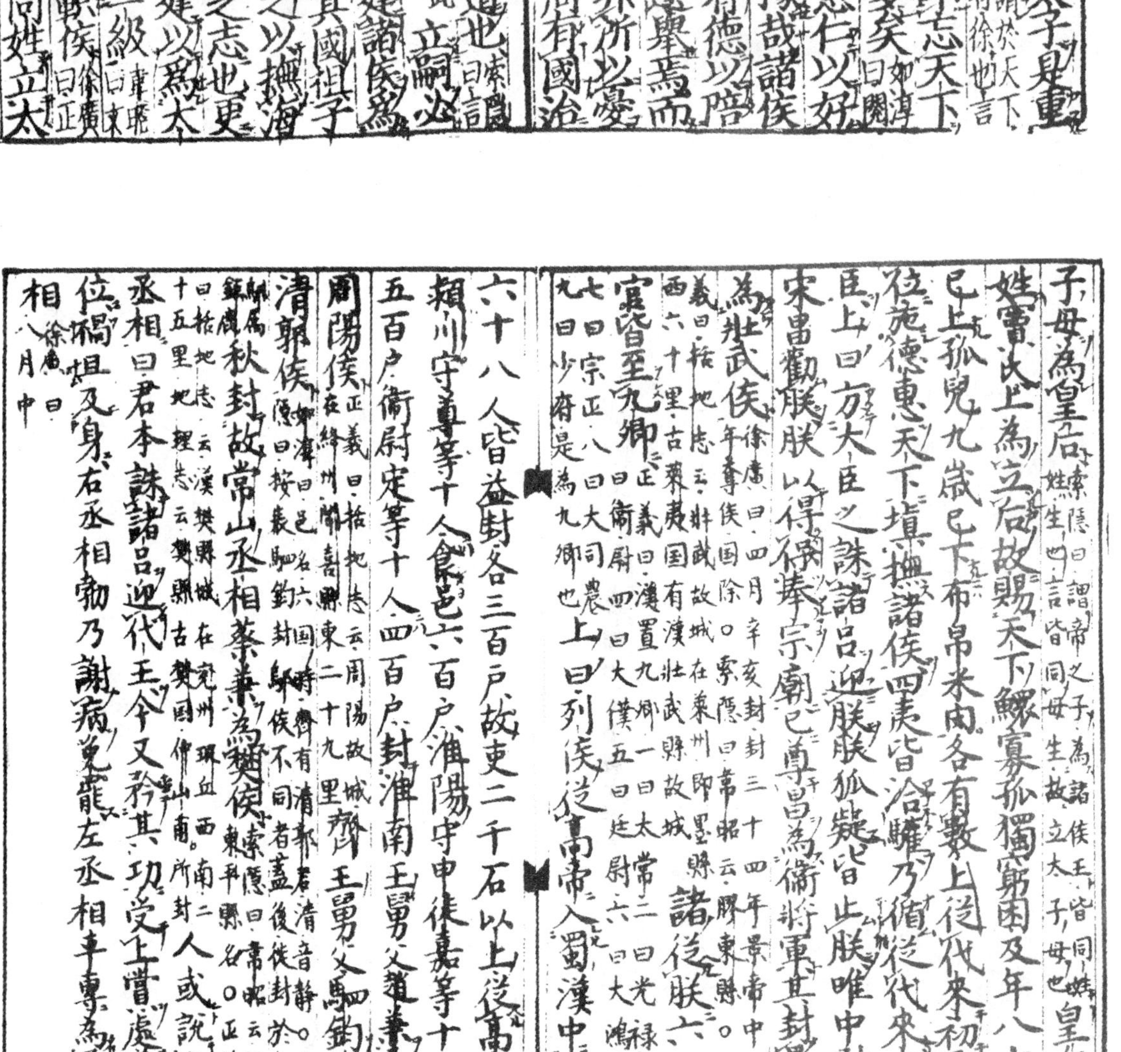

子母為皇后（索隱曰謂帝之子為諸侯王皆同姓生也言皆同母生故立太子母也）皇后姓竇氏上為立后故賜天下鰥寡孤獨窮困及年八十已上孤兒九歲已下布帛米肉各有數上從代來初即位施德惠天下填撫諸侯四夷皆洽驩乃循從代來功臣上曰方大臣之誅諸呂迎朕朕狐疑皆止朕唯中尉宋昌勸朕朕以得保奉宗廟已尊昌為衛將軍其封昌為壯武侯（徐廣曰四月辛亥封三十四年景帝中四年奪侯國除○索隱曰韋昭云膠東縣○正義曰括地志云壯武故城在萊州即墨縣西六十里古萊夷国有漢壯武縣故城）諸從朕六人官皆至九卿（正義曰漢置九卿一曰太常二曰光祿三曰衛尉四曰大僕五曰廷尉六曰大鴻臚七曰宗正八曰大司農九曰少府是為九卿也）上曰列侯從高帝入蜀漢中者六十八人皆益封各三百戶故吏二千石以上從高帝潁川守尊等十人食邑六百戶淮陽守申徒嘉等十人五百戶衛尉定等十人四百戶封淮南王舅父趙兼為周陽侯（正義曰括地志云周陽故城在絳州聞喜縣東二十九里）齊王舅父駟鈞為清郭侯（如淳曰邑名六國時齊有清郭君清音靜○索隱曰按表駟鈞封鄔侯不同者蓋後徙封於鄔）秋封故常山丞相蔡兼為樊侯（索隱曰韋昭云樊東平縣名○正義曰括地志云漢樊縣城在兗州瑕丘西南二十五里地理志云樊縣古樊國仲山甫所封）人或說右丞相曰君本誅諸呂迎代王今又矜其功受上賞處尊位禍且及身右丞相勃乃謝病免罷左丞相平專為丞相（徐廣曰八月中）

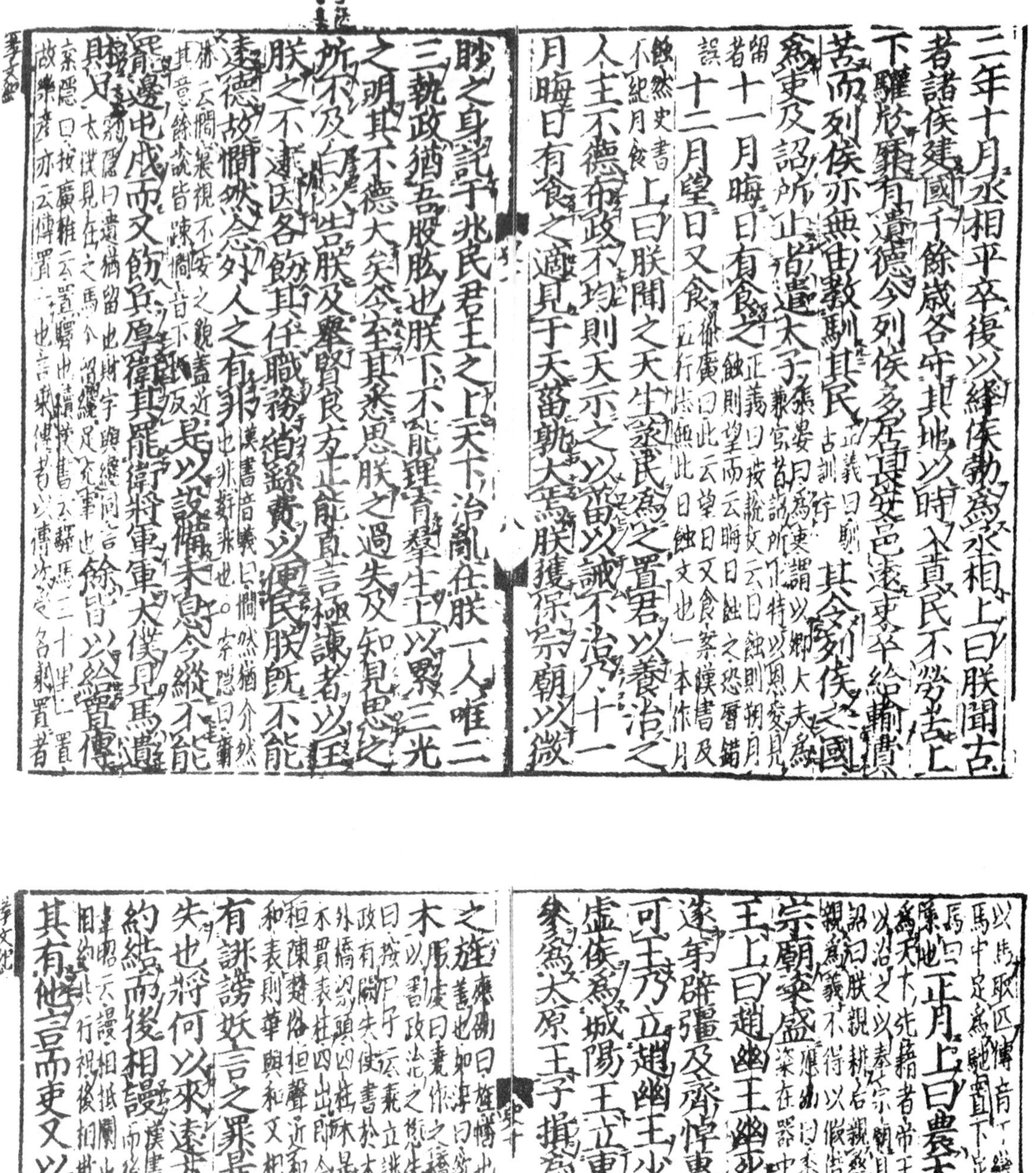

二年十月，丞相平卒，復以絳侯勃為丞相。上曰：朕聞古者諸侯建國千餘歲，各守其地，以時入貢，民不勞苦，上下驩欣，靡有遺德。今列侯多居長安，邑遠，吏卒給輸費苦，而列侯亦無由教馴其民。正義曰：馴，古訓字。其令列侯之國，為吏及詔所止者，遣太子。索隱：韋昭曰：為吏，謂以卿大夫為官者；詔所止，特以恩愛見留者。十一月晦，日有食之。正義曰：按《說文》云：日蝕則朔，月蝕則望。而云晦日蝕之，恐曆錯誤。十二月望，日又食。徐廣曰：此云望日又食，案《漢書》及《五行志》無此日蝕文也，一本作月蝕。然史書不紀月食。上曰：朕聞之，天生蒸民，為之置君以養治之。人主不德，布政不均，則天示之以菑，以誡不治。乃十一月晦，日有食之，適見于天，菑孰大焉！朕獲保宗廟，以微眇之身託于兆民君王之上，天下治亂，在朕一人，唯二三執政猶吾股肱也。朕下不能理育群生，上以累三光之明，其不德大矣。令至，其悉思朕之過失，及知見思之所不及，匄以告朕。及舉賢良方正能直言極諫者，以匡朕之不逮。因各飭其任職，務省繇費以便民。朕既不能遠德，故憪然念外人之有非，漢書音義曰：憪然，猶介然也。非，猶邪也。〇索隱曰：憪，音下板反，又音閑。一云憪，寢視不安之貌。蓋近是。其音餘說皆疎。是以設備未息。今縱不能罷邊屯戍，而又飭兵厚衛，其罷衛將軍軍。太僕見馬遺財足，索隱曰：遺猶留也。財字與纔同，古字通。言見在之馬，今留纔足充事也。餘皆以給傳置。索隱曰：按《廣雅》云：置，驛也。《續漢書》云：驛馬三十里一置。故樂產亦云：傳置一也。言乘傳者以傳次受名，乘置者以馬取匹。傳音丁戀反。如淳云：律，四馬高足為傳置，四馬中足為馳置，下足為乘置；一馬二馬為軺置，急者乘一馬曰乘。

正月，上曰：農，天下之本，其開籍田，應劭曰：古者天子耕籍田千畝，為天下先。籍者，帝王典籍之常。韋昭曰：籍，借也，借民力以治之，以奉宗廟，且以勸率天下，使務農也。瓚曰：景帝詔曰：朕親耕，后親桑，為天下先。本以躬親為義，不得以假借為稱也。籍，蹈籍也。朕親率耕，以給宗廟粢盛。應劭曰：黍稷曰粢，在器中曰盛。三月，有司請立皇子為諸侯王。上曰：趙幽王幽死，朕甚憐之，已立其長子遂為趙王。遂弟辟彊及齊悼惠王子朱虛侯章、東牟侯興居有功，可王。乃立趙幽王少子辟彊為河間王，以齊劇郡立朱虛侯為城陽王，立東牟侯為濟北王，皇子武為代王，子參為太原王，子揖為梁王。上曰：古之治天下，朝有進善之旌，應劭曰：旌，幡也。堯設之五達之道，令民進善也。如淳曰：欲有進善者，立於旌下言之。誹謗之木，服虔曰：堯作之，橋梁交午柱頭。應劭曰：橋梁邊板，所以書政治之愆失也。至秦去之，今乃復施也。〇索隱曰：按《尸子》云：堯立誹謗之木。誹音非，亦音沸。韋昭云：慮政有闕失，使書於木，此堯時然也，後代因以為飾。今宮外橋梁頭四植木是也。鄭玄注《禮》云：一縱一橫為午，謂以木貫表柱四出，即今之華表。崔浩以為木貫表柱四出名桓。陳楚俗桓聲近和，又云和表，則華與和又相訛耳。所以通治道而來諫者。今法有誹謗妖言之罪，是使眾臣不敢盡情，而上無由聞過失也。將何以來遠方之賢良？其除之。民或祝詛上以相約結而後相謾，漢書音義曰：民相約結共祝詛上，而後相謾欺，止之不相祝詛也。〇索隱：韋昭云：謾，相抵讕也。晉灼云：謾，欺也。謂初相約共行祝詛，後相欺誑，中道而止之也。吏以為大逆，其有他言，而吏又以為誹謗。此細民之愚無知抵死，朕其不取，自今以來，有犯此者勿聽治。九月，初與郡國守相為銅虎符、竹使符。(集解應劭曰：銅虎符第一至第五，國家當發兵，遣使者至郡合符，符合乃聽受之。竹使符皆以竹箭五枚，長五寸，鐫刻篆書，第一至第五。張晏曰：符以代古之圭璋，從簡易也。○索隱曰：漢舊儀銅虎符發兵，長六寸。竹使符出入徵發。說文云：分符而合之。小顏云：右留京師，左與之。古今注云：銅虎符銀錯書之。張晏云：銅取其同心也。)

三年十月丁酉晦，日有食之。十一月，上曰：「前日詔遣列侯之國，或辭未行。丞相朕之所重，其為朕率列侯之國。」絳侯勃免丞相就國，以太尉潁陰侯嬰為丞相。罷太尉官，屬丞相。四月，城陽王章薨。淮南王長與從者魏敬殺辟陽侯審食其。五月，匈奴入北地，居河南為寇。帝初幸甘泉。(蔡邕曰：天子車駕所至，民臣以為僥倖，故曰幸。至見令長三老官屬，親臨軒，作樂，賜食帛越巾刀佩帶，民爵有級數，或賜田租之半，故因是謂之幸。○索隱曰：應劭云甘泉宮在雲陽。甘泉宮一名林光宮，秦離宮名也。括地志云：甘泉山，以其上有甘泉，故名。)

六月，帝曰：「漢與匈奴約為昆弟，毋使害邊境，所以輸遺匈奴甚厚。今右賢王離其國，將眾居河南降地，非常故，往來近塞，捕殺吏卒，驅保塞蠻夷，令不得居其故，陵轢邊吏，入盜，甚敖無道，非約也。其發邊吏騎八萬五千詣高奴，遣丞相潁陰侯灌嬰擊匈奴。」匈奴去，發中尉材官屬衛將軍軍長安。辛卯，帝自甘泉之高奴，因幸太原，見故群臣，皆賜之。舉功行賞，諸民里賜牛酒。復

晉陽中都民(正義曰：中都在汾州平遙縣西南十二里。)三歲。留游太原十餘日。濟北王興居聞帝之代，欲往擊胡，乃反，發兵欲襲滎陽。於是詔罷丞相兵，遣棘蒲侯陳武為大將軍，將十萬往擊之。祁侯賀(徐廣曰：姓繒。以文帝十一年卒，謚曰穀。○索隱曰：漢書音義祁音遲。賀姓繒。繒，古國，夏同姓也。○正義曰：括地志云并州祁縣城，晉大夫祁奚之邑。)為將軍，軍滎陽。七月辛亥，帝自太原至長安。迺詔有司曰：「濟北王背德反上，詿誤吏民，為大逆。濟北吏民兵未至先自定，及以軍地邑降者，皆赦之，復官爵。與王興居去來，(徐廣曰：一作去反。張晏曰：雖始與興居反，今降，赦之。)亦赦之。」八月，破濟北軍，虜其王。赦濟北諸吏民與王反者。

六年，有司言淮南王長廢先帝法，不聽天子詔，居處毋度，出入擬於天子，擅為法令，與棘蒲侯太子奇謀反，遣人使閩越及匈奴，發其兵，欲以危宗廟社稷。群臣議，皆曰「長當棄市」。帝不忍致法於王，赦其罪，廢勿王。群臣請處王蜀嚴道、邛都，(徐廣曰：漢書本或作郤，字或直云邛道，有邛郲山。○正義曰：邛，其恭反。括地志云：嚴道今為縣，即邛州所理縣也。縣有蠻夷曰道，故曰嚴道。邛都縣本邛都國，漢為縣，今巂州也。西南夷傳云：滇池以北君長以十數，邛都最大。按：群臣請處淮南王長蜀之嚴道，不更遠邛都。又云：邛州與巂州接界，唐武德年間置，本嚴道地。輿地志云：邛州山，故邛人笮人界也。山嶻嵲峻，回曲九折，乃至上下，有凝冰，按即王尊叱馭之處，名也。今從九折西南行至巂州。山多雨少晴，俗呼名為漏天。)帝許之。長未到處所，行病死，上憐之。後

十六年追尊淮南王長謚為厲王，立其子三人為淮南王（索隱曰名安，阜陵侯也）、衡山王（索隱曰名勃，安陽侯也）、廬江王（索隱曰名賜，周陽侯也）。十三年夏，上曰：「蓋聞天道禍自怨起，而福繇德興。百官之非，宜由朕躬。今祕祝之官移過于下（漢舊儀曰祕祝之官移過于下，國家諱之，故曰祕），以彰吾之不德，朕甚不取。其除之。」五月，齊太倉令淳于公有罪當刑（索隱曰名意，為齊太倉令，故謂之倉公也），詔獄逮徙繫長安。太倉公無男，有女五人。太倉公將行會逮，罵其女曰：「生子不生男，有緩急非有益也！」其少女緹縈（索隱曰緹音啼，鄒氏音體）自傷泣，乃隨其父至長安，上書曰：「妾父為吏，齊中皆稱其廉平，今坐法當刑。妾傷夫死者不可復生，刑者不可復屬，雖復欲改過自新，其道無由也。妾願沒入為官婢，贖父刑罪，使得自新。」書奏天子，天子憐悲其意，乃下詔曰：「蓋聞有虞氏之時，畫衣冠異章服以為僇（正義曰晉書刑法志云三皇設言而民不違，五帝畫衣冠而民知禁，犯黥者皂其巾，犯劓者丹其服，犯臏者墨其體，犯宮者雜其屨，大辟之罪殊刑之極，布其衣裾而無領緣，投之於市，與衆棄之），而民不犯。何則？至治也。今法有肉刑三（孟康曰黥劓二，刖左右趾合一，凡三也。○索隱曰韋昭云斷趾、黥、劓之屬。崔浩漢律序云文帝除肉刑而宮不易。張斐注云以淫亂人族類，故不易之也），而姦不止，其咎安在？非乃朕德薄而教不明歟？吾甚自愧。故夫馴道不純而愚民陷焉。詩曰『愷悌君子，民之父母』。今人有過，教未施而刑加焉，或欲改行為善而道毋由也。朕甚憐之。夫刑至斷支體，刻肌膚，終身不息，何其楚痛而不德也，豈稱為民父母之意哉！其除肉刑。」上曰：「農，天下之本，務莫大焉。今勤身從事而有租稅之賦，是為本末者毋以異（索隱曰本，農也；末，賈也。言農與賈俱有租稅，是本末無異也），其於勸農之道未備。其除田之租稅。」

十四年冬，匈奴謀入邊為寇，攻朝那塞，殺北地都尉卬（徐廣曰姓孫，封其子單為缾侯。匈奴所殺）。上乃遣三將軍軍隴西、北地、上郡，中尉周舍為衛將軍，郎中令張武為車騎將軍，軍渭北，車千乘，騎卒十萬。帝親自勞軍，勒兵申教令，賜軍吏卒。帝欲自將擊匈奴，群臣諫，皆不聽。皇太后固要帝（如淳曰必不得自征也），帝乃止。於是以東陽侯張相如為大將軍，成侯赤為內史（徐廣曰姓董也），欒布為將軍，擊匈奴。匈奴遁走。春，上曰：「朕獲執犧牲珪幣以事上帝宗廟，十四年于今，歷日緜長，以不敏不明而久撫臨天下，朕甚自愧。其廣增諸祀墠場珪幣。昔先王遠施不求其報，望祀不祈其福，右賢左戚（韋昭曰右猶高，左猶下也。○索隱曰劉德云先賢後親也），先民後己，至明之極也。今吾聞祠官祝釐（如淳曰釐，福也。○索隱曰音禧，福也），皆歸福朕躬，不為百姓，朕甚愧之。夫以朕不德，而躬享獨美其福，百姓不與焉，是重吾不德。其令祠官致敬，毋有所祈。」是時北平侯張蒼為丞相，方明律曆。魯人公孫臣

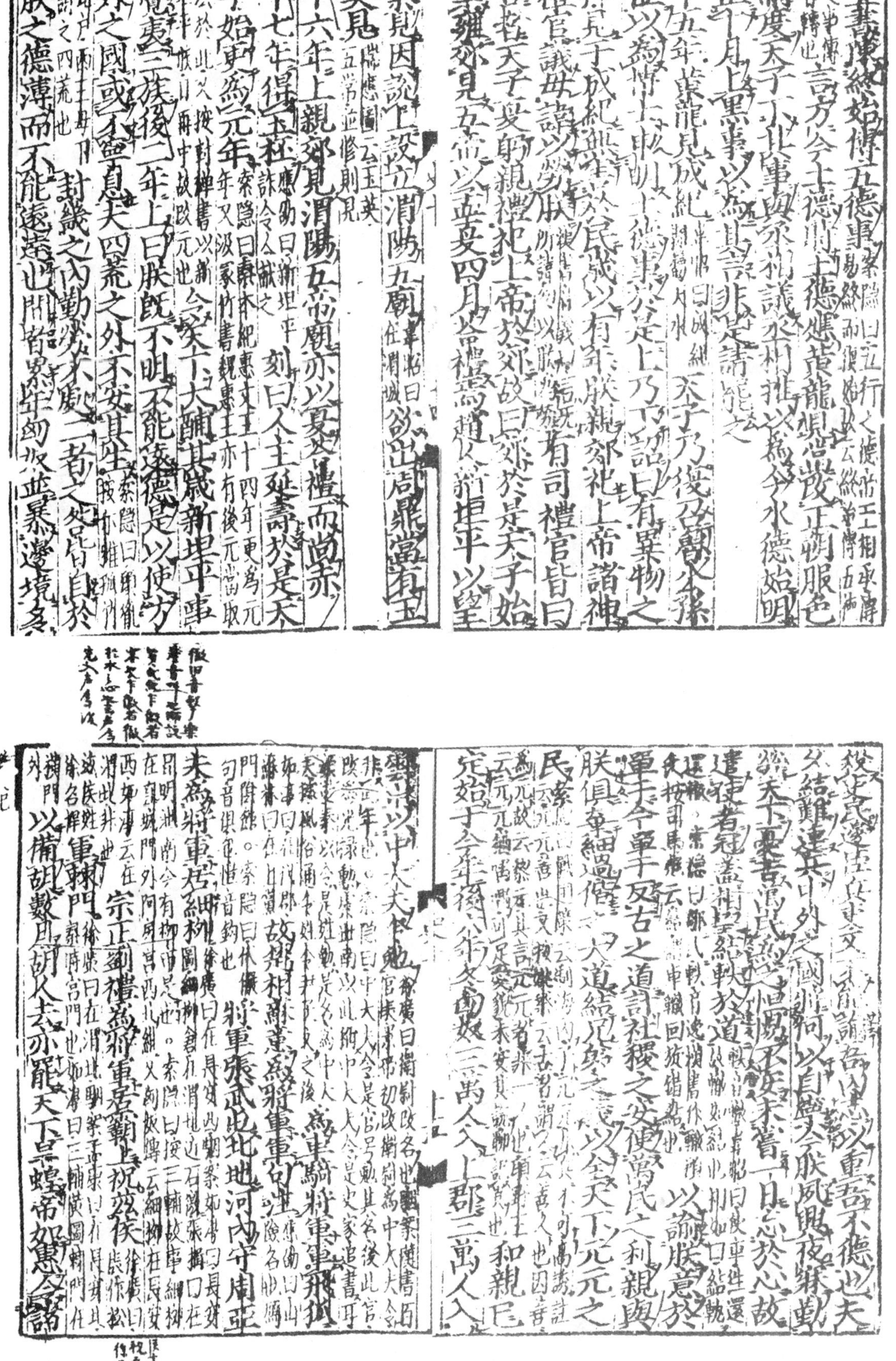
上書陳終始傳五德事，言方今土德時，土德應黃龍見，當改正朔服色制度。天子下其事與丞相議。丞相推以為今水德，始明正十月上黑事，以為其言非是，請罷之。十五年，黃龍見成紀，天子乃復召魯公孫臣，以為博士，申明土德事。於是上乃下詔曰：「有異物之神見于成紀，無害於民，歲以有年。朕親郊祀上帝諸神。禮官議，毋諱以勞朕。」有司禮官皆曰：「古者天子夏躬親禮祀上帝於郊，故曰郊。」於是天子始幸雍，郊見五帝，以孟夏四月答禮焉。趙人新垣平以望氣見，因說上設立渭陽五廟。欲出周鼎，當有玉英見。十六年，上親郊見渭陽五帝廟，亦以夏答禮而尚赤。十七年，得玉杯，刻曰「人主延壽」。於是天子始更為元年，令天下大酺。其歲，新垣平事覺，夷三族。後二年，上曰：「朕既不明，不能遠德，是以使方外之國或不寧息。夫四荒之外不安其生，封畿之內勤勞不處，二者之咎，皆自於朕之德薄而不能遠達也。閒者累年，匈奴並暴邊境，多

殺吏民，邊臣兵吏又不能諭吾內志，以重吾不德也。夫久結難連兵，中外之國將何以自寧？今朕夙興夜寐，勤勞天下，憂苦萬民，為之怛惕不安，未嘗一日忘於心，故遣使者冠蓋相望，結轍於道，以諭朕意於單于。今單于反古之道，計社稷之安，便萬民之利，親與朕俱棄細過，偕之大道，結兄弟之義，以全天下元元之民。和親已定，始于今年。」後六年冬，匈奴三萬人入上郡，三萬人入雲中。以中大夫令勉為車騎將軍，軍飛狐；故楚相蘇意為將軍，軍句注；將軍張武屯北地；河內守周亞夫為將軍，居細柳；宗正劉禮為將軍，居霸上；祝茲侯軍棘門：以備胡。數月，胡人去，亦罷。天下旱，蝗。帝加惠：令諸

侯毋入貢，弛山澤，減諸服御狗馬，損郎吏員，發倉庾 應劭曰：水漕倉曰庾。胡公曰：在邑曰倉，在野曰庾。○索隱曰：鄧展注三蒼云：庾，倉無屋也。胡公名廣，後漢太尉，作漢官解詁也。以振貧民，民得賣爵。索隱曰：崔浩云：富人欲爵，貧人欲錢，故聽買賣爵也。孝文帝從代來，即位二十三年，宮室苑囿狗馬服御無所增益，有不便，輒弛以利民。嘗欲作露臺，露一作靈。○索隱曰：顧氏按：新豐南驪山上猶有臺之舊址也。召匠計之，直百金。上曰：「百金中民十家之產，吾奉先帝宮室，常恐羞之，何以臺為！」上常衣綈衣，如淳曰：賈誼云：身衣皂綈。所幸慎夫人，令衣不得曳地，幃帳不得文繡，以示敦朴，為天下先。治霸陵皆以瓦器，不得以金銀銅錫為飾，不治墳，欲為省，毋煩民。南越王尉佗自立為武帝，然上召貴尉佗兄弟，以德報之，佗遂去帝稱臣。與匈奴和親，匈奴背約入盜，然令邊備守，不發兵深入，惡煩苦百姓。吳王詐病不朝，就賜几杖。群臣如袁盎等稱說雖切，常假借用之。蘇林曰：假音休假。假借，音以物借人。群臣如張武等受賂遺金錢，覺，上乃發御府金錢賜之，以愧其心，弗下吏。專務以德化民，是以海內殷富，興於禮義。後七年六月己亥，帝崩於未央宮。徐廣曰：年四十七。遺詔曰：「朕聞蓋天下萬物之萌生，靡不有死。死者天地之理，物之自然者，奚可甚哀。當今之時，世咸嘉生而惡死，厚葬以破業，重服以傷生，吾甚不取。且朕既不德，無以佐百姓；今崩，又使重服久臨，以離寒暑之數，哀人之父子，傷長幼之志，損其飲食，絕鬼神之祭祀，以重吾不德也，謂天下何！朕獲保宗廟，以眇眇之身託于天下君王之上，二十有餘年矣。賴天地之靈，社稷之福，方內安寧，靡有兵革。徐廣曰：一云方內安，兵革息。瓚曰：方，四方也。內，中也。猶云中外也。朕既不敏，常畏過行，以羞先帝之遺德；維年之久長，懼于不終。今乃幸以天年，得復供養于高廟。朕之不明與嘉之，其奚哀悲之有！得卒天年已善矣。其令天下吏民，令到出臨三日，皆釋服。毋禁取婦嫁女祠祀飲酒食肉者。自當給喪事服臨者，皆無踐。服虔曰：踐，翦也，謂無斬衰也。孟康曰：踐，跣也。晉灼曰：漢語作跣，跣，徒跣也。

○索隱曰：漢語是荀悅所作也。絰帶無過三寸，毋布車及兵器，應劭曰：無以布衣車及兵器也。不施輕車介士也。毋發民男女哭臨宮殿。宮殿中當臨者，皆以旦夕各十五舉聲，禮畢罷。非旦夕臨時，禁毋得擅哭。已下，服大紅十五日，小紅十四日，纖七日，釋服。應劭曰：紅者，中祥大祥以紅為領緣也。纖者，禫也。凡三十六日而釋服。服虔曰：當言大功小功布也。纖，細布衣也。○索隱曰：已下，謂柩已下於壙。劉德云：紅亦功也。男功非一，故以工力為字；而女工唯在於絲，故以糸工為字。三十六日，以日易月也。佗不在令中者，皆以此令比率從事。布告天下，使明知朕意。霸陵山川因其故，毋有所改。應劭曰：因山為藏，不復起墳，山下川流不遏絕也。就其水名以為陵號。○索隱曰：霸是水名。水徑於山，亦曰霸山，即芷陽地也。歸夫人以下至少使。」應劭曰：夫人以下有美人、良人、八子、七子、長使、少使，凡七輩，皆遣歸。

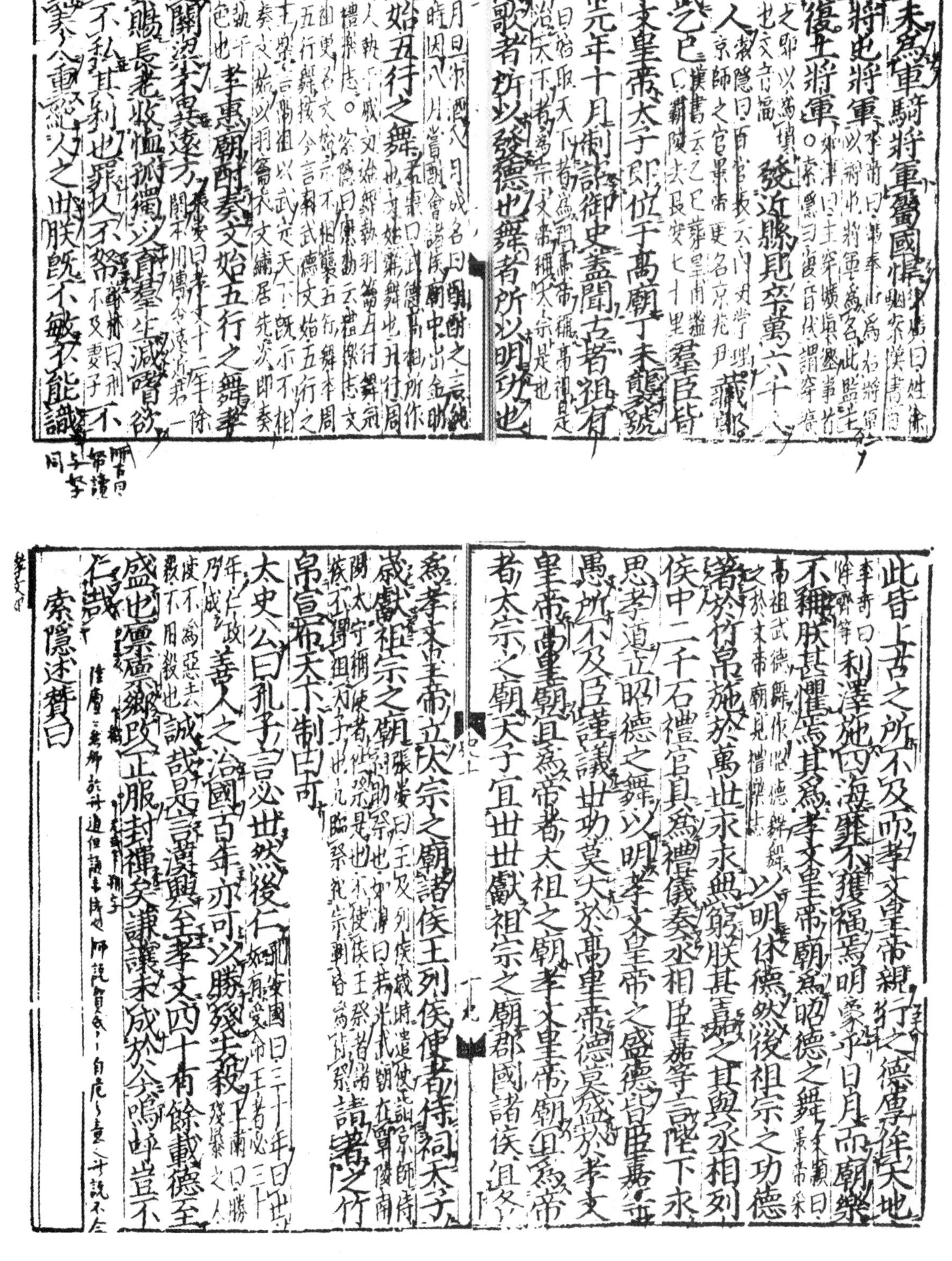

令中尉亞夫為車騎將軍，屬國悍為將屯將軍，郎中令武為復土將軍，發近縣見卒萬六千人，發內史卒萬五千人，藏郭穿復土屬將軍武。乙巳，群臣皆頓首上尊號曰孝文皇帝。太子即位于高廟。丁未，襲號曰皇帝。

孝景皇帝元年十月，制詔御史：「蓋聞古者祖有功而宗有德，制禮樂各有由。聞歌者，所以發德也；舞者，所以明功也。高廟酎，奏武德、文始、五行之舞。孝惠廟酎，奏文始、五行之舞。孝文皇帝臨天下，通關梁，不異遠方。除誹謗，去肉刑，賞賜長老，收恤孤獨，以育群生。減嗜欲，不受獻，不私其利也。罪人不帑，不誅無罪。除肉刑，出美人，重絕人之世。朕既不敏，不能識。此皆上古之所不及，而孝文皇帝親行之。德厚侔天地，利澤施四海，靡不獲福焉。明象乎日月，而廟樂不稱，朕甚懼焉。其為孝文皇帝廟為昭德之舞，以明休德。然後祖宗之功德著於竹帛，施于萬世，永永無窮，朕甚嘉之。其與丞相、列侯、中二千石、禮官具為禮儀奏。」丞相臣嘉等言：「陛下永思孝道，立昭德之舞以明孝文皇帝之盛德。皆臣嘉等愚所不及。臣謹議：世功莫大於高皇帝，德莫盛於孝文皇帝。高皇廟宜為帝者太祖之廟，孝文皇帝廟宜為帝者太宗之廟。天子宜世世獻祖宗之廟。郡國諸侯宜各為孝文皇帝立太宗之廟。諸侯王列侯使者侍祠天子，歲獻祖宗之廟。請著之竹帛，宣布天下。」制曰：「可。」

太史公曰：孔子言「必世然後仁。善人之治國百年，亦可以勝殘去殺」。誠哉是言！漢興，至孝文四十有餘載，德至盛也。廩廩鄉改正服封禪矣，謙讓未成於今。嗚呼，豈不仁哉！

索隱述贊曰

孝文在代，兆遇大橫。宋昌建策，
絳侯奉迎。南面而讓，天下歸誠。
務農先籍，布德偃兵。除帑削謗，
政簡刑清。綈衣率俗，露臺不營。
法寬張武，獄恤緹縈。霸陵如故，
千年頌聲。

孝文本紀第十　史記十

孝景本紀第十一　史記十一

孝景皇帝者（漢書音義曰諱啓○正義謚法曰繇義而濟曰景）孝文之中子也。母竇太后。孝文在代時，前后有三男，及竇太后得幸，前后死，及三子更死，故孝景得立。

元年四月乙卯，赦天下。乙巳，賜民爵一級。五月，除田半租。為孝文立太宗廟。令羣臣無朝賀。匈奴入代，與約和親。

二年春，封故相國蕭何孫係為武陵侯。（徐廣曰漢書亦作係係鄒誕生本作傒音奚又案漢書功臣表及蕭何傳皆云孫嘉疑其人有二名○索隱註同）男子二十而得傅。（索隱曰音附荀悅云傅正卒也小顏云舊法二十三而傅今改也）四月壬午，孝文太后崩。（索隱曰薄太后也葬南陵南陵在霸陵西曰少陵也）廣川、長沙王皆之國。（索隱曰廣川王彭祖長沙王發皆景帝子遣就國）丞相申屠嘉卒。八月，以御史大夫開封侯陶青為丞相。彗星出東北。秋，衡山雨雹，（正義曰雨于付反）大者五寸，深者二尺。熒惑逆行，守北辰。月出北辰間。歲星逆行天廷中。置南陵及內史、祋祤為縣。（徐廣曰地理志云文帝七年置駰案地理志百官表南陵縣文帝置也分內史為左右及祋祤為縣皆景帝二年不得皆如徐所云○索隱曰鄒誕生祋音都會反又音丁活反祤音羽又音詡）

三年正月乙巳，赦天下。長星出西方。天火（徐廣曰漢志無）燔雒陽東宮大殿城室。（徐廣曰雒一作淮○索隱曰漢書作淮陽王宮災從王於魯也）吳王濞（正義曰音披備反高祖兄仲之子故濞高祖十二年封三十三年反吳表云都吳其實在江都也）楚王戊正義曰高祖弟孫嗣二十一年都彭城趙王遂正義曰高祖孫幽王友子嗣二十六年都邯鄲膠西王卬正義曰卬五郎反高祖孫齊悼惠王子故昌平侯立十一年反都高密濟南王辟光正義曰辟音璧高祖孫齊悼惠王子故扐侯立十一年反都東平陵故城在淄州長山縣西北三十里菑川王賢正義曰高祖孫齊悼惠王子故武城侯立十一年反都劇括地志云故劇城在青州壽光縣南三十一里故紀國膠東王雄渠正義曰高祖孫齊悼惠王子故白石侯立十一年反都即墨括地志云即墨故城在密州膠水縣東南六十里即膠東國也反發兵西鄉天子為誅晁錯遣袁盎諭告不止遂西圍梁正義曰梁孝王都睢陽今宋州上乃遣大將軍竇嬰太尉周亞夫將兵誅之六月乙亥赦亡軍及楚元王子蓺等與謀反者正義曰蓺魚曳反字亦作藝音同封大將軍竇嬰為魏其侯正義曰地理志云魏其屬瑯邪立楚元王子平陸侯正義曰平陸西河縣索隱曰韋昭云平陸西河縣即劉禮之從曾祖王父也劉禮為楚王立皇子端為膠西王子勝為中山王徙濟北王志正義曰濟北國今濟州盧縣即濟北王所都為菑川王淮陽王餘正義曰淮陽國今陳州為魯王正義曰今兗州曲阜縣汝南王非正義曰汝南國今豫州為江都王正義曰江都國今揚州也吳王濞所都反誅景帝改為江都國封皇子非也齊王將廬正義曰齊國青州臨淄也齊悼惠王之孫孝王之子燕王嘉皆薨徐廣曰嘉一云九年薨○索隱曰盧作閭漢書作劉燕王嘉燕敬王澤之子也

四年夏立太子立皇子徹為膠東王六月甲戌赦天下後九月更以弋陽為陽陵正義曰括地志云漢景帝陽陵在雍州咸陽縣東四十里按括作壽陵也復置津關用傳出入應劭曰文帝十二年除關無用傳至此復置傳以七國新反備非常也張晏曰傳信也若今過所也如淳曰兩行書繒帛分持其一出入關合之乃得過謂之傳○索隱曰傳音丁戀反冬以趙國為邯鄲郡正義曰地理志趙國景帝以為邯鄲郡

五年三月作陽陵索隱曰景帝豫作壽陵也按趙氏襄城侯一石起壽陵後代因之也渭橋五月募徙陽陵予錢二十萬江都大暴風從西方來毀城十二丈丁卯封長公主子蟜為隆慮侯索隱曰音林閭徙廣川王為趙王避殤帝諱改之

六年春封中尉趙綰為建陵侯正義曰括地志云建陵故縣在沂州承縣界江都丞相嘉徐廣曰姓程為建平侯隴西太守渾邪徐廣曰姓公孫為平曲侯正義曰括地志云平曲縣故城在滄州文安縣北七十里趙丞相嘉徐廣曰姓蘇為江陵侯故將軍布為鄃侯梁楚二王皆薨後九月伐馳道樹殖蘭池徐廣曰殖一作填○正義曰按馳道天子道也秦始皇治之三丈而樹

七年冬廢栗太子為臨江王正義曰臨江雖上臨江而都江陵荊州縣十一月晦日有食之春免徒隸作陽陵者丞相青免二月乙巳以太尉條侯正義曰條田彫反字亦作蓨音同周亞夫為丞相四月乙巳立膠東王太后為皇后索隱曰按系家太后姓王父仲兄信封蓋侯后故金氏妻女弟姁兒也丁巳立膠東王為太子名徹

中元年封故御史大夫周苛孫平徐廣曰一作應○索隱曰苛周昌之兄為繩侯故御史大夫周昌子左車為安陽侯四月乙巳赦天下賜爵一級除禁錮地動衡山原都雨雹大者尺

中二年二月，匈奴入燕，遂不和親。三月，召臨江王來，即死中尉府中。夏，立皇子越為廣川王，子寄為膠東王。封四侯。集解曰趙相張尚、太傅趙夷吾、趙相建德、內史王悍，此四人名諫其王無使反，不聽，皆殺之，故封其子。○索隱曰韋昭云張尚子當居，趙夷吾子周，建德子横，王悍子弃。九月甲戌，日食。

中三年冬，罷諸侯御史中丞。春，匈奴王二人率其徒來降，皆封為列侯。正義曰漢書表云中三年安陵侯子軍、桓侯賜、迺侯陸彊、容城侯徐盧、易侯僕黠、范陽侯代、翕侯邯鄲七人，以匈奴王降皆封為列侯。按紀言二人者，是匈奴二王為首降。立皇子方乘為清河王。三月，彗星出西北。丞相周亞夫免，以御史大夫桃侯劉舍為丞相。四月，地動。九月戊戌晦，日食。軍東都門外。按三輔黃圖東出北第一門曰宣平門，外曰東都門。○索隱註闕。

中四年三月，置德陽宮。瓚曰是景帝廟也，帝自作之，諱不言廟，故言宮。西京故事云景帝廟為德陽宮。大蝗。秋，赦徒作陽陵者。

中五年夏，立皇子舜為常山王。封十侯。正義曰惠景閒表云亞谷侯盧它之、隆慮侯陳蟜、乘氏侯劉買、桓邑侯劉明、蓋侯王信，按其五人是中元五年封，餘檢不獲。中元三年匈奴王二人降，封為列侯。惠景閒表云匈奴王降為侯者有七人，疑其五人足十侯之數。六月丁巳，赦天下，賜爵一級。天下大潦。更命諸侯丞相曰相。秋，地動。

中六年二月己卯，行幸雍，郊見五帝。三月，雨雹。四月，梁孝王、正義曰都睢陽，今宋州。城陽共王、正義曰城陽今濮州雷澤縣古城陽也，共音恭，謚法嚴敬故事上曰恭。汝南王皆薨。立梁孝王子明為濟川王，正義曰表云分梁置也。子彭離為濟東王，正義曰表云分梁置也。子定為山陽王，正義曰地理志云景帝中六年別為山陽國，屬兗州。子不識為濟陰王。正義曰地理志云景帝中六年別為濟陰國，今曹州是也。梁分為五。封四侯。更命廷尉為大理，將作少府為將作大匠，主爵中尉為都尉，漢書百官表曰主爵中尉秦官，掌列侯。長信詹事為長信少府，漢書百官表曰詹事秦官，掌皇后太子家。○應劭曰詹省也，給也。瓚曰茂陵書詹事秩二千石。○張晏曰以太后所居宮為名，居長信宮則曰長信少府。將行為大長秋，漢書百官表曰將行秦官，景帝更名長秋，皇后卿。大行為行人，服虔曰天子有謚，有大行、小行，主謚官也，故以此名之。如淳曰不及之辭也。韋昭曰大行是官名，掌九儀之制，以賓諸侯。○索隱曰禮有大行人，鄭玄云命者五謂公侯伯子男，爵者四謂孤卿大夫士是也。奉常為太常，漢書百官表曰奉常秦官，掌宗廟禮儀。典客為大行，索隱曰韋昭云大行官名，秦時云典客，景帝初改云大行，後更名大鴻臚，武帝因而不改，故漢書景紀有大鴻臚。百官表又云武帝改名大鴻臚，鴻臚附也，以言其掌四夷賓客，若皮膚之在外附於身也。後有大行令者，是諸侯薨大鴻臚奏謚，列侯薨則大行奏謚誄。按大行令即鴻臚之屬官也。治粟內史為大農，漢書百官表曰治粟內史秦官，掌穀貨也。以大內為二千石，韋昭曰大內京師府藏。置左右內官，屬大內。索隱曰主天子之私財曰小內，小內屬大內也。七月辛亥，日食。八月，匈奴入上郡。

後元年冬，更命中大夫為衛尉。正義曰漢書百官表云衛尉秦官，掌宮門衛屯兵也。景帝初更名中大夫，後元年復為衛尉。三月丁酉，赦天下，賜爵一級，中二千石、諸侯相爵右庶長。四月，大酺。五月丙戌，徐廣曰丙一作甲。地動，其蚤食時復動。上庸地動二十二日，壞城垣。七

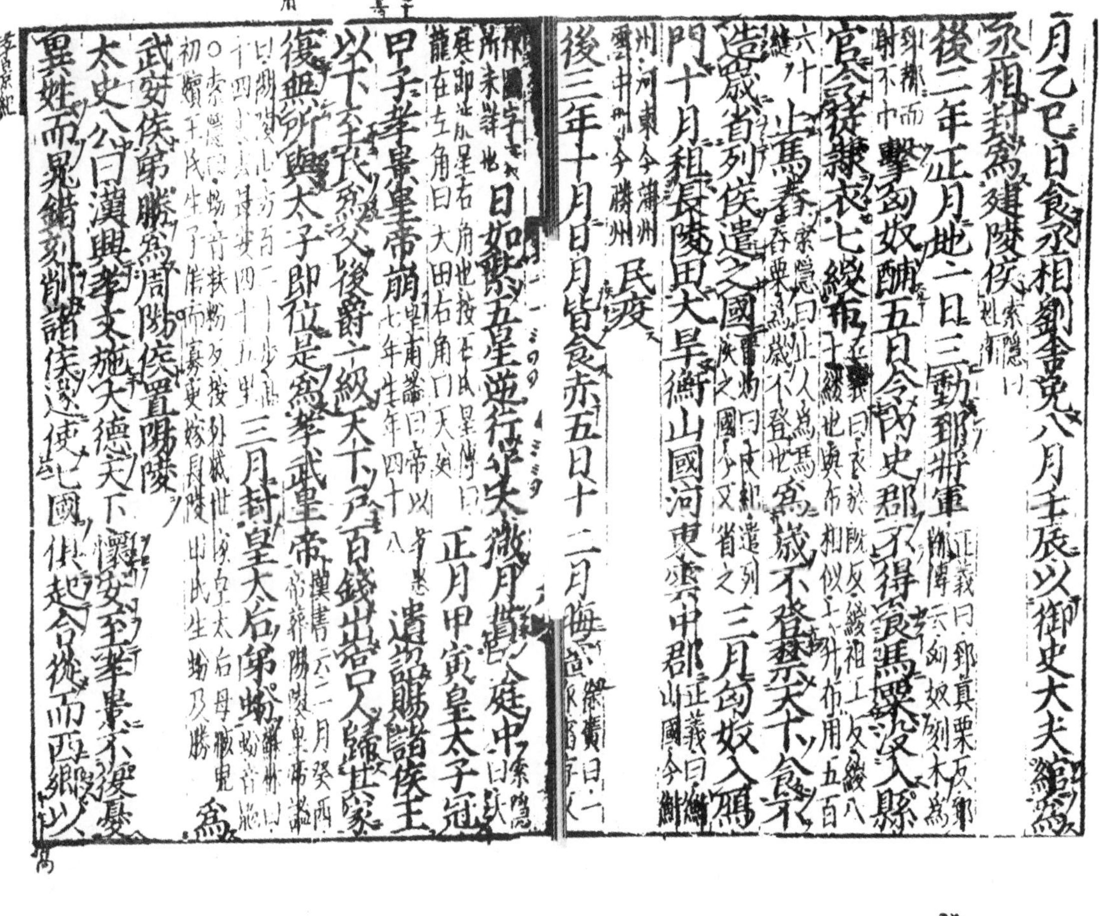

月乙巳日食丞相劉舍免八月壬辰以御史大夫綰爲
丞相封爲建陵侯
後二年正月地一日三動郅將軍擊匈奴酺五日令內史郡不得食馬粟沒入縣
官令徒隸衣七緵布止馬舂爲歲不登禁天下食不
造歲省列侯遣之國三月匈奴入鴈
門十月租長陵田大旱衡山國河東雲中郡民疫
後三年十月日月皆食赤五日十二月晦雷日如紫五星逆行守太微月貫天廷中
正月甲寅皇太子冠
甲子孝景皇帝崩遺詔賜諸侯王以下至民爲父後爵一級天下戶百錢出宮人歸其家復無所與太子即位是爲孝武皇帝三月封皇太后弟蚡爲武安侯弟勝爲周陽侯置陽陵
太史公曰漢興孝文施大德天下懷安至孝景不復憂異姓而晁錯刻削諸侯遂使七國俱起合從而西鄉以

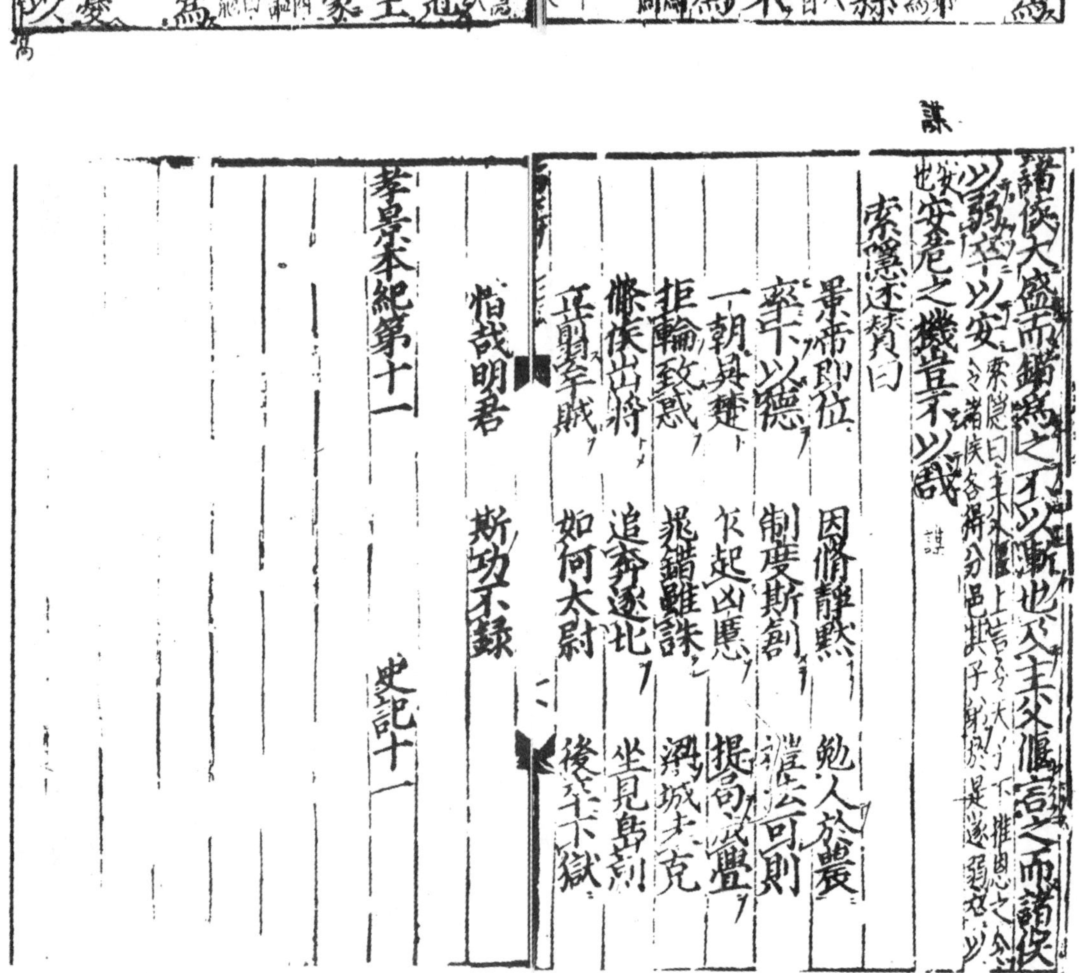

諸侯太盛而錯爲之不以漸也及主父偃言之而諸侯以弱卒以安安危之機豈不以謀哉

索隱述贊曰

景帝即位　因脩靜默　勉人於農
率下以德　制度斯創　禮法可則
一朝吳楚　乍起凶慝　提局成釁
拒輪致惑　晁錯雖誅　梁城未克
條侯出將　追奔逐北　坐見梟剋
丕翦宰賊　如何太尉　後卒下獄
惜哉明君　斯功不錄

孝景本紀第十一　史記十一

孝武本紀第十二　　史記十二

太史公自序曰作今上本紀又其述事皆云今上今天子或有言孝武帝者悉後人所定也張晏曰武紀褚先生補作也褚先生名少孫漢博士也○索隱曰按褚先生補史記合集武帝事以編年今止取封禪書補之信其才之薄也又張晏云褚先生潁川人仕元成閒韋稜云褚顗家傳褚少孫梁相褚大弟之孫宣帝時爲博士寓居于沛事大儒王式故號爲先生續太史公書阮孝緒亦以爲然

孝武皇帝者，漢書音義曰諱徹○正義曰謚法云克定禍亂曰武孝景中子也。索隱曰按景十三王傳河閒王德以下至廣川凡有八人則帝第九也母曰王太后。孝景四年，以皇子爲膠東王。孝景七年，栗太子廢爲臨江王，以膠東王爲太子。孝景十六年崩，太子即位，爲孝武皇帝。張晏曰武帝以景帝元年生七歲爲太子爲太子十歲而景帝崩時年十有六矣孝武皇帝初即位，尤敬鬼神之祀。元年，漢興已六十餘歲矣，徐廣曰六十七年歲在辛丑天下乂安，薦紳之屬索隱曰薦音搢搢挺也言挺笏於紳帶之間事出禮內則今作薦者古字假借耳漢書作縉紳縉赤白色非也皆望天子封禪改正度也，而上鄉儒術，招賢良，趙綰、王臧等以文學爲公卿，欲議古立明堂城南，以朝諸侯。索隱曰城南長安城南門外也關中記云明堂在長安城門外杜門之西草巡狩封禪改曆服色事未就。會竇太后治黃老言，不好儒術，使人微得趙綰等姦利事，徐廣曰一云微伺察之召案綰、臧，綰、臧自殺，正義曰漢書云孝武二年御史大夫趙綰坐請毋奏事太皇太后及郎中令王臧皆下獄自殺應劭曰王臧儒者欲立明堂辟雍太后素好黃老術非薄五經因欲絕奏事太后太后怒故令按諸所興爲者皆廢。後六年，竇太后崩。其明年，上徵文學之士公孫弘等。明年，上初至雍，郊見五畤。正義曰畤音止括地志云漢五帝畤在岐州雍縣南孟康云畤者神靈之所止按五畤者先是文公作鄜畤祭白帝秦宣公作密畤祭青帝秦靈公作吳陽上畤下畤祭赤帝黃帝漢高祖作北畤祭黑帝是五畤也後常三歲一郊。是時上求神君，舍之上林中蹏氏觀。徐廣曰蹏音蹄○索隱曰鄉音斯又音蹄蹏名也正義曰漢武帝故事云起柏梁臺以處神君神君者長陵女子也先是嫁爲人妻生一男數歲死女子悼痛之歲中亦死而靈宛若祠之遂聞言宛若爲主民人多往請福說家人小事有驗平原君亦事之至後子孫尊貴及上即位太后延於宮中祭之聞其言不見其人至是神君求出乃營柏梁臺舍之初霍去病微時自禱神君及見其形自脩飾欲與去病交接去病不肯謂神君曰吾以神君精絜故齋戒祈福今欲淫此非也自絕不復往神君慙之乃去也神君者，長陵女子，以子死悲哀，故見神於先後宛若。孟康曰產乳而死兄弟妻相謂先後宛若○索隱曰鄒誕生音先後並去聲即今妯娌也宛孟康以兄弟妻相謂也韋昭云先謂後爲姒後謂先爲娣宛音宛宛若祠之其室，民多往祠。平原君往祠，徐廣曰武帝外祖母也駰按蔡邕曰異姓婦人以恩澤封者曰君儀比長公主○索隱曰徐云武帝外祖母則是臧兒也其後子孫以尊顯。及武帝即位，則厚禮置祠之內中。聞其言，不見其人云。是時而李少君亦以祠竈、穀道、卻老方見上，李奇曰食穀道引或曰辟穀不食之道○索隱曰如淳云祠竈可以致福按禮竈者老婦之祭盛於盆尊於瓶說文周禮以竈祠祝融淮南子炎帝作火官死爲今之竈神司馬彪注莊子云浩竈神也如美女衣赤李弘範云音浩上尊之。少君者，故深澤侯漢書曰姓趙景帝時絕封入以主方。徐廣曰進主方一云侯人主方如淳曰侯家人主方藥者也匿其年及所生長，常

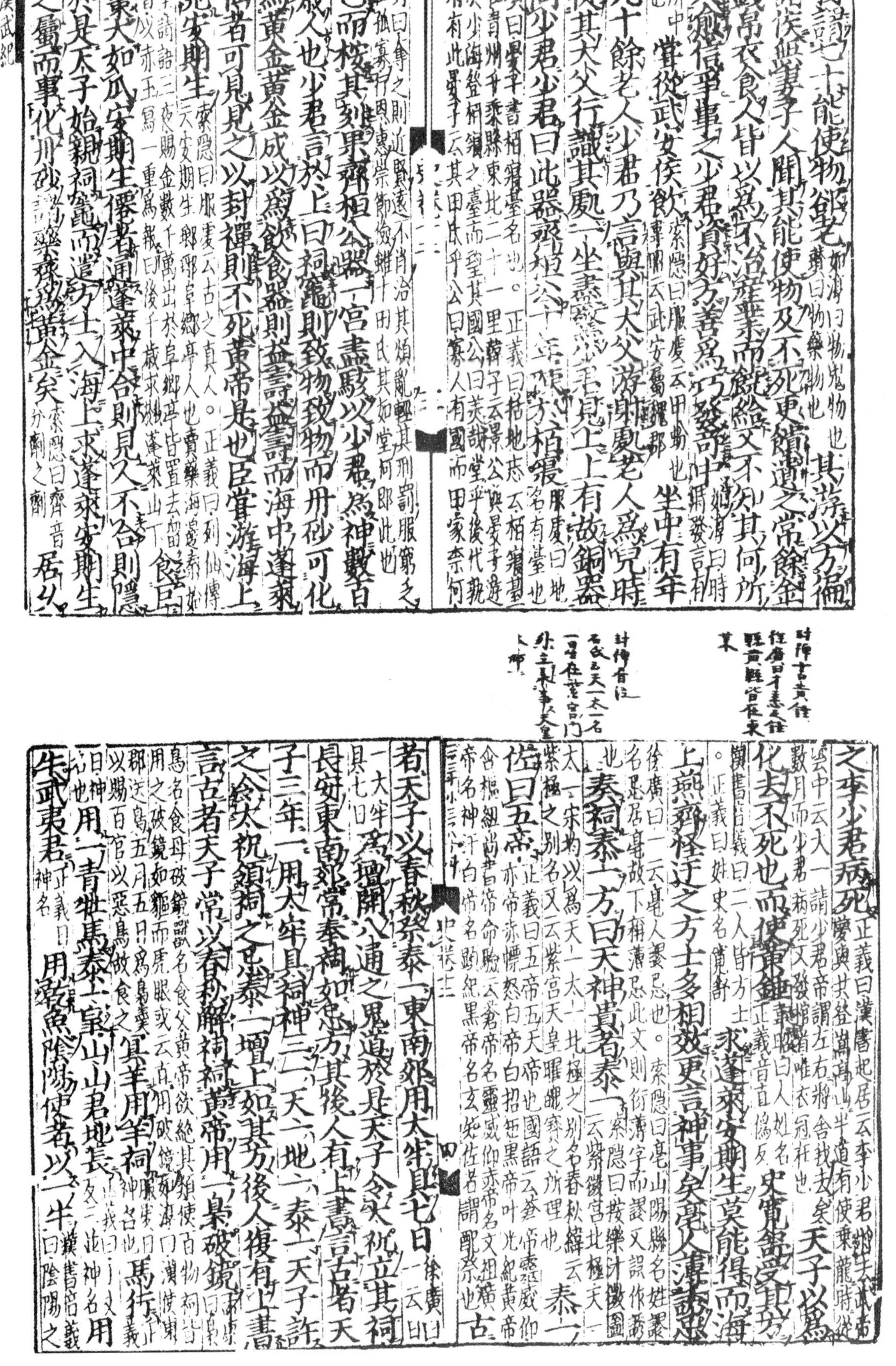

自謂七十，能使物，卻老。其游以方徧諸侯。無妻子。人聞其能使物及不死，更饋遺之，常餘金錢帛衣食。人皆以為不治産業而饒給，又不知其何所人，愈信，爭事之。少君資好方，善為巧發奇中。嘗從武安侯飲，坐中有年九十餘老人，少君乃言與其大父游射處，老人為兒時從其大父行，識其處，一坐盡驚。少君見上，上有故銅器，問少君。少君曰：「此器齊桓公十年陳於柏寢。」已而案其刻，果齊桓公器。一宮盡駭，以少君為神，數百歲人也。少君言於上曰：「祠竈則致物，致物而丹砂可化為黃金，黃金成以為飲食器則益壽，益壽而海中蓬萊仙者可見，見之以封禪則不死，黃帝是也。臣嘗游海上，見安期生，安期生食巨棗，大如瓜。安期生仙者，通蓬萊中，合則見人，不合則隱。」於是天子始親祠竈，而遣方士入海求蓬萊安期生之屬，而事化丹砂諸藥齊為黃金矣。居久之，李少君病死。天子以為化去不死也，而使黃錘史寬舒受其方。求蓬萊安期生莫能得，而海上燕齊怪迂之方士多相效，更言神事矣。亳人薄誘忌奏祠泰一方，曰：「天神貴者泰一，泰一佐曰五帝。古者天子以春秋祭泰一東南郊，用太牢具，七日，為壇開八通之鬼道。」於是天子令太祝立其祠長安東南郊，常奉祠如忌方。其後人有上書，言「古者天子三年一用太牢具祠神三一：天一、地一、泰一」。天子許之，令太祝領祠之忌泰一壇上，如其方。後人復有上書，言「古者天子常以春秋解祠，祠黃帝用一梟破鏡；冥羊用羊；祠馬行用一青牡馬；泰一、皋山山君、地長用牛；武夷君用乾魚；陰陽使者以一牛」。

令祠官領之如其方而祠於忌泰一壇旁其後天子苑有白鹿以其皮爲幣索隱曰按食貨志幣以白鹿皮方尺緣以繢以薦璧得以黃金一斤代之又漢律皮幣率鹿皮方尺直黃金一斤以發瑞應造白金焉正義曰白金三品武帝所鑄也如淳曰雜鑄銀錫爲白金以爲天用莫如龍地用莫如馬人用莫如龜故白金三品其一曰重八兩圓之其文龍名曰白選直三千二曰重差小方之其文馬直五百三曰復小橢之其文龜直三百錢譜云白金第一其形圓如錢肉好圓好下文爲一龍白銀第二其形方小長肉好亦小長好上下文爲二馬白銀第三其形小橢肉好小是文爲龜甲也其明年郊雍獲一角獸若麃然索隱曰麃步交反按韋昭云體若麕而一角春秋所謂有麏而角是也楚人謂麋爲麃又周書王會云麃者若鹿爾雅云麋大鹿也牛尾一角郭璞云漢武獲一角獸若麃謂之麟是也正義曰漢有司曰陛下肅祗郊祀上帝報享錫一角獸蓋麟云於是以薦五畤畤加一牛以燎索隱曰韋昭云燔柴也正義曰方武帝獲白麟一角以爲仁獸之瑞而不爲害所以爲仁於是以薦五畤畤加一牛以燎賜諸侯白金風符應合于天地索隱曰晉灼云風示諸侯以此符瑞之應於是濟北王以爲天子且封禪乃上書獻泰山及其旁邑天子受之更以他縣償之常山王有罪遷天子封其弟於真定以續先王祀而以常山爲郡然後五嶽皆在天子之郡其明年齊人少翁以鬼神方見上正義曰漢武故事云少翁年二百歲色如童子上有所幸王夫人正義曰漢書作李夫人夫人卒少翁以方術蓋夜致王夫人及竈鬼之貌云天子自帷中望見焉於是乃拜少翁爲文成將軍賞

賜甚多以客禮禮之文成言曰上即欲與神通宮室被服非象神神物不至乃作畫雲氣車及各以勝日駕車辟惡鬼正義曰如火勝金用丙丁日木用庚辛日也又作甘泉宮中爲臺室畫天地泰一諸神而置祭具以致天神居歲餘其方益衰神不至乃爲帛書以飯牛詳弗知也言此牛腹中有奇殺而視之得書書言甚怪天子疑之有識其手書問之人果是僞書於是誅文成將軍隱之正義曰漢武故事云文成誅月餘日使者籍貫關東還逢之於漕亭還見言之上乃疑發其棺無所見唯有竹筒一枚捕驗間無蹤跡也其後則又作柏梁銅柱承露仙人掌之屬矣索隱曰三輔故事云用梁柏頭按今字皆作柏臺高二十丈用香柏爲殿梁香聞十里中建章宮承露盤高三十丈大七圍以銅爲之上有仙人掌承露和玉屑飲之故張衡賦曰立脩莖之仙掌承雲表之清露是也文成死明年天子病鼎湖甚索隱曰鼎湖宮名在湖縣巫醫無所不致至不愈游水發根乃言曰上郡有巫病而鬼下之上召置祠之甘泉及病使人問神君神君言曰天子毋憂病病少愈強與我會甘泉於是病愈遂起幸甘泉病良已大赦天下置壽宮神君神君最貴者太一其佐曰太

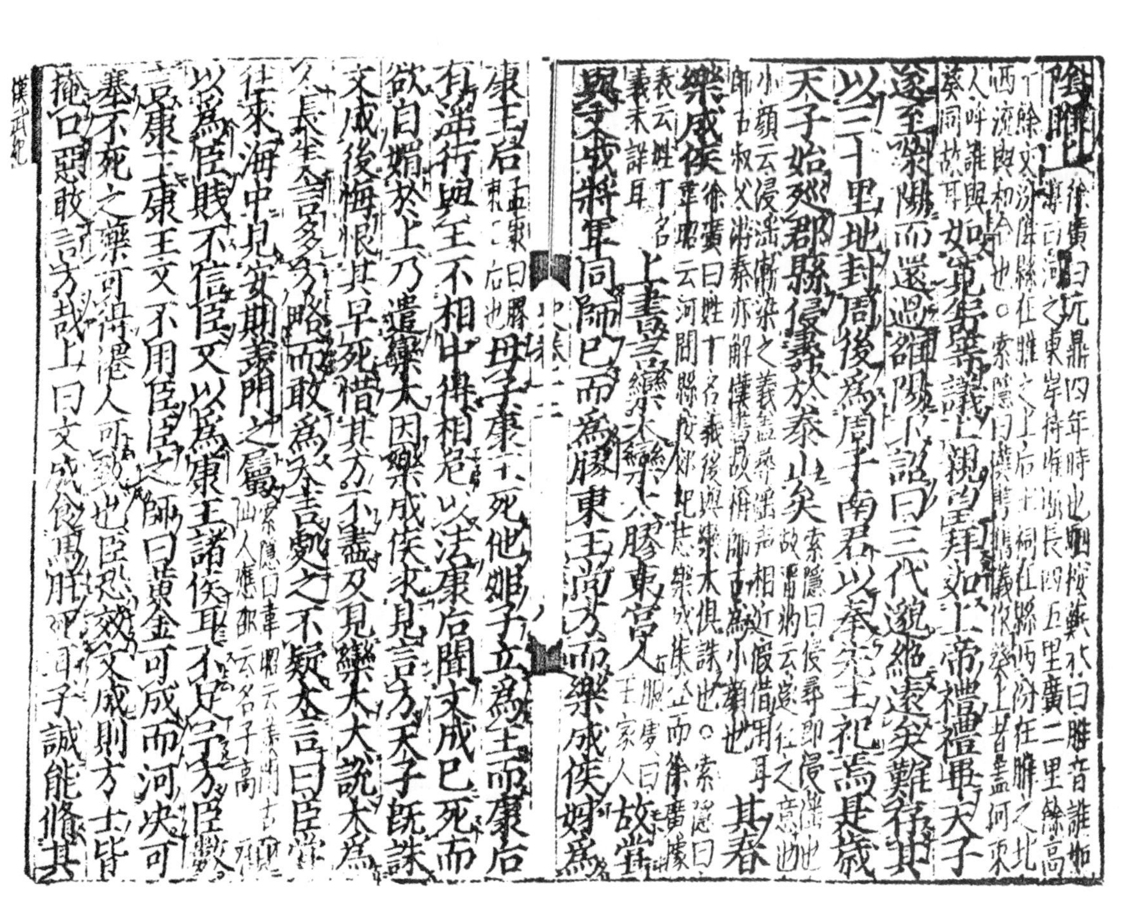

禁、司命之屬，皆從之。非可得見，聞其音，與人言等。時去時來，來則風肅然也。居室帷中。時晝言，然常以夜。天子祓，（漢書音義曰祓除也）然後入。因巫為主人，關飲食。所欲者言行下。（音行下之）又置壽宮、北宮，（正義曰括地志云壽宮北宮皆在雍州長安縣西北三十里長安故城中 漢書云武帝壽宮以奉神君）張羽旗，設供具，以禮神君。神君所言，上使人受書其言，命之曰「畫法」。（漢書作書法 音義曰或云策書之法也 正義曰畫音獲 按畫一之法）其所語，世俗之所知也，毋絕殊者，而天子獨喜。其事祕，世莫知也。

其後三年，有司言元宜以天瑞命，不宜以一二數。（索隱曰得黃龍鳳皇諸瑞以名年 正義曰孝景以前即位以一二數年至武帝即位初有年號改元以建元為始）一元曰建元，二元以長星曰元光，三元以郊得一角獸曰元狩云。（諸紀元光後有元朔元朔後得元狩）

其明年冬，天子郊雍，議曰：「今上帝朕親郊，而后土毋祀，則禮不答也。」有司與太史公、（[illegible]）祠官寬舒等議：「天地牲角繭栗。今陛下親祀后土，后土宜於澤中圜丘為五壇，壇一黃犢太牢具，已祠盡瘞，而從祠衣上黃。」於是天子遂東，始立后土祠汾

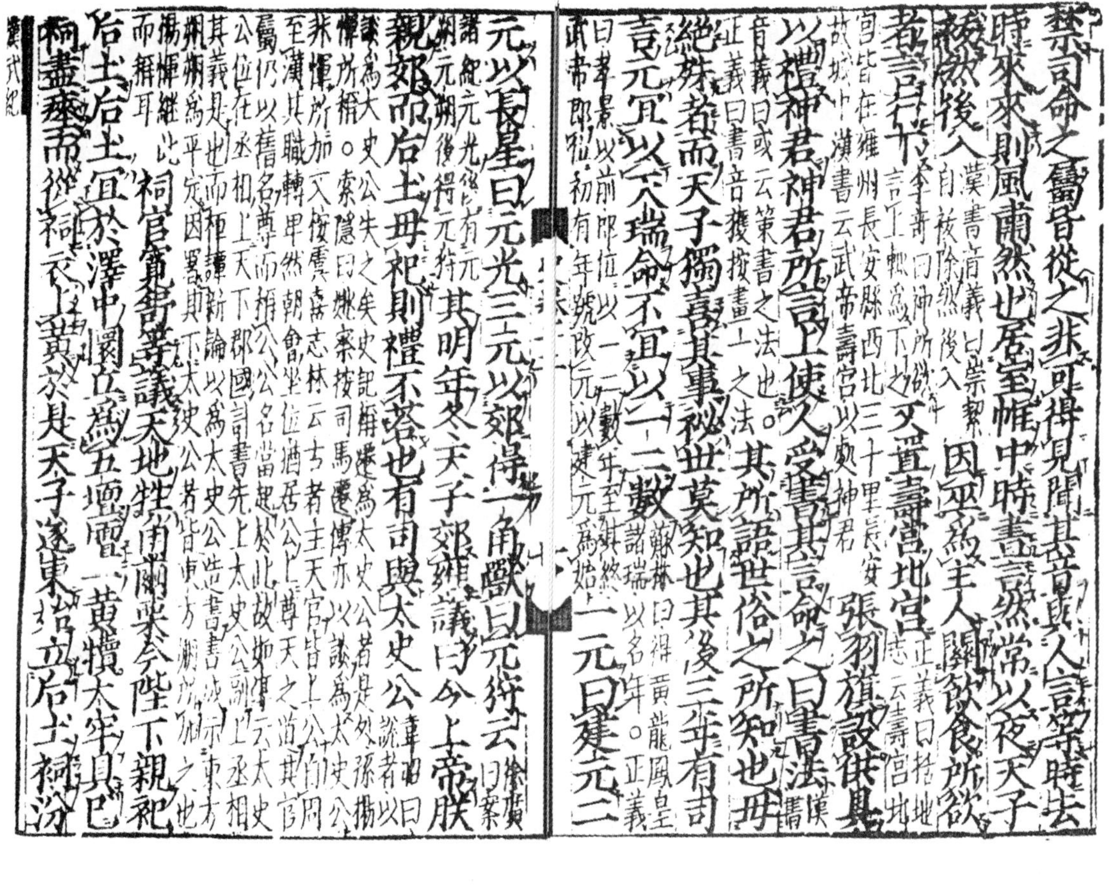

陰脽上，（徐廣曰元鼎四年時也 駰按蘇林曰脽音誰 如淳曰河之東岸特堆 [illegible] 汾陰縣在脽之上 后土祠在縣西 汾在脽之北 西流與河合也 [illegible]）如寬舒等議。上親望拜，如上帝禮。禮畢，天子遂至滎陽而還。過雒陽，下詔曰：「三代邈絕，遠矣難存。其以三十里地封周後為周子南君，以奉先王祀焉。」是歲，天子始巡郡縣，侵尋於泰山矣。（索隱曰侵尋即浸淫也 [illegible]）

其春，樂成侯上書言欒大。（徐廣曰姓丁名義 後與欒大俱誅也 [illegible]）欒大，膠東宮人，（服虔曰王家人）故嘗與文成將軍同師，已而為膠東王尚方。而樂成侯姊為康王后，毋子。康王死，他姬子立為王。而康后有淫行，與王不相中，相危以法。康后聞文成已死，而欲自媚於上，乃遣欒大因樂成侯求見言方。天子既誅文成，後悔恨其早死，惜其方不盡，及見欒大，大說。大為人長美，言多方略，而敢為大言，處之不疑。大言曰：「臣嘗往來海中，見安期、羨門之屬。（[illegible]）顧以為臣賤，不信臣。又以為康王諸侯耳，不足予方。臣數言康王，康王又不用臣。臣之師曰：『黃金可成，而河決可塞，不死之藥可得，仙人可致也。』臣恐效文成，則方士皆掩口，惡敢言方哉！」上曰：「文成食馬肝死耳。子誠能脩其

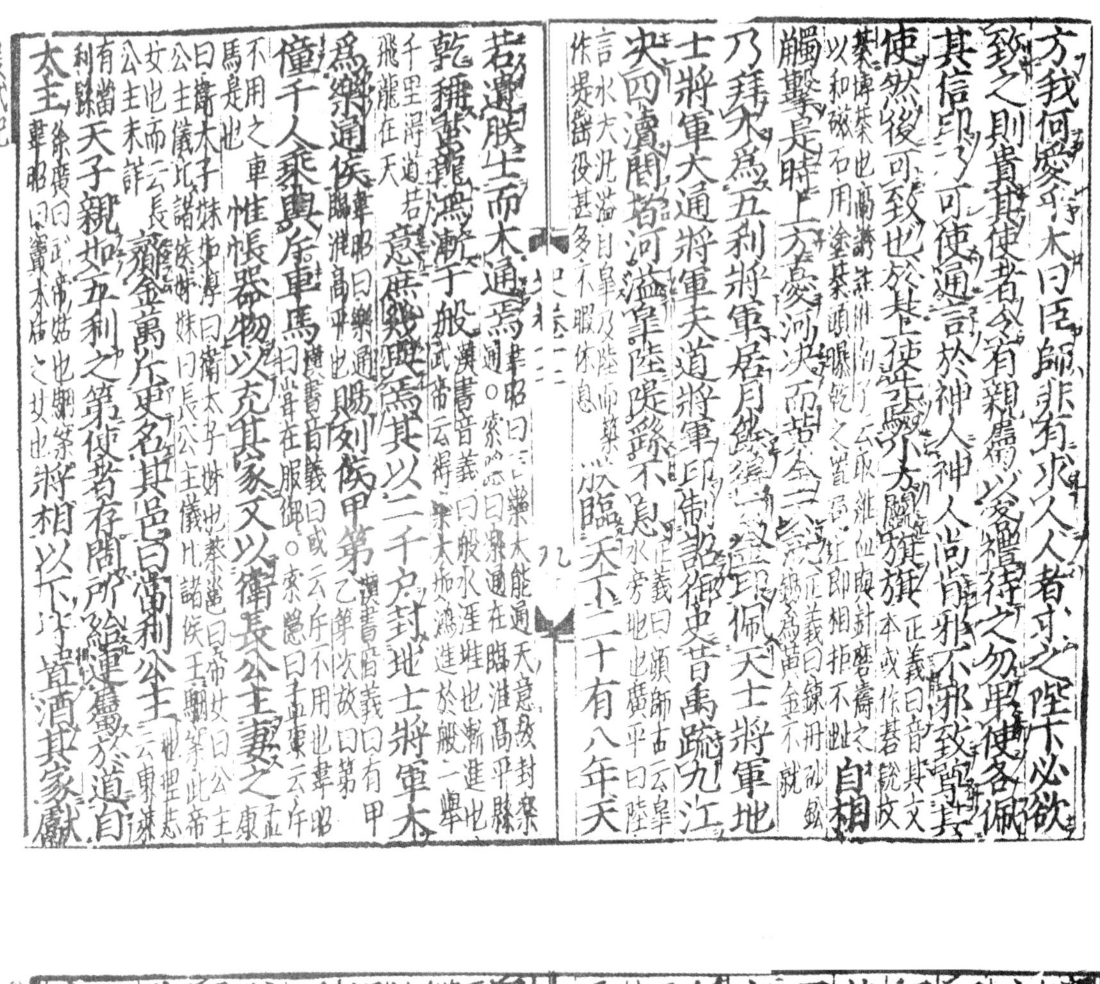

方我何愛乎大曰臣師非有求人人者求之陛下必欲致之則貴其使者令有親屬以客禮待之勿卑使各佩其信印乃可使通言於神人神人尚肯邪不邪致尊其使然後可致也於是上使驗小方鬬旗旗自相觸擊 正義曰音其文棊博棊也高誘注淮南子云取雞血與針磨擣之以和磁石用塗棊頭曝乾之置局上即相拒不休 是時上方憂河決而黃金不就 正義曰鍊丹砂為黃金不就 乃拜大為五利將軍居月餘得四印佩天士將軍地士將軍大通將軍天道將軍印制詔御史昔禹疏九江決四瀆閒者河溢皋陸隄繇不息 正義曰顏師古云皋水旁地也廣平曰陸言水大氾溢自皋及陸而築作堤防役甚多不暇休息 朕臨天下二十有八年天若遺朕士而大通焉 韋昭曰言欒大能通天意 ○索隱曰欒通在臨淮高平縣 乾稱蜚龍鴻漸于般 漢書音義曰般水涯堆也漸進也 武帝云得欒大施鴻進於般一舉千里得道若飛龍在天 朕意庶幾與焉其以二千戶封地士將軍大為樂通侯 韋昭曰樂通臨淮高平也 賜列侯甲第 漢書音義曰有甲乙第次故曰第 僮千人乘轝斥車馬 漢書音義曰或云斥不用之車 韋昭曰斥在服御 帷帳器物以充其家又以衛長公主妻之 蔡邕曰帝女曰公主儀比諸侯帝姊妹曰長公主儀比諸侯王 齎金萬斤更名其邑曰當利公主 地理志東萊有當利縣 天子親如五利之第使者存問所給連屬於道自大主將相以下皆置酒其家獻

遺之於是天子又刻玉印曰天道將軍使使衣羽衣夜立白茅上五利將軍亦衣羽衣立白茅上受印以示弗臣也而佩天道者且為天子道天神也於是五利常夜祠其家欲以下神神未至而百鬼集矣然頗能使之其後治裝行東入海求其師云大見數月佩六印貴振天下而海上燕齊之閒莫不搤捥而自言 服虔曰滿手曰搤 有禁方能神僊矣其夏六月中汾陰巫錦為民祠魏脽后土營旁 應劭曰魏故魏國也脽若丘之類 見地如鉤狀掊視得鼎鼎大異於眾鼎文鏤毋款識 韋昭曰款刻也 ○索隱曰識猶表識 怪之言吏吏告河東太守勝勝以聞天子使使驗問巫錦得鼎無姦詐乃以禮祠迎鼎至甘泉從行上薦之至中山晏溫 如淳曰三輔謂日出清濟為晏 有黃雲蓋焉有麃過上自射之因以祭云至長安公卿大夫皆議請尊寶鼎天子曰閒者河溢歲數不登故巡祭后土祈為百姓育穀今年豐廡未有報鼎曷為出哉有司皆曰聞昔泰帝興神鼎一一者壹統天地萬物所繫終也黃帝作寶鼎三象天地人也禹收九牧之金鑄九鼎

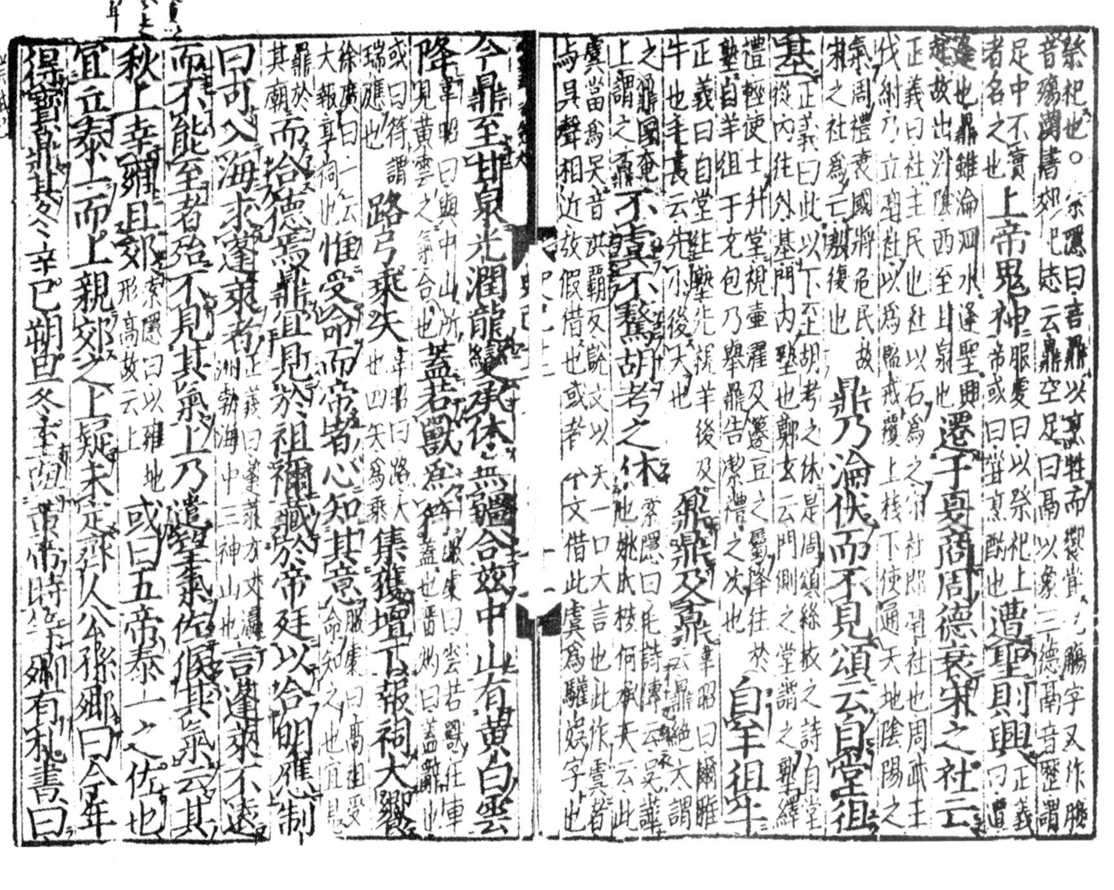

黃帝得寶鼎宛朐，問於鬼臾區。鬼臾區對曰：黃帝得寶鼎神策，是歲己酉朔旦冬至，得天之紀，終而復始。於是黃帝迎日推策，後率二十歲得朔旦冬至，凡二十推，三百八十年，黃帝僊登于天。卿因所忠欲奏之。所忠視其書不經，疑其妄書，謝曰：寶鼎事已決矣，尚何以為！卿因嬖人奏之。上大說，召問卿。對曰：受此書申功，申功已死。上曰：申功何人也？卿曰：申功，齊人也。與安期生通，受黃帝言，無書，獨有此鼎書。曰：漢興復當黃帝之時。漢之聖者在高祖之孫且曾孫也。寶鼎出而與神通，封禪。封禪七十二王，唯黃帝得上泰山封。申功曰：漢主亦當上封，上封則能僊登天矣。黃帝時萬諸侯，而神靈之封居七千。天下名山八，而三在蠻夷，五在中國。中國華山、首山、太室、泰山、東萊，此五山黃帝之所常遊，與神會。黃帝且戰且學僊。患百姓非其道，乃斷斬非鬼神者。百餘歲然後得與神通。黃帝郊雍上帝，宿三月。鬼臾區號大鴻，死葬雍，故鴻冢是也。其後黃帝接萬靈明廷。明廷者，甘泉也。所謂寒門者，谷口也。

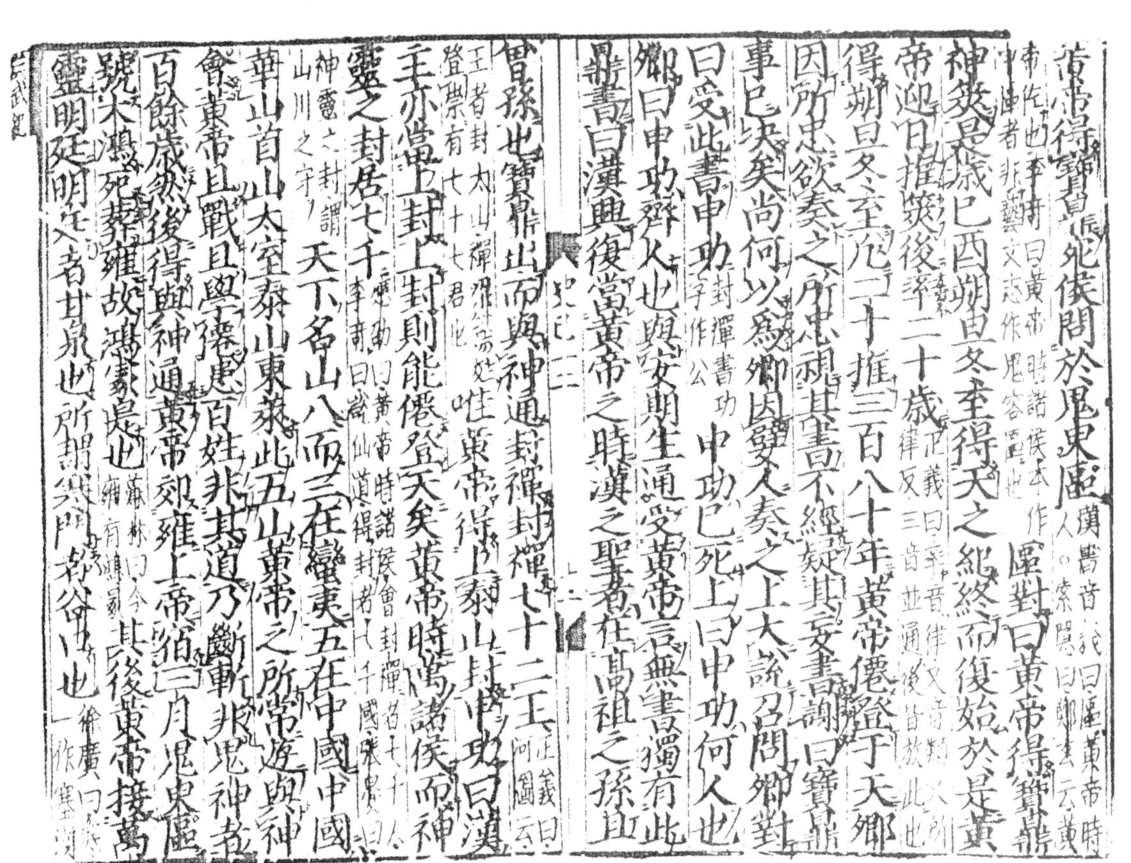

祭祀也。……上帝鬼神。遭聖則興，遷于夏商。周德衰，宋之社亡，鼎乃淪伏而不見。頌云：自堂徂基，自羊徂牛；鼐鼎及鼒，不虞不驁，胡考之休。今鼎至甘泉，光潤龍變，承休無疆。合茲中山，有黃白雲降，蓋若獸為符，路弓乘矢，集獲壇下，報祠大饗。惟受命而帝者心知其意而合德焉。鼎宜見於祖禰，藏於帝廷，以合明應。制曰：可。入海求蓬萊者，言蓬萊不遠，而不能至者，殆不見其氣。上乃遣望氣佐候其氣云。其秋，上幸雍，且郊。或曰：五帝，泰一之佐也，宜立泰一而上親郊之。上疑未定。齊人公孫卿曰：今年得寶鼎，其冬辛巳朔旦冬至，與黃帝時等。卿有札書曰：

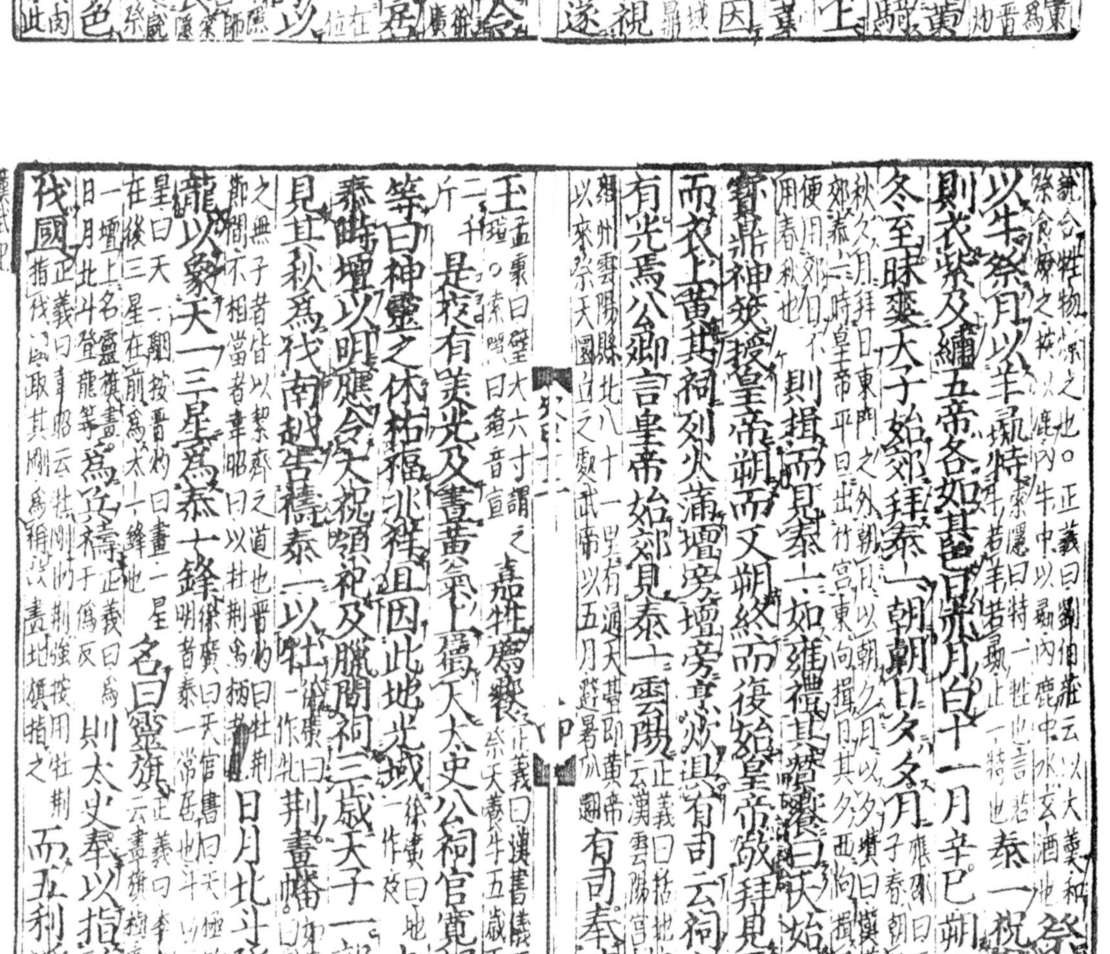

書旨義曰黃帝仙於寒門也。……

黃帝採首山銅，鑄鼎於荊山下。鼎既成，有龍垂胡髯下迎黃帝。黃帝上騎，群臣後宮從上龍七十餘人，龍乃上去。餘小臣不得上，乃悉持龍髯，龍髯拔，墮黃帝之弓。百姓仰望黃帝既上天，乃抱其弓與龍胡髯號，故後世因名其處曰鼎湖，其弓曰烏號。於是天子曰：嗟乎！吾誠得如黃帝，吾視去妻子如脫躧耳。乃拜卿為郎，東使候神於太室。上遂郊雍，至隴西，西登空桐，幸甘泉。令祠官寬舒等具泰一祠壇，壇放薄忌泰一壇，壇三垓。五帝壇環居其下，各如其方，黃帝西南，除八通鬼道。泰一所用，如雍一畤物，而加醴棗脯之屬，殺一犛牛以為俎豆牢具。而五帝獨有俎豆醴進。其下四方地，為醊食群神從者及北斗云。已祠，胙餘皆燎之。其牛色白，鹿居其中，彘在鹿中，水而洎之。

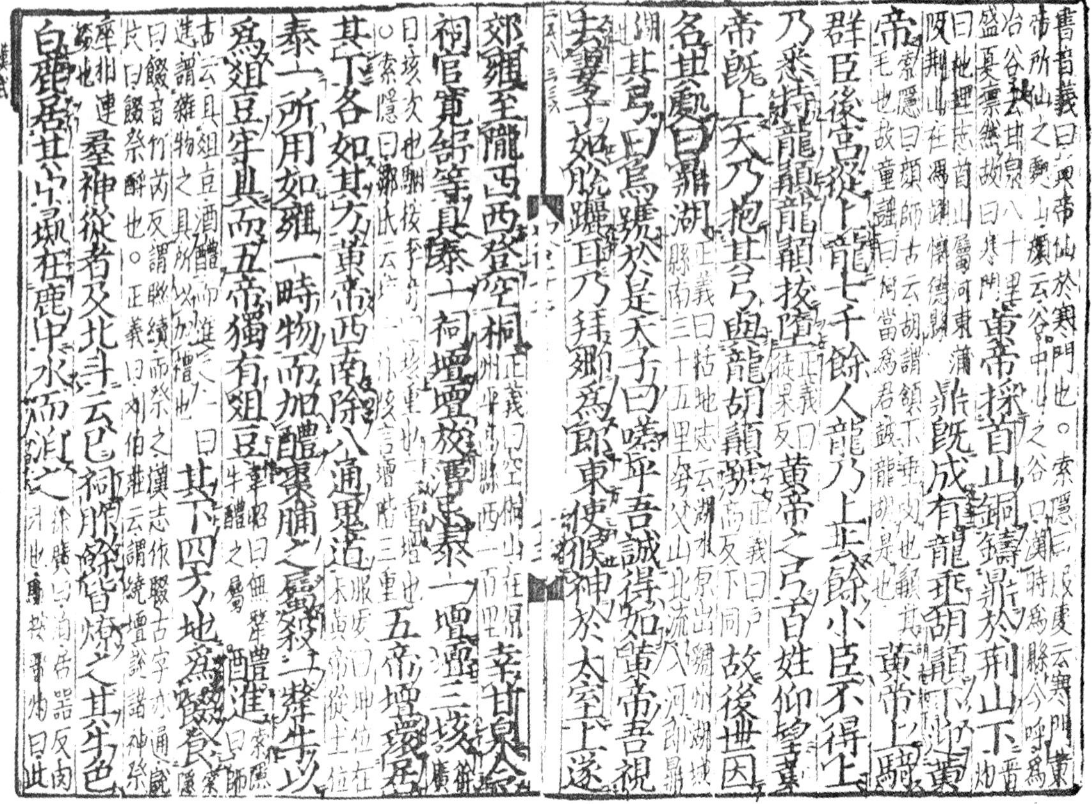

祭日以牛，祭月以羊彘特。泰一祝宰則衣紫及繡。五帝各如其色，日赤，月白。十一月辛巳朔旦冬至，昧爽，天子始郊拜泰一。朝朝日，夕夕月，則揖；而見泰一如雍郊禮。其贊饗曰：天始以寶鼎神策授皇帝，朔而又朔，終而復始，皇帝敬拜見焉。而衣上黃。其祠列火滿壇，壇旁烹炊具。有司云祠上有光焉。公卿言皇帝始郊見泰一雲陽，有司奉瑄玉嘉牲薦饗。是夜有美光，及晝，黃氣上屬天。太史公、祠官寬舒等曰：神靈之休，祐福兆祥，宜因此地光域立泰畤壇以明應。令太祝領，秋及臘間祠。三歲天子一郊見。其秋，為伐南越，告禱泰一。以牡荊畫幡日月北斗登龍，以象天一三星，為泰一鋒，名曰靈旗。為兵禱，則太史奉以指所伐國。而五利將

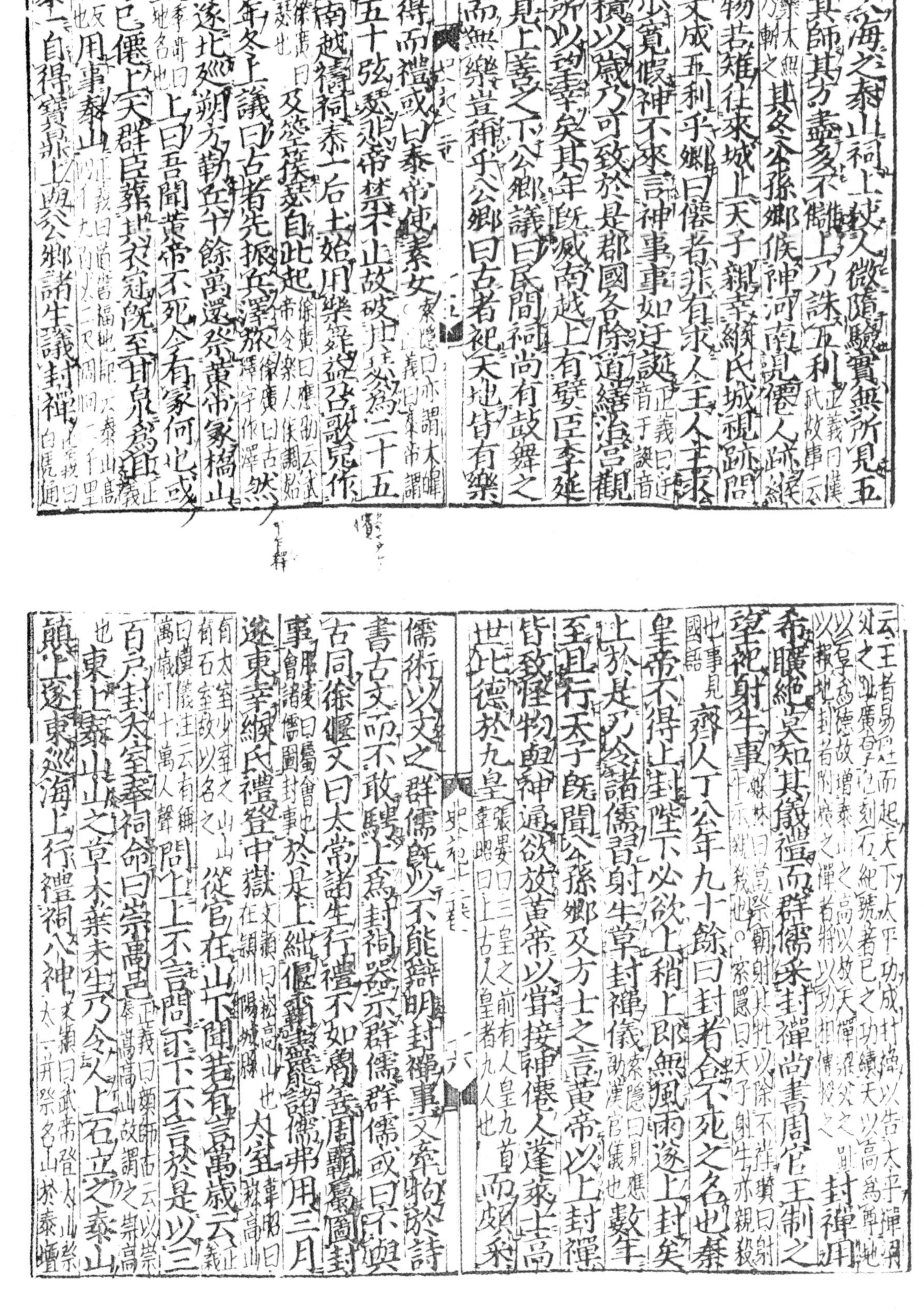

軍使不敢入海，之泰山祠。上使人微隨驗，實無所見。五利妄言見其師，其方盡，多不讎。上乃誅五利。其冬，公孫卿候神河南，言見仙人跡緱氏城上，有物若雉，往來城上。天子親幸緱氏城視跡。問卿：「得毋效文成、五利乎？」卿曰：「僊者非有求人主，人主求之。其道非少寬假，神不來。言神事，事如迂誕，積以歲乃可致也。」於是郡國各除道，繕治宮觀名山神祠所，以望幸也。其年，既滅南越，上有嬖臣李延年以好音見。上善之，下公卿議，曰：「民間祠尚有鼓舞之樂，今郊祀而無樂，豈稱乎？」公卿曰：「古者祀天地皆有樂，而神祇可得而禮。」或曰：「泰帝使素女鼓五十弦瑟，悲，帝禁不止，故破其瑟為二十五弦。」於是塞南越，禱祠泰一、后土，始用樂舞，益召歌兒，作二十五弦及箜篌瑟自此起。其來年冬，上議曰：「古者先振兵澤旅，然後封禪。」乃遂北巡朔方，勒兵十餘萬，還祭黃帝冢橋山，澤兵須如。上曰：「吾聞黃帝不死，今有冢，何也？」或對曰：「黃帝已僊上天，群臣葬其衣冠。」既至甘泉，為且用事泰山，先類祠泰一。自得寶鼎，上與公卿諸生議封禪。

史記十二　二十五

封禪用希曠絕，莫知其儀禮，而群儒采封禪尚書、周官、王制之望祀射牛事。齊人丁公年九十餘，曰：「封者，合不死之名也。秦皇帝不得上封。陛下必欲上，稍上即無風雨，遂上封矣。」上於是乃令諸儒習射牛，草封禪儀。數年，至且行。天子既聞公孫卿及方士之言，黃帝以上封禪，皆致怪物與神通，欲放黃帝以嘗接神僊人蓬萊士，高世比德於九皇，而頗采儒術以文之。群儒既以不能辯明封禪事，又牽拘於詩書古文而不敢騁。上為封祠器示群儒，群儒或曰「不與古同」，徐偃又曰「太常諸生行禮不如魯善」，周霸屬圖封事，於是上絀偃、霸，盡罷諸儒弗用。三月，遂東幸緱氏，禮登中嶽太室。從官在山下聞若有言「萬歲」云。問上，上不言；問下，下不言。於是以三百戶封太室奉祠，命曰崇高邑。東上泰山，山之草木葉未生，乃令人上石立之泰山顛。上遂東巡海上，行禮祠八神。

史記十二　二十六

西南開除八通鬼道故言八神也一曰八方之神○索
隱曰韋昭云八神謂天地陰陽日月星辰主四時之屬
今按郊祀志一曰天主祠天齊二曰地主祠泰山梁父
三曰兵主祠蚩尤四曰陰主祠三山五曰陽主祠之罘
六曰月主祠之萊山七曰日主祠成山八曰四時主祠琅邪 齊人之上疏言神怪奇
方者以萬數然無驗者乃益發船令言海中神山者數
千人求蓬萊神人公孫卿持節常先行候名山至東萊
言夜見一人長數丈就之則不見見其跡甚大類禽獸
云群臣有言見一老父牽狗言吾欲見巨公漢書音義曰巨公謂武帝
已忽不見上既見大跡未信及群臣有言老父則大
以為僊人也宿留海上與方士傳車及間使求僊人以
千數四月還至奉高上念諸儒及方士言封禪人人殊

不經難施行天子至梁父禮祠地主乙卯令侍中儒者
皮弁薦紳射牛行事封泰山下東方如郊祠泰一之禮
封廣丈二尺高九尺其下則有玉牒書書祕禮畢天子
獨與侍中奉車子侯漢書百官表曰奉車都尉掌御乘輿車武帝初置韋昭曰子侯霍去病之子也上泰山亦有封其事皆禁明日下陰道丙辰禪泰
山下阯東北肅然山如祭后土禮天子皆親拜見衣上
黃而盡用樂焉江淮間一茅三脊孟康曰所謂靈茅也為神藉五
色土益雜封縱遠方奇獸蜚禽及白雉諸物頗以加祠
兕旄牛犀象之屬弗用皆至泰山然後去封禪祠其夜
若有光晝有白雲起封中天子從封禪還坐明堂漢書音義

孝武本紀

曰天子初封泰山泰山東北阯古時有明堂處則此所坐者明年秋乃作明堂 群臣更上壽於
是制詔御史朕以眇眇之身承至尊兢兢焉懼弗任維
德菲薄不明于禮樂脩祀泰一若有象景光屑如有望
鄭曰聞呵乃歲者三 依依震於怪物欲止不敢遂登封泰山至于
梁父而后禪肅然服虔曰肅然山名在梁父自新嘉與士大夫更始
賜民百戶牛一酒十石加年八十孤寡布帛二匹復博
奉高蛇丘鄭玄曰蛇音移歷城毋出今年租稅其赦天下如乙
卯赦令行所過毋有復作事在二年前皆勿聽治又下
詔曰古者天子五載一巡狩用事泰山諸侯有朝宿地
其令諸侯各治邸泰山下正義曰諸侯各於泰山朝宿地起第宅擬天子用事太山

而告止 天子既已封禪泰山無風雨菑而方士更言蓬
萊諸神山若將可得於是上欣然庶幾遇之乃復東
至海上望冀遇蓬萊焉奉車子侯暴病一日死上乃遂
去並海上北至碣石巡自遼西歷北邊至九原五月返
至甘泉漢書音義曰周萬八千里也 有司言寶鼎出為元鼎以今年
為元封元年其秋有星茀于東井韋昭曰秦分野也後衛太子兵亂○茀音佩
後十餘日有星茀于三能韋昭曰三能三公後連坐誅之 望氣王朔
言候獨見其星出如瓠索隱曰郊祀志填星出如瓠以德星郎鎮星今按此紀唯上言德星則德星歲星也歲星所在有福故曰德星
食頃復入焉有司言曰陛
下建漢家封禪天其報德星云其來年冬郊雍五帝還

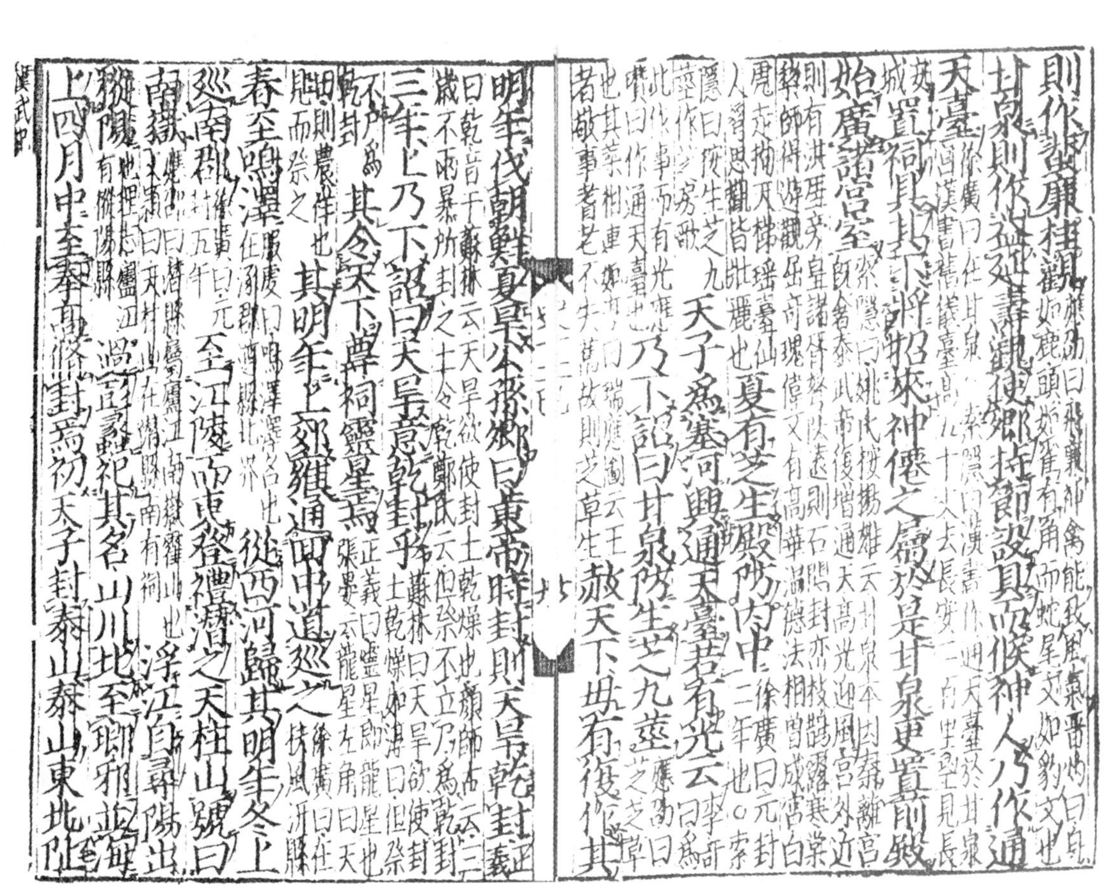

拜祝祠泰一，贊饗曰：「德星昭衍，厥維休祥。壽星仍出，淵耀光明。信星昭見，皇帝敬拜泰祝之饗。」其春，公孫卿言見神人東萊山，若云「見天子」。天子於是幸緱氏城，拜卿為中大夫。遂至東萊，宿留之數日，毋所見，見大人跡。復遣方士求神怪采芝藥以千數。是歲旱。於是天子既出毋名，乃禱萬里沙，過祠泰山。還至瓠子，自臨塞決河，留二日，沈祠而去。使二卿將卒塞決河，河徙二渠，復禹之故跡焉。是時既滅南越，越人勇之乃言「越人俗信鬼，而其祠皆見鬼，數有效。昔東甌王敬鬼，壽至百六十歲。後世謾怠，故衰耗」。乃令越巫立越祝祠，安臺無壇，亦祠天神上帝百鬼，而以雞卜。上信之，越祠雞卜始用焉。公孫卿曰：「仙人可見，而上往常遽，以故不見。今陛下可為觀，如緱氏城，置脯棗，神人宜可致。且僊人好樓居。」於是上令長安

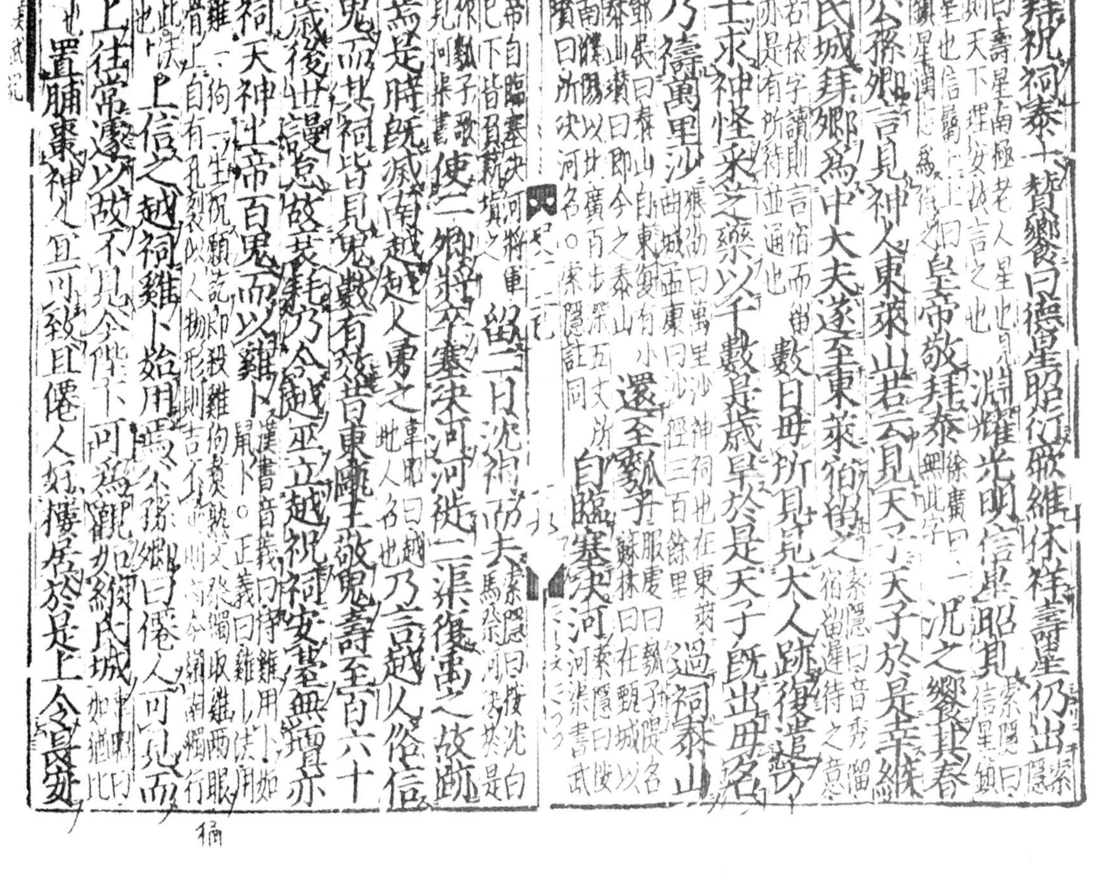

則作蜚廉桂觀，甘泉則作益延壽觀，使卿持節設具而候神人。乃作通天臺，置祠具其下，將招來神仙之屬。於是甘泉更置前殿，始廣諸宮室。夏，有芝生殿防內中。天子為塞河，興通天臺，若有光云，乃下詔曰：「甘泉防生芝九莖，赦天下，毋有復作。」其明年，伐朝鮮。夏，旱。公孫卿曰：「黃帝時封則天旱，乾封三年。」上乃下詔曰：「天旱，意乾封乎？其令天下尊祠靈星焉。」其明年，上郊雍，通回中道，巡之。春，至鳴澤，從西河歸。其明年冬，上巡南郡，至江陵而東。登禮灊之天柱山，號曰南嶽。浮江，自尋陽出樅陽，過彭蠡，祀其名山川。北至琅邪，並海上。四月中，至奉高脩封焉。初，天子封泰山，泰山東北阯

古時有明堂處處險不敞上欲治明堂奉高旁未曉其制度濟南人公玉帶上黃帝時明堂圖索隱曰公玉或音肅公玉姓帶名姚氏按風俗通齊湣王臣有公玉丹其後也音語錄反三輔決錄云杜陵有玉氏音肅蘇林以爲從玉音畜牧之畜今讀公玉與決錄音同然二姓單複有異單姓者音肅後漢司徒王祝是其後也明堂圖中有一殿四面無壁以茅蓋通水圜宮垣為複道上有樓從西南入命曰昆侖索隱曰玉帶明堂圖中為複道有樓從西南入名其道曰昆侖言其以昆侖山之五城十二樓故名之也天子從之入以拜祠上帝焉於是上令奉高作明堂汶上徐廣曰在元封二年秋如帶圖及五年脩封則祠泰一五帝於明堂上坐令高皇帝祠坐對之祠后土於下房以二十太牢天子從昆侖道入始拜明堂如郊禮禮畢燎堂下而上又上泰山有祕祠其巔而泰山下祠五帝各如其方黃帝并赤帝而有司侍祠焉泰山上舉火下悉應之其後二歲十一月甲子朔旦冬至推歷者以本統天子親至泰山以十一月甲子朔旦冬至日祠上帝明堂徐廣曰常五年一脩今適二年故但祀明堂每脩封禪其贊饗曰天增授皇帝泰元神策索隱曰按贊饗之辭言天授皇帝泰元神策周而復始又按皇帝得寶鼎神策則泰元者古皇帝之號故此云大元神策周而復始也周而復始皇帝敬拜泰一東至海上考入海及方士求神者莫驗然益遣冀遇之十一月乙酉徐廣曰十一日柏梁烖十二月甲午朔上親禪高里伏儼曰山名在泰山下祠后土臨渤海將以望祠蓬萊之屬冀至殊廷焉漢書音義曰殊廷○索隱曰漢書作綫字綫近也異於生也並同服虔曰蓬萊中仙人殊廷殊者異也言入仙人異域也上還以柏梁烖故朝受計甘泉正義曰顏師古云柏梁被燒故受計於甘泉也顏師古云受郡國計簿也公孫卿曰黃帝就青靈臺十二日燒徐廣曰一作月黃帝乃治明庭明庭甘泉也方士多言古帝王有都甘泉者其後天子又朝諸侯甘泉甘泉作諸侯邸勇之乃曰越俗有火烖復起屋必以大用勝服之於是作建章宮正義曰括地志曰建章宮在雍州長安縣西二十里長安故城西度為千門萬戶前殿度高未央其東則鳳闕高二十餘丈索隱曰三輔黃圖云武帝營建章起鳳闕高二十五丈闕中記一名別風闕以言別四方之風西京賦曰閶闔之內別風嶕嶢是也三輔故事云北有圜闕高二十丈上有銅鳳凰故曰鳳闕也其西則唐中數十里虎圈索隱曰姚淳云詩云中堂有甓鄭玄云唐堂庭也爾雅以廟中路謂之唐西京賦曰前開唐中彌望廣潒是也○正義曰圈其遠反括地志云虎圈在長安城中西偏也其北治大池漸臺正義曰顏師古云漸浸也臺在池中為水所浸故曰臺按王莽死此臺也高二十餘丈名曰泰液正義曰泰液者言象陰陽津液以作池也池中有蓬萊方丈瀛洲壺梁象海中神山龜魚之屬索隱曰三輔故事云殿北海池北岸有石魚長二丈廣五尺西岸有石龜二枚各長六尺其南有玉堂璧門大鳥之屬索隱曰漢武故事玉堂基與未央前殿等去地十二丈乃立神明臺索隱曰漢宮闕疏云臺高五十丈上有九室常置九天道士百人井幹樓度五十餘丈輦道相屬焉索隱曰關中記宮北有井幹臺高五十丈積木為樓言築累萬木轉相交架如井幹司馬彪注莊子云井幹井欄也又崔譔云井以四邊為幹猶築牆之有楨幹又按本多作韓一本作翰音說文云井橋夏漢改曆以正月為歲首而色上黃官名

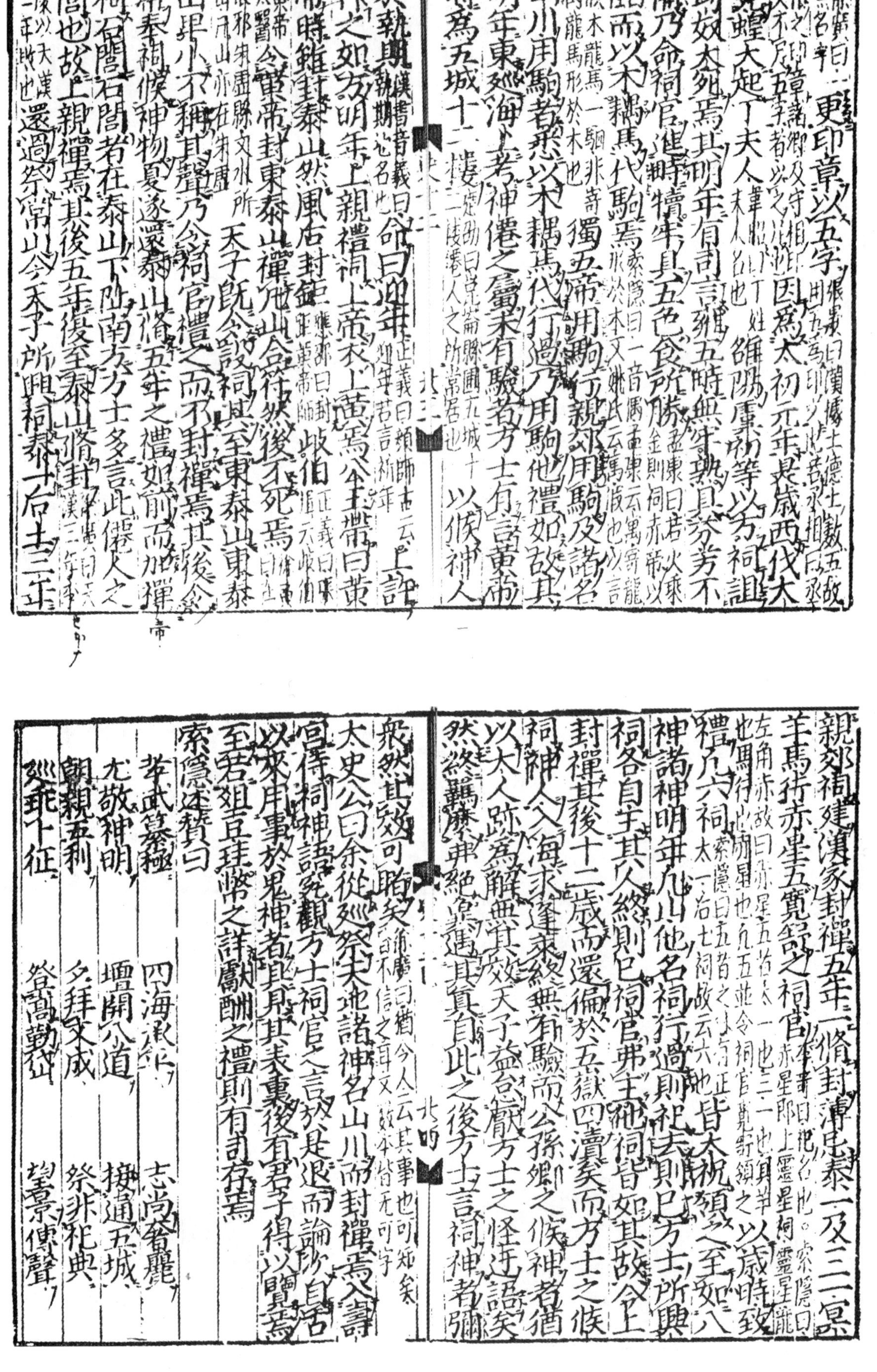

徐廣曰一無名字 更印章以五字 張晏曰漢據土德土數五故用五爲印文也若丞相曰丞相之印章諸卿及守相印文不足五字者以之足也 因爲太初元年是歲西伐大宛蝗大起丁夫人 韋昭曰丁姓夫人名也 雒陽虞初等以方祠詛匈奴大宛焉其明年有司言雍五畤無牢熟具芬芳不備乃命祠官進犢牢具五色食所勝 孟康曰若火勝金則祠赤帝以白牲 而以木耦馬代駒焉 索隱曰一音偶 又音寓 獨五帝用駒行親郊用駒及諸名山川用駒者悉以木耦馬代行過乃用駒他禮如故其明年東巡海上考神僊之屬未有驗者方士有言黃帝時爲五城十二樓 應劭曰昆侖玄圃五城十二樓仙人之所常居也 以候神人於執期 漢書音義曰執期地名也 命曰迎年 正義曰顏師古云迎年若言祈年 上許作之如方命曰明年上親禮祠上帝衣上黃焉公玉帶曰黃帝時雖封泰山然風后封鉅岐伯令黃帝封東泰山禪凡山合符然後不死焉天子既令設祠具至東泰山東泰山卑小不稱其聲乃令祠官禮之而不封禪焉其後令帶奉祠候神物夏遂還泰山脩五年之禮如前而加禪祠石閭石閭者在泰山下阯南方方士多言此僊人之閭也故上親禪焉其後五年復至泰山脩封 還過祭常山今天子所興祠太一后土三年

親郊祠建漢家封禪五年一脩封薄忌泰一及三一冥羊馬行赤星五寬舒之祠官以歲時致禮凡六祠皆太祝領之至如八神諸神明年凡山他名祠行過則祀去則已方士所興祠各自主其人終則已祠官弗主他祠皆如其故今上封禪其後十二歲而還徧於五嶽四瀆矣而方士之候祠神人入海求蓬萊終無有驗而公孫卿之候神者猶以大人跡爲解無其效天子益怠厭方士之怪迂語矣然終羈縻弗絕冀遇其真自此之後方士言祠神者彌衆然其效可睹矣

太史公曰余從巡祭天地諸神名山川而封禪焉入壽宮侍祠神語究觀方士祠官之言於是退而論次自古以來用事於鬼神者具見其表裏後有君子得以覽焉至若俎豆珪幣之詳獻酬之禮則有司存焉

索隱述贊曰

孝武纂極，四海承平。志尚奢麗，
尤敬神明。壇開八道，接通五城。
朝親五利，夕拜文成。祭非祀典，
巡乖卜征。登高勤役，望景傳聲。

迎祭祀曰，毁曆定正，疲耗中土，
事役邊兵，日不暇給，人無聊生，
俯觀嬴政，幾欲齊衡。

孝武本紀第十二　史記十二

三代世表第一　史記十三

索隱曰：應劭云：表者，錄其事而見之。按禮有表記，而鄭玄云：表，明也。謂事微而不著，須表明也，故言表也。正義曰：言代者，以五帝久古，傳記少見，夏殷以來，乃有尚書，略有年月，比於五帝事迹易明，故舉三代為首表者，明三代世系事儀。

太史公曰：五帝三代之記尚矣。索隱曰：按此表依帝繫及系本，其實敘五帝三代，系表者以三代代系長遠，宜以名篇。且三代皆出自五帝，故敘三代要從五帝而起首也。劉氏云：尚猶久古也。尚矣之文元出大戴禮，彼云黃帝尚矣。自殷以前諸侯不可得而譜，正義曰：譜，布也，列其事也。周以來乃頗可著。孔子因史文次春秋，紀元年，正時日月，蓋其詳哉。至於序尚書則略無年月，或頗有，然多闕，不可錄。故疑則傳疑，蓋其慎也。余讀諜記，索隱曰：諜音牒。牒者，紀系謚之書也。下云稽其歷諜，謂歷代之譜諜也。黃帝以來皆有年數。稽其歷譜諜終始五德之傳，索隱曰：音轉。謂帝王更王，以金木水火土之五德傳次相承，終而復始，故云終始五德之傳也。古文咸不同乖異。夫子之弗論次其年月，豈虛哉！於是以五帝繫諜、尚書集世紀黃帝以來訖共和為世表。索隱曰：按大戴禮有五帝德及帝繫篇，蓋太史公取此二篇之諜及尚書，集而紀黃帝以來為系表也。厲王奔彘，周召二公共相王室，故曰共和。皇甫謐云：共伯和干王位，則以共國伯爵，和其名也。干王位，言篡也。與史遷之說不同，蓋異說耳。

帝王世國號　顓頊屬　俈屬　堯屬　舜屬　夏屬　殷屬　周屬

三代世表

黄帝號有熊
黄帝生昌意
黄帝生玄囂
黄帝生玄囂
黄帝生昌意
黄帝生昌意
黄帝生玄囂
黄帝生玄囂

帝顓頊黄帝孫起黄帝至顓頊三世
昌意生顓頊為高陽氏
玄囂生蟜極
玄囂生蟜極
昌意生顓頊顓頊生窮蟬 索隱曰系本作窮係宋衷云窮係諡也
昌意生顓頊
玄囂生蟜極蟜極生高辛
玄囂生蟜極蟜極生高辛

帝俈黄帝曾孫起黄帝至帝俈四世號高辛
蟜極生高辛高辛生帝俈 索隱曰黄帝玄孫
蟜極生高辛高辛生放勛
窮蟬生敬康敬康生句望
高辛生卨
高辛生后稷為周祖

帝堯起黄帝至俈子二世號唐堯
放勛為堯
句望生蟜牛蟜牛生瞽叟
卨為殷祖
后稷生不窋

帝舜黄帝玄孫之孫號虞
瞽叟生重華是為帝舜
顓頊生鯀鯀生文命 索隱曰漢書云顓頊五代而生鯀此及帝系皆云顓頊生鯀是古文闕其代系也
卨生昭明
不窋生鞠

帝禹黄帝耳孫號夏
文命是為禹
昭明生相土
鞠生公劉

帝啟伐有扈作甘誓
相土生昌若
公劉生慶節

帝太康
昌若生曹圉
慶節生皇僕

帝仲康太康弟
曹圉生冥
皇僕生差弗

帝相
冥生振
差弗生毀渝
毀渝生公非

帝少康
振生微
公非生高圉
微生報丁
高圉生亞圉

報丁生報乙
亞圉生公祖類
報乙生報丙

帝予 索隱曰予音佇又作杼亦作宁亦作宇正義曰相為浞所滅后緡歸有仍生少康其子予復禹績
報丙生主壬
公祖類生太王
主壬生主癸
亶父

帝槐 索隱曰音回一音懷系本作芬
主癸生天乙是為殷湯 從禹至湯十七世
亶父生季歷季歷生文王昌益易卦

帝芒 索隱曰音亡一作荒
文王昌生武王發

帝泄 索隱曰音薛

帝不降

三代世表

帝扃 不降弟。索隱曰古熒反

帝廑 索隱曰其靳反又音勤

帝孔甲 不降子，好鬼神，淫亂不好德，二龍去

帝皋 索隱曰宋衷云墓在崤南陵

帝發 索隱曰帝皋子也，系本云帝皋生發及履癸，履癸一名桀

帝履癸 是為桀

從禹至桀十七世從黃帝至桀二十世

殷湯代夏氏 殷湯 從黃帝至湯十七世

帝外丙 湯太子太丁蚤卒，故立次弟外丙

帝仲壬 外丙弟

帝太甲 故太子太丁子，淫，伊尹放之桐宮，三年悔過自責，伊尹乃迎之復位

帝沃丁 伊尹卒

帝太庚 沃丁弟

帝小甲 太庚弟，殷道衰，諸侯或不至。索隱曰殷本紀及系本皆云小甲太庚子

帝雍己 小甲弟

帝太戊 雍己弟，以桑穀生，稱中宗

帝中丁 俗本作仲丁

帝外壬 中丁弟

帝河亶甲 外壬弟

帝祖

帝祖辛

帝沃甲 祖辛弟。索隱曰系本作開甲

帝祖丁 祖辛子

帝南庚 沃甲子

帝陽甲 祖丁子

帝盤庚 陽甲弟，徙河南

帝小辛 盤庚弟

帝小乙 小辛弟

帝武丁 雉升鼎耳雊，得傅說，稱高宗

帝祖庚

帝甲 祖庚弟，淫。徐廣曰一云淫德殷衰

帝廩辛 索隱曰或作馮辛，系本作祖辛，誤也。按上祖乙已生祖辛，故知非也

帝庚丁 廩辛弟，殷徙河北

帝武乙 慢神震死

帝太丁

帝乙 殷益衰

帝辛 是為紂，弒

從湯至紂二十九世從黃帝至紂四十六世

周武王伐殷 從黃帝至武王十九世

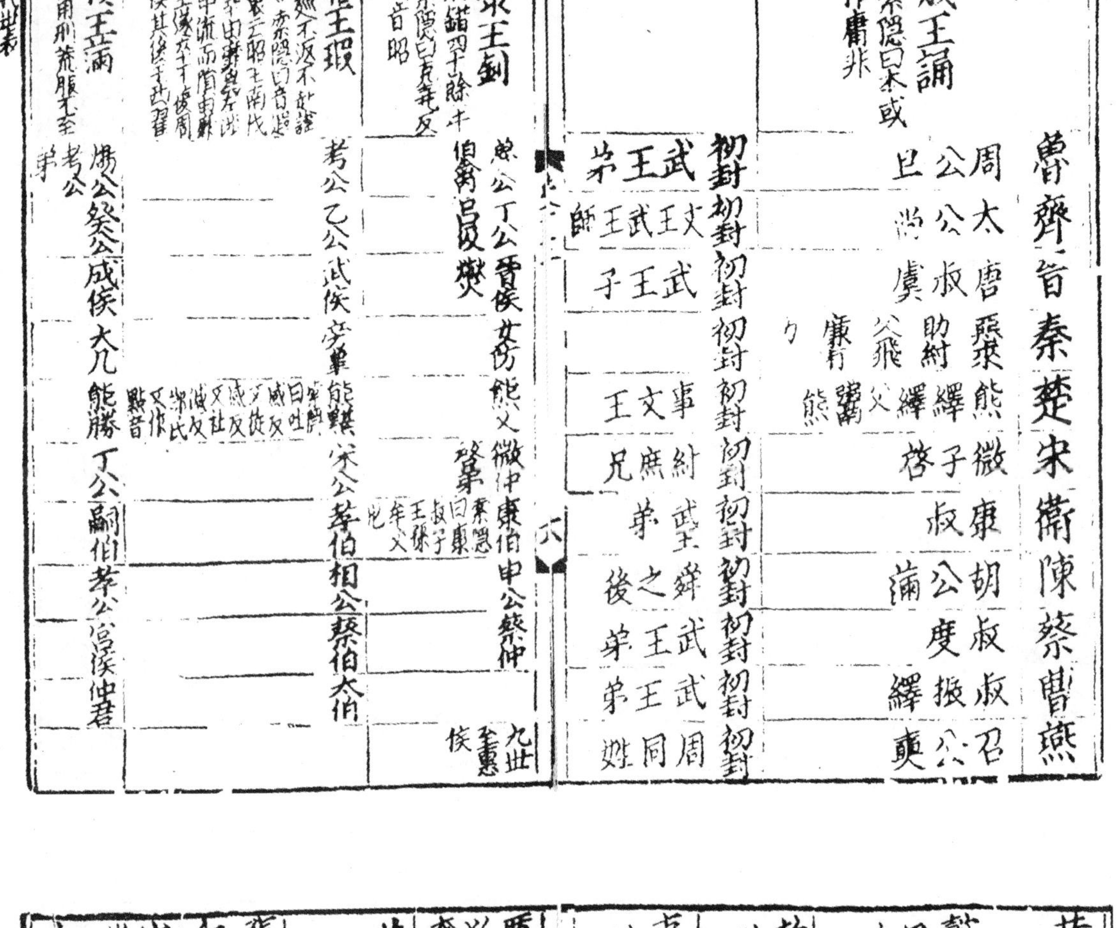

	魯	齊	晉	秦	楚	宋	衛	陳	蔡	曹	燕
成王誦 索隱曰：本或作庸，非	周公旦 初封 武王弟	太公尚 初封 文武王師	唐叔虞 初封 武王子	惡來助紂父飛廉有力	熊繹 初封 繹父鬻熊事文王	微子啓 初封 紂庶兄	康叔 初封 武王弟	胡公滿 初封 舜之後	叔度 初封 武王弟	叔振鐸 初封 武王弟	召公奭 初封 周同姓
康王釗 刑錯四十餘年不用 索隱曰：康王年反，又音昭	魯公伯禽	丁公呂伋	晉侯燮	女防	熊艾	微仲 索隱曰：按系本，微仲名衍，宋公之子	康伯	申公	蔡仲	太伯	九世至惠侯
昭王瑕 南巡不返，不赴，諱之。索隱曰：宋衷云昭王南伐楚，辛由靡為右，涉漢中流而隕，由靡逐王，遂卒不復，周乃侯其後于西翟	考公	乙公	武侯	旁皋	熊黮 索隱曰：黮，他感反，又他坎反，又音湛，或作「䵣」，吐感反	宋公	孝伯	相公	蔡伯	太伯	
穆王滿 作甫刑，荒服不至	煬公 考公弟	癸公	成侯	太几	熊勝	丁公	嗣伯	孝公	宮侯	仲君	

	魯	齊	晉	秦	楚	宋	衛	陳	蔡	曹	燕
恭王伊扈	幽公	哀公	厲侯	大駱	熊煬	湣公	弟丁公	慎公	厲侯	宮伯	
懿王堅 周道衰，詩人作刺	魏公 索隱曰：系本作微公，其弟	胡公	靖侯	非子	熊渠	煬公	靖伯	幽公	武侯	孝伯	
孝王方 懿王弟	厲公	獻公 弑胡公		秦侯	熊無康	厲公	貞伯	釐公		夷伯	
夷王燮 懿王子	獻公 厲公弟	武公		公伯	熊摯紅	釐公	頃侯				
厲王胡 以惡聞遇亂，出奔，遂死于彘	真公			秦仲	熊延 紅弟		釐侯				
共和 二伯行政	武公 真公弟				熊勇						

張夫子問褚先生曰：索隱曰：褚先生名少孫，元成間為博士。張夫子未詳。詩言契、后稷皆無父而生。今案諸傳記咸言有父，父皆黃帝子也，索隱曰：按上紀，契及后稷皆帝嚳子也，云黃帝子，亦皆謂黃帝之子孫耳。按嚳是黃帝曾孫，而契、棄是玄孫也。得無與詩謬乎？褚先生曰：不然。詩言契生於卵，后稷人迹者，欲見其有天命精誠之意耳。鬼神不能自成，須

人而生奈何無父而生乎一言有父一言無父信以傳信疑以傳疑故兩言之堯知契稷皆賢人天之所生故封之契七十里後十餘世至湯王天下堯知后稷子孫之後王也故益封之百里其後世且千歲至文王而有天下詩傳曰湯之先為契無父而生契母與姊妹浴於玄丘水有燕銜卵墮之契母得故含之誤吞之即生契索隱曰按此史所引出詩緯故曰詩傳殷本紀云玄鳥翔水遺卵娀簡狄取而吞之契生而賢堯立為司徒姓之曰子氏子者茲茲益大也詩人美而頌之曰殷社社音土詩云芒芒天命玄鳥降而生商商者質殷號也文王之先為后稷后稷亦無父而生后稷母為姜嫄索隱曰有邰氏之女也韋昭云姜姓嫄字也出見大人蹟而履踐之知於身則生后稷姜嫄以為無父賤而棄之道中羊牛避不踐也抱之山中抱音普茅反○索隱曰抱又如字山者養之又捐之大澤鳥覆席食之姜嫄怪之於是知其天子乃取長之堯知其賢才立以為大農姓之曰姬氏姬者本也詩人美而頌之曰厥初生民深修益成而道后稷之始也孔子曰昔者堯命契為子氏為有湯也命后稷為姬氏為有文王也太王命季歷明天瑞也太伯之吳遂生源也索隱曰太伯之讓季歷居吳是不反者欲使傳文王武王纖剛反正成周道遂天下生由之源本也天命難言非聖人莫能見舜禹契后稷皆黃帝子孫也黃帝策天

三代世表

命而治天下德澤深後世故其子孫皆復立為天子是天之報有德也人不知以為氾從布衣匹夫起耳夫布衣匹夫安能無故而起王天下乎其有天命然黃帝後世何王天下之久遠邪曰傳云天下之君王為萬夫之黔首請贖民之命者帝有福萬世黃帝是也五政明則修禮義因天時舉兵征伐而利者王有福千世蜀王黃帝後世也索隱曰按系本蜀無姓相承云黃帝後世子孫也且黃帝二十五子分封賜姓或於蠻夷蓋當然也蜀王本紀云朱提有男子杜宇從天而下自稱望帝亦蜀王也則杜姓出唐杜氏蓋陸終氏之胤亦黃帝之後也○正義曰譜記普云蜀之先肇於人皇之際黃帝與子昌意娶蜀山氏女生帝俈立封其支庶於蜀歷虞夏商周衰先稱王者蠶叢國破子孫居姚巂等處至今在漢西南五千里常來朝降輸獻於漢非以其先之有德澤流後世邪行道德豈可以忽乎哉人君王者舉而觀之漢大將軍霍子孟名光者亦黃帝後世也索隱曰按系本云霍國具姬後周武王封弟叔處於霍是姬姓亦黃帝後也此可為博聞遠見者言固難為淺聞者說也何以言之古諸侯以國為姓霍者國名也武王封弟叔處於霍後世晉獻公滅霍公後世為庶民往來居平陽平陽在河東河東晉地分為魏國以詩言之亦可為周世周起后稷后稷無父而生以三代世傳言之后稷有父名高辛高辛黃帝曾孫黃帝終始傳曰索隱曰蓋謂五行讖緯之說若今之童謠也漢興百有餘年有人不短不長出自燕之

鄉正義本作燕正義曰一作白鳥按霍光平陽人平陽今晉州霍邑本秦時霍伯國漢為彘縣後漢改彘曰永安隋又改為霍邑檢記傳無白燕之名疑白鳥是鄉名持天下之政時有嬰兒王索隱曰謂昭帝也卻行車索隱曰言霍光持政擁佑帝令如卻行車之前也霍將軍者本居平陽白燕臣為郎時與方士考功正義曰謂方士考功年老為方士最會旗亭下正義曰西京賦曰旗亭五重俯察百隧索隱曰旗亭市樓也立旗於上故取名焉為臣言豈不偉哉索隱曰褚先生蓋腐儒也設主客引詩傳契棄無父而生皆帝嚳之子是也而末引蜀王霍光竟欲證何事而言之不經之甚猶述又與云豈不偉哉一何鄙也

索隱述贊曰

高辛之胤，大啓禎祥。脩己吞薏，石紐興王。天命玄鳥，簡狄生商。姜嫄履跡，祚流岐昌。俱膺曆運，互有興亡。風餘周召，刑措成康。出彘之後，諸侯日彊。

三代世表第一　史記十三

十二諸侯年表第二　史記十四

索隱曰篇言十二實敘十三者賤夷狄不數吳又霸在後故也不數吳而敘之者蓋闔閭霸盟上國故也

太史公讀春秋曆譜諜索隱曰案劉杳云三代系表旁行邪上並效周譜譜起周代藝文志有古帝王譜又自古為春秋學者有年曆譜諜之說故杜元凱作春秋長曆又公子譜蓋因於舊說故太史公得讀焉也至周厲王，未嘗不廢書而歎也。曰：嗚呼，師摯見之矣！鄭玄曰師摯太師之名周道衰微鄭衛之音作正樂廢而失節魯太師摯識關雎之聲首理其亂也紂為象箸而箕子唏索隱曰鄒氏及劉氏箸皆音直慮反唏即歔也今案箕子云為象箸必為玉杯則箸者是櫡也音治略反唏歎聲音許既反又音希希亦聲餘故記曰夫子曰噫其甚也亦音餘周道缺，詩人本之衽席，關雎作。仁義陵遲，鹿鳴刺焉。及至厲王，以惡聞其過索隱曰惡音烏故反過音古臥反故國語云厲王止謗道路以目是也公卿懼誅而禍作，厲王遂奔于彘索隱曰彘地名在河東後為永安縣也，亂自京師始，而共和行政焉。是後或力政，彊乘弱，興師不請天子。然挾王室之義索隱曰挾音協，以討伐為會盟主，政由五伯索隱曰伯音霸五伯者齊桓晉文秦穆宋襄楚莊也，諸侯恣行索隱曰行音下孟反，淫侈不軌，賊臣篡子滋起矣。齊、晉、秦、楚其在成周微甚，封或百里或五十里。晉阻三河，齊負東海，楚介江淮索隱曰介音界言楚以江淮為界一云介者夾也，秦因雍州之固，四國迭興，更為伯主，文武所褒大封，皆威而服焉。是以孔子明王道，干七十餘君，莫能用，故西觀周室，論史記舊聞，興於魯而次春秋，上記隱，下至哀之獲麟，約其辭文，去其煩重（索隱曰：去音丘呂反。重音逐龍反。言約文記，修春秋，去其重複也），以制義法，王道備，人事浹。七十子之徒口受其傳指（索隱曰：傳音逐宣反），為有所刺譏褒諱挹損之文辭不可以書見也。魯君子左丘明懼弟子人人異端，各安其意，失其真，故因孔子史記具論其語，成左氏春秋。鐸椒為楚威王傅，為王不能盡觀春秋，采取成敗，卒四十章，為鐸氏微（索隱曰：鐸椒所撰，名鐸氏微者，春秋有微婉之辭故也）。趙孝成王時，其相虞卿上采春秋，下觀近勢，亦著八篇，為虞氏春秋（正義曰：按其文八篇，藝文志云十五篇，虞卿撰）。呂不韋者，秦莊襄王相，亦上觀尚古，刪拾春秋，集六國時事，以為八覽、六論、十二紀，為呂氏春秋。及如荀卿、孟子、公孫固、韓非之徒，各往往捃摭春秋之文以著書，不可勝紀（索隱曰：荀況、孟軻、韓非皆著書，自稱子。宋有公孫固，無所述。此固蓋齊人韓固，傳詩者也）。漢相張蒼歷譜五德（索隱曰：按張蒼著終始五德傳也），上大夫董仲舒推春秋義，頗著文焉（索隱曰：作春秋繁露是也）。太史公曰：儒者斷其義，馳說者騁其辭，不務綜其終始；曆人取其年月，數家（索隱曰：數音疏具反，謂陰陽術數之家也）隆於神運（徐廣曰：一作通也），譜諜獨記世謚，其辭略，欲一觀諸要難（索隱曰：觀音館。難音奴丹反）。於是譜十二諸侯，自共和訖孔子，表見春秋、國語學者所譏盛衰大指著于篇，為成學治古文者（徐廣曰：一云治國聞者也）要刪焉（索隱曰：言表見春秋國語，本為成學之人欲覽其要，故刪為此篇焉）。

		庚申
周		共和元年（作公宣王少，大臣共和行政。徐廣）
魯	真公濞（索隱曰：系本作慎公摯，鄒誕本作慎公宰。真公，伯禽之玄孫）	十五年一卒十四年
齊	武公壽（索隱曰：太公五代孫，獻公子也）	十年
晉	靖侯宜臼（索隱曰：[illegible]）	十八年
秦	秦仲（索隱曰：[illegible]）	四年
楚	熊勇（索隱曰：[illegible]）	七年
宋	釐公（索隱曰：[illegible]）	十八年
衛	釐侯（索隱曰：[illegible]）	十四年
陳	幽公寧（索隱曰：[illegible]）	十四年
蔡	武侯（索隱曰：[illegible]）	二十三年
曹	夷伯（索隱曰：[illegible]）	二十四年
鄭		
燕	惠侯（索隱曰：召公九世孫也）	二十四年
吳		

曰自共和元年歲在庚申訖敬王四十三年凡三百六十五年共和在春秋前一百一十九年。○索隱曰宣王少周召二公共相王室故曰共和宣王厲王之子也

年												
二 厲王子居召公宮是爲宣王	十六	十一	晉釐侯司徒元年	五	八	十九	十五	十五	二十四	二十五		二十五
三	十七	十二	二	六	九	二十	十六	十六	二十五	二十六		二十六
四	十八	十三	三	七	十	二十一	十七	十七	二十六	二十七		二十七
五 甲子	十九	十四	四	八	楚熊嚴元年	二十二	十八	十八	蔡夷侯元年	二十八		二十八
六	二十	十五	五	九	二	二十三	十九	十九	二	二十九		二十九

年												
七	二十一	十六	六	十	三	二十四	二十	二十	三	三十		三十
八	二十二	十七	七	十一	四	二十五	二十一	二十一	四	曹幽伯彊元年		三十一
九	二十三	十八	八	十二	五	二十六	二十二	二十二	五	二		三十二
十	二十四	十九	九	十三	六	二十七	二十三	二十三	六	三		三十三
十一	二十五	二十	十	十四	七	二十八	二十四	陳釐公孝元年	七	四		三十四
十二	二十六	二十一	十一	十五	八	宋惠公覸元年 索隱曰覸音簡又音古莧反	二十五	二	八	五		三十五
十三	二十七	二十二	十二	十六	九	二	二十六	三	九	六		三十六
十四 宣王即位共和罷。○索隱曰二相還政宣王稱元年也	二十八	二十三	十三	十七	十	三	二十七	四	十	七		三十七

十二諸侯年表

甲戌
宣王二十　二十　十四　十八　楚熊　四　二十　五　十二　八　五十
元年屬壬子　九　四　霜元年　八　八
二　三十　二十　十五　十九　二　五　二十　六　十二　九　燕釐侯莊元年
五　九
索隱曰徐廣云一无莊字按燕失年紀又君名此言莊者衍字也

三　魯武公敖元年　二十　十六　二十　三　六　二十七　十三　曹戴伯鮮元年　二
六
四　二　齊厲公無忌元年　十七　二十一　一　四　七　二十八　十四　二　三
五　三　二　十八　二十　二　五　八　二十九　十五　三　四
六　四　三　蔡獻公籍元年　二十　三　六　九　三十　十　十六　四　五
七　五　四　二　秦莊公元年　楚熊徇元年　十　四　三十一　十七　五　六

索隱曰元年其名也宋系之先公非不記名恐非其名
八　六　五　三　二　二　十一　五　三十二　十八　六　七
九　七　六　四　三　三　十二　六　三十三　十九　七　八
十　八　七　五　四　四　十三　七　三十四　二十　八　九

甲申
十一　九　八　六　五　五　十四　八　三十　十五　一　二十九　十
十二　十　九　七　六　六　十五　九　三十　十六　二　二十　十　十一
十三　魯懿公戲元年　[illegible]文公赤元年　八　七　七　十六　四十　十七　三　二十　十一　十二
十四　二　二　九　八　八　十七　四十一　十八　四　二十　十二　十三
十五　三　三　十　九　九　十八　四十二　十九　五　二十　十三　十四
十六　四　四　十二　十　十　十九　衛武公和元年　二十　六　二十　十四　十五　一

十七	十六
五	六
五	六
穆侯弗生元年 索隱曰系家名費生或作𣶃生系本名弗生則生是穆公之名貴遺弗不同爾	二
十一	十二
十一	十二
二十一	一十二
二	三
一十二	二十二
二十七	八十二
五十	六十
六十	七十

甲午			
十九	二十	二十	二十二
七	八	九	魯孝公稱元年 伯御立爲君稱爲諸公子云伯御武公孫
十二	八	九	十
三	四 取齊女爲夫人	五	六
十三	十四	十五	十六
十三	十四	十五	十六
二十二	二十三	二十四	二十五
四	五	六	七
二十三	二十四	二十五	二十六
蔡釐侯所事元年	二	三	四
七十	八十	九十	二十
			鄭桓公友元年 始封周宣王母弟 索隱曰宣王二十二年
八十	九十	二十	二十一

二十三	二十四	二十五
二	三	四
十二	十三	陳夷公說元年 索隱曰系家作説
七 以伐生太子將仇	八	九
七十	八十	九十
七十	八十	九十
二十六	二十七	二十八
八	九	十
二十七	二十八	二十九
五	六	七
二十一	二十二	二十三
二年封之鄭立二十六年與幽王俱死犬戎	二	三	四
二十二	二十三	二十四

十二諸侯年表			
二十六	二十七	二十八	二十九
五	六	七	八
二	三	四	五
十 以千畝戰生仇弟成師二子名反君子譏之後亂	十一	十二	十三
二十	二十一	二十二	二十三 楚熊咢元年
二十	二十一	二十二	二十三 鄂元年
二十九	三十	三十一 宋惠公覸	宋戴公立元年
十二	十三	十三	十四
三十	三十一	三十二	三十三
八	九	十	十一
二十四	二十五	二十六	二十七
五	六	七	八
二十五	二十六	二十七	二十八

	甲辰							
三十	三十一	三十二	三十三	三十四	三十五	三十六	三十七	三十八
九	十	十一 周宣王誅伯御，立其弟稱，是爲孝公	十二	十三	十四	十五	十六	十七
六	七	八	九	[illegible]鮭公贖元年	二	三	四	五
十四	十五	十六	十七	十八	十九	二十	二十一	二十二
二十四	二十五	二十六	二十七	二十八	二十九	三十	三十一	三十二
二	三	四	五	六	七	八	九	楚若敖元年 索隱曰：熊儀也，號若敖
二	三	四	五	六	七	八	九	十
十五	十六	十七	十八	十九	二十	二十一	二十二	二十三
三十四	三十五	三十六	陳武公靈元年	二	三	四	五	六
十二	十三	十四	十五	十六	十七	十八	十九	二十
二十八	二十九	三十	曹惠公伯雉元年 索隱曰：雉一作兕	二	三	四	五	六
九	十	十一	十二	十三	十四	十五	十六	十七
二十九	三十	三十一	三十二	三十三	三十四	三十五	三十六	燕頃侯元年

史上　四　十

		甲寅						
三十九	四十	四十一	四十二	四十三	四十四	四十五	四十六	幽王元年
十八	十九	二十	二十一	二十二	二十三	二十四	二十五	二十六
六	七	八	九	十	十一	十二	十三	十四
二十三	二十四	二十五	二十六	二十七 靖侯卒，弟殤叔自立，太子仇出奔	晉殤叔元年	二	三	四 仇攻殺殤叔，立，爲文侯
三十三	三十四	三十五	三十六	三十七	三十八	三十九	四十	四十一
二	三	四	五	六	七	八	九	十
十一	十二	十三	十四	十五	十六	十七	十八	十九
二十四	二十五	二十六	二十七	二十八	二十九	三十	三十一	三十二
七	八	九	十	十一	十二	十三	十四	十五
二十一	二十二	二十三	二十四	二十五	二十六	二十七	二十八	二十九
七	八	九	十	十一	十二	十三	十四	十五
十八	十九	二十	二十一	二十二	二十三	二十四	二十五	二十六
二	三	四	五	六	七	八	九	十

史上　四　十一

			甲子					
二 三川震	三 王取褒姒	四	五	六	七	八	九	十
二十七	二十八	二十九	三十	三十一	三十二	三十三	三十四	三十五
十五	十六	十七	十八	十九	二十	二十一	二十二	二十三
晉文侯仇元年	二	三	四	五	六	七	八	九
四十二	四十三	四十四	秦襄公元年	二	三	四	五	六
十一	十二	十三	十四	十五	十六	十七	十八	十九
二十	二十一	二十二	二十三	二十四	二十五	二十六	二十七	二十八
三十三	三十四	三十五	三十六	三十七	三十八	三十九	四十	四十一
陳夷公說元年	二	三	陳平公燮元年	二	三	四	五	六
三十	三十一	三十二	三十三	三十四	三十五	三十六	三十七	三十八
十六	十七	十八	十九	二十	二十一	二十二	二十三	二十四
二十七	二十八	二十九	三十	三十一	三十二	三十三	三十四	三十五
十一	十二	十三	十四	十五	十六	十七	十八	十九

				甲戌		
十一 幽王為犬戎所殺	平王元年 東徙雒邑	二	三	四	五	六
三十六	三十七	三十八	魯惠公弗湟元年 索隱曰系家作弗湟系本作弗皇	二	三	四
二十四	二十五	二十六	二十七	二十八	二十九	三十
十	十一	十二	十三	十四	十五	十六
七 始列為諸侯	八 初立西畤祠白帝	九	十	十一	十二 伐戎至岐而死	秦文公元年
二十	二十一	二十二	二十三	二十四	二十五	二十六
二十九	三十	三十一	三十二	三十三	三十四	宋武公司空元年
四十二	四十三	四十四	四十五	四十六	四十七	四十八
七	八	九	十	十一	十二	十三
二十九	四十	四十一	四十二	四十三	四十四	四十五
二十五	二十六	二十七	二十八	二十九	三十	三十一
三十六 以幽王故犬戎所殺	鄭武公元年 索隱曰名滑突滑一作掘並音胡忽反	二	三	四	五	六
二十	二十一	二十二	二十三	二十四	燕哀侯元年	二

七	八	九
五	六	七
三十一	三十二	三十三
十七	十八	十九
二	三	四
二十七	楚霄敖元年 索隱曰按系家霄敖子熊坎立是為霄敖此作熊敖恐是霄字省也劉伯莊與隨字而音史不分析	二
二	三	四
四十九	五十	五十一
十四	十五	十六
四十六	四十七	四十八
三十二	三十三	三十四
七	八	九
燕鄭侯元年	二	三

十四

甲申

十	十一	十二	十三	十四
八	九	十	十一	十二
三十四	三十五	三十六	三十七	三十八
二十	二十一	二十二	二十三	二十四
五	六	七	八	九
三	四	五	六	楚堵敖囏元年 索隱曰
五	六	七	八	九
五十二	五十三	五十四	五十五	衛莊公
十七	十八	十九	二十	二十一
燕共侯興元年	二	蔡戲侯元年	二	三
三十五	三十六	曹[illegible]公元年	二	三
十 取田侯女武姜	十一	十二	十三	十四 生莊公寤生
四	五	六	七	八

	十五	十六	十七
	十三	十四	十五
	三十九	四十	四十一
	二十五	二十六	二十七
	十 休鄭時	十一	十二
鄭氏云蚡作粉音憤冒音莫報反又音默	二	三	四
	十	十一	十二
楊犨	二	三	四
	二十二	二十三	陳文公圉元年 生桓公鮑厲公他他母
	四	五	六
	曹桓公終生元年	二	三
	十五	十六	十七 生大叔
	九	十	十一

十九

	十八	十九	二十	二十一	二十二
	十六	十七	十八	十九	二十
	四十二	四十三	四十四	四十五	四十六
	二十八	二十九	三十	三十一	三十二
	十三	十四	十五	十六	十七
	五	六	七	八	九
	十三	十四	十五	十六	十七
	五	六	七	八	九
蔡文	二	三	四	五	六
	七	八	九	十	蔡宣侯措論元年
	四	五	六	七	八
段	十八	十九	二十	二十一	二十二
	十二	十三	十四	十五	十六

十二諸侯年表

	甲午		
二十三	二十四	二十五	二十六
二十一	二十二	二十三	二十四
四十七	四十八	四十九	五十
三十三	三十四	三十五	晉昭侯元年封其季弟成師于曲沃曲沃大於國君子譏曰晉人亂自曲沃始矣
十八	十九作禍壂	二十	二十一
十	十一	十二	十三
十八生魯桓公母	宋宣公力元年	二	三
十	十一	十二	十三
七	八	九	十文公卒
二	三	四	五
九	十	十一	十二
二十三	二十四	二十五	二十六
十七	十八	十九	二十

二十七	二十八	二十九	三十	三十一
二十五	二十六	二十七	二十八	二十九
五十一	五十二	五十三	五十四	五十五
二	三	四	五	六
二十二	二十三	二十四	二十五	二十六
十四	十五	十六	十七	武王立
四	五	六	七	八
十四	十五	十六	十七愛妾子州吁州吁好兵	十八
桓公元年	二	三	四	五
六	七	八	九	十
十三	十四	十五	十六	十七
二十七	母欲立段公不聽鄭莊公寤生元年祭仲生	二	三	四
二十一	二十二	二十三	二十四	二十五

		甲辰
三十二	三十三	三十四
三十	三十一	三十二
五十六	五十七	五十八
潘父殺昭侯納成師不克昭侯子立是為孝侯○索隱曰昭侯文侯子仇之子系家云晉大臣潘父殺昭侯迎曲沃桓叔晉人攻之立昭侯子平是為孝侯	二	三
二十七	二十八	二十九
二	三	四
九	十	十一
十九	二十	二十一
六	七	八
十一	十二	十三
十八	十九	二十
五	六	七
二十六	二十七	二十八

三十五	三十六	三十七	三十八	三十九
三十三	三十四	三十五	三十六	三十七
五十九	六十	六十一	六十二	六十三
四	五	六	七	八
三十	三十一	三十二	三十三	三十四
五	六	七	八	九
十二	十三	十四	十五	十六
二十二	二十三	夫人無子桓公立衛桓公完元年	二弟州吁驕桓黜之出奔	三
九	十	十一	十二	十三
十四	十五	十六	十七	十八
二十一	二十二	二十三	二十四	二十五
八	九	十	十一	十二
二十九	三十	三十一	三十二	三十三

十八			
四十	四十一	四十二	四十三
三十八	三十九	四十	四十一
卒 四十九	齊釐公祿父元年	二 同母弟夷仲生公孫毋知也	三
曲沃桓叔成師卒子代立爲莊伯	十	十一	十二
三十五	三十六	三十七	三十八
十	十一	十二	十三
十七	十八	十九 公卒命立弟和爲穆公	宋穆公和元年
四	五	六	七
十四	十五	十六	十七
十九	二十	二十一	二十二
二十六	二十七	二十八	二十九
十三	十四	十五	十六
三十四	三十五	三十六	燕 滑

甲寅			
四十四	四十五	四十六	四十七
四十二	四十三	四十四	四十五
四	五	六	七
十三	十四	十五	十六 曲沃莊伯殺孝侯晉人立孝侯子郤爲鄂侯郤
三十九	四十	四十一	四十二
十四	十五	十六	十七
二	三	四	五
八	九	十	十一
十八	十九	二十	二十一
二十三	二十四	二十五	二十六
三十	三十一	三十二	三十三
十七	十八	十九	二十
蔡侯 二	三	四	五

十九		
四十八		四十九
四十六		魯隱公息姑元年母聲子徐廣曰春秋隱元年歲在己未索隱曰系家名息系本名息姑也
八		九
元年曲沃莊伯於晉孝侯翼不郤作郤者誤也鄂邑郤其名		二
四十三		四十四
十八		十九
六		七
十二		十三
二十二		二十三
二十七		二十八
三十四		三十五
二十一		二十二 跟依亂奔
六		七

五十	五十一	桓王元年	
二	三 二月日蝕	四	
十	十一	十二	
三	四	五	
四十五	四十六	四十七	
二十	二十一	二十二	
八	九 公[illegible]父立爲[illegible] 鄭	宋殤公與夷元年	
十四	十五	十六 州吁[illegible]衞石碏[illegible]告執州吁	
二十四	二十五	二十六	
二十九	三十	三十一	
三十六	三十七	三十八	
二十三 公悔思母不見穿地相見	二十四 侵周取禾	二十五	
八	九	十	

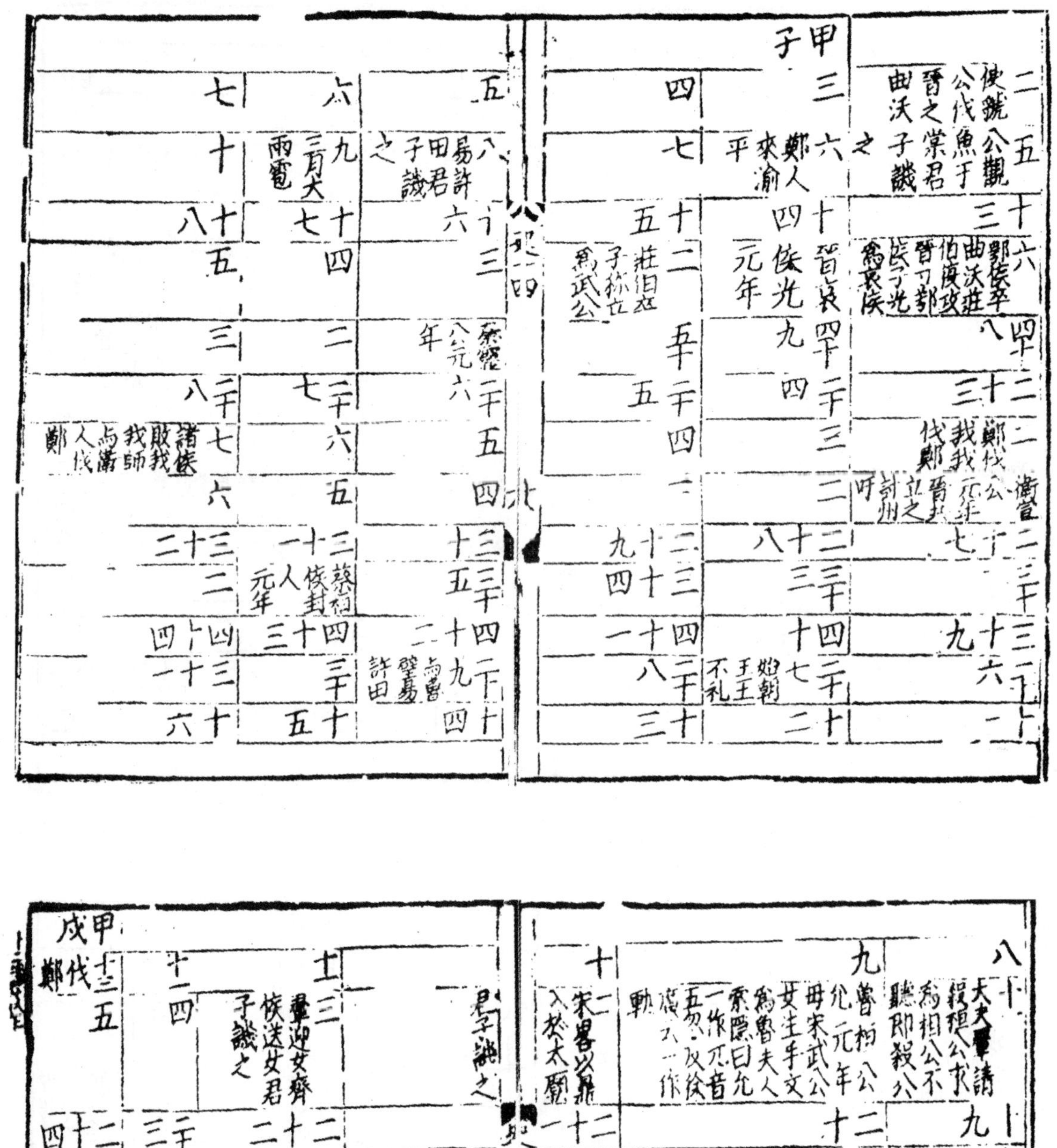

	甲子				
二 使虢公伐晉之曲沃	三	四	五	六	七
五 公觀魚于棠君子譏之	六 鄭人來渝平	七	八 易許田君子譏之	九 三月大雨雹	十
十三	十四	十五	十六	十七	十八
六 鄂侯卒曲沃莊伯復攻晉晉立鄂侯子光爲哀侯	晉哀侯光元年	二 莊伯卒子稱立爲武公	三	四	五
四十八	四十九	五十	秦甯公元年	二	三
二十三	二十四	二十五	二十六	二十七	二十八
二 鄭伐我我伐鄭	三	四	五	六	七 諸侯敗我我師與衛人伐鄭
衛宣公晉元年共立之討州吁	二	三	四	五	六
二十七	二十八	二十九	三十	三十一	三十二
三十二	三十三	三十四	三十五	蔡桓侯封人元年	二
三十九	四十	四十一	四十二	四十三	四十四
二十六	二十七 始朝王王不禮	二十八	二十九 與魯璧易許田	三十	三十一
十一	十二	十三	十四	十五	十六

					甲戌
八	九	十	十一	十二	十三 伐鄭
十一 大夫翬請殺桓公求爲相公不聽即殺公	魯桓公允元年母宋武公女生手文爲魯夫人索隱曰允一作兀音五經及徐廣一作軌	二 宋賂以鼎入於太廟君子譏之	三 翬迎女齊侯送女君子譏之	四	五
十九	二十	二十一	二十二	二十三	二十四
六	七	八	晉少子元年	二	三
四	五	六	七	八	九
二十九	三十	一	三十二	三十三	三十四
八	九	華督見孔父妻好悅之 華督殺孔父及殤公宋立公馮元年華督爲相	二	三	四
七	八	九	十	十[illegible]	十[illegible]
三十三	三十四	三十五	三十六	三十七	三十八
三	四	五	六	七	八
四十五	四十六	四十七	四十八	四十九	五十
三十二	三十三 以璧與魯易許田	三十四	三十五	三十六	三十七
十七	十八	燕宣侯元年	二	三	四

十四	六	二十	曲沃武公殺小子	十	三十五	五	十三 弟他殺太子免代立	九	一	五十二	八 太子忽殺	十五
五	子閔代 山戎曲沃立 伐我晉侯											
十五	七	二十一	六		十一	三十六	十四	二 生敬仲	十	五十三	二十一	十六
十六	八	二十二	七		十二	三十七	七	十五 三	十一	五十四	二 九	七
十七	九	二十四	八 秦出公元年		二十八	八	十六 四	十二	五十五	四十	一	八
十八	十	二十五	九	二	三十九	九	十七 五	十三	五十六	四十二	五	九
十九	十一	二十六	三	四十一	十	十八 六	十四 曹莊公射姑元年					
二十	十一	二十七	四	四十一	十一	十九 七	十五 二	鄭厲公突元年	十			
二十一	十二	二十八	五	四十二	十二	衛惠公朔元年	十六 三	二	十一			

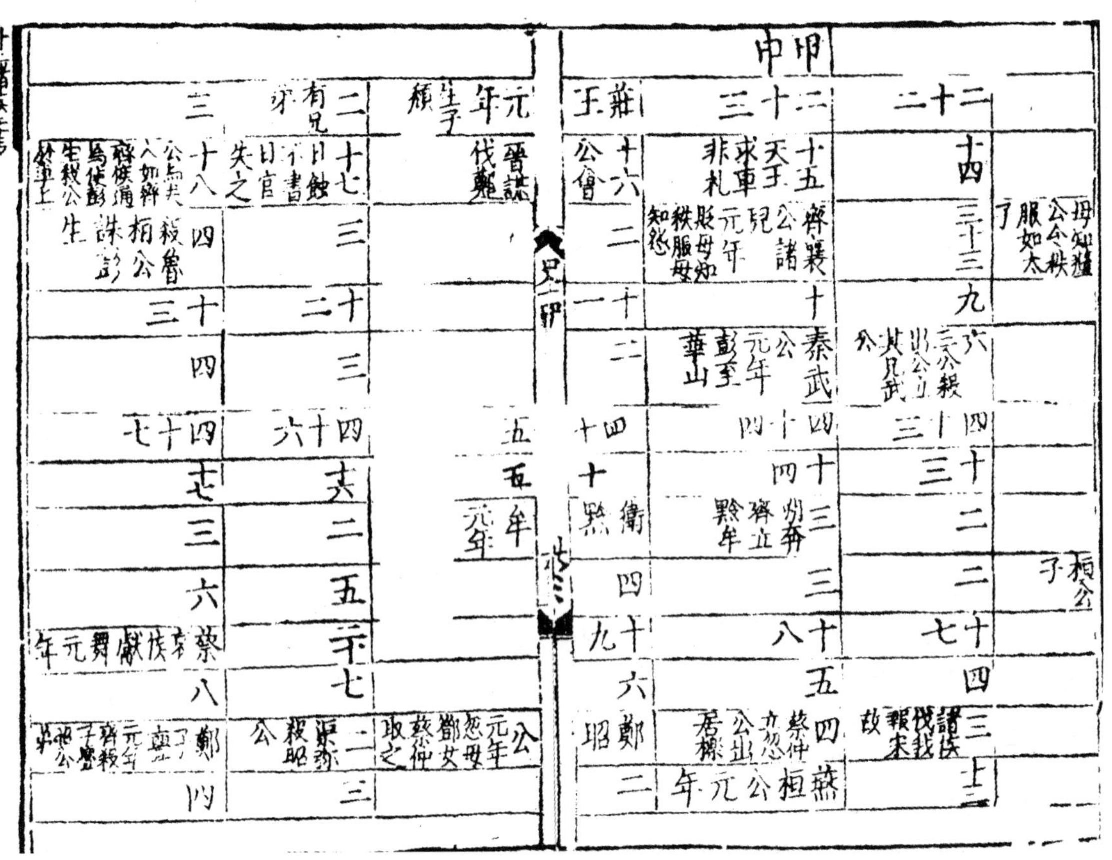

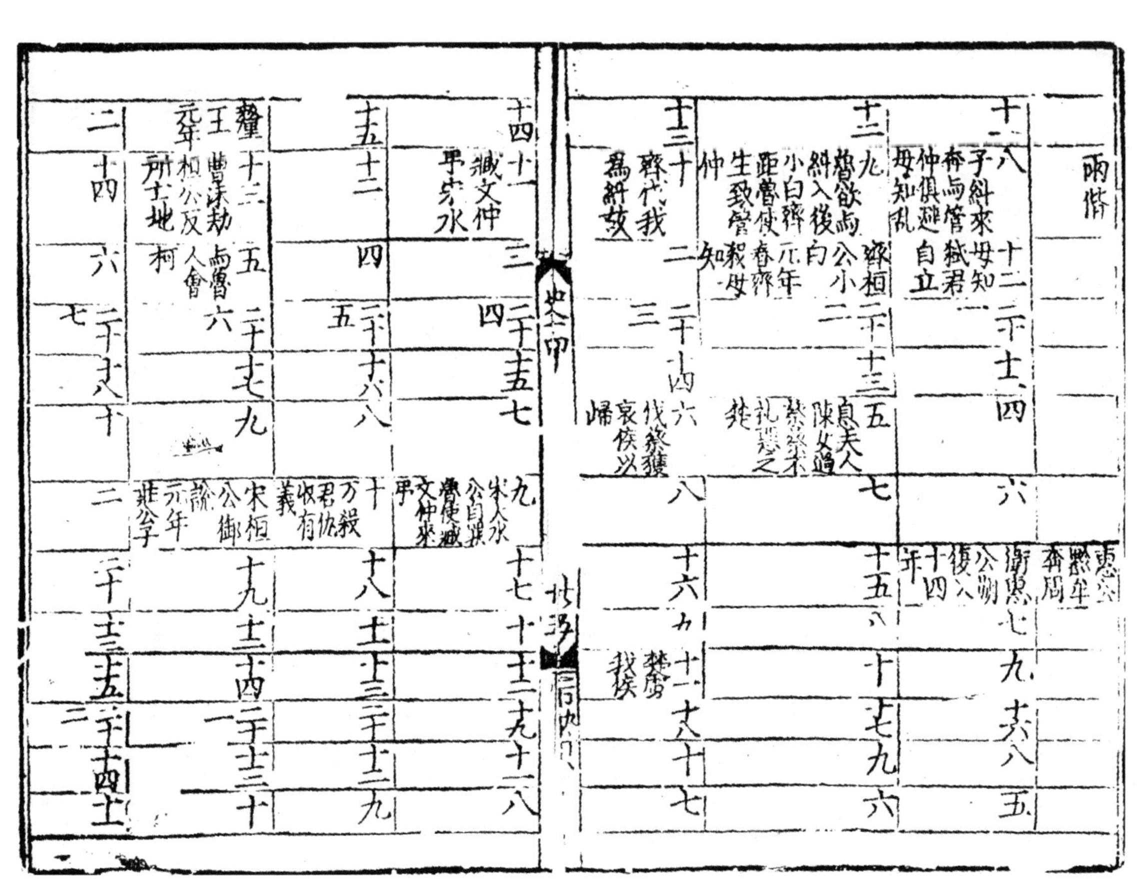

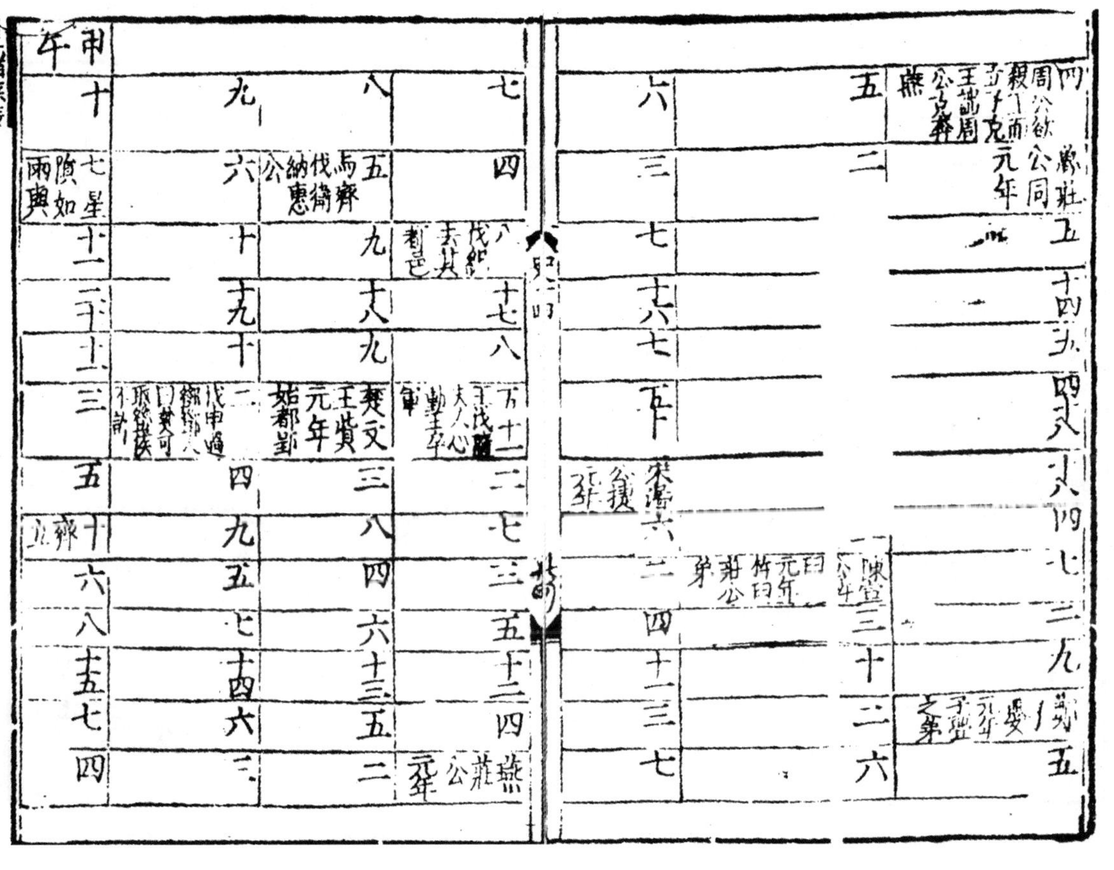

		甲辰
三	四	五
十五	十六	十七
十七 鄭莊公會諸侯於鄭	八	九
二十八 曲沃武公滅晉侯湣以寶獻周周命武公為晉君并其地	晉武公稱并晉已立三十八年不更元因其元年 [illegible]	二十九 武公卒子詭諸立為獻公
十九		秦德公元年 武公弟
十一	二十 伐鄭[illegible]	十三
三	四	五
二十一		二十二
十四	十五	十六
二十六	十七	
二	二十四	
鄭厲公元年 厲公[illegible]復入	二十一 諸侯伐我	
二十	十三	

惠王元年取陳后	二 燕衛伐王
十八	十九
十	十一
晉獻公詭諸元年	二
二	秦宣公
楚堵敖囏元年 [illegible]	二
六	七 取衛
二十四	二十五
十七	十八
十九	二十
二十六	二十七
四	五
十五	十六 [illegible]

王奔溫立子頹	三	四 誅頹惠王	五
	二十	二十一	二十二
	十二	十三	十四 陳完自陳來奔田常始此也。[illegible]桓公十四年陳厲公[illegible]
	三	四	五 伐驪戎得姬
元年	二	三	四 作密畤
	三	四	五 弟惲殺堵敖自立
[illegible]	八	九	十
	二十六	二十七	二十八
	十九	二十	二十一 厲公子完奔齊
	蔡穆侯肸元年	二	三
	二十八	二十九	三十
	六	七 殺頹入王	鄭文公捷元年
王奔溫立子頹	十七 鄭執祭仲父	十八	十九

	六	七	八	九
	二十三 公如齊觀社	二十四	二十五	二十六
二十八年 周惠王之五年	十五	十六	十七	十八
	六	七	八 盡殺故晉侯群公子	九 始城絳都之
	五	六	七	八
	楚成王惲元年	二	三	四
	十一	十二	十三	十四
	二十九	三十	三十一	衛懿公赤元年
	二十二	二十三	二十四	二十五
	四	五	六	七
	二十一	曹釐公夷元年	二	三
	二	三	四	五
	二十	二十一	二十二	二十三

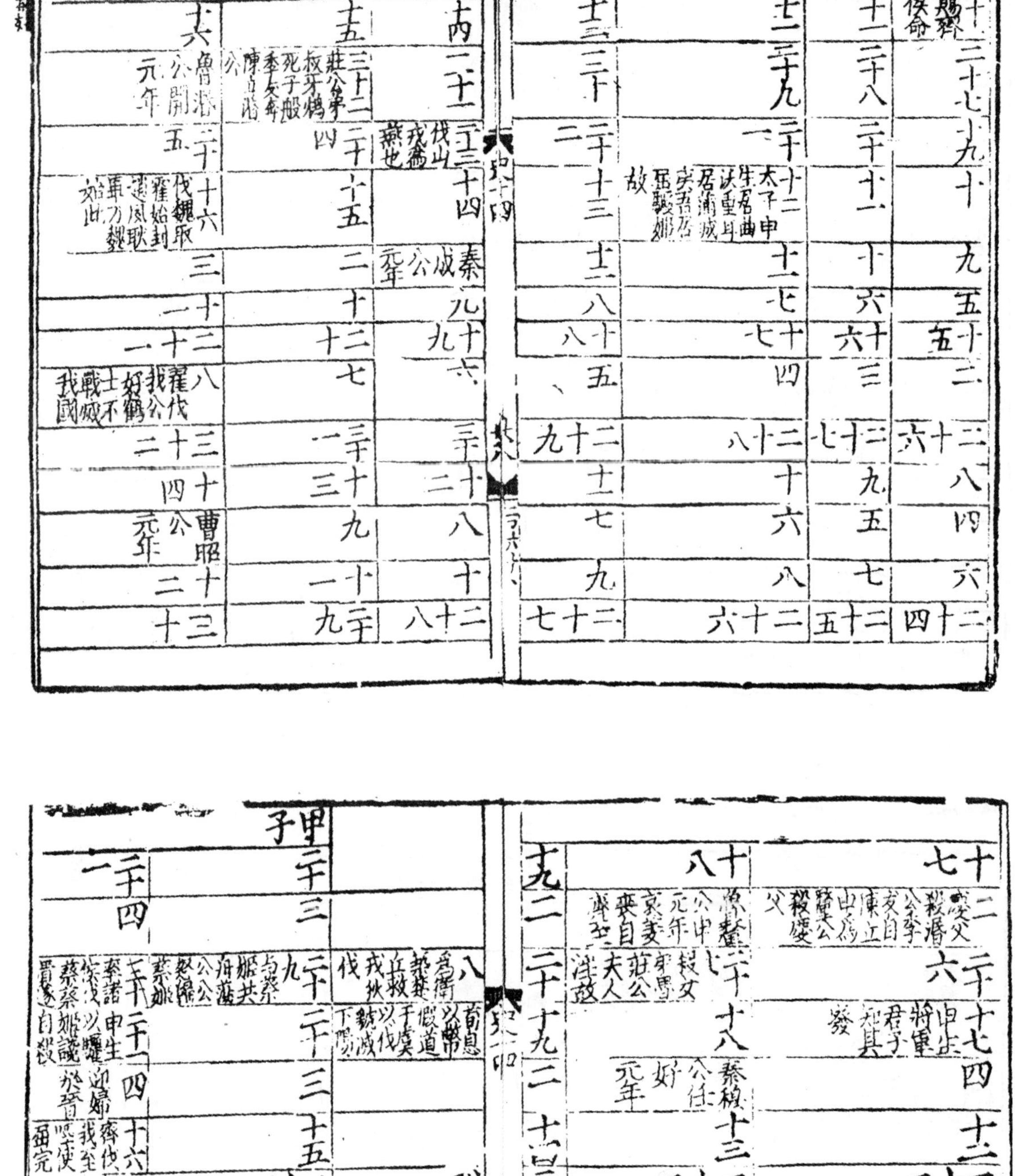

	二十二	二十三	二十四	二十五 襄王立 畏太叔 徐廣曰皇甫謐云二十四年惠王崩	襄王元年 諸侯立王
	五	六	七	八	九 [illegible]伐晉亂 至高梁還
伐楚 責包茅貢	三十一	三十二 率諸侯伐鄭	三十三	三十四	三十五 夏會諸侯于葵丘 天子使[illegible]
重耳奔蒲 夷吾奔屈	二十二 滅虞虢 重耳奔狄	二十三 夷吾奔梁	二十四	二十五 伐翟 以重耳故	二十六 公卒 立奚齊 里克殺之 及卓子
	五	六	七	八	九 夷吾使郤芮賂求入
	十七	十八 伐許 許公[illegible]櫬謝楚 從之	十九	二十	二十一
	二十七	二十八	二十九	三十 公疾 太子茲父讓兄目夷賢 公不聽	三十一 公卒 未葬 齊桓會葵丘
	五	六	七	八	九
	三十八	三十九	四十	四十一	四十二
	二十	二十一	二十二	二十三	二十四
	七	八	九	曹共公元年	二
	十八	十九	二十	二十一	二十二
	三	四	五	六	七

				甲戌
	二	三 戎伐我 太叔帶召之 欲誅叔帶 奔齊	四	五
	十	十一	十二	十三
賜胙 命無拜	三十六 使隰朋立晉惠公	三十七	三十八 使仲平戎于周 欲以上卿禮 讓受下卿	三十九 使仲孫請王言叔帶 王怒
卓子 立夷吾	晉惠公夷吾元年 誅里克 倍秦約	二	三	四 飢請粟 秦與我
	十 丕鄭子豹亡來	十一 救王伐戎 戎去	十二	十三 丕豹欲無與 公不聽 輸晉粟 起雍至絳
	二十二	二十三 伐黃	二十四	二十五
	宋襄公茲父元年 目夷相	二	三	四
	十	十一	十二	十三
	四十三	四十四	四十五	陳穆公款元年
	二十五	二十六	二十七	二十八
	三	四	五	六
	二十三	二十四 有妾夢天與之蘭 生穆公 蘭	二十五	二十六
	八	九	十	十一

十二諸侯年表

	六	七	八
	十四	十五 五月日有食之不書史官失之	十六
	四十	四十一	四十二 王以戎寇告齊
	五 秦飢請粟晉倍之	六 秦虜惠公復立之	七 重耳聞管仲死去翟
	十四	十五 以盜食善馬士得破晉	十六 為河東置官司
	二十六 滅英	二十七	二十八
	五	六	七 隕五石六鷁退飛過
	十四	十五	十六
	十二	三	四
	二十九	蔡莊公甲午元年	二
	七	八	九
	二十七	二十八	二十九
	十二	十三	十四

	九	十	十一
	十七	十八	十九
齊徵諸侯戍周	四十三	孝公昭元年	二
之爽	八	九	十
	十七	十八	十九 滅梁梁好成不召民罷相驚故亡秦
	二十九	三十	三十一
我都	八	九	十
	十七	十八	十九
	五	六	七
	三	四	五
	十	十一	十二
	三十	三十一	三十二
	十五	十六	十七

	十二	十三	十四 [illegible]歸於周
	二十	二十一	二十二
	三十		五 歸王弟帶
	十一	十二	十三 太子圉質秦[illegible]
隱曰[illegible]	二十	二十一	二十二
	三十二	三十三 楚[illegible]宋襄公復歸之	三十四
	十一	十二 召楚盟	十三 泓之戰楚敗之索隱曰穀梁傳戰於泓
	二十	二十一	二十二
	八	九	十
	六	七	八
	十三	十四	十五
	三十三	三十四	三十五 君如楚宋
	十八	十九	二十

	甲申	
	十五	十六 王奔氾氾鄭地地索隱曰
	二十三	二十四
	六 伐宋以其不同盟	七
生晉樂[illegible]又如字	十四 [illegible]	晉文公元年誅子圉魏武子為魏大夫趙衰為
	二十三 迎重耳於楚厚禮之妻之女重耳願歸	二十四 以兵送重耳
	三十五 重耳過厚禮之	三十六
泓水之上十二年宋師大敗傷股	十四 公疾死泓戰	宋成公王臣元年
	二十三 重耳過無禮	二十四
	十一	十二
	九	十
	十六 重耳過無禮僖負羈私善	十七
伐我	三十六 重耳過無禮叔瞻諫	三十七
	二十一	二十二

汜音凡又音以	十七 晉納王	十八	十九		二十 王狩河陽	二十一
	二十五	二十六	二十七		二十八 公如踐土會朝	二十九
	八	九	十 孝公薨潘因	衛開方殺孝公子潘立	齊昭公潘元年 會晉敗楚朝周王	二
原大夫谷犯曰求霸莫如內王	二	三 宋服	四 救宋報曹	衛耻	五 侵曹伐衛取五鹿執曹伯諸侯敗楚而朝河陽周命賜公土地	六
	二十五 欲內王軍河上	二十六	二十七		二十八 會晉伐楚朝周	二十九
	三十七	三十八	三十九 使子玉[illegible]	宋	四十 晉敗子玉于城濮	四十一
年	二	三 背楚親晉	四 楚伐我我告急	於晉	五 晉救我楚兵去	六
	二十五	衛成公鄭元年	二		三 晉伐我取五鹿公出奔立公子瑕會晉朝復歸晉	四 晉以衛與宋
	十三	十四	十五		十六 會晉伐楚朝周王	陳共公朔元年
	十一	十二	十三		十四 晉伐我執公復歸之	十五
	十八	十九	二十		二十一 晉伐我執公復歸之	二十二
	三十八	三十九	四十		四十一	四十二
	二十三	二十四	二十五		二十六	二十七

			甲午			
二十二	二十三	二十四	二十五		二十六	二十七
三十	三十一	三十二	三十三 僖公薨		魯文公興元年	二
三	四	五	六 狄侵我		七 伐衛衛伐我	八
七 聽周歸衛成公與秦圍鄭	八	九 文公薨	晉襄公驩元年	破秦於崤	二	三 秦報我崤敗于汪
三十 圍鄭有司言即去	一	三十二 將襲鄭叔不[illegible]	三十三 襲鄭晉敗	我崤	三十四 敗崤將亡歸公復其官	三十五 伐晉報崤敗我
四十二	四十三	四十四	四十五		四十六 王欲殺太子立職太子恐與傅潘崇殺王王欲食熊蹯死不聽自立為王	楚穆王商臣元年以其太子宅賜[illegible]
七	八	九	十		十一	十二
五 周入成公復衛	六	七	八		九 晉伐我我伐晉	十
二	三	四	五		六	七
十六	十七	十八	十九		二十	二十一
二十三	二十四	二十五	二十六		二十七	二十八
四十三 秦晉圍我以晉故	四十四	四十五 文公薨	鄭穆公蘭元年 秦襲	我弦高詐之	二	三
二十八	二十九	三十	三十一		三十二	三十三

二十八 | 二十九 | 三十 | 三十一 | 二十二
三 谿晉 | 四 | 五 | 六 | 七
九 | 十 | 十一 | 十二 | 十三
四 秦伐我取王官我不出 | 五 伐秦圍邧新城 索隱曰邧音元 | 六 趙成子欒貞子霍伯臼季皆卒 | 秦穆公卒 索隱曰成子名衰貞子名枝霍伯先且居也封之於霍臼季胥臣也四人大夫皆此年卒 | 七 公卒趙盾爲太子少故更立君趙盾爲大夫迎公子雍于秦將以衆入不可恐誅復立太子是爲靈公 | 晉靈公夷皋元年
三十六 以孟明等伐晉晉不出 | 三十七 晉伐我取新城 | 三十八 | 三十九 繆公薨葬以人從死 | 秦康公罃元年
二 晉伐我 | 三 滅江 | 四 滅六蓼 | 五 | 六
十三 | 十四 | 十五 | 十六 | 十七
十一 | 十二 晉公孫 | 十三 | 十四 | 十五
八 | 九 | 十 | 十一 | 十二
二十 二 | 二十 三 | 二十 四 | 二十 五 | 二十 六
二十九 | 三十 | 三十一 | 三十二 | 三十三
四 | 五 | 六 | 七 | 八
三十四 | 三十五 | 三十六 | 三十七 | 三十八

甲辰
二 | 三 | 三十 王崩 襄王
十 | 十一 敗長翟于鹹得而歸長翟 | 八 王使來求金以葬非禮
十六 | 十七 | 四十 | 五十
四 伐秦拔少梁秦取我北徵 索隱曰徵音懲蓋之澄城也 | 五 | 二 秦伐我取武城報令狐之戰 | 三 率諸侯救鄭
四 晉伐我取少梁我伐晉取北徵 | 五 | 二
九 晉從晉 | 十 | 七 宋昭公元年 杵臼襄公之子 索隱曰一云成公少子系本作處曰 | 八 伐陳
三 | 四 敗長翟長丘 | 二 | 固殺成公
十八 | 十九 | 十六 | 十七
十五 | 十六 | 十三 | 十四
二十九 | 三十 | 二十七 | 二十八
曹文公壽元年 | 二 | 三十四 | 三十五
十一 | 十二 | 九 | 十 楚伐
燕桓公元年 | 二 | 三十九 | 四十

鄭穆公元年 趙盾曰蘭 元年 鄭穆公元年 索隱曰音專 耕反

四	王 僖王崩	六 公卿弟政故不起	匡王元年	二	三
十二	十三	十四 彗星入北斗周史曰十年齊君晉君死	十五 六月辛丑日蝕齊伐我	十六	十七 齊伐我
十八	十九	二十 昭公卒弟商人殺太子自立是爲懿公	齊懿公商人元年	二 不得民心	三 伐我伐曹
六 秦取我羈馬與秦戰河曲秦師遁	七 得隨會	八 趙盾以車八百乘納捷菑平王室	九 入我蔡	十	十一 率諸侯平宋
六	七 晉詐得隨會	八	九	十	十二
十一	十二	楚莊王侶元年	二	三 滅庸	四
五	六	七	八	九 襄夫人使衛伯殺昭公弟鮑立	宋文公鮑元年昭公
二十	二十一	二十二	二十三	二十四	二十五
十七	十八	陳靈公平國元年	二	三	四
三十一	三十二	三十三	三十四 晉伐我	蔡文公中元年	二
三	四	五	六 齊入我郛	七	八
十三	十四	十五	十六	十七	十八
三	四	五	六	七	八

		甲寅
四	五	六 匡王崩
十八 襄仲殺嫡立庶子爲宣公	魯宣公俀元年 魯立宣公不正公室卑	二
四 公刖邴歜父而奪閻職二人共殺公立惇公子惠公	齊惠公元年 取魯濟西之田	二 王子成父敗長翟
十二	[illegible]宋伐鄭	十四 趙穿殺靈公趙盾使穿迎公子黑臀于周立之賜趙氏公族
十二	元年	二
五	秦共公和 六 伐宋陳以 晉伐我服晉故	七
二 晉率諸侯平我	三 楚鄭伐我 以我伐楚故也	四 華元以羊羹陷鄭
二十六	二十	七 二十八
五	六	七
二	四	五
九	十	十一
十九	二十 與楚侵陳 遂侵宋晉使趙盾伐我以倍晉故	二十一 與宋師戰獲華元
九	十	十一

定王元年	二	三	四	五	六	七
三	四	五	六	七	八 七月日蝕	九
三	四	五	六	七	八	九
晉成公黑臀元年 伐鄭	二	三 中行桓子林父救鄭伐陳	四 與鄭侵陳	五	六 與魯伐秦獲秦諜殺之絳市六日而穌	七 使桓子
三	四	五	秦桓公元年	二	三 晉伐我獲諜	四
八 伐陸渾至雒問鼎輕重	九 若敖氏為亂滅之伐鄭	十	十一	十二	十三 伐陳滅舒蓼	十四 伐鄭
五 贖華元亡歸圍曹	六	七	八	九	十	十一
二十九	三十	三十一 楚伐鄭與我平晉中行桓子距楚救鄭伐我	三十二 與晉侵陳	三十三	三十四	三十五
八	九	十	十一 晉衛侵我	十二	十三 楚伐我滅[illegible]	十四
六	七	八	九	十	十一	十二
十二 宋圍我	十三	十四	十五	十六	十七	十八
二十二 華元亡歸	鄭靈公夷元年 公子歸生以黿故殺靈公	鄭襄公堅元年 靈公庶弟 楚伐晉來救	二	三	四	五 楚伐
十二		十四	十五	十六	燕宣公元年	二

十四	十五	十六	十七	十八	十九	二十 甲戌
十六	十七 日蝕	十八 宣公薨	魯成公黑肱元年	二 春齊取我隆 與晉伐齊齊歸我汶陽竊與楚盟	三 會晉宋衛曹伐鄭	四 公如晉晉不敬公欲倍晉
六	七 晉使郤克來齊婦人笑之克怒歸去	八 晉伐敗我	九	十 晉郤克敗公於鞌	十一 頃公如晉欲王晉晉不敢受	十二
七 隨會滅赤翟	八 使郤克使齊婦人笑之克怒歸	九 伐齊質子彊兵罷	十	十一 與曹敗齊	十二 始置六卿率諸侯伐鄭	十三 魯公來不敬
十一	十二	十三	十四	十五	十六	十七
二十一	二十二	二十三 莊王薨	楚共王審元年	二 申公巫臣竊徵舒母奔晉以為邢大夫冬伐衛魯救齊	三	四 子反救鄭
十八	十九	二十	二十一	二十二	宋共公瑕元年	二
七	八	九	十	十一 穆公薨與諸侯敗齊反侵地楚伐我	衛定公臧元年	二
六	七	八	九	十	十一	十二
十九	二十 文侯薨	蔡景侯固元年	二	三	四 伐鄭	五
二	三	四	五	六	七	八
十二	十三	十四	十五	十六	十七 晉率諸侯伐我	十八 晉欒書取
九	十	十一	十二	十三	十四	十五

十二諸侯年表

				伐秦以諸侯師伐陳救鄭成公我		晉[illegible]救鄭敗我						我晉來救敗楚師	
	八	十 胃日蝕	十 公卒崔杼有寵高國奔衛	景公據元年與宋伐鄭	五	十五	十二	衛獻公[illegible]元年 [illegible]高國來厚救[illegible]公	十五	十三	十九	六 晉來楚伐我	三
	九	十一	齊頃公無野元年	二	六	十六 楚[illegible]伐誅陳夏徵舒立陳靈公子午	十三	二	陳成公午元年 靈公太子	十四	二十	十七	四
甲子	十	十二	二	三 救鄭為楚所敗河上	七	十七 圍鄭鄭伯肉袒謝釋之	十四 伐陳	三	二	十五	二十一	八	五 楚圍我我卑辭以解
	十一	十三	三	四	八	十八	十五	四	三	十六	二十二	九	六
	十二	十四	四	五 伐鄭	九	十九 圍宋為殺使者	十六 殺楚使者楚圍我	五	四	十七	二十三 文公薨	十 晉伐我	七
	十三	十五	五	六 [illegible]宋我解揚有使卻秦伐我	十 伐晉	二十 圍宋五月[illegible]告子反以誠楚罷	十七 [illegible]告楚楚去	六	五	十八	曹宣公盧元年	十一 楚伐宋執解揚	八

		晉合於楚										我范襄公薨		
	二十一	五	十三	十四 梁山崩伯宗隱其人而用其言	十八	五 伐鄭倍我故也鄭悼公來訟	三	三	十三	六	九	鄭悼公費元年 公如楚訟	燕昭公元年	
	簡王元年	六	十四	十五 使[illegible]書救鄭遂侵蔡	十九	六	四	四	十四	七 晉侵我	十	二 悼公薨 楚伐我晉使欒書來救	二	吳壽夢元年
	二	七	十五	十六 以巫臣始通於	二十	七 伐鄭	五	五	十五	八	十一	鄭成公睔元年 悼公弟也 楚伐	三	二 巫臣來謀伐楚
				吳而謀楚								我[illegible] 日蝕 古困反		
	三	八	十六	十七 復趙武田邑侵蔡	二十一	八	六	六	十六	十九 晉伐我	十二	二	四	三
	四	九	十七 頃公薨	十八 執鄭成公伐鄭秦伐我	二十二 伐晉	九 救鄭冬與晉成	七	七	十七	十	十三	三 與楚盟公如晉執公伐我	五	四
	五	十 公如晉[illegible]葬諱之	齊靈公環元年	十九	二十三	十	八	八	十八	十一	十四	四 晉率諸侯伐我	六	五

			甲申				
六	七	八	九	十	十一	十二	十三
十一	十二	十三 會晉伐秦	十四	十五 始與吳通會鍾離	十六 宣伯告晉欲殺季文子文子以義脫	十七	十八 成公薨
二	三	四 伐秦	五	六	七	八	九
晉厲公壽曼元年	二	三 伐秦至涇敗之獲其將成差	四	五 三郤讒伯宗殺之伯宗好直諫	六 敗楚鄢陵	七	八 欒書中
二十四 與晉侯夾河盟歸倍盟	二十五	二十六	二十七	秦景公元年	二	三	四
十一	十二	十三	十四	十五 許畏鄭請徙葉	十六 救鄭不利子反醉軍敗殺子反歸	十七	十八 為魚
九	十	十一 晉率我伐秦	十二	十三 華元奔晉復還	宋平公成元年	二	三 楚伐
九	十	十一	十二 定公薨	衛獻公衎元年	二	三	四
十九	二十	二十一	二十二	二十三	二十四	二十五	二十
十二	十三	十四	十五	十六	十七	十八	十九
十五	十六	十七 晉率我伐秦	曹成公負芻元年	二 晉執我公以歸	三	四	五
五	六	七 伐秦	八	九	十 倍晉盟楚晉伐我楚來救	十一 昭公薨	十二 與楚
七	八	九	十	十一	十二	十三	燕武
六	七	八	九	十 與魯會鍾離	十一	十二	十三

							甲午
	十四 簡王崩	靈王元年生有髭	二		三	四	五
	魯襄公午元年圍宋彭城	二 會晉城虎牢	三		四 公如晉	五 季文子卒	六
	十 我不救鄭晉伐我使太子光質於晉	十一	十二 伐吳		十三	十四	十五
行偃殺厲公立襄公孫為悼公	晉悼公元年圍宋彭城	二 率諸侯伐鄭城虎牢	三 魏絳	辱揚干	四 魏絳說和戎狄狄朝晉	五	六
	五	六	七		八	九	十
石伐宋彭城	十九 侵宋救鄭	二十	二十一 使子重伐吳至	衡山使何忌侵陳	二十二 伐陳	二十三 伐陳	二十四
封魚石	四 楚侵我取犬丘晉誅魚石歸我彭城	五	六		七	八	九
	五 圍宋彭城	六	七		八	九	十
六	二十七	二十八	二十九 倍楚	盟楚侵我	三十 楚伐我	成公薨 陳哀公弱元年	二
	二十	二十一	二十二		二十三	二十四	二十五
	六	七	八		九	十	十一
伐宋	十三 晉伐敗我兵於洧上楚來救	十四 成公薨晉率諸侯伐我	鄭釐公惲	元年	二	三	四
公元年	二	三	四		五	六	七
	十四	十五	十六	楚伐我	十七	十八	十九

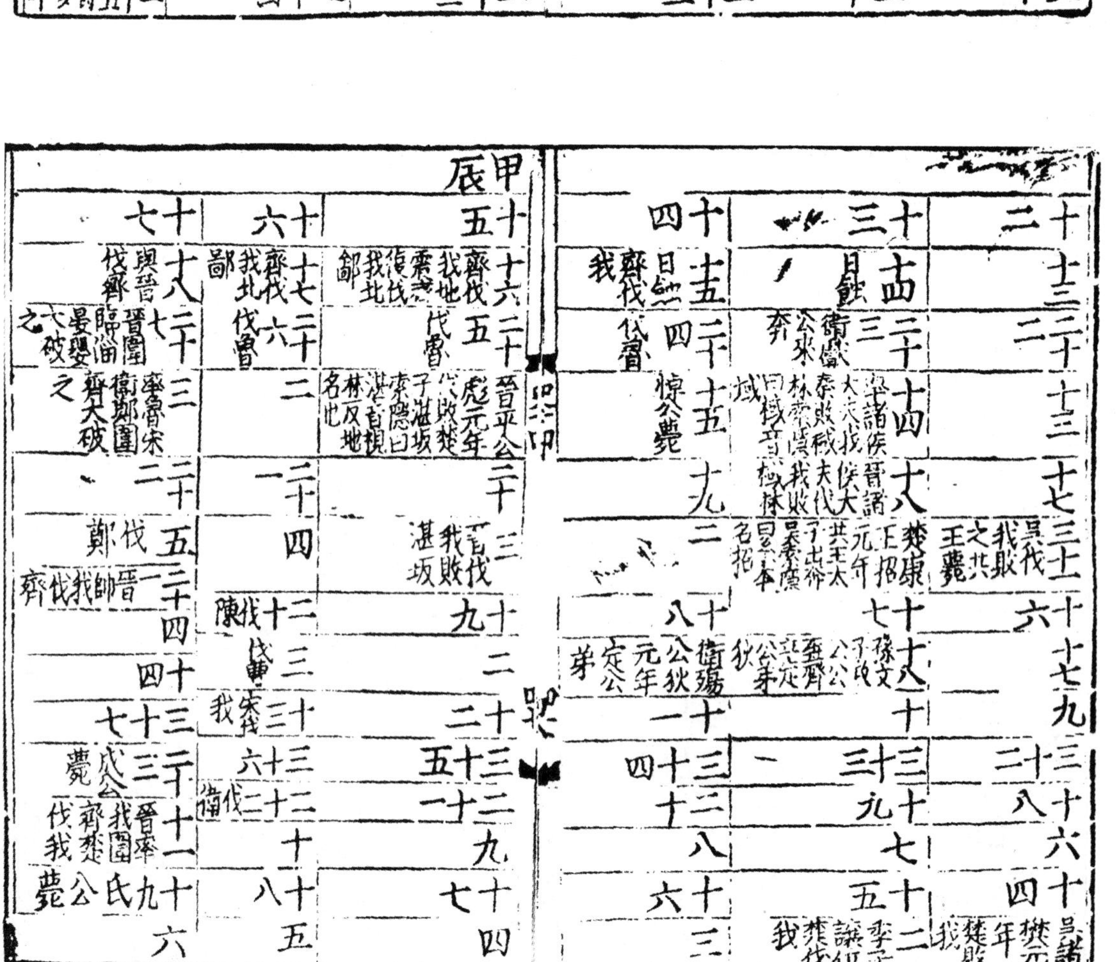

	十八	十九	二十八 廢光立子牙為太子光與崔杼殺牙自立晉衛伐我	四 與衛伐齊	二十三	六	二十二	五 晉率我伐齊	十五	三十八	曹武公勝元年	十二 子產為卿	燕文公元年	七
	十九	二十 日蝕	齊莊公元年	五	二十四	七	二十三	六	十六	三十九	二	十三	二	八
	二十	二十一 公如晉日再蝕	二	六 魯襄公來殺羊舌虎	二十五	八	二十四	七	十七	四十	三	十四	三	九
	二十一	二十二 孔子生	三 晉欒逞來奔晏嬰曰不如歸之 索隱曰音盈晉大夫也	七 欒逞奔齊	二十六	九	二十五	八	十八	四十一	四	十五	四	十
	二十二	二十三	四 欲遣欒逞入曲沃伐晉取朝歌	八	二十七	十	二十六	九 齊伐我	十九	四十二	五	十六	五	十一
	二十三	二十四 侵齊 日再蝕	五 畏晉通楚晏子謂	九	二十八	十一 與齊通率陳蔡伐鄭救齊	二十七	十	二十 楚率我伐鄭	四十三 楚率我伐鄭	六	十七 子產曰范宣子為政我請伐陳	六	十二
	二十四	二十五	六 晉伐我報	十 伐齊	二十九	十二 吳伐我以報舟	二十八	十二	二十一	四十四	七	十八 伐陳入陳	燕懿	十三

		齊伐我北鄙以報孝伯之師	朝歌崔杼以莊公通其妻殺之立其弟為景公	至高唐報太行之役	公如晉盟不結	師之役射殺吳王			鄭伐我				公元年	諸樊伐楚迫巢門傷射以薨
甲寅	二十五	二十六	齊景公杵臼元年如晉請歸衛獻	十一 誅衛殤公復入獻公	三十	十三 率陳蔡伐鄭	二十九	十三	二十二 楚率我伐鄭	四十五	八	十九 楚率陳蔡伐我	二	吳餘祭元年
	二十六	二十七 日蝕	二 慶封欲專誅崔氏杼自殺	十二	三十一	十四	三十	衛獻公衎後元年	二十三	四十六	九	二十	三	二
	二十七	二十八 公如楚葬康王	三 冬鮑高欒氏謀慶封發兵攻慶封慶封奔吳	十三	三十二	十五 康王薨	三十一	二	二十四	四十七	十	二十一	四 懿公薨	三 慶封來奔
	景王元年	二十九 吳季子來觀周樂盡知樂所為	四 吳季札來使與晏嬰歡	十四 吳季札來曰晉政卒歸韓魏趙	三十三	楚熊郟敖元年	三十二	三	二十五	四十八	十一	二十二 季札謂子產曰政將歸子子以禮幸脫於戹矣	燕惠公元年齊高止來奔	四 守門閽殺餘祭季札使諸侯

二	三	四	五	六	七
三十	三十一 襄公薨 昭公年十九有童心	魯昭公稠元年	一 公如晉至河晉謝還之	二 晏嬰使晉見叔向曰齊政歸田氏叔向曰晉公室卑	四 稱病不會楚
五	六	七	八 齊田無宇送女	九	十
十五	十六	十七 秦后子來奔	十八 齊田無宇求送女	十九	二十
三十四	三十五	三十六 秦后子奔晉	三十七	三十八	三十九
二	三 公子圍爲令尹	四 令尹圍弑郟敖自立	楚靈王圍元年 共王子	二	三 夏合諸侯宋地伐吳誅慶封
三十三	三十四	三十五	三十六	三十七	三十八
衛襄公惡元年	二	三	四	五	六 稱病不會
二十六	二十七	二十八	二十九	三十	三十一
四十九 爲太子取女公通之太子殺公自立	蔡靈侯班元年	二	三	四	五
十二	十三	十四	十五	十六	十七 稱病不
二十三 諸公子爭寵相殺子產止之	二十四	二十五	二十六	二十七 晉晏女如楚	二十八 子產曰二國不
二	三	四	五	六 公卒 楊公立 鄭卿公子誅出奔齊	七
五	六	七	八	九	十 楚誅慶封

	甲子						
	八	九	十		十一	二十	三十
	五	六	七 季武子卒	日蝕	八 公如楚楚召之賀章華臺	九	十 四月日蝕
	十二	十二 公如晉請伐燕入其君	十三 君自燕		十四	十五	十六
	二十一 秦后子歸秦	二十一 齊公求請伐燕入其君	二十三 入燕	君	二十四	二十五	二十六 春有星出
	四十 公卒 后子自晉歸	秦哀公元年	二		三	四	五
慶封 冬報取我五城	四 率諸侯伐吳	五 伐吳次乾谿	六 執芋尹	章華	七 就章華臺內亡人實之滅陳	八 弟棄疾將兵定陳	九
	三十九	四	四十一	一	四十二	四十三	四十四 平公卒
楚	七	八	九 夫人姜氏	乎	衛靈公元年	二	三
	二十二	三十三	三十四		三十五 弟招作亂哀公自殺	陳惠公吳元年 哀公孫 楚來定我	二
	六	七	八		九	十	十一
會楚會	十八	十九	二十		二十一	二十二	二十三
	二十九	三十	三十一		三十二	三十三	三十四
	八	九 鄭伐我	燕悼公元年	悼公歸至卒	二	三	四
	十一 楚率諸侯伐我	十二 楚伐我次乾谿	十二		十四	十五	十六

						甲戌	
	十四	十五	十六		十七	十八	十九
	十一	十二 朝晉至河晉謝之歸	十三		十四	十五 日蝕	十六 公如晉晉留之葬公恥之
	十七	十八 公如晉	十九		二十	二十一	二十二
十月蝕	晉昭公夷元年	二	三		四	五	六 公卒六卿強公室卑
	六	七	八		九	十	十一
	十 殺蔡侯使棄疾圍之棄疾居之為蔡侯	十一 王伐徐以恐吳次乾谿民罷於役怨王	十二 棄疾作亂自立	靈王自殺棄疾復陳蔡	楚平王居元年共王子抱玉	二 王為太子取秦女好自取之	三
	宋元公佐元年	二	三		四	五	六
	四	五 公如晉朝君	六		七	八	九
	三	四	五 楚平王復陳立陳侯吳	惠公	六	七	八
	十二 楚靈王殺蔡靈侯使棄疾居之為蔡侯	蔡侯廬元年景侯子	二 楚平王立景侯子	五 商曰不如景侯子	三	四	五
	二十四	二十五	二十六		二十七	曹平公須元年	二
	三十五	三十六 晉	鄭定公寧元年		二	三	四 火欲禳之子產曰不如修德
	五	六	七		燕共公元年	二	三
	十七	夷昧卒	二		三	四	吳僚元年

二十	二十一	二十二	二十三		二十四	二十五	敬王元年
十七 正月朔日蝕星見辰	十八	十九 地震		禮	二十一 公如晉至河晉謝之歸 日蝕	二十二 日蝕	二十三 地震
二十三	二十四	二十五	二十六 齊景公與晏子狩入魯界因入魯問		二十七	二十八	二十九
晉頃公棄疾元年	二	三	四		五	六 周室亂公平亂立敬王	七
十二	十三	十四	十五		十六	十七	十八
四 與吳戰	五	六	七 誅伍奢尚太子建奔宋	[illegible]	八 蔡侯來奔	九	十 吳伐敗我
七	八 火	九	十 公毋信詐殺諸公子太子建來	[illegible]	十一	十二	十三
十	十一 火	十二	十三		十四	十五	十六
九	十 火	十一	十二		十三	十四	十五 吳敗我兵取胡沈
六	七	八	九 平公卒靈公孫東國殺平	侯子而自立	蔡悼侯東國元年奔楚	二	三
三	四 平公薨	曹悼公午元年	二		三	四	五
五	六 火	七	八 楚太子建從宋來奔		九	十	十一 楚建作亂殺之
四	五 共公薨	燕平公元年	二		三	四	五
二 與楚戰	三	四	五 伍員來奔		六	七	八 公子光敗楚

甲申

二十四　鸜鵒來巢　三十八　十九　九　十一　吳卑梁人爭桑伐取我鍾離　十四　十六　十　六　蔡昭侯申元年悼侯弟　十二　六　公如晉請內王　九

三　公欲誅季氏三桓氏攻公公出居鄆蔡隱曰昏運　二十五　一　三十九　二十　十　二十二　十五　八　十七　七　三　七　十三　七　十一

四　齊取鄆以處公　二十六　齊景公二十一　十　二　十三　公頭欲立子西子西不肯乃立珍　九　十八　三　八　十四　八　十一

大夫出公　宋公卒　四　可以為有德之城　三　二十　三十一　子為晉大夫

五　二十七　三十二　二十　楚昭王珍元年　二　十二　九　十　四　九　十五　九　十二　吳公子光使專諸殺僚光立

六　二十八　公如晉求入晉弗聽處之乾侯　四　三十　十二　晉六卿誅公族分其邑各使其子為大夫　十三　二　三　十一　十二　五　曹襄公元年　十六　十　吳闔閭元年

七　二十九　公自乾侯如鄆齊侯曰主君　五　三十一　十三　十四　三　四　二十二　二十一　六　二　鄭獻公蠆元年　十一　二

甲午

十四　與晉奉諸侯侵楚　四　四十六　二　伐楚　十三　吳蔡伐楚入郢昭王亡走　十　十二　與九　八　二十　十三　與衛與長衛侯戰不與　四　八　八　十　九　與蔡伐楚入郢

十一　三　四十五　一　十三　一　九　蔡昭侯留三歲得裘故　十　十二　八　二十　七　十二　代楚　三　七　十七　八

十二　二　宋景公元年昭公曾孫　四十四　十二　八　吳敗我兵頭大夫三年無敢之家　九　二十　七　二十　六　十一　二　六　十六　七

八　以為元年　楚伐我迎擊破之子西為居巢　六　五　胡楚公以為　元年　故留

十一　魯定十　十三　十二　十　晉使公率諸侯為我築城　三　八　周敬　七　十　十　七　衛景伐　八　一　十二　十　曹隱　五　十五　六

十　三十二　二十　二　二　六　七　五　二十　四　十　九　平公弟通殺襲公自立　五　四十　五

九　三十二　日蝕　十　公十一　元年　六　二十　鄭獻伐衛　五　一　二十　三十　八　四　三　十　三　四　伐楚潛六

八　三十　三十四　十　貞公四　五　吳以子率二十兵以伐　四　五　十二　二十　二十　七　三　一　十二　二　公子奔楚

恥之使以鼓侯

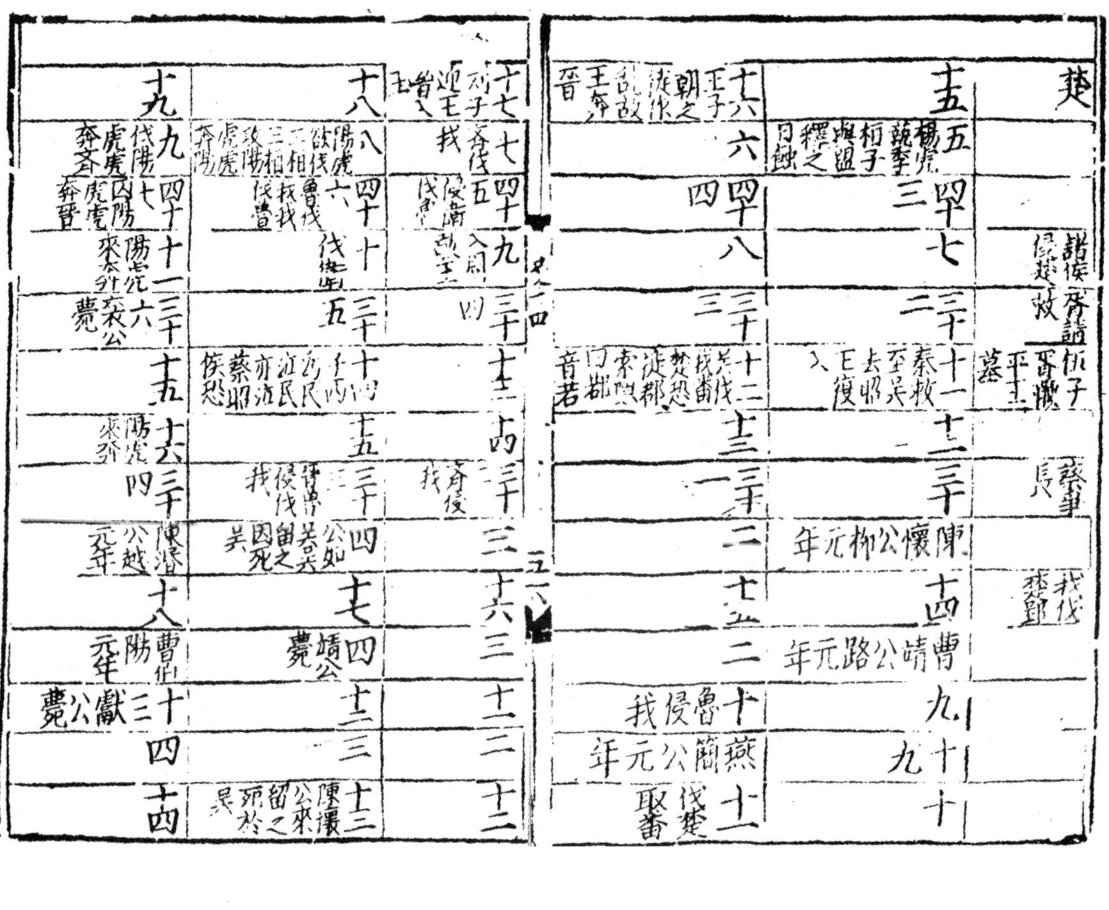

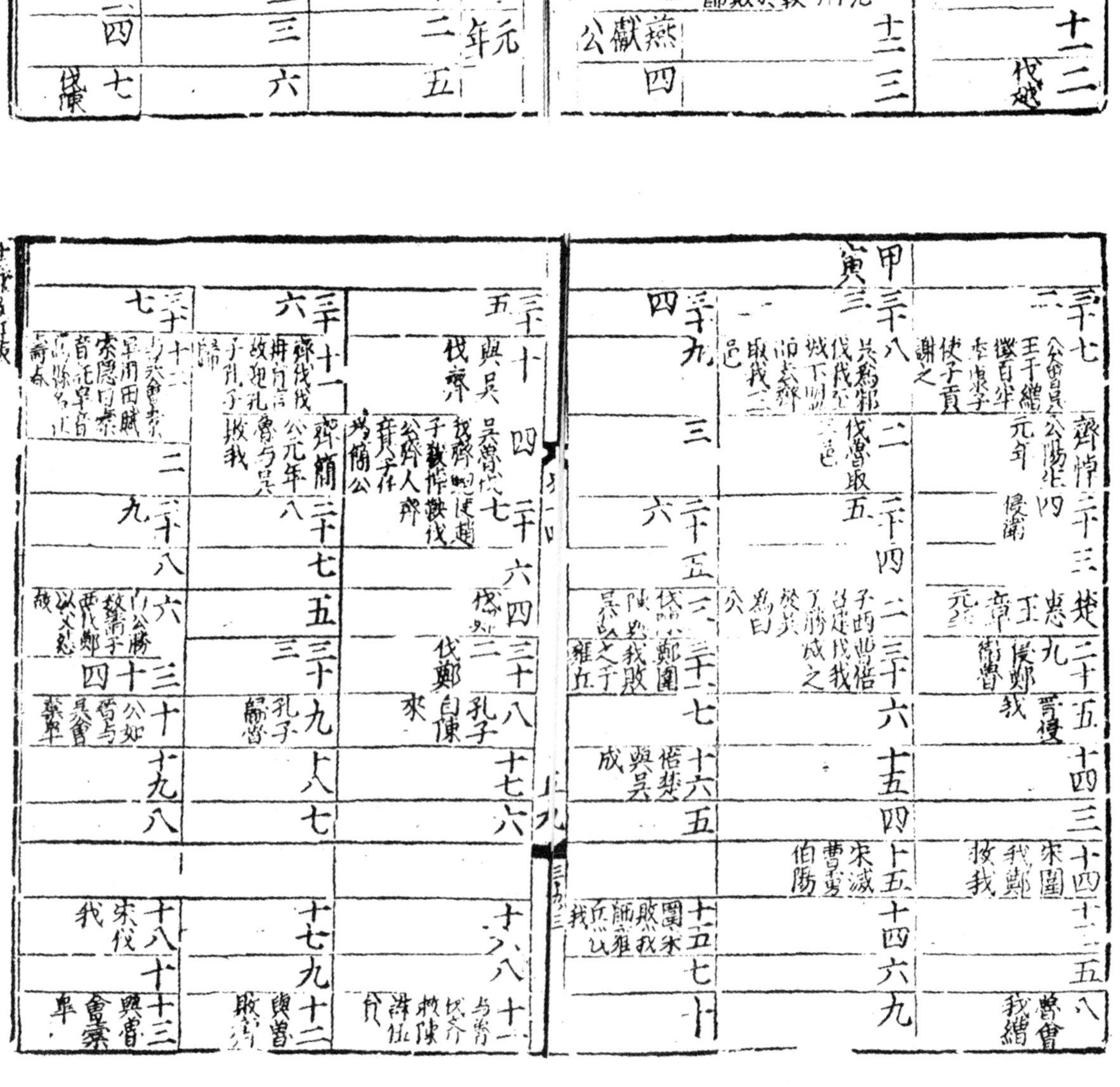

三十三　八　會黃池與吳　三　十三　與吳會黃池長　九　七　伐陳　五　鄭敗我師　三十一　十二　十九　九　十二　宋敗我師　九　十四　與晉會黃池

二十四　九　十四　西狩獲麟　田常殺簡公立其弟為平公　衛出公輒來奔　四　二十一　十　八　三十一　六　蒯聵入輒出亡　二十一　一　十　二十二　十二　十五

四十　十五　齊平公驁元年　景公孫也　子貢為使　二　三十一　十二　九　三十一　衛莊公蒯聵元年　七　殺孔悝　二十一　二　十一　二十一　十三　十六

四十一　十六　孔子卒　二　二十二　十三　三十二　八　白公勝殺令尹子西　公攻白公　白公自殺　惠王復國　二十二　三　十二　二十　四　十七

我侵地　曰鄸音吾高反　年　陳滑公

四十二　十七　三　二十四　十四　十三　九　三　莊公辱戎州人　戎州人與趙簡子攻莊公　莊公出奔　二十四　四　十三　二十二　五　十八　楚滅我

二　一　四　三　二　四　二　二　二

十二諸侯年表第二　　史記十四

安成郡彭寅
翁鼎新刊行

興亡繼及，盛衰𥿄否。惡不𢘻過，善必揚美。𢇍筆獲麟，義取同恥。

索隱述贊曰：太史表次，抑有條理。起自共和，訖於孔子。十二諸侯，各編年紀。

甲子　四十一　三　獻王崩　徐廣曰歲在甲子　十八　二十　二十一　四　二十　二十一　五　二十一　十四　十二　七卒　十　卒　四　十七卒　二十　三十一　十六　九　二十八卒　厲公元年　十六　起元年　石尊起過山輒入　素隱曰傳作園　音作或東數音　衛若　十四　十九卒　二十　四　二十一卒　十三　八卒　二十六　二十九　索隱曰二十三年　十三成

六國表第三

史記十五

太史公讀秦記，至犬戎敗幽王，周東徙洛邑，秦襄公始封為諸侯，作西畤用事上帝，僭端見矣。禮曰：天子祭天地，諸侯祭其域內名山大川。今秦雜戎翟之俗，先暴戾，後仁義，位在藩臣而臚於郊祀，君子懼焉。及文公踰隴，攘夷狄，尊陳寶，營岐雍之閒，而穆公修政，東竟至河，則與齊桓晉文中國侯伯侔矣。是後陪臣執政，大夫世祿，六卿擅晉權，征伐會盟，威重於諸侯。及田常殺簡公而相齊國，諸侯晏然弗討，海內爭於戰功矣。三國終之卒分晉，田和亦滅齊而有之，六國之盛自此始。務在彊兵并敵，謀詐用而從衡短長之說起。矯稱蠭出，誓盟不信，雖置質剖符猶不能約束也。秦始小國僻遠，諸夏賓之，比於戎翟，至獻公之後常雄諸侯。論秦之德義不如魯衛之暴戾者，量秦之兵不如三晉之彊也，然卒并天下，非必險固便形埶利也，蓋若天所助焉。或曰東方物所始生，西方物之成孰。夫作事者必於東南，收功實者常於西北。故禹興於西羌，

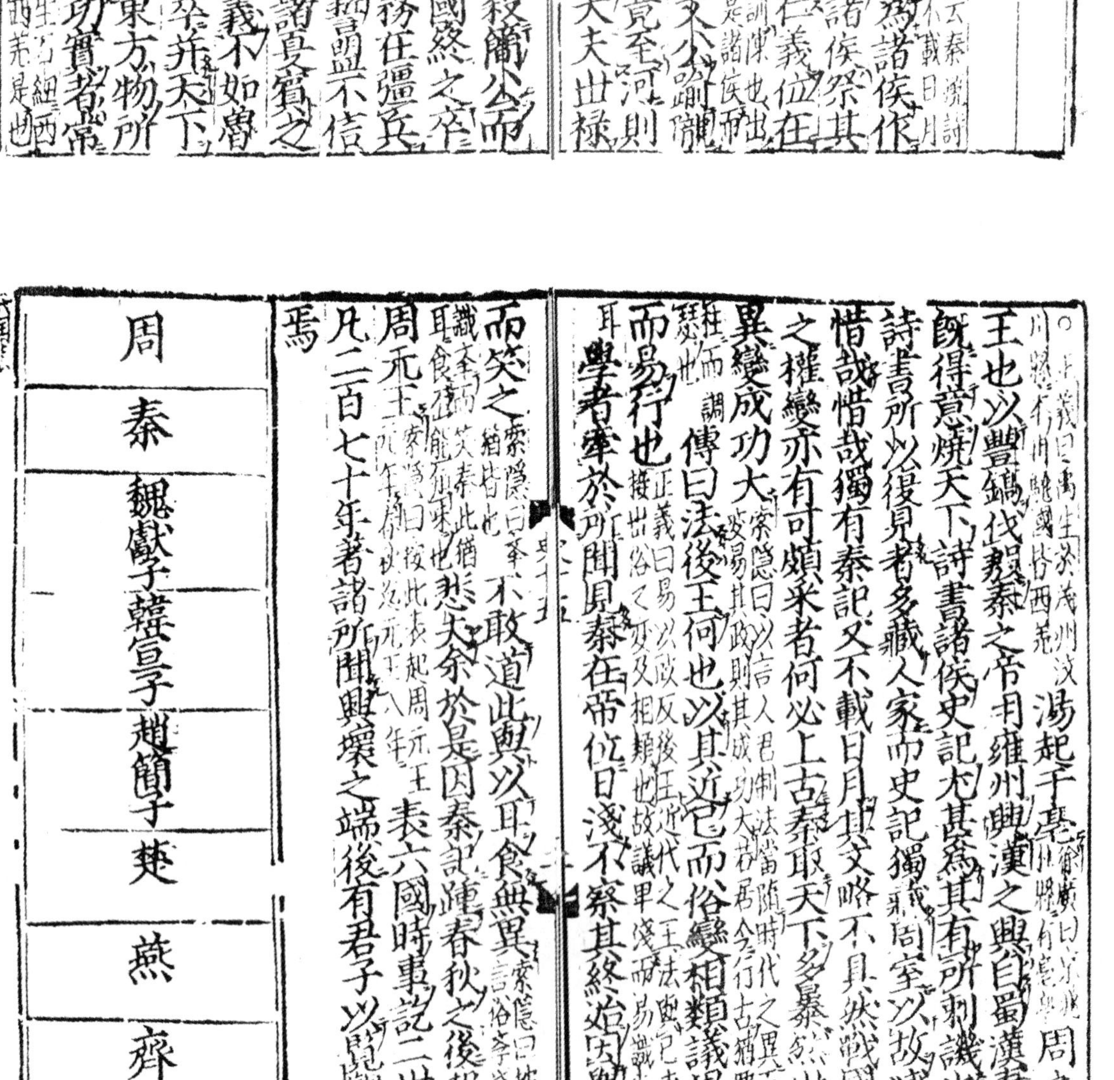

湯起于亳，周之王也以豐鎬伐殷，秦之帝用雍州興，漢之興自蜀漢。秦既得意，燒天下詩書，諸侯史記尤甚，為其有所刺譏也。詩書所以復見者多藏人家，而史記獨藏周室，以故滅。惜哉惜哉！獨有秦記，又不載日月，其文略不具。然戰國之權變亦有可頗采者，何必上古。秦取天下多暴，然世異變，成功大。傳曰法後王，何也？以其近己而俗變相類，議卑而易行也。學者牽於所聞，見秦在帝位日淺，不察其終始，因舉而笑之，不敢道，此與以耳食無異。悲夫！余於是因秦記，踵春秋之後，起周元王，表六國時事，訖二世，凡二百七十年，著諸所聞興壞之端。後有君子，以覽觀焉。

周	秦	魏獻子	韓宣子	趙簡子	楚	燕	齊

元王元年	二		三	四
元王元年 徐廣曰乙丑皇甫謐曰元年癸酉二十八年庚子崩索隱曰元王名仁系本名赤敬王子八年崩子定王介立	二		三	四
厲共公元年 索隱曰悼公子三十四年卒子躁公立	二 蜀人來賂		三	四
衛出公輒後元年 索隱曰二十一年季父黔逐出公而自立爲悼公	晉定公卒 索隱曰系本定公名午		晉出公鑿元年 索隱曰系本名鑿	
四十二 索隱曰系家簡子名鞅文子武之孫景叔成之子	四十三 索隱曰按簡子以頃公九年在位頃公十四年卒丙	定公元定公四十七年卒是四十三為簡子在位之年又至出公十七年是在位六十年也	四十四	四十五
楚惠王章十三年 以伐我徐廣曰亦借二十八 哀公十[illegible]年卒 年 索隱曰五十七年卒	十四 越圍吳 吳怨		十五	十六 越滅吳
燕獻公十七年 索隱曰	十八		十九	二十
齊平公驁五年 索隱曰[illegible]十九年卒	六		七 越人始來	八

五	六	七	八	定王元年
五	六	七	八	定王元年 徐廣曰癸酉左傳盡此皇甫謐曰貞定王元年癸亥十年壬申崩○索隱曰定王名介二十八年崩
五 楚人來賂	六 義渠來賂繇諸乞援音義曰一作爰	七 慧星見	八	九
四十六	四十七	四十八 衛出公飲大夫不解襪公怒郊攻公公奔宋	四十九	五十
十七 蔡景侯卒索隱曰按景字誤合作成侯徐廣亦作成言或作成按景侯即成侯之高祖父	十八 蔡聲侯元年索隱曰名産成侯之子	十九 王子英奔秦	二十	二十一
二十一	二十二	二十三	二十四	二十五
九 晉知伯瑤來伐我	十	十一	十二	十三

二 | 十 廩長將兵拔魏城 彗星見 音義 | 五十一 | 二十二 魯哀公卒 索隱曰系本名將 | 二十六 | 十四

三 | 十一 拔一作捕 | 五十二 | 二十三 | 二十七 | 十五

四 | 十二 | 五十三 | 二十四 魯悼公元年 三桓勝魯如小侯○索隱曰系本悼公名寧 | 二十八 | 十六

五 | 十三 | 知伯伐鄭 駟桓子如齊求救 | 五十四 知伯謂簡子欲廢太 | 二十五 | 燕孝公元年 | 十七 救鄭晉師去○行文

六 | 十四 | 鄭聲公卒 索隱曰聲公名勝 獻公子也 三十八年卒 子哀公易立 八年鄭人殺哀公 立聲公弟丑爲共公也 | 五十五 子襄子 子襄子怨知伯 | 二十六 | 二 | 十八 子謂已常乃去知以

七 | 十五 | 鄭哀公元年 | 五十六 | 二十七 | 三 | 十九

八 | 十六 塹阿旁 伐大荔補龐戲城 | 五十七 | 二十八 | 四 | 二十

九 | 十七 | 五十八 | 二十九 | 五 | 二十一

十 | 十八 | 五十九 | 三十 | 六 | 二十二

十一 | 十九 | 六十 | 三十一 | 七 | 二十三

十二 | 二十 公將師與緜諸戰 | 襄子元年 未除服登夏屋誘代王以金斗殺代王封伯魯子周爲代成君 索隱曰襄子名無恤 後四年與韓魏共殺智伯 盡并其地 然有三晉也 | 三十二 蔡聲侯卒 | 八 | 二十四

十三 | 二十一 | 晉哀公忌元年 正義曰表云晉出公錯十八年 晉哀公忌二年 晉懿公驕十七年而卒 世本云昭公生桓子雍 雍生忌 忌生懿公驕 世家云晉出公十七年 晉哀公驕十八年而卒 懿公校出公道死 知伯乃立昭公曾孫驕爲晉君 是爲哀公 哀公大父雍 晉昭公少子 號戴子 生忌 忌善智伯 早死 故智伯欲并晉 未敢 乃立忌子驕爲君 按二處不同 未知孰是 | 二 | 三十三 蔡元侯元年 | 九 | 二十五

十四 | 二十二 | 衛悼公黔元年 | 三 | 三十四 | 十 | 郯宣公就匝元年

							本作積 索隱曰積平公子立五十一年子康公代立
十五	二十三			四 與知伯分范中行地	三十一	五	二
十六	二十四	魏桓子敗知伯于晉陽 索隱曰桓子名駒	韓康子敗知伯晉陽 索隱曰康子名虎	五 襄子敗知伯晉陽與魏韓三分其地	三十二	六	三
十七	二十五 晉大夫知開率其邑人來奔			六	三十三	七	四
十八	二十六 左庶長城南鄭			七	三十四	八	五 宋景公卒 徐廣曰案左傳景公死至此九十九年 索隱曰系家景公元公子名頭曼已見十二諸侯表徐廣曰誤景公立六十四年卒公子特殺太子自立號昭公與前昭公情同相去略九十年知徐誤
十九	二十七	衛敬公元年		八	三十九 蔡侯齊元年	十五	六 宋昭公元年
二十	二十八 越人來迎女			九	四十	燕成公元年	七

二十一	二十九 晉大夫知寬率其邑人來奔			十	四十一	二	八
二十二	三十			十一	四十二 楚滅蔡	三	九
二十三	三十一			十二	四十三	四	十
二十四	三十二			十三	四十四 滅杞 杞夏之後	五	十一
二十五	三十三 伐義渠虜其王			十四	四十五	六	十二
二十六	三十四 日蝕晝晦星見			十五	四十六	七	十三
二十七	秦躁公元年			十六	四十七	八	十四
二十八	二 南鄭反			十七	四十八	九	十五
考王元年 徐廣曰辛丑	三			十八	四十九	十	十六
二	四			十九	五十	十一	十七
三	五			二十	五十一	十二	十八
四	六	晉幽公柳元年 服韓魏		二十一	五十二	十三	十九

五	六	七	八	九	十	十一	十二	十三	十四	十五	威烈王元年 徐廣曰考王子 索隱曰名午考王之子
七	八 六月雨雪 日月蝕	九	十	十一	十二	十三 義渠伐秦侵至渭陽	十四	秦懷公元年 生靈公	二	三	四 庶長鼂殺懷公太子蚤死大臣立太子之子為靈公
					衛昭公元年						衛悼公亹元年
二十二	二十三	二十四	二十五	二十六	二十七	二十八	二十九	三十	三十一	三十二	三十三 襄子卒
五十三	五十四	五十五	五十六	五十七	楚簡王仲元年 滅莒	二	三 曹悼公卒	四 魯元公元年	五	六	七
十四	十五	十六	燕湣公元年	二	三	四	五	六	七	八	九
二十	二十一	二十二	二十三	二十四	二十五	二十六	二十七	二十八	二十九	三十	三十一

二	三	四	五	六	七	八	九
秦靈公元年 生獻公	二	三 作上下畤	四	五	六	七 與魏戰少梁	八 城塹河瀕初以君主妻河 索隱曰謂初以此年取他女為君主君主猶公主也妻河謂嫁之河伯故魏俗猶為河伯取婦蓋其遺風殊異其事故云初
魏文侯斯元年 索隱曰生武侯擊	二	三	四	五 魏誅晉幽公立其弟止	六 晉烈公止元年 魏城少梁	七	八 復城少梁
韓武子元年 索隱曰生景侯虔	二 鄭幽公元年韓殺之	三 鄭立幽公子為繻公元年	四	五	六	七	八
趙桓子元年 索隱曰桓子嘉襄子弟也元年卒明年國人共立襄子子獻侯晚	趙獻侯元年	二	三	四	五	六	七
八	九	十	十一	十二	十三	十四	十五
十	十一	十二	十三	十四	十五	十六	十七
三十二	三十三	三十四	三十五	三十六	三十七	三十八	三十九

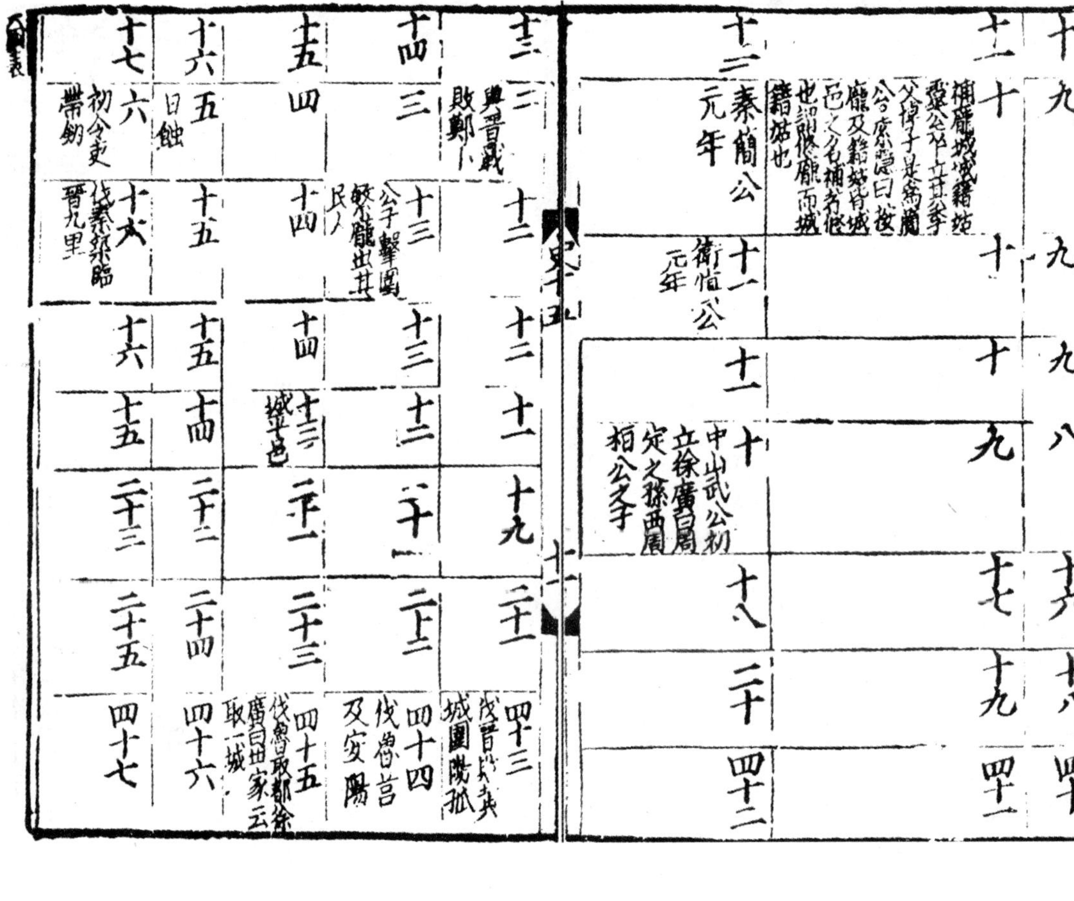

十	九	九	九	八	十六	十八	四十
十一	十 補龐城城籍姑 靈公卒立其季父悼子是爲簡公 索隱曰按龐及籍姑皆城邑之名補者脩也謂脩龐而城籍姑也	十	十	九	十七	十九	四十一
十二	秦簡公元年	十一 衛悼公元年	十一	十 中山武公初立 徐廣曰周定之孫西周桓公之子	十八	二十	四十二
十三	二 與晉戰敗鄭下	十二	十二	十一	十九	二十一	四十三 伐晉毀黃城圍陽狐
十四	三	十三 公子擊圍繁龐出其民	十三	十二	二十	二十二	四十四 伐魯莒及安陽
十五	四	十四	十四	十三 城平邑	二十一	二十三	四十五 伐魯取都 徐廣曰田家云取一城
十六	五 日蝕	十五	十五	十四	二十二	二十四	四十六
十七	六 初令吏帶劍	十六 伐秦築臨晉元里	十六	十五	二十三	二十五	四十七

十八	七 塹洛城重泉初租禾	十七 擊宋中山伐秦至鄭還築洛陽 徐廣曰一云擊宋中山置合陽山家云攻秦至鄭而還築合陽洛陽	韓景侯虔元年 伐鄭取雍丘鄭城京	趙烈侯籍元年 魏使太子伐中山	二十四 簡王卒	二十六	四十八 取魯郕
十九	八	十八 文侯受經子夏過段干木之閭常式	二 鄭敗韓于負黍	二	楚聲王當元年	二十七	四十九 與鄭會于西城伐衛取毌丘
二十	九	十九	三	三	二 魯穆公元年	二十八	五十
二十一	十	二十 卜相李克翟璜爭	四	四	三	二十九	五十一 田會以廩丘反
二十二	十一	二十一	五	五	四	三十	齊康公貸元年
二十三 九鼎震	十二	二十二 初爲侯	六 初爲侯	六 初爲侯	五 魏韓趙始列爲諸侯	三十一	二 宋悼公元年
二十四	十三	二十三	七	七 烈侯好音欲賜歌者田徐越侍以仁義乃止	六 盜殺聲王	燕釐公元年	三

周	秦	魏	韓	趙	楚	燕	齊
安王元年 徐廣曰庚辰	十四 伐魏至陽孤	二十四 伐秦至陽孤	八	八	楚悼王類元年	二	四
二	十五	二十五 太子罃生	九 鄭圍陽翟	九	二 三晉來伐我至乘丘	三	五
三 王子定奔晉	秦惠公元年 索隱曰[illegible]	二十六 虢山崩壅河	韓烈侯元年 索隱曰系本作武侯也	趙武公元年	三 歸榆關于鄭	四	六
四	二	二十七	二 鄭殺其相駟子陽	二	四 敗鄭師圍鄭鄭人殺子陽	五	七
五	三 日蝕	二十八	三 鄭人殺君 [illegible] 徐廣曰一作殺其	三	五	六	八
六	四	二十九	四 鄭相子陽之徒殺其君繻公	四	六	七	九
七	五 伐緜	三十	五 鄭康公元年	五	七	八	十 宋休公元年
八	六	三十一	六 救魯鄭負黍反	六	八	九	十一 伐魯取最

周	秦	魏	韓	趙	楚	燕	齊
九	七	三十二 伐鄭城酸棗	七	七	九 韓伐我負黍	十	十二
十	八	三十三 晉孝公傾元年	八	八	十	十一	十三
十一	九 伐韓宜陽取六邑	三十四	九 秦伐宜陽取六邑	九	十一	十二	十四
十二	十 與晉戰武城縣陝	三十五 齊伐取襄陽	十	十	十二	十三	十五 魯敗我平陸
十三	十一 太子生	三十六 秦侵晉	十一	十一	十三	十四	十六 與晉衞會濁澤
十四	十二	三十七	十二	十二	十四	十五	十七
十五	十三 蜀取我南鄭	三十八	十三	十三	十五	十六	十八
十六	秦出公元年 ○索隱曰惠公子	魏武侯元年 襲邯鄲敗焉○索隱曰武侯名擊	韓文侯元年	趙敬侯元年 武公子朝作亂奔魏	十六	十七	十九 田常曾孫田和始列為諸侯遷康公海上食一城○索隱曰和田常曾孫亦號太公

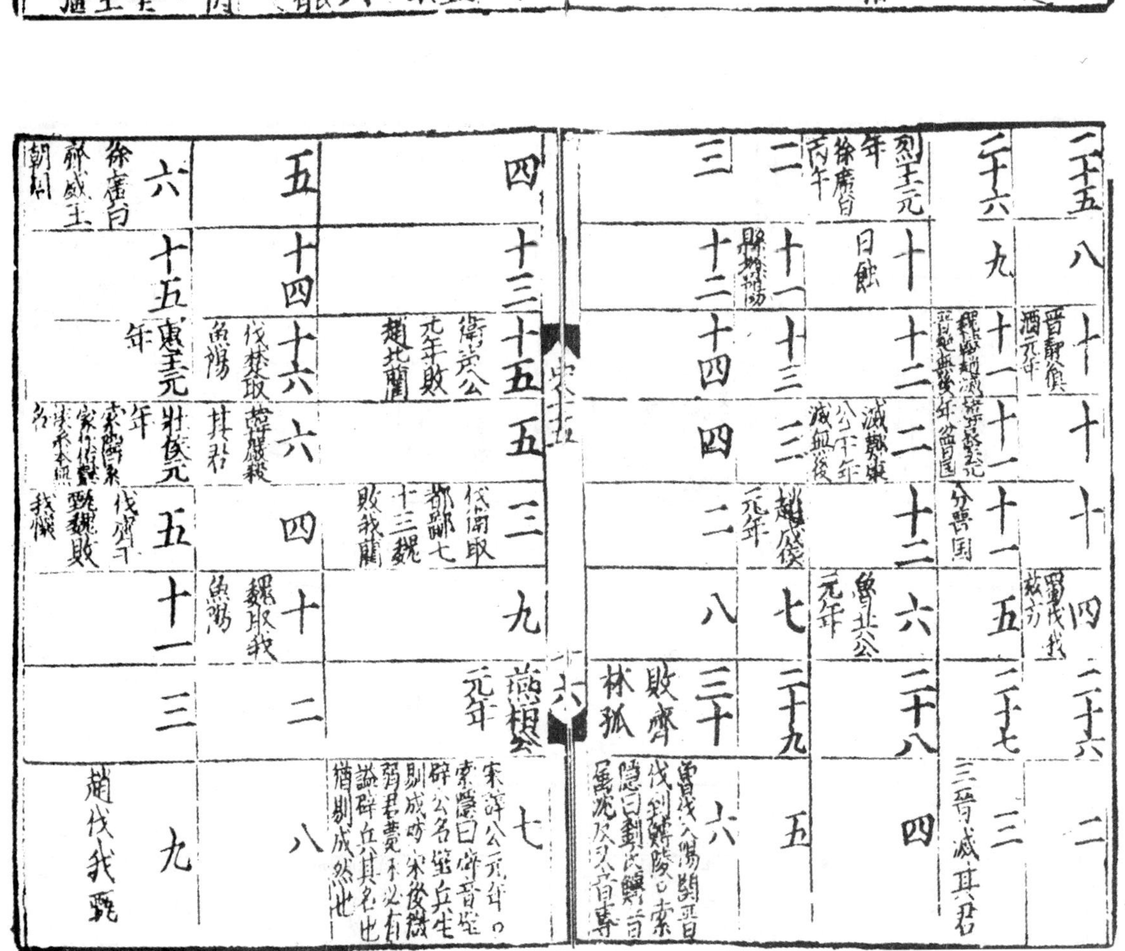

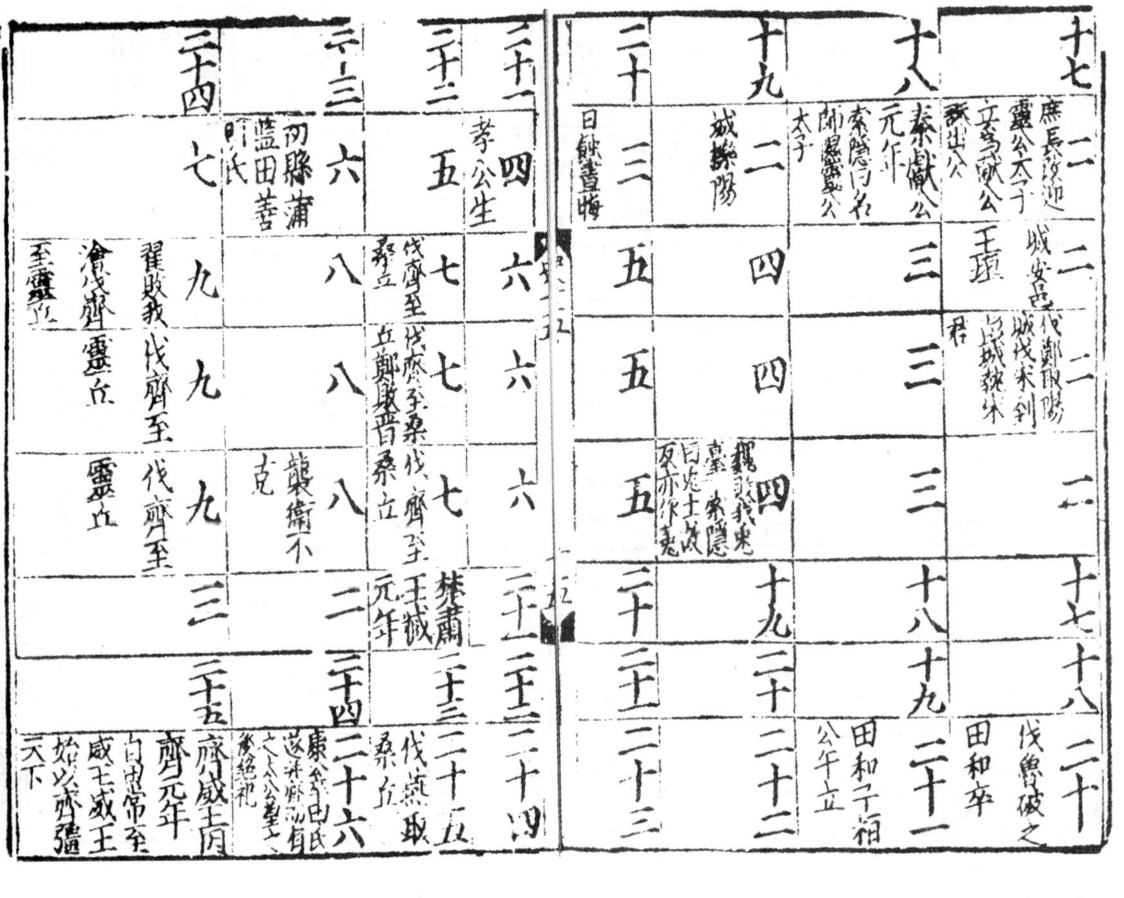

七	顯王元年 徐廣曰癸丑	二	三	四
十六 民大疫 日蝕	十七 櫟陽雨金 四月至八月	十八	十九 敗韓魏洛陽	二十
二 敗韓馬陵	三 齊伐我觀澤	四	五 西韓會宅陽 城武都	六 伐宋取儀臺
二 魏敗我馬陵	三	四	五	六
六 魏敗我澮 圍邯鄲	七 侵齊至長城	八	九	十
楚宣王良夫元年	二	三	四	五
四	五	六	七	八
十 宋剔成元年	十一 伐魏取觀津 趙取我長城	十二	十三	十四

五 賀秦	六	七	八
二十一 章蟜與晉戰石門 斬首六萬 天子賀 徐廣曰一云車	二十二	二十三 與魏戰少梁 虜其太子	秦孝公元年 彗星見西方
七	八	九 與秦戰少梁 虜我太子	十 取趙皮牢 衛成侯元年
七	八	九 魏敗我澮	十
十一	十二	十三 魏敗我澮	十四
六	七	八	九
九	十	十一	燕文公元年
十五	十六	十七	十八

九 致胙于秦 徐廣曰紀年東周惠公傑薨	十	十一	十二
二 天子致胙	三	四	五
十一	十二 星晝墮 有聲	十三	十四 與趙會鄗
十一	十二	韓昭侯元年 秦敗我西山	二 宋取我黃池 魏取朱
十五	十六	十七	十八 趙孟如齊
十	十一	十二	十三 君尹黑迎女秦
二	三	四	五
十九	二十	二十一 鄒忌以鼓琴見威王	二十二 封鄒忌為成侯

十三	十四	十五
六	七 與魏王會杜平	八 與魏戰元里 斬首七千 取少梁
十五 魯衛宋鄭侯來 徐廣曰紀年二曰魯共侯宋桓侯鄭釐侯來朝 成侯平安邑	十六 與秦孝公會杜平 侵宋黃池 宋復取之	十七 與秦戰元里 秦取我少梁
三	四	五
十九 與燕會阿 與齊宋會平陸	二十	二十一 魏圍我邯鄲
十四	十五	十六
六	七	八
二十三 與趙會平陸	二十四 與魏會田於郊	二十五

六國表

十六	十七	十八	十九	二十	二十一	二十二	二十三
九	十 衛公孫鞅為大良造，伐安邑，降之。	十一 城商塞。衛鞅圍固陽，降之。	十二 初取小邑為三十一縣，令。為田開阡陌。	十三 初為縣有秩史。	十四 初為賦。	十五	十六
十八 邯鄲降。齊敗我桂陵。	十九 諸侯圍我襄陵。築長城，塞固陽。	二十 歸趙邯鄲。	二十一 與秦遇彤。○索隱曰：彤，地名，音同。若死彤地。劉氏云阡陌道非地	二十二	二十三	二十四	二十五
六 伐東周，取陵觀、廩丘。	七	八 申不害相。	九	十 韓姬弒其君悼公。○索隱曰：姬一作玘，同音怡，韓之大夫姓名。按韓無悼公，未詳。	十一 昭侯如秦。	十二	十二
二十二 魏敗邯鄲。	二十三	二十四 魏歸邯鄲，與魏盟漳水上。	二十五	趙肅侯元年 索隱曰：名語。	二	三 公子范襲邯鄲，不勝，死。	四
十七	十八 魯康公元年	十九	二十	二十一	二十二	二十三	二十四
九	十	十一	十二	十三	十四	十五	十六
二十六 敗魏桂陵。	二十七	二十八	二十九	三十	三十一	三十二	三十三 殺其大夫牟辛。

二十四	二十五 諸侯會。	二十六 致伯秦。	二十七	二十八	二十九	三十
十七	十八	十九 城武城。從東方牡丘來歸。天子致伯。	二十 諸侯畢賀。會諸侯于澤，朝天子。徐廣曰：紀年作逢澤。	二十一 馬生人。	二十二 封大良造商鞅。	二十三 與晉戰岸門。
二十六	二十七 丹封名會。丹，魏大臣。	二十八	二十九 中山君為相。	三十 齊虜我太子申，殺將軍龐涓。	三十一 秦商君伐我，虜我公子卬。	三十二 公子赫為太子。
十四	十五	十六	十七	十八	十九	二十
五	六	七	八	九	十	十一
二十五	二十六	二十七 魯景公偃元年	二十八	二十九	三十	楚威王熊商元年
十七	十八	十九	二十	二十一	二十二	二十三
三十四	三十五 田忌襲齊，不勝。	三十六	齊宣王辟彊元年	二 敗魏馬陵。田忌、田嬰、田盼將，孫子為師。徐廣曰：楚世家云田盼者，齊之將，而齊世家不說田盼，或者爾時三人皆出征。	三 與趙會伐魏。	四

六國

三十一	二十四 秦大荔圍合陽 孝公死 商君反死彤地	三十三 衛鞅亡歸我我恐弗內	二十一	十二	二	二十四	五
三十二	秦惠文王元年 楚韓趙蜀人來	三十四	二十二 申不害卒	十三	三	二十五	六
三十三	二 天子賀行錢 宋太丘社亡	三十五 孟子來 王問利國 對曰君不可言利	二十三	十四	四	二十六	七 與魏會平阿南
三十四 賀秦	三 王冠 拔韓宜陽	三十六	二十四 秦拔我宜陽	十五	五	二十七	八 與魏會於甄
三十五	四 天子致文武胙 魏夫人來	魏襄王元年 與諸侯會徐州以相王	二十五 旱作高門	十六	六	二十八 蘇秦說燕	九 與魏會徐州諸侯相王
三十六	五 陰晉人犀首為大良造	二 秦敗我彫陰	二十六 高門成 昭侯卒不出此門	十七	七 圍齊於徐州	二十九	十 楚圍我徐州
三十七	六 魏以陰晉為和命曰寧秦	三 伐趙 衛平侯元年	韓宣惠王元年	十八 魏伐我決河水浸之	八	燕易王元年	十一 與魏伐趙
三十八	七 義渠內亂 庶長操將兵定之	四	二	十九	九	二	十二
三十九	八 魏入少梁河西地于秦	五 與秦河西地少梁 秦圍我焦曲沃	三	二十	十	三	十三
四十	九 度河取汾陰皮氏 圍焦降之 與魏會應	六 與秦會應 秦取汾陰皮氏	四	二十一	十一 魏敗我陘山	四	十四
四十一	十 張儀相 公子桑圍蒲陽 降之 魏納上郡	七 入上郡于秦	五	二十二	楚懷王槐元年	五	十五 宋君偃元年
四十二	十一 義渠君為臣 歸魏焦曲沃	八 秦歸我焦曲沃	六	二十三	二	六	十六
四十三	十二 初臘 會龍門	九	七	二十四	三	七	十七
四十四	十三 四月戊午 魏君為王	十	八 魏敗我韓舉	趙武靈王元年 魏敗我趙護	四	八	十八
四十五	相張儀將兵取陝 初更元年	十一 衛嗣君元年	九	二 城鄗	五	九	十九
四十六	二 相張儀與齊楚會齧桑	十二	十 君為王	三	六 敗魏襄陵	十 君為王	齊湣王元年

四十七	四十八	慎靚王元年 徐廣曰辛丑	二
三 張儀免相相魏	四	五 王北遊戎地至河上	六
十三 秦取曲沃平周女化為丈夫	十四	十五	十六
十一	十二	十三	十四 秦來擊我取鄢
四 韓會區鼠	五 取韓女為夫人	六	七
七	八	九	十 城廣陵
十一	十二	燕王噲元年	二
二	三 封田嬰於薛	四 迎婦于秦	五

三	四	五	六
七 五國共擊秦不勝而還	八 與韓趙戰斬首八萬 張儀復相	九 擊蜀滅之 取趙中都西陽安邑	十
魏哀王元年 擊秦不勝	二 齊敗我觀澤	三	四
十五 擊秦不勝	十六 秦敗我脩魚得韓將軍申差	十七	十八
八 擊秦不勝	九 與韓魏擊秦 齊敗我觀澤	十 秦取我中都西陽安邑	十一 秦敗我將軍英
十一 擊秦不勝	十二	十三	十四
三 擊秦不勝	四	五 君讓其臣子之國顧為臣	六
六	七 敗魏趙觀澤	八	九

周赧王元年 徐廣曰丁未○索隱曰赧音泥簡反宋衷曰赧謚也皇甫謐曰名誕也	二
十一 侵義渠得二十五城	十二 樗里子擊藺陽虜趙將公子繇通封蜀○索隱曰繇音由秦之公子
五 秦拔我曲沃歸其人走犀首岸門	六 秦來立公子政為太子與秦王會臨晉
十九	二十
十二 徐廣曰紀年云立燕公子職	十三 秦拔我藺虜將趙莊
十五 鄗平公元年	十六 張儀來相
七 君及太子噲子之皆死	八
十	十

三	四	五
十三 庶長章擊楚斬首八万	十四 蜀相殺蜀侯	秦武王元年 誅蜀相壯張儀魏章皆死於魏
七 擊齊虜聲子於濮與秦擊燕	八 圍衛	九 與秦會臨晉
二十一 秦助我攻楚圍景座	韓襄王元年	二
十四	十五	十六 吳廣入女生子何立為惠王后
十七 秦敗我將屈丐○索隱曰丐匃音蓋楚大夫	十八	十九
九 燕人共立公子平	燕昭王元年	二
十二	十三	十四

六	七	八	九	十	十一	十二	十三
二 初置丞相 樗里子甘茂爲丞相	三	四 拔宜陽城 斬首六万 涉河城武遂	秦昭王元年	二 彗星見 桑君爲乱誅	三	四 彗星見	五
十 張儀死	十一 与秦會應 徐廣曰在穎川大城	十二 太子往朝秦	十三 秦擊皮氏未拔而解	十四 秦武王后來歸	十五	十六 秦拔我蒲坂晉陽封陵	十七 与秦會臨晉復与我蒲坂
三	四 与秦會臨晉秦擊我宜陽	五 秦拔我宜陽斬首六万	六 秦復与我武遂	七	八	九 秦取武遂	十 太子嬰与秦王會臨晉因至咸陽而歸
十七	十八	十九 初胡服	二十	二十一	二十二	二十三	二十四
二十	二十一	二十二	二十三	二十四 秦來迎婦	二十五 与秦王會黄棘秦復歸我上庸	二十六 太子質秦	二十七
三	四	五	六	七	八	九	十
十五	十六	十七	十八	十九	二十	二十一	二十二

六國表

十四	十五	十六	十七	十八	十九	二十
六 蜀反司馬錯往誅蜀守煇定蜀 日蝕晝晦 伐楚	七 樗里疾卒 擊楚斬首三万 魏冉爲相	八 楚王來因留之	九	十 楚懷王亡之趙趙弗內	十一 彗星見 復与魏封陵	十二 樓緩免 穰侯魏冉爲丞相
十八 与秦擊楚	十九	二十 与齊王會於韓	二十一 与齊魏共擊秦於函谷河渭絕一日	二十二	二十三	魏昭王元年 秦尉錯來擊我襄城
十一 秦取我穰 与秦擊楚	十二	十三 齊魏王來立咎爲太子	十四 与齊魏共擊秦	十五	十六 与齊魏擊秦秦与我武遂和	韓釐王咎元年
二十五 趙攻中山 惠后卒	二十六	二十七	趙惠文王元年 以公子勝爲相封平原君	二 楚懷王亡來弗內	三	四 圍殺主父 与齊燕共滅中山
二十八 秦韓魏齊敗我將軍唐眛於重丘	二十九 秦取我襄城殺景缺	三十 王入秦秦取我八城	楚頃襄王元年 秦敗我十六城	二	三 懷王卒於秦來歸葬	四 魯文侯元年 徐廣曰一作湣
十一	十二	十三	十四	十五	十六	十七
二十三 与秦擊楚 公子將大有功	二十四 秦使涇陽君來爲質	二十五 涇陽君復歸秦 薛文入相秦	二十六 与魏韓共擊秦 孟嘗君歸相齊	二十七	二十八	二十九 佐趙滅中山

二十一	十三 任鄙爲漢中守	二 与秦戰解不利	二	五	五	十八	三十 田甲劫王相薛文走
二十二	十四 白起擊伊闕斬首二十四万	三 佐韓擊秦秦敗我兵伊闕	三 秦敗我伊闕二十四万虜將喜	六	六	十九	三十一
二十三	十五 魏冉免相	四	四	七 泗婦秦	七	二十	三十二
二十四	十六	五	五 秦拔我宛城	八	八	二十一	三十三
二十五	十七 魏入河東四百里	六 芒卯以詐見重	六 与秦武遂地方二百里	九	九	二十二	三十四
二十六	十八 客卿錯擊魏至軹取城大小六十一	七 秦擊我取城大小六十一	七	十	十	二十三	三十五
二十七	十九 十月爲帝十二月復爲王任鄙卒	八	八	十一 秦拔我桂陽徐廣曰一作梗陽	十一	二十四	三十六 爲東帝二月復爲王
二十八	二十	九 秦拔我新垣曲陽之城	九	十二	十二	二十五	三十七
二十九	二十一 魏納安邑及河內	十 宋王死我溫	十 秦敗我兵夏山	十三	十三	二十六	三十八 齊滅宋

三十	二十二 蒙武擊齊	十一	十一	十四 與秦會中陽	十四 與秦會宛	二十七	三十九 秦拔我列城九
三十一	二十三 尉斯離與韓魏燕趙共擊齊破之	十二 與秦擊齊濟西 與秦王會西周	十二 與秦擊齊濟西 與秦王會西周	十五 取齊淮北	十五 取齊淮北	二十八 與秦三晉擊齊燕獨入至臨菑取其宝器	四十 五国共擊湣王王走莒
三十二	二十四	十三 秦拔我安城兵至大梁而還	十三	十六 與秦王會穰	十六	二十九	齊襄王法章元年
三十三	二十五	十四 大水衛懷君元年	十四 與秦會兩周間	十七 秦拔我兩城	十七	三十	二
三十四	二十六 魏冉復爲丞相	十五	十五	十八 秦拔我石城	十八	三十一	三
三十五	二十七 擊趙斬首二万地動壞城	十六	十六	十九 秦敗我軍斬首三万	十九 秦擊我與秦漢北及上庸地	三十二	四
三十六	二十八	十七	十七	二十 與秦會黽池藺相如從	二十 秦拔鄢西陵	三十三	五 殺燕騎劫
三十七	二十九 白起擊楚拔郢更東至竟陵以爲南郡	十八	十八	二十一	二十一 秦拔我郢燒夷陵王亡走陳	燕惠王元年	六

三十八	三十 白起封爲武安君	十九	十九	二十二	二十二 秦拔我巫黔中	二	七
三十九	三十一	魏安釐王元年 秦拔我兩城封弟公子無忌爲信陵君	二十	二十三	二十三 秦所拔我江旁反秦	三	八
四十	三十二	二 秦拔我兩城軍大梁城韓來救與秦溫以和	二十一 暴鳶救魏爲秦所敗走開封	二十四	二十四	四	九

四十一	三十三	三 秦拔我四城斬首四萬	二十二	二十五	二十五	五	十
四十二	三十四 白起擊魏華陽軍芒卯走得三晉將斬首十五萬	四 與秦南陽以和	二十三	二十六	二十六	六	十一
四十三	三十五	五 擊燕	韓桓惠王元年	二十七	二十七 擊燕魯頃公元年	七	十二
四十四	三十六	六	二	二十八 藺相如攻齊至平邑	二十八	燕武成王元年	十三

四十五	三十七	七	三	二十九 秦拔我閼與趙奢將擊秦大敗之賜號白馬服	二十九	二	十四 秦楚擊我剛壽
四十六	三十八	八	四	三十 秦擊我閼與城不拔	三十	三	十五
四十七	三十九	九 秦拔我懷城	五	三十一	三十一	四	十六
四十八	四十 太子質於魏者死歸葬芷陽	十	六	三十二	三十二	五	十七

四十九	四十一	十一 秦拔我廩丘徐廣曰或作邢丘	七	三十三	三十三	六	十八
五十	四十二 宣太后薨安國君爲太子	十二	八	趙孝成王元年 秦拔我三城平原君相	三十四	七 齊田單拔中陽	十九
五十一	四十三	十三	九 秦拔我城汾旁	二	三十五	八	齊王建元年
五十二	四十四 秦攻韓取南陽徐廣曰一作郡	十四	十 秦擊我大行	三	三十六	九	二

五十三	四十五 秦攻韓取十城	十五	十一	四	楚考烈王元年 秦取我州 黃歇為相	十	三
五十四	四十六 王之南鄭	十六	十二	五 使廉頗距秦於長平	二	十一	四
五十五	四十七 白起破趙長平殺卒四十五万	十七	十三	六 使趙括代廉頗將白起破括四十五万	三	十二	五
五十六	四十八	十八	十四	七	四	十三	六
五十七	四十九	十九	十五	八	五	十四	七
五十八	五十 王齕鄭安平圍邯鄲及齕還軍拔新中	二十 公子無忌救邯鄲秦兵解去	十六	九 秦圍我邯鄲楚魏救我	六 春申君救趙	燕孝王元年	八
五十九	五十一 徐廣曰乙巳 趙王卒	二十一 韓魏楚救趙新中秦兵罷	十七	十	七 救趙新中	二	九
	五十二 取西周王	二十二	十八	十一	八 取魯魯君封於莒	三	十
	五十三 徐廣曰丙午王稽棄市	二十三	十九	十二	九	燕王喜元年	十一

五十四	二十四	二十	十三	十 徙於鉅陽	二	十二
五十五	二十五	二十一	十四	十一	三	十三
五十六	二十六 衛元君元年	二十二	十五 平原君卒	十二 柱國景伯死	四 伐趙趙破我軍殺栗腹 ○索隱曰人姓字燕相	十四
秦孝文王元年 徐廣曰辛亥 文王后曰華陽后 生莊襄王子楚 母曰夏太后	二十七	二十三	十六	十三	五	十五
秦莊襄王楚元年 徐廣曰壬子 蒙驁取成皋滎陽 初置三川郡 呂不韋相 取東西周	二十八	二十四 秦拔我城皋滎陽	十七	十四 楚滅魯頃公遷卞為家人絕祀	六	十六
二 蒙驁擊趙榆次新城狼孟得三十七城 日蝕	二十九	二十五	十八	十五 春申君徙封於吳	七	十七
三 王齕 徐廣曰一作齕 擊上黨 初置太原郡 魏公子無忌率五國卻我軍河外 蒙驁解去	三十 無忌率五國兵敗秦軍河外	二十六 秦拔我上黨	十九	十六	八	十八

始皇帝元年 徐廣曰乙卯 擊取晉陽作鄭國渠	三十一	二十七	二十 秦敗我晉陽	十七	九	十九
二	三十二	二十八	二十一	十八	十	二十
三 蒙驁擊韓取十二城 王齮死	三十三	二十九 秦拔我十二城	趙悼襄王偃元年	十九	十一	二十一
四 七月蝗蔽天下 百姓納粟千石拜爵一級	三十四 信陵君死	三十	二 太子從質秦歸	二十	十二 趙拔我武遂方城	二十二
五 蒙驁取酸棗二十城 初置東郡	魏景湣王元年 秦拔我二十城	三十一	三 趙相魏相會柯盟	二十一	十三 劇辛死於趙	二十三
六 五國共擊秦	二 秦拔我朝歌 衛從濮陽徙野王	三十二	四	二十二 王東徙壽春命曰郢	十四	二十四
七 彗星見北方西方 夏太后薨 蒙驁死	三 秦拔我汲	三十三	五	二十三	十五	二十五
八 嫪毐封長信侯	四	三十四	六	二十四	十六	二十六
九 彗星見竟天 嫪毐爲亂 遷其舍人于蜀 彗星復見	五	韓王安元年	七	二十五 李園殺春申君	十七	二十七
十 相國呂不韋免 齊趙來置酒 太后入咸陽 大索	六	二	八 入秦置酒	楚幽王悍元年	十八	二十八 入秦置酒
十一 呂不韋之河南 王翦擊鄴閼與 取九城	七	三	九 秦拔我閼與鄴 取九城	二	十九	二十九
十二 發四郡兵助魏擊楚 呂不韋卒 復嫪毐舍人遷蜀者	八 秦助我擊楚	四	趙王遷元年 徐廣曰幽愍元年	三 秦魏擊我	二十	三十
十三 桓齮擊平陽 殺趙扈輒 斬首十萬 因東擊趙王之河南 彗星見	九	五	二 秦拔我平陽 敗扈輒斬首十萬○[illegible]	四	二十一	三十一
十四 桓齮定平陽武城宜安 韓使非來 我殺非 韓請爲臣	十	六	三 秦拔我宜安	五	二十二	三十二

十五 興軍至鄴 軍至太原 取狼孟	十一	七	四 秦拔我狼孟 鄱吾軍鄴。徐廣曰鄱音婆又音盤縣名在常山	六	二十三 太子丹質於秦亡來歸	三十三
十六 置麗邑 發卒受韓南陽地	十二 獻城秦	八 秦來受地	五 地大動	七	二十四	三十四
十七 內史勝擊得韓王安 盡取其地 置潁川郡 華陽太后薨	十三	九 秦虜王安	六	八	二十五	三十五
十八	十四 衛君角元年	秦滅韓	七	九	二十六	三十六
十九 王翦拔趙 虜王遷之邯鄲 帝太后薨	十五		八 秦王翦虜王遷邯鄲 公子嘉自立為代王	十 幽王卒 弟郝立為哀王 三月 負芻殺哀王	二十七	三十七
二十 燕太子使荊軻刺王 覺之 王翦將擊燕	魏王假元年		代王嘉元年	楚王負芻元年 負芻 哀王庶兄	二十八 太子丹使荊軻刺秦王 秦伐我	三十八
二十一	二		二	二 秦大破我 取十城	二十九 秦拔我薊 得太子丹 王徙遼東	三十九
二十二 王賁擊魏 得其王假 盡取其地	三 秦虜王假		三	三	三十	四十

二十三 王翦蒙武擊破楚軍 殺其將項燕			四	四 秦破我將項燕	三十一	四十一
二十四 王翦蒙武破楚 虜其王負芻			五	五 秦虜王負芻	三十二	四十二
二十五 王賁擊燕 虜王喜 又擊得代王嘉 五月 天下大酺			六 秦將王賁虜王嘉 秦滅趙	秦滅楚	三十三 秦虜王喜 拔遼東	四十三
二十六 王賁擊齊 虜王建 初并天下 立為皇帝					秦滅燕	四十四 秦虜王建 秦滅齊
二十七 更命河為德水 為金人十二 命民曰黔首 同天下書 分為三十六郡						
二十八 為阿房宮 之衡山 治馳道 帝之琅邪 道南郡入 為太極廟 賜戶三十 爵一級						
二十九 郡縣大索十日 帝之琅邪 道上黨入						
三十						

三十一	更命臘曰嘉平賜黔首里六石米二斗以嘉平大索二十日
三十二	帝之碣石 道上郡入
三十三	遣諸逋亡及賈人贅壻略取陸梁爲桂林南海象郡以適戍西北取戎爲四十四縣徐廣曰一云四十四縣是也又云二十四縣築長城河上蒙恬將三十萬
三十四	適治獄吏不直者築長城及南方越地覆獄故失
三十五	爲直道道九原通甘泉
三十六	徙民於北河榆中耐徙三處徐廣曰一作家拜爵一級石晝下東郡有文言地分
三十七	十月帝之會稽琅邪還至沙丘崩子胡亥立爲二世皇帝殺蒙恬道九原入復行錢
二世元年	十月戊寅大赦罪人十一月爲兎園十二月就阿房宮其九月郡縣皆反楚兵至戲章邯擊卻之出衛君角爲庶人
二	將軍章邯長史司馬欣都尉董翳追楚兵至河誅丞相斯去疾將軍馮劫
三	趙高反二世自殺高立二世兄子嬰子嬰立刺殺高夷三族諸侯入秦嬰降爲項羽所殺尋誅羽天下屬漢

索隱述贊曰

春秋之後　王室益卑　楚疆南服　秦霸西垂　三卿分晉　八代興嬀　遍王明會　互爲雄雌　二周前滅　六國後隳　壯哉嬴氏　吞并君斯

六國表第三

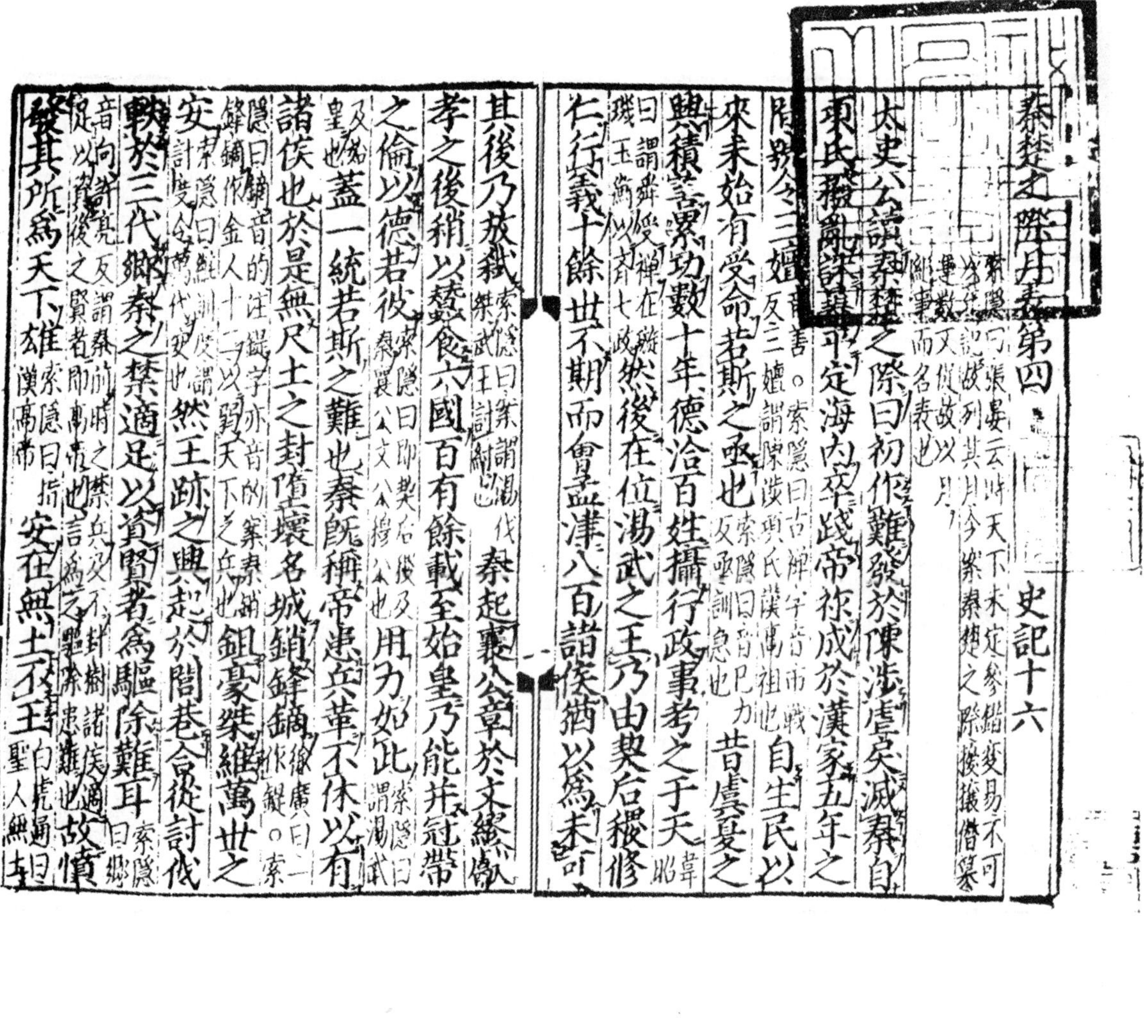

秦楚之際月表第四　史記十六

（索隱曰：張晏云時天下未定，參錯變易，不可以年紀，故列其月。今案：秦楚之際，擾攘僭篡，運數又促，故以月繫事而名表也。）

太史公讀秦楚之際，曰：初作難，發於陳涉；虐戾滅秦，自項氏；撥亂誅暴，平定海內，卒踐帝祚，成於漢家。五年之間，號令三嬗，（索隱曰：嬗，古禪字。音市戰反。三嬗謂陳涉、項氏、漢高祖也。）自生民以來，未始有受命若斯之亟也。（索隱曰：音己力反。亟訓急也。）昔虞、夏之興，積善累功數十年，德洽百姓，攝行政事，考之于天，（韋昭曰：謂舜、禹受禪，在璣璣玉衡以齊七政。）然後在位。湯、武之王，乃由契、后稷修仁行義十餘世，不期而會孟津八百諸侯，猶以為未可，其後乃放弒。（索隱曰：放謂湯伐桀，弒謂武王討紂也。）秦起襄公，章於文、繆，獻、孝之後，稍以蠶食六國，百有餘載，至始皇乃能并冠帶之倫。以德若彼，（索隱曰：即契、后稷及湯、武也。）用力如此，（索隱曰：謂秦襄公、文、穆、獻、孝及始皇也。）蓋一統若斯之難也。秦既稱帝，患兵革不休，以有諸侯也，於是無尺土之封，墮壞名城，銷鋒鏑，（徐廣曰：一作鍉。○索隱曰：鍉音的，鍉字亦音啼。案：秦銷鋒鏑，作金人十二，以弱天下之兵也。）鉏豪桀，維萬世之安。（索隱曰：鉏訓佐，謂計慮欲令萬代安也。）然王跡之興，起於閭巷，合從討伐，軼於三代，鄉秦之禁，適足以資賢者為驅除難耳。（索隱曰：鄉音向。許亮反。謂秦前時之禁兵及不封樹諸侯，適足以資後之賢者，即高帝也，言為之驅除患難也。）故憤發其所為天下雄，（索隱曰：指漢高帝。）安在無土不王。（白虎通曰：聖人無土不王，使舜不遭堯，當如夫子老於闕里也。）此乃傳之所謂大聖乎？（索隱曰：謂卒傳之天位，實所謂大聖。）豈非天哉，豈非天哉！非大聖孰能當此受命而帝者乎？

	七月	八月
秦（二世元年。徐廣曰壬辰。○正義曰七月陳涉起陳，八月武臣起趙，九月項梁起吳，田儋起齊，沛公初起，韓廣起燕，十一月魏咎起魏，陳王立之。二年六月韓成起韓，項梁立之也。）		
楚	楚隱王陳涉起兵入秦。○索隱曰涉起凡六月，當二世元年十二月也。	二 葛嬰為涉徇九江，立襄彊為楚王。○索隱曰涉之二月也。
項		
趙		武臣始至邯鄲，自立為趙王，始。○索隱曰凡四月，為李良所殺。當二世元年八月也。
齊		
漢		
燕		
魏		
韓		

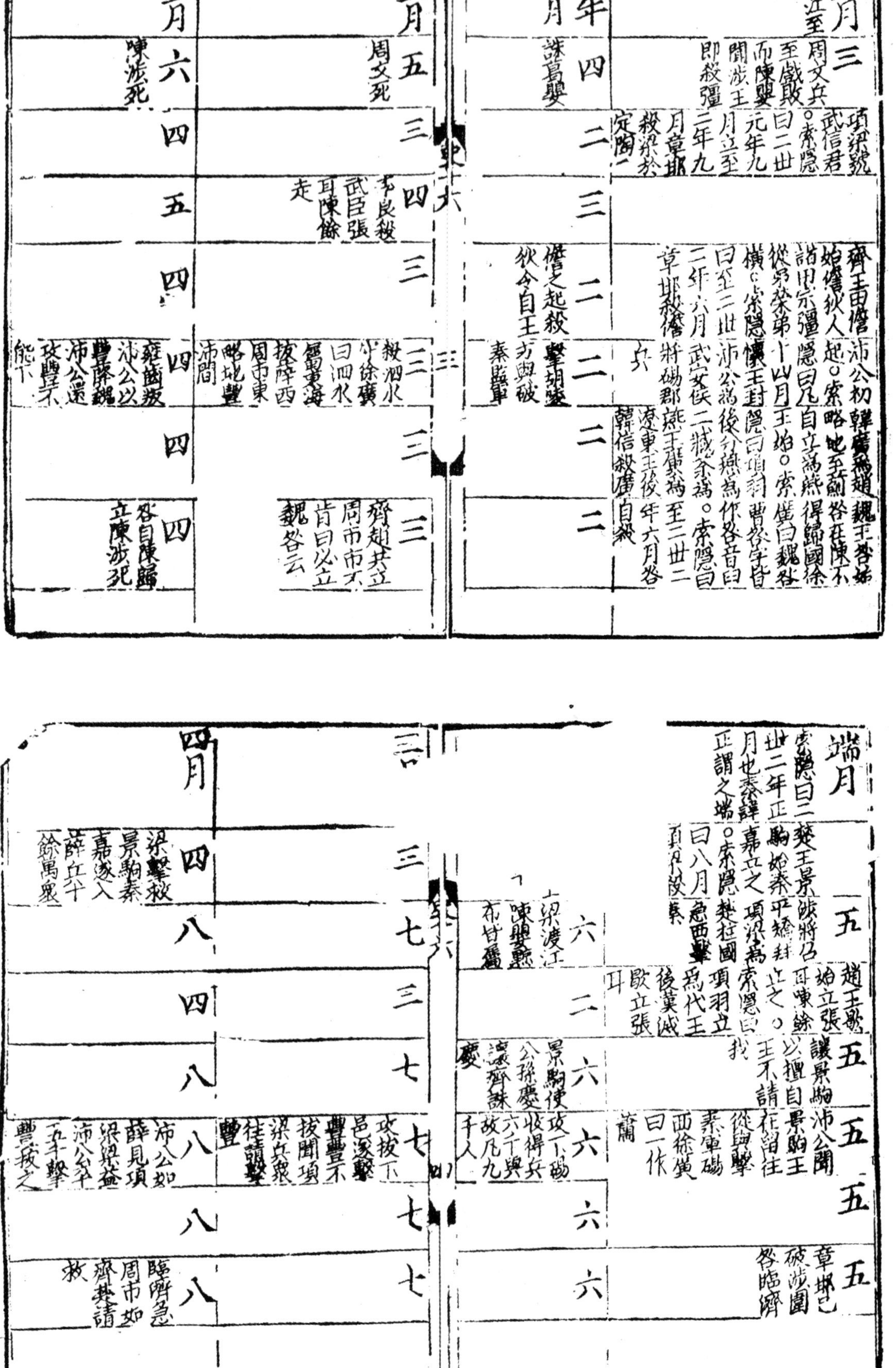

九月 三 周文兵至戲敗。索隱曰二世元年九月至戲而陳嬰聞涉王即殺彊二年九月章邯殺梁於定陶
項梁號武信君
齊王田儋始。儋故狄人。索隱曰儋故齊王田氏族也。索隱曰（以下小字難辨）
趙王歇始。韓廣為燕王。魏王咎始。
二年 十月 四 誅葛嬰
二 定陶二
三
二 儋之起殺狄令自王
二 沛公初起……與秦監軍戰
二 韓信殺廣自殺
二

十一月 五 周文死
三
四 李良殺武臣張耳陳餘走
三
三 沛公攻胡陵方與破秦監軍
三
三 齊趙共立周市市不肯曰必立魏咎云

十二月 六 陳涉死
四
五
四
四 沛公擊豐不能下
四
四 咎自陳歸立陳涉死

端月 索隱曰二世二年正月也秦諱正謂之端。索隱曰……
五 趙王歇始。張耳陳餘立之。王不請
五 景駒立……
五 沛公聞景駒王在留往從與擊秦軍碭西
五 章邯已破涉圍咎臨濟
六 項梁渡江陳嬰屬布甘屬
二 後莫滅之
六 景駒使公孫慶讓齊誅慶
六 攻下碭收得兵六千與故凡九千人
六
六
三 沛公圍豐不能下
七
三
七
七 攻拔下邑遂擊豐豐不拔聞項梁兵眾往請擊豐
七
七

四月 四 梁擊殺景駒秦嘉遂入薛兵十餘萬眾
八
四
八
八 沛公如薛見項梁梁益沛公卒五千擊豐拔之
八
八 臨濟急周市如齊楚請救

五月	六月	七月	八月
五	楚懷王始都盱台故懷王孫梁立之。索隱曰懷王孫名心也項梁而諸侯尊爲義帝羽殺之	二 陳嬰爲柱國	三
九	十 梁求楚懷王孫得之民間立爲楚王	十一 天大雨三月不見星	十二 救東阿破秦軍乘勝至定陶項梁有驕色
五	六	七	八
九	十 儋救臨濟章邯殺田儋榮走東阿	十一 齊立田假爲王秦急圍榮東阿	十二 楚救榮得解歸逐田假立儋子市爲齊王始
九 雍齒奔魏	十 沛公如薛共立楚懷王	十一 沛公與項羽北救東阿破秦軍濮陽東屠城陽	十二 沛公與項羽西略地斬三川守李由於雍丘
九	十	十一	十二
九	十 咎自殺臨濟降秦	十一 咎弟豹走東阿	十二
	韓王成始。索隱曰項羽更王之不使就封數月殺之立鄭昌爲韓王降漢漢封韓信爲王	二	三

九月	後九月 徐廣曰 [illegible] 西	三年十月	十一月	十二月
四 徙都彭城	五 拜宋義爲上將軍	六	七 拜籍上將軍	八
十二 章邯破殺項梁於定陶項羽恐還軍彭城	十 懷王封項羽於魯爲次將屬宋義北救趙	二	三 羽矯殺宋義將其兵渡河救鉅鹿	四 大破秦軍鉅鹿下諸侯將皆屬項羽
九	十 秦軍圍歇鉅鹿陳餘出收兵	十一 章邯破邯鄲徙其民於河內	十二	十三 楚救至秦圍解
二 田假走楚楚趣齊救趙田榮以假故不肯	三 齊救假乃出兵項羽怒田榮	四 齊將田都叛榮往助項羽救趙	五	六 故齊王建孫田安下濟北從項羽救趙
十二 沛公聞項梁死還軍從懷王軍於碭	十四 懷王封沛公爲武安侯將碭郡兵西約先至咸陽王之	十五 攻破東郡尉及王離軍於武城南	十六	十七 救趙至栗得皇訢武蒲軍與秦軍戰破之
十三	十四	十五 使將臧荼救趙	十六	十七
四 魏豹自立爲魏王都平陽始	二	三	四	五 豹救趙
四	五	六 從項羽略入關	七	八 分魏爲殷國

端月	二月	三月	四月	五月
九	十	十一	十二	二年 一月
五 虜秦將王離	六 攻破章邯章邯軍却	七	八 楚急攻章邯章邯恐使長史欣歸秦請兵趙高讓之	九 趙高欲誅欣欣恐亡走告章邯謀叛秦
十四 張耳怒陳餘弃將印去	十五	十六	十七	十八
七 與羽田[illegible]入分齊爲三国	八	九	十	十一
十八	十九 得彭越軍昌邑襲陳留用酈食其策軍得積粟	二十 攻開封破秦將楊熊熊走滎陽秦斬熊以徇	二十一 攻穎陽略韓地北絕河津	二十二
十八	十九	二十	二十一	二十二
六	七	八 分韓爲河南国	九	十
九	十	十一	十二	十二

六月	七月	八月	九月
二	三	四 趙高殺二世	五 子嬰爲王 徐廣曰歲在乙未
十 章邯與楚約降未定項羽許而擊之	十一 項羽與章邯期殷虛章邯等已降與盟以邯爲雍	十二 以秦降都尉翳長史欣爲上將將秦降軍	十三
十九 張耳從楚西入秦	二十	二十一 趙王歇留國陳餘亡居南皮	二十二
十二	十三	十四	十五
二十三 攻南陽守齮破之陽城郭東 徐廣曰陽城在南陽	二十四 降下南陽封其守齮	二十五 攻武關破之	二十六 攻下嶢及藍田以留侯策不戰皆降
二十三	二十四	二十五	二十六
十一	十二	十三	十四
十四	十五 申陽下河南降楚	十六	十七

義帝元年

義帝元年	十二月	十一月	十月
九 諸侯尊懷王爲義帝	八	七	六
十七 項籍自立爲西楚霸王	十六 至關中分趙爲代國 誅秦王子嬰屠燒咸陽分天下立諸侯	十五 羽詐坑殺秦降卒二十萬人於新安	十四 項羽將諸侯兵四十餘萬行略地西至於河南
分楚爲四 分爲衡山	二十五	二十四	二十三
分爲臨江	十八 項羽怨榮殺之都其地分齊爲三國。索隱曰中分爲四國	十七	十六
分爲九江	二十九	二十八 沛公出令三章秦民大悅	二十七 漢元年秦王子嬰降沛公入破咸陽平秦還軍霸上待諸侯約
二十七 更名爲常山	二十九 項羽有臧荼從入分燕爲二國。索隱曰臨淄濟北膠東燕遼東也	二十八	二十七
分爲代	十七 分魏爲殷國	十六	十五 從羽略地遂入關
十九 更名爲臨菑	二十 分韓爲河南國	十九	十八
分爲濟北			
分爲膠東			
正月 分關中爲漢			
分關中爲雍			
分關中爲塞			
分關中爲翟			
三十 燕			
分爲遼東			
十八 更爲西魏			
分爲殷			
二十一 韓			
分爲河南			

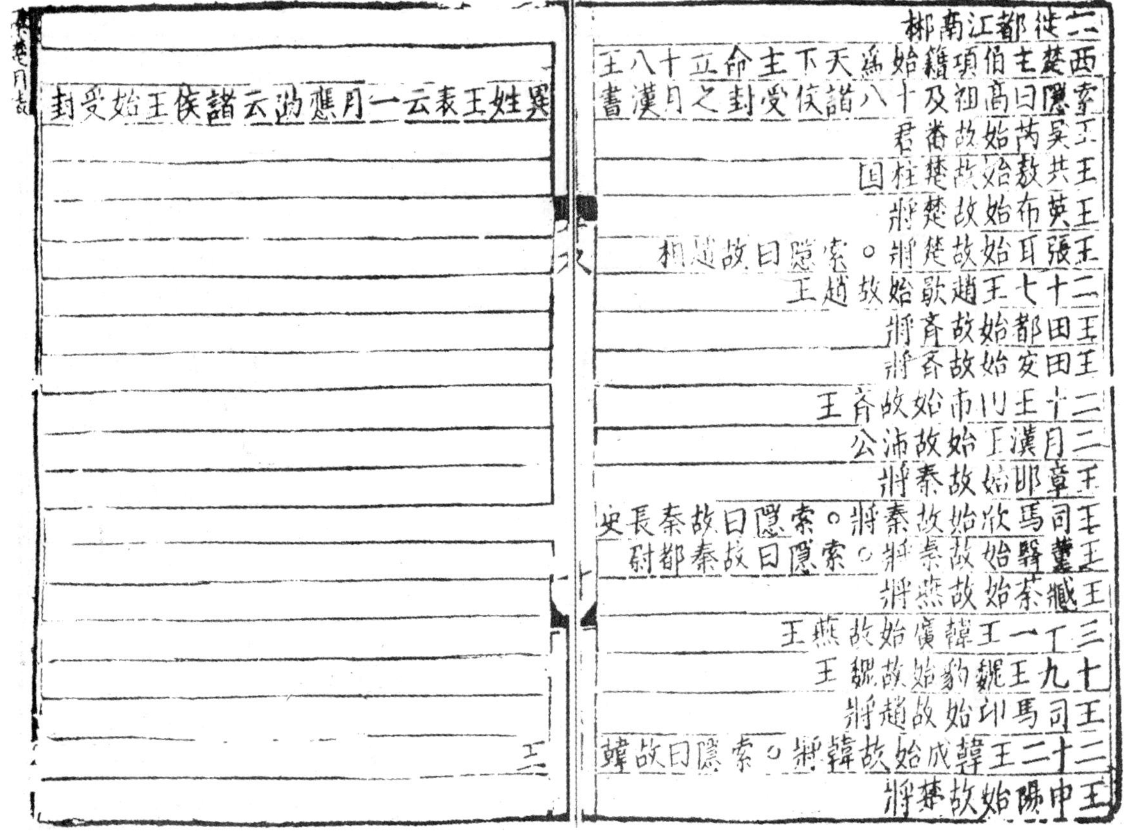

二 從都江南郴

西楚主伯項籍始爲天下主命立十八王 索隱曰高祖及項籍所立諸侯十八受封之月漢書

王吳芮始故番君

王共敖始故楚柱國

王英布始故楚將

王張耳始故楚將。索隱曰故趙相

二十七 王趙歇始故趙王

王田都始故齊將

王田安始故齊將

二十 王田市始故齊王

三月 漢王始故沛公

王章邯始故秦將

王司馬欣始故秦將。索隱曰故秦長史

王董翳始故秦將。索隱曰故秦都尉

王臧荼始故燕將

三十一 王韓廣始故燕王

十九 王魏豹始故魏王

王司馬卬始故趙將

二十二 王韓成始故韓將。索隱曰故韓

王申陽始故楚將

異姓王表云一月應云諸侯王始受封

之月十八王同時稱一月以非元正故云

一月高祖十月至霸上改元至此月漢四

三
二 都彭城
月也 二 都江都○索隱曰漢表云二月丙
二 都郴
二 都江陵
二 都六
二 都襄国
二十八 都代
二 都臨菑
二 都博陽
二十一 都即墨
三月 都南鄭
二 都廢丘
二 都櫟陽
二 都高奴
二 都薊
二十三 都無終
二十 都平陽○索隱曰後從漢又叛
二 都朝歌
二十三 都陽翟○索隱曰姚氏云
二 都洛陽

矣云諸侯王始都国之月十八王同時稱

韓信虜之漢四年周苛殺豹也

韓成是項梁所立不与十七国封此云十

二月

八王並項羽所命不細區別又高紀下項

羽與成至彭城廢爲侯又殺之是不令就

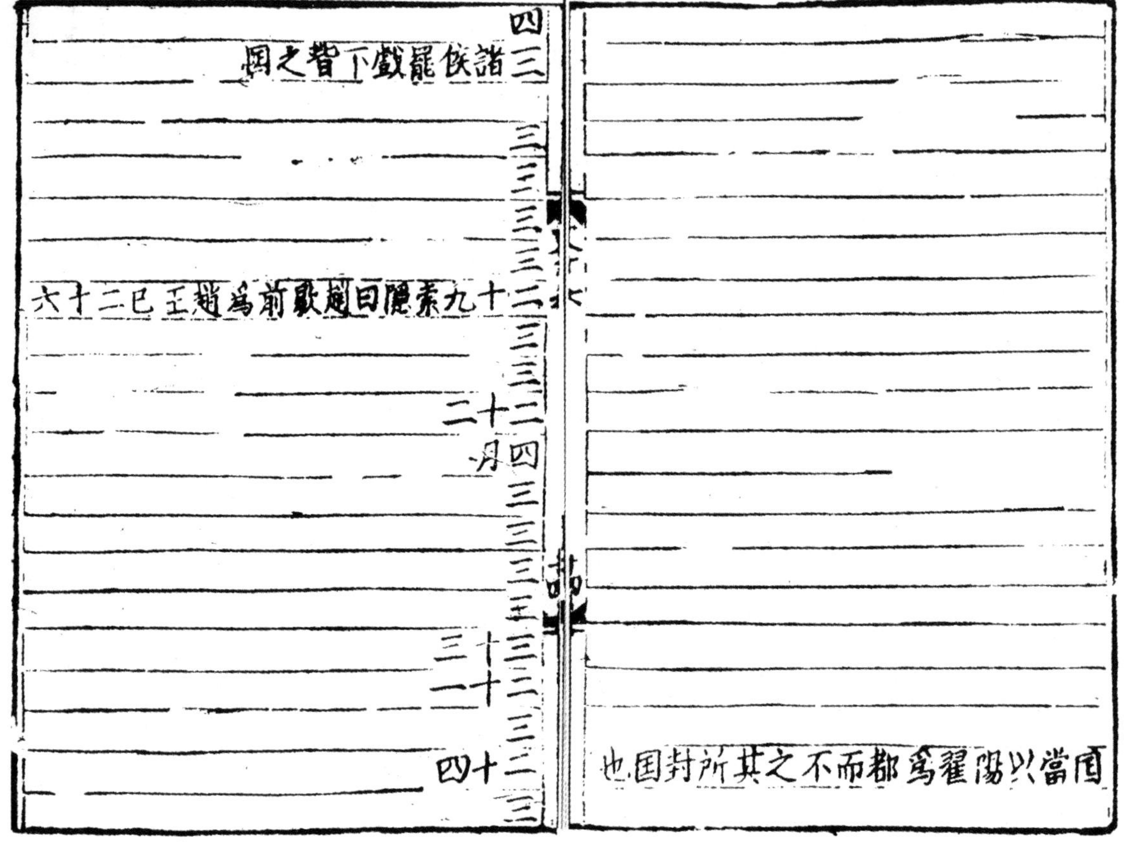

國當以陽翟爲都而不之其所封国也

四

三 諸侯罷戲下皆之國

十九 索隱曰顧歡前爲趙王已二十六

二十

四月

三十

一十

四十

月公徙王代之二月故云二十九月其曆六東市之前爲齊王十九韓廣魏豹韓成五

人並先爲王巳經多月因故舊月而數

九	六
四	五
四	五
四	五
四	五
四	五
三十	三十一
四田榮擊都都降楚	五齊王田榮始故齊相
四	五
二十三	二十四田榮擊殺市
五月	六月
四	五
四	五
四	五
四	五
三十四	三十五
二十二	二十三
四	五
二十五	二十六
四	九

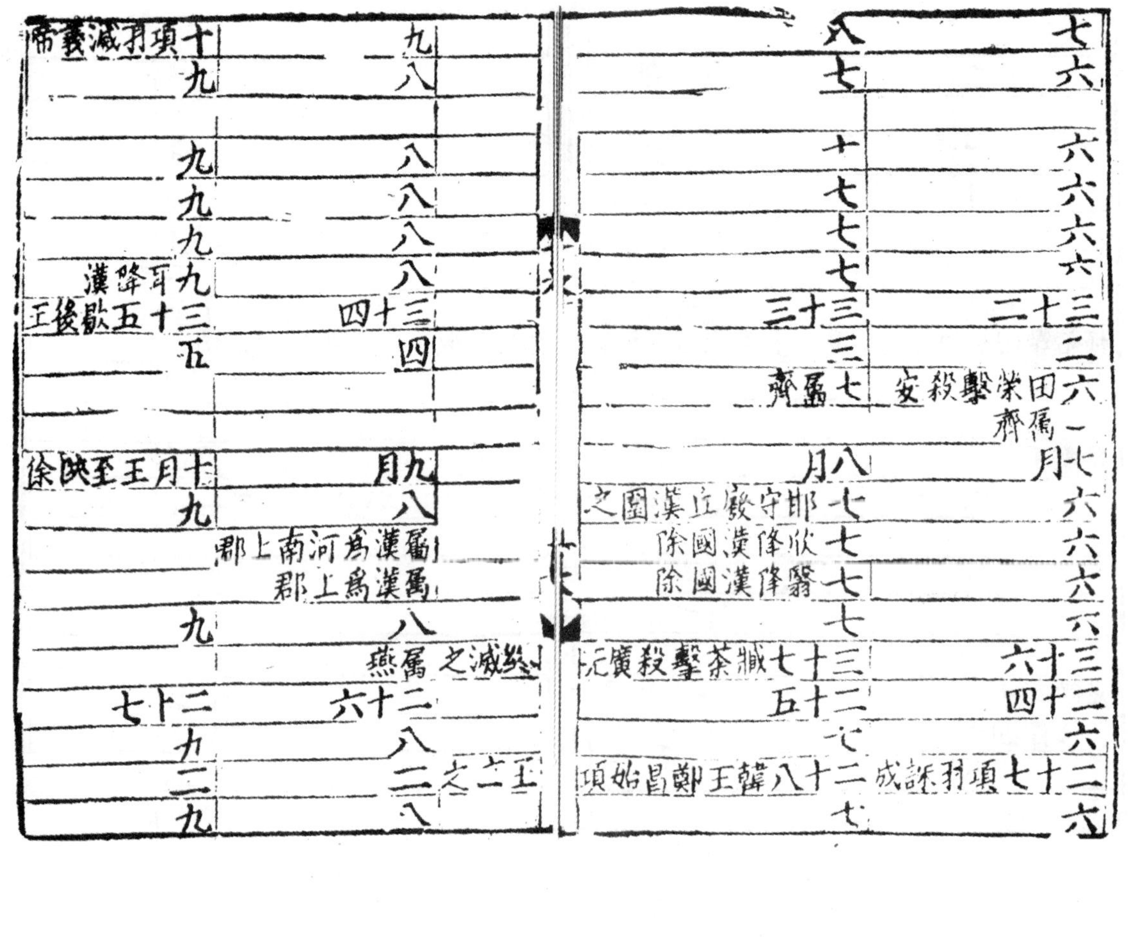

七	八
六	七
六	十
六	七
六	七
六	七
三十二	三十三
二	三
六 田榮擊殺安	七 屬齊
一 屬齊	
七月	八月
六	七 邯守廢丘漢圍之
六	七 欣降漢國除
六	七 翳降漢國除
六	七
三十六	三十七 臧荼擊殺廣無
二十四	二十五
六	七
二十七 項羽誅成	二十八 韓王鄭昌始項
六	七

九	十 項羽滅義帝
八	九
八	九
八	九
八	九
八	九 耳降漢
三十四	三十五 歇後王
四	五
九月	十月 王至陝徐
八	九
屬漢為河南上郡	
屬漢為上郡	
八	九
終滅之屬燕	
二十六	二十七
八	九
二 王之	二
八	九

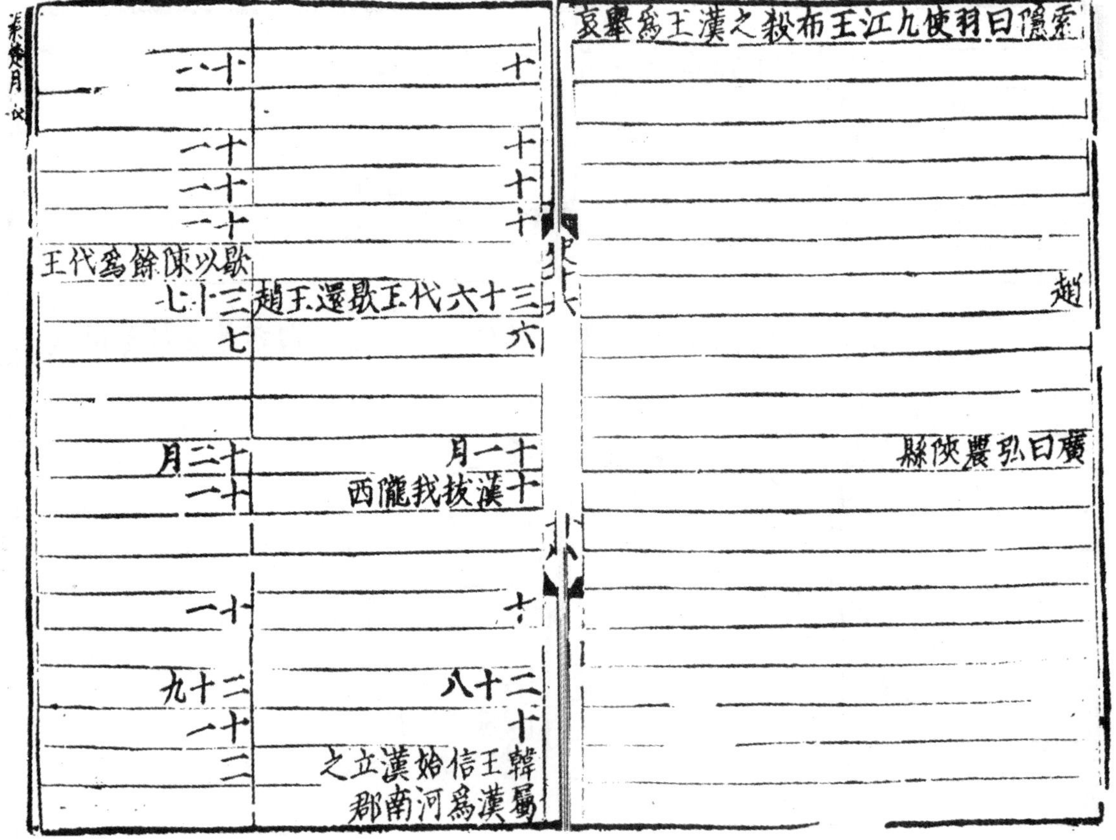

十	十一
十	十一
十	十一
十	十一
	歇以陳餘為代王
三十六 代王歇還王趙	三十七
六	七
十一月	十二月
十 漢拔我隴西	十一
十	十一
二十八	二十九
十	十一
韓王信始漢立之	二
屬漢為河南郡	

索隱曰羽使九江王布殺之漢王為舉哀

趙

廣曰弘農陝縣

	十二	二年一月	二
	十二	二年一月	二
	十二	十三	十四
	十二	二年一月	二
號成安君	二	三	
	三十八	三十九	四十
	八項籍擊榮走平原平原民殺之	項籍立故齊王田假爲齊王	二田榮弟橫
	正月	二月	三月王擊殺
	十二漢拔我北城	二年一月	二
	十二	二年一月	二
	三十	三十一	三十二降漢
	十二	十三	十四降漢印
	三	四	五

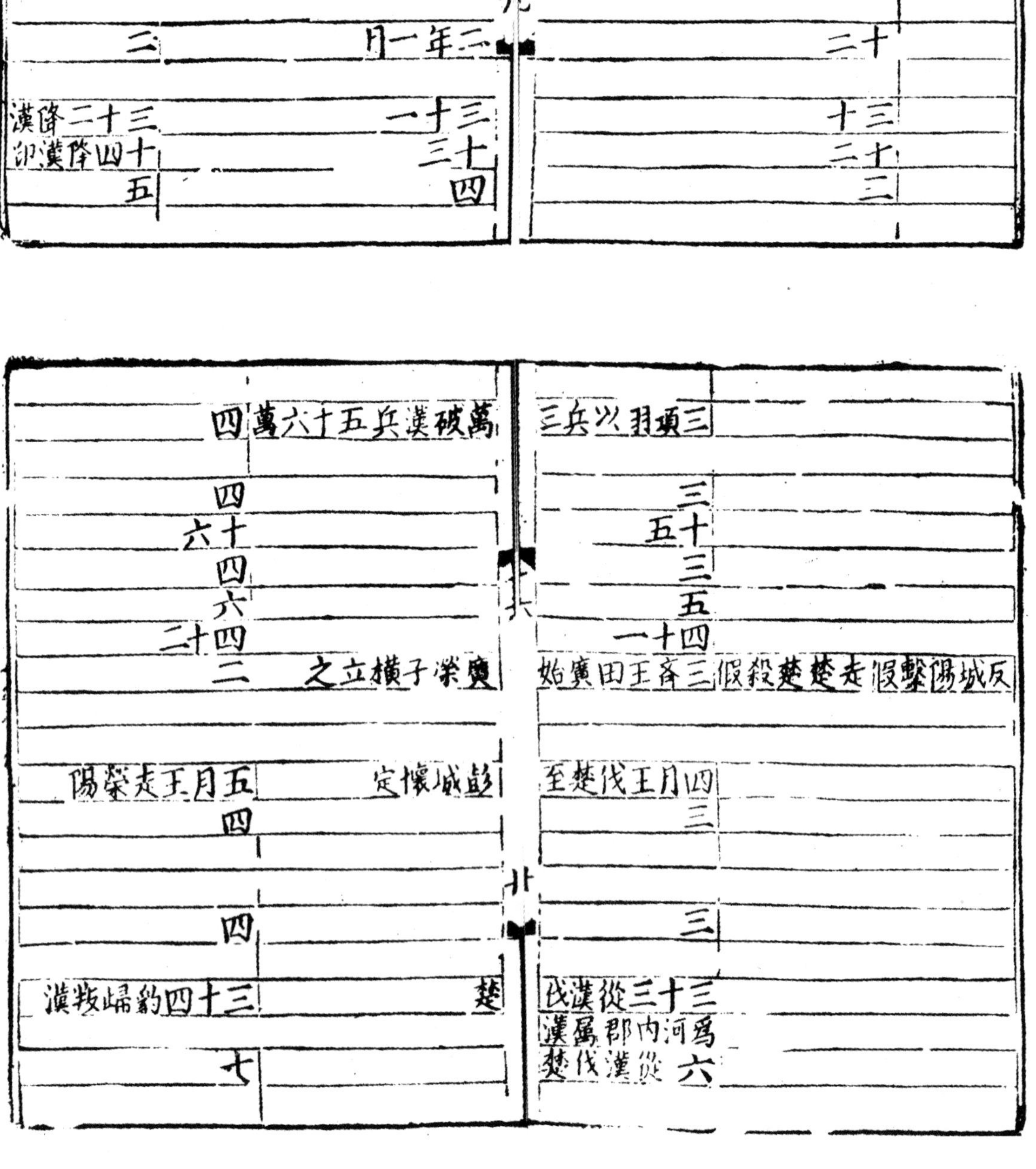

	三項羽以兵三	萬破漢兵五十六萬	四
	三		四
	十五		十六
	三		四
	五		六
	四十一		四十二
反城陽擊假假走楚楚殺假	三齊王田廣始	廣榮子橫立之	二
	四月王伐楚至	彭城懷定	五月王走滎陽
	三		四
	三		四
	三十三從漢伐	楚	三十四豹歸叛漢
	爲河內郡屬漢		
	六從漢伐楚		七

五 六 七 八

五 六 七 八

十七 十八 十九 二十

五 六 七 八

七 八 九 十

四十二 四十四 四十五 四十六

三 四 五 六

六月王入關立太子復如滎陽七月 八月 九月

五漢殺邯發丘 屬漢爲隴西北地中地郡

五 六 七 八

三十五 三十六 三十七 三十八漢將韓信

八 九 十 十一

九 十 十一 十二

九 十 十一 十二

二十一 二十二 二十三 二十四

九 十 十一 十二布身降漢

十一 十二漢將 韓信斬陳餘 十三 屬漢爲太原郡

四十七 四十八漢 滅歇立張耳屬漢爲郡

七 九 十

後九月徐廣曰應閏建巳二年十月 十一月 十二月

九 十 十一 十二

虜豹屬漢爲河東上黨郡

二年一月 二 二

三年一月	二	三	四	五	六	七
三年一月二十五此屬項籍	二十六	二十七	二十八	二十九	三十	三十一王救趙
十一	十二	十三	十四	十五	十六	十七
正月	二月	三月	四月楚國王	蕨陽五月	六月	王出蕨陽徐黄曰項羽
三年一月	二	三	四	五	六	七
四	五	六	七	八	九	十

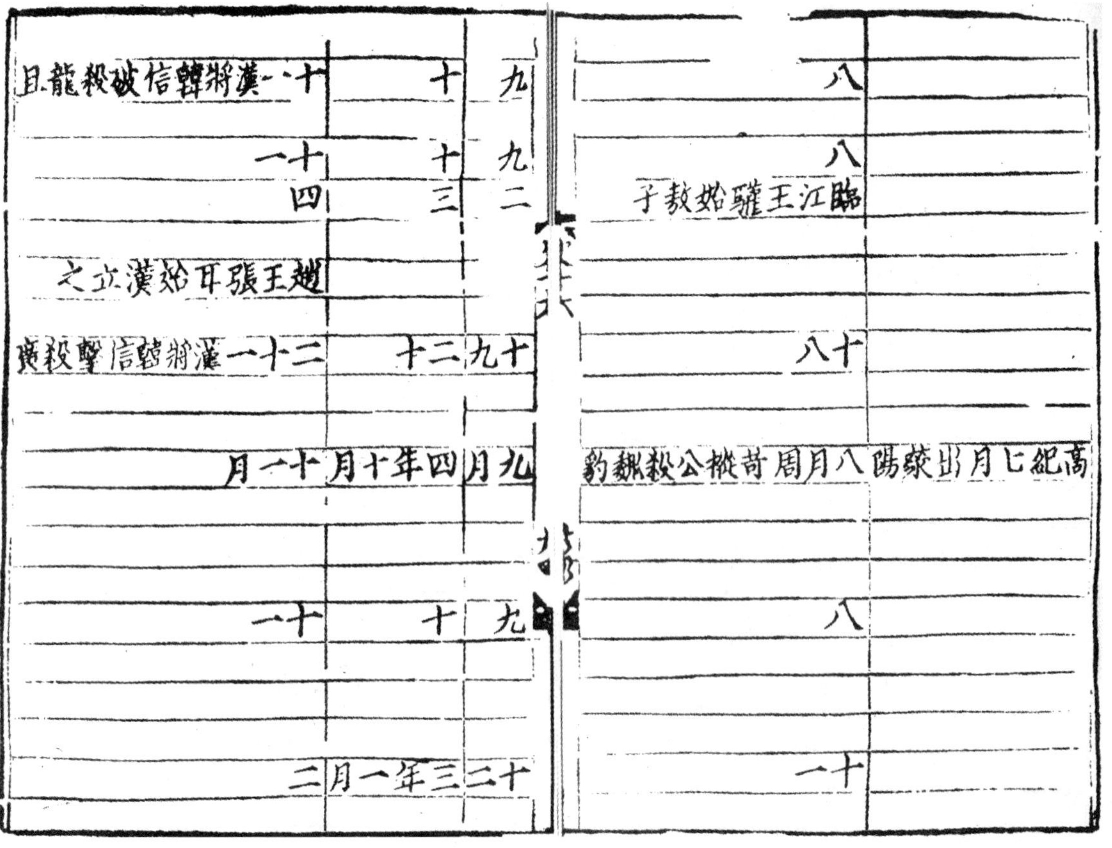

八	九	十	十一漢將韓信破殺龍且
八	九	十	十一
臨江王驩始救子	二	三	四
			趙王張耳始漢立之
十八	十九	二十	二十一漢將韓信擊殺廣
高紀七月出蕨陽八月周苛樅公殺魏豹	九月	四年十月	十一月
八	九	十	十一
十一	十二	三年一月	二

二十 | 四年一月二 | 三 漢御史周苛入楚 | 四

二十 | 四年一月二 | 三 | 四

九 | 六 | 七 | 八 | 九

二 | 三 | 四 | 五 | 六

漢爲郡 | 齊王韓信始漢立之 | 二 | 三

十二月 | 正月 | 二月立信王齊 | 三月周苛入楚 | 四月王出滎陽豹死

二十 | 四年一月二 | 三 | 四

三 | 四 | 五 | 六 | 七

五 | 六 | 七 | 八 | 九

五 | 六 | 七 | 八 | 九

十 | 十一 | 十二 | 十三 | 十四

淮南王英布始漢立之 | 二 | 三

七 | 八 | 九 | 十 | 十一

四 | 九 | 六 | 七 | 八

徐廣曰項羽紀曰王出成皋 | 五月 | 六月 | 七月布爲淮南王 | 八月 | 九月太公呂后

五 | 六 | 七 | 八 | 九

八 | 九 | 十 | 十一 | 十二

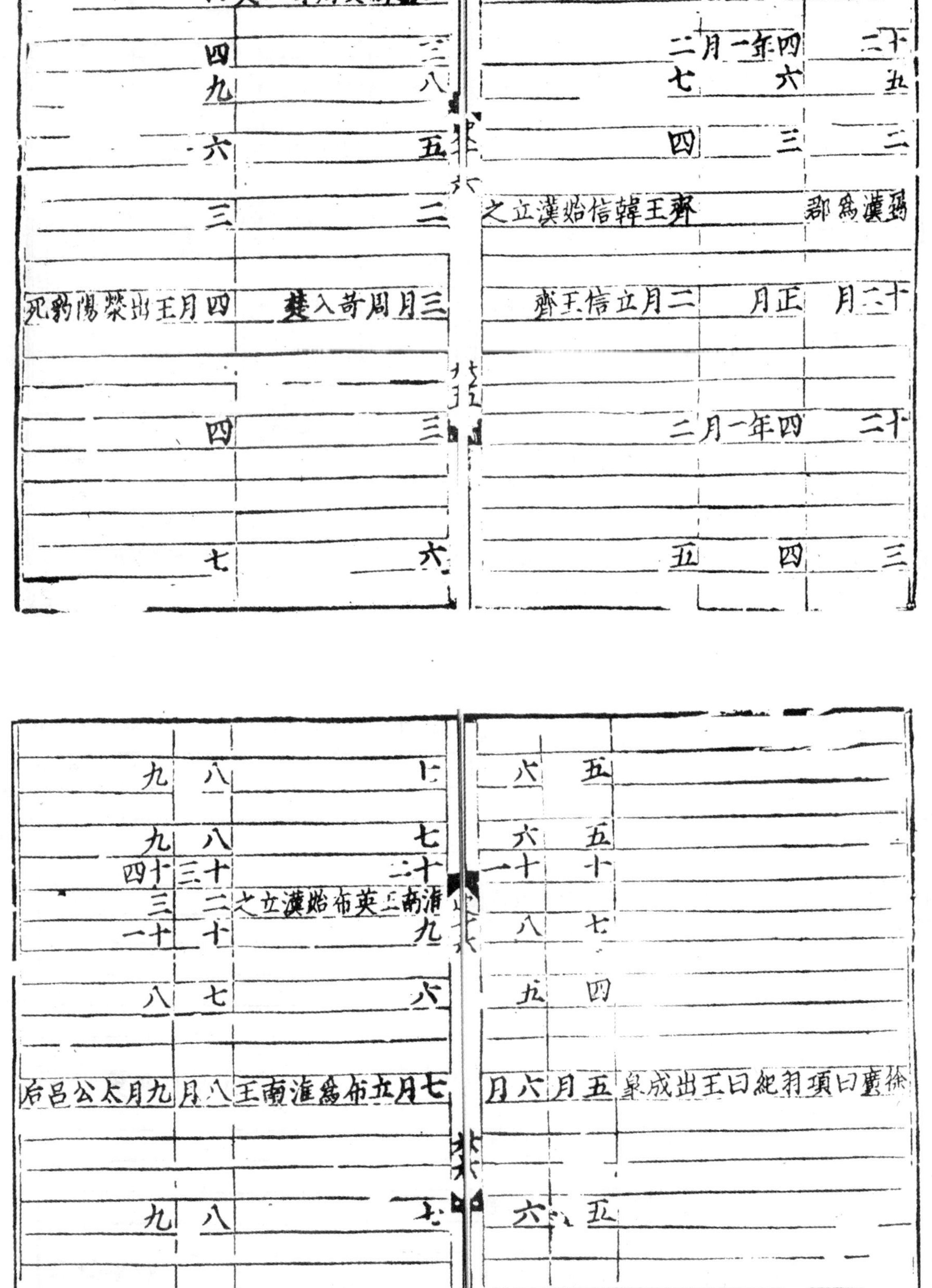

十	十一	十二誅籍	齊王韓信徙楚王	二
十	十一	十二	十三徙王長沙	屬淮南
十五	十六	十七漢誅	屬漢爲南郡	
四	五	六	七淮南國	八
二十	二年一月	二	三趙國	四
九	十	十一	十二徙王楚屬漢南四郡	
歸自楚 五年十月	十一月		正月殺項籍天下平諸侯臣屬漢	二月甲
十	十一	十二	五年一月燕國	三
			復置梁國	一月梁
四年一月	二	三	四韓王信	五徙王
			分臨江爲長沙國	衡山王

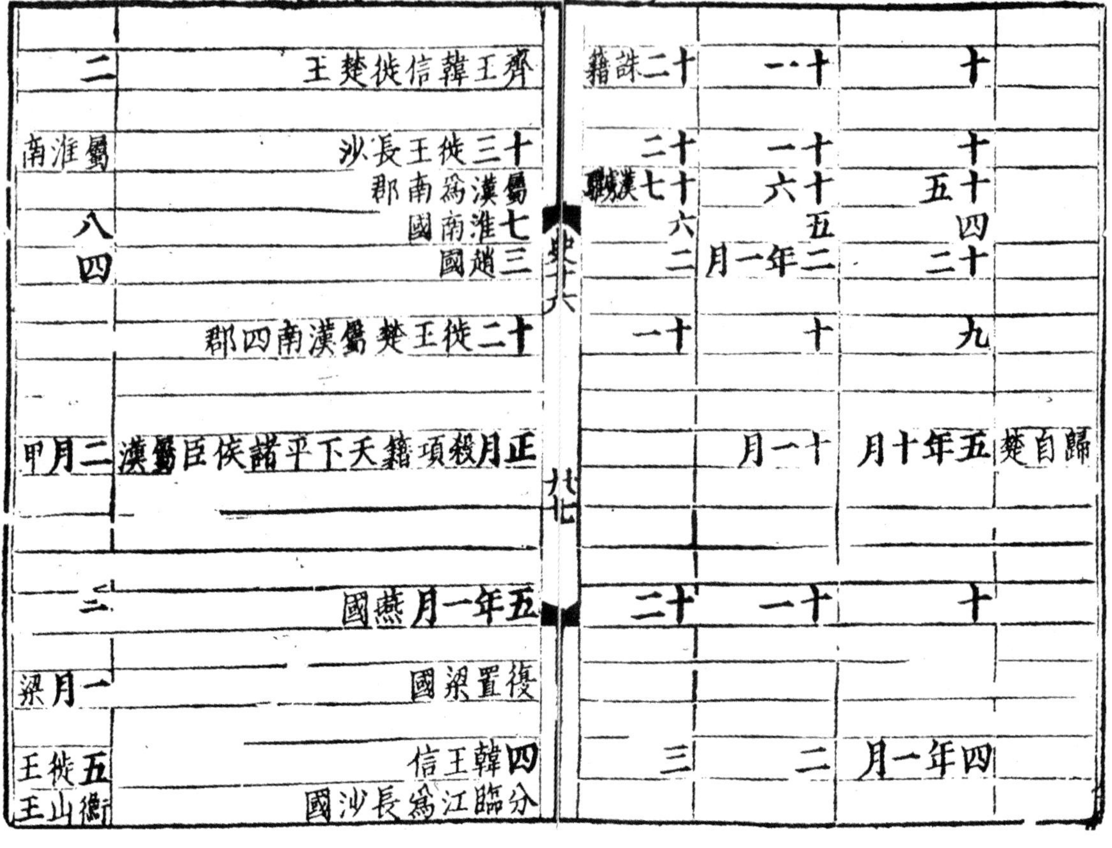

	三	四	五	六	七
國					
	九	十	十一	十二	二年一月
	五	六	七	八	九月楚謚景王
午王更號即皇帝位於定陶	三月	四月	五月	六月帝入關	七月
	三	四	五	六	七
王彭越始	二	三	四	五	六
代都馬邑	六	七	八	九	十
吳芮爲長沙王○索隱曰改封也	二	三	四	五	一 六楚謚文王

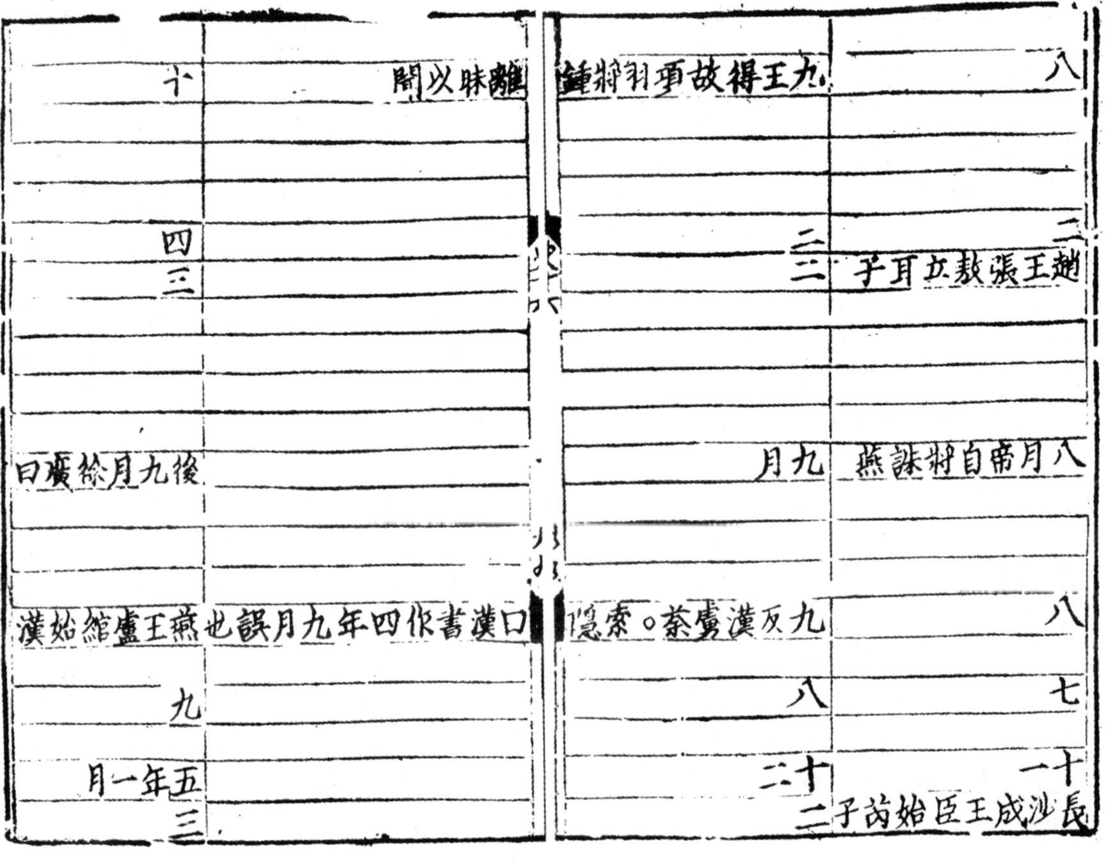

八	九　王得故項羽將鍾	離眛以聞	十
二 趙王張敖立，耳子	二 二		四 三
八月帝自將誅燕	九月		後九月徙廣日
八	九　反漢，虜荼。索隱	口漢書作四年九月，誤也。燕王盧綰始漢	
七	八		九
十一	十二		五年一月
長沙成王臣始，芮子	二		三

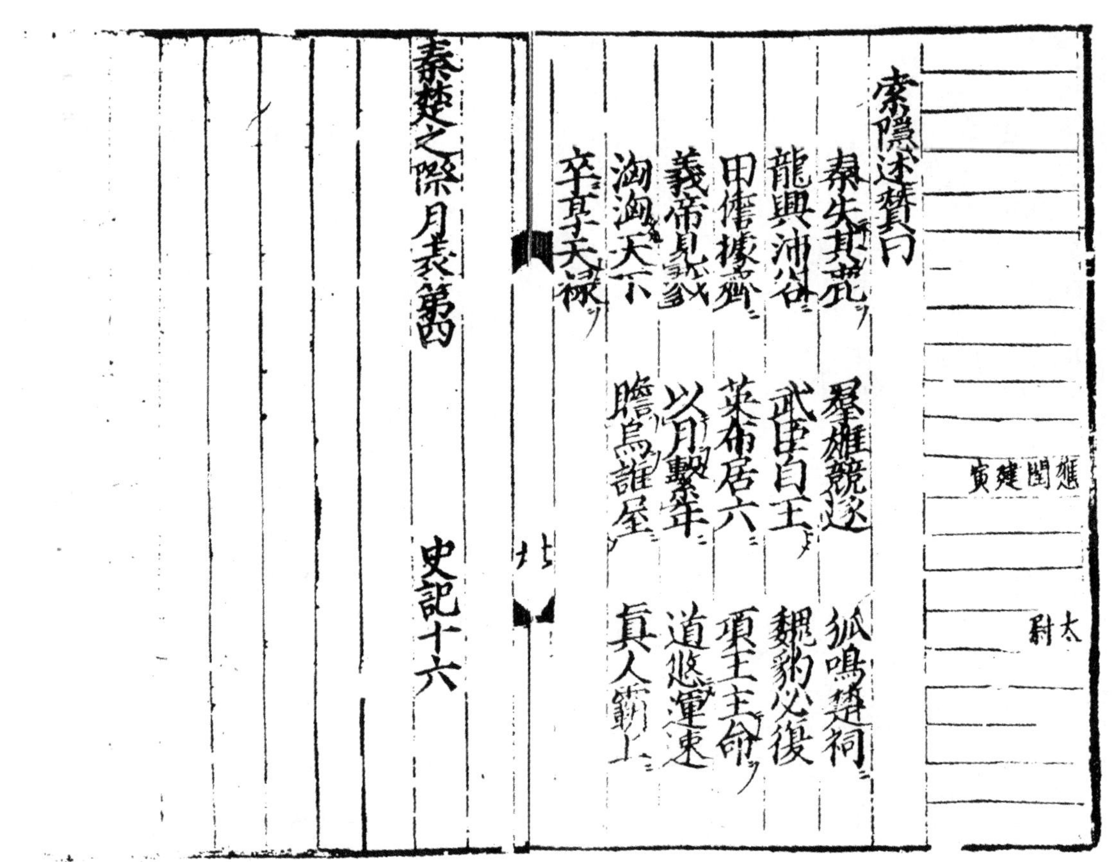

燕閏建寅	
太尉	

索隱述贊曰：秦失其鹿，羣雄競逐。狐鳴楚祠，龍興沛谷。武臣自王，魏豹必復。田儋據齊，英布居六。項王主命，義帝見戮。以月繫年，道悠運速。洶洶天下，瞻烏誰屋。真人霸上，卒享天祿。

秦楚之際月表第四　史記十六

漢興以來諸侯年表第五

索隱曰應劭云雖名為王其實如古之諸侯

史記十七

太史公曰殷以前尚矣周封五等公侯伯子男然封伯禽康叔於魯衛地各四百里親親之義褒有德也太公於齊兼五侯地尊勤勞也武王成康所封數百而同姓五十五 索隱曰案漢書封國八百同姓五十餘顧氏據左傳魏子謂成鱄云武王克商光有天下兄弟之國十有五人姬姓之國四十人是也 地上不過百里下三十里以輔衛王室管蔡康叔曹鄭或過或損厲幽之後王室缺侯伯彊國興焉天子微弗能正非德不純形勢弱也 索隱曰純善也亦云純一言周王非德不純一形勢弱也 漢興序二等 韋昭曰漢封功臣大者王小者侯也 高祖末年非劉氏而王者若無功上所不置 徐廣曰一云非有功上所不置 而侯者天下共誅之高祖子弟同姓為王者九國 徐廣曰齊楚荊淮南燕趙梁代淮陽○索隱曰徐氏九國不數吳蓋以荊絕乃封吳故也仍以淮陽為九今案下文所列有十國者以長沙異姓故言九國也 唯獨長沙異姓而功臣侯者百有餘人自鴈門太原以東至遼陽 韋昭曰遼東遼陽縣 為燕代國常山以南大行左轉度河濟阿甄以東薄海為齊趙國自陳以西南至九疑東帶江淮穀泗 徐廣曰穀水在沛 薄會稽為梁楚淮南長沙國皆外接於胡越而內地北距山以東盡諸侯地大者或五六郡連城數十置百官宮觀僭於天子漢獨有三河東郡潁川南陽自江陵以西至蜀北

自雲中至隴西與內史 正義曰京兆也 凡十五郡而公主列侯頗食邑其中何者天下初定骨肉同姓少故廣彊庶孽以鎮撫四海用承衛天子也漢定百年之間親屬益疏諸侯或驕奢忕邪臣計謀為淫亂 索隱曰忕音誓忕訓習言習於邪臣之謀計故爾雅云忕習也細也細亦訓習 大者叛逆小者不軌于法以危其命殞身亡國天子觀於上古然後加惠使諸侯得推恩分子弟國邑 索隱曰[illegible] 故齊分為七 徐廣曰城陽濟北濟南菑川膠西膠東是分為七 趙分為六 徐廣曰河間廣川中山常山清河 梁分為五 徐廣曰濟川濟東山陽濟陰 淮南分三 徐廣曰廬江衡山 及天子支庶子為王王子支庶為侯百有餘焉吳楚時前後諸侯或以適削地 索隱曰適音謫宅或作適 是以燕代無北邊郡吳淮南長沙無南邊郡 如淳曰[illegible]更置郡其所有饒利兵馬器械三國皆失之也○正義曰景帝時漢境北至燕代燕代之北未列為郡吳長沙之國南亦無南邊郡 齊趙梁楚支郡名山陂海咸納於漢諸侯稍微大國不過十餘城小侯不過數十里上足以奉貢職下足以供養祭祀以蕃輔京師而漢郡八九十形錯諸侯間犬牙相臨 索隱曰錯音七各反錯謂交錯相衡如犬牙故云犬牙相制言犬牙參差也 秉其阸塞地利彊本幹弱枝葉之勢尊卑明而萬事各得其所矣臣遷謹記高祖以來至太初諸侯譜其下益損之時令後世得覽形勢雖彊要之以仁義為本

高祖元年

楚 ○索隱曰高祖五年韓信六年王劉交也

齊 ○索隱曰四年封韓信六年封子肥

荆 ○索隱曰六年封劉賈十一年賈為英布所殺其年立吳國封兄子濞也

淮南 ○索隱曰四年封英布十一年反誅立子長

燕 ○索隱曰五年封盧綰十一年亡入匈奴十二年立子建也

趙 ○索隱曰四年封張耳其年薨明年子敖立八年廢爲宣平侯九年立子

梁 ○索隱曰五年封彭越十一年反誅十二年立子恢

淮陽 ○索隱曰十一年封子友後二年爲郡高后元年復爲國封惠帝子彊

代 ○索隱曰二年封韓王信五年降匈奴十一年立子恒

長沙 ○索隱曰五年吳芮薨六年子成王臣立爲長沙王

一

都彭城

都臨菑

都吳

都壽春

都薊

都邯鄲

都淮陽

都陳

十一月初韓王信元年都馬邑徐廣曰

本紀及表高祖起五年始徙信故韓王孫 二

二

三

四 五
齊王信徙爲楚王
初王信元年故相国 二 徙楚
十月乙丑初王武王英布元年 二
九月壬子初王
初王張耳元年
初王彭越元年
三 四 降匈奴 国除
二月乙未初王

六
元年反發
正月丙午初王交元年交高
正月甲子初王悼惠王肥元
正月丙午初王劉賈元年
三
二 盧綰元年
二
二
爲郡
一 成王臣元年 文王吳芮元年薨

七 八 九
祖弟也 二 三 四來朝
肥高祖子 二 三 四來朝
二 三 四
四 五 六來朝
三 四 五
三 四 薨 初王隱王如意元年如
三 四 五來朝
二 三 四

十 十一
五來朝 六
五來朝 六
五來朝 六爲英布所殺国除
七來朝反誅 十二月庚午厲王長
六來朝 七徐廣曰一云十月
意高祖子 二 三
六來朝反誅 二月丙午初王隗元
二月丙寅初王戊元
後置代都中都 二月丙子初王元年
五來朝 六

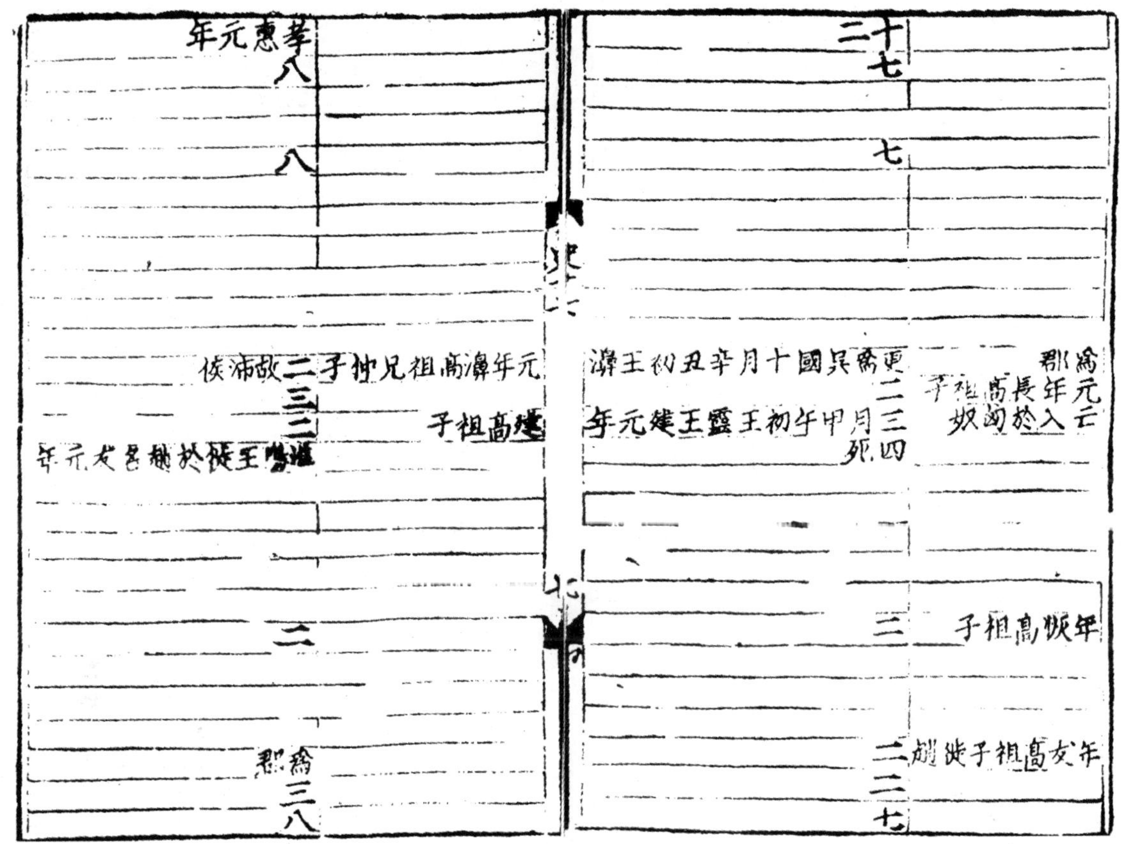

二十七 七 七

更爲吳國 十月辛丑初王濞元年 二 三月甲午初王靈王建元年 四 死

爲郡 元年 高祖長子 入於匈奴

三 年 恢高祖子

二 年 友高祖子 徙[illegible] 二 二 七

孝惠元年 八 八

元年濞高祖兄仲子故沛侯 二 三 二

建 高祖子

遷隱王徙於趙 呂友元年

二

爲郡 三 八

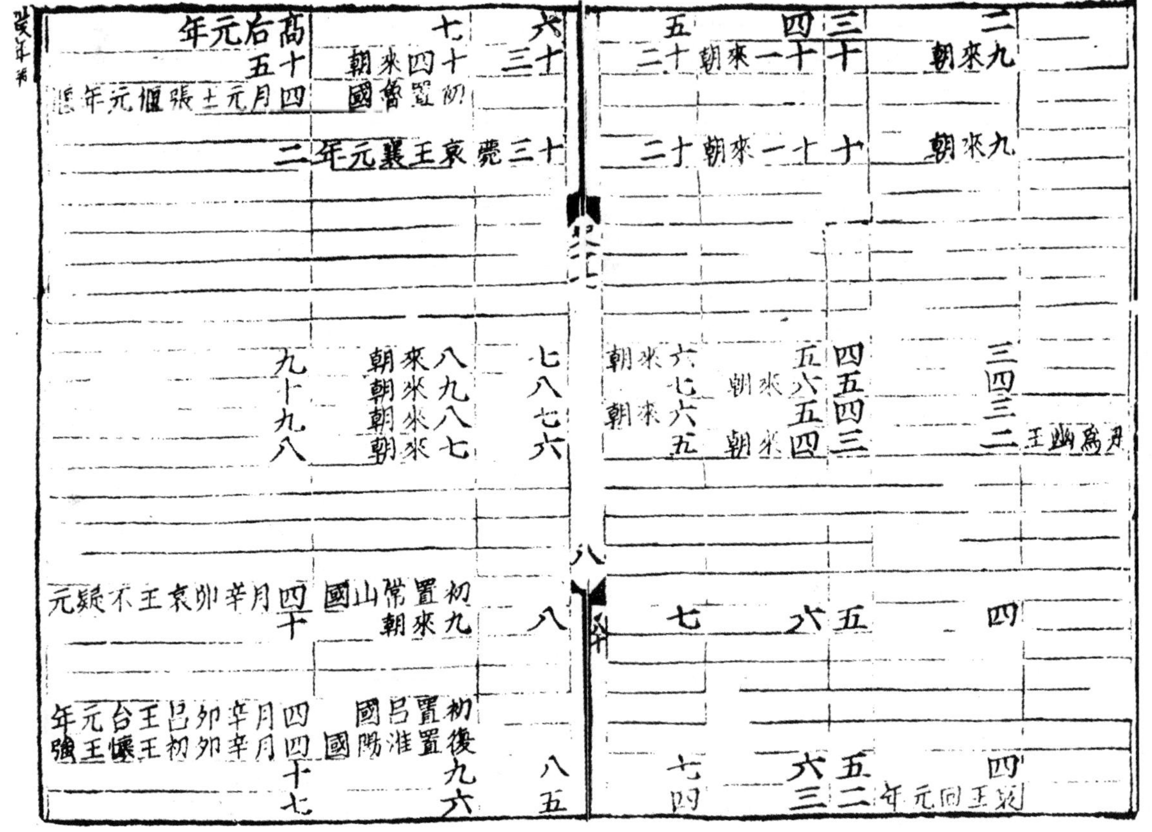

高后元年 五十 四月元王張偃元年

七 四十來朝 初置魯國

六 三十 十三 哀王襄元年 二

二 九來朝 三 十 一十來朝 二十 四 五

九來朝 十 一十來朝 二十

三 四 三 二 爲王幽王

四 五 四 三 六來朝 五 四 六來朝 五 七來朝 六 五 四 六 朝來

七 八 七 六 八來朝 九來朝 八來朝 七來朝 九 十 九 八

四 五 六 七 八 九來朝 初置常山國 四月辛卯哀王不疑元年 四十

四 五 六 七 八 九 十 初置呂國 四月辛卯呂王台元年 復置淮陽國 四月辛卯初王懷王強 四十

二 三 四 寇王回元年 五 八 九 十 六 七

二十六

高后外孫故趙王敖子

三

十十十九

七月癸巳初王義元年

十一

十一月癸亥王呂嘉元

十二

十一

燕王右元年

年孝惠

元年孝惠帝子

三十七

三

四 來朝

十十十十

二二一

皇子哀王弟義孝惠子故襄城侯立爲帝

二

二十

年嘉肅王子

二

二

二十

二 來朝

四十八

四

五

十十十十

二三二一

五月丙午初王朝元年惠帝子故軹侯○索隱曰軹音章是反軹縣在河內後文帝以封

三十

三

四

三十

三

五	六
十九	二十
五	六
六	七
	初置琅邪國
十三	十四
十四 來朝	十五
十三	十四
十二	十三
二	三
十四	十五
	嘉廢七月丙辰呂產元年產肅王梁故
四	
五 無嗣	初王武元年
十四	十五
四	五

洨侯○索隱曰洨音交洨水所出縣名在沛

七
二十一
八
王澤元年故營陵侯索隱曰營陵縣名屬北海
十五
十六
十五絕
十四楚呂產徙梁元年
四
十六趙徙王呂產元年
二呂產徙王梁七月丁巳王太元年惠帝子
孝惠帝子故壺關侯武
十六
六

八
二十三
九
二
十六
十七
十月辛丑初王呂通元年肅王子故東平侯九
初王呂祿元年呂后兄子胡陵侯誅國除○索
五非子誅國除為郡
二有罪誅為郡
三
二
十七
七

孝文前元
二十三
十 薨
初置成陽
初置濟北
三 徙燕
十七
十八
十月庚戌
十月庚戌
八 忌河間
月誅國除。○索隱曰東平縣屬東平國
隱曰胡陵縣屬山陽
初置太原
復置梁國
三 武誅國
十八 遷文

二
夷王郢元年
文王則元年
二月乙卯王景章元年
二月乙卯王興居元年悼
國除爲郡
十八
十九
琅邪王澤徙燕元年 二 是爲敬王 薨
趙王遂元年 二 幽王子
都 二月乙卯初王文王辟彊
都晉陽 二月乙卯初王參元年 參
二月乙卯初王懷王勝元
除帝 二月乙卯初王武元年 武
九

二
三
二
三
二 章悼
三 興居 惠王子
十九 來
十二 來
東王嘉
三
二 元年辟彊趙幽王子。○索隱曰辟音璧
三 文子
三 文帝子勝年
復置淮
二 徙淮
景王若 文帝子

惠子故朱虛侯。○索隱曰朱虛縣名屬琅邪
故東牟侯。○索隱曰東牟縣名屬東萊
朝
朝
元年
陽國
陽
元年

三 王喜元年 爲郡

三 更爲代王

代王武徙淮陽三年

三 太原王參更號爲代王三年實居太原是爲孝

三

王戊元年 薨 四 七 二

五 三 四 二 六 四

二十三 王無道遷蜀死雍爲郡 三十二 二十三 二十二

五 七 來朝 六

六 來朝 五 四

孝王 四 五 六 來朝

三 四 五 一

八 三 九 四 五 六 一

七 來朝 五 八 六 來朝 七 八 九 徙淮南爲郡

二十四 二十五 二十六 二十七

六 來朝 七 八 九

八 九 十 十一

七 來朝 八 九 十

七 八 九 十 來朝 薨無後

七 八 九 十 來朝 徙梁爲郡

七 八 九 十 來朝

六 七 八 九 來朝

十三 十八 來朝

十一 來朝 二十

二十三 城陽王喜徙淮南元年 二十九

二 十一

二十 來朝 三十

二十 來朝 二十

十一 淮陽王武徙梁是爲孝王 二十

十 二十

十 一 二十一

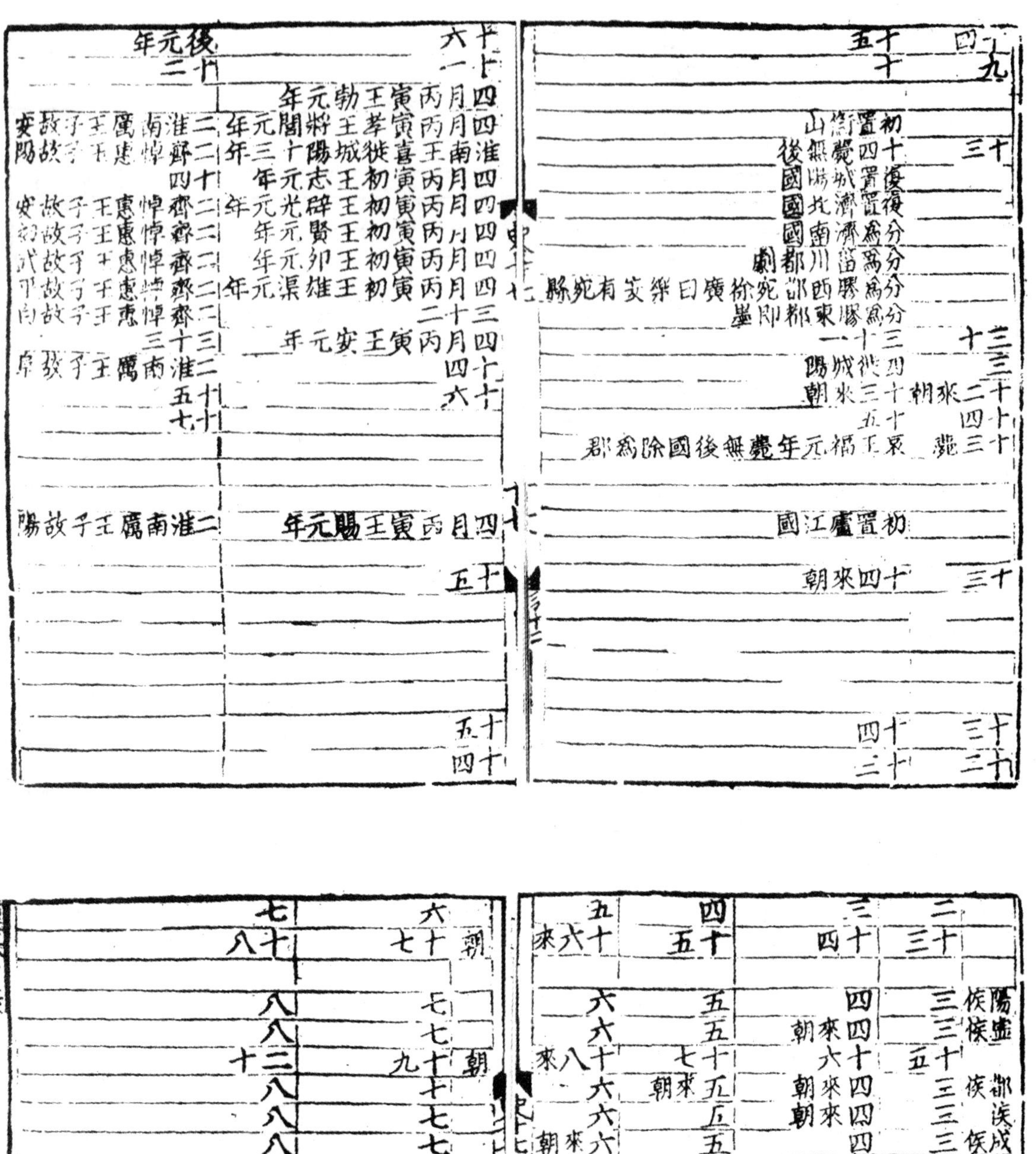

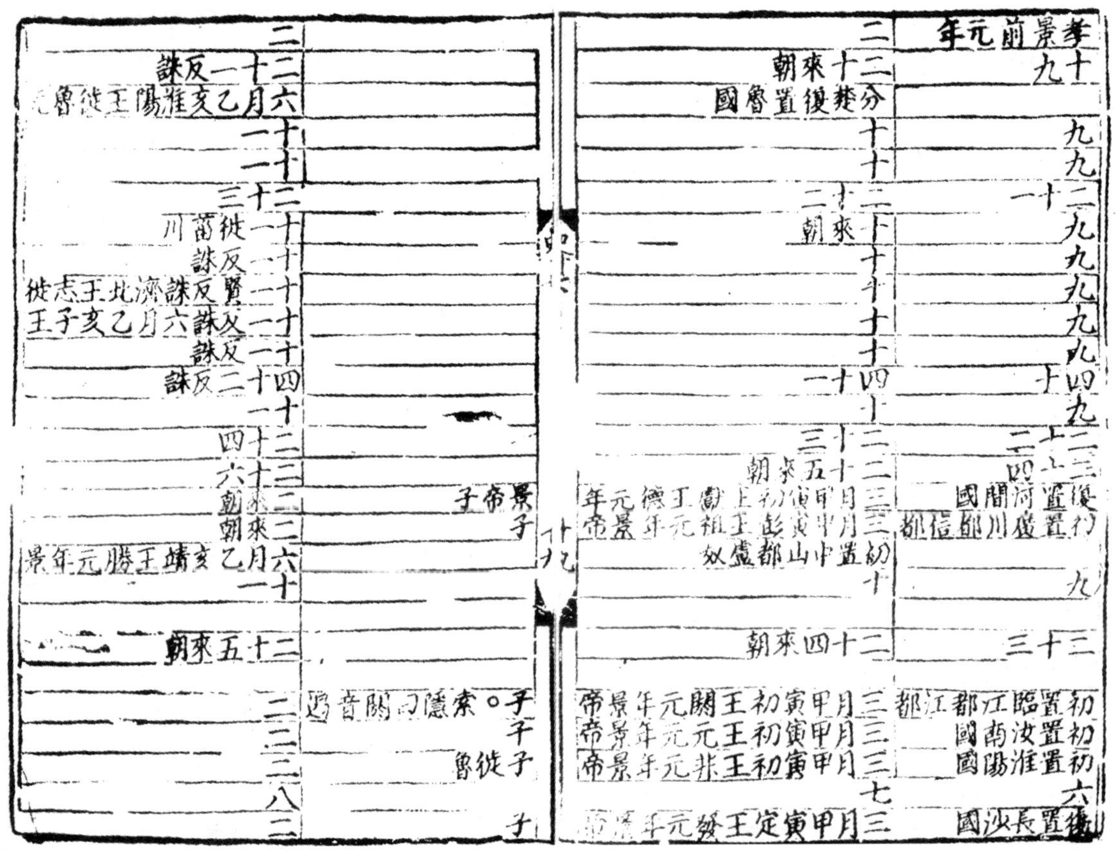
孝景前元年 二
九十 十二 朝來
分楚復置魯國
九 十
九 十
二十一 二十二
九 十三 朝來
九 十
九 十
九 十
九 十
十四 四十一
九 十
二十二 三十
二四 五十 朝來
復置河間國 三月甲寅初王德元年
初置廣川國都信都 三月甲寅初王彭祖元年景帝子
初置中山都盧奴
九 十
三十三 四十二 朝來
初置臨江國都江陵 三月甲寅初王閼元年景帝子 子○索隱閼音遏
初置汝南國 三月甲寅初王非元年景帝 子 子
初置淮陽國 三月甲寅初王餘元年景帝 子 徙魯
六 七
復置長沙國 三月甲寅定王發元年景帝 子
二
二十一 反誅
六月乙亥淮陽王徙魯元年
十一
十一
二十三
十一 徙菑川
十一 反誅
十一 賢反誅 濟北王志徙
十一 六月乙亥子王
十一 反誅
四十二 反誅
十一
二十四
二十六
二十七 朝來
二十二 朝來
六月乙亥靖王勝元年景
十一
二十五 朝來
二
二
二
八
二

四 四月乙巳立太子
文 王禮元年王子故平陸侯
二 朝來
十二 徙濟北廬江王賜徙衡山王元年
懿 王壽元年
二十四
二十三
二 為郡
十二
四 乙巳初元年是為武帝
初置江都 六月乙亥淮南王非為江都王元年
十二
五十二
為郡
三十二
二十 徙衡山除國為郡
二十六
三 無後除國為郡
三 徙江都
為郡
九
二
年是爲恭王
川邯十一年是爲懿王
端元年景帝子○索隱曰謚法能優其德曰子
帝子

五
二
三
三
二
二 來
十 十
三 三
十
三
三
二 夏爲王易○哀隱曰謚法好更故傷爲易
三十
二十 川
廣
四
四 逝
三
十二
十
四

六
三 來朝辭
四
三
三
二 朝五
十六
武王胡元年 歲是爲貞王
十四
四
三
三
十四 朝來
王定國元年 王六 籍朝
五 王六 趙徙祖 四年是歲滅肅二
五 趙國除爲信都郡
四
二十八 七
倭置臨江國
十一
五 朝來

七十一月乙丑太子發
安王道元年
五
四
四
二十七
二
十五 五
四月丁巳太子爲倭置膠東國
四
二十五
六
六
五 朝來
二十九 朝來
十一月乙丑初王閔王榮元年景帝子太子發
十二
六十 朝來

中元 三
二 朝來 三
六 朝來 七
五 六
五 六
三 八十 二十九 朝來
四
十六 朝來 十七 朝來
六 朝來 七
五 倭置膠東國 四月乙巳初王康上寄元
五
十六 十七
三 四
七 八 朝來
七 八 朝來
倭置川國 四月乙巳王越元年景
六 七
初置清河都濟陽二
十三 三十一 朝來
王爲 二 三
十三 十四
七 八

三
八
七　來朝
七
三　十
五
十　八
八
年景帝子　二
七
十　八
五　來朝
九
九
帝子　三
八
三月丁巳哀王乘元年景帝子
三　十二
四　坐廢廟壖垣為宮自殺國除為南郡　○索隱曰音如川反壖垣廟境外之壖迫
十　五來朝
九

四　五
五　六　來朝
九　十
八　九
八　九
三　十一　三　十二
六　七
十　九　二十
九　十
二　十一　四　來朝
八　九
十　來朝
六　七
十　二十一
一　十一
三　四
九　十
二　三
置常山國　三月丁巳憲王舜元年
三十　四十
分為濟川國
分為濟東國
分為山陽國
分為濟陰國
十　七
十　十一
六
來朝　來朝

六
七
十　一
十
十
三　三十
八
二　一十
十　一
五
十
二　一十
八
十　二
十　二
五
十　一
四
二　孝景子
三　十五來朝
五月丙戌初王明元年梁孝王子
五月丙戌初王彭離元年梁孝王子
五月丙戌初王定元年梁孝王子
五月丙戌初王不識元年梁孝王子
十　八
十　二

王延元年索隱曰須音頌城陽王子

朝來

朝來三

朝來三

王買元年孝王子

嘉無後国除

孝武建元年二

朝來

朝來

朝來

朝來

七月殺中傅徐廣曰一作太傅遷爲陵

朝來四

朝來

朝來

繆王元年徐廣曰齊立此五年以征和元

甍无後国除爲郡

平王襄元年

甍无後国除爲郡

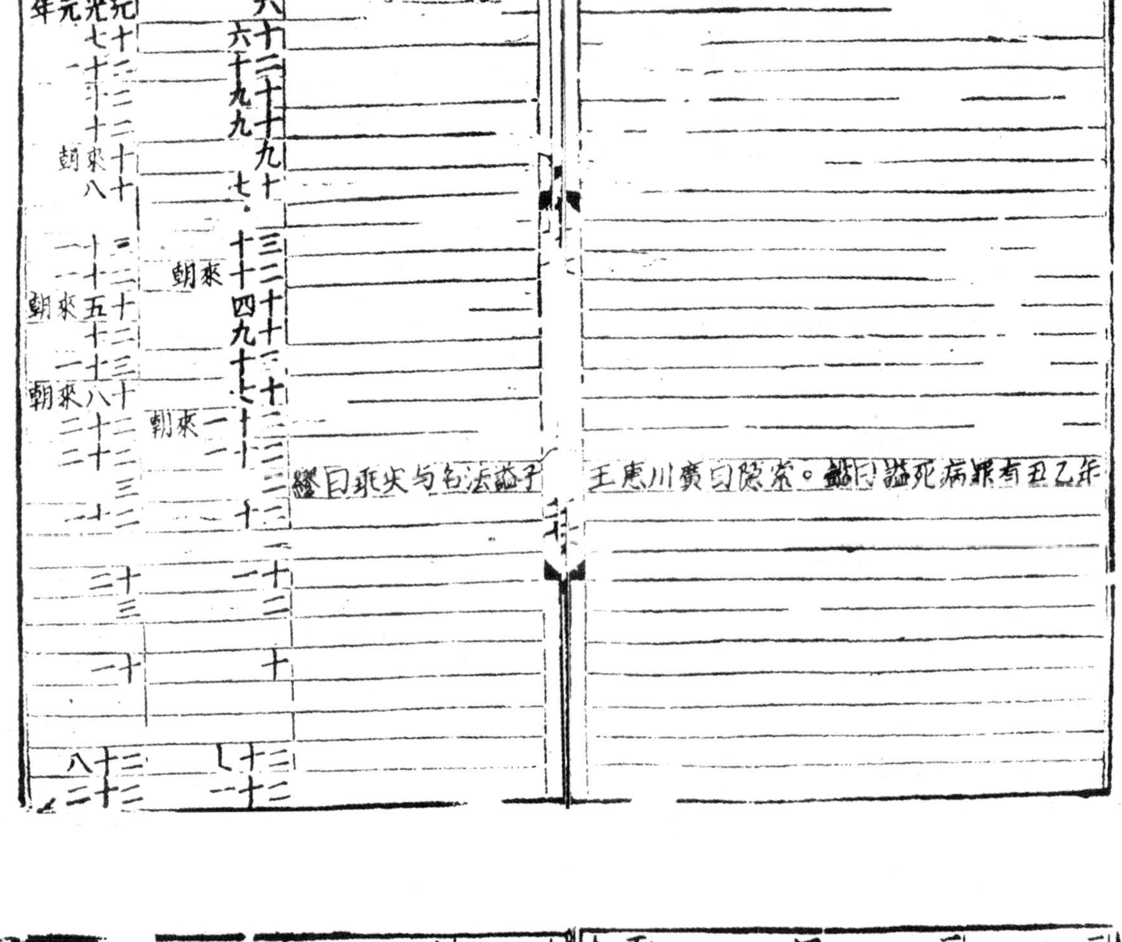

		六	元光元年
		十六	十七
		二十	二十一
		十九	二十
		十九	二十
		九	十來朝
		十七	十八
		三十	二十一
		二十來朝	二十一
		十四	十五來朝
		十九	二十
		十	三十一
		十七	十八來朝
		二十一來朝	二十二
		二十一	二十二
年乙丑，有罪病死，謚曰繆。索隱曰：賁川惠王	子。謚法：名与实乖曰繆	二	三
		二十一	二十一
		二十一	十二
		二	三
		十	十一
		三十	二十八
		二十一	二十二

□年表

二	三	四	五		六	元朔元年
二十八來朝	二十九來朝	二十	二十	一	二十二薨	襄王注元年
二十二	二十二	二十四	二十	五	二十六薨	安王光元年
二十一	二十二	二十三	三	四	二十五	二十六
二十一	二十二卒	厲王次昌元年	二		三	四
十一	十二	十三	十四	來朝	十五	十六
十九	二十	二十一	二十	二	二十三	二十四來朝
三十二	三十三	三十四	三十	五薨	靖王建元年	二
二十二	二十二	二十四	二十	五	二十六	二十七
二十六	二十七	二十八	十九		二十	二十一
二十一	二十二	二十三	二十	四	二十五	二十六
三十二	三十三	三十四	三十	五	三十六	二十七
二十九	二十	二十一	二十	二	二十三	二十四坐禽獸行自殺
二十三	二十四	二十五	二十	六	二十七來朝	二十八
二十三	二十四	二十五	二十	六來朝	恭王不害元年	二
四	五	六	七		八	九
二十二來朝	二十三來朝	二十四	二十	五	二十六	二十七
十三	十四	十五	十六		十	十八
四	五	六	七		八	九
十二	十三	十四來朝	十五		十六	十七
二十九						
二十三來朝	王義元年	二	三			五
二	二十四來朝	二十五	二十	六	二十七	康王庸元年

二	三	
二	三	
二	三	
三十七	二十八	
五薨無後國除爲郡		
十七	十八	
二十五	二十六	
三	四	
三十八朝來	二十九	
三十二	二十三	
王建元年		
三十八	三十九	
除爲郡		
二十九	三十	
二	四薨	
十	十一	
二十八	三十五朝來	
十九	二十	
十朝來	十一	
十八	十九	
六	七	
二	三	

四	五	六
四朝來	五	六
四	五	六
二十九	三十	三十一
十九	二十	二十一
二十七	三十八	三十九
五	六	七
三十	三十一	三十二
三十四	二十五朝來	二十六
三	四	五
四十	四十一安有罪削二國縣	四十二
三十一	三十二	三十三
剛王建元年	二	三
二十一	三十一	十四來
二十一	三十一	三十二
三十一	二十二朝來	二十三
二十	三十	十四
二十一朝來	二十一	二十二
四	五	六
八	九	十

域外漢籍珍本文庫

元狩元年	二	
七	八	
十	八朝來	
三十二反自殺國除		
朝來	三十二	三十三
	三十一	三十一
	三八	九
	三十三	三十四
	二十二	二十八
	四十六	七十
	四十五反自殺爲安郡以故陳爲都七	
	三十四朝來	三十五
	四	五
朝	十五	十六
	三十三	三十四
	三十四	二十五
	十五	十六
	三十二	二十四
	十一	十二朝來
	七	八朝來

月丙子徐廣曰一云壬子初王恭王慶元年廖

爲齊慶部

	三	四	五		六
	九	十來朝	十一		十二
	九	十	十一		十三
			復置齊國		四月乙巳初王懷王閎元年閎武帝子
	二十四	二十五	二十六來	朝	燕敬王義元年
	三十二來朝	三十三	三十四		三十五
	十	十一	十二來朝		十三
	三十五	三十六	三十七		三十八
	哀王賢元年	二	三		四
			更爲廣陵	國	四月乙巳初王胥元年武帝子
東王子	二	三	四		五
			復置燕國		四月乙巳初王剌王胥元年武帝子。燕
	三十六	三十七	三十八		三十九
	六	七	八		九來朝
	十七	十八	十九		二十
	三十五來朝	三十六	三十七		三十八
	二十六	二十七	二十八		三十九來朝
	十七	十八	十九		二十
	二十五	二十六來朝	二十七		二十八
	十三	十四	十五		十六
	九	十	十一		十二

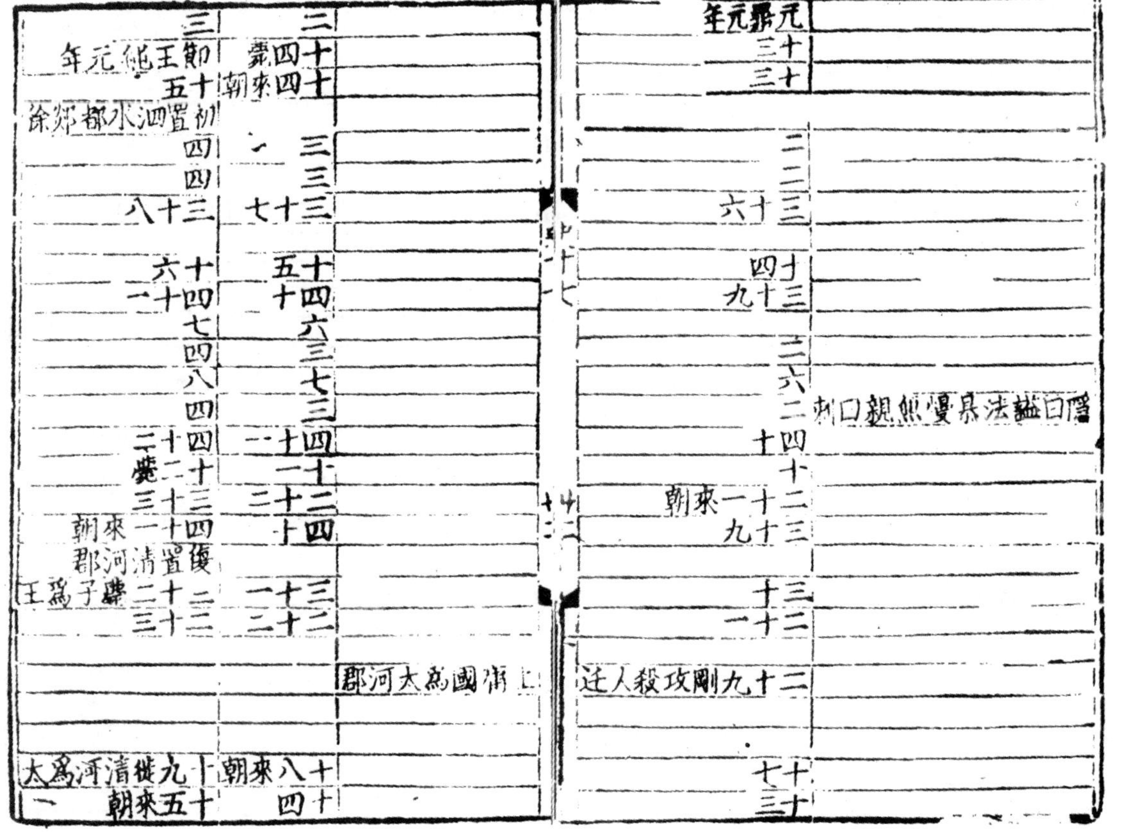

	元鼎元年		三	三
	十三		十四薨	節王純元年
	十三		十四來朝	十五
				初置泗水都郯徐
	二		三	四
	二		三	四
	三十六		三十七	三十八
	十四		十五	十六
	三十九		四十	四十一
			六	七
	二		三	四
	六		七	八
脩曰謚法具憂熙親口刺	二		三	四
	四十		四十一	四十二
	十		十一	十二薨
	二十一來朝		二十二	三十三
	三十九		四十	四十一來朝
				復置清河郡
	三十		三十一	二十二薨子爲王
	二十一		三十二	二十三
	二十九剛攻殺人迁	上衛國爲太河郡		
	十七		十八來朝	十九徙清河爲太
	十三		十四	十五來朝　一

四
二
十六
黃河泗水屬東海　思王商元年徐舊日一云勤
五
五
三十九
下十七
四十二
八
五
九
五
四十三
頃王授元年
二十四
麗二十四
二代王義徙清河郡是爲
更爲貞定國頃王平元年當
二十四
郡原
十六

五
三十七
二　王商元年商伯山憲王子
六
六
四十
十八
四十三
九
六
十
六
四十四
二十五　來朝
三十三　哀王昌元年
二十一
二
山憲王子
七剛
二十五
十七

元封元年
五
十九
四
八　嗣無後國除
八　來朝
四二十
三十
四十五
十一
八
十二
八
四十六
四
二十七
二　樂息政日東漢書作樓昆後名
三十三
四　來朝
二十七
九

六
四
十八
三
七
七
四十一　來朝
十九
四十四
十
七
十一　來朝
七
四十五
二
二十六
二　卯年嵩康王昆侈元年索隱曰蕭該云謚法好
二十二
三
二十六
十八

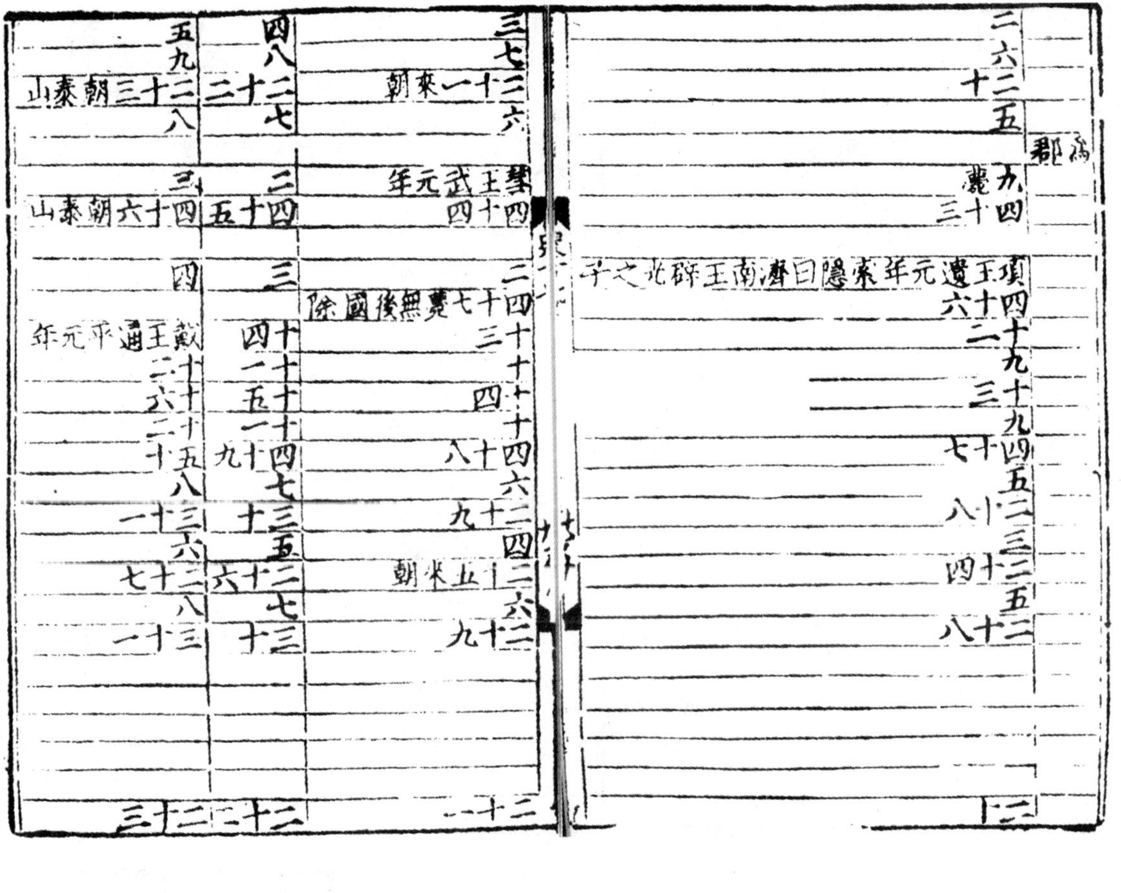

項王遺元年索隱曰濟南王辟光之子

摯王武元年

七十四薨無後國除

戲王遄平元年

朝泰山

朝來

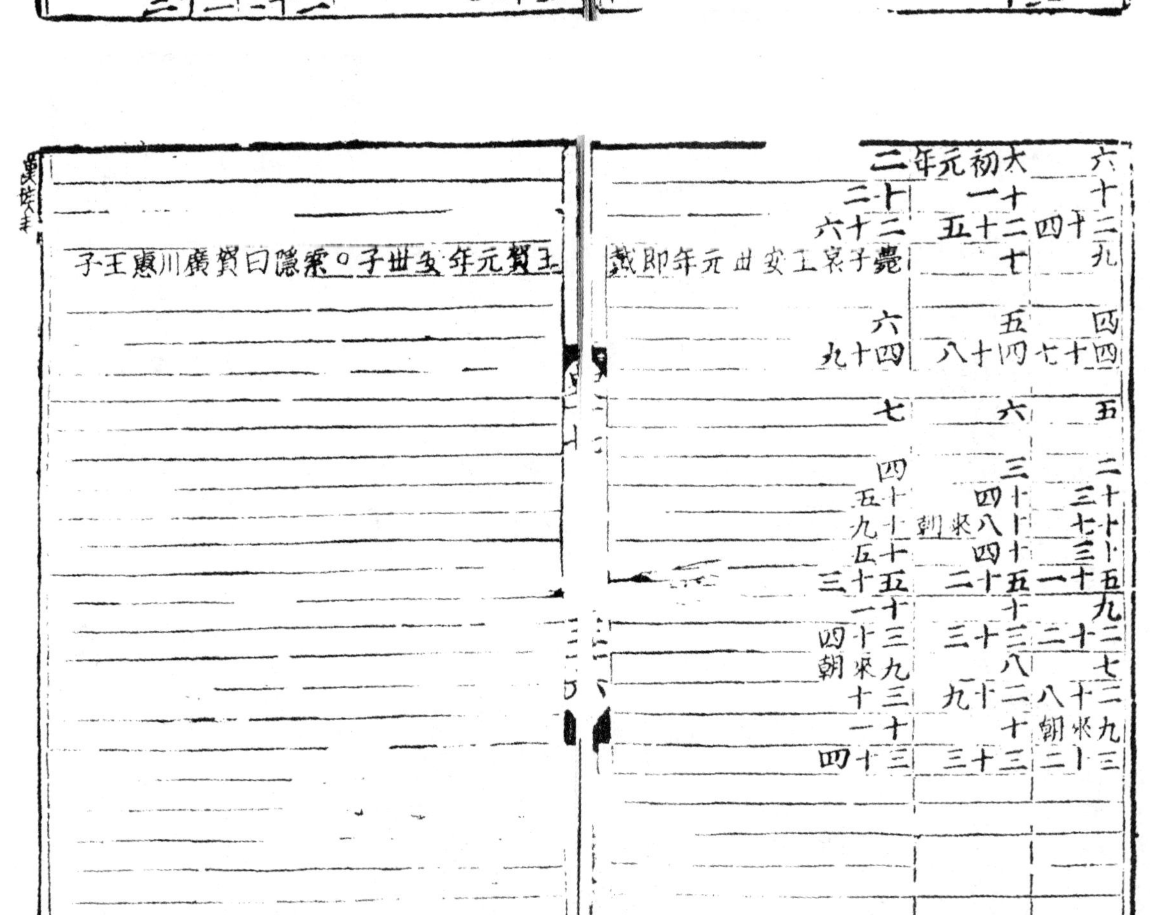

王賀元年玄世子○索隱曰賀廣川惠王子

薨子哀王安世元年即歲

太初元年

三十二　三十七十二　四十四十二八十
二
七五　十　蘄　荒王賀元年
十　五　十一
八　九
五十二十五十三十三十三十三　六十六十二十一十二十　四五一五　六十二十五十三十三十三十三　七十七十三十二十三十六十　一五六二　朝只
二十七十二八十

徐廣曰孝武太始二年廣陵中山眞定五年朝孝宣本始元年趙來朝二年廣川來朝四年清河來朝孝宣地節元年梁來朝二年河間來朝三年濟北來朝濟北分平原太山二郡

索隱述贊曰

漢有天下　爰鑒興亡　始誓河岳
言峻寵章　淮陰就楚　彭越封梁
荊燕懿戚　齊趙棣棠　犬牙相制
麟趾有光　降及文景　代有英王
魯恭梁孝　濟北城陽　仁賢足紀
忠烈斯彰

漢興以來諸侯年表第五　史記十七

高祖功臣侯者年表第六　史記十八

索隱曰高祖初定天下表明有功之臣而侯之若蕭曹等

太史公曰古者人臣功有五品以德立宗廟定社稷曰勳以言曰勞用力曰功明其等曰伐積日曰閱封爵之誓曰使河如帶泰山如厲國以永寧爰及苗裔始未嘗不欲固其根本而枝葉稍陵夷衰微也余讀高祖侯功臣察其首封所以失之者曰異哉所聞書曰協和萬國遷于夏商或數千歲蓋周封八百幽厲之後見於春秋尚書有唐虞之侯伯歷三代千有餘載自全以蕃衛天子豈非篤於仁義奉上法哉漢興功臣受封者百有餘人索隱曰案下文高祖功臣百三十七人兼外戚及王子凡百四十三人受封天下初定故大城名都散亡戶口可得而數者十二三索隱曰言十分纔二三在耳是以大侯不過萬家小者五六百戶後數世民咸歸鄉里戶益息蕭曹絳灌之屬或至四萬小侯自倍索隱曰倍其初封時戶數也富厚如之子孫驕溢忘其先淫嬖至太初百年之間見侯五正義曰謂平陽侯曹宗曲周侯酈終根陽阿侯卞仁戴侯秋蒙穀陵侯馮偃也餘皆坐法隕命亡國秏矣罔亦少密焉然皆身無兢兢於當世之禁云居今之世志古之道所以自鏡也索隱曰言居今之代志識古之道得以自鏡當代之存亡也未必盡同帝王者各殊禮而異務要以成功爲統紀豈可緄乎觀所以得尊寵及所

以敦厚亦當世得失之林也（索隱曰：言觀今人臣所以得尊寵者必由忠厚，被廢辱者亦由驕淫。是言見在興廢亦當代得失之林也）何必舊聞？於是謹其終始，表見其文，頗有所不盡本末，著其明，疑者闕之。後有君子，欲推而列之，得以覽焉。

國名（正義曰：此國名匡左行一道，咸是諸侯所封國名也）

侯功

高祖十二

孝惠七

高后八

孝文二十三

孝景十六

建元至元封六年三十六（索隱曰：姚氏云蕭何第一，曹參二，張敖三，周勃四，樊噲五，酈商六，奚涓七，夏侯嬰八，灌嬰九）

太初元年盡後元二年十八

侯第（史記與漢書表同，而楚漢春秋則不同者，陸賈記事在高祖、惠帝時，漢書是後定功臣等列，及陳平受呂后命而定，或已改邑號，故人名亦別。且高祖初定唯十八侯，呂后令陳平終竟以下列侯第錄，凡一百四十三人也）傅寬十，靳歙十一，王陵十二，陳武十三，王吸十四，薛歐十五，周昌十六，丁復十七，蟲達十八

漢書音義曰曹參位第二而表在首以前後故

平陽（索隱曰：漢書地理平陽縣屬河東）

以中涓從起沛，至霸上，侯。以將軍入漢，以左丞相出征齊、魏，以右丞相為平陽侯，万六百戶。（如淳曰：謂王通書謂出納君命……中涓受謁……是也。……漢儀注：天子有中涓，如黃門，皆中宮者）

六年十二月甲申，懿侯曹參元年。（索隱曰：懿，謚也）七

其二年為相國。五

二。其六年十月，靖侯窋元年。

八

十九。後元四年，簡侯奇元年。四

三。四年，夷侯時元年。（索隱曰：時或作時，音止，又音市。索隱漢書作時）十三

十。元光五年，恭侯襄元年。（漢書衛青傳作平陽侯曹壽，尚平陽信公主。壽此人，蓋是字訛也）

十六。元鼎三年，今侯宗元年。

二

索隱曰：漢書音義曰曹參位第二而表在首，何位第一而表在第十三，以封先後故也。又按封參在六年十二月，封何在六年正月，高祖十月因秦改元故，十二月在正月前也。漢表具記位次，亦依封前後錄也。

信武（索隱曰：地理志無信武縣，當是後廢也）

以中涓從起宛朐，入漢，以騎都尉定三秦，擊項羽，別定江陵，侯，五千三百戶。以車騎將軍攻黥布、陳豨。

六年十二月甲申，肅侯靳歙元年。（索隱曰：靳，姓，音紀覲反。歙音攝，又音吸）七

七

五。六年，夷侯亭元年。三

後三年，侯亭坐事國人過律，奪侯，國除。十八

十一

索隱曰漢表作清河定侯地理志清陽縣屬清河郡也

清陽

以中涓從起豐至霸上為騎郎將入漢以將軍擊項羽功侯三千一百戶

六年十二月甲申定侯王吸元年○索隱曰楚漢春秋作清陽侯王隆

七

七

八

元年哀侯彊元年 七 索隱曰彊音其良切

八年孝侯伉元年 十六 索隱曰伉音苦浪切

五年哀侯不害元年 四 二

元光二年侯不害薨無後國除 七

十四

索隱曰汝陰縣屬汝南凡邑名皆據地理志不言者從省文

汝陰

以令史從降沛為太僕常奉車為滕公竟定天下入漢中全孝惠魯元侯六千九百戶常為太僕

六年十二月甲申文侯夏侯嬰元年

七

七

八

八

九年夷侯竈元年 七

十六年恭侯賜元年 八

十六

元光二年侯頗元年 七

元鼎二年侯頗坐尚公主與父御婢姦罪自殺國除 十九

八

索隱曰陽陵縣屬馮翊楚漢春秋作陰陵

陽陵

以舍人從起橫陽至霸上為魏將入漢定三秦屬淮陰定齊為齊丞相侯二千六百戶

六年十二月甲申景侯傅寬元年

七

五

六年頃侯靖元年 二

八

十四

十五年恭侯則元年 九

二

前四年侯偃元年 十三

元狩元年偃與淮南王謀反國除 十八

十

索隱曰晉書地道記廣縣在東莞嚴諡也下又云壯班馬二史並誤

廣嚴

以中涓從起沛至霸上為連敖入漢以騎將定燕趙得將軍侯二千二百戶

六年十二月甲申壯侯召歐元年 七 ○索隱曰歐烏后切

七

八

二年戴侯勝元年 一

九

十一年恭侯嘉元年後元七年嘉薨無後國除 十三

二十八

廣平 索隱曰縣名，屬臨淮。

以舍人從起豐，至霸上，為郎中，入漢，以將軍擊項羽、鍾離昧功，侯，四千五百戶。

七 六年十二月甲申，敬侯薛歐元年。

七

八 元年，靖侯山元年。

十八

五 後元三年，侯澤元年。

八 中二年，有罪，絕。棘平

五 中五年，復封節侯澤元年。

十 其十年，為丞相。

五 元朔四年，侯穰元年。

三 元狩元年，坐受淮南王財物，稱臣，在赦前，詔問謾罪，除。

十五

博陽 索隱曰博陽縣在汝南。

以舍人從起碭，以刺客將，入漢，以都尉擊項羽滎陽，絕甬道，擊殺追卒功，侯。

七 六年十二月甲申，壯侯陳濞元年。○索隱曰漢表名秋春。楚聞

七

八

十八

五 後元三年，侯始元年。

四 前五年，侯始有罪，國除。

塞 中五年，封始。○索隱曰塞，實仟桃林之西

二 後元元年，始有罪，國除。

十九

曲逆 索隱曰縣名，屬中山，章帝改曰蒲陰。

以故楚都尉，漢王二年初從修武，為都尉，遷為護軍中尉；出六奇計，定天下，侯，五千戶。

七 六年十二月甲申，獻侯陳平元年。

七 其五年，為左丞相。

八 其元年，徙為右丞相，後專為丞相，相孝文二年。

二 三年，恭侯買元年。

十九 五年，簡侯悝元年。

四

十二 五年，侯何元年。

十 元光五年，侯何坐略人妻，棄市，國除。

四十七

堂邑 索隱曰縣名，屬臨淮。

以自定東陽為將，屬項梁，為楚柱國。四歲，項羽死，屬漢，定豫章、折江，都折，自立為王壯思，侯，千八百戶。復相楚元王十一年。

七 六年十二月甲申，安侯陳嬰元年。

七

四

四 五年，恭侯祿元年。

二

二十一 三年，夷侯午元年。

十六

十一 元光六年，季須元年。

十二 元鼎元年，侯須坐母長公主卒，未除服，姦，兄弟爭財，當死，自殺，國除。

八十六

周呂	建成
索隱曰應邵云周呂國也按周呂及呂皆國名濟陰有呂都縣	索隱曰縣名屬沛郡
以呂后兄初起以客從入漢爲侯還定三秦將兵先入碭漢王之解彭城往從之復發兵佐高祖定天下功侯	以呂后兄初起以客從擊三秦漢王入漢而釋之還豐沛奉衛呂宣王太上皇天下已平封釋之爲建成侯○索隱曰呂宣王呂公也
六年正月丙戌令武侯呂澤元年○索隱曰令武謚也○三 呂武謚也又改封令今縣名在蕪陰出晉地道記	六年正月丙戌侯則元年 七 東侯釋之元年
元年子台封酈侯元年○索隱曰酈音歷一作鄜音鄜皆縣名 四	三年侯則有罪 二 元年 五
七 有罪	元年五月丙寅封則弟大中大夫呂祿元年 胡陵
	八年祿爲趙王國除追尊康侯爲昭王祿以趙王謀爲不善大臣誅祿遂滅呂 七

留	射陽
索隱曰韋昭云留今在彭城	索隱曰縣名屬臨淮射一作貰
以廄將從起下邳以韓申徒下韓國言上張旗志秦王恐降解上與項羽之郤爲漢中王請漢中地常計謀平天下侯萬戶	兵初起與諸侯共擊秦爲楚左令尹漢王與項羽有郤於鴻門項伯纏解難以破羽纏嘗有功封射陽侯
六年正月丙戌文成侯張良元年	六年正月丙午侯項纏元年賜姓劉氏○索隱曰即項伯也
七	七
七	三年侯纏卒嗣子睢有罪國除 二
二 六 三年不疑元年	
四 五年侯不疑坐與門大夫謀殺故楚內史當死贖爲城旦國除	
二十六	

酇　索隱曰酇音贊縣名在沛劉氏云以何子祿嗣無後國除呂后封何夫人於南陽酇恐并也

以客初起從入漢為丞相備守蜀及關中給軍食佐上定諸侯法令立宗廟侯八千戶

七　六年正月丙午文終侯蕭何元年
元年為丞相九年為相國

二
五　三年哀侯祿元年

一
七　二年懿侯同元年同祿弟

十九　筑陽○索隱曰筑音逐縣名
元年同有罪封何小子延元年
一　後四年煬侯遺元年
三　五年侯則元年

一　有罪
七　前二年封煬侯武陽弟幽侯嘉元年
八　中二年侯勝元年

十　元朔二年侯勝坐不敬絕
三　元狩三年封何孫恭侯慶元年
酇　元狩六年侯壽成元年
十　元封四年壽成為太常犧牲不如令國除

曲周　索隱曰縣名屬廣平

以將軍從起岐攻長社以南別定漢中及蜀定三秦擊項羽侯四千八百戶

七　六年正月丙午景侯酈商元年

七

八

二十三　元年侯寄元年

九　有罪絕
七　中三年封商他子繆靖侯堅元年

九　元光四年康侯遂元年
五　元朔三年侯宗元年
十三　元鼎二年侯終根元年
十八　後二年五月侯終根坐呪詛誅國除

六

絳　索隱曰縣名屬河東

以中涓從起沛至霸上為侯定三秦食邑為將軍入漢定隴西擊項羽守嶢關定泗水東海八千一百戶

七　六年正月丙午武侯周勃元年

七

八
其四年為太尉

十一　元年為右丞相三年免復為丞相
六　十二年侯勝元年

條　後元年封勃子亞夫元年
十三　其三為太尉七為丞相有罪國除
平曲
三　後元年封勃子恭侯堅元年

十六　元朔五年侯建德元年
十二　元鼎五年侯建德坐酎金國除

四

舞陽　索隱曰縣名屬潁川

以舍人起沛從至霸上為侯入漢定三秦為將軍擊項籍再益封從破燕執韓信侯五千戶

七　六年正月丙午武侯樊噲元年
其七年為將軍相國三月

六
一　七年侯伉元年呂須子

八　坐呂氏誅族

二十三　元年封樊噲子荒侯市人元年

七　七年侯它廣元年
六　中元五年侯它廣非荒侯市人子國除

五

潁陰 索隱曰縣名屬潁川

以中涓從起碭至霸上為昌文君入漢定三秦食邑以車騎將軍屬淮陰定齊淮南及下邑殺項籍侯五千戶

六年正月丙午 七 懿侯灌嬰元年

七

八

四 其一為太尉三為丞相 五年平侯何元年 十九

九 中三年侯彊元年 七

有罪 六 絕

元光二年封嬰孫臨 九 汝侯賢侯元年

元朔五年侯賢行賕罪國除

九

汾陰 索隱曰縣名屬河東

初起以職志擊破秦入漢出關以內史堅守敖倉以御史大夫定諸侯比清陽侯二千八百戶○索隱曰如淳云職志官名主幡旗

六年正月丙午 七 悼侯周昌元年

四年哀侯 三 開方元年

建平

有罪 四 絕

八

四

前五年侯 十三 意元年 有罪

中二年封昌孫左車 安陽 八 後元元年有罪國除

十六

梁鄒 索隱曰縣屬濟南

兵初起以謁者從擊破秦入漢以將軍擊定諸侯功比博陽侯二千八百戶

六年正月丙午孝侯武儒元年 七 ○索隱曰漢表儒作虎

五年侯 四 最元年

索隱曰最 三 音辭取反

八

二十三

十六

元光元年頃 六 侯嬰齊元年

元光四年侯 三 山柎元年

元鼎五年侯山柎坐酎金 二十 國除○索隱曰柎音跌

二十

成 索隱曰縣名屬涿郡

兵初起以舍人從擊秦為都尉入漢定三秦出關以將軍定諸侯功比厭次侯二千八百戶

六年正月丙午敬侯董渫元年 七 ○索隱曰渫音息列反

元年康侯 七 赤元年

八

二十三

有罪 六 絕

節氏

中五年復封康侯赤元年 五 ○索隱曰節氏縣名

建元四年恭 二 侯霸軍元年

元光三年 五 侯朝元年

元狩二年侯朝為齊南太守與成陽 十二 王女不通不敬國除

二十五

蓼　索隱曰縣名屬六安

以執盾前元年從起碭以左司馬入漢以將軍三以都尉擊項羽屬韓信功侯○索隱曰郎漢五年闕羽埃下淮侯侯將四十萬自當之孔將軍居左費將軍居右是也費將軍即下費侯陳賀也

六年正月丙午侯孔聚元年○索隱曰姚氏案孔子家語云子武生子　七　魚及子文子文生最字子產說文以最為積叢字此作蔡不同

七

八

九年侯臧元年　十五

十六

十四

元朔三年侯臧坐為太常南陵橋壞衣冠車不得度國除○索隱曰案孔藂云臧歷位九卿為御史大夫辭曰臣經學乞為太常典禮臣業以安國綱紀右訓武帝難違其意遂拜大常典禮賜如三公臧子琳位至諸吏琳子瓚失侯爵此云臧國除當是後更封其子也

三十

費　索隱曰費音祕一音扶未反縣名屬東海

以舍人前元年起碭以左司馬入漢用都尉屬韓信擊項羽有功為將軍定會稽浙江湖陽侯

六年正月丙午圉侯陳賀元年　七　徐廣曰圉或作幽

七

八

元年共侯常元年　二十三

二年侯偃元年　一
中元二年有罪絕　八
中元六年封賀子巢侯最元年
後元三年最薨無後國除　四

陽夏　索隱曰縣名屬淮陽

以特將將卒五百人前元年從起宛朐至霸上為侯以游擊將軍別定代已破臧荼封豨為陽夏侯○索隱曰豨音[illegible]肥反

六年正月丙午侯陳豨元年　五

十年八月豨以趙相國將兵守代漢使召豨豨反以其兵與王黃等略代自立為燕漢殺豨靈丘

隆慮　索隱曰縣名屬河內音林閭隆避殤帝諱故改之

以卒從起碭以連敖入漢以長鈹都尉擊[illegible]侯○索隱曰徐廣以連敖為典客官表鈹為官名許文云鈹者劍刀裝也鈹音數皮反漢表作鉦音丕

六年正月丁未哀侯周竈元年　七　○索隱曰漢表哀作克

七

八

後元二年侯通元年　十七
六

七

中元元年侯通有罪國除

三十四

索隱曰漢志闕晉書陽都地道記屬琅邪

以趙將從起鄴至霸上為樓煩將入漢定三秦別降翟王屬悍武王殺龍且彭城為大司馬破羽軍葉拜為將軍忠臣侯七千八百戶

六年正月戊申敬侯丁復元年 七 ○索隱曰復音伏

七

六年趮侯寗元年 五 三

十年侯安成元年 九 十四

二年侯安成有罪國除

十七

索隱曰漢表作新陽陽信縣名屬汝南

以漢五年用左令尹初從功比堂邑侯千戶

六年正月壬子胡侯呂清元年 七

四年頃侯世元年 三 四

八

七年懷侯義元年 六 二 十五
九年惠侯它元年

中三年侯譚元年 四 五 七

元鼎五年侯譚坐酎金國除 二十八

八十一

索隱曰縣名屬東武琅邪郡

以戶衛徐廣曰一云從起薛為悼武王破秦軍杠里楊熊軍曲遇入漢為越徐廣曰一云城將軍定三秦以都尉堅守敖倉為將軍破籍軍功侯三千戶

六年正月戊午貞侯郭蒙元年 七

七

六年侯他元年 五 三

二十三

六年侯他棄市國除 五

四十一

如淳曰汁音什邡音方○索隱汁邡曰汁又如字縣屬廣漢

以趙將前三年從定諸侯侯二千五百戶功比平定侯齒故沛豪有力與上有郄故晚從

六年三月戊子肅侯雍齒元年 七

三年荒侯巨元年 二 五

八

二十三

三年侯野元年 二 十四
中元六年終侯桓元年

元鼎五年終侯桓坐酎金國除 二十七

五十七

棘蒲

以將軍前元年率將二千五百人起薛別救東阿至霸上二歲十月入漢擊齊歷下軍田既功侯

六年三月丙申七剛侯陳武元年

七

八

後元元年侯武薨嗣十六子奇反不得置後國除

十三

都昌

以舍人前元年從起沛以騎隊卒先降翟王虜章邯功侯

六年三月庚子七莊侯朱軫元年

七

元年剛侯八率元年

八年夷侯七十六詘元年
元年恭侯二偃元年
三年侯辟彊元年
中元元年辟彊五薨無後國除

二十三

武彊

以舍人從至霸上以騎將入漢還擊項羽屬丞相甯功侯用將軍擊黥布侯

六年三月庚子七莊侯莊不識元年

七

七年簡侯六嬰元年
二

十七
後元二年侯六青翟元年

十六

元鼎二年侯青翟坐為丞相與長史二十五朱買臣等逮御史大夫湯不直國除

三十三

貰　索隱曰縣名屬鉅鹿　貰音世一音時夜反

以越戶將從破秦入漢定三秦以都尉擊項羽千六百戶功比臺侯

六年三月庚子齊侯呂元年徐廣曰呂一作台○索隱曰謚法執心克莊曰齊二
八年恭侯五方山元年

七

八

元年煬侯十赤元年
十二年康侯十二遺元年

十六

元朔五年侯倩元年十六索隱曰倩音七淨反
元鼎元年侯倩坐八殺人棄市國除

三十六

索隱曰海陽亦南越縣地理志闕

以越隊將從破秦入漢定三秦以都尉擊項羽侯千八百戶

六年三月庚子齊信侯搖毋餘元年 七 ○索隱曰毋餘東越之族也

三年哀侯招襄元年 二

五年侯建元年 五 四

四 二十三

四年康侯省元年

中六年侯省薨無後國除 三十

三十七

索隱曰縣名屬犍爲南安建安亦有此縣

以河南將軍漢王三年降晉陽以亞將破臧荼侯九百戶○索隱曰亞將漢表作連將

六年三月庚子 七 莊侯宣虎元年

七

八

九年共侯戎元年 十一

後元四年侯千秋元年 四

七

中元元年千秋坐傷人免

六十三

肥如 索隱曰縣名屬遼西

以魏太僕三年初從以車騎都尉破龍且及彭城侯千戶

六年三月庚子 七 敬侯蔡寅元年

七

八

三年莊侯成元年 二十四

後元年莊侯奴元年 七

元年侯奴薨無後國除

六十六

曲城 索隱曰漢志闕表在涿郡

以曲城戶將卒三十七人初從起碭至霸上爲執圭爲二隊將屬悼武王入漢定三秦以都尉破項羽軍陳下功侯四千戶爲將軍擊燕代拔之

六年三月庚子圉侯蟲達元年○索隱曰楚漢春秋云夜侯蟲達封此夜縣屬東萊 七 又益六[illegible]武曰閩子云不捷封恆故杜次日夜侯恆亦誤

七

八

元年侯捷有罪絕 八

後元三年復封侯捷元年 五

有罪絕 十三

中五年復封侯捷元年 五

建元二年侯皋柔元年 二

元狩三年侯皋柔坐爲汝南太守知民不用赤側錢爲賦國除 索隱曰[illegible]測錢而汝南不非爲賦 二十

十八

索隱曰縣名屬河內
河陽

以卒前元年起碭從以二隊將入漢擊項羽身得郎將功侯以丞相定齊地

六年三月庚子莊侯陳涓元年

七

七

八

元年四年侯信坐不償人責過六月奪侯國除
三 信元年

二十九

索隱曰縣名屬臨淮
淮陽

兵初起以卒從項梁梁死屬項羽為郎中至咸陽亡從入漢為連敖典客蕭何言為大將軍別定魏齊為王徙楚坐擅發兵廢為淮陰侯○索隱曰典客漢表依栗客蓋字詳傳依治粟都尉或先為連敖也客也

六年四月侯韓信元年
五

十一年信反中呂后誅信夷三族國除

索隱曰縣名屬沛
芒

以門尉前元年初起碭至霸上為武定君入漢還定三秦以都尉擊項羽侯

六年侯昭元年徐廣曰昭亦作起漢書作表云芒侯耏跖○索隱曰耏跖音而只耏又音人才反字林以多鬚髯耏耏然也在傳有耏班
三

九年侯昭有罪國除

孝景三年昭以故將士從張太尉亞夫擊吳楚有功復封
十二

後元元年三月張侯申元年

元朔六年侯申坐尚南宮公主不敬國除○索隱曰主景帝女初南宮侯張生尚之張有後侯耏申尚之
十一

索隱曰縣名屬河南
故市

以執盾初起入漢為河上守遷為假相擊項羽侯千戶功比平定侯

六年四月癸未侯閻澤赤元年
三

九年夷侯毋害元年
四

後四年戴侯續元年
十九

孝景五年侯穀嗣
四十二

元鼎五年侯穀坐酎金國除
二十八

五十五

柳丘　索隱曰縣名屬渤海郡

以連敖從起薛，以二隊將入漢，定三秦，以都尉破項籍軍，為將軍，侯，千戶

六年六月丁亥齊侯戎賜元年　七

七

五年定侯安國元年　四

四

三十三

四年侯嘉成元年　三十

後元元年侯角嗣有罪國除

三十九

魏其　索隱曰縣名屬琅邪

以舍人從沛，以郎中入漢，為周信侯，定三秦，遷為郎中騎將，破籍東城，侯，千戶

六年六月丁亥莊侯周定元年　七

七

五年侯間元年　四

四

二十三

三

前三年侯間反國除

四十四

祁　索隱曰縣名屬太原

以執盾漢王三年初起從晉陽，以連敖擊項籍，漢王敗走，賀方將軍擊楚，追騎以故不得進。漢王顧謂賀祁[illegible]，[illegible]羽急絕其近壁，侯，千四百戶。[illegible]戰彭城，為漢敗，斬將。又云漢王顧歎賀祁戰彭城斬將

六年六月丁亥穀侯繒賀元年　七

索隱曰謚法行見中外曰穀

七

八

十七

二年頃侯湖元年

五十八

六年侯它元年

元光二年侯它坐從射擅罷不敬國除

徐廣曰射一作射

五十三

平　索隱曰縣屬河南

兵初起，以舍人從擊秦，以郎中入漢，以將軍定諸侯，守洛陽，功侯，比貰侯賀，千三百戶

六年六月丁亥悼侯沛嘉元年　六

上年靖侯奴元年　一

七

八

十五

六年侯執元年　八

十一

元光五年侯執有罪國除

三十三

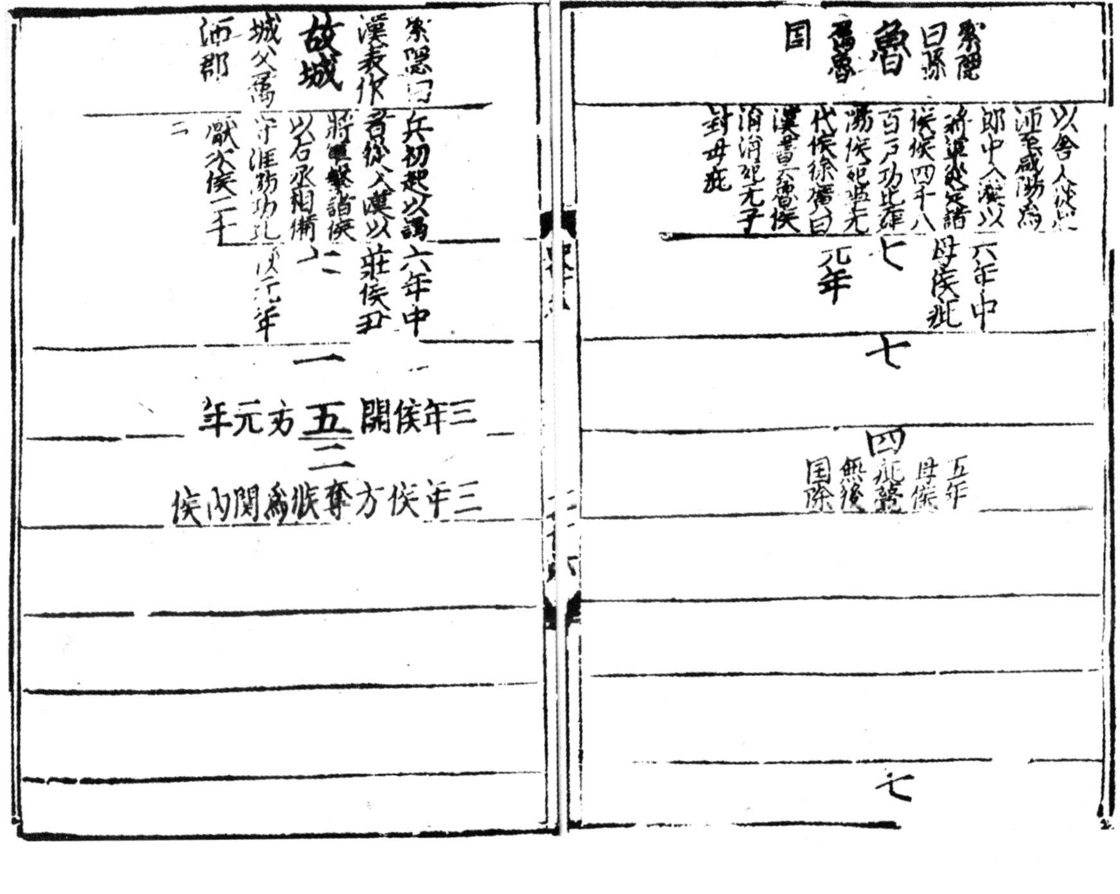

國名	侯功	高祖十二	孝惠七	高后八	孝文二十三
魯 索隱曰縣名屬國	以舍人從起沛至咸陽為郎中入漢以將軍從定諸侯侯四千八百戶功比舞陽侯死事母代侯 徐廣曰漢書曰魯侯涓涓死無子封母疵	六年中母侯疵元年 七	七	四 五年母侯疵薨無後國除	七
故城 索隱曰漢表作城父屬沛郡	兵初起以謁者從入漢以將軍擊諸侯以右丞相備守淮陽功比厭次侯二千戶	六年中莊侯尹恢元年 二 二	一	五 三年侯開方元年	二 三年侯方奪侯為關內侯

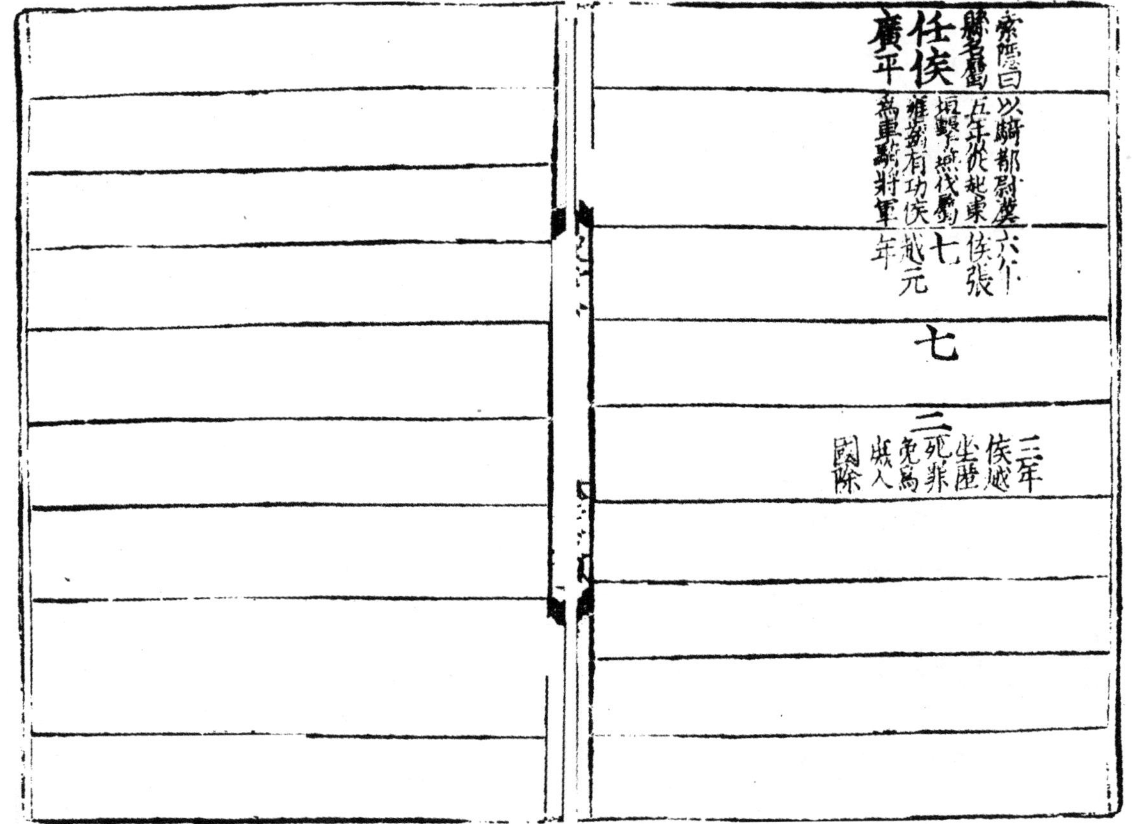

國名	侯功	高祖十二	孝惠七	高后八	孝文二十三
任侯 索隱曰縣名屬廣平	以騎都尉漢五年從起東垣擊燕代屬雍齒有功侯為車騎將軍	六年侯張越元年 七	七	二 三年侯越坐匿死罪免為庶人國除	

棘丘 索隱曰漢表缺 地闕

以執盾隊史前元年從起碭破秦以治粟內史入漢以上郡守擊定西魏地功侯

七
六年侯襄元年索隱曰襄名也史失姓及謚

七

四
四年侯襄奪侯爲士伍國除

高苑 索隱曰縣名屬千乘

初起以舍人從入漢定三秦以中尉破籍侯千六百戶比斥丘侯

七
六年七月戊戌制侯丙倩元年索隱曰倩音七淨反

七
元年簡侯得元年

八

十五
十六年孝侯武元年

十六

建元元年侯信元年
建元三年侯信坐出入屬車間奪侯國除

四十一

宣曲 索隱曰漢志闕

以卒從起留以騎將入漢定三秦破籍軍滎陽爲郎騎破鍾離眛軍固陵侯六百七十戶

七
六年七月戊戌齊侯丁義元年

七

八

十
十一年侯通元年
三

四
有罪除
中五年復封發婁侯通元年
中六年侯通有罪國除

四十三

絳陽 索隱曰漢志闕漢表作終陵也

以越將從起留入漢定三秦擊臧荼侯七百四十戶從攻馬邑及布

七 六年七月戊戌齊侯華無害元年

七

八

三 四年恭侯勃齊元年
十六 後元四年侯祿元年
四

三 前四年侯祿坐出界有罪國除

四十六

東茅 索隱曰漢志闕

以舍人從碭至霸上以二隊入漢定三秦以都尉擊項羽破臧荼侯捕韓信為將軍益邑千戶

七 六年八月丙辰敬侯劉釗元年

七

八

二 三年侯吉元年
十三 十六年侯吉奪爵國除

四十八

斥丘 索隱曰縣名屬魏郡

以舍人從起豐以左司馬入漢以亞將攻籍剋敵為東郡都尉擊破籍武城為漢中尉擊布為斥丘侯千戶徐廣曰一云城武

八 六年八月丙辰懿侯唐厲元年

七

八

八 九年恭侯鼂元年
十三 後元六年侯賢元年

二十五 元鼎二年侯尊元年
三 元鼎五年侯尊坐酎金國除

四十

臺 索隱曰臨淄有臺鄉縣

以舍人從起碭用隊率入漢以都尉擊籍籍死轉擊臨江屬將軍賈功侯以將軍擊漢

七 六年八月甲子定侯戴野元年

七

八

三
二十 四年侯才元年

二 三年侯才反國除

五十三

安國 索隱曰縣名屬中山

以客從起豐以廄將別定東郡南陽從至霸上入漢守豐上東因從戰不利奉孝惠魯元出淮水中及堅守豐于雍侯五千戶

七 六年八月甲子武侯王陵元年定侯安國

七 其六年為右丞相

七 一 八年哀侯忌元年

二十三 元年終侯游元年 徐廣曰游一作昭

十六

二十八 建元元年三月安侯辟方元年 元狩三年定侯元年 元鼎五年侯定坐酎金國除

十二

樂成 索隱曰漢志闕

以中涓騎從起碭中為騎將入漢定三秦侯以都尉擊籍屬灌嬰殺龍且更為樂成侯千戶

七 六年八月甲子節侯丁禮元年

七

八

四 五年夷侯馬從元年

十八 一 後七年武侯客元年

十六

二十五 元鼎二年侯義元年

三 元鼎五年侯義坐言五利侯不道弃市國除

四十二

辟陽 索隱曰縣名屬信都

以舍人初起侍呂后孝惠沛三歲十月呂后入楚食其從一歲侯

七 六年八月甲子幽侯審食其元年

七

三十 四年侯平元年

二 三年平坐反國除

五十九

安平 索隱曰縣名屬涿郡

以謁者漢王三年初從定諸侯有功秩舉蕭何功侯二千戶

七 六年八月甲子敬侯諤千秋元年

二 五 孝惠三年簡侯嘉元年

七 一 八年侯應元年

十三 十 十四年侯寄元年

十五 一 後三年侯但元年

十八 元狩元年侯但坐與淮南王女陵通遺淮南書稱臣盡力弃市國除

六十二

蒯成 索隱曰：漢志闕。晉書地道記屬北地。案緤封泄陽，後定封蒯成。音苦懷反，一音裴。小顏音普肯反。

以舍人從起沛，至霸上，侯。入漢，定三秦，食邑池陽。擊項羽軍滎陽，絕甬道，從出度平陰，遇淮陰侯軍襄國。楚漢約分鴻溝，以緤為信，戰不利，不敢離上，侯，三千三百戶。

六年八月甲子，尊侯周緤元年。七
十二年十月乙未，定蒯成。

七

八

五
緤薨，子昌代，有罪，絕，國除。
中元元年，封緤子康侯應鄲元年。○索隱曰：鄲音多。

一
中二年，侯中居元年。索隱曰：中音仲。八

二十六
元鼎三年，居坐為太常有罪，國除。

二十二

北平 索隱曰：縣名，屬中山。

以客從起陽武，至霸上，為常山守，得陳餘，為代相，從為趙相，侯，為計相四歲，淮南相十四歲，千二百戶。

六年八月丁丑，文侯張蒼元年。七

七

八

二十三
其四為丞相，五歲罷。

五
六年，康侯奉元年。
八
後元年，侯預元年。
三

四
建元五年，侯預坐臨諸侯喪後，不敬，國除。

六十五

高胡 索隱曰：漢志闕。

以卒從起杠里，入漢，以都尉擊籍，以都尉定燕，侯，千戶。

六年中，侯陳夫乞元年。七

七

八

五年，殤侯程嗣。四 薨，無後，國除。

八十二

厭次 索隱曰：漢志闕。晉書地道記屬平原，後乃屬樂陵國也。

以慎將前元年從起留，入漢，以都尉守廣武，功侯。

六年中，侯元頃元年。七 徐廣曰：漢書作袁類。

七

八

元年，侯賀元年。五
六年，侯賀謀反，國除。

二十四

平皋
索隱曰縣名屬河内
項它漢六年以碭郡長初從賜姓爲劉氏功比戴侯彭祖五百八十戶
七年六月癸亥 六 煬侯劉它元年
四 五年恭侯 三 遠元年
八
二十三
十六 元年節侯光元年
建元元年侯勝元年 二
十八 元鼎五年侯勝坐酎金國除
百二十一

復陽
索隱曰縣名屬南陽復音伏應劭云在桐栢山下復水之陽
以卒從起薛以將軍入漢以右司馬擊項羽侯千戶
七年十月甲子 六 剛侯陳胥元年
七
八
十 十一年恭侯嘉元年 十三
五 六年康侯拾元年 十一
元朔元年 十二 侯彊元年
元狩二年坐父 七 拾非嘉子國除
四十九

陽河
索隱曰縣名屬上黨
以中謁者從入漢以郎中騎從定諸侯侯五百戶功比高胡侯
七年十月甲子齊哀侯元 三 年漢表云齊侯其石
十年侯安 三 國元年
七
八
二十三
中元四年侯 十六 午元年中絕
元鼎四年恭侯 二十七 章元年
元封元年埤山侯仁 三 元年索隱曰埤音卑
征和二年十月仁與母 三十 坐祝詛大逆無道國除
八十三

朝陽
索隱曰縣名屬南陽
以舍人從起薛以連敖入漢以都尉擊項羽後攻韓王信侯千戶
七年三月丙寅 六 齊侯華寄元年
七
元年文侯 八 要元年
十四年侯 十三 當元年
十六
元朔二年侯當坐教 十三 人上書枉法罪國除
六十九

轑陽　索隱曰轑力彫反縣名屬南陽

以卒從胡陵入漢以郎將迎左丞相軍以擊諸侯侯千戶

七年七月丙辰　六　莊侯杜得臣元年

七

八

六年侯賁　二十三　但元年
八

十
六
八

元光四年　九　偃侯武元年
元朔五年侯武　七　薨無後國除

八十一

湼陽　索隱曰縣名屬南陽

以騎士漢王二年從出關以郎將擊斬項羽侯千五百戶比杜衍侯

七年中莊侯呂勝元年○索隱曰五侯斬　六　項籍皆謚莊漢表以避諱故改作嚴誤也

七

八

五年莊侯子成實非　四　子不當爲侯國除

百四

平棘　索隱曰縣名屬常山

以客從起亢父斬章邯所署蜀守用燕相侯千戶

七年中懿侯執元年　六　徐廣曰漢書作林摯

七

七

八年侯辟　一　彊元年
五
六年侯辟彊有罪鬼薪國除

六十四

羹頡

以高祖兄子從軍擊反韓王信爲郎中將信母嘗有罪高祖微時太上怜之故封爲羹頡侯

七年中侯劉信元年　六　索隱曰高祖兄子

七

元年信有罪削爵一級爲關內侯

深澤　索隱曰縣名屬中山

以趙將漢王三年降屬淮陰侯定趙齊楚以擊平城侯七百戶

八年十月癸丑齊侯趙將夜元年　五　索隱曰將夜漢表作將夕

七

奪　一　絕

三年復封　一年薨

下四年復封　四　將夜元年

後元二年戴侯頭元年　六

三年侯循元年　十七

中五年封頭子夷侯胡元年　二十三

元朔五年侯胡薨無後國除　十六

九十八

柏至　索隱曰漢表闕

以駢憐從起昌邑以說衛入漢以中尉擊籍侯千戶漢表師古曰二馬曰駢憐謂並丙騎爲渾翼也說讀曰稅說衛謂軍行止舍主爲衛也○索隱曰姚氏憐聲近鄰駢鄰猶比鄰也

七年七月戊辰靖侯許溫元年　六　○索隱漢表作許盎靖音淨

七

二年有罪絕　一

三年復封溫故　六

元年簡侯祿元年　十四

十五年哀侯昌元年　九

十六

元光二年共侯安如元年　七十

元狩三年侯福元年　三

元鼎二年侯福有罪國除　五

五十八

中水　索隱曰縣名屬涿郡　應劭云易滱二水之中

以郎中騎將漢王元年從起好時以司馬擊龍且後共斬項羽侯千五百戶

七年正月己酉莊侯呂馬童元年　六

七

八

十年夷侯假元年　九

十三年共侯青肩元年　二十一

十六

建元六年靖侯德元年　五

元光元年侯宜成元年　二十

元鼎五年宜成坐酎金國除　三

百一

杜衍　索隱曰縣名屬南陽

以郎中騎漢王三年從起下邳屬淮陰從灌嬰共斬項羽侯千七百戶

七年正月己酉莊侯王翳元年　六　○索隱曰漢表作王翥

七

五

六年共侯福元年　三

五年侯市臣元年　四

二十年侯翕元年　七十二

有罪絕後元元年復封翳子彊　十一　三　侯郢人元年徐廣曰彊一作景

元光四年侯定國元年　九

元狩四年侯定國有罪國除　十二

百二

赤泉 索隱曰：漢志闕。

以郎中騎漢王二年從起杜，屬淮陰，從灌嬰共斬項羽，侯，千九百戶。

七年正月己酉 六 莊侯楊喜元年

七

元年絕 一七 二年復封

十二年定 十三 侯殷元年

四年 侯無害元年 三六

有罪 臨汝 絕

中五年復封 五 無害元年

七

元光二年侯無害有罪國除

百三

栒 索隱曰：縣名，屬扶風。音荀。故周文王封其子之邑，河東亦有郇城。

以燕將軍漢王四年從曹咎軍，爲燕相，告燕王荼反，侯，以燕相國定盧奴，千九百戶。

八年十月丙辰 五 項侯溫疥元年

七

八

六年文侯仁元年 五十

後元七年 二 侯河元年

十

中元四年侯河有罪國除

九十

武原 索隱曰：漢志闕。

漢七年，以梁將軍初從擊韓信、陳豨、黥布功，侯，二千八百戶。功比高陵。

八年十二月丁未 五 靖侯衛胠元年。索隱曰：表作胠，漢表作胠，音怯。

四年 三四 共侯寄元年

八

二十三

四年 三十 侯不害元年

後二年侯不害坐葬過律 三 國除

九十三

磨 索隱曰：漢志闕。表作歷。歷縣在信都。劉氏依字讀，言天下也名多既無字諡，但依字是不火之詞，則之與磨並與誤也。

以趙衛將軍漢王三年從起盧奴，擊項羽敖倉下，爲將軍，攻臧荼有功，侯，千戶。

八年七月癸丑 五 簡侯程黑元年

七

三年 二六 孝侯釐元年

後元年 十六 侯竈元年

七

中元年侯竈有罪國除

九十二

索隱曰漢志棗縣屬山陽

高帝七年爲將軍從擊代陳豨有功侯六百戶

八年十二月丁未猜侯陳錯元年○索 五 隱曰漢表作錯音措三蒼云九江人名鐵曰錯

三年懷侯 二五 嬰元年

八

七年共侯 六四 應元年

後五年侯 三 安元年

十六

不得千秋父徐廣曰 十 千秋父以元朔元年征

元狩二年侯 十二七 千秋元年

元鼎五年侯千 九 秋坐酎金國除

百二十四

索隱曰漢志宋子 宋子 縣屬鉅鹿

以漢三年以趙羽林將初從擊定諸侯功比歷侯五百四十戶

八年十二月丁卯惠侯許瘛元年瘛音充志反○索隱 四 曰瘛音尺制反郭璞音胡計反亦作瘛字林音巨月反

十二年共侯不疑元年

七

八

十年侯 九四 九元年

中二年侯九坐買 八 塞外禁物罪國除

六九

索隱曰縣名 猗氏 屬河東

以舍人從起豐入漢以都尉擊項羽侯二千四百戶

八年三月丙戌敬侯陳遬 五 元年○索隱曰遬音速

七年靖侯 六二 交元年

八

二十三

三年頃侯差元 二 年薨無後國除

五十

索隱曰清 清 縣屬東郡

以弩將初起從入漢以都尉擊項羽代侯比彭侯千戶

八年三月丙戌簡侯空中元年徐廣曰空 五 一作窒○索隱曰室中姓見風俗通

元年頃侯 七 聖元年

八

八年康侯 十六 鮒元年

十六

元狩三年恭侯 二十七 石元年

元鼎四年侯 七 生元年

元鼎五年侯生 一 坐酎金國除

七十

索隱曰漢表 彭 屬東海郡
以卒從起薛以弩將入漢以都尉擊項羽代侯千戶
八年三月丙戌 五 簡侯秦同元年
七
八
三年戴侯 三十一 執元年
三年侯 二十一 武元年
後元年武有罪國除
七十

索隱曰漢 彊 志彊闕
以客吏初起從以入漢以都尉擊項羽代侯比彭侯千戶
八年三月丙辰 三 簡侯留勝元年
十一年戴 二 侯章元年
七
八
十三年侯 十二 服元年
十五年侯服 三 有罪國除
七十一

索隱曰漢表甯 甯 陽屬濟南郡
以舍人從起碭以入漢以都尉擊臧荼功侯千戶
八年四月辛卯 五 莊侯魏遫元年
七
八
十六年恭 十五 侯連元年
元年侯 指元年
四年侯指坐出 三 國界有罪國除
七十八

索隱曰縣 吳房 名屬汝南
以郎中騎將漢王元年從起下邽擊陽夏以都尉斬項羽有功侯七百戶
八年二月辛巳 五 莊侯楊武元年
七
八
十二年侯 十一 十二 去疾元年
後元年去 十四 疾有罪國除
九十四

索隱曰昌縣名屬琅邪

以卒將漢王四年從淮陰侯起無鹽定齊擊籍及韓王信於代侯千戶

八年六月戊申圉侯盧卿元年○索 五 隱曰漢表姓張張卿盧古字弓

七

八

十

十五年侯通 四 元年

九

二年侯通 二 反國除

百九

索隱曰共縣名屬河內

以齊將漢王四年從淮陰侯起臨菑擊籍及韓王信於平城有功侯千二百戶

八年六月壬子 五 莊侯盧罷師元年

七

八

七年惠侯 六 黨元年

十五年懷 八 侯商元年

後四年侯商 五 薨無後國除

百四十

索隱曰閼氏縣名屬安定

以代太尉漢王三年降為鴈門守以特將平代反寇侯千戶○索隱曰漢表太尉作太與爵名音余

八年六月壬子節侯 四 馮解敢元年

年二年恭 一 侯它元年

薨無後絕

二年封恭侯遺腹 十四 子文侯遺元年

十六年共侯 八 勝之元年

前六年侯 五十一 平元年

元鼎五年侯平 二十八 坐酎金國除

索隱曰安丘 安丘 縣屬北海

以卒從起方與屬魏豹二歲五月以執鈹入漢以司馬擊籍以將軍定代侯三千戶

八年七月癸酉懿侯張說 五 元年○索隱曰說音挩

七

八

十三年恭 十二 奴元年

四年敬侯 三 執元年

三年康侯 十三 訢元年

元狩元年 十 侯指元年

元鼎四年侯指坐入 八 九 上林謀盜鹿國除

襄平　索隱曰縣名屬臨淮

兵初起紀成以將軍從擊破秦入漢定三秦功比平定侯戰好畤死事子通襲成侯功

五　八年九月丙午侯紀通元年

七

八

十三

九　七　中元三年康侯相夫元年

十　十　元朔元年侯夷吾元年

九　元封二年夷吾薨無後國除

合陽　索隱曰合陽屬馮翊

高祖兄兵初起侍太公守豐天下已平以六年正月立仲為代王高祖八年匈奴攻代王棄國亡廢為合陽侯

五　八年九月丙子侯劉仲元年　一名嘉徐廣曰

二　仲子濞為吳王

以子吳王故尊仲謚為代頃侯

繁　索隱曰地理志魏郡有繁陽恐別有繁縣志闕

以趙騎將從漢三年從擊諸侯侯比吳房侯千五百戶

四　九年十一月壬寅莊侯彊瞻元年　索隱年表作平嚴侯張瞻

四

三　五年康侯昫獨元年一云侯惻

八

二十三

六　四年侯寄元年

七　中三年侯安國元年

十八　元狩元年安國為人所殺國除

九十五

龍　索隱曰盧江有龍舒縣蓋其地也

以卒從漢王元年起霸上以謁者擊籍斬曹咎侯千戶

五　八年後九月己未敬侯陳署元年

七

六　七年侯堅元年

二十六　後元元年侯堅奪侯國除

八十四

陸梁 索隱曰如淳據始皇紀所陸梁謂陸梁地按今在江南也

詔以爲列侯自置吏受令長沙王

九年三月丙辰侯須毋元年 二 。索隱曰漢表作須無

十二年共侯桑元年 一

七

八

後三年康侯慶忌元年 十五

元年侯冉元年 十六

元鼎五年侯冉坐酎金國除 二十八

百三十七

高京 徐廣曰一作景

周苛起兵以內史入從擊破秦爲御史大夫入漢圍取諸侯堅守榮陽功比辟陽苛以御史大夫死事子成爲後襲侯

九年四月丙寅侯周成元年 四

七

八

後五年坐謀反繫死國除絕 二十

中元年封成孫應元年 縄

侯平嗣不得元年

元狩四年平坐爲太常不繕治園陵不敬國除

十六

離

元年四月戊寅鄧弱元年

失此侯始所起及所絕。索隱曰案楚漢春秋亦闕漢表成帝時光祿大夫滑堪日旁占驗曰鄧弱以長沙將兵侯是所起也

義陵 徐廣曰一作陽。索隱曰義陽縣在汝南

以長沙柱國侯千五百戶

九年九月丙子侯吳程元年 四

四年侯種元年 三

七年侯種薨無後國除皆失謚 六

百三十四

索隱曰楚漢春秋南宮侯張耳此作宣平侯敖敖耳子陳平録第時耳已甍故也
宣平

兵初起張耳誅秦爲相合諸侯兵鉅鹿破秦定趙爲常山王陳餘反襲耳棄國與大臣歸漢漢定趙爲王卒子敖嗣其臣貫高不善廢爲

九年四月武 四 侯張敖元年

七

信 六 平
鼂子偃爲魯王國除徐廣曰改封信平
元年以故魯王爲南宮侯

十六年哀 八 侯歐元年

中三年侯生元年 九 七

罪 七 絕
睢 十 陽
元光三年封偃 八 孫侯廣元年
元鼎二年 十 侯昌元年
太初三年侯昌爲太常乏祠國 三 除漢表師古曰問事有闕乏也
三

索隱曰東陽縣名屬臨淮

高祖六年爲中大夫以河間守擊陳狶力戰功侯千三百戶

十一年十二月癸巳 二 武侯張相如元年

七

八

十六年共侯殷元年 十五
後元五年戴侯安國元年 五 三
四年哀侯彊元年 三 十三

建元元年侯彊薨無後國除

百十八

索隱曰開封縣名屬河南

以右司馬漢王五年初從以中尉擊燕定代侯比共侯二千戶

十一年十二月丙辰 一 閔侯陶舍元年
十二年夷 一 侯青元年

景帝時 七 爲丞相

八

二十三

中元三年節 九 侯偃元年 七
元光五年 十 侯睢元年
元鼎五年侯睢 十八 坐酎金國除

百十五

索隱曰沛縣名屬沛郡

高祖兄合陽侯劉仲子侯

十一年十二月癸 一 巳侯劉濞元年

十二年十月辛丑侯濞爲吳王國除

慎陽 索隱曰慎陽汝南如淳曰音震闞駰云合作滇陽求平五年失印更刻遂誤以水為心續漢書作須陽也

為淮陰舍人告淮陰侯信反侯二千户

二 十三年十二月甲寅侯樂說元年。索隱曰漢表作樂說

七

八

三

十四 中元六年靖侯顧之元年

二 建元元年侯買之元年

十二 元狩五年侯買之坐鑄白金弃市國除

百三十一

禾成 索隱曰漢志闕

以卒漢二年初從以郎中擊代斬陳豨侯千九百户

二 十二年正月巳未孝侯公孫耳元年。索隱曰漢表作昔

七

八

四 五年懷侯漸元年

九 十四年侯漸薨無後國除

百十七

堂陽 索隱曰縣名屬鉅鹿

以中涓從起沛以郎入漢以將軍擊籍為惠侯坐守滎陽降楚免後復來以郎擊籍為上黨守擊豨侯八百户

二 十一年正月巳未哀侯孫赤元年

七

八 元年侯德元年

三

十三 中六年侯德有罪國除

七十七

柷阿 索隱曰縣名屬平原

以客從起齧桑以十隊將入漢以將軍定魏太原破井陘屬淮陰侯以缻度軍擊籍及攻豨侯八百户

二 十一年正月巳未孝侯高邑元年

七

八

四 五年侯成元年

十四 後三年侯成坐事國人過律國除

七十四

長脩　索隱曰縣名屬河東

以漢二年用御史初從出關以內史擊諸侯功比須昌侯以廷尉死事千九百戶

十一年正月丙辰平侯杜常元年二云　二　杜恪。索隱曰案位次曰信平侯

三年懷侯　二五　中元年

八

五年侯　四十九　喜元年

中五年復封　罪　八　陽平五　絕　侯相夫元年

元封四年侯相夫坐爲太常與樂令無　三十三　可當鄭舞人擅繇不如令闌出函谷關國除

百八

江邑　索隱曰漢志闕

以漢五年爲御史用奇計從御史大夫周昌爲趙相而伐陳豨功侯六百戶

十一年正月辛　二　未侯趙堯元年

七

元年侯堯有罪國除

營陵　索隱曰縣名屬北海

以三年爲郎中擊項羽以將軍擊陳豨得王黃爲侯與高祖疏屬劉氏世爲衛尉萬二千戶

二

十一年侯劉澤元年

七

六年侯澤爲　五　琅邪王國除

八十八

土軍　索隱曰包愷云地理志西河有土軍縣

高祖六年爲中地守以廷尉擊陳豨侯千二百戶就國後爲燕相

十一年二月丁亥武侯宣義元　二　年。索隱曰案位次曰信成侯正

六年孝侯　五二　莫如元年

八

二十三

二年康侯　十四　平元年

建元六年　五　侯生元年

元朔二年侯生坐與人　八　妻姦罪國除

百二十二

須昌 索隱曰縣名屬東郡

以謁者漢王年年初起漢中雍軍塞陳謁上上計欲還衍言從亡道道通後為河間守陳豨反誅都尉捐始功侯千四百戶

二 十一年二月己酉貞侯趙衍元年

七

八

十五 十六年戴侯福元年
四 後元四年侯不害元年

四 五年侯不害在罪國除

一

百七

廣河 索隱曰縣名屬鉅鹿

以客從起沛為御史守豐二歲擊籍爲上黨守陳豨反堅守侯千八百戶後遷御史大夫

二 十一年二月丁亥懿侯任敖元年

七

八

三 三年夷侯竟元年
二十 四年敬侯但元年

十六

四 [illegible]元五年侯越元年
二十二 元鼎二年侯越坐為太常廟酒酸不敬國除

八十九

汲侯 索隱曰漢表作伋伋與汲並縣名屬河內

高祖六年為太僕擊代豨有功侯千二百戶為趙大傅

二 十一年二月己巳終侯公上不害元年○索隱曰公上姓不害名也

一
六 二年夷侯武元年

十三 十四年康侯通元年

十六
一 元光二年侯廣德元年

九 元光五年廣德坐妻精大逆罪頗連廣德棄市國除

百二十三

臨轅

初起從爲郎以都尉守蘄城以中尉侯五百戶

二 十一年二月乙酉堅侯戚鰓元年

四 元年夷侯觸龍元年
三

八

二十三

十三 四年共侯忠元年
三 建元四年侯賢元年
二十五 元鼎五年侯賢坐酎金國除

百十六

索隱曰縣名寧陵屬陳留

以舍人從陳留以郎入漢破曹咎成皋爲上解隨馬都尉擊陳豨功侯千戶

二

十一年二月辛亥侯呂臣元年

七

八

十一年戴侯射元年

十三

四年惠侯始元年

三

五年侯始薨

一

無後國除

三十七

索隱曰縣名汾陽屬太原

以郎中騎千人前二年從起陽夏擊項羽以中尉破鍾離眛功侯

二

十一年二月辛亥侯靳彊元年

七

三

三年共侯解元年

六

十三

五年康侯胡元年

四十

絕

元鼎五年侯石元年

江鄒

太始四年五月丁卯侯石坐爲太常行太僕事治嗇夫可年益縱年國除

六十九

索隱曰戴地名音再應劭云章戴帝改曰考城在故留縣

以卒從起沛以卒開沛城門爲太公僕以中令擊豨侯千二百戶

十一年三月癸酉敬侯彭祖元年○索隱曰漢表彭祖姓秘音

二

響常昭音符蔑反非也今檢史記諸本並作秘今見有姓秘氏

七

二

三年共侯悼元年

六

八年夷侯安國元年

十六

十六

元朔五年侯安期元年

十六

元鼎五年侯蒙元年

十三

後元元年五月甲戌

八

坐祝詛無道國除

百二十六

索隱曰衍漢志闕

以漢二年爲燕令以都尉下楚九城堅守燕侯九百戶

十一年七月乙巳簡侯翟盱元年

二

○索隱曰盱音況于反

七

四年祗侯山元年

三

六年節侯嘉元年

三

二十三

十六

建元三年侯不疑元年

二

元朔元年不疑坐挾

十

詔書論罪國除

百三十

平州
索隱曰漢志闕晉書地道記屬巴郡
漢王四年以燕相從擊籍還擊荼以故二千石將為列侯千戶
十一年八月甲辰共侯昭涉掉尾元年 二 ○索隱曰昭涉掉尾名
七
八
二年戴侯福元年 三 五年懷侯它人元年 四 九年孝侯馬童元年 五
後元二年侯昧元年 十四 二
元狩五年侯昧坐行馳道中更呵馳去罪國除 二十二
百十一

中牟
索隱曰縣名屬河南
以卒從起沛入漢以郎中擊布功侯二千三百戶始高祖微時有急給高祖一馬故得侯
十二年十月乙未共侯單父聖元年 一 ○索隱曰漢表作單父左車
七
八
八年敬侯繒元年 七 十二年戴侯終根元年 五上
十六
元光五年侯舜元年 十
元鼎五年侯舜坐酎金國除 十八
百二十五

邔
漢書音義曰音巨己反 ○索隱曰邔縣屬南郡周成雜字解詁云邔音起
以故群盜長臨江將已而為漢擊臨江王及諸侯破布功侯千戶
十一年十月戊戌莊侯黃極忠元年 一
七
八
十二年慶(?)侯榮盛元年 十一 後元五年共侯明元年 九 三
十六
元朔五年侯遂元年 十六
元鼎元年遂坐賣宅縣官故貴國除 八
百十一

博陽
索隱曰縣名屬彭城
以卒從起豐以隊率入漢擊籍成皋有功為將軍布反定吳郡侯千四百戶
十二年十一月辛丑節侯周聚元年 一
七
八
九年侯遬元年 八 十五
中五年侯遬奪(?)爵一級國除 十三
五十三

陽義 徐廣曰一作羨。索隱曰縣屬宜陽漢表羨作美

以荆令尹漢王五年初從擊鍾離眛及陳公利幾破之徙為漢大夫坐至陳取韓信還為中尉從擊布功侯二千戶

十二年十月壬寅定侯靈常元年 一

七

七年共侯賀元年 六

七年哀侯勝元年 六

十二年侯勝薨無後國除 六

百十九

下相 索隱曰縣名屬臨淮

以客從起沛周侯從擊破齊田解軍以楚丞相堅守彭城距布軍功侯二千戶

十二年十月乙酉莊侯冷耳元年 一

七

八

三年侯慎元年 二十二

三年三月侯慎反國除 二

八十五

德 索隱曰漢志闕表在濟南

以代頃王子侯頃王吳王濞父也廣濞之弟也

十二年十一月庚辰哀侯劉廣元年 一

七

三年頃侯通元年 二六

二十三

六年侯齕元年 五十二

元鼎四年侯何元年 二十七

元鼎五年侯何坐酎金國除 一

百二十七

高陵 索隱曰高陵縣屬琅邪

以騎司馬漢王元年從起廢丘以都尉破田橫龍且追籍至東城以將軍擊布九百戶

十二年十二月丁亥圉侯王周元年。○索隱曰漢表作王虞人 一

七

三年惠侯并弓元年 二六

十三年侯行元年 十二 一

二年反國除 二

九十二

期思 索隱曰縣名屬汝南

淮南王布中大夫有郄上書告布反侯二千石布盡殺其宗族

十二年十二月癸卯康侯賁赫元年。索隱曰賁姓音肥又如字

一

七

八

十三 十四年侯賁赫薨無後國除

百三十二

穀陵

以卒從前二年起拓擊籍定代為將軍功侯

十二年正月乙丑定侯馮谿元年

一

七

八

六 七年共侯熊元年 十七

二 三年隱侯卬元年 二 五年獻侯解元年 十二

三 建元四年侯偃元年

百五

戚 索隱曰漢志闕晉地道記屬東海

以都尉漢二年初起櫟陽攻廢丘破之因擊項籍別屬丞韓信破齊軍攻臧荼遷為將軍擊信侯合千戶

十二年十二月癸卯圉侯季必元年。索隱曰案灌嬰傳云重泉人李必此作季誤也

一

七

八

三 四年齊侯班元年 二十

十六

二 建元三年侯信成元年 二十 元狩五年侯信成坐為太常縱丞相侵神道不敬國除

九十

壯 徐廣曰一作莊。索隱曰漢表作嚴避明帝諱

以楚將漢三年降起臨淄以郎中擊籍陳豨功侯六百戶

一

十二年正月乙丑敬侯許倩元年

七

八

二十三

二 三年共侯恢元年 十五

一 建元二年殤侯則元年 九 元光五年侯廣宗元年 十五 元鼎元年侯廣宗坐酎金國除

百二十

國名	成陽 索隱曰縣名屬汝南
侯功	以魏郎漢王二年從起陽武擊籍屬魏豹豹反屬相國彭越以太原尉定代侯六百戶
高祖	一 十二年正月乙酉定侯意元年
孝惠	七
高后	八
孝文	十 十一年侯信元年 十三
孝景	十六
建元至元封	建元元年侯信罪鬼薪國除
侯第	百一十

國名	桃 索隱曰縣名屬信都
侯功	以客從漢王二年從起定陶以大謁者擊布侯千戶為淮陰守項氏親也賜姓
高祖	一 十二年三月丁巳安侯劉襄元年
孝惠	七
高后	一 奪絕二年 復封襄
孝文	十四 十年哀侯舍元年 景帝時為丞相
孝景	十六
建元至元封	十三 建元元年厲侯申元年 元朔二年侯自為元年 十五 元鼎五年侯自為坐酎金國除
侯第	百三十五

國名	高梁
侯功	食其兵起以客從擊破秦以列侯入漢還定諸侯常使約和諸侯列卒兵衆侯功比平侯嘉以死事子亦襲食其功侯九百戶
高祖	一 十二年三月丙寅共侯酈疥元年
孝惠	七
高后	八
孝文	二十三
孝景	十六
建元至元封	八 元光三年侯勃元年 元狩元年坐詐詔衡山王取金當死病死國除
侯第	六十六

國名	紀信
侯功	以中涓從起豐以騎將入漢以將軍擊籍後攻盧綰侯七百戶
高祖	一 十二年六月丙辰匡侯陳倉元年
孝惠	七
高后	八
孝文	六 三年夷侯開元年 十七
孝景	六 後二年六月侯陽元年
建元至元封	二 三年陽反國除
侯第	十八

徐廣曰一作景○索隱曰索志甘泉甘泉闕疑甘泉是甘水漢表作景侯

以車司馬漢王元年初從起高陵屬劉賈以都尉從軍侯

十二年六月壬辰侯王一竟元年索隱口漢表作王競

七年戴侯莫搖六一元年

八

十一年侯嫖元年○索隱曰嫖音匹妙十十三反漢表作嫐音火孚反說文嫐悦也

十年侯嫖九有罪國除

頁

索隱曰徐廣煮棗云在宛句

以越連敖從起豐別以郎將入漢擊諸侯以都尉侯九百戶

十二年六月壬辰靖侯赤元年○索隱曰漢一表作端侯華朱章竟赦亦作亦訛也棘姓蓋子成之後

二年赤子康二十二侯武元年

中二年侯八昌元年

二

中四年有罪國除

七十五

索隱曰縣張名屬廣平

以中涓騎從起豐以郎將入漢從擊諸侯七百戶

十二年六月壬辰節侯毛澤元一年○索隱曰亦作釋之

七

八

十一年夷十二侯慶元年

十三年侯十一舜元年

中六年侯舜十二有罪國除

七十九

索隱曰縣鄢陵名屬潁川

以卒從起豐入漢以都尉擊籍恭侯七百戶

十二年中莊侯一朱濞元年

七

三

四年恭侯五慶元年

七年恭侯慶薨六無後國除

五十二

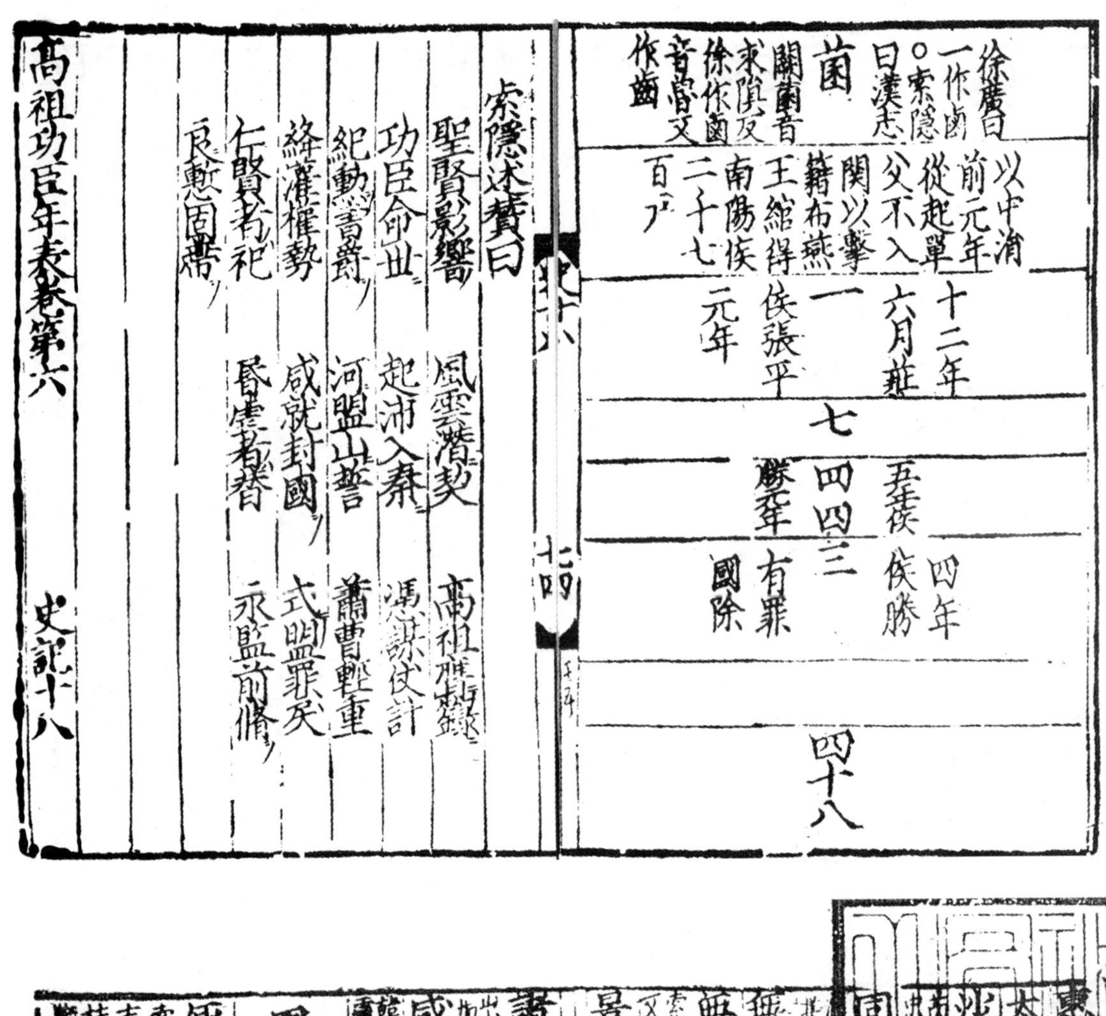

國名	侯功	高祖十二	孝惠七	高后八	孝文二十三	孝景十六	建元至元封六年三十六	太初已後
菌　徐廣曰一作崗。○索隱曰漢志作菌。閼菌音求隕反，徐作菌，音晉，又作菌	以中涓前元年從起單父，不入關，以擊籍、布、燕王綰，得侯，二千七百戶	十二年六月，莊侯張平元年	七	四　五年，侯勝元年	四三　四年，侯勝有罪，國除			

四十八

索隱述贊曰：聖賢影響，風雲潛契。高祖膺籙，功臣命世。起沛入秦，憑謀仗計。紀勳書爵，河盟山誓。蕭曹輕重，絳灌權勢。咸就封國，或萌罪戾。仁賢者祀，昏虐者替。永監前修，良慚固帶。

高祖功臣年表卷第六　史記十八

惠景間侯者年表第七　史記十九

太史公讀列封至便侯，（索隱曰便音鞭，縣名，吳淺所封。）曰：有以也夫！長沙王者，著令甲，稱其忠焉。（索隱曰漢長沙王吳芮，以故番君從漢，漢約非劉氏不王，故特著令，使特王，或以芮至忠，故特著令。）昔高祖定天下，功臣非同姓疆土而王者八國。（索隱曰謂齊王韓信、韓王信、燕王盧綰、梁王彭越、趙王張耳、淮南王英布、臨江王共敖、長沙王吳芮也。）至孝惠時，唯獨長沙全禪，五世以無嗣絕，（徐廣曰孝文後七年，靖王薨，無嗣。○索隱曰案諸侯王表，芮國至五世而絕也。）竟無過，爲藩守職，信矣。故其澤流枝庶，毋功而侯者數人。（索隱曰案此表，芮子淺封便侯，傳至玄孫；又封成王臣之子爲沅陵侯，亦至曾孫。）及孝惠訖孝景間五十載，追修高祖時遺功臣，及從代來，吳楚之勞，諸侯子弟若肺腑，（索隱曰肺音柿，腑音附。柿，木札也；附，木皮也；以喻人主疏末之親，如木札出於木，樹皮附於樹也。詩云「如塗塗附」，注云附，木皮是也。）外國歸義，封者九十有餘。（韓信、國八王者：異姓英布、張耳、臧荼、韓王信、彭越也。）咸表始終，當世仁義成功之著者也。

國名	侯功	孝惠七	高后八	孝文二十三	孝景十六	建元至元封六年三十六	太初已後
便　索隱曰漢志縣名，屬桂陽。便音鞭	長沙王子，侯，二千石	七　元年九月，頃侯吳淺元年	八	二十二　一　後七年，恭侯信元年	五　十一　前六年，侯廣志元年	二十九　元狩五年，侯千秋坐酎金，國除	

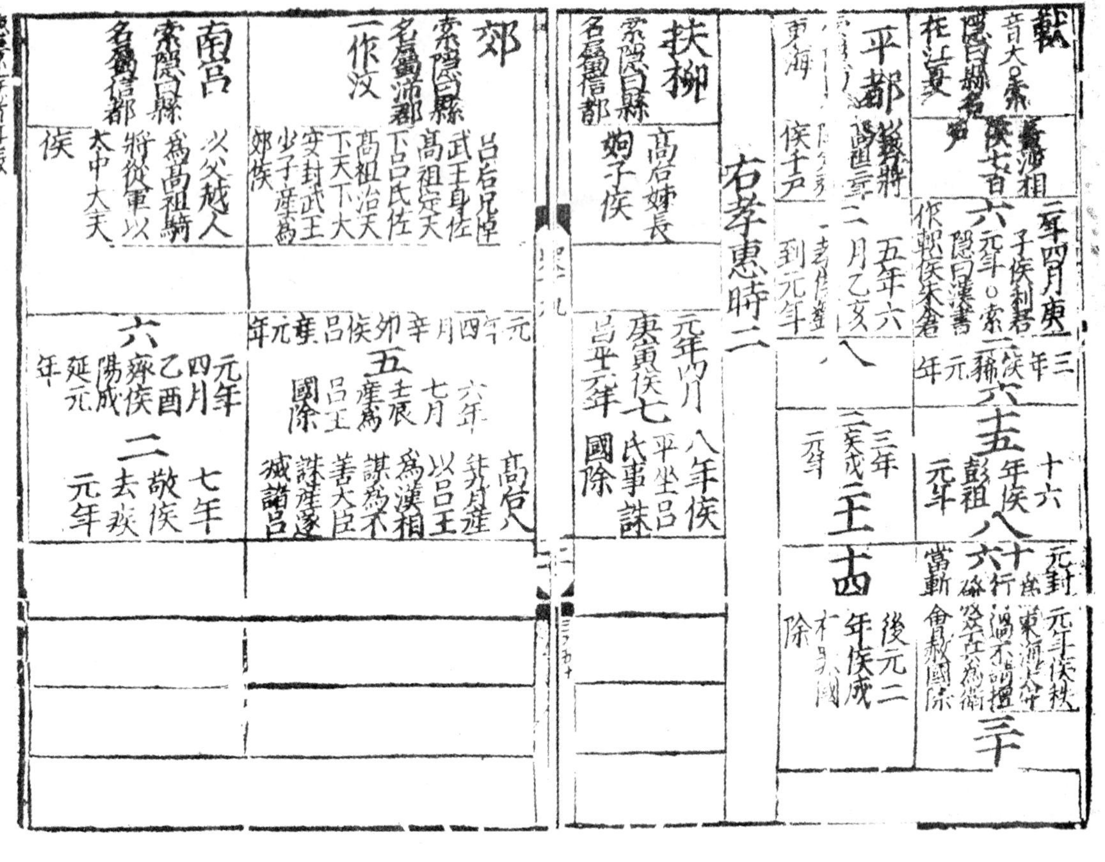

國名	侯功	孝惠	高后	孝文	孝景	建元至元封
軑 音大。索隱曰縣名，在江夏。	以長沙相侯，七百戶。	二年四月庚子，侯利倉元年。索隱曰漢書作軑侯朱倉。六	三年，侯豨元年。六 二	十六年，侯彭祖元年。八 十五	十六	元封元年，侯秩為東海太守，行過不請，擅發卒為衛，當斬，會赦，國除。二十
平都 索隱曰縣名，屬東海。	以齊將，高祖三年降，定齊，侯，千戶。	五年六月乙亥，孝侯劉到元年。	八	三年，侯成元年。二 二十一	後元二年，侯成有罪，國除。十四	

右孝惠時二

國名	侯功	高后	孝文
扶柳 索隱曰縣名，屬信都。	高后姊長姁子侯。	元年四月庚寅，侯呂平元年。七 八年，侯平坐呂氏事誅，國除。	
郊 索隱曰縣名，屬沛郡。一作汶。	呂后兄悼武王身佐高祖定天下，呂氏佐高祖治天下，天下大安，封武王少子產為郊侯。	元年四月辛卯，侯呂產元年。五 六年七月壬辰，產為呂王，國除。	高后八年九月，產以呂王為漢相，謀為不善。大臣誅產，遂滅諸呂。
南宮 索隱曰縣名，屬信都。	以父越人為高祖騎將，從軍，以大中大夫侯。	元年四月乙酉，齊侯陽成延元年。六	七年，敬侯去疾元年。二

國名	侯功	高后	孝文	孝景	建元至元封
梧 索隱曰縣名，屬彭城。	以軍匠從起郟，入漢，後為少府，作長樂、未央宮，築長安城，先就，功侯，五百戶。	元年四月乙酉，齊侯陽成延元年。六 七年，敬侯去疾元年。二	二十三	中元三年，侯偃元年。九 七	元光三年，侯戎奴元年。八 元狩五年，侯戎奴坐謀殺季父棄市，國除。十四
平定 索隱曰漢表屬涿郡。	以卒從高祖起留，以家車吏入漢，以梟騎都尉擊項籍，得樓煩將功，用齊丞相侯。一云項涓。	元年四月乙酉，敬侯齊受元年。八	二年，齊侯市人元年。四 十八 六年，恭侯應元年。	十六	元光二年，康侯延居元年。七 二十二 元鼎二年，侯昌元年。四 元鼎四年，侯昌有罪，國除。

國名	侯功	高后
博成	以悼武王郎中兵初起，從高祖起豐，攻雍丘，擊項籍，力戰，奉衛悼武王出滎陽，功侯。	元年四月乙酉，敬侯馮無擇元年。三 四年，侯代元年。四 八年，侯代坐呂氏事誅，國除。
沛 索隱曰縣名，屬沛郡。	呂后兄康侯少子侯，奉呂宣王寢園。	元年四月乙酉，侯呂種元年。七 四年，為不其侯。八年，侯種坐呂氏事誅，國除。
襄成 索隱曰縣名，屬潁川。	孝惠子侯。	元年四月辛卯，侯義元年。一 二年，侯義為常山王，國除。

國名	侯功	高后	孝文	孝景	建元以來
軹 索隱曰縣名屬河內	孝惠子侯	三 元年四月辛卯侯朝元年。高后四年侯朝為常山王，國除。			
壺關	孝惠子侯	四 元年四月辛卯侯武元年。高后五年侯武為淮陽王，國除。			
沅陵 索隱曰縣近長沙，漢志屬武陵	長沙嗣成王子侯	八 元年十一月壬申頃侯吳陽元年	十七 後二年頃侯福元年 六	十 中元五年哀侯周元年 四 後二年侯周薨，無後，國除	
上邳	楚元王子侯	二年五月丙申侯劉郢客元年	孝文元年侯郢客為楚王，國除		
朱虛 索隱曰縣名屬琅邪	齊悼惠王子侯	七 二年五月丙申侯劉章元年	一 孝文二年侯章為城陽王，國除		
昌平 索隱曰縣名屬上谷	孝惠子侯	三 四年二月癸未侯太元年。高后七年太為呂王，國除			

國名	侯功	高后	孝文	孝景	建元以來
贅其 索隱曰縣名屬臨淮	呂后昆弟子用淮陽丞相侯	四 四年四月丙申侯勝元年。八年侯勝坐呂氏事誅，國除			
中邑	以執矛從高祖入漢，以中尉破曹咎，用呂相侯，六百戶	五 四年四月丙申貞侯朱通元年	十七 後元年侯悼元年 六	十五 後元三年侯悼有罪，國除	
樂成	以隊卒從高祖起沛，屬皇訢，以郎擊陳餘，用衛尉侯，六百戶	二 四年四月丙申簡侯衛無擇元年。六年恭侯勝元年 三	二十三	十 後元三年侯侈元年 五	五 建元六年侯侈坐以買田宅不法，又請求吏罪，國除
山都	高祖五年為郎中柱下令，以衛將軍擊陳豨，用梁相侯	五 四年四月丙申貞侯王恬開元年	三 四年惠侯中黃元年 二十	三 四年敬侯觸龍元年 十三	二十三 元狩五年侯當元年 八 元封元年侯當坐與奴闌入上林苑，國除
松茲 徐廣曰松一作祝。索隱曰縣名屬廬江	兵初起，以舍人從起沛，以郎吏入漢，還得雍王邯家屬，功用常山丞相侯	五 四年四月丙申夷侯徐厲元年	六 七年康侯悼元年 十七	十二 中元六年侯偃元年 四	五 建元六年侯偃有罪，國除

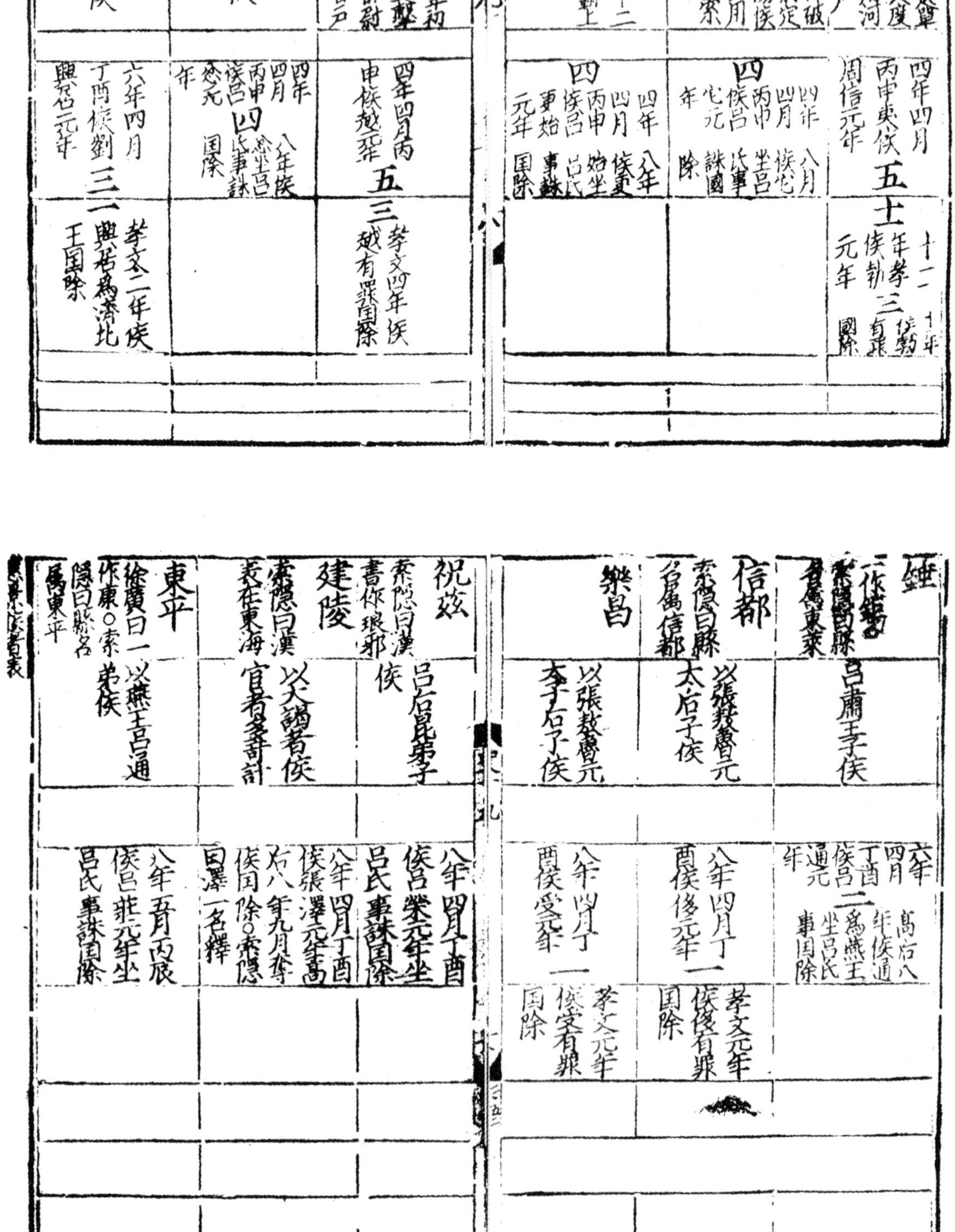

成陶 徐廣曰一作陰。○索隱曰漢志地闕	以卒從高祖起單父，為呂氏舍人，度呂氏淮之功，用河南守侯，五百戶		四年四月丙申，夷侯周信元年。五	十二 十一年，侯勃元年。孝文三年，侯勃有罪，國除	
俞 如淳曰音輸。○索隱曰縣名，屬清河	以連敖從高祖破秦，入漢，以都尉定諸侯，功比朝陽侯。嬰死，子它襲功，用太中大夫侯。○索隱曰它音馳		四年四月丙申，侯呂它元年。四 八年，侯它坐呂氏事誅，國除		
滕 索隱曰劉氏云作勝，公漢表今按滕縣屬沛郡	以舍人郎中十二歲，以都尉屯霸上，用楚相侯		四年四月丙申，侯呂更始元年。四 八年，侯更始坐呂氏事誅，國除		
醴陵 索隱曰縣名，屬長沙	以卒從漢王二年初起櫟陽，以卒吏擊項籍，為河內都尉，長沙相，侯，六百戶		四年四月丙申，侯越元年。五	三 孝文四年，侯越有罪，國除	
呂成	呂氏昆弟子侯		四年四月丙申，侯呂忿元年。四 八年，侯忿坐呂氏事誅，國除		
東牟 索隱曰縣名，屬東萊	齊悼惠王子，侯		六年四月丁酉，侯劉興居元年。三	二 孝文二年，侯興居為濟北王，國除	
錘 一作鍾。索隱曰縣名，屬東萊	呂肅王子，侯		六年四月丁酉，侯呂通元年。二 高后八年，侯通為燕王，坐呂氏事，國除		
信都 索隱曰縣名，屬信都	以張敖、魯元太后子侯		八年四月丁酉，侯侈元年。一	孝文元年，侯侈有罪，國除	
樂昌	以張敖、魯元太后子侯		八年四月丁酉，侯受元年。一	孝文元年，侯受有罪，國除	
祝茲 索隱曰漢書作琅邪	呂后昆弟子侯		八年四月丁酉，侯呂榮元年。坐呂氏事誅，國除		
建陵 索隱曰漢表在東海	以大謁者侯，宦者，多奇計		八年四月丁酉，侯張澤元年。高后八年九月，奪侯，國除。○索隱曰澤一名釋		
東平 徐廣曰一作東。○索隱曰縣名，屬東平	以燕王呂通弟侯		八年五月丙辰，侯呂莊元年。坐呂氏事誅，國除		

國名	侯功	右高后時三十一	孝文二十三	孝景十六	建元
陽信 索隱曰表在新野，志屬渤海，恐有二縣	高祖十二年為郎，以典客奪趙王呂祿印，關殿門拒呂產等入，共尊立孝文侯，二千戶		十四 元年二月辛丑，侯劉揭元年。九 十五年，侯中意元年	五 景帝六年，侯中意有罪，國除	
軹 索隱曰縣名，屬河內	高祖十年為郎，從軍，十七歲為太中大夫，迎孝文代，用車騎將軍迎太后，侯，萬戶，薄太后弟		十 元年四月乙巳，侯薄昭元年。十三 十一年，侯戎奴元年	十六	二 建元二年，侯梁元年
壯武 索隱曰縣名，屬膠東	以家吏從高祖起山東，以都尉從之滎陽，食邑。以代中尉勸代王入，驂乘至代邸，王卒為帝，功侯，千四百戶		二十三 元年四月辛亥，侯宋昌元年	十 中元四年，侯昌奪侯，國除	
清郚 徐廣曰一作鄡，音苦堯反。○索隱曰漢表作鄡侯，鄡縣，太原縣	以齊哀王舅父侯。○索隱曰舅父即舅，猶姨曰姨母也		元年四月辛未，侯駟鈞元年。五 孝文前六年，鈞有罪，國除		
周陽 索隱曰縣名，屬上郡	以淮南厲王舅父侯		元年四月辛未，侯趙兼元年。五 孝文前六年，兼有罪，國除		

國名	侯功		孝文	孝景	建元
樊 索隱曰縣名，屬東平	以睢陽令高祖初起從阿，以韓家子還定北地，用常山相侯，千二百戶		十四 元年六月丙寅，侯蔡兼元年。九 十五年，康侯客元年。徐廣曰客一作容	九 中元三年，恭侯平元年。七	十三 元朔二年，侯辟方元年。十四 元鼎四年，侯辟方有罪，國除
管 索隱曰管，古國，今為縣，屬滎陽	齊悼惠王子，侯		二 四年五月甲寅，恭侯劉罷軍元年。十八 六年，侯戎奴元年	二 三年，侯戎奴反，國除	
瓜丘 索隱曰縣，在魏郡	齊悼惠王子，侯		十一 四年五月甲寅，侯劉寧國元年。九 十五年，侯偃元年	二 三年，侯偃反，國除	
營 索隱曰表在濟南	齊悼惠王子，侯		十 四年五月甲寅，平侯劉信都元年。十 十四年，侯廣元年	二 孝景三年，侯廣反，國除	
楊虛	齊悼惠王子，侯		十二 四年五月甲寅，恭侯劉將閭元年。○索隱曰漢書作將閭。十六年，侯將閭為齊王，有罪，國除		
朸 音力。○索隱曰縣名，屬平原	齊悼惠王子，侯。○索隱曰為濟南王		十二 四年五月甲寅，侯劉辟光元年。十六年，侯辟光為濟南王，國除		

安都 | 以齊悼惠王子侯。索隱曰為濟北王 | 四年五月甲寅侯劉志元年 | 十六年侯志為濟北王國除

平昌 索隱曰縣名屬平原 | 以齊悼惠王子侯。索隱曰為膠西王 | 四年五月甲寅侯劉卬元年 | 十六年為膠西王國除

武城 索隱曰漢志闕。九闕者或鄉名或郭漢書志不載 | 以齊悼惠王子侯。索隱曰為菑川王 | 四年五月甲寅侯劉賢元年 | 十六年侯賢為菑川王國除

白石 索隱曰縣名屬金城 | 以齊悼惠王子侯。索隱曰為膠東王 | 四年五月甲寅侯劉雄渠元年 | 十六年侯雄渠為膠東王國除

波陵 索隱曰漢表波作泜音坻 | 以陽陵君侯 | 七年三月甲寅康侯魏駟元年 | 孝文十二年康侯魏駟薨無後國除

南鄭 徐廣曰表作朝。索隱曰漢書表南鄭作朝 | 以信平君侯 | 七年三月丙寅侯起元年。索隱曰起史失其姓名也 | 孝文時坐後父故奪爵級關內侯

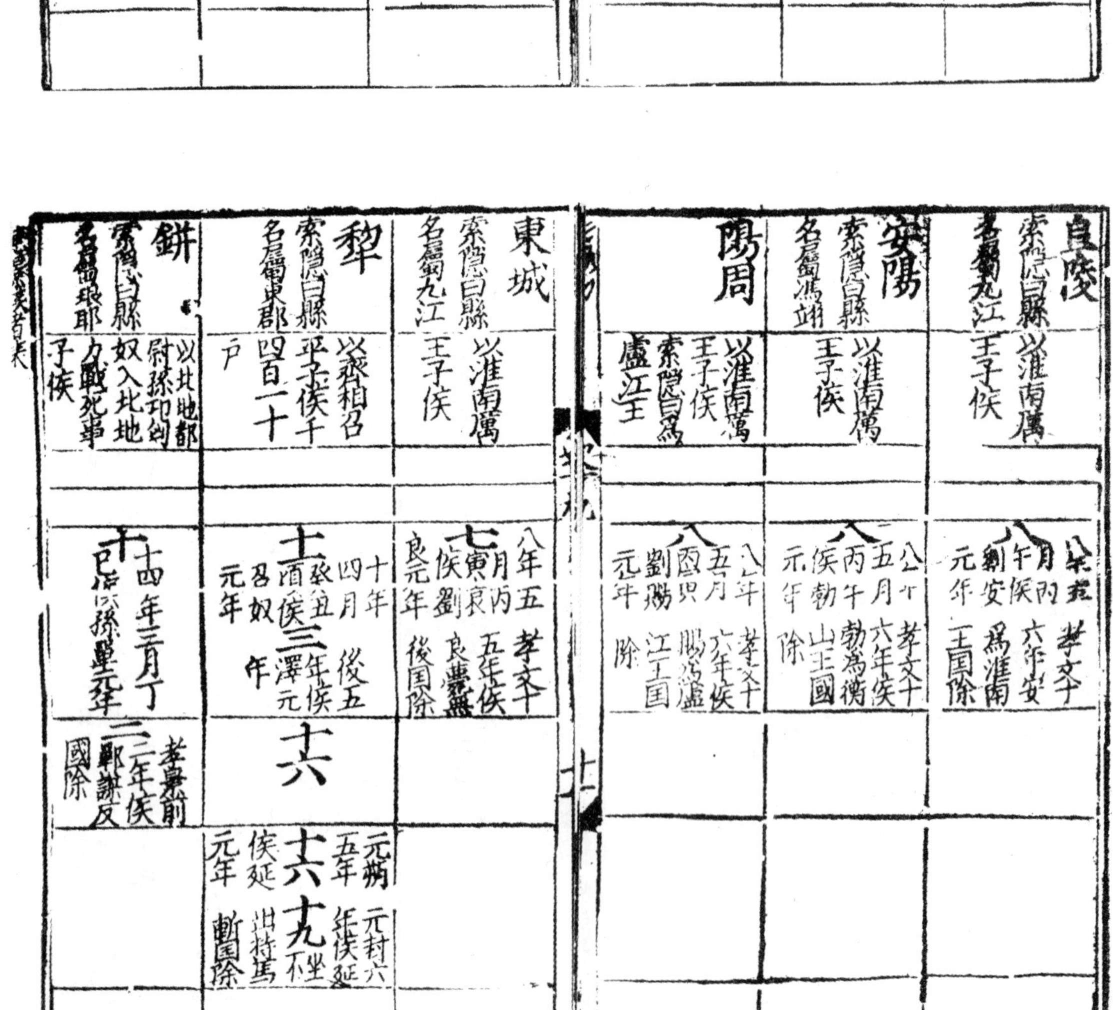

阜陵 索隱曰縣名屬九江 | 以淮南厲王子侯 | 八年五月丙午侯劉安元年 | 孝文十六年侯安為淮南王國除

安陽 索隱曰縣名屬馮翊 | 以淮南厲王子侯 | 八年五月丙午侯劉勃元年 | 孝文十六年侯勃為衡山王國除

陽周 | 以淮南厲王子侯。索隱曰為廬江王 | 八年五月丙午侯劉賜元年 | 孝文十六年侯賜為廬江王國除

東城 索隱曰縣名屬九江 | 以淮南厲王子侯 | 八年五月丙寅哀侯劉良元年 | 孝文十五年侯良薨無後國除

犂 索隱曰縣名屬東郡 | 以齊相召平子侯千四百一十戶 | 十年四月癸丑頃侯召奴元年 | 後五年侯澤元年 | 十六 | 元朔五年侯延元年 | 元封六年侯延坐不出持馬斬國除

缾 索隱曰縣名屬琅邪 | 以北地都尉孫卬匈奴入北地力戰死事子侯 | 十四年三月丁巳侯孫單元年 | 孝景前三年侯單謀反國除

弓高
索隱曰漢表在營陵
以匈奴相國降故韓王信孽子侯千二百三十七戶
十六年六月丙子莊侯韓穨當元年
八
十六
前元年侯則元年
十六
元朔五年侯則薨無後國除

襄成
索隱曰志屬潁川
以匈奴相國降侯故韓王信太子之子侯千四百三十二戶
十六年六月丙子哀侯韓嬰元年
七
後元七年侯澤之元年
十六
十五
元朔四年侯澤之坐詐病不從不敬國除

故安
索隱曰縣名屬涿郡
孝文元年舉淮陽守從高祖入漢功侯食邑五百戶用丞相侯一千七百一十二戶
後元三年四月丁巳節侯申屠嘉元年
五
二
前三年恭侯蔑元年
十四
十二
元狩二年清安侯臾元年
九
元鼎元年臾坐為九江太守有罪國除
五

章武
索隱曰縣名屬渤海
以孝文后弟侯萬一千八百六十九戶
後元七年六月乙卯景侯竇廣國元年
一
六
前七年恭侯完元年
十
八
元光三年侯常坐元年
十
元狩元年侯常坐謀殺人未殺罪國除

南皮
索隱曰縣名屬渤海
以孝文后兄竇長君子侯六千四百六十戶
後元七年六月乙卯侯竇彭祖元年
一
十六
五
建元六年夷侯良元年
五
元光五年侯桑林元年
十八
元鼎五年侯桑林坐酎金罪國除

右孝文時二十　孝景十六

平陸
索隱曰縣名屬西河又有東平陸在東平
楚元王子侯三千二百六十七戶
元年四月乙巳侯劉禮元年
二
孝景三年侯禮為楚王國除
一云乙卯

休
煦
楚元王子侯
元年四月乙巳侯富元年
二
孝景三年侯富以兄子戊為楚王反富與家屬至長安北闕自歸不能相教上印綬詔復王後以平陸侯為楚王更富封為紅侯

沈猶
索隱曰漢表在高苑
楚元王子侯千三百八十戶
元年四月乙巳夷侯劉穢元年
十六
四
建元五年侯受元年
十八
元狩三年侯受坐故為宗正聽謁不具宗室不敬國除

國名	侯功		孝景	建元至元封
紅	楚元王子侯千七百五十戶	索隱曰楚元王傳休侯富免後封紅侯此則並列誤也漢表一書而已紅休蓋二鄉名王莽時劉歆爲紅休侯代一大紅即紅縣	四 元年四月乙巳莊侯富元年 七年悼侯澂元年 九 中元元年敬侯發元年 一作嘉	十五 元朔四年侯章元年 一 元朔五年侯章薨無後國除
宛朐 索隱曰縣名屬濟陰	楚元王子侯		元年四月乙巳侯劉埶元年 二 孝景三年侯埶反國除 隱曰漢表作[illegible] 該埶音藝	
魏其 索隱曰縣名屬琅邪	以大將軍屯滎陽扞吳楚七國反已破爲侯三千三百五十戶		十四 三年六月乙巳侯竇嬰元年	九 建元元年爲丞相二歲免 元光四年侯嬰坐爭灌夫事上書稱爲先帝詔矯制害棄市國除
棘樂	楚元王子侯戶千二百一十三		十四 三年八月壬子敬侯劉調元年	二十 建元二年恭侯應元年 十六 元朔元年侯慶元年 元鼎五年侯慶坐酎金國除

國名	侯功		孝景	建元至元封
俞 索隱曰俞縣名屬清河	以將軍吳楚反時擊齊有功布故彭越舍人越反時布使齊還已梟越布祭哭之當亨出忠言高祖舍之黥布反布爲都尉戶千八百		六 六年四月丁卯侯欒布元年 中元五年侯布薨	元狩六年侯賁坐爲太常廟犧牲不如令有罪國除云元朔二年侯賁元年
建陵	以將軍擊吳楚功用中尉侯戶一千三百一十		六年四月丁卯敬侯衛綰元年 十一	十 元光五年侯信元年 十八 元鼎五年侯信坐酎金國除
建平 索隱曰縣名屬沛郡	以將軍擊吳楚功用江都相侯戶三千一百五十		六年四月丁卯哀侯程嘉元年 十一	七 元光二年節侯橫元年 一 元光三年侯回元年 一 元光四年侯回薨無後國除
平曲 索隱曰漢表在高城	以將軍擊吳楚功用隴西太守侯戶三千二百二十		六年四月己巳侯公孫昆邪元年○索隱曰漢書作渾邪 五 中元四年侯昆邪有罪國除太僕賀父	

江陽　索隱曰縣在東海

以將軍擊吳楚功用趙相侯戶二千五百四十一

六年四月壬申康侯蘇嘉元年　四　徐廣曰蘇一作籍　索隱曰漢表作蘇息

中元二年懿侯盧元年　七　徐廣曰一作哀侯

建元三年侯明元年　二十

元朔六年侯雕元年　六

元鼎五年侯雕坐酎金國除　十一

遽　索隱曰漢表鄉名在常山

以趙相建德王遂反建德不聽死事子侯戶千九百七十

中元二年四月乙巳侯橫元年　○索隱曰史失其姓　六

後元二年侯橫有罪國除

新市　索隱曰縣名屬鉅鹿

以趙內史王慎王遂反慎不聽死事子侯戶一千十四

中元二年四月乙巳康侯元年　五

後元年殤侯始昌元年　三

元光四年殤侯始昌爲人所殺國除　九

商陵　索隱曰漢表在臨淮

以楚太傅趙夷吾王戊反不聽死事子侯戶一千四十五

中元二年四月乙巳侯周元年　八

元鼎五年侯周坐爲丞相知列侯酎金輕不廷尉自殺國除　二十九

山陽

以楚相張尚王戊反尚不聽死事子侯戶千一百一十

中元二年四月乙巳侯當居元年　八

元朔五年侯當居坐爲太常程博士弟子故不以實罷國除　徐廣曰程一作擇　十六

安陵

以匈奴王降侯戶一千五百一十七

中元三年十一月庚子侯子軍元年　七

建元六年侯子軍薨無後國除　五

垣　索隱曰縣名屬河東

以匈奴王降侯

中元三年十二月丁丑侯賜元年　三　六年賜死不得及嗣

遒　索隱曰縣名屬涿郡音稀鳩反

以匈奴王降侯戶五千五百六十九

中元三年十二月丁丑侯隆彊元年不得隆彊嗣

後元年四月甲辰侯則坐使巫齊少君祠祝詛上大逆無道國除　徐廣曰漢書云武後二年

容成　索隱曰縣屬涿郡

以匈奴王降侯七百戶

中元三年十二月丁丑侯唯徐盧元年　七

建元元年康侯綽元年　十四

元朔三年侯光元年　二

後二年五月壬辰侯光坐祠祝詛國除　十六

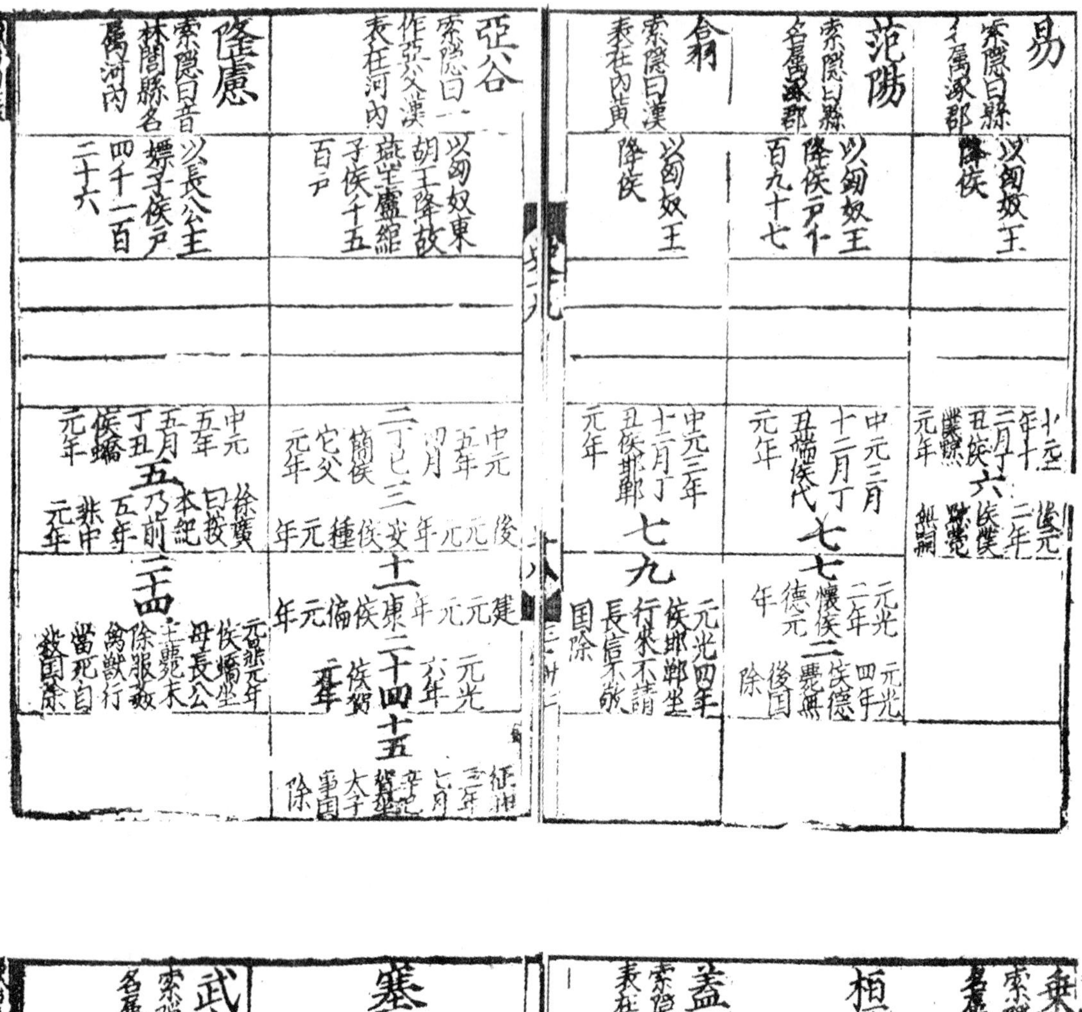

易　索隱曰縣名屬涿郡　以匈奴王降侯　中元三年十二月丁丑侯僕黠元年　六　後元二年侯僕黠薨無嗣

范陽　索隱曰縣名屬涿郡　以匈奴王降侯戶千一百九十七　中元三年十二月丁丑端侯代元年　七　七　元光二年懷侯德元年　二　元光四年侯德薨無後國除

翕　索隱曰漢表在內黃　以匈奴王降侯　中元三年十二月丁丑侯邯鄲元年　七　九　元光四年侯邯鄲坐行來不請長信不敬國除

亞谷　索隱曰一作亞父漢表在河內　以匈奴東胡王降故燕王盧綰子侯千五百戶　中元五年四月丁巳侯它父元年　三　後元元年侯種元年　十一　建元元年康侯偏元年　二十四　元光六年侯賀元年　十五　征和二年七月辛巳侯賀坐太子事國除

隆慮　索隱曰音林閭縣名屬河內　以長公主嫖子侯戶四千一百二十六　中元五年五月丁丑侯蟜元年　五　徐廣曰按本紀乃前五年　二十四　元鼎元年侯蟜坐母長公主薨未除服姦禽獸行當死自殺國除

乘氏　索隱曰縣名屬濟陰　以梁孝王子侯　中元五年五月丁卯侯買元年　中元六年侯買嗣為梁王國除

桓邑　以梁孝王子侯　中元五年五月丁卯侯明元年　中六年為濟川王國除

蓋　索隱曰漢表在勃海　以孝景后兄侯戶二千八百九十　中元三年五月甲戌靖侯王信元年　五　二十八　元狩三年侯偃元年　元鼎五年侯偃坐酎金國除

塞　以御史大夫前將軍兵擊吳楚功侯戶千四十六　後元元年八月侯直不疑元年　三　建元四年侯相如元年　十三　元朔四年侯堅元年　十三　元鼎五年侯堅坐酎金國除

武安　索隱曰縣名屬魏郡　以孝景后同母弟侯戶八千二百一十四　後元三年三月侯田蚡元年　一　九　元光四年侯梧元年　五　元朔三年侯梧坐衣襜褕入宮廷中不敬國除

周陽	索隱曰：縣名，屬上郡。以孝景后同母弟侯，戶六千五十一。		後三年三月，懿侯田勝元年。一	十 八 元光六年，侯彭祖元年。元狩二年，侯彭祖坐當歸與章侯宅不與，罪，國除。

右孝景時三十一

索隱述贊曰：惠景之際，天下已平。諸呂構禍，吳楚連兵。條侯出討，壯武奉迎。薄竇恩澤，張趙忠貞。本枝分蔭，肺腑歸誠。新市死事，建陵勳榮。咸開青社，俱受丹青。旋窺甲令，吳便有聲。

惠景閒侯者年表第七　史記十九

建元以來侯者年表第八　史記二十

索隱曰：十七十二國，太史公舊；餘國十九國，褚先生補也。

太史公曰：匈奴絕和親，攻當路塞；閩越擅伐，東甌請降。二夷交侵，當盛漢之隆，以此知功臣受封侔於祖考矣。何者？自詩書稱三代"戎狄是膺，荊荼是徵"，索隱曰：詩魯頌文。膺，當也。鄭玄曰：膺，擊也。徵，艾也。○索隱曰：荼音舒。徵音澄。齊桓越燕伐山戎，武靈王以區區趙服單于，秦繆用百里霸西戎，吳楚之君以諸侯役百越。況乃以中國一統，明天子在上，兼文武，席卷四海，內輯億萬之眾，豈以晏然不為邊境征伐哉！自是後，遂出師北討彊胡，南誅勁越，將卒以次封矣。

國名	侯功	元光	元朔	元狩	元鼎	元封	太初已後
翕 索隱曰：翕，以案漢表在內黃。	匈奴相降，侯。元朔二年，屬車騎將軍擊匈奴有功，益封。		四年七月壬午，侯趙信元年。三	五 六年，侯信為前將軍擊匈奴，遇單于兵敗，信降匈奴，國除。			
持裝 索隱曰：漢表作裝，在南陽。	匈奴都尉，降，侯。	六年後九月丙寅，侯樂元年。一	六	六	元鼎元年，侯樂死，無後，國除。		

國名	侯功						
親陽 索隱曰漢表在舞陽	匈奴相降侯	三 四年十月癸巳侯月氏元年	五 元朔五年侯月氏坐亡斬國除				
若陽 索隱曰表在平氏	匈奴相降侯	三 四年十月癸巳侯猛元年	五 元朔五年侯猛坐亡斬國除				
南窌 徐廣曰邑孝及	以騎將軍從大將軍青擊匈奴得王功侯太初二年以丞相封為葛繹侯		二 五年四月丁未侯公孫賀元年	六	四 元鼎五年賀坐酎金國除絕十歲		太初二年三月丁卯封葛繹侯 七 征和二年賀子敬聲有罪國除 三
合騎 索隱曰表在高城	以護軍都尉三從大將軍擊匈奴至右賢王庭得王功侯元朔六年贈封		二 五年四月丁未侯公孫敖元年	一 元狩二年侯敖將兵擊匈奴與驃騎將軍期後當斬贖為庶人國除			
樂安 索隱曰表在昌地理志昌縣在琅邪	以輕車將軍再從大將軍青擊匈奴得王功侯		二 五年四月丁未侯李蔡元年	四 元狩五年侯蔡以丞相侵盜孝景園神道壖地罪自殺國除			

國名	侯功						
龍頟 索隱曰地理志縣名屬平原劉氏音額崔浩音洛又云在齊又云在河閒有龍頟村而弓高桐近	以都尉從大將軍青擊匈奴得王功侯元鼎六年以橫海將軍擊東越功為案道侯○索隱曰漢表以龍頟案道為二人而封非也韋昭云案道屬齊		二 五年四月丁未侯韓說元年	六	四 元鼎五年侯說坐酎金國絕二歲復侯	六 元年五月丁卯案道侯說元年	征和三年子長代有罪絕 十 三 子曾復封為龍頟侯
隨成 索隱曰表在千乘	以校尉三從大將軍青擊匈奴攻農吾先登石累得王侯功○索隱曰累音壘險阻地名漢表作[illegible]音門		二 五年四月乙卯侯趙不虞元年	三 元狩三年侯不虞坐為定襄都尉匈奴敗太守以聞非實謾國除○索隱曰謂上聞天子狀不以實故云謾而國除謾音木干反			
從平 索隱曰表在樂昌邑	以校尉三從大將軍青擊匈奴至右賢王庭數為鴈行上石山先登功侯		二 五年四月乙卯侯公孫戎奴元年	一 元狩二年侯戎奴坐為上郡太守發兵擊匈奴不以聞謾國除			
長平 索隱曰地理志縣名屬汝南	以元朔二年再以車騎將軍擊匈奴取朔方河南功侯元朔五年以大將軍擊匈奴破右賢王益封三千戶		五 二年三月丙辰烈侯衛青元年徐廣曰青以元封五年薨	六	六	六	太初元年今侯伉元年
平陵 索隱曰表在武當	以都尉從車騎將軍青擊匈奴功侯以元朔五年用游擊將軍從大將軍益封		五 二年三月丙辰侯蘇建元年	六	六 元鼎六年侯建為右將軍與翕侯信俱敗獨身脫來歸當斬贖國除		

岸頭 索隱曰漢表在皮氏	以都尉從車騎將軍擊匈奴功侯元朔六年從大將軍益封		二年六月壬辰侯張次公元年 五	元狩元年次公坐為淮南王女陵姦及受財物罪国除			
平津	以丞相詔所褒侯		三年十一月乙丑獻侯公孫弘元年 四	元狩三年侯慶元年 二 四	六	元封四年侯慶坐為山陽太守有罪国除 三	
涉安	以匈奴單于太子降侯		三年四月丙子侯於單元年。索隱曰單音丹 三 五年卒无後国除				
昌武 索隱曰表在武陽	以匈奴王降侯以昌武侯從驃騎將軍擊左賢王功益封		四年七月庚申堅侯趙安稽元年 三	六	六	一 二年侯充国元年 三	太初元年侯充国薨亡後国除
襄城 索隱曰漢表作襄武侯不同案韓嬰亦封襄城侯地理志襄城在潁川襄武在隴西	以匈奴相國降侯		四年七月庚申侯無龍元年一云乘龍 三	六	六	六	太初二年無龍從浞野侯戰死 一 二 四年侯病已元年

涉軹 索隱曰漢表軹在西安无涉字地理志西安在齊郡涉軹猶從驃然皆當時意也故上又有涉安侯	以校尉三從大將軍青擊匈奴至右賢王庭得王虜閼氏功侯		五年四月丁未侯李朔元年 一	元狩元年侯朔有罪國除			
宜春 索隱曰志縣名屬汝南豫章亦有之	以父大將軍青破右賢王功侯		五年四月丁未侯衛伉元年 二	六	元鼎元年侯伉坐矯制不害国除		
陰安 索隱曰志縣名屬魏郡	以父大將軍青破右賢王功侯		五年四月丁未侯衛不疑元年 二	六	元鼎五年侯不疑坐酎金國除 四		
發干 索隱曰志縣名屬東郡	以父大將軍青破右賢王功侯		五年四月丁未侯衛登元年 二	六	元鼎五年侯登坐酎金國除 四		
博望 索隱曰志縣名屬南陽	以校尉從大將軍六年擊匈奴知水道及前使絕国大夏功侯		六年三月甲辰侯張騫元年 一	元狩二年侯騫坐以將軍擊匈奴畏懦當斬贖国除 一			

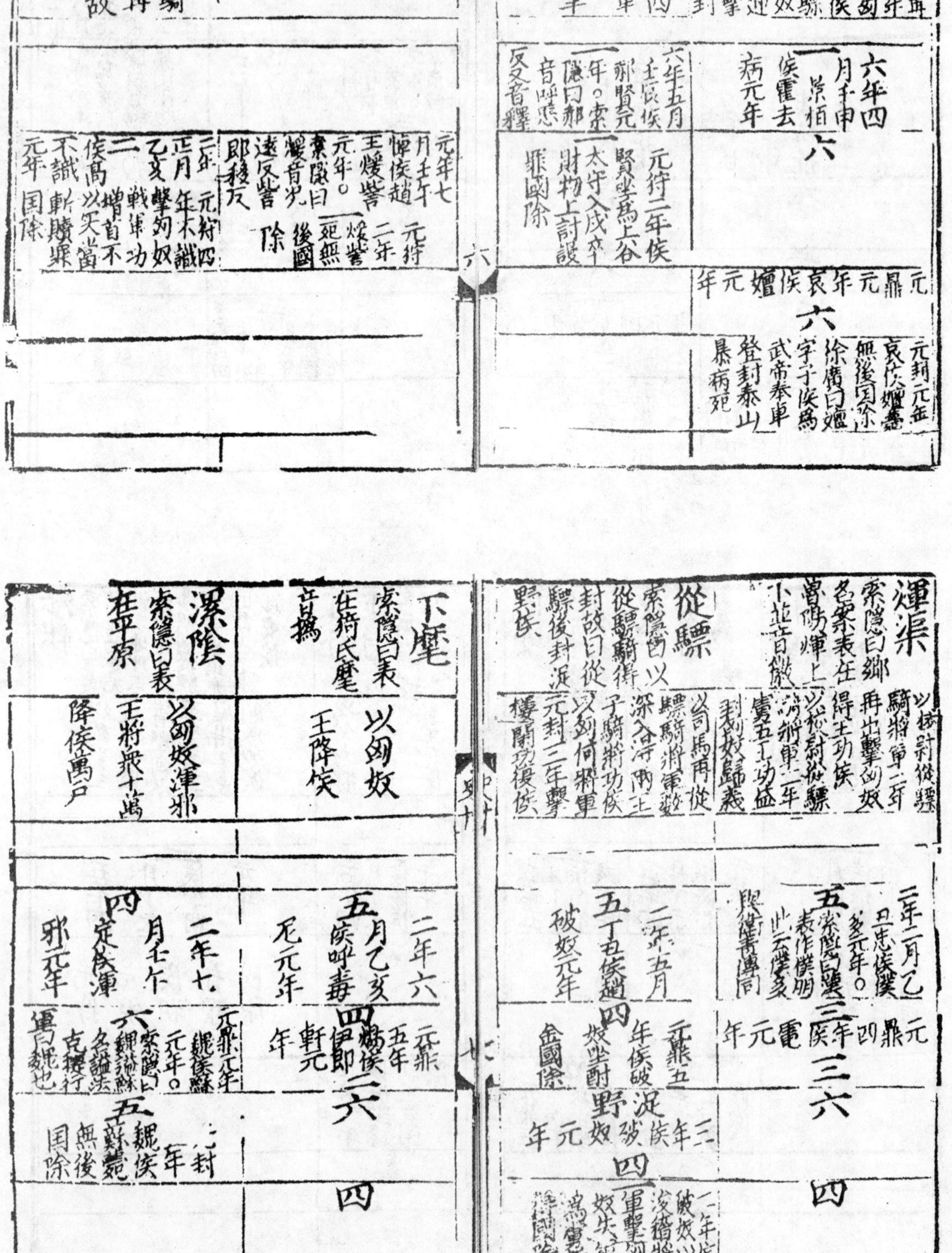

國名	侯功	元狩	元鼎	元封	太初
冠軍 索隱曰縣名屬南陽	以嫖姚校尉再從大將軍六年擊匈奴斬相國功侯。元狩二年以驃騎將軍擊匈奴至祁連益封，迎渾邪王益封，擊左右賢王益封	六年四月壬申景桓侯霍去病元年 一	六 元鼎元年哀侯嬗元年	元封元年哀侯嬗薨無後國除。徐廣曰嬗字子侯為武帝奉車登封泰山暴病死	
衆利 索隱曰表在陽城姑莫後以封伊即軒也	以上谷太守四從大將軍六年擊匈奴首虜千級以上功侯	六年五月壬辰侯郝賢元年 一 元狩二年侯賢坐為上谷太守入戍卒財物上計謾國除。索隱曰郝呼惡反又音釋			
潦 索隱曰表在舞陽	以匈奴趙王降侯	元年七月壬午悼侯趙王煖訾元年。索隱曰煖音況遠反訾音紫 二年煖訾死無後國除			
宜冠 索隱曰冠音官表在昌也	以校尉從驃騎將軍二年出再擊匈奴侯功故匈奴歸義	二年正月乙亥侯高不識元年 二 元狩四年不識擊匈奴戰軍功增首不以實當斬贖罪國除			
渾渠 索隱曰鄉名案表在魯陽渾上音胡昆反下音巨	以校尉從驃騎將軍二年再出擊匈奴得王功侯	二年二月乙丑忠侯僕多元年。索隱曰漢表作僕朋此云僕多與漢書同 五	三 元鼎四年侯電元年	六	四
從驃 索隱曰以從驃騎將軍功故曰從驃後封浞野侯	以司馬再從驃騎將軍數深入匈奴得兩王子騎將功侯。以匈河將軍元封三年擊樓蘭功復侯	二年五月丁丑侯趙破奴元年 五	四 元鼎五年侯破奴坐酎金國除	三 元封三年侯破奴元年	二年侯破奴以浚稽將軍擊匈奴失軍為虜所得國除
下麾 索隱曰表在猗氏麾音撝	以匈奴王降侯	二年六月乙亥侯呼毒尼元年 五	六 元鼎五年煬侯伊即軒元年	六	四
漯陰 索隱曰表在平原	以匈奴渾邪王將衆十萬降侯萬戶	二年七月壬午定侯渾邪元年 四	六 元鼎元年魏侯蘇元年。索隱曰魏諡法克威行	五 元封五年魏侯蘇薨無後國除	

煇渠 索隱曰韋昭云僕多所封則作煇渠應庇所封則作渾渠二者皆鄉名在魯陽今並作煇誤也案漢表亦作㷇孔文祥云同是元狩中封則一邑分封二人也其義為得	以匈奴王降侯		四 三年七月壬午悼侯扁訾元年○索隱曰漢表作悼侯應庇韋昭讀為扁必二反扁北顯反訾子移反	一 二年侯扁訾薨無後國除		
河綦 索隱曰表在濟南	以匈奴右王與渾邪降侯		四 三年七月壬午康侯烏犁元年○索隱曰漢書作禽黎	二 元鼎三年餘利鞮元年 四	六	四
常樂 索隱曰表在濟南	以匈奴大當戶與渾邪降侯		四 三年七月壬午肥侯稠雕元年○索隱曰漢書衛青傳作雕離	六	六	二 太初三年今侯廣漢元年
符離 索隱曰縣名屬沛郡	以右北平太守從驃騎將軍四年擊右王將重會期首虜二千七百人功侯○索隱曰將重將字上聲重者輜重也會期言將赴期將去聲重平聲		三 四年六月丁卯侯路博德元年	六	六	太初元年侯路博德有罪國除

壯 索隱曰表在東平	以匈奴歸義因淳王從驃騎將軍四年擊左王以少破多捕虜二千一百人功侯		三 四年六月丁卯侯復陸支元年	二 元鼎三年今侯偃元年 四	六	四
衆利	以匈奴歸義樓剸王從驃騎將軍四年擊右王手自劍合功侯○索隱曰剸音專手自劍謂手刺其王而合戰得封		三 四年六月丁卯質侯伊即軒元年○索隱曰軒音居言反	六	五 六年今侯當時元年 一	四
湘成 索隱曰表在陽城	以匈奴符離王降侯		三 四年六月丁卯侯敞屠洛元年	四 元鼎五年侯敞屠洛坐酎金國除		
義陽 索隱曰表在平氏	以北地都尉從驃騎將軍四年擊左王得王功侯		三 四年六月丁卯侯衛山元年	六	六	四
散 索隱曰表在陽城	以匈奴都尉降侯		三 四年六月丁卯侯董荼吾元年○索隱曰劉氏荼音大姑反蓋誤耳今以其人名余吾余吾者匈奴水名也	六	六	二 太初三年今侯安漢元年 二

臧馬 索隱曰表在朱虛	周子南君 索隱曰表在長社	樂通 索隱曰韋昭云在臨淮高平	瞭 索隱曰音遼表在舞陽	術陽 索隱曰表在下邳	龍亢 索隱曰晉灼云龍劉左傳齊侯圍龍龍音尼厲反詩云廣德所封止是龍有亢音記也
以匈奴王降侯	以周後紹封	以方術侯	以匈奴歸義王降侯	以南越王兄越高昌侯	以校尉摎世樂擊南越死事子侯○索隱曰摎居虯反
四年六月丁卯康侯延年元年 一 五年侯延年死不得置後國除					
	三 四年十一月丁卯侯姬嘉元年	一 四年四月乙巳侯五利將軍欒大元年 五年侯大有罪斬國除	一 四年六月丙午侯次公元年 五年侯次公坐酎金國除	一 四年侯建德元年 五年侯建德有罪國除	二 五年三月壬午侯廣德元年
	三 四年君買元年				六 元封六年侯廣德有罪國除
	三				

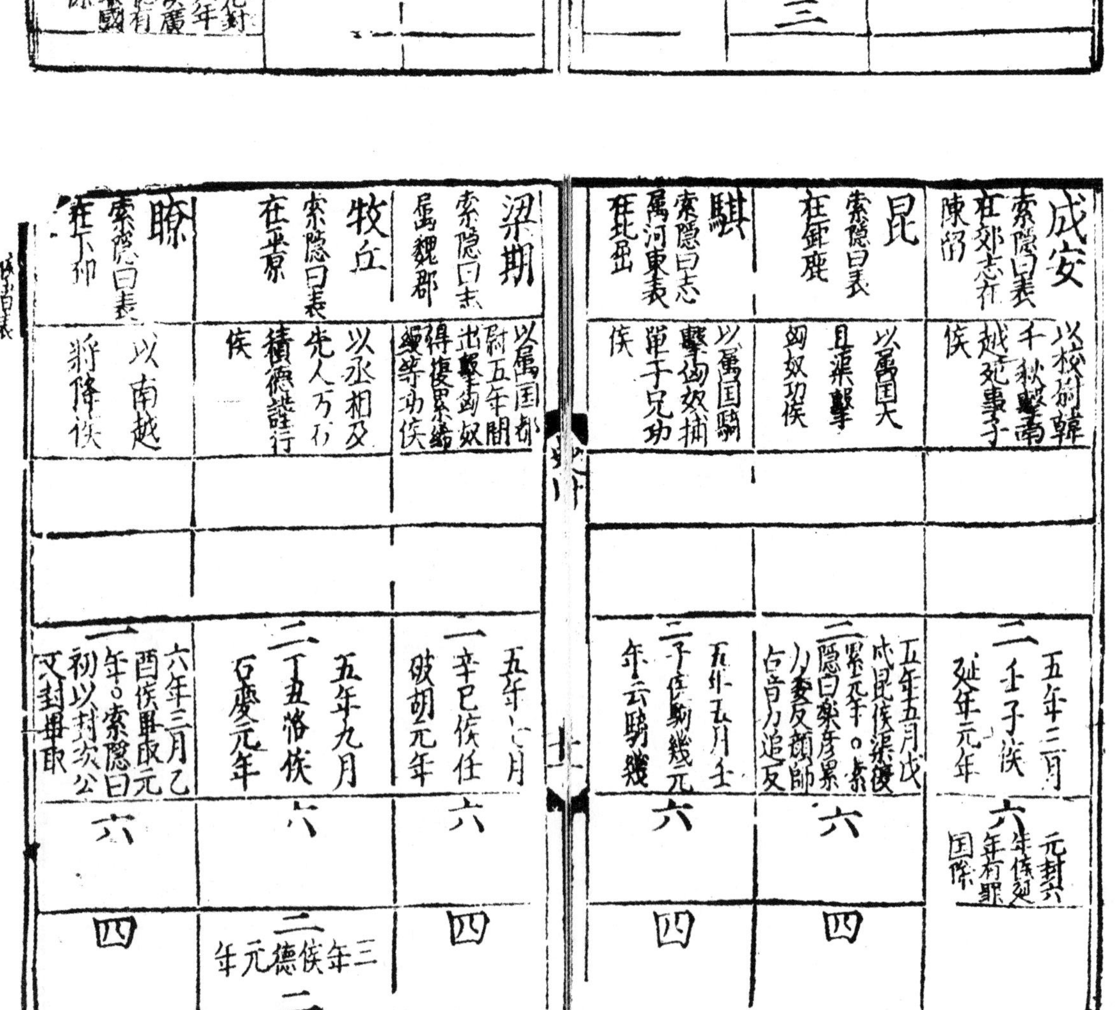

成安 索隱曰表在郟志在陳留	昆 索隱曰表在鉅鹿	騏 索隱曰志屬河東表在北屈	梁期 索隱曰志屬魏郡	牧丘 索隱曰表在平原	瞭 索隱曰表在下邳
以校尉韓千秋擊南越死事子侯	以屬國大且渠擊匈奴功侯	以屬國騎擊匈奴捕單于兄功侯	以屬國都尉五年閒出擊匈奴得復累絺縵等功侯	以丞相及先人万石積德謹行侯	以南越將降侯
二 五年三月壬子侯延年元年	二 五年五月戊戌昆侯渠復累元年○索隱曰渠復累方復反顏師古音力追反	二 五年五月壬子侯駒幾元年云駒幾	一 五年七月辛巳侯任破胡元年	二 五年九月丁丑恪侯石慶元年	一 六年三月乙酉侯畢取元年○索隱曰初以封次公又封畢取
六 元封六年侯延年有罪國除	六	六	六	六	六
	四	四	四	二 三年侯德元年 二	四

國名	侯功	元鼎	元封	太初
將梁	以樓船將軍擊南越，椎鋒却敵，侯。	一 六年三月乙酉，侯楊僕元年。	三 元封四年，侯僕有罪，國除。	
安道 索隱曰表在南陽	以南越揭陽令聞漢兵至自定降，侯。	一 六年三月乙酉，侯揭陽令定元年。	六	四
隨桃 索隱曰表在南陽	以南越蒼梧王聞漢兵至降，侯。	一 六年四月癸亥，侯趙光元年。	六	四
湘成 索隱曰表在堵陽	以南越桂林監聞漢兵破番禺，諭甌駱兵四十餘万降，侯。	一 六年五月壬申，侯監居翁元年。索隱曰監官也居姓翁字	六	四
海常 索隱曰表在琅邪	以伏波司馬捕得南越王建德，功侯。	一 六年七月乙酉，莊侯蘇弘元年。	六	太初元年，侯弘死，無後國除。
北石 索隱曰漢表作外石，在濟南	以故東越衍侯佐繇王斬餘善，功侯。		六 元年正月壬午，侯吳陽元年。	三 太初四年，今侯首元年。
下鄜 索隱曰漢表作鄜	以故甌駱左將斬西于王，功侯。		六 元年四月丁酉，侯左將黃同元年。索隱曰西南夷傳甌駱左將黃同斬西于王，是姓黃，然漢表云將黃同，則左將是官，不疑。	四

國名	侯功	元封	太初
繚嫈 索隱曰繚音了縈縈繚之繚嫈按字林音乙耕反西南夷傳音嫈	以故校尉從橫海將軍說擊東越，功侯。	一 元年五月乙卯，侯劉福元年。二年，侯福有罪，國除。	
語兒 索隱曰韋昭云東越徇北在會稽越居為鄉也	以軍卒斬東越徇北將軍，功侯。	六 元年閏月癸卯，莊侯轅終古元年。徐廣曰閏四月也	太初元年，終古死，無後，國除。
開陵 索隱曰表在臨淮	以故東越建成侯與繇王共斬東越王餘善，功侯。	六 元年閏月癸卯，侯建成元年。	四
臨蔡 索隱曰在河內	以故南越郎聞漢兵破番禺，為伏波得南越相呂嘉，功侯。	六 元年閏月癸卯，侯孫都元年。	四
東成 索隱曰表在九江	以故東越繇王斬東越王餘善，功侯，萬戶。	六 元年閏月癸卯，侯居服元年。	四
無錫 索隱曰表在會稽	以東越將軍，漢兵至，棄軍降，侯。	六 元年，侯多軍元年。	四

國名	侯功				元封	太初
涉都 索隱曰表在南陽	以父弃故南海守漢兵至以城邑降子侯				元年中侯嘉元年 六	太初二年侯嘉薨無後國除 二
平州 索隱曰表在梁父	以朝鮮將漢兵至降侯				三年四月丁卯侯唊元年 索隱唊如淳曰唊音頰 一	四年侯唊薨無後國除
荻苴 索隱曰音狄 表在渤海	以朝鮮相漢兵至圍之降侯				三年四月侯朝鮮相韓陰元年 四	四
澅清 索隱曰表在齊 澅音獲 水名在齊 又音乎卦反	以朝鮮尼谿相使人殺其王右渠來降侯				三年六月丙辰侯朝鮮尼谿相參元年 四	四
騠茲 索隱曰騠音啼 表在琅邪	以小月氏若苴王將衆降侯 索隱曰苴音子餘反				四年十一月丁卯侯稽谷姑元年 三	太初元年侯稽谷姑薨無後國除
浩	以故中郎將將兵捕得車師王功侯				四年正月甲申侯王恢元年 一 四年四月侯恢坐使酒泉矯制害當死贖國除封凡三月	

國名	侯功				元封	太初
瓡讘 徐廣曰在河東 瓡音胡 讘之涉反○索隱曰縣名 案表在河東 志亦同 即狐字	以小月氏王將衆千騎降侯				四年正月乙酉侯扜者元年 索隱曰扜音烏亦音汙 一 六年侯勝元年	四
幾 索隱曰音機 表在河東	以朝鮮王子漢兵圍朝鮮降侯				四年三月癸未侯張路歸義元年○索隱曰韋昭云路音洛姑落反 二 元封六年侯張路使朝鮮謀反死國除	
涅陽 索隱曰表在齊 志屬南陽	以朝鮮相路人漢兵至首先降道死其子侯				四年三月壬寅康侯子最元年 三	太初二年侯最死無後國除 二

右太史公本表

當塗 索隱曰表在九江 魏不害以圉守尉捕淮陽反者公孫勇等侯

蒲 索隱曰表在琅邪 蘇昌以圉尉史捕淮陽反者公孫勇等侯

潦陽 索隱曰潦音遼 表在清河 江德以圉廄嗇夫共捕淮陽反者公孫勇等侯

富民 索隱曰表在蘄 田千秋家在長陵以故高廟寢郎上書諫孝武曰子弄父兵罪當笞父子之怒自古有之蚩尤畔父黃帝涉江上書至意拜爲大鴻臚征和四年爲丞相封二千戶至昭帝時病死子順代立爲

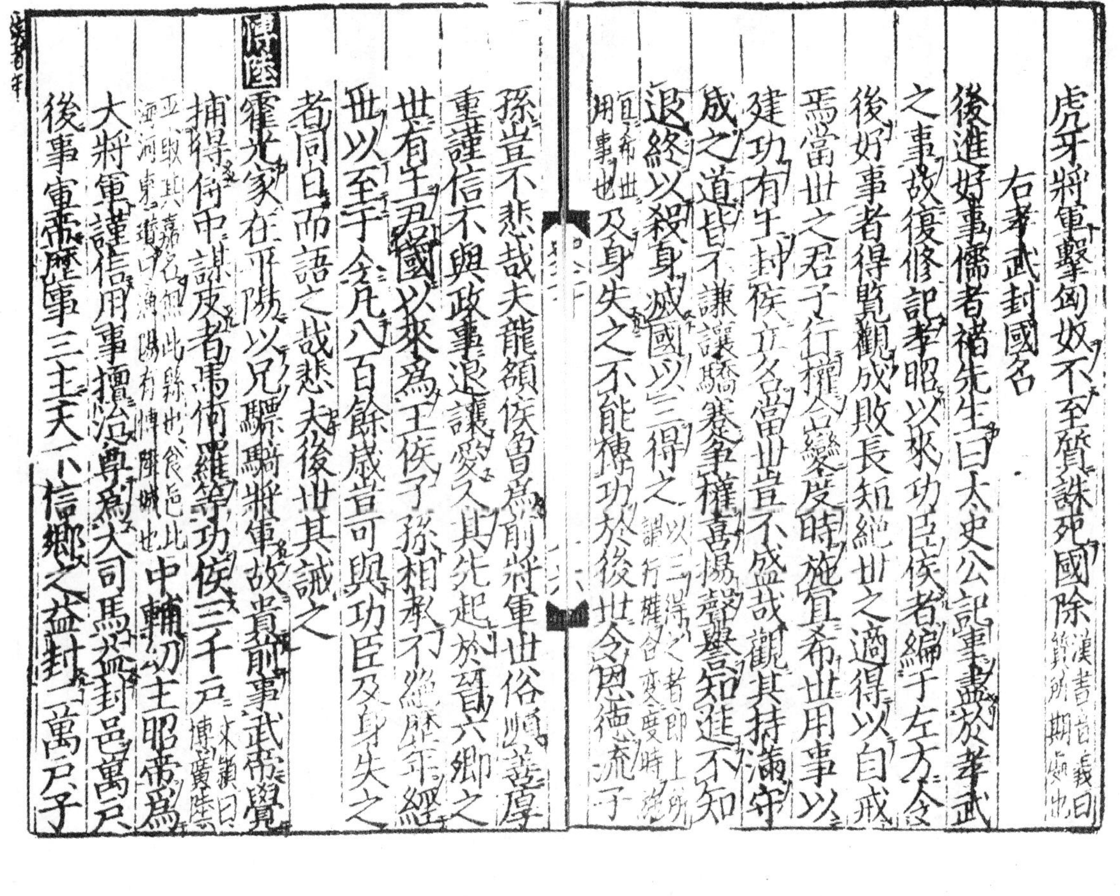

虎牙將軍擊匈奴不至質誅死國除（漢書音義曰質所期處也）

右孝武封國名

後進好事儒者褚先生曰太史公記事盡於孝武之事故復修記孝昭以來功臣侯者編于左方令後好事者得覽觀成敗長短絕世之適得以自戒焉當世之君子行權合變度時施宜希世用事以建功有土封侯立名當世豈不盛哉觀其持滿守成之道皆不謙讓驕蹇爭權喜揚聲譽知進不知退終以殺身滅國以三得之（謂行權合變度時施宜希世用事也）及身失之不能傳功於後世令恩德流子孫豈不悲哉夫龍頟侯曾為前將軍世俗順善厚重謹信不與政事退讓愛人其先起於晉六卿之世有土君國以來為王侯子孫相承不絕歷年經世以至于今凡八百餘歲豈可與功臣及身失之者同日而語之哉悲夫後世其誡之

博陸　霍光家在平陽以兄驃騎將軍故貴前事武帝覺捕得侍中謀反者馬何羅等功侯三千戶中輔幼主昭帝為大將軍謹信用事擅治尊為大司馬益封邑萬戶後事宣帝歷事三主天下信鄉之益封二萬戶子

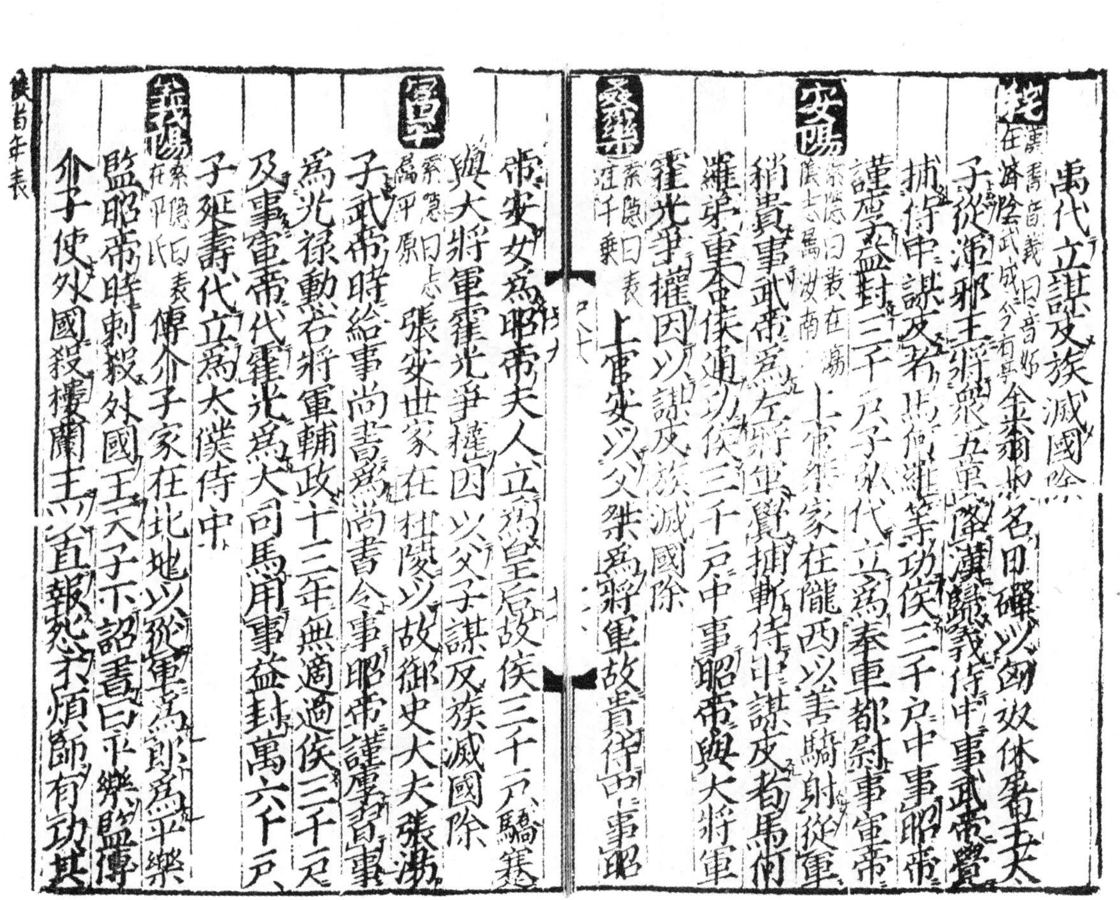

禹代立謀反族滅國除

秺　金翁叔名日磾以匈奴休屠王太子從渾邪王將衆五萬降漢歸義侍中事武帝覺捕侍中謀反者馬何羅等功侯三千戶中事昭帝謹厚益封三千戶子弘代立為奉車都尉事宣帝

安陽　上官桀家在隴西以善騎射從軍稍貴事武帝為左將軍覺捕斬侍中謀反者馬何羅弟重合侯通功侯三千戶中事昭帝與大將軍霍光爭權因以謀反族滅國除

桑樂　上官安以父桀為將軍故貴侍中事昭帝安女為昭帝夫人立為皇后故侯三千戶驕蹇與大將軍霍光爭權因以父子謀反族滅國除

富平　張安世家在杜陵以故御史大夫張湯子武帝時給事尚書為尚書令事昭帝謹厚習事為光祿勳右將軍輔政十三年無適過侯三千戶及事宣帝代霍光為大司馬用事益封萬六千戶子延壽代立為太僕侍中

義陽　傅介子家在北地以從軍為郎為平樂監昭帝時刺殺外國王天子下詔書曰平樂監傅介子使外國殺樓蘭王以直報怨不煩師有功其

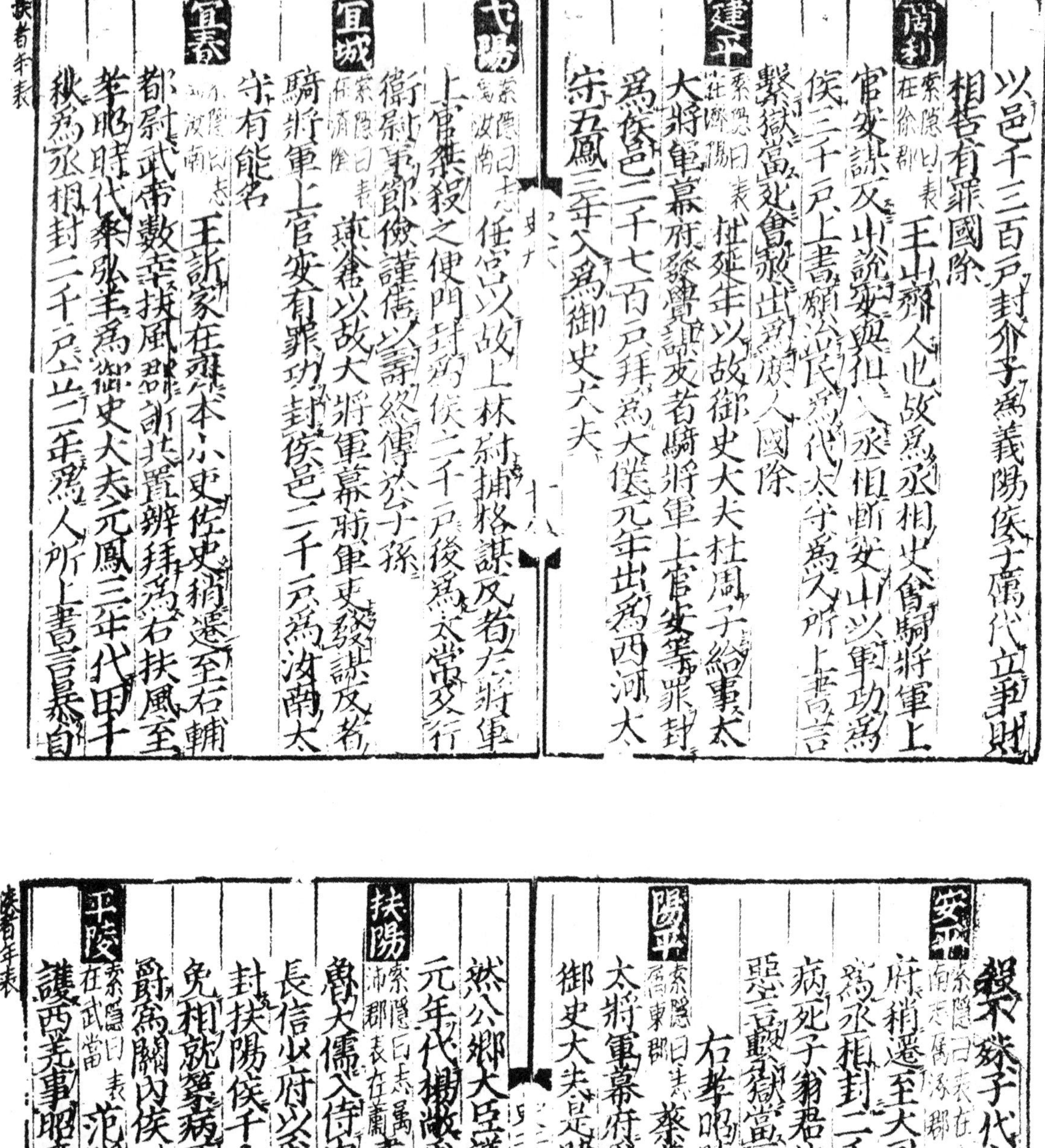

以邑千三百戸封𠔥子爲義陽侯子厲代立爭財相告有罪國除

商利 索隱曰表在徐郡 王山壽人也故爲丞相史會騎將軍上官安謀反山說安與俱入丞相斷安山以軍功爲侯三千戸上書願治民爲代太守爲人所上書言繫獄當死會赦出爲庶人國除

建平 索隱曰表在濟陽 杜延年以故御史大夫杜周子給事大將軍幕府發覺謀反者騎將軍上官安等罪封爲侯邑二千七百戸拜爲太僕元年出爲西河太守五鳳三年入爲御史大夫

史十八

弋陽 索隱曰志屬汝南 任宮以故上林尉捕格謀反者左將軍上官桀殺之便門封爲侯二千戸後爲太常及行衛尉事節儉謹信以壽終傳於子孫

宜城 索隱曰表在濟陰 燕倉以故大將軍幕府軍吏發謀反者騎將軍上官安有罪功封侯邑二千戸爲汝南太守有能名

宜春 索隱曰志屬汝南 王訢家在齊本小吏佐史稍遷至右輔都尉武帝數幸扶風郡訢共置辨拜爲右扶風至孝昭時代桑弘羊爲御史大夫元鳳三年代田千秋爲丞相封二千戸立二年爲人所上書言暴自

殺不殺子代立爲屬國都尉

安平 索隱曰表在汝南志屬涿郡 楊敞家在華陰故給事大將軍幕府稍遷至大司農爲御史大夫元鳳六年代王訢爲丞相封二千戸立二年病死子賁代立十三年病死子翁君代立爲典屬國三歲以季父惲故出惡言繫獄當死得免爲庶人國除

右孝昭時所封國名

陽平 索隱曰表在東郡 蔡義家在溫故師受韓詩爲博士給事大將軍幕府爲杜城門候入侍中授昭帝韓詩爲御史大夫是時年八十衰老常兩人扶持乃能行

史十九

然公卿大臣議以爲爲人主師當以爲相以元平元年代楊敞爲丞相封二千戸病死絕無後國除

扶陽 索隱曰表屬沛郡表在蕭 韋賢家在魯通詩禮尚書爲博士授魯大儒入侍中爲昭帝師遷爲光祿大夫大鴻臚長信少府以爲人主師本始三年代蔡義爲丞相封扶陽侯千八百戸爲丞相五歲多恩不習吏事免相就第病死子玄成代立爲太常坐祠廟騎奪爵爲關內侯

平陵 索隱曰表在武當 范明友家在隴西以家世習外國事使護西羌事昭帝拜爲度遼將軍擊烏桓功侯二千

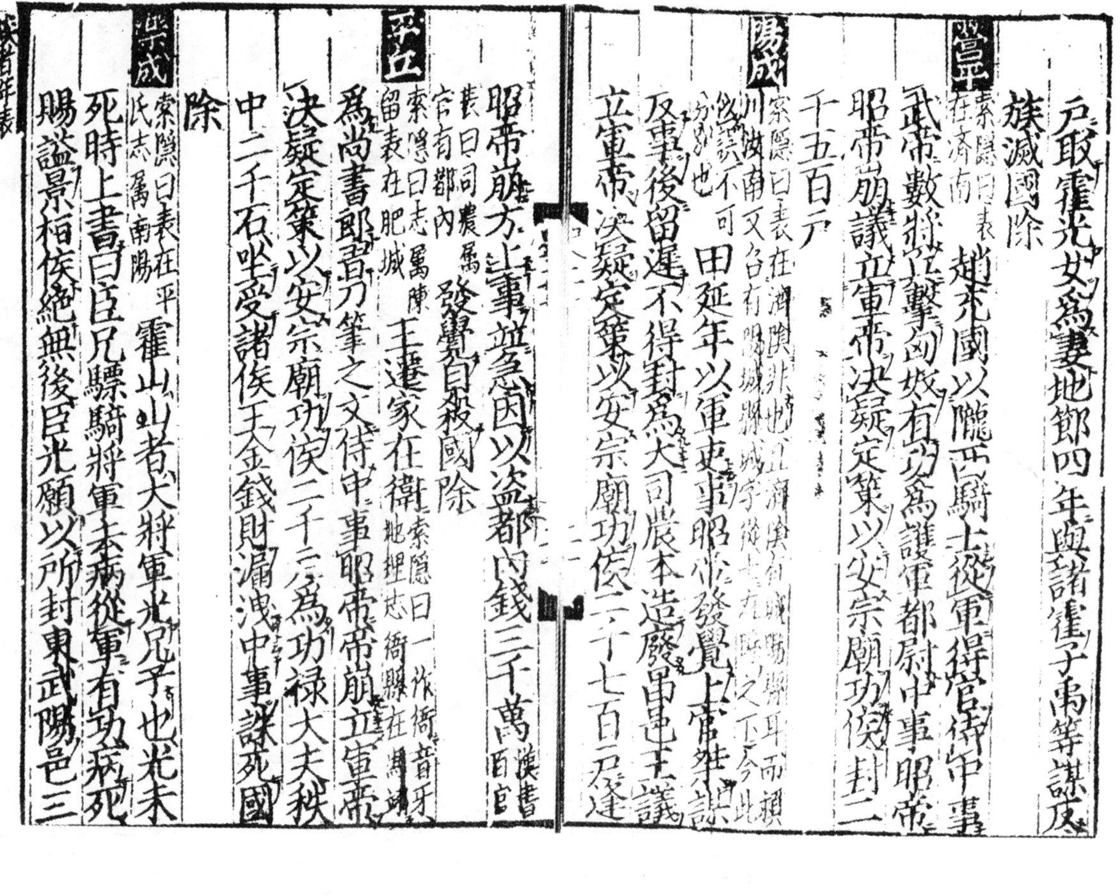

戶耿霍光女爲妻地節四年與諸霍子禹等謀反
族滅國除

營平　索隱曰表在濟南　趙充國以隴西騎士從軍得官侍中事
武帝數將兵擊匈奴有功爲護軍都尉中事昭帝
昭帝崩議立宣帝決疑定策以安宗廟功侯封二
千五百戶

陽成　索隱曰表在濟陰　田延年以軍吏事昭帝發覺上官桀謀
反事後留遲不得封爲大司農本造廢昌邑王議
立宣帝決疑定策以安宗廟功侯二千七百戶逢
昭帝崩方上事並急因以盜都內錢三千萬　漢書百官
表曰司農屬官有都內　發覺自殺國除

平丘　索隱曰志屬陳留表在肥城　王遷家在衞　爲尚書郎習刀筆之文侍中事昭帝帝崩立宣帝
決疑定策以安宗廟功侯二千戶爲光祿大夫秩
中二千石坐受諸侯王金錢財漏泄中事誅死國
除

樂成　索隱曰表在平氏志屬南陽　霍山山者大將軍光兄子也光未
死時上書曰臣兄驃騎將軍去病從軍有功病死
賜謚景桓侯絕無後臣光願以所封東武陽邑三

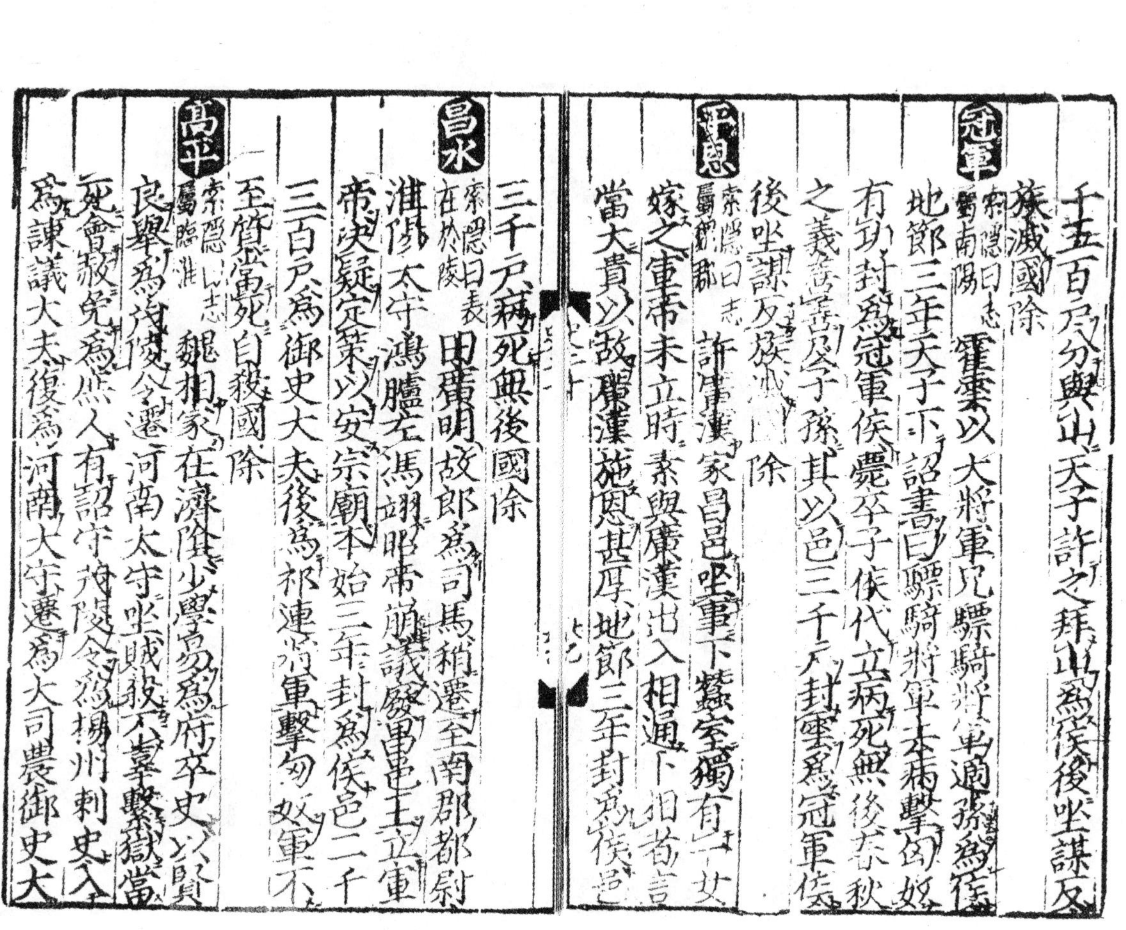

千五百戶分與山天子許之拜山爲侯後坐謀反
族滅國除

冠軍　索隱曰志屬南陽　霍雲以大將軍兄驃騎將軍適孫爲侯
地節三年天子下詔書曰驃騎將軍去病擊匈奴
有功封爲冠軍侯薨卒子侯代立病死無後春秋
之義善善及子孫其以邑三千戶封雲爲冠軍侯
後坐謀反族滅國除

平恩　索隱曰志屬魏郡　許廣漢家昌邑坐事下蠶室獨有一女
嫁之宣帝未立時素與廣漢出入相通卜相者言
當大貴以故廣漢施恩甚厚地節三年封爲侯邑
三千戶病死無後國除

昌水　索隱曰表在於陵　田廣明故郎爲司馬稍遷至南郡都尉
淮陽太守鴻臚左馮翊昭帝崩議廢昌邑王立宣
帝決疑定策以安宗廟本始三年封爲侯邑二千
三百戶爲御史大夫後爲祁連將軍擊匈奴軍不
至質當死自殺國除

高平　索隱曰志屬臨淮　魏相家在濟陰少學易爲府卒史以賢
良舉爲茂陵令遷河南太守坐賊殺不辜繫獄當
死會赦免爲庶人有詔守茂陵令爲揚州刺史入
爲諫議大夫復爲河南太守遷爲大司農御史大

夫地節三年譜毀軍費代爲丞相封千五百戶薨
薨長子寬代立坐祠廟失侯

博望 索隱曰志屬南陽 許中翁 名舜 以平恩侯許廣漢弟封爲侯
邑二千戶亦故有私恩爲長樂衛尉死子延壽代
立

樂平 許翁孫以平恩侯許廣漢少弟故爲侯封二千戶
拜爲彊弩將軍擊破西羌還更拜爲大司馬光祿
勳亦故有私恩故得封嗜酒好色以早病死子湯
代立

將陵 史子回 名曾 以宣帝大母家封爲侯二千六百戶與
平臺侯昆弟行也子回妻宜君故成王孫嫉妒絞
殺侍婢四十餘人盜斷婦人初產子臂膝以爲媚
道爲人所上書言論棄市子回以外家故不失侯

平臺 索隱曰志屬常山 史子叔 名玄 以宣帝大母家封爲侯二千
五百戶衛太子時史氏內一女於太子嫁一女魯
王今見魯王亦史氏外孫也外家有親以故貴數
得賞賜

樂陵 索隱曰志屬臨淮 史子長 名高 以宣帝大母家貴侍
中重厚忠信以發覺霍氏謀反事封三千五百戶

博成 索隱曰表在臨淮 張章父故潁川人爲長安亭長失官之
北闕上書寄宿霍氏第舍臥馬櫪間夜聞養馬奴
相與語言諸霍氏子孫欲謀反狀因上書告反爲
侯封三千戶

都成 索隱曰志屬潁川 金安上先故匈奴以發覺故大將軍霍
光子禹等謀反事有功封侯二千八百戶安上者
奉車都尉秺侯從羣子行謹善退讓以自持欲傳
功德於子孫

平通 索隱曰表在博陽 楊惲家在華陰故丞相楊敞少子任爲
郎好士自喜知人居眾人中常與人顏色以故高
昌侯董忠引與屏語言霍氏謀反狀共發覺告反
侯二千戶爲光祿勳到五鳳四年作爲妖言大逆
罪誅國除

高昌 索隱曰志屬千乘 董忠父故潁川陽翟人以習書詣長安
忠有材力能騎射用短兵給事期門 漢書東方朔傳曰武帝微行出與侍中常侍武騎及待詔隴西北地良家子能騎射者期諸殿門故有期門之號 與張
章相習知章告語忠霍禹謀反狀忠以語常侍騎
郎楊惲共發覺告反侯二千戶今爲梟騎都尉侍
中坐祠宗廟乘小車奪百戶

爰戚 趙成 索隱曰漢表作趙長平 用發覺楚國事侯二千三百戶
地節元年楚王與廣陵王謀反成發覺反狀天子

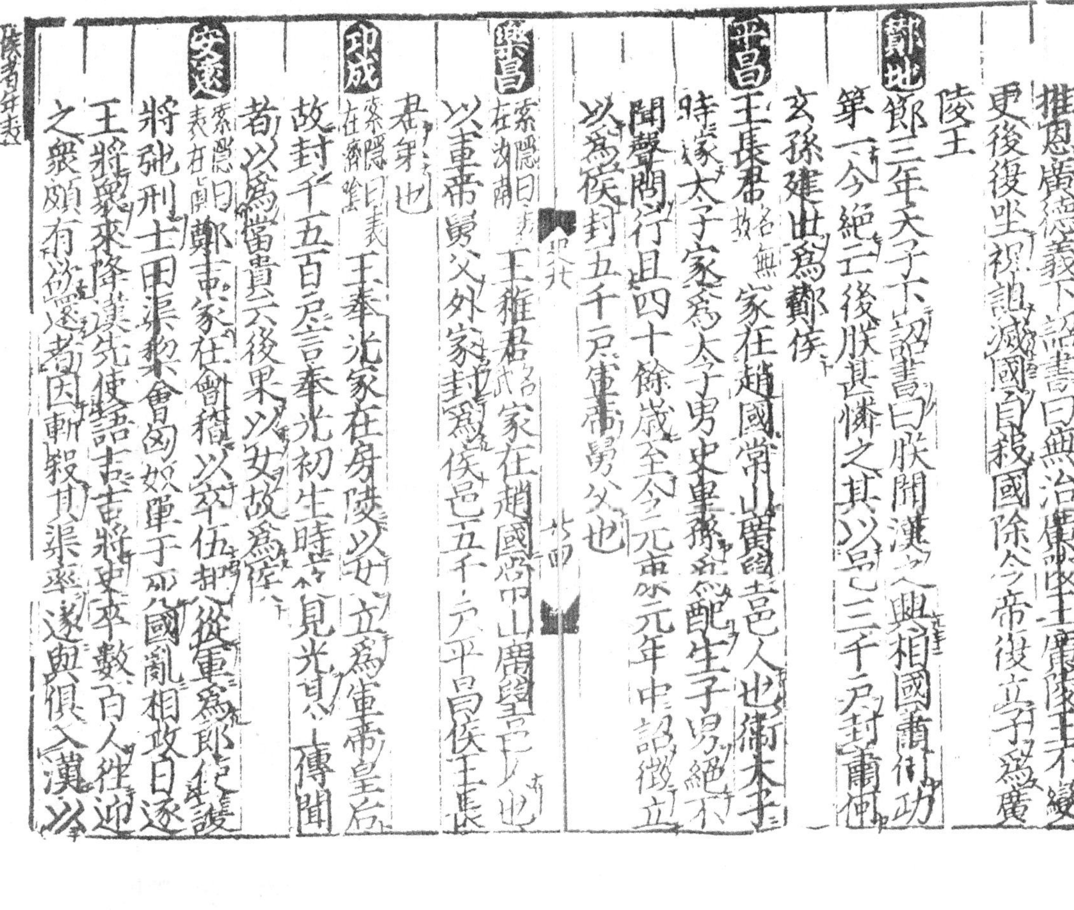

推恩廣德義下詔書曰無治廣陵王不變
更後復坐祝詛滅國自殺國除今帝復立子為廣
陵王

鄭　地節三年天子下詔書曰朕聞漢之興相國蕭何功
第一今絕無後朕甚憐之其以邑三千戶封蕭何
玄孫建世為酇侯

平昌　王長君家在趙國常山廣望邑人也衛太子
時家為太子男史皇孫配生子男絕不
聞聲問行且四十餘歲至今元康元年中詔徵立
以為侯封五千戶宣帝舅父也

樂昌　索隱曰表在汝南　王稚君家在趙國常山廣望邑人也
以宣帝舅父外家封為侯邑五千戶平昌侯王長
君弟也

邛成　索隱曰表在濟陰　王奉光家在房陵以女立為宣帝皇后
故封千五百戶言奉光初生時夜見光其上傳聞
者以為當貴云後果以女故為侯

安遠　索隱曰表在慎　鄭吉家在會稽以卒伍起從軍為郎使護
將弛刑士田渠黎會匈奴單于死國亂相攻日逐
王將眾來降漢先使語吉吉將吏卒數百人往迎
之眾頗有欲還者因斬殺其渠率遂與俱入漢以

軍功侯二千戶

博陽　索隱曰表在南頓　邴吉家在魯本以治獄為御史屬給事
大將軍幕府常施舊恩宣帝遷為御史大夫封侯
二千戶神爵二年代魏相為丞相立五歲病死子
翁孟代立為將軍侍中甘露元年坐祠宗廟不乘
大車而騎至廟門有罪奪爵為關內侯

建成　索隱曰表在沛　黃霸家在陽夏以役使徙雲陽以廉吏為
河內守丞遷為廷尉監行丞相長史事坐見知夏
侯勝非詔書大不敬罪久繫獄三歲從勝學尚書
會赦以賢良舉為揚州刺史潁川太守善化男女
異路耕者讓畔賜黃金百斤秩中二千石居潁川
入為太子太傅遷御史大夫五鳳三年代邴吉為
丞相封千八百戶

西平　索隱曰表在臨淮　于定國家在東海本以治獄給事為廷
尉史稍遷御史中丞上書諫昌邑王遷為光祿大
夫為廷尉乃師受春秋變道行化謹厚愛人遷為
御史大夫代黃霸為丞相

右孝宣時所封

陽平　索隱曰表在東郡　王稚君索隱曰漢表名禁家在魏郡故丞相
史女為太子妃太子立為帝女為皇后故侯千二

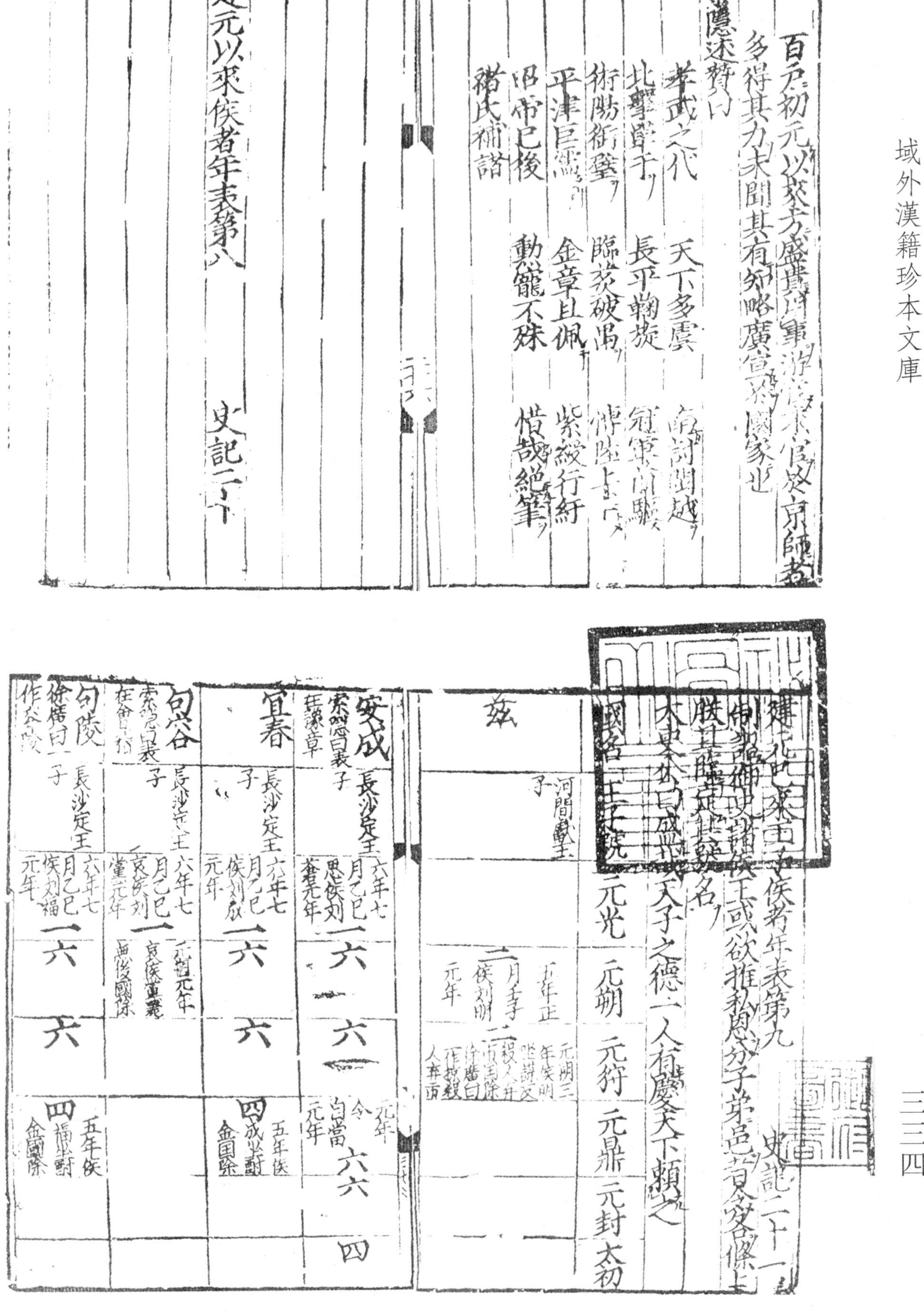

百官初元以來方盛甚得事游從來官於京師者多得其力未聞其有所略廣會為國家也

索隱述贊曰

孝武之代　天下多虞　南討甌越

北擊單于　長平鞠旋　冠軍前驅

術陽銜璧　臨蔡破禺　博陸上宰

平津巨儒　金章且佩　紫綬行紆

昭帝已後　勳寵不殊　惜哉絕筆

褚氏補諸

建元以來侯者年表第八　史記二十

建元已來王子侯者年表第九　史記二十一

制詔御史諸侯王或欲推私恩分子弟邑者令各條上朕且臨定其號名

太史公曰盛哉天子之德一人有慶天下賴之

國名	元光	元朔	元狩	元鼎	元封	太初
兹 河間獻王子		二年正月壬子侯劉明元年	二 元狩三年侯明坐謀反殺人弃市國除			
安成 長沙定王子 索隱曰表在豫章	六年七月乙巳思侯劉蒼元年	一 六	六	一 元年今侯自當元年	六 六	四
宜春 長沙定王子	六年七月乙巳侯劉成元年	一 六	六	四 五年侯成坐酎金國除		
句容 長沙定王子 索隱曰表在會稽	六年七月乙巳哀侯劉黨元年	一 元朔元年哀侯黨薨無後國除				
句陵 長沙定王子 徐廣曰一作容陵	六年七月乙巳侯劉福元年	一 六	六	四 五年侯福坐酎金國除		

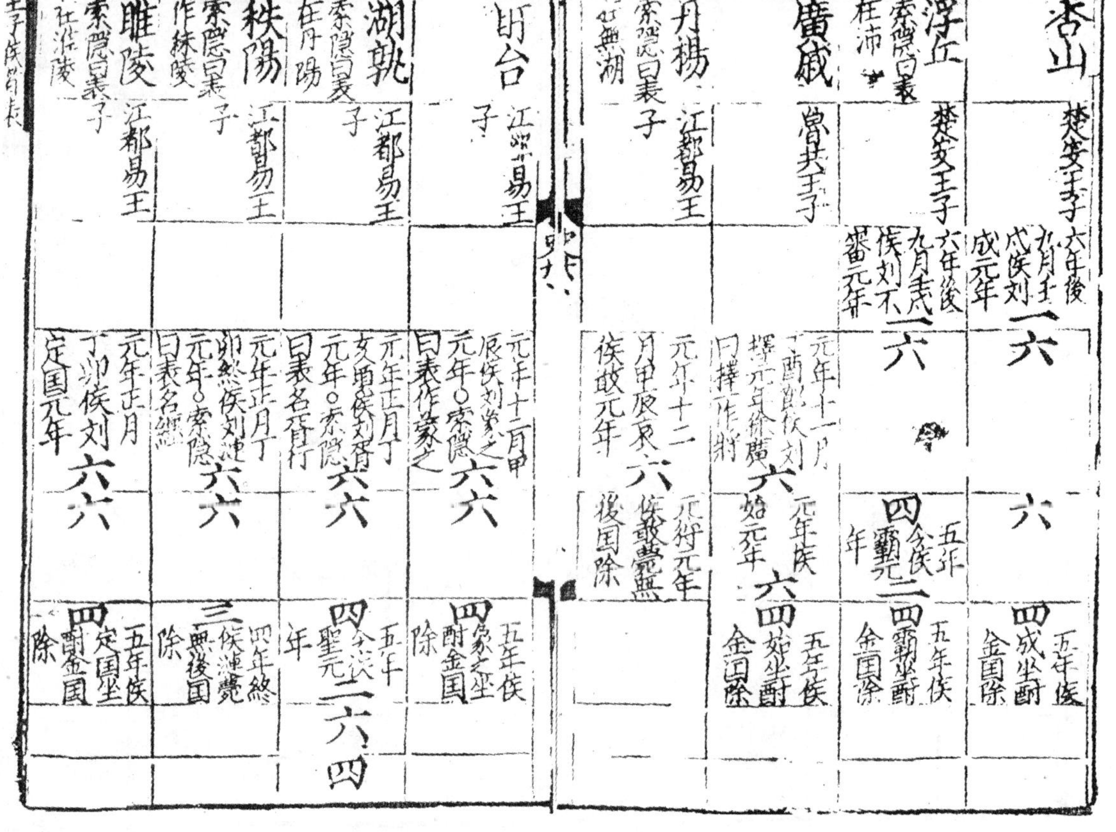

王子侯者年表

國名	王子號	元光	元朔	元狩	元鼎	元封	太初
杏山	楚安王子	六年後九月壬戌侯劉成元年 一	六	六	四 五年侯成坐酎金國除		
浮丘 索隱曰表在沛	楚安王子	六年後九月壬戌侯劉不審元年 一	六	四 五年今侯霸元年 二	四 五年侯霸坐酎金國除		
廣戚	魯共王子		元年十月丁酉節侯劉擇元年 ○徐廣曰擇作將 六	元狩元年侯始元年 六	四 五年侯始坐酎金國除		
丹楊 索隱曰表在無湖	江都易王子		元年十二月甲辰哀侯劉敢元年 六	元狩元年侯敢薨無後國除			
盱台	江都易王子		元年十二月甲辰侯劉象之元年 ○索隱曰表作蒙之 六	六	四 五年侯象之坐酎金國除		
湖孰 索隱曰表在丹陽	江都易王子		元年正月丁卯頃侯劉胥行元年 ○索隱曰表名胥行 六	六	四 五年今侯聖元年 二	六	四
秩陽 索隱曰表作秩陵	江都易王子		元年正月丁卯終侯劉漣元年 ○索隱曰表名纏 六	六	三 四年終侯漣薨無後國除		
睢陵 索隱曰表在淮陵	江都易王子		元年正月丁卯侯劉定國元年 六	六	四 五年侯定國坐酎金國除		

國名	王子號	元光	元朔	元狩	元鼎	元封	太初
龍丘 索隱曰表在琅邪	江都易王子		二年五月乙巳侯劉代元年 五	六	四 五年侯代坐酎金國除		
張梁	江都易王子		二年五月乙巳哀侯劉仁元年 五	六	二 三年今侯順元年 四	六	四
劇	菑川懿王子		二年五月乙巳原侯劉錯元年 五	六	一 二年孝侯廣昌元年 五	六	四
壤	菑川懿王子		二年五月乙巳夷侯劉高遂元年 五	六	元年今侯延元年 六	六	四
平望	菑川懿王子		二年五月乙巳夷侯劉賞元年 五	一 二年今侯楚人元年 四	六	六	四
臨原 索隱曰表作臨衆	菑川懿王子		二年五月乙巳敬侯劉始昌元年 五	六	六	六	四
葛魁 徐廣曰一作苦○索隱曰表在[illegible]	菑川懿王子		二年五月乙巳節侯劉寬元年 五	三 四年今侯戚元年 三	二 元鼎三年侯戚坐殺人弃市國除		
益都	菑川懿王子		二年五月乙巳侯劉胡元年 五	六	六	六	四

國名	王子號	元朔	元狩	元鼎	元封	太初
平酌 索隱曰漢表作平的志屬北海	菑川懿王子	二年五月乙巳戴侯劉彊元年 五	六	元年思侯中時元年 六	六	四
劇魁 索隱曰志屬北海	菑川懿王子	二年五月乙巳夷侯劉黑元年 五	六	六	元年侯昭元年 三 四年侯德元年 三	四
壽梁 索隱曰表在壽樂	菑川懿王子	二年五月乙巳侯劉守元年 五	六	五年侯守坐酎金國除 四		
平度 索隱曰志屬東萊	菑川懿王子	二年五月乙巳侯劉衍元年 五	六	六	六	四
宜成 索隱曰表在平原	菑川懿王子	二年五月乙巳康侯劉衍元年 五	六	元年侯福元年 六	六	太初元年侯福坐殺弟棄市國除
臨朐 索隱曰表在東海	菑川懿王子	二年五月乙巳哀侯劉奴元年 五	六	六	六	四
雷 索隱曰表在東海	城陽共王子	二年五月甲戌侯劉稀元年 五	六	五年侯稀坐酎金國除 五		
東莞 索隱曰表在琅邪	城陽共王子	三年五月甲戌侯劉吉元年 三 元朔五年侯吉有痼疾不朝廢國除				

國名	王子號	元朔	元狩	元鼎	元封	太初
辟 索隱曰表在東海	城陽共王子	三年五月甲戌節侯劉朋元年 三 五年侯劉壯元年 二	六	五年侯壯坐酎金國除 四		
尉文 索隱曰表在南郡	趙敬肅王子	二年六月甲午節侯劉丙元年 五	元年侯犢元年 六	元鼎五年侯犢坐酎金國除 四		
封斯 索隱曰志屬常山	趙敬肅王子	二年六月甲午共侯劉胡陽元年 五	六	六	六	四年今侯如意元年 一
榆丘	趙敬肅王子	二年六月甲午侯劉壽福元年 五	六	元鼎五年侯壽福坐酎金國除 四		
襄嚵 索隱曰襄嚵縣名屬廣平嚵音仕咸反	趙敬肅王子	二年六月甲午侯劉建元年 五	六	元鼎五年侯建坐酎金國除 四		
邯會 索隱曰志屬魏郡	趙敬肅王子	二年六月甲午侯劉仁元年 五	六	六	六	四
朝 索隱曰朝侯不言郡縣表在濟南	趙敬肅王子	二年六月甲午侯劉義元年 五	六	二年今侯祿元年 四	六	四
東城 索隱曰志屬九江	趙敬肅王子	二年六月甲午侯劉遺元年 五	六	元年侯遺有罪國除		

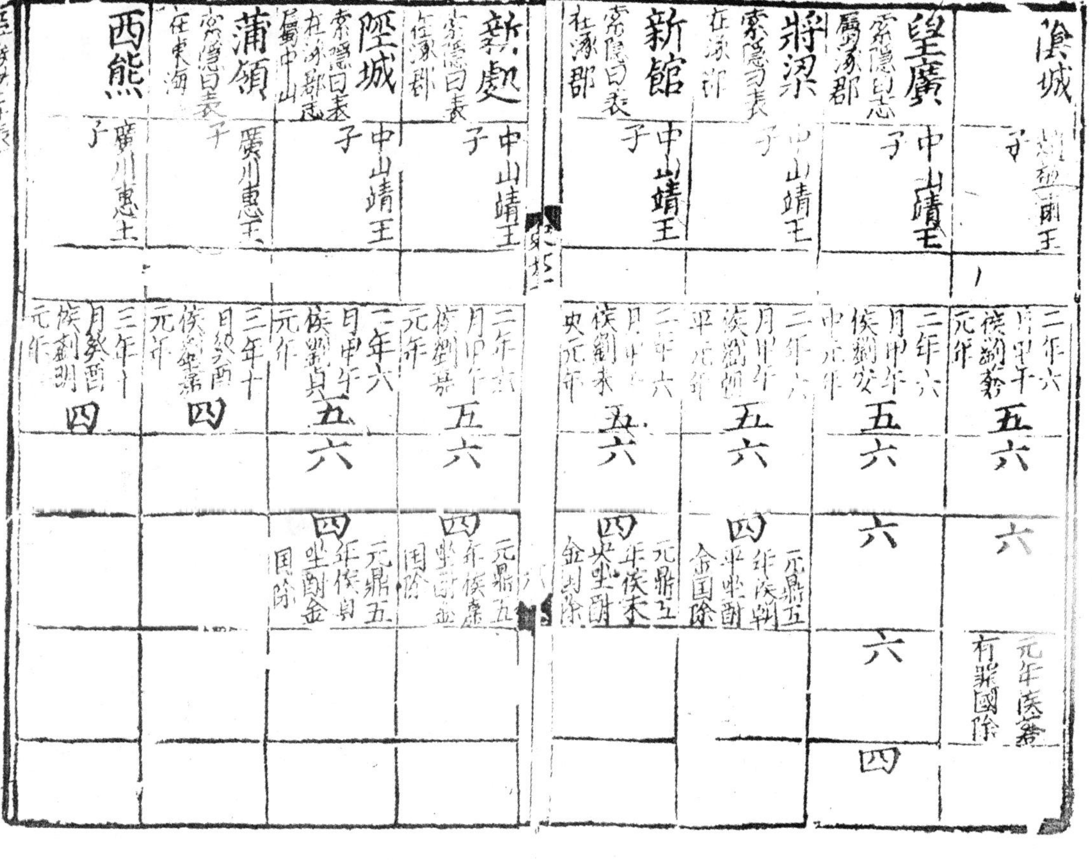

王子侯者年表

國名	王子號	元朔	元狩	元鼎	元封	太初
陰城	中山靖王子	二年六月甲午侯劉蒼元年　五	六	六	元年侯蒼有罪國除	
望廣　索隱曰志屬涿郡	中山靖王子	二年六月甲午侯劉安中元年　五	六	六	六	四
將梁　索隱曰表在涿郡	中山靖王子	二年六月甲午侯劉朝平元年　五	六	四　元鼎五年侯朝平坐酎金國除		
新館　索隱曰表在涿郡	中山靖王子	二年六月甲午侯劉未央元年　五	六	四　元鼎五年侯未央坐酎金國除		
新處　索隱曰表在涿郡	中山靖王子	二年六月甲午侯劉嘉元年　五	六	四　元鼎五年侯嘉坐酎金國除		
陘城　索隱曰表在涿郡志屬中山	中山靖王子	二年六月甲午侯劉貞元年　五	六	四　元鼎五年侯貞坐酎金國除		
蒲領　索隱曰表在東海	廣川惠王子	三年十月癸酉侯劉嘉元年　四				
西熊	廣川惠王子	三年十月癸酉侯劉明元年　四				

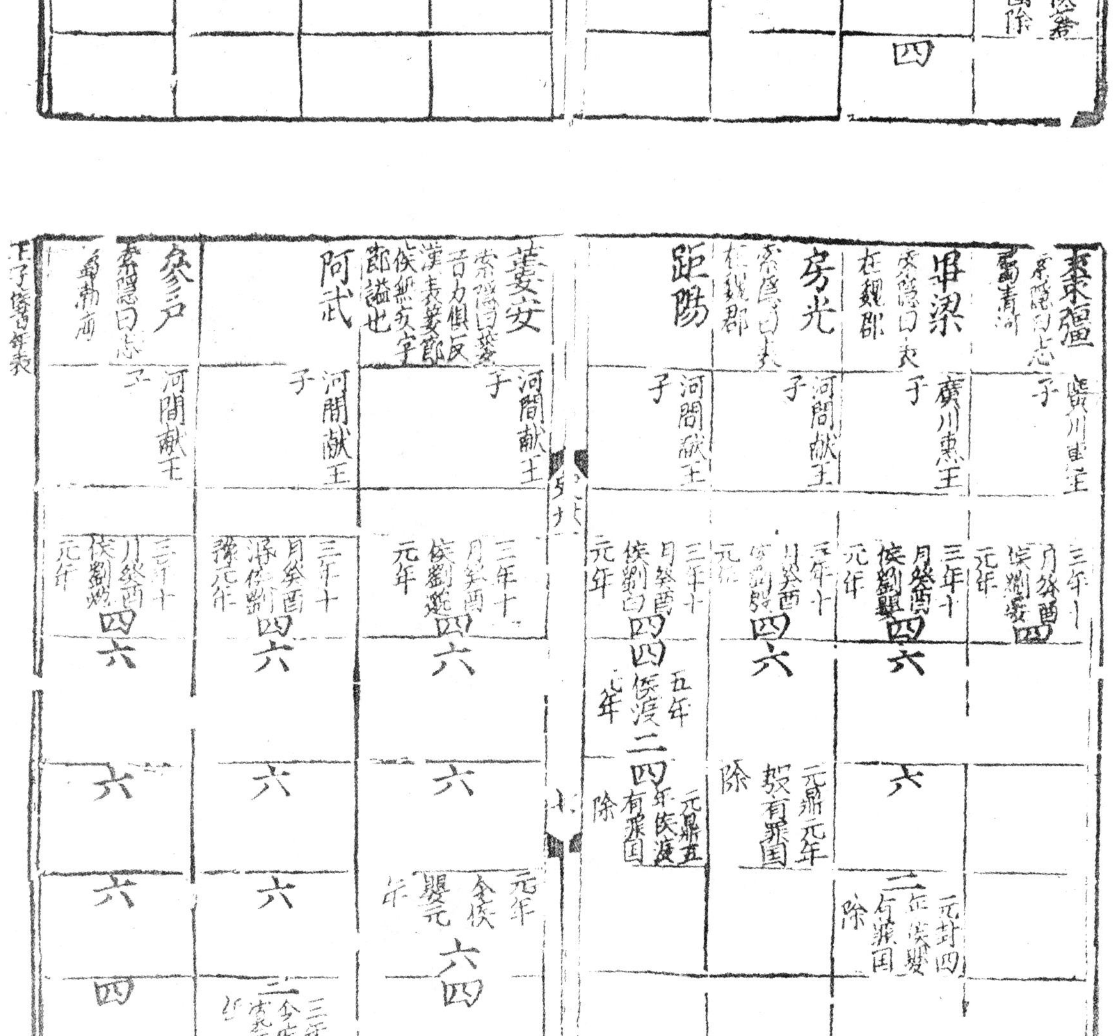

王子侯者年表

國名	王子號	元朔	元狩	元鼎	元封	太初
棗彊　索隱曰志屬清河	廣川惠王子	三年十月癸酉侯劉晏元年　四				
畢梁　索隱曰表在魏郡	廣川惠王子	三年十月癸酉侯劉嬰元年　四	六	六	元封四年侯嬰有罪國除	
房光　索隱曰表在魏郡	河間獻王子	三年十月癸酉侯劉殷元年　四	六	元鼎元年侯殷有罪國除		
距陽	河間獻王子	三年十月癸酉侯劉匄元年　四	四　五年侯渡元年　二	四　元鼎五年侯渡有罪國除		
蔞安　索隱曰蔞音力俱反漢表蔞節侯無安字節謚也	河間獻王子	三年十月癸酉侯劉邈元年　四	六	六	元年今侯嬰元年　六	四
阿武	河間獻王子	三年十月癸酉侯劉豫元年　四	六	六	六	二　三年今侯寬元年
參戶　索隱曰志屬勃海	河間獻王子	三年十月癸酉侯劉免元年　四	六	六	六	四

國名	王子號	元朔	元狩	元鼎	元封	太初
州鄉 索隱曰志屬涿郡	河間獻王子	三年十月癸酉節侯劉禁元年 四	六	六	五 六年侯惠元年 一	四
成平 索隱曰表在南皮	河間獻王子	三年十月癸酉侯劉禮元年 四	二 元狩三年侯禮有罪國除			
廣 索隱曰表在勃海	河間獻王子	三年十月癸酉侯劉順元年 四	六	四 元鼎五年侯順坐酎金國除		
蓋胥 索隱曰漢志在太山表在魏郡	河間獻王子	三年十月癸酉侯劉讓元年 四	六	四 元鼎五年侯讓坐酎金國除		
陪安 索隱曰表在魏郡	濟北貞王子	三年十月癸酉康侯劉不害元年 四		二年哀侯秦客元年 一 三年侯秦客薨無後國除		
榮簡 徐廣曰一作營簡○索隱曰漢表作營關在茌平	濟北貞王子	三年十月癸酉侯劉騫元年 四	二 三年侯騫有罪國除			
周堅	濟北貞王子	三年十月癸酉侯劉何元年 四	四 五年侯當時元年 二	四 元鼎五年侯當時坐酎金國除		
安陽 索隱曰表在平原	濟北貞王子	三年十月癸酉侯劉桀元年 四	六	六	六	四
五據 索隱曰表在泰山	濟北貞王子	三年十月癸酉侯劉臒丘元年○索隱曰臒音烏郭反劉氏烏虢反 四	六	四 元鼎五年侯臒丘坐酎金國除		
富	濟北貞王子	三年十月癸酉侯劉龔元年 四	六	六	六	四
陪 索隱曰表在平原	濟北貞王子	三年十月癸酉繆侯劉明元年 四	六	三 元鼎元年侯邑元年 一 五年侯邑坐酎金國除		
叢 徐廣曰一作散○索隱曰叢音叢漢表作前在平原今平原無前縣此例非一蓋鄉名也	濟北貞王子	三年十月癸酉侯劉信元年 四		四 元鼎五年侯信坐酎金國除		
平 索隱曰志屬河南	濟北貞王子	三年十月癸酉侯劉遂元年 四	元狩元年侯遂有罪國除			

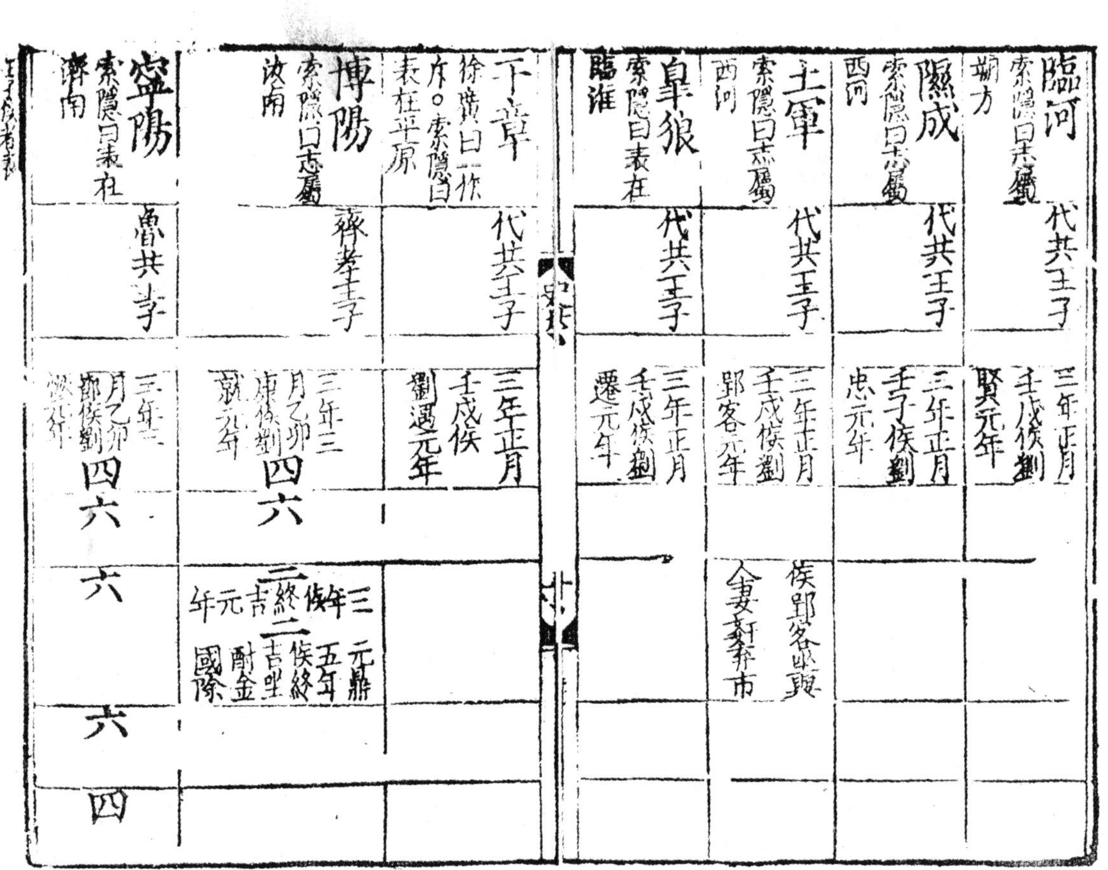

王子侯者表

羽 索隱曰志屬平原	濟北貞王子	三年十月癸酉侯劉成元年 四	六	六	六	四
胡母 索隱曰表在泰山	濟北貞王子。索隱曰昌安侯不害已下十一人是濟北貞王子，而漢表自安陽侯已下是濟北式王子，同在元朔三年十月封，恐此誤也	三年十月癸酉侯劉楚元年 四	六	四 元鼎五年侯楚坐酎金國除		
離石 索隱曰表在上黨，志屬西河	代共王子	三年正月壬戌侯劉綰元年 四	六	六	六	四
邵 索隱曰表在山陽	代共王子	三年正月壬戌侯劉慎元年 四	六	六	六	四
昌利 索隱曰志屬齊郡	代共王子	三年正月壬戌侯劉嘉元年 四	六	六	六	四
藺 索隱曰志屬西河	代共王子	三年正月壬戌侯劉憙元年				

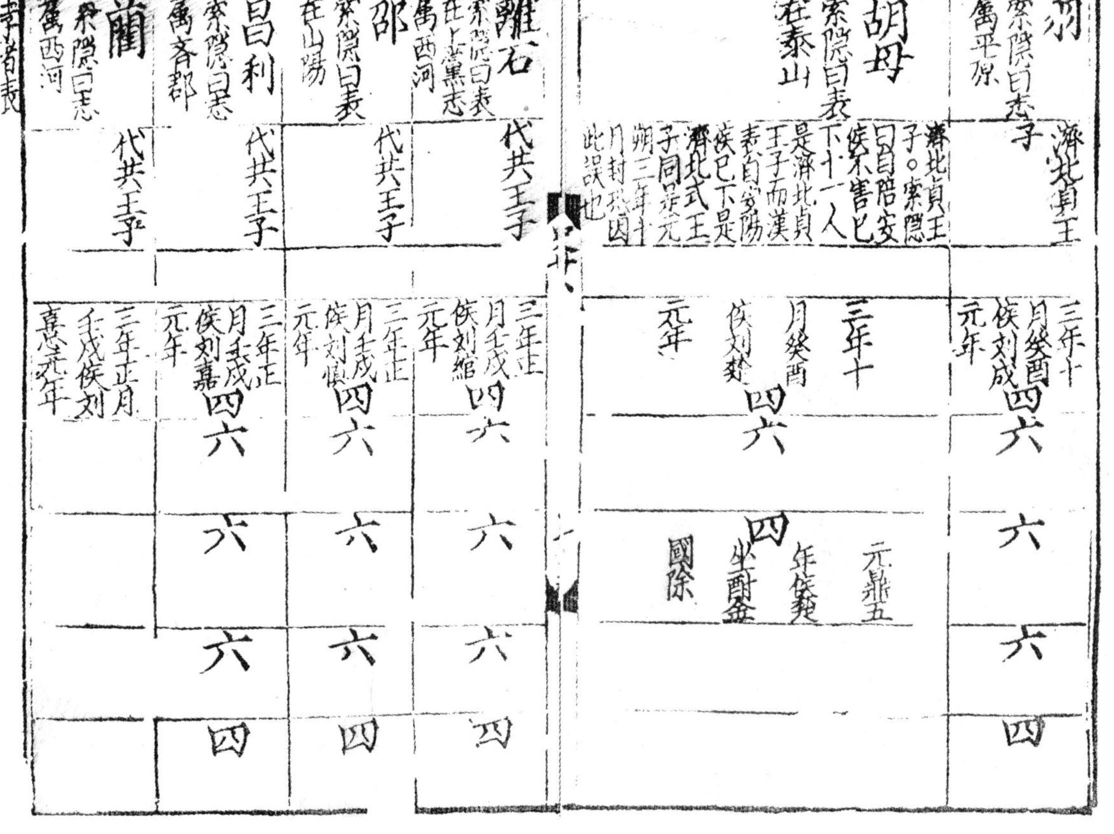

王子侯者表

臨河 索隱曰表屬朔方	代共王子	三年正月壬戌侯劉賢元年				
隰成 索隱曰志屬西河	代共王子	三年正月壬子侯劉忠元年				
土軍 索隱曰志屬西河	代共王子	三年正月壬戌侯劉郢客元年		侯郢客坐與人妻姦棄市		
皋狼 索隱曰表在臨淮	代共王子	三年正月壬戌侯劉遷元年				
千章 徐廣曰一作斥。索隱曰表在平原	代共王子	三年正月壬戌侯劉遇元年				
博陽 索隱曰志屬汝南	齊孝王子	三年三月乙卯康侯劉就元年 四	六	二 三年侯終吉元年 二 元鼎五年侯終吉坐酎金國除		
寧陽 索隱曰表在濟南	魯共王子	三年三月乙卯節侯劉恬元年 四	六	六	六	四

瑕丘 索隱曰志屬山陽
魯共王子
三年三月乙卯節侯劉貞元年 四
六
六
六
四

公丘 索隱曰志屬沛郡
魯共王子
三年三月乙卯夷侯劉順元年 四
六
六
六
四

郁狼 索隱曰韋昭云屬魯志不載狼音盧當反又音郎
魯共王子
三年三月乙卯侯劉騎元年 四
六
元鼎五年侯騎坐酎金國除 四

西昌
魯共王子
三年三月乙卯侯劉敬元年 四
六
元鼎五年侯敬坐酎金國除 四

陘城 索隱曰漢表在陸地在辛處於理爲得靖王子貞已封陘二人不應重封
中山靖王子
三年三月癸酉侯劉義元年 四
六
元鼎五年侯義坐酎金國除 四

邯平 索隱曰表在廣平
趙敬肅王子 索隱曰以異年封故別見於此
二年四月庚辰侯劉順元年 四
六
元鼎五年侯順坐酎金國除 四

武始 索隱曰表在魏
趙敬肅王子 索隱曰後立爲趙王
三年四月庚辰侯劉昌元年 四
六
六
六
四

象氏 索隱曰韋昭云在鉅鹿
趙敬肅王子
三年四月庚辰安侯劉賀元年 四
六
六
元封二年思侯安德元年 二 四
四

易 索隱曰志屬涿郡表在鄗
趙敬肅王子
三年四月庚辰安侯劉平元年 四
六
六
五年今侯種元年 四 二
四

洛陵 索隱曰表依路陵在南陽
長沙定王子
四年三月乙丑侯劉章元年 三
元鼎二年侯章有罪國除 一

攸輿 索隱曰按今長沙有攸縣漢本名攸輿漢表在南陽
長沙定王子
四年三月乙丑侯劉則元年 三
六
六
六
太初元年侯則篡死罪棄市國除

茶陵 索隱曰表在桂陽志屬長沙
長沙定王子
四年三月乙丑侯劉欣元年 三
六
元鼎二年哀侯陽元年 一 五
六
太初元年侯陽薨無後國除

建成 索隱曰表在豫章
長沙定王子
四年三月乙丑侯劉拾元年 三
元狩六年侯拾坐不朝不敬國除 五

安衆 索隱曰志屬南陽	葉 索隱曰葉音攝縣名屬南陽	利鄉	有利 索隱曰表在東海	東平 索隱曰表在東海	運平 索隱曰表在東海	山州
長沙定王子	長沙定王子	城陽共王子	城陽共王子	城陽共王子	城陽共王子	城陽共王子
四年三月乙丑康侯劉丹元年 三	四年三月乙丑康侯劉嘉元年 三	四年三月乙丑康侯劉嬰元年 三	四年三月乙丑侯劉釘元年 三	四年三月乙丑侯劉慶元年 三	四年三月乙丑侯劉訢元年 三	四年三月乙丑侯劉齒元年 三
六		二 元狩三年侯嬰有罪國除	元狩元年侯釘坐遺淮南書稱臣棄市國除	二 元狩三年侯慶坐與姊姦有罪國除	六	六
六	四 元鼎五年侯嘉坐酎金國除				四 元鼎五年侯訢坐酎金國除	四 元鼎五年侯齒坐酎金國除
五 六年今侯山拊元年 索隱曰拊音跌 一						
四						

海常 索隱曰表在琅邪	鈞丘 索隱曰鈞表作騶丘	南城	廣陵 徐廣曰一作陽	莊原 索隱曰漢表作杜原	臨樂 索隱曰韋昭云縣名屬渤海	東野
城陽共王子	城陽共王子	城陽共王子	城陽共王子	城陽共王子	中山靖王子	中山靖王子
四年三月乙丑侯劉福元年 三	四年三月乙丑侯劉憲元年 三	四年三月乙丑侯劉貞元年 三	四年三月乙丑常侯劉表元年 三	四年三月乙丑侯劉皋元年 三	四年四月甲午敦侯劉光元年○索隱曰謚法善行不怠曰敦 三	四年四月甲午侯劉章元年 三
六	三 四年今侯執德元年 三	六	四 五年侯成元年 二	六	六	六
四 元鼎五年侯福坐酎金國除	六	六	四 元鼎五年侯成坐酎金國除	四 元鼎五年侯皋坐酎金國除	六	六
	六	六			五 六年今侯建元年 一	六
	四	四			四	四

高平 索隱曰表在平原	中山靖王子	四年四月甲午侯劉嘉元年 三	六	四 元鼎五年侯嘉坐酎金國除		
廣川	中山靖王子	四年四月甲午侯劉頗元年 三	六	四 元鼎五年侯頗坐酎金國除		
千鍾 徐廣曰一作重。索隱曰漢表作重侯在平原地理志有重丘也	河間獻王子	四年四月甲午侯劉搖元年一云劉陰 三	元狩二年侯陰不使人為秋請有罪國除			
披陽 索隱曰[illegible]劉氏音皮彼反志屬千乘	齊孝王子	四年四月乙丑敬侯劉燕元年 三	六	四 五年今侯隅元年 二	六	四
定 索隱曰定地名	齊孝王子	四年四月乙卯敷侯劉越元年。索隱曰漢表作敷侯敷謚也說文云敷讀如躍 三	六	三 四年今侯德元年 三	六	四
稻 索隱曰志屬琅邪	齊孝王子	四年四月乙丑夷侯劉定元年	六	二 二年今侯都陽元年 四	六	四

山 索隱曰表在渤海	齊孝王子	四年四月乙卯侯劉國元年 三	六	六	六	四
繁安	齊孝王子	四年四月乙卯侯劉忠元年 三	六	六	六	三 四年今侯壽元年
柳	齊孝王子	四年四月乙卯侯劉陽元年 三	六	三 四年侯罷師元年 三	四 五年侯自為元年 二	四
雲 索隱曰志屬琅邪	齊孝王子	四年四月乙卯夷侯劉信元年 三	六	五 六年今侯歲發元年 一	六	四
牟平 徐廣曰一作羊。索隱曰志屬東萊	齊孝王子	四年四月乙卯共侯劉渫元年。索隱曰渫音薛 三	二 四年今侯奴元年 四	六	六	四
柴 索隱曰志屬泰山	齊孝王子	四年四月乙卯原侯劉代元年 三	六	六	六	四
栢陽 索隱曰表在中山	趙敬肅王子	五年十一月辛酉侯劉終古元年 三	六	六	四	

鄗 索隱曰漢表鄗作鄗音許昭反志屬常山郡	趙敬肅王子		五年十一月辛酉侯劉延年元年 二	六	四 元鼎五年侯延年坐酎金國除		
桑丘 索隱曰表在深澤	中山靖王子		五年十一月辛酉節侯劉洋元年○索隱曰漢表名將夜 二	六	四年今侯德元年 三	六	四
高丘	中山靖王子		五年三月癸酉哀侯劉破胡元年 二	六	元鼎元年侯破胡薨无後國除		
柳宿 索隱曰表在涿郡	中山靖王子		五年三月癸酉夷侯劉蓋元年 二	二 二年侯蘇元年 四	四 元鼎五年侯蘇坐酎金國除		
戎丘	中山靖王子		五年三月癸酉侯劉讓元年 二	六	四 元鼎五年侯讓坐酎金國除		
樊輿	中山靖王子		五年三月癸酉節侯劉條元年 二	六	六	六	四
曲成 索隱曰表在涿郡	中山靖王子		五年三月癸酉侯劉萬歲元年 二	六	四 元鼎五年侯萬歲坐酎金國除		

安郭 索隱曰表在涿郡	中山靖王子		五年三月癸酉侯劉博元年 二	六	六	六	四
安險 索隱曰志屬中山	中山靖王子		五年三月癸酉侯劉應元年 二	六	四 元鼎五年侯應坐酎金國除		
安遥 索隱曰表作安道	中山靖王子		五年三月癸酉侯劉恢元年 二	六	四 元鼎五年侯恢坐酎金國除		
夫夷	中山靖王子		五年三月癸酉敬侯劉義元年 二	六	四 五年今侯禹元年 二	六	四
舂陵 索隱曰志屬南陽	長沙定王子		五年六月壬子侯劉買元年 二	六	六	六	四
都梁 索隱曰志屬零陵	長沙定王子		五年六月壬子敬侯劉遂元年 二	六	一 元年今侯係元年 六	六	四
洮陽 索隱曰志屬零陵洮音滔又音道	長沙定王子		五年六月壬子靖侯劉狗彘元年○索隱曰漢表名將燕 二	五 元狩六年侯狗彘薨無後國除			

泉陵 索隱曰志屬零陵 | 長沙定王子 | 三年六月壬子節侯賢元年 | 六 | 六 | 六 | 四

終弋 索隱曰表在汝南 | 衡山王賜子 | 六年四月丁丑侯劉廣置元年 | 二 | 四 元鼎五年侯廣置坐酎金國除

麥 索隱曰表在琅耶 | 城陽頃王子 | 元年四月戊寅侯劉昌元年 | 六 | 四 元鼎五年侯昌坐酎金國除

鉅合 索隱曰表在平原 | 城陽頃王子 | 元年四月戊寅侯劉發元年 | 六 | 四 元鼎五年侯發坐酎金國除

昌 索隱曰志屬琅耶 | 城陽頃王子 | 元年四月戊寅侯劉差元年 | 六 | 四 元鼎五年侯差坐酎金國除

蕢 索隱曰或作費音秘又扶味反表在琅邪 | 城陽頃王子 | 元年四月戊寅侯劉方元年 | 六 | 四 元鼎五年侯方坐酎金國除

雩殷 索隱曰[illegible] | 城陽頃王子 | 元年四月戊寅康侯劉澤元年 | 六 | 六 | 六 | 四

石洛 索隱曰表在琅耶 | 城陽頃王子 | 元年四月戊寅侯劉敢元年 | 六 | 六 | 六 | 四

王子侯者年表

扶浸 索隱曰漢表作扶浸在琅邪浸音浸 | 城陽頃王子 | 元年四月戊寅侯劉昆吾元年 | 六 | 六 | 四

挍 索隱曰音効志闕說者或以為琅邪被縣恐非 | 城陽頃王子 | 元年四月戊寅侯劉霸元年。索隱曰挍侯名雲城陽頃王子二十八人霸其一也十九人疑脫 | 六 | 六

朸 索隱曰音勒縣屬平原 | 城陽頃王子 | 元年四月戊寅侯劉讓元年 | 六 | 六 | 四

父城 徐廣曰一作六。索隱曰志在東海表在東海 | 城陽頃王子 | 元年四月戊寅侯劉光元年 | 六 | 四 元鼎五年侯光坐酎金國除

庸 索隱曰表在琅耶 | 城陽頃王子 | 元年四月戊寅侯劉譚元年。索隱曰漢表名餘 | 六 | 六 | 六 | 四

翟 索隱曰表在東海 | 城陽頃王子 | 元年四月戊寅侯劉壽元年 | 六 | 四 元鼎五年侯壽坐酎金國除

鱣 索隱曰表在襄賁音肥又音肥縣名 城陽頃王子 元年四月戊寅侯劉應元年 六四 元鼎五年侯應坐酎金國除

彭 索隱曰表在東海 城陽頃王子 元年四月戊寅侯劉偃元年 六四 元鼎三年侯偃坐酎金國除

瓡 徐廣曰一作報。索隱曰縣名志屬北海顏師古曰即狐字 城陽頃王子 元年四月戊寅侯劉息元年 六六 六 四

虛水 索隱曰虛音墟志屬琅邪 城陽頃王子 元年四月戊寅侯劉禹元年 六六 六 四

東淮 索隱曰表在東海 城陽頃王子 元年四月戊寅侯劉[illegible] 六四 元鼎五年侯類坐酎金[illegible]除

栒 索隱曰栒音荀表在東海栒志在扶風與栒別也 城陽頃王子 元年四月戊寅侯劉買元年 六四 元鼎五年侯買坐酎金國除

涓 索隱曰表作涓在東海音狷按清水在南陽南陽有清陽縣疑表非也 城陽頃王子 元年四月戊寅侯劉不疑元年 六四 元鼎五年侯不疑坐酎金國除

陸 索隱曰表在壽光 菑川靖王子 元年四月戊寅侯劉何元年 六六 六 四

廣饒 索隱曰志屬齊郡 菑川靖王子 元年十月辛卯康侯劉國元年 六六 六 四

缾 索隱曰缾音瓶韋昭云古缾邑音蒲經反志屬琅邪 菑川靖王子 元年十月辛卯侯劉成元年 六六 六 四

俞閭 菑川靖王子 元年十月辛卯侯劉不害元年 六六 六 四

甘井 索隱曰表在鉅鹿 廣川穆王子 元年十月乙酉侯劉元元年 六六 六 四

襄陵 索隱曰表在鉅鹿志屬河東 廣川穆王子 元年十月乙酉侯劉聖元年 六六 六 四

皋虞 索隱曰志屬琅邪 膠東康王子 元年五月丙午侯劉建元年 三 四年侯遂元年 三 六 四

魏其 索隱曰志屬琅邪 膠東康王子 元年五月丙午暢侯劉昌元年 六 六 四

祝茲 索隱曰案志松茲縣在廬江亦作祝茲表在琅邪劉氏云諸侯封名史漢表多有不同不敢輒改今亦略論于志同異以備多識也

膠東康王子

元年五月丙午侯劉延元年

四

元鼎五年延坐弃印綬出國不敬國除

索隱述贊曰 漢氏之初 矯枉過正 欲大本枝 藩翰克盛 建元已後 推恩下令 長沙濟北 中山趙敬 分邑廣封 振振在詠 扞城禦侮 曄曄煇映 百足不僵 一人有慶

建元已來王子侯者年表第九 史記二十一

漢興以來將相名臣年表第十 史記二十二

	大事記 索隱曰謂誅伐封建薨叛	相位 索隱曰置立丞相太尉三公	將位 索隱曰命將興師	御史大夫位 索隱曰亞相
高皇帝元年	春沛公為漢王之南鄭秋還定雍	一 丞相蕭何守漢中		御史大夫周苛守滎陽
二	春定塞翟魏河南韓殷國夏伐項籍至彭城還據滎陽	二 守關中	一 太尉長安侯盧綰	
三	魏豹反使韓信別定魏伐趙楚圍我滎陽	三	二	
四	使韓信別定齊及燕太公自楚歸與楚界洪渠	四	三	御史大夫汾陽侯周昌○索隱曰汾陽屬河東
五	冬破楚垓下殺項籍春王踐皇帝位定陶○索隱曰垓堤名在沛縣音陔定陶在濟陰定陶水之陽 入都關中○索隱曰咸陽也東西都……	五	四 後九月綰為燕王	
六	尊太公為太上皇劉仲為代王立大市更命咸陽曰長安 索隱曰……	六 封為酇侯張蒼為計相○索隱曰計相……		

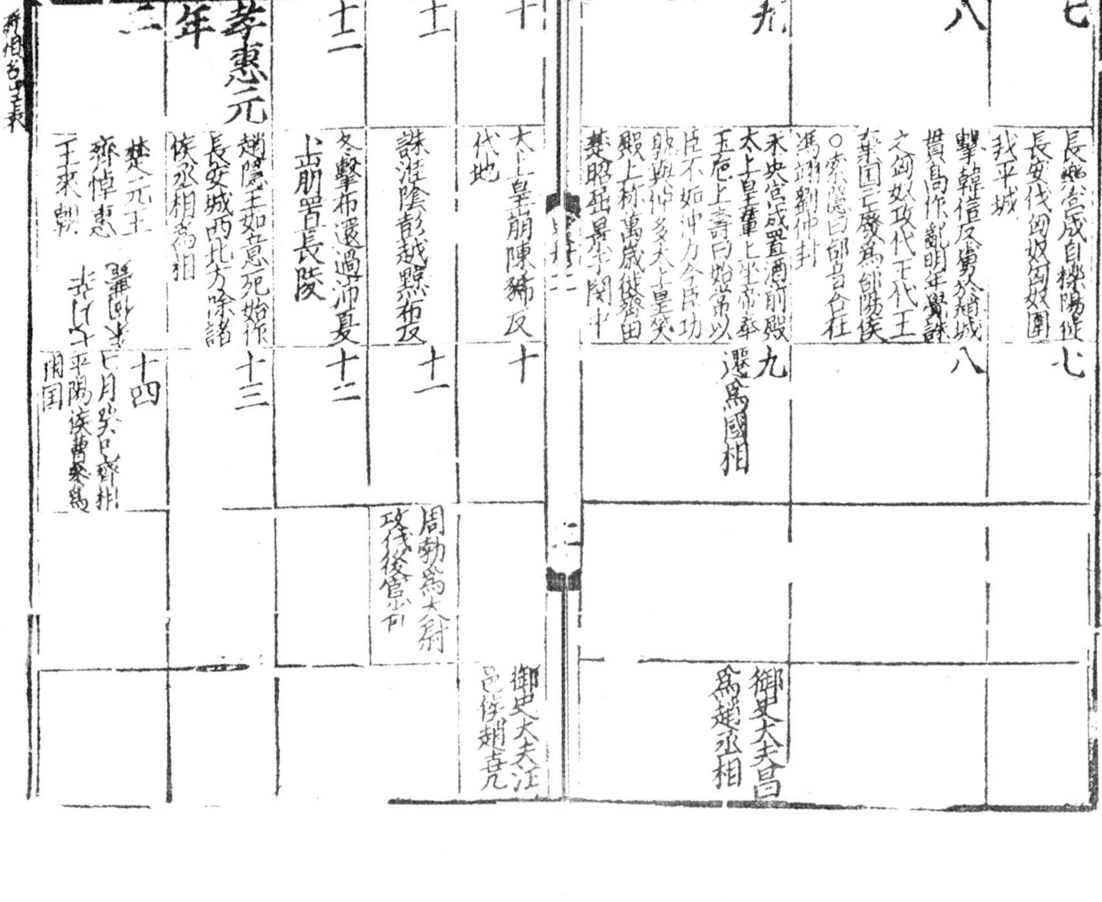

將相名臣年表

三 初作長安城。蜀漢・氏反，擊之。○索隱曰：前音煎，氏音低。 二

四 蜀郡、郡名。 三月甲子，赦，無所復作。 三

五 為高祖立廟於沛城成，置歌兒一百二十人。 四

六 七月辛未，何薨。立太倉、西市。八月赦齊文。 一 十月己巳，安國侯王陵為右丞相。十月己巳，曲逆侯陳平為左丞相。 廣阿侯任敖為御史大夫。徐廣曰：漢書在高后元年。

七 上崩。大臣用張辟彊計，呂氏權重，以呂台為呂王。立少帝。已卯，葬安陵。 二

高后元年 王孝惠諸子。置孝悌力田。 三 十一月甲子，徙平為右丞相。辟陽侯審食其為左丞相。

二 十一月，呂王台薨，子嘉代立為呂王。行八銖錢。 四 平 二 食其

三 五 三 平陽侯曹窋為御史大夫。○索隱曰：窋音竹律反。本在六年。

年	大事記	相位	將位	御史大夫位
四	廢少帝，更立常山王弘為帝	六 置太尉官	四 一 絳侯周勃為太尉	
五	八月，淮陽王薨，以其弟壺關侯武為淮陽王。令戍卒歲更	七	五 二	
六	以呂產為呂王。四月丁酉，赦天下。晝昏	八	六 三	
七	趙王幽死，以呂祿為趙王。梁王徙趙，自殺	九	七 四	
八	七月，高后崩。九月，誅諸呂。後九月，代王至，踐祚為皇帝	十 七月辛巳為帝太傅。九月丙戌復為丞相	八 五 隆慮侯竈為將軍，擊南越。徐廣曰姓周	御史大夫蒼
孝文元年	除收孥相坐律，立太子，賜民爵	十一 十一月辛巳，平徙為左丞相。太尉絳侯周勃為右丞相	六 勃為相，潁陰侯灌嬰為太尉	
二	除誹謗律。皇子武為代王，參為太原王，揖為梁王	十二 十月，丞相平薨。十一月乙亥，絳侯勃復為丞相	一	
三	徙代王武為淮陽王。上幸太原。濟北王反。匈奴大入上郡。以地盡與太原，太原更號代	十一月壬子，勃免相，之國 一 十二月乙亥，太尉潁陰侯灌嬰為丞相。罷太尉官	二 棘蒲侯陳武為大將軍，擊濟北。昌侯盧卿、共侯盧罷師、甯侯遬、深澤侯將夜皆為將軍，屬武。祁侯賀將兵屯滎陽。徐廣曰遬姓魏，將夜姓趙	

年	大事記	相位	將位	御史大夫位
四		十二月乙巳，嬰卒。正月甲午，御史大夫北平侯張蒼為丞相	安丘侯張說為將軍，擊胡，出代	關中侯申屠嘉為御史大夫
五	除錢律，民得鑄錢	二		
六	廢淮南王，遷嚴道，道死雍。索隱曰嚴道在蜀，雍在扶風	三		
七	四月丙子，初置南陵	四		
八	[illegible]	五		
九	溫室鐘自鳴。以芷陽鄉為霸陵。索隱曰芷音止，又音昌改反，地理志有芷陽縣，霸陵今霸水	六		御史大夫敬
十	諸侯王皆至長安	七		
十一	上幸代。地動	八		
十二	河決東郡金堤。徙淮陽王為梁王	九		
十三	除肉刑及田租稅律、戍卒令	十		
十四	匈奴大入蕭關，發兵擊之，及屯長安旁	十一	成侯董赤、內史欒布、昌侯盧卿、隆慮侯竈、甯侯遬皆為將軍，東陽侯張相如為大將軍，皆擊匈奴。中尉周舍、郎中令張武皆為將軍，屯長安旁	

十五　黃龍見成紀。上始郊見雍五帝。　十二
十六　上始見渭陽五帝。　十三
後元元年　新垣平詐言方士，覺，誅之。　十四
二　匈奴和親。地動。　十五　八月庚午，御史大夫申屠嘉為丞相，封故安侯。　御史大夫青
三　置谷口邑。　二
四　三
五　上幸雍。　四

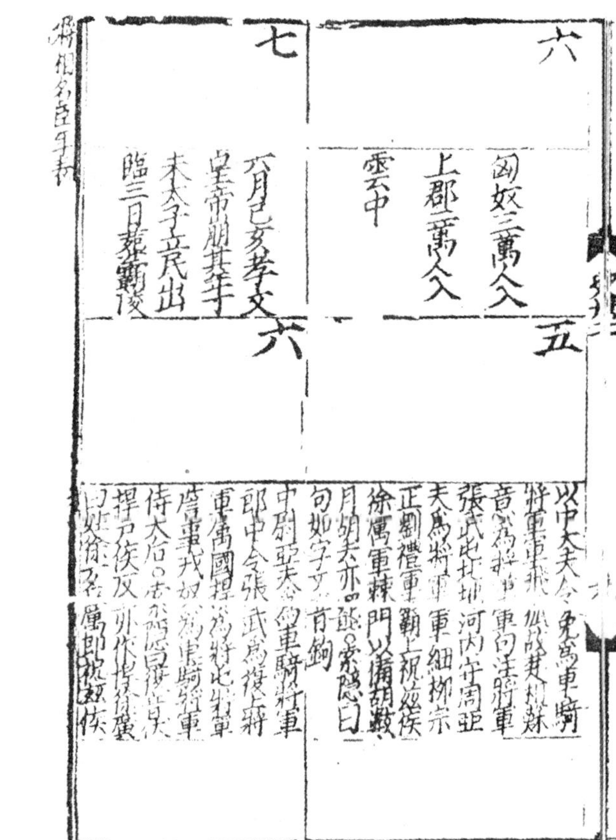

六　匈奴三萬人入上郡，三萬人入雲中。　五　以中大夫令免為車騎將軍，軍飛狐；故楚相蘇意為將軍，軍句注；將軍張武屯北地；河內守周亞夫為將軍，軍細柳；宗正劉禮為將軍，軍霸上；祝茲侯徐厲為將軍，軍棘門：以備胡。數月，胡去，亦罷。
七　六月己亥，孝文皇帝崩。其年丁未，太子立。民出臨三日，葬霸陵。　六　中尉亞夫為車騎將軍，郎中令張武為復土將軍，屬國悍為將屯將軍，詹事戎奴為車騎將軍，侍太后。[illegible]

孝景元年　立孝文皇帝廟，郡國為太宗廟。　七　[illegible]　御史大夫錯
二　立皇子德為河間王，閼為臨江王，餘為淮陽王，非為汝南王，彭祖為廣川王，發為長沙王。四月中，孝文太后崩。　八　開封侯陶青為丞相。
三　吳楚七國反，發兵擊，皆破之。皇子端為膠西王，勝為中山王。　二　[illegible]　中尉條侯周亞夫為太尉，擊吳楚；曲周侯酈寄為將軍，擊趙；竇嬰為大將軍，屯滎陽；欒布為將軍，擊齊。[illegible]
四　立太子。　三　二　太尉亞夫　御史大夫蚡
五　置陽陵邑。　四　三
六　徙廣川王彭祖為趙王。　五　四　御史大夫陽陵侯岑邁
七　廢太子榮為臨江王。四月丁巳，膠東王立為太子。　六月乙巳，太尉條侯亞夫為丞相。罷太尉官。　五　遷為丞相　御史大夫舍
中元元年　皇子越為廣川王，寄為膠東王。　二
二　三

年	大事記	相位	將位	御史大夫位
三	皇子榮為臨江王	四　御史大夫桃侯劉舍為丞相		御史大夫綰
四	臨江王徵自殺葬藍田燕數萬為銜土置冢上	二		
五	皇子舜為常山王	三		
六	梁孝王武薨分梁為五國王諸子子買為梁王明為濟川王彭離為濟東王定為山陽王不識為濟陰王	四		
後元元年	五月地動七月乙巳日蝕	五　八月壬辰御史大夫建陵侯衛綰為丞相　舍免		御史大夫不疑
二		二	六月丁巳御史大夫岑邁卒	
三	正月甲子孝景崩二月丙子太子立	三		
孝武建元元年○索隱曰年之有號始自武帝自建元至後元凡十一號		四　綰免　魏其侯竇嬰為丞相	武安侯田蚡為太尉　置太尉	御史大夫抵　漢表云抵

年	大事記	相位	將位	御史大夫位
二	置茂陵	二月乙未太常柏至侯許昌為丞相　嬰免　蚡免太尉罷		御史大夫趙綰○索隱曰代衛綰者
三	東甌王廣武侯望率其衆四萬餘人來降處廬江郡	二		御史大夫青翟○索隱曰姓莊
四		三		
五	行三分錢徐廣曰漢書云半兩四分	四		
六	正月閩越王反孝景太后崩徐廣曰景帝母竇氏	五　六月癸巳武安侯田蚡為丞相　昌免	青翟為太子太傅	御史大夫安國
元光元年	帝初之雍郊見五畤	二		
二		三	夏御史大夫韓安國為護軍將軍衛尉李廣為驍騎將軍太僕公孫賀為輕車將軍大行王恢為將屯將軍太中大夫李息為材官將軍篡單于馬邑不合誅恢	
三	五月丙子決河於瓠子	四		
四	十二月丁亥地動	五　蚡卒　平棘侯薛澤為丞相		御史大夫歐

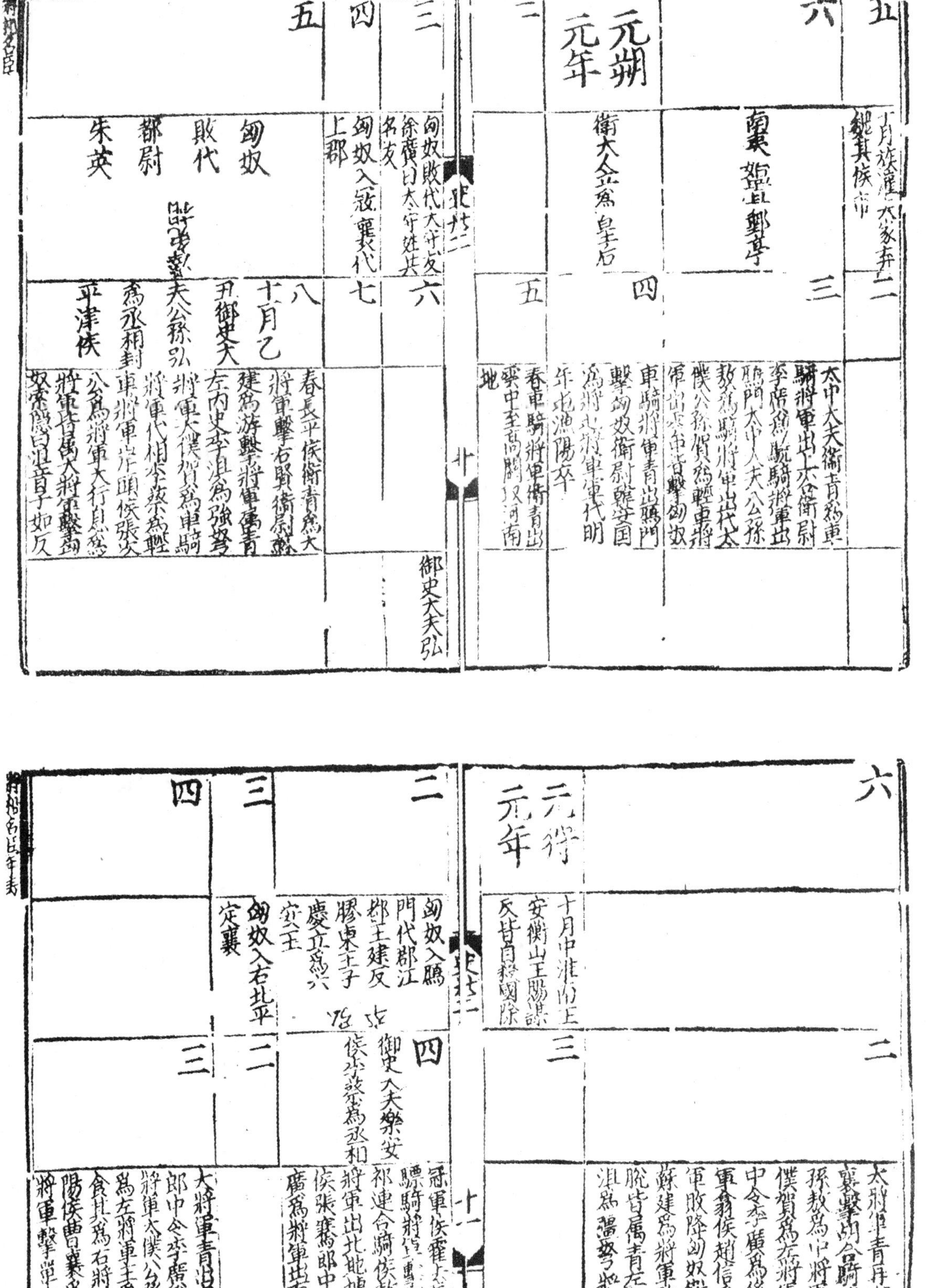

五　十月，族灌夫家，棄市。魏其侯市。　二

六　南夷始置郵亭。　三　太中大夫衛青爲車騎將軍，出上谷；衛尉李廣爲驍騎將軍，出鴈門；大中大夫公孫敖爲騎將軍，出代；太僕公孫賀爲輕車將軍，出雲中：皆擊匈奴。

元朔元年　衛夫人立爲皇后。　四　車騎將軍青出鴈門，擊匈奴。衛尉韓安國爲將屯將軍，軍代，明年，屯漁陽卒。

二　五　春，車騎將軍衛青出雲中，至高闕，取河南地。

三　匈奴敗代太守友。徐廣曰：太守姓共名友。　六　御史大夫弘

四　匈奴入定襄、代、上郡。　七

五　匈奴敗代都尉朱英。　八　十一月乙丑，御史大夫公孫弘爲丞相，封平津侯。　春，長平侯衛青爲大將軍，擊右賢。衛尉蘇建爲游擊將軍，屬青。左內史李沮爲彊弩將軍。太僕公孫賀爲車騎將軍。代相李蔡爲輕車將軍。岸頭侯張次公爲將軍。大行息爲將軍。皆屬大將軍，擊匈奴。徐廣曰：沮音子如反。

六　二　大將軍青再出定襄擊胡。合騎侯公孫敖爲中將軍，太僕公孫賀爲左將軍，郎中令李廣爲後將軍，翕侯趙信爲前將軍，敗降匈奴。衛尉蘇建爲右將軍，敗，身脫。皆屬青。右內史李沮爲彊弩將軍。

元狩元年　十月中，淮南王安、衡山王賜謀反，皆自殺，國除。　三　御史大夫蔡

二　匈奴入鴈門、代郡。江都王建反。膠東王子慶立爲六安王。　四　御史大夫樂安侯李蔡爲丞相。　冠軍侯霍去病爲驃騎將軍，擊胡，至祁連；合騎侯敖爲將軍，出北地；博望侯張騫、郎中令李廣爲將軍，出右北平。　御史大夫湯

三　匈奴入右北平、定襄。　二

四　三　大將軍青出定襄，郎中令李廣爲前將軍，太僕公孫賀爲左將軍，主爵趙食其爲右將軍，平陽侯曹襄爲後將軍，擊單于。

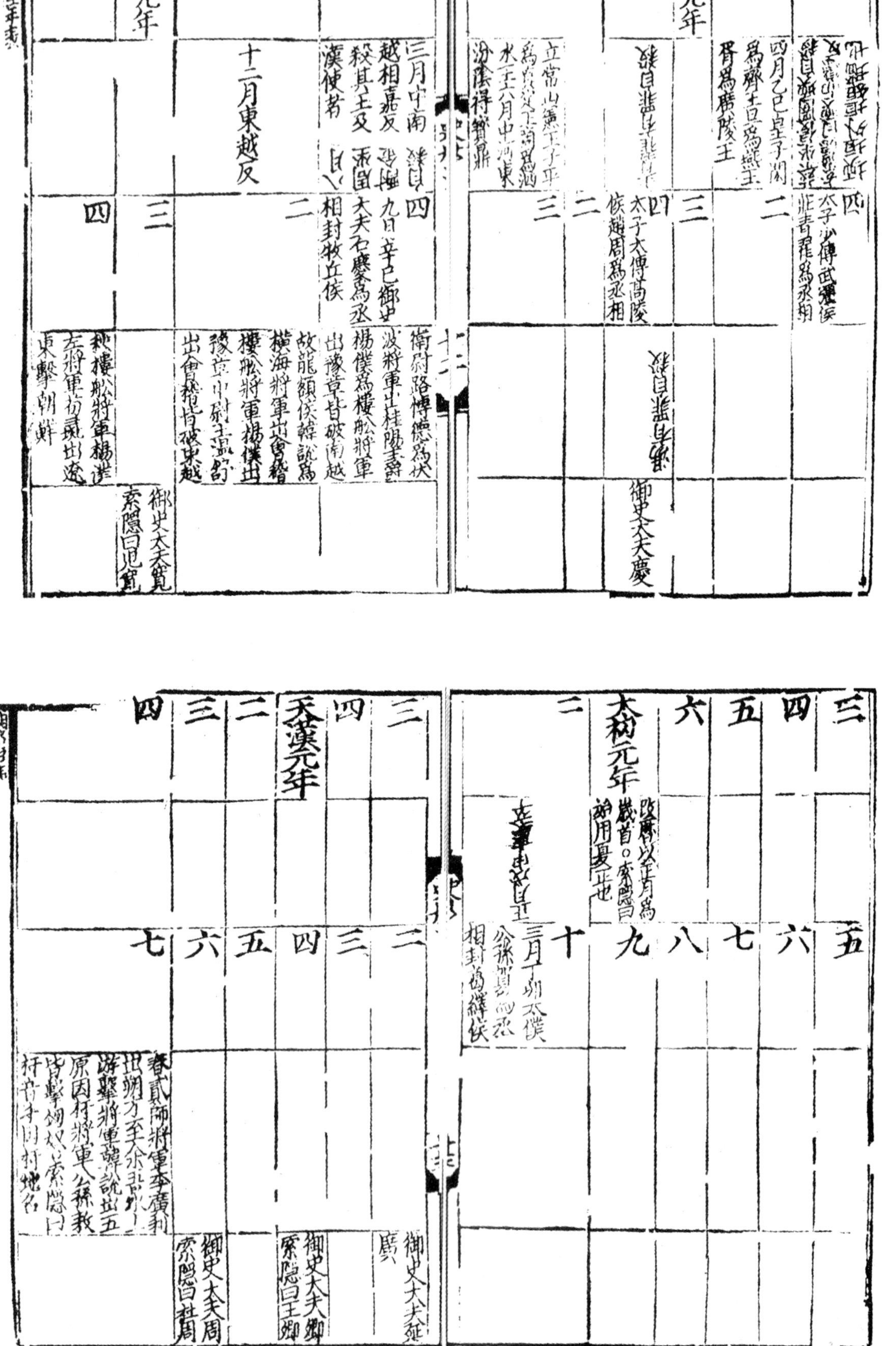

五	六	元鼎元年	二	三	四
	四月乙巳，皇子閎為齊王，旦為燕王，胥為廣陵王。	有罪自殺			立常山憲王子平為……王。六月中，河東汾陰得寶鼎。
四　太子少傅武彊侯莊青翟為丞相。	二	三	四　太子太傅高陵侯趙周為丞相。	二	三
			湯有罪自殺		
			御史大夫慶		

五	六	元封元年	二
三月中，南越相嘉反，殺其王及漢使者。	十二月，東越反。		
四　九月辛巳，御史大夫石慶為丞相，封牧丘侯。	二	三	四
衛尉路博德為伏波將軍，出桂陽；主爵楊僕為樓船將軍，出豫章，皆破南越。	故龍額侯韓説為橫海將軍，出會稽；樓船將軍楊僕出豫章；中尉王溫舒出會稽，皆破東越。		秋，樓船將軍楊僕、左將軍荀彘出遼東，擊朝鮮。
		御史大夫兒寬　索隱曰兒寬	

三	四	五	六	太初元年	二
				改曆，以正月為歲首。索隱曰：謂用夏正也。	正月戊申，慶卒。
五	六	七	八	九	十　三月丁卯，太僕公孫賀為丞相，封葛繹侯。
					御史大夫延廣

三	四	天漢元年	二	三	四
二	三	四	五	六	七
					春，貳師將軍李廣利出朔方，至余吾水上；游擊將軍韓説出五原；因杅將軍公孫敖……索隱曰：因杅，地名。
	御史大夫卿　索隱曰王卿		御史大夫周　索隱曰杜周		

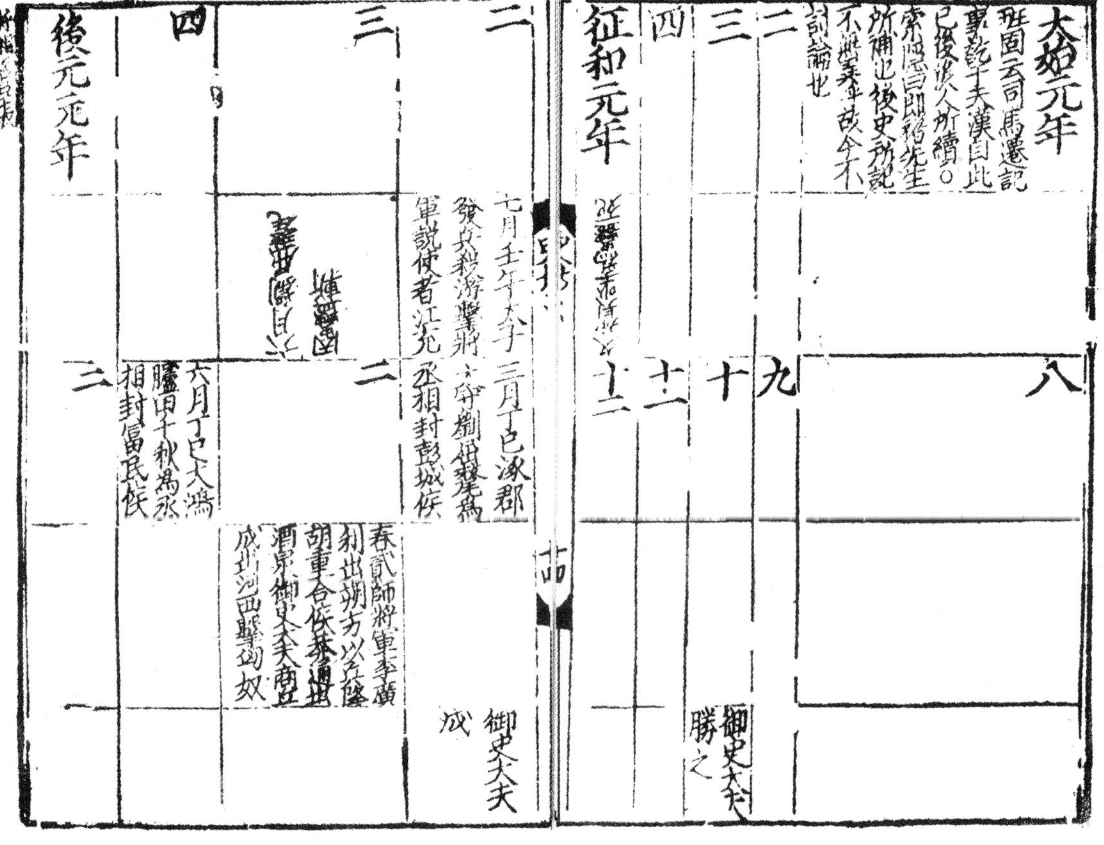

年	大事記	相位	將位	御史大夫位
太始元年 班固云司馬遷記事訖于天漢自此已後後人所續○索隱曰即褚先生所補也後史所記又無異呼故今不討論也		八		
二		九		
三		十		御史大夫勝之
四		十一		
征和元年	冬賀坐為蠱死	十二		
二	七月壬午太子發兵殺游擊將軍說使者江充	三月丁巳涿郡太守劉屈氂為丞相封彭城侯		御史大夫成
三	六月劉屈氂因蠱斬	二	春貳師將軍李廣利出朔方以兵降胡重合侯莽通出酒泉御史大夫商丘成出河西擊匈奴	
四		六月丁巳大鴻臚田千秋為丞相封富民侯		
後元元年		二		

年	大事記	相位	將位	御史大夫位
二		三	二月己巳光祿大夫霍光為大將軍博陸侯都尉金日磾為車騎將軍秺侯太僕安陽侯上官桀為大將軍	
孝昭始元元年		四	九月日磾卒	
二		五		
三		六		
四		七	三月癸酉衛尉王莽為左將軍騎都尉上官安為車騎將軍	
五		八		
六		九		
元鳳元年		十	九月庚午光祿勳張安世為右將軍	御史大夫訢
二		十一		
三		十二	十二月庚寅中郎將范明友為度遼將軍擊烏丸	
四	三月甲戌千秋卒	十三 三月乙丑御史大夫王訢為丞相封富春秋		御史大夫楊敞

三

二

孝宣

元平元年

六

五

三

二

元年神爵

八

七

六

五

四

三

二

元年元康

四

三

二

元年地節

四

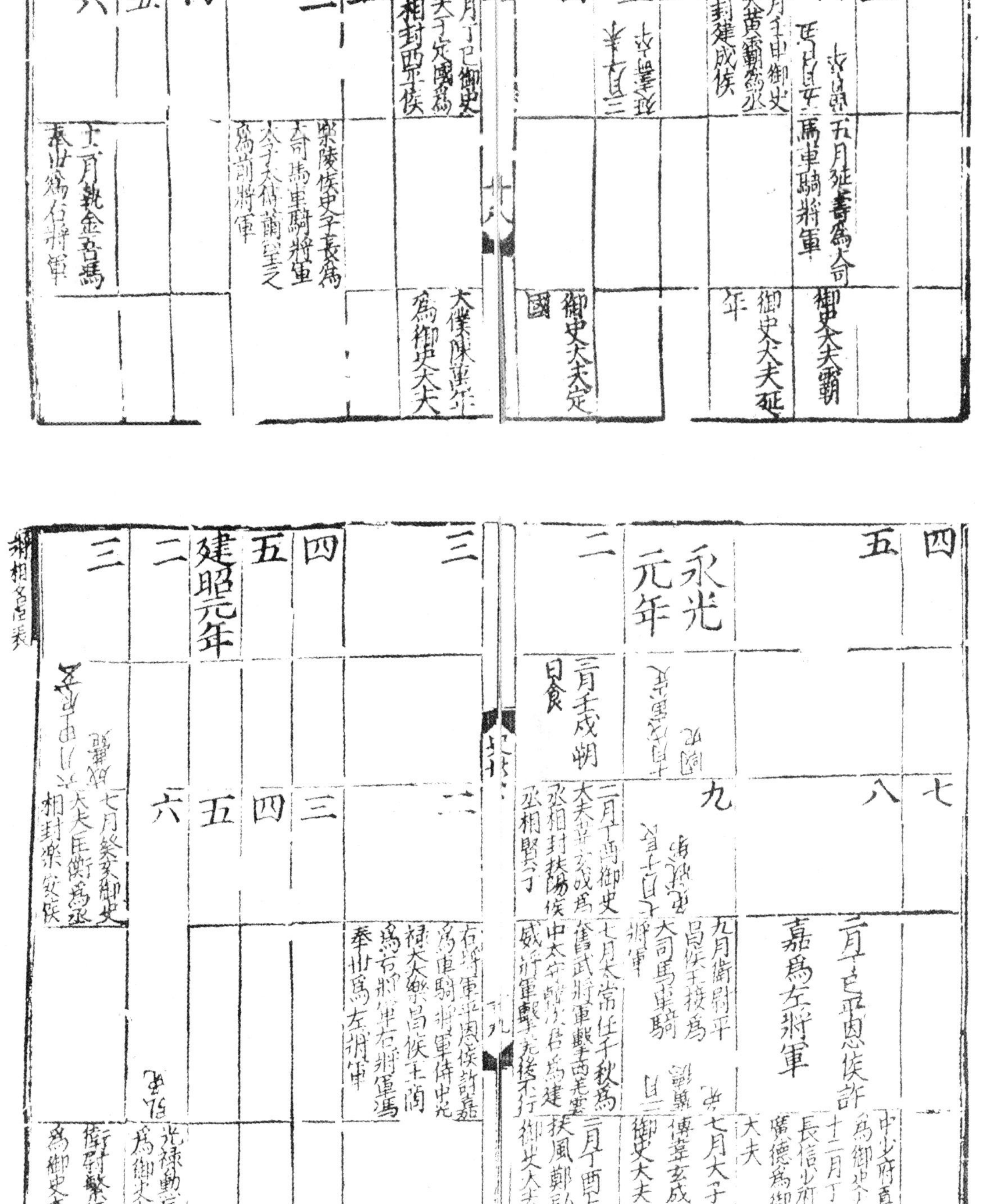

四		二		
五鳳元年		三		
二		四 [illegible]	五月延壽為大司馬車騎將軍	御史大夫霸
三	[illegible]	三月壬申御史大夫黃霸為丞相封建成侯		御史大夫延年
四		二		
甘露元年		三 延壽卒		
二	赦殊死賜高年及鰥寡孤獨帛女子牛酒	四		御史大夫定國
三	[illegible]	七月丁巳御史大夫于定國為丞相封西平侯		太僕陳萬年為御史大夫
四		二		
黃龍元年		三	樂陵侯史子長為大司馬車騎將軍太子太傅蕭望之為前將軍	
孝元初元元年		四		
二		五		
三		六	十二月執金吾馮奉世為右將軍	
四		七	二月丁巳平恩侯許嘉為左將軍	中少府貢禹為御史大夫　十二月丁未長信少府薛廣德為御史大夫
五		八		
永光元年	[illegible]	九 [illegible]	九月衛尉平昌侯王接為大司馬車騎將軍	七月太子太傅韋玄成為御史大夫
二	二月壬戌朔日食	二月丁酉御史大夫韋玄成為丞相封扶陽侯	七月太常任千秋為奮武將軍擊西羌雲中太守韓次君為建威將軍擊羌後不行	二月丁酉右扶風鄭弘為御史大夫
三		二	右將軍平恩侯許嘉為車騎將軍侍中光祿大夫樂昌侯王商為右將軍右將軍馮奉世為左將軍	
四		三		
五		四		
建昭元年		五		
二		六	[illegible]	光祿勳匡衡為御史大夫
三	[illegible]	七月癸亥御史大夫匡衡為丞相封樂安侯		衛尉繁延壽為御史大夫

年	大事記	相位	將位	御史大夫位
四		二		
五		三		
竟寧元年		四	六月己未，衛尉楊平侯王鳳爲大司馬大將軍。	三月丙寅，太子少傅張譚爲御史大夫。
孝成建始元年		五		
二		六		
三		七	十月，右將軍樂昌侯王商爲光祿大夫右將軍。執金吾弋陽侯任千秋爲右將軍。	廷尉尹忠爲御史大夫。
四		三月甲申，右將軍樂昌侯王商爲右丞相。	千秋爲右將軍，長樂衛尉史丹爲右將軍。	少府張忠爲御史大夫。
河平元年		二		
二		三	十月辛卯，史丹爲左將軍，太僕平安侯王章爲右將軍。	
三		四		
四		六月丙午，諸吏散騎光祿大夫張禹爲丞相。		
陽朔元年		二		
二		三		六月，太僕王音爲御史大夫。
三			九月甲子，御史大夫王音爲車騎將軍。	十月乙卯，光祿勳于永爲御史大夫。
四				
鴻嘉元年		四月庚辰，薛宣爲丞相。		

索隱述贊曰：高祖初起，嘯命羣雄。天下未定，王我漢中。三傑既得，六奇獻功。章邯已破，蕭何築宮。周勃厚重，朱虛至忠。平津作相，條侯總戎。丙魏立志，湯堯飾躬。天漢之後，表述非功。

漢興以來將相名臣年表第十　史記二十二

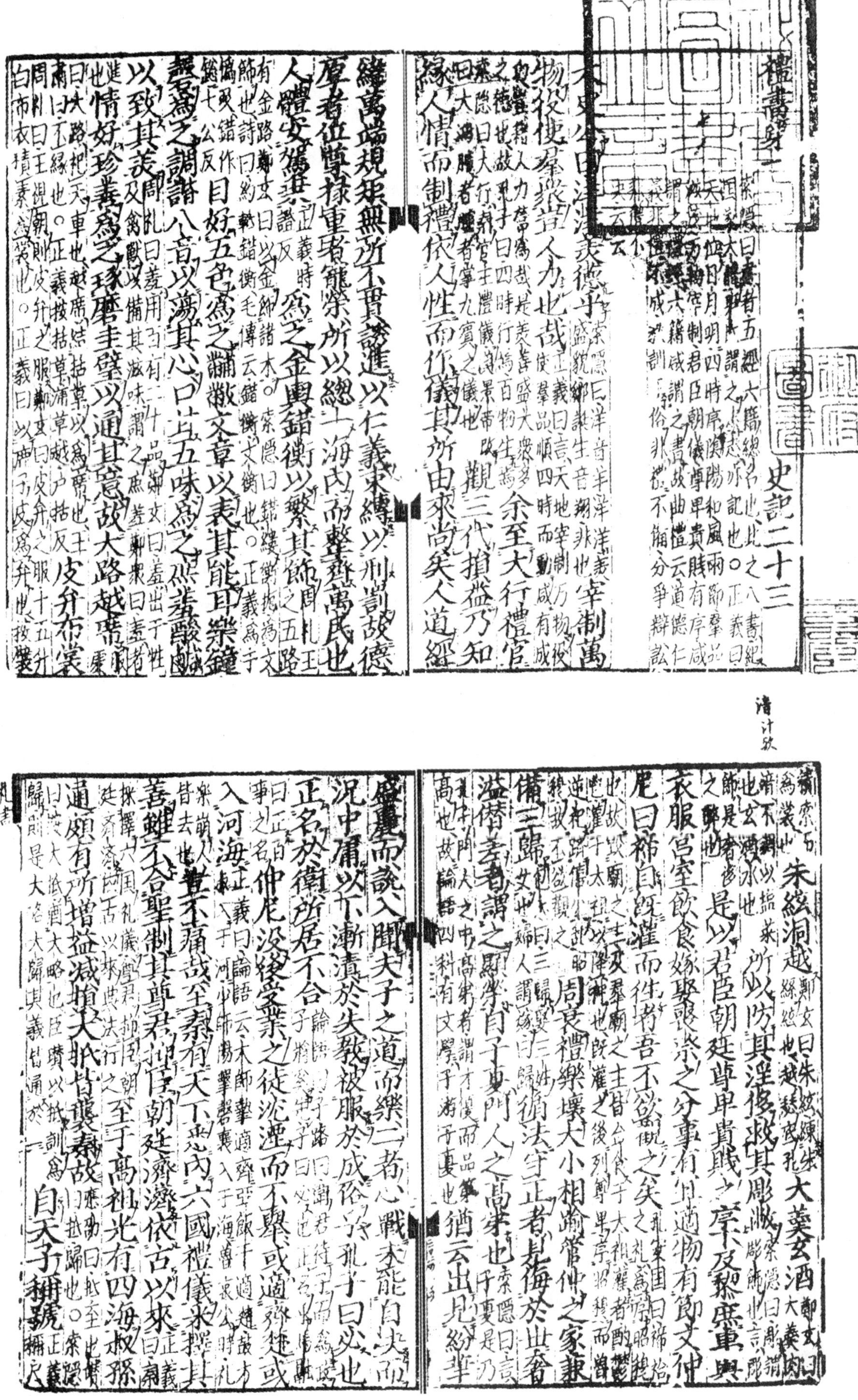

禮書第一　史記二十三

太史公曰洋洋美德乎宰制萬物役使羣衆豈人力也哉余至大行禮官觀三代損益乃知緣人情而制禮依人性而作儀其所由來尚矣人道經緯萬端規矩無所不貫誘進以仁義束縛以刑罰故德厚者位尊祿重者寵榮所以總一海內而整齊萬民也人體安駕乘爲之金輿錯衡以繁其飾目好五色爲之黼黻文章以表其能耳樂鐘磬爲之調諧八音以蕩其心口甘五味爲之庶羞酸鹹以致其美情好珍善爲之琢磨圭璧以通其意故大路越席皮弁布裳朱絃洞越大羹玄酒所以防其淫侈救其彫敝是以君臣朝廷尊卑貴賤之序下及黎庶車輿衣服宮室飲食嫁娶喪祭之分事有宜適物有節文仲尼曰禘自既灌而往者吾不欲觀之矣周衰禮廢樂壞大小相踰管仲之家兼備三歸循法守正者見侮於世奢溢僭差者謂之顯榮自子夏門人之高弟也猶云出見紛華盛麗而說入聞夫子之道而樂二者心戰未能自決而況中庸以下漸漬於失教被服於成俗乎孔子曰必也正名於衛所居不合仲尼沒後受業之徒沈湮而不舉或適齊楚或入河海豈不痛哉至秦有天下悉內六國禮儀采擇其善雖不合聖制其尊君抑臣朝廷濟濟依古以來至于高祖光有四海叔孫通頗有所增益減損大抵皆襲秦故自天子稱號

諂反下至佐僚及宮室官名少所變改孝文即位有司議欲定儀禮孝文好道家之學以為繁禮飾貌無益於治躬化謂何耳（正義曰[illegible]）故罷去之孝景時御史大夫晁錯明於世務刑名數干諫孝景曰諸侯藩輔臣子一例古今之制也今大國專治異政不稟京師恐不可傳後孝景用其計而六國畔逆（正義曰[illegible]膠西濟南[illegible]六國也）以錯首名天子誅錯以解難（正義曰[illegible]乃懈反）事在袁盎語中是後官者養交安祿而已莫敢復議今上即位招致儒術之士令共定儀十餘年不就或言古者太平萬民和喜瑞應辨至（正義曰辨音遍）乃采風俗定制作上聞之制詔御史曰蓋受命而王各有所由興殊路而同歸謂因民而作追俗為制也議者咸稱太古百姓何望漢亦一家之事典法不傳謂子孫何化隆者閎博治淺者褊狹可不勉與乃以太初之元改正朔（[illegible]）易服色封泰山定宗廟百官之儀以為典常垂之於後云禮由人起人生有欲欲而不得則不能無忿忿而無度量則爭（正義音諍）爭則亂先王惡其亂故制禮義以養人之欲給人之求使欲不窮於物物不屈於欲（正義曰屈[illegible]物反）二者相待而長是禮之所起也故禮者養也稻粱五味所以養口也椒蘭芬茝所以養鼻也（索隱曰茝音止[illegible]）鐘鼓管弦所以養耳也刻鏤文章所以養目也疏房床笫所以養體也（[illegible]謂之笫○[illegible]）故禮者養也君子既得其養又好其辨也所謂辨者貴賤有等長少有差貧富輕重皆有稱也故天子大路越席所以養體也（[illegible]）側載臭茝所以養鼻也（[illegible]）前有錯衡所以養目也（[illegible]）和鸞之聲（[illegible]）步中武象（[illegible]）驟中韶濩所以養耳也（[illegible]）龍旂九斿所以養信也（[illegible]）寢兕持虎（[illegible]）鮫韅（[illegible]）彌龍所以養威也（[illegible]）故大路之馬必信至教順然後乘之所以養

安也。孰知夫士出死要節之所以養生也，孰知夫輕費用之所以養財也，孰知夫恭敬辭讓之所以養安也，孰知夫禮義文理之所以養情也。人苟生之為見，若者必死；苟利之為見，若者必害；怠惰之為安，若者必危；情性之為安，若者必滅。故聖人一之於禮義，則兩得之矣；一之於情性，則兩失之矣。故儒者將使人兩得之者也，墨者將使人兩失之者也，是儒墨之分。治辨之極也，彊固之本也，威行之道也，功名

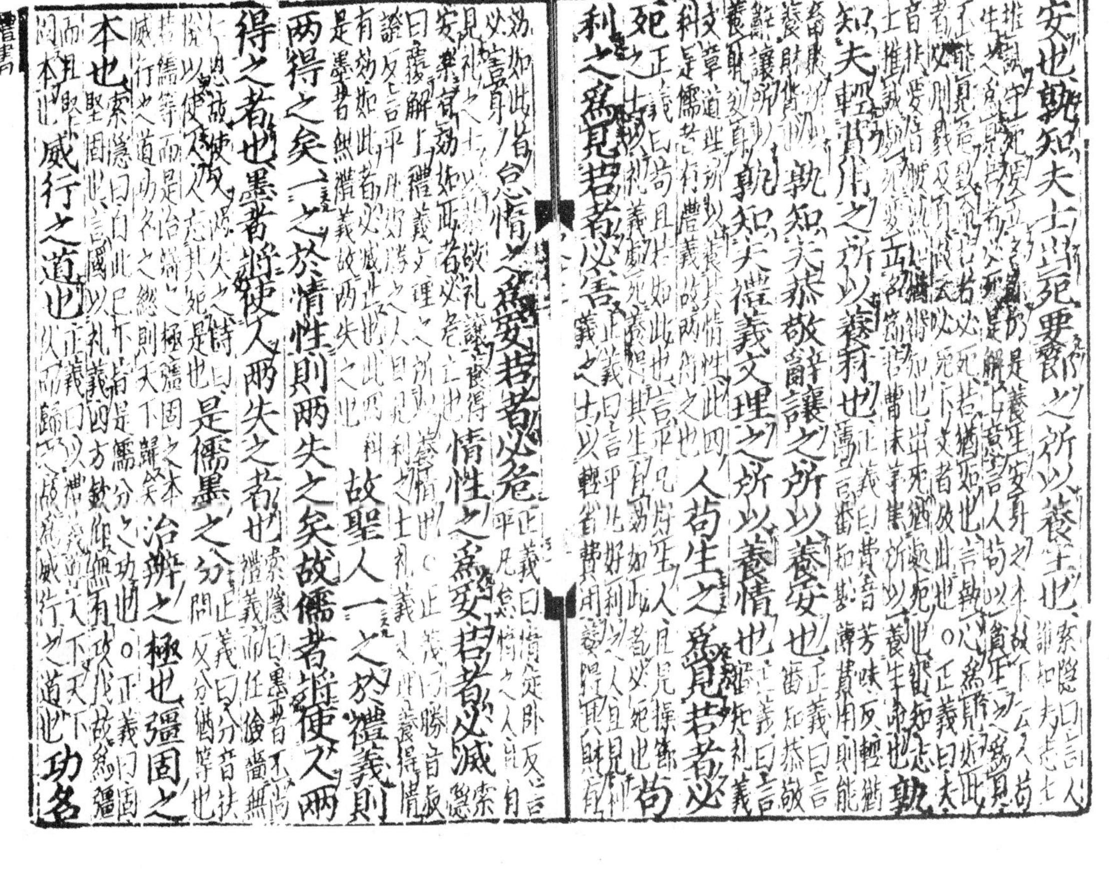

之總也。王公由之，所以一天下，臣諸侯也；弗由之，所以捐社稷也。故堅革利兵不足以為勝，高城深池不足以為固，嚴令繁刑不足以為威。由其道則行，不由其道則廢。楚人鮫革犀兕，所以為甲，堅如金石；宛之鉅鐵施，鑽如蜂蠆，輕利剽遫，卒如熛風。然而兵殆於垂涉，唐昧死焉；莊蹻起，楚分而為四。是豈無堅革利兵哉？其所以統之者非其道故也。汝潁以為險，江漢以為池，阻之以鄧林，緣之以方城。

之國，在楚之北境，故云阻以鄧林也。○正義曰：括地志云：方城，房州竹山縣東南四十一里，其山頂上平，四面險峻，山南有城，長十餘里，名為方城，即此山也。然而秦師至鄢郢，舉若振槁。索隱曰：振，動也；槁，枯葉也。○正義曰：鄢音偃。括地志云：故鄢城在襄州率道縣南九里。安郢城在荊州江陵縣東北六里，即楚平王城也。又郢城在江陵縣北十五里，是楚始都郢也。是豈無固塞險阻哉？其所以統之者非其道故也。紂剖比干，囚箕子，為炮烙，刑殺無辜，時臣下懍然，莫必其命。索隱曰：言無以保其性命也。然而周師至而令不行乎下，不能用其民。是豈令不嚴，刑不峻哉？其所以統之者非其道故也。古者之兵，戈矛弓矢而已，然而敵國不待試而詘。徐廣曰：試，一作誠也。○正義曰：詘，丘勿反。試，用也。城

郭不集，溝池不掘，正義曰：掘，求勿反，又求月反。固塞不樹，機變不張，然而國晏然不畏外而固者，無他故焉，明道而均分之，正義曰：分，扶問反。言明儒墨之分，使禮義均等，則下應之如影響也。時使而誠愛之，則下應之如景響。有不由命者，然後俟之以刑，正義曰：禮義既明，然後待之以刑，則民之罪伏刑矣。則民知罪矣。故刑一人而天下服，正義曰：君以禮義化民，有不由者。罪人不尤其上，知罪之在己也。是故刑罰省而威行如流，無他故焉，由其道故也。故由其道則行，不由其道則廢。古者帝堯之治天下也，蓋殺一人刑二人而天下治。傳曰「威厲而不試，刑措而不用」。天地者，生之本也；先祖者，類之本也；正義曰：類，種類也。君師者，治之本也。無天地惡生？

正義曰：惡音烏。無先祖惡出？無君師惡治？三者偏亡，則無安人。索隱曰：鄒氏偏音遍。○正義曰：偏，疋然反。故禮，上事天，下事地，尊先祖而隆君師，是禮之三本也。故王者天太祖，索隱曰：以太祖配天也。諸侯不敢懷，索隱曰：懷，思也。言諸侯不敢懷思天子之祖，故禮云「諸侯不敢祖天子」，與此同意也。大夫士有常宗，禮記云：「別子為祖，繼別為宗，百世不遷者」，謂別子之後也。所以辨貴賤。貴賤治，得之本也。郊疇乎天子，索隱曰：疇，類也。天子類得郊天，大戴禮作「郊止乎天子」。社至乎諸侯，索隱曰：言天子已下至諸侯得立社。函及士大夫，函音含。○索隱曰：含謂包含，諸侯以下至士大夫，得祭社。禮云大夫成群立社，曰置社，皆各自立社也。○正義亦通也。今此作導，及士大夫並通也。今用者以導與陷同

後足字失，上唯有「道」作之，挾薄者得以道也。所以辨尊者事尊，卑者事卑，宜鉅者鉅，宜小者小。故有天下者事七世，有一國者事五世，有五乘之地者事三世，鄭玄曰：……有三乘之地者事二世，……有特牲而食者不得立宗廟，……所以辨積厚者流澤廣，積薄者流澤狹也。大饗上玄尊，俎上腥魚，鄭玄曰：……先大羹，鄭玄曰：……貴食飲之本也。大饗上玄尊而用薄酒，食先黍稷而飯稻粱，祭嚌先大羹而飽庶羞，貴本而親用也。貴本之謂文，親用之謂理，兩者合而成文，以歸太一，是謂太隆。索隱曰：

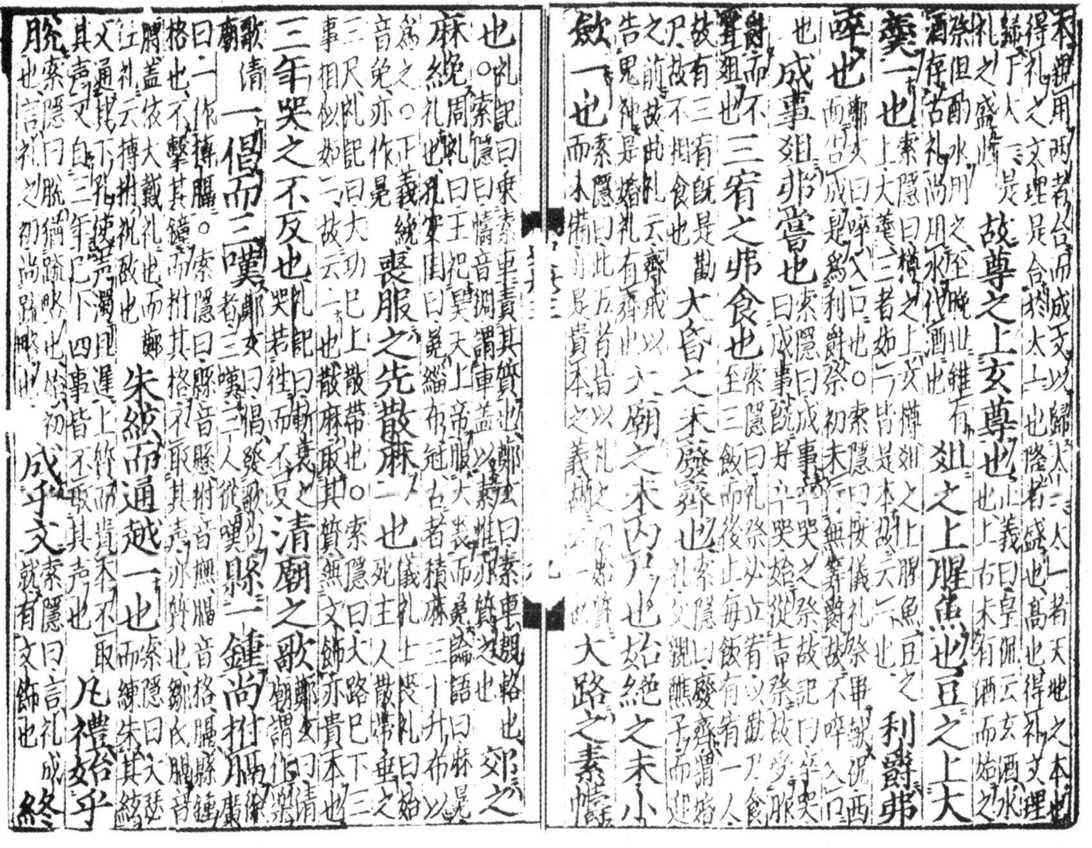

禮書

故尊之上玄尊也，俎之上腥魚也，豆之上大羹，一也。利爵弗啐也，成事俎弗嘗也，三宥之弗食也，大昏之未發齊也，大廟之未內尸也，始絕之未小斂，一也。大路之素幬也，郊之麻絻也，喪服之先散麻，一也。三年哭之不反也，清廟之歌一倡而三歎，縣一鐘尚拊膈，朱絃而通越，一也。凡禮始乎脫，成乎文，終

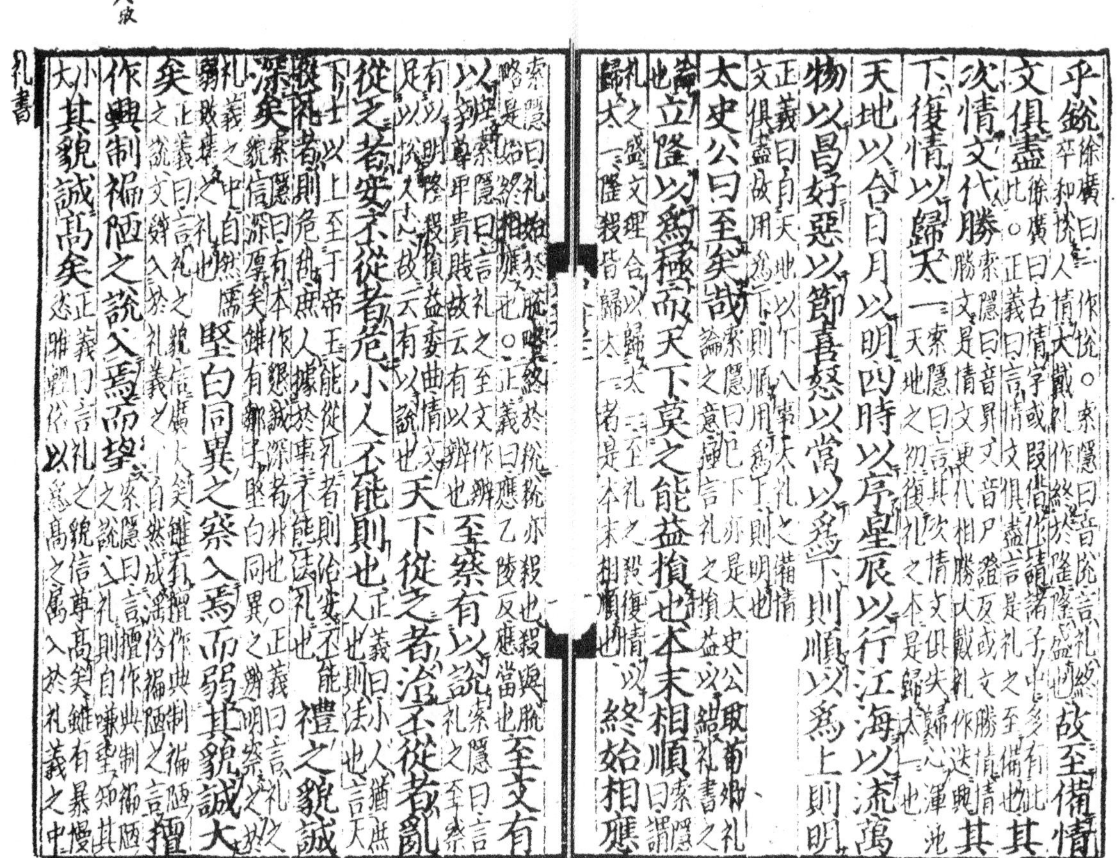

禮書

乎銳。故至備，情文俱盡；其次，情文代勝；其下復情以歸太一。天地以合，日月以明，四時以序，星辰以行，江河以流，萬物以昌，好惡以節，喜怒以當。以為下則順，以為上則明。

太史公曰：至矣哉！立隆以為極，而天下莫之能益損也。本末相順，終始相應，至文有以辨，至察有以說，天下從之者治，不從者亂；從之者安，不從者危。小人不能則也。禮之貌誠深矣，堅白同異之察入焉而弱。其貌誠大矣，擅作典制褊陋之說入焉而望。其貌誠高矣，

自然成墜落暴慢輕俗之人暴慢恣睢輕俗以為高之屬入焉而墜索隱曰恣睢猶毀訾也言毀訾禮者自取滅亡也故繩誠陳鄭玄曰誠猶審也陳設也謂彈畫也則不可欺以曲直衡誠縣鄭玄曰衡稱也縣謂錘也○正義曰音玄則不可欺以輕重規矩誠錯索隱曰錯置也規車也矩曲尺也○正義曰錯七故反則不可欺以方員君子審禮則不可欺以詐偽正義曰詐偽謂堅白同異[illegible]典制恭矣恣睢自高也故陳繩曲直定懸衡輕重分錯規矩方員自消滅矣故繩者直之至也衡者平之至也規矩者方員之至也禮者人道之極也然而不法禮不足禮謂之無方之民鄭玄曰方猶道也法禮足禮謂之有方之士禮之中能思索索隱曰索求也謂之能慮能慮勿易正義曰易謂輕易也謂之能固能慮能固加好之焉

聖矣正義曰好火到反言人以得禮之中又能思慮索求其禮謂之能思慮又不輕易其禮謂之能堅固能慮能固其禮更加好之乃聖人矣天者高之極也地者下之極也日月者明之極也無窮者廣大之極也聖人者道之極也正義曰道謂禮義也言人有禮義則為聖人比於天地日月廣大之極也以財物為用以貴賤為文以多少為異以隆殺為要索隱曰隆猶厚也殺猶薄也文貌繁情欲省禮之隆也文貌省情欲繁禮之殺也文貌情欲相為內外表裏並行而雜禮之中流也正義曰文飾情用表裏外內合於儒墨是得禮情之中而流行不息也君子上致其隆下盡其殺而中處其中正義曰中謂情文也步驟馳騁廣騖不外正義曰騖音務言君子之人上存文飾下務減省而合情文之中得其次序有戰陣殺戮邪[illegible]則不棄於禮義矣言三皇步五帝驟三王馳五伯騖也

是以君子之性守宮庭也索隱曰言其性守正不踰越行如常守宮庭也○正義曰宮庭聽朝處言君子之心內常守禮義若宮庭焉人域是域士君子也索隱曰域居也言君子之行非禮不居是其居也○正義曰域平凡人域之中能知禮義之域限而為士及君子也外是民也索隱曰外謂人域之外非人所居之地以喻禮義之外別為他行即是小人故云外是人也於是中焉房皇周浹曲直得其次序聖人也索隱曰房音旁房皇猶徘徊也周浹猶周匝言徘徊周浹委曲得禮之序動不失中則是聖人之行也故厚者禮之積也大者禮之廣也索隱曰言君子聖人有厚大之德則為禮之所歸積益弘廣也故曰甘受和白受采忠信之人可以學禮苟無忠信之人則禮不虛道然此文皆荀卿禮論之所載者也高者禮之隆也明者禮之盡也正義曰言君子內守其禮德厚大積廣至於高尊明禮則是禮之終竟也此書是褚先生取荀卿禮論兼為之

索隱述贊曰

禮因人心　非從天下

合誠飾貌　救弊興雅

以制黎甿　以事宗社

情文可重　豐殺難假

仲尼坐樹　孫通蕝野

聖人作教　罔不由者

禮書第一　史記二十三

樂書第二　　史記二十四

（正義曰天有日月星辰，地有山陵河海，歲有萬物成熟，國有聖賢宮觀周域官僚，人有言語衣服體貌端修，咸謂之樂。樂書者，猶樂記也。鄭玄云以其記樂之義也。按別錄曰屬樂記，蓋十一篇合為一篇。十一篇有樂本、有樂論、有樂施、有樂言、有樂禮、有樂情、有樂化、有樂象、有賓牟賈、有師乙、有魏文侯。今雖合之，亦略有分焉。劉向校書得樂書二十三篇，著於別錄。今樂記雖有十一篇，其名猶存也。）

太史公曰：余每讀虞書，至於君臣相敕，維是幾安，而股肱不良，萬事墮壞，未嘗不流涕也。成王作頌，推己懲艾，悲彼家難，可不謂戰戰恐懼，善守善終哉？君子不為約則修德，滿則棄禮，佚能思初，安能惟始，沐浴膏澤而歌詠勤苦，非大德誰能如斯！傳曰「治定功成，禮樂乃興」。海內人道益深，其德益至，所樂者益異。滿而不損則溢，盈而不持則傾。凡作樂者，所以節樂。君子以謙退為禮，以損減為樂，樂其如此也。以為州異國殊，情習不同，故博采風俗，協比聲律，以補短移化，助流政教。天子躬於明堂臨觀，而萬民咸蕩滌邪穢，斟酌飽滿，以飾厥性。故云雅頌之音理而民正，嘄噭之聲興而士奮，鄭衛之曲動而心淫。及其調和諧合，鳥獸盡感，而況懷五常，含好惡，自然之勢也？治道虧缺而鄭音興起，封君世辟，名顯鄰州，爭以相高。自仲尼不能與齊優遂容於魯，雖退正樂以誘世，作五章以刺時，猶莫之化。陵遲以至六國，流沔沈佚，遂往不返，卒於喪身滅宗，并國於秦。

秦二世尤以為娛。丞相李斯進諫曰：「放棄詩書，極意聲色，祖伊所以懼也；輕積細過，恣心長夜，紂所以亡也。」趙高曰：「五帝三王樂各殊名，示不相襲。上自朝廷，下至人民，得以接歡喜，合殷勤，非此和說不通，解澤不流，亦各一世之化，度時之樂，何必華山之騄耳而後行遠乎？」二世然之。高祖過沛詩三侯之章，令小兒歌之。高祖崩，令沛得以四時歌儛宗廟。孝惠、孝文、孝景無所增更，於樂府習常肄舊而已。至今上即位，作十九章，令侍中李延年次序其聲，拜為協律都尉。通一經之士不能獨知其辭，皆集會五經家，相與共講習讀之，乃能通知其意，多爾雅之文。漢家常以

正月上辛，祠太一甘泉，以昏時夜祠，到明而終。常有流星經於祠壇上。使僮男僮女七十人俱歌。春歌青陽，夏歌朱明，集解爾雅云春曰青陽夏曰朱明 秋歌西皥，冬歌玄冥。集解少皥也云玄冥水官也○索隱曰禮記月令 世多有，故不論。索隱曰言四時歌詞多有其詞故此不論也今見漢書禮樂志 又嘗得神馬渥洼水中，集解李斐曰南陽新野有暴利長當武帝時遭刑屯田燉煌界人數於此水旁見羣野馬中有奇異者與凡馬異來飲此水旁利長先為土人持勒靽於水旁後馬玩習久之代土人持勒靽收得其馬獻之欲神異此馬云從水中出注音窐也○索隱曰上音握即渥洼也 復次以為太一之歌。歌曲曰：太一貢兮天馬下，索隱曰按禮樂志貢作況況與貢意亦通○正義曰太一北極大星也 霑赤汗兮沫流赭。集解應劭曰大宛馬汗血霑濡也流沫如赭 騁容與兮跇萬里，孟康曰跇音逝如淳曰跇謂超踰也○索隱曰鄒誕生云跇一作泄音泄 今安匹兮龍與友。後伐大宛得千里馬，馬名蒲梢，應劭曰大宛舊有天馬種蹋石汗血汗從前肩髆出如血號一日千里○索隱曰梢音史交反又作驥亦同音 次作以為歌。歌詩曰：天馬來兮從西極，經萬里兮歸有德。承靈威兮降外國，涉流沙兮四夷服。中尉汲黯進曰：凡王者作樂，上以承祖宗，下以化兆民。今陛下得馬，詩以為歌，協於宗廟，先帝百姓豈能知其音邪？上默然不說。丞相公孫弘曰：黯誹謗聖制，當族。凡音之起，由人心生也。正義曰皇侃云此章有三品故名為樂本備言音聲所起故名樂本夫樂之起其事有二一是人心感樂樂聲從心而生一是樂感人心心隨樂聲而變也 人心之動，物使之然也。正義曰物外境也外有善惡來觸於心則其心應觸而動故云物使之然也 感於物而動，故形於聲。鄭玄曰宮商角徵羽雜比曰音單出曰聲形猶見也王肅曰物事也謂哀樂喜怒和敬之事感人而動見於聲 聲相應，故生變。鄭玄曰樂之器彈其宮則眾宮應然而不足樂是以變之使雜也○正義曰雅惟五聲云緣五聲各自相應不足為樂故變使雜 變成方，謂之音。鄭玄曰方猶文章○正義曰單聲不成故變雜五聲使交錯成文乃謂為音也 比音而樂之，及干戚羽旄，謂之樂。鄭玄曰干盾也戚斧也武舞所執也羽翟羽也旄旄牛尾也文舞所執也○正義曰比次也音五音也言五音雖雜猶未足為樂復須次比器之音及文武所執之物共相諧會乃是由音得名為樂武陰文陽故所執有輕重之異 樂者，音之所由生也，正義曰合音乃成樂是樂由音而生是諸樂生起所由之生也 其本在人心之感於物也。正義曰本猶初也物外境也言樂初所起在於人心之感外境也將欲明樂隨心見故更陳此句也 是故其哀心感者，其聲噍以殺；鄭玄曰噍踧也○索隱曰噍音焦如字鄒誕生作燋子妙反○正義曰噍踧急也若外境痛苦則其心哀感哀感在心故樂聲踧急而殺也此下六者皆人君若見前境來感己而制樂音隨心見之也 其樂心感者，其聲嘽以緩；鄭玄曰嘽寬綽之貌○正義曰嘽寬也若外境可美則其心歡樂歡樂在心故樂聲必隨而寬緩也 其喜心感者，其聲發以散；鄭玄曰發猶揚也○正義曰若外境會意其心喜悅喜在心故樂聲發揚也 其怒心感者，其聲粗以厲；正義曰若外境乖失故己心怒怒謂怨怒心隨怨而發揚故無輟殺則樂聲粗麤而嚴厲也 其敬心感者，其聲直以廉；正義曰廉隅也若外境尊高故己心悚敬悚敬在內則樂聲亦直而有廉角也 其愛心感者，其聲和以柔。正義曰柔軟也若外境憐恭故己心愛惜愛惜在內則樂和柔也 六者非性也，感於物而後動，正義曰性本靜寂無此六事六事之生由應感見所動故云非性也鄭玄曰言人聲在所見非有常也 是故先王慎所以感之。正義曰六事隨見而動非本性先王聖人在上制正礼以防之故先王慎所以感之者也故禮以導其志樂以和其聲政以一其行正義曰胡孟反刑以防其姦禮樂刑政其極一也鄭玄曰極至也○正義曰四事所慎所感之由也用禮勸導其志用樂諧和其聲用法律齊其行用刑防其凶民不復流僻故感之使同其一欲不爲非也極至也所以同民心而出治道也鄭玄曰此其所謂至也○正義曰上四事成民同其心與不邪僻故治道出也民心所觸有前六者不同故聖人用後四者制之凡音者生人心者也正義曰此樂本章第二段明樂感人心也人心即君人心也樂音善惡由君上心之所好故云生於人心者也人心情也中猶心也心既感物而動故形見於声也情動於中故形於聲正義曰情謂君之音聲成文謂之音正義曰謂之音清濁雖異各見於外成於文彩謂之音也是故治世之音安以樂其政和正義曰言平理之世其樂音安靜而歡樂也正政同也亂世之音怨以怒其政乖

作頌○正義曰亂世之音民心怨怒樂声亦怨由其正乖僻故也亡國之音哀以思其民困正義曰思音四亡國謂將欲滅亡之國樂音悲哀而愁思亡國之時民之心哀思其樂音亦哀思由其民困故也聲音之道與政通矣鄭玄曰言以八音和否隨政也○正義曰政和則声音安樂政乖則声音怨怒是声音之道與正通矣宮爲君王肅曰居中央總四方君之象也○索隱曰宮屬土土居中央總四方君之象也○正義曰用八十一絲声重而尊故爲君商爲臣王肅曰秋義斷臣之象也○索隱曰商是金金爲決斷臣事也○正義曰絃用七十二絲次宮如臣次君者也角爲民王肅曰春物並生各以區別民之象也○索隱曰絃用六十四絲声居宮羽之中比君爲劣比物爲優故云清濁中人之象也○正義曰角屬木以其清濁中民之象徵爲事王肅曰夏物盛故事多○索隱曰徵屬火以其徵清事之象也○正義曰絃用五十四絲皆成形體事亦有休故配事羽爲物王肅曰冬物聚○索隱曰羽爲水最清物之象也○正義曰絃用四十八絲五者不亂則無惉懘

之音矣鄭玄曰惉懘敝敗不和之貌也○索隱曰又本作怗懘省也○正義曰惉懘敝敗也君臣民事物五者各得其用不相壞亂則五音之響無敝敗也宮亂則荒鄭玄曰荒猶散也○正義曰宮亂則其声放散由其君驕溢故也其君驕商亂則搥徐廣曰搥今禮作陂○索隱曰搥因都回反陂音詖○正義曰商音亂其声欹邪不正由其臣不理於官壞故也其臣壞角亂則憂正義曰角音亂其声憂愁由政虐民怨故也其民怨徵亂則哀正義曰徵音亂其声哀苦由繇役不休其民事勤勞其事勤羽亂則危正義曰羽音亂其声傾危由君賦重於其民貧乏故其財匱五者皆亂迭相陵謂之慢正義曰迭互也五声並不和則君臣上下互相陵越所以謂之爲慢也如此則國之滅亡無日矣鄭玄曰君臣民事物也其道亂則其音應而亂也○索隱曰無日猶言無復一日也以言君臣皆慢如此則無復一日則國之滅亡可待也鄭衛之音亂世之音也比於慢矣鄭玄曰比猶同

正義曰鄭音好濫淫志衛音促速煩志並是亂世音鄭衛亂而未滅故比慢也比必以反桑間濮上之音鄭玄曰濮水之上地有桑間在濮陽南○正義曰昔殷紂使師延作長夜靡靡之樂以致亡國武王伐紂此樂師師延將樂器投濮水而死後晉國樂師師涓夜過此水聞水中作此樂因聽而寫之既得還國爲晉平公奏之師曠撫之曰此亡國之音也得此必於桑間濮上乎紂之所由亡也亡國之音也其政散其民流誣上行私而不可止正義曰君上之音此濮上亡國其政必離散而民人流蕩逃亡緣臣無上各行私情國即滅亡而不可禁止也凡音者生於人心者也正義曰此樂本章第三段也前第一明人心感樂此段明樂感人心此段有二重自凡音至反人道爲一重抑應第二段人心感樂也又自人之生而靜至王道備矣爲一重抑應第一段樂者通於倫理者也鄭玄曰倫猶類也理分也○正義曰音和生自君心形成於樂樂成則能通於百姓使各歸其類分故曰通倫理者也是故知聲而不

知音者禽獸是也知音而不知樂者衆庶是也唯君子爲能知樂鄭玄曰禽獸知此爲聲耳不知其宮商之變八音並作克諧曰樂是故審聲以知音正義曰声爲音本若欲知音當須審定其声然後音可知審音以知樂正義曰音爲樂本前審其音然後可知樂也審樂以知政正義曰樂爲政本前審定其樂然後政可知也而治道備矣正義曰前審定其本後識其末則爲治之道乃可備矣是故不知聲者不可與言音不知音者不可與言樂知樂則幾於禮矣鄭玄曰幾近也○正義曰礼謂治国之礼包萬事萬事備具始是礼極今知樂者但正君臣民事物五者之情於礼未極故云幾於礼也禮樂皆得謂之有德德者得也鄭玄曰聽樂而知政之得失則能正君臣民事物之礼○正義曰若聽樂而知礼則是礼樂皆得二者備具則是有德之君也又言有德之人是能得礼樂之情故云德者得也是故樂之隆非極音也鄭玄曰隆猶盛也極猶窮也○正義曰大樂之盛本在移風易俗非窮鍾鼓之音故云非極音也廢樂云樂云鍾鼓云乎哉是也食饗之禮非極味也正義曰食音嗣食享謂宗廟祫祭也大礼之盛本在安上治民非崇玉帛至味故云非極味也故論語礼云礼云玉帛云乎哉是也清廟之瑟鄭玄曰清廟謂作樂歌清廟王肅曰於清廟中所鼓之瑟朱絃而疏越鄭玄曰越瑟底孔畫疏之使声遲一倡而三嘆有遺音者矣鄭玄曰遺猶餘也王肅曰未盡音之極○正義曰倡音唱一唱謂一人始唱歌三嘆謂三人讚嘆也樂歌此之道不極音声故但以熟弦廣孔少唱寡和此音有德傳於無窮是有餘音不已一云所重在德本不在音是有遺餘音念之不忘也大饗之禮正義曰大享即祫祭也變食言大也此言大崇其名故也不尚重味故食言大也此言礼盛示不作不味之事尚玄酒正義曰祫祭之礼則列玄尊在上五齊在下也而俎腥魚正義曰九俎有肴生腊是腥魚者生魚也俎雖有三牲亦薦生魚也大羹不和正義曰和胡臥反大羹肉汁也祭有肉汁爲羹無鹽菜之芼和也

有遺味者矣正義曰遺亦餘也此者質素之食禮人主誠設之道不極滋味故尚明水而腥魚此禮可重流芳竹帛傳之無已有餘味一云禮本在德不在牲牢故用水魚而遺味也是故先王之制禮樂也非以極口腹耳目之欲也將以教民平好惡而反人道之正也鄭玄曰教之使知好惡○正義曰好火到反惡一故反平均也言先王制禮作樂本是教訓流民平於好惡之理故去惡歸善不爲口腹耳目之欲令反歸人之正道也人生而靜天之性也正義曰此第三段第二重也人初生未有情欲其情欲至靜稟于自然是天之性也感於物而動性之頌也正義曰頌音容今禮作欲○正義曰此心雖靜感於外物情因物而動是性之貪欲也物至知知然後好惡形焉王肅曰事至能以智知之然後情之好惡見○正義上知音智好惡無節於內知誘於外不能反己天理滅矣王肅曰內無定節智爲物所誘於外情從之動而失其天性○正義曰言好惡不自節量於心唯知欲誘之於外不能反還己躬之善則天性滅絕矣夫物之感人無窮而人之好惡無節則是物至而人化物也鄭玄曰隨物變化○正義曰夫物不一故言无窮也若人心嗜欲無度隨好惡不能節之則與之而化故云人化物人化物也者滅天理而窮人欲者也鄭玄曰言無所不爲○正義曰心隨物化則滅天性而恣人心之欲也於是有悖逆詐偽之心有淫泆作亂之事是故强者脅弱衆者暴寡知者詐愚勇者苦怯疾病不養老幼孤寡不得其所此大亂之道也是故先王制禮樂人爲之節鄭玄曰爲作法度以遏其欲也王肅曰以人爲之節言得其中也衰麻哭泣正義曰此以下並是陳禮節人之事也制五服哭泣所以紀喪事之節而不使背死忘生也事死者難故以哀哭爲前也所以節喪紀也鐘鼓干戚所以和安樂也婚姻冠笄所以別男

女也。鄭玄曰：男二十而冠，女許嫁而笄。○正義曰：冠，古亂反。笄，音雞。射鄉食饗，所以正交接也。鄭玄曰：射，大射；鄉，鄉飲酒。禮節民心，樂和民聲，政以行之，刑以防之。禮樂刑政四達而不悖，則王道備矣。樂者為同，禮者為異。鄭玄曰：同，謂協好惡也。異，謂別貴賤。○正義曰：此第二章名為樂論，其中有四段，此章論禮樂同異也。夫樂使率土合和，是同也；禮使父子殊別，是為異也。同則相親，異則相敬。樂勝則流，王肅曰：流，不能自還。禮勝則離。王肅曰：離析而不親。○正義曰：勝，式證反。勝猶過也。禮樂雖有同異，而又相須也。若樂過和同而無禮，則流慢無復尊卑之敬；若禮過殊隔無樂，則親屬離析，無復骨肉之愛也。合情飾貌者，禮樂之事也。鄭玄曰：欲其彬彬然。○正義曰：樂和內，是合情；禮檢迹於外，是飾貌也。禮義立，則貴賤等矣；鄭玄曰：等，階級。樂文同，則上下和矣。正義曰：文，謂聲成文也。若作樂文采諧同，則上下並和，是宗和民聲也。好惡著，則賢不肖別矣。正義曰：好惡並去聲，又並如字。著，張慮反。若法律分明，善惡章著，則賢愚斯別。刑禁暴，爵舉賢，則政均矣。正義曰：王者為政化行矣，用刑則禁制暴慢，疏爵以舉賢良，則政治均平，是刑以防之矣。既禁暴而又言舉賢，舉祿者，示刑最為連，不宜獨行，必須賞罰兼明也。然禮樂之用，非政不行，明須四事連行也。仁以愛之，義以正之，如此則民治行矣。正義曰：言禮樂刑政既均，又須仁以愛民，義以正民，如此則民順理正行矣。樂由中出，鄭玄曰：和在心。○正義曰：此樂論第二段，謂樂功也。出猶生也。為人在中和有未足，故生此樂也。禮自外作。鄭玄曰：敬在貌。○正義曰：作猶起也。為人在敬有未足，起此禮也。樂由中出故靜，正義曰：樂和在內，故云靜。禮自外作故文。鄭玄曰：文猶動。○正義曰：禮肅人貌，貌在外，故文動。大樂必易，正義曰：易，以豉反。朱疏越是也。大禮必簡。鄭玄曰：易簡若於清廟大饗然。○正義曰：玄酒腥魚是也。樂至則無怨，禮至則不爭。鄭玄曰：至猶達也，行也。○正義曰：樂行主和，和諧則民無慢怨怒也；禮行主謙讓，謙讓達則民不爭競也。揖讓而治天下者，禮樂之謂也。暴民不作，諸侯賓服，兵革不試，鄭玄曰：賓，協也。試，用也。五刑不用，百姓無患，天子不怒，如此則樂達矣。合父子之親，正義曰：前云禮至不爭，故致天下尊卑之序也。禮使父慈子孝，是合父子之親也。父事三老也。明長幼之序，正義曰：長坐幼立，是明長幼之序，兄事五更是也。以敬四海之內。正義曰：孝經云：教以孝，所以敬天下之為人父；教以弟，所以敬天下之為人兄；教以臣，所以敬天下之為君，所是敬四海之內也。天子如此，則禮行矣。正義曰：言天子能躬行禮，則臣下必效上用禮，如此則禮行矣。合父子以下，悉自天子自身行之也。大樂與天地同和，正義曰：此樂論第三段，論禮與樂唯聖能識也。言天地以氣氤氳，合生萬物，大樂之理，順陰陽律呂，生養萬物，是大樂與天地同和也。大禮與天地同節。鄭玄曰：言順天地之氣與其數也。○正義曰：言天有日月，地有山川，高卑殊形，生用各別，大禮辯尊卑貴賤，等差異別，是大禮與天地同節也。

和，故百物不失；鄭玄曰：不失其性。○正義曰：樂與天地同和，能生成萬物性。節，故祀天祭地。鄭玄曰：成物有功報焉。○正義曰：禮與天地同節，有尊卑上下，報萬物之功。明則有禮樂，鄭玄曰：教人者也。○正義曰：明猶文也。言聖王能使樂與天地同和，禮與天地同節，能顯明其禮樂以教人也。幽則有鬼神。鄭玄曰：助天地成物者也。易曰：知鬼神之情狀，然則聖人精氣謂之神，賢智之精氣謂之鬼也。○正義曰：幽，內也。言聖王又能內敬鬼神，助天地生成萬物。如此，則四海之內合敬同愛矣。正義曰：言行禮同節，故四海合敬矣；樂同和，故四海同愛矣。禮者殊事合敬者也，正義曰：尊卑貴賤之別，是殊事也；施之同以莊敬，是合敬也。樂者異文合愛者也。正義曰：宮商錯而成文，隨事而制變，是異文；同以勸愛，是合愛也。禮樂之情同，故明王以相沿也。鄭玄曰：沿猶因述也。殷因於夏，周因於殷。○正義曰：樂情主和，禮情主敬，致化是同以其致化情同，故明王相因述也。故事與時並，鄭玄曰舉事在其時也王肅曰有其時然後得立其事○正義曰言聖王所爲之事與所當之時並行也若堯舜揖讓之事與淳和之時並行湯武干戈之事與澆薄之時並行此句明礼也 名與功偕，鄭玄曰爲名在於其功也偕猶俱也王肅曰有功然後得有其名○正義曰名謂樂名也偕俱也功者揖讓干戈之功也聖王制樂之名與所建之功俱作也若堯舜樂名咸池大韶湯武樂名大護大武也 故鐘鼓管磬羽籥干戚，樂之器也；正義曰此陳樂事也鐘鼓之屬是樂之器有形質故爲事也 詘信俯仰綴兆舒疾，徐廣曰綴今礼作綴鄭玄曰兆其外營域○索隱曰綴舞者鄭玄也文綴下文其舞行及遠及短礼皆作綴蓋是字之誤耳非變字故此爲綴而下又爲及也蓋依字讀義亦雖通亦遂存舊耳 樂之文也。正義曰文飾之事也 簠簋俎豆制度文章，禮之器也；升降上下周旋裼襲，禮之文也。故知禮樂之情者能作，正義曰窮本知末知變又能著

誠去偽所以能作故謂之聖也 識禮樂之文者能述。鄭玄曰述謂訓其義○正義曰謂上文屈伸俯仰升降上下也 作者之謂聖，正義曰堯舜禹湯之屬是也 述者之謂明，正義曰游夏之屬是也 明聖者，述作之謂也。樂者，天地之和也；禮者，天地之序也。正義曰此樂論第四段也謂礼樂之情也樂法天地之氣故云天地之和礼法天地之形故云天地之序礼樂從天地而樂者必於天地然後能興礼樂也 和，故百物皆化；序，故羣物皆別。鄭玄曰化猶生也別謂形體異也 樂由天作，禮以地制。鄭玄曰言法天地○正義曰天用和氣化物物從氣化是由天作地有高下區分以生萬物礼有品節殊文是由地制也 過制則亂，過作則暴。鄭玄曰過猶誤也暴失文武意也 明於天地，然後能興禮樂也。正義曰礼樂既不可誤故須明天地者乃可制作也 論倫無患，樂之情也；王肅曰言能合道論中倫理而無患也○正義曰既云唯聖人識礼樂之情此以下更說其情

狀不同也倫類也物得類序而無害是樂之情也 欣喜驩愛，樂之容也；正義曰容猶事也賀瑒云八音克諧使物欣喜此樂之事迹也 中正無邪，禮之質也；鄭玄曰質猶本○正義曰明礼情也質本也礼以心內中正無有邪僻是礼之本也 莊敬恭順，禮之制也。正義曰明礼情之事也謂容貌莊敬謙恭謹慎是礼之節制也 若夫禮樂之施於金石，越於聲音，用於宗廟社稷，事于山川鬼神，則此所以與民同也。王肅曰自天子至民人皆貴礼之敬樂之和以事鬼神先祖也○正義曰言四者施用祭把隨世而異則前王所不專故文云則此所以與民同言隨世也 王者功成作樂，治定制禮。鄭玄曰功成治定同時耳功主于王業治主乎教民○正義曰此第三章名礼樂章言明王爲治制礼作樂故名礼樂章其中有三段一明礼樂齊其用以對二明礼樂法天地之事三明天應礼樂也 其功大者其樂備，其治辯者其禮具。徐廣曰辯一作別鄭玄曰辯徧也○正義

曰辯變也辯又反又邊練反夫礼樂必由功治有小大故礼樂應之而廣狹也若上世民淳易化故王者功治廣徧是以礼樂備也而殷周民澆難化故王者功治偏狹則礼樂亦不具 干戚之舞，非備樂也；鄭玄曰樂以文德爲備若咸池也○正義曰干戚周武也樂以文德爲備故用朱絲踈越干戚之舞故非備樂也 亨孰而祀，非達禮也。鄭玄曰達猶具也至敬不饗味而貴氣臭○正義曰辯礼不具也謂腥俎玄尊表誠象古而已不在芬苾孰味是乃澆世爲之非達礼也 五帝殊時，不相沿樂；三王異世，不相襲禮。鄭玄曰言其有損益○正義曰五帝礼成於三王樂興王者之功礼隨世之質文云五帝淳澆不同故不得相沿爲樂三王文質之不等故不得相襲爲禮 樂極則憂，禮粗則偏矣。鄭玄曰樂人之所好害在淫侉礼人之所勤害在倦略 及夫敦樂而無憂，禮備而不偏者，其唯大聖乎？鄭玄曰敦厚也 天高地下，萬物散殊，而禮制行也。鄭玄曰禮爲異○正義曰

天高於上，地卑於下，万物布散殊別於其中，而大聖制礼別異尊卑，衆大而行，故云礼制行矣。礼以節制爲義，故云。**流而不息，合同而化，而樂興也。**○鄭玄曰：樂爲同。正義曰：天地二氣流行不息，合同變化生万物，而大聖作樂，合同人心，是以象天地而起，故云樂興也。**春作夏長，仁也；秋斂冬藏，義也。仁近於樂，義近於禮。**鄭玄曰：言樂法陽而生，禮法陰而成。○正義曰：近，其靳反。春夏生長万物，故爲仁。愛，樂主陶和万性，故仁近於樂也。秋則殺斂，冬則蟄藏，並是義主斷割，礼爲節限，故義近於礼也。**樂者敦和，率神而從天；禮者辨宜，居鬼而從地。**鄭玄曰：敦和，樂貴同；別宜，禮尚異也。○正義曰：此釋仁近樂之義。言樂之爲體，敦重和同，因循聖人之神氣而從順於天。鄭玄曰：居鬼，品處人情之志也。○正義曰：此解義近礼之由。居鬼，鬼猶神也。鬼謂先賢也。礼之爲體，尊卑殊別，各有其宜，因居先賢鬼氣而從順於地，分別礼分。**故聖人作樂以應天，作禮以配地。禮樂明備，天地官矣。**鄭玄曰：各得其事也。王肅曰：各得其位也。

史記二十四　十三

天尊地卑，君臣定矣。正義曰：此第二段也，明礼樂象天地事也。言君尊於上，臣卑於下，是象天地定矣。**高卑已陳，貴賤位矣。**鄭玄曰：高卑謂山澤也。位矣，尊卑之位，象山澤也。**動靜有常，小大殊矣。**鄭玄曰：動靜，陰陽用事也。小大，万物也。大者常存，小者隨陰陽出入也。**方以類聚，物以群分，則性命不同矣。**鄭玄曰：方謂行蟲也，物謂殖生者也。性之言生也，命生之長短也。○正義曰：性，生也。方物各有群好，謂之性；命者長短夭壽也。所稟之物既稟大小之殊，故性命夭壽不同也。**在天成象，在地成形，**鄭玄曰：象，光耀也；形，體貌也。○正義曰：言日月星辰之光曜，草木鳥獸之體貌也。**如此則禮者天地之別也。**正義曰：結礼之別也。是天地之分別也，亦別宜居鬼而從地也。此天地明聖制礼殊別。**地氣上隮，**鄭玄曰：隮，升也。**天氣下降，**正義曰：明礼樂法天地二氣之升降，合而生物，故樂法天地氣也。天地氣以法地弦歌声氣升降相合以教民也。然氣從下升，故從地始也。形以上尊，故礼象形從天始也。此樂象氣，故從地始也。

陰陽相摩，正義曰：二氣相摩，亦令声氣切磨而使民心生發也。**天地相蕩，**鄭玄曰：蕩，動也。○正義曰：天地八卦，亦令八音相感動也。化物八節更相感動也。**鼓之以雷霆，**正義曰：言万物以氣生而物未發，故雷霆以發之，如樂用鍾鼓以發節也。**奮之以風雨，**正義曰：万物皆以風雨奮迅而出，如樂用舞奮迅以象之，使人情也。**動之以四時，**正義曰：万物生長須四時而動，如樂各感人心內所須而奏之。**煖之以日月，**正義曰：煖，音喧。遠反。万物之生必須日月煖照，如樂有緼藉，使人宣昭也。緼藉者，歌不直言而長言嗟歎之。**而百物化興焉。**鄭玄曰：百物化生。**如此則樂者天地之和也。**正義曰：結樂之和也。如此亦是聖人作樂法天地和也。天地和，故率神而從天也。此禮樂章第三段，明天地應於禮樂也。**化不時則不生，**正義曰：此樂也。前聖人既作禮樂，天地應以生物。若人主行化失時，天地不應，故生化不時則不生也。**男女無別則亂登，**鄭玄曰：登，成也。樂失則害物，礼失則亂人。○正義曰：此明天地應礼也。君人行礼，男女有別則天地應之，成也。若男女無別，則天地錯亂。

史記二十四　十四

此天地之情也。正義曰：結礼樂之情也。然隨禮得失，天而應之，是天地之情也。**及夫禮樂之極乎天而蟠乎地，**鄭玄曰：極，至也；蟠，猶委也。○正義曰：言礼樂之道，上至於天，下委於地，則禮樂無所不之也。**行乎陰陽而通乎鬼神，**正義曰：言礼樂與陰陽四時順，與鬼神和以化也。**窮高極遠而測深厚。**鄭玄曰：高遠，三辰也；深厚，山川也。言礼樂之道，上至於天，下委於地，則其間無所不之。**樂著大始而禮居成物。**王肅曰：著，明也；太始，法天也。成物，謂地也。居，亦謂法也。○索隱曰：樂能明太始，是法天也。礼所以法地也。○正義曰：著，謂太始，太始也。成物地也。故曰大始天者，万物之始。故易曰：大哉乾元，万物資始。坤元万物資生，是禮居成物。鄭玄曰：太始，百物之始生也。成物，謂地也。天氣化，故太始；地成形，礼亦形，故曰居成物。**著不息者天也，著不動者地也。**鄭玄曰：著，謂明白也。息，謂休止也。○索隱曰：運行不息者，天之功也，故易乾卦云：天行健，君子自強不息。天高故曰著，地卑故曰居。

以自強不息者養万物不錯者地之德也故易乾曰云
安貞之吉是也○正義曰此美礼樂配天地也者亦與
也言樂氣變運出不息者配天也礼制尊卑定位成養万物變不移動者配地也一動一靜者
天地之閒也鄭玄曰閒謂百物也○正義曰此一美礼樂若分則配天地若合則与百物齊一也靜
動而生万物稟天動也靜而生故呼百物為天地之閒也故聖人曰禮云樂云鄭玄曰言
凡樂之法天地也○正義曰引聖證此章也言聖人云明此一章是礼樂法天地也故言聖人曰礼云樂
動礼靜其並用事如天地閒物有動靜也昔者舜作五絃之琴以歌南風鄭玄
曰南風長養之風也言父母之長養已也其辭未聞也王肅曰南風育養民之詩也其辭曰南風之薰兮可以
解吾民之慍兮○樂記曰此詩之辭出尸子及家語正義曰此第四章明樂施明礼樂前備後施布天下也○
中有三段一明施樂以賜諸侯也二明施樂須節既賜之所以宜節也三明礼樂所施各有本意本德世本神
農作琴今云舜者非謂舜始造也改用五弦琴特歌南風詩始自舜也五弦者無文武二弦唯宫商角徵羽

之五弦也南風是孝子之詩也南風養万物而孝子之歌也得父母生長知万物得南風也舜有孝行故以五
弦之琴歌南風詩以教理天下之孝也夔始作樂以賞諸侯鄭玄曰夔欲舜与天下之
君共此樂故天子之為樂也以賞諸侯之有德者也德盛而
教尊五穀時熟正義曰陳其合賞也君諸侯孝德明盛教化尊嚴年穀豐稔故天子賞樂也天
下因而法之也然後賞之以樂故其治民勞者其舞行綴遠正義
曰行音胡郎反綴音下衛反本或作綴音同此明雖得樂賜而隨功得優劣也舞位行列也綴謂纘列也若諸
侯治民勞苦由君德薄王賞之以樂則舞人少不滿將夫贖蹤遠者也其治民佚者其舞
行綴短王肅曰遠以象民行之勞近以象民行之逸○正義曰佚音逸若諸侯治民暇逸由君得盛王
賞樂人多則舞將夫纘促近也庾蔚之云此爲褒貶礼也雷淳同可隨功賜樂數同嫌濩易生怨怒不宜猶
有優劣是以同制諸侯六佾故知同礼不同也故觀其舞而知其德正義曰觀其舞位人

多少去綴近遠即知其君德薄厚也聞其謚而知其行鄭玄曰謚者行之迹○正義曰行迹
故孟反制死謚顯君德故聞死謚則知其生行此一句比擬舜也大章章之也鄭玄曰堯樂名
言堯德章明○正義曰既生時舜則知德死則謚章行故更引死後聞樂則知生時事解之也大章堯樂也章
明也民樂堯德大明故名樂曰大章後人聞大章則知堯生時德大明上章是堯德之明下章是後明於堯增德知
白虎通云大章大明天地之道咸池備也鄭玄曰黃帝所作樂名也堯增修而用之咸皆也池之言施
也言德之無不施也王肅曰包容浸潤行化皆然故曰備也韶繼也鄭玄曰舜樂名言能繼堯之德
夏大也鄭玄曰禹樂名言禹能大堯舜之德殷周之樂盡也鄭玄曰言盡人事也周亂
曰殷曰大護周曰大武天地之道寒暑不時則疾正義曰此則樂施章第二段明
施樂須節也既必須節故引譬例寒暑天地之氣也若寒暑不得則民多疾疫也風雨不節則
也正義曰風雨天事也風雨有声形故爲事饑也若飄颻淒厲不有時節則穀損民饑也教者民之

寒暑也鄭玄曰教謂樂也教不時則傷世正義曰寒暑不時既爲民疾苦樂教不時
則傷世俗之化也事者民之風雨也事不節則無功正義曰風雨不節則
民說謹礼事不鄭則治無功也然則先王之為樂也以法治也王肅曰作樂所
以法其治行也善則行象德矣王肅曰君行善即臣下之行皆象君之德○正義曰此廣樂所
以須節已言先王為樂必以法治善則臣下之行皆象君之德也夫豢豕為酒鄭玄曰以穀食
犬豕曰豢爲作也非以為禍也正義曰此言礼須節也豢養也言前王豢犬豕及作酒之事本
以爲礼祀神祇設賓客和親礼賢能而實非爲民作禍災也而獄訟益煩則酒之流
生禍也鄭玄曰小人飲之善酗以致獄訟○正義曰此礼事也言民得豢酒無復節限卒至沉酗鬭爭
殺傷而刑獄益生頻多則是酒之流害生其禍也是故先王因為酒禮壹獻之
禮賓主百拜鄭玄曰一獻士飲酒之礼百拜以喻多也終日飲酒而不得醉

焉此先王之所以備酒禍也故酒食者所以合歡也正義曰此結節功也既防酒禍故飲不爭以時合歡適也樂者所以象德也正義曰此樂施章第三段明禮樂之所施各有本意在於象德也此言樂意也言樂之所施於人本有和愛之德禮者所以閑淫也正義曰此言禮意也言禮之所施於人人止邪淫過失也是故先王有大事必有禮以哀之鄭玄曰大事謂死喪○正義曰民有喪則先王制衰麻哭泣之禮以節之使其各遂哀情是禮以哀之也有大福必有禮以樂之正義曰樂音洛大福祭祀者慶也民慶必歌舞飲食燕羞之禮使不過而各遂歡樂是有以樂之也哀樂之分皆以禮終正義曰分扶問反結二事哀樂雖反皆用禮節各終其分故云皆以禮終樂也者施也禮也者報也鄭玄曰言樂出而不反而禮有往來○正義曰施式豉反此第六段樂象法章第五段不以次第而亂升在此段明禮樂用別也庾蔚之云樂著所以宣暢四氣導達情性功及物而不知其所報即是

出而不反所以謂施也禮者所以通彼之意故有往必有來所以謂報也樂樂其所自生鄭玄曰自由也○正義曰此覆施也樂名所由民下之心所樂生非有所報也而禮反其所自始正義曰此覆報也反猶報也禮生無名但是事耳隨時得資文之事而報之樂章德正義曰聞名知德若大章是也禮報情反始也孫炎曰作樂者緣民所樂於己之德若舜之民樂其紹堯也周之民樂其伐紂而作部武也制禮者本己所由得民心殷尚質周尚文是也○正義曰禮報人情而制隨資文之始也所謂大路者天子之輿也正義曰此以下廣言禮以報爲體之事輿車也大路天子之車也諸侯朝天子將其賦貢若有勳勞者天子賜之大路也龍旂九旒天子之旌也正義曰庾蔚之云旂九旒上公之旌青黑緣者天子之寶龜也公羊傳曰龜青緣何休曰緣甲髯也千歲之龜青髯明乎吉凶也○索隱曰緣與純同史記多作此字顧音耳占反○正義曰緣以絹反從之以牛羊之羣則所以贈諸侯也鄭玄曰贈

諸侯謂來朝將去送之以禮也○正義曰合結上諸事皆是天子送諸侯禮也言五等諸侯朝畢反去天子贈之大路龍旂寶龜文送之以牛羊之羣也樂也者情之不可變者也正義曰此第七章明樂之情與之將達鬼神合而不可變也中有三段一明禮樂情達鬼神也二證禮樂達鬼神之事三明識禮樂之本可尊也前第六章明象象必見情故以樂主情樂變則情變故云情之不可變也禮也者理之不可易者也鄭玄曰理猶事也○正義曰禮主事禮別也故云事之不可易者也樂統同正義曰解樂不變也統領也同和合之情者也禮別異鄭玄曰統同和合也辨異異尊卑之位○正義曰辨事不可易也禮別於尊卑之事也禮樂之說貫乎人情矣正義曰貫猶通也言人情莫過於同異而禮樂能統同辨異故其說理能通人情也窮本知變樂之情也正義曰庾蔚之云樂能通和性分使各不失其所是窮自然之本也使人不守其所守共知變通之情也著誠去僞禮之經也正義曰著竹慮反去丘呂反著明也經常也著明誠信違去詐僞是

理之常行也禮樂順天地之誠正義曰見胡練反合明禮樂也禮出於地尊卑有序是見地情也樂出於天遠近和合是見天之情也達神明之德正義曰達通也禮樂不失則天降甘露地出醴泉是通於神明之德也降興上下之神鄭玄曰降下也興猶出也○正義曰樂六變天神下八變地祇出是與降上下之神而凝是精粗之體領父子君臣之節鄭玄曰凝猶成也精粗謂萬物大小也領猶理治也是故大人舉禮樂則天地將爲昭焉正義曰爲于僞反昭音照此樂情章第二段明禮樂能通達鬼神之事前既云能通鬼神此明其事也大人聖人與天地合德故舉禮樂爲教而大地從之大明也天地欣合陰陽相得正義曰欣喜也合猶蒸也禮樂化行故天氣下地氣蒸合陰陽交會故相得也論體謂之天地論氣謂之陰陽也煦嫗覆育萬物鄭玄曰氣曰煦體曰嫗然後草木茂區萌達鄭玄曰屈生曰區○正義曰區音句草木據其成體之茂區萌據其新牙故曰達達猶出也夜反之偃直出曰

萌稻櫰曰：絡。○索隱曰：絡音牙。之屬也。羽翼奮，角觡生，鄭玄曰：羊有䚡曰角，麋鹿無䚡曰觡。正義曰：觡加客反。羽翼，鳥也。角觡，獸也。鳥獸得天地覆育煦嫗，故飛者則奮翼，走者則生角觡也。蟄蟲昭蘇，鄭玄曰：昭，曉也。蟄蟲以發出為曉，更息曰蘇。○正義曰：蟄蟲得陰陽煦嫗，故皆出地上，如夜得曉，如死更有氣也。羽者嫗伏，毛者孕鬻，鄭玄曰：孕，任也。鬻，生也。○正義曰：伏，房富反。羽，鳥也。毛，獸也。二氣既交，萬物生乳，故鳥生卵嫗伏之，獸懷孕而生育之者也。胎生者不殰，而卵生者不殈，鄭玄曰：內敗曰殰。殈，裂也。○正義曰：殰音讀。殈，呼覓反。胎生，獸也。卵生，鳥也。懷任在內而死曰殰，卵坼不成子曰殈。令和氣不殰殈也。則樂之道歸焉耳。鄭玄曰：言樂和陰陽，故曰歸此也。○正義曰：此論天地二氣，萬物各得其所，乃歸於樂耳。樂者非謂黃鍾大呂弦歌干揚也，鄭玄曰：揚，鉞也。○索隱曰：干，楯也。揚與鉞同。皇侃以揚為舉，恐非也。○正義曰：此樂情章第三段，明識禮樂本者為尊，識末者為卑，黃鍾大呂之屬，故云非謂也。揚，舉也，謂舉楯以為舞也。

樂之末節也，正義曰：黃鍾已下是樂之末節也。故童者舞之。正義曰：末事易之，不足貴重，故使童子小兒儛奏之也。布筵席，陳樽俎，列籩豆，以升降為禮者，正義曰：此亦明末也。用禮之本，在於上理民，不在鋪筵席樽俎升降為禮之事也。禮之末節也，正義曰：布筵以下是禮之末節也。故有司掌之。鄭玄曰：言禮樂之本由人君也。○正義曰：有司，典禮樂小官也。末節事易解，不為可重，故小官掌其事也。禮本者識去偽，樂本者窮本知變。○樂師辯乎聲詩，故北面而弦；王肅曰：但能別聲詩，不知其義，故北面而弦。鄭玄曰：弦謂鼓琴瑟。○正義曰：此更引事證。樂師曉樂者，雖能別聲詩，並是末事，故北面言坐也。聲謂歌也，言樂師雖能分別正宗廟之禮，然佐於尸而非為敬之主，為卑，故在尸後也。宗祝辯乎宗廟之禮，故後尸；鄭玄曰：宗，宗人也。祝，大祝也。○正義曰：此禮事也。宗，宗人也。祝，大祝也。南面言坐也。商祝辯乎喪禮，故後主人。鄭玄曰：後尸，居後贊禮儀也。商祝，祝習商禮者，商人教以敬於接神，故後主人。○正義曰：此言知本者尊，知末者卑。○正義曰：商祝者，殷商之神祝，習商家禮，故云辯喪禮。其掌喪事而非敬之主，故以相佐喪事，故云在主人後。言立處賤也。是故德成而上，正義曰：上謂堂上也。德成謂人君禮樂德成，則為君，故居堂上南面尊之也。藝成而下，正義曰：下謂堂下也。藝成謂樂師，伎藝雖成，唯識禮樂之末，故在堂下北面卑之也。行成而先，正義曰：行，胡孟反。先猶前也。行成謂尸及商祝人孝敬為行成者也。事成而後。鄭玄曰：德，三德也。行，三行也。藝，才伎也。先謂位在上也，後謂位在下也。○正義曰：事為祭事，故為宗商二祝也，在尸及主人後也。是故先王有上有下，有先有後，然後可以有制於天下也。鄭玄曰：言尊卑備乃可制作以為治。○正義曰：故先王使上下前後尊卑有分，乃可制禮作樂以行於天下也。如周公六年乃制禮作樂。又正義曰：此樂本章第三段，後世誤作此閑，又用此章廣為樂象其德，故云聖人之所以觀德也。樂者，聖人之所樂也，而可以善民心，其感人深，其風移俗易，故先王著其教焉。鄭玄曰：謂立司樂以下，使教國子也。正義曰：此第五章，名言樂本。明前王制禮樂之事，中有三段。一言樂興，二明樂由民也，三言邪正歸趣之事。言人心感於物而動，非由性生，必有血氣心知，若人不感則已，既感外物，前既以邪正之樂感人心，則此言其歸趣也。夫人有血氣心知之性，正義曰：此言人心應感之性也，夫人必有血氣心知之性也。而無哀樂喜怒之常，正義曰：性合五常之行，有喜怒哀樂之分，其發無常，隨外境所觸，故亦無常也。應感起物而動，正義曰：解所以有四事之由也。緣外而感，故心應感起物而動，感之故有上四事也。然後心術形焉。鄭玄曰：言在所以感之也。術，所由也。形猶見也。是故志微焦衰之音作，而民思憂；正義曰：殺音所界反，又色例反。思音先列反。此以下皆言心樂感而應見外事也。若人君志細少，其樂音噍殺急，則民感之而思憂也。鄭玄曰：志微，意細也。焦衰，其聲殺也。嘽緩慢易繁文簡節之音作，而民康樂；鄭玄曰：簡節，少易也。正義曰：嘽，昌單反。易，以豉反。樂音洛。嘽，綽也。緩，和也。慢，疏也。繁，文多也。康，和樂安也。言人君若德纖和疏易則樂音多文采與節奏簡略而下民所以安粗厲猛起奮末廣賁之音作王肅曰粗厲亢厲猛起發揚奮末浸疾廣賁寬廣大之也而民剛毅正義曰粗音麤賁奔粉反文音憤粗略也厲嚴也猛剛起動也末文體也廣大也憤氣充也言人君若性麤嚴剛動而四支奮躍則樂亢大民應之所以剛毅也廉直經正孫炎曰經法也○索隱曰經今礼本作勁莊誠之音作而民肅敬正義曰經音勁言人君廉直勁而剛正則樂音矜嚴而誠信故民應之所以肅敬也寬裕肉好王肅曰肉好言音之洪美順成和動之音作而民慈愛正義曰肉如字仁救反好火到反肉肥也謂音如肉之肥言人君寬容肥好則樂音順成而和動故民應之所以慈愛也流辟邪散狄成滌濫之音作王肅曰狄成言成而似夷狄之音也滌濫放濫潛差也而民淫亂正義曰辟芳亦反邪音斜狄音惕滌皆性來疾速也往來速而成故云狄成往來疾而潛濫故云滌濫也言君上流淫縱辟回邪放蕩則樂音有性來速疾潛差之聲故民應之而淫亂也心本

無此六事由隨王而起也是故先王本之情性正義曰此言樂章第二段也前言民隨樂變此言先王制正樂化民也言聖人制樂必本人之性情也稽之度數制之禮義正義曰禮者也制樂又考天地度數為之律呂應十二月八音應八風之屬也如合生氣之和道五常之行鄭玄曰生氣陰陽也五常五行也○正義曰道音導行胡孟反合應也使之陽而不散陰而不密鄭玄曰密之言閉也○正義曰陽謂稟陽氣多人也氣舒散人稟陰多則養陰氣閉密人稟陰多則閉密今以樂通之者之性皆使中和故陽者不散陰者不密也剛氣不怒柔氣不懾鄭玄曰懾猶恐懼也○正義曰懾之涉反懼也性剛者好怒柔者好懼今以樂和使各得其所不至怒懼也四暢交於中而發作於外正義曰四陰陽剛柔也暢通也交互也中心也今以樂調和四事通暢交於中心而行用舉動發於外不至散密怒懾者也皆安其位而不相奪也正義曰此結樂為本情性之事中陰陽剛柔使中庸故天下安其位無

樂書

復相長習之也然後立之學等鄭玄曰等差也各用其材之差學之也○正義曰前既陳樂隨情和暢然後乃以樂語樂舞二事敎之民各隨己性才等差而學之以開分也廣其節奏省其文采鄭玄曰省猶審也文采謂節奏合也習之也以繩德厚也鄭玄曰繩猶度也王肅曰繩法也法其德厚薄也類小大之稱孫炎曰作樂器大小稱十二律也○索隱曰類今律豐作比終始之序鄭玄曰始於宮終於羽以象事行鄭玄曰宮為君商為臣使親疏貴賤長幼男女之理皆形見於樂正義曰此結本以之情以下緣本而敎親疏以下之理遂章著樂功使聞者皆知而見緝略情也故曰樂觀其深矣正義曰此引古語證觀感人之深矣土敝則草木不長水煩則魚鼈不大正義曰此言樂章第三段言邪樂不可化民將言邪樂之由故此前以天地為譬言此以地為譬也物動擾動也士過勞熟水過勞熟煩積動則草木魚鼈不長大也氣衰則生物不育正義曰此以天為譬也氣若天時氣也氣衰者天哀氣則生物不遂成遂也世亂則禮廢而樂淫正義曰此合譬也世謂時世亂其礼不備樂不和節故流淫過度水土勞弊則草木魚鼈不長大如時世濁亂之礼樂不可為化矣是故其聲哀而不莊樂而不安正義曰樂音洛此論樂淫之事也淫樂則聲哀而無莊故雖奏以自樂必致傾危非自安之道故云樂而不安若關雎樂而不淫哀而不傷則是有莊敬而安者也慢易以犯節正義曰易以豉反言無莊敬慢易也無節奏故云犯節也即是哀而不莊也流湎以忘本正義曰湎音沔靡靡無窮失於終止故言忘本即樂而不安之義也廣則容姦正義曰言淫慝之樂聲無節也廣聲緩也容含也其声緩者則含容姦為也狹則思欲王肅曰其音廣大則容姦偽其狹者則使人思也○正義曰狹聲急也其声急者則思欲之攻也感滌蕩之氣而滅平和之德正義曰感動也言此樂能動善人滌蕩之善氣使失其所而滅善人平和之德也是以君子賤之也正義曰君子可以調和是故賤之動成平和之

氣凡姦聲感人而逆氣應之正義曰此第八章名樂象法也此則天地必法象應之中有五段一明淫樂正樂俱能成象二明君子所以正樂皆有本非可假為四論事三段有本不為之由五明君子樂之用前有諸故明其用別也今此明淫正二樂其能以成功此先言淫樂為習應人事也言君奏姦声之樂以感動人逆氣成象鄭玄曰成象謂民則天地應之而生逆亂之氣也之也而淫樂興焉正義曰興生也君淫聲積行於世人樂習為法故民之習之為淫樂也正聲感人而順氣應之順氣成象而和樂興焉倡和有應正義曰倡音昌回邪曲直各歸其分正義曰分扶問反此明君唱之於和也回邪不正也曲折也直不邪也言倡應是有應也回邪各歸其分也而萬物之理以類相動也正義曰以天下萬物之理各隨聲招致善惡是以類而動也是故君子反情以和其志鄭玄曰反猶本也○正義曰此樂象章第二段也明君子從正樂也若夫人君也反猶本也民下所習既從於君故君宜本情不使流宕以自安和其志也比類以成其行正義曰行下孟反萬物之理以類相動故君子比於正類以成己行也姦聲亂色不流聰明淫樂廢禮不接於心術惰慢邪辟之氣不設於身體正義曰此以下皆反情性之類事也術道也既本情和志又比類成行故姦声乱色不留視聽淫樂廢礼不與心道相接惰慢邪辟不設置己身也声色是事故云聰明而氣無形故於身為設也使耳目鼻口心知百體皆由順正以行其義正義曰諸身體百節既不行姦乱已下諸事故能使諸行並由順正以行其德義化其天下也不留聰明於姦声乱色故耳目得順正也不用心術接淫慝礼樂故心知得順正也不設身於惰慢故百體得順正也不言鼻口者嗜不一也亦因上也然後發以聲音而文以琴瑟正義曰其身咸是味順正也

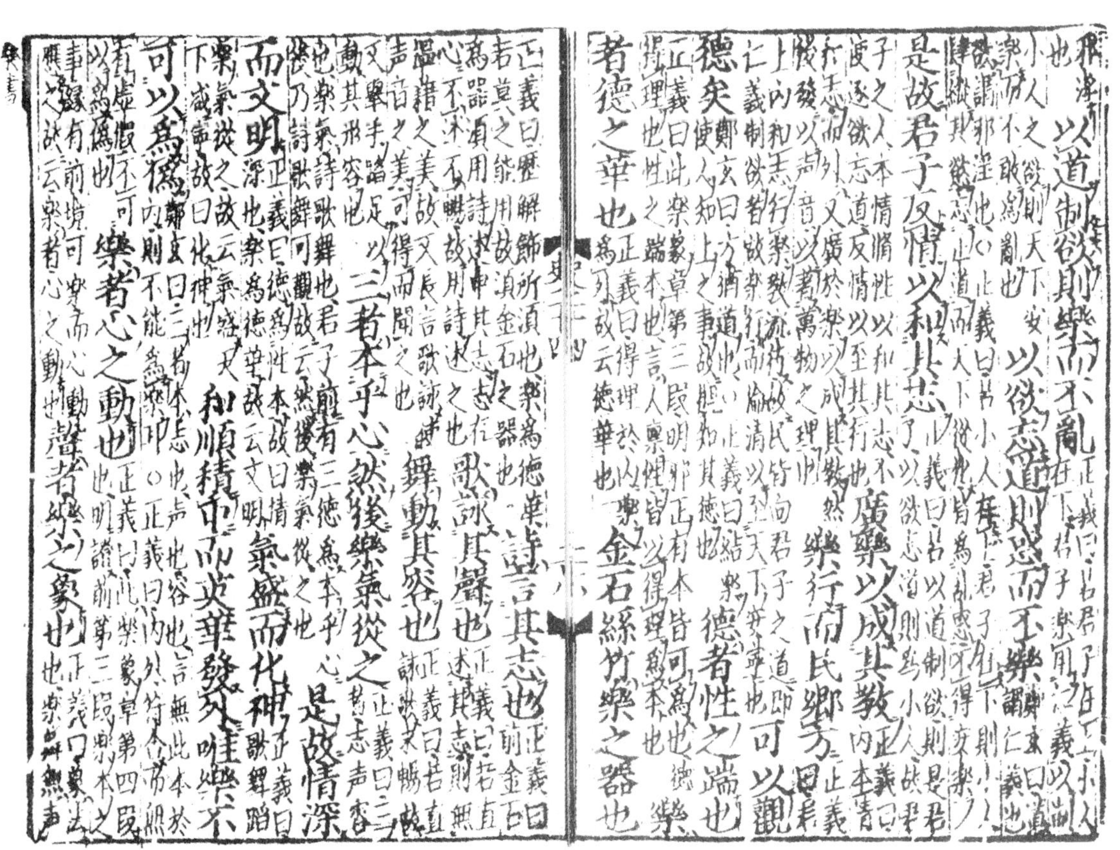

動以干戚，飾以羽旄，從以簫管，奮至德之光，動四氣之和，以著萬物之理。是故清明象天，廣大象地，終始象四時，周旋象風雨，五色成文而不亂，八風從律而不姦，百度得數而有常，小大相成，終始相生，倡和清濁，代相為經。故樂行而倫清，耳目聰明，血氣和平，移風易俗，天下皆寧。故曰：樂者樂也。君子樂得其道，小人樂得其欲。

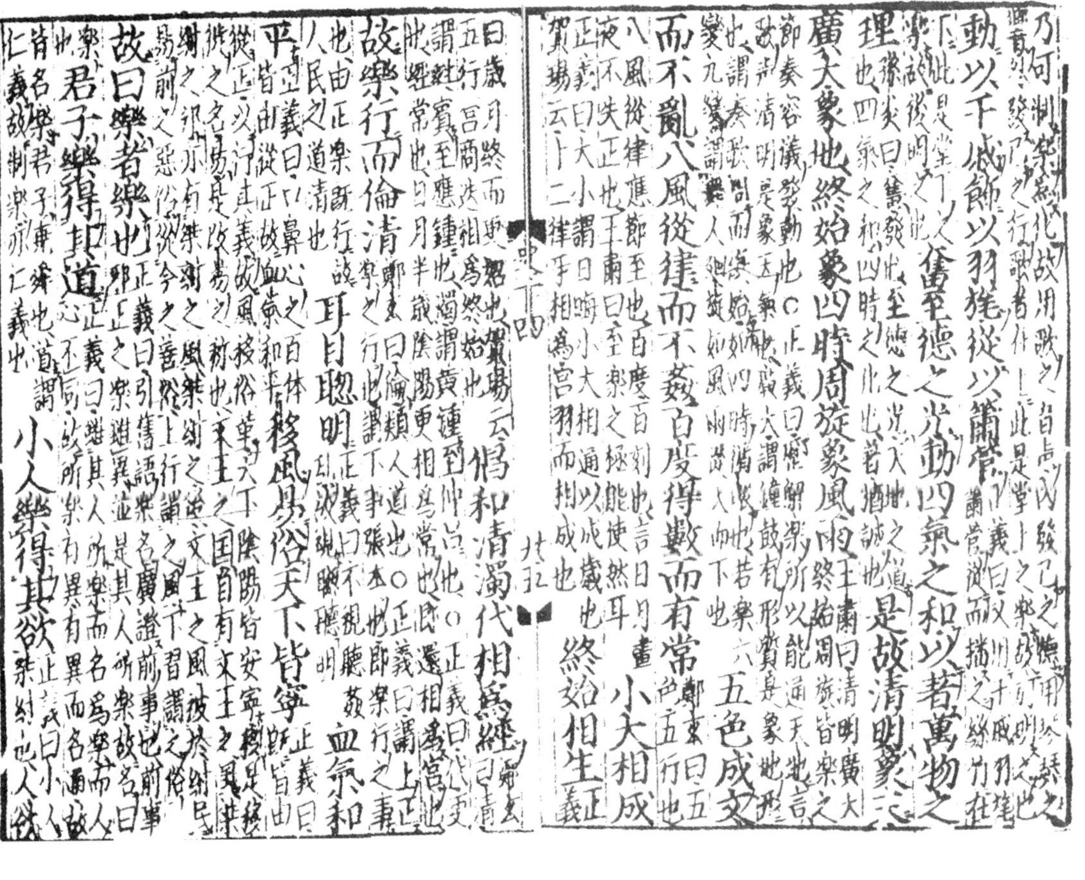

以道制欲，則樂而不亂；以欲忘道，則惑而不樂。是故君子反情以和其志，廣樂以成其教，樂行而民鄉方，可以觀德矣。德者性之端也；樂者德之華也；金石絲竹，樂之器也。詩言其志也；歌詠其聲也；舞動其容也；三者本乎心，然後樂氣從之。是故情深而文明，氣盛而化神，和順積中而英華發外，唯樂不可以為偽。樂者心之動也；聲者樂之象也；

則不亂故声而為樂之法也

文采節奏聲之飾也 正義曰若直有声而無法度故須文采節奏声之義飾也 君子動其本 正義曰本心德也 樂其象 正義曰[illegible] 然後治其飾 正義曰[illegible]

是故先鼓以警戒 鄭玄曰[illegible]

三步以見方 [illegible]

再始以著往 [illegible]

復亂以飭歸 正義曰[illegible]

奮疾而不拔 王肅曰[illegible]

極幽而不隱 [illegible]

獨樂其志不厭其道 [illegible]

備舉其道不私其欲 [illegible]

是以情見而義立 [illegible]

樂終而德尊 [illegible]

君子以好善小人以聽過 [illegible]

故曰生民之道樂為大焉 [illegible]

君子曰禮樂不可以斯須去身 [illegible]

致樂以治心 [illegible]

則易直子諒之心油然生矣 [illegible]

易直子諒之心生則樂樂則安安則久久則天天則神天則不言而信神則不怒而威 鄭玄曰[illegible]

致樂以治心者也 正義曰[illegible]

致禮以治躬則莊敬莊敬則嚴威 [illegible]

心中斯須不和不樂而鄙詐之心入之矣 [illegible]

外貌斯須不莊不敬而易慢之心入之矣 [illegible]

故樂也者動於內者也禮也者動於外者也樂極和禮極順內和而外順則民瞻其顏色而弗與爭也望其容貌而民不生

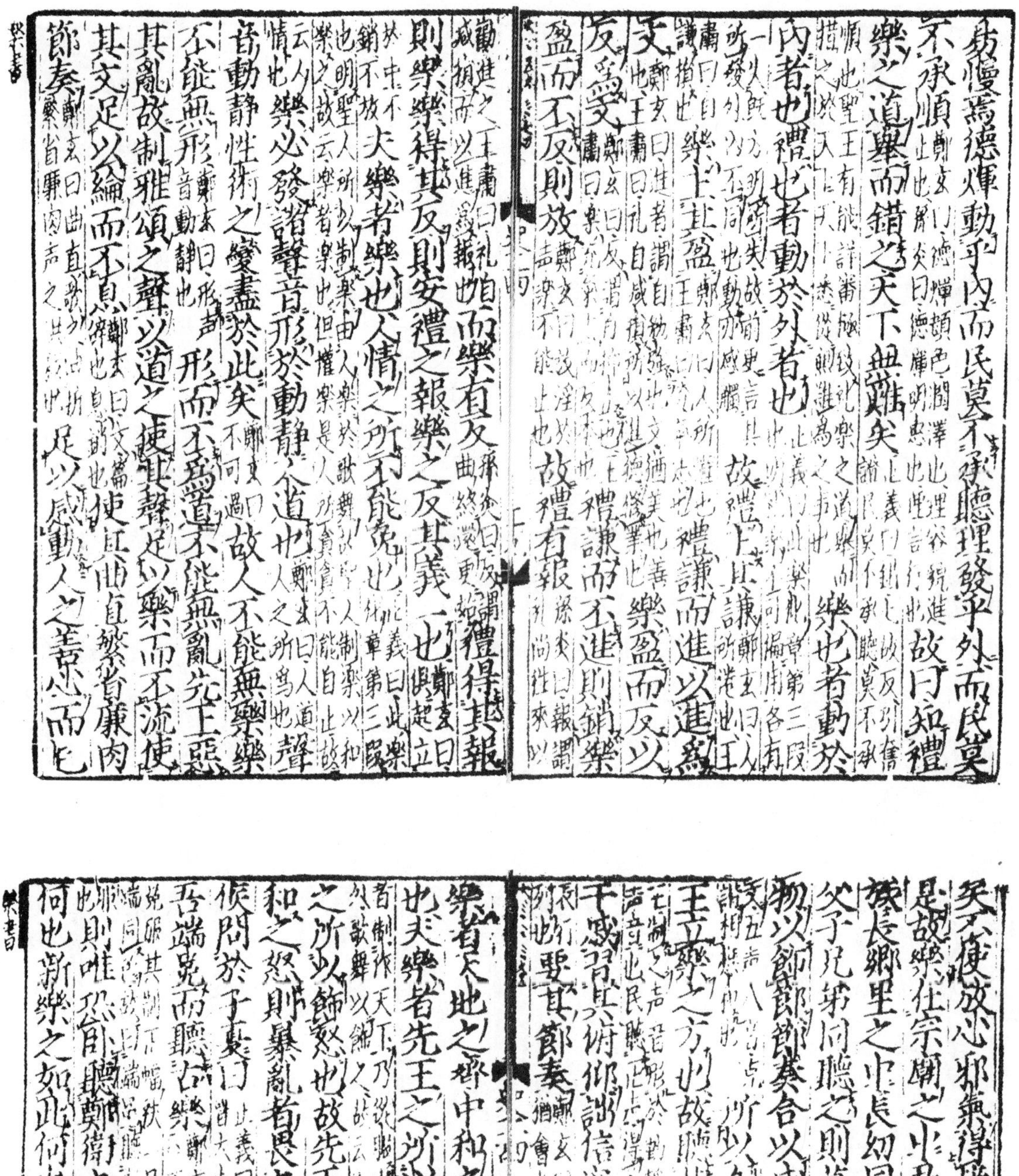

身優焉德煇動乎內而民莫不承聽理發乎外而民莫不承順（鄭玄曰德煇顏色潤澤也理容貌進止也 索隱曰德煇明惠也理言行也）故曰知禮樂之道舉而錯之天下無難矣（正義曰此以下明樂之道也）樂也者動於內者也禮也者動於外者也故禮主其謙樂主其盈（鄭玄曰人所倦也）禮謙而進以進為文樂盈而反以反為文（鄭玄曰文猶美也善也）禮謙而不進則銷樂盈而不反則放（鄭玄曰放淫於聲樂不能止也）故禮有報而樂有反（報讀曰褒）禮得其報則樂樂得其反則安禮之報樂之反其義一也（鄭玄曰俱起立）夫樂者樂也人情之所不能免也樂必發諸聲音形於動靜人道也（鄭玄曰人道人之所為也）聲音動靜性術之變盡於此矣（鄭玄曰不可過也）故人不能無樂樂不能無形（鄭玄曰形聲音動靜也）形而不為道不能無亂先王惡其亂故制雅頌之聲以道之使其聲足以樂而不流使其文足以綸而不息（鄭玄曰文篇辭也息銷也）使其曲直繁省廉肉節奏（鄭玄曰曲直歌之曲折也繁省廉肉聲之洪殺也）足以感動人之善心而已

矣不使放心邪氣得接焉是先王立樂之方也（鄭玄曰方道也）是故樂在宗廟之中君臣上下同聽之則莫不和敬在族長鄉里之中長幼同聽之則莫不和順在閨門之內父子兄弟同聽之則莫不和親故樂者審一以定和比物以飾節節奏合以成文（鄭玄曰審一審其人聲也比物謂雜金革土匏之屬以成文五聲八音克諧相應和也）所以合和父子君臣附親萬民也是先王立樂之方也故聽其雅頌之聲志意得廣焉執其干戚習其俯仰詘信容貌得莊焉行其綴兆要其節奏（鄭玄曰綴表也所以表行列也兆域也要猶會也）行列得正焉進退得齊焉故樂者天地之齊中和之紀（鄭玄曰紀總要之名）人情之所不能免也夫樂者先王之所以飾喜也軍旅鈇鉞者先王之所以飾怒也故先王之喜怒皆得其齊矣喜則天下和之怒則暴亂者畏之先王之道禮樂可謂盛矣魏文侯問於子夏曰（正義曰此章第八明魏文侯問於子夏古樂新樂也）吾端冕而聽古樂（鄭玄曰端玄衣也）則唯恐臥聽鄭衛之音則不知倦敢問古樂之如彼何也新樂之如此何也子夏答曰今夫古樂進旅而退

旅，鄭玄曰：旅，猶俱也。俱進俱退，言其齊一也。○正義曰：因子夏之答，凡有三。初則舉古樂新樂以酬問意；文侯更問，則別說以引文侯，欲使更問也。此是發說古樂之情。旅，衆也。和正以廣，鄭玄曰：無姦聲也。弦匏笙簧，會守拊鼓，鄭玄曰：會，猶合也，皆也。言衆皆待擊鼓乃作也。拊者以韋為表，裝之以糠。○正義曰：弦，琴瑟也。匏，笙也。簧，笙中之簧也。會，合也。守，待也。言衆樂皆待擊鼓為節。始奏以文，復亂以武，鄭玄曰：文謂鼓也，武謂金也。治亂以相，訊疾以雅。鄭玄曰：相即拊也，亦以節樂。雅亦樂器名也。君子於是語，於是道古，脩身及家，平均天下，此古樂之發也。今夫新樂，進俯退俯，鄭玄曰：俯猶曲也，言不齊一也。○正義曰：此第二述雜樂也。新樂行列不齊，俯而進，退而曲也。姦聲以淫，溺而不止，王肅曰：姦聲淫，使人溺而不能自止。及優侏儒，王肅曰：侏儒，短人也。獶雜子女，不知父子。鄭玄曰：獶，獼猴也。言舞者如獼猴戲，亂男女之尊卑。樂終不可以語，不可以道古，此新樂之發也。正義曰：此新樂之發也。今君之所問者樂也，所好者音也。正義曰：此第三別說，文侯所問乃是樂，所好乃是音也。夫樂之與音，相近而不同。鄭玄曰：鏗鏘之類皆為音，應律乃為樂。文侯曰：敢問如何？子夏答曰：夫古者天地順而四時當，正義曰：當，丁浪反。天地順，四時當，聖人在上也。民有德而五穀昌，疾疢不作而無妖祥，此之謂大當。鄭玄曰：當，謂不失其所也。然後聖人作為父子君臣，以為之紀綱。紀綱既正，天下大定。天下大定，然後正六律，和五聲，弦歌詩頌，此之謂德音，德音之謂樂。詩曰：莫其德音，其德克明。克明克類，克長克君。王此大邦，克順克俾。俾於文王，其德靡悔。既受帝祉，施于孫子。此之謂也。鄭玄曰：德正應和曰莫，照臨四方曰明，勤施無私曰類，教誨不倦曰長，慶賞刑威曰君，慈和徧服曰順，擇善而從之曰比。施，延也。言文王之德皆能如此，故受天福，延及後世也。今君之所好者，其溺音與？鄭玄曰：言無文王之德，則所好非德音也。文侯曰：敢問溺音何從出也？子夏答曰：鄭音好濫淫志，鄭玄曰：濫，竊也。○正義曰：此四國之所由出也。宋音燕女溺志，衛音趨數煩志，齊音驁辟驕志，四者皆淫於色而害於德，是以祭祀不用也。鄭玄曰：言四國皆出此溺音。詩曰：肅雍和鳴，先祖是聽。鄭玄曰：古者樂敬且和，故無事而不用；溺音無所施。夫肅肅，敬也；雍雍，和也。夫敬以和，何事不行？為人君者，謹其所好惡而已矣。君好之，則臣為之；上行之，則民從之。詩曰：誘民孔易。此之謂也。鄭玄曰：誘，進也。孔，甚也。言民從君之所好惡，進之於善無難也。然後聖人作為鞉鼓椌楬壎篪，鄭玄曰：椌楬，謂柷敔也。○索隱曰：壎以土為之，大如鵝子，形似稱錘，吹之為聲。篪以竹為之，六孔。此六者，德音之音也。鄭玄曰：六者為本，以其聲質也。然後鍾磬竽瑟以和之，干戚旄狄以舞之。此所以祭先王之廟也，所以獻酬酳酢也，所以官序貴賤各得其宜也，鄭玄曰：官序貴賤，謂尊卑樂器列數有差。此所以示後世

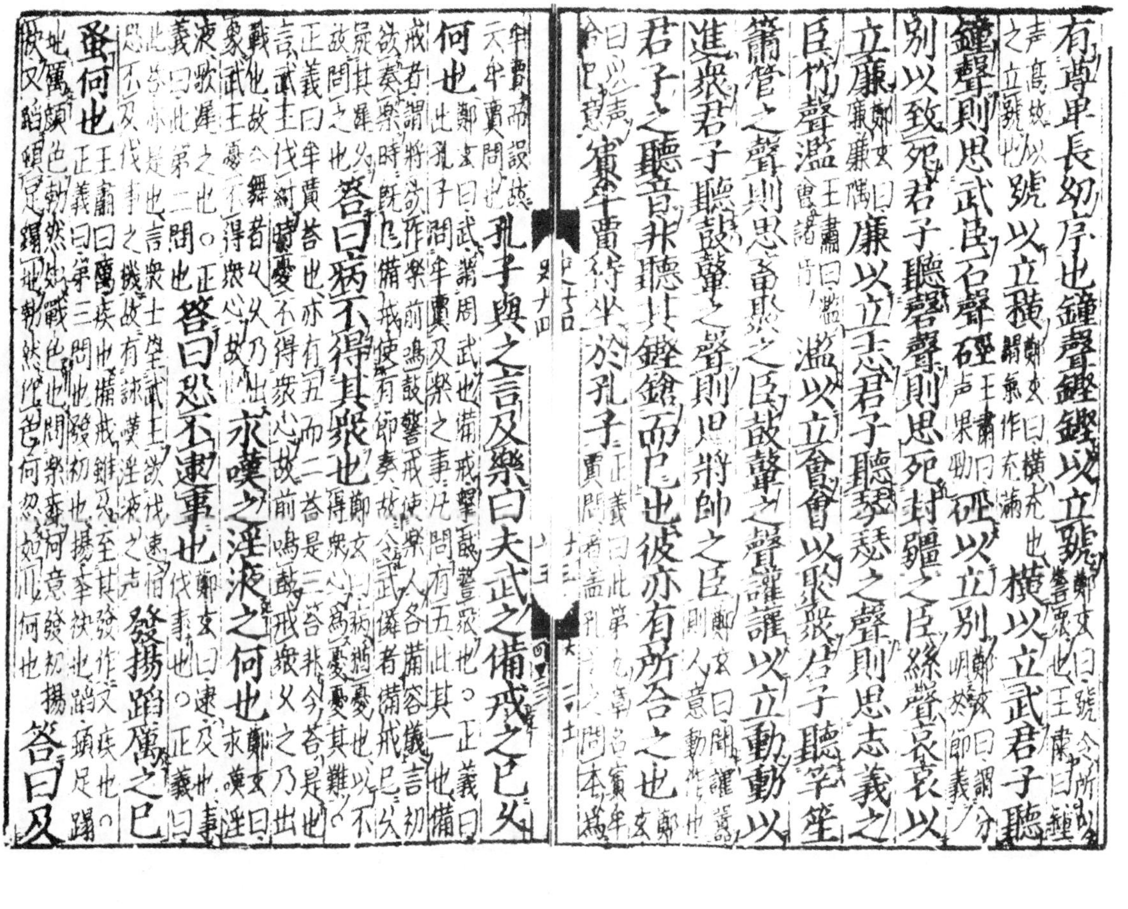
有尊卑長幼序也。鐘聲鏗，鏗以立號，號以立橫，橫以立武。君子聽鐘聲則思武臣。石聲硜，硜以立別，別以致死。君子聽磬聲則思死封疆之臣。絲聲哀，哀以立廉，廉以立志。君子聽琴瑟之聲則思志義之臣。竹聲濫，濫以立會，會以聚眾。君子聽竽笙簫管之聲則思畜聚之臣。鼓鼙之聲讙，讙以立動，動以進眾。君子聽鼓鼙之聲則思將帥之臣。君子之聽音，非聽其鏗鎗而已也，彼亦有所合之也。

賓牟賈侍坐於孔子，孔子與之言及樂，曰：「夫武之備戒之已久，何也？」答曰：「病不得其眾也。」「永歎之，淫液之，何也？」答曰：「恐不逮事也。」「發揚蹈厲之已蚤，何也？」答曰：「及

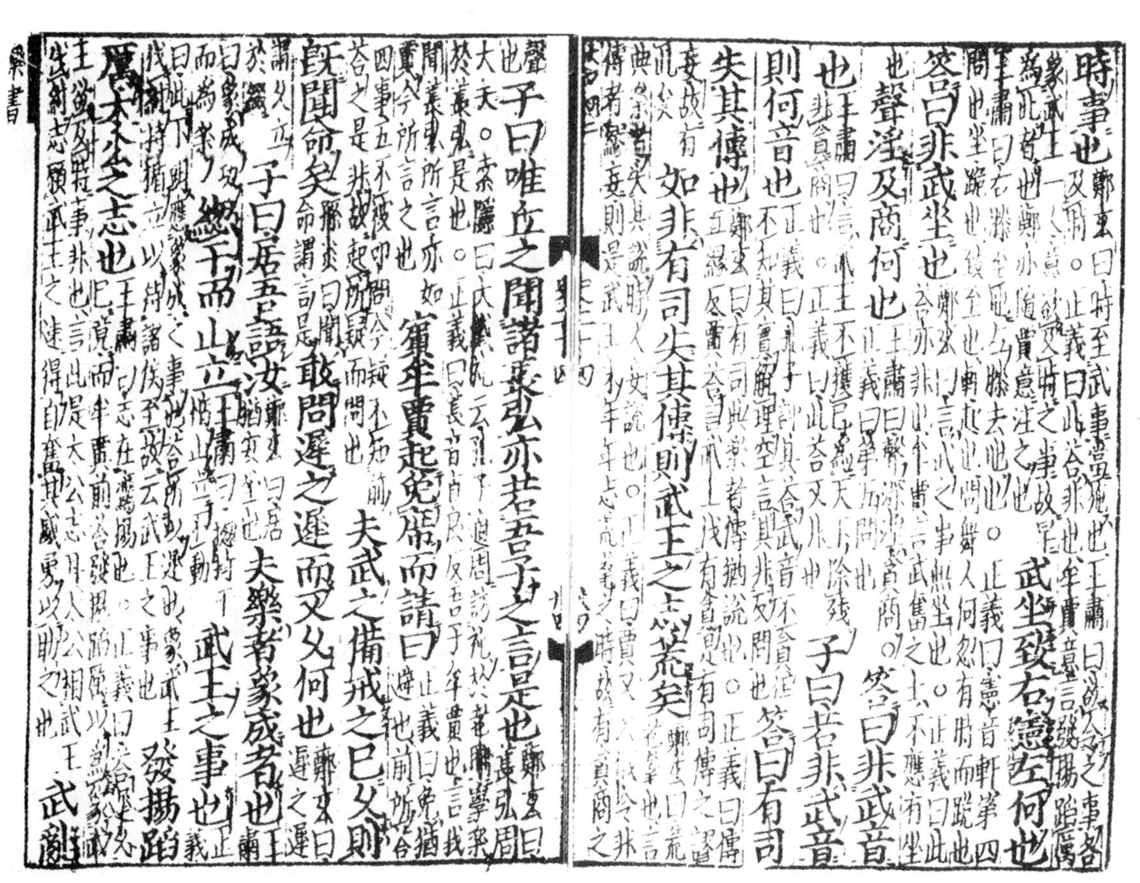
時事也。」「武坐致右憲左，何也？」答曰：「非武坐也。」「聲淫及商，何也？」答曰：「非武音也。」子曰：「若非武音，則何音也？」答曰：「有司失其傳也。如非有司失其傳，則武王之志荒矣。」子曰：「唯丘之聞諸萇弘，亦若吾子之言是也。」

賓牟賈起，免席而請曰：「夫武之備戒之已久，則既聞命矣，敢問遲之遲而又久，何也？」子曰：「居，吾語汝。夫樂者，象成者也。揔干而山立，武王之事也；發揚蹈厲，太公之志也。武亂

樂書

皆坐周召之治也。且夫武始而北出，再成而滅商，三成而南，四成而南國是疆，五成而分陝，周公左，召公右，六成復綴以崇天子，夾振之而四伐，盛振威於中國也。分夾而進，事蚤濟也。久立於綴，以待諸侯之至也。且夫女獨未聞牧野之語乎？武王克殷反商，

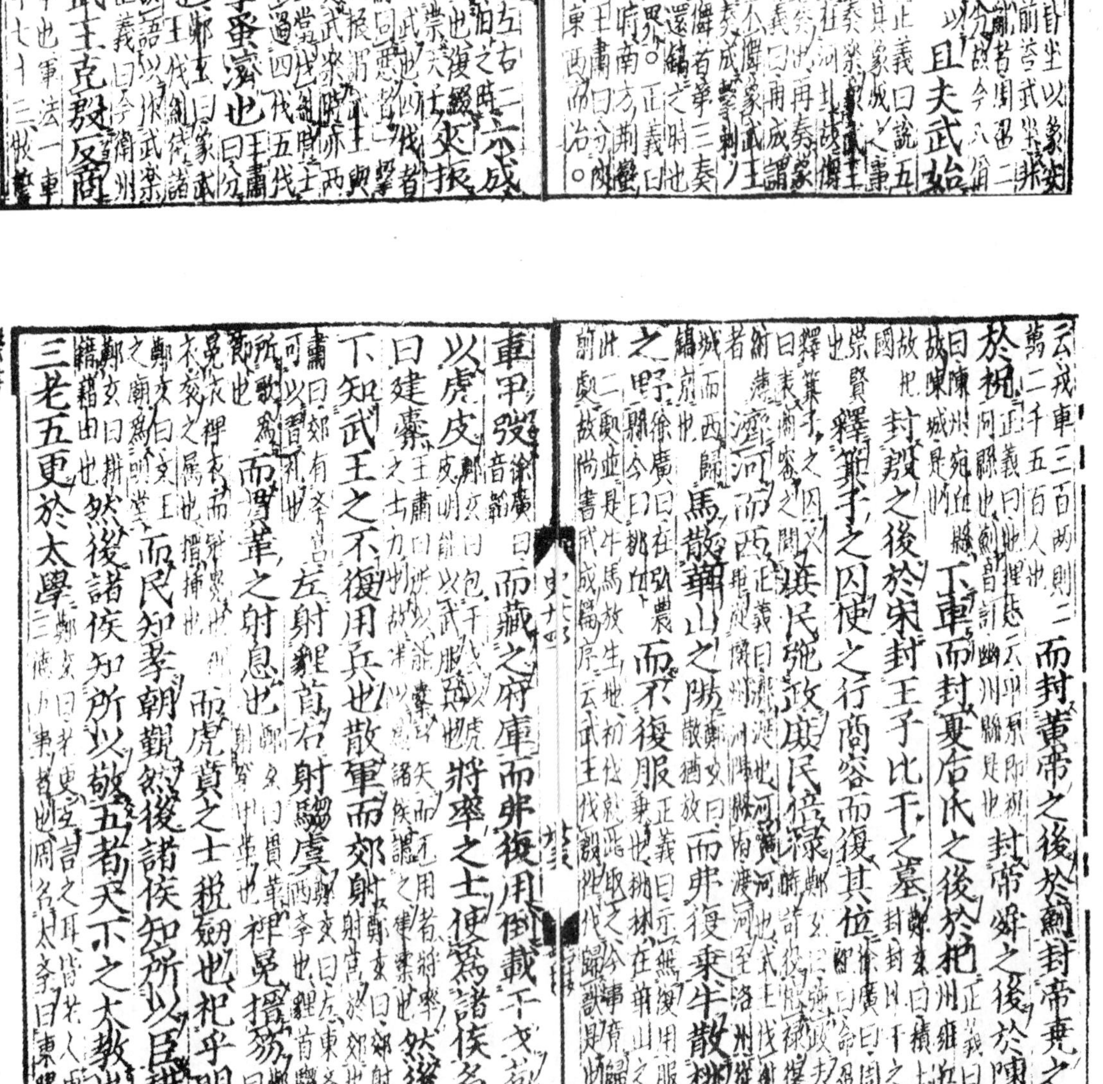

樂書

未及下車，而封黃帝之後於薊，封帝堯之後於祝，封帝舜之後於陳；下車而封夏后氏之後於杞，封殷之後於宋，封王子比干之墓，釋箕子之囚，使之行商容而復其位。庶民弛政，庶士倍祿。濟河而西，馬散華山之陽而弗復乘；牛散桃林之野而不復服；車甲弢而藏之府庫而弗復用；倒載干戈，苞之以虎皮；將率之士，使為諸侯，名之曰建櫜：然後天下知武王之不復用兵也。散軍而郊射，左射貍首，右射騶虞，而貫革之射息也；裨冕搢笏，而虎賁之士稅劍也；祀乎明堂，而民知孝；朝覲，然後諸侯知所以臣；耕藉，然後諸侯知所以敬：五者天下之大教也。食三老五更於太學

天子袒而割牲，執醬而饋，執爵而酳，冕而揔干，鄭玄曰冕而揔干在舞位所以教諸侯之悌也。若此，則周道四達，禮樂交通，則夫武之遲久，不亦宜乎？鄭玄曰言武遲久為重禮樂也子貢見師乙而問焉，鄭玄曰師樂官也乙名也曰：「賜聞聲歌各有宜也，鄭玄曰氣順性也如賜者宜何歌也？」師乙曰：「乙，賤工也，鄭玄曰樂人稱工也何足以問所宜。請誦其所聞，而吾子自執焉。鄭玄曰執猶處也寬而靜、柔而正者宜歌頌；廣大而靜、疏達而信者宜歌大雅；恭儉而好禮者宜歌小雅；正直清廉而謙者宜歌風；肆直而慈愛者宜歌商；鄭玄曰肆正也溫良而能斷者宜歌齊。夫歌者，直己而陳德，鄭玄曰各因其德歌所宜動己而天地應焉，四時和焉，星辰理焉，萬物育焉。鄭玄曰育生也故商者，五帝之遺聲也，商人志之，故謂之商；齊者，三代之遺聲也，齊人志之，故謂之齊。明乎商之詩者，臨事而屢斷；鄭玄曰以其肆直也明乎齊之詩者，見利而讓也。鄭玄曰以其溫良而能斷也臨事而屢斷，勇也；見利而讓，義也。有勇有義，非歌孰能保此？故歌者，上如抗，下如隊，曲如折，止如槁木，居中矩，句中鉤，累累乎殷如貫珠。鄭玄曰言歌聲之著動人心之審而有此聲故歌之為言也，長言之也。鄭玄曰長言之引其聲也說之，故言之；言之不足，故長言之；長言之不足，故嗟嘆之；嗟嘆之不足，故不知手之舞之足之蹈之。鄭玄曰手舞足蹈歡之至子貢問樂。正義曰此以上則東[?]見答子貢問之事則次樂記篇次子貢問樂撰也為樂記通天地貫人情辯政治故細解之以前劉向別錄篇次與鄭目錄同而樂記篇次又不依鄭目今此又篇次顛倒者以褚先生升降故今亂也今逐舊次第隨段記之使後知也以後文出褚意耳

凡音由於人心，天之與人有以相通，如景之象形，響之應聲。故為善者天報之以福，為惡者天與之以殃，其自然者也。故舜彈五弦之琴，歌南風之詩而天下治；紂為朝歌北鄙之音，身死國亡。舜之道何弘也？紂之道何隘也？夫南風之詩者生長之音也，舜樂好之，樂與天地同意，得萬國之驩心，故天下治也。夫朝歌者不時也，北者敗也，鄙者陋也，紂樂好之，與萬國殊心，諸侯不附，百姓不親，天下畔之，故身死國亡。而衛靈公之時，正義曰時衛都楚丘故城在滑州楚丘縣北三十里衛之楚丘邑也將之晉，至於濮水之上舍。正義曰括地志云在曹州離狐縣界即師延投濮處也夜半時聞鼓琴聲，問左右，皆對曰「不聞」。乃召師涓曰：「吾聞鼓琴音，問左右，皆不聞。其狀似鬼神，為我聽而寫之。」師涓曰：「諾。」因端坐援琴，聽而寫之。明日，曰：「臣得之矣，然未習也，請宿習之。」靈公曰：「可。」因復宿。明日，報曰：「習矣。」即去之晉，見晉平公。平公置酒於施惠之臺。正義曰一本虒祁之堂左傳云虒祁之宮杜預云虒祁地名也在絳州西四十里臨汾水也酒酣，靈公曰：「今者來，聞新聲，請奏之。」平公曰：「可。」即令師涓坐師曠旁，援琴鼓之。未終，師曠撫而止之曰：「此亡國之聲也，不可聽。」平公曰：「何道出？」師曠曰：「師延所作也，與紂

為靡靡之樂武王伐紂師延東走自投濮水之中故聞此聲必於濮水之上先聞此聲者國削平公曰寡人所好者音也願遂聞之師涓鼓而終之平公曰音無此最悲乎師曠曰有平公曰可得聞乎師曠曰君德義薄不可以聽之平公曰寡人所好者音也願聞之師曠不得已援琴而鼓之一奏之有玄鶴二八集乎廊門再奏之延頸而鳴舒翼而舞平公大喜起而為師曠壽反坐問曰音無此最悲乎師曠曰有昔者黃帝以大合鬼神今君德義薄不足以聽之聽之將敗平公曰寡人老矣所好者音也願遂聞之師曠不得已援琴而鼓之一奏之有白雲從西北起再奏之大風至而雨隨之飛廊瓦左右皆奔走平公恐懼伏於廊屋之間晉國大旱赤地三年聽者或吉或凶夫樂不可妄興也

太史公曰夫上古明王舉樂者非以娛心自樂快意恣欲將欲為治也正教者皆始於音音正而行正故音樂者所以動盪血脈通流精神而和正心也故宮動脾而和正聖商動肺而和正義角動肝而和正仁徵動心而和正禮羽動腎而和正智故樂所以內輔正心而外異貴賤也上以事宗廟下以變化黎庶也琴長八尺一寸正度也弦大者為宮而居中央君也商張右傍其餘大小相踰不失其次序則君臣之位正矣故聞宮音使人溫舒而廣大聞商音使人方正而好義聞角音使人惻隱而愛人聞徵音使人樂善而好施聞羽音使人整齊而好禮夫禮由外入樂自內出故君子不可須臾離禮須臾離禮則暴慢之行窮外不可須臾離樂須臾離樂則姦邪之行窮內故樂音者君子之所養義也夫古者天子諸侯聽鐘磬未嘗離於庭卿大夫聽琴瑟之音未嘗離於前所以養行義而防淫佚也夫淫佚生於無禮故聖王使人耳聞雅頌之音目視威儀之禮足行恭敬之容口言仁義之道故君子終日言而邪辟無由入也

索隱述贊曰

樂之所興　在乎防欲　陶心暢志
舞手蹈足　舜曰簫韶　融稱屬續
審音知政　觀風變俗　端如貫珠
清同叩玉　洋洋盈耳　咸英餘曲

樂書第二　史記二十四

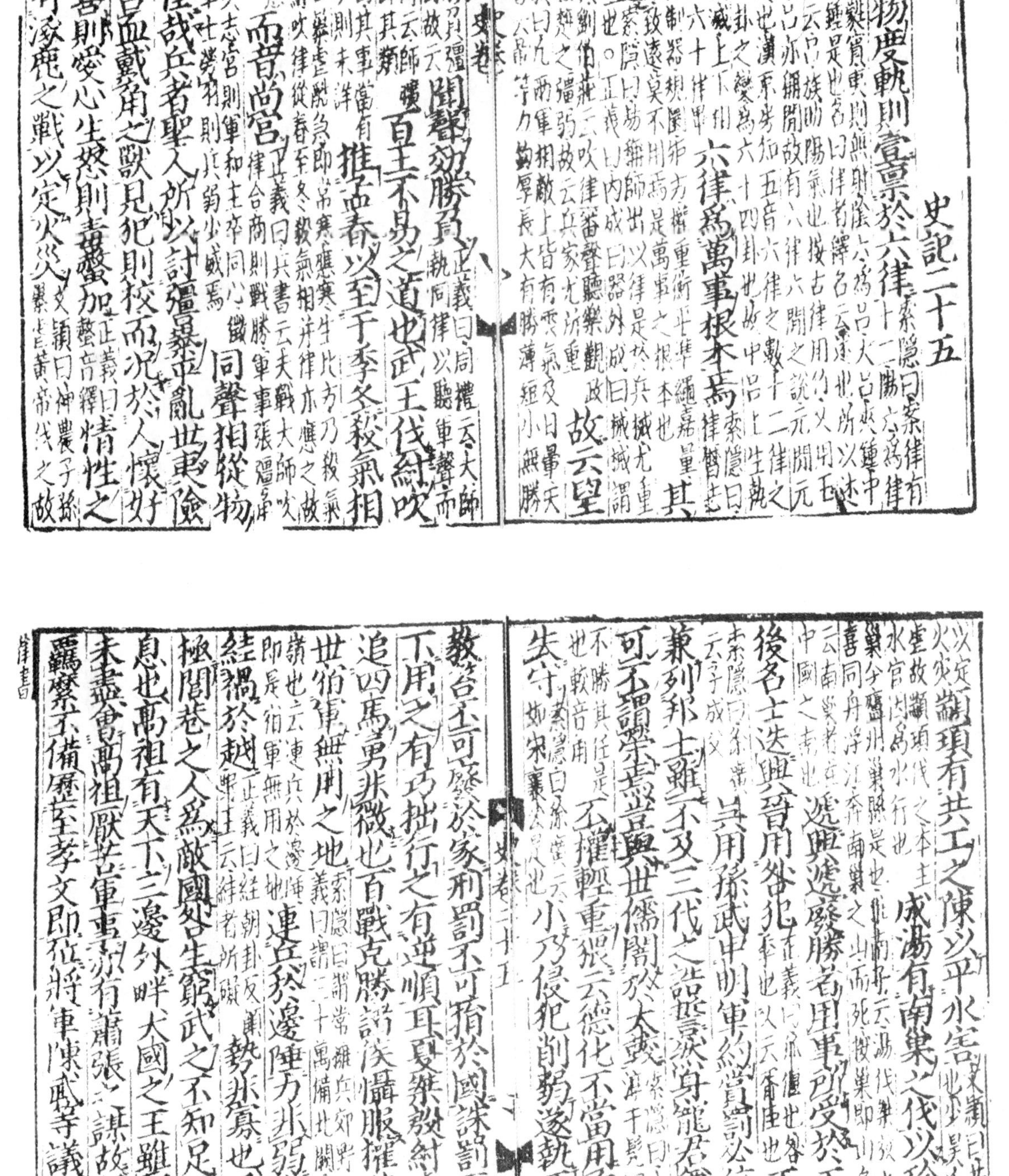

律書第三　史記二十五

王者制事立法，物度軌則，壹稟於六律，六律為萬事根本焉。其於兵械尤所重，故云望敵知吉凶，聞聲效勝負，百王不易之道也。武王伐紂，吹律聽聲，推孟春以至于季冬，殺氣相并，而音尚宮。同聲相從，物之自然，何足怪哉？兵者，聖人所以討彊暴，平亂世，夷險阻，救危殆。自含血戴角之獸見犯則校，而況於人懷好惡喜怒之氣？喜則愛心生，怒則毒螫加，情性之理也。昔黃帝有涿鹿之戰，以定火災；

顓頊有共工之陳，以平水害；成湯有南巢之伐，以殄夏亂。遞興遞廢，勝者用事，所受於天也。自是之後，名士迭興，晉用咎犯，而齊用王子，吳用孫武，申明軍約，賞罰必信，卒伯諸侯，兼列邦土，雖不及三代之誥誓，然身寵君尊，當世顯揚，可不謂榮焉？豈與世儒闇於大較，不權輕重，猥云德化，不當用兵，大至窘辱失守，小乃侵犯削弱，遂執不移等哉！故教笞不可廢於家，刑罰不可捐於國，誅伐不可偃於天下，用之有巧拙，行之有逆順耳。夏桀、殷紂手搏豺狼，足追四馬，勇非微也；百戰克勝，諸侯懾服，權非輕也。秦二世宿軍無用之地，連兵於邊陲，力非弱也；結怨匈奴，絓禍於越，勢非寡也。及其威盡勢極，閭巷之人為敵國。咎生窮武之不知足，甘得之心不息也。高祖有天下，三邊外畔；大國之王雖稱蕃輔，臣節未盡。會高祖厭苦軍事，亦有蕭、張之謀，故偃武一休息，羈縻不備。歷至孝文即位，將軍陳武等議曰：南越、朝鮮正義曰朝音潮鮮音仙高驪平壤城本漢樂浪郡王險城即古朝鮮地時朝鮮王滿據之也 自全秦時內屬爲臣子後且擁兵阻阸選蠕觀望阸音厄 選音思兗反 蠕音而兗反○索隱曰蠕音軟選蠕謂動身欲有進取之狀也 高祖時天下新定人民小安未可復興兵今陛下仁惠撫百姓恩澤加海內宜及士民樂用征討逆黨以一封疆孝文曰朕能任衣冠念不到此會呂氏之亂功臣宗室共不羞恥誤居正位常戰戰慄慄恐事之不終且兵凶器雖克所願動亦秏病謂百姓遠方何又先帝知勞民不可煩故不以爲意朕豈自謂能今匈奴內侵軍吏無功邊民父子荷兵日久正義曰荷音何我反朕常爲動心傷痛無日忘之今未能銷距願且堅邊設候結和通使休寧北陲爲功多矣且無議軍故百姓無內外之繇得息肩於田畝天下殷富粟至十餘錢鳴雞吠狗煙火萬里可謂和樂者乎

太史公曰文帝時會天下新去湯火索隱曰謂秦亂楚漢交兵之時如遭墜湯火即書云民墜塗炭也人民樂業因其欲然能不擾亂故百姓遂安自年六七十翁亦未嘗至市井游敖嬉戲如小兒狀孔子所稱有德君子者邪索隱曰論語曰善人爲邦百年亦可以勝殘去殺也

書曰七正二十八舍索隱曰七正日月五星七者可以正天時又孔安國曰七正日月五星各異政二十八舍即二十八宿之所舍也舍止也宿次也言日月五星運行或舍於二十八次之分者也律歷天所以通五行八正之氣索隱曰八正謂八節之氣以應八方之風天

所以成孰萬物也舍者日月所舍舍者舒氣也不周風居西北主殺生東壁居不周風東主辟生氣而東之索隱曰辟音闢至於營室索隱曰定星也定中而可作室故曰營室○正義曰天官書云營室爲清廟曰離宮閣道是有宮室象此言主營胎陽氣而產之二說不同營室者主營胎陽氣而產之徐廣曰胎一作含東至于危危垝也索隱曰垝鬼毀反言陽氣之危垝故曰危十月也律中應鍾應鍾者陽氣之應不用事也正義曰白虎通云應者應也言萬物應陽而動下藏也其於十二子爲亥也漢初依秦以十月爲歲首故起應鍾亥者該也索隱曰律歷志云該閡於亥○正義曰孟康云陰藏塞也陰雜陽氣閉塞爲萬物作種也言陽氣藏於下故該也廣莫風居北方廣莫者言陽氣在下陰莫陽廣大也故曰廣莫東至於虛虛者能實能虛言陽氣冬則宛藏於虛正義曰宛音鴛日冬至則一陰下藏一陽上舒故曰虛東至于須女索隱曰婺女也言萬物變動其所陰陽氣未相離尚相如胥也故曰須女十一月也律中黃鍾正義曰白虎通云黃中和之氣言陽氣於黃泉之下動養萬物黃鍾者陽氣踵黃泉而出也其於十二子爲子子者滋也滋者言萬物滋於下也其於十母爲壬癸壬之爲言任也言陽氣任養萬物於下也癸之爲言揆也言萬物可揆度故曰癸東至牽牛牽牛者言陽氣牽引萬物出之也牛者冒也言地雖凍能冒而生也牛者耕植種萬物也東至於建星建星者建諸生也十二月也律中大呂大

呂者其於十二子爲丑（正義曰：徐廣云：此中闕，不說大呂及丑也。按此下闕文，或一本云：丑者紐也，言陽氣在上未降，萬物厄紐未敢出也。）丑者紐也。言陽氣在上未降，萬物厄紐未敢出。條風居東北，主出萬物。條之言條治萬物而出之，故曰條風。南至於箕。箕者，言萬物根棋（徐廣曰：棋，一作荄），故曰箕。正月也，律中泰簇（正義曰：簇音千豆反。白虎通云：泰者大也，簇者湊也，言萬物始大湊地而出之。）泰簇者，言萬物簇生也，故曰泰簇。其於十二子爲寅。寅言萬物始生螾然也（索隱曰：螾音引，又音演），故曰寅。南至於尾，言萬物始生如尾也。南至於心，言萬物始生有華心也。南至於房。房者，言萬物門戶也（徐廣曰：一作宇），至于門則出矣。明庶風居東方。明庶者，明衆物盡出也。二月也，律中夾鍾（正義曰：白虎通云：夾者孚甲也，言萬物孚甲，種類分也。）夾鍾者，言陰陽相夾廁也。其於十二子爲卯。卯之爲言茂也，言萬物茂也。其於十母爲甲乙。甲者，言萬物剖符甲而出也（符音孚。○索隱曰：符甲，猶孚甲也）；乙者，言萬物生軋軋也（軋音乙八反）。南至于氐。氐者（正義：氐，丁禮反），言萬物皆至也。南至於亢。亢者，言萬物亢見也。南至于角。角者，言萬物皆有枝格如角也。三月也，律中姑洗（正義曰：姑音沽，洗音先典反。白虎通云：姑者故也，洗者鮮也，言萬物去故就新，莫不鮮明也。）姑洗者，言萬物洗生。其於十二子爲辰。辰者，言萬物之蜄也（蜄音之忍反。○索隱曰：蜄音振。律曆志云：振美於辰。）清明風居東南維，主風吹萬物而西之（[illegible]）。軫。軫者，言萬物益大而軫軫然。

西至於翼。翼者，言萬物皆有羽翼也。四月也，律中仲呂。仲呂者，言萬物盡旅而西行也。其於十二子爲巳。巳者，言陽氣之已盡也。西至于七星。七星者，陽數成於七，故曰七星。西至于張。張者，言萬物皆張也。西至于注（索隱曰：注音丁救反。注，咮也。天官書云：柳爲鳥咮，則注，柳星也。）注者，言萬物之始衰，陽氣下注，故曰注。五月也，律中蕤賓（正義曰：蕤，人佳反。白虎通云：蕤者下也，賓者敬也，言陽氣上極，陰氣始賓敬之也。）蕤賓者，言陰氣幼少，故曰蕤；痿陽不用事，故曰賓。景風居南方。景者，言陽氣道竟，故曰景風。其於十二子爲午。午者，陰陽交，故曰午（索隱曰：律曆志云：咢布於午也。）其於十母爲丙丁。丙者，言陽道著明，故曰丙；丁者，言萬物之丁壯也，故曰丁。西至于弧。弧者，言萬物之吳落且就死也（徐廣曰：吳，一作柔）。西至于狼。狼者，言萬物可度量，斷萬物，故曰狼。涼風居西南維，主地。地者，沈奪萬物氣也（一作洗洗）。六月也，律中林鐘（正義曰：白虎通云：林者衆也，言萬物成熟，種類衆也。）林鐘者，言萬物就死氣林林然。其於十二子爲未。未者，言萬物皆成，有滋味也（索隱曰：律曆志云：昧薆於未。）北至於罰。罰者，言萬物氣奪可伐也。北至于參。參言萬物可參也，故曰參。七月也，律中夷則（正義曰：白虎通云：夷，傷也；則，法也。言萬物始傷，被刑法也。）夷則，言陰氣之賊萬物也（徐廣曰：陰，一作陽。賊，一作則。）其於十二子爲申。申者，言陰用事，申賊萬物，故曰申（徐廣曰：一作則。○索隱曰：律曆志云：申堅於申也。）

申。北至于濁。索隱曰：按爾雅云：濁謂之畢。濁者，觸也，言萬物皆觸死也，故曰濁。北至于留。索隱曰：留即卯也。毛傳亦以留爲卯。留者，言陽氣之稽留也，故曰留。八月也，律中南呂。正義曰：白虎通云：南，任也，言陽氣尚任包大生薺麥也。南呂者，言陽氣之旅入藏也。其於十二子爲酉。酉者，萬物之老也，索隱曰：律曆志云：留孰於酉也。故曰酉。閶闔風居西方。閶者，倡也；闔者，藏也。言陽氣道萬物，闔黃泉也。其於十母爲庚辛。庚者，言陰氣庚萬物，故曰庚；辛者，言萬物之辛生，故曰辛。北至于胃。胃者，言陽氣就藏，皆胃胃也。北至于婁。婁者，呼萬物且內之也。北至于奎。徐廣曰：一作重。○索隱曰：天官書奎爲溝瀆，婁爲聚衆，胃爲天倉，此說異，及六律十母文與漢書不同，各是異家之說也。奎者，主毒螫殺萬物也，奎而藏之。九月也，律中無射。正義曰：音亦。白虎通云：射，終也，言萬物隨陽而終，當復隨陰而起，無有終已。此說六呂十干十二支與漢書不同。無射者，陰氣盛用事，陽氣無餘也，故曰無射。其於十二子爲戌。戌者，言萬物盡滅，故曰戌。索隱曰：律曆志畢入於戌也。

律數

九九八十一以爲宮。

三分去一，五十四以爲徵。

三分益一，七十二以爲商。

三分去一，四十八以爲羽。

三分益一，六十四以爲角。

黃鍾長八寸七分一，宮。索隱曰：案上文云「律九九八十一」，故云長八寸十分一。而漢書云黃鍾長九寸者，九分之寸也。劉歆、鄭玄等皆以長九寸即十分之寸，不依此法也。云宮者，黃鍾爲律之首，宮爲五音之長，十一月以黃鍾爲宮，則聲得其正。舊本多作七分，蓋誤也。

大呂長七寸五分三分一。索隱曰：謂十一月以黃鍾爲宮，五行相次，大呂爲商者，大呂所以助陽宣化也。

太蔟長七寸七分二，角。

夾鍾長六寸一分三分一。

姑洗長六寸七分四，羽。索隱曰：亦以金生水。

仲呂長五寸九分三分二，徵。

蕤賓長五寸六分三分一。

林鍾長五寸七分四，角。索隱曰：水生木，故以爲角。不用蕤賓者，以陰氣起，陽不用事，故去也。

夷則長五寸四分三分二，商。

南呂長四寸七分八，徵。

無射長四寸四分三分二。

應鍾長四寸二分三分二，羽。

生鍾分。索隱曰：此筭術生鍾律之法也。○正義曰：分音扶問反。

子一分。索隱曰：自此已下十一辰，皆以三乘之，爲黃鍾積實之數也。

丑三分二。索隱曰：案：子律黃鍾長九寸，林鍾爲衝，衝長六寸，以九比六，三分少一，故云丑三分二，即是黃鍾三分去一，下生林鍾數也。

寅九分八。索隱曰：十二律以黃鍾爲主，黃鍾長九寸，太蔟長八寸，圍八分，寅九分八，即是林鍾三分益一上生大簇之義也。正義曰孟康云元氣始起於子未分之時天地人混合為一故子數獨一漢書律曆志云太極元氣函三為一行於十二辰始動於子參之於丑得三又參於寅得九又參於卯得二十七又參於辰得八十一又參於巳得二百四十三又參於午得七百二十九又參於未得二千一百八十七又參於申得六千五百六十一又參於酉得萬九千六百八十三又參於戌得五萬九千四十九又參於亥得十七萬七千一百四十七此陰陽合德氣鍾於子化生萬物者也然丑三分二寅九分八者並是分之餘數而漢書不說也

卯二十七分十六索隱曰此以丑三乘寅寅三乘卯得二十七南呂為卯衝故上云五寸三分寸之一以三約二十七得九即南呂之本數又以三約十六得五餘三分之一即南呂之長故云卯二十七分十六亦是太簇三分去一下生南呂之義已下八辰並準此然丑三分二寅九分八者皆分之餘數也辰八十一分六十四巳二百四十三分一百二十八午七百二十九分五百一十二未二千一百八十七分一千二十四申六千五百六十一分四千九十六酉一萬九千六百八十三分八千一百九十二戌五萬九千四十九分三萬二千七百六十八亥十七萬七千一百四十七分六萬五千五百三十六

生黃鍾術曰以下生者倍其實三其法索隱曰案蔡邕云陽生陰為下生陰生陽為上生又律曆志云陰陽相生自黃鍾始而左旋八八為伍孟康註云從子數辰至未得八下生林鍾數又自未至寅亦得八上生太簇律是也然上下相生皆以此為率今云以下生者謂黃鍾下生林鍾黃鍾長九寸倍其實者二九十八三其法者以三為法約之得六為林鍾之長也以上生者四其實三其法索隱曰四其實者謂林鍾長六寸以四乘六得二十四以三約之得八即為太簇之長也

上九商八羽七角六宮五徵九索隱曰此五聲之數亦上生三分益一下生三分宮生徵徵益一上生商商去一下生羽羽益一上生角然此文以數錯未暇研覈也置一而九三之以為法索隱曰漢書律曆志曰太極元氣函三為一行之於十二辰始動於子參之於丑得三又參之於寅得九是謂置一而九三之也韋昭曰置一而九以三乘之是為法也樂產云一氣生於子至丑而三是一三也又自丑至寅為九皆以三乘之是九三也實如法得長一寸索隱曰實謂以子一乘丑三至亥得十七萬七千一百四十七為實數如法謂以上萬九千六百八十三之法除實得九為黃鍾之長言得一者算術設法辭也得下有長一寸者皆衍字也韋昭云得九寸之一也姚氏謂得一即黃鍾之子數凡得九寸命曰黃鍾之宮故曰音始於宮窮於角索隱曰即如上文宮下生徵徵上生商商下生羽羽上生角是其窮也數始於一終於十成於三氣始於冬至周而復生神生於無正義曰無形為太易氣天地未形之時言神本在太虛之中而無形也成於有形正義曰天地既分二儀已質萬物之形成於天地之間神在其中然後數形而成聲正義曰數謂天數也聲謂宮商角徵羽也言天數既形則能成其五聲故曰神使氣氣就形形理如類有可類或未形而未類或同形而同類類而可班類而可識聖人知天地識之別故從有以至未正義曰從有謂萬物形質也未謂天地未形以得細若氣微若聲正義曰氣謂大易之氣聲謂五聲之聲然聖人因神而存之正義曰言聖人因神理其形體卑至於大易之氣故云因神而存之上云從有以至未有是也雖妙必效情核其華道者明矣正義曰妙謂微妙之性也效猶見也核研核也華道神妙之道也言人雖有微妙之性必須提督已之情理然後研核神妙之道乃能究其形躰辨其成聲故謂明矣故下云非有聖心以非其乘聰明孰能存天下之神而成形之情哉

聖心以乘聰明，孰能存天地之神而成形之情哉？神者物受之而不能知及其去來【正義曰：言万物受神妙之氣，不能知覺及神去來亦不能識】，故聖人畏而欲存之。唯欲存之，神之亦存【正義曰：言聖人畏神妙之理難識，而欲常存之。唯欲常存之，故其神亦存】。其欲存之者，故莫貴焉【正義曰：言平凡之人欲得精神存者，故亦莫如貴神之妙】。

太史公曰：故旋璣玉衡以齊七政，即天地二十八宿。十母【正義曰：十干】，十二子【正義曰：十二支】，鍾律調自上古。建律運曆造日度，可據而度也【正義曰：度，田洛反】。合符節，通道德，即從斯之謂也。

索隱述贊曰：自昔軒后，爰命伶綸。雄雌是聽，厚薄伊均。以調氣候，以軌星辰。軍容取節，樂器斯因。自微知著，測化窮神。大哉虛受，含養生人。

律書第三　　史記二十五

曆書第四　　史記二十六

昔自在古，曆建正作於孟春【索隱曰：案古曆者，謂黃帝調曆以前有上元太初曆等，皆以建寅為正，謂之孟春也。及顓頊、夏禹亦以建寅為正，唯黃帝及殷、周、魯並建子為正。而秦正建亥，漢初因之。至武帝元封七年始改用太初曆，仍以周正建子為十一月朔旦冬至，改元太初焉。今案此文至於十[illegible]也，出大戴禮】。於時冰泮發蟄，百草奮興，秭鳺先滜【[illegible]曰：秭鳺先滜，謂子鳺鳥春氣發動則先出野澤而鳴也。又案大戴禮作瑞雉，無釋，未測其旨，當是字體各有訛變耳。鶗音弟，鴂音桂。楚詞云：虞鶗鴂之先鳴，使夫百草為之不芳。解者以鶗鴂為杜鵑也】。物乃歲具，生於東，次順四時，卒于冬分。時【索隱曰：卒音子律反。分如字。卒，盡也。言建曆起孟春，盡季冬，則一歲之事具也。冬盡之後，分為來春始，云冬分】雞三號，卒明【徐廣曰：卒一作平。又云卒斯也。○索隱曰：三號，三鳴也。言夜至雞三號，天曉乃始為正月一日，言異歲也。徐廣云：卒一作平，又作斯，於文皆便】。撫十二節，卒于丑【正義曰：撫猶循也。自平明寅至雞鳴丑，凡十二辰，辰盡丑又至明朝寅，使一日一夜，故曰幽明】。日月成，故明也。明者孟也，幽者幼也，幽明者雌雄也。雌雄代興，而順至正之統也。日歸于西，起明於東；月歸於東，起明於西。正不率天，又不由人【索隱曰：此文出大戴禮，是孔子稱周太史之詞】，則凡事易壞而難成矣。王者易姓受命，必慎始初，改正朔，易服色，推本天元，順承厥意【索隱曰：言王者易姓而興，必當推本天之元氣行運所在，以定正朔，以承天意，故云承順厥意也】。

太史公曰：神農以前尚矣。蓋黃帝考定星曆【索隱曰：系本及律曆志，黃帝使羲和占日，常儀占月，臾區占星氣，伶倫造律呂，大撓作甲子，隸首作算數，容成綜此六術而著調曆也】，也建立五行起消息正義曰皇侃云乾者陽生為息坤者陰死為消也正閏餘漢書音義曰以歲之餘為閏故曰閏餘○正義曰鄧平落下閎云一月之日二十九日八十一分日之四十八按計其餘分成閏故云正閏餘也每一歲三百六十六日餘六日小月大月是一歲餘十二日大計三十三月則一閏之耳於是有天地神祇物類之官正義曰應劭云黃帝受命有雲瑞故以雲紀官春官為青雲夏官為縉雲秋官為白雲冬官為黑雲中官為黃雲按黃帝置五官各以物類名其職掌也是謂五官各司其序不相亂也民是以能有信神是以能有明德民神異業敬而不瀆故神降之嘉生應劭曰嘉穀也民以物享正義曰劉伯莊云物事也人皆順事而享福也災禍不生所求不匱少皞氏之衰也九黎亂德漢書音義曰少皞時諸侯作亂者民神雜擾不可放物索隱曰放音昉依也禍菑薦至莫盡其氣索隱曰薦音在見反

索隱曰菑亦災字或作薦古字假借用爾顓頊受之乃命南正重司天以屬神命火正黎司地以屬民應劭曰黎陰官也火數二二地數也故火正司地以屬萬民○索隱曰案左傳重為句芒木正黎為祝融火正此言南者劉氏以為南字誤非也蓋重黎二人元是木火之官兼司天地職而天是陽南是陽位故木亦是陽所以木正為南正也而火是地正亦稱北正者火數二二地數地陰主北方故火正亦稱北正為此故也臣瓚以為古文火字似北未為深得也使復舊常無相侵瀆其後三苗服九黎之德正義曰孔安國云三苗縉雲氏之後諸侯也按服從也言九黎之君在少皞之世作亂今三苗之君從九黎亂德故南北二官皆廢使曆數失序故二官咸廢所職而閏餘乖次孟陬殄滅攝提無紀曆數失序漢書音義曰次十二次也史推曆失閏則斗建與月名錯正月為孟陬閏餘乖錯不與正歲相值謂之殄滅攝提是名隨斗杓所指建十二月若曆誤春三月當指辰而指巳是謂失序○索隱曰案正月為陬陬音鄒

又作陬側侯反楚詞云攝提貞于孟陬言曆數乖誤乃使孟陬殄滅不得其正也天官書云攝提三星若鼎足句直斗杓所指以建時節故曰攝提格格至也言隨月建至故云格也堯復遂重黎之後不忘舊者使復典之而立羲和之官明時正度則陰陽調風雨節茂氣至民無夭疫年耆禪舜申戒文祖云徐廣曰戒一作敕○正義曰言於文祖之廟以申戒舜也天之曆數在爾躬何晏曰曆數謂列次也舜亦以命禹孔安國曰舜亦以堯命己之辭命禹也由是觀之王者所重也夏正以正月殷正以十二月周正以十一月蓋三王之正若循環窮則反本天下有道則不失紀序無道則正朔不行於諸侯幽厲之後周室微陪臣執政史不記時君不告朔鄭玄曰禮人君每月告朔於廟有祭謂之朝享故疇人子弟分散

如淳曰家業世世相傳為疇律年二十三傳之疇官各從其父學○索隱曰韋昭云疇類也孟康云同類之人明曆者也樂產云疇昔知星人也或在諸夏或在夷狄是以其禨祥廢而不統如淳曰呂氏春秋荊人鬼而越人禨今之巫祝禱祠淫祀之比也晉灼曰禨音珠璣之璣也周襄王二十六年閏三月而春秋非之先王之正時也履端於始韋昭曰謂正曆必先稱端始也若十一月朔旦冬至也舉正於中韋昭曰氣在望中則時日昏明皆正也歸邪音餘於終韋昭曰餘分也終閏月也中氣在晦則後月閏在望是其正中也履端於始序則不愆舉正於中民則不惑歸邪於終事則不悖其後戰國並爭在於彊國禽敵救急解紛而已豈遑念斯哉是時獨有鄒衍明於五德之傳正義曰傳音持戀反五德五行也而散消息之分以顯諸侯而亦因秦滅

六國兵戎極煩又升至尊之日淺未暇遑也而亦頗推五勝漢書音義曰五行相勝秦以周為火用水勝之也而自以為獲水德之瑞更名河曰德水而正以十月正義曰音征以秦始皇名諱之故改也色上黑然歷度閏餘未能睹其真也漢興高祖曰北畤待我而起亦自以為獲水德之瑞雖明習歷及張蒼等咸以為然是時天下初定方綱紀大基高后女主皆未遑故襲秦正朔服色至孝文時魯人公孫臣以終始五德上書言漢得土德宜更元改正朔易服色當有瑞瑞黃龍見事下丞相張蒼張蒼亦學律歷以為非是罷之其後黃龍見成紀張蒼自黜所欲論著不成而新垣平以望氣見頗言正歷服色事貴幸後作亂故孝文帝廢不復問至今上即位招致方士唐都分其天部漢書音義曰謂分部二十八宿為距度而巴落下閎運算轉歷徐廣曰巴郡人也閎落下閎也○索隱曰姚氏案益部耆舊傳云閎字長公明曉天文隱於落下武帝徵待詔太史於地中轉渾天改顓頊歷作太初歷拜侍中不受也然後日辰之度與夏正同乃改元更官號封泰山因詔御史曰乃者有司言星度之未定也廣延宣問以理星度未能詹也徐廣曰詹一作售也○索隱曰漢書作讎讎即售也故徐廣作售韋昭云讎比校也亦讎應為讎也蓋聞昔者黃帝合而不死名察度驗定清濁起五部建氣物分數應劭曰言黃帝造歷得仙名節會察寒暑致啟閉分至定清濁起五部五部金木水火土也建氣物分數皆敘歷之意也○正義曰合作也黃帝作歷歷終復始無窮已故曰不死清濁律聲之清濁也五部五行也天有四時為五行也氣二十四氣物萬物也分歷數之分也瓚曰黃帝聖德與神靈合契升龍登仙於天故曰合而不死題名宿度候察進退謂三辰之度吉凶之驗也○索隱曰臣瓚解為得案漢書作名察發斂蓋亦云發散揫斂也又續漢書以為道氣之發斂景以之長短則發斂是日行道去極盈縮者也然蓋尚矣書缺樂弛朕甚閔焉朕唯未能循明也紬績日分索隱曰紬音抽又如字紬績者女工紬緝之意以言造歷算運者猶若女工緝而織之也率應水德之勝徐廣曰蓋以為應土德勝水德今日順夏至索隱曰謂夏至冬至也黃鐘為宮林鐘為徵太蔟為商南呂為羽姑洗為角自是以後氣復正羽聲復清名復正變以至子日當冬至則陰陽離合之道行焉十一月甲子朔旦冬至已詹其更以七年為太初元年索隱曰以元封七年為太初元年然漢始以建亥為年首今改以建子故以七年為元韋昭云漢興至此百二歲索隱律歷志云乃以前歷上元太初四千六百一十七歲至元封七年復得閼逢攝提格之歲中冬十一月甲子朔旦冬至也年名焉逢攝提格徐廣曰歲陰在寅左行歲星在丑右行○索隱曰爾雅云歲在甲曰焉逢寅曰攝提格則此甲寅之年十一月甲子朔旦夜半冬至也此篇末亦云寅名攝提格則是甲寅不疑也又據二年名單閼三年名執徐等為次分明而漢志以為其年在丙子當是班固用三統與太初歷不同故與太史公說有異而爾雅近代之作所記年名又皆不同也蘇林云左行右行歲與星行所在之方月名畢聚日得甲子夜半朔旦冬至索隱曰律居陰而治陽歷居陽而治陰更相治間不容翲忽五家文悖異惟太初之元也○索隱曰聚音娵案虞喜云天元之始於十一月甲子夜半朔旦冬至日月若連珠俱起牽牛之初歲雄在閼逢雌在攝提格月雄在畢雌在訾訾則娵訾之宿日雄在甲雌在子在子是陽氣支干之首也

曆術甲子篇索隱曰以十一月朔旦冬至得甲子甲子是陽氣支干之首故以甲子命歷術為篇

首非謂此年歲在甲子也

太初元年，歲名焉逢索隱曰畢歲陽也漢書作閼逢亦音焉與此音同攝提格索隱曰寅歲陰也此依爾雅甲寅之歲若據漢志以爲丙子之年也月名畢聚索隱曰謂月值畢及陬訾也甲月雄也聚月雌也日得甲子索隱曰謂十一月冬至朔旦得甲子也。正義曰置大餘五十四算每年加五十四日滿六十日除之奇算留之每至閏後一年加二十三算亦滿六十日除之奇算留之若纔足六十日明年云無大餘無小餘也又明年以置五十四算如上法置小餘三百四十八算每年加三百八分滿九百三十八分成一日除上餘算留之若至閏後一年加八百四十七分亦滿九百四十八分成日歸大餘奇留之明年以加三百四十八算如上法夜半朔旦冬至索隱曰以建子爲正故以夜半爲朔其至爲朔同日故云夜半朔旦冬至若建寅爲正者則以平旦爲朔。正義曰置大餘五算加五日滿六十日則除之後年更置五算如上法置小餘八算每年加八算滿三十二分除一日歸大餘後年更置八分如上法

大餘者日也小餘者月之奇分也正北索隱曰謂蔀首十一月甲子朔旦時加子爲冬至故云正北也然每歲行周天全度外餘有四分之一以十二辰分之冬至常居四仲故子年在子丑年在卯寅年在午卯年在酉至後十九年章首在酉故云正西其正南正東並準此。正義曰黃鍾管子時氣應亦正北頻行四時仲所至爲正月一日是歲之始盡一章十九年黃鍾管應在西則稱正西他皆放此十二索隱曰歲有十二月有閏則云十三月

無大餘　無小餘索隱曰其歲甲子朔旦日月合於牽牛之初餘分皆盡故無大小餘。正義曰九大小餘者以出閏月之歲有三百五十四日三百四十八分除五甲三百日餘有五十四日三百四十八分緣未滿六十日故置爲來年大小餘亦爲太初元年日得甲子朔旦冬至前年無奇日分故無大小餘也

無大餘　無小餘索隱曰上大小餘朔之大小餘此謂冬至大小餘冬至亦與朔同日並無餘分至與朔法異故重列之

焉逢攝提格太初元年索隱曰漢志太初元年歲在丙子據此則甲寅歲爾雅釋天云歲陽者甲乙丙丁戊己庚辛壬癸十干是也歲陰者子丑寅卯辰巳午未申酉戌亥十二支是也歲陽在甲云焉逢謂歲干也歲陰在寅云攝提格謂歲支也。正義曰焉音於乾反後同十二

大餘五十四索隱曰歲十二月六大六小合三百五十四日以六除之五六三十除三百日餘五十四日故下云大餘者日也。正義曰月朔旦甲子日法也

小餘三百四十八索隱曰太初曆法一月之日二十九日九百四十分日之四百九十九每兩月合成五十九日又餘五十八分十二月合餘六箇五十八得此三百四十八數故云小餘者月也。正義曰未滿日之分數也其分每滿九百四十則成一日即歸上成五十日矣大餘五十四若每歲除小月六日則成三百五十四日除五甲三百日猶餘五十四日爲未滿六十日故稱大餘五十四小餘三百四十八者其大數五十四之外更餘分三百四十八

然稱小餘三百四十八也此大小餘是月蔀甲子日朔以出閏月之數一歲則有三百五十四日三百四十八分每六十日之外爲未滿六十日故有大小餘也是太初元年之始奇日奇分也

大餘五索隱曰周天三百六十五度四分度之一一日行一度去歲十一月朔在牽牛初爲冬至今歲十一月十二月又至牛初爲一周以六甲除之六六三十六除三百六十餘五故云大餘五也。正義曰冬至甲子月法也

小餘八索隱曰即四分之一小餘滿三十二從大餘一四八三十二故云小餘八明年又加八得十六故下云小餘十六又明年又加八得二十四故下云小餘二十四又明年加八得三十二爲滿故下云無小餘並依太初曆法行之也。正義曰未滿日之分數也其分每滿三十二則成一日即歸上成六日矣大餘五者每歲三百六十五日即除六甲三百六十日猶除五日故稱大餘五日則小餘八者每歲三百六十五日四分日之一也一日三十二分是一

歲二百六十五日八分故稱小餘是冬至甲子日法未出閏月之數每六十日餘之爲未滿六十日故有大小餘也此是太初元年前日前分也

端蒙單閼二年 徐廣曰單閼一作亶安。○索隱曰端蒙乙也。爾雅作旃蒙。單閼卯也。丹遏二音也。或又音蟬焉。歲在乙卯也。○正義曰單音丹，又音特連反。閼烏葛反，又於連反 閏十三

大餘四十八 小餘六百九十六

大餘十 小餘十六

游兆執徐三年 索隱曰游兆景也。爾雅作柔兆。執徐辰也。○正義曰三年丙辰歲也 十二

大餘十二 小餘六百三

大餘十五 小餘二十四

彊梧大荒落四年 索隱曰彊梧丁也。大荒落巳也。正義曰梧音語。四年丁巳歲也 十二

大餘七 小餘十一

大餘二十一 無小餘

徒維敦牂天漢元年 索隱曰徒維戊也。敦牂午也。○正義曰牂音作郎反。天漢元年戊午歲也 閏十三

大餘一 小餘三百五十九

大餘二十六 小餘八

祝犁協洽二年 索隱曰祝犁己也。爾雅作著雍。協洽未也。○正義曰二年己未歲也 十二

大餘二十五 小餘二百六十六

大餘三十一 小餘十六

商橫涒灘三年 索隱曰商橫庚也。爾雅作上章。涒灘申也。本作赤奮若，非也。天官書及爾雅申爲涒灘，丑爲赤奮若。今自太初已來，計歲次與天官書不同者有四，蓋後之歷術殊也。○正義曰涒音吐魂反。灘音吐丹反，又作涒漢，字音而上同。三年庚申歲也 十二

大餘十九 小餘六百一十四

大餘三十六 小餘二十四

昭陽作噩四年 索隱曰昭陽辛也。爾雅作重光。作噩酉也。正義曰四年辛酉歲 閏十三

大餘十四 小餘二十二

大餘四十二 無小餘

橫艾淹茂太始元年 索隱曰橫艾壬也。爾雅作玄黓。淹茂戌也。○正義曰元年壬戌歲也 十二

大餘三十七 小餘八百六十九

大餘四十七 小餘八

尚章大淵獻二年 索隱曰尚章癸也。爾雅作昭陽。大淵獻亥也。一本作困敦，非也。天官書子爲困敦，與爾雅同。○正義曰二年癸亥歲也 閏十三

大餘三十二 小餘二百七十七

大餘五十二 小餘一十六

焉逢困敦三年 索隱曰焉逢甲也。困敦子也。一本作大淵獻，非也。天官書亥爲大淵獻，與爾雅同。○正義曰敦音頓。三年甲子歲也 十二

大餘五十六 小餘一百八十四

大餘五十七 小餘二十四

端蒙赤奮若四年 索隱曰端蒙乙也。赤奮若丑。一本作涒灘，非也。天官書申爲涒灘，與爾雅同。自太始征和已下，訖于孝元，年次甲乙皆是後人所續也。○正義曰四年乙丑歲也 十二

大餘五十　小餘五百三十二

大餘三　無小餘（正義曰準前解小餘是日之餘分也）

（自占曆書已下小餘又非是年名復不周備恐褚先生及後人所加）

游兆（徐廣曰游一作游桃）攝提格　征和元年（正義曰李巡注云萬物承陽而起故曰攝提格起也孔文祥云以歲在寅正月出東方為衆星之紀以攝提宿故曰攝提以其為歲月之首而起於孟陬故云格正也）　閏十三

大餘四十四　小餘八百八十

大餘八　小餘八

彊梧單閼　三年（正義曰李巡注云言陽氣推万物而起故曰單閼單閼止也）　十二

大餘八　小餘七百八十七

大餘十三　小餘十六

徒維執徐　三年（正義曰李巡云伏蟄之物皆敷舒而出故云執徐之也）　十二

大餘三　小餘一百九十五

大餘十八　小餘二十四

祝犂大芒落　四年（芒一作荒。正義曰姚察云言万物皆熾盛而大出霍然落之故云荒落也）　閏十三

大餘五十七　小餘五百四十三

商橫敦牂　後元元年（正義曰爾雅云敦盛也牂壯也言万物盛壯也）　十二

大餘二十四　無小餘

大餘二十一　小餘四百五十

大餘二十九　小餘八

昭陽汁洽　二年（汁一作協。正義曰李巡云言陰陽化生萬物和合故曰協洽）　閏十三

大餘十五　小餘七百九十八

大餘三十四　小餘十六

橫艾涒灘　始元元年止西（涒灘一作芮漢。正義曰孫炎注云爾雅云涒灘万物吐秀傾垂之貌也）　十二

大餘三十九　小餘七百五

大餘三十九　小餘二十四

尚章作噩　二年（噩一作鄂。正義曰李巡云万物皆落枝起之貌也）　十二

大餘三十四　小餘一百一十三

大餘四十五　無小餘

焉逢淹茂　三年（淹一作閹。正義曰李巡云言萬物皆蔽冒故曰閹茂蔽冒也）　閏十三

大餘二十八　小餘四百六十一

大餘五十　小餘八

端蒙困敦　四年（正義曰孫炎云困敦混沌也言萬物初萌混沌於黃泉之下也）　十二

大餘五十二　小餘三百六十八

大餘五十五　小餘十六

游兆困敦　五年　十二

大餘四十六　小餘七百一十六

無大餘　小餘二十四

彊梧赤奮若六年 正義曰李巡云陽氣奮迅萬物而起無不若其性故曰赤奮若陽色奮迅也若順也

大餘四十一 小餘一百二十四 閏十三

大餘六 無小餘

徒維攝提格元鳳元年

大餘五 小餘三十一 十二

大餘十一 小餘八

祝犁單閼二年 十二

大餘五十九 小餘三百七十九

大餘十六 小餘十六

商橫執徐三年 閏十三

大餘五十三 小餘七百二十七

大餘二十一 小餘二十四

昭陽大荒落四年 十二

大餘十七 小餘六百三十四

大餘二十七 無小餘 閏十三

橫艾敦牂五年

大餘十二 小餘四十二

大餘三十二 小餘八 十二

尚章汁洽六年

曆書

大餘三十五 小餘八百八十九

大餘三十七 小餘十六

焉逢涒灘元平元年 十二

大餘三十 小餘二百九十七

大餘四十二 小餘二十四

端蒙作噩本始元年 閏十三

大餘二十四 小餘六百四十五

大餘四十八 無小餘 十二

游兆閹茂二年

大餘四十八 小餘五百五十二 十二

大餘五十三 小餘八

彊梧大淵獻三年 正義曰孫炎云淵獻深也獻萬物於天深於藏蓋也 十二

大餘四十二 小餘九百

大餘五十八 小餘十六

徒維困敦四年 閏十三

大餘三十七 小餘三百八

大餘三 小餘二十四

祝犁赤奮若地節元年 十二

大餘一 小餘二百一十五

大餘九 無小餘

曆書

商橫攝提格二年　閏十三
大餘五十五　小餘五百六十三
大餘十四　小餘八
昭陽單閼三年正南　十二
大餘十九　小餘四百七十
大餘十九　小餘十六
橫艾執徐四年　十二
大餘十三　小餘八百一十八
大餘二十四　小餘二十四
尚章大荒落元康元年　閏十三
大餘八　小餘二百二十六
大餘三十　無小餘
焉逢敦牂二年　十二
大餘三十二　小餘一百三十三
大餘三十五　小餘八
端蒙協洽三年　十二
大餘二十六　小餘四百八十一
大餘四十　小餘十六
游兆涒灘四年　閏十三
大餘二十　小餘八百二十九

大餘四十五　小餘二十四
彊梧作噩神雀元年　十二
大餘四十四　小餘七百三十六
大餘五十一　無小餘
徒維淹茂二年　十二
大餘三十九　小餘一百四十四
大餘五十六　小餘八
祝犂大淵獻三年　閏十三
大餘三十三　小餘四百九十二
大餘一　小餘十六
商橫困敦四年　十二
大餘五十七　小餘三百九十九
大餘六　小餘二十四
昭陽赤奮若五鳳元年　閏十三
大餘五十一　小餘七百四十七
大餘十二　無小餘
橫艾攝提格二年　十二
大餘十五　小餘六百五十四
大餘十七　小餘八
尚章單閼三年　十二

大餘十　小餘六十二

大餘二十二　小餘十六

焉逢執徐四年　閏十三

大餘四　小餘四百一十

大餘二十七　小餘二十

端蒙大荒落甘露元年　十二

大餘二十八　小餘三百一十七

大餘三十三　無小餘

游兆敦牂二年　十二

大餘二十二　小餘六百六十五

大餘三十八　小餘八

彊梧協洽三年　閏十三

大餘十七　小餘七十三

大餘四十三　小餘十六

徒維涒灘四年　十二

大餘四十　小餘九百二十

大餘四十八　小餘二十四

祝犂作噩黃龍元年　閏十三

大餘三十五　小餘三百二十八

大餘五十四　無小餘

商橫淹茂初元元年正東　十二

大餘五十九　小餘二百三十五

大餘五十九　小餘八

昭陽大淵獻二年　十二

大餘五十三　小餘五百八十三

大餘四　小餘十六

橫艾困敦三年　閏十三

大餘四十七　小餘九百三十一

大餘九　小餘二十四

尚章赤奮若四年　十二

大餘十一　小餘八百三十八

大餘十五　無小餘

焉逢攝提格五年　十二

大餘六　小餘二百四十六

大餘二十　小餘八

端蒙單閼永光元年　閏十三

無大餘　小餘五百九十四

大餘二十五　小餘十六

游兆執徐二年　十二

大餘二十四　小餘五百一

大餘三十　小餘二十四
彊梧大荒落三年　十二
大餘十八　小餘八百四十九
大餘三十六　無小餘
徒維敦牂四年　閏十三
大餘十三　小餘二百五十七
大餘四十一　小餘八
祝犂協洽五年　十二
大餘三十七　小餘一百六十四
大餘三十六　小餘十六
商横涒灘建昭元年　閏十三
大餘三十一　小餘五百一十二
大餘五十一　小餘二十四
昭陽作噩二年　十二
大餘五十五　小餘四百一十九
大餘五十七　無小餘
横艾閹茂三年　十二
大餘四十九　小餘七百六十七
大餘二　小餘八
尚章大淵獻四年　閏十三

大餘四十六　小餘一百七十五
大餘七　小餘十六
焉逢困敦五年　十二
大餘八　小餘八十二
大餘十二　小餘二十四
端蒙赤奮若竟寧元年　十二
大餘二　小餘四百三十
大餘十二　無小餘
游兆攝提格建始元年　閏十三
大餘五十六　小餘七百七十八
大餘二十二　小餘八
彊梧單閼二年　十二
大餘二十　小餘六百八十五
大餘二十八　小餘十六
徒維執徐三年　閏十三
大餘十五　小餘九十三
大餘三十三　小餘二十四
祝犂大荒落四年
右歷書大餘者日也小餘者月也端旃蒙者年名也支丑名赤奮若寅名攝提格干丙名游兆正北

冬至加子時 正西加酉時 正南加午時 正東加卯時

索隱述贊曰

歷數之興 其來尚矣 重黎是司

容成斯紀 推步天象 消息母子

五勝輪環 三正互起 孟陬貞歲

疇人順軌 敬授之方 履端為首

曆書第四　史記二十六

天官書第五　史記二十七

索隱曰案天文有五官官者星官也星座有尊卑若人之官曹列位故曰天官○正義曰張衡云文曜麗乎天其動者有七日月五星是也日者陽精之宗月者陰精之宗五星五行之精衆星列布体生於地精成於天列居錯峙各有所屬在野象物在朝象官在人象事其以神著有五列焉是有三十五名一居中央謂之北斗四布於方各七為二十八舍日月五星歷示吉凶也

中宮天極星，索隱曰姚氏案春秋元命包云宮之為言宣也宮氣立精為神垣又文耀鈎曰中宮太帝其精北極星含元出氣流精生一也爾雅云北極謂之北辰又春秋合誠圖云北辰其星五在紫微中楊泉物理論云北極天之中陽氣之北極也極南為太陽極北為太陰日月五星行太陰則無光行太陽則能照故為昏明寒暑之限極也其一明者，太一常居也，索隱曰案春秋合誠圖云紫微太帝室太一之精也○正義曰泰一天帝之別名也劉伯莊云泰一天神之最尊貴者也旁三星三公，正義曰三公三星在北斗杓東又三公三星在北斗魁西並為太尉司徒司空之象主變出陰陽主佐機務占以從為不吉居常則安金火守之並為咎也或曰子屬。後句四星，末大星正妃，索隱曰句音鉤句曲也援神契云辰極橫后妃四星從大妃光明又援神契以後句四星名為四輔其句陳六星為六宮亦主六軍與此不同也餘三星後宮之屬也。環之匡衛十二星，藩臣。皆曰紫宮。索隱曰元命包曰紫之言此也宮之言中也言天神運動陰陽開閉皆在此中也宋均又以為十二軍中外位各定總謂之紫宮也前列直斗口三星，隨北端兌，索隱曰劉氏直音如字直當也文音值隋音他果反斗一作北案漢書天文志見作北端作銳銳謂星形尖邪也若見若不，曰陰德，正義曰星經云陰德二星在紫微宮內尚書西主施德惠者故贊陰德遺惠周急振撫占以不明為宜明新君踐極也又云陰德星中宮女主之象星動搖釁起宮掖貴嬪內妾惡之或曰天一。索隱曰文耀鈎曰陰德為天下綱宋均以為陰行德者道常也○正義曰抱天一星疆閶闔外天帝之神主戰鬭知人之吉凶凡明而有光者則陰陽和而萬物成人主吉不然反是太一一星次天一南亦天帝之神主使十六神知風雨水旱兵革饑饉疾疫占以不明及移爲災也星經云天一太一二星主王者即位令諸立赤子而傳國位者星不欲微微則發立不當其次宗廟不享食矣紫宮左三星曰天槍右五星曰天棓蘇林曰音棓打之棓○索隱曰槍音七庚反棓音皮韋昭音剖詩緯云槍三星棓五星在斗杓左右主槍人棓人石氏星讚云槍棓八星備非常之變也正義曰槍楚庚反天棓五星在女牀東北天子先驅所以禦兵也占星不具國兵起也後六星絕漢抵營室曰閣道索隱曰絕要也抵屬也文案樂汁圖云閣道北斗之輔石氏云閣道六星神所乘也○正義曰漢天河也直度曰絕抵至也營室七星天子之宮亦爲玄宮亦爲清廟主上公亦天子離宮別館也王者道被草木營室曆九象而可觀閣道六星在王良北飛閣之道天子欲遊別宮之道占一星不見則輦路不通動搖則宮掖之內起兵也北斗七星所謂旋璣玉衡以齊七政

索隱曰春秋運斗樞云斗第一天樞第二旋第三璣第四權第五衡第六開陽第七搖光第一至第四爲魁第五至第七爲標合而爲斗文耀鉤云斗者天之喉舌玉衡屬杓魁爲琁璣徐整長曆云北斗七星星間相去九千里其二陰星不見者相去八千里也尚書旋作璿馬融云璿美玉也機渾天儀可轉旋故曰機衡其中橫筩以璿爲璣以玉爲衡蓋貴天象也鄭玄注大傳云渾儀中筩爲旋璣外規爲玉衡也尚書大傳云七政謂春秋冬夏天文地理人道所以爲政也人道正而萬事順成又馬融注尚書云七政者北斗七星各有所主第一曰主日法天第二曰主月法地第三曰命火謂熒惑也第四曰煞土謂填星也第五曰伐水謂辰星也第六曰危木謂歲星也第七曰罰金謂太白也日月五星各異故名曰七政也杓攜龍角孟康曰杓斗杓也龍角東方宿也攜連也○正義曰按角星爲天關其間天門其內天庭黃道所經七耀所行左角爲理主刑其南爲太陽道右角爲將主兵其北爲太陰道也蓋天之三門故其星明大則天下大平賢人在位不然主兵起衡殷南斗魁枕參首晉灼曰衡斗之中央殷中也索隱曰宋均云殷當也○正義曰枕之禁反衡斗衡也魁斗第一星也言北方斗衡直當北之魁枕於參星之道北斗之杓連於龍角南斗六星爲天廟丞相大宰之位主薦賢良授爵祿又主兵天機南二星魁天梁中央一星天相北二星天府庭也占斗星盛明王道和平爵祿行不然反是參主斬刈又爲天獄主殺罰其中三星橫列者三將軍東主後將軍西南曰右足主偏將軍故軒轅氏占之以北曰左肩主左將軍西北曰右肩主右將軍東南曰左足應七將也中央三小星曰伐天之都尉也主戎狄之國不欲明若芒角張明與參等大臣謀亂兵起夷狄內戰七將皆明天下主兵振王道缺參失色軍散敗動搖邊候有急參左足入玉井中及金火守皆爲起兵用昏建者杓杓自華以西南孟康曰傳曰斗第七星法大白主杓斗之尾也尾爲陰又其用昏昏陰位在西方故主西南○索隱曰說文云杓斗柄音匹遙反即招搖也○正義曰杓東北第七星也華華山也言北斗昏建用斗杓星指寅也杓華山西南之地也夜半建者衡徐廣曰第五星衡殷中州河濟之閒孟康曰假令杓昏建寅衡夜半亦建寅○正義曰衡北斗衡也言北斗夜半建用斗衡指寅殷當也斗衡黃河濟水之間地也平旦建者魁魁海岱以東北也孟康曰傳曰斗第一星法於日主齊也魁斗之首首陽也又其用在明陽與明德在東方故主東北齊分○正義曰言北斗旦建用斗魁指寅也海岱代郡也言魁星主海岱之東北地也隨三時所指有前三建也斗爲帝車運于中央索隱曰姚氏案宋均云言是大帝車巡狩故無所不紀也臨制四鄉分陰陽建四時均五行移節度定諸紀皆繫於斗魁戴匡六星晉灼曰似戴故曰戴匡也曰文昌宮索隱曰文耀鉤云文昌宮爲天府孝經援神契云文者精所聚昌者揚天紀輔拂並居以成天象故曰文昌宮一曰上將二曰次將三曰貴相四曰司命五曰司中六曰司祿索隱曰春秋元命包曰上將建威武次將正左右貴相理文緒司祿賞功進士司命主災咎司中主左理也在斗魁中貴人之牢孟康曰傳曰天理四星在斗魁中貴人牢名曰天理○索隱曰樂汁圖曰天寶理貴

人牢宋均曰以理牢獄也。正義曰魁下六星兩兩相
占羽及其中有星此貴人下獄也
比者名曰三能蘇林曰音三台。索隱曰漢書東方朔願陳泰階六符孟康曰泰階三台也台
星凡六星六符六星之符驗也應劭引黃帝泰階六符
經曰泰階者天子之三階上階上星為男主下星為女
主中階上星為諸侯三公下星為卿大夫下階上星為
士下星為庶人三階平則陰陽和風雨時不平則稼穡
不成冬雷夏霜天行暴令好興甲兵
修宮廟廣苑囿則上階為之坼也三能色齊君臣和
不齊為乖戾輔星孟康曰在北斗第六星旁。正義曰大臣之象也占欲其小而明若大而
明則臣奪君政小而明則臣不任職明大與斗合國兵
暴起暗而遠斗臣不死則奪若近臣專賞用賢排安則
輔生角近臣擅國符印將謀社稷則輔生翼不然則死也明近輔臣親彊斥小疏弱
蘇林曰斥遠也杓端有兩星一內為矛招搖孟康曰近北斗者招搖招搖為天矛
晉灼曰更河三星天矛鋒招搖一星耳。索隱曰案詩
紀歷樞云更河中招搖為胡兵宋均云招搖星在更河
內樂汁圖云更河天矛星宋均以
為更河名天矛則更河是星名也一外為盾天鋒晉灼曰外
遠北斗也在招搖南一名玄戈。正義曰星經云更河
星為戟劍之星若星不見或進退不定鋒鏑亂起將為
邊境之患也有句圜十五星索隱曰句音鉤圜音員其形如連環即貫索星也屬杓
正義曰屬音燭曰賤人之牢索隱曰詩紀歷樞云賤人牢一曰
天獄文耀鉤圖云連營賤人牢宋
均以為連營貫索星也。正義曰貫索九星在七公前
一曰連索主法律禁暴強也為賤人牢也且一星為門
欲其開也占星悉見則獄事繁不見則刑務簡動搖則
斧鉞用中虛則改元口開則有赦人主憂若閉口及星
入牢中有自繫死者常夜候之一星不見有小喜二星
不見則賜祿三星不見則人主德令且赦遠十七日近
十六日若有客星出見其小大大有大赦小亦如之也其牢中星實則囚多虛則開
出天一槍棓矛盾動搖角大兵起李奇曰角芒角東宮蒼龍房
心心為明堂索隱曰文耀鉤云東宮蒼帝其精為龍爾
雅云大辰房心尾也李巡曰大辰蒼龍宿

體最明也春秋說題辭云房心為明堂天王布政之宮
尚書運期授曰房四表之道宋均云四星間有三
道日月五星所從出入也大星天王前後星子屬索隱曰鴻範五行
傳曰心之大星天王也前星太子後星庶子不欲直直則天王失計房為府曰天駟索隱
爾雅曰天駟房也詩紀歷樞云房為天馬主車
駕宋均云房既近心為明堂又別為天府及天駟也其陰
右驂正義曰房星君之位亦主左驂亦主良馬故為驂王者恒祠之是馬祖也旁有兩星曰
衿索隱曰音其炎反元命包曰鉤鈐兩星以閑防神府
闓舒為主鉤距以備非常也。正義曰占明而近房
天下同心鉤鈐房之間有客
星出及疏坼者地動之祥也北一星曰舝徐廣曰音轄。正義曰
說文云舝車軸耑鍵也兩相穿背也星經云鍵閉一
星在房東北掌管籥也占一星不居其所則津梁不通
宮門不禁居則反是也東北曲十二星曰旗正義曰兩旗者左旗
九星在河鼓左也右旗九星在河鼓右也皆天之鼓旗所以為旌表占欲其
明大光潤將軍吉不然為兵憂及不居其所則津梁不
通動搖則兵起也旗中四星曰天市正義曰天市二十三星在房心東北主國市聚交易之
所一曰天旗明則市吏急商人無利忽然不明反是市
中星眾則歲實稀則歲虛熒惑犯戮不忠之臣彗星出
當徙市易都客星入兵大起出之有貴喪也中六星曰市樓市中星眾者實
其虛則耗正義曰耗貨無也房南眾星曰騎官左角李右角將
索隱曰李即理法官也故元命包云左角理物以起
角將率而動又石氏云左角為天田右角為天門也
大角者天王帝廷索隱曰援神契云大角為坐候宋均
云坐帝坐也。正義曰大角一星在
兩攝提間人君之象也占其
明盛黃潤則天下大同也其兩旁各有三星鼎足句
之曰攝提晉灼曰如鼎之句曲。索隱曰元命包云攝
提之為言提攜也言能提斗攜角以接於下
也。正義曰攝提六星夾大角大臣之象恒直斗杓所
指紀八節察萬事者也占色溫溫不明而大者人君恐
客星入之聖人受制也攝提者直斗杓所指以建時節故曰攝提

搖亢為疏廟索隱曰元命包云亢四星為廟廷文耀鉤為疏廟宋均以為疏外也廟或為朝也○正義曰聽政之所也其占明大則輔臣忠天下寧不然則反是也主疾其南北兩大星曰南門正義曰南門二星在庫樓南天之外門占明則氐羌貢職則諸夷叛客星守之外兵且至也氐為天根正義曰星經云氐四星為露寢聽朝所居其占明大則臣下奉度合誠圖云氐為宿宮也主疫索隱曰爾雅云天根氐也孫炎以為角亢下繫於氐若木之有根宋均云疫疾也三月榆莢落故主疾疫也然此時物雖生而日宿在氐行毒氣故有疫疾也○正義曰氐房心三宿為火於辰在卯宋之分野尾為九子索隱曰宋均云屬後宮場故得兼子子必九者取尾有九星也元命包云尾九星箕四星為後宮之場也○正義曰尾箕尾為析木之津於辰在寅燕之分野尾九星為後宮亦為九子星近心第一星為后妃次三星夫人次三嬪末二星為妾占均明大小相承則後宮叙而多子不然則否金火守之後宮兵起若明暗不常妃嫡乖亂妾媵失序曰君臣斥絕不和箕為敖客曰口舌索隱曰宋均云敖調弄也箕以簸揚調弄為象又受物有去來去來客之象也詩云維南有箕載翕其舌又詩緯云箕為天口主出氣是箕有舌象讒言詩曰哆兮侈兮成是南箕謂為敖客行讒諂也○正義曰敖音傲箕主八風亦后妃之府移徙入河國人相食金火入守天下亂月宿其野為風起火犯守角則有戰索隱曰韋昭云火熒惑也○正義曰熒惑犯守箕尾氐星自生芒角則有戰陣之事若熒惑守房心及房心內生芒角則王者惡之房心王者惡之也南宮朱鳥正義曰柳八星為朱鳥咮天之厨宰主尚食和滋味權衡孟康曰軒轅為權太微為衡索隱曰文耀鉤云南宮赤帝其精為朱鳥○正義曰權四星在軒轅尾西主雷雨之神警急占以明為安靜不明則警急動搖芒角亦如之衡太微三光之廷索隱曰宋均曰太微天帝南宮也三光日月五星也匡衛十二星藩臣索隱曰春秋合誠圖曰太微主法式陳星十二以備武隱正義曰太微宮垣十星在翼軫地天子之宮庭五帝之坐十二諸侯之府也其外藩九卿也南藩中二星間為端門次東第一星為左執法廷尉之象第二星為上相第三星為次相第四星為次將第五星為上將端門西第一星為右執法御史大夫之象也第二星為上將第三星為次將第四星為次相第五星為上相其東垣北左執法上相兩星間名曰左掖門上相兩星間名曰東華門上相次相上將次將間名曰太陽門其西垣右執法上將間名曰右掖門上將間名曰西華門次將次相間名曰東華門次將兩星間名曰太陰門各依其名是其職也占與紫宮垣同也西將東相南四星執法中端門門左右掖門門內六星諸侯正義曰內五諸侯五星列在帝庭其星並欲光明潤澤若枯燥則各於其處受其災變大至誅戮小至流亡若動搖則擅命以干主者審其分以占之則無惑也又云諸侯五星在東井北河主判縣戒不虞又曰理陰陽察得失一曰帝師二曰帝友三曰三公四曰博士五曰太史此五者為天子定疑議也占明大潤澤大小齊等則國之福不然則上下相猜忌臣不用其內五星五帝坐索隱曰詩含神霧云五精星坐其東蒼帝坐神名靈威仰精為青龍之類也○正義曰黃帝坐一星太微宮中含樞紐之神四星夾黃帝坐蒼帝東方靈威仰之神赤帝南方赤熛怒之神白帝西方白招矩之神黑帝北方叶光紀之神五帝並設神靈集謀者也占五坐明而光則天子得天地之心不然則失位金火來守入太微若順入軌道司其出之所守則為天子所誅也其逆入若不軌道以所犯名之中坐成形後聚一十五星蔚然徐廣曰一云哀烏曰郎位索隱曰漢書作哀烏則哀烏蔚然皆星之貌狀其星昭然所以象郎位也○正義曰郎位五星在太微中帝坐東北周之元士漢之光祿中散諫議此三署郎中是今之尚書郎占欲其大小均耀光潤有之則吉也○傍一大星將位也索隱曰宋均云為羣郎之將帥也○正義曰將子象反郎將一星在郎位東北所以為武備今之左右中郎將占大而明角將恣不可當也月五星順入軌道索隱曰韋昭云謂循軌道不邪逆也順入從西入也○正義曰謂月五星順入軌道入太微庭也司其出所守天子所誅也索隱曰宋均云司察日月五星所守列宿若諸官屬不去十日者於是天子命使誅之也其逆入若不軌道以所犯命之中坐成形索隱曰晉灼曰中

天官書

坐犯帝坐也。成形禍福之形見也。○索隱曰宋均云逆入從東入不軌道不由康衢而入也以其所犯命者亦諸隨所犯之位天子命誅討其人也**皆羣下從謀也**正義曰月五星逆入不依軌道司察其所犯太微中帝坐必成其刑戮皆是羣下相從而謀上也**金火尤甚**索隱曰案宋均云火主銷物而金爲兵故尤急則水土木爲小變也○正義曰若金火逆入不軌道犯帝坐尤甚於月及水土木也**廷藩西有隋星五**索隱曰宋均云南北爲隋隋音他果反○索隱隋謂隋下也**曰少微士大夫**索隱曰春秋合誠圖云少微處士位又天官占云少微一名處士星也○正義曰少微四星在太微西南北列第一星處士也第二星議士也第三星博士也第四星大夫也占以明大黃潤則賢士舉不明反是月五星犯守處士憂宰相易也**權軒轅軒轅黃龍體**孟康曰形如騰龍○索隱曰援神契曰軒轅十二星后宮所居石氏星讚以軒轅龍體主后妃也○正義曰軒轅十七星在七星北黃龍之體主雷雨之神後宮之象也陰陽交感激爲雷電和爲雨怒爲風亂爲霧凝爲霜散爲露聚爲雲氣立

爲虹蜺離爲背璚分爲抱珥二十四變皆軒轅主之其大星女主也次北一星夫人也次北一星妃也其次諸星皆次妃之屬女主南一小星女御也左一星少民后宗也占欲其小黃而明吉大明則爲後宮爭競移徙則國人流迸東西角大張而振后族敗水火金守軒轅女主惡也**前大星女主象旁小星御者後宮屬月五星守犯者如衡占**索隱曰宋均云責在后黨嬪護賊與占此祥天子亦當誅之**東井爲水事**索隱曰元命包云東井八星主水衡也○正義曰東井八星鉞一星輿鬼四星爲一分野一星爲天之亭候主水衡事法令之所取平也王者用法平則井星明而端列鉞一星附井之前主伺奢淫而斬之占不欲其明與井齊或搖動則天子用**鉞**大臣也**其西曲星曰鉞**正義曰東井八星在未皆秦之分野一星爲鉞於大臣井宿有風雨之變也**北北河南南河**正義曰南河三星北河三星分夾東井南北置而爲戒一曰南戒一曰陽門亦曰越門北河一曰北戒一曰陰門亦爲胡門兩戒間三光之常道也占以南星不見則南道不通北亦如之動搖及火守中國兵起也又云動則胡越爲變或

兩河天闕閒爲關梁索隱曰宋均云兩河六星知逆邪言關梁之限知邪僞也○正義曰闕丘二星在河南天子之雙闕諸侯之兩觀亦象魏縣書之府也金火守之兵戰闕下**輿鬼鬼祠事中白者爲質**索隱曰宋均曰鬼五星其中白者爲質○正義曰輿鬼四星主祠事天子明察之器也東北星主積馬東南星主積兵西南星主積布帛西北星主積金玉隨其變占之中一星爲積尸一名質主喪死祠祀占鬼星明大穀成不明百姓散質欲其沒不明明則兵起大人憂下人死之**火守南北河兵起穀不登故德成衡觀成潢**索隱曰宋均曰五星之占先成形於衡觀成於潢也○案德成衡觀占也衡太微廷也觀五帝東舍也先成形於衡觀成於潢言王者能平物故有德公卿者先成形於觀若廣漢言王者德有成亦先六德成漢以言有敗亂則鉞行誅伐以刑殺之也言王者興敗則亦先之也**傷成鉞**索隱曰案潢爲五帝車舍言王者德成則衡則能平物敗也然則鉞傷成故曰**禍成井**索隱曰東井主水事火入一星居其旁天子且下義總列於此也案文耀鉤云成井誅成質皆是東

以火敗故**誅成質**索隱曰案宋均曰熒惑入輿鬼天質占曰大臣有誅**柳爲鳥注主木草**索隱曰案漢書天文志注作喙爾雅云鳥喙謂之柳孫炎云喙朱鳥之口柳其星聚也以注爲柳星故主草木也○正義曰柳八星星一星張六星爲鶉火於辰在午皆周之分野柳爲朱鳥咮天之廚宰主尚食和滋味占以順明爲吉金火守之國兵大起**七星頸爲員官主急事**索隱曰案宋均云頸朱鳥頸也員官喉也物在喉嚨終不久留故主急事也正義曰七星爲頸一名天都主衣裳文繡主急事以明爲吉暗爲凶金火守之國兵大起**張素爲廚主觴客**索隱曰素嗉也爾雅云鳥張嗉郭璞云嗉鳥受食之處也○正義曰張六星六爲嗉主天廚飲食賞賚觴客占以明爲吉暗爲凶金火守之國兵大起**翼爲羽翮主遠客**正義曰翼二十二星軫四星長沙一星轄二星合軫七星皆爲鶉尾於辰在巳楚之分野翼二十二星爲天樂府又主夷狄亦主遠客占明大禮樂興四夷服徙則天子舉兵以罰亂者**軫爲車主風**索隱曰宋均云軫四星居中又有轄二星爲左右轄車之象也軫與巽

周位多風車動行疾似之也○正義曰軫四星主冢宰輔臣又主車騎亦主風占明大則車騎用太白守之天下學校散文儒失業兵戈大興熒惑守之南方有不用命之國當發兵伐之辰星守之徐泗有戮之者其旁有一小星曰長沙正義曰長沙一星在軫中主壽命占明主長壽子孫昌也星星不欲明明與四星等若五星入軫中兵大起索隱曰宋均云五星上行使使動兵車亦動也軫南衆星曰天庫正義曰天庫一星主太白秦也在五車中樓庫有五車車星角若益衆及不具無處車馬西宮索隱曰文耀鉤云西宮白帝其精白虎咸池正義曰咸池三星在五車中天潢南魚鳥之所託也金犯守之兵起火守之有災也曰天五潢五潢五帝車舍索隱曰案元命包曰咸池主五穀其星五者各有所職咸池言穀生於水含秀含實主秋垂故一名五帝車舍○正義曰五車五星三柱九星在畢東北天子五車舍也西北大星曰天庫主太白秦也次東北星天獄主辰燕趙也次東

曰天倉主歲衛魯也次東南曰司空主鎮楚也次西南曰卿主熒惑魏也占五車均明柱皆見則倉庫實不見其國絕食兵見起五車三柱有變各以其國占之三柱入出一月米貴三倍期二年出一月貴十倍期一年柱出不與天倉相近軍出米貴轉粟千里柱倒王尤其火入天下旱金入兵水入水也火入旱金兵水水索隱曰謂火金水入五潢則各致此災也宋均云不言木土者木土德星於此不為害也中有三柱柱不具兵起奎曰封豕為溝瀆正義曰奎苦圭反十六星婁三星為降婁於辰在戌魯之分野奎天之府庫一曰天豕亦曰封豕主溝瀆西南大星所謂天豕目占以明為吉星不欲圜閬圜則兵起暗則臣干命之咎亦不欲開闔無常當有白衣稱命於山谷者五星犯奎臣主共德權臣擅命不可禁若王者宗祀不絜則奎動搖若䁪䁪有光則近臣謀上之應亦庶人饑饉之厄太白守奎胡貊之憂可以伐之熒惑星守之則有水之憂連以三年填星歲星守之中國之利外國不利可以興師動衆斬斷無道婁為聚衆正義曰婁三星為苑牧養犧牲以共祭祀亦曰聚衆占動搖則衆兵聚金火守之兵起也

胃為天倉正義曰胃三星昴七星畢八星為大梁於辰在酉趙之分野胃主倉廩五穀之府也占明則天下和平五穀豐稔不然反是也其南衆星曰廥積如淳曰芻藁積為廥會也○正義曰芻藁六星在天苑西主積藁草者不見則牛馬暴死火守災起也昴曰髦頭正義曰昴星為髦頭胡星亦為獄事明天下獄訟平六星明與大星等大水且至其兵大起搖動若跳躍者胡兵大起一星不見皆兵之憂也胡星也為白衣會畢曰罕車正義曰畢八星曰罕車為邊兵主弋獵其大星曰天高一曰邊將四夷之尉也星明大天下安遠夷入貢失色邊亂畢動兵起月宿則多雨毛萇云畢所以掩兔也為邊兵索隱曰爾雅云濁謂之畢又孫炎以為掩兔之畢或呼為濁因以名星也主弋獵其大星旁小星為附耳正義曰附耳一星屬畢大星之下次天高東南隅主為人主聽得失伺愆過星明則中國微邊寇驚移動則讒佞行入畢國起兵附耳搖動有讒亂臣在側昴畢間為天街索隱曰元命包云畢為天階爾雅云大梁昴孫炎云

畢昴之間日月五星出入要道若津梁○正義曰天街二星在畢昴間主國界也街南為華夏之國街北為夷狄之國土金守胡兵入也其陰陰國陽陽國正義曰陰西南坤維河山已北國陽河山已南國參為白虎正義曰觜三星參三星外四星為實沈於辰在申魏之分野為白虎形也三星直者是為衡石孟康曰參三星若白虎宿中西直似稱衡下有三星兌孟康曰在參間上小下大故曰銳晉灼曰三星少斜列無銳形曰罰為斬艾事正義曰罰亦作伐春秋運斗樞云參伐事主斬艾也其外四星左右肩股也小三星隅置曰觜觿為虎首主葆旅事如淳曰關中俗謂桑楡孽生為葆晉灼曰葆菜也野生曰旅今之飢民采旅生也○索隱曰姚氏案宋均云葆守也旅猶軍旅也言佐參伐以斬除凶也○正義曰觜子思反觿胡規反葆音保觜觿為虎首主收斂葆旅事也葆旅野生之可食也占金木來守國易政災起也其南有四星曰天廁正義曰天廁四星在屏主溷也占色黃吉青與白皆凶不見則人寢疾廁

下一星曰天矢正義曰天矢一星在觜南占與天厠同也矢黃則吉青白黑凶其西有句曲正義曰句音鉤九星三處羅一曰天旗正義曰參旗九星在參西天旗也指麾遠近以從命者王者斬伐當理則天旗曲直順理不然則兵動於外可以憂之若明而稀則邊寇動不然則不二曰天苑正義曰天苑十六星如環狀在畢南天子養禽獸之所也稀暗則多死也三曰九游索隱曰音流○正義曰九游九星在玉井西南天子之兵旗所以導軍進退亦領州列邦王不欲搖動搖動則九州分散人民失業信命不通於中國憂以金火守之亂起也其東有大星曰狼正義曰狼一星參東南狼爲野將主侵掠占非其處則人相食色黃白而明吉赤角兵起金木火守亦如之狼角變色多盜賊下有四星曰弧正義曰弧九星在狼東南天之弓也以伐叛懷遠又主備賊盜之知姦邪者弧矢向狼動移多盜明大變色亦如之矢不直狼又多盜引滿則天下盡兵也直狼狼比地有大星晉灼曰比地近地也曰南極

老人正義曰老人一星在弧南一曰南極爲人主之壽命延長之應常以秋分之曙見於景春分之夕見於丁見國長命故謂之壽昌天下安寧不見人主憂也老人見治安不見兵起常以秋分時候之于南郊附耳入畢中兵起北宮玄武正義曰南斗六星牽牛六星並北宮玄武之宿虛危索隱曰文耀鉤云北宮黑帝其精玄武爾雅云玄枵虛也又云北陸虛也○正義曰虛二星危三星爲玄枵於辰在子齊之分野虛主死喪哭泣事又爲邑居廟堂祭祀禱祝之事亦天之冢宰主平理天下覆藏萬物占動則有死喪哭泣之應火守則天子將兵水守則人饑饉金守臣下兵起危爲宗廟祀事主天市架屋占動則有土功火守天下兵水守下謀上也危爲蓋屋索隱曰宋均云危上一星高旁兩星隋下似乎蓋屋也○正義曰蓋屋二星在危南主天子所居宮室之官也占金火守入國兵起孛彗尤甚虛爲哭泣之事索隱曰姚氏案荊州占以爲其宿二星南星主哭泣虛中六星不欲明明則有大喪

其南有衆星曰羽林天軍正義曰羽林三十五星三三而聚散在壘壁南天軍也亦天宿衛之兵革出不虞也金火水入軍起也軍西爲壘正義曰壘壁陳十二星橫列在營室南天軍之垣壘占則兵起將軍死也或曰鉞旁有一大星爲北落正義曰北落師門一星在羽林西南天軍之門也長安城北落門以象此也主非常以候兵占明則軍安微弱則兵起金火守有兵爲虜北落若微亡軍星動角益希及五星犯北落入軍軍起火金水尤甚火軍憂水患木土軍吉危東六星兩兩相比曰司空正義曰比音鼻比近也危東兩兩相比者是司命等星也司空唯一星耳又不在危東恐命字誤爲空也司命二星在虛北主喪送司祿二星在司命北主官司危二星在司祿北主危亡司非二星在司危北主愆過皆其司之職占大則爲君憂常則吉也營室索隱曰元命包云營室十星埏陶精類始立紀綱包物爲室又爾雅云營室謂

之定郭璞云定正也天下作宮室皆以營室中爲正也爲清廟曰離宮閣道索隱曰荊州占云閣道六星王良旗也有六星漢中四星曰天駟索隱曰元命包云漢中四星曰騎一曰天駟也旁一星曰王良索隱曰春秋合誠圖云王良主天馬也正義王良五星在奎北河中天子奉御官也其動策馬則兵騎滿野客星守之津橋不通金火守入皆兵之憂王良策馬正義曰策一星在王良前主天子僕在王良旁若移在馬後別爲策馬策馬而兵動也按豫章周騰字叔達南昌人爲侍御史桓帝當南郊平明應出騰仰觀曰夫王者象星今宮中星及策馬星悉不動上明日必不出至四更皇太子卒遂止也車騎滿野旁有八星絕漢曰天潢索隱曰元命包曰天潢主河渠所以度神通四方宋均云天潢天津也津湊也主計度也天潢旁江星正義曰天江四星在尾北主太陰也不欲明明而動水暴出其星明大水不禁也江星動人涉水杵臼四星在危南正義曰杵三星在丈人星旁主軍糧臼四星在杵下主給軍糧臼杵不相當軍

絕也○星在南土春其占覆則歲大饑仰則大熟也匏瓜索隱曰荆州占云匏瓜一名天雞在河鼓東匏瓜明則歲大熟也○正義曰匏音白包反匏瓜五星在離珠北天子果園占明大光潤歲熟不則包果之實不登客守魚鹽貴也有青黑星守之魚鹽貴南斗正義曰南斗六星在南也為廟其北建星正義曰建六星在斗北臨黃道天之都關也斗建之間七耀之道亦主旗輅占動搖則人勞不然則不月暈蛟龍見牛馬疫月五星犯守大臣相謀為關梁不通及大水也建星者旗也牽牛正義曰牽牛為犧牲亦為關梁其北二星一曰即路一曰聚火一星上道路關梁通不明不通天下牛疫死移入漢中天下乃亂也為犧牲其北河鼓索隱曰爾雅云河鼓謂之牽牛孫炎云河鼓之旗十二星在牽牛北故或名河鼓為牽牛也○正義曰河鼓三星在牽牛北主軍鼓蓋天子三將軍中央大星大將軍其南左星左將軍其北右星右將軍所以備關梁而拒難也占明大光潤將軍吉動搖差戾亂兵起直將有功曲則將失計也自昔傳牽牛織女七月七日相見此星也河鼓大星上將左右左右將婺女索隱曰爾雅云須女謂之務女是也一作婺字○正義曰須女四星亦婺女天少府也南斗牽牛須女皆為星紀於辰在丑越之分野而斗牛為吳之分野也須女賤妾之稱婦職之卑者主布帛裁製嫁娶占水守之萬物不成火守布帛貴人多死土守有女喪金守兵起也其北織女正義曰織女三星在河北天紀東天女也主果蓏絲帛珍寶占王者至孝於神明則三星俱明不然則暗而微天下女工廢明則理大星怒而角布帛涌貴不見則兵起晉書天文志云晉太史令陳卓總甘石巫咸三家所著星圖大凡二百八十三宮一千四百六十四星以為定紀今略其昭昭者以備天官云織女天女孫也徐廣曰孫一作名○索隱曰荆州占云織女一名天女天子女也察日月之行正義曰晉灼云太歲在四仲則歲行三宿太歲在四孟四季則歲行二宿二八十六三四十二而行二十八宿十二歲而周天以揆歲星順逆索隱曰姚氏案天官占云歲星一曰應星一曰經星一曰紀星物理論云歲行一次謂之歲星則十二歲而星一周天也○正義曰天官云歲星者東方木之精蒼帝之象也其色明而內黃天下安寧夫歲星欲春不動動則農廢歲星盈縮所在之國不可伐可以罰人失次則民多病見則喜夫所居國人主有福不可以搖動人主怒無光仁道失歲星順行仁德加也歲星農官主五穀天文志云春日甲乙四時春也五常仁也五事貌也人主仁虧貌失逆時令傷木氣則罰見歲星曰東方木主春日甲乙義失者罰出歲星歲星贏縮索隱曰案天文志曰凡五星早出為贏贏為客晚出為縮縮為主人五星贏縮必有天應見杓也以其舍命國正義曰舍所止宿也命名也所在國不可伐可以罰人其趨舍而前曰贏索隱曰趨音聚謂促也退舍曰縮贏其國有兵不復縮其國有憂將亡正義曰將音子匠反國傾敗其所在五星皆從而聚於一舍索隱曰漢高帝元年五星皆聚于東井天文志云其年歲星在東井故四星從而聚也其下之國可以義致天下以攝提格歲索隱曰太歲在寅歲星正月晨出東方按爾雅歲在寅為攝提格李巡云言萬物承陽起故曰攝提格格起也歲陰左行在寅歲星右轉居丑正月與斗牽牛晨出東方名曰監德索隱曰歲星在正月晨見東方之名已下皆出石氏星經文乃云星在斗牽牛失次應見於杓也漢書天文志則載甘氏及太初星曆所在之宿不同也色蒼蒼有光其失次有應見柳歲早水晚旱歲星出東行十二度百日而止反逆行逆行八度百日復東行歲行三十度十六分度之七率日行十二分度之一十二歲而周天出常東方以晨入於西方用昏單閼歲索隱曰在卯也歲星二月晨出東方爾雅云卯為單閼李巡云陽氣推萬物而起故曰單閼單盡也閼止也歲陰在卯星居子以二月與婺女虛危晨出曰降入索隱曰即歲星二月晨見東方之名其餘准此大有光其失次有應見張名曰降入

其歲大水。執徐歲（索隱曰：爾雅云在辰爲執徐。李巡云：伏蟄之物皆振舒而出，故曰執徐。執，蟄也；徐，舒也。）歲陰在辰，星居亥。以三月居與營室東壁晨出，曰青章。青青甚章。其失次，有應見軫。曰青章。歲早，旱；晚，水。大荒駱歲（索隱曰：爾雅云在巳爲大荒駱。姚氏云：言萬物皆熾盛而大出，霍然落落，故曰荒駱也。）歲陰在巳，星居戌。以四月與奎、婁、胃、昴晨出，曰跰踵。（徐廣曰：一曰路踵。○索隱曰：天文志作路踵，字詁云：跰，今作蹁也。○正義曰：蹁，白田反。踵，之勇反。）熊熊赤色，有光。其失次，有應見亢。敦牂歲（索隱曰：爾雅云在午爲敦牂。孫炎云：敦，盛；牂，壯也。言萬物盛壯也。韋昭云：敦音頓。）歲陰在午，星居酉。以五月與胃、昴、畢晨出，曰開明。（徐廣曰：一曰天津。○索隱曰：天文志作啓明。）炎炎有光。（正義曰：炎，廛念反。）偃兵；唯利公王，不利治兵。其失次，有應見房。歲早，

旱；晚，水。叶洽歲（索隱曰：爾雅云在未爲叶洽。李巡云：陽氣欲化，萬物故曰協洽。協，和也；洽，合也。）歲陰在未，星居申。以六月與觜觿、參晨出，（觜，子斯反。觿，戶規反。）曰長列。昭昭有光。利行兵。其失次，有應見箕。涒灘歲（索隱曰：爾雅云在申爲涒灘。李巡云：涒灘，萬物吐秀傾垂之貌。涒，他昆反。灘，他丹反。）歲陰在申，星居未。以七月與東井、輿鬼晨出，曰大音。昭昭白。其失次，有應見牽牛。作鄂歲（索隱曰：爾雅云在酉爲作鄂。李巡云：作鄂，皆物芒枝起之貌。鄂音愕。今案下文云作作有芒，則李巡解亦近。天文志作詻，音五格反，與史記及爾雅並異也。）歲陰在酉，星居午。以八月與柳、七星、張晨出，曰爲長王。作作有芒。國其昌，熟穀。其失次，有應見危。曰大章。有旱而昌，有女喪，民疾。閹茂歲（索隱曰：爾雅云在戌曰閹茂。孫炎云：萬物皆蔽冒，故曰閹茂。閹，蔽也；茂，冒也。天文志作掩茂。）

歲陰在戌，星居巳。以九月與翼、軫晨出，曰天睢。（索隱曰：睢，音呼唯反。）白色大明。其失次，有應見東壁。歲水，女喪。大淵獻歲（索隱曰：爾雅云在亥爲大淵獻。孫炎云：淵，深也。大獻萬物於深，謂蓋藏之於外也。）歲陰在亥，星居辰。以十月與角、亢晨出，曰大章。（徐廣曰：一曰大星。○索隱曰：氐亢亦作大星。）蒼蒼然，星若躍而陰出旦，是謂正平。起師旅，其率必武；其國有德，將有四海。其失次，有應見婁。困敦歲（索隱曰：爾雅云在子爲困敦。孫炎云：困敦，混沌也。言萬物初萌，混沌於黃泉之下也。）歲陰在子，星居卯。以十一月與氐、房、心晨出，曰天泉。玄色甚明。江池其昌。不利起兵。其失次，有應在昴。赤奮若歲（索隱曰：爾雅云在丑爲赤奮若。李巡云：言陽氣奮迅。若，順也。）歲陰在丑，星居寅。以十二月

與尾、箕晨出，曰天皓。（索隱曰：皓音昊。漢志亦作昊。）黫然黑色甚明。（索隱曰：黫音烏閑反。）其失次，有應見參。當居不居，居之又左右搖，未當去去之，與他星會，其國凶。所居久，國有德厚。其角動，乍小乍大，若色數變，人主有憂。其失次舍以下，進而東北，三月生天棓，（正義曰：棓音蒲講反。歲星之精散而爲天棓、天槍、天猾、國皇、天欃及登天、荊真、若天猿、天垣、蒼彗，皆以應凶災也。天棓者，一名覺星，本類星，末銳，長四丈，出東北方、西方，其出則天下兵爭也。）長四丈，（索隱曰：天文志此皆甘氏星經文，而志又兼載石氏，此皆不取石氏名，申夫甘氏名焉。）末兌。進而東南，三月生彗星，（正義曰：天彗者，一名掃星，本類星，末類彗，小者數寸，長或竟天，而體無光，假日之光，故夕見則東指，晨見則西指，若日南北，皆隨日光而指，頓挫其芒，所及爲災，則兵起，除舊布新，彗所指之處弱也。）長二丈，類彗。退而西北，三月生天

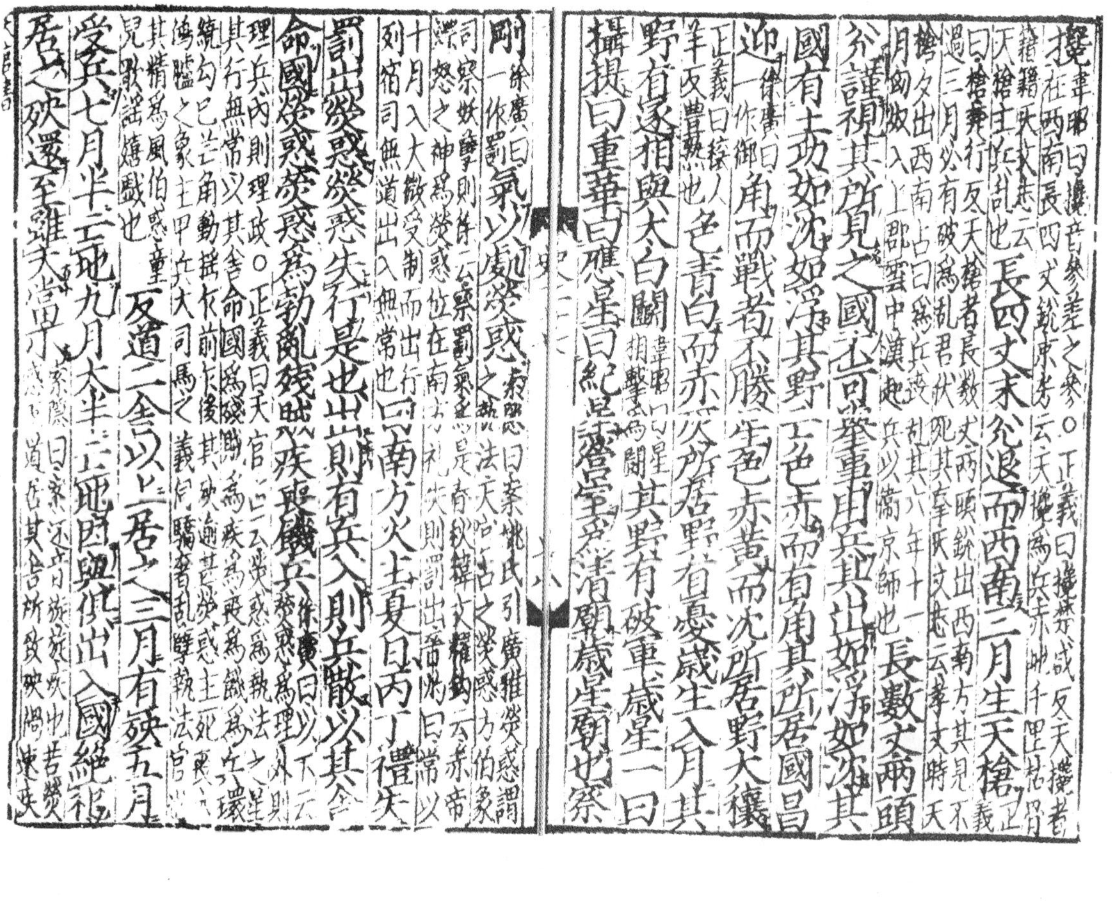

攙韋昭曰：攙音參差之參。○正義曰：攙，楚咸反。天攙者，在西南，長四丈，銳。京房云：天攙為兵，赤地千里，枯骨籍籍。天文志云……長四丈，末兌。退而西南，三月生天槍，正義曰：槍，楚庚反。天槍者，長數丈，兩頭銳，出西南方，其見不過三月，必有破國亂君伏死其辜。天文志云：孝文時天槍夕出西南，占曰為兵喪亂。其六年十一月匈奴入上郡、雲中，漢起兵以衛京師也。長數丈，兩頭兌。謹視其所見之國，不可舉事用兵。其出如浮如沉，其國有土功；如沉如浮，其野亡。色赤而有角，其所居國昌。迎徐廣曰：迎，一作御。角而戰者，不勝。星色赤黃而沉，所居野大穰。正義曰：穰，人羊反。豐熟也。色青白而赤灰，所居野有憂。歲星入月，其野有逐相；與太白鬬，韋昭曰：星相擊為鬬。其野有破軍。歲星一曰攝提，曰重華，曰應星，曰紀星。營室為清廟，歲星廟也。

史二十七　十八

察剛徐廣曰：剛，一作罰。氣以處熒惑。索隱曰：案姚氏引廣雅熒惑謂之執法。天官占云：熒惑方伯象，司察妖孽。則詩云察剛氣以處熒惑也。春秋緯文耀鉤云：赤帝熛怒之神為熒惑，位在南方，禮失則罰出。晉灼曰：常以十月入太微，受制而出行列宿，司無道，出入無常也。曰南方火，主夏，日丙、丁。禮失，罰出熒惑，熒惑失行是也。出則有兵，入則兵散。以其舍命國。熒惑為勃亂，殘賊、疾、喪、饑、兵。徐廣曰：以下云熒惑為理，外則理兵，內則理政。○正義曰：天官占云熒惑為執法之星，其行無常，以其舍命國：為殘賊，為疾，為喪，為饑，為兵。環繞勾已，芒角動搖，乍前乍後，其殃逾甚。熒惑主死喪，大鴻臚之象；主甲兵，大司馬之義；伺驕奢亂孽，執法官也。其精為風伯，惑童兒歌謠嬉戲也。反道二舍以上，居之，三月有殃，五月受兵，七月半亡地，九月太半亡地。因與俱出入，國絕祀。居之，殃還至，雖大當小；索隱曰：案還音旋。旋，疾也。若熒惑反道在其舍所致殃禍速疾，則雖大反小。

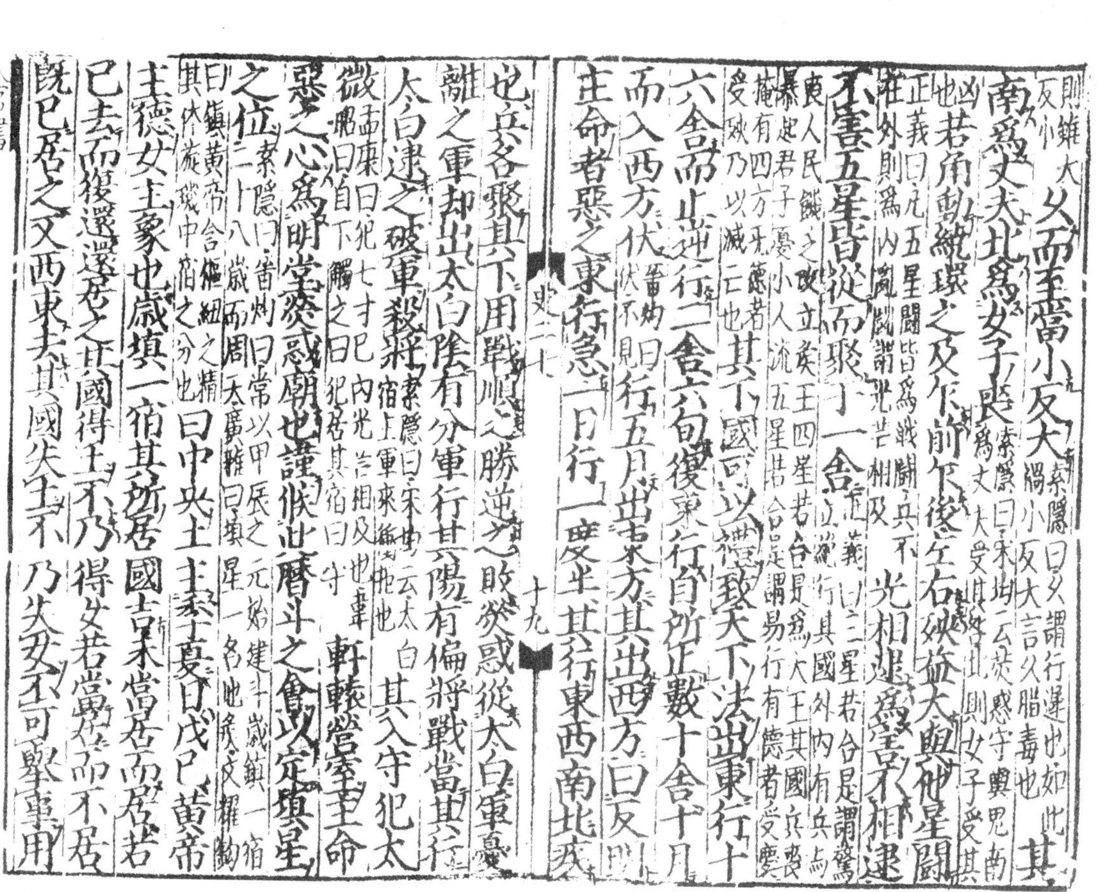

久而至，當小反大。索隱曰：久謂行遲也。如此，則禍小反大，言久腊毒也。其南為丈夫，北為女子喪。索隱曰：宋均云熒惑守輿鬼南為丈夫，受其咎；北則女子受其凶也。若角動繞環之，及乍前乍後，左右，殃益大。與他星鬬，正義曰：凡五星鬬，皆為戰鬬，兵不在外，則為內亂。鬬謂光芒相及。光相逮，為害；不相逮，不害。五星皆從而聚于一舍，正義曰：三星若合，是謂驚立絕行，其國外內有兵與喪，民人饑乏，改立侯王。四星若合，是為大湯，其國兵喪並起，君子憂，小人流。五星若合，是謂易行，有德者受慶，掩有四方；無德者受殃，乃以滅亡也。其下國可以禮致天下。法，出東行十六舍而止；逆行二舍；六旬，復東行，自所止數十舍，十月而入西方；伏晉灼曰：伏不見。行五月，出東方。其出西方曰反明，主命者惡之。東行急，一日行一度半。其行東、西、南、北疾也。

史二十七　十九

兵各聚其下；用戰，順之勝，逆之敗。熒惑從太白，軍憂；離之，軍卻。出太白陰，有分軍；行其陽，有偏將戰。當其行，太白逮之，破軍殺將。索隱曰：宋均云太白宿上軍來衝犯也。韋昭曰：自下觸之曰犯，居其宿曰守。其入守犯太微、孟康曰：犯，七寸已內光芒相及也。軒轅、營室，主命惡之。心為明堂，熒惑廟也。謹候此。曆斗之會以定填星之位。索隱曰：晉灼曰常以甲辰之元始建斗，歲鎮一宿，二十八歲而周天。廣雅曰填星一名地侯。文耀鉤曰鎮黃帝含樞紐之精，其體旋璣，中宿之分也。曰中央土，主季夏，日戊、己，黃帝，主德，女主象也。歲填一宿，其所居國吉。未當居而居，若已去而復還，還居之，其國得土，不乃得女。若當居而不居，既已居之，又西東去，其國失土，不乃失女，不可舉事用

天官書

兵。其居久，其國福厚；易，福薄。徐廣曰：易，一作輕。其一名曰地侯，主歲。歲行十二度百十二分度之五，日行二十八分度之一，二十八歲周天。其所居，五星皆從而聚於一舍，其下之國可重正義曰：重音逐龍反。言五星皆從填星，其下國倚重而致天下，以填主土故也。致天下。禮、德、義、殺、刑盡失，而填星乃為之動搖。嬴，為王不寧；其縮，有軍不復。填星，其色黃，九芒，音曰黃鐘宮。其失次上二三宿曰嬴，有主命不成，不乃大水。失次下二三宿曰縮，有后戚，其歲不復，不乃天裂若地動。斗為文太室，填星廟，天子之星也。木星與土合，為內亂，饑正義曰：星經云：凡五星木與土合為內亂饑，與水合為變謀更事，與火合為旱，與金合為白衣會也。主勿用戰，敗；

水則變謀而更事；火為旱；金為白衣會若水。金在南曰牝牡索隱曰：晉灼曰：歲陽也，太白陰也，故曰牝牡。○正義曰：星經云：金在南，木在北，名曰牝牡，年穀大熟；金在北，木在南，其年或有或無。年穀熟。金在北，歲偏無。火與水合為焠[illegible]曰：火入水，故曰焠。○索隱曰：案謂火與水俱從填星合也。○正義曰：焠，忽內反。星經：凡五星火與水合為焠，用兵舉事大敗，與金合為鑠，為喪，不可舉事用兵，從軍為憂，離之軍卻，與土合為憂，主孽卿，與木合，飢，戰敗也。與金合為鑠，為喪，皆不可舉事，用兵大敗。土為憂，主孽卿。索隱曰：文耀鉤云：水土合則成鎔冶，冶成則火與，火與則土之子焠，金成鎔鑠，金鑠則土無子，無子輔父則益妖孽，故子憂也。大饑，戰敗，為北軍，正義曰：為北軍，軍北也。凡軍敗曰北。軍困，舉事大敗。土與水合，穰而擁閼，正義曰：擁，於拱反。閼，烏葛反。有覆軍，徐廣曰：或云木火土三星若合，是謂驚位絕行。其國不可舉事。出，亡地；入，得地。

金為疾，為內兵，亡地。三星若合，其宿地國外內有兵與喪，改立公王。四星合，兵喪並起，君子憂，小人流。五星合，是謂易行，有德，受慶，改立大人，掩有四方，子孫蕃昌；無德，受殃若亡。五星皆大，其事亦大；皆小，事亦小。蚤出者為贏，贏者為客。晚出者為縮，縮者為主人。必有天應見於杓星。同舍為合。相陵為鬭，孟康曰：相冒占過也。韋昭曰：突掩為陵。七寸以內必之矣。索隱曰：韋昭云：必有禍也。五星色白圜，為喪旱；赤圜，則中不平，為兵；青圜，為憂水；黑圜，為疾，多死；黃圜，則吉。赤角犯我城，黃角地之爭，白角哭泣之聲，青角有兵憂，黑角則水。意徐廣曰：一作志。行窮兵之所終。五星同色，天下偃兵，

百姓寧昌。春風秋雨，冬寒夏暑，動搖常以此。填星出百二十日而逆西行，西行百二十日反東行。見三百三十日而入，入三十日復出東方。太歲在甲寅，鎮星在東壁，故在營室。察日行以處位太白。索隱曰：太白晨出東方曰啓明，故察日行以處太白之位。韓詩云：太白晨出東方為啓明，昏見西方為長庚。又孫炎注爾雅亦以為晨出東方高三舍命曰啓明，昏見西方高三舍命曰太白。○正義曰：晉灼云：常以正月甲寅與熒惑晨出東方，二百四十日而入，入四十日又出西方，二百四十日而入，入三十五日而復出東方。出以寅戌，入以丑未。天官占云：太白者，西方金之精，白帝之子，上公，大將軍之象也。一名殷星，一名大正，一名熒星，一名官星，一名梁星，一名滅星，一名大囂，一名大衰，一名大爽。徑一百里。天文志云：其日庚辛，四時秋也，五常義也，五事言也，人主義虧言失，逆時令，傷金氣，罰見太白。春見東方以晨，秋見西方以夕。曰西方，秋，司兵月行及天矢。正義曰：太白五芒出

早為月蝕，晚為天夭及彗其精散為天杵天棓伏靈大敗司姦天狗賊星天殘卒起星是古曆星若竹彗牆星猿星白彗皆以是變之也日庚辛主殺殺失者罰出太白太白失行以其舍命國其出行十八舍二百四十日而入入東方伏行十一舍百三十日其入西方伏行三舍十六日而出當出不出當入不入是謂失舍不有破軍必有國君之篡其紀上元正義曰其紀上元是星古曆初起上元之法也以攝提格之歲與營室晨出東方至角而入與營室夕出西方至角而入與角晨出入畢與角夕出入畢與畢晨出入箕與畢夕出入箕與箕晨出入柳與箕夕出入柳與柳晨出入營室與柳夕出入營室凡出入東西各五為八歲二百二十日徐廣曰一云三十二日復與營室晨出東方其大率歲一周天索隱曰案上元是古曆之名言用上元紀曆法則攝提歲而太白與營室晨出東方至角而入與營室夕出西方至角而入凡出入東西各五為八歲二百三十日復與營室晨出東方大率歲一周天也其始出東方行遲率日半度一百二十日必逆行一二舍上極而反東行行日一度半一百二十日入其庳近日曰明星柔高遠日曰大囂徐廣曰一作爨剛其始出西行疾率日一度半百二十日上極而行遲日半度百二十日旦入必逆行一二舍而入其庳近日曰大白柔高遠日曰大相剛出以辰戌入以丑未當出不出未當入而入天下偃兵兵在外入未當出而出當入而不入下起兵有破

天官書

國其當期出也其國昌其出東為東入東為北方出西為西入西為南方所居久其鄉利疾其鄉凶蘇林曰疾過也出西至東正西國吉出東至西正東國吉其出不經天經天天下革政索隱曰晉灼曰謂出東入西出西入東也太白陰星出東當伏東出西當伏西過午為經天又孟康曰日陽也日出則星亡太白晝見午上為經天也小以角動兵起始出大後小兵弱出小後大兵強出高用兵深吉淺凶庳淺吉深凶日方南金居其南日方北金居其北曰嬴正義曰鄭玄云方猶向也謂晝漏半而置土圭表陰陽審其南北也影短於土圭謂之日南是地於日為近南也影長於土圭謂之日北是地於日為近北也凡日影於地千里而差一寸周禮云日南則影短多暑日北則影長多寒孟康云會謂太白也嬴日中之影也侯王不寧用兵進吉退凶日方南金居其北曰縮侯王有憂用兵退吉進凶用兵象太白太白行疾疾行遲遲行角敢戰動搖躁躁圜以靜靜順角所指吉反之皆凶出則出兵入則入兵赤角有戰白角有喪黑圜角憂有水事青圜小角憂有木事黃圜和角有土事有年正義云太白星圜天下和平若芒角有土事有年謂豐熟也其已出三日而復有微入入三日乃復盛出是謂耎晉灼曰耎退之不進索隱曰耎音奴亂反其下國有軍敗將北其已入三日又復微出出三日而復盛入其下國有憂師有糧食兵革遺人用之正義曰遺唯季反卒雖眾將為人虜其出西失行外國敗其出東失行中國敗其色大圜黃滜音澤

天官書

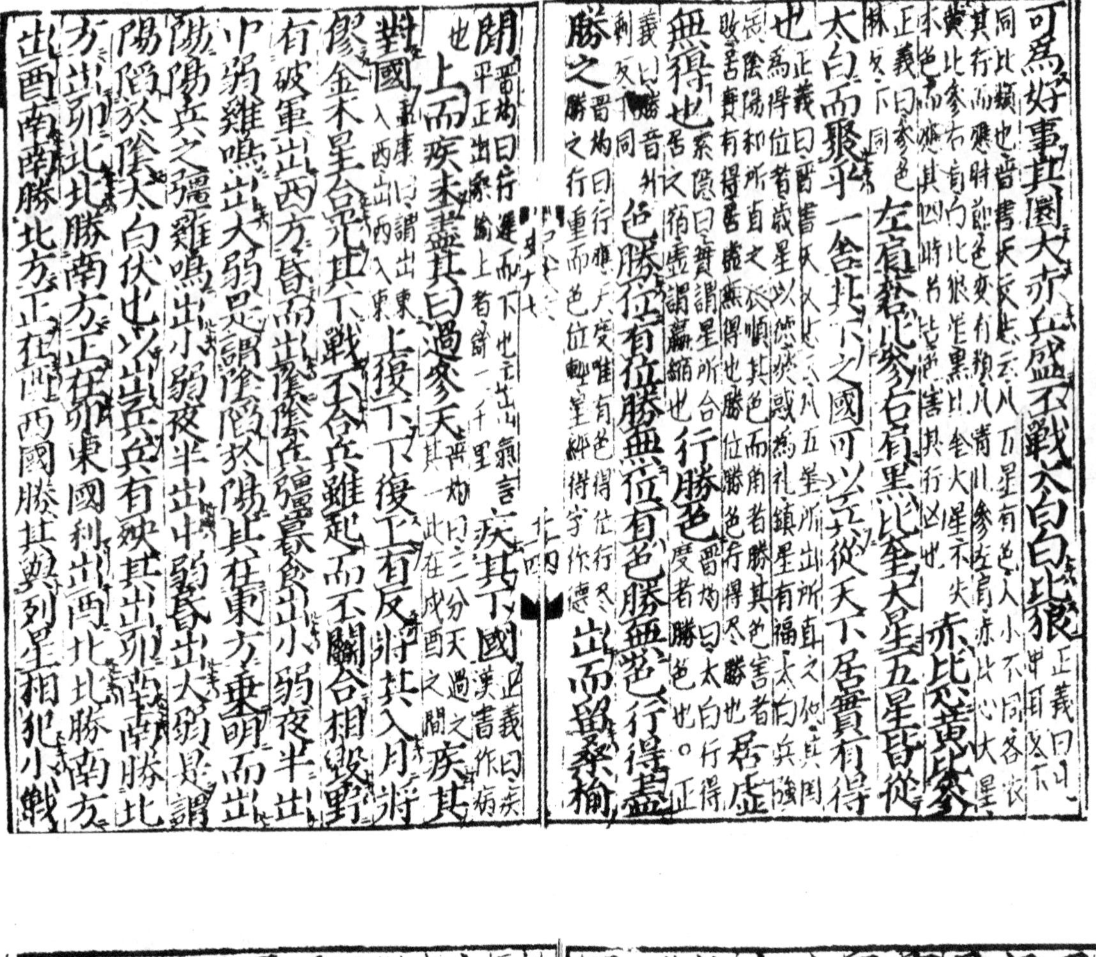

可爲好事，其圜，大，亦，盛，不戰。太白白，比狼；赤，比心；黃，比參左肩；蒼，比參右肩；黑，比奎大星。五星皆從太白而聚乎一舍，其下之國可以兵從天下。居實，有得也；居虛，無得也。行勝色，色勝位，有位勝無位，有色勝無色，行得盡勝之。出而留桑榆閒，疾其下國。上而疾，未盡其日，過參天，疾其對國。上復下，下復上，有反月，將僇。金木星合，光，其下戰，不合，兵雖起而不鬬；合相毀，野有破軍。出西方，昏而出陰，陰兵彊；暮食出，小弱；夜半出，中弱；雞鳴出，大弱：是謂陰陷於陽。其在東方，乘明而出，陽兵之彊，雞鳴出，小弱；夜半出，中弱；昏出，大弱：是謂陽陷於陰。太白伏也，以出兵，兵有殃。其出卯南，南勝北方；出卯北，北勝南方；正在卯，東國利。出酉北，北勝南方；出酉南，南勝北方；正在酉，西國勝。其與列星相犯，小戰；

五星，大戰。其相犯，太白出其南，南國敗；出其北，北國敗。行疾，武；不行，文。色白五芒，出蚤爲月蝕，晚爲天夭及彗星，將發其國。出東爲德，舉事左之迎之，吉。出西爲刑，舉事右之背之，吉。反之皆凶。太白光見景，戰勝。晝見而經天，是謂爭明，彊國弱，小國彊，女主昌。亢爲疏廟，太白廟也。太白，大臣也，其號上公。其他名殷星、太正、營星、觀星、宮星、明星、大衰、大澤、終星、大相、天浩、序星、月緯。大司馬位謹候此。察日辰之會，以治辰星之位。曰北方水，太陰之精，主冬，日壬、癸。刑失者，罰出辰星，以其宿命國。是正四時：仲春春分，夕出郊奎、婁、胃東五舍，爲齊；仲夏夏至，夕出郊東井、輿鬼、柳東七舍，爲楚；仲秋秋分，夕出郊角、亢、氐、房東四舍，爲漢；仲冬冬至，晨出郊東方，與尾、箕、斗、牽牛俱西，爲中國。其出入常以辰、戌、丑、未。其蚤，爲月蝕；

也晉灼曰陰陰謀未成故暵出也及天矢其時宜效不效爲失正義曰効見也言宜身不見爲失罰之也追兵在外不戰一時不出其時不和四時不
出天下大飢其當效而出也色白爲旱黃爲五穀熟赤
爲兵黑爲水出東方大而白有兵於外解常在東方其
赤中國勝其西而赤外國利無兵於外而赤兵起其與
太白俱出東方皆赤而角外國大敗中國勝其與太白
俱出西方皆赤而角外國利五星分天之中積于東方
中國利積于西方外國用者利五星皆從辰星而聚于
一舍其所舍之國可以法致天下辰星不出太白爲客
其出太白爲主出而與太白不相從野雖有軍不戰出

東方太白出西方若出西方太白出東方爲格野雖有
兵不戰索隱曰謂辰星出西方辰水也太白出東方太白金也水生金母子不相從故上有軍不戰今母子各出一方故爲格格謂不和同故野雖有兵不戰也失其時而出爲當寒反溫當溫反寒當出不
出是謂擊卒兵大起其入太白中而上出破軍殺將客
軍勝下出客亡地辰星來抵太白太白不去將死正旗
上出正義曰旗星名有九星言辰星上則破軍殺將客勝也破軍殺將客勝索隱曰案旗蓋太白芒角似旌旗下出客亡地視旗所指以命破軍其繞環
太白若與鬬大戰客勝兔過太白索隱曰案廣雅云辰星謂之兔星則辰星之別名兔或作㲋也閒可椷劍蘇林曰椷音函函容也其閒可容一劍○索隱曰案蘇林所說則椷字本音函故字從咸也正義曰辰星過太白閒太白可椷劍明廣狹其也小戰客勝兔

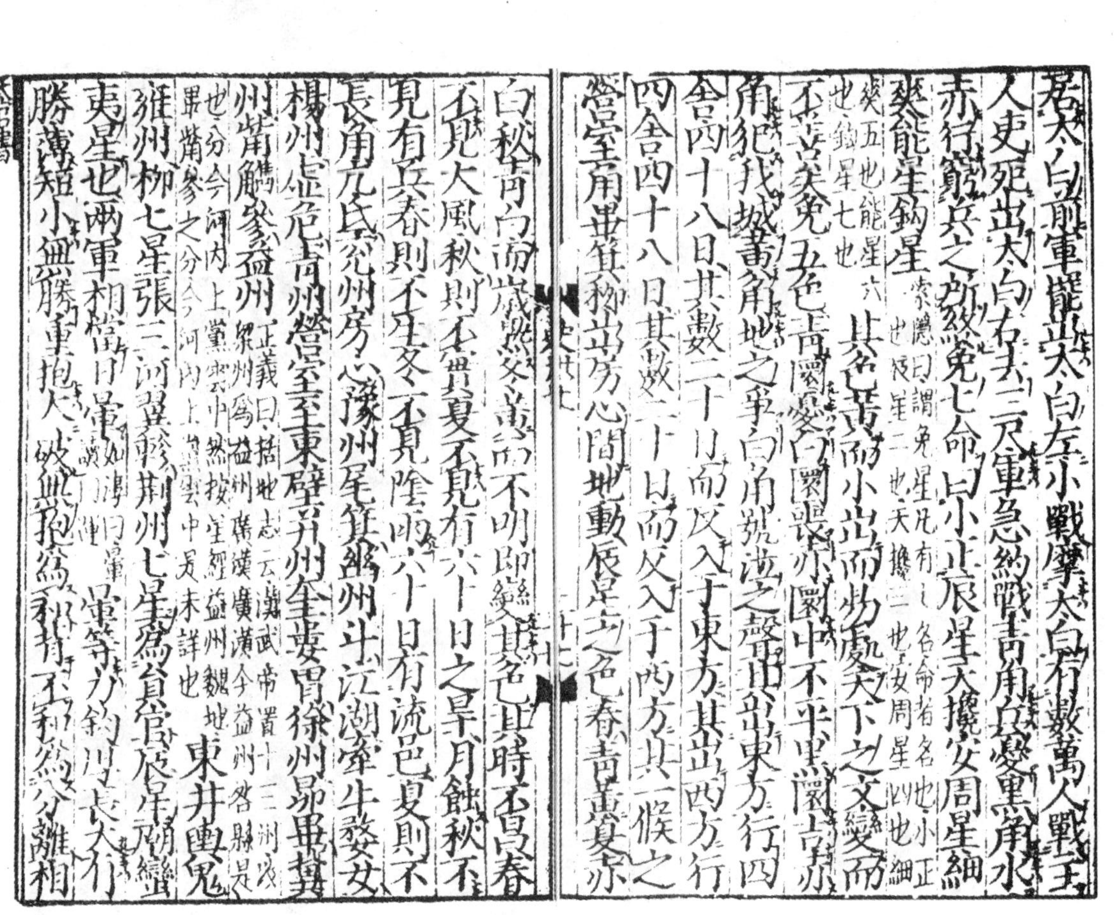
居太白前軍罷出太白左小戰摩太白有數萬人戰主
人吏死出太白右去三尺軍急約戰青角兵憂黑角水
赤行窮兵之所終兔七命曰小正辰星天欃安周星細
爽能星鉤星索隱曰謂兔星凡有七名命者名也小正一也辰星二也天欃三也安周星四也細爽五也能星六也鉤星七也其色黃而小出而易處天下之文變而
不善矣兔五色青圜憂白圜喪赤圜中不平黑圜吉赤
角犯我城黃角地之爭白角號泣之聲其出東方行四
舍四十八日其數二十日而反入于東方其出西方行
四舍四十八日其數二十日而反入于西方其一候之
營室角畢箕柳出房心閒地動辰星之色春青黃夏赤

白秋青白而歲熟冬黃而不明即變其色其時不昌春
不見大風秋則不實夏不見有六十日之旱月蝕秋不
見有兵春則不生冬不見陰雨六十日有流邑夏則不
長角亢氐兗州房心豫州尾箕幽州斗江湖牽牛婺女
揚州虛危青州營室至東壁并州奎婁胃徐州昴畢冀
州觜觿參益州正義曰括地志云漢武帝置十三州改梁州爲益州廣漢今益州咎縣是也分今河內上黨雲中然按星經益州魏地畢觜參之分今河內上黨雲中未詳也東井輿鬼
雍州柳七星張三河翼軫荊州七星爲員官辰星廟蠻
夷星也兩軍相當日暈如淳曰暈讀曰運暈等力鈞厚長大有
勝薄短小無勝重抱大破無抱爲和背不和爲分離相

直爲自立立侯王指暈若曰殺將負且戴有喜圍在中中勝在外外勝青外赤中以和相去赤外青中以惡相去氣暈先至而後去居軍勝先至先去前利後病後至後去前病後利後至先去前後皆病居軍不勝見而去其發疾雖勝無功見半日以上功大白虹屈短李奇曰屈或爲尾也韋昭曰短而直上下兌有者下大流血日暈制勝近期三十日遠期六十日其食食所不利復生生所利而食益盡爲主位以其直及日所宿加以日時用命其國也月行中道安寧和平陰間多水陰事外北三尺陰星北三尺索隱曰案中道房室星之中間也房有四星若人之房二間有四表然故曰房南爲陽間北爲陰間則中道房室之中間也故房星日月五星之常行道然黃道亦經房心若月行得中道故陰陽和平若行陰間多陰事陽間則人主驕恣若晉陰星陽星之南北太陰太陽之道則有大水若兵及大旱若喪也太陽亦在陽間之南各三尺也太陰大水兵陽間驕恣陽星多暴獄太陽大旱喪也索隱曰太陰太陽皆道也月行近之故有水旱兵喪也角天門十月爲四月十一月爲五月索隱曰謂月行入角與天門若十月犯之當爲來年四月成災十月則主五月也十二月爲六月水發近三尺遠五尺犯四輔輔臣誅索隱曰案謂月犯房星也四輔房四星也房以輔心故曰四輔也行南北河以陰陽言正義曰南河三星北河三星若月行北河以陰則南河以陽則水旱兵喪也旱水兵喪月蝕歲星正義曰孟康云凡星入月見月中爲星蝕月月掩星星滅爲月蝕星也其宿地饑若亡熒惑也亂填星也下犯上太白也彊國以戰敗辰星

天官書

也女亂食大角徐廣曰一云食于人角○正義曰大角一星在兩攝提間人君之象也主命者惡之心則爲內賊亂也列星其宿地憂索隱曰謂月蝕列星二十八宿當其分地有憂憂謂兵及喪也月食始日五月者六六月者五五月復六六月者一而五月者五凡百一十三月而復始索隱曰按始日謂蝕起之日也依此文計唯有一百十一月與元數甚爲懸校既無太初曆術不可得而推定今以漢志統曆法計則五月者七六月者一又五月者一六月者五五月者一凡一百三十五月而復始耳或術家各異或傳寫錯謬故此不同無以明知也故月蝕常也日蝕爲不臧也甲乙四海之外日月不占晉灼曰海外遠甲乙日時不以占候丙丁江淮海岱也戊己中州河濟也庚辛華山以西壬癸恒山以北日蝕國君月蝕將相當之

國皇星正義曰皇星者大而赤類南極老人去地三丈如炬火見則內外有兵喪之難大而赤孟康曰歲星之精散所爲也五星之精散爲六十四變記不盡狀類南極徐廣曰老人星也所出其下起兵兵彊其衝不利昭明星索隱曰案春秋合誠圖云赤帝之精象如太白七芒釋名爲筆星氣有一枝末銳似筆亦曰華星也大而白無角乍上乍下孟康曰形如三足机机上有九彗上向熒惑之精所出國起兵多變五殘星索隱曰孟康云星表有青氣暈有毛填星之精也○正義曰五殘一名五鋒出正東東方之分野狀類辰星去地可六七丈見則五分毀敗之徵大臣誅亡之象出正東東方之野其星狀類辰星去地可六丈徐廣曰大一作六賊星孟康曰形如彗九尺太白之精○正義曰大賊星者一名六賊出正南南方之野星去地可六丈大

天官書

（而赤數動有光出則偏合天下）出正南南方之野星去地可六丈大而赤數動有光司危星（孟康曰星大而有尾兩角熒惑之精也。正義司危星出正西西方分野也大如太白去地可六丈見則以天子不義失國而豪傑起）出正西西方之野星去地可六丈大而白類太白獄漢星（孟康曰青中赤表下有三彗縱橫亦填星之精漢書天文志獄漢一名咸漢）出正北北方之野星去地可六丈大而赤數動察之中青此四野星所出出非其方其下有兵衝不利四填星所出四隅去地可四丈地維咸光（正義曰四鎮星出四隅去地可四丈地維咸光亦出四隅去地可三丈若月始出所見下有亂者亡有德者昌也）亦出四隅去地可二丈若月始出所見下有亂亂者亡有德者昌燭星狀如太白（孟康曰星上有三彗上出亦填星之精）其出也不行見則滅所燭者城邑亂如星非星如雲非雲命曰歸邪（李奇曰邪音蛇孟康曰星有兩赤彗上向上有蓋狀如氣下連星）歸邪出必有歸國者星者金之散氣本曰火（孟康曰星名）星衆國吉少則凶漢者亦金之散氣（索隱曰案水生金散氣即水氣河圖括地象曰河精為天漢也）其本曰水漢星多多水少則旱（孟康曰漢河漢也水生於金多少謂漢中星）其大經也天鼓有音如雷非雷音在地而下及地其所往者兵發其下天狗狀如大奔星（孟康曰星有尾旁有短彗下有如狗形者亦太白之精）有聲其下

止地類狗所墮及炎火（索隱曰炎音豔）望之如火光炎炎衝天其下圜如數頃田處上兌者則有黃色千里破軍殺將格澤星者（索隱曰格澤音鶴鐸又音格洛格胡各反）如炎火之狀黃白起地而上下大上兌其見也不種而穫不有土功必有大害蚩尤之旗（孟康曰熒惑之精也晉灼曰呂氏春秋曰其色黃上白下）類彗而後曲象旗見則王者征伐四方旬始出於北斗旁（徐廣曰蚩尤也旬一作營）狀如雄雞其怒青黑象伏鱉（李奇曰怒當音帑晉灼曰帑雌也或曰怒色青）枉矢類大流星虵行而倉黑望之如有毛羽然長庚如一匹布著天（正義曰著音直略反）此星見兵起星墜至地則石也（正義曰春秋云星隕如雨是也今吳郡西鄉見有落星石其不天下多有也）河濟之間時有墜星天精而見景星（孟康曰精明也有赤方氣與青方氣相連赤方中有兩黃星青方中一黃星凡三星合為景星。索隱曰韋昭云精謂清朗漢書作姓亦作暒晉灼云暒雨止無雲也。正義云景星狀如半月生於晦朔助月為明見則人君有德明聖之慶也）景星者德星也其狀無常常出於有道之國凡望雲氣（正義曰春秋元命包云陰陽聚為雲氣也釋名云雲猶云云衆盛也氣猶餼然也有聲即無形也）仰而望之三四百里平望在桑榆上千餘二千里登高而望之下屬地者三千里雲氣有獸居上者勝（正義曰勝音升剩反雲雨氣相敵也兵書云雲或如雄雞臨城有城必降）自華以南氣下黑上赤嵩高三河之郊氣正赤恆山之北氣下黑上青勃碣海岱之間氣皆黑江淮之間氣皆

白，徒氣白。土功氣黃。車氣乍高乍下，往往而聚。騎氣卑而布。卒氣摶。如淳曰：摶，專也。或曰：摶，徒端反。前卑而後高者，疾；前方而後高，兌而卑者，郤。其氣平者其行徐。前高而後卑者，不止而反。氣相遇者，卑勝高，索隱曰：遇，當作偶，漢書作禺。兌勝方。氣來卑而循車通者，車通，車轍也。避漢武諱，故曰通。不過三四日，去之五六里見。氣來高七八尺者，不過五六日，去之十餘里見。氣來高丈餘二丈者，不過三四十日，去之五六十里見。稍雲精白者，其將悍，其士怯。其大根而前絕遠者，當戰。青白其前低者，戰勝；其前赤而仰者，戰不勝。陣雲如立垣。杼雲類杼軸，索隱曰：姚氏案兵書云：營上雲氣如織，勿與戰也。摶雲摶兩端兌。杓雲如繩者，居前亘天，索隱曰：劉氏杓音時酌反，又音丁了反。許慎注淮南云：杓，引也。其半半天。其蛪者類闕旗故。索隱曰：蛪音五結反，亦作蜺，音同。鉤雲句曲。正義曰：句音古侯反。諸此雲見，以五色合占。而澤摶密，正義曰：崔豹古今注云：黃帝與蚩尤戰於涿鹿之野，常有五色雲氣，金枝玉葉，止於帝上，有花葩之象，故因作華蓋也。京房易兆候云：視四方常有大雲，五色具，其下賢人隱也。青雲潤澤蔽日，在西北，為舉賢良也。其見動人，乃有占；兵必起，合鬭其直。王朔所候，決於日旁。日旁雲氣，人主象。正義曰：洛書云：有雲象人，青衣無手，在日西，天子之氣。皆如其形以占。故北夷之氣如群畜穹閭，索隱曰：鄒氏云：一作弓閭。天文志作弓字，音穹，蓋謂以氈為閭。崔浩云：穹然而末則云穹，獸名，亦異讀也。南夷之氣類舟船幡旗。大水處，敗軍場，破國之虛，下有積錢，徐廣曰：古作泉字。金寶之上，皆有氣，不可

不察。海旁蜃氣象樓臺；廣野氣成宮闕然。雲氣各象其山川人民所聚積。正義曰：淮南子云：土地各以類生人。是故山氣多男，澤氣多女，障氣多喑，風氣多聾，林氣多癃，木氣多傴，石氣多力，險阻氣多壽，谷氣多痺，丘氣多狂，衍氣多仁，陵氣多貪，輕土多利，重土多遲，清水音小，濁水音大，湍水人輕，遲水人重，中土多聖人。皆象其氣，皆應其類也。故候息耗者，入國邑，視封疆田疇之正治，如淳曰：蔡邕云：麻田曰疇。城郭室屋門戶之潤澤，次至車服畜產精華。實息者，吉；虛耗者，凶。若煙非煙，若雲非雲，郁郁紛紛，蕭索輪囷，是謂卿雲。正義曰：卿音慶。卿雲見，喜氣也。若霧非霧，索隱曰：霧音如字，一音蒙，又亡遘反。爾雅云：天氣下地不應曰霧，言蒙昧不明也。衣冠而不濡，見則其域被甲而趨。夫雷電、蝦虹、辟歷、夜明者，陽氣之動者也，春夏則發，秋冬則藏，故候者無不司之。天開縣物，孟康曰：謂天裂而見物象，天開示縣象。地動坼絕。正義曰：趙世家：幽繆王遷五年，代地動，自樂徐以西，北至平陰，臺屋牆垣太半壞，地坼東西百三十步。山崩及徙，川塞谿垘；徐廣曰：土雍曰垘，垘音伏。駰案：孟康曰：谿，谷也。垘，崩也。蘇林曰：垘，流也。水澹澤竭，地長見象。城郭門閭，閨臬槁枯；宮廟邸第，人民所次。謠俗車服，觀民飲食。五穀草木，觀其所屬。倉府廄庫，四通之路。六畜禽獸，所產去就；魚鼈鳥鼠，觀其所處。鬼哭若呼，其人逢俉。化言，晉灼曰：俉，迎也。伯莊曰：音五故反。索隱曰：逢俉謂相逢而驚也。俉亦作迓，音同。化當為訛，字之誤耳。誠然。凡候歲美惡，謹候歲始。歲始或冬至日，產氣始萌。臘明日，人眾卒歲，一會飲食，發陽氣，故曰初歲。正月旦，王者歲首；立春日，四時之卒始也。索隱

域外漢籍珍本文庫

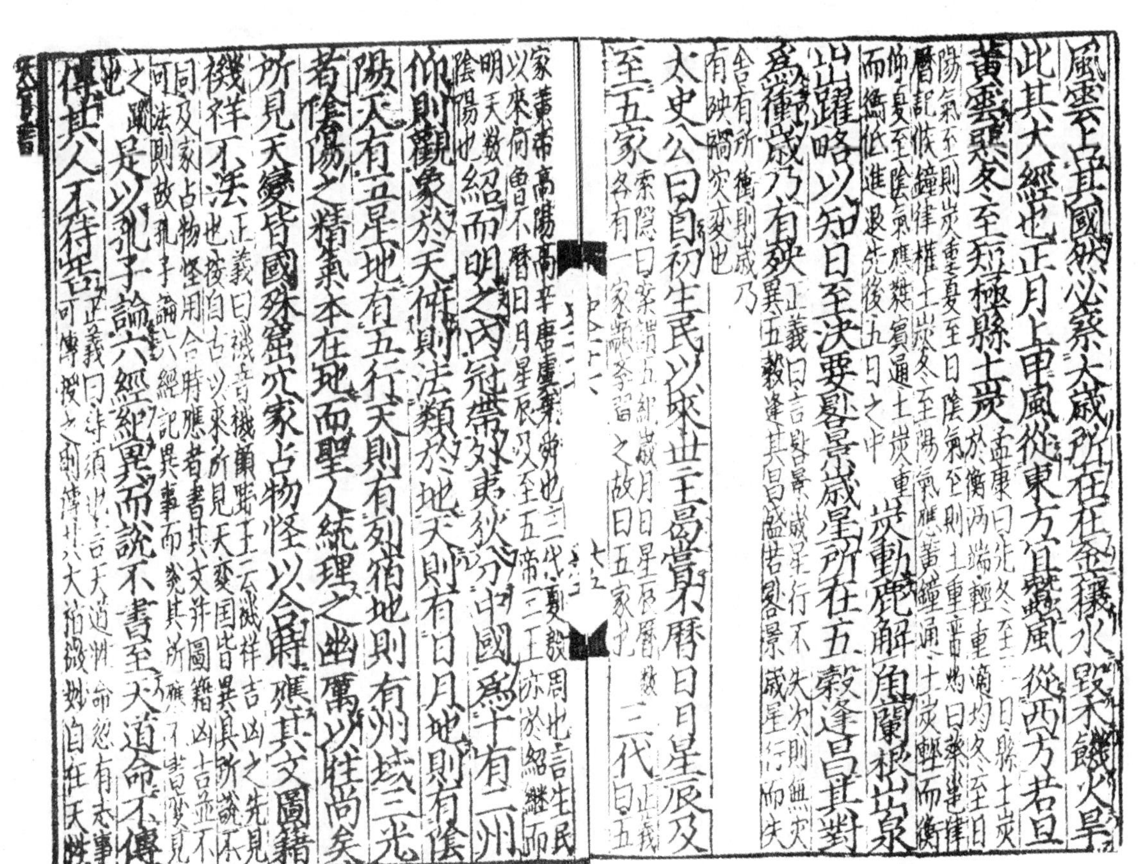

曰謂立春日是去年四時之終卒今年之始也四時者候之日而漢魏鮮孟康曰人姓名作占候者集臘明正月旦決八風風從南方來大旱西南小旱西方有兵西北戎菽為孟康曰戎菽胡豆也為成也索隱曰按韋昭云戎菽大豆也又郭璞註爾雅亦云胡豆与孟康同小雨徐廣曰一無此上二字趣兵索隱曰趣音促謂風從西北來則戎菽成而又有小雨則其国趣兵起也北方為中歲東北為上歲韋昭曰歲大穰東方大水東南民有疾疫歲惡故八風各與其衝對課多者為勝多勝少久勝亟疾勝徐旦至食為麥食至日昳為稷昳至餔為黍餔至下餔為菽下餔至日入為麻欲終日有雨有雲有風有日日當其時者深而多實無雲有風日當其時淺而多實有雲風無日當其時深而少實有日無雲不風當其時者稼有敗如食頃小敗熟五斗米頃大敗則風復起有雲其稼復起各以其時用雲色占種其所宜其雨雪若寒歲惡是日光明聽都邑人民之聲聲宮則歲善吉商則有兵徵旱羽水角歲惡或從正月旦比數雨索隱曰比音鼻律反數音跡李反謂以此數日以候一歲之雨以知豐穰也率日食一升至七升而極孟康曰月一日雨民有一升之食二日雨民有二升之食如此至七日過之不占數至十二日日直其月占水旱孟康曰月一日雨正月水為其環城千里內占則其為天下候竟正月孟康曰月三十日周天歷二十八宿然後可占天下正義曰按月列宿日風雲有變占其国并太歲所在則知其歲豐稔水旱飢饉也月所離列宿索隱曰離歷也日

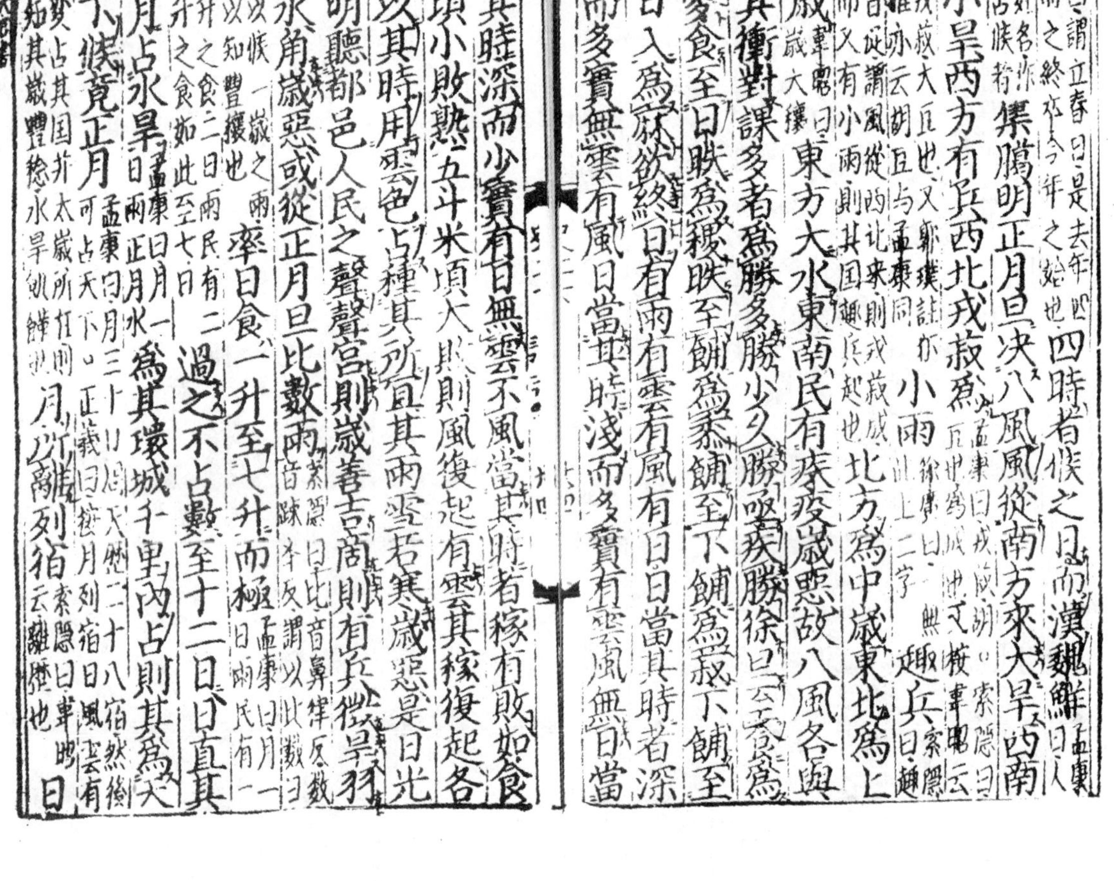

風雲占其國然必察太歲所在在金穰水毀木饑火旱此其大經也正月上甲風從東方宜蠶風從西方若旦黃雲惡冬至短極縣土炭孟康曰先冬至三日縣土炭於衡兩端輕重適均冬至日陽氣至則炭重夏至日陰氣至則土重晉灼曰蔡邕律曆記候鍾律權土炭冬至陽氣應黃鍾通土炭輕而衡仰夏至陰氣應蕤賓通土炭重而衡低進退先後五日之中炭動鹿解角蘭根出泉水躍略以知日至要決晷景歲星所在五穀逢昌其對為衝歲乃有殃正義曰言晷景歲星行不失次則無災異五穀逢其昌盛若晷景歲星行而失舍有所衝則歲乃有殃禍災變也太史公曰自初生民以來世主曷嘗不曆日月星辰及至五家索隱曰案謂五帝也[illegible]歲月日星辰曆數各有一家顓頊之故曰五家也三代正義曰五家黃帝高陽高辛唐虞堯舜也三代夏殷周也言生民以來何曾不曆日月星辰及至五帝三王亦於紹繼而明天數陰陽也紹而明之內冠帶外夷狄分中國為十有二州仰則觀象於天俯則法類於地天則有日月地則有陰陽天有五星地有五行天則有列宿地則有州域三光者陰陽之精氣本在地而聖人統理之幽厲以往尚矣所見天變皆國殊窟穴家占物怪以合時應其文圖籍禨祥不法正義曰禨音機顧野王云禨祥吉凶之先見也言自古以來所見天變国皆異具所說不同及家占物怪用合時應者書其文并圖籍凶吉並不可法則故孔子論六經記異事而說其所應不書見之也是以孔子論六經紀異而說不書至天道命不傳傳其人不待告正義曰非須也言天道性命忽有志事可傳授之則傳其大指微妙自在天性

不須深告語也。告非其人，雖言不著。正義曰：著，作慮反。著，明也。言天道性命，告非其人，雖為言說，不得著明微妙，曉其意也。昔之傳天數者：高辛之前，重、黎；正義曰：左傳云黎為高辛氏火正，號祝融，即火行之官，知天數。於唐、虞，羲、和；正義曰：羲氏、和氏掌天地四時之官也。有夏，昆吾；正義曰：昆吾名樊，為己姓，封昆吾。世本云昆吾衛者也。殷商，巫咸；正義曰：巫咸，殷賢臣也，本吳人，冢在蘇州常熟海隅山上，子賢亦在此也。周室，史佚、萇弘；正義曰：史佚，周武王時太史尹佚也。萇弘，周靈王時大夫也。於宋，子韋；鄭則裨竈；正義曰：裨竈，鄭大夫也。在齊，甘公；徐廣曰：或曰甘公名德也，本是魯人。正義曰：七錄云楚人，戰國時作天文星占八卷。楚，唐眛；莫葛反。趙，尹皋；魏，石申。正義曰：七錄云石申，魏人，戰國時作天文八卷也。夫天運，三十歲一小變，百年中變，五百載大變；三大變一紀，三紀而大備：此其大

數也。為國者必貴三五。索隱曰：三五謂三十歲一小變，五百歲一大變。上下各千歲，然後天人之際續備。太史公推古天變，未有可考于今者。蓋略以春秋二百四十二年之間，正義曰：謂從隱公元年至哀公十四年獲麟也。隱公十一年，桓公十八年，莊公三十二年，閔公二年，僖公三十三年，文公十八年，宣公十八年，成公十八年，襄公三十一年，昭公三十二年，定公十五年，哀公十四年，凡二百四十二年也。日蝕三十六，正義曰：謂隱公三年二月乙巳朔，桓公三年七月壬辰朔，十七年十月朔，莊公十八年三月朔，二十五年六月辛未朔，二十六年十二月癸亥朔，三十年九月庚午朔，僖公五年九月戊申朔，十二年三月庚午朔，十五年五月朔，文公元年二月癸亥朔，十五年六月辛丑朔，宣公八年七月甲子朔，十年四月丙辰朔，十七年六月癸卯朔，成公十六年六月丙寅朔，十七年十二月丁巳朔，襄公十四年二月乙未朔，十五年八月丁巳朔，二十年十月丙辰朔，二十一年九月庚戌朔，十月庚辰朔，二十三年二月癸酉朔，二十四年七月甲子朔，八月

癸巳朔，二十七年十二月乙亥朔，昭公七年四月甲辰朔，十五年六月丁巳朔，十七年六月甲戌朔，二十一年七月壬午朔，二十二年十二月癸酉朔，二十四年五月乙未朔，三十一年十二月辛亥朔，定公五年三月辛亥朔，十二年十一月丙寅朔，十五年八月庚辰朔，凡蝕三十六也。彗星三見，正義曰：謂文公十四年七月有星入于北斗，昭公十七年冬有星孛于大辰，哀公十三年有星孛于東方。宋襄公時星隕如雨。正義曰：謂僖公十六年正月戊申朔，隕石于宋五是也。天子微，諸侯力政，政，一作征。五伯代興，正義曰：謂齊桓、晉文、秦穆、宋襄、楚莊也。更為主命。自是之後，眾暴寡，大并小。秦、楚、吳、越，夷狄也，為彊伯。正義曰：秦祖非子初邑於秦，地在西戎。楚子熊繹始封丹陽，荊蠻。吳太伯居吳，周章因封吳，號句吳。越祖少康之子初封於越，以守禹祀，地稱東越。皆戎夷之地，故言夷狄也。後秦穆、楚莊、吳闔閭、越句踐皆得封為伯也。田氏篡齊，正義曰：周安王二十三年，齊康公卒，田和并齊而立為齊侯。三家分晉，正義曰：周安王二十六年，

魏武侯、韓文侯、趙敬侯共滅晉靜公而三分其地。並為戰國。爭於攻取，兵革更起，城邑數屠，因以饑饉疾疫焦苦，臣主共憂患，其察禨祥候星氣尤急。近世十二諸侯七國相王，正義曰：王，于放反。謂漢景帝三年，吳王濞、楚王戊、趙王遂、濟南王辟光、淄川王賢、膠東王雄渠也。言從衡者繼踵，而皋、唐、甘、石因時務論其書傳，故其占驗凌雜米鹽。正義曰：凌雜，交亂也。米鹽，細碎也。言皋、唐、甘、石等因時務論其書傳中災異所記錄者，故其占驗交亂細碎，其語在漢書五行志中也。二十八舍主十二州，正義曰：二十八舍謂東方角亢氐房心尾箕，北方斗牛女虛危室壁，西方奎婁胃昴畢觜參，南方井鬼柳星張翼軫。星經云：角、亢，鄭之分野，兗州；氐、房、心，宋之分野，豫州；尾、箕，燕之分野，幽州；南斗、牽牛，吳越之分野，揚州；須女、虛、危，齊之分野，青州；營室、東壁，衛之分野，并州；奎、婁，魯之分野，徐州；胃、昴，趙之分野，冀州；畢、觜、參，魏之分野，益州；東井、輿鬼，秦之分野，雍州；柳、星、張，周之分野，三河；翼、軫，楚

天官書

之分野荊州也 斗秉兼之 正義曰言北斗所建秉十二辰兼十二州二十八宿自古所用從來久遠矣 所從來久矣秦之疆也候在太白占於狼弧 正義曰太白狼弧皆西方之星故秦占矣也 吳楚之疆候在熒惑占於鳥衡 正義曰熒惑鳥衡皆南方之星故吳楚之占候也鳥衡柳星也一本作注張也 燕齊之疆候在辰星占於虛危 正義曰辰星虛危皆北方之星故燕齊占也 宋鄭之疆候在歲星占於房心 正義曰歲星房心皆東方之星故宋鄭占候也 晉之疆亦候在辰星占於參罰 正義曰辰星參罰皆北方西方之星故晉占也 及秦并吞三晉燕代自河山以南者中國 正義曰河黃河也山華山也從華山及黃河以南為中國也 中國於四海內則在東南為陽 正義曰爾雅云九夷八狄七戎六蠻謂之四海之內中國從河山東南為陽也 陽則日歲星熒惑填星 [illegible]

星屬東方熒惑屬南方填星屬中央皆在南及東為陽也 占於街南畢主之 正義曰天街二星主畢昴主國界也街南為華夏之國街北為夷狄之國則畢星主陽 其西北則胡貉月氏諸衣旃裘引弓之民為陰 正義曰貉音陌氏音支從河山西北及秦晉為陰也 陰則月太白辰星 正義曰月陰也太白屬西方辰星屬北方皆在北及西為陰也 占於街北昴主之 正義曰天街星北為夷狄之國則昴星主之陰也 故中國山川東北流其維首在隴蜀 正義曰言中國山及川東北流行若南山首在崑崙蔥嶺東北行連隴山至南山華山渡河東北盡碣石山黃河首起崑崙山渭水岷江發源出隴山皆東北東入渤海也 尾沒于勃碣是以秦晉好用兵 正義曰秦晉西南維之北為陰猶與胡貉引弓之民同故好用兵 復占太白太白主中國 正義曰太白鎮也入也[illegible]經云太白在北月在南中國敗太白在南月在北中國不敗也是狐貉數侵掠之也 而胡貉數侵掠獨占辰

星辰星出入躁疾常主夷狄其大經也此更為客主人 正義曰更格行反下同星經云辰星不出太白為客辰星出太白為主人辰星太白不相從雖有軍不戰辰星出東方太白出西方若辰星出西方太白出東方為格野雖有兵不戰合宿乃戰辰星入太白中五日及入而上出破軍殺將客勝下出客亡地視旗所指 熒惑為孛外則理兵內則理政 [illegible] 故曰雖有明天子必視熒惑所在 [illegible] 諸侯更彊時菑異記無可錄者 秦始皇之時十五年彗星四見久者八十日長或竟天其後秦遂以兵滅六王并中國外攘四夷死人如亂麻因以張楚並起三十年之間 正義曰謂從[illegible]年起兵滅韓[illegible]年滅項羽則二十六年矣 兵相駘藉 蘇林曰駘音臺登躐也 不可勝數自蚩尤

以來未嘗若斯也項羽救鉅鹿枉矢西流山東遂合從諸侯西坑秦人誅屠咸陽漢之興五星聚于東井平城之圍 索隱曰漢高祖之七年 月暈參畢七重 索隱曰[illegible]畢昴間天街也街北胡也街南中國也昴為匈奴參為趙畢為邊兵是歲高祖自將兵擊匈奴至平城為冒頓所圍七日乃解則天象有若符契七重主七日也 諸呂作亂日蝕晝晦吳楚七國叛逆彗星數丈天狗過梁野及兵起遂伏尸流血其下元光元狩蚩尤之旗再見長則半天其後京師師四出 正義曰元光元年太中大夫衛青等伐匈奴元狩[illegible]等擊胡元鼎五年衛尉路博德等破南越[illegible]東越并破西南夷開十[illegible]郡元封元年樓船將軍楊僕擊朝鮮也 誅夷狄者數十年而伐胡尤甚越之亡熒惑守斗 正義曰南斗吳越之分野 朝鮮之拔星

茀于河戍 索隱曰茀音佩即孛星也天文志武帝元封之中星孛于河戍其占曰南戍為越門北戍為胡門其後漢兵擊拔朝鮮以為樂浪玄菟郡朝鮮在海中越之象居北方胡之域也 兵征大宛星茀招搖 正義曰招搖一星次北斗杓端主胡兵占芒角變動則兵革大行 此其犖犖大者 索隱曰犖音力卓反犖犖事之分明也 若至委曲小變不可勝道由是觀之未有不先形見而應隨之者也夫自漢之為天數者星則唐都氣則王朔占歲則魏鮮故甘石曆五星法唯獨熒惑有反逆行逆行所守及他星逆行日月薄蝕 孟康曰日月無光曰薄京房易傳曰日赤黃為薄或曰不交而蝕曰薄韋昭曰氣往迫之為薄虧毀為蝕 皆以為占余觀史記考行事百年之中五星無出而不反逆行反逆行嘗盛大而變色日月薄蝕行南

北有時此其大度也故紫宮 正義曰中宮也 房心 正義曰東宮也 權衡 正義曰南宮也 咸池虛危 正義曰北宮也 列宿部星 正義曰五官列宿部內之星也 此天之五官坐位也為經不移徙大小有差闊狹有常 孟康曰闊狹若三台星相去遠近 水火金木填星 徐廣曰木火土三星若合是謂驚位絕行 此五星者天之五佐 正義曰言水火金木土五星佐天行德也 為緯見伏有時 正義曰五星行南北為經東西為緯也 所過行贏縮有度日變脩德月變省刑星變結和凡天變過度乃占國君彊大有德者昌弱小飾詐者亡太上脩德其次脩政其次脩救次脩禳正下無之夫常星之變希見而三光之占亟用日月暈適 徐廣曰適者災變咎徵也李奇曰適見災於天劉向以為日月蝕及星逆行非太平之常自周衰以

天官書

來人事亂故天文應之遂變耳劉察孟康曰暈日旁氣也適日之將食先有黑氣之變 雲風此天之客氣其發見亦有大運然其與政事俯仰最近天人之符此五者天之感動為天數者必通三五 索隱曰三謂三辰五謂五星也 終始古今深觀時變察其精粗則天官備矣

蒼帝行德天門為之開 索隱曰謂王者行春令布德澤被天下則應靈威仰之帝而天門為之開以發德化也天門即左右角間也○正義曰蒼帝東方靈威仰之帝也春萬物開發東作起則天發其德化天門為之開也

赤帝行德天牢為之空 索隱曰謂王者行德以應火精之帝謂奉大禮封諸侯之類則人主當赦是赤帝行德夏陽舒散故天牢為之空則人主當赦過宥罪者也○正義曰赤帝南方赤熛怒之帝也夏萬物茂盛功作大興則天施德惠天牢為之空虛也天牢六星在北斗魁下不對中台主秉禁暴亦貴人之牢也

黃帝行德天夭為之起 正義曰黃帝中央含樞紐之帝季夏萬物盛大則當大赦含養群品也 風從西北來必以庚辛一秋中五至大赦三至小赦白帝行德以正月二十日二十一日月暈圍常大赦載謂有太陽也一曰白帝行德 索隱曰一曰者是異說太史公兼記之 畢昴為之圍 正義曰白帝西方白招矩之帝也秋萬物咸成則暈圍畢昴三暮帝德乃成也 圍三暮德乃成不三暮及圍不合德不成二曰以辰圍不出其旬

黑帝行德天關為之動 正義曰黑帝北方協光紀之帝也冬萬物閉藏為之動若之開閉也天一星在五軍南甲北北為天門日月五星所道主邊事亦為限隔內外障絕往來禁道之作違者占芒角有兵起五星守之王貴人多死也

天官書

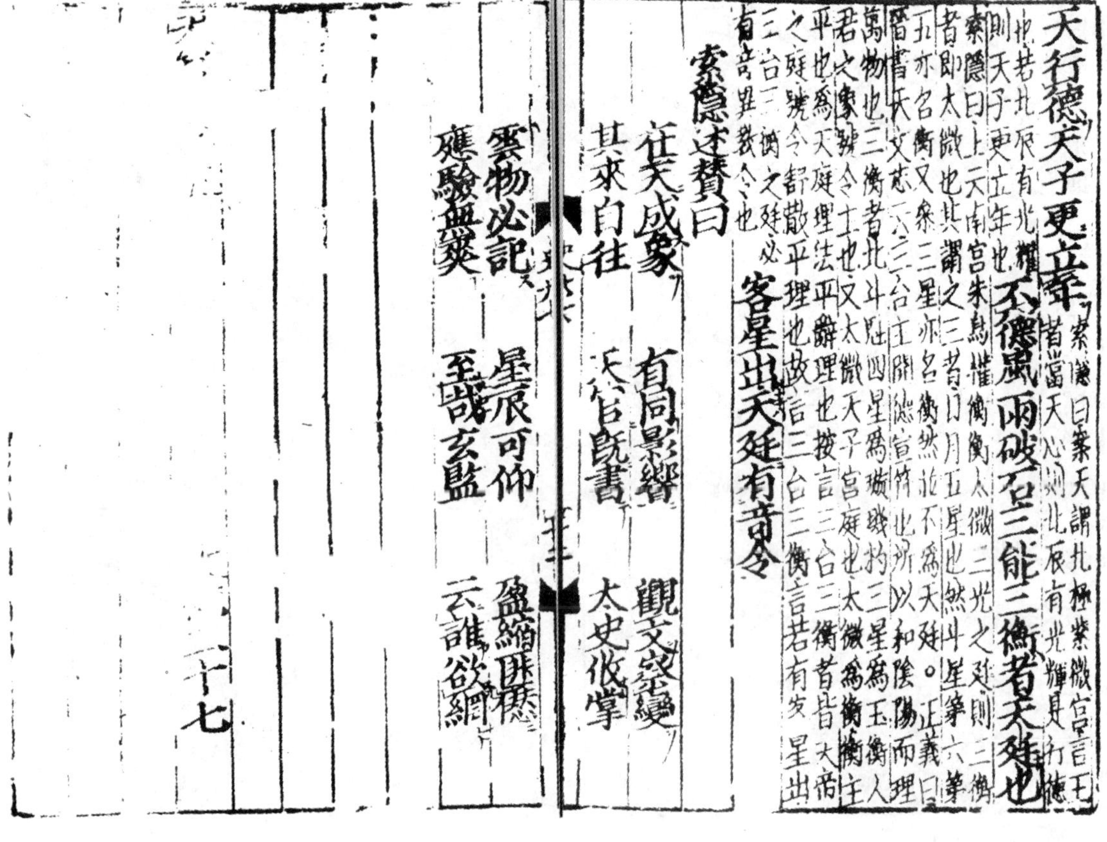
天行德，天子更立年。索隱曰：案天謂北極紫微宮。言王者當天心，則北辰有光輝，是行德也。若北辰有光耀，則天子更立年也。不德，風雨破石。三能、三衡者，天廷也。索隱曰：上天南宮朱鳥權衡，衡太微三光之廷，則三衡者即太微也。其謂之三者，日月五星也。然斗星第六第五亦名衡，又參三星亦名衡，然並不為天廷。○正義曰：晉書天文志云：三台主開德宣符也，所以和陰陽而理萬物也。三衡者，北斗魁四星為璇璣，杓三星為玉衡，人君之象，號令主也。又太微，天子宮廷也。太微為衡，衡主平也，為天廷理法，平辭理也。按：言三台、三衡者，皆天帝之廷，號令舒散平理也，故言三台、三衡。言若有客星出三台、三衡之廷，必有奇異教令也。客星出天廷，有奇令。

索隱述贊曰：在天成象，有同影響。觀文察變，其來自往。天官既書，太史攸掌。雲物必記，星辰可仰。盈縮匪愆，應驗無爽。至哉玄監，云誰欲網。

史記二十七

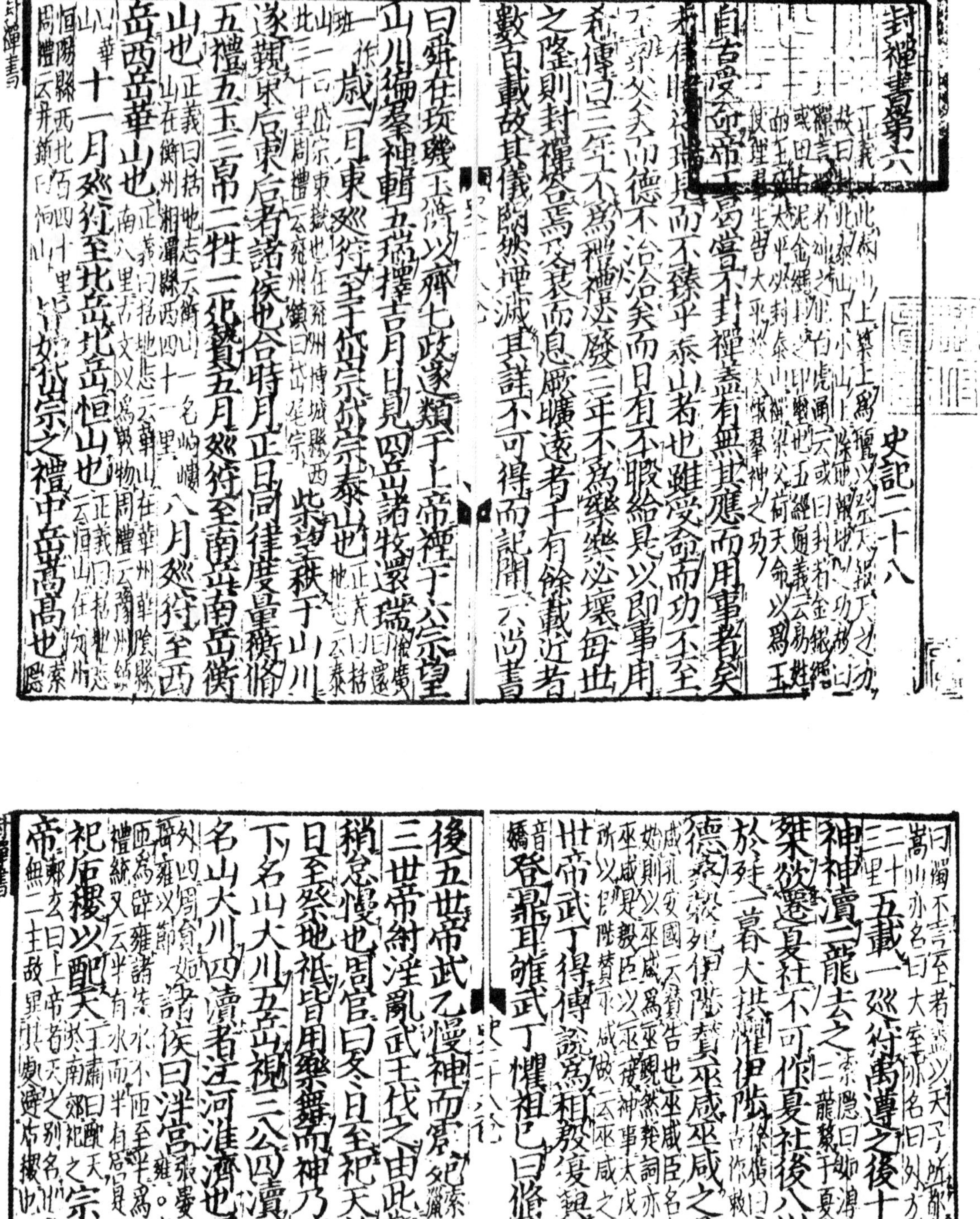

封禪書第六　史記二十八

自古受命帝王曷嘗不封禪蓋有無其應而用事者矣未有睹符瑞見而不臻乎泰山者也雖受命而功不至至梁父矣而德不洽洽矣而日有不暇給是以即事用希傳曰三年不為禮禮必廢三年不為樂樂必壞每世之隆則封禪答焉及衰而息厥曠遠者千有餘載近者數百載故其儀闕然堙滅其詳不可得而記聞云尚書曰舜在璇璣玉衡以齊七政遂類于上帝禋于六宗望山川徧羣神輯五瑞擇吉月日見四岳諸牧還瑞歲二月東巡狩至于岱宗岱宗泰山也柴望秩于山川遂覲東后東后者諸侯也合時月正日同律度量衡脩五禮五玉三帛二牲一死贄五月巡狩至南岳南岳衡山也八月巡狩至西岳西岳華山也十一月巡狩至北岳北岳恒山也皆如岱宗之禮中岳嵩高也

五載一巡狩禹遵之後十四世至帝孔甲淫德好神神瀆二龍去之其後三世湯伐桀欲遷夏社不可作夏社後八世至帝太戊有桑穀生於廷一暮大拱懼伊陟曰妖不勝德太戊脩德桑穀死伊陟贊巫咸巫咸之興自此始後十四世帝武丁得傅說為相殷復興焉稱高宗有雉登鼎耳雊武丁懼祖己曰脩德武丁從之位以永寧後五世帝武乙慢神而震死後三世帝紂淫亂武王伐之由此觀之始未嘗不肅祗後稍怠慢也周官曰冬日至祀天於南郊迎長日之至夏日至祭地祇皆用樂舞而神乃可得而禮也天子祭天下名山大川五岳視三公四瀆視諸侯諸侯祭其疆內名山大川四瀆者江河淮濟也天子曰明堂辟雍諸侯曰泮宮周公既相成王郊祀后稷以配天宗祀文王於明堂以配上帝自禹興而脩社祀后

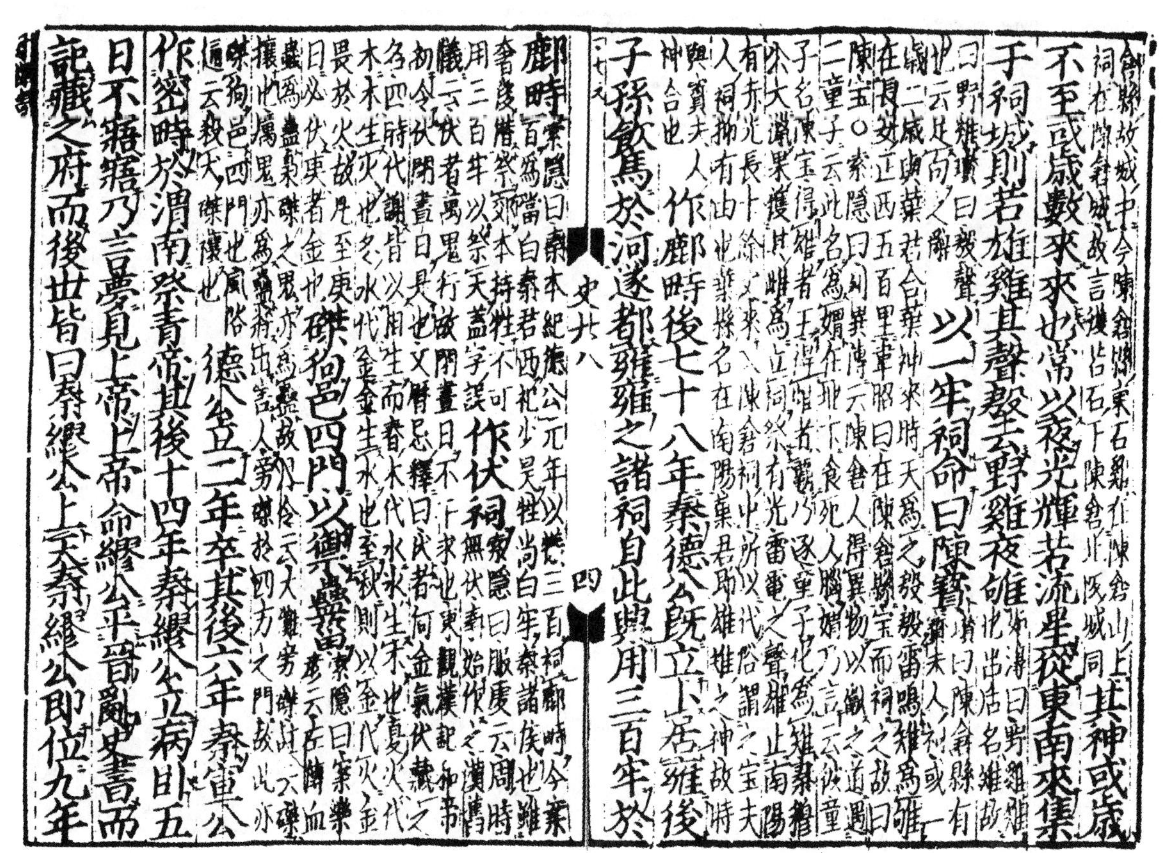

稷穡故有稷祠郊社所從來尚矣自周克殷後十四世世益衰禮樂廢諸侯恣行而幽王爲犬戎所敗 徐廣曰犬一作畎 周東徙雒邑秦襄公攻戎救周始列爲諸侯 正義曰秦襄公周平王元年封也 秦襄公既侯居西垂 正義曰漢隴西郡西縣也今在秦州上邽縣西南九十里也 自以爲主少皞之神作西畤祠白帝其牲用駵駒黃牛羝羊各一云 索隱曰一云詩傳云赤馬黑鬣曰駵也羝牡羊 其後十六年秦文公東獵汧渭之閒卜居之而吉 索隱曰地理志汧水出汧縣西北入渭皇甫謐云文公從鄜汧也○正義曰括地志云郿縣故城在岐州郿縣東北十五里即此城也 文公夢黃蛇自天下屬地其口止於鄜衍 李奇曰鄜音孚山阪曰衍○索隱曰鄜地名後爲縣屬馮翊衍者鄭衆註周禮云下平曰衍文李奇云三輔謂山阪間爲衍也 文公

史廿八　三

問史敦敦曰此上帝之徵君其祠之於是作鄜畤用三牲郊祭白帝焉自未作鄜畤也而雍旁故有吳陽武畤 李奇曰於雍旁有吳陽也 雍東有好畤皆廢無祠或曰自古以雍州積高神明之隩故立畤郊上帝諸神祠皆聚云蓋黃帝時嘗用事雖晚周亦郊焉其語不經見搢紳者不道 李奇曰搢插也插笏於紳紳大帶○索隱曰姚氏云搢當作縉鄭衆註周禮云搢讀曰薦謂薦之於紳帶之間案鄭意以搢爲薦則薦亦是進進而置於紳帶之間故史記亦多作薦字也 作鄜畤後九年文公獲若石云于陳倉北阪城祠之 蘇林曰質如石似肝○虞曰在北或曰在陳倉北○索隱曰云語辭也○正義曰三秦記云太白山西有陳倉山山有石雞與山雞不別趙高燒山山雞飛去而石雞不去晨鳴山頭聲聞三里或言是玉雞括地志云陳倉山在岐州陳倉縣南又云宝雞神祠在漢陳倉縣故城中今陳倉縣東石雞在陳倉山上祠在陳倉城故言獲若石于陳倉北阪城同 其神或歲不至或歲數來來也常以夜光輝若流星從東南來集于祠城則若雄雞其聲殷云野雞夜雊 如淳曰野雞雉也呂后名雉故曰野雞 索隱曰殷聲 以一牢祠命曰陳寶 臣瓚曰陳倉縣有寶夫人祠或一歲二歲與葉君合葉神來時天爲之殷殷雷鳴雉爲之雊也在長安正西五百里○索隱曰列異傳云陳倉人得異物以獻之道遇二童子云此名爲媦在地下食死人腦媦乃言云彼二童子名陳寶得雄者王得雌者霸乃逐童子化爲雉秦穆公大獵果獲其雌爲立祠祭有光雷電之聲雄止南陽有赤光長十餘丈來入陳倉祠中所以代俗謂之寶夫人祠抑有由也葉縣名在南陽葉君即雄雉之神故時與寶夫人神合也 作鄜畤後七十八年秦德公既立卜居雍後子孫飲馬於河遂都雍雍之諸祠自此興用三百牢於

史廿八　四

鄜畤 索隱曰秦本紀德公元年以犧三百牢祠鄜畤今案百當爲白秦君西祀少昊牲尚白牢秦諸侯也雖奢侈僭禮郊本特牲不可用三百牢以祭天蓋字誤 作伏祠 索隱曰服虔云周時無伏磔狗始作之漢舊儀云伏者萬鬼行故閉畫日不干求也爾雅 觀漢記和帝初令伏閉畫日是也又釋忌釋曰伏者何金氣伏藏之日也四時代謝皆以相生而春木代水水生木夏火代木木生火冬水代金金生水至秋則以金代火金畏於火故凡至庚日必伏庚者金也 磔狗邑四門以禦蠱菑 索隱曰案樂彥云左傳血蟲爲蠱梟磔之鬼亦爲蠱故月令云大儺旁磔注云磔攘也厲鬼亦爲蠱將出害人旁磔於四方之門故此亦磔狗邑四門也風俗通云殺犬磔禳也 德公立二年卒其後六年秦宣公作密畤於渭南祭青帝其後十四年秦繆公立病臥五日不寤寤乃言夢見上帝上帝命繆公平晉亂史書而記藏之府而後世皆曰秦繆公上天秦繆公即位九年

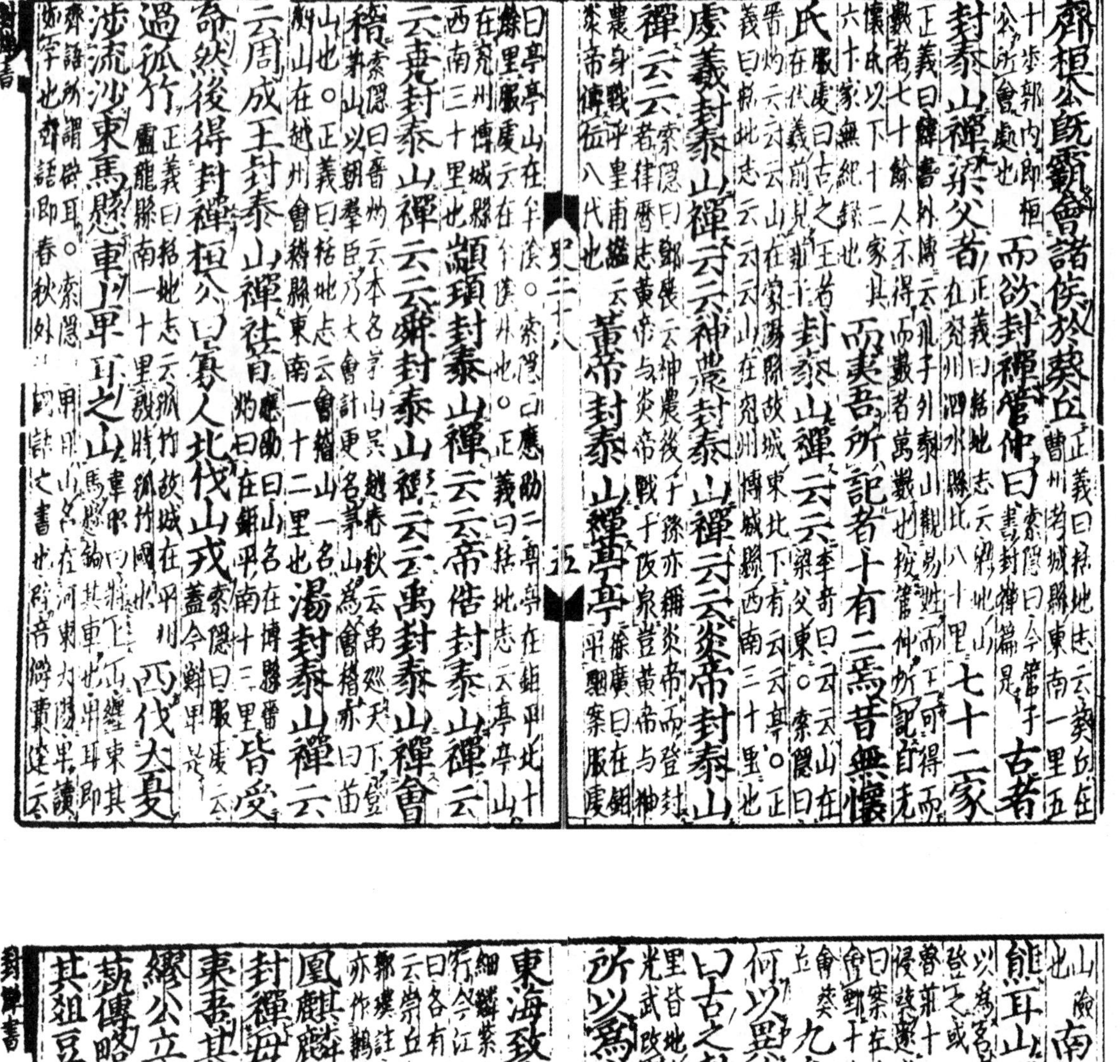

齊桓公既霸，會諸侯於葵丘，【正義曰：括地志云葵丘在曹州考城縣東南一里五十步郭內，即桓公所會處也。】而欲封禪。管仲曰：【索隱曰：今管子書封禪篇是。】古者封泰山禪梁父者【正義曰：梁父山在兗州泗水縣北八十里。】七十二家，【正義曰：韓詩外傳云孔子升泰山，觀易姓而王可得而數者七十餘人，不得而數者萬數也。按管仲所記自無懷氏以下十二家，其六十家無紀錄也。】而夷吾所記者十有二焉。昔無懷氏【服虔曰：古之王者，在伏羲前，見莊子。】封泰山，禪云云；【李奇曰：云云山在梁父東。○索隱曰：晉灼云云云山在蒙陰縣故城東北，下有云云亭。○正義曰：括地志云云云山在兗州博城縣西南三十里也。】虙羲封泰山，禪云云；神農封泰山，禪云云；炎帝封泰山，禪云云；【索隱曰：鄧展云神農後子孫亦稱炎帝而登封者。律曆志黃帝與炎帝戰于阪泉，豈黃帝與神農身戰乎？皇甫謐云炎帝傳位八代也。】黃帝封泰山，禪亭亭；【徐廣曰：在鉅平。駰案：服虔曰亭亭山在牟陰。○索隱曰：應劭云亭亭在鉅平北十餘里。服虔云在牟陰，非也。○正義曰：括地志云亭亭山在兗州博城縣西南三十里也。】顓頊封泰山，禪云云；帝嚳封泰山，禪云云；堯封泰山，禪云云；舜封泰山，禪云云；禹封泰山，禪會稽；【索隱曰：晉灼云本名茅山。吳越春秋云禹巡天下，登茅山以朝羣臣，乃大會計，更名茅山為會稽。亦曰苗山也。○正義曰：括地志云會稽山一名衡山，在越州會稽縣東南一十二里也。】湯封泰山，禪云云；周成王封泰山，禪社首：【應劭曰：山名，在博縣。晉灼曰：在鉅平南十二里。】皆受命然後得封禪。」桓公曰：「寡人北伐山戎，【索隱曰：服虔云蓋今鮮卑是。】過孤竹；【正義曰：括地志云孤竹故城在平州盧龍縣南一十二里，殷時孤竹國也。】西伐大夏，涉流沙，束馬懸車，上卑耳之山；【韋昭曰：將上山，纏束其馬，懸鉤其車也。卑耳即齊語所謂辟耳。○索隱曰：卑耳，山名，在河東太陽。辟音壁，讀如字也。齊語即春秋外傳國語之書也。賈逵云

山險也。】南伐至召陵，【正義曰：召音邵。括地志云邵陵故城在豫州郾城縣東四十五里也。】登熊耳山以望江漢。【索隱曰：荊州記順陽二縣東界各有一峯如熊耳狀，因以為名。齊桓公登之以望江漢也。或云弘農熊耳，非也。】兵車之會三，【索隱曰：案左傳魯莊十三年會北杏以平宋亂，僖四年侵蔡，遂伐楚，六年伐鄭圍新城是也。】而乘車之會六，【索隱曰：案左氏，兵車之會三，謂莊十四年會于鄄，十五年又會鄄，十六年盟于幽，僖五年會首止，八年盟于洮，九年會葵丘。】九合諸侯，一匡天下，諸侯莫違我。昔三代受命，亦何以異乎？」於是管仲睹桓公不可窮以辭，因設之以事，曰：「古之封禪，鄗上之黍，北里之禾，【應劭曰：鄗上，山也。鄗上、北里，皆地名。○索隱曰：韋昭云設以不可得之物。應劭云鄗上山名。光武改高邑曰鄗。姚氏云鄗縣屬常山。一云鄗上山名，在東郡。○蘇林曰：所謂靈茅。】所以為盛；江淮之閒，一茅三脊，所以為藉也。東海致比目之魚，【韋昭曰：各有一目，不比不行，其名曰鰈。○索隱曰：鰈音答。郭璞云如牛脾，細鱗紫黑色，有一眼，兩片合乃得行。今江東呼為王餘，亦曰版魚也。】西海致比翼之鳥，【韋昭曰：各有一翼，不比不飛，其名曰鶼鶼。○索隱曰：山海經云崇丘之山有鳥狀如鳧，一翼一目，相得乃飛，名曰蠻蠻。郭璞注爾雅亦作鶼鶼也。】然後物有不召而自至者十有五焉。今鳳凰麒麟不來，嘉穀不生，而蓬蒿藜莠茂，鴟梟數至，而欲封禪，毋乃不可乎？」於是桓公乃止。是歲，秦繆公內晉君夷吾。其後三置晉國之君，平其亂。【索隱曰：三置晉君，謂惠公、懷公、文公也。】繆公立三十九年而卒。其後百有餘年，而孔子論述六藝，傳略言易姓而王，封泰山禪乎梁父者七十餘王矣，其俎豆之禮不章，蓋難言之。或問禘之說，孔子曰：「不知。

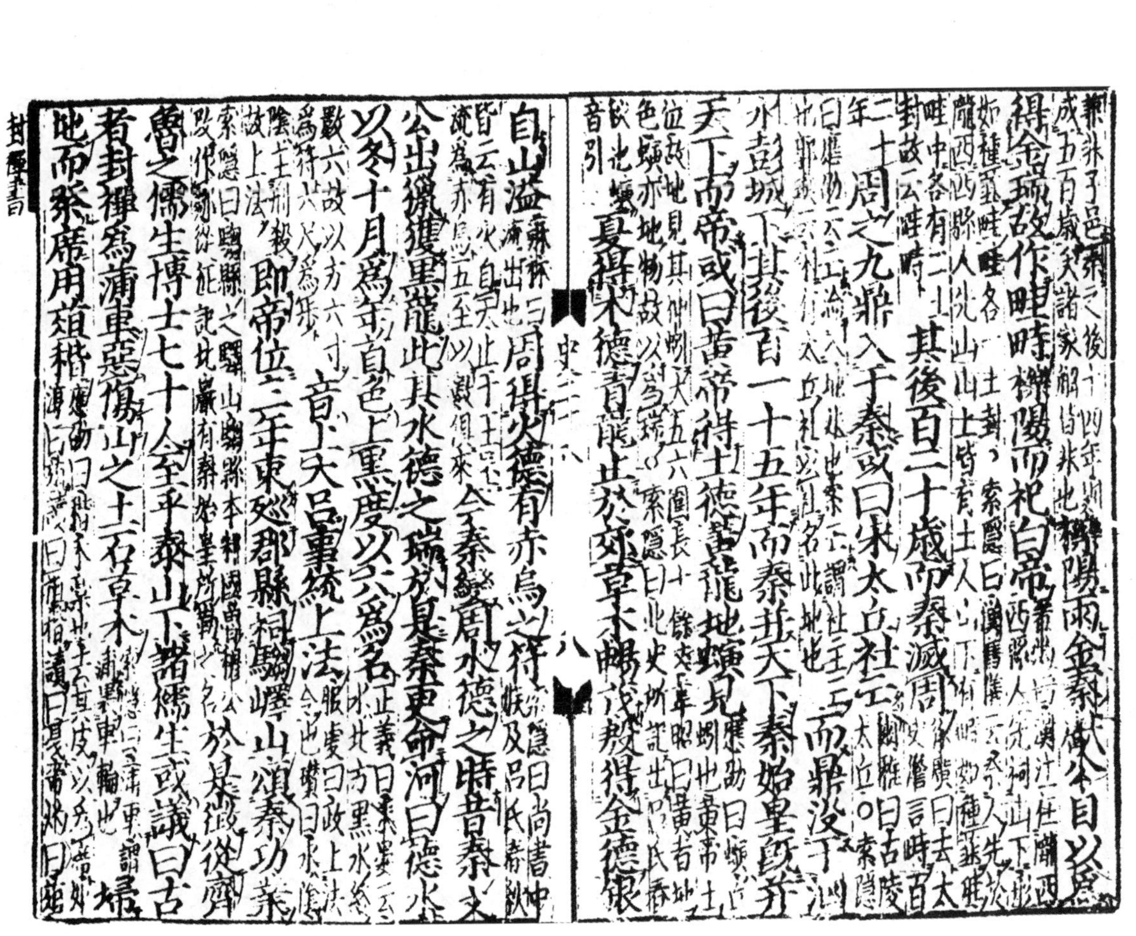

知禘之說其於天下也視其掌。詩云紂在位，文王受命，政不及泰山。武王克殷二年，天下未寧而崩。爰周德之洽維成王，成王之封禪則近之矣。及後陪臣執政，季氏旅於泰山，仲尼譏之。是時萇弘以方事周靈王，諸侯莫朝周，周力少，萇弘乃明鬼神事，設射貍首。貍首者，諸侯之不來者。依物怪欲以致諸侯。諸侯不從，而晉人執殺萇弘。周人之言方怪者自萇弘。其後百餘年，秦靈公作吳陽上畤，祭黃帝；作下畤，祭炎帝。

後四十八年，周太史儋見秦獻公曰：秦始與周合，合而離，五百歲當復合，合十七年而霸王出焉。

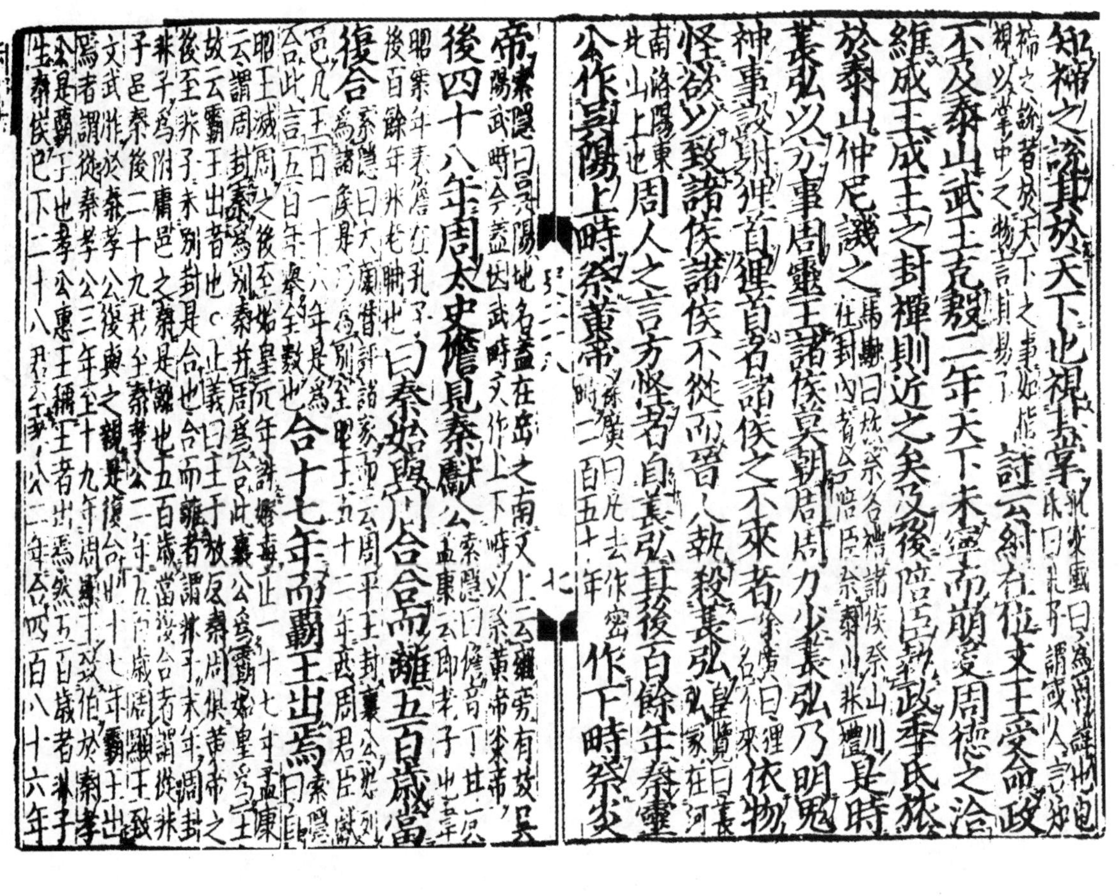

櫟陽雨金，秦獻公自以為得金瑞，故作畦畤櫟陽而祀白帝。其後百二十歲而秦滅周，周之九鼎入于秦。或曰宋太丘社亡，而鼎沒于泗水彭城下。其後百一十五年而秦并天下。秦始皇既并天下而帝，或曰：黃帝得土德，黃龍地螾見。夏得木德，青龍止於郊，草木暢茂。殷得金德，銀自山溢。周得火德，有赤烏之符。今秦變周，水德之時。昔秦文公出獵，獲黑龍，此其水德之瑞。於是秦更命河曰德水，以冬十月為年首，色上黑，度以六為名，音上大呂，事統上法。即帝位三年，東巡郡縣，祠騶嶧山，頌秦功業。於是徵從齊魯之儒生博士七十人，至乎泰山下。諸儒生或議曰：古者封禪為蒲車，惡傷山之土石草木；埽地而祭，席用葅稭，

藉也。索隱曰周禮祭祀共茅蒩，說文云蒩茅藉也。言其易遵也。始皇聞此議各乖異，難施用，由此絀儒生。而遂除車道，上自太山陽至巔，立石頌秦始皇帝德，明其得封也。從陰道下，禪於梁父。其禮頗采太祝之祀雍上帝所用，而封藏皆祕之，世不得而記也。始皇之上太山，中阪遇暴風雨，休於大樹下。諸儒生既絀，不得與用於封事之禮，聞始皇遇風雨，則譏之。於是始皇遂東遊海上，行禮祠名山大川及八神，求僊人羨門之屬。八神將自古而有之，或曰太公以來作之。齊所以為齊，以天齊也。蘇林曰當天中央齊。其祀絕，莫知起時。八神：一曰天主，祠天齊。天齊淵水，居臨菑南郊山下者。索隱曰顧氏案解道彪齊記云臨菑城南有天齊泉，五泉並出，有異於常，言如天之腹齊也。小顏云下下謂最下也。二曰地主，祠太山梁父。蓋天好陰，祠之必於高山之下，小山之上，命曰畤；畤徐廣曰一云之下上畤命曰畤。○索隱曰此之一云與漢書郊祀志文同也。地貴陽，祭之必於澤中圜丘云。三曰兵主，祠蚩尤。蚩尤在東平陸監鄉，徐廣曰屬東平郡。○索隱曰監音闞。皇覽云蚩尤冢在東平郡壽張縣闞鄉城中也。齊之西境也。四曰陰主，祠三山。索隱曰小顏以為下所謂三神山。顧氏案地理志東萊曲成有參山，即此三山也，非海中之三神山也。五曰陽主，祠之罘。韋昭曰山名。正義曰括地志云之罘山在萊州文登縣西北九十里。六曰月主，祠之萊山。韋昭曰在東萊長廣。曰有東萊長廣廟。皆在齊北，並勃海。七曰日主，祠成山。成山斗入海，韋昭曰成山在東萊不夜，斗入海。不夜，古縣名。○索隱曰案解道彪齊記云不夜城蓋古有日夜出見於東境，故萊子立此城，以不夜為名也。斗入海，謂斗絕曲入海也。最居齊東北隅，以迎日出云。八曰四時主，祠琅邪。琅邪在齊東方，索隱曰山海經云琅邪臺在勃海間，案是山形如臺。地理志琅邪縣有四時祠也。蓋歲之所始。皆各用一牢具祠，而巫祝所損益，珪幣雜異焉。自齊威、宣之時，索隱曰謂威王、宣王也。騶子之徒韋昭曰名衍。論著終始五德之運，如淳曰今其書有五德終始，五德各以所勝為行，秦謂周為火德，滅火者水，故自謂之水德。及秦帝而齊人奏之，故始皇采用之。而宋毋忌、正伯僑、充尚、羨門子高韋昭曰皆古人名，效神仙者。○索隱曰樂彥引老子道德經云月中仙人宋毋忌。白澤圖云火之精曰宋毋忌，蓋其人火仙也。司馬相如云正伯僑古仙人。顧氏案裴秀冀州記云緱氏仙人，昔有王子喬。陽人為祐人，後得仙，為王子喬也。充尚無所見。羨門高者，秦始皇使盧生求羨門子高是也。最後皆燕人，索隱曰最後猶言其後也。小顏云自宋毋忌至最後凡五人，劉伯莊亦同此說。恐未詳。為方僊道，形解銷化，服虔曰尸解也。張晏曰人老而解去，故骨如變化也。今山中有龍骨，世人謂之龍解骨化去也。依於鬼神之事。騶衍以陰陽主運如淳曰今其書有主運，五行相次轉用事，隨方面為服。○索隱曰主運是騶子之書篇名也。顯於諸侯，而燕齊海上之方士傳其術不能通，然則怪迂阿諛苟合之徒自此興，不可勝數也。自威、宣、燕昭使人入海求蓬萊、方丈、瀛洲。此三神山者，其傅在勃海中，服虔曰傅音附。去人不遠；或曰其傅書云爾。瓚云世人相傳之。患且至，則船風引而去。蓋嘗有至者，諸僊人及不死之藥皆在焉。其物禽獸盡白，而黃金銀為宮闕。未至，望之如雲；及到，三神山反居水下臨之風輒引去終莫能至云世主莫不甘心焉【索隱曰謂心甘羨也】及至秦始皇并天下至海上則方士言之不可勝數始皇自以為至海上而恐不及矣使人乃齎童男女入海求之船交海中皆以風為解【索隱曰解音蟹云皆自解說遇風不至也】曰未能至望見之焉其明年始皇復游海上至琅邪過恒山從上黨歸後三年游碣石考入海方士【服虔曰疑詐故考之○瓚曰考校其虛實】從上郡歸後五年始皇南至湘山遂登會稽並海上冀遇海中三神山之奇藥不得還至沙丘崩【正義括地志云沙丘臺在邢州平鄉東北二十里】二世元年東巡碣石並海南歷太山至會稽皆禮祠之而刻勒始皇所立石書旁以章始皇之功德【索隱曰小顏云今此諸山皆有始皇所刻石及胡亥重刻其文並具在也】其秋諸侯畔秦三年而二世弒死始皇封禪之後十二歲秦亡諸儒生疾秦焚詩書誅僇文學百姓怨其法天下畔之皆譌曰始皇上太山為暴風雨所擊不得封禪此豈所謂無其德而用事者邪【索隱曰即封禪書序云蓋有無其德而用事者矣此當有所本太史公拜引以為說也】昔三代之君皆在河洛之間【正義曰世本云夏禹都陽城避商均也又都平陽或在安邑或在晉陽也帝王世紀云殷湯都亳在梁又都偃師至盤庚徙河北又徙偃師也周文武都酆鄗至平王徙都河南按三代之君皆在河洛之間也】故嵩高為中岳而四岳各如其方四瀆咸在山東至秦稱帝都咸陽則天岳四瀆皆并在東方自五帝以至秦軼興軼衰名山大川或在諸侯或在天子其禮損益世殊不可勝記及秦并天下令祠官所常奉天地名山大川鬼神可得而序也於是自殽以東【索隱曰殽即崤山也在弘農澠池縣西南即今之二殽山是也亦音豪】名山五大川祠二曰太室太室嵩高也恒山太山會稽湘山【索隱曰地理志湘山在長沙】水曰濟曰淮【索隱曰風俗通云濟廟在臨邑淮廟在平氏也】春以脯酒為歲祠因泮凍【服虔曰解凍○索隱曰案字林泮冰釋也音判】秋涸凍【索隱曰涸音下各反小顏云涸讀與沍同沍凝也音下故反春則解秋則凝也】冬塞禱祠【索隱曰塞音先代反塞謂報神福也】其牲用牛犢各一牢具珪幣各異自華以西名山七名川四曰華山【正義曰括地志云華山在華州華陰縣南八里古文以為敦物也謂云華嶽本一山當河水過而曲行河神巨靈手盪腳蹋開而為兩今腳跡在東首陽下手掌在華山今呼為仙掌河流於二山之間也闢山圖云巨靈胡者偏得神仙之道能造山川出江河也】薄山薄山者襄山也【徐廣曰蒲阪縣有襄山或字誤也○索隱曰應劭云襄山在潼關北十餘里寰宇記云自河首襄山鄉先水經云薄山統目之襄山不殊在今潼城北與中條山相連是薄山亦一山名○正義曰薄音白落反襄音色冒反括地志云薄山亦名襄山一名寸棘山一名渠山一名雷首山一名獨頭山一名首陽山一名吳山一名條山在陝州芮城北十里此山西起雷山東至吳坂凡十名以州縣分之多在蒲州今史文云自華以西未詳也】岳山【徐廣曰武功縣有太壹山文有岳山○索隱曰地理志岐山在美陽縣西北也】岐山吳岳【徐廣曰在汧也○索隱曰徐說非也案地理志汧有吳山無岳山也】鴻冢瀆山瀆山蜀之汶山【索隱曰黃帝臣大鴻葬雍鴻冢蓋因大鴻葬為名也地理志蜀郡湔氏道峨山在西徼郭璞註云山在汶陽郡廣陽縣一名瀆山也】水曰河祠臨晉【索隱曰韋昭曰臨晉為馮翊縣地理志臨晉有河水祠○正義曰即同州馮翊縣本漢臨晉縣也收大荔秦獲之更名】

括地志云大河祠在同州朝邑縣南三十里山海經云
冰夷人面乘兩龍也太公金匱云馮脩龍魚河圖云
河伯姓呂名公子夫人姓馮名夷河伯字也華陰潼鄉
隄首人水死化為河伯應劭云東馮夷乃水仙也沔
祠漢中索隱曰水經云沔水出武都沮縣江云東南注
漢所謂沔漢水故祠之漢中樂彥云漢女者漢臣
湫淵祠朝那蘇林曰湫淵在安定朝那縣方四十里
也停不流冬夏不增減不生草木音將蓼
反。索隱曰湫音子小反又子由反即龍之所處也
○正義曰括地志云朝那湫祠在原州平高縣東南二
十里湫谷水源出寧州安定縣江水祠蜀
正義曰括地志云江瀆祠在益州成都縣南八里
有江水祠蓋漢初祠之於源後祠之於蜀也廣雅云江
神謂之奇相江記云帝女也卒為江神華陽國志云蜀
守李冰於彭門闕立江神祠三所漢舊儀云祭四瀆用
三牲圭沉有車馬紺蓋。正義曰括地志云江瀆祠在
益州成都縣南八里
秦并天下江水祠蜀亦春秋泮涸禱賽如東方名山川
而牲牛犢牢具珪幣各異而四大冢鴻岐吳岳皆有嘗
禾鴻冢曰以新穀祭。索隱曰案詞四山為大
冢爾雅云山頂曰冢蓋亦因鴻冢而為號也陳寶節
來祠神應節來其河加有嘗醪此皆在雍州之域近
天子之都故加車一乘駠駒四霸產正義曰括地志云
灞水古滋水也亦
名曰藍谷水即秦嶺水之下流也滻州藍田縣長水澧
瀍水即荆溪水之下流也在雍州萬年縣界。索
隱曰百官表有長水校尉沈約宋書云營近長水因
以為名水經云長水出白鹿原今之荆溪水是也十三
州記豈水出鄠縣南也。正義曰括地志云澧水源在
雍州長安縣西南山豐谷澇涇渭皆非大川以近咸陽盡得比山川祠
而無諸加汧洛正義曰括地志云汧水源出隴州汧源縣西南汧山
渭洛水源出慶州洛源縣白於山南流入渭又云洛水
商州洛南縣西冢嶺山東北流入河按有三洛水未知
祠何者二淵正義曰地理志云二川源在寧州鳴澤索隱
地縣西子午嶺東三川合因名也

曰服虔云鳴澤在涿郡遒縣。正義曰括地志云鳴澤
在幽州范陽縣西十五里按遒縣在易州淶水縣北一
里故遒城是也澤在遒南蒲山岳壻山徐廣曰岳
壻之屬為小山川亦皆歲禱塞泮涸祠禮不必同而雍有日月參辰索隱曰漢書舊
儀云祭參辰於池陽谷口
夾道在右為壇也雍地名南北斗熒惑太白歲星填星
二十八宿風伯雨師四海九臣索隱曰以此以下至天
十四臣各封所出並皆賢臣不知九臣十四臣並不見其
說也諸布諸嚴諸
逑之屬百有餘廟索隱曰爾雅祭星曰布或云諸布
是祭星之處逑亦未詳或說諸逑讀作遂西
亦有數十祠索隱曰西即隴西之西縣秦之舊都故有祠焉於湖有周天子祠
索隱曰地理志湖縣屬京兆有周天子祠二所在於下邽有天神灃滈有昭明
云熒惑星散為昭明索隱曰樂彥引河圖天子辟池索隱曰樂彥云辟池
即滈池所謂華陰平舒道逢使者持璧以遺滈池君故
曰璧池今案謂天子辟池即周天子辟雍之地故周文
王都酆武王都滈既立靈臺則亦
有辟雍耳張衡亦以辟池為雍也於社亳有三杜主之
祠徐廣曰京兆杜縣有亳亭則杜字誤合作社亳且據
文列於下皆是地邑則社是亳邑社。索隱曰
王奔戎遂滅湯社皇甫謐亦云周桓王時自有亳王號
湯非殷也而臣瓚以亳為成湯之邑故云在於
濟陰非也案謂社亳二邑有三杜主之祠也壽星祠
索隱曰壽星蓋南極老人星也見則天下理安故祠之
以祈福壽也。正義曰角亢在辰為壽星三月之時萬
物始生建於春氣布養各
盡其壯不罹夭故壽而雍菅廟亦有杜主韋昭曰
杜主故周之右將軍索隱曰地理志杜陵故杜伯國有
杜主祠四墨子云周宣王殺杜伯
不以罪後宣王田於圃見杜伯執弓矢射宣王伏以而
死故祠之也。正義曰括地志云杜祠雍州長安縣西
南二十五里其在秦中最小鬼之神者索隱曰謂其鬼雖
小而有神靈者也

各以歲時奉祠。唯雍四畤上帝為尊，（索隱曰：雍有五畤，而此云四者，顏氏以為非，下文上帝為五，非也。案四畤據秦舊而言，襄公始列為諸侯，作西畤；文公作鄜畤；宣公作密畤；靈公作上畤、下畤，皆非雍也。至秦德公居雍，而後宣公作密畤，祠青帝；獻公作畦畤，祠白帝；靈公作上畤，祠黃帝，下畤，祠炎帝；是為四，并高祖增黑帝而為五也。○正義括地志云：鄜畤、吳陽上下畤，是言秦川四畤祠上帝，青赤白最尊也。）其光景動人民唯陳寶。故雍四畤，春以為歲禱，因泮凍，秋涸凍，冬塞祠，五月嘗駒，及四仲之月月祠，若陳寶節來一祠。春夏用騂，秋冬用駵。畤駒四匹，木禺龍欒車一駟，木禺車馬一駟，（漢書音義曰：禺，寄也，寄生龍形於木也。○索隱曰：禺音偶，謂偶其形於木，禺馬亦然。欒車，謂車有鈴，乃有和欒之節，故取名也。）各如其帝色。黃犢羔各四，珪幣各有數，皆生瘞埋，無俎豆之具。（正義曰：豆以木為之，受四升，高尺二寸，漆其中。）

（大夫以上赤雲氣，盡諸侯加象跡，亡足，天子加飾之也。）三年一郊。秦以冬十月為歲首，故常以十月上宿郊見，（李奇曰：宿猶齋戒也。）通權火，（張晏曰：權火，烽火也，狀若井挈皋矣，其法類稱，故謂之權。欲令光明遠照，通祀所也。漢祀五畤於雍，五里一烽火。如淳曰：權，舉也。○索隱曰：權如字，解如張晏。一音爟，爟，火官，非也。）拜於咸陽之旁，而衣上白，其用如經祠云。（服虔曰：經，常也。）西畤、畦畤，祠如其故，上不親往。諸此祠皆太祝常主，以歲時奉祠之。至如他名山川諸鬼及八神之屬，上過則祠，去則已。郡縣遠方神祠者，民各自奉祠，不領於天子之祝官。祝官有秘祝，即有菑祥，輒祝祠移過於下。（正義曰：謂有災祥，輒令祝官祠祭，移其咎惡於眾官及百姓也。）漢興，高祖之微時，嘗殺大蛇。有物曰：「蛇，白帝子也，而殺者

史記二十八　十五

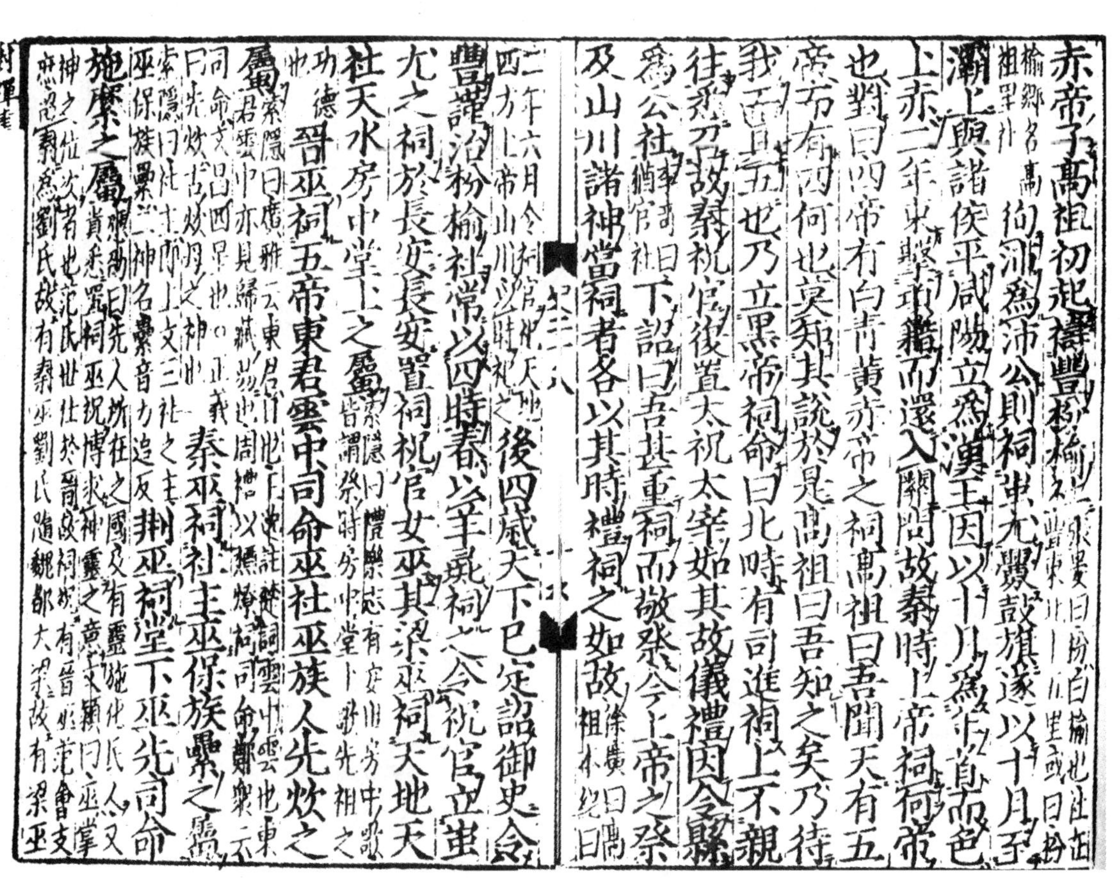

赤帝子。」高祖初起，禱豐枌榆社。（張晏曰：枌，白榆也。社在豐東北十五里。或曰：枌榆，鄉名，高祖里社。）徇沛，為沛公，則祠蚩尤，釁鼓旗。遂以十月至灞上，與諸侯平咸陽，立為漢王。因以十月為年首，而色上赤。二年，東擊項籍而還入關，問：「故秦時上帝祠何帝也？」對曰：「四帝，有白、青、黃、赤帝之祠。」高祖曰：「吾聞天有五帝，而有四，何也？」莫知其說。於是高祖曰：「吾知之矣，乃待我而具五也。」乃立黑帝祠，命曰北畤。有司進祠，上不親往。悉召故秦祝官，復置太祝、太宰，如其故儀禮。因令縣為公社。（李奇曰：猶官社。）下詔曰：「吾甚重祠而敬祭。今上帝之祭及山川諸神當祠者，各以其時禮祠之如故。」（徐廣曰：高祖本紀曰：二年六月，令祠官祀天地、四方、上帝、山川，以時祀之。）

後四歲，天下已定，詔御史，令豐謹治枌榆社，常以四時春以羊彘祠之。令祝官立蚩尤之祠於長安。長安置祠祝官、女巫。其梁巫，祠天、地、天社、天水、房中、堂上之屬；（索隱曰：禮樂志有安世房中歌，皆謂祭時，房中、堂上歌先祖之功德也。）晉巫，祠五帝、東君、雲中、司命、巫社、巫祠、族人、先炊之屬；（索隱曰：廣雅云：東君，日也。王逸注楚詞，雲中，雲神也。東君、雲中亦見歸藏易也。周禮以槱燎祠司命。鄭眾云：司命，文昌四星也。○正義：族人、先炊，古炊母之神也。）秦巫，祠社主、巫保、族纍之屬；（索隱曰：社主，即上文三社之主。巫保、族纍，二神名。纍音力追反。）荊巫，祠堂下、巫先、司命、施糜之屬；（應劭曰：先人所在之國，及有靈施化民人，又貴，悉置祠巫祝，博求神靈之意。文穎曰：巫掌神之位次者也。范氏世仕於晉，故祠祝有晉巫。范會支庶留秦為劉氏，故有秦巫。劉氏隨魏都大梁，故有梁巫。

史記二十八　十六

後從鬻嚳屬荊故有荊巫○索隱曰巫先謂古巫之先有靈者蓋巫咸之類也施糜鄒玄謂主施糜粥之神

九天巫，祠九天：索隱曰孝武本紀云立九天廟於甘泉三輔故事云胡巫事九天於神明臺淮南子云中央曰鈞天東方曰蒼天東北旻天北方玄天西北幽天西方皓天西南朱天南方炎天東南陽天是為九天也○正義曰太玄經云一中天二羨天三從天四更天五睟天六廓天七減天八沈天九成天也皆以歲時祠宮中。其河巫祠河於臨晉，而南山巫祠南山秦中。秦中者，二世皇帝。張晏曰子產云匹夫匹婦強死者魂魄能依人為厲各有時月。其後二歲，或曰周興而邑邰，立后稷之祠，至今血食天下。正義曰顏師古云祭有牲牢故言血食遍於天下於是高祖制詔御史：其令郡國縣立靈星祠。張晏曰龍星左角曰天田則農祥也晨見而祭○正義曰漢舊儀云五年脩復周家舊祠祀后稷於東南為民祈農報厥功夏則龍星見而始雩龍星左角為天田右角為天庭天田為司馬教人種百穀為稷靈者神也辰之神為靈星故以壬辰日祠靈星於東南金勝為土相也廟記云靈星祠在長安城東十里常以歲時祠以牛。高祖十年春，有司請令縣常以春三月及時臘祠社稷以羊豕，民里社各自財以祠。制曰：可。其後十八年，孝文帝即位。即位十三年，下詔曰：今祕祝移過于下，朕甚不取。自今除之。始名山大川在諸侯，諸侯祝各自奉祠，天子官不領。及齊、淮南國廢，正義曰齊有泰山淮南有天柱山二山初天子祝官不領遂廢其祀令諸侯奉祠今令太祝盡以歲時致禮如祭儀令太祝盡以歲時致禮如故。是歲，制曰：朕即位十三年于今，賴宗廟之靈，社稷之福，方內艾安，民人靡疾。閒者比年登，朕之不德，何以饗此？皆上帝諸神之賜也。

蓋聞古者饗其德必報其功，欲有增諸神祠。有司議增雍五畤路車各一乘，駕被具；正義曰顏師古云駕船被馬之飾皆具西畤畦畤禺車各一乘，禺馬四匹，駕被具；其河、湫、漢水正義曰河秋黃河及湫泉加玉各二；正義曰言二水祭時各加玉璧二枚及諸祠，各增廣壇場，珪幣俎豆以差加之。而祝釐者歸福於朕，百姓不與焉。自今祝致敬，毋有所祈。魯人公孫臣上書曰：始秦得水德，今漢受之，推終始傳，則漢當土德，土德之應黃龍見。宜改正朔，易服色，色上黃。是時丞相張蒼好律曆，以為漢乃水德之始，故河決金隄，漢書音義曰在東郡界其符也。索隱曰謂河決乃水德之符應也年始冬十月，色外黑內赤，服虔曰十月陰氣在外黑陽氣伏在地故內赤與德相應。如公孫臣言，非也。罷之。後三歲，黃龍見成紀。徐廣曰在文帝十五年春○正義曰按成紀今秦州縣也文帝乃召公孫臣，拜為博士，與諸生草改曆服色事。其夏，下詔曰：異物之神見于成紀，無害於民，歲以有年。朕祈郊上帝諸神，禮官議，無諱以勞朕。有司皆曰：古者天子夏親郊，祀上帝於郊，故曰郊。於是夏四月，文帝始郊見雍五畤祠，衣皆上赤。其明年，趙人新垣平以望氣見上，言長安東北有神氣，成五采，若人冠絻焉。或曰東北神明之舍，西方神明之墓也。張晏曰神明日也日出東方舍謂陽谷日沒於西墓謂蒙谷也天瑞下，宜立祠上帝，以合符應。於是作渭陽五帝廟，同宇，韋昭曰宇謂上

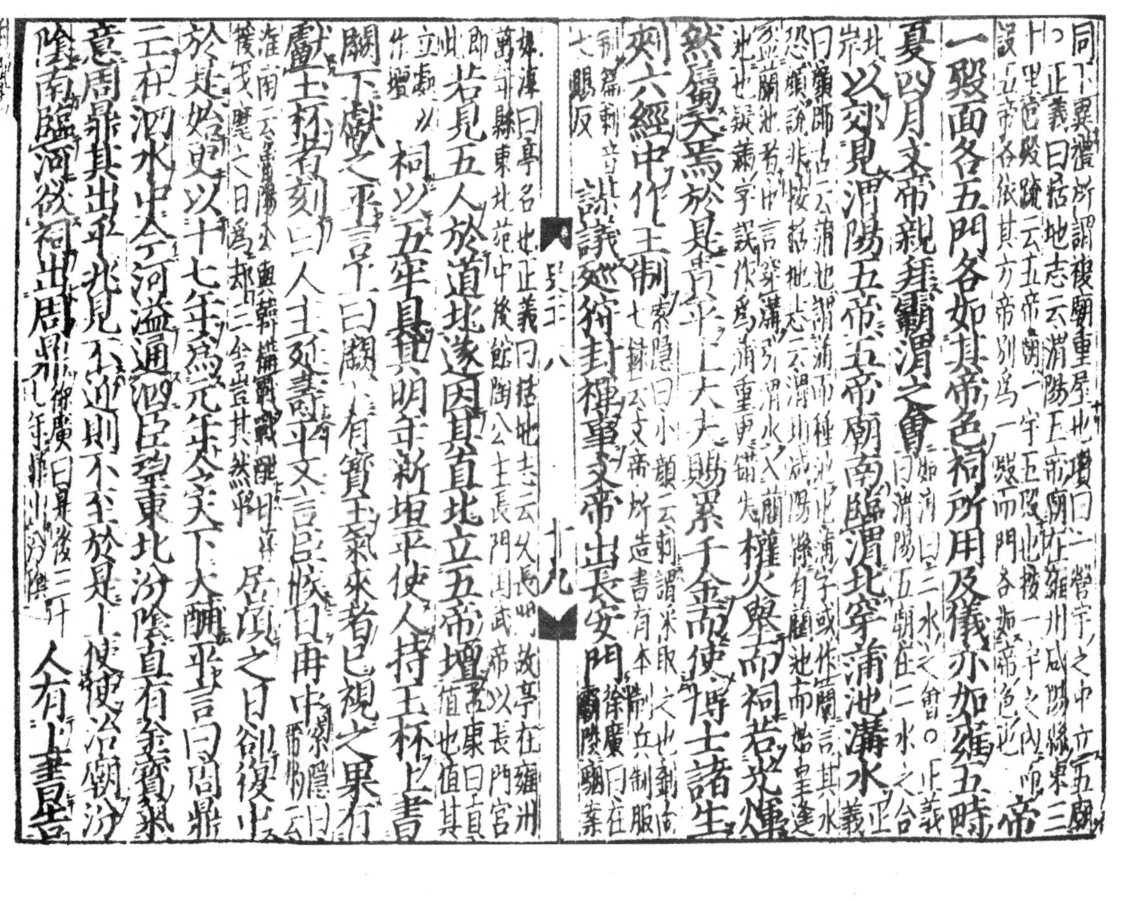

同宇異禮所謂複廟重屋也瓚曰一營宇之中立五廟
○正義曰括地志云渭陽五帝廟在雍州咸陽縣東三十里宮殿疏云五帝廟一宇五殿也按一宇之內而設五帝各依其方帝別為一殿而門各如帝色也　帝
一殿面各五門各如其帝色祠所用及儀亦如雍五畤
夏四月文帝親拜霸渭之會如淳曰二水之會○正義曰渭陽五廟在二水之合
北岸以郊見渭陽五帝五帝廟南臨渭北穿蒲池溝水正義
曰顏師古云蒲池謂蒲而種池也蒲字或作蘭言其水恐誤說非按括地志云渭水咸陽縣有蘭池
北也疑蘭字誤作為蒲重更錯失　權火舉而祠若光煇
然屬天焉於是貴平上大夫賜累千金而使博士諸生
刺六經中作王制索隱曰小顏云刺謂采取之也劉向七錄云文帝所造書有本制兵制服
制篇刺音七賜反　謀議巡狩封禪事文帝出長門徐廣曰在霸陵駰案
如淳曰亭名也正義曰括地志云長門故亭在雍州萬年縣東北苑中後館陶公主長門園武帝以長門宮
為帝立廟以　若見五人於道北遂因其直北立五帝壇直猶當也直其
作壇　祠以五牢具其明年新垣平使人持玉杯上書
闕下獻之平言上曰闕下有寶玉氣來者已視之果有
獻玉杯刻曰人主延壽平又言臣候日再中索隱曰
淮南子云魯陽公與韓構難戰酣日暮援戈麾之日為之反三舍是其然乎　居頃之日卻復中
於是始更以十七年為元年令天下大酺平言曰周鼎
亡在泗水中今河溢通泗臣望東北汾陰直有金寶氣
意周鼎其出乎兆見不迎則不至於是上使使治廟汾
陰南臨河欲祠出周鼎徐廣曰是後二十一年得鼎汾陰　人有上書告

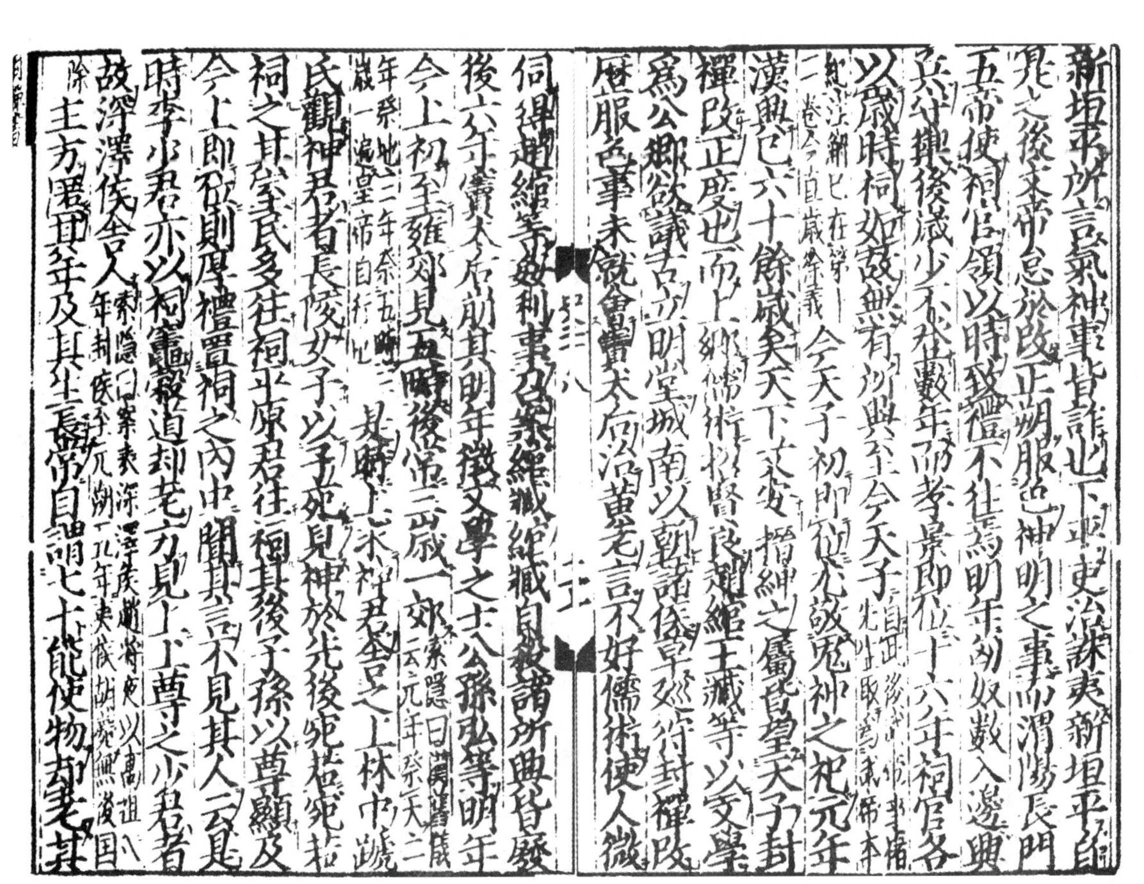

新垣平所言氣神事皆詐也下平吏治誅夷新垣平自
是之後文帝怠於改正朔服色神明之事而渭陽長門
五帝使祠官領以時致禮不往焉明年匈奴數入邊興
兵守禦後歲少不登數年而孝景即位十六年祠官各
以歲時祠如故無有所興至今天子今天子初即位徐廣曰武帝
紀云漢興已六十餘歲矣　尤敬鬼神之祀元年
漢興已六十餘歲矣天下乂安搢紳之屬皆望天子封
禪改正度也而上鄉儒術招賢良趙綰王臧等以文學
為公卿欲議古立明堂城南以朝諸侯草巡狩封禪改
曆服色事未就會竇太后治黃老言不好儒術使人微
伺得趙綰等姦利事召案綰臧綰臧自殺諸所興為皆廢
後六年竇太后崩其明年徵文學之士公孫弘等明年
今上初至雍郊見五畤後常三歲一郊索隱曰漢舊儀云元年祭天二
年祭地三年祭五畤三歲一遍皇帝自行也　是時上求神君舍之上林中蹏
氏觀神君者長陵女子以子死見神於先後宛若宛若
祠之其室民多往祠平原君往祠其後子孫以尊顯及
今上即位則厚禮置祠之內中聞其言不見其人云是
時李少君亦以祠竈穀道卻老方見上上尊之少君者
故深澤侯舍人索隱曰案表深澤侯趙將夜以高祖八年封侯孫胡九年失侯絕無後國
除　主方匿其年及其生長常自謂七十能使物卻老其

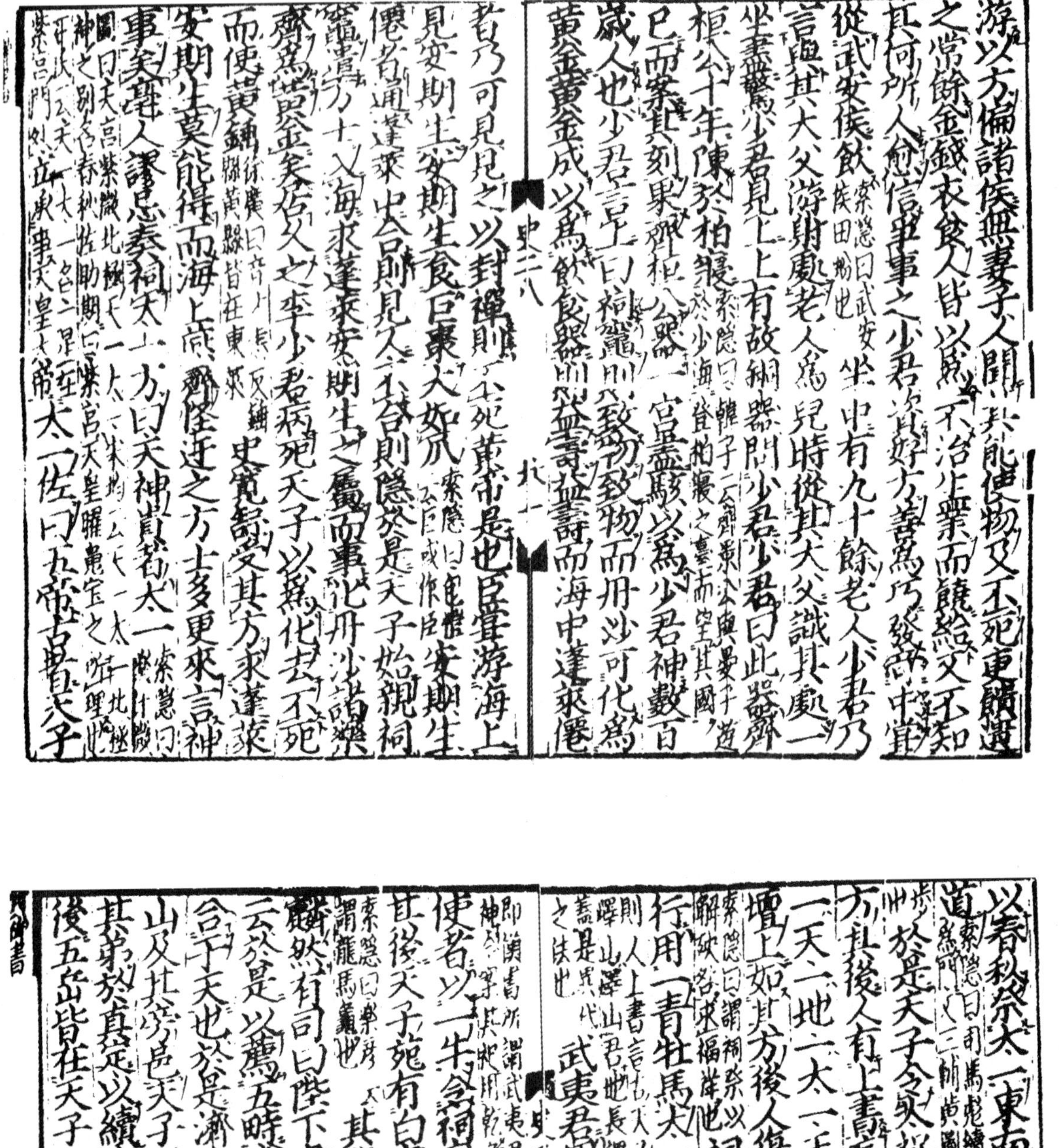

游以方偏諸侯無妻子人聞其能使物及不死更饋遺之常餘金錢衣食人皆以爲不治生業而饒給又不知其何所人愈信爭事之少君資好方善爲巧發奇中嘗從武安侯飲索隱曰武安侯田蚡也坐中有九十餘老人少君乃言與其大父游射處老人爲兒時從其大父識其處一坐盡驚少君見上上有故銅器問少君少君曰此器齊桓公十年陳於柏寢索隱曰韓子云齊景公與晏子游於少海登柏寢之臺而望其國已而案其刻果齊桓公器一宮盡駭以爲少君神數百歲人也少君言上曰祠竈則致物致物而丹沙可化爲黃金黃金成以爲飲食器則益壽益壽而海中蓬萊僊者乃可見見之以封禪則不死黃帝是也臣嘗游海上見安期生安期生食巨棗大如瓜安期生僊者通蓬萊中合則見人不合則隱於是天子始親祠竈遣方士入海求蓬萊安期生之屬而事化丹沙諸藥齊爲黃金矣居久之李少君病死天子以爲化去不死而使黃錘史寬舒受其方求蓬萊安期生莫能得而海上燕齊怪迂之方士多更來言神事矣亳人謬忌奏祠太一方曰天神貴者太一太一佐曰五帝古者天子

以春秋祭太一東南郊用太牢七日爲壇開八通之鬼道於是天子令太祝立其祠長安東南郊常奉祠如忌方其後人有上書言古者天子三年壹用太牢祠神三一天一地一太一天子許之令太祝領祠之於忌太一壇上如其方後人復有上書言古者天子常以春解祠祠黃帝用一梟破鏡冥羊用羊祠馬行用一青牡馬太一澤山君地長用牛武夷君用乾魚陰陽使者以一牛令祠官領之如其方而祠於忌太一壇旁其後天子苑有白鹿以其皮爲幣以發瑞應造白金焉其明年郊雍獲一角獸若麃然有司曰陛下肅祗郊祀上帝報享錫一角獸蓋麟云於是以薦五畤畤加一牛以燎錫諸侯白金風符應合于天也於是濟北王以爲天子且封禪乃上書獻太山及其旁邑天子以他縣償之常山王有罪遷天子封其弟於真定以續先王祀而以常山爲郡然後五岳皆在天子之郡其明年齊人少翁以鬼神方見

上有所幸王夫人，徐廣曰外戚傳封禪書曰趙之王夫人幸有子封爲齊王 夫人卒，索隱曰漢書作李夫人卒帝悼之李少翁致其形帝爲作賦此云王夫人新論亦同未詳 少翁以方蓋夜致王夫人及竈鬼之貌云，天子自帷中望見焉。於是乃拜少翁爲文成將軍，賞賜甚多，以客禮禮之。文成言曰：上即欲與神通，宮室被服非象神，神物不至。乃作畫雲氣車，及各以勝日駕車辟惡鬼。索隱曰樂彦云畫以勝日者謂畫青車以甲乙畫赤車以丙丁畫玄車以壬癸畫白車以庚辛畫黃車以戊己將有水事則乘黃車故云駕車辟惡鬼也 又作甘泉宮，中爲臺室，畫天地太一諸鬼神，而置祭具以致天神。居歲餘，其方益衰，神不至。乃爲帛書以飯牛，詳不知，言曰此牛腹中有奇。殺視得書，書言甚怪。天子識其手書，問其人，果是僞書，於是誅文成將軍，隱之。其後則又作柏梁、銅柱，徐廣曰元鼎二年時 承露仙人掌之屬矣。文成死明年，天子病鼎湖甚，索隱曰三輔黃圖云鼎湖宮名在藍田韋昭云地名近宜春案湖本屬京兆後分屬弘農亦非鼎湖之處也 巫醫無所不致，不愈。游水發根言上郡有巫，病而鬼神下之。上召置祠之甘泉。及病，使人問神君。神君言曰：天子無憂病。病少愈，彊與我會甘泉。於是病愈，遂起，幸甘泉，病良已。大赦，置酒壽宮神君。壽宮神君最貴者太一，其佐曰大禁、司命之屬，皆從之。非可得見，聞其言，言與人音等。時去時來，來則風肅然。居室帷中。時晝言，然常以夜。天子祓，然後入。因巫爲主人，關飲食。所以言，行下。又置壽宮、北宮，張羽旗，設供具，以禮神君。神君所言，上使人受書其言，命之曰書法。其所語，世俗之所知也，無絕殊者，而天子心獨喜。其事祕，世莫知也。其後三年，有司言元宜以天瑞命，不宜以一二數。一元曰建，二元以長星曰光，三元以郊得一角獸曰狩云。其明年冬，天子郊雍，議曰：今上帝朕親郊，而后土無祀，則禮不答也。有司與太史公、祠官寬舒議：天地牲角繭栗。今陛下親祠后土，后土宜於澤中圜丘爲五壇，壇一黃犢太牢具，已祠盡瘞，而從祠衣上黃。於是天子遂東，始立后土祠徐廣曰元鼎四年 汾陰脽丘，如寬舒等議。上親望拜，如上帝禮。禮畢，天子遂至滎陽而還。過雒陽，下詔曰：三代邈絕，遠矣難存。其以三十里地封周後爲周子南君，以奉其先祀焉。是歲，天子始巡郡縣，浸尋於泰山矣。其春，樂成侯上書言欒大。欒大，膠東宮人，故嘗與文成將軍同師，已而爲膠東王尚方。而樂成侯姊爲康王后，索隱曰康王名寄 無子。康王死，他姬子立爲王。徐廣曰以元狩二年薨 而康后有淫行，與王不相中，索隱曰三蒼云中得也 相危以法。康后聞文成已死，而欲自媚於上，乃遣欒大因樂成侯求見言方。天子既誅文成，後悔其蚤死，惜其方不盡，及見欒大，大說。大爲人長美，言多方略，而敢爲大言處之不疑。大言曰：臣常往來海中，見安期、羨門之屬。顧以臣為賤，不信臣。又以為康王諸侯耳，不足與方。臣數言康王，康王又不用臣。臣之師曰：黃金可成，而河決可塞，不死之藥可得，仙人可致也。然臣恐效文成，則方士皆奄口，惡敢言方哉！上曰：文成食馬肝死耳。（索隱曰論衡云氣勃而毒盛故食走馬肝殺人儒林傳曰食肉無食馬肝是也）子誠能修其方，我何愛乎！（索隱曰上語辭也子言誠能修文成方者我更何所愛乎謂不惜金寶祿位也）大曰：臣師非有求人，人者求之。陛下必欲致之，則貴其使者，令有親屬，以客禮待之，勿卑，使各佩其信印，乃可使通言於神人。神人尚肯邪不邪。致尊其使，然後可致也。於是上使驗小方，鬬棊，棊自相觸擊。（索隱曰顧氏案萬畢術云取雞血雜磨鍼鐵擣和磁石棊頭置局上自相抵擊也）是時上方憂河決，而黃金不就，乃拜大為五利將軍。居月餘，得四印，（索隱曰謂五利將軍天士將軍地士將軍大通將軍為四也）佩天士將軍、地士將軍、大通將軍印。制詔御史：昔禹疏九江，決四瀆。閒者河溢皋陸，隄繇不息。朕臨天下二十有八年，（徐廣曰元鼎四年也）天若遺朕士而大通焉。乾稱蜚龍，鴻漸于般，朕意庶幾與焉。其以二千戶封地士將軍大為樂通侯。賜列侯甲第，僮千人。乘轝斥車馬帷帳器物以充其家。又以衛長公主妻之，（索隱曰衛子夫之女衛太子姊也衛長公主是衛后長女也非如帝姊曰長公主之例也）齎金萬斤，更命其邑曰當

利公主。（索隱曰地理志東萊有當利縣）天子親如五利之第。使者存問供給，相屬於道。自大主（徐廣曰武帝姑）將相以下，皆置酒其家，獻遺之。於是天子又刻玉印曰天道將軍，使使衣羽衣，夜立白茅上，五利將軍亦衣羽衣，夜立白茅上受印，以示不臣也。而佩天道者，且為天子道天神也。於是五利常夜祠其家，欲以下神。神未至而百鬼集矣，然頗能使之。其後裝治行，東入海，求其師云。大見數月，佩六印，（索隱曰更加樂通侯及天道將軍印為六印）貴震天下，而海上燕齊之閒，莫不搤捥而自言有禁方，能神僊矣。其夏六月中，汾陰巫錦為民祠魏脽后土營旁，見地如鉤狀，掊視得鼎。鼎大異於眾鼎，文鏤無款識，怪之，言吏。吏告河東太守勝，勝以聞。天子使使驗問巫得鼎無姦詐，乃以禮祠，迎鼎至甘泉，從行，上薦之。至中山，（徐廣曰河渠書曰鑿涇水自中山西）曣嗢，有黃雲蓋焉。有麃過，上自射之，因以祭云。（徐廣曰上言從行上薦之或者祭鼎也）至長安，公卿大夫皆議請尊寶鼎。天子曰：閒者河溢，歲數不登，故巡祭后土，祈為百姓育穀。今歲豐廡未報，鼎曷為出哉？有司皆曰：聞昔泰帝興神鼎一，（索隱曰孔文祥云泰帝太昊也）一者一統，天地萬物所繫終也。黃帝作寶鼎三，象天地人。禹收九牧之金，鑄九鼎。皆嘗亨鬺（徐廣曰鬺烹也鬺音殤皆嘗以亨牲牢而祭祀）上帝鬼神。遭聖則興，鼎遷于夏商。周德衰，宋之

社亡，鼎乃淪沒，伏而不見。頌云『自堂徂基，自羊徂牛；鼐鼎及鼒，不吳不驁，胡考之休』。今鼎至甘泉，光潤龍變，承休無疆。合茲中山，有黃白雲降蓋，若獸為符，路弓乘矢，集獲壇下，報祠大享。唯受命而帝者心知其意而合德焉。鼎宜見於祖禰，藏於帝廷，以合明應。」制曰：「可。」入海求蓬萊者，言蓬萊不遠，而不能至者，殆不見其氣。上乃遣望氣佐候其氣云。其秋，上雍，且郊。或曰「五帝，太一之佐也，宜立太一而上親郊之」。上疑未定。齊人公孫卿曰：「今年得寶鼎，其冬辛巳朔旦冬至，與黃帝時等。」卿有札書曰：「黃帝得寶鼎宛朐，問於鬼臾區。鬼臾區對曰：『黃帝得寶鼎神策，是歲己酉朔旦冬至，得天之紀，終而復始。』於是黃帝迎日推策，後率二十歲復朔旦冬至，凡二十推，三百八十年，黃帝僊登于天。」卿因所忠欲奏之。所忠視其書不經，疑其妄書，謝曰：「寶鼎事已決矣，尚何以為！」卿因嬖人奏之。上大說，乃召問卿。對曰：「受此書申公，申公已死。」上曰：「申公何人也？」卿曰：「申公，齊人。與安期生通，受黃帝言，無書，獨有此鼎書。曰『漢興復當黃帝之時』。曰『漢之聖者在高祖之孫且曾孫也。寶鼎出而與神通，封禪。封禪七十二王，唯黃帝得上泰山封』。申公曰：『漢主亦當上封，上封則能僊

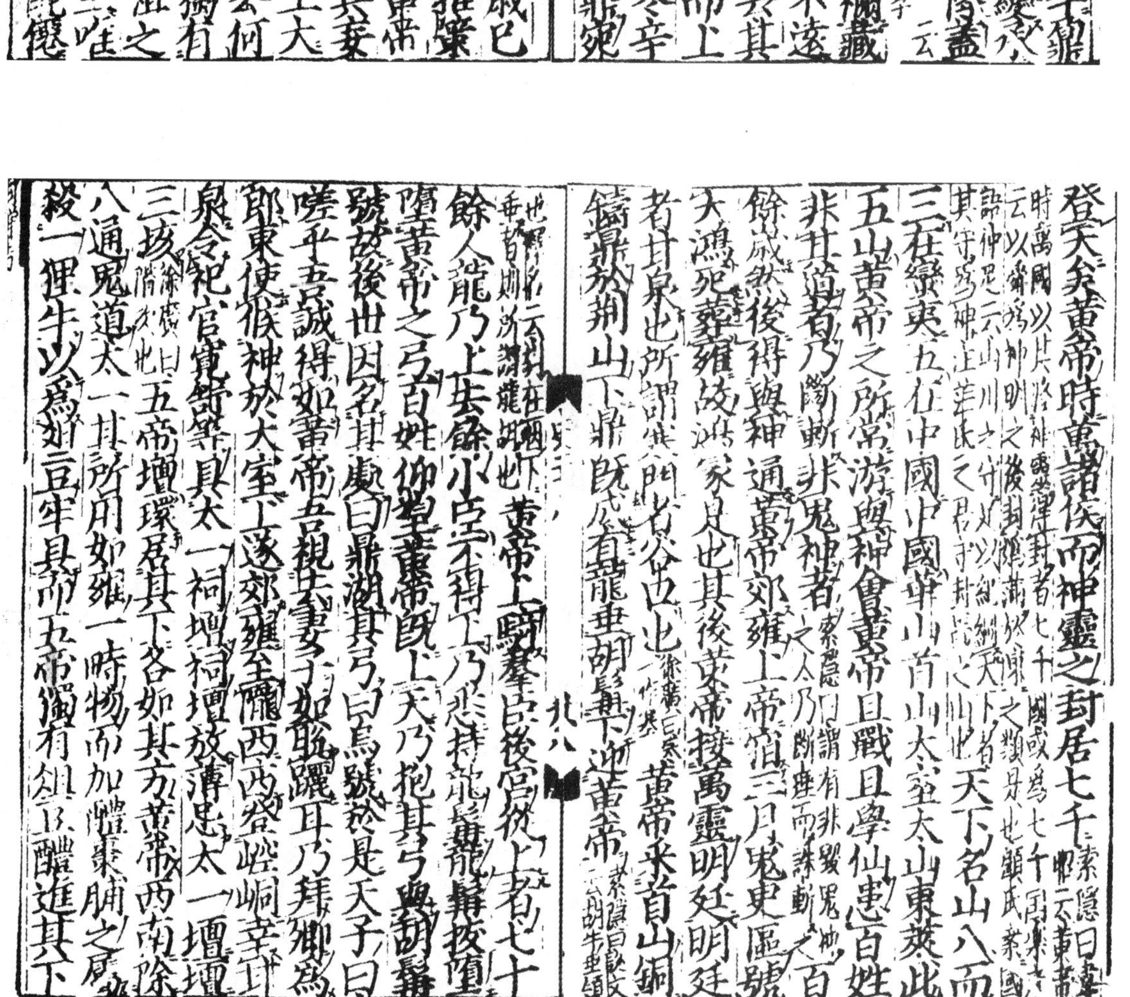

登天矣。黃帝時萬諸侯，而神靈之封居七千。天下名山八，而三在蠻夷，五在中國。中國華山、首山、太室、泰山、東萊，此五山黃帝之所常遊，與神會。黃帝且戰且學仙。患百姓非其道者，乃斷斬非鬼神者。百餘歲然後得與神通。黃帝郊雍上帝，宿三月。鬼臾區號大鴻，死葬雍，故鴻冢是也。其後黃帝接萬靈明廷。明廷者，甘泉也。所謂寒門者，谷口也。黃帝采首山銅，鑄鼎於荊山下。鼎既成，有龍垂胡髯下迎黃帝。黃帝上騎，群臣後宮從上者七十餘人，龍乃上去。餘小臣不得上，乃悉持龍髯，龍髯拔，墮，墮黃帝之弓。百姓仰望黃帝既上天，乃抱其弓與胡髯號，故後世因名其處曰鼎湖，其弓曰烏號。』」於是天子曰：「嗟乎！吾誠得如黃帝，吾視去妻子如脫躧耳。」乃拜卿為郎，東使候神於太室。上遂郊雍，至隴西，西登崆峒，幸甘泉。令祠官寬舒等具太一祠壇，祠壇放薄忌太一壇，壇三垓。五帝壇環居其下，各如其方，黃帝西南，除八通鬼道。太一，其所用如雍一畤物，而加醴棗脯之屬，殺一貍牛以為俎豆牢具。而五帝獨有俎豆醴進。其下

四方地爲醊食羣臣從者及北斗云已祠胙餘皆燎之其牛色白鹿居其中彘在鹿中水而洎之祭日以牛祭月以羊彘特太一祝宰則衣紫及繡五帝各如其色日赤月白十一月辛巳朔旦冬至昧爽天子始郊拜太一朝朝日夕夕月則揖而見太一如雍郊禮其贊饗曰天始以寶鼎神策授皇帝朔而又朔終而復始皇帝敬拜見焉而衣上黃其祠列火滿壇壇旁亨炊具有司云祠上有光焉公卿言皇帝始郊見太一雲陽有司奉瑄玉嘉牲薦饗是夜有美光及晝黃氣上屬天太史公祠官寬舒等曰神靈之休祐福兆祥宜因此地光域立太畤壇以明應令太祝領秋及臘閒祠三歲天子一郊見其秋爲伐南越告禱太一以牡荊畫幡日月北斗登龍以象太一三星爲太一鋒命曰靈旗爲兵禱則太史奉以指所伐國而五利將軍使不敢入海之太山祠上使人隨驗實毋所見五利妄言見其師其方盡多不讎上乃誅五利其冬公孫卿候神河南言見僊人跡緱氏城上有物如雉往來城上天子親幸緱氏城視跡問卿得毋效文成五

九十九

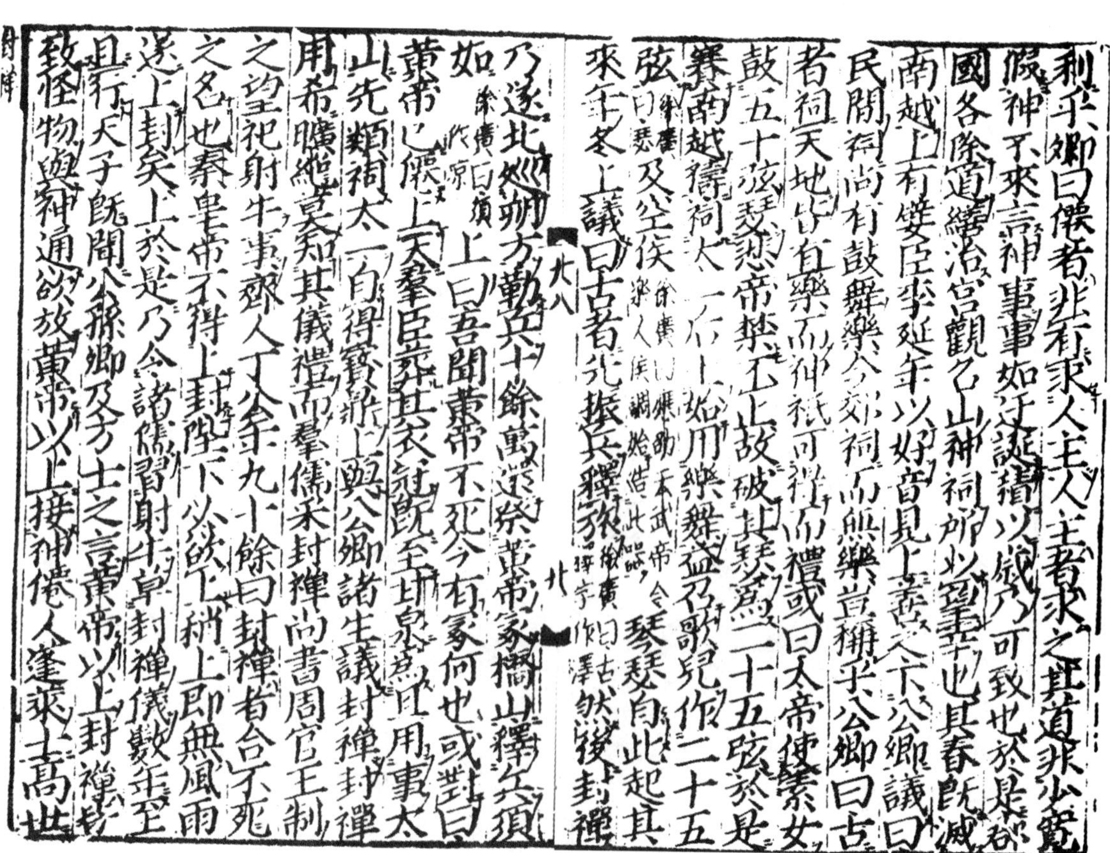

利乎卿曰僊者非有求人主人主者求之其道非少寬假神不來言神事事如迂誕積以歲乃可致也於是郡國各除道繕治宮觀名山神所以望幸也其春既滅南越上有嬖臣李延年以好音見上善之下公卿議曰民閒祠尚有鼓舞樂今郊祠而無樂豈稱乎公卿曰古者祠天地皆有樂而神祇可得而禮或曰太帝使素女鼓五十弦瑟悲帝禁不止故破其瑟爲二十五弦於是塞南越禱祠太一后土始用樂舞益召歌兒作二十五弦及空侯琴瑟自此起其來年冬上議曰古者先振兵釋旅然後封禪乃遂北巡朔方勒兵十餘萬還祭黃帝冢橋山釋兵須如上曰吾聞黃帝不死今有冢何也或對曰黃帝已僊上天羣臣葬其衣冠既至甘泉爲且用事太山先類祠太一自得寶鼎上與公卿諸生議封禪封禪用希曠絕莫知其儀禮而羣儒采封禪尚書周官王制之望祀射牛事齊人丁公年九十餘曰封禪者合不死之名也秦皇帝不得上封陛下必欲上稍上即無風雨遂上封矣上於是乃令諸儒習射牛草封禪儀數年至且行天子既聞公孫卿及方士之言黃帝以上封禪皆致怪物與神通欲放黃帝以上接神僊人蓬萊士高世

九十八

比德於九皇而頗采儒術以文之羣儒既已不能辨明
封禪事又牽拘於詩書古文而不能騁上為封禪祠器
示羣儒羣儒或曰不與古同徐偃又曰太常諸生行禮
不如魯善周霸屬圖封禪事於是上絀偃霸而盡罷諸
儒不用三月遂東幸緱氏禮登中嶽太室從官在山下
聞若有言萬歲云問上上不言問下下不言於是以三
百戶封太室奉祠命曰崇高邑東上太山太山之草木
葉未生乃令人上石立之太山巔上遂東巡海上行禮
祠八神齊人之上疏言神怪奇方者以萬數然無驗者
乃益發船令言海中神山者數千人求蓬萊神人公孫

卿持節常先行候名山至東萊言夜見大人長數丈就
之則不見見其跡甚大類禽獸云羣臣有言見一老父
牽狗言吾欲見巨公已忽不見上即見大跡未信及羣
臣有言老父則大以為僊人也宿留海上予方士傳車
及間使求僊人以千數四月還至奉高上念諸儒及方
士言封禪人人殊不經難施行天子至梁父禮祠地主
乙卯令侍中儒者皮弁薦紳射牛行事封太山下東方
如郊祠太一之禮封廣丈二尺高九尺其下則有玉牒
書書祕禮畢天子獨與侍中奉車子侯上太山亦有封
其事皆禁明日下陰道丙辰禪太山下阯東北肅然山

如祭后土禮天子皆親拜見衣上黃而盡用樂焉江淮
間一茅三脊為神藉五色土益雜封縱遠方奇獸蜚禽
及白雉諸物頗以加禮兕牛犀象之屬不用皆至太山
祭后土封禪祠其夜若有光晝有白雲起封中天子從
禪還坐明堂羣臣更上壽於是制詔御史朕以眇眇之
身承至尊兢兢焉懼不任維德菲薄不明于禮樂脩祠
太一若有象景光屑如有望震於怪物欲止不敢遂登
封太山至于梁父而後禪肅然自新嘉與士大夫更始
賜民百戶牛一酒十石加年八十孤寡布帛二匹復博
奉高蛇丘歷城無出今年租稅其大赦天下如乙卯赦

令行所過毋有復作事在二年前皆勿聽治又下詔曰
古者天子五載一巡狩用事太山諸侯有朝宿地其令
諸侯各治邸太山下天子既已封太山無風雨災而方
士更言蓬萊諸神若將可得於是上欣然庶幾遇之乃
復東至海上望冀遇蓬萊焉奉車子侯暴病一日死索隱曰新論云武帝出璽印石財有兆朕子侯則沒印帝畏惡故殺之風俗通亦云然顧胤案武帝集帝與子侯家語云道士皆言子侯得仙不足悲此說是也上乃遂去並海上北至碣石巡
自遼西歷北邊至九原五月反至甘泉有司言寶鼎出
為元鼎以今年為元封元年其秋有星茀于東井後十
餘日有星茀于三能望氣王朔言候獨見填星出如瓜

食頃復入焉有司皆曰陛下建漢家封禪天其報德星云（索隱曰樂彥包愷並作填星謂即德星也將梓圖云填星之極也韋昭如淳本亦作填也）其來年冬郊雍五帝還拜祝祠太一贊饗曰德星昭衍厭維休祥壽星仍出淵耀光明信星昭見皇帝敬拜太祝之享其春公孫卿言見神人東萊山若云欲見天子天子於是幸緱氏城拜卿為中大夫遂至東萊宿留之數日無所見見大人跡云復遣方士求神怪采芝藥以千數是歲旱於是天子既出無名乃禱萬里沙過祠太山還至瓠子自臨塞決河留二日沈祠而去使二卿將卒塞決河徙二渠復禹之故跡焉是時既滅南越越人勇之乃言越人俗鬼而其祠皆見鬼數有效昔東甌王敬鬼壽百六十歲後世怠慢故衰耗乃令越巫立越祝祠安臺無壇亦祠天神上帝百鬼而以雞卜上信之越祠雞卜始用焉公孫卿曰僊人可見而上往常遽以故不見今陛下可為觀如緱城（徐廣曰一云如緱氏城）置脯棗神人宜可致也且僊人好樓居於是上令長安則作蜚廉桂觀甘泉則作益延壽觀（索隱曰小顏以為作益壽延壽二館漢武故事云作延壽觀高二十丈）使卿持節設具而候神人乃作通天莖臺（徐廣曰在甘泉○索隱曰漢書並無莖字疑衍也）置祠具其下將招來僊神人之屬於是甘泉更置前殿始廣諸宮室夏有芝生殿防內中（徐廣曰元封二年）天子為塞河興通天臺若見有光云乃下詔甘泉房中生芝九莖赦天下毋有復作其明年伐朝鮮夏旱公孫卿曰黃帝時封則天旱乾封三年上乃下詔曰天旱意乾封乎其令天下尊祠靈星焉其明年上郊雍通回中道巡之春至鳴澤從西河歸其明年冬上巡南郡至江陵（徐廣曰元封五年）而東登禮灊之天柱山號曰南岳浮江自尋陽出樅陽過彭蠡禮其名山川北至琅邪並海上四月中至奉高修封焉初天子封泰山泰山東北阯古時有明堂處處險不敞上欲治明堂奉高旁未曉其制度濟南人公玊帶上黃帝時明堂圖明堂圖中有一殿四面無壁以茅蓋通水圜宮垣為複道上有樓從西南入命曰昆侖天子從之入以拜祠上帝焉於是上令奉高作明堂汶上（徐廣曰在元封二年秋）如帶圖及五年修封則祠太一五帝於明堂上坐令高皇帝祠坐對之祠后土於下房以二十太牢天子從昆侖道入始拜明堂如郊禮禮畢燎堂下而上又上泰山自有秘祠其巔而太山下祠五帝各如其方黃帝并赤帝而有司侍祠焉山上舉火下悉應之其後二歲十一月甲子朔旦冬至推曆者以本統天子親至太山以十一月甲子朔旦冬至日祠上帝明堂毋修封禪（徐廣曰常五年一修耳今適二年故但祠於明堂）其贊饗曰天增

授皇帝太元神策周而復始皇帝敬拜太一東至海上
考入海及方士求神者莫驗然益遣冀遇之十一月乙
酉柏梁烖十二月甲午朔上親禪高里祠后土臨勃海
將以望祀蓬萊之屬冀至殊廷焉上還以柏梁烖故朝
受計甘泉公孫卿曰黃帝就青靈臺十二日燒黃帝乃
治明廷明廷甘泉也方士多言古帝王有都甘泉者其
後天子又朝諸侯甘泉甘泉作諸侯邸勇之乃曰越俗
有火烖復起屋必以大用勝服之於是作建章宮度爲
千門萬戶前殿度高未央其東則鳳闕高二十餘丈其
西則唐中數十里虎圈其北治大池漸臺高二十餘丈
命曰太液池中有蓬萊方丈瀛洲壺梁象海中神山龜
魚之屬其南有玉堂璧門大鳥之屬乃立神明臺井幹
樓度五十丈輦道相屬焉夏漢改曆以正月爲歲首而
色上黃官名更印章以五字爲太初元年是歲西伐大
宛蝗大起丁夫人雒陽虞初等以方祠詛匈奴大宛焉
其明年有司上言雍五畤無牢熟具芬芳不備乃令祠
官進畤犢牢具色食所勝而以木禺馬代駒焉獨五月
嘗駒行親郊用駒及諸名山川用駒者悉以木禺馬代
行過乃用駒他禮如故其明年東巡海上考神僊之屬
未有驗者方士有言黃帝時爲五城十二樓以候神人

於執期命曰迎年上許作之如方命曰明年上親禮祠
上帝焉公玉帶曰黃帝時雖封太山然風后封巨岐伯
令黃帝封東太山禪凡山（徐廣曰一作丸）合符然後不死焉天子
既令設祠具至東太山太山卑小不稱其聲乃令祠官禮
之而不封禪焉其後令帶奉祠候神物夏遂還太山脩
五年之禮如前而加以禪祠石閭石閭者在太山下阯
南方方士多言此僊人之閭也故上親禪焉其後五年
復至太山脩封（徐廣曰天漢三年）還過祭恆山今天子所興祠
太一后土三年親郊祠建漢家封禪五年一脩封薄忌
太一及三一冥羊馬行赤星五寬舒之祠官以歲時致
禮（索隱曰郊祀志云祠官寬舒議祠后土爲五壇故謂之五寬舒祠官也）凡六祠皆太祝
領之至如八神諸明年凡山他名祠行過則祠行去則
已方士所興祠各自主其人終則已祠官不主他祠皆
如其故今上封禪其後十二歲而還徧於五岳四瀆矣
而方士之候祠神人入海求蓬萊終無有驗而公孫卿
之候神者猶以大人之跡爲解無有效天子益怠厭方
士之怪迂語矣然羈縻不絕冀遇其眞自此之後方士
言神祠者彌衆然其效可睹矣
太史公曰余從巡祭天地諸神名山川而封禪焉入壽
宮侍祠神語究觀方士祠官之意於是退而論次自古

以來用事於鬼神者，具見其表裏。後有君子，得以覽焉。若至俎豆珪幣之詳，獻酬之禮，則有司存。

索隱述贊曰：

禮載升中，書稱肆類。古今盛典，皇王能事。登封報天，降禪除地。飛英騰實，金泥石記。漢承遺緒，斯道不墜。仙閭肅然，揚休勤志。

封禪書第六　史記二十八

河渠書第七　史記二十九

夏書曰：禹抑鴻水十三年，過家不入門。索隱曰：抑音億。抑者遏也。洪水滔天，故禹遏之，不令害人也。漢書溝洫志作「堙」，堙抑皆塞也。陸行載車，水行載舟，泥行蹈毳，山行即橋。徐廣曰：橋近遙反，一作「檋」，檋直轅車也，音己足反。尸子曰：山行乘樏，音力追反。又曰：行塗以楯，行險以撮，行沙以軌。又曰：乘風車，音去喬反。○索隱曰：毳字亦作橇，同音昌芮反。注以撮，子芮反，又子絕反，与蕝音同也。以別九州，隨山浚川，任土作貢。通九道，正義曰：顏師古云通九州之道。陂九澤，及障遏其澤也。度九山。正義曰：度，洛反。度，云度其山者，產也。治水以志九州山澤所生物產，言於地所宜，商而度之，以制貢賦。然河菑衍溢，害中國也尤甚，唯是為務。故道河自積石歷龍門，正義曰：龍門在同州韓城縣北五十里，爲鑿廣八十步。南到華陰，正義曰：華陰縣也。魏之陰晉，秦惠文王更名寧秦，漢高帝改曰華陰也。東下砥柱，正義曰：底柱山俗名三門山，在硤石縣東北五十里，在河之中也。及孟津、正義曰：在洛州河陽縣南門外也。雒汭，至于大邳。正義曰：孔安國云山再成曰邳。在衛州黎陽縣南七里也。於是禹以為河所從來者高，水湍悍，漢書音義曰：湍，疾也；悍，彊也。難以行平地，數為敗，乃廝二渠以引其河。漢書音義曰：廝，分也。二渠其一出貝丘西南二折者也，其一則漯川。○索隱曰：廝，漢書作「灑」，史記舊本亦作「灑」字，從水，音疏跬反。廝即分其流泄其怒是也。二渠其一則漯川，其二王莽時遂空也。北載之高地，過降水，正義曰：絳水源出潞州屯留縣西南方山東北也。至于大陸，正義曰：大陸澤在邢州及趙州界，一名廣河澤，一名鉅鹿澤也。播為九河，正義曰：言過絳水及大陸水之口，至冀州分為九河也。同為逆河，入于勃海。索隱曰：禹貢曰「同為逆河，入于海」。然則河口之入海乃在碣石也。武帝元光二年，河徙東郡，更注勃海。禹時不注勃海也。九川既疏，九澤

河渠書

既灑諸夏艾安功施于三代自是之後滎陽下引河東南爲鴻溝（索隱曰即漢小分之界文穎云即今官度水也蓋爲二渠一南經陽武爲官度水一東經大梁城即河溝今之汴河是也）以通宋鄭陳蔡曹衛與濟汝淮泗會于楚西方則通渠漢水雲夢之野東方則通鴻溝江淮之閒於吳則通渠三江五湖（韋昭曰五湖湖名耳實一湖今太湖是也在吳西南。索隱曰三江按地理志北江從會稽毗陵縣北東入海中江從丹陽蕪湖縣東北至會稽陽羨縣東入海南江從會稽吳縣南東入海故禹貢有北江中江也五湖者具區洮滆彭蠡青草洞庭是也又云太湖周五百里故曰五湖也）於齊則通菑濟之閒於蜀蜀守冰（漢書曰蜀守李冰）鑿離碓（晉灼曰碓古堆字）辟沫水之害（索隱曰沫音末說文云沫水出蜀西南徼外與青衣合東南入海也）穿二江成都之中（正義曰括地志云大江一名汶江一名管橋水一名清江亦名水江西南自溫江縣界流來又云郫江一名成都江一名市橋江亦名中日江亦曰內江西北自新繁縣界流來二江並在益州成都縣界任豫益州記云二江者郫江流江也風俗通云秦昭王使李冰爲蜀守開成都縣兩江溉田萬頃神須取女二人以爲婦冰自以女與神爲婚徑至祠勸神酒酒杯澹澹因厲聲責之因忽不見良久有兩蒼牛鬭於江岸有閒輒還流汗謂官屬曰吾鬭疲極不當相助耶南向腰中正白者我綬也主簿刺殺北面者江神遂死華陽國志云蜀時濯錦流江中則鮮明也）此渠皆可行舟有餘則用溉浸百姓饗其利至于所過往往引其水益用溉田疇之渠以萬億計然莫足數也西門豹引漳水溉鄴（正義曰括地志云漳水一名濁漳水源出潞州長子縣西力黃山地理志云濁漳水出長子鹿谷山東至鄴入清漳按力黃鹿谷二山相近一山也長子潞州之縣也）以富魏之河內而韓聞秦之好興事欲罷之毋令東伐（索隱曰欲罷勞之息秦伐韓之計）乃使水工鄭

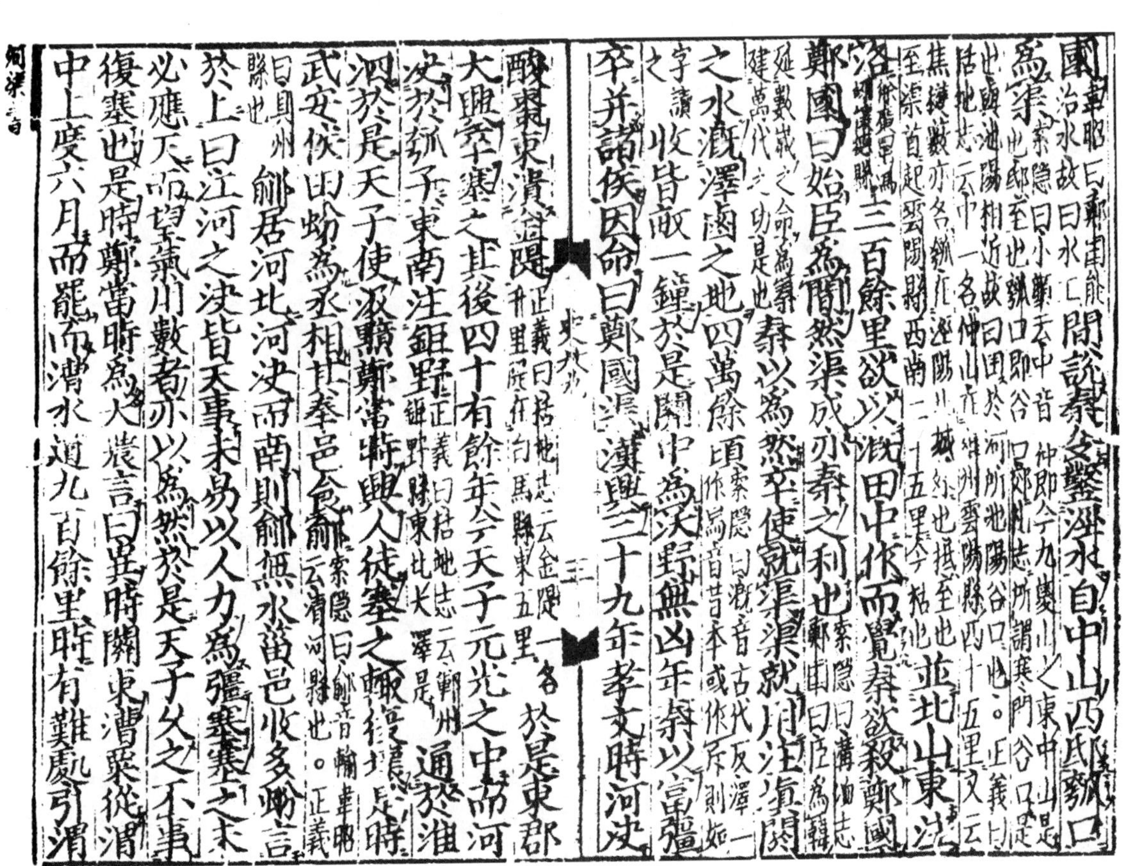

國閒說秦令鑿涇水自中山西邸瓠口爲渠（韋昭曰鄭國能治水故曰水工。索隱曰小顏云中山在池陽縣北瓠口即谷口乃郊祀志所謂寒門谷口是也與池陽相近故曰邸瓠口。正義曰括地志云中山一名仲山在雍州雲陽縣西十五里又云焦穫藪亦名瓠口在涇陽縣北城外也）並北山東注洛（正義曰括地志云至渠首起雲陽縣西南二十五里）三百餘里欲以溉田中作而覺秦欲殺鄭國鄭國曰始臣爲閒然渠成亦秦之利也（索隱曰溝洫志鄭國曰臣爲韓延數歲之命而爲秦建萬代之功是也）秦以爲然卒使就渠渠就用注填閼之水溉澤鹵之地四萬餘頃（索隱曰溉音古代反澤一作舃音昔本或作斥則如字讀之）收皆畝一鍾於是關中爲沃野無凶年秦以富彊卒并諸侯因命曰鄭國渠漢興三十九年孝文時河決酸棗東潰金隄（正義曰括地志云金隄一名千里隄在白馬縣東五里）於是東郡大興卒塞之其後四十有餘年今天子元光之中而河決於瓠子東南注鉅野（正義曰括地志云鄆州鉅野縣東北大澤是）通於淮泗於是天子使汲黯鄭當時興人徒塞之輒復壞是時武安侯田蚡爲丞相其奉邑食鄃（索隱曰鄃音輸縣名屬清河也。正義曰貝州縣也）鄃居河北河決而南則鄃無水菑邑收多蚡言於上曰江河之決皆天事未易以人力爲彊塞塞之未必應天而望氣用數者亦以爲然於是天子久之不事復塞也是時鄭當時爲大農言曰異時關東漕粟從渭中上度六月而罷而漕水道九百餘里時有難處引渭

穿渠起長安，並南山下，至河三百餘里，徑，易漕，度可令三月罷；而渠下民田萬餘頃，又可得以溉田：此損漕省卒，而益肥關中之地，得穀。天子以為然，令齊人水工徐伯表，索隱曰韋昭云徐伯表水工姓名也小顏云以為表若巡行穿渠之處而表記之若今豎立標表不是名也悉發卒徐廣曰一云悉衆數萬人穿漕渠，三歲而通。通，以漕，大便利。其後漕稍多，而渠下之民頗得以溉田矣。其後河東守番係言：漕從山東西，索隱曰番音婆又音潘詩小雅云番維司徒是人也係音系從山東西者謂從山東運漕而西入關也歲百餘萬石，更砥柱之限，敗亡甚多，而亦煩費。穿渠引汾，正義曰括地志云汾水源出嵐州靜樂縣北百三十里管涔山北東南流入并州即西南流入至絳州蒲州入河也溉皮氏、正義曰括地志云皮氏故城在絳州龍門縣西百三十步自秦漢魏晉皮氏縣皆治也汾陰正義曰括地志云汾陰故城俗名殷湯城在蒲州汾陰縣北九里漢汾陰縣下，引河溉汾陰、蒲坂下，度可得五千頃。五千頃故盡河壖棄地，韋昭曰壖音而緣反謂緣河邊地也○索隱曰又音人兗反民茭牧其中耳，索隱曰茭乾草也謂收茭及牧畜於其中今溉田之，度可得穀二百萬石以上。穀從渭上，與關中無異，而砥柱之東可無復漕。天子以為然，發卒數萬人作渠田。數歲，河移徙，渠不利，則田者不能償種。久之，河東渠田廢，予越人，令少府以為稍入。如淳曰時越人有徙者以田與之其租稅入少府○索隱曰其田既薄越人徙居者習水利故與之而少其稅入之於少府也其後人有上書欲通褒斜道韋昭曰褒中縣也斜谷名音邪瓚曰褒斜二水名○正義曰括地志云褒谷在梁州褒城縣北五十里斜水源

出褒城縣西北九十八里衙嶺山與褒水同源而派流漢書溝洫志云褒水通沔斜水通渭皆以行船是也按褒城即褒中縣也及漕，事下御史大夫張湯。湯問其事，因言：抵蜀從故道，正義曰括地志云鳳州兩當縣本漢故道縣也在州西五十里故道多阪，回遠。今穿褒斜道，少阪，近四百里；而褒水通沔，斜水通渭，皆可以行船漕。漕從南陽正義曰南陽鄧今鄧州上沔入褒，褒之絕水至斜，間百餘里，以車轉，從斜下下渭。如此，漢中之穀可致，山東從沔無限，正義曰限之言多也山東謂河南之東山南之東及江南皆經砥柱之運今並從沔便於三門之漕也便於砥柱之漕。且褒斜材木竹箭之饒，擬於巴蜀。天子以為然，拜湯子卬為漢中守，發數萬人作褒斜道五百餘里。道果便近，而水湍石，徐廣曰湍一作浚不可漕。其後莊熊羆言：臨晉正義曰括地志云同州本臨晉城也二洛大荔城亦曰馮翊城民願穿洛以溉重泉正義曰洛漆沮水也括地志云重泉故城在同州蒲城縣東南四十五里在同州西北四十五里以東萬餘頃故鹵地。誠得水，可令畝十石。於是為發卒萬餘人穿渠，自徵引洛水至商顏下。服虔曰顏音崖應劭曰徵在馮翊或曰按商顏山名○索隱曰徵音懲縣名也小顏云顏之徵城也顏又如字岸善崩，如淳曰洛水岸○正義曰言商原之崖岸土性疏故善崩毀也乃鑿井，深者四十餘丈。往往為井，井下相通行水。水頹以絕商顏，瓚曰下流曰頹東至山嶺十餘里間。井渠之生自此始。穿渠得龍骨，正義曰括地志云伏龍祠在同州馮翊縣西北四十里故老云漢時自徵穿渠引洛得龍骨其後立祠因以伏龍為祠名今祠頗有靈驗也故名曰龍首渠。作之十餘歲，渠

頗通，猶未得其饒。自河決瓠子後二十餘歲，歲因以數不登，而梁楚之地尤甚。天子既封禪巡祭山川，其明年，旱，乾封少雨。天子乃使汲仁、郭昌發卒數萬人塞瓠子決。於是天子已用事萬里沙，正義曰：括地志云萬里沙在華州鄭縣東北二十里也。則還自臨決河，沈白馬玉璧于河，令羣臣從官自將軍已下皆負薪寘決河。是時東郡燒草，以故薪柴少，而下淇園之竹晉灼曰：衛之苑也，多竹篠。以為楗。如淳曰：樹竹塞水決之口，稍稍布插接樹之，水稍弱，補令密，謂之楗。以草塞其裏，乃以土填之，有石以石為之。○索隱曰：楗音其免反。楗者，樹於水中，稍下竹及土石者也。天子既臨河決，悼功之不成，乃作歌曰：瓠子決兮將奈何？皓皓旰旰兮閭殫為河！如淳曰：殫，盡也。駰謂州閭盡為河。殫為河兮地不得寧，功無已時兮吾山平。徐廣曰：東郡東阿有魚山，或者是乎？駰案：如淳曰：恐水漸山使平也。韋昭曰：鑿山以填河也。吾山平兮鉅野溢，如淳曰：瓠子決，灌鉅野澤使溢也。魚沸鬱兮柏冬日。徐廣曰：柏猶迫也。冬日行天邊，若與水相連矣。駰案：漢書音義曰：鉅野滿溢，則眾魚沸鬱而滋長也。迫冬日乃止。延道弛兮離常流。徐廣曰：延，一作正。駰案：晉灼曰：言河道皆弛壞。○索隱曰：言河之決，由其源道延長弛溢，故使其道皆離常流也。蛟龍騁兮方遠遊。歸舊川兮神哉沛，駰案：韋昭曰：水還舊道，則羣害消除，神祐滂沛。不封禪兮安知外！為我謂河伯兮何不仁，泛濫不止兮愁吾人？齧桑浮兮淮泗滿，駰案：服虔曰：齧桑，邑名也。如淳曰：邑名，為水所浮漂。久不反兮水維緩。一曰：河湯湯兮激潺湲，北渡迂兮浚流難。搴長茭兮沈美玉，如淳曰：搴，取也。茭，草也，音郊。一曰：茭，竿也。取長竿樹之，用著石

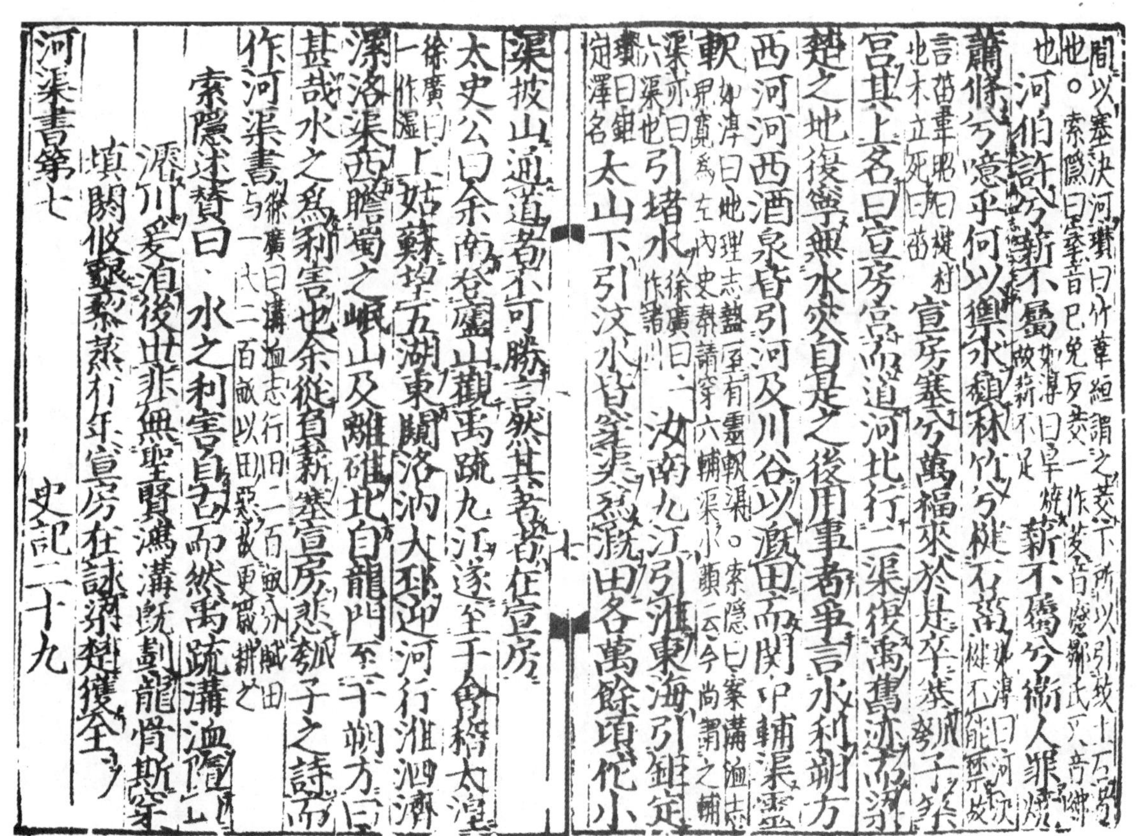

閒，以塞決河。瓚曰：竹葦絙謂之茭，下所以引致土石者也。○索隱曰：搴音已免反。茭，一作茇，音廢。鄒氏又音郊。河伯許兮薪不屬，如淳曰：旱燒，故薪不足。薪不屬兮衛人罪，燒蕭條兮噫乎何以禦水！頹林竹兮楗石菑，如淳曰：河決，楗不能禁，故言菑。韋昭曰：楗，柱也。木立死曰菑。宣房塞兮萬福來。於是卒塞瓠子，築宮其上，名曰宣房宮。而道河北行二渠，復禹舊跡，而梁楚之地復寧，無水災。自是之後，用事者爭言水利。朔方、西河、河西、酒泉皆引河及川谷以溉田；而關中輔渠、靈軹如淳曰：地理志盩厔有靈軹渠。○索隱曰：案溝洫志：兒寬為左內史，奏請穿六輔渠。小顏云今尚謂之輔渠，亦曰六渠也。引堵水；徐廣曰：一作諸川。汝南、九江引淮；東海引鉅定；瓚曰：鉅定，澤名。太山下引汶水：皆穿渠為溉田，各萬餘頃。佗小渠披山通道者，不可勝言。然其著者在宣房。

太史公曰：余南登廬山，觀禹疏九江，遂至于會稽太湟，徐廣曰：一作湟。上姑蘇，望五湖；東闚洛汭、大邳，迎河，行淮、泗、濟、漯、洛渠；西瞻蜀之岷山及離碓；北自龍門至于朔方。曰：甚哉，水之為利害也！余從負薪塞宣房，悲瓠子之詩而作河渠書。徐廣曰：溝洫志：行田二百畝，分賦田與一夫，二百畝以田惡，故更易耕之。

索隱述贊曰：水之利害，自古而然。禹疏溝洫，隨山濬川。爰自後世，非無聖賢。鴻溝既劃，龍骨斯穿。填閼攸墾，黍稷有年。宣房在詠，梁楚獲全。

河渠書第七

史記二十九

平準書第八　史記三十

漢書百官表曰大司農屬官有平準令。索隱曰大司農屬官有平準令丞者以均天下郡国輸斂貴則糶之賤則買之平賦以相準輸歸于京都故命曰平準

漢興接秦之弊丈夫從軍旅老弱轉糧饟作業劇而財匱自天子不能具鈞駟索隱曰天子駕駟馬其色宜齊同今言国家貧天子不能具鈞色之駟馬漢書作醇駟醇与純同純一色也或作騂非也而將相或乘牛車齊民無藏如淳曰齊等無有貴賤故謂之齊民若今言平民矣蓋晉灼曰中国被教之民也蘇林曰無物可蓋藏也於是為秦錢重難用更令民鑄錢漢書食貨志曰鑄莢錢。索隱曰顧氏案古今注云秦錢半兩徑寸二分重十二銖莢錢重三銖錢譜云文為漢興也一黃金一斤索隱曰如淳云時以錢為貨黃金一斤直萬錢非也又臣瓚下注云秦以一溢為一金漢以一斤為一金是其義約法省禁而不軌逐利之民蓄積餘業以稽市物物踊騰糶李奇曰稽貯也如淳曰稽考也考校市物價貴賤有時晉灼曰踊甚也言計市物賤而豫益稸之也物貴而出賣故使物甚騰也漢書糶字作躍。索隱曰李奇云稽貯也韋昭云稽留待也稽字當如李韋二解晉灼及馬融訓稽為計及考於義為疎如淳云踊騰猶昂也依昂者依貴依賤也今案漢書糶字作躍躍者謂物踊貴而價起有如物之騰躍而起也然糶者出貨米之名故食貨志云大熟則上糶三而舍一是也米至石萬錢馬一匹則百金瓚曰秦以一溢為一金漢以一斤為一金天下已平高祖乃令賈人不得衣絲乘車重租稅以困辱之孝惠高后時為天下初定復弛商賈之律然市井之子孫亦不得仕宦為吏量吏祿度官用以賦於民而山川園池市井正義曰古人未有市及井若朝聚井汲水便將貨物於井邊貨賣故言市井租稅之入

自天子以至于封君湯沐邑皆各為私奉養焉不領於天下之經費索隱曰案經訓常也言封君已下皆以湯沐邑為私奉養故不領入天子之常稅為一年之經費也漕轉山東粟以給中都官歲不過數十萬石索隱曰說文云漕水轉穀也一云車運曰轉水運曰漕中都猶都內也皆天子之倉府以給中都官者即今太倉以稟官儲者也至孝文時莢錢益多輕如淳曰如榆莢也乃更鑄四銖錢其文為半兩令民縱得自鑄錢故吳諸侯也以即山鑄錢索隱曰案即訓就言就出銅之山鑄錢故下文云即名銅山是也一解即山山名也富埒天子徐廣曰埒者際畔言鄰接相次也。索隱孟康曰富與天子等而微減也或曰埒等也其後卒以叛逆鄧通大夫也以鑄錢財過王者故吳鄧氏錢布天下而鑄錢之禁生焉匈奴數侵盜北邊屯戍者多邊粟不足給食當食者於是募民能輸及轉粟於邊者拜爵爵得至大庶長索隱曰漢書食貨志云未帝用晁錯言令人入粟邊六百石爵上造稍增至四千石為五大夫萬二千石為大庶長各以多少為差孝景時上郡以西旱亦復脩賣爵令而賤其價以招民及徒復作得輸粟縣官以除罪益造苑馬以廣用索隱曰謂增益苑囿造廄而養馬以廣用則馬是軍国之用也而宮室列觀輿馬益增脩矣至今上即位數歲漢興七十餘年之間國家無事非遇水旱之災民則人給家足都鄙廩庾皆滿而府庫餘貨財京師之錢累巨萬韋昭曰巨萬今萬萬貫朽而不可校如淳曰校數也大倉之粟陳陳相因充溢露積於外至腐敗不可食衆庶街巷有馬阡陌之間成羣而

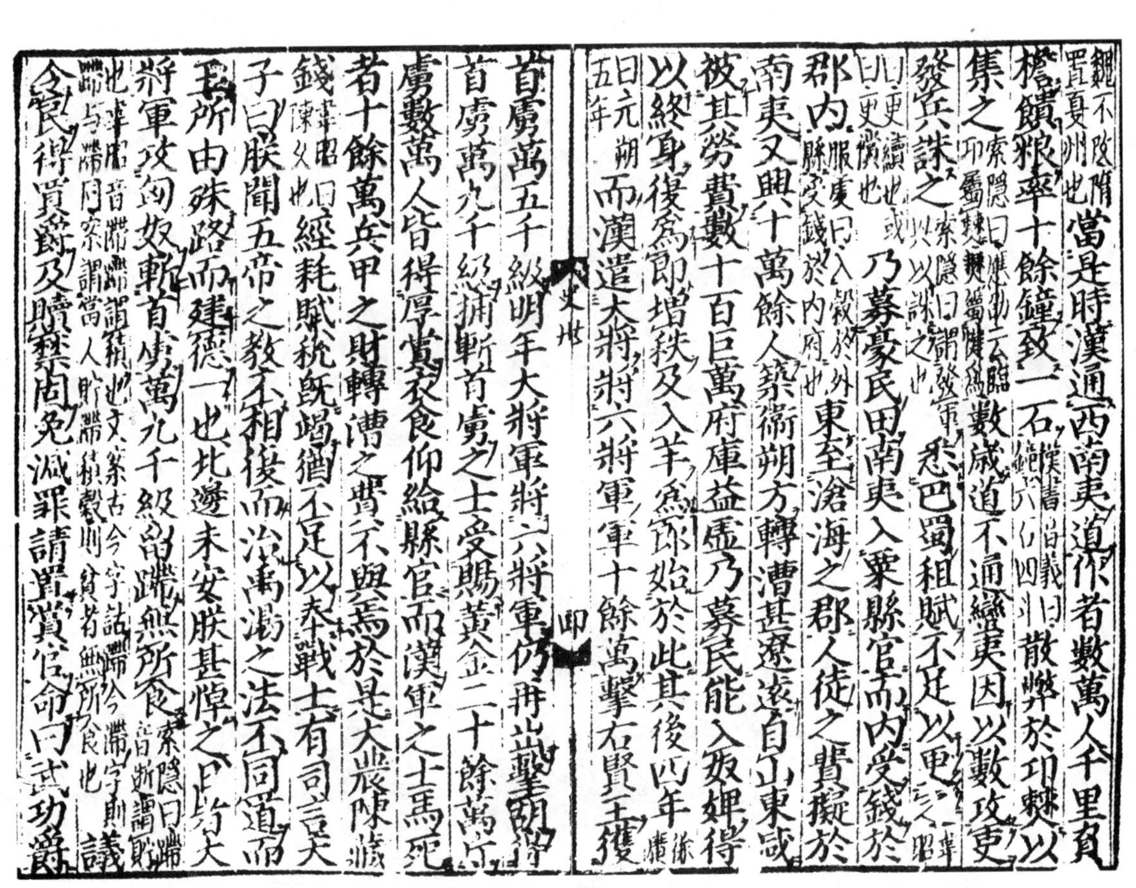

乘字牝者儐而不得聚會。漢書音義曰：皆乘父馬，有牝馬間其間則相踶齧，故斥不得出會同。守閭閻者食粱肉，為吏者長子孫，如淳曰：時無事，吏不數轉，至于子孫長大而不轉職任。居官者以為姓號。如淳曰：倉氏、庾氏是也。索隱曰：案如淳注出食貨志也。故人人自愛而重犯法，先行義而後絀恥辱焉。當此之時，網疏而民富，役財驕溢，或至兼并豪黨之徒，以武斷於鄉曲。索隱曰：鄉曲豪富無官位，而以威勢主斷曲直，故曰武斷也。宗室有土公卿大夫以下，爭于奢侈，室廬輿服僭于上，無限度。物盛而衰，固其變也。自是之後，嚴助、朱買臣等招來東甌，正義曰：烏侯反，今台州永寧是也。事兩越，正義曰：南越及閩越。南越今廣州南海也，閩越今建州建安也。江淮之間蕭然煩費矣。唐蒙、司馬相如開路西南夷，鑿山通道千餘里，以廣巴蜀，巴蜀之民罷焉。彭吳賈滅朝鮮，索隱曰：彭吳，人姓名，始開其道而滅之。朝鮮，番名。置滄海之郡，則燕齊之間靡然發動。及王恢設謀馬邑，匈奴絕和親，侵擾北邊，兵連而不解，天下苦其勞，而干戈日滋。行者齎，居者送，中外騷擾而相奉，百姓抏弊以巧法，索隱曰：抏音五官反，又五亂反。案抏者耗也，謂耗之名。言百姓貧弊，故行巧詆之法也。財賂衰耗而不贍。入物者補官，出貨者除罪，選舉陵遲，廉恥相冒，武力進用，法嚴令具。興利之臣自此始也。韋昭曰：弘羊、孔僅之屬。其後漢將歲以數萬騎出擊胡，及車騎將軍衛青取匈奴河南地，正義曰：[illegible]謂靈夏三州地，取在元朔二年。築朔方。正義曰：今夏州也。括地志云：[illegible]州，秦上郡，漢分置朔方郡，魏不改，隋置夏州也。

當是時，漢通西南夷道，作者數萬人，千里負擔饋糧，率十餘鍾致一石，漢書音義曰：鍾六石四斗。散幣於邛僰以集之。索隱曰：僰音蒲北反。邛屬蜀，僰屬犍為。數歲道不通，蠻夷因以數攻，吏發兵誅之。索隱曰：謂發軍興以誅之也。悉巴蜀租賦不足以更之，韋昭曰：更，續也。或曰：更，償也。乃募豪民田南夷，入粟縣官，而內受錢於都內。服虔曰：入穀於外縣，受錢於內府也。東至滄海之郡，人徒之費擬於南夷。又興十萬餘人築衛朔方，轉漕甚遼遠，自山東咸被其勞，費數十百巨萬，府庫益虛。乃募民能入奴婢得以終身復，為郎增秩，及入羊為郎，始於此。其後四年，徐廣曰：元朔五年。而漢遣大將將六將軍，軍十餘萬，擊右賢王，獲首虜萬五千級。明年，大將軍將六將軍仍再出擊胡，得首虜萬九千級。捕斬首虜之士受賜黃金二十餘萬斤，虜數萬人皆得厚賞，衣食仰給縣官；而漢軍之士馬死者十餘萬，兵甲之財轉漕之費不與焉。於是大農陳藏錢經耗，韋昭曰：陳，久也。賦稅既竭，猶不足以奉戰士。有司言：「天子曰『朕聞五帝之教不相復而治，禹湯之法不同道而王，所由殊路，而建德一也。北邊未安，朕甚悼之。日者，大將軍攻匈奴，斬首虜萬九千級，留蹛無所食。索隱曰：蹛音逝，謂貯[illegible]。韋昭音滯，蹛謂積也。文穎[illegible]。案古今字詁，蹛今滯字，則蹛與滯同。案謂當人貯滯積穀，則貧者無所食也。議令民得買爵及贖禁錮免減罪』。請置賞官，命曰武功爵。

瓚曰茂陵中書有武功爵一級曰造士二級曰閑輿衛三級曰良士四級曰元戎士五級曰官首六級曰秉鐸七級曰千夫八級曰樂卿九級曰執戎十級曰左庶長十一級曰軍衛此武帝所制以寵軍功 級十七萬凡直八十餘萬金 索隱曰大顏云一金萬錢也計十一級級十七万合百八十七万金而此云三十餘万金其數必有誤者顧氏案或解云初一級十七万自此已上每級加二万至十一級合成三十七万也 諸買武功爵官首者試補吏先除 索隱曰官首武功爵第五也位稍高故得試為吏先除用也 千夫如五大夫 索隱曰千夫武功十一等爵第七五大夫舊二十等爵第九也言千夫爵秩比於五大夫故楊僕以千夫為吏是謂此 其有罪又減二等爵得至樂卿 徐廣曰爵名也瓚案漢書音義曰十爵左庶長以上至十八爵為大庶長也名樂卿樂卿者朝位從九卿加樂者別正卿又十九爵為樂公食公卿祿而無職 索隱曰此言武功置爵唯得至於樂卿也臣瓚所引茂陵書蓋後人記其爵失次耳今注十爵至十八為大庶長為樂卿十九至二十為樂公乃以舊二十爵 以顯軍功軍功多用越等大者封侯卿大夫小者郎吏吏道雜而多端則官職耗廢自公孫弘以春秋之義繩臣下取漢相張湯用峻文決理為廷尉於是見知之法生 張晏曰吏見知不舉劾為故縱 而廢格沮誹窮治之獄用矣 如淳曰廢格天子文法使不行也誹謂非上所行若顏異反脣之比也○索隱曰格音閣沮音才緒反誹音非謂廢格天子之命而不行及沮毀誹謗之者皆被窮治故云廢格沮誹之獄用矣 其明年淮南衡山江都王謀反迹見而公卿尋端治之竟其黨與而坐死者數萬人長吏益慘急而法令明察當是之時招尊方正賢良文學之士或至公卿大夫公孫弘以漢相布被食不重味為天下先然無益於

俗稍騖於功利矣其明年驃騎仍再出擊胡獲首四萬其秋渾邪王率數萬之眾來降於是漢發車二萬乘迎之既至受賞賜及有功之士是歲費凡百餘巨萬初先是往十餘歲河決觀 徐廣曰觀縣名也屬東郡光武改曰衛公國 梁楚之地固已數困而緣河之郡隄塞河輒決壞費不可勝計其後番係欲省底柱之漕穿汾河渠以為溉田作者數萬人鄭當時為渭漕渠回遠鑿直渠自長安至華陰作者數萬人朔方亦穿渠作者數萬人各歷二三期功未就費亦各巨萬十數天子為伐胡盛養馬馬之來食長安者數萬匹卒牽掌者關中不足乃調旁近郡而胡降者皆衣食縣官縣官不給天子乃損膳解乘輿駟出御府禁藏以贍之其明年山東被水菑民多飢乏於是天子遣使者虛郡國倉廥 音膾 以振貧民猶不足又募豪富人相貸假尚不能相救乃徙貧民於關以西及充朔方以南新秦中 徐廣曰地名在北方千里 如淳曰長安已北朔方已南 瓚曰秦逐匈奴以收河南地徙民以實之謂之新秦今以地空故復徙民以實之 七十餘萬口衣食皆仰給縣官數歲假予產業使者分部護之冠蓋相望其費以億計不可勝數於是縣官大空而富商大賈或蹛財役貧 漢書音義曰蹛停也一曰貯也○索隱曰蹛謂案居積停滯也 轉轂百數 李奇曰轂謂車也 廢居居邑 徐廣曰廢居者貯畜之名也有所廢有所居

其並耕射利也。翻案服虔曰……居邑……
物於邑中以待貴。索隱曰劉氏云……
也……賣於君者爲蓄積。徐……封君皆低首仰給焉。韋昭曰……
未一云有所貴有所畜息也……音抵
邪服虔曰仰給於商賈。索隱曰服虔說是也，而劉伯
莊以爲封君及大商皆低首營私以自給，不佐天子，非
也。冶鑄煮鹽，財或累萬金，而不佐國家之急，黎民重困。
於是天子與公卿議，更錢造幣以贍用，而摧浮淫并兼
之徒。是時禁苑有白鹿而少府多銀錫。自孝文更造四
銖錢，至是歲四十餘年，從建元以來，用少，縣官往往即
多銅山而鑄錢，民亦閒盜鑄錢，不可勝數。錢益多而輕，
如淳曰：磨錢取鋊故也。瓚曰……物益少而貴。如淳曰：但鑄
鑄錢者多，故錢輕，輕亦賤也。作錢不作餘
物。有司言曰：古者皮幣，諸侯以聘享。金有三等，黃金爲

史三十　七

上，白金爲中，赤金爲下。漢書音義曰：白金，銀也；赤金，丹
也。注一云丹陽銅，音神異經……陽銅。○索隱曰：說文云銅，赤金
也……今半兩錢法重四銖，韋昭曰：文爲半
兩，實重四銖。而姦或盜摩錢裏取鋊，徐廣曰：音容……曰：冶器法謂之鋊。錢益
輕薄而物貴，則遠方用幣煩費不省。乃以白鹿皮方尺，
緣以藻繢，繢一作績……以藻爲皮幣，直四十萬。王侯宗室朝覲
聘享，必以皮幣薦璧，然後得行。又造銀錫爲白金。如淳曰：雜
鑄銀錫爲白金也。以爲天用莫如龍，索隱曰：易云行天莫如龍是也。地用莫如
馬，索隱曰：易一云行地莫如馬是也。人用莫如龜，索隱曰：禮一云諸侯以龜爲寶是也。故白
金三品：其一曰重八兩，圜之，其文龍，名曰白選，直三千；
索隱曰：顧氏案錢譜，其文爲龍形，隱起，肉好皆圜，文又
作雲霞之象。選，蘇林音選擇之選，包愷及劉氏音息戀
反。尚書大傳云：夏后氏不殺不刑，死罪罰二千饌。馬融
云：饌，六兩。漢書作撰，二字音同也。案黃圖云：直三
千三百。二曰以重差小，方之，其文馬，直五百；索隱曰：謂以八
兩差爲三品，此重六兩，下小撱重四兩也。云以重差小，謂半兩爲重，
故差小，重六兩，而其形方。錢譜：肉好皆方，隱起馬形，肉
連珠文也。三曰復小，撱之，其文龜，直三百。索隱曰：撱音湯果反。
爾雅注：撱者狹長也，謂長而又四角也。錢譜：肉圓好方，皆隱起龜甲文。令縣官銷半兩錢，
更鑄三銖錢，文如其重。盜鑄諸金錢罪皆死，而吏民之
盜鑄白金者不可勝數。於是以東郭咸陽、孔僅爲大農
丞，領鹽鐵事；索隱曰：東郭，姓；咸陽，名也。案：風俗通東郭牙，齊大夫，咸陽其後也。桑弘羊
以計算用事，侍中。咸陽，齊之大煮鹽，孔僅，南陽大冶，皆
致生累千金，故鄭當時進言之。弘羊，雒陽賈人子，以心

史三十　八

計，年十三侍中。故三人言利事析秋豪矣。索隱曰：言百物毫芒至秋
皆美細。今言弘羊等三人言利事纖悉，能分析其秋毫也。法既益嚴，吏多廢免。兵革
數動，民多買復及五大夫，徵發之士益鮮。於是除千夫
五大夫爲吏，不欲者出馬；故吏皆適令伐棘上林，韋昭
曰：欲令出馬，無馬者令伐棘。○索隱曰：謂故吏先免者皆適令伐棘上林，不謂無馬者也。作昆
明池。索隱曰：案黃圖，武帝穿昆明池周四十里以習水戰。荀悅云：昆明子居滇河中，故習水戰以伐之也。
其明年，大將軍、驃騎大出擊胡，徐廣曰：元狩四年。得首虜八九
萬級，賞賜五十萬金，漢軍馬死者十餘萬匹，轉漕車甲
之費不與焉。是時財匱，戰士頗不得祿矣。有司言三銖
錢輕，易姦詐，乃更請諸郡國鑄五銖錢，周郭其下，令不

可舉取鎔焉大農上鹽鐵丞孔僅咸陽言山海天地之藏也皆宜屬少府（索隱曰韋昭云少府天子私所給賜經用也公用屬大司農）陛下不私以屬大農佐賦願募民自給費因官器作煮鹽官與牢盆（如淳曰牢廩食也古者名廩為牢也盆者煮鹽盆○索隱曰蘇林云牢價直也今世人言雇手牢盆○小顏云蘇林說是也書云牢乃盆名其說誤也）浮食奇名欲擅管山海之貨（張晏曰若人執倉庫之管籥或曰管固○索隱曰包愷奇音羈謂侯也非農工之儔故言奇也擅音善）以致富羨役利細民（索隱曰羨音弋戰反羨饒也與衍同義）其沮事之議不可勝聽（索隱曰沮止也僅等言山海之藏宜屬大農奇人欲擅其利必有沮止之議此不可聽許也）敢私鑄鐵器煮鹽者釱左趾（史記音義曰釱音徒計反韋昭曰釱以鐵為之著左趾以代刖也○索隱曰三蒼云釱踏腳鉗也字林音大計反張斐漢晉律序云狀如跟衣著足下重六斤以代刖至魏武改以鐵代釱也）沒入其器物郡不出鐵者置小鐵官（鄧展曰鑄故鐵）便屬在所縣使孔僅東郭咸陽乘傳舉行天下鹽鐵作官府除故鹽鐵家富者為吏吏道益雜不選而多賈人矣商賈以幣之變多積貨逐利於是公卿言郡國頗被菑害貧民無產業者募徙廣饒之地陛下損膳省用出禁錢以振元元寬貸賦而民不齊出於南畝（李奇曰齊皆也）商賈滋眾貧者畜積無有皆仰縣官異時算軺車賈人緡錢皆有差請算如故（李斐曰緡絲也以貫錢也一貫千錢出二十算也詩云維絲伊緡如淳曰胡公名錢為緡者詩云氓之蚩蚩抱布貿絲故謂之緡也○索隱曰異時猶前時也說文云軺小車也傅子言漢代賤乘軺今則貴之言算軺車者有軺車使出税一算二算也緡音岷）諸賈人末作貰貸買居邑稽諸物（索隱曰稽貯滯也所留也即上文所謂廢居居邑也）及商以取利者雖無市籍各以其物自占（索隱曰郭璞云占自隱度也謂各自隱度其財物多少為文簿送之官也若不盡皆沒入於官占音之贍反）率緡錢二千而一算（贊曰此緡錢為是儲緡錢也故隨其用所施施於利重者其算亦多）諸作有租及鑄（如淳曰以手力所作而賣之）率緡錢四千一算非吏比者三老北邊騎士（如淳曰非吏而得與吏比者官謂三老北邊騎士也樓船令邊郡選富者為車騎士）軺車以一算商賈人軺車二算（如淳曰商賈有軺車使出二算重其賦也）船五丈以上一算匿不自占占不悉戍邊一歲沒入緡錢（索隱曰悉盡也具也若通其家財不周悉盡者罰戍邊一歲）有能告者以其半畀之賈人有市籍者及其家屬皆無得籍名田以便農（索隱曰謂賈人有市籍不許以名占也）敢犯令沒入田僮（索隱曰若賈人更占田則沒其田及僮僕皆入之於官）天子乃思卜式之言召拜式為中郎爵左庶長賜田十頃布告天下使明知之初卜式者河南人也以田畜為事親死式有少弟弟壯式脫身出分獨取畜羊百餘田宅財物盡予弟式入山牧十餘歲羊致千餘頭買田宅而其弟盡破其業式輒復分予弟者數矣是時漢方數使將擊匈奴卜式上書願輸家之半縣官助邊天子使使問式欲官乎式曰臣少牧不習仕宦不願也使問曰家豈有冤欲言事乎式曰臣生與人無分爭式邑人貧者貸之不善者教順之所居人皆從式式何故見冤於人無

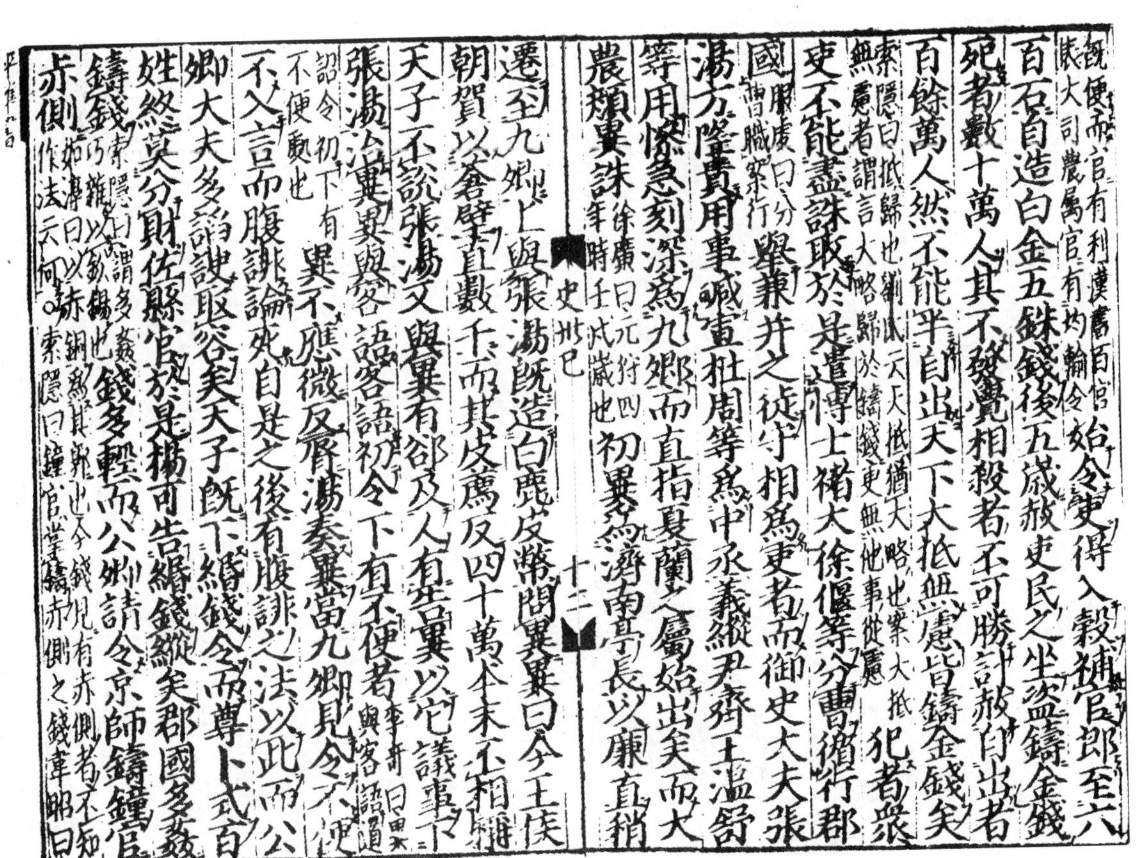

所欲言也使者曰苟如此子何欲而然式曰天子誅匈奴愚以爲賢者宜死節於邊有財者宜輸委如此而匈奴可滅也使者具其言入以聞天子以語丞相弘弘曰此非人情不軌之臣不可以爲化而亂法願陛下勿許於是上久不報式數歲乃罷式式歸復田牧歲餘會軍數出渾邪王等降縣官費衆倉府空其明年貧民大徙皆仰給縣官無以盡贍卜式持錢二十萬予河南守以給徙民河南上富人助貧人者籍天子見卜式名識之曰是固前而欲輸其家半助邊乃賜式外繇四百人漢書音義曰外繇謂戍邊也一人出三百錢謂之過更式歲得十二萬錢也一說在繇役之外得復除四百人式又盡復予縣官是時富豪皆爭匿財唯式尤欲輸之助費天子於是以式終長者故尊顯以風百姓初式不願爲郎上曰吾有羊上林中欲令子牧之式乃拜爲郎布衣屩而牧羊韋昭曰屩草履也歲餘羊肥息上過見其羊善之式曰非獨羊也治民亦猶是也以時起居惡者輒斥去毋令敗羣上以式爲奇拜爲緱氏令試之緱氏便之遷爲成皋令將漕最上以爲式朴忠拜爲齊王太傅而孔僅之使天下鑄作器三年中拜爲大農列於九卿徐廣曰元鼎二年時歲丙寅也而桑弘羊爲大農丞筦諸會計事稍稍置均輸以通貨物矣孟康曰謂諸當所輸於官者皆令輸其土地所饒平其所在時價官更於他處賣之輸者

史卅巳　十一

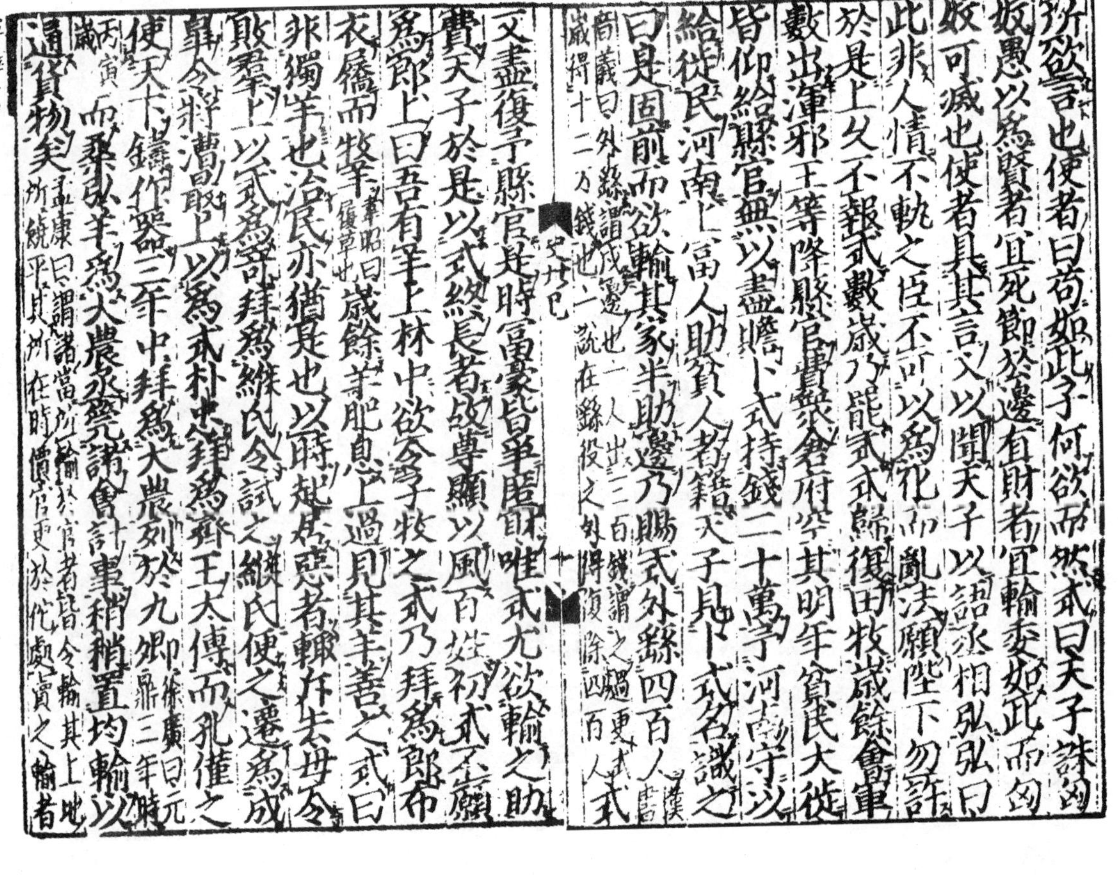

既便而官有利漢書百官表大司農屬官有均輸令始令吏得入穀補官郎至六百石自造白金五銖錢後五歲赦吏民之坐盜鑄金錢死者數十萬人其不發覺相殺者不可勝計赦自出者百餘萬人然不能半自出天下大抵無慮皆鑄金錢矣索隱曰抵歸也劉氏云大抵猶大略也案大抵無慮者謂言大略歸於鑄錢更無他事從慮犯者衆吏不能盡誅取於是遣博士褚大徐偃等分曹循行郡國服虔曰分曹職案行舉兼并之徒守相爲吏者而御史大夫張湯方隆貴用事減宣杜周等爲中丞義縱尹齊王溫舒等用慘急刻深爲九卿而直指夏蘭之屬始出矣而大農顏異誅徐廣曰元狩四年時壬戌歲也初異爲濟南亭長以廉直稍遷至九卿上與張湯既造白鹿皮幣問異異曰今王侯朝賀以蒼璧直數千而其皮薦反四十萬本末不相稱天子不說張湯又與異有卻及人有告異以它議事下張湯治異異與客語客語初令下有不便者李奇曰異與客語道詔令初下有不便處也異不應微反脣湯奏當異九卿見令不便不入言而腹誹論死自是之後有腹誹之法以此而公卿大夫多諂諛取容矣天子既下緡錢令而尊卜式百姓終莫分財佐縣官於是楊可告緡錢縱矣郡國多姦鑄錢索隱曰謂多姦巧雜以鉛錫也錢多輕而公卿請令京師鑄鍾官赤側如淳曰以赤銅爲其郭也今錢見有赤側者不知作法云何。索隱曰鍾官掌鑄赤側之錢韋昭曰

史卅巳　十二

赤側一當五賦官用非赤側不得行漢書音義曰俗所謂紫紺錢也白
金稍賤民不寶用縣官以令禁之無益歲餘白金終廢
不行是歲也張湯死徐廣曰元鼎二年而民不思索隱曰樂彥云謂所發舉
附上罔下皆自湯故人不思也
其後二歲赤側錢賤民巧法用之不便
又廢於是悉禁郡國無鑄錢專令上林三官漢書百官表水衡都尉武帝元鼎二年初置掌上林苑屬官有上林均輸鍾官辨銅令然則上林三官其是此三令乎鑄錢
既多而令天下非三官錢不得行諸郡國所前鑄錢皆
廢銷之輸其銅三官而民之鑄錢益少計其費不能相
當唯真工大姦乃盜為之卜式相齊而楊可告緡徧天
下瓚曰凡商賈居積及伎巧之家非桑農所生出謂之緡武陵中書有緡田奴婢是也○索隱曰楊姓可名
也如淳云告緡令楊可所告言緡中家以上大抵皆遇告杜周治之獄少
反者如淳曰治匿緡之罪其獄少有反者○索隱曰反音幡反謂反伐從輕也案劉德為京兆尹每行縣
多所平反是也乃分遣御史廷尉正監分曹華地謂分曹輩而出為使也索隱曰如淳云曹
往即治郡國緡錢得民財物以億計奴婢以千萬
數田大縣數百頃小縣百餘頃宅亦如之於是商賈中
家以上大率破民偷甘食好衣不事畜藏之產業而縣
官有鹽鐵緡錢之故用益饒矣益廣關置左右輔徐廣曰元
鼎三年丁卯歲徙函谷關於新安東界初大農筦鹽鐵官布多索隱曰布謂泉布
置水衡欲以主鹽鐵及楊可告緡錢上林財物眾乃令
水衡主上林上林既充滿益廣是時越欲與漢用船戰

逐韋昭曰戰鬬相逐也乃大修昆明池列觀環之治樓船高十餘
丈旗幟加其上索隱曰蓋始穿昆明池欲與滇王戰今乃更大修之將與南越呂嘉戰逐故作
樓船於是楊僕有將軍之號又下云因南方樓船卒二
十餘萬擊南越也昆明池有豫章館豫章地名以言將
出軍於豫章也甚壯於是天子感之乃作柏梁臺高數十丈宮
室之修由此日麗乃分緡錢諸官而水衡少府大農太
僕各置農官往往即郡縣比沒入田田之索隱曰謂比
田其沒入之者所沒入之
其沒入奴婢分諸苑養狗馬禽獸及與諸官諸官益
雜置多如淳曰水衡少府太僕司農皆有農官是為多徙奴婢眾而下河漕度四百
萬石索隱曰樂彥云度猶運也及官自糴乃足索隱曰謂天子所給
自糴乃足也所忠言世家子弟索隱曰所忠人姓名服虔云掌
故官取書於司馬相如者封禪書曰公孫卿因所忠言齊非先也唯所忠以為祭器富人或鬬
雞走狗馬弋獵博戲亂齊民索隱曰齊等也云中國齊等之人也乃徵
諸犯令相引數千人命曰株送徒入財者得補郎郎選
衰矣漢書音義曰株根本也送引也如淳曰株根引也諸坐博戲事決為徒者能入錢得補郎也或曰先至者
為根○索隱曰李奇云先至者為魁株根先送當選遴
引也應劭二音是先至之人令之相引似若得其株本
則枝葉自窮故曰株送徒文穎曰凡鬬雞勝者為株
傳云湯溝之錢三歲為株分則鬬雞走馬者用之因其
鬬雞本勝時名故云株選徒若也是時山東被河菑及歲不登數年人
或相食方一二千里天子憐之詔曰江南火耕水耨應劭
曰燒草下水種稻草與稻並生高七八寸因悉芟
去復下水灌之草死獨稻長所謂火耕水耨也令飢
民得流就食江淮間欲留留處遣使冠蓋相屬於道護

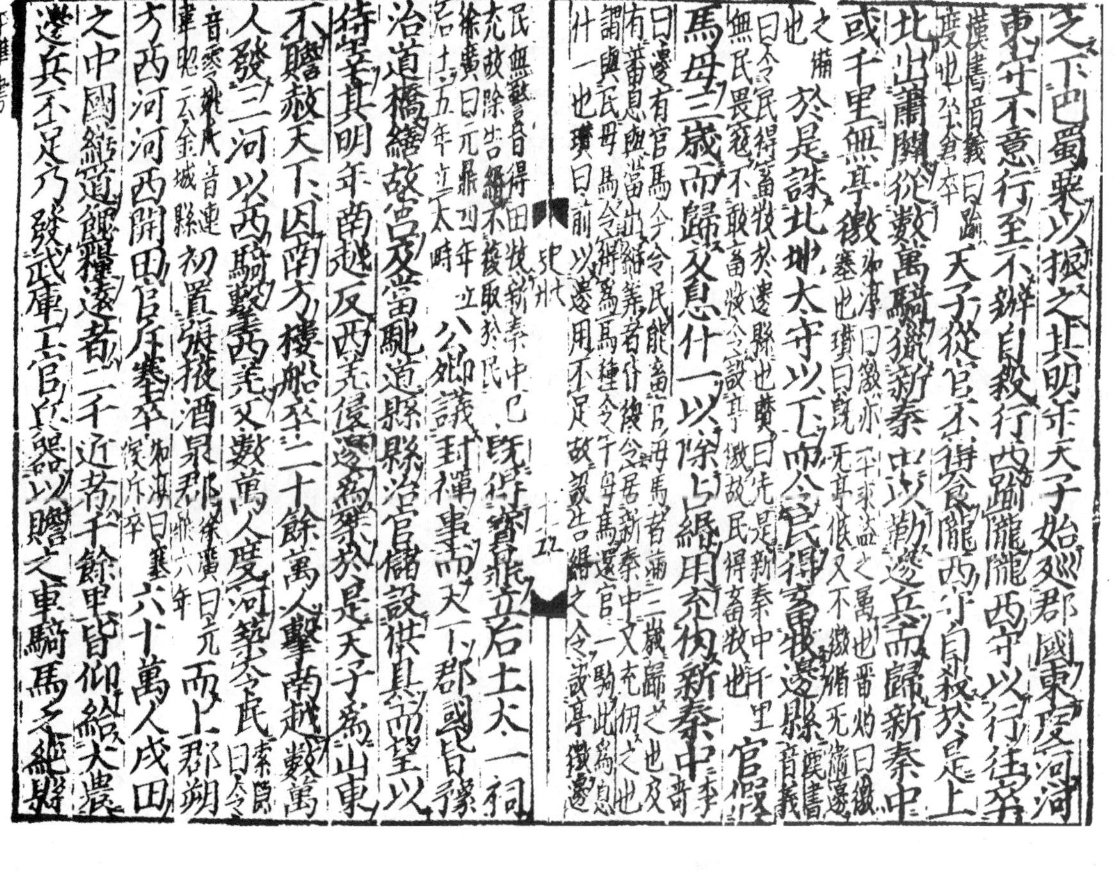

之下巴蜀粟以振之。其明年，天子始巡郡國。東度河，河東守不意行至，不辦，自殺。行西踰隴，隴西守以行往卒，漢書音義曰：卒，倉卒也。天子從官不得食，隴西守自殺。於是上北出蕭關，從數萬騎，獵新秦中，以勒邊兵而歸。新秦中或千里無亭徼，如淳曰：徼亦卒求盜之屬也。晉灼曰：徼，塞也。瓚曰：既無亭候，又不徼循，無衛邊之備也。於是誅北地太守以下，而令民得畜牧邊縣，漢書音義曰：令民得畜牧於邊縣也。瓚曰：先是新秦中千里無民，畏寇不敢畜牧，令設亭徼，故民得畜牧也。官假馬母，三歲而歸，及息什一，李奇曰：邊有官馬，今令民能畜官母馬者，滿三歲歸之也。及有蕃息，與當出緡算者，皆復令居新秦中，又充仞之也。謂與民母馬，令得為馬種；令十母馬還官一駒，此為息什一也。瓚曰：前以邊用不足，故設告緡之令，設亭徼邊民無警，皆得田牧。以除告緡，用充仞新秦中。新秦中已充，故除告緡，不復取於民。既得寶鼎，立后土、太一祠，徐廣曰：元鼎四年立后土，五年立太畤。公卿議封禪事，而天下郡國皆豫治道橋，繕故宮，及當馳道縣，縣治官儲，設供具，而望以待幸。其明年，南越反，西羌侵邊為桀。於是天子為山東不贍，赦天下，因南方樓船卒二十餘萬人擊南越，數萬人發三河以西騎擊西羌，又數萬人度河築令居。索隱曰：令，音零。姚氏音連。韋昭云金城縣。初置張掖、酒泉郡，徐廣曰：元鼎六年。而上郡、朔方、西河、河西開田官，斥塞卒如淳曰：塞候斥卒。六十萬人戍田之。中國繕道餽糧，遠者三千，近者千餘里，皆仰給大農。邊兵不足，乃發武庫工官兵器以贍之。車騎馬乏絕，縣

官錢少，買馬難得，乃著令，令封君以下至三百石以上吏，以差出牝馬天下亭，亭有畜牸馬，歲課息。齊相卜式上書曰：「臣聞主憂臣辱。南越反，臣願父子與齊習船者往死之。」天子下詔曰：「卜式雖躬耕牧，不以為利，有餘輒助縣官之用。今天下不幸有急，而式奮願父子死之，雖未戰，可謂義形於內。」賜爵關內侯，金六十斤，田十頃。布告天下，天下莫應。列侯以百數，皆莫求從軍擊羌、越。至酎，少府省金，如淳曰：省，視也。諸侯金有輕有重也。或曰：至嘗酎飲宗廟時，少府視其金多少也。而列侯坐酎金失侯者百餘人。如淳曰：漢儀注王子為侯，侯歲以戶口酎黃金於漢廟，皇帝臨受獻金以助祭。大祀日飲酎，飲酎受金，金少不如斤兩，色惡，王削縣，侯免國。索隱曰：劉氏云：言列侯多以百而數，故坐酎金失侯者一百六人也。乃拜式為御史大夫。徐廣曰：元鼎六年。式既在位，見郡國多不便縣官作鹽鐵，鐵器苦惡，瓚曰：謂作鐵器，民患苦其不好。賈貴，索隱曰：言鹽既苦，而器又惡，賈又貴也。苦又音古。言器苦窳不好。凡病之器云苦。窳音庾。事見本紀。苦，如字讀亦通。或彊令民賣買之。而船有算，商者少，物貴，乃因孔僅言船算事。上由是不悅卜式。漢連兵三歲，誅羌，滅南越，番禺以西至蜀南者置初郡十七，徐廣曰：南越為九郡。晉灼曰：元鼎六年，定越地，以為南海、蒼梧、鬱林、合浦、交阯、九真、日南、珠崖、儋耳郡；定西南夷，以為武都、牂柯、越巂、沈黎、汶山郡；及地理志益州郡，凡十七也。且以其故俗治，毋賦稅。南陽、漢中以往郡，各以地比給初郡吏卒奉食幣物，索隱曰：南陽、漢中已往之郡，各以其地比近給初郡。初郡，即西南初置之郡也。

物傳車馬被具（索隱曰傳音張戀反與古同）而初郡時時小反殺吏漢發南方吏卒往誅之閒歲萬餘人費皆仰給大農大農以均輸調鹽鐵助賦故能贍之然兵所過縣為以訾給毋乏而已不敢言擅賦法矣（徐廣曰擅一作經經常小准此用足耳不暇顧經常法則矣）其明年元封元年卜式貶秩為太子太傅而桑弘羊為治粟都尉領大農盡代僅筦天下鹽鐵弘羊以諸官各自市相與爭物故騰躍而天下賦輸或不償其僦費（索隱曰服虔云雇載云僦言所輸物不足償其雇載之費也僦音子就反）乃請置大農部丞數十人分部主郡國各往往縣置均輸鹽鐵官令遠方各以其物貴時商賈所轉販者為賦而相灌輸置

平準于京師都受天下委輸召工官治車諸器皆仰給大農大農之諸官盡籠天下之貨物貴即賣之賤則買之如此富商大賈無所牟大利（如淳曰牟取也）則反本而萬物不得騰踊故抑天下物名曰平準天子以為然許之於是天子北至朔方東到太山巡海上並北邊以歸所過賞賜用帛百餘萬匹錢金以巨萬計皆取足大農弘羊又請令吏得入粟補官及罪人贖罪令民能入粟甘泉各有差以復終身不告緡他郡國各輸急處（索隱曰謂他郡能入粟輸所在急處也）而諸農各致粟山東漕益歲六百萬石一歲之中太倉甘泉倉滿邊餘穀諸物均輸帛五百萬匹

民不益賦而天下用饒於是弘羊賜爵左庶長黃金再百斤焉是歲小旱上令官求雨卜式言曰縣官當食租衣稅而已今弘羊令吏坐市列肆（索隱曰謂吏坐市肆行列之中）販物求利亨弘羊天乃雨

太史公曰農工商交易之路通而龜貝金錢刀布之幣興焉（索隱曰錢本名泉言貨之流如泉也故周有泉府之官及景王乃鑄大錢布者言貨流布故周禮有三夫之布食貨志貨布長二寸五分首長八分足枝長八分刀者錢也食貨志有契刀錯刀契刀長二寸直五百錯刀以黃金錯其文直五千以其形如刀故曰刀以其利於人也又古者貨貝寶龜食貨志有十朋五貝皆用為貨其龜有多少兩貝為朋故直二百一十六元龜十朋故直二千一百六十已下各有差也）所從來久遠自高辛氏之前尚矣靡得而記云故書道唐虞之

際詩述殷周之世安寧則長庠序先本絀末以禮義防于利事變多故而亦反是是以物盛則衰時極而轉（徐廣曰時作衰）一質一文終始之變也禹貢九州各因其土地所宜人民所多少而納職焉湯武承弊易變使民不倦各兢兢所以為治而稍陵遲衰微齊桓公用管仲之謀通輕重之權（索隱曰管子有輕重之法）徼山海之業以朝諸侯用區區之齊顯成霸名魏用李克盡地力為彊君自是之後天下爭於戰國貴詐力而賤仁義先富有而後推讓故庶人之富者或累巨萬而貧者或不厭糟糠有國彊者或并群小以臣諸侯而弱國或絕祀而滅世以至於秦卒

并海內。虞夏之幣，金爲三品，索隱曰：即下或黃或白或赤也。黃，黃金也；白，白銀也；赤，赤銅也。或黃或白或赤，或錢或布，於民間也。或刀，索隱曰：名錢爲刀者，以其利於民。或龜貝。及至秦，中一國之幣爲二等：黃金以溢名，孟康曰：二十兩爲溢。爲上幣；銅錢識曰半兩，重如其文，爲下幣。而珠玉龜貝銀錫之屬爲器飾寶藏，不爲幣。然各隨時而輕重無常。於是外攘夷狄，內興功業，海內之士力耕不足糧饟，女子紡績不足衣服。古者嘗竭天下之資財以奉其上，猶自以爲不足也。無異故云，事勢之流，相激使然，曷足怪焉。

索隱述贊曰：

平準之立，通貨天下。既入縣官，或振華夏。其名刀布，其文龍馬。增算告緡，裒多益寡。弘羊心計，卜式長者。都內充殷，取贍邪對。

平準書第八　史記三十

吳太伯世家第一　史記三十一

索隱曰：系家者，記諸侯本系也，言其下及子孫常有國。故孟子曰陳仲子齊之系家。又董仲舒曰：王者封諸侯，非官之也，得以代代爲家者也。

吳太伯　……之後，武王追封爲吳伯，故曰吳太伯。○索隱曰：國語云黃池之會，晉定公使謂吳王夫差曰：夫命圭有命，固曰吳伯，不曰吳王，是吳本伯爵也。太者，善大之稱；伯者，長也。周太王之元子，故曰太伯。稱仲雍、季歷，皆以字配名，則伯亦是字，又是爵，但其名史籍先闕耳。○正義曰：吳，國號也。太伯居梅里，在常州無錫縣東南六十里。至十九世孫壽夢居之，號句吳。壽夢卒，諸樊南徙吳。至二十一代孫光，使子胥築闔閭城都之，今蘇州也。太伯弟仲雍，索隱曰：伯、仲、季是兄弟次第之字。若表德之字，意義與名相符，則系本曰吳孰哉居藩離，宋忠曰：孰哉，仲雍字。藩離，今吳之餘暨也。解者云雍是孰食，故曰雍字孰哉也。皆周太王之子，而王季歷之兄也。季歷賢，而有聖子昌，

太王欲立季歷以及昌，於是太伯、仲雍二人乃奔荊蠻，文身斷髮，示不可用，應劭曰：常在水中，故斷其髮，文其身，以象龍子，故不見傷害。○正義曰：江熙云：太伯少弟季歷生文王昌，有聖德，太伯知其必有天下，故欲傳國於季歷。以太王病，託採藥於吳越，不反。太王薨而季歷立，一讓也；季歷薨而文王立，二讓也；文王薨而武王立，遂有天下，三讓也。又釋云：太王病，託採藥，生不事之以禮，一讓也；太王薨而不反，使季歷主喪，不葬之以禮，二讓也；斷髮文身，示不可用，使歷主祭祀，不祭之以禮，三讓也。以避季歷。季歷果立，是爲王季，而昌爲文王。太伯之奔荊蠻，自號句吳。宋衷曰：句吳，太伯始所居地名。○索隱曰：荊者，楚之舊號，以州而言之曰荊。蠻者，閩也，南夷之名，蠻亦稱越。此言自號句吳，吳名起於太伯，明以前未有吳號。地在楚越之界，故稱荊蠻。顏師古註漢書，以吳言句者，夷之發聲，猶言於越耳。此言號句吳，當如顏解。而註引宋衷以爲地名者，系本居篇云孰哉居藩離，孰姑徙句吳。宋氏見史記有太伯自號句吳之文，遂彌縫解彼云是太

伯始所居地名。裴氏引之，恐非其義。蠻夷有其地，號句吳何？憑不知。貞按：吳人不聞別有城邑曾名句吳，則系本之文或難依信。荊蠻義之，從而歸之千餘家，立為吳太伯。太伯卒，皇覽曰：太伯冢在吳縣北梅里聚，去城十里。無子，弟仲雍立，是為吳仲雍。仲雍卒，索隱曰：系本曰仲雍字孰哉也。皇覽曰：仲雍冢在吳鄉常孰縣西海虞山上，與言偃冢並列。子季簡立。季簡卒，子叔達立。叔達卒，子周章立。是時周武王克殷，求太封周章弟虞仲於周之北故夏虛，徐廣曰：在河東大陽縣。是為虞仲，索隱曰：夏都安邑，虞仲都大陽之虞城，在安邑南，故曰夏虛。左傳曰太伯、虞仲，太王之昭，則虞仲是太王之子必也。又論語稱虞仲、夷逸隱居放言，是仲雍稱虞仲。今周章之弟亦稱虞仲者，蓋周章之弟字仲，始封於虞，故曰虞仲，則仲雍本字仲，而為吳之始祖，故後代亦稱虞仲，所以祖與孫同號也。列為諸侯。周章卒，子熊遂立。熊遂卒，子柯相立。正義曰：柯音歌，相音相匠反。柯相卒，子彊鳩夷立。彊鳩夷卒，子餘橋疑吾立。正義曰：橋音驕。餘橋疑吾卒，子柯盧立。柯盧卒，子周繇立。正義曰：繇音遙，又音由。周繇卒，子屈羽立。正義曰：屈，居勿反。屈羽卒，子夷吾立。夷吾卒，子禽處立。禽處卒，子轉立。索隱曰：譙周古史考云柯轉。轉卒，子頗高立。索隱曰：古史考作頗夢。頗高卒，子句卑立。索隱曰：古史考云畢軫。是時晉獻公滅周北虞公，以開晉伐虢也。索隱曰：春秋經僖公五年冬，晉人執虞公。左氏二年傳曰晉荀息請以屈產之乘與垂棘之璧假道於虞以伐虢，虞公許之，且請先伐之，遂伐虢，滅下陽。五年傳曰晉侯復假道伐虢，宮之奇諫不聽，以其族行，曰虞不臘矣。八月甲午，晉侯圍上陽，冬十有二月滅虢，師還，遂襲虞，滅之。句卑卒，子去齊立。去齊卒，子壽夢立。正義：壽夢，莫公反。壽夢立而吳始益大，稱王。自太伯作吳，五世而

武王克殷，封其後為二：其一虞，在中國；其一吳，在夷蠻。十二世而晉滅中國之虞。中國之虞滅二世，而夷蠻之吳興。正義曰：中國之虞滅後二世，合七十一年，至壽夢而興大，稱王。大凡從太伯至壽夢十九世。索隱曰：壽夢是仲雍十八代孫。王壽夢二年，索隱曰：自壽夢已下始有其年，春秋唯記卒年，當成七年。楚之亡大夫申公巫臣怨楚將子反而奔晉，自晉使吳，教吳用兵乘車，令其子為吳行人，服虔曰：行人，掌國賓客之禮籍，以待四方之使，賓大客，受小客之幣辭。○索隱曰：左氏成二年曰巫臣聘齊，及鄭，使介反幣，而以夏姬行，遂奔晉。七年傳曰子重、子反殺巫臣之族，而分其室。巫臣遺二子書曰：余必使爾罷於奔命以死。巫臣使於吳，吳子壽夢說之，乃通吳于晉，教吳乘車，教之戰陣，教之叛楚，寘其子狐庸焉，使為行人於吳。吳始伐楚、伐巢、伐徐。馬陵之會，吳入州來。子重、子反於是乎一歲七奔命。吳於是始通於中國。吳伐楚。十六年，楚共王伐吳，至衡山。杜預曰：吳興烏程縣南也。二十五年，王壽夢卒。索隱曰：襄十二年經曰秋九月吳子乘卒，左傳曰壽夢。計從成六年至此，正二十五年。系本曰吳孰姑徙句吳。宋衷曰：孰姑，壽夢也。代謂祝夢乘諸也。壽孰音相近，姑之言諸也。毛詩傳讀姑為諸，孰姑、壽夢是一人，又名乘也。壽夢有子四人，長曰諸樊，索隱曰：春秋經書吳子遏，左傳稱諸樊，蓋遏是其名，諸樊是其號。公羊傳遏作謁。次曰餘祭，次曰餘昧，索隱曰：左氏曰閽戕戴吳，杜預曰戴吳，餘祭也。又襄二十八年左氏齊慶封奔吳，吳句餘予之朱方。杜預曰句餘，吳子夷末也。按餘祭以襄二十九年卒，則二十八年賜慶封邑不得是夷末。但句餘或別是人，杜預誤為夷末耳。夷末，史記、公羊作餘昧，左氏及穀梁並為夷末，夷末、句餘音字各異，不得為一。○正義曰：祭，側界反。昧，莫葛反。次曰季札。索隱曰：公羊傳曰謁也、餘祭也、夷昧也，與季子同母者四人，季子弱而才，兄弟

皆愛之，同欲以為君。季子猶不受。謁請兄弟迭為君而致國乎季子，皆曰諾。故謁也死，餘祭也立；餘祭也死，夷眛也立；夷眛也死，則國宜之季子。季子使而亡焉，僚者長庶也，即之。闔閭曰：將從先君之命與？則國宜之季子者也。如不從先君之命，則宜立者我也。僚惡得為君乎？於是使專諸刺僚。史記壽夢四子，公羊文但以僚為餘眛之子為異耳。左氏其文不明，服虔用公羊，杜預依史記及吳越春秋。下註徐廣引系本云夷眛生光，引吳越春秋云王僚夷眛子。今檢系本與吳越春秋並無此語。然按左氏孤庸對趙文子謂夷末甚德而度，其天所啓也，必此君之子孫實終之。若以僚為夷末子，不應此言。又光言我王嗣，則光是夷眛子明，僚是壽夢庶子。季札賢，而壽夢欲立之，季札讓不可，於是乃立長子諸樊，攝行事當國。王諸樊元年，系本曰：諸樊徙吳也。○索隱曰：按在左氏襄十四年。諸樊已除喪，讓位季札。季札謝曰：「曹宣公之卒也，諸侯與曹人不義曹君，服虔曰：曹宣公，曹伯盧也，以魯成公十三年會晉侯伐秦，卒于師。曹君，公子負芻也。負芻在國，聞宣公卒，殺太子而自立，故曰不義之也。將立子臧，子臧去之，以成曹君，服虔曰：子臧，負芻庶兄。○索隱曰：成十三年左傳曰：曹宣公卒于師，曹人使公子負芻守，使公子欣時逆喪。秋，負芻殺其太子而自立。杜預曰：皆宣公庶子也。負芻，成公也。欣時，子臧也。十五年傳曰：會于戚，討曹成公也。執而歸諸京師。諸侯將見子臧於王而立之。子臧曰：前志有之，曰聖達節，杜預曰：聖人應天命，不拘常禮也。次守節，杜預曰：謂賢者。下失節。杜預曰：愚者妄動。為君非吾節也。雖不能聖，敢失守乎？遂逃奔宋。君子曰『能守節矣』。君義嗣，王肅曰：義宜也。嫡子嗣國，得禮之宜。杜預曰：諸樊嫡子，故曰義嗣。○索隱曰：君子者，左丘明所為史評，仲尼之辭，指仲尼為君子也。誰敢干君！有國，非吾節也。札雖不材，願附於子臧之義。」吳人固立季札，季札棄其室而耕，乃舍之。正義曰：舍音捨。秋，吳伐楚，楚敗我師。四年，晉平公初立。索隱曰：左傳襄十六年春，葬晉悼公，平公即位是也。十三年，王諸樊卒。索隱曰：春秋經襄二十五年十有二月，吳子遏伐楚，門于巢，卒。左氏曰：吳子諸樊伐楚，以報舟師之役。門于巢，巢牛臣曰：吳王勇而輕，若啓之，將親門，我獲射之，必殪。是君也死，疆其少安。從之。吳子門焉，牛臣隱於短牆以射之，卒。有命授弟餘祭，欲傳以次，必致國於季札而止，以稱先王壽夢之意，且嘉季札之義，兄弟皆欲致國，令以漸至焉。季札封於延陵，故號曰延陵季子。索隱曰：襄三十一年左傳趙文子問於屈狐庸曰：延州來季子其果立乎？杜預曰：延州來，季札邑。昭二十七年左傳曰：吳子使延州來季子聘于上國。杜預曰：季子本封延陵，後復封州來，故曰延州來。成七年左傳曰：吳入州來。杜曰：州來，楚邑，淮南下蔡縣是。昭十三年傳：吳滅州來。二十三年傳：吳伐州來，則州來本為楚邑，吳滅以封季子也。地理志云會稽毗陵縣季札所居。太康地理志曰：故延陵邑，季札所居，粟頭有季札祠。地理志云沛郡下蔡縣古州來國，為楚所滅，後吳取之，至夫差遷昭侯於州來。公羊傳曰：季子去之延陵，終身不入吳國。何休曰：不入吳朝，既也，此云封於延陵，謂因而賜之以菜邑。杜預春秋釋例土地名則云延州來闕，不知何故而為此言也。

王餘祭三年，齊相慶封有罪，自齊來奔吳。吳予慶封朱方之縣，吳地記曰：朱方，秦改曰丹徒。以為奉邑，以女妻之，富於在齊。四年，吳使季札聘於魯，在春秋魯襄二十九年。請觀周樂。服虔曰：周樂，魯所受四代之樂也。杜預曰：魯以周公故，有天子禮樂。為歌周南、召南。杜預曰：此皆各依其本國歌所常用聲曲。曰：「美哉，始基之矣，王肅曰：言始造王基也。猶未也。賈逵曰：言未有雅頌之成功也。杜預曰：猶有商紂，未盡善也。然勤而不怨。」杜預曰：未能安樂，然其音不怨怒。歌邶、鄘、衛。杜預曰：武王伐紂，分其地為三監，三監叛，周公滅之，并三監之地，更封康叔，故三國盡被康叔之化。曰：「美哉，淵乎，憂而不困者也。賈逵曰：淵，深也。杜預曰：亡國之音哀以思，其民困。衛康叔、武公德化深遠，雖遭宣公淫亂，懿公滅亡，民猶秉義，不至於困。吾聞衛康叔、武公之

吳太伯世家

德如是，是其衛風乎。歌王，曰：美哉，思而不懼，其周之東乎。歌鄭，曰：美哉，其細已甚，民不堪也，是其先亡乎。歌齊，曰：美哉，泱泱乎，大風也哉。表東海者，其太公乎。國未可量也。歌豳，曰：美哉，蕩乎，樂而不淫，其周公之東乎。歌秦，曰：此之謂夏聲。夫能夏則大，大之至也，其周之舊乎。歌魏，曰：美哉，渢渢乎，大而婉，險而易行，以德輔此，則盟主也。歌唐，曰：思深哉，其有陶唐氏之遺風乎。不然，何憂之遠也。非令德之後，誰能若是。歌陳，曰：國無主，其能久乎。

自鄶以下無譏焉。歌小雅，曰：美哉，思而不貳，怨而不言，其周德之衰乎。猶有先王之遺民也。歌大雅，曰：廣哉，熙熙乎，曲而有直體，其文王之德乎。歌頌，曰：至矣哉，直而不倨，曲而不詘，近而不偪，遠而不攜，遷而不淫，復而不厭，哀而不愁，樂而不荒，用而不匱，廣而不宣，施而不費，取而不貪，處而不底，行而不流。五聲和，八風平，節有度，守有序，盛德之所同也。見舞象箾南籥者，曰：美哉，猶有憾。見舞大武，曰：美哉，周之盛也，其若此乎。見舞韶濩者，曰：聖人之弘也，而猶有慙德，聖人之難也。見舞大夏，曰：美哉，勤而不德，非禹其誰能及之。見

舞招箾者，服虔曰有虞氏之樂大韶也○索隱曰韶箾二字體變耳 曰：德至矣哉，大矣，服虔曰至帝王之道極於韶也盡美盡善也 如天之無不幬也，賈逵曰幬覆也 如地之無不載也，雖甚盛德，無以加矣。觀止矣，若有他樂，吾不敢觀。服虔曰周用六代之樂堯曰咸池黃帝曰雲門魯受四代下周二等故不舞其二季札知禮故曰若有他樂吾不敢請 去魯，遂使齊。說晏平仲曰：子速納邑與政。服虔曰入邑與政職於公不與國家之事 無邑無政，乃免於難。齊國之政將有所歸；未得所歸，難未息也。故晏子因陳桓子以納政與邑，是以免於欒高之難。正義曰乃旦反在魯昭公八年欒高二氏作難陳桓子和之 去齊，使於鄭。見子產，如舊交。謂子產曰：鄭之執政侈，難將至矣，政必及子。子為政，慎以禮。服虔曰禮以經國家利社稷也 不然，鄭國將敗。去鄭，適衛。說蘧瑗、史狗、史鰌、公子荊、公叔發、公子朝，曰：衛多君子，未有患也。自衛如晉，將舍於宿，左傳曰將宿於戚○索隱曰按太史公欲自為一家事雖出於左氏文則隨義而換既以舍字替宿遂以宿字替戚爾戚既是邑名地理不易今宜讀宿為戚戚孫文子舊所食地也 聞鐘聲，曰：服虔曰孫文子以戚叛鼓鍾作樂也 異哉！吾聞之，辯而不德，必加於戮。服虔曰辯猶爭也夫以辯爭不以德居之必加於刑戮也 夫子獲罪於君以在此，賈逵曰夫子孫文子也 懼猶不足，而又可以畔乎？索隱曰按春秋左氏傳曰夫子獲罪於君以在此懼猶不足而又何樂此畔字宜讀曰樂謂聞鐘聲也畔非其義耳 夫子之在此，猶燕之巢于幕也。王肅曰言至危也 君在殯而可以樂乎？賈逵曰衛君獻公棺在殯未葬 遂去之。文子聞之，終身不聽琴瑟。服虔曰聞義而改也琴瑟不聽況於鐘鼓乎

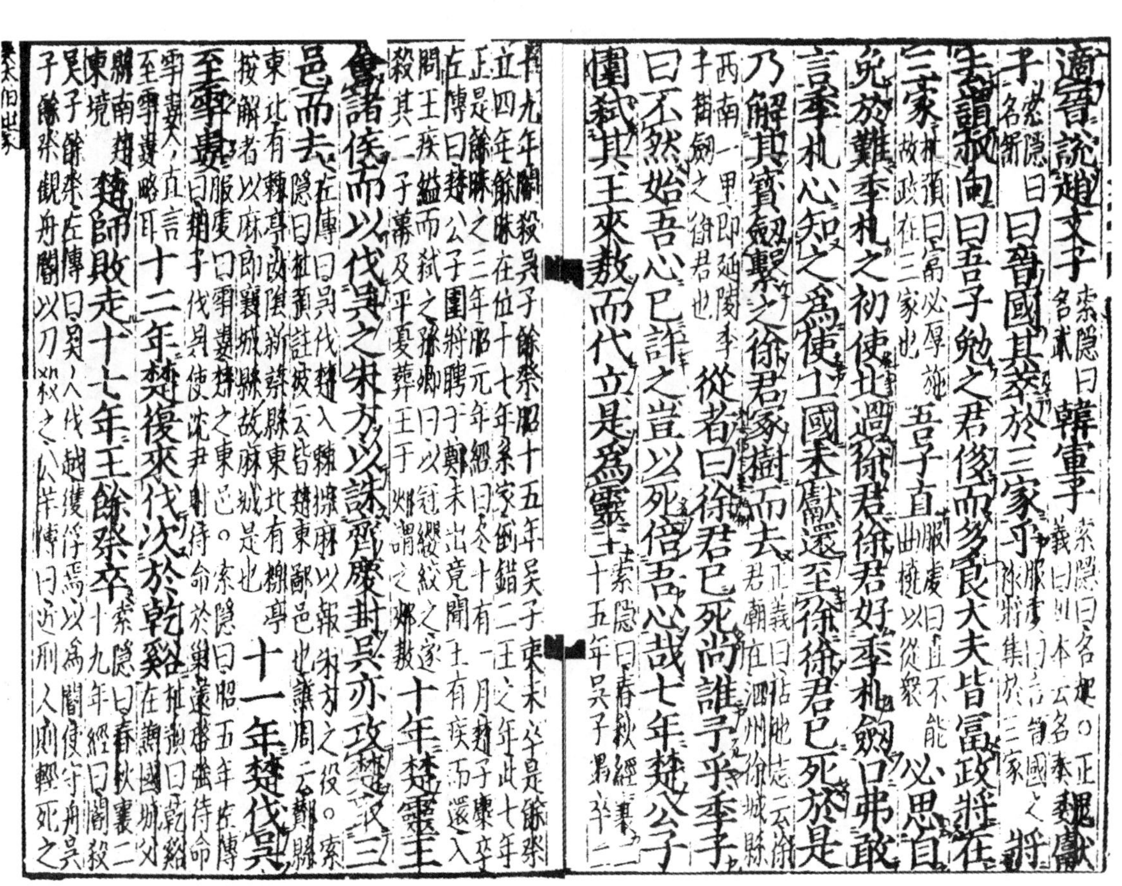

適晉，說趙文子、索隱曰名武 韓宣子、索隱曰名起 魏獻子，索隱曰名舒○正義曰系本云名荼 曰：晉國其萃於三家乎！服虔曰言晉國之政將集於三家 將去，謂叔向曰：吾子勉之！君侈而多良，大夫皆富，政將在三家。杜預曰富必厚施故政在三家也 吾子直，必思自免於難。服虔曰直不能曲撓以從眾 季札之初使，北過徐君。徐君好季札劍，口弗敢言。季札心知之，為使上國，未獻。還至徐，徐君已死，於是乃解其寶劍，繫之徐君冢樹而去。正義曰括地志云徐君廟在泗州徐城縣西南一里即延陵季子掛劍之徐君也 從者曰：徐君已死，尚誰予乎？季子曰：不然。始吾心已許之，豈以死倍吾心哉！七年，楚公子圍弒其王夾敖而代立，是為靈王。索隱曰春秋經襄二十九年閽殺吳子餘祭昭十五年吳子夷末卒是餘祭立四年餘眛在位十七年系家倒錯二王之年此七年正是餘眛之三年昭元年經曰冬十有一月楚子麇卒左傳曰楚公子圍將聘于鄭未出竟聞王有疾而還入問王疾縊而弒之遂殺其二子幕及平夏葬王于郟謂之郟敖 十年，楚靈王會諸侯而以伐吳之朱方，以誅齊慶封。吳亦攻楚，取三邑而去。索隱曰左傳曰吳伐楚入棘櫟麻以報朱方之役○索隱曰杜預注彼云皆楚東鄙邑也譙周云鄼縣東北有棘亭汝陰新蔡縣東北有櫟亭按解者以麻即襄城縣故麻城是也 十一年，楚伐吳，至雩婁。服虔曰雩婁楚之東邑○索隱曰昭五年左傳楚子伐吳使沈尹射待命於巢薳啟彊待命于雩婁其言至雩婁略耳 十二年，楚復來伐，次於乾谿，杜預曰乾谿在譙國城父縣東南 楚師敗走。十七年，王餘祭卒。索隱曰春秋襄二十九年經曰閽殺吳子餘祭左傳曰吳人伐越獲俘焉以為閽使守舟吳子餘祭觀舟閽以刀弒之公羊傳曰近刑人則輕死之道

道也。合作季札聘晉之前，倒書於此。弟餘眛。立王餘眛二年，楚公子棄疾弒其君靈王代立焉。索隱曰：據春秋，昭十三年經曰夏四月楚公子比自晉歸于楚，弒其君虔于乾谿。楚公子棄疾殺公子比。左氏具載詞，繫不錄公子比者，皆靈王弟也，比即子干也。靈王，公子圍也，即位後易名熊虔，棄疾即位後易名熊居，是為平王。史記以平王為楚故曰棄疾弒君，春秋以子干為王，故曰比弒其君。彼此各有意義也。四年，王餘眛卒，欲授弟季札。季札讓，逃去。於是吳人曰：先王有命，兄卒弟代立，必致季子。季子今逃位，則王餘眛後立。今卒，其子當代。乃立王餘眛之子僚為王。索隱曰：此文以為餘眛子，公羊傳以為壽夢庶子。王僚二年，公子光伐楚，服虔曰：世本云夷眛生光。春秋曰[illegible]與史記同，舟名餘皇。敗而亡王舟。光懼，襲楚，復得王舟而還。索隱曰：討僚元年當昭十六年，此二年，公子光云云王舟事在左氏昭十七年。

五年，楚之亡臣伍子胥來奔，公子光客之。索隱曰：左傳昭二十年曰伍員如吳，言伐楚之利於州于。注州于，吳子僚也。公子光曰：是宗為戮，而欲反其讎，不可從也。員曰：彼將有他志，余姑為之求士，而鄙以待之。乃見鱄設諸焉，而耕於鄙。是謂以客禮接之。公子光者，王諸樊之子也。索隱曰：此文以為諸樊子，系本以為夷眛子也。常以為吾父兄弟四人，當傳至季子。季子即不受國，光父先立，即不傳季子，光當立。陰納賢士，欲以襲王僚。八年，吳使公子光伐楚，敗楚師，迎楚故太子建母於居巢以歸。因北伐，敗陳、蔡之師。九年，公子光伐楚，拔居巢、鍾離。服虔曰：鍾離，州來西邑也。○索隱曰：昭二十四年經曰冬，吳滅巢。左氏曰：楚子為舟師以略吳疆，沈尹戌曰：此行也，楚必亡邑。不撫民而勞之，吳不動而速之。吳人踵楚，邊人不備，遂滅巢及鍾離而還。地理志：居巢屬廬江，鍾離屬九江。應劭曰：鍾離，子之國也。初，楚邊邑卑梁氏之處女與吳邊邑之女爭桑，索隱曰：左氏無其事。二女家怒相滅，兩國邊邑長聞之，怒而相攻，滅吳之邊邑。吳王怒，故遂伐楚，取兩都而去。正義曰：兩都，即鍾離、居巢。伍子胥之初奔吳，說吳王僚以伐楚之利。公子光曰：胥之父兄為僇於楚，欲自報其仇耳，未見其利。於是伍員知光有他志，服虔曰：欲取國。乃求勇士專諸，賈逵曰：吳勇士。○索隱曰：專或作剸，左傳作鱄設諸，刺客傳曰：諸，堂邑人也。○正義曰：吳越春秋云：專諸，豐邑人。伍子胥初亡楚如吳時，遇之於途，專諸方與人鬬，甚不可當，其妻一呼還，子胥怪而問其狀，專諸曰：夫屈一人之下，必申萬人之上。胥因而相之，雄貌深目，侈口熊背，知其勇士。見之光。光喜，乃客伍子胥。子胥退而耕於野，以待專諸之事。索隱曰：依左氏，即五年公子光客之是也。事合記於五年，不應略彼而更具於此也。十二年冬，楚平王卒。索隱曰：昭二十六年春秋經書楚子居卒，是也。按十二諸侯年表及左傳，合在僚十一年。十三年春，吳欲因楚喪而伐之，索隱曰：據表及左氏，僚止合有十二年，事並見昭二十七年左傳。使公子蓋餘、燭庸賈逵曰：二公子皆吳王僚之弟。○索隱曰：春秋作掩餘，而史記並作蓋餘，音同而字異者，或謂太史公被腐刑，不欲言掩也。賈逵及杜預並稱僚母弟，而昭二十三年左傳曰光帥右，掩餘帥左，杜注云掩餘，吳王壽夢子。又系族譜亦云二公子並壽夢子，若依公羊，僚為壽夢庶子，則與系族譜合也。以兵圍楚之六、灊。服虔曰：灊在廬江六縣西南。使季札於晉以觀諸侯之變。服虔曰：察強弱。楚發兵絕吳兵後，吳兵不得還。於是吳公子光曰：此時不可失也。賈逵曰：時言可殺王時也。告專諸曰：不索何獲？服虔曰：不索，當何時得也。我真王嗣，當立，吾欲求之。

季子雖至，不吾廢也。王肅曰：雖還至也。專諸曰：王僚可殺也。母老子弱，服虔曰：母老子弱，專諸託其母子於光也。王肅曰：專諸言王母老子弱也。○索隱曰：依王肅解與史記同，於理無失。服虔、杜預見左傳下文云"我，爾身也，以其子爲卿"，遂强解是無若我何，猶言我無若是何。語不近情，過爲迂回，非也。而兩公子將兵攻楚，楚絕其路。方今吳外困於楚，而內空無骨鯁之臣，是無奈我何。光曰：我身，子之身也。服虔曰：言我身猶爾身也。四月丙子，光伏甲士於窟室，杜預曰：掘地爲室也。○索隱曰：春秋經唯言夏四月，左氏亦云丙子，丙子當別有按據，不知出何書。而謁王僚。索隱曰：謁，請也。本或作請，左氏作饗。王僚使兵陳於道，自王宮至光之家，門階戶席，皆王僚之親也，人夾持鈹。音披。○索隱曰：劉逵注吳都賦：鈹，兩刃小刀。公子光詳爲足疾，入于窟室，杜預曰：恐難作，王黨殺己，素避之也。索隱曰：詳音陽。爲，如字。左氏曰光僞足疾，即僞也。或讀此爲亦音僞，非也。豈詳爲重言邪。使專諸置匕首於炙魚之中以進食。服虔曰：全魚炙也。○索隱曰：劉氏曰：匕首，短劍也。按鹽鐵論以爲長尺八寸。通俗文云其頭類匕，故曰匕首也。短刃可袖者。手匕首刺王僚，鈹交於匈，賈逵曰：交專諸匈也。遂弒王僚。公子光竟代立爲王，是爲吳王闔廬。闔廬乃以專諸子爲卿。季子至，曰：苟先君無廢祀，民人無廢主，社稷有奉，乃吾君也。吾敢誰怨乎？哀死事生，以待天命。服虔曰：待天命之終也。非我生亂，立者從之，先人之道也。杜預曰：吳自諸樊以下兄弟相傳而不立適，是亂由先人起也。季子自知力不能討，故云。復命，哭僚墓，服虔曰：復命於僚，哭其墓也。○正義曰：復音伏，下同。復位而待。杜預曰：復本位，待光命。吳公子燭庸、蓋餘二人將兵遇圍於楚者，聞公

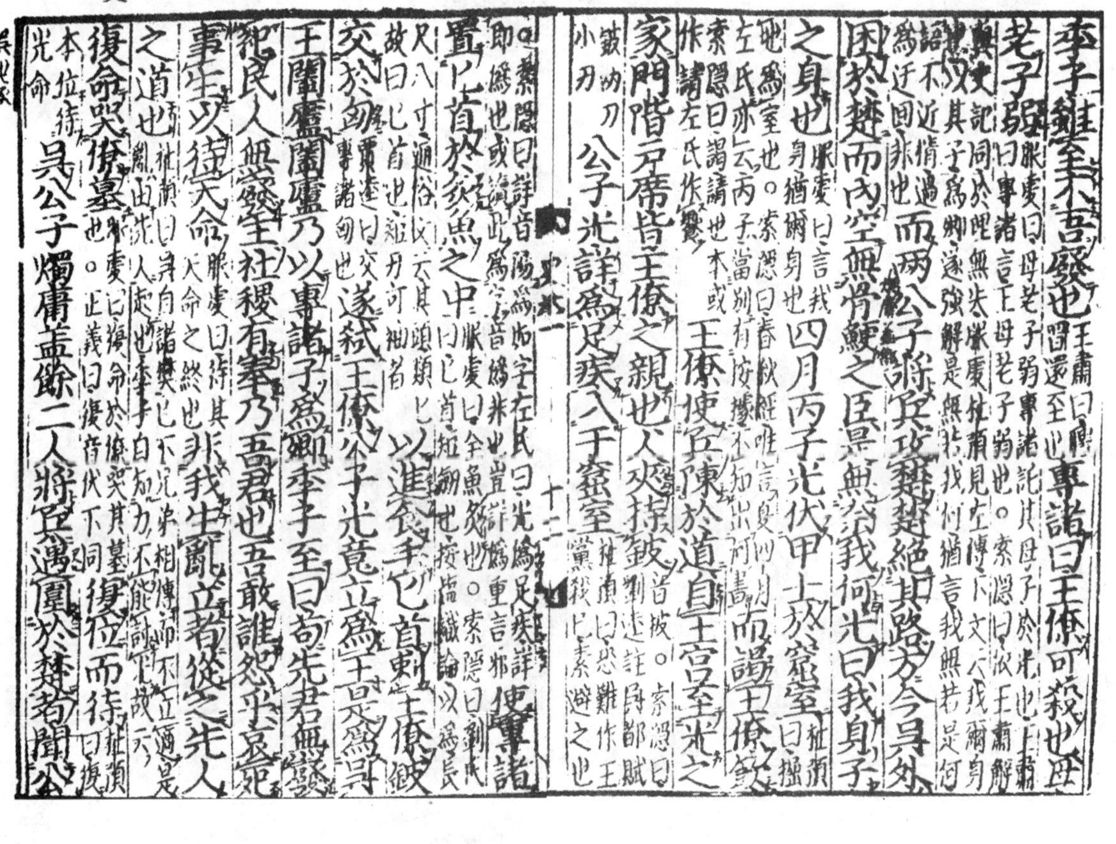
子光弒王僚自立，乃以其兵降楚，楚封之於舒。索隱曰：左氏昭二十七年曰：掩餘奔徐，燭庸奔鍾吾。三十年經曰：吳滅徐，徐子章羽奔楚。左傳曰：吳子使徐人執掩餘，使鍾吾人執燭庸，二公子奔楚，楚子大封而定其徙，與此封舒之事當是。舒即徐，字亂，又且疏略也。王闔廬元年，舉伍子胥爲行人而與謀國事。楚誅伯州犁，其孫伯嚭亡奔吳，徐廣曰：伯嚭，州犁孫也。史記與吳越春秋同。嚭音披美反。吳以爲大夫。三年，吳王闔廬與子胥、伯嚭將兵伐楚，拔舒，殺吳亡將二公子。光謀欲入郢，將軍孫武曰：民勞，未可，待之。索隱曰：左傳此年有子胥對耳，無孫武事也。四年，伐楚，取六與灊。五年，伐越，敗之。六年，楚使子常囊瓦伐吳。正義曰：左傳云楚令尹。杜預云囊瓦，子囊之孫子常也。迎而擊之，大敗楚軍於豫章，取楚之居巢而還。索隱曰：在左傳定二年，當爲闔廬七年。九年，吳王闔廬謂伍子胥、孫武曰：始子之言郢未可入，今果如何？索隱曰：言今欲果敢伐楚可不也。二子對曰：楚將子常貪，而唐、蔡皆怨之。王必欲大伐，必得唐、蔡乃可。闔廬從之，悉興師，與唐、蔡西伐楚，索隱曰：左氏四年經：蔡侯以吳子及楚人戰于柏舉，楚師敗績，吳入郢，是也。至於漢水。楚亦發兵拒吳，夾水陳。正義曰：陳音陣。吳王闔廬弟夫概，正義：概音古代反。欲戰，闔廬弗許。夫概曰：王已屬臣兵，兵以利爲上，尚何待焉？遂以其部五千人襲冒楚，楚兵大敗，走。於是吳王遂縱兵追之。比至郢，五戰，楚五敗。楚昭王亡出郢，奔鄖。服虔曰：鄖，楚縣。鄖公弟正義曰：左傳云鄖公辛之弟懷也。欲弒昭王，昭王與鄖公犇隨。服虔曰：隨，楚與國也。而吳兵遂入郢。子

齊伯嚭將兵……平王之尸以報父讎 索隱曰左氏無此事 十年春越聞吳王之在郢國空乃伐吳吳使別兵擊越楚告急秦秦遣兵救楚擊吳吳師敗闔廬弟夫概見秦越交敗吳吳王留楚不去夫概亡歸吳而自立為吳王闔廬聞之乃引兵歸攻夫概夫概敗奔楚楚昭王乃得以九月復入郢而封夫概於堂谿為堂谿氏 司馬彪曰汝南吳房有堂谿亭○正義曰括地志云吳房縣在豫州西北九十里應劭云吳王闔閭弟夫概奔楚封之於堂谿氏本房子國以封吳故曰吳房 十一年吳王使太子夫差伐楚取番楚恐而去郢徙鄀 索隱曰定六年左傳四月己丑吳太子終纍敗楚舟師杜預曰闔廬子夫差兄此以為夫差當謂名異而一人耳左傳又曰獲潘子臣小惟子及大夫七人楚於是乎遷郢於鄀此言番番音潘楚邑名子胥即其邑之大夫也 十五年孔子相魯 索隱曰定十年左傳夏公會齊侯于夾谷孔丘相杜預曰相會儀也而史遷孔子系家云攝行相事 十九年夏吳伐越越王句踐迎擊之檇李 賈逵曰檇李越地杜預曰吳郡嘉興縣南有醉李城也檇音醉 越使死士挑戰 賈逵曰死士死罪人也鄭眾曰死士欲以死報恩者也杜預曰敢死之士也○正義曰挑音田鳥反 三行造吳師呼自剄 左傳曰使罪人三行屬劍於頸行以郎反造千到反呼火故反剄堅鼎反 吳師觀之越因伐吳敗之姑蘇 越絕書曰闔廬起姑蘇臺三年聚材五年乃成高見三百里○索隱曰姑蘇臺名在吳縣西三十里 傷吳王闔廬指軍卻七里吳王病傷而死 索隱曰左傳云定十四年越子大敗之靈姑浮以戈擊闔廬闔廬傷將指還卒於陘去檇李七里此云擊之檇李又云吳之姑蘇……

……越大夫也 闔廬使立太子夫差謂曰爾而忘句踐殺汝父乎對曰不敢三年乃報越 越絕書曰闔廬冢在吳縣昌門外名曰虎丘下池廣六十步水深一丈五尺桐棺三重澒池六尺玉鳧之流扁諸之劒三千方員之口三千槃郢魚腸之劒在焉卒十餘萬人治之取土臨湖葬之三日白虎居其上故號曰虎丘○索隱曰此以為闔廬謂夫差左傳則云……對曰唯不敢忘 王夫差元年以大夫伯嚭為太宰 習戰射常以報越為志二年吳王悉精兵 越絕書曰太伯到夫差二十六代且千歲○索隱曰按太伯至壽夢十九代諸樊已下六王唯二十五年以闔廬九年非夫差代也 以伐越敗之夫椒 賈逵曰夫椒越地杜預曰太湖中椒山也○索隱曰賈逵云越地蓋近得之然其地闕不知所在杜預以為太湖中椒山非戰所於越與椒山不得為一且夫差以報越為志又伐越當至越地何乃不離吳境近在太湖中又按越語云敗五湖也 報姑蘇也越王句踐乃以甲兵五千人棲於會稽 賈逵曰會稽山名○索隱曰棲越為吳所敗依山林故以鳥棲為喻 使大夫種因吳太宰嚭而行成 左傳作保國語作棲……索隱曰大夫種名也……正義曰國語云以……請委國為臣妾吳王將許之伍子胥諫曰昔有過氏殺斟灌以伐斟尋滅夏后帝相 賈逵曰過國名也斟灌斟尋夏同姓也夏后相依斟灌而國故曰殺夏后相也○索隱曰過音戈寒浞之子澆所封國也猗姓國晉地道記曰東萊掖縣有過鄉北有過城是古之過國……帝相之妃后緡方娠 賈逵曰后緡有仍之姓……杜預曰娠懷身也

逃於有仍（賈逵曰有仍國名后緡之家）而生少康（服虔曰后緡遺腹子少康）少康為有仍牧正（王肅曰牧正牧官之長也）有過又欲殺少康少康奔有虞（賈逵曰有虞帝舜之後）有虞思夏德於是妻之以二女而邑之於綸（賈逵曰綸虞邑）有田一成有衆一旅（賈逵曰方十里為成五百人為旅）後遂收夏衆撫其官職（服虔曰因此基業稍收取夏遺民餘衆撫修夏之故官憲典）使人誘之遂滅有過氏（索隱曰傳云使女艾諜澆季杼誘豷）復禹之績祀夏配天（服虔曰以鯀配天也）不失舊物（賈逵曰物職也）今吳不如有過之彊而句踐大於少康今不因此而滅之又將寬之不亦難乎且句踐為人能辛苦今不滅後必悔之吳王不聽聽太宰嚭卒許越平與盟而罷兵去

七年吳王夫差聞齊景公死而大臣爭寵新君弱乃興師北伐齊子胥諫曰越王句踐食不重味衣不重采弔死問疾且欲有所用其衆此人不死必為吳患今越在腹心疾而王不先而務齊不亦謬乎吳王不聽遂北伐齊敗齊師於艾陵（杜預曰艾陵齊地）至繒（杜預曰繒縣屬琅邪）召魯哀公而徵百牢季康子使子貢以周禮說太宰嚭乃得止因留略地於齊魯之南九年為騶伐魯至與魯盟乃去

十年因伐齊而歸十一年復北伐齊越王句踐率其衆以朝吳厚獻遺之吳王喜唯子胥懼曰是棄吳也諫曰越在腹心今得志於齊猶石田無所用且盤庚之誥有顛越勿遺商之以興吳王不聽使子胥於齊子胥屬其子於齊鮑氏還報吳王吳王聞之大怒賜子胥屬鏤之劍以死將死曰樹吾墓上以梓令可為器抉吾眼置之吳東門以觀越之滅吳也齊鮑氏弒齊悼公吳王聞之哭於軍門外三日乃從海上攻齊齊人敗吳吳王乃引兵歸十三年吳召魯衛之君會

於橐皋服虔曰橐皋地名也杜預曰在淮南逡遒縣東南○索隱曰哀十二年左傳曰公會吳于橐皋吳子使大宰嚭請尋盟公不欲使子貢對曰盟所以周信也故心以制之玉帛以奉之言以結之明神以要之寡君以為苟有盟焉弗可改也若猶可改日盟何益今吾子曰必尋盟若可尋也亦可寒也乃不尋盟吳徵會于衛初衛人殺吳行人且姚而懼謀於子羽子羽曰吳方無道無乃辱吾君不如止也子木曰吳方無道國無道必棄疾於人吳雖無道猶足以患衛往也長木之斃無不摽也國狗之瘈無不噬也而況大國乎秋衛侯會吳于鄖公及衛侯宋皇瑗盟而卒辭吳盟吳人藩衛侯之舍子服景伯謂子貢曰夫諸侯之會事既畢矣侯伯致禮地主歸餼以相辭也今吳不行禮於衛而藩其君舍以難之子盍見大宰乃請束錦以行語及衛故大宰嚭曰寡君願事衛君衛君之來也緩寡君懼故將止之子貢曰衛君之來必謀於其眾其眾或欲或否是以緩來其欲來者子之黨也其不欲來者子之讎也若執衛君是墮黨而崇讎也夫墮子者得其志矣且合諸侯而執衛君誰敢不懼墮黨崇讎而懼諸侯或者難以霸乎大宰嚭說乃舍衛侯衛侯歸效夷言子之尚幼曰君必不免其死於夷乎執焉而又說其言從之固矣所以太史公言其召魯衛之君會於橐皋也鄖發陽也廣陵海陵縣東南有發繇口橐皋縣名在壽春東南橐音託皋音姑又音高十四年春吳王北會諸侯於黃池杜預曰陳留封丘縣南有黃亭近濟水欲霸中國以全周室六月戊子越王句踐伐吳乙酉越五千人與吳戰丙戌虜吳太子友丁亥入吳吳人告敗於王夫差夫差惡其聞也裴駰案賈逵曰惡其聞諸侯或泄其語吳王怒斬七人於幕下服虔曰以絕口七月辛丑吳王與晉定公爭長吳王曰於周室我為長杜預曰吳為太伯後故為長晉定公曰於姬姓我為伯徐廣曰一云晉先歃吳次之外傳曰吳先歃晉亞之先叙晉晉有信又所以外吳○索隱曰此依左傳文也外傳曰吳先歃晉亞之者左傳趙鞅呼司馬寅曰日旰矣大事未成二臣之罪也建鼓整列二臣死之長幼必可知也對曰請姑視之反曰肉食者無墨今吳王有墨國其勝乎杜預曰墨氣色下也國為敵所勝也又曰太子死乎且夷德輕不忍久請少待之乃先晉人是也徐廣所云據國語不與左傳合非也左氏魯史之策晉趙鞅為會首書晉外吳國語吳人有信耳外傳即國語也書有二名也趙鞅怒將伐吳乃長晉定公吳王已盟與晉別欲伐宋太宰嚭曰可勝而不能居也乃引兵歸國國亡太子內空王居外久士皆罷敝於是乃使厚幣以與越平十五年齊田常殺簡公十八年越益彊越王句踐復率兵伐敗吳師於笠澤楚滅陳二十年越王句踐復伐吳索隱曰東十九年左氏曰越人侵楚以誤吳也杜預曰誤吳使不為備也無伐吳事也二十一年遂圍吳二十三年十一月丁卯越敗吳越王句踐欲遷吳王夫差於甬東賈逵曰甬東越東鄙甬江東也韋昭曰句章東海口外州也○索隱曰國語曰甬句東越地會稽句章縣東海中州也按今鄮縣是其處予百家居之吳王曰孤老矣不能事君王也吾悔不用子胥之言自令陷此遂自剄死越王滅吳誅太宰嚭以為不忠而歸越絕書曰夫差冢在猶亭西卑猶之位越王使干戈人一累土以葬之近太湖去縣五十七里○索隱曰左傳云乃縊越人以歸猶亭名卑猶位三字共為地名吳地記曰徐枕山一名卑猶山蓋音路禾反以盛土也

太史公曰孔子言太伯可謂至德矣三以天下讓民無得而稱焉王肅曰太伯弟季歷賢又生聖子昌昌必有天下故太伯以天下三讓於王季其讓隱故無得而稱言之者所以為至德也余讀春秋古文乃知中國之虞與荊蠻句吳兄弟也延陵季子之仁心慕義無窮見微而知清濁嗚呼又何其閎覽博物君子也皇覽曰延陵季子冢在毗陵縣暨陽鄉至今吏民皆祀事

索隱述贊曰太伯作吳高讓雄圖周章受國別封於虞壽夢初霸始用兵車三子遞立延陵不居光既篡位是稱闔閭王僚見殺賊由專諸夫差輕越取敗姑蘇甬東之恥空慚伍胥

吳太伯世家第一　　史記三十一

齊太公世家第二　　史記三十二

正義曰括地志云天齊池在青州臨淄縣東南十五里封禪書云齊之所以為齊者以天齊也

太公望呂尚者東海上人呂氏春秋曰東夷之士○索隱曰譙周曰姓姜名牙炎帝之裔伯夷之後掌四岳有功封之於呂子孫從其封姓尚其後也按後文王得之渭濱云吾先君太公望子久故號太公望蓋牙是字尚是名後武王號為師尚父則尚父官名其先祖嘗為四嶽佐禹平水土甚有功虞夏之際封於呂徐廣曰呂在南陽宛縣西或封於申姓姜氏索隱曰地理志申在南陽宛縣申伯之國呂亦在宛縣之西夏商之時申呂或封枝庶子孫或為庶人尚其後苗裔也本姓姜氏從其封姓故曰呂尚呂尚蓋嘗窮困年老矣索隱曰譙周曰呂望嘗屠牛於朝歌賣飲於孟津以漁釣奸周西伯正義曰奸音干括地志云茲泉水源出岐州岐山縣西南凡谷呂氏春秋云太公釣於茲泉遇文王酈元云磻溪中有泉謂之茲泉泉積水為潭即太公釣處今人謂之凡谷有石壁深高幽邃人跡罕及東南隅有石室蓋太公所居也水次盤石釣處即太公垂釣之所其投竿跪餌兩膝遺跡猶存是磻溪之稱也其水清泠神異北流十二里注于渭說苑云呂望年七十釣于渭渚三日三夜魚無食者望即忿脫其衣冠上有農人者古之異人謂望曰子姑復釣必細其綸芳其餌徐徐而投無令魚駭望如其言初下得鮒次得鯉刺魚腹中得書書文曰呂望封於齊望知其異西伯將出獵卜之曰所獲非龍非彲徐廣曰彲勅知反○索隱曰彲本亦作螭字非虎非羆所獲霸王之輔於是周西伯獵果遇太公於渭之陽與語大說曰自吾先君太公曰當有聖人適周周以興子真是邪吾太公望子久矣故號之曰太公望載與俱歸立為師或曰太公博聞嘗事紂紂無道去之游說諸侯無所遇而卒西歸周西伯或曰呂尚處士隱海濱周西伯拘羑里散宜生閎夭素知而招呂尚呂尚亦曰吾聞西伯賢又善養老盍往焉三人者為西伯求美女奇物獻之於紂以贖西伯西伯得以出反國言呂尚所以事周雖異然要之為文武師周西伯昌之脫羑里歸與呂尚陰謀修德以傾商政其事多兵權與奇計正義曰六韜云武王問太公曰律之音聲可知三軍消息乎太公曰深哉王之問也夫律管十二其要有五宮商角徵羽此其正聲也萬代不易五行之神道之常也可以知敵金木水火土各以其勝攻之其法以天清靜無陰雲風雨夜半遣輕騎往至敵人之壘九百步偏持律管橫耳大呼驚之有聲應管其來甚微角管聲應當以白虎徵管聲應當以玄武商管聲應當以勾陳五管聲盡不應無有商聲當以青龍此五行之符佐勝之徵成敗之機也故後世之言兵及周之陰權皆宗太公為本謀周西伯政平及斷虞芮之訟而詩人稱西伯受命曰文王伐崇密須犬夷索隱曰郡國志密須在東郡廩丘縣北今曰顯城密須姞姓在河南密縣東故密城是也與安定姬姓密國各不同大作豐邑天下三分其二歸周者太公之謀計居多文王崩武王即位九年欲修文王業東伐以觀諸侯集否師行師尚父劉向別錄曰師之尚之父之故曰師尚父父亦男子美號也左杖黃鉞右把白旄以誓曰蒼兕蒼兕索隱曰本或作蒼雉按馬融曰蒼兕主舟楫官名又王充云蒼兕水獸九頭今誓眾令急濟故言蒼兕以懼之然此文上下並今文大誓總爾眾庶與爾舟楫後至者斬遂至盟津諸侯不期而會者八百諸侯諸侯皆曰紂可伐也武王曰未可還師與

天。公作此太誓。居二年，紂殺王子比干，囚箕子。武王將伐紂，卜龜兆不吉，風雨暴至。羣公盡懼，唯太公彊之勸武王，武王於是遂行。十一（徐廣曰一作三年）正月甲子，誓於牧野，伐商紂。紂師敗績。紂反走，登鹿臺，遂追斬紂。明日，武王立于社，羣公奉明水，（索隱曰周本紀作毛叔鄭奉明水也）衛康叔封布采席，（索隱曰周本紀衛康叔封布茲茲是席名此亦云綵席也）師尚父牽牲，史佚策祝，以告神討紂之罪。散鹿臺之錢，發鉅橋之粟，以振貧民。封比干墓，釋箕子囚。遷九鼎，脩周政，與天下更始。師尚父謀居多。於是武王已平商而王天下，封師尚父於齊營丘。（正義曰括地志云營丘在青州臨淄北百步外城中）東就國，道宿行遲。逆旅之人曰：「吾聞時難得而易失。客寢甚安，殆非就國者也。」太公聞之，夜衣而行，犂明至國。（索隱曰犂猶比也又犂猶遲也）萊侯來伐，與之爭營丘。營丘邊萊。萊人，夷也，會紂之亂而周初定，未能集遠方，是以與太公爭國。太公至國，脩政，因其俗，簡其禮，通商工之業，便魚鹽之利，而人民多歸齊，齊為大國。及周成王少時，管蔡作亂，淮夷（正義曰孔安國云淮浦之夷徐州之戎）畔周，乃使召康公（服虔曰召康公名奭）命太公曰：「東至海，西至河，南至穆陵，北至無棣，（服虔曰是皆太公始受封土地疆境所至也○索隱曰舊說云穆陵在會稽非也按今淮南有故穆陵門是楚之境無棣在遼西孤竹服虔以為太公受封境界所至不然也蓋言其征伐所至之域）五侯九伯，實得征之。」（杜預曰五等諸侯九州之伯皆得征討其罪）齊由此得征伐，為大國。都營丘。蓋太公之卒百有餘年，（禮記曰太公封於營丘比及五世皆反葬於周鄭玄云太公受封留為大師死葬於周五世之後乃葬齊皇覽曰呂尚冢在臨菑縣城南去縣十里）子丁公呂伋立。（徐廣曰一作及○正義曰謚法述義不克曰丁）丁公卒，子乙公得立。乙公卒，子癸公慈母立。（索隱曰系本作癸公慈母譙周作癸公慈毋也）癸公卒，子哀公不辰立。（索隱曰系本作不臣譙周亦作不辰宋忠曰哀公荒淫田游史作還詩以刺之也）

哀公時，紀侯譖之周，周烹哀公（徐廣曰周夷王）而立其弟靜，是為胡公。（正義曰謚法彌年壽考曰胡）胡公徙都薄姑，（正義曰括地志云薄姑城在青州博昌縣東北六十里）而當周夷王之時。哀公之同母少弟山怨胡公，乃與其黨率營丘人襲攻殺胡公而自立，是為獻公。（索隱曰宋衷云其黨周馬繻人將胡公於貝水殺之而山自立也）獻公元年，盡逐胡公子，因徙薄姑都，治臨菑。九年，獻公卒，子武公壽立。武公九年，周厲王出奔，居彘。（正義曰直厲反括地志云晉州霍邑縣本漢彘縣也鄭玄云霍山在彘本秦時霍伯國）十年，王室亂，大臣行政，號曰「共和」。二十四年，周宣王初立。二十六年，武公卒，子厲公無忌立。厲公暴虐，故胡公子復入齊，齊人欲立之，乃與攻殺厲公。胡公子亦戰死。齊人乃立厲公子赤為君，是為文公，而誅殺厲公者七十人。文公十二年卒，子成公脫立。（索隱曰系本及譙周皆作說字）成公九年卒，子莊公購立。（索隱曰劉氏音神欲反系家及系本並作購又此成公脫年表作說也）莊公二十四年，犬戎殺幽王，周東徙雒。秦始列為諸侯。五十

齊世家　史記三十二　三

齊世家　史記三十二　四

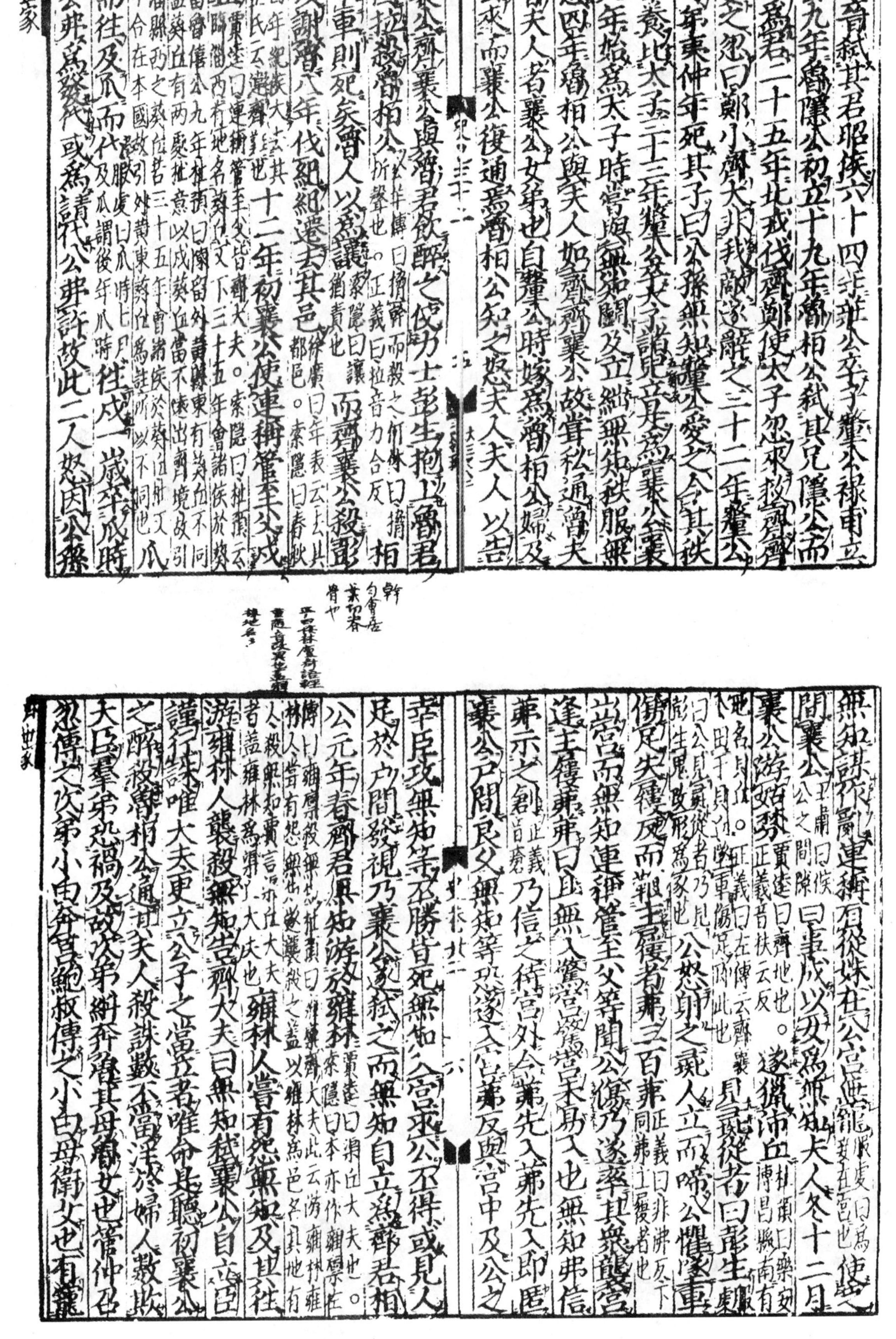

齊世家

六年晉弑其君昭侯六十四年莊公卒子釐公祿甫立釐公九年魯隱公初立十九年魯桓公弑其兄隱公而自立爲君二十五年北戎伐齊鄭使太子忽來救齊齊欲妻之忽曰鄭小齊大非我敵遂辭之三十二年釐公同母弟夷仲年死其子曰公孫無知釐公愛之令其秩服奉養比太子三十三年釐公卒太子諸兒立是爲襄公襄公元年始爲太子時嘗與無知鬭及立絀無知秩服無知怨四年魯桓公與夫人如齊齊襄公故嘗私通魯夫人魯夫人者襄公女弟也自釐公時嫁爲魯桓公婦及桓公來而襄公復通焉魯桓公知之怒夫人夫人以告齊襄公齊襄公與魯君飲醉之使力士彭生抱上魯君車因拉殺魯桓公公羊傳曰搚幹而殺之何休曰搚折聲也。正義曰拉音力合反桓公下車則死矣魯人以爲讓索隱曰讓猶責也而齊襄公殺彭生以謝魯八年伐紀紀遷去其邑徐廣曰年表云去其都邑。索隱曰春秋莊四年紀侯大去其國左氏云違齊難也十二年初襄公使連稱管至父戍葵丘賈逵曰連稱管至父皆齊大夫。索隱曰杜預云臨淄西有地名葵丘。今下三十五年會諸侯於葵丘當魯僖公九年杜預曰陳留外黃縣東有葵丘不同者蓋葵丘有兩處杜意以戍葵丘當不遠出齊境故引臨淄縣西之葵丘若三十五年會諸侯於葵丘當爲宋地所以不同也又以不合在本國故引外黃東葵丘爲注瓜時而往及瓜而代服虔曰瓜時七月及瓜謂後年瓜時往戍一歲卒瓜時而公弗爲發代或爲請代公弗許故此二人怒因公孫

齊世家

無知謀作亂連稱有從妹在公宮無寵服虔曰爲妾在宮也使之閒襄公王肅曰候公之間隙曰事成以女爲無知夫人冬十二月襄公游姑棼賈逵曰齊地也。正義曰音扶云反遂獵沛丘杜預曰樂安博昌縣南有地名貝丘。正義曰左傳云齊侯田于貝丘見彘從者曰彭生正義曰公見彘從者乃見彭生鬼改形爲豕也公怒射之彘人立而啼公懼墜車傷足失屨反而鞭主屨者茀三百正義曰茀弗沸反下同茀主屨者也茀出宮而無知連稱管至父等聞公傷乃遂率其衆襲宮逢主屨茀茀曰且無入驚宮驚宮未易入也無知弗信茀示之創正義曰創音瘡乃信之待宮外令茀先入茀先入即匿襄公戶閒良久無知等恐遂入宮茀反與宮中及公之幸臣攻無知等不勝皆死無知入宮求公不得或見人足於戶閒發視乃襄公遂弑之而無知自立爲齊君桓公元年春齊君無知游於雍林賈逵曰渠丘大夫也。索隱曰本亦作雍廩左傳曰雍廩殺無知杜預曰雍廩齊大夫此云游雍林雍林人殺無知賈言亦以雍林爲大夫也以雍林爲邑名其地有雍林人嘗有怨無知及其往游雍林人襲殺無知告齊大夫曰無知弑襄公自立臣謹行誅唯大夫更立公子之當立者唯命是聽初襄公之醉殺魯桓公通其夫人殺誅數不當淫於婦人數欺大臣羣弟恐禍及故次弟糾奔魯其母魯女也管仲召忽傅之次弟小白奔莒鮑叔傅之小白母衛女也有寵

史部　第一冊

於雍林公小白自少好善大夫高傒賈逵曰齊正卿高敬仲也傒音奚及雍林人殺無知議立君高國先陰召小白於莒魯聞無知死亦發兵送公子糾而使管仲別將兵遮莒道射中小白帶鉤小白佯死管仲使人馳報魯魯送糾者行益遲伐當至齊則小白已入高傒立之是為桓公桓公之中鉤佯死以誤管仲已而載溫車中馳行亦有高國內應故得先入立發兵距魯秋與魯戰于乾時杜預曰乾時齊地時水在樂安界岐流旱則竭涸故曰乾時魯兵敗走齊兵掩絕魯歸道齊遺魯書曰子糾兄弟弗忍誅請魯自殺之召忽管仲讎也請得而甘心醢之不然將圍魯魯人患之遂殺子糾于笙

史記卅二　七

瀆賈逵曰魯地句瀆也○索隱曰按鄒誕生本作莘瀆莘笙聲相近笙如字瀆音豆論語作溝瀆蓋後代聲轉而字異故諸文不同也召忽自殺管仲請囚桓公之立發兵攻魯心欲殺管仲鮑叔牙曰臣幸得從君君竟以立君之尊臣無以增君君將治齊即高傒與叔牙足也君且欲霸王非管夷吾不可夷吾所居國國重不可失也於是桓公從之乃詳為召管仲欲甘心實欲用之管仲知之故請往鮑叔牙迎受管仲及堂阜而脫桎梏賈逵曰堂阜魯北境杜預曰堂阜齊地東莞蒙陰縣西北有夷吾亭或曰鮑叔解夷吾縛於此因以為名也齋祓而見桓公桓公厚禮以為大夫任政桓公既得管仲與鮑叔隰朋徐廣曰或作崩也高傒修齊國政連五家之兵國語曰管子制國五家為軌十軌為里四里為連十連為鄉以為軍令設輕重魚鹽之利索隱曰管子有理人輕重之法七篇輕重錢也又有捕魚煮鹽法以贍貧窮祿賢能齊人皆說二年伐滅郯徐廣曰一作譚○索隱曰春秋魯莊十年齊師滅譚是也杜預云譚國在濟南平陵縣西南然此郯乃東海郯縣蓋亦不當作譚字也郯子奔莒初桓公亡時過郯郯無禮故伐之五年伐魯魯將師敗魯莊公請獻遂邑以平桓公許與魯會柯而盟杜預曰此柯今濟北東阿齊之阿邑猶祝柯今為祝阿魯將盟曹沫以匕首劫桓公於壇上曰何休曰土基三尺階三等曰壇會必有壇者為升降揖讓稱先君以相接也反魯之侵地桓公許之已而曹沫去匕首北面就臣位桓公後悔欲無與魯地而殺曹沫管仲曰夫劫許之而倍信殺之徐廣曰一云

史記卅二　八

許之而背信殺劫也愈一小快耳而棄信於諸侯失天下之援不可於是遂與曹沫三敗所亡地於魯諸侯聞之皆信齊而欲附焉七年諸侯會桓公於甄杜預曰甄衛地今東郡甄城也而桓公於是始霸焉十四年陳厲公子完號敬仲來奔齊齊桓公欲以為卿讓於是以為工正賈逵曰掌百工田成子常之祖也二十三年山戎伐燕服虔曰山戎蓋今鮮卑何休曰山戎者戎中之別名也燕告急於齊齊桓公救燕遂伐山戎至于孤竹而還燕莊公遂送桓公入齊境桓公曰非天子諸侯相送不出境吾不可以無禮於燕於是分溝割燕君所至與燕命燕君復修召公之政納貢于周如成康之時諸侯

聞之，皆從齊。二十七年，魯湣公母曰哀姜，桓公女弟也。哀姜淫於魯公子慶父，慶父弒湣公，哀姜欲立慶父，魯人更立釐公。徐廣曰史記僖字皆作釐 桓公召哀姜，殺之。二十八年，衛文公有狄亂，告急於齊。齊率諸侯城楚丘而立衛君。賈逵曰衛地也。○索隱曰杜預曰楚丘衛邑。衛未遷，楚丘在武城縣南，即今之衛南縣是也。二十九年，桓公與夫人蔡姬戲船中。蔡姬習水，蕩公，賈逵曰蕩搖也 公懼，止之，不止，出船，怒，歸蔡姬，弗絕。蔡亦怒，嫁其女。桓公聞而怒，興師往伐。三十年春，齊桓公率諸侯伐蔡，蔡潰。服虔曰民逃其上曰潰也 遂伐楚。楚成王興師問曰：「何故涉吾地？」管仲對曰：「昔召康公命我先君太公曰：『五侯九伯，若實征之，以夾輔周室。』左傳曰周公太公股肱周室夾輔成王也 賜我先君履，杜預曰所踐履之界 東至海，西至河，南至穆陵，北至無棣。楚貢包茅不入，王祭不具，賈逵曰包茅菁茅包匭之也以供祭祀。杜預曰尚書包匭菁茅茅之為異未審 是以來責；昭王南征不復，是以來問。」服虔曰周昭王南巡狩涉漢未濟船解而溺昭王。王室諱之，不以赴，諸侯不知其故，故桓公以為辭責問楚也。○索隱宋衷云昭王南伐楚，辛由靡為右，涉漢中流而隕，由靡逐王，遂卒不復，周乃侯其後于西翟。楚王曰：「貢之不入，有之，寡人罪也，敢不共乎！昭王之出不復，君其問之水濱。」杜預曰昭王時漢非楚境，故不受罪 齊師進次于陘。杜預曰陘楚地潁川召陵縣南有陘亭。左傳曰凡師一宿為舍，再宿為信，過信為次 夏，楚王使屈完將兵扞齊，齊師退次召陵。杜預曰召陵潁川縣 桓公矜屈完以其眾。屈完曰：「君以道則可；若

不，則楚方城以為城，服虔曰方城山在漢南。韋昭曰方城楚北之阨塞也。杜預曰方城山在南陽葉縣南是也。○索隱曰地理志葉縣南有長城號曰方城，則杜預韋昭說為得，而服氏云在漢南，未知有何依據 江漢以為溝，君安能進乎！」乃與屈完盟而去。過陳，陳袁濤塗詐齊，令出東方，覺。秋，齊伐陳。左傳曰討不忠也 是歲，晉殺太子申生。三十五年夏，會諸侯于葵丘。杜預曰陳留外黃縣東有葵丘也 周襄王使宰孔賜桓公文武胙、彤弓矢、大路，賈逵曰大路諸侯朝服之車謂之金路 命無拜。桓公欲許之，管仲曰「不可」，乃下拜受賜。韋昭曰下堂拜賜也 秋，復會諸侯於葵丘，益有驕色。周使宰孔會。諸侯頗有叛者。公羊傳曰葵丘之會桓公震而矜之叛者九國 晉侯病，後，遇宰孔。宰孔曰：「齊侯驕矣，弟無行。」從之。是歲，晉獻公卒，里克殺奚齊、卓子，徐廣曰史記卓多作悼。正義曰卓丑角反 秦穆公以夫人入公子夷吾為晉君。桓公於是討晉亂，至高梁，服虔曰高梁晉地也。杜預曰在平陽縣西南 使隰朋立晉君，還。是時周室微，唯齊、楚、秦、晉為彊。晉初與會，正義曰與音預，下同 獻公死，國內亂。秦穆公辟遠，不與中國會盟。楚成王初收荊蠻有之，夷狄自置。唯獨齊為中國會盟，而桓公能宣其德，故諸侯賓會。於是桓公稱曰：「寡人南伐至召陵，望熊山；北伐山戎、離枝、孤竹；地理志曰令支縣有孤竹城，疑離枝即令支也，令離聲相近。應劭曰令音鈴。鈴、離聲亦相近。管子亦作離字。○索隱曰離枝音零支，又音令祇，令如字。離枝孤竹皆古國名。秦以離枝為縣，故地理志云遼西令支縣有孤竹城。爾雅曰孤竹、北戶、西王母、日下，謂之四荒也 西伐大夏，涉流沙，正義曰大

王皇既謂陽穀之會全諸侯之無降旨無所異義以垂為大天下皆從之政云一匡天下

夏井州界也陽是也束馬懸車登太行至卑耳山而還正義曰卑音壁劉伯莊及韋昭並如字諸侯莫違寡人寡人兵車之會三正義曰左傳云魯莊十三年會北杏以平宋亂僖四年侵蔡遂伐楚六年伐鄭圍新城也乘車之會六正義曰左傳云魯莊十四年會于鄄十五年又會鄄十六年同盟于幽僖五年會首止八年盟于洮九年會葵丘是也九合諸侯一匡天下正義曰匡正也一匡天下謂定襄王為太子之位也昔三代受命有何以異於此乎吾欲封泰山禪梁父管仲固諫不聽乃說桓公以遠方珍怪物至乃得封桓公乃止三十八年周襄王弟帶與戎翟合謀伐周齊使管仲平戎於周周欲以上卿禮管仲管仲頓首曰臣陪臣安敢三讓乃受下卿禮以見三十九年周襄王弟帶來奔齊齊使仲孫請王為帶謝襄王怒弗聽四十一年秦穆公虜晉惠公復歸之是歲管仲隰朋皆卒正義曰括地志云管仲冢在青州臨淄縣南二十一里牛山上與桓公冢連隰朋墓在青州臨淄縣東北七里也管仲病桓公問曰群臣誰可相者管仲曰知臣莫如君公曰易牙如何正義曰郎雍巫也賈逵云雍巫雍人名巫易牙字也對曰殺子以適君非人情不可公曰開方如何正義曰管子云衛公子開方去其千乘之太子而臣事君也對曰倍親以適君非人情難近公曰豎刀如何正義曰刀音鳥條反顏師古云豎刀易牙皆齊桓公臣管仲有病桓公往問之曰將何以教寡人管仲曰願君遠易牙豎刀公曰易牙烹其子以快寡人人尚何疑耶對曰人之情非不愛其子也其子之忍又將何愛於君公曰豎刀自宮以近寡人猶尚疑耶對曰人之情非不愛其身也其身之忍又將何有於君公曰諾管仲遂盡逐之而公食不甘心不怡者三年公曰仲

父不已過乎於是皆即召反明年公有病易牙豎刀相與作亂塞宮門築高牆不通人有一婦人踰垣入至公所公曰我欲食婦人曰吾無所得公曰何故曰易牙豎刀相與作亂塞宮門築高牆不通人故無所得公慨然歎涕出曰嗟乎聖人所見豈不遠哉若死者有知我將何面目見仲父乎蒙衣袂而死乎壽宮蟲流於戶蓋以楊門之扇二月不葬也對曰自宮以適君非人情難親管仲死而桓公不用管仲言卒近用三子三子專權四十二年戎伐周周告急於齊齊令諸侯各發卒戍周是歲晉公子重耳來桓公妻之四十三年初齊桓公之夫人三曰王姬徐姬蔡姬皆無子索隱曰系本徐嬴姓禮婦人稱國及姓今此言徐姬者然是眾妾之摠稱故漢祿秩令云姬妾數百婦人亦揔稱姬未必盡是姓也桓公好內服虔曰內婦官也多內寵如夫人者六人長衛姬生無詭索隱曰左傳作無虧少衛姬生惠公元鄭姬生孝公昭葛嬴生昭公潘密姬生懿公商人宋華子生公子雍賈逵曰宋華氏之女子姓桓公與管仲屬孝公於宋襄公以為太子雍巫有寵於衛共姬賈逵曰雍巫雍人名巫易牙字索隱曰賈逵以雍巫為易牙未知何據按管子有棠巫恐與雍巫是一人也因宦者豎刀以厚獻於桓公亦有寵桓公許之立無詭服虔曰易牙既有寵於公為長衛姬請立無詭管仲卒五公子皆求立冬十月乙亥齊桓公卒易牙入與豎刀因內寵殺群吏服虔曰內寵如夫人者六人群吏諸大夫也杜預曰內寵內官之有權寵者而立公子無詭為君太子昭奔宋桓公病五公子各樹黨爭立及桓公卒遂相攻以故宮中空莫敢棺正義棺音古患反桓公尸在床上六十七日尸蟲

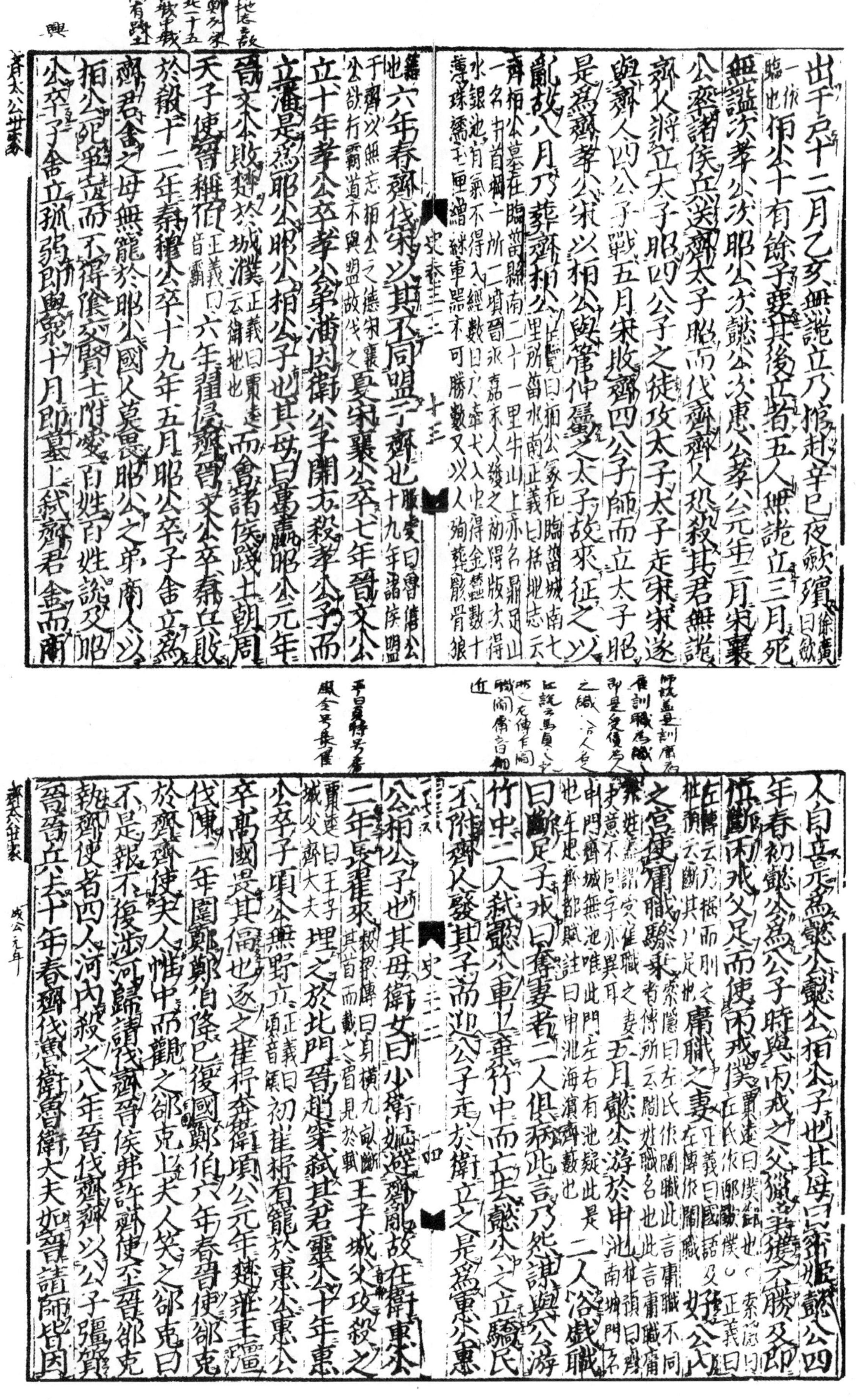

齊太公世家

出于戶。十二月乙亥，無詭立，乃棺赴。辛巳夜，斂殯。徐廣曰斂一作臨也

桓公十有餘子，要其後立者五人：無詭立三月死，無謚；次孝公；次昭公；次懿公；次惠公。孝公元年三月，宋襄公率諸侯兵送齊太子昭而伐齊。齊人恐，殺其君無詭。齊人將立太子昭，四公子之徒攻太子，太子走宋，宋遂與齊人四公子戰。五月，宋敗齊四公子師而立太子昭，是為齊孝公。宋以桓公與管仲屬之太子，故來征之。以亂故，八月乃葬齊桓公。皇覽曰桓公冢在臨菑城南七里所菑水南。正義括地志云齊桓公墓在臨菑縣南二十一里牛山上，亦名鼎足山，一名牛首堈，一所二墳。晉永嘉末，人發之，初得版，次得水銀池，有氣不得入。經數日，乃牽犬入中，得金蠶數十薄，珠襦、玉匣、繒綵、軍器不可勝數。又以人殉葬，骸骨狼藉也。

六年春，齊伐宋，以其不同盟于齊也。夏，宋襄公卒。七年，晉文公立。十年，孝公卒，孝公弟潘因衛公子開方殺孝公子而立潘，是為昭公。昭公，桓公子也，其母曰葛嬴。昭公元年，晉文公敗楚於城濮，而會諸侯踐土，朝周，天子使晉稱伯。六年，翟侵齊。晉文公卒。秦兵敗於殽。十二年，秦穆公卒。十九年五月，昭公卒，子舍立為齊君。舍之母無寵於昭公，國人莫畏。昭公之弟商人以桓公死爭立而不得，陰交賢士，附愛百姓，百姓說。及昭公卒，子舍立，孤弱，即與眾十月即墓上弒齊君舍，而商

人自立，是為懿公。懿公，桓公子也，其母曰密姬。懿公四年春，初，懿公為公子時，與丙戎之父獵，爭獲不勝，及即位，斷丙戎父足，而使丙戎僕。庸職之妻好，公內之宮，使庸職驂乘。五月，懿公游於申池，二人浴，戲。職曰：「斷足子！」戎曰：「奪妻者！」二人俱病此言，乃怨。謀與公游竹中，二人弒懿公車上，棄竹中而亡去。懿公之立，驕，民不附。齊人廢其子而迎公子元於衛，立之，是為惠公。惠公，桓公子也。其母衛女，曰少衛姬，避齊亂，故在衛。惠公二年，長翟來，王子城父攻殺之，埋之於北門。晉趙穿弒其君靈公。十年，惠公卒，子頃公無野立。初，崔杼有寵於惠公，惠公卒，高、國畏其偪也，逐之，崔杼奔衛。頃公元年，楚莊王彊，伐陳；二年，圍鄭，鄭伯降，已復國鄭伯。六年春，晉使郤克於齊，齊使夫人帷中而觀之。郤克上，夫人笑之。郤克曰：「不是報，不復涉河！」歸，請伐齊，晉侯弗許。齊使至晉，郤克執齊使者四人河內，殺之。八年，晉伐齊，齊以公子彊質晉，晉兵去。十年春，齊伐魯、衛。魯、衛大夫如晉請師，皆因

郤克，索隱曰：成二年左傳，魯臧宣叔、衛孫桓子如晉，皆主於郤克。是晉使郤克以車八百乘，賈逵曰：八百乘，六萬人。為中軍將，士燮將上軍，欒書將下軍，以救魯衛伐齊。六月壬申，與齊侯兵合靡笄下。徐廣曰：靡一作摩。賈逵曰：靡笄，山名也。○索隱曰：靡如字，靡笄，山名，在濟南，與代地靡笄山不同。癸酉，陳于鞌。服虔曰：鞌，齊地名也。逢丑父賈逵曰：齊大夫。為齊頃公右。頃公曰：馳之，破晉軍會食。射傷郤克，流血至履。克欲還入壁。其御曰：我始入，再傷，不敢言疾，恐懼士卒。願子忍之。遂復戰。戰，齊急，丑父恐齊侯得，乃易處，頃公為右，車絓於木而止。正義曰：絓，胡卦反，止也，有所礙也。晉小將韓厥伏齊侯車前，曰：寡君使臣救魯衛。戲之。丑父使頃公下取飲，正義曰：左傳云，及華泉，驂絓於木而止。丑父使公下如華泉取飲，周父御左車，宛茷為右，載齊侯獲免也。因得亡，脫去，入其軍。晉郤克欲殺丑父。丑父曰：代君死而見僇，後人臣無忠其君者矣。克舍之。丑父遂得亡歸齊。於是晉軍追齊至馬陵。徐廣曰：一作陘。駰案：賈逵曰：馬陘，齊地也。齊侯請以寶器謝，左傳云：賂以紀甗、玉磬也。不聽，必得笑克者蕭桐叔子，杜預曰：桐叔，蕭君之字，齊侯外祖父。子，女也。難斥言其母，故遠言之。賈逵曰：蕭，附庸，子姓。令齊東畝。服虔曰：欲令齊隴畝東行。○索隱曰：壟畝東行，則晉車馬東向齊行易也。對曰：叔子，齊君母。齊君母亦猶晉君母，子安置之？且子以義伐而以暴為後，其可乎？於是乃許，令反魯衛之侵地。正義曰：左傳云晉師及齊國，使齊人歸我汶陽之田也。十一年，晉初置六卿，賞鞌之功。齊頃公朝晉，欲尊王晉景公，索隱曰：王劭按張衡曰：禮，諸侯朝天子，執玉，既授而反之；若諸侯自相朝，則不授玉。齊頃公戰敗，朝晉而授玉，是欲尊晉為王。太史公採其言而書之。此文不云授玉，王氏之說復有所依，聊記異耳。晉景公不敢受，乃歸。歸而頃公弛苑囿，薄賦斂，振孤問疾，虛積聚以救民，民亦大說。厚禮諸侯。竟頃公卒，百姓附，諸侯不犯。十七年，頃公卒，皇覽曰：頃公冢近呂尚冢。子靈公環立。靈公九年，晉欒書弒其君厲公。十年，晉悼公伐齊，齊令公子光質晉。十九年，立子光為太子，高厚傅之，令會諸侯盟於鍾離。正義曰：括地志云：鍾離故城在沂州承縣界。二十七年，晉使中行獻子伐齊。索隱曰：荀偃，祖林父，代為中行，後改姓為中行氏。獻子名偃。齊師敗，靈公走入臨菑。晏嬰止靈公，靈公弗從。曰：君亦無勇矣。晉兵遂圍臨菑，臨菑城守不敢出，晉焚郭中而去。二十八年，初，靈公取魯女，生子光，以為太子。仲姬，戎姬。戎姬嬖，仲姬生子牙，屬之戎姬。戎姬請以為太子，公許之。仲姬曰：不可。光之立，列於諸侯矣，服虔曰：數從諸侯征伐盟會。今無故廢之，君必悔之。公曰：在我耳。遂東太子光，賈逵曰：徙之東垂也。使高厚傅牙為太子。靈公疾，崔杼迎故太子光而立之，是為莊公。莊公殺戎姬。五月壬辰，靈公卒，莊公即位，執太子牙於句竇之丘，殺之。八月，崔杼殺高厚。晉聞齊亂，伐齊，至高唐。杜預曰：高唐在祝柯縣西北。莊公三年，晉大夫欒盈徐廣曰：史記多作逞。奔齊，莊公厚客待之。晏嬰、田文子諫，公弗聽。四年，齊莊公使欒盈閒入晉曲沃賈逵曰欒盈之邑為內應以兵隨之上太行入孟門賈逵曰孟門太行皆晉山隘也○索隱曰孟門在朝歌東北太行山在河內溫縣欒盈敗齊兵還取朝歌賈逵曰晉邑六年初棠公妻好賈逵曰齊棠邑大夫棠公死崔杼取之莊公通之數如崔氏以崔杼之冠賜人侍者曰不可崔杼怒因其伐晉欲與晉合謀襲齊而不得閒莊公嘗笞宦者賈舉賈舉復侍為崔杼閒公服虔曰伺公閒隙○正義曰閒音閑又如此以報怨五月莒子朝齊齊以甲戌饗之崔杼稱病不視事乙亥公問崔杼病遂從崔杼妻崔杼妻入室與崔杼自閉戶不出公擁柱而歌服虔曰公以為姜氏不知己在外故歌以命之也一曰公自知見欺恐不得出故歌以自悔宦者賈舉遮公從官而入閉門崔杼之徒持兵從中起公登臺而請解不許請盟不許請自殺於廟不許皆曰君之臣杼疾病不能聽命近於公宮服虔曰崔杼之宮近公宮淫者或詐稱公陪臣爭趣徐廣曰爭一作扞○索隱曰左傳作扞趣此為爭趣者是太史公變左傳之文言陪臣但爭趣投有淫者耳更不知他命有淫者不知二命杜預曰言得淫人受崔子命討之不知他命公踰牆射中公股公反墜遂弒之晏嬰立崔杼門外賈逵曰聞難而來曰君為社稷死則死之為社稷亡則亡之服虔曰謂以公義為社稷死亡也如是者臣亦隨之死亡若為己死己亡非其私暱誰敢任之服虔曰言君自以己之私欲取死亡之禍則私近之臣所當任也杜預曰私暱所親愛也非所親愛無為當其禍也門開而入枕公尸而哭三踊而出人謂崔杼必殺之崔

史三十二　十七

杼曰民之望也舍之得民服虔曰置之所以得民心丁丑崔杼立莊公異母弟杵臼徐廣曰史多作箸臼是為景公景公母魯叔孫宣伯女也景公立以崔杼為右相慶封為左相二相恐亂起乃與國人盟曰不與崔慶者死晏子仰天曰嬰所不獲唯忠於君利社稷者是從不肯盟慶封欲殺晏子崔杼曰忠臣也舍之齊太史書曰崔杼弒莊公崔杼殺之其弟復書崔杼復殺之少弟復書崔杼乃舍之景公元年初崔杼生子成及彊其母死取東郭女生明東郭女使其前夫子無咎與其弟偃正義曰杜預云東郭偃東郭姜之弟也相崔氏成有罪正義曰左傳云成有疾而廢之杜預云有惡疾也二相急治之立明為太子成請老於崔崔杼許之二相弗聽曰崔宗邑不可杜預曰濟陽東朝陽縣西北有崔氏城也成彊怒告慶封正義曰成彊告慶封曰夫子之身亦子所知也唯無咎與偃是從父兄莫能進矣恐害夫子敢以告慶封曰苟利夫子必去之難吾助汝乃殺東郭偃棠無咎於崔氏朝也慶封與崔杼有郤欲其敗也成彊殺無咎偃於崔杼家家皆奔亡崔杼怒無人使一宦者御見慶封慶封曰請為子誅之使崔杼仇盧蒲嫳賈逵曰嫳齊大夫慶封之屬攻崔氏殺成彊盡滅崔氏崔杼婦自殺崔杼毋歸亦自殺慶封為相國專權三年十月慶封出獵初慶封已殺崔杼益驕嗜酒好獵不聽政令慶舍用政服虔曰舍慶封之子已有內郤田文子謂桓子曰亂

史三十二　十八

齊世家

將作田鮑高欒氏相與謀慶氏慶舍發甲圍慶封宮四家徒共擊破之慶封還不得入奔魯齊人讓魯封奔吳吳與之朱方聚其族而居之富於在齊其秋齊人徙葬莊公僇崔杼尸於市以說衆九年景公使晏嬰之晉與叔向私語曰齊政卒歸田氏田氏雖無大德以公權私有德於民民愛之十二年景公如晉見平公欲與伐燕十八年公復如晉見昭公二十六年獵魯郊因入魯與晏嬰俱問魯禮三十一年魯昭公辟季氏難奔齊齊欲以千社封之賈逵曰二十五家為一社千社二萬五千家欲以給昭公子家止昭公昭公乃請齊伐魯取鄆正義曰鄆鄆城也以居昭公三十二年彗星見景公坐柏寢嘆曰堂堂誰有此乎服虔曰景公自恐德薄不能久享齊國故曰誰有此也群臣皆泣晏子笑公怒晏子曰臣笑群臣諛甚景公曰彗星出東北當齊分野寡人以為憂晏子曰君高臺深池賦斂如弗得刑罰恐弗勝茀星將出彗星何懼乎正義曰茀音佩謂客星侵近邊側欲相害也又曰茀息歲反君臣乖形見其境有亂公曰可禳否晏子曰使神可祝而來正義曰祝章受反亦可禳而去也百姓苦怨以萬數而君令一人禳之安能勝衆口乎是時景公好治宮室聚狗馬奢侈厚賦重刑故晏子以此諫之四十二年吳王闔閭伐楚入郢四十七年魯陽虎攻其君不勝奔齊請齊伐魯鮑子諫景公乃囚陽虎陽

虎得亡奔晉四十八年與魯定公好會夾谷服虔曰東海祝其縣也犁鉏曰孔丘知禮而怯請令萊人為樂因執魯君可得志景公害孔丘相魯懼其霸故從犁鉏之計方會進萊樂孔子歷階上使有司執萊人斬之以禮讓景公景公慚乃歸魯侵地以謝而罷去是歲晏嬰卒五十五年范中行反其君於晉晉攻之急來請粟田乞欲為亂樹黨於逆臣說景公曰范中行數有德於齊不可不救乃使乞救而輸之粟五十八年夏景公夫人燕姬適子死景公寵妾芮姬生子荼荼少其母賤無行諸大夫恐其為嗣乃言願擇諸子長賢者為太子景公老惡言嗣事又愛荼母欲立之憚發之口乃謂諸大夫曰為樂耳國何患無君乎秋景公病命國惠子高昭子服虔曰惠子國夏也昭子高張也立少子荼為太子逐群公子遷之萊齊東鄙邑景公卒皇覽曰景公冢與桓公冢同處太子荼立是為晏孺子冬未葬而群公子畏誅皆出亡荼諸異母兄公子壽駒黔奔衛公子駔陽生奔魯萊人歌之曰景公死乎弗與埋三軍事乎弗與謀師

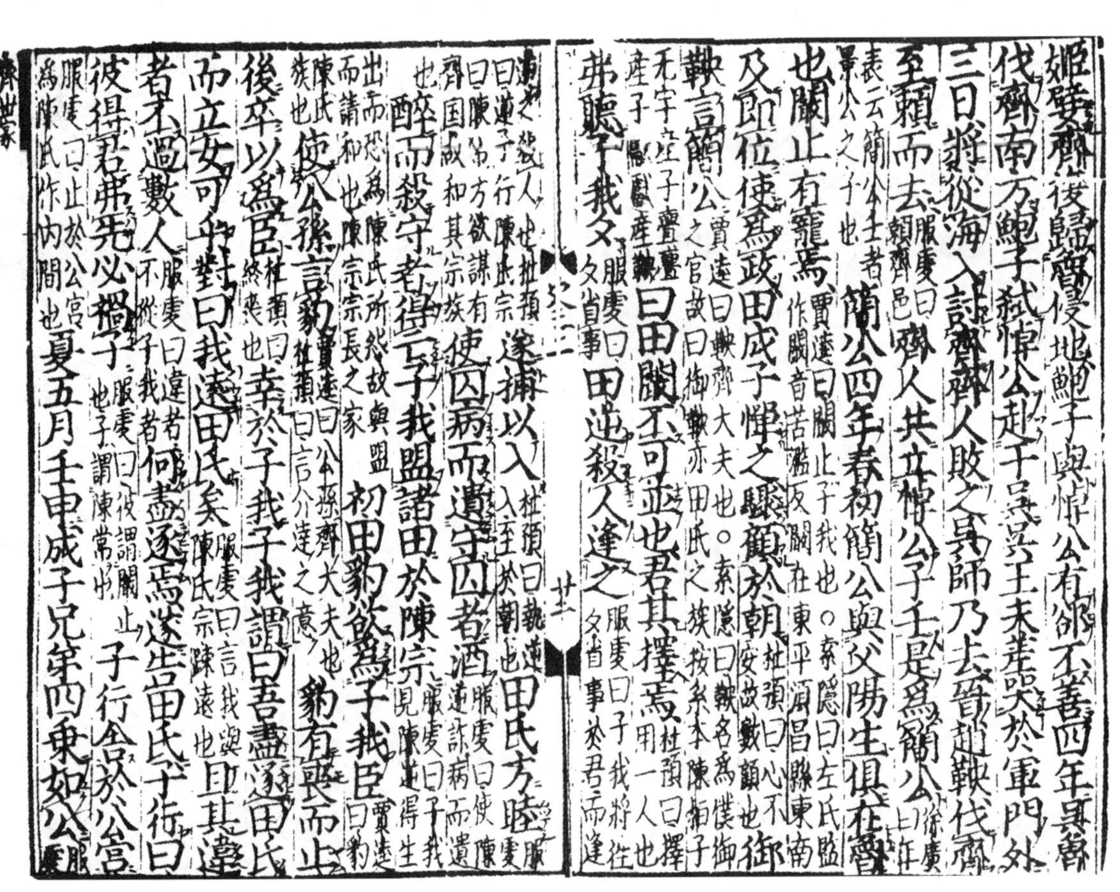

乎師乎胡黨之乎晏孺子元年春田乞僞事高國者每朝乞驂乘言曰子得君大夫皆自危欲謀作亂又謂諸大夫曰高昭子可畏也及未發先之大夫從之六月田乞鮑牧乃與大夫以兵入公宮攻高昭子昭子聞之與國惠子救公公師敗田乞之徒追之國惠子奔莒遂反殺高昭子晏圉奔魯八月齊秉意茲田乞敗二相乃使人之魯召公子陽生陽生至齊私匿田乞家十月戊子田乞請諸大夫曰常之母有魚菽之祭幸來會飲會飲田乞盛陽生橐中置坐中央發橐出陽生曰此乃齊君矣大夫皆伏謁將與大夫盟而立之鮑牧醉乞誣大夫曰吾與鮑牧謀共立陽生鮑牧怒曰子忘景公之命乎諸大夫相視欲悔陽生乃頓首曰可則立之否則已鮑牧恐禍起乃復曰皆景公之子也何為不可乃與盟立陽生是為悼公悼公入宮使人遷晏孺子於駘殺之幕下而逐孺子母芮子芮子故賤而孺子少故無權國人輕之悼公元年齊伐魯取讙闡初陽生亡在魯季康子以其妹妻之及歸即位使迎之季姬與季魴侯通言其情魯弗敢與故齊伐魯竟迎季姬季

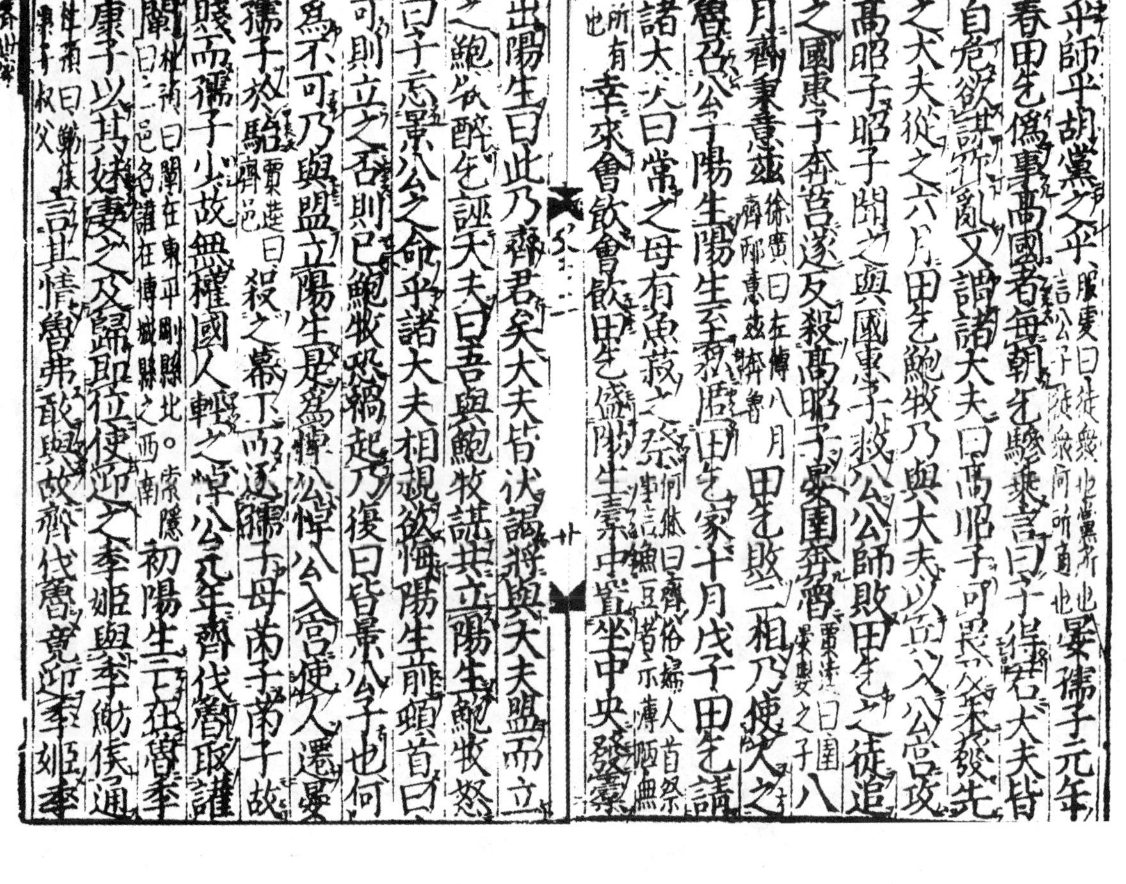

姬嬖齊復歸魯侵地鮑子與悼公有郤不善四年吳魯伐齊南方鮑子弒悼公赴于吳吳王夫差哭於軍門外三日將從海入討齊齊人敗之吳師乃去晉趙鞅伐齊至賴而去齊人共立悼公子壬是為簡公簡公四年春初簡公與父陽生俱在魯也監止有寵焉及即位使為政田成子憚之驟顧於朝御鞅言簡公曰田監不可並也君其擇焉弗聽子我夕田逆殺人逢之遂捕以入田氏方睦使囚病而遺守囚者酒醉而殺守者得亡子我盟諸田於陳宗初田豹欲為子我臣使公孫言豹豹有喪而止後卒以為臣幸於子我子我謂曰吾盡逐田氏而立女可乎對曰我遠田氏矣且其違者不過數人何盡逐焉遂告田氏子行曰彼得君弗先必禍子子行舍於公宮夏五月壬申成子兄弟四乘如公

曰成子兄弟八人，二人共一乘，故曰四乘。○索隱曰：系本陳僖子乞產成子常、簡子齒、宣子其夷、穆子安、廩丘子尚、芒子盈、惠子得，凡七人。杜預又取昭子莊以充八人之數。按系本，昭子是桓子之子，成子之叔父，又不名莊，彊相證會，言四乘有八人耳。今按，田完系家云田常兄弟四人，如公宮，與此事同，今此唯說田乘，不云人數，知四乘謂兄弟四人乘車而入，非二人共乘也。然其兄弟三人不見者，蓋時或不在，不同入公宮，不可彊以四乘為八人，添叔父為兄弟之數，服虔、杜預之失也。子我在幄，杜預曰：幄，帳也。聽政之處也。出迎之，遂入，閉門。服虔曰：成子兄弟見子我出，遂突入，反閉門，子我不得入。宦者禦之，以兵禦陳氏。子行殺宦者。服虔曰：閹豎。服虔曰：舍於公宮，故得殺之。公與婦人飲酒于檀臺，服虔曰：當陳氏入時，飲酒於此臺。成子遷諸寢。服虔曰：欲徙公入舍居寢。公執戈將擊之，杜預曰：疑其作亂也。太史子餘曰：服虔曰：齊大夫。非不利也，將除害也。杜預曰：言將為公除害也。成子出舍于庫，杜預曰：以公怒故也。聞公猶怒，將出，服虔曰：出奔也。曰：何所無君！子行拔劍曰：需，事之賊也。杜預曰：言需疑則害也。誰非田宗？杜預曰：言陳氏宗族眾多。所不殺子者，有如田宗！杜預曰：言子若欲出，我必殺子，明如陳宗。乃止。子我歸，屬徒，服虔曰：會徒眾。攻闈與大門，服虔曰：闈，宮中之門；大門，公門也。皆弗勝，乃出。田氏追之。豐丘人執子我以告，賈逵曰：豐丘，陳氏邑也。殺之郭關。服虔曰：齊關名。成子將殺大陸子方，服虔曰：子方，子我黨，大夫東郭賈也。田逆請而免之。以公命取車於道，杜預曰：子方取道中行人車。出雍門。杜預曰：齊城門。田豹與之車，弗受，曰：逆為余請，豹與余車，余有私焉。事子我而有私於其讎，何以見魯衛之士？服虔曰：子方將欲奔魯衛也。東郭賈奔衛。庚辰，田常執簡公于徐州。春秋作舒州。賈逵曰：陳氏邑也。○索隱曰：

徐音舒，其字從人，左氏作舒。舒，陳氏邑。說文作郐，郐在薛縣是也。公曰：余蚤從御鞅言，不及此。甲午，田常弒簡公于徐州。田常乃立簡公弟驁，是為平公。索隱曰：系本及譙周皆作敖。誤也。平公即位，田常相之，專齊之政，割齊安平以東為田氏封邑。○索隱曰：安平，齊邑也。地理志云涿郡有安平縣。平公八年，越滅吳。二十五年卒，子宣公積立。宣公五十一年卒，子康公貸立，田會反廩丘。索隱曰：田會，齊大夫。廩丘，邑名，東郡有廩丘縣也。康公二年，韓魏趙始列為諸侯。十九年，田常曾孫田和始為諸侯，遷康公海濱。二十六年，康公卒，呂氏遂絕其祀。田氏卒有齊國，為齊威王，彊於天下。

太史公曰：吾適齊，自泰山屬之琅邪，北被于海，膏壤二千里，其民闊達多匿知，其天性也。以太公之聖，建國本，桓公之盛，修善政，以為諸侯會盟，稱伯，不亦宜乎？洋洋哉，固大國之風也！

索隱述贊曰：

太公佐周，實秉陰謀。既表東海，乃居營丘。

小白致霸，九合諸侯。及溺內寵，釁鍾蟲流。

莊公失德，崔杼作仇。陳氏專政，厚貨輕收。

悼簡遘禍，田闞非儔。渢渢餘烈，一變何由。

齊太公世家第二　史記三十二

魯周公世家第三　　史記三十三

周公旦者周武王弟也 譙周曰以太王所居周地為其采邑故謂周公○索隱曰周地名在岐山之陽本太王所居後以為周公之菜邑故曰周公即今之扶風雍東北故周城也謚曰周文公見國語 自文王在時旦為子孝篤仁異於群子 索隱曰鄒誕生本孝作敬 及武王即位旦常輔翼武王用事居多武王九年東伐至盟津周公輔行十一年伐紂至牧野周公佐武王作牧誓破殷入商宮已殺紂周公把大鉞召公把小鉞以夾武王釁社告紂之罪于天及殷民釋箕子之囚封紂子武庚祿父使管叔蔡叔傅之以續殷祀徧封功臣同姓戚者封周公旦於少昊之虛曲阜 正義曰括地志云兗州曲阜縣外城即魯公伯禽所築 是為魯公周公不就封留佐武王武王克殷二年天下未集武王有疾不豫群臣懼太公召公乃繆卜 徐廣曰古書穆字多作繆 周公曰未可以戚我先王 孔安國曰戚近也未可以死近先王也鄭玄曰二公欲就文王廟卜戚憂也未可憂怖我先王也 周公於是乃自以為質設三壇周公北面立戴璧秉圭 孔安國曰璧以禮神圭以為贄 告于太王王季文王 孔安國曰告謂祝辭 史策祝 孔安國曰史為策書祝辭也鄭玄曰策周公所作謂簡書也祝者讀此簡書以告三王 曰惟爾元孫王發勤勞阻疾 徐廣曰阻一作淹 若爾三王是有負子之責於天以旦代王發之身 孔安國曰太子之責謂疾不可救也不可救于天則當以旦代之死生有命不可請代聖人敘臣子之心以垂世教○索隱曰尚書負為丕今此為負者謂三王負上天之責故我當代之鄭玄曰丕讀曰負 旦巧

能多材多藝能事鬼神 孔安國曰言可以代武王之意 乃王發不如旦多材多藝不能事鬼神乃命于帝庭敷佑四方 馬融曰武王受命于天帝之庭布其道以佑助四方 用能定汝子孫于下地四方之民罔不敬畏 孔安國曰言武王用受命帝庭之故能定先人子孫於天下四方之民無不敬畏也 無墜天之降葆命我先王亦永有所依歸 孔安國曰言不救則墜天寶命也救之則先王長有所依歸矣鄭玄曰降下也寶猶主也有所依歸者為宗廟之主也 今我其即命於元龜 孔安國曰就受三王之命於元龜卜知吉凶也馬融曰元龜大龜也 爾之許我我以其璧與圭歸以俟爾命 孔安國曰許謂疾瘳待命當以事神也馬融曰待汝命武王當愈我當死也 爾不許我我乃屏璧與圭 孔安國曰不許不愈也屏藏也言不得事神 周公已令史策告太王王季文王欲代武王發於是乃即三王而卜卜人皆曰吉發書視之信吉 孔安國曰占兆書也 周公喜開籥乃見書遇吉 王肅曰籥藏占兆書管也 周公入賀武王曰王其無害旦新受命三王維長終是圖 孔安國曰我新受三王命武王維長終是謀周之道 茲道能念予一人 馬融曰一人天子也鄭玄曰茲此也 周公藏其策金縢匱中 孔安國曰藏之於匱緘之以金不欲人開之 誡守者勿敢言明日武王有瘳其後武王既崩成王少在強葆之中 索隱曰強葆即襁褓古字少假借用之○正義曰強闊八寸長八尺用約小兒於背而負行葆小兒被也 周公恐天下聞武王崩而畔周公乃踐阼代成王攝行政當國管叔及其群弟流言於國曰周公將不利於成王 孔安國曰放言於國以誣周公以惑成王也 周公乃告太公望召公奭曰我之

所以弗辟(辟音避)而攝行政者，恐天下畔周，無以告我先王太王、王季、文王。三王之憂勞天下久矣，於今而后成。武王蚤終，成王少，將以成周，我所以爲之若此。於是卒相成王，而使其子伯禽代就封於魯。周公戒伯禽曰：我文王之子，武王之弟，成王之叔父，我於天下亦不賤矣。然我一沐三捉髮，一飯三吐哺，起以待士，猶恐失天下之賢人。子之魯，慎無以國驕人。管、蔡、武庚等果率淮夷而反。周公乃奉成王命，興師東伐，作大誥。遂誅管叔，殺武庚，放蔡叔。收殷餘民，以封康叔於衛，封微子於宋，以奉殷祀。寧淮夷東土，二年而畢定。諸侯咸服宗周。

三

天降祉福，唐叔得禾，異母同穎，(徐廣曰：一作穟。穎即穗也。○索隱曰：尚書作畝，此爲母義，亦並通。)獻之成王，成王命唐叔以餽周公於東土，作餽禾。周公既受命禾，嘉天子命，(徐廣曰：嘉一作魯，今書序作旅。○索隱曰：魯字誤，史意云周公嘉天子命，於文不必作魯。)作嘉禾。東土以集，周公歸報成王，乃爲詩貽王，命之曰鴟鴞。(毛詩序曰：成王未知周公之志，公乃爲詩以遺王，名之曰鴟鴞。毛傳曰：鴟鴞，鸋鴂也。)王亦未敢訓周公。(徐廣曰：訓一作誚。○索隱曰：尚書作誚，誚，讓也。此作訓，字誤耳，義無所通。徐氏合定其本，何須云一作誚也。)成王七年二月乙未，王朝步自周，至豐，(馬融曰：周，鎬京也。豐，文王廟所在。朝者，舉事上朝，將即土中易都，大事，故告文王、武王廟。鄭玄曰：步，行也。堂下謂之步。豐、鎬異邑，而言步者，告武王廟即行，出廟入廟，不以爲遠，爲父恭也。○索隱曰：豐，文王所作邑，後武王都鎬，於豐立文王廟。按豐在鄠縣東，臨豐水，東去鎬二十五里。)使太保召公

先之雒相土。(鄭玄曰：相，視也。)其三月，周公往營成周雒邑，(公羊傳曰：成周者何？東周也。何休曰：名爲成周者，周道始成，王所都也。)卜居焉，曰吉，遂國之。成王長，能聽政。於是周公乃還政於成王，成王臨朝。周公之代成王治，南面倍依以朝諸侯。(禮記曰：周公朝諸侯于明堂之位，天子負斧依南向而立。鄭玄曰：周公攝王位，以明堂之禮儀朝諸侯也。不於宗廟，避王也。天子，周公也。負之言倍也。斧依，爲斧文屏風於戶牖之閒，周公於前立也。)及七年後，還政成王，北面就臣位，匔匔如畏然。(徐廣曰：匔匔，謹敬貌，見三蒼詁第一，本作夔夔。)初，成王少時，病，周公乃自揃其蚤沈之河，以祝於神曰：王少未有識，奸神命者乃旦也。亦藏其策於府。成王病有瘳。及成王用事，人或譖周公，周公奔楚。(索隱曰：經典無文，其事或別有所出。而譙周云：秦既燔書，時人欲言金縢之事，失其本末，乃云成王少時病，周公禱河，欲代王死，藏祝策於府。成王用事，人讒周公，周公奔楚。成王發府，見策，乃迎周公。又與蒙恬傳同，事或然也。)

四

成王發府，見周公禱書，乃泣，反周公。周公歸，恐成王壯，治有所淫佚，乃作多士，作毋逸。毋逸稱：爲人父母，爲業至長久，子孫驕奢忘之，以亡其家，爲人子可不慎乎！故昔在殷王中宗，嚴恭敬畏天命，自度，(孔安國曰：用法度也。)治民震懼，不敢荒寧，(馬融曰：知民之勞苦，不敢荒廢自安。)故中宗饗國七十五年。其在高宗，久勞于外，爲與小人，(孔安國曰：父小乙使之久居人閒，勞是稼穡，與小人出入同事也。馬融曰：武丁爲太子時，其父小乙使行役，有所勞役於外，與小人從事，知小人艱難勞苦也。鄭玄曰：爲父小乙將師役於外。)作其即位，乃有亮闇，三年不言，(孔安國曰：武丁起其即位，則小乙死，乃有信嘿，三年不言，言孝行著。)

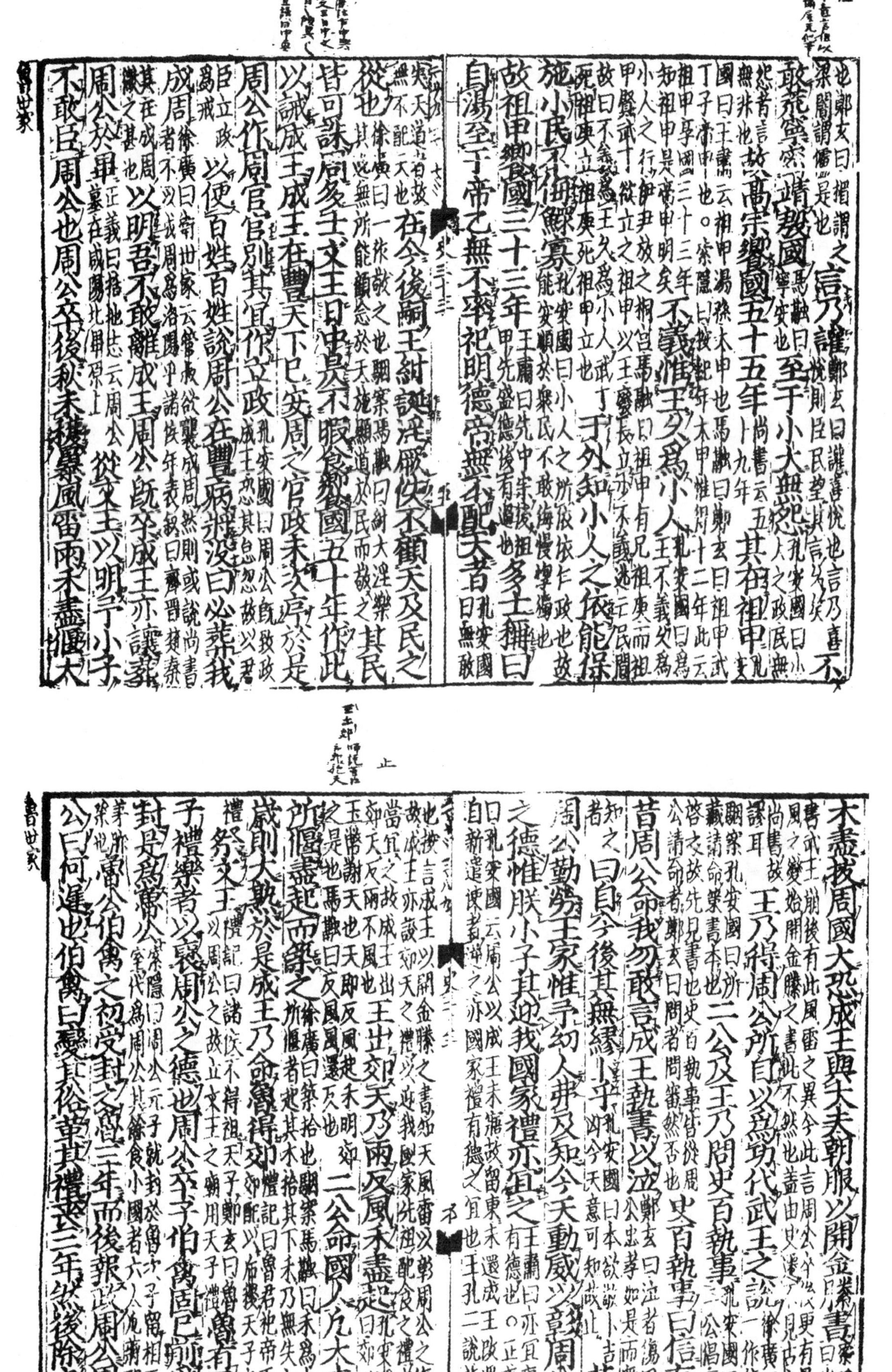

也鄭玄曰楣謂之梁闇謂廬也言乃讙鄭玄曰讙喜悅也言乃喜悅則臣民望其言久矣不敢荒寧密靖殷國馬融曰密安也至于小大無怨孔安國曰小大之政民無怨者言無非也故高宗饗國五十五年尚書云五十九年其在祖甲孔安國曰王肅云祖甲湯孫太甲也馬融曰鄭玄曰祖甲武丁子帝甲也。索隱曰按紀年太甲惟得十二年此云祖甲享國三十三年知祖甲是帝甲明矣不義惟王久為小人孔安國曰為王不義久為小人之行伊尹放之桐宮馬融曰祖甲有兄祖庚而祖甲賢武丁欲立之祖甲以王廢長立少不義逃亡民間故曰不義惟王久為小人武丁死祖庚立祖庚死祖甲立也于外知小人之依能保施小民不侮鰥寡孔安國曰小人之所依依仁政也故能安順於衆民不敢侮慢惸獨也故祖甲饗國三十三年王肅曰先中宗後祖甲先盛德後有過也多士稱曰自湯至于帝乙無不率祀明德帝無不配天者孔安國曰無敢失天道者故無不配天也在今後嗣王紂誕淫厥佚不顧天及民之從也徐廣曰一作敬之也駰案馬融曰紂大淫樂其從無所能顧念於天施顯道於民而敬之其民皆可誅周多士文王日中昃不暇食饗國五十年作此以誡成王成王在豐天下已安周之官政未次序於是周公作周官官別其宜作立政孔安國曰周公既致政成王恐其怠忽故以君臣立政為戒以便百姓百姓說周公在豐病將沒曰必葬我成周徐廣曰衛世家云管叔欲襲成周然則或說尚書者不以成周為洛陽乎諸侯年表叙曰齊晉楚秦其在成周微之甚也以明吾不敢離成王周公既卒成王亦讓葬周公於畢正義曰括地志云周公墓在咸陽北畢原上從文王以明予小子不敢臣周公也周公卒後秋未穫暴風雷雨禾盡偃大

木盡拔周國大恐成王與大夫朝服以開金縢書索隱曰尚書武王崩後有此風雷之異今此言周公卒後更有暴風之變始開金縢之書說不然也蓋由史遷不見古文尚書故譌耳王乃得周公所自以為功代武王之說徐廣曰一作簡駰案孔安國曰所藏請命冊書本也二公及王乃問史百執事孔安國曰二公倡王啟之故先見書也史百執事皆從周公請命者鄭玄曰問者問審然否也史百執事曰信有昔周公命我勿敢言成王執書以泣鄭玄曰泣者傷周公忠孝如是而無知之曰自今後其無繆卜乎孔安國曰本欲敬卜吉凶今天意可知故止昔周公勤勞王家惟予幼人弗及知今天動威以彰周公之德惟朕小子其迎我國家禮亦宜之王肅曰亦宜褒有德也。正義曰孔安國云周公以成王未寤故留東未還成王改過自新遣使者迎之亦國家禮有德之宜也王孔二說非也按言成王以開金縢之書知天風雷以彰周公之德故成王亦設郊天之禮以迎我國家先祖配食之禮亦當宜之故成王出郊天反雨不風也王出郊天乃雨反風禾盡起孔安國曰郊以玉幣謝天也天即反風起禾明郊之是也馬融曰反風風還反也二公命國人凡大木所偃盡起而築之徐廣曰築拾也駰案馬融曰禾為木所偃者起其木拾其下禾乃無失亡歲則大孰於是成王乃命魯得郊禮記曰魯君祀帝于郊配以后稷天子之禮也祭文王禮記曰諸侯不得祖天子鄭玄曰魯以周公之故立文王之廟用天子禮魯有天子禮樂者以褒周公之德也周公卒子伯禽固已前受封是為魯公索隱曰周公元子就封於魯次子留相王室代為周公其餘食小國者六人凡蔣邢茅胙祭也魯公伯禽之初受封之魯三年而後報政周公周公曰何遲也伯禽曰變其俗革其禮喪三年然後除之

故遲。太公亦封於齊，五月而報政周公。周公曰：何疾也？曰：吾簡其君臣禮，從其俗為也。及後聞伯禽報政遲，乃歎曰：嗚呼，魯後世其北面事齊矣！夫政不簡不易，民不有近；平易近民，民必歸之。徐廣曰：一本云政不簡不行，不行不樂，不樂則不平易；平易近民，民必歸之。又一本云夫民不簡不易，有近乎簡易，民必歸之。○索隱曰：言為政簡易者，民必附近之。近謂親近也。伯禽即位之後，有管、蔡等反也，淮夷、徐戎亦並興反。孔安國曰：淮浦之夷，徐州之戎，並起為寇。於是伯禽率師伐之於肸，作肸誓，徐廣曰：一作鮮，一作獮。駰案：尚書作粊。孔安國曰：魯東郊地名。○索隱曰：尚書作粊，今尚書大傳作鮮誓。鮮誓即肸誓，古今字異，義亦變也。鮮，獮也，言於肸地誓眾，因行獮田之禮，以取鮮獸而祭，故字或作鮮，或作獮。粊，地名，即魯卿季氏之費邑地名。曰：陳爾甲冑，無敢不善。無敢傷牿。正義曰：古毒反。牿，牛馬牢也。今臣無傷其牢。馬牛其風，臣妾逋逃，鄭玄曰：風，走逸。臣妾，廝役之屬也。勿敢越逐，敬復之。徐廣曰：敬，一作振。孔安國曰：勿敢棄越壘伍而求逐也。鄭玄曰：眾人有得佚馬牛、逃臣妾，皆敬還之。無敢寇攘，踰牆垣。因其亡失曰攘，劫取也。魯人三郊三隧，王肅曰：邑外曰郊，郊外曰隧。不言四者，東郊留守，故言三也。峙爾芻茭、糗糧、楨榦，孔安國曰：皆當儲峙汝糗糧，使足食；多積芻茭，供軍牛馬。馬融曰：楨榦皆築具，楨在前，榦在兩旁。○正義曰：糗，去九反。楨，音貞。無敢不逮。我甲戌築而征徐戎，孔安國曰：甲戌日當築攻敵壘距堙之屬。無敢不及，有大刑。馬融曰：大刑，死刑。作此肸誓，遂平徐戎，定魯。魯公伯禽卒，徐廣曰：皇甫謐云伯禽以成王元年封，四十六年，康王十六年卒。子考公酋立。索隱曰：系本作就，鄒本作遒。考公四年卒，立弟熙，是謂煬公。索隱曰：熙，一作怡。煬公築茅闕門。徐廣曰：一作第，又作夷。

七

六年卒，子幽公宰立。索隱曰：世本作圉。幽公十四年，幽公弟𣻟殺幽公而自立，是為魏公。徐廣曰：世本作微公。○索隱曰：系本作弗，音沸。鄒氏作魏，則太史公意亦不殊。魏公五十年卒，子厲公擢立。索隱曰：系本作翟，音持角反。厲公三十七年卒，魯人立其弟具，是為獻公。索隱曰：系本作獻公。獻公三十二年卒，徐廣曰：劉歆云五十年。皇甫謐云三十六年。子真公濞立。索隱曰：真音慎，本亦作慎。公孫衍可通也。按系本作摯。或作嚊，音匹位反。鄒誕本作順公，嚊。真公十四年，周厲王無道，出奔彘，共和行政。二十九年，周宣王即位。三十年，真公卒，弟敖立，是為武公。武公九年春，武公與長子括，少子戲，西朝周宣王。宣王愛戲，欲立戲為魯太子。周之樊仲山父諫宣王曰：廢長立少，不順；不順，必犯王命；犯王命，必誅之：故出令不可不順也。令之不行，政之不立；韋昭曰：令不行則政不立。行而不順，民將棄上。韋昭曰：使長事少，故民將棄上。夫下事上，少事長，所以為順。今天子建諸侯，立其少，是教民逆也。唐固曰：言不教之順而教之逆。若魯從之，諸侯效之，王命將有所壅；韋昭曰：先王立長，今立少，命將塞不行。若弗從而誅之，是自誅王命也。韋昭曰：王之命立長，今魯亦立長，若誅之，是自誅王命。誅之亦失，不誅亦失，韋昭曰：誅之，誅王命；不誅則王命廢。王其圖之。宣王弗聽，卒立戲為魯太子。夏，武公歸而卒，戲立，是為懿公。徐廣曰：劉歆云立二年。懿公九年，懿公兄括之子伯御正義曰：伯御，魚據反。與魯人攻弒懿公，而立伯御為君。伯御

八

即位十一年周宣王伐魯殺其君伯御而問魯公子能道順（徐廣曰一作訓。正義曰道音導順音訓）諸侯者以爲魯後樊穆仲曰（韋昭曰樊穆仲仲山父之謚也猶曾孫穆仲謂之穆叔）魯懿公弟稱（正義尺證反）肅恭明神敬事耆老賦事行刑必問於遺訓而咨於固實（徐廣曰固一作故韋昭曰故實故事之是者）不干所問不犯所知宣王曰然能訓治其民矣乃立稱於夷宮（韋昭曰夷宮者宣王祖父夷王之廟古者爵命必於祖廟）是爲孝公自是後諸侯多畔王命孝公二十五年諸侯畔周犬戎殺幽王秦始列爲諸侯二十七年孝公卒子弗湼立（徐廣曰表云弗生也。索隱曰系本作弗皇年表作孝公子弗生）是爲惠公惠公三十年晉人弑其君昭侯四十五年晉人又弑其君孝侯四十六年惠公卒長庶子息攝當國行君事是爲隱公（索隱曰隱公名息系本名息姑）初惠公適夫人無子公賤妾聲子生子息息長爲娶於宋宋女至而好惠公奪而自妻之（索隱曰左傳宋武公生仲子手中有文曰爲魯夫人文故歸魯生桓公今此云惠公奪息婦而自妻又經傳不言惠公無道左氏文亦分明不知太史公何據而爲此說譙周亦深不信）生子允（徐廣曰一作軌。索隱曰一作軌几五忽反）登宋女爲夫人以允爲太子及惠公卒爲允少故魯人共令息攝政不言即位隱公五年觀漁於棠（賈逵曰棠魯地陳漁而觀之杜預曰高平方與縣北有武棠亭魯侯觀漁臺也）八年與鄭易天子之太山之邑祊及許田君子譏之（穀梁傳曰祊者鄭伯之所受命於天子而祭太山之邑許田乃魯朝宿之邑天子在上諸侯不得以地相與）十一年冬公子揮

諂謂隱公曰百姓便君君其遂立吾請爲君殺子允君以我爲相（左傳曰羽父請殺桓公將以求大宰）隱公曰有先君命吾爲允少故攝代今允長矣吾方營菟裘之地而老焉（服虔曰菟裘魯邑也營菟裘以作宮室欲居之以終老也杜預曰菟裘在泰山梁父縣南）以授子允政揮懼子允聞而反誅之乃反譖隱公於子允曰隱公欲遂立去子子其圖之請爲子殺隱公子允許諾十一月隱公祭鍾巫（賈逵曰鍾巫祭名）齊于社圃（杜預曰社圃園名）館于蔿氏（服虔曰館舍也蔿氏魯大夫）揮使人弑隱公于蔿氏而立子允爲君是爲桓公桓公元年鄭以璧易天子之許田（韋昭曰鄭以祊不足當許田故復加璧）二年以宋之賂鼎入於太廟君子譏之（穀梁傳曰桓公內殺其君外成人之亂受賂而退以事其祖非禮也公羊傳曰周公廟曰太廟）三年使揮迎婦于齊爲夫人六年夫人生子與桓公同日故名曰同同長爲太子十六年會于曹伐鄭入厲公十八年春公將有行（杜預曰始議行事）遂與夫人如齊申繻諫止（賈逵曰申繻魯大夫）公不聽遂如齊齊襄公通桓公夫人公怒夫人夫人以告齊侯夏四月丙子齊襄公饗公（服虔曰爲公設享讌之禮）公醉使公子彭生抱魯桓公因命彭生搚其脅公死于車魯人告于齊曰寡君畏君之威不敢寧居來脩好禮禮成而不反無所歸咎請得彭生以除醜於諸侯齊人殺彭生以說魯立太子同是爲莊公莊公母夫人因留齊不敢歸魯

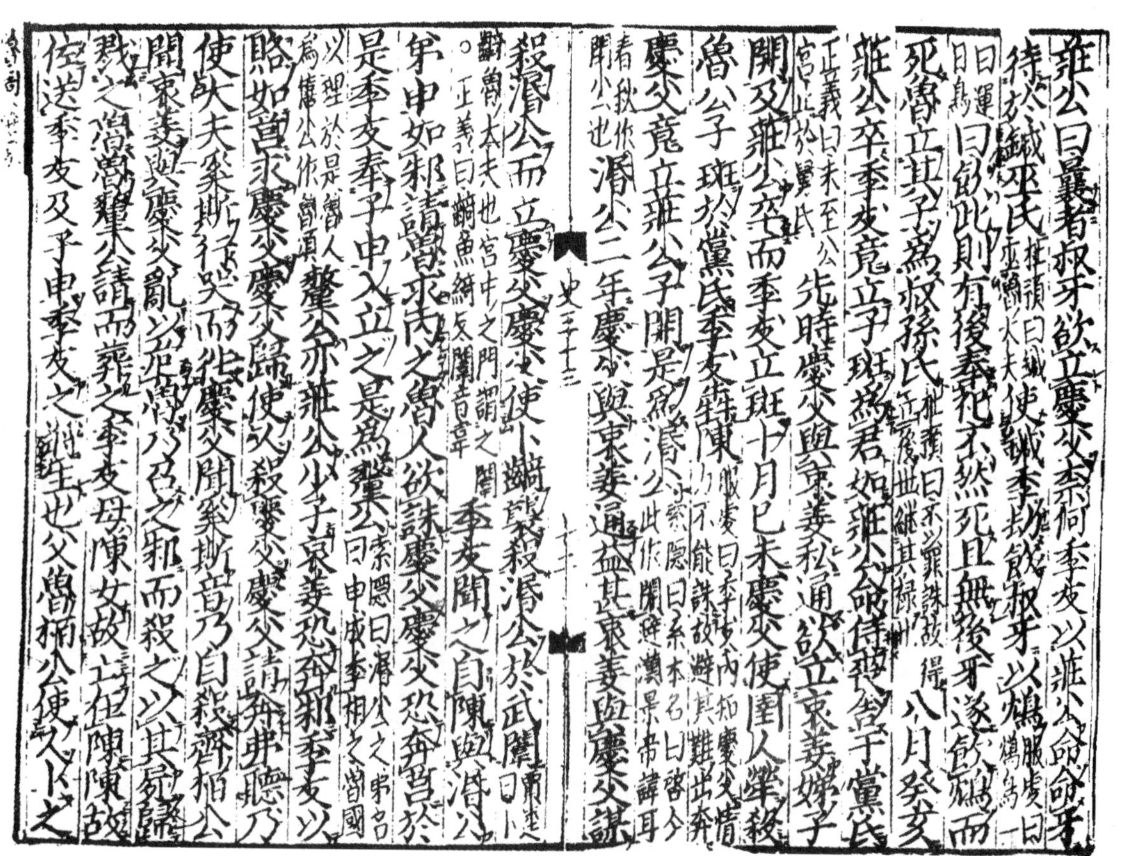

莊公五年冬，伐衛，內衛惠公。八年，齊公子糾來奔。九年，魯欲內子糾於齊，後桓公，桓公發兵擊魯，魯急，殺子糾。召忽死。齊告魯生致管仲。魯人施伯曰：（正義曰：世本云，施伯，魯惠公孫。）齊欲得管仲，非殺之也，將用之，用之則為魯患。不如殺，以其尸與之。（索隱曰：尸亦作死字。）莊公不聽，遂囚管仲與齊。齊人相管仲。十三年，魯莊公與曹沫會齊桓公於柯，曹沫劫齊桓公，求魯侵地，已盟而釋桓公。桓公欲背約，管仲諫，卒歸魯侵地。十五年，齊桓公始霸。二十三年，莊公如齊觀社。三十二年，初，莊公築臺臨黨氏，見孟女，（左傳云：初公築臺臨黨氏。）說而愛之，許立為夫人，割臂以盟。孟女生子斑。斑長，說梁氏女，往觀。圉人犖自牆外與梁氏女戲。斑怒，鞭犖。莊公聞之，曰：「犖有力焉，遂殺之，是未可鞭而置也。」斑未得殺。會莊公有疾。莊公有三弟，長曰慶父，次曰叔牙，次曰季友。莊公取齊女為夫人曰哀姜。哀姜無子。哀姜娣曰叔姜，生子開。莊公無適嗣，愛孟女，欲立其子斑。莊公病，而問嗣於弟叔牙。叔牙曰：「一繼一及，魯之常也。慶父在，可為嗣，君何憂？」莊公患叔牙欲立慶父，退而問季友。季友曰：「請以死立斑也。」

魯周公世家

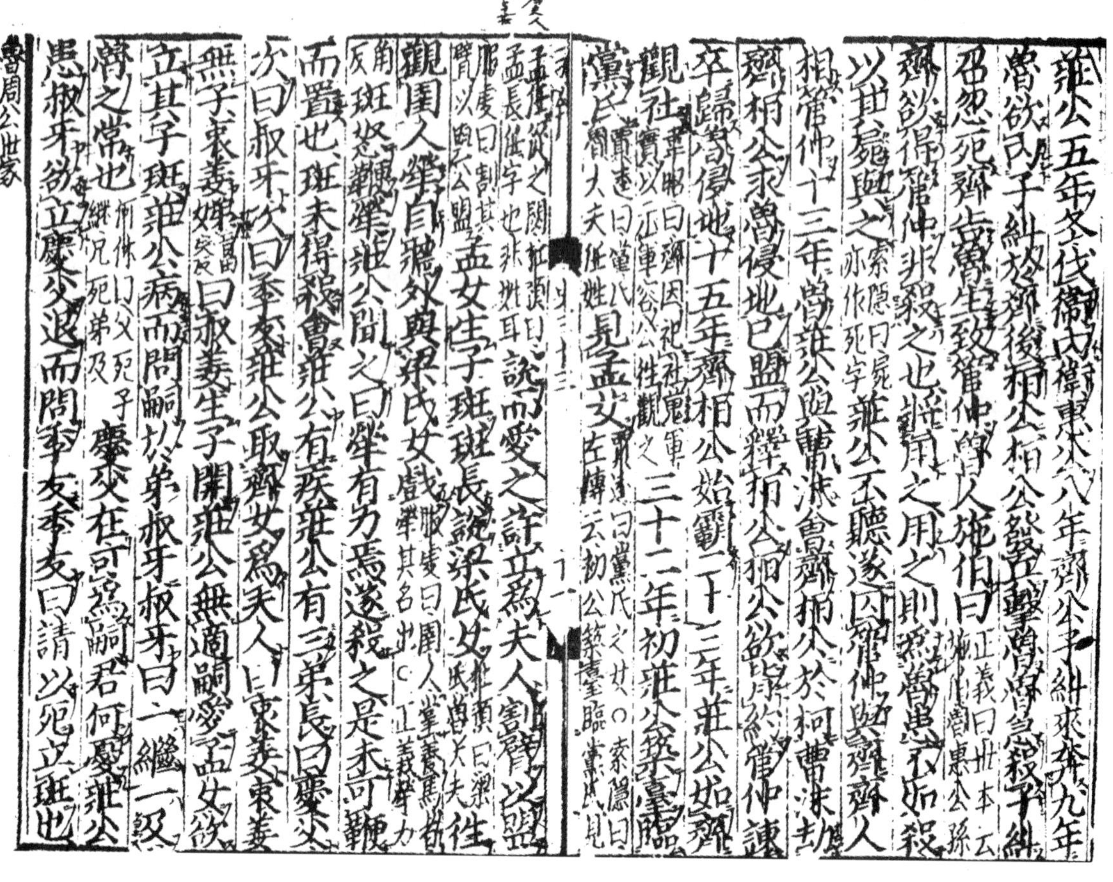

莊公曰：「曩者叔牙欲立慶父，柰何？」季友以莊公命命牙待於鍼巫氏，使鍼季劫飲叔牙以鴆，曰：「飲此則有後奉祀；不然，死且無後。」牙遂飲鴆而死，魯立其子為叔孫氏。八月癸亥，莊公卒，季友竟立子斑為君，如莊公命。侍喪，舍于黨氏。先時慶父與哀姜私通，欲立哀姜娣子開。及莊公卒而季友立斑，十月己未，慶父使圉人犖殺魯公子斑於黨氏。季友奔陳。慶父竟立莊公子開，是為湣公。湣公二年，慶父與哀姜通益甚。哀姜與慶父謀殺湣公而立慶父。慶父使卜齮襲殺湣公於武闈。季友聞之，自陳與湣公弟申如邾，請魯求內之。魯人欲誅慶父。慶父恐，奔莒。於是季友奉子申入，立之，是為釐公。釐公亦莊公少子。哀姜恐，奔邾。季友以賂如莒求慶父，慶父歸，使人殺慶父，慶父請奔，弗聽，乃使大夫奚斯行哭而往。慶父聞奚斯音，乃自殺。齊桓公聞哀姜與慶父亂以危魯，乃召之邾而殺之，以其尸歸，戮之魯。魯釐公請而葬之。季友母陳女，故亡在陳，陳故佐送季友及子申。季友之將生也，父魯桓公使人卜之

曰男也其名曰友閒于兩社為公室輔（賈逵曰兩社周社亳社兩社之閒朝廷執政之臣所在）季友亡則魯不昌及生有文在掌曰友遂以名之號為成季其後為季氏慶父後為孟氏也釐公元年以汶陽鄪封季友（賈逵曰汶陽鄪魯二邑杜預曰汶陽汶水北地汶水出泰山萊蕪縣○索隱鄪今作費同音祕按費在汶水之北則汶陽非邑賈言二邑非也地理志東海費縣班固云魯季氏邑蓋尚書費誓即是其地）季友為相九年晉里克殺其君奚齊卓子（徐廣曰卓一作悼）齊桓公率釐公討晉亂至高梁而還（索隱晉地在平陽縣）立晉惠公十七年齊桓公卒二十四年晉文公即位三十三年釐公卒子興立是為文公文公元年楚太子商臣弒其父成王代立三年文公朝晉襄公

十一年十月甲午魯敗翟于鹹（服虔曰鹹魯地也）獲長翟喬如（服虔曰長翟之君名）富父終甥舂其喉以戈殺之（服虔曰富父終甥魯大夫也舂猶衝）埋其首於子駒之門（賈逵曰子駒魯郭門名）以命宣伯（服虔曰宣伯叔孫得臣子喬如也得臣獲喬如以名其子使後世旌識其功）初宋武公之世鄋瞞伐宋（服虔曰武公周平王時在春秋前二十五年鄋瞞長翟國名○正義鄋作瘦音所留反瞞莫寒反）司徒皇父帥師禦之以敗翟于長丘（杜預曰長丘宋地名）獲長翟緣斯（賈逵曰喬如之祖）晉之滅路（徐廣曰魯宣公十五年）獲喬如弟棼如齊惠公二年鄋瞞伐齊齊王子城父獲其弟榮如埋其首於北門（按年表齊惠公二年魯宣公二年）衛人獲其季弟簡如（服虔曰與喬如同時）鄋瞞由是遂亡（杜預曰長翟之種絕）十五年季文子使於晉十八年二月文公卒

文公有二妃長妃齊女為哀姜生子惡及視次妃敬嬴嬖愛生子俀（徐廣曰一作倭○索隱曰音人唯反）俀私事襄仲（服虔曰襄仲公子遂）襄仲欲立之叔仲曰不可（服虔曰叔仲叔仲惠伯）襄仲請齊惠公惠公新立欲親魯許之冬十月襄仲殺子惡及視而立俀是為宣公哀姜歸齊哭而過市曰天乎襄仲為不道殺適立庶（正義適音的）市人皆哭魯人謂之哀姜魯由此公室卑三桓彊（服虔曰三桓魯桓公之族仲孫叔孫季孫）

宣公俀十二年楚莊王彊圍鄭鄭伯降復國之十八年宣公卒子成公黑肱立（徐廣曰肱一作股）是為成公季文子曰使我殺適立庶失大援者襄仲（服虔曰援助也仲殺適立庶國政無常鄰國非之是失大援助也杜預曰襄仲立宣公南通於楚既不固又不能堅事齊晉故云失大援）襄仲立宣公公孫歸父有寵（服虔曰歸父襄仲之子）宣公欲去三桓與晉謀伐三桓會宣公卒季文子怨之歸父奔齊成公二年春齊伐取我隆（徐廣曰一作龍杜預曰魯邑在泰山博縣西南）夏公與晉郤克敗齊頃公於鞌齊復歸我侵地四年成公如晉晉景公不敬魯魯欲背晉合於楚或諫乃不十年成公如晉晉景公卒因留成公送葬魯諱之（索隱曰經不書其葬唯言公如晉是諱之）十五年始與吳王壽夢會鍾離（正義括地志云鍾離國故城在濠州鍾離縣東五里）十六年宣伯告晉欲誅季文子（服虔曰宣伯叔孫喬如）文子有義晉人弗許十八年成公卒子午立是為襄公是時襄公三歲

也襄公元年晉立悼公往年冬晉欒書弒其君厲公四年襄公朝晉五年季文子卒家無衣帛之妾廄無食粟之馬府無金玉以相三君（索隱曰宣成襄）君子曰季文子廉忠矣九年與晉伐鄭晉悼公冠襄公於衞（左傳曰冠于成公之廟假鐘磬焉禮也）季武子從相行禮十一年三桓氏分為三軍（周禮天子六軍諸侯大國三軍魯伯禽之封舊有三軍其後削弱二軍而已季武子欲專公室故益中軍以為三軍三家各征其一○索隱曰征謂起徒役也）十二年朝晉十六年晉平公即位二十一年朝晉平公二十二年孔丘生（正義曰生在周靈王二十一年魯襄公二十二年晉平七年吳諸樊十年）二十五年齊崔杼弒其君莊公立其弟景公二十九年吳延陵季子使

魯問周樂盡知其意魯人敬焉三十一年六月襄公卒其九月太子卒（左傳曰子野○索隱曰左傳云子野立三月卒）魯人立齊歸之子裯為君（徐廣曰裯一作稠服虔曰胡歸姓之國也齊謚也）是為昭公昭公年十九猶有童心（服虔曰言無成人之志而有童子之心）穆叔不欲立（索隱曰魯大夫叔孫豹）曰太子死有母弟可立不即立長（服虔曰無母弟則立庶子之長）年鈞擇賢義鈞則卜之（杜預曰先人事後卜筮義鈞謂賢等）今裯非適嗣且又居喪意不在戚而有喜色若果立必為季氏憂季武子弗聽卒立之比及葬三易衰（杜預曰言其嬉戲無度）君子曰是不終也昭公三年朝晉至河晉平公謝還之魯恥焉四年楚靈王會

諸侯於申昭公稱病不往七年季武子卒八年楚靈王就章華臺召昭公昭公往賀（左傳曰公如楚春秋云七年三月公如楚）賜昭公寶器已而悔復詐取之十二年朝晉至河晉平公謝還之十三年楚公子棄疾弒其君靈王代立十五年朝晉晉留之葬晉昭公魯恥之二十年齊景公與晏子狩竟因入魯問禮（索隱曰系家亦云左傳無其事）二十一年朝晉至河晉謝還之二十五年春鸜鵒來巢師己曰文成之世童謠曰鸜鵒來巢公在乾侯鸜鵒入處公在外野季氏與郈氏鬬雞季氏芥雞羽郈氏金距季平子怒而侵郈氏郈昭伯亦怒平子臧昭伯之弟會偽讒臧氏匿季氏臧昭伯囚季氏人季平子怒囚臧氏老臧郈氏以難告昭公昭公九月戊戌伐季氏遂入平子登臺請曰君以讒不察臣罪誅之請遷沂上弗許請囚於鄪弗許請以五乘亡弗許

五乘自出約以出 子家駒曰（索隱曰魯大夫仲孫氏族名駒謚懿伯也）君其許之政自季氏久矣爲徒者衆衆將合謀（[illegible]）弗聽郈氏曰必殺之叔孫氏之臣戾（左傳曰鬷戾）謂其衆曰無季氏與有孰利皆曰無季氏是無叔孫氏戾曰然救季氏遂敗公師孟懿子（賈逵曰懿子仲孫何忌）聞叔孫氏勝亦殺郈昭伯郈昭伯爲公使故孟氏得之三家共伐公公遂奔己亥公至于齊齊景公曰請致千社待君子家曰棄周公之業而臣於齊可乎乃止子家曰齊景公無信不如早之晉弗從叔孫見公還見平子平子頓首初欲迎昭公孟孫季孫後悔乃止二十六年春齊伐魯取鄆（賈逵曰鄆魯邑）而居昭公焉夏

齊景公將內公令無受魯賂申豐汝賈（賈逵曰申豐汝賈魯大夫也）許齊臣高齕子將粟五千庾（賈逵曰十六斗爲庾五千庾八萬斗○索隱曰一本子將上有貨字子將即梁丘據也齕子將家臣也左傳子將作子猶）子將言於齊侯曰羣臣不能事魯君有異焉（服虔曰異猶怪也）宋元公爲魯如晉求內之道卒（春秋曰宋公佐卒于曲棘）叔孫昭子求內其君無病而死（索隱曰昭子名婼即叔孫婼）不知天棄魯乎抑魯君有罪于鬼神也願君且待齊景公從之二十八年昭公如晉求入季平子私於晉六卿六卿受季氏賂諫晉君晉君乃止居昭公乾侯（[illegible]曰乾侯在魏郡斥丘縣晉竟內邑）二十九年昭公如鄆齊景公使人賜昭公書自謂主君（服虔曰大夫稱主比昭公於大夫故稱主君）昭

公恥之怒而去乾侯三十一年晉欲內昭公召季平子平子布衣跣行（王肅曰示憂戚）因六卿謝罪六卿爲言曰晉欲內昭公衆不從晉人止三十二年昭公卒於乾侯魯人共立昭公弟宋爲君是爲定公定公立趙簡子問史墨（服虔曰史墨晉史蔡墨）曰季氏亡乎史墨對曰不亡季友有大功於魯受酇爲上卿至于文子武子世增其業魯文公卒東門遂（服虔曰東門遂襄仲也居東門故號東門遂○索隱曰系本並作述系本遂產子家歸父及子孚）殺適立庶魯君於是失國政政在季氏於今四君矣民不知君何以得國是以爲君慎器與名不可以假人（杜預曰器車服名爵號）定公五年季平子卒陽虎私怒囚季桓

子與盟乃舍之七年齊伐我取鄆以爲魯陽虎邑以從政八年陽虎欲盡殺三桓適而更立其所善庶子以代之載季桓子將殺之桓子詐而得脫三桓共攻陽虎陽虎居陽關（服虔曰陽關魯邑）九年魯伐陽虎陽虎奔齊已而奔晉趙氏（左傳云仲尼曰趙氏其世有亂乎杜預云受亂人故）十年定公與齊景公會於夾谷孔子行相事齊欲襲魯君孔子以禮歷階誅齊淫樂齊侯懼乃止歸魯侵地而謝過十二年使仲由毀三桓城（服虔曰仲由子路）收其甲兵孟氏不肯墮城伐之不克而止季桓子受齊女樂孔子去（[illegible]曰桓子使定公受齊女樂君臣相與觀之廢朝禮三日）十五年定公卒子將立是爲哀

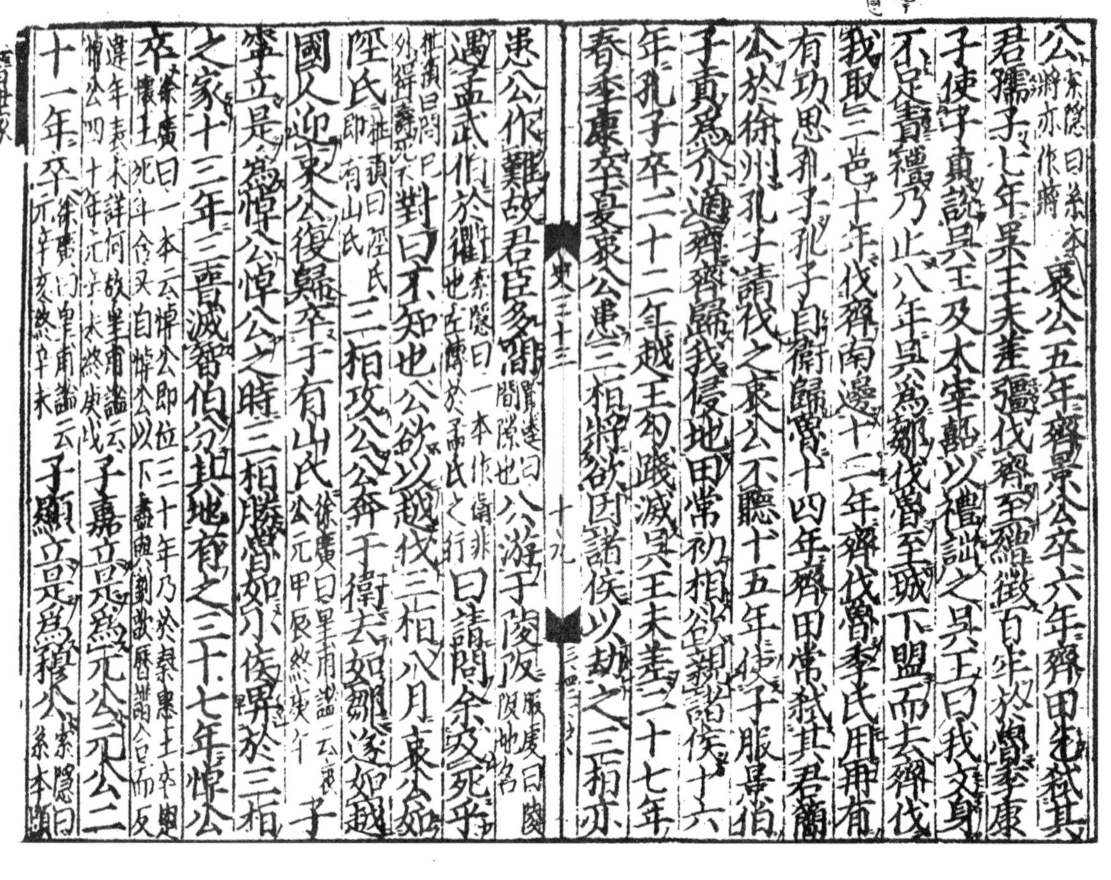

公[索隱曰系本將亦作蔣]哀公五年，齊景公卒。六年，齊田乞弒其君孺子。七年，吳王夫差彊，伐齊，至繒，徵百牢於魯。季康子使子貢說吳王及太宰嚭，以禮詘之。吳王曰：「我文身，不足責禮。」乃止。八年，吳為鄒伐魯，至城下，盟而去。齊伐我，取三邑。十年，伐齊南邊。十一年，齊伐魯。季氏用冉有有功，思孔子，孔子自衛歸魯。十四年，齊田常弒其君簡公於徐州。孔子請伐之，哀公不聽。十五年，使子服景伯、子貢為介，適齊，齊歸我侵地。田常初相，欲親諸侯。十六年，孔子卒。二十二年，越王句踐滅吳王夫差。二十七年春，季康子卒。夏，哀公患三桓，將欲因諸侯以劫之，三桓亦

史三十三　十九

患公作難，故君臣多閒。[賈逵曰閒隙也]公游于陵阪，[服虔曰陵阪地名]遇孟武伯於衢，[索隱曰一本作衛非衢也左傳於孟氏之衢]曰：「請問余及死乎？」[杜預曰問己外得壽死不]對曰：「不知也。」公欲以越伐三桓。八月，哀公如陘氏。[杜預曰陘氏即有山氏]三桓攻公，公奔于衛，去如鄒，遂如越。國人迎哀公復歸，卒于有山氏。[徐廣曰皇甫謐云哀公元甲辰終庚午]子寧立，是為悼公。悼公之時，三桓勝，魯如小侯，卑於三桓之家。十三年，三晉滅智伯，分其地有之。三十七年，悼公卒。[徐廣曰一本云悼公即位三十年乃於秦惠王卒與楚懷王死年合又自悼公以下盡與劉歆曆譜合而反違年表未詳何故皇甫謐云悼公四十年元辛未終庚戌]子嘉立，是為元公。元公二十一年卒。[徐廣曰皇甫謐云元辛亥終辛未]子顯立，是為穆公。[索隱曰系本顯

魯周公世家

作不衍]穆公三十三年卒。[徐廣曰皇甫謐云元壬申終甲辰]子奮立，是為共公。共公二十二年卒。[徐廣曰皇甫謐云元乙巳終丙寅]子屯立，是為康公。[索隱曰屯音竹倫反]康公九年卒。[徐廣曰皇甫謐云元丁卯終乙亥]子匽立，是為景公。[索隱曰匽音偃]景公二十九年卒。[徐廣曰皇甫謐云元丙子終甲辰]子叔立，是為平公。[索隱曰系本作旅]是時六國皆稱王。平公十二年，秦惠王卒。二十二年，平公卒。[徐廣曰皇甫謐云元乙巳終甲子]子賈立，是為文公。[索隱曰系本作湣公亦同系家或作文公]文公七年，楚懷王死于秦。二十三年，文公卒。[徐廣曰皇甫謐云元乙丑終丁亥]子讎立，是為頃公。頃公二年，秦拔楚之郢，[徐廣曰年表云頃公八年秦拔郢楚走陳]楚頃王東徙于陳。十九年，楚伐我，取徐州。[徐廣曰徐州在魯東今薛縣○索隱曰說文郳邾之下邑在魯東又郡國志曰魯國薛縣六國時曰徐州又紀年云梁惠王三十一年下邳遷于薛改名曰徐州則徐與郳並因舒]二十四年，楚考烈王伐滅魯。頃公亡，遷於下邑，[徐廣曰下一作卞○索隱曰下邑謂國外之小邑本或作卞邑然魯有卞邑與此不同]為家人，魯絕祀。頃公卒于柯。[徐廣曰皇甫謐云元戊子終辛亥○索隱曰音秋齊及魯盟于柯杜預云柯齊邑今濟北東阿]魯起周公至頃公，凡三十四世。

史三十三　二十

太史公曰：余聞孔子稱曰「甚矣魯道之衰也！洙泗之間齗齗如也」。[徐廣曰漢書地理志云魯濱洙泗之間其民涉度幼者扶老者而代其任俗既益薄長老不自安與幼少相讓故曰斷斷如也蓋幼者患之長者忿之是以斷斷如也道衰也○索隱曰齗如[illegible]闇闇如也言魯道雖微而洙泗之間尚闇闇如也鄒誕生亦音

魯周公世家

書讀則斷斷是專一之義徐廣又引地理志音五鑑反云斷斷是鬬爭之貌故鬷蔑賦云泗沭泗而斷焉恥少長之斷斷是也今按下文云至于揖遜之禮則從矣魯尚有洙泗之風斷論語音間爲得之觀

及叔牙閔公之際何其亂也隱桓之事襄仲殺適立庶三家北面爲臣親攻昭公昭公以奔至其揖讓之禮則從矣而行事何其戾也

索隱述贊曰　武王既沒　成王幼孤　周公攝政　負扆據圖　及還臣列　北面躬如　元子封魯　少昊之墟　夾輔王室　世職不渝　降及孝公　穆仲致譽　隱能讓國　春秋之初　丘明執簡　褒貶備書

魯周公世家第三　史記三十三

燕召公世家第四　史記三十四

召公奭與周同姓姓姬氏譙周曰周之支族食邑於召謂之召公。索隱曰召者畿內菜地奭始食於召故曰召公或說者以爲文王受命取岐周故墟召地分爵二公故詩有周召二南言皆在岐山之陽故言南也後武王封之北燕在今幽州薊縣故城是也亦以元子就封而次子留周室代爲召公至宣王時召穆公虎其後也周武王之滅紂封召公於北燕世本曰居北燕宋忠曰有南燕故云北燕其在成王時召公爲三公自陝以西召公主之自陝以東周公主之何休曰陝者蓋今弘農陝縣是也成王既幼周公攝政當國踐祚召公疑之作君奭孔安國曰尊之曰君陳古以告之故以名篇君奭不說周公馬融曰召公以周公既攝政致太平功配文武不宜復列在臣位故不說以爲周公苟貪寵也周公乃稱湯時有伊尹假于皇天孔安國曰伊尹摯佐湯功至大天謂致太平也鄭玄曰皇天北極大帝也在太戊時則有若伊陟臣扈假于上帝巫咸治王家孔安國曰伊陟臣扈率伊尹之職使其君不隕祖業故至天之功不隕巫咸治王家言其不及二臣馬融曰道至于上帝謂奉天時也鄭玄曰上帝太微中其所統也在祖乙時則有若巫賢孔安國曰時賢臣有如此巫賢也賢咸子巫氏在武丁時則有若甘般孔安國曰高宗即位甘般佐之後有傅說率維茲有陳保乂有殷徐廣曰一無此九字駰案王肅曰此數臣有陳列之功安治有殷於是召公乃說召公之治西方甚得兆民和召公巡行鄉邑有棠樹正義曰今之棠梨樹也括地志云召伯廟在洛州壽安縣西北五里召伯聽訟甘棠之下周人思之不伐其樹後人懷其德因立廟有棠在九曲城東阜上決獄政事其下自侯伯至庶人各得其所無失職者召公卒而民人思召公之政懷棠樹不敢伐哥詠之作甘棠之詩自召公已下九世至惠侯索隱曰並國史先失也又自惠侯已下皆無名亦不言屬惟昭王父子有名蓋在戰國時旁見他說耳燕四十二代有二惠侯二釐侯二宣侯三桓侯二文侯蓋國史微失本謚故重耳燕惠侯當周厲王奔彘共和之時惠侯卒子釐侯立是歲周宣王初即位釐侯二十一年鄭桓公初封於鄭三十六年釐侯卒子頃侯立頃侯二十年周幽王淫亂爲犬戎所弒秦始列爲諸侯二十四年頃侯卒子哀侯立哀侯二年卒子鄭侯立索隱曰謚法無鄭鄭或是名鄭侯三十六年卒子繆侯立繆侯七年而魯隱公元年也十八年卒子宣侯立索隱曰譙周云系本謂燕自宣侯已上皆父子相傳故無所疑桓侯已下並不言屬以其難明故也按今系本無燕代系宋忠依太史書以補其闕尋徐廣作音尚引系本蓋近代始散逸耳宣侯十三年卒子桓侯立系本曰桓侯徙臨易徐廣曰古史考曰世家自宣侯已下不說其屬以其難明故也桓侯七年卒宋忠曰今河間易縣是也子莊公立莊公十二年齊桓公始霸十六年與宋衛共伐周惠王惠王出奔溫立惠王弟穨爲周王譙周曰按春秋傳燕與子穨逐周惠王者乃南燕姞姓也系家以爲北燕失之○索隱曰譙周云據左氏燕與衛伐周惠王乃是南燕姞姓而系家以爲北燕伯故古史考云此燕是姞姓今檢左氏莊十九年衛師燕師伐周二十年齊伐山戎傳云執燕仲父三十年齊伐山戎傳曰謀山戎以其病燕故也據傳文及此說元是北燕不疑桓君妄說仲父是南燕伯爲伐周故且燕衛俱是姬姓故有伐國納士之事若是姞燕與衛伐周則鄭何以獨伐燕而不伐衛乎十七年鄭執燕仲父而內惠王于周二十七年山戎來侵我齊桓公救燕遂北伐山戎而還燕

燕世家

君送齊桓公出境桓公因割燕所至地予燕正義曰予音與括地志云燕留故城在滄州長蘆縣東北十七里即齊桓公分溝割燕君所至地與燕因築此城故名燕留使燕共貢天子如成周時職使燕復脩召公之法三十三年卒子襄公立襄公二十六年晉文公爲踐土之會稱伯三十一年秦師敗于殽三十七年秦穆公卒四十年襄公卒桓公立桓公十六年卒索隱曰譙周云系家襄伯生宣伯無桓公今檢史記並有桓公立十六年又宋忠據此史補系家亦有桓公是允南所見本異則是燕有三桓公宣公立宣公十五年卒昭公立昭公十三年卒武公立是歲晉滅三郤大夫武公十九年卒文公立文公六年卒懿公立懿公元年齊崔杼弒其君莊公四年卒子惠公立惠公元年齊高止來奔六年惠公多寵姬公欲去諸大夫而立寵姬宋大夫共誅姬宋索隱曰宋其名也或作宗劉氏云其父兄爲執政故諸大夫共滅之惠公懼奔齊四年齊高偃如晉請共伐燕入其君晉平公許與齊伐燕入惠公惠公至燕而死索隱曰春秋昭三年北燕伯款奔齊至六年又云齊伐北燕一與此文合左傳無納款之文而云將納簡公晏子曰燕君不入矣齊遂受賂而還事與此乖而又以款爲簡公簡公後惠公四代則與春秋經傳不相協未可強言也燕立悼公悼公七年卒共公立共公五年卒平公立晉公室卑六卿始彊大平公十八年吳王闔閭破楚入郢十九年卒簡公立簡公十二年卒獻公立索隱曰王劭按紀年簡公後次孝公無獻公然紀年之書多是僞謬聊記異耳晉趙鞅圍范中行於朝歌獻公十二年

燕世家

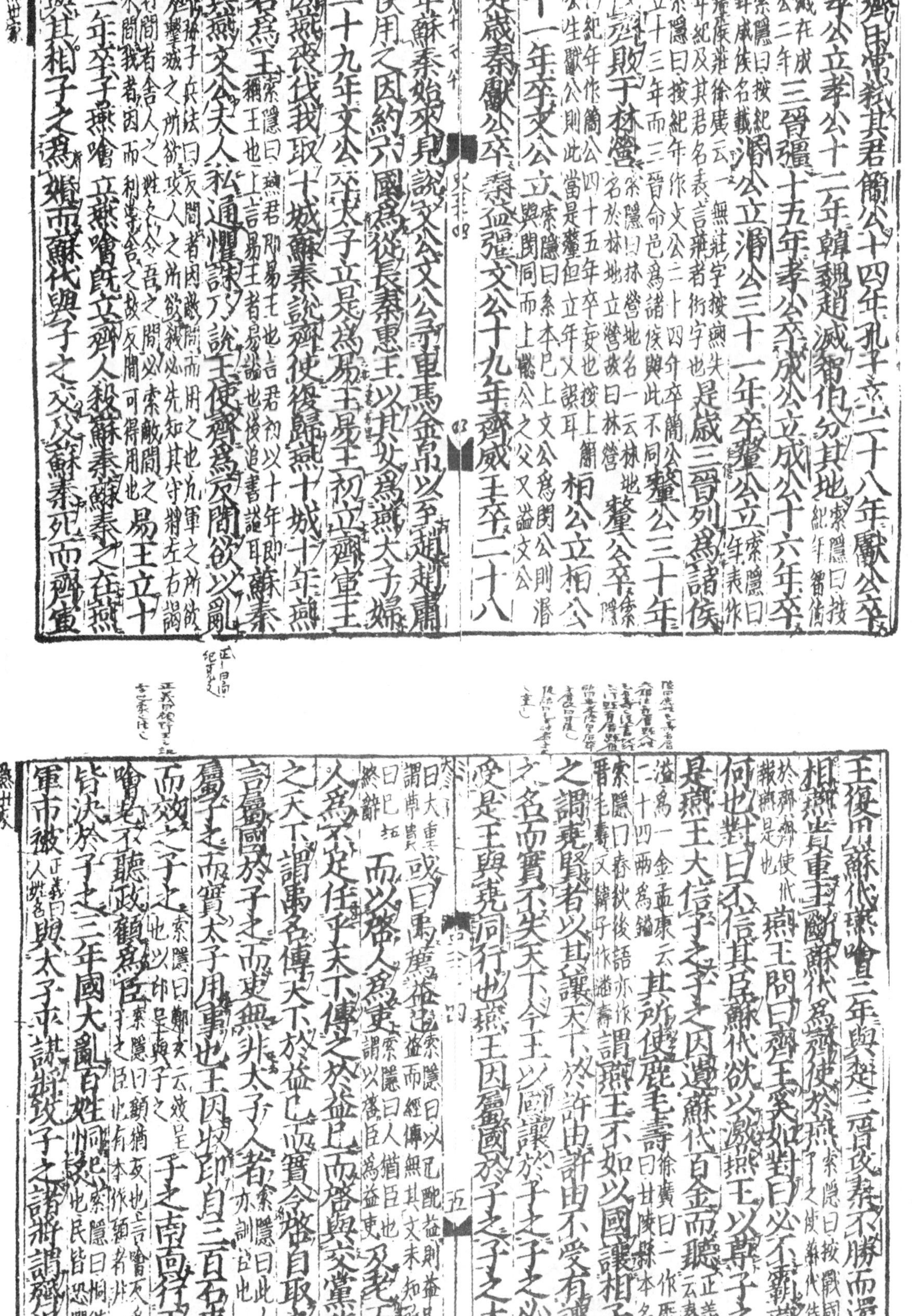

燕世家

田常殺其君簡公。十四年，孔子卒。二十八年，獻公卒，孝公立。孝公十二年，韓魏趙滅知伯，分其地，三晉彊。十五年，孝公卒，成公立。成公十六年卒，湣公立。湣公三十一年卒，釐公立。是歲，三晉列為諸侯。釐公三十年，伐敗齊于林營。釐公卒，桓公立。桓公十一年卒，文公立。是歲，秦獻公卒。秦益彊。文公十九年，齊威王卒。二十八年，蘇秦始來見，說文公。文公予車馬金帛以至趙，趙肅侯用之。因約六國，為從長。秦惠王以其女為燕太子婦。二十九年，文公卒，太子立，是為易王。易王初立，齊宣王因燕喪伐我，取十城；蘇秦說齊，使復歸燕十城。十年，燕君為王。蘇秦與燕文公夫人私通，懼誅，乃說王使齊為反間，欲以亂齊。易王立十二年卒，子燕噲立。燕噲既立，齊人殺蘇秦。蘇秦之在燕，與其相子之為婚，而蘇代與子之交。及蘇秦死，而齊宣

燕世家

王復用蘇代。燕噲三年，與楚、三晉攻秦，不勝而還。子之相燕，貴重，主斷。蘇代為齊使於燕，燕王問曰：「齊王奚如？」對曰：「必不霸。」燕王曰：「何也？」對曰：「不信其臣。」蘇代欲以激燕王以尊子之也。於是燕王大信子之。子之因遺蘇代百金，而聽其所使。鹿毛壽謂燕王：「不如以國讓相子之。人之謂堯賢者，以其讓天下於許由，許由不受，有讓天下之名而實不失天下。今王以國讓於子之，子之必不敢受，是王與堯同行也。」燕王因屬國於子之，子之大重。或曰：「禹薦益，已而以啟人為吏。及老，而以啟人為不足任乎天下，傳之於益。已而啟與交黨攻益，奪之。天下謂禹名傳天下於益，已而實令啟自取之。今王言屬國於子之，而吏無非太子人者，是名屬子之而實太子用事也。」王因收印自三百石吏已上而效之子之。子之南面行王事，而噲老不聽政，顧為臣，國事皆決於子之。三年，國大亂，百姓恫恐。將軍市被與太子平謀，將攻子之。諸將謂齊湣王曰

因而赴之破燕必矣齊王因令人謂燕太子平曰寡人聞太子之義將廢私而立公飭君臣之義明父子之位寡人之國小不足以為先後（正義曰先悉薦反後胡豆反）雖然則唯太子所以令之太子因要黨聚衆將軍市被圍公宮攻子之不克將軍市被及百姓反攻太子平將軍市被死以徇因構難數月死者數萬衆人恫恐百姓離志孟軻謂齊王曰今伐燕此文武之時不可失也（索隱曰謂如武王成文王之業伐紂之時然此語與孟子不同）王因令章子將五都之兵（章子齊人見孟子○索隱曰五都即齊也按臨淄是五都之一）以因北地之衆以伐燕（索隱曰北地即齊之北邊）士卒不戰城門不閉燕君噲死齊大勝燕子之亡（徐廣曰年表云）君噲及太子相子之皆死（駰案汲冢紀年云齊人禽子之而醢其身）二年而燕人共立太子平是為燕昭王（徐廣曰噲立七年而死○索隱曰上云太子平謀攻子之而年表又云君噲及太子相子之皆死紀年又云子之殺公子平今此文云立太子平是為燕昭王則年表紀年為謬也而趙系家云武靈王聞燕亂召公子職於韓立以為燕王使樂池送之裴駰亦以此系家無趙送公子職之事當是遙立職而送之事竟不就則昭王名平非職明矣進退參詳是年表既誤而紀年因之而妄說耳）燕昭王於破燕之後即位卑身厚幣以招賢者謂郭隗曰齊因孤之國亂而襲破燕孤極知燕小力少不足以報然誠得賢士以共國以雪先王之恥孤之願也先生視可者得身事之郭隗曰王必欲致士先從隗始況賢於隗者豈遠千里哉於是昭王為隗改築宮而師事之樂毅自魏往鄒衍自齊往劇辛自趙往士爭趨燕燕王弔死問孤與百姓同甘苦二十八年燕國殷富士卒樂軼輕戰於是遂以樂毅為上將軍與秦楚三晉合謀以伐齊齊兵敗湣王出亡於外燕兵獨追北入至臨淄盡取齊寶燒其宮室宗廟齊城之不下者獨唯聊莒即墨（索隱曰按餘篇及戰國策並無聊字）其餘皆屬燕六歲昭王三十三年卒子惠王立惠王為太子時與樂毅有隙及即位疑毅使騎劫代將樂毅亡走趙齊田單以即墨擊敗燕軍騎劫死燕兵引歸齊悉復得其故城湣王死于莒乃立其子為襄王惠王七年卒（索隱曰按趙系家惠文王二十八年燕相成安君公孫操弒其王樂資以為即惠王也徐廣按年表是年無武成王元年武成即惠王子則惠王為成安君弒明矣此不言者與遠諱不告或太史公之說疎也）韓魏楚共伐燕燕武成王立武成王七年齊田單伐我拔中陽十三年秦敗趙於長平四十餘萬十四年武成王卒子孝王立孝王元年秦圍邯鄲者解去三年卒子今王喜立（索隱曰今王猶今上也有作金者非按謚法無金）今王喜四年秦昭王卒燕王命相栗腹約歡趙以五百金為趙王酒還報燕王曰趙王壯者皆死長平其孤未壯可伐也王召昌國君樂閒問之對曰趙四戰之國（正義曰趙東鄰燕西接秦南錯韓魏北連胡貊故言四戰）其民習兵不可伐王曰吾以五而伐一（索隱曰謂五人而伐一人）對曰不可燕王怒羣臣皆以

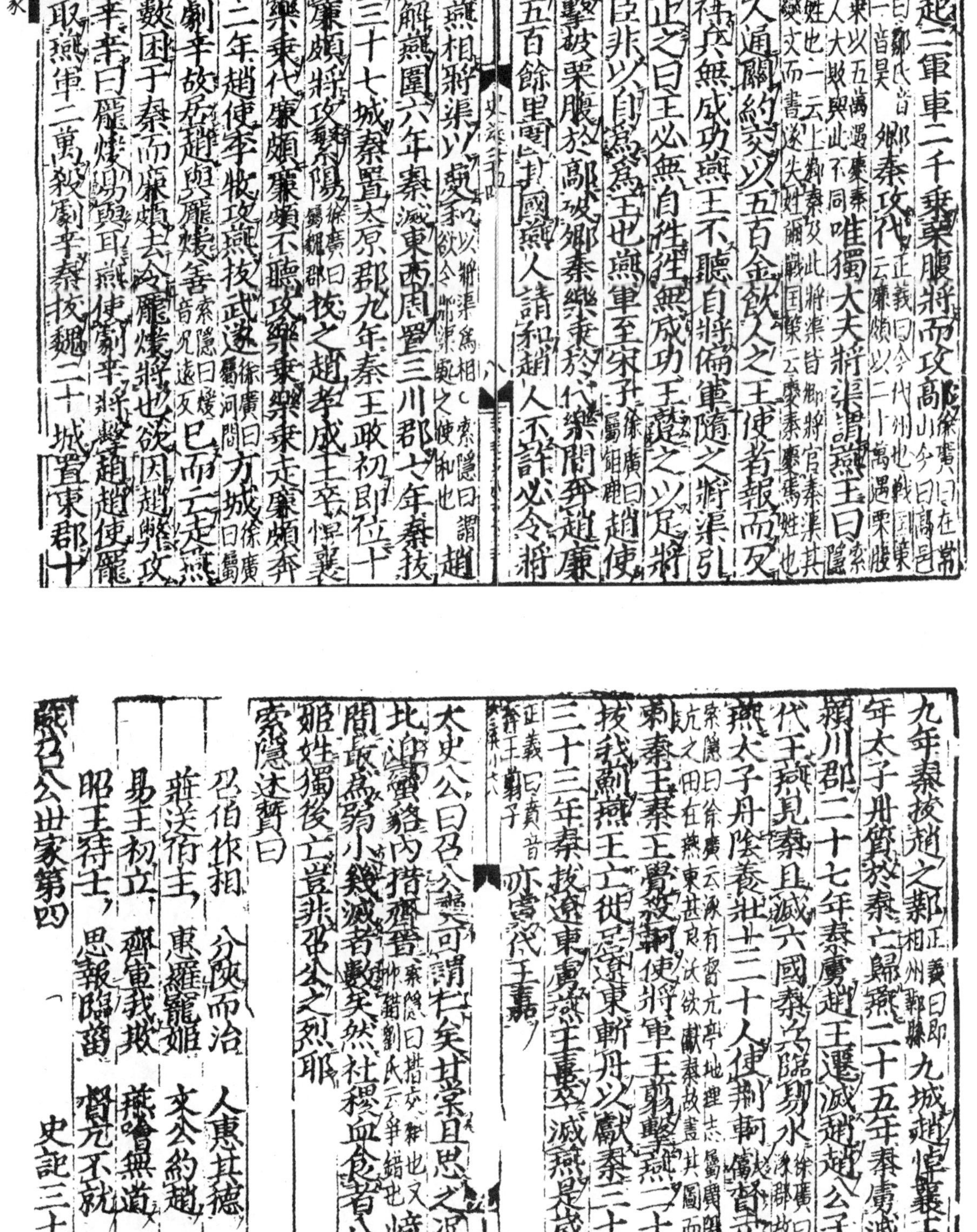

為前卒，起二軍，車二千乘。栗腹將而攻鄗（徐廣曰：在常山，今曰高邑。○索隱曰：鄗，音火角反，一音昊），卿秦攻代（正義曰：今代州也。戰國策云燕以二十萬遇栗腹於鄗，以五萬遇慶秦於代，燕人大敗，與此不同）。唯獨大夫將渠謂燕王曰（索隱曰：人名姓也。一云上卿秦及此將渠，皆燕將官，秦、渠其名，國史變文而書，遂失其姓耳。戰國策云慶秦，慶為姓也）：「與人通關約交，以五百金飲人之王，使者報而反攻之，不祥，兵無成功。」燕王不聽，自將偏軍隨之。將渠引燕王綬止之曰：「王必無自往，往無成功。」王蹵之以足。將渠泣曰：「臣非以自為，為王也！」燕軍至宋子（徐廣曰：屬鉅鹿），趙使廉頗將，擊破栗腹於鄗，破卿秦、樂乘於代。樂閒奔趙。廉頗逐之五百餘里，圍其國。燕人請和，趙人不許，必令將渠處和。燕相將渠以處和（索隱曰：謂以將渠為相，欲令將渠處之使和也）。趙聽將渠，解燕圍。六年，秦滅東周，置三川郡。七年，秦拔趙榆次三十七城，秦置大原郡。九年，秦王政初即位。十年，趙使廉頗將攻繁陽（徐廣曰：屬魏郡），拔之。趙孝成王卒，悼襄王立。使樂乘代廉頗，廉頗不聽，攻樂乘，樂乘走，廉頗奔大梁。十二年，趙使李牧攻燕，拔武遂（徐廣曰：屬河間）、方城（徐廣曰：屬廣陽）。劇辛故居趙，與龐煖善（索隱曰：煖音況遠反），已而亡走燕。燕見趙數困于秦，而廉頗去，令龐煖將也，欲因趙弊攻之。問劇辛，辛曰：「龐煖易與耳。」燕使劇辛將擊趙，趙使龐煖擊之，取燕軍二萬，殺劇辛。秦拔魏二十城，置東郡。十九年，秦拔趙之鄴（正義曰：即相州鄴縣）九城。趙悼襄王卒。二十三年，太子丹質於秦，亡歸燕。二十五年，秦虜滅韓王安，置潁川郡。二十七年，秦虜趙王遷，滅趙。趙公子嘉自立為代王。燕見秦且滅六國，秦兵臨易水（徐廣曰：出涿郡故安），禍且至燕。太子丹陰養壯士二十人，使荊軻獻督亢地圖於秦（索隱曰：徐廣云涿有督亢亭。地理志屬廣陽。然督亢之田在燕東，甚良沃，欲獻秦，故畫其圖而獻焉），因襲刺秦王。秦王覺，殺軻，使將軍王翦擊燕。二十九年，秦攻拔我薊，燕王亡，徙居遼東，斬丹以獻秦。三十年，秦滅魏。三十三年，秦拔遼東，虜燕王喜，卒滅燕。是歲，秦將王賁（正義曰：賁音奔）亦虜代王嘉。

太史公曰：召公奭可謂仁矣！甘棠且思之，況其人乎？燕北迫蠻貉，內措齊、晉（索隱曰：措，交錯也。劉氏云措，錯也），崎嶇彊國之間，最為弱小，幾滅者數矣。然社稷血食者八九百歲，於姬姓獨後亡，豈非召公之烈邪！

索隱述贊曰：召伯作相，分陝而治。人惠其德，甘棠是思。莊送霸主，惠羅寵姬。文公約趙，蘇秦驛辭。易王初立，齊宣我欺。燕噲無道，禪位子之。昭王待士，思報臨菑。督亢不就，卒見芟夷。

燕召公世家第四　　　　史記三十四

管蔡世家第五　　史記三十五

管叔鮮〔正義曰音仙括地志云鄭州管城縣今州外城即管國城也是叔鮮所封國也〕蔡叔度者周文王子而武王弟也武王同母兄弟十人母曰太姒〔正義曰國語云杞繒二國姒姓夏禹之後大姒之家大姒文王之妃武王之母烈女傳云大姒者武王之母禹後姒氏之女也在郃之陽在渭之涘仁而明道文王喜之親迎於渭造舟爲梁及入大姒思任旦夕勤勞以進婦道大姒號曰文母文王理外文母治內大姒生十男教誨自少及長未嘗見邪僻之事言常以正道持之也〕文王正妃也其長子曰伯邑考次曰武王發次曰管叔鮮次曰周公旦次曰蔡叔度次曰曹叔振鐸次曰成叔武〔正義曰括地志云濮州雷澤縣在東南九十一里漢郕陽縣古郕伯姬姓之國其後遷於成之陽〕次曰霍叔處〔正義曰處昌汝反括地志云晉州霍邑縣本漢彘縣也鄭玄註周禮云霍山在彘本春秋時霍伯國地〕次曰康叔封次曰冄季載〔正義曰冄作冉音奴甘反或作𨚗音同冉國名也季載人名也伯邑考最長所以加伯諸中子咸言叔以載最少故言季載〕冄季載最少同母兄弟十人〔徐廣曰文王之子爲侯者十有六國〕唯發旦賢左右輔文王〔正義曰左右並去聲〕故文王舍伯邑考而以發爲太子及文王崩而發立是爲武王伯邑考既已前卒矣武王已克殷紂平天下封功臣昆弟於是封叔鮮於管〔杜預曰管在滎陽京縣東北〕封叔度於蔡〔世本曰居上蔡〕二人相紂子武庚祿父治殷遺民封叔旦於魯而相周爲周公封叔振鐸於曹封叔武於成〔索隱曰按春秋隱五年衛師入郕杜預曰東平剛父縣有郕鄉後漢地理志以爲成本國又地理志云廩丘縣南有成故城應劭云武王封弟季載於成是古之城邑應亦遠誤云季載封耳〕封叔處

於霍〔索隱曰春秋閔元年晉滅霍地理志云河東彘縣霍太山在東北是霍叔之所封〕康叔封冄季載皆少未得封〔索隱曰孔安國曰康畿內國名也叔字也封叔名耳〕武王既崩成王少周公旦專王室管叔蔡叔疑周公之爲不利於成王乃挾武庚以作亂周公旦承成王命伐誅武庚殺管叔而放蔡叔遷之與車十乘徒七十人從而分殷餘民爲二其一封微子啟於宋以續殷祀其一封康叔爲衛君是爲衛康叔封季載於冄〔索隱曰冄國也載名也季字也冄或作𨚗國語曰冄季鄭姬賈逵曰文王子聃季之國也莊十八年楚武王克權遷於那處杜預云那處楚地南郡編縣有那口城聃與𨚗皆音奴甘反〕冄季康叔皆有馴行〔索隱曰如字音巡馴善也〕於是周公舉康叔爲周司寇冄季爲周司空〔索隱曰事見左傳定公四年〕以佐成王治皆有令名於天下蔡叔度既遷而死其子曰胡胡乃改行率德馴善周公聞之而舉胡以爲魯卿士〔索隱曰尚書云蔡仲克庸祗德周公以爲卿士叔卒乃命諸王邦之蔡元無仕魯之文又伯禽居魯乃是七年致政之後此言乃說公攝政之初未知史遷何憑而有斯言也〕魯國治於是周公言於成王復封胡於蔡〔宋忠曰胡徙居新蔡〕以奉蔡叔之祀是爲蔡仲餘五叔皆就國無爲天子吏者〔索隱曰五叔管叔蔡叔成叔曹叔霍叔〕蔡仲卒子蔡伯荒立蔡伯荒卒子宮侯立宮侯卒子厲侯立厲侯卒子武侯立武侯之時周厲王失國奔彘共和行政諸侯多叛周武侯卒子夷侯立夷侯十一年周宣王即位二十八年夷侯卒子釐侯所事立釐侯三

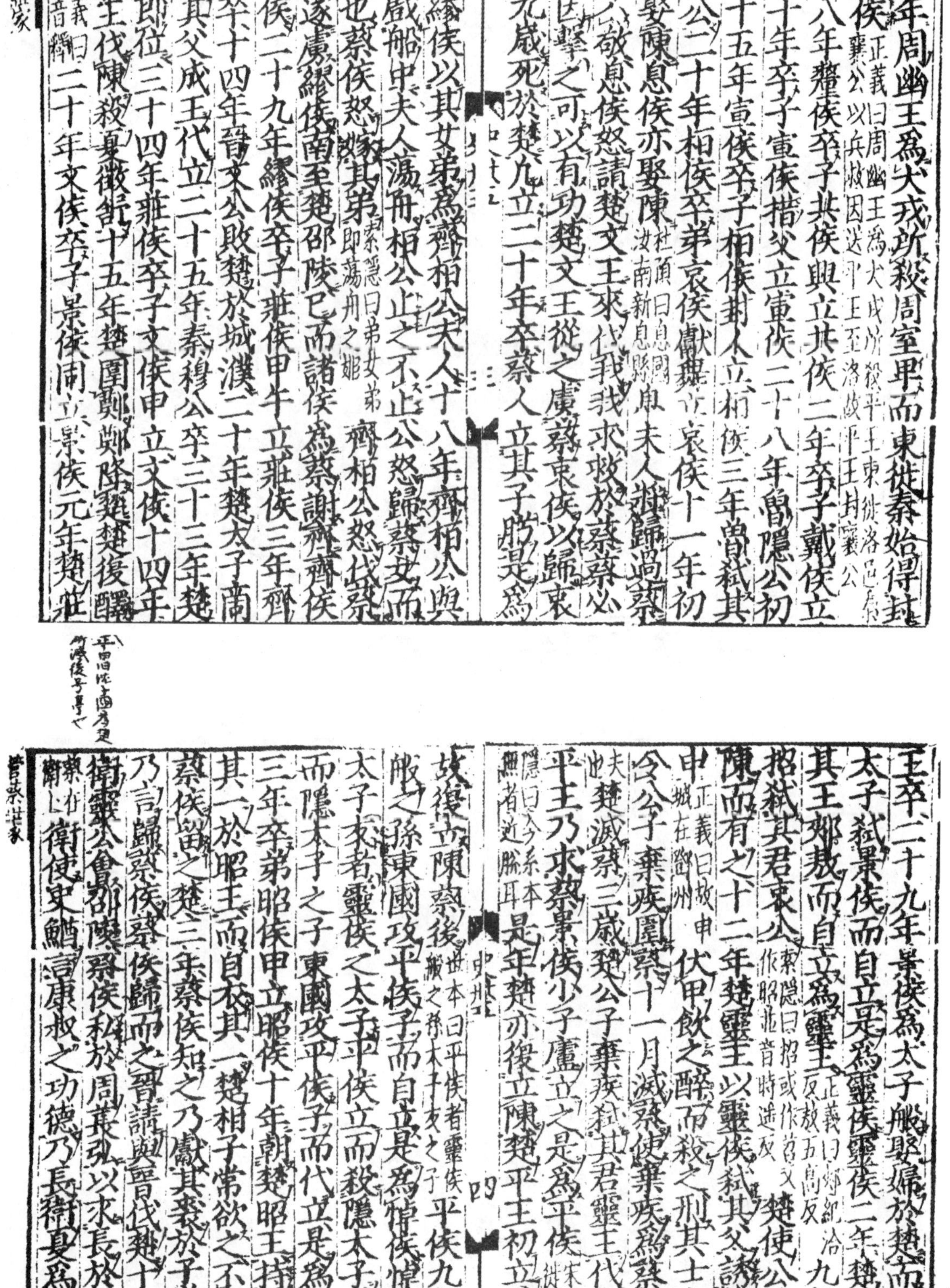
十九年周幽王為犬戎所殺周室卑而東徙秦始得列
為諸侯 正義曰周幽王為犬戎所殺平王東徙洛邑秦襄公以兵救周送平王至洛故平王封襄公
四十八年釐侯卒子共侯興立共侯二年卒子戴侯立
戴侯十年卒子宣侯措父立宣侯二十八年魯隱公初
立三十五年宣侯卒子桓侯封人立桓侯三年魯弑其
君隱公二十年桓侯卒弟哀侯獻舞立哀侯十一年初
哀侯娶陳息侯亦娶陳 杜預曰息國汝南新息縣 息夫人將歸過蔡
蔡侯不敬息侯怒請楚文王來伐我我求救於蔡蔡必
來楚因擊之可以有功楚文王從之虜蔡哀侯以歸哀
侯留九歲死於楚凡立二十年卒蔡人立其子肸是為
繆侯繆侯以其女弟為齊桓公夫人十八年齊桓公與
蔡女戲船中夫人蕩舟桓公止之不止公怒歸蔡女而
不絕也 索隱曰弟女弟即蕩舟之姬 蔡侯怒嫁其弟齊桓公怒伐蔡
蔡潰遂虜繆侯南至楚邵陵已而諸侯為蔡謝齊齊侯
歸蔡侯二十九年繆侯卒子莊侯甲午立莊侯三年齊
桓公卒十四年晉文公敗楚於城濮二十年楚太子商
臣弑其父成王代立二十五年秦穆公卒三十三年楚
莊王即位三十四年莊侯卒子文侯申立文侯十四年
楚莊王伐陳殺夏徵舒十五年楚圍鄭鄭降楚楚復醳
之 正義曰醳音釋 二十年文侯卒子景侯固立景侯元年楚莊
管蔡世家

王卒二十九年景侯為太子般娶婦於楚而景侯通焉
太子弑景侯而自立是為靈侯靈侯二年楚公子圍弑
其王郟敖而自立為靈王 正義曰郟紀洽反敖五高反 九年陳司徒
招弑其君哀公 索隱曰招或作苕又作昭並音時遙反 楚使公子棄疾滅
陳而有之十二年楚靈王以靈侯弑其父誘蔡靈侯于
申 正義曰故申城在鄧州 伏甲飲之醉而殺之刑其士卒七十人
令公子棄疾圍蔡十一月滅蔡使棄疾為蔡公 正義曰蔡之大
夫也 楚滅蔡三歲楚公子棄疾弑其君靈王代立為平王
平王乃求蔡景侯少子廬立之是為平侯 宋忠曰平侯揃下蔡○索
隱曰入系本無者近脫耳 是年楚亦復立陳楚平王初立欲親諸侯
故復立陳蔡後 世本曰平侯者靈侯般之孫太子友之子 平侯九年卒靈侯
般之孫東國攻平侯子而自立是為悼侯悼侯父曰隱
太子友隱太子友者靈侯之太子平侯立而殺隱太子故平侯卒
而隱太子之子東國攻平侯子而代立是為悼侯悼侯
三年卒弟昭侯申立昭侯十年朝楚昭王持美裘二獻
其一於昭王而自衣其一楚相子常欲之不與子常讒
蔡侯留之楚三年蔡侯知之乃獻其裘於子常子常受之
乃言歸蔡侯蔡侯歸而之晉請與晉伐楚十三年春與
衛靈公會邵陵蔡侯私於周萇弘以求長於衛 徐廣曰載書使蔡在
衛上 衛使史鰌言康叔之功德乃長衛夏為晉滅沈
管蔡世家

曰汝南平輿縣有郟亭楚怒攻蔡蔡昭侯使其子爲質於吳正義曰質音致以共伐楚冬與吳王闔閭遂破楚入郢蔡怨子常子常恐奔鄭十四年吳去而楚昭王復國十六年楚令尹爲其民泣以謀蔡蔡昭侯懼二十六年孔子如蔡楚昭王伐蔡蔡恐告急於吳吳爲蔡遠約遷以自近易以相救昭侯私許不與大夫計吳人來救蔡因遷蔡于州來索隱曰州來在淮南下蔡縣二十八年昭侯將朝于吳大夫恐其復遷乃令賊利殺昭侯索隱曰利賊名也已而誅賊利以解過而立昭侯子朔是爲成侯徐廣曰成侯或作景成侯四年宋滅曹十年齊田常弒其君簡公十三年楚滅陳十九年成侯卒子聲侯產立聲侯十五年卒子元侯立元侯六年卒子侯齊立侯齊四年楚惠王滅蔡蔡侯齊亡蔡遂絕祀後陳滅三十三年索隱曰曹東十七年楚滅陳其楚滅蔡絕其祀又在滅陳之後三十三年即在春秋後二十三年

伯邑考其後不知所封武王發其後爲周有本紀言管叔鮮作亂誅死無後周公旦其後爲魯有世家言蔡叔度其後爲蔡有世家言曹叔振鐸其後爲曹有世家言索隱曰曹亦姬姓之國而文之昭於春秋之時頗稱彊國傳數十代而此乃豈可附管蔡之末國之本而別其篇第自合稱爲一篇成叔武其後世無所見霍叔處其後晉獻公時滅霍康叔封其後爲衛有世家言冉季載其後世無所見

太史公曰管蔡作亂無足載者然周武王崩成王少天下既疑同母之弟成叔冉季之屬十人爲輔拂是以諸侯卒宗周故附之世家言

曹叔世家索隱曰按上文叔振鐸其後爲曹有世家言即曹亦合題系家今附管蔡之末而不出題者蓋以曹小而少事迹因附管蔡之末不別題篇爾且又管叔無後仍是曹之兄故附管蔡而略曹也

曹叔振鐸者周武王弟也武王已克殷紂封叔振鐸於曹宋忠曰濟陰定陶縣叔振鐸卒子太伯脾立太伯卒子仲君平立仲君平卒子宮伯侯立宮伯侯卒子孝伯雲立孝伯雲卒子夷伯喜立夷伯二十三年周厲王奔于彘三十年卒弟幽伯彊立幽伯九年弟蘇殺幽伯代立是爲戴伯戴伯元年周宣王已立三歲三十年戴伯卒子惠伯兕立孫檢曰兕音徐子反曹惠伯或名雉或名弟或復名弟兕也○索隱曰按年表作惠公伯雉注引孫檢未詳何代或云齊人亦恐其人不註史記所以王儉七志阮孝緒七錄並無不知裴駰何所從錄惠伯二十五年周幽王爲犬戎所殺因東徙益卑諸侯畔之秦始列爲諸侯三十六年惠伯卒子石甫立其弟武殺之代立是爲繆公繆公三年卒子桓公終生立索隱曰一作湦音生桓公三十五年魯隱公立四十五年魯弒其君隱公四十六年宋華父督弒其君殤公及孔父五十五年桓公卒子莊公夕姑立索隱曰夕音亦即射姑也同音亦莊公二十三年齊桓公始霸三十一年莊公卒子釐公夷立釐公九年卒子昭

公班立。昭公六年，齊桓公敗蔡，遂至楚召陵。九年，昭公卒，子共公襄立。共公十六年，初，晉公子重耳其亡過曹，曹君無禮，欲觀其駢脅。正義曰駢步田反脅許業反 釐負羈正義曰釐音僖負羈也諫，不聽，私善於重耳。二十一年，晉文公重耳伐曹，虜共公以歸，令軍毋入釐負羈之宗族閭。或說晉文公曰：「昔齊桓公會諸侯，復異姓；今君囚曹君，滅同姓，何以令於諸侯？」晉乃復歸共公。二十五年，晉文公卒。三十五年，共公卒，子文公壽立。文公二十三年卒，子宣公彊立。索隱曰左傳宣公名廬 宣公十七年卒，弟成公負芻立。成公三年，晉厲公伐曹，虜成公以歸，已復釋之。索隱曰按左傳成十五年晉厲公執負芻歸于京師晉立宣公弟子臧子臧曰聖達節次守節下失節為君非吾節也遂逃奔宋曹人請于晉晉人謂子臧反國吾歸而君子臧反晉於是歸負芻 五年，晉欒書、中行偃使程滑弒其君厲公。二十三年，成公卒，子武公勝立。武公二十六年，楚公子棄疾弒其君靈王代立。二十七年，武公卒，子平公頃立。平公四年卒，子悼公午立。是歲，宋、衛、陳、鄭皆火。悼公八年，宋景公立。九年，悼公朝于宋，宋囚之；曹立其弟野，是為聲公。悼公死於宋，歸葬。聲公五年，平公弟通弒聲公代立，是為隱公。索隱曰譙周云春秋無其事今按系本及春秋悼伯卒弟露立謚靖公無聲公隱公蓋是彼文自疎也 隱公四年，聲公弟露弒隱公代立，是為靖公。靖公四年卒，子伯陽立。伯陽三年，國人有夢眾君子立于社宮，賈逵曰社宮社也鄭眾曰社宮中有室屋者 謀欲亡曹；曹叔振鐸止之，請待公孫彊，許之。旦，求之曹，無此人。夢者戒其子曰：「我亡，爾聞公孫彊為政，必去曹，無離曹禍。」索隱曰離即罹罹被也 及伯陽即位，好田弋之事。六年，曹野人公孫彊亦好田弋，獲白鴈而獻之，且言田弋之說，因訪政事。伯陽大說之，有寵，使為司城以聽政。夢者之子乃亡去。公孫彊言霸說於曹伯。十四年，曹伯從之，乃背晉干宋。賈逵曰以小加大〇索隱曰干謂犯也言曹因爭而犯宋遂至滅也裴氏引賈逵註云以小加大加陵也小即曹大謂晉及宋 宋景公伐之，晉人不救。十五年，宋滅曹，執曹伯陽及公孫彊以歸而殺之。曹遂絕其祀。

太史公曰：索隱曰檢諸本或無此論 余尋曹共公之不用僖負羈，乃乘軒者三百人，正義曰晉世家云晉師入曹數之以其不用僖負羈言而美女乘軒三百人也 知唯德之不建。及振鐸之夢，豈不欲引曹之祀者哉？如公孫彊不脩厥政，叔鐸之祀忽諸。正義曰至如公孫彊不脩霸道之政而伯陽之子立叔鐸猶尚饗祭祀豈合忽絕之哉

索隱述贊曰：武王之弟，管蔡及霍。周公居相，流言是作。狼跋致艱，鴟鴞討惡。胡能改行，克復其爵。

獻舞執蔡，遇息禮薄。穆侯虜鄭，蕩舟乖謔。曹共輕晉，勇黷先覺。伯陽夢社，祚傾振鐸。

管蔡世家第五　史記三十五

陳杞世家第六　史記三十六

陳胡公滿者，虞帝舜之後也。昔舜為庶人時，堯妻之二女，居于媯汭，其後因為氏姓，姓媯氏。舜已崩，傳禹天下，而舜子商均為封國（索隱曰按商均所封虞，即今之梁國虞城是也）。夏后之時，或失或續（索隱曰按夏代尤封虞思虞遂是也）。至于周武王克殷紂，乃復求舜後（索隱曰按左傳虞遏父為周陶正以服事武王，杜注遏父舜之後，陶正官名，是生滿者也），得媯滿，封之於陳（索隱曰左傳曰武王以元女太姬配虞胡公而封之陳以備三公），以奉帝舜祀，是為胡公。胡公卒，子申公犀侯立。申公卒，弟相公皋羊立。相公卒，立申公子突，是為孝公。孝公卒，子慎公圉戎立。慎公當周厲王時。慎公卒，子幽公寧立。幽公十二年，周厲王奔于彘。二十三年，幽公卒，子釐公孝立。釐公六年，周宣王即位。三十六年，釐公卒，子武公靈立。武公十五年卒，子夷公說立。是歲，周幽王即位。夷公三年卒，弟平公燮立（正義曰燮先牒反）。平公七年，周幽王為犬戎所殺，周東徙。秦始列為諸侯。二十三年，平公卒，子文公圉立。文公元年，取蔡女，生子佗（正義曰佗徒何反）。十年，文公卒，長子桓公鮑立。桓公二十三年，魯隱公初立。二十六年，衛殺其君州吁。三十三年，魯弒其君隱公。三十八年正月甲戌己丑，陳桓公鮑卒（索隱曰陳乱故再赴其日。正義曰甲戌己丑凡十六日）。桓公弟佗，其母蔡女，故蔡人為佗殺五父及桓公太子免而

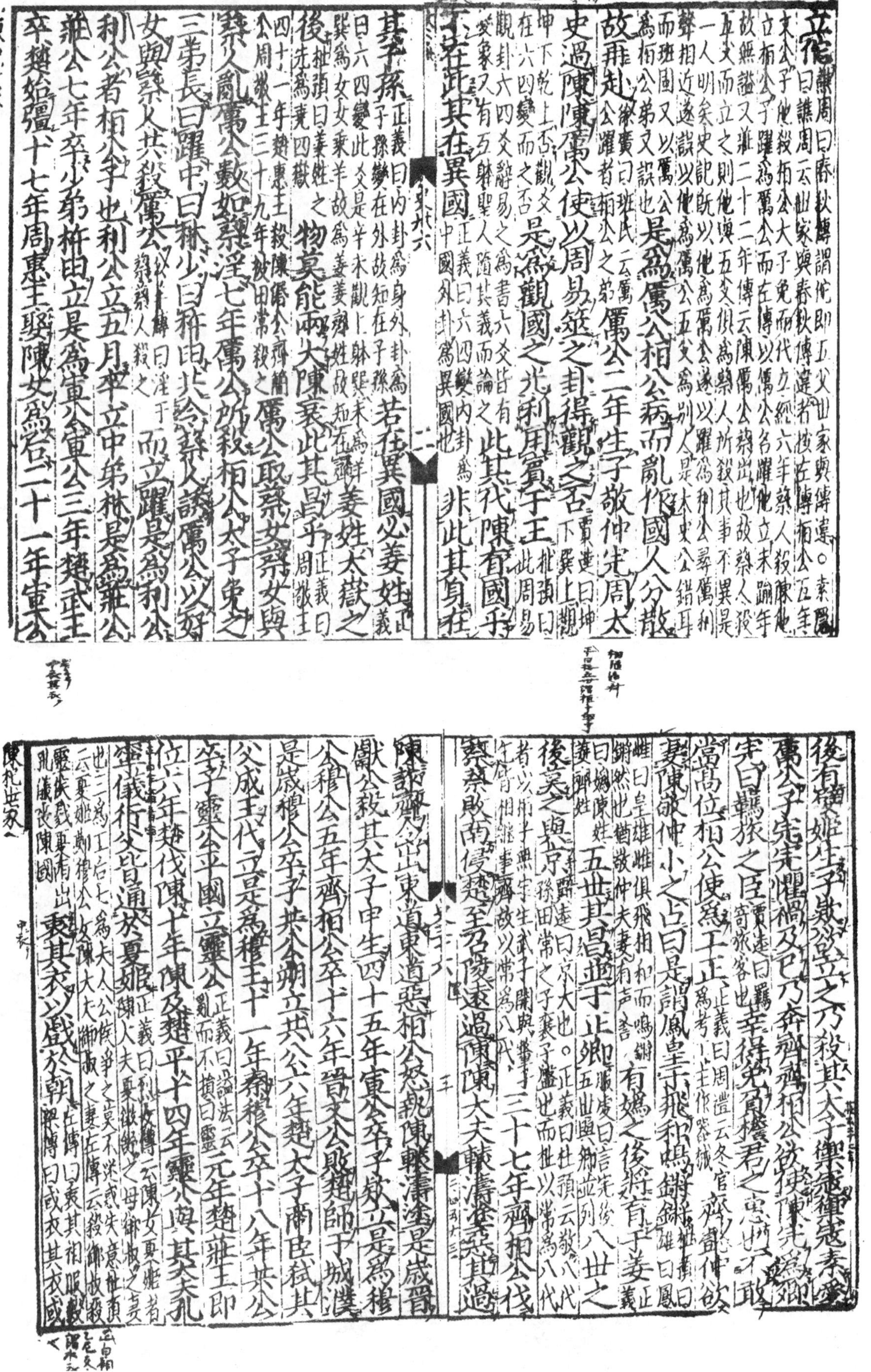

立佗。是為厲公。桓公病而亂作，國人分散，故再赴。

厲公二年，生子敬仲完。周太史過陳，陳厲公使以周易筮之，卦得觀之否：「是為觀國之光，利用賓于王。此其代陳有國乎？不在此，其在異國？非此其身，在其子孫。若在異國，必姜姓。（正義曰：內卦為身，外卦為子孫。變在外，故知在子孫。）姜姓，太嶽之後。物莫能兩大，陳衰，此其昌乎？」

厲公取蔡女，蔡女與蔡人亂，厲公數如蔡淫。七年，厲公所殺桓公太子免之三弟，長曰躍，中曰林，少曰杵臼，共令蔡人誘厲公以好女，與蔡人共殺厲公而立躍，是為利公。利公者，桓公子也。利公立五月卒，立中弟林，是為莊公。莊公七年卒，少弟杵臼立，是為宣公。宣公三年，楚武王卒，楚始彊。十七年，周惠王娶陳女為后。二十一年，宣公後有嬖姬生子款，欲立之，乃殺其太子禦寇。禦寇素愛厲公子完，完懼禍及己，乃奔齊。齊桓公欲使陳完為卿，完曰：「羈旅之臣，幸得免負檐，君之惠也，不敢當高位。」桓公使為工正。齊懿仲欲妻陳敬仲，卜之，占曰：「是謂鳳皇于蜚，和鳴鏘鏘。有媯之後，將育于姜。五世其昌，並于正卿。八世之後，莫之與京。」

三十七年，齊桓公伐蔡，蔡敗；南侵楚，至召陵，還過陳。陳大夫轅濤塗惡其過陳，詐齊令出東道。東道惡，桓公怒，執陳轅濤塗。是歲，晉獻公殺其太子申生。

四十五年，宣公卒，子款立，是為穆公。穆公五年，齊桓公卒。十六年，晉文公敗楚師于城濮。是歲，穆公卒，子共公朔立。共公六年，楚太子商臣弒其父成王代立，是為穆王。十一年，秦穆公卒。十八年，共公卒，子靈公平國立。

靈公元年，楚莊王即位。六年，楚伐陳。十年，陳及楚平。十四年，靈公與其大夫孔寧、儀行父皆通於夏姬，衷其衣以戲於朝。

陳杞

泄冶諫曰：君臣淫亂，民何效焉？靈公以告二子，二子請殺泄冶，公弗禁，遂殺泄冶。春秋曰陳殺其大夫泄冶十五年，靈公與二子飲於夏氏。公戲二子曰：徵舒似汝。二子曰：亦似公。杜預曰靈公即位十五年徵舒已為卿年大無嫌是公子也蓋以夏姬淫放故謂其子多似以為戲徵舒怒。靈公罷酒出，徵舒伏弩廄門射殺靈公。杜預曰公出自[illegible]孔寧、儀行父皆奔楚，靈公太子午奔晉。徵舒自立為陳侯。徵舒，故陳大夫也。夏姬，御叔之妻，舒之母也。成公元年冬，楚莊王為夏徵舒殺靈公，率諸侯伐陳。謂陳曰：無驚，吾誅徵舒而已。已誅徵舒，因縣陳而有之，羣臣畢賀。申叔時使於齊來還，獨不賀。賈逵曰叔時楚大夫莊王問其故，對曰：鄙語有之，牽牛徑人田，田主奪之牛。徑則有罪矣，奪之牛，不亦甚乎？今王以徵舒為賊弒君，故徵兵諸侯，以義伐之，已而取之，以利其地，則後何以令於天下！是以不賀。莊王曰：善。乃迎陳靈公太子午於晉而立之，復君陳如故，是為成公。孔子讀史記至楚復陳，曰：賢哉楚莊王！輕千乘之國而重一言。索隱曰謂申叔時之言。正義曰家語云孔子讀史至楚復陳喟然曰賢哉楚莊王輕千乘之國而重一言之信非申叔之忠弗能建其義非楚莊王之賢不能受其訓也

二十八年，楚莊王卒。二十九年，陳倍楚盟。三十年，楚共王伐陳。是歲，成公卒，子哀公弱立。楚以陳喪，罷兵去。哀公三年，楚圍陳，復釋之。二十八年，楚公子圍弒其

陳杞

君郟敖自立，為靈王。三十四年，初，哀公娶鄭，長姬生悼太子師，少姬生偃。索隱曰昭八年經云陳侯之弟招殺陳世子偃師左傳曰陳哀公元妃鄭姬生悼太子偃師今此云兩姬又分偃師為二人亦恐非二嬖妾，長妾生留，少妾生勝。留有寵哀公，哀公屬之其弟司徒招。哀公病，三月，招殺悼太子，立留為太子。哀公怒，欲誅招，招發兵圍守哀公，哀公自經殺。徐廣曰三十五年時招卒立留為陳君。四月，陳使使赴楚。楚靈王聞陳亂，乃殺陳使者，索隱曰即[illegible]使公子棄疾發兵伐陳，陳君留奔鄭。九月，楚圍陳。十一月，滅陳。使棄疾為陳公。招之殺悼太子也，太子之子名吳，出奔晉。晉平公問太史趙曰：陳遂亡乎？對曰：陳，顓頊之族。服虔曰陳祖虞舜舜出顓頊故為顓頊之族陳氏得政於齊，乃卒亡。自幕至于瞽瞍無違命，賈逵曰幕舜後虞思也至于瞽瞍無聞違天命以廢絕者鄭衆曰幕舜之先也騶案國語[illegible]能[illegible]物[illegible]者也索隱曰賈逵以幕為虞思非也傳言自幕而至瞽瞍之前非虞思明矣舜重之以明德，至於遂，杜預曰遂舜後蓋殷之興存舜之後而封遂言舜德乃至於遂也。索隱曰重持用反杜預以謂舜有明德乃至遂有國義亦然也且文云自幕至瞽瞍無違命舜重之以明德是言舜有明德為天子也乃云殷封遂代守之亦舜德也宋忠云虞思之後箕伯直柄中衰殷湯封遂於陳以為舜後是也世世守之。及胡公，周賜之姓，杜預曰胡公滿遂之後也事周武王賜姓曰嬀封之陳使祀虞帝。且盛德之後，必百世祀。虞之世未也，其在齊乎？楚靈王滅陳五歲，楚公子棄疾弒靈王代立，是為平王。平王初立，欲得和諸侯，乃

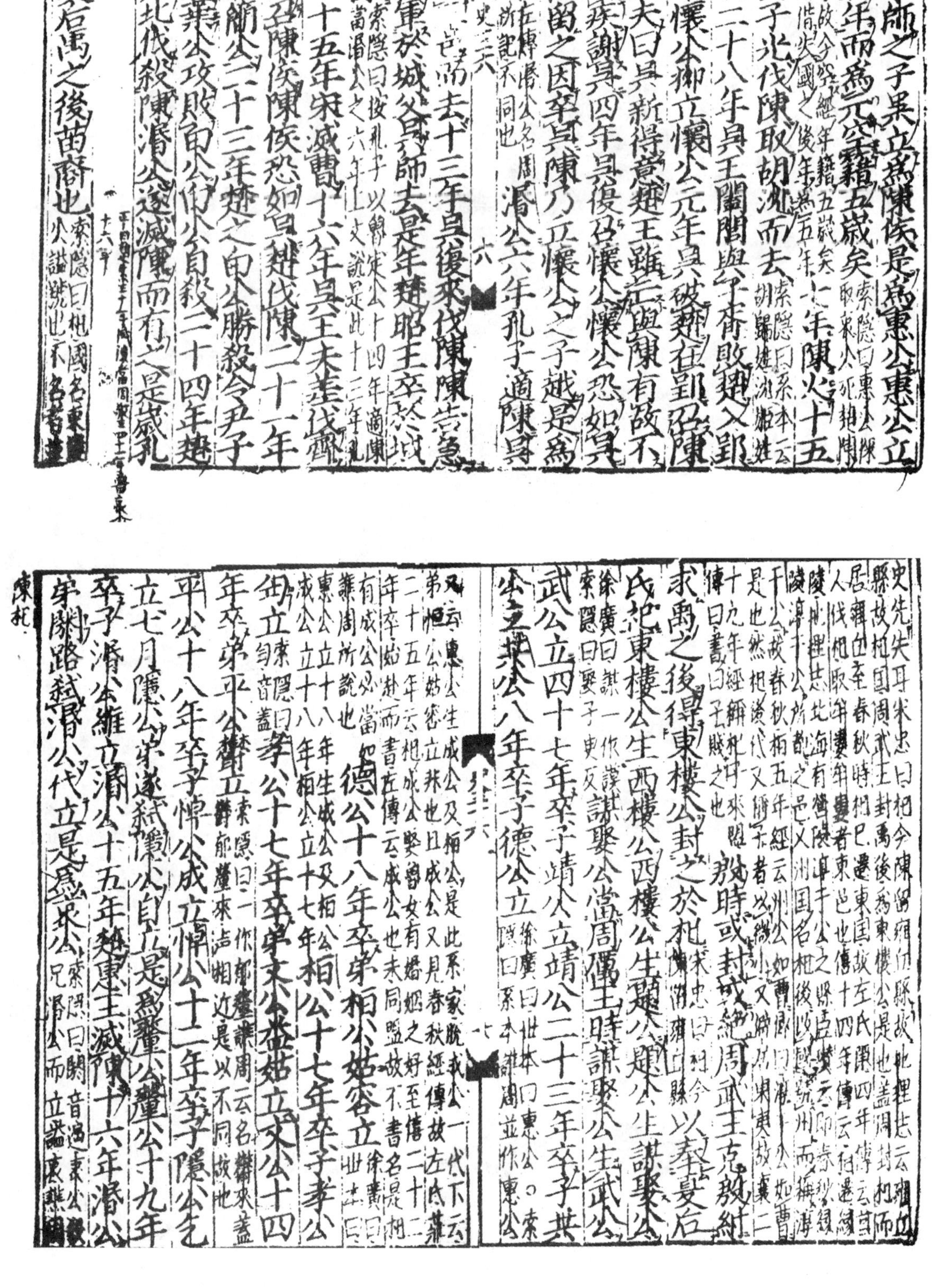

求故陳悼太子師之子吳立為陳侯是為惠公惠公立探續哀公卒時年而為元空籍五歲矣……十五年吳王僚使公子光伐陳取胡沈而去……二十八年吳王闔閭與子胥敗楚入郢是年惠公卒子懷公柳立懷公元年吳破楚在郢召陳侯陳侯欲往大夫曰吳新得意楚王雖亡與陳有故不可倍懷公乃以疾謝吳四年吳復召懷公懷公恐如吳吳怒其前不往留之因卒吳陳乃立懷公之子越是為湣公……湣公六年孔子適陳吳王夫差伐陳取三邑而去十三年吳復來伐陳陳告急楚楚昭王來救軍於城父吳師去是年楚昭王卒於城父時孔子在陳……十五年宋滅曹十六年吳王夫差伐齊敗之艾陵使人召陳侯陳侯恐如吳楚伐陳二十一年齊田常弒其君簡公二十三年楚之白公勝殺令尹子西子綦襲惠王葉公攻敗白公白公自殺二十四年楚惠王復國以兵北伐殺陳湣公遂滅陳而有之是歲孔子卒

杞東樓公者夏后禹之後苗裔也……殷時或封或絕周武王克殷紂求禹之後得東樓公封之於杞以奉夏后氏祀東樓公生西樓公西樓公生題公題公生謀娶公謀娶公當周厲王時謀娶公生武公武公立四十七年卒子靖公立靖公二十三年卒子共公立共公八年卒子德公立德公十八年卒弟桓公姑容立桓公十七年卒子孝公匄立孝公十七年卒弟文公益姑立文公十四年卒弟平公鬱立平公十八年卒子悼公成立悼公十二年卒子隱公乞立七月隱公弟遂弒隱公自立是為釐公釐公十九年卒子湣公維立湣公十五年楚惠王滅陳十六年湣公弟閼路弒湣公代立是為哀公

二云謚懿也。哀公立十年卒，湣公子敕立。徐廣曰：敕一作遬。是爲出公。出公十二年卒，子簡公春立。立一年，楚惠王之四十四年滅杞。杞後陳亡三十四年。杞小微，其事不足稱述。舜之後，周武王封之陳，至楚惠王滅之，有世家言。禹之後，周武王封之杞，楚惠王滅之，有世家言。契之後爲殷，殷有本紀言。殷破，周封其後於宋，齊湣王滅之，有世家言。后稷之後爲周，秦昭王滅之，有本紀言。皋陶之後或封英、六，索隱曰：本或作蓼六，皆通。然蓼六皆咎繇之後。據系本二國皆偃姓，故春秋文五年傳云楚人滅六，臧文仲聞六與蓼滅，曰皋陶庭堅不祀忽諸。杜預云蓼與六皆皋陶後。地理志曰六安故國，皋陶後偃姓，爲楚所滅。又僖十七年楚人滅英，英氏。杜預曰英、六皆皋陶後，國名。是有英蓼與英六實未能詳。或者英氏號蓼。楚穆王滅之，無譜。伯夷之後，至周武王復封於齊，曰太公望，陳氏滅之，有世家言。伯翳之後，至周平王時封爲秦，項羽滅之，有本紀言。索隱曰：秦祖伯翳，解者以翳益則爲一人。今言十一人，敘伯翳而又別言垂益，則是二人也。且按舜本紀敘十人，無翳而有彭祖；彭祖亦墳典不載，未知太史公意如何。恐多是誤。然據秦本紀敘翳之功云佐舜馴調鳥獸，與舜典命益作虞若予上下草木鳥獸文同，則爲一人必矣。今未詳其所以。垂、益、夔、龍，其後不知所封，不見也。右十一人者，皆唐虞之際名有功德臣也；其五人之後皆至帝王，索隱曰：舜禹身爲帝王，其稷契及翳則後代皆爲帝王也。餘乃爲顯諸侯。滕、薛、騶，夏、殷、周之間封也，小，不足齒列，弗論也。索隱曰：滕不知本封蓋黄帝氏之子有滕姓，是其祖也。後周封文王子錯叔繡於滕，故宋忠云今沛國公丘是滕國也。薛，奚仲之後，任姓，蓋夏殷所封故……

春秋有滕侯、薛侯、郳曹姓之国，陸終氏之子曹人之後……郳國今鄒國，騶將是也。然三国微小，春秋亦頗書其……少昊……可叙列也。又許文叔大岳之胤……並湖姒諸侯同盟大国，不宜全沒其事，亦可叙其本末……補許鄭世家。

周武王時，侯伯尚千餘人。及幽、厲之後，諸侯力攻相并。江、黃、胡、沈之屬，不可勝數，索隱曰：系本江黃二國並嬴姓。又地理志……江國在汝南安陽縣……故弗采著于傳上。

太史公曰：舜之德可謂至矣！禪位於夏，而後世血食者歷三代。及楚滅陳，而田常得政於齊，卒爲建國，百世不絕，苗裔茲茲，有土者不乏焉。至禹，於周則杞，微甚，不足數也。楚惠王滅杞，其後越王句踐興。

索隱述贊曰：盛德之祀，必及百世。舜禹餘烈，陳杞是繼。媯滿受封，東樓纂系。閼路篡逆，夏姬淫嬖。二國衰微，或滅或替。前并後虜，皆亡楚惠。句踐勃興，田和吞噬。蟬聯血食，豈其苗裔。

23

陳杞世家第六　史記三十六

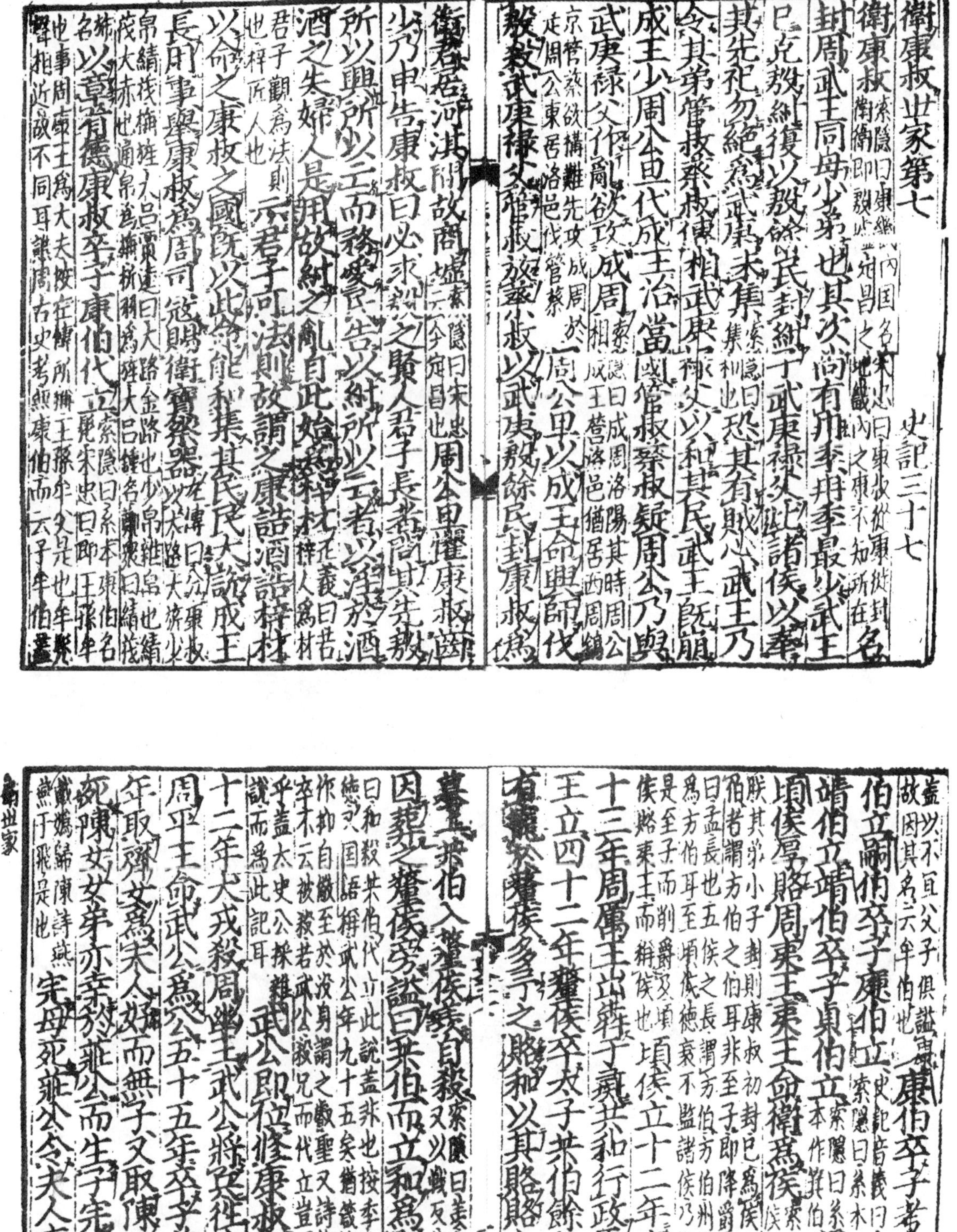

衛康叔世家第七　　史記三十七

衛康叔（索隱曰康畿內國名。宋忠曰康叔從康徙封衛，衛即殷墟定昌之地。畿內之康，不知所在）名封，周武王同母少弟也。其次尚有冉季，冉季最少。武王已克殷紂，復以殷餘民封紂子武庚祿父，比諸侯，以奉其先祀勿絕。為武庚未集（索隱曰集，和也），恐其有賊心，武王乃令其弟管叔、蔡叔傅相武庚祿父，以和其民。武王既崩，成王少。周公旦代成王治，當國。管叔、蔡叔疑周公，乃與武庚祿父作亂，欲攻成周（索隱曰成周，洛陽。其時周公相成王，營洛邑，猶居西周鎬京。管蔡欲構難，先攻成周，於是周公東居洛邑，伐管蔡）。周公旦以成王命興師伐殷，殺武庚祿父、管叔，放蔡叔，以武庚殷餘民封康叔為衛君，居河、淇間故商墟（索隱曰宋忠云今定昌也）。周公旦懼康叔齒少，乃申告康叔曰：必求殷之賢人君子長者，問其先殷所以興，所以亡，而務愛民。告以紂所以亡者以淫於酒，酒之失，婦人是用，故紂之亂自此始。為梓材（……），示君子可法則。故謂之康誥、酒誥、梓材以命之。康叔之國，既以此命，能和集其民，民大說。成王長，用事，舉康叔為周司寇，賜衛寶祭器（左傳曰分康叔以大路、少帛、綪茷、旃旌、大呂……），以章有德。康叔卒，子康伯代立（索隱曰系本康伯名髦。宋忠曰即王孫牟也……）。

（……）康伯卒，子考伯立。考伯卒，子嗣伯立。嗣伯卒，子疌伯立（史記音隱曰疌音捷。索隱曰系本作摯伯）。疌伯卒，子靖伯立。靖伯卒，子貞伯立（索隱曰系本作箕伯）。貞伯卒，子頃侯立。頃侯厚賂周夷王，夷王命衛為侯（索隱曰康誥稱命爾侯于東土，又云孟侯……）。頃侯立十二年卒，子釐侯立。釐侯十三年，周厲王出奔于彘，共和行政焉。二十八年，周宣王立。四十二年，釐侯卒，太子共伯餘立為君。共伯弟和有寵於釐侯，多予之賂；和以其賂賂士，以襲攻共伯於墓上，共伯入釐侯羨自殺（索隱曰羨音延，延，墓道）。衛人因葬之釐侯旁，謚曰共伯，而立和為衛侯，是為武公（索隱……）。武公即位，修康叔之政，百姓和集。四十二年，犬戎殺周幽王，武公將兵往佐周平戎，甚有功，周平王命武公為公。五十五年，卒，子莊公揚立。莊公五年，取齊女為夫人，好而無子。又取陳女為夫人，生子，蚤死。陳女女弟亦幸於莊公，而生子完（索隱……）。完母死，莊公令夫人齊女子之，立為太

衛世家

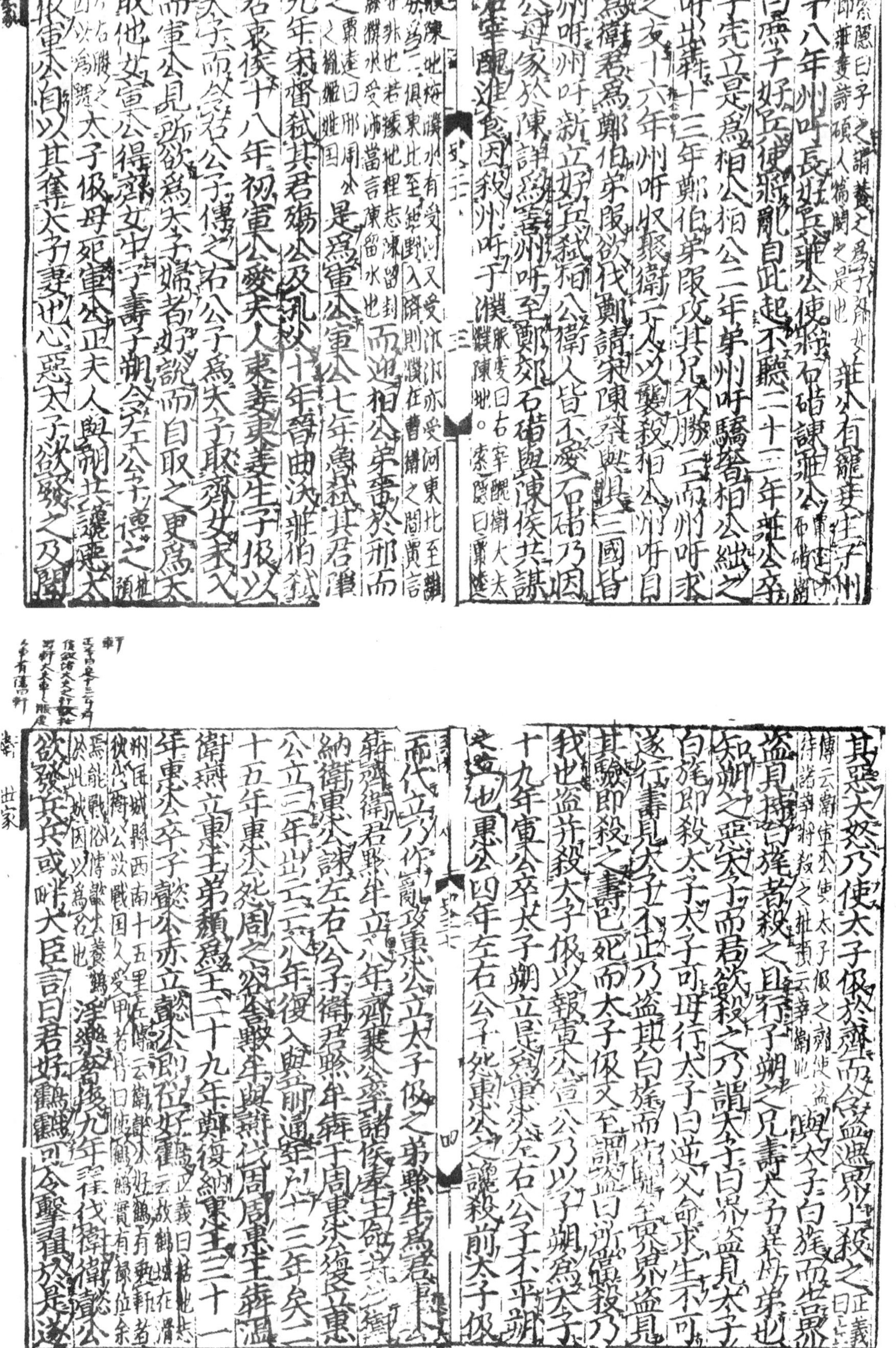

子。索隱曰：子之謂養之為子，孫亦如之。即莊姜。詩碩人篇閔之是也。莊公有寵妾，生子州吁。十八年，州吁長，好兵，莊公使將。石碏諫莊公賈逵曰石碏衛上卿曰：庶子好兵，使將，亂自此起。不聽。二十三年，莊公卒，太子完立，是為桓公。桓公二年，弟州吁驕奢，桓公絀之，州吁出奔。十三年，鄭伯弟段攻其兄，不勝，亡，而州吁求與之友。十六年，州吁收聚衛亡人以襲殺桓公，州吁自立為衛君。為鄭伯弟段欲伐鄭，請宋、陳、蔡與俱，三國皆許州吁。州吁新立，好兵，弒桓公，衛人皆不愛。石碏乃因桓公母家於陳，詳為善州吁。至鄭郊，石碏與陳侯共謀，使右宰醜進食，因殺州吁于濮。服虔曰右宰醜衛大夫濮陳地。索隱曰賈逵云濮陳地按濮水有受河又受汴汴亦受河東北至鉅預分為二俱東北至鉅野入濟則濮在曹衛之間賈言陳地非也若據地理志陳留封丘縣濮水受泲當言陳留水也而迎桓公弟晉於邢而立之，賈逵曰邢周公之胤姬姓國是為宣公。宣公七年，魯弒其君隱公。九年，宋督弒其君殤公，及孔父。十年，晉曲沃莊伯弒其君哀侯。十八年，初，宣公愛夫人夷姜，夷姜生子伋，以為太子，而令右公子傅之。右公子為太子取齊女，未入室，而宣公見所欲為太子婦者好，說而自取之，更為太子取他女。宣公得齊女，生子壽、子朔，令左公子傅之。杜預曰左右媵之子因以為號太子伋母死，宣公正夫人與朔共讒惡太子伋。宣公自以其奪太子妻也，心惡太子，欲廢之。及聞其惡，大怒，乃使太子伋於齊而令盜遮界上殺之。正義曰：左傳云衛宣公使太子伋之齊，使盜待諸莘，將殺之。杜預云：莘，衛地。與太子白旄，而告界盜見持白旄者殺之。且行，子朔之兄壽，太子異母弟也，知朔之惡太子而君欲殺之，乃謂太子曰：界盜見太子白旄，即殺太子，太子可毋行。太子曰：逆父命求生，不可。遂行。壽見太子不止，乃盜其白旄而先馳至界。界盜見其驗，即殺之。壽已死，而太子伋又至，謂盜曰：所當殺乃我也。盜并殺太子伋，以報宣公。宣公乃以子朔為太子。十九年，宣公卒，太子朔立，是為惠公。左右公子不平朔之立也。惠公四年，左右公子怨惠公之讒殺前太子伋而代立，乃作亂，攻惠公，立太子伋之弟黔牟為君，惠公奔齊。衛君黔牟立八年，齊襄公率諸侯奉王命共伐衛，納衛惠公，誅左右公子。衛君黔牟奔于周，惠公復立。惠公立三年出亡，亡八年復入，與前通年凡十三年矣。二十五年，惠公怨周之容舍黔牟，與燕伐周。周惠王奔溫，衛、燕立惠王弟穨為王。二十九年，鄭復納惠王。三十一年，惠公卒，子懿公赤立。懿公即位，好鶴，正義曰：括地志云故鶴城在滑州匡城縣西南十五里。左傳云衛懿公好鶴，鶴有乘軒者。狄人伐衛，公欲戰，國人受甲者皆曰：使鶴，鶴實有祿位，余焉能戰。俗傳懿公養鶴於此城，因以為名也。淫樂奢侈。九年，翟伐衛，衛懿公欲發兵，兵或畔。大臣言曰：君好鶴，鶴可令擊翟。翟於是遂

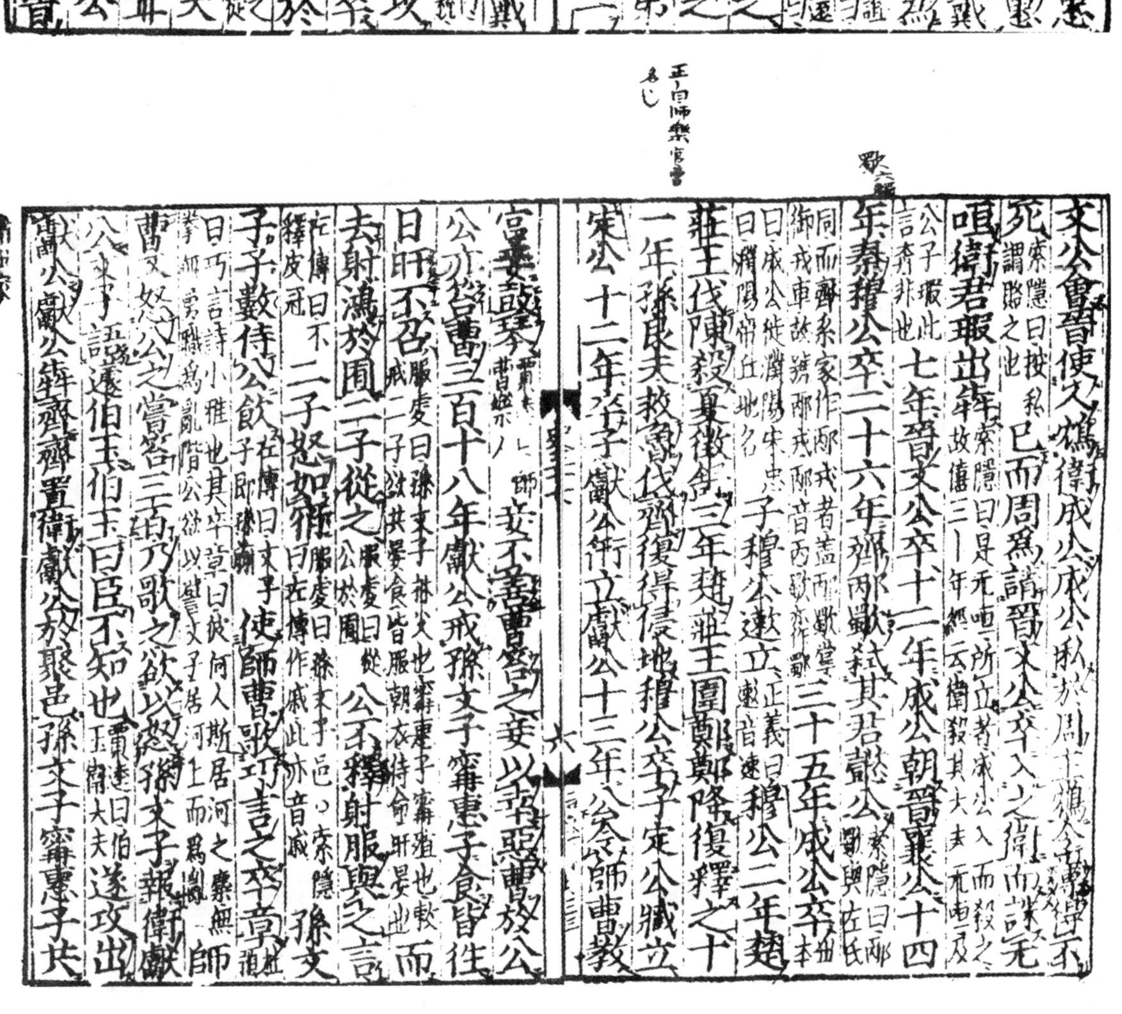

入殺懿公。懿公之立也，百姓大臣皆不服。自懿公父惠公朔之讒殺太子伋代立至於懿公，常欲敗之，卒滅惠公之後而更立黔牟之弟昭伯頑之子申為君，是為戴公。戴公申元年卒。齊桓公以衛數亂，乃率諸侯伐翟，為衛築楚丘，立戴公弟燬為衛君，衛侯朝於周，周行人問其名，答曰衛侯辟疆，周行人還之，曰啓疆辟疆，天子之號，諸侯弗得用。衛侯更其名曰燬，然後受之。是為文公。燬音毀。文公以亂故奔齊，齊人入之。初，翟殺懿公也，衛人憐之，思復立宣公前死太子伋之後，伋子又死，而代伋死者子壽又無子。太子伋同母弟二人：其一曰黔牟，黔牟嘗代惠公為君，八年復去；其二曰昭伯。昭伯、黔牟皆已前死，故立昭伯子申為戴公。戴公卒，復立其弟燬為文公。文公初立，輕賦平罪，索隱曰：輕賦稅，平斷刑也。平或作卒，卒謂士卒，字連下讀，蓋亦一家之義耳。身自勞，與百姓同苦，以收衛民。十六年，晉公子重耳過，無禮。十七年，齊桓公卒。二十五年，文公卒，子成公鄭立。成公三年，晉欲假道於衛救宋，成公不許。晉更從南河度，服虔曰：南河，濟南之東南流河。救宋。徵師於衛，衛大夫欲許，成公不肯。大夫元咺攻成公，成公出奔。索隱曰：奔楚。○正義：咺，况遠反。晉文公重耳伐衛，分其地予宋，討前過無禮及不救宋患也。衛成公遂出奔陳。二歲，如周求入，與晉

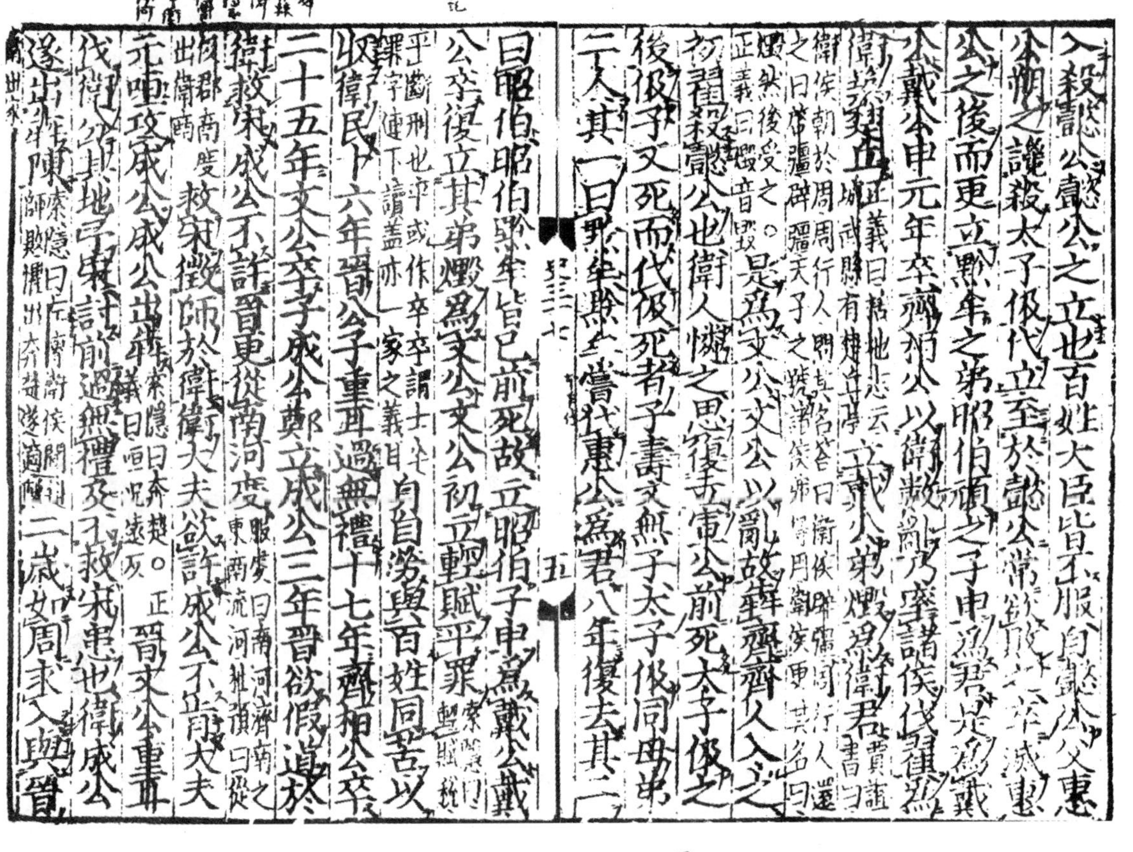

文公會。晉使人鴆衛成公，成公私於周主鴆，令薄，得不死。索隱曰：按私謂賂之也。已而周為請晉文公，卒入之衛，而誅元咺，衛君瑕出奔。索隱曰：瑕，元咺所立者，成公入而殺之。七年，晉文公卒。十二年，成公朝晉襄公。十四年，秦穆公卒。二十六年，齊邴歜弒其君懿公。三十五年，成公卒，子穆公遬立。遬音速。穆公二年，楚莊王伐陳，殺夏徵舒。三年，楚莊王圍鄭，鄭降，復釋之。十一年，孫良夫救魯伐齊，復得侵地。穆公卒，子定公臧立。定公十二年卒，子獻公衎立。獻公十三年，公令師曹教宮妾鼓琴，妾不善，曹笞之。妾以幸惡曹於公，公亦笞曹三百。十八年，獻公戒孫文子、甯惠子食，皆往。日旰不召，服虔曰：旰，晏也。而去射鴻於囿。二子從之，公不釋射服與之言。二子怒，如宿。索隱：孫文子邑。孫文子子數侍公飲，使師曹歌巧言之卒章。巧言，詩小雅也。其卒章曰：彼何人斯，居河之麋，無拳無勇，職為亂階。師曹又怒公之嘗笞三百，乃歌之，欲以怒孫文子，報衛獻公。文子語蘧伯玉，伯玉曰：「臣不知也。」遂攻出獻公。獻公奔齊，齊置衛獻公於聚邑。孫文子、甯惠子共

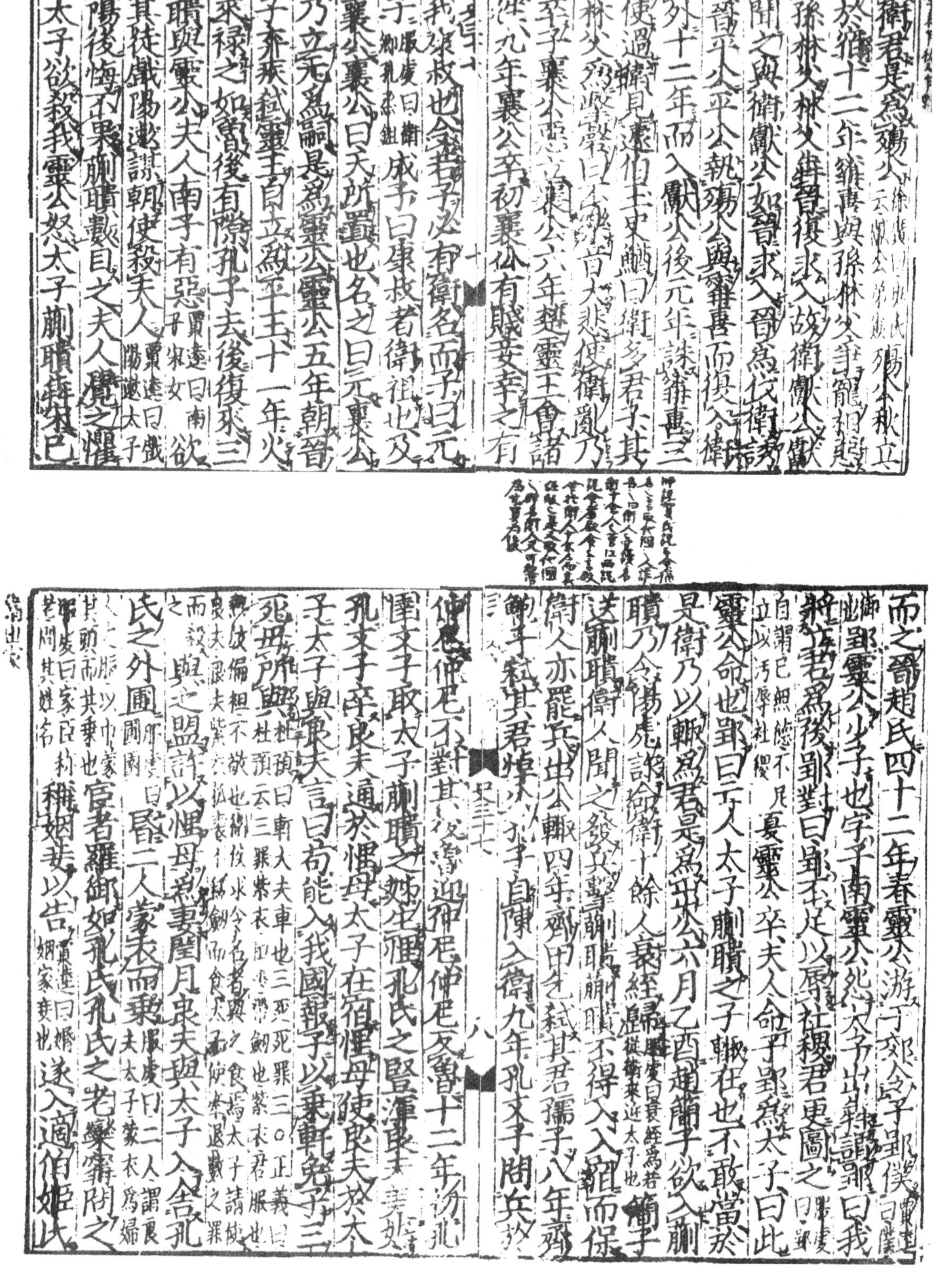

立定公弟秋爲衛君是爲殤公（徐廣曰史記殤公名狄一云獻公弟焱）殤公秋立封孫文子林父於宿十二年甯喜與孫林父爭寵相惡殤公使甯喜攻孫林父林父奔晉復求入故衛獻公獻公在齊齊景公聞之與衛獻公如晉求入晉爲伐衛誘與盟衛殤公會晉平公平公執殤公與甯喜而復入衛獻公獻公亡在外十二年而入獻公後元年誅甯喜三年吳延陵季子使過衛見蘧伯玉史鰌曰衛多君子其國無故過宿孫林父爲擊磬曰不樂音大悲使衛亂乃此矣是年獻公卒子襄公惡立襄公六年楚靈王會諸侯襄公稱病不往九年襄公卒初襄公有賤妾幸之有身夢有人謂曰我康叔也令若子必有衛名而子曰元妾怪之問孔成子（服虔曰衛卿孔烝鉏）成子曰康叔者衛祖也及生子男也以告襄公襄公曰天所置也名之曰元襄公夫人無子於是乃立元爲嗣是爲靈公靈公五年朝晉昭公六年楚公子棄疾弒靈王自立爲平王十一年火三十八年孔子來祿之如魯後有隙孔子去後復來三十九年太子蒯聵與靈公夫人南子有惡（賈逵曰南子宋女）欲殺南子蒯聵與其徒戲陽遬謀朝使殺夫人（賈逵曰戲陽遬太子家臣○正義戲音羲）戲陽後悔不果蒯聵數目之夫人覺之懼呼曰（正義曰呼火故反）太子欲殺我靈公怒太子蒯聵奔宋已

而之晉趙氏四十二年春靈公游于郊令子郢僕（賈逵曰僕御也）郢靈公少子也字子南靈公怨太子出奔謂郢曰我將立若爲後郢對曰郢不足以辱社稷君更圖之（服虔曰郢自謂已無德不足立以汙辱社稷）夏靈公卒夫人命子郢爲太子曰此靈公命也郢曰亡人太子蒯聵之子輒在也不敢當於是衛乃以輒爲君是爲出公六月乙酉趙簡子欲入蒯聵乃令陽虎詐命衛十餘人衰絰歸（服虔曰衰絰爲君喪服）簡子送蒯聵衛人聞之發兵擊蒯聵蒯聵不得入入宿而保衛人亦罷兵出公輒四年齊田乞弒其君孺子八年齊鮑子弒其君悼公孔子自陳入衛九年孔文子問兵於仲尼仲尼不對其後魯迎仲尼仲尼反魯十二年初孔圉文子取太子蒯聵之姊生悝孔氏之豎渾良夫美好孔文子卒良夫通於悝母太子在宿悝母使良夫於太子太子與良夫言曰苟能入我國報子以乘軒免子三死毋所與（杜預曰軒大夫車也三死死罪三○正義曰）與之盟許以悝母爲妻閏月良夫與太子入舍孔氏之外圃（賈逵曰圃園）昏二人蒙衣而乘宦者羅御如孔氏孔氏之老欒甯問之稱姻妾以告（賈逵曰婚姻家妾也）遂入適伯姬氏

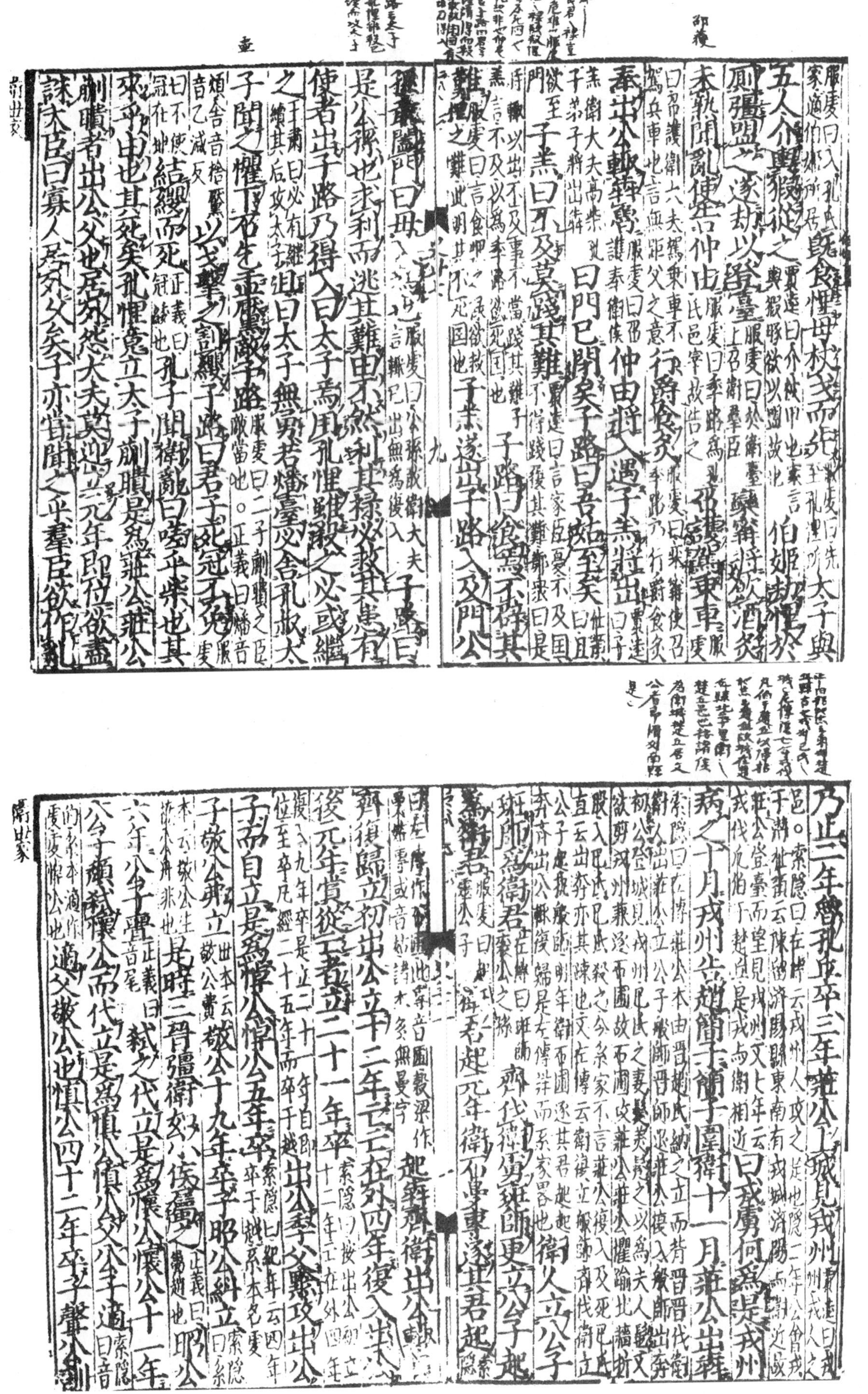

既食，悝母杖戈而先，太子與五人介，輿猳從之。伯姬劫悝於廁，強盟之，遂劫以登臺。欒寧將飲酒，炙未熟，聞亂，使告仲由。召護駕乘車，行爵食炙，奉出公輒奔魯。仲由將入，遇子羔將出，曰：「門已閉矣。」子路曰：「吾姑至矣。」子羔曰：「不及，莫踐其難。」子路曰：「食焉，不辟其難。」子羔遂出。子路入，及門，公孫敢闔門，曰：「毋入為也！」子路曰：「是公孫也？求利而逃其難。由不然，利其祿，必救其患。」有使者出，子路乃得入。曰：「太子焉用孔悝？雖殺之，必或繼之。」且曰：「太子無勇。若燔臺，必舍孔叔。」太子聞之，懼，下石乞、盂黶敵子路，以戈擊之，割纓。子路曰：「君子死，冠不免。」結纓而死。孔子聞衛亂，曰：「嗟乎！柴也其來乎？由也其死矣。」孔悝竟立太子蒯聵，是為莊公。莊公蒯聵者，出公父也，居外，怨大夫莫迎立。元年即位，欲盡誅大臣，曰：「寡人居外久矣，子亦嘗聞之乎？」羣臣欲作亂，

乃止。二年，魯孔丘卒。三年，莊公上城，見戎州。曰：「戎虜何為是？」戎州病之。十月，戎州告趙簡子，簡子圍衛。十一月，莊公出奔，衛人立公子斑師為衛君。齊伐衛，虜斑師，更立公子起為衛君。衛君起元年，衛石曼尃逐其君起，起奔齊。衛出公輒自齊復歸立。初，出公立十二年亡，亡在外四年復入。出公後元年，賞從亡者。立二十一年卒，出公季父黔攻出公子而自立，是為悼公。悼公五年卒，子敬公弗立。敬公十九年卒，子昭公糾立。是時三晉彊，衛如小侯，屬之。昭公六年，公子亹弒之代立，是為懷公。懷公十一年，公子頹弒懷公而代立，是為慎公。慎公父，公子適；適父，敬公也。慎公四十二年卒，子聲公訓立。

立（索隱曰訓亦作馴同休）聲公十一年卒子成侯速立（索隱曰速系本作不逝按上穆公已名遬不可成侯更名則系本是也）成侯十一年公孫鞅入秦（索隱曰秦本紀云孝公元年鞅入秦又按年表成侯與秦孝公同年然則十一年當爲元年字誤耳）十六年衛更貶號曰侯二十九年成侯卒子平侯立平侯八年卒子嗣君立（索隱曰樂資據紀年以嗣君即孝襄侯）嗣君五年更貶號曰君獨有濮陽四十二年卒子懷君立懷君三十一年朝魏魏囚殺懷君魏更立嗣君弟是爲元君元君爲魏壻故魏立之（徐廣曰班氏云元君者懷君之弟）元君十四年秦拔魏東地秦初置東郡更徙衛野王縣而并濮陽爲東郡（索隱曰魏都大梁濮陽黎陽並是魏之東地故立郡名東郡也）二十五年元君卒子君角立（年表云元君十一年秦置東郡十二年徙野王二十三年卒○索隱曰年表與此不同徐註備矣）君角九年秦并天下立爲始皇帝二十一年二世廢君角爲庶人衛絕祀

太史公曰余讀世家言至於宣公之太子以婦見誅弟壽爭死以相讓此與晉太子申生不敢明驪姬之過同俱惡傷父之志然卒死亡何其悲也或父子相殺兄弟相滅亦獨何哉

索隱述贊曰

司寇受封　梓材有作　成錫獻器
叔加其爵　武能修德　從文始約

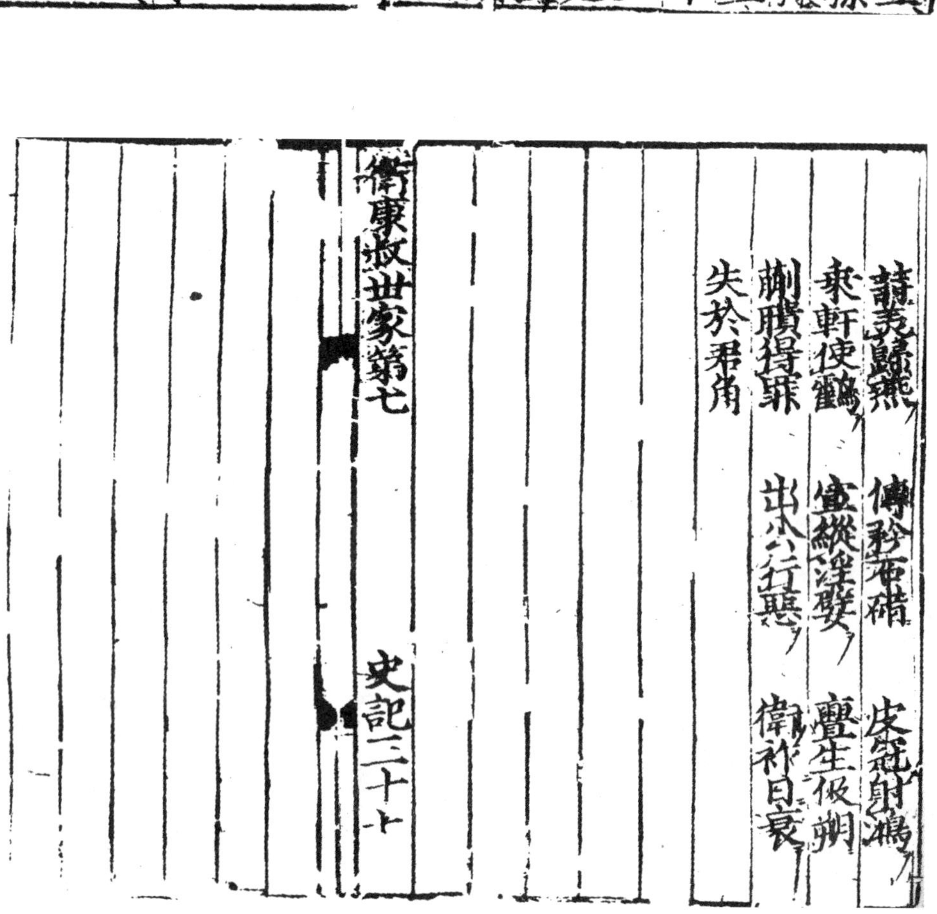

詩美[illegible]　傳稱若礭　史魚射鴻
乘軒使鶴　宣縱淫嬖　蚩生伋朔
蒯聵得罪　出入行慝　衛祚日衰
失於君角

衛康叔世家第七　　史記三十七

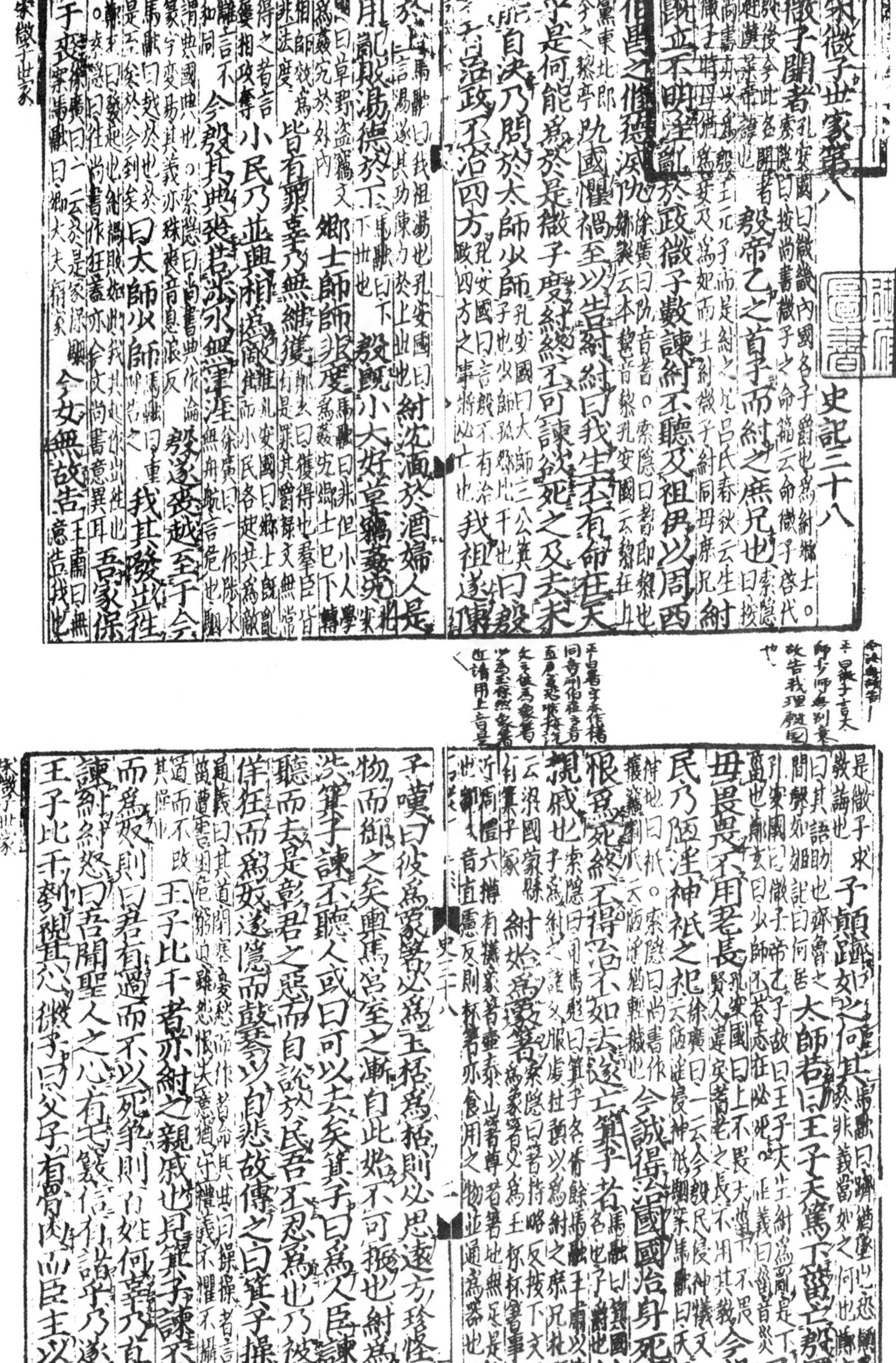

宋微子世家第八　史記三十八

微子開者，殷帝乙之首子而帝紂之庶兄也。紂既立，不明，淫亂於政，微子數諫，紂不聽。及祖伊以周西伯昌之修德，滅阢，懼禍至，以告紂。紂曰：「我生不有命在天乎？是何能為！」於是微子度紂終不可諫，欲死之，及去，未能自決，乃問於太師、少師曰：「殷不有治政，不治四方。我祖遂陳於上，紂沈湎於酒，婦人是用，亂敗湯德於下。殷既小大好草竊姦宄，卿士師師非度，皆有罪辜，乃無維獲，小民乃並興，相為敵讎。今殷其典喪！若涉水無津涯。殷遂喪，越至于今。」曰：「太師，少師，我其發出往？吾家保于喪？今女無故告予，顛躋，如之何其？」太師若曰：「王子，天篤下菑亡殷國，乃毋畏畏，不用老長。今殷民乃陋淫神祇之祀。今誠得治國，國治身死不恨。為死，終不得治，不如去。」遂亡。

箕子者，紂親戚也。紂始為象箸，箕子嘆曰：「彼為象箸，必為玉桮；為桮，則必思遠方珍怪之物而御之矣。輿馬宮室之漸自此始，不可振也。」紂為淫泆，箕子諫，不聽。人或曰：「可以去矣。」箕子曰：「為人臣諫不聽而去，是彰君之惡而自說於民，吾不忍為也。」乃被髮詳狂而為奴。遂隱而鼓琴以自悲，故傳之曰箕子操。

王子比干者，亦紂之親戚也。見箕子諫不聽而為奴，則曰：「君有過而不以死爭，則百姓何辜！」乃直言諫紂。紂怒曰：「吾聞聖人之心有七竅，信有諸乎？」乃遂殺王子比干，刳視其心。微子曰：「父子有骨肉，而臣主以義屬故父有過子三諫不聽則隨而號之人臣三諫不聽則其義可以去矣於是太師少師乃勸微子去遂行周武王伐紂克殷微子乃持其祭器造於軍門肉袒面縛集解孔安國曰肉袒者袒而露肉也面縛者縛手於背而面向前也左牽羊右把茅膝行而前以告於是武王乃釋微子復其位如故武王封紂子武庚祿父以續殷祀使管叔蔡叔傅相之武王既克殷訪問箕子武王曰於乎維天陰定下民相和其居集解孔安國曰天不言而默定下民我不知其常倫所序箕子對曰在昔鯀陻鴻水汩陳其五行集解孔安國曰陻塞汩亂也治水失道是亂陳其五行

帝乃震怒不從鴻範九等常倫所斁集解鄭玄曰斁敗也鯀則殛死禹乃嗣興集解孔安國曰誅也天乃錫禹鴻範九等常倫所序集解孔安國曰天與禹洛出書神龜負文而出列於背有數至于九禹遂因而第之以成九類初一曰五行二曰五事三曰八政四曰五紀五曰皇極六曰三德七曰稽疑八曰庶徵九曰嚮用五福畏用六極集解馬融曰言天所以畏懼人用六極五行一曰水二曰火三曰木四曰金五曰土集解鄭玄曰此數本諸陰陽所生之次也水曰潤下火曰炎上木曰曲直金曰從革土曰稼穡潤下作鹹

炎上作苦曲直作酸從革作辛稼穡作甘五事一曰貌二曰言三曰視四曰聽五曰思貌曰恭言曰從視曰明聽曰聰思曰睿恭作肅從作治明作智聰作謀睿作聖八政一曰食二曰貨三曰祀四曰司空五曰司徒六曰司寇七曰賓八曰師五紀一曰歲二曰月三曰日四曰星辰五曰歷數

皇極皇建其有極集解孔安國曰大中之道大立其有中謂行九疇之義斂時五福用傅錫其庶民集解馬融曰當斂是五福以布與眾民維時其庶民于女極錫女保極集解鄭玄曰又賜女以守中之道凡厥庶民毋有淫朋人毋有比德維皇作極凡厥庶民有猷有為有守女則念之不協于極不離于咎皇則受之而安而色曰予所好德女則錫之福時人斯其維皇之極毋侮鰥寡而畏高明

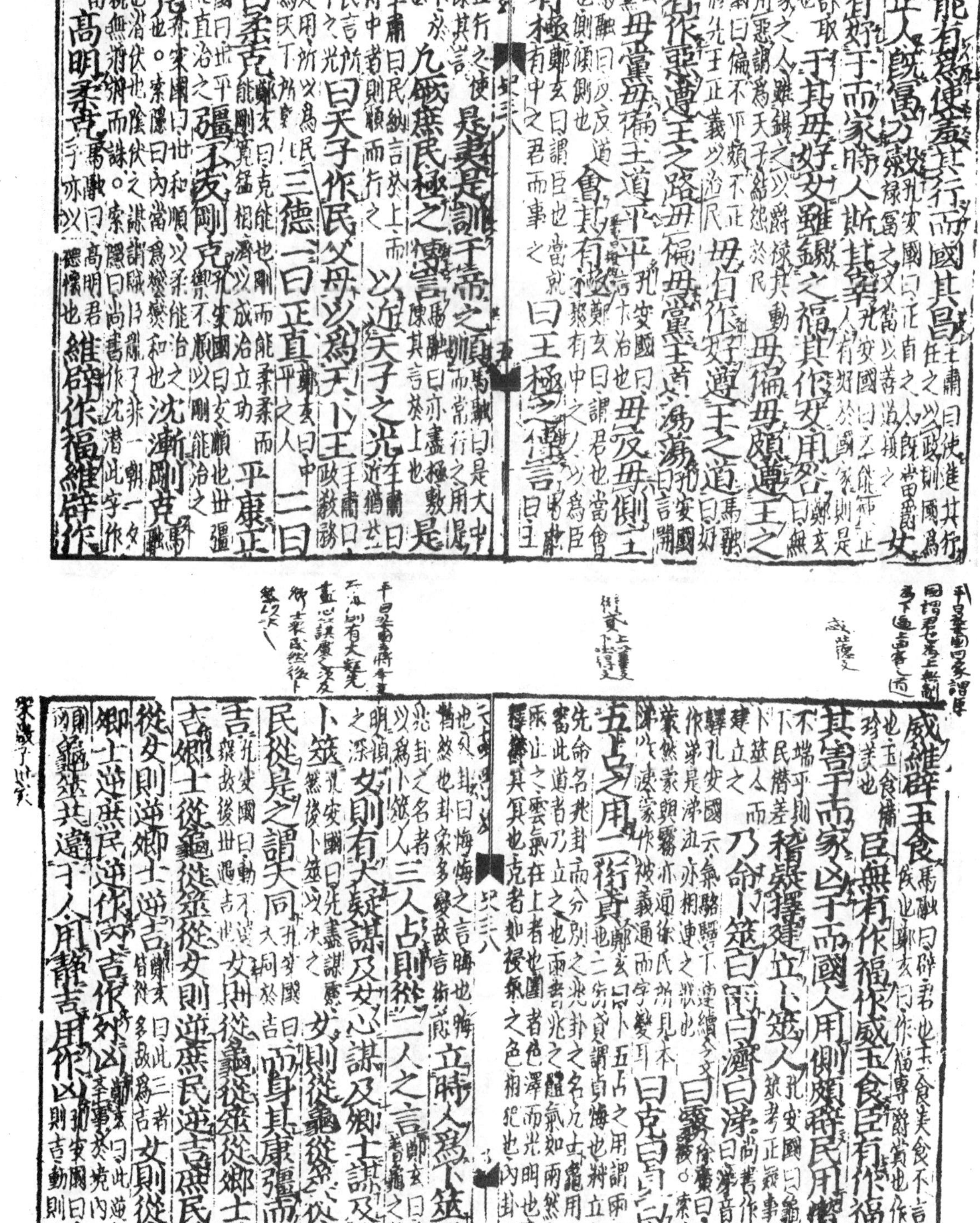

人之有能有為，使羞其行，而國其昌。凡厥正人，既富方穀。女不能使有好于而家，時人斯其辜。于其毋好，女雖錫之福，其作女用咎。毋偏毋頗，遵王之義。毋有作好，遵王之道。毋有作惡，遵王之路。毋偏毋黨，王道蕩蕩。毋黨毋偏，王道平平。毋反毋側，王道正直。會其有極，歸其有極。曰王極之傅言，是夷是訓，于帝其順。凡厥庶民，極之傅言，是順是行，以近天子之光。曰天子作民父母，以為天下王。三德：一曰正直，二曰剛克，三曰柔克。平康正直，彊不友剛克，內友柔克，沈漸剛克，高明柔克。維辟作福，維辟作威，維辟玉食。臣無有作福作威玉食。臣有作福作威玉食，其害于而家，凶于而國，人用側頗辟，民用僭忒。稽疑：擇建立卜筮人。乃命卜筮，曰雨，曰濟，曰涕，曰霧，曰克，曰貞，曰悔，凡七。卜五，占之用二，衍貣。立時人為卜筮，三人占，則從二人之言。女則有大疑，謀及女心，謀及卿士，謀及庶人，謀及卜筮。女則從，龜從，筮從，卿士從，庶民從，是之謂大同，而身其康彊，而子孫其逢吉。女則從，龜從，筮從，卿士逆，庶民逆，吉。卿士從，龜從，筮從，女則逆，庶民逆，吉。庶民從，龜從，筮從，女則逆，卿士逆，吉。女則從，龜從，筮逆，卿士逆，庶民逆，作內吉，作外凶。龜筮共違于人，用靜吉，用作凶。

龜筮吾與人謀相違人雖三從猶不可以舉事庶徵：曰雨，曰陽，曰奧，曰寒，曰風，曰時。孔安國曰：雨以潤物，暘以乾物，煖以長物，寒以成物，風以動物，五者各以其時，所以為眾驗。五者來備，各以其序，庶草繁廡。孔安國曰：言五者備至，各以次序，則眾草木蕃滋豐茂也。一極備，凶；一極亡，凶。孔安國曰：一者備極過甚則凶，一者極無不至亦凶，謂不時失敘。曰休徵：孔安國曰：敘美行之驗。曰肅，時雨若；孔安國曰：君行敬，則時雨順之。曰治，時暘若；孔安國曰：君政治，則時暘順之。曰知，時奧若；孔安國曰：君昭哲，則時燠順之。曰謀，時寒若；孔安國曰：君能謀，則時寒順之。曰聖，時風若。孔安國曰：君能通理，則時風順之。曰咎徵：孔安國曰：敘惡行之驗也。曰狂，常雨若；孔安國曰：君行狂妄，則常雨順之。曰僭，常暘若；孔安國曰：君行僭差，則常暘順之。曰舒，常奧若；孔安國曰：君行逸豫，則常燠順之。○索隱曰：舒依字讀，按下有曰急。曰急，常寒若；孔安國曰：君行急，則常寒順之。曰霧，常風若。孔安國曰：君行蒙闇，則常風順之。王眚維歲，馬融曰：言王所告職如歲兼四時也。卿士維月，孔安國曰：卿士各有所掌，如月之有別。師尹維日。孔安國曰：眾正官之吏，分治其職，如日之有歲月。歲月日時毋易，孔安國曰：各順常。百穀用成，治用明，孔安國曰：歲月無易，則百穀成；君臣無易，則政治明。畯民用章，家用平。孔安國曰：賢人用，國家平寧。日月歲時既易，百穀用不成，治用昏不明，畯民用微，家用不寧。庶民維星，孔安國曰：星，民象，故眾民推若星也。星有好風，星有好雨。馬融曰：箕星好風，畢星好雨也。日月之行，有冬有夏。孔安國曰：日月之行，冬夏各有常度。月之從星，則以風雨。孔安國曰：月經于箕則多風，離于畢則多雨，政教失常以從民欲，亦所以亂。五福：一曰壽，二曰富，三曰康寧，鄭玄曰：康寧，平安也。四曰攸好德，孔安國曰：所好者福德之道。五曰考終命，孔安國曰：各成其短長之命以自終，不橫夭。六極：一曰凶短折，鄭玄曰：未齔曰凶，未冠曰短，未婚曰折。○索隱曰：未齔，未毀齒也，音楚忍反。二曰疾，三曰憂，四曰貧，五曰惡，孔安國曰：醜陋也。六曰弱。鄭玄曰：愚懦不壯毅曰弱。於是武王乃封箕子於朝鮮而不臣也。索隱曰：朝鮮音潮仙，地因水為名。其後箕子朝周，過故殷虛，感宮室毀壞，生禾黍，箕子傷之，欲哭則不可，欲泣為其近婦人，索隱曰：婦人之性多涕泣也。乃作麥秀之詩以歌詠之。其詩曰：麥秀漸漸兮，禾黍油油。索隱曰：漸漸，麥芒之狀，音子廉反。油油，依字讀。油者，禾黍之苗光悅貌。彼狡僮兮，不與我好兮！所謂狡僮者，紂也。殷民聞之，皆為流涕。杜預曰：梁國蒙縣有箕子冢。武王崩，成王少，周公旦代行政當國。管、蔡疑之，乃與武庚作亂，欲襲成王、周公。徐廣曰：一云欲襲成周，非成王周公。周公既承成王命誅武庚，殺管叔，放蔡叔，乃命微子開代殷後，奉其先祀，作微子之命以申之，國于宋。世本曰：宋更曰睢陽。微子故能仁賢，乃代武庚，故殷之餘民甚戴愛之。微子開卒，立其弟衍，是為微仲。禮記曰：微子舍其孫腯而立衍也。鄭玄曰：微子適子死，立其弟衍，殷禮也。○索隱曰：家語微子弟仲思名衍，一名泄，嗣微子為宋公。雖迁爵易位，而班級不過其故，故以舊官為稱，故二子雖為宋公，猶稱微，至子稽乃稱宋公也。微仲卒，子宋公稽立。索隱曰：譙周云未諡，故明也。宋公稽卒，子丁公申立。丁公申卒，子湣公共立。湣公共卒，弟煬公熙立。煬公即位，湣公子鮒祀弒煬公而自立，徐廣曰：鮒一作魴。○索隱曰：譙周亦作魴祀。據左氏，鮒祀，湣公庶子也，弒煬公，欲立太子弗父何，何讓不受。曰：我當立。是為厲公。

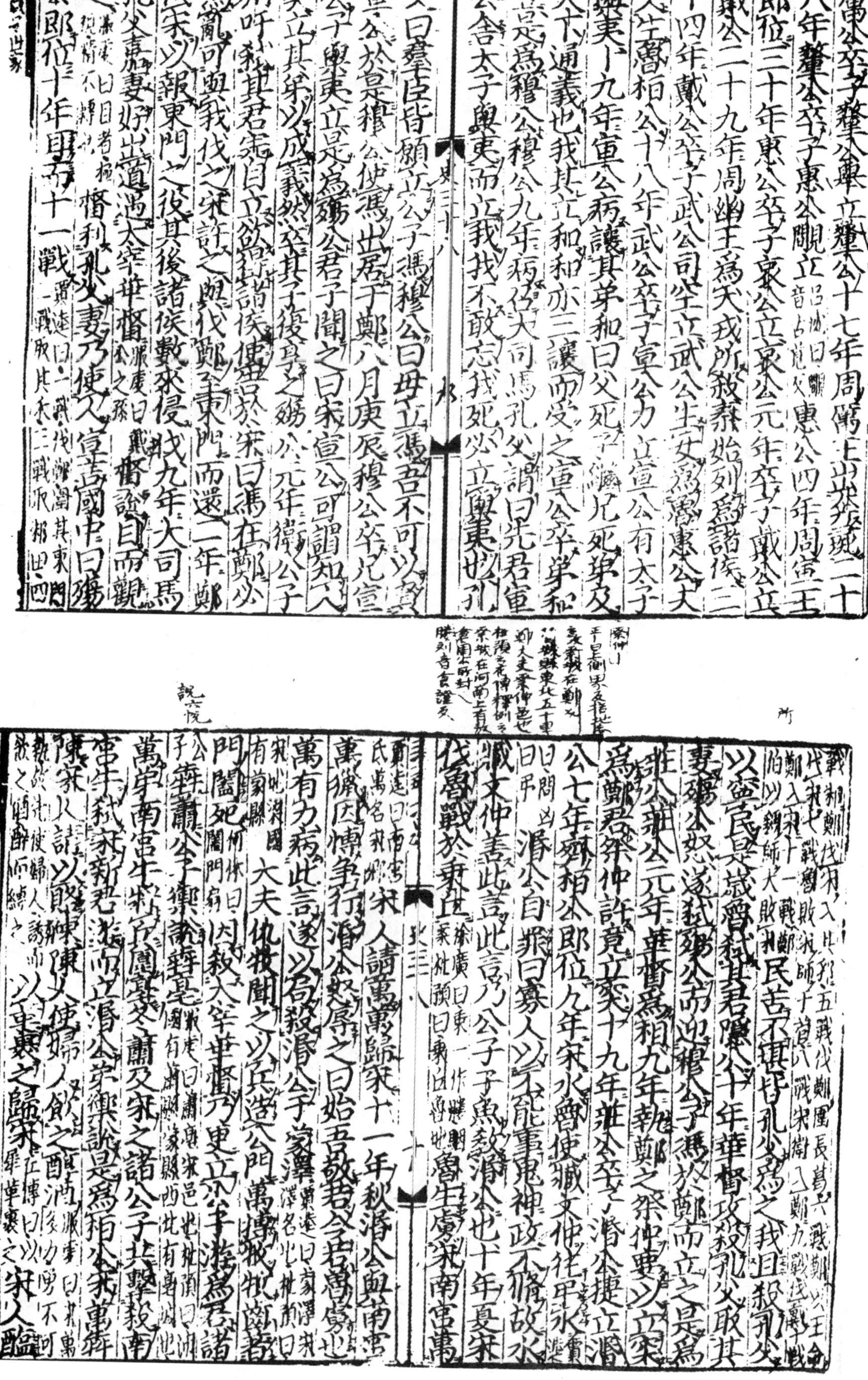

厲公卒，子釐公舉立。釐公十七年，周厲王出奔彘。二十八年，釐公卒，子惠公覵立。惠公四年，周宣王即位。三十年，惠公卒，子哀公立。哀公元年卒，子戴公立。戴公二十九年，周幽王為犬戎所殺，秦始列為諸侯。三十四年，戴公卒，子武公司空立。武公生女為魯惠公夫人，生魯桓公。十八年，武公卒，子宣公力立。宣公有太子與夷。十九年，宣公病，讓其弟和，曰：「父死子繼，兄死弟及，天下通義也。我其立和。」和亦三讓而受之。宣公卒，弟和立，是為穆公。穆公九年，病，召大司馬孔父謂曰：「先君宣公舍太子與夷而立我，我不敢忘。我死，必立與夷也。」孔父曰：「羣臣皆願立公子馮。」穆公曰：「毋立馮，吾不可以負宣公。」於是穆公使馮出居于鄭。八月庚辰，穆公卒，兄宣公子與夷立，是為殤公。君子聞之，曰：「宋宣公可謂知人矣，立其弟以成義，然卒其子復享之。」殤公元年，衛公子州吁弒其君完自立，欲得諸侯，使告於宋曰：「馮在鄭，必為亂，可與我伐之。」宋許之，與伐鄭，至東門而還。二年，鄭伐宋，以報東門之役。其後諸侯數來侵伐。九年，大司馬孔父嘉妻好，出，道遇太宰華督，督說，目而觀之。督利孔父妻，乃使人宣言國中曰：「殤公即位十年耳，而十一戰，民苦不堪，皆孔父為之，我且殺孔父以寧民。」是歲，魯弒其君隱公。十年，華督攻殺孔父，取其妻。殤公怒，遂弒殤公，而迎穆公子馮於鄭而立之，是為莊公。莊公元年，華督為相。九年，執鄭之祭仲，要以立突為鄭君。祭仲許，竟立突。十九年，莊公卒，子湣公捷立。湣公七年，齊桓公即位。九年，宋水，魯使臧文仲往弔水。湣公自罪曰：「寡人以不能事鬼神，政不脩，故水。」臧文仲善此言。此言乃公子子魚教湣公也。十年夏，宋伐魯，戰於乘丘，魯生虜宋南宮萬。宋人請萬，萬歸宋。十一年秋，湣公與南宮萬獵，因博爭行，湣公怒，辱之，曰：「始吾敬若；今若，魯虜也。」萬有力，病此言，遂以局殺湣公于蒙澤。大夫仇牧聞之，以兵造公門。萬搏牧，牧齒著門闔死。因殺太宰華督，乃更立公子游為君。諸公子奔蕭，公子禦說奔亳。萬弟南宮牛將兵圍亳。冬，蕭及宋之諸公子共擊殺南宮牛，弒宋新君游而立湣公弟禦說，是為桓公。宋萬奔陳。宋人請以賂陳。陳人使婦人飲之醇酒，以革裹之，歸宋。宋人醢

萬也。〔服虔曰……〕桓公二年，諸侯伐宋，至郊而去。三年，齊桓公始霸。二十三年，迎衛公子燬於齊，立之，是為衛文公。文公女弟為桓公夫人。秦穆公即位。三十年，桓公病，太子茲甫讓其庶兄目夷為嗣。桓公義太子意，竟不聽。三十一年春，桓公卒，太子茲甫立，是為襄公。以其庶兄目夷為相。未葬，而齊桓公會諸侯于葵丘，襄公往會。襄公七年，宋地霣星如雨，與雨偕下；六鶂退蜚，風疾也。〔賈逵曰：風起於遠，至宋而高，高而疾，故鶂逢風却退。〕八年，齊桓公卒，宋欲為盟會。十二年春，宋襄公為鹿上之盟，〔杜預曰：鹿上，宋地。汝陰有原鹿縣。○索隱曰：按汝陰有原鹿縣……〕以求諸侯於楚，楚人許之。公子目夷諫曰：「小國爭盟，禍也。」不聽。秋，諸侯會宋公盟于盂。〔杜預曰：盂，宋地。〕目夷曰：「禍其在此乎？君欲已甚，何以堪之！」於是楚執宋襄公以伐宋。冬，會于亳，以釋宋公。子魚曰：「禍猶未也。」十三年夏，宋伐鄭。子魚曰：「禍在此矣。」秋，楚伐宋以救鄭。襄公將戰，子魚諫曰：「天之棄商久矣，不可。」冬，十一月，襄公與楚成王戰于泓。

楚人未濟，目夷曰：「彼眾我寡，及其未濟擊之。」公不聽。已濟未陳，又曰：「可擊。」公曰：「待其已陳。」陳成，宋人擊之。宋師大敗，襄公傷股。國人皆怨公。公曰：「君子不困人於阸，不鼓不成列。」子魚曰：「兵以勝為功，何常言與！〔徐廣曰：一云尚何言與。〕必如公言，即奴事之耳，又何戰為？」楚成王已救鄭，鄭享之；去而取鄭二姬以歸。叔瞻曰：「成王無禮，其不沒乎？為禮卒於無別，有以知其不遂霸也。」是年，晉公子重耳過宋，襄公以傷於楚，欲得晉援，厚禮重耳以馬二十乘。〔服虔曰：八十匹。〕十四年夏，襄公病傷於泓而竟卒，子成公王臣立。成公元年，晉文公即位。三年，倍楚盟親晉，以有德於文公也。四年，楚成王伐宋，宋告急於晉。五年，晉文公救宋，楚兵去。九年，晉文公卒。十一年，楚太子商臣弒其父成王代立。十六年，秦穆公卒。十七年，成公卒。成公弟禦殺太子及大司馬公孫固而自立為君。宋人共殺君禦而立成公少子杵臼，是為昭公。昭公四年，宋敗長翟緣斯於長丘。

宋微子世家

七年，楚莊王即位。九年，昭公無道，國人不附。昭公弟鮑革賢而下士。先，襄公夫人欲通於公子鮑，不可，乃助之施於國，因大夫華元為右師。昭公出獵，夫人王姬使衛伯攻殺昭公杵臼。弟鮑革立，是為文公。文公元年，晉率諸侯伐宋，責以弒君。聞文公定立，乃去。二年，昭公子因文公母弟須與武、繆、戴、莊、桓之族為亂，文公盡誅之，出武、繆之族。四年春，鄭命楚伐宋。宋使華元將，鄭敗宋，囚華元。華元之將戰，殺羊以食士，其御羊羹不及，故怨，馳入鄭軍，故宋師敗，得囚華元。宋以兵車百乘文馬四百匹贖華元。未盡入，華元亡歸宋。十四年，楚莊王圍鄭。鄭伯降楚，楚復釋之。十六年，楚使過宋，宋有前仇，執楚使。九月，楚莊王圍宋。十七年，楚以圍宋五月不解，宋城中急，無食，華元乃夜私見楚將子反。子反告莊王。王問：「城中何如？」曰：「析骨而炊，易

子而食。」莊王曰：「誠哉言！我軍亦有二日糧。」以信故，遂罷兵去。二十二年，文公卒，子共公瑕立。始厚葬。君子譏華元不臣矣。共公十年，華元善楚將子重，又善晉將欒書，兩盟晉楚。十三年，共公卒。華元為右師，魚石為左師。司馬唐山攻殺太子肥，欲殺華元，華元奔晉，魚石止之，至河乃還，誅唐山。乃立共公少子成，是為平公。平公三年，楚共王拔宋之彭城，以封宋左師魚石。四年，諸侯共誅魚石，而歸彭城於宋。三十五年，楚公子圍弒其君自立，為靈王。四十四年，平公卒，子元公佐立。元公三年，楚公子棄疾弒靈王，自立為平王。八年，宋火。十年，元公毋信，詐殺諸公子。大夫華、向氏作亂。楚平王太子建來奔，見諸華氏相攻亂，建去如鄭。十五年，元公為魯昭公避季氏居外，為之求入魯，行道卒，子景公頭曼立。景公十六年，魯陽虎來奔，已復去。二十五年，孔子過宋，宋司馬桓魋惡之，欲殺孔子，孔子微服去。三十年，曹倍宋，又倍晉，宋伐曹，晉不救，遂滅曹有之。三十六年，齊田常弒簡公。三十七年，楚惠王滅陳。熒惑守心。心，宋之分野也。景公憂之。司星子韋曰：「可移於相。」景公曰：「相，吾之股肱。」曰：「可移於民。」景公曰：「君者待民。」曰：「可移於歲。」景

公曰歲饑民困吾誰爲君子韋曰天高聽卑君有君人之言三熒惑宜有動於是候之果徙三度六十四年景公卒宋公子特攻殺太子而自立是爲昭公索隱曰按左傳景公無子取元公庶曾孫公孫周之子得與啓畜于公宮及景公卒先立啓後立得是爲昭公今此全乖未知太史公據何爲此說昭公者元公之曾庶孫也昭公父公孫糾索隱曰左傳云名周糾父公子禚秦徐廣曰禚音端禚秦即元公少子也景公殺昭公父糾故昭公怨殺太子而自立昭公四十七年卒子悼公購由立索隱曰年表云四十九年悼公八年卒索隱曰紀年爲十八年子休公田立休公田二十三年卒子辟公辟兵立徐廣曰一云辟公兵○索隱曰紀年作桓侯璧兵則璧兵謚桓也又莊子云桓侯行未出城門其前驅呼辟蒙人止之後爲狂也司馬彪云呼辟使人避道蒙人以桓侯名辟而前驅呼辟故爲狂也辟公三年卒子剔成立按紀年云宋剔成君也○索隱曰王劭按紀年云宋剔成肝廢其君璧而自立也剔成四十一年剔成弟偃攻襲剔成剔成敗奔齊偃自立爲宋君君偃十一年自立爲王索隱曰戰國策呂氏春秋皆以偃謚康王也東敗齊取五城南敗楚取地三百里西敗魏軍乃與齊魏爲敵國盛血以韋囊縣而射之命曰射天淫於酒婦人群臣諫者輒射之於是諸侯皆曰桀宋索隱曰言宋其似桀宋其復爲紂所爲不可不誅告齊伐宋王偃立四十七年齊湣王與魏楚伐宋殺王偃遂滅宋而三分其地

太史公曰孔子稱微子去之箕子爲之奴比干諫而死殷有三仁焉何晏曰按謂仁者愛人三人行本異而乃同稱曰仁何也以其俱在憂亂而寧民也夏侯玄曰微子仁之窮也箕子仁之窮也比干仁之窮也故或盡材而止或盡心而留或盡其極也致極斯君子之事然是以三仁不同而歸其一揆也春秋譏宋之亂自宣公廢太子而立弟國以不寧者十世索隱曰公羊春秋有此說公羊傳曰君子大居正宋之禍宣公爲之也左氏則無譏焉襄公之時修行仁義欲爲盟主其大夫正考父美之故追道契湯高宗殷所以興作商頌徐廣曰韓詩商頌章句亦美襄公非也○索隱曰今按毛詩商頌序云正考父於周之大師得商頌十二篇以那爲首國語亦同此說今五篇存皆是商家祭祀樂章非考父追作也又考父佐戴武宣則在襄公前且百許歲安得述而美之斯謬甚之說若耳襄公既敗於泓而君子或以爲多公羊傳曰君子大其不鼓不成列臨大事而不忘大禮有君而無臣以爲雖文王之戰亦不過此也傷中國闕禮義褒之也索隱曰襄公臨大事不忘大禮而君子或以爲多且傷中國之亂闕禮義之舉遂不嘉宋襄之盛德太史公褒而述之故云褒之也宋襄之有禮讓也

索隱述贊曰

殷有三仁　微箕紂親　一囚一去

不顧其身　頌美有客　書稱作賓

辛傳家嗣　或敘彝倫　微仲之後

世載忠勤　穆亦能讓　實爲知人

傷泓之役　有君無臣　偃號桀宋

天之弃殷

宋微子世家第八　史記三十八

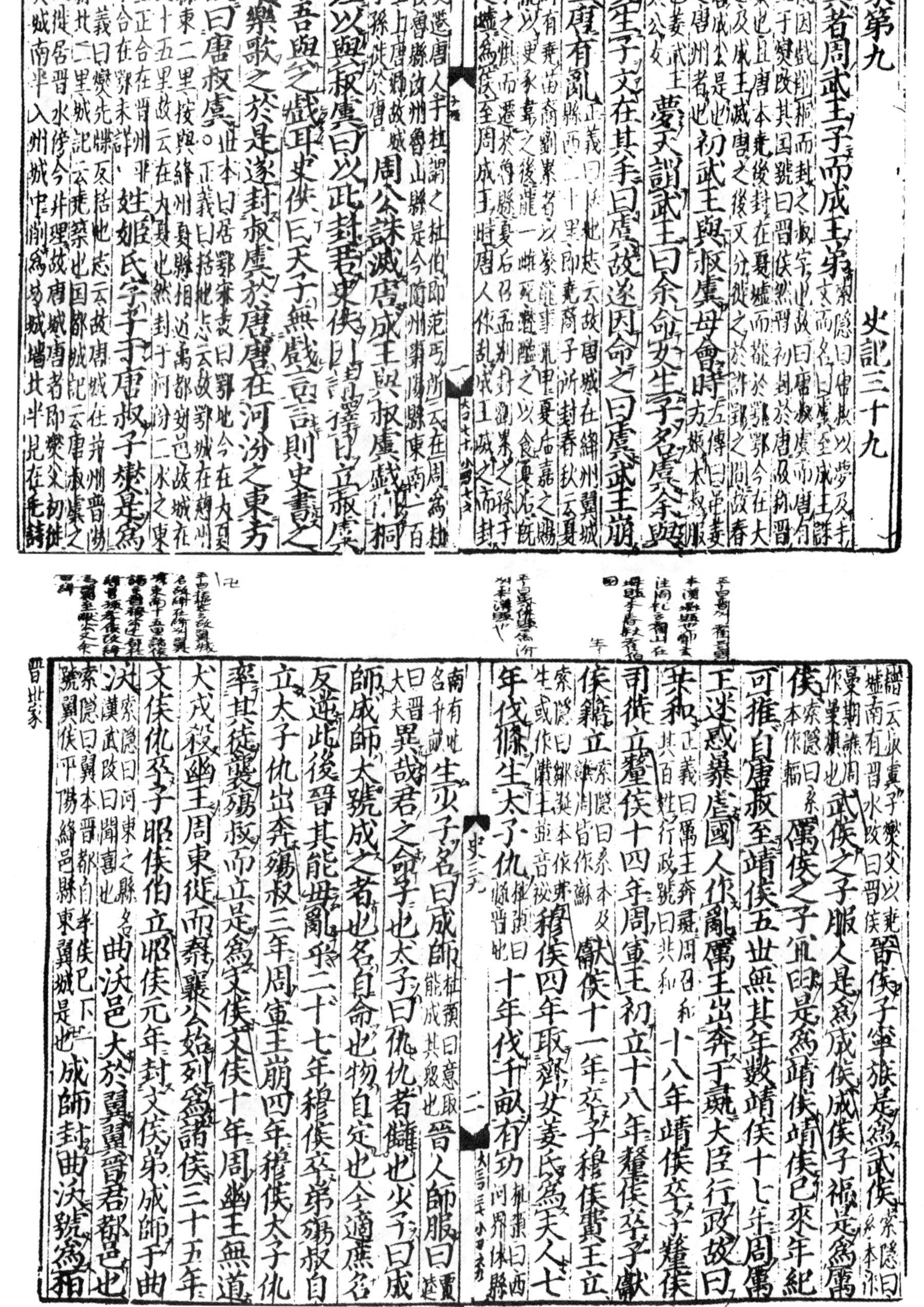

晉世家第九　史記三十九

唐叔虞者，周武王子而成王弟。初，武王與叔虞母會時，夢天謂武王曰：余命女生子，名虞，余與之唐。及生子，文在其手曰虞，故遂因命之曰虞。武王崩，成王立，唐有亂，周公誅滅唐。成王與叔虞戲，削桐葉爲珪以與叔虞，曰：以此封若。史佚因請擇日立叔虞。成王曰：吾與之戲耳。史佚曰：天子無戲言。言則史書之，禮成之，樂歌之。於是遂封叔虞於唐。唐在河、汾之東，方百里，故曰唐叔虞。姓姬氏，字子于。唐叔子燮，是爲晉侯。

晉侯子寧族，是爲武侯。武侯之子服人，是爲成侯。成侯子福，是爲厲侯。厲侯之子宜臼，是爲靖侯。靖侯已來，年紀可推。自唐叔至靖侯五世，無其年數。

靖侯十七年，周厲王迷惑暴虐，國人作亂，厲王出奔于彘，大臣行政，故曰共和。

十八年，靖侯卒，子釐侯司徒立。釐侯十四年，周宣王初立。十八年，釐侯卒，子獻侯籍立。獻侯十一年卒，子穆侯費王立。

穆侯四年，取齊女姜氏爲夫人。七年，伐條。生太子仇。十年，伐千畝，有功。生少子，名曰成師。晉人師服曰：異哉，君之命子也！太子曰仇，仇者讎也。少子曰成師，成師大號，成之者也。名，自命也；物，自定也。今適庶名反逆，此後晉其能毋亂乎？

二十七年，穆侯卒，弟殤叔自立，太子仇出奔。殤叔三年，周宣王崩。四年，穆侯太子仇率其徒襲殤叔而立，是爲文侯。

文侯十年，周幽王無道，犬戎殺幽王，周東徙。而秦襄公始列爲諸侯。

三十五年，文侯仇卒，子昭侯伯立。

昭侯元年，封文侯弟成師于曲沃。曲沃邑大於翼。翼，晉君都邑也。成師封曲沃，號爲桓叔靖侯庶孫欒賓。正義曰也本云欒叔賓父也 相桓叔。桓叔是時年五十八矣，好德，晉國之衆皆附焉。君子曰：晉之亂其在曲沃矣。末大於本而得民心，不亂何待！七年，晉大臣潘父弒其君昭侯而迎曲沃桓叔。桓叔欲入晉，晉人發兵攻桓叔。桓叔敗，還歸曲沃。晉人共立昭侯子平為君，是為孝侯。誅潘父。孝侯八年，曲沃桓叔卒，子鱓代桓叔，是為曲沃莊伯。索隱曰鱓音時戰反又音善又音鮀 孝侯十五年，曲沃莊伯弒其君晉孝侯于翼。晉人攻曲沃莊伯，莊伯復入曲沃。晉人復立孝侯子郄為君，是為鄂侯。索隱曰系本作都而他本亦作郄。 正義音鄂五戰反 鄂侯二年，魯隱公初立。鄂侯六年卒。曲沃莊伯

聞晉鄂侯卒，乃興兵伐晉。周平王使虢公將兵伐曲沃莊伯，莊伯走保曲沃。晉人共立鄂侯子光，是為哀侯。哀侯二年，曲沃莊伯卒，子稱代莊伯立，正義曰稱尺證反 是為曲沃武公。哀侯六年，魯弒其君隱公。哀侯八年，晉侵陘廷。賈逵曰翼南鄙邑名 陘廷與曲沃武公謀，九年，伐晉于汾旁，正義曰白郎反汾水之旁 虜哀侯。晉人乃立哀侯子小子為君，是為小子侯。禮記曰天子未除喪曰余小子生名之死亦名之鄭玄曰晉有小子侯是取之天子也 小子元年，曲沃武公使韓萬殺所虜晉哀侯。賈逵曰韓萬曲沃桓叔之子莊伯弟 曲沃益彊，晉無如之何。晉小子之四年，曲沃武公誘召晉小子殺之。周桓王使虢仲正義曰馬融云周武王克商封文王異母弟虢仲於夏陽

伐曲沃武公，武公入于曲沃，乃立晉哀侯弟緡為晉侯。晉侯緡四年，宋執鄭祭仲而立突為鄭君。晉侯十九年，齊人管至父弒其君襄公。晉侯二十八年，齊桓公始霸。曲沃武公伐晉侯緡，滅之，盡以其寶器賂獻于周釐王。釐王命曲沃武公為晉君，列為諸侯，於是盡并晉地而有之。曲沃武公已即位三十七年矣，更號曰晉武公。晉武公始都晉國，前即位曲沃，通年三十八年。武公稱者，先晉穆侯曾孫也，索隱曰晉有兩穆侯言先以別後 曲沃桓叔孫也。桓叔者，始封曲沃。武公，莊伯子也。自桓叔初封曲沃以至武公滅晉也，凡六十七歲，而卒代晉為諸侯。武公代晉

二歲，卒。與曲沃通年，即位凡三十九年而卒。子獻公詭諸立。獻公元年，周惠王弟穨攻惠王，惠王出奔，居鄭之櫟邑。索隱曰櫟鄭邑今河南陽翟是也故鄭之十邑有櫟有華也 五年，伐驪戎，得驪姬、驪姬弟，俱愛幸之。韋昭曰西戎之別在驪山也 八年，士蔿說公賈逵曰士蔿晉大夫 曰：「故晉之羣公子多，不誅，亂且起。」乃使盡殺諸公子，而城聚都之，賈逵曰聚晉邑 命曰絳，始都絳。索隱曰春秋莊二十六年傳士蔿城絳是也杜預曰今平陽絳邑縣應劭曰絳水出西南也 九年，晉羣公子既亡奔虢，虢以其故再伐晉，弗克。十年，晉欲伐虢，士蔿曰：「且待其亂。」十二年，驪姬生奚齊。獻公有意廢太子，乃曰：「曲沃吾先祖宗廟所在，而蒲邊秦，屈邊翟，韋昭曰蒲今蒲坂屈北屈皆在

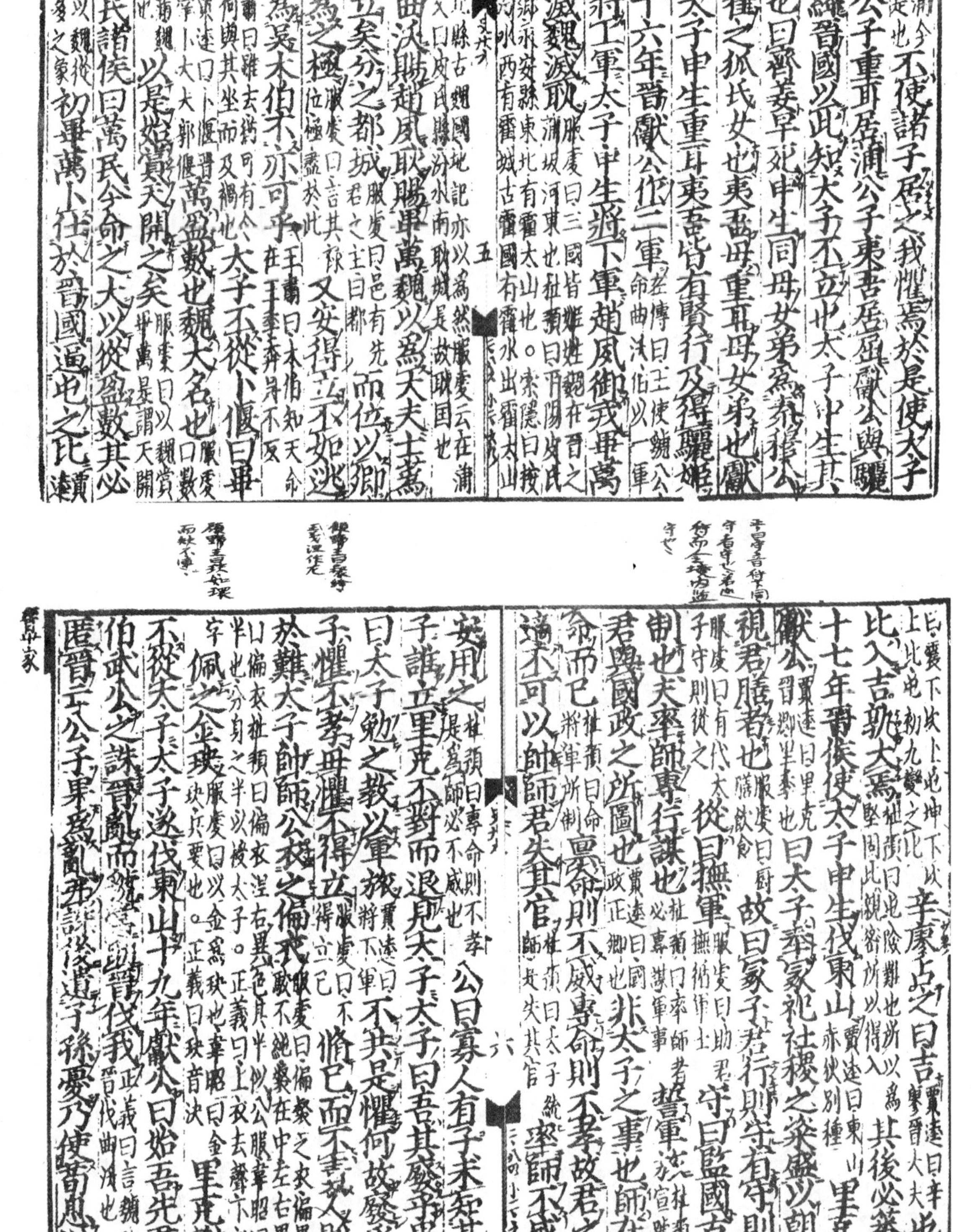

不使諸子居之，我懼焉。於是使太子申生居曲沃，公子重耳居蒲，公子夷吾居屈。獻公與驪姬子奚齊居絳。晉國以此知太子不立也。太子申生，其母齊桓公女也，曰齊姜，早死。申生同母女弟為秦穆公夫人。重耳母，翟之狐氏女也。夷吾母，重耳母女弟也。獻公子八人，而太子申生、重耳、夷吾皆有賢行。及得驪姬，乃遠此三子。

十六年，晉獻公作二軍。公將上軍，太子申生將下軍，趙夙御戎，畢萬為右，伐滅霍，滅魏，滅耿。還，為太子城曲沃，賜趙夙耿，賜畢萬魏，以為大夫。士蒍曰：「太子不得立矣。分之都城，而位以卿，先為之極，又安得立！不如逃之，無使罪至。為吳太伯，不亦可乎，猶有令名。」太子不從。卜偃曰：「畢萬之後必大。萬，盈數也；魏，大名也。以是始賞，天開之矣。天子曰兆民，諸侯曰萬民，今命之大，以從盈數，其必有眾。」初，畢萬卜仕於晉國，遇屯之比。辛廖占之曰：「吉。屯固比入，吉孰大焉，其後必蕃昌。」

十七年，晉侯使太子申生伐東山。里克諫獻公曰：「太子奉冢祀社稷之粢盛，以朝夕視君膳者也，故曰冢子。君行則守，有守則從，從曰撫軍，守曰監國，古之制也。夫率師，專行謀也；誓軍旅，君與國政之所圖也：非太子之事也。師在制命而已，稟命則不威，專命則不孝，故君之嗣適不可以帥師。君失其官，率師不威，將安用之？」公曰：「寡人有子，未知其太子誰立。」里克不對而退，見太子。太子曰：「吾其廢乎？」里克曰：「太子勉之！教以軍旅，不共是懼，何故廢乎？且子懼不孝，毋懼不得立。修己而不責人，則免於難。」太子帥師，公衣之偏衣，佩之金玦。里克謝病，不從太子。太子遂伐東山。

十九年，獻公曰：「始吾先君莊伯、武公之誅晉亂，而虢常助晉伐我，又匿晉亡公子，果為亂。弗誅，後遺子孫憂。」乃使荀息以屈屈產之乘（何休曰屈產出名馬之地乘備駟也）假道於虞。虞假道，遂伐虢（賈逵曰虞在晉南虢在虞南），取其下陽以歸（服虔曰下陽虢邑在大陽東北三十里賈逵曰下陽虞虢之塞邑）。獻公私謂驪姬曰：「吾欲廢太子，以奚齊代之。」驪姬泣曰：「太子之立，諸侯皆已知之，而數將兵，百姓附之，奈何以賤妾之故廢適立庶？君必行之，妾自殺也。」驪姬詳譽太子，而陰令人譖惡太子，而欲立其子。二十一年，驪姬謂太子曰：「君夢見齊姜，太子速祭曲沃，歸釐於君。」太子於是祭其母齊姜於曲沃，上其薦胙於獻公。獻公時出獵，置胙於宮中。驪姬使人置毒藥胙中。居二日（索隱曰傳云六日），獻公從獵來還，宰人上胙獻公，獻公欲饗之。驪姬從旁止之，曰：「胙所從來遠，宜試之。」祭地，地墳（韋昭曰將飲先祭示有先也墳起也）；與犬，犬死；與小臣，小臣死（韋昭曰小臣官名掌陰事今閹士也）。驪姬泣曰：「太子何忍也！其父而欲弒代之，況他人乎？且君老矣，旦暮之人，曾不能待而欲弒之！」謂獻公曰：「太子所以然者，不過以妾及奚齊之故。妾願子母辟之他國，若早自殺，毋徒使母子為太子所魚肉也。始君欲廢之，妾猶恨之（行如此之故前見君欲廢而恨之今乃自以恨為失也）；至於今，妾殊自失於此。」太子聞之，奔新城。獻公怒，乃誅其傅杜原款。或謂太子曰：「為此藥者乃驪姬也，太子何不自辭明之？」太子曰：「吾君老矣，非

驪姬，寢不安，食不甘。即辭之，君且怒之。不可。」或謂太子曰：「可奔他國。」太子曰：「被此惡名以出，人誰內我？我自殺耳。」十二月戊申，申生自殺於新城（索隱曰國語云申生乃雉經於新城之廟）。此時重耳、夷吾來朝。人或告驪姬曰：「二公子怨驪姬譖殺太子。」驪姬恐，因譖二公子：「申生之藥胙，二公子知之。」二公子聞之，恐，重耳走蒲，夷吾走屈，保其城，自備守。初，獻公使士蔿為二公子築蒲、屈城，弗就。夷吾以告公，公怒士蔿。士蔿謝曰：「邊城少寇，安用之？」退而歌曰：「狐裘蒙茸，一國三公，吾誰適從！」（服虔曰蒙茸以言亂貌三公言君與二公子將敵故不知所從）卒就城。及申生死，二子亦歸保其城。二十二年，獻公怒二子不辭而去，果有謀矣，乃使兵伐蒲。蒲人之宦者勃鞮（正義曰勃白沒反鞮丁兮反寺人勃鞮也）命重耳促自殺。重耳踰垣，宦者追斬其衣袪（服虔曰袪袂也）。重耳遂奔翟。使人伐屈，屈城守，不可下。是歲也，晉復假道於虞以伐虢。虞之大夫宮之奇諫虞君曰：「晉不可假道也，是且滅虞。」虞君曰：「晉我同姓，不宜伐我。」宮之奇曰：「太伯、虞仲，太王之子也，太伯亡去，是以不嗣。虢仲、虢叔，王季之子也，為文王卿士，其記勳在王室，藏於盟府（賈逵曰盟府司盟之官也）。將虢是滅，何愛于虞？且虞之親能親於桓、莊之族乎？桓、莊之族何罪，盡滅之。虞之與虢，脣之與齒，脣亡則

齧五結反 千在反　僖公九年

齒寒。虞公不聽，遂許晉。宮之奇以其族去虞。其冬，晉滅虢，虢公醜奔周。集解賈逵曰：虢公冢在河內溫縣郭東，濟水南大冢是也。其城南有虢公臺。還，襲滅虞，虜虞公及其大夫井伯百里奚正義曰：南雍州記云百里奚宋井伯，虞人也。以媵秦穆姬，杜預曰：穆姬，獻公女。送女曰媵，以屈辱之。而修虞祀。服虔曰：虞所祭祀，命祀也。荀息牽曩所遺虞屈產之乘馬奉之獻公，獻公笑曰：「馬則吾馬，齒亦老矣！」公羊傳曰：蓋戲之也。何休曰：以馬齒戲喻荀息之年老也。二十三年，獻公遂發賈華等伐屈，賈逵曰：賈華，晉右行大夫。屈潰。正義曰：民逃其上曰潰。夷吾將奔翟。冀芮曰：韋昭曰：冀芮，晉大夫。「不可，重耳已在矣，今往，晉必移兵伐翟，翟畏晉，禍且及。不如走梁，梁近於秦，秦彊，吾君百歲後可以求入焉。」遂奔梁。二十五年，晉伐翟，翟以重耳故，亦擊晉於齧桑，左傳作采桑。服虔曰：翟地。索隱曰：裴氏云左傳作采桑。按今平陽曲南七十里河水有采桑津，是晉境。服虔云翟地，亦頗相近，然字作齧桑，恐非也。晉兵解而去。當此時，晉彊，西有河西，與秦接境，北邊翟，東至河內。索隱曰：河內，河曲也。內音汭。驪姬弟生悼子。索隱曰：左傳作卓子。音敕角反。娣，女弟也。二十六年夏，齊桓公大會諸侯於葵丘。正義曰：在曹州考城縣東南一里。晉獻公病，行後，未至，逢周之宰孔。宰孔曰：「齊桓公益驕，不務德而務遠略，諸侯弗平。君弟毋會，索隱曰：弟，但也。毋如晉何。」獻公亦病，復還歸。病甚，乃謂荀息曰：「吾以奚齊為後，年少，諸大臣不服，恐亂起，子能立之乎？」荀息曰：「能。」獻公曰：「何以為驗？」對曰：「使死者復生，

史三十九　九

晉世家

國語荀息曰：昔君問臣事君於我，我對以忠貞。君曰何謂也。對曰：可以利公室，力有所能無不為，忠也。葬死者，養生者，死人復生不悔，生人不愧，貞也。吾言既往矣，豈能欲行吾言而又愛吾身乎。

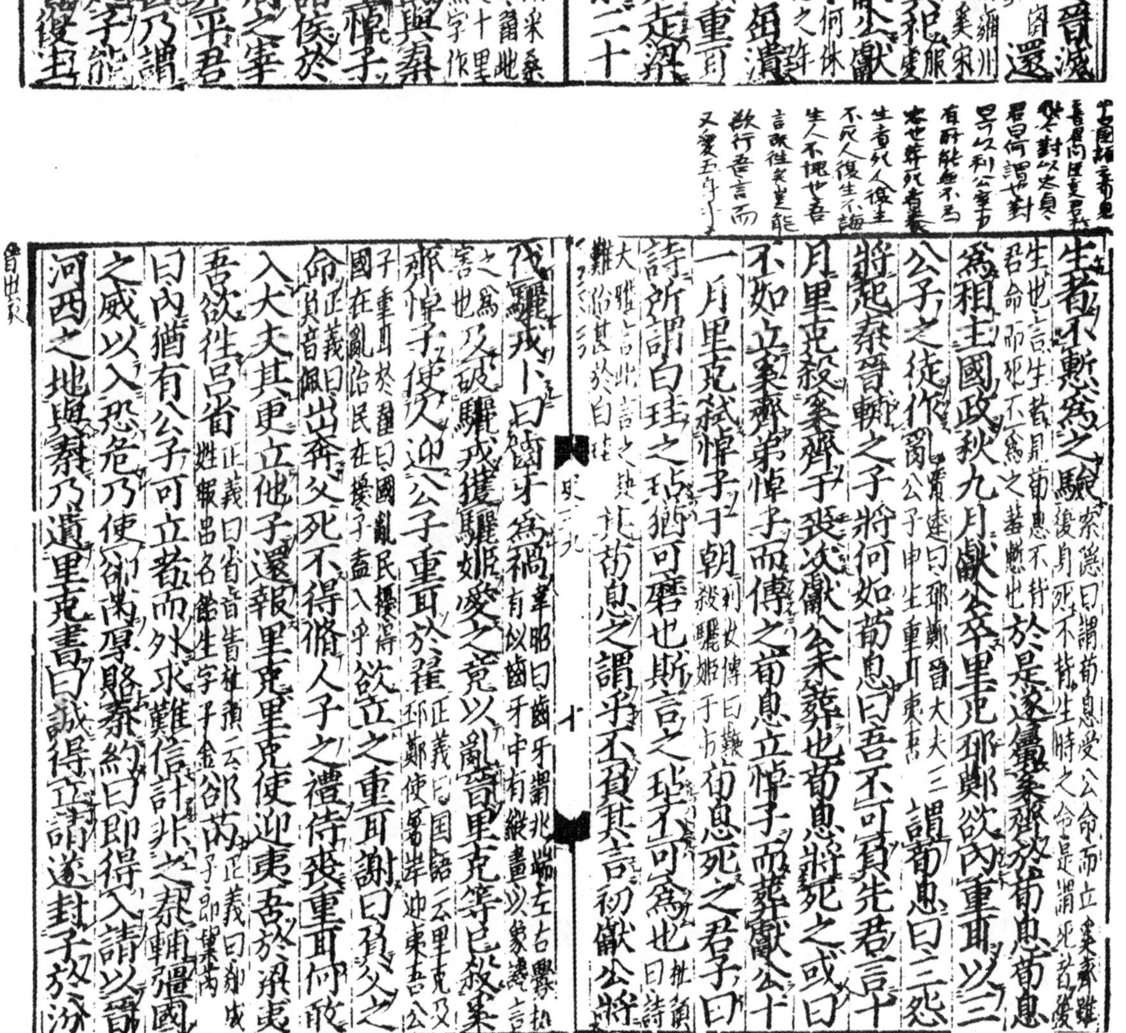

生者不慚，為之驗。」索隱曰：謂荀息受公命而立奚齊，雖復身死，不背生時之命，是謂死者復生。生者謂荀息不背君命而死，不為之羞慚也。於是遂屬奚齊於荀息。荀息為相，主國政。秋九月，獻公卒。里克、邳鄭欲內重耳，以三公子之徒作亂，賈逵曰：邳鄭，晉大夫。三公子，申生、重耳、夷吾。謂荀息曰：「三怨將起，秦、晉輔之，子將何如？」荀息曰：「吾不可負先君言。」十月，里克殺奚齊于喪次，獻公未葬也。荀息將死之，或曰不如立奚齊弟悼子而傅之，荀息立悼子而葬獻公。十一月，里克弒悼子于朝，列女傳曰：鞭殺驪姬于市。荀息死之。君子曰：「詩所謂『白珪之玷，猶可磨也，斯言之玷，不可為也』，杜預曰：詩大雅。言此言之缺，難治甚於白珪。其荀息之謂乎！不負其言。」初，獻公將伐驪戎，卜曰「齒牙為禍」。韋昭曰：齒牙謂兆端左右釁坼，有似齒牙，中有縱畫，以象讒言之為害也。及破驪戎，獲驪姬，愛之，竟以亂晉。里克等已殺奚齊、悼子，使人迎公子重耳於翟，正義曰：國語云里克及丕鄭使屠岸夷告公子重耳於狄曰：國亂民擾，得國在亂，治民在擾，子盍入乎。欲立之。重耳謝曰：「負父之命出奔，正義曰：負音佩。父死不得修人子之禮侍喪，重耳何敢入！大夫其更立他子。」還報里克，里克使迎夷吾於梁。夷吾欲往，呂省、郤芮曰：正義曰：省音眚。杜預云：姓瑕呂，名飴生，字子金。郤芮，正義曰：郤成子，即冀芮。「內猶有公子可立者而外求，難信。計非之秦，輔彊國之威以入，恐危。」乃使郤芮厚賂秦，約曰：「即得入，請以晉河西之地與秦。」及遺里克書曰：「誠得立，請遂封子於汾

史三十九　十

晉世家

陽之邑賈逵曰汾水名汾陽晉地也○索隱曰國語云命里克汾陽之田百萬命丕鄭以負蔡之田七十萬今此不言亦踈畧也秦穆公乃發兵送夷吾於晉齊桓公聞晉內亂亦率諸侯如晉秦兵與夷吾亦至晉齊乃使隰朋會秦俱入夷吾立為晉君是為惠公齊桓公至晉之高梁而還歸惠公夷吾元年使邳鄭謝秦曰始夷吾以河西地許君今幸得入立大臣曰地者先君之地君亡在外何以得擅許秦者寡人爭之弗能得故謝秦亦不與里克汾陽邑而奪之權四月周襄王使周公忌父賈逵曰周卿士會齊秦大夫共禮晉惠公惠公以重耳在外畏里克為變賜里克死謂曰微里子寡人不得立雖然子亦殺

二君一大夫服虔曰奚齊悼子荀息也為子君者不亦難乎里克對曰不有所廢君何以興欲誅之其無辭乎乃言為此臣聞命矣遂伏劍而死於是邳鄭使謝秦未還故不及難晉君改葬恭太子申生韋昭曰獻公時申生葬不如禮故改葬之秋狐突之下國服虔曰晉所滅國以為下邑一曰曲沃有宗廟故謂之国在絳下故曰下国也遇申生申生與載而告之杜預曰忽如夢而相見狐突本為申生御故復使登車曰夷吾無禮余得請於帝服虔曰帝天帝許罰有罪將以晉與秦秦將祀余狐突對曰臣聞神不食非其宗君其祀毋乃絕乎君其圖之申生曰諾吾將復請帝後十日左傳曰七日新城西偏將有巫者見我焉杜預曰將因巫以見許之遂不見杜預曰狐突許其言申生之象亦没

及期而往復見申生告之曰帝許罰有罪矣弊於韓賈逵曰弊敗也韓晉韓原兒乃謠曰恭太子更葬矣索隱曰更改也更葬謂改葬後十四年晉亦不昌昌乃在兄邳鄭使秦聞里克誅乃說秦繆公曰呂省郤稱冀芮實為不從杜預曰三子晉大夫不從不與秦賂也○索隱曰呂省左傳作呂甥若重賂與謀出晉君入重耳事必就秦繆公許之使人與歸報晉厚賂三子三子曰幣厚言甘此必邳鄭賣我於秦遂殺邳鄭及里克邳鄭之黨七輿大夫韋昭曰七輿申生下軍之衆大夫也杜預曰侯伯七命副車七乘邳鄭子豹奔秦言伐晉繆公弗聽惠公之立倍秦地及里克誅七輿大夫國人不附二年周使召公過韋昭曰召武公為王卿士禮晉惠

公惠公禮倨索隱曰謂受玉惰也事見僖十一年召公譏之四年晉饑乞糴於秦繆公問百里奚服虔曰秦大夫百里奚曰天菑流行國家代有救菑恤鄰國之道也與之邳鄭子豹曰伐之繆公曰其君是惡其民何罪卒與粟自雍屬絳五年秦饑請糴於晉晉君謀之慶鄭曰杜預曰慶鄭晉大夫以秦得立已而倍其地約晉饑而秦貸我今秦饑請糴與之何疑而謀之虢射曰服虔曰虢射惠公舅往年天以晉賜秦秦弗知取而貸我今天以秦賜晉晉其可以逆天乎遂伐之惠公用虢射謀不與秦粟而發兵且伐秦秦大怒亦發兵伐晉六年春秦穆公將兵伐晉晉惠公謂慶鄭曰秦師深矣

（曰深入境　曰深尤重）奈何鄭曰秦內君君倍其賂晉饑秦輸粟秦饑而晉倍之乃欲因其饑伐之其深不亦宜乎晉卜御右慶鄭皆吉公曰鄭不遜（服虔曰遜順）乃更令步陽御戎家僕徒為右（服虔曰二子晉大夫也）進兵九月壬戌秦繆公晉惠公合戰韓原（索隱曰在馮翊夏陽北二十里今之韓城縣是）惠公馬騺不行（索隱曰騺音竹二反謂馬重而陷之於泥）秦兵至公窘召慶鄭為御鄭曰不用卜敗不亦當乎遂去更令梁繇靡（正義曰韋昭云梁由靡大夫也）御虢射為右輅秦繆公（服虔曰輅迎也○索隱曰輅音五稼反鄒誕音五額反）繆公壯士冒敗晉軍晉軍敗遂失秦繆公反獲晉公以歸秦將以祀上帝晉君姊為繆公夫人衰絰涕泣公曰得晉侯將以為樂今乃如此且吾聞箕子見唐叔之初封曰其後必當大矣晉庸可滅乎乃與晉侯盟王城（杜預曰馮翊臨晉縣東有王城）而許之歸晉侯亦使呂省等報國人曰孤雖得歸毋面目見社稷卜日立子圉晉人聞之皆哭秦繆公問呂省晉國和乎對曰不和小人懼失君亡親（正義曰君惠公也親謂父母也言懼失君國亂恐亡父母不憚立子圉也）不憚立子圉曰必報讎寧事戎狄（正義曰小人言立子圉為君之後必報秦終不事秦寧事戎狄耳）其君子則愛君而知罪以待秦命曰必報德有此二故不和於是秦繆公更舍晉惠公餽之七牢（正義曰餽音匱一牛一羊一豕為一牢）十一月歸晉侯晉侯至國誅慶鄭修政教謀曰重耳在外諸侯多利內之欲使人殺重耳於狄重耳聞之如齊八年使太子圉質秦（正義曰質音致）初惠公亡在梁梁伯以其女妻之生一男一女梁伯卜之男為人臣女為人妾故名男為圉女為妾（服虔曰圉人掌養馬臣之賤者不聘曰妾）十年秦滅梁梁伯好土功治城溝（賈逵曰溝壍也）民力罷（正義罷音皮）怨其眾數相驚曰秦寇至民恐惑秦竟滅之十三年晉惠公病內有數子太子圉曰吾母家在梁梁今秦滅之我外輕於秦而內無援於國君即不起病大夫輕更立他公子乃謀與其妻俱亡歸秦女曰子一國太子辱在此秦使婢子侍（服虔曰曲禮云世婦以下自稱婢子婢子婦人之卑稱）以固子之心子亡矣我不從子亦不敢言子圉遂亡歸晉十四年九月惠公卒太子圉立是為懷公子圉之亡秦怨之乃求公子重耳欲內之子圉之立畏秦之伐也乃令國中諸從重耳亡者與期期盡不到者盡滅其家狐突之子毛及偃從重耳在秦弗肯召懷公怒囚狐突突曰臣子事重耳有年數矣今召之是教之反君也何以教之懷公卒殺狐突秦繆公乃發兵送內重耳使人告欒郤之黨（正義曰欒枝郤穀之屬）為內應殺懷公於高梁入重耳重耳立是為文公晉文公重耳晉獻公之子也自少好士年十七有賢士五人曰趙衰狐偃咎犯文公舅也賈佗先軫魏武子自獻公為太子

時重耳固已成人矣。獻公即位，重耳年二十一。獻公十三年，以驪姬故，重耳備蒲城守秦。獻公二十一年，獻公殺太子申生，驪姬讒之，恐，不辭獻公而守蒲城。獻公二十二年，獻公使宦者履鞮趣殺重耳。（索隱曰：履鞮即寺人披，傳之勃鞮亦曰寺人也。）重耳踰垣，宦者逐斬其衣袪。重耳遂奔狄。狄，其母國也。是時重耳年四十三。從此五士，其餘不名者數十人，至狄。狄伐咎如，（賈逵曰：赤狄之別，隗姓。○索隱曰：咎音高。鄒誕本作囷如，又云或作囚。）得二女，以長女妻重耳，生伯鯈、（正義曰：鯈，直留反。）叔劉；以少女妻趙衰，生盾。（索隱曰：左傳云伐廧咎如，獲其二女，以叔隗妻趙衰，生盾；公子取季隗，生伯鯈、叔劉。則叔隗長而季隗少，乃不同也。）居狄五歲而晉獻公卒，里克已殺奚齊、悼子，乃使人迎，欲立重耳。重耳畏殺，因固謝，不敢入。已而晉更迎其弟夷吾立之，是為惠公。惠公七年，畏重耳，乃使宦者履鞮與壯士欲殺重耳。重耳聞之，乃謀趙衰等曰：「始吾奔狄，非以為可用與，（索隱曰：與猶起也。非以為可用與起，故介之也。）以近易通，故且休足。休足久矣，固願徙之大國。夫齊桓公好善，志在霸王，收恤諸侯。今聞管仲、隰朋死，此亦欲得賢佐，盍往乎？」於是遂行。重耳謂其妻曰：「待我二十五年不來，乃嫁。」其妻笑曰：「犁二十五年，（索隱曰：犁猶比也。○正義曰：杜預云言將死入木也，不復成嫁也。）吾冢上柏大矣。雖然，妾待子。」重耳居狄凡十二年而去。過衛，衛文公不禮。去，過五鹿，（賈逵曰：衛地。杜預曰：今衛縣西北有地名五鹿，陽平元城縣東亦有五鹿也。）飢而從野人乞食，野人盛土器中進之。重耳怒。趙衰曰：「土者，有土也，君其拜受之。」至齊，齊桓公厚禮，而以宗女妻之，有馬二十乘，重耳安之。重耳至齊二歲而桓公卒，會豎刀等為內亂，齊孝公之立，諸侯兵數至。留齊凡五歲。重耳愛齊女，毋去心。趙衰、咎犯乃於桑下謀行。齊女侍者在桑上聞之，以告其主。其主乃殺侍者，（服虔曰：懼孝公怒，故殺之以滅口。）勸重耳趣行。重耳曰：「人生安樂，孰知其他！必死於此，（索隱曰：一云人生一世，必死於此。）不能去。」齊女曰：「子一國公子，窮而來此，數士者以子為命。子不疾反國，報勞臣，而懷女德，竊為子羞之。且不求，何時得功？」乃與趙衰等謀，醉重耳，載以行。行遠而覺，重耳大怒，引戈欲殺咎犯。咎犯曰：「殺臣成子，偃之願也。」重耳曰：「事不成，我食舅氏之肉。」咎犯曰：「事不成，犯肉腥臊，何足食！」乃止，遂行。過曹，曹共公不禮，欲觀重耳駢脅。曹大夫釐負羈曰：「晉公子賢，又同姓，窮來過我，柰何不禮！」共公不從其謀。負羈乃私遺重耳食，置璧其下。重耳受其食，還其璧。去，過宋。宋襄公新困兵於楚，傷於泓，聞重耳賢，乃以國禮禮於重耳。（索隱曰：以國君之禮禮之也。）宋司馬公孫固善於咎犯，曰：「宋小國新困，不足以求入，更之大國。」乃去。過鄭，鄭文公弗禮。鄭叔瞻諫其君曰：「晉公子賢，而其從者皆國祖，且又同姓。鄭之出自厲王，而晉之出自武王。」鄭君曰：「諸侯亡公子過此者衆，安可盡禮！」叔瞻曰：「君不禮，不如殺之，且後爲國患。」鄭君不聽。重耳去之楚，楚成王以適諸侯禮待之，適音敵。重耳謝不敢當。趙衰曰：「子亡在外十餘年，小國輕子，況大國乎？今楚大國而固遇子，子其毋讓，此天開子也。」遂以客禮見之。成王厚遇重耳，重耳甚卑。成王曰：「子即反國，何以報寡人？」重耳曰：「羽毛齒角玉帛，君王所餘，未知所以報。」王曰：「雖然，何以報不穀？」重耳曰：「即不得已，與君王以兵車會平原廣澤，請辟王三舍。」賈逵曰司馬法從遯不過三舍三舍九十里也楚將子玉怒曰：「王遇晉公子至厚，今重耳言不孫，請殺之。」成王曰：「晉公子賢而困於外久，從者皆國器，此天所置，庸可殺乎？且言何以易之！」索隱曰子玉請殺重耳楚成王不許詩言人之出言不可輕易之也居楚數月，而晉太子圉亡秦，秦怨之；聞重耳在楚，乃召之。成王曰：「楚遠，更數國乃至晉。秦晉接境，秦君賢，子其勉行！」厚送重耳。

重耳至秦，繆公以宗女五人妻重耳，故子圉妻與往。重耳不欲受，司空季子曰：服虔曰晉臣司空季子也「其國且伐，況其故妻乎！且受以結秦親而求入，子乃拘小禮，忘大醜乎！」遂受。繆公大歡，與重耳飲。趙衰歌黍苗詩。韋昭曰詩云芃芃黍苗陰雨膏之繆公曰：「知子欲急反國矣。」趙衰與重耳下，再拜曰：「孤臣之仰

君，如百穀之望時雨。」是時晉惠公十四年秋。惠公以九月卒，子圉立。十一月，葬惠公。十二月，晉國大夫欒、郤等聞重耳在秦，皆陰來勸重耳、趙衰等反國，爲內應甚衆。於是秦繆公乃發兵與重耳歸晉。晉聞秦兵來，亦發兵拒之。然皆陰知公子重耳入也。唯惠公之故貴臣呂、郤之屬正義曰呂甥郤芮也不欲立重耳。重耳出亡凡十九歲而得入，時年六十二矣，晉人多附焉。文公元年春，秦送重耳至河。咎犯曰：「臣從君周旋天下，過亦多矣。臣猶知之，況於君乎？請從此去矣。」重耳曰：「若反國，所不與子犯共者，河伯視之！」索隱曰視猶見也乃投璧河中，以與子犯盟。是時介子推從，在船中，乃笑曰：「天實開公子，而子犯以爲己功而要市於君，固足羞也。吾不忍與同位。」乃自隱渡河。秦兵圍令狐，晉軍于廬柳。韋昭曰廬柳晉地名二月辛丑，咎犯與秦晉大夫盟于郇。杜預曰解縣西北有郇城。索隱曰音荀又音環郇文王之子所封也壬寅，重耳入于晉師。丙午，入于曲沃。丁未，朝于武宮，曰文公之祖武公廟也即位爲晉君，是爲文公。羣臣皆往。懷公圉奔高梁。戊申，使人殺懷公。

懷公故大臣呂省、郤芮本不附文公，文公立，恐誅，乃欲與其徒謀燒公宮，殺文公。文公不知。始嘗欲殺文公宦者履鞮知其謀，欲以告文公，解前罪，求見文公。文公不見，使人讓曰：「蒲城之事，女斬

史部　第一冊

子袪。其後我從狄君獵，女爲惠公來求殺我。惠公與女期三日至，而女一日至，何速也？女其念之。宦者曰：臣刀鋸之餘，不敢以二心事君倍主，故得罪於君。君已反國，其毋蒲翟乎？且管仲射鉤，桓公以霸。今刑餘之人以事告而君不見，禍又且及矣。於是見之，遂以呂郤等告文公。文公欲召呂郤，呂郤等黨多，文公恐初入國，國人賣己，乃爲微行，會秦繆公於王城。索隱曰杜預云馮翊臨晉縣東有故王城今名武鄉城 國人莫知。三月己丑，呂郤等果反，焚公宮，不得文公。文公之衛徒與戰，呂郤等引兵欲奔，秦繆公誘呂郤等，殺之河上，晉國復而文公得歸。夏，迎夫人於秦，秦所

與文公妻者卒爲夫人。秦送三千人爲衛，以備晉亂。文公修政，施惠百姓。賞從亡者及功臣，大者封邑，小者尊爵。未盡行賞，周襄王以弟帶難出居鄭地，來告急晉。晉初定，欲發兵，恐他亂起，是以賞從亡未至隱者介子推。推亦不言祿，祿亦不及。推曰：獻公子九人，唯君在矣。惠懷無親，外內棄之。天未絕晉，必將有主，主晉祀者，非君而誰？天實開之，二三子以爲己力，不亦誣乎？竊人之財，猶曰是盜，況貪天之功以爲己力乎？下冒其罪，上賞其姦，上下相蒙，服虔曰蒙欺也 難與處矣。其母曰：盍亦求之，以死誰懟？推曰：尤而效之，罪有甚焉。且出怨言，不食其祿。母

曰：亦使知之，若何？對曰：言，身之文也。身欲隱，安用文之？文之，是求顯也。其母曰：能如此乎？與女偕隱。至死不復見。介子推從者憐之，乃懸書宮門曰：龍欲上天，五蛇爲輔。索隱曰龍喻重耳五蛇即五臣狐偃趙衰魏武子司空季子及子推也舊云五臣有先軫顛頡今恐二人非其數 龍已升雲，四蛇各入其宇，一蛇獨怨，終不見處所。文公出，見其書，曰：此介子推也。吾方憂王室，未圖其功。使人召之，則亡。遂求所在，聞其入緜上山中，賈逵曰緜上晉地 索隱曰西河介休縣南有地名緜上 於是文公環緜上山中而封之，以爲介推田，徐廣曰一作国 號曰介山，以記吾過，且旌善人。賈逵曰旌表也 從亡賤臣壺叔曰：君三行賞，賞不及臣，敢請罪。文公報

曰：夫導我以仁義，防我以德惠，此受上賞。輔我以行，卒以成立，此受次賞。矢石之難，汗馬之勞，此復受次賞。若以力事我而無補吾缺者，此受次賞。三賞之後，故且及子。晉人聞之，皆說。二年春，秦軍河上，將入王。索隱曰河上晉地 趙衰曰：求霸莫如入王尊周。周晉同姓，晉不先入王，後秦入之，毋以令于天下。方今尊王，晉之資也。三月甲辰，晉乃發兵至陽樊，服虔曰陽樊周地陽邑名也樊仲山之所居故曰陽樊 圍溫，入襄王于周。四月，殺王弟帶。周襄王賜晉河內陽樊之地。四年，楚成王及諸侯圍宋，宋公孫固如晉告急。先軫曰：報施定霸，於今在矣。杜預曰報宋贈馬之施 狐偃曰：楚新得曹而初

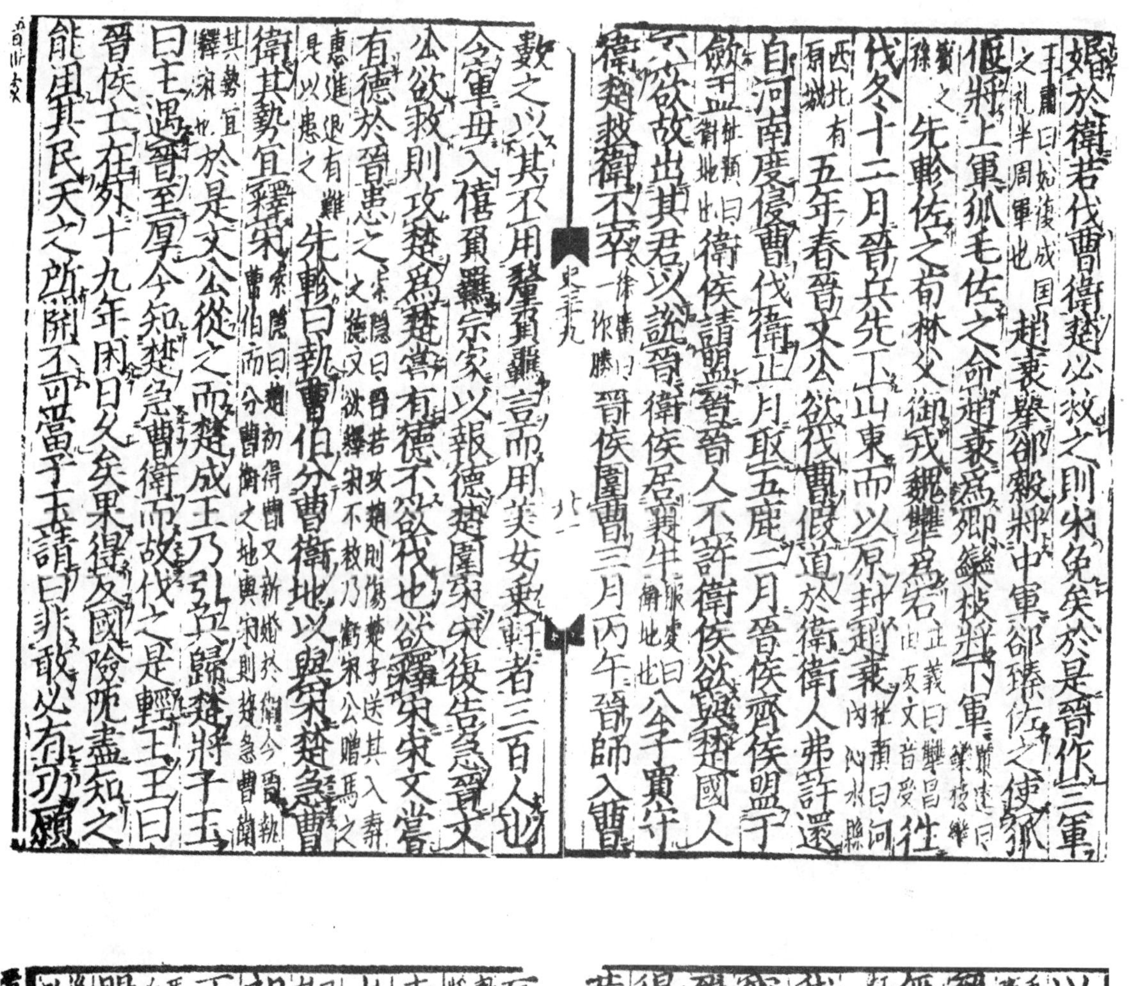

婚於衛，若伐曹、衛，楚必救之，則宋免矣。於是晉作三軍。趙衰舉郤縠將中軍，郤臻佐之；使狐偃將上軍，狐毛佐之，命趙衰為卿；欒枝將下軍，先軫佐之；荀林父御戎，魏犨為右：往伐。冬十二月，晉兵先下山東，而以原封趙衰。

五年春，晉文公欲伐曹，假道於衛，衛人弗許。還自河南度，侵曹，伐衛。正月，取五鹿。二月，晉侯、齊侯盟于斂盂。衛侯請盟晉，晉人不許。衛侯欲與楚，國人不欲，故出其君以說晉。衛侯居襄牛，公子買守衛。楚救衛，不卒。晉侯圍曹。三月丙午，晉師入曹，數之以其不用釐負羈言，而用美女乘軒者三百人也。令軍毋入僖負羈宗家以報德。楚圍宋，宋復告急晉。文公欲救則攻楚，為楚嘗有德，不欲伐也；欲釋宋，宋又嘗有德於晉：患之。先軫曰：「執曹伯，分曹、衛地以與宋，楚急曹、衛，其勢宜釋宋。」於是文公從之，而楚成王乃引兵歸。楚將子玉曰：「王遇晉至厚，今知楚急曹、衛而故伐之，是輕王。」王曰：「晉侯亡在外十九年，困日久矣，果得反國，險阸盡知之，能用其民，天之所開，不可當。」子玉請曰：「非敢必有功，願

以間執讒慝之口也。」楚王怒，少與之兵。於是子玉使宛春告晉：「請復衛侯而封曹，臣亦釋宋。」咎犯曰：「子玉無禮矣，君取一，臣取二，勿許。」先軫曰：「定人之謂禮。楚一言定三國，子一言而亡之，我則毋禮。不許楚，是棄宋也。不如私許曹、衛以誘之，執宛春以怒楚，既戰而後圖之。」晉侯乃囚宛春於衛，且私許復曹、衛。曹、衛告絕於楚。楚得臣怒，擊晉師，晉師退。軍吏曰：「為何退？」文公曰：「昔在楚，約退三舍，可倍乎！」楚師欲去，得臣不肯。四月戊辰，宋公、齊將、秦將與晉侯次城濮。己巳，與楚兵合戰，楚兵敗，得臣收餘兵去。甲午，晉師還至衡雍，作王宮于踐土。

初，鄭助楚，楚敗，懼，使人請盟晉侯。晉侯與鄭伯盟。五月丁未，獻楚俘於周，駟介百乘，徒兵千。天子使王子虎命晉侯為伯，賜大輅，彤弓矢百，玈弓矢千，秬鬯一卣，珪瓚，

名諸侯賜珪瓚鬯然後爲鬯虎賁三百人賈逵曰天子卒曰虎賁晉侯三辭然後稽首受之賈逵曰稽首首至地也周作晉文侯命王若曰父義和孔安國曰父能以義和我諸侯索隱曰尚書文侯之命是平王命晉文侯仇之語今此乃是襄王命文公重耳之事代數懸隔太史公雖復彌縫左氏而系家頗亦時有踈謬解亦引孔馬之注而都不言時代乖角何習迷而同此然計平王至襄王爲七代依至重耳爲十一代而十三侯又平王元年至魯僖二十八年當襄二十年爲一百三十餘歲矣學者頗合討論之劉伯莊以爲蓋天子命晉同此一辭尤爲非也丕顯文武能愼明德孔安國曰文王武王能詳愼顯用明德昭登於上布聞在下馬融曰昭明也上謂天下謂人維時上帝集厥命于文武孔安國曰惟以是故集成其王命德流子孫恤朕身繼予一人永其在位孔安國曰當憂念我身則我一人長安在位於是晉文公稱伯癸亥王子虎盟諸侯於王庭服虔曰王子虎王叔文公也杜預曰王庭踐土也若據一十八年索隱曰左氏五月丙午晉侯及鄭伯盟于衡雍丁未獻楚俘于王作王宮于踐土五月癸亥王子虎盟諸侯于王庭也晉焚楚軍火數日不息文公歎左右曰勝楚而君猶憂何文公曰吾聞能戰勝安者唯聖人是以懼且子玉猶在庸可喜乎子玉之敗而歸楚成王怒其不用其言貪與晉戰讓責子玉子玉自殺晉文公曰我擊其外楚誅其內內外相應於是乃喜六月晉人復入衛侯壬午晉侯度河北歸國行賞狐偃爲首或曰城濮之事先軫之謀文公曰城濮之事偃說我毋失信先軫曰軍事勝爲右吾用之以勝然此一時之說偃言萬世之功柰何以一時之利而加萬

世功乎是以先之冬晉侯會諸侯於溫欲率之朝周力未能恐其有畔者乃使人言周襄王狩于河陽壬申遂率諸侯朝王於踐土索隱曰左氏五月盟于踐土冬會于溫天王狩于河陽壬申公朝于王所此文亦說冬朝于王當合於溫而此不合而取五月踐土之文也孔子讀史記至文公曰諸侯無召王王狩河陽者春秋諱之也丁丑諸侯圍許曹伯臣或說晉侯曰齊桓公合諸侯而國異姓今君爲會而滅同姓曹叔振鐸之後晉唐叔之後合諸侯而滅兄弟非禮晉侯說復曹伯於是晉始作三行服虔曰辟天子六軍故謂之三行索隱曰左傳作行與此異荀林父將中行先縠將右行索隱曰左傳屠擊將右行先蔑將左行杜預曰三行無佐疑大夫帥也索隱曰按左傳荀林父將中行先蔑將左行屠擊將右行是也七年晉文公秦繆公共圍鄭以其無禮於文公亡過時及城濮時鄭助楚也圍鄭欲得叔瞻叔瞻聞之自殺鄭持叔瞻告晉晉曰必得鄭君而甘心焉鄭恐乃閒令使謂秦繆公曰索隱曰使謂燭之武亡鄭厚晉於晉得矣而秦未爲利君何不解鄭得爲東道交索隱曰交猶俱也諸本及左氏皆作主秦伯說罷兵晉亦罷兵九年冬晉文公卒子襄公歡立是歲鄭伯亦卒鄭人或賣其國於秦正義曰左傳云秦晉伐鄭燭之武說秦師三大夫戍鄭杞子自鄭使告於秦曰鄭人使我掌其北門之管君潛師以來國可得也秦繆公發兵往襲鄭十二月秦兵過我郊襄公元年春秦師過周無禮王孫

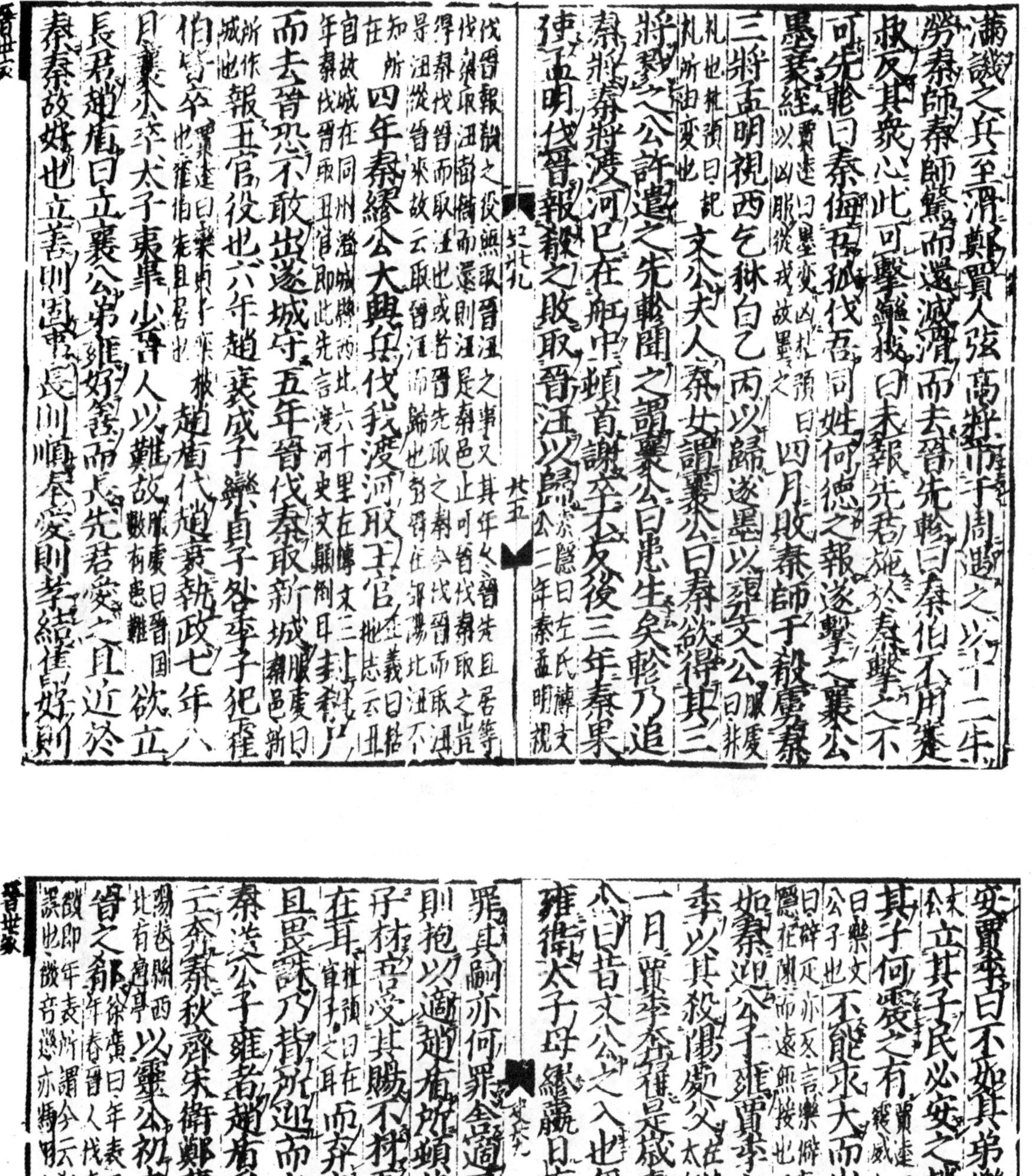

滿識之兵至滑鄭賈人弦高將市于周遇之以十二牛勞秦師秦師驚而還滅滑而去晉先軫曰秦伯不用蹇叔反其衆心此可擊欒枝曰未報先君施於秦擊之不可先軫曰秦侮吾孤伐吾同姓何德之報遂擊之襄公墨衰絰賈逵曰墨變凶服服虔曰以凶服從戎故墨之四月敗秦師于殽虜秦三將孟明視西乞秫白乙丙以歸遂墨以葬文公服虔曰非禮也杜預曰記禮所由變也文公夫人秦女謂襄公曰秦欲得其三將戮之公許遣之先軫聞之謂襄公曰患生矣軫乃追秦將秦將渡河已在船中頓首謝卒不反後三年秦果使孟明伐晉報殽之敗取晉汪以歸索隱曰左氏傳文公二年秦孟明視伐晉報殽之役與取晉汪之事又其年冬晉先且居等伐秦取汪彭衙而還則汪是秦邑上可晉伐秦取之豈得秦伐晉而取汪也或者晉先取之秦今伐晉而取汪故云取晉汪而歸也鄒誕云汪在洛陽北汪不知所在四年秦繆公大興兵伐我渡河取王官正義曰括地志云王官故城在同州澄城縣西北六十里左傳文三年秦伯伐晉濟河焚舟取王官及郊晉人不出遂自茅津濟封殽尸而去晉恐不敢出遂城守五年晉伐秦取新城服虔曰秦邑新城也報王官役也六年趙衰成子欒貞子咎季子犯霍伯皆卒賈逵曰欒貞子欒枝也霍伯先且居也趙盾代趙衰執政七年八月襄公卒太子夷皋少晉人以難故服虔曰數有患難欲立長君趙盾曰立襄公弟雍好善而長先君愛之且近於秦秦故好也立善則固事長則順奉愛則孝結舊好則安賈季曰不如其弟樂辰嬴嬖於二君服虔曰辰嬴懷嬴也二君懷公文公立其子民必安之趙盾曰辰嬴賤班在九人下服虔曰班次也其子何震之有賈逵曰震威也且為二君嬖淫也為先君子不能求大而出在小國僻也母淫子僻無威正義曰辟音僻陳小而遠無援也陳小而遠無援將何可乎使士會如秦迎公子雍賈季亦使人召公子樂於陳趙盾廢賈季以其殺陽處父賈逵曰賈季使續鞫居殺陽處父十月葬襄公十一月賈季奔翟是歲秦繆公亦卒靈公元年四月秦康公曰昔文公之入也無衛故有呂郤之患乃多與公子雍衛太子母繆嬴日夜抱太子以號泣於朝曰先君何罪其嗣亦何罪舍適而外求君將安置此服虔曰此太子出朝則抱以適趙盾所頓首曰先君奉此子而屬之子曰此子材吾受其賜不材吾怨子賈逵曰怨其不教導不至今君卒言猶在耳杜預曰在耳不忘也而棄之若何趙盾與諸大夫皆患繆嬴且畏誅乃背所迎而立太子夷皋是為靈公發兵以距秦送公子雍者趙盾為將往擊秦敗之令狐先蔑隨會亡奔秦秋齊宋衛鄭曹許君皆會趙盾盟於扈服虔曰扈鄭地在滎陽卷縣西北有扈亭以靈公初立故也四年伐秦取少梁秦亦取晉之郩徐廣曰年表云北徵也索隱曰按左傳文十年晉人伐秦取少梁夏秦伯伐晉取北徵此云郩者字誤也徵音懲亦縣名六年秦康公伐晉取羈馬

晉侯怒，使趙盾、趙穿、郤缺擊秦，大戰河曲，趙穿最有功。七年，晉六卿患隨會之在秦，常為晉亂，乃詳令魏壽餘反晉降秦。秦使隨會之魏，因執會以歸晉。八年，周頃王崩，公卿爭權，故不赴。索隱曰：春秋魯文十二年，頃王崩，周公閱與王孫蘇爭政，故不赴。是也。晉使趙盾以車八百乘平周亂而立匡王。索隱曰：左傳文十四年，晉趙盾以諸侯之師八百乘納捷菑于邾，不克，乃還。而周公閱與王孫蘇訟于晉，趙宣子平王室而復之，則以車八百乘自是宣子納捷菑，不關王室之卑，但文相連耳，恐此誤也。是年，楚莊王初即位。十二年，齊人弒其君懿公。十四年，靈公壯，侈，厚斂以彫牆。賈逵曰：彫，畫也。從臺上彈人，觀其避丸也。宰夫胹熊蹯不熟，服虔曰：蹯，熊掌，其肉難熟。○正義曰：胹音而，蹯音煩。靈公怒，殺宰夫，使婦人持其屍出棄之，過朝。趙盾、隨會前數諫，不聽；已又見死人手，二人前諫。隨會先諫，不聽。靈公患之，使鉏麑刺趙盾。盾閨門開，居處節，鉏麑退，歎曰：賈逵曰：鉏麑，晉力士。○正義曰：鉏音鋤，麑音迷。「殺忠臣，棄君命，罪一也。」遂觸樹而死。杜預曰：樹，庭樹也。初，盾常田首山，徐廣曰：蒲坂縣有雷首山。見桑下有餓人。餓人，示眯明也。索隱曰：鄒誕生音示眯為祁彌，即左傳之提彌明也。提音市移反，劉氏亦音祁，為時移反，則祁提二字同音也。示凡史記作示者，示即周禮古本地神曰祇，皆作示字。鄒為祁者，蓋由祁提音相近，字遂變為祁也。眯音米移反，以眯為彌，亦音相近耳。又據左氏宣公二年，桑下餓人是靈輒也，其示眯明其人狀貌者也，眯明闘而死，今合二人為一，非也。盾與之食，食其半。問其故，曰：「宦三年，服虔曰：宦，學仕也。未知母之存不，願遺母。」盾義之，益與之飯肉。已而為晉

宰夫，趙盾弗復知也。九月，晉靈公飲趙盾酒，伏甲將攻盾。公宰示眯明知之，恐盾醉不能起，而進曰：「君賜臣，觴三行可以罷。」索隱曰：行如字。欲以去趙盾，令先，毋及難。盾既去，靈公伏士未會，先縱齧狗名敖。傳曰：犬四尺曰獒。○索隱曰：縱，足用反。又作嗾，素后反。明為盾搏殺狗。盾曰：「棄人用狗，雖猛何為。」然不知明之為陰德也。已而靈公縱伏士出逐趙盾，示眯明反擊靈公之伏士，伏士不能進，而竟脫盾。盾問其故，曰：「我桑下餓人。」問其名，弗告。服虔曰：不望報。明亦因亡去。盾遂奔，未出晉境。乙丑，盾昆弟將軍趙穿襲殺靈公於桃園賈逵曰：桃園，園名也。而迎趙盾。趙盾素貴，得民和；靈公少，侈，民不附，故為弒易。索隱曰：以豉反。盾復位。晉太史董狐書曰「趙盾弒其君」，以視於朝。盾曰：「弒者趙穿，我無罪。」太史曰：「子為正卿，而亡不出境，反不誅國亂，非子而誰？」孔子聞之，曰：「董狐，古之良史也，書法不隱。杜預曰：不隱盾之罪。宣子，良大夫也，為法受惡。服虔曰：聞義則服。杜預曰：善其為法受屈也。○正義曰：為，于偽反。惜也，出疆乃免。」杜預曰：越境則君臣之義絕，可以不討賊也。趙盾使趙穿迎襄公弟黑臀于周而立之，是為成公。成公者，文公少子，其母周女也。壬申，朝于武宮。成公元年，賜趙氏為公族。服虔曰：公族大夫也。伐鄭，鄭倍晉故也。三年，鄭伯初立，附晉而棄楚。楚怒，伐鄭，晉往救之。六年，伐秦，虜秦將赤。索隱曰：赤，即斥，謂斥候之人也。按宣八年左傳晉伐

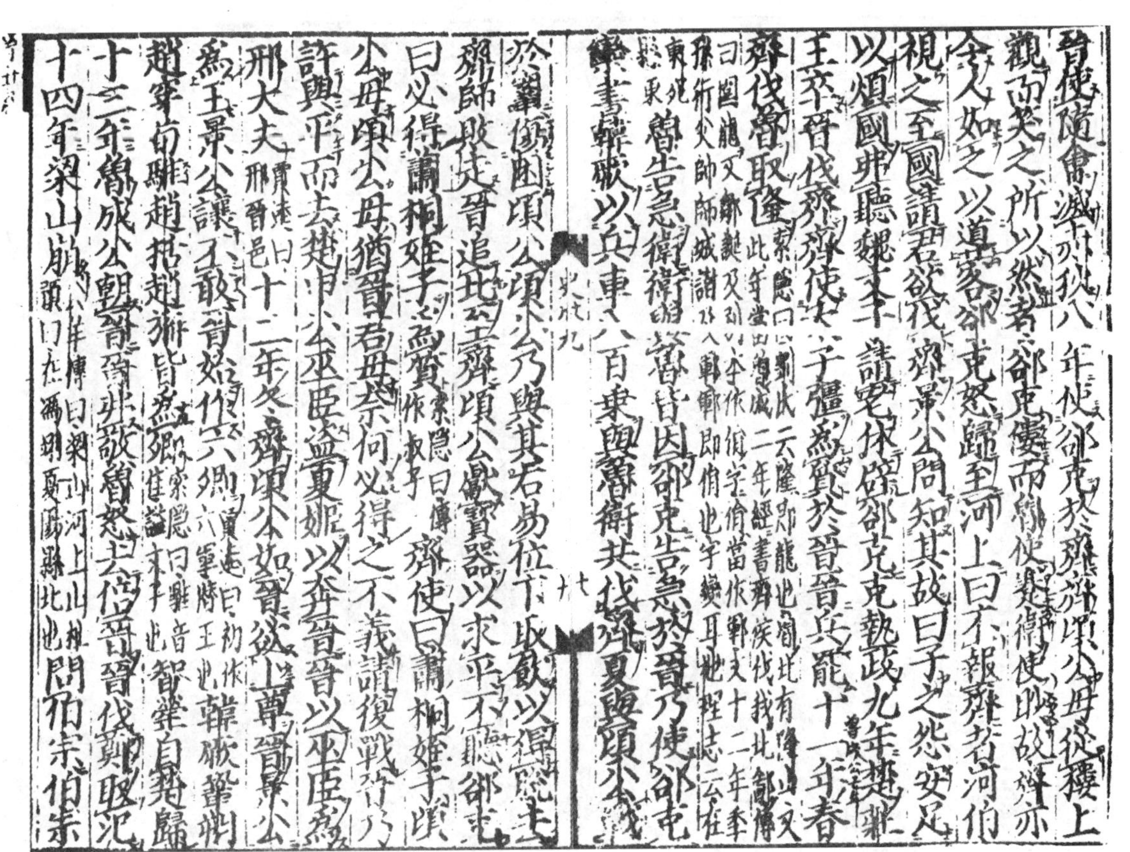
伐秦，虜秦將赤。七年，成公與楚莊王爭彊，會諸侯于扈。陳畏楚，不會。晉使中行桓子伐陳，因救鄭，與楚戰，敗楚師。是年，成公卒，子景公據立。景公元年春，陳大夫夏徵舒弒其君靈公。二年，楚莊王伐陳，誅徵舒。三年，楚莊王圍鄭，鄭告急晉。晉使荀林父將中軍，隨會將上軍，趙朔將下軍，郤克、欒書、先縠、韓厥、鞏朔佐之。六月，至河。聞楚已服鄭，鄭伯肉袒與盟而去，荀林父欲還。先縠曰：「凡來救鄭，不至不可，將率離心。」卒度河。楚已服鄭，欲飲馬于河為名而去。楚與晉軍大戰。鄭新附楚，畏之，反助楚攻晉。晉軍敗，走河，爭度，船中人指甚眾。楚虜我將智罃。歸而林父曰：「臣為督將，軍敗當誅，請死。」景公欲許之。隨會曰：「昔文公之與楚戰城濮，成王歸殺子玉，而文公乃喜。今楚已敗我師，又誅其將，是助楚殺仇也。」乃止。四年，先縠以首計而敗晉軍河上，恐誅，乃奔翟，與翟謀伐晉。晉覺，乃族縠。縠，先軫子也。五年，伐鄭，為助楚故也。是時楚莊王彊，以挫晉兵河上也。六年，楚伐宋，宋來告急晉，晉欲救之，伯宗謀曰：「楚，天方開之，不可當。」乃使解揚紿為救宋。鄭人執與楚，楚厚賜，使反其言，令宋急下。解揚紿許之，卒致其君命。楚欲殺之，或諫，乃歸解揚。七年，

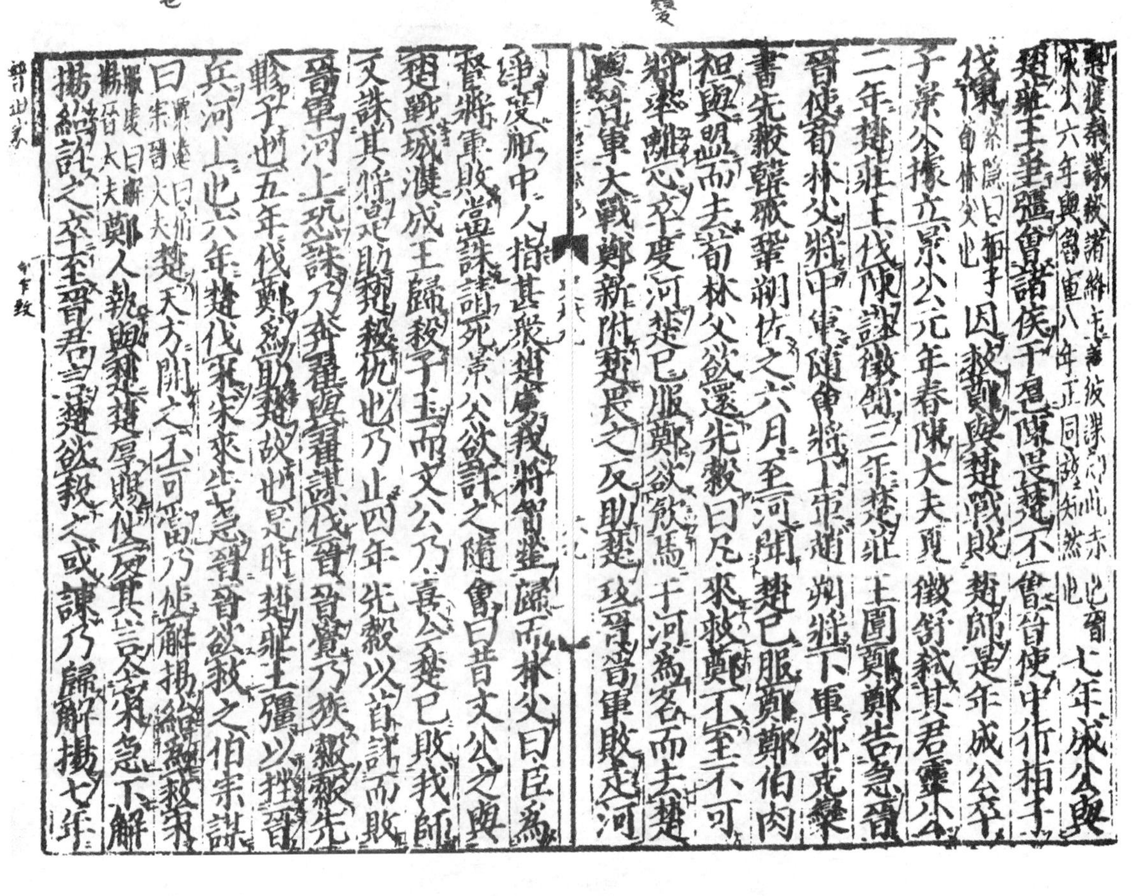
晉使隨會滅赤狄。八年，使郤克於齊。齊頃公母從樓上觀而笑之。所以然者，郤克僂，而魯使蹇，衛使眇，故齊亦令人如之以導客。郤克怒，歸至河上，曰：「不報齊者，河伯視之！」至國，請君，欲伐齊。景公問知其故，曰：「子之怨，安足以煩國！」弗聽。魏文子請老休，辟郤克，克執政。九年，楚莊王卒。晉伐齊，齊使太子彊為質於晉，晉兵罷。十一年春，齊伐魯，取隆。魯告急衛，衛與魯皆因郤克告急於晉。晉乃使郤克、欒書、韓厥以兵車八百乘與魯、衛共伐齊。夏，與頃公戰於鞍，傷困頃公。頃公乃與其右易位，下取飲，以得脫去。齊師敗走，晉追北至齊。頃公獻寶器以求平，不聽。郤克曰：「必得蕭桐姪子為質。」齊使曰：「蕭桐姪子，頃公母；頃公母猶晉君母，奈何必得之？不義，請復戰。」晉乃許與平而去。楚申公巫臣盜夏姬以奔晉，晉以巫臣為邢大夫。十二年冬，齊頃公如晉，欲上尊晉景公為王，景公讓不敢。晉始作六卿，韓厥、鞏朔、趙穿、荀騅、趙括、趙旃皆為卿。智罃自楚歸。十三年，魯成公朝晉，晉弗敬，魯怒去，倍晉。晉伐鄭，取氾。十四年，梁山崩。問伯宗，伯宗

以為子不足怪也【徐廣曰年表云伯宗隱其人用其言】十六年楚將子反怨巫臣滅其族巫臣怒遺子反書曰必令子罷於奔命乃請使吳令其子為吳行人教吳乘車用兵吳晉始通約伐楚十七年誅趙同趙括族滅之韓厥曰趙衰趙盾之功豈可忘乎奈何絕祀乃復令趙庶子武為趙後復與之邑十九年夏景公病立其太子壽曼為君是為厲公後月餘景公卒厲公元年初立欲和諸侯與秦桓公夾河而盟歸而秦倍盟與翟謀伐晉三年使呂相讓秦【賈逵曰呂相晉大夫】因與諸侯伐秦至涇敗秦於麻隧虜其將成差五年三郤讒伯宗殺之【賈逵曰三郤郤錡郤犨郤至】伯宗以好直諫得此禍國人以是不附厲公六年春鄭倍晉與楚盟晉怒欒書曰不可以當吾世而失諸侯乃發兵厲公自將五月渡河聞楚兵來救范文子請公欲還郤至曰發兵誅逆見彊辟之無以令諸侯遂與戰癸巳射中楚共王目楚兵敗於鄢陵【徐廣曰一作焉服虔曰鄢陵鄭之東南地也　索隱曰鄢音偃又於連反】子反收餘兵拊循欲復戰晉患之共王召子反其侍者豎陽穀進酒子反醉不能見王怒讓子反子反死王遂引兵歸晉由此威諸侯欲以令天下求霸厲公多外嬖姬歸欲盡去群大夫而立諸姬兄弟寵姬兄曰胥童嘗與郤至有怨及欒書又怨郤至不用其計而遂敗楚【左傳曰欒書欲待楚師退而擊之郤至云楚有六間不可失也】乃使人閒謝楚楚來詐厲公曰鄢陵之戰實至召楚欲作亂內子周立之會與國不具是以事不成厲公告欒書欒書曰其殆有矣願公試使人之周【虞翻曰周京師】微考之果使郤至於周欒書又使公子周見郤至郤至不知見賣也厲公驗之信然遂怨郤至欲殺之八年厲公獵與姬飲郤至殺豕奉進宦者奪之【索隱曰宦者孟張】郤至射殺宦者公怒曰季子欺予【杜預曰公反以為郤至奪豕也】將誅三郤未發也郤錡欲攻公曰我雖死公亦病矣郤至曰信不反君智不害民勇不作亂失此三者誰與我我死耳十二月壬午公令胥童以兵八百人襲攻殺三郤胥童因以劫欒書中行偃于朝曰不殺二子患必及公公曰一旦殺三卿寡人不忍益也對曰人將忍君【杜預曰人謂書偃】公弗聽謝欒書等以誅郤氏罪大夫復位二子頓首曰幸甚幸甚公使胥童為卿閏月乙卯厲公游匠驪氏【賈逵曰匠驪氏晉外嬖大夫在翼者】欒書中行偃以其黨襲捕厲公囚之殺胥童而使人迎公子周于周【徐廣曰一作糾】而立之是為悼公悼公元年正月庚申欒書中行偃弒厲公葬之【左傳曰葬之于翼東門之外】以一乘車【杜預曰言不以君禮葬也諸侯葬車七乘】厲公囚六日死死十日庚午智罃迎公子周來至絳刑雞與大夫盟而立之是為悼公辛巳朝武宮二月乙

西即位。悼公周者，其大父捷，晉襄公少子也，不得立，號爲桓叔，桓叔最愛。桓叔生惠伯談，談生悼公周。周之立，年十四矣。悼公曰：「大父、父皆不得立而辟難於周，客死焉。寡人自以疏遠，毋幾爲君。索隱曰：幾音冀，謂望也。今大夫不忘文、襄之意而惠立桓叔之後，賴宗廟大夫之靈，得奉晉祀，豈敢不戰戰乎？大夫其亦佐寡人！」於是逐不臣者七人，脩舊功，施德惠，收文公入時功臣後。秋，伐鄭。鄭師敗，遂至陳。三年，晉會諸侯。索隱曰：於雞澤也。悼公問羣臣可用者，祁傒舉解狐。解狐，傒之仇。復問，舉其子祁午。君子曰：「祁傒可謂不黨矣！外舉不隱仇，內舉不隱子。」方會諸侯，悼公弟楊干亂行，賈逵曰：行，陳也。魏絳戮其僕。賈逵曰：僕，御也。悼公怒，或諫公，公卒賢絳，任之政，使和戎，戎大親附。十一年，悼公曰：「自吾用魏絳，九合諸侯，服虔曰：九合，一謂會于戚，二會城棣救陳，三會于鄬，四會于邢丘，五同盟于戲，六會于柤，七戍鄭虎牢，八同盟于亳城北，九會于蕭魚。和戎翟，魏子之力也。」賜之樂，三讓乃受之。冬，秦取我櫟。索隱曰：音歷。澤例云在河北地闕。十四年，晉使六卿率諸侯伐秦，度涇，大敗秦軍，至棫林而去。十五年，悼公問治國於師曠。師曠曰：「唯仁義爲本。」冬，悼公卒，子平公彪立。平公元年，伐齊，齊靈公與戰靡下，徐廣曰：靡，一作歷。○索隱曰：劉氏靡音眉綺反，鄒靡莽也。齊師敗走。晏嬰曰：「君亦毋勇，何不止戰？」遂去。晉追，遂圍臨菑，盡燒屠其郭中。

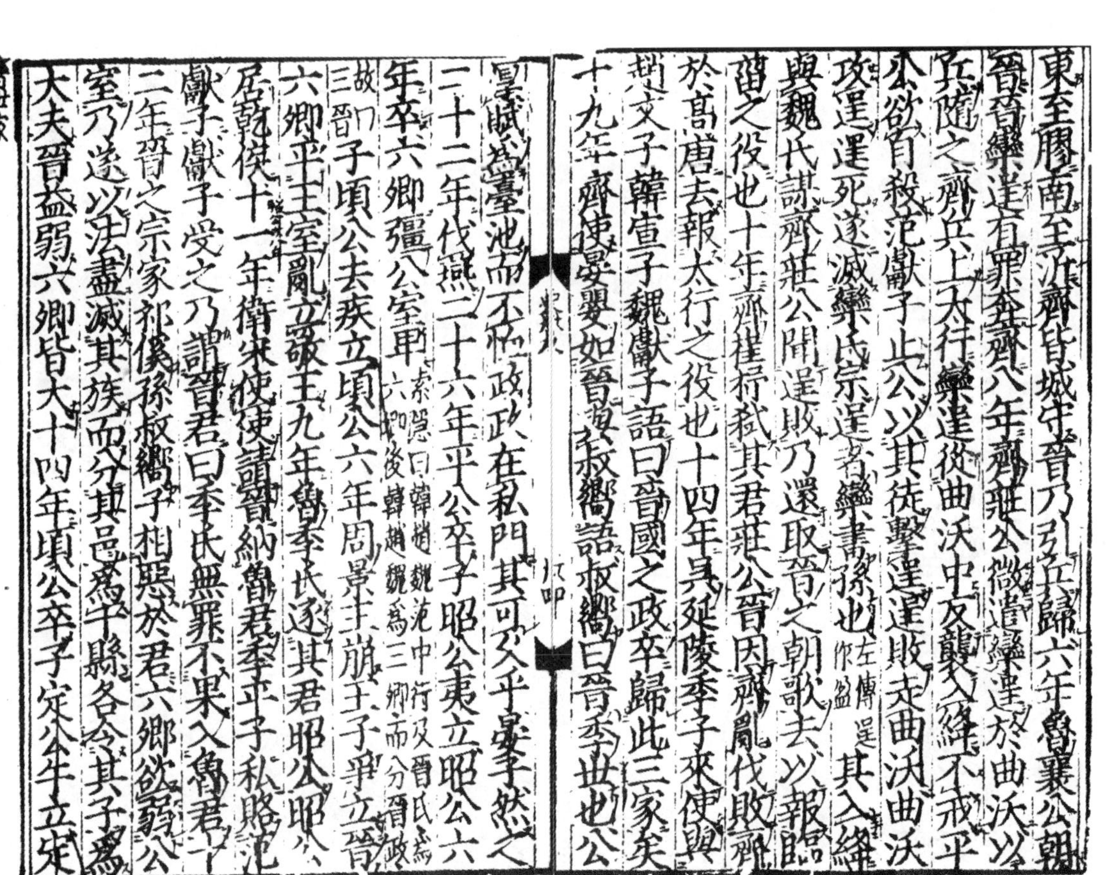

東至膠，南至沂，齊皆城守，晉乃引兵歸。六年，魯襄公朝晉。晉欒逞有罪，奔齊。八年，齊莊公微遣欒逞於曲沃，以兵隨之。齊兵上太行，欒逞從曲沃中反，襲入絳。絳不戒，平公欲自殺，范獻子止公，以其徒擊逞，逞敗走曲沃。曲沃攻逞，逞死，遂滅欒氏宗。逞者，欒書孫也。左傳逞作盈。其入絳，與魏氏謀。齊莊公聞逞敗，乃還，取晉之朝歌去，以報臨菑之役也。十年，齊崔杼弒其君莊公。晉因齊亂，伐敗齊於高唐去，報太行之役也。十四年，吳延陵季子來使，與趙文子、韓宣子、魏獻子語，曰：「晉國之政，卒歸此三家矣。」十九年，齊使晏嬰如晉，與叔嚮語。叔嚮曰：「晉，季世也。公厚賦爲臺池而不恤政，政在私門，其可久乎！」晏子然之。二十六年，平公卒，子昭公夷立。昭公六年卒。六卿彊，公室卑。索隱曰：韓趙魏范中行及智氏爲六卿，後韓趙魏爲三卿，而分晉政，故曰三晉。子頃公去疾立。頃公六年，周景王崩，王子爭立。晉六卿平王室亂，立敬王。九年，魯季氏逐其君昭公，昭公居乾侯。十一年，衛、宋使使請晉納魯君。季平子私賂范獻子，獻子受之，乃謂晉君曰：「季氏無罪。」不果入魯君。十二年，晉之宗家祁傒孫、叔嚮子相惡於君。六卿欲弱公室，乃遂以法盡滅其族，而分其邑爲十縣，各令其子爲大夫。晉益弱，六卿皆大。十四年，頃公卒，子定公午立。定

公十一年，魯陽虎奔晉，趙鞅簡子舍之。十二年，孔子相魯。十五年，趙鞅使邯鄲大夫午，不信，欲殺午，午與中行寅、范吉射親攻趙鞅。（索隱曰：寅，荀偃之孫；射，音亦，范獻子士鞅之子。）鞅走保晉陽。定公圍晉陽。荀櫟、韓不信、魏侈與范、中行為仇，乃移兵伐范、中行。范、中行反，晉君擊之，敗范、中行。范、中行走朝歌，保之。韓、魏為趙鞅謝晉君，乃赦趙鞅，復位。二十二年，晉敗范、中行氏，二子奔齊。三十年，定公與吳王夫差會黃池，爭長，趙鞅時從，卒長吳。（徐廣曰：吳世家說黃池之盟云趙鞅怒，將戰，乃長晉定公。左氏傳云乃先晉。以外傳云吳公先歃，晉公次之。）三十一年，齊田常弒其君簡公，而立簡公弟驁為平公。三十三年，孔子卒。三十七年，定公卒，子出公鑿立。出公十七年，（徐廣曰：年表云出公立十八年。或云二十年。）知伯與趙、韓、魏共分范、中行地以為邑。出公怒，告齊、魯，欲以伐四卿。（索隱曰：時趙、魏、韓共滅范氏及中行氏，而分其地，猶有智氏與三晉，故云四卿。）四卿恐，遂反攻出公。出公奔齊，道死。故知伯乃立昭公曾孫驕為晉君，是為哀公。（索隱曰：趙系家云驕是為懿公，文年表云出公十八年次哀公忌二年次懿公驕十七年，紀年又云出公二十三年奔楚，乃立昭公之孫，是為敬公。系本亦云昭公生桓子雍，雍生忌，忌生懿公驕。然晉、趙系家及年表並皆不同，何況紀年之說也。）哀公大父雍，晉昭公少子也，號為戴子。（徐廣曰：世本作桓子。雍注云戴子。）戴子生忌。忌善知伯，早死，故知伯欲盡并晉，未敢，乃立忌子驕為君。當是時，晉國政皆決知伯，晉哀公不得有所制。知伯遂有范、中行地，最彊。哀公四年，趙襄子、韓康子、魏桓子共殺知伯，盡并其地。（索隱曰：如紀年之說，此乃出公二十二年事。）十八年，哀公卒，子幽公柳立。幽公之時，晉畏，反朝韓、趙、魏之君。（索隱曰：畏，懼也。為衰弱，故反朝韓、趙、魏也。宋忠引此注系本，而假字作衰。）獨有絳、曲沃，餘皆入三晉。十五年，魏文侯初立。（索隱曰：按紀年，魏文侯初立在敬公十八年。）十八年，幽公淫婦人，夜竊出邑中，盜殺幽公。（索隱曰：紀年云夫人秦嬴賊公於高寢之上。）魏文侯以兵誅晉亂，立幽公子止，是為烈公。（索隱曰：系本幽公生烈成公止。文年表云魏誅幽公，立其弟止也。）烈公十九年，周威烈王賜趙、韓、魏皆命為諸侯。二十七年，烈公卒，子孝公頎立。（索隱曰：系本云孝公傾，紀年以孝公為桓公，故韓子有晉桓侯。）孝公九年，魏武侯初立，襲邯鄲，不勝而去。十七年，孝公卒，（索隱曰：紀年云桓公二十年趙成侯、韓共侯遷桓公於屯留，已後更無晉事。）子靜公俱酒立。（索隱曰：系本云靜公俱。）是歲，齊威王元年也。靜公二年，魏武侯、韓哀侯、趙敬侯滅晉後而三分其地。（索隱曰：紀年云魏武侯以桓公十九年卒，韓哀侯、趙敬侯並以桓公十五年卒，文趙系家列侯十六年與韓分晉，封晉君端氏，其後十年肅侯徙晉於屯留，不同也。）靜公遷為家人，晉絕不祀。

太史公曰：晉文公，古所謂明君也，亡居外十九年，至困約，及即位而行賞，尚忘介子推，況驕主乎？靈公既弒，其後成、景致嚴，至厲大刻，大夫懼誅，禍作。悼公以後日衰，六卿專權。故君道之御其臣下，固不易哉！

索隱述贊曰

天命叔虞，卒封於唐。桐圭既削，河汾是荒。文侯雖嗣，曲沃日彊。未知本末，祚傾桓莊。獻公昏惑，太子罹殃。重耳致霸，朝周河陽。靈既喪德，厲亦無防。曰卿侵侮，晉祚遂亡。

晉世家第九　史記三十九

楚世家第十　史記四十

楚之先祖出自帝顓頊高陽。高陽者，黃帝之孫，昌意之子也。高陽生稱，正義稱尺證反。稱生卷章，徐廣曰世本云老童生重黎及吳回。譙周曰老童即卷章。卷章生重黎。索隱曰重氏黎氏二官代司天地，重為木正，黎為火正。據左氏，少昊氏之子曰重，顓頊氏之子曰黎，今以重黎為一人，乃是顓頊之子孫者，劉氏云少昊氏之後曰重，顓頊氏之後曰重黎，對彼重則單稱黎，若自言當家則稱重黎，故楚及司馬氏皆重黎之後，非關少昊之重。愚謂此解為當。重黎為帝嚳高辛居火正，索隱曰此重黎為火正，彼少昊氏之後重自為木正，知此重黎即彼之黎也。甚有功，能光融天下，帝嚳命曰祝融。虞翻曰祝大融明也。韋昭曰祝始也。共工氏作亂，帝嚳使重黎誅之而不盡。帝乃以庚寅日誅重黎，而以其弟吳回為重黎後，復居火正，為祝融。

吳回生陸終。陸終生子六人，坼剖而產焉。干寶曰先儒學士多疑此事。譙允南通才達學，精核數理者也，作古史考，以為作者妄記，廢而不論。余亦尤其生之異也。然案六子之世，子孫有國，升降六代，數千年間，迭至霸王，天將興之，必有尤物乎？若夫前志所傳，修己背坼而生禹，簡狄胸剖而生契，歷代久遠，莫足相證。近魏黃初五年，汝南屈雍妻王氏生男兒從右胳下水腹上出，而平和自若，數月創合，母子無恙，斯蓋近事之信也。以今況古，固知注記者之不妄也。天地云為，陰陽變化，安可守之一端，概以常理乎？詩云不坼不副，無災無害。原詩人之旨，明古之婦人嘗有坼副而產者矣。又有因產而遇災害者，故美其無害也。索隱曰系本云陸終娶鬼方氏之妹，謂之女嬇。其長一曰昆吾；虞翻曰昆吾名樊，為己姓，封昆吾。世本曰昆吾者，衛是也。索隱曰系本云其一曰樊，是為昆吾。宋忠曰昆吾，國名，己姓所出。左傳曰衛侯夢見披髮登昆吾之觀，今濮陽城中有昆吾臺是。正義曰括地志云濮陽縣古昆吾國也，昆吾故城在縣西三十里，臺在縣西百步，即昆吾墟也。二曰參胡；世本曰參胡者韓是。

也○索隱曰系本云二曰惠連是爲參胡宋忠曰參胡國名斯姓無後三曰彭祖虞翻曰名翦爲彭姓封於大彭世本曰彭祖者彭城是也○索隱曰系本云三曰籛鏗是爲彭祖彭祖虞翻所云是也○正義曰括地志云彭城古彭祖國也外傳云殷末滅彭祖國也虞翻云名翦神仙傳云彭祖諱鏗帝顓頊之玄孫至殷末年已七百六十七歲而不衰老遂往流沙之西非壽終也四曰會人世本曰會人者鄭是也○索隱曰系本云四曰求言是爲鄶人宋忠曰求言名也妘姓所出鄶國也○正義曰括地志云故鄶城在鄭州新鄭縣東北二十二里毛詩譜云昔高辛之土祝融之墟歷唐至周重黎之後妘姓處其地是爲鄶國爲鄭武公所滅也五曰曹姓世本云曹姓者邾是也○索隱曰系本云其五曰安是爲曹姓宋忠云安名也曹姓者諸曹所出也○正義曰括地志云故邾國在黃州黃岡縣東南百二十一里史記云邾子曹姓也六曰季連羋姓楚其後也索隱曰系本云六曰季連是爲羋姓季連者楚是也宋忠曰季連名也羋姓諸楚所出楚之先羋音彌是反羋羊聲也昆吾氏夏之時嘗爲侯伯桀

之時湯滅之彭祖氏殷之時嘗爲侯伯殷之末世滅彭祖氏季連生附沮徐廣曰一作祖○索隱曰沮音才敘反附沮生穴熊其後中微或在中國或在蠻夷弗能紀其世周文王之時季連之苗裔曰鬻熊鬻熊子事文王蚤卒其子曰熊麗熊麗生熊狂熊狂生熊繹熊繹當周成王之時舉文武勤勞之後嗣而封熊繹於楚蠻封以子男之田姓羋氏居丹陽徐廣曰在南郡枝江縣○正義曰潁容傳例云楚居丹陽今枝江縣故城是括地志云歸州秭歸縣東南四里歸故城楚子熊繹之始國也又熊繹墓在歸州秭歸縣輿地志云秭歸縣東有丹陽城周迴八里熊繹始封也楚子熊繹與魯公伯禽衛康叔子牟晉侯燮齊太公子呂伋俱事成王熊繹生熊艾熊艾生熊黮索隱

曰一作黮音土感反黮音與但同字亦作窅也熊黮生熊勝熊勝以弟熊楊爲後索隱曰鄒誕本作熊錫又作煬熊楊生熊渠熊渠生子三人當周夷王之時王室微諸侯或不朝相伐熊渠甚得江漢間民和乃興兵伐庸杜預曰庸今上庸縣○正義曰括地志云房州竹山縣本漢上庸縣古之庸國昔周武王伐紂庸蠻在焉楊粵索隱曰有本作楊雩音吁地名也今音越譙周作楊越至于鄂正義曰五各反劉伯莊云地名在楚之西後徙楚今東鄂州是括地志云鄧州向城縣南二十里西鄂故城是楚西鄂熊渠曰我蠻夷也不與中國之號謚乃立其長子康爲句亶王張瑩曰今江陵也○索隱曰系本康作庸亶作袒地理志云江陵南郡之縣也楚文王自丹陽徙都之中子紅爲鄂王九州記曰鄂今武昌○索隱曰有本作摯紅音摯縶從下文熊摯紅讀古史考及鄒氏劉氏等無音摯紅恐非也○正義曰括地志云武昌縣鄂王舊都今鄂王神即熊渠子之神也少子執疵爲越章王索隱曰系本無執字越作就○正義曰即上鄂王紅也皆在江上楚蠻之地及周厲王之時暴虐熊渠畏其伐楚亦去其王後爲熊毋康徐廣曰即渠之長子毋康早死熊渠卒子熊摯紅立摯紅卒其弟弒而代立曰熊延索隱曰如此史意即上鄂王紅也譙周以爲熊渠卒子熊翔立卒長子摯有疾少子熊延立此云摯紅卒其弟弒而自立曰熊延欲會此代系則翔亦毋康之弟熊渠既卒毋康又早卒其摯紅立而被延弒故史考言摯有疾而此言弒也○正義曰譙周言摯有疾此言弒未詳宋均注樂緯云熊渠嫡嗣曰熊摯有惡疾不得爲後別居於夔爲楚附庸後王命曰夔子也熊延生熊勇熊勇六年而周人作亂攻厲王厲王出奔彘熊勇十年卒弟熊嚴爲後熊嚴十年卒有子四人長子伯霜中子仲雪次子叔堪索隱曰堪一作湛

少子季徇索隱曰徇音句殉反熊嚴卒長子伯霜代立是為熊霜
熊霜元年周宣王初立熊霜六年卒三弟爭立仲雪死
叔堪亡避難於濮杜預曰建寧郡南有卜夷○正義曰按建寧晉郡在蜀南与蠻相近劉伯莊云濮在楚西南孔安国云庸濮在漢之南按成公元年楚地千里孔說是也而少弟季徇立
是為熊徇熊徇十六年鄭桓公初封於鄭二十二年熊
徇卒子熊咢立索隱曰咢音…劉亦作噩熊咢九年卒子熊儀立是
為若敖若敖二十年周幽王為犬戎所弒周東徙而秦
襄公始列為諸侯二十七年若敖卒子熊坎立是為霄
敖索隱曰坎音苦感反一作菌又作欽霄敖六年卒子熊眴立徐廣曰眴音舜○索隱曰按玉篇眴在目部鄒氏云楚之先熊眴也劉音舜其近代本字有從目者故劉氏有舜音非也是
為蚡冒索隱曰古本蚡作粉音憤冒音亡北反又亡報反蚡冒十三年晉始亂
以曲沃之故蚡冒十七年卒蚡冒弟熊通弒蚡冒子而
代立是為楚武王武王十七年晉之曲沃莊伯弒主國
晉孝侯十九年鄭伯弟段作亂二十一年鄭侵天子
田二十三年衛弒其君桓公二十九年魯弒其君隱公
三十一年宋太宰華督弒其君殤公三十五年楚伐隨賈逵曰隨姬姓也杜預曰隨国今義陽隨縣○正義曰括地志云隨州外城古隨国地也本云楚武王墓在豫州新息隨姬姓也武王卒師中而兵罷蓋是也上蔡縣東北五十里是
隨曰我無罪楚曰我蠻夷也今諸侯皆為叛相侵或相殺我有敝甲欲以
觀中國之政請王室尊吾號隨人為之周請尊楚王室

不聽還報三十七年楚熊通怒曰吾先鬻熊文王之師
也早終成王舉我先公乃以子男田令居楚蠻夷皆率
服而王不加位我自尊耳乃自立為武王與隨人盟而
去於是始開濮地而有之五十一年周召隨侯數以立
楚為王楚怒以隨背己伐隨武王卒師中而兵罷皇覽曰楚
武王冢在汝南郡鮦陽縣葛陂鄉城東北民謂之楚王
岑漢永平中葛陵城北祝里社下於土中得銅鼎而銘
曰楚武王由是知楚武王之冢民傳言秦項赤眉之時
欲發之輒頹壞塡壓不得發也○正義曰有本作葛陵
鄉作葛陵鄉者誤也地理志云新蔡縣西六十里
有葛陵鄉即葛長房投竹成龍之陂因為鄉名也子文
王熊貲立始都郢正義曰括地志云紀南故城在荊州江陵縣北五十里杜預云國都於郢今南郡江陵縣北紀南城是括地志云又至平王更城郢在江陵縣東北六里故郢城是也文王二
年伐申過鄧正義曰括地志云故申城在鄧州南陽縣北三十里晉太康地志云周宣王舅所封故鄧城在襄州安養縣北二十里春秋之鄧國莊十六年楚文王滅之服虔云鄧曼姓也鄧人曰楚
王易取鄧侯不許也六年伐蔡正義曰豫州上蔡縣在州北七十里古蔡國縣外城蔡國城也
虜蔡哀侯以歸已而釋之楚彊陵江漢間小
國小國皆畏之十一年齊桓公始霸楚亦始大十二年
伐鄧滅之十三年卒子熊艱立史記音隱云艱古艱字是為杜敖索隱曰杜作壯劉狀反
杜敖五年欲殺其弟熊惲索隱曰惲音紆粉反左氏作頵紆頵反
惲奔隨與隨襲弒杜敖代立是為成王成王惲元
年初即位布德施惠結舊好於諸侯使人獻天子天子
賜胙曰鎮爾南方夷越之亂無侵中國於是楚地千里

十六年，齊桓公以兵侵楚，至陘山。正義曰杜預云陘楚地潁川召陵縣南有陘亭括地志云陘山在鄭州新鄭縣西南一百一十里即此山是 楚成王使將軍屈完以兵禦之，正義曰禦魚呂反完音丸楚族也 與桓公盟。桓公數以周之賦不入王室，楚許之，乃去。十八年，成王以兵北伐許，地理志曰潁川許昌縣故許國也 許君肉袒謝，乃釋之。二十二年，伐黃。索隱曰汝南弋陽縣故黃國。正義曰括地志云黃國故城漢弋陽縣也秦時黃都嬴姓在光州定城縣西十里也 二十六年，滅英。徐廣曰年表及他本皆作英一本作黃。正義曰英國在淮南蓋蓼國也不知改名時也 三十三年，宋襄公欲為盟會，召楚。楚王怒曰：「召我，我將好往襲辱之。」遂行，至盂，正義曰音于宋地也 遂執辱宋公，已而歸之。三十四年，鄭文公南朝楚。楚成王北伐宋，敗之泓，射傷宋襄公，襄公遂病創死。三十五年，晉公子重耳過楚，成王以諸侯客禮饗，而厚送之於秦。三十九年，魯僖公來請兵以伐齊，楚使申侯將兵伐齊，取穀，杜預曰濟北穀城縣。正義曰括地志云穀在濟州東阿縣東二十六里 置齊桓公子雍焉。齊桓公七子皆奔楚，楚盡以為上大夫。滅夔，夔不祀祝融、鬻熊故也。服虔曰夔楚熊渠之孫熊摯之後夔在巫山之陽秭歸鄉是也。索隱曰譙周作歸歸即夔之地名歸鄉之鄉也 夏，伐宋，宋告急於晉，晉救宋，成王罷歸。將軍子玉請戰，成王曰：「重耳亡居外久，卒得反國，天之所開，不可當。」子玉固請，乃與之少師而去。晉果敗子玉於城濮。成王怒，誅子玉。四十六年，初，成王將以商臣為太子，語令尹子上。子上曰：「君之齒未也，杜預曰齒年也言尚少 而又多內寵，絀乃亂也。楚國之舉常在少者。賈逵曰少者江也 且商臣蜂目而豺聲，忍人也，服虔曰言忍為不義 不可立也。」王不聽，立之。後又欲立子職賈逵曰職商臣庶弟也 而絀太子商臣。商臣聞而未審也，告其傅潘崇曰：「何以得其實？」崇曰：「饗王之寵姬江羋服虔曰江羋成王妹嫁於江 而勿敬也。」商臣從之。江羋怒曰：正義曰羋亡爾反 「宜乎王之欲殺若而立職也。」商臣告潘崇曰：「信矣。」崇曰：「能事之乎？」服虔曰君立職子能事之乎 曰：「不能。」「能亡去乎？」曰：「不能。」「能行大事乎？」服虔曰謂弒君 曰：「能。」冬十月，商臣以宮衛兵圍成王。成王請食熊蹯而死，杜預曰熊掌難熟冀久將有外救之也 不聽。丁未，成王自絞殺。商臣代立，是為穆王。穆王立，以其太子宮予潘崇，使為太師，掌國事。穆王三年，滅江。杜預曰江國在汝南安陽縣 四年，滅六、蓼。六、蓼，皋陶之後。杜預曰六國今廬江六縣蓼國今安豐蓼縣 八年，伐陳。十二年，卒。子莊王侶立。莊王即位三年，不出號令，日夜為樂，令國中曰：「有敢諫者死無赦！」伍舉入諫。莊王左抱鄭姬，右抱越女，坐鐘鼓之間。伍舉曰：「願有進隱。」服虔曰謂隱藏其意 曰：「有鳥在於阜，三年不蜚不鳴，是何鳥也？」莊王曰：「三年不蜚，蜚將沖天；三年不鳴，鳴將驚人。舉退矣，吾知之矣。」居數月，淫益甚。大夫蘇從乃入諫。王曰：「若不聞令乎？」對曰：「殺身以明君，臣之願也。」於是乃罷淫樂，聽政，所誅者數百人，所進者數百人，任伍舉、蘇從以政，國人大說。是歲滅庸。正義曰房州竹邑縣今是也六年，伐宋，獲五百乘。八年，伐陸渾戎，服虔曰陸渾戎在洛西南○正義曰尹光之戎徙居陸渾遂至洛，觀兵於周郊。服虔曰觀兵陳兵示周也周定王使王孫滿勞楚王。服虔曰以郊勞禮迎之也楚王問鼎小大輕重，杜預曰示欲逼周取天下對曰：在德不在鼎。莊王曰：子無阻九鼎！楚國折鉤之喙，正義曰喙許衛反兵戟有鉤喙鉤口之尖也言楚國戟之鉤口尖有折者足以為鼎言鼎易得也足以為九鼎。王孫滿曰：嗚呼！君王其忘之乎？昔虞夏之盛，遠方皆至，貢金九牧，服虔曰使九州之牧貢金鑄鼎象物，賈逵曰象所圖物著之於鼎百物而為之備，使民知神姦。杜預曰圖鬼神百物之形使民逆備之也桀有亂德，鼎遷於殷，載祀六百。賈逵曰載辭也祀年也商曰祀王肅曰載祀者猶言年也殷紂暴虐，鼎遷於周。德之休明，雖小必重；杜預曰不可遷其姦回昏亂，雖大必輕。杜預曰言可移昔成王定鼎于郟鄏，杜預曰郟鄏今河南也河南縣西有郟鄏陌武王遷之成王定之○索隱曰按周書郟雒北山名音甲鄏謂田厚鄏故以名焉卜世三十，卜年七百，天所命也。周德雖衰，天命未改。鼎之輕重，未可問也。楚王乃歸。九年，相若敖氏。左傳曰子越椒人或讒之王，恐誅，反攻王，王擊滅若敖氏之族。十三年，滅舒。杜預曰盧江六縣東有舒城也十六年，伐陳，殺夏徵舒。徵舒弒其君，故誅之也。已破陳，即縣之。群臣皆賀，申叔時使齊來，不賀。王問，對曰：鄙語曰，牽牛徑人田，田主取其牛。徑者則不直矣，取之牛不亦甚乎？且王

以陳之亂而率諸侯伐之，以義伐之而貪其縣，亦何以復令於天下！莊王乃復國陳後。十七年春，楚莊王圍鄭，三月克之。入自皇門，賈逵曰鄭城門何休曰郭門也鄭伯肉袒牽羊以逆，賈逵曰肉袒牽羊示服為臣隸也曰：孤不天，不能事君，君用懷怒，以及敝邑，孤之罪也。敢不惟命是聽！賓之南海，若以臣妾賜諸侯，亦惟命是聽。若君不忘厲、宣、桓、武，杜預曰周厲王宣王鄭之所自出也鄭桓公武公始封之賢君也不絕其社稷，使改事君，孤之願也，非所敢望也。敢布腹心。楚群臣曰：王勿許。莊王曰：其君能下人，必能信用其民，庸可絕乎！莊王自手旗，左右麾軍，引兵去三十里而舍，遂許之平。杜預曰退一舍而許鄭平潘尪入盟，子良出質。杜預曰潘尪楚大夫子良鄭伯弟夏六月，晉救鄭，與楚戰，大敗晉師河上，遂至衡雍而歸。二十年，圍宋，以殺楚使也。索隱曰左傳宣十四年楚子使申舟聘于齊曰無假道于宋華元曰過我而不假道鄙我也鄙我亡也殺其使者必伐我伐我亦亡也亡一也乃殺之楚子聞之投袂而起九月圍宋是也圍宋五月，城中食盡，易子而食，析骨而炊。宋華元出告以情。莊王曰：君子哉！遂罷兵去。二十三年，莊王卒，子共王審立。共王十六年，晉伐鄭。鄭告急，共王救鄭。與晉兵戰鄢陵，晉敗楚，射中共王目。共王召將軍子反。子反嗜酒，從者豎陽穀進酒，醉。王怒，射殺子反，遂罷兵歸。三十一年，共王卒，子康王招立。康王立十五年卒，子員立，索隱曰員音云左傳作麇是為郟

楚世家

敖康王寵弟公子圍（徐廣曰一作比）子比子皙棄疾郟敖三年以其季父康王弟公子圍為令尹主兵事四年圍使鄭道聞王疾而還十二月己酉圍入問王疾絞而弑之（杜預曰以冠纓絞之左傳）遂殺其子莫及平夏使使赴於鄭伍舉問曰誰為後對曰寡大夫圍伍舉更曰共王之子圍為長（杜預曰伍舉更赴辭不以篡弑赴諸侯）子比奔晉而圍立是為靈王靈王三年六月楚使使告晉欲會諸侯諸侯皆會楚于申伍舉曰昔夏啟有鈞臺之饗（杜預曰河南陽翟縣）商湯有景亳之命周武王有盟津之誓成王有岐陽之蒐（賈逵曰岐山之陽）康王有豐宮之朝（服虔曰豐宮成王廟所在也杜預曰豐在始平鄠縣東有靈臺康王於是朝諸侯）穆王有塗山之會齊桓有召陵之師晉文有踐土之盟君其何用靈王曰用桓公（杜預曰用齊桓召陵之禮）時鄭子產在焉於是晉宋魯衛不往靈王已盟有驕色伍舉曰桀為有仍之會有緡叛之（賈逵曰有仍緡國名也服虔曰仍緡皆國名也）紂為黎山之會東夷叛之幽王為太室之盟戎翟叛之（杜預曰太室中嶽也）君其慎終七月楚以諸侯兵伐吳圍朱方八月克之囚慶封滅其族以封徇曰無效齊慶封弑其君而弱其孤以盟諸大夫封反曰莫如楚共王庶子圍弑其君兄之子員而代之立於是靈王使

楚世家

棄疾殺之七年就章華臺（杜預曰南郡華容縣有臺在城內）下令內亡人實之八年使公子棄疾將兵滅陳十年召蔡侯醉而殺之使棄疾定蔡因為陳蔡公十一年伐徐以恐吳靈王次於乾谿以待之王曰齊晉魯衛其封皆受寶器我獨不今吾使使周求鼎以為分其予我乎析父對曰其予君王哉（賈逵曰析父楚大夫○索隱曰據左氏此是右尹子革）昔我先王熊繹辟在荊山蓽露藍蔞以處草莽跋涉山林以事天子唯是桃弧棘矢以共王事齊王舅也晉及魯衛王母弟也楚是以無分而彼皆有周今與四國服事君王將唯命是從豈敢愛鼎靈王曰昔我皇祖伯父昆吾舊許是宅今鄭人貪其田不我予今我求之其予我乎對曰周不愛鼎鄭安敢愛田靈王曰昔諸侯遠我而畏晉今吾大城陳蔡不羹賦皆千乘諸侯畏我乎對曰畏哉靈王喜曰析父善言古事焉

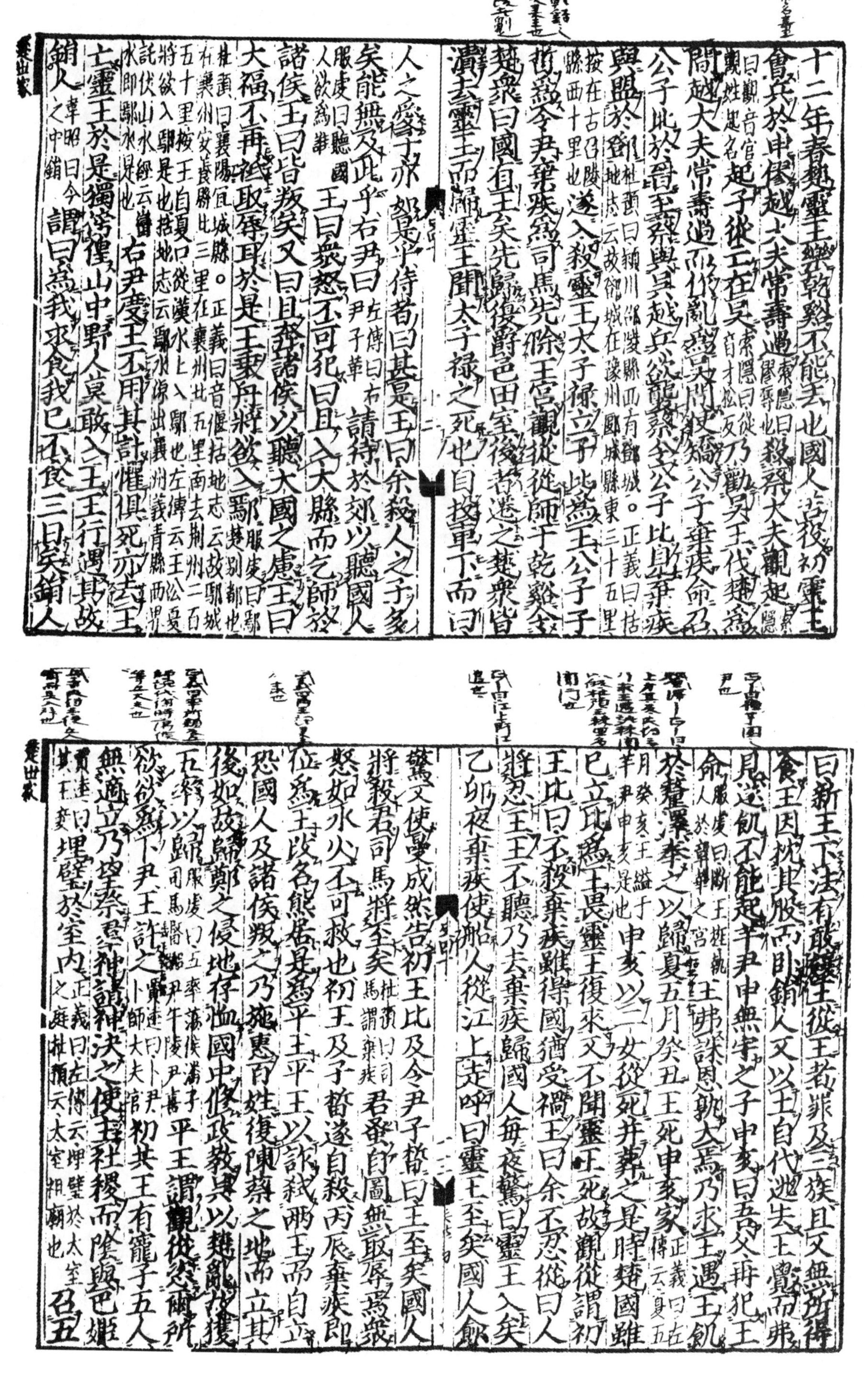

十二年春，楚靈王樂乾谿，不能去也。國人苦役。初，靈王會兵於申，僇越大夫常壽過，（索隱曰僇辱也）殺蔡大夫觀起。（索隱曰觀音官，觀姓，起名）起子從亡在吳，（索隱曰從音才松反）乃勸吳王伐楚，為間越大夫常壽過而作亂，為吳間。使矯公子棄疾命召公子比於晉，至蔡，與吳、越兵欲襲蔡。令公子比見棄疾，與盟於鄧。（杜預曰潁川召陵縣西有鄧城。○正義曰括地志云故鄧城在豫州郾城縣東三十五里。按在古召陵縣西十里也）遂入殺靈王太子祿，立子比為王，公子子皙為令尹，棄疾為司馬。先除王宮，觀從從師于乾谿，令楚眾曰：「國有王矣。先歸，復爵邑田室。後者遷之。」楚眾皆潰，去靈王而歸。靈王聞太子祿之死也，自投車下，而曰：「人之愛子亦如是乎？」侍者曰：「甚是。」王曰：「余殺人之子多矣，能無及此乎？」右尹曰：（左傳曰右尹子革）「請待於郊以聽國人。」（服虔曰聽國人欲為誰）王曰：「眾怒不可犯。」曰：「且入大縣而乞師於諸侯。」王曰：「皆叛矣。」又曰：「且奔諸侯以聽大國之慮。」王曰：「大福不再，祇取辱耳。」於是王乘舟將欲入鄢。（服虔曰鄢，楚別都也。杜預曰襄陽宜城縣。○正義曰音偃。括地志云故鄢城在襄州安養縣北三里，南去荊州二百五十里。按王自夏口從漢水上入鄢也。左傳云王沿夏將欲入鄢是也。括地志云鄢水源出襄州義清縣西界託伏山，水經云鄢水即鄢水是也）右尹度王不用其計，懼俱死，亦去王亡。靈王於是獨傍偟山中，野人莫敢入王。王行遇其故鋗人，（韋昭曰今之中涓）謂曰：「為我求食，我已不食三日矣。」鋗人

曰：「新王下法，有敢饟王從王者，罪及三族，且又無所得食。」王因枕其股而臥。鋗人又以土自代，逝失王，覺而弗見，遂飢弗能起。芋尹申無宇之子申亥曰：「吾父再犯王命，（服虔曰斷王旌，執人於章華之宮）王弗誅，恩孰大焉！」乃求王，遇王飢於釐澤，奉之以歸。夏五月癸丑，王死申亥家，（正義曰左傳云夏五月癸亥，王縊于芋尹申亥氏是也）申亥以二女從死，并葬之。是時楚國雖已立比為王，畏靈王復來，又不聞靈王死，故觀從謂初王比曰：「不殺棄疾，雖得國猶受禍。」王曰：「余不忍。」從曰：「人將忍王。」王不聽，乃去。棄疾歸。國人每夜驚，曰：「靈王入矣！」乙卯夜，棄疾使船人從江上走呼曰：「靈王至矣！」國人愈驚。又使曼成然告初王比及令尹子皙曰：「王至矣！國人將殺君，司馬將至矣。（杜預曰司馬謂棄疾）君蚤自圖，無取辱焉。眾怒如水火，不可救也。」初王及子皙遂自殺。丙辰，棄疾即位為王，改名熊居，是為平王。平王以詐弒兩王而自立，恐國人及諸侯叛之，乃施惠百姓。復陳蔡之地而立其後如故，歸鄭之侵地。存恤國中，修政教。吳以楚亂故，獲五率以歸。（服虔曰五率，蕩侯、潘子、司馬督、囂尹午、陵尹喜）平王謂觀從：「恣爾所欲。」欲為卜尹，王許之。（賈逵曰卜尹，卜師，大夫官）初，共王有寵子五人，無適立，乃望祭群神，請神決之，使主社稷，而陰與巴姬埋璧於室內，（賈逵曰埋璧於室內之庭。○正義曰左傳云埋璧於太室。杜預云太室，祖廟也）召五

子齋而入。康王跨之，服虔曰：兩足各跨璧一邊。杜預曰：過其上。靈王肘加之，子比、子晳皆遠之。平王幼，抱而入，再拜壓紐。故康王以長立，至其子失之；圍為靈王，及身而弒；子比為王十餘日，子晳不得立，又俱誅。四子皆絕無後。唯獨棄疾後立，為平王，竟續楚祀，如其神符。初，子比自晉歸，韓宣子問叔向曰：「子比其濟乎？」對曰：「不就。」宣子曰：「同惡相求，如市賈焉，服虔曰：謂國人共惡靈王。賈者，如市賈之人求利也。何為不就？」對曰：「無與同好，誰與同惡？服虔曰：言無黨於內，當與誰共同好惡。取國有五難：有寵無人，一也；杜預曰：寵須賢人而固。有人無主，二也；杜預曰：雖有賢人，當須內主為應。有主無謀，三也；杜預曰：謀，策謀也。有謀而無民，四也；杜預曰：民，眾也。

卷四十　十四

有民而無德，五也。杜預曰：四者既備，當以德成之。子比在晉十三年矣，晉、楚之從不聞通者，可謂無人矣；杜預曰：晉楚之士從子比游，皆非達人。族盡親叛，可謂無主矣；杜預曰：無親族在楚。無釁而動，可謂無謀矣；服虔曰：言靈王尚在而妄動取國，故謂無謀。為羈終世，可謂無民矣；杜預曰：終身羈客在晉，是無民。亡無愛徵，可謂無德矣。杜預曰：楚人無愛念者。王虐而不忌，杜預曰：靈王暴虐，無所畏忌，將自亡。子比涉五難以弒君，誰能濟之！有楚國者，其棄疾乎！君陳、蔡，方城外正義曰：方城山在許州葉縣西十八里也。外屬焉。苛慝不作，盜賊伏隱，私欲不違，服虔曰：不以私欲違民心。民無怨心。先神命之，國民信之。羋姓有亂，必季實立，楚之常也。子比之官，則右尹也；數其貴寵，則庶子也；以神所命，

則又遠之；民無懷焉，將何以立？」宣子曰：「齊桓、晉文不亦是乎？」服虔曰：皆庶子而出奔。對曰：「齊桓，衛姬之子也，有寵於釐公。有鮑叔牙、賓須無、隰朋以為輔，有莒、衛以為外主，賈逵曰：齊桓出奔莒，自莒北入，衛人助之。有高、國以為內主。服虔曰：國、高，齊之正卿。從善如流，服虔曰：言其疾。施惠不倦。有國，不亦宜乎？昔我文公，狐季姬之子也，有寵於獻公。好學不倦。生十七年，有士五人，有先大夫子餘、子犯以為腹心，賈逵曰：子餘，趙衰。有魏犨、賈佗以為股肱，有齊、宋、秦、楚以為外主，賈逵曰：齊以女妻之，宋贈之馬，楚享以九獻，秦送內之。有欒、郤、狐、先以為內主，賈逵曰：四姓，晉大夫。杜預云：謂欒枝、郤縠、狐突、先軫也。亡十九年，守志彌篤。惠、懷棄民，服虔曰：皆棄民不恤。民

卷四十　十五

從而與之。正義曰：以惠懷弃民，故民皆從而歸心於文公。故文公有國，不亦宜乎？子比無施於民，無援於外，去晉，晉不送；歸楚，楚不迎，何以有國！」子比果不終焉，卒立者棄疾，正義曰：左傳云：獲神，一也；有民，二也；令德，三也；寵貴，四也；居常，五也。有五利以去五難，誰能害之？杜預云：獲神，當璧拜也；有民，民信也；令德，無苛慝也；寵貴，貴妃子也；居常，弃疾季也。如叔向言也。平王二年，使費無忌如秦為太子建取婦。服虔曰：楚大夫。索隱曰：無忌，左傳作無極，極、忌聲相近。○正義曰：左傳云：太子之在蔡也，郥陽之女奔之，生太子建。杜預云：郥，蔡邑也。郥，古闃反。婦好，來，未至，無忌先歸，說平王曰：「秦女好，可自娶，為太子更求。」平王聽之，卒自娶秦女，生熊珍。更為太子娶。是時伍奢為太子太傅，無忌為少傅。無忌無寵於太子，常讒惡太子建。建時年

十五矣其母蔡女也無寵於王王稍益疏外建也六年使太子建居城父守邊（正義曰父音甫括地志云城父故城在許州葉縣東北四十五里即杜預云襄城城父縣也又汝州郟城縣東四十里亦有父城故城一所服虔云城父楚北境比竟乃是父城之名非建所守杜預云言城父又誤也傳及酈元水經注云楚大城城父使太子建居之即十三州志云太子建所居城父謂今亳州城父縣也度今亳州見有城父縣是建所守者也地理志云潁川有父城縣沛郡有城父縣此二名別耳）無忌又日夜讒太子建於王曰自無忌入秦女太子怨亦不能無望於王王少自備焉且太子居城父擅兵外交諸侯且欲入矣平王召其傅伍奢責之伍奢知無忌讒乃曰王奈何以小臣疏骨肉無忌曰今不制後悔也於是王遂囚伍奢而召其二子而告以免父死

功令司馬奮揚召太子建欲誅之太子聞之亡奔宋無忌曰伍奢有二子不殺者為楚國患盍以免其父召之必至於是王使使謂奢能致二子則生不能將死奢曰尚至胥不至王曰何也奢曰尚之為人廉死節慈孝而仁聞召而免父必至不顧其死胥之為人智而好謀勇而矜功知來必死必不來然為楚國憂者必此子於是王使人召之曰來吾免爾父伍尚謂伍胥曰聞父免而莫奔不孝也父戮莫報無謀也度能任事智也子其行矣我其歸死伍尚遂歸伍胥彎弓屬矢出見使者曰父有罪何以召其子為將射使者遂走遂出奔吳伍奢聞

之曰胥亡楚國危哉楚人遂殺伍奢及尚十年楚太子建母在居巢（正義曰廬州巢縣是也）開吳吳使公子光伐楚遂敗陳蔡取太子建母而去楚恐城郢（正義曰在江陵縣東北六里已解於前按傳城郢在昭公二十三年下重言城郢杜預云楚用子囊遺言以築郢城矣今畏吳復脩以自固也）初吳之邊邑卑梁（正義曰卑梁吳邑近鍾離也）與楚邊邑鍾離小童爭桑兩家交怒相攻滅卑梁人卑梁大夫怒發邑兵攻鍾離楚王聞之怒發國兵滅卑梁吳王聞之大怒亦發兵使公子光因建母家攻楚遂滅鍾離居巢楚乃恐而城郢（索隱曰去年已城郢今又重言據左氏昭二十三年城郢二十四年無重城郢之文是史記誤也）十三年平王卒將軍子常曰太子珍少且其母乃前太子建所

當嬖也欲立令尹子西子西平王之庶弟也有義子西曰國有常法更立則亂言之則致誅乃立太子珍是為昭王昭王元年楚眾不說費無忌以其讒亡太子建殺伍奢子尚與郤宛郤宛之宗姓伯氏子嚭及子胥皆奔吳吳兵數侵楚楚人怨無忌甚楚令尹子常（正義曰名瓦左傳云囊瓦）誅無忌以說眾眾乃喜四年吳三公子（昭三十年二公子奔楚公子掩餘奔徐公子燭庸奔鍾離此言三公子非）奔楚楚封之以扞吳五年吳伐取楚之六潛（正義曰故六城在壽州安豐縣南百三十二里偃姓皋陶之後所封也潛城楚之潛邑在霍山縣東二百步）七年楚使子常伐吳吳大敗楚於豫章（正義曰今洪州也）十年冬吳王闔閭伍子胥伯嚭與唐蔡俱伐楚

楚大敗吳兵遂入郢辱平王之墓以伍子胥故也吳兵之來楚使子常以兵迎之夾漢水陣吳伐敗子常子常亡奔鄭楚兵奔吳乘勝逐之五戰及郢己卯昭王出奔庚辰吳人入郢春秋云十一月庚辰昭王亡也至雲夢雲夢不知其王也射傷王王走鄖正義曰走音奏鄖音云括地志云安州安陸縣城本春秋時鄖国城鄖公之弟懷曰平王殺吾父服虔曰父曼成然正義曰成然立平王王貪求無厭平王殺之今我殺其子不亦可乎鄖公止之然恐其弒昭王乃與王出奔隨正義曰括地志云隨州城外古隨国城隨州也又云楚昭王城在隨州縣北七里左傳云吳師入郢王奔隨隨人処之公宮之北即此城是也吳王聞昭王往即進擊隨謂隨人曰周之子孫封於江漢之間者楚盡滅之欲殺昭王王從臣子綦乃深匿王自以為王謂隨人曰以我予吳隨人卜予吳不吉乃謝吳王曰昭王亡不在隨吳請入自索之隨不聽吳亦罷去昭王之出郢也使申包胥請救於秦服虔曰楚大夫王孫包胥秦以車五百乘救楚楚亦收餘散兵與秦擊吳十一年六月敗吳於稷賈逵曰楚地會吳王弟夫概見吳王兵傷敗乃亡歸自立為王闔閭聞之引兵去楚歸擊夫概夫概敗奔楚楚封之堂谿正義曰地理志云堂谿故城在豫州郾城縣西八十五里也號為堂谿氏楚昭王滅唐杜預曰義陽安昌縣東南上唐鄉○正義曰括地志云上唐鄉故城在隨州棗陽縣東南百五十里古之唐国也世本云唐姬姓之国九月歸入郢十二年吳復伐楚取番正義曰片寒反又音婆括地志云饒州鄱陽縣春秋時為楚東境秦為番縣屬九江郡漢為鄱陽縣也楚恐去郢北徙都鄀正義曰音若括地志云楚昭王故城在襄州樂鄉縣東北三十二里在故都城東五里即楚国故昭王徙都鄀城也十六年孔子相魯二十年楚滅頓杜預曰頓国今汝南南頓縣故頓子国○正義曰陳州南頓縣故頓子国姬姓也逼於陳後南徙故曰南頓滅胡杜預曰汝陰縣西北胡城○正義曰括地志云故胡城在豫州郾城縣界二十一年吳王闔閭伐越越王句踐射傷吳王遂死吳由此怨越而不西伐楚二十七年春吳伐陳楚昭王救之軍城父十月昭王病於軍中有赤雲如鳥夾日而蜚杜預曰雲在楚上唯楚見之昭王問周太史太史曰是害於楚王然可移於將相將相聞是言乃請自以身禱於神昭王曰將相孤之股肱也今移禍庸去是身乎弗聽卜而河為祟大夫請禱河昭王曰自吾先王受封望不過江漢服虔曰謂所受王命祀其国中山川為望○正義曰按江荊州南大江也漢江也二水楚境内也河黄河非楚境也而河非所獲罪也止不許孔子在陳聞是言曰楚昭王通大道矣其不失國宜哉昭王病甚乃召諸公子大夫曰孤不佞再辱楚國之師今乃得以天壽終孤之幸也讓其弟公子申為王不可又讓次弟公子結亦不可乃又讓次弟公子閭五讓乃後許為王將戰庚寅昭王卒於軍中子閭曰王病甚舍其子讓群臣臣所以許王以廣王意也今君王卒臣豈敢忘君王之意乎乃與子西子綦謀伏

楚世家

師聞塗徐廣曰一作壁。正義曰左傳云謀潛師閉塗按潛師密往迎也閉塗防斷外寇爲昭王葬於軍嗣子未定恐有隣國及諸公子之變故迎越女之子伏師閉塗迎越女之子章爲惠王也服虔曰閉塗不通外使也越女昭王之妾。索章立之隱曰閉塗即攢塗也故下立惠王後即罷兵歸葬昭虔說非是爲惠王然後罷兵歸葬昭王惠王二年子西召故平王太子建之子勝於吳以爲巢大夫號曰白公徐廣曰伍子胥傳曰使勝守楚之邊邑鄢。案服虔曰白邑名楚邑大夫皆稱公杜預曰汝陰褒信縣西南有白亭。正義曰巢今廬州居巢縣也括地志云白亭在豫州褒信東南三十二里褒信本漢鄎縣之地後漢分鄎置褒信縣在今褒信縣東七十七里白公好兵而下士欲報仇六年白公請兵令尹子西伐鄭初白公父建亡在鄭鄭殺之白公亡走吳子西復召之故以此怨鄭欲伐之子西許而未爲發兵八年晉伐鄭鄭告急楚楚使子西救鄭受賂而去白公勝怒乃遂與勇力死士石乞等襲殺令尹子西子綦於朝因劫惠王置之高府賈逵曰高府府名也杜預曰楚別府欲弑之惠王從者屈固負惠王亡走昭王夫人宮服虔曰昭王夫人惠王母越女也白公自立爲王月餘會葉公來救楚楚惠王之徒與共攻白公殺之惠王乃復位是歲也徐廣曰惠王之十年滅陳而縣之十三年吳王夫差彊陵齊晉來伐楚十六年越滅吳正義曰表云越滅吳在元王四年四十二年楚滅蔡正義曰周定王二十二年四十四年楚滅杞正義曰周定王二十四年與秦平是時越已滅吳而不能正江淮北正義曰正長也江淮北謂廣陵徐泗等州也楚東侵廣地至泗上五十七年惠王卒子簡王中立正義曰中音仲反簡王元年北伐滅莒正義曰括地志云密州莒縣故國也言北伐者莒在徐泗之北八年魏文侯韓武子趙桓子始列爲諸侯二十四年簡王卒子聲王當立正義曰謚法云不生其國曰聲也聲王六年盜殺聲王子悼王熊疑立悼王二年三晉來伐楚至乘丘而還徐廣曰年表三年歸榆關于鄭。正義曰年表云三晉公子伐我至乘丘誤也已解在年表中地理志云乘丘故城在兗州瑕丘縣西北三十五里是也四年楚伐周鄭殺子陽九年伐韓取負黍十一年三晉伐楚敗我大梁榆關索隱曰此榆關當在大梁之西楚厚賂秦與之平二十一年悼王卒子肅王臧立肅王四年蜀伐楚取茲方正義曰古今地名云荊州松滋縣古鳩茲地即茲方是也於是楚爲扞關以距之李熊說公孫述曰東守巴郡距扞關之口。索隱曰郡國志曰巴郡魚復縣有扞關十年魏取我魯陽正義曰括地志云汝州魯山本漢魯陽縣也古魯縣以古魯山爲名也十一年肅王卒無子立其弟熊良夫是爲宣王宣王六年周天子賀秦獻王秦始復彊而三晉益大魏惠王齊威王尤彊三十年秦封衛鞅於商南侵楚是年宣王卒子威王熊商立威王六年周顯王致文武胙於秦惠王七年齊孟嘗君父田嬰欺楚楚威王伐齊敗之於徐州徐廣曰時楚已滅越而伐齊也齊誅越令攻楚故云齊欺楚而令齊必逐田嬰田嬰恐張丑僞謂楚王曰王所以戰勝於徐州者田盼子不用也盼子者有功於國而百姓爲之用嬰子弗善而用申紀。申紀者，大臣不附，百姓不為用，故王勝之也。今王逐嬰子，嬰子逐，盼子必用矣。復搏其士卒以與王遇，〔索隱曰搏音博，亦作附。謂戰國策作整〕必不便於王矣。」楚王因弗逐也。十一年，威王卒，子懷王熊槐立。魏聞楚喪，伐楚，取我陘山。〔正義曰括地志云陘山在鄭州新鄭縣西南三十里〕懷王元年，張儀始相秦惠王。四年，秦惠王初稱王。六年，楚使柱國昭陽將兵而攻魏，破之於襄陵，得八邑。〔索隱曰襄陵縣名，在河東。古本作八邑〕又移兵而攻齊，齊王患之。〔徐廣曰懷王六年，昭陽移和而攻齊〕陳軫適為秦使齊，齊王曰：「為之奈何？」陳軫曰：「王勿憂，請令罷之。」即往見昭陽軍中，曰：「願聞楚國之法，破軍殺將者何以貴之？」昭陽曰：「其官為上柱國，封上爵執珪。」陳軫曰：「其有貴於此者乎？」昭陽曰：「令尹。」陳軫曰：「今君已為令尹矣，此國冠之上。〔索隱曰冠音貫，令尹最尊，故以國冠言，猶如冠子冠軍然〕臣請得譬之。人有遺其舍人一卮酒者，舍人相謂曰：『數人飲此，不足以遍，請遂畫地為蛇，蛇先成者獨飲之。』一人曰：『吾蛇先成。』舉酒而起，曰：『吾能為之足。』及其為之足，而後成人奪之酒而飲之，曰：『蛇固無足，今為之足，是非蛇也。』今君相楚而攻魏，破軍殺將，功莫大焉，冠之上不可以加矣。今又移兵而攻齊，攻齊勝之，官爵不加於此；攻之不勝，身死爵奪，有毀於楚：此為蛇為足之說也。不

若引兵而去以德齊，此持滿之術也。」昭陽曰：「善。」引兵而去。燕、韓君初稱王。秦使張儀與楚、齊、魏相會，盟齧桑。〔徐廣曰一云在梁與彭城之間〕十一年，蘇秦約從山東六國共攻秦，楚懷王為從長。至函谷關，秦出兵擊六國，六國兵皆引而歸，齊獨後。十二年，齊湣王伐敗趙、魏軍，秦亦伐敗韓，與齊爭長。十六年，秦欲伐齊，而楚與齊從親，秦惠王患之，乃宣言張儀免相，使張儀南見楚王，謂楚王曰：「敝邑之王所甚說者無先大王，雖儀之所甚願為門闌之廝者亦無先大王。敝邑之王所甚憎者無先齊王，雖儀之所甚憎者亦無先齊王。而大王和之，〔索隱曰和謂楚與齊和親〕是以敝邑之王不得事王，而令儀亦不得為門闌之廝也。王為儀閉關而絕齊，今使使者從儀西取故秦所分楚商於之地，方六百里，〔商於之地在今順陽郡南鄉丹水二縣，有商城在於中，故謂之商於〕如是則齊弱矣。是北弱齊，西德於秦，私商於以為富，此一計而三利俱至也。」懷王大悅，乃置相璽於張儀，日與置酒，宣言「吾復得吾商於之地」。群臣皆賀，而陳軫獨弔。懷王曰：「何故？」陳軫對曰：「秦之所為重王者，以王之有齊也。今地未可得而齊交先絕，是楚孤也。夫秦又何重孤國哉，必輕楚矣。且先出地而後絕齊，則秦計不為。先絕齊而後責

地則必且欺於張儀。見欺於張儀，則王必怨之。怨之，是西起秦患，北絕齊交。西起秦患，北絕齊交，則兩國之兵必至。索隱曰：兩國謂韓魏。臣故弔。」楚王弗聽，因使一將軍西受封地。張儀至秦，詳醉墜車，稱病不出三月，地不可得。楚王曰：「儀以吾絕齊為尚薄邪？」乃使勇士宋遺北辱齊王。齊王大怒，折楚符而合於秦。秦齊交合，張儀乃起朝，謂楚將軍曰：「子何不受地？從某至某，廣袤六里。」楚將軍曰：「臣之所以見命者六百里，不聞六里。」即以歸報懷王。懷王大怒，興師將伐秦。陳軫又曰：「伐秦非計也。不如因賂之一名都，與之伐齊，是我亡於秦，索隱曰：謂失商於之地。取償於齊也，吾國尚可存。今王已絕於齊而責欺於秦，是吾合秦齊之交而來天下之兵也，國必大傷矣。」楚王不聽，遂絕和於秦，發兵西攻秦。秦亦發兵擊之。十七年春，與秦戰丹陽，索隱曰：此丹陽在漢中。秦大敗我軍，斬甲士八萬，虜我大將軍屈匄、裨將軍逢侯丑等七十餘人，遂取漢中之郡。楚懷王大怒，乃悉國兵復襲秦，戰於藍田，正義曰：藍田在雍州東南八十里，從藍田關入藍田縣。大敗楚軍。韓魏聞楚之困，乃南襲楚，至於鄧。楚聞，乃引兵歸。十八年，秦使使約復與楚親，分漢中之半以和楚。楚王曰：「願得張儀，不願得地。」張儀聞之，請之楚。秦王曰：「楚且甘心於子，柰何？」張儀曰：「臣善其左右

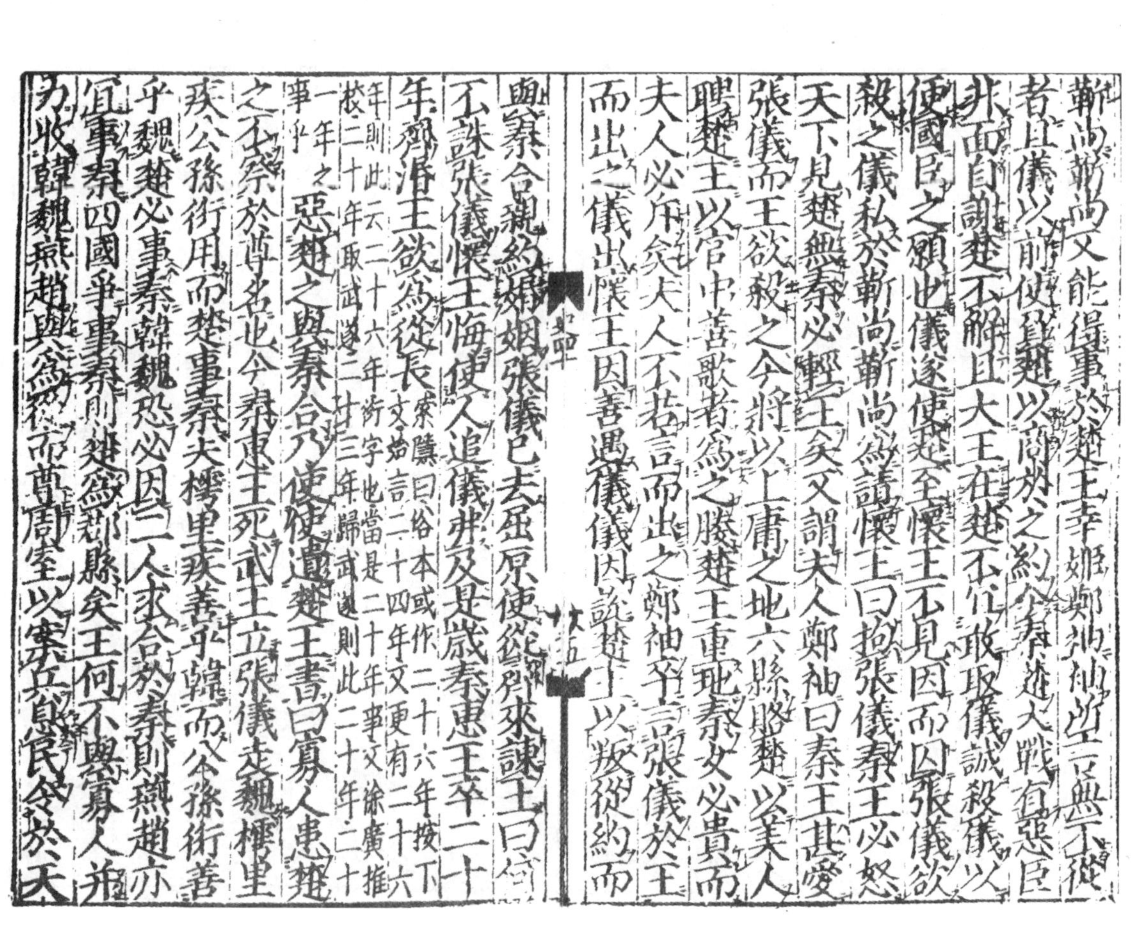

靳尚，靳尚又能得事於楚王幸姬鄭袖，袖所言無不從者。且儀以前使負楚以商於之約，今秦楚大戰，有惡，臣非面自謝楚不解。且大王在，楚不宜敢取儀。誠殺儀以便國，臣之願也。」儀遂使楚。至，懷王不見，因而囚張儀，欲殺之。儀私於靳尚，靳尚為請懷王曰：「拘張儀，秦王必怒。天下見楚無秦，必輕王矣。」又謂夫人鄭袖曰：「秦王甚愛張儀，而王欲殺之。今將以上庸之地六縣賂楚，以美人聘楚王，以宮中善歌者為之媵。楚王重地，秦女必貴，而夫人必斥矣。夫人不若言而出之。」鄭袖卒言張儀於王而出之。儀出，懷王因善遇儀，儀因說楚王以叛從約而與秦合親，約婚姻。張儀已去，屈原使從齊來，諫王曰：「何不誅張儀？」懷王悔，使人追儀，弗及。是歲，秦惠王卒。二十年，齊湣王欲為從長，索隱曰：俗本或作二十六年。按下文始言二十四年，又更有二十六年，則此云二十六年，衍字也。當是二十年事。文倫廣推校二十年取武遂，二十三年歸武遂，則此二十年、二十一年之事也。惡楚之與秦合，乃使使遺楚王書曰：「寡人患楚之不察於尊名也。今秦惠王死，武王立，張儀走魏，樗里疾、公孫衍用，而楚事秦。夫樗里疾善乎韓，而公孫衍善乎魏；楚必事秦，韓魏恐，必因二人求合於秦，則燕趙亦宜事秦。四國爭事秦，則楚為郡縣矣。王何不與寡人并力收韓魏燕趙，與為從而尊周室，以案兵息民，令於天

下莫敢不樂聽則王名成矣王率諸侯並伐破秦必矣王取武關蜀漢之地正義曰武關在商州東一百八十里商洛縣界蜀巴蜀漢漢中郡也私吳越之富而擅江海之利韓魏割上黨西薄函谷則楚之彊百萬也且王欺於張儀亡地漢中兵銼藍田天下莫不代王懷怒今乃欲先事秦願大王孰計之楚王業已欲和於秦見齊王書猶豫不決下其議羣臣羣臣或言和秦或曰聽齊昭雎曰索隱曰雎音七余反王雖東取地於越不足以刷恥必且取地於秦而後足以刷恥於諸侯王不如深善齊韓以重樗里疾如是則王得韓齊之重以求地矣秦破韓宜陽索隱曰弘農之縣在澠池西南而韓猶復事秦者

卅八

以先王墓在平陽索隱曰非也平陽韓之都也索隱曰亦非河間國之縣則韓之平陽秦之武遂並當在宜陽左右而秦之武遂去之七十里以故尤畏秦不然秦攻三川正義曰洛州也趙攻上黨楚攻河外韓必亡楚之救韓不能使韓不亡然存韓者楚也韓已得武遂於秦以河山為塞正義曰河山河西黃河也山韓西境也所報德莫如楚厚臣以為其事王必疾齊之所信於韓者以韓公子眛正義曰眛莫葛反後同為齊相也韓已得武遂於秦王甚善之使之以齊韓重樗里疾疾得齊韓之重其主弗敢棄疾也今又益之以楚之重樗里子必言秦復與楚之侵地矣於是懷王許之竟不合秦而合齊以善韓徐廣曰懷王之二十一年秦拔宜陽取武遂二十二年

年秦復歸韓武遂然則已非二十年事矣二十四年倍齊而合秦秦昭王初立乃厚賂於楚楚往迎婦二十五年懷王入與秦昭王盟約於黃棘秦復與楚上庸二十六年齊韓魏為楚負其從親而合於秦三國共伐楚楚使太子入質於秦而請救秦乃遣客卿通將兵救楚三國引兵去二十七年秦大夫有私與楚太子鬭楚太子殺之而亡歸二十八年秦乃與齊韓魏共攻楚殺楚將唐眛取我重丘而去二十九年秦復攻楚大破楚楚軍死者二萬殺我將軍景缺懷王恐乃使太子為質於齊以求平三十年秦復伐楚取八城秦昭王遺楚王書曰始寡人與王約為弟兄

卅七

盟于黃棘太子為質至驩也太子陵殺寡人之重臣不謝而亡去寡人誠不勝怒使兵侵君王之邊今聞君王乃令太子質於齊以求平寡人與楚接境壤界故為婚姻正義曰壻父曰姻婦父曰婚兩壻相謂曰婭所從相親久矣而今秦楚不驩則無以令諸侯寡人願與君王會武關面相約結盟而去寡人之願也敢以聞下執事楚懷王見秦王書患之欲往恐見欺無往恐秦怒昭雎曰王毋行而發兵自守耳秦虎狼不可信有并諸侯之心懷王子子蘭勸王行曰奈何絕秦之驩心於是往會秦昭王昭王詐令一將軍伏兵武關號為秦王楚王至則閉武關遂與

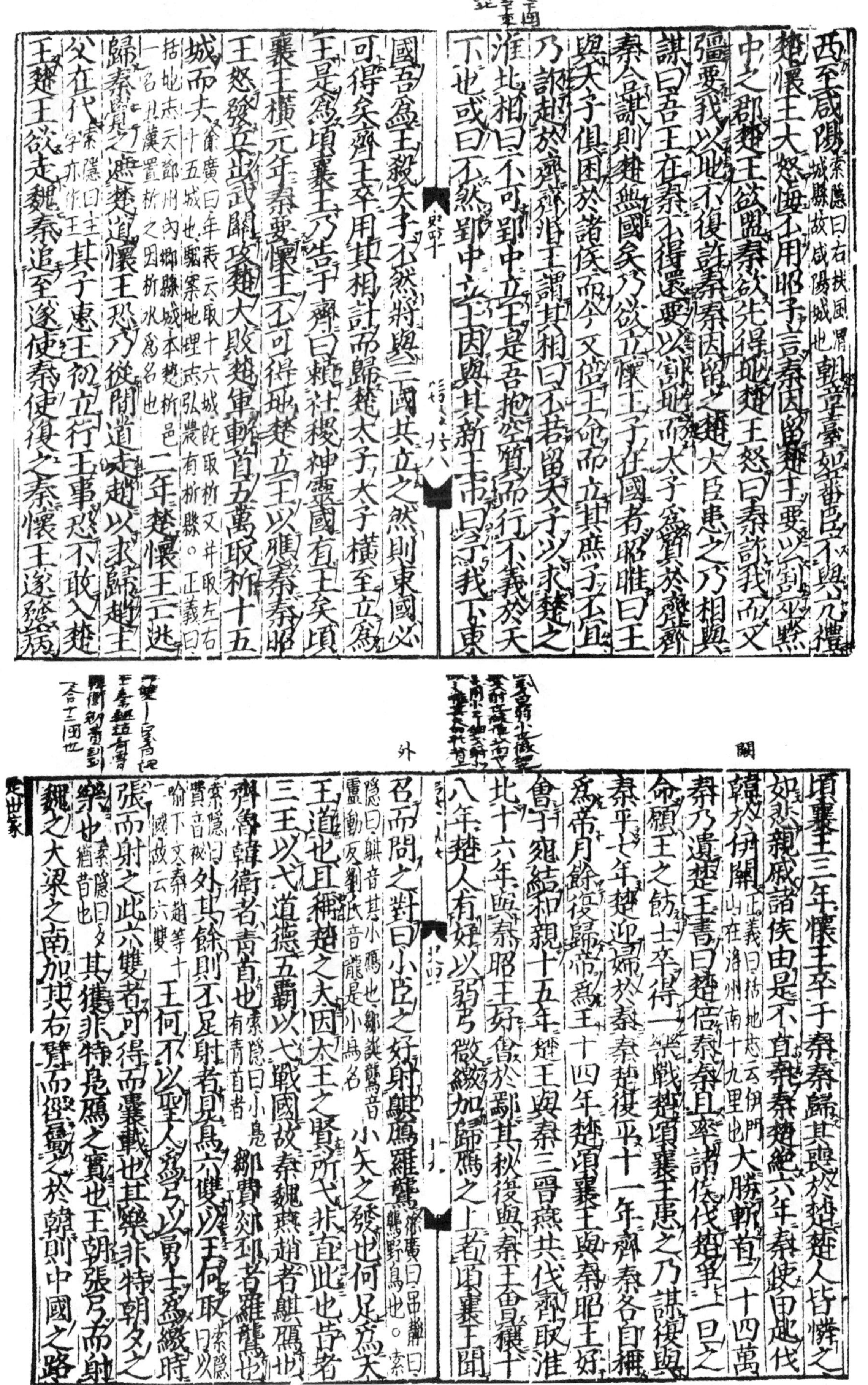

西至咸陽（索隱曰：右扶風渭城縣，故咸陽城也），朝章臺，如蕃臣，不與亢禮。楚懷王大怒，悔不用昭子言。秦因留楚王，要以割巫、黔中之郡。楚王欲盟，秦欲先得地。楚王怒曰：「秦詐我而又彊要我以地！」不復許秦。秦因留之。楚大臣患之，乃相與謀曰：「吾王在秦不得還，要以割地，而太子為質於齊，齊、秦合謀，則楚無國矣。」乃欲立懷王子在國者。昭雎曰：「王與太子俱困於諸侯，而今又倍王命而立其庶子，不宜。」乃詐赴於齊，齊湣王謂其相曰：「不若留太子以求楚之淮北。」相曰：「不可，郢中立王，是吾抱空質而行不義於天下也。」或曰：「不然。郢中立王，因與其新王市曰『予我下東國，吾為王殺太子，不然，將與三國共立之』，然則東國必可得矣。」齊王卒用其相計而歸楚太子。太子橫至，立為王，是為頃襄王。乃告于秦曰：「賴社稷神靈，國有王矣。」

頃襄王橫元年，秦要懷王不可得地，楚立王以應秦，秦昭王怒，發兵出武關攻楚，大敗楚軍，斬首五萬，取析十五城而去。（徐廣曰：年表云取十六城，既取析，又并取左右十五城也。駰案：地理志弘農有析縣。正義曰：括地志云鄧州內鄉縣城本楚析邑，一名白羽，漢置析縣，因析水為名也。）二年，楚懷王亡逃歸，秦覺之，遮楚道，懷王恐，乃從閒道走趙以求歸。趙主父在代，（索隱曰：主，字亦作王。）其子惠王初立，行王事，恐，不敢入楚王。楚王欲走魏，秦追至，遂與秦使復之秦。懷王遂發病。

頃襄王三年，懷王卒于秦，秦歸其喪于楚。楚人皆憐之，如悲親戚。諸侯由是不直秦。秦楚絕。六年，秦使白起伐韓於伊闕，（正義曰：括地志云伊闕山在洛州南十九里也。）大勝，斬首二十四萬。秦乃遺楚王書曰：「楚倍秦，秦且率諸侯伐楚，爭一旦之命。願王之飭士卒，得一樂戰。」楚頃襄王患之，乃謀復與秦平。七年，楚迎婦於秦，秦楚復平。十一年，齊秦各自稱為帝；月餘，復歸帝為王。十四年，楚頃襄王與秦昭王好會于宛，結和親。十五年，楚王與秦、三晉、燕共伐齊，取淮北。十六年，與秦昭王好會於鄢。其秋，復與秦王會穰。十八年，楚人有好以弱弓微繳加歸鴈之上者，頃襄王聞，召而問之。對曰：「小臣之好射鶀鴈、羅鸗，（徐廣曰：鶀音其。鸗音龍。野鳥也。索隱曰：鶀音其，小鴈也。鄒誕鸗音龍，是小鳥名。）小矢之發也，何足為大王道也。且稱楚之大，因大王之賢，所弋非直此也。昔者三王以弋道德，五霸以弋戰國。故秦、魏、燕、趙者，鶀鴈也；齊、魯、韓、衛者，青首也；（索隱曰：小鳧有青首者。）鄒、費、郯、邳者，羅鸗也。外其餘則不足射者。見鳥六雙，以王何取？（索隱曰：以喻下文秦、魏等十二國，故云六雙。）王何不以聖人為弓，以勇士為繳，時張而射之？此六雙者，可得而囊載也。其樂非特朝夕之樂也，（索隱曰：夕，猶昔也。）其獲非特鳧鴈之實也。王朝張弓而射魏之大梁之南，加其右臂而徑屬之於韓，則中國之路

楚世家

絕而上蔡之郡壞矣還射圉之東索隱曰還音患遶也射音石○正義曰圉音語城在汴州雍丘縣東言王朝張弓射魏大梁之南加其右臂連韓鄭則河北中國之路斷絕則韓上蔡之郡自破壞矣復遶射圉之東便解散魏左肘而外擊曹州定陶及魏東之外棄則宋方與兩郡並舉解魏左肘索隱曰解音紀買反而外擊定陶則魏之東外棄而大宋方與二郡者舉矣且魏斷二臂顛越矣膺擊郯國大梁可得而有也王綪繳蘭臺徐廣曰綪一作縈也音爭蘭一作簡○正義曰鄭玄云綪屈也河之間謂之縈收繳索綪也按繳絲繩繫弋射鳥也若膺擊郯國大梁已門乃收弋繳於蘭臺桓山之別名也飲馬西河定魏大梁此一發之樂也若王之於弋誠好而不厭則出寶弓碆新繳徐廣曰以石傅弋繳曰碆音波○索隱曰碆作磻音播磻謂以石傅弋繳射噣鳥於東海還蓋長城以為防徐廣曰蠮一作蠮還音宦蓋一作益益縣在樂安嶧在泰山齊地盧縣有長城東至海也○索隱曰蠮音畫謂大鳥之有鉤喙者若以比齊也還音患謂遶也蓋者覆也言射者若遶蓋覆使無飛走之路因以長城為防也徐以蓋為益縣非也地理志云長城在濟南也○正義曰太山郡記云太山西北有長城緣河徑太山千餘里至琅邪臺入海齊記云齊宣王乘山嶺之上築長城東至海西至濟州千餘里以備楚括地志云長城西北起濟州平陰縣緣河歷太山北岡上經濟州淄州即西南兗州博城縣北東至密州琅邪臺入海蘇代記云齊有長城巨防足以為塞也朝射東莒正義曰括地志云密州莒縣故莒子國地理志云周武王封少昊之後嬴姓於莒始都計斤春秋時徙居莒也夕發浿丘徐廣曰在清河○正義曰括地志云浿丘古名也在青州臨淄縣西北二十五里也夜加即墨顧據午道索隱曰顧反也午道當在齊西界一從一橫為午道蓋亦未許其處○正義曰劉伯莊云齊西界按蓋在博州之西境也則長城之東收正義曰言從齊州長城東至海太山之北齊州之南盡舉收於楚而太山之

北舉矣西結境於趙正義曰言得齊地約結於趙為境界定從約也而北達於燕索隱曰比一作社杜者寬大之名言齊晉既復取燕無不難也○正義曰北達言四通無所滯礙也言燕無山河之限也三國布䎼徐廣曰音翅一作屬○索隱曰三國齊趙燕也䎼音式豉反則從不待約而可成也北遊目於燕之遼東而南登望於越之會稽此再發之樂也若夫泗上十二諸侯左縈而右拂之可一旦而盡也今秦破韓以為長憂得列城而不敢守也伐魏而無功擊趙而顧病索隱曰顧猶反也則秦魏之勇力屈矣楚之故地漢中析酈可得而復有也王出寶弓碆新繳涉鄳塞徐廣曰或以為冥今江夏鄳一作黽○正義曰括地志云故鄳城在陝州河北縣東十里虞邑也杜預云河東大陽有鄍城是也徐言江夏亦誤也而待秦之倦也山東河內正義曰謂華山之東懷州河內之郡可得而一也勞民休眾南面稱王矣故曰秦為大鳥負海內而處東面而立左臂據趙之西南右臂傅楚鄢郢膺擊韓魏索隱曰韓魏當秦之前故云膺擊俗本作鷹非垂頭中國索隱曰垂頭猶申頭也言欲吞山東處既形便勢有地利奮翼鼓䎼方三千里則秦未可得獨招而夜射也欲以激怒襄王故對以此言襄王因召與語遂言曰夫先王為秦所欺而客死於外怨莫大焉今以匹夫有怨尚有報萬乘白公子胥是也今楚之地方五千里帶甲百萬猶足以踊躍中野也而坐受困臣竊為大王弗取也於是頃襄王遣使於諸侯復為從欲以伐秦秦聞之發兵來伐

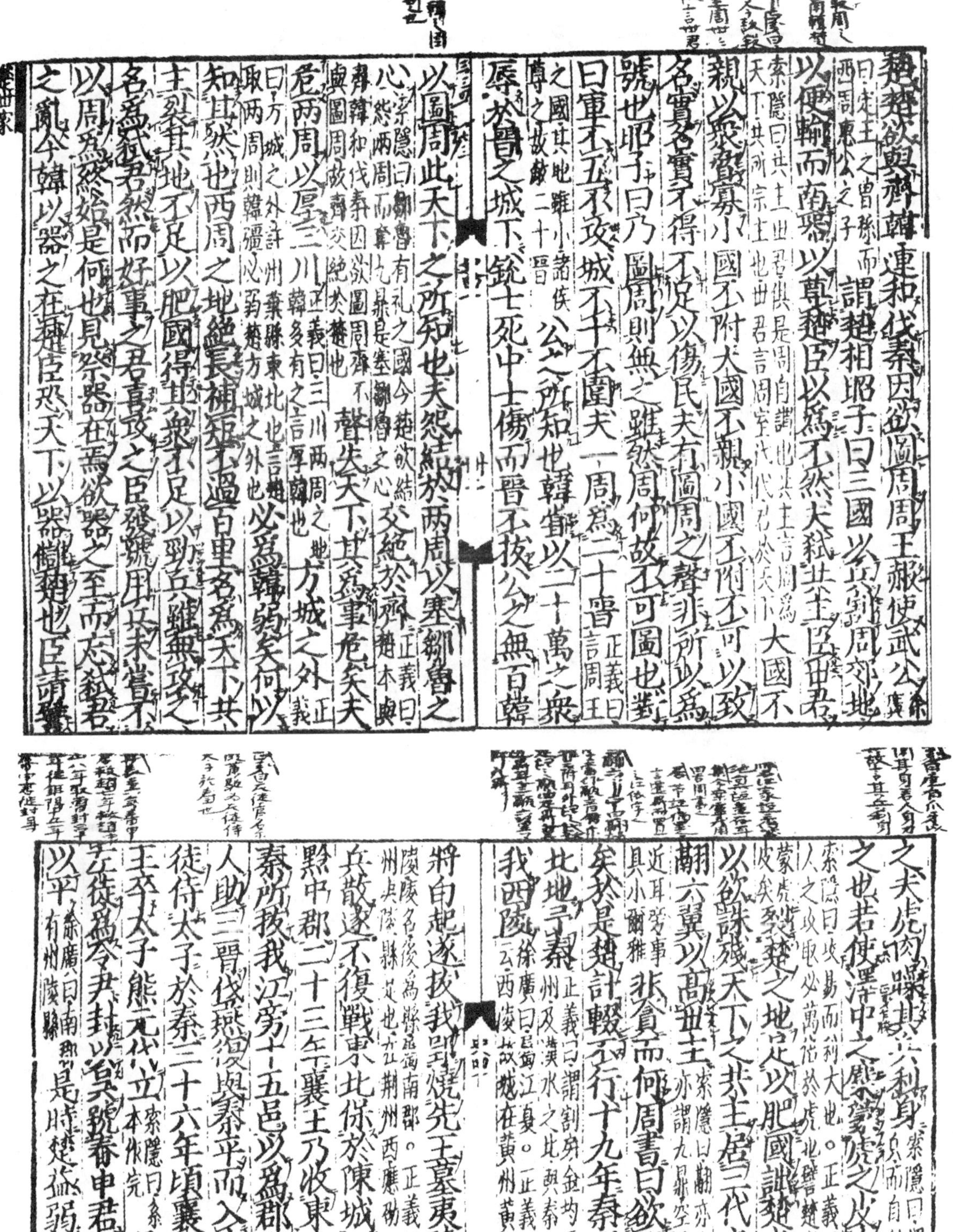

楚欲與齊韓連和伐秦，因欲圖周。周王赧使武公徐廣曰周王之曾孫而西周惠公之子謂楚相昭子曰：「三國以兵割周郊地以便輸，而南器以尊楚，臣以為不然。夫弒共主，臣世君，索隱曰共主世君共是周自謂也共主言周為天下共所宗主也世君言周室代代君於天下大國不親；以眾脅寡，小國不附。大國不親，小國不附，不可以致名實。名實不得，不足以傷民。夫有圖周之聲，非所以為號也。」昭子曰：「乃圖周則無之。雖然，周何故不可圖也？」對曰：「軍不五不攻，城不十不圍。夫一周為二十晉，正義曰言周王之國其地雖小諸侯尊之故敵二十晉公之所知也。韓嘗以二十萬之眾辱於晉之城下，銳士死，中士傷，而晉不拔。公之無百韓以圖周，此天下之所知也。夫怨結於兩周以塞騶魯之心，索隱曰騶魯有禮之國今楚欲結怨兩周而奪九鼎是塞騶魯之心交絕於齊，正義曰楚本與齊韓和伐秦因欲圖周齊不與圖周故齊交絕於楚也聲失天下，其為事危矣。夫危兩周以厚三川，正義曰三川兩周之地韓多有之言厚韓也方城之外正義曰方城之外許州葉縣東北也言楚取兩周則韓彊必弱楚方城之外也必為韓弱矣。何以知其然也？西周之地，絕長補短，不過百里。名為天下共主，裂其地不足以肥國，得其眾不足以勁兵。雖無攻之，名為弒君。然而好事之君，喜攻之臣，發號用兵，未嘗不以周為終始。是何也？見祭器在焉，欲器之至而忘弒君之亂。今韓以器之在楚，臣恐天下以器讎楚也。臣請譬之。夫虎肉臊，其兵利身，索隱曰謂虎以爪牙為兵而自利於防身也人猶攻之也。若使澤中之麋蒙虎之皮，人之攻之必萬於虎矣。索隱曰此喻易而利大也○正義曰野澤之麋身蒙虎皮人之攻取必萬倍於虎也譬楚伐周收祭器楚猶麋蒙虎皮矣裂楚之地，足以肥國；詘楚之名，足以尊主。今子將以欲誅殘天下之共主，居三代之傳器，索隱曰謂九鼎也吞三翮六翼，索隱曰翮亦作䰛同音歷三翮六翼亦謂九鼎也空足曰翮六翼即六耳翼近耳旁事具小爾雅以高世主，非貪而何？周書曰『欲起無先』，故器南則兵至矣。」於是楚計輟不行。

十九年，秦伐楚，楚軍敗，割上庸、漢北地予秦。正義曰謂割房金均三州及漢水之北與秦二十年，秦將白起拔我西陵。徐廣曰屬江夏○正義曰括地志云西陵故城在黃州黃山西二里二十一年，秦將白起遂拔我郢，燒先王墓夷陵。徐廣曰年表云拔郢燒夷陵○索隱曰夷陵陵名後為縣屬南郡○正義曰括地志云峽州夷陵縣是也在荊州西應劭云夷山在西北楚襄王兵散，遂不復戰，東北保于陳城。二十二年，秦復拔我巫、黔中郡。二十三年，襄王乃收東地兵，得十餘萬，復西取秦所拔我江旁十五邑以為郡，距秦。二十七年，使三萬人助三晉伐燕。復與秦平，而入太子為質於秦。楚使左徒侍太子於秦。三十六年，頃襄王病，太子亡歸。秋，頃襄王卒，太子熊元代立，索隱曰系本作完是為考烈王。考烈王以左徒為令尹，封以吳，號春申君。考烈王元年，納州于秦以平。徐廣曰南郡有州陵縣是時楚益弱。六年，秦圍邯鄲，趙告急

楚世家

楚遣將軍景陽救趙。七年，至新中。索隱曰：趙地無其名，字誤，鉅鹿有新市。○正義曰：新中，相州安陽縣也。七國時魏寧新中邑，秦莊襄王拔之，更名安陽。秦兵去。十二年，秦昭王卒，楚王使春申君弔祠于秦。十六年，秦莊襄王卒，秦王趙政立。二十二年，與諸侯共伐秦，不利而去。楚東徙都壽春，命曰郢。正義：壽春在南壽州壽春縣是也。二十五年，考烈王卒，子幽王悍立。李園殺春申君。幽王三年，秦、魏伐楚。秦相呂不韋卒。九年，秦滅韓。十年，幽王卒，同母弟猶代立，是為哀王。哀王立二月餘，哀王庶兄負芻之徒襲殺哀王而立負芻為王。是歲，秦虜趙王遷。王負芻元年，燕太子丹使荊軻刺秦王。二年，秦使將軍伐楚，大破楚軍，亡十餘城。三年，秦滅魏。四年，秦將王翦破我軍於蘄，而殺將軍項燕。五年，秦將王翦、蒙武遂破楚國，虜楚王負芻，滅楚名為郡云。孫檢曰：秦虜楚王負芻，滅去楚名，以楚地為三郡。索隱曰：裴注頗引孫檢，不知其人本末，蓋齊人也。

太史公曰：楚靈王方會諸侯於申，誅齊慶封，作章華臺，求周九鼎之時，志小天下；及餓死于申亥之家，為天下笑。操行之不得，悲夫！勢之於人也，可不慎與？棄疾以亂立，嬖淫秦女，甚乎哉，幾再亡國！索隱曰：幾音祈。

索隱述贊曰：

鬻熊之嗣，周封於楚。僻在荊蠻，篳路藍縷。又通而霸，僭號曰武。文既伐申，成亦救許。子圍篡嫡，商臣殺父。天禍未悔，憑奸自怙。昭困奔亡，懷迫囚虜。頃襄考烈，祚衰南土。

楚世家第十　史記四十

越王句踐世家第十一　史記四十一

越王句踐，其先禹之苗裔，正義曰吳越春秋云禹周行天下還歸大越登茅山以朝四方羣臣封有功爵有德崩而葬焉至少康恐禹迹宗廟祭祀之絶乃封其庶子於越號曰無餘賀循會稽記云少康其少子曰於越越國之稱始此越絶記云無餘都會稽山南故越城是也而夏后帝少康之庶子也。封於會稽，以奉守禹之祀。文身斷髮，披草萊而邑焉。後二十餘世，至於允常。正義曰輿地志云越侯傳國三十餘葉歷殷至周敬王時有越侯夫譚子曰允常拓土始大稱王春秋貶爲子號爲於越杜注云於語發聲也允常之時，與吳王闔廬戰而相怨伐。允常卒，子句踐立，是爲越王。元年，吳王闔廬聞允常死，乃興師伐越。越王句踐使死士挑戰，三行，至吳陳，呼而自剄。吳師觀之，越因襲擊吳師，吳師敗於檇李，杜預曰吳郡嘉興縣南有檇李城○索隱曰事在左傳魯定公十四年射傷吳王闔廬。闔廬且死，告其子夫差曰：「必毋忘越。」

三年，句踐聞吳王夫差日夜勒兵，且以報越，越欲先吳未發往伐之。范蠡諫曰：「不可。臣聞兵者凶器也，戰者逆德也，爭者事之末也。陰謀逆德，好用凶器，試身於所末，上帝禁之，行者不利。」越王曰：「吾已決之矣。」遂興師。吳王聞之，悉發精兵擊越，敗之夫椒。杜預曰夫椒在吳郡吳縣太湖中椒山是也○索隱曰夫音符椒音焦本又作湫音酒小反賈逵云地名國語云敗之五湖則杜預云在椒山爲非事具哀公元年越王乃以餘兵五千人保棲於會稽。杜預曰上會稽山也○索隱曰鄒誕云保山曰棲猶鳥棲於木以避害也故六韜曰軍處山之高者則曰棲吳王追而圍之。

越王謂范蠡曰：正義曰會稽典錄云范蠡字少伯越之上將軍也本是楚宛三戶人佯狂倜儻負俗文種爲宛令遣吏謁奉吏還曰范蠡本國狂人生有此病種笑曰吾聞士有賢俊之姿必有佯狂之譏內懷獨見之明外有不知之毀此固非二三子之所知也駕車而往蠡避之後知種之必來謂兄嫂曰今日有客願假衣冠有頃種至抵掌而談旁人觀者聳聽之矣「以不聽子故至於此，爲之柰何？」蠡對曰：「持滿者與天，韋昭曰與天法天也天道盈而不溢○索隱曰與天天与也言持蒲不溢與天同道故天與之定傾者與人，虞翻曰人道尚謙卑以自牧○索隱曰人主有定傾之功故人與之節事者以地。韋昭曰時不至不可彊生事不究不可彊成○索隱曰國語以作与此以亦与義也言地能財成萬物人主宜節用以法地故地與之韋昭等解恐非卑辭厚禮以遺之，不許，而身與之市。」韋昭曰市利也謂委管籥屬國家以身隨之○正義曰卑作言辭尊遺珍寶不許平越王身往事之如市賈貿易以利此是定傾危之計句踐曰：「諾。」乃令大夫種行成於吳，索隱曰大夫官種名也一云大夫姓種猶司馬司空之比非也成者平也求和於吳也○正義曰吳越春秋云大夫種姓文名種字子禽荊平王時爲宛令之三戶之里范蠡從犬竇蹲而吠之從吏恐文種慙令人引衣而鄣之文種曰無鄣也吾聞犬之所吠者人今吾到此有聖人之氣行而求之來至於此且人身而犬吠者謂我是人也乃下車拜蠡不爲禮膝行頓首曰：「君王亡臣句踐使陪臣種敢告下執事：句踐請爲臣，妻爲妾。」吳王將許之。子胥言於吳王曰：「天以越賜吳，勿許也。」種還，以報句踐。句踐欲殺妻子，燔寶器，觸戰以死。種止句踐曰：「夫吳太宰嚭貪，可誘以利，請閒行言之。」索隱曰閒音紀閑反閒行猶微行於是句踐乃以美女寶器令種閒獻吳太宰嚭。索隱曰國語云越飾美女八人使大夫種遺太宰嚭嚭受，乃見大夫種於吳王。種頓首言曰：願大王赦句踐之罪，盡入其寶器。不幸不赦，句踐將盡殺其妻子，燔其寶器，悉五千人觸戰，必有當也。【索隱曰：言悉五千人觸戰，或有能當吳兵者。故國語作「耦」，耦亦相當對之名。又下云「無乃傷君王之所愛乎」，是有當則傷也。】嚭因說吳王曰：越以服為臣，若將赦之，此國之利也。吳王將許之。子胥進諫曰：今不滅越，後必悔之。句踐賢君，種、蠡良臣，若反國，將為亂。吳王弗聽，卒赦越，罷兵而歸。

句踐之困會稽也，喟然歎曰：吾終於此乎？種曰：湯繫夏臺，文王囚羑里，晉重耳犇翟，齊小白犇莒，其卒王霸。由是觀之，何遽不為福乎？

吳既赦越，越王句踐反國，乃苦身焦思，置膽於坐，坐臥即仰膽，飲食亦嘗膽也。曰：女忘會稽之恥邪？身自耕作，夫人自織，食不加肉，衣不重采，折節下賢人，厚遇賓客，振貧弔死，【徐廣曰：弔，一作葬。】與百姓同其勞。欲使范蠡治國政，蠡對曰：兵甲之事，種不如蠡；鎮撫國家，親附百姓，蠡不如種。於是舉國政屬大夫種，而使范蠡與大夫柘稽行成，為質於吳。【索隱曰：越大夫也。國語作諸稽郢。】二歲而吳歸蠡。

句踐自會稽歸七年，拊循其士民，欲用以報吳。大夫逢同諫曰：【索隱曰：逢，姓；同，名。越有逢伯，是也。】國新流亡，今乃復殷給，繕飾備利，吳必懼，懼則難必至。且鷙鳥之擊也，必匿其形。今夫吳兵加齊、晉，怨深於楚、越，名高天下，實害周室，德少而功多，必淫自矜。為越計，莫若結齊，

親楚，附晉，以厚吳。吳之志廣，必輕戰。是我連其權，三國伐之，越承其弊，可克也。句踐曰：善。

居二年，吳王將伐齊。子胥諫曰：未可。臣聞句踐食不重味，與百姓同苦樂。此人不死，必為國患。吳有越，腹心之疾，齊與吳，疥瘊也。【索隱曰：疥音介，瘊音……】願王釋齊先越。吳王弗聽，遂伐齊，敗之艾陵，【索隱曰：在魯……】虜齊高、國以歸。讓子胥。子胥曰：王毋喜！王怒，子胥欲自殺，王聞而止之。越大夫種曰：臣觀吳王政驕矣，請試嘗之貸粟，以卜其事。請貸，吳王欲與，子胥諫勿與，王遂與之，越乃私喜。子胥言曰：王不聽諫，後三年吳其墟乎！太宰嚭聞之，乃數與子胥爭越議，因讒子胥曰：伍員貌忠而實忍人，其父兄不顧，安能顧王？王前欲伐齊，員彊諫，已而有功，用是反怨王。王不備伍員，員必為亂。與逢同共謀，讒之王。王始不從，乃使子胥於齊，聞其託子於鮑氏，王乃大怒，曰：伍員果欺寡人！使人賜子胥屬鏤劍以自殺。子胥大笑曰：我令而父霸，【索隱曰：而，汝也。父，闔廬也。】我又立若，【索隱曰：若，亦汝也。】若初欲分吳國半予我，我不受，已，今若反以讒誅我。嗟乎，嗟乎，一人固不能獨立！報使者曰：必取吾眼置吳東門，以觀越兵入也！【索隱曰：國語云吳王慍曰：孤不使大夫得見，乃盛以鴟夷，投之于江也。】於是吳任嚭政。

居三年，句踐召范蠡曰：吳已殺子胥，導諛者眾，可乎？

對曰未可。至明年春，吳王北會諸侯於黃池【索隱曰在哀十三年】，吳國精兵從王，惟獨老弱與太子留守【索隱曰按春秋左氏傳太子名友】。句踐復問范蠡，蠡曰可矣。乃發習流二千人【索隱曰虞書云流宥五刑，按流放之罪人使之習戰，任為卒伍，有二千人也。○正義曰謂先慣習流利戰陣死者二千人也】，教士四萬人【索隱曰謂所教練之士也。按孔子曰以不教民戰是謂棄之也】，君子六千人【韋昭曰君子王所親近有志行者，猶吳所謂賢良，齊所謂士也。虞翻曰言君養之如子。○索隱曰君子謂君所子養有恩惠者。又按左氏楚沈尹戌帥都君子以濟師，杜預曰都君子謂都邑之士有復除者。國語云王以私卒君子六千人也】，諸御千人【索隱曰諸御謂諸理事之官在軍有職掌者】，伐吳。吳師敗，遂殺吳太子。吳告急於王，王方會諸侯於黃池，懼天下聞之，乃祕之。吳王已盟黃池，乃使人厚禮以請成越。

越自度亦未能滅吳，乃與吳平。其後四年，越復伐吳。吳士民罷弊，輕銳盡死於齊、晉。而越大破吳，因而留圍之三年，吳師敗，越遂復棲吳王於姑蘇之山。吳王使公孫雄【虞翻曰吳大夫】肉袒膝行而前，請成越王曰：「孤臣夫差敢布腹心，異日嘗得罪於會稽，夫差不敢逆命，得與君王成以歸。今君王舉玉趾而誅孤臣，孤臣惟命是聽，意者亦欲如會稽之赦孤臣之罪乎？」句踐不忍，欲許之。范蠡曰：「會稽之事，天以越賜吳，吳不取。今天以吳賜越，越其可逆天乎？且夫君王蚤朝晏罷，非為吳邪？謀之二十二年，一旦而棄之，可乎？且夫天與弗取，反受其咎。『伐柯者其

則不遠』，君忘會稽之戹乎？」句踐曰：「吾欲聽子言，吾不忍其使者。」范蠡乃鼓進兵，曰：「王已屬政於執事【虞翻曰執事蠡自謂也】，使者去，不者且【虞翻曰我為子得罪○索隱曰虞翻注義依國語之文，今案此文謂使者宜速去，不去且得罪於越，義亦通】。」吳使者泣而去。句踐憐之，乃使人謂吳王曰：「吾置王甬東，【杜預曰甬東會稽句章縣東海中州也。○索隱曰國語云與之夫婦三百是也】君百家。」吳王謝曰：「吾老矣，不能事君王！」遂自殺。乃蔽其面【正義曰今之面衣是其遺象也。越絕云吳王曰聞命矣，以三寸帛幎吾兩目，使死者有知，吾慙見伍子胥、公孫聖；以為無知，吾恥生。死者越王則解綬以幎其目，遂伏劍而死。幎音覓，顧野王云大巾覆也】，曰：「吾無面以見子胥也！」越王乃葬吳王而誅太宰嚭。句踐已平吳，乃以兵北渡淮，與齊、晉諸侯會於徐州，致

貢於周。周元王使人賜句踐胙，命為伯。句踐已去，渡淮南，以淮上地與楚【江淮北。趙世家曰越滅吳而不能正江淮北，楚東侵廣地至泗上】，歸吳所侵宋地於宋，與魯泗東方百里。當是時，越兵橫行於江、淮東，諸侯畢賀，號稱霸王【索隱曰越在蠻夷，少康之後，地遠國小，春秋之初未通上國。國史既微，略無世系，故紀年稱為於粵子。據此文，句踐平吳之後，周元王始命為伯，後遂僭而稱王也】。范蠡遂去，自齊遺大夫種書曰：「蜚鳥盡，良弓藏；狡兔死，走狗烹【徐廣曰狡一作郊】。越王為人長頸鳥喙，可與共患難，不可與共樂。子何不去？」種見書，稱病不朝。人或讒種且作亂，越王乃賜種劍曰：「子教寡人伐吳七術【正義曰越絕云九術：一曰尊天事鬼；二曰重財幣以遺其君；三曰貴糴粟槀以空其邦；四曰遺之好美以榮其志；五曰遺之巧匠，使起宮室高

臺以盈其財以疲其力六曰貴其諛臣使之易伐七曰強其諫臣使之自殺八曰邦家富而備器利九曰堅甲利兵以承其弊寡人用其三而敗吳其四在子子爲我從先王試之種遂自殺勾踐卒索隱曰紀年云晉出公十年十一月於粵子勾踐卒是爲菼執子王鼫與立索隱曰鼫音石與音餘按紀年云於粵子勾踐卒次鹿郢立六年卒樂資云越語謂鹿郢爲鼫與也王鼫與卒子王不壽立王不壽卒索隱曰紀年云不壽立十年見殺是爲盲姑次朱勾立子王翁立王翁卒索隱曰紀年於粵子朱勾三十四年滅滕三十五年滅郯三十七年朱勾卒子王翳立王翳卒子王之侯立索隱曰紀年云翳三十三年遷于吳三十六年七月太子諸咎弑其君翳十月粵殺諸咎粵滑吳人立孚錯枝爲君明年大夫寺區定粵亂立初無余之十二年寺區弟思弑其君莽安次無顓立無顓八年薨是爲菼蠋卯故莊子云越人三弑其君子搜患之逃乎丹穴不肯出越人薰之以艾乘以王輿樂資云號曰無顓蓋無顓後乃次無彊也則王之侯即無余之也王之侯卒子王無彊立索隱曰蓋無顓之弟也音其良反

王無彊時越興師北伐齊西伐楚與中國爭彊當楚威王之時越北伐齊齊威王使人說越王曰越不伐楚大不王小不伯圖越之所爲不伐楚者爲不得晉也韓魏固不攻楚韓之攻楚覆其軍殺其將則葉陽翟危正義曰葉式涉反今許州葉縣陽翟河南陽翟縣也二邑此時屬韓與楚犬牙交境韓若伐楚恐二邑爲楚所危魏亦覆其軍殺其將則陳上蔡不安正義曰陳今陳州也上蔡今豫州上蔡縣也二邑此時屬魏與楚犬牙交境魏若伐楚恐二國爲楚所危也故二晉之事越也正義言韓魏與楚鄰令越合於二晉而伐楚不至於覆軍殺將馬汗之力不效所重於得晉者何也正義曰從不至已下此是齊使者重說越王

越王曰所求於晉者不至頓刃接兵而況于攻城圍邑乎正義曰頓刃築營壘也接兵戰也越王言韓魏乎言皆畏秦楚猶不至頓刃接兵而況更有攻城圍邑而故求越也願魏以聚大梁之下願齊之試兵南陽莒地以聚常郯之境索隱曰南陽在齊之西界莒之西也常邑名蓋田文所封之邑郯故郯國二邑皆齊之則方城之外不南正義曰方城山在許州葉縣西南十八里外謂許州之南地淮泗之間不東商於析酈宗胡之地徐廣曰胡國今之汝陰○索隱曰四邑並屬楚淮之宗因以名邑杜預云汝陰縣北有故胡城是也○正義曰酈音櫟括地志云商洛縣則古商國城也荊州圖副云鄧州內鄉縣東七里於村即於中地也括地志又云鄧州內鄉縣楚邑也故酈縣在鄧州新城縣西北三十里按商於析酈在商鄧二州界縣邑也夏路以左徐廣曰蓋謂江夏之○索隱曰徐氏以爲江夏非也劉氏云楚適諸夏路出方城人向北行以西爲左故云夏路以左其意爲得也○正義曰括地志云故長城在鄧州內鄉縣東七十五里南入穰縣北連翼望山無土之處累石爲城楚國襄王控霸南土爭強中國多築列城於北方以適華夏號爲方城按此說劉氏爲得云邑從衆少不足備秦嶢武二關之道也不足以備秦江南泗上不足以待越矣正義曰江南洪饒等州春秋時爲楚東境也泗上徐州春秋時楚北境也二境並與越鄰言不足當伐越則齊秦韓魏得志於楚也是二晉不戰而分地不耕而穫之不此之爲而頓刃於河山之間以爲齊秦用所待者如此其失計奈何其以此王也齊使者曰幸也越之不亡也吾不貴其用智之如目見豪毛而不見其睫也今王知晉之失計而不自知越之過是目論也索隱曰言越王知晉之失不自覺越之過猶人眼能見豪

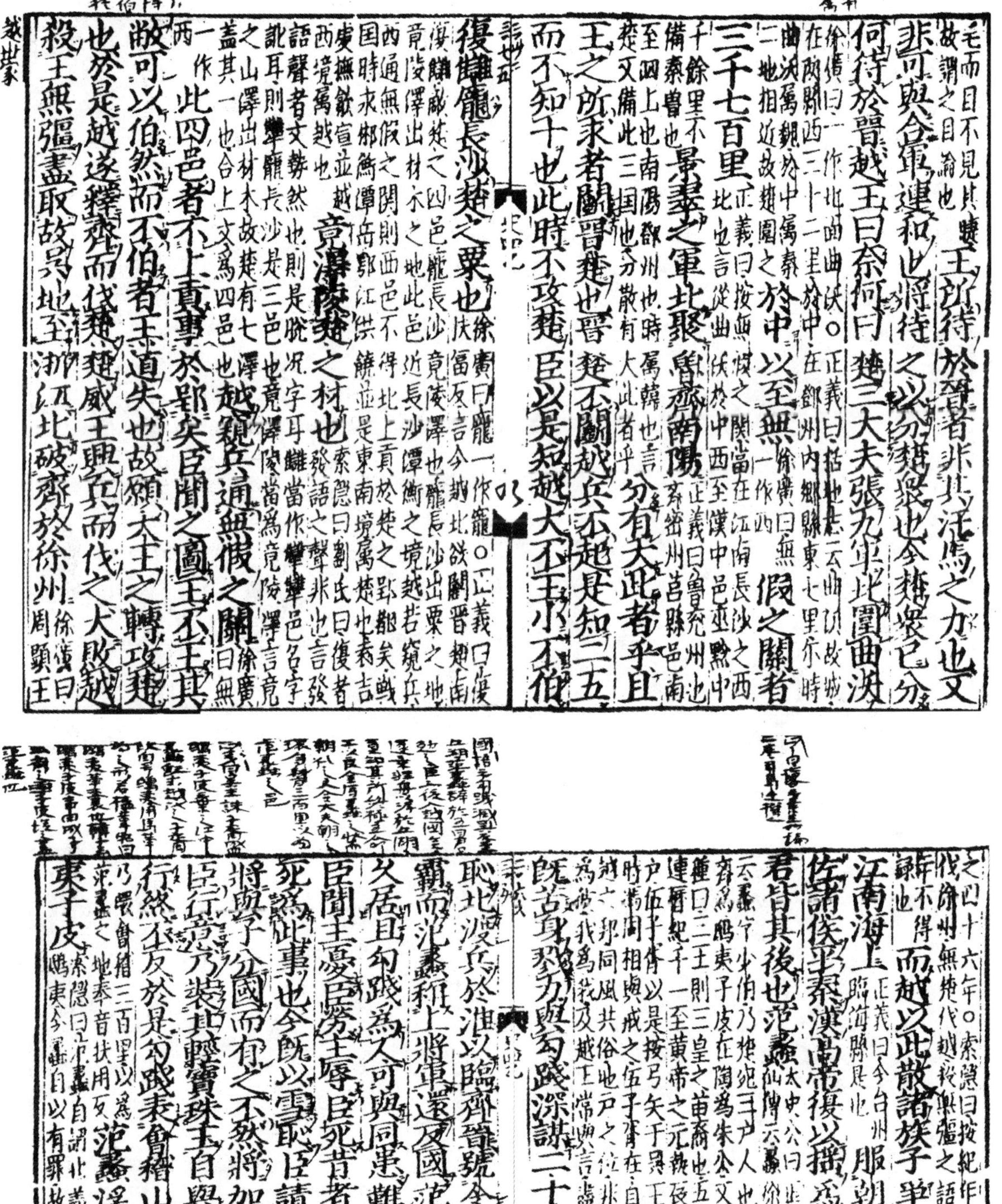

毛而目不見其睫也。今王知晉之失計，而不自知越之過，是目論也。王所待於晉者，非有汗馬之力也，又非可與合軍連和也，將待之以分楚眾也。今楚眾已分，何待於晉？越王曰：奈何？曰：楚三大夫張九軍，北圍曲沃、於中，以至無假之關者三千七百里，景翠之軍北聚魯、齊、南陽，分有大此者乎？且王之所求者，鬭晉楚也；晉楚不鬭，越兵不起，是知二五而不知十也。此時不攻楚，臣以是知越大不王，小不伯。復讎、龐、長沙，楚之粟也；竟澤陵，楚之材也。越窺兵通無假之關，此四邑者不上貢事於郢矣。臣聞之，圖王不王，其敝可以伯。然而不伯者，王道失也。故願大王之轉攻楚也。於是越遂釋齊而伐楚。楚威王興兵而伐之，大敗越，殺王無彊，盡取故吳地至浙江，北破齊於徐州。

而越以此散，諸族子爭立，或為王，或為君，濱於江南海上，服朝於楚。後七世，至閩君搖，佐諸侯平秦。漢高帝復以搖為越王，以奉越後。東越，閩君，皆其後也。

范蠡事越王句踐，既苦身戮力，與句踐深謀二十餘年，竟滅吳，報會稽之恥，北渡兵於淮以臨齊、晉，號令中國，以尊周室，句踐以霸，而范蠡稱上將軍。還反國，范蠡以為大名之下，難以久居，且句踐為人可與同患，難與處安，為書辭句踐曰：臣聞主憂臣勞，主辱臣死。昔者君王辱於會稽，所以不死，為此事也。今既以雪恥，臣請從會稽之誅。句踐曰：孤將與子分國而有之。不然，將加誅于子。范蠡曰：君行令，臣行意。乃裝其輕寶珠玉，自與其私徒屬乘舟浮海以行，終不反。於是句踐表會稽山以為范蠡奉邑。范蠡浮海出齊，變姓名，自謂鴟夷子皮

畜也或曰生牛必也耕于海畔苦身戮力父子治產居無幾何致
產數十萬齊人聞其賢以為相范蠡喟然嘆曰居家則
致千金居官則至卿相此布衣之極也久受尊名不祥
乃歸相印盡散其財以分與知友鄉黨而懷其重寶閒
行以去止于陶徐廣曰今之濟陰定陶○正義曰括地志云陶山在濟州平陰縣東三十五里
止北山之陽也今山南五里猶有朱公冢以為此天下之中交易有無之路
通為生可以致富矣於是自謂陶朱公復約要父子耕
畜廢居候時轉物逐什一之利居無何則致貲累巨萬
徐廣曰萬万也天下稱陶朱公朱公居陶生少子少子及壯而
朱公中男殺人囚於楚朱公曰殺人而死職也然吾聞

千金之子不死於市告其少子往視之乃裝黃金千溢
置褐器中載以一牛車且遣其少子朱公長男固請欲
行朱公不聽長男曰家有長子曰家督今弟有罪大人
不遣乃遺少弟是吾不肖欲自殺其母為言曰今遣少
子未必能生中子也而先空亡長男奈何朱公不得已
而遣長子為一封書遺故所善莊生索隱曰據其時代非莊周也然驗其
行事非子休而誰能信任於楚王乎○正義曰年表云周元王四年越滅吳范蠡遂去齊歸定陶後遺莊生金
莊周與魏惠王周元王同時從周元王四年至齊宣王元年一百三十年此莊生非莊子曰至則進
千金于莊生所聽其所為慎無與爭事長男既行亦自
私齎數百金至楚莊生家負郭披藜藋到門居甚貧然

長男發書進千金如其父言莊生曰可疾去矣慎毋留
即弟出勿問所以然長男既去不過莊生而私留以其
私齎獻遺楚國貴人用事者莊生雖居窮閻然以廉直
聞於國自楚王以下皆師尊之及朱公進金非有意受
也欲以成事後復歸之以為信耳故金至謂其婦曰此
朱公之金有如病不宿誡後復歸勿動而朱公長男不
知其意以為殊無短長也莊生閒時入見楚王言某星
宿某此則害於楚楚王素信莊生曰今為奈何莊生曰
獨以德為可以除之楚王曰生休矣寡人將行之王乃
使使者封三錢之府國語曰周景王時將鑄大錢賈逵說云虞夏商周金幣三等或赤或

白或黃黃為上幣銅錢為下幣韋昭曰錢者金幣之名所以貿買物通財用也單穆公云古者有母平子子權
母而行然則三品之來古而然矣駰謂楚之三錢賈韋之說近之楚貴人驚告朱公長
男曰王且赦曰何以也曰每王且赦常封三錢之府
暮王使使封之或曰王且赦常封三錢之府者錢幣至重慮人或逆知有赦盜竊之所以封錢
府備盜竊也漢靈帝時河內張成能候風角知將有赦教子殺人捕得七日赦出此其類也朱公長
男以為赦弟固當出也重千金虛弃莊生無所為也乃
復見莊生莊生驚曰若不去邪長男曰固未也初為事
弟弟今議自赦故辭生去莊生知其意欲復得其金曰
若自入室取金長男即自入室取金持去獨自歡幸莊
生羞為兒子所賣乃入見楚王曰臣前言某星事王言

欲以修德報之。今臣出，道路皆言陶之富人朱公之子殺人囚楚，其家多持金錢賂王左右，故王非能恤楚國而赦，乃以朱公子故也。楚王大怒曰：寡人雖不德耳，柰何以朱公之子故而施惠乎！令論殺朱公子，明日遂下赦令。朱公長男竟持其弟喪歸。至，其母及邑人盡哀之，唯朱公獨笑曰：吾固知必殺其弟也。彼非不愛其弟，顧有所不能忍者也。是少與我俱，見苦，為生難，故重棄財。至如少弟者，生而見我富，乘堅驅良逐狡兔，徐廣曰：狡，一作郊。豈知財所從來，故輕棄之，非所惜吝。前日吾所為欲遣少子，固為其能棄財故也。而長者不能，故卒以殺其弟，事之理也，無足悲者。吾日夜固以望其喪之來也。故范蠡三徙，成名於天下，非苟去而已，所止必成名。卒老死于陶，故世傳曰陶朱公。張華曰：陶朱公冢在南郡華容縣西，樹碑云是越之范蠡也。正義曰：盛弘之荊州記云荊州華容縣西有陶朱公冢，樹碑云是越范蠡。范蠡本始三戶人，與文種俱入越，吳亡後自適齊而終。陶朱公登仙，未聞葬此所由。括地志云陶朱公冢也。又云濟州平陰縣東三十里陶山南五里有陶公冢，并止於陶山之陽。按葬處有三，未詳其處。

史記四一　　十三

太史公曰：禹之功大矣，漸九川，徐廣曰：漸者，亦引進通導之意，此字或宜然。定九州，至于今諸夏艾安。及苗裔句踐，苦身焦思，終滅彊吳，北觀兵中國，以尊周室，號稱霸王。徐廣曰：一作主。句踐可不謂賢哉！蓋有禹之遺烈焉。范蠡三遷皆有榮名，名垂

越世家

後世。臣主若此，欲毋顯得乎！

索隱述贊曰：

越祖少康，至于允常。其子始霸，
與吳爭彊。檇李之役，闔閭見傷。
會稽之恥，句踐欲當。種誘以利，
蠡悉其良。折節下士，致膽思嘗。
卒復讎寇，遂殄吳疆。後不量力，
滅於無彊。

越王句踐世家第十一　史記四十一

鄭世家第十二　　史記四十二

鄭桓公友者周厲王少子而宣王庶弟也徐廣曰年表云母弟宣王立二十二年友初封于鄭索隱曰鄭縣名屬京兆秦武公十一年初縣杜鄭是也又系本云桓公居棫林徙拾宋忠云棫林與拾皆舊地名是封桓公乃名爲鄭耳至秦之縣鄭蓋是鄭武公東徙新鄭之後其舊鄭乃是故都也出地理志封三十三歲百姓皆便愛之幽王以爲司徒韋昭曰幽王八年爲司徒○索隱曰韋昭據國語以爲說耳和集周民周民皆說河雒之間人便思之爲司徒一歲幽王以褒后故王室治多邪諸侯或畔之於是桓公問太史伯虞翻曰周大史曰王室多故予安逃死乎太史伯對曰獨雒之東土河濟之南可居公曰何以對曰地近虢鄶虢成皐鄶在密縣虞翻曰虢姬姓東虢也鄶妘姓正義曰括地志云洛州汜水縣古東虢叔之國東虢君也又云故鄶城在鄭州新鄭縣東北二十二里虢鄶之君貪而好利索隱曰鄭語云虢叔恃勢鄶仲恃險皆有驕侈之心加之以貪冒是也虢叔文王弟鄶妘姓之國也百姓不附今公爲司徒民皆愛公公誠請居之虢鄶之君見公方用事輕分公地公誠居之虢鄶之民皆公之民也公曰吾欲南之江上何如對曰昔祝融爲高辛氏火正其功大矣而其於周未有興者楚其後也周衰楚必興興非鄭之利也公曰吾欲居西方何如索隱曰國語曰公曰謝西之九州何如韋昭云謝申伯之國謝西有九州二千五百家爲州川謂蓋異此對曰其民貪而好利難久居公曰周衰何國興者對曰齊秦晉楚乎夫齊姜姓伯夷之後也伯夷佐堯典禮秦嬴姓伯翳之後也伯翳佐舜懷柔百物及楚之先皆嘗有功於天下而周武王克紂後成王封叔虞于唐徐廣曰晉世家曰唐叔虞姓姬氏字子于○索隱曰唐者古國堯之後也其君曰叔虞何以知然據此系家下文云唐人之季代曰唐叔虞當武王邑姜方動太叔夢天帝命而子曰虞與之唐及生有文在手曰虞遂以名之及成王滅唐而國太叔故因以稱唐叔虞杜預亦曰取唐君之名是也其地阻險以此有德與周衰並亦必興矣桓公曰善於是卒言王東徙其民雒東而虢鄶果獻十邑虞翻曰十邑謂虢鄶鄢蔽補丹依畴歷華也○索隱曰國語云太史伯曰若克二邑鄢蔽補丹依畴歷華君之土也虞翻註皆依國語爲說韋昭曰後武公竟取十邑之地而居之今河南新鄭也竟國之二歲犬戎殺幽王於驪山下并殺桓公鄭人共立其子掘突正義上其勿反是爲武公索隱曰譙周云名突滑皆非也蓋古史失其名太史公循舊失而妄記之耳何以知其然者按下文其孫昭公名忽厲公名突豈有孫與祖同名乎當是舊史雜記昭厲忽突之名遂誤以掘突爲武公之字耳武公十年娶申侯女正義曰括地志云故申城在鄧州南陽縣北三十里古申伯國也左傳云鄭武公取於申也爲夫人曰武姜生太子寤生生之難及生夫人弗愛後生少子叔段段生易夫人愛之徐廣曰年表云十四年生寤生十七年生太叔段二十七年武公疾夫人請公欲立段爲太子公弗聽是歲武公卒寤生立是爲莊公

莊公元年封弟段於京賈逵曰京鄭都邑杜預曰今滎陽京縣號太叔祭仲曰京大於國非所以封庶也莊公曰武姜欲之我弗敢奪也段至京繕治甲兵與其母武姜謀襲鄭

年段果襲鄭武姜為內應莊公發兵伐段段走伐京京人畔段段出走鄢正義曰鄢音烏古反今新鄭縣南鄢陵有村多萬家舊作鄔鄢音偃黃云鄢今鄢陵也鄢潰段出奔共賈逵曰共國名也杜預曰今汲郡共縣也○正義曰按今衛州共城縣是也於是莊公遷其母武姜於城潁賈逵曰鄭地也○正義曰潁許州臨潁縣是也誓言曰不至黃泉服虔曰天玄地黃泉在地中故言黃泉毋相見也居歲餘已悔思母潁谷之考叔賈逵曰潁谷鄭地○正義曰括地志云潁水源出洛州嵩高縣東南三十里陽乾山今俗名潁山泉源出山之東谷其側有古人居處俗名為潁墟故老云是潁考叔之故居即酈元注水經所謂潁谷也有獻於公公賜食考叔曰臣有母請君食賜臣母莊公曰我甚思母惡負盟柰何考叔曰穿地至黃泉則相見矣於是遂從之見母二十四年宋繆公卒公子馮奔鄭鄭侵周地取禾索隱曰左傳隱三年鄭武公莊公為平王卿士王貳于虢及王崩周人將畀虢公政夏四月鄭祭足帥師取溫之麥秋又取成周之禾二十五年衛州吁弒其君桓公自立與宋伐鄭以馮故也二十七年始朝周桓王桓王怒其取禾弗禮也索隱曰杜預曰桓公即位周鄭交惡至是始朝故言始也左傳又曰周桓公言於王曰我周之東遷晉鄭焉依善鄭以勸來者猶懼不蔇況不禮焉鄭不來矣二十九年莊公怒周弗禮與魯易祊許田索隱曰許田近許之地魯朝宿之邑祊者鄭所受助祭太山之湯沐邑鄭以天子不能巡守故以祊易許田各從其近三十三年宋殺孔父三十七年莊公不朝周周桓王率陳蔡虢衛伐鄭莊公與祭仲高渠彌發兵自救索隱曰左傳稱祭仲足亦稱祭足是名仲字仲足也故傳云祭封人仲足是也此繻葛之戰在魯桓五年

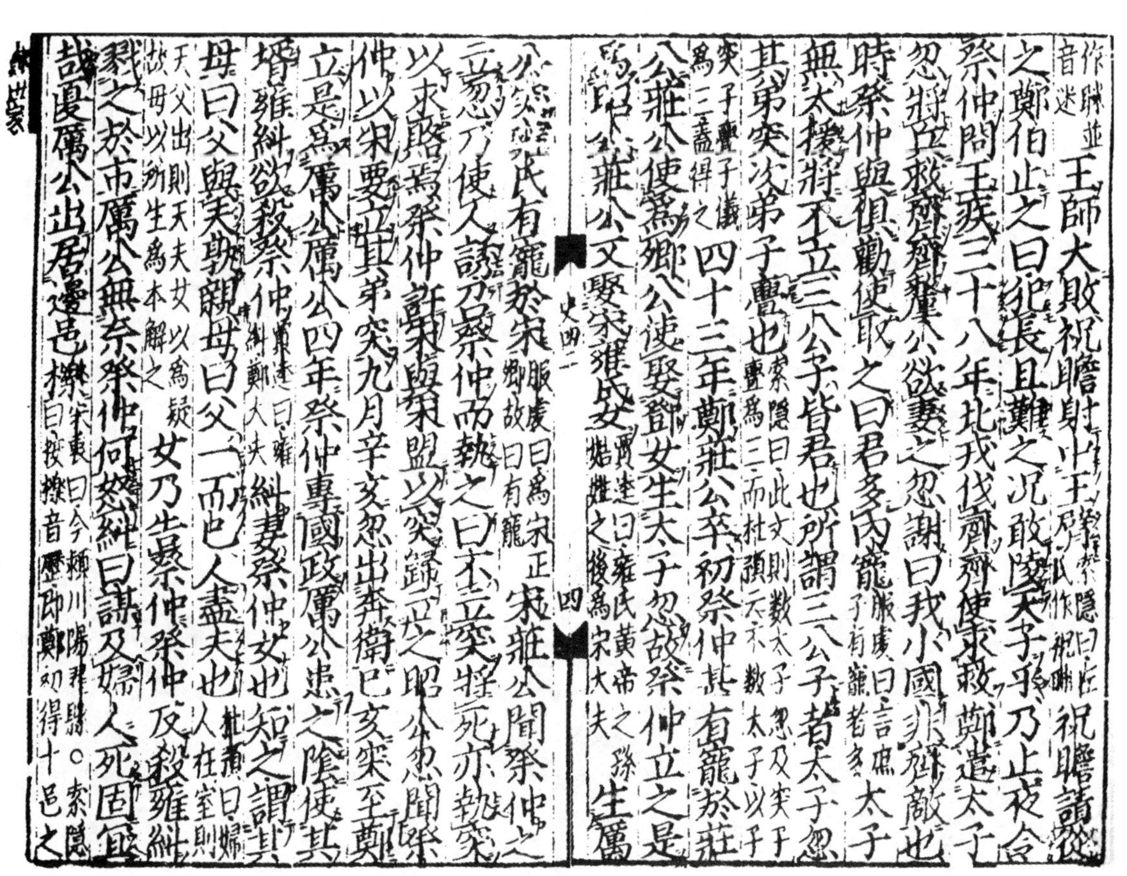

作聸並音迷王師大敗祝聸射中王臂索隱曰左傳作祝聃祝聸請從之鄭伯止之曰犯長且難之況敢陵天子乎乃止夜令祭仲問王疾三十八年北戎伐齊齊使求救鄭遣太子忽將兵救齊齊釐公欲妻之忽謝曰我小國非齊敵也時祭仲與俱勸使取之曰君多內寵服虔曰言庶子有寵者多太子無大援將不立三公子皆君也所謂三公子者太子忽其弟突次弟子亹也索隱曰此文則數太子忽及突子亹為三而杜預云不數太子以子突子儀子亹為三蓋得之四十三年鄭莊公卒初祭仲甚有寵於莊公莊公使為卿公使娶鄧女生太子忽故祭仲立之是為昭公莊公又娶宋雍氏女賈逵曰雍氏黃帝之孫姞姓之後為宋大夫生厲公突雍氏有寵於宋服虔曰為宋正卿故曰有寵宋莊公聞祭仲之立忽乃使人誘召祭仲而執之曰不立突將死亦執突以求賂焉祭仲許宋與宋盟以突歸立之昭公忽聞祭仲以宋要立其弟突九月辛亥忽出奔衛己亥突至鄭立是為厲公厲公四年祭仲專國政厲公患之陰使其婿雍糾欲殺祭仲賈逵曰雍糾鄭大夫糾妻祭仲女也知之謂其母曰父與夫孰親母曰父一而已人盡夫也杜預曰婦人在室則天父出則天夫女以為疑故母以所生為本解之女乃告祭仲祭仲反殺雍糾戮之於市厲公無柰祭仲何怒糾曰謀及婦人死固宜哉夏厲公出居邊邑櫟宋忠曰今潁川陽翟縣○索隱曰櫟音歷即鄭初得十邑之

也祭仲迎昭公忽六月乙亥復入鄭即位秋鄭厲公突因櫟人殺其大夫單伯世本單作檀伯索隱曰鄭守櫟大夫也○索隱左傳作檀伯事在桓十五年此文誤為單伯者蓋亦有所因也按魯莊公十四年厲公自櫟侵鄭事與此相連故知誤耳遂居之諸侯聞厲公出奔伐鄭弗克而去宋頗予厲公兵自守於櫟鄭以故亦不伐櫟昭公二年自昭公為太子時父莊公欲以高渠彌為卿太子忽惡之莊公弗聽卒用渠彌為卿及昭公即位懼其殺己冬十月辛卯渠彌與昭公出獵射殺昭公於野祭仲與渠彌不敢入厲公乃更立昭公弟子亹為君是為子亹也無謚號子亹元年七月齊襄公會諸侯於首止索隱曰首止近鄭之地杜預曰首止衛地陳留襄邑縣東南有首鄉鄭子亹往會高渠彌相從祭仲稱疾不行所以然者子亹自齊襄公為公子之時嘗會鬬相仇及會諸侯祭仲請子亹無行子亹曰齊彊而厲公居櫟即不往是率諸侯伐我內厲公我不如往往何遽必辱且又何至是卒行於是祭仲恐齊并殺之故稱疾子亹至不謝齊侯齊侯怒遂伏甲而殺子亹高渠彌亡歸索隱曰左氏云轘高渠彌歸與祭仲謀召子亹弟公子嬰於陳而立之是為鄭子索隱曰左氏以鄭子名子儀此云嬰蓋別有所見是歲齊襄公使彭生醉拉殺魯桓公鄭子八年齊人管至父等作亂弒其君襄公十二年宋人長萬弒其君湣公鄭祭仲死十四年

故鄭亡厲公突在櫟者使人誘劫鄭大夫甫瑕要以求入索隱曰左傳作傅瑕此作甫今多假借亦依字讀瑕曰舍我我為君殺鄭子而入君厲公與盟乃舍之六月甲子瑕殺鄭子及其二子而迎厲公突突自櫟復入即位初內蛇與外蛇鬭於鄭南門中內蛇死居六年厲公果復入入而讓其伯父原索隱曰左傳謂之原繁曰我亡國外居伯父無意入我亦甚矣原曰事君無二心人臣之職也原知罪矣遂自殺厲公於是謂甫瑕曰子之事君有二心矣遂誅之瑕曰重德不報誠然哉厲公突後元年齊桓公始霸五年燕衛與周惠王弟穨伐王索隱曰惠王莊王孫僖王子子穨莊王之妾王姚所生事在莊十九年王出奔溫立弟穨為王六年惠王告急鄭厲公發兵擊周王子穨弗勝於是與周惠王歸王居于櫟七年春鄭厲公與虢叔襲殺王子穨而入惠王于周秋厲公卒子文公踕立索隱曰踕音在接反系本云一本作捷與鄭宋忠云即斜鄭也厲公初立四歲亡居櫟居櫟十七歲復入立七歲與亡凡二十八年文公十七年齊桓公以兵破蔡遂伐楚至召陵二十四年文公之賤妾曰燕姞賈逵曰姞南燕姓夢天與之蘭賈逵曰蘭香草也曰余為伯儵賈逵曰伯儵南燕祖余爾祖也以是為而子王肅曰以是蘭也為汝子以蘭有國香以夢告文公文公幸之而予之草蘭為符遂生子名曰蘭二十六年晉公子重耳過文公弗禮文

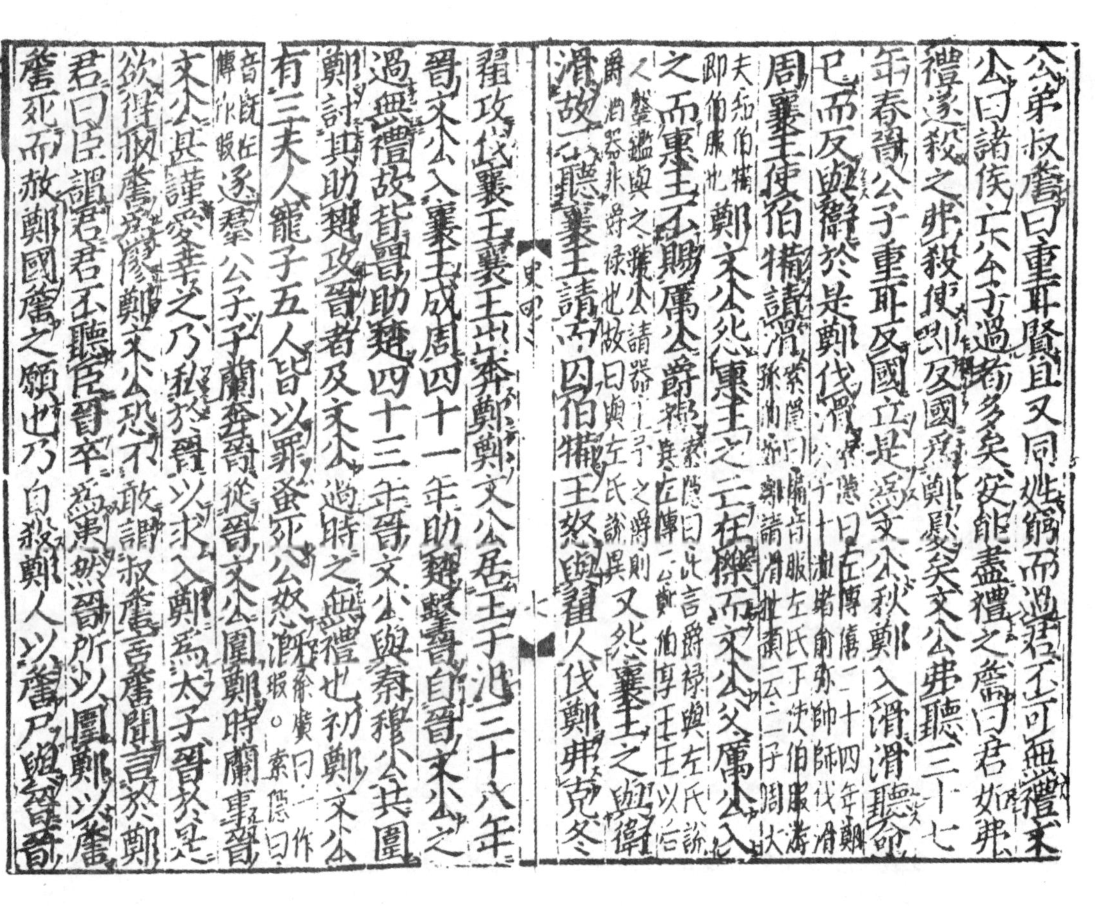

公弟叔詹曰：重耳賢，且又同姓，窮而過君，不可無禮。文公曰：諸侯亡公子過此者多矣，安能盡禮之。詹曰：君如弗禮，遂殺之；弗殺，使即反國，為鄭憂矣。文公弗聽。三十七年春，晉公子重耳反國，立，是為文公。秋，鄭入滑，滑聽命，已而反與衛，於是鄭伐滑。周襄王使伯犕請滑。鄭文公怨惠王之亡在櫟，而文公父厲公入之，而惠王不賜厲公爵祿，又怨襄王之與衛滑，故不聽襄王請而囚伯犕。王怒，與翟人伐鄭，弗克。冬，翟攻伐襄王，襄王出奔鄭，鄭文公居王于氾。三十八年，晉文公入襄王成周。四十一年，助楚擊晉。自晉文公之過無禮，故背晉助楚。四十三年，晉文公與秦穆公共圍鄭，討其助楚攻晉者，及文公過時之無禮也。初，鄭文公有三夫人，寵子五人，皆以罪蚤死。公怒，溉逐群公子。子蘭奔晉，從晉文公圍鄭。時蘭事晉文公甚謹，愛幸之，乃私於晉，以求入鄭為太子。晉於是欲得叔詹為僇。鄭文公恐，不敢謂叔詹言。詹聞，言於鄭君曰：臣謂君，君不聽臣，晉卒為患。然晉所以圍鄭，以詹，詹死而赦鄭國，詹之願也。乃自殺。鄭人以詹尸與晉。

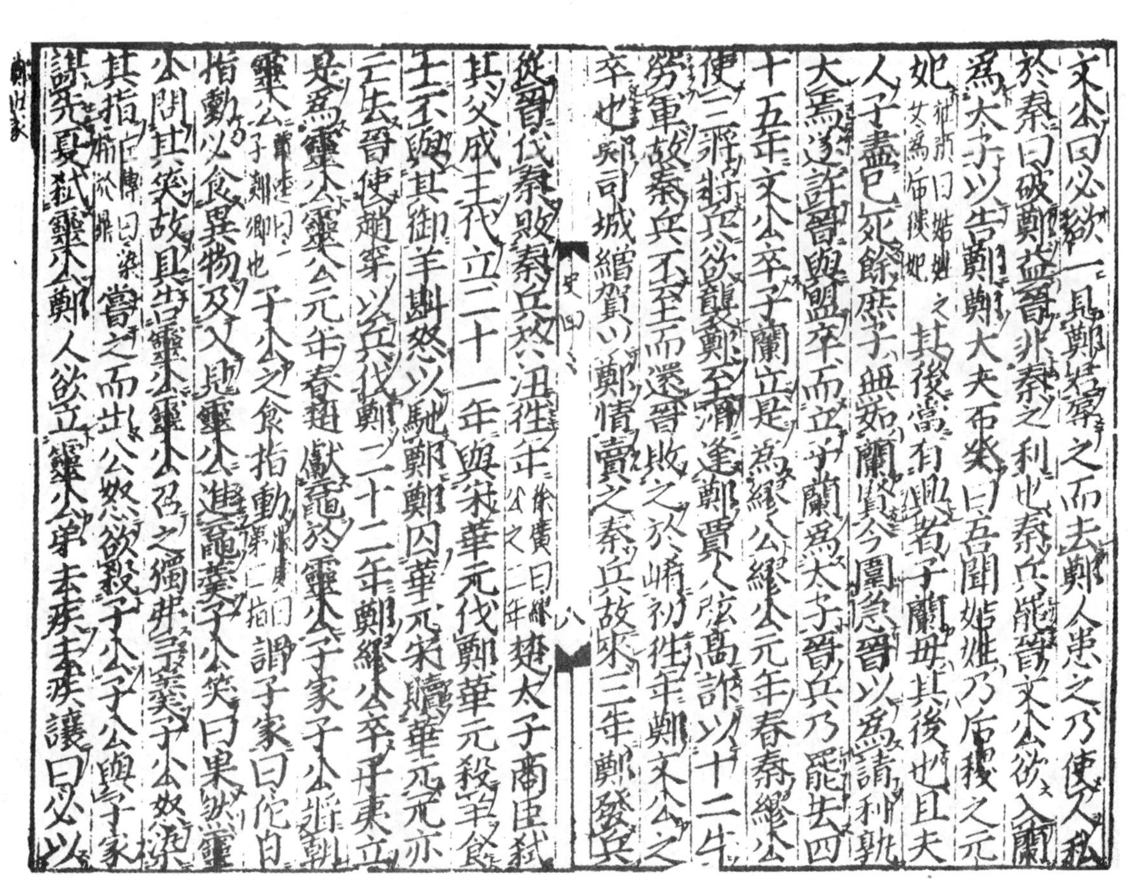

晉文公曰：必欲一見鄭君，辱之而去。鄭人患之，乃使人私於秦曰：破鄭益晉，非秦之利也。秦兵罷。晉文公欲入蘭為太子，以告鄭。鄭大夫石癸曰：吾聞姞姓乃后稷之元妃，其後當有興者。子蘭母，其後也。且夫人子盡已死，餘庶子無如蘭賢。今圍急，晉以為請，利孰大焉。遂許晉，與盟，而卒立子蘭為太子，晉兵乃罷去。四十五年，文公卒，子蘭立，是為繆公。繆公元年春，秦繆公使三將將兵欲襲鄭，至滑，逢鄭賈人弦高詐以十二牛勞軍，故秦兵不至而還，晉敗之於崤。初，往年鄭文公之卒也，鄭司城繒賀以鄭情賣之，秦兵故來。三年，鄭發兵從晉伐秦，敗秦兵於汪。往年楚太子商臣弒其父成王代立。二十一年，與宋華元伐鄭。華元殺羊食士，不與其御羊斟，怒以馳鄭，鄭囚華元。宋贖華元，元亦亡去。晉使趙穿以兵伐鄭。二十二年，鄭繆公卒，子夷立，是為靈公。靈公元年春，楚獻黿於靈公。子家、子公將朝靈公，子公之食指動，謂子家曰：佗日指動，必食異物。及入，見靈公進黿羹，子公笑曰：果然。靈公問其笑故，具告靈公。靈公召之，獨弗予羹。子公怒，染其指，嘗之而出。公怒，欲殺子公。子公與子家謀先。夏，弒靈公。鄭人欲立靈公弟去疾，去疾讓曰：必以

賢則去疾不肖必以順則公子堅長堅者靈公庶弟
（一云年長靈公庶兄）去疾之兄也於是乃立子堅是爲襄公襄公
立將盡去繆氏繆氏者殺靈公子公之族家也去疾曰
必去繆氏我將去之乃止皆以爲大夫襄公元年楚怒
鄭受宋賂縱華元伐鄭鄭背楚與晉親五年楚復伐鄭
晉來救之六年子家卒國人復逐其族以其弑靈公也
七年鄭與晉盟鄢陵八年楚莊王以鄭與晉盟來伐圍
鄭三月鄭以城降楚楚王入自皇門（鄭郭門）鄭襄公肉袒掔羊
以迎曰孤不能事邊邑使君王懷怒以及弊邑孤之罪
也敢不惟命是聽君王遷之江南及以賜諸侯亦惟命
是聽若君王不忘厲宣王桓武公哀不忍絕其社稷錫
不毛之地（何休曰墝埆不生五穀曰不毛謙不敢求肥饒）使復得改事君王孤
之願也然非所敢望也敢布腹心惟命是聽莊王爲卻
三十里而後舍楚群臣曰自郢至此士大夫亦久勞矣
今得國舍之何如莊王曰所爲伐伐不服也今已服尚
何求乎卒去晉聞楚之伐鄭發兵救鄭其來持兩端故
遲比至河楚兵已去晉將率或欲渡或欲還卒渡河莊
王聞還擊晉鄭反助楚大破晉軍於河上十年晉來伐
鄭以其反晉而親楚也十一年楚莊王伐宋宋告急于
晉晉景公欲發兵救宋伯宗諫晉君曰天方開楚未可

伐也乃求壯士得霍人解揚字子虎誆楚令宋毋降過
鄭鄭與楚親乃執解揚而獻楚楚王厚賜與約使反其
言令宋趣降三要乃許於是楚登解揚樓車（服虔曰樓車所以窺望敵軍兵法所謂雲梯者 杜預曰樓車車上望櫓也）令呼宋遂負楚約而致其晉
君命曰晉方悉國兵以救宋宋雖急慎毋降楚晉兵今
至矣楚莊王大怒將殺之解揚曰君能制命爲義臣能
承命爲信受吾君命以出有死無隕（服虔曰隕墜也）莊王曰若
之許我已而背之其信安在解揚曰所以許王欲以成
吾君命也將死顧謂楚軍曰爲人臣毋忘盡忠得死者
楚王諸弟皆諫王赦之於是赦解揚使歸晉爵之爲上
卿十八年襄公卒子悼公濆立（索隱曰劉音秘鄒本一作弗一作沸左傳作費 音扶味反）悼公元年鄦公（徐廣曰音許許靈公也）惡鄭於楚悼公使弟
睔於楚自訟（索隱曰睔音公遜反）訟不直楚囚睔於是鄭悼公來
與晉平遂親睔私於楚子反子反言歸睔於鄭二年楚
伐鄭晉兵來救是歲悼公卒立其弟睔是爲成公成公
三年楚共王曰鄭成公孤有德焉使人來與盟成公私
與盟秋成公朝晉晉曰鄭私平於楚執之使欒書伐鄭
四年春鄭患晉圍公子如乃立成公庶兄繻爲君（索隱曰繻音須鄒氏一本一作繻）其四月晉聞鄭立君乃歸成公鄭人聞成公
歸亦殺君繻迎成公晉兵去十年背晉盟盟於楚晉厲

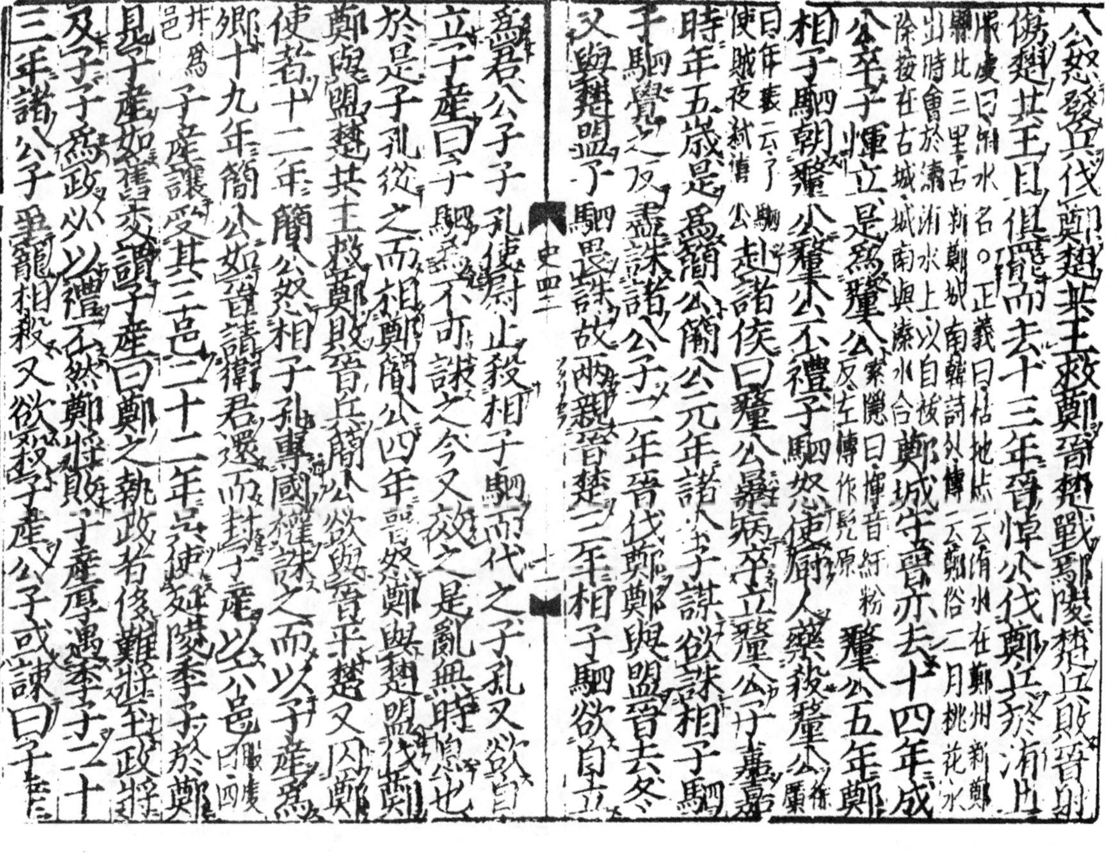

仁人，鄭所以存者子產也，勿殺！」乃止。二十五年，鄭使子產於晉，問平公疾。平公曰：「卜而曰實沈、臺駘為祟，史官莫知，敢問？」對曰：「高辛氏有二子，長曰閼伯，季曰實沈，居曠林，不相能也，日操干戈以相征伐。后帝弗臧，遷閼伯于商丘，主辰，商人是因，故辰為商星。遷實沈于大夏，主參，唐人是因，服事夏、商，

其季世曰唐叔虞。當武王邑姜方娠大叔，夢帝謂己：『余命而子曰虞，乃與之唐，屬之參，而蕃育其子孫。』及生有文在其掌曰『虞』，遂以命之。及成王滅唐而國大叔焉。故參為晉星。由是觀之，則實沈，參神也。昔金天氏有裔子曰昧，為玄冥師，生允格、臺駘。臺駘能業其官，宣汾、洮，

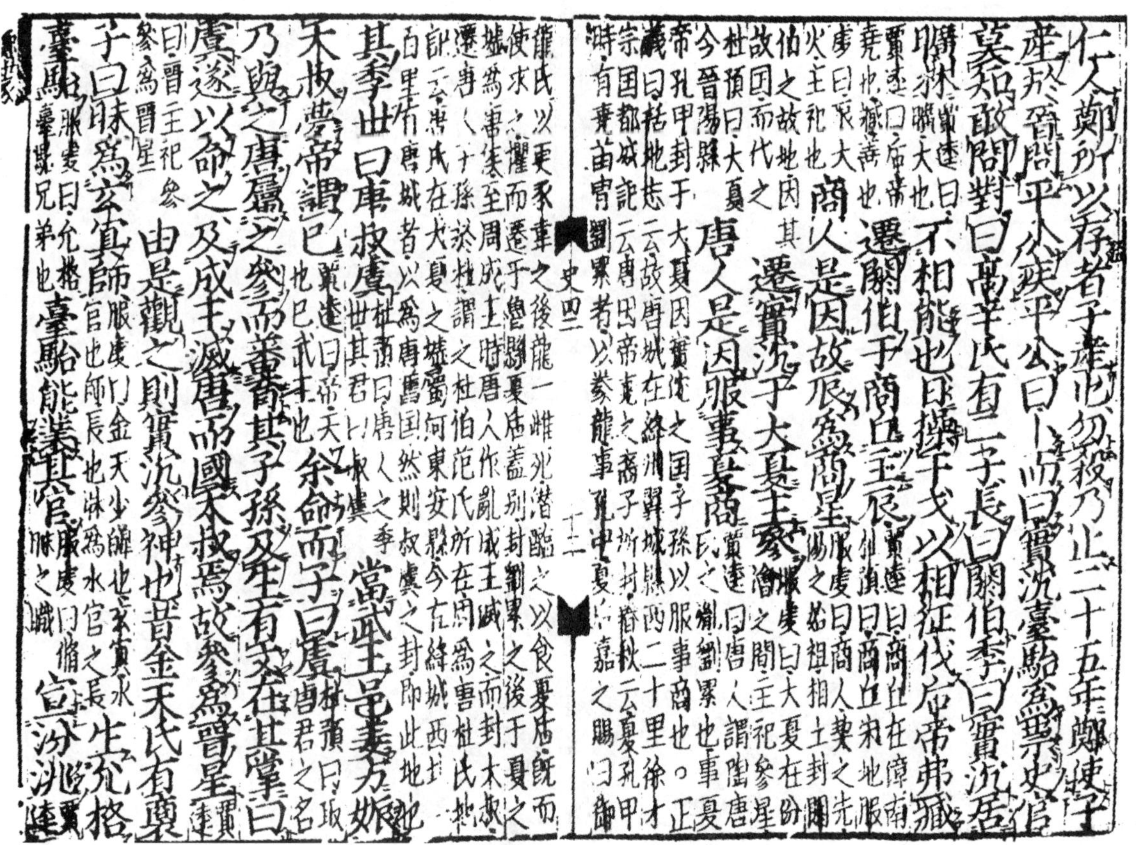

公怒，發兵伐鄭，楚共王救鄭。晉楚戰鄢陵，楚兵敗，晉射傷楚共王目，俱罷而去。十三年，晉悼公伐鄭，兵於洧上。鄭城守，晉亦去。十四年，成公卒，子惲立，是為釐公。釐公五年，鄭相子駟朝釐公，釐公不禮。子駟怒，使廚人藥殺釐公，赴諸侯曰「釐公暴病卒」。立釐公子嘉，嘉時年五歲，是為簡公。簡公元年，諸公子謀欲誅相子駟，子駟覺之，反盡誅諸公子。二年，晉伐鄭，鄭與盟，晉去。冬，又與楚盟。子駟畏誅，故兩親晉、楚。三年，相子駟欲自立

為君，公子子孔使尉止殺相子駟而代之。子孔又欲自立。子產曰：「子駟為不可而誅之，今又效之，是亂無時息也。」於是子孔從之而相鄭簡公。四年，晉怒鄭與楚盟，伐鄭，鄭與盟。楚共王救鄭，敗晉兵。簡公欲與晉平，楚又囚鄭使者。十二年，簡公怒相子孔專國權，誅之，而以子產為卿。十九年，簡公如晉請衛君還，而封子產以六邑。子產讓，受其三邑。二十二年，吳使延陵季子於鄭，見子產如舊交，謂子產曰：「鄭之執政者侈，難將至，政將及子。子為政，必以禮；不然，鄭將敗。」子產厚遇季子。二十三年，諸公子爭寵相殺，又欲殺子產。公子或諫曰：「子產

曰宣猶通也汾洮二水也障大澤服虔曰陂障其水也以處大原服虔曰大原汾水名杜預曰大原晉陽也臺駘之所居也帝用嘉之國之汾川服虔曰帝顓頊也沈姒蓐黃實守其祀賈逵曰四國臺駘之後也今晉主汾川而滅之賈逵曰滅四國由是觀之則臺駘汾洮神也然是二者不害君身山川之神則水旱之菑禜之服虔曰禜為營攢用幣也若有水旱則禜祭山川之神以祈福也日月星辰之神則雪霜風雨不時禜之若君疾飲食哀樂女色所生也平公及叔嚮曰善博物君子也厚為之禮於子產二十七年夏鄭簡公朝晉冬畏楚靈王之彊又朝楚子產從二十八年鄭君病使子產會諸侯與楚靈王盟於申誅齊慶封三十六年簡公卒子定公寧立秋定公朝晉昭公定公元年楚公子棄疾弒其君靈王而自立為平王欲行德諸侯歸靈王所侵鄭地于鄭四年晉昭公卒其六卿彊公室卑子產謂韓宣子曰為政必以德毋忘所以立六年鄭火公欲禳之子產曰不如脩德八年楚太子建來奔十年太子建與晉謀襲鄭鄭殺建建子勝奔吳十一年定公如晉晉與鄭謀誅周亂臣入敬王于周索隱曰王避弟子朝之亂出居狄泉在昭二十二年至二十六年晉鄭入之經曰天王入于成周是也十三年定公卒子獻公蠆立獻公十三年卒子聲公勝立當是時晉六卿彊侵奪鄭鄭遂弱聲公五年鄭相子產卒正義曰括地志云子產墓在新鄭縣西南三十五里酈元注水經云子產墓在洧水上累石為方墳墳東北向鄭城杜預云言不忘本也鄭人皆哭泣悲之如亡親戚子產者鄭成公少子也為人仁愛人事君忠厚孔子嘗過鄭與子產如兄弟云及聞子產死孔子為泣曰古之遺愛也賈逵曰愛惠也杜預曰子產見愛有古人遺風也兄事子產八年晉范中行氏反晉告急於鄭鄭救之晉伐鄭敗鄭軍於鐵杜預曰戚城南鐵丘○正義曰括地志云鐵丘在滑州衛南縣東南十五里十四年宋景公滅曹二十年齊田常弒其君簡公而常相於齊二十二年楚惠王滅陳孔子卒三十六年晉知伯伐鄭取九邑三十七年聲公卒子哀公易立年表云三十八年哀公八年鄭人弒哀公而立聲公弟丑是為共公共公三年三晉滅知伯三十一年共公卒子幽公已立幽公元年韓武子伐鄭殺幽公鄭人立幽公弟駘是為繻公年表曰鄭立幽公子駘繻或作繚繻公十五年韓景侯伐鄭取雍丘鄭城京十六年鄭伐韓敗韓兵於負黍徐廣曰在陽城○正義曰括地志云負黍亭在洛州陽城縣西南二十五里也國邑也二十年韓趙魏列為諸侯二十三年鄭圍韓之陽翟二十五年鄭君殺其相子陽二十七年子陽之黨共弒繻公駘而立幽公弟乙為君是為鄭君徐廣曰一本云立幽公弟乙陽為君是為康公六國年表云立幽公子乙以鄭君陽為鄭康公也周云鄭康公乙為韓所滅鄭君乙立二年鄭負黍反復歸韓十一年韓伐鄭取陽城二十一年韓哀侯滅鄭并其國

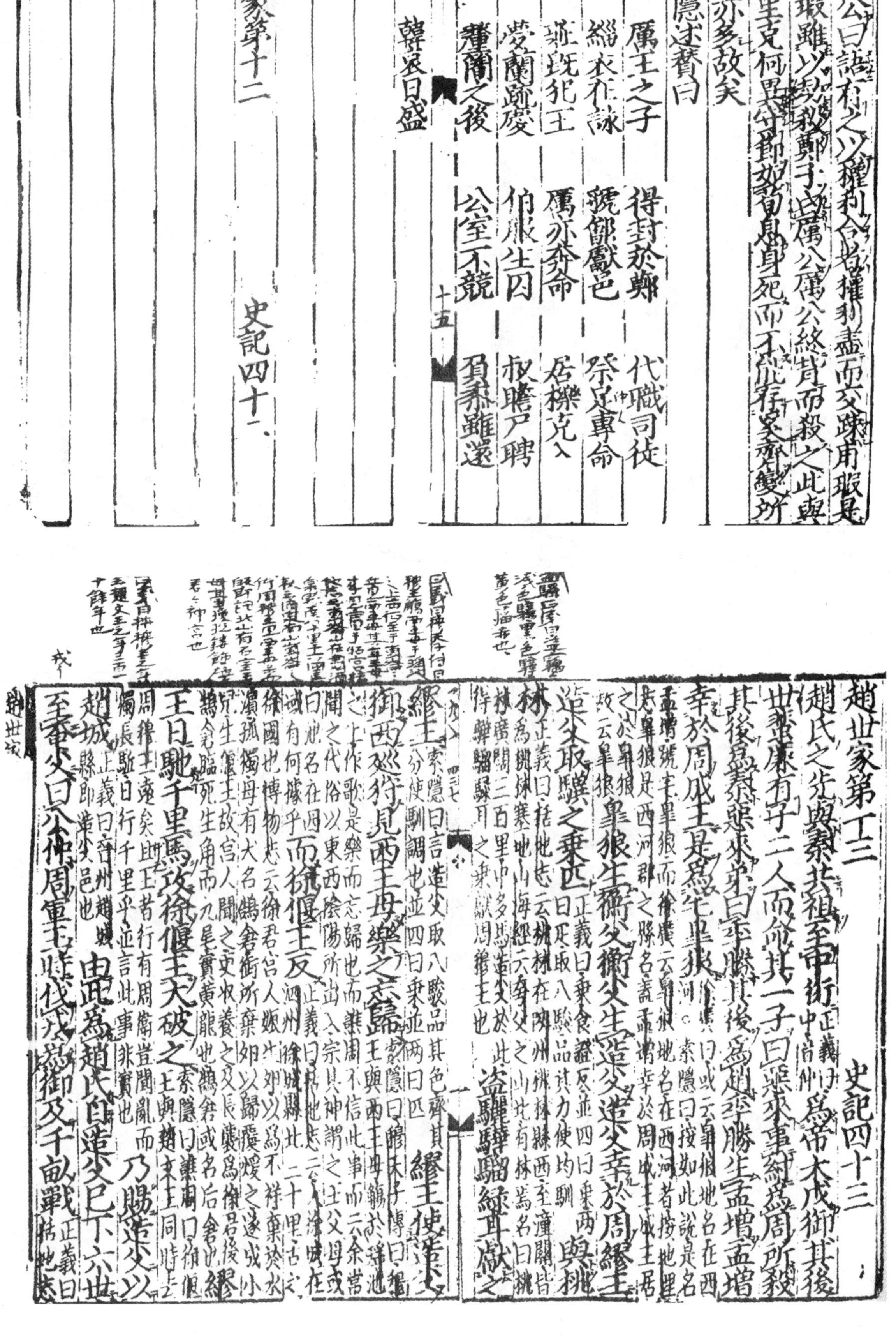

太史公曰：語有之，「以權利合者，權利盡而交疏」，甫瑕是也。甫瑕雖以劫殺鄭子內厲公，厲公終背而殺之，此與晉之里克何異？守節如荀息，身死而不能存奚齊。變所從來，亦多故矣！

索隱述贊曰：厲王之子，得封於鄭。代職司徒，緇衣在詠。虢鄶獻邑，祭足專命。莊既犯王，厲亦奔命。居櫟克入，夢蘭毓慶。伯服生囚，叔瞻尸聘。釐蘭之後，公室不競。負黍雖還，韓氏日盛。

鄭世家第十二　史記四十二

十五

趙世家第十三　史記四十三

趙氏之先，與秦共祖。至中衍（正義曰：中衍……），爲帝大戊御。其後世蜚廉有子二人，而命其一子曰惡來，事紂，爲周所殺，其後爲秦。惡來弟曰季勝，其後爲趙。季勝生孟增。孟增幸於周成王，是爲宅皋狼。（索隱曰：按如此說，是名孟增，號宅皋狼，而徐廣云皋狼地名，在西河。或云皋狼是西河郡之縣名。孟增幸於周成王，居之於皋狼，故云宅皋狼。）皋狼生衡父，衡父生造父。造父幸於周繆王。造父取驥之乘匹（正義曰：乘，食證反。並四曰乘。取八駿品其力，使均馴），與桃林（正義曰：括地志云桃林在陝州桃林縣，西至潼關，皆爲桃林塞地。山海經云夸父之山北有林焉，名曰桃林，廣闊三百里，中多馬。造父於此得驊騮、騄耳之乘，獻周繆王也）盜驪、驊騮、綠耳，獻之繆王。（索隱曰：言造父取八駿，品其色，齊其力，使馴調也。並四曰乘，兩曰匹。）繆王使造父御，西巡狩，見西王母，樂之忘歸。（索隱曰：穆天子傳曰穆王與西王母觴於瑤池之上，作歌，是樂而忘歸也。而譙周不信此事，而云余常聞之，代俗以東西陰陽所出入，宗其神，謂之王父母。或曰地名，在西域，有何據乎？）而徐偃王反。（正義曰：括地志云……泗州徐城縣北三十里古徐國也。博物志云徐君宮人娠而生卵，以爲不祥，棄於水濱。孤獨母有犬名鵠倉，銜所棄卵以歸，覆煖之，遂成小兒，生偃王。故宮人聞之，更收養之。及長，襲爲徐君。後鵠倉臨死生角而九尾，實黃龍也。鵠倉或名后倉也。）繆王日馳千里馬，攻徐偃王，大破之。（索隱曰：譙周曰：徐偃王與楚文王同時，去周穆王遠矣。且王者行有周衛，豈聞亂而獨長驅，日行千里乎？並言此事非實也。）乃賜造父以趙城（正義曰：晉州趙城縣，即造父邑也），由此爲趙氏。自造父已下六世至奄父，曰公仲，周宣王時伐戎，爲御。及千畝戰（正義曰：括地志云……）

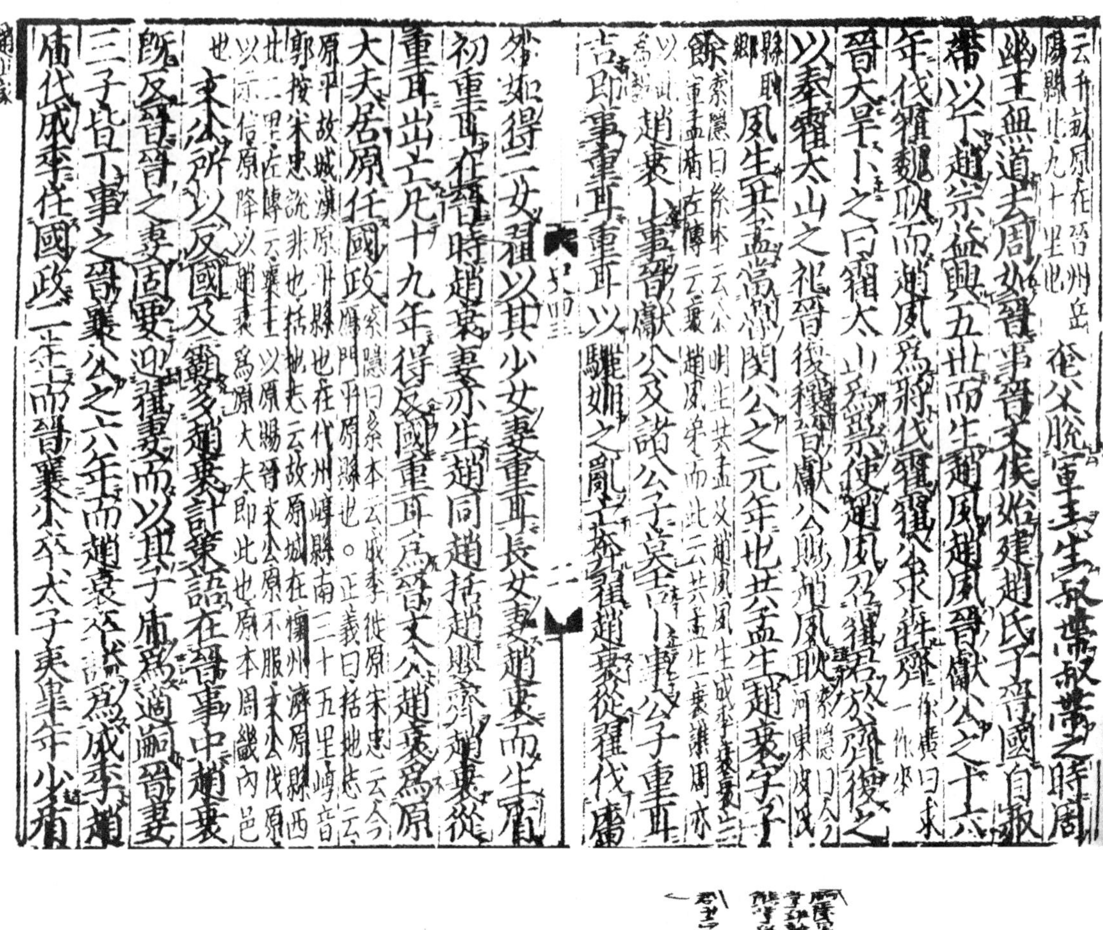

一云升敖原在晉州岳陽縣北九十里也 奄父脫宣王。奄父生叔帶。叔帶之時，周幽王無道，去周如晉，事晉文侯，始建趙氏于晉國。自叔帶以下，趙宗益興，五世而生趙夙。晉獻公之十六年伐霍、魏、耿，而趙夙為將伐霍。霍公求奔齊。晉大旱，卜之，曰「霍太山為祟」。使趙夙召霍君於齊，復之，以奉霍太山之祀，晉復穰。晉獻公賜趙夙耿。河東皮氏 夙生共孟，當魯閔公之元年也。共孟生趙衰，字子餘。索隱曰系本云公明生共孟及趙夙，此云共孟生衰 趙衰卜事晉獻公及諸公子，莫吉；卜事公子重耳，吉，即事重耳。重耳以驪姬之亂亡奔翟，趙衰從。翟伐廧咎如，得二女，翟以其少女妻重耳，長女妻趙衰而生盾。初，重耳在晉時，趙衰妻亦生趙同、趙括、趙嬰齊。趙衰從重耳出亡，凡十九年，得反國。重耳為晉文公，趙衰為原大夫，居原，任國政。索隱曰系本云成季徙原 文公所以反國及霸，多趙衰計策，語在晉事中。趙衰既反晉，晉之妻固要迎翟妻，而以其子盾為適嗣，晉妻三子皆下事之。晉襄公之六年，而趙衰卒，謚為成季。趙盾代成季任國政二年而晉襄公卒，太子夷皋年少，盾

為國多難，欲立襄公弟雍。雍時在秦，使使迎之。太子母日夜啼泣，索隱曰 頓首謂趙盾曰：「先君何罪，釋其適子而更求君？」趙盾患之，恐其宗與大夫襲誅之，迺遂立太子，是為靈公，發兵距所迎襄公弟於秦者。靈公既立，趙盾益專國政。靈公立十四年，益驕。趙盾驟諫，靈公弗聽。及食熊蹯，胹不熟，殺宰人，持其尸出，趙盾見之。靈公由此懼，欲殺盾。盾素仁愛人，嘗所食桑下餓人反扞救盾，盾以得亡。未出境，而趙穿弒靈公而立襄公弟黑臀，是為成公。趙盾復反，任國政。君子譏盾「為正卿，亡不出境，反不討賊」，故太史書曰「趙盾弒其君」。晉景公時而趙盾卒，謚為宣孟，子朔嗣。趙朔，晉景公之三年，朔為晉將下軍救鄭，與楚莊王戰河上。朔娶晉成公姊為夫人。晉景公之三年，大夫屠岸賈欲誅趙氏。初，趙盾在時，夢見叔帶持要而哭，甚悲；已而笑，拊手且歌。盾卜之，兆絕而後好。趙史援占之，曰：「此夢甚惡，非君之身，乃君之子，然亦君之咎。至孫，趙將世益衰。」屠岸賈者，始有寵於靈公，及至於景公而賈為司寇，將作難，乃治靈公之賊以致趙盾，遍告諸將曰：「盾雖不知，猶為賊首。以臣弒君，子孫在朝，何以懲罪？請誅之。」韓厥曰：「靈公遇賊，趙盾在外，吾先君以為無罪，故不誅。

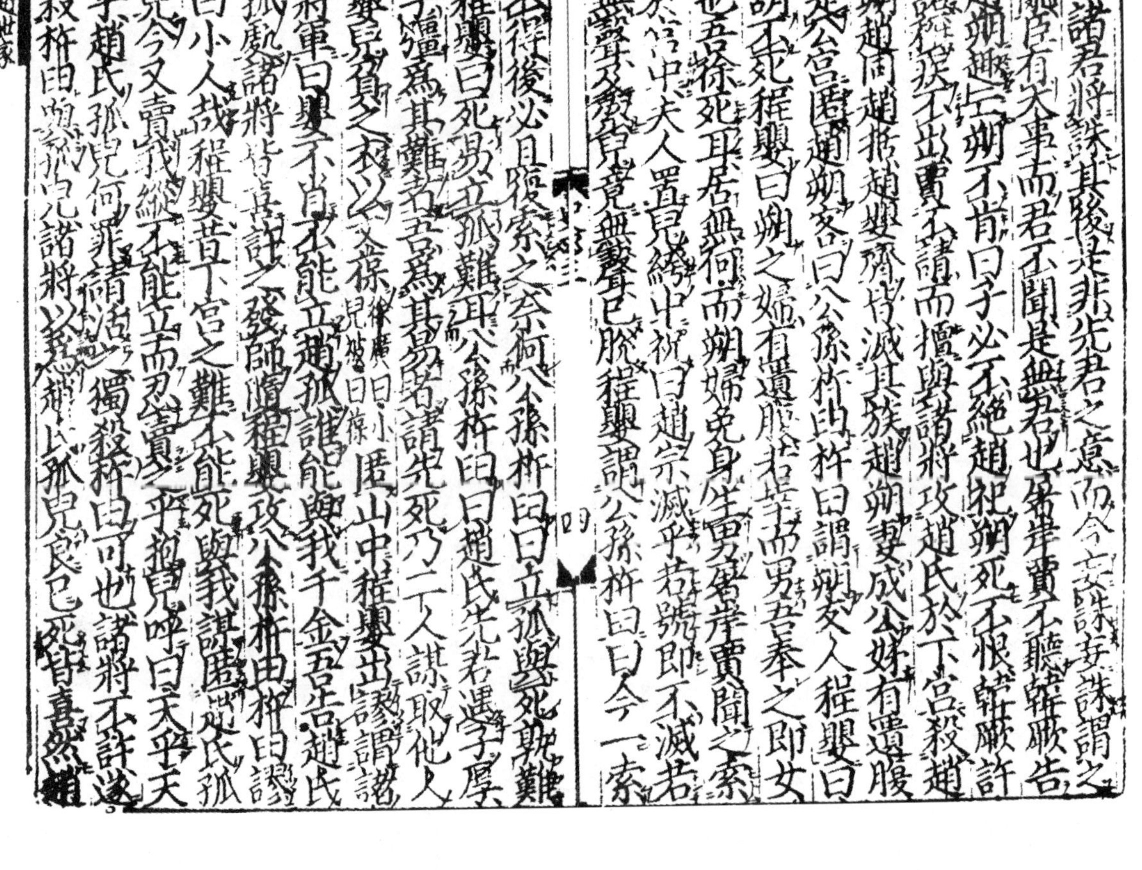

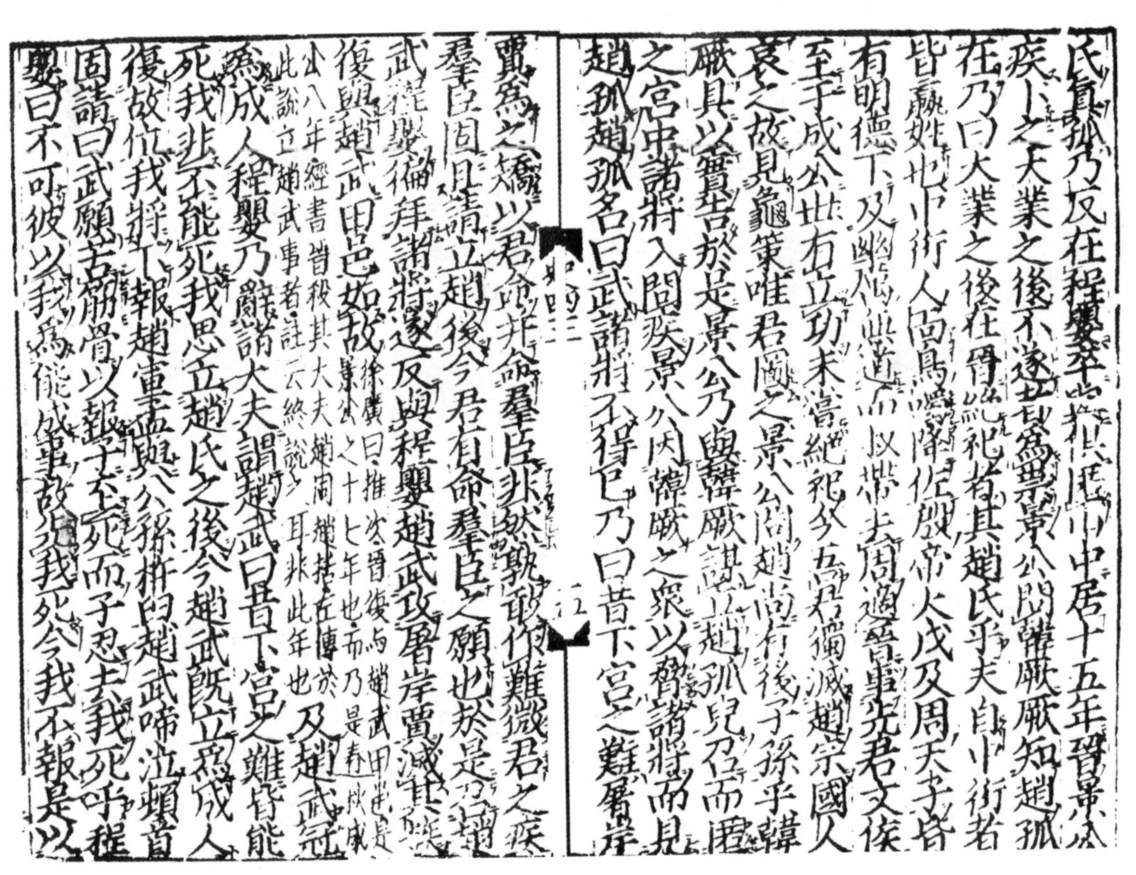

我事爲成。遂自殺。趙武服齊衰三年，爲之祭邑，春秋祠之，世世勿絕。索隱曰：程嬰、杵臼可謂信友厚士矣，嬰之自殺下報亦過矣。○正義曰：今河東趙氏祠先人，猶別舒一座祭二士矣。趙氏復位十一年，而晉厲公殺其大夫三郤。欒書畏及，乃遂弒其君厲公，更立襄公曾孫周，索隱曰：系家云襄公少子名周。是爲悼公。晉由此大夫稍彊。

趙武續趙宗二十七年，晉平公立。平公十二年，而趙武爲正卿。十三年，吳延陵季子使於晉，曰：「晉國之政卒歸於趙武子、韓宣子、魏獻子之後矣。」趙武死，謚爲文子。

文子生景叔。索隱曰：系本云景叔名成。景叔之時，齊景公使晏嬰於晉，晏嬰與晉叔向語。嬰曰：「齊之政後卒歸田氏。」叔向亦曰：「晉國之政將歸六卿。六卿侈矣，而吾君不能恤也。」

趙景叔卒，生趙鞅，是爲簡子。

趙簡子在位，晉頃公之九年，簡子將合諸侯戍于周。其明年，入周敬王于周，辟弟子朝之故也。

晉頃公之十二年，六卿以法誅公族祁氏、羊舌氏，分其邑爲十縣，六卿各令其族爲之大夫。晉公室由此益弱。

後十三年，魯賊臣陽虎來奔，趙簡子受賂，厚遇之。

趙簡子疾，五日不知人，大夫皆懼。醫扁鵲視之，出，董安于問。韋昭曰：董安于，簡子家臣。扁鵲曰：「血脈治也，而何怪！在昔秦繆公嘗如此，七日而寤。寤之日，告公孫支與子輿曰：索隱曰：二子，秦大夫，公孫支，子桑。『我之帝所甚樂。吾所以久者，適有學也。帝告我：晉國將大亂，五世不安；其後將霸，未老而死；霸者之子且令而國男女無別。』公孫支書而藏之，索隱曰：藏，一作「籍」。籍，錄也，謂當時即記錄書之於籍也。秦讖於是出矣。獻公之亂，文公之霸，而襄公敗秦師於殽而歸縱淫，此子之所聞。今主君之疾與之同，不出三日疾必間，間必有言也。」

居二日半，簡子寤。語大夫曰：「我之帝所甚樂，與百神游於鈞天，廣樂九奏萬舞，不類三代之樂，其聲動人心。有一熊欲來援我，帝命我射之，中熊，熊死。又有一羆來，我又射之，中羆，羆死。帝甚喜，賜我二笥，皆有副。吾見兒在帝側，帝屬我一翟犬，曰：『及而子之壯也，以賜之。』帝告我：『晉國且世衰，七世而亡，正義曰：謂晉定公、出公、哀公、幽公、烈公、孝公、靜公爲七世。靜公二年，爲三晉所滅。據此文，十七年表、晉系家云公子夷十一年 [illegible]。嬴姓將大敗周人於范魁之西，正義曰：嬴，趙姓也。周人謂衛也。[illegible] 取鄗、鄙七十三邑，是也。范魁，徐廣云川阜曰魁也。而亦不能有也。索隱曰：[illegible] 不知所在，蓋地名也。今余思虞舜之勳，適余將以其胄女孟姚配而七世之孫。』」索隱曰：即姓嬴，嬴之女姚姓孟，字也。七代孫，武靈王也。董安于受言而書藏之。以扁鵲言告簡子，簡子賜扁鵲田四萬畝。

他日，簡子出，有人當道，辟之不去，從者怒，將刃之。當道者曰：「吾欲有謁於主君。」從者以聞。簡子召之，曰：「譆，吾有所見子晰也。」索隱曰：[illegible]。當道者曰：「屏左右，願有謁。」簡子屏人。當道者曰：「主君之疾，臣在帝側。」簡子曰：「然，有之。子之見我，我何爲。當道者曰：帝令主君射熊與羆，皆死。簡子曰：是且何也。當道者曰：晉國且有大難，主君首之。帝令主君滅二卿，夫熊與羆皆其祖也。正義曰：范氏、中行氏之祖。簡子曰：帝賜我二笥，皆有副，何也。正義曰：副謂皆子姓也。當道者曰：主君之子將克二國於翟，皆子姓也。正義曰：謂代及智氏也。簡子曰：吾見兒在帝側，帝屬我一翟犬，曰及而子之長以賜之。夫兒何謂以賜翟犬。當道者曰：兒，主君之子也。翟犬者，代之先也。主君之子且必有代。及主君之後嗣，且有革政而胡服，正義曰：今時服也，廢除裘裳也。并二國於翟。正義曰：武靈王略中山地，至寧葭，西略胡地至楡中是也。簡子問其姓而延之以官。當道者曰：臣野人，致帝命耳。遂不見。簡子書藏之府。異日，姑布子卿見簡子，司馬彪曰：姑布，姓；子卿，字。簡子徧召諸子相之。子卿曰：無爲將軍者。簡子曰：趙氏其滅乎。子卿曰：吾嘗見一子於路，殆君之子也。簡子召子毋卹。毋卹至，則子卿起曰：此眞將軍矣。簡子曰：此其母賤，翟婢也，奚道貴哉。子卿曰：天所授，雖賤必貴。自是之後，簡子盡召諸子與語，毋卹最賢。簡子乃告諸子曰：吾藏寶符於常山上，先得者賞。諸子馳之常山上，求，無所得。毋卹還，曰：已得符矣。簡子曰：奏之。毋卹曰：從常山上臨代，代可取也。正義曰：地道記云：恆山在上曲陽縣西北百四十里，北行四百五十里，得恆山岌，號飛狐口，北則代郡也。簡子於是知毋卹果

賢，乃廢太子伯魯，而以毋卹爲太子。後二年，晉定公之十四年，范、中行作亂。明年春，簡子謂邯鄲大夫午曰：歸我衛士五百家，吾將置之晉陽。服虔曰：往年趙鞅圍衛，衛人恐懼，故貢五百家。鞅置之邯鄲，又欲更徙於晉陽。午許諾，歸而其父兄不聽，服虔曰：午之諸父兄及邯鄲中長老。倍言。趙鞅捕午，囚之晉陽。乃告邯鄲人曰：我私有誅午也，諸君欲誰立。杜預曰：午，趙鞅同族，別封邯鄲，故使邯鄲人更立午宗親也。遂殺午。趙稷、涉賓以邯鄲反。服虔曰：稷，午子。晉君使籍秦圍邯鄲。左傳曰：籍秦，此時爲上軍司馬。○索隱曰：系本籍秦，晉大夫籍游之孫，籍談之子。荀寅、范吉射與午善，左傳曰：午，荀寅之甥。荀寅，范吉射之姻。○索隱曰：系本云：晉大夫逝遨生桓伯林父，林父生宣伯庚，庚生獻伯偃，偃生穆伯吳，吳生寅。本姓荀，自荀偃將中軍，改中軍曰中行，因氏焉。元與智氏同祖逝遨，故智氏亦稱荀。范氏，晉大夫隰叔之子士蔿之後，蔿生成伯缺，缺生武子會，會生文子燮，燮生宣子匄，匄生獻子鞅，鞅生吉射也。不肯助秦而謀作亂，董安于知之。十月，范、中行氏正義曰：按晉食邑於范，因爲范氏。又中行寅本姓荀，自荀偃將中軍爲中行，因號中行氏，元與智氏因承逝遨姓荀氏。伐趙鞅，鞅奔晉陽，晉人圍之。范吉射、荀寅仇人魏襄等謀逐荀寅，以梁嬰父代之；賈逵曰：梁嬰父，晉大夫也。逐吉射，以范皋繹代之。服虔曰：范氏之側室子。荀櫟言於晉侯曰：服虔曰：荀櫟，智文子。○索隱曰：系本云：逝遨生莊子首，首生武子罃，罃生莊子朔，朔生悼子盈，盈生文子櫟，櫟生宣子申，申生……君命大臣，始亂者死。賈逵曰：中行趙也。今三臣始亂而獨逐鞅，用刑不均，請皆逐之。十一月，荀櫟、韓不佞、魏哆索隱曰：不佞，韓簡子；哆，魏襄子，系本名取也。奉公命以伐范、中行氏，不克。范

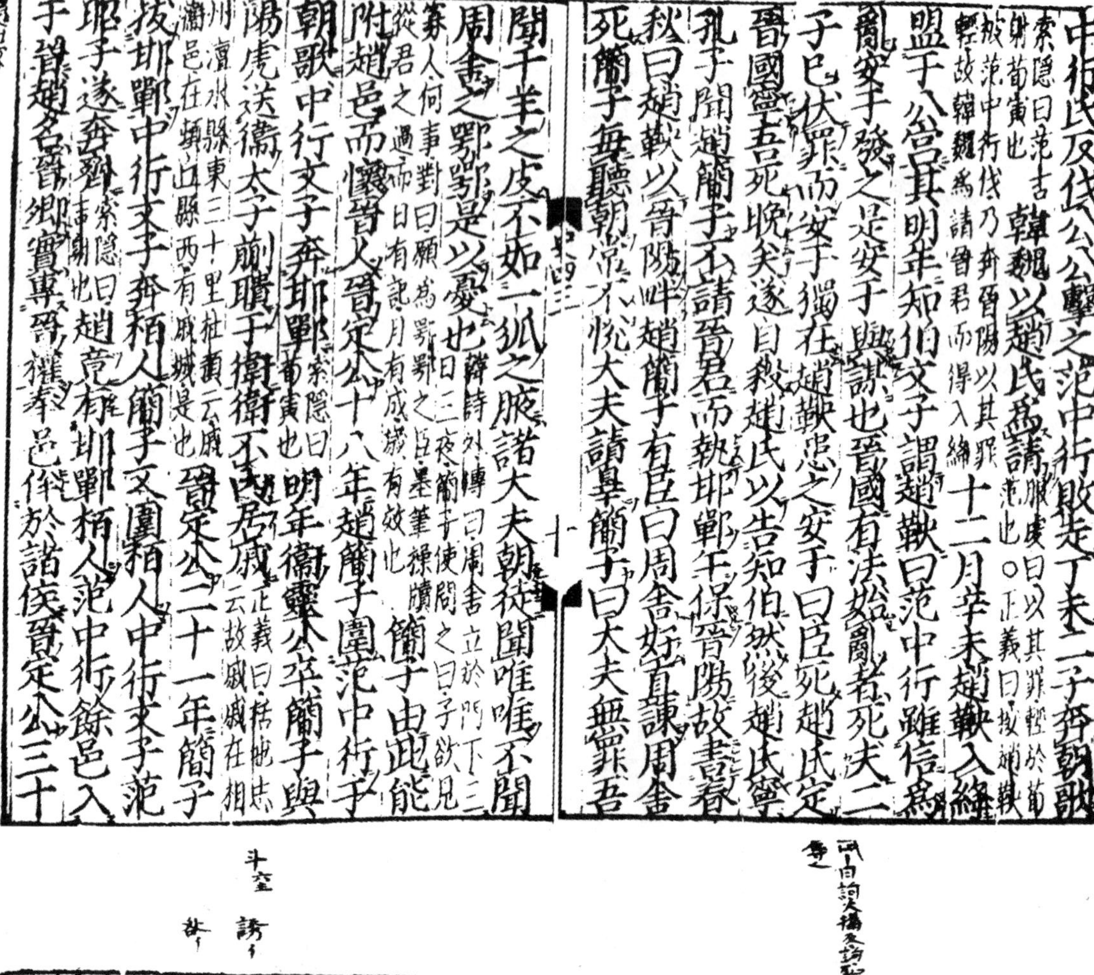

中行氏反伐公，公擊之，范、中行敗走。丁未，二子奔朝歌。索隱曰范吉射荀寅也 韓、魏以趙氏為請。服虔曰以其罪輕於荀范也。○正義曰按趙鞅放范中行伐乃奔晉陽以其罪輕故韓魏為請魯君而得入絳 十二月辛未，趙鞅入絳，盟于公宮。其明年，知伯文子謂趙鞅曰：「范、中行雖信為亂，安于發之，是安于與謀也。晉國有法，始亂者死。夫二子已伏罪而安于獨在。」趙鞅患之。安于曰：「臣死，趙氏定，晉國寧，吾死晚矣。」遂自殺。趙氏以告知伯，然後趙氏寧。

孔子聞趙簡子不請晉君而執邯鄲午，保晉陽，故書春秋曰「趙鞅以晉陽畔」。

趙簡子有臣曰周舍，好直諫。周舍死，簡子每聽朝，常不悅，大夫請罪。簡子曰：「大夫無罪。吾聞千羊之皮不如一狐之腋。諸大夫朝，徒聞唯唯，不聞周舍之鄂鄂，是以憂也。」韓詩外傳曰周舍立於門下三日三夜簡子使問之曰子欲見寡人何事對曰願為諤諤之臣墨筆操牘從君之過而日有記月有成歲有效也 簡子由此能附趙邑而懷晉人。晉定公十八年，趙簡子圍范、中行於朝歌，中行文子奔邯鄲。索隱曰荀寅也 明年，衛靈公卒。簡子與陽虎送衛太子蒯聵于衛，衛不內，居戚。正義曰括地志云故戚城在相州澶水縣東三十里杜預云戚衛邑在頓丘縣西有戚城是也

晉定公二十一年，簡子拔邯鄲，中行文子奔柏人。簡子又圍柏人，中行文子、范昭子遂奔齊。索隱曰吉射也 趙竟有邯鄲、柏人。范、中行餘邑入于晉。趙名晉卿，實專晉權，奉邑侔於諸侯。晉定公三十年，定公與吳王夫差爭長於黃池，趙簡子從晉定公，卒長吳。定公三十七年卒，而簡子除三年之喪，期而已。是歲，越王句踐滅吳。晉出公十一年，知伯伐鄭。趙簡子疾，使太子毋卹將而圍鄭。知伯醉，以酒灌擊毋卹。毋卹群臣請死之。毋卹曰：「君所以置毋卹，為能忍詬。」然亦慍知伯。知伯歸，因謂簡子，使廢毋卹，簡子不聽。毋卹由此怨知伯。

晉出公十七年，簡子卒，張華曰趙簡子冢在臨水界一冢并上氣成樓閣 太子毋卹代立，是為襄子。

趙襄子元年，越圍吳。襄子降喪食，使楚隆問吳王。正義曰趙世家云左傳越滅吳在簡子卒後十五年矣何得更有越圍吳之事從此以下至問吳王是三十年事史說誤在此耳 哀公二十年簡子死襄子嗣立以越圍吳故降父之祭饌而使楚隆慰問吳王為哀公十二年簡子在黃池与吳王質言曰好惡同之故滅祭饌及問世家及六國年表云此年簡子卒按簡子卒在除三年之喪服葬而已後襄子立又使吳年月皆誤与左傳文不同

襄子姊前為代王夫人。簡子既葬，未除服，北登夏屋，徐廣曰山在廣武。○正義曰括地志云夏屋山一名賈屋山今名賈母山在代州雁門縣東北三十五里夏屋与句注山相接蓋北方之險亦天下之阻路所以分別內外也 請代王。使廚人操銅枓正義曰音斗合作斗其形方有柄取斟水器 以食代王及從者，行斟，陰令宰人各徐廣曰一作雒 以枓擊殺代王及從官，遂興兵平代地。其姊聞之，泣而呼天，摩笄自殺。代人憐之，所死地名之為摩笄之山。正義曰笄音雞括地志云摩笄山一名磨笄山亦名為山在蔚州飛狐縣東北百五十里魏土地記云代郡東南二十五里有馬頭山

詬 訽又𥡴及詬恥也

斗本宜 枓

史四十三 十

史四十三 十一

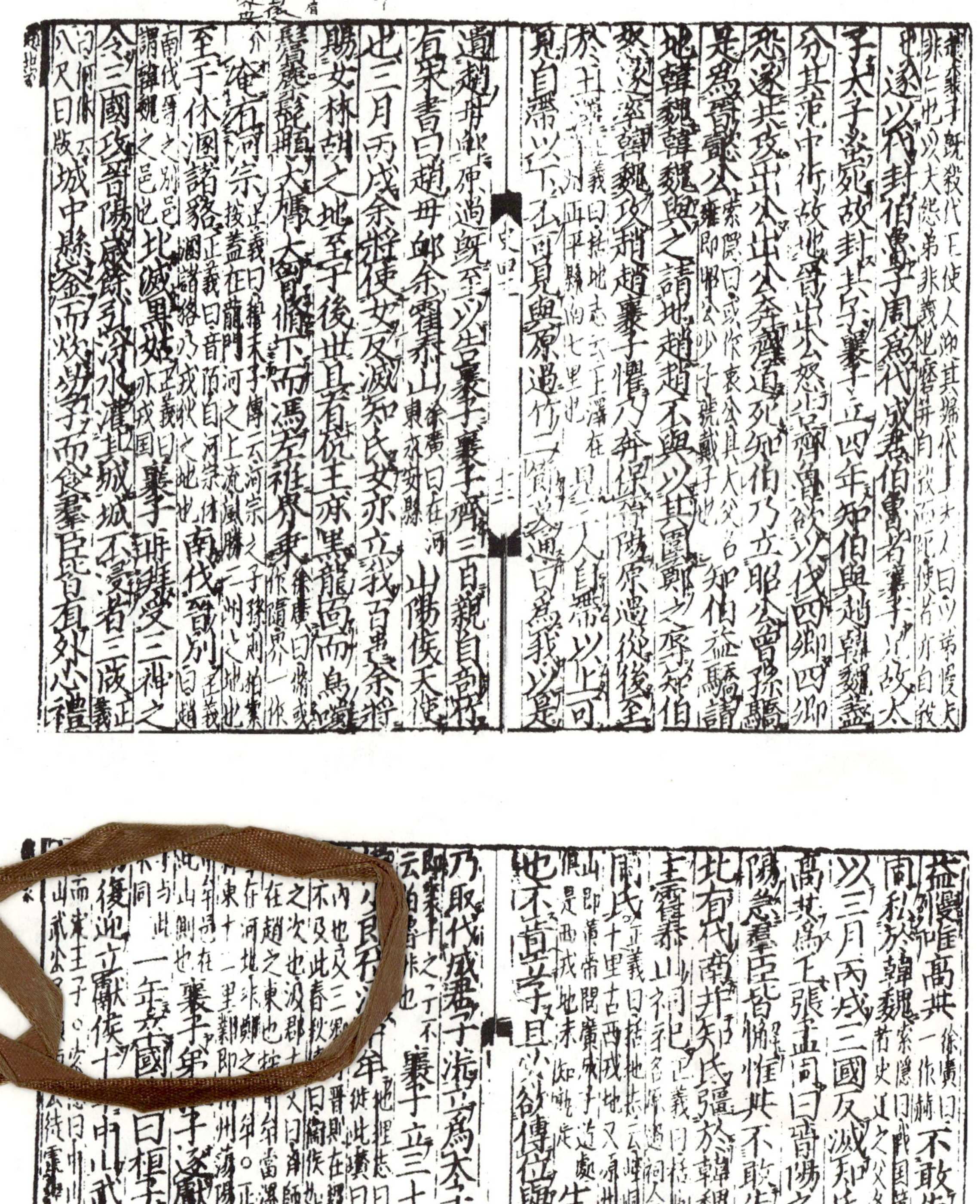

之子孫徐廣云西周桓公之子赤然所據蓋未得其實 十三年城平邑 地理志曰代郡有平邑縣 十五年獻侯卒子烈侯籍立烈侯元年魏文侯伐中山使太子擊守之六年魏韓趙皆相立爲諸侯追尊獻子爲獻侯烈侯好音謂相國公仲連曰寡人有愛可以貴之乎公仲曰富之可貴之則否烈侯曰然夫鄭歌者槍石二人 索隱曰槍音七羊反槍與石二人名 吾賜之田人萬畝公仲曰諾不與居一月烈侯從代來問歌者田公仲曰求未有可者有頃烈侯復問公仲終不與乃稱疾不朝番吾君自代來謂公仲曰君實好善而未知所持今公仲相趙 徐廣曰常山有番吾縣○正義曰括地志云蒲吾故城在恒州房山縣東二十里本番吾 於今四年亦有進士乎公仲曰未也番吾君曰牛畜荀欣徐越皆可公仲乃進三人及朝烈侯復問歌者田何如公仲曰方使擇其善者牛畜侍烈侯以仁義約以王道烈侯逌然 正義曰逌音由古字與攸同言牛畜以仁義約以王道故止歌者田攸攸氣行寬緩也 明日荀欣侍以選練舉賢任官使能明日徐越侍以節財儉用察度功德所與無不充君說烈侯使使謂相國曰歌者之田且止官牛畜爲師荀欣爲中尉徐越爲內史 正義曰漢書百官公卿表云內史周官秦因之掌治京師也 賜相國衣二襲 單複具爲一襲 九年烈侯卒弟武公立 索隱曰譙周云系本及說趙語者並無其事蓋別有所據 武公十三年卒趙復立烈侯太子章是爲敬侯是

歲魏文侯卒敬侯元年武公子朝作亂不克出奔魏趙始都邯鄲二年敗齊于靈丘 地理志曰代郡有靈丘縣 三年救魏于廩丘大敗齊人四年魏敗我兔臺築剛平 正義曰剛平在 以侵衛五年齊魏爲衛攻趙取我剛平六年借兵於楚伐魏取棘蒲 正義曰趙州平棘縣古棘蒲邑 八年拔魏黃城 正義曰括地志云故黃城在魏州冠氏縣南十里因黃溝爲名按陳留外黃縣東有黃城非也 九年伐齊齊伐燕趙救燕十年與中山戰于房子 正義曰趙州房子縣 十一年魏韓趙共滅晉分其地伐中山又戰於中人 徐廣曰中山唐縣有中人亭○正義曰括地志云中人亭在定州唐縣東北四十一里春秋時鮮虞國之中人邑也 十二年敬侯卒子成侯種立成侯元年公子勝與成侯爭立爲亂二年六月雨雪三年太戊午爲相 徐廣曰戊一作成 伐衛取鄉邑七十三魏敗我藺 正義曰 四年與秦戰高安 正義曰蓋在河東 敗之五年伐齊于鄄 正義曰濮州鄄城縣是也 魏敗我懷攻鄭敗之以與韓韓與我長子 正義曰 六年中山築長城伐魏敗涿澤 徐廣曰 圍魏惠王七年侵齊至長城 正義曰 與韓攻周八年與韓分周以爲兩

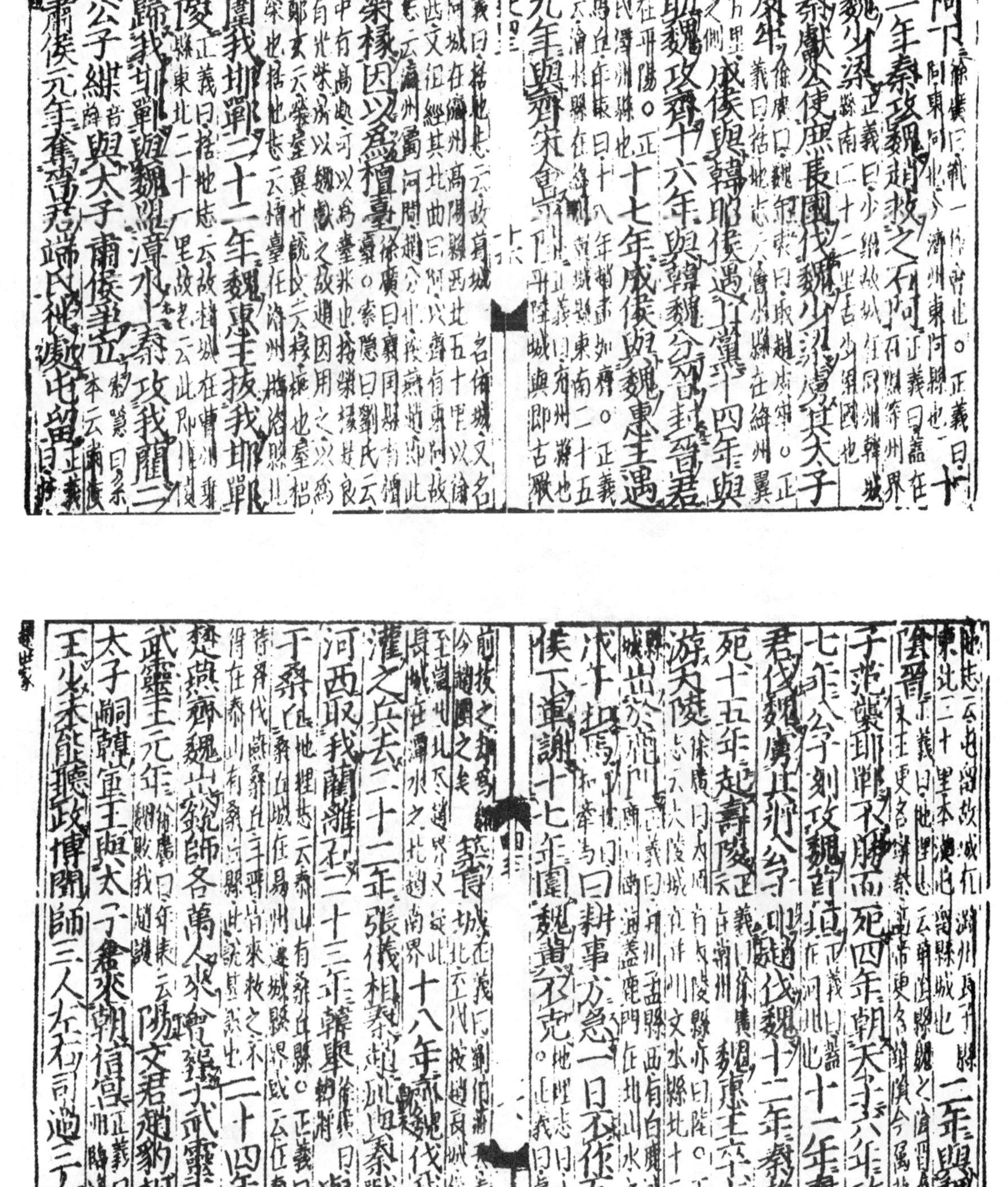
是也。九年，與齊戰阿下。徐廣曰：一作甄。○正義曰：阿下，閭東阿也。正義曰：甄在濮州東阿縣也。十年，攻衛，取甄。十一年，秦攻魏，趙救之石阿。正義曰：蓋在隰州界。也。十二年，秦攻魏少梁，正義曰：少梁故城在同州韓城縣南二十二里，古少梁國也。趙救之。十三年，秦獻公使庶長國伐魏少梁，虜其太子、痤。徐廣曰：魏將。索隱曰：痤，趙將也。○正義曰：括地志云澮水在絳州翼城縣東南二十五里，西流入汾，當有澮之側。魏敗我澮，取皮牢。正義曰：在澮水側。成侯與韓昭侯遇上黨。十四年，與韓攻秦。十五年，助魏攻齊。十六年，與韓、魏分晉，封晉君以端氏。徐廣曰：在平陽。○正義曰：端氏，澤州縣也。十七年，成侯與魏惠王遇葛孽。徐廣曰：在馬丘。○正義曰：括地志云葛孽在洺州肥鄉縣西南二十里。十八年，趙孝成王朝齊。○正義曰：葛孽城在東南二十五里。當十九年，與齊、宋會平陸，正義曰：兗州縣也。與燕會阿。正義曰：括地志云故莒城，名僑城，又名阿城。
二十年，魏獻榮椽，因以為檀臺。徐廣曰：襄國縣有檀臺。○索隱曰：劉氏云榮椽蓋地名，其中有高處可以為臺。非也。榮椽，美材也，可為椽，故魏獻之，故趙因用之以為檀臺。○正義曰：鄭玄云榮，屋翼也。括地志云檀臺在洺州臨洺縣北二里。二十一年，魏圍我邯鄲。二十二年，魏惠王拔我邯鄲，齊亦敗魏於桂陵。正義曰：括地志云故桂城在曹州乘氏縣東北二十一里，故老云此即桂陵也。二十四年，魏歸我邯鄲，與魏盟漳水上。秦攻我藺。二十五年，成侯卒。公子緤與太子肅侯爭立，緤敗，亡奔韓。肅侯元年，奪晉君端氏，徙處屯留。正義曰：括地志云屯留故城在潞州長子縣東北二十里，本漢屯留縣城也。二年，與魏惠王遇於陰晉。正義曰：地理志云華陰縣故魏之陰晉，秦惠文王更名寧秦，漢高帝更名華陰，今屬華州。三年，公子范襲邯鄲，不勝而死。四年，朝天子。六年，攻齊，拔高唐。正義曰：括地志云高唐故城在濟州禹城縣西南。七年，公子刻攻魏首垣。正義曰：在滑州白馬縣東北。十一年，秦孝公使商君伐魏，虜其將公子卬。趙伐魏。十二年，秦孝公卒，商君死。十五年，起壽陵。徐廣曰：在常山。魏惠王卒。十六年，肅侯游大陵，徐廣曰：太原有大陵縣。○正義曰：括地志云大陵城在并州文水縣北十三里，漢大陵縣城。出於鹿門，正義曰：鹿門在汾州。大戊午扣馬曰：「耕事方急，一日不作，百日不食。」肅侯下車謝。十七年，圍魏黃，不克。正義曰：黃城在魏州。築長城。正義曰：劉伯莊云：蓋從雲中以南至代。十八年，齊、魏伐我，我決河水灌之，兵去。二十二年，張儀相秦。趙疵與秦戰，敗，秦殺疵河西，取我藺、離石。二十三年，韓舉與齊、魏戰，死于桑丘。正義曰：括地志云桑丘城在易州遂城縣界。二十四年，肅侯卒。秦、楚、燕、齊、魏出銳師各萬人來會葬。子武靈王立。武靈王元年，陽文君趙豹相。梁襄王與太子嗣，韓宣王與太子倉來朝信宮。正義曰：在洺州臨洺縣也。武靈王少，未能聽政，博聞師三人，左右司過三人。及聽政，

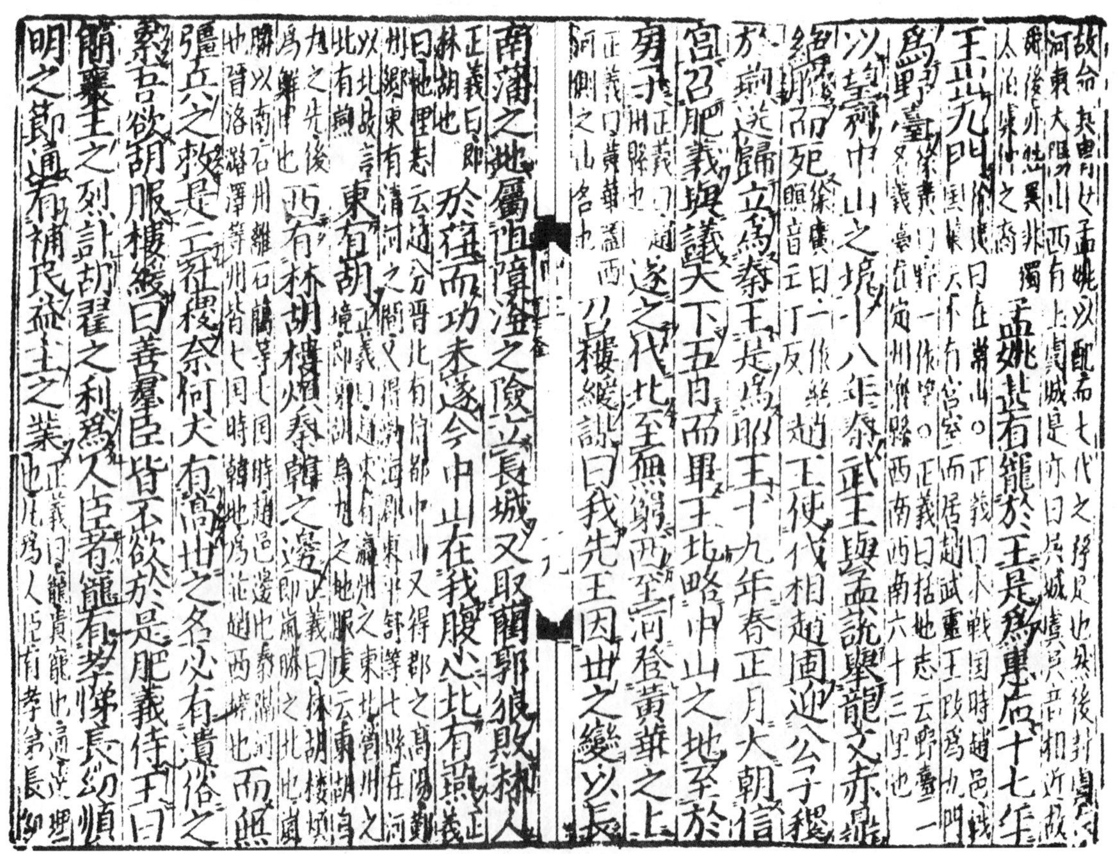
問先王貴臣肥義，加其秩；國三老，年八十，月致其禮。三年，城鄗。四年，與韓會于區鼠。（正義：在河北。）五年，娶韓女為夫人。八年，韓擊秦，不勝而去。五國相王，趙獨否，曰：「無其實，敢處其名乎！」令國人謂己曰「君」。九年，與韓、魏共擊秦，秦敗我，斬首八萬級。齊敗我觀澤。（正義：括地志云：觀澤城在魏州頓丘縣東十八里也。）十年，秦取我西都及中陽。（徐廣曰：年表云秦取中都、西陽、安邑。十一年，秦敗我將軍英。太原有中都縣，西河有中陽縣。）齊破燕。燕相子之為君，君反為臣。十一年，王召公子職於韓，立以為燕王，（徐廣曰：紀年亦云爾。）使樂池送之。（索隱：[illegible]燕世家子之死後，燕人共立太子平，是為燕昭王。無趙送公子職為燕王之事，當是趙聞燕亂，遙立職為燕王，雖使樂池送之，竟不能就。[illegible]紀年亦無其事，[illegible]是疏也。今此云使樂池送之，必是憑舊史為說。且紀年之書，其說又同，則此紀之解得其旨。）十三年，秦拔我藺，虜將軍趙莊。（正義：[illegible]本一作[illegible]，[illegible]音[illegible]反。）楚、魏王來，過邯鄲。十四年，趙何攻魏。十六年，秦惠王卒。王遊大陵。他日，王夢見處女鼓琴而歌詩曰：「美人熒熒兮，顏若苕之榮。（[illegible]）命乎命乎，曾無我嬴！」（[illegible]）異日，王飲酒樂，數言所夢，想見其狀。吳廣聞之，因夫人而內其女娃嬴。（[illegible]）孟姚也。（[illegible]）

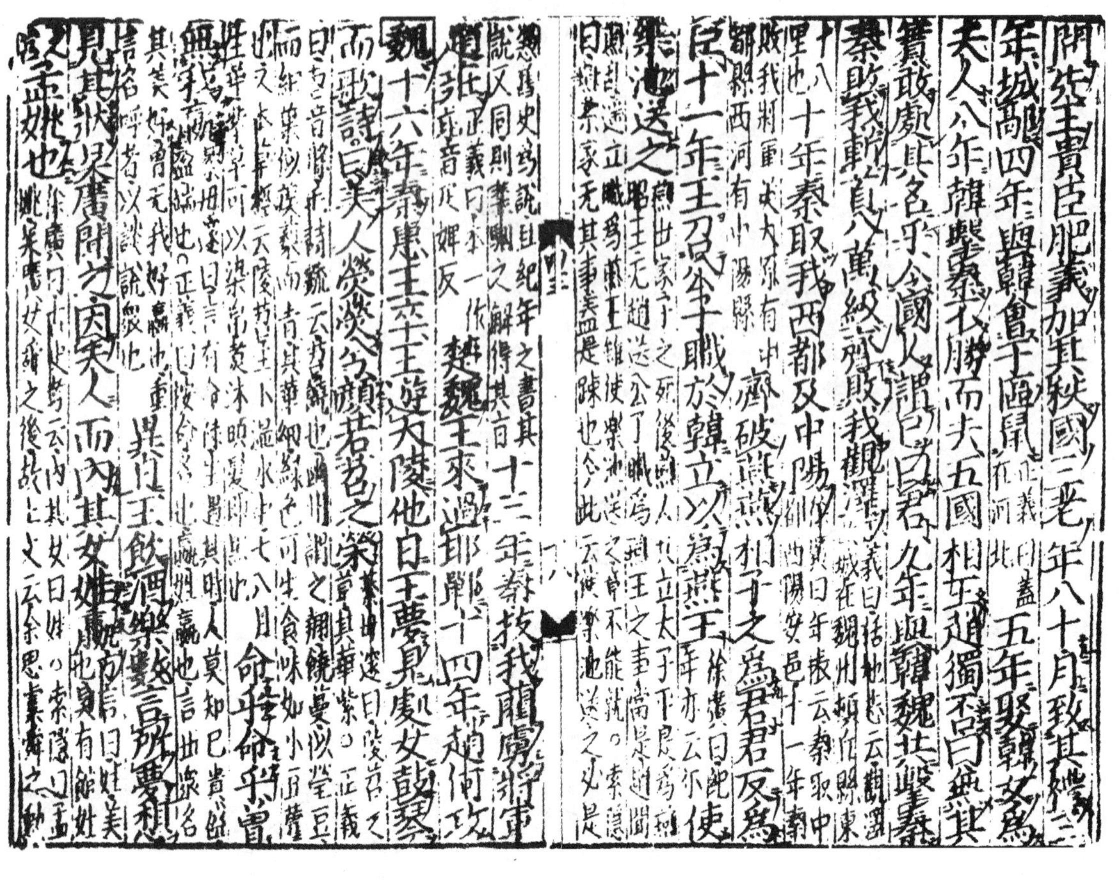
孟姚甚有寵於王，是為惠后。十七年，王出九門，（正義：[illegible]）為野臺，（[illegible]）以望齊、中山之境。十八年，秦武王與孟說舉龍文赤鼎，絕臏而死。（[illegible]）趙王使代相趙固迎公子稷於燕，送歸，立為秦王，是為昭王。十九年春正月，大朝信宮。召肥義與議天下，五日而畢。王北略中山之地，至於房子，（正義：[illegible]州縣也。）遂之代，北至無窮，西至河，登黃華之上。（正義：[illegible]黃華蓋西河側之山名也。）召樓緩謀曰：「我先王因世之變，以長南藩之地，屬阻漳、滏之險，立長城，又取藺、郭狼，敗林人於荏，（正義：[illegible]林胡也。）而功未遂。今中山在我腹心，北有燕，東有胡，（[illegible]）西有林胡、樓煩、秦、韓之邊，（[illegible]）而無彊兵之救，是亡社稷，奈何？夫有高世之名，必有遺俗之累。吾欲胡服。」樓緩曰：「善。」群臣皆不欲。於是肥義侍，王曰：「簡、襄主之烈，計胡、翟之利。為人臣者，寵有孝弟長幼順明之節，通有補民益主之業，（[illegible]）

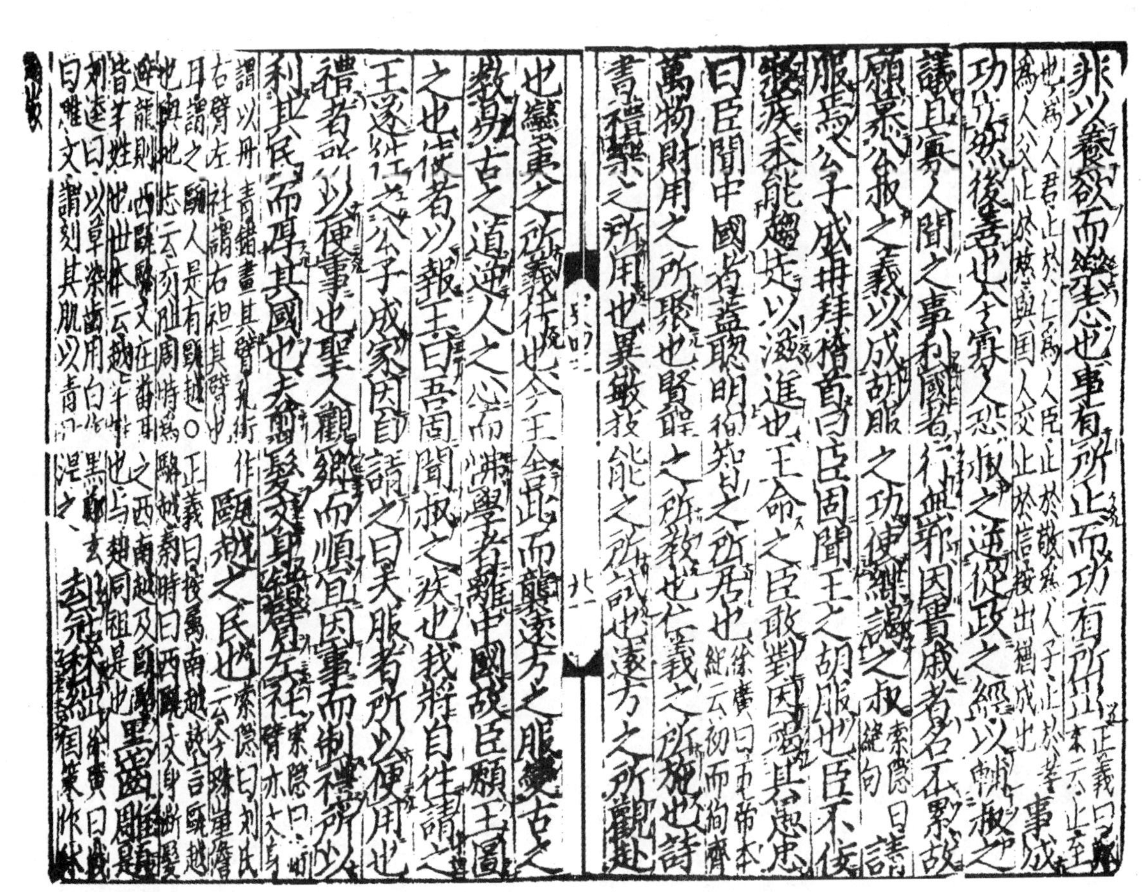

此兩者，臣之分也。今吾欲繼襄主之跡，開於胡翟之鄉，而卒世不見也。為敵弱，用力少而功多，可以毋盡百姓之勞，而序往古之勳。夫有高世之功者，負遺俗之累；有獨智之慮者，任驁民之怨。今吾將胡服騎射以教百姓，而世必議寡人，奈何？肥義曰：臣聞疑事無功，疑行無名。王既定負遺俗之慮，殆無顧天下之議矣。夫論至德者不和於俗，成大功者不謀於眾。昔者舜舞有苗，禹袒裸國，非以養欲而樂志也，務以論德而約功也。愚者闇成事，智者覩未形，則王何疑焉。王曰：吾不疑胡服也，吾恐天下笑我也。狂夫之樂，智者哀焉；愚者所笑，賢者察焉。世有順我者，胡服之功未可知也。雖驅世以笑我，胡地中山吾必有之。於是遂胡服矣。使王緤告公子成曰：寡人胡服，將以朝也，亦欲叔服之。家聽於親而國聽於君，古今之公行也。子不反親，臣不逆君，兄弟之通義也。今寡人作教易服而叔不服，吾恐天下議之也。制國有常，利民為本；從政有經，令行為上。明德先論於賤，而行政先信於貴。今胡服之意，

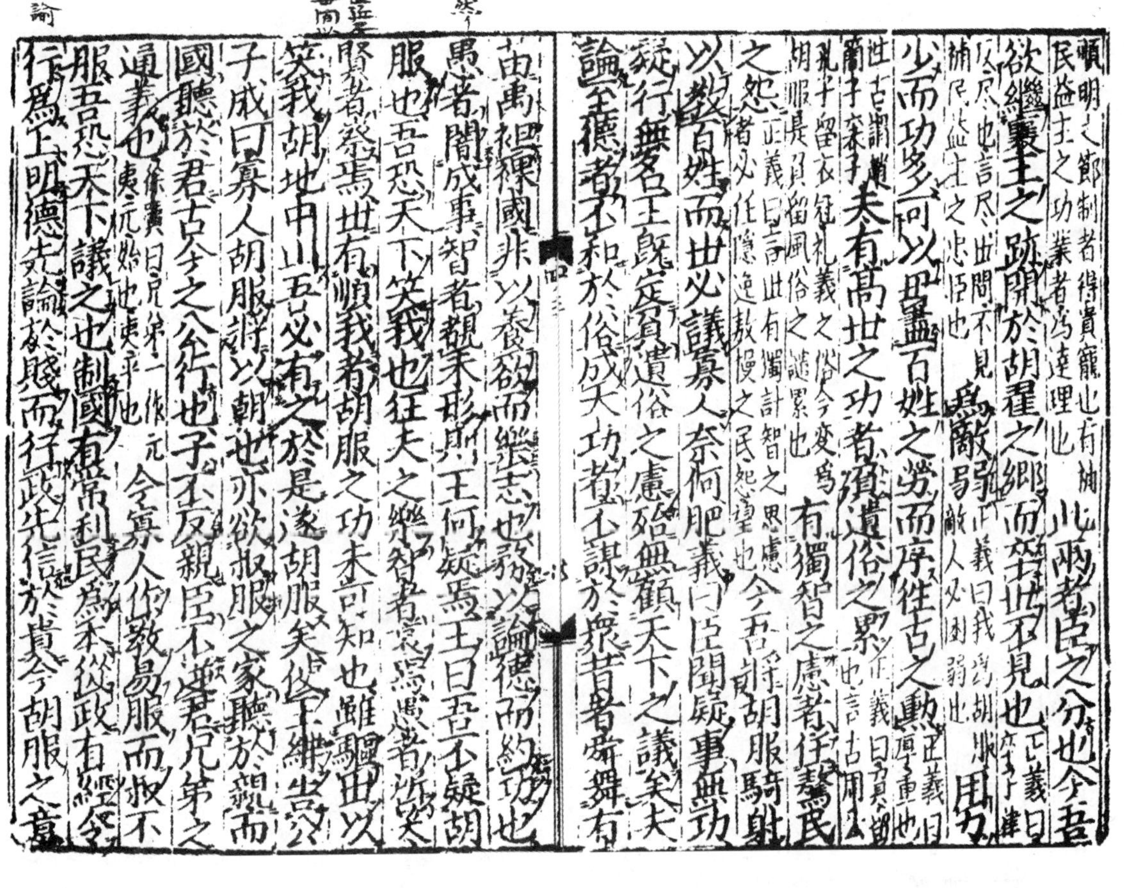

非以養欲而樂志也；事有所止而功有所出，事成功立，然後善也。今寡人恐叔之逆從政之經，以輔叔之議。且寡人聞之，事利國者行無邪，因貴戚者名不累，故願慕公叔之義，以成胡服之功。使緤謁之叔，請服焉。公子成再拜稽首曰：臣固聞王之胡服也。臣不佞，寢疾，未能趨走以滋進也。王命之，臣敢對，因竭其愚忠。曰：臣聞中國者，蓋聰明徇智之所居也，萬物財用之所聚也，賢聖之所教也，仁義之所施也，詩書禮樂之所用也，異敏技能之所試也，遠方之所觀赴也，蠻夷之所義行也。今王舍此而襲遠方之服，變古之教，易古之道，逆人之心，而怫學者，離中國，故臣願王圖之也。使者以報。王曰：吾固聞叔之疾也，我將自往請之。王遂往之公子成家，因自請之，曰：夫服者，所以便用也；禮者，所以便事也。聖人觀鄉而順宜，因事而制禮，所以利其民而厚其國也。夫翦髮文身，錯臂左衽，甌越之民也。黑齒雕題，

趙世家

縫紩之別名也鉥[illegible]秫綦鍼也古字多假借故作秫絀耳此蓋言其女功鍼縷之麤拙[illegible]一本作鮭冠[illegible]也大吳之國也故禮服莫同其便一也鄉異而用變事異而禮易是以聖人果可以利其國不一其用果可以便其事不同其禮儒者一師而俗異中國同禮而教離況於山谷之便乎故去就之變智者不能一遠近之服賢聖不能同窮鄉多異曲學多辯不知而不疑異於己而不非者公焉而衆求盡善也今叔之所言者俗也吾所言者所以制俗也吾國東有河薄洛之水徐廣曰安平經縣西有漳水津名薄洛津○正義曰[illegible]與齊中山同之正義曰[illegible]齊[illegible]中山相親中山趙共薄洛水故言與齊中山同之須有舟楫之備無舟楫之用自常山以至代上黨徐廣曰二六自常山以下代上黨以東東有燕東胡之境而西有樓煩秦韓之邊今無騎射之備故寡人無舟楫之用夾水居之民將何以守河薄洛之水變服騎射以備燕三胡秦韓之邊索隱曰林胡樓煩東胡是三胡也且昔者簡主不塞晉陽以及上黨而襄主并戎取代以攘諸胡此愚智所明也先時中山負齊之彊兵侵暴吾地係累吾民引水圍鄗[illegible]微社稷之神靈則鄗幾於不守也先王醜之而怨未能報也今騎射之備近可以便上黨之形而遠可以報中山之怨而叔順中國之俗以逆簡襄之意惡變服之名以忘鄗事之醜非寡人之所望也公子

趙世家

成再拜稽首曰臣愚不達於王之義敢道世俗之聞臣之罪也今王將繼簡襄之意以順先王之志臣敢不聽命乎再拜稽首乃賜胡服明日服而朝於是始出胡服令也趙文趙造周袑徐廣曰[illegible]袑音紹趙俊皆諫止王毋胡服如故法便王曰先王不同俗何古之法帝王不相襲何禮之循虙戲神農教而不誅黃帝堯舜誅而不怒及至三王隨時制法因事制禮法度制令各順其宜衣服器械各便其用故禮也不必一道而便國不必古聖人之興也不相襲而王夏殷之衰也不易禮而滅然則反古未可非而循禮未足多也且服奇者志淫則是鄒魯無奇行也索隱曰按鄒魯好長纓是奇服也服非其[illegible]奇行俗辟者民易則是吳越無秀士也索隱曰言方俗[illegible]曾改易不通大也則是吳越無秀士僻處山谷而人何得有殊[illegible]大夫禮之屬哉且聖人利身謂之服便事謂之禮夫進退之節衣服之制者所以齊常民也非所以論賢者也故齊民與俗流賢者與變俱故諺曰以書御者不盡馬之情以古制今者不達事之變循法之功不足以高世法古之學不足以制今子不及也遂胡服招騎射二十年王略中山地至寧葭索隱曰[illegible]名在中山也西略胡地至榆中正義曰勝州北河北岸也林胡王獻馬歸使樓緩之秦仇液之韓王賁之楚富丁之魏趙爵之齊

代相趙固主胡，致其兵。二十一年，攻中山。趙袑為右軍，許鈞為左軍，公子章為中軍，王并將之。牛翦將車騎，趙希并將胡、代。趙與之陘，合軍曲陽，攻取丹丘、華陽、鴟之塞。王軍取鄗、石邑、封龍、東垣。中山獻四邑和，王許之，罷兵。二十三年，攻中山。二十五年，惠后卒。使周袑胡服傅王子何。二十六年，復攻中山，攘地北至燕、代，西至雲中、九原。二十七年五月戊申，大朝於東宮，傳國，立王子何以為王。王廟見禮畢，出臨朝。大夫悉為臣，肥義為相國，并傅王。是為惠文王。惠文王，惠后吳娃子也。武靈王自號為主父。主父欲令子主治國，而身胡服將

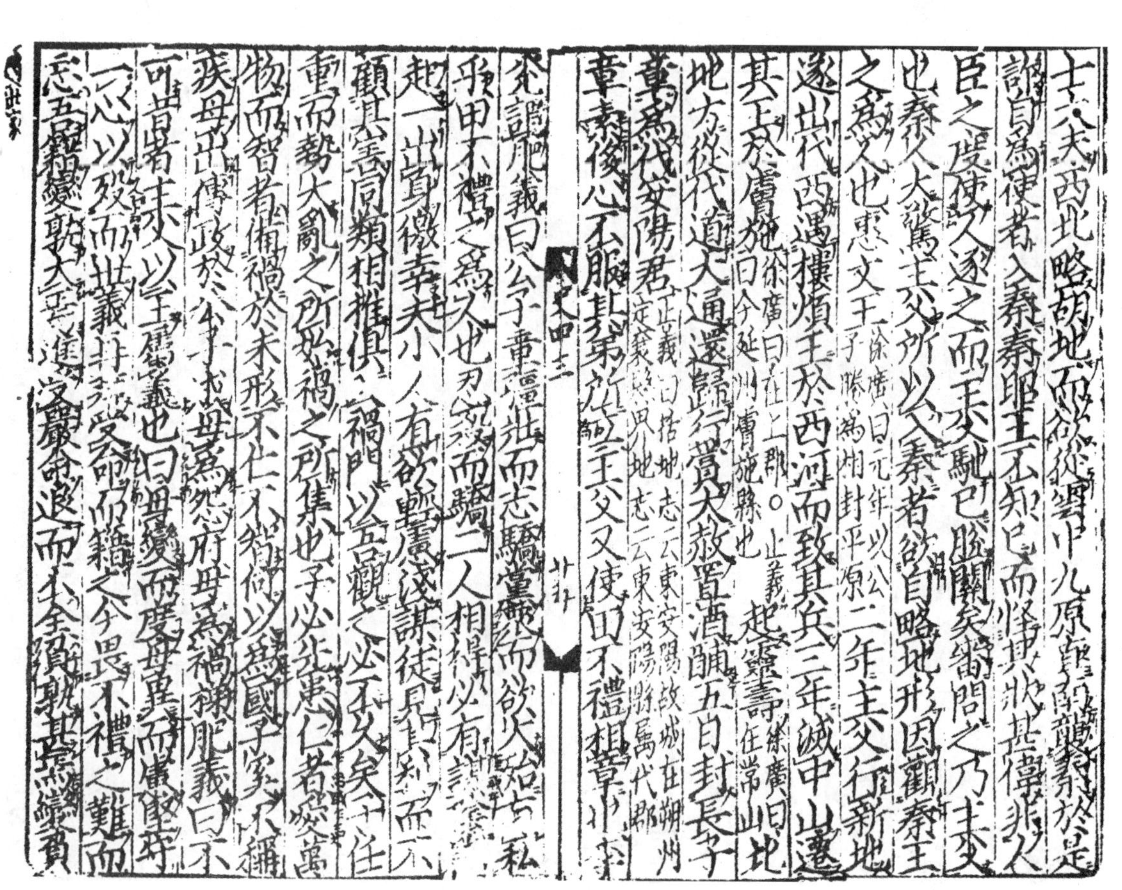

士大夫西北略胡地，而欲從雲中、九原直南襲秦，於是詐自為使者入秦。秦昭王不知，已而怪其狀甚偉，非人臣之度，使人逐之，而主父馳已脫關矣。審問之，乃主父也。秦人大驚。主父所以入秦者，欲自略地形，因觀秦王之為人也。惠文王二年，主父行新地，遂出代，西遇樓煩王於西河而致其兵。三年，滅中山，遷其王於膚施。起靈壽，北地方從，代道大通。還歸，行賞，大赦，置酒酺五日，封長子章為代安陽君。章素侈，心不服其弟所立。主父又使田不禮相章也。李兌謂肥義曰：公子章彊壯而志驕，黨眾而欲大，殆有私乎？田不禮之為人也，忍殺而驕。二人相得，必有謀陰賊起，一出身徼幸。夫小人有欲，輕慮淺謀，徒見其利而不顧其害，同類相推，俱入禍門。以吾觀之，必不久矣。子任重而勢大，亂之所始，禍之所集也，子必先患。仁者愛萬物而智者備禍於未形，不仁不智，何以為國？子奚不稱疾毋出，傳政於公子成？毋為怨府，毋為禍梯。肥義曰：不可。昔者主父以王屬義也，曰：毋變而度，毋異而慮，堅守一心，以歿而世。義再拜受命而籍之。今畏不禮之難而忘吾籍，變孰大焉。進受嚴命，退而不全，負孰甚焉。變負之

之臣不容於刑。諺曰：「死者復生，生者不愧。」[illegible]吾言已在前矣，吾欲全吾言，安得全吾身！且夫貞臣也難至而節見，忠臣也累至而行明。子則有賜而忠我矣，雖然，吾有語在前者也，終不敢失。」李兌曰：「諾，子勉之矣！吾見子已今年耳。」涕泣而出。李兌數見公子成，以備田不禮之事。異日肥義謂信期曰：索隱曰：即下文高信也。○正義曰：信期，上音申。「公子與田不禮甚可憂也。其於義也聲善而實惡，此為人也不子不臣。吾聞之也，姦臣在朝，國之殘也；讒臣在中，主之蠹也。此人貪而欲大，內得主而外為暴。矯令為慢，以擅一旦之命，不難為也，禍且逮國。今吾憂之，夜而忘寐，饑而忘食。盜賊出入不可不備。自今以來，若有召王者必見吾面，我將先以身當之，無故而王乃入。」信期曰：「善哉，吾得聞此也！」

四年，朝群臣，安陽君亦來朝。主父令王聽朝，而自從旁觀窺群臣宗室之禮。見其長子章傫然也，反北面為臣，詘於其弟，心憐之，於是乃欲分趙而王章於代，計未決而輟。主父及王游沙丘，異宮，正義曰：括地志云：沙丘臺在邢州平鄉縣東北二十里矣。公子章即以其徒與田不禮作亂，詐以主父令召王。肥義先入，殺之。高信即與王戰。公子成與李兌自國至，乃起四邑之兵入距難，殺公子章及田不禮，滅其黨賊而定王室。公子成為相，號安平君，李兌為司寇。公子章之敗，往走主父，主父開之，索隱曰：開謂開門而納之。俗本亦作閉字者，非也。鄒誕本作閒，及諸侯皆作閒，閒謂藏也。○正義曰：謂不責其反叛之罪，容其入宮，閒藏也。成、兌因圍主父宮。公子章死，公子成、李兌謀曰：「以章故圍主父，即解兵，吾屬夷矣。」乃遂圍主父。令宮中人「後出者夷」，宮中人悉出。主父欲出不得，又不得食，探爵鷇而食之，索隱曰：鷇，爵子也。○索隱曰：生受哺者謂之鷇。三月餘而餓死沙丘宮。集解：徐廣曰：武靈王葬代郡靈丘縣。○正義曰：括地志云：趙武靈王墓在蔚州靈丘縣東三十里，應是也。主父定死，乃發喪赴諸侯。

是時王少，成、兌專政，畏誅，故圍主父。主父初以長子章為太子，後得吳娃，愛之，為不出者數歲，生子何，乃廢太子章而立何為王。吳娃死，愛弛，憐故太子，欲兩王之，猶豫未決，故亂起，以至父子俱死，為天下笑，豈不痛乎！徐廣曰：或無此十四字。主父死，惠文王立立。

五年，與燕鄚、易。徐廣曰：皆屬涿郡。鄚音莫。八年，城南行唐。徐廣曰：在常山。○正義曰：行，寒庚反。括地志云：行唐縣屬鎮州，為南行唐縣築城。九年，趙梁將，與齊合軍攻韓，至魯關下。正義曰：劉伯莊云：蓋在南河魯陽關。按：汝州魯山縣古魯陽縣。及十年，秦自置為西帝。十一年，董叔與魏氏伐宋，得河陽於魏。秦取梗陽。索隱曰：太原晉陽縣南梗陽城也。○索隱曰：地理志太原榆次有梗陽鄉，與此梗所據不同也。○正義曰：括地志云：梗陽故城在并州清源縣南百二十步，分晉陽縣置，本漢榆次縣地，春秋晉大夫祁氏邑也。十二年，趙梁將攻齊。十三年，韓徐為將，攻齊。公主死。

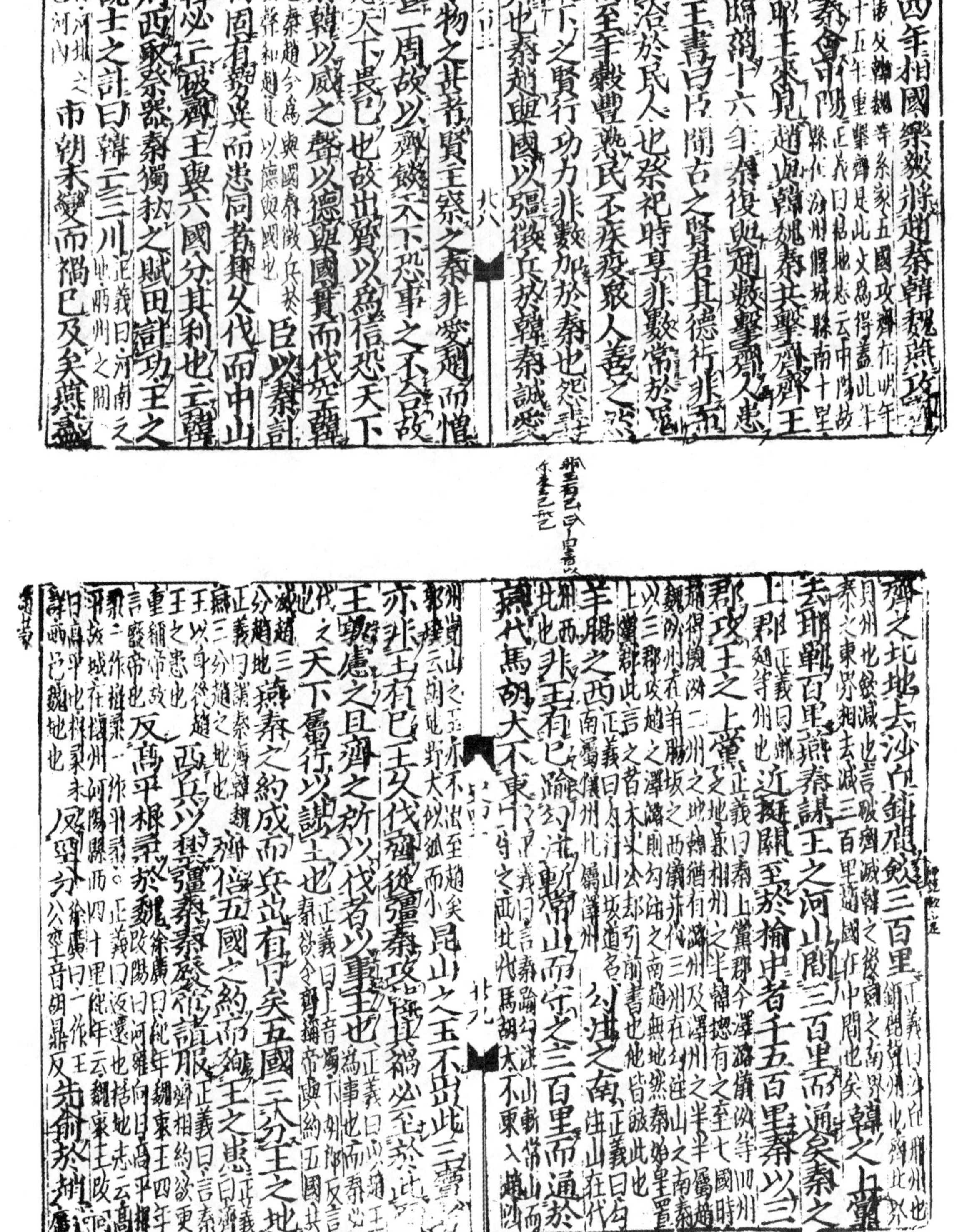

十四年，相國樂毅將趙秦韓魏燕攻齊，取靈丘。與秦會中陽。十五年，燕昭王來見。趙與韓魏秦共擊齊，齊王敗走，燕獨深入，取臨菑。十六年，秦復與趙數擊齊，齊人患之。蘇厲為齊遺趙王書曰：臣聞古之賢君，其德行非布於海內也，教順非洽於民人也，祭祀時享非數常於鬼神也。甘露降，時雨至，年穀豐孰，民不疾疫，眾人善之，然而賢主圖之。今足下之賢行功力，非數加於秦也；怨毒積怒，非素深於齊也。秦趙與國，以彊徵兵於韓，秦誠愛趙乎？其實憎齊乎？物之甚者，賢主察之。秦非愛趙而憎齊也，欲亡韓而吞二周，故以齊餤天下。恐事之不合，故出兵以劫魏趙。恐天下畏己也，故出質以為信。恐天下亟反也，故徵兵於韓以威之。聲以德與國，實而伐空韓，臣以秦計為必出於此。夫物固有勢異而患同者，楚久伐而中山亡，今齊久伐而韓必亡。破齊，王與六國分其利也。亡韓，秦獨擅之。收二周，西取祭器，秦獨私之。賦田計功，王之獲利孰與秦多？說士之計曰：韓亡三川，魏亡晉國，市朝未變而禍已及矣。燕盡齊之北地，去沙丘、鉅鹿斂三百里，韓之上黨去邯鄲百里，燕秦謀王之河山，間三百里而通矣。秦之上郡近挻關，至於榆中者千五百里，秦以三郡攻王之上黨，羊腸之西，句注之南，非王有已。踰句注，斬常山而守之，三百里而通於燕，代馬胡犬不東下，崑山之玉不出，此三寶者亦非王有已。王久伐齊，從彊秦攻韓，其禍必至於此。願王孰慮之。且齊之所以伐者，以事王也；天下屬行，以謀王也。燕秦之約成而兵出有日矣。五國三分王之地，齊倍五國之約而殉王之患，西兵以禁彊秦，秦廢帝請服，反高平、根柔於魏，反巠分、先俞於趙。

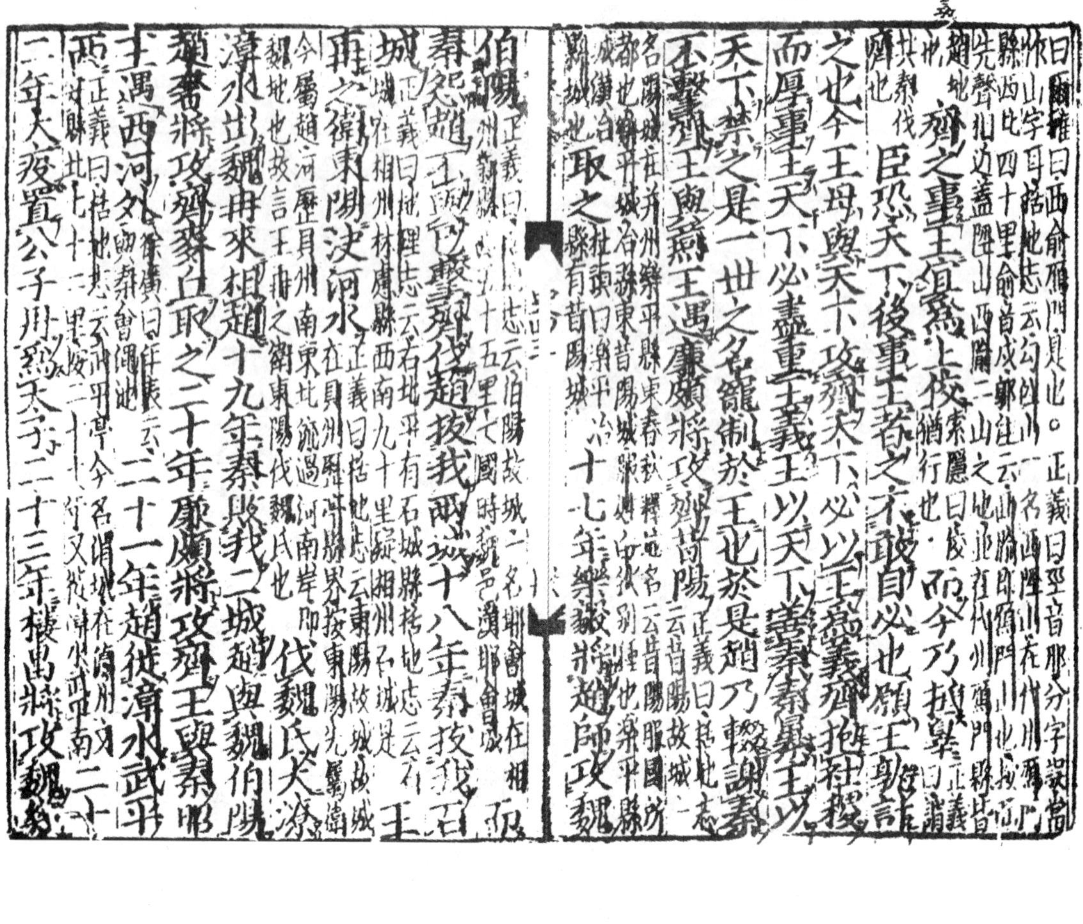

齊之事王，宜為上佼，而今乃抵罪，臣恐天下後事王者之不敢自必也。願王之熟計之也。今王毋與天下攻齊，天下必以王為義。齊抱社稷而厚事王，天下必盡重王義。王以天下善秦，秦暴，王以天下禁之，是一世之名寵制於王也。」於是趙乃輟，謝秦不擊齊。王與燕王遇。廉頗將，攻齊昔陽，取之。十七年，樂毅將趙師攻魏伯陽。秦怨趙不與己擊齊，伐趙，拔我兩城。十八年，秦拔我石城。王再之衛東陽，決河水，伐魏氏。大潦，漳水出。魏冉來相趙。十九年，秦敗我二城。趙與魏伯陽。趙奢將，攻齊麥丘，取之。二十年，廉頗將，攻齊。王與秦昭王遇西河外。二十一年，趙徙漳水武平西。二十二年，大疫。置公子丹為太子。二十三年，樓昌將，攻魏幾，不能取。十二月，廉頗將，攻幾，取之。二十四年，廉頗將，攻魏房子，拔之，因城而還。又攻安陽，取之。二十五年，燕周將，攻昌城、高唐，取之。與魏共擊秦。秦將白起破我華陽，得一將軍。二十六年，取東胡歐代地。二十七年，徙漳水武平南。封趙豹為平陽君。河水出，大潦。二十八年，藺相如伐齊，至平邑。罷城北九門大城。燕將成安君公孫操弒其王。二十九年，秦、韓相攻，而圍閼與。趙使趙奢將，擊秦，大破秦軍閼與下，賜號為馬服君。三十三年，惠文王卒，太子丹立，是為孝成王。孝成王元年，秦伐我，拔三城。趙王新立，太后用事，秦急攻之。趙氏求救於齊，齊曰：「必以長安君為質，兵乃出。」

后不肯，大臣彊諫。太后明謂左右曰：「復言長安君為質者，老婦必唾其面。」左師觸龍言願見太后，太后盛氣而胥之。入，胥猶須也。穀梁傳曰：胥其出也。徐趨而坐，自謝曰：「老臣病足，曾不能疾走，不得見久矣。竊自恕，而恐太后體之有所苦也，故願望見太后。」太后曰：「老婦恃輦而行。」索隱曰東萊一云趙惠文王子御者吳廣之甥姓嬴之子也如系家計之則武靈王十六年夢吳娃而納之至二十七年十五歲及惠文王十三十二年卒孝成王元年遣長安君質於齊若娃年二十入王宮至此則六十左觸亦何嫌老矣而東萊微言本后經三十有奇者譌也曰：「食得毋衰乎？」曰：「恃粥耳。」曰：「老臣間者殊不欲食，乃彊步，日三四里，少益嗜食，和於身也。」太后曰：「老婦不能。」太后不和之色少解。左師公曰：「老臣賤息舒祺最少，不肖，而臣衰，竊憐愛之，願得補黑衣之缺以衛王宮，昧死以聞。」太后曰：「敬諾。年幾何矣？」對曰：「十五歲矣。雖少，願及未填溝壑而託之。」太后曰：「丈夫亦愛憐少子乎？」對曰：「甚於婦人。」太后笑曰：「婦人異甚。」對曰：「老臣竊以為媼之愛燕后賢於長安君。」太后曰：「君過矣，不若長安君之甚。」左師公曰：「父母愛子，則為之計深遠。媼之送燕后也，持其踵，為之泣，念其遠也，亦哀之矣。已行，非不思也，祭祀則祝之曰『必勿使反』，豈非計長久，為子孫相繼為王也哉？」太后曰：「然。」左師公曰：「今三世以前，至於趙主之子孫為侯者，其繼有在者乎？」曰：「無有。」曰：「微獨趙，諸侯

有在者乎？」曰：「老婦不聞也。」曰：「此其近者禍及其身，遠者及其子孫。豈人主之子侯則不善哉？位尊而無功，奉厚而無勞，而挾重器多也。今媼尊長安君之位，而封之以膏腴之地，多與之重器，而不及今令有功於國，一旦山陵崩，長安君何以自託於趙？老臣以媼為長安君之計短也，故以為愛之不若燕后。」太后曰：「諾，恣君之所使之。」於是為長安君約車百乘，質於齊，齊兵乃出。子義聞之，索隱曰子義趙之賢人曰：「人主之子，骨肉之親也，猶不能持無功之尊，無勞之奉，而守金玉之重也，而況於予乎？」齊安平君正義括地志云安平城在青州臨淄縣東十九里古紀之酅邑也田單將趙師而攻燕中陽，徐廣曰一作人。正義曰燕無中陽括地志云中山故城一名中人亭在定州唐縣東北四十一里春秋時屬燕國也拔之。又攻韓注人，正義曰邑名也括地志云注城在汝州梁縣西十五里蓋是此也拔之。二年，惠文后卒。田單為相。四年，王夢衣偏裻之衣，正義曰裻音篤偏左右異色裻在中左右異故曰偏裻裻衣背縫也乘飛龍上天，不至而墜，見金玉之積如山。明日，王召筮史敢占之，曰：「夢衣偏裻之衣者，殘也。乘飛龍上天不至而墜者，有氣而無實也。見金玉之積如山者，憂也。」後三日，韓氏上黨守馮亭使者至，曰：「韓不能守上黨，入之於秦。其吏民皆安為趙，不欲為秦。有城市邑十七，願再拜入之趙，財王所以賜吏民。」王大喜，召平陽君豹告之曰：「馮亭入城市

邑十七受之何如對曰聖人甚禍無故之利王曰人懷吾德何謂無故乎對曰夫秦蠶食韓氏地中絶不令相通固自以為坐而受上黨之地也韓氏所以不入於秦者欲嫁其禍於趙也秦服其勞而趙受其利雖彊大不能得之於小弱小弱顧能得之於彊大乎豈可謂非無故之利哉且夫秦以牛田之徐廣曰一無此字○正義曰秦蠶食韓氏國中斷不通夫牛耕田種穀至秋則收之成熟之義也言秦伐韓上黨勝有日矣若牛田之必冀收獲矣水通糧正義曰秦從渭水漕糧東入河洛軍擊韓上黨也蠶食上乘倍戰者正義曰蠶才含反蚕食桑葉漸進盡也司馬法云百畝為夫夫三為屋屋三為井井十為通通十為成成出革車一乘七十二人也上乘天下第一也倍戰力攻也韓國四戰之地軍士攢習倍於餘國裂上國之地正義曰上國秦地也言韓上黨之地以列為秦国之

其政行不可與為難必勿受也正義曰言秦政已行趙不可與秦作難必莫受馮亭十七邑也王曰今發百萬之軍而攻踰年歷歲未得一城今以城市邑十七幣吾國正義曰馮亭將十七邑入趙若幣帛之見遺此大利也此大利也趙豹出王召平陽君趙禹而告之對曰發百萬之軍而攻踰歲未得一城今坐受城市邑十七此大利不可失也王曰善乃令趙勝受地告馮亭曰敝國使者臣勝敝國君使勝致命以萬戶都三封太守正義曰爾時未合言太守至漢景帝始加太守此言太衍字也千戶都三封縣令皆世世為侯吏民皆益爵三級吏民能相安皆賜之六金馮亭垂涕不見使者曰吾不處三不義也為主守地不能死

國不義一矣入之秦不聽主令不義二矣賣主地而食之不義三矣趙遂發兵取上黨漢書馮奉世傳曰趙封馮亭為華陵君與趙將括距秦戰死於長平宗族由是分散或在趙在趙者為官師將官師將子為代相及秦滅六国而馮亭之後馮無擇馮去疾馮劫皆為秦將相焉漢興馮唐即代相之子也上黨記云秦軍家在銅關城西五里也廉頗將軍軍長平正義曰括地志云長平故城在澤州高平縣西二十一里即白起敗括於長平處七年廉頗免而趙括代將秦人圍趙括趙括以軍降卒四十餘萬皆阬之王悔不聽趙豹之計故有長平之禍焉王還不聽秦秦圍邯鄲徐廣曰在九年武垣令徐廣曰河間有武垣縣本屬涿郡○正義曰括地志云武垣故城今瀛州城是也傅豹王容蘇射率燕眾反燕地正義曰武垣此是屬趙與燕接境故云率燕眾反燕地也趙以靈丘正義曰括地志云靈丘在蔚州

封楚相春申君八年平原君如楚請救還楚來救及魏公子無忌亦來救正義曰魏公子傳云趙王以鄗為公子湯沐邑年表云九年公子無忌救邯鄲圍在九年其文錯誤耳秦圍邯鄲乃解十年燕攻昌壯徐廣曰一作社○正義曰壯字誤當作城括地志云昌城故城在冀州信都縣西北五里此時屬趙故攻之也五月拔之趙將樂乘慶舍攻秦信梁軍破之徐廣曰[illegible]表云新中軍也○索隱曰信梁秦將也○正義曰信梁蓋王齕號也有本作汜云昭襄王五十年王齕從唐拔寧新中寧新中更名安陽今相州理縣也莊長云韓魏楚救趙新中軍秦兵罷是也太子死徐廣曰是年周赧王卒或者太子云夭子乎○索隱曰趙太子也史失名而秦攻西周拔之徒父祺出索隱曰徒父祺趙大夫名祺○正義曰趙見秦拔西周故令徒父祺將兵出境也十一年城元氏地理志常山有元氏縣○正義曰元氏[illegible]縣也縣上原武陽君鄭安平死[illegible]

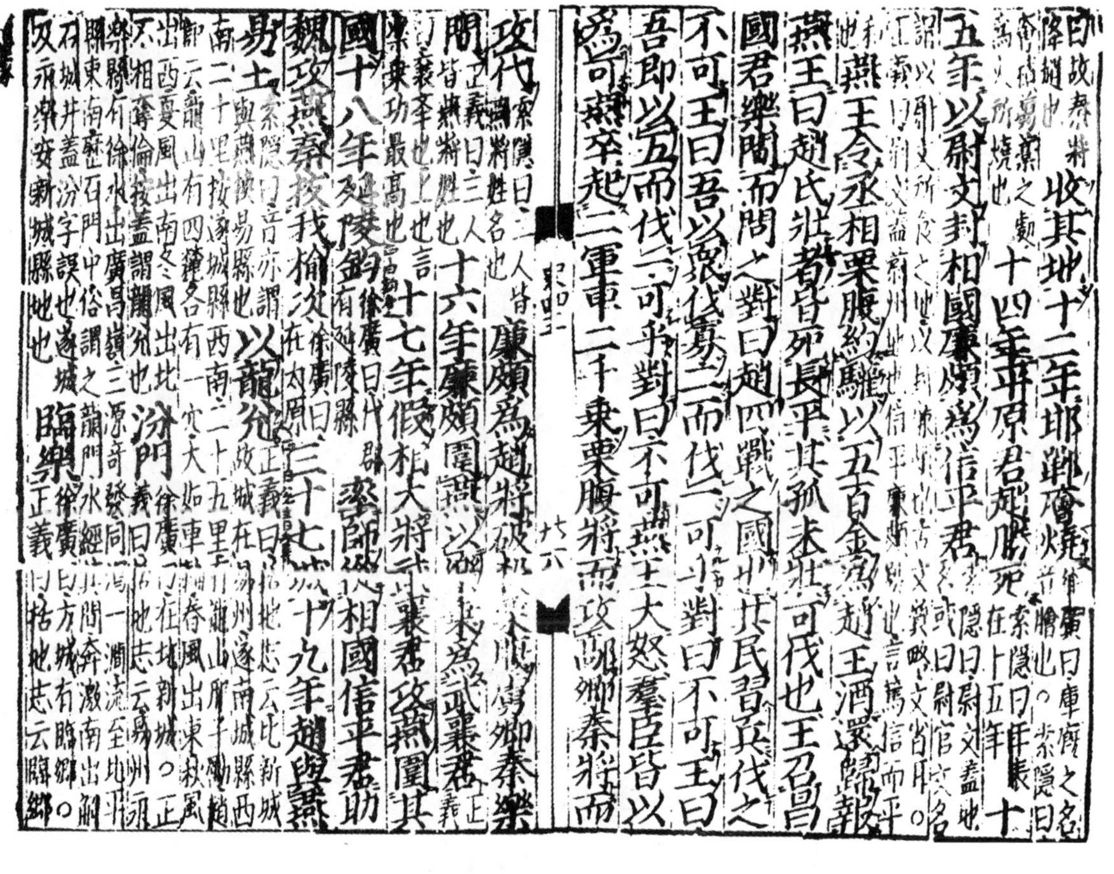

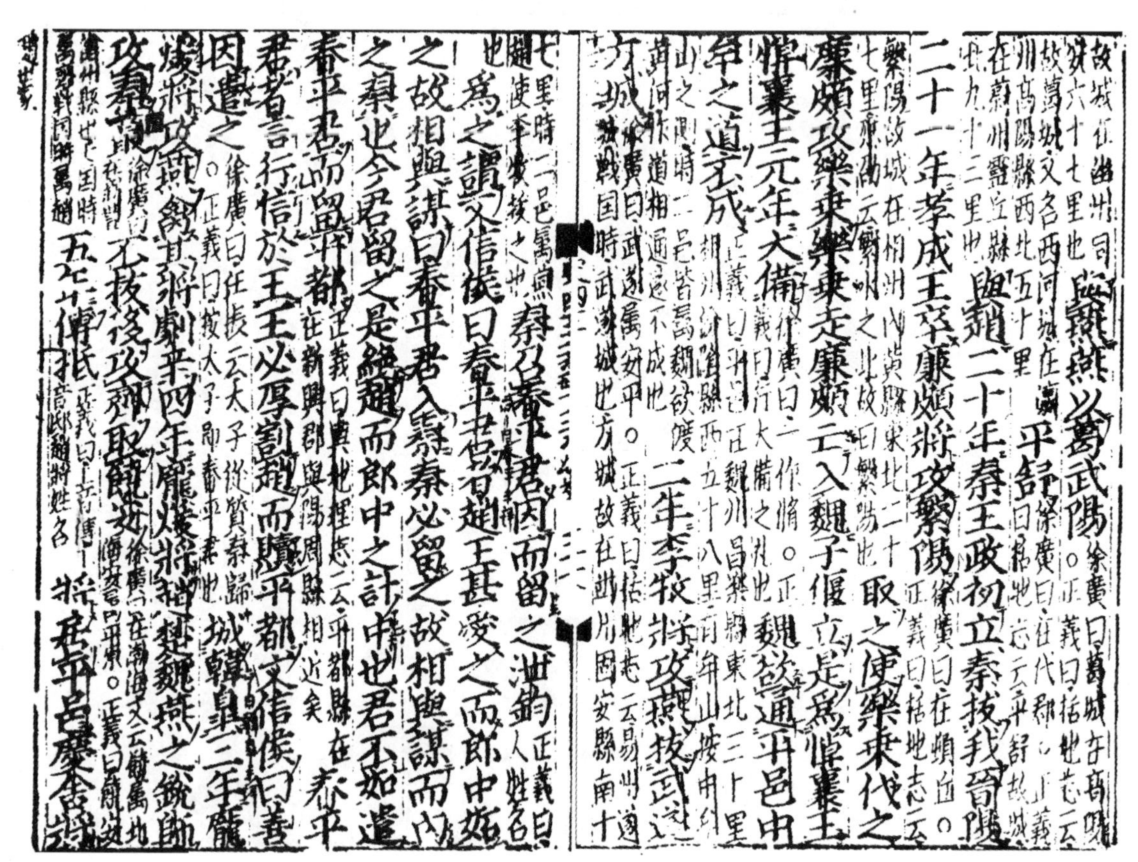

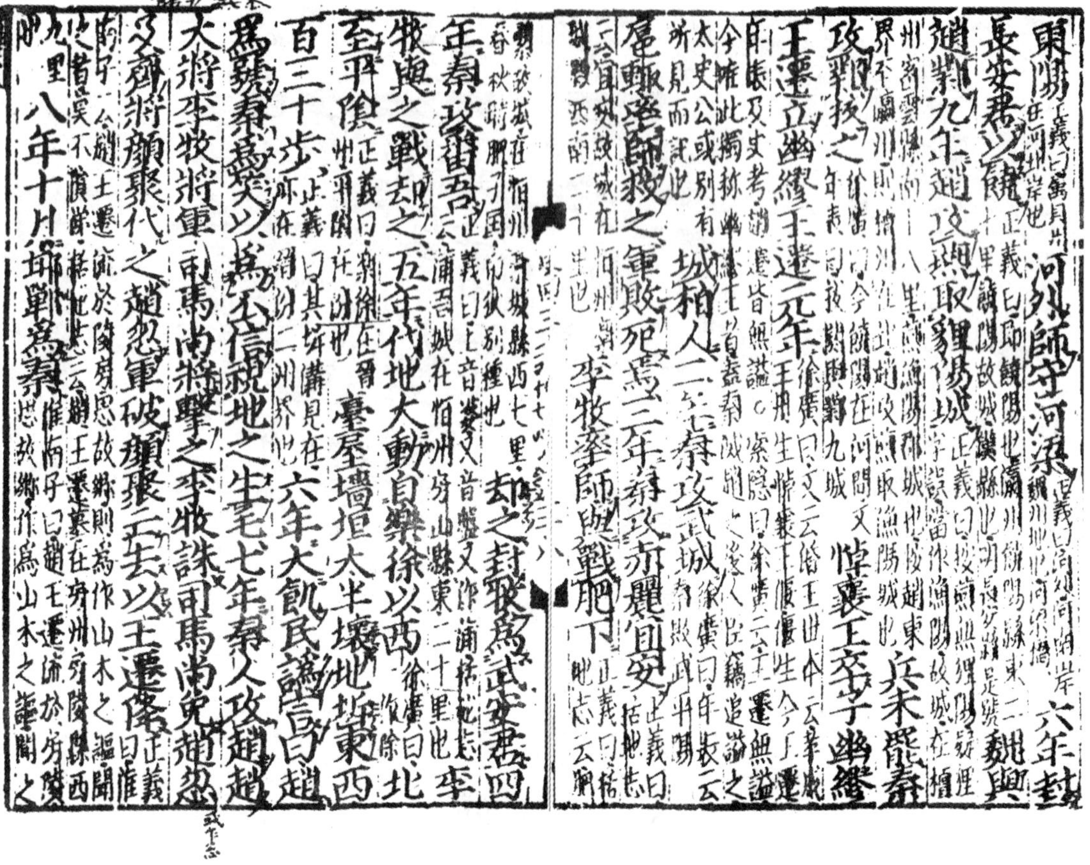

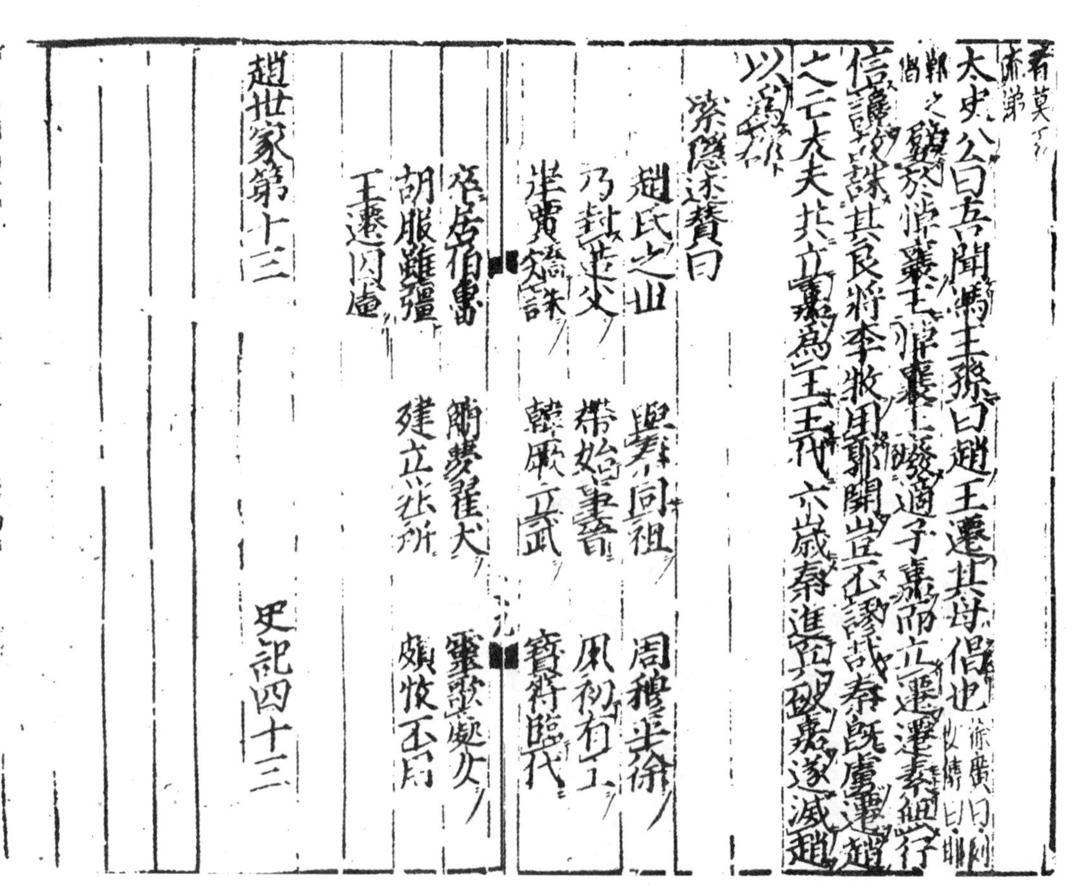

魏世家第十四　史記四十四

魏之先，畢公高之後也。畢公高與周同姓。索隱曰：左傳富辰說文王之子十六國有畢、原、豐、郇，言畢公是文王之子。此云與周同姓，似不用左氏之說。馬融亦云畢、毛，文王庶子。武王之伐紂，而高封於畢，正義曰：括地志云畢原在雍州萬年縣西南二十八里。杜預曰畢在長安縣西北。於是為畢姓。其後絕封，為庶人，或在中國，或在夷狄。其苗裔曰畢萬，事晉獻公。獻公之十六年，趙夙為御，畢萬為右，以伐霍、耿、魏，滅之。以耿封趙夙，以魏封畢萬，為大夫。正義曰：詩譜云魏，姬姓之國，武王伐紂而封焉。魏城在陝州芮城縣北五里。卜偃曰：索隱曰：晉掌卜大夫郭偃也。「畢萬之後必大矣，萬，滿數也；魏，大名也。以是始賞，天開之矣。天子曰兆民，諸侯曰萬民。今命之大，以從滿數，其必有眾。」初，畢萬卜事晉，遇屯之比。辛廖占之，曰：「吉。屯固比入，吉孰大焉，其必蕃昌。」畢萬封十一年，晉獻公卒，四子爭更立，晉亂。而畢萬之世彌大，從其國名為魏氏。生武子。索隱曰：系本云畢萬生芒季，芒季生武仲州，州與犨聲相近，字因以異，代亦不同。魏武子以魏諸子事晉公子重耳。晉獻公之二十一年，武子從重耳出亡。十九年反，重耳立為晉文公，而令魏武子襲魏氏之後封，列為大夫，治於魏。生悼子。索隱曰：系本云武仲生莊子絳，無悼子。魏悼子徙治霍。索隱曰：系本居篇曰魏武子居魏，悼子徙霍。宋忠曰：霍，地名，今河東彘縣也。則是有悼子，系本卿大夫代自脫耳。然魏今河北魏縣是也。○正義曰：晉州霍邑縣，漢彘縣也，後漢改曰永安，隋改曰霍邑，本春秋時霍伯國也。生

魏絳。魏絳事晉悼公。悼公三年，會諸侯。悼公弟楊干亂行，魏絳僇辱楊干。索隱曰：左傳云僇楊干之僕。悼公怒曰：「合諸侯以為榮，今辱吾弟！」將誅魏絳。或說悼公，悼公止。卒任魏絳政，使和戎、翟，戎、翟親附。悼公之十一年，曰：「自吾用魏絳，八年之中，九合諸侯，戎、翟和，子之力也。」賜之樂，三讓，然後受之。徙治安邑。正義曰：安邑在絳州夏縣，安邑故城是。魏絳卒，謚為昭子。徐廣曰：世本曰莊子。○索隱曰：系本莊子也，名絳，又曰昭子，徙安邑，亦與此文同。生魏嬴。嬴生魏獻子。索隱曰：系本云獻子名荼，莊子之子，無魏嬴。

獻子事晉昭公。昭公卒而六卿彊，公室卑。晉頃公之十二年，韓宣子老，魏獻子為國政。晉宗室祁氏、羊舌氏相惡，六卿誅之，盡取其邑為十縣，六卿各令其子為之大夫。獻子與趙簡子、中行文子、范獻子並為晉卿。索隱曰：簡子趙鞅，文子荀寅，獻子范吉射。其後十四歲而孔子相魯。後四歲，趙簡子以晉陽之亂也，而與韓、魏共攻范、中行氏。魏獻子生魏侈。索隱曰：後他本亦作侈，蓋侈字誤耳。系本獻子生簡子取，取生襄子多，而左傳云魏曼多是也，則侈是襄子，中間少簡子一代，數錯也。魏侈與趙鞅共攻范、中行氏。魏侈之孫曰魏桓子，索隱曰：系本云襄子生桓子駒。與韓康子、趙襄子共伐滅知伯，分其地。正義曰：知音智。括地志云故智城在蒲州虞鄉縣西北四十里。古今地名解縣有智城，蓋謂此也。索隱曰：伯，荀瑤也，本姓荀，亦曰荀瑤也。桓子之孫曰文侯都。徐廣曰：世本曰斯也。○索隱曰：系本云桓子生文侯斯，其傳云孺子𤍠是魏駒之子，與此系代亦不同也。

魏文侯元年，秦靈公

公之元年也。與韓武子、趙桓子、周威王同時。索隱曰系本武子名啟章，康子之子；桓子名嘉，襄子之子。六年，城少梁。十三年，使子擊圍繁、龐，出其民。十六年，伐秦，築臨晉、元里。[illegible]十七年，伐中山，使子擊守之，趙倉唐傅之。子擊逢文侯之師田子方於朝歌，引車避，下謁。田子方不為禮。子擊因問曰：富貴者驕人乎？且貧賤者驕人乎？子方曰：亦貧賤者驕人耳。夫諸侯而驕人則失其國，大夫而驕人則失其家。貧賤者，行不合，言不用，則去之楚、越，若脫躧然，奈何其同之哉！子擊不懌而去。西攻秦，至鄭而還，築雒陰、合陽。正義曰雒漆沮水也，城在水南。郃陽[illegible]在同州[illegible]西也。二十二年，魏、

趙、韓列為諸侯。二十四年，秦伐我，至陽狐。正義曰括地志云陽狐郭在魏州元城縣東北三十里也。二十五年，子擊生子罃。索隱曰罃音於耕反，及擊，武侯之名。文侯受子夏經藝，客段干木，過其閭，未嘗不軾也。正義曰過，先卧反。文侯軾干木閭也。皇甫謐高士傳云：木，晉人也，守道不仕。魏文侯欲見，造其門，干木踰牆避之。文侯以客禮待之，出過其閭而軾。其僕曰：君何軾？曰：段干木賢者也，不趣勢利，懷君子之道，隱處窮巷，聲馳千里，吾安得勿軾！干木先乎德，寡人先乎勢；干木富乎義，寡人富乎財。勢不若德貴，財不若義高。又請為相，不肯。後卑己固請見，與語，文侯立倦不敢息。淮南子云：段干木，晉之大駔，而為文侯師。呂氏春秋云：魏文侯見段干木，立倦而不敢息；及見翟璜，踞於堂而與之言。翟璜不說。文侯曰：段干木，官之則不肯，祿之則不受；今汝欲官則相至，欲祿則上卿；既受吾賞，又責吾禮，無乃難乎！秦嘗欲伐魏，或曰：魏君賢人是禮，國人稱仁，上下和合，未可圖也。文侯由此得譽於諸

侯。任西門豹守鄴，而河內稱治。索隱曰大河在鄴東，故名鄴為河內。○正義曰古帝王之都多在河東、河北，故呼河北為河內，河南為河外。又云河從龍門南至華陰，東至衛州，東北入海，曲繞冀州，故言河內云也。魏文侯謂李克曰：先生嘗教寡人曰家貧則思良妻，國亂則思良相。今所置非成則璜，索隱曰成，魏成子，文侯弟；璜，翟璜。二子何如？李克對曰：臣聞之，卑不謀尊，疏不謀戚。臣在闕門之外，不敢當命。文侯曰：先生臨事勿讓。李克曰：君不察故也。居視其所親，富視其所與，達視其所舉，窮視其所不為，貧視其所不取，五者足以定之矣，何待克哉！文侯曰：先生就舍，寡人之相定矣。李克趨而出，過翟璜之家。翟璜曰：今者聞君召先生而卜相，果誰為之？李克

曰：魏成子為相矣。翟璜忿然作色曰：以耳目之所覩記，臣何負於魏成子？西河之守，臣之所進也。君內以鄴為憂，臣進西門豹。君謀欲伐中山，臣進樂羊。中山以拔，無使守之，臣進先生。君之子無傅，臣進屈侯鮒。臣何以負於魏成子！李克曰：且子之言克於子之君者，豈將比周以求大官哉？君問而置相，非成則璜，二子何如？克對曰：君不察故也。居視其所親，富視其所與，達視其所舉，窮視其所不為，貧視其所不取，五者足以定之矣，何待克哉！是以知魏成子之為相也。且子安得與魏成子比乎？魏成子以食祿千鍾，什九在外，什一在內，是以東得

子夏田子方段干木此三人者君皆師之子之所進五人者君皆臣之子惡得與魏成子比也翟璜逡巡再拜曰璜鄙人也失對願卒為弟子二十六年虢山崩壅河徐廣曰在陝駰案地理志云弘農陝縣故虢國北虢在大陽東虢在滎陽○正義曰括地志云虢山在陝州陝縣西二里臨黃河今臨河有岡阜似是穨山之餘也三十二年伐鄭城酸棗敗秦于注司馬彪曰河南梁縣有注城也○正義曰括地志云注城在汝州梁縣西十五里注或作鑄也三十五年齊伐取我襄陵徐廣曰今在南平陽縣也三十六年秦侵我陰晉徐廣曰今之華陰○索隱曰紀年云十八年侵陰晉更名曰寧秦徐氏云今之華陰也三十八年伐秦敗我武下正義曰括地志云故武城一名武平城在華州鄭縣東北十三里得其將識索隱曰識將名也武下地名是歲文侯卒索隱曰紀年云五十年卒子擊立是為武侯魏武侯元年趙敬侯初立索隱曰紀年云魏武侯元年當趙烈侯之十四年不同也又系本武侯名擊公子朔為亂不勝奔魏與魏襲邯鄲魏敗而去二年城安邑王垣徐廣曰垣縣有王屋山也○索隱曰紀年十一年城洛陽及安邑王垣○正義曰括地志云故垣城漢垣縣本魏王垣也在絳州垣縣西北二十里也七年伐齊至桑丘正義曰括地志云齊伐燕取桑丘故魏救燕伐齊至桑丘也括地志云桑丘故城俗名敬城在易州遂城縣界也九年翟敗我于澮索隱曰澮音古外反于澮水之側○正義曰括地志云澮高山又云澮山在絳州翼城縣東北二十五里澮水出北山也使吳起伐齊至靈丘正義曰靈丘蔚州縣也齊威王初立索隱曰按紀年齊幽公之十八年而威王立十一年與韓趙三分晉地滅其後十三年秦獻公縣櫟陽十五年敗趙北藺正義曰在石州離石縣西此屬趙故云趙北藺也十六年伐楚取魯陽正義曰今汝州魯山縣也武侯卒索隱曰紀年云武侯二十六年卒子罃立是為惠王正義曰罃音烏耕反惠王元年初武侯卒也子罃與公中緩正義曰中音仲爭為太子公孫頎自宋入趙索隱曰頎音祈紀年云武侯元年封公子緩趙侯種韓懿侯伐我取葵而惠成王伐趙圍濁陽七年公子緩如邯鄲以作難是此事也自趙入韓謂韓懿侯曰索隱曰懿侯韓哀侯之子魏罃與公中緩爭為太子君亦聞之乎今魏罃得王錯徐廣曰汲冢紀年惠王二年魏大夫王錯出奔韓也挾上黨固半國也因而除之徐廣曰除一作陪○正義曰按除謂除罃及王錯也破魏必矣不可失也懿侯說乃與趙成侯合軍并兵以伐魏戰于濁澤徐廣曰長社有濁澤○索隱曰系本云成侯名種魏氏大敗魏君圍趙謂韓曰除魏君立公中緩割地而退我且利韓曰不可殺魏君人必曰暴割地而退人必曰貪不如兩分之魏分為兩不彊於宋衛則我終無魏之患矣趙不聽韓不說以其少卒夜去惠王之所以身不死國不分者二家謀不和也若從一家之謀則魏必分矣故曰君終無適子其國可破也索隱曰此蓋古人之言及俗說故云故曰二年魏敗韓于馬陵敗趙于懷三年齊敗我觀徐廣曰年表云齊伐我觀○索隱曰世家云敗觀以和解○正義曰觀音館魏州觀城縣古之觀國夏太康第五弟之所封也五年與韓會宅陽正義曰括地志云宅陽故城一名北宅在鄭州滎陽縣東南十七里也城武堵為秦所敗徐廣

曰秦本紀曰戰韓魏洛陰六年伐取宋儀臺徐廣曰一作義臺○索隱曰[illegible]亦作義臺然義臺見莊子司馬彪亦曰臺名郭象云義臺靈臺也九年伐敗韓于澮與秦戰少梁虜我將公孫痤徐廣曰年表云虜我太子也取龐秦獻公卒子孝公立十年伐取趙皮牢彗星見十二年星晝墜有聲十四年與趙會鄗十五年魯衛宋鄭君來朝索隱曰紀年魯恭侯宋桓侯衛成侯鄭釐侯來朝皆在十四年是韓哀侯也韓哀侯滅鄭因徙都之遂改號曰鄭十六年與秦孝公會杜平侵宋黃池宋復取之十七年與秦戰元里秦取我少梁圍趙邯鄲十八年拔邯鄲趙請救于齊齊使田忌孫臏救趙敗魏桂陵十九年諸侯圍我襄陵築長城塞固陽正義曰[illegible]漢舊縣也在銀州銀城縣界按魏築長城自鄭濱洛北達銀州至勝州固陽縣為塞也固陽有連山東至黃河西南至夏會等州二十年歸趙邯鄲與盟漳水上正義曰邯鄲[illegible]名漳水源出洺州[illegible]二十一年與秦會彤趙成侯卒徐廣曰年表云二十二年[illegible]門山也二十八年齊威王卒中山君相魏索隱曰魏文侯滅中山使子擊守之後尋復國至是始令相魏[illegible]三十年魏伐趙正義曰孫臏傳云魏與趙攻韓韓告急齊此文誤耳魏伐趙趙請救於齊[illegible]在十八年也趙告急齊齊宣王用孫子計救趙擊魏魏遂大興師使龐涓將而令太子申為上將軍過外黃外黃徐子劉向別錄曰徐子外黃人也外黃時屬宋○正義曰括地志云故國城在南北二城在汴州雍丘縣東本宋邑外黃即太子申見徐子之地也謂太子曰臣有百戰百勝之術太子曰可得聞乎

客曰固願效之曰太子自將攻齊大勝并莒正義曰莒密州縣也在齊東南言從西破齊至莒地則齊上盡矣則富不過有魏貴不益為王若戰不勝齊則萬世無魏矣此臣之百戰百勝之術也太子曰諾請必從公之言而還矣客曰太子雖欲還不得矣彼勸太子戰攻欲啜汁者眾正義曰啜穿悅反汁之入反啜汁[illegible]勳者眾也太子雖欲還恐不得矣太子因欲還其御曰將出而還與北同[illegible]太子果與齊人戰敗於馬陵徐廣曰[illegible]○索隱曰按紀年云二十八年與齊田盼戰于馬陵又上二年魏敗韓[illegible]又此陵杜預[illegible]○正義曰虞喜志林云馬陵在濮州鄄城縣東北六十里有陵澗谷深峻可以置伏按龐涓敗即此也徐說馬陵在魏州元城縣東南一里非也田完世家云宣王二年魏伐趙趙與韓親共擊魏趙不利戰於南梁韓氏請救於齊宣王召大臣而謀之[illegible]將孫子為師救趙韓已擊魏大敗之馬陵按南梁在汝州又此傳云太子為上將軍過外黃又孫臏傳云魏與趙攻韓韓告急齊齊使田忌將而往直走大梁魏將龐涓聞之去韓而歸齊軍已過而西孫臏減竈退軍三日行至馬陵遂殺龐涓虜魏太子申大破魏軍據此說從汴州外黃退至濮州東北六十里是也然趙韓共擊魏戰國於南梁韓急請救於齊齊師走大梁敗魏馬陵豈合更渡河北至魏州元城哉徐說定非也齊虜魏太子申殺將軍涓軍遂大破三十一年秦趙齊共伐我索隱曰紀年云二十九年五月齊田肹伐我東鄙九月秦衛鞅伐我西鄙十月邯鄲伐我北鄙王攻衛鞅我師敗績然言二十九年不同秦將商君詐我將軍公子卬而襲奪其軍破之秦用商君東地至河而齊趙數破我安邑近秦於是徙治大梁徐廣曰今浚儀縣案汲冢紀年曰梁惠成王九年四月甲寅徙都大梁也○索隱曰紀年以為惠王九年蓋誤也○正義曰陳留風俗傳云魏之都也

以公子赫爲太子。三十三年，秦孝公卒，商君亡秦歸魏，魏怒不入。三十五年，與齊宣王會平阿南。惠王數敗於軍旅，卑禮厚幣以招賢者。鄒衍、淳于髡、孟軻皆至梁。梁惠王曰：「寡人不佞，兵三折於外，太子虜，上將死，國以空虛，以羞先君宗廟社稷，寡人甚醜之。叟不遠千里，辱幸至弊邑之廷，將何以利吾國？」孟軻曰：「君不可以言利若是。夫君欲利則大夫欲利，大夫欲利則庶人欲利，上下爭利，國則危矣。爲人君，仁義而已矣，何以利爲！」三十六年，復與齊王會甄。是歲，惠王卒，子襄王立。

襄王元年，與諸侯會徐州，相王也。追尊父惠王爲王。五年，秦圍我焦、曲沃。予秦河西之地。六年，與秦會應。秦取我汾陰、皮氏、焦。魏伐楚，敗之陘山。七年，魏盡入上郡于秦。

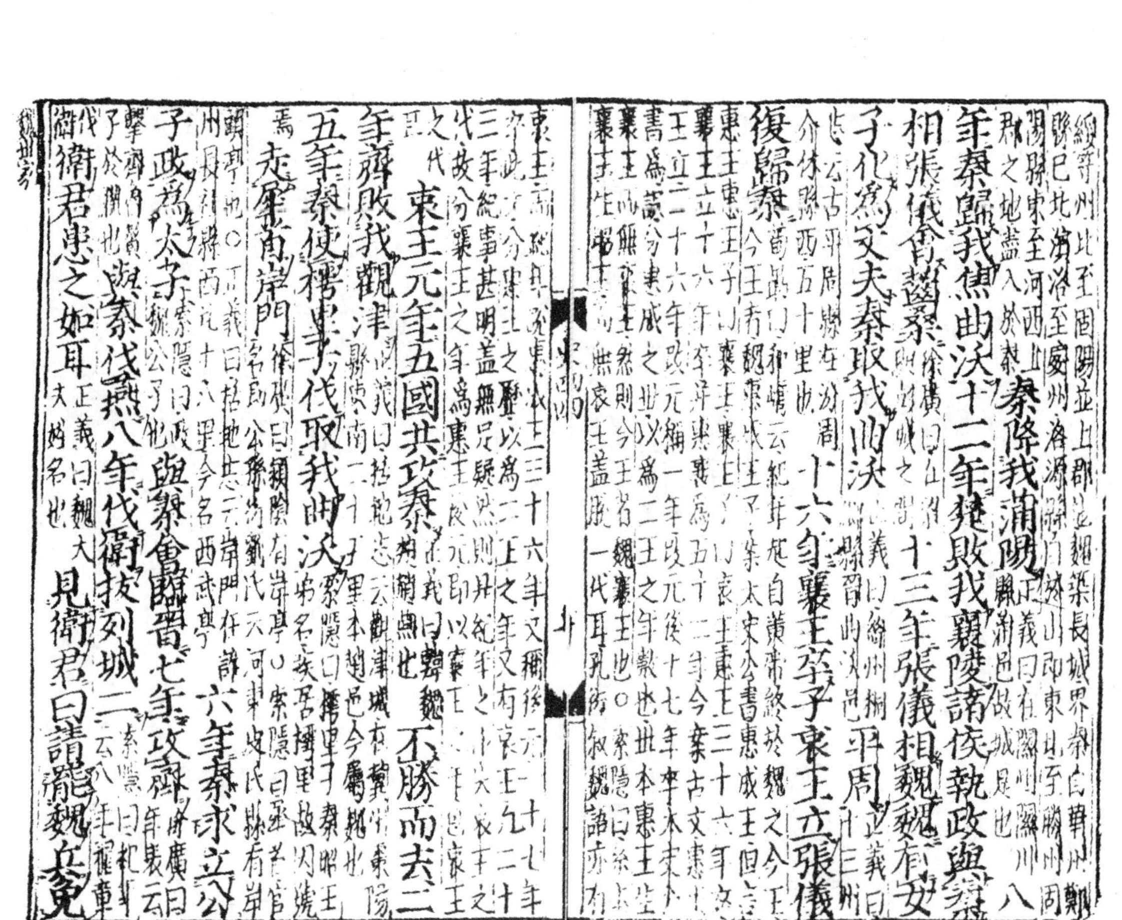

秦降我蒲陽。八年，秦歸我焦、曲沃。十二年，楚敗我襄陵。諸侯執政與秦相張儀會齧桑。十三年，張儀相魏。魏有女子化爲丈夫。秦取我曲沃、平周。十六年，襄王卒，子哀王立。張儀復歸秦。

哀王元年，五國共攻秦，不勝而去。二年，齊敗我觀津。五年，秦使樗里子伐取我曲沃，走犀首岸門。六年，秦求立公子政爲太子。與秦會臨晉。七年，攻齊。與秦伐燕。八年，伐衛，拔列城二。衛君患之。如耳見衛君曰：「請罷魏兵，免成陵君可乎衛君曰先生果能孤請世世以衛事先生如耳見成陵君曰昔者魏伐趙斷羊腸拔閼與（徐廣曰在上黨 ○正義曰閼於連反與音預羊腸阪道在太行山上南口懷州北口潞州閼與故城在潞州又儀州皆斷羊腸拔閼與則趙國東西斷而為三也）約斬趙趙分而為二所以不亡者魏為從主也今衛已迫亡將西請事於秦與其以秦醳衛不如以魏醳衛（正義曰醳音釋）衛之德魏必終無窮成陵君曰諾如耳見魏王曰臣有謁於衛衛故周室之別也其稱小國多寶器今國迫於難而寶器不出者其心以為攻衛醳衛不以王為主故寶器雖出必不入於王也臣竊料之先言醳衛者必受衛者也如耳出成陵君入以其言見魏王魏王聽其說罷其兵免成陵君終身不見九年與秦會臨晉張儀魏章皆歸于魏（索隱曰章為魏將從秦入魏）魏相田需死楚害張儀犀首薛公（索隱曰薛公田文也）楚相昭魚謂蘇代（索隱曰昭魚昭奚恤也）曰田需死吾恐張儀犀首薛公有一人相魏者也代曰然相者欲誰而君便之昭魚曰吾欲太子之自相也（索隱曰太子即襄王也）代曰請為君北必相之昭魚曰柰何對曰君其為梁王代請說君昭魚曰柰何對曰代也從楚來昭魚甚憂曰田需死吾恐張儀犀首薛公有一人相魏者也代曰梁王長主也必不相張儀張儀相必右秦而左魏犀首相必右韓而左魏薛

公相必右齊而左魏梁王長主也必不便也王曰然則寡人孰相代曰莫若太子之自相太子之自相是三人者皆以太子為非常相也皆將務以其國事魏欲得丞相璽也以魏之彊而三萬乘之國輔之魏必安矣故曰莫若太子之自相也遂北見梁王以此告之太子果相魏十年張儀死十一年與秦武王會應十二年太子朝於秦秦來伐我皮氏未拔而解十四年秦來歸武王后十六年秦拔我蒲反陽晉封陵（索隱曰紀年作晉陽封谷 ○正義曰陽晉當作晉陽也史文誤 括地志云晉陽故城今名晉城在蒲州虞鄉縣西三十五里表云魏哀王十六年秦拔我蒲坂晉陽封陵即此城也封陵亦在蒲州 蒲反故城在蒲州解縣在縣秦傳也）十七年與秦會臨晉秦予我蒲反十八年與秦伐楚（徐廣曰二十年與齊王會于韓）二十一年與齊韓共敗秦軍函谷（徐廣曰河渭絕一日）二十三年秦復予我河外及封陵為和哀王卒（索隱曰汲冢紀年終於哀王二十年昭王三年喪畢始稱元年）子昭王立（索隱曰系本昭王名遬）昭王元年秦拔我襄城二年與秦戰我不利三年佐韓攻秦秦將白起敗我軍伊闕二十四萬六年予秦河東地方四百里芒卯以詐重（索隱曰芒卯以智詐見重於魏）七年秦拔我城大小六十一八年秦昭王為西帝齊湣王為東帝月餘皆復稱王歸帝九年秦拔我新垣曲陽之城（正義曰新垣曲陽故城在懷州濟源縣西十里）十年齊滅宋宋王死我溫十二年與秦趙

韓燕共伐齊敗之濟西湣王出亡燕獨入臨菑與秦王會西周正義曰西周王城也今河南郡城也十三年秦拔我安城兵到大梁去十八年秦拔郢楚王徙陳十九年昭王卒子安釐王立

安釐王元年秦拔我兩城二年又拔我二城軍大梁下韓來救予秦溫以和三年秦拔我四城斬首四萬四年秦破我及韓趙殺十五萬人走我將芒卯魏將段干子請予秦南陽以和蘇代謂魏王曰欲璽者段干子也欲地者秦也今王使欲地者制璽使欲璽者制地魏氏地不盡則不知已且夫以地事秦譬猶抱薪救火薪不盡火不滅王曰是則然也雖然事始已行不可更矣對曰王獨不見夫博之所以貴梟者便則食不便則止矣今王曰事始已行不可更是何王之用智不如用梟也正義曰博頭有刻為梟鳥形者擲得梟者合食其子若不便則為餘行也九年秦拔我懷十年秦太子外質於魏死十一年秦拔我郪丘索隱曰郪一作廩丘又作邢丘郪音七私反又音妻正義曰郪[illegible]

秦昭王謂左右曰今時韓魏與始孰強對曰不如始強王曰今時如耳魏齊與孟嘗芒卯孰賢對曰不如王曰以孟嘗芒卯之賢率強韓魏以攻秦猶無奈寡人何也今以無能之如耳魏齊而率弱韓魏以伐秦其無奈寡人何亦明矣左右皆曰甚然中旗馮琴而對曰王之料天下過矣當晉六卿之時知氏最強滅范中行又率韓魏之兵以圍趙襄子於晉陽決晉水以灌晉陽之城不湛者三版知伯行水魏桓子御韓康子為參乘知伯曰吾始不知水之可以亡人之國也乃今知之汾水可以灌安邑正義曰安邑在絳州夏縣東北絳水可以灌平陽正義曰平陽晉州本韓都也魏桓子肘韓康子韓康子履魏桓子肘足接於車上而知氏地分身死國亡為天下笑今秦兵雖強不能過知氏韓魏雖弱尚賢其在晉陽之下也此方其用肘足之時也願王之勿易也於是秦王恐

齊楚相約而攻魏魏使人求救於秦冠蓋相望也而秦救不至魏人有唐雎者年九十餘矣謂魏王曰老臣請西說秦王令兵先臣出魏王再拜遂約車而遣之唐雎到入見秦王秦王曰丈人芒然乃遠至此甚苦矣夫魏之來求救數矣寡人知魏之急已唐雎對曰大王已知魏

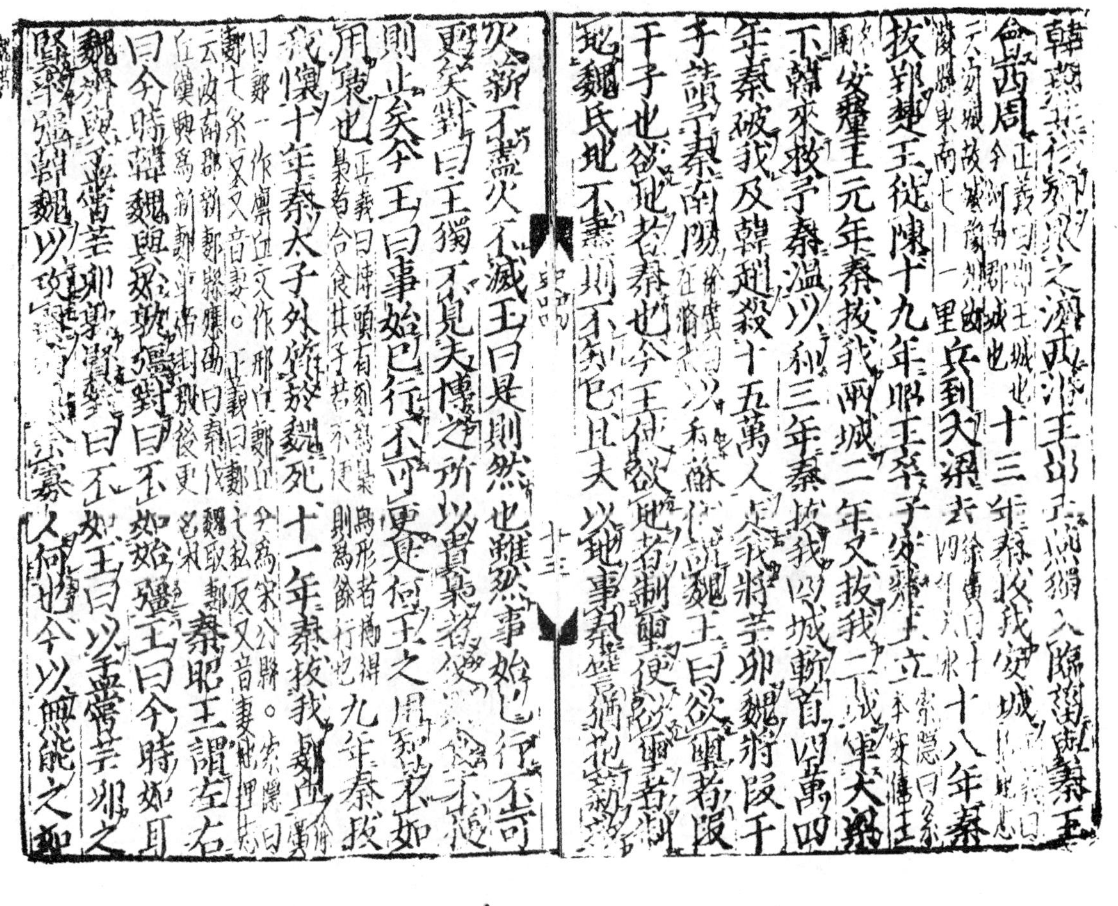

之急而救不發者，臣竊以為用策之臣無任矣。夫魏一萬乘之國也，然所以西面而事秦，稱東藩，受冠帶，祠春秋者，以秦之彊足以為與也。索隱曰：與謂許與為親而結和也。今齊楚之兵已合於魏郊矣，而秦救不發，亦將賴其未急也。使之大急，彼且割地而約從，王尚何救焉？必待其急而救之，是失一東藩之魏而彊二敵之齊楚，則王何利焉？」於是秦昭王遽為發兵救魏。魏氏復定。趙使人謂魏王曰：「為我殺范痤，吾請獻七十里之地。」魏王曰：「諾。」使吏捕之，圍而未殺。痤因上屋騎危，危，棟上也。○索隱曰：騎音奇。禮云中屋履危，危蓋屋［illegible］以避兵也。謂使者曰：「與其以死痤市，不如以生痤市。有如痤死，

史四十四　　十五

趙不予王地，則王將柰何？故不若與先定割地，然後殺痤。」魏王曰：「善。」痤因上書信陵君曰：「痤，故魏之免相也，趙以地殺痤而魏王聽之，有如彊秦亦將襲趙之欲，則君且柰何？」信陵君言於王而出之。魏王以秦救之故，欲親秦而伐韓，以求故地。無忌謂魏王曰：「秦與戎翟同俗，有虎狼之心，貪戾好利無信，不識禮義德行。苟有利焉，不顧親戚兄弟，若禽獸耳，此天下之所識也，非有所施厚積德也。故太后母也，而以憂死；穰侯舅也，功莫大焉，而竟逐之；兩弟無罪，而再奪之國。此於親戚若此，而況於仇讎之國乎？今王與秦共伐韓而益近秦患，臣甚惑之。

而王不識則不明，群臣莫以聞則不忠。今韓氏以一女子奉一弱主，內有大亂，外交彊秦魏之兵，王以為不亡乎？韓亡，秦有鄭地，與大梁鄰，索隱曰：戰國策亦作鄰。鄭字，俗本或作鄴，非。王以為安乎？王欲得故地，今負彊秦之親，王以為利乎？秦非無事之國也，韓亡之後必將更事，更事必就易與利，就易與利必不伐楚與趙矣。是何也？夫越山踰河，絕韓上黨而攻彊趙，是復閼與之事，索隱曰：謂前年秦韓相攻而趙奢破秦軍也。秦必不為也。若道河內，倍鄴、朝歌，絕漳滏水，與趙兵決於邯鄲之郊，是知伯之禍也，秦又不敢。伐楚，道涉山谷，索隱曰：道猶行也。涉谷是往楚之險路，從秦向楚有兩道，涉谷是西道，河內是東道。行三千

史四十四　　十六

里，正義曰：劉伯莊云秦兵向楚有兩道，涉谷是西道，河外是東道，從褒斜入梁州，即東南至申州，攻石城山險阨之塞也。而攻冥阸之塞，［illegible］括地志云：石城山在申州鍾山縣東南二十一里。魏攻冥阸，即此山上有召故城。注水經云或言在鄳，指此山也。已上春秋云［illegible］其一也。所行甚遠，所攻甚難，索隱曰：攻亦作致。戰國策見致重言致兵甚艱難也。秦又不為也。若道河外，倍大梁，正義曰：從河外出函谷關歷同州。右蔡左召陵，徐廣曰：一無左字。○正義曰：上蔡縣在豫州北七十里，召陵故城亦在豫州郾城縣東四十五里，並在陳州西南。陳州南至鄭州，鄭州東向陳州，從陳州向西則上蔡、召陵在西南面，向東，故言右者，定無左字也。與楚兵決於陳郊，秦又不敢。故曰秦必不伐楚與趙矣，又不攻衛與齊矣。正義曰：衛、齊皆在韓、魏之東，故秦不伐也。夫韓亡之後，兵出之日，非魏無攻已。秦固有懷茅

曰在脩武朝歌有寧亭。○正義曰：茅，卯包反。懷州武陟縣西十一里故攢城，本周邑，後屬晉。左傳云周與鄭人蘇忿生十二邑，其一曰攢茅。括地志云在懷州

邢丘徐廣曰在平皋。○正義曰：括地志云平皋故城在懷州武德縣東南二十里，本邢丘邑也。其在河之皐，故城若此也。

城垝津以臨河內，索隱曰：戰國策云刑丘安城。垝字，求詭反，字當作延。括地志云延津故俗字名臨津，城南有延津。

河內共汲必危，徐廣曰：汲縣屬河內。○索隱曰：河內，郡名。正義曰：衛州共城縣西南二十六里共城，汲縣也。

有鄭地，徐廣曰：成皋、滎陽亦屬鄭。**得垣雍**，徐廣曰：垣雍城在卷縣。正義曰：括地志云故垣雍城在鄭州原武縣西北七里。

決熒澤水灌大梁，**大梁必亡。王之使者出過而惡安陵氏於秦**，徐廣曰：召陵有安陵鄉。正義曰：括地志云鄢陵故城在許州鄢陵縣西北十五里。李奇云六國時為安陵也。言魏王使者出向秦，云其伐韓以成過失，而更惡安陵氏於秦，分其之重非也。

秦之欲誅之久矣。秦葉陽、昆陽與舞陽鄰，正義曰：括地志云葉陽，今許州葉縣也。昆陽故城在許州葉縣北二十五里。舞陽故城在豫州東十里。此時葉陽、昆陽屬秦，舞陽屬魏也。

聽使者之惡之，索隱曰：聽，平聲。使，去聲。

隨安陵氏而亡之，正義曰：隨猶聽也。恐秦聽魏之毀，惡安陵氏，亦聽秦之亡安陵氏，然繞舞陽之北。

繞舞陽之北，以東臨許，南國必危，以許昌臨許，許必危矣。秦誅許國，可無害。

正義曰：南國，今許州許昌縣南西四十里許昌故城是也。此是屬韓，在魏之南，故言南國。括地志云：周武王伐紂所封許國，地理志云潁川許縣，古許國，姜姓，四岳之後，文叔所封，二十四君為楚所滅。

國無害已？夫憎韓不愛安陵氏可也，夫不患秦之不愛南國非也。異日者，秦在河西晉，國去梁千里，徐廣曰：一作四。

國之界有千里。又云河東縣有涑城。○正義曰：河西縣，同州、華州、同州等國。都絳州、觀城州之邑，皆在河東。去大梁自千里也。

有河山以闌之，有周韓以閒之。從林鄉軍徐廣曰：林鄉在新鄭縣東北三十八里。○正義曰：括地志云林鄉在鄭州新鄭縣東北三十八里也。

○索隱曰：劉氏云林鄉，地名，蓋春秋時鄭地之林也。按，劉徐二說是其地也。

以至于今，秦七攻魏，五入囿中，徐廣曰：一作城池。○索隱曰：囿即圃田，在鄭州管城縣東三里。括地志云圃田澤在鄭州。周禮云豫州藪曰圃田也。

邊城盡拔，文臺墮，徐廣曰：文臺在外黃。○正義曰：括地志云文臺在曹州。○索隱曰：文臺，臺名。

垂都焚，徐廣曰：一云魏山都楚傳曰鄭陽有垂亭。○正義曰：垂，括地志云故垂城在曹州。

林木伐，麋鹿盡，而國繼以圍。又長驅梁北，東至陶衛之郊，正義曰：陶，曹州定陶也。衛，衛州也。宋州及曹州之東，皆衛之郊也。

北至平監，徐廣曰：平監縣，屬河南。或作平字。史記曰：平監，魏邑也。

所亡於秦者，山南山北，正義曰：山，華山也。華山之東南，七國時鄧州屬韓，華州、同華、銀、綏並魏地也。

河外河內，正義曰：河外謂華州以東至號陝也，河內謂蒲州以東至懷衛也。

大縣數十，徐廣曰：一作百。**名都數百**。徐廣曰：一作十。

秦乃在河西晉，去梁千里，而禍若是矣。又況於使秦無韓，有鄭地，無河山而闌之，無周韓而閒之，去大梁百里，禍必由此矣。異日者，從之不成也，索隱曰：言足松反。

楚魏疑而韓不可得也。今韓受兵三年，秦橈之以講，索隱曰：橈音乃孝反，謂秦之兵橈擾。

識亡不聽，索隱曰：戰國策云韓知亡猶不聽也。

投質於趙，請為天下鴈行頓刃，楚趙必集兵，皆識秦之欲無窮也，非盡亡天下之國而臣海內，必不休

矣。是故臣願以從事王，（索隱曰：從，足松反。從事，謂合從事王也。戰國策亦然。）王速受楚趙之約，趙挾韓之質（索隱曰：言韓以質子入趙，則趙挾韓質而親韓也。）以存韓，而求故地，韓必效之。（索隱曰：效猶致也，謂致故地於趙也。正義曰：王速受楚趙之從，趙挾持韓之質以存韓而求故地，韓必效之，勝於與秦伐韓，又與秦隣之禍也。）此士民不勞而故地得，其功多於與秦共伐韓，而又與彊秦鄰之禍也。夫存韓安魏而利天下，此亦王之天時已。通韓上黨於共、甯，（徐廣曰：朝歌有甯鄉。正義曰：共，今衛州共城縣；甯，懷州脩武縣本殷之甯邑，韓詩外傳云武王伐紂，勒兵於甯，改曰脩武。）使道安成，（正義曰：括地志云故安城在鄭州原武縣東南二十里，時屬魏也。今開通共甯之道，使韓上黨得直路而行也。）出入賦之，是魏重質韓以其上黨也。今有其賦，足以富國。韓必德魏愛魏重魏畏魏，韓必不敢反魏，是韓則魏之縣也。魏得韓以為縣，衛、大梁、河外必安矣。今不存韓，二周、安陵必危，楚、趙大破，衛、齊甚畏，天下西鄉而馳秦入朝而為臣不久矣。

二十年，秦圍邯鄲，信陵君無忌矯奪將軍晉鄙兵以救趙，（正義曰：括地志云魏鄴故城一名晉鄙城，在衛州西北五十里，即公子無忌矯奪晉鄙兵，故名晉鄙城。）趙得全。無忌因留趙。二十六年，秦昭王卒。三十年，無忌歸魏，率五國兵攻秦，敗之河外，走蒙驁。魏太子增質於秦，秦怒，欲囚魏太子增。或為增謂秦王曰：（索隱曰：戰國策作蘇秦為公子增謂秦王。）公孫喜固謂魏相曰：（索隱曰：戰國策作[illegible]。）請以魏疾擊秦，秦王怒，必囚增。魏王又怒，擊秦，秦必傷。今王囚增，是喜之計中也。故不若貴增而合魏，以疑之於齊、韓。秦乃止增。三十一年，秦王政初立。三十四年，安釐王卒，太子增立，是為景湣王。（索隱曰：系本安釐王生景湣王午。）信陵君無忌卒。景湣王元年，秦拔我二十城，以為秦東郡。二年，秦拔我朝歌。衛徙野王。（徐廣曰：衛從濮陽徙野王。）三年，秦拔我汲。（正義曰：括地志云汲故城在衛州衛縣西南二十五里。）五年，秦拔我垣、蒲陽、衍。（徐廣曰：十二年獻城秦。正義曰：括地志云垣故城，本魏王垣也，在絳州垣縣西北二十里；蒲邑故城在隰州隰川縣南四十五里，在蒲水之北，故曰蒲陽；衍，地名，在鄭州。）十五年，景湣王卒，子王假立。王假元年，燕太子丹使荊軻刺秦王，秦王覺之。（徐廣曰：二年，新鄭反。）三年，秦灌大梁，虜王假，（列女傳曰：秦殺假。）遂滅魏以為郡縣。

太史公曰：吾適故大梁之墟，墟中人曰：「秦之破梁，引河溝而灌大梁，三月城壞，王請降，遂滅魏。」說者皆曰魏以不用信陵君故，國削弱至於亡，余以為不然。天方令秦平海內，其業未成，魏雖得阿衡之佐，曷益乎？（索隱曰：譙周云以予所聞，所謂天之亡者，有賢而不用也，如用之，何有亡哉？使紂用三仁，周不能王，況秦虎狼乎？）

索隱述贊曰

畢公之苗，因國為姓。
大名始賞，盈數自正。
胤裔繁昌，世載忠正。
楊干就戮，智氏奔命。

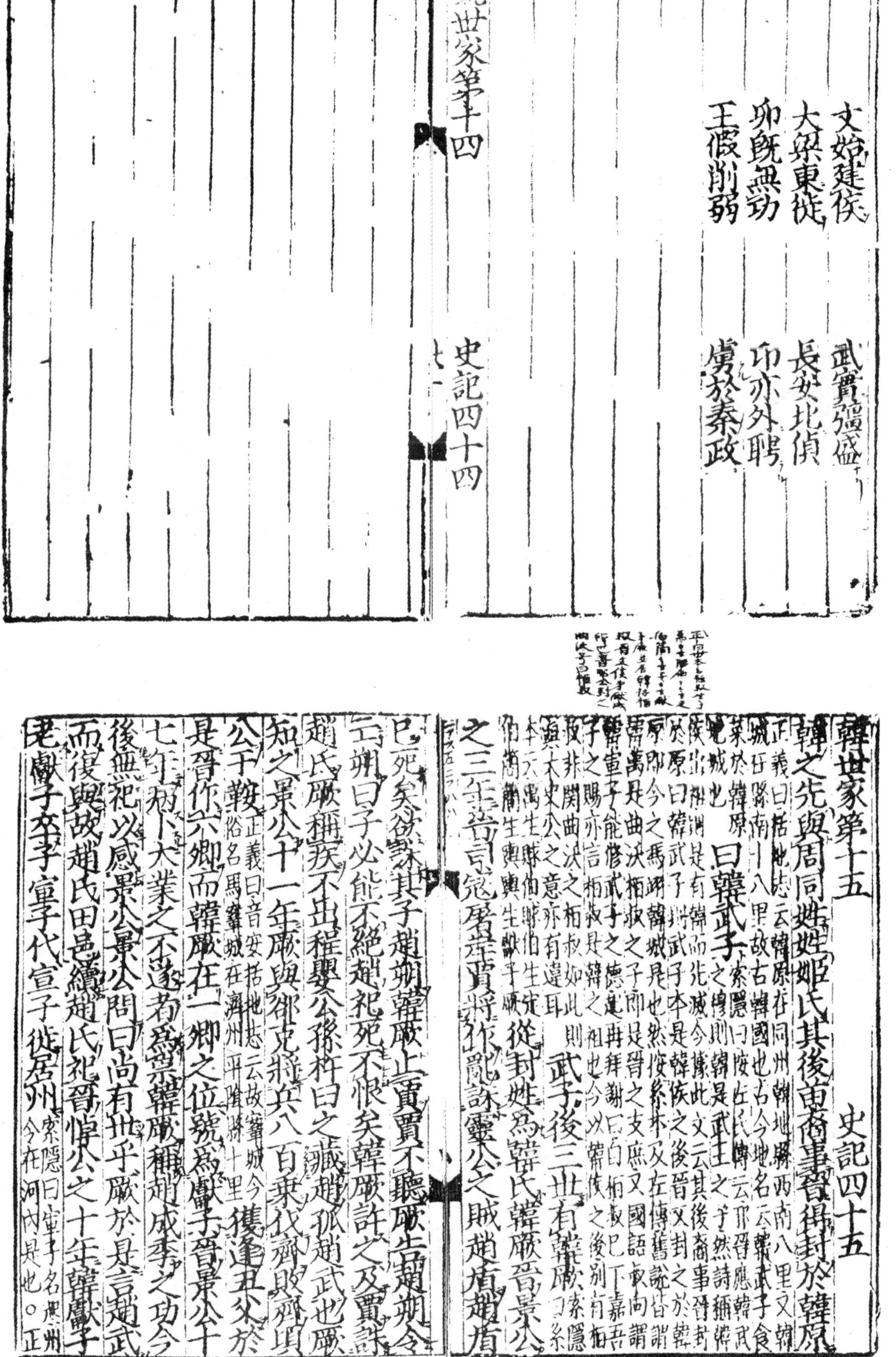

文始建侯，武實彊盛。大梁東徙，長安北偵。卯既無功，卬亦外聘。王假削弱，虜於秦政。

魏世家第十四　史記四十四

韓世家第十五　史記四十五

韓之先與周同姓，姓姬氏。其後苗裔事晉，得封於韓原，正義曰：括地志云韓原在同州韓城縣西南八里。又韓城縣南十八里，故古韓國也。古今地名云韓武子食菜於韓原故城也。曰韓武子。索隱曰：按左氏傳云邘晉應韓武之穆，則韓是武王之子，然詩稱韓侯出祖，是有韓而先滅，今據此文云其後苗裔事晉封於韓原，曰韓武子，則武子本是韓侯之後，晉又封之於韓原，即今之馮翊韓城是也。然按系本及左傳舊說皆謂韓萬是曲沃桓叔之子，即是晉之支庶。又國語叔向謂韓宣子能修武子之德，再拜謝曰：自桓叔已下，嘉吾子之賜，亦言桓叔是韓之祖也。今以韓侯之後別有桓叔，非關曲沃之桓叔，如此，則與太史公之意亦有違耳。武子後三世有韓厥，索隱曰：系本云萬生賕伯，賕伯生定伯簡，簡生輿，輿生獻子厥。從封姓為韓氏。韓厥，晉景公之三年，晉司寇屠岸賈將作亂，誅靈公之賊趙盾。趙盾已死矣，欲誅其子趙朔。韓厥止賈，賈不聽。厥告趙朔令亡。朔曰：子必能不絕趙祀，死不恨矣。韓厥許之。及賈誅趙氏，厥稱疾不出。程嬰、公孫杵臼之藏趙孤趙武也，厥知之。景公十一年，厥與郤克將兵八百乘伐齊，敗齊頃公于鞍，正義曰：音安。括地志云故鞌城今俗名馬鞌城，在濟州平陰縣十里。獲逢丑父。於是晉作六卿，而韓厥在一卿之位，號為獻子。晉景公十七年，病，卜大業之不遂者為祟。韓厥稱趙成季之功，今後無祀，以感景公。景公問曰：尚有世乎？厥於是言趙武，而復與故趙氏田邑，續趙氏祀。晉悼公之十年，韓獻子老。獻子卒，子宣子代。宣子徙居州。索隱曰：宣子名起。州今在河內是也。○正

韓世家

謂曰括地志云懷州武陟縣本周司寇蘇忿生之州邑也晉平公十四年，吳季札使晉，曰：晉國之政卒歸於韓、魏、趙矣。晉頃公十二年，韓宣子與趙、魏共分祁氏、羊舌氏十縣。晉定公十五年，宣子與趙簡子侵伐范、中行氏。宣子卒，子貞子代立。貞子徙居平陽。索隱曰系本作平子名須宣子子也又云景子居平陽州在山西宋忠曰今河東平陽縣○正義曰平陽晉州城是貞子卒，子簡子代。徐廣曰史記多無簡子班氏亦同○索隱曰按系本有簡子名不佞而云貞子生康子作莊子名庚趙系家亦有簡子名不佞也簡子卒，子莊子代。莊子卒，子康子代。索隱曰康子名虎康子與趙襄子、魏桓子共敗知伯，分其地，地益大，大於諸侯。康子卒，子武子代。索隱曰武子名啟章武子二年，伐鄭，殺其君幽公。十六年，武子

卒，子景侯立。索隱曰紀年及系本皆作景子名處景侯虔元年，伐鄭，取雍丘。二年，鄭敗我負黍。六年，與趙、魏俱得列為諸侯。九年，鄭圍我陽翟。景侯卒，子列侯取立。索隱曰系本作武侯也列侯三年，聶政殺韓相俠累。徐廣曰六年救魯也○索隱曰戰國策作殺韓傀高誘曰韓傀俠累也九年，秦伐我宜陽，取六邑。十三年，列侯卒，子文侯立。索隱曰紀年無文侯系本無列侯是歲魏文侯卒。文侯二年，伐鄭，取陽城。伐宋，到彭城，執宋君。七年，伐齊，至桑丘。鄭反晉。九年，伐齊，至靈丘。正義曰靈丘蔚州也此時屬齊也十年，文侯卒，子哀侯立。哀侯元年，與趙、魏分晉國。二年，滅鄭，因徙都鄭。索隱曰紀年魏武侯二十一年韓滅鄭哀侯入于鄭二十二年晉桓公邑哀侯于鄭韓既徙都因改號曰鄭故戰國策謂韓

惠王為鄭惠王猶魏徙大梁稱梁王然也六年，韓嚴弒其君哀侯，而子懿侯立。索隱曰年表懿侯作莊侯又紀年云晉桓公邑哀侯于鄭韓山堅賊其君哀侯而立韓若山即懿侯也則韓嚴為韓山堅也戰國策作韓傀又有嚴仲子名遂又恐是韓嚴懿侯二年，魏敗我馬陵。正義曰在魏州元城縣東南一里五年，與魏惠王會宅陽。正義曰在鄭州北九年，魏敗我澮。徐廣曰大雨三月也○正義曰澮古外反在絳州澮水之上也十二年，懿侯卒，子昭侯立。昭侯元年，秦敗我西山。二年，宋取我黃池。徐廣曰在平丘正義曰河南封丘縣魏取朱。六年，伐東周，取陵觀、邢丘。八年，申不害相韓，脩術行道，國內以治，諸侯不來侵伐。十年，韓姬弒其君悼公。索隱曰姬亦作玘並音羊之反悼公是韓大夫而王劭亦云不知悼公何君也十一年，昭侯如秦。二十二年，申不害死。二十四

年，秦來拔我宜陽。二十五年，旱，作高門。屈宜臼曰：屈宜臼楚大夫在魏也昭侯不出此門。何也？不時。吾所謂時者，非時日也，人固有利不利時。昭侯嘗利矣，不作高門。往年秦拔宜陽，今年旱，昭侯不以此時恤民之急，而顧益奢，此謂時絀舉贏。徐廣曰時衰耗而作奢侈二十六年，高門成，昭侯卒，果不出此門。子宣惠王立。索隱曰紀年鄭昭侯武薨次威侯立威侯七年與邯鄲圍襄陵五月梁惠王會威侯于巫沙十月鄭宣王朝梁不見威侯之卒下敗韓舉在威侯八年而此系家即以為宣惠王之元年又上有殺悼公又不知是誰之謚則韓微小國史失代系故此文及系本不同今亦不可考也宣惠王五年，張儀相秦。八年，魏敗我將韓舉。索隱曰按此則舉是韓將不疑而紀年云韓舉趙將蓋舉本趙將後入韓又紀年云其敗當韓威王八年是不同也十一年

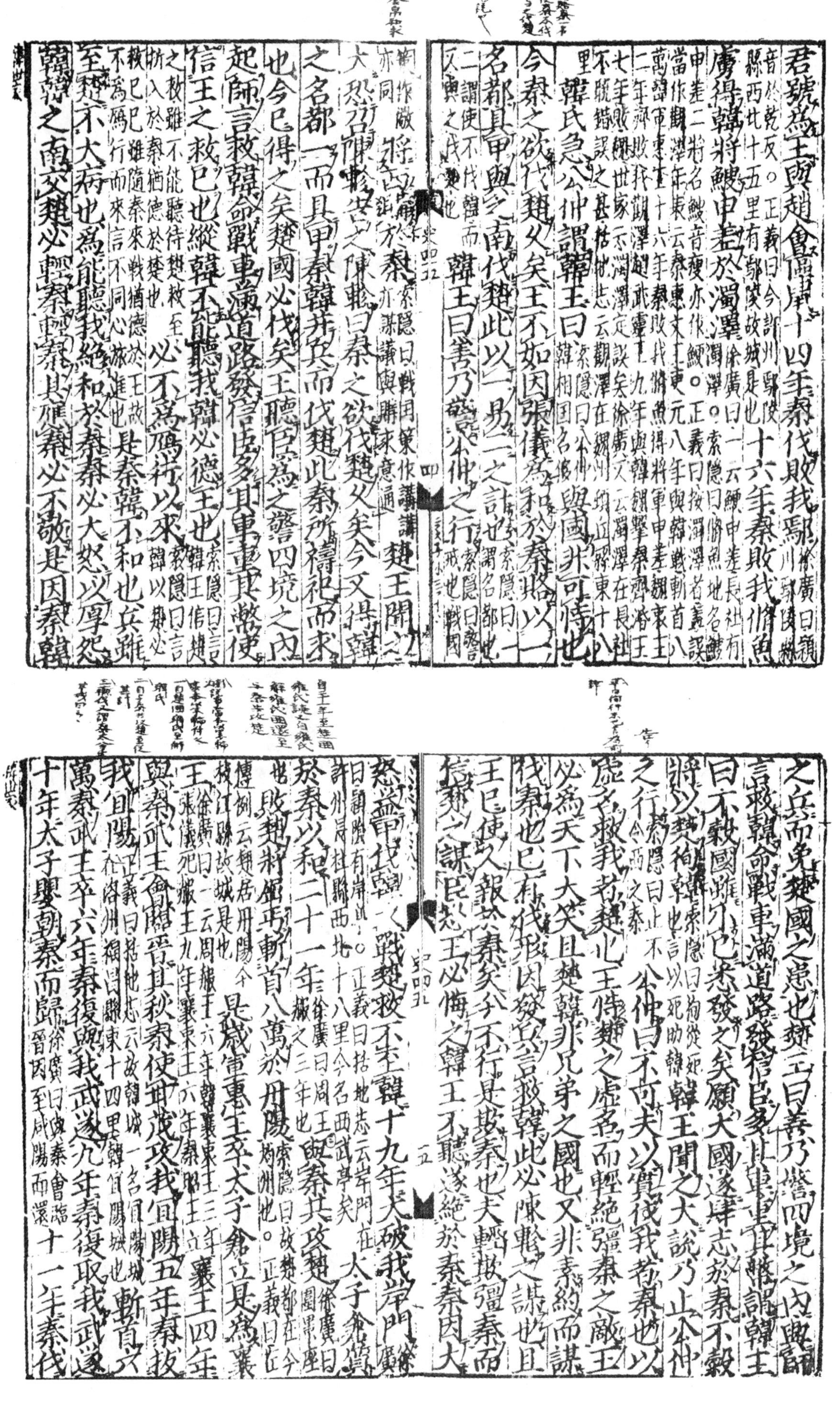

君號為王。與趙會區鼠。十四年，秦伐敗我鄢。十六年，秦敗我脩魚，虜得韓將鯫、申差於濁澤。韓氏急，公仲謂韓王曰：「與國非可恃也。今秦之欲伐楚久矣，王不如因張儀為和於秦，賂以一名都，具甲，與之南伐楚，此以一易二之計也。」韓王曰：「善。」乃警公仲之行，將西購於秦。楚王聞之大恐，召陳軫告之。陳軫曰：「秦之欲伐楚久矣，今又得韓之名都一而具甲，秦韓并兵而伐楚，此秦所禱祀而求也。今已得之矣，楚國必伐矣。王聽臣為之警四境之內，起師言救韓，命戰車滿道路，發信臣，多其車，重其幣，使信王之救己也。縱韓不能聽我，韓必德王也，必不為鴈行以來，是秦韓不和也，兵雖至，楚不大病也。為能聽我絕和於秦，秦必大怒，以厚怨韓。韓之南交楚，必輕秦；輕秦，其應秦必不敬：是因秦、韓之兵而免楚國之患也。」楚王曰：「善。」乃警四境之內，興師言救韓，命戰車滿道路，發信臣，多其車，重其幣。謂韓王曰：「不穀國雖小，已悉發之矣。願大國遂肆志於秦，不穀將以楚殉韓。」韓王聞之大說，乃止公仲之行。公仲曰：「不可。夫以實伐我者秦也，以虛名救我者楚也。王恃楚之虛名，而輕絕彊秦之敵，王必為天下大笑。且楚韓非兄弟之國也，又非素約而謀伐秦也。已有伐形，因發兵言救韓，此必陳軫之謀也。且王已使人報於秦矣，今不行，是欺秦也。夫輕欺彊秦而信楚之謀臣，恐王必悔之。」韓王不聽，遂絕於秦。秦因大怒，益甲伐韓，大戰，楚救不至韓。十九年，大破我岸門。太子倉質於秦以和。二十一年，與秦共攻楚，敗楚將屈丐，斬首八萬於丹陽。是歲，宣惠王卒，太子倉立，是為襄王。襄王四年，與秦武王會臨晉。其秋，秦使甘茂攻我宜陽。五年，秦拔我宜陽，斬首六萬。秦武王卒。六年，秦復與我武遂。九年，秦復取我武遂。十年，太子嬰朝秦而歸。十一年，秦伐

我取穰（正義曰穰人羊反鄧州縣也郭仲產南雍州記云楚之別邑秦初侵楚封公子悝為穰侯後屬韓秦昭王取之也）與秦伐楚敗楚將唐昧十二年太子嬰死公子咎公子蟣蝨爭為太子時蟣蝨質於楚蘇代謂韓咎曰蟣蝨亡在楚楚王欲內之甚今楚兵十餘萬在方城之外（索隱曰方城楚之北境之外謂北境之地也。正義曰括地志云方城山在許州葉縣西南十八里左傳云楚大夫屈完對齊侯曰楚國方城以為城杜注云方城山在南陽葉縣南）公何不令楚王築萬室之都雍氏之旁（徐廣曰在陽翟。正義曰括地志云故雍氏城在洛州陽翟縣二十五里故老云黃帝臣雍父作杵臼也）韓必起兵以救之公必將矣公因以韓楚之兵奉蟣蝨而內之其聽公必矣必以楚韓封公也韓咎從其計楚圍雍氏（徐廣曰秦本紀惠王後元十三年周赧王三年韓襄王十二年皆云楚圍雍氏紀年於此亦說楚景翠圍雍氏韓宣王卒秦助韓共敗楚屈丐又云齊宋圍煮棗皆與史記年表及田完世家符同則此卷所云襄王十二年事也又云楚圍雍氏赧王之十五年事則此年以下是楚後圍雍氏赧王之三年事）韓求救於秦秦未為發使公孫昧入韓公仲曰子以秦為且救韓乎對曰秦王之言曰請道南鄭藍田（正義曰南鄭梁州縣藍田雍州縣秦王言或出雍州西南至南鄭或出雍州東南歷藍田出嶢關俱繞楚北境以待韓使而陳兵於楚如此遲緩不合於楚矣）出兵於楚以待公殆不合矣（索隱曰殆不合於南鄭）公仲曰子以為果乎對曰秦王必祖張儀之故智（徐廣曰祖者宗之習之謂也故智猶故事）楚威王攻梁也張儀謂秦王曰與楚攻魏魏折而入於楚韓固其與國也是孤秦也不如出兵以到之（索隱曰到欺也猶俗云張到然戰國策作勁勁強也）魏楚大戰秦取西河之外以歸今其狀陽言與韓其實陰善楚公待秦而到必輕與楚戰（索隱曰言公恃秦必輕與楚戰）楚陰得秦之不用也必易與公相支也（索隱曰言楚陰知秦不為公用亦必易與公相支拒也）公戰而勝楚遂與公乘楚施三川而歸（正義曰施猶設也三川各天子都也言韓戰勝楚則秦與韓駕御於楚朝於天子之都張設教韓之令行霸王之迹加威諸侯乃歸咸陽是也）公戰不勝楚楚塞三川守之（正義曰楚乃塞南河四關守之韓不能救三川）公不能救也竊為公患之司馬庚（徐廣曰一作唐）三反於郢甘茂與昭魚（徐廣曰楚相國。索隱曰戰國策謂之昭獻也）遇於商於其言收璽實類有約也（索隱曰劉氏云許言昭魚求秦欲得秦官之印亦未收即取之義也）公仲恐曰然則奈何曰公必先韓而後秦先身而後張儀（正義曰先以自存韓之計而後知張儀為秦到魏之計）公不如亟以國合於齊楚（正義曰以國合於齊楚）齊楚必委國於公公之所惡者張儀也（正義曰惡烏故反公孫昧言公仲所惡者張儀）其實猶不無秦也（言雖以國合於齊楚其實猶不輕欺無秦也）於是楚解雍氏圍（徐廣曰甘茂傳曰楚懷王以兵圍韓雍氏韓使公仲告急於秦秦昭王新立不肯救甘茂為韓言之乃下師於殽以救韓也又云周赧王十五年韓襄王十二年秦擊楚斬首二万敗楚襄城殺景缺紀年於此亦說楚入雍氏楚人敗然其時張儀已死十年矣。正義曰自此已上十二年並是韓後圍雍氏赧王之十五年一段事也前注徐廣云楚圍雍氏之下是楚前圍雍氏赧王三年事徐說非也徐見下文云公先身而後張儀及公之所惡者張儀也言張儀尚存楚又兩度圍雍氏故生此前後之見其誤也然是公孫昧卻述張儀時事欲韓用公仲耳）蘇代又謂秦太后弟羋戎（徐廣曰號新城）

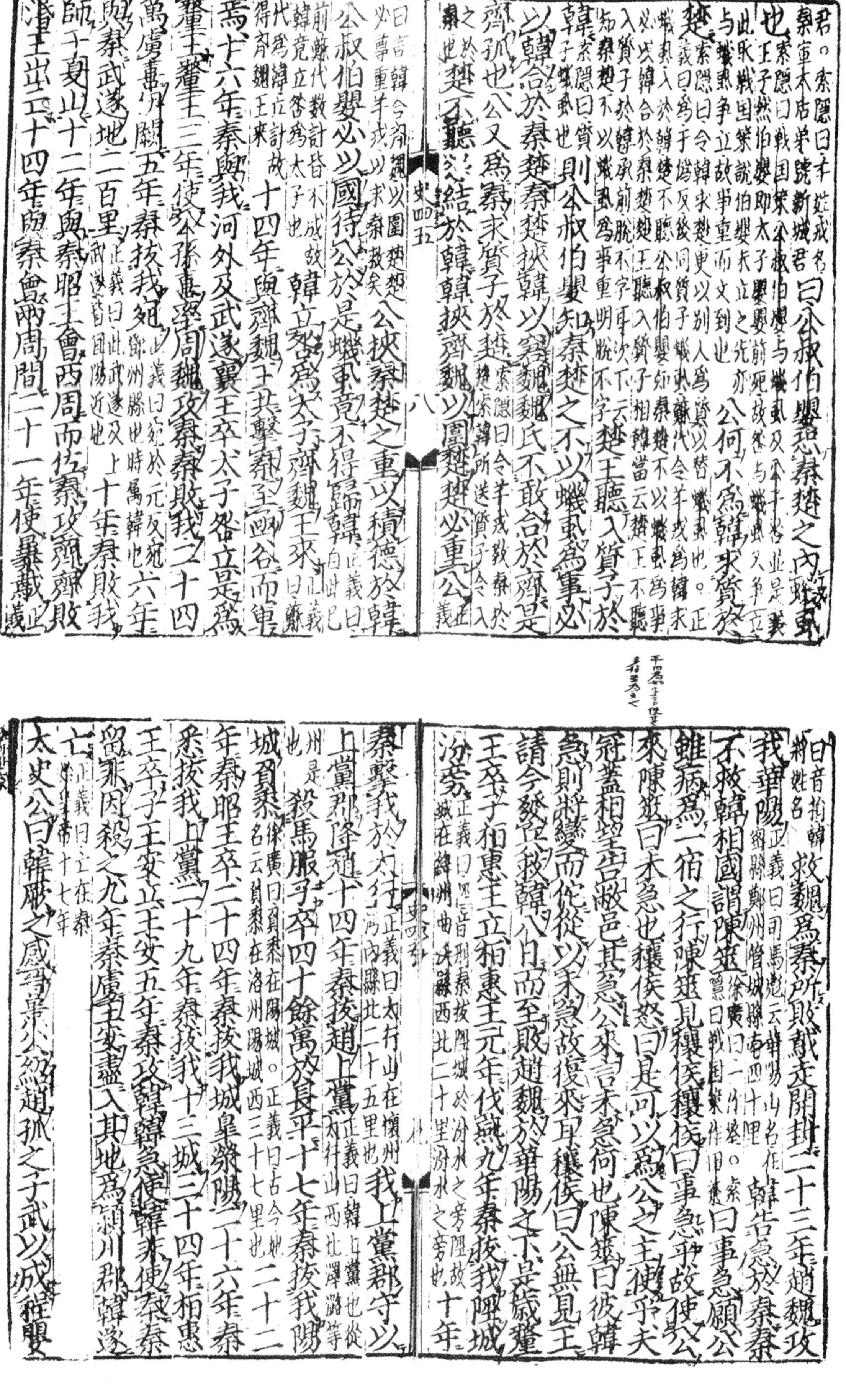

君。曰：公叔伯婴恐秦楚之内虮虱也，公何不为韩求质子於楚？楚王听入质子於韩，则公叔伯婴知秦楚之不以虮虱为事，必以韩合於秦楚。秦楚挟韩以窘魏，魏氏不敢合於齐，是齐孤也。公又为秦求质子於楚，楚不听，怨结於韩。韩挟齐魏以围楚，楚必重公。公挟秦楚之重以积德於韩，公叔伯婴必以国待公。於是虮虱竟不得归韩。韩立咎为太子。齐魏王来。十四年，与齐魏王共击秦，至函谷而军焉。十六年，秦与我河外及武遂。襄王卒，太子咎立，是为釐王。釐王三年，使公孙喜率周魏攻秦。秦败我二十四万，虏喜伊阙。五年，秦拔我宛。六年，与秦武遂地二百里。十年，秦败我师于夏山。十二年，与秦昭王会西周而佐秦攻齐。齐败，湣王出亡。十四年，与秦会两周间。二十一年，使暴鸢救魏，为秦所败，鸢走开封。二十三年，赵魏攻我华阳。韩告急於秦，秦不救。韩相国谓陈筮曰：事急，愿公虽病，为一宿之行。陈筮见穰侯。穰侯曰：事急乎？故使公来。陈筮曰：未急也。穰侯怒曰：是可以为公之主使乎？夫冠盖相望，告敝邑甚急，公来言未急，何也？陈筮曰：彼韩急则将变而佗从，以未急，故复来耳。穰侯曰：公无见王，请今发兵救韩。八日而至，败赵魏於华阳之下。是岁，釐王卒，子桓惠王立。桓惠王元年，伐燕。九年，秦拔我陉，城汾旁。十年，秦击我於太行，我上党郡守以上党郡降赵。十四年，秦拔赵上党，杀马服子卒四十余万於长平。十七年，秦拔我阳城负黍。二十二年，秦昭王卒。二十四年，秦拔我城皋、荥阳。二十六年，秦悉拔我上党。二十九年，秦拔我十三城。三十四年，桓惠王卒，子王安立。王安五年，秦攻韩，韩急，使韩非使秦，秦留非，因杀之。九年，秦虏王安，尽入其地，为颍川郡。韩遂亡。

太史公曰：韩厥之感晋景公，绍赵孤之子武，以成程婴公孫杵臼之義，此天下之陰德也。韓氏之功，於晉未覩其大者也。然與趙、魏終為諸侯十餘世，宜乎哉！

索隱述贊曰：

韓氏之先，實宗周武。
事微國小，春秋無語。
後裔事晉，韓原是處。
趙孤克立，智伯可取。
既徙平陽，又侵負黍。
景趙據侯，惠文僭主。
秦敗脩魚，魏會區鼠。
韓非雖使，不禁狼虎。

韓世家第十五　史記四十五

田敬仲完世家第十六　史記四十六

陳完者，陳厲公佗之子也。索隱曰：佗，音徒河反。此系家以佗為厲公，而左傳厲公名躍，陳系家又有利，利則厲也。此系家以厲公名躍，非名佗也。蓋佗是厲公之兄，立未踰年無謚，今此云厲公佗，非也。佗一名五父，故經云蔡人殺陳佗，傳又云蔡人殺五父是也。完生，周太史過陳，陳厲公使卜完，卦得觀之否：是為觀國之光，利用賓于王。此其代陳有國乎？不在此，而在異國乎？非此其身也，在其子孫。若在異國，必姜姓。姜姓，四嶽之後。正義曰：杜預云姜姓之先為堯四嶽也。物莫能兩大，陳衰，此其昌乎？正義曰：陳湣公周敬王四十一年為楚惠王所滅。齊簡公周敬王三十九年被田常所殺。

厲公者，陳文公少子也，其母蔡女。文公卒，厲公兄鮑立，是為桓公。桓公與佗異母。及桓公病，蔡人為佗殺桓公鮑及太子免而立佗，為厲公。厲公既立，娶蔡女。蔡女淫於蔡人，數歸，厲公亦數如蔡。桓公之少子林怨厲公殺其父與兄，乃令蔡人誘厲公而殺之。林自立，是為莊公。故陳完不得立，為陳大夫。厲公之殺，以淫出國，故春秋曰「蔡人殺陳佗」，罪之也。莊公卒，立弟杵臼，是為宣公。宣公二十一年，殺其太子禦寇。禦寇與完相愛，恐禍及己，完故奔齊。齊桓公欲使為卿，辭曰：「羈旅之臣幸得免負檐，君之惠也，不敢當高位。」桓公使為工正。正義曰：工正，若將作大匠。齊懿仲欲妻完，卜之，占曰：「是謂鳳皇于蜚，和鳴鏘鏘。有媯之後，將育于姜。五世其昌，並于正卿。八世之後，莫之與京。」卒妻完。完之奔齊，齊桓公立十四年矣。完卒，謚為敬仲。仲生穉孟夷。（索隱曰：系本作東孟夷。徐廣曰：穉一云穉是名，孟夷字也。）敬仲之如齊，以陳字為田氏。（徐廣曰：始食采地，由是改姓田氏。○索隱曰：據此文，敬仲奔齊以陳田二字聲相近，遂為田氏。○正義曰：敬仲既奔齊，不欲稱本故國號，故改陳字為田氏。）田穉孟夷生湣孟莊，（徐廣曰：一作注。○索隱曰：系本作閔孟克。）田湣孟莊生文子須無。田文子事齊莊公。晉之大夫欒逞作亂於晉，來奔齊，齊莊公厚客之。（索隱曰：逞音盈。史記多作逞字。）晏嬰與田文子諫，莊公弗聽。文子卒，生桓子無宇。田桓子無宇有力，事齊莊公，甚有寵。無宇卒，生武子開與釐子（正義曰：釐音僖也。）乞。田釐子乞事齊景公為大夫，其收賦稅於民以小斗受之，其粟予民以大斗，行陰德於民，而景公弗禁。由此田氏得齊眾心，宗族益彊，民思田氏。晏子數諫景公，景公弗聽。已而使於晉，與叔向私語曰：「齊國之政其卒歸於田氏矣。」晏嬰卒後，范、中行氏反晉。晉攻之急，范、中行請粟於齊。田乞欲為亂，樹黨於諸侯，乃說景公曰：「范、中行數有德於齊，齊不可不救。」齊使田乞救之而輸之粟。景公太子死，後有寵姬曰芮子，生子荼。（徐廣曰：一作粥子。○索隱曰：粥音鬻，又如字。）景公病，命其相國惠子與高昭子以子荼為太子。（索隱曰：惠子名夏，昭子名張。）景公卒，兩相高、國立荼，是為晏孺子。而田乞不說，欲立景公他子陽生。陽生素與乞歡。晏孺子之立也，陽生奔魯。田乞偽事高昭子、國惠子者，每朝代參乘，言曰：「始諸大夫不欲立孺子。孺子既立，君相之，大夫皆自危，謀作亂。」又紿大夫曰：「高昭子可畏也，及未發先之。」諸大夫從之。田乞、鮑牧與大夫以兵入公室，攻高昭子。昭子聞之，與國惠子救公。公師敗。田乞之眾追國惠子，惠子奔莒，遂反殺高昭子。晏孺子奔魯。田乞使人之魯，迎陽生。陽生至齊，匿田乞家。請諸大夫曰：「常之母有魚菽之祭，幸而來會飲。」會飲田氏。田乞盛陽生橐中，（索隱曰：橐音託，謂皮橐之中。）置坐中央。發橐出陽生，曰：「此乃齊君矣。」大夫皆伏謁。將盟立之，田乞誣曰：「吾與鮑牧謀共立陽生也。」鮑牧怒曰：「大夫忘景公之命乎？」諸大夫欲悔，陽生乃頓首曰：「可則立之，不可則已。」鮑牧恐禍及己，乃復曰：「皆景公之子，何為不可！」遂立陽生於田乞之家，是為悼公。乃使人遷晏孺子於駘，（正義曰：駘音臺，又[illegible]。賈逵曰：[illegible]地也。）而殺孺子荼。悼公既立，田乞為相，專齊政。四年，田乞卒，子常代立，是為田成子。鮑牧與齊悼公有郤，弒悼公。齊人共立其子壬，是為簡公。田常成子與監止（監一作闞。○索隱曰：監，姓；止，名。闞音苦濫反。）俱為左右相，相簡公。田常心害監止，監止幸於簡公，權弗能去。於是田常復修釐子之政，以大斗出貸，以小斗收。齊人歌之曰：「嫗乎采芑，歸

乎田成子（索隱曰：言嫗之采芑菜，皆歸之於田成子，以刺齊國之政將歸陳氏也）。齊大夫
朝，御鞅諫簡公（索隱曰：御，官也；鞅，名也，亦田氏之族）曰：田、監不可並也，君
其擇焉。君弗聽。子我者，監止之宗人也（索隱曰：鄒齊系家云子我，夕；賈逵云即監止也；今云宗人，太史誤耳），常與田氏有郤。田氏疏族
田豹事子我有寵。子我曰：吾欲盡滅田氏適，以豹代田
氏宗。豹曰：臣於田氏疏矣。不聽。已而豹謂田氏曰：子我
將誅田氏，田氏弗先，禍及矣。子我舍公宮，田常兄弟四
人乘如公宮，欲殺子我。子我閉門。簡公與婦人飲檀臺（正義曰：在青州臨淄縣東北一里），將欲擊田常。太史子餘曰：田常非敢
為亂，將除害。簡公乃止。田常出，聞簡公怒，恐誅，將出亡。

田子行曰：需，事之賊也（索隱曰：需音須。需者，疑也。疑必致難，故云事之賊也）。田常
於是擊子我。子我率其徒攻田氏，不勝，出亡。田氏之徒
追殺子我及監止。簡公出奔，田氏之徒追執簡公于徐
州（索隱曰：徐音舒。徐州，齊邑，薛縣也，非九州之徐。○正義曰：齊之西北界上地名，在勃海郡東平縣也）。簡
公曰：蚤從御鞅之言，不及此難。田氏之徒恐簡公復立
而誅己，遂殺簡公。簡公立四年而殺。於是田常立簡公
弟驁，是為平公。平公即位，田常為相。田常既殺簡公，懼
諸侯共誅己，乃盡歸魯、衛侵地，西約晉、韓、魏、趙氏，南通
吳、越之使，修功行賞，親於百姓，以故齊復定。田常言於
齊平公曰：德施人之所欲，君其行之；刑罰人之所惡，臣

請行之。行之五年，齊國之政皆歸田常。田常於是盡誅
鮑、晏、監止及公族之彊者，而割齊自安平以東（徐廣曰：安平在北海。○索隱曰：司馬彪郡國志北海東安平，六國時曰安平。徐廣說是。○正義曰：括地志云安平城在青州臨淄縣東十九里，古紀國之酅邑。青州即北海郡也）至琅邪（正義曰：琅邪，沂州也。從安平已東至琅邪，沂、密等州皆自為田常封邑也），自為封邑。封邑大於平公之所食。田常
乃選齊國中女子長七尺以上為後宮，後宮以百數，而
使賓客舍人出入後宮者不禁。及田常卒，有七十餘男（索隱曰：鮑照云陳成子有數十婦，生男百餘人，與此亦異。然譙允南按春秋陳恒為人雖志大負殺君之名，至於行事亦修禮，故能自保，非必為禽獸之行。夫成事在……故譙子七十餘，以長亂爭，豈然哉，蓋言其非實者也）。
田常卒，子襄子盤代立（徐廣曰：盤一作壁。○索隱曰：壁音許既反，系本作班），相齊。

常諡為成子。田襄子既相齊宣公（徐廣曰：宣公之三年也），三晉殺知伯，
分其地。襄子使其兄弟宗人盡為齊都邑大夫，與
三晉通使，且以有齊國。襄子卒，子莊子白立（索隱曰：系本名伯）。
田莊子相齊宣公。宣公四十三年，伐晉，毀黃城，圍陽狐（正義曰：括地志云故黃城在魏州冠氏縣南十里；陽狐郭在魏州元城縣東北三十二里也）。明年，伐
魯、葛及安陵（正義曰：括地志云故魯城在許昌縣南四十里，本魯朝宿邑；長葛故城在許州長葛縣北十二里，鄭之葛邑也；鄢陵故城在許州鄢陵縣西北十五里，本鄢國，六國時為安陵也）。明年，取
魯之一城。莊子卒，子太公和立（索隱曰：紀年齊宣公十五年田莊子卒，明年立田悼子，悼子卒乃次立田和，是莊子後有悼子，蓋立年無幾，所以作系本及史記者不得錄也。而莊周及鬼谷子亦云田成子殺齊君十二代而有齊國，今據系本、系家自成子至王建之滅，祇十代；若如紀年，則悼子及侯

剡即有十二代與莊子鬼谷說同紀年亦非妄說也田太公相齊宣公。宣公四

十八年，取魯之郕。正義曰音成括地志云故郕城在兖州泗水縣西北五十里說文云郕魯孟氏邑是也明年，宣公與鄭人會西城。伐衛，取毋丘。索隱曰毋音貫古國名衛之邑今作毋者字殘缺耳○正義曰括地志云故貫城即古貫國故貫今名蒙澤城在曹州濟陰縣南五十六里也宣公五十一年卒，田會自廩丘反。索隱曰紀年宣公五十一年公孫會以廩丘叛於趙十二月宣公薨於周正為明年二月宣公卒，子康公貸立。徐廣曰代會取最○索隱曰貸音土代反最音徂外反貸立十四年，淫於酒婦人，不聽

政。太公乃遷康公於海上，食一城，以奉其先祀。明年，魯

敗齊平陸。徐廣曰東平平陸○正義曰兖州縣也三年，太公與魏文侯會

濁澤，徐廣曰康公之十六年○索隱曰徐廣蓋依年表為說而不省此上文貸立十四年文云明年會澤又三年會濁澤是十八年表及此註並誤求為諸侯。魏文侯乃使使言周

天子及諸侯，請立齊相田和為諸侯。周天子許之。康公

之十九年，田和立為齊侯，列於周室，紀元年。齊侯太公

和立二年，和卒，徐廣曰伐魯破之子桓公午立。索隱曰紀年齊康公五年田侯午生二十二年田侯剡立後十年齊田午弒其君及孺子喜而為公春秋後傳亦云田午弒田侯及其孺子喜而兼齊是為桓侯與此系家不同也

桓公午五年，秦、魏攻韓，韓求救於齊。

齊桓公召大臣而謀索隱曰大臣謂騶忌段干朋田臣思戰國王二十六年邯鄲之役有此謀臣耳又南梁之難在宣王二年有騶忌田忌孫臏之謀戰國策又有張丐其詞則後交互見記者所取各異故不同也

曰：「蚤救之孰與晚救之？」騶忌曰：「不若勿救。」段干

朋曰：索隱曰段干姓朋名也戰國策作段干綸「不救，則韓且折而入於魏，不

若救之。」田臣思曰：索隱曰戰國策作田期思紀年謂之徐州子期蓋即田忌也「過矣

君之謀也！秦、魏攻韓，楚、趙必救之，是天以燕予齊也。」桓

公曰：「善。」乃陰告韓使者而遣之。韓自以為得齊之救，因

與秦、魏戰。楚、趙聞之，果起兵而救之。齊因起兵襲燕國，

取桑丘。正義曰括地志云桑丘故城俗名敬城在易州遂城縣界時齊伐燕齊伐桑丘魏趙來救之魏趙世家並云伐燕至桑丘是易州六年，救衛。桓公卒，索隱曰紀年梁惠王十三年當齊桓公十八年後威王始見則桓公十九年而卒與此不同子威王因齊立。是歲，故齊康

公卒，絕無後，奉邑皆入田氏。齊威王元年，三晉因齊喪

來伐我靈丘。正義曰靈丘河東蔚州縣按靈丘此時屬齊三晉因喪伐之韓魏趙世家云伐齊至靈丘皆是蔚州三年，三晉滅晉後而分其地。六年，魯伐我，入陽

關。徐廣曰在鉅平○正義曰括地志云陽關故城在兖州博城縣南二十九里西臨汶水也晉伐我，

至博陵。正義曰在濟州西界也七年，衛伐我，取薛陵。九年，趙伐我，

取甄。威王初即位以來，不治，委政卿大夫，九年之間，諸

侯並伐，國人不治。於是威王召即墨大夫而語之曰：「自

子之居即墨也，正義曰即墨故城在萊州膠水縣南六十里即墨故城是也毀言日至。然吾

使人視即墨，田野闢，民人給，官無留事，東方以寧。是子

不事吾左右以求譽也。」封之萬家。召阿大夫語曰：「自子

之守阿，譽言日聞。然使使視阿，田野不闢，民貧苦。昔日

趙攻甄，正義曰音絹即濮州甄城縣北合在即墨字上也子弗能救。衛取薛陵，

子弗知。是子以幣厚吾左右以求譽也。」是日，烹阿大夫，

及左右嘗譽者皆并烹之。遂起兵西擊趙、衞，敗魏於濁澤而圍惠王。惠王請獻觀以和解，趙人歸我長城。於是齊國震懼，人人不敢飾非，務盡其誠。齊國大治。諸侯聞之，莫敢致兵於齊二十餘年。騶忌子以鼓琴見威王，威王說而舍之右室。須臾，王鼓琴，騶忌子推戶入曰：善哉鼓琴！王勃然不說，去琴按劍曰：夫子見容未察，何以知其善也？騶忌子曰：夫大弦濁以春溫者，君也；小弦廉折以清者，相也；攫之深，醳之愉者，政令也；鈞諧以鳴，大小相益，回邪而不相害者，四時也：吾是以知其善也。王曰：善語音。騶忌子曰：何獨語音，夫治國家而弭人民皆在其中。王又勃然不說曰：若夫語五音之紀，信未有如夫子者也。若夫治國家而弭人民，又何為乎絲桐之間？騶忌子曰：夫大弦濁以春溫者，君也；小弦廉折以清者，相也；攫之深而舍之愉者，政令也；鈞諧以鳴，大小相益，回邪而不相害者，四時也。夫復而不亂者，所以治昌也；連而徑者，所以存亡也：故曰琴音調而天下治。夫治國家而弭人民者，無若乎五音者。王曰：善。騶忌子見三月而受相印。淳于髡見之曰：

善說哉！髡有愚志，願陳諸前。騶忌子曰：謹受教。淳于髡曰：得全全昌，失全全亡。騶忌子曰：謹受令，請謹毋離前。淳于髡曰：狶膏棘軸，所以為滑也，然而不能運方穿。騶忌子曰：謹受令，請謹事左右。淳于髡曰：弓膠昔幹，所以為合也，然而不能傅合疏罅。騶忌子曰：謹受令，請謹自附於萬民。淳于髡曰：狐裘雖敝，不可補以黃狗之皮。騶忌子曰：謹受令，請謹擇君子，毋雜小人其間。淳于髡曰：大車不較，不能載其常任；琴瑟不較，不能成其五音。騶忌子曰：謹受令，請謹修法律而督姦吏。淳于髡說畢，趨出，至門，而面其僕曰：是人者，吾語之微言五，其應我若響之應聲，是人必封不久矣。

是以聰明捷敏人之美材也居朞年封以下邳號曰成侯威王二十三年與趙王會平陸二十四年與魏王會田於郊魏王問曰王亦有寶乎威王曰無有索隱曰韓詩外傳以為齊宣王其說不同所以異也梁王曰若寡人國小也尚有徑寸之珠照車前後各十二乘者十枚奈何以萬乘之國而無寶乎威王曰寡人之所以為寶與王異吾臣有檀子者索隱曰檀子齊臣檀姓子男子美稱大夫皆曰稱子朌子田朌也黔夫及種首皆臣名事悉具戰國策使守南城則楚人不敢為寇東取泗上十二諸侯皆來朝索隱曰鄒魯之比吾臣有朌子者使守高唐則趙人不敢東漁於河吾吏有黔夫者使守徐州則燕人祭北門趙人祭西門賈逵曰齊之北門西門也言燕趙之人畏見侵伐故祭以求福徙而從者七千餘家吾臣有種首者使備盜賊則道不拾遺將以照千里豈特十二乘哉梁惠王慙不懌而去二十六年魏惠王圍邯鄲趙求救於齊齊威王召大臣而謀曰救趙孰與勿救騶忌子曰不如勿救段干朋曰不救則不義且不利威王曰何也對曰夫魏氏并邯鄲其於齊何利哉且夫救趙而軍其郊是趙不伐而魏全也故不如南攻襄陵正義曰襄陵故城在兗州鄒縣也以弊魏邯鄲拔而乘魏之弊威王從其計其後成侯騶忌與田忌不善公孫閱謂成侯忌曰索隱曰戰國策作公孫閈公何不謀伐魏田忌必將戰勝有功則公之謀中也

田敬仲完世家

史四十六　十

戰不勝非前死則後北而命在公矣於是成侯言威王使田忌南攻襄陵十月邯鄲拔齊因起兵擊魏大敗之桂陵索隱曰在曹州乘氏縣東北二十一里○正義於是齊最彊於諸侯自稱為王以令天下三十三年殺其大夫牟辛徐廣曰一作夫人○索隱曰牟辛大夫姓字也徐廣與作辰並作夫人王劭按紀年云齊桓公十一年弒其君母宣王八年殺其王后然則夫人之字或如紀年之說三十五年公孫閱又謂成侯忌曰公何不令人操十金卜於市曰我田忌之人也吾三戰而三勝聲威天下欲為大事亦吉乎不吉乎卜者出因令人捕為之卜者驗其辭於王之所田忌聞之因遂率其徒襲攻臨淄求成侯不勝而奔索隱曰按戰國策田忌前敗魏於馬陵因被讒不得入齊歷十年乃出奔也是時齊都臨淄自王劭按紀年云田忌襲齊之邊邑其言為得即與系家不同也

三十六年威王卒子宣王辟彊立宣王元年秦用商鞅周致伯於秦孝公二年魏伐趙趙與韓親共擊魏趙不利戰於南梁索隱曰冒大康地記曰戰國謂梁為南梁者別之於大梁少梁也○正義曰括地志云故梁城在汝州西南二百步冒大康地記云戰國時謂南梁者別之於大梁少梁也古蠻子邑也宣王召田忌復故位韓氏請救於齊宣王召大臣而謀曰蚤救孰與晚救騶忌子曰不如勿救田忌曰弗救則韓且折而入於魏不如蚤救之索隱曰紀年威王十四年田朌伐梁戰馬陵戰國策云南梁之難有張丏對云早救之此云鄒忌皆王劭云此時鄒忌死已四年又齊威此時未稱王故戰國策謂之田侯今此以田侯為宣王文橫稱鄒忌者蓋此說皆誤耳孫子曰索隱曰孫臏夫

史四十六　十一

田敬仲完世家

史部　第一冊

韓魏之兵未弊而救之，是吾代韓受魏之兵，顧反聽命於韓也。且魏有破國之志，韓見亡，必東面而愬於齊矣。吾因深結韓之親而晚承魏之弊，則可重利而得尊名也。宣王曰：善。乃陰告韓之使者而遣之。韓因恃齊，五戰不勝，而東委國於齊。齊因起兵，使田忌、田嬰將，徐廣曰：嬰一作朌。孫子爲師，救韓趙以擊魏，大敗之馬陵，索隱曰：在宣王二年。殺其將龐涓，虜魏太子申。其後三晉之王皆因田嬰朝齊王於博望，正義曰：括地志云：博望故城在鄧州向城縣東南四十五里。盟而去。徐廣曰：表云三年與趙會博望伐魏。七年，與魏王會平阿南。正義曰：沛郡平阿縣也。明年，復會甄。魏惠王卒。索隱曰：按紀年梁惠王乃是齊湣王爲東帝秦昭王爲西帝時，此時梁惠

王改元稱一年，未卒也，而系家及其後即爲魏襄王之年，又以此文當齊宣王時，實所不能詳考。明年，與魏襄王會徐州，諸侯相王也。十年，楚圍我徐州。十一年，與魏伐趙，趙決河水灌齊、魏，兵罷。十八年，秦惠王稱王。宣王喜文學游說之士，自如騶衍、淳于髡、正義曰：贅聟，齊之摽下先生也。田駢、正義曰：白眠反。藝文志云田駢，齊人，遊稷下，號天口駢，作田子二十五篇也。接予、正義曰：齊人。藝文志云接子二篇在道家流也。慎到、正義曰：趙人，戰國時處士。藝文志云作慎子四十二篇。環淵正義曰：楚人。孟子傳云環淵著書上下篇也。之徒七十六人，皆賜列第，爲上大夫，不治而議論。是以齊稷下學士復盛，且數百千人。劉向別録曰：齊有稷門，城門也。談說之士期會於稷下也。○索隱曰：齊地記曰：齊城西門側系水左右有講室，趾往往存焉。蓋因側系水，故曰稷門，古側稷音相近耳。又虞喜曰：齊有稷山，立館其下以待游

史記四十六　十二

士，亦異說也。春秋傳曰：莒子如齊盟于稷門，是也。十九年，宣王卒，子湣王地立。索隱曰：系本名遂。湣王元年，秦使張儀與諸侯執政會于齧桑。三年，封田嬰於薛。四年，迎婦于秦。七年，與宋攻魏，敗之觀澤。十二年，攻魏。楚圍雍氏，徐廣曰：在陽翟縣。秦敗屈丐。蘇代謂田軫曰：臣願有謁於公，其爲事甚完，使楚利公，成爲福，不成亦爲福。今者臣立於門，客有言曰：魏王謂韓馮、張儀曰：徐廣曰：韓之公仲侈也。煮棗將拔，徐廣曰：在濟陰冤朐。齊兵又進，子來救寡人則可矣；不救寡人，寡人弗能拔。索隱曰：能猶勝也，言不勝其寇，故欲救之耳。此特轉辭也。秦韓之兵毋東，旬餘，則魏氏轉韓從秦，秦逐張儀，索隱曰：逐謂隨逐也。交臂而事齊楚，此公之事

成也。田軫曰：奈何使無東？對曰：韓馮之救魏之辭，必不謂韓王曰馮以爲魏，必曰馮將以秦韓之兵東卻齊宋，馮因摶三國之兵，徐廣曰：音專。專猶并合制領之謂也。○索隱曰：摶音團，謂握領也，徐亦通。乘屈丐之弊，南割於楚，故地必盡得之矣。張儀救魏之辭必不謂秦王曰儀以爲魏，必曰儀且以秦韓之兵東距齊宋，儀將摶三國之兵，乘屈丐之弊，正義曰：屈丐，楚將，爲秦所敗。更欲秉之。南割於楚，名存亡國，實伐三川而歸，索隱曰：三川，韓地也。此王業也。公令楚王與韓氏地，索隱曰：公謂陳軫。使秦制和，謂秦王曰：請與韓地，而王以施三川，正義曰：施，張設也，言秦王於天子都張設迫脅也。韓氏之兵不用而得地於楚，韓馮之東兵之辭且謂

史記四十六　十三

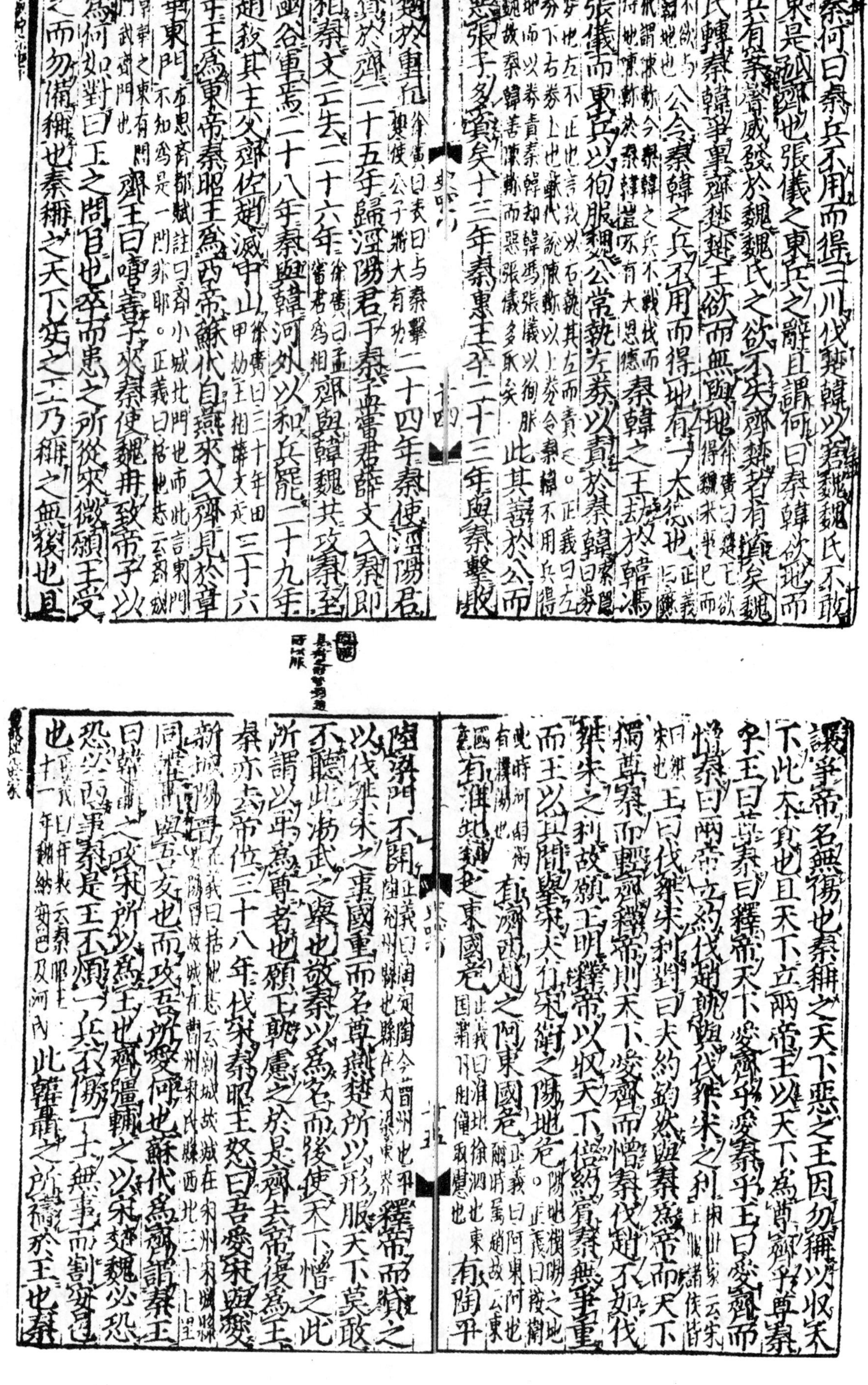

秦何曰秦兵不用而得三川，伐楚韓以窘魏，魏氏不敢東，是孤齊也。張儀之東兵之辭且謂何？曰秦韓欲地而兵有案，聲威發於魏，魏氏之欲不失齊楚者有資矣。魏氏轉秦韓爭事齊楚，楚王欲而無與地（徐廣曰：一作楚王欲得魏未肯已而不欲與韓地也），公令秦韓之兵不用而得地，有一大德也（正義曰：謂陳軫令秦韓之兵不戰伐而得地，陳軫於秦韓豈不有大恩德）。秦韓之王劫於韓馮、張儀而東兵以徇服魏，公常執左券以責於秦韓（正義曰：左券要也。左不正也，言我以右執其左而責之。○正義曰：左券下，右券上也。蘇代說陳軫以上券令秦韓不用兵得地，而以券責秦韓，却韓馮張儀以徇服魏，故秦韓善陳軫而惡張儀多取矣），此其善於公而惡張子多資矣。十三年，秦惠王卒。二十三年，與秦擊敗楚於重丘（徐廣曰：表曰與秦擊楚，使公子將，大有功）。二十四年，秦使涇陽君質於齊。二十五年，歸涇陽君于秦。孟嘗君薛文入秦，即相秦。文亡去。二十六年（徐廣曰：孟嘗君為相），齊與韓魏共攻秦，至函谷軍焉。二十八年，秦與韓河外以和，兵罷。二十九年，趙殺其主父。齊佐趙滅中山（徐廣曰：三十年田甲劫王，相薛文走）。三十六年，王為東帝，秦昭王為西帝。蘇代自燕來，入齊，見於章華東門（左思齊都賦注曰：齊小城北門也。而此言東門，不知為是一門非耶。○正義曰：括地志云齊城章華之東有閭門、武鹿門也）。齊王曰：「嘻，善，子來！秦使魏冄致帝，子以為何如？」對曰：「王之問臣也卒，而患之所從來微，願王受之而勿備稱也。秦稱之，天下安之，王乃稱之，無後也。且讓爭帝名，無傷也。秦稱之，天下惡之，王因勿稱，以收天下，此大資也。且天下立兩帝，王以天下為尊齊乎？尊秦乎？」王曰：「尊秦。」曰：「釋帝，天下愛齊乎？愛秦乎？」王曰：「愛齊而憎秦。」曰：「兩帝立約伐趙，孰與伐桀宋之利？」（世家云：宋王偃，諸侯皆曰桀宋）王曰：「伐桀宋利。」對曰：「夫約鈞，然與秦為帝而天下獨尊秦而輕齊，釋帝則天下愛齊而憎秦，伐趙不如伐桀宋之利，故願王明釋帝以收天下，倍約賓秦，無爭重，而王以其間舉宋。夫有宋，衛之陽地危（正義曰：陽地，濮陽之地也）；有濟西，趙之阿東國危（正義曰：阿，東阿也）；有淮北，楚之東國危（正義曰：此淮北徐泗也，東國謂……）；有陶、平陸，梁門不開（正義曰：陶，今曹州也。平陸，兗州縣也）。釋帝而貸之以伐桀宋之事，國重而名尊，燕楚所以形服，天下莫敢不聽，此湯武之舉也。敬秦以為名，而後使天下憎之，此所謂以卑為尊者也。願王孰慮之。」於是齊去帝復為王，秦亦去帝位。三十八年，伐宋。秦昭王怒曰：「吾愛宋與愛新城、陽晉同也（正義曰：括地志云：新城故城在宋州宋城縣界。陽晉故城在曹州乘氏縣西北三十七里）。韓聶與吾友也，而攻吾所愛，何也？」蘇代為齊謂秦王曰：「韓聶之攻宋，所以為王也。齊彊，輔之以宋，楚魏必恐，恐必西事秦，是王不煩一兵，不傷一士，無事而割安邑也（……十一年魏納安邑及河內），此韓聶之所禱於王也。」秦

王曰吾患齊之難知一從一衡其說何也對曰天下國令齊可知乎齊以攻宋其知事秦以萬乘之國自輔不西事秦則宋治不安中國白頭游敖之士皆積智欲離齊秦之交伏式結軼西馳者未有一人言善齊者也伏式結軼東馳者未有一人言善秦者也何則皆不欲齊秦之合也何晉楚之智而齊秦之愚也晉楚合必議齊秦齊秦合必圖晉楚請以此決事秦王曰諾於是齊遂伐宋宋王出亡死於溫齊南割楚之淮北西侵三晉欲以并周室為天子泗上諸侯鄒魯之君皆稱臣諸侯恐懼三十九年秦來伐拔我列城九四十年燕秦楚三晉合謀各出銳師以伐敗我濟西王解而卻燕將樂毅遂入臨淄盡取齊之寶藏器湣王出亡之衛衛君辟宮舍之稱臣而共具湣王不遜衛人侵之湣王去走鄒魯有驕色鄒魯君弗內遂走莒楚使淖齒將兵救齊因相齊湣王淖齒遂殺湣王而與燕共分齊之侵地鹵器湣王之遇殺其子法章變名姓為莒太史敫家庸太史敫女奇法章狀貌以為非恆人憐而常竊衣食之而與私通焉淖齒既以去莒莒中人及齊亡臣相聚求湣

王子欲立之法章懼其誅己也久之乃敢自言我湣王子也於是莒人共立法章是為襄王以保莒城而布告齊國中王已立在莒矣襄王既立立太史氏女為王后是為君王后生子建太史敫曰女不取媒因自嫁非吾種也汙吾世終身不睹君王后君王后賢不以不睹故失人子之禮襄王在莒五年田單以即墨攻破燕軍迎襄王於莒入臨淄齊故地盡復屬齊齊封田單為安平君十四年秦擊我剛壽十九年襄王卒子建立王建立六年秦攻趙齊楚救之秦計曰齊楚救趙親則退兵不親遂攻之趙無食請粟於齊齊不聽周子曰不如聽之以退秦兵不聽則秦兵不卻是秦之計中而齊楚之計過也且趙之於齊楚扞蔽也猶齒之有脣也脣亡則齒寒今日亡趙明日患及齊楚且救趙之務宜若奉漏甕沃焦釜也夫救趙高義也卻秦兵顯名也義救亡國威卻彊秦之兵不務為此而務愛粟為國計者過矣齊王弗聽秦破趙於長平四十餘萬遂圍邯鄲十六年秦滅周君王后卒二十三年秦置東郡二十八年王入朝秦秦王政置酒咸陽三十五年秦滅韓三十七年秦滅

趙。三十八年，燕使荆軻刺秦王，秦王覺，殺軻。明年，秦破燕，燕王亡走遼東。明年，秦滅魏，秦兵次於歷下。四十二年，秦滅楚。明年，虜代王嘉，滅燕王喜。四十四年，秦兵擊齊。齊王聽相后勝計，不戰，以兵降秦。秦虜王建，遷之共。地理志河內有共縣。○正義今衛州共城縣也。遂滅齊爲郡。天下壹并於秦，秦王政立號爲皇帝。始，君王后賢，事秦謹，與諸侯信，齊亦東邊海上，秦日夜攻三晉、燕、楚，五國各自救於秦，以故王建立四十餘年不受兵。君王后死，后勝相齊，多受秦間金，多使賓客入秦，秦又多予金，客皆爲反間，勸王去從朝秦，不脩攻戰之備，不助五國攻秦，秦以故得滅五國。五國已亡，秦兵卒入臨淄，民莫敢格者。王建遂降，遷於共。故齊人怨王建不蚤與諸侯合從攻秦，聽姦臣賓客以亡其國，歌之曰：「松耶柏耶？住建共者客耶？」戰國策曰秦遷王建於共松柏間也。○索隱曰耶音邪，謂是賓客耶，各詳建住言遂乃失策，令建遷共，共今在河內。疾建用客之不詳也。索隱曰謂不詳審用客不知其善否也。

太史公曰：蓋孔子晚而喜易。易之爲術，幽明遠矣，非通人達才孰能注意焉！故周太史之卦田敬仲完，占至十世之後；及完奔齊，懿仲卜之亦云。田乞及常所以比犯二君，索隱曰比猶頻也，頻殺二君，即悼公、簡公也。子疑晏孺子鮑牧以乞故殺悼公，而成子又殺簡公，故云田氏比殺二君也。專齊國之政，非必事勢之漸然也，漸一作淅。蓋若遵厭兆祥云。正義田完一世[illegible]及田成子[illegible]，政似遵奉厭禳之兆吉祥云。

索隱述贊曰：田完避難，奔于大姜。始辭羈旅，終爲鳳皇。物莫兩盛，代五其昌。二君比犯，三晉爭彊。威遂稱王，濟急燕趙。躬列康莊。秦假東帝，莒立法章。王建失國，松柏蒼蒼。

田敬仲完世家第十六　史記四十六

孔子世家第十七　史記四十七

孔子生魯昌平鄉陬邑。其先宋人也，曰孔防叔。防叔生伯夏，伯夏生叔梁紇。紇與顏氏女野合而生孔子，禱於尼丘得孔子。魯襄公二十二年而孔子生。生而首上圩頂，故因名曰丘云。字仲尼，姓孔氏。丘生而叔梁紇死，葬於防山。防山在魯東，由是孔子疑其父墓處，母諱之也。孔子為兒嬉戲，常陳俎豆，設禮容。孔子母死，乃殯五父之衢，蓋其慎也。郰人輓父之母誨孔子父墓，然後往合葬於防焉。孔子要絰，季氏饗士，孔子與往。陽虎絀曰：季氏饗士，非敢饗子也。孔子由是退。孔子年十七，魯大夫孟釐子病且死，

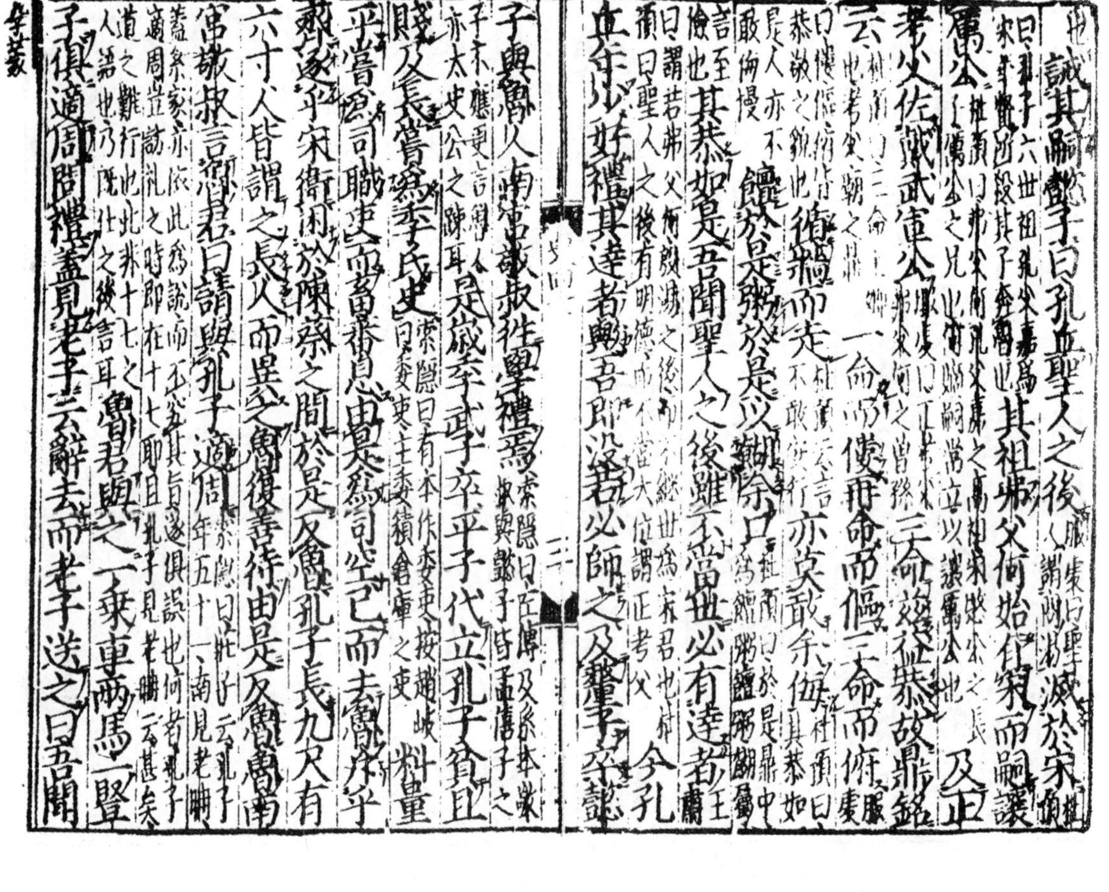

孔子世家

誠其嗣懿子曰：孔丘，聖人之後，滅於宋。其祖弗父何始有宋而嗣讓厲公。及正考父佐戴、武、宣公，三命茲益恭，故鼎銘云：一命而僂，再命而傴，三命而俯，循牆而走，亦莫敢余侮。饘於是，粥於是，以餬余口。其恭如是。吾聞聖人之後，雖不當世，必有達者。今孔丘年少好禮，其達者歟？吾即沒，若必師之。及釐子卒，懿子與魯人南宮敬叔往學禮焉。是歲，季武子卒，平子代立。孔子貧且賤。及長，嘗為季氏史，料量平；嘗為司職吏而畜蕃息。由是為司空。已而去魯，斥乎齊，逐乎宋、衛，困於陳蔡之間，於是反魯。孔子長九尺有六寸，人皆謂之長人而異之。魯復善待，由是反魯。魯南宮敬叔言魯君曰：請與孔子適周。魯君與之一乘車，兩馬，一豎子俱，適周問禮，蓋見老子云。辭去，而老子送之曰：吾聞

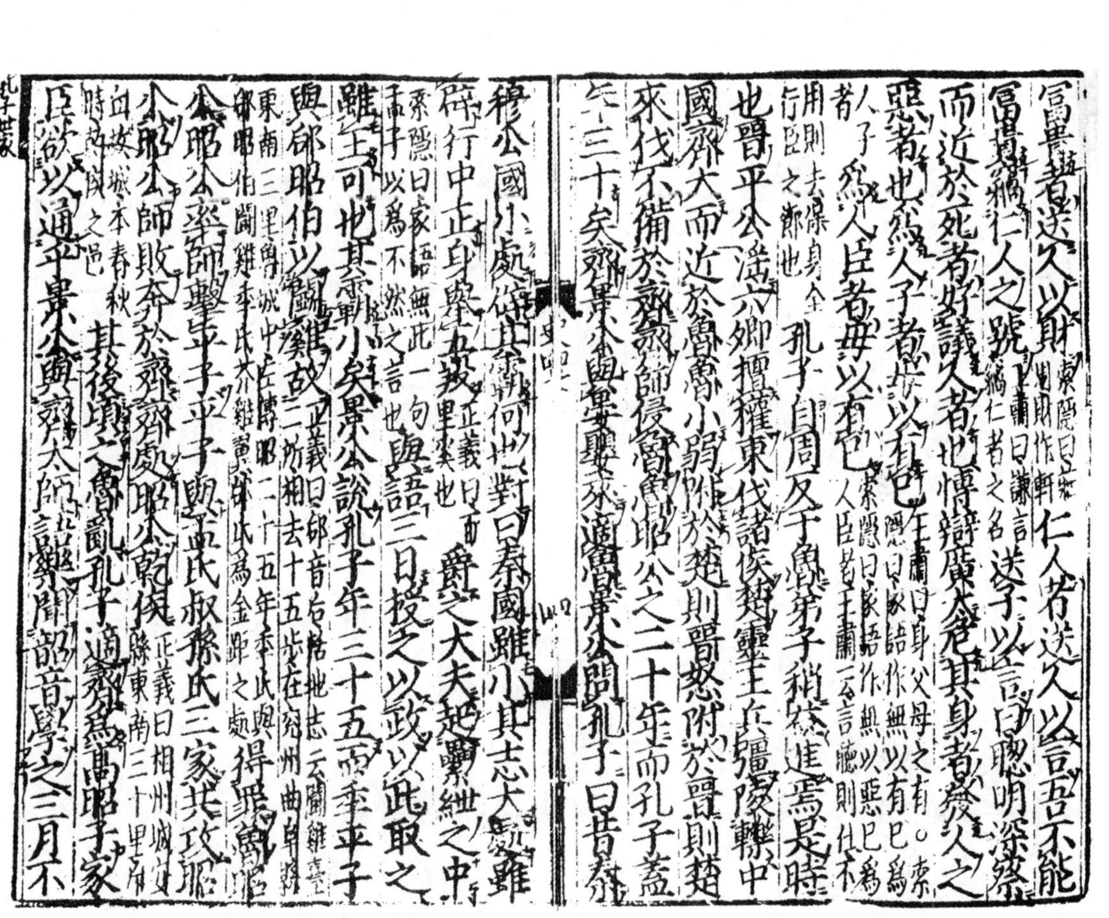

孔子世家

富貴者送人以財，仁人者送人以言。吾不能富貴，竊仁人之號，送子以言，曰：聰明深察而近於死者，好議人者也。博辯廣大危其身者，發人之惡者也。為人子者毋以有己，為人臣者毋以有己。孔子自周反于魯，弟子稍益進焉。是時也，晉平公淫，六卿擅權，東伐諸侯；楚靈王兵彊，陵轢中國；齊大而近於魯。魯小弱，附於楚則晉怒；附於晉則楚來伐；不備於齊，齊師侵魯。魯昭公之二十年，而孔子蓋年三十矣。齊景公與晏嬰來適魯，景公問孔子曰：昔秦穆公國小處辟，其霸何也？對曰：秦，國雖小，其志大；處雖辟，行中正。身舉五羖，爵之大夫，起纍紲之中，與語三日，授之以政。以此取之，雖王可也，其霸小矣。景公說。孔子年三十五，而季平子與郈昭伯以鬬雞故得罪魯昭公，昭公率師擊平子，平子與孟氏、叔孫氏三家共攻昭公，昭公師敗，奔於齊，齊處昭公乾侯。其後頃之，魯亂。孔子適齊，為高昭子家臣，欲以通乎景公。與齊太師語樂，聞韶音，學之，三月不

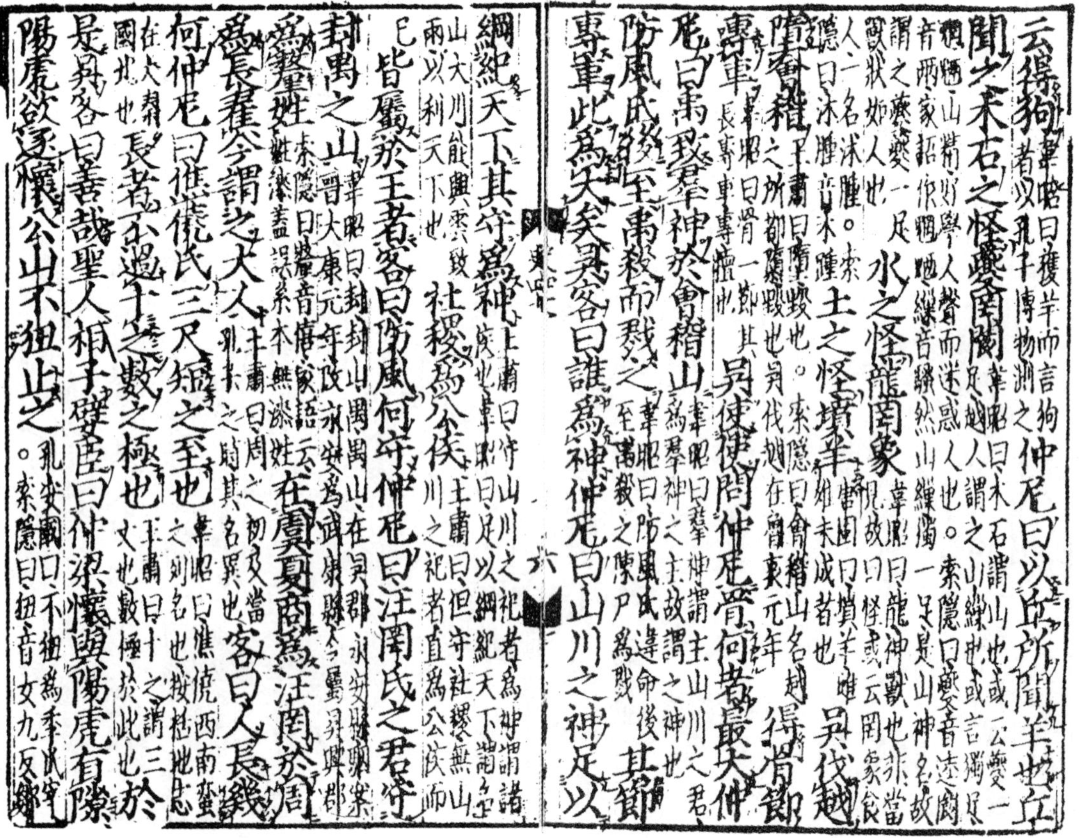

知肉味。周氏曰孔子在齊聞習韶樂之盛美故忘於肉味也。索隱曰按論語子在齊聞韶三月不知肉味無學之文今此合論語齊太師兩文而為此言恐失事實。齊人稱之。景公問政孔子，孔子曰：「君君，臣臣，父父，子子。」孔安國曰當此之時陳恒制齊君不君臣不臣故以此對也。景公曰：「善哉！信如君不君，臣不臣，父不父，子不子，雖有粟，吾豈得而食諸！」孔安國曰言將危也陳氏果滅齊。他日又復問政於孔子，孔子曰：「政在節財。」景公說，將欲以尼谿田封孔子。索隱曰此說出晏子及墨子其文微異。晏嬰進曰：「夫儒者滑稽而不可軌法；倨傲自順，不可以為下；崇喪遂哀，破產厚葬，不可以為俗；游說乞貸，不可以為國。自大賢之息，周室既衰，禮樂缺有間。索隱曰息謂生也言上古大賢生則有禮樂至周室微而禮樂缺有間也。今孔子盛容飾，繁登降之禮，趨詳之節，累世不能殫其學，當年不能究其禮。君欲用之以移齊俗，非所以先細民也。」後景公敬見孔子，不問其禮。異日，景公止孔子曰：「奉子以季氏，吾不能。」以季孟之間待之。孔安國曰魯三卿季氏為上卿最貴孟氏為下卿不用事言待之以二者之間也。索隱曰劉氏奉音扶用反非也今奉音如字謂奉待孔子如魯季氏之職故下文云以季孟之間待之也。齊大夫欲害孔子，孔子聞之。景公曰：「吾老矣，弗能用也。」孔子遂行，反乎魯。孔子年四十二，魯昭公卒於乾侯，定公立。定公立五年，夏，季平子卒，桓子嗣立。季桓子穿井得土缶，中若羊，曰羊生羊也故謂之怪也。索隱曰家語云桓子穿井於費得物如土缶其中有羊焉是也。問仲尼

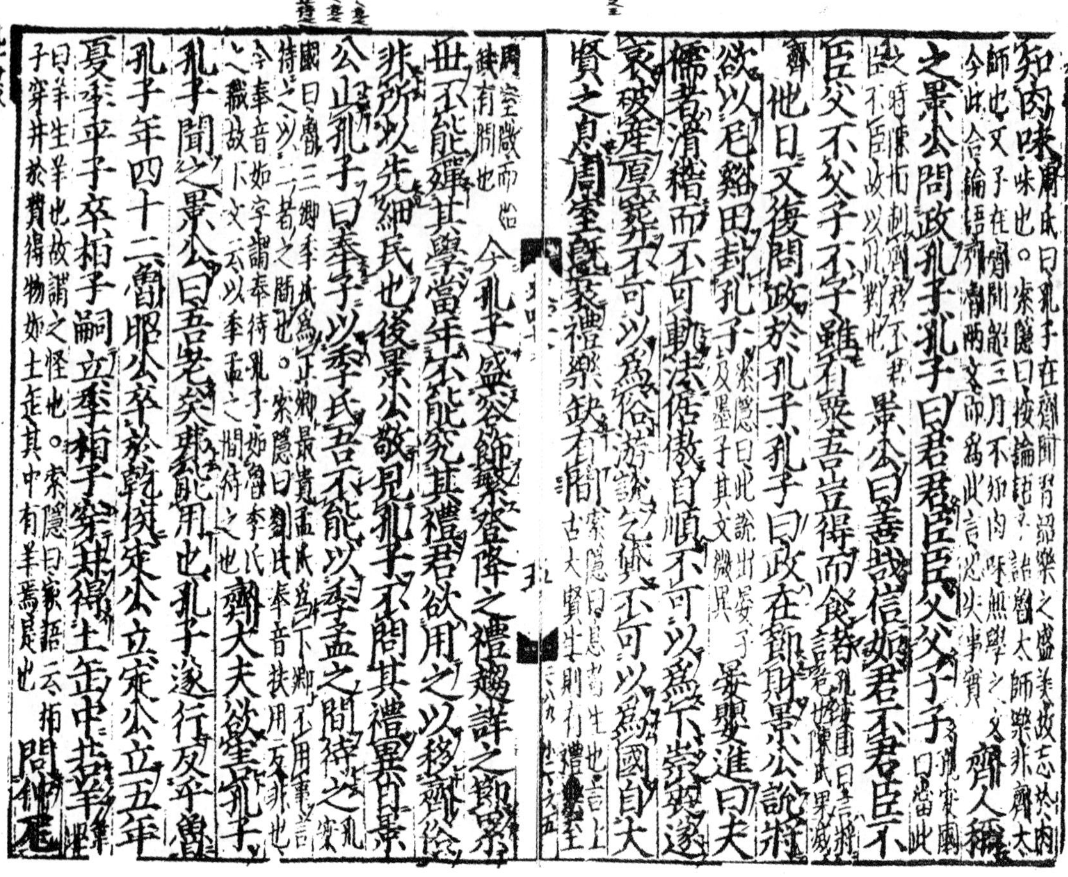

云「得狗」。韋昭曰獲羊而言狗者以孔子博物測之。仲尼曰：「以丘所聞，羊也。丘聞之，木石之怪夔、罔閬，韋昭曰木石謂山也或云夔一足越人謂之山繅也或言獨足。索隱曰夔音逵閬音兩家語作魍魎山精好學人聲而迷惑人也。水之怪龍、罔象，韋昭曰龍神獸也非常見故曰怪或云罔象食人一名沐腫。索隱曰沐腫音木鍾。土之怪墳羊。」唐固曰墳羊雌雄未成者也。吳伐越，墮會稽，王肅曰墮毀也。索隱曰會稽山名越之所都墮毀也吳伐越在魯哀元年。得骨節專車。韋昭曰骨一節其長專車專擅也。吳使使問仲尼：「骨何者最大？」仲尼曰：「禹致群神於會稽山，韋昭曰群神謂主山川之君為群神之主故謂之神也。防風氏後至，禹殺而戮之，韋昭曰防風違命後至禹殺之陳尸為戮。其節專車，此為大矣。」吳客曰：「誰為神？」仲尼曰：「山川之神足以綱紀天下，其守為神，王肅曰守山川之祀者為神謂諸侯也。韋昭曰足以綱紀天下謂名山大川能興雲致雨以利天下也。社稷為公侯，王肅曰但守社稷無山川之祀者直為公侯而已。皆屬於王者。」客曰：「防風何守？」仲尼曰：「汪罔氏之君守封、禺之山，韋昭曰封封山禺禺山在吳郡永安縣也。索隱曰禺音虞晉太康元年改永安為武康縣今屬吳興郡。為釐姓。索隱曰釐音僖家語云漆姓蓋誤案本無漆姓。在虞、夏、商為汪罔，於周為長翟，今謂之大人。」王肅曰周之初及當孔子之時其名異也。客曰：「人長幾何？」仲尼曰：「僬僥氏三尺，短之至也。韋昭曰僬僥西南蠻之別名也。在大秦國北也。長者不過十之，數之極也。」王肅曰十之謂三丈也數極於此也。於是吳客曰：「善哉聖人！」桓子嬖臣曰仲梁懷，與陽虎有隙。陽虎欲逐懷，公山不狃止之。孔安國曰不狃為季氏宰。索隱曰狃音女九反

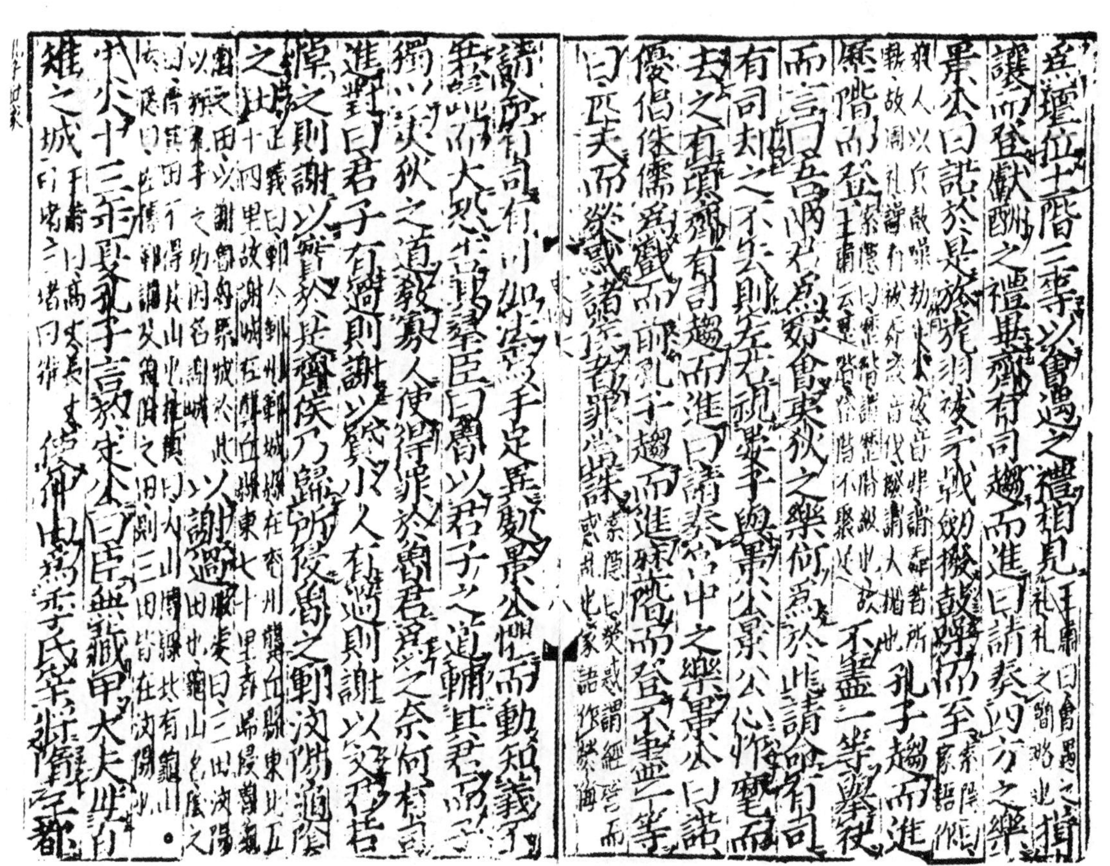

…… 論語作弗擾 其秋懷益驕陽虎執懷桓子怒陽虎因囚桓子與盟而醳之 正義曰醳音釋 陽虎由此益輕季氏季氏亦僭於公室陪臣執國政是以魯自大夫以下皆僭離於正道故孔子不仕退而脩詩書禮樂弟子彌眾至自遠方莫不受業焉定公八年公山不狃不得意於季氏因陽虎為亂欲廢三桓之適 正義曰適音嫡 更立其庶孽陽虎素所善者遂執季桓子桓子詐之得脫定公九年陽虎不勝奔于齊是時孔子年五十公山不狃以費畔季氏使人召孔子孔子循道彌久溫溫無所試莫能己用曰蓋周文武起豐鎬而王 索隱曰按家語孔子之言並無此言故柳譚亦以為誣也 今費雖小儻庶幾乎欲往子路不說止孔子孔子曰夫召我者豈徒哉如用我其為東周乎 何晏曰興周道於東方故曰東周也 然亦卒不行其後定公以孔子為中都宰一年四方皆則之 索隱曰家語作西方王肅云魯國近東故西方諸侯皆取法則焉 由中都宰為司空由司空為大司寇定公十年春及齊平 索隱曰及與也平成也謂與齊和好故 夏齊大夫黎鉏言於景公曰魯用孔丘其勢危齊乃使使告魯為好會會於夾谷 [illegible] 魯定公且以乘車好往孔子攝相事曰臣聞有文事者必有武備有武事者必有文備古者諸侯出疆必具官以從請具左右司馬定公曰諾具左右司馬會齊侯夾谷

孔子世家

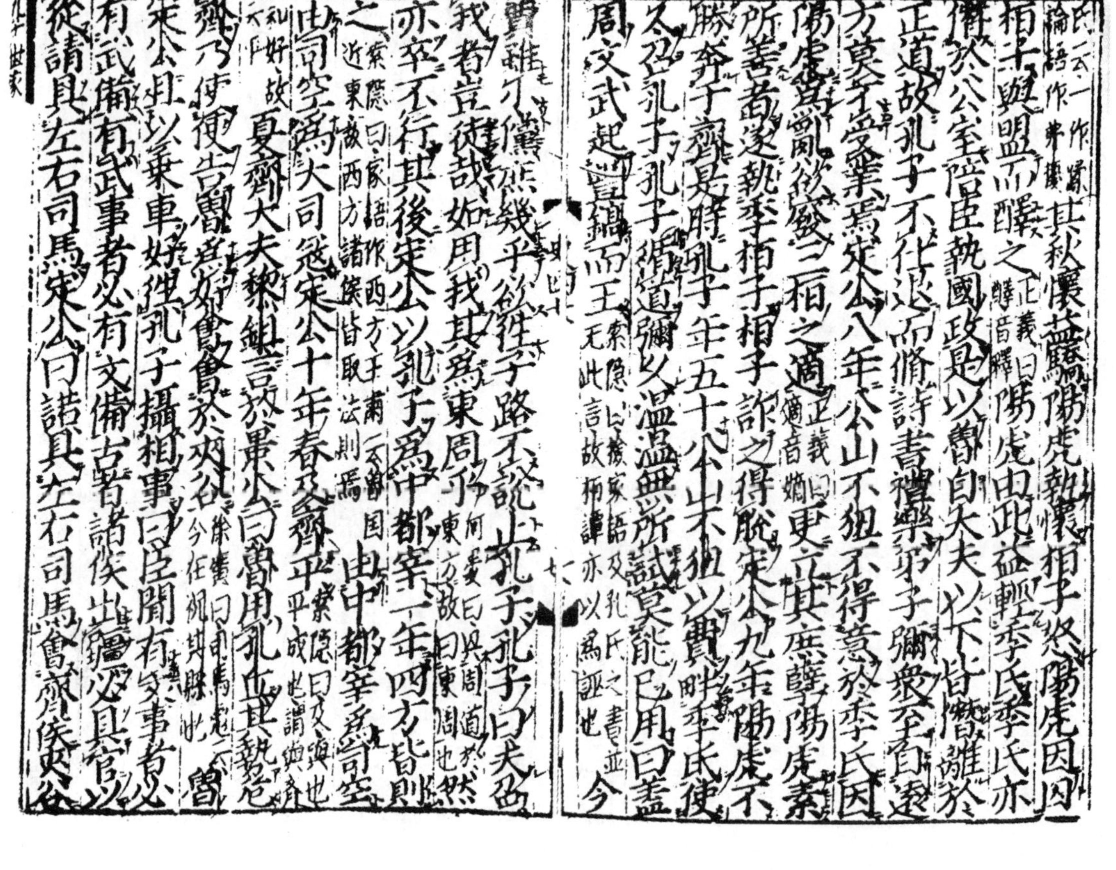

為壇位土階三等以會遇之禮相見 王肅曰會遇之禮禮之簡略也 揖讓而登獻酬之禮畢齊有司趨而進曰請奏四方之樂景公曰諾於是旍旄羽袚矛戟劍撥鼓譟而至 [illegible] 孔子趨而進歷階而登 [illegible] 不盡一等舉袂而言曰吾兩君為好會夷狄之樂何為於此請命有司有司卻之不去則左右視晏子與景公景公心怍麾而去之有頃齊有司趨而進曰請奏宮中之樂景公曰諾優倡侏儒為戲而前孔子趨而進歷階而登不盡一等曰匹夫而營惑諸侯者罪當誅 [illegible] 請命有司有司加法焉手足異處景公懼而動知義不若歸而大恐告其群臣曰魯以君子之道輔其君而子獨以夷狄之道教寡人使得罪於魯君為之奈何有司進對曰君子有過則謝以質小人有過則謝以文君若悼之則謝以質於是齊侯乃歸所侵魯之鄆汶陽龜陰之田 [illegible] 以謝過 [illegible] 定公十三年夏孔子言於定公曰臣無藏甲大夫毋百雉之城 [illegible] 使仲由為季氏宰將墮三都

孔子世家

服虔曰三都家之邑也 於是叔孫氏先墮郈 杜預曰東平無鹽縣東南有郈亭○正義曰括地志云郈亭在鄆州宿城縣東三十二里 季氏將墮費公山不狃叔孫輒率費人襲魯公與三子入于季氏之宮 服虔曰三子季孫叔孫孟孫也 登武子之臺費人攻之弗克入及公側 服虔曰費人有大功入及公之臺側 孔子命申句須樂頎下伐之 服虔曰申句須樂頎魯大夫 費人北國人追之敗諸姑蔑 杜預曰魯國卞縣南有姑蔑城○正義曰括地志云姑蔑故城在兗州泗水縣東四十五里按泗水縣本漢卞縣地 二子奔齊遂墮費將墮成 杜預曰成在泰山鉅平縣東南有成城也○正義曰括地志云故郕城在兗州泗水縣西北五十里 公斂處父 服虔曰成宰也 謂孟孫曰墮成齊人必至于北門且成孟氏之保鄣無成是無孟氏也我將弗墮十二月公圍成弗克

定公十四年孔子年五十六由大司寇行攝相事有喜色門人曰聞君子禍至不懼福至不喜孔子曰有是言也不曰樂其以貴下人乎於是誅魯大夫亂政者少正卯與聞國政三月粥羔豚者弗飾賈男女行者別於塗塗不拾遺四方之客至乎邑者不求有司 王肅曰有司常供其職客求而有在也 皆予之以歸 索隱曰家語作皆如歸 齊人聞而懼曰孔子為政必霸霸則吾地近焉我之為先并矣盍致地焉黎鉏曰請先嘗沮之沮之而不可則致地庸遲乎於是選齊國中女子好者八十人皆衣文衣而舞康樂 索隱曰家語作容璣王肅云舞曲名也 文馬三十駟遺魯君陳女樂文馬於魯城南高門外季桓子微服往觀再三將受乃語魯君為周道游往觀終日 索隱曰謂請魯君為周徧道路游行因出觀齊之女樂 怠於政事子路曰夫子可以行矣孔子曰魯今且郊如致膰乎大夫 王肅曰膰祭肉 則吾猶可以止桓子卒受齊女樂三日不聽政郊又不致膰俎於大夫孔子遂行宿乎屯 ○索隱曰屯地在魯之南也名也 而師己送曰夫子則非罪孔子曰吾歌可夫歌曰彼婦之口可以出走彼婦之謁可以死敗 王肅曰言婦人之口請謁足以毀使人死敗故可以出走也 蓋優哉游哉維以卒歲 王肅曰言仕不遇也故且優游以終歲 師己反桓子曰孔子亦何言師己以實告桓子喟然歎曰夫子罪我以羣婢故也夫孔子遂適衛主於子路妻兄顏濁鄒家 索隱曰孟子曰孔子於衛主顏讎由讎由之妻與子路之妻兄弟也今此亦云濁鄒是子路之妻兄所說不同 衛靈公問孔子居魯得祿幾何對曰奉粟六萬 索隱曰若六萬石似太多當是六萬斗亦與漢之秩祿不同○正義曰六萬小斗計當今二千石也周之斗升斤兩皆用小也 衛人亦致粟六萬居頃之或譖孔子於衛靈公靈公使公孫余假一出一入 索隱曰謂以兵仗出入以脅夫子也 孔子恐獲罪焉居十月去衛將適陳過匡 正義曰故匡城在滑州匡城縣西南十里 顏刻為僕以其策指之曰昔吾入此由彼缺也 索隱曰謂昔所攻匡城之缺處○正義曰琴操云孔子到匡郭外顏刻舉策指匡穿垣曰往與陽貨正從此入匡人聞其言告君曰往者陽貨今復來乃率眾圍孔子數日乃和琴而歌音曲甚哀有暴風擊軍士僵仆於是匡人乃知孔子聖人自解也 匡人聞之以為魯之陽虎陽虎嘗暴匡

匡人。匡人於是遂止孔子。索隱曰匡宋邑也家語云匡人簡子以甲士圍夫子孔子狀類陽虎，拘焉五日。顏淵後，正義曰言與孔子相失故在後也子曰：「吾以汝為死矣。」顏淵曰：「子在，回何敢死！」包氏曰言夫子在己無所致死也匡人拘孔子益急，弟子懼。孔子曰：「文王既沒，文不在茲乎？孔安國曰茲此也言文王雖已沒其文見在此此自謂其身也天之將喪斯文也，後死者不得與于斯文也。孔安國曰文王既沒故孔子自謂後死也言天將喪此文者本不當使我知之今使我知之未欲喪也天之未喪斯文也，匡人其如予何！」馬融曰如予何猶言奈我何也天未喪此文則我當傳之匡人欲奈我何言不能違天以害己也孔子使從者為甯武子臣於衛，然後得去。索隱曰家語子路彈劍而歌孔子和之曲三終匡人解圍而去今此取論語文王既沒之文及從者臣甯武子然後得去蓋夫子再厄匡人或設辭以解圍或彈劍而釋難今此合論語家語之文以為一事故彼此文交互耳

十一

去即過蒲。徐廣曰長垣縣有匡城蒲鄉○正義曰括地志云故蒲城在滑州匡城縣北十五里匡城本漢長垣縣月餘，反乎衛，主蘧伯玉家。靈公夫人有南子者，使人謂孔子曰：「四方之君子不辱欲與寡君為兄弟者，必見寡小君。寡小君願見。」孔子辭謝，不得已而見之。夫人在絺帷中。孔子入門，北面稽首。夫人自帷中再拜，環珮玉聲璆然。正義曰璆音虯孔子曰：「吾鄉為弗見，見之禮答焉。」索隱曰上見如字下見音去聲言我不為相見之禮見而荅之子路不說。孔子矢之曰：「予所不者，天厭之！天厭之！」欒肇曰見南子者時不獲已猶文王之拘羑里也天厭之者言我之否屈乃天命所厭也蔡謨曰矢陳也夫子為子路陳天命也居衛月餘，靈公與夫人同車，宦者

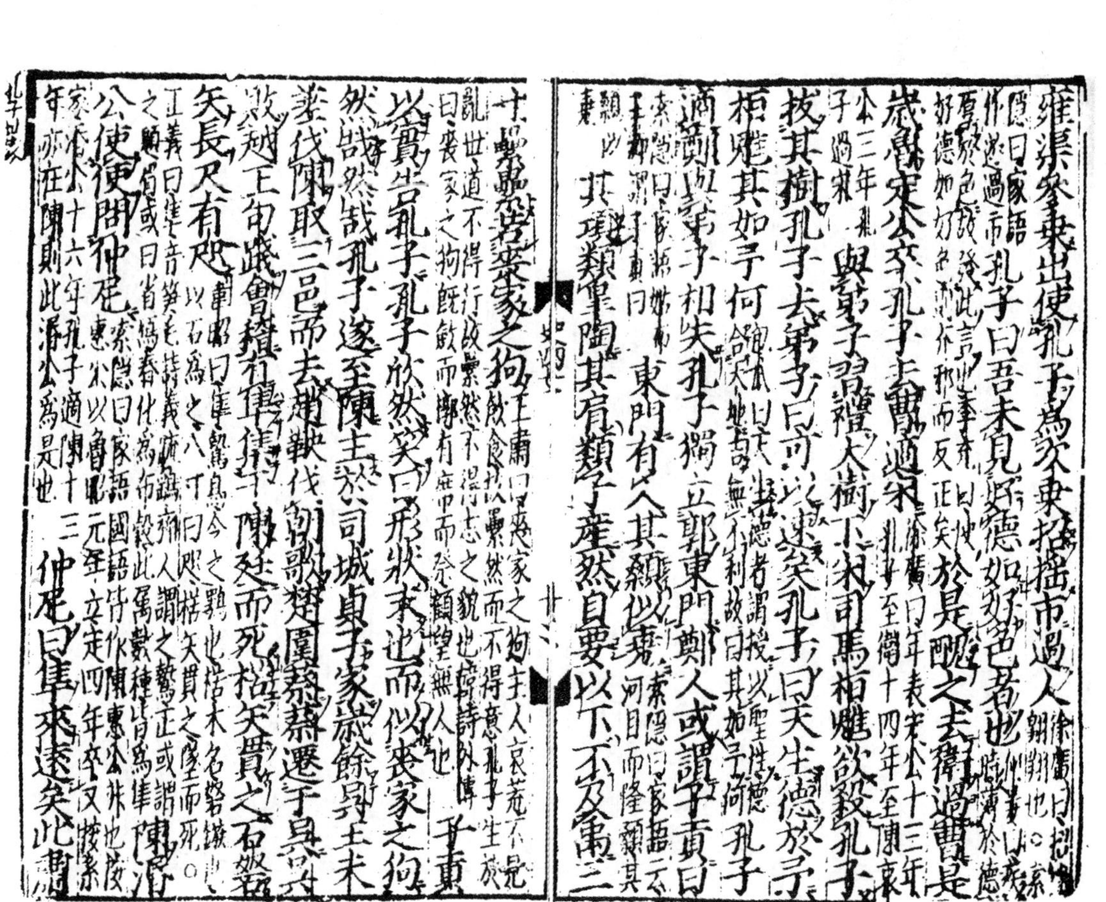

雍渠參乘，出，使孔子為次乘，招搖市過之。徐廣曰招搖翱翔也○索隱曰家語作遊過市孔子曰：「吾未見好德如好色者也。」時衛靈公薄於德夏好色故發此言也李充曰使好德如好色則棄邪而反正矣於是醜之，去衛，過曹。是歲，魯定公卒。孔子去曹適宋，徐廣曰年表宋景公十三年孔子至衛十四年至陳哀公三年孔子過宋與弟子習禮大樹下。宋司馬桓魋欲殺孔子，拔其樹。孔子去。弟子曰：「可以速矣。」孔子曰：「天生德於予，桓魋其如予何！」包氏曰天生德者謂授以聖性德合天地吉而無不利故曰其如予何孔子適鄭，與弟子相失，孔子獨立郭東門。鄭人或謂子貢曰：「東門有人，其顙似堯，[illegible]其項類皋陶，其肩類子產，然自要以下不及禹三

廿二

寸。纍纍若喪家之狗。」王肅曰喪家之狗主人哀荒不見飲食故纍然而不得意孔子生於亂世道不得行故纍然不得志之貌也韓詩外傳曰喪家之狗既斂而槨有席布而祭顧望無人也子貢以實告孔子。孔子欣然笑曰：「形狀，末也。而似喪家之狗，然哉！然哉！」孔子遂至陳，主於司城貞子家。歲餘，吳王夫差伐陳，取三邑而去。趙鞅伐朝歌。楚圍蔡，蔡遷于吳。吳敗越王句踐會稽。有隼集于陳廷而死，楛矢貫之，石砮，矢長尺有咫。韋昭曰隼鷙鳥今之鶚也楛木名砮鏃也以石為之八寸曰咫楛矢貫之墜而死○正義曰隼音筍毛詩義疏云鷂屬齊人謂之擊征或謂之題肩或曰雀鷹春化為布穀此屬數種皆為隼陳湣公使使問仲尼。索隱曰家語國語皆作陳惠公非也按系家陳惠公以魯昭元年卒定四年卒湣公十六年孔子適陳十三年亦在陳則此湣公為是也仲尼曰：「隼來遠矣，此肅慎

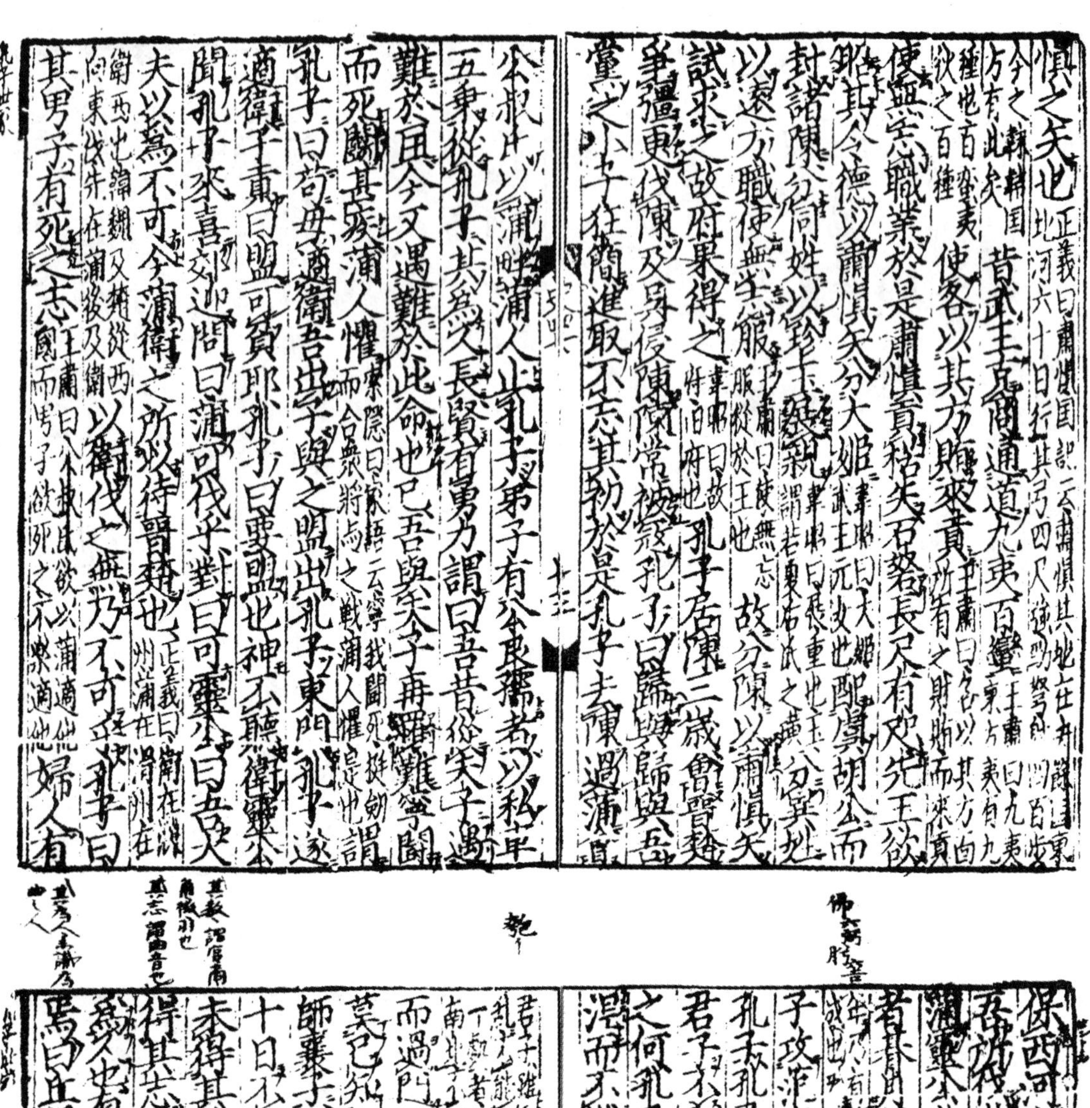

慎之矣也。昔武王克商，通道九夷百蠻，使各以其方賄來貢，使無忘職業。於是肅慎貢楛矢石砮，長尺有咫。先王欲昭其令德，以肅慎矢分大姬，配虞胡公而封諸陳。分同姓以珍玉，展親；分異姓以遠方職，使無忘服。故分陳以肅慎矢。試求之故府，果得之。孔子居陳三歲，會晉楚爭彊，更伐陳，及吳侵陳，陳常被寇。孔子曰：歸與歸與！吾黨之小子狂簡，進取不忘其初。於是孔子去陳。過蒲，會公叔氏以蒲畔，蒲人止孔子。弟子有公良孺者，以私車五乘從孔子。其為人長賢，有勇力，謂曰：吾昔從夫子遇難於匡，今又遇難於此，命也已。吾與夫子再罹難，寧鬭而死。鬭甚疾。蒲人懼，謂孔子曰：苟毋適衛，吾出子。與之盟，出孔子東門。孔子遂適衛。子貢曰：盟可負邪？孔子曰：要盟也，神不聽。衛靈公聞孔子來，喜，郊迎。問曰：蒲可伐乎？對曰：可。靈公曰：吾大夫以為不可。今蒲，衛之所以待晉楚也，以衛伐之，無乃不可乎？孔子曰：其男子有死之志，婦人有

保西河之志。吾所伐者不過四五人。靈公曰：善。然不伐蒲。靈公老，怠於政，不用孔子。孔子喟然歎曰：苟有用我者，期月而已，三年有成。孔子行。佛肸為中牟宰。趙簡子攻范、中行，伐中牟。佛肸畔，使人召孔子。孔子欲往。子路曰：由聞諸夫子，其身親為不善者，君子不入也。今佛肸親以中牟畔，子欲往，如之何？孔子曰：有是言也。不曰堅乎，磨而不磷；不曰白乎，涅而不淄。我豈匏瓜也哉，焉能繫而不食？孔子擊磬。有荷蕢而過門者，曰：有心哉，擊磬乎！硜硜乎，莫己知也夫而已矣！孔子學鼓琴師襄子，十日不進。師襄子曰：可以益矣。孔子曰：丘已習其曲矣，未得其數也。有閒，曰：已習其數，可以益矣。孔子曰：丘未得其志也。有閒，曰：已習其志，可以益矣。孔子曰：丘未得其為人也。有閒，有所穆然深思焉，有所怡然高望而遠志焉。曰：丘得其為人，黯然而黑，幾然而長，

而長（公○索隱曰幾然與注頎然音祈家語無此四字）眼如望羊（王肅曰望羊，望羊視也）如王四國，非文王其誰能為此也！師襄子辟席再拜，曰：師蓋云文王操也。孔子既不得用於衛，將西見趙簡子。至於河而聞竇鳴犢、舜華之死也，（徐廣曰或作鳴鐸竇犫文。索隱曰家語云聞趙簡子殺竇犫鳴犢及舜華。國語云鳴鐸。竇犫則竇鳴犢字鳴犢，舜華字異或作鳴鐸，舜華當作舜華，諸說音同）臨河而歎曰：美哉水，洋洋乎！丘之不濟此，命也夫！子貢趨而進曰：敢問何謂也？孔子曰：竇鳴犢、舜華，晉國之賢大夫也。趙簡子未得志之時，須此兩人而後從政；及其已得志，殺之乃從政。丘聞之也，刳胎殺夭則麒麟不至郊，竭澤涸漁則蛟龍不合陰陽，（索隱曰有角曰蛟龍，龍能興雲致雨調和陰陽之氣）覆巢毀卵則鳳皇不翔。何則？君子諱傷其類也。夫鳥獸之於不義也尚知辟之，而況乎丘哉！乃還息乎陬鄉，作為陬操以哀之。（王肅曰操，琴曲名也。○索隱曰陬鄉非魯之陬邑）而反乎衛，入主蘧伯玉家。他日，靈公問兵陳。（孔安國曰軍陳行列之法）孔子曰：俎豆之事則嘗聞之，軍旅之事未之學也。（鄭玄曰萬二千人為軍，五百人為旅。未之學，本未立不可教以末也）明日，與孔子語，見蜚鴈，仰視之，色不在孔子。孔子遂行，復如陳。夏，衛靈公卒，（索隱曰此魯哀公二年也）立孫輒，是為衛出公。六月，趙鞅內太子蒯聵于戚。陽虎使太子絻，八人衰絰，偽自衛迎者，哭而入，遂居焉。冬，蔡遷于州來。是歲魯哀公三年，而孔

子年六十矣。齊助衛圍戚，以衛太子蒯聵在故也。夏，魯桓釐廟燔，南宮敬叔救火。孔子在陳，聞之，曰：災必於桓釐廟乎？（服虔曰桓釐當毀而魯事非禮之廟，故孔子聞有火災知其加桓僖也）已而果然。秋，季桓子病，輦而見魯城，喟然歎曰：昔此國幾興矣，以吾獲罪於孔子，故不興也。顧謂其嗣康子曰：我即死，若必相魯；相魯，必召仲尼。後數日，桓子卒，康子代立。已葬，欲召仲尼。公之魚曰：昔吾先君用之不終，終為諸侯笑。今又用之，不能終，是再為諸侯笑。康子曰：則誰召而可？曰：必召冉求。於是使使召冉求。冉求將行，孔子曰：魯人召求，非小用之，將大用之也。是日，孔子曰：歸乎歸乎！吾黨之小子狂簡，斐然成章，吾不知所以裁之。（孔安國曰簡，大也。孔子在陳，思歸欲去，曰吾黨之小子狂者進取於大道，妄穿鑿以成文章，不知所以裁制，我當歸以裁之耳。○索隱曰此系家辭有歸與之辭者，前辭出孟子，此辭見論語，蓋止是一辭，二書各記之，今前後再引，亦失之也）子贛知孔子思歸，送冉求，因誡曰「即用，以孔子為招」云。冉求既去，明年，孔子自陳遷于蔡。蔡昭公將如吳，吳召之也。前昭公欺其臣遷州來，後將往，大夫懼復遷，公孫翩射殺昭公。（徐廣曰哀公四年也）楚侵蔡。秋，齊景公卒。（徐廣曰哀公五年也）明年，孔子自蔡如葉。葉公問政，孔子曰：政在來遠附邇。他日，葉公問孔子於子路，子路不對。（孔安國曰葉公名諸梁，楚大夫，食采於葉，僭稱公。不對者，未知所以對也）孔子聞之，曰：由，爾何不對曰其為人也

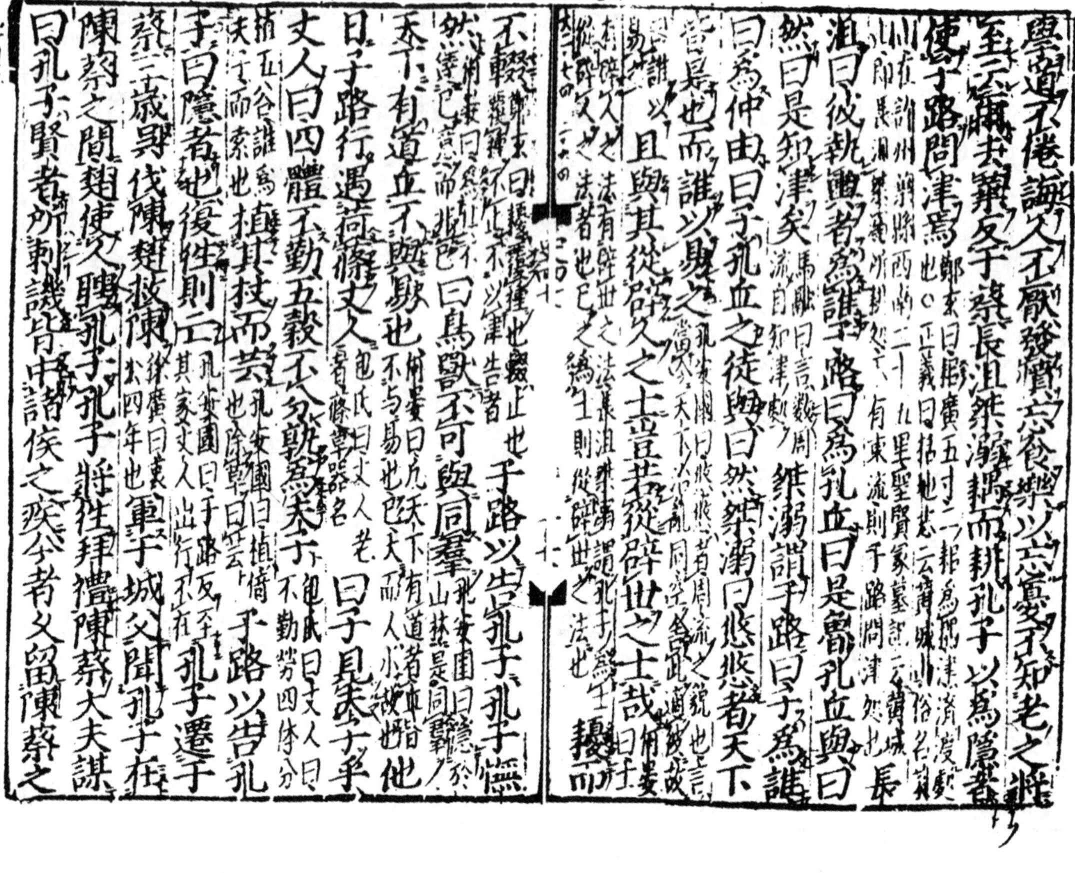

學道不倦，誨人不厭，發憤忘食，樂以忘憂，不知老之將至。去葉，反于蔡。長沮、桀溺耦而耕，孔子以為隱者，使子路問津焉。長沮曰：「彼執輿者為誰？」子路曰：「為孔丘。」曰：「是魯孔丘與？」曰：「然。」曰：「是知津矣。」桀溺謂子路曰：「子為誰？」曰：「為仲由。」曰：「子，孔丘之徒與？」曰：「然。」桀溺曰：「悠悠者天下皆是也，而誰以易之？且與其從辟人之士，豈若從辟世之士哉！」耰而不輟。子路以告孔子，孔子憮然曰：「鳥獸不可與同群。天下有道，丘不與易也。」

他日，子路行，遇荷蓧丈人，曰：「子見夫子乎？」丈人曰：「四體不勤，五穀不分，孰為夫子！」植其杖而芸。子路以告，孔子曰：「隱者也。」復往，則亡。

孔子遷于蔡三歲，吳伐陳。楚救陳，軍于城父。聞孔子在陳蔡之間，楚使人聘孔子。孔子將往拜禮，陳蔡大夫謀曰：「孔子賢者，所刺譏皆中諸侯之疾。今者久留陳蔡之

十七

孔子世家

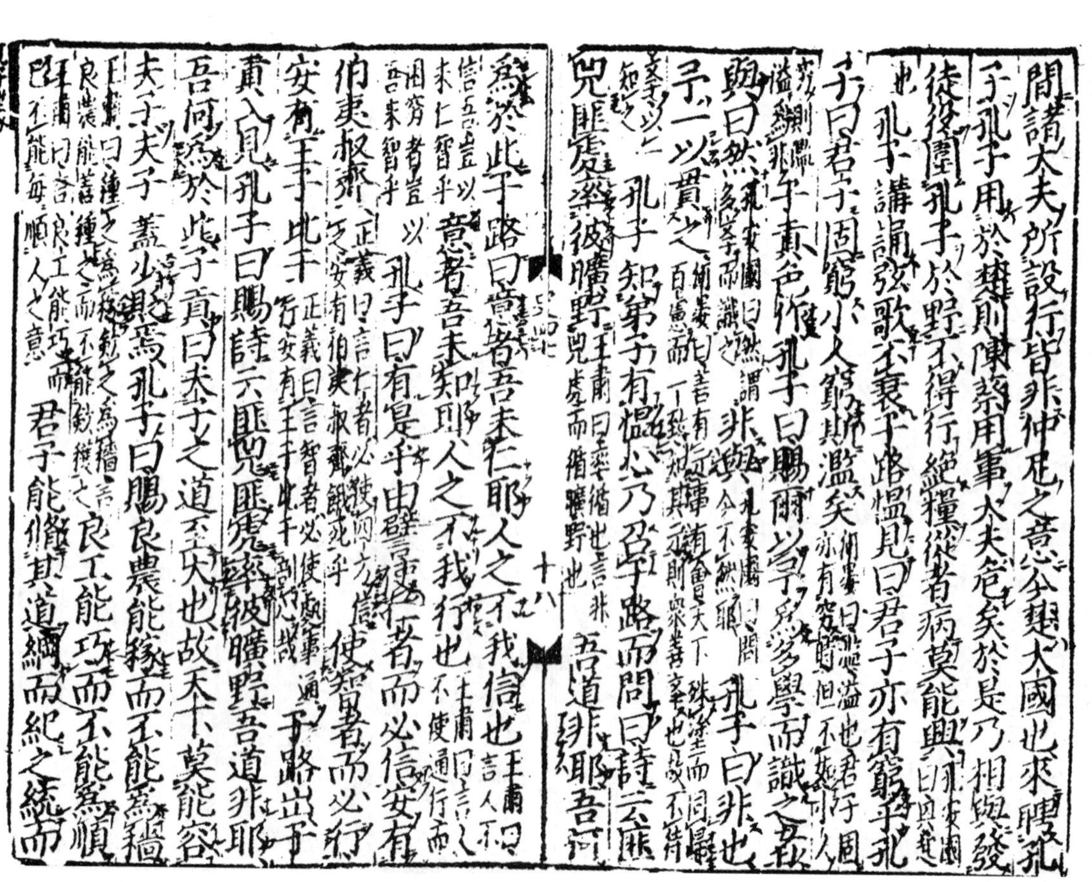

間，諸大夫所設行皆非仲尼之意。今楚，大國也，來聘孔子。孔子用於楚，則陳蔡用事大夫危矣。」於是乃相與發徒役圍孔子於野。不得行，絕糧。從者病，莫能興。孔子講誦弦歌不衰。子路慍見曰：「君子亦有窮乎？」孔子曰：「君子固窮，小人窮斯濫矣。」子貢色作。孔子曰：「賜，爾以予為多學而識之者與？」曰：「然。非與？」孔子曰：「非也。予一以貫之。」

孔子知弟子有慍心，乃召子路而問曰：「詩云『匪兕匪虎，率彼曠野』。吾道非邪？吾何為於此？」子路曰：「意者吾未仁邪？人之不我信也。意者吾未知邪？人之不我行也。」孔子曰：「有是乎！由，譬使仁者而必信，安有伯夷、叔齊？使知者而必行，安有王子比干？」

子路出，子貢入見。孔子曰：「賜，詩云『匪兕匪虎，率彼曠野』。吾道非邪？吾何為於此？」子貢曰：「夫子之道至大也，故天下莫能容夫子。夫子蓋少貶焉？」孔子曰：「賜，良農能稼而不能為穡，良工能巧而不能為順。君子能修其道，綱而紀之，統而

十八

孔子世家

理之而不能爲容。今爾不脩爾道而求爲容。賜，而志不遠矣。子貢出，顏回入見。孔子曰：「回，詩云『匪兕匪虎，率彼曠野』。吾道非邪？吾何爲於此？」顏回曰：「夫子之道至大，故天下莫能容。雖然，夫子推而行之，不容何病，不容然後見君子。夫道之不脩也，是吾醜也。夫道既已大脩而不用，是有國者之醜也。不容何病，不容然後見君子。」孔子欣然而笑曰：「有是哉顏氏之子！使爾多財，吾爲爾宰。」（王肅曰：宰，主財者也。）於是使子貢至楚。楚昭王興師迎孔子，然後得免。昭王將以書社地七百里封孔子。（服虔曰：書，籍也。○索隱曰：古者二十五家爲里，里則各立社，則書社者，書其社之人名於籍。蓋以七百里書社之人封孔子也。）

楚令尹子西曰：「王之使使諸侯有如子貢者乎？」曰：「無有。」「王之輔相有如顏回者乎？」曰：「無有。」「王之將率有如子路者乎？」曰：「無有。」「王之官尹有如宰予者乎？」曰：「無有。」「且楚之祖封於周，號爲子男五十里。今孔丘述三王之法，明周召之業，王若用之，則楚安得世世堂堂方數千里乎？夫文王在豐，武王在鎬，百里之君卒王天下。今孔丘得據土壤，賢弟子爲佐，非楚之福也。」昭王乃止。其秋，楚昭王卒于城父。楚狂接輿歌而過孔子，（孔安國曰：接輿，楚人也。佯狂而來歌，欲以感切孔子。）曰：「鳳兮鳳兮，何德之衰！（孔安國曰：比孔子於鳳鳥，待聖君乃見，非孔子周行求合，故曰衰也。）往者不可諫兮，

（孔安國曰：已往所行不可復諫止也。）來者猶可追也！（孔安國曰：自今已來，可追自止，辟亂隱居。）已而已而，今之從政者殆而！」（孔安國曰：已而已而者，言世亂已甚，不可復治也。再言之者，傷之深也。）孔子下，（包氏曰：下，下車也。）欲與之言。趨而去，弗得與之言。於是孔子自楚反乎衛。是歲也，孔子年六十三，而魯哀公六年也。（索隱曰：此哀七年也。……）其明年，吳與魯會繒，徵百牢。（……）太宰嚭召季康子。康子使子貢往，然後得已。孔子曰：「魯衛之政，兄弟也。」（包氏曰：周公、康叔既爲兄弟，康叔睦於周公，其國之政亦如兄弟也。）是時，衛君輒父不得立，在外，諸侯數以爲讓。而孔子弟子多仕於衛，衛君欲得孔子

爲政。子路曰：「衛君待子而爲政，子將奚先？」（包氏曰：問往將何所先行。）孔子曰：「必也正名乎！」（馬融曰：正百事之名也。）子路曰：「有是哉，子之迂也！（包氏曰：迂猶遠也。言孔子之言遠於事也。）何其正也？」孔子曰：「野哉由也！（孔安國曰：野猶不達也。）夫名不正則言不順，言不順則事不成，事不成則禮樂不興，禮樂不興則刑罰不中，（孔安國曰：禮以安上，樂以移風，二者不行，則有淫刑濫罰也。）刑罰不中則民無所錯手足矣。夫君子爲之必可名，言之必可行。（王肅曰：所名之事必可得而明言，所言之事必可得而遵行。）君子於其言，無所苟而已矣。」其明年，冉有爲季氏將師，與齊戰於郎，克之。（徐廣曰：此哀公十一年也。去吳會繒已四年矣。年表哀公十年孔子自陳至衛也。○索隱曰：徐說去會四年是也。按左氏及此文，孔子是時在衛，歸魯，不見有在陳之文。在陳當哀公之

計盡年表誤爾　正義曰括地志云郎亭在徐州滕縣西五十三里　季康子曰子之於軍旅學之乎性之乎冉有曰學之於孔子季康子曰孔子何如人哉對曰用之有名播之百姓質諸鬼神而無憾求之至於此道雖累千社夫子不利也　索隱曰二十五家為社千社即二萬五千家　康子曰我欲召之可乎對曰欲召之則毋以小人固之則可矣而衛孔文子　服虔曰孔文子衛卿也　將攻太叔　左傳曰太叔名疾　問策於仲尼仲尼辭不知退而命載而行曰鳥能擇木木豈能擇鳥乎　服虔曰鳥喻己木喻所之之國　文子固止會季康子逐公華公賓公林以幣迎孔子孔子歸魯孔子之去魯凡十四歲而反乎魯　索隱曰前文孔子以定公十四年去魯計至此十三年

魯家云定公十二年孔子去魯則首尾計十五年矣　魯哀公問政對曰政在選臣季康子問政曰舉直錯諸枉　包氏曰錯置也舉正直之人用之廢置邪枉之人　索隱曰論語季康子問政孔子曰政者正也又哀公問曰何為則人服孔子曰舉直錯諸枉則人服今此初論事問政未合以孔子答哀公使人服蓋太史撮略論語為文而失事實　則枉者直康子患盜孔子曰苟子之不欲雖賞之不竊　孔安國曰欲情欲也言民化於上不從其所令從其所好也　然魯終不能用孔子孔子亦不求仕孔子之時周室微而禮樂廢詩書缺追迹三代之禮序書傳上紀唐虞之際下至秦繆編次其事曰夏禮吾能言之杞不足徵也殷禮吾能言之宋不足徵也　包氏曰徵成也杞宋二國夏殷之後也夏殷之禮吾能說之杞宋之君不足以成也　足則吾能徵之矣觀殷夏所

孔子世家

損益曰後雖百世可知也　何晏曰物類相召勢數相生其變有常故可預知者也　以一文一質周監二代郁郁乎文哉吾從周　孔安國曰監視也言周文章備於二代當從之周　故書傳禮記自孔氏孔子語魯大師樂其可知也始作翕如　何晏曰大師樂官名五音始奏翕如盛也　縱之純如皦如繹如也以成　何晏曰言其音節明也縱之以純如和諧也皦如言其音節明也繹如言樂始於翕如而成於三者也　吾自衛反魯然後樂正雅頌各得其所　鄭玄曰反魯哀公十一年冬是時道衰樂廢孔子來還乃正之故雅頌各得其所　古者詩三千餘篇及至孔子去其重　正義曰去丘呂反重逐龍反　取可施於禮義上采契后稷中述殷周之盛至幽厲之缺始於衽席故曰關雎之亂以為風始　正義曰亂理也詩小序云關雎后妃之德也風之始也所以風天下而正夫婦也毛萇云關關和聲也雎鳩王雎也鳥摯而有別后妃悅樂君子之德無不和諧又不淫其色慎固幽深若雎鳩之有別焉然後可以風化天下夫婦有別則父子親父子親則君臣敬君臣敬則朝廷正朝廷正則王化成也按王雎金口鶚也　鹿鳴為小雅始　正義曰小序云鹿鳴宴群臣嘉賓也既飲食之又實幣帛筐篚以將其厚意然後忠臣嘉賓得盡其心矣毛萇云鹿得苹呦呦然鳴而相呼懇誠發乎中以興嘉樂賓客當有懇誠相招呼以成禮也　文王為大雅始　正義曰小序云文王受命作周也鄭玄云受命受天命而王天下制立周邦毛萇云文王初為西伯有功於民其德著見於天故天命之以為王使君天下也　清廟為頌始　正義曰小序云清廟祀文王也周公既成洛邑朝諸侯率以祀文王焉毛萇云清廟者祭有清明之德者之宮也謂祭文王也天德清明文王象焉故祭之而歌此詩也　三百五篇孔子皆弦歌之以求合韶武雅頌之音禮樂自此可得而述以備王道成六藝孔子晚而喜易序　正義曰序易序卦也夫子作十翼謂上彖

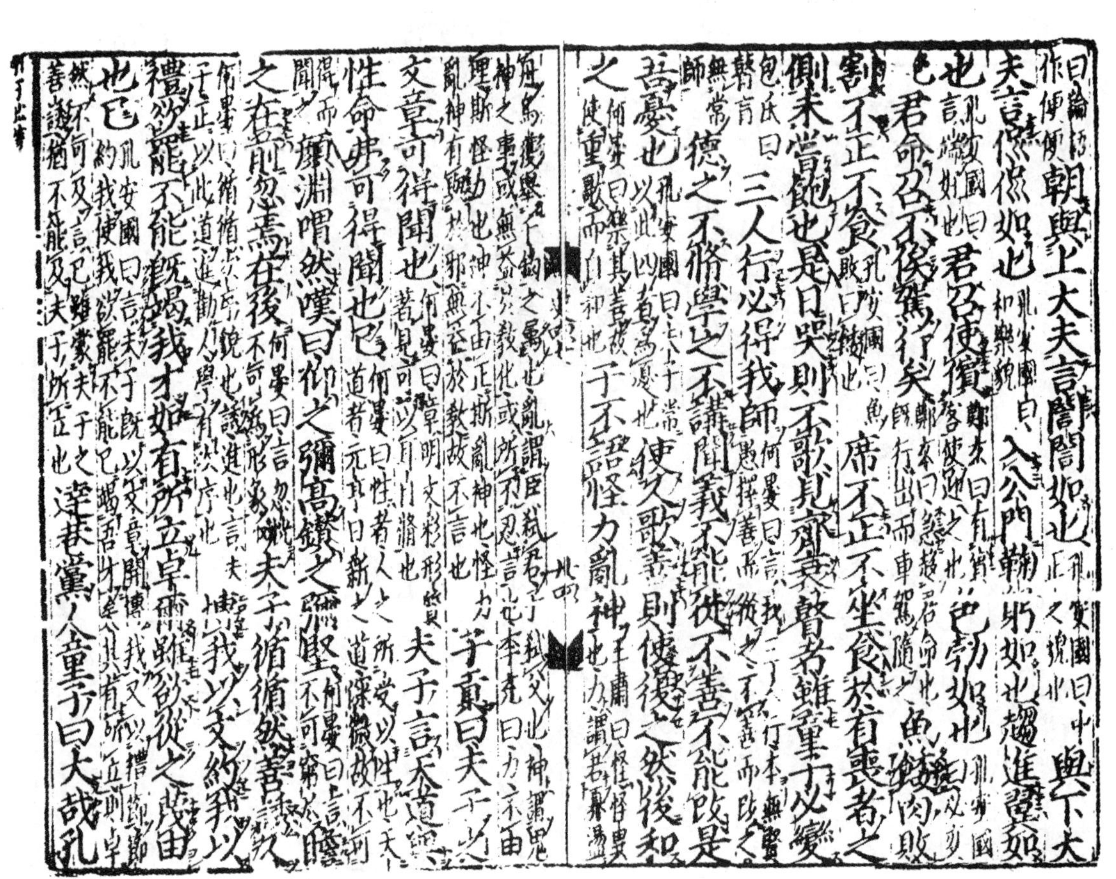

彖繫象說卦文言讀易韋編三絕曰假我數年若是我於易則彬彬矣孔子以詩書禮樂教弟子蓋三千焉身通六藝者七十有二人如顏濁鄒之徒頗受業者甚衆孔子以四教文行忠信絕四毋意毋必毋固毋我所慎齊戰疾子罕言利與命與仁不憤不啟舉一隅不以三隅反則弗復也其於鄉黨恂恂似不能言者其於宗廟朝廷辯辯言唯謹爾

朝與上大夫言誾誾如也與下大夫言侃侃如也入公門鞠躬如也趨進翼如也君召使儐色勃如也君命召不俟駕行矣魚餒肉敗割不正不食席不正不坐食於有喪者之側未嘗飽也是日哭則不歌見齊衰瞽者雖童子必變三人行必得我師德之不脩學之不講聞義不能徙不善不能改是吾憂也使人歌善則使復之然後和之子不語怪力亂神子貢曰夫子文章可得聞也夫子言天道與性命弗可得聞也已顏淵喟然歎曰仰之彌高鑽之彌堅瞻之在前忽焉在後夫子循循然善誘人博我以文約我以禮欲罷不能既竭我才如有所立卓爾雖欲從之蔑由也已達巷黨人童子曰大哉孔

子博學而無所成名。子聞之曰：我何執，執御乎，執射乎，我執御矣。牢曰：子云不試，故藝。魯哀公十四年春，狩大野。叔孫氏車子鉏商獲獸，以為不祥。仲尼視之曰：麟也。取之。曰：河不出圖，雒不出書，吾已矣夫。顏淵死，孔子曰：天喪予。及西狩見麟，曰：吾道窮矣。喟然歎曰：莫知我夫。子貢曰：何為莫知子。子曰：不怨天，不尤人，下學而上達，知我者其天乎。不降其志，不辱其身，伯夷叔齊乎。謂柳下惠少連降志辱身矣。謂虞仲夷逸隱居放言，行中清，廢中權。我則異於是，無可無不可。

子曰：弗乎弗乎，君子病沒世而名不稱焉。吾道不行矣，吾何以自見於後世哉。乃因史記作春秋，上至隱公，下訖哀公十四年，十二公。據魯，親周，故殷，運之三代。約其文辭而指博。故吳楚之君自稱王，而春秋貶之曰子；踐土之會實召周天子，而春秋諱之曰天王狩於河陽。推此類以繩當世。貶損之義，後有王者舉而開之。春秋之義行，則天下亂臣賊子懼焉。孔子在位聽訟，文辭有可與人共者，弗獨有也。至於為春秋，筆則筆，削則削，子夏之徒不能贊一辭。弟子受春秋，孔子曰：後世知丘者以春秋，而罪丘者亦以春秋。明歲，子路死於衛。孔子病，子貢請見。孔子方負杖逍遙於門，曰：賜，汝來何其晚也。孔子因歎，歌曰：太山壞乎，梁柱摧乎，哲人萎乎。因以涕下。謂子貢曰：天下無道久矣，莫能宗予。夏人殯於東階，周人於西階，殷人兩柱間。昨暮予夢坐奠兩柱之間，予始殷人也。後七日卒。

恭聖侯周武帝改封鄒國公隋文帝仍舊封鄒國公唐高帝改爲紹聖侯皇朝給復二十代孫孔德倫爲褒聖侯也 孔子年七十三以魯哀公十六年四月己丑卒 索隱曰若孔子以魯襄二十一年生至哀十六年爲七十三若襄二十二年生則孔子年七十二經傳生年不定使大了數不明 哀公誄之曰昊天不弔不憖遺一老 王肅曰憖且也一老謂孔子也 俾屏余一人以在位煢煢余在疚 王肅曰疚病也 嗚呼哀哉尼父毋自律 王肅曰父丈夫之顯稱也律法也言毋以自爲法也 子貢曰君其不沒於魯乎夫子之言曰禮失則昏名失則愆失志爲昏失所爲愆 索隱曰左傳及家語文皆同 生不能用死而誄之非禮也稱余一人非名也 服虔曰天子自謂一人非諸侯所當名也 孔子葬魯城北泗上 皇覽曰孔子冢去城一里冢塋百畝冢南北廣十步東西十三步高一丈二尺冢前以瓴甓爲祠壇方六尺與地平本無祠堂冢塋中樹以百數皆異種魯人世世無能名其樹者民傳言孔子弟子異國人各持其方樹來種之其樹柞枌雒離女貞五味毚檀之樹孔子塋中不生荊棘及刺人草○索隱曰雒音落離音離藜草名也女貞一作安貴香名出西域五味藥草名毚音讒毚檀檀樹之別種也 弟子皆服三年三年心喪畢相訣而去 索隱曰訣音決別也 則哭各復盡哀或復留唯子貢廬於冢上 索隱曰家語無上字且礼云適墓不登壟豈合廬於冢上乎蓋亦近冢之義 凡六年然後去弟子及魯人往從冢而家者百有餘室因命曰孔里魯世世相傳以歲時奉祠孔子冢而諸儒亦講禮鄉飲大射於孔子冢孔子冢大一頃故所居堂弟子內後世因廟藏孔子衣冠琴車書 索隱曰謂孔子所居之堂其弟子之中孔子沒後後代因廟藏夫子平生衣冠琴書於壽堂中 至于漢二百餘年不絕高皇帝過魯以太牢祠焉諸侯卿相至常先謁然後從政孔子生鯉字伯魚 索隱曰家語孔子年十九娶宋之上官氏之女一歲而生伯魚伯魚之生也魯昭公使人遺之鯉魚夫子榮君之賜因以名其子爲鯉也 伯魚年五十先孔子死 皇覽曰伯魚冢在孔子冢東與孔子並大小相望也 伯魚生伋字子思年六十二嘗困於宋子思作中庸 皇覽曰子思冢在孔子冢南大小相望 子思生白字子上年四十七子上生求字子家年四十五子家生箕字子京年四十六子京生穿字子高年五十一子高生子慎年五十七嘗爲魏相子慎生鮒年五十七爲陳王涉博士死於陳下鮒弟子襄年五十七嘗爲孝惠皇帝博士遷爲長沙太守長九尺六寸子襄生忠年五十七忠生武武生延年及安國安國爲今皇帝博士至臨淮太守蚤卒安國生卬卬生驩

太史公曰詩有之高山仰止景行行止雖不能至然心鄉往之余讀孔氏書想見其爲人適魯觀仲尼廟堂車服禮器諸生以時習禮其家余祗回留之不能去云 索隱曰祗敬也言祗敬遲迴不能去之有本亦作低迴義亦通 天下君王至于賢人眾矣當時則榮沒則已焉孔子布衣傳十餘世學者宗之自天子王侯中國言六藝者折中於夫子 索隱曰離騷云明五帝以折中王師叔云折中正也宋均云折斷也中當也言欲折斷其物而用之與度相中當也 可謂至聖矣

索隱述贊曰

孔子之先　胄于商國　弗父能讓
正考銘勒　防叔來奔　鄹人倚立
尼丘誕聖　闕里生德　七十升堂
四方取則　行誅兩觀　攝相夾谷
歎鳳遽衰　泣麟何促　九流仰鏡
萬古欽躅

孔子世家第十七　史記四十七

陳涉世家第十八　史記四十八

索隱曰勝立數月而死無後亦稱系家者以其所遣王侯將相竟滅秦以為首事故也然時因擾攘起自匹夫假託妖祥一朝稱楚歷年不永勳業蔑如繼之齊魯曾何等級可降為列傳也

陳勝者陽城人也索隱曰韋昭云陽城屬潁川地理志云屬汝南不同者按郡縣之名隨代分割蓋陽城舊屬汝南史遷云今為汝陰後又分隸潁川韋昭據以為說故其不同他皆放此○正義曰即河南陽城縣也字涉吳廣者陽夏人也索隱曰夏音賈韋昭云陽夏縣屬陳○正義曰括地志云陳州太康縣本漢陽夏縣也字叔陳涉少時嘗與人傭耕索隱曰廣雅云傭役也謂役力而受雇直也輟耕之壟上悵恨久之曰苟富貴無相忘傭者笑而應曰若為傭耕何富貴也陳涉太息曰嗟乎燕雀安知鴻鵠之志哉索隱曰尸子云鴻鵠之鷇羽翼未合而有四海之心是也鴻鵠是一鳥若鳳皇然非鴻與黃鵠也鵠音戶酷反

二世元年七月發閭左適戍漁陽九百人屯大澤鄉徐廣曰在沛郡蘄縣○索隱曰閭左謂居閭里之左也秦時復除者居閭左今力役凡在閭左者盡發之也又云凡居以富強為右貧弱為左秦役戍多富者役盡兼取貧弱者而發之者也適音直革反又音讁故漢書有七科適戍者也兵而守也地理志漁陽縣名在漁陽郡也○正義曰括地志云漁陽故城在檀州密雲縣南十八里在漁水之陽也陳勝吳廣皆次當行為屯長會天大雨道不通度已失期失期法皆斬陳勝吳廣乃謀曰今亡亦死舉大計亦死等死死國可乎索隱曰謂欲舉兵營圖國假使不成而敗猶愈為戍卒而死也陳勝曰天下苦秦久矣吾聞二世少子也不當立索隱曰姚氏按隱士遺章邯書云李斯為二世廢十七兄而立今王則二世是始皇第十八子也當立者乃公子扶蘇扶蘇以數諫

故上使外將兵。今或聞無罪，二世殺之。百姓多聞其賢，未知其死也。（索隱曰：如淳云扶蘇以數諫故，上使外將兵。或說為外，今宜依文而解。言百姓不知扶蘇已死，或以為亡，故欲詐自稱也。）項燕為楚將，數有功，愛士卒，楚人憐之。或以為死，或以為亡。今誠以吾眾詐自稱公子扶蘇、項燕，為天下唱，宜多應者。（索隱曰：唱謂先也。唱作倡，倡謂先也。說文云倡首也。）吳廣以為然。乃行卜。（索隱曰：行者先也，一云行，往也。）卜者知其指意，曰：「足下事皆成，有功。然足下卜之鬼乎！」（蘇林曰：狐鳴祠也，則是也。瓚曰：假託鬼神以威眾也。故攜貴曰此教我威眾也。索隱曰：業託鬼神，引蘇林、臣瓚義，亦當矣。而今劉氏云卜者所曰所卜事雖成，當死為鬼，悲指斥言之，而勝失其旨，用依鬼神起怪，蓋亦得其指也。）陳勝、吳廣喜，念鬼，（索隱曰：念者，思也。謂思念欲假鬼神之事。）曰：「此教我先威眾耳。」乃丹書帛曰「陳勝王」，置人所罾魚腹中。（漢書音義曰：罾音曾。文穎曰：罾，魚網也。）卒買魚烹食，得魚腹中書，固以怪之矣。又閒令吳廣之次所旁叢祠中，（張晏曰：戍人所止處也。索隱曰：閒，音中閒之閒。……叢祠，神祠叢樹也。）夜篝火，（徐廣曰：篝，或作構。……篝，籠也。索隱曰：……）狐鳴呼曰「大楚興，陳勝王」。卒皆夜驚恐。旦日，卒中往往語，皆指目陳勝。吳廣素愛人，士卒多為用者。將尉醉，（索隱曰：尉，官也。漢舊儀大縣二人，其尉將屯九百人，故云將尉。）廣故數言欲亡，忿恚尉，令辱之，以激怒其眾。尉果笞廣。尉劍挺，（徐廣曰：挺，脫也。索隱曰：挺，脫也。說文云挺，拔也。案謂尉劍拔而廣因奪之。）

廣起，奪而殺尉。陳勝佐之，并殺兩尉。召令徒屬曰：「公等遇雨，皆已失期，失期當斬。藉弟令毋斬，（服虔曰：藉，假也。……）而戍死者固十六七。且壯士不死即已，死即舉大名耳，（索隱曰：大名謂王侯。）王侯將相寧有種乎！」徒屬皆曰：「敬受命。」乃詐稱公子扶蘇、項燕，從民欲也。袒右，稱大楚。為壇而盟，祭以尉首。陳勝自立為將軍，吳廣為都尉。攻大澤鄉，收而攻蘄。蘄下，（索隱曰：蘄，音機，縣名，屬沛郡。下者，降也。謂以兵臨而御降也。）乃令符離人葛嬰將兵徇蘄以東。（索隱曰：韋昭云符離屬沛郡。李奇云：徇，略也。音辭峻反。）攻銍、酇、苦、柘、譙，皆下之。（徐廣曰：苦、柘屬陳，餘皆在沛也。索隱曰：地理志，……）行收兵。比至陳，車六七百乘，騎千餘，卒數萬人。攻陳，陳守令皆不在，（索隱曰：張晏云郡守、縣令皆不在。……）獨守丞與戰譙門中。（索隱曰：……譙門，城門上為高樓以望者。……）弗勝，守丞死，乃入據陳。數日，號令召三老、豪傑與皆來會計事。三老、豪傑皆曰：「將軍身被堅執銳，伐無道，誅暴秦，復立楚國之社稷，功宜為王。」陳涉乃立為王，號為張楚。（索隱曰：李奇云：欲張大楚國，故稱張楚也。）當此時，諸郡縣苦秦吏者，皆刑其長吏，殺之以應陳涉。乃以吳叔為假王，監諸

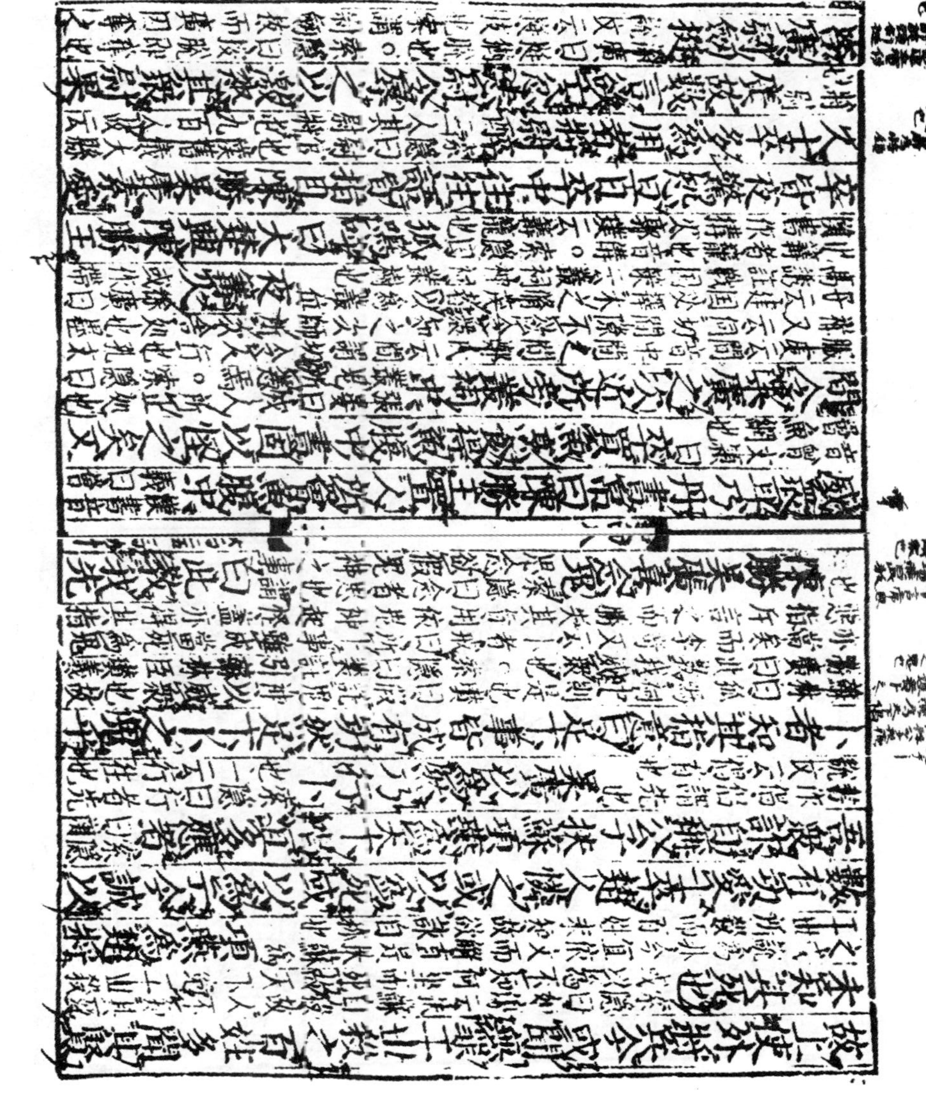

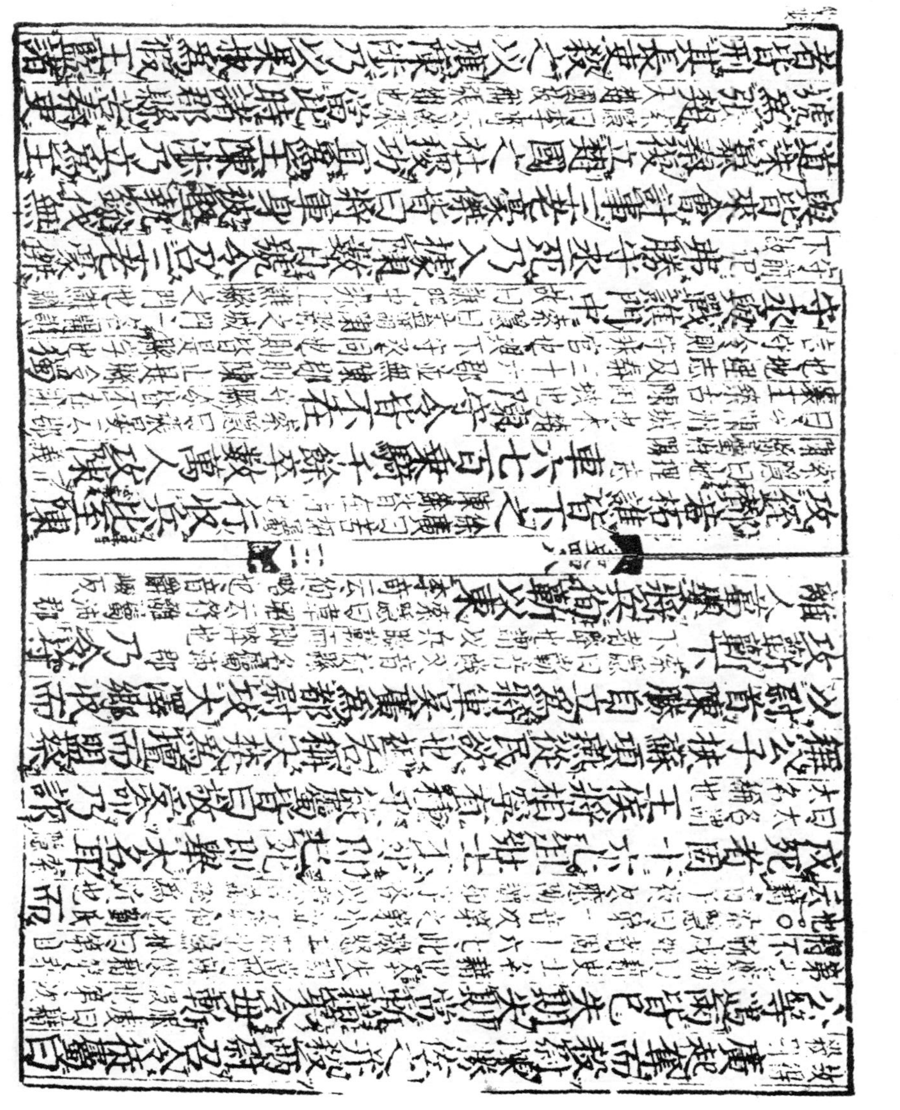

將以西擊秦。陳人武臣、張耳、陳餘徇趙地。令汝陰人鄧宗徇九江郡。當此時，楚兵數千人爲聚者，不可勝數。葛嬰至東城，立襄彊爲楚王。索隱曰東城縣名屬九江。○正義曰括地志云東城故城在濠州定遠縣東南五十里也 嬰後聞陳王已立，因殺襄彊，還報。至陳，陳王誅殺葛嬰。陳王令魏人周市北徇魏地。吳廣圍滎陽。李由爲三川守，索隱曰三川今洛陽也地有伊洛河故曰三川秦曰三川漢曰河南郡 李由李斯子也 守滎陽，吳叔弗能下。陳王徵國之豪傑與計，以上蔡人房君蔡賜爲上柱國。漢書音義曰房邑君官號也姓蔡名賜也○索隱曰房邑也爵之於房號曰房君按張耳傳亦相國房君者蓋誤耳而始張楚有柱國之官故以官號蔡賜蓋其時草創亦未置相國之官也○正義曰豫州吳房縣本房子國吳房所封也

周文，陳之賢人也，文穎曰即軍中 嘗爲項燕軍視日，如淳曰視日時吉凶舉動之占也司馬季主爲日者 事春申君，自言習兵，陳王與之將軍印，西擊秦。行收兵至關，車千乘，卒數十萬，至戲，軍焉。正義曰戲東戲亭也 秦令少府章邯免酈山徒、人奴產子，服虔曰家人之產奴也○索隱曰小顏云猶今言家產奴也 悉發以擊楚大軍，盡敗之。周文敗，走出關，止次曹陽。索隱曰晉灼云亭名也在弘農東十三里小顏云曹水之陽也其水在陝縣西南澗水北流入河魏武帝改爲好陽也○正義曰括地志云曹陽故亭亦名好陽亭在陝州桃林縣東南十四里古云曹陽坑名自南出也 二三月，章邯追敗之，復走次澠池，正義曰澠池河南府縣也南有澠谿是也 十餘日，章邯擊，大破之。周文自剄，軍遂不戰。徐廣曰十一月也○索隱曰越系家越人三行屬劍於頸曰剄 逃刎乃自剄 鄧展注以爲剄刺也

武臣到邯鄲，自立爲趙王，陳餘爲大將軍，張耳、召騷爲左右丞相。陳王怒，捕繫武臣等家室，欲誅之。柱國曰：「秦未亡而誅趙王將相家屬，此生一秦也。不如因而立之。」陳王乃遣使者賀趙，而徙繫武臣等家屬宮中，而封耳子張敖爲成都君，正義曰成都縣屬蜀郡也 趣趙兵亟入關。索隱曰趣音促謂催促也急也 趙王將相相與謀曰：「王王趙，非楚意也。楚已誅秦，必加兵於趙。計莫如毋西兵，使使北徇燕地以自廣也。趙南據大河，北有燕、代，楚雖勝秦，不敢制趙。若楚不勝秦，必重趙。趙乘秦之弊，可以得志於天下。」趙王以爲然，因不西兵，而遣故上谷卒史韓廣將兵北徇燕地。燕故貴人豪傑謂韓廣曰：「楚已立王，趙又已立王。燕雖小，亦萬乘之國也，願將軍立爲燕王。」韓廣曰：「廣母在趙，不可。」燕人曰：「趙方西憂秦，南憂楚，其力不能禁我。且以楚之彊，不敢害趙王將相之家，趙獨安敢害將軍之家！」韓廣以爲然，乃自立爲燕王。居數月，趙奉燕王母及家屬歸之燕。當此之時，諸將之徇地者，不可勝數。周市北徇地至狄，徐廣曰今之臨濟 狄人田儋殺狄令，自立爲齊王，以齊反，擊周市。市軍散，還至魏地，欲立魏後故甯陵君咎爲魏王。服虔曰魏諸公子也○索隱曰咎欲立六國後以樹黨○索隱曰甯陵縣今在梁國按今梁國有甯陵縣咎是字轉異耳○正義曰括地志云宋州甯陵縣城古

寧陵城也 時咎在陳王所，不得之魏。魏地已定，欲相與立周市為魏王，周市不肯。使者五反，陳王乃立寧陵君咎為魏王，遣之國。周市卒為相。將軍田臧等相與謀曰：周章軍已破矣，秦兵旦暮至。我圍滎陽城弗能下，秦軍至，必大敗。不如少遺兵，足以守滎陽，索隱曰遺作遣 遺謂留餘也 悉精兵迎秦軍。今假王驕，不知兵權，不可與計，非誅之，事恐敗。因相與矯王令以誅吳叔，獻其首於陳王。陳王使使賜田臧楚令尹印，使為上將。田臧乃使諸將李歸等守滎陽城，自以精兵西迎秦軍於敖倉。與戰，田臧死，軍破。章邯進兵擊李歸等滎陽下，破之，李歸等死。陽城人鄧說

史記四十八　六

將兵居郯，索隱曰地理志陽城縣屬潁川 說音悅 凡人名皆音悅 郯音談 小顏云郯東海之縣名 非也 按章邯軍此時未至東海 此郯別是地名 或恐郯當作郟 郟是郟鄏之郟 或見下有東海郯縣故誤也○正義曰郟 汝州郟城縣 郟音紀洽反 郟即春秋時郟敖葬之 今汝州郟城縣是 鄧說是陽城人 陽城河南府陽翟縣與郟城縣相近 又走陳 蓋郟字誤作郯耳 章邯別將擊破之，鄧說軍散走陳。銍人伍徐徐廣曰一作逢○索隱曰地理志銍縣名屬沛 漢書作伍逢 將兵居許，正義曰括地志云許州許昌縣本漢許縣 故許國 姜姓 四岳之後 太叔所封 二十四君為楚所滅 漢以為縣 魏文帝即位改許曰許昌也 章邯擊破之，伍徐軍皆散走陳。陳王誅鄧說。陳王初立時，陵人秦嘉、地理志陵縣屬泗水 銍人董緤、符離人朱雞石、取慮人鄭布、索隱曰地理志取慮縣名 屬臨淮 音秋閭 徐人丁疾等皆特起，將兵圍東海正義曰今海州也

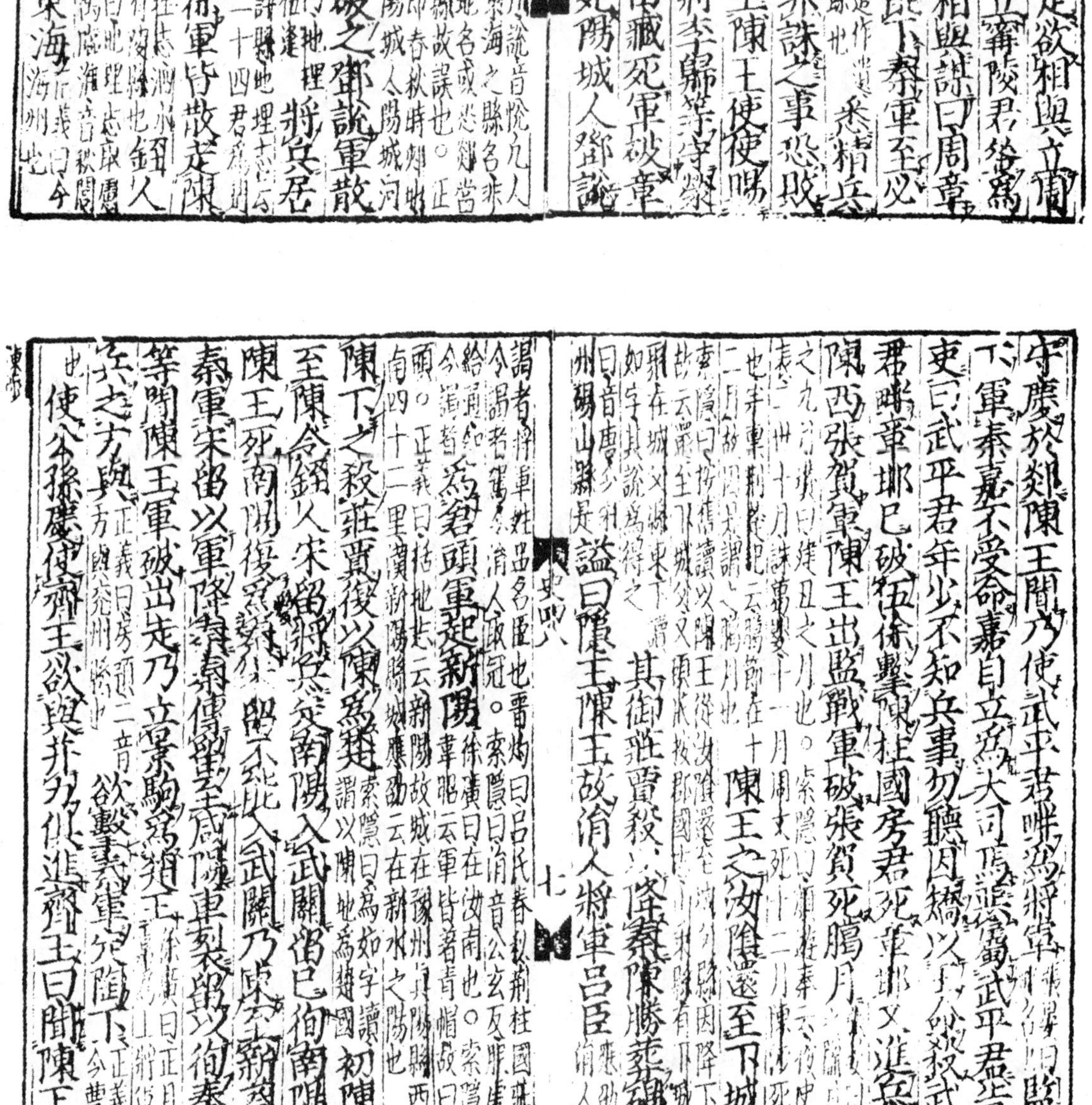

守慶於郯。陳王聞，乃使武平君畔為將軍，張晏曰畔名也 監郯下軍。秦嘉不受命，嘉自立為大司馬，惡屬武平君。告軍吏曰：武平君年少，不知兵事，勿聽。因矯以王命殺武平君畔。章邯已破伍徐，擊陳，柱國房君死。章邯又進兵擊陳西張賀軍。陳王出監戰，軍破，張賀死。臘月，索隱曰按秦本紀云夜使記表云二世二年十月誅葛嬰 十一月周文死 十二月陳涉死 是之九月也 建丑之月也 陳王之汝陰，還至下城父，索隱曰按舊讀以陳王從汝陰還至下城父 故云還至下城父 又東北汝陰有下城父 其說為得之 其御莊賈殺以降秦。陳勝葬碭，正義碭州碭山縣是 諡曰隱王。陳王故涓人將軍呂臣應劭曰涓人如謁者 將車姓呂名臣也 晉灼曰呂氏春秋荊柱國莊伯令謁者駕 涓人取冠○索隱曰涓音公玄反 涓人如今謁者 為倉頭軍，起新陽，徐廣曰在汝南也○索隱曰韋昭云軍皆著青帽 故曰倉頭○正義曰括地志云新陽故城在豫州真陽縣西南四十二里 漢新陽縣 應劭云在新水之陽也 攻陳下之，殺莊賈，復以陳為楚。索隱曰為如字讀 謂以陳地為楚國 初，陳王令銍人宋留將兵定南陽，入武關。留已徇南陽，聞陳王死，南陽復為秦。宋留不能入武關，乃東至新蔡，遇秦軍，宋留以軍降秦。秦傳留至咸陽，車裂留以徇。秦嘉等聞陳王軍破出走，乃立景駒為楚王，徐廣曰正月 引兵之方與，正義曰房預二音 方與兗州縣也 欲擊秦軍定陶下。正義曰今曹州也 使公孫慶使齊王，欲與并力俱進。齊王曰：聞陳王戰

史記四十八　七

敗，不知其死生，趙安得不請而立王！公孫慶曰：齊不請
楚而立王，楚何故請齊而立王！且楚首事，當令於天下。
田儋誅殺公孫慶。秦左右校（索隱曰：即左右校尉也）復攻陳，下之。
呂將軍走，收兵復聚。鄱盜（鄱音婆。英布於江中為羣盜，陳涉之起，布歸鄱君吳芮，故謂之鄱盜者也）
當陽君黥布之兵相收，復擊秦左右校，破之青
波（漢書音義曰：地名也）復以陳為楚。會項梁立懷王孫心為楚王。
陳勝王凡六月。已為王，王陳。其故人嘗與傭耕者聞之，
之陳，扣宮門曰：吾欲見涉。宮門令欲縛之。自辯數，乃置，
（晉灼曰：數音朔。索隱曰：數音朔，又音所具反，謂自辯說也）
不肯為通。陳王出，遮道而呼涉。陳王聞之，乃召
見，載與俱歸。入宮，見殿屋帷帳，客曰：夥頤！涉之為王沈
沈者！（應劭曰：沈沈，宮室深邃之貌也。沈音長含反。○索隱曰：服虔云：楚人謂多為夥，又言頤者，助聲之辭也。謂涉為王宮殿帷帳庶物夥多，驚而偉之，故稱夥頤也。劉伯莊以沈沈猶談談，謂故人呼為沈沈，猶俗云談談深也）
楚人謂多為夥，故天下傳之，夥涉為王，由陳
涉始。客出入愈益發舒，言陳王故情。或說陳王曰：客愚
無知，顓妄言，輕威。陳王斬之。諸陳王故人皆自引去，由
是無親陳王者。（索隱曰：顧氏引孔叢子云：陳勝為王，妻之父兄往焉，勝以眾賓待之，妻之父怒曰：怙號而傲長者，不能久焉。不辭而去，是其事類也）陳王以朱房為中正，胡武為
司過，主司羣臣。諸將徇地，至，令之不是者，繫而罪之，以
苛察為忠。其所不善者，弗下吏，輒自治之。（索隱曰：謂朱房、胡武等以）

（索隱曰：所不善者，即自驗問，不往下吏也）陳王信用之。諸將以其故不親附，此
其所以敗也。陳勝雖已死，其所置遣侯王將相竟亡秦，
由涉首事也。高祖時為陳涉置守冢三十家碭，至今血食。
褚先生曰：（徐廣曰：一作太史公。駰案：班固奏事云太史公遷取賈誼過秦上下篇以為秦始皇本紀、陳涉世家下贊文。然則言褚先生者非也。○索隱曰：徐廣據班彪奏事皆云太史公，今褚先生述史記加此賈生之言，因取太史公之目而自題姓號也）
地形險阻，所以為固也；兵革刑法，所以為治也。猶未足恃也。夫先王以仁義為本，而以固塞文法
為枝葉，豈不然哉！吾聞賈生之稱曰：秦孝公據殽函之
固，（韋昭曰：殽謂二殽。函，函谷關也）擁雍州之地，君臣固守以窺周室，有
席卷天下，包舉宇內，囊括四海之意，并吞八荒之心。當
是時也，商君佐之，內立法度，務耕織，脩守戰之備，外連
衡而鬬諸侯，於是秦人拱手而取西河之外。孝公既沒，
惠文王、武王、昭王蒙故業，因遺策，南取漢中，西舉巴蜀，
東割膏腴之地，收要害之郡。諸侯恐懼，會盟而謀弱秦，
不愛珍器重寶肥饒之地，以致天下之士，合從締交，相
與為一。當此之時，齊有孟嘗，趙有平原，楚有春申，魏有
信陵。此四君者，皆明知而忠信，寬厚而愛人，尊賢而重
士，約從離衡，并韓、魏、燕、趙、宋、衛、中山之眾。於是六國之
士有甯越、徐尚、蘇秦、杜赫之屬為之謀，齊明、周最（正義曰：音

聚。陳軫、邵滑、（邵，正義作昭。）樓緩、翟景、蘇厲、樂毅之徒通其意，吳起、孫臏、帶他、兒良、王廖、田忌、廉頗、趙奢之倫制其兵。嘗以什倍之地，百萬之師，仰關而攻秦。（索隱曰：仰字亦作卬，並音仰。謂秦地形高，故並仰向關門而攻秦。有作卬字非也。）秦人開關而延敵，九國之師遁逃而不敢進。（索隱曰：九國者，謂六國之外更有宋、衛、中山。）秦無亡矢遺鏃之費，而天下固已困矣。於是從散約敗，爭割地而賂秦。秦有餘力而制其弊，追亡逐北，伏尸百萬，流血漂櫓。（索隱曰：說文云櫓，大楯也。）因利乘便，宰割天下，分裂山河，彊國請服，弱國入朝。施及孝文王、莊襄王，享國之日淺，國家無事。及至始皇，奮六世之餘烈，振長策而御宇內，吞二周而亡諸侯，履至尊而制六合，執敲朴以鞭笞天下，（索隱曰：按，擊也。短曰敲，長曰朴。）威振四海。南取百越之地，以為桂林、象郡，百越之君俛首係頸，委命下吏。乃使蒙恬北築長城而守藩籬，卻匈奴七百餘里，胡人不敢南下而牧馬，士亦不敢貫弓而報怨。（索隱曰：貫音烏還反，又如字。貫謂上弦也。）於是廢先王之道，燔百家之言，以愚黔首；墮名城，殺豪俊；收天下之兵，聚之咸陽，銷鋒鍉，（徐廣曰：鍉一作鏑。）鑄以為金人十二，（索隱曰：各重千石，坐高二丈，號曰翁仲。）以弱天下之民。然後踐華為城，因河為池，據億丈之城，臨不測之谿以為固。良將勁弩守要害之處，信臣精卒陳利兵而誰何。（索隱曰：[illegible]今巡更問何誰也。）天下已定，始皇之心，自以

為關中之固，金城千里，子孫帝王萬世之業也。始皇既沒，餘威振於殊俗。然而陳涉甕牖繩樞之子，甿隸之人，（徐廣曰：田民曰甿。音亡更反。）而遷徙之徒也，材能不及中人，非有仲尼、墨翟之賢，陶朱、猗頓之富也。躡足行伍之閒，俛仰阡陌之中，（索隱曰：仟佰謂千人百人之長也。漢書作仟佰。如淳云：時皆辟屈在阡陌之中。佰音貊。）率罷散之卒，將數百之眾，而轉攻秦。斬木為旗，天下雲會響應，贏糧而景從，山東豪俊遂並起而亡秦族矣。且天下非小弱也，雍州之地，殽函之固，自若也。陳涉之位，非尊於齊、楚、燕、趙、韓、魏、宋、衛、中山之君也。鉏耰棘矜，非銛於句戟長鎩也。（索隱曰：鉏耰謂鉏柄也。論語曰耰而不輟是也。棘，戟也。矜，戟柄，音勤。）適戍之眾，非儔於九國之師也。深謀遠慮，行軍用兵之道，非及鄉時之士也。（索隱曰：鄉音香亮反。鄉時猶往時也。謂孟嘗、信陵、蘇秦、陳軫之比也。）然而成敗異變，功業相反也。嘗試使山東之國與陳涉度長絜大，（索隱曰：絜音下結反。謂如結束，知其大小也。）比權量力，則不可同年而語矣。然而秦以區區之地，致萬乘之權，抑八州而朝同列，（索隱曰：謂秦強而抑八州，使同列朝己也。漢書作招八州，亦通。）百有餘年矣。然後以六合為家，殽函為宮。一夫作難而七廟墮，身死人手，為天下笑者，何也？仁義不施而攻守之勢異也。（索隱曰：施音式豉反。言秦以區區之地成帝業，其仁心不施，攻於天下，故亡也。）

索隱述贊曰

天下匈匈　海內乏主　掎鹿爭捷

瞻烏爰止　陳勝首事　厥號張楚

鬼怪是憑　鴻鵠自許　葛嬰東下

周文西拒　始親朱房　又任胡武

夥頤見殺　腹心不與　莊賈何人

反噬城父

陳涉世家第十八　　史記四十八

外戚世家第十九　　史記四十九

索隱曰外戚紀后妃也后族亦代有其人故也漢書則編之列傳中王隱則謂之紀而在傳之首[illegible]

自古受命帝王及繼體守文之君 索隱曰繼體謂非創業之主而是嫡子繼先帝之正體而立者也守文猶守法也謂非受命創制之君但守先帝法度爲之主耳 非獨內德茂也 索隱曰謂非獨君德之茂亦有賢后妃外戚之助[illegible] 蓋亦有外戚之助焉 夏之興也以塗山 索隱曰皇甫謐云塗山國名禹所娶在今九江當塗[illegible] 而桀之放也以末喜 索隱曰國語云桀伐有施有施人以末喜女焉[illegible] 殷之興也以有娀 索隱曰有娀國名其女簡狄吞燕卵而生契故詩云天命玄鳥降而生商是也 紂之殺也嬖妲己 索隱曰國語殷辛伐有蘇有蘇氏以妲己女焉妲字也己姓也[illegible]妲音丁達反 周之興也以姜原及大任 索隱曰系本云帝嚳上妃有邰氏之女曰姜原[illegible]太任文王之母故詩云摯仲氏任[illegible] 而幽王之禽也淫於褒姒 索隱曰國語曰幽王伐有褒褒人以褒姒女焉[illegible] 故易基乾坤詩始關雎書美釐降春秋譏不親迎 索隱曰公羊傳曰紀履繻來逆女何以書譏何譏爾始不親迎也 夫婦之際人道之大倫也禮之用唯婚姻爲兢兢夫樂調而四時和陰陽之變萬物之統也 索隱曰以言樂調而四時和陰陽變而萬物生[illegible]夫婦[illegible] 可不慎與人能弘道無如命何甚哉妃匹之愛 索隱曰妃音配又如字 君不能得之於臣

（惡可二字當作「無如」）（毋乃無子稟之人命乎）（索隱曰…）

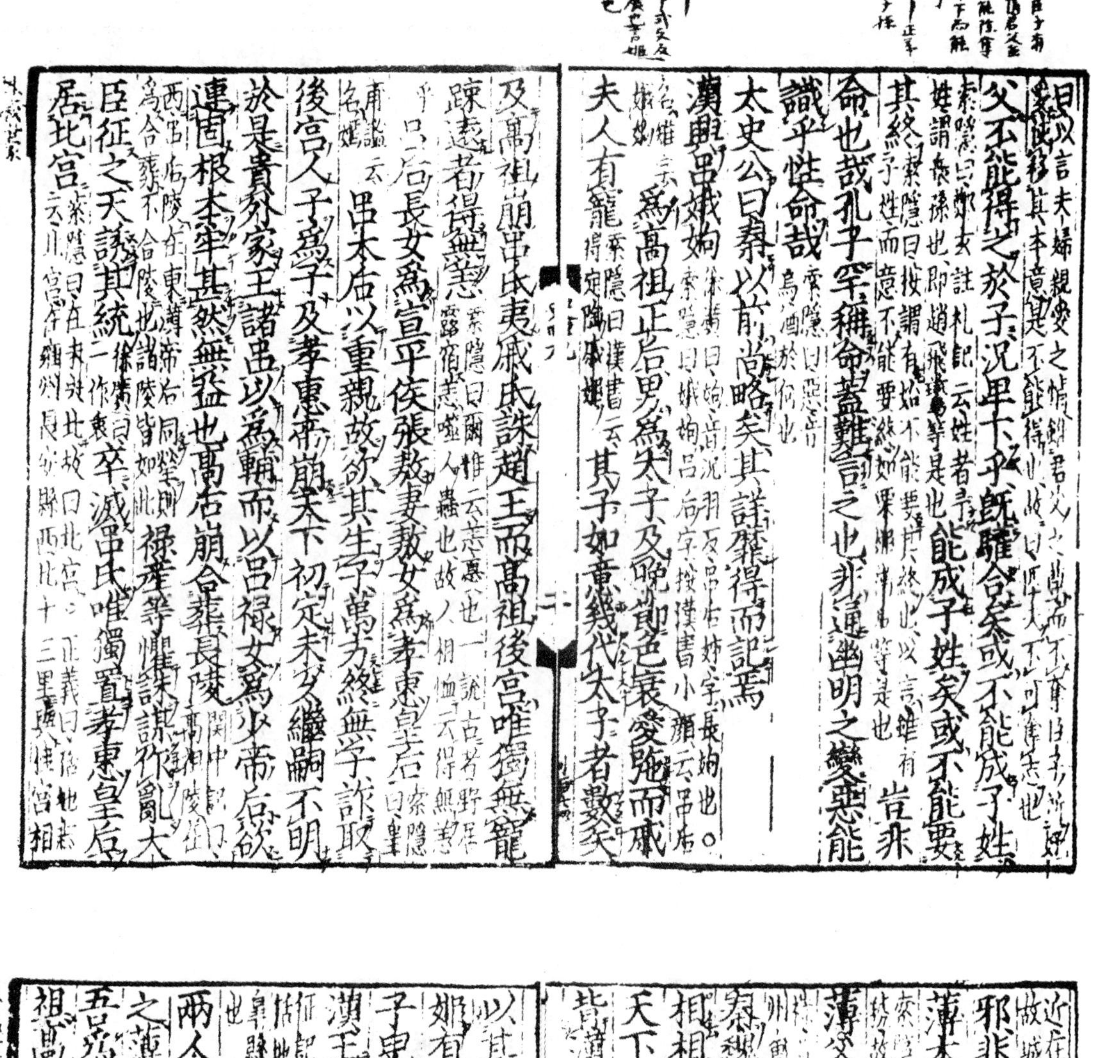

（曰以言夫婦親愛之情雖君父之尊不能奪臣子所好）（難）移其本意是不能得也（故曰雖天子不可得而必也）父不能得之於子，況卑下乎！既驩合矣，或不能成子姓；（索隱曰鄭玄注禮記云姓者生也謂子孫也即趙飛燕等是也）能成子姓矣，或不能要其終；（索隱曰按謂有始不能要其終也以言雖有子姓而意不能要終如栗姬等是也）豈非命也哉？孔子罕稱命，蓋難言之也。非通幽明之變，惡能識乎性命哉？（索隱曰惡音烏惡猶於何也）

太史公曰：秦以前尚略矣，其詳靡得而記焉。漢興，呂娥姁（徐廣曰姁音況羽反呂后字長姁也。索隱曰娥姁呂后字按漢書小顏云呂后名雉字娥姁）為高祖正后，男為太子。及晚節色衰愛弛，而戚夫人有寵（索隱曰漢書云定陶戚姬），其子如意幾代太子者數矣。及高祖崩，呂氏夷戚氏，誅趙王，而高祖後宮唯獨無寵疏遠者得無恙。（索隱曰爾雅云恙憂也一說古者野居露宿恙噬人蟲也故人相恤云得無恙）

呂后長女為宣平侯張敖妻，敖女為孝惠皇后。（索隱曰皇甫謐云名嫣）呂太后以重親故，欲其生子萬方，終無子，詐取後宮人子為子。及孝惠帝崩，天下初定未久，繼嗣不明。於是貴外家，王諸呂以為輔，而以呂祿女為少帝后，欲連固根本牢甚，然無益也。高后崩，合葬長陵。（關中記曰高祖陵在西，呂后陵在東，漢帝后同塋則為合葬，不合陵也，諸陵皆如此）祿、產等懼誅，謀作亂。大臣征之，天誘其統，（徐廣曰統一作寵）卒滅呂氏。唯獨置孝惠皇后居北宮。（索隱曰在未央北故曰北宮二二云…正義曰括地志云…宮在雍州長安縣西北十三里長安故城中）

（近在長安故城中）迎立代王，是為孝文帝，奉漢宗廟。此豈非天邪？非天命孰能當之？

薄太后，父吳人，姓薄氏，秦時與故魏王宗家女魏媼通，（索隱曰媼音烏老反媼是婦人之老者通…）生薄姬，而薄父死山陰，因葬焉。（[illegible]）及諸侯畔秦，魏豹立為魏王，而魏媼內其女於魏宮。媼之許負所相，相薄姬，云當生天子。是時項羽方與漢王相距滎陽，天下未有所定。豹初與漢擊楚，及聞許負言，心獨喜，因背漢而畔，中立，更與楚連和。漢使曹參等擊虜魏王豹，以其國為郡，而薄姬輸織室。豹已死，漢王入織室，見薄姬有色，詔內後宮，歲餘不得幸。始姬少時，與管夫人、趙子兒相愛，約曰：「先貴無相忘。」已而管夫人、趙子兒先幸漢王。漢王坐河南宮成皋臺，（索隱曰成皋臺…正義括地志云…征記云…皋縣古東虢國…）此兩美人相與笑薄姬初時約。漢王聞之，問其故，兩人具以實告漢王。漢王心慘然，憐薄姬，是日召而幸之。薄姬曰：「昨暮夜妾夢蒼龍據吾腹。」高帝曰：「此貴徵也，吾為女遂成之。」一幸生男，是為代王。其後薄姬希見高祖。高祖崩，諸御幸姬戚夫人之屬，呂太后怒，皆幽之，不得出宮而薄姬以希見故得出從子之代為代王太后太后弟薄昭從如代代王立十七年高后崩大臣議立後疾外家呂氏彊皆稱薄氏仁善故迎代王立為孝文皇帝而太后改號曰皇太后弟薄昭封為軹侯索隱曰軹地理志云軹縣在河內恐非遠非其封索隱長安東有軹道亭或當是所封也薄太后母亦前死葬櫟陽北於是乃追尊薄父為靈文侯會稽郡置園邑三百家長丞已下吏奉守冢寢廟上食祠如法而櫟陽北亦置靈文侯夫人園如靈文侯園儀薄太后以為母家魏王後早失父母其奉薄太后諸魏有力者於是召復魏氏賞賜各以親疏受之薄氏侯者凡一人薄太

后後文帝二年以孝景帝前二年崩葬南陵索隱曰按廟記云在霸陵南十里故謂之南陵按今在長安東灞水東原上名曰少陵原故曰南陵西南故曰東望吾子西望吾夫是也正義曰括地志云南陵故縣在雍州万年縣東南二十四里漢薄太后陵在東北六里以呂后會葬長陵故特自起陵近孝文皇帝霸陵徐廣曰霸陵縣有軹道亭

竇太后索隱曰皇甫謐云名猗房趙之清河觀津人也正義曰在貝州東武城縣東二十五里呂太后時竇姬以良家子入宮侍太后太后出宮人以賜諸王各五人竇姬與在行中竇姬家在清河欲如趙近家請其主遣宦者吏正義曰謂宦者為吏主發遣宮人也必置我籍趙之伍中宦者忘之誤置其籍代伍中籍奏詔可

當行竇姬涕泣怨其宦者不欲往相彊乃肯行至代代王獨幸竇姬生女嫖索隱曰嫖音匹消反後生兩男而代王王后生四男先代王未入立為帝而王后卒及代王立為帝而王后所生四男更病死孝文帝立數月公卿請立太子而竇姬長男最長立為太子立竇姬為皇后女嫖為長公主其明年立少子武為代王已而又徙梁是為梁孝王竇皇后親蚤卒葬觀津索隱曰按皇甫謐云竇后父少遭秦亂隱身漁釣墜泉而死景帝立太后遣使者填以所墜淵起大墳於觀津城南人間號為竇氏青山正義曰括地志云竇少君墓在貝州觀津縣東南二十七里於是薄太后乃詔有司追尊竇后父為安成侯母曰安成夫人令清河置園邑二百家長

丞奉守比靈文園法竇皇后兄竇長君索隱曰長君名建字長君弟曰竇廣國字少君索隱曰漢書字少君少君年四五歲時家貧為人所略賣其家不知其處傳十餘家至宜陽為其主入山作炭寒臥岸下百餘人岸崩盡壓殺臥者少君獨得脫不死自卜數日當為侯從其家之長安索隱曰謂從其主人家而往長安也聞竇皇后新立家在觀津姓竇氏廣國去時雖小識其縣名及姓又常與其姊採桑墮用為符信上書自陳竇皇后言之於文帝召見問之具言其故果是又復問他何以為驗對曰姊去我西時與我決於傳舍中索隱曰決別也傳音張戀反謂郵亭傳置之舍也言竇后初入宮時別於傳舍之中也丐沐沐我

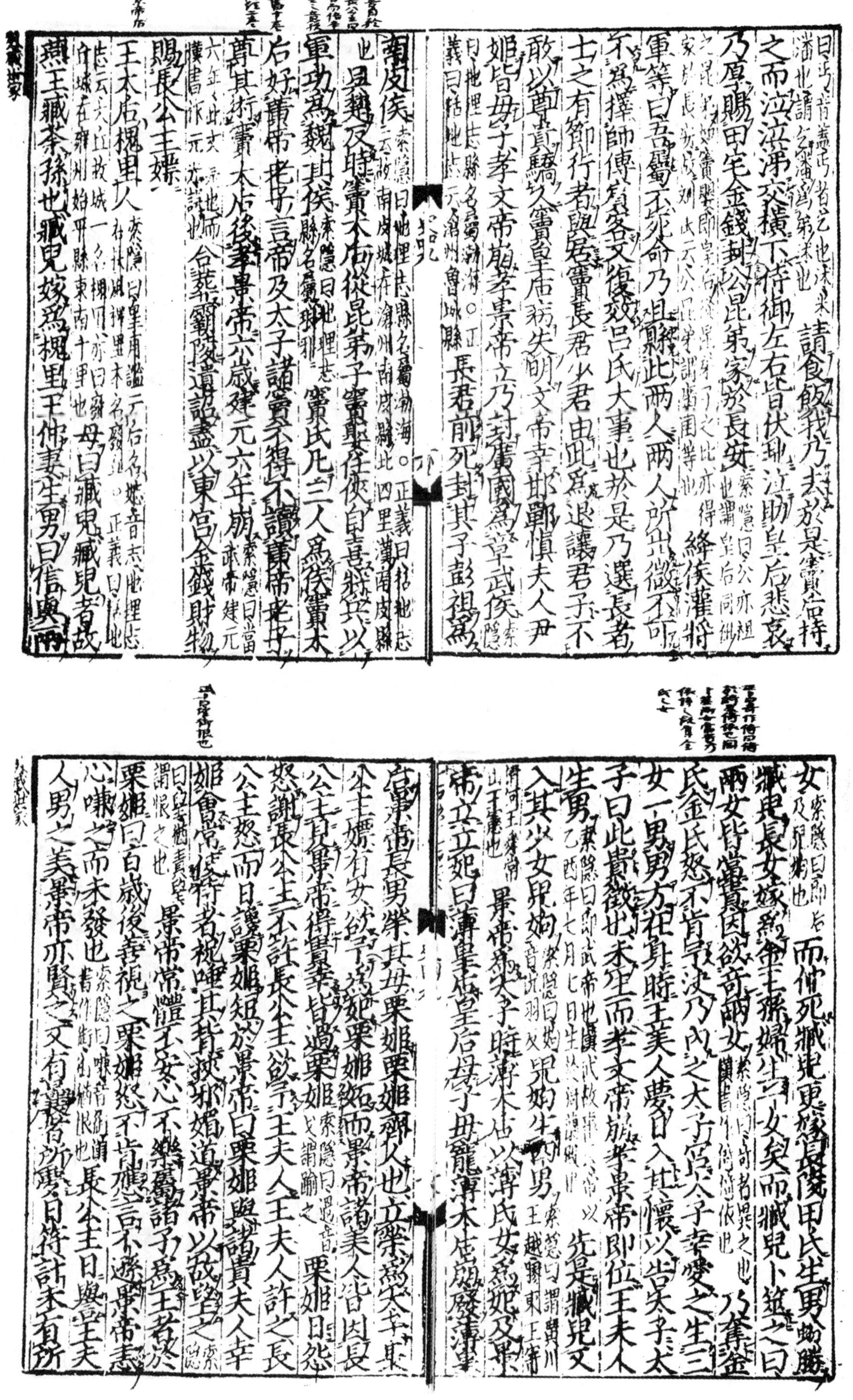

曰：「姊去我西時，與我決於傳舍中，丐沐沐我，請食飯我，乃去。」於是竇后持之而泣，泣涕交橫下。侍御左右皆伏地泣，助皇后悲哀。乃厚賜田宅金錢，封公昆弟，家於長安。絳侯、灌將軍等曰：「吾屬不死，命乃且縣此兩人。兩人所出微，不可不為擇師傅賓客，又復效呂氏大事也。」於是乃選長者士之有節行者與居。竇長君、少君由此為退讓君子，不敢以尊貴驕人。竇皇后病，失明。文帝幸邯鄲慎夫人、尹姬，皆毋子。孝文帝崩，孝景帝立，乃封廣國為章武侯。長君前死，封其子彭祖為南皮侯。吳楚反時，竇太后從昆弟子竇嬰，任俠自喜，將兵以軍功為魏其侯。竇氏凡三人為侯。竇太后好黃帝、老子言，帝及太子諸竇不得不讀黃帝、老子，尊其術。竇太后後孝景帝六歲，建元六年崩，合葬霸陵。遺詔盡以東宮金錢財物賜長公主嫖。

王太后，槐里人，母曰臧兒。臧兒者，故燕王臧荼孫也。臧兒嫁為槐里王仲妻，生男曰信，與兩女。而仲死，臧兒更嫁長陵田氏，生男蚡、勝。臧兒長女嫁為金王孫婦，生一女矣，而臧兒卜筮之曰兩女皆當貴。因欲奇兩女，乃奪金氏。金氏怒，不肯予決，乃內之太子宮。太子幸愛之，生三女一男。男方在身時，王美人夢日入其懷。以告太子，太子曰：「此貴徵也。」未生而孝文帝崩，孝景帝即位，王夫人生男。先是臧兒又入其少女兒姁，兒姁生四男。

景帝為太子時，薄太后以薄氏女為妃。及景帝立，立妃曰薄皇后。皇后毋子，毋寵。薄太后崩，廢薄皇后。

景帝長男榮，其母栗姬。栗姬，齊人也。立榮為太子。長公主嫖有女，欲予為妃。栗姬妒，而景帝諸美人皆因長公主見景帝，得貴幸，皆過栗姬，栗姬日怨怒，謝長公主，不許。長公主欲予王夫人，王夫人許之。長公主怒，而日讒栗姬短於景帝曰：「栗姬與諸貴夫人幸姬會，常使侍者祝唾其背，挾邪媚道。」景帝以故望之。

景帝嘗體不安，心不樂，屬諸子為王者於栗姬，曰：「百歲後，善視之。」栗姬怒，不肯應，言不遜。景帝恚，心嗛之而未發也。長公主日譽王夫人男之美，景帝亦賢之，又有曩者所夢日符，計未有所

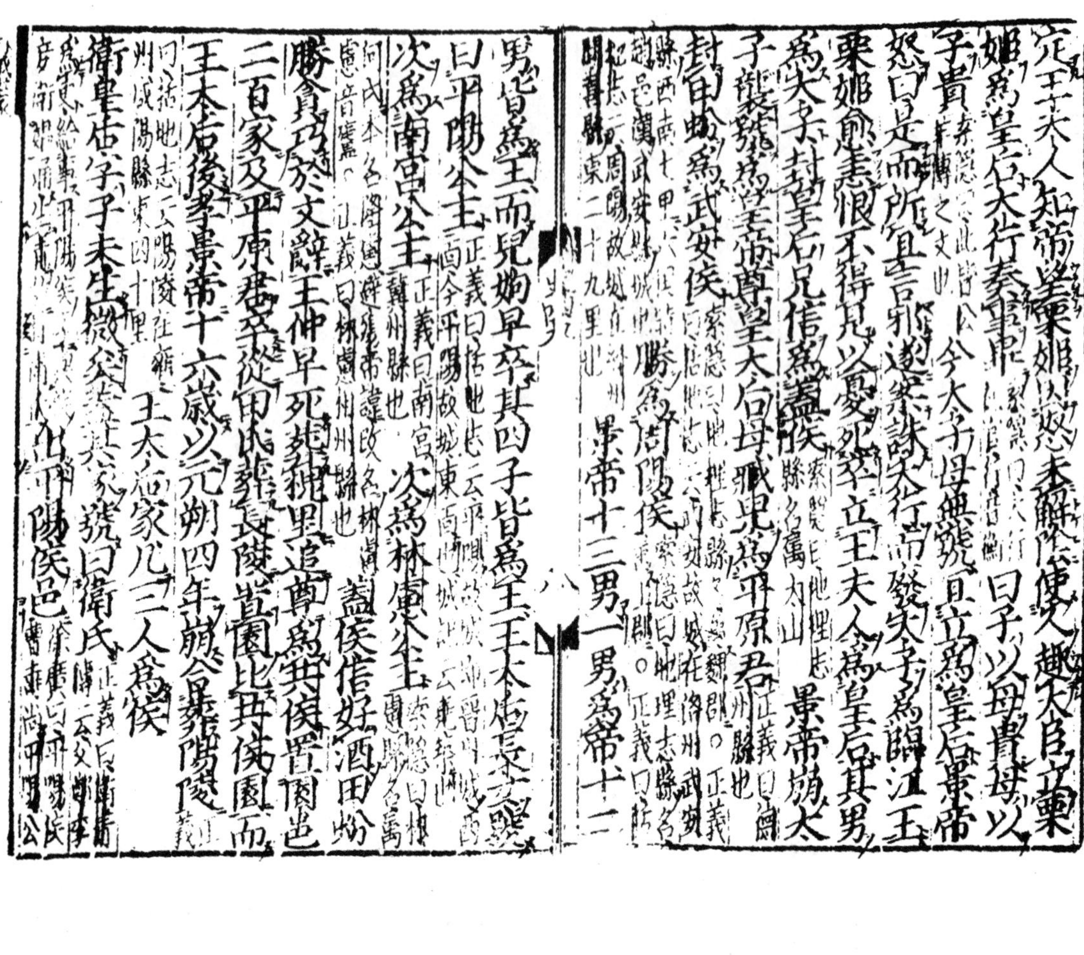

定王夫人知帝望栗姬因怒未解陰使人趣大臣立栗
姬為皇后大行奏事畢（索隱曰大行[illegible]）曰子以母貴母以
子貴（公羊傳之文也）今太子母無號宜立為皇后景帝
怒曰是而所宜言邪遂案誅大行而廢太子為臨江王
栗姬愈恚恨不得見以憂死卒立王夫人為皇后其男
為太子封皇后兄信為蓋侯（索隱曰蓋縣名屬太山）景帝崩太
子襲號為皇帝尊皇太后母臧兒為平原君（正義曰平原州縣也）
封田蚡為武安侯（索隱曰地理志縣名屬魏郡○正義[illegible]）勝為周陽侯（索隱曰地理志[illegible]）
（[illegible]周陽故城在[illegible]聞喜縣東二十九里也）景帝十三男一男為帝十二
男皆為王而兒姁早卒其四子皆為王王太后長女號
曰平陽公主（正義曰[illegible]）次為南宮公主（正義曰南宮冀州縣也）次為林慮公主（索隱曰[illegible]）
蓋侯信好酒田蚡
勝貪巧於文辭王仲早死葬槐里追尊為共侯置園邑
二百家及平原君卒從田氏葬長陵置園比共侯園而
王太后後孝景帝十六歲以元朔四年崩合葬陽陵（[illegible]）王太后家凡三人為侯
衛皇后字子夫生微矣（[illegible]）蓋其家號曰衛氏（[illegible]）出平陽侯邑（[illegible]）

主子夫為平陽主謳者武帝初即位數歲無子平陽主
求諸良家子女十餘人飾置家武帝祓（[illegible]）霸上還因過平陽主主見所侍美人上弗
說既飲謳者進上望見獨說衛子夫是日武帝起更衣
子夫侍尚衣軒中得幸（[illegible]）上還坐驩甚
賜平陽主金千斤主因奏子夫奉送入宮子夫上車平
陽主拊其背曰行矣彊飯勉之即貴無相忘入宮歲餘
竟不復幸武帝擇宮人不中用者斥出歸之衛子夫得
見涕泣請出上憐之復幸遂有身尊寵日隆召其兄衛
長君弟青為侍中而子夫後大幸有寵凡生三女一男
（[illegible]）男名據
初上為太子時娶長公主女為妃立為帝妃立為皇后姓陳
氏（[illegible]）無子
上之得為嗣大長公主有力焉以故陳皇
后驕貴聞衛子夫大幸恚幾死者數矣上愈怒陳皇后
挾婦人媚道其事頗覺於是廢陳皇后（[illegible]）而立衛
子夫為皇后陳皇后母大長公主景帝姊也數讓武帝

姊平陽公主曰帝非我不得立已而棄捐吾女壹何不自喜而倍本乎平陽公主曰用無子故廢耳陳皇后求子與醫錢凡九千萬然竟無子衛子夫已立爲皇后先是衛長君死乃以衛青爲將軍擊胡有功封爲長平侯（索隱曰地理志縣名屬汝南）青三子在襁褓中皆封爲列侯及衛皇后所謂姊衛少兒少兒生子霍去病以軍功封冠軍侯（索隱曰地理志冠軍屬河陽）號驃騎將軍青號大將軍立衛皇后子據爲太子衛氏枝屬以軍功起家五人爲侯及衛后色衰趙之王夫人幸有子爲齊王（索隱曰名閎）王夫人早卒而中山李夫人有寵有男一人爲昌邑王（索隱曰名髆　正義曰名髆）李夫人早卒（索隱曰李延年之女弟漢書云武帝悼之李少翁致其形帝爲作賦）其兄李延年以音幸號協律協律者故倡也兄弟皆坐姦族是時其長兄廣利爲貳師將軍伐大宛不及誅還而上既夷李氏後憐其家乃封爲海西侯（正義曰漢武帝令李廣利征大宛國近西海故號海西侯也）他姬子二人爲燕王廣陵王（索隱曰漢書云李姬生燕王旦廣陵王胥）其母無寵以憂死及李夫人卒則有尹婕妤之屬更有寵然皆以倡見非王侯有土之女士不可以配人主也

褚先生曰（正義曰疑此元成之間褚少孫續之也）臣爲郎時問習漢家故事者鍾離生曰王太后在民間時所生一子女者（徐廣曰名俗）父爲金王孫王孫已死景帝崩後武帝已立王太后獨在而韓王孫名嫣素得幸武帝承閒白言太后有女在長陵也武帝曰何不蚤言乃使使往先視之在其家武帝乃自往迎取之蹕道先驅旄騎出橫城門（如淳曰橫音光三輔黃圖云北面西頭門　正義曰括地志云渭橋本名橫橋架渭水上在雍州咸陽縣東南二十二里按此橋對門也）乘輿馳至長陵當小市西入里里門閉暴開門乘輿直入此里通至金氏門外止使武騎圍其宅爲其亡走身自往取不得也即使左右羣臣入呼求之家人驚恐女亡匿內中牀下扶持出門令拜謁武帝下車泣曰嚄（索隱曰嚄烏百反大笑之辭耳　正義曰嚄責失聲驚愕貌也）大姊何藏之深也詔副車載之迴車馳還而直入長樂宮行詔門著引籍（正義曰武帝道上詔令通名著引籍於門使引入至太后所）通到謁太后太后曰帝倦矣何從來帝曰今者至長陵得臣姊與俱來顧曰謁太后太后曰女某邪曰是也太后爲下泣女亦伏地泣武帝奉酒前爲壽奉錢千萬奴婢三百人公田百頃甲第以賜姊太后謝曰爲帝費焉於是召平陽主南宮主林慮主三人俱來謁見姊因號曰脩成君有子男一人女一人男號爲脩成子仲（索隱曰金氏之甥脩成君子也而名仲者爲大外祖王氏同字恐非也）女爲諸侯王王后（徐廣曰嫁爲淮南王太子妃也）此二子非劉氏以故太后憐之脩成子仲驕恣陵折吏民皆

衛子夫立為皇后后弟衛青字仲卿以大將軍封為長平侯四子長子伉為侯世子侯世子常侍中貴幸其三弟皆封為侯各千三百戶一曰陰安侯索隱曰名不疑地理志陰安縣屬魏郡○正義曰括地志云陰安故城在魏州頓丘縣北六十里也二曰發干侯索隱曰名登地理志發干縣名屬東郡○正義曰括地志云發干故城在博州堂邑縣西南二十里三曰宜春侯索隱曰名伉地理志宜春縣名屬汝南○正義曰括地志云宜春故城在豫州汝陽縣西六十七里貴震天下天下歌之曰生男無喜生女無怒獨不見衛子夫霸天下是時平陽主寡居當用列侯尚主主與左右議長安中列侯可為夫者皆言大將軍可主笑曰此出吾家常使令騎從我出入耳柰何用為夫乎左右侍御者曰今大將軍姊為皇后三子為侯富貴振動天下主何以易之乎於是主乃許之言之皇后令白之武帝乃詔衛將軍尚平陽公主焉

褚先生曰丈夫龍變傳曰蛇化為龍不變其文家化為國不變其姓丈夫當時富貴百惡滅除光耀榮華貧賤之時何足累之哉

武帝時幸夫人尹婕妤索隱曰韋昭云婕承也妤助也一云美好也荀顔云幸也字亦從女漢官儀云皇后為婕妤下與丞相比邢夫人號娙娥索隱曰服虔云娙音近妍徐廣音三研反鄒誕生音莖字林音五經反說文云娙長好也韋昭云吳楚之間謂好為娙又方言云秦晉謂之娙娥

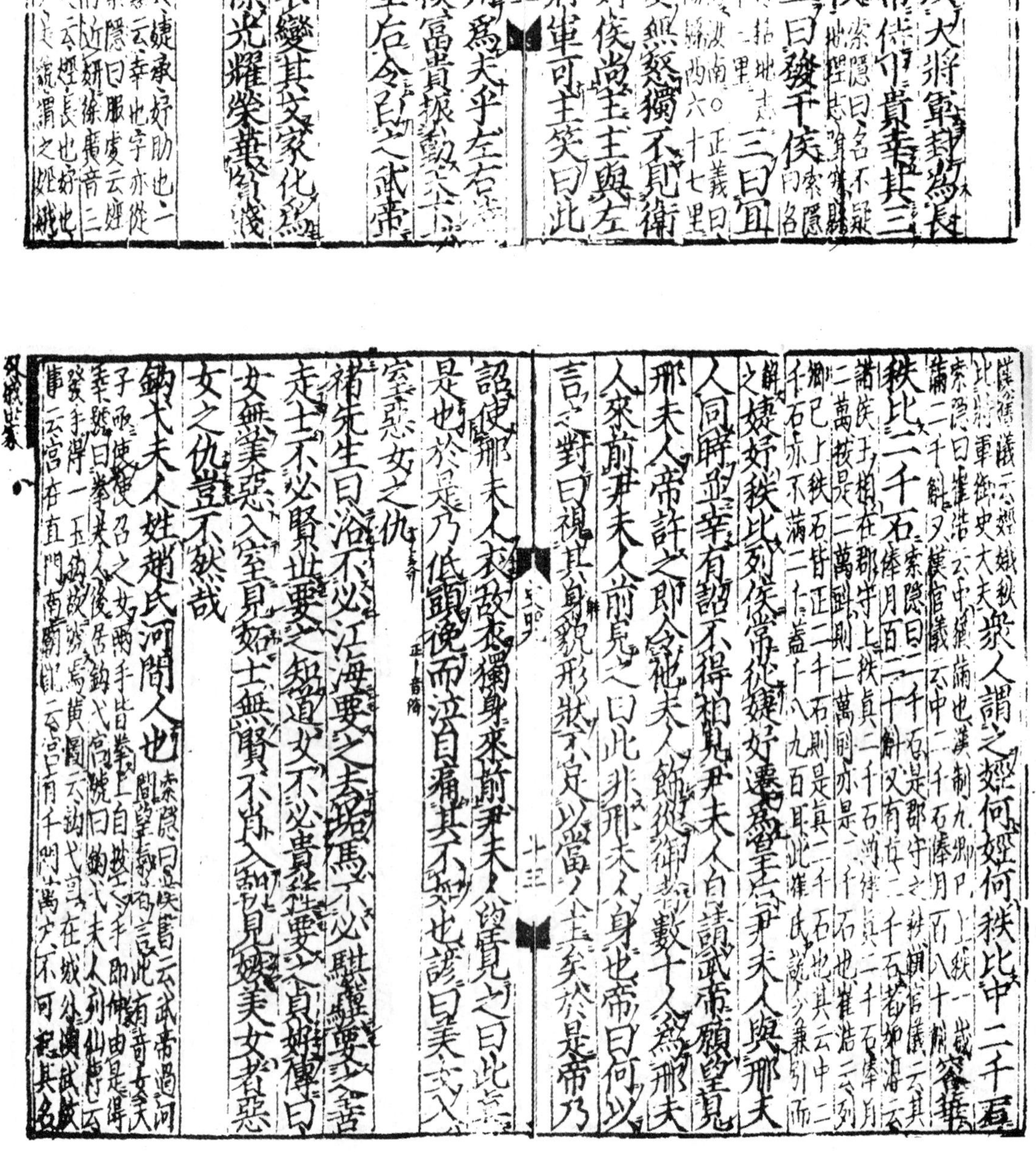

漢舊儀云娙娥秩比將軍御史大夫衆人謂之娙何娙何秩比中二千石索隱曰崔浩云中猶滿也漢制九卿已上秩一歲滿二千斛又漢官儀云中二千石俸月百八十斛容華秩比二千石索隱曰二千石俸月百二十斛又有真二千石秩俸月百五十斛諸侯王相在郡守上秩真二千石漢律真二千石俸月二萬二千石月萬六千是二萬則二萬則亦是二千石也崔浩云列卿已上秩石皆正二千石則是真二千石也其云中二千石亦不滿二千石蓋十八九百耳此崔氏說又兼引而婕妤秩比列侯常從婕妤遷為皇后尹夫人與邢夫人同時並幸有詔不得相見尹夫人自請武帝願望見邢夫人帝許之即令他夫人飾從御者數十人為邢夫人來前尹夫人前見之曰此非邢夫人身也帝曰何以言之對曰視其身貌形狀不足以當人主矣於是帝乃詔使邢夫人衣故衣獨身來前尹夫人望見之曰此真是也於是乃低頭俛而泣自痛其不如也諺曰美女入室惡女之仇

褚先生曰浴不必江海要之去垢馬不必騏驥要之善走士不必賢世要之知道女不必貴種要之貞好傳曰女無美惡入室見妒士無賢不肖入朝見嫉美女者惡女之仇豈不然哉

鉤弋夫人姓趙氏河間人也索隱曰漢書云武帝過河間望氣者言此有奇女天子亟使使召之女兩手皆拳上自披之手即伸由是得幸號曰拳夫人後居鉤弋宮號曰鉤弋夫人列仙傳云發手得一玉鉤故因號焉黃圖云鉤弋宮在城外直門南三輔舊事云宮有千門萬戶不可紀其名

也。邯鄲□即位，追尊太后父趙父為順成侯。○正義曰：括地志云：鉤弋宮在雍州長安城中，門名□□門也。

武帝生子一人，昭帝是也。武帝年七十，乃生昭帝。昭帝立時，年五歲耳。徐廣曰：武帝崩年七十，昭帝年八歲耳。○索隱曰：此褚先生之說。漢書云元始二年生昭帝，文誤，元字當作太，太始也。衞太子廢後，未復立太子。而燕王旦上書，願歸國入宿衞。武帝怒，立斬其使者於北闕。上居甘泉宮，召畫工圖畫周公負成王也。於是左右羣臣知武帝意欲立少子也。後數日，帝譴責鉤弋夫人。夫人脫簪珥叩頭。帝曰：「引持去，送掖庭獄！」夫人還顧，帝曰：「趣行，女不得活！」夫人死雲陽宮。索隱曰：三輔故事云：鉤弋夫人從至甘泉宮，病，後昭帝起雲陵邑，三千戶。漢武故事云：死，殯香聞十里，上疑，常人發棺無尸，衣履存焉。○正義曰：括地志云：雲陽宮，秦之甘泉宮，在雍州雲陽縣西北八十里，秦始皇作甘泉宮，去長安三百里，黃帝以來祭圜丘處也。時暴風揚塵，百姓感傷。使者夜持棺往葬之，正義曰：括地志云：雲陽陵，漢鉤弋夫人陵也，在雍州雲陽縣西北五十八里。漢武帝鉤弋趙婕妤，昭帝之母，齊人，姓趙，少好清靜，六年臥病，右手拳，飲食少，望氣者云東北有貴人，推而得之，召到，姿色甚佳，武帝披其手，伸之，得玉鉤，後生昭帝。武帝末年殺夫人，殯之而尸香一月。昭帝更葬之，棺但存絲履也。宮既成，求之不得，帝思之，為起通靈臺於甘泉，常有一青鳥集臺上往來，至宣帝時乃止。封識其處。其後帝閒居，問左右曰：「人言云何？」左右對曰：「人言且立其子，何去其母乎？」帝曰：「然。是非兒曹愚人所知也。往古國家所以亂也，由主少母壯也。女主獨居驕蹇，淫亂自恣，莫能禁也。女不聞呂后邪？」故諸為武帝生子者，無男女，其母無不譴死，豈可謂非賢聖哉！昭然遠見，為後世計慮，固非淺聞愚儒之所及也。謚為「武」，豈虛哉！

索隱述贊曰：禮貴夫婦，易敘乾坤。配陽成化，比月居尊。河洲降淑，天曜垂軒。德著任姒，慶流娥媓。建我炎胄，斯道克存。呂權大寶，黨蓋玄言。自茲已降，立嬖以恩。內無常主，後嗣不繁。

外戚世家第十九　　史記四十九

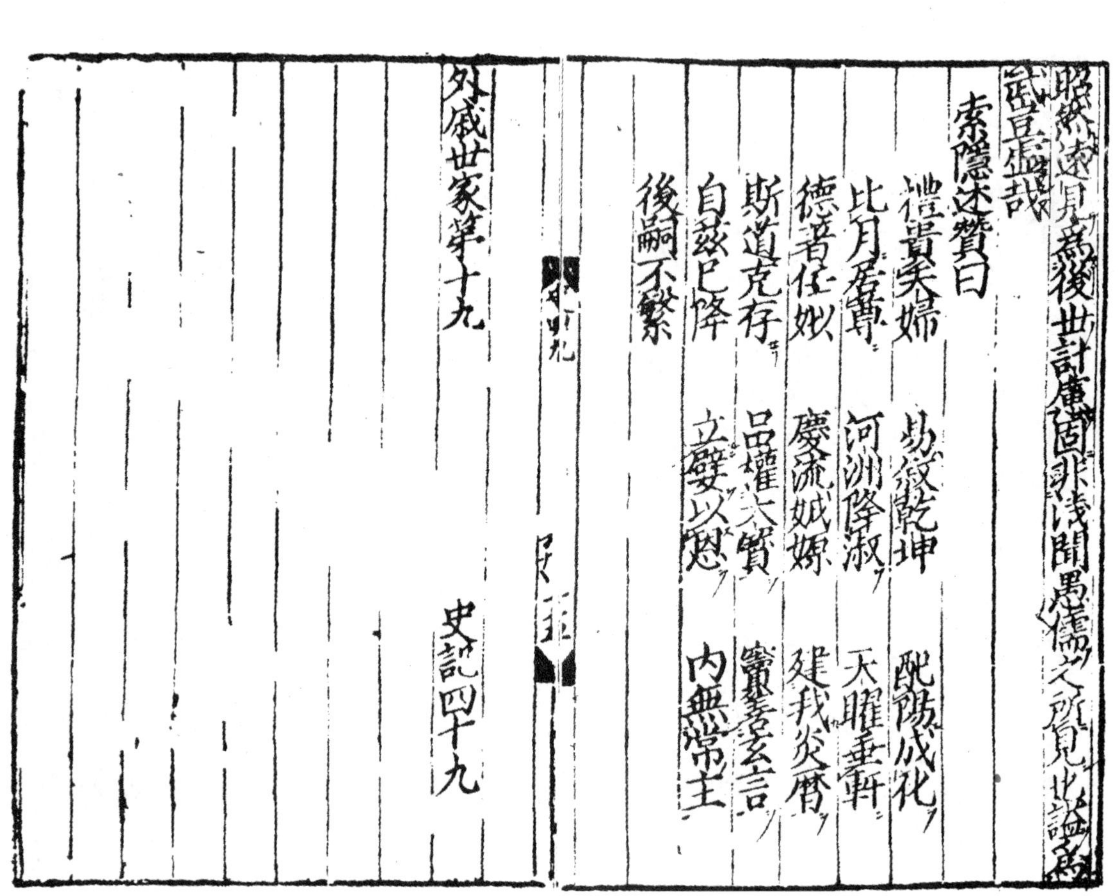
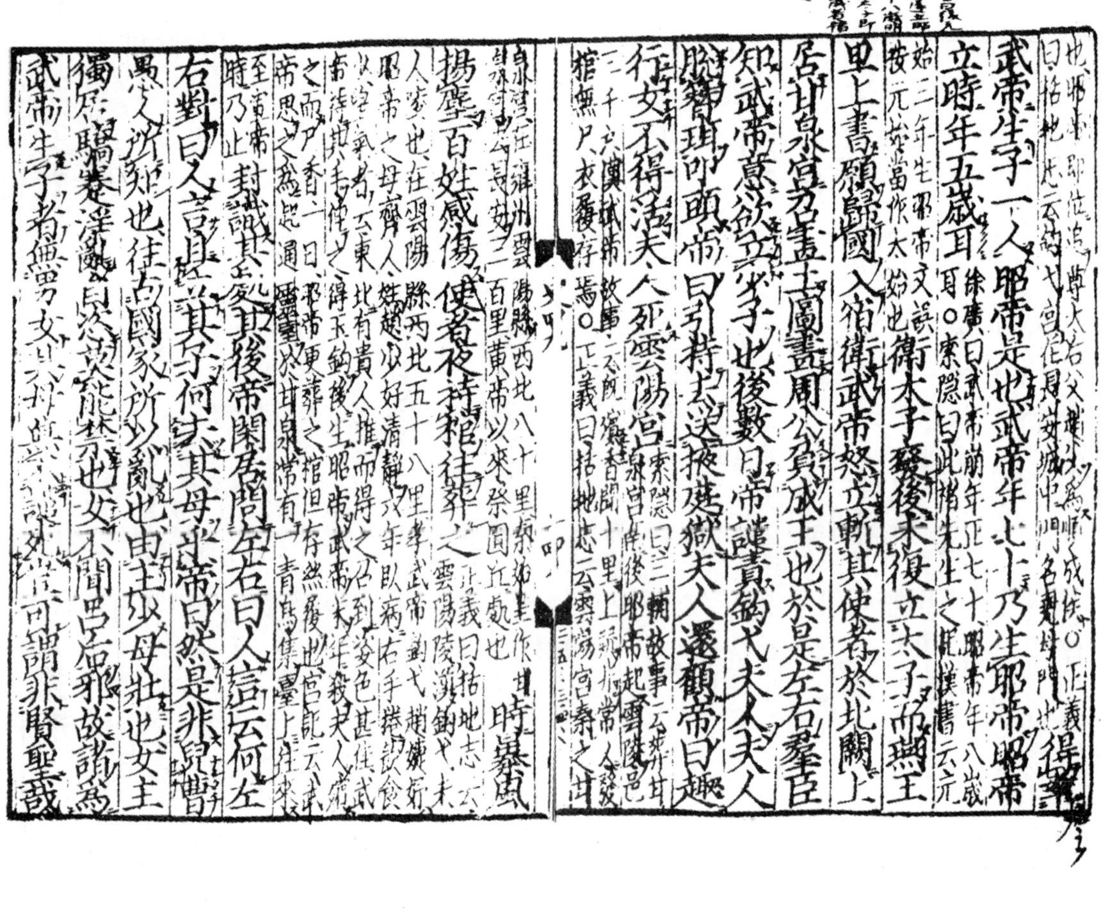

楚元王世家第二十　史記五十

楚元王劉交者正義曰作長云都彭城高祖之同母徐廣曰一作同父○索隱曰名同少弟也字游高祖兄弟四人長兄伯伯蚤卒始高祖微時嘗辟事時時與賓客過巨嫂食徐廣曰巨一作丘○索隱曰張晏云丘姓也孟康云丘嫂也今此作巨巨大也謂長嫂也劉氏嫂厭叔叔與客來嫂詳為羹盡櫟釜索隱曰櫟音歷謂以杓歷釜旁使為聲漢書作轑音勞賓客以故去已而視釜中尚有羹高祖由此怨其嫂及高祖為帝封昆弟而伯子獨不得封太上皇以為言高祖曰某非忘封之也為其母不長者耳於是乃封其子信為羹頡侯徐廣曰羹頡侯以高祖七年封十三年高后元年有罪削爵一級為關內侯○索隱曰羹頡爵號非縣名以其擊釜故也○正義曰括地志云羹頡山在媯州懷戎縣東南十五里按高祖取其山名為侯號者怨故也而王次兄仲於代徐廣曰次兄名喜字仲以六年立為代王其年罷卒謚頃王有子曰濞

高祖六年已禽楚王韓信於陳乃以弟交為楚王都彭城索隱曰漢書云楚王王薛郡東海彭城三十六縣即位二十三年卒子夷王郢立索隱曰漢書作郢客也夷王四年卒子王戊立王戊立二十年冬坐為薄太后服私姦削東海郡索隱曰漢書云私姦服舍中按集註服虔云私姦中人以罪至削也春戊與吳王合謀反其相張尚太傅趙夷吾諫不聽戊則殺尚夷吾起兵與吳西攻梁破棘壁正義曰括地志云故棘城在宋州寧陵縣西七十里即棘壁至昌邑南正義曰括地志云有昌邑故城在曹州成武縣東北三十二里也與漢將周亞夫戰漢絕吳楚糧道士卒飢吳王走楚王戊自殺軍遂降漢漢已平吳楚孝景帝欲以德侯子續吳徐廣曰德侯名廣吳王濞之弟也其父名仲以元王子禮續楚竇太后曰吳王老人也宜為宗室順善今乃首率七國紛亂天下柰何續其後不許吳許立楚後是時禮為漢宗正乃拜禮為楚王奉元王宗廟是為楚文王文王立三年卒子安王道立安王二十二年卒子襄王注立襄王立十四年卒子王純代立王純立地節二年中人上書告楚王謀反王自殺國除入漢為彭城郡徐廣曰純立十七年卒謚節王子延壽立十九年死○索隱曰太史公生記王純為國人告反國除蓋延壽後更封至十九年文謀反誅死故不同也○正義曰漢書云王純嗣十六年子延壽嗣與趙何齊謀反延壽自殺立三十二年國除與此不同地節是宣帝年號去天漢四年二十九年仍屬邯鄲世言到地節二年以下者蓋褚先生誤也

趙王劉遂者正義曰年表云都邯鄲其父高祖中子名友謚曰幽幽王以憂死故為幽高后王呂祿於趙一歲而高后崩大臣誅諸呂呂祿等乃立幽王子遂為趙王孝文帝即位二年立遂弟辟彊索隱曰音壁彊又音關彊取趙之河間郡為河間王正義曰河間今瀛州也以為文王立十三年卒子哀王福立一年卒無子絕後國除入于漢遂既王趙二十六年孝景帝時坐鼂錯以適削趙王常山之郡吳楚反趙王遂

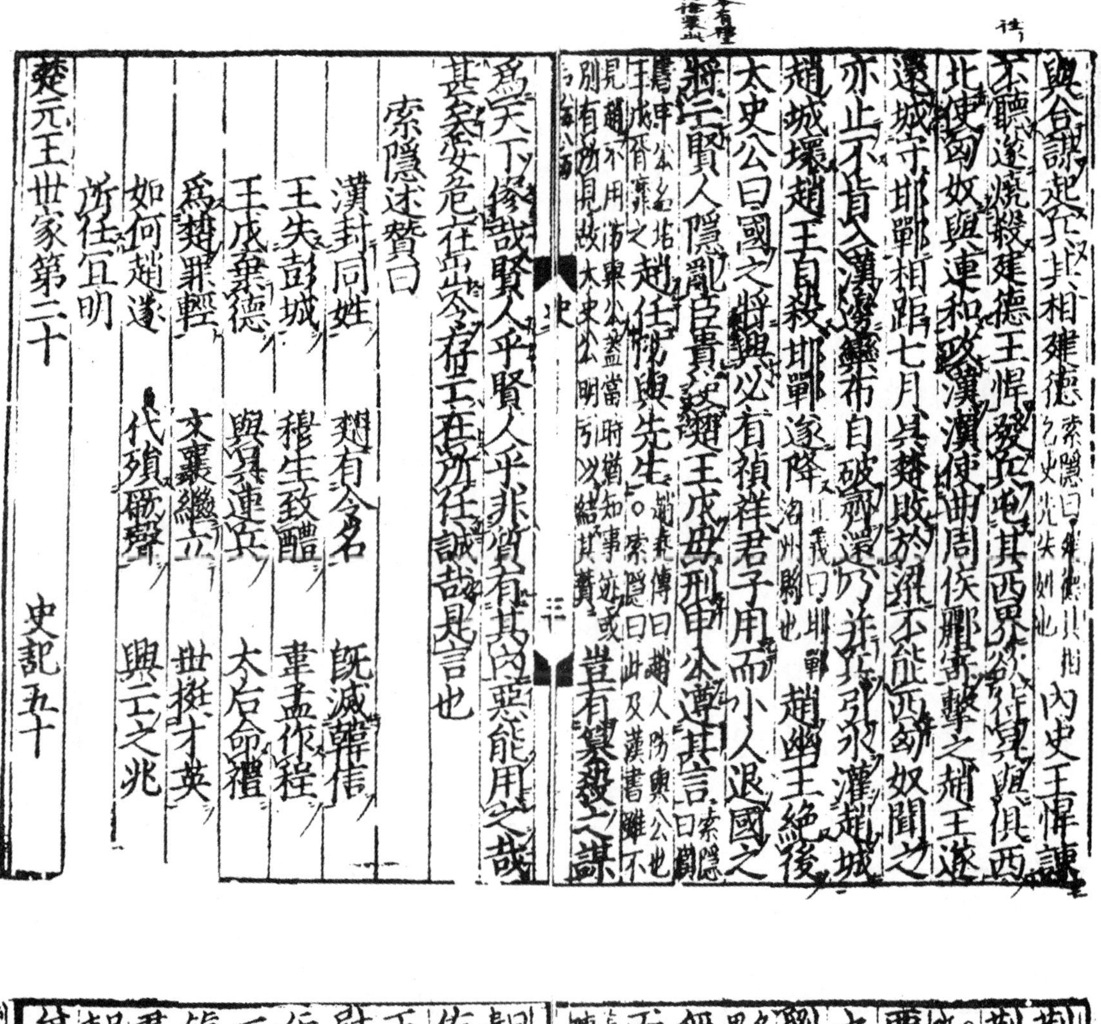

與合謀起兵。其相建德、內史王悍諫，索隱曰：名也，史失其姓。不聽。遂燒殺建德、王悍，發兵屯其西界，欲待吳與俱西。北使匈奴與連和攻漢。漢使曲周侯酈寄擊之。趙王遂還，城守邯鄲，相距七月。吳楚敗於梁，不能西。匈奴聞之，亦止，不肯入漢邊。欒布自破齊還，乃并兵引水灌趙城。趙城壞，趙王自殺，邯鄲遂降。正義曰：邯鄲，洺州縣也。趙幽王絕後。

太史公曰：國之將興，必有禎祥，君子用而小人退。國之將亡，賢人隱，亂臣貴。使楚王戊毋刑申公，遵其言，索隱曰：謂。趙任防與先生，漢書楚元王傳曰：趙人防與公也。○索隱曰：此及漢書雖不見趙不用防與公之事，蓋當時猶知事迹，或別有所見，故太史公明言以結其贊。豈有篡殺之謀，為天下僇哉？賢人乎，賢人乎！非質有其內，惡能用之哉？甚矣，「安危在出令，存亡在所任」，誠哉是言也！

索隱述贊曰：漢封同姓，楚有令名。既滅韓信，王於彭城。穆生致醴，韋孟作程。王戊棄德，與吳連兵。太后命禮，為趙罪輕。文襄繼立，世挺才英。如何趙遂，代殞厥聲。興亡之兆，所任宜明。

楚元王世家第二十　史記五十

荊燕世家第二十一　史記五十一

荊王劉賈者，正義曰：年表云都吳也。諸劉，不知其何屬。索隱曰：漢書賈高帝從父兄。○索隱曰：注引漢書則班固或別有所見也。初起時。漢王元年，還定三秦，劉賈為將軍，定塞地，索隱曰：即桃林之塞。從東擊項籍。

漢四年，漢王之敗成皋，北渡河，得張耳、韓信軍，軍脩武，深溝高壘，使劉賈將二萬人，騎數百，渡白馬津入楚地，正義曰：括地志云黎陽一名白馬津，在滑州白馬縣北三十里。按賈從此津南過入楚地也。燒其積聚，以破其業，無以給項王軍食而已。楚兵擊劉賈，賈輒壁不肯與戰，而與彭越相保。

漢五年，漢王追項籍至固陵，徐廣曰：在陽夏。○正義曰：括地志云固陵名在陳州宛丘縣西北四十二里。使劉賈南渡淮圍壽春。正義曰：今壽州壽春縣是也。還至，使人閒招楚大司馬周殷。周殷反楚，佐劉賈舉九江，迎武王黥布兵，皆會垓下，共擊項籍。漢王因使劉賈將九江兵，與太尉盧綰西南擊臨江王共尉。索隱曰：共敖之子。共尉已死，以臨江為南郡。正義曰：今荊州也。

漢六年春，會諸侯於陳，正義曰：今陳州也。廢楚王信，囚之，分其地為二國。當是時也，高祖子幼，昆弟少，又不賢，欲王同姓以鎮天下，乃詔曰：「將軍劉賈有功，及擇子弟可以為王者。」群臣皆曰：「立劉賈為荊王，王淮東五十二城；索隱曰：表云劉賈都吳。又漢書以東陽郡、鄣郡、吳郡立賈。東陽即臨淮，故云王淮東。○正義曰：括地志云東陽故城在楚州盱眙縣西北四十里，盱眙縣是也。高祖弟交為楚王，王淮西三十六城，正義曰：淮以西，徐、泗、濠等州也。因立子

[illegible]劉氏也高祖十一年秋淮南王黥布反東擊荊荊王賈與戰不勝走富陵索隱曰縣名屬臨淮○正義曰括地志云富陵故城在楚州盱眙縣東北六十里為布軍所殺高祖自擊破布十二年立沛侯劉濞為吳王王故荊地

燕王劉澤者諸劉遠屬也漢書澤高祖從祖昆弟○索隱曰楚漢春秋田子春說張卿云劉澤宗家也按言宗家以疏遠矣然則班固言從祖昆弟當別有所據也高帝三年澤為郎中高帝十一年澤以將軍擊陳豨得王黃為營陵侯索隱曰地理志縣名在北海○正義曰括地志云營陵故城在青州北海縣南二十里高后時齊人田生晉灼曰楚漢春秋田子春游乏資以畫干營陵侯澤服虔曰以計畫干之也文穎曰以工畫得寵也○索隱曰兩家之義並通澤大說之用金二百斤為

田生壽田生已得金即歸齊二年澤使人謂田生曰弗與矣孟康曰與黨與言不復與我為黨與也文穎曰不得與汝相知田生如長安不見澤而假大宅令其子求事呂后所幸大謁者張子卿徐廣曰名澤駰案如淳曰閹人也居數月田生子請張卿臨親修具張卿許往田生盛帷帳共具譬如列侯張卿驚酒酣乃屏人說張卿曰臣觀諸侯王邸第百餘皆高祖一切功臣索隱曰此一切猶一例同時也非如他一切訓權時也今呂氏雅故本推轂高帝就天下如淳曰呂公知高祖相貴以女妻之推轂使為長者臣瓚曰謂諸呂共推轂高祖征伐成帝業雅正意也○索隱曰雅訓素也謂呂氏素心奉推高祖取天下若人推轂欲前進塗然也推音昌誰反功至大又親戚太后之重太后春秋長諸呂弱太后欲立呂產

為呂王王代太后又重發之服虔曰欲發之恐大臣不聽鄭氏曰重難發事恐大臣不聽今卿最幸大臣所敬何不風大臣以聞太后太后必喜諸呂已王萬戶侯亦卿之有正義曰呂后紀云封張卿為建陵侯太后心欲之而卿為內臣不急發恐禍及身矣張卿大然之乃風大臣語太后太后朝因問大臣大臣請立呂產為呂王太后賜張卿千斤金張卿以其半與田生田生弗受因說之曰呂產王也諸大臣未大服今營陵侯澤諸劉為大將軍獨此尚觖望徐廣曰觖音決又音窺睡反今卿言太后列十餘縣王之彼得王喜去諸呂王益固矣張卿入言太后然之乃以營陵侯劉澤為琅邪王琅邪王

乃與田生之國田生勸澤急行毋留出關太后果使人追止之已出即還及太后崩琅邪王澤乃曰帝少諸呂用事劉氏孤弱乃引兵與齊王合謀西漢書音義曰澤至齊為齊王所劫不得去乃說王求詣京師齊具車送之不為本與齊合謀也○索隱曰漢書齊王傳云使祝午劫琅邪王至齊因留琅邪王不得反國澤乃說求入關齊乃送之與此文不同者劉氏以為燕齊兩史各言其主立功之迹太史公聞疑遂各記之則所謂實錄欲誅諸呂至梁聞漢遣灌將軍屯滎陽澤還兵備西界遂跳驅至長安漢書音義曰跳驅至得安也○索隱曰跳他彫反驅獨去也又音條謂疾去也代王亦從代至諸將相與琅邪王共立代王為天子天子乃徙澤為燕王乃復以琅邪予齊復故地李奇曰本齊地分以王澤今復與齊地澤王燕二年薨謚為敬

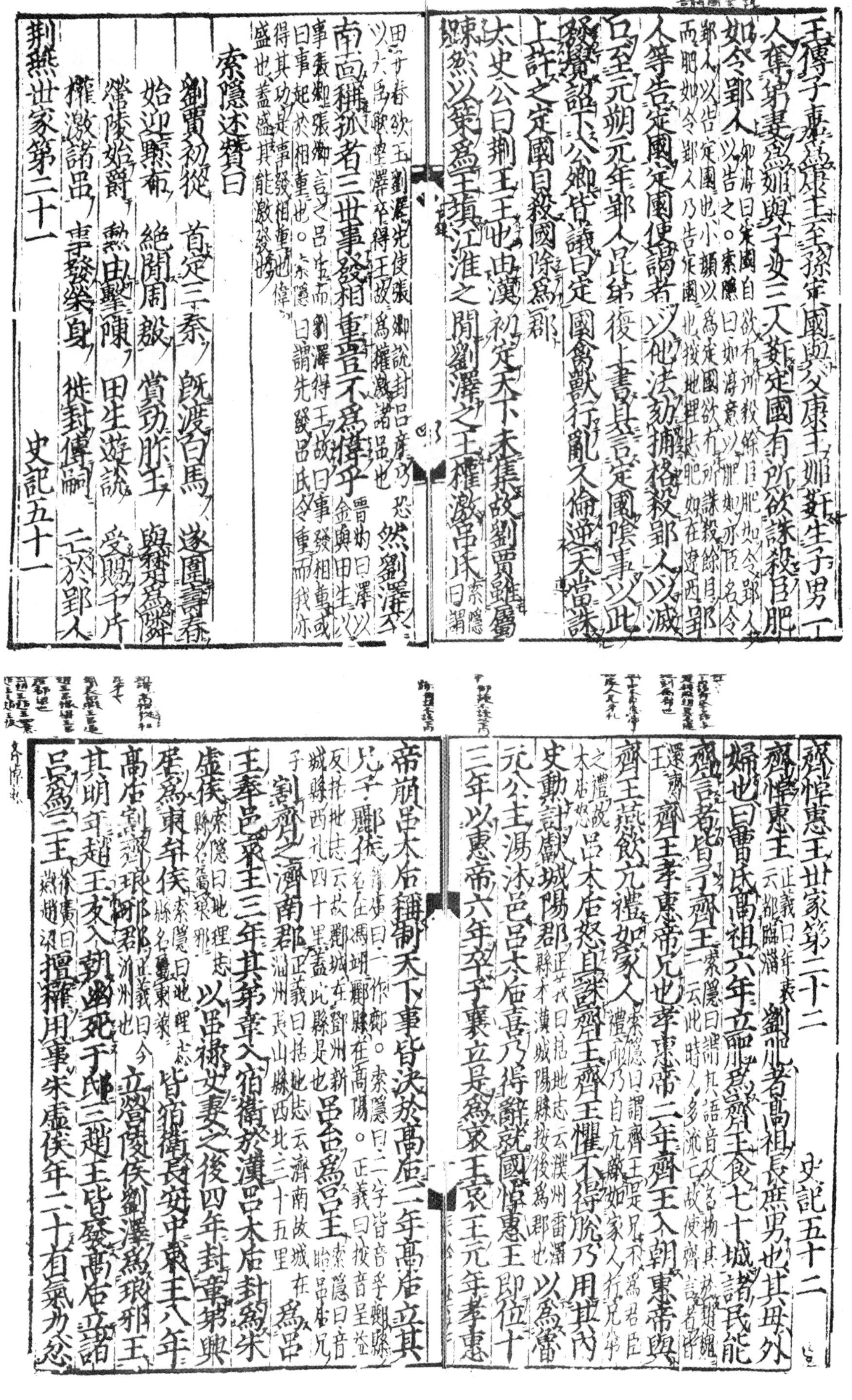

王傳子嘉，至孫定國。定國與父康王姬姦，生子男一人。奪弟妻爲姬。與子女三人姦。定國有所欲誅殺臣肥如令郢人，如淳曰：宋國自欲有所殺，餘臣肥如令郢人以告之。○索隱曰：如淳意以肥如爲縣名，令其官，郢人名也。按地理志肥如在遼西。郢人等告定國，定國使謁者以他法劾捕格殺郢人以滅口。至元朔元年，郢人昆弟復上書具言定國陰事，以此發覺。詔下公卿，皆議曰：「定國禽獸行，亂人倫，逆天，當誅。」上許之。定國自殺，國除爲郡。

太史公曰：荆王王也，由漢初定，天下未集，故劉賈雖屬疏，然以策爲王，填江淮之閒。劉澤之王，權激呂氏，田子春欲王劉澤，先使張卿說封呂產，乃恐，以大呂欲王澤，於得王，故爲權激諸呂也。然劉澤卒南面稱孤者三世。事發相重，豈不爲偉乎！

索隱述贊曰：劉賈初從，首定三秦。既渡白馬，遂圍壽春。始迎黥布，絕閒周殷。賞功胙王，與爵爲鄰。營陵始爵，勳由擊陳。田生遊說，受賜千斤。權激諸呂，事發榮身。徙封傳嗣，亡於郢人。

荆燕世家第二十一　　史記五十一

齊悼惠王世家第二十二　　史記五十二

齊悼惠王劉肥者，高祖長庶男也。其母外婦也，曰曹氏。高祖六年，立肥爲齊王，食七十城，諸民能齊言者皆予齊王。

齊王，孝惠帝兄也。孝惠帝二年，齊王入朝。惠帝與齊王燕飲，亢禮如家人。呂太后怒，且誅齊王。齊王懼不得脫，乃用其內史勳計，獻城陽郡，以爲魯元公主湯沐邑。呂太后喜，乃得辭就國。

悼惠王即位十三年，以惠帝六年卒。子襄立，是爲哀王。

哀王元年，孝惠帝崩，呂太后稱制，天下事皆決於高后。二年，高后立其兄子酈侯呂台爲呂王，割齊之濟南郡爲呂王奉邑。

哀王三年，其弟章入宿衛於漢，呂太后封爲朱虛侯，以呂祿女妻之。後四年，封章弟興居爲東牟侯，皆宿衛長安中。

哀王八年，高后割齊琅邪郡立營陵侯劉澤爲琅邪王。

其明年，趙王友入朝，幽死于邸。三趙王皆廢。高后立諸呂爲三王，擅權用事。

朱虛侯年二十，有氣力，忿

劉氏不得職嘗入侍高后燕飲高后令朱虛侯劉章爲酒吏章自請曰臣將種也請得以軍法行酒高后曰可酒酣章進飲歌舞已而曰請爲太后言耕田歌高后兒子畜之笑曰顧而父知田耳若生而爲王子安知田乎索隱曰顧猶念也而汝若皆訓汝章曰臣知之太后曰試爲我言田章曰深耕穊種立苗欲疏非其種者鉏而去之呂后默然頃之諸呂有一人醉亡酒章追拔劍斬之而還報曰有亡酒一人臣謹行法斬之太后左右皆大驚業已許其軍法無以罪也因罷自是之後諸呂憚朱虛侯雖大臣皆依朱虛侯劉氏爲益彊其明年高后崩趙王呂祿爲上將軍呂王產爲相國皆居長安中聚兵以威大臣欲爲亂朱虛侯章以呂祿女爲婦知其謀乃使人陰出告其兄齊王欲令發兵西朱虛侯東牟侯爲內應以誅諸呂因立齊王爲帝齊王既聞此計乃與其舅父駟鈞索隱曰舅謂舅父猶姨稱姨母郎中令祝午中尉魏勃陰謀發兵齊相召平聞之索隱曰[illegible]召平與東陵侯召平及此召平皆別人也[illegible]乃發卒衛王宮魏勃紿召平曰王欲發兵非有漢虎符驗也而相君圍王固善勃請爲君將兵衛衛王召平信之乃使魏勃將兵圍王宮勃既將兵使圍相府召平曰嗟乎道家之言當斷不斷反受其亂乃是也遂自殺於是齊王以駟鈞爲相魏勃爲將軍祝午爲內史悉發國中兵使祝午東詐琅邪王曰呂氏作亂齊王發兵欲西誅之齊王自以兒子年少不習兵革之事願舉國委大王大王自高帝將也習戰事齊王不敢離兵索隱曰服虔云不敢離其兵而到琅邪使臣請大王幸之臨菑見齊王計事并將齊兵以西平關中之亂琅邪王信之以爲然迺馳見齊王齊王與魏勃等因留琅邪王而使祝午盡發琅邪國而并將其兵琅邪王劉澤既見欺不得反國乃說齊王曰齊悼惠王高皇帝長子推本言之而大王高皇帝適長孫也當立今諸大臣狐疑未有所定而澤於劉氏最爲長年大臣固待澤決計今大王留臣無爲也不如使我入關計事齊王以爲然乃益具車送琅邪王琅邪王既行齊遂舉兵西攻呂國之濟南於是齊哀王遺諸侯王書曰高帝平定天下王諸子弟悼惠王於齊悼惠王薨惠帝使留侯張良立臣爲齊王惠帝崩高后用事春秋高聽諸呂擅廢帝更立又殺三趙王正義曰[illegible]滅梁燕趙[illegible]以王諸呂分齊國爲四索隱曰謂濟南琅邪城陽并齊爲四正義曰琅邪郡封劉澤濟南郡[illegible]城陽郡[illegible]忠臣進諫上惑亂不聽今高后崩皇帝春秋富索隱曰小顏云年幼也比之於財方未匱竭故謂之富也未能治天下

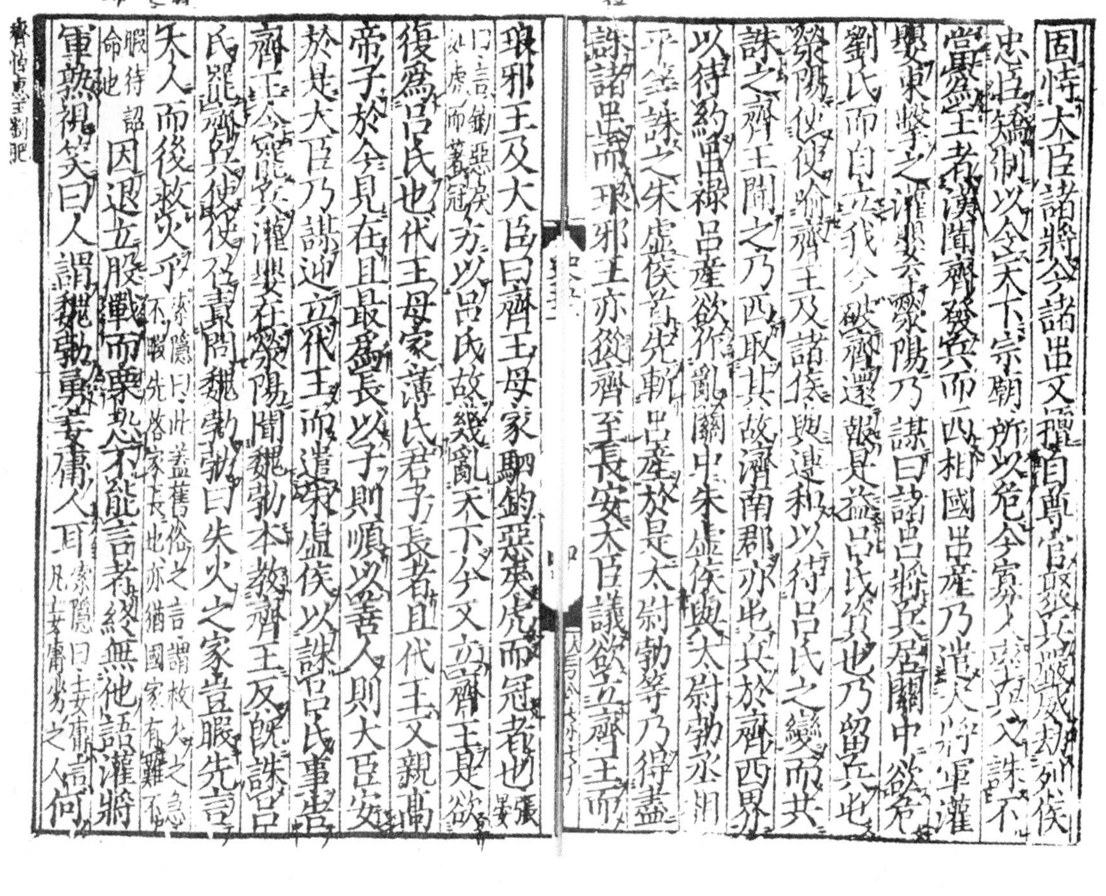

能為乎！」乃罷魏勃。索隱曰：罷謂不……魏勃父以善鼓琴見
秦皇帝。及魏勃少時，欲求見齊相曹參，家貧無以自通，
乃常獨早夜埽齊相舍人門外。相舍人怪之，以為物，而
伺之，索隱曰：一云物怪物。得勃。勃曰：「願見相君，無因，故為子埽，
欲以求見。」於是舍人見勃曹參，因以為舍人。一為參御，
言事，參以為賢，言之齊悼惠王。悼惠王召見，則拜為內
史。始，悼惠王得自置二千石。及悼惠王卒而哀王立，勃
用事，重於齊相。王既罷兵歸，而代王來立，是為孝文帝。
孝文帝元年，盡以高后時所割齊之城陽、琅邪、濟南郡
復與齊，而徙琅邪王王燕，益封朱虛侯、東牟侯各二千
戶。是歲，齊哀王卒，太子則立，是為文王。齊文王元年，漢
以齊之城陽郡立朱虛侯為城陽王，以齊濟北郡正義曰：今濟州濟北也。
立東牟侯為濟北王。二年，濟北王反，漢誅殺
之，地入于漢。後二年，孝文帝盡封齊悼惠王子罷軍等
七人正義曰：罷音皮。皆為列侯。齊文王立十四年卒，無子，國除，
地入于漢。後一歲，孝文帝以所封悼惠王子分齊為王，
齊孝王將閭以悼惠王子楊虛侯為齊王。故齊別郡盡
以王悼惠王子：子志為濟北王，子辟光為濟南王，子賢
為菑川王，子卬為膠西王，子雄渠為膠東王，與城陽、齊
凡七王。索隱曰：謂將閭為齊王，志為濟北王，辟光濟南王，賢菑川王，卬膠西王，雄渠為膠東王，章城陽王。

齊悼惠王世家

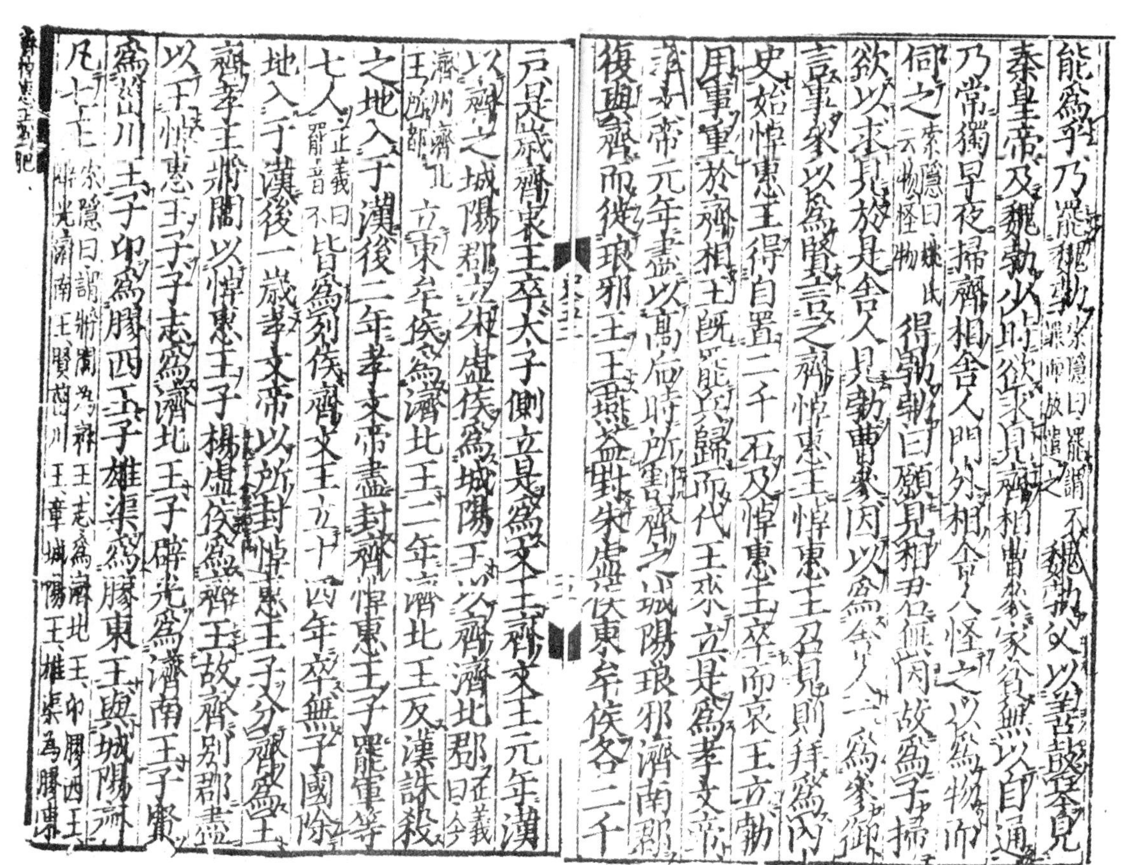

固恃大臣諸將，今諸呂又擅自尊官，聚兵嚴威，劫列侯
忠臣，矯制以令天下，宗廟所以危。今寡人率兵入誅不
當為王者。漢聞齊發兵而西，相國呂產乃遣大將軍灌
嬰東擊之。灌嬰至滎陽，乃謀曰：「諸呂將兵居關中，欲危
劉氏而自立。我今破齊還報，是益呂氏之資也。」乃留兵屯
滎陽，使使諭齊王及諸侯，與連和，以待呂氏之變而共
誅之。齊王聞之，乃西取其故濟南郡，亦屯兵於齊西界
以待約。呂祿、呂產欲作亂關中，朱虛侯與太尉勃、丞相
平等誅之。朱虛侯首先斬呂產，於是太尉勃等乃得盡
誅諸呂。而琅邪王亦從齊至長安。大臣議欲立齊王，而
琅邪王及大臣曰：「齊王母家駟鈞，惡戾，虎而冠者也。
索隱曰：言鈞惡戾如虎而著冠。方以呂氏故幾亂天下，今又立齊王，是欲
復為呂氏也。代王母家薄氏，君子長者；且代王又親高
帝子，於今見在，且最為長。以子則順，以善人則大臣安。」
於是大臣乃謀迎立代王，而遣朱虛侯以誅呂氏事告
齊王，令罷兵。灌嬰在滎陽，聞魏勃本教齊王反，既誅呂
氏，罷齊兵，使使召責問魏勃。勃曰：「失火之家，豈暇先言
大人而後救火乎！」索隱曰：此蓋舊俗之言，謂救火之急，不暇先啓家長也。亦猶國家有難，不暇待詔命也。因退立，股戰而栗，恐不能言者，終無他語。灌將
軍熟視笑曰：「人謂魏勃勇，妄庸人耳，索隱曰：妄庸謂凡妄庸劣之人。何

齊悼惠王世家

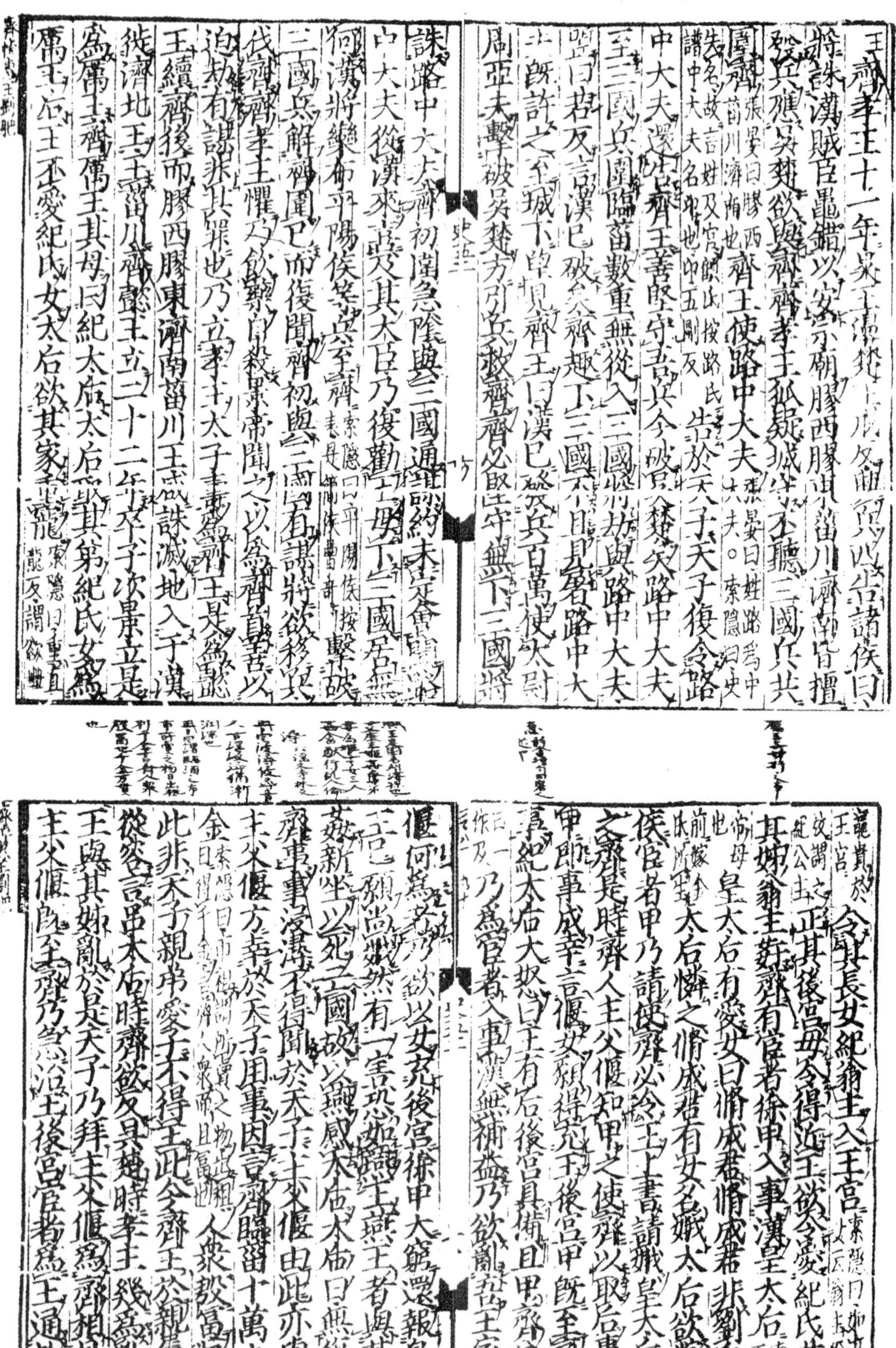

齊孝王十一年，吳王濞、楚王戊反，興兵西，告諸侯曰：「將誅漢賊臣鼂錯以安宗廟。」膠西、膠東、菑川、濟南皆擅發兵應吳楚，欲與齊。齊孝王狐疑，城守不聽，三國兵共圍齊。（索隱曰：膠西、菑川、濟南也。）齊王使路中大夫（張晏曰：姓路，為中大夫。○索隱曰：按路氏，史失名，故言姓及官。顧氏按：路氏譜，中大夫名卬，卬五剛反。）告於天子。天子復令路中大夫還告齊王：「善堅守，吾兵今破吳楚矣。」路中大夫至，三國兵圍臨菑數重，無從入。三國將劫與路中大夫盟，曰：「若反言漢已破矣，齊趣下三國，不且見屠。」路中大夫既許之，至城下，望見齊王，曰：「漢已發兵百萬，使太尉周亞夫擊破吳楚，方引兵救齊，齊必堅守無下！」三國將誅路中大夫。

齊初圍急，陰與三國通謀，約未定，會聞路中大夫從漢來，喜，及其大臣乃復勸王毋下三國。居無何，漢將欒布、平陽侯等兵至齊，（索隱曰：平陽侯，按曹參曾孫奇也。）擊破三國兵，解齊圍。已而復聞齊初與三國有謀，將欲移兵伐齊。齊孝王懼，乃飲藥自殺。景帝聞之，以為齊首善，以迫劫有謀，非其罪也，乃立孝王太子壽為齊王，是為懿王，續齊後。而膠西、膠東、濟南、菑川王咸誅滅，地入于漢。徙濟北王王菑川。齊懿王立二十二年卒，子次景立，是為厲王。

齊厲王，其母曰紀太后。太后取其弟紀氏女為厲王后。王不愛紀氏女。太后欲其家重寵，（索隱曰：重，直龍反，謂欲世世厚寵也。）令其長女紀翁主入王宮，（索隱曰：如淳云：諸王女曰翁主。）正其後宮，毋令得近王，欲令愛紀氏女。王因與其姊翁主姦。

齊有宦者徐甲，入事漢皇太后。（索隱曰：王太后也。）皇太后有愛女曰脩成君，（張晏曰：王太后前嫁金氏所生也。）脩成君非劉氏，太后憐之。脩成君有女名娥，太后欲嫁之於諸侯，宦者甲乃請使齊，必令王上書請娥。皇太后喜，使甲之齊。是時齊人主父偃知甲之使齊以取后事，亦因謂甲：「即事成，幸言偃女願得充王後宮。」甲既至齊，風以此事。紀太后大怒，曰：「王有后，後宮具備。且甲，齊貧人，急乃為宦者，入事漢，無補益，乃欲亂吾王家！且主父偃何為者？乃欲以女充後宮！」徐甲大窮，還報皇太后曰：「王已願尚娥，然有一害，恐如燕王。」燕王者，與其子昆弟姦，新坐以死，亡國，故以燕感太后。太后曰：「無復言嫁女齊事。」事浸潯不得聞於天子。主父偃由此亦與齊有郤。

主父偃方幸於天子，用事，因言：「齊臨菑十萬戶，市租千金，（索隱曰：市租謂所賣之物出稅，日得千金，言齊人眾殷富也。）人眾殷富，巨於長安，此非天子親弟愛子不得王此。今齊王於親屬益疏。」乃從容言：「呂太后時齊欲反，吳楚時孝王幾為亂。今聞齊王與其姊亂。」於是天子乃拜主父偃為齊相，且正其事。主父偃既至齊，乃急治王後宮宦者為王通於姊翁主

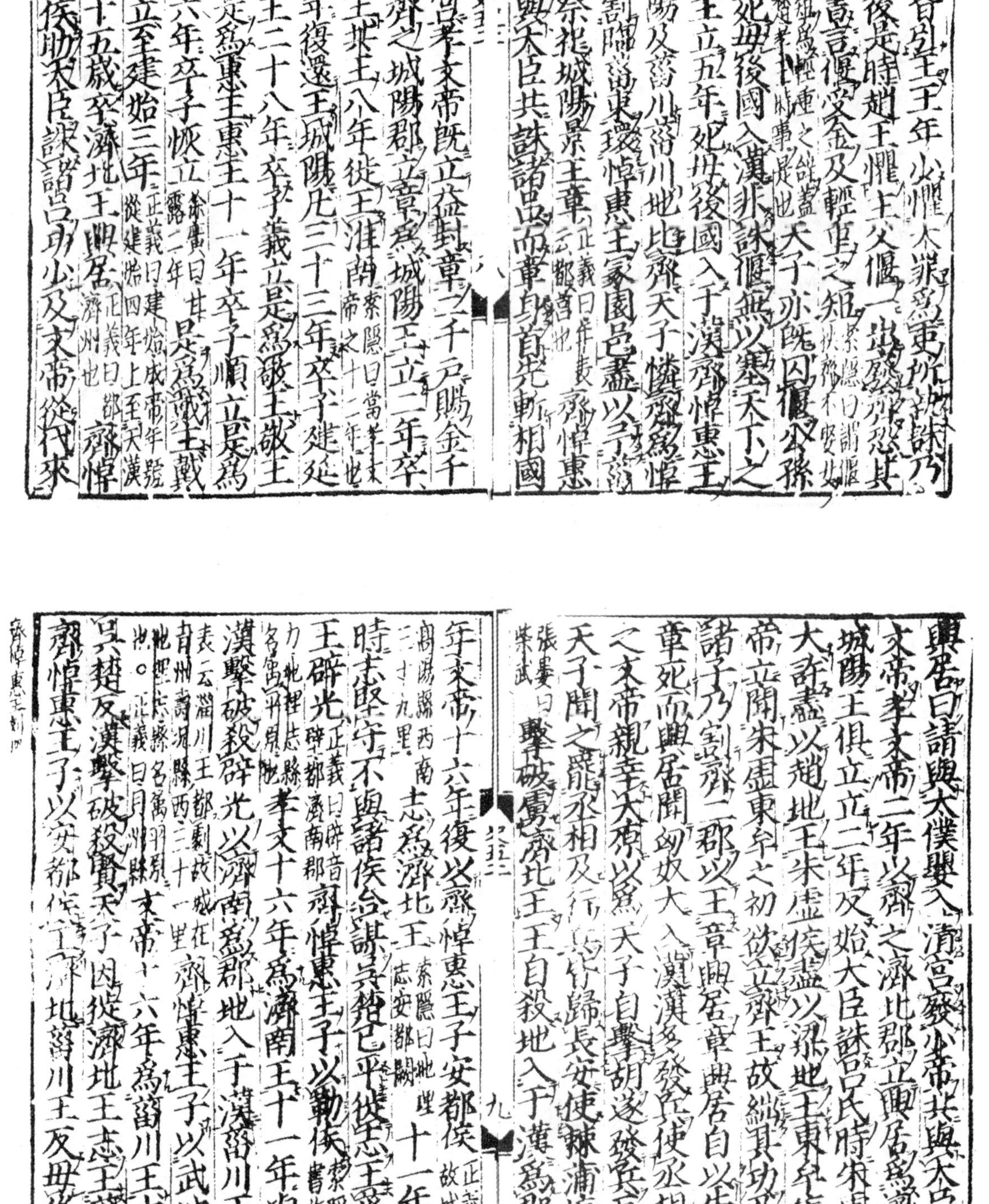

所善，令其辭證皆引王。王年少，懼大罪爲吏所執誅，乃飲藥自殺，絕無後。是時趙王懼主父偃一出廢齊，恐其漸疏骨肉，乃上書言偃受金及輕重之短。索隱曰：謂偃挾私不要好之根，因言齊之短，爲輕重之說，蓋言趙欲畜以另楚者十事是也。天子亦既囚偃。公孫弘言：「齊王以憂死毋後，國入漢，非誅偃無以塞天下之望。」遂誅偃。齊厲王立五年死，毋後，國入于漢。齊悼惠王後尚有二國，城陽及菑川。菑川地比齊。天子憐齊，爲悼惠王冢園在郡，割臨菑東環悼惠王冢園邑盡以予菑川，以奉悼惠王祭祀。城陽景王章，正義曰：年表云都莒也。齊悼惠王子，以朱虛侯與大臣共誅諸呂，而章身首先斬相國

呂王產於未央宮。孝文帝既立，益封章二千戶，賜金千斤。孝文二年，以齊之城陽郡立章爲城陽王。立二年卒，子喜立，是爲共王。共王八年，徙王淮南。索隱曰：當孝文帝之十二年也。○正義曰：年表云都陳也。四年，復還王城陽。凡三十三年卒，子延立，是爲頃王。頃王二十八年卒，子義立，是爲敬王。敬王九年卒，子武立，是爲惠王。惠王十一年卒，子順立，是爲荒王。荒王四十六年卒，子恢立，徐廣曰：甘露二年。是爲戴王。戴王八年卒，子景立，至建始三年，正義曰：建始，成帝年號。從建始四年上至天漢四年，六十七歲矣。蓋衍在此文之。十五歲，卒。濟北王興居，正義曰：都濟州也。齊悼惠王子，以東牟侯助大臣誅諸呂，功少。及文帝從代來，

興居曰：「請與太僕嬰入清宮。」廢少帝，共與大臣尊立孝文帝。孝文帝二年，以齊之濟北郡立興居爲濟北王，與城陽王俱立。立二年，反。始大臣誅呂氏時，朱虛侯功尤大，許盡以趙地王朱虛侯，盡以梁地王東牟侯。及孝文帝立，聞朱虛、東牟之初欲立齊王，故絀其功。及二年，王諸子，乃割齊二郡以王章、興居。章、興居自以失職奪功。章死，而興居聞匈奴大入漢，漢多發兵，使丞相灌嬰擊之，文帝親幸太原，以爲天子自擊胡，遂發兵反於濟北。天子聞之，罷丞相及行兵，皆歸長安。使棘蒲侯柴將軍張晏曰：柴武。擊破虜濟北王，王自殺，地入于漢，爲郡。後十二

年，文帝十六年，復以齊悼惠王子安都侯正義曰：安都故城在瀛州高陽縣西南三十九里。志爲濟北王。索隱曰：地理志安都闕。十一年，吳楚反時，志堅守，不與諸侯合謀。吳楚已平，徙志王菑川。濟南王辟光，正義曰：辟音壁，都濟南郡。齊悼惠王子，以勒侯索隱曰：勒，漢書作扐，皆音力。地理志縣名，屬平原。孝文十六年爲濟南王。十一年，與吳楚反。漢擊破，殺辟光，以濟南爲郡，地入于漢。菑川王賢，正義曰：年表云菑川王都劇，故城在青州壽光縣西三十一里。齊悼惠王子，以武城侯索隱曰：按地理志縣名，屬馮翊也。○正義曰：貝州縣。文帝十六年爲菑川王。十一年，與吳楚反，漢擊破，殺賢。天子因徙濟北王志王菑川。志亦齊悼惠王子，以安都侯王濟北。菑川王反，毋後，乃徙濟

北王。菑川王立三十五年卒，謚爲懿王。子建代立，是爲靖王。二十年卒，子遺代立，是爲頃王。三十六年卒，子終古立，是爲思王。二十八年卒，子尚立，是爲孝王。五年卒，子横立，至建始正義曰亦褚少孫次之三年十一歲卒。膠西王卬，正義曰卬五郎反。年表云都高密。括地志云高密故城在淄州長山縣北四里。齊悼惠王子，以昌平侯正義括地志云昌平故城在幽州東南六十里也文帝十六年爲膠西王。十一年與吳楚反，漢擊破，殺卬。地入于漢，爲膠西郡。膠東王雄渠，正義曰年表云都即墨。按即墨故城在萊州膠東縣南六十里。齊悼惠王子，以白石侯索隱曰地理志縣名屬金城。○正義曰白石城在蒲州猗氏縣北二十里文帝十六年爲膠東王。十一年與吳楚反，漢擊破，殺雄渠。地入于漢，爲膠東郡。

太史公曰：諸侯大國無過齊悼惠王。以海內初定，子弟少，激秦之無尺土封，故大封同姓，以填萬民之心。及後分裂，固其理也。

索隱述贊曰：

漢矯秦制，樹屏自彊。表海大國，悉封齊王。

呂后肆怒，乃獻城陽。哀王嗣立，其力不量。

朱虛仕漢，功大策長。東牟受賞，興亂貽殃。

膠東濟北，雄渠辟光。齊雖七國，忠孝尚昌。

齊悼惠王世家第二十二　　史記五十二

蕭相國世家第二十三　　史記五十三

蕭相國何者，沛豐人也。索隱曰春秋緯蕭何感昴精而生，典獄制律。以文無害。漢書音義曰文無害，有文無所枉害也。律有無害都吏，如今言公平吏。一曰無害者如言無比，陳留間語也。○索隱曰裴注已列數家，今更引二說。應劭云雖爲吏而不刻害。韋昭云爲有文理，無傷害也。爲沛主吏掾。索隱曰漢書云何爲主吏，主吏功曹也。文云何爲沛掾，掾是何爲功曹掾也。高祖爲布衣時，何數以吏事護高祖。索隱曰護猶擁護也。高祖爲亭長，常左右之。高祖以吏繇咸陽，吏皆送奉錢三，何獨以五。李奇曰或三百，或五百也。○索隱曰奉音扶用反，謂資奉之。如字讀，謂奉送之也。劉氏云時錢有重者，一當百，故有送錢三者。秦御史監郡者，與從事常辨之。張晏曰何與共事，偕辨明何。秦時無刺史，以御史監郡。○蘇林曰辨何與從事也。○索隱曰何與御史從事，常辨明言，辨職也。何乃給泗水卒史事，徐廣曰沛縣有泗水亭。又秦以沛爲泗水郡。駰按文穎曰何爲泗水郡卒史。○索隱曰如淳按律，郡卒史、書佐各十人也。卒，祖忽反。第一。索隱曰課最居第一。秦御史欲入言徵何，何固請，得毋行。及高祖起爲沛公，何常爲丞督事。索隱曰謂高祖起沛令，何爲丞，常監督衆事也。沛公至咸陽，諸將皆爭走金帛財物之府分之，索隱曰走音奏，奏者趨向之也。何獨先入收秦丞相御史律令圖書藏之。沛公爲漢王，以何爲丞相。項王與諸侯屠燒咸陽而去。漢王所以具知天下阨塞，戶口多少，彊弱之處，民所疾苦者，以何具得秦圖書也。何進言韓信，漢王以信爲大將軍，語在淮陰侯事中。漢王引兵東定三秦，何以丞相留收巴蜀，填撫諭告，使給軍食。

蕭相国

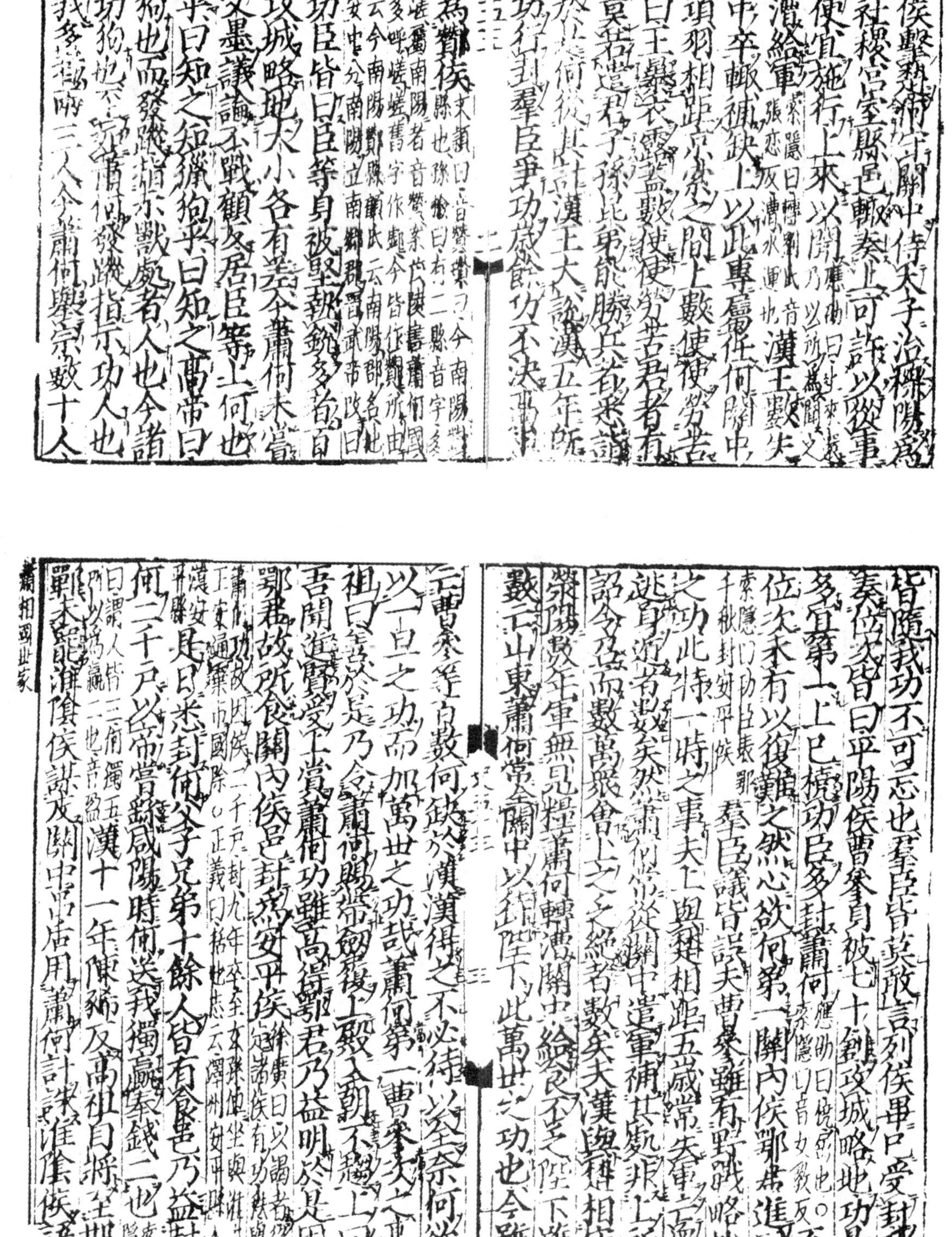

漢二年，漢王與諸侯擊楚，何守關中，侍太子，治櫟陽。為法令約束，立宗廟社稷宮室縣邑，輒奏上，可，許以從事；即不及奏上，輒以便宜施行，上來以聞。關中事計戶口轉漕給軍，漢王數失軍遁去，何常興關中卒，輒補缺。上以此專屬任何關中事。

漢三年，漢王與項羽相距京索之閒，上數使使勞苦丞相。鮑生謂丞相曰：「王暴衣露蓋，數使使勞苦君者，有疑君心也。為君計，莫若遣君子孫昆弟能勝兵者悉詣軍所，上必益信君。」於是何從其計，漢王大說。

漢五年，既殺項羽，定天下，論功行封。羣臣爭功，歲餘功不決。高祖以蕭何功最盛，封為酇侯，所食邑多。功臣皆曰：「臣等身被堅執銳，多者百餘戰，少者數十合，攻城略地，大小各有差。今蕭何未嘗有汗馬之勞，徒持文墨議論，不戰，顧反居臣等上，何也？」高帝曰：「諸君知獵乎？」曰：「知之。」「知獵狗乎？」曰：「知之。」高帝曰：「夫獵，追殺獸兔者狗也，而發蹤指示獸處者人也。今諸君徒能得走獸耳，功狗也。至如蕭何，發蹤指示，功人也。且諸君獨以身隨我，多者兩三人。今蕭何舉宗數十人皆隨我，功不可忘也。」羣臣皆莫敢言。

列侯畢已受封，及奏位次，皆曰：「平陽侯曹參身被七十創，攻城略地，功最多，宜第一。」上已橈功臣，多封蕭何，至位次未有以復難之，然心欲何第一。關內侯鄂君進曰：「羣臣議皆誤。夫曹參雖有野戰略地之功，此特一時之事。夫上與楚相距五歲，常失軍亡眾，逃身遁者數矣。然蕭何常從關中遣軍補其處，非上所詔令召，而數萬眾會上之乏絕者數矣。夫漢與楚相守滎陽數年，軍無見糧，蕭何轉漕關中，給食不乏。陛下雖數亡山東，蕭何常全關中以待陛下，此萬世之功也。今雖亡曹參等百數，何缺於漢？漢得之不必待以全。奈何欲以一旦之功而加萬世之功哉！蕭何第一，曹參次之。」高祖曰：「善。」於是乃令蕭何賜帶劍履上殿，入朝不趨。

上曰：「吾聞進賢受上賞。蕭何功雖高，得鄂君乃益明。」於是因鄂君故所食關內侯邑封為安平侯。是日，悉封何父子兄弟十餘人，皆有食邑。乃益封何二千戶，以帝嘗繇咸陽時何送我獨贏奉錢二也。

漢十一年，陳豨反，高祖自將，至邯鄲。未罷，淮陰侯謀反關中，呂后用蕭何計，誅淮陰侯，語

蕭相國世家

在淮陰事中。上已聞淮陰侯誅，使使拜丞相何爲相國，益封五千戶，令卒五百人一都尉爲相國衛。諸君皆賀，召平獨弔。召平者，故秦東陵侯。秦破，爲布衣，貧，種瓜於長安城東，瓜美，故世俗謂之東陵瓜，從召平以爲名也。召平謂相國曰：禍自此始矣。上暴露於外而君守於中，非被矢石之事而益君封置衛者，以今者淮陰侯新反於中，疑君心矣。夫置衛衛君，非以寵君也。願君讓封勿受，悉以家私財佐軍，則上心說。相國從其計，高帝乃大喜。漢十二年秋，黥布反，上自將擊之，數使使問相國何爲。相國爲上在軍，乃拊循勉力百姓，悉以所有佐軍，如陳豨時。客有說相國曰：君滅族不久矣。夫君位爲相國，功第一，可復加哉？然君初入關中，得百姓心，十餘年矣，皆附君，常復孳孳得民和。上所爲數問君者，畏君傾動關中。今君胡不多買田地，賤貰貸以自汙？（正義曰貰音世又食夜反貸天得反）上心乃安。於是相國從其計，上乃大說。上罷布軍歸，民道遮行上書，言相國賤彊買民田宅數千萬。上至，相國謁。上笑曰：夫相國乃利民！（索隱曰謂相國取人田宅以爲己利故云乃利人也所以令相國自謝之）民所上書皆以與相國，曰：君自謝民。相國因爲民請曰：長安地狹，上林中多空地，棄，願令民得入田，毋收稾爲禽獸食。上大怒曰：相國多受賈人財物，乃爲請吾苑！乃下相國廷尉，械繫之。數日，王衛尉侍，前問曰：相國何大罪，陛下繫之暴也？上曰：吾聞李斯相秦皇帝，有善歸主，有惡自與。今相國多受賈豎金而爲民請吾苑，以自媚於民，故繫治之。王衛尉曰：夫職事苟有便於民而請之，眞宰相事，陛下奈何乃疑相國受賈人錢乎！且陛下距楚數歲，陳豨、黥布反，陛下自將而往，當是時，相國守關中，搖足則關以西非陛下有也。相國不以此時爲利，今乃利賈人之金乎？且秦以不聞其過亡天下，李斯之分過，又何足法哉！陛下何疑宰相之淺也。高帝不懌。是日，使使持節赦出相國。相國年老，素恭謹，入，徒跣謝。高帝曰：相國休矣！相國爲民請苑，吾不許，我不過爲桀紂主，而相國爲賢相。吾故繫相國，欲令百姓聞吾過也。何素不與曹參相能，及何病，孝惠自臨視相國病，因問曰：君即百歲後，誰可代君者？對曰：知臣莫如主。孝惠曰：曹參何如？何頓首曰：帝得之矣！臣死不恨矣！何置田宅必居窮處，爲家不治垣屋。曰：後世賢，師吾儉；不賢，毋爲勢家所奪。孝惠二年，相國何卒，（東觀漢記云蕭何墓在長陵東司馬門道北百步 正義括地志云蕭何墓在雍州咸陽縣東北三十七里）謚爲文終侯。（徐廣曰功臣表蕭何以客初起從也）後嗣以罪失侯者四世，絕，天子輒復求何後，

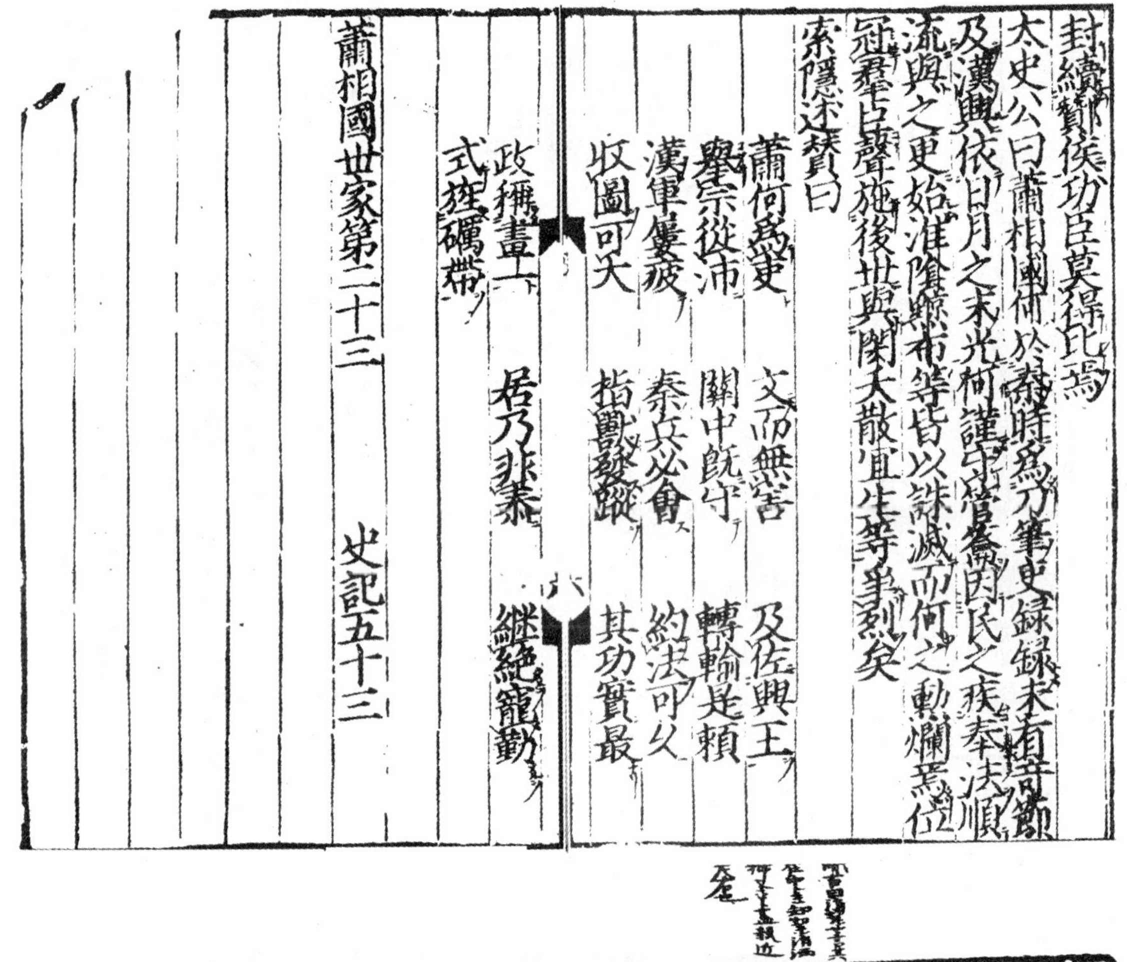

封續鄼侯，功臣莫得比焉。

太史公曰：蕭相國何於秦時為刀筆吏，錄錄未有奇節。及漢興，依日月之末光，何謹守管籥，因民之疾秦法，順流與之更始。淮陰、黥布等皆以誅滅，而何之勳爛焉。位冠羣臣，聲施後世，與閎夭、散宜生等爭烈矣。

索隱述贊曰：蕭何為吏，文而無害。及佐興王，舉宗從沛。關中既守，轉輸是賴。漢軍屢疲，秦兵必會。約法可久，收圖可大。指獸發蹤，其功實最。政稱畫一，居乃非泰。繼絕寵勤，式旌礪帶。

蕭相國世家第二十三　　史記五十三

曹相國世家第二十四　　史記五十四

索隱曰蕭相國曹相國留侯絳侯五宗三王[illegible]

平陽侯正義曰晉州城即平陽故城也曹參者，沛人也。張華曰曹參字敬伯○索隱曰地理志平陽縣屬河東春秋時[illegible]云參字敬伯○正義曰按沛今徐州縣也又博物志並[illegible]秦時為沛獄掾，而蕭何為主吏，居縣為豪吏矣。高祖為沛公而初起也，參以中涓從。漢書音義曰中涓如中謁者○索隱曰涓音古玄反將擊胡陵、方與，○索隱曰地理志二縣皆屬山陽○正義曰方音房兗州縣也正義曰縣名在方與東南攻秦監公軍，漢書音義曰監御史監郡者公名秦一郡置守尉監三人○索隱曰本紀泗川監名平則平是名公為相尊之辭大破之。東下薛，擊泗水守軍薛郭西。復攻胡陵，取之。徙守方與。方與反為魏，擊之。正義曰參擊方與豐反為魏，索隱曰時雍齒守豐反為魏攻之。賜爵七大夫。擊秦司馬𡰱軍碭東，破之，取碭、狐父，徐廣曰伍被曰吳濞敗於狐父○索隱曰地理志碭屬梁國狐父地名在梁碭之閒徐氏引伍被云吳濞敗於狐父是吳與梁相距而敗處○正義曰括地志云狐父亭在宋州碭山縣東南三十里祁善置。音秩漢書曰善置音如字○索隱曰司馬彪郡國志穀熟有祁亭善名也○正義曰括地志云故祁城在宋州下邑縣東北漢祁縣地言取碭狐父及祁縣之善置又攻下邑以西，至虞，索隱曰下邑縣名屬梁國○正義曰宋州下邑縣在州東百里[illegible]理志下邑虞皆屬梁國虞城縣在州北古虞國也擊章邯車騎。攻爰戚及亢父，索隱曰爰戚縣名屬山陽音七亞反今在兗州南近亢父縣○正義曰音亢抗先登。遷為五大夫。北救東阿，索隱曰：時章邯圍田榮於東阿也。○正義曰：今濟州東阿也。擊章邯軍，陷陳，追至濮陽。攻定陶，取臨濟。正義曰：臨濟故城在淄州高苑縣西北。南救雍丘。擊李由軍，破之，殺李由，虜秦候一人。秦將章邯破殺項梁也，沛公與項羽引而東。楚懷王以沛公為碭郡長，將碭郡兵。於是乃封參為執帛，索隱曰：孫炎曰執帛，楚爵名也。號曰建成君。索隱曰：地理志建成縣屬沛郡。遷為戚公，索隱曰：遷參為戚公。○正義曰：即愛戚縣也。屬碭郡。其後從攻東郡尉軍，破之成武南。索隱曰：地理志縣名，在濟陰。○正義曰：成武，地名，周武王封弟季載於成。擊王離軍成陽南，索隱曰：成陽，地名。復攻之杠里，大破之。追北，西至開封，擊趙賁軍，破之，索隱曰：賁音奔。圍趙賁開封城中。西擊秦將楊熊軍於曲遇，徐廣曰：在中牟。○索隱曰：曲音丘禹反，遇音牛恭反。○正義曰：司馬彪郡國志云中牟有曲遇聚。按中牟，鄭州縣也。破之，虜秦司馬及御史各一人。遷為執珪。張晏曰：侯伯執珪以朝，位比之。如淳曰：呂氏春秋得伍員者位執珪，古爵名。從攻陽武，正義曰：括地志云：陽武故城在鄭州陽武縣東北十八里，漢陽武縣城也。下轘轅、緱氏，索隱曰：地理志陽武、緱氏二縣屬河南。轘轅，道名，在緱氏南。○正義曰：緱氏，洛州縣也。括地志云：轘轅故關在洛州緱氏縣東南，凡十二曲，是險道。絕河津，正義曰：津，濟渡處。括地志云：平陰故津在洛州洛陽縣東北。還擊趙賁軍尸北，破之。徐廣曰：在偃師。○正義曰：破趙賁軍於尸鄉之北。括地志云：尸鄉在洛州偃師縣，在洛州東南。從南攻犨，索隱曰：今犨縣。○索隱曰：徐廣云陽城在南陽犨縣，不在潁川。與南陽守齮戰陽城郭東，陷陳，正義曰：陷南陽守於陽城郭東也。取宛，虜齮，盡定南陽郡。從西攻武關、嶢關，取之。正義曰：括地志云：故武關在商州商洛縣東。嶢關在雍州藍田縣東南。前攻秦軍藍田南，正義曰：藍田縣在雍州東南。又夜擊其北，秦軍大破，遂至咸陽，滅秦。項羽至，以沛公為漢王。漢王封參為建成侯。從至漢中，正義曰：梁州，本漢中郡。遷為將軍。從還定三秦，初攻下辯、故道、索隱曰：地理志二縣名，屬武都。○正義曰：括地志云：成州同谷縣，本漢下辯道。又云：鳳州兩當縣，本漢故道縣。雍、斄。索隱曰：斄音胎。○正義曰：地理志二縣名，屬右扶風。斄音胎。括地志云：故斄城在雍州武功縣南七里，古邰國也。擊章平軍於好畤南，正義曰：好畤城在雍州好畤縣。破之，圍好畤，取壤鄉。索隱曰：壤鄉，地名。擊三秦軍壤東及高櫟，破之。索隱曰：晉灼曰：按文穎云壤鄉、高櫟皆地名，在右扶風。○正義曰：皆村邑名。壤鄉今在雍州武功縣東南，高櫟蓋近壤鄉也。復圍章平，章平出好畤走。因擊趙賁、內史保軍，破之。東取咸陽，更命曰新城。索隱曰：漢書高帝元年咸陽名新城，武帝改名渭城。參將兵守景陵二十日，漢書音義曰：縣名。三秦使章平等攻參，參出擊，大破之。賜食邑於寧秦。索隱曰：縣名，今華陰。參以將軍引兵圍章邯於廢丘。正義曰：廢丘故城在雍州始平縣東南。以中尉從漢王出臨晉關。正義曰：即蒲津關也，在臨晉縣，故言臨晉關。今在同州。至河內，下脩武，正義曰：今懷州獲嘉縣古脩武也。渡圍津，徐廣曰：東郡白馬有圍津。○索隱曰：顧氏按：水經注白馬津有韋鄉、韋津城，圍與韋同，古今字變耳。○正義曰：括地志云：白馬津一名白馬濟，在滑州白馬縣北。東擊龍且、項他定陶，破之。東取碭、蕭、彭城。

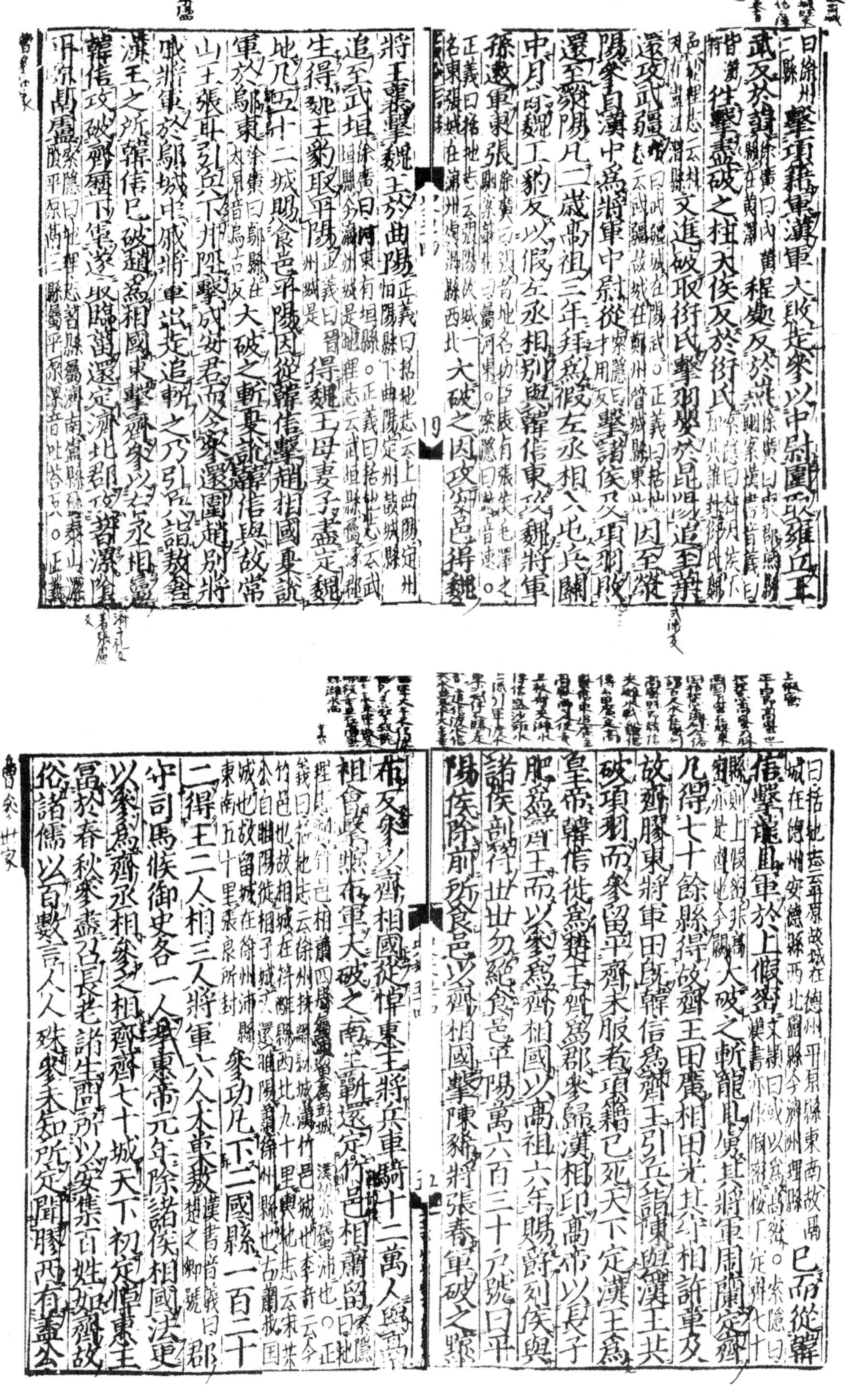
曰徐州擊項籍軍，漢軍大敗走。參以中尉圍取雍丘。王武反於黃，程處反於燕，往擊，盡破之。柱天侯反於衍氏，又進破取衍氏。擊羽嬰於昆陽，追至葉。還攻武彊，因至滎陽。參自漢中為將軍中尉，從擊諸侯，及項羽敗，還至滎陽，凡二歲。高祖三年，拜為假左丞相，入屯兵關中。月餘，魏王豹反，以假左丞相別與韓信東攻魏將軍孫遬軍東張，大破之。因攻安邑，得魏將王襄。擊魏王於曲陽，追至武垣，生得魏王豹。取平陽，得魏王母妻子，盡定魏地，凡五十二城。賜食邑平陽。因從韓信擊趙相國夏說軍於鄔東，大破之，斬夏說。韓信與故常山王張耳引兵下井陘，擊成安君，而令參還圍趙別將戚將軍於鄔城中。戚將軍出走，追斬之。乃引兵詣敖倉漢王之所。韓信已破趙，為相國，東擊齊。參以右丞相屬韓信，攻破齊歷下軍，遂取臨菑。還定濟北郡，攻著、漯陰、平原、鬲、盧。

曹相國世家　19

已而從韓信擊龍且軍於上假密，大破之，斬龍且，虜其將軍周蘭。定齊，凡得七十餘縣。得故齊王田廣相田光，其守相許章，及故齊膠東將軍田既。韓信為齊王，引兵詣陳，與漢王共破項羽，而參留平齊未服者。項籍已死，天下定，漢王為皇帝，韓信徙為楚王，齊為郡。參歸漢相印。高帝以長子肥為齊王，而以參為齊相國。以高祖六年賜爵列侯，與諸侯剖符，世世勿絕。食邑平陽萬六百三十戶，號曰平陽侯，除前所食邑。以齊相國擊陳豨將張春軍，破之。黥布反，參以齊相國從悼惠王將兵車騎十二萬人，與高祖會擊黥布軍，大破之。南至蘄，還定竹邑、相、蕭、留。參功：凡下二國，縣一百二十二；得王二人，相三人，將軍六人，大莫敖、郡守、司馬、候、御史各一人。孝惠帝元年，除諸侯相國法，更以參為齊丞相。參之相齊，齊七十城。天下初定，悼惠王富於春秋，參盡召長老諸生，問所以安集百姓，如齊故俗諸儒以百數，言人人殊，參未知所定。聞膠西有蓋公

曹參世家　二十

善治黃老言，使人厚幣請之。既見蓋公，蓋公為言治道貴清靜而民自定，推此類具言之。參於是避正堂，舍蓋公焉。其治要用黃老術，故相齊九年，齊國安集，大稱賢相。惠帝二年，蕭何卒。參聞之，告舍人趣治行，「吾將入相」。居無何，使者果召參。參去，屬其後相曰：「以齊獄市為寄，慎勿擾也。」後相曰：「治無大於此者乎？」參曰：「不然。夫獄市者，所以并容也，今君擾之，姦人安所容也？吾是以先之。」參始微時，與蕭何善；及為將相，有郤。至何且死，所推賢唯參。參代何為漢相國，舉事無所變更，一遵蕭何約束。擇郡國吏木詘於文辭，重厚長者，即召除為丞相史。吏之言文刻深，欲務聲名者，輒斥去之。日夜飲醇酒。卿大夫已下吏及賓客見參不事事，（如淳曰：不事丞相之事。）來者皆欲有言。至者，參輒飲以醇酒，閒之，欲有所言，復飲之，醉而後去，終莫得開說，（如淳曰：閒謂有所諮也。）以為常。相舍後園近吏舍，吏舍日飲歌呼。從吏惡之，無如之何，乃請參游園中，聞吏醉歌呼，從吏幸相國召按之。乃反取酒張坐飲，亦歌呼與相應和。參見人之有細過，專掩匿覆蓋之，府中無事。參子窋（索隱曰：窋，張律反。）為中大夫。惠帝怪相國不治事，以為「豈少朕與？」乃謂窋曰：「若歸，試私從容問而父曰：『高帝新棄群臣，帝富於春秋，君為相，日飲，無所請事，何以憂天下乎？』然無言吾告若也。」窋既洗沐歸，閒侍，自從其所諫參。參怒，而笞窋二百，曰：「趣入侍，天下事非若所當言也。」至朝時，惠帝讓參曰：「與窋胡治乎？乃者我使諫君也。」參免冠謝曰：「陛下自察聖武孰與高帝？」上曰：「朕乃安敢望先帝乎！」曰：「陛下觀臣能孰與蕭何賢？」上曰：「君似不及也。」參曰：「陛下言之是也。且高帝與蕭何定天下，法令既明，今陛下垂拱，參等守職，遵而勿失，不亦可乎？」惠帝曰：「善。君休矣！」參為漢相國，出入三年。卒，謚懿侯。子窋代侯。百姓歌之曰：「蕭何為法，顜若畫一；（徐廣曰：顜音古項反。）曹參代之，守而勿失。載其清淨，民以寧一。」平陽侯窋，高后時為御史大夫。孝文帝立，免為侯。立二十九年卒，謚為靜侯。子奇代侯，立七年卒，謚為簡侯。子時代侯。時尚平陽公主，生子襄。時病癘，歸國。立二十三年卒，謚夷侯。子襄代侯。襄尚衛長公主，生子宗。立十六年卒，謚為共侯。子宗代侯。征和二年中，宗坐太子死，國除。

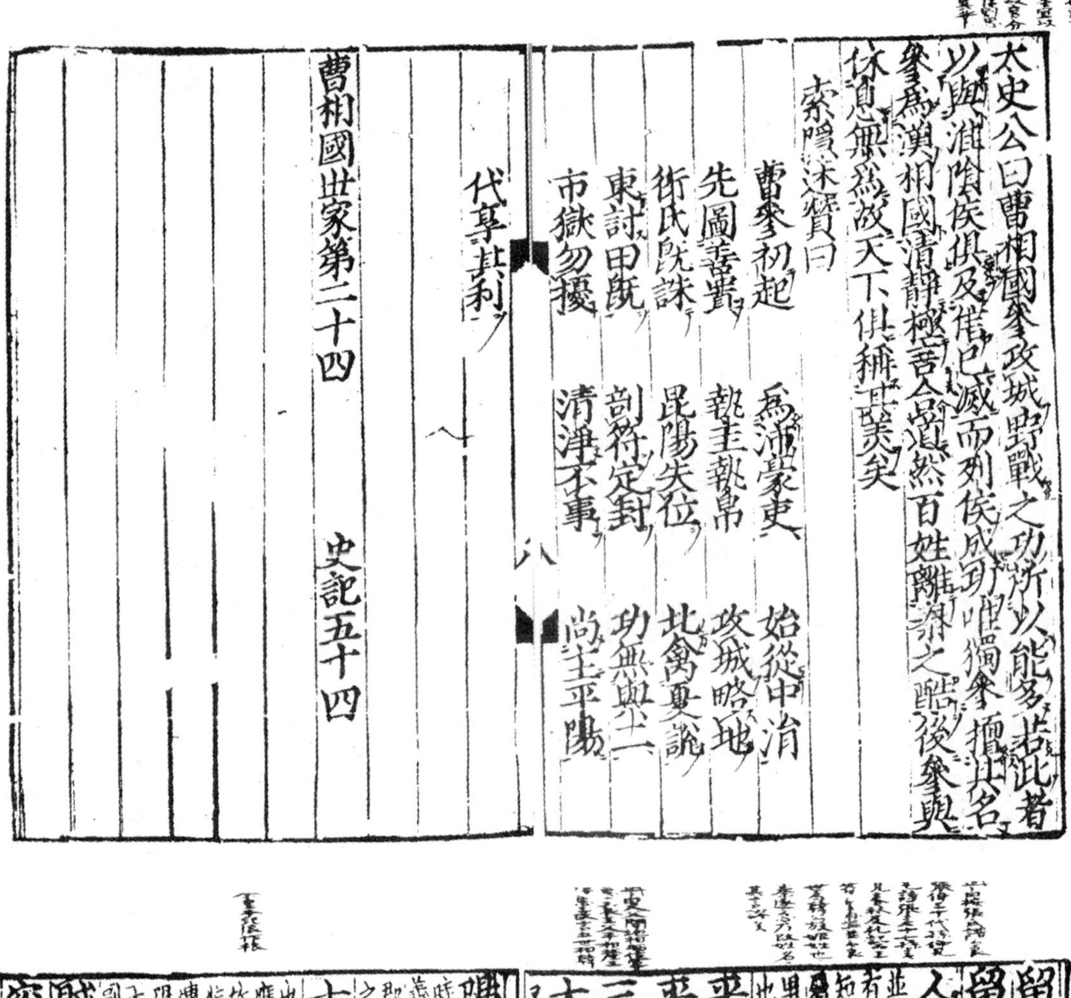

太史公曰曹相國參攻城野戰之功所以能多若此者以與淮陰侯俱及信已滅而列侯成功唯獨參擅其名參為漢相國清靜極言合道然百姓離秦之酷後參與休息無為故天下俱稱其美矣

索隱述贊曰曹參初起為沛豪吏始從中涓先圍善置執圭執帛攻城略地衍氏既誅昆陽失位北禽夏說東討田既剖符定封功無與二市獄勿擾清淨不事尚主平陽代享其利

曹相國世家第二十四　史記五十四

留侯世家第二十五　史記五十五

留侯正義曰括地志云故留城在徐州沛縣東南五十五里今城內有張良廟也張良者其先韓人也索隱曰韋昭云留今屬彭城按良求封留以始見沛公故也漢書云良字子房按王符皇甫謐並以良為韓之公族姬姓也秦索賊急乃改姓名而韓先有張去疾及張譴恐非良之先代也良既歷代相韓故知其先韓人顧氏按後漢書云張良出於城父城父縣屬潁川也○正義曰括地志云城父在汝州郟城縣東大父開地應劭曰大父祖父開地名相韓昭侯宣惠王襄哀王父平相釐王悼惠王索隱曰韓系家及系本並作桓惠王悼惠王二十三年平卒卒二十歲秦滅韓良年少未宦事韓韓破良家僮三百人弟死不葬悉以家財求客刺秦王為韓報仇以大父父五世相韓故索隱曰謂大父及父相韓五王故云五世良嘗學禮淮陽正義曰今陳州東見倉海君如淳曰秦郡縣無倉海或曰東夷君長○索隱曰姚察以武帝時東夷穢君降為倉海郡或因以名蓋得其近耳○正義曰漢書武帝紀云元年東夷穢君南閭等降為倉海郡今貊穢國得之太史公修史時已降為郡自書之括地志云穢貊在高麗南新羅北東至大海西得力士為鐵椎重百二十斤秦皇帝東游良與客狙服虔曰狙伺候也徐廣曰伺候也音千恕反○索隱曰應劭曰狙伺也一云狙伏伺也謂狙伺物必伏而候之故今云狙候是也擊秦皇帝博浪沙中索隱曰服虔云地在陽武南按今浚儀西北有博浪城○正義曰晉地理記云鄭州陽武縣有博浪沙按今當官道也誤中副車索隱曰漢官儀天子屬車三十六乘屬車即副車而奉車郎御而從後秦皇帝大怒大索天下求賊甚急為張良故也良乃更名姓亡匿下邳良嘗閒從容步游下邳圯上徐廣曰圯橋也東楚謂之圯音怡○索隱曰崔訓經也閒閑字也從容閒

暇也。從容謂從任其容止，不矜莊也。邳，彼眉反。按地理志下邳縣屬東海。又云沂在縣後，故此云下邳。李奇云：上下邳人謂橋爲圯。文穎云：沂水上橋也。應劭云：圯，水之上也。姚察見史記本有作土旁者，今會稽東湖大橋名爲靈圯，亦音夷，理或然也。有一老父，衣褐，至良所，直墮其履圯下，索隱曰：崔浩云直猶故也，亦恐不然。謂至良所正墮其履也。顧謂良曰：孺子，下取履！良鄂然，欲毆之。徐廣曰：一曰良愕然欲罵之。○索隱曰：毆，烏后反。爲其老，彊忍，下取履。父曰：履我！良業爲取履，因長跪履之。索隱曰：業猶本先也。謂良先已爲取履，故遂跪而履之。父以足受，笑而去。良殊大驚，隨目之。父去里所，復還，徐廣曰：一曰爲其老彊忍下取履，因進之。父以足受，笑而去。良殊大驚。父去里所復還。曰：孺子可教矣。後五日平明，與我會此。良因怪之，跪曰：諾。五日平明，良往。父已先在，怒曰：與

老人期，後，何也？去，曰：後五日早會。五日雞鳴，良往。父又先在，復怒曰：後，何也？去，曰：後五日復早來。五日，良夜未半往。有頃，父亦來，喜曰：當如是。出一編書，徐廣曰：編一作篇。曰：讀此則爲王者師矣。後十年興。十三年孺子見我濟北，穀城山下黃石即我矣。正義曰：括地志云穀城山一名黃山，在濟州東阿縣東。濟州故濟北郡。孔文祥云：黃石公須眉皆白，杖丹黎，履赤舄。遂去，無他言，不復見。旦日視其書，乃太公兵法也。正義曰：七錄云太公兵法一帙三卷。太公，姜子牙，周文王師，封齊侯。良因異之，常習誦讀之。居下邳，爲任俠。項伯常殺人，從良匿。後十年，陳涉等起兵，良亦聚少年百餘人。景駒自立爲楚假王，在留。良欲往從之，道遇沛公。沛公將數

千人，略地下邳西，遂屬焉。沛公拜良爲廄將。漢書音義曰：官名。良數以太公兵法說沛公，沛公善之，常用其策。良爲他人言，皆不省。良曰：沛公殆天授。索隱曰：殆近也。故遂從之，不去見景駒。及沛公之薛，見項梁。項梁立楚懷王。良乃說項梁曰：君已立楚後，而韓諸公子橫陽君成賢，可立爲王，益樹黨。項梁使良求韓成，立以爲韓王。以良爲韓申徒，徐廣曰：即司徒耳，但語音訛轉，故字亦隨改。與韓王將千餘人西略韓地，得數城，秦輒復取之，往來爲游兵潁川。沛公之從雒陽南出轘轅，良引兵從沛公，下韓十餘城，擊破楊熊軍。沛公乃令韓王成留守陽翟，與良俱南，攻下宛，西入武關。沛

公欲以兵二萬人擊秦嶢下軍，徐廣曰：嶢音堯。良說曰：秦兵尚彊，未可輕。臣聞其將屠者子，賈豎易動以利。願沛公且留壁，使人先行，爲五萬人具食，徐廣曰：五一作百。益爲張旗幟諸山上，爲疑兵，索隱曰：旗音其，幟音試。令酈食其持重寶啗秦將。秦將果畔，欲連和俱西襲咸陽，沛公欲聽之。良曰：此獨其將欲叛耳，恐士卒不從。不從必危，不如因其解擊之。索隱曰：謂卒將離心而解怠。沛公乃引兵擊秦軍，大破之。遂北至藍田，再戰，秦兵竟敗。遂至咸陽，秦王子嬰降沛公。沛公入秦宮，宮室帷帳狗馬重寶婦女以千數，意欲留居之。樊噲諫沛公出舍，沛公不聽。徐廣曰：一本噲諫曰：沛公欲有天下耶？將欲爲富家翁耶？沛公

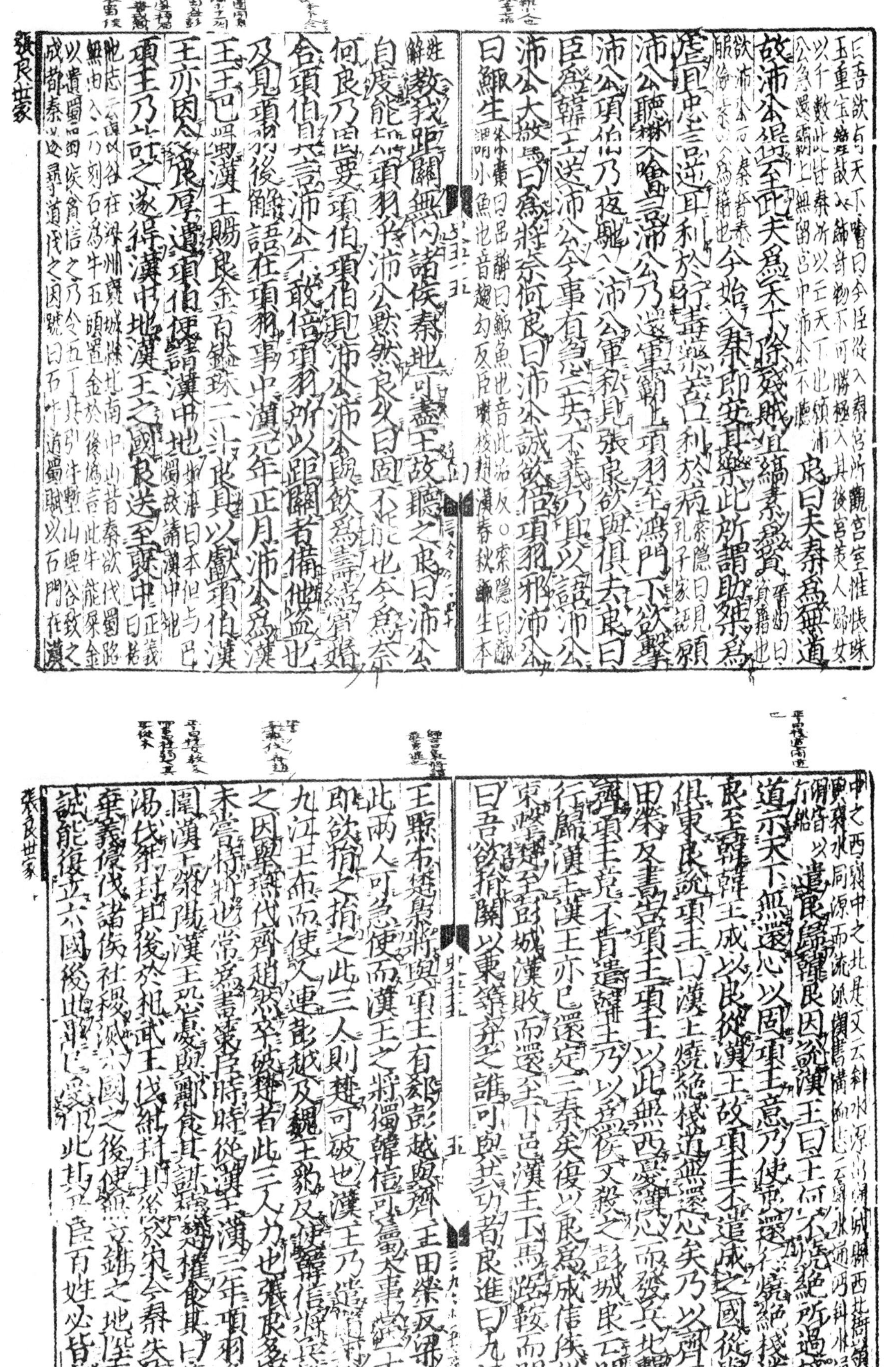

良曰夫秦為無道故沛公得至此夫為天下除殘賊宜縞素為資今始入秦即安其樂此所謂助桀為虐且忠言逆耳利於行毒藥苦口利於病願沛公聽樊噲言沛公乃還軍霸上項羽至鴻門下欲擊沛公項伯乃夜馳入沛公軍私見張良欲與俱去良曰臣為韓王送沛公今事有急亡去不義乃具以語沛公沛公大驚曰為將奈何良曰沛公誠欲倍項羽邪沛公曰鯫生教我距關無內諸侯秦地可盡王故聽之良曰沛公自度能卻項羽乎沛公默然良久曰固不能也今為奈何良乃固要項伯項伯見沛公沛公與飲為壽結賓婚令項伯具言沛公不敢倍項羽所以距關者備他盜也及見項羽後解語在項羽事中漢元年正月沛公為漢王王巴蜀漢王賜良金百溢珠二斗良具以獻項伯漢王亦因令良厚遺項伯使請漢中地項王乃許之遂得漢中地漢王之國良送至褒中

張良世家

遣良歸韓良因說漢王曰王何不燒絕所過棧道示天下無還心以固項王意乃使良還行燒絕棧道良至韓韓王成以良從漢王故項王不遣成之國從與俱東良說項王曰漢王燒絕棧道無還心矣乃以齊王田榮反書告項王項王以此無西憂漢心而發兵北擊齊項王竟不肯遣韓王乃以為侯又殺之彭城良亡閒行歸漢王漢王亦已還定三秦矣復以良為成信侯從東擊楚至彭城漢敗而還至下邑漢王下馬踞鞍而問曰吾欲捐關以東等棄之誰可與共功者良進曰九江王黥布楚梟將與項王有郄彭越與齊王田榮反梁地此兩人可急使而漢王之將獨韓信可屬大事當一面即欲捐之捐之此三人則楚可破也漢王乃遣隨何說九江王布而使人連彭越及魏王豹反使韓信將兵擊之因舉燕代齊趙然卒破楚者此三人力也張良多病未嘗特將也常為畫策臣時時從漢王漢三年項羽急圍漢王滎陽漢王恐憂與酈食其謀橈楚權食其曰昔湯伐桀封其後於杞武王伐紂封其後於宋今秦失德棄義侵伐諸侯社稷滅六國之後使無立錐之地陛下誠能復立六國後世畢已受印此其君臣百姓必皆戴

張良世家

陛下之德義莫不鄉風慕義願為臣妾德義已行陛下南鄉稱霸楚必斂衽而朝漢王曰善趣刻印先生因行佩之矣食其未行張良從外來謁漢王方食曰子房前客有為我計橈楚權者具以酈生語告於子房曰何如良曰誰為陛下畫此計者陛下事去矣漢王曰何哉張良對曰臣請藉前箸為大王籌之 張晏曰求借所食之箸用指畫也或曰前世湯武箸明之事以籌今時之不若也 曰昔者湯伐桀而封其後於杞者度能制桀之死命也今陛下能制項籍之死命乎曰未能也其不可一也武王伐紂封其後於宋者度能得紂之頭也今陛下能得項籍之頭乎曰未能也其不可二也

武王入殷表商容之閭 索隱曰崔浩云表者標榜其里門商容紂時賢人韓詩外傳曰商容執羽籥馮於馬徒欲以化紂而不能遂伏於太行山武王欲以為三公固辭而不受餘解在商紀 釋箕子之拘 徐廣曰釋一作式拘一作囚 封比干之墓今陛下能封聖人之墓表賢者之閭式智者之門乎曰未能也其不可三也發鉅橋之粟散鹿臺之錢以賜貧窮今陛下能散府庫以賜貧窮乎曰未能也其不可四矣殷事已畢偃革為軒 如淳曰革者革車也軒者赤旂與車也偃武備而治禮樂也○索隱曰蘇林云革者兵車也軒者朱輪皮軒也謂廢兵車而用乘車也 倒置干戈覆以虎皮以示天下不復用兵今陛下能偃武行文不復用兵乎曰未能也其不可五矣休馬華山之陽示以無所為今陛

下能休馬無所用乎曰未能也其不可六矣放牛桃林之陰 索隱曰晉灼云在弘農閿鄉南谷中又弘農有桃林山海經云夸父之山北有桃林廣三百里 以示不復輸積今陛下能放牛不復輸積乎曰未能也其不可七矣且天下游士離其親戚棄墳墓去故舊從陛下游者徒欲日夜望咫尺之地今復六國立韓魏燕趙齊楚之後天下游士各歸事其主從其親戚反其故舊墳墓陛下與誰取天下乎其不可八矣且夫楚唯無彊六國立者復橈而從之 漢書音義曰唯當使楚無彊彊則六國弱而從之○索隱曰荀悅漢紀此事云獨可使楚無彊彊則六國屈橈而從之又韋昭云今無彊楚楚若彊六國立必復屈橈從楚二說之意同 陛下焉得而臣之誠用客之謀陛下

事去矣漢王輟食吐哺罵曰豎儒幾敗而公事 索隱曰高祖罵酈生為豎儒謂此儒生豎子耳幾音祈幾殆近也而公高祖自謂也漢書作乃公 令趣銷印漢四年韓信破齊而欲自立為齊王漢王怒張良說漢王漢王使良授齊王信印語在淮陰事中其秋漢王追楚至陽夏南戰不利而壁固陵諸侯期不至良說漢王漢王用其計諸侯皆至語在項籍事中漢六年正月封功臣良未嘗有戰鬬功高帝曰運籌策帷帳中決勝千里外子房功也自擇齊三萬戶良曰始臣起下邳與上會留此天以臣授陛下陛下用臣計幸而時中臣願封留足矣不敢當三萬戶乃封張良為留侯與蕭何等俱封

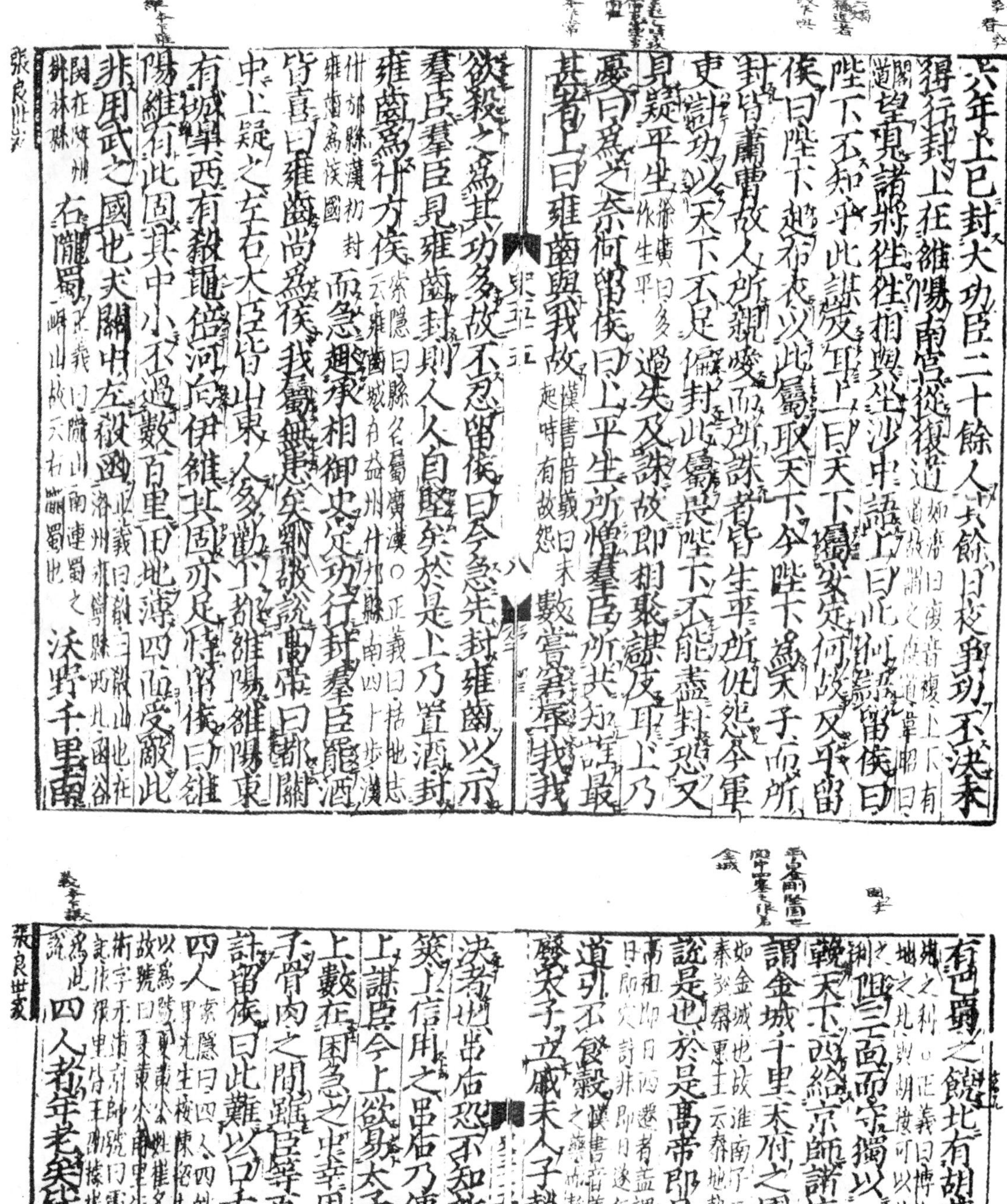

張良世家

六年上已封大功臣二十餘人其餘日夜爭功不決未得行封上在雒陽南宮從複道望見諸將往往相與坐沙中語上曰此何語留侯曰陛下不知乎此謀反耳上曰天下屬安定何故反乎留侯曰陛下起布衣以此屬取天下今陛下為天子而所封皆蕭曹故人所親愛而所誅者皆生平所仇怨今軍吏計功以天下不足偏封此屬畏陛下不能盡封恐又見疑平生過失及誅故即相聚謀反耳上乃憂曰為之奈何留侯曰上平生所憎羣臣所共知誰最甚者上曰雍齒與我故數嘗窘辱我我欲殺之為其功多故不忍留侯曰今急先封雍齒以示羣臣羣臣見雍齒封則人人自堅矣於是上乃置酒封雍齒為什方侯而急趣丞相御史定功行封羣臣罷酒皆喜曰雍齒尚為侯我屬無患矣劉敬說高帝曰都關中上疑之左右大臣皆山東人多勸上都雒陽雒陽東有成皋西有殽黽倍河向伊雒其固亦足恃留侯曰雒陽雖有此固其中小不過數百里田地薄四面受敵此非用武之國也夫關中左殽函右隴蜀沃野千里南有巴蜀之饒北有胡苑之利阻三面而守獨以一面東制諸侯諸侯安定河渭漕輓天下西給京師諸侯有變順流而下足以委輸此所謂金城千里天府之國也劉敬說是也於是高帝即日駕西都關中留侯從入關留侯性多病即道引不食穀杜門不出歲餘上欲廢太子立戚夫人子趙王如意大臣多諫爭未能得堅決者也呂后恐不知所為人或謂呂后曰留侯善畫計筴上信用之呂后乃使建成侯呂澤劫留侯曰君常為上謀臣今上欲易太子君安得高枕而臥乎留侯曰始上數在困急之中幸用臣筴今天下安定以愛欲易太子骨肉之閒雖臣等百餘人何益呂澤彊要曰為我畫計留侯曰此難以口舌爭也顧上有不能致者天下有四人四人者年老矣皆以為上慢侮人故逃匿山中義

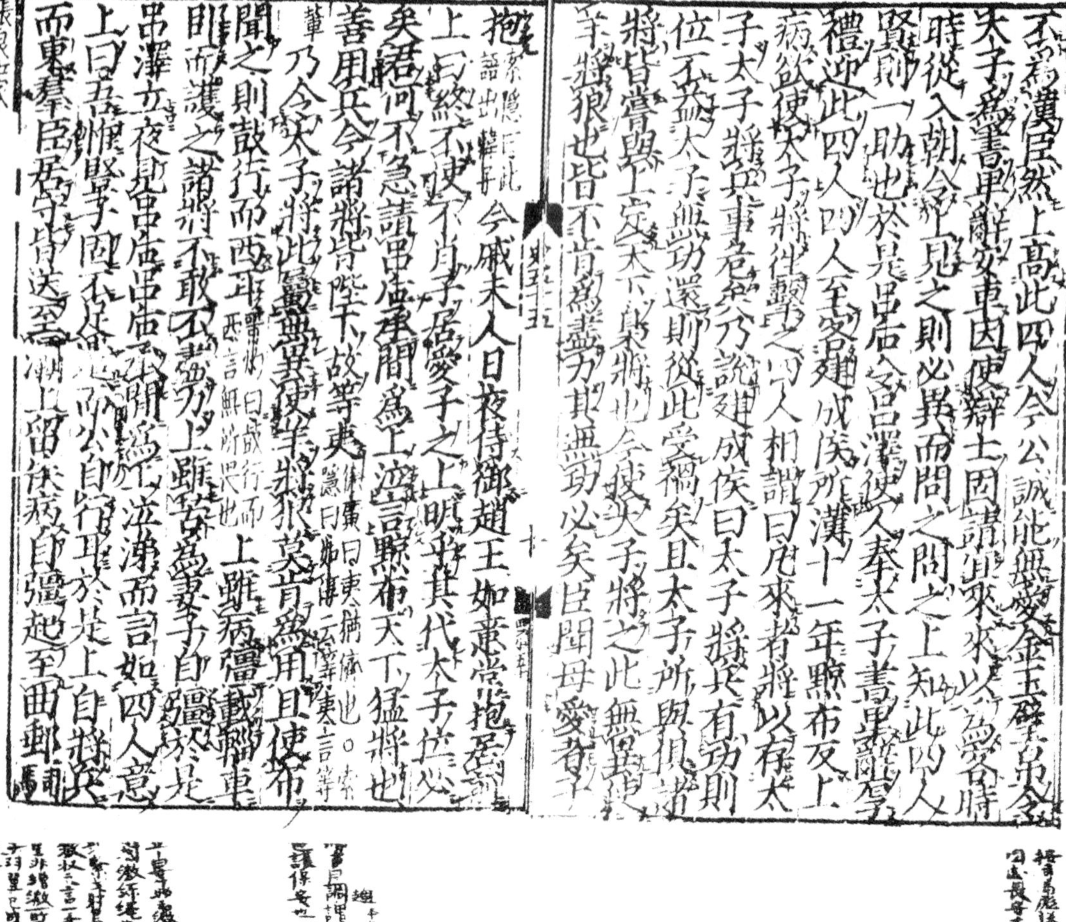

不為漢臣。然上高此四人。今公誠能無愛金玉璧帛，令太子為書，卑辭安車，因使辯士固請，宜來。來，以為客，時時從入朝，令上見之，則必異而問之。問之，上知此四人賢，則一助也。於是呂后令呂澤使人奉太子書，卑辭厚禮，迎此四人。四人至，客建成侯所。漢十一年，黥布反，上病，欲使太子將，往擊之。四人相謂曰：凡來者，將以存太子。太子將兵，事危矣。乃說建成侯曰：太子將兵，有功則位不益太子；無功還，則從此受禍矣。且太子所與俱諸將，皆嘗與上定天下梟將也，今使太子將之，此無異使羊將狼也，皆不肯為盡力，其無功必矣。臣聞母愛者子抱，今戚夫人日夜侍御，趙王如意常抱居前，上曰終不使不肖子居愛子之上，明乎其代太子位必矣。君何不急請呂后承閒為上泣言：黥布，天下猛將也，善用兵，今諸將皆陛下故等夷，乃令太子將此屬，無異使羊將狼，莫肯為用，且使布聞之，則鼓行而西耳。上雖病，彊載輜車，臥而護之，諸將不敢不盡力。上雖苦，為妻子自彊。於是呂澤立夜見呂后，呂后承閒為上泣涕而言，如四人意。上曰：吾惟豎子固不足遣，而公自行耳。於是上自將兵而東，羣臣居守，皆送至灞上。留侯病，自彊起，至曲郵，

見上曰：臣宜從，病甚。楚人剽疾，願上無與楚人爭鋒。因說上曰：令太子為將軍，監關中兵。上曰：子房雖病，彊臥而傅太子。是時叔孫通為太傅，留侯行少傅事。漢十二年，上從擊破布軍歸，疾益甚，愈欲易太子。留侯諫，不聽，因疾不視事。叔孫太傅稱說引古今，以死爭太子。上詳許之，猶欲易之。及燕，置酒，太子侍。四人從太子，年皆八十有餘，鬚眉皓白，衣冠甚偉。上怪之，問曰：彼何為者？四人前對，各言名姓，曰東園公，甪里先生，綺里季，夏黃公。上乃大驚，曰：吾求公數歲，公辟逃我，今公何自從吾兒游乎？四人皆曰：陛下輕士善罵，臣等義不受辱，故恐而亡匿。竊聞太子為人仁孝，恭敬愛士，天下莫不延頸欲為太子死者，故臣等來耳。上曰：煩公幸卒調護太子。四人為壽已畢，趨去。上目送之，召戚夫人指示四人者曰：我欲易之，彼四人輔之，羽翼已成，難動矣。呂后真而主矣。戚夫人泣，上曰：為我楚舞，吾為若楚歌。歌曰：鴻鵠高飛，一舉千里。羽翮已就，橫絕四海。橫絕四海，當可柰何！雖有矰繳，尚安所施！歌數闋，戚夫人噓唏流涕，上起去，

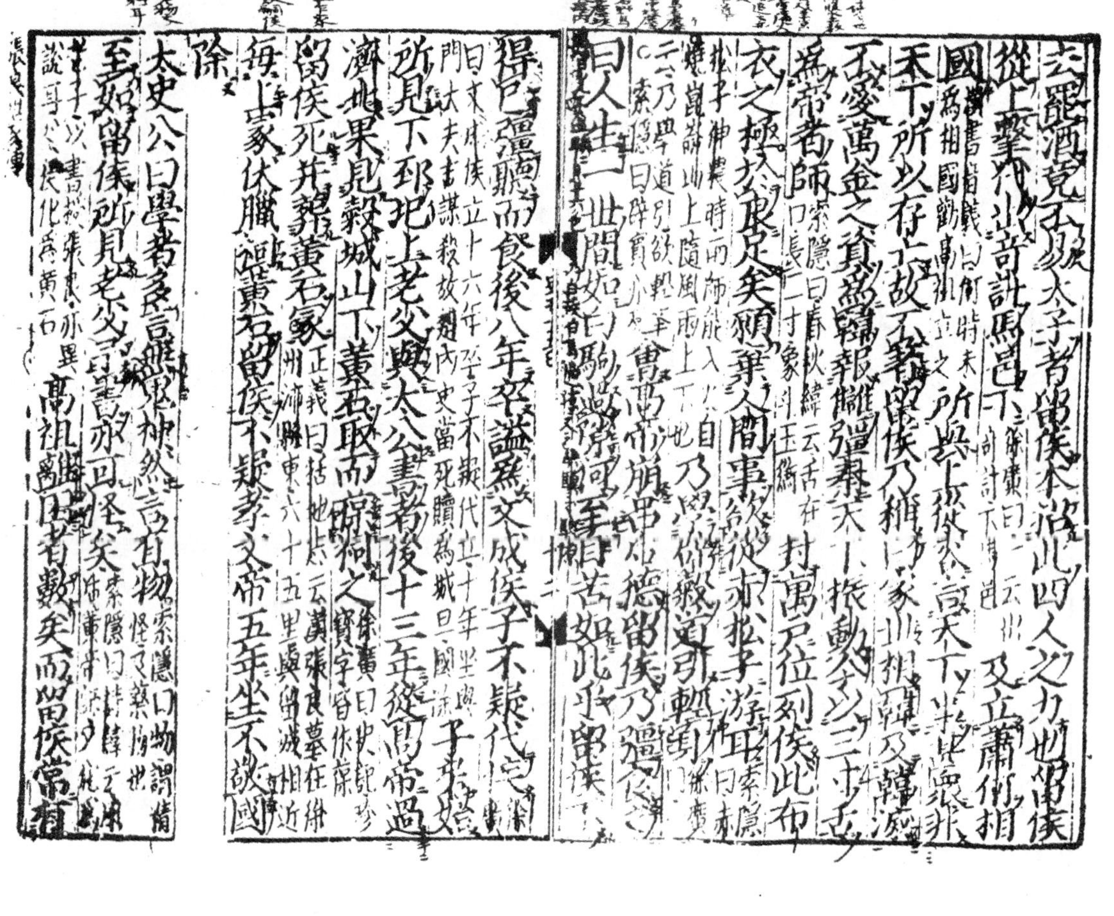

去罷酒竟不易太子者留侯本招此四人之力也留侯從上擊代出奇計馬邑下及立蕭何相國所與上從容言天下事甚衆非天下所以存亡故不著留侯乃稱曰家世相韓及韓滅不愛萬金之資為韓報讎彊秦天下振動今以三寸舌為帝者師封萬戶位列侯此布衣之極於良足矣願棄人間事欲從赤松子游耳乃學辟穀道引輕身會高帝崩呂后德留侯乃彊食之曰人生一世間如白駒過隙何至自苦如此乎留侯不得已彊聽而食後八年卒謚為文成侯子不疑代侯

子房始所見下邳圯上老父與太公書者後十三年從高帝過濟北果見穀城山下黃石取而葆祠之留侯死并葬黃石冢每上冢伏臘祠黃石留侯不疑孝文帝五年坐不敬國除

太史公曰學者多言無鬼神然言有物至如留侯所見老父予書亦可怪矣高祖離困者數矣而留侯常有

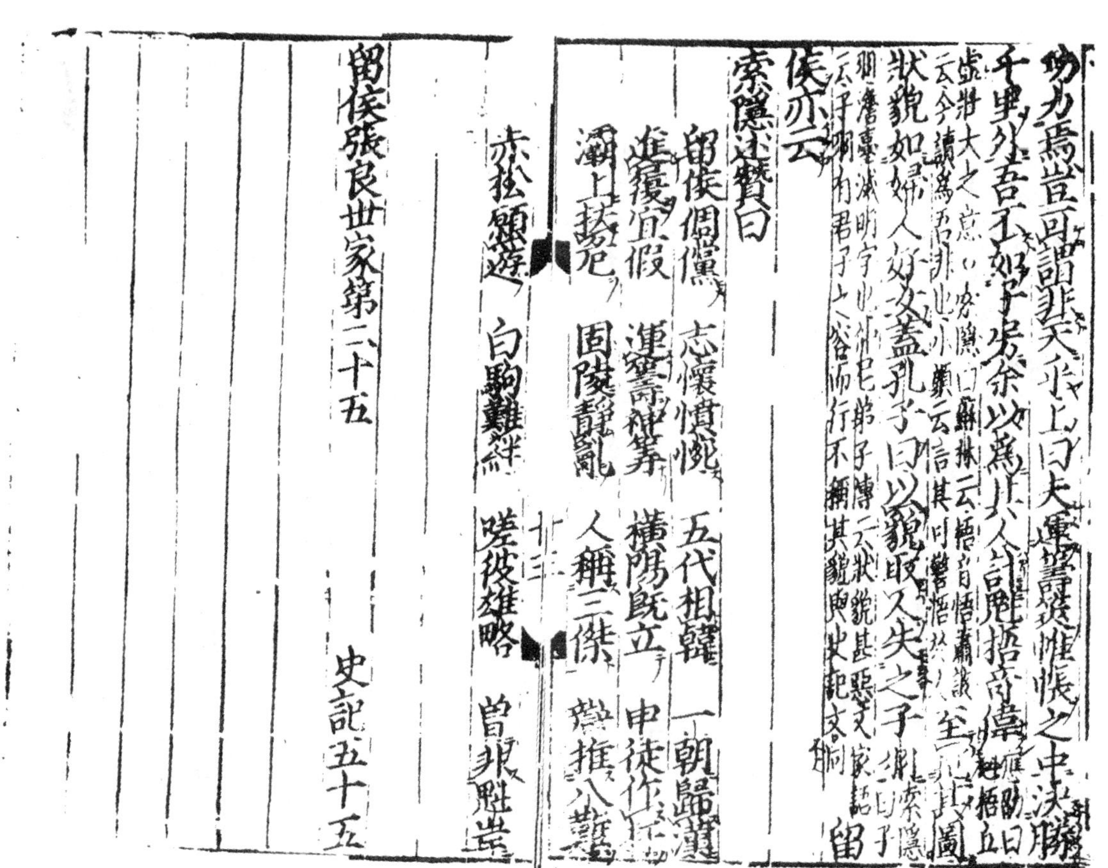

功力焉豈可謂非天乎上曰夫運籌策帷帳之中決勝千里外吾不如子房余以為其人計魁梧奇偉至見其圖狀貌如婦人好女蓋孔子曰以貌取人失之子羽留侯亦云

索隱述贊曰

留侯倜儻　志懷憤慨　五代相韓　一朝歸漢

進履宜假　運籌神筭　橫陽既立　申徒作扞

灞上扶危　固陵靜亂　人稱三傑　辯推八難

赤松願遊　白駒難絆　嗟彼雄略　曾非魁岸

留侯張良世家第二十五　史記五十五

陳丞相世家第二十六　史記五十六

陳丞相平者，陽武戶牖鄉人也。少時家貧，好讀書，有田三十畝，獨與兄伯居。伯常耕田，縱平使游學。平為人長美色。人或謂陳平曰：「貧何食而肥若是？」其嫂嫉平之不視家生產，曰：「亦食糠覈耳。有叔如此，不如無有。」伯聞之，逐其婦而棄之。

及平長，可娶妻，富人莫肯與者，貧者平亦恥之。久之，戶牖富人有張負，張負女孫五嫁而夫輒死，人莫敢娶。平欲得之。邑中有喪，平貧，侍喪，以先往後罷為助。張負既見之喪所，獨視偉平，平亦以故後去。負隨平至其家，家乃負郭窮巷，以弊席為門，然門外多有長者車轍（索隱曰：一作軌。按言長者所乘安車與輦運之車軌轍或別）。張負歸，謂其子仲曰：「吾欲以女孫予陳平。」張仲曰：「平貧不事事，一縣中盡笑其所為，獨奈何予女乎？」負曰：「人固有好美如陳平而長貧賤者乎？」卒與女。為平貧，乃假貸幣以聘，予酒肉之資以內婦。負誡其孫曰：「毋以貧故，事人不謹。事兄伯如事父，事嫂如母。」平既娶張氏女，齎用益饒，游道日廣。

里中社，平為宰，分肉食甚均。父老曰：「善，陳孺子之為宰！」平曰：「嗟乎，使平得宰天下，亦如是肉矣！」

陳涉起而王陳，使周市略定魏地，立魏咎為魏王，與秦軍相攻於臨濟。陳平固已前謝其兄伯，從少年往事魏王咎於臨濟。魏王以為太僕。說魏王不聽，人或讒之，陳平亡去。

久之，項羽略地至河上，陳平往歸之，從入破秦，賜平爵卿。項羽之東王彭城也，漢王還定三秦而東，殷王反楚。項羽乃以平為信武君，將魏王咎客在楚者以往，擊降殷王而還。項王使項悍拜平為都尉，賜金二十溢。居無何，漢王攻下殷。項王怒，將誅定殷者將吏。陳平懼誅，乃封其金與印，使使歸項王，而平身間行杖劍亡。渡河，船人見其美丈夫獨行，疑其亡將，要中當有金玉寶器，目之，欲殺平。平恐，乃解衣裸而佐刺船。船人知其無有，乃止。

平遂至修武降漢，因魏無知求見漢王，漢王召入。是時萬石君奮為漢王中涓，受平謁，入見平。平等七人俱進，賜食。王曰：「罷，就舍矣。」平曰：「臣為事來，所言不可以過今日。」於是漢王與

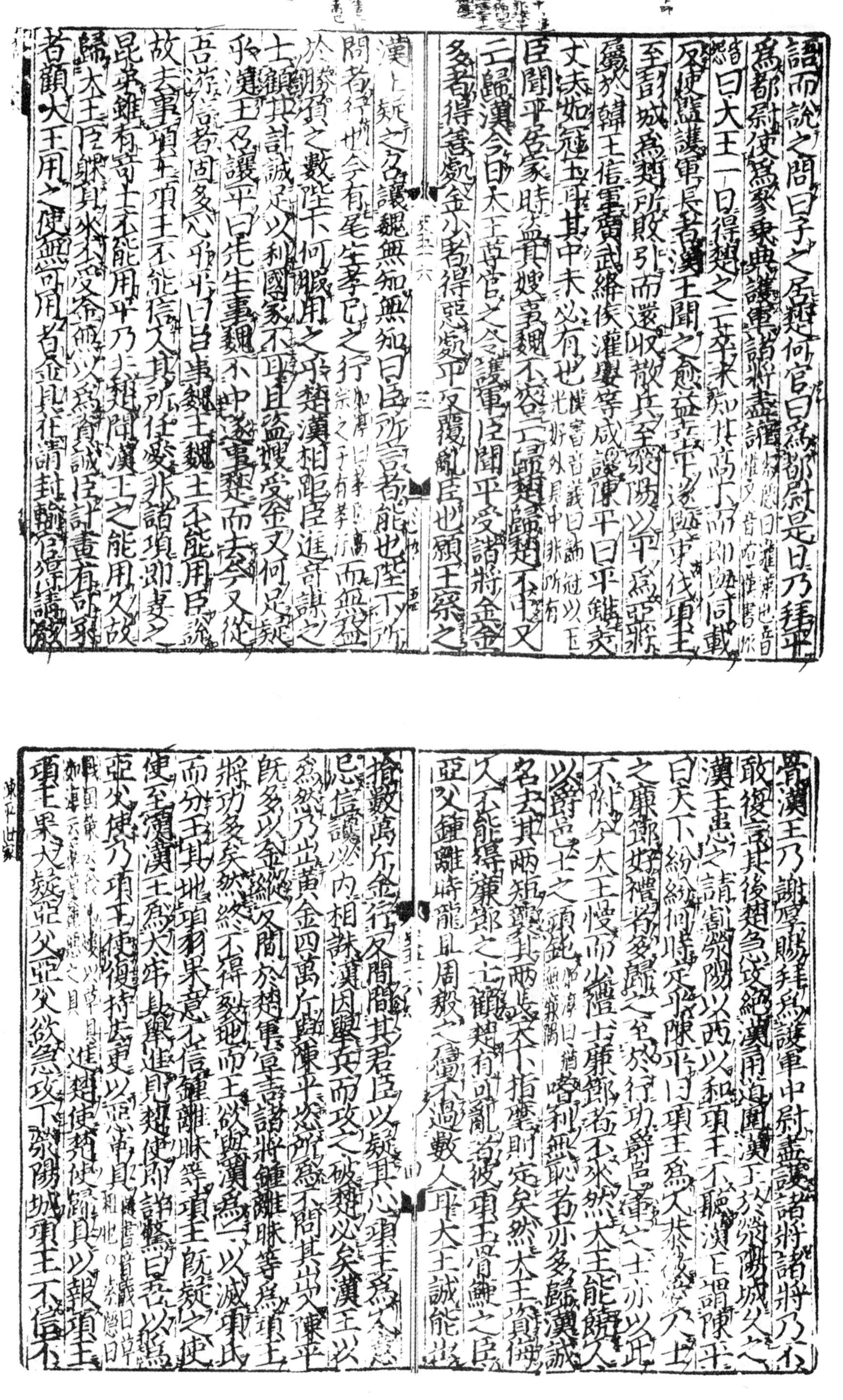

語而說之問曰子之居楚何官曰爲都尉是日乃拜平爲都尉使爲參乘典護軍諸將盡讙曰大王一日得楚之亡卒未知其高下而即與同載反使監護軍長者漢王聞之愈益幸平遂與東伐項王至彭城爲楚所敗引而還收散兵至滎陽以平爲亞將屬於韓王信軍廣武絳侯灌嬰等咸讒陳平曰平雖美丈夫如冠玉耳其中未必有也臣聞平居家時盜其嫂事魏不容亡歸楚歸楚不中又亡歸漢今日大王尊官之令護軍臣聞平受諸將金金多者得善處金少者得惡處平反覆亂臣也願王察之

漢王疑之召讓魏無知無知曰臣所言者能也陛下所問者行也今有尾生孝己之行而無益處於勝負之數陛下何暇用之乎楚漢相距臣進奇謀之士顧其計誠足以利國家不耳且盜嫂受金又何足疑乎漢王召讓平曰先生事魏不中遂事楚而去今又從吾游信者固多心乎平曰臣事魏王魏王不能用臣說故去事項王項王不能信人其所任愛非諸項即妻之昆弟雖有奇士不能用平乃去楚聞漢王之能用人故歸大王臣裸身來不受金無以爲資誠臣計畫有可采者願大王用之使無可用者金具在請封輸官得請骸

骨漢王乃謝厚賜拜爲護軍中尉盡護諸將諸將乃不敢復言其後楚急攻絕漢甬道圍漢王於滎陽城久之漢王患之請割滎陽以西以和項王不聽漢王謂陳平曰天下紛紛何時定乎陳平曰項王爲人恭敬愛人士之廉節好禮者多歸之至於行功爵邑重之士亦以此不附今大王慢而少禮士廉節者不來然大王能饒人以爵邑士之頑鈍嗜利無恥者亦多歸漢誠各去其兩短襲其兩長天下指麾則定矣然大王恣侮人不能得廉節之士顧楚有可亂者彼項王骨鯁之臣亞父鍾離眜龍且周殷之屬不過數人耳大王誠能出

捐數萬斤金行反間間其君臣以疑其心項王爲人意忌信讒必內相誅漢因舉兵而攻之破楚必矣漢王以爲然乃出黃金四萬斤與陳平恣所爲不問其出入陳平既多以金縱反間於楚軍宣言諸將鍾離眜等爲項王將功多矣然而終不得裂地而王欲與漢爲一以滅項氏而分王其地項羽果意不信鍾離眜等項王既疑之使使至漢漢王爲太牢具舉進見楚使即詳驚曰吾以爲亞父使乃項王使復持去更以惡草具進楚使楚使歸具以報項王項王果大疑亞父亞父欲急攻下滎陽城項王不信不

陳丞相世家

曾聽惡父聞項王疑之乃怒曰天下事大定矣君王自
為之願請骸骨歸歸未至彭城疽發背而死陳平乃夜
出女子二千人滎陽城東門楚因擊之陳平乃與漢王
從城西門夜出去遂入關收散兵復東其明年淮陰侯
破齊自立為齊王使使言之漢王漢王大怒而罵陳平
躡漢王（漢書音義曰躡漢王足）漢王亦悟乃厚遇齊使使張子
房卒立信為齊王封平以戶牖鄉用其奇計策卒滅楚
常以護軍中尉從定燕王臧荼漢六年人有上書告楚
王韓信反高帝問諸將諸將曰亟發兵阬豎子耳高帝
默然問陳平平固辭謝曰諸將云何上具告之陳平曰

人之上書言信反有知之者乎曰未有曰信知之乎曰不
知陳平曰陛下精兵孰與楚上曰不能過平曰陛下將
用兵有能過韓信者乎上曰莫及也平曰今兵不如楚
精而將不能及而舉兵攻之是趣之戰也竊為陛下危
之上曰為之奈何平曰古者天子巡狩會諸侯南方有
雲夢陛下弟出偽游雲夢（索隱曰蘇林云弟但也小顏云但也）會諸侯於
陳陳楚之西界（正義曰陳今陳州也韓信都下邳陳州為楚西界）信聞天
子以好出游其勢必無事而郊迎謁謁而陛下因禽之
此特一力士之事耳高帝以為然乃發使告諸侯會陳
吾將南游雲夢上因隨以行行未至陳楚王信果郊迎

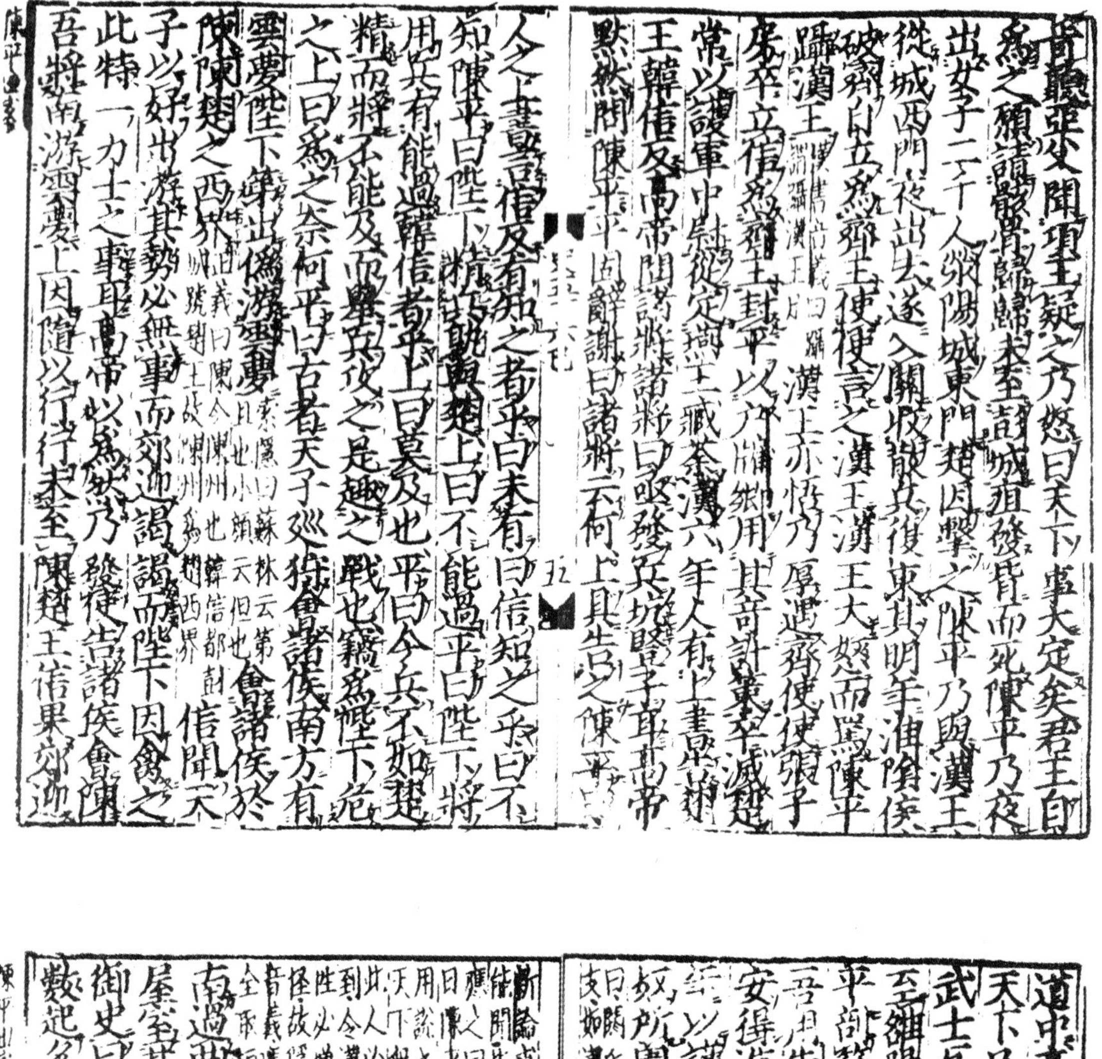

道中高帝豫具武士見信至即執縛之載後車信呼曰
天下已定我固當烹高帝顧謂信曰若毋聲而反明矣
武士反接之（漢書音義曰反縛兩手）遂會諸侯于陳盡定楚地還
至雒陽赦信以為淮陰侯而與功臣剖符定封於是與
平剖符世世勿絕為戶牖侯平辭曰此非臣之功也上曰
吾用先生謀計戰勝剋敵非功而何平曰非魏無知臣
安得進上曰若子可謂不背本矣乃復賞魏無知其明
年以護軍中尉從攻反者韓王信於代卒至平城為匈
奴所圍七日不得食高帝用陳平奇計使單于閼氏
（正義閼氏音焉支如漢皇后）圍以得開高帝既出其計祕世莫得聞

（新論或云陳平為高帝解平城之圍則言其事祕世莫得聞此以工妙踔善故藏隱不傳子能權知斯事否吾應之曰此策乃反薄陋拙惡故隱而不泄高帝見圍七日而陳平往說閼氏閼氏言於單于而出之以是知其所用說之事矣彼陳平必言漢有好麗美女為道其容貌天下無有今困急已馳使歸迎取欲進與單于單于見此人必大好愛之愛之則閼氏日以遠疏不如及其未到令漢得脫去去亦不持女來矣閼氏婦女有妬媚之性必憎惡而事去之此說簡而要及得其用則欲使神怪故隱匿不泄也劉子駿聞吾言乃立稱善焉駰按漢書音義應劭說此事大旨與桓譚論同不知是全帝[illegible]或別有所聞乎今[illegible]其[illegible]無說）高帝
南過曲逆（正義曰地理志縣屬中山也○索隱曰章帝醜其名改曰蒲陰）上其城望見其
屋室甚大曰壯哉縣吾行天下獨見洛陽與是耳顧問
御史曰曲逆戶口幾何對曰始秦時三萬餘戶閒者兵
數起多亡匿今見五千戶於是乃詔御史更以陳平為

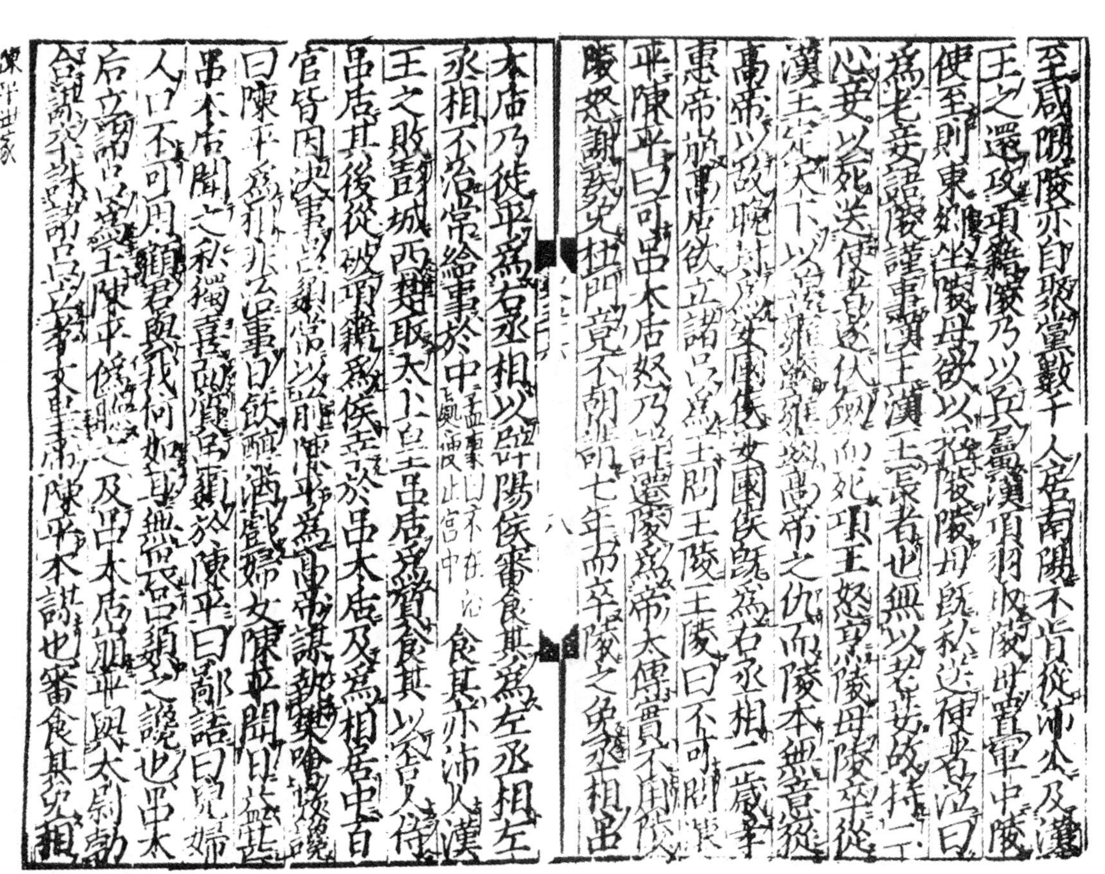

南地侯盡食之除前所食戶牖其後常以護軍中尉從
攻陳豨及黥布凡六出奇計輒益邑凡六益封奇計或
頗秘世莫能聞也高帝從破布軍還病創徐行至長安
燕王盧綰反上使樊噲以相國將兵攻之既行人有短
惡噲者高帝怒曰噲見吾病乃冀我死也用陳平謀而
召絳侯周勃受詔牀下曰陳平亟馳傳載勃代噲將平
至軍中即斬噲頭二人既受詔馳傳未至軍行計之曰
樊噲帝之故人也功多且又乃呂后弟呂嬃之夫有親
且貴帝以忿怒故欲斬之則恐後悔寧囚而致上上自
誅之未至軍為壇以節召樊噲噲受詔即反接載檻車

傳詣長安而令絳侯勃代將將兵定燕反縣平行聞高
帝崩平恐呂太后及呂嬃讒怒乃馳傳先去逢使者詔
平與灌嬰屯於滎陽平受詔立復馳至宮哭甚哀因奏
事喪前呂太后哀之曰君勞出休矣平畏讒之就因固
請得宿衛中太后乃以為郎中令曰傅教孝惠
是後呂嬃讒乃不得行樊噲至則赦復爵邑孝惠
帝六年相國曹參卒以安國侯王陵為右丞相
高祖微時兄事陵陵少文任氣好直言及高祖起沛入

陳丞相世家　七

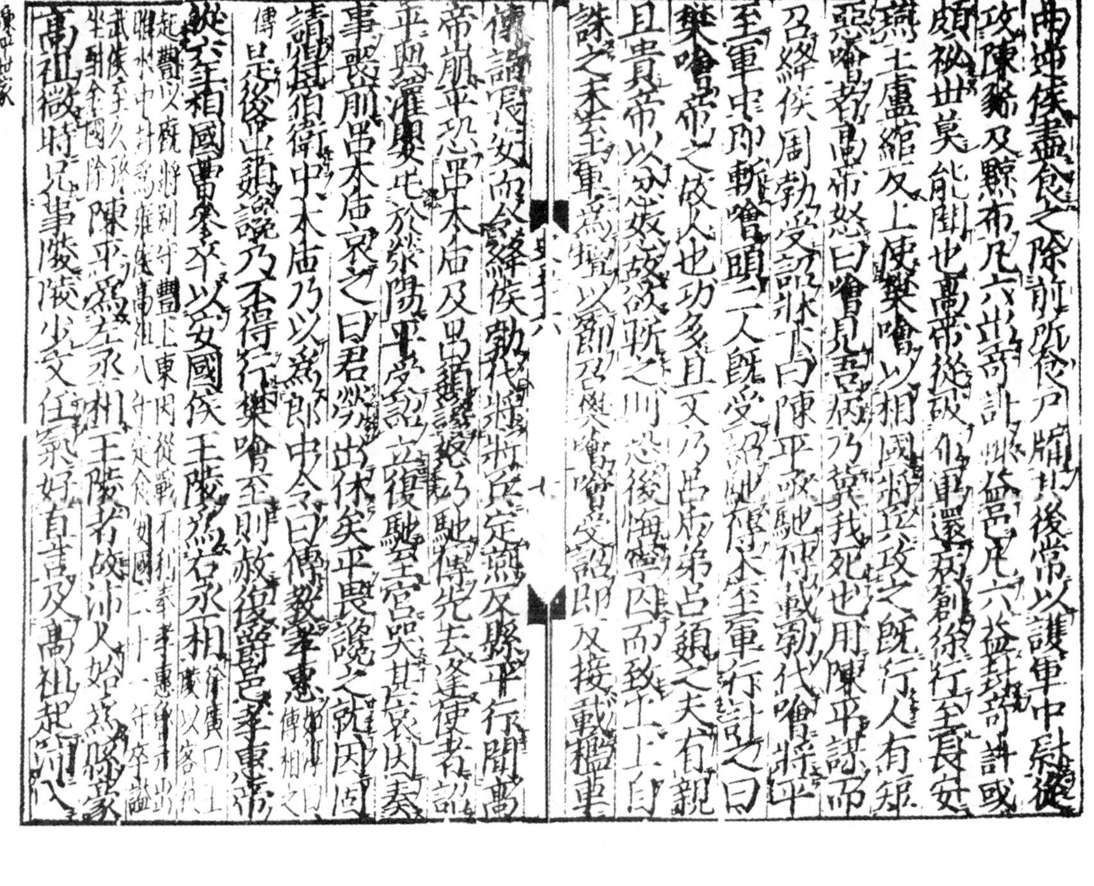

至咸陽陵亦自聚黨數千人居南陽不肯從沛公及漢
王之還攻項籍陵乃以兵屬漢項羽取陵母置軍中陵
使至則東鄉坐陵母欲以招陵陵母既私送使者泣曰
為老妾語陵謹事漢王漢王長者也無以老妾故持二
心妾以死送使者遂伏劍而死項王怒烹陵母陵卒從
漢王定天下以善雍齒雍齒高帝之仇而陵本無意從
高帝以故晚封為安國侯安國侯既為右丞相二歲孝
惠帝崩高后欲立諸呂為王問王陵王陵曰不可問陳
平陳平曰可呂太后怒乃詳遷陵為帝太傅實不用陵
陵怒謝疾免杜門竟不朝請七年而卒陵之免丞相呂

太后乃徙平為右丞相以辟陽侯審食其為左丞相左
丞相不治常給事於中　食其亦沛人漢
王之敗彭城西楚取太上皇呂后為質食其以舍人侍
呂后其後從破項籍為侯幸於呂太后及為相居中百
官皆因決事呂嬃常以前陳平為高帝謀執樊噲數讒
曰陳平為相非治事日飲醇酒戲婦女陳平聞日益甚
呂太后聞之私獨喜面質呂嬃於陳平曰鄙語曰兒婦
人口不可用顧君與我何如耳無畏呂嬃之讒也呂太
后立諸呂為王陳平偽聽之及呂太后崩平與太尉勃
合謀卒誅諸呂立孝文皇帝陳平本謀也審食其免相

陳丞相世家　八

審食其初以舍人從呂后孝惠帝於沛又從在碭封二十五年文帝三年死子平代代二十二年景帝二年坐謀反國除一本云食其免後為淮南王所殺文帝令其子平嗣侯景帝三年坐吳楚反國除

孝文帝立，以為太尉勃親以兵誅呂氏，功多；陳平欲讓勃尊位，乃病謝。孝文帝初立，怪平病，問之。平曰：「高祖時，勃功不如臣平。及誅諸呂，臣功亦不如勃。願以右丞相讓勃。」於是孝文帝乃以絳侯勃為右丞相，位次第一；平徙為左丞相，位次第二。賜平金千斤，益封三千戶。居頃之，孝文皇帝既益明習國家事，朝而問右丞相勃曰：「天下一歲決獄幾何？」勃謝曰：「不知。」問：「天下一歲錢穀出入幾何？」勃又謝不知，汗出沾背，愧不能對。於是上亦問左丞相平。平曰：「有主者。」上曰：「主者謂誰？」平曰：「陛下即問決獄，責廷尉；問錢穀，責治粟內史。」上曰：「苟各有主者，而君所主者何事也？」平謝曰：「主臣！張晏曰若今人謝曰皇恐也馬融龍虎賦曰勇怯見之莫不主臣孟康曰主臣主羣臣也若今人言主臣道不敢欺也。索隱曰同既古人所未了故並存兩解也 陛下不知其駑下，使待罪宰相。宰相者，上佐天子理陰陽，順四時，下育萬物之宜，外鎮撫四夷諸侯，內親附百姓，使卿大夫各得任其職焉。」孝文帝乃稱善。右丞相大慙，出而讓陳平曰：「君獨不素教我對！」陳平笑曰：「君居其位，不知其任邪？且陛下即問長安中盜賊數，漢書音義曰盜賊數也 君欲彊對邪？」於是絳侯自知其能不如平遠矣。居頃之，絳侯謝病請免相，陳平專為一丞相。

孝文帝二年，丞相陳平卒，謚為獻侯。子共侯買代侯。二年卒，子簡侯恢代侯。二十三年卒，子何代侯。二十三年，何坐略人妻，棄市，國除。始陳平曰：「我多陰謀，是道家之所禁。吾世即廢，亦已矣，終不能復起，以吾多陰禍也。」然其後曾孫陳掌以衛氏親貴戚，願得續封陳氏，然終不得。徐廣曰陳掌者衛青之子壻

太史公曰：陳丞相平少時，本好黃帝、老子之術。方其割肉俎上之時，其意固已遠矣。傾側擾攘楚魏之間，卒歸高帝。常出奇計，救紛糾之難，振國家之患。及呂后時，事多故矣，然平竟自脫，定宗廟，以榮名終，稱賢相，豈不善始善終哉！非知謀孰能當此者乎？

索隱述贊曰：

曲逆窮巷，門多長者。宰肉先均，佐喪後罷。

魏楚更用，腹心難假。棄印封金，刺船露裸。

閒行歸漢，委質麾下。滎陽計全，平城圍解。

推陵讓勃，見多益寡。應變合權，克定宗社。

陳丞相世家第二十六　史記五十六

絳侯周勃世家第二十七　史記五十七

絳侯周勃者，沛人也。其先卷人，集解徐廣曰：卷縣在滎陽。○索隱曰：韋昭云屬河南。地理志亦然。然則後置滎陽郡而卷隸焉。卷音丘權反，字林音丘玄反。○正義曰：括地志云：故卷城在鄭州原武縣西北七里。[illegible]名云卷縣[illegible]理[illegible]城。徙沛。勃以織薄曲為生，集解蘇林曰：薄，一名曲，月令曰具曲植。○索隱曰：謂勃本以織蠶薄為生業也。韋昭云：北方謂薄為曲。許慎注淮南云：曲，葦薄也。郭璞注方言云：[illegible]。常為人吹簫給喪事，集解如淳曰：以樂喪家，若俳優。瓚曰：吹簫以樂喪賓，若樂人也。○索隱曰：左傳歌虞殯。猶今挽歌類也。歌者或有簫管。材官引彊。集解漢書音義曰：能引彊弓官，如今挽彊司馬也。○索隱曰：晉灼云中者為材官蹶張。高祖之為沛公初起，勃以中涓從攻胡陵，下方與。方與反，與戰，卻適。攻豐。擊秦軍碭東。還軍留及蕭。復攻碭，破之。下下邑，先登。賜爵五大夫。攻蒙、虞，取之。索隱曰：二縣名。地理志屬梁國。擊章邯車騎，殿。集解服虔曰：略得殿兵也。如淳曰：殿，不進也。瓚曰：在軍後曰殿。索隱曰：一說上功曰最，下功曰殿。戰功曰多。周勃事中有此三品，與諸將俱計功，則曰殿，最則獨捷，則曰多。○正義見周禮。故此云擊章邯車騎殿。又云先至城下為多，又云攻槐里、好畤最，是也。定魏地。攻爰戚、東緡，集解徐廣曰：屬山陽。○索隱曰：小顏音昏。非也。地理志山陽有東緡縣，音旻。然則月令之為東緡音旻。○正義曰：緡，眉貧反。括地志：[illegible]是屬陳留者，音皆屬山陽者音旻。以往至栗，取之。正義曰：括地志云：故東緡城在兗州金鄉縣界。云栗縣屬沛郡也。攻齧桑，先登。索隱曰：[illegible]在梁彭城間。擊秦軍阿下，破之。索隱曰：謂東阿之下。追至濮陽，下甄城。正義曰：兗州二音。攻都關、定陶，索隱曰：地理志縣名，屬山陽。襲取宛朐，集解今曹州縣。○正義曰：兗州宛朐二音，在曹州西。得單父令。正義曰：善甫二音，宋州縣。夜襲取臨濟，攻張，集解漢書音義曰：攻壽張。○索隱曰：地理志東郡壽張縣，光武改曰壽張。以前至卷，

破之。擊李由軍雍丘下。攻開封，先至城下為多。集解如淳曰：[illegible]戰功曰多。後章邯破殺項梁，沛公與項羽引兵東如碭。自初起沛還至碭，一歲二月。索隱[illegible]初起沛及[illegible]得一歲又更二月。楚懷王封沛公號安武侯，為碭郡長。沛公拜勃為虎賁令，集解徐廣曰：一云為襄賁令。○索隱曰：漢書亦云襄賁令。賁音肥。縣名，屬東海。徐廣云[illegible]令，所見本各別。以令從沛公定魏地。攻東郡尉於城武，破之。擊王離軍，破之。攻長社，先登。攻潁陽、緱氏，正義曰：緱音[illegible]，洛州縣。絕河津。正義曰：即古平[illegible]津，在洛州洛陽縣東北。擊趙賁軍尸北。索隱曰：賁音肥。人姓名。尸，鄉名，今偃師縣之北也。謂尸鄉之北。南攻南陽守齮，破武關、嶢關。破秦軍於藍田，至咸陽，滅秦。項羽至，以沛公為漢王。漢王賜勃爵為威武

侯。索隱曰：或是封號，未必縣名。從入漢中，拜為將軍。還定三秦，至秦，賜食邑懷德。正義曰：括地志云：懷德故城在同州朝邑縣西南。攻槐里、好畤，最。如淳曰：於將率之中功為最。○索隱曰：地理志二縣屬右扶風。擊趙賁、內史保於咸陽，最。北攻漆。索隱曰：地理志漆縣在右扶風。○正義曰：今豳州新平縣古漆縣。擊章平、姚卬軍。索隱曰：卬音五郎反。辛下將。西定汧。正義曰：口肩反，今隴州汧源縣本漢之汧源縣也。還下郿、正義曰：音眉。括地志云：郿縣故城在岐州郿縣東也。頻陽。索隱曰：地理志屬左馮翊。○正義曰：括地志云：頻陽故城在宜州華原縣南，今縣併入同官縣，屬雍州，宜州廢。圍章邯廢丘。索隱曰：地理志槐里，周曰犬丘，懿王都之。秦更名廢丘。高祖三年更名槐里。而此云廢丘者，以章邯本都廢丘，而亦據舊書之。破西丞。集解徐廣曰：天水有西縣。○正義曰：括地志云：西縣故城在秦州上邽縣西南，本漢西縣也。破西縣丞。擊盜巴軍，破之。集解如淳曰：章邯將

攻上邽（正義曰：音圭。秦州縣也。）東守嶢關。轉擊項籍。攻曲逆，最。還守敖倉，追項籍。籍已死，因東定楚地泗川、東海郡，凡得二十二縣。還守雒陽、櫟陽，賜與潁陽侯共食鍾離。（索隱曰：地理志縣名，屬九江，古鍾離子國。○正義曰：括地志云潁陽故城在陳州南頓縣西北，鍾離故城在濠州鍾離縣東。）以將軍從高帝擊反者燕王臧荼，破之易下。（索隱曰：荼音塗。易，水名，因以為縣，在涿郡，謂破荼軍於易水之上，言近水也。○正義曰：括地志云易縣故城在幽州歸義縣東南，燕桓侯所徙都臨易是也。）所將卒當馳道為多。（索隱曰：小顏以當高祖所行之道，或以馳道為秦之馳道，故賈山傳云秦為馳道東窮燕齊。）賜爵列侯，剖符世世勿絕。食絳八千一百八十戶，號絳侯。（正義曰：括地志云絳邑城，漢絳縣，在絳州曲沃縣南，或以絳為之舊也。）以將軍從高帝擊反韓王信於代，降下霍人。（索隱曰：霍人，縣名，一云左傳以偪陽子歸，納諸霍人，杜預曰晉邑也，或作霍鹿。○正義曰：霍音山寡反，按霍當作靡，屬太原郡，括地志云故城在代州繁畤縣界，按樊噲傳作霍人，音同。）以前至武泉，（徐廣曰：屬雲中。○正義曰：括地志云故城在朔州北。）擊胡騎，破之武泉北。轉攻韓信軍銅鞮，（正義曰：括地志云銅鞮故城在潞州銅鞮縣東十五里，在并州東南。）破之。還，降太原六城。（正義曰：并州縣，從銅鞮還，并降六縣也。）擊韓信胡騎晉陽下，破之，下晉陽。後擊韓信軍於硰石，（索隱曰：硰音沙，或曰地名。○正義曰：按在樓煩縣西北。）破之，追北八十里。還攻樓煩三城，（正義曰：括地志云在朔州。）因擊胡騎平城下，（正義曰：括地志云在朔州定襄縣，本漢平城縣。）所將卒當馳道為多。勃遷為太尉。擊陳豨，屠馬邑。所將卒斬豨將軍乘馬絺。（徐廣曰：姓乘馬。○索隱曰：絺，名也，乘，繩證反。）擊韓信、陳豨、趙利軍於樓煩，破之。得豨將宋最、鴈門守圂。（索隱曰：圂，名，音胡困反。）因轉攻得雲中守遬，（索隱曰：音速。○正義曰：括地志云雲中故城在勝州榆林縣東北。）丞相箕肆、將勳。（徐廣曰：箕一作萁，勳一作勛。○索隱曰：漢表作箕肆，音四，字並誤。）定鴈門郡十七縣，雲中郡十二縣。因復擊豨靈丘，破之，（索隱曰：地理志縣名，屬代郡。○正義曰：括地志云靈丘故城在蔚州靈丘縣東。）斬豨，得豨丞相程縱、將軍陳武、都尉高肆。定代郡九縣。燕王盧綰反，勃以相國代樊噲將，擊下薊，得綰大將抵、丞相偃、守陘、（張晏曰：盧綰郡守，陘其名。）太尉弱、御史大夫施，屠渾都。（徐廣曰：在上谷。○索隱曰：施，名也，屠，滅之也，地理志渾都縣屬上谷，一云御史大夫姓施名渾都。○正義曰：括地志云嬀州懷戎縣本漢潘縣。）破綰軍上蘭，（正義曰：括地志云嬀州懷戎縣東北有上蘭溪水。）復擊破綰軍沮陽。（徐廣曰：在上谷。○索隱曰：沮音阻。○正義曰：括地志云上谷郡故城在嬀州懷戎縣東北，沮陽縣屬上谷，漢為沮陽縣。）追至長城，（正義曰：即燕長城，在嬀州北。）定上谷十二縣，右北平十六縣，遼西、遼東二十九縣，漁陽二十二縣。最從高帝（索隱曰：最，都凡也，謂總與其攻戰克獲之數也。）得相國一人，丞相二人，將軍、二千石各三人；別破軍二，下城三，定郡五，縣七十九，得丞相、大將各一人。勃為人木彊敦厚，高帝以為可屬大事。勃不好文學，每召諸生說士，東鄉坐而責之：（索隱曰：勃自東鄉坐，責諸生說士，不以賓主之禮。）「趣為我語。」其椎少文如此。

勃既定燕而歸，高祖已崩矣，以列侯事孝惠帝。孝惠帝六年，置太尉官，以勃為太尉。十歲，高后崩。呂祿以趙王為漢上將軍，呂產以呂王為漢相國，秉漢權，欲危劉氏。勃為太尉，不得入軍門。陳平為丞相，不得任事。於是勃與平謀，卒誅諸呂而立孝文皇帝。其語在呂后、孝文事中。文帝既立，以勃為右丞相，賜金五千斤，食邑萬戶。居月餘，人或說勃曰：「君既誅諸呂，立代王，威震天下，而君受厚賞，處尊位，以寵，久之即禍及身矣。」勃懼，亦自危，乃謝請歸相印。上許之。歲餘，丞相平卒，上復以勃為丞相。十餘月，上曰：「前日吾詔列侯就國，或未能行，丞相吾所重，其率先之。」乃免相就國。歲餘，每河東守尉行縣至絳，絳侯勃自畏恐誅，常被甲，令家人持兵以見之。其後人有上書告勃欲反，下廷尉。廷尉下其事長安，逮捕勃治之。勃恐，不知置辭。吏稍侵辱之。勃以千金與獄吏，獄吏乃書牘背示之，曰「以公主為證」。公主者，孝文帝女也，勃太子勝之尚之，故獄

吏教引為證。勃之益封受賜，盡以予薄昭。及繫急，薄昭為言薄太后，太后亦以為無反事。文帝朝，太后以冒絮提文帝，曰：「絳侯綰皇帝璽，將兵於北軍，不以此時反，今居一小縣，顧欲反邪！」文帝既見絳侯獄辭，乃謝曰：「吏事方驗而出之。」於是使使持節赦絳侯，復爵邑。絳侯既出，曰：「吾嘗將百萬軍，然安知獄吏之貴乎！」絳侯復就國。孝文帝十一年卒，謚為武侯。子勝之代侯。六歲，尚公主，不相中，坐殺人，國除。絕一歲，文帝乃擇絳侯勃子賢者河內守亞夫，封為條侯，續絳侯後。條侯亞夫自未侯為河內守時，許負相之，曰：「君後三歲而侯。侯八歲為將相，持國秉，貴重矣，於人臣無兩。其後九歲而君餓死。」亞夫笑曰：「臣之兄已代父侯矣，有如卒，子當代，亞夫何說侯乎？然既已貴如負言，又何說餓死？指示我。」許負指其口曰：「有從理入口，此餓死法也。」居三歲，其兄絳

侯勝之有罪，孝文帝擇絳侯子賢者，皆推亞夫，乃封亞夫爲條侯，續絳侯後。孝文帝之後六歲，匈奴大入邊。乃以宗正劉禮爲將軍，軍霸上；正義曰廟記云霸陵即霸上按霸陵城在雍州萬年縣東北祝茲侯徐厲爲將軍，軍棘門；正義曰孟康云秦時宮門也括地志云棘門在渭北秦王門名以河內守亞夫爲將軍，軍細柳，正義曰括地志云細柳倉在雍州咸陽縣西南以備胡。上自勞軍。至霸上及棘門軍，直馳入，將以下騎送迎。已而之細柳軍，軍士吏被甲，銳兵刃，彀弓弩，持滿。索隱曰彀者張也天子先驅至，不得入。先驅曰：「天子且至！」軍門都尉曰：「將軍令曰『軍中聞將軍令，不聞天子之詔』。」索隱曰小顏云軍中之事不聞君命居無何，上至，又不得入。於是上乃使使持節詔將軍：「吾欲入勞軍。」亞夫乃傳言開壁門。壁門士吏謂從屬車騎曰：「將軍約，軍中不得驅馳。」於是天子乃按轡徐行。至營，將軍亞夫持兵揖曰：「介胄之士不拜，請以軍禮見。」索隱曰禮介者不拜○索隱曰服虔云左傳晉郤至三肅使者而退杜預注肅若今揖鄭衆注周禮肅拜云但俯下手今時揖是天子爲動，改容式車。索隱曰式者車前橫木若上有敬則俯身憑之使人稱謝：「皇帝敬勞將軍。」成禮而去。既出軍門，羣臣皆驚。文帝曰：「嗟乎，此真將軍矣！曩者霸上、棘門軍，若兒戲耳，其將固可襲而虜也。至於亞夫，可得而犯邪！」稱善者久之。月餘，三軍皆罷。乃拜亞夫爲中尉。正義曰漢書百官表云中尉秦官掌徼循京師武帝太初元年更名執金吾應劭云吾者禦也掌執金吾以禦非常顏師古云金吾鳥名也主辟不祥天子出行職主先導以備非常故執此鳥之象因以名官也孝文且崩時，誡太子曰：「即有緩急，周亞夫真可任將兵。」文帝崩，拜亞夫爲車騎將軍。孝景三年，吳楚反。亞夫以中尉爲太尉，正義曰漢書百官表云太尉秦官掌武事元狩四年置大將軍大司馬即今十二衛大將軍及兵部尚書也東擊吳楚。因自請上曰：「楚兵剽輕，索隱曰漢書亞夫至淮陽問父絳侯客鄧都尉爲畫此計亞夫從之今此云自請者蓋此亦聞疑亦傳疑漢史得其實也剽音匹妙反輕讀如字難與爭鋒。願以梁委之，索隱曰謂以梁委之於吳使吳兵不得過亦有作餧音亦通絕其糧道，乃可制。」上許之。太尉既會兵滎陽，吳方攻梁，梁急，請救。太尉引兵東北走昌邑，深壁而守。梁日使使請太尉，太尉守便宜，不肯往。梁上書言景帝，景帝使使詔救梁。太尉不奉詔，堅壁不出，而使輕騎兵弓高侯等索隱曰韓頹當也○正義曰弓高城在滄州縣北絕吳楚兵後食道。吳兵乏糧，飢，數欲挑戰，終不出。夜，軍中驚，內相攻擊擾亂，至於太尉帳下。太尉終卧不起。頃之，復定。後吳奔壁東南陬，索隱曰音鄒又音子侯反太尉使備西北。已而其精兵果奔西北，不得入。吳兵既餓，乃引而去。太尉出精兵追擊，大破之。吳王濞棄其軍，而與壯士數千人亡走，保於江南丹徒。索隱曰地理志縣屬會稽○正義曰括地志云丹徒故城在潤州丹徒縣東南漢丹徒縣也吳王濞反走丹徒越人殺之於此城南徐州記云秦使赭衣鑿其地因謂之丹徒鑿今在縣西北六里丹徒峴東南連回盤紆屈曲有象龍形故秦鑿絕頂闕百餘步又夾坑龍首以毀其形坑之所在即今龍目二湖悉成田

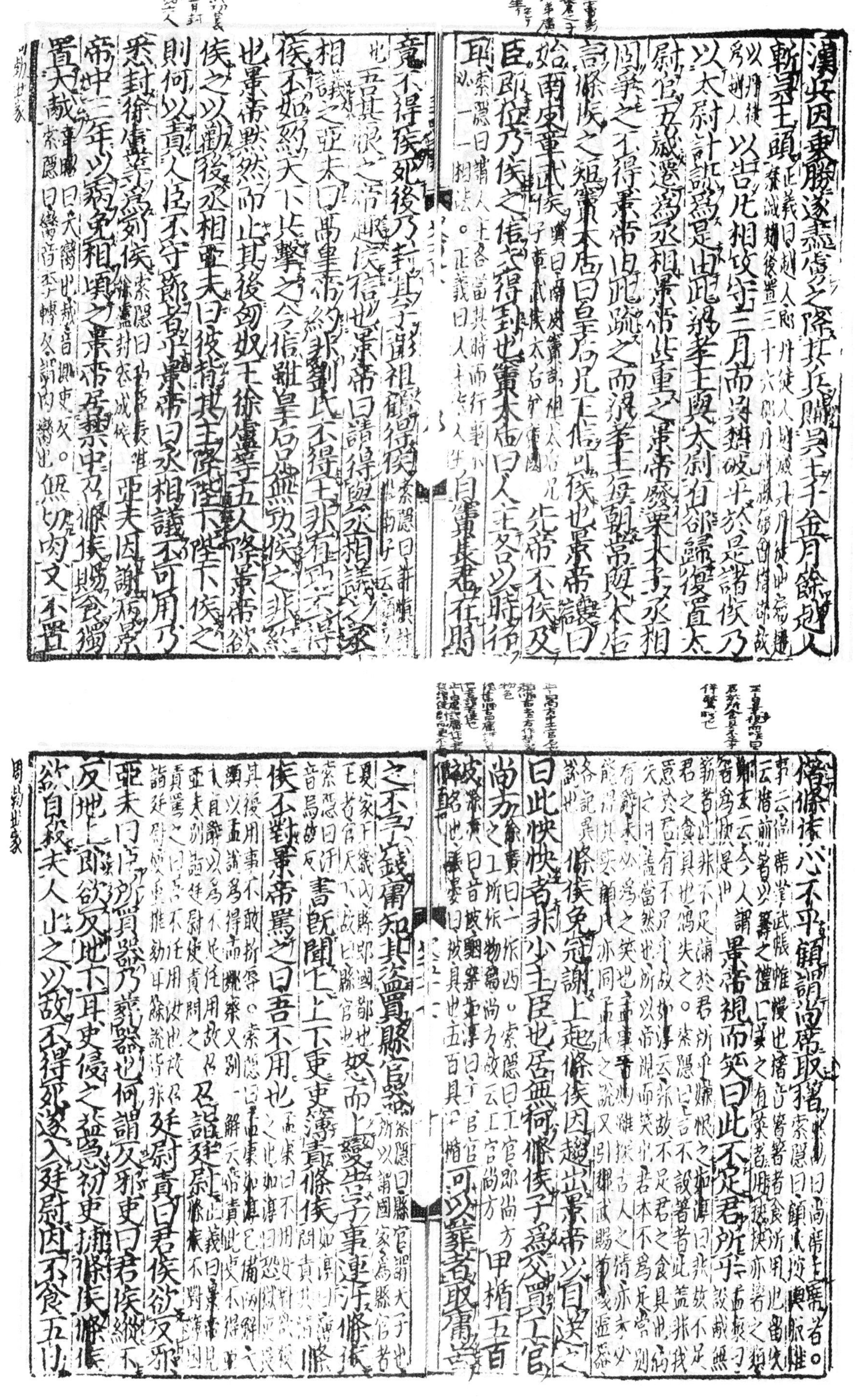

漢兵因乘勝，遂盡虜之，降其兵，購吳王千金。月餘，越人斬吳王頭以告。凡相攻守三月，而吳楚破平。於是諸將乃以太尉計謀為是。由此梁孝王與太尉有卻。歸，復置太尉官。五歲，遷為丞相，景帝甚重之。景帝廢栗太子，丞相固爭之，不得。景帝由此疏之。而梁孝王每朝，常與太后言條侯之短。竇太后曰：「皇后兄王信可侯也。」景帝讓曰：「始南皮、章武侯先帝不侯，及臣即位乃侯之。信未得封也。」竇太后曰：「人主各以時行耳。自竇長君在時，竟不得侯，死後乃封其子彭祖顧得侯。吾甚恨之。帝趣侯信也！」景帝曰：「請得與丞相議之。」丞相議之，亞夫曰：「高皇帝約『非劉氏不得王，非有功不得侯。不如約，天下共擊之』。今信雖皇后兄，無功，侯之，非約也。」景帝默然而止。其後匈奴王徐盧等五人降，景帝欲侯之以勸後。丞相亞夫曰：「彼背其主降陛下，陛下侯之，則何以責人臣不守節者乎？」景帝曰：「丞相議不可用。」乃悉封徐盧等為列侯。亞夫因謝病。景帝中三年，以病免相。頃之，景帝居禁中，召條侯，賜食。獨置大胾，無切肉，又不置櫡。

條侯心不平，顧謂尚席取櫡。景帝視而笑曰：「此不足君所乎？」條侯免冠謝。上起，條侯因趨出。景帝以目送之，曰：「此怏怏者非少主臣也！」居無何，條侯子為父買工官尚方甲楯五百被可以葬者。取庸苦之，不予錢。庸知其盜買縣官器，怒而上變告子，事連汙條侯。書既聞上，上下吏。吏簿責條侯，條侯不對。景帝罵之曰：「吾不用也。」召詣廷尉。廷尉責曰：「君侯欲反邪？」亞夫曰：「臣所買器，乃葬器也，何謂反邪？」吏曰：「君侯縱不反地上，即欲反地下耳。」吏侵之益急。初，吏捕條侯，條侯欲自殺，夫人止之，以故不得死，遂入廷尉。因不食五日嘔血而死國除絕一歲景帝乃更封絳侯勃他子堅為平曲侯續絳侯後十九年卒諡為共侯子建德代侯十三年為太子太傅坐酎金不善元鼎五年有罪國除徐廣曰列侯坐酎金失侯者皆在元鼎五年但此辭句參有舛闕○索隱曰紀一云坐酎金不善後云元鼎五年有罪國除以重有罪故云頗例而漢書云為太子太傅坐酎金免官後有罪國除其文又錯也按表坐免官至元鼎五年坐酎金又失侯所以二史記漢書各有不同也條侯果餓死死後景帝乃封王信為蓋侯

太史公曰絳侯周勃始為布衣時鄙朴人也才能不過凡庸及從高祖定天下在將相位諸呂欲作亂勃匡國家難復之乎正雖伊尹周公何以加哉亞夫之用兵持威重執堅刃穰苴曷有加焉足己而不學索隱曰亞夫自以己之智謀足而不學古人所以不體權變而動有違忤守節不遜索隱曰守節謂爭栗太子不封王信不遜謂顧尚席取箸不對制獄是也終以窮困悲夫

索隱述贊曰

絳侯佐漢　質厚敦篤　始從碭東　亦圍刃北

所攻必取　所討咸克　陳豨伏誅　臧荼破國

事古送往　推功伏德　列侯就蕃　太尉下獄

繼相條侯　紹封平曲　惜哉賢將　父子代辱

絳侯周勃世家第二十七　史記五十七

梁孝王世家第二十八　史記五十八

梁孝王武者孝文皇帝子也而與孝景帝同母母竇太后也孝文帝凡四男長子曰太子是為孝景帝次子武次子參次子勝正義曰漢書勝作揖又云諸姬生代孝王參梁懷王揖言諸姬者眾妾卑賤史不書姓故云諸姬也孝文帝即位二年以武為代王徐廣曰都中都○正義曰括地志云中都故城在汾州平遙縣西以參為太原王徐廣曰都晉陽○正義曰括地志云并州太原地名大明城即古晉陽城趙鞅與韓魏攻趙襄子於晉陽即此城也以勝為梁王徐廣曰都睢陽○索隱曰漢書梁王名揖蓋是史記誤耳○正義曰括地志云宋州宋城縣在州南二里外城中本漢之睢陽縣漢文帝封子武於大梁以其卑濕徙睢陽故改曰梁也二歲徙代王為淮陽王徐廣曰都陳○正義曰古陳國以代盡與太原王號曰代王參立十七年孝文後二年卒諡為孝王子登嗣立是為代共王立二十九年元光二年卒子義立是為代王十九年漢廣關以常山為限而徙代王王清河徐廣曰都清陽○正義曰括地志云清陽故城在貝州清河縣西北清河王徙以元鼎三年也初武為淮陽王十年而梁王勝卒諡為梁懷王懷王最少子愛幸異於他子其明年徙淮陽王武為梁王梁王之初王梁孝文帝之十二年也梁王自初王通歷已十一年矣索隱曰謂自文帝二年初封代後徙淮陽又徙梁通數至文帝十二年并為十一年梁王十四年入朝十七年十八年比年入朝留其明年乃之國二十一年入朝二十二年孝文帝崩二十

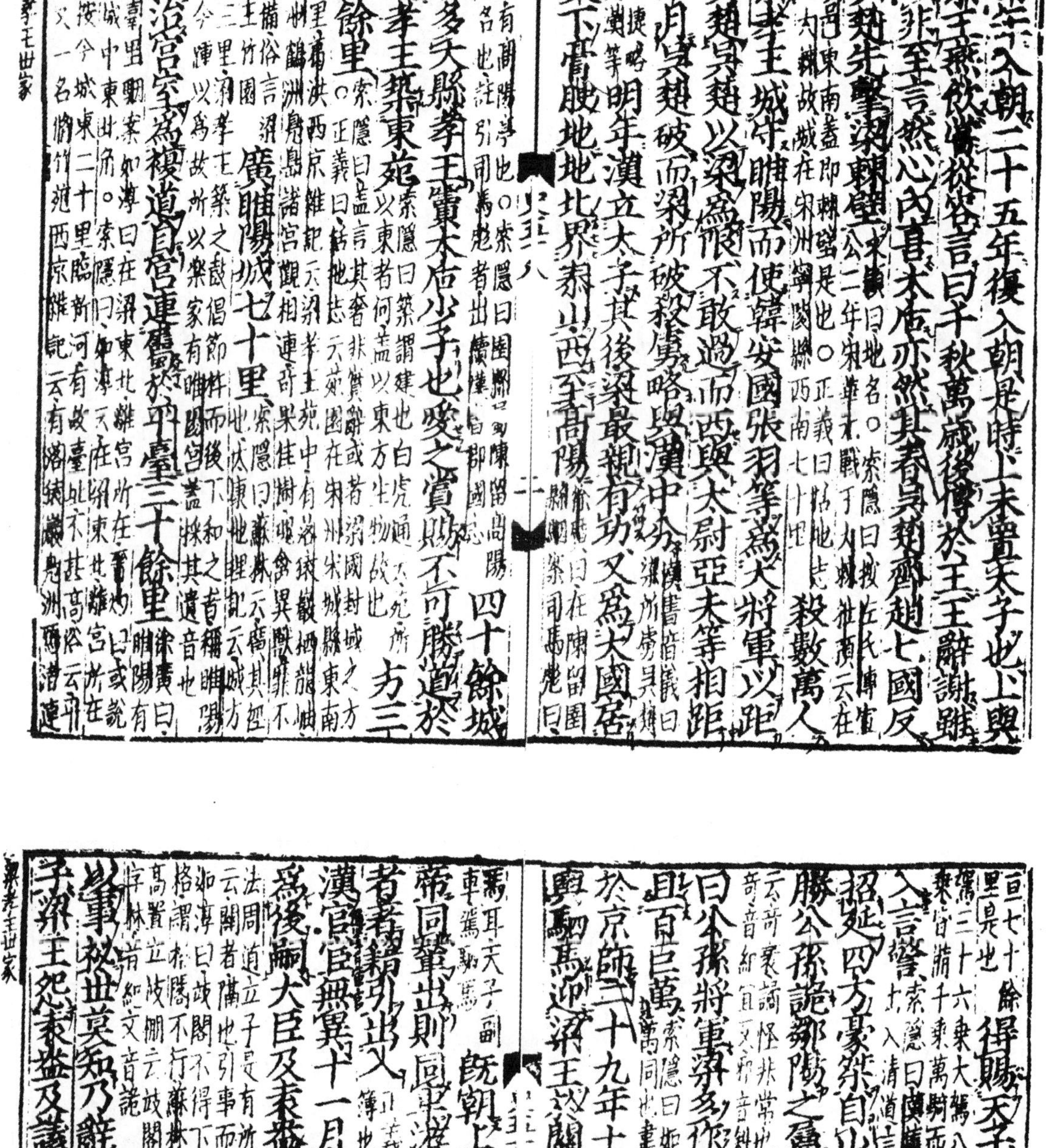

四年入朝。二十五年，復入朝。是時上未置太子也。上與梁王燕飲，嘗從容言曰：「千秋萬歲後傳於王。」王辭謝。雖知非至言，然心內喜。太后亦然。其春，吳楚齊趙七國反。吳楚先擊梁棘壁，（索隱曰：地名。○索隱曰：按左氏傳宣公二年宋華元戰于大棘，杜預云在陳留襄邑縣東南，蓋即棘壁是也。○正義曰：括地志云大棘故城在宋州寧陵縣西南七十里也。）殺數萬人。梁孝王城守睢陽，而使韓安國、張羽等為大將軍，以距吳楚。吳楚以梁為限，不敢過而西，與太尉亞夫等相距三月。吳楚破，而梁所破殺虜略與漢中分。（漢書音義曰：梁所虜吳楚……）明年，漢立太子。其後梁最親，有功，又為大國，居天下膏腴地。地北界泰山，西至高陽，（集解：……曰在陳留圉。……圉有高陽亭也。○索隱曰：圉縣屬陳留，高陽，鄉名也。注引司馬彪者，出續漢書郡國志。）四十餘城，皆多大縣。孝王，竇太后少子也，愛之，賞賜不可勝道。於是孝王築東苑，（索隱曰：築謂建也。白虎通云苑所以東者何？蓋以東方生物故也。）方三百餘里。（索隱曰：蓋言其奢，非實辭。或者梁國封城之方三百餘里。○正義曰：括地志云兔園在宋州宋城縣東南十里。葛洪西京雜記云梁孝王苑中有落猿巖、棲龍岫、雁池、鶴洲、鳧渚，諸宮觀相連，奇果佳樹，瑰禽異獸，靡不畢備。俗言梁孝王竹園也。）廣睢陽城七十里。（索隱曰：蘇林云廣其城……地理志云城方十二里。梁孝王築之，鼓倡節杵而後下和之者稱睢陽曲，今陳以為故，所以樂家有睢陽曲，蓋採其遺音也。）大治宮室，為複道，自宮連屬於平臺三十餘里。（集解：如淳曰：平臺在梁東北，離宮所在也。……曰或說在城中東北角。○索隱曰：如淳云在梁東北離宮所在者，按今城東二十里臨新河有故臺址，不甚高，俗云平臺。又一名脩竹苑。西京雜記云有落猿巖、鳧洲、鶴渚，連……）得賜天子旌旗，出從千乘萬騎。（索隱曰：漢官儀天子法駕三十六乘，大駕八十一乘，皆備千乘萬騎而出也。）東西馳獵，擬於天子。出言蹕，入言警。（索隱曰：漢舊儀云皇帝輦動稱警，出殿則傳蹕，止人清道。言出入者互文耳，出亦有蹕也。）招延四方豪桀，自山以東游說之士，莫不畢至，齊人羊勝、公孫詭、鄒陽之屬。公孫詭多奇邪計，（索隱曰：詭音……奇音紀宜反，邪音斜。……云奇衺譎怪非常也。）初見王，賜千金，官至中尉，梁號之曰公孫將軍。梁多作兵器弩弓矛數十萬，而府庫金錢且百巨萬，（索隱曰：如淳云巨亦大，與大百同。韋昭云大百萬，今萬萬。）珠玉寶器多於京師。二十九年十月，梁孝王入朝。景帝使使持節乘輿駟馬，迎梁王於關下。（……曰：出將駟馬往迎，稱乘輿駟馬者，刺車馬皆往，言不駕六馬耳。天子副車駕駟馬。）既朝，上疏因留，以太后親故。王入則侍景帝同輦，出則同車游獵，射禽獸上林中。梁之侍中、郎、謁者著籍引出入天子殿門，（正義曰：著，竹略反。籍謂名簿也，若今通引出入門也。）與漢宦官無異。十一月，上廢栗太子，竇太后心欲以孝王為後嗣。大臣及袁盎等有所關說於景帝，（索隱曰：袁盎云漢家法周道立子，是有所關說於帝也。一云關者隔也，引事而關隔其說，不得行也。）竇太后義格，（如淳曰：格，閣，不得下。○索隱曰：張晏云格，止也。服虔云格謂格閣不行。蘇林音閣。周成雜字：格，閣也。通俗文云：高置立放棚云格閣。字林音紀文反，音詭。）亦遂不復言以梁王為嗣事由此。以事秘，世莫知。乃辭歸國。其夏四月，上立膠東王為太子。梁王怨袁盎及議臣，乃與羊勝、公孫詭之屬陰使人

梁孝王世家

刺殺袁盎及他議臣十餘人。逐其賊，未得也。於是天子意梁王。【索隱曰：謂意疑梁刺之】逐賊，果梁使之。乃遣使冠蓋相望於道，覆按梁，捕公孫詭、羊勝。公孫詭、羊勝匿王後宮。使者責二千石急，梁相軒丘豹【正義曰：姓軒丘，名豹】及內史韓安國進諫王，王乃令勝、詭皆自殺，出之。上由此怨望於梁王。梁王恐，乃使韓安國因長公主謝罪太后，然後得釋。上怒稍解，因上書請朝。既至關，茅蘭說王，【漢書音義曰：茅蘭，孝王臣】使乘布車，【張晏曰：布車，降服自比喪人】從兩騎入，匿於長公主園。漢使使迎王，王已入關，車騎盡居外，不知王處。太后泣曰：帝殺吾子！景帝憂恐。於是梁王伏斧質於闕下，謝罪，然後

太后、景帝大喜，相泣，復如故。悉召王從官入關。然景帝益疏王，不同車輦矣。三十五年冬，復朝。上疏欲留，上弗許。歸國，意忽忽不樂。北獵良山，【索隱曰：漢書作梁山。述征記云：良山際清水，今壽張縣南有良山。淑虔云：良山，山也。○正義曰：括地志云：梁山在鄆州壽張縣南】有獻牛，足出背上，【索隱曰：張晏云：足當處下，所以輔身也，今出背上，象孝王背朝以干上也。比者陰也，文在梁山，明為梁也。牛者丑之畜，衝在六月，比方數六，故六月六日薨也】孝王惡之。六月中，病熱，六日卒，謚曰孝王。【索隱曰：述征記：碭有梁孝王之冢】孝王慈孝，每聞太后病，口不能食，居不安寢，常欲留長安侍太后。太后亦愛之。及聞梁王薨，竇太后哭極哀，不食，曰：帝果殺吾子！景帝哀懼，不知所為。與長公主計之，乃分梁為五國，【索隱曰：長子買

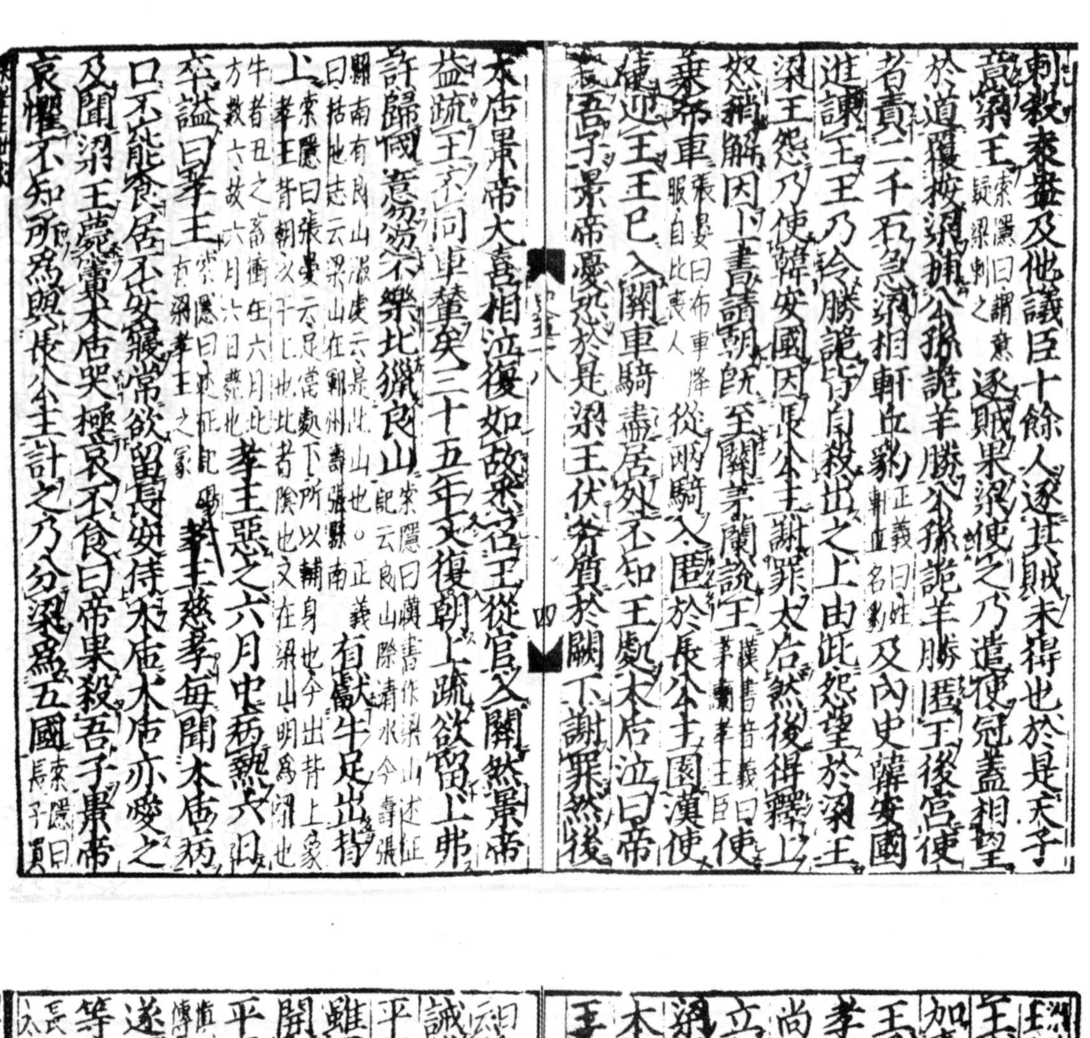

止李太后李太后亦已後病薨病時任后未
嘗請病薨又不持喪元朔中睢陽人類犴反者人
犴音岸 按類犴反人姓名也 反字或作友
有辱其父而與淮陽太守客出
同車太守客出下車類犴反殺其仇於車上而去淮陽
太守怒以讓梁二千石二千石以下求反甚急執反親
戚反知國陰事乃上變事具告知王與大母爭樽狀時
丞相以下見知之欲以傷梁長吏其書聞天子天子下
吏驗問有之公卿請廢襄為庶人天子曰李太后有淫
行而梁王襄無良師傅故陷不義乃削梁八城梟任王
后首于市梁餘尚有十城襄立三十九年卒謚為平王

子無傷立為梁王也

濟川王明者梁孝王子以桓邑侯（索隱曰地理志桓邑闕）孝景中
六年為濟川王七歲坐射殺其中尉漢有司請誅天子
弗忍誅廢明為庶人遷房陵地入于漢為郡

濟東王彭離者梁孝王子以孝景中六年為濟東王二
十九年彭離驕悍無人君禮昏暮私與其奴亡命少年
數十人行剽殺人取財物以為好（索隱曰以是為好喜之事）所殺發
覺者百餘人國皆知之莫敢夜行所殺者子上書言漢
有司請誅上不忍廢以為庶人遷上庸地入于漢為大
河郡

山陽哀王定者梁孝王子以孝景中六年為山陽王九
年卒無子國除地入于漢為山陽郡

濟陰哀王不識者梁孝王子以孝景中六年為濟陰王
一歲卒無子國除地入于漢為濟陰郡

太史公曰梁孝王雖以親愛之故王膏腴之地然會漢
家隆盛百姓殷富故能植其財貨廣宮室車服擬於天
子然亦僭矣

褚先生曰臣為郎時聞之於宮殿中老郎吏好事者稱
道之也竊以為令梁孝王怨望欲為不善者事從中生
今太后女主也以愛少子故欲令梁王為太子大臣不

時正言其不可狀阿意治小私說意以受賞賜非忠臣
也齊如魏其侯竇嬰之正言也（索隱曰[illegible] 如周家立子[illegible]）何以
有後禍景帝與王燕見侍太后飲景帝曰千秋萬歲之
後傳王太后喜說竇嬰在前據地言曰漢法之約傳子
適孫今帝何以得傳弟擅亂高帝約乎於是景帝默然
無聲太后意不說故成王與小弱弟立樹下取一桐葉
以與之曰吾用封汝周公聞之進見曰天王封弟甚善
成王曰吾直與戲耳周公曰人主無過舉不當有戲言
言之必行之於是乃封小弟以應縣（索隱曰此說與國語世家不同事與封
叔虞同彼云封唐此云封應[illegible]亦成王之弟或別有所
見故不同○正義[illegible]云故應城故應鄉也在[illegible]）

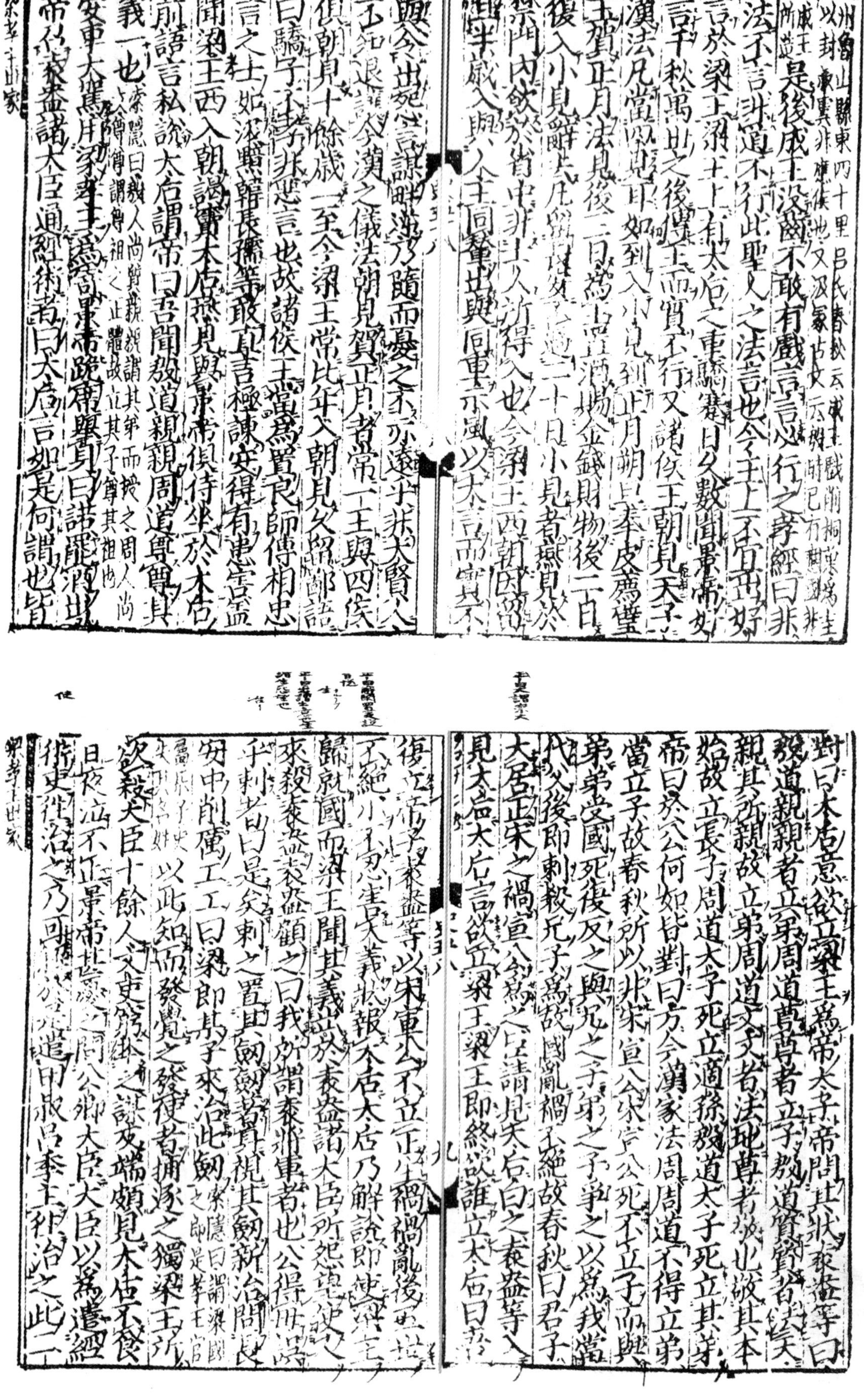

州魯山縣東四十里呂氏春秋云成王戲削桐葉為珪
以封叔虞非唐侯也又汲冢古文云殷時已有唐國非
成王所造是後成王沒齒不敢有戲言言必行之孝經曰非
法不言非道不行此聖人之法言也今主上不宜出好
言於梁王梁王上有太后之重驕蹇日久數聞景帝好
言千秋萬歲之後傳王而實不行又諸侯王朝見天子
漢法凡當四見耳始到入小見到正月朔旦奉皮薦璧
玉賀正月法見後三日為王置酒賜金錢財物後二日
復入小見辭去凡留長安不過二十日小見者燕見於
禁門內飲於省中非士人所得入也今梁王西朝因留
且半歲入與人主同輦出與同車示風以大言而實不

與令出怨言謀畔逆乃隨而憂之不亦遠乎非大賢人
不知退讓今漢之儀法朝見賀正月者常一王與四侯
俱朝見十餘歲一至今梁王常比年入朝見久留鄙語
曰驕子不孝非惡言也故諸侯王當為置良師傅相忠
言之士如汲黯韓長孺等敢直言極諫安得有患害蓋
聞梁王西入朝謁竇太后燕見與景帝俱侍坐於太后
前語言私說太后謂帝曰吾聞殷道親親周道尊尊其
義一也索隱曰殷人尚質親親謂親其弟而授之周人尚文尊尊謂尊祖之正體故立其子尊其祖也
安車大駕用梁孝王為寄景帝跪席舉身曰諾罷酒出
帝召袁盎諸大臣通經術者曰太后言如是何謂也皆

對曰太后意欲立梁王為帝太子帝問其狀袁盎等曰
殷道親親者立弟周道尊尊者立子殷道質質者法天
親其所親故立弟周道文文者法地尊者敬也敬其本
始故立長子周道太子死立適孫殷道太子死立其弟
帝曰於公何如皆對曰方今漢家法周周道不得立弟
當立子故春秋所以非宋宣公宋宣公死不立子而與
弟弟受國死復反之與兄之子弟之子爭之以為我當
代父後即刺殺兄子以故國亂禍不絕故春秋曰君子
大居正宋之禍宣公為之臣請見太后白之袁盎等入
見太后太后言欲立梁王梁王即終欲誰立太后曰吾

復立帝子袁盎等以宋宣公不立正生禍禍亂後五世
不絕小不忍害大義狀報太后太后乃解說即使梁王
歸就國而梁王聞其義出於袁盎諸大臣所怨望使人
來殺袁盎袁盎顧之曰我所謂袁將軍者也公得毋誤
乎刺者曰是矣刺之置其劍劍著身視其劍新治問長
安中削厲工工曰梁郎某子來治此劍
以此知而發覺之發使者捕逐之獨梁王所
欲殺大臣十餘人文吏窮本之謀反端頗見太后不食
日夜泣不止景帝甚憂之問公卿大臣大臣以為遣經
術吏往治之乃可解於是遣田叔呂季主往治之此二

梁孝王世家

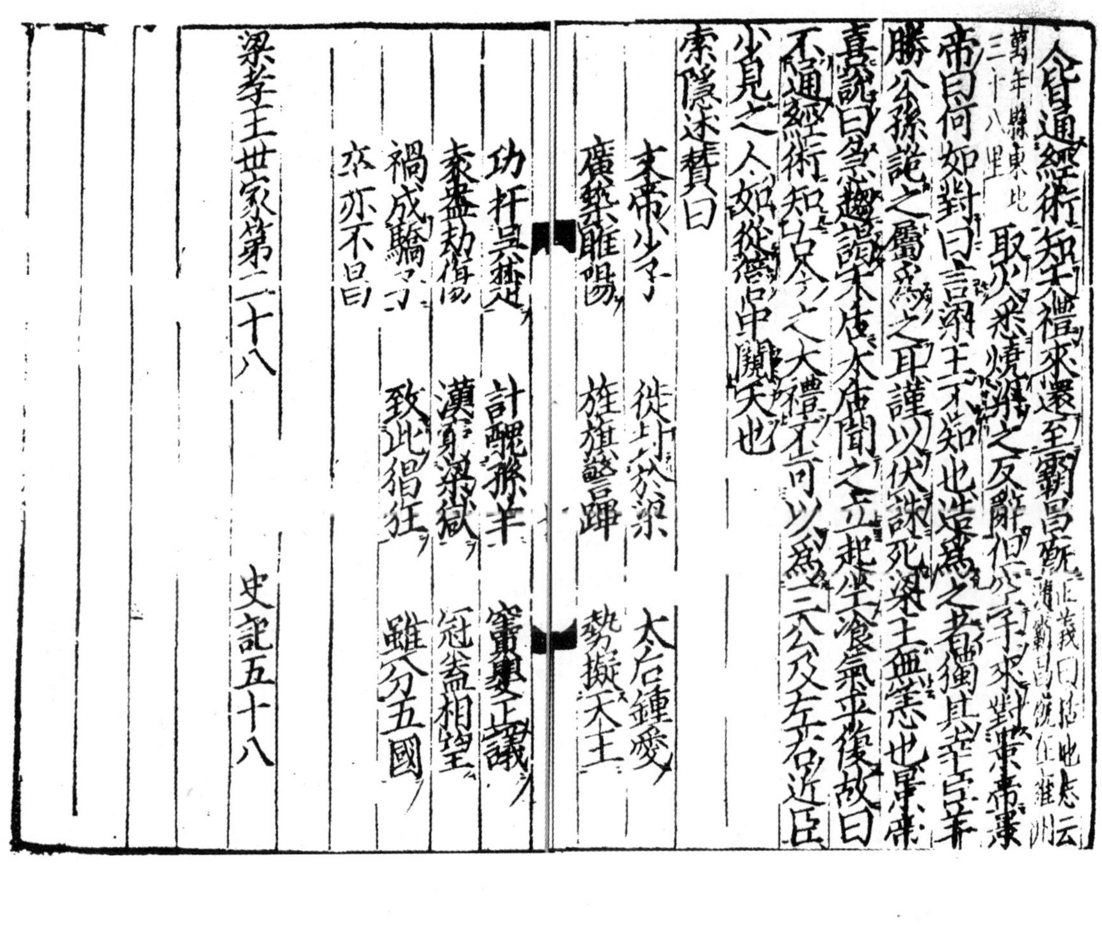

令皆通經術知禮義，來還，至霸昌廐，[正義括地志云漢霸昌廐在雍州萬年縣東北三十八里]取火悉燒梁之反辭，但空手來對景帝。景帝曰：何如？對曰：言梁王不知也。造為之者，獨其幸臣羊勝、公孫詭之屬為之耳。謹以伏誅死，梁王無恙也。景帝喜說，曰：急趨謁太后。太后聞之，立起坐飡，氣平復。故曰：不通經術知古今之大禮，不可以為三公及左右近臣。少見之人，如從管中闚天也。

索隱述贊曰：孝文少子，徙封於梁。太后鍾愛，廣築睢陽。旌旗警蹕，勢擬天王。功扞吳楚，計醜孫羊。竇嬰正議，袁盎劫傷。漢窮梁獄，冠蓋相望。禍成驕子，致此猖狂。雖分五國，卒亦不昌。

梁孝王世家第二十八　史記五十八

五宗世家第二十九　史記五十九

[索隱曰景帝子十四人，除武帝餘十三人為王。漢書謂之景十三王。此名五宗者，十三人為王，其母五人，同母者為宗。]

孝景皇帝子凡十三人為王，而母五人，同母者為宗親。栗姬子曰榮、德、閼于。[索隱曰閼音遏。漢書無于字]程姬子曰餘、非、端。賈夫人子曰彭祖、勝。唐姬子曰發。王夫人兒姁子曰越、寄、乘、舜。[索隱曰姁音況羽反。兒姁，夫人名，王皇后之妹]

河間獻王德，[索隱曰漢書云大行令奏謚法曰聰明睿智曰獻]以孝景帝前二年用皇子為河間王。好儒學，被服造次必於儒者。山東諸儒多從之游。二十六年卒，[漢名臣奏杜業奏曰：河間獻王經術通明，積德累行，天下雄俊衆儒皆歸之。孝武帝時，獻王朝，被服造次必於仁義。問以五策，獻王輒對無窮。孝武帝色然難之，謂獻王曰：湯以七十里，文王百里，王其勉之。王知其意，歸即縱酒聽樂，因以終。○索隱曰問以五策，按小顏云被服言常居處其中，造次謂所向所行皆法於儒者。]子共王不害立，四年卒，子剛王基代立，十二年卒，子頃王授代立。[索隱曰漢書云授。謚頃，音傾]

臨江哀王閼于，以孝景帝前二年用皇子為臨江王。三年卒，無後，國除為郡。

臨江閔王榮，以孝景前四年為皇太子，四歲廢，用故太子為臨江王。四年，坐侵廟壖垣為宮，[索隱曰服虔云宮外之餘地。韋昭云外垣也。漢書音義云糟外行馬內田。音人緣反，又音軟，又音奴亂反。壖垣，糟外之短垣]上徵榮。榮行，祖於江陵北門索隱曰祖者行神行而祭之故曰祖也風俗通云共工氏之子曰脩好遠遊故祀爲祖神又崔浩云黃帝之子累祖好遠遊而死於道因以爲行神不知何據蓋見其謂之祖因以爲累祖非也黃帝系及本紀皆言累祖黃帝妃無爲行神之由也又聘禮云出祖釋軷祭酒脯而已軷今祭祀以軷壞土爲壇於道則用黃羝或用狗以其羝血釁左輪○正義曰荊州圖副云漢臨江王榮坐侵廟壖垣爲宮被徵出城北門而車軸折父老流涕曰吾王不反矣既而爲郅都所訊懼而縊死自此後北門存而不啓蓋爲榮不以道終也既已上車軸折車廢江陵父老流涕竊言曰吾王不反矣榮至詣中尉府簿中尉郅都責訊王王恐自殺葬藍田燕數萬銜土置冢上百姓憐之榮最長死正義曰顏師古云榮實最長而傳在二王後者以其從太子廢後乃爲王也無後國除地入于漢爲南郡

右三國本王皆栗姬之子也

魯共王餘以孝景前二年用皇子爲淮陽王二年吳楚反破後以孝景前三年徙爲魯王好治宮室苑囿狗馬季年好音不喜辭辯爲人吃二十六年卒子光代爲王初好音輿馬晚節嗇正義曰晚節猶言末年時嗇貪悋也惟恐不足於財

江都易王非索隱曰謚法好更故舊曰易以孝景前二年用皇子爲汝南王吳楚反時非年十五有材力上書願擊吳景帝賜非將軍印擊吳吳已破二歲徙爲江都王治吳故國以軍功賜天子旌旗元光五年匈奴大入漢爲賊非上書願擊匈奴上不許非好氣力治宮觀招四方豪桀驕奢甚立二十六年卒子建立爲王七年自殺淮南衡山謀反時建頗聞其謀自以爲國近淮南恐一日發爲所并即陰作兵器而時佩其父所賜將軍印載天子旗以出易王死未葬建有所說易王寵美人淖姬索隱曰淖音泥○正義曰女孝反夜使人迎與姦服舍中索隱曰淖姓也所有王所愛淖姬等與姦服舍中及淮南事發治黨與頗及江都王建建恐因使人多持金錢事絕其獄而又信巫祝使人禱祠妄言建又盡與其姊弟姦索隱曰漢書云建女弟徵臣爲蓋侯子婦以易王喪來歸建復與姦事既聞漢公卿請捕治建天子不忍使大臣即訊王王服所犯遂自殺國除地入于漢爲廣陵郡

膠西于王端索隱曰按周書謚法云能優其德曰于以孝景前三年吳楚七國反破後端用皇子爲膠西王端爲人賊戾又陰痿正義曰痿於危反不能御婦人一近婦人病之數月而有愛幸少年爲郎爲郎者頃之與後宮亂端禽滅之及殺其子母數犯上法漢公卿數請誅端天子爲兄弟之故不忍而端所爲滋甚有司再請削其國去太半端心慍遂爲無訾省索隱曰訾無所訾省錄無所省錄○正義曰訾量也言不能視錄資財府庫壞漏盡腐財物以巨萬計終不得收徙令吏毋得收租賦端皆去衛索隱曰謂不欲宿衛人封其宮門從一門出游數變名姓爲布衣之他郡國相二千石往者奉漢法以治端輒求其罪告之無罪者詐藥殺之所以設詐究變索隱曰究竟也

（漢書）云亢謂窮盡。彊足以距諫，智足以飾非。相二千石從王治，則漢繩以法。故膠西小國，而所殺傷二千石甚衆。立四十七年，卒，竟無男代後，國除，地入于漢，為膠西郡。

右三國本王皆程姬之子也。

趙王彭祖以孝景前二年用皇子為廣川王。趙王遂反破後，彭祖王廣川四年，徙為趙王。十五年，孝景帝崩。彭祖為人巧佞卑諂，足恭而心刻深。（索隱曰：刻害深，無仁恩。）好法律，持詭辯以中人。（索隱曰：謂詭辯以中傷人。）彭祖多內寵姬及子孫。相二千石欲奉漢法以治，則害於王家。是以每相二千石至，彭祖衣皁布衣，自行迎，除二千石舍，（索隱曰：謂自為二千石除舍以避之。）多設疑事以作動之，得二千石失言，中忌諱，輒書之。二千石欲治者，則以此迫劫；不聽，乃上書告，及汙以姦利事。彭祖立五十餘年，相、二千石無能滿二歲，輒以罪去，大者死，小者刑，以故二千石莫敢治。而趙王擅權，使使即縣為賈人榷會，（韋昭曰：平會兩家買賣之賈也。榷謂禁他家，獨王家得為之。○索隱曰：榷音角，獨言榷酤也。會音儈，占外又謂為賈人專榷買賣之賈，儈以取利，若今之和市矣。韋昭則訓榷為平，其注解亦得。）入多於國經租稅。（索隱曰：經，常也。謂常租稅。王家入多於國家。）以是趙王家多金錢，然所賜姬諸子，亦盡之矣。彭祖取故江都易王寵姬王建所盜與姦淖姬者為姬，甚愛之。彭祖不好治宮室、機祥，（徐廣曰：求福也。○索隱曰：按漢書云機祥也。劉氏云：荊人鬼，越人機，謂楚信鬼神，越信機祥也。）好為吏事。上書願督國中盜賊。常夜從走卒行徼（索隱曰：上下遊反，下是郊外路，謂巡徼而伺察。）邯鄲中。諸使過客以彭祖險陂，莫敢留邯鄲。其太子丹與其女及同產姊姦，與其客江充有郤。充告丹，丹以故廢。趙更立太子。

中山靖王勝，以孝景前三年用皇子為中山王。十四年，孝景帝崩。勝為人樂酒（正義曰：樂，五教反。）好內，有子枝屬百二十餘人。常與兄趙王相非，曰：「兄為王，專代吏治事。王者當日聽音樂聲色。」趙王亦非之，曰：「中山王徒日淫，不佐天子拊循百姓，何以稱為藩臣！」立四十二年卒，（索隱曰：漢建元三年，濟川、中山王等來朝，聞樂而泣。天子問其故，對以大臣內讒，肺腑日疏，其言甚雄壯，詞切而理文。天子加親之，好可謂漢之英藩矣。）子哀王昌立。一年卒，子昆侈代為中山王。（索隱曰：漢書昆侈後謚康王，子頃王輔嗣，至孫國除也。）

右二國本王皆賈夫人之子也。

長沙定王發，發之母唐姬，故程姬侍者。景帝召程姬，程姬有所辟，不願進，（索隱曰：姚氏按釋名云：天子諸侯羣妾以次進御，有月事者止不御，更不口說，以丹注面目的的為識，令女史見之。王粲神女賦以為脫桂裳，免簪笄，施玄的，結羽釵。的即釋名所云。汗也。漢律云：見姅變，不得侍祠。姅音半。）而飾侍者唐兒使夜進。上醉不知，以為程姬而幸之，遂有身。已乃覺非程姬也。及生子，因命曰發。以孝景前二年用皇子為長沙王。以其

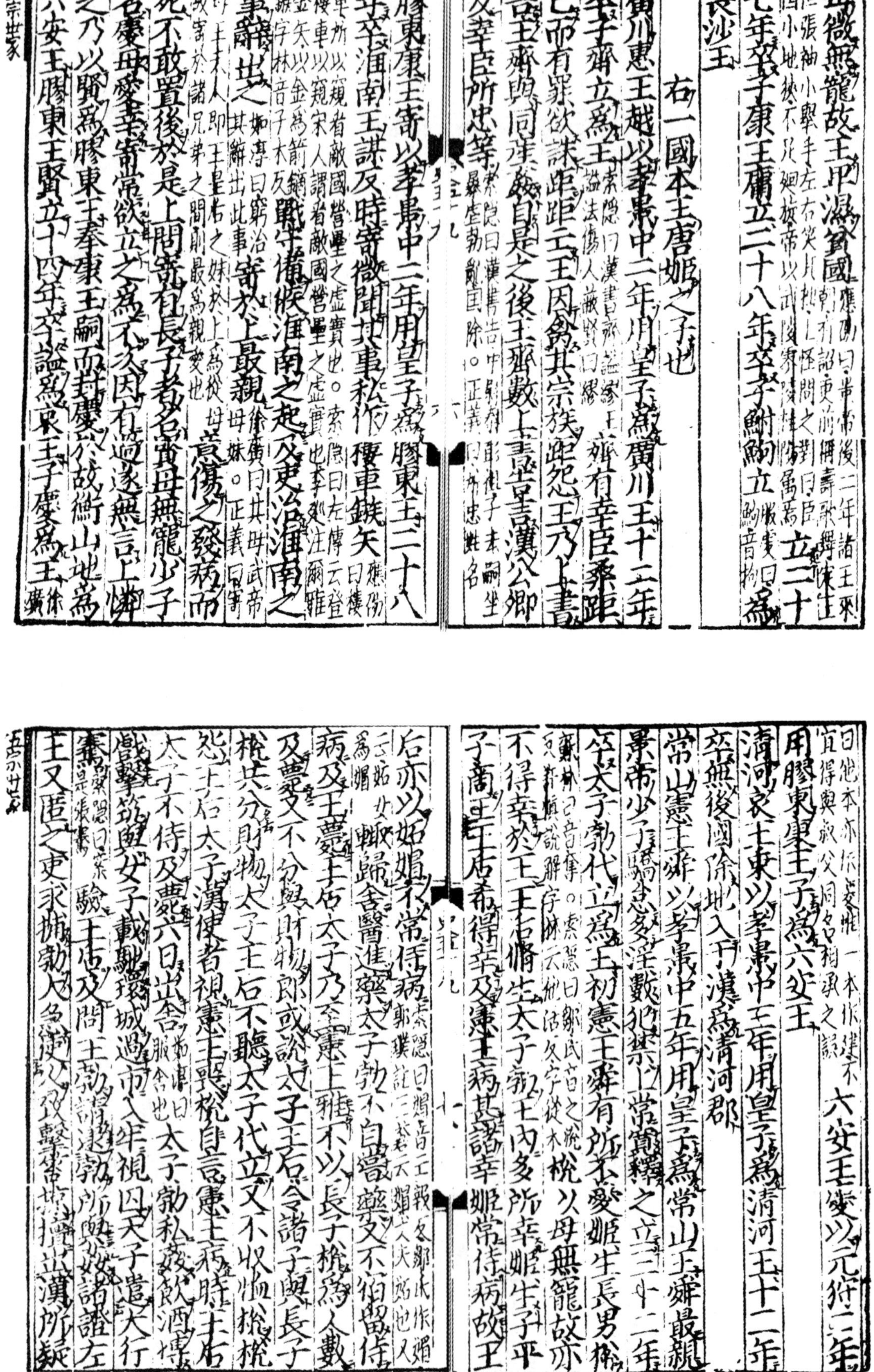

毋微無寵，故王卑濕貧國。集解應劭曰：景帝後二年，諸王來朝，有詔更前稱壽歌舞。定王但張袖小舉手，左右笑其拙，上怪問之，對曰：臣國小地狹，不足迴旋。帝以武陵、零陵、桂陽屬焉。立二十七年卒，子康王庸立。二十八年卒，子鮒鮈立為長沙王。鮈音拘。

右一國本王唐姬之子也。

廣川惠王越，以孝景中二年用皇子為廣川王。十二年卒，子齊立為王。索隱曰：漢書齊謚繆王。謚法：傷人蔽賢曰繆。齊有幸臣桑距。已而有罪，欲誅距，距亡，王因禽其宗族。距怨王，乃上書告王齊與同產姦。自是之後，王齊數上書告言漢公卿及幸臣所忠等。索隱曰：漢書告中尉蔡彭祖，太子嗣坐暴虐勃亂，國除。○正義：所忠，人姓名。

膠東康王寄，以孝景中二年用皇子為膠東王。二十八年卒。淮南王謀反時，寄微聞其事，私作樓車鏃矢集解應劭曰：樓車所以窺覘敵國營壘之虛實也。○索隱曰：左傳云登樓車以窺宋人，謂看敵國營壘之虛實也。李巡注爾雅，鏃，字林音子木反，金矢以金為箭鏃。戰守備，候淮南之起。及吏治淮南之事，辭出之。如淳曰：窮治其辭，出此事。寄於上最親，徐廣曰：其母，武帝母妹。○正義曰：寄母王夫人，即王皇后之妹，於上為從母，故寄於諸兄弟之間則最為親愛也。意傷之，發病而死，不敢置後，於是上聞。寄有長子者名賢，母無寵；少子名慶，母愛幸，寄常欲立之，為不次，因有過，遂無言。上憐之，乃以賢為膠東王奉康王嗣，而封慶於故衡山地，為六安王。

膠東王賢立十四年卒，謚為哀王。子慶為王。徐廣曰：他本亦作慶，惟一本作建。不宜得與叔父同名，相承之誤。

六安王慶，以元狩二年用膠東康王子為六安王。

清河哀王乘，以孝景中三年用皇子為清河王。十二年卒，無後，國除，地入于漢，為清河郡。

常山憲王舜，以孝景中五年用皇子為常山王。舜最親，景帝少子，驕怠多淫，數犯禁，上常寬釋之。立三十二年卒，太子勃代立為王。

初，憲王舜有所不愛姬生長男梲。集解徐廣曰：音奪。○索隱曰：鄒氏音之悅反。許慎說解字林云：梲，他活反，字從木。梲以母無寵故，亦不得幸於王。王后脩生太子勃。王內多，所幸姬生子平、子商，王后希得幸。及憲王病甚，諸幸姬常侍病，故王后亦以妒媢不常侍病，索隱曰：媢音亡報反，鄒氏作媢。郭璞注三蒼云：媢，丈夫妒也；又云妒女為媢。輒歸舍。醫進藥，太子勃不自嘗藥，又不宿留侍病。及王薨，王后、太子乃至。憲王雅不以長子梲為人數，及薨，又不分與財物。郎或說太子、王后，令諸子與長子梲共分財物，太子、王后不聽。太子代立，又不收恤梲。梲怨王后、太子。漢使者視憲王喪，梲自言憲王病時，王后、太子不侍，及薨，六日出舍，如淳曰：出服舍也。太子勃私姦，飲酒，博戲，擊筑，與女子載馳，環城過市，入牢視囚。天子遣大行騫索隱曰：是張騫。驗王后及問王勃，請逮勃所與姦諸證左，王又匿之。吏求捕勃大急，使人致擊笞掠，擅出漢所疑因者有司請誅憲王后脩及王勃上以脩素無行使棁陷之罪勃無良師傅不忍誅有司請廢王后脩徙王勃以家屬處房陵上許之勃王數月遷于房陵國絕月餘天子為最親乃詔有司曰常山憲王蚤夭后妾不和適孽誣爭陷于不義以滅國朕甚閔焉其封憲王子平三萬戶為真定王封子商三萬戶為泗水王正義曰泗水海州

真定王平元鼎四年用常山憲王子為真定王泗水思王商以元鼎四年用常山憲王子為泗水王十一年卒子哀王安世立十一年卒無子於是上憐泗水王絕乃立安世弟賀為泗水王

右四國本王皆王夫人兒姁子也其後漢益封其支子為六安王泗水王二國凡兒姁子孫於今為六王

太史公曰高祖時諸侯皆賦徐廣曰國所出有皆入於王得自除內史以下漢獨為置丞相黃金印諸侯自除御史廷尉正博士擬於天子自吳楚反後五宗王世漢為置二千石去丞相曰相銀印諸侯獨得食租稅奪之權其後諸侯貧者或乘牛車也

索隱述贊曰

景十三子　五宗親睦　栗姬既廢　臨江折軸　閼于早薨　河間儒服　餘好宮苑　端事馳逐　江都有才　中山從禍　長沙地小　膠東造鏃　仁賢者代　悖亂者族　兒姁四王　分封為六

五宗世家第二十九　史記五十九

三王世家第三十　　史記六十

大司馬臣去病（索隱曰：姓霍）昧死再拜上疏皇帝陛下：陛下過聽，使臣去病待罪行閒。宜專邊塞之思慮，暴骸中野無以報，乃敢惟他議以干用事者，誠見陛下憂勞天下，哀憐百姓以自忘，虧膳貶樂，損郎員。皇子賴天能勝衣趨拜，至今無號位師傅官。陛下恭讓不恤，羣臣私望，不敢越職而言。臣竊不勝犬馬心，昧死願陛下詔有司，因盛夏吉時定皇子位。（索隱曰：明堂月令云季夏月可以封諸侯立大官，是也）唯陛下幸察。臣去病昧死再拜以聞皇帝陛下。三月乙亥，御史臣光守尚書令奏未央宮。制曰：下御史。六年三月戊申朔，乙亥，御史臣光守尚書令、丞非（索隱曰：奏狀有尚書令官位而史闕其名，即丞非者或尚書左右丞，非其名也）下御史書到，言：丞相臣青翟（索隱曰：莊青翟）、御史大夫臣湯（索隱曰：張湯）、太常臣充（索隱曰：趙充）、大行令臣息（索隱曰：李息）、太子少傅臣安（索隱曰：任安）行宗正事昧死上言：大司馬去病上疏曰：陛下過聽，使臣去病待罪行閒。宜專邊塞之思慮，暴骸中野，無以報，乃敢惟他議以干用事者，誠見陛下憂勞天下，哀憐百姓以自忘，虧膳貶樂，損郎員。皇子賴天能勝衣趨拜，至今無號位師傅官。陛下恭讓不恤，羣臣私望，不敢越職而言。臣竊不勝犬馬心，昧死願陛下詔有司，因盛夏吉時定皇子位。唯願陛下幸察。制曰：下御史。臣謹與中二千石、二千石臣賀（正義曰：公孫賀）等議：古者裂地立國，並建諸侯以承天子，所以尊宗廟重社稷也。今臣去病上疏，不忘其職，因以宣恩，乃道天子卑讓自貶以勞天下，慮皇子未有號位。臣青翟、臣湯等宜奉義遵職，愚憧而不逮事。方今盛夏吉時，臣青翟、臣湯等昧死請立皇子臣閎（徐廣曰：一作閡）、臣旦、臣胥為諸侯王。昧死請所立國名。制曰：蓋聞周封八百，姬姓並列，或子、男、附庸。禮「支子不祭」。云並建諸侯所以重社稷，朕無聞焉。且天非為君生民也。（索隱曰：言天生蒸民，立君以司牧之，是言生人為君立君長司牧之耳，非為君而生人也）朕之不德，海內未洽，乃以未教成者彊君連城，即股肱何勸？（徐廣曰：一作觀，一作勸。○索隱曰：謂皇子等並未習教義而彊使為諸侯王，君以連城之人，則大臣有所勸）其更議以列侯家之。三月丙子，奏未央宮。丞相臣青翟、御史大夫臣湯昧死言：臣謹與列侯臣嬰齊、中二千石、二千石臣賀、諫大夫博士臣安等議曰：伏聞周封八百，姬姓並列，奉承天子。康叔以祖考顯，而伯禽以周公立，咸為建國諸侯，以相傳為輔。百官奉憲，各遵其職，而國統備矣。竊以為並建諸侯所以重社稷者，四海諸侯各以其職奉貢祭。支子不得奉祭宗祖，禮也。封建使守藩國，帝王所以扶德施化。陛下奉承天統，明開聖緒，尊賢顯功，興滅繼絕，續蕭文終之後于酇【索隱曰：蕭何謚文終也。蕭何初封沛之酇，今行詩後其子續封南陽之酇。酇音嵯】，褒厲群臣平津侯等【索隱曰：公孫弘封平津侯。平津，高成之鄉名，□義切。弘所封平津鄉，在滄州鹽山南】。昭六親之序，明天施之屬，使諸侯王封君得推私恩分子弟戶邑，錫號尊建百有餘國【索隱曰：武帝用□□推恩之詔，分王諸侯王子弟，故有百餘國】。而家皇子為列侯，則尊卑相踰【索隱曰：謂諸侯王子已為列侯而在下，今又家皇子為列侯，是尊卑踰越】，列位失序，不可以垂統於萬世。臣請立臣閎【索隱曰：齊王也。王夫人子】、臣旦【索隱曰：燕王。漢書云李姬子】、臣胥【索隱曰：廣陵王】為諸侯王。三月丙子，奏未央宮。制曰：康叔親屬有十而獨尊者，褒有德也。周公祭天命郊，故魯有白牡、騂剛之牲【公羊傳曰：魯祭周公，牲用白牡；魯公用騂剛。何休曰：白牡，殷牲也；騂剛，赤脊，周牲也】。群公不毛【何休曰：不毛，不純色也】，賢不肖差也。高山仰之，景行嚮之，朕甚慕焉。所以抑未成，家以列侯可。四月戊寅，奏未央宮。丞相臣青翟、御史大夫臣湯昧死言：臣青翟等與列侯吏二千石、諫大夫、博士臣慶等議：昧死奏請立皇子為諸侯王。制曰：康叔親屬有十而獨尊者，褒有德也。周公祭天命郊，故魯有白牡、騂剛之牲。群公不毛，賢不肖差也。高山仰之，景行嚮之，朕甚慕焉。所以抑未成，家以列侯可。臣青翟、臣湯、博士臣將行等伏聞康叔親屬有十，武王繼體，周公輔成王，其八人皆以祖考之尊建為大國。康叔之年幼，周公在三公之位，而伯禽據國於魯，蓋爵命之時，未至成人。康叔後扞祿父之難，伯禽殄淮夷之亂。昔五帝異制，周爵五等，春秋三等【□曰：春秋變周之文，從殷之質，合伯子男以為一，則爵三等者，公侯伯也】，皆因時而序尊卑。高皇帝撥亂世反諸正【索隱曰：春秋公羊傳文】，昭至德，定海內，封建諸侯，爵位二等【索隱曰：謂王與列侯也】。皇子或在襁褓而立為諸侯王，奉承天子，為萬世法則，不可易。陛下躬親仁義，體行聖德，表裏文武。顯慈孝之行，廣賢能之路。內褒有德，外討彊暴。極臨北海【正義曰：匈奴傳云霍去病伐匈奴，北臨翰海】，西湊月氏【正義曰：湊音奏。氏音支。月氏，西戎國名，在沙州之西】，匈奴、西域，舉國奉師。輿械之費，不賦於民。虛御府之藏以賞元戎【詩云：元戎十乘，以先啟行。韓嬰章句曰：元戎，大戎，謂兵車也。車有大戎十乘，謂車縵輪，馬被甲，衡扼之上盡有劍戟，名曰陷軍之車，所以冒突先啟敵家之行伍也。毛傳曰：夏后氏曰鉤車，先正也；殷曰寅車，先疾也；周曰元戎，先良也】，開禁倉以振貧窮，減戍卒之半。百蠻之君，靡不鄉風，承流稱意。遠方殊俗，重譯而朝，澤及方外。故珍獸至，嘉穀興，天應甚彰。今諸侯支子封至諸侯王【索隱曰：謂立膠東王子賢為六安王、常山王子平為真定王、商為泗水王是也】，而家皇子為列侯，臣青翟、臣湯等竊伏孰計之，皆以為尊卑失序，使天下失望，不可。臣請立臣閎、臣旦、臣胥為諸侯王。四月癸未，奏未央宮，留中不下。丞相臣青翟、太僕臣賀、行御史大夫事太常臣充、太子少傅臣安行宗正事昧死言：臣青翟等前奏大司馬臣去病上疏言，皇子天下若號位。臣謹與御史大夫臣湯、中二千石、二千石、諫大夫、博士臣慶等昧死請立皇子閎等為諸侯王。陛下讓文武，躬自切，及皇子未教。群臣之議，儒者稱其術，或誖其心。陛下固辭弗許，家皇子為列侯。臣青翟等竊與列侯臣壽成（徐廣曰：蕭何之玄孫。鄼侯壽成，後為太常）等二十七人議，皆曰以為尊卑失序。高皇帝建天下，為漢太祖，王子孫，廣支輔。先帝法則弗改，所以宣至尊也。臣請令史官擇吉日，具禮儀上，御史奏輿地圖（索隱曰：謂地為輿者，天地有覆載之德，故謂天為蓋，謂地為輿，故地圖稱輿地圖。疑自古有此名，非始漢也），他皆如前故事。制曰：可。四月丙申，奏未央宮。太僕臣賀行御史大夫事昧死言：太常臣充言卜入四月二十八日乙巳，可立諸侯王。臣昧死奏輿地圖，請所立國名。禮儀別奏。臣昧死請。制曰：立皇子閎為齊王，旦為燕王，胥為廣陵王。四月丁酉，奏未央宮。六年（徐廣曰：一云元狩）四月戊寅朔，癸卯，御史大夫湯下丞相，丞相下中二千石，二千石下郡太守、諸侯相，丞書從事下當用者。如律令。

維六年四月乙巳，皇帝使御史大夫湯廟立子閎為齊王。曰：於戲，小子閎（索隱曰：此封齊王策文也。按武帝策三王皆自手製。於戲，如言嗚呼），受茲青社（張晏曰：王者以五色土為太社，封四方諸侯，各以其方色土與之，苴以白茅，歸以立社。○索隱曰：蔡邕獨斷云：皇子封為王者，受天子太社之土，若封東方諸侯，則割青土，藉以白茅，授之以立社，謂之茅土。齊在東方，故云青社）！朕承祖考，維稽古建爾國家，封于東土，世為漢藩輔。於戲念哉，恭朕之詔，惟命不于常。人之好德，克明顯光。義之不圖，俾君子怠（索隱曰：謂若不圖於義，則君子懈怠）。悉爾心，允執其中，天祿永終。厥有愆不臧，乃凶于而國，害于爾躬。於戲，保國艾民，可不敬與！王其戒之。

右齊王策。（八年無後，絕）

維六年四月乙巳，皇帝使御史大夫湯廟立子旦為燕王。曰：於戲，小子旦，受茲玄社！朕承祖考，維稽古（索隱曰：褚先生解云：維者度也，稽者當也，言當順古道也），建爾國家，封于北土，世為漢藩輔。於戲！葷粥氏虐老獸心（索隱曰：按匈奴傳，其國貴壯賤老，壯者食肥美，老者食其餘，是虐老也），侵犯寇盜，加以姦巧邊萌（索隱曰：萌，一作甿。韋昭云：甿，民也。三蒼云：邊人云甿也）。於戲！朕命將率徂征厥罪，萬夫長，千夫長，三十有二君皆來（張晏曰：時所獲三十二師），降期奔師（如淳曰：假其旗鼓而來降。○索隱曰：漢書作降旗奔師。如淳曰：即匈奴王旗鼓降時也。若如此意，則三十二君來降也）。葷粥徙域（張晏曰：匈奴徙去），北州以綏（索隱曰：綏，安也）。悉爾心，毋作怨，毋俷德（徐廣曰：俷，一作菲。○索隱曰：俷，音扶味反。孔文祥云：俷，薄也。漢書作菲，菲亦薄也），毋乃廢備（索隱曰：褚先生解云：言無之武備，常備匈奴），非教士不得從徵（索隱曰：章昭云：士不素習，不得從軍征發，故孔子曰不教人戰，是謂棄之）。

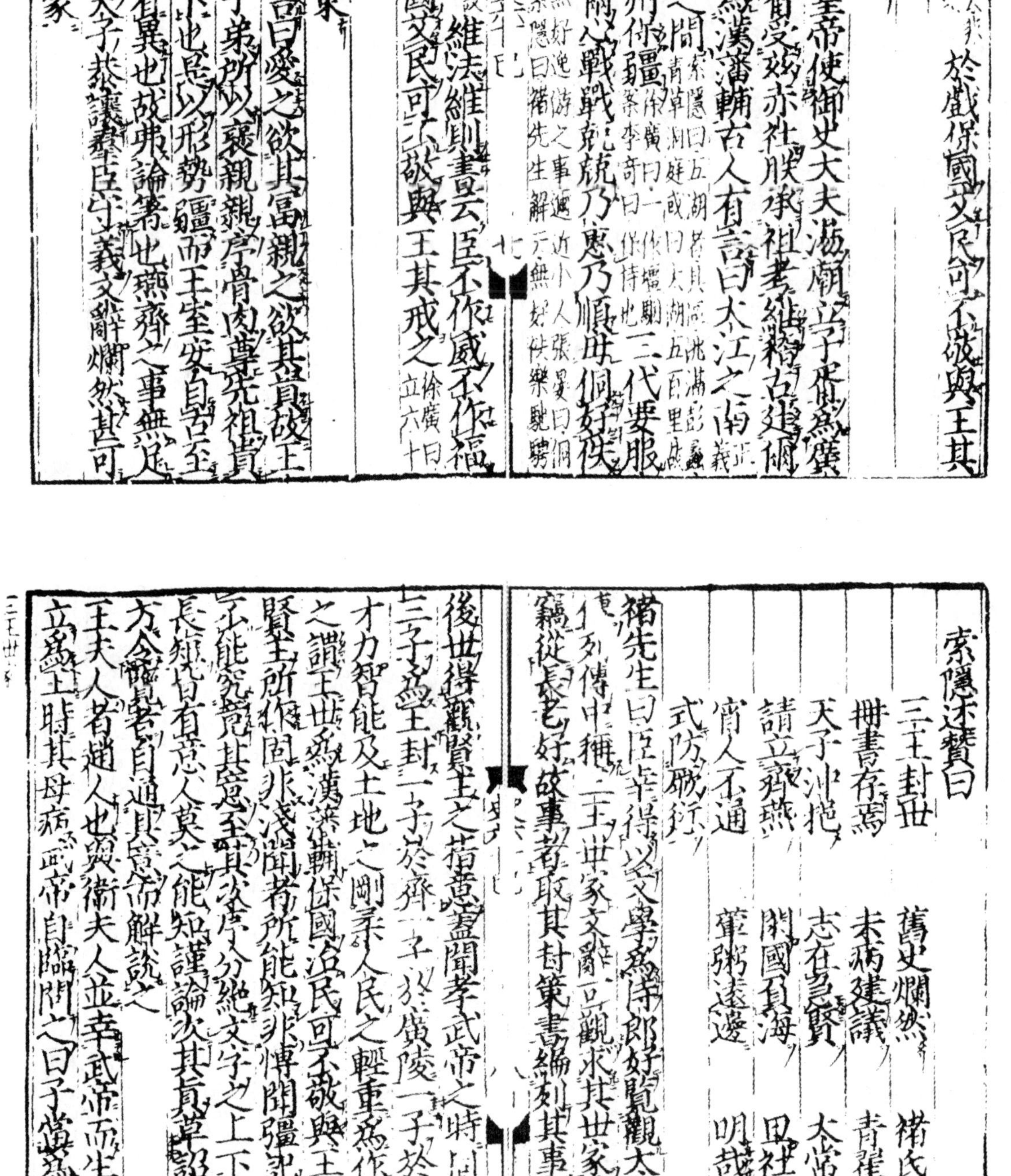

謂此也褚先生解云非習禮義不得在於側　於戲保國艾民可不敬與王其戒之徐廣曰立三十八年自殺國除

右燕王策

維六年四月乙巳皇帝使御史大夫湯廟立子胥為廣陵王曰於戲小子胥受茲赤社朕承祖考維稽古建爾國家封于南土世為漢藩輔古人有言曰大江之南正義曰謂京口南至荆州以南五湖之間索隱曰五湖者具區洮滆彭蠡青草洞庭或曰太湖五百里故曰五湖其人輕心楊州保疆徐廣曰一作疆騶李奇曰保恃也三代要服不及以政於戲悉爾心戰戰兢兢乃惠乃順毋侗好佚毋邇宵人應劭曰無好逸游之事邇近小人張晏曰侗音同索隱曰褚先生解云無好佚樂馳騁弋獵鄭氏宵音謏謏亦小人或作佞人維法維則書云臣不作威不作福靡有後羞於戲保國艾民可不敬與王其戒之徐廣曰立六十四年自殺

右廣陵王策

太史公曰古人有言曰愛之欲其富親之欲其貴故王者疆土建國封立子弟所以褒親親序骨肉尊先祖貴支體廣同姓於天下也是以形勢彊而王室安自古至今所由來久矣非有異也故弗論著也燕齊之事無足采者然封立三王天子恭讓群臣守義文辭爛然甚可觀也是以附之世家

索隱述贊曰

三王封冊　舊史爛然　褚氏後補
冊書存焉　去病建議　青翟上言
天子沖挹　志在急賢　太常具禮
請立齊燕　閎國負海　旦社惟玄
宵人不通　葷粥遠邊　明哉監戒
式防厥愆

褚先生曰臣幸得以文學為侍郎好覽觀太史公之列傳傳中稱三王世家文辭可觀求其世家終不能得竊從長老好故事者取其封策書編列其事而傳之令後世得觀賢主之指意蓋聞孝武帝之時同日而俱拜三子為王封一子於齊一子於廣陵一子於燕各因子才力智能及土地之剛柔人民之輕重為作策以申戒之謂王世為漢藩輔保國治民可不敬與王其戒之夫賢主所作固非淺聞者所能知非博聞彊記君子者所不能究竟其意至其次序分絕文字之上下簡之參差長短皆有意人莫之能知謹論次其真草詔書編于左方令覽者自通其意而解說之

王夫人者趙人也與衛夫人並幸武帝而生子閎閎且立為王時其母病武帝自臨問之曰子當為王欲安所

置之王夫人曰陛下在妾又何等可言者帝曰雖然意
所欲欲於何所王之王夫人曰願置之雒陽武帝曰雒
陽有武庫敖倉天下衝阸漢國之大都也先帝以來無
子王於雒陽者去雒陽餘盡可王夫人不應武帝曰關
東之國無大於齊者齊東負海而城郭大古時獨臨菑
中十萬戶天下膏腴地莫盛於齊者矣王夫人以手擊
頭謝曰幸甚王夫人死而帝痛之使使者拜之曰皇帝
謹使使太中大夫明奉璧一賜夫人為齊王太后子閎
王齊年少無有子立不幸早死國絕為郡天下稱齊不
宜王云所謂受此土者諸侯王始封者必受土於天子

之社歸立之以為國社以歲時祠之春秋大傳曰天子
之國有泰社東方青南方赤西方白北方黑上方黃故
將封於東方者取青土封於南方者取赤土封於西方
者取白土封於北方者取黑土封於上方者取黃土各
取其色物裹以白茅封以為社此始受封於天子者也
此之為主土主土者立社而奉之也朕承祖考祖者先
也考者父也維稽古維者度也念也稽者當也當順古
之道也齊地多變詐不習於禮義故戒之曰恭朕之詔
唯命不可為常人之好德能明顯光不圖於義使君子
怠慢悉若心信執其中天祿長終有過不善乃凶于而

國而害乎若身齊王之國左右維持以禮義不幸中年
早夭然全身無過如其策意傳曰青采出於藍而質青於
藍者教使然也遠哉賢主昭然獨見誡齊王以慎內誡
燕王以無作怨無俷德索隱曰本亦作肥按上策云俷非德下云勿使王背德也則肥
俷音扶味反亦音肥誡廣陵王以慎外無作威與福夫廣陵在吳
越之地其民精而輕故誡之曰江湖之間其人輕心楊
州葆疆三代之時迫要使從中國俗服不大及以政教
以意御之而已無侗好佚無邇宵人維法是則無長好
佚樂馳騁弋獵淫康而近小人常念法度則無羞辱矣
三江五湖有魚鹽之利銅山之富天下所仰故誡之曰

臣不作福者勿使行財幣厚賞賜以立聲譽為四方所
歸也又曰臣不作威者勿使因輕以倍義也會孝武帝
崩孝昭帝初立先朝廣陵王胥厚賞賜金錢財幣直三
千餘萬益地百里邑萬戶會昭帝崩宣帝初立緣恩行
義以本始元年中裂漢地盡以封廣陵王胥四子一子
為朝陽侯正義曰括地志云朝陽故城在鄧州穰縣南八十里應劭云在朝水之陽也一子
為平曲侯正義曰地理志云平曲縣屬東海郡又云在瀛州文安縣北七十里一子為南
利侯正義曰括地志云南利故城在豫州上蔡縣東八十五里最愛少子弘立以為
高密王正義曰括地志云高密故城在密州高密縣西南四十里其後胥果作威福
通楚王使者楚王宣言曰我先元王高帝少弟也封三

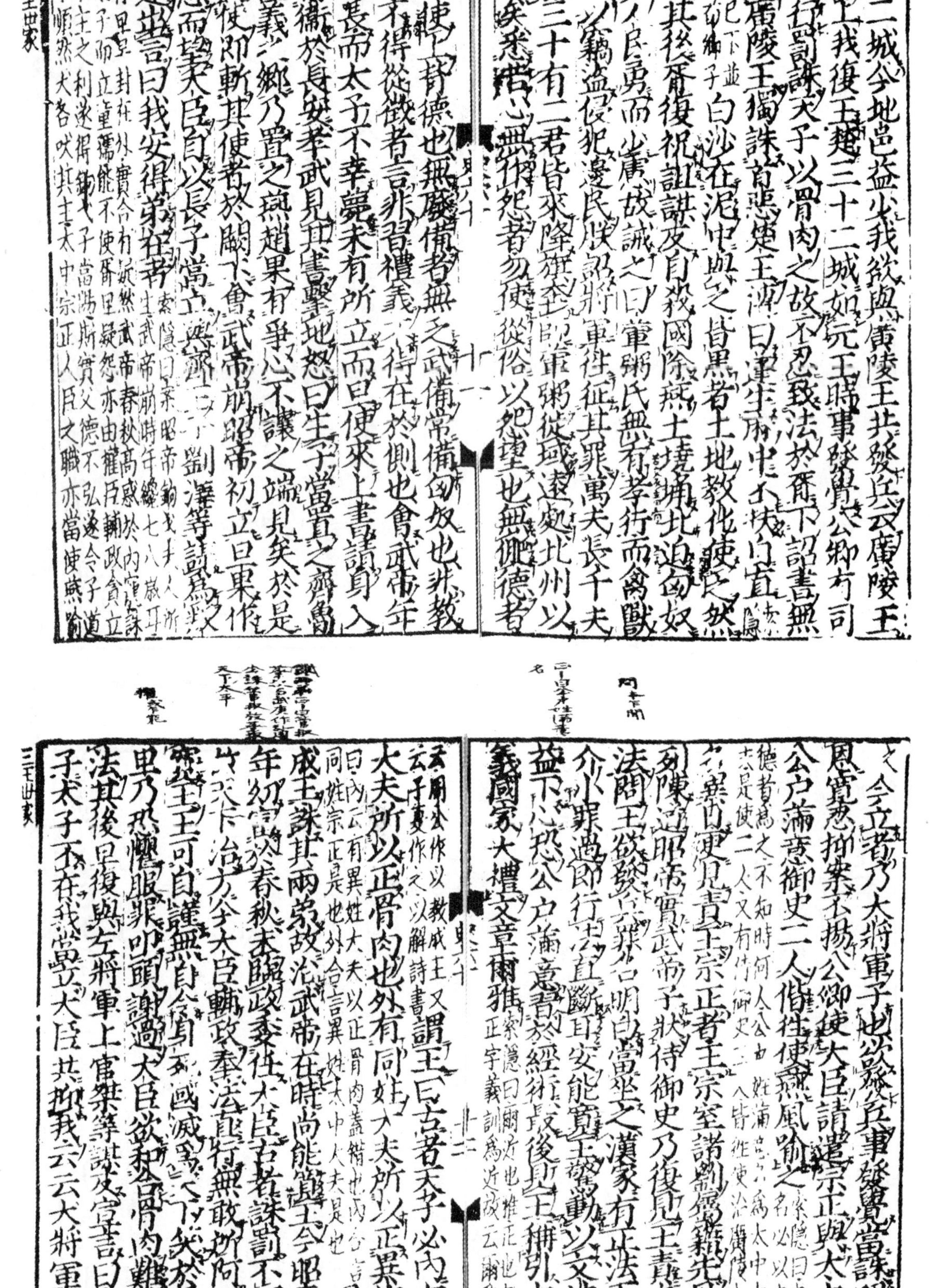

三王世家

十二城今地邑益少我欲與廣陵王共發兵云廣陵王
爲上我復王楚三十二城如元王時事發覺公卿有司
請行罰誅天子以骨肉之故不忍致法於胥下詔書無
治廣陵王獨誅首惡楚王傳曰蓬生麻中不扶自直
白沙在泥中與之皆黑者土地教化使之然
也其後胥復祝詛謀反自殺國除燕土墝埆北迫匈奴
其人民勇而少慮故誡之曰葷粥氏無有孝行而禽獸
心以竊盜侵犯邊民朕詔將軍往征其罪萬夫長千夫
長三十有二君皆來降旗奔師葷粥徙域遠處北州以
安矣悉爾心毋作怨者勿使從俗以怨望也無俷德者

勿使王背德也無廢備者無乏武備常備匈奴也非教
士不得從徵者言非習禮義不得在於側也會武帝年
老長而太子不幸薨未有所立而旦使來上書請身入
宿衛於長安孝武見其書擊地怒曰生子當置之齊魯
禮義之鄉乃置之燕趙果有爭心不讓之端見矣於是
使使即斬其使者於闕下會武帝崩昭帝初立旦果作
怨而望大臣自以長子當立與齊王子劉澤等謀爲叛
逆出言曰我安得弟在者索隱曰案昭帝鉤弋夫人所生武帝崩時年纔七八歲耳
胥旦早封在外實合有疑然武帝春秋高惑於內寵乃誅太子而立幼弱能不使胥旦疑怨亦由權臣輔政貪立幼主之利遂得衛之子當湯斯實父德不弘遂令子道不順然大咎收其主太中宗正人臣之職亦當使燕齊

今立者乃大將軍子也欲發兵事發覺當誅昭帝緣
恩寬忍抑案不揚公卿使大臣請遣宗正與太中大夫
公戶滿意御史二人偕往使燕風喻之索隱曰宗正官名以宗室有德者爲之不知時何人公戶姓滿意名爲太中大夫又有侍御史二人皆往使燕
到燕各異日更見責王宗正者主宗室諸劉屬籍先見王爲
列陳道昭帝實武帝子狀侍御史乃復見王責之以正
法問王欲發兵罪名明白當坐之漢家有正法王犯纖
介小罪過即行法直斷耳安能寬王驚動以文法王意
益下心恐公戶滿意習於經術最後見王稱引古今通
義國家大禮文章爾雅索隱曰爾近也雅正也其書於正字義訓爲近故云爾雅相爭

云周公作以教成王又云子夏作之以解詩書謂王曰古者天子必內有異姓
大夫所以正骨肉也外有同姓大夫所以正異族也索隱
曰內云有異姓大夫以正骨肉蓋錯也內合言同姓宗正是也外合言異姓太中大夫是也
周公輔成王誅其兩弟故治武帝在時尚能寬王今昭帝始立
年幼富於春秋未臨政委任大臣古者誅罰不阿親戚
故天下治方今大臣輔政奉法直行無敢所阿恐不能
寬王王可自謹無自令身死國滅爲天下笑於是燕王
旦乃恐懼服罪叩頭謝過大臣欲和合骨肉難傷之以
法其後旦復與左將軍上官桀等謀反宣言曰我次太
子太子不在我當立大臣共抑我云云大將軍光輔政

與公卿大臣議，曰燕王旦不改過悔正，行惡不變，於是脩法直斷，行罰誅。旦自殺，國除，如其策指。有司請誅旦妻子。孝昭以骨肉之親，不忍致法，寬赦旦妻子，免爲庶人。傳曰「蘭根與白芷，漸之滫中，君子不近，庶人不服」者，所以漸然也。宣帝初立，推恩宣德，以本始元年中盡復封燕王旦兩子：一子爲安定侯，立燕故太子建爲廣陽王，以奉燕王祭祀。

三王世家第三十　史記六十

史記六十一

老子伯夷列傳第一

老子者，楚苦縣厲鄉曲仁里人也。姓李氏，名耳，字伯陽，謚曰聃。

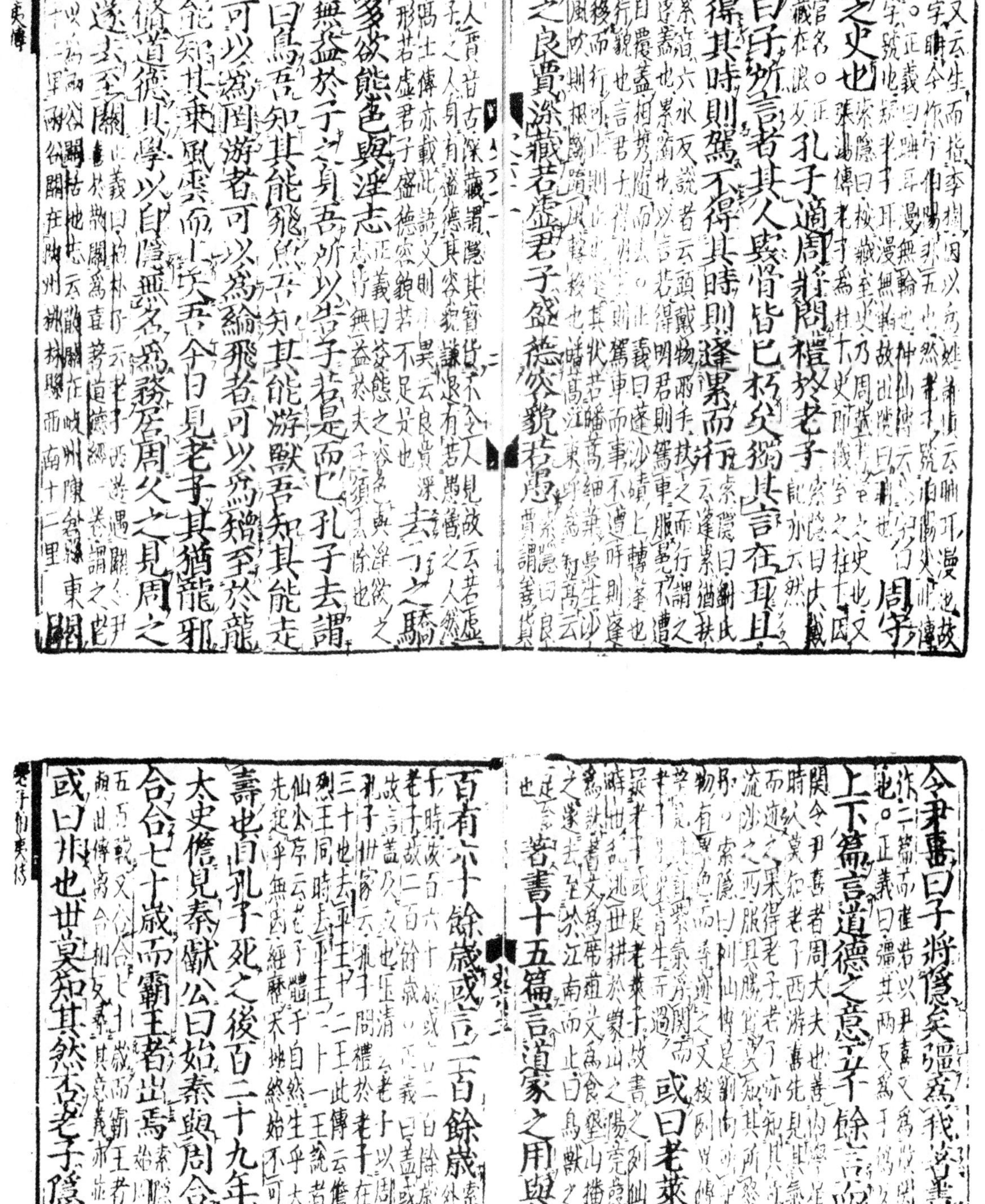

周守藏室之史也。

孔子適周，將問禮於老子。老子曰：子所言者，其人與骨皆已朽矣，獨其言在耳。且君子得其時則駕，不得其時則蓬累而行。吾聞之，良賈深藏若虛，君子盛德容貌若愚。去子之驕氣與多欲、態色與淫志，是皆無益於子之身。吾所以告子，若是而已。孔子去，謂弟子曰：鳥，吾知其能飛；魚，吾知其能游；獸，吾知其能走。走者可以為罔，游者可以為綸，飛者可以為矰。至於龍，吾不能知其乘風雲而上天。吾今日見老子，其猶龍邪！

老子修道德，其學以自隱無名為務。居周久之，見周之衰，迺遂去。至關，

關令尹喜曰：子將隱矣，彊為我著書。於是老子迺著書上下篇，言道德之意五千餘言而去，莫知其所終。

或曰：老萊子亦楚人也，著書十五篇，言道家之用，與孔子同時云。

蓋老子百有六十餘歲，或言二百餘歲，以其修道而養壽也。

自孔子死之後百二十九年，而史記周太史儋見秦獻公曰：始秦與周合，合而離，五百歲而復合，合七十歲而霸王者出焉。或曰儋即老子，或曰非也，世莫知其然否。老子，隱君子也。

老子之子名

宗為魏將，封於段干。此云封於段干，段干應是魏邑名也。而魏世家有段干木、段干子，田完世家有段干朋，疑此三人是姓段干也。本蓋因邑為姓，左傳所謂邑亦如之是也。風俗通氏姓注云姓段，名干木，恐或失之矣。天下自別有段姓，何必段干木邪。宗子注，注子宮，宮玄孫假，索隱曰音古雅反。○正義曰作瑕，音霞。假仕於漢孝文帝。而假之子解為膠西王卬太傅，因家于齊焉。世之學老子者則絀儒學，索隱曰按絀音黜，黜，退而後之也。儒學亦絀老子。道不同不相為謀，豈謂是邪。索隱曰太史公因其行事，於當篇之末結以此言，亦是贊也。又云此是昔人所評老子之教。○正義曰此都結老子之教也。李耳無為自化，清靜自正。正義曰此太史公因其行事引以記之。言無所造為而自化，清靜不撓而民自歸正也。

莊子者，蒙人也，索隱曰地理志蒙縣屬梁國。○索隱曰劉向別錄云宋之蒙人也。○正義曰郭緣生述征記云蒙縣，莊周之本邑也。名周。周嘗為蒙漆園吏，正義曰括地志云漆園故城在曹州冤句縣北十七里。此云莊周為漆園吏，即此。按其城古屬蒙縣。與梁惠王、齊宣王同時。其學無所不闚，然其要本歸於老子之言。故其著書十餘萬言，大抵率寓言也。索隱曰大抵猶言大略也。其書十餘萬言，率皆立主客，使之相對語，故云偶言。又音寓。寓，寄也。故別錄云作人姓名，使相與語，是寄辭於其人，故莊子有寓言篇。○正義曰率音律。寓音遇。率猶類也。寓，寄也。作漁父、盜跖、胠篋，索隱曰胠篋，猶言開篋也。胠音袪，亦音去劫反。○正義曰胠音丘魚反。篋音苦頰反。胠，開也。篋，箱類也。此莊子三篇名，皆誣毀自古聖君賢臣孔子之徒，營求名譽咸以喪真，非抱素任真之道也。以詆訿孔子之徒，索隱曰詆音邸。訿音紫。詆訿，毀訾孔子也。以明老子之術。畏累虛、亢桑子之屬，皆空語無事實。索隱曰按莊子畏累虛，篇名也，即老聃弟子畏累。鄒氏畏音於鬼反，累音壘。劉氏畏音烏罪反，累路罪反。郭象云今東萊也。亢音庚。亢桑子，王劭本作庚桑。司馬彪云庚桑，楚人姓名也。○正義曰莊子云庚桑楚者，老子弟子，北居畏累之山。成玄英云山在魯，亦云在深州。此篇寄庚桑楚以明至人之德，蕩然虛空，無情無欲，無心禍福，不至惡有人災。言庚桑楚已下皆空設言語，無有實事也。然善屬書離辭，正義曰屬音燭。離辭猶分析其辭句也。指事類情，用剽剝儒墨，正義曰剽音匹妙反。剽猶攻擊也。雖當世宿學不能自解免也。其言洸洋自恣以適己，索隱曰洸洋音汪羊，又音晃養。○正義曰洋音翔，己音紀。故自王公大人不能器之。楚威王聞莊周賢，正義曰威王當周顯王三十年。使使厚幣迎之，許以為相。莊周笑謂楚使者曰：千金，重利；卿相，尊位也。子獨不見郊祭之犧牛乎？養食之數歲，衣以文繡，以入大廟。當是之時，雖欲為孤豚，豈可得乎？索隱曰孤，小也，特也。願為小豚不可得也。○正義曰不群也。豚，小豕。為孤小豚不可得也。子亟去，索隱曰亟音紀力反。亟猶急也。無污我。索隱曰污音烏故反。我寧游戲污瀆之中自快，索隱曰污瀆音烏讀。小渠也。無為有國者所羈，終身不仕，以快吾志焉。正義曰莊子云莊子釣於濮水之上，楚王使大夫往曰：願以境內累。莊子持竿不顧，曰：吾聞楚有神龜，死二千歲矣，巾笥藏之廟堂之上。此龜寧其死為留骨而貴乎，寧其生而曳尾塗中乎？大夫曰：寧生而曳尾塗中。莊子曰：往矣，吾將曳尾於塗中。與此傳不同。

夫學者載籍極博，猶考信於六藝。詩書雖缺，索隱曰孔子系家稱古詩三千餘篇，孔子刪三百五篇為詩，今亡五篇。又書緯稱孔子求得黃帝玄孫帝魁之書，迄於秦穆公，凡三千二百四十篇，刪以一百篇為尚書，十八篇為中候。今百篇之內見亡四十二篇，是詩書又有缺亡也。然虞夏之文可知也。索隱曰按尚書有堯典、舜典、大禹謨，備言虞夏禪讓之事，故云虞夏之文可知也。

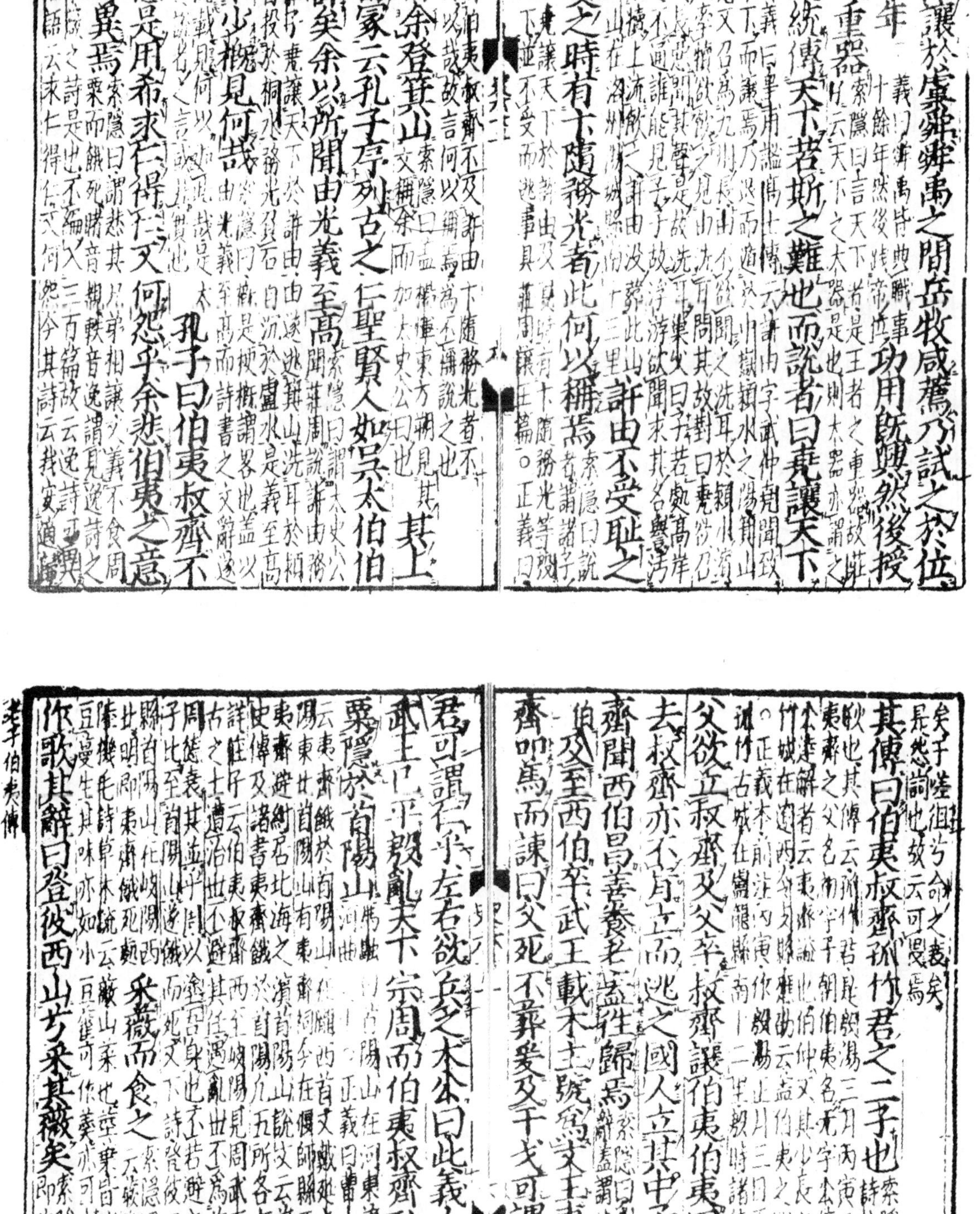

堯將遜位，讓於虞舜，舜禹之間，岳牧咸薦，乃試之於位，典職數十年，（義曰：舜禹皆典職事二十餘年，然後踐帝位。）功用既興，然後授政。示天下重器，（索隱曰：言天下者是王者之大器也……）王者大統，傳天下若斯之難也。而說者曰堯讓天下於許由，（正義：皇甫謐高士傳云：許由字武仲。堯聞致天下而讓焉，乃退而遁於中嶽潁水之陽，箕山之下隱。堯又召為九州長，由不欲聞之，洗耳於潁水濱。時有巢父牽犢欲飲之，見由洗耳，問其故。對曰：堯欲召我為九州長，惡聞其聲，是故洗耳。巢父曰：子若處高岸深谷，人道不通，誰能見子？子故浮游，欲聞求其名譽，汙吾犢口。牽犢上流飲之。許由沒，葬此山，亦名許由山，在洛州陽城縣南十三里。）許由不受，恥之逃隱。及夏之時，有卞隨、務光者。此何以稱焉？（索隱曰：說者謂諸子雜記也。然堯讓天下於許由，及夏之時有卞隨、務光等殷湯讓之天下，並不受而逃，事具莊周讓王篇。○正義曰……）

太史公曰：余登箕山，（索隱曰：蓋……）其上蓋有許由冢云。孔子序列古之仁聖賢人，如吳太伯、伯夷之倫詳矣。余以所聞由、光義至高，（索隱曰：謂太史公……）其文辭不少概見，何哉？孔子曰：「伯夷、叔齊，不念舊惡，怨是用希。」「求仁得仁，又何怨乎？」余悲伯夷之意，睹軼詩可異焉。（索隱曰：謂悲其兄弟相讓，又義不食周粟而餓死……）

（……于嗟徂兮，命之衰矣……故云可異焉。）

其傳曰：伯夷、叔齊，孤竹君之二子也。（索隱曰：其傳蓋韓詩外傳及呂氏春秋也……）父欲立叔齊，及父卒，叔齊讓伯夷。伯夷曰：「父命也。」遂逃去。叔齊亦不肯立而逃之。國人立其中子。於是伯夷、叔齊聞西伯昌善養老，盍往歸焉。（索隱曰……）及至，西伯卒，武王載木主，號為文王，東伐紂。伯夷、叔齊叩馬而諫曰：「父死不葬，爰及干戈，可謂孝乎？以臣弑君，可謂仁乎？」左右欲兵之。太公曰：「此義人也。」扶而去之。武王已平殷亂，天下宗周，而伯夷、叔齊恥之，義不食周粟，隱於首陽山，（正義曰：……）采薇而食之。（索隱曰：薇，蕨也……）及餓且死，作歌。其辭曰：登彼西山兮，采其薇矣。（索隱曰：西山，即首陽山。）以暴

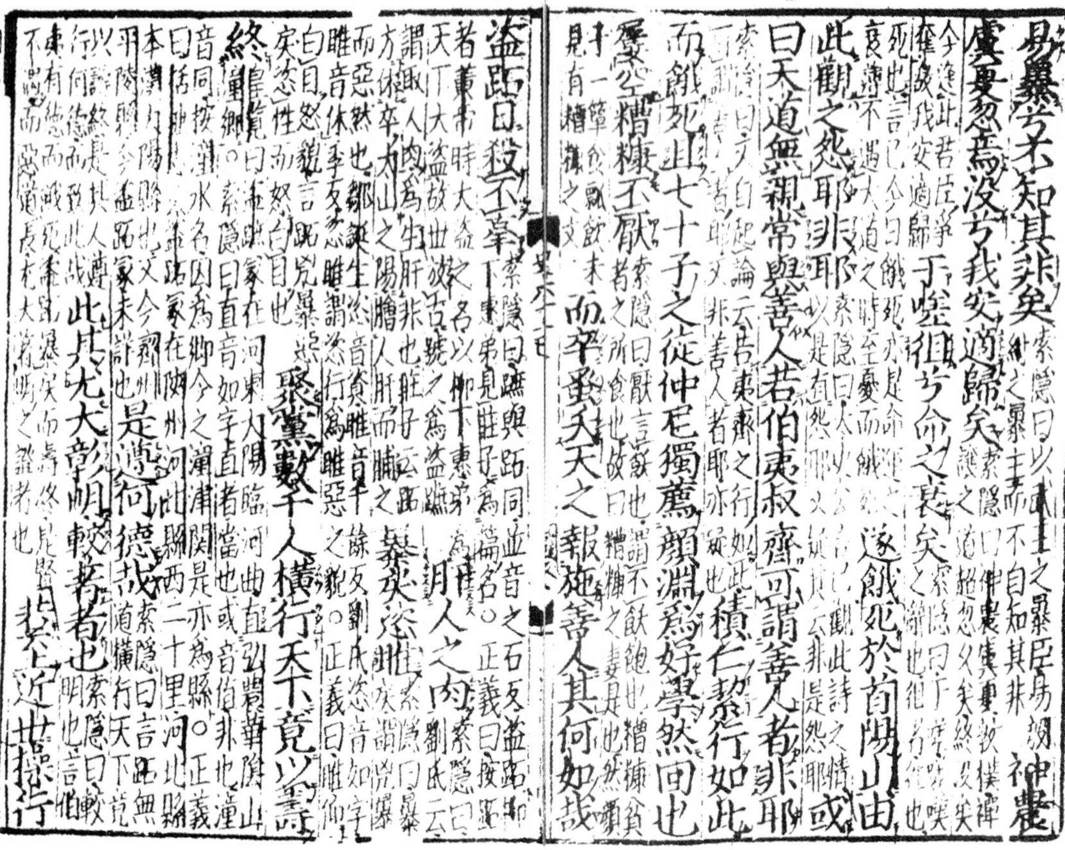

以暴易暴兮不知其非矣索隱曰以武王之暴臣易殷紂之暴主而不自知其非神農虞夏忽焉沒兮我安適歸矣索隱曰神農虞夏敦樸禪讓之道超忽久矣終沒矣今逢此君臣爭奪故我安適歸矣于嗟徂兮命之衰矣索隱曰于嗟嗟歎徂者往也死也言己今日餓死亦是命運衰薄不遇大道之時至幽憂而餓死遂餓死於首陽山由此觀之怨邪非邪索隱曰太史公言己觀此詩之情夷齊之行似是有怨邪又疑其云非是怨邪或曰天道無親常與善人若伯夷叔齊可謂善人者非邪[illegible]積仁絜行如此而餓死[illegible]且七十子之徒仲尼獨薦顏淵為好學然回也屢空糟糠不厭索隱曰厭飽也[illegible]糟糠之妻是也[illegible]而卒蚤夭天之報施善人其何如哉

盜跖日殺不辜[illegible]肝人之肉[illegible]暴戾恣睢[illegible]聚黨數千人橫行天下竟以壽終[illegible]是遵何德哉[illegible]此其尤大彰明較著者也[illegible]若至近世操行

不軌專犯忌諱而終身逸樂[illegible]富厚累世不絕或擇地而蹈之[illegible]時然後出言[illegible]行不由徑[illegible]非公正不發憤而遇禍災者不可勝數也[illegible]余甚惑焉儻所謂天道是邪非邪[illegible]子曰道不同不相為謀亦各從其志也[illegible]故曰富貴如可求雖執鞭之士吾亦為之[illegible]如不可求從吾所好[illegible]歲寒然後知松柏之後凋[illegible]舉世混濁清士乃見[illegible]豈以其重若彼其輕若此哉[illegible]君子疾沒世而名不稱焉[illegible]

夫徇財，烈士徇名是也。又引同明相照，同類相求，雲從龍，風從虎者，言物各從類以相求。太史公言，亦是操行廉直而不用於代，卒陷非罪，與伯夷相類，故寄此而發論。○正義曰：君子疾沒世後懼名堙滅而不稱，若夷齊顏回絜行立名後代，稱述亦太史公欲漸見已立名著述之美也。賈子曰：索隱曰：賈誼也，作鵩鳥賦云然，故太史公引而稱之。貪夫徇財，正義曰：徇，才俊反，求也。贊云己身從物，故曰徇。烈士徇名，夸者死權，索隱曰：言貪權勢以矜夸者，至死而不休，故曰死權也。眾庶馮生。索隱曰：馮者，恃也。音憑。言眾庶之情，蓋恃矜其生也。鄒誕生作每生，每者，冒也，冒即貪之義。○正義曰：太史公引賈子鵩賦，作史記，若貪夫徇財，烈士徇名，夸者死權，眾庶馮生，乃成其史記也。同明相照，索隱曰：已下並繫辭云。同類相求。正義曰：天欲雨而柱礎潤，謂同德者相應。雲從龍，風從虎，王肅曰：龍舉而景雲屬，虎嘯而谷風興。張璠曰：猶言龍從雲，虎從風也。聖人作而萬物覩。馬融曰：作，起也。○索隱曰：又引此句者，謂聖人起而居位，則萬物之情皆得覩見，故己今日又得著書言世情之輕重也。○正義曰：此有識也。聖人有養生之德，萬物有長養之情，故相感應也。此以上至同明相照，是周易乾象辭也。太史公引此等相感，欲見述作之意，合萬物於昭也。孔子沒後五百歲而已當之，故作史記，使萬物見睹之也。太史公序傳云：先人有言，自周公卒五百歲而有孔子，孔子卒後至於今五百歲，有能紹明世，正易傳，繼春秋，本詩書禮樂之際，意在斯乎，小子何敢讓焉。作述六經：云易著天地陰陽四時五行，故長於變；禮經紀人倫，故長於行；書記先王之事，故長於政；詩記山川谿谷禽獸草木牝牡雌雄，故長於風；樂樂所以立，故長於和；春秋辯是非，故長於治人。是故禮以節人，樂以發和，書以道事，詩以達意，易以道化，春秋以道義。撥亂世反之正，莫近於春秋。撰述作而萬物睹見。伯夷叔齊雖賢，得夫子而名益彰。正義曰：夷齊雖有賢行，得夫子稱揚而名益彰著，萬物雖有生養之性，得太史作述而世事益睹見也。顏淵雖篤學，附驥尾而行益顯。索隱曰：蒼蠅附驥尾而致千里，以喻顏回因孔子而名彰。巖穴之士，趨舍有時，若此類名堙滅而不稱，悲夫！正義曰：趨，向也；舍，廢也。言隱處之士，時有附驥尾而名彰達，若堙滅不稱歎者，亦可悲痛也。閭巷之人，欲砥行立名者，正義曰：砥，音旨。礪行修德在鄉閭者，若不託貴大之士，何得封侯爵賞而名留後代也。非附青雲之士，惡能施於後世哉？

索隱述贊曰：天道平分，與善徒云。賢而餓死，盜且聚羣。吉凶倚伏，報施紛紛。子罕言命，得自前聞。嗟彼素士，不附青雲。

老子伯夷列傳第一　　史記六十一

管晏列傳第二

史記六十二

管仲夷吾者，潁上人也。少時常與鮑叔牙游，鮑叔知其賢。管仲貧困，常欺鮑叔，鮑叔終善遇之，不以爲言。已而鮑叔事齊公子小白，管仲事公子糾。及小白立爲桓公，公子糾死，管仲囚焉。鮑叔遂進管仲。管仲既用，任政於齊，齊桓公以霸，九合諸侯，一匡天下，管仲之謀也。管仲曰：吾始困時，嘗與鮑叔賈，分財利多自與，鮑叔不以我爲貪，知我貧也。吾嘗爲鮑叔謀事而更窮困，鮑叔不以我爲愚，知時有利不利也。吾嘗三仕三見逐於君，鮑叔不以我爲不肖，知我不遭時也。吾嘗三戰三走，鮑叔不以我爲怯，知我有老母也。公子糾敗，召忽死之，吾幽囚受辱，鮑叔不以我爲無恥，知我不羞小節而恥功名不顯于天下也。生我者父母，知我者鮑子也。鮑叔既進管仲，以身下之。子孫世祿於齊，有封邑者十餘世，常爲名大夫。天下不多管仲之賢而多鮑叔能知人也。管仲既任政相齊，以區區之齊在海濱，通貨積財，富國彊兵，與俗同好惡。故其稱曰：倉廩實而知禮節，衣食足而知榮辱，上服度則六親固。四維不張，國乃滅亡。下令如流水之原，令順民心。故論卑而易行。俗之所欲，因而予之；俗之所否，因而去之。其爲政也，善因禍而爲福，轉敗而爲功。貴輕重，慎權衡。桓公實怒少姬，南襲蔡，管仲因而伐楚，責包茅不入貢於周室。桓公實北征山戎，而管仲因而令燕修召公之政。於柯之會，桓公欲背曹沬之約，管仲因而信之，諸侯由是歸齊。故曰：知與之爲取，政之寶也。管仲富擬於公室，有三歸、反坫，齊人不以爲侈。

三權

石父在縲紲中

清節里

丘之阿。說苑云：齊桓公使管仲治國，管仲曰：賤不能臨貴。桓公以爲上卿，而國不治。曰：何故？管仲曰：貧不能使富。桓公賜之齊市租，而國不治。曰：何故？管仲曰：疏不能制近。桓公立以爲仲父，齊國大安，而遂霸天下。孔子曰：管仲之賢，而不得此三權者，亦不能使其君南面而稱伯。齊國遵其政，常彊於諸侯。後百餘年而有晏子焉。

晏平仲嬰者，萊之夷維人也。劉向別錄曰：萊者，今東萊地也。○索隱曰：名嬰，平謚，仲字。父桓子，名弱也。○正義曰：晏氏齊記云：齊城三百里有夷安，即晏平仲之邑。漢爲夷安縣，屬高密國。應劭云：故萊夷維邑。事齊靈公、莊公、景公，索隱曰：系本靈公名環，莊公名光，景公名杵臼。以節儉力行重於齊。既相齊，食不重肉，妾不衣帛。其在朝，君語及之，即危言；正義曰：謂己謙讓，非云功能。語不及之，即危行。國有道，即順命；無道，即衡命。正義曰：衡，秤也。謂國無道，則制秤量之，可行即行。以此三世顯名於諸侯。越石父賢，在縲紲中。正義曰：縲，力追反。紲，息列反。縲，黑索也。紲，繫也。晏子春秋云：晏子之晉，至中牟，覩弊冠反裘負芻息於塗側者。問曰：何者？對曰：我越石父也。苟免饑凍，爲人臣僕。晏子解左驂贖之，載與俱歸。與此文小異。晏子出，遭之塗，解左驂贖之，載歸。弗謝，入閨。久之，越石父請絕。晏子戄然，正義曰：戄，床縛反。括地志云：齊桓公墓在青州臨淄縣東南二十三里鼎足上。又云：齊晏嬰冢在齊子城北門外。晏子云：吾生近市，死豈易吾志。乃葬故宅後，人名曰清節里。按：恐皇覽誤，乃管仲冢也。攝衣冠謝曰：嬰雖不仁，免子於厄，何子求絕之速也？石父曰：不然。吾聞君子詘於不知己而信於知己者。索隱曰：詘，音屈。信，讀曰申。古周禮皆然也。申於知己，謂以彼知我而我志獲申。方吾在縲紲中，彼不知我也。夫子既已感寤而贖我，是知己；知己而無禮，固不如在縲紲之中。晏子於是延入爲上客。

晏子爲齊相，出，其御之妻從門閒而闚其夫。其夫爲相御，擁大蓋，策駟馬，意氣揚揚甚自得也。既而歸，其妻請去。夫問其故。妻曰：晏子長不滿六尺，身相齊國，名顯諸侯。今者妾觀其出，志念深矣，常有以自下者。今子長八尺，乃爲人僕御，然子之意自以爲足，妾是以求去也。其後夫自抑損。晏子怪而問之，御以實對。晏子薦以爲大夫。

太史公曰：吾讀管氏牧民、山高、乘馬、輕重、九府，劉向別錄曰：九府書民間無有，山高一名形勢。○索隱曰：皆管氏所著書篇名也。按：九府蓋錢之府藏，其書論鑄錢之輕重，故云輕重九府。餘如別錄之說。○正義曰：七略云：管子十八篇，在法家。及晏子春秋，索隱曰：嬰所著書名晏子春秋。今其書有七十篇，故下云其書世多有也。○正義曰：七略云：晏子春秋七篇，在儒家。詳哉其言之也。既見其著書，欲觀其行事，故次其傳。至其書，世多有之，是以不論，論其軼事。正義曰：軼音逸。管仲世所謂賢臣，然孔子小之。正義曰：言管仲世所謂賢臣，孔子所以小之者，蓋以爲周道衰，桓公賢主，管仲何不勸勉輔弼至於帝王，乃自稱霸主哉？故孔子小之云。蓋爲前疑夫子小管仲爲此。豈以爲周道衰微，桓公既賢，而不勉之至王，乃稱霸哉？語曰：將順其美，匡救其惡，故上下能相親也。正義曰：此我曰言管仲相齊，順百姓之美，匡救國家之惡，令君臣百姓相親者，是管仲能也。豈管仲之謂乎？方晏子伏莊公尸哭之，成禮然後去，索隱曰：按左傳，崔杼殺莊公，晏嬰入，枕莊公尸股而哭之，成禮而出，崔杼欲殺之，是也。

晏子所謂見義不爲無勇者邪。至其諫說，犯君之顏，此所謂進思盡忠，退思補過者哉！假令晏子而在，余雖爲之執鞭，所忻慕焉。[索隱曰：太史公之羨慕仰企平仲之行，假令晏生在世，己雖與之爲僕隸，爲之執鞭，亦所忻慕。其好賢樂善如此。賢哉良史，可以示人臣之炯戒也]

索隱述贊曰

夷吾成霸，平仲稱賢。粟乃實廩，豆不撓宥。轉禍爲福，危言獲全。孔賴左衽，史忻執鞭。成禮而去，人望存焉。

管晏列傳第二　　　　史記六十二

申不害韓非列傳第三　　　　史記六十三

申不害者，京人也，[索隱曰：按別錄云京，今河南京縣是也] 故鄭之賤臣。學術以干韓昭侯，[索隱曰：術即刑名之法術也] 昭侯用爲相。內脩政教，外應諸侯，十五年。終申子之身，國治兵彊，無侵韓者。[索隱曰：王劭按紀年云韓昭侯之世，兵寇屢交，異乎此言矣] 申子之學本於黃老而主刑名。著書二篇，號曰申子。

韓非者，韓之諸公子也。喜刑名法術之學，而其歸本於黃老。[索隱曰：……] 非爲人口吃，不能道說，而善著書。與李斯俱事荀卿，斯自以爲不如非。非見韓之削弱，數以書諫韓王，韓王不能用。於是韓非疾治國不務脩明其法制，執勢以御其臣下，富國彊兵而以求人任賢，反舉浮淫之蠹而加之於功實之上。以爲儒者用文亂法，而俠者以

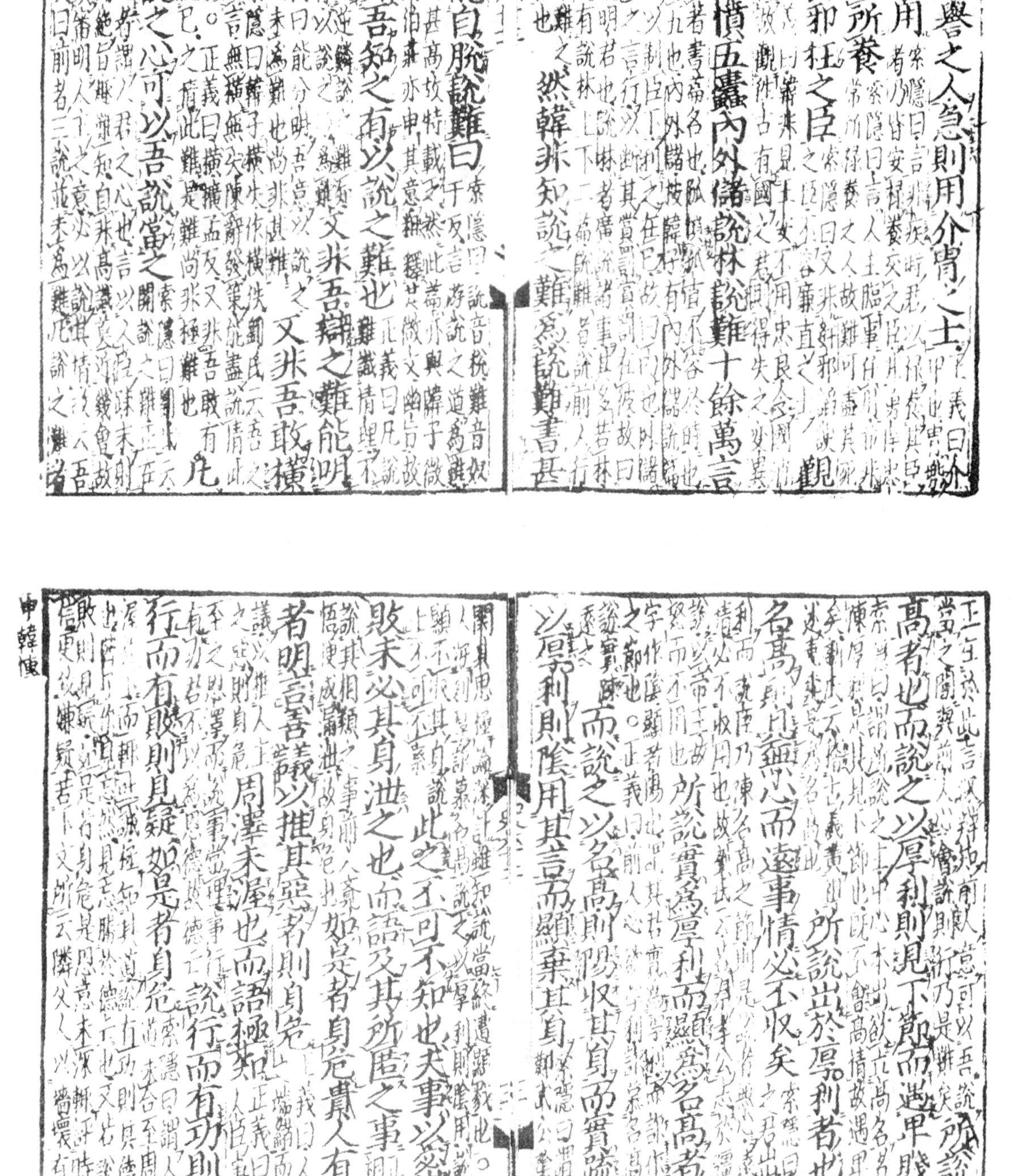

武犯禁，寬則寵名譽之人，急則用介胄之士。今者所養非所用，所用非所養。悲廉直不容於邪枉之臣，觀往者得失之變，故作孤憤、五蠹、內外儲、說林、說難十餘萬言。然韓非知說之難，為說難書甚具，終死於秦，不能自脫。說難曰：凡說之難，非吾知之有以說之難也；又非吾辯之難能明吾意之難也；又非吾敢橫失能盡之難也。凡說之難，在知所說之心，可以吾說當之。

所說出於為名高者也，而說之以厚利，則見下節而遇卑賤，必棄遠矣。所說出於厚利者也，而說之以名高，則見無心而遠事情，必不收矣。所說實為厚利而顯為名高者也，而說之以名高，則陽收其身而實疏之；若說之以厚利，則陰用其言而顯棄其身。此之不可不知也。夫事以密成，語以泄敗。未必其身泄之也，而語及其所匿之事，如是者身危。貴人有過端，而說者明言善議以推其惡者，則身危。周澤未渥也，而語極知，說行而有功則德亡，說不行而有敗則見疑，如是者身危。

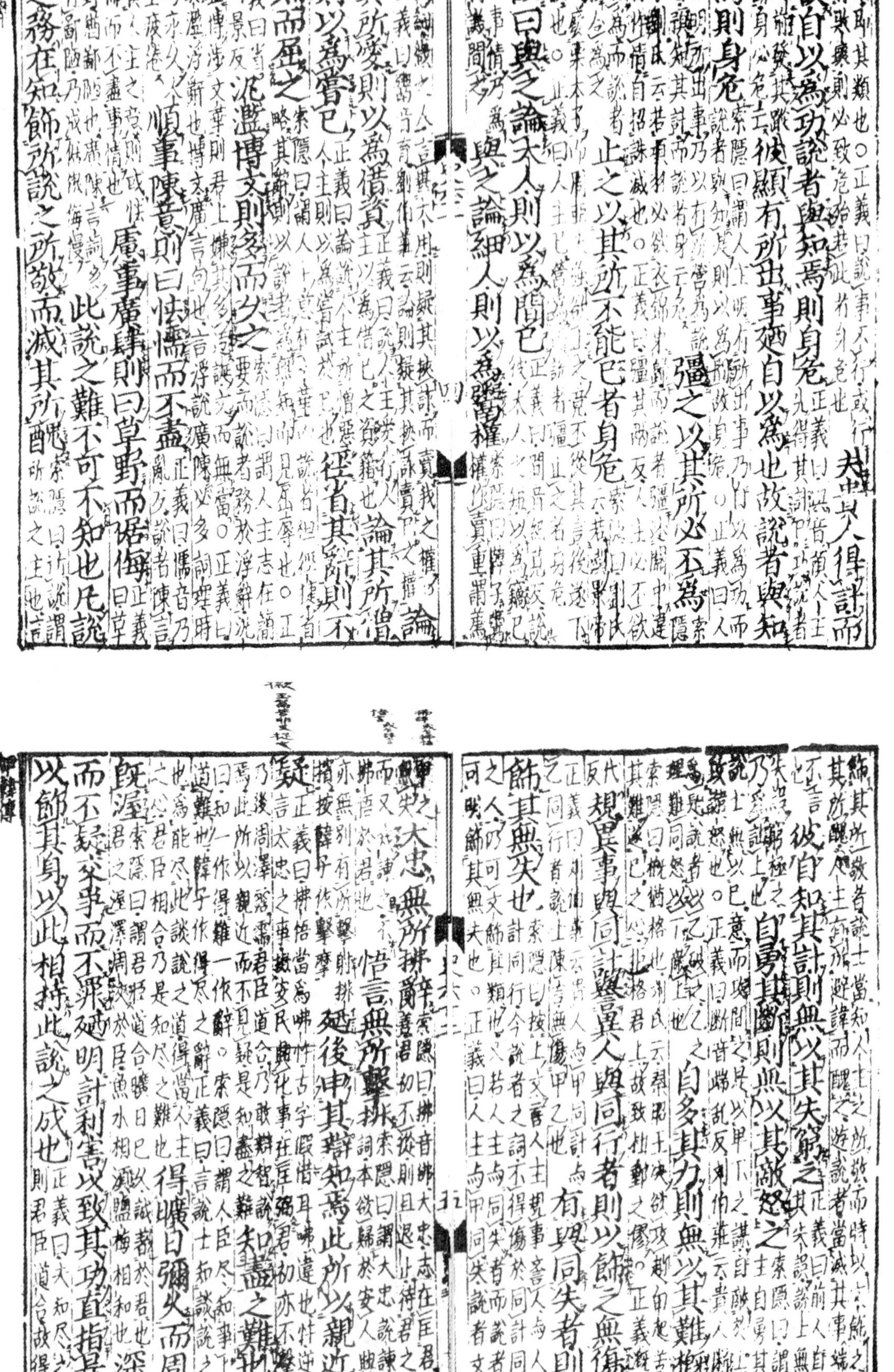
夫貴人得計而欲自以為功，說者與知焉，則身危。彼顯有所出事，迺自以為也故，說者與知焉，則身危。彊之以其所必不為，止之以其所不能已者，身危。故曰：與之論大人，則以為閒己；與之論細人，則以為鬻權。論其所愛，則以為借資；論其所憎，則以為嘗己。徑省其辭，則不知而屈之；汎濫博文，則多而久之。順事陳意，則曰怯懦而不盡；慮事廣肆，則曰草野而倨侮。此說之難，不可不知也。凡說之務，在知飾所說之所敬，而滅其所醜。

彼自知其計，則毋以其失窮之；自勇其斷，則毋以其敵怒之；自多其力，則毋以其難概之。規異事與同計，譽異人與同行者，則以飾之無傷也。有與同失者，則明飾其無失也。大忠無所拂悟，辭言無所擊排，迺後申其辯知焉。此所以親近不疑，知盡之難也。得曠日彌久，而周澤既渥，深計而不疑，交爭而不罪，迺明計利害以致其功，直指是非以飾其身，以此相持，此說之成也。

宋人亡戲　鄭公伐胡

曰彌久而周澤既渥深計而君不疑與君交爭而不罪而得明計國之利害以致其功直指是非以飾其身以此君臣相持此說之成也伊尹為庖正義曰殷本紀云乃為有莘氏媵臣負鼎俎以滋味說湯致于王道是也百里奚為虜正義曰晉世家云獻公滅虞虜虞君及大夫百里奚以媵秦穆姬也皆所由干其上也故此二子者皆聖人也猶不能無役身而涉世如此其汙也正義曰汙音烏故反荷虜是汙則非能仕之所設也索隱曰韓子作能士之所恥也宋有富人天雨牆壞其子曰不築且有盜其鄰人之父亦云暮而果大亡其財其家甚知其子而疑鄰人之父正義曰其子鄰父說皆當矣而見疑非賢知則難乎昔者鄭武公欲伐胡正義曰世本云胡歸姓也括地志云胡城在豫州郾城縣界迺以其子妻之因問羣臣曰吾欲用兵誰可伐者關其思曰胡可伐

彌子瑕車餘桃

迺戮關其思曰胡兄弟之國也子言伐之何也胡君聞之以鄭為親己而不備鄭鄭人襲胡取之此二說者其知皆當矣正義曰當當浪反然而甚者為戮薄者見疑非知之難也處知則難矣昔者彌子瑕見愛於衛君衛國之法竊駕君車者罪至刖既而彌子之母病人聞往夜告之彌子矯駕君車而出君聞之而賢之曰孝哉為母之故而犯刖罪與君游果園彌子食桃而甘不盡而奉君君曰愛我哉忘其口而念我及彌子色衰而愛弛得罪於君君曰是嘗矯駕吾車又嘗食我以其餘桃故彌子之行未變於初也前見賢而後獲罪者愛憎之至變也故

有愛於主則知當而加親見憎於主則罪當而加疏故諫說之士不可不察愛憎之主而後說之矣夫龍之為蟲也正義曰龍蟲類也故言龍之為蟲可擾狎而騎也然其喉下有逆鱗徑尺人有嬰之則必殺人人主亦有逆鱗說之者能無嬰人主之逆鱗則幾矣索隱曰幾庶也謂庶幾於善諫說也一本作說者能不犯人主逆鱗則庶幾矣人或傳其書至秦秦王見孤憤五蠹之書曰嗟乎寡人得見此人與之游死不恨矣李斯曰此韓非之所著書也秦因急攻韓韓王始不用非及急迺遣非使秦秦王悅之未信用李斯姚賈害之毀之曰韓非韓之諸公子也今王欲并諸侯非終為韓不為秦此人之

情也今王不用久留而歸之此自遺患也不如以過法誅之秦王以為然下吏治非李斯使人遺非藥使自殺韓非欲自陳不得見秦王後悔之使人赦之非已死矣戰國策曰秦王封姚賈千戶以為上卿韓非短之曰賈梁監門子盜於梁臣於趙而逐取世監門子梁大盜趙逐臣與同社稷之計非所以勵羣臣也王召賈問之賈荅云云迺誅韓非也申子韓子皆著書傳於後世學者多有余獨悲韓子為說難而不能自脫耳

太史公曰老子所貴道虛無因應變化於無為故著書辭稱微妙難識莊子散道德放論要亦歸之自然申子卑卑自勉勵之意也施之於名實韓子引繩墨切事情明是非

其極慘礉（胡革反。用法慘急而刻礉，深刻）少恩，皆原於道德之意，而老子深遠矣。

索隱述贊曰：伯陽立教，清淨無爲。道尊東魯，迹竄西垂。莊蒙栩栩，申害卑卑。刑名有術，說難極知。悲彼周防，終亡李斯。

申不害韓非列傳第三　史記六十三

司馬穰苴列傳第四　史記六十四

司馬穰苴者，田完之苗裔也。（索隱曰：穰苴，田氏之族，爲大司馬，故曰司馬穰苴也。徐廣曰：穰音若羊反，苴音子餘反。）齊景公時，晉伐阿、甄，而燕侵河上，（索隱曰：[illegible]。正義曰：[illegible]）齊師敗績。景公患之。晏嬰乃薦田穰苴曰：穰苴雖田氏庶孽，然其人文能附衆，武能威敵，願君試之。景公召穰苴，與語兵事，大說之，以爲將軍，（索隱曰：[illegible]）將兵扞燕晉之師。穰苴曰：臣素卑賤，君擢之閭伍之中，加之大夫之上，士卒未附，百姓不信，人微權輕，願得君之寵臣，國之所尊，以監軍，乃可。於是景公許之，使莊賈往。穰苴既辭，與莊賈約曰：旦日日中會於軍門。（索隱曰：旦日，謂明日日中也。）穰苴先馳至軍，立表下漏待賈。（索隱曰：立表，謂立木爲表以視日景；下漏，謂下漏水以知刻數也。）賈素驕貴，以爲將己之軍而己爲監，不甚急；（正義曰：[illegible]）親戚左右送之，留飲。日中而賈不至。穰苴則仆表決漏，（索隱曰：仆者，謂仆其表也。決漏，謂決去其壺中漏水，以賈失期，過日中故也。）入，行軍勒兵，申明約束。約束既定，夕時，莊賈乃至。穰苴曰：何後期爲？賈謝曰：不佞大夫親戚送之，故留。穰苴曰：將受命之日則忘其家，臨軍約束則忘其親，援枹鼓之急則忘其身。（索隱曰：援音爰，枹音浮。[illegible]。正

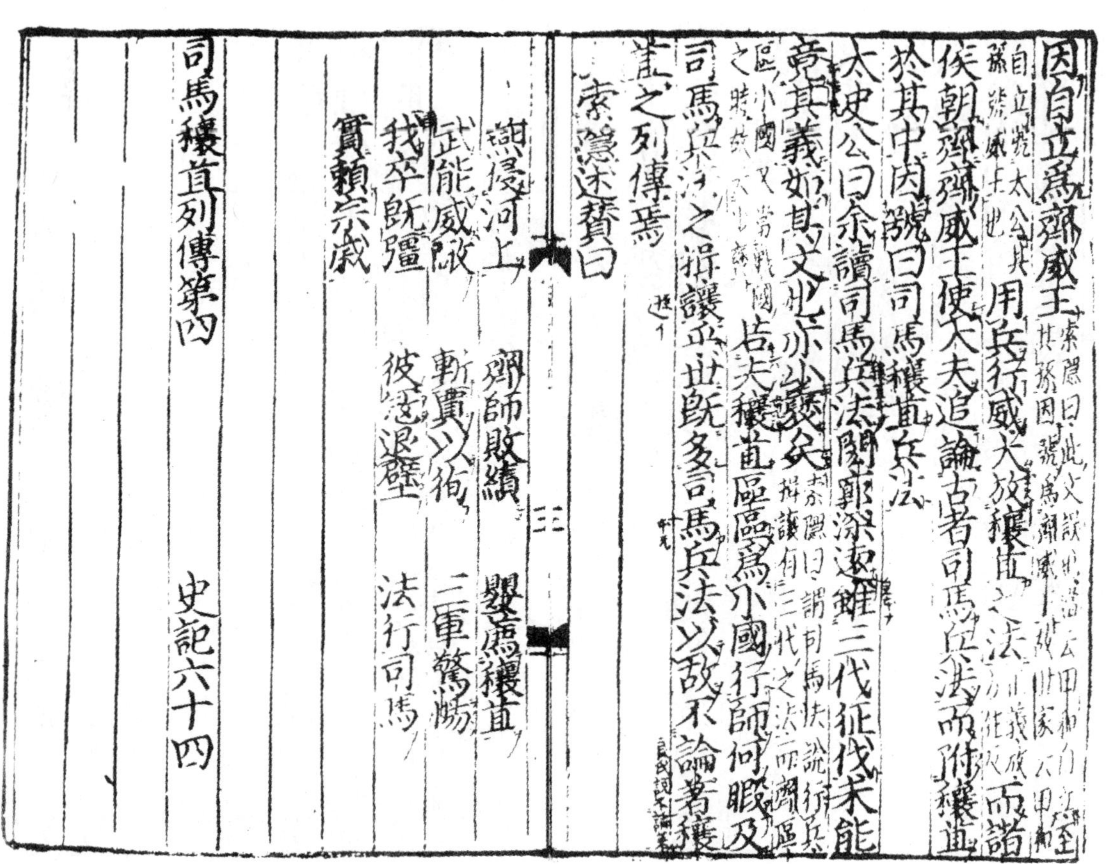

今敵國深侵，邦內騷動，士卒暴露於境，君寢不安席，食不甘味，百姓之命皆懸於君，何謂相送乎！」召軍正問曰：「軍法期而後至者云何？」對曰：「當斬。」莊賈懼，使人馳報景公，請救。既往，未及反，於是遂斬莊賈以徇三軍。三軍之士皆振慄。久之，景公遣使者持節赦賈，馳入軍中。穰苴曰：「將在軍，君令有所不受。」問軍正曰：「軍中不馳，今使者馳，云何？」正曰：「當斬。」使者大懼。穰苴曰：「君之使不可殺之。」乃斬其僕，車之左駙，馬之左驂，以徇三軍。遣使者還報，然後行。士卒次舍井竈飲食問疾醫藥，身自拊循之。悉取將軍之資糧享士卒，身與士卒平分糧食。最比其羸弱者，三日而後勒兵。病者皆求行，爭奮出為之赴戰。晉師聞之，為罷去。燕師聞之，度水而解。於是追擊之，遂取所亡封內故境而引兵歸。未至國，釋兵旅，解約束，誓盟而後入邑。景公與諸大夫郊迎，勞師成禮，然後反歸寢。既見穰苴，尊為大司馬。田氏日以益尊於齊。已而大夫鮑氏、高、國之屬害之，譖於景公。景公退穰苴，苴發疾而死。田乞、田豹之徒由此怨高、國等。其後及田常殺簡公，盡滅高子、國子之族。至常曾孫和

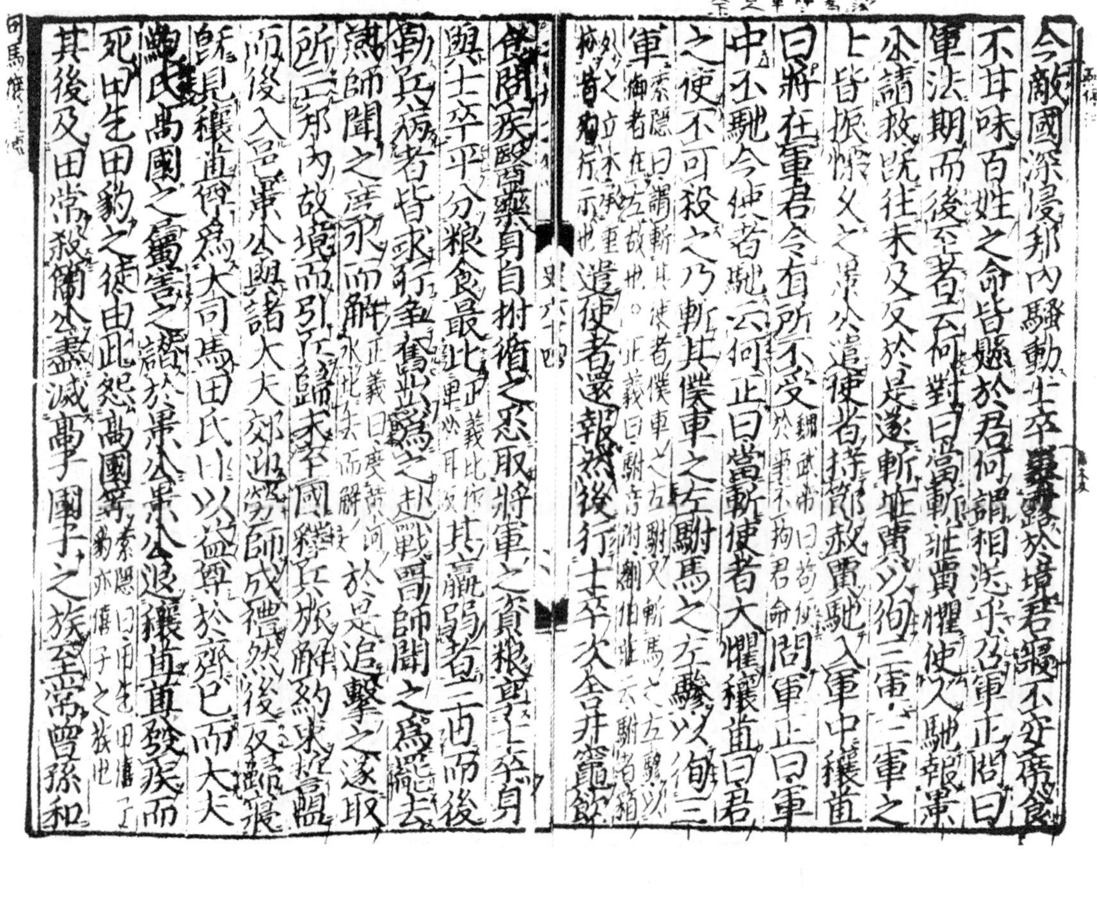

因自立為齊威王，用兵行威，大放穰苴之法，而諸侯朝齊。齊威王使大夫追論古者司馬兵法而附穰苴於其中，因號曰司馬穰苴兵法。

太史公曰：余讀司馬兵法，閎廓深遠，雖三代征伐，未能竟其義，如其文也，亦少褒矣。若夫穰苴，區區為小國行師，何暇及司馬兵法之揖讓乎？世既多司馬兵法，以故不論，著穰苴之列傳焉。

索隱述贊曰：燕侵河上，齊師敗績。嬰薦穰苴，武能威敵。斬賈以徇，三軍驚惕。我卒既彊，彼寇退壁。法行司馬，實賴宗戚。

司馬穰苴列傳第四　史記六十四

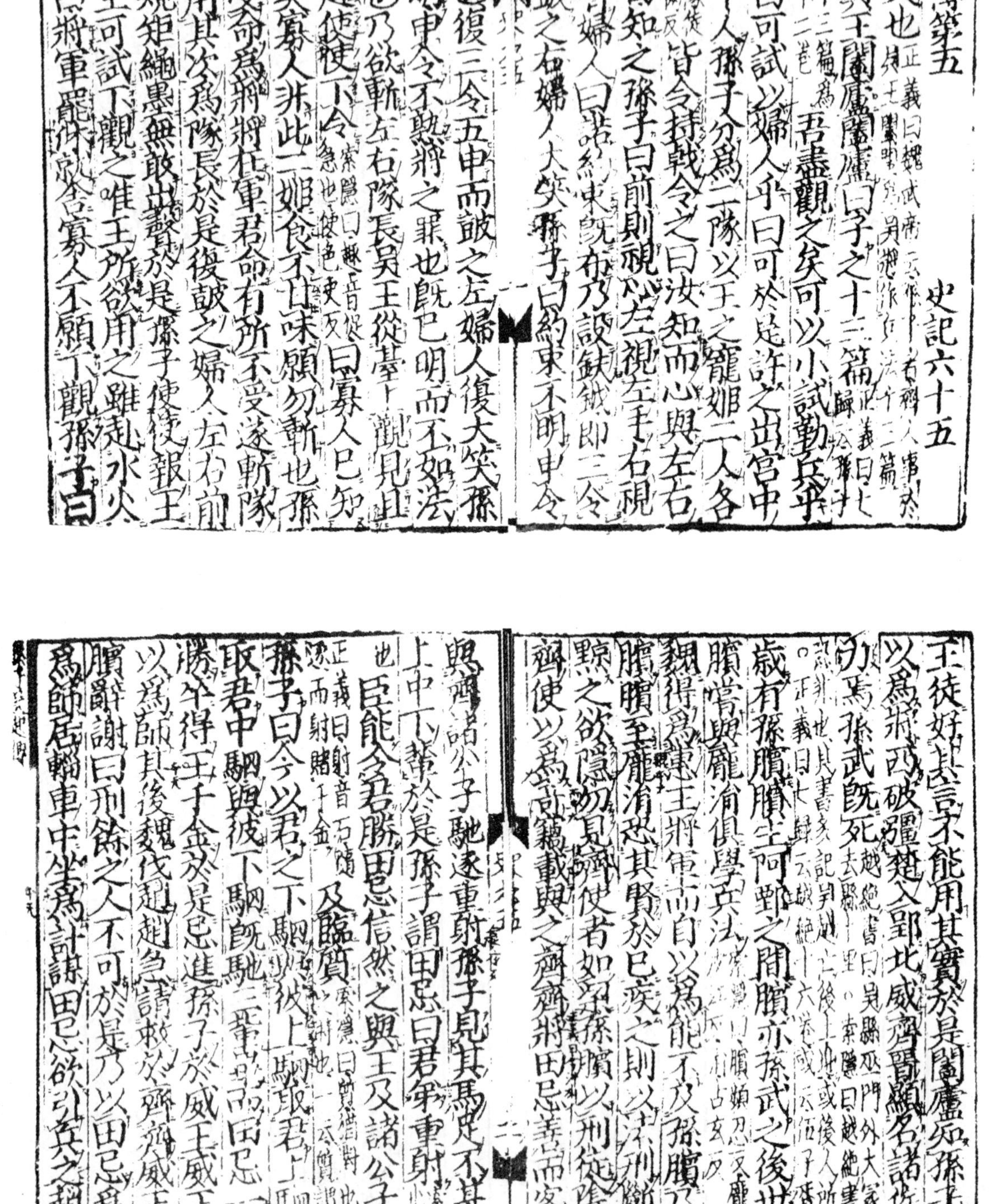

孫子吳起列傳第五　　史記六十五

孫子武者，齊人也。以兵法見於吳王闔廬。闔廬曰：「子之十三篇，吾盡觀之矣，可以小試勒兵乎？」對曰：「可。」闔廬曰：「可試以婦人乎？」曰：「可。」於是許之，出宮中美女，得百八十人。孫子分為二隊，以王之寵姬二人各為隊長，皆令持戟。令之曰：「汝知而心與左右手背乎？」婦人曰：「知之。」孫子曰：「前，則視心；左，視左手；右，視右手；後，即視背。」婦人曰：「諾。」約束既布，乃設鈇鉞，即三令五申之。於是鼓之右，婦人大笑。孫子曰：「約束不明，申令不熟，將之罪也。」復三令五申而鼓之左，婦人復大笑。孫子曰：「約束不明，申令不熟，將之罪也；既已明而不如法者，吏士之罪也。」乃欲斬左右隊長。吳王從臺上觀，見且斬愛姬，大駭。趣使使下令曰：「寡人已知將軍能用兵矣。寡人非此二姬，食不甘味，願勿斬也。」孫子曰：「臣既已受命為將，將在軍，君命有所不受。」遂斬隊長二人以徇。用其次為隊長，於是復鼓之。婦人左右前後跪起皆中規矩繩墨，無敢出聲。於是孫子使使報王曰：「兵既整齊，王可試下觀之，唯王所欲用之，雖赴水火猶可也。」吳王曰：「將軍罷休就舍，寡人不願下觀。」孫子曰：

「王徒好其言，不能用其實。」於是闔廬知孫子能用兵，卒以為將。西破彊楚，入郢，北威齊晉，顯名諸侯，孫子與有力焉。

孫武既死，後百餘歲有孫臏。臏生阿鄄之間，臏亦孫武之後世子孫也。孫臏嘗與龐涓俱學兵法。龐涓既事魏，得為惠王將軍，而自以為能不及孫臏，乃陰使召孫臏。臏至，龐涓恐其賢於己，疾之，則以法刑斷其兩足而黥之，欲隱勿見。齊使者如梁，孫臏以刑徒陰見，說齊使。齊使以為奇，竊載與之齊。齊將田忌善而客待之。忌數與齊諸公子馳逐重射。孫子見其馬足不甚相遠，馬有上、中、下輩。於是孫子謂田忌曰：「君弟重射，臣能令君勝。」田忌信然之，與王及諸公子逐射千金。及臨質，孫子曰：「今以君之下駟與彼上駟，取君上駟與彼中駟，取君中駟與彼下駟。」既馳三輩畢，而田忌一不勝而再勝，卒得王千金。於是忌進孫子於威王。威王問兵法，遂以為師。

其後魏伐趙，趙急，請救於齊。齊威王欲將孫臏，臏辭謝曰：「刑餘之人不可。」於是乃以田忌為將，而孫子為師，居輜車中，坐為計謀。田忌欲引兵之趙，孫子曰：「夫

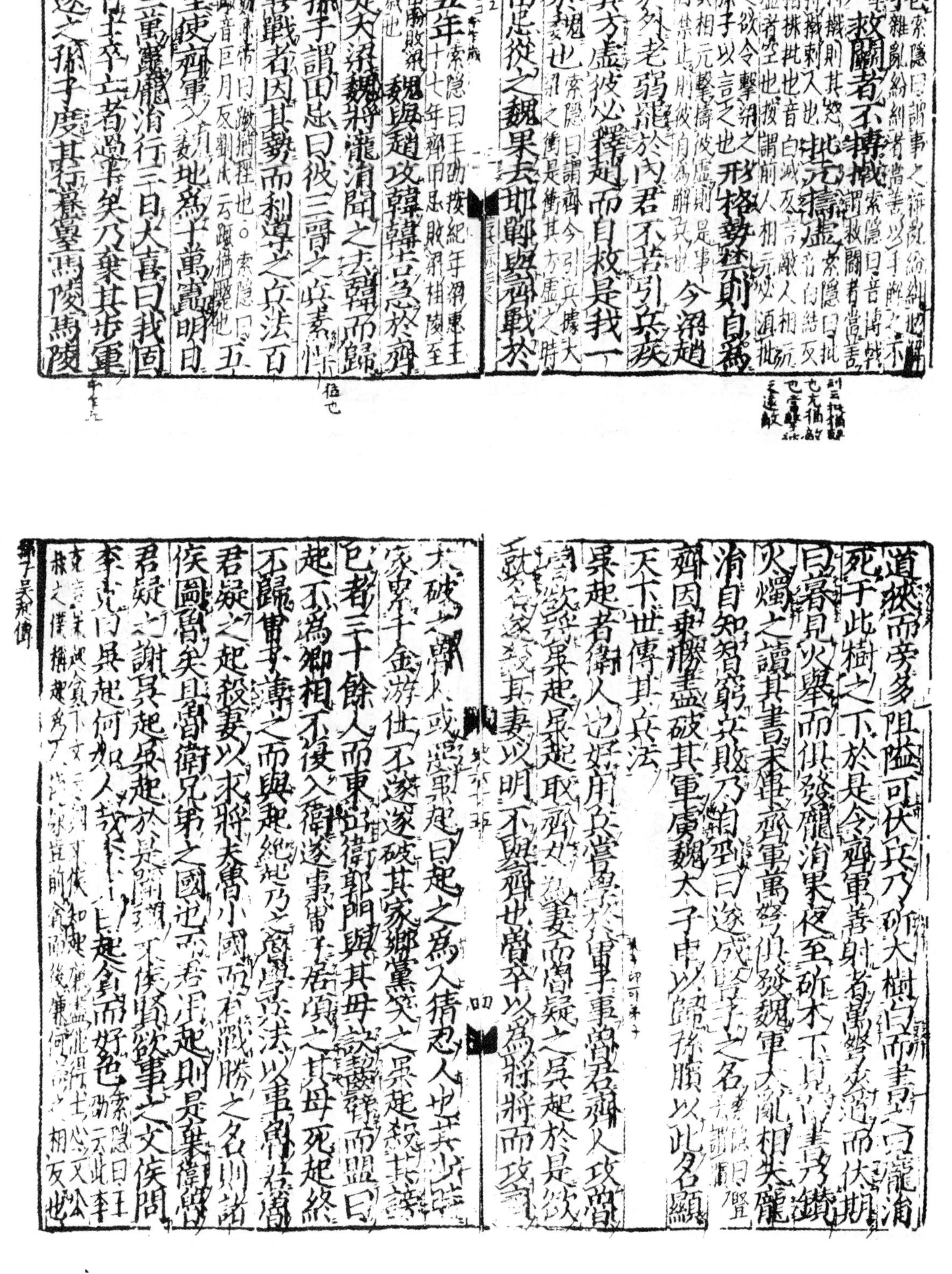

解雜亂紛糾者不控捲，救鬭者不搏撠，批亢擣虛，形格勢禁，則自為解耳。今梁趙相攻，輕兵銳卒必竭於外，老弱罷於內。君不若引兵疾走大梁，據其街路，衝其方虛，彼必釋趙而自救。是我一舉解趙之圍而收弊於魏也。田忌從之，魏果去邯鄲，與齊戰於桂陵，大破梁軍。後十五年，魏與趙攻韓，韓告急於齊。齊使田忌將而往，直走大梁。魏將龐涓聞之，去韓而歸，齊軍既已過而西矣。孫子謂田忌曰：彼三晉之兵素悍勇而輕齊，齊號為怯，善戰者因其勢而利導之。兵法，百里而趣利者蹶上將，五十里而趣利者軍半至。使齊軍入魏地為十萬竈，明日為五萬竈，又明日為三萬竈。龐涓行三日，大喜，曰：我固知齊軍怯，入吾地三日，士卒亡者過半矣。乃棄其步軍，與其輕銳倍日并行逐之。孫子度其行，暮當至馬陵。馬陵

道陝，而旁多阻隘，可伏兵，乃斫大樹白而書之曰：龐涓死于此樹之下。於是令齊軍善射者萬弩，夾道而伏，期曰：暮見火舉而俱發。龐涓果夜至斫木下，見白書，乃鑽火燭之。讀其書未畢，齊軍萬弩俱發，魏軍大亂相失。龐涓自知智窮兵敗，乃自剄，曰：遂成豎子之名！齊因乘勝盡破其軍，虜魏太子申以歸。孫臏以此名顯天下，世傳其兵法。

吳起者，衛人也，好用兵。嘗學於曾子，事魯君。齊人攻魯，魯欲將吳起，吳起取齊女為妻，而魯疑之。吳起於是欲就名，遂殺其妻，以明不與齊也。魯卒以為將。將而攻齊，大破之。魯人或惡吳起曰：起之為人，猜忍人也。其少時，家累千金，游仕不遂，遂破其家。鄉黨笑之，吳起殺其謗己者三十餘人，而東出衛郭門。與其母訣，齧臂而盟曰：起不為卿相，不復入衛。遂事曾子。居頃之，其母死，起終不歸。曾子薄之，而與起絕。起乃之魯，學兵法以事魯君。魯君疑之，起殺妻以求將。夫魯小國，而有戰勝之名，則諸侯圖魯矣。且魯衛兄弟之國也，而君用起，則是棄衛。魯君疑之，謝吳起。吳起於是聞魏文侯賢，欲事之。文侯問李克曰：吳起何如人哉？李克曰：起貪而好色，

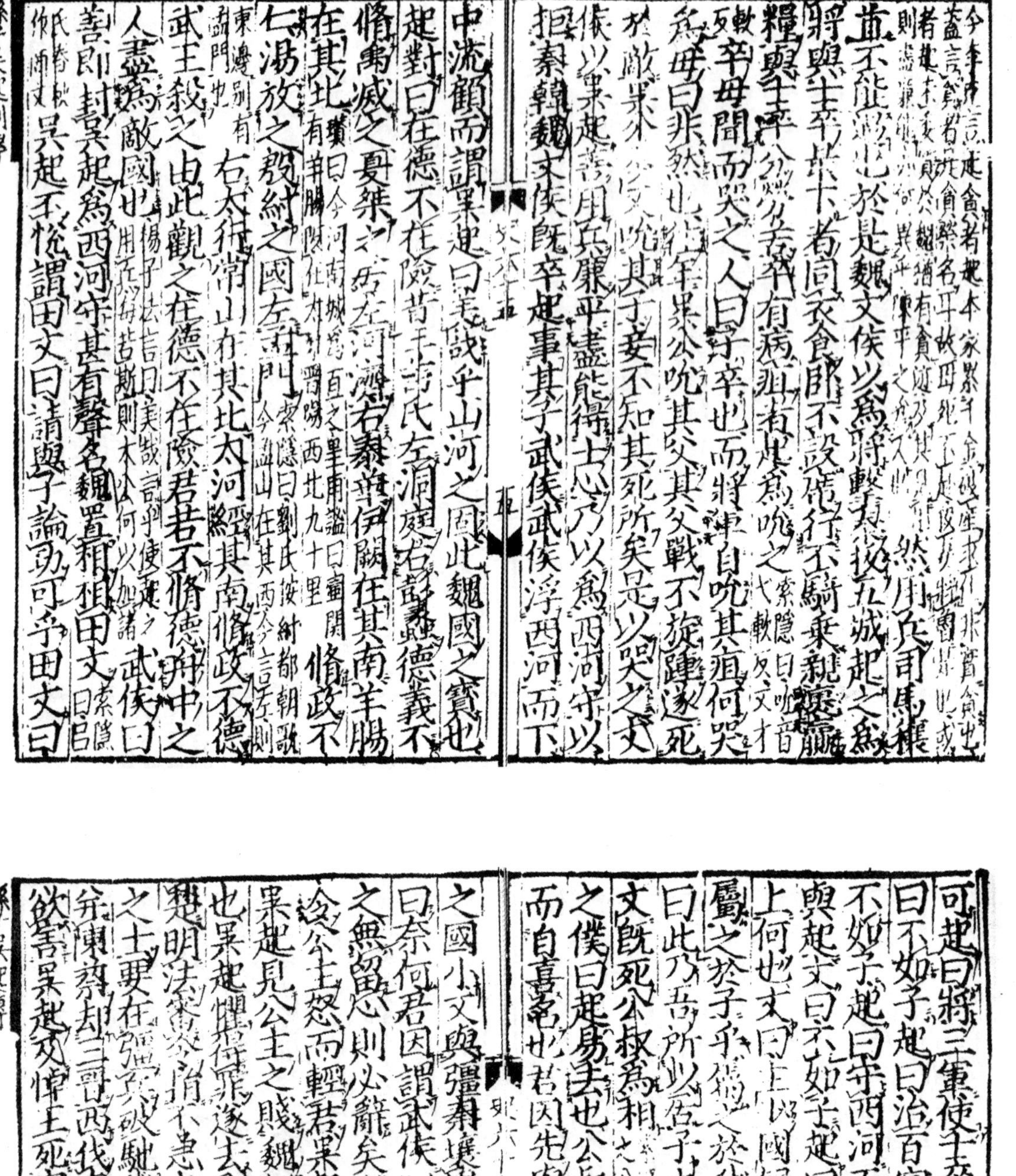

然用兵司馬穰
苴不能過也於是魏文侯以為將擊秦拔五城起之為
將與士卒最下者同衣食臥不設席行不騎乘親裹贏
糧與士卒分勞苦卒有病疽者起為吮之
卒母聞而哭之人曰子卒也而將軍自吮其疽何哭
為母曰非然也往年吳公吮其父其父戰不旋踵遂死
於敵吳公今又吮其子妾不知其死所矣是以哭之文
侯以吳起善用兵廉平盡能得士心乃以為西河守以
拒秦韓魏文侯既卒起事其子武侯武侯浮西河而下
中流顧而謂吳起曰美哉乎山河之固此魏國之寶也
起對曰在德不在險昔三苗氏左洞庭右彭蠡德義不
修禹滅之夏桀之居左河濟右泰華伊闕在其南羊腸
在其北(注)修政不
仁湯放之殷紂之國左孟門(注)右
太行常山在其北大河經其南修政不德
武王殺之由此觀之在德不在險若君不修德舟中之
人盡為敵國也(注)武侯曰
善即封吳起為西河守甚有聲名魏置相相田文(注)
吳起不悅謂田文曰請與子論功可乎田文曰

可起曰將三軍使士卒樂死敵國不敢謀子孰與起文
曰不如子起曰治百官親萬民實府庫子孰與起文曰
不如子起曰守西河而秦兵不敢東鄉韓趙賓從子孰
與起文曰不如子起曰此子三者皆出吾下而位加吾
上何也文曰主少國疑大臣未附百姓不信方是之時
屬之於子乎屬之於我乎起默然良久曰屬之子矣文
曰此乃吾所以居子之上也吳起乃自知弗如田文田
文既死公叔為相(注)尚魏公主而害吳起公叔
之僕曰起易去也公叔曰奈何其僕曰吳起為人節廉
而自喜名也君因先與武侯言曰夫吳起賢人也而侯
之國小又與彊秦壤界臣竊恐起之無留心也武侯即
曰奈何君因謂武侯曰試延以公主起有留心則必受
之無留心則必辭矣以此卜之君因召吳起而與歸即
令公主怒而輕君吳起見公主之賤君也則必辭於是
吳起見公主之賤魏相果辭魏武侯武侯疑之而弗信
也吳起懼得罪遂去即之楚楚悼王素聞起賢至則相
楚明法審令捐不急之官廢公族疏遠者以撫養戰鬭
之士要在彊兵破馳說之言從橫者於是南平百越北
并陳蔡卻三晉西伐秦諸侯患楚之彊故楚之貴戚盡
欲害吳起及悼王死宗室大臣作亂而攻吳起吳起走

之王尸而伏之擊起之徒因射刺吳起并中悼王(索隱曰)悼王既葬太子立(索隱曰肅王臧也)乃使令尹盡誅射吳起而并中王尸者坐射起而夷宗死者七十餘家

太史公曰世俗所稱師旅皆道孫子十三篇吳起兵法世多有故弗論論其行事所施設者語曰能行之者未必能言能言之者未必能行孫子籌策龐涓明矣然不能蚤救患於被刑吳起說武侯以形勢不如德然行之於楚以刻暴少恩亡其軀悲夫

索隱述贊曰

孫子兵法　一十三篇　美人既斬

良將得焉　刖孫臏腳　籌策龐涓

吳起相魏　西河稱賢　慘礉事楚

死後留權

孫子吳起列傳第五　史記六十五

伍子胥列傳第六　史記六十六

伍子胥者楚人也名員員父曰伍奢員兄曰伍尚其先曰伍舉以直諫事楚莊王(索隱曰[illegible])有顯故其後世有名於楚楚平王有太子名曰建使伍奢為太傅費無忌為少傅(索隱曰左氏作費無極)無忌不忠於太子建平王使無忌為太子取婦於秦秦女好無忌馳歸報平王曰秦女絕美王可自取而更為太子取婦平王遂自取秦女而絕愛幸之生子軫更為太子取婦無忌既以秦女自媚於平王因去太子而事平王恐一旦平王卒而太子立殺己乃因讒太子建建母蔡女也無寵於平王平王稍益疏建使建守城父(地理志潁川有城父縣○索隱曰城父本陳邑楚伐陳而有之)備邊兵頃之無忌又日夜言太子短於王曰太子以秦女之故不能無怨望願王少自備也自太子居城父將兵外交諸侯且欲入為亂矣平王乃召其太傅伍奢考問之伍奢知無忌讒太子於平王因曰王獨奈何以讒賊小臣疏骨肉之親乎無忌曰王今不制其事成矣王且見禽於是平王怒囚伍奢而使城父司馬奮揚往殺太子(索隱曰奮揚城父司馬之姓名也)行未至奮揚使人先告太子太子急去不然將誅太子建亡奔宋無忌言於平王曰伍奢有二子皆賢不誅且為楚憂可以其父質而召之不

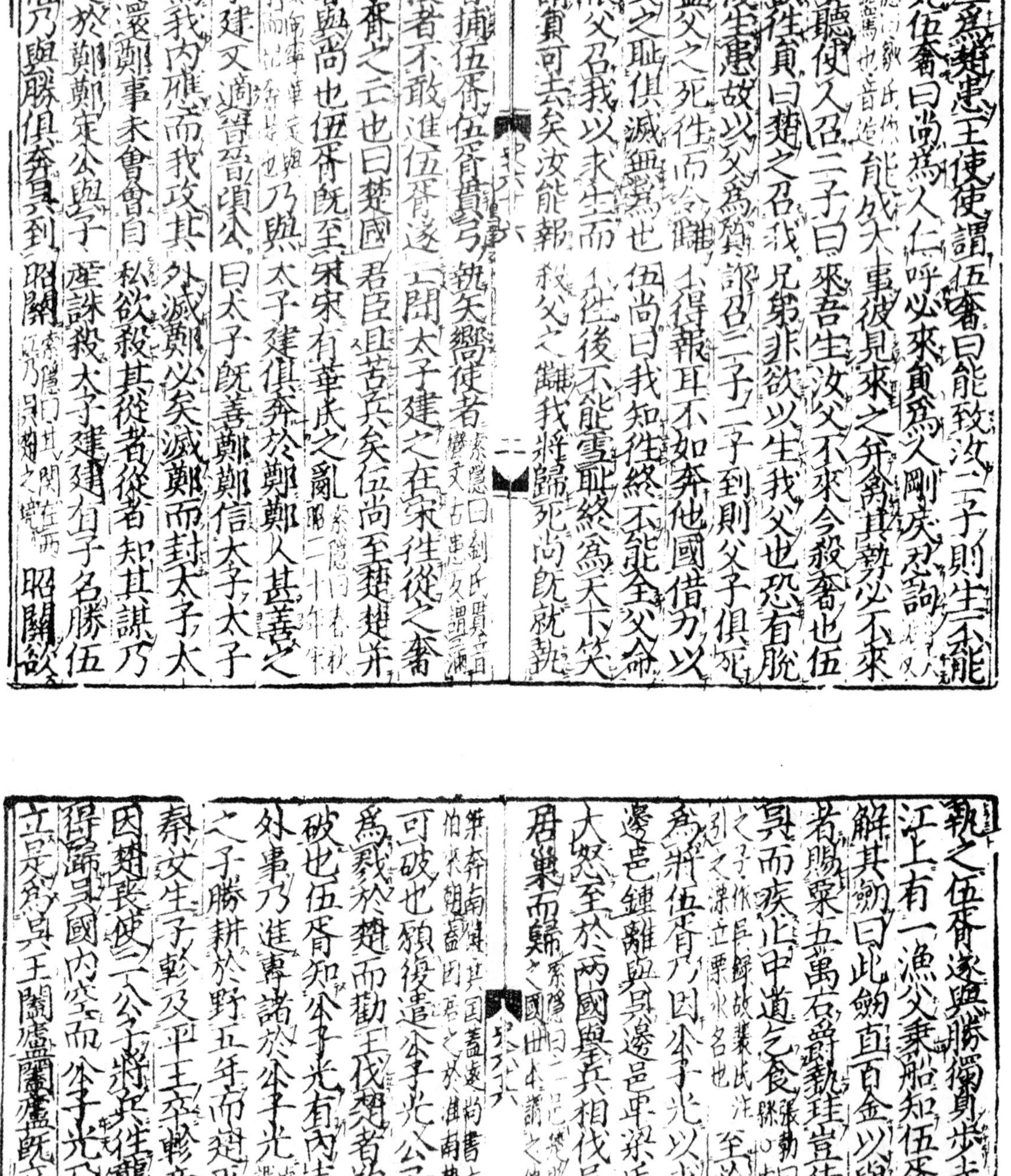

然且為楚患。王使使謂伍奢曰：「能致汝二子則生，不能則死。」伍奢曰：「尚為人仁，呼必來。員為人剛戾忍訽，（索隱曰鄒氏作詬，詬恥也，音遘）能成大事，彼見來之并禽，其勢必不來。」王不聽，使人召二子曰：「來，吾生汝父；不來，今殺奢也。」伍尚欲往，員曰：「楚之召我兄弟，非欲以生我父也，恐有脫者後生患，故以父為質，詐召二子。二子到，則父子俱死。何益父之死？往而令讎不得報耳。不如奔他國，借力以雪父之恥，俱滅，無為也。」伍尚曰：「我知往終不能全父命。然恨父召我以求生而不往，後不能雪恥，終為天下笑耳。」謂員：「可去矣！汝能報殺父之讎，我將歸死。」尚既就執，使者捕伍胥。伍胥貫弓執矢嚮使者，（索隱曰劉氏貫音古亂反，謂滿張弓）使者不敢進，伍胥遂亡。聞太子建之在宋，往從之。奢聞子胥之亡也，曰：「楚國君臣且苦兵矣。」伍尚至楚，楚并殺奢與尚也。伍胥既至宋，宋有華氏之亂，（索隱曰春秋昭二十年宋華亥向寧華定與君爭而出奔也）乃與太子建俱奔於鄭。鄭人甚善之。太子建又適晉，晉頃公曰：「太子既善鄭，鄭信太子，太子能為我內應，而我攻其外，滅鄭必矣。滅鄭而封太子。」太子乃還鄭。事未會，會自私欲殺其從者，從者知其謀，乃告之於鄭。鄭定公與子產誅殺太子建。建有子名勝。伍胥懼，乃與勝俱奔吳。到昭關，（索隱曰其關在江西，乃吳楚之境也）昭關欲執之。伍胥遂與勝獨身步走，幾不得脫。追者在後。至江，江上有一漁父乘船，知伍胥之急，乃渡伍胥。伍胥既渡，解其劍曰：「此劍直百金，以與父。」父曰：「楚國之法，得伍胥者賜粟五萬石，爵執珪，豈徒百金劍邪！」不受。伍胥未至吳而疾，止中道，乞食。（張勃曰子胥乞食處在丹陽溧陽。索隱曰張勃晉人，吳鴻臚儼之子，作吳錄，故裴氏注引之。溧，音栗，水名也）至於吳，吳王僚方用事，公子光為將。伍胥乃因公子光以求見吳王。久之，楚平王以其邊邑鍾離與吳邊邑卑梁氏俱蠶，兩女子爭桑相攻，乃大怒，至於兩國舉兵相伐。吳使公子光伐楚，拔其鍾離、居巢而歸。（索隱曰二邑並楚邑……居巢亦國也）伍子胥說吳王僚曰：「楚可破也。願復遣公子光。」公子光謂吳王曰：「彼伍胥父兄為戮於楚，而勸王伐楚者，欲以自報其讎耳。伐楚未可破也。」伍胥知公子光有內志，欲殺王而自立，未可說以外事，乃進專諸於公子光，退而與太子建之子勝耕於野。五年而楚平王卒。初，平王所奪太子建秦女生子軫，及平王卒，軫竟立為後，是為昭王。吳王僚因楚喪，使二公子將兵往襲楚。楚發兵絕吳兵之後，不得歸。吳國內空，而公子光乃令專諸襲刺吳王僚而自立，是為吳王闔廬。闔廬既立，得志，乃召伍員以為行人

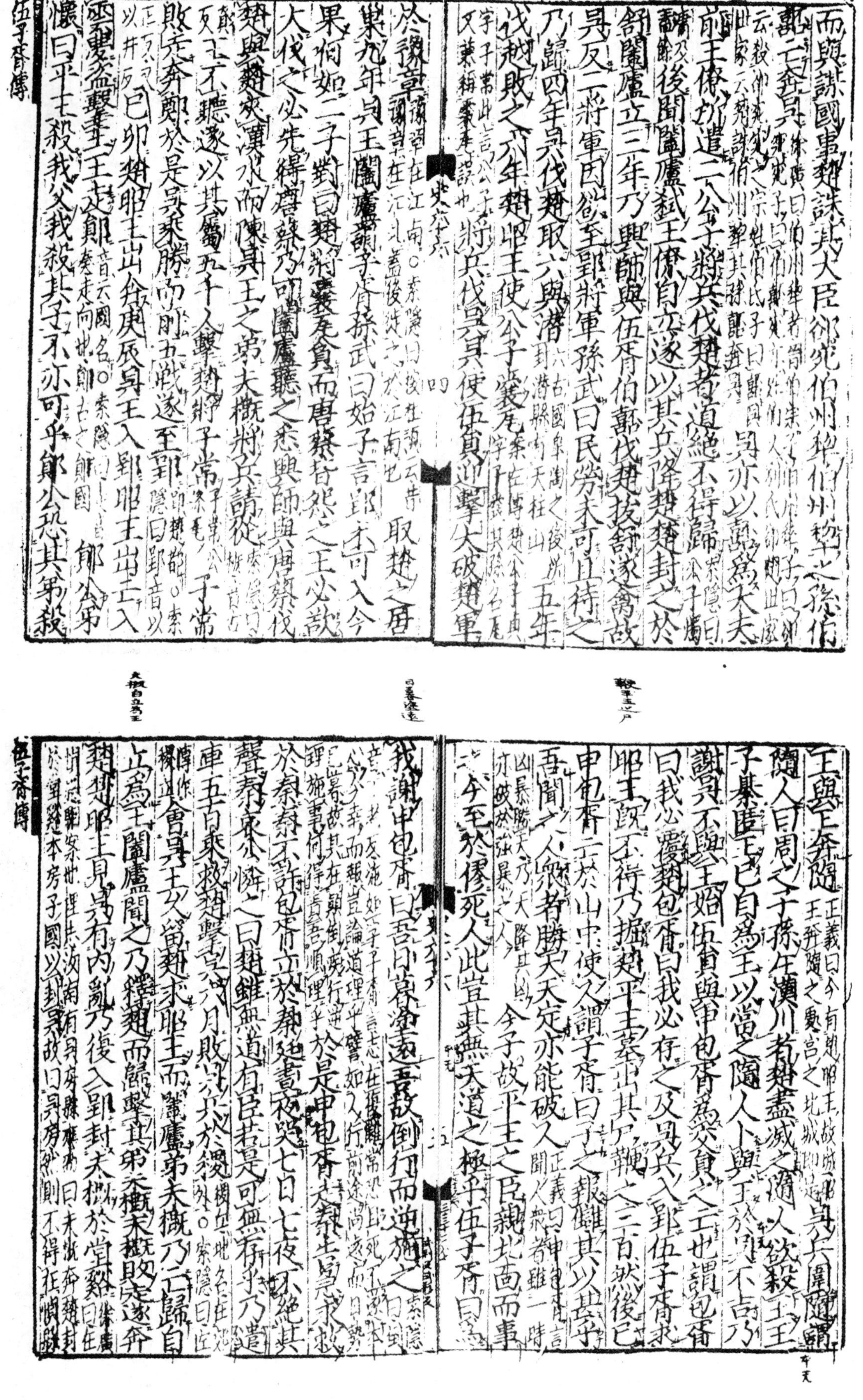

而與謀國事。楚誅其大臣郤宛、伯州犁，伯州犁之孫伯嚭亡奔吳，吳亦以嚭為大夫。前王僚所遣二公子將兵伐楚者，道絕不得歸。後聞闔廬弒王僚自立，遂以其兵降楚，楚封之於舒。闔廬立三年，乃興師與伍胥、伯嚭伐楚，拔舒，遂禽故吳反二將軍。因欲至郢，將軍孫武曰：「民勞，未可，且待之。」乃歸。四年，吳伐楚，取六與灊。五年，伐越，敗之。六年，楚昭王使公子囊瓦將兵伐吳。吳使伍員迎擊，大破楚軍於豫章，取楚之居巢。九年，吳王闔廬謂子胥、孫武曰：「始子言郢未可入，今果何如？」二子對曰：「楚將囊瓦貪，而唐、蔡皆怨之。王必欲大伐之，必先得唐、蔡乃可。」闔廬聽之，悉興師與唐、蔡伐楚，與楚夾漢水而陳。吳王之弟夫概將兵請從，王不聽，遂以其屬五千人擊楚將子常。子常敗走，奔鄭。於是吳乘勝而前，五戰，遂至郢。己卯，楚昭王出奔。庚辰，吳王入郢。昭王出亡，入雲夢；盜擊王，王走鄖。鄖公弟懷曰：「平王殺我父，我殺其子，不亦可乎！」鄖公恐其弟殺

伍子胥傳

王，與王奔隨。吳兵圍隨，謂隨人曰：「周之子孫在漢川者，楚盡滅之。」隨人欲殺王，王子綦匿王，己自為王以當之。隨人卜與王於吳，不吉，乃謝吳不與王。始伍員與申包胥為交，員之亡也，謂包胥曰：「我必覆楚。」包胥曰：「我必存之。」及吳兵入郢，伍子胥求昭王。既不得，乃掘楚平王墓，出其尸，鞭之三百，然後已。申包胥亡於山中，使人謂子胥曰：「子之報讎，其以甚乎！吾聞之，人眾者勝天，天定亦能破人。今子故平王之臣，親北面而事之，今至於僇死人，此豈其無天道之極乎！」伍子胥曰：「為我謝申包胥曰，吾日莫途遠，吾故倒行而逆施之。」於是申包胥走秦告急，求救於秦。秦不許。包胥立於秦廷，晝夜哭，七日七夜不絕其聲。秦哀公憐之，曰：「楚雖無道，有臣若是，可無存乎！」乃遣車五百乘救楚擊吳。六月，敗吳兵於稷。會吳王久留楚求昭王，而闔廬弟夫概乃亡歸，自立為王。闔廬聞之，乃釋楚而歸，擊其弟夫概。夫概敗走，遂奔楚。楚昭王見吳有內亂，乃復入郢。封夫概於堂谿，為堂谿氏。

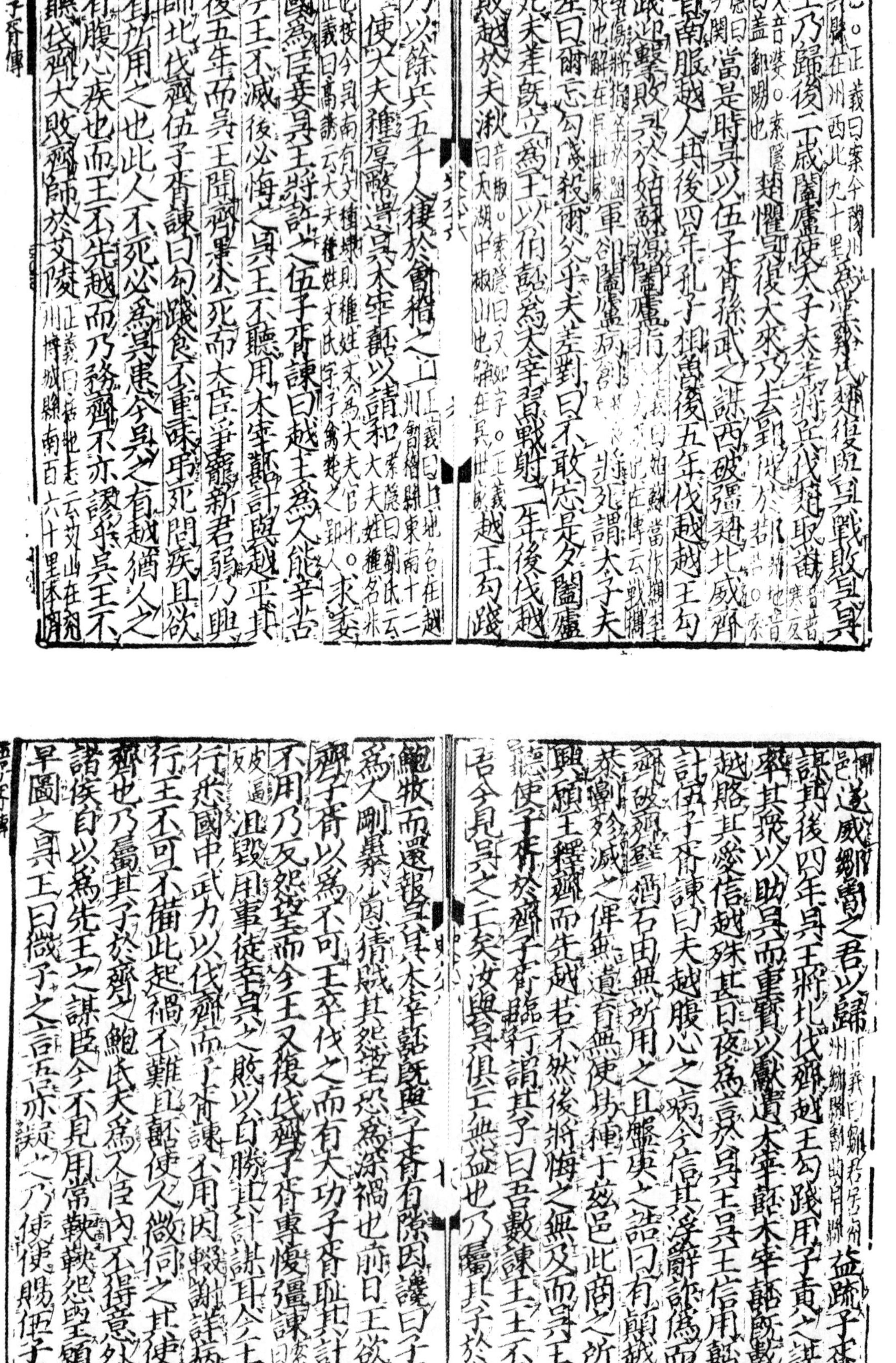

為堂谿氏。楚復與吳戰，敗吳，吳王乃歸。後二歲，闔廬使太子夫差將兵伐楚，取番。又音婆。○索隱曰：蓋鄱陽也。楚懼吳復大來，乃去郢，徙於鄀。當是時，吳以伍子胥、孫武之謀，西破彊楚，北威齊晉，南服越人。其後四年，孔子相魯。後五年，伐越。越王句踐迎擊，敗吳於姑蘇，傷闔廬指，軍卻。闔廬病創將死，謂太子夫差曰：「爾忘句踐殺爾父乎？」夫差對曰：「不敢忘。」是夕，闔廬死。夫差既立為王，以伯嚭為太宰，習戰射。二年後伐越，敗越於夫湫。音椒。○索隱曰：又如字。○正義曰：夫湫山，太湖中椒山也。解在吳世家。越王句踐乃以餘兵五千人棲於會稽之上，正義曰：山，地名，在越州會稽縣東南十二里。使大夫種厚幣遺吳太宰嚭以請和，索隱曰：劉氏云：大夫，姓；種，名也。按，今吳南有文種墳，則種姓文，為大夫官也。○正義曰：高誘云：大夫種姓文氏，字子禽，楚之郢人。求委國為臣妾。吳王將許之。伍子胥諫曰：「越王為人能辛苦。今王不滅，後必悔之。」吳王不聽，用太宰嚭計，與越平。其後五年，而吳王聞齊景公死而大臣爭寵，新君弱，乃興師北伐齊。伍子胥諫曰：「句踐食不重味，弔死問疾，且欲有所用之也。此人不死，必為吳患。今吳之有越，猶人之有腹心疾也。而王不先越而乃務齊，不亦謬乎！」吳王不聽，伐齊，大敗齊師於艾陵，正義曰：括地志云：艾山在兗州博城縣南百六十里。

遂威鄒魯之君以歸。正義曰：鄒，今兗州鄒縣；魯，兗州曲阜縣。益疏子胥之謀。其後四年，吳王將北伐齊，越王句踐用子貢之謀，乃率其眾以助吳，而重寶以獻遺太宰嚭。太宰嚭既數受越賂，其愛信越殊甚，日夜為言於吳王。吳王信用嚭之計。伍子胥諫曰：「夫越，腹心之病，今信其浮辭詐偽而貪齊。破齊，譬猶石田，無所用之。且盤庚之誥曰：『有顛越不恭，劓殄滅之，俾無遺育，無使易種于茲邑。』此商之所以興。願王釋齊而先越；若不然，後將悔之無及。」而吳王不聽，使子胥於齊。子胥臨行，謂其子曰：「吾數諫王，王不用，吾今見吳之亡矣。汝與吳俱亡，無益也。」乃屬其子於齊鮑牧，而還報吳。吳太宰嚭既與子胥有隙，因讒曰：「子胥為人剛暴，少恩，猜賊，其怨望恐為深禍也。前日王欲伐齊，子胥以為不可，王卒伐之而有大功。子胥恥其計謀不用，乃反怨望。而今王又復伐齊，子胥專愎彊諫，索隱曰：愎，皮逼反。沮毀用事，徒幸吳之敗以自勝其計謀耳。今王自行，悉國中武力以伐齊，而子胥諫不用，因輟謝，詳病不行。王不可不備，此起禍不難。且嚭使人微伺之，其使於齊也，乃屬其子於齊之鮑氏。夫為人臣，內不得意，外倚諸侯，自以為先王之謀臣，今不見用，常鞅鞅怨望。願王早圖之。」吳王曰：「微子之言，吾亦疑之。」乃使使賜伍子胥

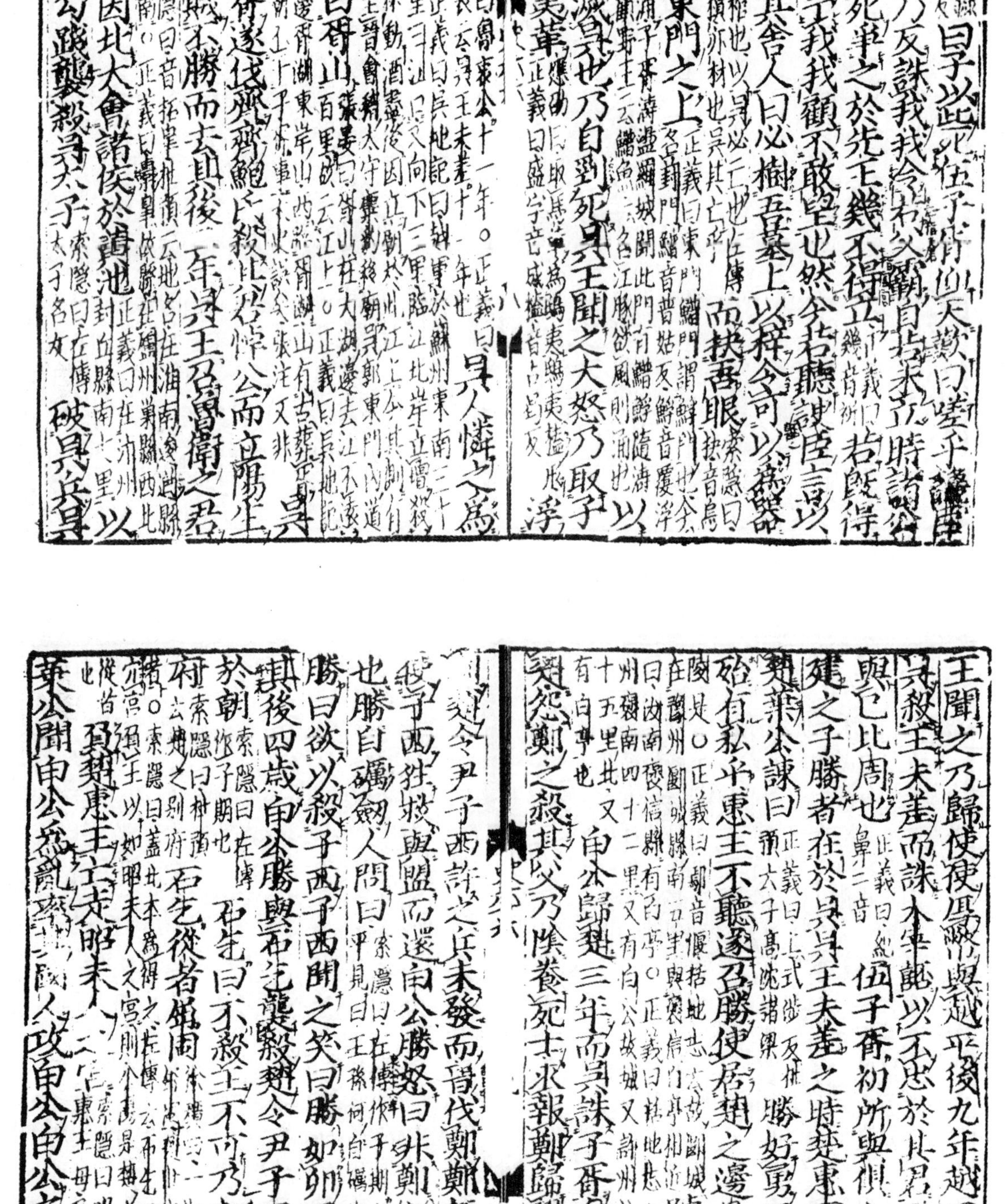

屬鏤之劍（鏤音縷）曰子以此死伍子胥仰天歎曰嗟乎讒臣宰嚭為亂矣王乃反誅我我令若父霸自若未立時諸公子爭立我以死爭之於先王幾不得立（幾音祈）若既得立欲分吳國予我我顧不敢望也然今若聽諛臣言以殺長者乃告其舍人曰必樹吾墓上以梓令可以為器（正義曰器謂棺也以吳必亡也左傳云樹吾墓檟檟可材也吳其亡乎）而抉吾眼（索隱曰抉音烏穴反抉亦決也）縣吳東門之上（正義曰東門鱔門謂鱔門也今名葑門鱔音普姑反鱔音覆浮反越軍開示浦子胥濤盪羅城開此門有鱔隨濤入故以名門一云鱔魚一名江豚欲風則涌也）以觀越寇之入滅吳也乃自剄死吳王聞之大怒乃取子胥尸盛以鴟夷革（應劭曰取馬革為鴟夷鴟夷榼形○正義曰盛音成榼音口曷反）浮之江中（徐廣曰魯哀公十一年○正義曰案年表云吳王夫差十一年也）吳人憐之為立祠於江上（正義曰吳地記曰越軍於蘇州東南三十里三江口又向下三里臨江北岸立壇殺白馬祭子胥杯動酒盡後因立廟於此江上今其廟存浦名曰增浦云晉會稽太守麋豹移廟於吳郭東門內道南今其廟見在）因命曰胥山（張晏曰胥山在太湖邊去江不遠百里故云江上○正義曰吳地記云胥山太湖邊胥湖東岸山西臨胥湖山有古胥王廟按吳朝以上子胥事不東于張注又非）吳王既誅伍子胥遂伐齊齊鮑氏殺其君悼公而立陽生吳王欲討其賊不勝而去其後二年吳王召魯衛之君會之橐皋（索隱曰音拓皋杜預云地名在淮南逡遒縣東南○正義曰橐皋依勝在廬州巢縣西北五十七里也）其明年因北大會諸侯於黃池（正義曰在汴州封丘縣南七里）以令周室越王句踐襲殺吳太子（索隱曰左傳太子名友）破吳兵吳

王聞之乃歸使使厚幣與越平後九年越王句踐遂滅吳殺王夫差而誅太宰嚭以不忠於其君而外受重賂與己比周也（正義曰比鼻二音）伍子胥初所與俱亡故楚太子建之子勝者在於吳吳王夫差之時楚惠王欲召勝歸楚葉公諫曰（正義曰上式涉反杜預云子高沈諸梁）勝好勇而陰求死士殆有私乎惠王不聽遂召勝使居楚之邊邑鄢（徐廣曰潁川鄢陵是○正義曰鄢音偃括地志云故鄢城在豫州郾城縣南五里與褒信白亭相近）號為白公（徐廣曰汝南褒信縣有白亭○正義曰括地志云太白故城在豫州褒信縣南四十二里又有白公故城又許州扶溝縣北四十五里又有白亭也）白公歸楚三年而吳誅子胥白公勝既歸楚怨鄭之殺其父乃陰養死士求報鄭歸楚五年請伐鄭楚令尹子西許之兵未發而晉伐鄭鄭請救於楚楚使子西往救與盟而還白公勝怒曰非鄭之仇乃子西也勝自礪劍人問曰（索隱曰左傳作子期之子平見曰王孫何自礪也）何以為勝曰欲以殺子西子西聞之笑曰勝如卵耳何能為也其後四歲白公勝與石乞襲殺楚令尹子西司馬子綦於朝（索隱曰左傳作子期也）石乞曰不殺王不可乃劫之王如高府（索隱曰杜預云楚之別府）石乞從者屈固（徐廣曰一作圉）負楚惠王亡走昭夫人之宮（索隱曰昭王夫人即越女也○索隱曰蓋此本為得之左傳云石乞尹門圉公陽穴宮負王以如昭夫人之宮則不得昇謂之大夫王之從者也）葉公聞白公為亂率其國人攻白公白公之徒敗亡走

山中自殺（正義曰左傳云……）而虜石乞而問白公尸處不言將亨石乞曰事成爲卿不成而亨固其職也終不肯告其尸處遂亨石乞而求惠王復立之

太史公曰怨毒之於人甚矣哉王者尚不能行之於臣下況同列乎向令伍子胥從奢俱死何異螻蟻弃小義雪大恥名垂於後世悲夫方子胥窘於江上（索隱曰窘……）道乞食志豈嘗須臾忘郢邪故隱忍就功名非烈丈夫孰能致此哉白公如不自立爲君者其功謀亦不可勝道者哉

索隱述贊曰

讒人罔極　交亂四國　嗟彼伍氏

被茲凶慝　員獨忍詬　志復冤毒

霸吳起師　伐楚逐北　鞭尸雪恥

抉眼棄德

伍子胥列傳第六　史記六十六

仲尼弟子列傳第七　史記六十七

孔子曰受業身通者七十有七人（索隱曰孔子家語亦有七十七人……）皆異能之士也德行顏淵閔子騫冉伯牛仲弓政事冉有季路言語宰我子貢文學子游子夏師也辟（……）參也魯（……）柴也愚（……）由也喭（……）回也屢空賜不受命而貨殖焉億則屢中（……）

孔子之所嚴事於周則老子於衛蘧伯玉於齊晏平仲於楚老萊子於鄭子產於魯孟公綽數稱臧文仲柳下惠銅鞮伯華介山子然孔子皆後之不並世（……）

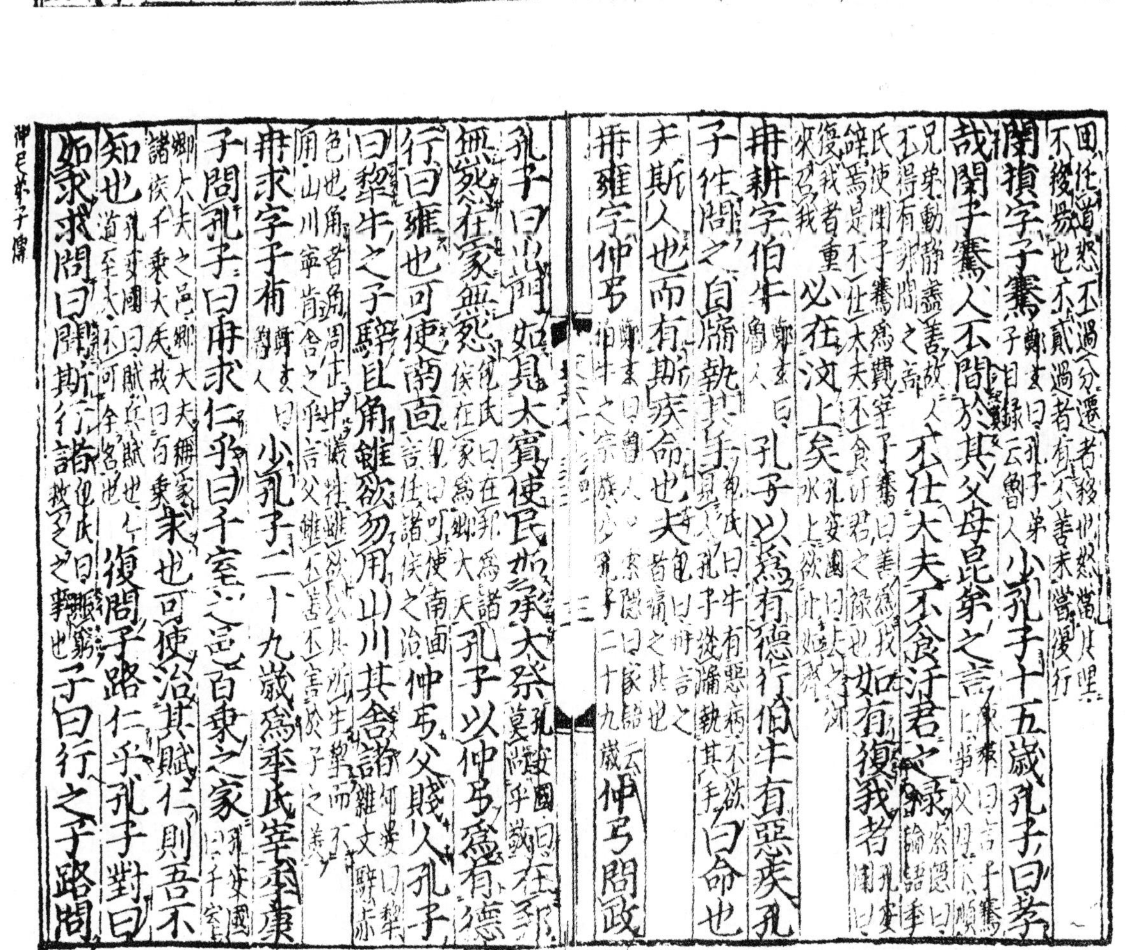

顏回者魯人也字子淵少孔子三十歲

問仁孔子曰克己復禮天下歸仁焉

孔子曰賢哉回也一簞食一瓢飲在陋巷人不堪其憂回也不改其樂

回也如愚退而省其私亦足以發回也不愚

用之則行舍之則藏唯我與爾有是夫

回年二十九髮盡白蚤死

孔子哭之慟曰自吾有回門人益親

魯哀公問弟子孰為好學孔子對曰有顏回者好學不遷怒不貳過不幸短命死矣今也則亡

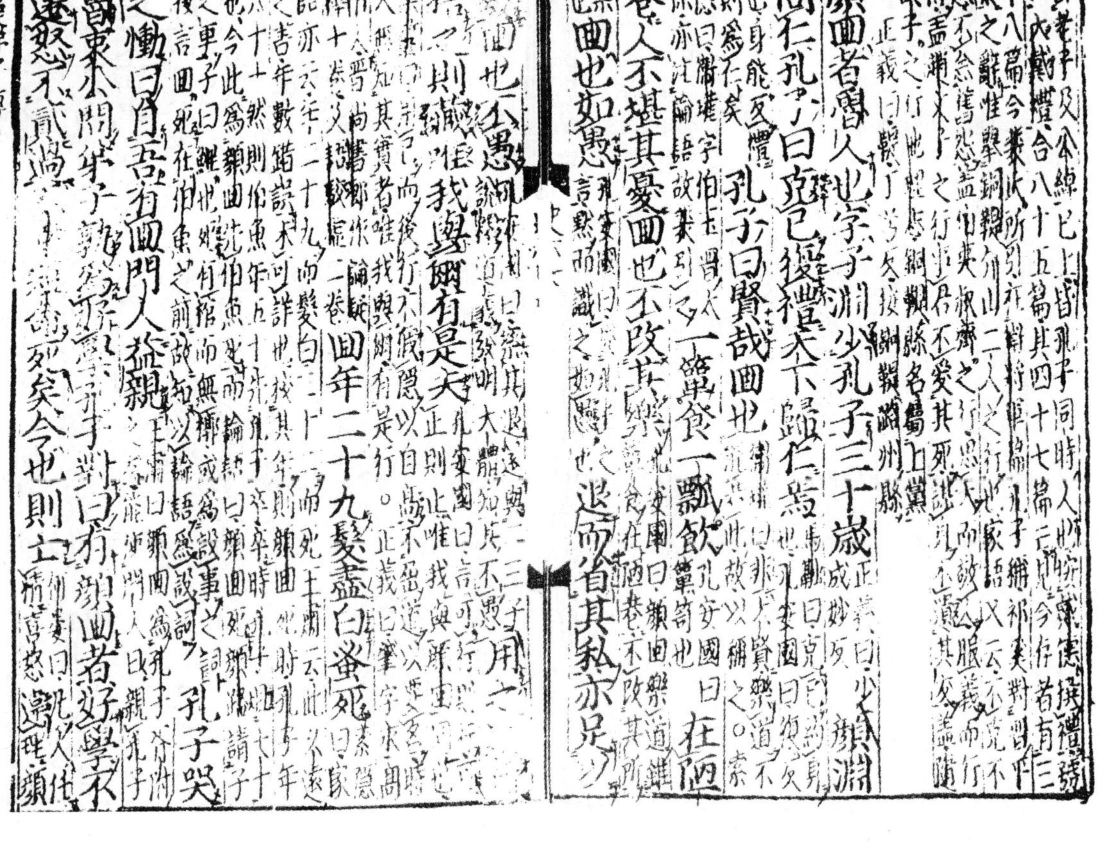

閔損字子騫少孔子十五歲孔子曰孝哉閔子騫人不間於其父母昆弟之言不仕大夫不食汙君之祿如有復我者必在汶上矣

冉耕字伯牛孔子以為有德行伯牛有惡疾孔子往問之自牖執其手曰命也夫斯人也而有斯疾命也夫

冉雍字仲弓

仲弓問政孔子曰出門如見大賓使民如承大祭在邦無怨在家無怨

孔子以仲弓為有德行曰雍也可使南面

仲弓父賤人孔子曰犁牛之子騂且角雖欲勿用山川其舍諸

冉求字子有少孔子二十九歲為季氏宰

季康子問孔子曰冉求仁乎曰千室之邑百乘之家求也可使治其賦仁則吾不知也

復問子路仁乎孔子對曰如求

求問曰聞斯行諸子曰行之

子路問

聞斯行諸子曰有父兄在如之何其聞斯行之
子華怪之敢問問同而答異孔子曰求也退故
進之由也兼人故退之
仲由字子路卞人也
少孔子九歲子路性鄙好勇力志伉直冠雄雞佩豭
豚陵暴孔子孔子設禮稍誘
子路子路後儒服委質因門人請為弟子子路問政孔子曰
先之勞之請益曰
無倦子路問君子尚勇
乎孔子曰義之為上君子好勇而無義則亂
小人好勇而無義則盜子路有聞
未之能行唯恐有聞孔子曰
片言可以折獄者其由也與
由也好勇過我無所取材
若由也不得其死然
衣敝縕袍與衣狐貉者立而不恥者
其由也與由也升堂矣未入於室也季
康子問仲由仁乎孔子曰千乘之國可使治其賦不知

其仁子路喜從游遇長沮桀溺荷蓧丈人子路為季氏
宰季孫問曰子路可謂大臣與孔子曰可謂具臣矣子
路為蒲大夫辭孔子孔子
曰蒲多壯士又難治然吾語汝恭以敬可以執勇
寬以正可以比眾恭正以
靜可以報上初衛靈公有寵姬曰南子靈公太子蕢聵
得過南子懼誅出奔及靈公卒而夫人欲立公子郢郢
不肯曰亡人太子之子輒在於是衛立輒為君是為出
公出公立十二年其父蕢聵居外不得入子路為衛大
夫孔悝之邑宰蕢聵乃與孔悝作亂
謀入孔悝
家遂與其徒襲攻出公出公奔魯而蕢聵入立是為莊
公方孔悝作亂子路在外聞之而馳往遇子羔出衛城
門謂子路曰出公去矣而門已閉子可還矣毋空受其
禍子路曰食其食者不避其難子羔卒去有使者入城
城門開子路隨而入造蕢聵蕢聵與孔悝登臺子路曰
君焉用孔悝請得而殺之蕢聵弗聽於是子路欲燔臺
蕢聵懼乃下石乞壺黶攻子路擊斷子路之纓子路曰
君子死而冠不免遂結纓而死孔子聞衛亂曰嗟乎由
死矣已而果死故孔子曰自吾得由惡言不聞於耳

曰十哲為弟子時衛故侮慢之人不敢有惡言是以惡言不聞於孔子耳是時子貢為魯使於齊索隱曰左傳子貢為魯使在哀十五年蓋此文錯誤也聊亦記之

宰予字子我鄭玄曰魯人利口辯辭既受業問三年之喪不已久乎君子三年不為禮禮必壞三年不為樂樂必崩舊穀既沒新穀既升鑽燧改火期可已矣馬融曰周書月令有更火之文春取榆柳之火夏取棗杏之火季夏取桑柘之火秋取柞楢之火冬取槐檀之火一年之中鑽火各異木故曰改火

子曰於汝安乎曰安汝安則為之君子居喪食旨不甘聞樂不樂故弗為也孔安國曰旨美也責其無仁恩於親故言汝安則為之宰我出子曰予之不仁也子生三年然後免於父母之懷馬融曰子生未三歲為父母所懷抱也夫三年之喪天下之通義也孔安國曰自天子達於庶人

宰我晝寢子曰朽木不可雕也包氏曰朽腐也雕琢刻畫糞土之牆不可圬也王肅曰圬墁也二者喻雖施功猶不成也宰我問五帝之德子曰予非其人也王肅曰言不足以明五帝之德也宰我為臨菑大夫索隱曰謂仕齊齊都臨菑故云為臨菑大夫與田常作亂以夷其族孔子恥之索隱曰左氏無宰我與田常作亂之文然有闞止字子我而因爭寵遂為陳恒所殺恐字與宰予相涉因誤云然

端木賜衛人字子貢少孔子三十一歲子貢利口巧辭孔子常黜其辯問曰汝與回也孰愈孔安國曰愈猶勝也對曰賜也何敢望回回也聞一以知十賜也聞一以知二子貢既已受業問曰賜何人也孔子曰汝器也孔安國曰言汝器用之人

曰何器也曰瑚璉也包氏曰瑚璉黍稷器夏曰瑚殷曰璉周曰簠簋宗廟之貴器陳子禽問於子貢曰仲尼焉學子貢曰文武之道未墜於地在人賢者識其大者不賢者識其小者莫不有文武之道夫子焉不學孔安國曰文武之道未墜落於地賢與不賢各有所識夫子無所不從學而亦何常師之有孔安國曰無所不從學故無常師又問曰孔子適是國必聞其政求之與抑與之與鄭玄曰亢怪孔子所至之邦必與聞其國政求而得之邪抑人君自願與之為治子貢曰夫子溫良恭儉讓以得之夫子之求之也其諸異乎人之求之也鄭玄曰言夫子行此五德而得之與人求之異明人君自與之

子貢問曰富而無驕貧而無諂何如孔子曰可也孔安國曰未足多也不如貧而樂道富而好禮鄭玄曰樂謂志於道不以貧為憂苦也

田常欲作亂於齊憚高國鮑晏故移其兵欲以伐魯孔子聞之謂門弟子曰夫魯墳墓所處父母之國國危如此二三子何為莫出子路請出孔子止之子張子石索隱曰子石公孫龍也請行孔子弗許子貢請行孔子許之遂行至齊說田常曰君之伐魯過矣夫魯難伐之國其城薄以卑其地狹以泄索隱曰越絕作淺其池淺半淺泄其君愚而不仁大臣偽而無用其士民又惡甲兵之事此不可與戰君不如伐吳夫吳城高以厚地廣以深甲堅以新士選以飽重器精兵盡在其中又使明大夫守之此易伐也田常忿然作色曰子之所難人之所易子之所易人之所難而

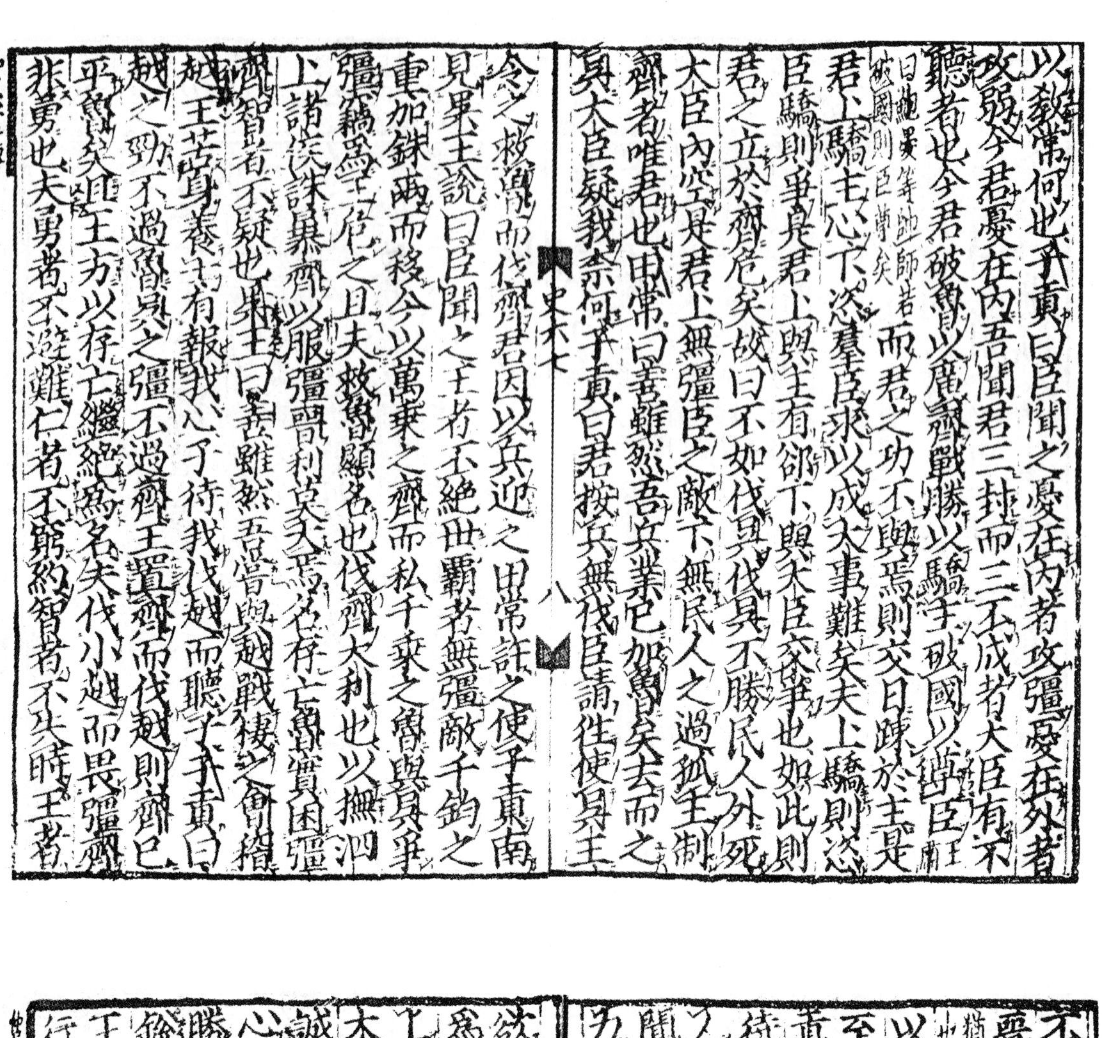

以教常何也。子貢曰：臣聞之，憂在內者攻彊，憂在外者攻弱。今君憂在內。吾聞君三封而三不成者，大臣有不聽者也。今君破魯以廣齊，戰勝以驕主，破國以尊臣，王肅曰：謂鮑晏等帥師，若破國則臣尊矣。而君之功不與焉，則交日疏於主。是君上驕主心，下恣羣臣，求以成大事，難矣。夫上驕則恣，臣驕則爭，是君上與主有郤，下與大臣交爭也。如此，則君之立於齊危矣。故曰不如伐吳。伐吳不勝，民人外死，大臣內空，是君上無彊臣之敵，下無民人之過，孤主制齊者唯君也。田常曰：善。雖然，吾兵業已加魯矣，去而之吳，大臣疑我，奈何？子貢曰：君按兵無伐，臣請往使吳王，

史六十七　八

令之救魯而伐齊，君因以兵迎之。田常許之，使子貢南見吳王。說曰：臣聞之，王者不絕世，霸者無彊敵，千鈞之重加銖兩而移。今以萬乘之齊而私千乘之魯，與吳爭彊，竊為王危之。且夫救魯，顯名也；伐齊，大利也。以撫泗上諸侯，誅暴齊以服彊晉，利莫大焉。名存亡魯，實困彊齊，智者不疑也。吳王曰：善。雖然，吾嘗與越戰，棲之會稽。越王苦身養士，有報我心。子待我伐越而聽子。子貢曰：越之勁不過魯，吳之彊不過齊，王置齊而伐越，則齊已平魯矣。且王方以存亡繼絕為名，夫伐小越而畏彊齊，非勇也。夫勇者不避難，仁者不窮約，智者不失時，王者

不絕世，以立其義。今存越示諸侯以仁，救魯伐齊，威加晉國，諸侯必相率而朝吳，霸業成矣。且王必惡越，徐廣曰：惡猶畏也。臣請東見越王，令出兵以從，此實空越，名從諸侯以伐也。吳王大說，乃使子貢之越。越王除道郊迎，身御至舍而問曰：此蠻夷之國，大夫何以儼然辱而臨之？子貢曰：今者吾說吳王以救魯伐齊，其志欲之而畏越，曰：待我伐越乃可。如此，破越必矣。且夫無報人之志而令人疑之，拙也；有報人之意，使人知之，殆也；事未發而先聞，危也。三者舉事之大患。句踐頓首再拜曰：孤嘗不料力，乃與吳戰，困於會稽，痛入於骨髓，日夜焦脣乾舌，徒

史六十七

欲與吳王接踵而死，孤之願也。遂問子貢。子貢曰：吳王為人猛暴，羣臣不堪；國家敝於數戰，士卒弗忍；百姓怨上，大臣內變；子胥以諫死，駰案：王肅按家語、越絕皆並無此五字，是時子胥未死。太宰嚭用事，順君之過以安其私：是殘國之治也。今王誠發士卒佐之以徼其志，徼，結堯反。王肅曰：徼射其志。重寶以說其心，卑辭以尊其禮，其伐齊必也。彼戰不勝，王之福矣。戰勝，必以兵臨晉，臣請北見晉君，令共攻之，弱吳必矣。其銳兵盡於齊，重甲困於晉，而王制其敝，此滅吳必矣。越王大說，許諾。送子貢金百鎰，劍一，良矛二。子貢不受，遂行。報吳王曰：臣敬以大王之言告越王，越王大恐，曰：孤

不幸少失先人，內不自量，抵罪於吳，軍敗身辱，棲于會稽，國為虛莽，虛音墟，莽音莫朗反。○索隱曰：有本作棘，恐誤也。賴大王之賜，使得奉俎豆而修祭祀，死不敢忘，何謀之敢慮。」後五日，越使大夫種頓首言於吳王曰：「東海役臣孤句踐使者臣種，敢修下吏問於左右：今竊聞大王將興大義，誅彊救弱，困暴齊而撫周室，請悉起境內士卒三千人，孤請自被堅執銳，以先受矢石。因越賤臣種奉先人藏器，甲二十領，鈇屈盧之矛，索隱曰：鈇音趺，謂斧也。劉氏云一本無此字。屈盧，矛名。步光之劍，以賀軍吏。」吳王大說，以告子貢曰：「越王欲身從寡人伐齊，可乎？」子貢曰：「不可。夫空人之國，悉人之衆，又從其君，不義。君受其幣，許其師，而辭其君。」吳王許諾，乃謝越王。於是吳王乃遂發九郡兵伐齊。子貢因去之晉，謂晉君曰：「臣聞之，慮不先定不可以應卒，索隱曰：卒謂急卒也。言計慮不先定，不可以應卒有非常之事。兵不先辨不可以勝敵。今夫齊與吳將戰，彼戰而不勝，越亂之必矣；與齊戰而勝，必以其兵臨晉。」晉君大恐，曰：「為之柰何？」子貢曰：「修兵休卒以待之。」晉君許諾。子貢去而之魯。吳王果與齊人戰於艾陵，索隱曰：左傳在哀十一年。大破齊師，獲七將軍之兵而不歸，果以兵臨晉，與晉人相遇黃池之上。索隱曰：左傳黃池之會在哀十三年，越入吳，與此越平也。吳晉爭彊。晉人擊之，大敗吳師。越王聞之，涉江襲吳，去城七里而

軍。吳王聞之，去晉而歸，與越戰於五湖。三戰不勝，城門不守，越遂圍王宮，殺夫差而戮其相。索隱曰：左傳越滅吳在哀二十二年，則事並非隔數年，蓋此文欲終說其事，故其辭相連也。破吳三年，東向而霸。故子貢一出，存魯，亂齊，破吳，彊晉而霸越。子貢一使，使勢相破，十年之中，五國各有變。索隱曰：按左傳謂魯齊晉吳越也。故云子貢一出存魯亂齊破吳彊晉而霸越。

子貢好廢舉，與時轉貨貲。廢舉謂停貯也，與時謂逐時也。夫物賤則買而停貯，值貴即逐時轉易，貨賣取資利也。○索隱曰：家語貨作化。王肅云：廢舉謂買賤賣貴也，轉化謂轉貨也。按貲音資，以殖其貨也。劉氏云：廢發謂物貴而賣之，轉貨謂轉貨貲賤也。喜揚人之美，不能匿人之過。常相魯衛，家累千金，卒終于齊。

言偃，吳人，索隱曰：家語云魯人。按偃仕魯為武城宰耳，今吳郡有言偃冢，蓋吳郡人為是也。字子游。少孔子四十五歲。子游既已受業，為武城宰。正義括地志云：南武城在兗州，即南城也。輿地志云：南武城在泰山郡，武城子游為宰者也。孔子過，聞弦歌之聲。孔子莞爾而笑何晏曰：莞爾，小笑貌。曰：「割雞焉用牛刀？」孔安國曰：言治小何須用大道。子游曰：「昔者偃聞諸夫子曰：君子學道則愛人，小人學道則易使。」孔安國曰：道謂禮樂也。樂以和人，人和則易使。孔子曰：「二三子，孔安國曰：從行者。偃之言是也。前言戲之耳。」孔安國曰：戲以治小而用大。孔子以為子游習於文學。

卜商字子夏。家語云衛人。鄭玄曰：溫國卜商。○索隱曰：溫國，今河內溫縣，元屬衛故。少孔子四十四歲。子夏問：「巧笑倩兮，美目盼兮，素以為絢兮，何謂也？」馬融曰：倩，笑貌。盼，動目貌。絢，文貌。此上二句在衛風碩人之二章，其下一句逸詩。子曰：

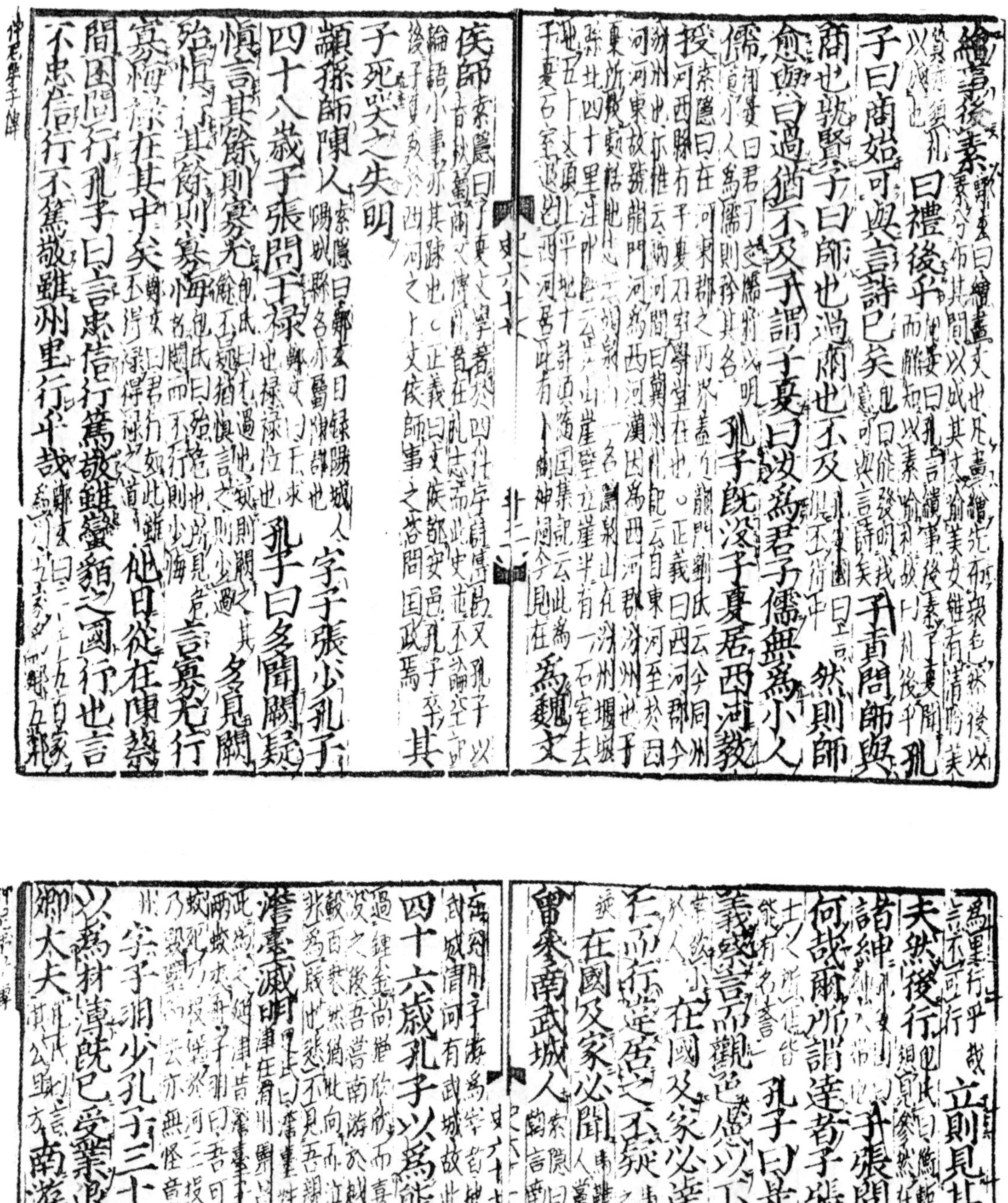

繪事後素。【鄭玄曰：繪，畫文也。凡畫繪先布衆色，然後以素分布其間，以成其文，喻美女雖有倩盼美質，亦須禮以成也。】曰：「禮後乎？」【孔安國曰：孔子言繪事後素，子夏聞而解，知以素喻禮，故曰禮後乎。】孔子曰：「商始可與言詩已矣。」【包氏曰：能發明我意，可與言詩矣。】子貢問：「師與商也孰賢？」子曰：「師也過，商也不及。」【孔安國曰：言俱不得中。】「然則師愈與？」曰：「過猶不及。」子謂子夏曰：「汝為君子儒，無為小人儒。」【孔安國曰：君子之儒將以明道，小人為儒則矜其名。】孔子既沒，子夏居西河教授，【索隱曰：在河東郡之西界，蓋近龍門。劉氏云今同州河西縣有子夏石室學堂在也。○正義曰：西河郡今汾州也。爾雅云兩河間曰冀州。禮記云自東河至于西河。河東故號龍門河為西河，漢因為西河郡，汾州也。子夏所教處。括地志云謁泉山一名隱泉山，在汾州隰城縣北四十里。注水經云其山崖壁立，崖半有一石室，去地五十丈，頂上平地十許頃。隨國集記云此為子夏石室，退老西河居此。有卜商神祠，今見在。】為魏文侯師。【索隱曰：子夏文學著於四科，序詩，傳易。又孔子以春秋屬商。又傳禮，著在禮志。而此史並不論，空記論語小事，亦其疏也。○正義曰：文侯都安邑。孔子卒後，子夏教於西河之上，文侯師事之，咨問國政焉。】其子死，哭之失明。

顓孫師，陳人，【索隱曰：鄭玄曰陽城人。陽城縣名，亦屬陳郡也。】字子張。少孔子四十八歲。子張問干祿，【鄭玄曰：干，求也。祿，祿位也。】孔子曰：「多聞闕疑，慎言其餘，則寡尤；【包氏曰：尤，過也。疑則闕之，其餘不疑，猶慎言之，則少過。】多見闕殆，慎行其餘，則寡悔。【包氏曰：殆，危也。所見危者闕而不行，則少悔。】言寡尤，行寡悔，祿在其中矣。」【鄭玄曰：言行如此，雖不得祿，得祿之道也。】他日從在陳蔡間，困，問行。孔子曰：「言忠信，行篤敬，雖蠻貊之國行也；言不忠信，行不篤敬，雖州里行乎哉！【鄭玄曰：[illegible]】

為里行乎哉。【言不可行。】立則見其參於前也，在輿則見其倚於衡也，夫然後行。」【包氏曰：衡，軛也。言思念忠信，立則常想見參然在目前，在輿則若倚車軛。】子張書諸紳。【孔安國曰：紳，大帶。】子張問：「士何如斯可謂之達矣？」孔子曰：「何哉，爾所謂達者？」子張對曰：「在國必聞，在家必聞。」【鄭玄曰：言士之所在皆能有名譽。】孔子曰：「是聞也，非達也。夫達者質直而好義，察言而觀色，慮以下人，【馬融曰：常有謙退之志，察言語，觀顏色，知其所欲，其念慮常欲以下人。】在國及家必達。【馬融曰：謙尊而光，卑而不可踰。】夫聞也者，色取仁而行違，居之不疑，【馬融曰：此言佞人也。佞人假仁者之色，行之則違，安居其偽而不自疑。】在國及家必聞。」【馬融曰：佞人黨多。】

曾參，南武城人，【索隱曰：武城屬魯，當時魯更有北武城，故言南也。○正義曰：括地志云南武城[illegible]武城，清河有武城，故此云南武城也。】字子輿。少孔子四十六歲。孔子以為能通孝道，【正義曰：韓詩外傳云曾子曰：吾嘗仕為吏，祿不過鍾釜，尚猶欣欣而喜者，非以為多也，樂其逮親也。既沒之後，吾嘗南游於越，得尊官焉，堂高九仞，榱題三圍，轉轂百乘，然猶北向而泣者，非為賤也，悲不見吾親也。】故授之業。作孝經。死於魯。

澹臺滅明，【[illegible]】武城人，【正義曰：[illegible]】字子羽。少孔子三十九歲。狀貌甚惡。欲事孔子，孔子以為材薄。既已受業，退而修行，行不由徑，非公事不見卿大夫。【[illegible]】南游至江，【索隱曰：今吳國東南有澹臺湖，即其遺迹所在也。】

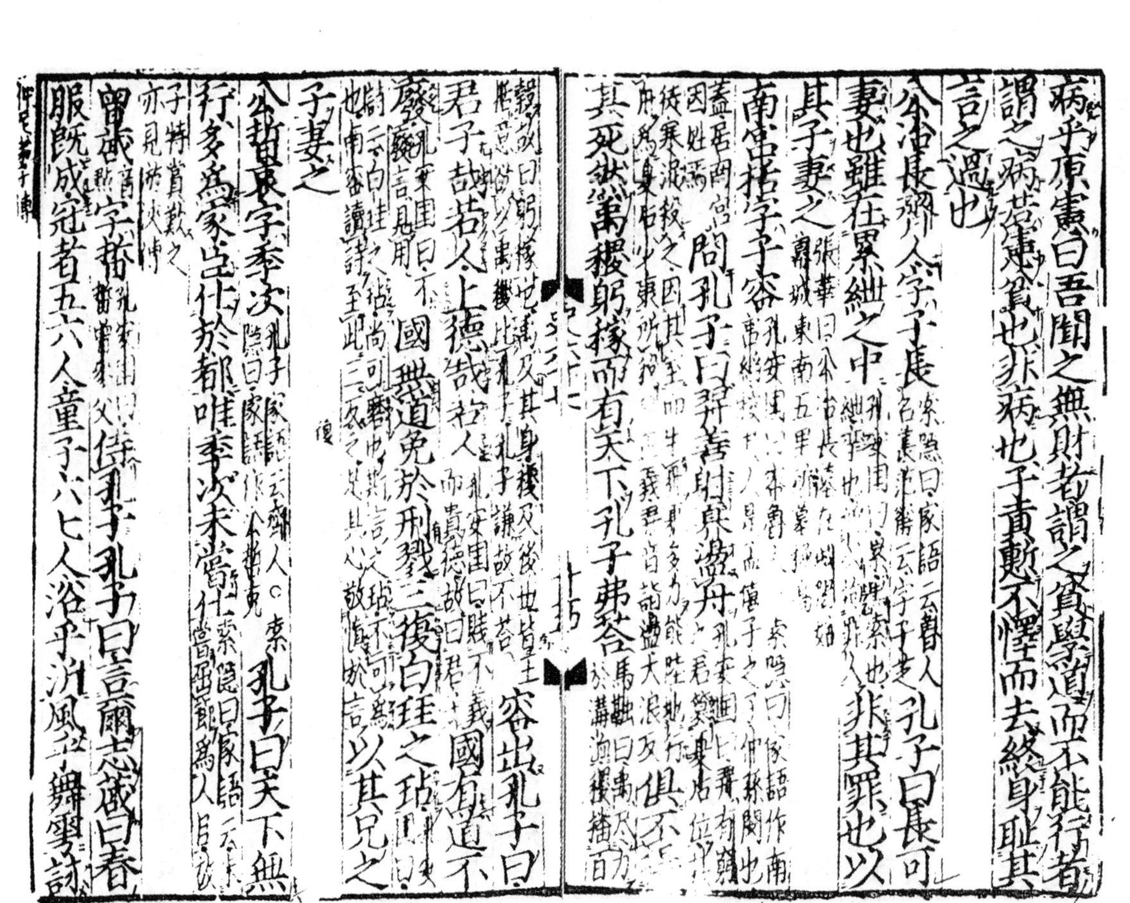

從弟子三百人，設取予去就，名施乎諸侯。孔子聞之，曰：吾以言取人，失之宰予；以貌取人，失之子羽。

宓不齊字子賤。少孔子四十九歲。

子謂子賤：君子哉！魯無君子，斯焉取斯？

子賤為單父宰，反命於孔子，曰：此國有賢不齊者五人，教不齊所以治者。孔子曰：惜哉不齊所治者小，所治者大則庶幾矣。

原憲字子思。子思問恥。孔子曰：國有道，穀。國無道，穀，恥也。

子思曰：克伐怨欲不行焉，可以為仁乎？孔子曰：可以為難矣，仁則吾弗知也。

孔子卒，原憲亡在草澤中。子貢相衛，而結駟連騎，排藜藿入窮閻，過謝原憲。憲攝敝衣冠見子貢。子貢恥之，曰：夫子豈

病乎？原憲曰：吾聞之，無財者謂之貧，學道而不能行者謂之病。若憲，貧也，非病也。子貢慚，不懌而去，終身恥其言之過也。

公冶長，齊人，字子長。孔子曰：長可妻也，雖在累紲之中，非其罪也。以其子妻之。

南宮括字子容。問孔子曰：羿善射，奡盪舟，俱不得其死然；禹稷躬稼而有天下？孔子弗答。容出，孔子曰：君子哉若人！上德哉若人！國有道，不廢；國無道，免於刑戮。三復白珪之玷，以其兄之子妻之。

公晳哀字季次。孔子曰：天下無行，多為家臣，仕於都；唯季次未嘗仕。

曾蒧字皙。侍孔子，孔子曰：言爾志。蒧曰：春服既成，冠者五六人，童子六七人，浴乎沂，風乎舞雩，詠

而歸（徐廣曰一作饋）春服既成衣單袷之時我欲得冠者五六人童子六七人浴於沂水之上風涼於舞雩之下歌詠先王之道歸夫子之門 孔子喟爾嘆曰吾與蔵也（[illegible]曰善蔵之獨知時也）

顏無繇（音遙○正義曰繇音由）字路（[illegible]）路者顏回父（索隱曰家語弟由字季路回之父也）父子嘗各異時事孔子 顏回死顏路貧請孔子車以葬（[illegible]）孔子曰材不材亦各言其子也 鯉也死有棺而無槨 吾不徒行以為之槨 以吾從大夫之後不可以徒行（[illegible]）

商瞿（[illegible]）魯人字子木 少孔子二十九歲 孔子傳易於瞿 瞿傳楚人馯臂子弘（[illegible]）弘傳江東人矯子庸疵 疵傳燕人周子家豎 豎傳淳于人光子乘羽 羽傳齊人田子莊何 何傳東武人王子中同 同傳菑川人楊何 何元朔中以治易為漢中大夫

高柴字子羔（[illegible]）少孔子三十歲 子羔長不盈五尺 受業孔子 孔子以為愚 子路使子羔為費郈宰（正義曰括地志云[illegible]）孔子曰賊夫人之子 子路曰有民人焉有社稷焉 何必讀書然後為學 孔子曰是故惡夫佞者

漆雕開字子開（[illegible]）孔子使開仕 對曰吾斯之未能信 孔子說

公伯僚字子周（[illegible]）周愬子路於季孫 子服景伯以告孔子曰 夫子固有惑志 僚也 吾力猶能肆諸市朝 孔子曰 道之將行命也 道之將廢命也 公伯僚其如命何

司馬耕字子牛 牛多言而躁 問仁於孔子 孔子曰 仁者其言也訒 曰其言也訒 斯可謂之仁乎 子曰 為之難 言之得無訒乎 問君子 子曰 君子不憂不懼 曰不憂不懼 斯可謂之君子乎 子曰 內省不疚 夫何憂何懼

樊須字子遲（[illegible]）少孔子三十六歲 樊遲請學稼 孔子曰吾不如老農 請學圃 曰吾不如老圃

曰賤五穀曰稼樹菜蔬曰圃 樊遲出孔子曰小人哉樊須也上好禮則民莫敢不敬上好義則民莫敢不服上好信則民莫敢不用情 孔安國曰情實也言民化上各以實應 夫如是則四方之民襁負其子而至矣焉用稼 包氏曰禮義與信足以成德何用學稼以教民乎負子以器曰襁

樊遲問仁子曰愛人問智曰知人

有若 鄭玄曰魯人 正義曰家語云魯人少孔子三十三歲不同 少孔子十三歲

有若曰禮之用和爲貴先王之道斯爲美小大由之有所不行知和而和不以禮節之亦不可行也 馬融曰人知禮貴和而每事從和不以禮爲節亦不可行也 信近於義言可復也 何晏曰復猶覆也義不必信信非義也以其言可反覆故曰近義 恭近於禮遠恥辱也 恭不合禮非禮也以其能遠恥辱故曰近禮 因不失其親亦可宗也 孔安國曰因親也言所親不失其親亦可宗敬

孔子既沒弟子思慕有若狀似孔子弟子相與共立爲師師之如夫子時也他日弟子進問曰昔夫子當行使弟子持雨具已而果雨弟子問曰夫子何以知之夫子曰詩不云乎月離于畢俾滂沱矣 毛傳曰畢噣也月離陰星則雨 昨暮月不宿畢乎他日月宿畢竟不雨商瞿年長無子其母爲取室 正義曰家語云瞿年三十八無子母欲更娶室孔子曰瞿過四十當有五丈夫子果然

中備云魯人商瞿使向齊國瞿年四十今後使行遠路畏慮恐絕無子夫子正月與瞿母筮告曰後有五丈夫子子貢曰何以知之子曰卦遇大畜艮之二世九二甲寅木爲世六五景子水爲應世生外象生象來爻生互內象艮別子應有五子一子短命顏回云何以知之內象是本子一艮變爲二丁醜三陽爻五於是五子一子短命

他以教也 孔子使之齊瞿母請之孔子曰無憂瞿年四十後當有五丈夫子 五男也 已而果然敢問夫子何以知此有若默然無以應弟子起曰有子避之此非子之座也

公西赤字子華 鄭玄曰魯人 少孔子四十二歲子華使於齊冉有爲其母請粟孔子曰與之釜 馬融曰六斗四升曰釜 請益曰與之庾 包氏曰十六斗曰庾 冉子與之粟五秉 馬融曰十六斛曰秉五秉合八十斛 孔子曰赤之適齊也乘肥馬衣輕裘吾聞君子周急不繼富 鄭玄曰非冉有與之太多

巫馬施字子旗 鄭玄曰魯人 正義音期 少孔子三十歲陳司敗 孔安國曰司敗官名陳大夫 問孔子曰魯昭公知禮乎孔子曰知禮退而揖巫馬旗曰吾聞君子不黨君子亦黨乎魯君娶吳女爲夫人命之爲孟子孟子姓姬諱稱同姓故謂之孟子魯君而知禮孰不知禮 孔安國曰相助匿非曰黨魯吳俱姬姓禮同姓不婚而君娶之當稱吳姬諱曰孟子 施以告孔子孔子曰丘也幸苟有過人必知之 孔安國曰以司敗之言告也諱國惡禮也 臣不可言君親之惡爲諱者禮也 聖人之道弘故受以爲過也

梁鱣 一作鯉 字叔魚少孔子二十九歲 鄭玄曰齊人 孔子家語曰齊人

顏辛字子柳少孔子四十六歲 鄭玄曰魯人

冉孺字子魯 一作曾 少孔子五十歲 家語曰魯人

曹卹字子循少孔子五十歲

伯虔字子析少孔子五十歲 正義曰家語云字楷

公孫龍字子石少孔子五十三歲 鄭玄曰楚人。正義曰家語云衛人 孟子云趙人莊子云堅白之談也

自子石已右三十五人顯有年名及受業聞見于書傳其四十有二人無年及不見書傳者紀于左 索隱曰家語此例唯有三十七人其公伯繚秦冉鄡單顏之何叔仲會四人家語有其人史記闕然自公伯遼秦冉鄡單三人家語不載而別有琴牢陳亢縣亶當此三人之數皆互有也 據文翁圖所記又有林放蘧伯玉申棖申堂俱是後人以所見增益今殆不可考

冉季字子產 鄭玄曰魯人。正義曰家語云冉季字產

公祖句茲字子之 正義曰句音鉤

秦祖字子南 鄭玄曰秦人

漆雕哆 音侈 字子斂 鄭玄曰魯人

顏高字子驕 正義曰孔子在衛南子招夫子為次乘過市顏高為御

漆雕徒父

壤駟赤字子徒 鄭玄曰秦人

商澤 家語曰字子季

石作蜀字子明

任不齊字選 鄭玄曰楚人

公良孺字子正 鄭玄曰陳人賢而有勇。正義曰孔子世家周游常以家車五乘從孔子 亦云家語在三十五人中今在二十二人數恐史記誤也

后處字子里 鄭玄曰齊人

秦冉字開 正義曰家語云無此人王肅家語此等唯三十七人其公良孺秦商顏噲仲叔會四人家語有事迹而史記闕今此秦冉鄡單家語不載而別有琴牢陳亢縣亶三人

公夏首字乘 鄭玄曰魯人

奚容箴字子皙 正義曰衛人

公堅定字子中 鄭玄曰魯人 或曰晉人

顏祖字襄 正義曰魯人

鄡單字子家 鄡苦堯反 單音善 徐廣曰一云鄔單 鉅鹿有鄡縣 太原有鄔縣

句井疆 鄭玄曰衛人 正義句作勾

罕父黑字子索 家語曰罕父黑字索

秦商字子丕 鄭玄曰楚人。正義曰家語云魯人字不慈

申黨字周 正義曰魯人

顏之僕字叔 鄭玄曰魯人

榮旂字子祺

縣成字子祺 鄭玄曰魯人。正義縣音玄

左人郢字行 鄭玄曰魯人

燕伋字思

鄭國字子徒 正義曰家語云薛邦字徒史記作鄭國者避高祖諱薛字與鄭字誤耳

秦非字子之 鄭玄曰魯人

施之常字子恒

顏噲字子聲鄭玄曰魯人

步叔乘字子車鄭玄曰齊人

原亢籍家語曰名亢字籍○正義曰亢作亢仁勇反

樂欬字子聲魯人正義曰

廉絜字庸鄭玄曰衛人

叔仲會字子期鄭玄曰魯人○索隱曰家語魯人少孔子五十四歲與孔族年相比二孺子俱執筆迭侍於夫子孟武伯見而訪之

顏何字冉鄭玄曰魯人○索隱曰家語字稱

狄黑字皙索隱曰家語載本各異

邦巽字子斂鄭玄曰魯人○索隱曰家語作選字子斂文翁圖作國選蓋亦避漢諱改之劉氏作邦選邦音去

孔忠家語曰忠字子蔑孔子兄之子所見多異

公西輿如字子上索隱曰家語載亦同此

公西蒧字子上鄭玄曰魯人○家語作箴字子上索隱

太史公曰學者多稱七十子之徒譽者或過其實毀者或損其真鈞之未覩厥容貌則論言弟子籍出孔氏古文近是余以弟子名姓文字悉取論語弟子問并次為篇疑者闕焉

索隱述贊曰

教興闕里　道在郰鄉
異能就列　秀士升堂
依仁游藝　合志同方
將師宮尹　俎豆琳琅
惜哉不霸　空臣素王

仲尼弟子列傳第七　史記六十七

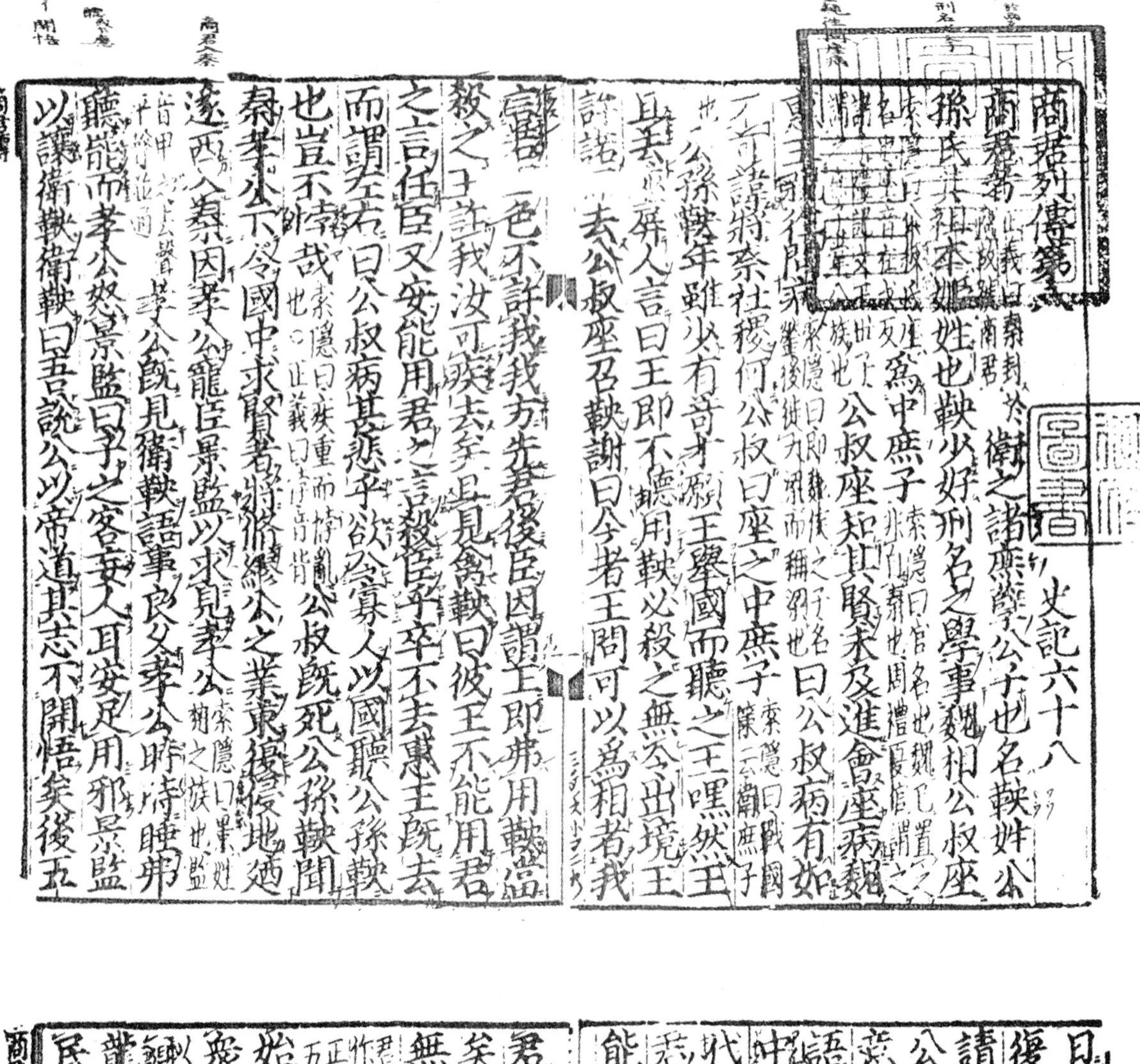

商君列傳第八

商君者，衛之諸庶孽公子也，名鞅，姓公孫氏，其祖本姬姓也。鞅少好刑名之學，事魏相公叔座為中庶子。公叔座知其賢，未及進。會座病，魏惠王親往問病，曰：「公叔病有如不可諱，將柰社稷何？」公叔曰：「座之中庶子公孫鞅，年雖少，有奇才，願王舉國而聽之。」王嘿然。王且去，座屏人言曰：「王即不聽用鞅，必殺之，無令出境。」王許諾而去。公叔座召鞅謝曰：「今者王問可以為相者，我言若，王色不許我。我方先君後臣，因謂王即弗用鞅，當殺之。王許我。汝可疾去矣，且見禽。」鞅曰：「彼王不能用君之言任臣，又安能用君之言殺臣乎？」卒不去。惠王既去，而謂左右曰：「公叔病甚，悲乎，欲令寡人以國聽公孫鞅也，豈不悖哉！」公叔既死，公孫鞅聞秦孝公下令國中求賢者，將修繆公之業，東復侵地，迺遂西入秦，因孝公寵臣景監以求見孝公。孝公既見衛鞅，語事良久，孝公時時睡，弗聽。罷而孝公怒景監曰：「子之客妄人耳，安足用邪！」景監以讓衛鞅。衛鞅曰：「吾說公以帝道，其志不開悟矣。」後五日，復求見鞅。鞅復見孝公，益愈，然而未中旨。罷而孝公復讓景監，景監亦讓鞅。鞅曰：「吾說公以王道而未入也。請復見鞅。」鞅復見孝公，孝公善之而未用也。罷而去。孝公謂景監曰：「汝客善，可與語矣。」鞅曰：「吾說公以霸道，其意欲用之矣。誠復見我，我知之矣。」衛鞅復見孝公。公與語，不自知厀之前於席也。語數日不厭。景監曰：「子何以中吾君？吾君之驩甚也。」鞅曰：「吾說君以帝王之道比三代，而君曰：『久遠，吾不能待。且賢君者，各及其身顯名天下，安能邑邑待數十百年以成帝王乎？』故吾以彊國之術說君，君大說之耳。然亦難以比德於殷周矣。」孝公既用衛鞅，鞅欲變法，恐天下議己。衛鞅曰：「疑行無名，疑事無功。且夫有高人之行者，固見非於世；有獨知之慮者，必見敖於民。愚者闇於成事，知者見於未萌。民不可與慮始而可與樂成。論至德者不和於俗，成大功者不謀於眾。是以聖人苟可以彊國，不法其故；苟可以利民，不循其禮。」孝公曰：「善。」甘龍曰：「不然。聖人不易民而教，知者不變法而治。因民而教，不勞而成功；緣法而治者吏習而民安之衛鞅曰龍之所言世俗之言也常人安於故俗學者溺於所聞以此兩者居官守法可也非所與論於法之外也三代不同禮而王五伯不同法而霸智者作法愚者制焉賢者更禮不肖者拘焉杜摯曰利不百不變法功不十不易器法古無過循禮無邪衛鞅曰治世不一道便國不法古故湯武不循古而王夏殷不易禮而亡反古者不可非而循禮者不足多孝公曰善以衛鞅為左庶長卒定變法之令令民為什伍（索隱曰劉氏云五家為保十家相連也○正義曰或為十保或為五保）而相牧司連坐（索隱曰牧司謂相糾發也一家有罪而九家連舉發若不糾舉則十家連坐恐變令不行故設重禁）不告姦者腰斬告姦者與斬敵首同賞（索隱曰謂告姦一人則得爵一級故云與斬敵首同賞也）匿姦者與降敵同罰（索隱曰案律降敵者誅其身沒其家今匿姦者言當與之同罰也）民有二男以上不分異者倍其賦（正義曰民有二男不別為活者一人出兩課）有軍功者各以率（音律）受上爵為私鬬者各以輕重被刑大小僇力本業耕織致粟帛多者復其身事末利及怠而貧者舉以為收孥（索隱曰末謂工商也蓋農桑為本故上云本業耕織也怠者懈也周禮謂之疲民以言懈怠不事事之人而貧者則糾舉而收錄其妻子沒為官奴婢蓋其法特重於古也）宗室非有軍功論不得為屬籍（索隱曰謂除其籍則雖無功不及爵秩也）明尊卑爵

秩等級各以差次名田宅臣妾衣服以家次（索隱曰謂各隨其家爵秩之班次亦不使僭侈踰等）有功者顯榮無功者雖富無所芬華令既具未布恐民之不信已乃立三丈之木於國都市南門募民有能徙置北門者予十金民怪之莫敢徙復曰能徙者予五十金有一人徙之輒予五十金以明不欺卒下令令行於民朞年秦民之國都言初令之不便者以千數（索隱曰謂鞅新變之法令為初令）於是太子犯法衛鞅曰法之不行自上犯之將法太子太子君嗣也不可施刑刑其傅公子虔黥其師公孫賈明日秦人皆趨令（索隱曰趨音七踰反）行之十年秦民大說道不拾遺山無盜賊家給人足民勇於公戰怯於私鬬鄉邑大治秦民初言令不便者有來言令便者衛鞅曰此皆亂化之民也盡遷之於邊城其後民莫敢議令於是以鞅為大良造（索隱曰即大上造也秦之第十六爵名也今以鞅為大良造者或後變其名耳）居三年作為築冀闕宮庭於咸陽（索隱曰冀闕即魏闕也冀記也出列教令當記於此門闕）秦自雍徙都之而令民父子兄弟同室內息者為禁而集小都鄉邑聚為縣置令丞凡三十一縣為田開阡陌封疆（正義曰南北曰阡東西曰陌按謂驛塍也疆界也謂界上封記也）而賦稅平平斗桶（鄭玄曰音勇今之斛也索隱曰音統量器名也）○權衡丈尺行之四年公子虔復犯約劓之居五年秦人富彊天子致胙

正義曰音尤故反於孝公，諸侯畢賀。其明年，齊敗魏兵於馬陵，虜其太子申，殺將軍龐涓。其明年，衛鞅說孝公曰：秦之與魏，譬若人之有腹心疾，非魏并秦，秦即并魏。何者？魏居領阨之西，都安邑，索隱曰蓋安邑之東山嶺險阨之地即今蒲州之中條已東連汾晉之嶮嶝是也阨音厄與秦界河而獨擅山東之利。利則西侵秦，病則東收地。今以君之賢聖，國賴以盛。而魏往年大破於齊，諸侯畔之，可因此時伐魏。魏不支秦，必東徙。東徙，秦據河山之固，東鄉以制諸侯，此帝王之業也。孝公以為然，使衛鞅將而伐魏。魏使公子卬將而擊之。軍既相距，衛鞅遺魏將公子卬書曰：吾始與公子驩，今俱為兩國將，不忍相攻，可與公子面相見，盟，樂飲而罷兵，以安秦魏。魏公子卬以為然。會盟已，飲，而衛鞅伏甲士而襲虜魏公子卬，因攻其軍，盡破之以歸秦。魏惠王兵數破於齊秦，國內空，日以削，恐，乃使使割河西之地獻於秦以和。而魏遂去安邑，徙都大梁。索隱曰紀年曰梁惠王二十九年秦衛鞅伐梁西鄙則徙大梁在惠王之二十九年也○正義曰從蒲州安邑徙汴州浚儀也梁惠王曰：寡人恨不用公叔座之言也。衛鞅既破魏還，秦封之於商徐廣曰弘農商縣也○索隱曰於商二縣名在弘農紀年云秦封衛鞅於鄔改名曰商○正義曰於商在鄧州內鄉縣東七里古於邑也商洛縣在商州東八十九里本商邑周之商國按十五邑近此二邑十五邑，號為商君。商君相秦十年，索隱曰戰國策云孝公行商君法十八年而死與此文不同者按此直云相秦十年耳而戰國策乃云行商君法十八年蓋連其未作相之年說也宗室貴戚多怨望者。趙良見商君。商君曰：鞅之得見也，從孟蘭皋，索隱曰孟蘭皋人姓名也言鞅因蘭皋得與趙良相見也今鞅請得交，可乎？趙良曰：僕弗敢願也。孔丘有言曰：推賢而戴者進，聚不肖而王者退。僕不肖，故不敢受命。僕聞之曰：非其位而居之曰貪位，非其名而有之曰貪名。僕聽君之義，則恐僕貪位貪名也。故不敢聞命。商君曰：子不說吾治秦與？索隱曰說音悅與音予趙良曰：反聽之謂聰，內視之謂明，自勝之謂彊。索隱曰謂守謙敬人自伏非是為自勝此乃名為彊非彊之道也虞舜有言曰：自卑也尚矣。君不若道虞舜之道，無為問僕矣。商君曰：始秦戎翟之教，父子無別，同室而居。今我更制其教，而為其男女之別，大築冀闕，營如魯衛矣。子觀我治秦也，孰與五羖大夫賢？趙良曰：千羊之皮，不如一狐之掖；千人之諾諾，不如一士之諤諤。武王諤諤以昌，殷紂墨墨以亡。正義曰以殷紂比商君君若不非武王乎，則僕請終日正言而無誅，可乎？商君曰：語有之矣，貌言華也，至言實也，苦言藥也，甘言疾也。夫子果肯終日正言，鞅之藥也。鞅將事子，子又何辭焉！趙良曰：夫五羖大夫，荊之鄙人也。正義曰百里奚南陽宛人屬楚故云荊聞秦繆公之賢而願望見，行而無資，自粥於秦客，被褐食牛。期年，繆公知之，舉之牛口之下，

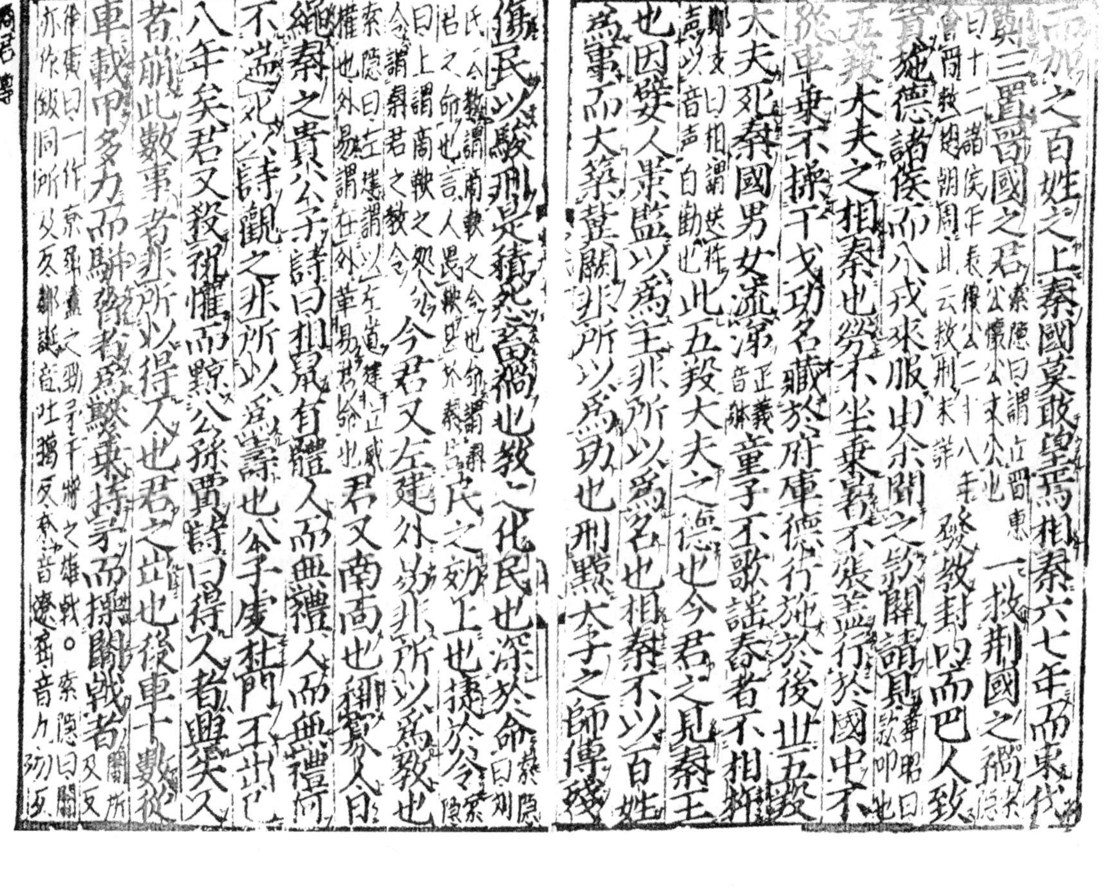

而施之百姓之上，秦國莫敢望焉。相秦六七年，而東伐鄭，三置晉國之君，（索隱曰：謂立晉惠公、懷公、文公也。）一救荊國之禍。（索隱曰：十二諸侯年表僖公二十八年會晉救楚朝周也。此云救荊，未詳。）發教封內，而巴人致貢；施德諸侯，而八戎來服。由余聞之，款關請見。（韋昭曰：款，叩也。）五羖大夫之相秦也，勞不坐乘，暑不張蓋，行於國中，不從車乘，不操干戈，功名藏於府庫，德行施於後世。五羖大夫死，秦國男女流涕，（正義：涕音體。）童子不歌謠，舂者不相杵。（鄭玄曰：相謂送杵聲，以音聲自勸也。）此五羖大夫之德也。今君之見秦王也，因嬖人景監以為主，非所以為名也。相秦不以百姓為事，而大築冀闕，非所以為功也。刑黥太子之師傅，殘傷民以駿刑，是積怨畜禍也。教之化民也深於命，（索隱曰：教謂商鞅之令也。命謂秦君之命也。言人畏鞅甚於秦君。）民之效上也捷於令。（索隱曰：上謂商鞅之處分，令謂秦君之教令。）今君又左建外易，非所以為教也。（索隱曰：左建謂以左道建立威權也。外易謂在外革易君命也。）君又南面而稱寡人，日繩秦之貴公子。詩曰：「相鼠有體，人而無禮，人而無禮，何不遄死。」以詩觀之，非所以為壽也。公子虔杜門不出已八年矣，君又殺祝懽而黥公孫賈。詩曰：「得人者興，失人者崩。」此數事者，非所以得人也。君之出也，後車十數，從車載甲，多力而駢脅者為驂乘，持矛而操闟戟者（徐廣曰：一作京。……索隱曰：闟……）

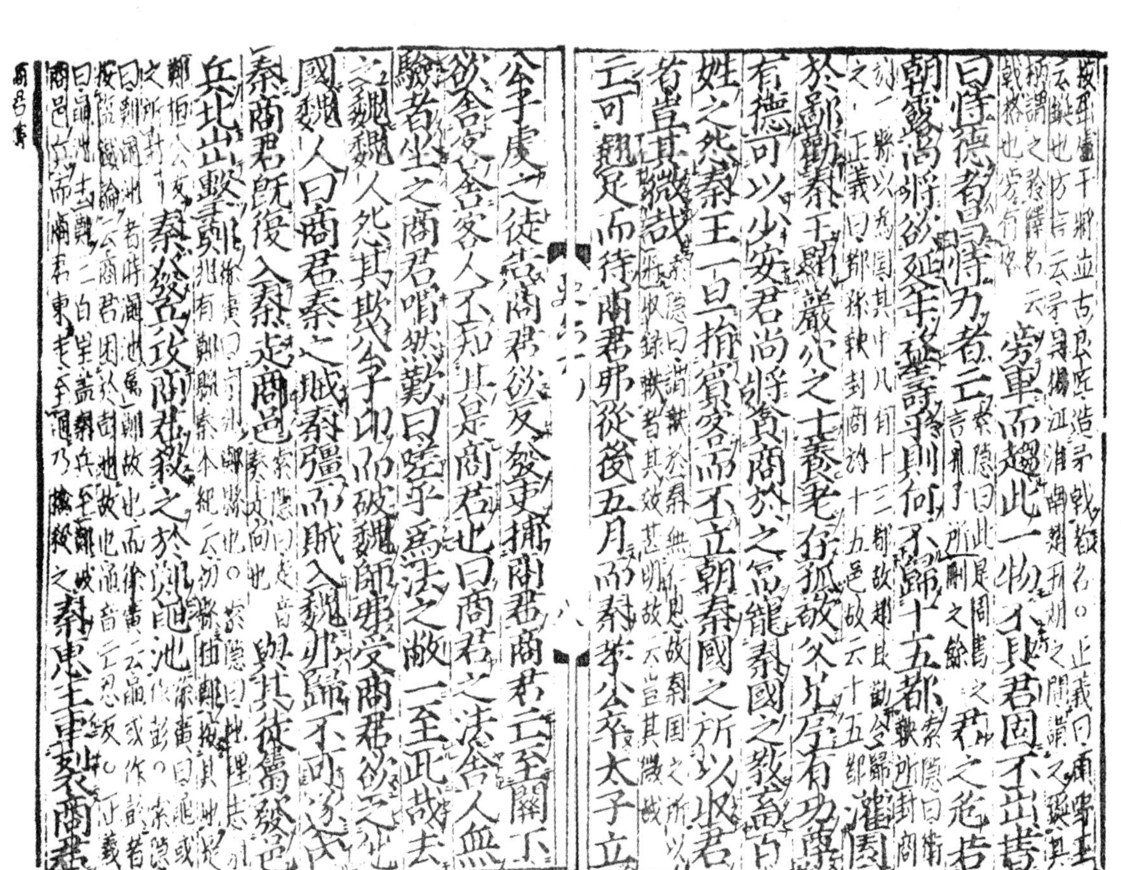

旁車而趨。此一物不具，君固不出。書曰：『恃德者昌，恃力者亡。』（索隱曰：此是周書之言，孔子所刪之餘。）君之危若朝露，尚將欲延年益壽乎？則何不歸十五都，（索隱曰：衛鞅所封商於十五邑，故云十五都。正義曰：鄭玄云，其中八百十二邑為都……）灌園於鄙，勸秦王顯巖穴之士，養老存孤，敬父兄，序有功，尊有德，可以少安。君尚將貪商於之富，寵秦國之教，畜百姓之怨，秦王一旦捐賓客而不立朝，秦國之所以收君者，豈其微哉？（索隱曰：謂秦國之所以收君者，其效甚明，故云豈其微哉。）亡可翹足而待。」商君弗從。後五月而秦孝公卒，太子立。公子虔之徒告商君欲反，發吏捕商君。商君亡至關下，欲舍客舍。客人不知其是商君也，曰：「商君之法，舍人無驗者坐之。」商君喟然歎曰：「嗟乎，為法之敝一至此哉！」去之魏。魏人怨其欺公子卬而破魏師，弗受。商君欲之他國。魏人曰：「商君，秦之賊。秦彊而賊入魏，弗歸，不可。」遂內秦。商君既復入秦，走商邑，與其徒屬發邑兵北出擊鄭。秦發兵攻商君，殺之於鄭黽池。秦惠王車裂商君

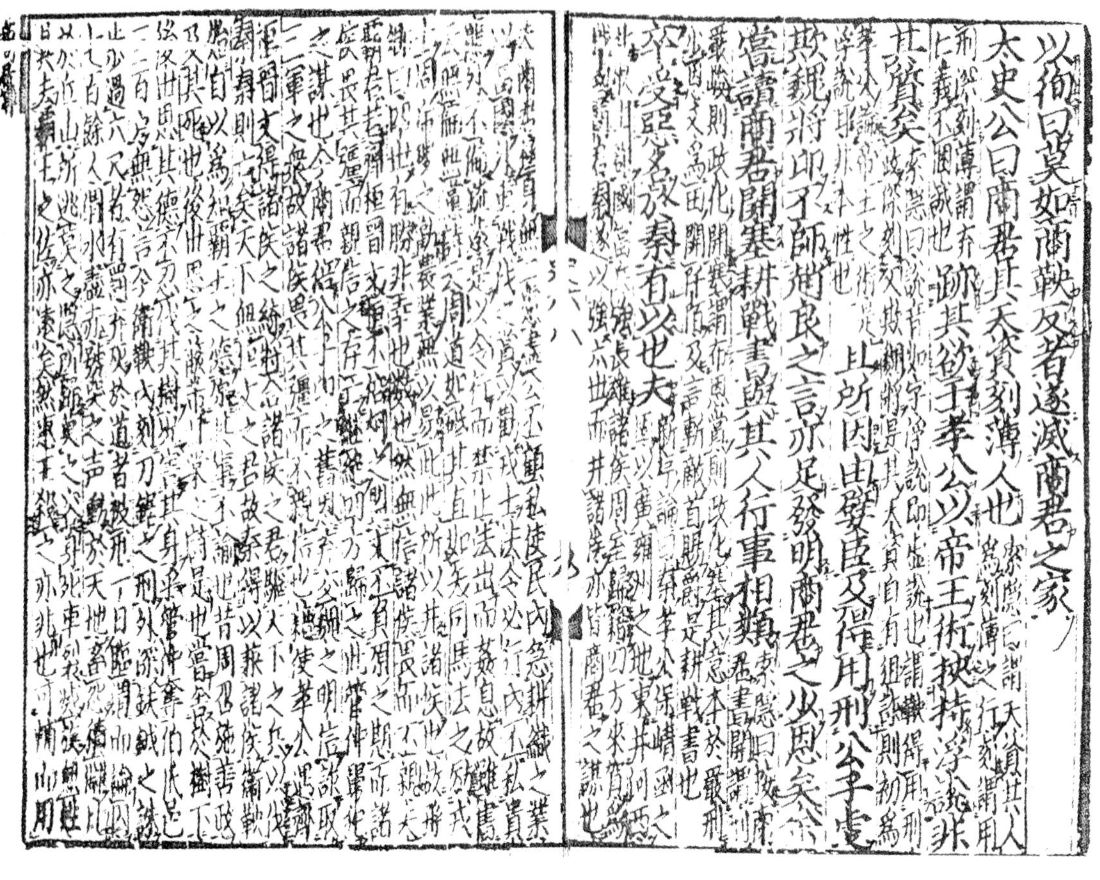
以衛曰莫如商鞅反者遂滅商君之家

太史公曰商君其天資刻薄人也跡其欲干孝公以帝王術挾持浮說非其質矣且所因由嬖臣及得用刑公子虔欺魏將卬不師趙良之言亦足發明商君之少恩矣余嘗讀商君開塞耕戰書與其人行事相類卒受惡名於秦有以也夫

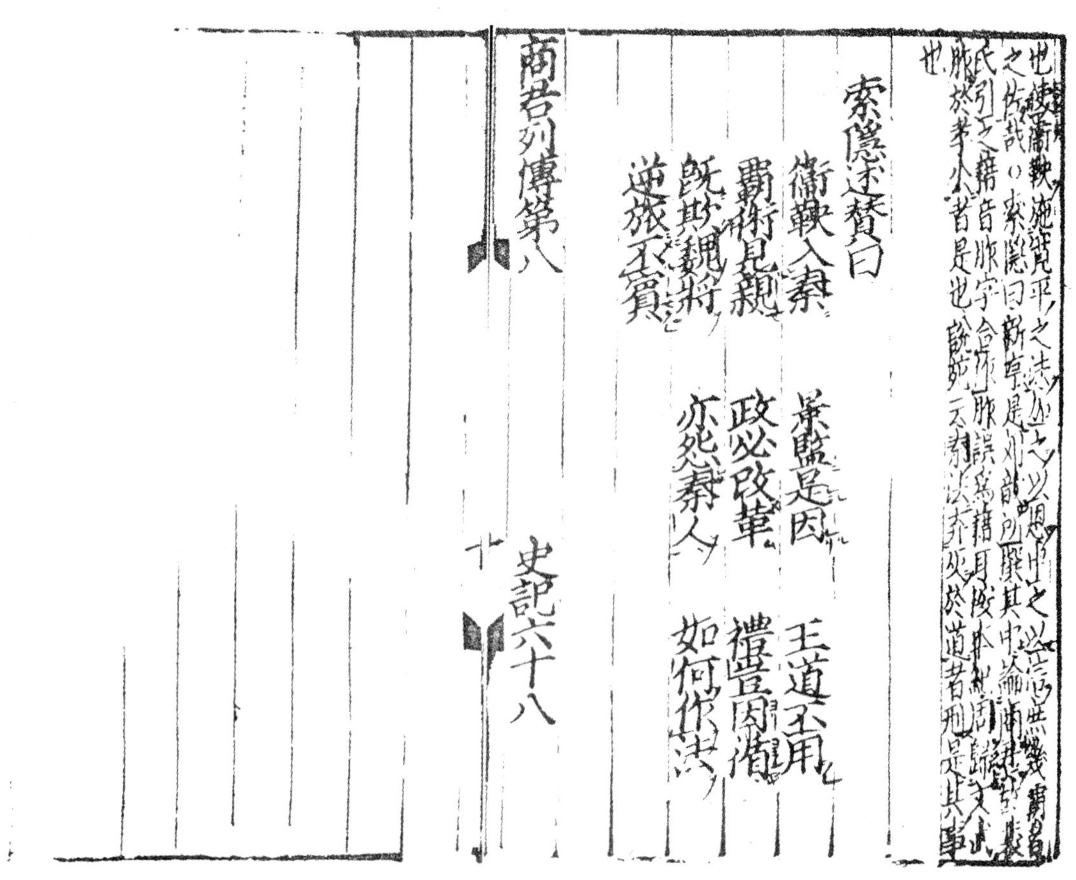
索隱述贊曰

衛鞅入秦　景監是因　王道不用　霸術見親　政必改革　禮豈因循　既欺魏將　亦怨秦人　如何作法　逆旅不賓

商君列傳第八　史記六十八

蘇秦列傳第九　　史記六十九

蘇秦者，東周雒陽人也。（索隱曰：蘇秦字季子，蓋蘇忿生之後，己姓也。譙周云秦兄弟五人，秦最少。兄代，代弟厲及辟、鵠，並為游說之士。此下云秦弟代，代弟厲，未詳。○正義：戰國策云蘇秦雒陽乘軒里人也。）東事師於齊，而習之於鬼谷先生。（索隱曰：鬼谷，地名也。扶風池陽、潁川陽城並有鬼谷墟，蓋是其人所居，因為號。又樂壹注鬼谷子書云：蘇秦欲神祕其道，故假名鬼谷。）出游數歲，大困而歸。（索隱曰：戰國策云：黑貂之裘弊，黃金百斤盡。）兄弟嫂妹妻妾竊皆笑之，曰：「周人之俗，治產業，力工商，逐什二以為務。今子釋本而事口舌，困，不亦宜乎！」蘇秦聞之而慚，自傷，乃閉室不出，出其書遍觀之。（索隱曰：音遍觀，謂遍觀其書。）曰：「夫士業已屈首受書，（索隱曰：謂士之立操業，已屈首低頭受書於師也。）而不能以取尊榮，雖多亦奚以為！」於是得周書陰符，伏而讀之。（索隱曰：戰國策云：乃發書，陳篋數十，得太公陰符之謀。）期年，以出揣摩，（索隱曰：揣，度也。摩，研也。鬼谷子有揣摩篇也。）曰：「此可以說當世之君矣。」求說周顯王。顯王左右素習知蘇秦，皆少之。（索隱曰：謂王之左右素慣習知蘇秦浮說，多不中當世，而以為秦智識淺，故少之。）弗信。乃西至秦。秦孝公卒。說

惠王曰：「秦四塞之國，（正義曰：東有黃河，有函谷、蒲津、龍門、合河等關；南山及武關、嶢關；西有大隴山及隴山關、大震、烏蘭等關；北有黃河南塞，是四塞之國。）被山帶渭，東有關河，西有漢中，南有巴蜀，北有代馬，此天府也。以秦士民之眾，兵法之教，可以吞天下，稱帝而治。」秦王曰：「毛羽未成，不可以高蜚；文理未明，不可以并兼。」方誅商鞅，疾辯士，弗用。乃東之趙。趙肅侯令其弟成為相，號奉陽君。奉陽君弗說之。去游燕，歲餘而後得見。說燕文侯曰：「燕東有朝鮮、遼東，北有林胡、樓煩，西有雲中、九原，南有嘑沱、易水，地方二千餘里，帶甲數十萬，車六百乘，騎六千匹，粟支數年。南有碣石、鴈門之饒，北有棗栗之利，民雖不佃作而足

於棗栗矣此所謂天府者也夫安樂無事不見覆軍殺將無過燕者大王知其所以然乎夫燕之所以不犯寇被甲兵者以趙之為蔽其南也秦趙五戰秦再勝而趙三勝秦趙相斃而王以全燕制其後此燕之所以不犯寇也且夫秦之攻燕也踰雲中九原過代上谷彌地數千里雖得燕城秦計固不能守也秦之不能害燕亦明矣今趙之攻燕也發號令不至十日而數十萬之軍軍於東垣矣 索隱曰地理志高帝改曰真定○正義曰趙之東邑在恆州真定縣南八里故常山城是也 渡嘑沱涉易水不至四五日而距國都矣故曰秦之攻燕也戰於千里之外趙之攻燕也戰於百里之內

史六九　　三

夫不憂百里之患而重千里之外計無過於此者是故願大王與趙從親天下為一則燕國必無患矣文侯曰子言則可然吾國小西迫彊趙 正義曰具冀州趙四州七国時屬趙郡燕西界 南近齊 正義曰河北博滄德三州齊也北境與燕相接隔黃河 齊趙彊國也子必欲合從以安燕寡人請以國從於是資蘇秦車馬金帛以至趙而奉陽君已死即因說趙肅侯 索隱曰山林一云肅侯名語 曰天下卿相人臣及布衣之士皆高賢君之行義皆願奉教陳忠於前之日久矣 正義曰奉符用反 雖然奉陽君妒而不任事是以賓客游士莫敢自盡於前者今奉陽君捐館舍君乃今復與士民相親也臣故敢進其愚慮竊為

蘇秦傳

君計者莫若安民無事且無庸有事於民也安民之本在於擇交擇交而得則民安擇交而不得則民終身不安請言外患齊秦為兩敵而民不得安倚秦攻齊而民不得安倚齊攻秦而民不得安故夫謀人之主伐人之國常苦出辭斷絕人之交也願君慎勿出於口請別白黑所以異陰陽而已矣 索隱曰戰国策云請屏左右白言所以異陰陽其說異此然則別白黑者蘇秦言已今論趙国之利必使分明有如白黑分別陰陽殊異也 君誠能聽臣燕必致旃裘狗馬之地齊必致魚鹽之海楚必致橘柚之園韓魏中山皆可使致湯沐之奉而貴戚父兄皆可以受封侯夫割地包利五伯之所以覆軍禽將而求也封

史六九　　19

侯貴戚湯武之所以放弒而爭也今君高拱而兩有之此臣之所以為君願也今大王與秦則秦必弱韓魏與齊則齊必弱楚魏 正義曰楚東淮泗之上與齊接境 魏弱則割河外韓弱則效宜陽 正義曰宜陽即韓城也在洛州西韓大郡也上郡在同州西北言韓弱與秦宜陽城則上郡路絕矣 宜陽效則上郡絕河外割則道不通 正義曰河外同華等地也言魏弱與秦河外地則道路不通上郡矣華山記云此山分秦晉之境晉之西鄙則曰陰晉秦之東邑則曰寧秦 趙弱則無援此三策者不可不孰計也夫秦下軹道 正義曰軹音止故亭在懷州濟源縣東北十六里 則南陽危 正義曰南陽懷州河南也七国時屬韓言秦兵下軹道從東過蒲攻韓即南陽危矣 劫韓包周 正義曰周鄭洛陽秦若劫取韓南陽是包裹周都也趙邯鄲故須危挺兵自守 則趙氏自操兵 索隱曰戰国策

蘇秦傳

據衛取淇卷（卷丘權反。○索隱曰地理志卷縣屬河南。戰國策云據衛取淇，無卷字。○正義曰衛地濮陽也。淇城在衛州衛縣西北七里。言秦正割得卷，則齊必來朝秦也）則齊必入朝秦。秦欲已得乎山東，則必舉兵而嚮趙矣。秦甲涉河踰漳，據番吾（徐廣曰常山有蒲吾縣。○索隱曰徐氏所引據地理志而知也。○正義曰番音婆，又音蒲。文音盤。蒲吾故城在鎮州房山縣東二十里。漳水在潞州。言秦兵度河歷南陽入并州，經潞，渡漳水，到蒲吾，則與趙戰於邯鄲城下矣）則兵必戰於邯鄲之下矣。此臣之所為君患也。當今之時，山東之建國莫彊於趙。趙地方二千餘里，帶甲數十萬，車千乘，騎萬匹，粟支數年。西有常山（正義曰在鎮州西），南有河漳（正義曰河字亦作清，清即漳河也，在潞州。地理志濁漳出長子鹿谷山，東至鄴入清漳），東有清河（今貝州也），北有燕國（正義曰然三家分晉，趙得晉陽，襄子又伐代取代。既云西有常山者，趙都邯鄲，近北岳也）。燕固弱國，不足畏也。秦之所害於天下者莫如趙，然而秦不敢舉兵伐趙者，何也？畏韓、魏之議其後也。然則韓、魏，趙之南蔽也。秦之攻韓、魏也，無有名山大川之限，稍蠶食之，傅國都而止（傅音附）。韓、魏不能支秦，必入臣於秦。秦無韓、魏之規，則禍必中於趙矣。此臣之所為君患也。臣聞堯無三夫之分，舜無咫尺之地，以有天下；禹無百人之聚，以王諸侯；湯武之士不過三千，車不過三百乘，卒不過三萬，立為天子：誠得其道也。是故明主外料其敵之彊弱，內度其士卒賢不肖，不待兩軍相當而勝敗存亡之機

固已形於胸中矣，豈揜於眾人之言而以冥冥決事哉！臣竊以天下之地圖案之，諸侯之地五倍於秦，料度諸侯之卒十倍於秦，六國為一，并力西鄉而攻秦，秦必破矣。今西面而事之，見臣於秦。夫破人之與見破於人也（正義曰破人謂破前敵也，破於人謂為前敵所破也），臣人之與見臣於人也（正義曰臣人謂己得人為臣，臣於人謂己事他人），豈可同日而論哉（索隱曰臣人謂彼臣也，臣於人謂己臣於人也）！夫衡人者（正義曰衡音橫，謂為秦人者），皆欲割諸侯之地以予秦（索隱曰按衡人即游說從橫之士也。東西為橫，南北為從。秦地形東西橫長，故張儀相秦為橫）。秦成則高臺榭，美宮室，聽竽瑟之音，前有樓闕軒轅（索隱曰戰國策云前有軒轅，俗本有作軒冕，見者非本文也），後有長姣美人（索隱曰姣音絞。鄒氏云姣美也），國被秦患而不與其憂。是故夫衡人日夜務以秦權恐愓諸侯（愓音呼曷反。○索隱曰恐音起拱反，愓音許曷反，謂相恐脅也。鄒氏愓音悲義），以求割地，故願大王孰計之也。臣聞明主絕疑去讒，屏流言之迹，塞朋黨之門，故尊主廣地彊兵之計臣得陳忠於前矣。故竊為大王計，莫如一韓、魏、齊、楚、燕、趙以從親，以畔秦。令天下之將相會於洹水之上（徐廣曰洹水出汲郡林慮縣），通質（索隱曰質如字，又音致。以言通其交質之情也），刳白馬而盟。要約曰：秦攻楚，齊、魏各出銳師以佐之，韓絕其糧道（索隱曰謂在河內，於崤關之外），趙涉河漳（索隱曰趙亦涉河漳而西，欲與韓相接，以助楚也），燕守常山之北。秦攻韓魏（正義曰謂攻鄭津之東），則楚絕其後（索隱曰謂

出兵武關以絕秦兵之後齊出銳師而佐之趙涉河漳燕守雲中秦攻齊則楚絕其後韓守城皋正義曰在洛州汜水縣魏塞其道索隱曰其道即河內之道戰國策作塞午道趙涉河博關徐廣曰齊威王六年晉伐齊到博陵東郡有博平縣燕出銳師以佐之秦攻燕則趙守常山楚軍武關齊涉勃海正義曰齊從滄州渡河至瀛州韓魏皆出銳師以佐之秦攻趙則韓軍宜陽楚軍武關魏軍河外索隱曰河外謂曲沃等處也○正義謂同華州齊涉清河正義曰齊從貝州過河而西燕出銳師以佐之諸侯有不如約者以五國之兵共伐之六國從親以賓秦索隱曰謂六國之君共為合從相親獨以秦為賓而共伐之則秦甲必不敢出於函谷以害山東矣如此則霸王之業成矣趙王曰寡人年少

立國日淺未嘗得聞社稷之長計也今上客有意存天下安諸侯寡人敬以國從乃飾車百乘黃金千溢白璧百雙錦繡千純純匹端名周禮曰純帛不過五兩○索隱曰按一溢二十金也鄭玄云一溢二十四分兩之一其說各異純音淳謂錦繡等若干純戰國策音屯屯東也又亂鄉射云某賢於某若干純純數也音旋以約諸侯是時周天子致文武之胙於秦惠王惠王使犀首攻魏禽將龍賈取魏之雕陰索隱曰魏地也劉氏云在龍門河之西北按地理志雕陰縣屬上郡○正義曰在鄜州洛交縣北三十四里且欲東兵蘇秦恐秦兵之至趙也乃激怒張儀入之于秦於是說韓宣惠王索隱曰世本韓宣王昭侯之子也曰韓北有鞏洛成皋之固索隱曰二邑本屬東周後為韓邑也地理志二縣並屬河南西有宜陽商阪之塞徐廣曰商一作常○索隱曰劉氏云

商阪之塞蓋在商洛之間適秦楚之險塞也○正義曰宜陽在洛州福昌縣東十四里商阪即商山也在商洛縣南一里亦曰楚山武關在焉東有宛穰洧水宛於袁反穰汝羊反○索隱曰地理志宛穰二縣名並屬南陽洧水名出南方○正義曰在新鄭東南流入潁南有陘山徐廣曰在密縣有陘亭○正義曰在新鄭西南三十里地方九百餘里帶甲數十萬天下之彊弓勁弩皆從韓出谿子許慎云南方谿子蠻夷柘弩皆善材○索隱曰許慎注淮南子以為南方蠻出柘弩及竹弩少府時力距來者韓有谿子弩又有少府所造二種之弩案時力者謂作之得時力倍於常故名時力也距來者謂弩勢勁利足以距來敵也○索隱曰韓又有少府所造時力距來二種之弩其名並見淮南子皆射六百步之外韓卒超足而射百發不暇止索隱曰超足謂超騰用勢蓋起足蹋之而射也故下云蹠勁弩是也○正義曰超足齊足也夫欲放弩皆坐舉足踏弩兩手引揍機然始發之遠者括蔽洞胸近者

鏑弇心韓卒之劍戟皆出於冥山徐廣曰莊子曰南行至郢北面而不見冥山司馬彪曰冥山在朔州北○索隱曰郭象云冥山在乎北極一本執云在韓国棠谿徐廣曰汝南吳房有棠谿亭○正義曰故城在豫州偃城縣西八十里鹽鐵論云有棠谿之劍是也墨陽淮南子曰墨陽之莫邪也合賻音附徐廣曰一作伯○索隱曰戰國策作合伯春秋後語作合相鄧師宛馮徐廣曰滎陽有馮池○索隱曰鄧國有工鑄劍因名鄧師宛人於馮池鑄劍故號宛馮龍淵太阿索隱曰吳越春秋曰楚王召風胡子而告之曰寡人聞吳有干將越有歐冶寡人欲因子請此二人作劍可乎風胡子曰可乃往見二人作劍一曰龍淵二曰太阿○索隱曰案晉太康地理記曰汝南西平有龍淵水可以淬刀劍特堅利故有龍泉之劍楚之寶劍也以特堅利故有堅白之論云黃所以為堅也白所以為利也齊辯之曰白所以為不堅黃所以為不利也故天下之寶劍韓為眾一曰棠谿二曰墨陽三曰合伯四曰鄧師五曰宛馮六曰龍泉七曰太阿八曰莫邪九曰干將也然干將莫邪匠名也其劍皆出西平縣今有鐵官令別領之是古

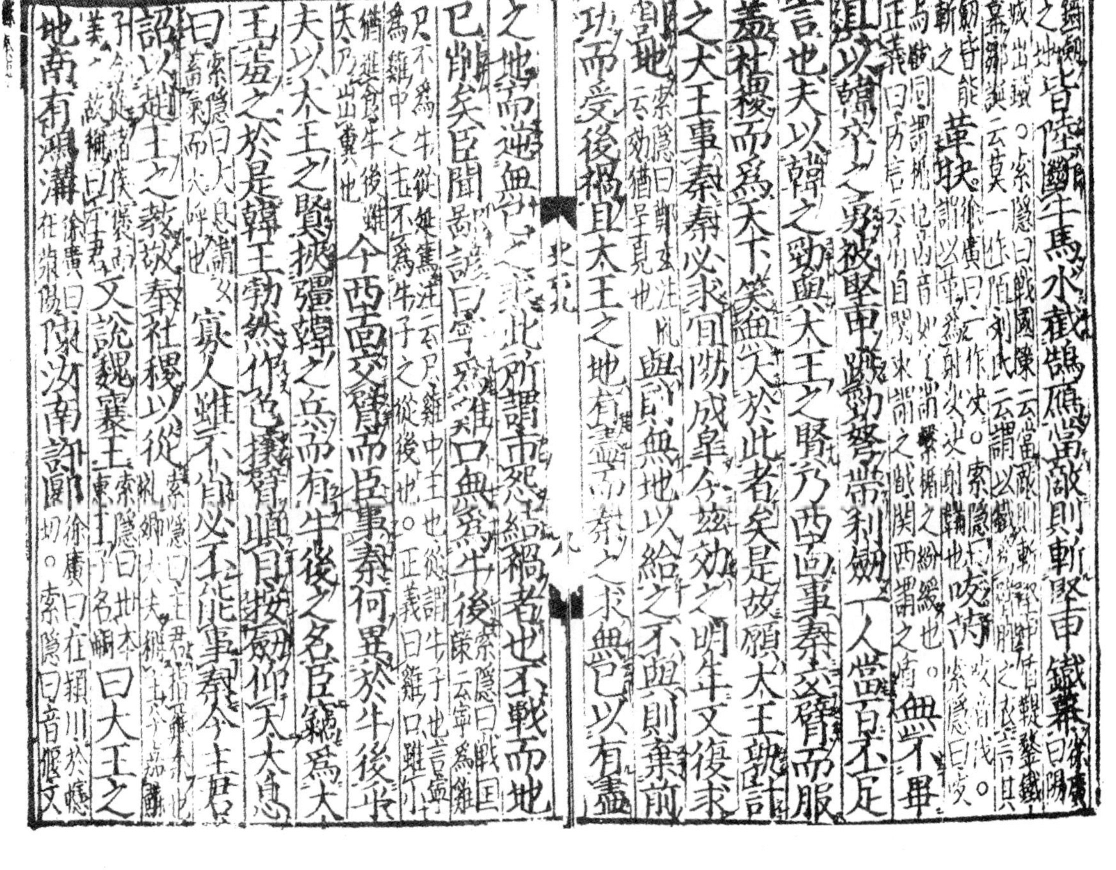

之地皆陸斷牛馬，水截鵠鴈，當敵則斬堅甲鐵幕。戟出於○索隱曰戰國策云當敵則斬堅甲鐵幕，一云鐵幕謂以鐵為臂脛之衣，言其劍皆能斬之。革抉徐廣曰一作決。○索隱曰謂以革為射決，決以韜指也。㕮芮索隱曰㕮音……無不畢具。正義曰……以韓卒之勇，被堅甲，蹠勁弩，帶利劍，一人當百，不足言也。夫以韓之勁與大王之賢，乃西面事秦，交臂而服，羞社稷而為天下笑，無大於此者矣。是故願大王孰計之。大王事秦，秦必求宜陽、成皋。今茲效之，明年又復求割地。索隱曰鄭玄注……云效猶呈見也。與則無地以給之，不與則棄前功而受後禍。且大王之地有盡而秦之求無已，以有盡之地而逆無已之求，此所謂市怨結禍者也，不戰而地已削矣。臣聞鄙諺曰：「寧為雞口，無為牛後。」索隱曰戰國策云寧為雞尸，不為牛從。延篤注云尸，雞中之主；從，牛子也。言寧為雞中之主，不為牛子之從後也。○正義曰雞口雖小猶進食，牛後雖大乃出糞也。今西面交臂而臣事秦，何異於牛後乎？夫以大王之賢，挾彊韓之兵，而有牛後之名，臣竊為大王羞之。」於是韓王勃然作色，攘臂瞋目，按劍仰天太息曰：索隱曰太息謂久蓄氣而大吁也。「寡人雖不肖，必不能事秦。今主君索隱曰主君……詔以趙王之教，敬奉社稷以從。」又說魏襄王索隱曰……曰：「大王之地，南有鴻溝徐廣曰在滎陽。、陳、汝南、許、郾徐廣曰在潁川。於幰反。○索隱曰音偃。於建反。戰國策作鄢。地理志潁川有許、鄢二縣。○正義曰陳，汝南，今……、昆陽、召陵、舞陽、新都、新郪。索隱曰地理志昆陽、舞陽屬潁川，召陵、新郪屬汝南。按新郪即……東有淮、潁正義曰淮陽、潁川二郡。、煮棗徐廣曰在冤句。○正義曰……、無胥索隱曰按其地闕。，西有長城之界正義曰……，北有河外正義曰謂河南地。、卷、衍、酸棗徐廣曰滎陽卷縣有長城，經陽武到密。索隱曰徐廣云滎陽卷縣有長城……○正義曰卷在鄭州原武縣北七里，酸棗在滑州。衍，徐云地名。，地方千里。地名雖小，然而田舍廬廡之數，曾無所芻牧。人民之眾，車馬之多，日夜行不絕，輷輷殷殷，正義曰輷，呼宏反。殷，音隱。若有三軍之眾。臣竊

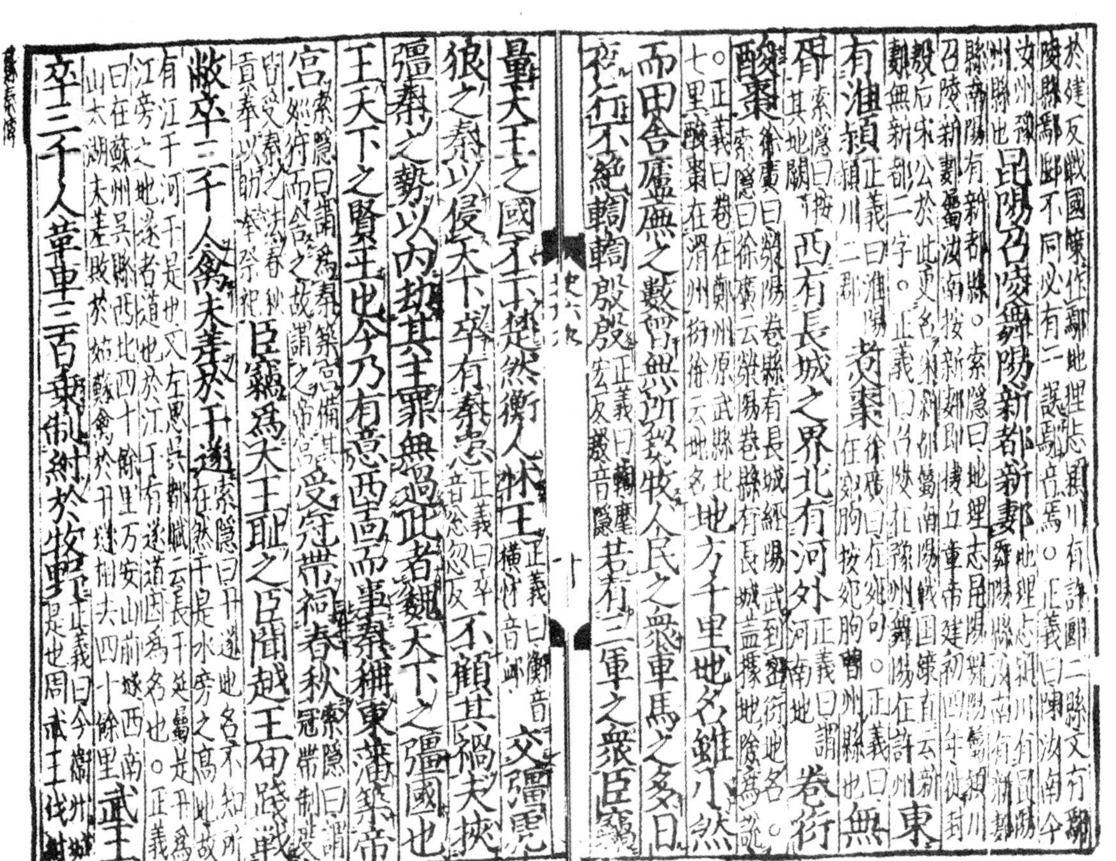

量大王之國不下楚。然衡人怵王正義曰衡音橫。怵音卹。交彊虎狼之秦以侵天下，卒有秦患，正義曰卒，子忽反。不顧其禍。夫挾彊秦之勢以內劫其主，罪無過此者。魏，天下之彊國也；王，天下之賢王也。今乃有意西面而事秦，稱東藩，築帝宮，索隱曰謂為秦築宮，備其巡狩而舍之，故謂之帝宮。受冠帶，祠春秋，索隱曰謂冠帶制度皆受秦法，春秋貢奉以助秦祭祀。臣竊為大王恥之。臣聞越王句踐戰敝卒三千人，禽夫差於干遂；索隱曰干遂地名，不知所在。然干是水旁之高地，故有江干、河干是也。又左思吳都賦云長干延屬，是干為江旁之地。遂者道也，於江干有遂道，因為名也。○正義曰在蘇州吳縣西北四十餘里萬安山西南，一名太湖……夫差敗於姑蘇，禽於干遂，相去四十餘里。武王卒三千人，革車三百乘，制紂於牧野，正義曰今衛州城是也。周武王伐紂……

於牧野，禁之。豈其士卒衆哉，誠能奮其威也。今竊聞大王之卒，武士二十萬，漢書刑法志曰：魏氏武卒，衣三屬之甲，操十二石之弩，負矢五十，置戈其上，冠胄帶劍，贏三日之糧，日中而趨百里，中試則復其戶，利其田宅。○索隱曰：衣音意。屬音燭。三屬謂甲衣也，覆髆一也，髀裙二也，脛衣三也。甲之有裳，見左傳。贏音盈。謂負擔糧。中音竹仲反。謂其筋力能負重，所以得中試。復音福。中試之人，國家當優復賜之上田宅，故云利其田宅也。蒼頭二十萬，索隱曰：謂以青巾裹頭，以異於衆，蒼猶青也。魏有蒼頭二十萬是也。奮擊二十萬，廝徒十萬，索隱曰：廝音斯。謂廝養之卒。廝，養馬之賤者，今起之為卒。○正義曰：廝音斯，謂炊烹供養雜役。車六百乘，騎五千匹。此其過越王句踐、武王遠矣，今乃聽於羣臣之說而欲臣事秦。夫事秦必割地以效實，索隱曰：謂割地獻秦以效己之誠實。故兵未用而國已虧矣。凡羣臣之言事秦者，皆姦人，非

忠臣也。夫為人臣，割其主之地以求外交，偷取一時之功而不顧其後，破公家而成私門，外挾彊秦之勢以內劫其主，以求割地，願大王孰察之。周書曰：緜緜不絕，蔓蔓奈何？毫氂不伐，將用斧柯。前慮不定，後有大患，將奈之何？大王誠能聽臣，六國從親，專心并力壹意，則必無彊秦之患。故敝邑趙王使臣效愚計，索隱曰：此效猶呈見也。奉明約，在大王之詔詔之。魏王曰：寡人不肖，未嘗得聞明教，今主君以趙王之詔詔之，敬以國從。因東說齊宣王索隱曰：田本名辟彊，威王之子也。曰：齊南有泰山，東有琅邪，西有清河，正義：貝州。北有勃海，此所謂四塞之國也。齊地方二千餘里，

帶甲數十萬，粟如丘山。三軍之良，五家之兵，索隱曰：蘇秦云五家，即五國。進如鋒矢，索隱曰：戰國策作疾如錐矢。小矢喻徑疾也。○正義曰：言齊兵之利如錐矢之所貫，若鋒芒之刃，有進而無退。戰如雷霆，解如風雨。即有軍役，未嘗倍泰山，絕清河，涉勃海也。正義曰：言臨淄自足也。絕涉皆度也。渤海，滄州也。言齊有軍役，不須度河取二郡。臨菑之中七萬戶，臣竊度之，不下戶三男子，三七二十一萬，不待發於遠縣，而臨菑之卒固已二十一萬矣。臨菑甚富而實，其民無不吹竽鼓瑟，彈琴擊筑，正義曰：筑似琴而大，頭圓，五弦，擊之不鼓。鬬雞走狗，六博蹹鞠者。劉向別錄曰：蹵鞠者，傳言黃帝所作，或曰起戰國之時。蹋鞠，兵勢也，所以練武士，知有材也，皆因嬉戲而講練之。蹹音徒臘反。鞠音求六反。○索隱曰：王逸注楚詞云：博，箸也。行六棊，故云六博。

博別錄云蹵鞠亦蹹鞠也。蹹反。崔豹云起黃帝時，習兵之勢也。臨菑之塗，車轂擊，人肩摩，連衽成帷，舉袂成幕，揮汗成雨，家殷人足，志高氣揚。夫以大王之賢與齊之彊，天下莫能當。今乃西面而事秦，臣竊為大王羞之。且夫韓、魏之所以重畏秦者，為與秦接境壤界也。兵出而相當，不出十日而戰勝存亡之機決矣。韓、魏戰而勝秦，則兵半折，四境不守；戰而不勝，則國已危亡隨其後。是故韓、魏之所以重與秦戰，而輕為之臣也。今秦之攻齊則不然，倍韓、魏之地，過衛陽晉之道，徐廣曰：魏哀王十六年秦拔魏蒲坂、陽晉、封陵。○索隱曰：陽晉，魏邑也。劉氏云陽晉地名，蓋適衛之道，在衛國之西南也。○正義曰：言秦伐齊，背韓、魏之地而向齊，從陽晉非也，乃是晉陽，其衛地曹州。

州也。桉顔云：曹，魏下邑也。陽晉故城在曹州乘氏縣西北三十七里。徑乎亢父之險，索隱曰：亢音剛，又苦浪反。地理志縣名，屬泰山。○正義曰：故縣在兗州任城縣南五十一里。車不得方軌，正義曰：言不得兩車並行。騎不得比行，百人守險，千人不敢過也。秦雖欲深入，則狼顧，正義曰：狼性怯，走常還顧。恐韓魏之議其後也。是故恫疑虛猲，索隱曰：恫音通。恫，恐懼也。猲，呼葛反。○猲，本亦作喝，並呼合反。猲，謂相恐脅也。劉氏云：秦自疑懼，不敢進。○正義曰：言秦恐韓魏之議其後，虛作恐喝之詞以脅齊。驕矜而不敢進，則秦之不能害齊亦明矣。夫不深料秦之無奈齊何，而欲西面而事之，是羣臣之計過也。今無臣事秦之名而有彊國之實，臣是故願大王少留意計之。齊王曰：寡人不敏，僻遠守海，窮道東境之國也，未嘗得聞餘教。今足下以趙王詔詔之，敬以國從。乃西南說楚威王曰：索隱曰：威王名商，宣王之子。楚，天下之彊國也；王，天下之賢王也。西有黔中、巫郡，徐廣曰：今朗州，楚黔中郡，其故城在辰州西二十里，皆盤瓠後也。○正義曰：黔中郡之西界，巫郡，徐廣曰：巫郡之西界。正義曰：巫郡，夔州巫山縣是。東有夏州、海陽，徐廣曰：楚考烈王元年，秦取夏州。○索隱曰：夏州，左傳楚莊王伐陳，鄉取一人焉以歸，謂之夏州。而注者說夏州所在，東有夏州，云夏口城上數里有洲名夏州，東有夏州，謂此也。○索隱曰：據左氏及車胤說，夏州其文甚明，而劉伯莊以為夏州在魏之東境也，亦未之本國。○正義曰：大江中州也。夏水口在荆州江陵縣東南二十五里。海陽地理志海陽縣，以為漢縣之本。南有洞庭、蒼梧，索隱曰：今青草湖是也，在岳州界。蒼梧，地名。地理志有蒼梧郡。○正義曰：蒼梧山在道州南。北有陘塞、郇陽，徐廣曰：昭王十一年，魏敗楚陘山。徐廣曰：秋，魏伐楚，次于陘。陘山在鄭州新鄭縣。有鈞水

或者郇陽今之順陽乎。一本作「北有汾陘之塞」也。○索隱曰：陘山在楚北境。郇音荀。郇地當在汝南、潁川之界。地理志及太康地記北境並無郇邑。郇邑在河東，蓋郇陽當是新陽聲相近字變耳。汝南有新陽縣，應劭云在新水之陽，猶郇邑也。徐氏云郇陽當是順陽。郇亦當然也。○正義曰：陘山在鄭州新鄭縣西南三十里，即陘故城在鄭州新鄭縣西南四十里。地方五千餘里，帶甲百萬，車千乘，騎萬匹，粟支十年。此霸王之資也。夫以楚之彊與王之賢，天下莫能當也。今乃欲西面而事秦，則諸侯莫不西面而朝於章臺之下矣。秦之所害莫如楚，楚彊則秦弱，秦彊則楚弱，其勢不兩立。故為大王計，莫如從親以孤秦。大王不從，秦必起兩軍，一軍出武關，一軍下黔中，則鄢郢動矣。徐廣曰：鄢，一作黔。○正義曰：鄢郢故城在襄州率道縣南九里。安郢城在荆州江陵縣東北六里。秦兵出武關，則臨鄢；秦兵下黔中，則臨郢矣。臣聞治之其未亂也，為之其未有也。患至而後憂之，則無及已。故願大王早孰計之。大王誠能聽臣，臣請令山東之國奉四時之獻，以承大王之明詔，委社稷，奉宗廟，練士厲兵，在大王之所用之。大王誠能用臣之愚計，則韓、魏、齊、燕、趙、衛之妙音美人必充後宮，燕、代槖駝良馬必實外廄。故從合則楚王，衡成則秦帝。今釋霸王之業，而有事人之名，臣竊為大王不取也。夫秦，虎狼之國也，有吞天下之心。秦，天下之仇讎也。衡人皆欲割諸侯之地以事秦，此所謂養仇而奉讎者也。夫為人臣，割其主之地以外交彊

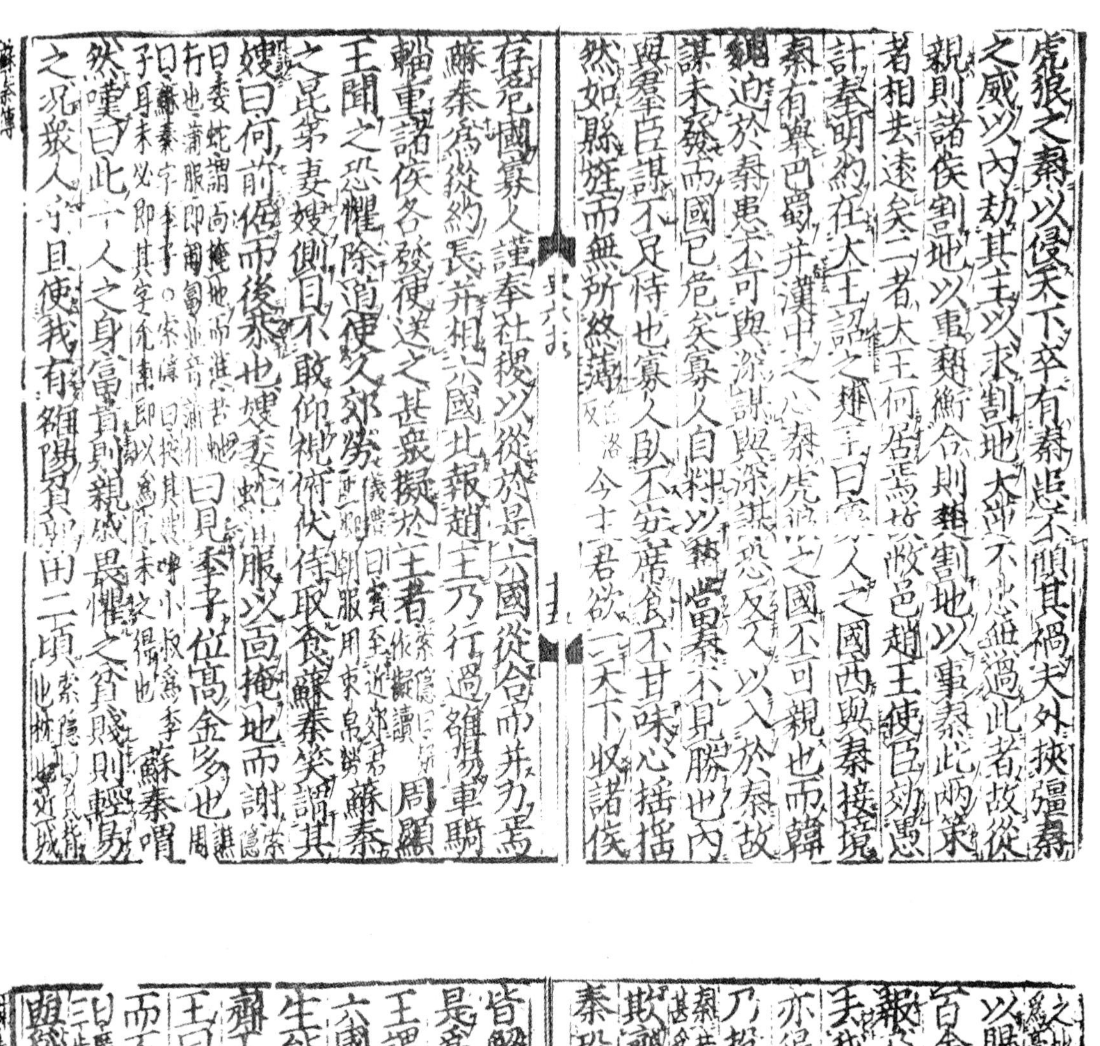
虎狼之秦以侵天下卒有秦患不顧其禍夫外挾彊秦
之威以內劫其主以求割地大逆不忠無過此者故從
親則諸侯割地以事楚衡合則楚割地以事秦此兩策
者相去遠矣二者大王何居焉故敝邑趙王使臣效愚
計奉明約在大王詔之楚王曰寡人之國西與秦接境
秦有舉巴蜀并漢中之心秦虎狼之國不可親也而韓
魏迫於秦患不可與深謀與深謀恐反人以入於秦故
謀未發而國已危矣寡人自料以楚當秦不見勝也內
與群臣謀不足恃也寡人臥不安席食不甘味心搖搖
然如縣旌而無所終薄今主君欲一天下收諸侯

存危國寡人謹奉社稷以從於是六國從合而并力焉
蘇秦為從約長并相六國北報趙王乃行過雒陽車騎
輜重諸侯各發使送之甚衆擬於王者（索隱曰擬作疑讀）周顯
王聞之恐懼除道使人郊勞（儀禮曰賓至近郊君使卿朝服用束帛勞）蘇秦
之昆弟妻嫂側目不敢仰視俯伏侍取食蘇秦笑謂其
嫂曰何前倨而後恭也嫂委蛇蒲服以面掩地而謝（索隱
曰委蛇謂以面掩地而進若蛇行也蒲服即匍匐音蒲伏）曰見季子位高金多也（集解譙周
曰蘇秦字季子○索隱曰按其嫂呼小叔為季子耳未必即其字也）蘇秦喟
然嘆曰此一人之身富貴則親戚畏懼之貧賤則輕易
之況衆人乎且使我有雒陽負郭田二頃（索隱曰負者背也枕近城

之地沃潤流澤最為膏腴故曰負郭）吾豈能佩六國相印乎於是散千金
以賜宗族朋友初蘇秦之燕貸人百錢為資及得富貴以
百金償之徧報諸所嘗見德者其從者有一人獨未得
報乃前自言蘇秦曰我非忘子子之與我至燕再三欲
去我易水之上方是時我困故望子深是以後子子今
亦得矣蘇秦既約六國從親歸趙趙肅侯封為武安君
乃投從約書於秦（索隱曰投當作設設字本並作投言設者謂宣布其從約六國之事以告於
秦若作投甚為易解）秦兵不敢闚函谷關十五年其後秦使犀首
欺齊魏與共伐趙欲敗從約齊魏伐趙趙王讓蘇秦蘇
秦恐請使燕必報齊蘇秦去趙（徐廣曰自初說燕至此三年）而從約

皆解秦惠王以其女為燕太子婦是歲文侯卒太子立
是為燕易王易王初立齊宣王因燕喪伐燕取十城易
王謂蘇秦曰往日先生至燕而先王資先生見趙遂約
六國從今齊先伐趙次至燕以先生之故為天下笑
先生能為燕得侵地乎蘇秦大慚曰請為王取之蘇秦見
齊王再拜俯而慶仰而弔（索隱曰劉氏云當時慶弔雖有其詞但史家不錄耳）齊
王曰是何慶弔相隨之速也蘇秦曰臣聞飢人所以飢
而不食烏喙者（本草經曰烏頭一名烏喙○索隱曰音許穢反今之毒藥烏頭是○正義
曰廣雅云奚毒附子也一歲為萴子二歲為烏喙三歲為附子四歲為烏頭五歲為天雄）為其愈充腹而
與餓死同患也（索隱曰劉氏以愈為偷非也按謂飢人食烏頭則愈益充腹少時毒發而死亦

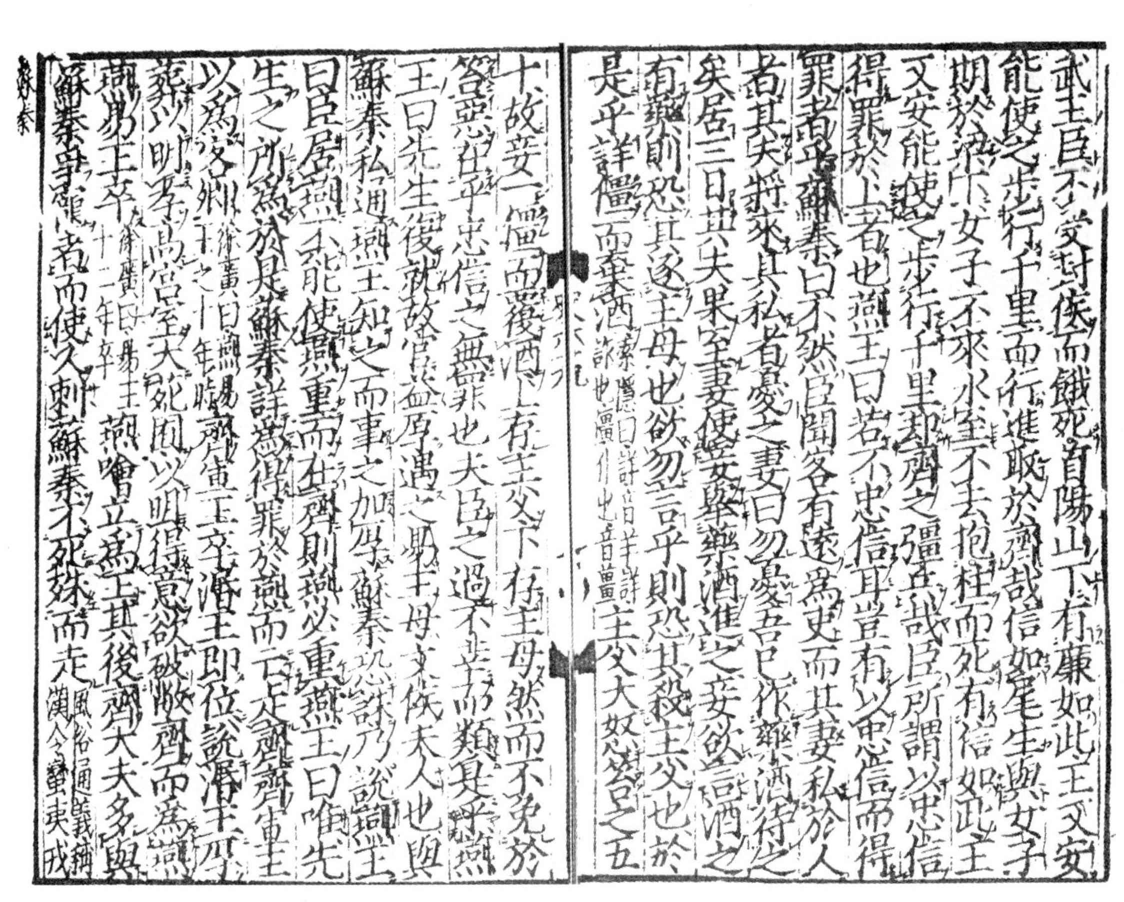

今燕雖弱小，即秦王之少壻也。大王利其十城而長與彊秦為仇。今使弱燕為鴈行而彊秦敝其後，以招天下之精兵，是食烏喙之類也。齊王愀然變色（索隱曰愀音自酉反又七小反）曰：然則柰何？蘇秦曰：臣聞古之善制事者，轉禍為福，因敗為功。大王誠能聽臣計，即歸燕之十城。燕無故而得十城，必喜；秦王知以己之故而歸燕之十城，亦必喜。此所謂棄仇讎而得石交者也。夫燕、秦俱事齊，則大王號令天下，莫敢不聽。是王以虛辭附秦，以十城取天下。此霸王之業也。王曰：善。於是乃歸燕之十城。

人有毀蘇秦者曰：左右賣國反覆之臣也，將作亂。蘇秦恐得罪歸，而燕王不復官也。蘇秦見燕王曰：臣，東周之鄙人也，無有分寸之功，而王親拜之於廟而禮之於廷。今臣為王卻齊之兵而攻得十城，宜以益親。今來而王不官臣者，人必有以不信傷臣於王者。臣之不信，王之福也。臣聞忠信者，所以自為也；進取者，所以為人也。且臣之說齊王，曾非欺之也。臣棄老母於東周，固去自為而行進取也。今有孝如曾參，廉如伯夷，信如尾生。得此三人者以事大王，何若？王曰：足矣。蘇秦曰：孝如曾參，義不離其親一宿於外，王又安能使之步行千里而事弱燕之危王哉？廉如伯夷，義不為孤竹君之嗣，不肯為

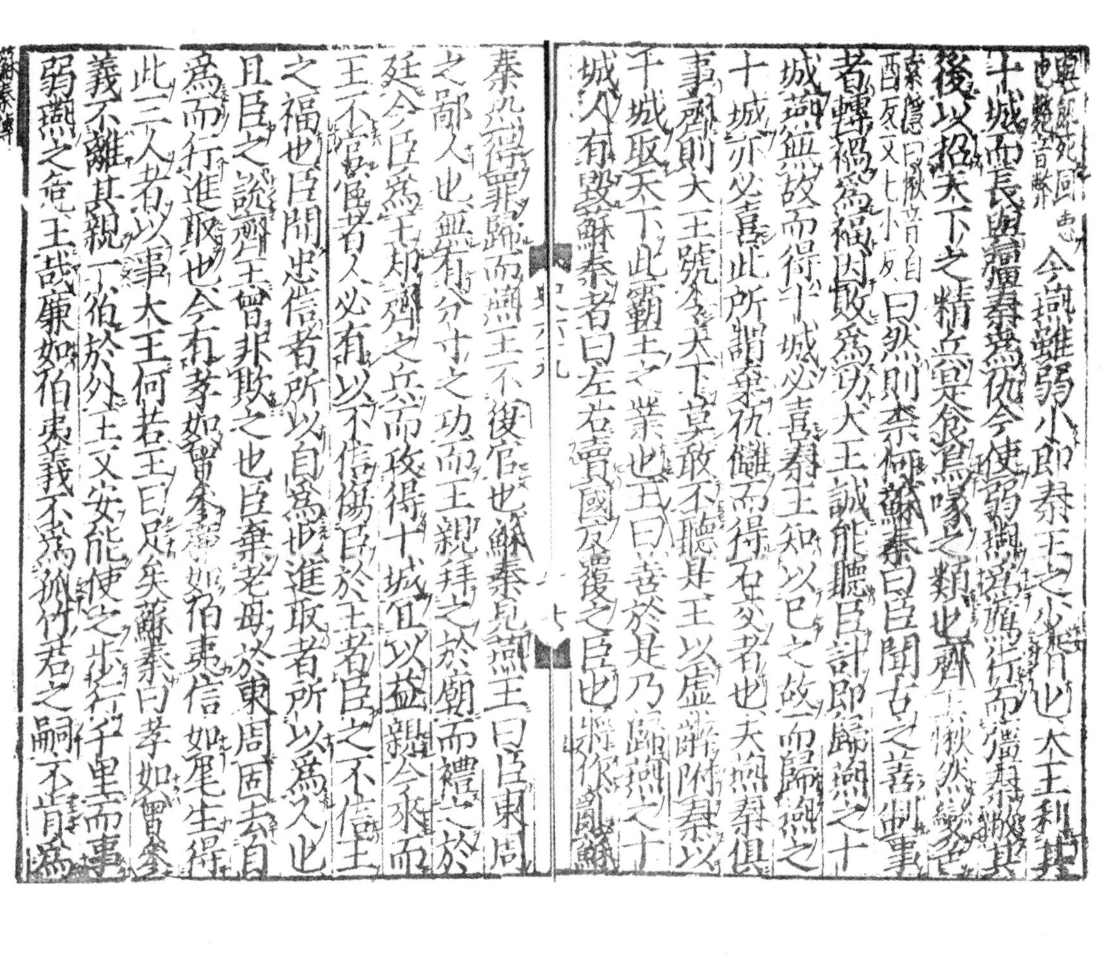

武王臣，不受封侯而餓死首陽山下。有廉如此，王又安能使之步行千里而行進取於齊哉？信如尾生，與女子期於梁下，女子不來，水至不去，抱柱而死。有信如此，王又安能使之步行千里卻齊之彊兵哉？臣所謂以忠信得罪於上者也。燕王曰：若不忠信耳，豈有以忠信而得罪者乎？蘇秦曰：不然。臣聞客有遠為吏而其妻私於人者，其夫將來，其私者憂之，妻曰：勿憂，吾已作藥酒待之矣。居三日，其夫果至，妻使妾舉藥酒進之。妾欲言酒之有藥，則恐其逐主母也，欲勿言乎，則恐其殺主父也。於是乎詳僵而棄酒（索隱曰詳音羊）。主父大怒，笞之五十。故妾一僵而覆酒，上存主父，下存主母，然而不免於笞，惡在乎忠信之無罪也？夫臣之過，不幸而類是乎！燕王曰：先生復就故官。益厚遇之。

易王母，文侯夫人也，與蘇秦私通。燕王知之，而事之加厚。蘇秦恐誅，乃說燕王曰：臣居燕不能使燕重，而在齊則燕必重。燕王曰：唯先生之所為。於是蘇秦詳為得罪於燕而亡走齊，齊宣王以為客卿。

齊宣王卒，湣王即位，說湣王厚葬以明孝，高宮室大苑囿以明得意，欲破敝齊而為燕。燕易王卒，燕噲立為王。其後齊大夫多與蘇秦爭寵者，而使人刺蘇秦，不死，殊而走。

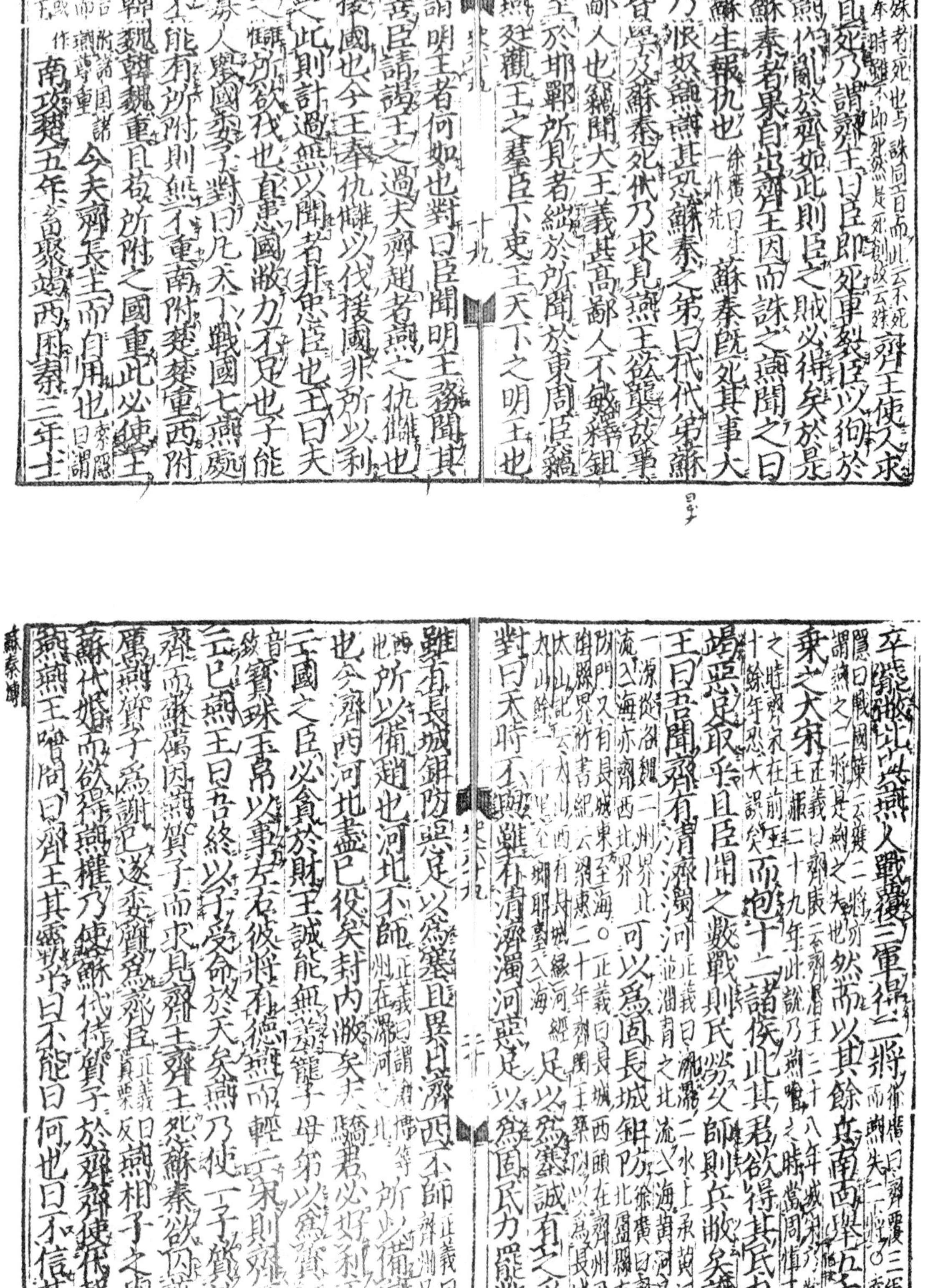

史部　第一冊

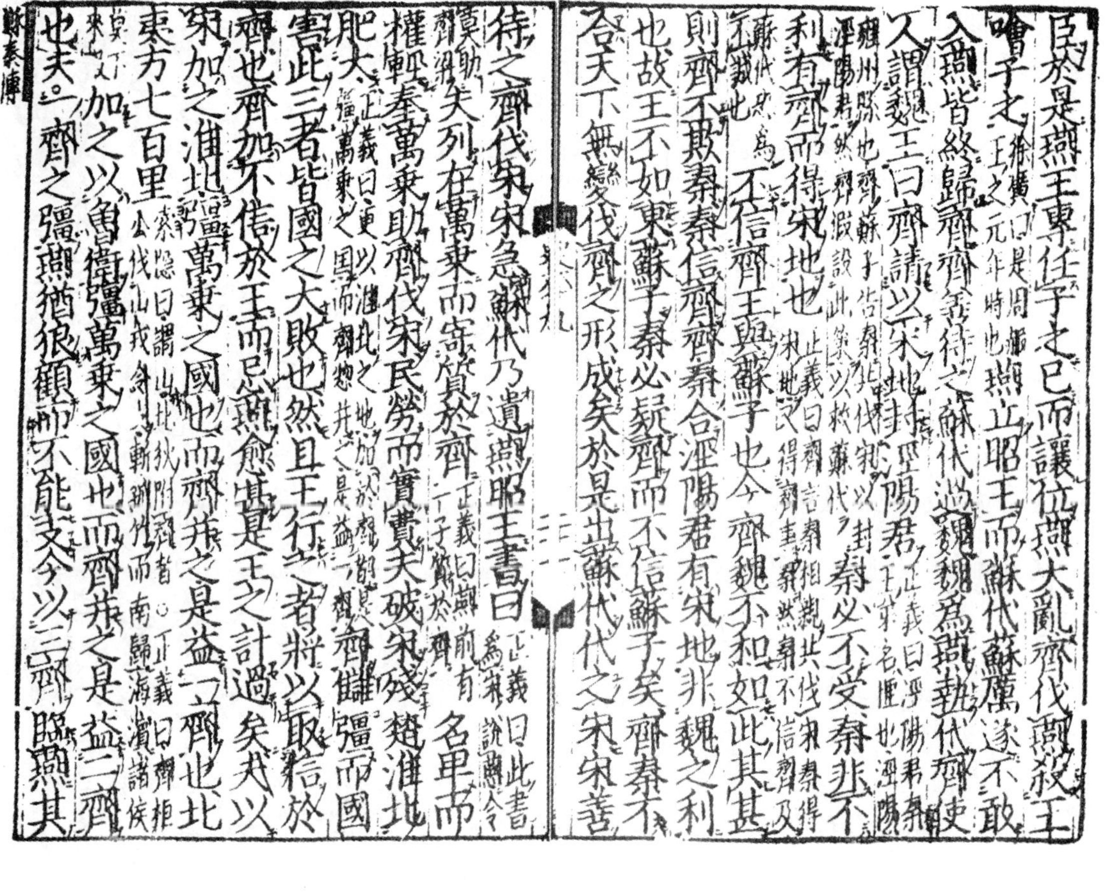

臣於是燕王專任子之，已而讓位，燕大亂。齊伐燕，殺王噲、子之。燕立昭王，而蘇代、蘇厲遂不敢入燕，皆終歸齊，齊善待之。蘇代過魏，魏爲燕執代。齊使人謂魏王曰：「齊請以宋地封涇陽君，秦必不受。秦非不利有齊而得宋地也，不信齊王與蘇子也。今齊魏不和如此其甚，則齊不欺秦。秦信齊，齊秦合，涇陽君有宋地，非魏之利也。故王不如東蘇子，秦必疑齊而不信蘇子矣。齊秦不合，天下無變，伐齊之形成矣。」於是出蘇代。代之宋，宋善待之。齊伐宋，宋急，蘇代乃遺燕昭王書曰：「夫列在萬乘而寄質於齊，名卑而權輕；奉萬乘助齊伐宋，民勞而實費；夫破宋，殘楚淮北，肥大齊，讎彊而國害：此三者皆國之大敗也。然且王行之者，將以取信於齊也。齊加不信於王，而忌燕愈甚，是王之計過矣。夫以宋加之淮北，彊萬乘之國也，而齊并之，是益一齊也。北夷方七百里，加之以魯、衞，彊萬乘之國也，而齊并之，是益二齊也。夫一齊之彊，燕猶狼顧而不能支，今以三齊臨燕，其

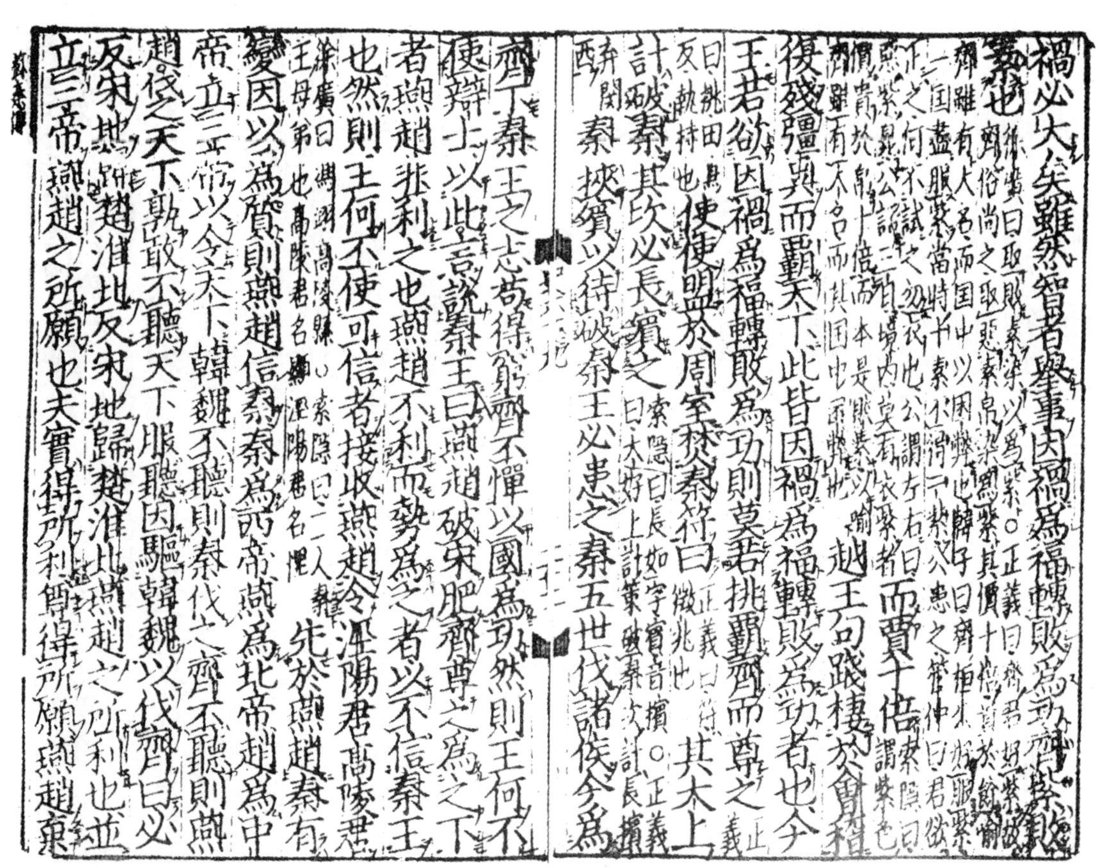

禍必大矣。雖然，智者舉事，因禍爲福，轉敗爲功。齊紫，敗素也，而賈十倍；越王句踐棲於會稽，復殘彊吳而霸天下：此皆因禍爲福，轉敗爲功者也。今王若欲因禍爲福，轉敗爲功，則莫若挑霸齊而尊之，使使盟於周室，焚秦符，曰『其大上計，破秦；其次必長賓之』。秦挾賓以待破，秦王必患之。秦五世伐諸侯，今爲齊下，秦王之志苟得窮齊，不憚以國爲功。然則王何不使辯士以此言說秦王曰：『燕、趙破宋肥齊，尊之爲之下者，燕、趙非利之也。燕、趙不利而勢爲之者，以不信秦王也。然則王何不使可信者接收燕、趙，令涇陽君、高陵君先於燕、趙？秦有變，因以爲質，則燕、趙信秦。秦爲西帝，燕爲北帝，趙爲中帝，立三帝以令於天下。韓、魏不聽則秦伐之，齊不聽則燕、趙伐之，天下孰敢不聽？天下服聽，因驅韓、魏以伐齊，曰「必反宋地，歸楚淮北」。反宋地，歸楚淮北，燕、趙之所利也；並立三帝，燕、趙之所願也。夫實得所利，尊得所願，燕、趙棄

雞如脫兔今不收燕趙齊霸必成諸侯贊齊而王不從是國伐也諸侯贊齊而王從之是名卑也今收燕趙國安而名尊不收燕趙國危而名卑夫去尊安而取危卑智者不為也秦王聞若說必若刺心然則王何不使辯士以此若言說秦秦必取齊必伐矣夫取秦厚交也伐齊正利也尊厚交務正利聖王之事也燕昭王善其書曰先人嘗有德蘇氏子之之亂而蘇氏去燕燕欲報仇於齊非蘇氏莫可乃召蘇代復善待之與謀伐齊竟破齊湣王出走久之秦召燕王燕王欲往蘇代約燕王曰楚得枳徐廣曰巴郡有枳縣○正義曰枳之是反今涪州城在枳縣在江南而國亡

徐廣曰燕昭王三十三年秦拔楚郢○正義曰按西陵在黃州齊得宋而國亡正義曰年表云齊湣王三十八年滅宋三十年五国共擊湣王王走莒齊楚不得以有枳宋而事秦者何也則有功者秦之深讎也秦取天下非行義也暴也秦之行暴正告天下索隱曰正告謂顯然而告天下告楚曰蜀地之甲乘船浮於汶汶音貧反○索隱曰汶即江所出之岷山乘夏水而下江索隱曰夏音暇謂夏潦之水盛漲時也五日而至郢漢中之甲乘船出於巴索隱曰巴水名為漢水相近○正義曰巴嶺山在梁州南一百九十里周地圖云南渡老子水登巴嶺山南回記大江此南是古巴国因以名山乘夏水而下漢四日而至五渚索隱曰戰國策曰秦與荊人戰大破荊襲郢取洞庭五渚然則五渚在洞庭○索隱曰五渚五處洲也劉氏以為五渚宛鄧之間臨漢水不得在洞庭或說五渚即五湖為劉氏說各不同寡人積甲宛東下隨索隱曰宛

縣之東而下隨邑智者不及謀勇士不及怒寡人如射隼矣索隱曰易曰射隼于高墉之上獲之無不利謂王言我今伐燕必當捷獲也○正義曰隼者若今之鶻是也王乃欲待天下之攻函谷不亦遠乎趙王為是故十七年事秦秦正告韓曰我起乎少曲索隱曰地名近宜陽也○正義曰在懷州河陽縣西北解在范睢傳一日而斷大行正義曰太行山羊腸坂道北過韓上黨也我起乎宜陽而觸平陽正義曰宜陽平陽皆韓大都也臨河也二日而莫不盡繇索隱曰音搖搖動也我離兩周正義曰離歷也歷二周東解新鄭州韓国都拔矣而觸鄭五日而國舉索隱曰離如字謂屯兵以離二周也而乃觸擊於鄭故五日国舉舉猶拔也韓氏以為然故事秦秦正告魏曰我舉安邑塞女戟韓氏太原卷正義曰卷軌免反劉伯莊云太原當為太行卷猶斷絕我下軹道南陽封

冀徐廣曰鄢陵有軹道亭河東皮氏有冀亭也○索隱曰女戟地名在太行山之西劉氏卷音軌免反又音丘權反按舉安邑塞女戟及至韓氏韓国宜陽也太原縣名魏地不至太原亦無別名太行字京當為京京及劉皆屬滎陽是魏之境軹是河內軹縣言道者亦衍字徐廣引鄢陵有軹道亭非魏之境蓋誤南陽即河內也封冀封陵也冀冀邑也皆在魏境也故徐廣引河東皮氏有冀亭是也包兩周徐廣曰張儀曰下河東取成皋也○正義曰兩周王城及鞏乘夏水浮輕舟彊弩在前錟戈在後徐廣曰錟由冉反○正義曰劉伯莊云音四廉反又利也決滎口魏無大梁索隱曰滎澤之口也入汴河口通其水深可以灌大梁故云無大梁也決白馬之口魏無外黃濟陽索隱曰白馬河津在東郡決其流以灌外黃濟陽也○正義曰故黃城在曹州考城縣東二十四里濟陽故城在曹州冤朐縣西南三十五里決宿胥之口徐廣曰紀年曰魏救山塞集胥口○正義曰淇水出衛州淇縣界之淇水東至黎陽入河溝洫志云武帝於胥淇口東因宿胥故瀆開白溝道清淇二水入焉○索隱

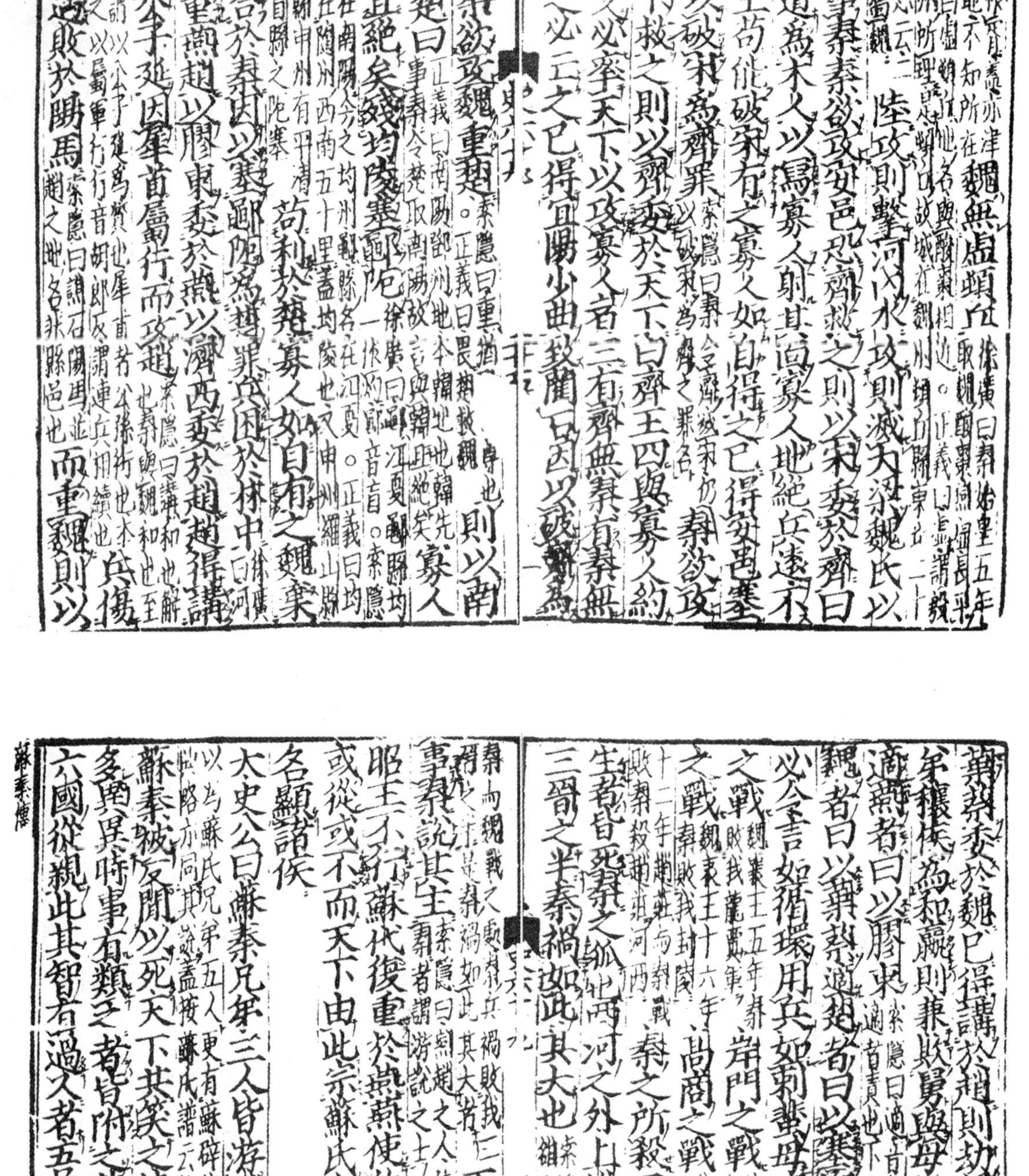

曰配年汾宮義亦津名今其地不知所在魏無虛頓丘徐廣曰秦始皇五年取魏酸棗虛長平雍丘○索隱曰虛謂地名與酸棗相近○正義曰虛音墟殷墟今相州所理是也頓丘故城在魏州頓丘縣東北二十五里括地志云二國地時屬魏陸攻則擊河內水攻則滅大梁魏氏以為然故事秦秦欲攻安邑恐齊救之則以宋委於齊曰宋王無道為木人以寫寡人射其面寡人地絕兵遠不能攻也王苟能破宋有之寡人如自得之已得安邑塞女戟因以破宋為齊罪索隱曰秦令齊滅宋仍以破宋為齊之罪名秦欲攻韓恐天下救之則以齊委於天下曰齊王四與寡人約四欺寡人必率天下以攻寡人者三有齊無秦有秦無齊必伐之必亡之已得宜陽少曲致藺石因以破齊為天下罪秦欲攻魏重楚索隱曰重猶尊也○正義曰畏楚救魏則以南陽委於楚曰正義曰南陽鄧州地本韓地也韓先事秦令楚取南陽故言與韓且絕矣寡人固與韓且絕矣殘均陵塞鄳阨徐廣曰鄳江夏鄳縣均一依鄳音盲○索隱曰均陵在南陽今之均州鄳縣名在江夏○正義曰均州故城在隨州西南五十里蓋均陵也又申州羅山縣本漢鄳縣也蓋古盲縣之阨塞苟利於楚寡人如自有之魏棄與國而合於秦因以塞鄳阨為楚罪兵困於林中徐廣曰河南苑陵有林鄉重燕趙以膠東委於燕以濟西委於趙趙得講於魏至公子延因犀首屬行而攻趙索隱曰講和也解也秦與魏和也至當為質謂以公子延為質也犀首若公孫衍也本魏將因之以屬軍行音胡郎反謂連兵相續也兵傷於譙石遇敗於陽馬索隱曰譙石陽馬並趙之地名非縣邑也而重魏則以

葉蔡委於魏已得講於趙則劫魏不為割困則使太后弟穰侯為和嬴則兼欺舅與母索隱曰嬴謂勝也舅穰侯也母太后也適燕者曰以膠東索隱曰適音宅適責也下同適趙者曰以濟西適魏者曰以葉蔡適楚者曰以塞鄳阨適齊者曰以宋此必令言如循環用兵如刺蜚母不能制舅不能約龍賈之戰魏襄王五年秦敗我龍賈軍岸門之戰韓宣惠王十九年秦大破我岸門封陵之戰魏哀王十六年秦敗我封陵高商之戰此戰事不見趙莊之戰趙肅侯二十二年趙莊與秦戰敗秦殺趙莊河西秦之所殺三晉之民數百萬今其生者皆死秦之孤也西河之外上雒之地三川晉國之禍三晉之半秦禍如此其大也索隱曰以言西河之外上雒之地及三川晉國皆是秦而魏戰之勝敗秦兵禍敗我三晉如此其大者而燕趙之秦者皆以爭事秦說其主索隱曰燕趙之人往秦者謂游說之士此臣之所大患也燕昭王不行蘇代復重於燕燕使約諸侯從親如蘇秦時或從或不而天下由此宗蘇氏之從約代厲皆以壽死名顯諸侯

太史公曰蘇秦兄弟三人皆游說諸侯以顯名索隱曰譙允南以為蘇氏兄弟五人更有蘇辟蘇鵠其說蓋按蘇氏譜云然也其術長於權變而蘇秦被反間以死天下共笑之諱學其術然世言蘇秦多異時事有類之者皆附之蘇秦夫蘇秦起閭閻連六國從親此其智有過人者吾故列其行事次其時序

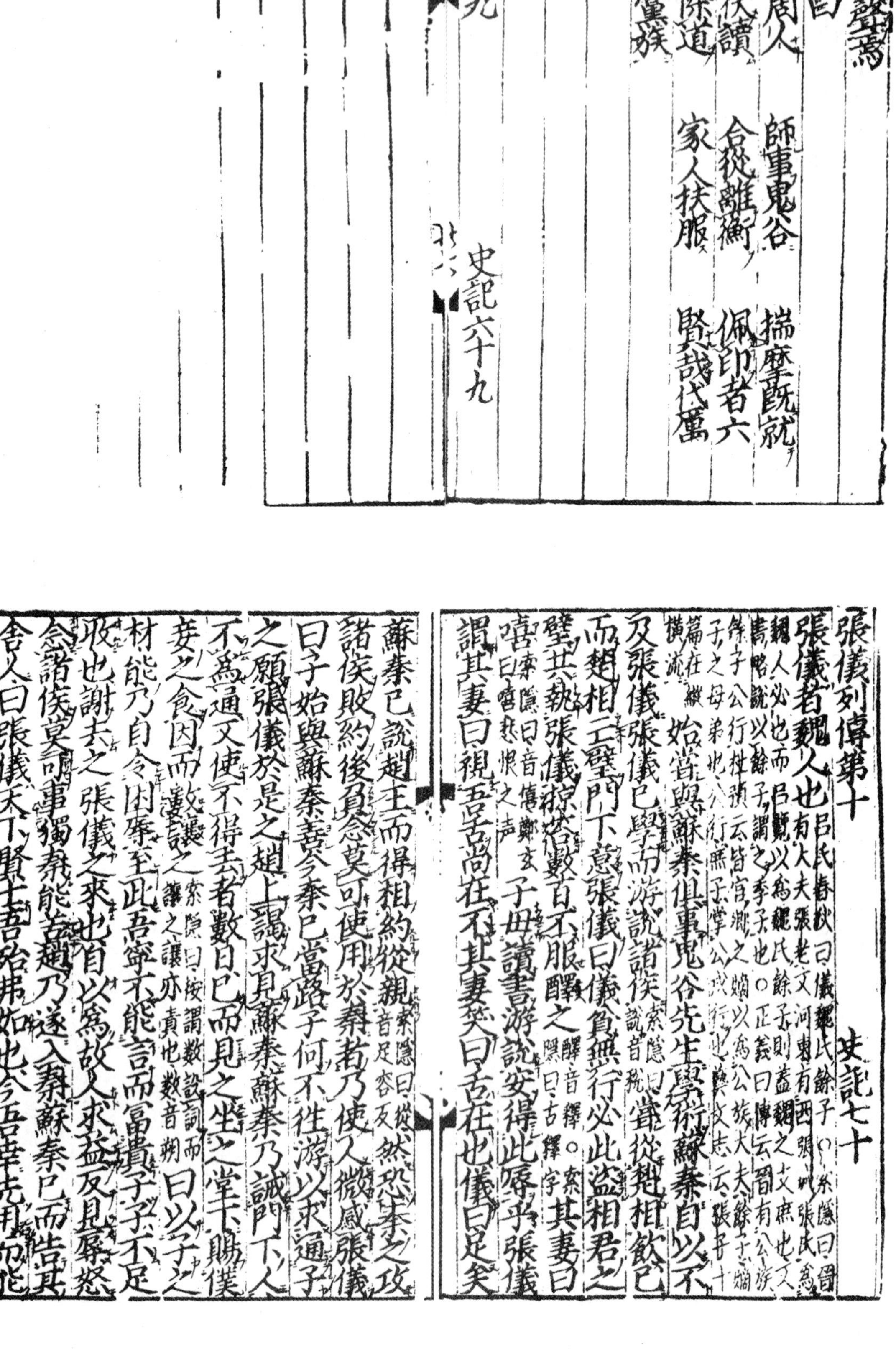

毋令獨蒙惡聲焉

索隱述贊曰　季子周人　師事鬼谷　揣摩既就　陰符伏讀　合從離衡　佩印者六　天王除道　家人扶服　賢哉代厲　繼榮黨族

蘇秦列傳第九　史記六十九

張儀列傳第十　史記七十

張儀者魏人也（呂氏春秋曰儀魏氏餘子○索隱曰晉有大夫張老又河東有張城張氏為魏人必也而呂覽以為魏氏餘子則蓋魏之支庶也又晉有公族餘子○正義曰傳云晉有公族餘子公行杜預云皆官卿之嫡以為公族大夫餘子嫡子之母弟也公行庶子掌公戎行也藝文志云張子十篇在縱橫流）始嘗與蘇秦俱事鬼谷先生學術蘇秦自以不及張儀張儀已學而游說諸侯（索隱曰說音稅）嘗從楚相飲已而楚相亡璧門下意張儀曰儀貧無行必此盜相君之璧共執張儀掠笞數百不服醳之（醳音釋○索隱曰古釋字）其妻曰嘻（索隱曰音僖鄭玄曰嘻悲恨之声）子毋讀書游說安得此辱乎張儀謂其妻曰視吾舌尚在不其妻笑曰舌在也儀曰足矣

蘇秦已說趙王而得相約從親（索隱曰從音足容反）然恐秦之攻諸侯敗約後負念莫可使用於秦者乃使人微感張儀曰子始與蘇秦善今秦已當路子何不往游以求通子之願張儀於是之趙上謁求見蘇秦蘇秦乃誡門下人不為通又使不得去者數日已而見之坐之堂下賜僕妾之食因而數讓之（索隱曰按謂數設詞而讓之讓亦責也數音朔）曰以子之材能乃自令困辱至此吾寧不能言而富貴子子不足收也謝去之張儀之來也自以為故人求益反見辱怒念諸侯莫可事獨秦能苦趙乃遂入秦蘇秦已而告其舍人曰張儀天下賢士吾殆弗如也今吾幸先用而能

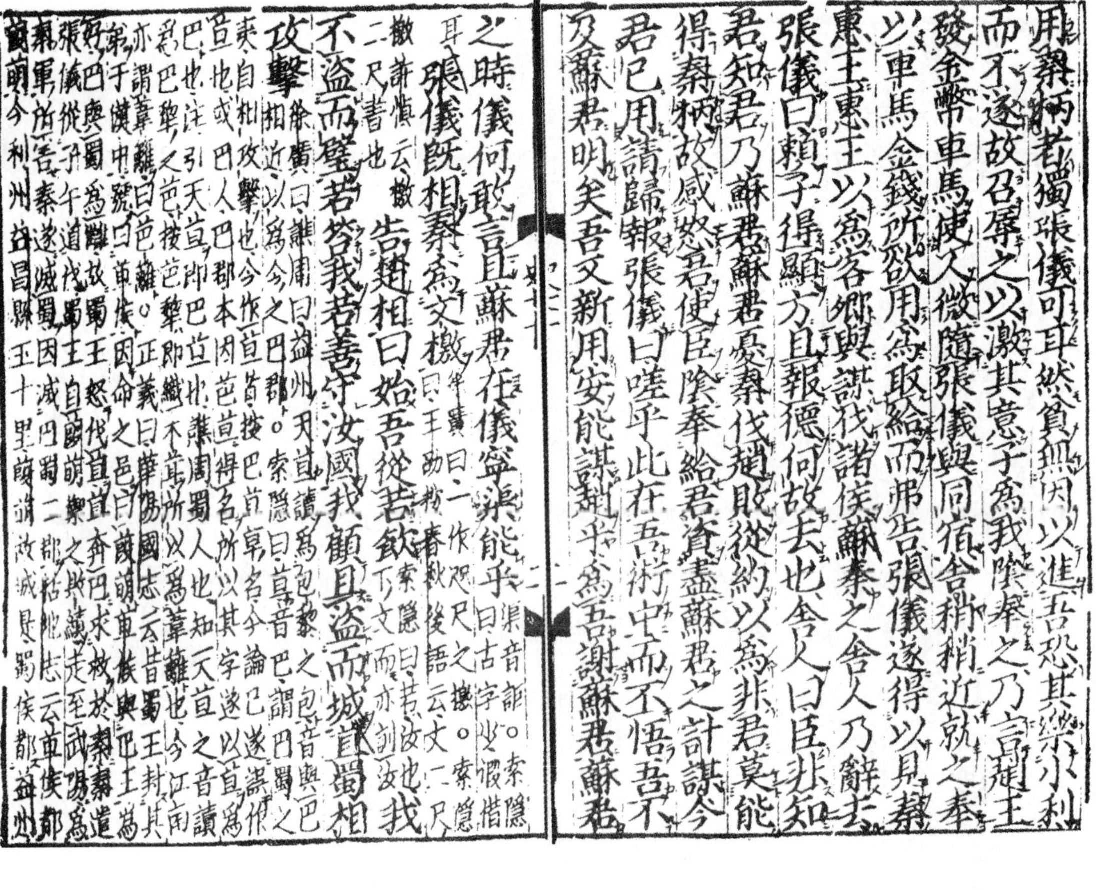

用秦柄者，獨張儀可耳。然貧，無因以進。吾恐其樂小利而不遂，故召辱之，以激其意。子為我陰奉之。」乃言趙王，發金幣車馬，使人微隨張儀，與同宿舍，稍稍近就之，奉以車馬金錢，所欲用，為取給，而弗告。張儀遂得以見秦惠王。惠王以為客卿，與謀伐諸侯。蘇秦之舍人乃辭去。張儀曰：「賴子得顯，方且報德，何故去也？」舍人曰：「臣非知君，知君乃蘇君。蘇君憂秦伐趙敗從約，以為非君莫能得秦柄，故感怒君，使臣陰奉給君資，盡蘇君之計謀。今君已用，請歸報。」張儀曰：「嗟乎，此在吾術中而不悟，吾不及蘇君明矣！吾又新用，安能謀趙乎？為吾謝蘇君，蘇君之時，儀何敢言。且蘇君在，儀寧渠能乎！」渠音詎。○索隱曰：古字少，假借耳。張儀既相秦，為文檄，徐廣曰：一作咫尺之檄。○索隱曰：王劭按春秋後語云文二尺檄。許慎云：檄，二尺書也。告楚相曰：「始吾從若飲，索隱曰：若，汝也。下文亦訓汝。我不盜而璧，若笞我。若善守汝國，我顧且盜而城！」苴蜀相攻擊，徐廣曰：譙周曰益州天苴讀為包黎之包，音與巴相近，以為今之巴郡。○索隱曰：苴音巴。謂巴蜀之夷自相攻擊也。今作苴者，按巴苴是草名，今論巴，遂誤作苴也。或巴人巴郡本因芭苴得名，所以其字遂以苴為巴也。注引天苴即巴苴也。譙周，蜀人也，知天苴之音讀為芭黎之芭。按芭黎即織木葺為葦籬也，今江南亦謂葦籬曰芭籬。○正義曰：華陽國志云：昔蜀王封其弟於漢中，號曰苴侯，因命之邑曰葭萌。苴侯與巴王為好，巴與蜀為讎，故蜀王怒，伐苴侯。苴侯奔巴，求救於秦。秦遣張儀從子午道伐蜀。蜀王自於葭萌拒之，敗績，走至武陽，為秦軍所害。秦遂滅蜀，因取苴與巴焉。括地志云：苴侯都葭萌，今利州益昌縣五十里葭萌故城是。蜀侯都益州

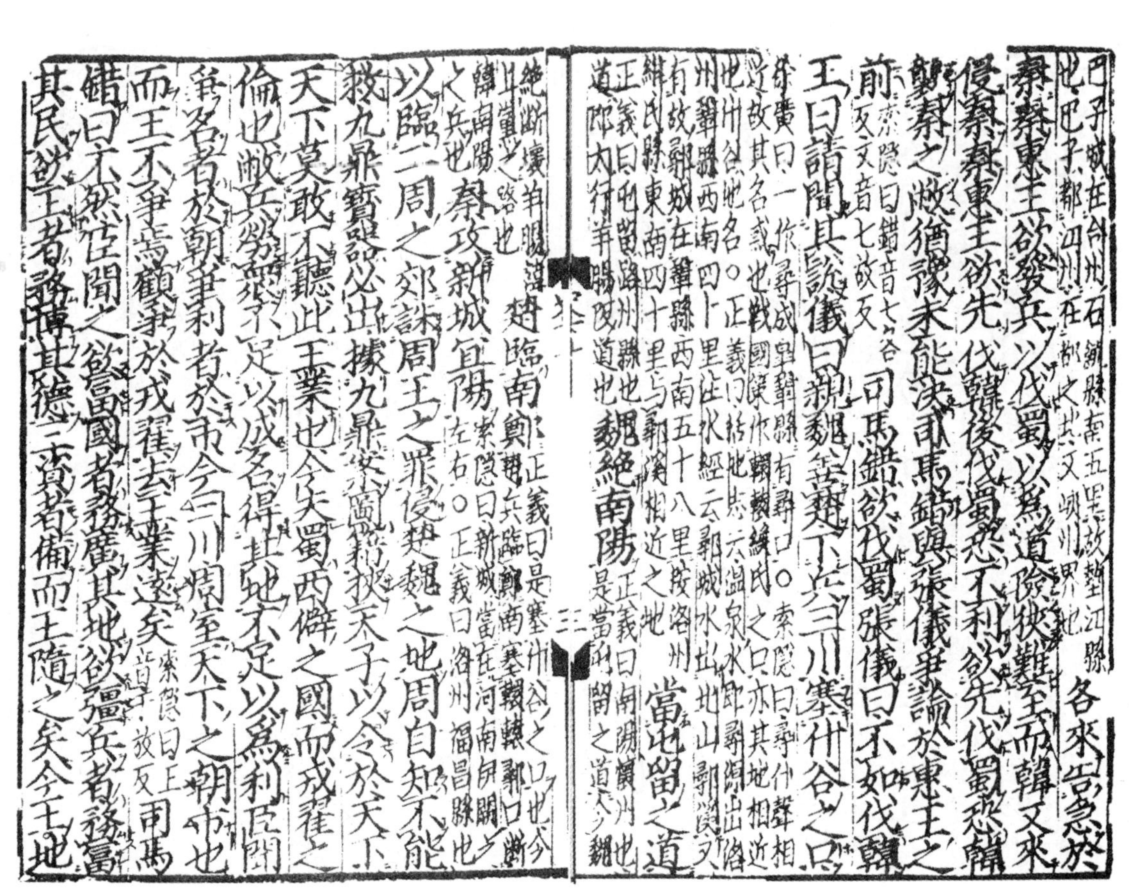

巴子城在合州石鏡縣南五里，故墊江縣也。巴子都江州，在都之北，又峽州界也。各來告急於秦。秦惠王欲發兵以伐蜀，以為道險狹難至，而韓又來侵秦。秦惠王欲先伐韓，後伐蜀，恐不利；欲先伐蜀，恐韓襲秦之敝。猶豫未能決。司馬錯與張儀爭論於惠王之前。索隱曰：錯音七故反。司馬錯欲伐蜀，張儀曰：「不如伐韓。」王曰：「請聞其說。」儀曰：「親魏善楚，下兵三川，塞什谷之口，徐廣曰：一作尋。成皋鞏縣有尋口。○索隱曰：尋、什聲相近，故其名或也。戰國策作轘轅緱氏之口，亦其地相近也。什谷，地名。○正義曰：括地志云：溫泉水即尋水，出洛州鞏縣西南四十里。注水經云：鄩城水出北山鄩溪。又有故鄩城在鞏縣西南五十八里。按洛州緱氏縣東南四十里與鄩溪相近之地。當屯留之道，正義曰：屯留，潞州縣也。道即太行羊腸阪道也。魏絕南陽，正義曰：南陽，懷州也。是當屯留之道，少魏絕斷壞羊腸險道。楚臨南鄭，正義曰：是塞什谷之口也，今上黨之路也。楚兵臨鄭南，塞轘轅鄭口，斷韓南陽之兵也。秦攻新城、宜陽，索隱曰：新城當在河南伊闕之左右。○正義曰：洛州福昌縣也。以臨二周之郊，誅周王之罪，侵楚魏之地。周自知不能救，九鼎寶器必出。據九鼎，案圖籍，挾天子以令於天下，天下莫敢不聽，此王業也。今夫蜀，西僻之國而戎翟之倫也，敝兵勞眾不足以成名，得其地不足以為利。臣聞爭名者於朝，爭利者於市。今三川、周室，天下之朝市也，而王不爭焉，顧爭於戎翟，去王業遠矣。」索隱曰：上音于，放反。司馬錯曰：「不然。臣聞之，欲富國者務廣其地，欲彊兵者務富其民，欲王者務博其德，三資者備而王隨之矣。今王之地

小民貧故臣願先從事於此夫蜀西僻之國也而戎翟之長也有桀紂之亂以秦攻之譬如使豺狼逐羣羊得其地足以廣國取其財足以富民【索隱曰戰國策繕作得】繕兵不傷衆而彼已服焉【正義曰繕音膳同膳具食也】拔一國而天下不以為暴利盡西海而天下不以為貪【索隱曰西海謂蜀川也海者珍藏所聚生猶謂秦中為陸海然也其寶西亦有海所以云西海○正義曰海之言晦也西夷晦昧無知故言海也言利盡西方羌戎】是我一舉而名實附也【索隱曰名謂有禁暴止亂之名實謂得土地財寶也】而又有禁暴止亂之名今攻韓劫天子惡名也而未必利也又有不義之名而攻天下所不欲危矣臣請論其故【索隱曰論者告也陳也故謂陳其不可伐之端由也】周天下之宗室也齊韓之與國也周自知失九鼎韓自知亡三川【正義曰韓自知亡三川周故与周并力合謀也】將二國并力合謀以因乎齊趙而求解乎楚魏以鼎與楚以地與魏王弗能止也此臣之所謂危也不如伐蜀完惠王曰善寡人請聽子卒起兵伐蜀十月取之【索隱曰六国年表在秦惠王二十二年十月也】遂定蜀【正義曰表云秦惠王後元九年十月蜀滅之】貶蜀王更號為侯而使陳莊相蜀蜀既屬秦秦以益彊富厚輕諸侯秦惠王十年使公子華【徐廣曰一作華】與張儀圍蒲陽【索隱曰蒲陽魏之邑名○正義曰在隰州隰川縣蒲邑故城是也】降之儀因言秦復與魏而使公子繇質於魏儀因說魏王曰秦王之遇魏甚厚魏不可以無禮魏因入上郡少梁謝秦惠王惠王乃以張儀為相更名少梁曰夏陽【徐廣曰夏陽在梁山龍門○索隱曰夏音下山名亦曰大夏屬馮翊郡○正義曰少梁城同州韓城縣南二十三里夏陽城在縣南二十里梁山在縣東南十九里龍門山在縣北五十里】儀相秦四歲立惠王為王【正義曰表云惠王之十三年周顯王之三十四年也】居一歲為秦將取陝築上郡塞其後二年使與齊楚之相會齧桑東還而免相相魏以為秦欲令魏先事秦而諸侯效之魏王不肯聽儀秦王怒伐取魏之曲沃平周復陰厚張儀益甚張儀慙無以歸報留魏四歲而魏襄王卒哀王立張儀復說哀王哀王不聽於是張儀陰令秦伐魏魏與秦戰敗明年齊又來敗魏於觀津【觀音貫】秦復欲攻魏先敗韓申差軍斬首八萬諸侯震恐而張儀復說魏王曰魏地方不至千里卒不過三十萬地四平諸侯四通輻湊無名山大川之限從鄭至梁二百餘里車馳人走不待力而至梁南與楚境西與韓境北與趙境東與齊境卒戍四方守亭鄣者不下十萬梁之地勢固戰場也梁南與楚而不與齊則齊攻其東東與齊而不與趙則趙攻其北不合於韓則韓攻其西不親於楚則楚攻其南此所謂四分五裂之道也且夫諸侯之為從者將以安社稷尊主彊兵顯名也今從者一天下約為昆弟刑白馬以盟洹【音桓】水之上以相堅也而親昆弟同父母尚有爭錢財而欲恃詐偽反覆蘇秦

之餘謀其不可成亦明矣大王事秦秦下兵攻河外(索隱
曰河之西即曲沃平周之邑也○正義曰河外即并衍撫)據卷衍酸棗(卷丘權反衍以善反)
(○索隱曰衍在河南衍地名○正義曰卷衍屬鄭州卷城縣酸棗屬滑州皆黃河南岸地也)劫衛
取陽晉(正義曰故城在曹州乘氏縣西北三十七里)則趙不南趙不南而梁
不北梁不北則從道絕從道絕則大王之國欲毋危不
可得也秦折韓而攻梁(索隱曰戰國策折作挾也)韓怯於秦秦韓為
一梁之亡可立而須也此臣之所為大王患也為大王
計莫如事秦事秦則楚韓必不敢動無楚韓之患則大
王高枕而臥(正義曰枕針鴆反)國必無憂矣且夫秦之所欲弱
者莫如楚而能弱楚者莫如梁楚雖有富大之名而實
空虛其卒雖多然而輕走易北不能堅戰悉梁之兵南
面而伐楚勝之必矣割楚而益梁虧楚而適秦嫁禍安
國此善事也大王不聽臣秦下甲士而東伐雖欲事秦
不可得矣且夫從人多奮辭而少可信說一諸侯而成
封侯是故天下之游談士莫不日夜搤腕瞋目切齒以
言從之便以說人主人主賢其辯而牽其說豈得無眩
哉臣聞之積羽沉舟群輕折軸眾口鑠金積毀銷骨故
願大王審定計議且賜骸骨辟魏哀王於是乃倍從約
而因儀請成於秦張儀歸復相秦三歲而魏復背秦為
從秦攻魏取曲沃明年魏復事秦秦欲伐齊齊楚從親

於是張儀往相楚楚懷王聞張儀來虛上舍而自館之
曰此僻陋之國子何以教之儀說楚王曰大王誠能聽
臣閉關絕約於齊臣請獻商於之地六百里(索隱曰劉氏云商今
之商州有古商城其西二百餘里有古於城)使秦女得為大王箕帚之妾秦
楚娶婦嫁女長為兄弟之國此北弱齊而西益秦也計
無便此者楚王大說而許之群臣皆賀陳軫獨弔之楚
王怒曰寡人不興師發兵得六百里地群臣皆賀子獨
弔何也陳軫對曰不然以臣觀之商於之地不可得而
齊秦合齊秦合則患必至矣楚王曰有說乎陳軫對曰
夫秦之所以重楚者以其有齊也今閉關絕約於齊則
楚孤秦奚貪夫孤國而與之商於之地六百里張儀至
秦必負王是北絕齊交西生患於秦也而兩國之兵必
俱至善為王計者不若陰合而陽絕於齊使人隨張儀
苟與吾地絕齊未晚也不與吾地陰合謀計也楚王曰
願陳子閉口毋復言以待寡人得地乃以相印授張儀
厚賂之於是遂閉關絕約於齊使一將軍隨張儀張儀
至秦詳失綏墮車不朝三月(正義曰詳音羊)楚王聞之曰儀以
寡人絕齊未甚邪乃使勇士至宋借宋之符北罵齊王
齊王大怒折節而下秦秦齊之交合張儀乃朝謂楚使
者曰臣有奉邑六里願以獻大王左右楚使者曰臣受

令於王以商於之地六百里，不聞六里。還報楚王，楚王大怒，發兵而攻秦。陳軫曰：軫可發口言乎？攻之不如割地反以賂秦，與之并兵而攻齊，是我出地於秦，取償於齊也，王國尚可存。楚王不聽，卒發兵而使將軍屈匄擊秦。秦齊共攻楚，斬首八萬，殺屈匄，遂取丹陽、徐廣曰在枝江 漢中之地。正義曰今梁州也在漢水北 楚又復益發兵而襲秦，至藍田，大戰，楚大敗，於是楚割兩城以與秦平。秦要楚欲得黔中地，正義曰要音腰也 欲以武關外易之。正義曰商於之地 楚王曰：不願易地，願得張儀而獻黔中地。秦王欲遣之，口弗忍言。張儀乃請行。秦王曰：彼楚王怒子之負以商於之約，是

且甘心於子。張儀曰：秦彊楚弱，臣善靳尚，尚得事楚夫人鄭袖，袖所言皆從。且臣奉王之節使楚，楚何敢加誅。假令誅臣而為秦得黔中之地，臣之上願。遂使楚。楚懷王至則囚張儀，將殺之。靳尚謂鄭袖曰：子亦知子之賤於王乎？鄭袖曰：何也？靳尚曰：秦王甚愛張儀而不欲出之。索隱曰不字當作必時張儀為楚所囚故必欲出之也○正義曰秦王不欲出張儀使楚若欲自行今秦 今將以上庸之地六縣正義曰今房州也 賂楚，欲以上庸地及美人贖儀也 以美人聘楚，以宮中善歌謳者為之媵。楚王重地尊秦，秦女必貴而夫人必斥矣。不若為言而出之。於是鄭袖日夜言懷王曰：人臣各為其主用。今地未入秦，秦使張儀來

至重王。王未有禮而殺張儀，秦必大怒攻楚。妾請子母俱遷江南，毋為秦所魚肉也。懷王後悔，赦張儀，厚禮之如故。張儀既出，未去，聞蘇秦死，索隱曰此時當秦惠王之後元十四年 乃說楚王曰：秦地半天下，兵敵四國，被險帶河，四塞以為固。虎賁之士百餘萬，車千乘，騎萬匹，積粟如丘山。法令既明，士卒安難樂死，主明以嚴，將智以武，雖無出甲，席卷常山之險，必折天下之脊，索隱曰常山於天下在北有若人之背脊也○正義曰古之帝王多都河北河東故也 天下有後服者先亡。且夫為從者無以異於驅群羊而攻猛虎，虎之與羊不格明矣。今王不與猛虎而與群羊，臣竊以為大王之計過也。凡天下彊

國非秦而楚，非楚而秦，兩國交爭，其勢不兩立。大王不與秦，秦下甲據宜陽，韓之上地不通；下河東，取成皐，韓必入臣，梁則從風而動。秦攻楚之西，韓、梁攻其北，社稷安得毋危？且夫從者聚群弱而攻至彊，不料敵而輕戰，國貧而數舉兵，危亡之術也。臣聞之，兵不如者勿與挑戰，正義曰挑音田鳥反 粟不如者勿與持久。夫從人飾辯虛辭，高主之節，言其利不言其害，卒有秦禍，正義曰卒忽勿反 無及為已。是故願大王之孰計之。秦西有巴蜀，大船積粟，起於汶山，正義曰汶音泯 浮江已下，至楚三千餘里。舫船載卒，索隱曰舫音方謂並兩船也 一舫載五十人與三月之食，下水而浮，一日

行三百餘里，里數雖多，然而不費牛馬之力，不至十日而距扞關。徐廣曰：巴郡魚復有扞水扞關。○索隱曰：扞關在楚之西界。魚復音伏，地理志巴郡有魚復縣。○正義曰：在硤州巴山縣界。扞關驚，則從境以東盡城守矣，黔中、巫郡非王之有。秦舉甲出武關，南面而伐，則北地絕。正義曰：楚之北境斷絕。秦兵之攻楚也，危難在三月之內，而楚待諸侯之救，在半歲之外，此其勢不相及也。夫待弱國之救，忘強秦之禍，此臣所以為大王患也。大王嘗與吳人戰，五戰而三勝，陣卒盡矣；偏守新城，存民苦矣。索隱曰：偏音匹連反。比之新城，當在吳楚之間也。○正義曰：新攻得之城，未詳所在。臣聞功大者易危，而民敝者怨上。夫守易危之功而逆強秦之心，臣竊為大王危之。

且夫秦之所以不出兵函谷十五年以攻齊、趙者，陰謀有合天下之心。徐廣曰：一作吞。楚嘗與秦構難，戰於漢中。索隱曰：其地在秦之山南，楚之北，漢水南之地名曰漢中也。楚人不勝，列侯執珪死者七十餘人，遂亡漢中。楚王大怒，興兵襲秦，戰於藍田。此所謂兩虎相搏者也。徐廣曰：搏或音戟。夫秦楚相敝而韓魏以全制其後，計無危於此者矣。願大王孰計之。秦下甲攻衛陽晉，必大關天下之匈。徐廣曰：關一作開。○索隱曰：以衛為天下之脊，則此衛及陽晉當天下之胸，蓋其地是秦晉齊楚之交道也。以秦兵據陽晉，是大關天下胸，則他國不得動也。大王悉起兵以攻宋，不至數月而宋可舉，舉宋而東指，則泗上十二諸侯盡王之有也。索隱曰：泗上，謂泗水之側，當戰國之時有十二諸侯，宋、魯、邾、莒之比也。

凡天下而以信約從親相堅者蘇秦，封武安君，相燕，即陰與燕王謀伐破齊而分其地；乃詳有罪出走入齊，齊王因受而相之；居二年而覺，齊王大怒，車裂蘇秦於市。夫以一詐偽之蘇秦，而欲經營天下，混一諸侯，索隱曰：混本一作棍，同胡本反。其不可成亦明矣。今秦與楚接境壤界，固形親之國也。大王誠能聽臣，臣請使秦太子入質於楚，楚太子入質於秦，請以秦女為大王箕帚之妾，效萬室之都以為湯沐之邑，長為昆弟之國，終身無相攻伐。臣以為計無便於此者。於是楚王已得張儀而重出黔中地與秦，欲許之。屈原曰：前大王見欺於張儀，張儀至，臣以為大王烹之；今縱弗忍殺之，又聽其邪說，不可。懷王曰：許儀而得黔中，美利也。後而倍之，不可。故卒許張儀，與秦親。張儀去楚，因遂之韓，說韓王曰：韓地險惡山居，五穀所生，非菽而麥，民之食大抵飯菽藿羹。一歲不收，民不饜糟糠。地不過九百里，無二歲之食。料大王之卒，悉之不過三十萬，而廝徒負養在其中矣。索隱曰：廝徒謂炊烹供養雜役之賤者，負養謂負檐以給養公家，亦賤人也。除守徼亭鄣塞，見卒不過二十萬而已矣。秦帶甲百餘萬，車千乘，騎萬匹，虎賁之士跿跔科頭貫頤奮戟者，跿跔音徒俱。跿跔，跳躍也。又云：偏舉一足。山東語。科頭，謂不著兜鍪入敵。○索隱曰：跔，又音劬。戰國策作虎摯之士。跿跔，……至不可勝計。索隱曰：兩手捧頤而直入敵，言其勇也。

史部　第一冊　　七三九

其勇也又有執戟者奮怒而趨入陣也　秦馬之良，戎兵之衆，探前趹後，蹄間三尋索隱曰謂馬前足探向前後足趹於後趹音決謂後足抉地言馬之走勢疾也七尺曰尋言馬走之疾前後蹄間一擲而過三尋也騰者不可勝數。山東之士被甲蒙冑以會戰，秦人捐甲徒裼以趨敵索隱曰徒跣也裼謂袒而見肉也，左挈人頭，右挾生虜。夫秦卒與山東之卒，猶孟賁之與怯夫；以重力相壓，猶烏獲之與嬰兒。夫戰孟賁、烏獲之士以攻不服之弱國，無異垂千鈞之重於鳥卵之上，必無幸矣。夫羣臣諸侯不料地之寡，而聽從人之甘言好辭，比周以相飾也，皆奮曰「聽吾計可以彊霸天下」。夫不顧社稷之長利而聽須臾之說，詿誤人主，無過此者。大王不事秦，秦下甲據宜陽，斷韓之上地；東取成皋、滎陽，則鴻臺之宮、桑林之苑徐廣曰桑一作栗○索隱曰非此皆韓之宮苑亦見戰國策非王之有也。夫塞成皋，絕上地，則王之國分矣。先事秦則安，不事秦則危。夫造禍而求其福報，計淺而怨深，逆秦而順楚，雖欲毋亡，不可得也。故為大王計，莫如為秦。秦之所欲莫如弱楚，而能弱楚者莫如韓。非以韓能彊於楚也，其地勢然也。今王西面而事秦以攻楚，秦王必喜。夫攻楚以利其地，轉禍而說秦，計無便於此者。」韓王聽儀計。張儀歸報，秦惠王封儀五邑，號曰武信君。使張儀東說齊湣王曰：「天下彊國無過齊者，大臣父兄殷衆富樂。然而為大王計者，皆為一時之說，不顧百世之利。從人說大王者必曰：『齊西有彊趙，南有韓與梁。齊，負海之國也，地廣民衆，兵彊士勇，雖有百秦，將無柰齊何。』大王賢其說而不計其實。夫從人朋黨比周，莫不以從為可。臣聞之，齊與魯三戰而魯三勝，國以危亡隨其後，雖有戰勝之名，而有亡國之實。是何也？齊大而魯小也。今秦之與齊也，猶齊之與魯也。秦趙戰於河漳之上，再戰而趙再勝秦；戰於番吾之下索隱曰番音盤又音婆番吾趙之邑也，再戰又勝秦。四戰之後，趙之亡卒數十萬，邯鄲僅存，雖有戰勝之名而國已破矣。是何也？秦彊而趙弱。今秦楚嫁女娶婦，為昆弟之國。韓獻宜陽；梁效河外索隱曰河外河之南邑若曲沃平周等也○正義曰謂同華州地也；趙入朝澠池澠綿善反，割河間以事秦索隱曰河漳之閒邑○正義曰河閒瀛州縣耳。大王不事秦，秦驅韓梁攻齊之南地，悉趙兵渡清河，指博關正義曰博關在博州趙兵從貝州度黃河指博關則漯河濟州臨淄即墨危矣，臨菑、即墨非王之有也。國一日見攻，雖欲事秦，不可得也。是故願大王孰計之也。」齊王曰：「齊僻陋，隱居東海之上，未嘗聞社稷之長利也。」乃許張儀。張儀去，西說趙王曰：「敝邑秦王使使臣效愚計於大王。大王收率天下以賓秦，秦兵不敢出函谷關十五年。大王之威行於山東，敝邑恐懼懾伏，繕甲厲兵，飾車騎，

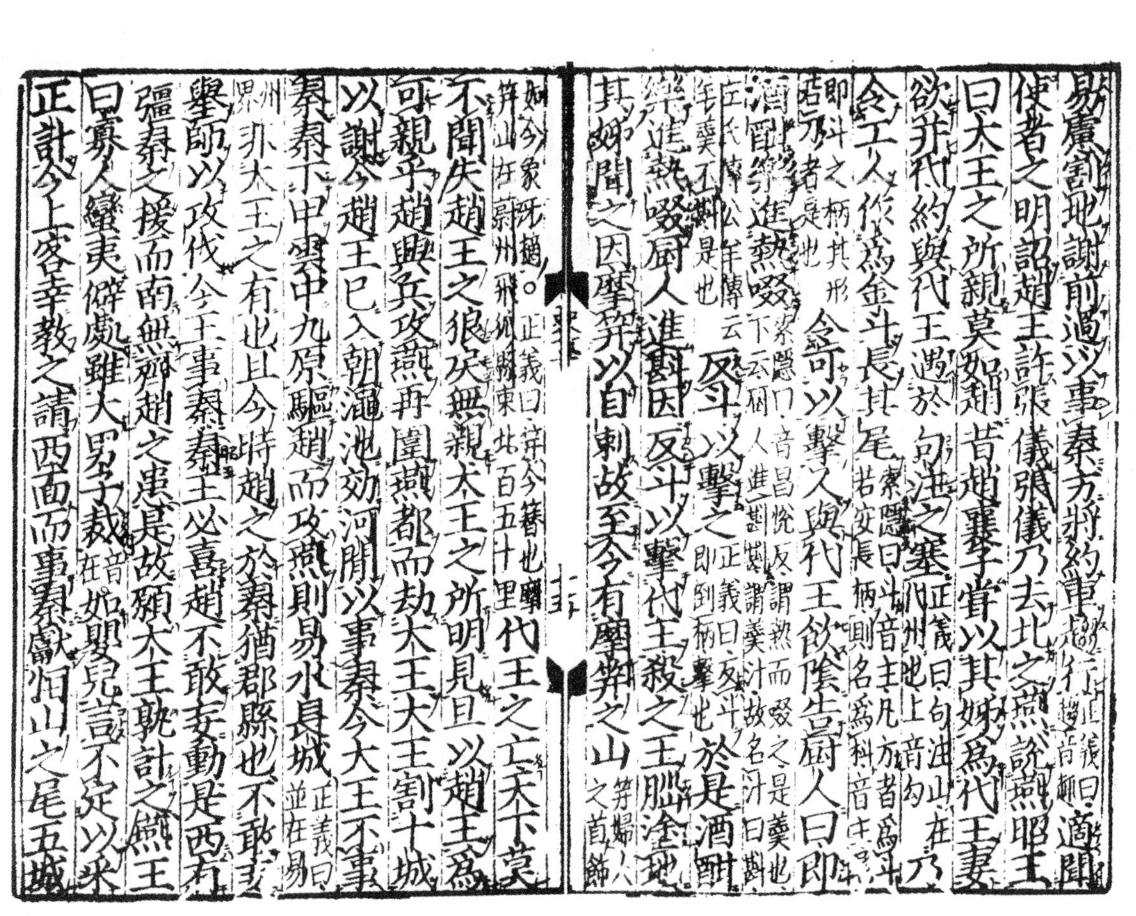
習馳射力田積粟守四封之內愁居懾處不敢動搖唯大王有意督過之也 索隱曰督者正其事而責之督過是深責其過也 今以大王之力舉巴蜀并漢中包兩周遷九鼎守白馬之津秦雖僻遠然而心忿含怒之日久矣今秦有敝甲凋兵軍於澠池願渡河踰漳據番吾會邯鄲之下願以甲子合戰以正殷紂之事敬使使臣先聞左右凡大王之所信為從者恃蘇秦蘇秦熒惑諸侯以是為非以非為是欲反齊國而自令車裂於市夫天下之不可一亦明矣今楚與秦為昆弟之國而韓梁稱為東藩之臣齊獻魚鹽之地此斷趙之右臂也夫斷右臂而與人鬭失其黨而孤居求欲毋危豈可得乎今秦發三將軍其一軍塞午道 索隱曰此午道當在趙之東齊之西也午道地名也鄭玄云一縱一橫為午謂交道也 告齊使興師渡清河軍於邯鄲之東一軍軍成皋驅韓梁軍於河外 正義曰河外謂鄭滑州北臨河 一軍軍於澠池約四國為一以攻趙趙服必四分其地是故不敢匿意隱情先以聞於左右臣竊為大王計莫如與秦王遇於澠池面相見而口相結請案兵無攻願大王之定計趙王曰先王之時奉陽君專權擅勢蔽欺先王獨擅綰事寡人居屬師傅不與國謀計先王棄羣臣寡人年幼奉祀之日新心固竊疑焉以為一從不事秦非國之長利也乃且願變心

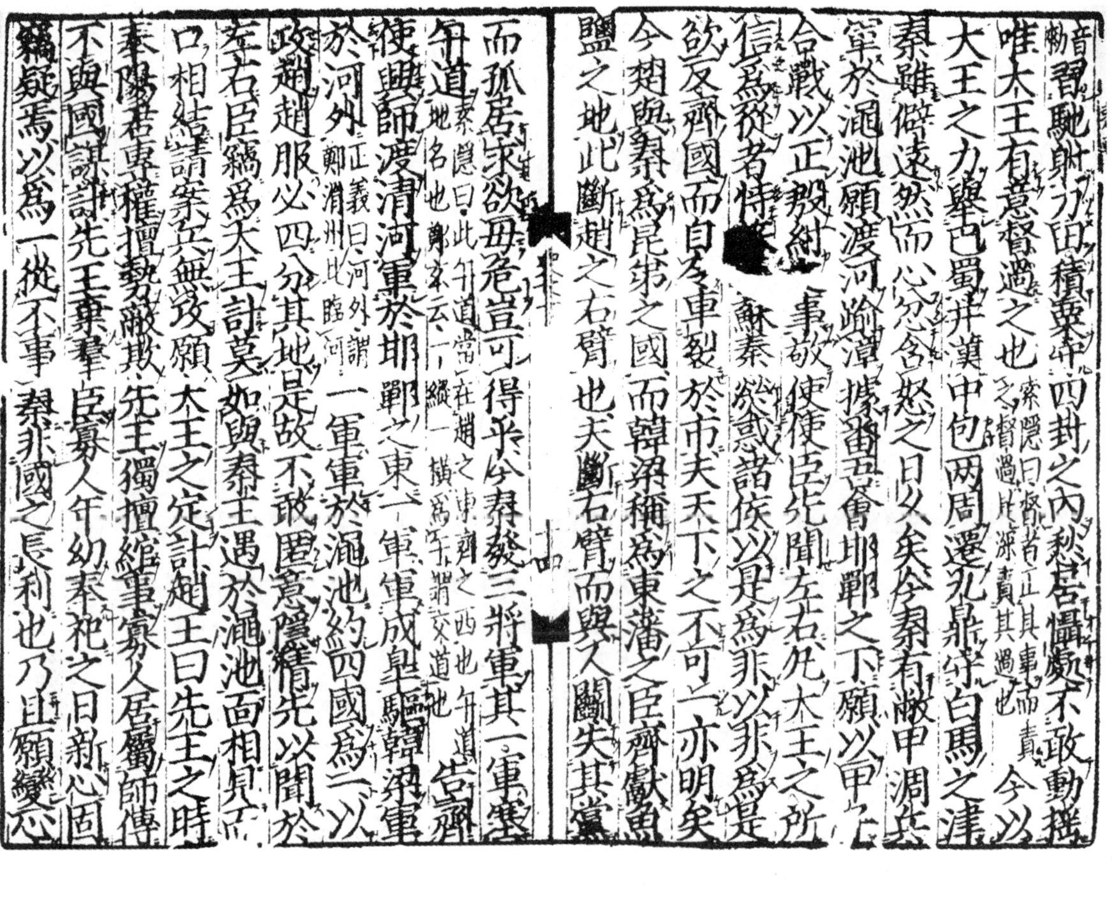
易慮割地謝前過以事秦方將約車趨行 正義曰趨音趣 適聞使者之明詔趙王許張儀張儀乃去北之燕說燕昭王曰大王之所親莫如趙昔趙襄子嘗以其姊為代王妻欲并代約與代王遇於句注之塞 正義曰句注山在代州雁門縣西北上音鉤 乃令工人作為金斗長其尾 索隱曰斗音主凡方者為斗若安長柄則名為科音主 即斗之柄其形若是也 令可以擊人與代王飲陰告廚人曰即酒酣樂進熱啜 索隱曰音昌悅反謂熱而啜之是羹也下云廚人進斟謂羹汁故名汁曰斟左氏傳宋公年傳云羊羹不斟是也 反斗以擊之 正義曰反斗即倒柄擊也 於是酒酣樂進熱啜廚人進斟因反斗以擊代王殺之王腦塗地其姊聞之因摩笄以自刺故至今有摩笄之山 笄婦人之首飾如今象笄也 正義曰摩笄山在蔚州飛狐縣東北百五十里 代王之亡天下莫不聞夫趙王之很戾無親大王之所明見且以趙王為可親乎趙興兵攻燕再圍燕都而劫大王大王割十城以謝今趙王已入朝澠池效河間以事秦今大王不事秦秦下甲雲中九原驅趙而攻燕則易水長城 正義曰並在易州界 非大王之有也且今時趙之於秦猶郡縣也不敢妄舉師以攻伐今王事秦秦王必喜趙不敢妄動是西有彊秦之援而南無齊趙之患是故願大王孰計之燕王曰寡人蠻夷僻處雖大男子裁 音在 如嬰兒言不足以采正計今上客幸教之請西面而事秦獻恒山之尾五城

索隱曰是猶未也謂獻恒山之東五城以與秦燕王聽儀儀歸報未至咸陽而
秦惠王卒武王立武王自為太子時不說張儀及即位
群臣多讒張儀曰無信左右賣國以取容秦必復用之
恐為天下笑諸侯聞張儀有卻武王皆畔衡復合從秦
武王元年群臣日夜惡張儀未已而齊讓又至張儀懼
誅乃因謂秦武王曰儀有愚計願效之王曰奈何對曰
為秦社稷計者東方有大變然後王可以多割得地也
今聞齊王甚憎儀儀之所在必興師伐之故儀願乞其
不肖之身之梁齊必興師而伐梁梁齊之兵連於城下
而不能相去王以其閒伐韓入三川出兵函谷而毋伐

以臨周祭器必出索隱曰凡王者大祭祀必陳設文物軒車彝器等因謂此為祭器也挾
天子按圖籍此王業也秦王以為然乃具革車三十乘
入儀之梁齊果興師伐之梁哀王恐張儀曰王勿患也
請令罷齊兵乃使其舍人馮喜之楚索隱曰此與戰国策同舊本作喜誤也
借使之齊謂齊王曰王甚憎張儀雖然亦厚矣王之
託儀於秦也齊王曰寡人憎儀儀之所在必興師伐之
何以託儀對曰是乃王之託儀也夫儀之出也固與秦
王約曰為王計者東方有大變然後王可以多割得地
今齊王甚憎儀儀之所在必興師伐之故儀願乞其不
肖之身之梁齊必興師伐之齊梁之兵連於城下而不

能相去王以其閒伐韓入三川出兵函谷而無伐以臨
周祭器必出挾天子案圖籍此王業也秦王以為然故
具革車三十乘而入之梁也今儀入梁王果伐之是王
內罷國而外伐與國索隱曰謂齊之伐梁也梁之與齊相許与約從為與國故云與国也
廣鄰敵以內自臨而信儀於秦王也此臣之所謂託儀
也齊王曰善乃使解兵張儀相魏一歲卒於魏也索隱曰年表張儀以秦王十年卒紀年云梁哀王九年五月卒
陳軫者游說之士與張儀俱事秦惠王皆貴重爭寵張
儀惡陳軫於秦王曰軫重幣輕使秦楚之閒將為國交
也今楚不加善於秦而善軫者軫自為厚而為王薄也

且軫欲去秦而之楚王胡不聽乎王謂陳軫曰吾聞子
欲去秦之楚有之乎軫曰然王曰儀之言果信矣軫曰
非獨儀知之也行道之士盡知之矣昔子胥忠於其君
而天下爭以為臣曾參孝於其親而天下願以為子故
賣僕妾不出閭巷而售者良僕妾也出婦嫁於鄉曲者
良婦也今軫不忠其君楚亦何以軫為忠乎忠且見棄
軫不之楚何歸乎王以其言為然遂善待之居秦期年
秦惠王終相張儀而陳軫奔楚楚未之重也而使陳軫
使於秦過梁欲見犀首犀首謝弗見軫曰吾為事來公
不見軫軫將行不得待索隱曰軫語犀首言我故來欲有數汲之事何不相見異

曰犀首見之陳軫曰公何好飲也犀首曰無事也曰吾請令公厭事可乎索隱曰厭一艷反厭猶飽也謂欲令其厭事曰奈何曰田需約諸侯從親索隱曰需時為魏相楚王疑之未信也公謂於王曰臣與燕趙之王有故數使人來曰無事何不相見願謁行於王王雖許公公請毋多車以車三十乘可陳之於庭明言之燕趙燕趙客聞之馳車告其王使人迎犀首楚王聞之大怒曰田需與寡人約而犀首之燕趙是欺我也怒而不聽其事齊聞犀首之北使人以事委焉犀首遂行三國相事皆斷於犀首軫遂至秦韓魏相攻朞年不解秦惠王欲救之問於左右左右或曰救之便

或曰勿救便惠王未能為之決陳軫適至秦惠王曰子去寡人之楚亦思寡人不陳軫對曰王聞夫越人莊舄乎王曰不聞曰越人莊舄仕楚執珪有頃而病楚王曰舄故越之鄙細人也今仕楚執珪貴富矣亦思越不中謝索隱曰謂侍御之官也對曰凡人之思故在其病也彼思越則越聲不思越則楚聲使人往聽之猶尚越聲也今臣雖棄逐之楚豈能無秦聲哉惠王曰善今韓魏相攻朞年不解或謂寡人救之便或曰勿救便索隱曰此張儀等計策寡人不能決願子為子主計之索隱曰子指陳軫主謂楚王也餘為寡人計之陳軫對曰亦嘗有以夫卞莊子刺虎聞於王者乎

索隱曰戰國策作館莊子館謂逆旅舍其人字莊子或作辨莊子莊子欲刺虎館豎子止之曰兩虎方且食牛食甘必爭爭則必鬬鬬則大者傷小者死從傷而刺之一舉必有雙虎之名卞莊子以為然立須之有頃兩虎果鬬大者傷小者死莊子從傷者而刺之一舉果有雙虎之功今韓魏相攻朞年不解是必大國傷小國亡從傷而伐之一舉必有兩實此猶莊子刺虎之類也臣主與王何異也索隱曰臣主謂軫之主楚王也王秦惠王也言我主與王俱宜待韓魏之弊而擊之亦無以異也惠王曰善卒弗救大國果傷小國亡秦興兵而伐大剋之此陳軫之計也

犀首者魏之陰晉人也名衍姓公司馬彪曰犀首魏官名若今虎牙將軍孫氏與張儀不善張儀為秦之魏魏王相張儀犀首弗利故令人謂韓公叔曰張儀已合秦魏矣其言曰正義曰此張儀之辭魏攻南陽秦攻三川魏王所以貴張子者欲得韓地也且韓之南陽已舉矣子何不少委焉以為衍功則秦魏之交可錯矣索隱曰錯音措錯猶止也然則魏必圖秦而棄儀收韓而相衍公叔以為便因委之犀首以為功果相魏張儀去徐廣曰復相秦義渠君朝於魏犀首聞張儀復相秦害之犀首乃謂義渠君曰道遠不得復過索隱曰言義渠道遠今日已後不得復過相見請謁事情索隱曰謂欲以急告語之也曰中國無事索隱曰謂山東諸侯齊魏之大國也正義曰中國謂關東六國無事不共攻秦秦得燒掇

焚杅（徐廣曰二孤切。索隱曰援音部活反，謂焚燒而侵掠也。焚杅音煩烏，謂焚燒而牽掣也。戰國策云且燒燭獲君之國，是說其事也）君之國有事（索隱曰謂山東諸国共伐秦也），秦將輕使重幣事君之國（索隱曰謂秦求親義渠君也。○正義曰謂六國攻秦，秦若被攻伐，則必輕使重幣事義渠之国，欲令相助也。首此言者，今義渠共勿援秦也）。其後五國伐秦（索隱曰按表秦惠王後元七年，楚魏趙韓燕五国共攻秦，是其事者也）。會陳軫謂秦王曰：「義渠君者，蠻夷之賢君也，不如賂之以撫其志。」秦王曰：「善。」乃以文繡千純（索隱曰凡絲綿布帛等一段為一純，純音屯也）婦女百人遺義渠君。義渠君致羣臣而謀曰：「此公孫衍所謂邪？」（索隱曰謂上文犀首云君国有事，秦將輕使重幣事君之国，故云公孫衍之所謂因也）乃起兵襲秦，大敗秦人李伯之下（索隱曰謂義渠破秦軍於李伯之下，則李伯人名，或邑號）。

張儀已卒之後，犀首入相秦，甞佩五國之相印，為約長（索隱曰犀首後相五国，或從或横，常為約長）。

太史公曰：三晉多權變之士，夫言從衡彊秦者大抵皆三晉之人也。夫張儀之行事甚於蘇秦，然世惡蘇秦者，以其先死，而儀振暴其短以扶其說（索隱曰暴音步卜反。振謂振暢而暴露其短，扶謂說彼之非成我之是，扶會己之說也），成其衡道（索隱曰張儀說六国使連衡而事秦，故云成其衡道。然山東地形從長，蘇秦相六国令從親而賓秦也；関西地形衡長，張儀相六国令破其從而連秦之衡，故蘇為合從，張為連衡也）。要之，此兩人真傾危之士哉！

索隱述贊曰：

儀未遭時，頻被困辱。及相秦惠，先韓後蜀。連衡齊魏，傾危誑惑。陳軫挾權，犀首騁欲。如何三晉，繼有斯德。（司馬貞論之事）

張儀列傳第十　史記七十

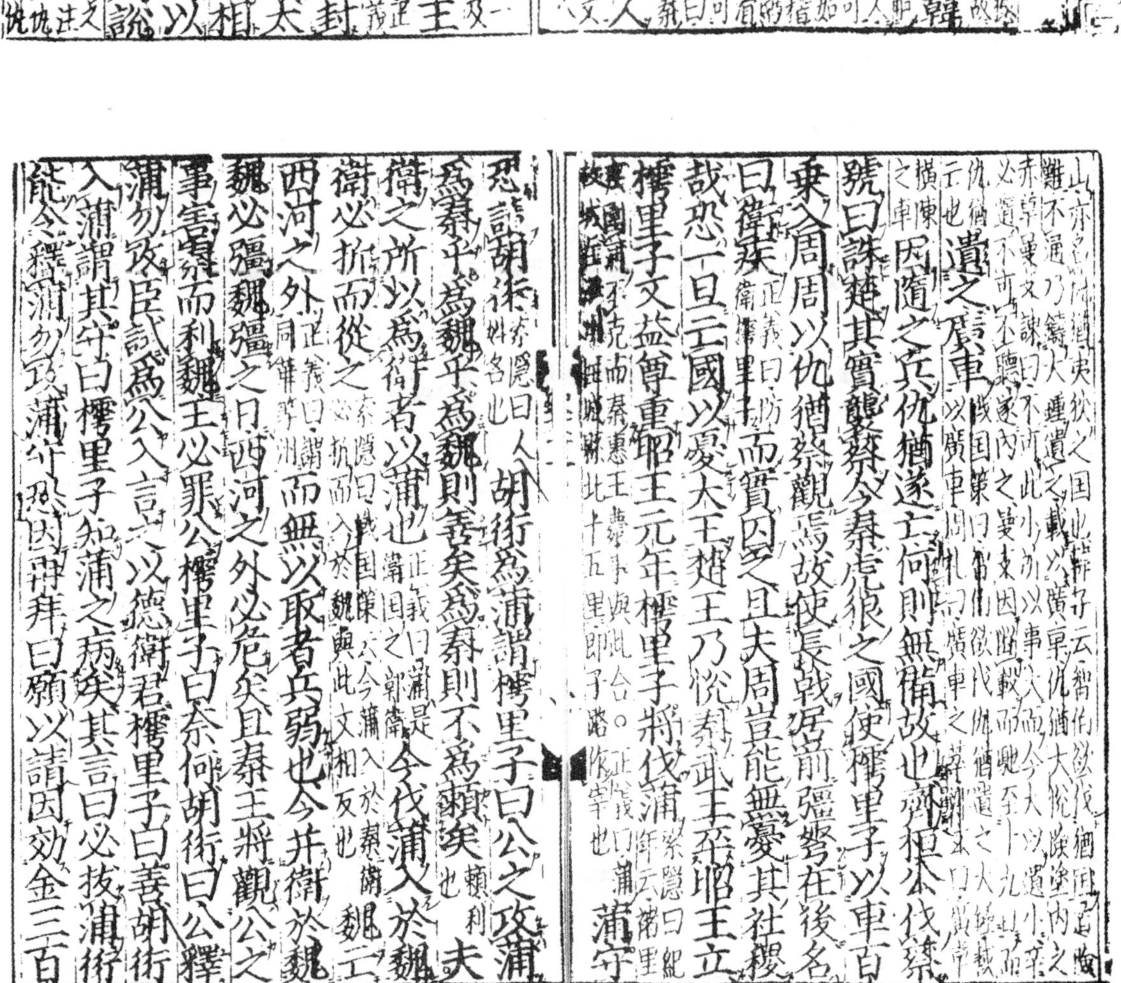

樗里子甘茂列傳第十一　史記七十一

樗里子者，名疾，秦惠王之弟也，與惠王異母。母，韓女也。樗里子滑稽多智，秦人號曰智囊。秦惠王八年，爵樗里子右更，使將而伐曲沃，盡出其人，取其城，地入秦。秦惠王二十五年，使樗里子爲將伐趙，虜趙將軍莊豹，拔藺。明年，助魏章攻楚，敗楚將屈丐，取漢中地。秦封樗里子，號爲嚴君。秦惠王卒，太子武王立，逐張儀、魏章，而以樗里子、甘茂爲左右丞相。秦使甘茂攻韓，拔宜陽，使樗里子以車百乘入周。周以卒迎之，意甚敬。楚王怒，讓周，以其重秦客。游騰爲周說楚王曰：知伯之伐仇猶，

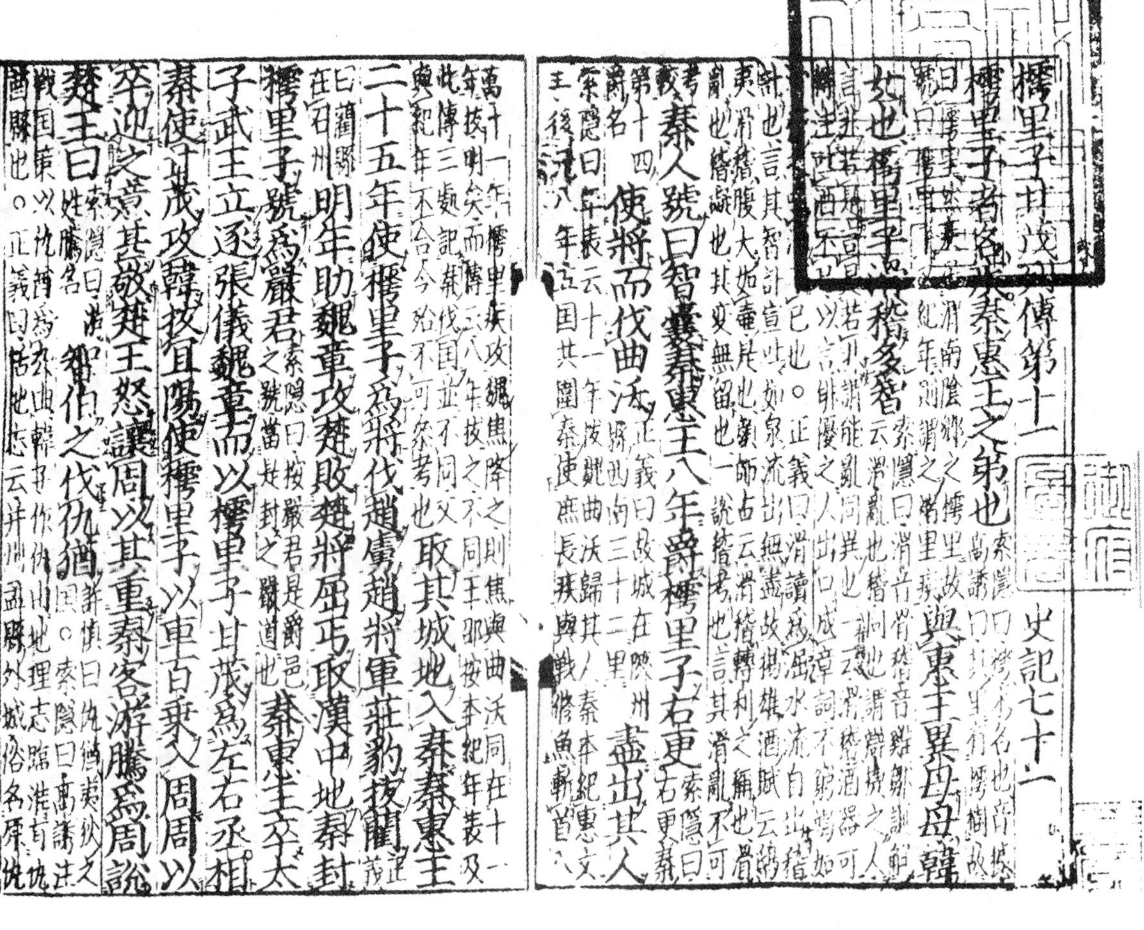

遺之廣車，因隨之以兵，仇猶遂亡。何則？無備故也。齊桓公伐蔡，號曰誅楚，其實襲蔡。今秦，虎狼之國，使樗里子以車百乘入周，周以仇猶、蔡觀焉，故使長戟居前，彊弩在後，名曰衛疾，而實囚之。且夫周豈能無憂其社稷哉？恐一旦亡國以憂大王。楚王乃悅。秦武王卒，昭王立，樗里子又益尊重。昭王元年，樗里子將伐蒲。蒲守恐，請胡衍。胡衍爲蒲謂樗里子曰：公之攻蒲，爲秦乎？爲魏乎？爲魏則善矣，爲秦則不爲賴矣。夫衛之所以爲衛者，以蒲也。今伐蒲入於魏，衛必折而從之。魏亡西河之外而無以取者，兵弱也。今并衛於魏，魏必彊。魏彊之日，西河之外必危矣。且秦王將觀公之事，害秦而利魏，王必罪公。樗里子曰：奈何？胡衍曰：公釋蒲勿攻，臣試爲公入言之，以德衛君。樗里子曰：善。胡衍入蒲，謂其守曰：樗里子知蒲之病矣，其言曰必拔蒲。衍能令釋蒲勿攻。蒲守恐，因再拜曰：願以請。因效金三百

史部　第一冊

岸曰：秦兵苟退，請必言子於衛君，使子為南面。故胡衍受金於蒲以自貴於衛。於是遂解蒲而去，還擊皮氏。（正義曰：故城在絳州龍門縣西百四十步，魏邑。）皮氏未降，又去。昭王七年，樗里子卒，葬于渭南章臺之東。（索隱曰：按《黃圖》在渭南，即秦故城。）曰：「後百歲，是當有天子之宮夾我墓。」樗里子疾室在於昭王廟西渭南陰鄉樗里，故俗謂之樗里子。至漢興，長樂宮在其東，未央宮在其西，（正義曰：漢長樂宮在長安縣西北十五里，未央在縣西北十四里，皆在長安故城中。）武庫正直其墓。（索隱曰：直如字，讀直猶當也。）秦人諺曰：「力則任鄙，智則樗里。」

甘茂者，下蔡人也。（索隱曰：《地理志》下蔡縣屬沛南也。○正義曰：今潁州縣，即州來國。）事下蔡史舉先生，（索隱曰：《戰國策》及《韓子》皆云史舉，上蔡監門者。）學百家之說。因張儀、樗里子而求見秦惠王。王見而說之，使將，而佐魏章略定漢中地。惠王卒，武王立。張儀、魏章去，東之魏。蜀侯煇、相壯反，（索隱曰：煇音暉，又音胡昆反。秦之公子封蜀也。《華陽國志》作暉。壯音側狀反，姓陳也。）秦使甘茂定蜀。還，而以甘茂為左丞相，以樗里子為右丞相。秦武王三年，謂甘茂曰：「寡人欲容車通三川，以窺周室，而寡人死不朽矣。」甘茂曰：「請之魏，約以伐韓，而令向壽輔行。」（正義曰：向受二音，人姓名。）甘茂至，謂向壽曰：「子歸，言之於王曰『魏聽臣矣，然願王勿伐』。事成，盡以為子功。」向壽歸，以告王，王迎甘茂於息壤。（索隱曰：《山海經》啓筮云：鯀竊帝之息壤以堙洪水。或云甘伯是此也。○正義曰：息壤，秦邑。）甘茂至，王問其故。對曰：「宜陽，大縣也，上黨、南陽積之久矣。（索隱曰：上黨、南陽並積貯日久。○正義曰：韓之北三郡積貯在河北，宜陽縣之又可有五倍，日久矣。）名曰縣，其實郡也。今王倍數險，行千里攻之，難。（索隱曰：難音乃旦反。）昔曾參之處費，（音秘。）魯人有與曾參同姓名者殺人，人告其母曰『曾參殺人』，其母織自若也。頃之，一人又告之曰『曾參殺人』，其母尚織自若也。頃又一人告之曰『曾參殺人』，其母投杼下機，踰牆而走。夫以曾參之賢與其母信之也，三人疑之，其母懼焉。今臣之賢不若曾參，王之信臣又不如曾參之母信曾參也，疑臣者非特三人，臣恐大王之投杼也。始張儀西并巴蜀之地，北開西河之外，南取上庸，天下不以多張子而以賢先王。魏文侯令樂羊將而攻中山，三年而拔之。樂羊返而論功，文侯示之謗書一篋。樂羊再拜稽首曰：『此非臣之功也，主君之力也。』今臣，羈旅之臣也。樗里子、公孫奭（索隱曰：《戰國策》作公孫衍。正義：奭音釋。）二人者挾韓而議之，王必聽之，是王欺魏王而臣受公仲侈之怨也。」（索隱曰：侈，一作馮。）王曰：「寡人不聽也，請與子盟。」卒使丞相甘茂將兵伐宜陽。五月而不拔，樗里子、公孫奭果爭之。（正義曰：甘茂歸至息壤，與秦王盟，恐後樗里子、公孫奭以伐韓不利，二子果爭之。）武王召甘茂，欲罷兵。甘茂曰：「息壤在彼。」（正義：王召甘茂欲罷兵，甘茂云息壤在彼，秦邑也。）王曰：「有之。」因大悉起兵，使甘茂擊

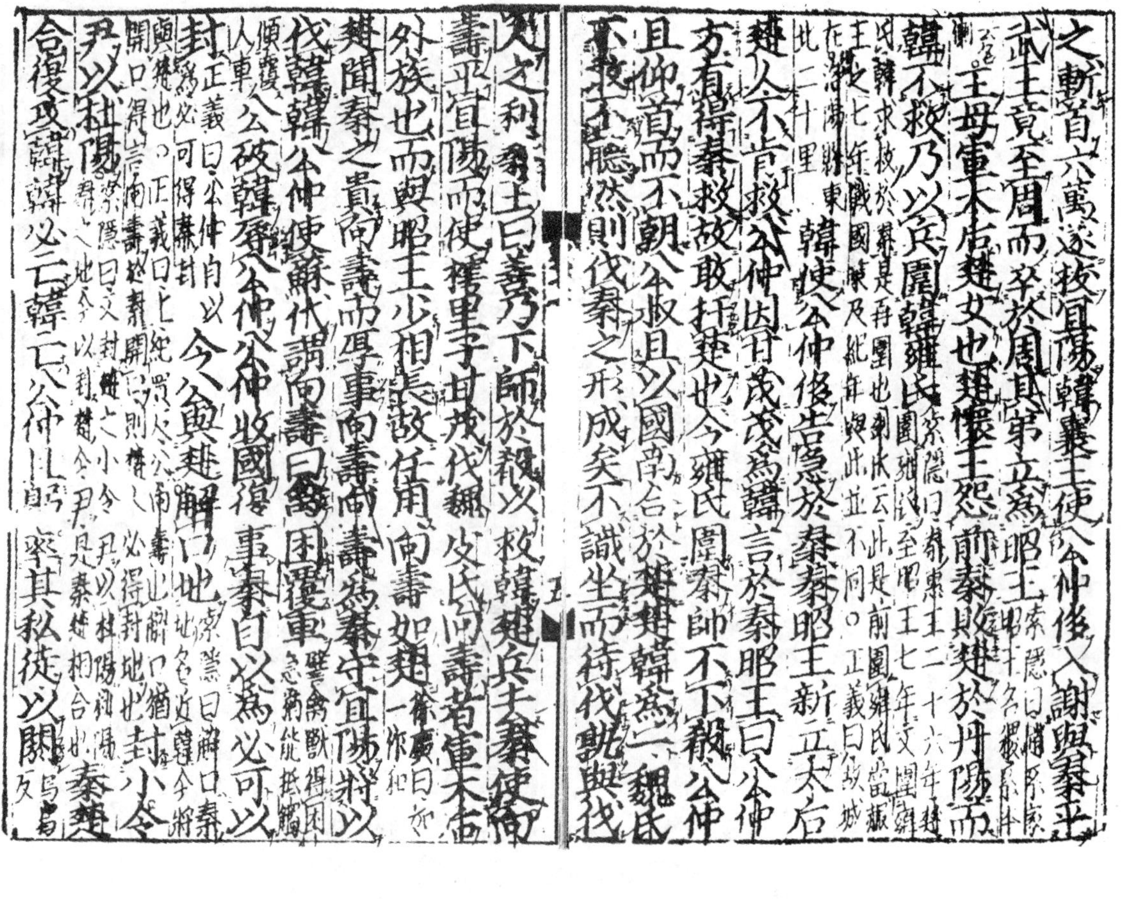

之斷首六萬遂拔宜陽韓襄王使公仲侈入謝與秦平武王竟至周而卒於周其弟立為昭王王母宣太后楚女也楚懷王怨前秦敗楚於丹陽而韓不救乃以兵圍韓雍氏韓使公仲侈告急於秦秦昭王新立太后楚人不肯救公仲因甘茂茂為韓言於秦昭王曰公仲方有得秦救故敢扞楚也今雍氏圍秦師不下殽公仲且仰首而不朝公叔且以國南合於楚楚韓為一魏氏不敢不聽然則伐秦之形成矣不識坐而待伐孰與伐人之利秦王曰善乃下師於殽以救韓楚兵去秦使向壽平宜陽而使樗里子甘茂伐魏皮氏向壽者宣太后外族也而與昭王少相長故任用向壽如楚楚聞秦之貴向壽而厚事向壽向壽為秦守宜陽將以伐韓韓公仲使蘇代謂向壽曰禽困覆車公破韓辱公仲公仲收國復事秦自以為必可以封今公與楚解口地封小令尹以杜陽秦楚合復攻韓韓必亡韓亡公仲且躬率其私徒以閼

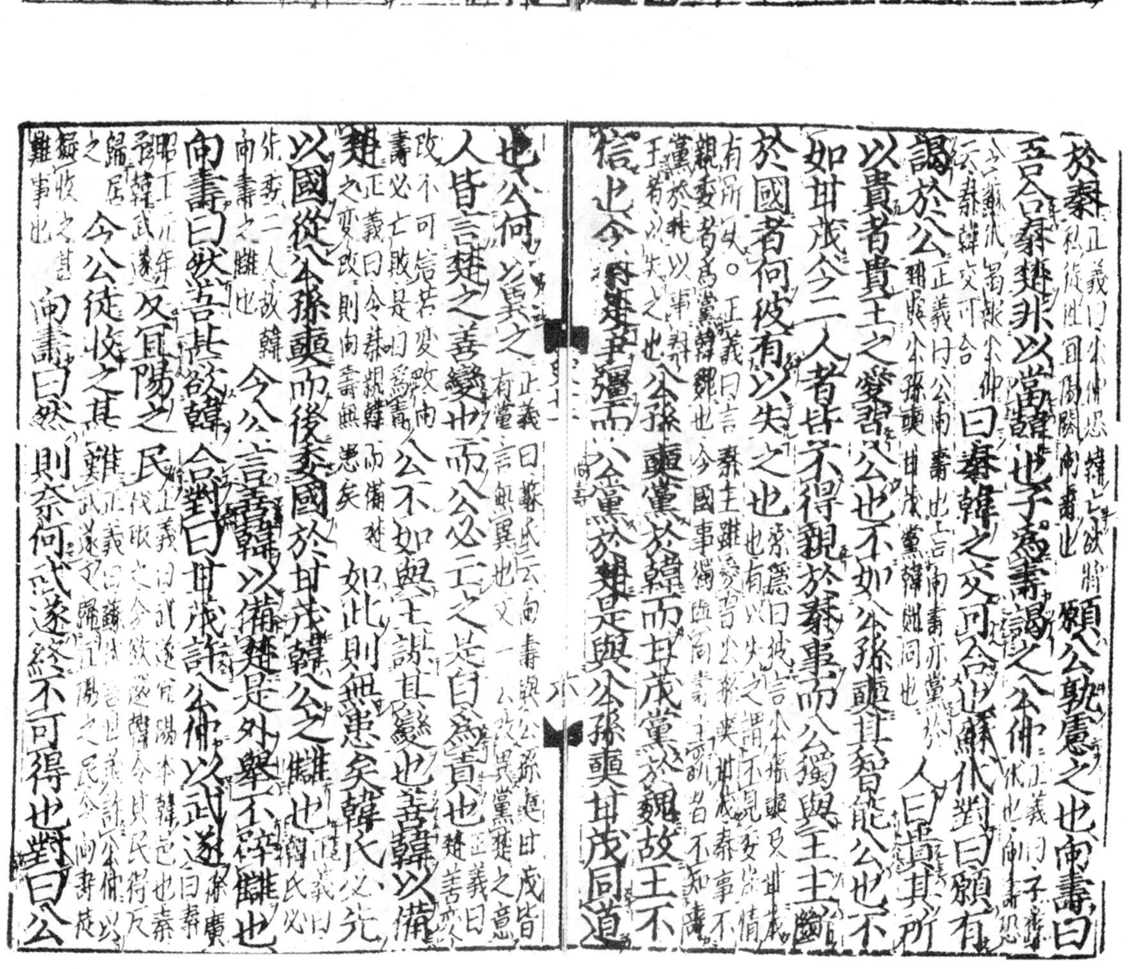

於秦願公孰慮之也向壽曰吾合秦楚非以當韓也子為壽謁之公仲曰秦韓之交可合也蘇代對曰願有謁於公人曰貴其所以貴者貴王之愛習公也不如公孫奭其智能公也不如甘茂今二人者皆不得親於秦事而公獨與王主斷於國者何彼有以失之也公孫奭黨於韓而甘茂黨於魏故王不信也今秦楚爭彊而公黨於楚是與公孫奭甘茂同道也公何以異之人皆言楚之善變也而公必亡之是自為責也公不如與王謀其變也善韓以備楚如此則無患矣韓氏必先以國從公孫奭而後委國於甘茂韓公之讎也今公言善韓以備楚是外舉不僻讎也向壽曰然吾甚欲韓合對曰甘茂許公仲以武遂反宜陽之民今公徒收之甚難向壽曰然則奈何武遂終不可得也對曰公

矣。不如以秦為韓求潁川於楚，正義曰潁川許州也楚侵韓潁川韓求之今向壽以秦城邑為韓就楚求○索隱潁川是[illegible]向壽 此韓之寄地也。公求而得之，是令行於楚而以其地德韓也。公求而不得，是韓楚之怨不解，己買反 而交走秦也。索隱曰韓楚怨不解二國交走向秦也 秦楚爭彊而公徐過楚，徐廣曰過一作適○正義曰言二國皆事秦公則激說楚之過失以收韓則利於秦也 以收韓，此利於秦。向壽曰：柰何？對曰：此善事也。甘茂欲以魏取齊，公孫奭欲以韓取齊。今公取宜陽以為功，收楚韓以安之，而誅齊魏之罪，正義曰言公孫奭甘茂皆欲以秦挾韓魏而取齊今向壽取宜陽為功收楚韓以安之向壽責齊魏之罪是公孫奭甘茂不得同合韓魏於秦以伐齊也 是以公孫奭甘茂無事也。甘茂竟言秦昭王，以武遂復歸之韓。正義曰年表云秦昭王元年予韓武遂也 向壽、公孫奭爭之，不能得。向壽、公孫奭由此怨，讒甘茂。茂懼，輟伐魏蒲阪，亡去。徐廣曰昭王元年拔之魏史氏未[illegible]我去也 樗里子與魏講，索隱曰鄒氏云講讀曰媾媾猶和 罷兵。

甘茂之亡秦奔齊，逢蘇代。代為齊使於秦。甘茂曰：臣得罪於秦，懼而遯逃，無所容跡。臣聞貧人女與富人女會績，貧人女曰：我無以買燭，而子之燭光幸有餘，子可分我餘光，無損子明而得一斯便焉。今臣困而君方使秦而當路矣。茂之妻子在焉，願君以餘光振之。蘇代許諾。遂致使於秦。已，因說秦王曰：甘茂，非常士也。其居於秦，累世重矣。自殽塞及至鬼谷，徐廣曰在陽城○正義曰二殽在洛州永寧縣西北 其地形險易皆明知之。彼以齊約韓魏反以圖秦，非秦之利也。秦王曰：然則柰何？蘇代曰：王不若重其贄，厚其祿以迎之，使彼來則置之鬼谷，正義曰劉伯莊云此鬼谷內滎陽東陽城谷也按陽城谷時屬韓秦不得言置之 終身勿出。秦王曰：善。即賜之上卿，以相印迎之於齊。甘茂不往。蘇代謂齊湣王曰：夫甘茂，賢人也。今秦賜之上卿，以相印迎之。甘茂德王之賜，好為王臣，故辭而不往。今王何以禮之？齊王曰：善。即位之上卿而處之。索隱曰處猶留也 秦因復甘茂之家以市於齊。正義曰復音福

齊使甘茂於楚，楚懷王新與秦合婚而驩。徐廣曰昭王二年時迎婦於楚 而秦聞甘茂在楚，使人謂楚王曰：願送甘茂於秦。楚王問於范蜎 徐廣曰一作環○索隱曰休緣反又音休軟反戰國策一作蜎字○正義曰許緣反也 曰：寡人欲置相於秦，孰可？對曰：臣不足以識之。楚王曰：寡人欲相甘茂，可乎？對曰：不可。夫史舉，下蔡之監門也，大不為事君，小不為家室，以苟賤不廉聞於世，甘茂事之順焉。故惠王之明，武王之察，張儀之辯，而甘茂事之，取十官而無罪。茂誠賢者也，然不可相於秦。夫秦之有賢相，非楚國之利也。且王前嘗用召滑於越，徐廣曰滑一作消 而內行章義之難，徐廣曰一云內句章昧之難○索隱曰召滑內行猶潛也外則佯忠義內卒包藏禍心講難於楚戰國策云內句章昧之難也 越國亂，故楚南塞厲門 徐廣曰一作瀨湖○正義曰劉伯莊云厲門度嶺南之要路 而郡江東。正義曰吳越之城皆為楚之都邑

計王之功所以能如此者越國亂而楚治也今王知用
諸越而忘用諸秦臣以王為鉅過矣然則王若欲置相
於秦則莫若向壽者可夫向壽之於秦王親也少與之
同衣長與之同車以聽事王必相向壽於秦則楚國之
利也於是使使請秦相向壽於秦秦卒相向壽而甘茂
竟不得復入秦卒於魏甘茂有孫曰甘羅

甘羅者甘茂孫也茂既死後甘羅年十二事秦相文信
侯呂不韋秦始皇帝使剛成君蔡澤於燕
三年而燕王喜使太子丹入質於秦秦使張唐往相燕欲
與燕共伐趙以廣河間之地張唐謂文信侯曰臣嘗為
秦昭王伐趙趙怨臣曰得唐者與百里之地今之燕必
經趙臣不可以行文信侯不快未有以彊也甘羅曰君
侯何不快之甚也文信侯曰吾令剛成君蔡澤事燕三
年燕太子丹已入質矣吾自請張卿相燕而不肯行
甘羅曰臣請行之文信侯叱曰去我身自請
之而不肯汝焉能行之甘羅曰夫項橐生
七歲為孔子師今臣生十二歲於茲
矣君其試臣何遽叱乎於是甘羅見張卿曰卿之功孰
與武安君卿曰武安君南挫彊楚北威燕趙戰勝攻取
破城墮邑不知其數臣之功不如也甘羅曰應侯之用

於秦也孰與文信侯專張卿曰應侯不如文
信侯專甘羅曰卿明知其不如文信侯專與曰知之甘
羅曰應侯欲攻趙武安君難之去咸陽七里而立死於
杜郵今文信侯自請卿相燕而不肯行臣不知卿所死
處矣張唐曰請因孺子行令裝治行行有日甘羅謂文
信侯曰借臣車五乘請為張唐先報趙文信侯乃入言
之於始皇曰昔甘茂之孫甘羅年少耳然名家之子孫
諸侯皆聞之今者張唐欲稱疾不肯行甘羅說而行之
今願先報趙請許遣之始皇召見使甘羅於趙趙襄王
郊迎甘羅甘羅說趙王曰王聞燕太子丹入質秦歟曰
聞之曰聞張唐相燕歟曰聞之燕太子丹入秦者燕不
欺秦也張唐相燕者秦不欺燕也燕秦不相欺者伐趙
危矣燕秦不相欺無異故欲攻趙而廣河間王不如齎
臣五城以廣河間請歸燕太
子與彊趙攻弱燕趙王立自割五城以廣河間秦歸燕
太子趙攻燕得上谷三十城令
秦有十一甘羅還報秦乃
封甘羅以為上卿復以始甘茂田宅賜之

太史公曰樗里子以骨肉重固其理而秦人稱其智故
頗采焉甘茂起下蔡閭閻顯名諸侯重彊齊楚

［此蓋言其見重於齊楚誤脫一字。正義曰甘茂爲強齊楚所重也。］甘羅年少，然出一奇計，聲稱後世。雖非篤行之君子，然亦戰國之策士也。方秦之彊時，天下尤趨謀詐哉。

索隱述贊曰：

嚴君名疾，厥號智囊。既親且重，稱兵外攘。甘茂並相，初佐魏章。始推向壽，乃攻宜陽。甘羅妙歲，卒起張唐。

樗里子甘茂列傳第十一　　史記七十一

穰侯列傳第十二　　史記七十二

穰侯魏冄者，秦昭王母宣太后弟也。［索隱曰宣太后之異父長弟也。姓魏，名冄，封之穰，地理志穰縣在南陽。宣太后者惠王之妃，姓羋氏，曰羋八子也。］其先楚人，姓羋氏。［正義曰羋，亡爾反。］秦武王卒，無子，立其弟為昭王。昭王母故號為羋八子，及昭王即位，羋八子號為宣太后。宣太后非武王母。武王母號曰惠文后，先武王死。［索隱曰秦本紀云昭王二年，庶長壯與大臣公子為逆，皆誅，及惠文后皆不得良死。又按紀年云秦內亂，殺其太后及公子雍、公子壯，是也。］宣太后二弟：其異父長弟曰穰侯，姓魏氏，名冄；同父弟曰羋戎，為華陽君。［索隱曰華陽，韓地，後屬秦。羋戎後又號新城君。○正義曰司馬彪云華陽亭名，在洛州密縣。又故華城在鄭州管城縣南三十里，即此城。］而昭王同母弟曰高陵君［索隱曰名顯］、涇陽君［索隱曰名悝］。而魏冄最賢，自惠王、武王時任職用事。武王卒，諸弟爭立，唯魏冄力為能立昭王。昭王即位，以冄為將軍，衛咸陽。誅季君之亂，［徐廣曰年表曰季君為亂誅。本紀曰庶長壯與大臣公子謀反伏誅。○索隱曰按季君即公子壯，僭立而號曰季君。穰侯力能立昭王，為將軍衛咸陽，誅季君及惠文后，故本紀言伏誅，又云及惠文后皆不得良死，蓋謂惠文后時黨公子壯欲立之，及壯誅而太后憂死，故云不得良死，亦史諱之也。又逐武王后出之魏，亦事勢然云耳。］而逐武王后出之魏，昭王諸兄弟不善者皆滅之，威振秦國。昭王少，宣太后自治，任魏冄為政。昭王七年，樗里子死，而使涇陽君質於齊。趙人樓緩來相秦，趙不利，乃使仇液之秦，［索隱曰戰國策仇作机郝，蓋是一人而記別耳。○正義曰音亦，姓名。］請以魏冄為秦相。

仇液將行，其客宋公索隱曰戰國策作宋突謂液曰：秦不聽公，樓緩必怨公。公不若謂樓緩曰：請為公毋急秦。秦王見趙請相魏冉之不急，且不聽公。公言而事不成，以德樓子；事成，魏冉故德公矣。於是仇液從之。而秦果免樓緩而魏冉相秦。欲誅呂禮，禮出奔齊。昭王十四年，魏冉舉白起，使代向壽將而攻韓、魏，敗之伊闕，斬首二十四萬，虜魏將公孫喜。明年又取楚之宛、葉。魏冉謝病免相，以客卿壽燭為相。其明年，燭免，復相冉，乃封魏冉於穰，復益封陶，徐廣曰一作陰○索隱曰陶即定陶也徐廣曰作陰陰陶字本易誤也正義按定陶見有魏冉冢作陰非也號曰穰侯。

穰侯封四歲，為秦將攻魏。魏獻河東方四百里。拔魏之河內，取城大小六十餘。昭王十九年，秦稱西帝，齊稱東帝。月餘，呂禮來，而齊、秦各復歸帝為王。魏冉復相秦，六歲而免。免二歲，復相秦。四歲，而使白起拔楚之郢，秦置南郡。乃封白起為武安君。白起者，穰侯之所任舉也，相善。於是穰侯之富，富於王室。昭王三十二年，穰侯為相國，將兵攻魏，走芒卯，亡莫郎反下陌飽反入北宅，徐廣曰魏惠王五年與韓會宅陽○正義曰竹書云宅陽一名北宅括地志云宅陽故城在鄭州滎陽縣西南十七里遂圍大梁。梁大夫須賈說穰侯曰：臣聞魏之長吏謂魏王曰：昔梁惠王伐趙，戰勝三梁，徐廣曰一作宅世家云魏伐趙趙不利戰於南梁○索隱曰三梁即南梁也拔邯鄲；趙氏不割，而邯鄲復歸。齊人攻衛，拔故國，殺子良；索隱曰衛之故國謂楚丘也下文故地與此同謂衛地也戰國策衛字皆作燕子良作子之恐非也衛人不割，而故地復反。衛、趙之所以國全兵勁而地不并於諸侯者，以其能忍難而重出地也。宋、中山數伐割地，而國隨以亡。臣以為衛、趙可法，而宋、中山可為戒也。秦，貪戾之國也，而毋親。蠶食魏氏，又盡晉國，索隱曰河西河東河內並是故晉國之地今言秦蠶食魏氏盡晉國之地也戰勝暴子，徐廣曰韓將暴鳶割八縣，地未畢入，兵復出矣。夫秦何厭之有哉！今又走芒卯，入北宅，此非敢攻梁也，且劫王以求多割地。王必勿聽也。今王背楚、趙而講秦，索隱曰講和也楚、趙怒而去王，與王爭事秦，秦必受之。秦挾楚、趙之兵以復攻梁，則國求無亡不可得也。願王之必無講也。王若欲講，少割而有質；不然，必見欺。索隱曰謂與秦欲講少割地而求秦質不然必被秦欺也此臣之所聞於魏也，索隱曰須賈說穰侯言魏人謂魏王若少割而求質必是欺我即見欺於秦也願君王之以是慮事也。周書曰惟命不于常，此言幸之不可數也。夫戰勝暴子，割八縣，此非兵力之精也，又非計之工也，天幸為多矣。今又走芒卯，入北宅，以攻大梁，是以天幸自為常也。知者不然。臣聞魏氏悉其百縣勝甲以上戍大梁，臣以為不下三十萬。以三十萬之眾守梁七仞之城，劉熙曰四尺謂之仞仞倍尋臣以為湯、武復生，不易攻也。夫輕背楚、趙之兵，陵七仞之城，戰三十萬

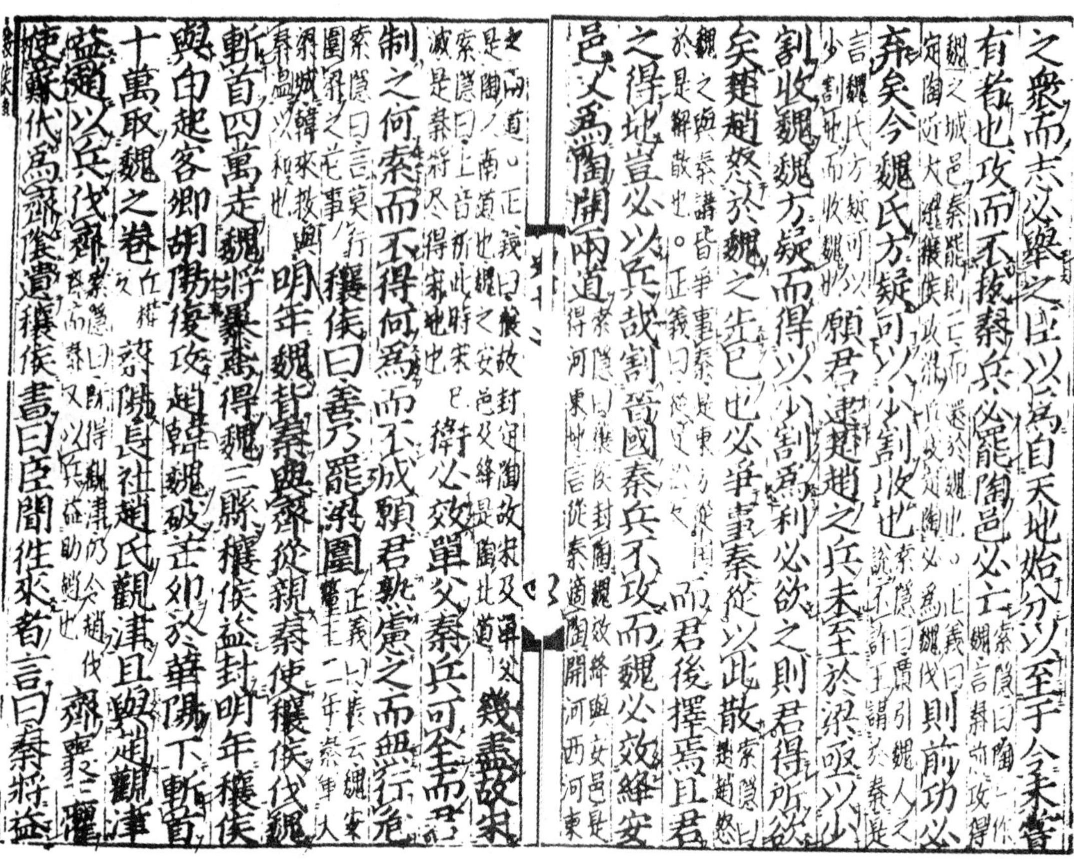

之衆而志必舉之臣以爲自天地始分以至于今未嘗有者也攻而不拔秦兵必罷陶邑必亡索隱曰陶一作魏言秦前攻得魏之城邑秦罷則亡而還於魏也○正義曰定陶近大梁穰侯攻梁以定陶必爲魏伐則前功必棄矣今魏氏方疑可以少割收也索隱曰責引魏人之說云許王請於秦是言魏氏方疑可以少割而收魏也願君逮楚趙之兵未至於梁亟以少割收魏魏方疑而得以少割爲利必欲之則君得所欲矣楚趙怒於魏之先己也必爭事秦從以此散索隱曰楚趙怒魏之與秦講皆爭事秦是東方從於是解散也○正義曰從子容反而君後擇焉且君之得地豈必以兵哉割晉國秦兵不攻而魏必效絳安邑又爲陶開兩道索隱曰穰侯封陶魏效絳與安邑是得河東地言從秦適陶開河西河東之兩道○正義曰穰侯封定陶故宋及單父是陶之南道也魏之安邑及絳是陶北道幾盡故宋索隱曰上言幾盡故宋此時宋已滅是秦將欲盡得宋地也衛必效單父秦兵可全而君制之何索而不得何爲而不成願君熟慮之而無行危索隱曰言莫行圍梁之危事穰侯曰善乃罷梁圍正義曰七國表云魏安釐王二年秦軍大梁城韓來救與秦溫以和也明年魏背秦與齊從親秦使穰侯伐魏斬首四萬走魏將暴鳶得魏三縣穰侯益封明年穰侯與白起客卿胡陽復攻趙韓魏破芒卯於華陽下斬首十萬取魏之卷丘權反蔡陽長社趙氏觀津且與趙觀津益趙以兵伐齊索隱曰既得觀津乃令趙伐齊之而秦又以兵益助趙也齊襄王懼使蘇代爲齊陰遺穰侯書曰臣聞往來者言曰秦將益

趙甲四萬以伐齊臣竊必之索隱曰告齊王言秦必定不益兵以助趙○正義曰謂臣蘇代也又知秦与趙甲四萬以伐齊弊邑之王曰正義曰謂齊王也秦王明而熟於計穰侯智而習於事必不益趙甲四萬以伐齊是何也夫三晉之相與也秦之深讎也百相背也百相欺也不爲不信不爲無行今破齊以肥趙趙秦之深讎不利於秦此一也秦之謀者必曰破齊弊晉楚正義曰今晉楚伐齊晉楚之國亦弊敝而後制晉楚之勝夫齊罷國也以天下攻齊始以千鈞之弩決潰癰也必死安能弊晉楚此二也秦少出兵則晉楚不信也多出兵則晉楚爲制於秦齊恐不走秦必走晉楚此三也秦割齊以啗晉楚晉楚案之以兵秦反受敵此四也是晉楚以秦謀齊以齊謀秦也何晉楚之智而秦齊之愚此五也故得安邑以善事之亦必無患矣秦有安邑韓氏必無上黨矣取天下之腸胃與出兵而懼其不反也孰利臣故曰秦王明而熟於計穰侯智而習於事必不益趙甲四萬以伐齊矣於是穰侯不行引兵而歸昭王三十六年相國穰侯言客卿竈欲伐齊取剛壽徐廣曰濟北有剛縣○正義曰故剛城在兗州龔丘縣界壽張鄆州縣也以廣其陶邑於是魏人范雎自謂張祿先生譏穰侯之伐齊乃越三晉以攻齊也以此時奸說秦昭王昭王於是用范雎范雎言宣太后專制穰侯擅權於諸侯涇陽君高

陵君之屬，太后高於王室。於是秦王悟，乃免相國，令涇陽之屬皆出關，就封邑。穰侯出關，輜車千乘有餘。穰侯卒於陶，而因葬焉。秦復收陶為郡。

太史公曰：穰侯，昭王親舅也。而秦所以東益地，弱諸侯，嘗稱帝於天下，天下皆西鄉稽首者，穰侯之功也。及其貴極富溢，一夫開說，身折勢奪而以憂死，況於羇旅之臣乎！

索隱述贊曰：
穰侯智識，應變無方。內倚太后，
外輔昭王。四登相位，再列封疆。
摧齊撓楚，破魏圍梁。一夫開說，
憂憤而亡。

旹至元戊子安
成彭寅翁新栞

穰侯列傳第十二　史記七十一

白起王翦列傳第十三　史記七十三

白起者，郿人也。正義曰：郿音眉，岐州縣。善用兵，事秦昭王。昭王十三年，而白起為左庶長，將而擊韓之新城。索隱曰：在河南也。○正義曰：今洛州伊闕。是歲，穰侯相秦，舉任鄙以為漢中守。其明年，白起為左更，攻韓、魏於伊闕，正義曰：今洛州南十九里伊闕山，號龍門，是也。斬首二十四萬，又虜其將公孫喜，拔五城。起遷為國尉。涉河取韓安邑以東，到乾河。徐廣曰：音干。駰案：鄒誕曰河因名乾河，里但有故溝處，无復水也。○索隱曰：魏以安邑入秦，然安邑以東至乾河皆韓故地，故云取韓安邑。明年，白起為大良造。攻魏，拔之，取城小大六十一。明年，起與客卿錯攻垣城，拔之。徐廣曰：河東垣縣。後五年，白起攻趙，拔光狼城。索隱曰：地理志不載光狼城，蓋屬趙国。○正義曰：光狼故城在澤州高平縣西二十五里也。後七年，白起攻楚，拔鄢、鄧五城。徐廣曰：昭王二十八年。○正義曰：鄢鄧二邑在襄州。其明年，攻楚，拔郢，燒夷陵，正義曰：夷陵今硤州郭下縣。遂東至竟陵。正義曰：故城在郢州長壽縣南百五十里，今復州亦是其地也。楚王亡去郢，東走徙陳。秦以郢為南郡。白起遷為武安君。武安君因取楚，定巫、黔中郡。昭王三十四年，白起攻魏，拔華陽，走芒卯，而虜三晉將，斬首十三萬。與趙將賈偃戰，沈其卒二萬人於河中。昭王四十三年，白起攻韓陘城，正義曰：陘故城在曲沃縣西北二十里，有絳州東北三十五里汾旁也。拔五城，斬首五萬。四十四年，白起攻南陽太行道，絕之。徐廣曰：此南陽，河內修武是。○正義曰：案南陽屬韓，秦

攻之則韓太行羊腸道絶矣四十五年伐韓之野王索隱曰地理志野王縣屬河内在太行東南盡東曰古邢国也野王降秦上黨道絶其守馮亭與民謀曰鄭道已絶徐廣曰河南新鄭韓之国都是也○索隱曰鄭国即韓之都在河南秦伐野王是上黨道絶也冀歸韓之韓必不可得為民秦兵日進韓不能應不如以上黨歸趙趙若受我秦怒必攻趙趙被兵必親韓韓趙為一則可以當秦因使人報趙趙孝成王與平陽君平原君計之索隱曰平陽君未詳何人平陽君曰不如勿受受之禍大於所得平原君曰無故得一郡受之便趙受之因封馮亭為華陽君正義曰常山一名華陽解在趙世家四十六年秦攻韓緱氏藺徐廣曰屬潁川○索隱曰今其地闕西河別有藺縣也○正義曰按檢諸地記潁川無藺括地志云

洛州嵩縣本夏之綸国也在縣東南六十里地理志云綸氏屬潁川郡按綸氏緱氏藺二邑名相近疑藺声相似字隨音而轉作藺拔之四十七年秦使左庶長王齕齕音紇攻韓取上黨上黨民走趙趙軍長平徐廣曰在泫氏○索隱曰地理志泫氏今在上黨郡也○正義曰長平故城在澤州高平縣西北二十一里也以按據上黨民索隱曰謂[illegible]以據援上黨四月齕因攻趙趙使廉頗將趙軍士卒犯秦斥兵索隱曰謂犯秦之斥候兵也秦斥兵斬趙裨將茄索隱曰音加裨將名也六月陷趙軍取二鄣四尉索隱曰鄣堡城尉官也○正義[illegible]括地志云趙鄣故城一名都尉城今名趙東城在澤州高平縣西二十五里又有故穀城即二城即二郡地也七月趙軍築壘壁而守之秦又攻其壘取二尉敗其陣徐廣曰一作乘奪西壘壁正義曰趙西壘在澤州高平縣北六里是也即廉頗堅壁以待秦上黨奪趙西壘壁者廉頗

堅壁以待秦秦數挑戰正義曰數音朔挑田鳥反趙兵不出趙王數以為讓而秦相應侯又使人行千金於趙為反間[illegible]莧反曰秦之所惡獨畏馬服子趙括將耳廉頗易與且降矣趙王既怒廉頗軍多失亡軍數敗又反堅壁不敢戰而又聞秦反間之言因使趙括代廉頗將以擊秦秦聞馬服子將乃陰使武安君白起為上將軍而王齕為尉裨將令軍中有敢泄武安君將者斬趙括至則出兵擊秦軍秦軍詳敗而走正義曰詳音羊張二奇兵以劫之趙軍逐勝追造秦壁正義曰秦壁一名秦壘今名秦長壘壁堅拒不得入而秦奇兵二萬五千人絶趙軍後又一軍五千騎絶趙壁間

趙軍分而為二糧道絶而秦出輕兵擊之趙戰不利因築壁堅守正義曰趙壁今名趙東壘亦名趙東長壘在澤州高平縣北五里即趙括築壁自敗處以待救至秦王聞趙食道絶王自之河内正義曰時已屬秦故發其兵賜民爵各一級發年十五以上悉詣長平索隱[illegible]遮絶趙救及糧食至九月趙卒不得食四十六日皆内陰相殺食來攻秦壘欲出為四隊四五復之不能出其將軍趙括出鋭卒自搏戰秦軍射殺趙括括軍敗卒四十萬人降武安君武安君計曰前秦已拔上黨上黨民不樂為秦而歸趙趙卒反覆非盡殺之恐為亂乃挾詐而盡坑殺之遺其小者二百四十人歸趙前後斬

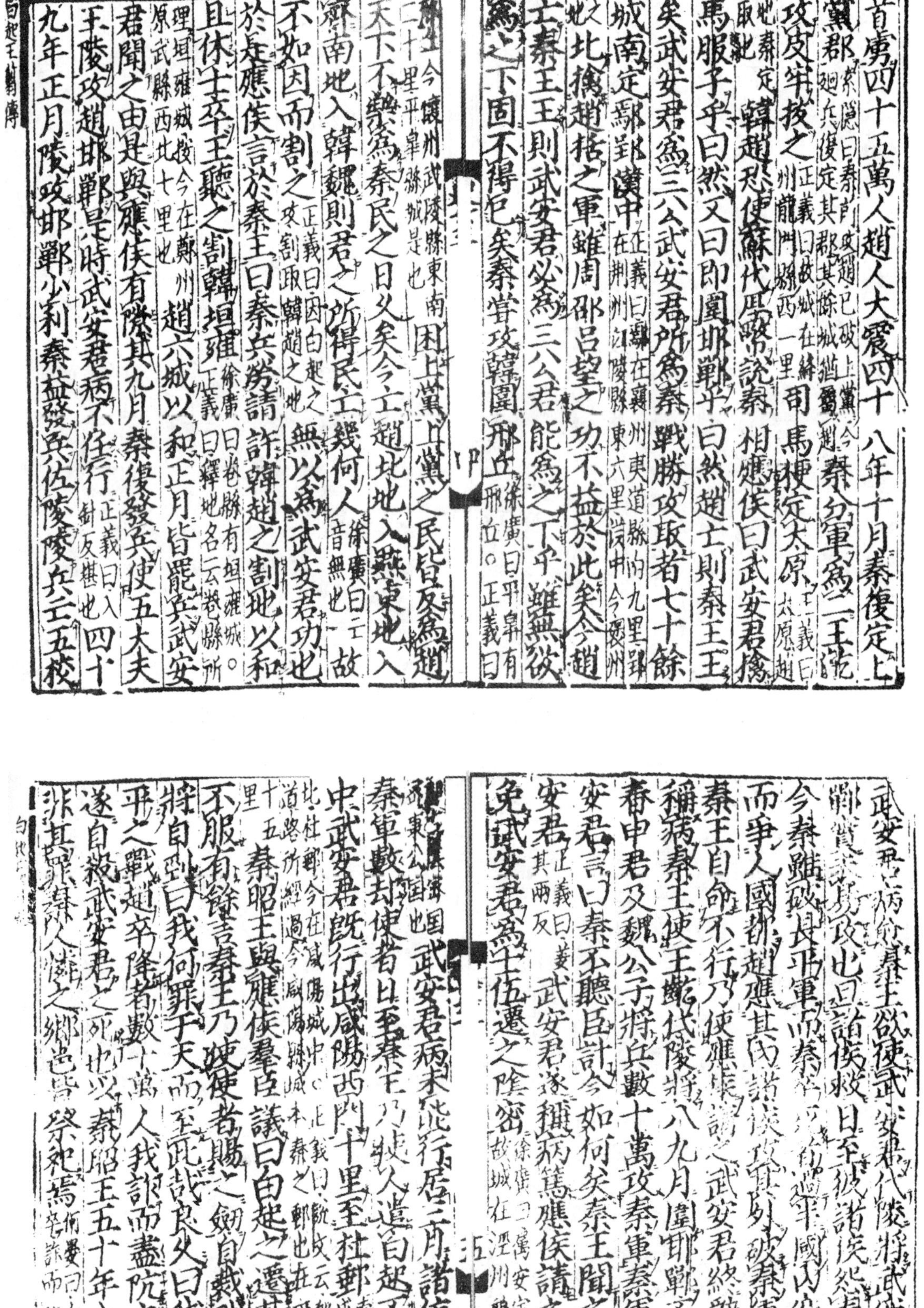

首虜四十五萬人趙人大震四十八年十月秦復定上黨郡索隱曰秦前已攻趙已破上黨今趙迴兵復定其郡其餘城猶屬趙秦分軍為二王齕攻皮牢拔之正義曰故城在絳州龍門縣西一里司馬梗定太原正義曰太原趙地秦定取趙韓趙恐使蘇代厚幣說秦相應侯曰武安君禽馬服子乎曰然又曰即圍邯鄲乎曰然趙亡則秦王王矣武安君為三公武安君所為秦戰勝攻取者七十餘城南定鄢郢漢中正義曰鄢在襄州率道縣南九里郢在荊州江陵縣東六里漢中今梁州之地北禽趙括之軍雖周召呂望之功不益於此矣今趙亡秦王王則武安君必為三公君能為之下乎雖無欲為之下固不得已矣秦嘗攻韓圍邢丘徐廣曰平皋有邢丘○正義曰邢丘今懷州武陟縣東南二十里平皋縣城是也困上黨上黨之民皆反為趙天下不樂為秦民之日久矣今亡趙北地入燕東地入齊南地入韓魏則君之所得民亡幾何人徐廣曰亡音無也故不如因而割之正義曰因白起之攻割取韓趙之地無以為武安君功也於是應侯言於秦王曰秦兵勞請許韓趙之割地以和且休士卒王聽之割韓垣雍徐廣曰卷縣有垣雍城○正義曰釋地名云卷縣所理垣雍城今在鄭州原武縣西北七里也趙六城以和正月皆罷兵武安君聞之由是與應侯有隙其九月秦復發兵使五大夫王陵攻趙邯鄲是時武安君病不任行正義曰入針反堪也四十九年正月陵攻邯鄲少利秦益發兵佐陵陵兵亡五校

白起王翦列傳

武安君病愈秦王欲使武安君代陵將武安君言曰邯鄲實未易攻也且諸侯救日至彼諸侯怨秦之日久矣今秦雖破長平軍而秦卒死者過半國內空遠絕河山而爭人國都趙應其內諸侯攻其外破秦軍必矣不可秦王自命不行乃使應侯請之武安君終辭不肯行遂稱病秦王使王齕代陵將八九月圍邯鄲不能拔楚使春申君及魏公子將兵數十萬攻秦軍秦軍多失亡武安君言曰秦不聽臣計今如何矣秦王聞之怒彊起武安君正義曰彊其兩反武安君遂稱病篤應侯請之不起於是免武安君為士伍遷之陰密徐廣曰屬安定○正義曰故城在涇州鶉觚縣西[illegible]東[illegible]國也武安君病未能行居三月諸侯攻秦軍急秦軍數卻使者日至秦王乃使人遣白起不得留咸陽中武安君既行出咸陽西門十里至杜郵索隱曰按故咸陽城在渭北杜郵今在咸陽城中○正義曰顏云郵境上行舍道路所經過今咸陽縣城本秦之郵也在雍州西北二十五里秦昭王與應侯羣臣議曰白起之遷其意尚怏怏不服有餘言秦王乃使使者賜之劍自裁武安君引劍將自剄曰我何罪于天而至此哉良久曰我固當死長平之戰趙卒降者數十萬人我詐而盡阬之是足以死遂自殺武安君之死也以秦昭王五十年十一月死而非其罪秦人憐之鄉邑皆祭祀焉何晏曰白起之降趙卒詐而阬其四十萬

白起王翦列傳

豈徒臨暴之謂乎，後亦難以重得志矣。向使衆人皆豫知降之必死，則張虛捲，猶可畏也。況於四十萬被堅執鋭哉。天下見降秦之將頭顱似山，歸秦之衆骸積成丘，則後日之戰，死當死耳，何眾肯服，何城肯下。乃爲[illegible]四十萬之命而適足以彊天下之戰。欲以要一朝之功，而乃更堅諸侯之守，故兵進而自伐其勢，軍勝而還喪其計。何者。設使趙衆復合，馬服更生，則後日之戰，必非前日之對也，況今皆使天下爲後日乎。貞所以終不敢復加兵於邯鄲者，非但憂平原之補袒，患諸侯之救至也，徒諱之而不言耳。若不悟而不諱，則毋所以遠智也。可謂善戰而拙勝。長平之事，秦民之十五以上者皆荷戟而向趙矣。秦王又親自賜民爵於河內。夫以秦之彊，而十五以上死傷過半者，此爲破趙之功小，傷秦之敗大，又何稱奇哉。若後之役成不豫其論者，則秦衆多矣。降者可致也，必不可以致。若本自當戰殺，不當受降詐也。戰殺雖難，降殺雖易，然降殺之爲害，禍大於剽戰也。○索隱曰：捲，古拳字，音權。[illegible]又字亦作綣，[illegible]

王翦者，頻陽東鄉人也。索隱曰：地理志云頻陽縣屬左馮翊。應劭曰：在頻水之陽也。○正義曰：故城在雍州東同官縣界也。少而好兵，事秦始皇。始皇十一年，翦將攻趙閼與，正義[illegible]音預。破之，拔九城。十八年，翦將攻趙。歲餘，遂拔趙，趙王降，盡定趙地爲郡。明年，燕使荊軻爲賊於秦，秦王使王翦攻燕。燕王喜走遼東，翦遂定燕薊而還。正義曰：薊音計。秦使翦子王賁擊荊，徐廣曰：秦諱楚，故云荊也。○索隱曰：賁音奔。荊兵敗。還擊魏，魏王降，遂定魏地。秦始皇既滅三晉，走燕王，而數破荊師。秦將李信者，年少壯勇，嘗以兵數千逐燕太子丹至於衍水中，卒破得丹，始皇以爲賢勇。於是始皇問李信：「吾欲攻取荊，於將軍度用幾何人而足？」李信曰：「不過用二十萬人。」始皇問王翦，王翦曰：「非六十萬人不可。」始皇曰：「王將軍老矣，何怯也！李將軍果勢壯勇，徐廣曰：勢一作新。其言是也。」遂使李信及蒙恬將二十萬南伐荊。王翦言不用，因謝病，歸老於頻陽。李信攻平與，與音余。○正義曰：在[illegible]東北五十四里也。蒙恬攻寢，徐廣曰：今固始寢丘。●索隱曰：固始縣屬淮陽，寢丘亦縣名。大破荊軍。信又攻鄢郢，破之，於是引兵而西，與蒙恬會城父。索隱曰：在汝南[illegible]。○正義曰：言引兵而會城父，則是汝州郟城縣東父城者也。括地志云：汝州郟城縣東四十里有父城故城，即服虔云城父楚北境者也。又許州葉縣東北四十五里亦有外城故城，即杜預云襄城城父縣者也。此二城父之名耳。服虔云城父是也。左傳及注水經云楚大城城父，以居太子建居之。并三州志云太子建所居城父，謂今亳州城父是地。此三家之說是城父之名，地理志云潁川入城縣，沛郡城父縣，[illegible]，其名自分，古先無異，後[illegible]使其名錯亂。荊人因隨之，三日三夜不頓舍，大破李信軍，入兩壁，殺七都尉，秦軍走。始皇聞之，大怒，自馳如頻陽，見謝王翦曰：「寡人以不用將軍計，李信果辱秦軍。今聞荊兵日進而西，將軍雖病，獨忍棄寡人乎！」王翦謝曰：「老臣罷病悖亂，正義曰：罷音皮，悖音背。唯大王更擇賢將。」始皇謝曰：「已矣，將軍勿復言！」王翦曰：「大王必不得已用臣，非六十萬人不可。」始皇曰：「爲聽將軍計耳。」於是王翦將兵六十萬人，始皇自送至灞上。王翦行，請美田宅園池甚衆。始皇曰：「將軍行矣，何憂貧乎？」王翦曰：「爲大王將，有功終不得封侯，故及大王之嚮臣，臣亦及時以請園池爲子孫業耳。」始皇大笑。王翦既至關，使使

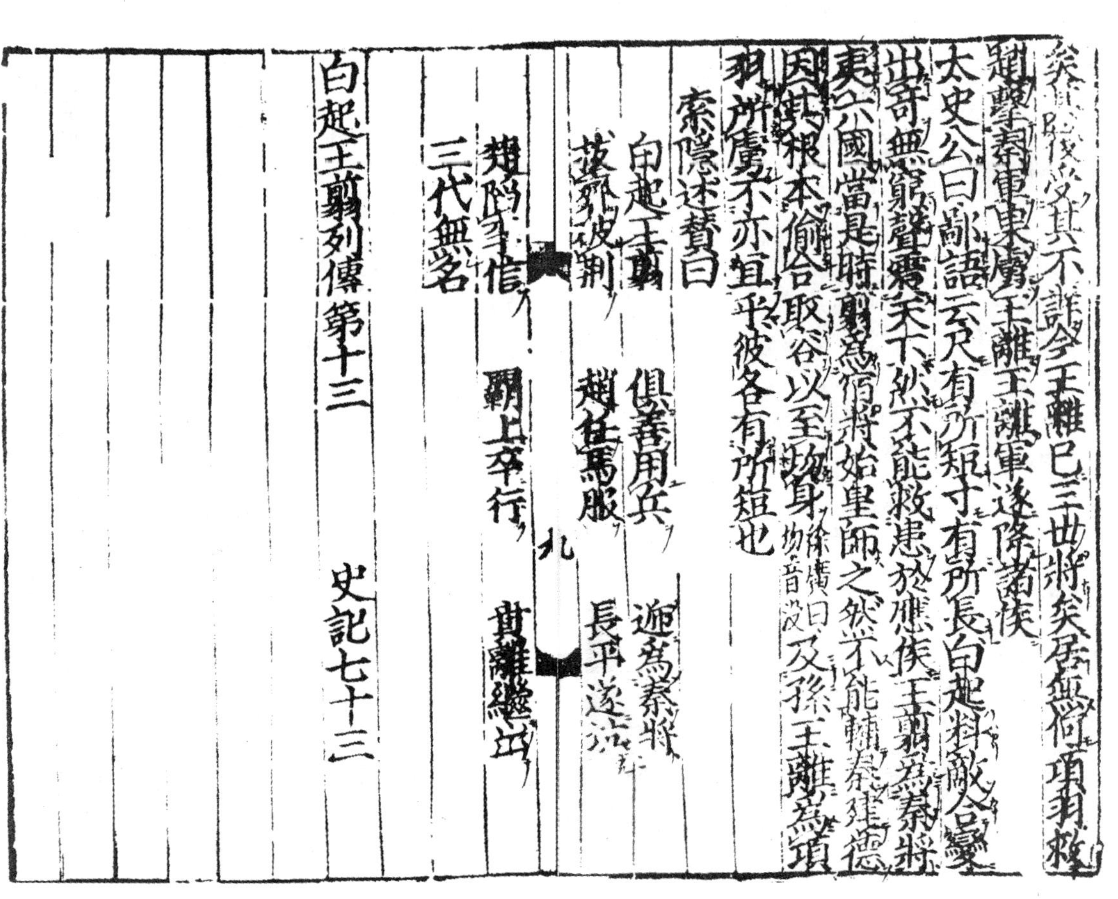

遂請善田者五輩（徐廣曰：善一作留。索隱曰：謂使者五度請也）。或曰：將軍之乞貸亦已甚矣。王翦曰：不然。夫秦王怚（徐廣曰：怚音麤。一作粗）而不信人。今空秦國甲士而專委於我，我不多請田宅為子孫業以自堅，顧令秦王坐而疑我邪？王翦果代李信擊荊。荊聞王翦益軍而來，乃悉國中兵以拒秦。王翦至，堅壁而守之，不肯戰。荊兵數出挑戰，終不出。王翦日休士洗沐，而善飲食撫循之，親與士卒同食。久之，王翦使人問軍中戲乎？對曰：方投石超距（徐廣曰：超一作拔。駰案：漢書云甘延壽投石拔距，絕於等倫。張晏曰：范蠡兵法飛石重十二斤，為機發行三百步。延壽有力，能以手投之。拔距，超距也。索隱曰：超距猶跳躍也）。於是王翦曰：士卒可用矣。荊數挑戰而秦不出，乃引而東。翦因舉兵追之，令壯士擊，大破荊軍。至蘄南（正義曰：徐州縣也），殺其將軍項燕，荊兵遂敗走。秦因乘勝略定荊地城邑。歲餘，虜荊王負芻，竟平荊地為郡縣。因南征百越之君。而王翦子王賁與李信破定燕齊地。秦始皇二十六年，盡并天下，王氏、蒙氏功為多，名施於後世。秦二世之時，王翦及其子賁皆已死，而又滅蒙氏。陳勝之反秦，秦使王翦之孫王離擊趙，圍趙王及張耳鉅鹿城（正義曰：今邢州平鄉縣城，本鉅鹿郡城也）。或曰：王離，秦之名將也。今將彊秦之兵，攻新造之趙，舉之必矣。客曰：不然。夫為將三世者必敗。必敗者何也？以其所殺伐多

白起王翦列傳　　史七十三　八

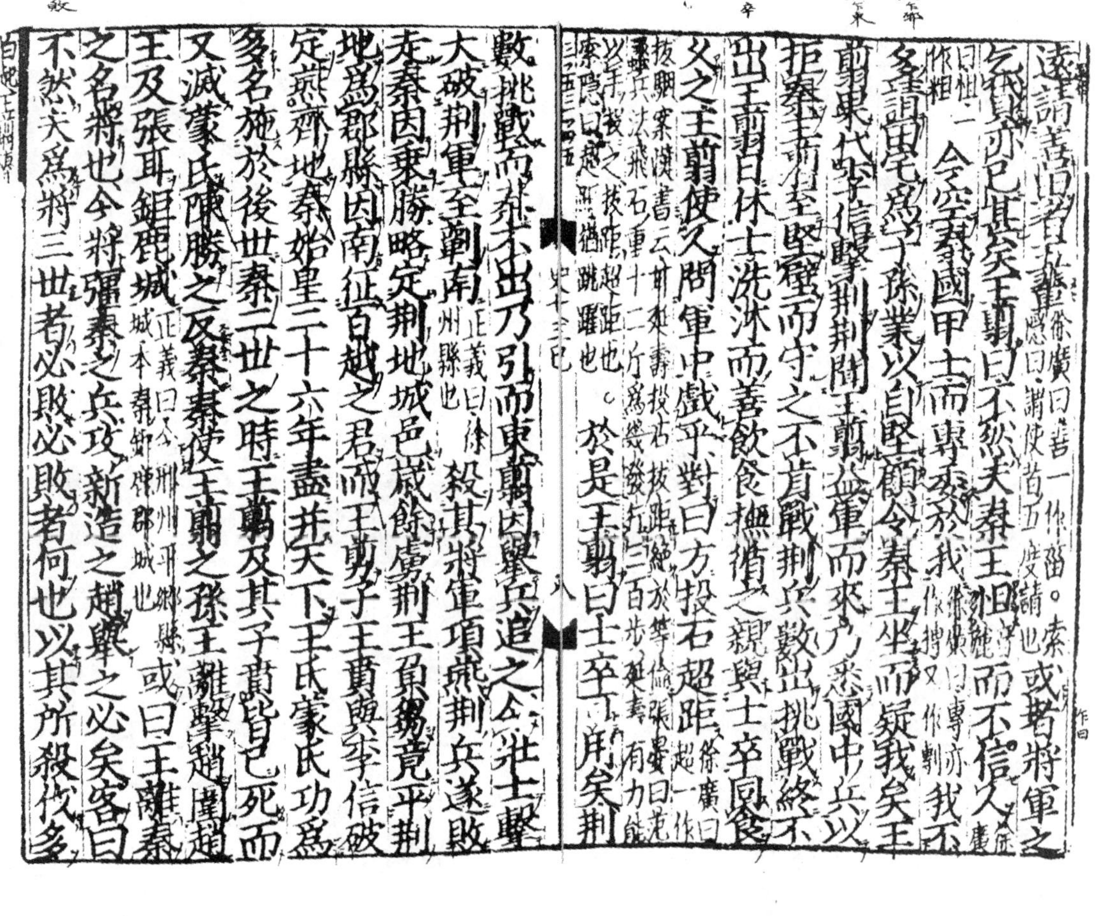

矣，其後受其不祥。今王離已三世將矣。居無何，項羽救趙，擊秦軍，果虜王離，王離軍遂降諸侯。

太史公曰：鄙語云「尺有所短，寸有所長」。白起料敵合變，出奇無窮，聲震天下，然不能救患於應侯。王翦為秦將，夷六國，當是時，翦為宿將，始皇師之，然不能輔秦建德，固其根本，偷合取容，以至圽身（徐廣曰：圽音沒）。及孫王離為項羽所虜，不亦宜乎！彼各有所短也。

索隱述贊曰：白起王翦，俱善用兵。遞為秦將，拔郢破荊。趙任馬服，長平遂阬。翦因李信，翦上卒行。賁離繼出，三代無名。

九

白起王翦列傳第十三　　史記七十三

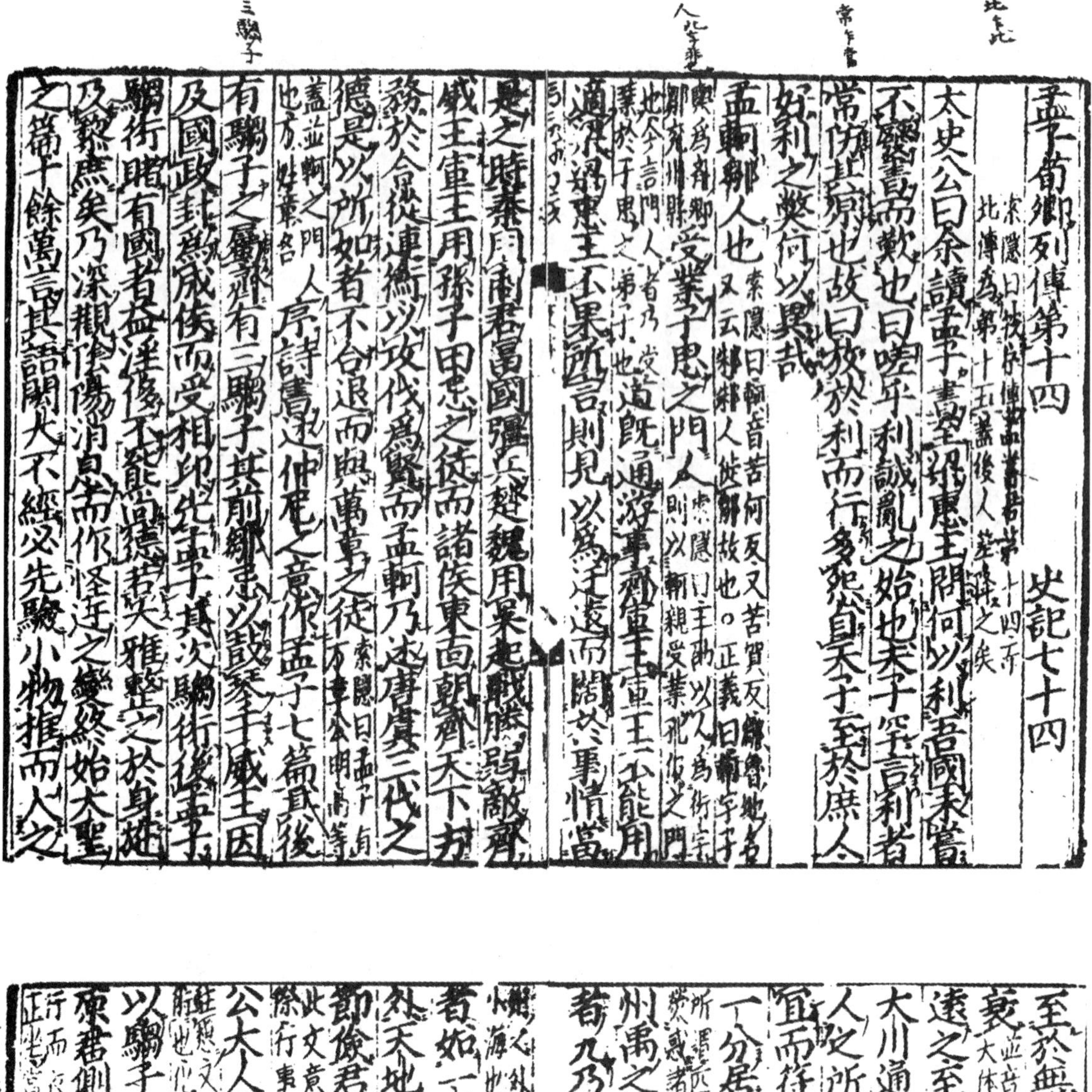

北ヒ比　常ト當　人北宇乖　齊有三騶子

孟子荀卿列傳第十四　史記七十四

索隱曰按序傳孟嘗君第十四而此傳為第十五蓋後人差降之失

太史公曰余讀孟子書至梁惠王問何以利吾國未嘗不廢書而歎也曰嗟乎利誠亂之始也夫子罕言利者常防其原也故曰放於利而行多怨自天子至於庶人好利之弊何以異哉

孟軻騶人也索隱曰軻音苦何反又苦賀反騶魯地名又云邾邾人徙騶故也受業子思之門人道既通游事齊宣王宣王不能用適梁梁惠王不果所言則見以為迂遠而闊於事情當是之時秦用商君富國彊兵楚魏用吳起戰勝弱敵齊威王宣王用孫子田忌之徒而諸侯東面朝齊天下方務於合從連衡以攻伐為賢而孟軻乃述唐虞三代之德是以所如者不合退而與萬章之徒序詩書述仲尼之意作孟子七篇其後有騶子之屬

齊有三騶子其前騶忌以鼓琴干威王因及國政封為成侯而受相印先孟子其次騶衍後孟子騶衍睹有國者益淫侈不能尚德若大雅整之於身施及黎庶矣乃深觀陰陽消息而作怪迂之變終始大聖之篇十餘萬言其語閎大不經必先驗小物推而大之至於無垠先序今以上至黃帝學者所共術大並世盛衰因載其禨祥度制推而遠之至天地未生窈冥不可考而原也先列中國名山大川通谷禽獸水土所殖物類所珍因而推之及海外人之所不能睹稱引天地剖判以來五德轉移治各有宜而符應若茲以為儒者所謂中國者於天下乃八十一分居其一分耳中國名曰赤縣神州赤縣神州內自有九州禹之序九州是也不得為州數中國外如赤縣神州者九乃所謂九州也於是有裨海環之索隱曰裨音脾裨海小海也人民禽獸莫能相通者如一區中者乃為一州如此者九乃有大瀛海環其外天地之際焉其術皆此類也然要其歸必止乎仁義節儉君臣上下六親之施始也濫耳王公大人初見其術懼然顧化其後不能行之是以騶子重於齊適梁惠王郊迎執賓主之禮適趙平原君側行撇席如燕昭王擁彗先驅

之掃地以衣袂擁篲而却行，恐塵埃之及長者，所以為敬也 請列弟子之座而受業，築碣石宮，正義曰：碣石宮在幽州薊縣西三十里寧臺之東 身親往師之。作主運。索隱曰：劉向別錄云：騶子書有主運篇 其游諸侯見尊禮如此，豈與仲尼菜色陳蔡，孟軻困於齊梁同乎哉！索隱曰：仲尼、孟子，以仁義之化，凡菜色困窮，而騶衍執詭怪惑諸侯，其見禮重如此，可為長太息哉 故武王以仁義伐紂而王，伯夷餓不食周粟；衛靈公問陳，而孔子不答；梁惠王謀欲攻趙，孟軻稱大王去邠。索隱曰：孟子大王去邠，是對滕文公語，今云梁惠王謀，與孟子不同 此豈有意阿世俗苟合而已哉！持方枘欲內圜鑿，其能入乎？索隱曰：方枘是筍也，圜鑿是孔也。謂工人斲木以方筍而內之圜孔，不可入也。故楚詞云：以方枘而內圜鑿，吾固知其鉏鋙而難入。謂戰國時仲尼、孟軻以仁義干世主，猶方枘圜鑿然也 或曰，伊尹負鼎而勉湯以王，百里奚飯牛車下而繆公用霸，作先合，然後引之大道。騶衍其言雖不軌，儻亦有牛鼎之意乎？索隱曰：呂氏春秋云：函牛之鼎不可以烹雞。是其有牛鼎之言也。今騶衍之術迂大，儻若大用之，是亦有牛鼎之意。而譙周亦云：觀太史公此論，是其愛奇之甚矣

自騶衍與齊之稷下先生，如淳于髡、慎到、環淵、接子、田駢、騶奭之徒，索隱曰：稷，齊之城門也。或云稷，山名。謂齊之學士集於稷門之下也。環淵、接子，古著書人之稱號也。駢音步堅反，又步經反。○正義曰：慎子十卷，在法家，則戰國時處士。接子二篇，田子二十五篇，齊人，游稷下，號天口駢。鄒奭十二篇，陰陽家 各著書言治亂之事，以干世主，豈可勝道哉！

淳于髡，齊人也。博聞彊記，學無所主。其諫說，慕晏嬰之

三

為人也，然而承意觀色為務。客有見髡於梁惠王，惠王屏左右，獨坐而再見之，終無言也。惠王怪之，以讓客曰：「子之稱淳于先生，管、晏不及，及見寡人，寡人未有得也。豈寡人不足為言邪？何故哉？」客以謂髡。髡曰：「固也。吾前見王，王志在驅逐；後復見王，王志在音聲：吾是以默然。」客具以報王，王大駭，曰：「嗟乎，淳于先生誠聖人也！前淳于先生之來，人有獻善馬者，寡人未及視，會先生至。後先生之來，人有獻謳者，未及試，亦會先生來。寡人雖屏人，然私心在彼，有之。」索隱曰：謂私心實在彼，有之，謂我實有此也 後淳于髡見，壹語連三日三夜無倦。惠王欲以卿相位待之，髡因謝去。於是送以安車駕駟，束帛加璧，黃金百鎰。終身不仕。

四

慎到，趙人。田駢、接子，齊人。環淵，楚人。皆學黃老道德之術，因發明序其指意。故慎到著十二論，徐廣曰：今慎子，劉向所定，有四十一篇 環淵著上下篇，而田駢、接子皆有所論焉。

騶奭者，齊諸騶子，亦頗采騶衍之術以紀文。於是齊王嘉之，自如淳于髡以下，皆命曰列大夫，為開第康莊之衢，爾雅曰：四達謂之衢，五達謂之康，六達謂之莊 高門大屋，尊寵之。覽天下諸侯賓客，言齊能致天下賢士也。

荀卿，趙人。索隱曰：名況。卿者，時人相尊而號為卿也。仕齊為祭酒，仕楚為蘭陵令。後亦謂之孫卿子者

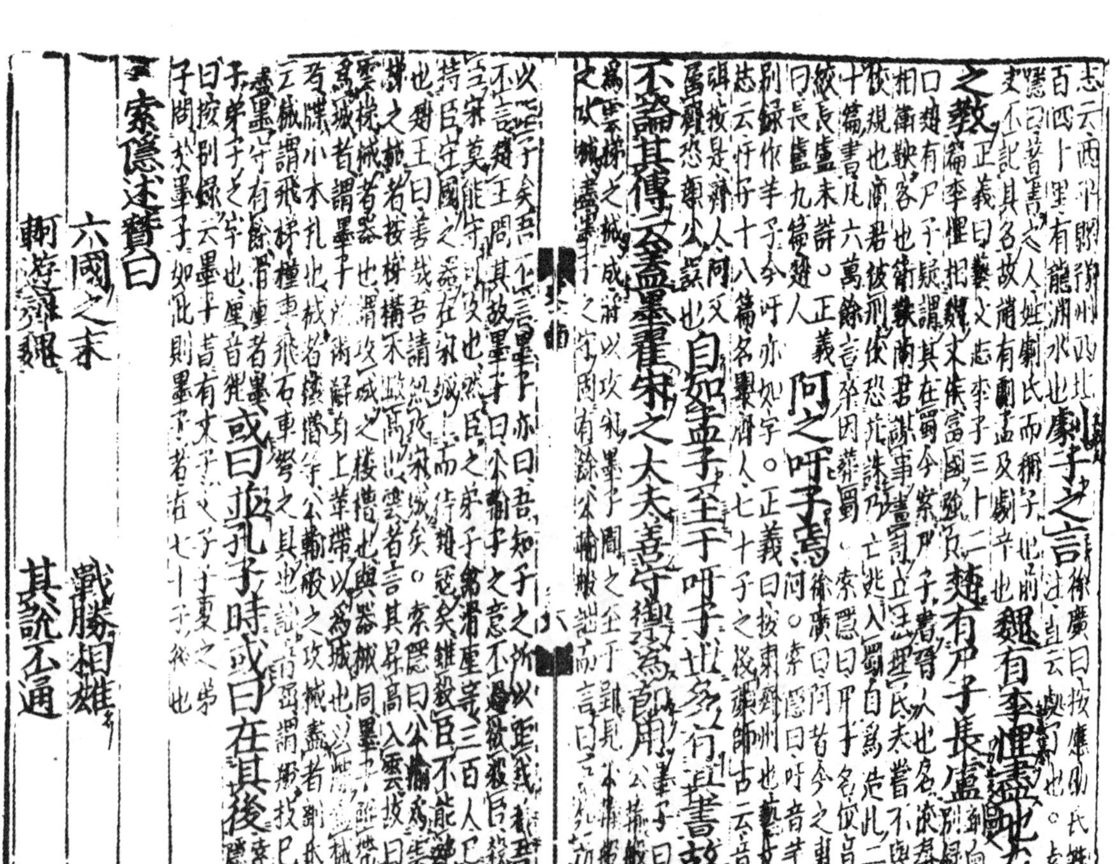

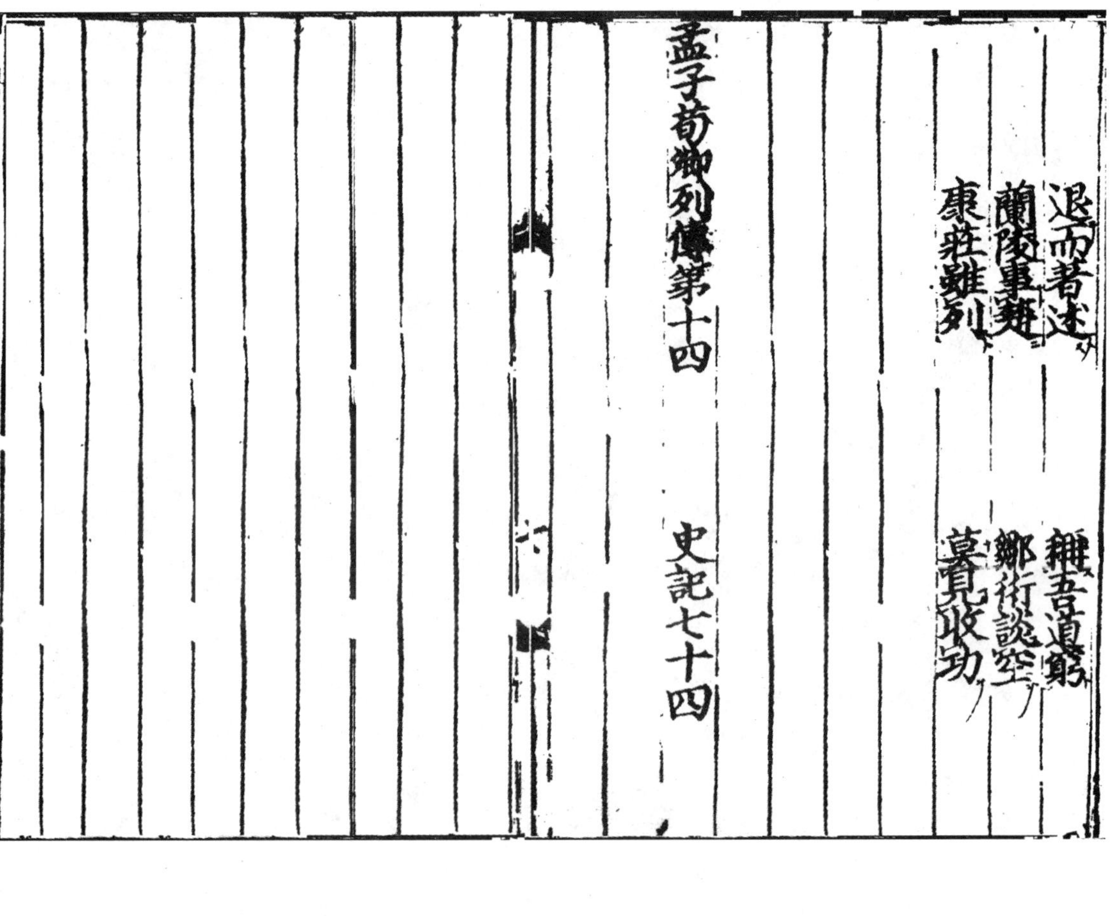

退而著述　稱吾道窮
蘭陵事楚　騶衍談空
康莊雖列　莫覺成功

孟子荀卿列傳第十四　史記七十四

孟嘗君列傳第十五　史記七十五

孟嘗君名文，姓田氏。文之父曰靖郭君田嬰。田嬰者，齊威王少子而齊宣王庶弟也。索隱曰：戰國策及諸書並無此言，蓋諸田之別子也。按戰國策每稱嬰子，嬰子高誘注云田嬰也。又按戰國策云齊貌辨謂宣王曰：王方為太子時，辨謂靖郭君不若廢太子更立郊師，靖郭君不忍。宣王太息曰：寡人少殊不知。以此言之，嬰非宣王弟明也。田嬰自威王時任職用事，與成侯鄒忌及田忌將而救韓伐魏。成侯與田忌爭寵，成侯賣田忌。田忌懼，襲齊之邊邑，不勝，亡走。會威王卒，宣王立，知成侯賣田忌，乃復召田忌以為將。宣王二年，田忌與孫臏、田嬰俱伐魏，敗之馬陵，虜魏太子申而殺魏將龐涓。索隱曰：紀年當梁惠王二十八年，至三十一年改為後元也。宣王七年，田嬰使於韓、魏，韓、魏服於齊。嬰與韓昭侯、魏惠王會齊宣王東阿南，盟而去。正義曰：東阿，濟州縣也。索隱曰：紀年當惠王之後元十一年，作平阿。又云十三年會齊威王于甄。與此明年齊宣王與梁惠王會甄文同，但齊之威、宣二王文舛互不同也。明年，復與梁惠王會甄。甄音絹。是歲，梁惠王卒。宣王九年，田嬰相齊。齊宣王與魏襄王會徐州而相王也。正義曰：紀年云梁惠王三十一年，邳遷于薛，改名徐州。楚威王聞之，怒田嬰。明年，楚伐敗齊師於徐州，而使人逐田嬰。田嬰使張丑說楚威王，威王乃止。田嬰相齊十一年，宣王卒，湣王即位。即位三年，而封田嬰於薛。索隱曰：紀年以為梁惠王後元十三年四月，齊威王封田嬰于薛。十月，齊城薛。十四年，薛子嬰來朝。十五年，齊威王薨。嬰初封彭城。皆與此文異。○正義曰：薛故城在今徐州滕縣南四十四里也 初田嬰有子四十餘人其賤妾有子名文文以五月五日生嬰告其母曰勿舉也其母竊舉生之 索隱曰上舉謂初誕而舉之下舉謂浴而乳之生謂長養之也 及長其母因兄弟而見其子文於田嬰田嬰怒其母曰吾令若去此子而敢生之何也文頓首因曰君所以不舉五月子者何故嬰曰五月子者長與戶齊將不利其父母 索隱曰風俗通云俗說五月五日生子男害父女害母也 文曰人生受命於天乎將受命於戶邪嬰默然文曰必受命於天君何憂焉必受命於戶則可高其戶耳誰能至者嬰曰子休矣久之文承閒問其父嬰曰子之子為何曰為孫孫之孫為何曰為玄孫玄孫之孫為何曰不能知也 索隱曰爾雅云玄孫之子為來孫來孫之子為昆孫昆孫之子為仍孫仍孫之子為雲孫又何休注云是玄孫之子不同也 文曰君用事相齊至今三王矣齊不加廣而君私家富累萬金門下不見一賢者文聞將門必有將相門必有相今君後宮蹈綺縠而士不得短褐 索隱曰短亦音豎豎褐謂褐衣而豎裁之以其便於事也 僕妾餘粱肉而士不厭糟糠今君又尚厚積餘藏欲以遺所不知何人 索隱曰遺音唯季反猶言不知所欲遺與何人也 而忘公家之事日損文竊怪之於是嬰乃禮文使主家待賓客賓客日進名聲聞於諸侯諸侯皆使人請薛公田嬰以文為太子嬰許之嬰卒謚為靖郭君 皇覽曰靖郭君冢在魯國薛城中東南陬 索隱曰謚為靖郭君者謂死後別號之曰靖郭耳

史記七十五

孟嘗君傳

侍作侍 侍作侍 比飯 以作秦 偶人相語 秦

時靖郭封邑號故漢齊王舅父駟鈞封靖郭侯是也陬音鄒亦音騶陬者城隅也 而文果代立於薛是為孟嘗君孟嘗君在薛招致諸侯賓客及亡人有罪者皆歸孟嘗君孟嘗君舍業厚遇之 索隱曰舍業謂舍其家產業而厚事賓客也劉氏云舍音赦謂為之築舍而立產業也 以故傾天下之士食客數千人無貴賤一與文等孟嘗君待客坐語而屏風後常有侍史主記君所與客語問親戚居處客去孟嘗君已使使存問獻遺其親戚孟嘗君曾待客夜食有一人蔽火光客怒以飯不等輟食辭去孟嘗君起自持其飯比之客慚自剄士以此多歸孟嘗君孟嘗君客無所擇皆善遇之人人各自以為孟嘗君親己秦昭王聞其賢乃先使涇陽君為質於齊以求見孟嘗君孟嘗君將入秦賓客莫欲其行諫不聽蘇代謂曰今旦代從外來見木偶人與土偶人相與語 索隱曰偶音遇謂以土木為偶類於人也蘇代以土偶比涇陽君木偶比孟嘗君 木偶人曰天雨子將敗矣土偶人曰我生於土敗則歸土今天雨流子而行未知所止息也今秦虎狼之國也而君欲往如有不得還君得無為土偶人所笑乎孟嘗君乃止齊湣王二十五年復卒使孟嘗君入秦昭王即以孟嘗君為秦相人或說秦昭王曰孟嘗君賢而又齊族也今相秦必先齊而後秦秦其危矣於是秦昭王乃止囚孟嘗君謀欲殺之孟嘗君使人抵昭

孟嘗君

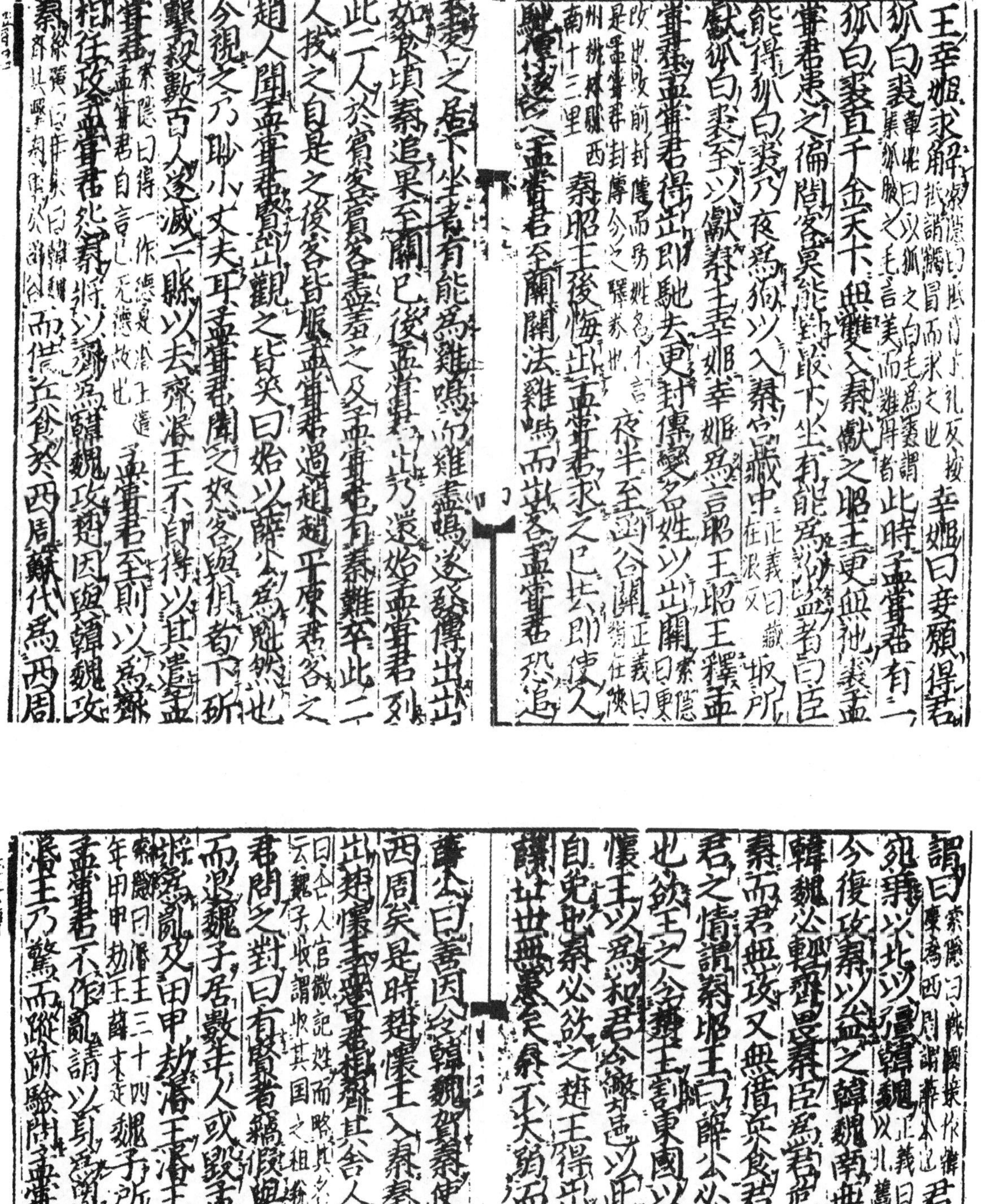
王幸姬求解。索隱曰：抵猶觸冒而求之也。抵音丁禮反。按幸姬曰：「妾願得君狐白裘。」集解韋昭曰：以狐之白毛為裘。謂集狐腋之毛，言美而難得者。此時孟嘗君有一狐白裘，直千金，天下無雙，入秦獻之昭王，更無他裘。孟嘗君患之，徧問客，莫能對。最下坐有能為狗盜者，曰：「臣能得狐白裘。」乃夜為狗，以入秦宮臧中，正義曰：臧，在浪反。取所獻狐白裘至，以獻秦王幸姬。幸姬為言昭王，昭王釋孟嘗君。孟嘗君得出，即馳去，更封傳，變名姓以出關。索隱曰：更，改也。改前封傳而易姓名，不言是孟嘗君。封傳，今之驛券也。夜半至函谷關。正義曰：關在陝州桃林縣西南十三里。秦昭王後悔出孟嘗君，求之已去，即使人馳傳逐之。孟嘗君至關，關法雞鳴而出客，孟嘗君恐追至，客之居下坐者有能為雞鳴，而雞盡鳴，遂發傳出。出如食頃，秦追果至關，已後孟嘗君出，乃還。始孟嘗君列此二人於賓客，賓客盡羞之，及孟嘗君有秦難，卒此二人拔之。自是之後，客皆服。孟嘗君過趙，趙平原君客之。趙人聞孟嘗君賢，出觀之，皆笑曰：「始以薛公為魁然也，今視之，乃眇小丈夫耳。」孟嘗君聞之，怒。客與俱者下，斫擊殺數百人，遂滅一縣以去。齊湣王不自得，以其遣孟嘗君。索隱曰：得，一作德。湣王遣孟嘗君，自言己无德故也。孟嘗君至，則以為齊相，任政。孟嘗君怨秦，將以齊為韓、魏攻楚，因與韓、魏攻秦，集解徐廣曰：年表曰韓魏齊共擊秦軍函谷。而借兵食於西周。蘇代為西周謂曰：索隱曰：戰國策作韓慶為西周謂薛公也。「君以齊為韓、魏攻楚九年，取宛、葉以北以彊韓、魏，正義曰：宛在鄧州，葉在許州，二縣以北舊屬楚，二國共没以入韓魏。今復攻秦以益之。韓、魏南無楚憂，西無秦患，則齊危矣。韓、魏必輕齊畏秦，臣為君危之。君不如令敝邑深合於秦，而君無攻，又無借兵食。君臨函谷而無攻，令敝邑以君之情謂秦昭王曰『薛公必不破秦以彊韓、魏。其攻秦也，欲王之令楚王割東國以與齊，正義曰：東國，徐泗。而秦出楚懷王以為和』。君令敝邑以此惠秦，秦得無破而以東國自免也，秦必欲之。楚王得出，必德齊。齊得東國益彊，而薛世世無患矣。秦不大弱，而處三晉之西，三晉必重齊。」薛公曰：「善。」因令韓、魏賀秦，使三國無攻，而不借兵食於西周矣。是時，楚懷王入秦，秦留之，故欲必出之。秦不果出楚懷王。孟嘗君相齊，其舍人魏子為孟嘗君收邑入，索隱曰：古人官職記姓而略其名，故云魏子。收，謂收其國之租稅。三反而不致一入。孟嘗君問之，對曰：「有賢者，竊假與之，以故不致入。」孟嘗君怒而退魏子。居數年，人或毀孟嘗君於齊湣王曰：「孟嘗君將為亂。」及田甲劫湣王，湣王意疑孟嘗君，孟嘗君乃奔。索隱曰：湣王三十四年，田甲劫王，相薛文走。魏子所與粟賢者聞之，乃上書言孟嘗君不作亂，請以身為盟，遂自剄宮門以明孟嘗君。湣王乃驚，而蹤跡驗問，孟嘗君果無反謀，乃復召孟嘗

老孟嘗君因謝病歸老於薛。湣王許之。其後秦亡將呂禮相齊，欲困蘇代。代乃謂孟嘗君曰：周最於齊，至厚也。正義曰：周最，周之公子。而齊王逐之，而聽親弗親弗，人姓名。○索隱曰：戰國策作祝弗。蓋祝弗為得之。相呂禮者，欲取秦也。齊秦合，則親弗與呂禮重矣。有用，齊秦必輕君。君不如急北兵，趨趙以和秦魏，收周最以厚行，且反齊王之信，索隱曰：周最本厚於齊，今欲逐之，而欲親秦之亡將。正義謂孟嘗令齊收周最以自厚其行，又且得反齊王之有信，以不逐周最也。又禁天下之變。索隱曰：變謂齊秦合則親弗、呂禮用，用則秦齊并力以難孟嘗也。齊無秦，則天下集齊，親弗必走，則齊王孰與為其國也。於是孟嘗君從其計，而呂禮嫉害於孟嘗君。孟嘗君懼，乃遺秦相穰侯魏冄書曰：吾聞秦欲以呂禮收齊。齊，天下之彊國也，子必輕矣。齊秦相取以臨三晉，呂禮必并相矣。是子通齊以重呂禮也。若齊免於天下之兵，其讎子必深矣。子不如勸秦王伐齊。齊破，吾請以所得封子。齊破，秦畏晉之彊，秦必重子以取晉。晉國敝於齊而畏秦，晉必重子以取秦。是子破齊以為功，挾晉以為重。是子破齊定封，秦晉交重子。若齊不破，呂禮復用，子必大窮。於是穰侯言於秦昭王伐齊，而呂禮亡。後齊湣王滅宋，益驕，欲去孟嘗君。孟嘗君恐，乃如魏。魏昭王以為相，西合於秦趙，與燕共伐破齊。齊湣王亡在莒，遂死焉。齊襄王立，而孟嘗君中立為

馮驩躡蹻而見之。漢書司隸足而待。文穎曰：蹻猶屐也。欲疾行舉足也。

蒯緱

諸侯，無所屬。齊襄王新立，畏孟嘗君，與連和，復親薛公。文卒，謚為孟嘗君。皇覽曰：孟嘗君冢在魯國薛城中向門東。向門，出北邊門也。詩云：居常與許。鄭玄曰：常或作嘗，在薛之南。孟嘗邑于薛，而號曰孟嘗君。此云謚，非也。孟，字；嘗，邑名；嘗邑在薛之旁。○正義曰：括地志云：孟嘗君墓在徐州滕縣五十二里，今在郵縣。諸子爭立，而齊魏共滅薛。孟嘗絕嗣無後也。初，馮驩音歡，復作煖，音許袁反。聞孟嘗君好客，躡蹻而見之。索隱曰：蹻音腳，字亦作屩。孟嘗君曰：先生遠辱，何以教文也？馮驩曰：聞君好士，以貧身歸於君。孟嘗君置傳舍十日。索隱曰：傳音逐緣反。按：傳舍、幸舍及代舍，並當上中下三等之客所舍之名耳。孟嘗君問傳舍長曰：客何所為？答曰：馮先生甚貧，猶有一劍耳，又蒯緱。蒯音苦怪反，茅之類，可為繩。言其劍把無物可裝，以小繩纏之也。緱音侯，亦作候，謂把劍之處。○索隱曰：蒯，草名，音蒯瞶之蒯。緱謂把劍之物。言其劍無物可裝，但以蒯繩纏之，故云蒯緱也。彈其劍而歌曰：長鋏歸來乎，食無魚。孟嘗君遷之幸舍，食有魚矣。五日，又問傳舍長。答曰：客復彈劍而歌曰：長鋏歸來乎，出無輿。孟嘗君遷之代舍，出入乘輿車矣。五日，孟嘗君復問傳舍長。舍長答曰：先生又嘗彈劍而歌曰：長鋏歸來乎，無以為家。孟嘗君不悅。居期年，馮驩無所言。孟嘗君時相齊，封萬戶於薛。其食客三千人，邑入不足以奉客，正義曰：奉，將用反。使人出錢於薛。歲餘不入，貸錢者多不能與其息，索隱曰：與猶還也。息猶利也。客奉將不給。孟嘗君憂之，問左右：何人可使收債於薛者？傳

舍長曰代舍客馮公形容狀貌甚辯長者無他伎亦作技
能宜可令收債孟嘗君乃進馮驩而請之曰賓客不知
文不肖幸臨文者三千餘人邑入不足以奉賓客故出
息錢於薛薛歲不入民頗不與其息今客食恐不給願
先生責之馮驩曰諾辭行至薛召取孟嘗君錢者皆會
得息錢十萬迺多釀酒買肥牛召諸取錢者能與息者
皆來不能與息者亦來皆持取錢之券書合之齊為會
日殺牛置酒酒酣乃持券如前合之能與息者與為期
貧不能與息者取其券而燒之曰孟嘗君所以貸錢者
為民之無者以為本業也所以求息者為無以奉客也

今富給者以要期貧窮者燔券書以捐之諸君彊飲食
有君如此豈可負哉坐者皆起再拜孟嘗君聞馮驩燒
券書怒而使使召驩驩至孟嘗君曰文食客三千人故
貸錢於薛文奉邑少索隱曰言文之奉邑少故令出息於薛也而民尚多不
以時與其息客食恐不足故請先生收責之聞先生得
錢即以多具牛酒而燒券書何馮驩曰然不多具牛酒
即不能畢會無以知其有餘不足有餘者為要期不足
者雖守而責之十年息愈多急即以逃亡自捐之若急
終無以償上則為君好利不愛士民下則有離上抵負
之名非所以厲士民彰君聲也焚無用虛債之券捐不

可得之虛計令薛民親君而彰君之善聲也君有何疑
焉孟嘗君乃拊手而謝之齊王惑於秦楚之毀以為孟
嘗君名高其主而擅齊國之權遂廢孟嘗君諸客見孟
嘗君廢皆去馮驩曰借臣車一乘可以入秦者必令君
重於國而奉邑益廣可乎孟嘗君乃約車幣而遣之馮
驩乃西說秦王曰天下之游士馮軾結靷西入秦者無
不欲彊秦而弱齊馮軾結靷東入齊者無不欲彊齊而
弱秦此雄雌之國也勢不兩立為雄雄者得天下矣秦
王跽而問之曰何以使秦無為雌而可馮驩曰王亦知
齊之廢孟嘗君乎秦王曰聞之馮驩曰使齊重於天下

者孟嘗君也今齊王以毀廢之其心怨必背齊背齊入
秦則齊國之情人事之誠盡委之秦齊地可得也豈直
為雄也君急使使載幣陰迎孟嘗君不可失時也如有
齊覺悟復用孟嘗君則雌雄之所在未可知也秦王大
悅乃遣車十乘黃金百鎰以迎孟嘗君馮驩辭以先行
至齊說齊王曰天下之游士馮軾結靷東入齊者無不
欲彊齊而弱秦者馮軾結靷西入秦者無不欲彊秦而
弱齊者夫秦齊雄雌之國秦彊則齊弱矣此勢不兩雄
今臣竊聞秦遣使車十乘載黃金百鎰以迎孟嘗君孟
嘗君不西則已西入相秦則天下歸之秦為雄而齊為

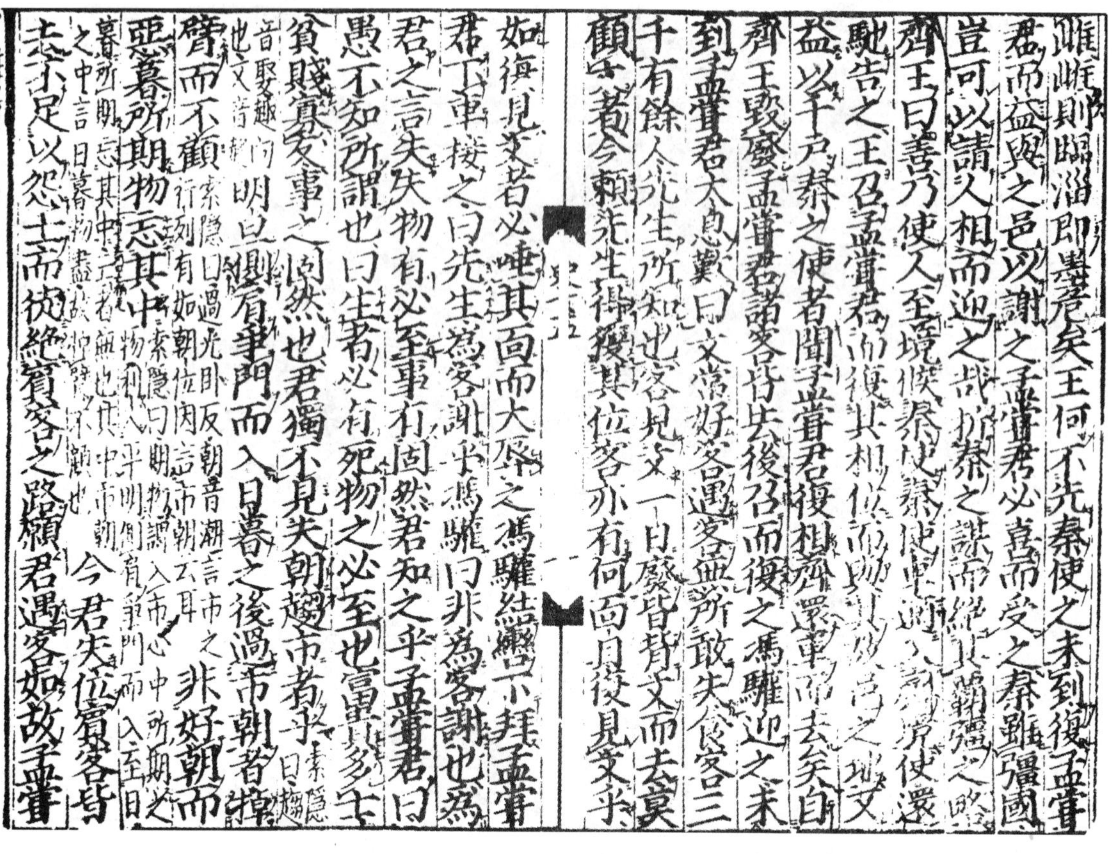

雖然則臨淄即墨危矣王何不先秦使之未到復孟嘗君而益與之邑以謝之孟嘗君必喜而受之秦雖彊國豈可以請人相而迎之哉折秦之謀而絕其霸彊之略齊王曰善乃使人至境候秦使秦使車適入齊境使還馳告之王召孟嘗君而復其相位而與其故邑之地又益以千戶秦之使者聞孟嘗君復相齊還車而去矣自齊王毀廢孟嘗君諸客皆去後召而復之馮驩迎之未到孟嘗君太息歎曰文常好客遇客無所敢失食客三千有餘人先生所知也客見文一日廢皆背文而去莫顧文者今賴先生得復其位客亦有何面目復見文乎如復見文者必唾其面而大辱之馮驩結轡下拜孟嘗君下車接之曰先生為客謝乎馮驩曰非為客謝也為君之言失夫物有必至事有固然君知之乎孟嘗君曰愚不知所謂也曰生者必有死物之必至也富貴多士貧賤寡友事之固然也君獨不見夫朝趣市者乎索隱曰趣音聚趣向也文音趨明旦側肩爭門而入日暮之後過市朝者掉臂而不顧索隱曰過光臥反朝音潮言市之行列有如朝位因言市朝耳非好朝而惡暮所期物忘其中索隱曰朝物謂入市心中所期之物利入乎明側肩爭門而入至日暮所期忘其中言若無也其中市朝之中言日暮物盡故掉臂不顧也今君失位賓客皆去不足以怨士而徒絕賓客之路願君遇客如故孟嘗

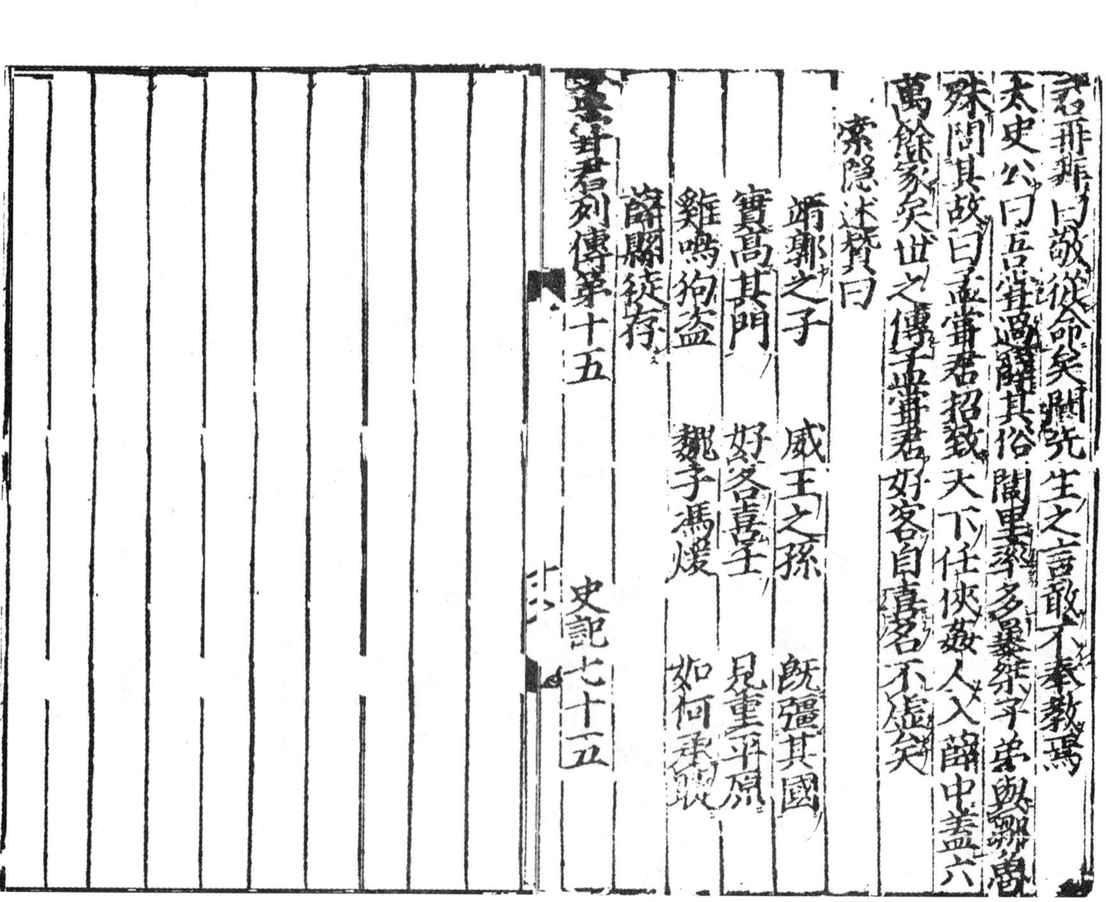

君再拜曰敬從命矣聞先生之言敢不奉教焉

太史公曰吾嘗過薛其俗閭里率多暴桀子弟與鄒魯殊問其故曰孟嘗君招致天下任俠姦人入薛中蓋六萬餘家矣世之傳孟嘗君好客自喜名不虛矣

索隱述贊曰

靖郭之子　威王之孫　既彊其國

實高其門　好客喜士　見重平原

雞鳴狗盜　魏子馮煖　如何承睠

薛縣徒存

孟嘗君列傳第十五　史記七十五

平原君虞卿列傳第十六　　史記七十六

平原君趙勝者，（正義勝式證反）趙之諸公子也。（徐廣曰魏公子傳曰趙惠文王弟）諸子中勝最賢，喜賓客，賓客蓋至者數千人。平原君相趙惠文王及孝成王，三去相，三復位，封於東武城。（徐廣曰屬清河○正義曰今貝州武城縣）平原君家樓臨民家。民家有躄者，槃散行汲。（散亦作㪔○索隱曰上躄音壁散音先寒反亦作蹣音同○正義躄跛也）平原君美人居樓上，臨見，大笑之。明日，躄者至平原君門，請曰：臣聞君之喜士，士不遠千里而至者，以君能貴士而賤妾也。臣不幸有罷癃之病，（徐廣曰癃音隆癃病也○索隱曰罷音皮癃音呂宮反罷癃背疾言腰曲而背隆高也）而君之後宮臨而笑臣，臣願得笑臣者頭。

平原君笑應曰：諾。躄者去，平原君笑曰：觀此豎子，乃欲以一笑之故殺吾美人，不亦甚乎！終不殺。居歲餘，賓客門下舍人稍稍引去者過半。平原君怪之，曰：勝所以待諸君者未嘗敢失禮，而去者何多也？門下一人前對曰：以君之不殺笑躄者，以君為愛色而賤士，士即去耳。於是平原君乃斬笑躄者美人頭，自造門進躄者，因謝焉。其後門下乃復稍稍來。是時齊有孟嘗，魏有信陵，楚有春申，故爭相傾以待士。（徐廣曰傾一作得）秦之圍邯鄲，（正義曰趙惠文王十九年秦昭王十五年）趙使平原君求救，合從於楚，約與食客門下有勇力文武備具者二十人偕。平原君曰：使文能取勝，則善矣；文不能取勝，則歃血於華屋之下，必得定從而還。士不外索，取於食客門下足矣。得十九人，餘無可取者，無以滿二十人。門下有毛遂者，前，自贊於平原君曰：遂聞君將合從於楚，約與食客門下二十人偕，不外索。今少一人，願君即以遂備員而行矣。平原君曰：先生處勝之門下幾年於此矣？毛遂曰：三年於此矣。平原君曰：夫賢士之處世也，譬若錐之處囊中，其末立見。今先生處勝之門下三年於此矣，左右未有所稱誦，勝未有所聞，是先生無所有也。先生不能，先生留。毛遂曰：臣乃今日請處囊中耳。使遂蚤得處囊中，乃穎脫而出，（索隱曰鄭玄曰穎環也脫音吐活反）非特其末見而已。平原君竟與毛遂偕。十九人相與目笑之而未廢也。（索隱曰廢一作發鄭玄云皆目視而輕笑之未能即發棄之也）毛遂比至楚，與十九人論議，十九人皆服。平原君與楚合從，言其利害，日出而言之，日中不決。十九人謂毛遂曰：先生上。毛遂按劍歷階而上，謂平原君曰：從之利害，兩言而決耳。今日出而言，日中不決，何也？楚王謂平原君曰：客何為者也？平原君曰：是勝之舍人也。楚王叱曰：胡不下！吾乃與而君言，汝何為者也！毛遂按劍而前曰：王之所以叱遂者，以楚國之眾也。今十步之內，王不得恃楚國之眾也，王之命懸於遂手。吾君在前，叱者何也？且遂聞湯以七十里之地王天下，文王以百里之壤而臣諸侯，豈其士卒衆多哉？誠能據其勢而奮其威。今楚地方五千里，持戟百萬，此霸王之資也。以楚之彊，天下弗能當。白起，小豎子耳，率數萬之衆，興師以與楚戰，一戰而舉鄢郢，再戰而燒夷陵，三戰而辱王之先人。此百世之怨而趙之所羞，而王弗知惡焉。正義曰惡烏故反合從者爲楚，非爲趙也。吾君在前，叱者何也？」楚王曰：「唯唯，誠若先生之言，謹奉社稷而以從。」毛遂曰：「從定乎？」楚王曰：「定矣。」毛遂謂楚王之左右曰：「取雞狗馬之血來。」索隱曰盟之所用牲貴賤不同天子用牛及馬諸侯用犬及豭大夫已下用雞今此總言盟之用血故云取雞狗馬之血來耳毛遂奉銅盤索隱曰奉音捧若周禮則用珠盤也而跪進之楚王曰：「王當歃血而定從，次者吾君，次者遂。」遂定從於殿上。毛遂左手持盤血而右手招十九人曰：「公相與歃此血於堂下。索隱曰音所甲反公等錄錄，索隱曰音六王劭云錄錄借字耳又說文云錄錄隨從之貌也所謂因人成事者也。」平原君已定從而歸，歸至於趙，曰：「勝不敢復相士。勝相士多者千人，寡者百數，自以爲不失天下之士，今乃於毛先生而失之也。毛先生一至楚，而使趙重於九鼎大呂。索隱曰九鼎大呂國之寶器言毛遂至楚使趙重於九鼎大呂謂爲天子所重也○正義曰大呂周廟大鐘毛先生以三寸之舌，彊於百萬之師。勝不敢復相士。」遂以爲上客。平原君既返趙，

楚使春申君將兵赴救趙，魏信陵君亦矯奪晉鄙軍往救趙，皆未至。秦急圍邯鄲，邯鄲急，且降，平原君甚患之。邯鄲傳舍吏子李同正義曰名談太史公諱改也說平原君曰：「君不憂趙亡邪？」平原君曰：「趙亡則勝爲虜，何爲不憂乎？」李同曰：「邯鄲之民，炊骨易子而食，可謂急矣，而君之後宮以百數，婢妾被綺縠，餘粱肉，而民褐衣不完，糟糠不厭。民困兵盡，或剡木爲矛矢，而君器物鐘磬自若。使秦破趙，君安得有此？使趙得全，君何患無有？君誠能令夫人以下編於士卒之間，分功而作，家之所有盡散以饗士，士方其危苦之時，易德耳。」正義曰言士方危苦之時易有恩德於是平原君從之，得敢死之士三千人。李同遂與三千人赴秦軍，秦軍爲之却三十里。亦會楚、魏救至，秦兵遂罷，邯鄲復存。李同戰死，封其父爲李侯。徐廣曰河內城鼻有李城○正義曰懷州溫縣本李城也李同父所封蓋縣於此虞卿欲以信陵君之存邯鄲爲平原君請封。公孫龍聞之，夜駕見平原君曰：「龍聞虞卿欲以信陵君之存邯鄲爲君請封，有之乎？」平原君曰：「然。」龍曰：「此甚不可。且王舉君而相趙者，非以君之智能爲趙國無有也。割東武城而封君者，非以君爲有功也，而以國人無勳，乃以君爲親戚故也。君受相印不辭無能，割地不言無功者，亦自以爲親戚故也。今信陵君存邯鄲

戰而請封，是親戚受城而國人計功也。（徐廣曰：一本「是親戚受城而國人計功也」。索隱曰：言……）此甚不可。且虞卿操其兩權，（索隱曰：……）事成，操右券以責；（……操其右券以責其報德也）事不成，以虛名德君。君必勿聽也。」平原君遂不聽虞卿。平原君以趙孝成王十五年卒。（索隱曰：六國年表及世家並云十四年卒……）子孫代，後竟與趙俱亡。

平原君厚待公孫龍。公孫龍善為堅白之辯，及鄒衍過趙言至道，乃絀公孫龍。（索隱曰：……劉向別錄曰：齊使鄒衍過趙，平原君見公孫龍及其徒綦毋子之屬，論白馬非馬之辯，以問鄒子。鄒子曰：不可。彼天下之辯有五勝三至，而辭正為下。辯者，別殊類使不相害，序異端使不相亂，抒意通指，明其所謂，使人與知焉，不務相迷也。故勝者不失其所守，不勝者得其所求。若是，故辯可為也。及至煩文以相假，飾辭以相惇，巧譬以相移，引人聲使不得及其意。如此，害大道。夫繳紛爭言而競後息，不能無害君子。坐皆稱善。索隱曰：……）

虞卿者，游說之士也。躡蹻檐簦（徐廣曰：蹻，草履也。簦，長柄笠，音登。笠有柄者謂之簦。索隱曰：……）說趙孝成王。一見，賜黃金百鎰，白璧一雙；再見，為趙上卿，故號為虞卿。（譙周曰：食邑於虞。索隱曰：……）

秦趙戰於長平，趙不勝，亡一都尉。趙王召樓昌與虞卿曰：「軍戰不勝，尉復死，（徐廣曰：復，一作係）寡人使束甲而趨之，何如？」樓昌曰：「無益也，不如發重使為媾。」（……）虞卿曰：「昌言媾者，以為不媾軍必破也。而制媾者在秦。且王之論秦也，欲破趙之軍乎，不邪？」

王曰：「秦不遺餘力矣，必且欲破趙軍。」虞卿曰：「王聽臣，發使出重寶以附楚、魏，楚、魏欲得王之重寶，必內吾使。趙使入楚、魏，秦必疑天下之合從，且必恐。如此，則媾乃可為也。」趙王不聽，與平陽君為媾，發鄭朱入秦。秦內之。趙王召虞卿曰：「寡人使平陽君為媾於秦，秦已內鄭朱矣，卿以為奚如？」虞卿對曰：「王不得媾，軍必破矣。天下賀戰勝者皆在秦矣。鄭朱，貴人也，入秦，秦王與應侯必顯重以示天下。楚、魏以趙為媾，必不救王。秦知天下不救王，則媾不可得成也。」應侯果顯鄭朱以示天下賀戰勝者，終不肯媾。長平大敗，遂圍邯鄲，為天下笑。

秦既解邯鄲圍，而趙王入朝，使趙郝（徐廣曰：郝，一作赦）約事於秦，割六縣而媾。虞卿謂趙王曰：「秦之攻王也，倦而歸乎？王以其力尚能進，愛王而弗攻乎？」王曰：「秦之攻我也，不遺餘力矣，必以倦而歸也。」虞卿曰：「秦以其力攻其所不能取，倦而歸，王又以其力之所不能取以送之，是助秦自攻也。來年秦復攻王，王無救矣。」王以虞卿之言告趙郝。趙郝曰：「虞卿誠能盡秦力之所至乎？誠知秦力之所不能進，此彈丸之地弗予，令秦來年復攻王，王得無割其內而媾乎？」王曰：「請聽子割矣，子能必使來年秦之不復攻我乎？」趙郝對曰：「此非臣之所敢任也。他日三晉之交於秦，相善也，今秦善韓魏而攻王王之所以事秦必不如韓魏也今臣爲足下解負親之攻索隱曰爲足下解負親而親自攻之也開關通幣齊交韓魏至來年而王獨取攻於秦此王之所以事秦必在韓魏之後也此非臣之所敢任也王以告虞卿虞卿對曰郝言不媾來年秦復攻王王得無割其內而媾乎今媾郝又以不能必秦之不復攻也今雖割六城何益來年復攻又割其力之所不能取而媾此自盡之術也不如無媾秦雖善攻不能取六縣趙雖不能守終不失六城秦倦而歸兵必罷我以六城收天下以攻罷秦是我失之於天下而取償於秦也吾國尚利孰與坐而割地自弱以彊秦哉今郝曰秦善韓魏而攻趙者必以爲韓魏不救趙也而王之軍必孤有以王之事秦不如韓魏也是使王歲以六城事秦也即坐而城盡來年秦復求割地王將與之乎弗與是棄前功而挑秦禍也與之則無地而給之語曰彊者善攻弱者不能守今坐而聽秦秦兵不弊而多得地是彊秦而弱趙也以益彊之秦而割愈弱之趙其計故不止矣且王之地有盡而秦之求無已以有盡之地而給無已之求其勢必無趙矣趙王計未定樓緩從秦來趙王與樓緩計之曰予秦地何如毋予孰吉緩辭讓曰此非臣之所能知也王曰雖然試言公之私索隱曰按私謂私心也樓緩對曰王亦聞夫公甫文伯母乎正義曰季康子從祖母文伯名歜康子從父昆弟公甫文伯仕於魯病死女子爲自殺於房中者二人其母聞之弗哭也其相室曰正義曰謂傅姆之類也焉有子死而弗哭者乎其母曰孔子賢人也逐於魯而是人不隨也今死而婦人爲之自殺者二人若是者必其於長者薄而於婦人厚也故從母言之是爲賢母從妻言之是必不免爲妒妻故其言一也言者異則人心變矣今臣新從秦來而言勿予則非計也言予之恐王以臣爲爲秦也故不敢對使臣得爲大王計不如予之王曰諾虞卿聞之入見王曰此飾說也王愼勿予徐廣曰[illegible]樓緩聞之往見王王又以虞卿之言告樓緩樓緩對曰不然虞卿得其一不得其二夫秦趙構難而天下皆說何也曰吾且因彊而乘弱矣今趙兵困於秦天下之賀戰勝者則必盡在於秦矣故不如亟割地爲和以疑天下而慰秦之心不然天下將因秦之彊怒乘趙之弊瓜分之趙且亡何秦之圖乎故曰虞卿得其一不得其二願王以此決之勿復計也虞卿聞之往見王曰危哉樓子之所以爲秦者是愈疑天下而何慰秦之心哉獨不言其示天下弱乎且臣言勿予者非固勿予而已也秦索六城於王而王以六城賂齊

齊，秦之深讎也，得王之六城，并力西擊秦，齊之聽王，不待辭之畢也。則是王失之於齊而取償於秦也，而齊趙之深讎可以報矣，而示天下有能為也。王以此發聲，兵未窺於境，臣見秦之重賂至趙而反媾於王也。從秦為媾，韓魏聞之，必盡重王；重王，必出重寶以先於王。則是王一舉而結三國之親，而與秦易道也。正義曰：則取秦攻，今得賂，是易道也。易音亦。趙王曰：「善。」則使虞卿東見齊王，與之謀秦。虞卿未返，秦使者已在趙矣。樓緩聞之，亡去。趙於是封虞卿以一城。

居頃之，而魏請為從。趙孝成王召虞卿謀。過平原君，索隱曰[illegible]音戌。平原君曰：「願卿之論從也。」虞卿入見王。王曰：「魏請為從。」對曰：「魏過。」過，光卧反。王曰：「寡人固未之許。」對曰：「王過。」王曰：「魏請從，卿曰魏過，寡人未之許，又曰寡人過，然則從終不可乎？」對曰：「臣聞小國之與大國從事也，有利則大國受其福，有敗則小國受其禍。今魏以小國請其禍，而王以大國辭其福，臣故曰王過，魏亦過。竊以為從便。」王曰：「善。」乃合魏為從。

虞卿既以魏齊之故，不重萬戶侯卿相之印，與魏齊閒行，卒去趙，困於梁。魏齊已死，不得意，乃著書，索隱曰：魏齊，魏相，與虞卿有舊，魏齊求之急，乃抵虞卿，虞卿棄相印，乃與齊閒行亡歸梁，以託信陵君，信陵不欲見，齊自殺，故虞卿失相，乃窮愁而著書也。上采春秋，下觀近世，曰節義、稱號、揣摩、政謀，凡八篇。以刺譏國家得失，世傳之曰虞氏春秋。正義曰：藝文志云十五篇。

太史公曰：平原君，翩翩濁世之佳公子也，然未睹大體。鄙語曰「利令智昏」，平原君貪馮亭邪說，使趙陷長平兵四十餘萬眾，邯鄲幾亡。索隱曰：良邪之[illegible]乃趙王信[illegible]之[illegible]，何然平原君又馮亭哉。虞卿料事揣情，為趙畫策，何其工也！及不忍魏齊，卒困於大梁，庸夫且知其不可，況賢人乎？然虞卿非窮愁，亦不能著書以自見於後世云。

索隱述贊曰：翩翩公子，天下奇器。笑姬從戮，義士增氣。兵解李周，盟定毛遂。虞卿躡蹻，受賞料事。乃困魏齊，著書見意。

平原君虞卿列傳第十六　史記七十六

信陵君列傳第十七　史記七十七

魏公子無忌者，魏昭王少子而魏安釐王異母弟也。昭王薨，安釐王即位，封公子為信陵君。索隱曰地理志無信陵或曰是鄉邑名是時范雎亡魏相秦，以怨魏齊故，秦兵圍大梁，破魏華陽下軍，走芒卯。魏王及公子患之。公子為人仁而下士，士無賢不肖皆謙而禮交之，不敢以其富貴驕士。士以此方數千里爭往歸之，致食客三千人。當是時，諸侯以公子賢，多客，不敢加兵謀魏十餘年。公子與魏王博，而北境傳舉烽，言「趙寇至，且入界」。文穎曰作高木櫓櫓上作桔槔桔槔頭兜零以薪置其中謂之烽常低之有寇即火然舉之以相告魏王釋博，欲召大臣謀。公子止王曰：「趙王田獵耳，非為寇也。」正義曰為于偽反復博如故。王恐，心不在博。居頃，復從北方來傳言曰：「趙王獵耳，非為寇也。」魏王大驚，曰：「公子何以知之？」公子曰：「臣之客有能探得趙王陰事者，趙王所為，客輒以報臣，臣以此知之。」是後魏王畏公子之賢能，不敢任公子以國政。魏有隱士曰侯嬴，索隱曰音盈文穎音羸瘦之羸年七十，家貧，為大梁夷門監者。公子聞之，往請，欲厚遺之，不肯受，曰：「臣脩身絜行數十年，終不以監門困故而受公子財。」公子於是乃置酒大會賓客。坐定，公子從車騎，虛左，自迎夷門侯生。侯生攝敝衣冠，直上載公子上坐，不讓，欲以觀公子。公子執轡愈恭。侯生又謂公子曰：「臣有客在市屠中，願枉車騎過之。」公子引車入市，侯生下見其客朱亥，俾倪索隱曰俾音普計反倪音五計反鄒誕生俾音匹未反倪音五弟反○正義曰不正視也故久立，與其客語，微察公子。公子顏色愈和。當是時，魏將相宗室賓客滿堂，待公子舉酒。市人皆觀公子執轡。從騎皆竊罵侯生。侯生視公子色終不變，乃謝客就車。至家，公子引侯生坐上坐，徧贊賓客，索隱曰徧音遍贊告也謂以侯生徧告賓客賓客皆驚。酒酣，公子起，為壽侯生前。侯生因謂公子曰：「今日嬴之為公子亦足矣。徐廣曰為一作羞嬴乃夷門抱關者也，而公子親枉車騎，自迎嬴於眾人廣坐之中，不宜有所過，今公子故過之。然嬴欲就公子之名，故久立公子車騎市中，過客以觀公子，公子愈恭。市人皆以嬴為小人，而以公子為長者能下士也。」於是罷酒，侯生遂為上客。侯生謂公子曰：「臣所過屠者朱亥，此子賢者，世莫能知，故隱屠閒耳。」公子往數請之，朱亥故不復謝，公子怪之。魏安釐王二十年，秦昭王已破趙長平軍，又進兵圍邯鄲。公子姊為趙惠文王弟平原君夫人，數遺魏王及公子書，請救於魏。魏王使將軍晉鄙索隱曰魏將晉姓鄙名將十萬眾救趙。秦王使使者告魏王曰：「吾攻趙旦暮且下，而諸侯敢救者，已拔趙，必移兵先擊之。」魏王恐，使人止晉鄙，留軍

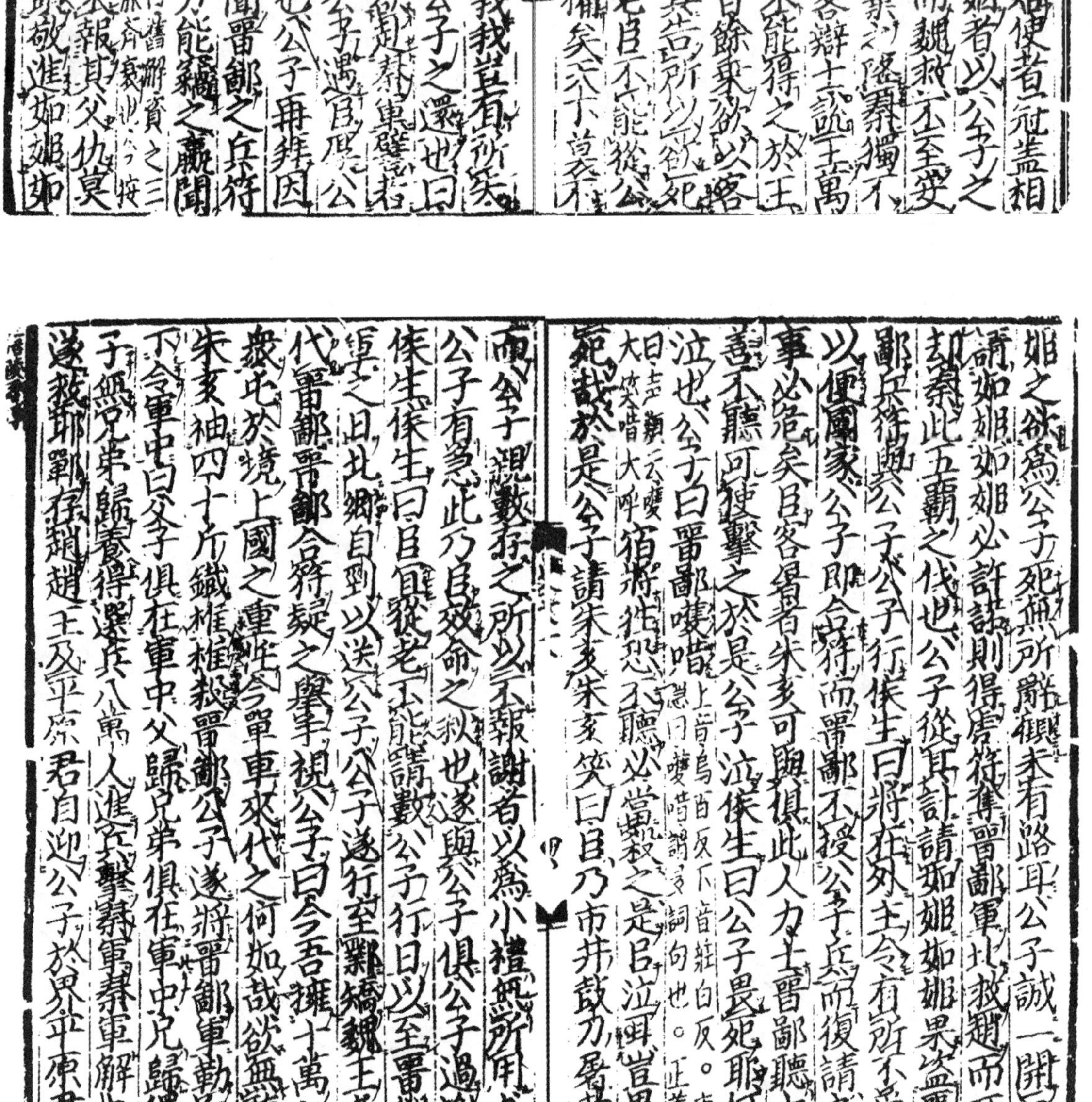

壁鄴，名為救趙，實持兩端以觀望。平原君使者冠蓋相屬於魏，讓魏公子曰：勝所以自附為婚姻者，以公子之高義，為能急人之困。今邯鄲旦暮降秦而魏救不至，安在公子能急人之困也！且公子縱輕勝，棄之降秦，獨不憐公子姊邪？公子患之，數請魏王，及賓客辯士說王萬端。魏王畏秦，終不聽公子。公子自度終不能得之於王，計不獨生而令趙亡，乃請賓客，約車騎百餘乘，欲以客往赴秦軍，與趙俱死。行過夷門，見侯生，具告所以欲死秦軍狀。辭決而行，侯生曰：公子勉之矣，老臣不能從。公子行數里，心不快，曰：吾所以待侯生者備矣，天下莫不聞，今吾且死而侯生曾無一言半辭送我，我豈有所失哉？復引車還，問侯生。侯生笑曰：臣固知公子之還也。曰：公子喜士，名聞天下，今有難，無他端而欲赴秦軍，譬若以肉投餒虎，何功之有哉？尚安事客？然公子遇臣厚，公子往而臣不送，以是知公子恨之復返也。公子再拜，因問。侯生乃屏人間語，索隱曰間音閑，謂靜語也。曰：嬴聞晉鄙之兵符常在王臥內，而如姬最幸，出入王臥內，力能竊之。嬴聞如姬父為人所殺，如姬資之三年，索隱曰舊解謂服齊衰，按資者蓄也，謂欲為父報仇，蓄之已得三年也。自王以下欲求報其父仇，莫能得。如姬為公子泣，公子使客斬其仇頭，敬進如姬。如

姬之欲為公子死，無所辭，顧未有路耳。公子誠一開口請如姬，如姬必許諾，則得虎符奪晉鄙軍，北救趙而西卻秦，此五霸之伐也。公子從其計，請如姬。如姬果盜晉鄙兵符與公子。公子行，侯生曰：將在外，主令有所不受，以便國家。公子即合符，而晉鄙不授公子兵而復請之，事必危矣。臣客屠者朱亥可與俱，此人力士。晉鄙聽，大善；不聽，可使擊之。於是公子泣。侯生曰：公子畏死邪？何泣也？公子曰：晉鄙嚄唶索隱曰嚄上音烏百反，下音莊白反。正義曰嚄一云嚄大笑，唶大呼。宿將，往恐不聽，必當殺之，是以泣耳，豈畏死哉！於是公子請朱亥。朱亥笑曰：臣乃市井鼓刀屠者，而公子親數存之，所以不報謝者，以為小禮無所用。今公子有急，此乃臣效命之秋也。遂與公子俱。公子過謝侯生。侯生曰：臣宜從，老不能。請數公子行日，以至晉鄙軍之日，北鄉自剄，以送公子。公子遂行。至鄴，矯魏王令代晉鄙。晉鄙合符，疑之，舉手視公子曰：今吾擁十萬之眾，屯於境上，國之重任，今單車來代之，何如哉？欲無聽。朱亥袖四十斤鐵椎，椎殺晉鄙。公子遂將晉鄙軍。勒兵下令軍中曰：父子俱在軍中，父歸；兄弟俱在軍中，兄歸；獨子無兄弟，歸養。得選兵八萬人，進兵擊秦軍。秦軍解去，遂救邯鄲，存趙。趙王及平原君自迎公子於界，平原君

負韊矢〔呂忱曰韊盛弩矢。索隱曰韊音蘭謂以盛矢如今之胡鹿而短也呂姓忱名作字林者〕爲
公子先引趙王再拜曰自古賢人未有及公子者也當
此之時平原君不敢自比於人公子與侯生決至軍侯
生果北鄉自剄魏王怒公子之盜其兵符矯殺晉鄙公
子亦自知也已卻秦存趙使將將其軍歸魏而公子獨
與客留趙趙孝成王德公子之矯奪晉鄙兵而存趙乃
與平原君計以五城封公子公子聞之意驕矜而有自
功之色客有說公子曰物有不可忘或有不可不忘夫
人有德於公子公子不可忘也公子有德於人願公子
忘之也且矯魏王令奪晉鄙兵以救趙於趙則有功矣

五

於魏則未爲忠臣也公子乃自驕而功之竊爲公子不
取也於是公子立自責似若無所容者趙王埽除自迎
執主人之禮引公子就西階公子側行辭讓從東階上
〔索隱曰禮記曰主人就東階客就西階客若降等則就主人之階〕自言罪過以負於魏〔[illegible]〕
無功於趙趙王侍酒至暮口不忍獻五城以公子退讓
也公子竟留趙趙王以鄗爲公子湯沐邑〔索隱曰鄗音臛趙邑名屬常山〕魏亦復以信陵奉公子公子留趙公子聞趙有處士
毛公藏於博徒薛公藏於賣漿家〔徐廣曰漿或作醪。索隱曰徐按別錄云也〕公子欲見兩人兩人自匿不肯見公子公子聞所在
乃間步往從此兩人游甚歡平原君聞之謂其夫人曰

始吾聞夫人弟公子天下無雙今吾聞之乃妄從博徒
賣漿者游公子妄人耳夫人以告公子公子乃謝夫人
去曰始吾聞平原君賢故負魏王而救趙以稱平原君
平原君之游徒豪舉耳〔索隱曰謂豪者舉之耳[illegible]〕不求士也無
忌自在大梁時常聞此兩人賢至趙恐不得見以無忌
從之游尚恐其不我欲也今平原君乃以爲羞其不足
從游乃裝爲去夫人具以語平原君平原君乃免冠謝
固留公子平原君門下聞之半去平原君歸公子天下
士復往歸公子公子傾平原君客公子留趙十年不歸
秦聞公子在趙日夜出兵東伐魏魏王患之使使往請

六

公子公子恐其怒之乃誡門下有敢爲魏王使通者死
賓客皆背魏之趙莫敢勸公子歸毛公薛公兩人〔索隱曰史失其名〕
往見公子曰公子所以重於趙名聞諸侯者徒以
有魏也今秦攻魏魏急而公子不恤使秦破大梁而夷
先王之宗廟公子當何面目立天下乎語未及卒公子
立變色告車趣駕歸救魏魏王見公子相與泣而以上
將軍印授公子公子遂將魏安釐王三十年公子使使
徧告諸侯諸侯聞公子將各遣將將兵救魏公子率五
國之兵破秦軍於河外走蒙驁遂乘勝逐秦軍至函谷關
抑秦兵〔索隱曰抑音憶謂以兵壓之〕秦兵不敢出當是時公子威振

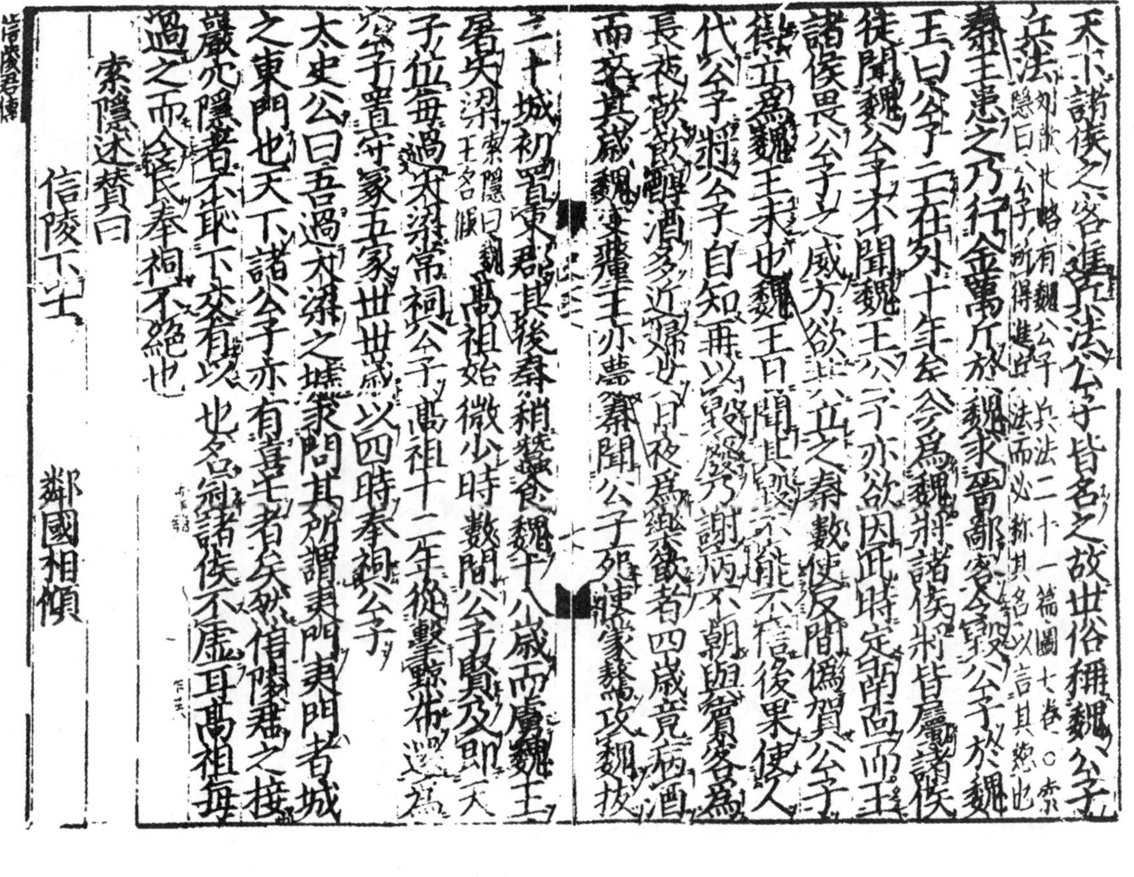

天下諸侯之客進兵法，公子皆名之，故世俗稱魏公子兵法。劉歆七略有魏公子兵法二十一篇圖十卷。○索隱曰：公子所得進兵法，而必稱其名，以言其總也。秦王患之，乃行金萬斤於魏，求晉鄙客，令毀公子於魏王曰：公子亡在外十年矣，今為魏將，諸侯將皆屬，諸侯徒聞魏公子，不聞魏王。公子亦欲因此時定南面而王，諸侯畏公子之威，方欲共立之。秦數使反間，偽賀公子得立為魏王未也。魏王日聞其毀，不能不信，後果使人代公子將。公子自知再以毀廢，乃謝病不朝，與賓客為長夜飲，飲醇酒，多近婦女。日夜為樂飲者四歲，竟病酒而卒。其歲，魏安釐王亦薨。秦聞公子死，使蒙驁攻魏，拔二十城，初置東郡。其後秦稍蠶食魏，十八歲而虜魏王，屠大梁。索隱曰：魏王名假。高祖始微少時，數聞公子賢。及即天子位，每過大梁，常祠公子。高祖十二年，從擊黥布還，為公子置守冢五家，世世歲以四時奉祠公子。

太史公曰：吾過大梁之墟，求問其所謂夷門。夷門者，城之東門也。天下諸公子亦有喜士者矣，然信陵君之接巖穴隱者，不恥下交，有以也。名冠諸侯，不虛耳。高祖每過之而令民奉祠不絕也。

索隱述贊曰：

信陵下士　鄰國相傾

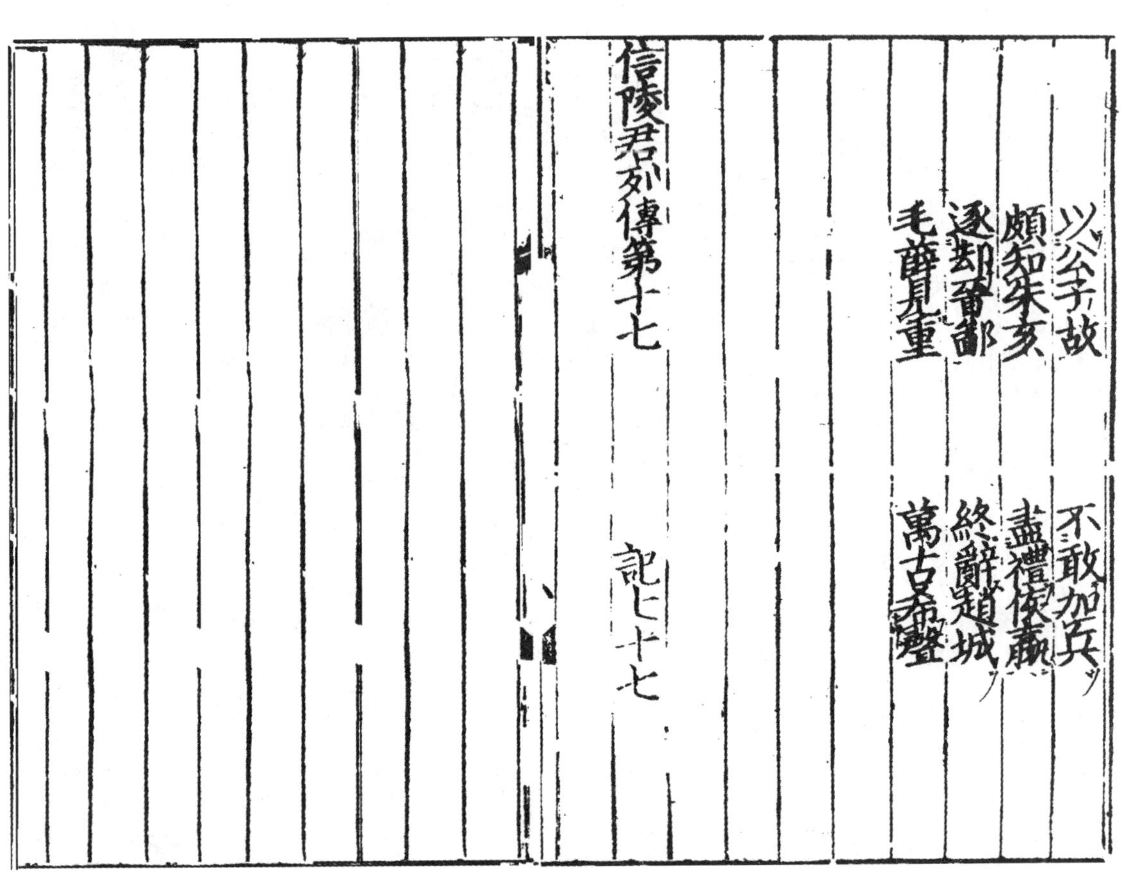

以公子故　不敢加兵

頗知朱亥　盡禮侯嬴

遂却晉鄙　終辭趙城

毛薛見重　萬古希聲

信陵君列傳第十七　記七十七

春申君列傳第十八　史記七十八

春申君者，楚人也，名歇，姓黃氏。游學博聞，事楚頃襄王。頃襄王以歇為辯，使於秦。秦昭王使白起攻韓、魏，敗之於華陽，禽魏將芒卯，韓、魏服而事秦。秦昭王方令白起與韓、魏共伐楚，未行，而楚使黃歇適至於秦，聞秦之計。當是之時，秦已前使白起攻楚，取巫、黔中之郡，拔鄢郢，東至竟陵，正義曰：竟陵，為江夏郡也。楚頃襄王東徙治於陳縣。正義曰：今陳州也。黃歇見楚懷王之為秦所誘而入朝，遂見欺，留死於秦。頃襄王，其子也，秦輕之，恐壹舉兵而滅楚。歇乃上書說秦昭王曰：天下莫彊於秦、楚。今聞大王欲伐楚，此猶兩虎相與鬬。兩虎相與鬬而駑犬受其弊，索隱曰：謂兩虎鬬乃受弊於駑犬。不如善楚。臣請言其說：臣聞物至則反，冬夏是也；正義曰：至，極也。極則反也。冬至陰之極，夏至陽之極也。致至則危，累棊是也。徐廣曰：致，或作安。今大國之地，徧天下有其二垂，正義曰：言極東西。此從生民已來，萬乘之地未嘗有也。先帝文王、莊王之身，三世不妄接地於齊，以絕從親之要。索隱曰：音腰，以言山東從韓魏是其要脊。今王使盛橋守事於韓，索隱曰：盛橋，秦臣，使盛橋守事於韓亦如楚使召滑相趙然也。盛橋以其地入秦，是王不用甲，不信威，索隱曰：信音申。而得百里之地。王可謂能矣。王又舉甲而攻魏，杜大梁之門，舉河內，拔燕、酸棗、虛、徐廣曰：秦始皇五年……桃，徐廣曰：燕縣有桃城。入邢，徐廣曰：平皋有邢丘。正義曰：邢丘故城在懷州武陟縣東南二十里。魏之兵雲翔而不敢捄。王之功亦多矣。王休甲息眾，二年而後復之；又并蒲、衍、首、垣，徐廣曰：蒲，一作蒲。索隱曰：此蒲在衛之長垣蒲鄉也，衍在河南，與首垣近，首垣即長垣也。垣音圓。以臨仁、平丘，徐廣曰：屬陳留。索隱曰：仁及平丘二縣名，謂以兵臨此二縣，則黃及濟陽孝自嬰城而守。黃、濟陽嬰城徐廣曰：屬陳留。索隱曰：黃及濟陽皆地理志開白縣屬陳留。正義曰：故黃城在曹州考城縣東。濟陽故城在曹州冤句縣西南。嬰城未詳。而魏氏服；王又割濮磨之北，徐廣曰：濮水北。索隱曰：地名，近濮。注齊秦之要，絕楚趙之脊，正義曰：劉伯莊云：言秦得此地，斷絕趙之從。天下五合六聚而不敢救。王之威亦單矣。徐廣曰：單亦作殫。索隱曰：單音丹。單，盡也。言王之威亦行也。王若能持功守威，絀攻取之心而肥仁義之地，使無後患，三王不足四，五伯不足六也。王若負人徒之眾，仗兵革之彊，乘毀魏之威，而欲以力臣天下之主，臣恐其有後患也。詩曰：靡不有初，鮮克有終。易曰：狐涉水，濡其尾。正義曰：言狐惜其尾，每涉水舉尾不令濡，凡至極困則濡之，喻不可不慎之。此言始之易，終之難也。何以知其然也？昔智氏見伐趙之利而不知榆次之禍，索隱曰：智伯敗於榆次也。地理志太原有榆次縣。正義曰：榆次，并州縣也。在水經云太原有梗陽鄉是也。吳見伐齊之便而不知干隧之敗。索隱曰：干隧，吳地名。正義曰：干隧，吳之敗處，溝名，干水邊也。隧，道路也。在蘇州吳縣西北四十里。萬安山西南一里太湖，即吳王夫差自刭處。此二國者，非無大功也，沒

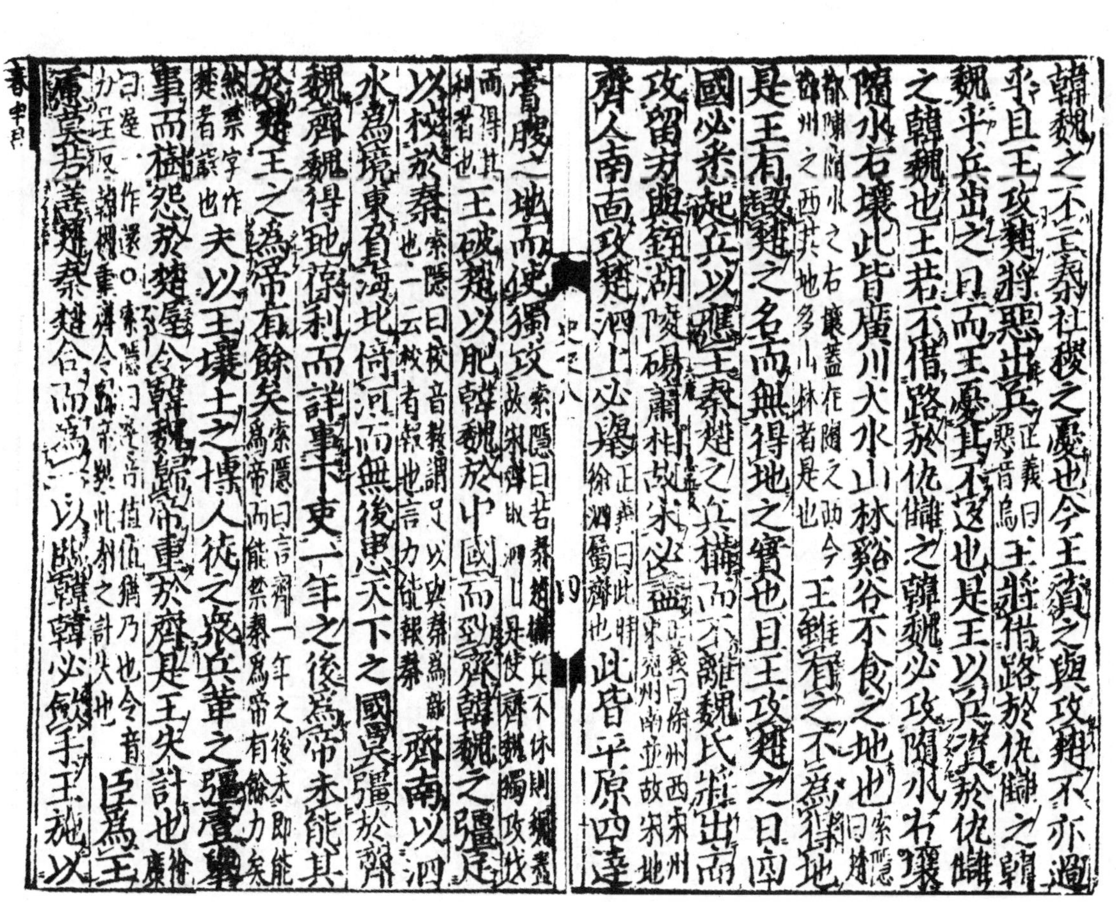

利於前而易患於後也。吳之信越也，從而伐齊，既勝齊人於艾陵，還為越王禽三渚之浦。智氏之信韓魏也，從而伐趙，攻晉陽城，勝有日矣，韓魏叛之，殺智伯瑤於鑿臺之下。今王妒楚之不毀也，而忘毀楚之彊韓魏也，臣為王慮而不取也。詩曰大武遠宅而不涉。從此觀之，楚國，援也；鄰國，敵也。詩云趯趯毚兔，遇犬獲之。他人有心，余忖度之。今王中道而信韓魏之善王也，此正吳之信越也。臣聞之，敵不可假，時不可失。臣恐韓魏卑辭除患而實欲欺大國也。何則？王無重世之德於韓魏，而有累世之怨焉。夫韓魏父子兄弟接踵而死於秦者將十世矣。本國殘，社稷壞，宗廟毀，刳腹絕腸，折頸摺頤，首身分離，暴骸骨於草澤，頭顱僵仆，相望於境，父子老弱係脰束手為羣虜者相及於路。鬼神孤傷，無所血食。人民不聊生，族類離散，流亡為僕妾者，盈滿海內矣。故

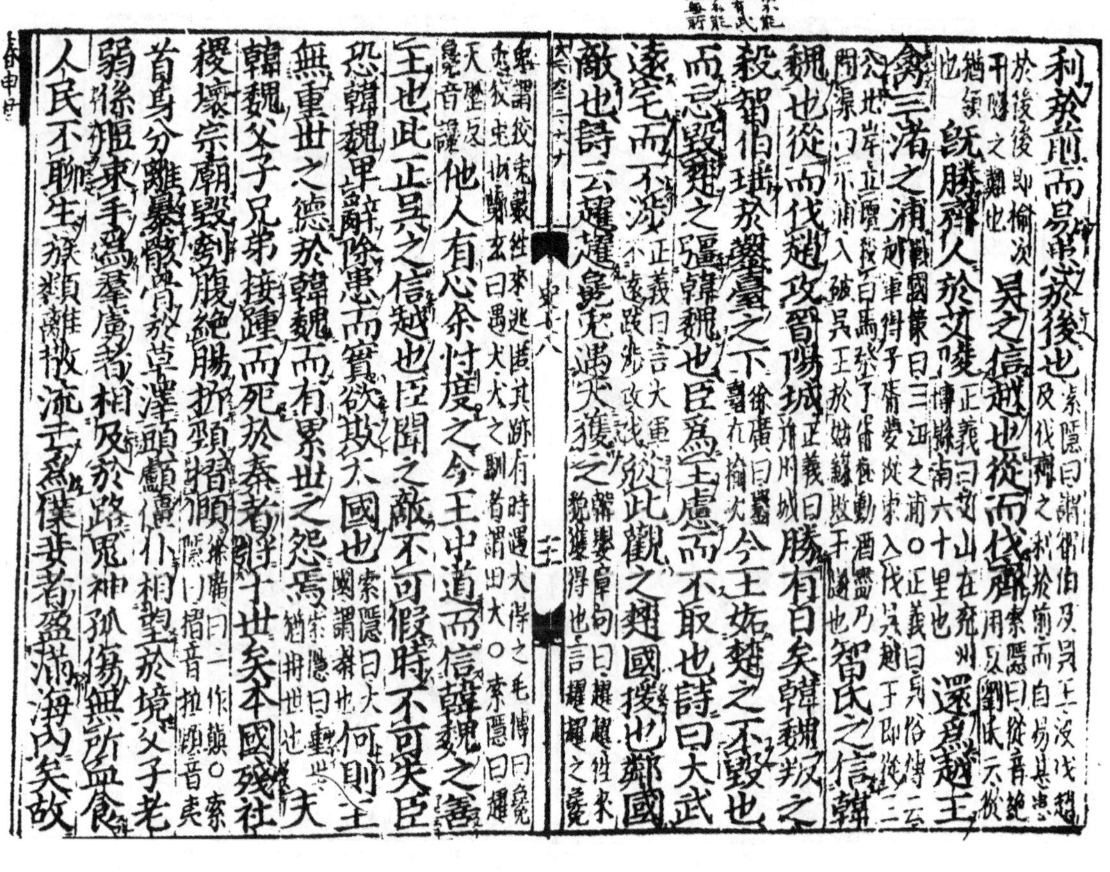

韓魏之不亡，秦社稷之憂也，今王資之與攻楚，不亦過乎！且王攻楚將惡出兵？王將借路於仇讎之韓魏乎？兵出之日而王憂其不返也，是王以兵資於仇讎之韓魏也。王若不借路於仇讎之韓魏，必攻隨水右壤。隨水右壤，此皆廣川大水，山林谿谷，不食之地也，王雖有之，不為得地。是王有毀楚之名而無得地之實也。且王攻楚之日，四國必悉起兵以應王。秦楚之兵構而不離，魏氏將出而攻留、方與、銍、湖陵、碭、蕭、相，故宋必盡。齊人南面攻楚，泗上必舉。此皆平原四達，膏腴之地，而使獨攻。王破楚以肥韓魏於中國而勁齊。韓魏之彊，足以校於秦。齊南以泗水為境，東負海，北倚河，而無後患，天下之國莫彊於齊魏。齊魏得地葆利而詳事下吏，一年之後，為帝未能，其於禁王之為帝有餘矣。夫以王壤土之博，人徒之眾，兵革之彊，壹舉事而樹怨於楚，遲令韓魏歸帝重於齊，是王失計也。臣為王慮，莫若善楚。秦楚合而為一以臨韓，韓必斂手。王施以

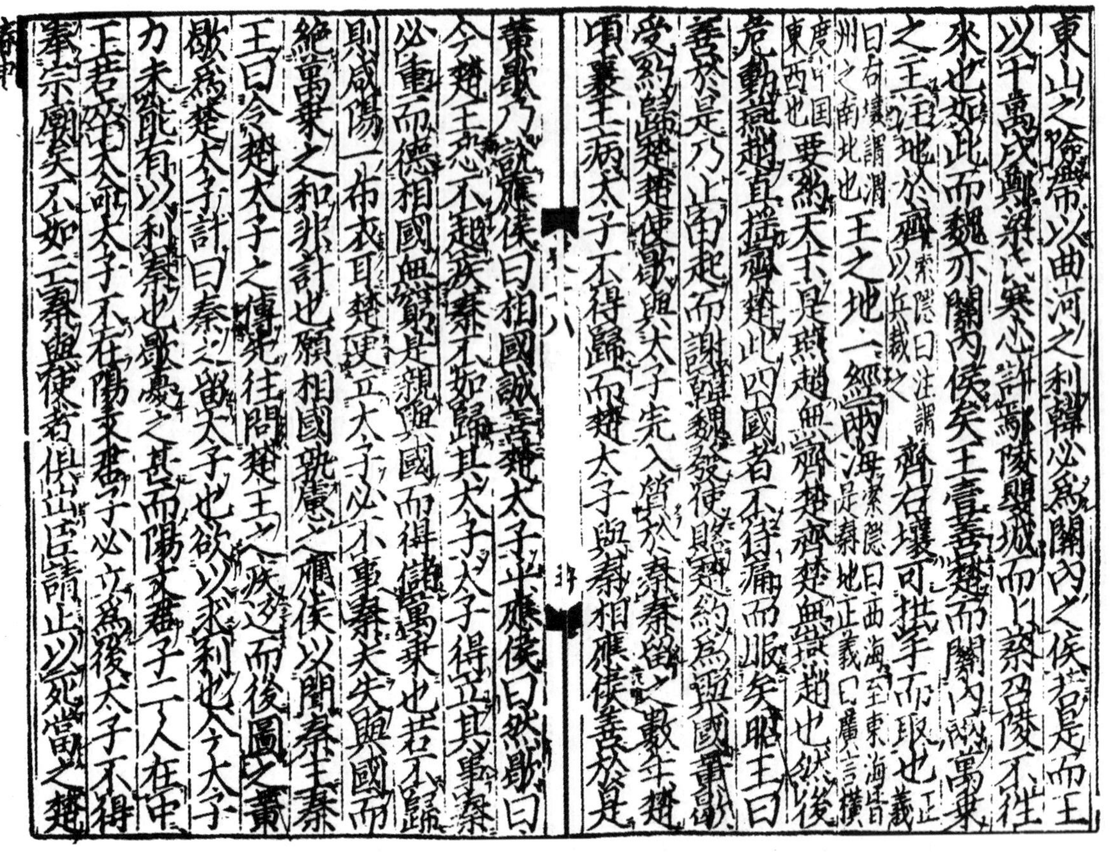

東山之險，帶以曲河之利，韓必為關內之侯。若是而王
以十萬戍鄭，梁氏寒心，許、鄢陵嬰城，而上蔡、召陵不往
來也。如此而魏亦關內侯矣。王壹善楚，而關內兩萬乘
之主注地於齊，索隱曰注謂以兵裁之 齊右壤可拱手而取也。正義
曰右壤謂渭州之南北也 王之地一經兩海，索隱曰西海至東海皆是秦地正義曰廣言秦
東西也 要約天下，是燕趙無齊楚，齊楚無燕趙也。然後
危動燕趙，直搖齊楚，此四國者不待痛而服矣。昭王曰：
善。於是乃止白起而謝韓魏。發使賂楚，約為與國。黃歇
受約歸楚，楚使歇與太子完入質於秦，秦留之數年。楚
頃襄王病，太子不得歸。而楚太子與秦相應侯善，於是
黃歇乃說應侯曰：相國誠善楚太子乎？應侯曰：然。歇曰：
今楚王恐不起疾，秦不如歸其太子。太子得立，其事秦
必重而德相國無窮，是親與國而得儲萬乘也。若不歸，
則咸陽一布衣耳；楚更立太子，必不事秦。夫失與國而
絕萬乘之和，非計也。願相國孰慮之。應侯以聞秦王。秦
王曰：令楚太子之傅先往問楚王之疾，返而後圖之。黃
歇為楚太子計曰：秦之留太子也，欲以求利也。今太子
力未能有以利秦也，歇憂之甚。而陽文君子二人在中，
王若卒大命，太子不在，陽文君子必立為後，太子不得
奉宗廟矣。不如亡秦，與使者俱出；臣請止，以死當之。楚

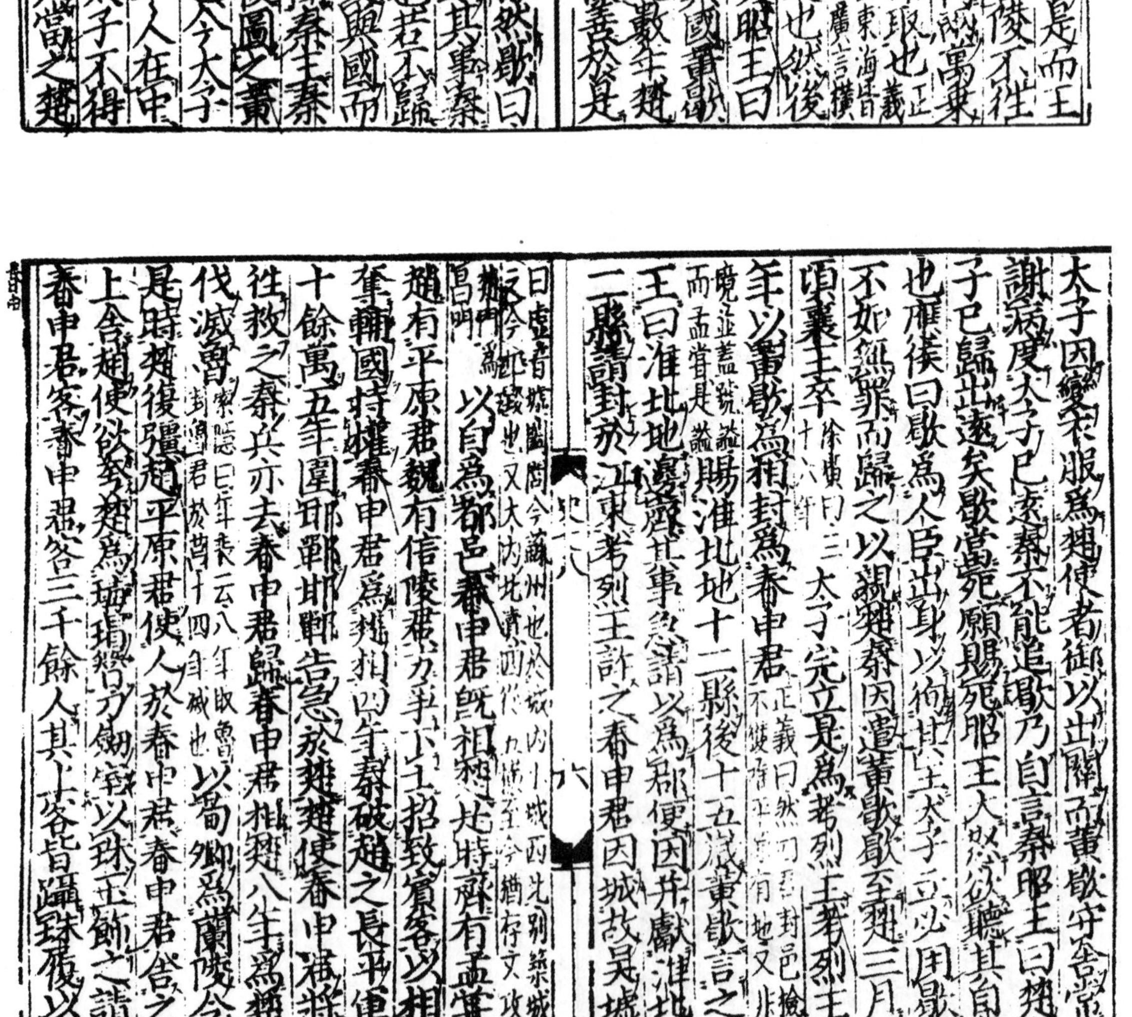

太子因變衣服為楚使者御以出關，而黃歇守舍，常為
謝病。度太子已遠，秦不能追，歇乃自言秦昭王曰：楚太
子已歸，出遠矣。歇當死，願賜死。昭王大怒，欲聽其自殺
也。應侯曰：歇為人臣，出身以徇其主，太子立，必用歇，故
不如無罪而歸之，以親楚。秦因遣黃歇。歇至楚三月，楚
頃襄王卒，徐廣曰三十六年 太子完立，是為考烈王。考烈王元
年，以黃歇為相，封為春申君，正義曰然四君封邑檢皆不獲，唯平原有地，又非趙
境，並蓋號謚，而孟嘗是謚。賜淮北地十二縣。後十五歲，黃歇言之楚
王曰：淮北地邊齊，其事急，請以為郡便。因并獻淮北十
二縣，請封於江東。考烈王許之。春申君因城故吳墟，正義
曰虛音墟，闔閭今蘇州也，於城內小城西北別築城居
之，今圮毀也。又大內北瀆，四從五橫，至今猶存。又改破
楚門為昌門。以自為都邑。春申君既相楚，是時齊有孟嘗君，
趙有平原君，魏有信陵君，方爭下士，招致賓客，以相傾
奪，輔國持權。春申君為楚相四年，秦破趙之長平軍四
十餘萬。五年，圍邯鄲。邯鄲告急於楚，楚使春申君將兵
往救之，秦兵亦去，春申君歸。春申君相楚八年，為楚北
伐滅魯，索隱曰年表云八年取魯，封魯君於莒，十四年滅也 以荀卿為蘭陵令。當
是時，楚復彊。趙平原君使人於春申君，春申君舍之於
上舍。趙使欲夸楚，為玳瑁簪，刀劍室以珠玉飾之，請命
春申君客。春申君客三千餘人，其上客皆躡珠履以見

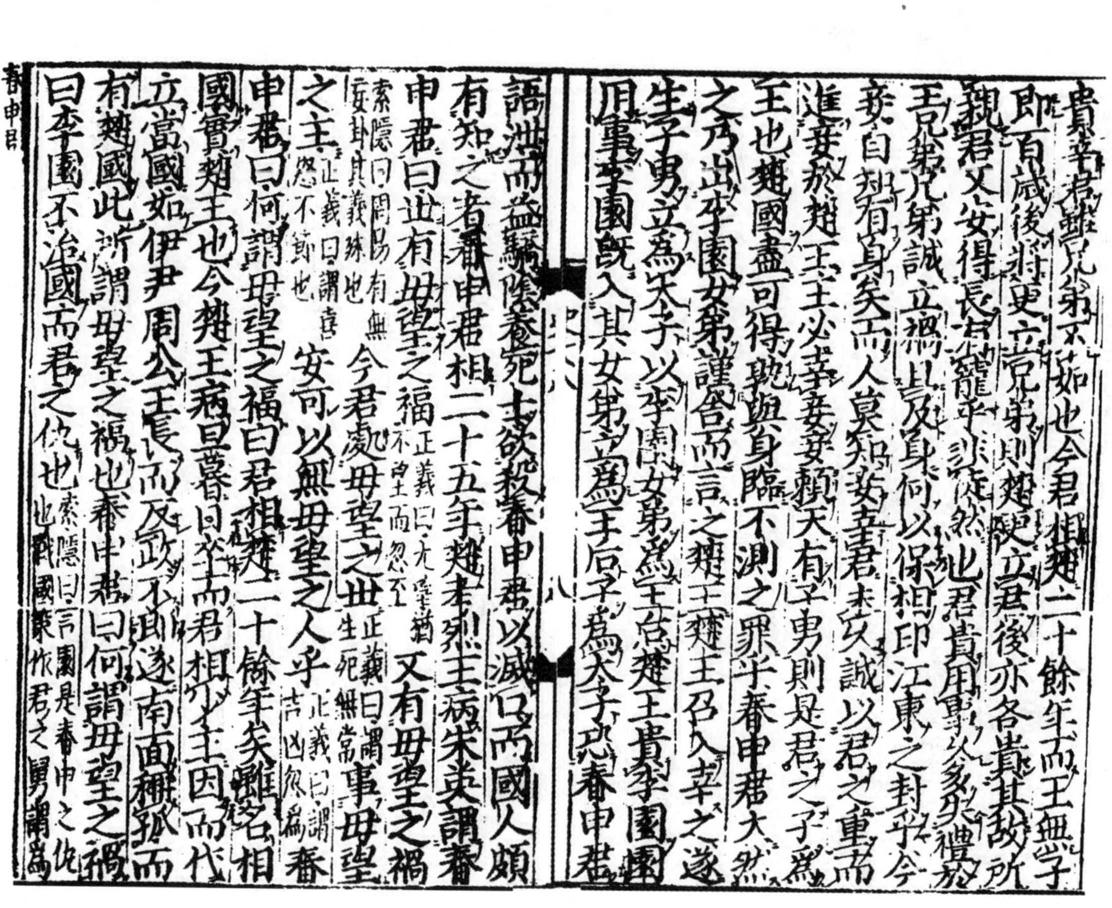

趙使趙使大慙。春申君相十四年，秦莊襄王立，以呂不韋爲相，封爲文信侯，取東周。春申君相二十二年，諸侯患秦攻伐無已時，乃相與合從，西伐秦（徐廣曰始皇六年），而楚王爲從長，春申君用事。至函谷關，秦出兵攻，諸侯兵皆敗走。楚考烈王以咎春申君，春申君以此益疏。客有觀津人朱英（正義曰觀音館今魏州觀城縣也），謂春申君曰：人皆以楚爲彊，而君用之弱，其於英不然。先君時善秦二十年而不攻楚，何也？秦踰黽隘之塞（正義曰黽隘之塞在申州羅山縣界也）而攻楚，不便；假道於兩周，背韓、魏而攻楚，不可。今則不然，魏旦暮亡，不能愛許、鄢陵，其許魏割以與秦，秦兵去陳百六十里（徐廣曰在陳南），臣之所觀者，見秦楚之日鬭也。楚於是去陳徙壽春（本南郢而徙野王也）。而秦徙衛野王，作置東郡（正義曰濮滑州兼河北置東郡濮州）。春申君由此就封於吳，行相事。

楚考烈王無子，春申君患之，求婦人宜子者進之，甚衆，卒無子。趙人李園持其女弟，欲進之楚王，聞其不宜子，恐久毋寵。李園求事春申君爲舍人，已而謁歸，故失期。還謁，春申君問之狀，對曰：齊王使使求臣之女弟，與其使者飲，故失期。春申君曰：娉入乎？對曰：未也。春申君曰：可得見乎？曰：可。於是李園乃進其女弟，即幸於春申君。知其有身，李園乃與其女弟謀。園女弟承閒以說春申君曰：楚王之

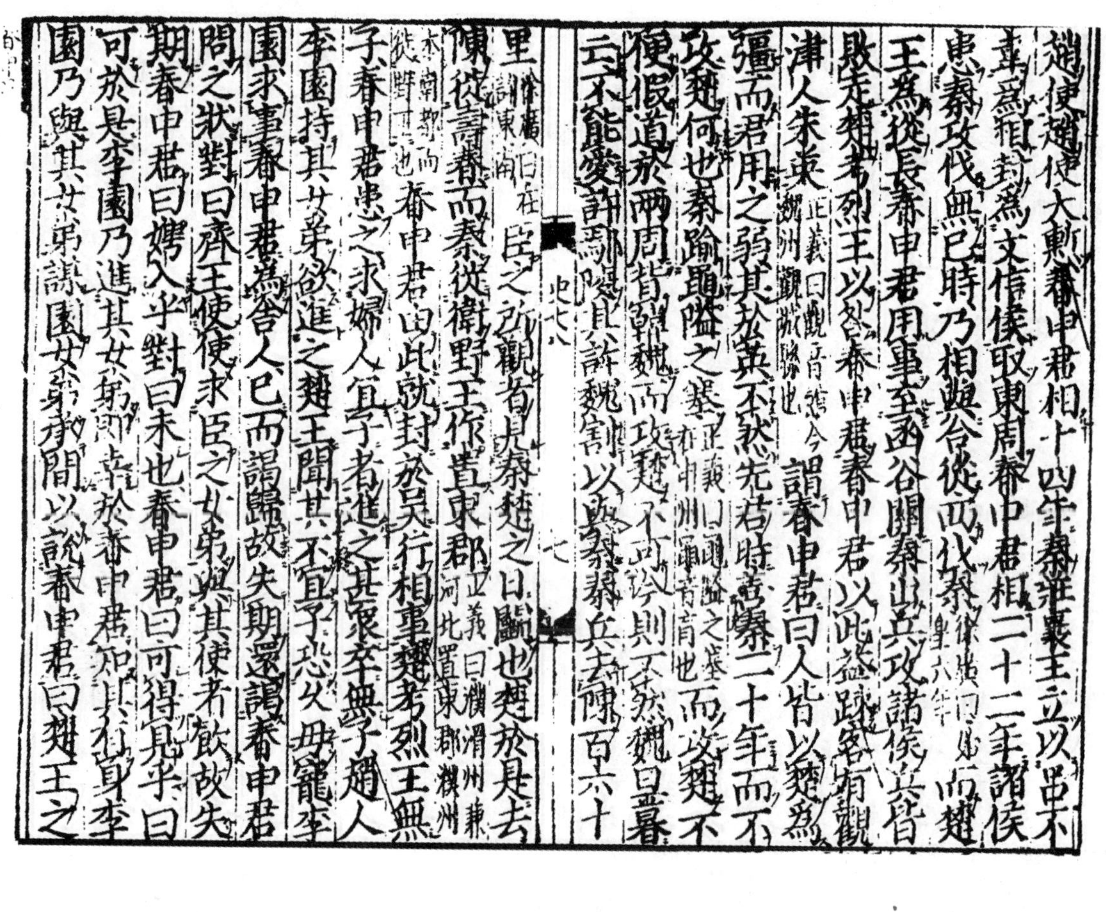

貴幸君，雖兄弟不如也。今君相楚二十餘年，而王無子，即百歲後將更立兄弟，則楚更立君後，亦各貴其故所親，君又安得長有寵乎？非徒然也，君貴用事久，多失禮於王兄弟，兄弟誠立，禍且及身，何以保相印江東之封乎？今妾自知有身矣，而人莫知。妾幸君未久，誠以君之重而進妾於楚王，楚王必幸妾；妾賴天有子男，則是君之子爲王也，楚國盡可得，孰與身臨不測之罪乎？春申君大然之，乃出李園女弟，謹舍而言之楚王。楚王召入幸之，遂生子男，立爲太子，以李園女弟爲王后。楚王貴李園，園用事。李園既入其女弟，立爲王后，子爲太子，恐春申君語泄而益驕，陰養死士，欲殺春申君以滅口，而國人頗有知之者。

春申君相二十五年，楚考烈王病。朱英謂春申君曰：世有毋望之福（正義曰无望猶不望而忽至），又有毋望之禍。今君處毋望之世（正義曰謂生死無常），事毋望之主（正義曰謂喜怒不節也。索隱曰周易有無妄卦其義殊也），安可以無毋望之人乎（正義曰謂吉凶忽爲）？春申君曰：何謂毋望之福？曰：君相楚二十餘年矣，雖名相國，實楚王也。今楚王病，旦暮且卒，而君相少主，因而代立當國，如伊尹、周公，王長而反政，不即遂南面稱孤而有楚國？此所謂毋望之福也。春申君曰：何謂毋望之禍？曰：李園不治國而君之仇也（索隱曰言園是春申之仇也戰國策作君之舅謂爲

史七八　七　八　春申君

王之舅也不為兵而養死士之日久矣楚王卒李園必先入據權而殺君以滅口此所謂毋望之禍也春申君曰何謂毋望之人對曰君置臣郎中楚王卒李園必先入臣為君殺李園此所謂毋望之人也春申君曰足下置之李園弱人也僕又善之且又何至此朱英知言不用恐禍及身乃亡去後十七日楚考烈王卒李園果先入伏死士於棘門之內（正義曰壽州城門）春申君入棘門園死士俠刺春申君斬其頭投之棘門外（正義曰楚考烈王二十五年秦始皇九年）於是遂使吏盡滅春申君之家而李園女弟初幸春申君有身而入之王所生子者遂立是為楚幽王（索隱曰按楚系家有母弟猶有庶兄負芻及昌平君是楚君完非無子而上文云考烈王無子誤也）是歲也秦始皇帝立九年矣嫪毐亦為亂於秦覺夷其三族而呂不韋廢

太史公曰吾適楚觀春申君故城宮室盛矣哉初春申君之說秦昭王及出身遣楚太子歸何其智之明也後制於李園旄矣（索隱曰旄音耄）語曰當斷不斷反受其亂春申君失朱英之謂邪

索隱述贊曰　黃歇辯智　權略秦楚　太子獲歸　身作宰輔　珠炫趙客　邑開吳土　烈王寡胤　李園獻女　無妄成災　朱英徒語

春申君列傳第十八　史記七十八

范雎蔡澤列傳第十九　史記七十九

范雎者魏人也字叔游說諸侯欲事魏王家貧無以自資乃先事魏中大夫須賈（索隱曰漢書百官表中大夫蓋古官也姓須名賈蓋密須氏之後）須賈為魏昭王使於齊（索隱曰昭王名遬襄王之子）范雎從留數月未得報齊襄王聞雎辯口（索隱曰襄王名法章）乃使人賜雎金十斤及牛酒雎辭謝不敢受須賈知之大怒以為雎持魏國陰事告齊故得此饋令雎受其牛酒還其金既歸心怒雎以告魏相魏相魏之諸公子曰魏齊魏齊大怒使舍人笞擊雎折脅摺齒（索隱曰摺音力荅反謂打折其齒也）雎佯死即卷以簀（索隱曰簀謂葦荻之薄也用之以裹其屍也）置廁中賓客飲者醉更溺雎（索隱曰更音羹溺即尿也）故僇辱以懲後令無妄言者雎從簀中謂守者曰公能出我我必厚謝公守者乃請出棄簀中死人魏齊醉曰可矣范雎得出後魏齊悔復召求之魏人鄭安平聞之乃遂操范雎亡伏匿更名姓曰張祿當此時秦昭王使謁者王稽於魏鄭安平詐為卒侍王稽王稽問魏有賢人可與俱西游者乎鄭安平曰臣里中有張祿先生欲見君言天下事其人有仇不敢晝見王稽曰夜與俱來鄭安平夜與張祿見王稽語未究王稽知范雎賢謂曰先生待我於三亭之南（索隱曰三亭亭名在魏境）

之邊道亭也今無其處二云魏之鄭境恐有三亭皆祖餞之處如今與期三亭之南蓋送餞已畢無人之處所也○正義曰括地志云三亭岡在汴州尉氏縣西南三十七里按三亭岡在山卯中名也蓋周亭為南與私約而去。王稽辭魏去，過載范雎入秦。至湖，索隱曰京兆有湖縣本名胡武帝更名湖即今湖城縣也○正義曰今虢州湖城縣也望見車騎從西來。范雎曰：「彼來者為誰？」王稽曰：「秦相穰侯東行縣邑。」范雎曰：「吾聞穰侯專秦權，惡內諸侯客，索隱曰內音納亦如字內猶入也此恐辱我，我寧且匿車中。」有頃，穰侯果至，勞王稽，因立車而語曰：「關東有何變？」曰：「無有。」又謂王稽曰：「謁君得無與諸侯客子俱來乎？無益，徒亂人國耳。」王稽曰：「不敢。」即別去。范雎曰：「吾聞穰侯智士也，其見事遲，鄉者疑車中有人，忘索之。」索隱曰索搜也先格反於是范雎下車走，曰：「此必悔之。」行十餘里，果使騎還索車中，無客，乃已。王稽遂與范雎入咸陽。已報使，因言曰：「魏有張祿先生，天下辯士也。曰『秦王之國危於累卵，正義曰說苑云晉靈公造九層之臺費用千金謂左右曰敢有諫者斬荀息聞之上書求見靈公張弩持矢見之曰臣不敢諫也臣能累十二博棊加九雞子其上公曰子為寡人作之荀息正顏色定志意以棊子置下加九雞子其上左右懼息靈公氣息不續公曰危哉危哉荀息曰不危也復有危於此者公曰願見之荀息曰九層之臺三年不成男不耕女不織國用空虛鄰國謀議將興社稷亡滅君欲何望靈公曰寡人之過也乃至於此即壞九層臺也得臣則安。然不可以書傳也』。臣故載來。」秦王弗信，使舍食草具。索隱曰謂亦舍之而食以下客之具然草具謂麤食草菜之饌具也待命歲餘。當是時，昭王已立三

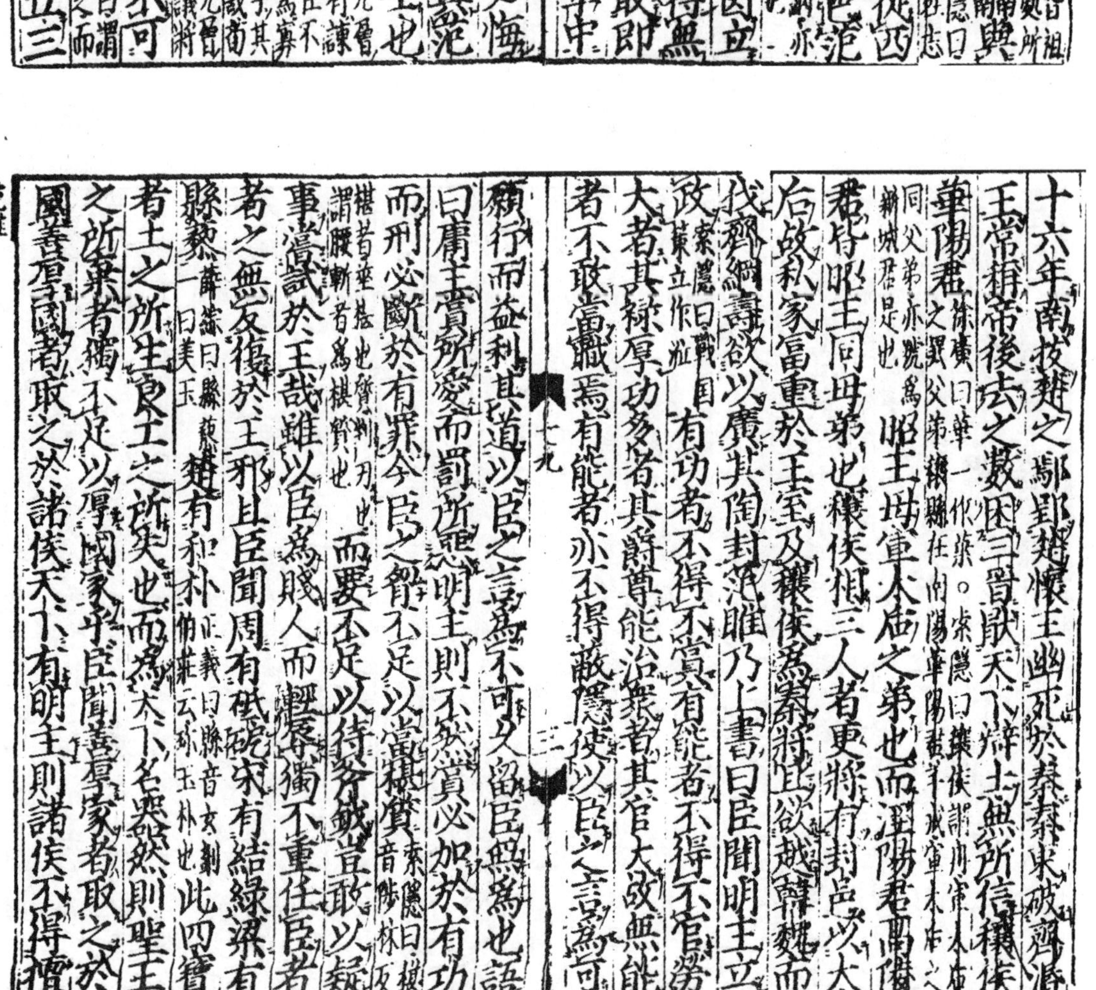

十六年。南拔楚之鄢郢，楚懷王幽死於秦。秦東破齊。湣王嘗稱帝，後去之。數困三晉。厭天下辯士，無所信。穰侯、華陽君，徐廣曰華一作葉○索隱曰穰侯謂冉華陽君芈戎芈太后之同父弟亦號為新城君是也昭王母宣太后之弟也；而涇陽君、高陵君皆昭王同母弟也。穰侯相，三人者更將，有封邑，以太后故，私家富重於王室。及穰侯為秦將，且欲越韓、魏而伐齊綱壽，索隱曰戰國策亦作剛欲以廣其陶封。范雎乃上書曰：「臣聞明主立政，有功者不得不賞，有能者不得不官，勞大者其祿厚，功多者其爵尊，能治眾者其官大。故無能者不敢當職焉，有能者亦不得蔽隱。使以臣之言為可，願行而益利其道；以臣之言為不可，久留臣無為也。語曰：『庸主賞所愛而罰所惡；明主則不然，賞必加於有功，而刑必斷於有罪。』今臣之胸不足以當椹質，索隱曰椹音陟林反椹若莝椹也質者斧刃也謂腰斬者為椹質也而要不足以待斧鉞，豈敢以疑事嘗試於王哉！雖以臣為賤人而輕辱，獨不重任臣者之無反復於王邪？且臣聞周有砥砨，宋有結綠，梁有縣藜，藜音黎一曰美玉楚有和朴，正義曰縣音玄劉伯莊云和玉朴也此四寶者，土之所生，良工之所失也，而為天下名器。然則聖王之所棄者，獨不足以厚國家乎？臣聞善厚家者取之於國，善厚國者取之於諸侯。天下有明主則諸侯不得擅

厚者何也為其割榮也（索隱曰割榮即上擅厚謂擅權也）良醫知病人之死生而聖主明於成敗之事利則行之害則舍之疑則少嘗之雖舜禹復生弗能改已語之至者臣不敢載之於書其淺者又不足聽也意者臣愚而不概於王心邪（徐廣曰一作漑音同○索隱曰概一作閔謂閔涉於王心也徐注音同非也）亡其言臣者賤而不可用乎（索隱曰亡猶無也）自非然者臣願得少賜游觀之閒望見顏色一語無效請伏斧質於是秦昭王大說乃謝王稽使以傳車（徐廣曰一云使持車○索隱曰徐按戰國策文也）召范雎於是范雎乃得見於離宮（正義曰長安故城本秦離宮在雍門外北十三里也）詳為不知永巷而入其中（正義曰永巷宮中獄也）王來而宦者怒逐之曰王至范雎繆為曰秦安得王秦獨有太后穰侯耳欲以感怒昭王昭王至聞其與宦者爭言遂延迎謝曰寡人宜以身受命久矣會義渠之事急寡人旦暮自請太后今義渠之事已寡人乃得受命竊閔然不敏（索隱曰鄭誕生本作惛然音昏或又一作閔音敏閔猶昏闇也）敬執賓主之禮范雎辭讓是日觀范雎之見者群臣莫不洒然變色易容者（徐廣曰洒先典反○索隱曰鄭玄云洒然敬肅之貌）秦王屏左右宮中虛無人秦王跽而請（索隱曰跽其紀反跽者長跽兩膝據地也）曰先生何以幸教寡人范雎曰唯唯有閒秦王復跽而請曰先生何以幸教寡人范雎曰唯唯若是者三秦王跽曰先生卒不幸教寡人邪

范雎曰非敢然也臣聞昔者呂尚之遇文王也身為漁父而釣於渭濱耳若是者交疏也已說而立為太師載與俱歸者其言深也故文王遂收功於呂尚而卒王天下鄉使文王疏呂尚而不與深言是周無天子之德而文武無與成其王業也今臣羈旅之臣也交疏於王而所願陳者皆匡君之事處人骨肉之間願效愚忠而未知王之心也此所以王三問而不敢對者也臣非有畏而不敢言也臣知今日言之於前而明日伏誅於後然臣不敢避也大王信行臣之言死不足以為臣患亡不足以為臣憂漆身為厲（索隱曰厲音賴賴病也言漆塗身生瘡如病癩）被髮為狂不足以為臣恥且以五帝之聖焉而死三王之仁焉而死五伯之賢焉而死烏獲任鄙之力焉而死成荊（一作慶）孟賁（許慎曰成荊古勇士孟賁衛人）王慶忌（呂氏春秋曰吳王僚子慶忌）夏育之勇焉而死（漢書音義曰或云夏育衛人力舉千鈞）死者人之所必不免也處必然之勢可以少有補於秦此臣之所大願也臣又何患哉伍子胥橐載而出昭關夜行晝伏至於陵水無以餬其口（索隱曰劉氏云陵水即溧水也陵溧聲相近故或也）膝行蒲伏稽首肉袒鼓腹吹篪（徐廣曰一作簫）乞食於吳市卒興吳國闔閭為伯使臣得盡謀如伍子胥加之以幽囚終身不復見是臣之說行也臣又何憂箕子接輿漆身為厲被髮為狂無益於主

假使臣得同行於箕子，可以有補於所賢之主，是臣之大榮也，臣有何恥？臣之所恐者，獨恐臣死之後，天下見臣之盡忠而身死，因以是杜口裹足，莫肯鄉秦耳。足下上畏太后之嚴，下惑於姦臣之態，【索隱】曰：態謂姦臣諂詐之志。居深宮之中，不離阿保之手，終身迷惑，無與昭姦，【正義】曰：昭，明也。無與明其姦惡。大者宗廟滅覆，小者身以孤危，此臣之所恐耳。若夫窮辱之事，死亡之患，臣不敢畏也。臣死而秦治，是臣死賢於生。秦王跽曰：先生是何言也！夫秦國辟遠，寡人愚不肖，先生乃幸辱至於此，是天以寡人慁先生【集解】徐廣曰：慁，亂也。音溷。○【索隱】曰：一作"辱"，音胡困反。慁猶汩亂之意。而存先王之宗廟也。寡人得受命於先生，是天所以幸先王，而不棄其孤也。先生柰何而言若是！事無小大，上及太后，下至大臣，願先生悉以教寡人，無疑寡人也。范雎拜，秦王亦拜。范雎曰：大王之國，四塞以為固，北有甘泉、谷口，【正義】曰：括地志云：甘泉山一名鼓原，俗名磨石嶺，在雍州雲陽縣西北九十里。關中記云：甘泉宮在甘泉山上，年代永久，其復甘泉之名失其實也。宮北云有運山，土人名為磨石嶺。括地志云：谷口，即古寒門也，在雍州醴泉縣東北四十里。南帶涇、渭，右隴、蜀，左關、阪，奮擊百萬，戰車千乘，利則出攻，不利則入守，此王者之地也。民怯於私鬭而勇於公戰，此王者之民也。王并此二者而有之。夫以秦卒之勇，車騎之眾，以治諸侯，譬若馳韓盧而

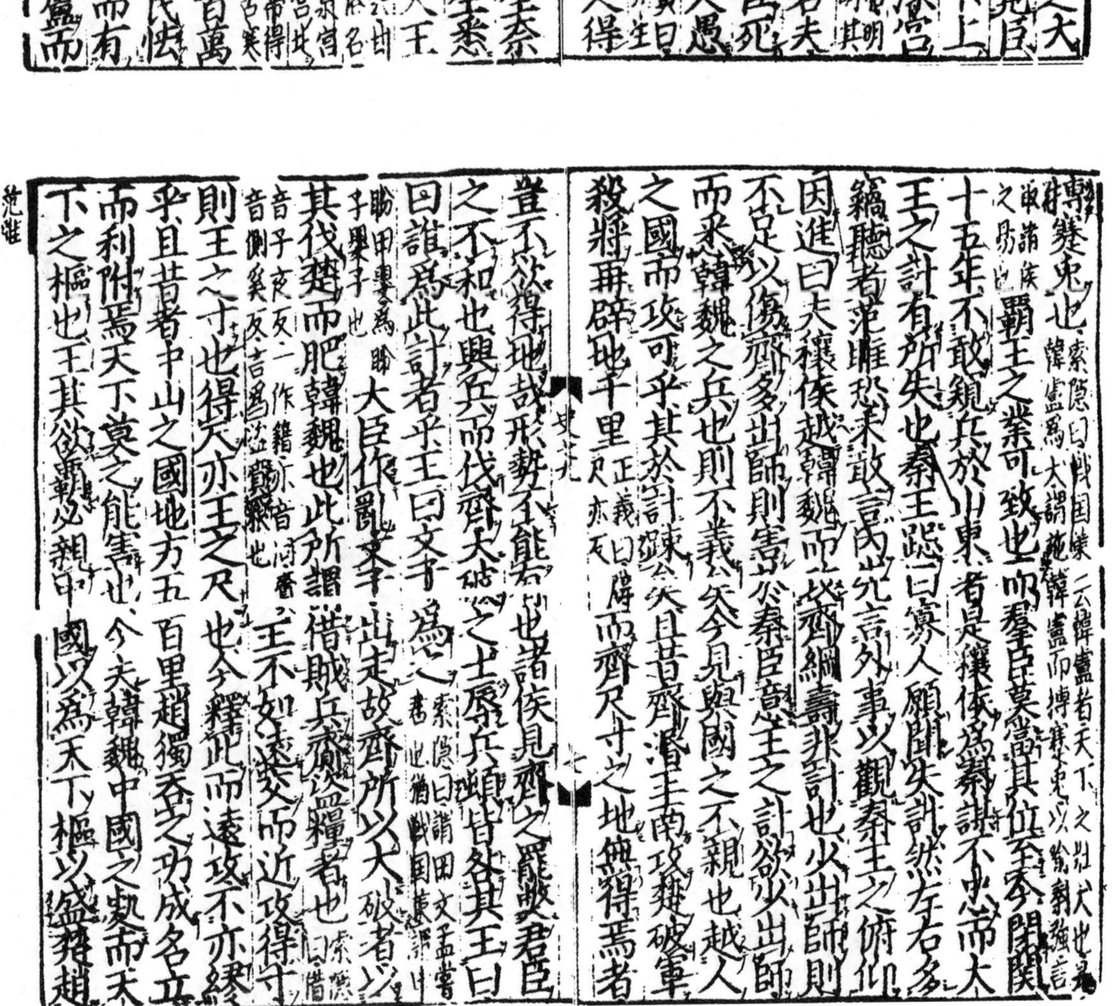

搏蹇兔也。【索隱】曰：戰國策云：韓盧，天下之壯犬也。韓盧為犬，謂施韓盧而搏蹇兔，以喻秦劇強敵諸侯之易也。霸王之業可致也，而羣臣莫當其位。至今閉關十五年，不敢窺兵於山東者，是穰侯為秦謀不忠，而大王之計有所失也。秦王跽曰：寡人願聞失計。然左右多竊聽者，范雎恐，未敢言內，先言外事，以觀秦王之俯仰。因進曰：夫穰侯越韓、魏而攻齊綱壽，非計也。少出師則不足以傷齊，多出師則害於秦。臣意王之計，欲少出師而悉韓、魏之兵也，則不義矣。今見與國之不親也，越人之國而攻，可乎？其於計疏矣。且昔齊湣王南攻楚，破軍殺將，再辟地千里，【正義】曰：辟，開也。而齊尺寸之地無得焉者，豈不欲得地哉？形勢不能有也。諸侯見齊之罷獘，君臣之不和也，興兵而伐齊，大破之。士辱兵頓，皆咎其王，曰：誰為此計者乎？王曰：文子為之。【索隱】曰：謂田文，孟嘗君也。猶戰國策謂田盼為盼子，田嬰為嬰子也。大臣作亂，文子出走。故齊所以大破者，以其伐楚而肥韓、魏也。此所謂借賊兵而齎盜糧者也。【索隱】曰：借音子夜反，一作"藉"，亦音側吳反。言以糧資盜也。王不如遠交而近攻，得寸則王之寸也，得尺亦王之尺也。今釋此而遠攻，不亦繆乎！且昔者中山之國地方五百里，趙獨吞之，功成名立而利附焉，天下莫之能害也。今夫韓、魏，中國之處而天下之樞也，王其欲霸，必親中國以為天下樞，以威楚、趙。

楚彊則附趙，趙彊則附楚，楚趙皆附，齊必懼矣。齊懼必卑辭重幣以事秦。齊附而韓魏因可虜也。昭王曰：吾欲親魏久矣，而魏多變之國也，寡人不能親。請問親魏奈何？對曰：王卑詞重幣以事之；不可，則割地而賂之；不可，因舉兵而伐之。王曰：寡人敬聞命矣。乃拜范雎為客卿，謀兵事。卒聽范雎謀，使五大夫綰伐魏，拔懷。徐廣曰昭王三十九年　後二歲，拔邢丘。客卿范雎復說昭王曰：秦韓之地形，相錯如繡。秦之有韓也，譬如木之有蠹也，人之有心腹之病也。天下無變則已，天下有變，其為秦患者孰大於韓乎？王不如收韓。昭王曰：吾固欲收韓，韓不聽，為之奈何？對曰：韓安得無聽乎？王下兵而攻滎陽，則鞏、成皋之道不通；正義曰言宜陽之師不得下相救　北斷太行之道，則上黨之師不下。正義曰言潞澤之師不得下太行相救　王一興兵而攻滎陽，則其國斷而為三。正義曰新鄭一南宜陽令二澤潞三　夫韓見必亡，安得不聽乎？若韓聽，而霸事因可慮矣。王曰：善。且欲發使於韓。范雎日益親，復說用數年矣，因請閒說曰：正義曰閒音閑　臣居山東時，聞齊之有田文，不聞其有王也；聞秦之有太后、穰侯、華陽、高陵、涇陽，不聞其有王也。夫擅國之謂王，能利害之謂王，制殺生之威之謂王。今太后擅行不顧，穰侯出使不報，華陽、涇陽等擊斷無諱，諱畏也　高陵進退不請。四

貴備而國不危者，未之有也。為此四貴者下，乃所謂無王也。然則權安得不傾，令安得從王出乎？臣聞善治國者，乃內固其威而外重其權。穰侯使者操王之重，決制於諸侯，剖符於天下，政適音征伐敵國，莫敢不聽。戰勝攻取則利歸於陶，國弊御於諸侯；索隱曰弊者斷也御者制也言穰侯挾權以制御王者於諸侯也　戰敗則結怨於百姓，而禍歸於社稷。詩曰：木實繁者披其枝，正義曰披音片皮反　披其枝者傷其心；大其都者危其國，尊其臣者卑其主。崔杼、淖齒管齊，索隱曰淖姓也音尼敎反漢有淖姬是也高誘曰管典也言二人典齊權而行弑逆也○正義曰淖齒楚人爲湣王臣　射王股，擢王筋，索隱曰言射王股誤也按崔杼射莊公之股淖齒縮湣王之筋是爲二君事　縣之於廟梁，宿昔而死。李兌管趙，囚主父於沙丘，正義曰沙丘臺在邢州平鄉縣東北二十里　百日而餓死。今臣聞秦太后、穰侯用事，高陵、華陽、涇陽佐之，卒無秦王，此亦淖齒、李兌之類也。且夫三代所以亡國者，君專授政，縱酒馳騁弋獵，不聽政事。其所授者，妒賢嫉能，御下蔽上，以成其私，不為主計，而主不覺悟，故失其國。今自有秩以上至諸大吏，下至王左右，無非相國之人者。見王獨立於朝，臣竊為王恐萬世之後，有秦國者非王子孫也。昭王聞之大懼，曰：善。於是廢太后，逐穰侯、高陵、華陽、涇陽君於關外。秦王乃拜范雎為相。收穰侯之印，使歸陶，因使縣官給車牛以

范雎

輜車千乘有餘。到關，關閱其寶器，寶器珍怪多於王室。秦封范雎以應，號為應侯。索隱曰：劉氏云河東臨晉有應亭。又按本紀以應為太后養地，解者以為在潁川之應鄉，未知孰是。正義曰：括地志云故應城，古應鄉，在汝州魯山縣東四十里也。當是時，秦昭王四十一年也。范雎既相秦，秦號曰張祿，而魏不知，以為范雎已死久矣。魏聞秦且東伐韓、魏，魏使須賈於秦。范雎聞之，為微行，敝衣閒步之邸，正義曰：劉云諸國客館。見須賈。須賈見之而驚曰：「范叔固無恙乎！」范雎曰：「然。」須賈笑曰：「范叔有說於秦邪？」曰：「不也。雎前日得過於魏相，故亡逃至此，安敢說乎！」須賈曰：「今叔何事？」范雎曰：「臣為人庸賃。」須賈意哀之，留與坐飲食，曰：「范叔一寒如此哉！」乃取其一綈袍以賜之。索隱曰：綈，厚繒也，音啼，蓋今之絁也。正義曰：今之粗袍。須賈因問曰：「秦相張君，公知之乎？吾聞幸於王，天下之事皆決於相君。今吾事之去留在張君。孺子豈有客習於相君者哉？」索隱曰：劉氏云孺子蓋謂雎為小子。范雎曰：「主人翁習知之。唯雎亦得謁，雎請為見君於張君。」須賈曰：「吾馬病，車軸折，非大車駟馬，吾固不出。」范雎曰：「願為君借大車駟馬於主人翁。」范雎歸取大車駟馬，為須賈御之，入秦相府。府中望見，有識者皆避匿。須賈怪之。至相舍門，謂須賈曰：「待我，我為君先入通於相君。」須賈待門下，持車良久，問門下曰：「范叔不出，何也？」門下曰：「無范叔。」須賈曰：「鄉

者與我載而入者。」門下曰：「乃吾相張君也。」須賈大驚，自知見賣，乃肉袒膝行，因門下人謝罪。於是范雎盛帷帳，侍者甚眾，見之。須賈頓首言死罪，曰：「賈不意君能自致於青雲之上，賈不敢復讀天下之書，不敢復與天下之事。賈有湯鑊之罪，請自屏於胡貉之地，唯君死生之！」范雎曰：「汝罪有幾？」曰：「擢賈之髮以續賈之罪，尚未足。」范雎曰：「汝罪有三耳。昔者楚昭王時而申包胥為楚卻吳軍，楚王封之以荊五千戶，包胥辭不受，為丘墓之寄於荊也。今雎之先人丘墓亦在魏，公前以雎為有外心於齊而惡雎於魏齊，公之罪一也。當魏齊辱我於廁中，公不止，罪二也。更醉而溺我，公其何忍乎？罪三矣。然公之所以得無死者，以綈袍戀戀，有故人之意，故釋公。」乃謝罷。入言之昭王，罷歸須賈。須賈辭於范雎，范雎大供具，盡請諸侯使，與坐堂上，食飲甚設。而坐須賈於堂下，置莝豆其前，令兩黥徒夾而馬食之。數曰：「為我告魏王，急持魏齊頭來！不然者，我且屠大梁。」須賈歸，以告魏齊。魏齊恐，亡走趙，匿平原君所。范雎既相，王稽謂范雎曰：「事有不可知者三，有不可奈何者亦三。宮車一日晏駕，索隱曰：天子當晨起早作，如方崩殞，故稱晏駕。韋昭曰：凡初崩為晏駕者，臣子之心猶謂宮車當駕而晚出。是事之不可知者一也。君卒然捐館舍，是事之不可知者二也。

使臣卒然填溝壑，是事之不可知者三也。宫車一日晏駕，君雖恨於臣，無可奈何。君卒然捐館舍，君雖恨於臣，亦無可奈何。使臣卒然填溝壑，君雖恨於臣，亦無可奈何。」范雎不懌，乃入言於王曰：「非王稽之忠，莫能内臣於函谷關；非大王之賢聖，莫能貴臣。今臣官至於相，爵在列侯，王稽之官尚止於謁者，非其内臣之意也。」昭王召王稽，拜為河東守，三歲不上計。司馬彪曰：凡郡長治民，進賢勸功，決訟檢姦，常以春行所至縣，勸民農桑，振救乏絶，秋冬遣無害吏案訊問諸囚，平其罪法，論課殿最，歲盡遣吏上計。又任鄭安平，昭王以為將軍。范雎於是散家財物，盡以報所嘗困戹者。一飯之德必償，睚眦之怨必報。索隱曰：睚音崖賣反，眦音士賣反。睚眦謂相嗔怒而見齒也。

范雎相秦二年，秦昭王之四十二年，東伐韓少曲、徐廣曰：蘇代曰起少曲，一日而斷太行。○索隱曰：劉氏以為蓋在太行西南。高平，拔之。正義曰：括地志云：韓王故城在懷州河陽縣西北四十里，俗謂之韓王城，非也。春秋時周桓王以與鄭。紀年云：鄭侯使辰歸晉陽向，更名高平。拔之，則少曲當與高平相近。

秦昭王聞魏齊在平原君所，欲為范雎必報其仇，乃詳為好書遺平原君曰：「寡人聞君之高義，願與君為布衣之友，君幸過寡人，寡人願與君為十日之飲。」平原君畏秦，且以為然，而入秦見昭王。昭王與平原君飲數日，昭王謂平原君曰：「昔周文王得呂尚以為太公，齊桓公得管夷吾以為仲父，今范君亦寡人之叔父也。范君之仇在君之家，願使人歸取其頭來；不然，吾不出君於關。」平原君曰：「貴而為交者，為賤也；富而為交者，為貧也。索隱曰：上為如字，下為音于僞反。以言富貴而結交深者，為有貧賤之時不可忘之也。夫魏齊者，勝之友也，在，固不出也，今又不在臣所。」昭王乃遺趙王書曰：「王之弟在秦，范君之仇魏齊在平原君之家。王使人疾持其頭來；不然，吾舉兵而伐趙，又不出王之弟於關。」趙孝成王乃發卒圍平原君家，急，魏齊夜亡出，見趙相虞卿。虞卿度趙王終不可説，乃解其相印，與魏齊亡，閒行，念諸侯莫可以急抵者，乃復走大梁，欲因信陵君以走楚。信陵君聞之，畏秦，猶豫未肯見，曰：「虞卿何如人也？」時侯嬴在旁，曰：「人固未易知，知人亦未易也。夫虞卿躡屩檐簦，一見趙王，賜白璧一雙，黄金百鎰；再見，拜為上卿；三見，卒受相印，封萬户侯。當此之時，天下爭知之。夫魏齊窮困過虞卿，虞卿不敢重爵禄之尊，解相印，捐萬户侯而閒行。急士之窮而歸公子，公子曰『何如人』。人固不易知，知人亦未易也！」信陵君大慙，駕如野迎之。魏齊聞信陵君之初難見之，怒而自剄。趙王聞之，卒取其頭予秦。秦昭王乃出平原君歸趙。

昭王四十三年，秦攻韓汾陘，拔之，索隱曰：陘音刑。陘蓋在韓之西界，與汾相近也。○正義曰：按陘庭故城在絳州曲沃縣西北二十里汾水之陽。因城河上廣武。索隱曰：劉氏云此河上蓋近河之地，本屬韓，今秦得而城。後五年，昭王用應侯謀欲反間賣趙，趙以其故令馬服子代廉頗將。（索隱曰：馬服子，趙括之號也。虞喜志林云：馬，兵之首也。號曰馬服者，言能服馬也。鄒氏頗音坡。）秦大破趙於長平，遂圍邯鄲。已而與武安君白起有隙，言而殺之。（徐廣曰：五十年。索隱：紀及表言之。）任鄭安平，使擊趙。鄭安平為趙所圍，急，以兵二萬人降趙。應侯席藁請罪。秦之法，任人而所任不善者，各以其罪罪之。於是應侯罪當收三族。秦昭王恐傷應侯之意，乃下令國中：「有敢言鄭安平事者，以其罪罪之。」而加賜相國應侯食物日益厚，以順適其意。後二歲，王稽為河東守，與諸侯通，坐法誅。（集解：秦昭王五十二年。）而應侯日益以不懌。昭王臨朝歎息，應侯進曰：「臣聞主憂臣辱，主辱臣死。今大王中朝而憂，臣敢請其罪。」昭王曰：「吾聞楚之鐵劍利而倡優拙。（正義曰：倡優拙，謂歌舞之人拙也。）夫鐵劍利則士勇，倡優拙則思慮遠。夫以遠思慮而御勇士，吾恐楚之圖秦也。夫物不素具，不可以應卒。今武安君既死，而鄭安平等畔，內無良將而外多敵國，吾是以憂。」欲以激勵應侯。（索隱曰：激音擊。）應侯懼，不知所出。蔡澤聞之，往入秦也。

蔡澤者，燕人也。游學干諸侯小大甚眾，不遇。（正義曰：干，犯也。）而從唐舉相，（索隱曰：荀卿書作唐莒。）曰：「吾聞先生相李兌，曰『百日之內持國秉』，有之乎？」（索隱曰：秉，柄也。）曰：「有之。」曰：「若臣者何如？」唐舉孰視而笑曰：「先生曷鼻，（索隱曰：曷，一作偈。）巨肩，魋顏，蹙齃，膝攣。（索隱曰：魋顏，謂顏貌魋回，若魋然也。蹙齃，謂鼻蹙眉也。膝攣，謂兩膝曲也。）吾聞聖人不相，殆先生乎？」蔡澤知唐舉戲之，乃曰：「富貴吾所自有，吾所不知者壽也，願聞之。」唐舉曰：「先生之壽，從今以往者四十三歲。」蔡澤笑謝而去，謂其御者曰：「吾持粱刺齒肥，（索隱曰：持粱，謂作飯也。刺齒肥，謂食肥肉也。）躍馬疾驅，懷黃金之印，結紫綬於要，揖讓人主之前，食肉富貴，四十三年足矣。」去之趙，見逐。之韓、魏，遇奪釜鬲於塗。（索隱曰：鬲，音歷。）聞應侯任鄭安平、王稽皆負重罪於秦，應侯內慚，蔡澤乃西入秦。將見昭王，使人宣言以感怒應侯曰：「燕客蔡澤，天下雄俊弘辯智士也。彼一見秦王，秦王必困君而奪君之位。」應侯聞，曰：「五帝三代之事，百家之說，吾既知之，眾口之辯，吾皆摧之，是惡能困我而奪我位乎？」使人召蔡澤。蔡澤入，則揖應侯。應侯固不快，及見之，又倨，應侯因讓之曰：「子常宣言欲代我相秦，寧有之乎？」對曰：「然。」應侯曰：「請聞其說。」蔡澤曰：「吁，君何見之晚也！夫四時之序，成功者去。夫人生百體堅彊

手足便利耳目聰明而心聖智豈非士之願與應侯曰
然蔡澤曰質仁秉義行道施德得志於天下天下懷樂
敬愛而尊慕之皆願以為君王豈不辯智之期與應侯
曰然蔡澤復曰富貴顯榮成理萬物使各得其所性命
壽長終其天年而不夭傷天下繼其統守其業傳之無
窮名實純粹澤流千里（徐廣曰一本無此字）世世稱之而無絕與
天地終始豈道德之符而聖人所謂吉祥善事者與應
侯曰然蔡澤曰若夫秦之商君楚之吳起越之大夫種
其卒然亦可願與應侯知蔡澤之欲困己以說（式銳反）復謬
曰何為不可夫公孫鞅之事孝公也極身無貳慮盡公

而不顧私設刀鋸以禁姦邪信賞罰以致治披腹心示
情素蒙怨咎欺舊友奪魏公子卬安秦社稷利百姓卒
為秦禽將破敵攘地千里吳起之事悼王也使私不得
害公讒不得蔽忠言不取苟合行不取苟容不為危易
行行義不辟難（徐廣曰一云不困毀譽）然為霸主強國不辭禍凶
大夫種之事越王也主雖困辱悉忠而不解主雖絕亡
盡能而弗離成功而弗矜貴富而不驕怠若此三子者
固義之至也忠之節也是故君子以義死難視死如歸
生而辱不如死而榮士固有殺身以成名唯義之所在
雖死無所恨何為不可哉蔡澤曰主聖臣賢天下之盛

福也君明臣直國之福也父慈子孝夫信妻貞家之福
也故比干忠而不能存殷子胥智而不能完吳申生孝
而晉國亂是皆有忠臣孝子而國家滅亂者何也無明
君賢父以聽之故天下以其君父為僇辱而憐其臣子
（索隱曰言以比干子胥申生至忠孝而見誅故令天下言為其君父之所僇而憐其臣子也）今商
君吳起大夫種之為人臣是也其君非也故世稱三子
致功而不見德豈慕不遇世死乎夫待死而後可以立
忠成名是微子不足仁孔子不足聖管仲不足大也夫
人之立功豈不期於成全邪身與名俱全者上也名可
法而身死者其次也名在僇辱而身全者下也於是應

侯稱善蔡澤少得閒因曰夫商君吳起大夫種其為人
臣盡忠致功則可願矣閎夭事文王周公輔成王也豈
不亦忠聖乎以君臣論之商君吳起大夫種其可願孰與
閎夭周公哉應侯曰商君吳起大夫種弗若也蔡澤曰
然則君之主慈仁任忠惇厚舊故其賢智與有道之士
為膠漆義不倍功臣孰與秦孝公楚悼王越王乎應侯
曰未知何如也蔡澤曰今主親忠臣不過秦孝公楚悼
王越王君之設智能為主安危修政治亂彊兵批患折
難（索隱曰批音白結反又音豐雞反批患謂擊而卻之折音之列反）廣地殖穀富國足
家彊主尊社稷顯宗廟天下莫敢欺犯其主主之威蓋

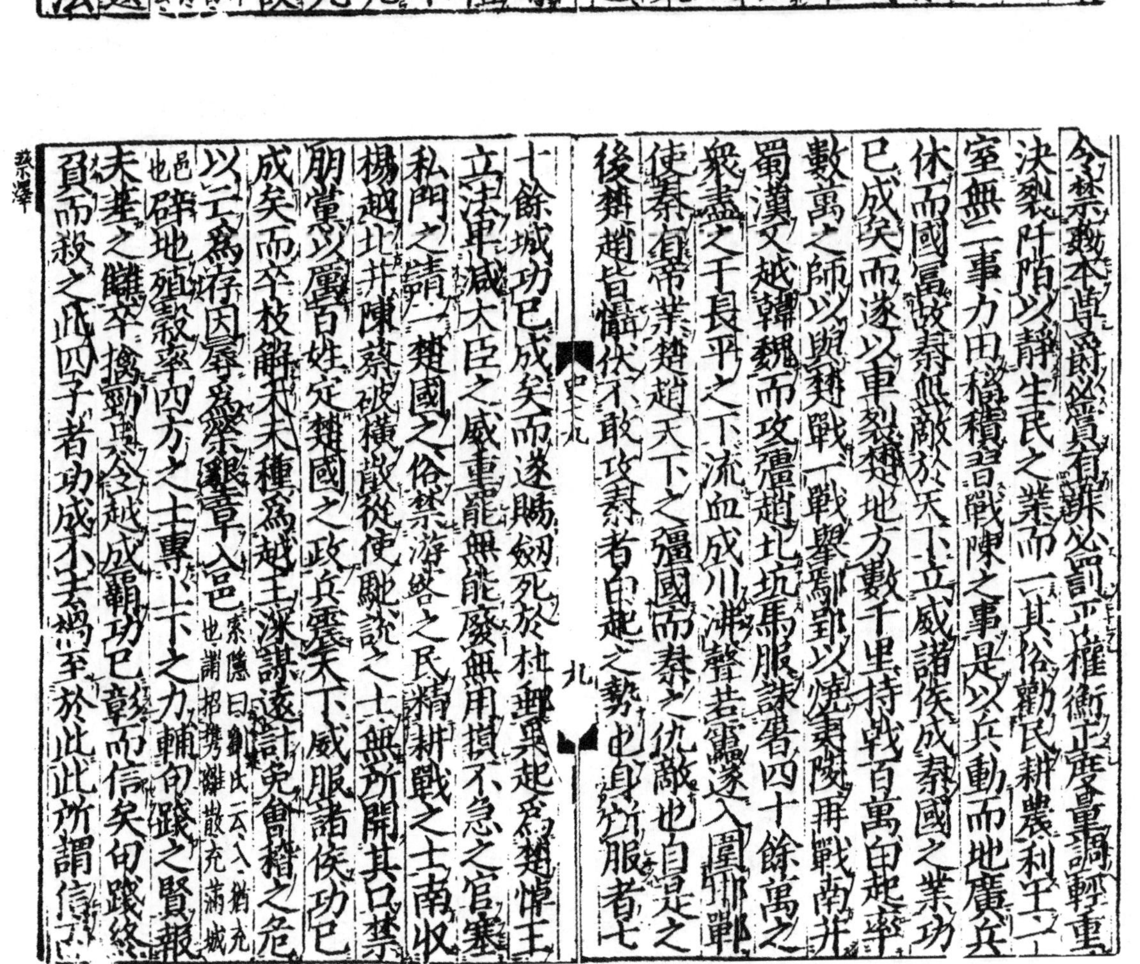
震海內功彰萬里之外聲名光輝傳於千世君孰與商君吳起大夫種應侯曰不若蔡澤曰今王之親忠臣不忘舊故不若孝公悼王句踐而君之功績愛信親幸又不若商君吳起大夫種然而君之祿位貴盛私家之富過於三子而身不退者恐患之甚於三子竊為君危之語曰日中則移月滿則虧物盛則衰天地之常數也進退盈縮與時變化聖人之常道也故國有道則仕國無道則隱聖人曰飛龍在天利見大人不義而富且貴於我如浮雲今君之怨已讎而德已報意欲至矣而無變計竊為君不取也且夫翠鵠犀象其處勢非不遠死也

而所以死者惑於餌也蘇秦智伯之智非不足以辟辱遠死也而所以死者惑於貪利不止也是以聖人制禮節欲取於民有度使之以時用之有止故志不溢行不驕常與道俱而不失故天下承而不絕昔者齊桓公九合諸侯一匡天下至於葵丘之會有驕矜之志畔者九國吳王夫差兵無敵於天下勇彊以輕諸侯陵齊晉故遂以殺身亡國夏育太史噭叱呼駭三軍（徐廣曰一作噭○索隱曰二人勇者夏育衛人也噭音皦○正義曰呼音火故反）然而身死於庸夫（索隱曰高誘云夏育爲田搏所殺然太史噭未知誰之所殺恐非齊襄王時太史也）此皆乘至盛而不返道理不居卑退處儉約之患也夫商君為秦孝公明法

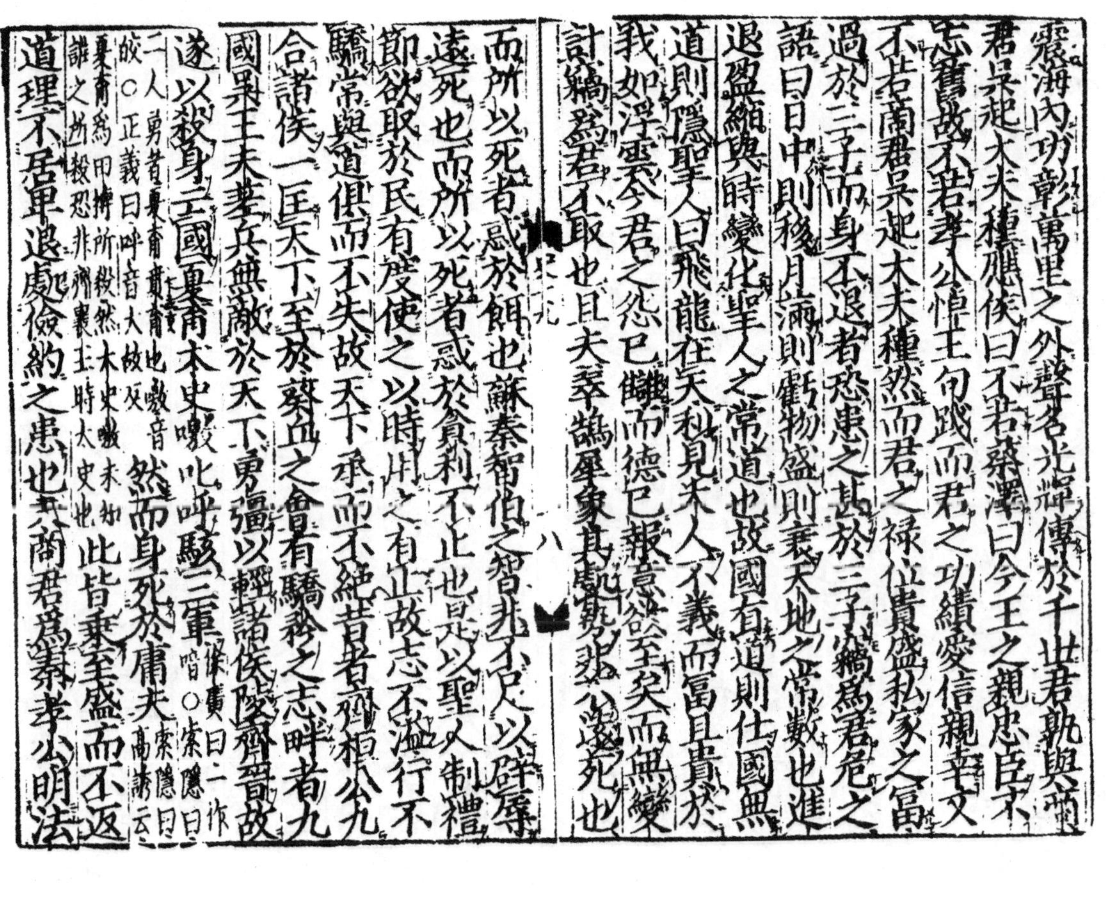
令禁姦本尊爵必賞有罪必罰平權衡正度量調輕重決裂阡陌以靜生民之業而一其俗勸民耕農利土一室無二事力田稸積習戰陳之事是以兵動而地廣兵休而國富故秦無敵於天下立威諸侯成秦國之業功已成矣而遂以車裂楚地方數千里持戟百萬白起率數萬之師以與楚戰一戰舉鄢郢以燒夷陵再戰南并蜀漢又越韓魏而攻彊趙北坑馬服誅屠四十餘萬之衆盡之于長平之下流血成川沸聲若雷遂入圍邯鄲使秦有帝業楚趙天下之彊國而秦之仇敵也自是之後楚趙皆懾伏不敢攻秦者白起之勢也身所服者七

十餘城功已成矣而遂賜劒死於杜郵吳起為楚悼王立法卑減大臣之威重罷無能廢無用損不急之官塞私門之請一楚國之俗禁游客之民精耕戰之士南收楊越北并陳蔡破橫散從使馳說之士無所開其口禁朋黨以勵百姓定楚國之政兵震天下威服諸侯功已成矣而卒枝解大夫種為越王深謀遠計免會稽之危以亡為存因辱為榮墾草入邑（索隱曰劉氏云入猶充也謂招攜離散充滿城邑也）辟地殖穀率四方之士專上下之力輔句踐之賢報夫差之讎卒擒勁吳令越成霸功已彰而信矣句踐終負而殺之此四子者功成不去禍至於此此所謂信

不能詘往而不能返者也。（索隱曰：信音申，詘音屈，謂亦已長而不退。）范蠡知之，超然辟世，長為陶朱公。君獨不觀夫博者乎？或欲大投，或欲分功，（班固弈指曰：博縣於投，不必在行。投，擲也。○索隱曰：言夫博弈或欲大投其瓊以致勝，或觀其勢弱則大投地分而分功以遠投，事具小爾雅、方言云：所以投博謂之枰，枰，局也。）此皆君之所明知也。今君相秦，計不下席，謀不出廊廟，坐制諸侯，利施三川，以實宜陽，（正義曰：施，猶展也。言伐得三川之地，以實宜陽，言展開手。）決羊腸之險，塞太行之道，又斬范、中行之途，六國不得合從，棧道千里，通於蜀漢，使天下皆畏秦，秦之欲得矣，君之功極矣，此亦秦之分功之時也。如是而不退，則商君、白公、（徐廣曰：白起也。）吳起、大夫種是也。吾聞之，鑒於水者見面之容，鑒於人者知吉與凶。書曰：成功之下，不可久處。四子之禍，君何居焉？君何不以此時歸相印，讓賢者而授之，退而巖居川觀，必有伯夷之廉，長為應侯，世世稱孤，而有許由、延陵季子之讓，喬松之壽，孰與以禍終哉？即君何居焉。忍不能自離，疑不能自決，必有四子之禍矣。易曰：亢龍有悔。此言上而不能下，信而不能詘，往而不能自返者也。願君孰計之。應侯曰：善。吾聞欲而不知止，失其所以欲；有而不知足，失其所以有。先生幸教，睢敬受命。於是乃延入坐，為上客。後數日，入朝，言於秦昭王曰：客新有從山東來者曰蔡澤，其人辯士，明於三王之事，五伯之業，世俗之變，足以寄秦國之政。臣之見人甚眾，莫及，臣不如也。臣敢以聞。秦昭王召見，與語，大說之，拜為客卿。應侯因謝病請歸相印。昭王彊起應侯，應侯遂稱病篤。范睢免相，昭王新說蔡澤計畫，遂拜為秦相，東收周室。蔡澤相秦數月，人或惡之，懼誅，乃謝病歸相印，號為綱成君。居秦十餘年，事昭王、孝文王、莊襄王。卒事始皇帝，為秦使於燕，三年而燕使太子丹入質於秦。

太史公曰：韓子稱長袖善舞，多錢善賈，信哉是言也！范睢、蔡澤世所謂一切辯士，然游說諸侯至白首無所遇者，非計策之拙，所為說力少也。及二人羈旅入秦，繼踵取卿相，垂功於天下者，固彊弱之勢異也。然士亦有偶合，賢者多如此二子，不得盡意，豈可勝道哉！然二子不困戹，惡能激乎？（索隱曰：二子，范蔡也。睢厄於魏，折脅摺齒；澤困於趙，被逐奔韓。惡音烏，激音擊。）

索隱述贊曰：

應侯始困，詆載而西。說行計立，貴平寵稽。返秦市趙，卒報魏齊。綱成辯智，范睢招擕。勢利傾奪，一言成蹊。

范睢蔡澤列傳第十九　　史記七十九

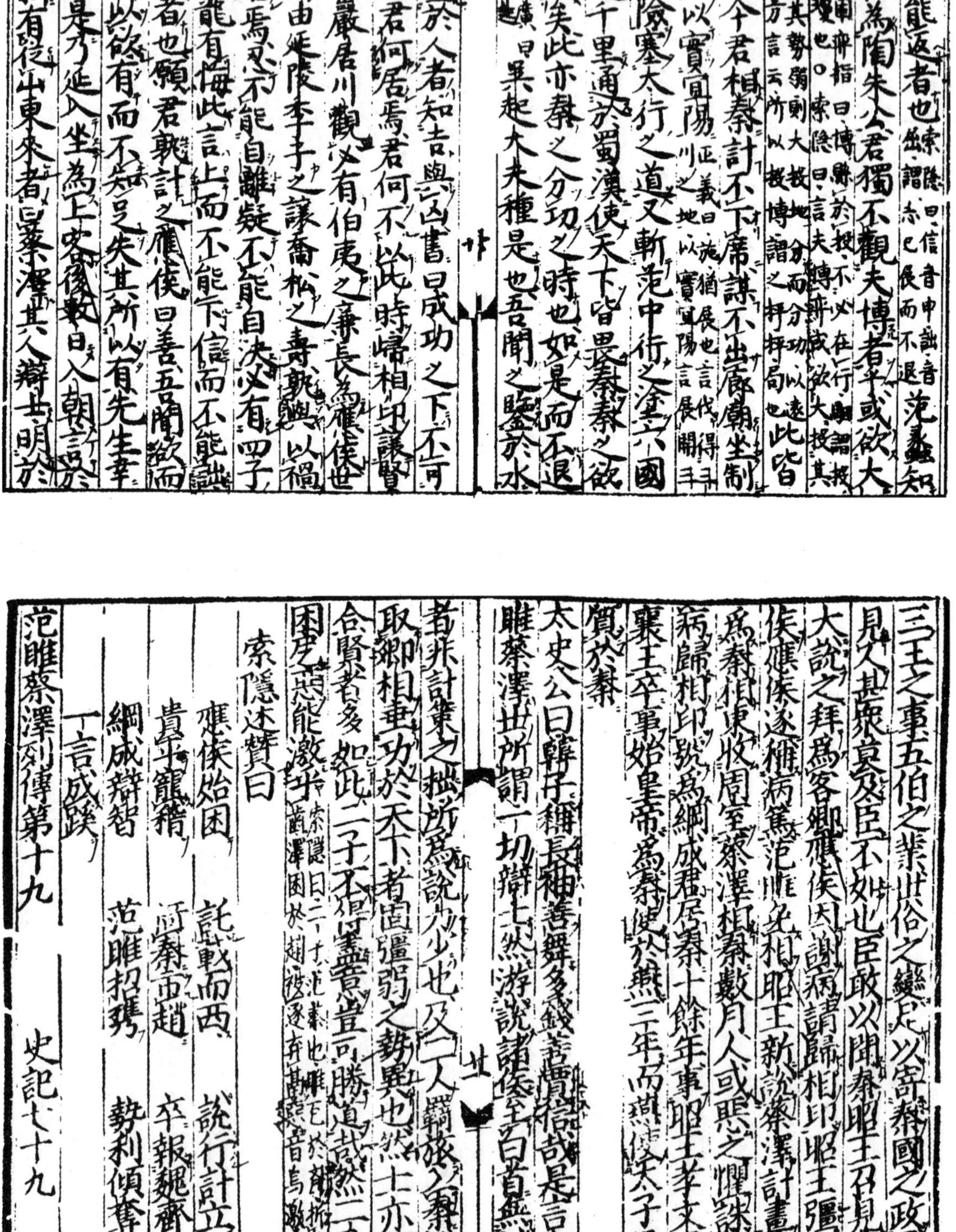

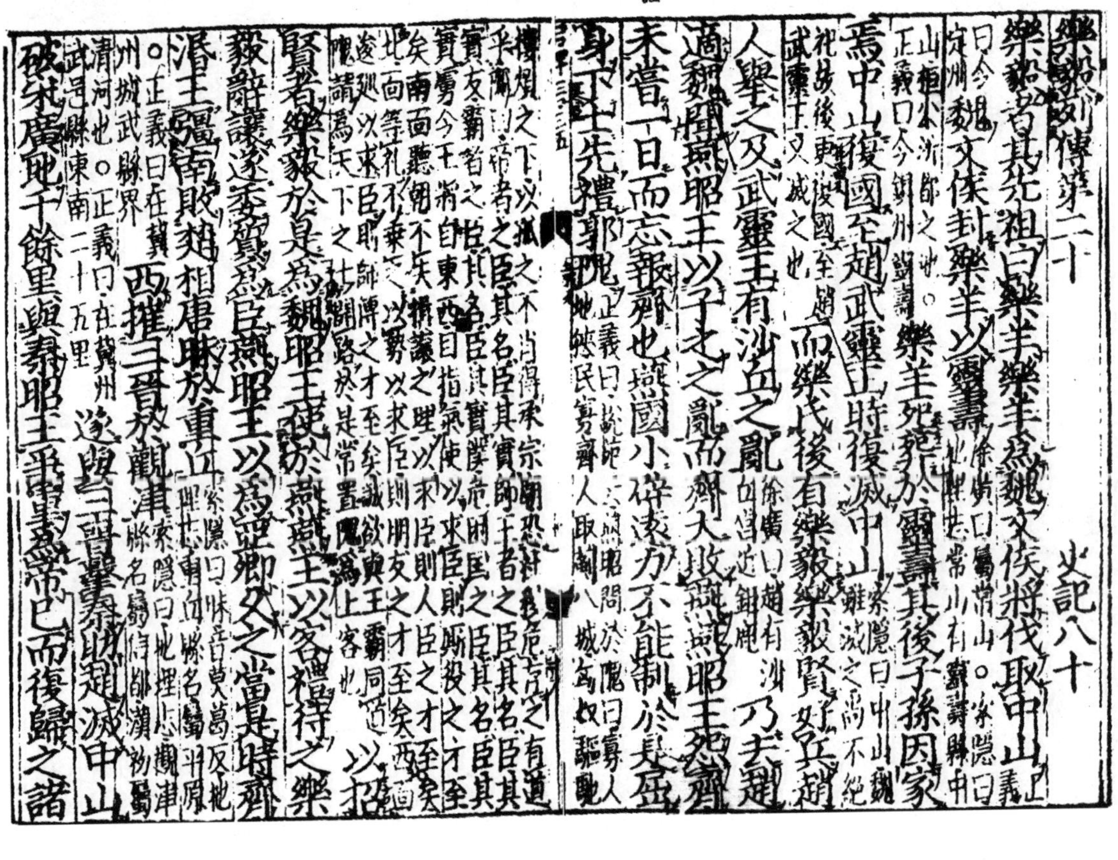

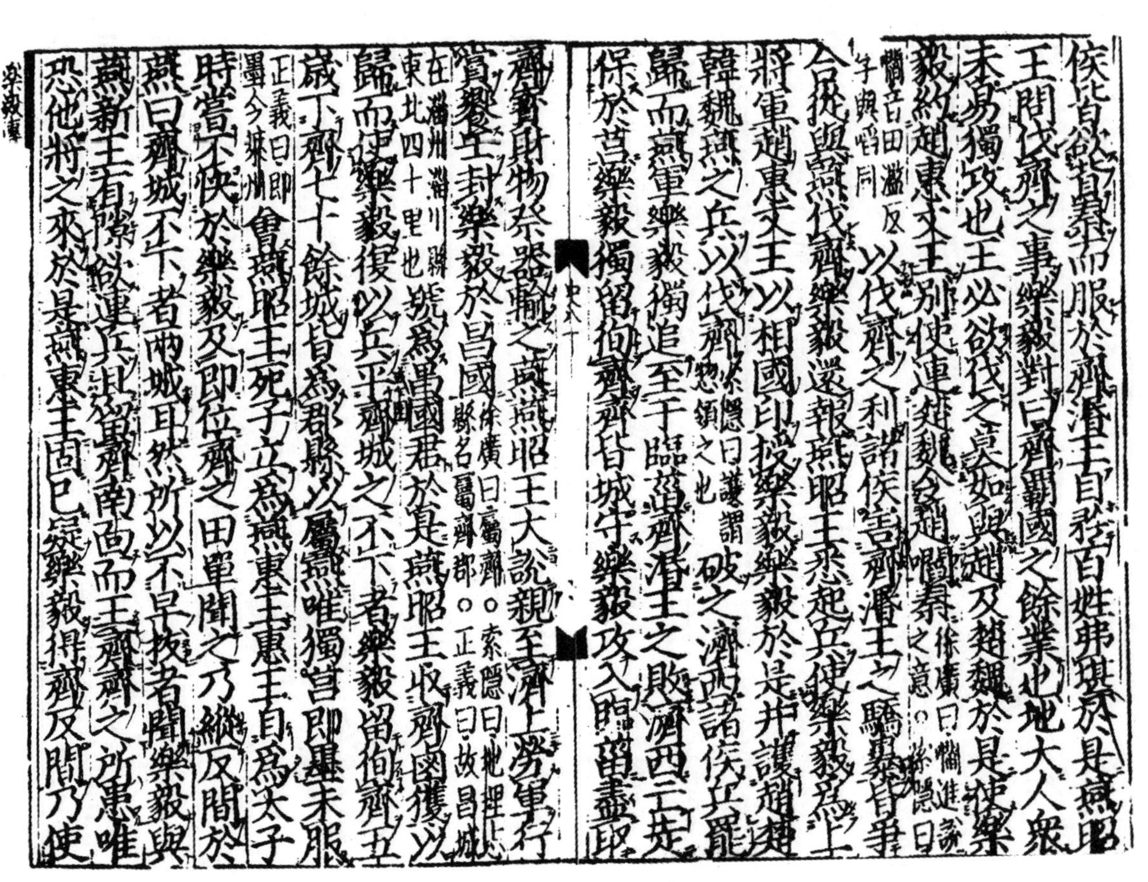

胡何得九賓，但亦陳設車輅文物耳。臣乃敢上璧。秦王度之，終不可彊奪，遂許齋五日，舍相如廣成傳舍。【索隱曰：廣成是傳舍之名。傳音張戀反。】相如度秦王雖齋，決負約不償城，乃使其從者衣褐，懷其璧，從徑道亡，歸璧于趙。秦王齋五日後，乃設九賓禮於廷，引趙使者藺相如。相如至，謂秦王曰：秦自繆公以來二十餘君，未嘗有堅明約束者也。臣誠恐見欺於王而負趙，故令人持璧歸，間至趙矣。且秦彊而趙弱，大王遣一介之使至趙，趙立奉璧來。今以秦之彊而先割十五都予趙，趙豈敢留璧而得罪於大王乎？臣知欺大王之罪當誅，臣請就湯鑊，唯大王與群臣孰計議之。秦王與群臣相視而嘻。【索隱曰：嘻音希。嘻，驚而怒之辭也。】左右或欲引相如去，秦王因曰：今殺相如，終不能得璧也，而絕秦趙之驩。不如因而厚遇之，使歸趙。趙王豈以一璧之故欺秦邪？卒廷見相如，畢禮而歸之。相如既歸，趙王以為賢大夫，使不辱於諸侯，拜相如為上大夫。秦亦不以城予趙，趙亦終不予秦璧。其後秦伐趙，拔石城。【徐廣曰：惠文王十八年。○索隱曰：劉氏云蓋謂石邑也。○正義曰：故石城在相州林慮縣南九十里也。】明年，復攻趙，殺二萬人。秦王使使者告趙王，欲與王為好，會於西河外澠池。【索隱曰：在西河之南，故云外。按表在趙惠文王二十年。】趙王畏秦，欲毋行。廉頗、藺相如計曰：王不行，示趙弱且怯也。趙王遂行，相如從。廉頗送至境，與王訣曰：王行，度道里會遇之禮畢，還，不過三十日。三十日不還，則請立太子為王，以絕秦望。王許之，遂與秦王會澠池。【徐廣曰：二十八年。】秦王飲酒酣，曰：寡人竊聞趙王好音，請奏瑟。趙王鼓瑟。秦御史前書曰：某年月日，秦王與趙王會飲，令趙王鼓瑟。藺相如前曰：趙王竊聞秦王善為秦聲，請奏盆缻秦王，以相娛樂。【風俗通義曰：缻者，瓦器，所以盛酒漿，秦人鼓之以節歌也。○索隱曰：缻音缶。○正義曰：缻音缶。】秦王怒，不許。於是相如前進缻，因跪請秦王。秦王不肯擊缻。相如曰：五步之內，相如請得以頸血濺大王矣！【正義曰：濺音贊。】左右欲刃相如，相如張目叱之，左右皆靡。於是秦王不懌，為一擊缻。相如顧召趙御史書曰：某年月日，秦王為趙王擊缻。秦之群臣曰：請以趙十五城為秦王壽。藺相如亦曰：請以秦之咸陽為趙王壽。秦王竟酒，終不能加勝於趙。趙亦盛設兵以待秦，秦不敢動。既罷歸國，以相如功大，拜為上卿，位在廉頗之右。【索隱曰：王劭按：董勛答禮曰：職高者名錄在上，於人為右；職卑者名錄在下，於人為左，是以謂下遷為左。○正義曰：秦漢以前用右為上。】廉頗曰：我為趙將，有攻城野戰之大功，而藺相如徒以口舌為勞，而位居我上，且相如素賤人，吾羞，不忍為之下。宣言曰：我見相如，必辱之。相如聞，不肯與會。相如每朝時，常稱病，不欲與廉頗爭列。已而相如出，望見廉頗，相如引車避匿。於是舍

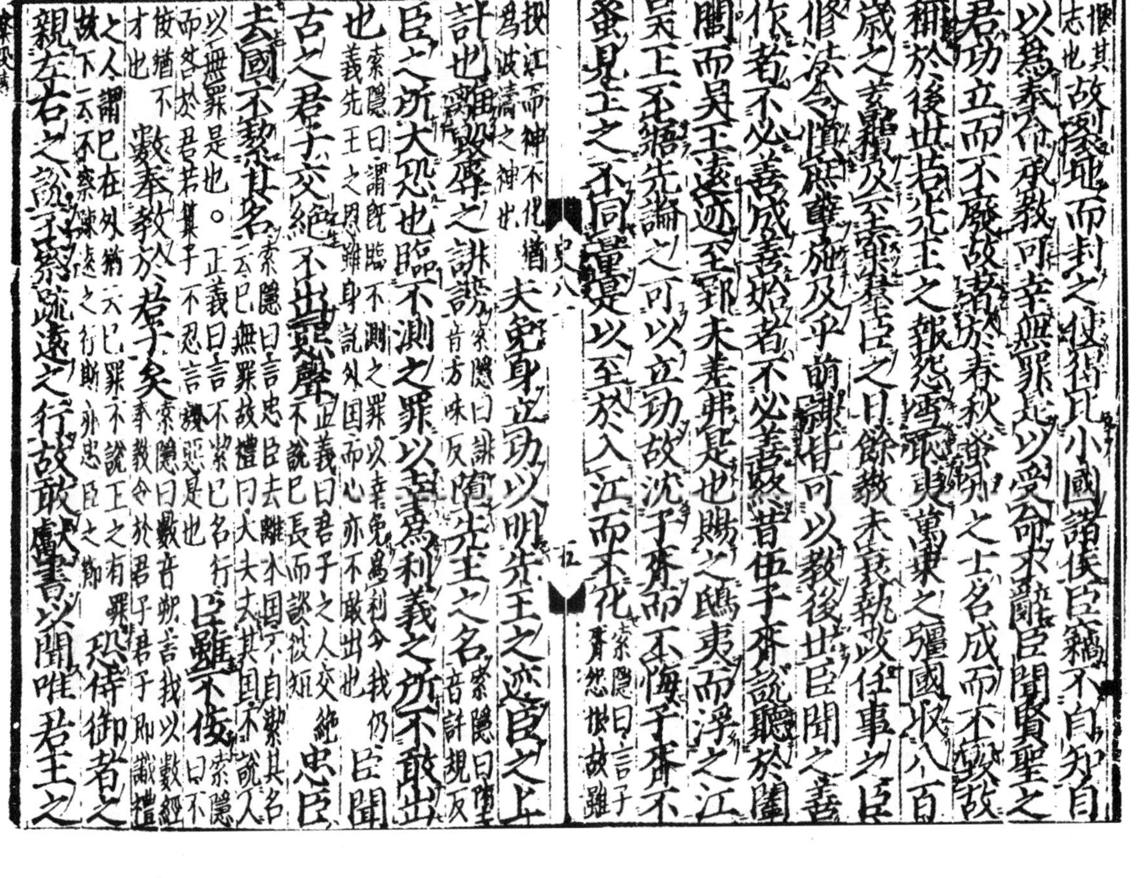

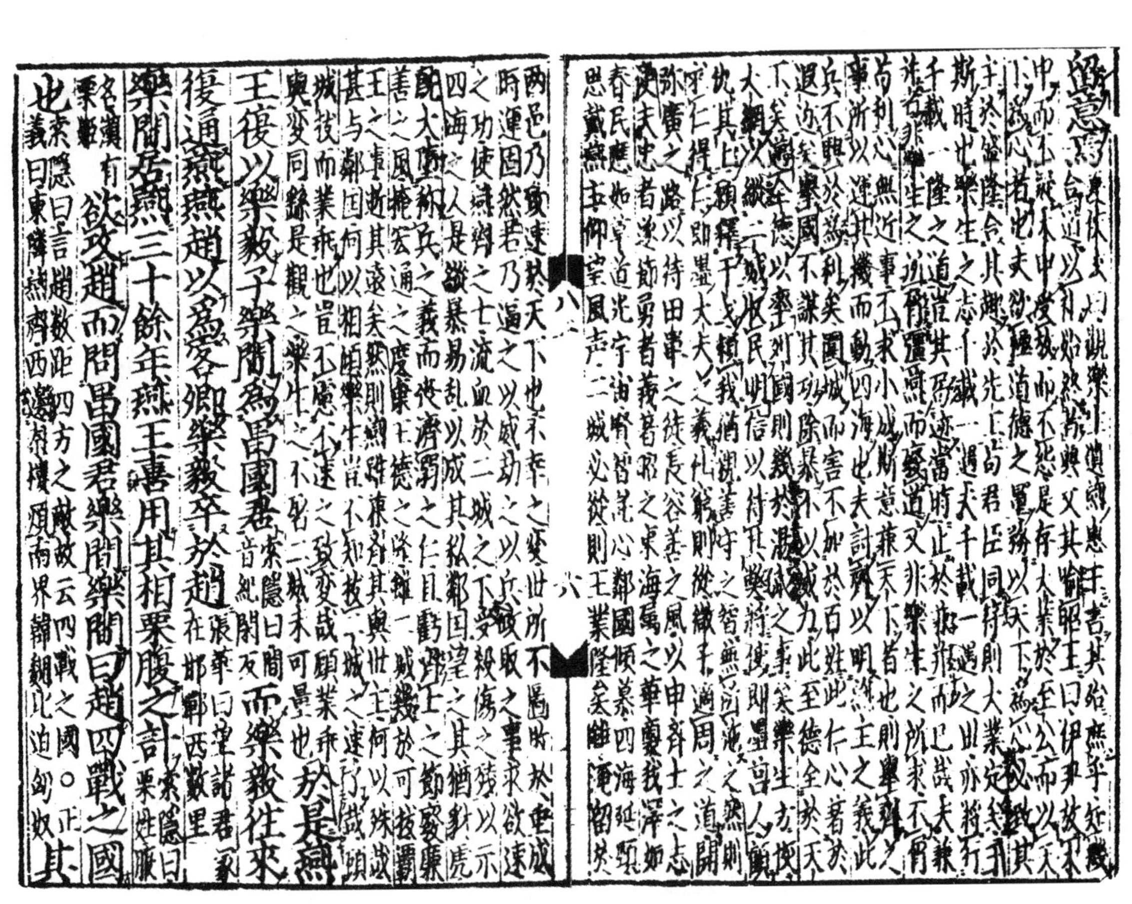

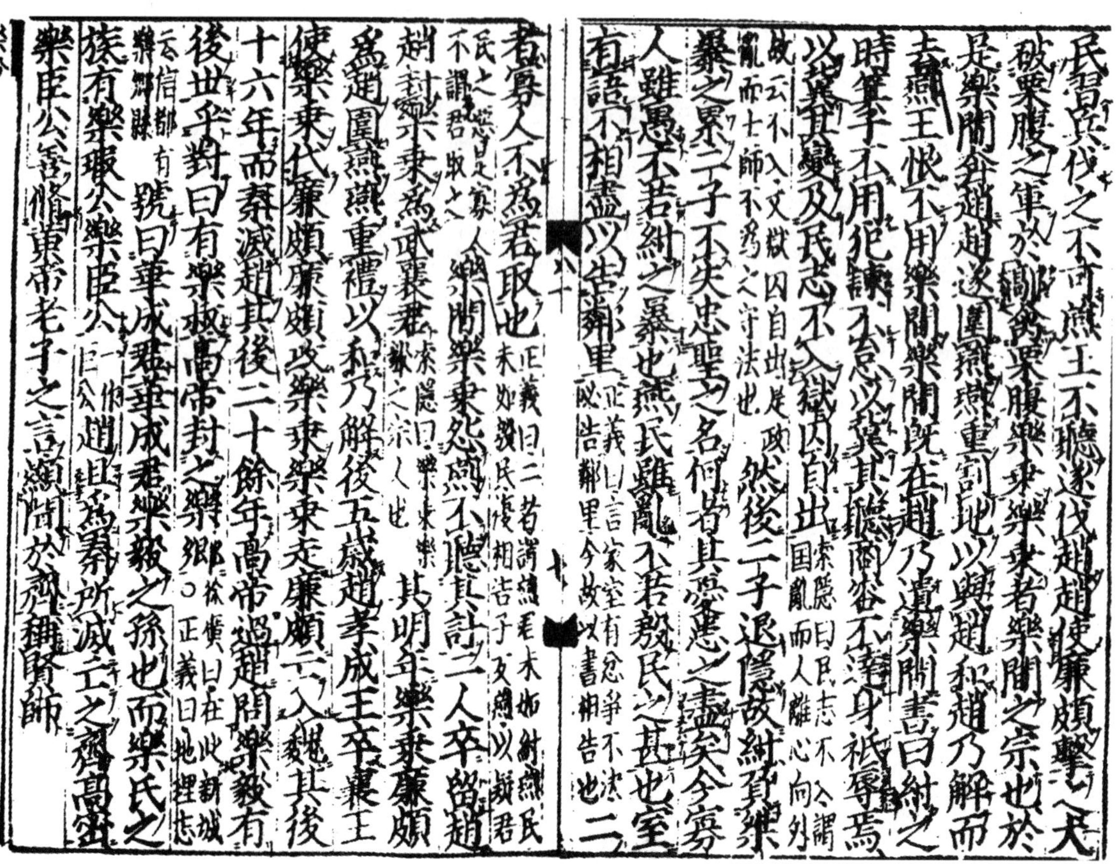

民習兵，伐之不可。燕王不聽，遂伐趙。趙使廉頗擊之，大破栗腹之軍於鄗，禽栗腹、樂乘。樂乘者，樂閒之宗也。於是樂閒奔趙，趙遂圍燕。燕重割地以與趙和，趙乃解而去。燕王恨不用樂閒，樂閒既在趙，乃遺樂閒書曰：紂之時，箕子不用，犯諫不怠，以冀其聽；商容不達，身祇辱焉，以冀其變。及民志不入，獄囚自出，索隱曰：民志不入，謂國亂而人離心向外。故云不入。又獄囚自出，是國亂而士師不為之守法也。然後二子退隱。故紂負桀暴之累，二子不失忠聖之名。何者？其憂患之盡矣。今寡人雖愚，不若紂之暴也；燕民雖亂，不若殷民之甚也。室有語，不相盡，以告鄰里。正義曰：言家室有忿爭不決，故以書相告也。二者，寡人不為君取也。正義曰：二者謂燕王未如紂，燕民未如殷民。恨相告子，又燕以疑君。民之惡，已是寡人不謂君取之。樂閒、樂乘怨燕不聽其計，二人卒留趙。趙封樂乘為武襄君。索隱曰：樂乘，樂閒之宗人也。其明年，樂乘、廉頗為趙圍燕，燕重禮以和，乃解。後五歲，趙孝成王卒。襄王使樂乘代廉頗。廉頗攻樂乘，樂乘走，廉頗亡入魏。其後十六年而秦滅趙。其後二十餘年，高帝過趙，問：樂毅有後世乎？對曰：有樂叔。高帝封之樂卿，索隱：鄉名。徐廣曰：在北新城。○正義曰：地理志云信都有樂鄉縣。號曰華成君。華成君，樂毅之孫也。而樂氏之族有樂瑕公、樂臣公，趙且為秦所滅，亡之齊高密。樂臣公善修黃帝、老子之言，顯聞於齊，稱賢師。

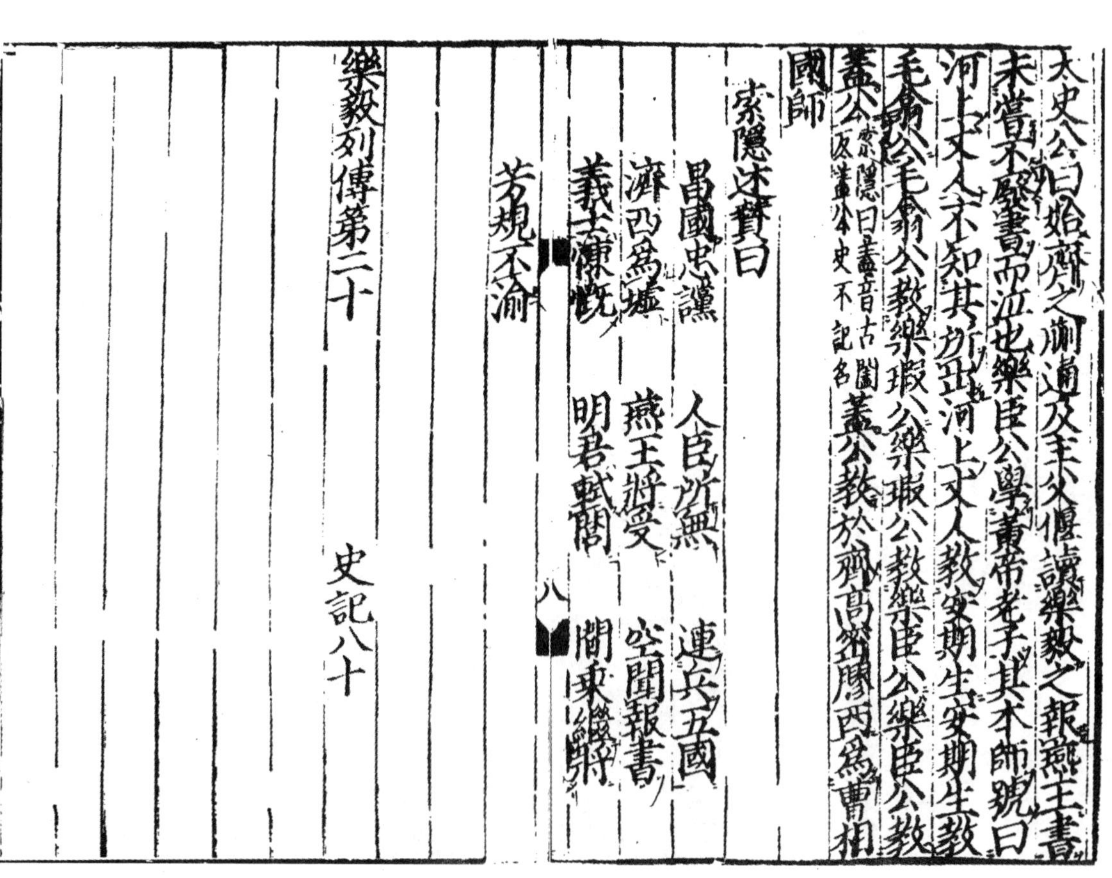

太史公曰：始齊之蒯通及主父偃讀樂毅之報燕王書，未嘗不廢書而泣也。樂臣公學黃帝、老子，其本師號曰河上丈人，不知其所出。河上丈人教安期生，安期生教毛翕公，毛翕公教樂瑕公，樂瑕公教樂臣公，樂臣公教蓋公。索隱曰：蓋音古闔反。蓋公，史不記名。蓋公教於齊高密、膠西，為曹相國師。

索隱述贊曰：

昌國忠讜，人臣所無。連兵五國，濟西為墟。燕王受間，空聞報書。義士慷慨，明君軾閭。間乘繼將，芳規不渝。

樂毅列傳第二十　史記八十

予五城請易璧

廉頗藺相如列傳第二十一　　史記八十一

廉頗者趙之良將也趙惠文王十六年廉頗爲趙將伐齊大破之取陽晉（索隱曰陽晉衛地後屬齊今趙取之也有本作晉陽非也晉陽在太原雖亦趙地非齊所取也○正義曰故城在曹州乘氏縣西北四十七里也）拜爲上卿以勇氣聞於諸侯藺相如者趙人也爲趙宦者令繆賢舍人趙惠文王時得楚和氏璧秦昭王聞之使人遺趙王書願以十五城請易璧趙王與大將軍廉頗諸大臣謀欲予秦秦城恐不可得徒見欺欲勿予即患秦兵之來計未定求人可使報秦者未得宦者令繆賢曰臣舍人藺相如可使王問何以知之對曰臣嘗有罪竊計欲亡走燕臣舍人相如止臣曰君何以知燕王臣語曰臣嘗從大王與燕王會境上燕王私握臣手曰願結友以此知之故欲往相如謂臣曰夫趙彊而燕弱而君幸於趙王故燕王欲結於君今君乃亡趙走燕燕畏趙其勢必不敢留君而束君歸趙矣君不如肉袒伏斧質請罪則幸得脫矣臣從其計大王亦幸赦臣臣竊以爲其人勇士有智謀宜可使於是王召見問藺相如曰秦王以十五城請易寡人之璧可予不相如曰秦彊而趙弱不可不許王曰取吾璧不予我城奈何相如曰秦以城求璧而趙不許曲在趙趙予璧而秦不予趙城曲在秦均之二策寧許以負秦曲王曰誰可使者相如曰王必無人臣願奉璧往使城入趙而璧留秦城不入臣請完璧歸趙趙王於是遂遣相如奉璧西入秦秦王坐章臺見相如相如奉璧奏秦王秦王大喜傳以示美人及左右左右皆呼萬歲相如視秦王無意償趙城乃前曰璧有瑕請指示王王授璧相如因持璧卻立倚柱怒髮上衝冠謂秦王曰大王欲得璧使人發書至趙王趙王悉召羣臣議皆曰秦貪負其彊以空言求璧償城恐不可得議不欲予秦璧臣以爲布衣之交尚不相欺況大國乎且以一璧之故逆彊秦之驩不可於是趙王乃齋戒五日使臣奉璧拜送書於庭何者嚴大國之威以修敬也今臣至大王見臣列觀禮節甚倨得璧傳之美人以戲弄臣臣觀大王無意償趙王城邑故臣復取璧大王必欲急臣臣頭今與璧俱碎於柱矣相如持其璧睨柱欲以擊柱秦王恐其破璧乃辭謝固請召有司案圖指從此以往十五都予趙相如度秦王特以詐詳爲予趙城實不可得乃謂秦王曰和氏璧天下所共傳寶也趙王恐不敢不獻趙王送璧時齋戒五日今大王亦宜齋戒五日設九賓於廷（集解韋昭曰九賓則周禮九儀○索隱曰周禮大行人別九賓謂九服之賓客也列士傳云設九牢也○正義曰劉伯莊云九賓者周王備之禮天子臨軒九服同會秦

猢何得九賓位亦陳設車輅文物耳臣乃敢上璧秦王度之終不可彊奪
遂許齋五日舍相如廣成傳舍索隱曰廣成是傳舍之名傳音張戀反相
如度秦王雖齋決負約不償城乃使其從者衣褐懷
其璧從徑道亡歸璧于趙秦王齋五日後乃設九賓禮
於廷引趙使者藺相如相如至謂秦王曰秦自繆公以
來二十餘君未嘗有堅明約束者也臣誠恐見欺於王
而負趙故令人持璧歸間至趙矣且秦彊而趙弱大王
遣一介之使至趙趙立奉璧來今以秦之彊而先割十
五都予趙趙豈敢留璧而得罪於大王乎臣知欺大王
之罪當誅臣請就湯鑊唯大王與群臣孰計議之秦王

與群臣相視而嘻索隱曰嘻音希嘻驚而怒之辭也左右或欲引相如
去秦王因曰今殺相如終不能得璧也而絕秦趙之驩
不如因而厚遇之使歸趙趙王豈以一璧之故欺秦邪
卒廷見相如畢禮而歸之相如既歸趙王以為賢大夫
使不辱於諸侯拜相如為上大夫秦亦不以城予趙趙
亦終不予秦璧其後秦伐趙拔石城徐廣曰表云秦拔我石城在惠文王十八年○索隱曰劉
氏云蓋謂石邑也○正義曰故石城在相州林慮縣南九十里也明年復攻趙殺二萬
人秦王使使者告趙王欲與王為好會於西河外澠池
索隱曰在西河之南故云外按表在趙惠文王二十年趙王畏秦欲毋行廉頗藺
相如計曰王不行示趙弱且怯也趙王遂行相如從廉

頗送至境與王訣曰王行度道里會遇之禮畢還不過
三十日三十日不還則請立太子為王以絕秦望王許
之遂與秦王會澠池徐廣曰二十年秦王飲酒酣曰寡人竊聞
趙王好音請奏瑟趙王鼓瑟秦御史前書曰某年月日
秦王與趙王會飲令趙王鼓瑟藺相如前曰趙王竊聞
秦王善為秦聲請奏盆缻秦王以相娛樂風俗通義曰缻者瓦器所
以盛酒漿秦人鼓之以節歌也○索隱曰缻音缶○正義曰缻音缶秦王怒不許於是相
如前進缻因跪請秦王秦王不肯擊缻相如曰五步之
內相如請得以頸血濺大王矣正義曰濺音贊左右欲刃相如
相如張目叱之左右皆靡於是秦王不懌為一擊缻相

如顧召趙御史書曰某年月日秦王為趙王擊缻秦之
群臣曰請以趙十五城為秦王壽藺相如亦曰請以秦
之咸陽為趙王壽秦王竟酒終不能加勝於趙趙亦盛
設兵以待秦秦不敢動既罷歸國以相如功大拜為上
卿位在廉頗之右索隱曰王劭按董勛荅禮曰職高者名錄在上於人為右職卑者名錄在
下於人為左是以謂下遷為左○正義曰秦漢以前用右為上廉頗曰我為趙將有攻
城野戰之大功而藺相如徒以口舌為勞而位居我上
且相如素賤人吾羞不忍為之下宣言曰我見相如必
辱之相如聞不肯與會相如每朝時常稱病不欲與廉
頗爭列已而相如出望見廉頗相如引車避匿於是舍

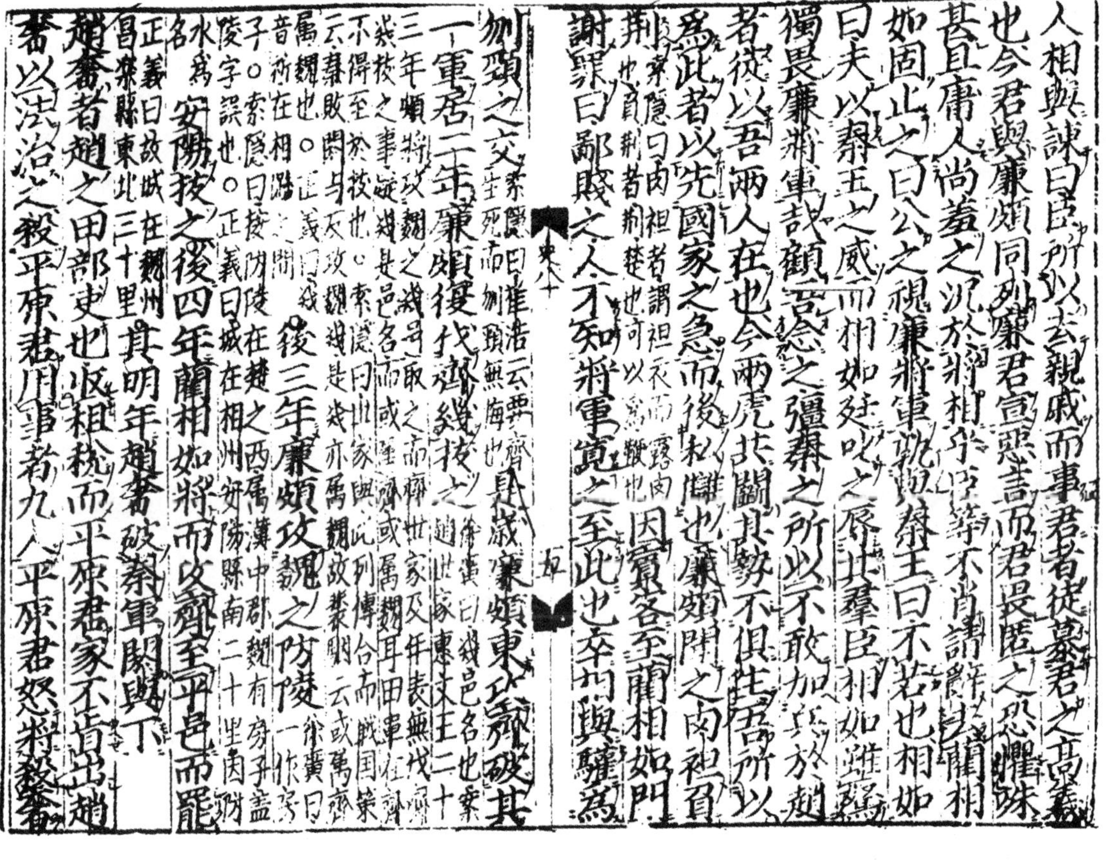

人相與諫曰臣所以去親戚而事君者徒慕君之高義也今君與廉頗同列廉君宣惡言而君畏匿之恐懼殊甚且庸人尚羞之況於將相乎臣等不肖請辭去藺相如固止之曰公之視廉將軍孰與秦王曰不若也相如曰夫以秦王之威而相如廷叱之辱其羣臣相如雖駑獨畏廉將軍哉顧吾念之彊秦之所以不敢加兵於趙者徒以吾兩人在也今兩虎共鬭其勢不俱生吾所以為此者以先國家之急而後私讎也廉頗聞之肉袒負荊（索隱曰肉袒者謂袒衣而露肉也負荊者荊楚也可以為鞭）因賓客至藺相如門謝罪曰鄙賤之人不知將軍寬之至此也卒相與驩為

刎頸之交（索隱曰崔浩云要齊生死而刎頸無悔也）是歲廉頗東攻齊破其一軍居二年廉頗復伐齊幾拔之（徐廣曰幾邑名也趙世家惠文王二十三年頗將攻魏之幾取之而趙世家及年表無伐齊哉拔之事疑幾是邑名而或屬齊或屬魏耳田單在齊不得至於拔也○索隱曰此家與此列傳合而戰國策云秦敗閼與反攻魏幾是幾亦屬魏故裴駰云或屬齊屬魏也○正義曰幾音祈在相潞之間）後三年廉頗攻魏之防陵（徐廣曰一作房子○索隱曰按防陵在楚之西屬漢中郡魏有房子蓋陵字誤也○正義曰城在相州安陽縣南二十里因[illegible]水為名）安陽拔之後四年藺相如將而攻齊至平邑而罷（正義曰故城在魏州昌樂縣東北三十里）其明年趙奢破秦軍閼與下趙奢者趙之田部吏也收租稅而平原君家不肯出租趙奢以法治之殺平原君用事者九人平原君怒將殺奢

奢因說曰君於趙為貴公子今縱君家而不奉公則法削法削則國弱國弱則諸侯加兵諸侯加兵是無趙也君安得有此富乎以君之貴奉公如法則上下平上下平則國彊國彊則趙固而君為貴戚豈輕於天下邪平原君以為賢言之於王王用之治國賦國賦大平民富而府庫實秦伐韓軍於閼與王召廉頗而問曰可救不對曰道遠險狹難救又召樂乘而問焉樂乘對如廉頗言又召問趙奢奢對曰其道遠險狹譬之猶兩鼠鬭於穴中將勇者勝王乃令趙奢將救之兵去邯鄲三十里而令軍中曰有以軍事諫者死秦軍軍武安西（徐廣曰屬魏郡[illegible]在邯鄲西）

秦軍鼓譟勒兵武安屋瓦盡振軍中候有一人言急救武安趙奢立斬之堅壁留二十八日不行復益增壘秦閒來入趙奢善食而遣之閒以報秦將秦將大喜曰夫去國三十里（正義曰國謂邯鄲趙之都也）而軍不行乃增壘閼與非趙地也趙奢既已遣秦閒乃卷甲而趨之二日一夜至令善射者去閼與五十里而軍軍壘成秦人聞之悉甲而至軍士許歷請以軍事諫趙奢曰內之許歷曰秦人不意趙師至此其來氣盛將軍必厚集其陳以待之不然必敗趙奢曰請受令許歷曰請就鈇質之誅趙奢曰胥後令（索隱曰按胥須古人通用今者胥後令謂胥為須須待也待後令謂許歷之言更不）

撲誅之故更待後令也○正義曰胥猶須也軍去城邯三十里而不行未有討過險恐人諫令急救武安乃出此令今更戰須得謀策不用前令故云須後令云耳邯鄲許歷復請諫索隱曰邯鄲二字當爲欲戰謂臨戰之時許歷復諫也王劭按云許歷爲完士一言猶敗秦是言趙奢用其計遂破秦軍也平原曰漢令稱完而不髡曰耐是完士未免從軍也曰先據北山上者勝正義曰閼與山在洛州武安縣西南五十里趙奢拒秦軍於閼與此山也按括地志云言拒秦軍在此山疑其大近洛州既去邯鄲三十里而軍文云後之二日一夜至閼與五十里而軍壘城據今洛州去潞州三百里閒而隔相州恐潞州閼與聚城是所拒據之處後至者敗趙奢許諾即發萬人趨之秦兵後至爭山不得上趙奢縱兵擊之大破秦軍秦軍解而走遂解閼與之圍而歸趙惠文王賜奢號爲馬服君以許歷爲國尉趙奢於是與廉頗藺相如同位後四年

史八十一

趙惠文王卒子孝成王立七年秦與趙兵相距長平時趙奢已死集解徐廣曰趙奢冢在邯鄲界西山上謂之馬服山而藺相如病篤趙使廉頗將攻秦秦數敗趙軍趙軍固壁不戰秦數挑戰廉頗不肯趙王信秦之間秦之間言曰秦之所惡獨畏馬服君趙奢之子趙括爲將耳趙王因以括爲將代廉頗藺相如曰王以名使括若膠柱而鼓瑟耳括徒能讀其父書傳不知合變也趙王不聽遂將之趙括自少時學兵法言兵事以天下莫能當嘗與其父奢言兵事奢不能難然不謂善括母問奢其故奢曰兵死地也而括易言之使趙不將括即已若必將之破趙軍者必括也及

廉藺傳

括將行其母上書言於王曰括不可使將王曰何以對曰始妾事其父時爲將身所奉飯飲而進食者以十數正義曰奉音捧所友者以百數大王及宗室所賞賜者盡以予軍吏士大夫受命之日不問家事今括一旦爲將東向而朝軍吏無敢仰視之者王所賜金帛歸藏於家而日視便利田宅可買者買之王以爲何如其父父子異心願王勿遣王曰母置之吾已決矣括母因曰王終遣之即有如不稱妾得無隨坐乎王許諾趙括既代廉頗悉更約束易置軍吏秦將白起聞之縱奇兵佯敗走而絕其糧道分斷其軍爲二士卒離心四十餘日軍餓趙

史八十一　八

括出銳卒自博戰秦軍射殺趙括括軍敗數十萬之衆遂降秦秦悉阬之趙前後所亡凡四十五萬明年秦兵遂圍邯鄲歲餘幾不得脫賴楚魏諸侯來救乃得解邯鄲之圍趙王亦以括母先言竟不誅也自邯鄲圍解五年而燕用栗腹之謀曰趙壯者盡於長平其孤未壯舉兵擊趙趙使廉頗將擊大破燕軍於鄗殺栗腹遂圍燕燕割五城請和乃聽之趙以尉文徐廣曰邑名也封廉頗爲信平君索隱曰信平號也○徐廣曰尉文邑名按漢書表有尉文節侯云在南郡蓋尉官也文名也謂取尉文所食之邑復以封頗而號爲信平君也爲假相國廉頗之免長平歸也失勢之時故客盡去及復用爲將客又復至廉頗曰客退

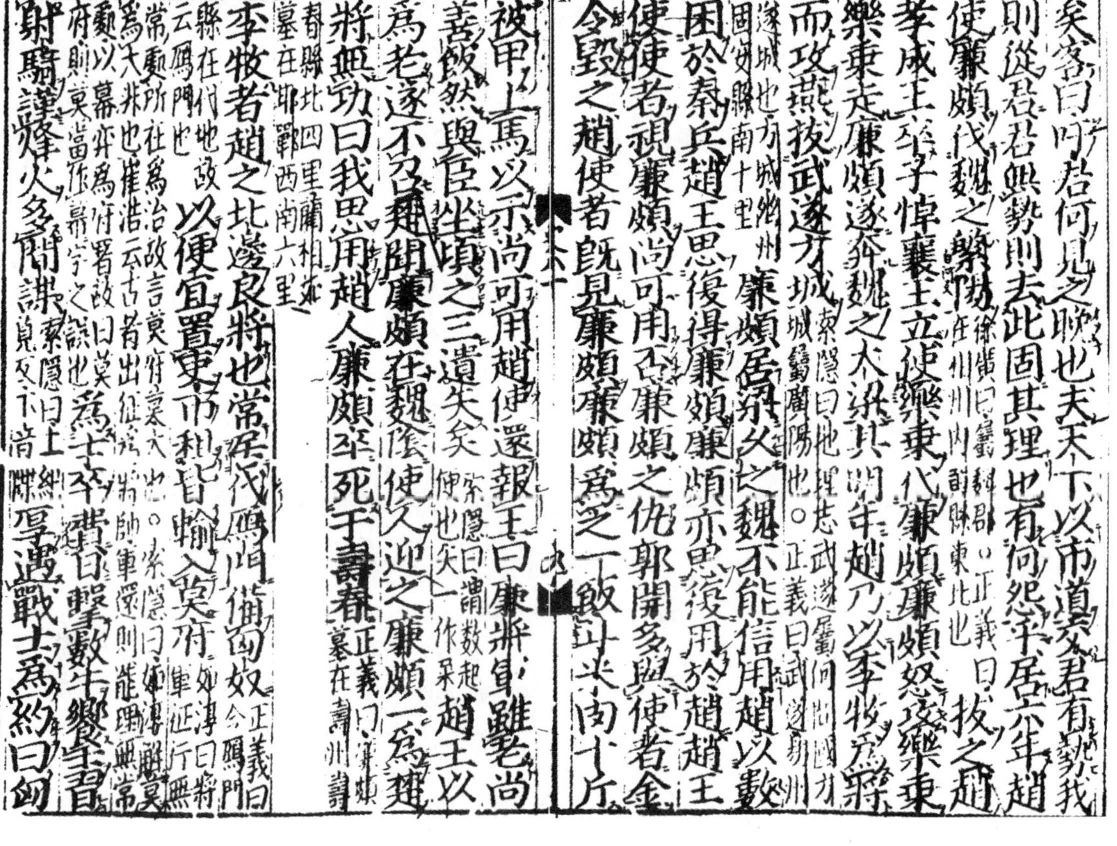

矣。客曰：吁！君何見之晚也？夫天下以市道交，君有勢，我則從君，君無勢則去，此固其理也，有何怨乎？居六年，趙使廉頗伐魏之繁陽，徐廣曰魏郡○正義曰在相州內黃縣東北也 拔之。趙孝成王卒，子悼襄王立，使樂乘代廉頗。廉頗怒，攻樂乘，樂乘走。廉頗遂奔魏之大梁。其明年，趙乃以李牧為將而攻燕，拔武遂、方城。索隱曰地理志武遂屬河間國方城屬廣陽也○正義曰武遂易州遂城也方城幽州固安縣南十里 廉頗居梁久之，魏不能信用。趙以數困於秦兵，趙王思復得廉頗，廉頗亦思復用於趙。趙王使使者視廉頗尚可用否。廉頗之仇郭開多與使者金，令毀之。趙使者既見廉頗，廉頗為之一飯斗米，肉十斤，被甲上馬，以示尚可用。趙使還報王曰：廉將軍雖老，尚善飯，然與臣坐，頃之三遺矢矣。索隱曰謂數起便也矢一作屎 趙王以為老，遂不召。楚聞廉頗在魏，陰使人迎之。廉頗一為楚將，無功，曰：我思用趙人。廉頗卒死于壽春。正義曰廉頗墓在壽州壽春縣北四里藺相如墓在邯鄲西南六里

李牧者，趙之北邊良將也。常居代鴈門，備匈奴。正義曰今代州鴈門縣在代地故云鴈門也 以便宜置吏，市租皆輸入莫府，如淳曰將軍征行無常處所在為治故言莫府莫大也○索隱曰如淳解莫為大非也崔浩云古者出征為將帥軍還則罷理無常處以幕帟為府署故曰莫府則莫當作幕字之訛也 為士卒費。日擊數牛饗士，習射騎，謹烽火，多間諜，索隱曰上紀莧反下音牒 厚遇戰士。為約曰：匈奴即入盜，急入收保，有敢捕虜者斬。匈奴每入，烽火謹，輒入收保，不敢戰。如是數歲，亦不亡失。然匈奴以李牧為怯，雖趙邊兵亦以為吾將怯。趙王讓李牧，李牧如故。趙王怒，召之，使他人代將。歲餘，匈奴每來，出戰。出戰，數不利，失亡多，邊不得田畜。復請李牧。正義［illegible］許又反 牧杜門不出，固稱疾。趙王乃復彊起使將兵。牧曰：王必用臣，臣如前，乃敢奉令。王許之。李牧至，如故約。匈奴數歲無所得。終以為怯。邊士日得賞賜而不用，皆願一戰。於是乃具選車得千三百乘，選騎得萬三千匹，百金之士五萬人，管子曰能破敵擒將者賞百金 彀者十萬人，索隱曰彀音古候反彀謂能射也 悉勒習戰。

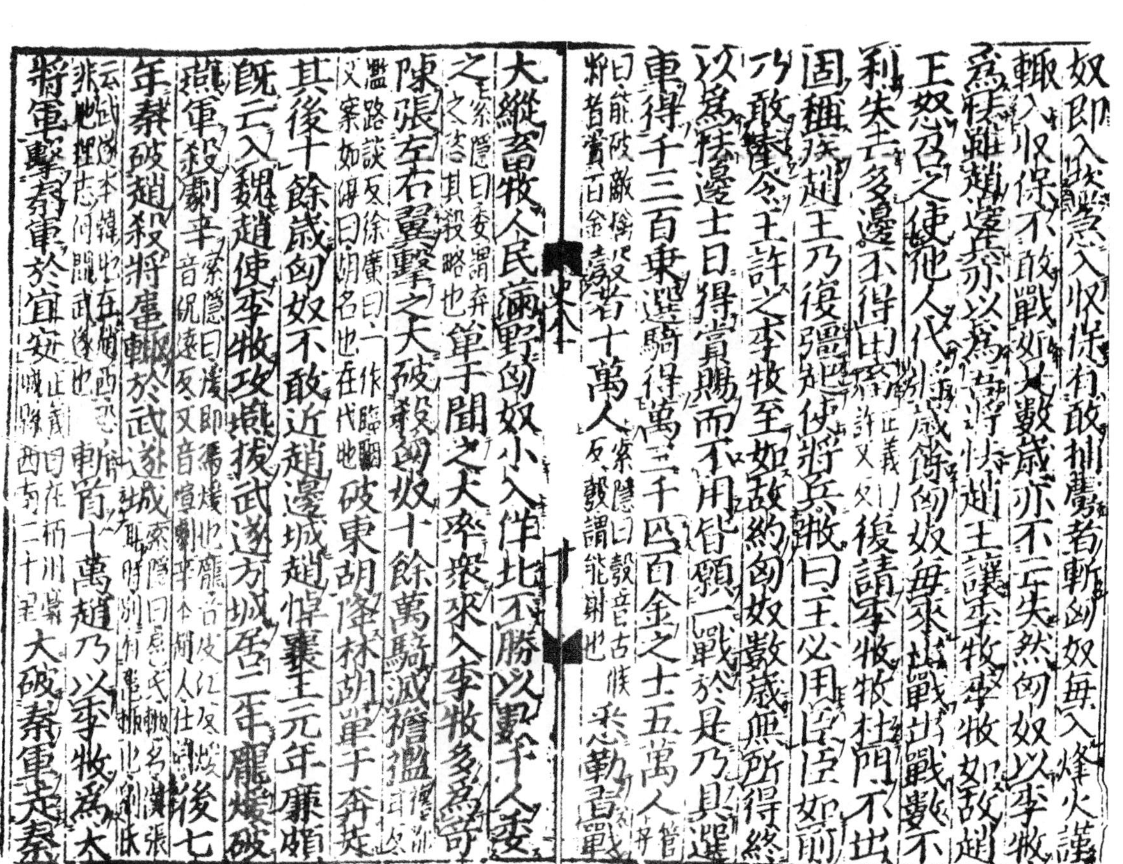

大縱畜牧，人民滿野。匈奴小入，詳北不勝，以數千人委之。索隱曰委謂弃之於路委其殺略也 單于聞之，大率眾來入。李牧多為奇陳，張左右翼擊之，大破殺匈奴十餘萬騎。滅襜襤，襤路談反徐廣曰一作臨駰案如淳曰胡名也在代地 破東胡，降林胡，單于奔走。其後十餘歲，匈奴不敢近趙邊城。趙悼襄王元年，廉頗既亡入魏，趙使李牧攻燕，拔武遂、方城。居二年，龐煖破燕軍，殺劇辛。索隱曰煖即龐煖也龐音皮江反煖況遠反又音暄劇辛本趙人仕燕 後七年，秦破殺趙將扈輒於武遂城，索隱曰扈氏輒名漢張耳時別有扈輒也 正義云武遂本韓地後屬趙非地理志河間武遂也 斬首十萬。趙乃以李牧為大將軍，擊秦軍於宜安，正義曰宜安故城在恆州藁城縣西南二十里 大破秦軍，走秦

將桓齮（索隱曰齮音蟻將名也。徐廣曰番吾在常山。索隱曰番音婆又音盤。正義曰在恆州房山縣東二十里也）封李牧為武安君。居三年，秦攻番吾，李牧擊破秦軍，南距韓、魏。趙王遷七年，秦使王翦攻趙，趙使李牧、司馬尚禦之。秦多與趙王寵臣郭開金，為反閒，言李牧、司馬尚欲反。趙王乃使趙蔥及齊將顏聚代李牧。李牧不受命，趙使人微捕得李牧，斬之。廢司馬尚。後三月，王翦因急擊趙，大破殺趙蔥，虜趙王遷及其將顏聚，遂滅趙。

太史公曰：知死必勇，非死者難也，處死者難。方藺相如引璧睨柱，及叱秦王左右，勢不過誅，然士或怯懦（徐廣曰懦一作儒）而不敢發。相如一奮其氣，威信敵國，（索隱曰信音申）退而讓頗，名重太山，其處智勇，可謂兼之矣！

索隱述贊曰：清飈凜凜，壯氣熊熊。各竭誠義，遞為雌雄。和璧聘返，澠池好通。負荊知懼，屈節推工。安邊定策，頗牧之功。

廉頗藺相如列傳第二十一　史記八十一

田單列傳第二十二　史記八十二

田單者，齊諸田疏屬也。（索隱曰單音丹）湣王時，單為臨菑市掾，不見知。及燕使樂毅伐破齊，齊湣王出奔，已而保莒城。燕師長驅平齊，而田單走安平，（徐廣曰今之東安平也，在青州臨菑縣東十九里。古紀之酅邑，齊改為安平，秦滅齊改為東安平縣，屬齊郡。以定州有安平，故加東字。○索隱曰地理志東安平屬菑川國）令其宗人盡斷其車軸末而傅鐵籠。（徐廣曰傅音附。○索隱曰斷音都綬反。斷其軸恐長相撥也，以鐵籠軸頭，堅而易進也。傳者截其軸與轂齊，以鐵鍱附軸末，施轄於鐵中以制轂也。又方言曰車轄，齊謂之籠。郭璞云車軸也）已而燕軍攻安平，城壞，齊人走，爭塗，以轊折車敗，（徐廣曰轊，車軸頭也，音衛）為燕所虜，唯田單宗人以鐵籠故得脫，東保即墨。燕既盡降齊城，唯獨莒、即墨不下。燕軍聞齊王在莒，并兵攻之。淖齒（[illegible]曰淖[illegible]作悼齒也）既殺湣王於莒，因堅守，距燕軍，數年不下。燕引兵東圍即墨，即墨大夫出與戰，敗死。城中相與推田單，曰：「安平之戰，田單宗人以鐵籠得全，習兵。」立以為將軍，以即墨距燕。頃之，燕昭王卒，惠王立，與樂毅有隙。田單聞之，乃縱反閒於燕，宣言曰：「齊王已死，城之不拔者二耳。樂毅畏誅而不敢歸，以伐齊為名，實欲連兵南面而王齊。齊人未附，故且緩攻即墨以待其事。齊人所懼，唯恐他將之來，即墨殘矣。」燕王以為然，使騎劫代樂毅。樂毅因歸趙，燕人士卒忿。而田單乃令城中人食必祭其先祖於

田單列傳

庭飛鳥悉翔舞城中下食燕人怪之田單因宣言曰神來下教我乃令城中人曰當有神人爲我師有一卒曰臣可以爲師乎因反走田單乃起引還東鄉坐師事之卒曰臣欺君誠無能也田單曰子勿言也因師之每出約束必稱神師乃宣言曰吾唯懼燕軍之劓所得齊卒置之前行 正義曰劓魚器反 與我戰即墨敗矣燕人聞之如其言城中人見齊諸降者盡劓皆怒堅守唯恐見得單又縱反閒曰吾懼燕人掘吾城外冢墓僇先人可爲寒心燕軍盡掘壟墓燒死人即墨人從城上望見皆涕泣其欲出戰怒自十倍田單知士卒之可用乃身操版插 索隱曰版音七高反插音初洽反○正義曰築牆之版行伍常具版插也 與士卒分功妻妾編於行伍之閒盡散飲食饗士令甲卒皆伏使老弱女子乘城遣使約降於燕燕軍皆呼萬歲田單又收民金得千溢令即墨富豪遺燕將曰即墨即降願無虜掠吾族家妻妾令安堵燕將大喜許之燕軍由此益懈田單乃收城中得千餘牛爲絳繒衣畫以五彩龍文束兵刃於其角而灌脂束葦於尾燒其端鑿城數十穴夜縱牛壯士五千人隨其後牛尾熱怒而奔燕軍燕軍夜大驚牛尾炬火光明炫燿燕軍視之皆龍文所觸盡死傷五千人因銜枚擊之而城中鼓譟從之老弱皆擊銅器爲聲聲動

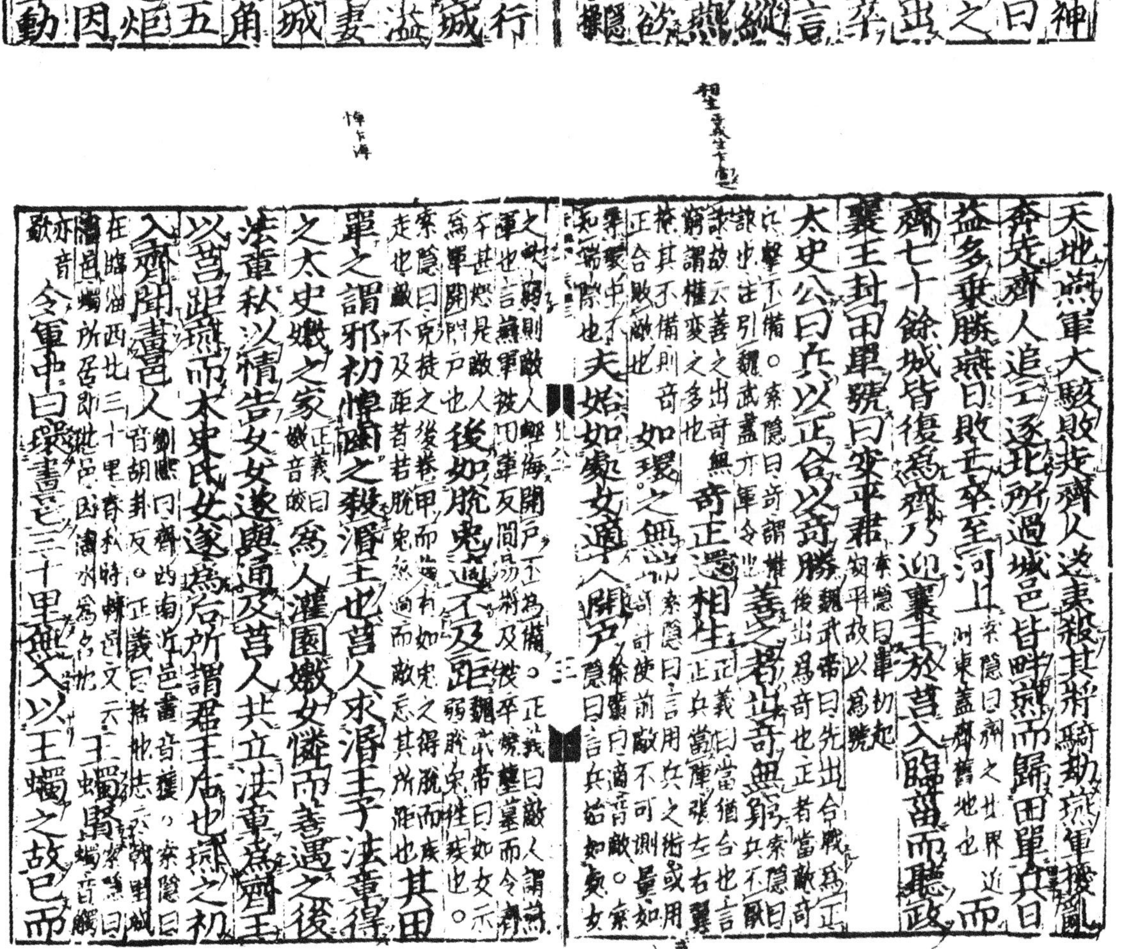

天地燕軍大駭敗走齊人遂夷殺其將騎劫燕軍擾亂奔走齊人追亡逐北所過城邑皆畔燕而歸田單兵日益多乘勝燕日敗亡卒至河上 索隱曰河之北界近齊河東盡齊舊地也 而齊七十餘城皆復爲齊乃迎襄王於莒入臨菑而聽政襄王封田單號曰安平君 索隱曰單初起安平故以爲號

太史公曰兵以正合以奇勝 魏武帝曰先出合戰爲正後出爲奇也正者當敵奇兵擊不備○索隱曰奇謂權詐也注引魏武盡孫子軍令也 善之者出奇無窮 索隱曰兵不厭詐故云善之出奇無窮謂權變之多也 奇正還相生 正義曰當猶合也言正兵當陣張左右翼掎其不備則奇正合敗敵也 如環之無端 索隱曰言用兵之術或用奇或使前敵不可測量如環之無端 夫始如處女適人開戶 徐廣曰適音敵○索隱曰言兵始如處女之弱則敵人輕侮開戶不爲備○正義曰敵人謂燕軍也言燕軍披甲間易將及被卒燒壟墓而令齊卒甚怒是敵人爲單開門戶也 後如脫兔適不及距 魏武帝曰如女示弱脫兔往疾也○索隱曰兔後捲甲而趨若脫兔之得脫而走也敵不及距若脫兔然適而敵忘其所距也 其田單之謂邪初淖齒之殺湣王也莒人求湣王子法章得之太史嬓之家 正義曰嬓音皎 爲人灌園嬓女憐而善遇之後法章私以情告女女遂與通及莒人共立法章爲齊王以莒距燕而太史氏女遂爲后所謂君王后也燕之初入齊聞畫邑人 劉氏曰齊西南近邑畫音獲○索隱曰在臨淄西北三十里春秋時棘邑又云澅邑蠋所居即澅邑因澅水爲名也○正義曰括地志云戟里城 王蠋賢 索隱曰蠋音蜀亦音歜 令軍中曰環畫邑三十里無入以王蠋之故已而

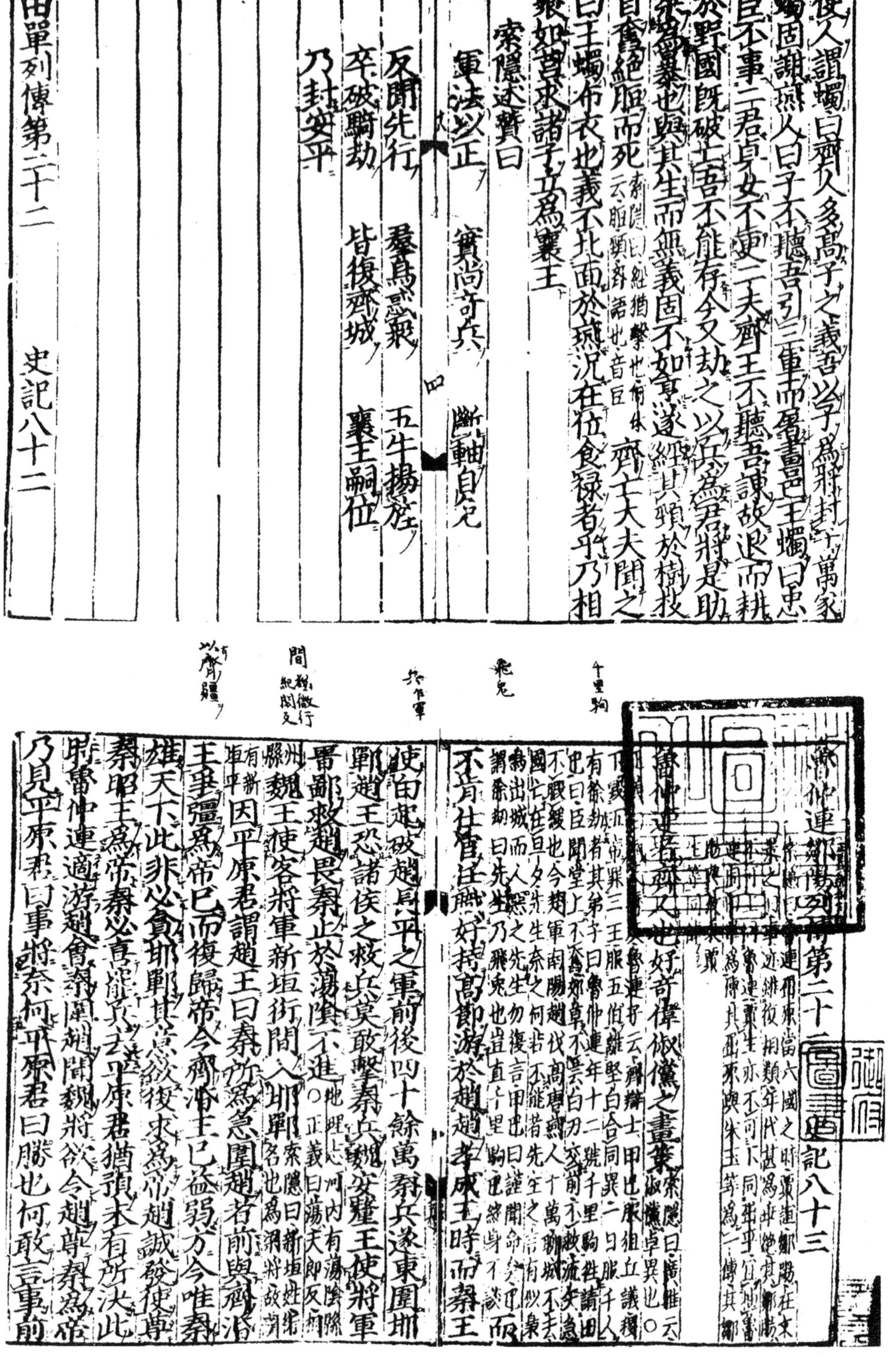

使人謂蠋曰齊人多高子之義吾以子為將封子萬家蠋固謝燕人曰子不聽吾引三軍而屠畫邑王蠋曰忠臣不事二君貞女不更二夫齊王不聽吾諫故退而耕於野國既破亡吾不能存今又劫之以兵為君將是助桀為暴也與其生而無義固不如烹遂經其頸於樹枝自奮絕脰而死（索隱曰經猶繫也有本云脰頸也音豆）齊亡大夫聞之曰王蠋布衣也義不北面於燕況在位食祿者乎乃相聚如莒求諸子立為襄王

索隱述贊曰

軍法以正　實尚奇兵　斷軸自免

反間先行　羣烏或衆　五牛揚旌

卒破騎劫　皆復齊城　襄王嗣位

乃封安平

田單列傳第二十二　　史記八十二

魯仲連鄒陽列傳第二十三　　史記八十三

（[illegible]連鄒陽東當六國之時[illegible]事迹雖復相類年代甚為乖絕[illegible]魯連[illegible]亦不可同年而[illegible]為傳其[illegible]與宋玉等為一傳其[illegible]）

魯仲連者齊人也好奇偉俶儻之畫策（索隱曰俶儻卓異也○[illegible]魯連子云齊辯士田巴服狙丘議稷下毀五帝罪三王服五伯離堅白合同異一日服千人有徐劫者其弟子曰魯仲連年十二號千里駒往請田巴曰臣聞堂上不奮郊草不芸白刃交前不救流矢急不暇緩也今楚軍南陽趙伐高唐燕人十萬聚城不去國亡在旦夕先生奈之何若不能者先生之言有似梟鳴出城而人惡之先生勿復言田巴曰謹聞命矣巴謂徐劫曰先生乃飛兔也豈直千里駒巴終身不談）不肯仕宦任職好持高節游於趙趙孝成王時而秦王使白起破趙長平之軍前後四十餘萬秦兵遂東圍邯鄲趙王恐諸侯之救兵莫敢擊秦軍魏安釐王使將軍晉鄙救趙畏秦止於蕩陰不進○（地理志河內有蕩陰縣○正義曰蕩天郎反相州[illegible]）魏王使客將軍新垣衍間入邯鄲（索隱曰新垣姓衍名也為魏將故謂[illegible]）因平原君謂趙王曰秦所為急圍趙者前與齊湣王爭彊為帝已而復歸帝今齊湣王已益弱方今唯秦雄天下此非必貪邯鄲其意欲復求為帝趙誠發使尊秦昭王為帝秦必喜罷兵去平原君猶預未有所決此時魯仲連適游趙會秦圍趙聞魏將欲令趙尊秦為帝乃見平原君曰事將奈何平原君曰勝也何敢言事前

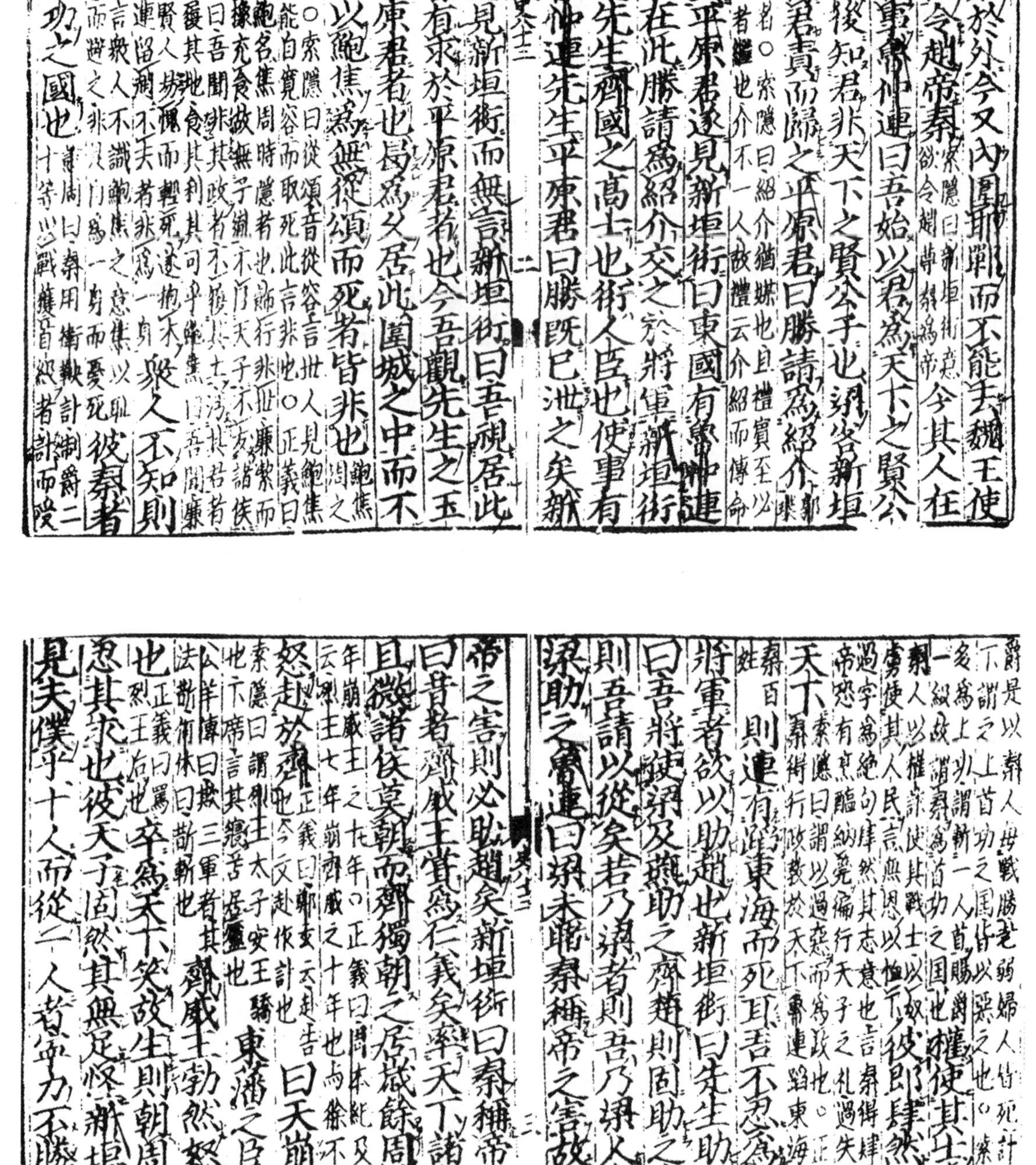

魯仲連

云四十萬之衆於外，今又內圍邯鄲而不能去。魏王使客將軍新垣衍令趙帝秦。（索隱曰新垣衍名也 欲令趙尊秦爲帝）今其人在是。勝也何敢言事！魯仲連曰：吾始以君爲天下之賢公子也，吾乃今然後知君非天下之賢公子也。梁客新垣衍安在？吾請爲君責而歸之。平原君曰：勝請爲紹介（正義曰紹介相佑助者○索隱曰紹介猶媒也且禮賓至必因介以傳辭紹者繼也介不一人故禮云介紹而傳命）而見之於先生。平原君遂見新垣衍曰：東國有魯仲連先生者，今其人在此，勝請爲紹介，交之於將軍。新垣衍曰：吾聞魯仲連先生，齊國之高士也。衍，人臣也，使事有職，吾不願見魯仲連先生。平原君曰：勝既已泄之矣。新垣衍許諾。魯連見新垣衍而無言。新垣衍曰：吾視居此圍城之中者，皆有求於平原君者也。今吾觀先生之玉貌，非有求於平原君者也，曷爲久居此圍城之中而不去？魯仲連曰：世以鮑焦爲無從頌而死者，皆非也。（鮑焦周之介士也見莊子○索隱曰從頌音從容言世人見鮑焦之死皆以爲不能自寬容而取死此言非也○正義曰韓詩外傳云姓鮑名焦周時隱者也飾行非世廉潔而守荷擔採樵拾橡充食故無子胤不臣天子不友諸侯子貢遇之謂之曰吾聞非其政者不履其地汙其君者不受其利今子履其地食其利其可乎鮑焦曰吾聞廉士重進而輕退賢人易愧而輕死遂抱木立枯焉按魯仲連留趙不去者非爲一身）衆人不知，則爲一身。（索隱曰言衆人不識鮑焦之意以爲焦爲一身而憂死彼獨非而避之非也）彼秦者，棄禮義而上首功之國也。（索隱曰秦用衛鞅計制爵二十等以戰獲首級者計而受爵是以秦人每戰勝老弱婦人皆死計功賞至萬數天下謂之上首功之國皆以惡之也○索隱曰秦法斬首多爲上功謂斬一人首賜爵一級故謂秦爲首功之國也）權使其士，虜使其民。（索隱曰言秦人以權詐使其戰士以奴虜使其人民言無恩以恤下）彼即肆然而爲帝，過而遂正於天下，（正義曰過字爲絕句肆然其志意也言秦得肆志爲帝恣有其意臨納堯偏行天子之禮過失也○索隱曰謂以過惡而爲政也○正義曰若趙稱帝秦衛行政教於天下魯連蹈東海而溺死不忍爲秦百姓）則連有蹈東海而死耳，吾不忍爲之民也。所爲見將軍者，欲以助趙也。新垣衍曰：先生助之將奈何？魯連曰：吾將使梁及燕助之，齊楚則固助之矣。新垣衍曰：燕則吾請以從矣；若乃梁者，則吾乃梁人也，先生惡能使梁助之？魯連曰：梁未睹秦稱帝之害故耳。使梁睹秦稱帝之害，則必助趙矣。新垣衍曰：秦稱帝之害何如？魯連曰：昔者齊威王嘗爲仁義矣，率天下諸侯而朝周。周貧且微，諸侯莫朝，而齊獨朝之。居歲餘，周烈王崩，（徐廣曰烈王七年○正義曰周本紀及年表烈王七年崩威王之十年也與徐不同云烈王七年崩齊威王之十年也與徐不同）齊後往，周怒，赴於齊（正義曰鄭玄云赴告也今文赴作訃也）曰：天崩地坼，天子下席。（索隱曰謂烈王太子安王驕也下席言其寢苫居廬也）東藩之臣因齊後至，則斮。（公羊傳曰斮三軍者其法斮何休曰斮斬也）齊威王勃然怒曰：叱嗟，而母婢也！（正義曰罵烈王后也）卒爲天下笑。故生則朝周，死則叱之，誠不忍其求也。彼天子固然，其無足怪。新垣衍曰：先生獨不見夫僕乎？十人而從一人者，寧力不勝而智不若邪？畏之也（索隱曰言僕夫十人而從一人者寧是力不勝智不如邪是畏懼其主耳）魯仲連曰嗚呼梁之比於秦若僕邪辛垣衍曰然魯仲連曰吾將使秦王烹醢梁王辛垣衍怏然不悅曰（正義曰怏於尚反）噫嘻（索隱曰上音依噫者不平之聲下音希嘻者驚恨之聲也）亦太甚矣先生之言也先生又惡能使秦王烹醢梁王魯仲連曰固也吾將言之昔者九侯鄂侯（徐廣曰鄴縣有九侯城九一作鬼鄂一作邢○正義曰九侯城在相州滏陽縣西南五十里）文王紂之三公也九侯有子而好獻之於紂紂以為惡醢九侯鄂侯爭之彊辯之疾故脯鄂侯文王聞之喟然而歎故拘之牖里之庫百日（正義曰相州湯陰縣北九里有羑城）而欲令之死曷為與人俱稱王卒就脯醢之地齊湣王將之魯夷維子為執策而從（索隱曰維東萊之邑其居夷故號夷維子故晏子為萊之夷維人是也○正義曰密州高密縣古夷安城應劭云故夷維邑也蓋因邑為姓子者男子之美號又云子爵也）謂魯人曰子將何以待吾君魯人曰吾將以十太牢待子之君夷維子曰子安取禮而來吾君彼吾君者天子也天子巡狩諸侯辟舍（索隱曰辟舍避正寢也案禮天子適諸侯必舍於祖廟）納筦籥（索隱曰筦音管籥音藥）攝衽抱机（索隱曰机音几○正義曰衽音而甚反）視膳於堂下天子已食乃退而聽朝也魯人投其籥不果納（索隱曰謂閉外門不入齊君○正義曰投其籥謂籥即鑰匙也投鑰匙於地）不得入於魯將之薛（正義曰薛故城在徐州滕縣界也）假途於鄒當是時鄒君死湣王欲入弔夷維子謂鄒之孤曰天子弔主人必將倍殯柩設北面於南方然後天子南面弔也（索隱曰倍音佩謂主人不在殯東將背其殯棺立西階上北面哭是倍也天子乃於南面弔之也）鄒之群臣曰必若此吾將伏劍而死固不敢入於鄒鄒魯之臣生則不得事養死則不得賻襚（正義曰衣服曰襚貨財曰賻皆助生送死之禮）然且欲行天子之禮於鄒魯鄒魯之臣不果納（索隱曰謂時君弱臣彊故鄒魯之臣生時臣並不得盡事養死亦不得行賻襚之禮然齊欲行天子禮於鄒魯鄒魯之臣皆不果納之是猶秉禮而存大體也）今秦萬乘之國也梁亦萬乘之國也俱據萬乘之國各有稱王之名睹其一戰而勝欲從而帝之是使三晉之大臣不如鄒魯之僕妾也且秦無已而帝則且變易諸侯之大臣彼將奪其所不肖而與其所賢奪其所憎而與其所愛彼又將使其子女讒妾為諸侯妃姬處梁之宮梁王安得晏然而已乎而將軍又何以得故寵乎於是辛垣衍起再拜謝曰始以先生為庸人吾乃今日知先生為天下之士也吾請出不敢復言帝秦秦將聞之為卻軍五十里適會魏公子無忌奪晉鄙軍以救趙擊秦軍秦軍遂引而去於是平原君欲封魯連魯連辭讓使者三終不肯受平原君乃置酒酒酣起前以千金為魯連壽魯連笑曰所貴於天下之士者為人排患釋難解紛亂而無取也即有取者是商賈之事也而連不忍為也遂辭平原君而去終身不復見其後二十餘年燕將

史八十三

魯仲連傳

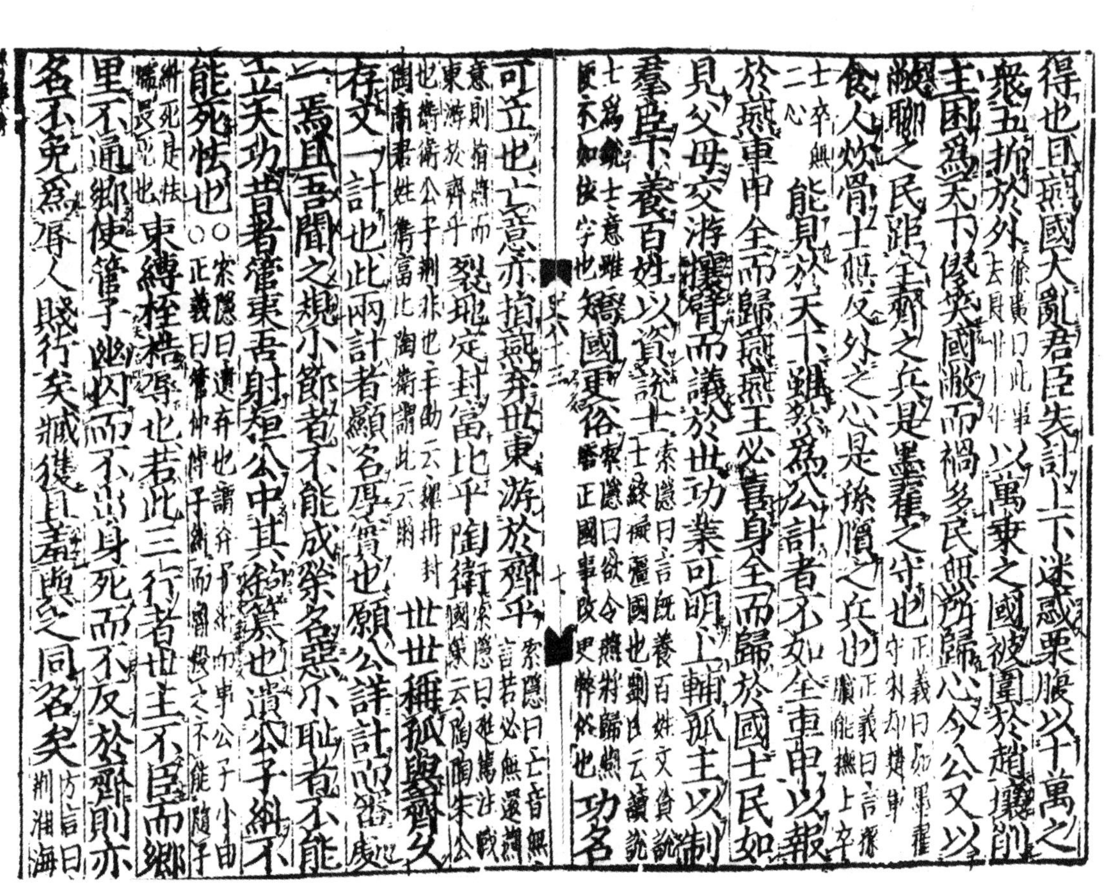
攻下聊城【索隱曰：徐廣云年表燕以田單攻聊城在長平後十餘年，則二十餘年誤也。○正義曰：今博州聊城縣也】。聊城人或讒之燕，燕將懼誅，因保守聊城，不敢歸。齊田單攻聊城【徐廣曰：案年表，田單攻聊城在長平後十餘年也】歲餘，士卒多死而聊城不下。魯連乃為書，約之矢以射城中，遺燕將。書曰：吾聞之，智者不倍時而棄利，勇士不怯死而滅名，忠臣不先身而後君。今公行一朝之忿【索隱曰：快死，猶避死也】，不顧燕王之無臣，非忠也；殺身亡聊城，而威不信於齊，非勇也；功敗名滅，後世無稱焉，非智也。三者世主不臣，說士不載，故智者不再計，勇士不怯死。今死生榮辱，貴賤尊卑，此時不再至，願公詳計而無與俗同。且楚攻齊之南陽【索隱曰：即濟之南陽也】，魏攻平陸【索隱曰：平陸，邑名，在兗州西界。○正義曰：兗州平陸縣也】，而齊無南面之心，以為亡南陽之害小，不如得濟北之利大【索隱曰：即聊城之地也。○正義曰：言齊無南面之心，以為南陽、平陸之害小，不如聊城之利大，言必攻之】，故定計審處之。今秦人下兵，魏不敢東面，衡秦之勢成【索隱曰：此時秦與齊和，故云衡秦之勢成也】，楚國之形危。齊棄南陽，斷右壤【索隱曰：謂棄楚所攻之泗上也。又斷右壤，右壤謂平陸是也。言棄右壤而不能救，今攻聊城而定濟北也】，定濟北，計猶且為之也。且夫齊之必決於聊城，公勿再計。今楚魏交退於齊，而燕救不至【索隱曰：交者，俱也。前時楚攻南陽，魏攻平陸，今二國之兵俱退而齊救又不至，是勢危也】。以全齊之兵，無天下之規，與聊城共據期年之敝，則臣見公之不能

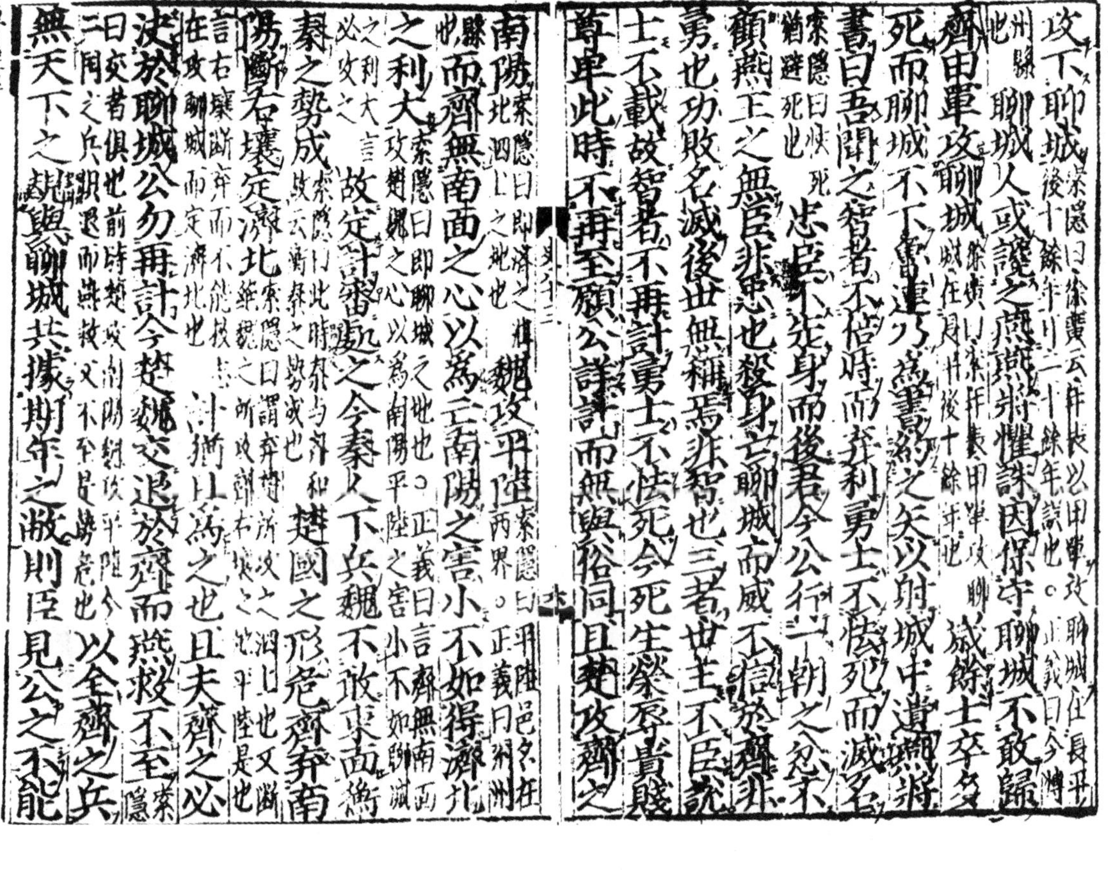
得也。且燕國大亂，君臣失計，上下迷惑，栗腹以十萬之眾五折於外【徐廣曰：此事在長平後二年】，以萬乘之國被圍於趙，壤削主困，為天下僇笑。國敝而禍多，民無所歸心。今公又以敝聊之民距全齊之兵，是墨翟之守也【正義曰：守，禦也】。食人炊骨，士無反外之心，是孫臏之兵也【正義曰：言燕將能撫士卒，士卒無二心】。能見於天下。雖然，為公計者，不如全車甲以報於燕。車甲全而歸燕，燕王必喜；身全而歸於國，士民如見父母，交游攘臂而議於世，功業可明。上輔孤主以制群臣，下養百姓以資說士【索隱曰：言既養百姓，又資說士。○正義曰：云資說士，士為說士也】，矯國更俗【索隱曰：謂矯正國事，改更俗弊也】，功名可立也。亡意亦捐燕棄世，東游於齊乎【索隱曰：亡音無。言若無還燕之意，則捐燕而東游於齊乎】？裂地定封，富比乎陶、衛【索隱曰：陶謂陶朱公也，衛謂衛公子荊，非也。一云衛鞅封商也】，世世稱孤，與齊久存，又一計也。此兩計者，顯名厚實也，願公詳計而審處一焉。且吾聞之，規小節者不能成榮名，惡小恥者不能立大功。昔者管夷吾射桓公中其鉤，篡也；遺公子糾不能死，怯也【索隱曰：遺，棄也。○正義曰：管仲傅子糾，而子糾死，管仲不能隨死】；束縛桎梏，辱也。若此三行者，世主不臣而鄉里不通。鄉使管子幽囚而不出，身死而不反於齊，則亦名不免為辱人賤行矣。臧獲且羞與之同名矣【方言曰：荊淮海】

況世俗乎。故管子不恥身在縲紲之中，而恥天下之不治；不恥不死公子糾，而恥威之不信於諸侯，故兼三行之過而為五霸首，名高天下而光燭鄰國。曹子為魯將，三戰三北，而亡地五百里。（索隱曰：三戰三北，曹沫事）鄉使曹子計不反顧，議不還踵，刎頸而死，則亦名不免為敗軍禽將矣。曹子棄三北之恥，而退與魯君計。桓公朝天下，會諸侯，曹子以一劍之任，枝桓公之心於壇坫之上，顏色不變，辭氣不悖，三戰之所亡一朝而復之，天下震動，諸侯驚駭，威加吳越。若此二士者，非不能成小廉而行小節也，以為殺身亡軀，絕世滅後，功名不立，非智也。故去感忿之怨，立終身之名；棄忿悁之節，（正義曰：忿怨，忿悁也。悁音於緣反）定累世之功。是以業與三王爭流，而名與天壤相弊也。願公擇一而行之。」燕將見魯連書，泣三日，猶豫不能自決。欲歸燕，已有隙，恐誅；欲降齊，所殺虜於齊甚眾，恐已降而後見辱。喟然歎曰：「與人刃我，寧自刃。」乃自殺。聊城亂，田單遂屠聊城。歸而言魯連，欲爵之。魯連逃隱於海上，曰：「吾與富貴而詘於人，寧貧賤而輕世肆志焉。」（索隱曰：肆，放縱也）

鄒陽者，齊人也。游於梁，與故吳人莊忌夫子、淮陰枚生之徒交。上書（索隱曰：……）而介於羊勝、公孫詭之間。（索隱曰：言自遠而游於一人之間……）勝等嫉鄒陽，惡之梁孝王。孝王怒，下之吏，將欲殺之。鄒陽客游，以讒見禽，恐死而負累，乃從獄中上書曰：

臣聞忠無不報，信不見疑，臣常以為然，徒虛語耳。昔者荊軻慕燕丹之義，白虹貫日，太子畏之；（應劭曰：……如淳曰：白虹，兵象；日為君。……太子自相氣，見虹貫日不徹，曰：吾事不立矣。……○索隱曰：王劭曰……）衛先生為秦畫長平之事，太白蝕昴，而昭王疑之。（蘇林曰：白起為秦伐趙，破長平軍，欲遂滅趙，遣衛先生說昭王益兵糧，乃為應侯所害，事用不成。其精誠上達於天，故太白為之食昴。昴，趙分也。將有兵，故太白食昴。食，干歷之也。如淳曰：太白，天之將軍也。○索隱曰：……言荊軻之謀、衛先生之策感動皇天，而貫日食昴，虛也）夫精變天地而信不喻兩主，豈不哀哉！今臣盡忠竭誠，畢議願知，（蘇林曰：盡其計議，願王知之也）左右不明，（索隱曰：言左右不明，欲斥主之不明）卒從吏訊，為世所疑，是使荊軻、衛先生復起，而燕、秦不悟也。願大王孰察之。昔卞和獻寶，楚王刖之；（應劭曰：卞和得玉璞，獻之武王，武王示玉人，玉人曰石也，刖右足。武王沒，復獻文王，玉人復曰石也，刖其左足。至成王時，卞和抱璞哭於郊，乃使玉尹攻之，果得寶玉。○索隱曰：……事見國語及呂氏春秋。案：世家楚武王名熊通，文王名貲，成王名惲）李斯竭忠，胡亥極刑。是以箕子詳狂，接輿辟世，恐遭此患也。願大王孰察卞和李斯之意，而後楚王胡亥之聽，無使臣爲箕子接輿所笑。臣聞比干剖心，子胥鴟夷，臣始不信，乃今知之。願大王孰察，少加憐焉。諺曰：有白頭如新，傾蓋如故。何則？知與不知也。故昔樊於期逃秦之燕，藉荊軻首以奉丹之事；王奢去齊之魏，臨城自剄以卻齊而存魏。夫王奢蘇秦非新於齊秦而故於燕魏也，所以去二國死兩君者，行合於志而慕義無窮也。是以蘇秦不信於天下，而爲燕尾生；白圭戰亡六城，爲魏取中山。何則？誠有以相知也。蘇秦相燕，燕人惡之於王，王按劍而怒，食以駃騠；

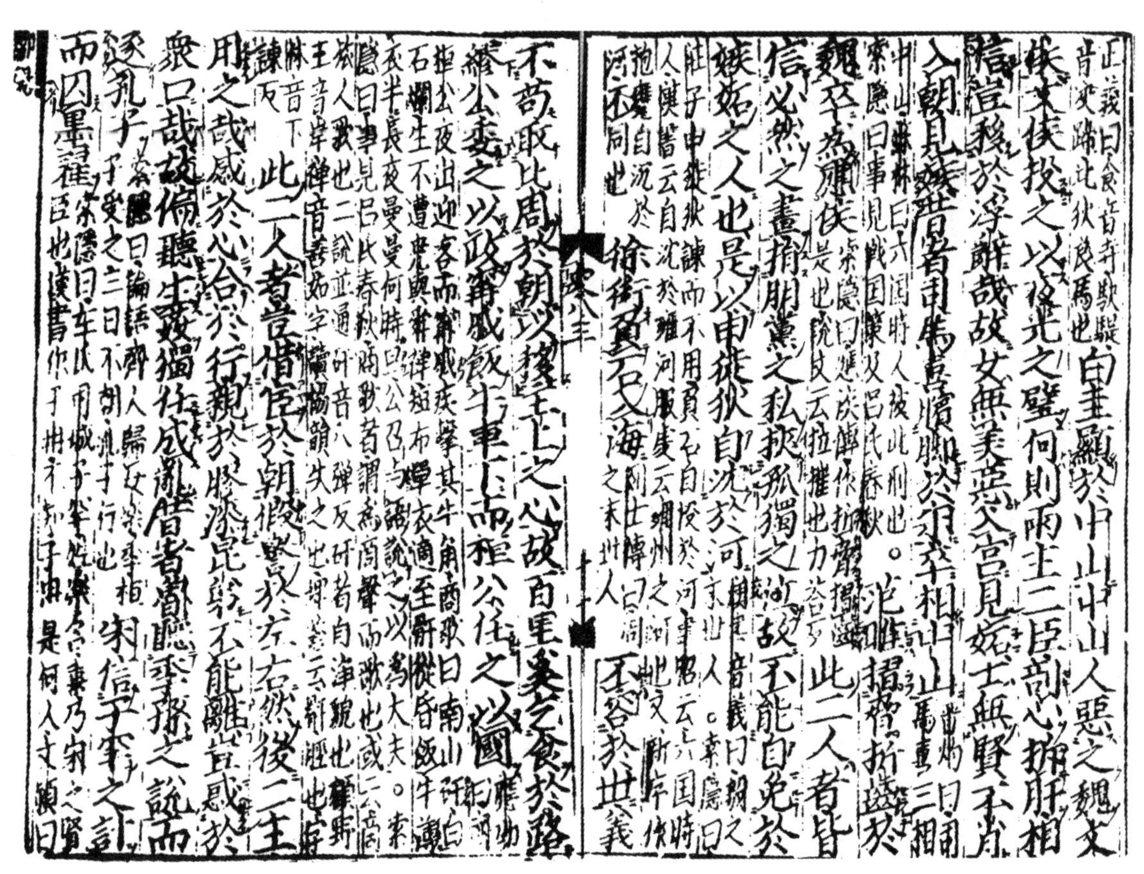

子冉子罕也鄒陽傳云宋信子冉之計囚墨翟文穎云子冉子罕也
又襄二十九年左傳宋饑子罕請出粟時
則墨翟與子罕不得相輩或
以子冉爲是不知何如也　夫以孔墨之辯不能自免
於讒諛而二國以危何則衆口鑠金　索隱曰國語云衆心成城衆口鑠金
賈逵曰鑠消也衆口所毀雖金亦爲之消亡又風俗通
云或說有美金於此衆人或共詆訿言其不純金賣者
欲其必售因取鍛燒以見其真是爲衆口鑠金也
則父兄自相誅滅也　積毀銷骨也　索隱曰木華云積毀銷骨
骨肉爲之消滅也　是以秦用戎人由余而霸中國齊用
越人蒙而彊威宣　索隱曰越人蒙未見所出漢書作子臧
此二國豈拘於俗牽於世繫阿偏之辭哉公聽並觀垂
名當世　索隱曰小顏云公聽言不私並觀謂所見同也　故意合則胡越爲昆弟
由余越人蒙是矣不合則骨肉出逐不收朱象管蔡是
矣今人主誠能用齊秦之義後宋魯之聽則五伯不足
稱三王易爲也是以聖王覺寤捐子之之心　徐廣曰燕王噲
其七臣
子之也
而能不說於田常之賢　集解曰田常事齊簡公說之而殺簡公
人君去此心則
國家安全也　封比干之後修孕婦之墓
産也。索隱曰案封比干之後謂
書作封比干之墓又唯云封比干
亦未必修孕婦之墓也　故功業復就於天下何則欲善無厭也夫
晉文公親其讎彊霸諸侯齊桓公用其仇而一匡天下
謂寺人勃鞮
管仲也　何則慈仁慇懃誠加於心不可以虛辭借
也至夫秦用商鞅之法東弱韓魏兵彊天下而卒車裂
之越用大夫種之謀禽勁吳霸中國而卒誅其身是以

孫叔敖三去相而不悔　索隱曰三得相不喜知其才之自得也三去相不悔知非己之罪也
於陵子仲辭三公爲人灌園　索隱曰孟子云陳仲子齊陳氏之族兄爲
齊卿仲子以爲不義乃適楚居於陵自謂於陵子
楚王聘以爲相子仲遂夫妻相與逃
爲人灌園列士傳字子終名異也　今人主誠能去驕
傲之心懷可報之意披心腹見情素墮肝膽施德厚終
與之窮達無愛於士則桀之狗可使吠堯　索隱曰言無不使也
而蹠之客可使刺由　索隱曰蹠之客其人使刺許由也
況因萬乘之權假聖王之資乎然則荊軻之湛七
族要離之燒妻子　戰國策荊軻爲燕刺秦始皇不成而
死其族坐之湛沒吳王闔閭欲殺王子慶忌要離詐以罪亡令吳王燒其妻子要離走見慶
忌以劍刺之　張晏曰七族上至曾祖下至曾孫。索隱
曰湛音沉七族父之姓一也姑之子二也姊妹之子三也
女之子四也母之姓五也從子六也及妻父母九七族
也要離事見呂氏春秋　豈足道哉臣聞明月之珠夜光之璧以闇
投人於道路人無不按劍相眄者何則無因而至前也
蟠木根柢輪囷離詭　張晏曰根柢下本也輪囷離詭委曲盤戾也。索隱曰孟康云蟠結
之木也　而爲萬乘器者何則以左右先爲之容
也　索隱曰左右先加彫刻是爲之容飾也　故無因至前雖出隨侯之珠夜
光之璧猶結怨而不見德故有人先談則以枯木朽株
樹功而不忘今夫天下布衣窮居之士身在貧賤雖蒙
堯舜之術　索隱曰言蒙被堯舜之道也　挾伊管之辯懷龍逢比干之
意欲盡忠當世之君而素無根柢之容雖竭精思欲開

惡信輔人主之溢則全主必行披離之跡是使布衣不得爲枯木朽株之資也是以聖王制世御俗獨化於陶鈞之上（漢書音義曰陶家名模下圓轉者爲鈞以其能制器爲大小比之於天。韋昭曰鈞陶家之鑪錘木長七尺有弦所以調爲器具也。崔浩云以鈞制器萬殊故如造化之運轉裁成也）而不牽於卑亂之語不奪於衆多之口故秦皇帝任中庶子蒙嘉之言以信荊軻之說而匕首竊發（索隱曰通俗文云其頭類匕故曰匕首短而便用也）周文王獵涇渭載呂尚而歸以王天下故秦信左右而殺周用烏集而王（漢書音義曰太公望塗觀卒遇之成王功若烏鳥之暴集也。索隱曰韋昭云呂尚與周如烏之集也）何則以其能越攣拘之語馳域外之議獨觀於昭曠之道也今人主沈於諂諛之辭牽於帷裳之制（漢書音義曰言爲左右便辟所牽制也）使不羈之士與牛驥同皁（漢書音義曰食牛馬器以木作如槽也。索隱曰言驥與駑同皁此鮑焦所以忿於世而不留富貴之樂也）此鮑焦所以忿於世而不留富貴之樂也（索隱曰莊子云鮑焦飾行非世抱木而死）臣聞盛飾入朝者不以利汙義砥厲名號者不以欲傷行故縣名勝母而曾子不入（索隱曰淮南子及鹽鐵論皆云里名勝母曾子不入蓋以名不順也）邑號朝歌而墨子迴

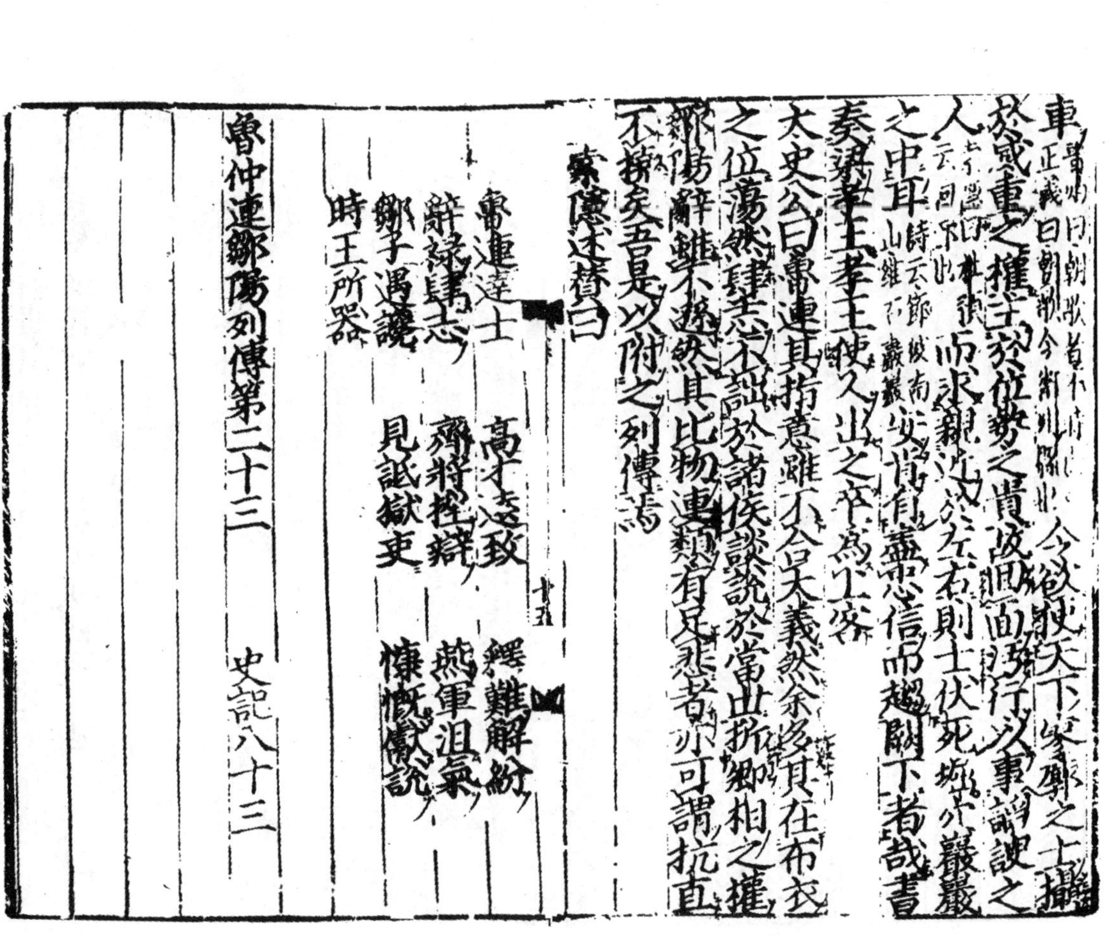

車（索隱曰朝歌者不時也）今欲使天下寥廓之士攝於威重之權主於位勢之貴故回面汙行以事諂諛之人而求親近於左右則士伏死堀穴巖巖之中耳安肯有盡忠信而趨闕下者哉書奏梁孝王孝王使人出之卒爲上客

太史公曰魯連其指意雖不合大義然余多其在布衣之位蕩然肆志不詘於諸侯談說於當世折卿相之權鄒陽辭雖不遜然其比物連類有足悲者亦可謂抗直不撓矣吾是以附之列傳焉

索隱述贊曰
魯連達士　高才遠致　釋難解紛
辭祿肆志　齊將挫辯　燕軍沮氣
鄒子遇讒　見詆獄吏　慷慨獻說
時王所器

魯仲連鄒陽列傳第二十三　史記八十三

屈 九勿反　　二字或先 草稾　　騷 素刀反 亦作慅　　間 紀莧反　　被 皮義反　　謗 比浪反　　刺 七賜反

屈原賈生列傳第二十四　　史記八十四

屈原者，名平，楚之同姓也。正義曰：屈、景、昭皆楚之族。王逸云：楚王始都是，生子瑕，受屈為卿，因以為氏。為楚懷王左徒。正義曰：蓋今左右拾遺之類。博聞彊志，明於治亂，嫺史記音隱：嫺音閑。於辭令。入則與王圖議國事，以出號令；出則接遇賓客，應對諸侯。王甚任之。上官大夫與之同列，爭寵而心害其能。懷王使屈原造為憲令，屈平屬草稾未定。屬音燭。草稾謂創制憲令之本也。漢書作草具，崔浩謂發始造端也。上官大夫見而欲奪之，正義曰：上官，靳尚。屈平不與，因讒之曰：「王使屈平為令，衆莫不知，每一令出，平伐其功，曰以為『非我莫能為』也。」王怒而疏屈平。

屈平疾王聽之不聰也，讒諂之蔽明也，邪曲之害公也，方正之不容也，故憂愁幽思而作離騷。索隱曰：離騷，音素刀反。又一音蕭。應劭曰：離，遭也；騷，憂也。又離騷序云：離，別也；騷，愁也。離騷者，猶離憂也。夫天者，人之始也；父母者，人之本也。人窮則反本，故勞苦倦極，未嘗不呼天也；疾痛慘怛，正義曰：慘，七感反；下丁達反。慘，毒也；怛，痛也。未嘗不呼父母也。屈平正道直行，正義曰：寒孟反。竭忠盡智以事其君，讒人間之，可謂窮矣。信而見疑，忠而被謗，能無怨乎？屈平之作離騷，蓋自怨生也。國風好色而不淫，小雅怨誹而不亂，正義曰：誹，方畏反。若離騷者，可謂兼之矣。上稱帝嚳，下道齊桓，中述湯武，以刺世事。明道德之廣崇，治亂之條貫，靡不畢見。其文約，其辭微，

其志潔，其行廉，其稱文小而其指極大，舉類邇而見義遠。其志潔，故其稱物芳；其行廉，故死而不容自疏。濯淖汙泥之中，索隱曰：濯音濁，淖音鬧，汙音烏故反，泥音奴計反。蟬蛻於濁穢，以浮游塵埃之外，不獲世之滋垢，皭然泥而不滓者也。索隱曰：皭音自若反。泥音涅，滓音淄。又並如字。推此志也，雖與日月爭光可也。正義曰：言屈平之仕濁世，去其汙垢，在塵埃之外，推此志，雖與日月爭光明，斯亦可矣。

屈平既絀，其後秦欲伐齊，齊與楚從親，正義曰：從，足松反。惠王患之，乃令張儀詳去秦，厚幣委質事楚，曰：「秦甚憎齊，齊與楚從親，楚誠能絕齊，秦願獻商於之地六百里。」楚懷王貪而信張儀，遂絕齊，使使如秦受地。張儀詐之曰：「儀與王約六里，不聞六百里。」楚使怒去，歸告懷王。懷王怒，大興師伐秦。秦發兵擊之，大破楚師於丹淅，斬首八萬，索隱曰：丹、淅二水名也。謂於丹水之北、淅水之南。今為縣名，在弘農，所謂丹陽淅是也。正義曰：丹陽今均州武當縣。徐廣曰：楚懷王十七年。虜楚將屈匄，索隱曰：屈姓，匄名，音蓋。正義曰：張儀欺楚在懷王十六年，十七年秦敗屈匄。遂取楚之漢中地。懷王乃悉發國中兵以深入擊秦，戰於藍田。正義曰：藍田在雍州東南。魏聞之，襲楚至鄧。索隱曰：鄧在漢水北，故鄧國。楚兵懼，自秦歸。而齊竟怒不救楚，楚大困。

明年，秦割漢中地與楚以和。楚王曰：「不願得地，願得張儀而甘心焉。」張儀聞，乃曰：「以一儀而當漢中地，臣請往如楚。」如楚，又因厚幣用事者臣靳尚，而設詭辯於懷王

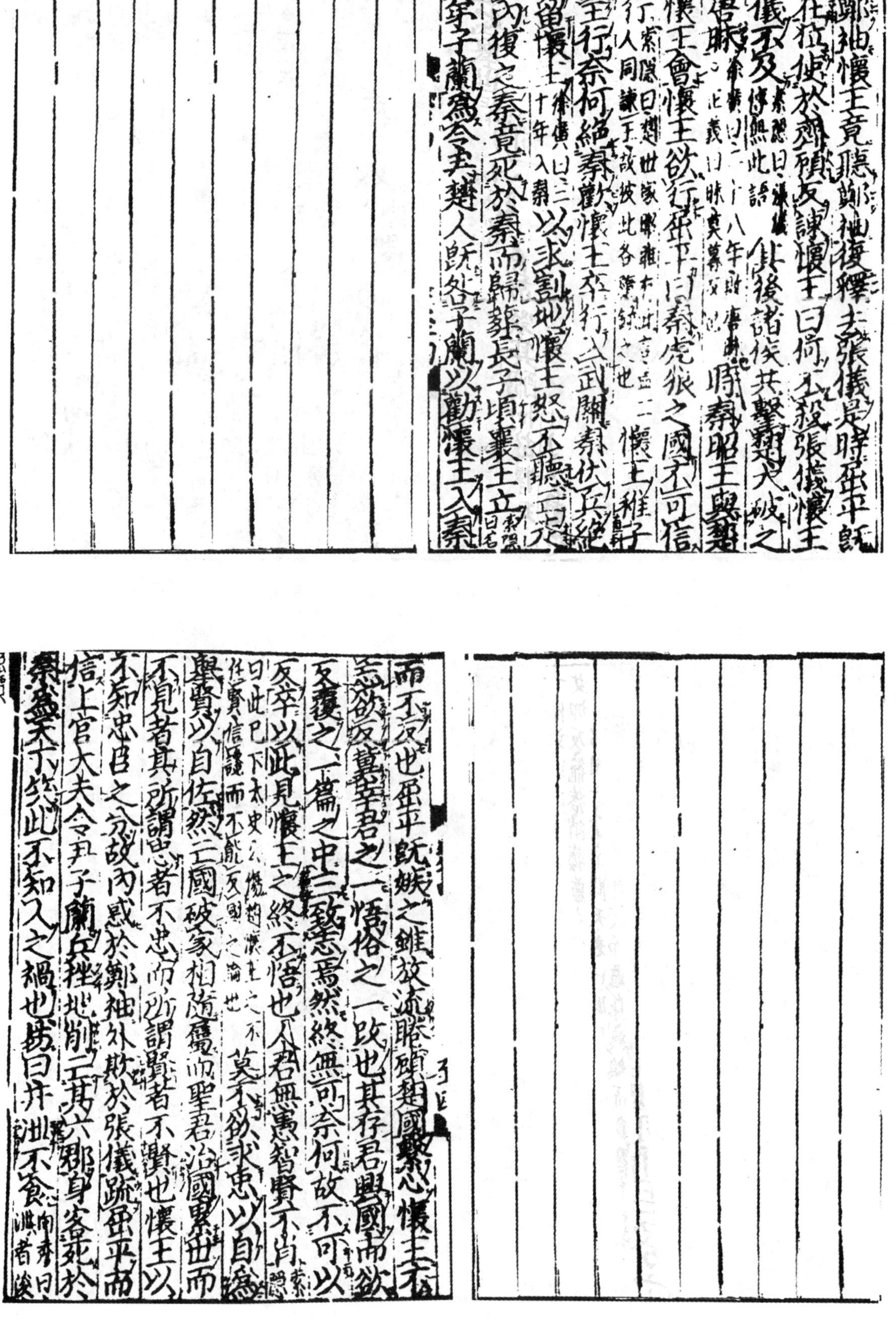

之寵姬鄭袖。懷王竟聽鄭袖，復釋去張儀。是時屈平既疏，不復在位，使於齊，顧反，諫懷王曰：「何不殺張儀？」懷王悔，追張儀不及。其後諸侯共擊楚，大破之，殺其將唐眜。時秦昭王與楚婚，欲與懷王會。懷王欲行，屈平曰：「秦虎狼之國，不可信，不如毋行。」懷王稚子子蘭勸王行：「奈何絕秦歡！」懷王卒行。入武關，秦伏兵絕其後，因留懷王，以求割地。懷王怒，不聽。亡走趙，趙不內。復之秦，竟死於秦而歸葬。長子頃襄王立，以其弟子蘭為令尹。楚人既咎子蘭以勸懷王入秦

而不反也。屈平既嫉之，雖放流，睠顧楚國，繫心懷王，不忘欲反，冀幸君之一悟，俗之一改也。其存君興國而欲反覆之，一篇之中三致志焉。然終無可奈何，故不可以反，卒以此見懷王之終不悟也。人君無愚智賢不肖，莫不欲求忠以自為，舉賢以自佐，然亡國破家相隨屬，而聖君治國累世而不見者，其所謂忠者不忠，而所謂賢者不賢也。懷王以不知忠臣之分，故內惑於鄭袖，外欺於張儀，疏屈平而信上官大夫、令尹子蘭。兵挫地削，亡其六郡，身客死於秦，為天下笑。此不知人之禍也。易曰：「井泄不食，

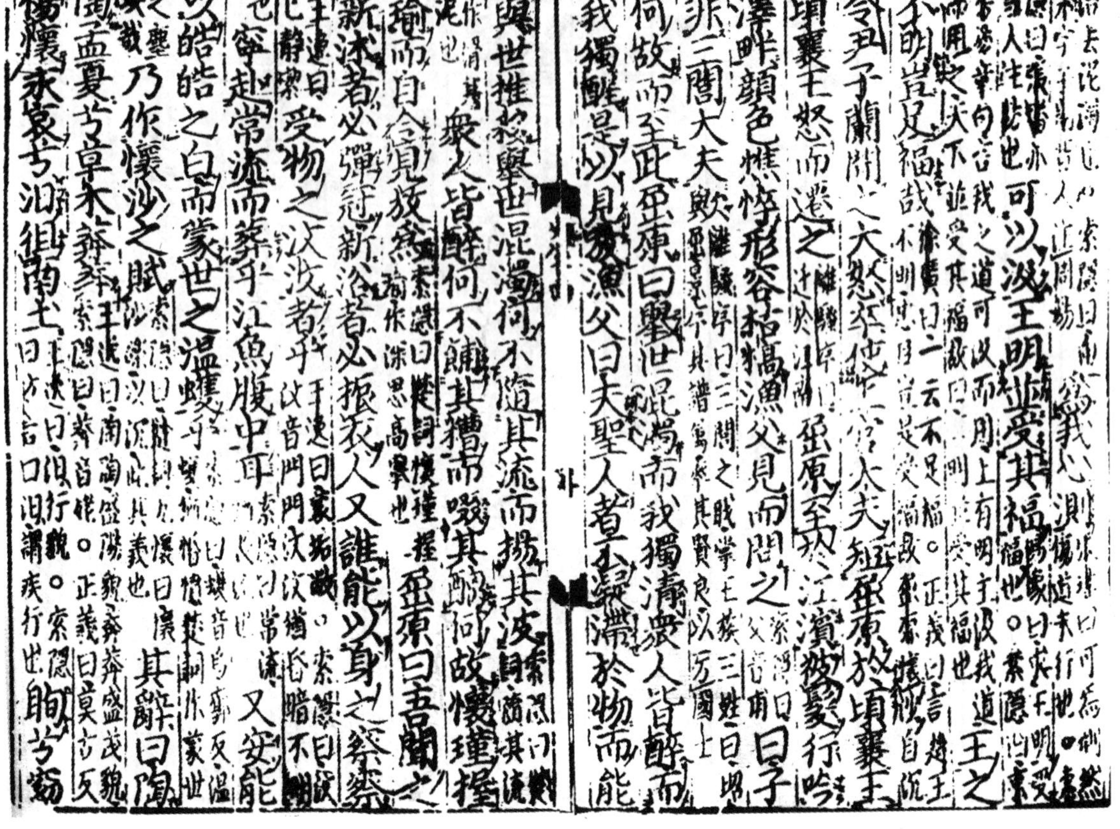

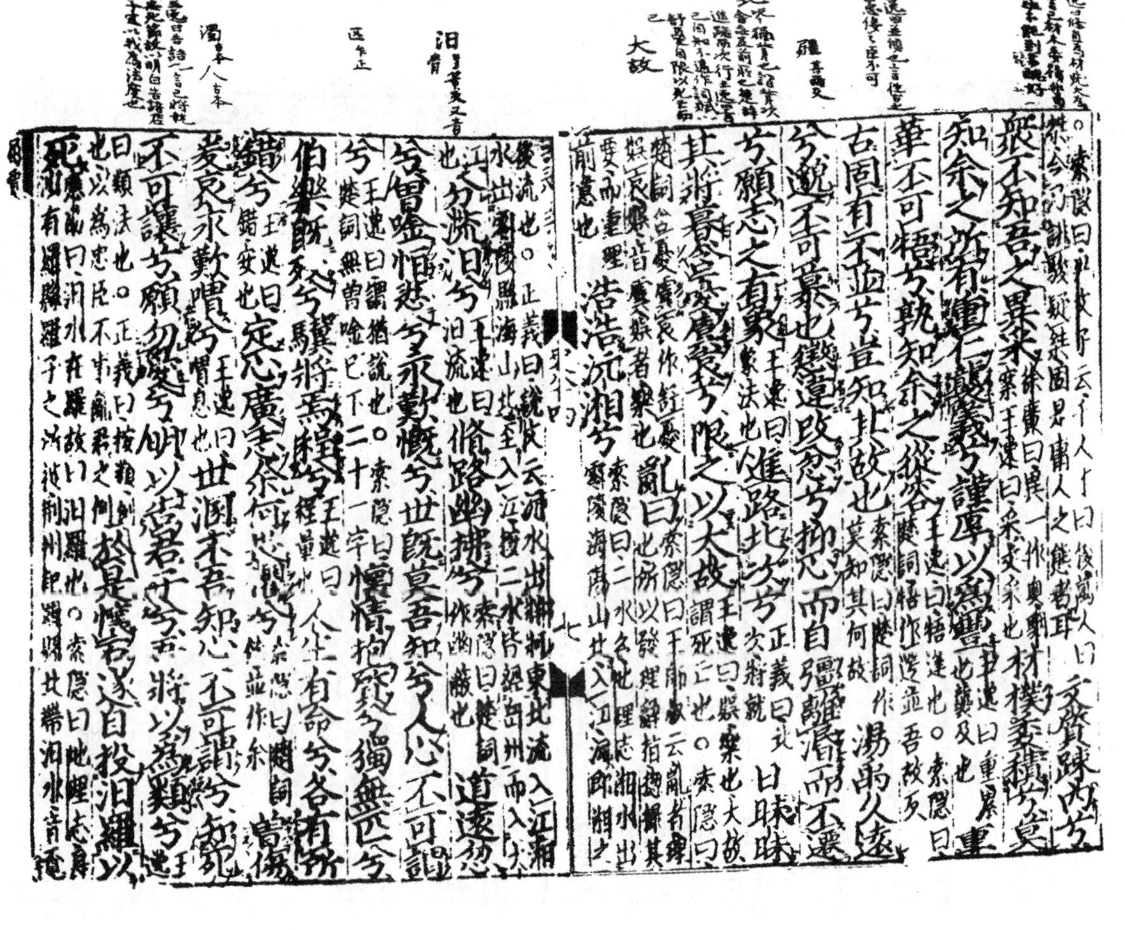

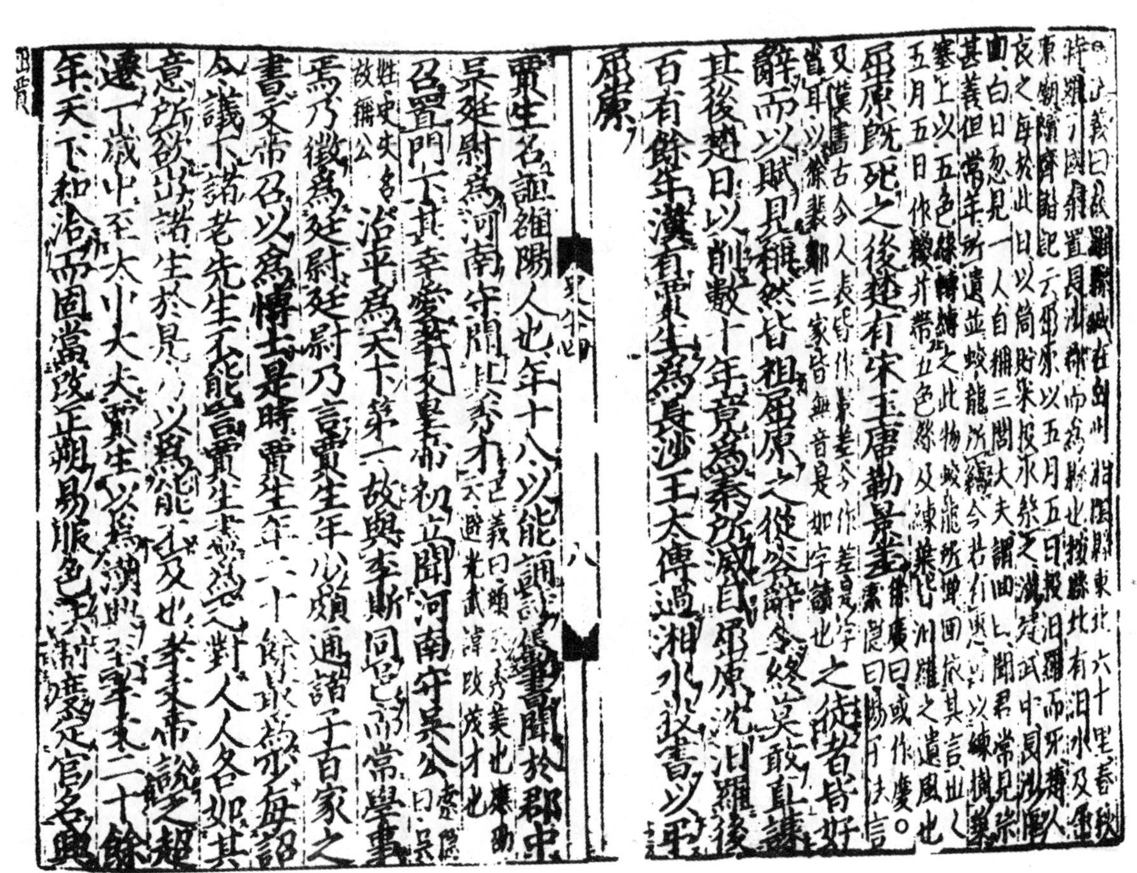

禮樂乃悉草具其事儀法色尚黃數用五（正義曰漢文帝時黃龍見成紀故改為土也）為官名悉更秦之法孝文帝初即位謙讓未遑也諸律令所更定及列侯悉就國其說皆自賈生發之於是天子議以為賈生任公卿之位絳灌東陽侯馮敬之屬盡害之（正義曰絳灌周勃灌嬰也東陽侯張相如馮敬時為御史大夫）乃短賈生曰雒陽之人年少初學專欲擅權紛亂諸事於是天子後亦疏之不用其議乃以賈生為長沙王太傅（[illegible]）賈生既辭往行聞長沙卑溼自以壽不得長又以適去意不自得（[illegible]）及渡湘

水為賦以弔屈原其辭曰共承嘉惠兮（張晏曰恭敬也）俟罪長沙（[illegible]）側聞屈原兮自沈汨羅造託湘流兮敬弔先生（索隱曰造[illegible]）遭世罔極兮乃隕厥身嗚呼哀哉逢時不祥鸞鳳伏竄兮鴟梟翱翔（[illegible]）闒茸尊顯兮讒諛得志（[illegible]不才之人[illegible]）賢聖逆曳兮方正倒植（[illegible]）世謂伯夷貪兮謂盜跖廉（[illegible]）莫邪為頓兮（[illegible]）鉛刀為銛（[illegible]銛利也[illegible]）

于嗟嚜嚜兮生之無故（[illegible]）斡棄周鼎兮而寶康瓠（[illegible]康空也[illegible]）騰駕罷牛兮驂蹇驢（[illegible]）驥垂兩耳兮服鹽車（[illegible]）章甫薦屨兮漸不可久（[illegible]）嗟苦先生兮獨離此咎（[illegible]）訊曰（[illegible]）已矣國其莫我知獨堙鬱兮其誰語（[illegible]）鳳漂漂其高遰兮（[illegible]）夫固自縮而遠去襲九淵之神龍兮（[illegible]）沕深潛以自珍（[illegible]）彌融爚以隱處兮（[illegible]）夫豈從螘與蛭螾（[illegible]）所貴聖人之神德兮遠濁世而自藏使騏驥可得係羈兮豈云異夫犬羊（[illegible]）般紛紛其離此尤兮（[illegible]）亦夫子之辜也（[illegible]）

歷九州而相其君兮，何必懷此都也？鳳皇翔于千仞之上兮，覽德煇而下之；見細德之險微兮，搖增翮逝而去之。彼尋常之汙瀆兮，豈能容吞舟之魚！橫江湖之鱣鱏兮，固將制於蟻螻。

賈生為長沙王太傅三年，有鴞飛入賈生舍，止於坐隅。楚人命鴞曰「服」。賈生既以適居長沙，長沙卑溼，自以為壽不得長，傷悼之，乃為賦以自廣。其辭曰：單閼之歲兮，四月孟夏，庚子日施兮，服集予舍，止于坐隅，貌甚閒暇。異物來集兮，私怪其故，發書占之兮，筴言其度。

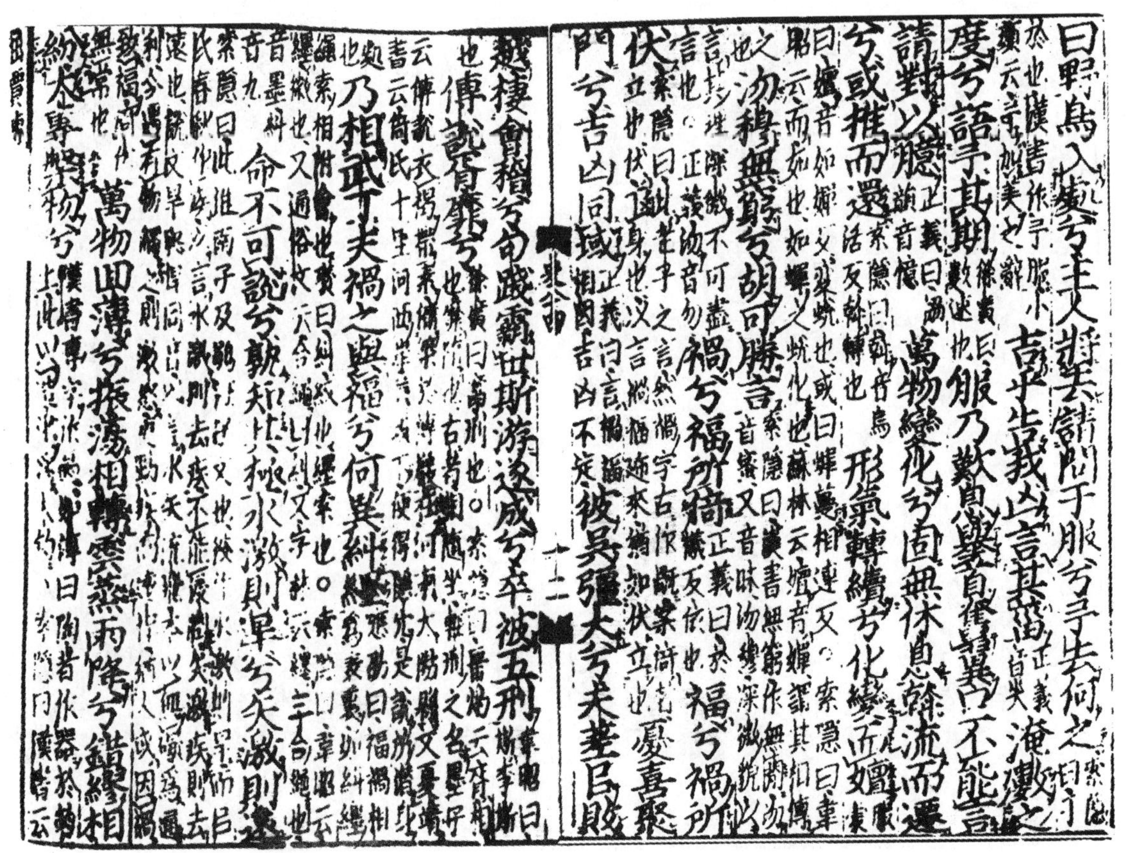

曰「野鳥入處兮，主人將去」。請問于服兮：「予去何之？吉乎告我，凶言其菑。淹數之度兮，語予其期。」服乃歎息，舉首奮翼，口不能言，請對以意。萬物變化兮，固無休息。斡流而遷兮，或推而還。形氣轉續兮，變化而嬗。沕穆無窮兮，胡可勝言！禍兮福所倚，福兮禍所伏；憂喜聚門兮，吉凶同域。彼吳彊大兮，夫差以敗；越棲會稽兮，句踐霸世。斯游遂成兮，卒被五刑；傅說胥靡兮，乃相武丁。夫禍之與福兮，何異糾纆；命不可說兮，孰知其極？水激則旱兮，矢激則遠。萬物回薄兮，振蕩相轉。雲蒸雨降兮，錯繆相紛。大專槃物兮，坱軋無垠。

太鈞播物，此專漢曰[illegible]陰陽云大鈞造化之神，鈞陶萬物，品是所以形者也。[illegible]鈞曰其陶鈞云陶家名模下圓轉者為鈞，言其能制器大小，以比之於天。坱軋無垠。韋昭曰坱軋非有限齊也。坱音若央，軋音若乙。○索隱曰案無垠謂無齊畔也。說文云垠圻也。鄭玄注方言云坱軋不利也。王逸注楚詞云坱軋霧氣昧也。○正義曰坱烏朗反，軋於黠反。天不可與慮兮，索隱曰與音預。道不可與謀。遲數有命兮，惡識其時。且夫天地為鑪兮，造化為工。索隱曰此莊子文。陰陽為炭兮，萬物為銅。索隱曰既以陶冶喻造化，故以陰陽為炭，萬物為銅也。合散消息兮，安有常則。索隱曰莊子云人之生也，氣之聚也，聚則為生，散則為死。千變萬化兮，未始有極。索隱曰莊子云人者萬化而未始有極。忽然為人兮，何足控摶。[illegible]曰控引也，摶持玩也。索隱曰摶音團，又音徒端反。又本云作控揣，揣音初委反，又音丁果反。揣者量也。故賈昭云或然為人，言此生甚輕耳，何足引物量度之也。

化為異物兮，又何足患。索隱曰謂死而形化為鬼，是為異物。[illegible]也。患協韻音環。小知自私兮，賤彼貴我。索隱曰莊子云以物觀之，自貴而相賤也。通人大觀兮，物無不可。索隱曰莊子云物固有所可，無物不可也。[illegible]貪夫徇財兮，烈士徇名。[illegible]曰徇營也。索隱曰此語亦出莊子。夸者死權兮，[illegible]曰夸毗，好榮死於權利。索隱曰言好夸毗者，死於權，不休也。尤甚也。言貪勢以自矜夸，若死不休。則夸者不甚用則夸毗者可悲也。品庶馮生。索隱曰馮音憑。品庶每生音[illegible]謀在衣服[illegible]漢書作每生，[illegible]言唯念生而已。今此作馮，馮亦持也，然案方言云馮怒也，楚曰馮音憑。怵迫之徒兮，或趨西東。索隱曰怵迫之徒，東西趨利也。○索隱曰[illegible]亦作私。正義曰怵迫[illegible]小人怵迫於貧賤，或西或東。

大人不曲兮，億變齊同。索隱曰[illegible]言不以私自曲也。[illegible]拘士繫俗兮，攌如囚拘。[illegible]曰攌音[illegible]板反，又音[illegible]。索隱曰說文云攌大木柵也。漢書作攌，音去損反。至人遺物兮，獨與道俱。索隱曰莊子云古之至人，先存諸己，後存諸人。張載云至人盡於聖德者也。眾人或或兮，好惡積意。李奇曰或或東西也，所好所惡積之萬億，言眾人[illegible]懷抱好惡積之心意。○正義曰[illegible]真人淡漠兮，獨與道息。索隱曰莊子云古之真人不知悅生，不知惡死。又以人助天[illegible]呂氏春秋曰精氣曰新，邪氣盡去，及其天年，謂之真人也。釋知遺形兮，超然自喪。索隱曰莊子云[illegible]形故可使如槁木也。[illegible]今者吾喪我。寥廓忽荒兮，與道翱翔。乘流則逝兮，得坻則止。索隱曰坻音[illegible]。徐廣曰坻一作坎。案張晏曰坻水中小洲也，言君子見險則止。[illegible]周易坎九二有險。

縱軀委命兮，不私與己。[illegible]曰莊子云委蛻也，以死為休也。其生若浮兮，其死若休。索隱曰莊子云[illegible]生若浮，死若休也。澹乎若深淵之靜，氾乎若不繫之舟。正義曰如不繫之舟[illegible]索隱曰莊子云虛而遨遊[illegible]漢書皆作。不以生故自寶兮，養空而游。索隱曰[illegible]云自寶自貴也。養空，空性而心若浮舟也。德人無累兮，知命不憂。索隱曰德人謂上德之人也，[illegible]之人但養空性，而心中無物，累是得道之士也。細故蔕芥兮，何足以疑。韋昭曰蔕音士介反。索隱曰蔕介，漢書作介，張揖云蔕介，鯁刺也。以言細故不足以疑之也。正義曰蔕丁邁反，芥如淺反。後歲餘，賈生徵見。孝文帝方受釐，坐宣室。蘇林曰釐，祭餘肉也。[illegible]如淳曰漢儀注祭天地五畤，皇帝不自行，祠還致福。[illegible]宣室，未央前正室。○索隱曰[illegible]上因感鬼神事，而問鬼神之本。賈生因具道所以然之狀。至夜半，文帝前席。既罷，曰：「吾久不見賈生，自以為過之，今不及也。」居頃之，拜賈生為梁懷王太傅。索隱曰：梁懷王名揖，文帝子。梁懷王，文帝之少子，愛而好書，故令賈生傅之。文帝復封淮南厲王子四人皆為列侯。賈生諫，以為患之興自此起矣。賈生數上疏，言諸侯或連數郡，非古之制，可稍削之。文帝不聽。居數年，懷王騎，墮馬而死，徐廣曰：文帝十一年。無後。賈生自傷為傅無狀，哭泣歲餘，亦死。賈生之死時年三十三矣。及孝文崩，孝武皇帝立，舉賈生之孫二人至郡守，而賈嘉最好學，世其家，與余通書。至孝昭時，列為九卿。

太史公曰：余讀離騷、天問、招魂、哀郢，悲其志。適長沙，觀屈原所自沈淵，索隱曰：荊州記云長沙羅縣北帶汨水，去縣四十里，是屈原自沈處，此岸有廟也。未嘗不垂涕，想見其為人。及見賈生弔之，又怪屈原以彼其材，游諸侯，何國不容，而自令若是。讀服鳥賦，同死生，輕去就，又爽徐廣曰：一本作喪。然自失矣。

索隱述贊曰：

屈平行正，以事懷王。瑾瑜比潔，日月爭光。忠而見放，讒者益章。賦騷見志，懷沙自傷。百年之後，空悲弔湘。

屈原賈生列傳第二十四　史記八十四

呂不韋列傳第二十五　史記八十五

呂不韋者，陽翟大賈人也。索隱曰：韋音違。翟音狄，又音宅。地理志縣名，屬潁川。戰國策以不韋為濮陽人，又記其事迹亦多與此傳不同。班固雖云太史公採戰國策，然為此傳當別有所聞見，故不全依彼說。或者劉向定戰國策時，以己異聞改彼書，遂令不與史記合也。賈音古。鄭玄注周禮云：行曰商，處曰賈。徐廣曰：一本云陽翟大賈也。往來販賤賣貴，索隱曰：王劭賣作買，買音如字。家累千金。秦昭王四十年，太子死。索隱曰：名悼，昭王太子。其四十二年，以其次子安國君為太子。安國君有子二十餘人。安國君有所甚愛姬，立以為正夫人，號曰華陽夫人。華陽夫人無子。安國君中男名子楚，索隱曰：即莊襄王也。戰國策曰本名異人，後從趙還，不韋使以楚服見，王后悅之，曰：吾楚人也。而子字之，乃變其名曰子楚。子楚母曰夏姬，毋愛。子楚為秦質子於趙。索隱曰：質舊音致，今讀依此說。案左傳曰：信不由中，質無益也。秦數攻趙，趙不甚禮子楚。子楚，秦諸庶孽孫，索隱曰：孽音魚列反。謂庶孽之孽孫也。案孽子，賤子也，非嫡正之子曰孽。質於諸侯，車乘進用不饒，索隱曰：下文又云以五百金為進用，宜依小顏讀為賮，音才刃反。進者財也。古字假借之也。居處困，不得意。呂不韋賈邯鄲，見而憐之，曰：「此奇貨可居。」索隱曰：以子楚方財貨也。○正義：戰國策云：濮陽人呂不韋賈於邯鄲，見秦質子異人，歸而謂父曰：耕田之利幾倍？曰：十倍。珠玉之贏幾倍？曰：百倍。立主定國之贏幾倍？曰：無數。不韋曰：今力田疾作，不得煖衣餘食；今定國立君，澤可遺後世，願往事之。乃說秦王后弟陽泉君曰：君之罪至死，君知之乎？君之門下無不居高尊位，太子門下無貴者，而駿馬盈外廄，美女充後庭。王之春秋高，一日山陵崩，太子用歲君危於累卵而不壽於朝生說有可以使君富千萬歲其寧於太山四維必無危亡之患矣陽泉君避席請聞其說不韋曰王之年高矣王后無子子傒有承國之業士倉又輔之王一日山陵崩子傒立士倉用事王后之門必生蓬蒿子異人賢材也棄在於趙無母於內引領西望而欲一得歸王后誠請而立之是子異人無國而有國王后無子而有子也曰諾入說王后為請於趙而歸之乃往見子楚說曰吾能大子之門子楚笑曰且自大君之門而乃大吾門呂不韋曰子不知也吾門待子門而大子楚心知所謂乃引與坐深語索隱曰既解不韋所言之意遂與密謀深語也呂不韋曰秦王老矣安國君得為太子竊聞安國君愛幸華陽夫人華陽夫人無子能立適嗣者正義曰適音嫡獨華陽夫人耳今子兄弟二十餘人子又居中不甚見幸久質諸侯即大王薨安國君立為王

則子無幾得與長子正義曰言子楚無望得預長為太子及諸子旦暮在前者爭為太子矣索隱曰幾音冀冀望也左傳曰日月以幾[illegible]子楚承國之業又有母在中宮[illegible]太子樂之[illegible]子楚曰然為之柰何呂不韋曰子貧客於此非有以奉獻於親及結賓客也不韋雖貧請以千金為子西游事安國君及華陽夫人立子為適嗣子楚乃頓首曰必如君策請得分秦國與君共之呂不韋乃以五百金與子楚為進用結賓客而復以五百金買奇物玩好自奉而西游秦求見華陽夫人姊而皆以其物獻華陽夫人因言子楚賢智結諸侯賓客徧天下常曰楚也以夫人為天日夜泣思太子及夫人夫人

大喜不韋因使其姊說夫人索隱曰戰國策以為說秦王后弟陽泉君也與此說不同曰吾聞之以色事人者色衰而愛弛今夫人事太子甚愛而無子不以此時蚤自結於諸子中賢孝者舉立以為適而子之索隱曰以此為一句子為養之為子也然欲分立以為適作上句而子之夫在則尊重作下句意亦通夫在則重尊夫百歲之後所子者為王終不失勢此所謂一言而萬世之利也不以繁華時樹本即色衰愛弛後雖欲開一語尚可得乎今子楚賢而自知中男也次不得為適其母又不得幸自附夫人夫人誠以此時拔以為適夫人則竟世有寵於秦矣華陽夫人以為然承太子閒索隱曰閒音閑從容言從音七恭反子楚質於趙者絕

賢來往者皆稱譽之乃因涕泣曰妾幸得充後宮不幸無子願得子楚立以為適嗣以託妾身安國君許之乃與夫人刻玉符約以為適嗣安國君及夫人因厚餽遺子楚而請呂不韋傅之子楚以此名譽益盛於諸侯呂不韋取邯鄲諸姬絕好善舞者與居索隱曰言其姿容絕美而又善舞也知有身子楚從不韋飲見而說之因起為壽請之呂不韋怒念業已破家為子楚欲以釣奇索隱曰釣者以取魚喻也奇即上云此奇貨可居也乃遂獻其姬姬自匿有身至大期時徐廣曰期十二月也○索隱曰譙周云人十月生此過二月故云大期蓋當然也既云自匿有娠則生政固當踰常期也生子政子楚遂立姬為夫人秦昭王五十年使王齮圍邯鄲

急，趙欲殺子楚。子楚與呂不韋謀，行金六百斤予守者
吏，得脫，亡赴秦軍，遂以得歸。趙欲殺子楚妻子，子楚夫
人趙豪家女也，得匿，以故母子竟得活。秦昭王五十六
年，薨，太子安國君立為王，華陽夫人為王后，子楚為太
子。趙亦奉子楚夫人及子政歸秦。秦王立一年，薨，謚為
孝文王。太子子楚代立，是為莊襄王。莊襄王所母華
陽后為華陽太后，真母夏姬尊以
為夏太后。莊襄王元年，以呂不韋為丞相，封為文信侯，
食河南雒陽十萬戶。
莊襄
王即位三年，薨，太子政立為王，尊呂不韋為
相國，號稱仲父。秦王年少，太
后時時竊私通呂不韋。不韋家僮萬人。當是時，魏有信
陵君，
楚有春申君，趙有平原君，齊有孟嘗
君，
皆下士喜賓客以
相傾。呂不韋以秦之彊，羞不如，亦招致士，厚遇之，至食
客三千人。是時諸侯多辯士，如荀卿之徒，著書布天下。

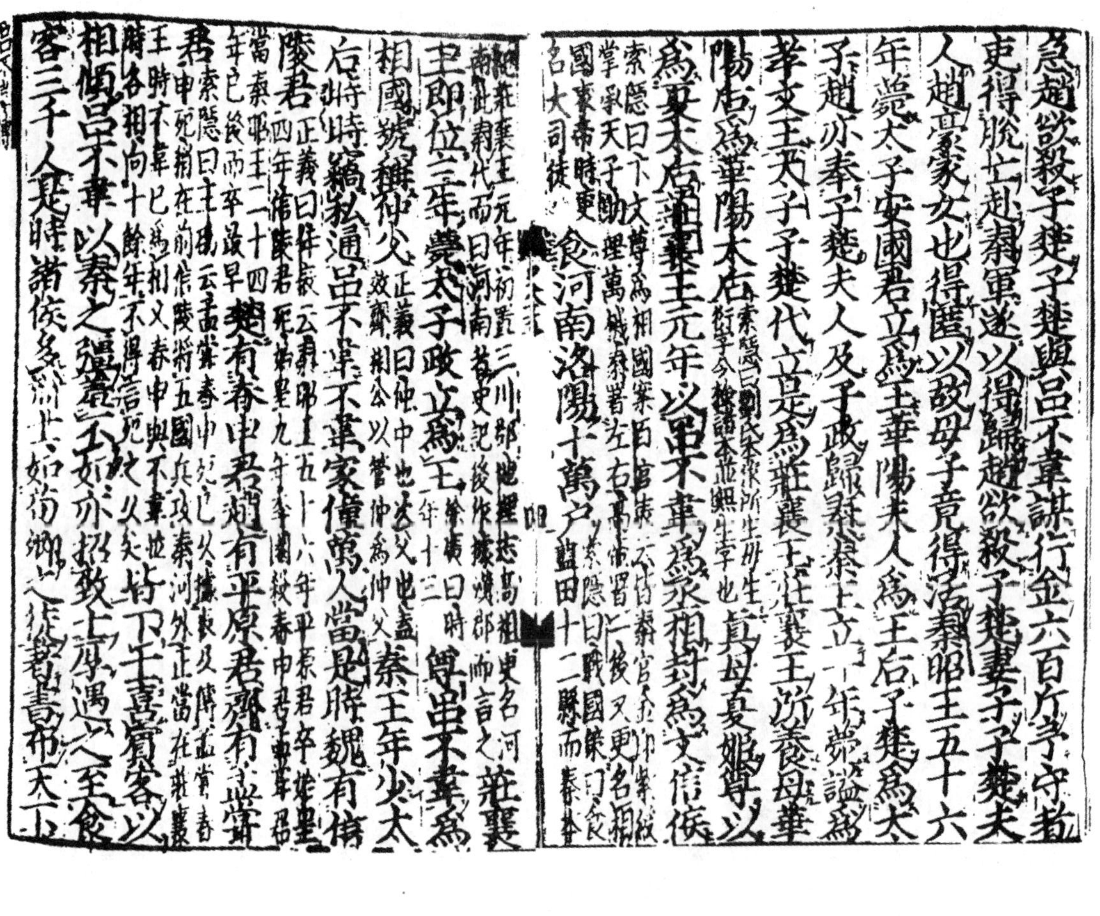

呂不韋乃使其客人人著所聞，集論以為八覽、六論、十
二紀，二十餘萬言。
以為
備天地萬物古今之事，號曰呂氏春秋。布咸陽市門，
懸千金其上，延諸侯游士賓客有能
增損一字者予千金。始皇帝益壯，太后淫不止。呂不韋
恐覺禍及己，乃私求大陰人嫪毐以為舍人，時縱倡樂，
使毐以其陰關桐輪而行，令太后聞之，以
啗太后。太后聞，果欲私得之。呂不韋乃進嫪毐，詐令人
以腐罪告之。不韋又陰謂太后曰：「可事
詐腐，則得給事中。」太后乃陰厚賜主腐者吏，詐論之，拔
其鬚眉為宦者，遂得侍太后。太后私與通，絕愛之。有身，
太后恐人知之，詐卜當避時，徙宮居雍。
嫪毐常從，賞賜甚厚，事皆決於嫪毐。嫪毐家
僮數千人，諸客求宦為嫪毐舍人千餘人。始皇七年，莊
襄王母夏太后薨。孝文王后曰華陽太后，與孝文王會
葬壽陵。
夏太后子莊襄王葬
芷陽，
故夏太后獨別葬杜東，

東也○正義曰秦本紀陵在萬年縣東南三十五里曰東望吾子西望吾夫後百年旁當有萬家邑索隱曰宣帝元康元年起杜陵漢號杜陵宣帝三陵北百三萬戶計去此一百六十餘年也始皇九年有告嫪毐實非宦者常與太后私亂生子二人皆匿之與太后謀曰王即薨以子為後說苑曰毐與侍中左右貴臣俱博飲酒醉爭言而鬬瞋目大叱曰吾乃皇帝之假父也窶人子何敢乃與我亢所與鬬者走行白始皇○索隱曰嫪毐音郎到反毐音哀改反今盖相承錯耳不近詞義說文作毐訓士之無行者以為嫪毐之子也於是秦王下吏治具得情實事連相國呂不韋九月夷嫪毐三族殺太后所生兩子而遂遷太后於雍索隱曰說苑云遷太后咸陽宮地理志雍縣有棫陽宮秦昭王所起也諸嫪毐舍人皆沒其家而遷之蜀索隱曰家謂家生資物並沒入官人口則遷之蜀也王欲誅相國

十六

為其奉先王功大及賓客辯士為游說者眾王不忍致法秦王十年十月免相國呂不韋及齊人茅焦說秦王秦王乃迎太后於雍說苑云遷太后咸陽南宮索隱曰歸復咸陽而出文信侯就國河南歲餘諸侯賓客使者相望於道請文信侯秦王恐其為變乃賜文信侯書曰君何功於秦秦封君河南食十萬戶君何親於秦號稱仲父其與家屬徙處蜀呂不韋自度稍侵恐誅乃飲酖而死徐廣曰十二年索隱曰不韋冢在河南洛陽北邙道西大冢是也民傳言呂母冢不韋妻先葬故其冢名呂母也秦王所加怒呂不韋嫪毐皆已死乃皆復歸嫪毐舍人遷蜀者始皇十九年太后薨謚為帝太后索隱曰王劭云秦不用謚法此蓋號耳其義亦當然也與

呂不韋列傳

莊襄王會葬茝陽索隱曰皇帝之號故其母號為帝太后謂之列主時之稱也曰一作芷陽

太史公曰不韋及嫪毐貴封號文信侯索隱曰按本紀不韋封文信侯若乃即是呂不韋封也嫪毐封長信侯上文已言不韋封此替中言嫪毐得能貴由不韋所以合作長信侯人之告嫪毐毐聞之秦王驗左右未發上之雍郊毐恐禍起乃與黨謀矯太后璽發卒以反蘄年宮正義曰蘄年宮在岐州城西故城內發吏攻毐毐敗亡走追斬之好畤遂滅其宗索隱曰好畤縣地理志屬扶風而呂不韋由此絀矣孔子之所謂聞者其呂子乎論語曰夫聞也者色取仁而行違居之不疑在邦必聞在家必聞馬融曰此言佞人也

索隱述贊曰

不韋釣奇，委質子楚。華陽立嗣，邯鄲獻女。及封河南，乃號仲父。徙蜀懲謗，懸金作語。籌策既成，富貴斯取。

呂不韋列傳第二十五　史記八十五

刺客列傳第二十六　　史記八十六

曹沫者，魯人也。索隱曰沫音亡葛反，左氏穀梁並作曹劌，然則沫宜音劌，沫劌聲相近而字異耳。以勇力事魯莊公。莊公好力。曹沫為魯將，與齊戰，三敗北。魯莊公懼，乃獻遂邑之地以和。索隱曰左傳齊人滅遂，遂在濟北蛇丘縣東北也。正義曰括地志云遂城在兖州龍丘縣西北七十六里也。猶復以為將。齊桓公許與魯會于柯而盟。索隱曰杜預云濟北東阿，齊之柯邑，猶祝柯今為祝阿也。桓公與莊公既盟於壇上，曹沫執匕首劫齊桓公，索隱曰匕音比。劉氏云短劍也。鹽鐵論以為長尺八寸，其頭類匕，故云匕首也。此事約公羊為說，然彼無其名，直云曹子而已。且左傳魯莊十年戰長勺，用曹劌謀敗齊，而無劫桓公之事。十三年盟于柯，公羊始論曹子劫盟，穀梁此年唯云曹劌之盟，信齊侯也，文不記其行事之時日也。桓公左右莫敢動，而問曰：「子將何欲？」索隱曰公羊傳曰管子進曰君何求。何休注云桓公卒不能應，管仲進為言之也。曹沫曰：「齊強魯弱，而大國侵魯亦以甚矣。今魯城壞即壓齊境，索隱曰齊魯接壤，魯城壞即壓齊之境也。君其圖之。」桓公乃許盡歸魯之侵地。既已言，曹沫投其匕首，下壇，北面就群臣之位，顏色不變，辭令如故。桓公怒，欲倍其約。索隱曰倍音佩。管仲曰：「不可。夫貪小利以自快，棄信於諸侯，失天下之援，不如與之。」於是桓公乃遂割魯侵地，曹沫三戰所亡地盡復予魯。其後百六十有七年而吳有專諸之事。

專諸者，吳堂邑人也。索隱曰專字亦作剸，音同。左傳作鱄設諸也。地理志臨淮有堂邑縣也。伍子胥之亡楚而如吳也，知專諸之能。伍子胥既見吳

壽作常

二或无
屬作燭

王僚，說以伐楚之利。吳公子光曰：「彼伍員父兄皆死於楚而員言伐楚，欲自為報私讎也，非能為吳。」吳王乃止。伍子胥知公子光之欲殺吳王僚，乃曰：「彼光將有內志，未可說以外事。」索隱曰言其上有內難弑君之志，且對外事生文。員出嫌，欲知光有他志也。乃進專諸於公子光。光之父曰吳王諸樊。諸樊弟三人：次曰餘祭，索隱曰祭音側界反。次曰夷眛，索隱曰眛音亡葛反，公羊作夷末。次曰季子札。諸樊知季子札賢而不立太子，以次傳三弟，欲卒致國于季子札。諸樊既死，傳餘祭。餘祭死，傳夷眛。夷眛死，當傳季子札；季子札逃不肯立，吳人乃立夷眛之子僚為王。公子光曰：「使以兄弟次邪，季子當立；必以子乎，則光真適嗣，當立。」故嘗陰養謀臣以求立。光既得專諸，善客待之。九年而楚平王死。索隱曰春秋昭二十六年楚子居卒，是也。吳世家云十二年，此云九年，誤。據表及左傳，合在僚之十一年也。春，吳王僚欲因楚喪，使其二弟公子蓋餘、屬庸將兵圍楚之灊；索隱曰屬音燭。二子僚之弟也。左傳作掩餘、燭庸。掩蓋義同，屬燭字相亂耳。事在魯昭二十七年。地理志廬江有灊縣，天柱山在南。杜預左傳注云灊，楚邑，在廬江六縣西南。○正義曰灊故城在壽州霍山縣東二百步。使延陵季子於晉，以觀諸侯之變。楚發兵絕吳將蓋餘、屬庸路，吳兵不得還。於是公子光謂專諸曰：「此時不可失，不求何獲！且光真王嗣，當立，季子雖來，不吾廢也。」專諸曰：「王僚可殺也。母老子弱，而兩弟將兵伐楚，楚絕其後。方今吳外困

史八十六　二

刺客傳

於楚，而內空無骨鯁之臣，是無如我何。索隱曰：左傳曰「王可殺也，母老子弱，是無若我何」，則是專設諸言其母老子弱，無所依恃，故云無奈我何。太史公採其意，且據上文，因復加以兩弟將兵外困之辭，而非實林。新見左氏下文云「我，爾身也，以其子為卿」，遂從新是無如我何，猶言我無是屬專諸欲以老母弱子託光，義非允愜。王肅之說亦依此也。公子光頓首曰：「光之身，子之身也。」四月丙子，光伏甲士於窟室中，徐廣曰：窟，一作堀。○索隱曰：按左氏經傳，昭之二十七年夏也，此以為十三年，非也。左氏經傳唯言夏四月，公伴設無其文。此與吳系家皆稱丙子，當有所據，不知出何書。左傳云伏甲士於窟室，杜預謂掘地為室也，所以下文云出其伏甲以攻王。而具酒請王僚。王僚使兵陳自宮至光之家，門戶階陛左右，皆王僚之親戚也。夾立侍，皆持長鈹。音披。○索隱曰：劉逵曰：鈹，兩刃小刀。酒既酣，公子光詳為足疾，入窟室中，索隱曰：詳音陽，為佯字。左傳曰光偽足疾，此之詳即偽也。或讀為音羊，非也。豈詳為重言耶。使專諸置匕首魚炙之腹中而進之。徐廣曰：炙，一作燴。○正義：炙，音之夜反。既至王前，專諸擘魚，因以匕首刺王僚，索隱曰：刺，音七賜反。王僚立死。左右亦殺專諸，王人擾亂。公子光出其伏甲以攻王僚之徒，盡滅之，遂自立為王，是為闔閭。闔閭乃封專諸之子以為上卿。

其後七十餘年而晉有豫讓之事。徐廣曰：闔閭元年至三晉滅智伯六十二一年。豫讓一作襄。

豫讓者，晉人也，索隱曰：案此傳所說皆約戰國策文。故嘗事范、中行氏，而無所知名。索隱曰：案左傳，范氏謂昭子吉射也，自士會食邑於范，因為范氏。中行氏，中行文子荀寅也，自荀林父將中行，後因以為氏。去而事智伯，索隱曰：案智伯，荀瑤也，荀林父弟荀首之後，與中行同祖。智伯事已具趙系家。智伯甚尊寵之。及智伯伐趙襄子，趙襄子與韓、魏合謀滅智伯，滅智伯之後而三分其地。趙襄子最怨智伯，索隱曰：謂初以酒灌，後又率韓、魏水灌晉陽城不沒者三板，故怨深也。漆其頭以為飲器。索隱曰：案大宛傳曰匈奴破月氏王，以其頭為飲器，韋昭云飲器椑榼也，晉灼曰飲器虎子也，皆非。椑榼所以盛酒耳，非用飲者，晉氏以為褻器，若以韓子、呂氏春秋並云漆智伯頭為溲器，則賈誼書說之亦恨深也。○正義曰：劉云酒器。按諸先儒說恐非。豫讓遁逃山中，曰：「嗟乎！士為知己者死，女為說己者容。今智伯知我，我必為報讎而死，以報智伯，則吾魂魄不愧矣。」乃變名姓為刑人，入宮塗廁，中挾匕首，欲以刺襄子。襄子如廁，心動，執問塗廁之刑人，則豫讓，內持刀兵，曰：「欲為智伯報仇！」左右欲誅之。襄子曰：「彼義人也，吾謹避之耳。且智伯亡無後，而其臣欲為報仇，此天下之賢人也。」卒釋去之。索隱曰：卒，音子律反。居頃之，豫讓又漆身為厲，音賴。○索隱曰：凡漆有毒，近之多患瘡腫，若賴病然，故豫讓以漆塗身，令其若癩耳。然厲賴聲相近，古多假厲為賴，今之癩字從疒，故楚有賴鄉，亦作厲字也。戰國策亦作厲。吞炭為啞，索隱曰：啞，音烏雅反。戰國策云：漆身為厲，滅鬚去眉，自刑以變其容。為乞人，其妻曰：「狀貌不似吾夫，何其音之甚相類也。」讓遂吞炭以變其音也。使形狀不可知，行乞於市。其妻不識也。行見其友，其友識之，曰：「汝非豫讓邪？」曰：「我是也。」其友為泣曰：「以子之才，委質而臣事襄子，襄子必近幸子。近幸子，乃為所欲，顧不易邪？索隱曰：顧，謂念也。將殺襄子，顧念友也，猶不定之辭，又不易耶，言其易也。何乃殘身旣已委質臣事人，而求殺之，是懷二心以事其君也。且吾所為者極難耳！（索隱曰：戰國策云……故令為厲啞也。）然所以為此者，將以愧天下後世之為人臣懷二心以事其君者也。（索隱曰：言寧為厲而自刑，不可求事襄子而行殺，恐傷人臣之義而近賊，非忠也。）旣去，頃之，襄子當出，豫讓伏於所當過之橋下。（正義曰：汾橋下架水，在并州晉陽縣東一里也。）襄子至橋，馬驚，襄子曰：「此必是豫讓也。」使人問之，果豫讓也。於是襄子乃數豫讓曰：「子不嘗事范、中行氏乎？智伯盡滅之，而子不為報讎，而反委質臣於智伯。智伯亦已死矣，而子獨何以為之報讎之深也？」豫讓曰：「臣事范、中行氏，范、中行氏皆眾人遇我，我故眾人報之。至於智伯，國士遇我，我故國士報之。」襄子喟然歎息而泣曰：「嗟乎豫子！子之為智伯，名旣成矣，而寡人赦子，亦已足矣。子其自為計，寡人不復釋子！」使兵圍之。豫讓曰：「臣聞明主不掩人之美，而忠臣有死名之義。前君已寬赦臣，天下莫不稱君之賢。今日之事，臣固伏誅，然願請君之衣而擊之，焉以致報讎之意，則雖死不恨。非所敢望也，敢布腹心！」於是襄子大義之，乃使使持衣與豫讓。豫讓拔劍三躍而擊之，（索隱曰：戰國策云衣盡出血，襄子迴車，車輪未周而亡。此不言衣出血者，太史公恐涉怪妄，故略之耳。）曰：「吾可以下報智伯矣！」遂伏劍自殺。死之日，趙國志士聞之，皆為涕泣。其後四十餘年而軹有聶政之事。（自三晉滅智伯至殺俠累，五十七年。）

聶政者，軹深井里人也。（索隱曰：地理志河內有軹縣。深井，軹縣之里名也。○正義曰：在懷州濟源縣南三十里。）殺人避仇，與母、姊如齊，以屠為事。久之，濮陽嚴仲子事韓哀侯，（索隱曰：高誘曰嚴遂字仲子。案表聶政殺俠累在韓列侯三年，列侯生文侯，文侯生哀侯，凡更三代，哀侯六年為韓嚴所殺。今言仲子事哀侯，恐非其實。且太史公聞疑傳疑，事難的據，欲使兩存，故表、傳各異也。）與韓相俠累有卻。（索隱曰：俠音古狹反，累音力追反。俠累名傀也。戰國策曰：韓傀相韓，嚴遂重於君，二人相害也。嚴遂政議直指，舉韓傀之過，韓傀叱之於朝，嚴遂拔劍趨之，以救解，是有卻由也。）嚴仲子恐誅，亡去，游求人可以報俠累者。至齊，齊人或言聶政勇敢士也，避仇隱於屠者之閒。嚴仲子至門請，數反，然後具酒自暢聶政母前。（徐廣曰：一作觴。○索隱曰：案戰國策作觴，近為得也。○正義曰：暢，敕亮反。）酒酣，嚴仲子奉黃金百溢，前為聶政母壽。聶政驚怪其厚，固謝嚴仲子。嚴仲子固進，而聶政謝曰：「臣幸有老母，家貧，客游以為狗屠，可以旦夕得甘毳以養親。（此芮反。○索隱曰：毳，氏音脆，二義相通也。）親供養備，不敢當仲子之賜。」嚴仲子辟人，因為聶政言曰：「臣有仇，而行游諸侯眾矣；然至齊，竊聞足下義甚高，故進百金者，將用為大人粗糲之費，（正義曰：糲……米也，脫粟也。韋昭云：古者名男子為丈夫，尊婦人為夫人……）得以交足下之驩，豈敢以有求望邪！」聶政曰：「臣所以降

志辱身索隱曰言其心志與身本懷高絜今乃甘下共志屈辱其身論語孔子謂柳下惠降志辱身是也居市井屠者徒幸以養老母老母在政身未敢以許人也索隱曰禮記云父母存不許友以死嚴仲子固讓聶政竟不肯受也然嚴仲子卒備賓主之禮而去久之聶政母死既已葬除服聶政曰嗟乎政乃市井之人正義曰古者相聚汲水有物便賣因成市故云市井鼓刀以屠而嚴仲子乃諸侯之卿相也不遠千里枉車騎而交臣臣之所以待之至淺鮮矣未有大功可以稱者而嚴仲子奉百金為親壽我雖不受然是者徒深知政也夫賢者以感忿睚眦之意而親信窮僻之人而政獨安得嘿然而已乎且前日要政政徒以老

母今以天年終政將為知己者用乃遂西至濮陽見嚴仲子曰前日所以不許仲子者徒以親在今不幸而母以天年終仲子所欲報仇者為誰請得從事焉嚴仲子具告曰臣之仇韓相俠累俠累又韓君之季父也宗族盛多居處兵衛甚設臣欲使人刺之終莫能就今足下幸而不棄請益其車騎壯士可為足下輔翼者聶政曰韓之與衛相去中間不甚遠索隱曰高誘曰韓都潁川衛都濮陽東郡故曰相去不甚遠也今殺人之相相又國君之親此其勢不可以多人多人不能無生得失索隱曰戰國策作無生情言所將人多或生異情故語泄又云生得言將人多恐被殺獲累後有被生擒而事泄亦兩俱通也生得失則語泄語泄

是韓舉國而與仲子為讎徐廣曰一作雖○索隱曰戰國策讎一同豈不殆哉遂謝車騎人徒聶政乃辭獨行杖劍至韓韓相俠累方坐府上持兵戟而衛侍者甚眾聶政直入上階刺殺俠累徐廣曰韓列侯三年三月盜殺韓相俠累名傀戰國策曰有東孟之會文云聶政刺韓傀兼中哀侯○索隱曰戰國策曰政直入上階刺韓傀走而抱哀侯聶政刺之兼中哀侯高誘云東孟地名也左右大亂聶政大呼所擊殺者數十人因自皮面決眼索隱曰皮面謂以刀剺其面皮欲令人不識決眼謂出其眼睛戰國策作抉眼此決亦通音烏穴反自屠出腸遂以死韓取聶政屍暴於市正義曰暴蒲酷反購問莫知誰子於是韓購縣之有能言殺相俠累者予千金久之莫知也政姊榮徐廣曰一作嫈○索隱曰榮其姊名也戰國策無榮字聞人有刺殺韓相者

賊不得國不知其名姓暴其尸而縣之千金乃於邑曰索隱曰劉氏云於邑煩冤愁苦也其是吾弟與嗟乎嚴仲子知吾弟立起如韓之市而死者果政也伏尸哭極哀曰是軹深井里所謂聶政者也市行者諸眾人皆曰此人暴虐吾國相王縣購其名姓千金夫人不聞與何敢來識之也榮應之曰聞之然政所以蒙污辱自棄於市販之間者為老母幸無恙索隱曰爾雅云恙憂也劉氏音羊又選反吾君之無恙風俗通云恙病也凡人相見及通書皆云無恙又易傳云上古之時草居露宿恙噬人蟲也善食人心俗悉患之故相勞云無恙非病也妾未嫁也親既以天年下世妾已嫁夫嚴仲子乃察舉吾弟困污之中索隱曰察謂觀察有志行乃舉之劉氏云察猶選也而交之澤厚矣

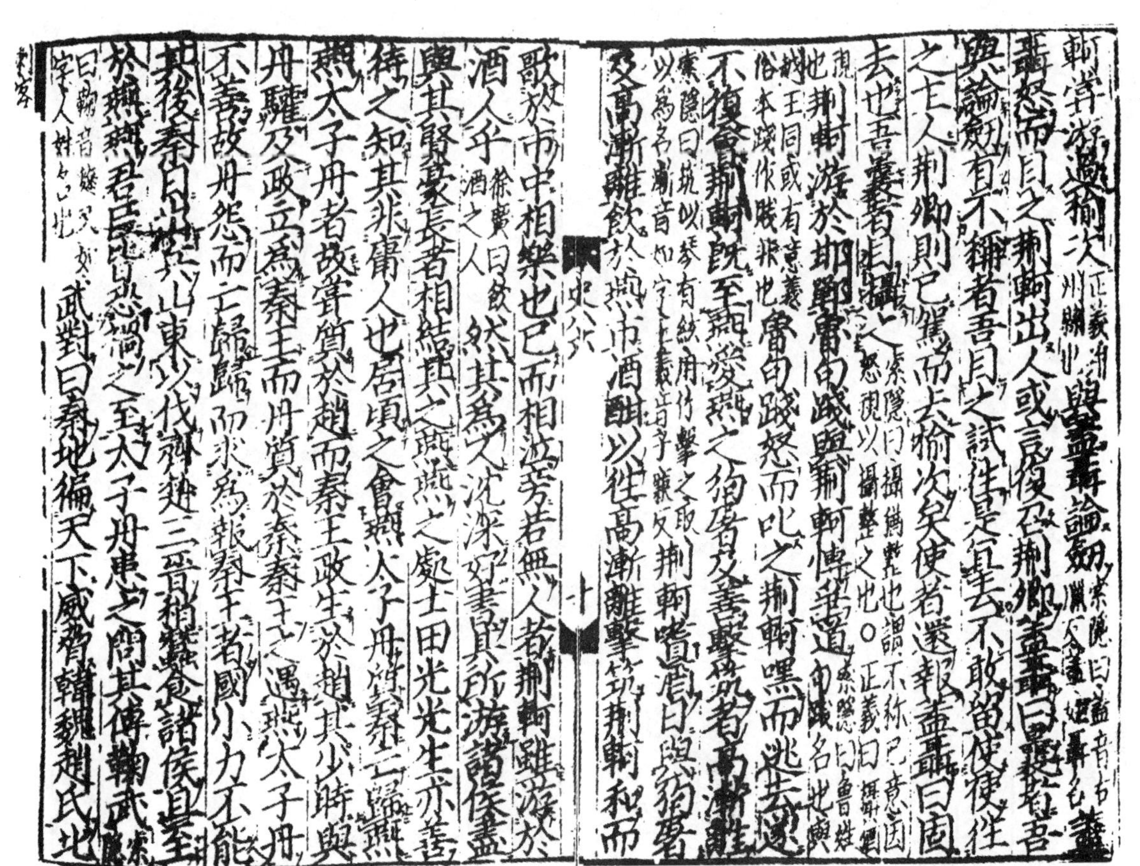

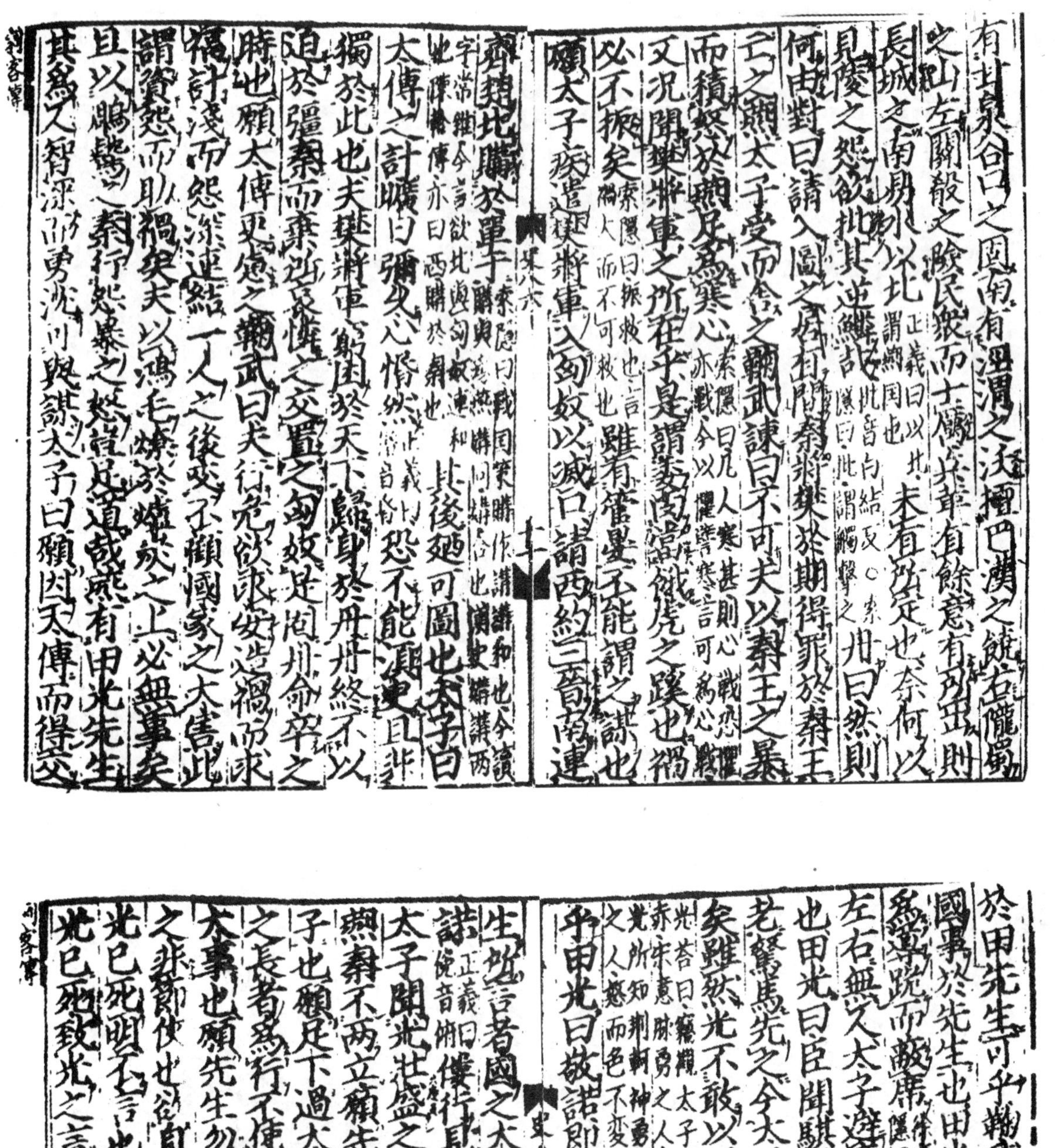

有甘泉谷口之固南有涇渭之沃擅巴漢之饒右隴蜀之山左關殽之險民眾而士厲兵革有餘意有所出則長城之南易水以北正義曰以北謂燕國也未有所定也奈何以見陵之怨欲批其逆鱗哉索隱曰批音白結反批謂觸擊之丹曰然則何由對曰請入圖之居有閒秦將樊於期得罪於秦王亡之燕太子受而舍之鞫武諫曰不可夫以秦王之暴而積怒於燕足為寒心索隱曰凡人寒甚則心戰恐懼亦戰今以懼譬寒言可為心戰又況聞樊將軍之所在乎是謂委肉當餓虎之蹊也禍必不振矣索隱曰振救也言禍大而不可救也雖有管晏不能為之謀也願太子疾遣樊將軍入匈奴以滅口請西約三晉南連

史八十六　十一

齊楚北購於單于索隱曰購與講同講和也今讀購字當媾今言欲北與匈奴連和其後迺可圖也太子曰太傅之計曠日彌久心惛然正義曰惛音昏恐不能須臾且非獨於此也夫樊將軍窮困於天下歸身於丹丹終不以迫於彊秦而棄所哀憐之交置之匈奴是固丹命卒之時也願太傅更慮之鞫武曰夫行危欲求安造禍而求福計淺而怨深連結一人之後交不顧國家之大害此所謂資怨而助禍矣夫以鴻毛燎於爐炭之上必無事矣且以鵰鷙之秦行怨暴之怒豈足道哉燕有田光先生其為人智深而勇沈可與謀太子曰願因太傅而得交

刺客傳

於田先生可乎鞫武曰敬諾出見田先生道太子願圖國事於先生也田光曰敬奉教乃造焉太子逢迎卻行為導跪而蔽席索隱曰蔽一作撇一作拂蔽音疋結反蔽猶拂也田光坐定左右無人太子避席而請曰燕秦不兩立願先生留意也田光曰臣聞騏驥盛壯之時一日而馳千里至其衰老駑馬先之今太子聞光盛壯之時不知臣精已消亡矣雖然光不敢以圖國事所善荊卿可使也正義曰燕太子云田光答曰竊觀太子客無可用者夏扶血勇之人怒而面赤宋意脈勇之人怒而面青武陽骨勇之人怒而面白光所知荊軻神勇之人怒而色不變太子曰願因先生得結交於荊卿可乎田光曰敬諾即起趨出太子送至門戒曰丹所報先

史八十六　十二

生所言者國之大事也願先生勿泄也田光俛而笑曰諾正義曰俛音俯僂行見荊卿曰光與子相善燕國莫不知今太子聞光壯盛之時不知吾形已不逮也幸而教之曰燕秦不兩立願先生留意也光竊不自外言足下於太子也願足下過太子於宮荊軻曰謹奉教田光曰吾聞之長者為行不使人疑之今太子告光曰所言者國之大事也願先生勿泄是太子疑光也夫為行而使人疑之非節俠也欲自殺以激荊卿曰願足下急過太子言光已死明不言也因遂自刎而死荊軻遂見太子言田光已死致光之言太子再拜而跪膝行流涕有頃而後

刺客傳

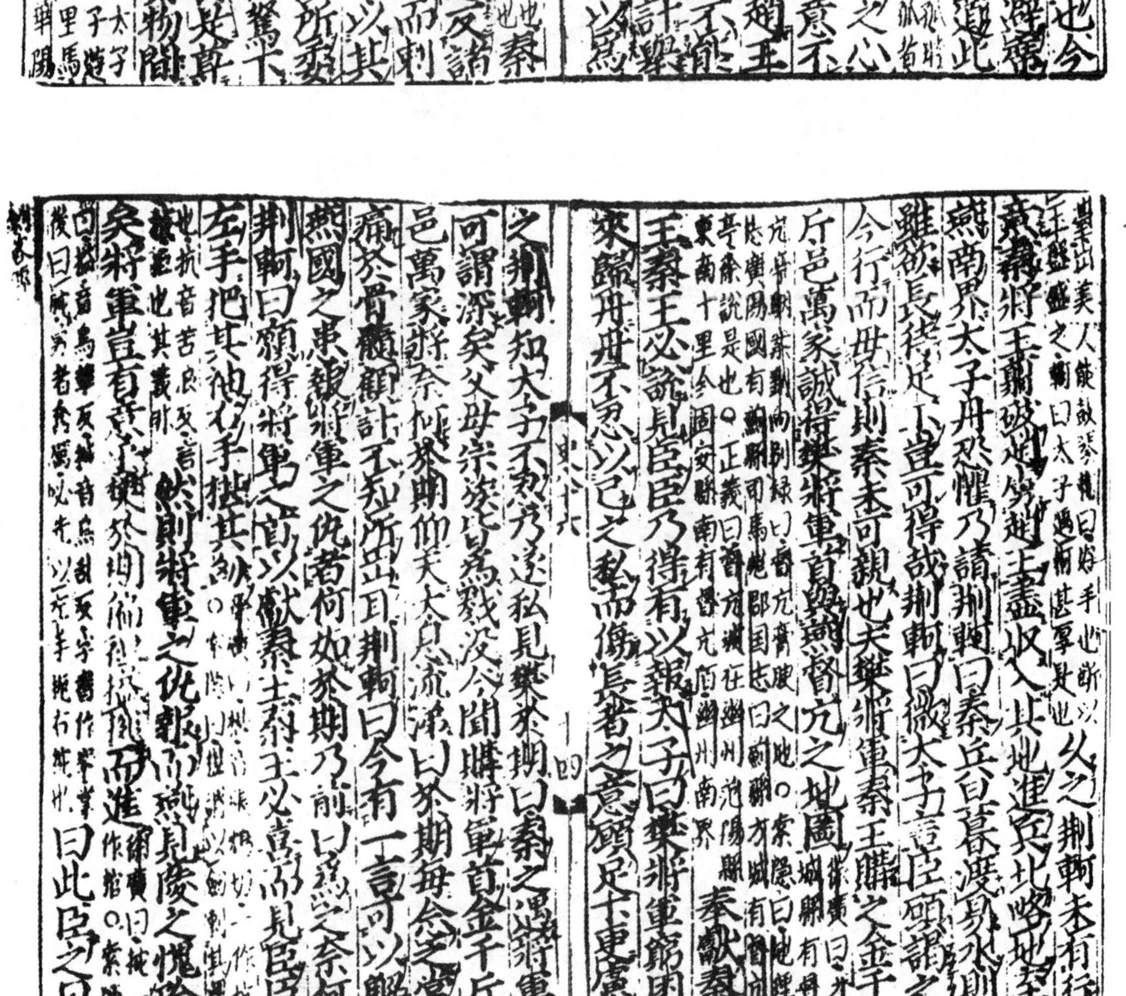

言曰丹所以誡田先生毋言者欲以成大事之謀也今田先生以死明不言豈丹之心哉荊軻坐定太子避席頓首曰田先生不知丹之不肖使得至前敢有所道此天之所以哀燕而不棄其孤也今秦有貪利之心而欲不可足也非盡天下之地臣海內之王者其意不厭今秦已虜韓王盡納其地又舉兵南伐楚北臨趙王翦將數十萬之眾距漳鄴而李信出太原雲中趙不能支秦必入臣入臣則禍至燕燕小弱數困於兵今計舉國不足以當秦諸侯服秦莫敢合從丹之私計愚以為誠得天下之勇士使於秦闚以重利秦王貪其勢必得所願矣誠得劫秦王使悉反諸侯侵地若曹沫之與齊桓公則大善矣則不可因而刺殺之彼秦大將擅兵於外而內有亂則君臣相疑以其閒諸侯得合從其破秦必矣此丹之上願而不知所委命唯荊卿留意焉久之荊軻曰此國之大事也臣駑下恐不足任使太子前頓首固請毋讓然後許諾於是尊荊卿為上卿舍上舍太子日造門下供太牢具異物閒進車騎美女恣荊軻所欲以順適其意

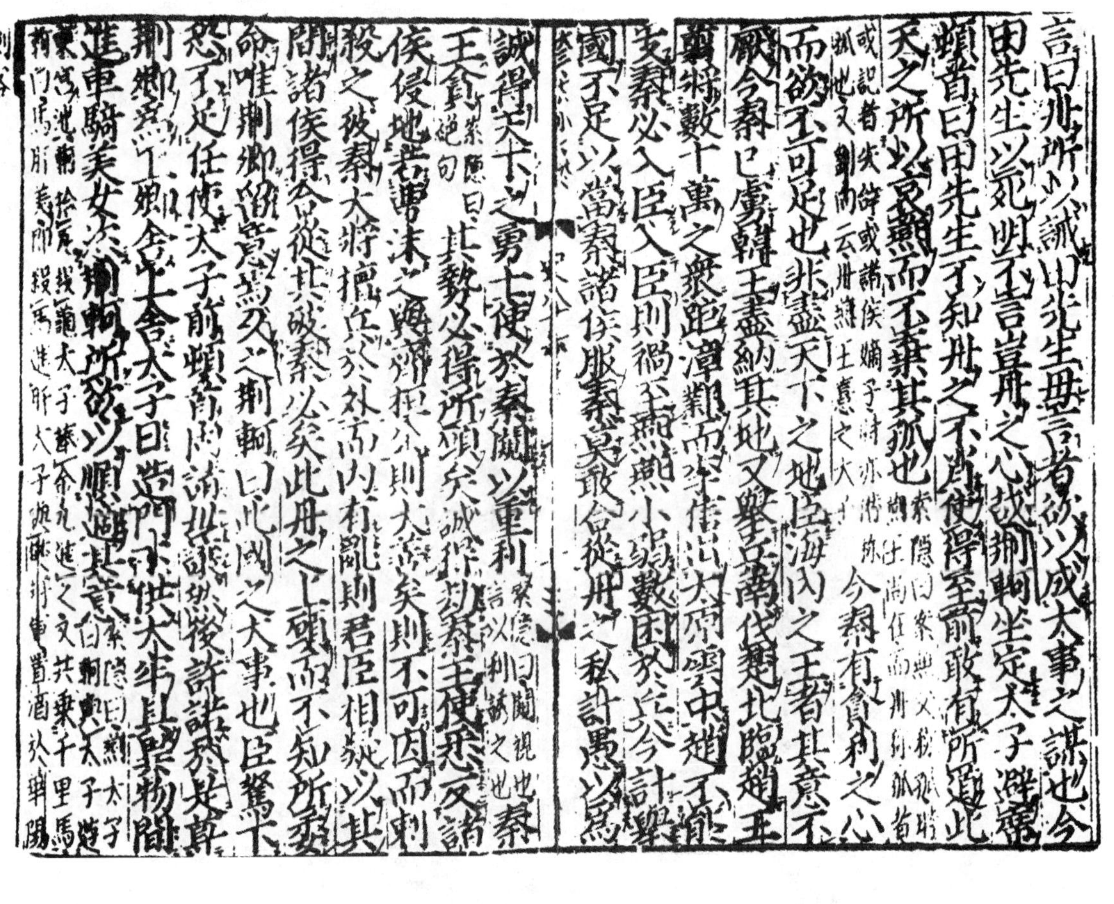

久之荊軻未有行意秦將王翦破趙虜趙王盡收入其地進兵北略地至燕南界太子丹恐懼乃請荊軻曰秦兵旦暮渡易水則雖欲長侍足下豈可得哉荊軻曰微太子言臣願謁之今行而毋信則秦未可親也夫樊將軍秦王購之金千斤邑萬家誠得樊將軍首與燕督亢之地圖奉獻秦王秦王必說見臣臣乃得有以報太子曰樊將軍窮困來歸丹丹不忍以己之私而傷長者之意願足下更慮之荊軻知太子不忍乃遂私見樊於期曰秦之遇將軍可謂深矣父母宗族皆為戮沒今聞購將軍首金千斤邑萬家將奈何於期仰天太息流涕曰於期每念之常痛於骨髓顧計不知所出耳荊軻曰今有一言可以解燕國之患報將軍之仇者何如於期乃前曰為之奈何荊軻曰願得將軍之首以獻秦王秦王必喜而見臣臣左手把其袖右手揕其匈然則將軍之仇報而燕見陵之愧除矣將軍豈有意乎樊於期偏袒搤捥而進曰此臣之日

夜切齒腐心也（索隱曰：切齒，齒相磨切也。腐音輔，腐亦爛也。猶今人事不可忍云腐爛然，皆奮怒之意。）乃今得聞教！遂自剄。太子聞之，馳往，伏屍而哭，極哀。既已不可柰何，乃遂盛樊於期首函封之。於是太子豫求天下之利匕首，得趙人徐夫人匕首，（索隱曰：徐，姓；夫人，名。謂男子也。）取之百金，使工以藥焠之，（索隱曰：焠，染也。謂以毒藥染劍鍔也。）以試人，血濡縷，人無不立死者。（言以匕首試人，人血出足以沾濡絲縷，便立死也。）乃裝為遣荊卿。燕國有勇士秦舞陽，年十三，殺人，人不敢忤視。（索隱曰：忤者，逆也，音五故反。不敢逆視，言人畏之甚也。）乃令秦舞陽為副。荊軻有所待，欲與俱；其人居遠未來，而為治行。頃之，未發，太子遲之，疑其改悔，乃復請曰：日已盡矣，荊卿豈有意哉？丹請得先遣秦舞陽。荊軻怒，叱太子曰：何太子之遣？往而不反者，豎子也！且提一匕首入不測之彊秦，僕所以留者，待吾客與俱。今太子遲之，請辭決矣！遂發。太子及賓客知其事者，皆白衣冠以送之。至易水之上，既祖，取道，（易水在易州……）高漸離擊筑，荊軻和而歌，為變徵之聲，（知雉反）士皆垂淚涕泣。又前而為歌曰：風蕭蕭兮易水寒，壯士一去兮不復還！復為羽聲忼慨，士皆瞋目，髮盡上指冠。於是荊軻就車而去，終已不顧。遂至秦，持千金之資幣物，厚遺秦王寵臣中庶子蒙嘉。嘉為先言於秦王曰：燕王誠振怖大王之威，

不敢舉兵以逆軍吏，願舉國為內臣，比諸侯之列，給貢職如郡縣，而得奉守先王之宗廟。恐懼不敢自陳，謹斬樊於期之頭，及獻燕督亢之地圖，函封，燕王拜送于庭，使使以聞大王，唯大王命之。秦王聞之，大喜，乃朝服，設九賓，（正義曰：劉云設文物大備，即謂九賓，不得以周禮九賓義為釋。）見燕使者咸陽宮。（三輔黃圖云：秦始兼天下，都咸陽，因北陵營殿，則紫宮象帝宮，渭水貫都以象天漢，橫橋南渡以法牽牛。）荊軻奉樊於期頭函，而秦舞陽奉地圖柙，（音甲，匣也。）以次進。至陛，秦舞陽色變振恐，群臣怪之。荊軻顧笑舞陽，前謝曰：北蕃蠻夷之鄙人，未嘗見天子，故振慴。願大王少假借之，使得畢使於前。秦王謂軻曰：取舞陽所持地圖。軻既取圖奏之，秦王發圖，圖窮而匕首見。因左手把秦王之袖，而右手持匕首揕之。未至身，秦王驚，自引而起，袖絕。拔劍，劍長，操其室。時惶急，劍堅，故不可立拔。荊軻逐秦王，秦王環柱而走。群臣皆愕，卒起不意，盡失其度。而秦法，群臣侍殿上者不得持尺寸之兵；諸郎中執兵皆陳殿下，非有詔召不得上。方急時，不及召下兵，以故荊軻乃逐秦王。而卒惶急，無以擊軻，而以手共搏之。是時侍醫夏無且（索隱曰：且音子余反。）以其所奉

藥囊提荊軻也【正義曰提徒帝反】秦王方環柱走卒惶急不知所為左右乃曰王負劍【索隱曰□□曰古者帶劍上長拔之不出室欲王推之於背令前短易拔故云王負劍】負劍遂拔以擊荊軻斷其左股荊軻廢乃引其匕首以擿秦王【索隱曰擿與擲同古字耳音持益反】不中中桐柱【正義曰燕太子云荊軻拔匕首擿秦王決耳入銅柱火出】秦王復擊軻軻被八創軻自知事不就倚柱而笑箕踞以罵曰事所以不成者以欲生劫之必得約契以報太子也【□□鹽鐵論曰荊軻懷數年之謀而事不就者尺八匕首不足恃也秦王操於不意列斷賁育者介七尺之利也】於是左右既前殺軻秦王不怡者良久已而論功賞群臣及當坐者各有差而賜夏無且黃金二百溢曰無且愛我乃以藥囊提荊軻也於是秦王大怒益發兵詣趙詔王翦軍以伐燕十月而拔薊城燕王喜太子丹等盡率其精兵東保於遼東秦將李信追擊燕王急代王嘉乃遺燕王喜書曰秦所以尤追燕急者以太子丹故也今王誠殺丹獻之秦王秦王必解而社稷幸得血食其後李信追丹丹匿衍水中【索隱曰水名在遼東】燕王乃使使斬太子丹欲獻之秦秦復進兵攻之後五年秦卒滅燕虜燕王喜其明年秦并天下立號為皇帝於是秦逐太子丹荊軻之客皆亡高漸離變名姓為人庸保匿作於宋子【徐廣曰縣名也今屬鉅鹿○索隱曰欒布傳曰賣庸於齊為酒人保漢書作酒家保案謂庸作於酒家言可保信故曰庸保鶡冠子曰伊尹酒保也徐注云宋子

縣名屬鉅鹿者據地理志而知也○正義曰宋子故城在趙州平棘縣北三十里】久之作苦聞其家堂上客擊筑傍偟不能去每出言曰彼有善有不善從者以告其主【索隱曰謂主人家之左右也】曰彼庸乃知音竊言是非家丈人召使前擊筑【索隱曰劉氏云謂主人翁也又韋昭云古者名男子為丈夫尊父嫗為丈人故漢書宣元六王傳所云丈人謂淮陽憲王外王母即張博母也故古詩云三日斷五疋丈人故言遲是也】一坐稱善賜酒而高漸離念久隱畏約無窮時【索隱曰約謂貧賤儉約既為庸保常畏人故云畏約所以論語云不可以久處約也】乃退出其裝匣中筑與其善衣更容貌而前舉坐客皆驚下與抗禮以為上客使擊筑而歌客無不流涕而去者宋子傳客之【徐廣曰一云以為客】聞於秦始皇秦始皇召見人有識者乃曰高漸離也秦皇帝惜其善擊筑重赦之乃矐其目【矐音海各反○索隱曰二音角□者云以馬屎燻令失明】使擊筑未嘗不稱善稍益近之高漸離乃以鉛置筑中【索隱曰案劉氏云以鉛為挺著筑中令重以擊人】復進得近舉筑朴秦皇帝【索隱曰朴音普卜反擊也】不中於是遂誅高漸離終身不復近諸侯之人魯句踐已聞荊軻之刺秦王私曰嗟乎惜哉其不講於刺劍之術也【索隱曰案不講謂不論習】之甚矣吾不知人也曩者吾叱之彼乃以我為非人也

太史公曰世言荊軻其稱太子丹之命天雨粟馬生角也【索隱曰燕丹求歸秦王曰烏頭白馬生角乃許耳丹乃仰天歎烏頭即白馬亦生角風俗通及論衡皆有此說仍云廐門木烏生肉足也】大過又言荊軻傷秦王皆非也始公孫

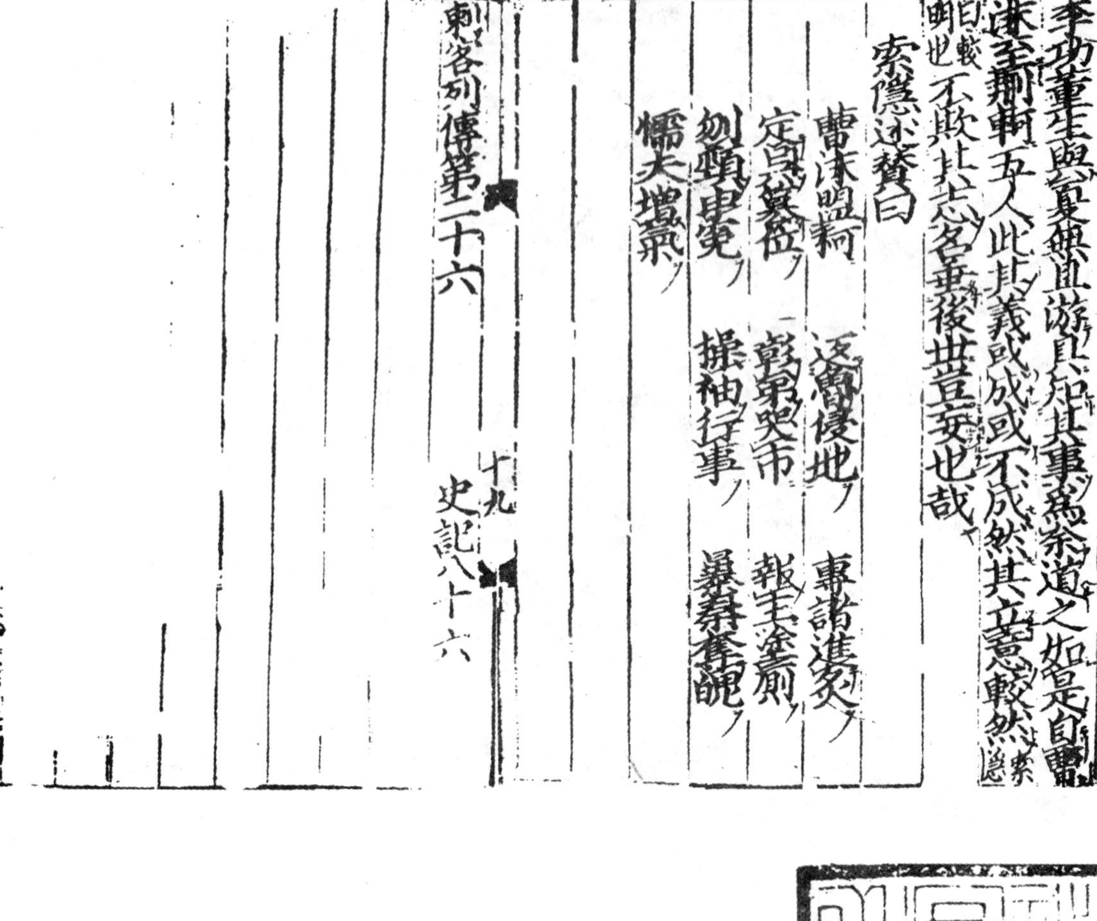

李功、董生與夏無且游，具知其事，為余道之如是。自曹沫至荊軻五人，此其義或成或不成，然其立意較然，索隱曰較明也 不欺其志，名垂後世，豈妄也哉。

索隱述贊曰

曹沫盟柯，返魯侵地。專諸進炙，定吳篡位。彰弟哭市，報主塗廁。刎頸申冤，操袖行事。暴秦奪魄，懦夫增氣。

刺客列傳第二十六　　十九　　史記八十六

李斯列傳第二十七　　史記八十七

李斯者，楚上蔡人也。索隱曰地理志汝南有上蔡縣，古蔡國，周武王弟叔度所封，八代平侯徙新蔡，二十八世至昭侯徙下蔡，六國時為楚地也。曰楚上蔡 年少時，為郡小吏，索隱曰鄉小史 一作掾 見吏舍廁中鼠食不絜，近人犬，數驚恐之。斯入倉，觀倉中鼠，食積粟，居大廡之下，不見人犬之憂。於是李斯乃歎曰：「人之賢不肖譬如鼠矣，在所自處耳。」乃從荀卿學帝王之術。學已成，度楚王不足事，而六國皆弱，無可為建功者，欲西入秦。辭於荀卿曰：「斯聞得時無怠，今萬乘方爭時，游者主事。索隱曰言游說者可以立功成名，當得典主事務也。劉伯莊云游歷諸侯，當見強主以事之，於文紆迴，非也 今秦王欲吞天下，稱帝而治，此布衣馳騖之時而游說者之秋也。正義曰言秋時萬物成熟，今並獨特亦說事成熟時 處卑賤之位而計不為者，此禽鹿視肉，人面而能彊行者耳。索隱曰禽鹿猶禽獸也，言禽獸但知視肉而食之。揚子法言曰人而不學，雖無憂，如禽何。言不暇遊說取榮貴，如禽獸徒有人面而能強行也 故詬莫大於卑賤，正義曰呼后反，恥辱也 而悲莫甚於窮困。久處卑賤之位，困苦之地，非世而惡利，自託於無為，此非士之情也。索隱曰非者譏也，譏世富貴，惡榮利，自託於無為，非士人之情實，謂處士橫議之時也 故斯將西說秦王矣。」至秦，會莊襄王卒，李斯乃求為秦相文信侯呂不韋舍人；不韋賢之，任以為郎。李斯因以得說，說秦王曰：「胥人者去

其幾也。成大功者，在因瑕釁而遂忍之。昔者秦穆公之霸，終不東并六國者，何也？諸侯尚衆，周德未衰，故五伯迭興，更尊周室。自秦孝公以來，周室卑微，諸侯相兼，關東爲六國，秦之乘勝役諸侯，蓋六世矣。今諸侯服秦，譬若郡縣。夫以秦之彊，大王之賢，由竈上騷除，足以滅諸侯，成帝業，爲天下一統，此萬世之一時也。今怠而不急

史八十七

就，諸侯復彊，相聚約從，雖有黄帝之賢，不能并也。秦王乃拜斯爲長史，聽其計，陰遣謀士齎持金玉以游說諸侯。諸侯名士可下以財者，厚遺結之；不肯者，利劍刺之。離其君臣之計，秦王乃使其良將隨其後。秦王拜斯爲客卿。會韓人鄭國來間秦，以作注溉渠，已而覺。秦宗室大臣皆言秦王曰：諸侯人來事秦者，大抵爲其主游間於秦耳，請一切逐客。李斯議亦在逐中。斯乃上書曰：臣聞吏議

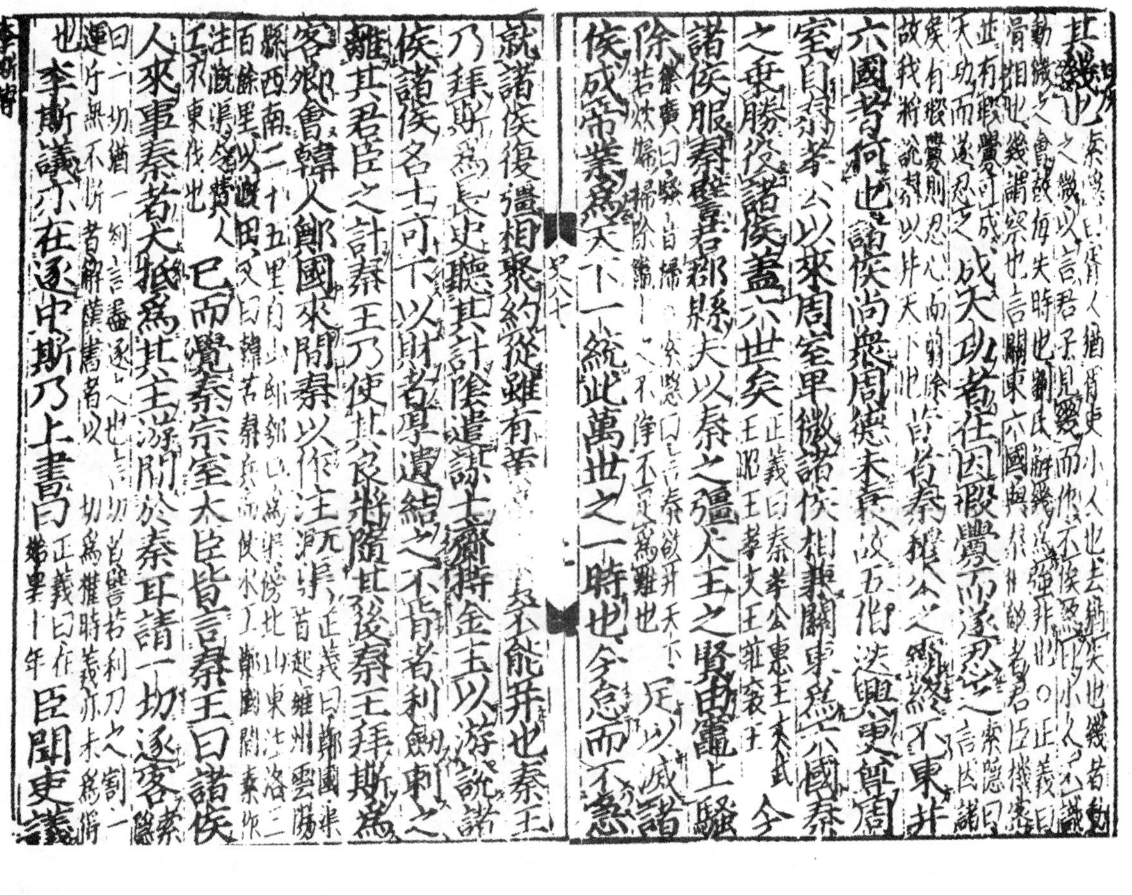

逐客，竊以爲過矣。昔繆公求士，西取由余於戎，東得百里奚於宛，迎蹇叔於宋，求丕豹、公孫支於晉。此五子者，不産於秦，而繆公用之，并國二十，遂霸西戎。孝公用商鞅之法，移風易俗，民以殷盛，國以富彊，百姓樂用，諸侯親服，獲楚、魏之師，舉地

史八十七

千里，至今治彊。惠王用張儀之計，拔三川之地，西并巴蜀，北收上郡，南取漢中，包九夷，制鄢、郢，東據成皋之險，割膏腴之壤，遂散六國之從，使之西面事秦，功施到今。昭王得范雎，廢穰侯，逐華陽，彊公室，杜私門，蠶食諸侯，使秦成帝業。此四君者，皆以客之功。由此

觀之客何負於秦哉。向使四君卻客而不內，疏士而不用，是使國無富利之實，而秦無彊大之名也。今陛下致昆山之玉（正義曰：昆岡在于闐國東北四百里，其岡出玉），有隨和之寶（正義曰：隨侯珠。一云闐山，一名崑山，一名斷蛇丘，在隨州隨縣北二十五里。說苑云：昔隨侯行，遇大蛇中斷，疑其靈，使人以藥封之，蛇乃能去，因號其處為斷蛇丘。歲餘，蛇銜明珠，徑寸，絕白而有光，因號隨珠。卞和璧，始皇以為傳國璽也），垂明月之珠，服太阿之劍（已見蘇秦傳），乘纖離之馬（徐廣曰：纖離，駿馬名。○索隱曰：徐依據縣鄉，得而為說），建翠鳳之旗，樹靈鼉之鼓（鄭玄注月令云：鼉皮可以冒鼓）。此數寶者，秦不生一焉，而陛下說之，何也？必秦國之所生然後可，則是夜光之璧不飾朝廷，犀象之器不為玩好，鄭衛之女不充後宮，而駿良駃騠不實外廄（索隱曰：駃音決，騠音提。周書曰：正北以駃騠為獻。駿馬屬也。郭璞注上林賦云：生三日而超其母也），江南金錫不為用，西蜀丹青不為采。所以飾後宮，充下陳（索隱曰：下陳猶後列也。晏子曰：有二女願得入身於下陳。是也），娛心意、說耳目者，必出於秦然後可，則是宛珠之簪、傅璣之珥（索隱曰：宛音於阮反。傅音附。宛珠，即隨珠也。宛者，謂以珠宛轉而裝其簪；傅者，以璣傅著於珥。珥者，瑱也。璣是珠之不圓者。或云宛珠，宛地之珠，亦近漢，故曰宛珠。璣者，女飾也），阿縞之衣，錦繡之飾（徐廣曰：齊之東阿縣，繒帛所出），不進於前，而隨俗雅化（一作「脩」。○索隱曰：謂閑雅變化而能隨俗也），佳冶窈窕趙女不立於側也。夫擊甕叩缻，彈箏搏髀，而歌呼嗚嗚快耳目者，真秦之聲也（索隱曰：說文云：缻，瓦器也。秦人擊以節歌。甕音烏貢反），鄭衛桑

間，昭虞武象者（索隱曰：昭字一作韶字），異國之樂也。今棄擊甕叩缻而就鄭衛，退彈箏而取昭虞，若是者何也？快意當前，適觀而已矣。今取人則不然。不問可否，不論曲直，非秦者去，為客者逐。然則是所重者在乎色樂珠玉，而所輕者在乎人民也。此非所以跨海內、制諸侯之術也。臣聞地廣者粟多，國大者人眾，兵彊則士勇。是以太山不讓土壤，故能成其大；河海不擇細流，故能就其深；王者不卻眾庶，故能明其德（索隱曰：管子曰：海不辭水，故能成其大；山不辭土石，故能成其高。太公曰：聖人不讓負薪之言，以廣其名也）。是以地無四方，民無異國，四時充美，鬼神降福，此五帝三王之所以無敵也。今乃棄黔首以資敵國（索隱曰：資猶給也），卻賓客以業諸侯，使天下之士退而不敢西向，裹足不入秦，此所謂藉寇兵而齎盜糧者也（索隱曰：藉音積夜反。齎音子奚反。說文曰：齎，持遺也。齎或為資，義亦通）。夫物不產於秦，可寶者多；士不產於秦，而願忠者眾。今逐客以資敵國，損民以益讎，內自虛而外樹怨於諸侯，求國無危，不可得也。秦王乃除逐客之令，復李斯官（新序曰：斯在逐中，道上上諫書，達始皇，始皇使人逐至驪邑，得還），卒用其計謀。官至廷尉。二十餘年，竟并天下，尊主為皇帝，以斯為丞相。夷郡縣城，銷其兵刃，示不復用。使秦無尺土之封，不立子弟為王，功臣為諸侯者，使後無戰攻之患。始皇三十四年，置酒咸陽宮，博士

僕射周青臣等頌稱始皇威德齊人淳于越進諫曰臣聞之殷周之王千餘歲封子弟功臣自為支輔今陛下有海內而子弟為匹夫卒有田常六卿之患臣無輔弼何以相救哉事不師古而能長久者非所聞也今青臣等又面諛以重陛下過非忠臣也索隱曰重音逐用反重者再也始皇下其議丞相丞相謬其說絀其辭乃上書曰古者天下散亂莫能相一是以諸侯並作語皆道古以害今飾虛言以亂實人善其所私學以非上之所建立今陛下并有天下辨白黑而定一尊索隱曰劉氏云前時國異政家殊俗人造私語莫辨其真今乃分別白黑也兼始皇并六國定天下海內共尊立一帝故云定一尊而私學乃相與非法教之制聞令下即各以其私學議之入則心非出則巷議非主以為名異趣以為高率群下以造謗如此不禁則主勢降乎上黨與成乎下禁之便臣請諸有文學詩書百家語者蠲除去之令到滿三十日弗去黥為城旦所不去者醫藥卜筮種樹之書若有欲學者以吏為師始皇可其議收去詩書百家之語以愚百姓使天下無以古非今明法度定律令皆以始皇起同文書正義曰六國制令不同今同之治離宮別館周徧天下明年又巡狩外攘四夷斯皆有力焉斯長男由為三川守諸男皆尚秦公主女悉嫁秦諸公子三川守李由告歸咸陽李斯置酒於

家百官長皆前為壽門廷車騎以千數李斯喟然而歎曰嗟乎吾聞之荀卿曰物禁大盛夫斯乃上蔡布衣閭巷之黔首上不知其駑下遂擢至此當今人臣之位無居臣上者可謂富貴極矣物極則衰吾未知所稅駕也索隱曰稅駕猶解駕言休息也李斯言已今日富貴已極然未知向後吉凶止泊在何處也始皇三十七年十月行出遊會稽並海上北抵琅邪正義曰今沂州丞相斯中車府令趙高兼行符璽令事皆從始皇有二十餘子長子扶蘇以數直諫上上使監兵上郡正義曰上郡故城在綏州上縣東南五十里蒙恬為將少子胡亥愛請從上許之餘子莫從索隱曰辯士隱姓名遺秦將章邯書曰李斯為秦王死廢十七兄而立今王也然則二世是始皇第十八子其年七月始皇帝至沙丘正義曰沙丘在邢州也病甚令趙高為書賜公子扶蘇曰以兵屬蒙恬與喪會咸陽而葬書已封未授使者始皇崩書及璽皆在趙高所獨子胡亥丞相李斯趙高及幸宦者五六人知始皇崩餘群臣皆莫知也李斯以為上在外崩無真太子故祕之置始皇居轀輬車中徐廣曰一作輼車百官奏事上食如故宦者輒從轀輬車中可諸奏事樂彥曰轀輬車如今喪轜車也孟康曰如衣車有窗牖閉之則溫開之則涼故名之轀輬車也如淳曰轀輬車其形廣大有羽飾也趙高因留所賜扶蘇璽書而謂公子胡亥曰上崩無詔封王諸子而獨賜長子書長子至即立為皇帝而子無尺寸之地為之

奈何胡亥曰固也吾聞之明君知臣明父知子父捐命
不封諸子何可言者趙高曰不然方今天下之權存亡
在子與高及丞相耳願子圖之且夫臣人與見臣於人
制人與見制於人豈可同日道哉胡亥曰廢兄而立弟
是不義也不奉父詔而畏死是不孝也能薄而材譾（索隱子踐反○索隱曰譾淺音翦淺反則謂亦淺義合人語自有重輕所以義字有異）彊因人之功
是不能也三者逆德天下不服身殆傾危社稷不血食
高曰臣聞湯武殺其主天下稱義焉不為不忠衛君殺
其父而衛國載其德孔子著之不為不孝夫大行不小
謹盛德不辭讓鄉曲各有宜而百官不同功故顧小而
忘大後必有害狐疑猶豫後必有悔斷而敢行鬼神避
之後有成功願子遂之胡亥喟然歎曰今大行未發喪
禮未終豈宜以此事干丞相哉趙高曰時乎時乎間不
及謀贏糧躍馬唯恐後時胡亥既然高之言高曰不與
丞相謀恐事不能成臣請為子與丞相謀之高乃謂丞
相斯曰上崩賜長子書與喪會咸陽而立為嗣書未行
今上崩未有知者也所賜長子書及符璽皆在胡亥所
定太子在君侯與高之口耳事將何如斯曰安得亡國
之言此非人臣所當議也高曰君侯自料能孰與蒙恬
功高孰與蒙恬謀遠不失孰與蒙恬無怨於天下孰與

李斯傳

蒙恬長子舊而信之孰與蒙恬斯曰此五者皆不及蒙
恬而君責之何深也高曰高固內官之廝役也幸得以
刀筆之文進入秦宮管事二十餘年未嘗見秦免罷丞
相功臣有封及二世者也卒皆以誅亡皇帝二十餘子
皆君之所知長子剛毅而武勇信人而奮士即位必用
蒙恬為丞相君侯終不懷通侯之印歸於鄉里明矣高
受詔教習胡亥使學以法事數年矣未嘗見過失慈仁
篤厚輕財重士辯於心而詘於口盡禮敬士秦之諸子
未有及此者可以為嗣君計而定之斯曰君其反位斯
奉主之詔聽天之命何慮之可定也高曰安可危也危
可安也安危不定何以貴聖斯曰斯上蔡閭巷布衣也
上幸擢為丞相封為通侯子孫皆至尊位重祿者故將
以存亡安危屬臣也豈可負哉夫忠臣不避死而庶幾
（索隱曰斯言忠臣之節本不避死言己今日亦庶幾盡忠不避死也）孝子不勤勞而見危
人臣各守其職而已矣君其勿復言將令斯得罪高曰
蓋聞聖人遷徙無常就變而從時見末而知本觀指而睹歸
物固有之安得常法哉方今天下之權命懸於胡亥高
能得志焉且夫從外制中謂之惑從下制上謂之賊故
秋霜降者草花落水搖動者萬物作（索隱曰水搖動者謂冰泮而搖動也是
春時而萬物皆生也）此必然之效也君何見之晚斯曰吾聞晉易

李斯傳

太子，正義曰：謂殺申生立奚齊也。三世不安；齊桓兄弟爭位，正義曰：謂小白與公子糾。身死為戮；紂殺親戚，正義曰：謂[illegible]。不聽諫者，國為丘墟，遂危社稷：三者逆天，宗廟不血食。斯其猶人哉，安足為謀！索隱曰：言我今日猶是人人尚守順，豈能為逆謀哉。高曰：「上下合同，可以長久；中外若一，事無表裏。君聽臣之計，即長有封侯，世世稱孤，必有喬松之壽，孔、墨之智。今釋此而不從，禍及子孫，足以為寒心。善者因禍為福，君何處焉？」斯乃仰天而歎，垂淚太息曰：「嗟乎！獨遭亂世，既以不能死，安託命哉！」於是斯乃聽高。高乃報胡亥曰：「臣請奉太子之明命以報丞相，丞相斯敢不奉令！」於是乃相與謀，詐為受始皇詔丞相，立子胡亥為太子。更為書賜長子扶蘇曰：「朕巡天下，禱祠名山諸神以延壽命。今扶蘇與將軍蒙恬將師數十萬以屯邊，十有餘年矣，不能進而前，士卒多秏，無尺寸之功，乃反數上書直言誹謗我所為，以不得罷歸為太子，日夜怨望。扶蘇為人子不孝，其賜劍以自裁！將軍恬與扶蘇居外，不匡正，宜知其謀。為人臣不忠，其賜死，以兵屬裨將王離。」封其書以皇帝璽，遣胡亥客奉書賜扶蘇於上郡。使者至，發書，扶蘇泣，入內舍，欲自殺。蒙恬止扶蘇曰：「陛下居外，未立太子，使臣將三十萬眾守邊，公子為監，此天下重任也。今一使者來，即自殺，安知其非詐？請復請，復請而後死，未暮也。」使者數趣之。扶蘇為人仁，謂蒙恬曰：「父而賜子死，尚安復請！」即自殺。蒙恬不肯死，使者即以屬吏，繫於陽周。正義曰：陽周，寧州羅川縣之邑也。使者還報，胡亥、斯、高大喜。至咸陽，發喪，太子立為二世皇帝。以趙高為郎中令，常侍中用事。二世燕居，乃召高與謀事，謂曰：「夫人生居世間也，譬猶騁六驥過決隙也。吾既已臨天下矣，欲悉耳目之所好，窮心志之所樂，以安宗廟而樂萬姓，長有天下，終吾年壽，其道可乎？」高曰：「此賢主之所能行也，而昏亂主之所禁也。臣請言之，不敢避斧鉞之誅，願陛下少留意焉。夫沙丘之謀，諸公子及大臣皆疑焉，而諸公子盡帝兄，大臣又先帝之所置也。今陛下初立，此其屬意怏怏皆不服，恐為變。且蒙恬已死，蒙毅將兵居外，臣戰戰栗栗，唯恐不終。且陛下安得為此樂乎？」二世曰：「為之柰何？」趙高曰：「嚴法而刻刑，令有罪者相坐誅，至收族，滅大臣而遠骨肉；貧者富之，賤者貴之。盡除去先帝之故臣，更置陛下之所親信者近之。此則陰德歸陛下，害除而姦謀塞，群臣莫不被潤澤，蒙厚德，陛下則高枕肆志寵樂矣。計莫出於此。」二世然高之言，乃更為法律。於是群臣諸公子有罪，輒下高，令鞠治之。殺大臣蒙毅等，公子十二人僇

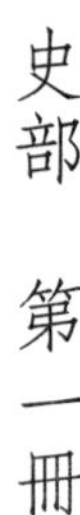

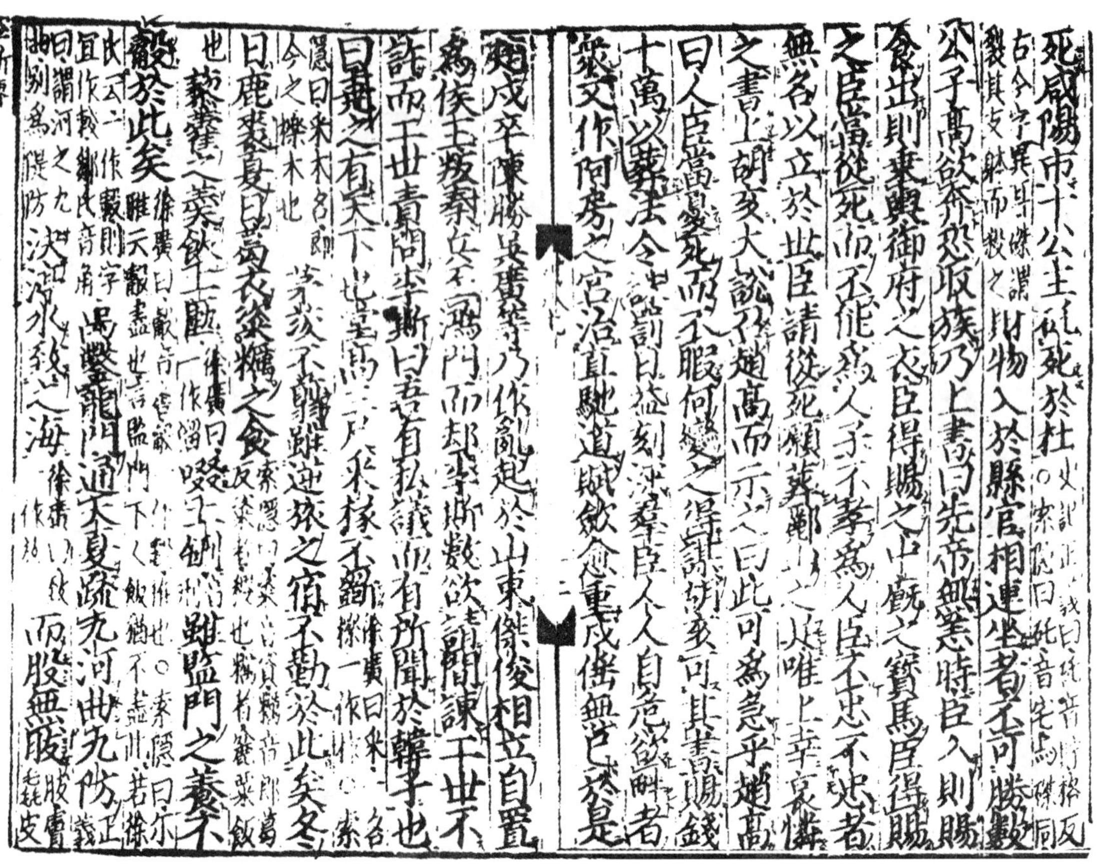

死咸陽市，十公主矺死於杜，財物入於縣官，相連坐者不可勝數。公子高欲奔，恐收族，乃上書曰：先帝無恙時，臣入則賜食，出則乘輿。御府之衣，臣得賜之；中廄之寶馬，臣得賜之。臣當從死而不能，爲人子不孝，爲人臣不忠。不忠者無名以立於世，臣請從死，願葬酈山之足。唯上幸哀憐之。書上，胡亥大說，召趙高而示之，曰：此可謂急乎？趙高曰：人臣當憂死而不暇，何變之得謀！胡亥可其書，賜錢十萬以葬。法令誅罰日益刻深，羣臣人人自危，欲畔者衆。又作阿房之宮，治直道、馳道，賦斂愈重，戍傜無已。於是楚戍卒陳勝、吳廣等乃作亂，起於山東，傑俊相立，自置爲侯王，叛秦，兵至鴻門而卻。李斯數欲請閒諫，二世不許。而二世責問李斯曰：吾有私議而有所聞於韓子也，曰：堯之有天下也，堂高三尺，采椽不斲，茅茨不翦，雖逆旅之宿不勤於此矣。冬日鹿裘，夏日葛衣，粢糲之食，藜藿之羹，飯土匭，啜土鉶，雖監門之養不觳於此矣。禹鑿龍門，通大夏，疏九河，曲九防，決渟水致之海，而股無胈，

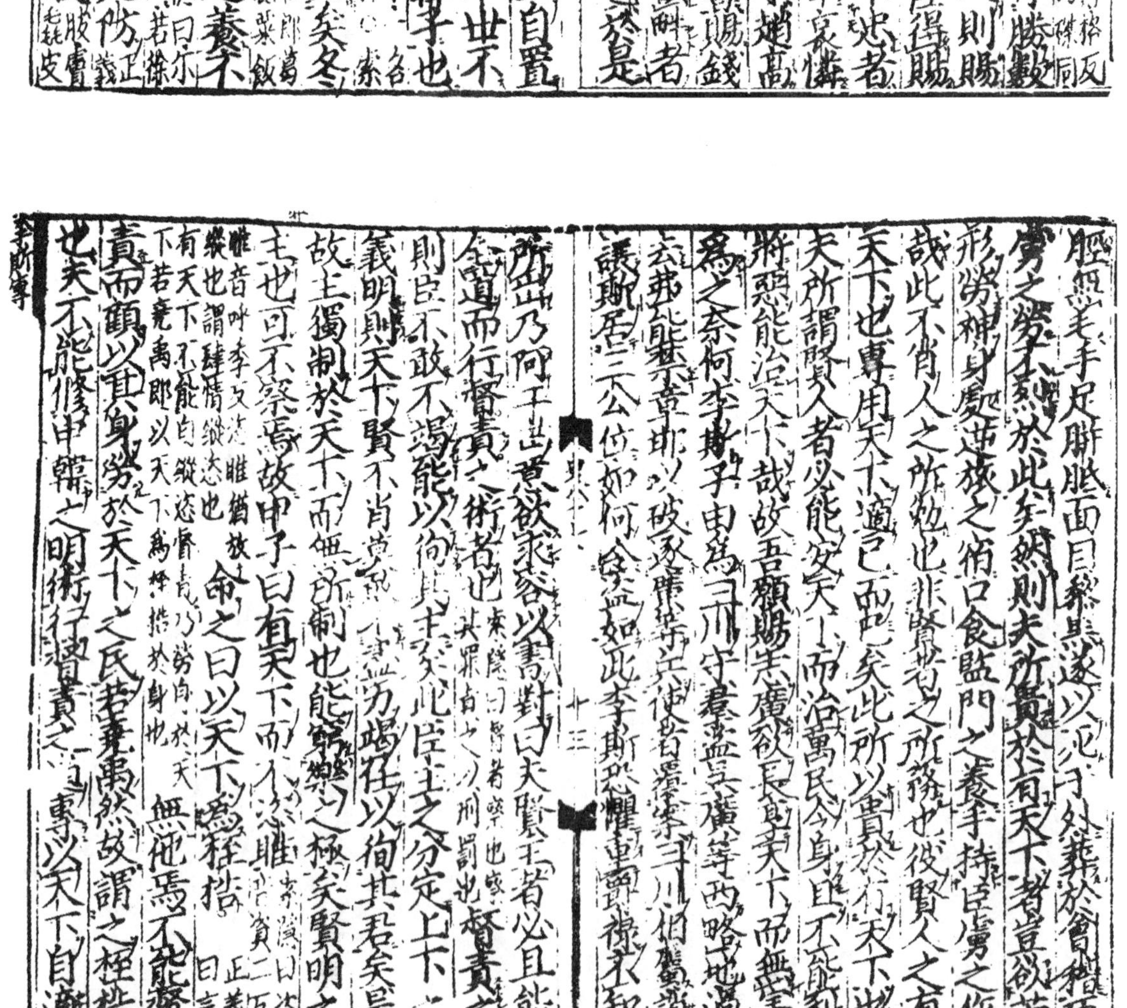

脛無毛，手足胼胝，面目黎黑，遂以死于外，葬於會稽，臣虜之勞不烈於此矣。然則夫所貴於有天下者，豈欲苦形勞神，身處逆旅之宿，口食監門之養，手持臣虜之作哉？此不肖人之所勉也，非賢者之所務也。彼賢人之有天下也，專用天下適己而已矣，此所以貴於有天下也。夫所謂賢人者，必能安天下而治萬民，今身且不能利，將惡能治天下哉！故吾願賜志廣欲，長享天下而無害，爲之柰何？李斯子由爲三川守，羣盜吳廣等西略地，過去弗能禁。章邯以破逐廣等兵，使者覆案三川相屬，誚讓斯居三公位，如何令盜如此。李斯恐懼，重爵祿，不知所出，乃阿二世意，欲求容，以書對曰：夫賢主者，必且能全道而行督責之術者也。督責之，則臣不敢不竭能以徇其主矣。此臣主之分定，上下之義明，則天下賢不肖莫敢不盡力竭任以徇其君矣。是故主獨制於天下而無所制也。能窮樂之極矣，賢明之主也，可不察焉！故申子曰：有天下而不恣睢，命之曰以天下爲桎梏者，無他焉，不能督責，而顧以其身勞於天下之民，若堯、禹然，故謂之桎梏也。夫不能修申、韓之明術，行督責之道，專以天下自適

也而徒務苦形勞神以身徇百姓則是黔首之役非畜
天下者也何足貴哉夫以人徇己則己貴而人賤以己
徇人則己賤而人貴故徇人者賤而人所徇者貴自古
及今未有不然者也凡古之所爲尊賢者爲其貴也而
所爲惡不肖者爲其賤也而堯禹以身徇天下者也因
隨而尊之則亦失所爲尊賢之心矣夫可謂大繆矣謂
之爲桎梏不亦宜乎不能督責之過也故韓子曰慈母有
敗子而嚴家無格虜者何也
則能罰之加焉必也故商君之法刑棄灰於道者
夫棄灰薄罪也而被刑重罰也彼唯明
主爲能深督輕罪夫罪輕且督深而況有重罪乎故民
不敢犯也是故韓子曰布帛尋常庸人不釋
百鎰盜跖不搏者
不以盜跖之行爲輕百鎰之重也搏必隨手刑則盜跖
非庸人之心重尋常之利深而盜跖之欲淺也又
不搏百鎰而罰不必行也則庸人不釋尋常是故城高
五丈而樓季不輕犯也　泰山

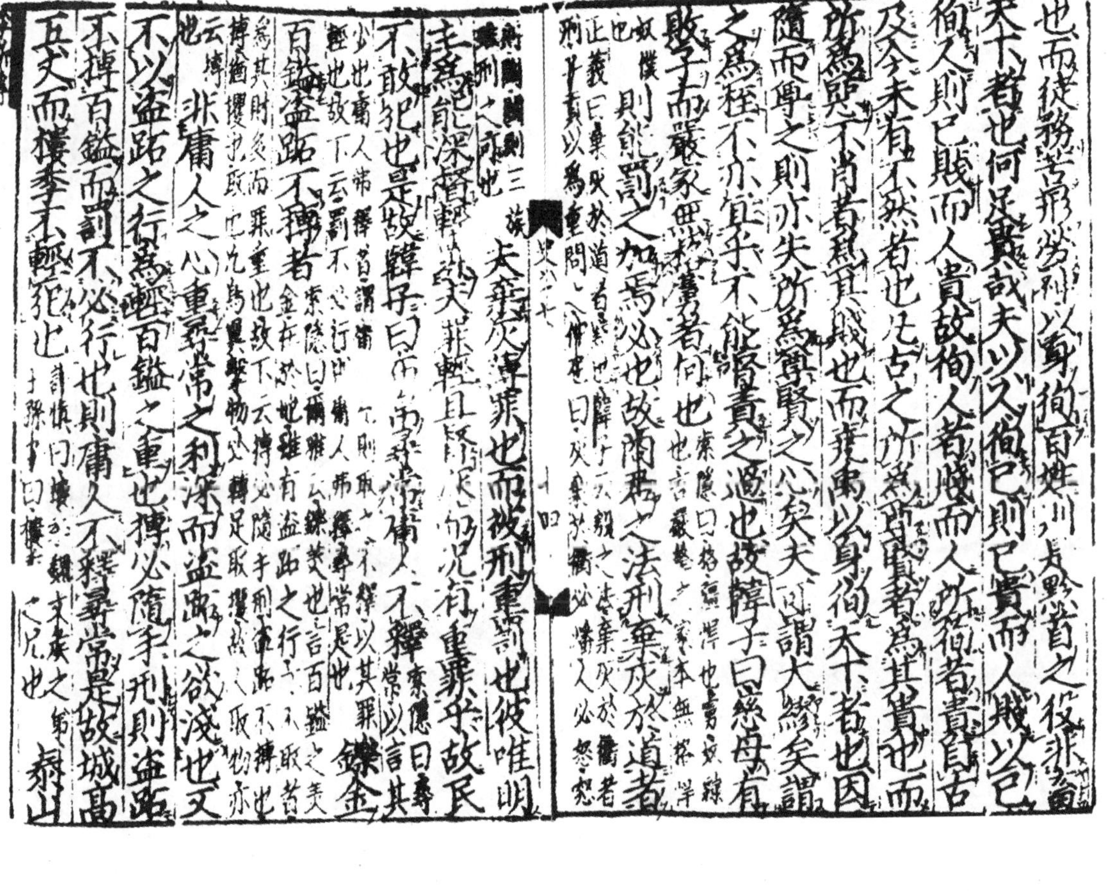

之高百仞而跛牂牧其上　夫樓季也而
難五丈之限豈跛牂也而易百仞之高哉峭塹之勢異
也
明主聖王之所以能久處尊位長執重勢而獨擅
天下之利者非有異道也能獨斷而審督責必深罰故
天下不敢犯也今不務所以不犯而事慈母之所以敗
子也則亦不察於聖人之論矣夫不能行聖人之術則
舍爲天下役何事哉可不哀邪　且夫儉節仁義
之人立於朝則荒肆之樂輟矣諫說論理之臣閒於側
則流漫之志詘矣烈士死節之行顯於世則淫康之虞
廢矣故明主能外此三者而獨操主術以制聽從之臣
而脩其明法故身尊而勢重也凡賢主者必將能拂世
摩俗而廢其所惡立其所欲故生則有尊重之勢死則有賢明之謚
也是以明君獨斷故權不在臣也然後能滅仁義之塗
掩馳說之口困烈士之行塞聰揜明內獨視聽故外不
可傾以仁義烈士之行而內不可奪以諫說忿爭之辯
故能犖然獨行恣睢之心而莫之敢逆若此然後可謂
能明申韓之術而脩商君之法法脩術明而天下亂者

未之聞也故曰王道約而易操也唯明主爲能行之若
此則謂督責之誠則臣無邪臣無邪則天下安天下安
則主嚴尊主嚴尊則督責必督責必則所求得所求得
則國家富國家富則君樂豐故督責之術設則所欲無
不得矣羣臣百姓救過不給何變之敢圖若此則帝道
備而可謂能明君臣之術矣雖申韓復生不能加也書
奏二世悅於是行督責益嚴稅民深者爲明吏二世曰
若此則可謂能督責矣刑者相半於道而死人日成積
於市殺人衆者爲忠臣二世曰若此則可謂能督責矣初
趙高爲郎中令所殺及報私怨衆多恐大臣入朝奏事

十六

毀惡之乃說二世曰天子所以貴者但以聞聲羣臣莫
得見其面故號曰朕且陛下富於春秋未必盡通諸事
（徐廣曰通或宜作照）今坐朝廷譴舉有不當者則見短於大臣非
所以示神明於天下也且陛下深拱禁中與臣及侍中
習法者待事事來有以揆之（徐廣曰揆一作揆也）如此則大臣不
敢奏疑事天下稱聖主矣二世用其計乃不坐朝廷見
大臣居禁中趙高常侍中用事事皆決於趙高高聞李
斯以爲言乃見丞相曰關東羣盜多今上急益發繇治阿
房宮（索隱曰房音旁一如字）聚狗馬無用之物臣欲諫爲位賤此
眞君侯之事君何不諫李斯曰固也吾欲言之久矣今

時上不坐朝廷上居深宮吾有所言者不可傳也欲見
無閒趙高謂曰君誠能諫請爲君候上閒語君於是趙
高待二世方燕樂婦女居前使人告丞相上方閒可奏
事丞相至宮門上謁如此者三二世怒曰吾常多閒日
丞相不來吾方燕私丞相輒來請事丞相豈少我哉且
固我哉趙高因
曰如此殆矣夫沙丘之謀丞相與焉今陛下已立爲帝
而丞相貴不益此其意亦望裂地而王矣且陛下不問
臣臣不敢言丞相長男李由爲三川守楚盜陳勝等皆
丞相傍縣之子以故楚盜公行過三川城

十七

守不肯擊高聞其文書相往來未得其審故未敢以聞
且丞相居外權重於陛下二世以爲然欲案丞相恐其
不審乃使人案驗三川守與盜通狀李斯聞之是時二
世在甘泉方作觳抵優俳之觀
李斯不得見因上書言趙高之短曰
臣聞之臣疑其君無不危國妾疑其夫無不危家今有
大臣於陛下擅利擅害與陛下無異此甚不便昔者司
城子罕相宋身行刑罰以威行之期年遂劫其君田常
爲簡公臣爵列無敵於國私家之富與公家均布惠

德，下得百姓，上得羣臣，陰取齊國，殺宰予於庭，即弒簡公於朝，遂有齊國。此天下所明知也。今高有邪佚之志，危反之行，如子罕相宋也；私家之富，若田氏之於齊也。兼行田常、子罕之逆道而劫陛下之威信，其志若韓玘爲韓安相也。索隱曰玘音起並作韓玘韓大夫弒其君悼公者然韓無悼公或韓之別君也韓玘事昭侯昭侯已下四代至王安其說非也陛下不圖，臣恐其爲變也。」二世曰：「何哉？夫高，故宦人也，然不爲安肆志，不以危易心，絜行脩善，自使至此，以忠得進，以信守位，朕實賢之，而君疑之，何也？且朕少失先人，無所識知，不習治民，而君又老，恐與天下絕矣。朕非屬趙君，當誰任哉？且趙君爲人精廉彊力，下知人情，上能適朕，君其勿疑。」李斯曰：「不然。夫高，故賤人也，無識於理，貪欲無厭，求利不止，列勢次主，求欲無窮，臣故曰殆。」二世已前信趙高，恐李斯殺之，乃私告趙高。高曰：「丞相所患者獨高，高已死，丞相即欲爲田常所爲。」於是二世曰：「其以李斯屬郎中令！」趙高案治李斯。李斯拘執束縛，居囹圄中，仰天而歎曰：「嗟乎，悲夫！不道之君，何可爲計哉！昔者桀殺關龍逢，紂殺王子比干，吳王夫差殺伍子胥。此三臣者，豈不忠哉，然而不免於死，身死而所忠者非也。今吾智不及三子，而二世之無道過於桀、紂、夫差，吾以忠死，宜矣。且二世之治豈

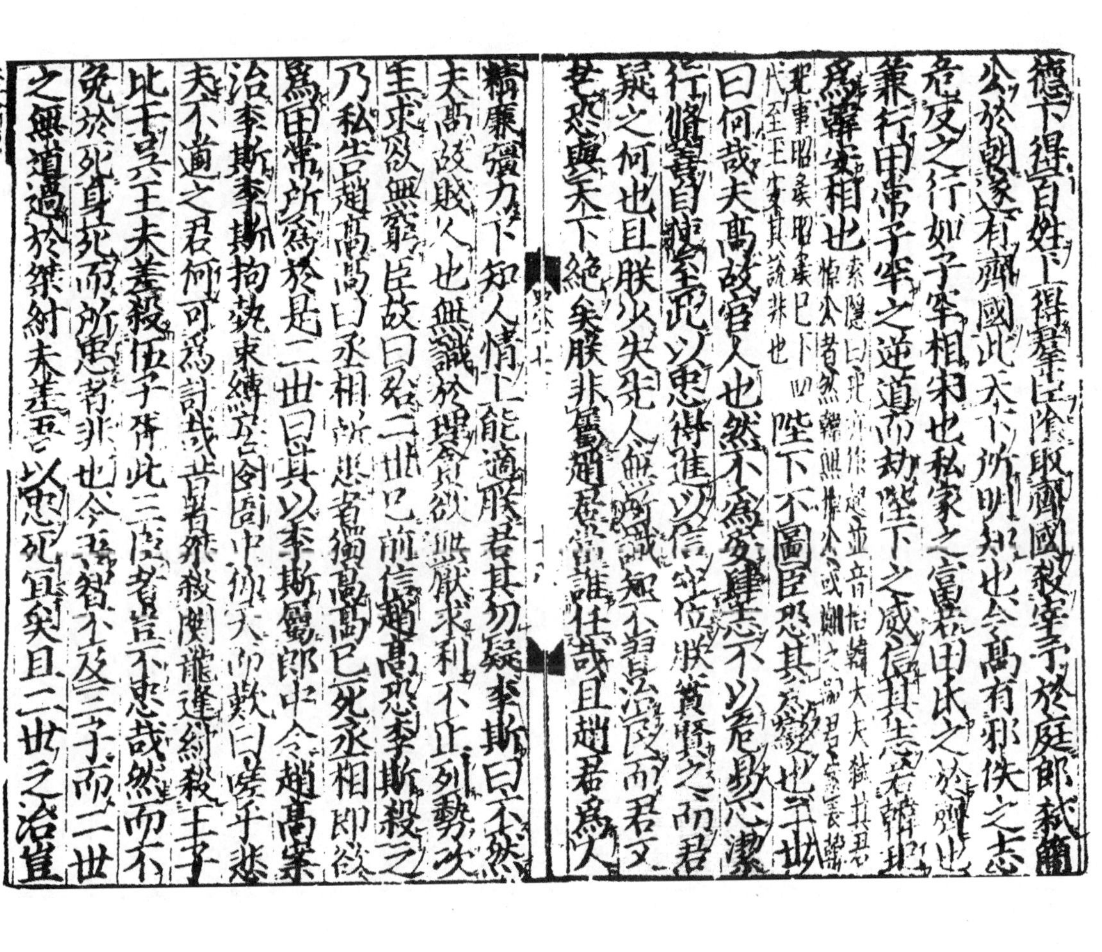

不亂哉！日者夷其兄弟而自立也，殺忠臣而貴賤人，作爲阿房之宮，賦斂天下。吾非不諫也，而不吾聽也。凡古聖王，飲食有節，車器有數，宮室有度，出令造事，加費而無益於民利者禁，故能長久治安。今行逆於昆弟，不顧其咎；侵殺忠臣，不思其殃；大爲宮室，厚賦天下，不愛其費：三者已行，天下不聽。今反者已有天下之半矣，而心尚未寤也，而以趙高爲佐，吾必見寇至咸陽，麋鹿游於朝也。」於是二世乃使高案丞相獄，治罪，責斯與子由謀反狀，皆收捕宗族賓客。趙高治斯，榜掠千餘，不勝痛，自誣服。斯所以不死者，自負其辯，有功，實無反心，幸得上書自陳，幸二世之寤而赦之。李斯乃從獄中上書曰：「臣爲丞相治民，三十餘年矣。逮秦地之陝隘。先王之時秦地不過千里，兵數十萬。臣盡薄材，謹奉法令，陰行謀臣，資之金玉，使游說諸侯，陰脩甲兵，飾政教，官鬬士，尊功臣，盛其爵祿，故終以脅韓弱魏，破燕、趙，夷齊、楚，卒兼六國，虜其王，立秦爲天子。罪一矣。地非不廣，又北逐胡、貉，南定百越，以見秦之彊。罪二矣。尊大臣，盛其爵位，以固其親。罪三矣。立社稷，脩宗廟，以明主之賢。罪四矣。更剋畫，平斗斛度量文章，布之天下，以樹秦之名。罪五矣。治馳道，興游觀，以見主之得意。罪六矣。緩刑罰，薄賦斂，以遂

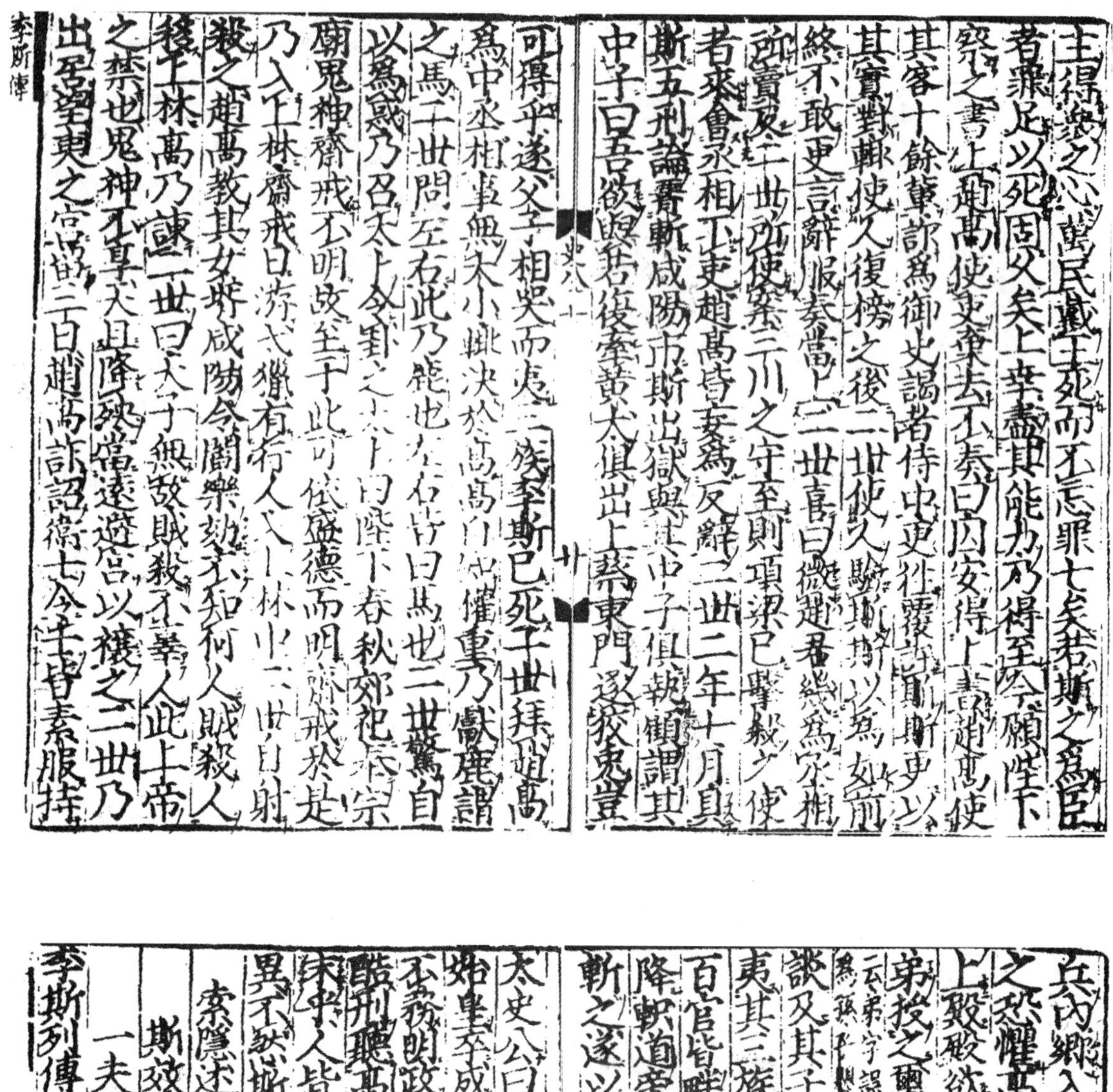

主得衆之心，萬民戴主，死而不忘，罪七矣。若斯之爲臣者，罪足以死固久矣。上幸盡其能力，乃得至今，願陛下察之。書上，趙高使吏棄去不奏，曰：囚安得上書！趙高使其客十餘輩詐爲御史、謁者、侍中，更往覆訊斯。斯更以其實對，輒使人復榜之。後二世使人驗斯，斯以爲如前，終不敢更言，辭服。奏當上，二世喜曰：微趙君，幾爲丞相所賣。及二世所使案三川之守至，則項梁已擊殺之。使者來，會丞相下吏，趙高皆妄爲反辭。二世二年七月，具斯五刑，論腰斬咸陽市。斯出獄，與其中子俱執，顧謂其中子曰：吾欲與若復牽黄犬俱出上蔡東門逐狡兔，豈可得乎！遂父子相哭，而夷三族。李斯已死，二世拜趙高爲中丞相，事無大小輒決於高。高自知權重，乃獻鹿，謂之馬。二世問左右：此乃鹿也？左右皆曰馬也。二世驚，自以爲惑，乃召太卜，令卦之。太卜曰：陛下春秋郊祀，奉宗廟鬼神，齋戒不明，故至于此。可依盛德而明齋戒。於是乃入上林齋戒。日游弋獵，有行人入上林中，二世自射殺之。趙高教其女壻咸陽令閻樂劾不知何人賊殺人移上林。高乃諫二世曰：天子無故賊殺不辜人，此上帝之禁也，鬼神不享，天且降殃，當遠避宫以禳之。二世乃出居望夷之宫。留三日，趙高詐詔衛士，令士皆素服持兵内鄉，入告二世曰：山東羣盜兵大至！二世上觀而見之，恐懼，高即因劫令自殺。引璽而佩之，左右百官莫從；上殿，殿欲壞者三。高自知天弗與，羣臣弗許，乃召始皇弟，授之璽。徐廣曰一本曰召始皇弟子嬰授之璽子嬰者二世之兄子也○索隱曰云弟字誤當爲孫子嬰也子嬰即位，患之，乃稱疾不聽事，與宦者韓談及其子謀殺高。高上謁，請病，因召入，令韓談刺殺之，夷其三族。子嬰立三月，沛公兵從武關入，至咸陽，羣臣百官皆畔，不適。徐廣曰適音敵也子嬰與妻子自係其頸以組，降軹道旁。正義曰軹道在萬年縣東北十六里沛公因以屬吏。項王至而斬之。遂以亡天下。

太史公曰：李斯以閭閻歷諸侯，入事秦，因以瑕釁，以輔始皇，卒成帝業，斯爲三公，可謂尊用矣。斯知六藝之歸，不務明政以補主上之缺，持爵禄之重，阿順苟合，嚴威酷刑，聽高邪説，廢適立庶。諸侯已畔，斯乃欲諫爭，不亦末乎！人皆以斯極忠而被五刑死，察其本，乃與俗議之異。不然，斯之功且與周、召列矣。

索隱述贊曰：鼠在所居，人固擇地。斯效智力，功立名遂。置酒咸陽，人臣極位。一夫誑惑，變易神器。國喪身誅，本同末異。

李斯列傳第二十七　史記八十七

大父 祖父也　大 一无　裏 莫候 莫侯二切　當 位作任

蒙恬列傳第二十八　史記八十八

蒙恬者，其先齊人也。恬大父蒙驁（索隱曰驁音敖，又音五到反）自齊事秦昭王，官至上卿。秦莊襄王元年，蒙驁為秦將，伐韓，取成皋、滎陽，作置三川郡。二年，蒙驁攻趙，取三十七城。始皇三年，蒙驁攻韓，取十三城。五年，蒙驁攻魏，取二十城，作置東郡。始皇七年，蒙驁卒。驁子曰武，武子曰恬。恬嘗書獄典文學。（索隱曰謂恬嘗學獄，遂作獄官文學）始皇二十三年，蒙武為秦裨將軍，與王翦攻楚，大破之，殺項燕。二十四年，蒙武攻楚，虜楚王。蒙恬弟毅。始皇二十六年，蒙恬因家世得為秦將，攻齊，大破之，拜為內史。秦已并天下，乃使蒙恬將三十萬眾北逐戎狄，收河南（正義曰謂靈、夏、勝等州）。築長城，因地形，用制險塞，起臨洮（正義曰臨洮郡，今岷州，屬隴西），至遼東（正義曰遼東郡在遼水東，始皇築長城東至遼水，西南至海之上），延袤萬餘里。於是渡河，據陽山（徐廣曰五原西安陽縣北有陰山，陰山在河南，陽山在河北），逶蛇而北。暴師於外十餘年，居上郡。是時蒙恬威振匈奴。始皇甚尊寵蒙氏，信任賢之。而親近蒙毅，位至上卿，出則參乘，入則御前。恬任外事而毅常為內謀，名為忠信，故雖諸將相莫敢與之爭焉。趙高者，諸趙疏遠屬也。趙高昆弟數人，皆生隱宮（徐廣曰為宦者。○索隱曰劉氏云蓋其父犯宮刑，妻子沒為官奴婢，妻後野合所生子皆承趙姓，並宮之，故云兄弟生於隱宮也），其母被刑僇，世世卑賤。秦王聞高彊力，通

於獄法，乃以為中車府令。高既私事公子胡亥，喻之決獄。高有大罪，秦王令蒙毅法治之。毅不敢阿法，當高罪死，除其宦籍。帝以高之敦於事也，赦之，復其官爵。始皇欲游天下，道九原，直抵甘泉（正義曰甘泉在雍州），乃使蒙恬通道，自九原抵甘泉，塹山堙谷，千八百里。道未就。始皇三十七年冬，行出游會稽，並海上（索隱曰並白浪反），北走琅邪。道病，使蒙毅還禱山川，未反。始皇至沙丘崩，祕之，群臣莫知。是時丞相李斯、公子胡亥、中車府令趙高常從。高雅得幸於胡亥，欲立之，又怨蒙毅法治之而不為己也。因有賊心，乃與丞相李斯、公子胡亥陰謀，立胡亥為太子。太子已立，遣使者以罪賜公子扶蘇、蒙恬死。扶蘇已死，蒙恬疑而復請之。使者以蒙恬屬吏，更置。胡亥以李斯舍人為護軍。使者還報，胡亥已聞扶蘇死，即欲釋蒙恬。趙高恐蒙氏復貴而用事，怨之。毅還至，趙高因為胡亥忠計，欲以滅蒙氏，乃言曰：「臣聞先帝欲舉賢立太子久矣，而毅諫曰『不可』。若知賢而俞不立，則是不忠而惑主也。（索隱曰俞一作愈，俞猶踰也）以臣愚意，不若誅之。」胡亥聽而繫蒙毅於代。前已囚蒙恬於陽周。喪至咸陽，已葬，太子立為二世皇帝，而趙

高親近，日夜毀惡蒙氏，求其罪過，舉劾之。子嬰進諫曰：臣聞故趙王遷殺其良臣李牧而用顏聚，燕王喜陰用荊軻之謀而倍秦之約，齊王建殺其故世忠臣而用后勝之議。此三君者，皆各以變古者失其國而殃及其身。今蒙氏，秦之大臣謀士也，而主欲一旦棄去之，臣竊以為不可。臣聞輕慮者不可以治國，獨智者不可以存君。（徐廣曰：一無此字。）誅殺忠臣而立無節行之人，是內使羣臣不相信而外使鬬士之意離也，臣竊以為不可。胡亥不聽。而遣御史曲宮乘傳之代，（索隱曰：曲宮，姓名。）令蒙毅曰：先主欲立太子而卿難之。今丞相以卿為不忠，罪及其宗。朕不忍，乃賜卿死，亦甚幸矣。卿其圖之。毅對曰：以臣不能得先主之意，則臣少宦，順幸沒世，可謂知意矣。（索隱曰：蒙毅言己少事始皇，順旨蒙恩幸至沒世，可謂知上意也。）以臣不知太子之能，則太子獨從，周旋天下，去諸公子絕遠，臣無所疑矣。夫先主之舉用太子，數年之積也，臣乃何言之敢諫，何慮之敢謀！非敢飾辭以避死也，為羞累先主之名，願大夫為慮焉，使臣得死情實。且夫順成全者，道之所貴也；刑殺者，道之所卒也。昔者秦穆公殺三良而死，罪百里奚而非其罪也，故立號曰繆。昭襄王殺武安君白起。楚平王殺伍奢。吳王夫差殺伍子胥。此四君者，皆為大失，而天下非

之，以其君為不明，以是籍於諸侯。（索隱曰：言其惡聲狼籍布於諸國，而劉氏云諸侯皆記其惡於史籍，非也。）故曰用道治者不殺無罪，而罰不加於無辜。唯大夫留心！使者知胡亥之意，不聽蒙毅之言，殺之。二世又遣使者之陽周，令蒙恬曰：君之過多矣，而卿弟毅有大罪，法及內史。恬曰：自吾先人及至子孫，積功信於秦三世矣。今臣將兵三十餘萬，身雖囚繫，其勢足以倍畔，自知必死而守義者，不敢辱先人之教，以不忘先主也。昔周成王初立，未離襁緥，周公旦負王以朝，卒定天下。及成王有病甚殆，公旦自揃其爪以沈於河，曰：王未有識，是旦執事。有罪殃，旦受其不祥。乃書而藏之記府，可謂信矣。及王能治國，有賊臣言：周公旦欲為亂久矣，王若不備，必有大事。王乃大怒，周公旦走而奔於楚。成王觀於記府，得周公旦沈書，乃流涕曰：孰謂周公旦欲為亂乎！殺言之者而反周公旦。故周書曰必參而伍之。（索隱曰：參謂三卿，五謂五大夫，欲參伍更議。）今恬之宗，世無二心，而事卒如此，是必孽臣逆亂，（徐廣曰：一作嬖。）內陵之道也。夫成王失而復振則卒昌；桀殺關龍逢，紂殺王子比干而不悔，身死則國亡。臣故曰過可振而諫可覺也。（索隱曰：此故曰，若必先有此言，蒙恬引之以成說也，今不知出何書耳。振者，救也。然語亦謂以言前人之過可諫則救其過乃可救也。）察於參伍，上聖之法也。凡臣之言，非以求免於咎也，將以

諫而死願陛下孰計之使者曰臣受詔行法於將軍不敢以將軍言聞於上也蒙恬喟然太息曰我何罪於天無過而死乎良久徐曰恬罪固當死矣起臨洮屬之遼東城塹萬餘里此其中不能無絕地脈哉此乃恬之罪也乃吞藥自殺

太史公曰吾適北邊自直道歸行觀蒙恬所為秦築長城亭障塹山堙谷通直道固輕百姓力矣夫秦之初滅諸侯天下之心未定痍傷者未瘳而恬為名將不以此時彊諫振百姓之急養老存孤務修眾庶之和而阿意興功此其兄弟遇誅不亦宜乎何乃罪地脈哉

索隱述贊曰

蒙氏秦將　內史忠賢　長城首築
萬里安邊　趙高矯制　扶蘇死焉
絕地何罪　勞人是愆　呼天欲訴
三代良然

蒙恬列傳第二十八　史記八十八

張耳陳餘列傳第二十九　史記八十九

（索隱曰張耳陳餘皆當勢位楚漢之際並在列侯之上家傳累代之基故曰張耳陳餘亦謂可列同世家焉）

張耳者大梁人也（索隱曰陳留大梁城是也）其少時及魏公子毋忌為客張耳嘗亡命游外黃（索隱曰晉灼曰命者名也謂脫名籍而逃崔浩曰亡無也命名也逃匿則削除名籍故以逃為亡命地理志外黃屬陳留）外黃富人女甚美嫁庸奴亡其夫（徐廣曰一云其夫亡也）去抵父客（如淳曰抵歸也音丁禮反）父客素知張耳乃謂女曰必欲求賢夫從張耳女聽乃卒為請決嫁之張耳（索隱曰謂女請父客為決絕其夫而嫁之）張耳是時脫身游女家厚奉給張耳張耳以故致千里客乃宦魏為外黃令名由此益賢

陳餘者亦大梁人也好儒術數游趙苦陘富人公乘氏以其女妻之亦知陳餘非庸人也餘年少父事張耳兩人相與為刎頸交秦之滅大梁也張耳家外黃高祖為布衣時嘗數從張耳游客數月秦滅魏數歲已聞此兩人魏之名士也購求有得張耳千金陳餘五百金張耳陳餘乃變名姓俱之陳為里監門以自食兩人相對里吏嘗有過笞陳餘陳餘欲起張耳躡之使受笞吏去張耳乃引陳餘之桑下而

數之曰始吾與公言何如今見小辱而欲死一吏乎陳餘然之秦詔書購求兩人兩人亦反用門者以令里中索隱曰案門者即監門也自以其名而號令里中訪求也陳涉起蘄至入陳兵數萬張耳陳餘上謁陳涉涉及左右生平數聞張耳陳餘賢未嘗見見即大喜陳中豪傑父老乃說陳涉曰將軍身被堅執銳率士卒以誅暴秦復立楚社稷存亡繼絕功德宜為王且夫監臨天下諸將不為王不可願將軍立為楚王也陳涉問此兩人兩人對曰夫秦為無道破人國家滅人社稷絕人後世罷百姓之力盡百姓之財將軍瞋目張膽出萬死不顧一生之計為天下除殘也

今始至陳而王之示天下私願將軍毋王急引兵而西遣人立六國後自為樹黨為秦益敵也敵多則力分與眾則兵彊如此野無交兵縣無守城誅暴秦據咸陽以令諸侯諸侯亡而得立以德服之如此則帝業成矣今獨王陳恐天下解也正義曰解紀賣反言天下諸侯見陳勝稱王于陳皆解散不相從也陳涉不聽遂立為王陳餘乃復說陳王曰大王舉梁楚而西務在入關未及收河北也臣嘗游趙知其豪桀及地形願請奇兵北略趙地於是陳王以故所善陳人武臣為將軍邵騷為護軍以張耳陳餘為左右校尉予卒三千人北略趙地武臣等從白馬渡河索隱曰案酈食其云白馬之津則白馬津在東郡白馬縣其地與黎陽對岸至諸縣說其豪桀曰秦為亂政虐刑以殘賊天下數十年矣北有長城之役南有五嶺之戍漢書音義曰嶺有五因以為名在交趾界中也○索隱曰裴氏廣州記云大庾始安臨賀桂陽揭陽斯五嶺外內騷動百姓罷敝頭會箕斂漢書音義曰家家人頭數出穀以箕斂之以供軍費財匱力盡民不聊生重之以苛法峻刑使天下父子不相安陳王奮臂為天下倡始王楚之地方二千里莫不響應家自為怒人自為鬬各報其怨而攻其讎縣殺其令丞郡殺其守尉今已張大楚王陳使吳廣周文將卒百萬西擊秦於此時而不成封侯之業者非人豪也諸君試相與計之夫天下同心而苦秦久矣因天下之力而攻無道之君報父兄之怨而成割地有土之業此士之一時也豪桀皆然其言乃行收兵得數萬人號武臣為武信君下趙十城餘皆城守莫肯下乃引兵東北擊范陽范陽人蒯通說范陽令曰正義曰范陽令徐公竊聞公之將死故弔雖然賀公得通而生范陽令曰何以弔之對曰秦法重足下為范陽令十年矣殺人之父孤人之子斷人之足黥人之首不可勝數然而慈父孝子莫敢倳刃徐廣曰倳音胾公之腹中者相連李奇曰東方人以物插地皆為倳畏秦法耳今天下大亂秦法不施然則慈父孝子且倳刃公之腹中以成其名此臣之所以弔公也今

上方手書批注：
[illegible]
陳
王于故文
體其長文
受文作校
今案漢書作交郭[illegible]

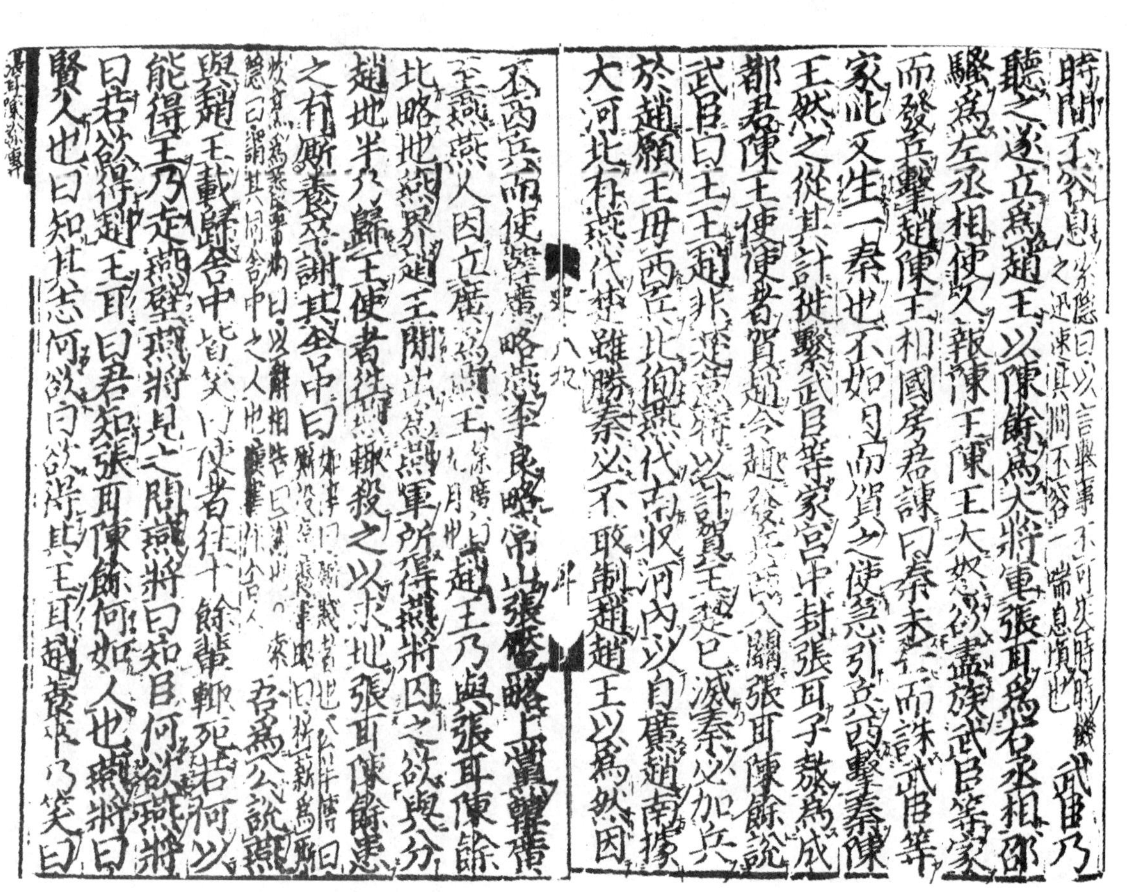

諸侯畔秦矣，武信君兵且至，而君堅守范陽，少年皆爭殺君，下武信君。君急遣臣見武信君，可轉禍為福，在今矣。」范陽令乃使蒯通見武信君曰：「足下必將戰勝然後略地，攻得然後下城，臣竊以為過矣。誠聽臣之計，可不攻而降城，不戰而略地，傳檄而千里定，可乎？」武信君曰：「何謂也？」蒯通曰：「今范陽令宜整頓其士卒以守戰者也，怯而畏死，貪而重富貴，故欲先天下降，畏君以為秦所置吏，誅殺如前十城也。然今范陽少年亦方殺其令，自以城距君。君何不齎臣侯印，拜范陽令，范陽令則以城下君，少年亦不敢殺其令。令范陽令乘朱輪華轂，使驅馳燕、趙郊。燕、趙郊見之，皆曰此范陽令，先下者也，即喜矣，燕、趙城可毋戰而降也。此臣之所謂傳檄而千里定者也。」武信君從其計，因使蒯通賜范陽令侯印。趙地聞之，不戰以城下者三十餘城。至邯鄲，張耳、陳餘聞周章軍入關，至戲卻；又聞諸將為陳王徇地，多以讒毀得罪誅，怨陳王不用其策，不以為將而以為校尉。乃說武臣曰：「陳王起蘄，至陳而王，非必立六國後。將軍今以三千人下趙數十城，獨介居河北，不王無以填之。且陳王聽讒，還報，恐不脫於禍。又不如立其兄弟；不，即立趙後。將軍毋失時，

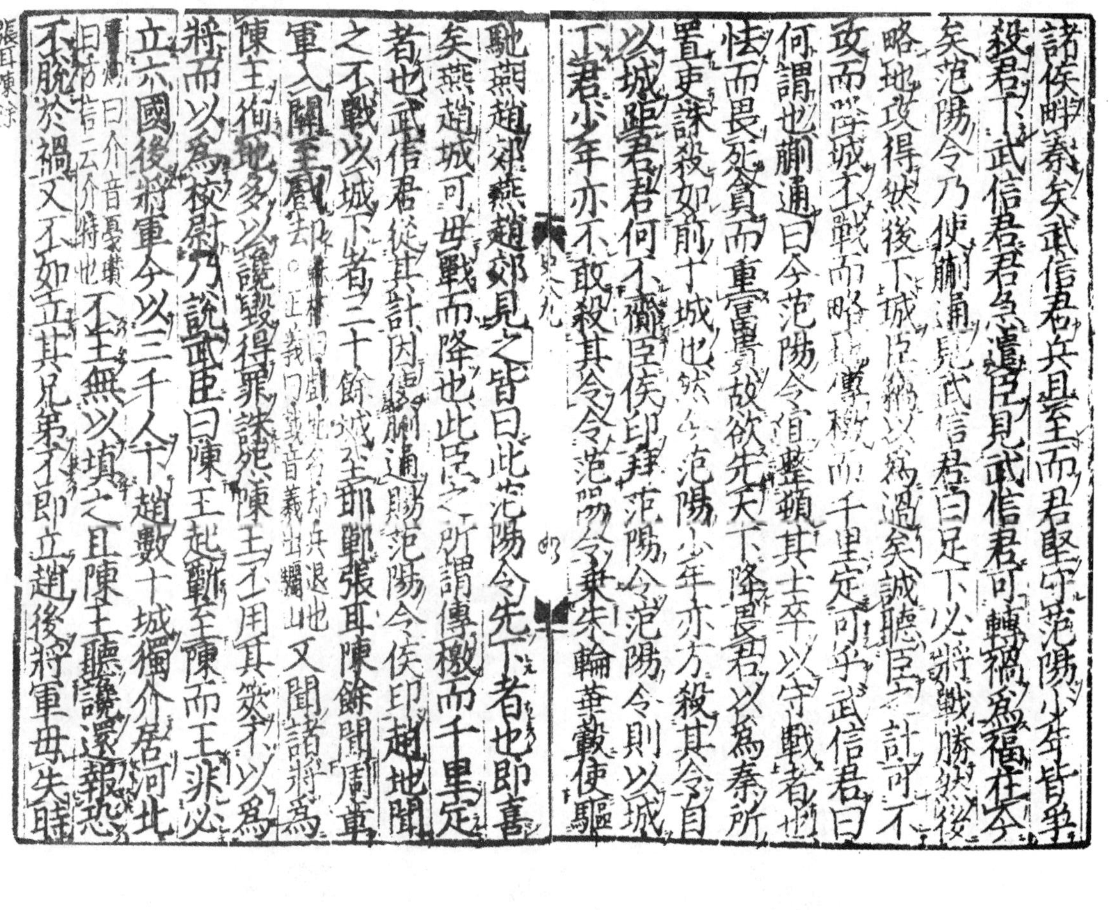

時間不容息。」武臣乃聽之，遂立為趙王。以陳餘為大將軍，張耳為右丞相，邵騷為左丞相。使人報陳王，陳王大怒，欲盡族武臣等家，而發兵擊趙。陳王相國房君諫曰：「秦未亡而誅武臣等家，此又生一秦也。不如因而賀之，使急引兵西擊秦。」陳王然之，從其計，徙繫武臣等家宮中，封張耳子敖為成都君。陳王使使者賀趙，令趣發兵西入關。張耳、陳餘說武臣曰：「王王趙，非楚意，特以計賀王。楚已滅秦，必加兵於趙。願王毋西兵，北徇燕、代，南收河內以自廣。趙南據大河，北有燕、代，楚雖勝秦，必不敢制趙。」趙王以為然，因不西兵，而使韓廣略燕，李良略常山，張黶略上黨。韓廣至燕，燕人因立廣為燕王。趙王乃與張耳、陳餘北略地燕界。趙王閒出，為燕軍所得。燕將囚之，欲與分趙地半，乃歸王。使者往，燕輒殺之以求地。張耳、陳餘患之。有廝養卒謝其舍中曰：「吾為公說燕，與趙王載歸。」舍中皆笑曰：「使者往十餘輩，輒死，若何以能得王？」乃走燕壁。燕將見之，問燕將曰：「知臣何欲？」燕將曰：「若欲得趙王耳。」曰：「君知張耳、陳餘何如人也？」燕將曰：「賢人也。」曰：「知其志何欲？」曰：「欲得其王耳。」趙養卒乃笑曰：

君未知此兩人所欲也。夫武臣、張耳、陳餘杖馬箠下趙數十城，（張晏曰言其不用兵革驅策而已○索隱曰杖音丈箠音之委反）此亦各欲南面而王，豈欲為卿相終己邪？夫臣與主豈可同日而道哉，顧其勢初定，未敢參分而王，且以少長先立武臣為王，以持趙心。今趙地已服，此兩人亦欲分趙而王，時未可耳。今君乃囚趙王。此兩人名為求趙王，實欲燕殺之，此兩人分趙自立。夫以一趙尚易燕，況以兩賢王左提右挈，而責殺王之罪，滅燕易矣。（[illegible]）燕將以為然，乃歸趙王，養卒為御而歸。

李良已定常山，（索隱曰地理志屬常山）還報趙王，復使良略太原。至石邑，秦兵塞井陘，未能前。秦將詐稱二世使人遺李良書，不封，（張晏曰欲其漏泄君臣相疑）曰：「良嘗事我得顯幸。良誠能反趙為秦，赦良罪，貴良。」良得書，疑不信。乃還之邯鄲，益請兵。未至，道逢趙王姊出飲，從百餘騎。李良望見，以為王，伏謁道旁。王姊醉，不知其將，使騎謝李良。李良素貴，起，慚其從官。從官有一人曰：「天下畔秦，能者先立。且趙王素出將軍下，今女兒乃不為將軍下車，請追殺之。」李良已得秦書，固欲反趙，未決，因此怒，遣人追殺王姊道中，乃遂將其兵襲邯鄲。邯鄲不知，竟殺武臣、邵騷。趙人多為張耳、陳餘耳目者，以故得脫出。收其兵，得數萬人。客有說張耳曰：「兩君羈旅，而欲附趙，難；獨立趙後，扶以義，可就功。」（[illegible]）乃求得趙歇，立為趙王，居信都。（[illegible]）李良進兵擊陳餘，陳餘敗李良，李良走歸章邯。

章邯引兵至邯鄲，皆徙其民河內，夷其城郭。張耳與趙王歇走入鉅鹿城，王離圍之。陳餘北收常山兵，得數萬人，軍鉅鹿北。章邯軍鉅鹿南棘原，築甬道屬河，餉王離。王離兵食多，急攻鉅鹿。鉅鹿城中食盡兵少，張耳數使人召前陳餘，陳餘自度兵少，不敵秦，不敢前。數月，張耳大怒，怨陳餘，使張黶、陳澤往讓陳餘曰：「始吾與公為刎頸交，今王與耳旦暮且死，而公擁兵數萬，不肯相救，安在其相為死！苟必信，胡不赴秦軍俱死？且有十一二相全。」（[illegible]）陳餘曰：「吾度前終不能救趙，徒盡亡軍。且餘所以不俱死，欲為趙王、張君報秦。今必俱死，如以肉委餓虎，何益？」張黶、陳澤曰：「事已急，要以俱死立信，安知後慮！」陳餘曰：「吾死顧以為無益。必如公言。」乃使五千人令張黶、陳澤先嘗秦軍，至皆沒。

當是時，燕、齊、楚聞趙急，皆來救。張敖亦北收代兵，得萬餘人，來，皆壁餘旁，未敢擊秦。項羽兵數絕章邯甬道，王離軍乏食，項羽悉引兵渡河，遂破章邯。章邯引兵解，諸侯

軍乃敢擊圍鉅鹿秦軍遂虜王離涉間自殺卒存鉅鹿者楚力也於是趙王歇張耳乃得出鉅鹿謝諸侯張耳與陳餘相見責讓陳餘以不肯救趙及問張黶陳澤所在陳餘怒曰張黶陳澤以必死責臣臣使將五千人先嘗秦軍皆沒不出張耳不信以為殺之數問陳餘陳餘怒曰不意君之望臣深也豈以臣為重去將哉乃脫解印綬推予張耳張耳亦愕不受陳餘起如廁客有說張耳曰臣聞天與不取反受其咎今陳將軍與君印君不受反天不祥急取之張耳乃佩其印收其麾下而陳餘還亦望張耳不讓遂趨出張耳遂收其兵陳餘獨與麾下所善數百人之河上澤中漁獵由此陳餘張耳遂有郤趙王歇復居信都張耳從項羽諸侯入關漢元年二月項羽立諸侯王張耳雅游人多為之言項羽亦素數聞張耳賢乃分趙立張耳為常山王治信都信都更名襄國陳餘客多說項羽曰陳餘張耳一體有功於趙項羽以陳餘不從入關聞其在南皮即以南皮旁三縣以封之而徙趙王歇王代張耳之國陳餘愈益怒曰張耳與餘功等也今張耳

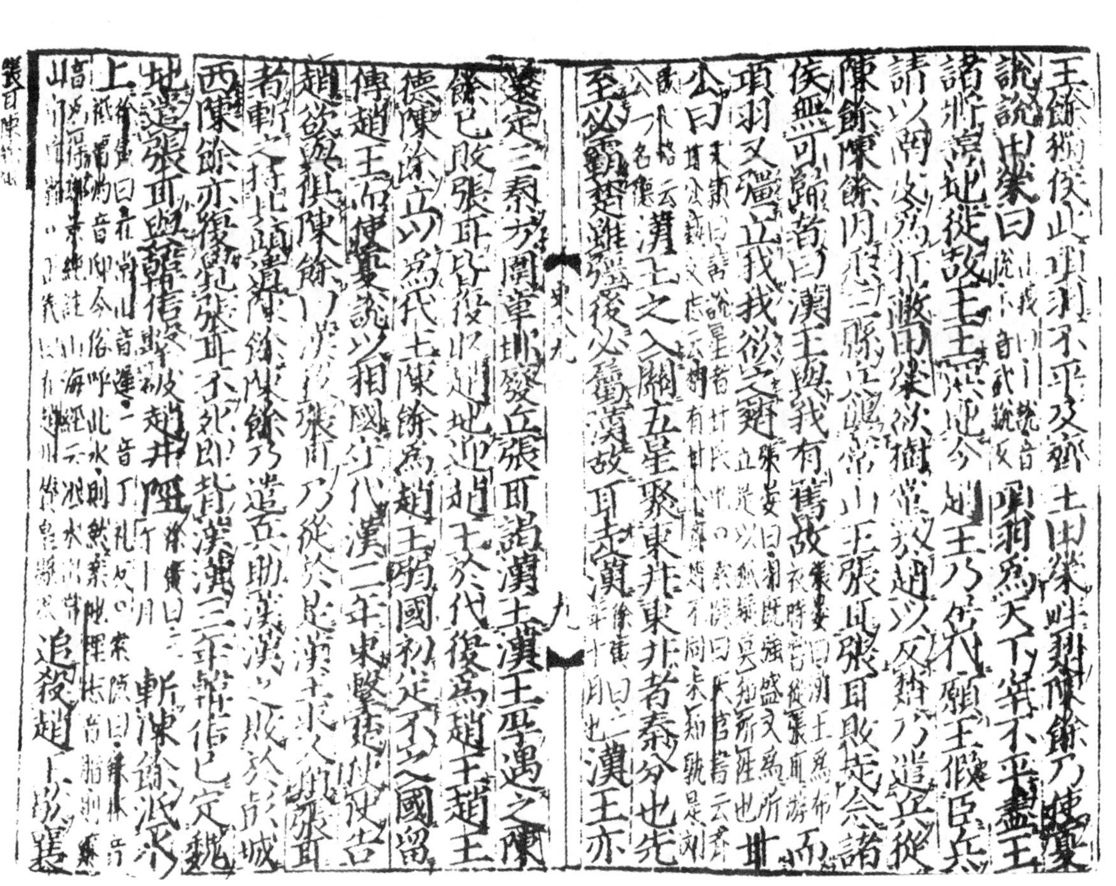

王餘獨侯此項羽不平及齊王田榮畔楚陳餘乃使夏說說田榮曰項羽為天下宰不平盡王諸將善地徙故王王惡地今趙王乃居代願王假臣兵請以南皮為扞蔽田榮欲樹黨於趙以反楚乃遣兵從陳餘陳餘因悉三縣兵襲常山王張耳張耳敗走念諸侯無可歸者曰漢王與我有舊故而項羽又彊立我我欲之楚甘公曰漢王之入關五星聚東井東井者秦分也先至必霸楚雖彊後必屬漢故耳走漢漢王亦還定三秦方圍章邯廢丘張耳謁漢王漢王厚遇之陳餘已敗張耳皆復收趙地迎趙王於代復為趙王趙王德陳餘立以為代王陳餘為趙王弱國初定不之國留傅趙王而使夏說以相國守代漢二年東擊楚使使告趙欲與俱陳餘曰漢殺張耳乃從於是漢王求人類張耳者斬之持其頭遺陳餘陳餘乃遣兵助漢漢之敗於彭城西陳餘亦復覺張耳不死即背漢漢三年韓信已定魏地遣張耳與韓信擊破趙井陘斬陳餘泜水上追殺趙王歇襄國

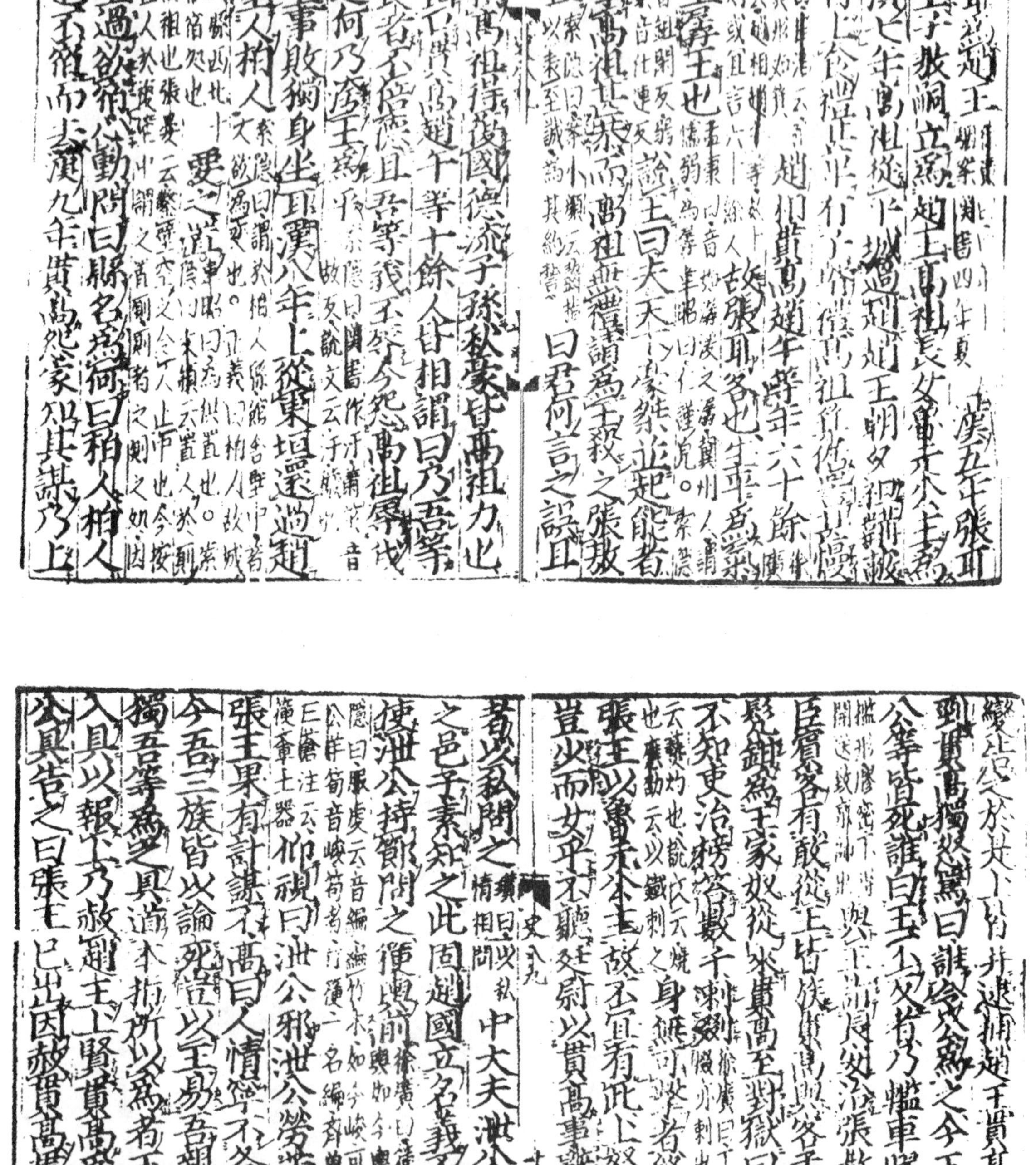

國。漢六年，張耳薨，謚為景王。子敖嗣立為趙王。高祖長女魯元公主為趙王敖后。漢七年，高祖從平城過趙，趙王朝夕袒韝蔽，自上食，禮甚卑，有子婿禮。高祖箕踞詈，甚慢易之。趙相貫高、趙午等年六十餘，故張耳客也。生平為氣，乃怒曰：吾王孱王也。說王曰：夫天下豪桀並起，能者先立。今王事高祖甚恭，而高祖無禮，請為王殺之。張敖齧其指出血，曰：君何言之誤！且先人亡國，賴高祖得復國，德流子孫，秋豪皆高祖力也。願君無復出口。貫高、趙午等十餘人皆相謂曰：乃吾等非也。吾王長者，不倍德。且吾等義不辱，今怨高祖辱我王，故欲殺之，何乃汙王為乎？令事成歸王，事敗獨身坐耳。漢八年，上從東垣還，過趙，貫高等乃壁人柏人，要之置廁。上過欲宿，心動，問曰：縣名為何？曰：柏人。柏人者，迫於人也。不宿而去。漢九年，貫高怨家知其謀，乃上變告之。

於是上皆并逮捕趙王、貫高等。十餘人皆爭自剄，貫高獨怒罵曰：誰令公為之？今王實無謀，而并捕王；公等皆死，誰白王不反者！乃轞車膠致，與王詣長安。治張敖之罪。上乃詔趙群臣賓客有敢從王皆族。貫高與客孟舒等十餘人，皆自髡鉗，為王家奴，從來。貫高至，對獄，曰：獨吾屬為之，王實不知。吏治榜笞數千，刺剟，身無可擊者，終不復言。呂后數言張王以魯元公主故，不宜有此。上怒曰：使張敖據天下，豈少而女乎！不聽。廷尉以貫高事辭聞，上曰：壯士！誰知者，以私問之。中大夫泄公曰：臣之邑子，素知之。此固趙國立名義不侵為然諾者也。上使泄公持節問之箯輿前。仰視曰：泄公邪？泄公勞苦如生平驩，與語，問張王果有計謀不。高曰：人情寧不各愛其父母妻子乎？今吾三族皆以論死，豈以王易吾親哉！顧為王實不反，獨吾等為之。具道本指所以為者王不知狀。於是泄公入，具以報，上乃赦趙王。上賢貫高為人能立然諾，使泄公具告之，曰：張王已出。因赦貫高。貫高喜曰：吾王審出？

乎泄公曰然泄公曰上多足下故赦足下貫高曰所以不死一身無餘者白張王不反也今王已出吾責已塞死不恨矣且人臣有篡殺之名何面目復事上哉縱上不殺我我不愧於心乎乃仰絕肮遂死韋昭曰肮咽也○索隱曰蘇林云肮頸大脈也俗所謂胡脈音下郎反蕭該或音下浪反當此之時名聞天下張敖已出以尚魯元公主故封為宣平侯索隱曰韋昭曰尚奉也不敢言取崔浩云奉事公主小顏云尚配也易曰得尚于中行王弼亦以尚為配恐非其義於是上賢張王諸客以鉗奴從張王入關無不為諸侯相郡守者及孝惠高后文帝孝景時張王客子孫皆得為二千石張敖高后六年薨關中記曰張敖冢在安陵東○正義曰魯元公主墓在咸陽縣西北二十五里次東有張敖冢與公主同域又張敖墓在咸陽縣東三十三里子偃為魯元王以母呂后女故呂后封為魯元王索隱曰案謂偃以其母隨而封也元王弱兄弟少乃封張敖他姬子二人壽為樂昌侯徐廣曰漢紀張敖傳曰張敖之子壽封樂昌侯細陽之池陽鄉也侈為信都侯高后崩諸呂無道大臣誅之而廢魯元王及樂昌侯信都侯孝文帝即位復封故魯元王偃為南宮侯續張氏徐廣曰張敖謚武侯張偃之孫有罪絕信都侯張侈樂昌侯張壽

太史公曰張耳陳餘世傳所稱賢者其賓客廝役莫非天下俊桀所居國無不取卿相者然張耳陳餘始居約時漢書音義曰在貧賤時也相然信以死豈顧問哉索隱曰葛洪要用字苑云然猶爾也謂相和同諾者何也謂然諾相信雖死不顧也及據國爭權卒相滅亡何鄉者相慕用之誠後相倍之戾也豈非以勢利交哉索隱曰有本作私利又漢書作勢利又按廉頗傳云天下以市道交君有勢則從君無勢則去此固其理也名譽雖高賓客雖盛所由殆與太伯延陵季子異矣

索隱述贊曰

張耳陳餘　天下豪俊　忘年羈旅

刎頸相信　耳圍鉅鹿　餘兵不進

張既望深　陳乃去印　勢利傾奪

隙末成釁

張耳陳餘列傳第二十九　史記八十九

魏豹彭越列傳第三十　　史記九十

魏豹者故魏諸公子也其兄魏咎故魏時封為寧陵君秦滅魏遷咎為家人陳勝之起王也〔正義曰王于放反〕咎往從之陳王使魏人周市徇魏地魏地已下欲相與立周市為魏王周市曰天下昏亂忠臣乃見〔索隱曰老子曰國家昏亂有忠臣此周市以為說也〕今天下共畔秦其義必立魏王後乃可齊趙使車各五十乘立周市為魏王市辭不受迎魏咎於陳五反陳王乃遣立咎為魏王〔索隱曰元年十二月也〕章邯已破陳王乃進兵擊魏王於臨濟〔正義曰臨濟在淄州高苑縣西北二里本漢縣〕魏王乃使周市出

請救於齊楚齊楚遣項它田巴將兵隨市救魏〔索隱曰〕章邯遂擊破殺周市等軍圍臨濟咎為其民約降約定咎自燒殺魏豹亡走楚〔索隱曰二年六月〕楚懷王予魏豹數千人復徇魏地項羽已破秦降章邯豹下魏二十餘城立豹為魏王豹引精兵從項羽入關漢元年項羽封諸侯欲有梁地乃徙魏王豹於河東都平陽〔正義曰今晉州〕為西魏王漢王還定三秦渡臨晉〔正義曰臨晉在同州朝邑縣界〕魏王豹以國屬焉遂從擊楚於彭城漢敗還至滎陽豹請歸視親病至國即絕河津畔漢漢王聞魏豹反方東憂楚未及擊謂酈生曰緩頰往說魏豹能下之吾

以萬戶封若酈生說豹豹謝曰人生一世間如白駒過隙耳〔索隱曰莊子云〕今漢王慢而侮人罵詈諸侯群臣如罵奴耳非有上下禮節也吾不忍復見也於是漢王遣韓信擊虜豹於河東傳詣滎陽以豹國為郡漢王令豹守滎陽楚圍之急周苛遂殺魏豹

彭越者昌邑人也〔正義曰〕字仲常漁鉅野澤中為群盜陳勝項梁之起少年或謂越曰諸豪桀相立畔秦仲可以來亦效之彭越曰兩龍方鬬且待之居歲餘澤間少年相聚百餘人往從

彭越曰請仲為長越謝曰臣不願與諸君少年彊請乃許與期旦日日出會後期者斬〔索隱曰旦日謂明日之朝日出時也〕旦日日出十餘人後後者至日中於是越謝曰臣老諸君彊以為長今期而多後不可盡誅誅最後者一人令校長斬之皆笑曰何至是請後不敢於是越乃引一人斬之設壇祭乃令徒屬徒屬皆大驚畏越莫敢仰視乃行略地收諸侯散卒得千餘人沛公之從碭北〔正義曰〕擊昌邑彭越助之昌邑未下沛公引兵西彭越亦將其眾居鉅野中收魏散卒項籍入關王諸侯還歸彭越眾萬餘人毋所屬漢元年秋齊王田榮畔項王漢乃使

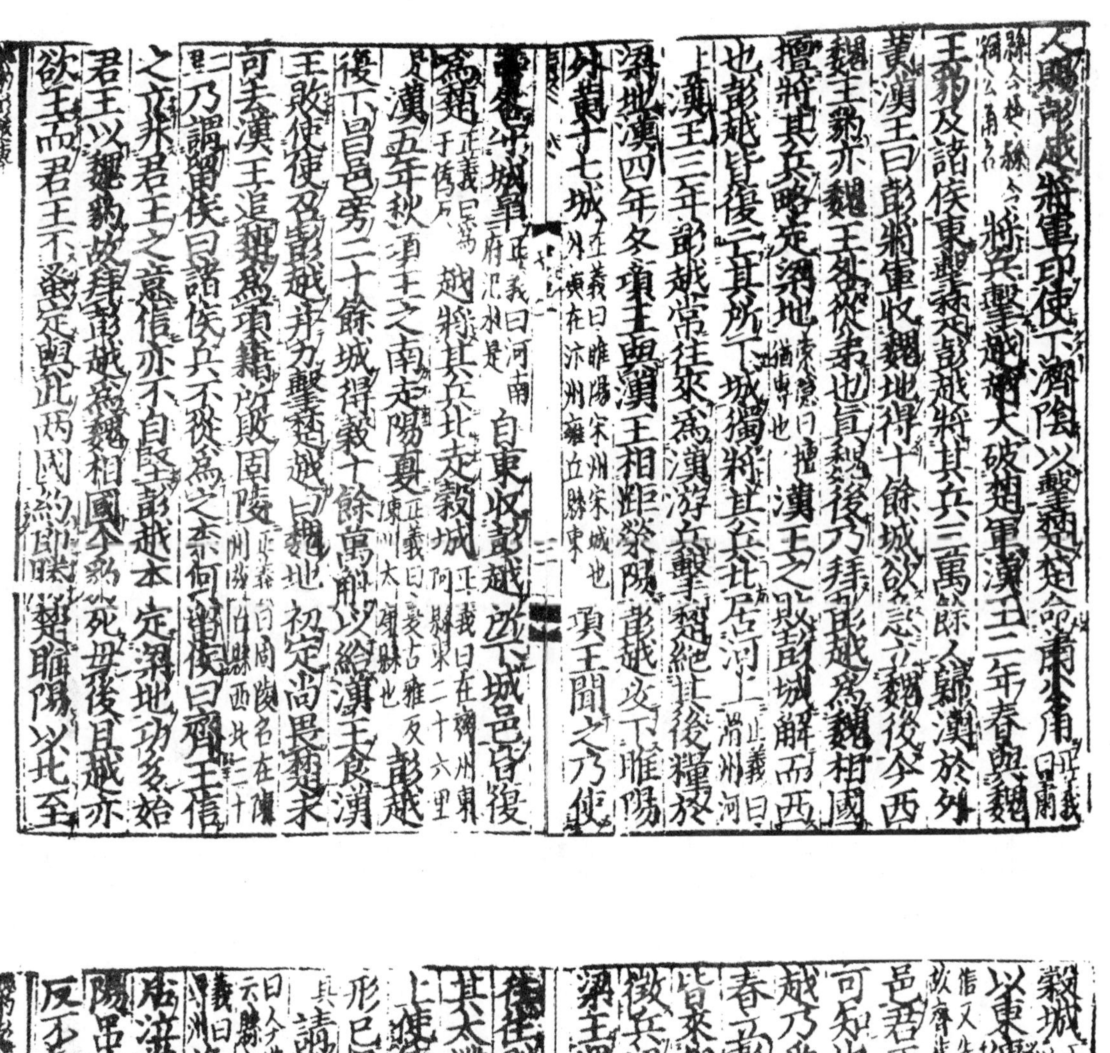

入賜彭越將軍印，使下濟陰以擊楚。楚命蕭公角【正義曰蕭縣令稱公角名】將兵擊越，越大破楚軍。漢王二年春，與魏王豹及諸侯東擊楚，彭越將其兵三萬餘人歸漢於外黃。漢王曰：「彭將軍收魏地得十餘城，欲急立魏後。今西魏王豹亦魏王咎從弟也，真魏後。」乃拜彭越為魏相國，擅將其兵，略定梁地。【索隱曰擅猶專也】漢王之敗彭城解而西也，彭越皆復亡其所下城，獨將其兵北居河上。【正義曰滑州河】漢王三年，彭越常往來為漢游兵，擊楚，絕其後糧於梁地。漢四年冬，項王與漢王相距滎陽，彭越攻下睢陽、外黃十七城。【正義曰睢陽宋州宋城也外黃在汴州雍丘縣東】項王聞之，乃使曹咎守成皋，【正義曰河南府汜水縣是】自東收彭越所下城邑，皆復為楚。【正義曰為于偽反】越將其兵北走穀城。【正義曰在濟州東阿縣東二十六里】漢五年秋，項王之南走陽夏，【正義曰夏音古雅反陳州太康縣也】彭越復下昌邑旁二十餘城，得穀十餘萬斛，以給漢王食。漢王敗，使使召彭越并力擊楚。越曰：「魏地初定，尚畏楚，未可去。」漢王追楚，為項籍所敗固陵。【正義曰固陵名在陳州宛丘縣西北四十二里】乃謂留侯曰：「諸侯兵不從，為之柰何？」留侯曰：「齊王信之立，非君王之意，信亦不自堅。彭越本定梁地，功多，始君王以魏豹故，拜彭越為魏相國。今豹死毋後，且越亦欲王，而君王不蚤定。與此兩國約：即勝楚，睢陽以北至

穀城，【正義曰從睢陽以北至濟州濮州並與彭越】皆以王彭相國；從陳以東傅海，【正義曰從陳潁川以東亳泗徐淮北之境東至海并淮南淮陰之邑盡與韓信又先有齊舊地】與齊王信。齊王信家在楚，此其意欲復得故邑。君王能出捐此地許二人，二人今可致；即不能，事未可知也。」於是漢王乃發使使彭越，如留侯策。使者至，彭越乃悉引兵會垓下，【正義曰在亳州也】遂破楚。五年，項籍已死。春，立彭越為梁王，都定陶。【正義曰曹州】六年，朝陳。九年，十年，皆來朝長安。十年秋，陳豨反代地，高帝自往擊，至邯鄲，徵兵梁王。梁王稱病，使將將兵詣邯鄲。高帝怒，使人讓梁王。梁王恐，欲自往謝。其將扈輒曰：「王始不往，見讓而往，往則為禽矣。不如遂發兵反。」梁王不聽，稱病。梁王怒其太僕，欲斬之。太僕亡走漢，告梁王與扈輒謀反。於是上使使掩梁王，梁王不覺，捕梁王，囚之雒陽。有司治反形已具，【張晏曰扈輒勸越反不聽而形已具有司非也謂以扈輒勸越反越不誅輒是反形也】請論如法。上赦以為庶人，傳處蜀青衣。【文穎曰青衣縣名在蜀】【索隱曰蘇林云縣名今為臨邛嚴道亦是日入于漢嘉是也】西至鄭，【索隱曰地理志鄭縣屬京兆】逢呂后從長安來，欲之雒陽，道見彭王。彭王為呂后泣涕，自言無罪，願處故昌邑。呂后許諾，與俱東至雒陽。呂后白上曰：「彭王壯士，今徙之蜀，此自遺患，【正義曰遺唯季反】不如遂誅之。妾謹與俱來。」於是呂后乃令其舍人告

彭越復謀反，廷尉王恬開奏請族之。上乃可，遂夷越宗族，國除。

太史公曰：魏豹、彭越雖故賤，然已席卷千里，（正義曰：言如席之卷也。）南面稱孤，喋血乘勝日有聞矣。（徐廣曰：一作喋。索隱曰：音牒。喋血，謂殺人流血，履血而行。）懷畔逆之意，及敗不死，而虜囚身被刑戮，何哉？中材已上且羞其行，況王者乎！彼無異故，智略絕人，獨患無身耳。得攝尺寸之柄，其雲蒸龍變，欲有所會其度，以故幽囚而不辭云。

索隱述贊曰：魏咎兄弟，因時而王。豹後屬楚，其國遂亡。仲起昌邑，歸漢外黃。往來聲援，再續軍糧。徵兵不往，菹醢何傷！

魏豹彭越列傳第三十　史記九十

黥布列傳第三十一　史記九十一

黥布者，六人也，姓英氏。（索隱曰：地理志廬江有六縣。蘇林曰：今六安也。布本姓英，以少時有人相云當刑而王，故漢雖黥之，亦布改姓黥，以厭當之也。正義：六故城在壽州安豐縣西南百三十二里。括地志云：六，國名也，咎繇之後。英，六國名也，皋繇之後，封於英、六，蓋英後。）秦時為布衣。少年，有客相之曰：「當刑而王。」及壯，坐法黥。布欣然笑曰：「人相我當刑而王，幾是乎？」（徐廣曰：幾，一作豈。駰案：漢書作「豈是乎」。索隱曰：豈，音祈。劉氏音祈，祈者，謂幾近也。）人有聞者，共俳笑之。布已論輸麗山，（正義曰：言論決受黥，輸作麗山之陵也。）麗山之徒數十萬人，布皆與其徒長豪桀交通，迺率其曹偶，亡之江中為群盜。（索隱曰：曹，輩也。）陳勝之起也，布迺見番君，與其眾叛秦，聚兵數千人。番君以其女妻之。章邯之滅陳勝，破呂臣軍，布乃引兵北擊秦左右校，破之清波，引兵而東。聞項梁定江東會稽，（正義曰：時會稽郡所理在吳，闔閭城中。）涉江而西。陳嬰以項氏世為楚將，迺以兵屬項梁，渡淮南，英布、蒲將軍亦以兵屬項梁。項梁涉淮而西，擊景駒、秦嘉等，布常冠軍。項梁至薛，（正義曰：薛故城在徐州滕縣界也。）聞陳王定死，迺立楚懷王。項梁號為武信君，英布為當陽君。（正義曰：南郡當陽縣也。）項梁敗死定陶，懷王徙都彭城，諸將英布亦皆保聚彭城。當是時，秦急圍趙，趙數使人請救。懷王使宋義為上將，范曾為末將項籍爲次將，英布、蒲將軍皆爲將軍，悉屬宋義，北救趙。及項籍殺宋義於河上，懷王因立籍爲上將軍，諸將皆屬項籍。項籍使布先涉渡河擊秦，布數有利，籍迺悉引兵涉河從之，遂破秦軍，降章邯等。楚兵常勝，功冠諸侯。諸侯兵皆以服屬楚者，以布數以少敗衆也。項籍之引兵西至新安，正義曰新安故城在河南新安縣東一十二里又使布等夜擊阬章邯秦卒二十餘萬人。至關，不得入，又使布等先從閒道破關下軍，索隱曰鄒氏云閒音閑謂私也今以閒音紀莧反謂道從也猶若反閒之義遂得入，至咸陽。布常爲軍鋒。[illegible]項王封諸將，立布爲九江王，都六。漢元年四月，諸侯皆罷戲下，各就國。項氏立懷王爲義帝，徙都長沙，迺陰令九江王布等行擊之。其八月，布使將擊義帝，追殺之郴縣。正義曰上丑林反今郴州有義帝冢及祠漢二年，齊王田榮畔楚，項王往擊齊，徵兵九江，九江王布稱病不往，遣將將數千人行。漢之敗楚彭城，布又稱病不佐楚。項王由此怨布，數使使者誚讓召布，漢書音義曰誚責也布愈恐，不敢往。項王方北憂齊、趙，西患漢，所與者獨九江王，又多布材，欲親用之，以故未擊。漢三年，漢王擊楚，大戰彭城，不利，出梁地，至虞，正義曰今宋州虞城也謂左右曰：「如彼等者，無足與計天下事。」謁者隨何進曰：「不審陛下所謂。」漢王曰：「孰能爲我

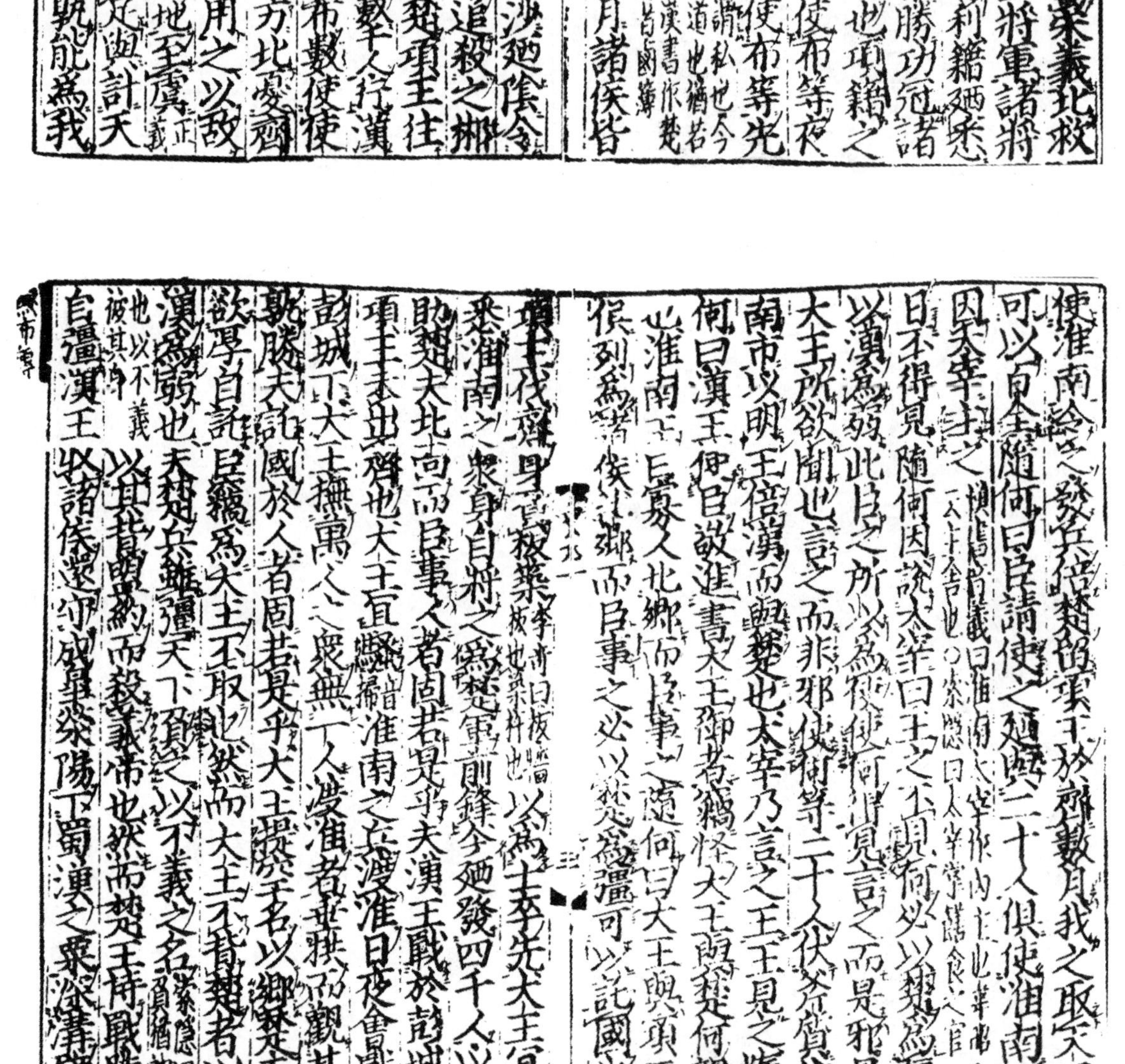

使淮南，令之發兵倍楚，留項王於齊數月，我之取天下可以百全。」隨何曰：「臣請使之。」迺與二十人俱，使淮南。至，因太宰主之，[illegible]三日不得見。隨何因說太宰曰：「王之不見何，必以楚爲彊，以漢爲弱，此臣之所以爲使。使何得見，言之而是邪，是大王所欲聞也；言之而非邪，使何等二十人伏斧質淮南市，以明王倍漢而與楚也。」太宰乃言之王，王見之。隨何曰：「漢王使臣敬進書大王御者，竊怪大王與楚何親也。」淮南王曰：「寡人北鄉而臣事之。」隨何曰：「大王與項王俱列爲諸侯，北鄉而臣事之，必以楚爲彊，可以託國也。項王伐齊，身負板築，李奇曰板牆板也築杵也以爲士卒先，大王宜悉淮南之衆，身自將之，爲楚軍前鋒，今迺發四千人以助楚。夫北面而臣事人者，固若是乎？夫漢王戰於彭城，項王未出齊也，大王宜騷[illegible]淮南之兵渡淮，日夜會戰彭城下，大王撫萬人之衆，無一人渡淮者，垂拱而觀其孰勝。夫託國於人者，固若是乎？大王提空名以鄉楚，而欲厚自託，臣竊爲大王不取也。然而大王不背楚者，以漢爲弱也。夫楚兵雖彊，天下負之以不義之名，[illegible]以其背盟約而殺義帝也。然而楚王恃戰勝自彊，漢王收諸侯，還守成皋、滎陽，下蜀、漢之粟，深溝壁

壘，分卒守徼乘塞。索隱曰：徼謂邊境亭鄣，以徼繞邊陲，常守之也。乘者，登也，登塞垣而守之。楚人還兵，間以梁地，深入敵國八九百里，張晏曰：間，隔也。從梁地入八九百里，欲得相地。○索隱曰：案服虔曰：梁在楚漢之中央。欲戰則不得，攻城則力不能，老弱轉糧千里之外；楚兵至滎陽、成皋，漢堅守而不動，進則不得攻，退則不能解。故曰楚兵不足恃也。集解徐廣曰：一作罷。言其已困，不足恃。索隱曰：案漢書作罷，音皮。使楚勝漢，則諸侯自危懼而相救。夫楚之彊，適足以致天下之兵耳。故楚不如漢，其勢易見也。今大王不與萬全之漢而自託於危亡之楚，臣竊為大王惑之。臣非以淮南之兵足以亡楚也。夫大王發兵而倍楚，項王必留；留數月，漢之取天下可以萬全。臣請與大王提劍而歸漢，漢王必裂地而封大王，又況淮南，淮南必大王有也。故漢王敬使使臣進愚計，願大王之留意也。」淮南王曰：「請奉命。」陰許畔楚與漢，未敢泄也。楚使者在，索隱曰：在淮南王所。方急責英布發兵，舍傳舍。隨何直入，坐楚使者上，曰：「九江王已歸漢，楚何以得發兵？」布愕然。楚使者起。何因說布曰：「事已搆，索隱曰：搆成也。可遂殺楚使者，無使歸，而疾走漢并力。」索隱曰：言疾走向漢也。布曰：「如使者教，因起兵而擊之耳。」於是殺使者，因起兵而攻楚。楚使項聲、龍且攻淮南，項王留而攻下邑。正義曰：宋州碭山縣。數月，龍且擊淮南，破布軍。布欲引兵走漢，恐楚王殺之，故間行與何俱歸漢。淮南王至，徐廣曰：三年十二月。上方踞牀洗，召布入見，布甚大怒，悔來，欲自殺。出就舍，帳御飲食從官如漢王居，布又大喜過望。正義曰：高祖以布先久為王，恐其自尊大，故峻禮令布折服。已而美其帷帳，厚其飲食，多其從官，以悅其心，權道也。於是迺使人入九江。楚已使項伯收九江兵，盡殺布妻子。布使者頗得故人幸臣，將眾數千人歸漢。漢益分布兵而與俱北，收兵至成皋。四年七月，立布為淮南王，與擊項籍。五年，布使人入九江，得數縣。六年，布與劉賈入九江，誘大司馬周殷，周殷反楚，遂舉九江兵與漢擊楚，破之垓下。項籍死，天下定，上置酒。上折隨何之功，謂何為腐儒，為天下安用腐儒。索隱曰：腐儒，謂之腐儒者，言如腐敗之物不任用也。隨何跪曰：「夫陛下引兵攻彭城，楚王未去齊也，陛下發步卒五萬人，騎五千，能以取淮南乎？」上曰：「不能。」隨何曰：「陛下使何與二十人使淮南，至，如陛下之意，是何之功賢於步卒五萬人騎五千也。然而陛下謂何腐儒，為天下安用腐儒，何也？」上曰：「吾方圖子之功。」迺以隨何為護軍中尉。布遂剖符為淮南王，都六，九江、廬江、衡山、豫章郡皆屬布。七年，朝陳。八年，朝雒陽。九年，朝長安。十一年，高后誅淮陰侯，布因心恐。夏，漢誅梁王彭越，醢之，盛其醢遍賜諸侯。至淮南，淮南王方獵，見醢，因大恐，陰令人部聚兵，候伺旁郡警急。

布所幸姬疾，請就醫，醫家與中大夫賁赫對門，姬數如醫家，賁赫自以為侍中，迺厚餽遺，從姬飲醫家。姬侍王，從容語次，譽赫長者也。王怒曰：汝安從知之？具說狀。王疑其與亂。赫恐，稱病。王愈怒，欲捕赫。赫言變事，乘傳詣長安。布使人追，不及。赫至，上變，言布謀反有端，可先未發誅也。上讀其書，語蕭相國。相國曰：布不宜有此，恐仇怨妄誣之。請擊赫，使人微驗淮南王。淮南王布見赫以罪亡，上變，固已疑其言國陰事；漢使又來，頗有所驗，遂族赫家，發兵反。反書聞，上迺赦賁赫，以為將軍。上召諸將問曰：布反，為之奈何？皆曰：發兵擊之，坑豎子耳，何能為乎！汝陰侯滕公召故楚令尹問之。令尹曰：是固當反。滕公曰：上裂地而王之，疏爵而貴之，南面而立萬乘之主，其反何也？令尹曰：往年殺彭越，前年殺韓信，此三人者，同功一體之人也。自疑禍及身，故反耳。滕公言之上曰：臣客故楚令尹薛公者，其人有籌筴之計，可問。上迺召見問薛公。薛公對曰：布反不足怪也。使布出於上計，山東非漢之有也；出於中計，勝敗之數未可知也；出於下計，陛下安枕而臥矣。上曰：何謂上計？令尹對曰：東取

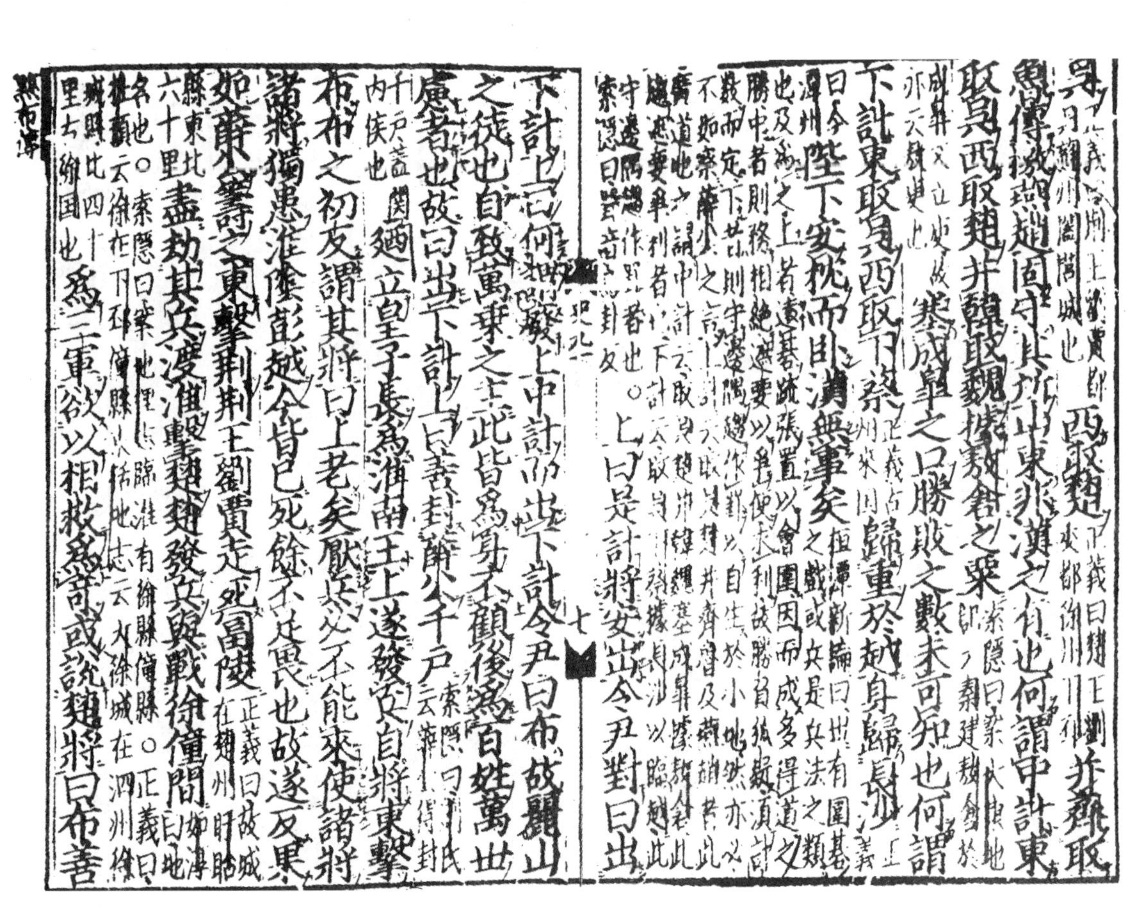
吳，西取楚，并齊取魯，傳檄燕、趙，固守其所，山東非漢之有也。何謂中計？東取吳，西取楚，并韓取魏，據敖倉之粟，塞成皋之口，勝敗之數未可知也。何謂下計？東取吳，西取下蔡，歸重於越，身歸長沙，陛下安枕而臥，漢無事矣。上曰：是計將安出？令尹對曰：出下計。上曰：何謂廢上中計而出下計？令尹曰：布故麗山之徒也，自致萬乘之主，此皆為身，不顧後為百姓萬世慮者也，故曰出下計。上曰：善。封薛公千戶。迺立皇子長為淮南王。上遂發兵自將東擊布。布之初反，謂其將曰：上老矣，厭兵，必不能來。使諸將，諸將獨患淮陰、彭越，今皆已死，餘不足畏也。故遂反。果如薛公籌之，東擊荊，荊王劉賈走死富陵。盡劫其兵，渡淮擊楚。楚發兵與戰徐、僮間，為三軍，欲以相救為奇。或說楚將曰：布善

用兵，民素畏之。且兵法，諸侯戰其地為散地。漢書音義曰：郡散域之地。○正義曰：魏武帝云：卒恋土，道近而易散。今別為三，彼敗吾一軍，餘皆走，安能相救。不聽。布果破其一軍，其二軍散走。遂西，與上兵遇蘄西，會甀。布兵精甚，上乃壁庸城，望布軍置陳如項籍軍，上惡之。與布相望見，遙謂布曰：何苦而反。布曰：欲為帝耳。上怒罵之，遂大戰。布軍敗走，渡淮，數止戰，不利，與百餘人走江南。布故與番君婚，以故長沙哀王使人紿布，偽與亡，誘走越，故信而隨之番陽。番陽人殺布茲鄉民田舍，正義曰：英布冢在饒州鄱陽縣北百五十二里一十三步。遂滅黥布。立皇子長為淮南王，封賁赫為期思侯，正義曰：期思故城在光州固始縣界。諸將率多以功封者。漢書曰：將封者六人。

太史公曰：英布者，其先豈春秋所見楚滅英、六，皋陶之後哉？身被刑法，何其拔興之暴也！索隱曰：拔音白曷反，疾也。項氏之所阬殺人以千萬數，而布常為首虐。功冠諸侯，用此得王，亦不免於身為世大僇。禍之興自愛姬殖，妒媚生患，竟以滅國！媚音冒。媚亦妒也。○索隱曰：漢書外戚傳亦云成結寵妾妒媚之誅。又論衡云：妒夫媚婦。則媚是妒之別名。今案英布之誅為疑賁赫與其姬有亂，故至滅國，所以不得言妒媚，是媚也。一云男妒曰媚。

索隱述贊曰：

九江初筮，當刑而王。
既免徒中，聚盜江上。
每雄楚卒，頻破秦將。
病為羽疑，歸受漢杖。
賁赫見毀，卒致無妄。

黥布列傳第三十一　史記九十一

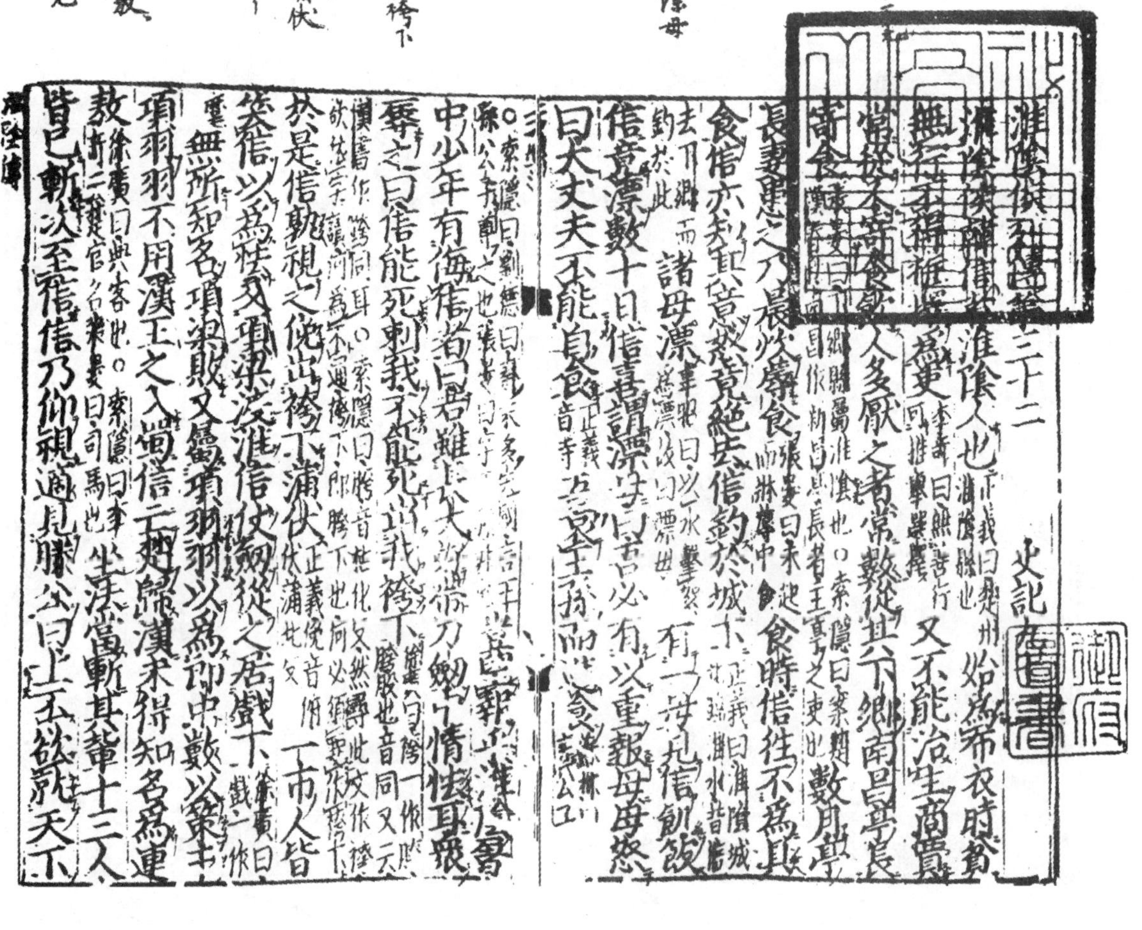

漂母　出袴下　蒲伏　連敖

淮陰侯列傳第三十二　史記九十二

淮陰侯韓信者，淮陰人也（正義曰楚州淮陰縣也）。始為布衣時，貧無行，不得推擇為吏（李奇曰無善行可推舉選擇），又不能治生商賈，常從人寄食飲，人多厭之者。常數從其下鄉南昌亭長寄食，數月，亭長妻患之，乃晨炊蓐食。食時信往，不為具食。信亦知其意，怒，竟絕去。信釣於城下，諸母漂，有一母見信飢，飯信，竟漂數十日。信喜，謂漂母曰：「吾必有以重報母。」母怒曰：「大丈夫不能自食，吾哀王孫而進食，豈望報乎！」淮陰屠中少年有侮信者，曰：「若雖長大，好帶刀劍，中情怯耳。」眾辱之曰：「信能死，刺我；不能死，出我袴下。」於是信孰視之，俛出袴下，蒲伏（正義伏音蒲北反）。一市人皆笑信，以為怯。及項梁渡淮，信杖劍從之，居戲下，無所知名。項梁敗，又屬項羽，羽以為郎中。數以策干項羽，羽不用。漢王之入蜀，信亡楚歸漢，未得知名，為連敖（徐廣曰典客也。索隱曰李奇云楚官名。張晏曰司馬也）。坐法當斬，其輩十三人皆已斬，次至信，信乃仰視，適見滕公，曰：「上不欲就天下乎？何為斬壯士！」滕公奇其言，壯其貌，釋而不斬。與語，大說之。言於上，上拜以為治粟都尉，上未之奇也。信數與蕭何語，何奇之。至南鄭，諸將行道亡者數十人，信度何等已數言上，上不我用，即亡。何聞信亡，不及以聞，自追之。人有言上曰：「丞相何亡。」上大怒，如失左右手。居一二日，何來謁上，上且怒且喜，罵何曰：「若亡，何也？」何曰：「臣不敢亡也，臣追亡者。」上曰：「若所追者誰？」何曰：「韓信也。」上復罵曰：「諸將亡者以十數，公無所追；追信，詐也。」何曰：「諸將易得耳。至如信者，國士無雙。王必欲長王漢中，無所事信；必欲爭天下，非信無所與計事者。顧王策安所決耳。」王曰：「吾亦欲東耳，安能鬱鬱久居此乎？」何曰：「王計必欲東，能用信，信即留；不能用，信終亡耳。」王曰：「吾為公以為將。」何曰：「雖為將，信必不留。」王曰：「以為大將。」何曰：「幸甚。」於是王欲召信拜之。何曰：「王素慢無禮，今拜大將如呼小兒耳，此乃信所以去也。王必欲拜之，擇良日，齋戒，設壇場，具禮，乃可耳。」王許之。諸將皆喜，人人各自以為得大將。至拜大將，乃韓信也，一軍皆驚。信拜禮畢，上坐。王曰：「丞相數言將軍，將軍何以教寡人計策？」信謝，因問王曰：「今東鄉爭權天下，豈非項王邪？」漢王曰：「然。」曰：「大王自料勇悍仁彊孰與項王？」漢王默然良久，曰：

不如也信再拜賀曰惟信亦為大王不如也然臣嘗事之請言項王之為人也項王喑噁叱咤千人皆廢（晉灼曰廢不收也○索隱曰喑於鴆反噁烏路反叱昌栗反咤卓嫁反或作吒喑噁懷怒氣叱咤發怒聲也張晏曰廢偃也）然不能任屬賢將此特匹夫之勇耳項王見人恭敬慈愛言語嘔嘔（音凶于反○索隱曰嘔音吁嘔嘔猶姁姁也漢書作姁姁鄧展曰姁姁和好貌）人有疾病涕泣分食飲至使人有功當封爵者印刓敝忍不能予（漢書音義曰不忍授）此所謂婦人之仁也項王雖霸天下而臣諸侯不居關中而都彭城有背義帝之約而以親愛王諸侯不平諸侯之見項王遷逐義帝置江南亦皆歸逐其主而自王善地項王所過無不殘滅者

史記九十二　三

多怨百姓不親附特劫於威彊耳名雖為霸實失天下心故曰其彊易弱今大王誠能反其道任天下武勇何所不誅以天下城邑封功臣何所不服以義兵從思東歸之士何所不散（索隱曰劉氏云謂東歸之兵擊東方之敵此敵然不散敗也）且三秦王為秦將將秦子弟數歲矣所殺亡不可勝計又欺其眾降諸侯至新安項王詐阬秦降卒二十餘萬唯獨邯欣翳得脫秦父兄怨此三人痛入骨髓今楚彊以威王此三人秦民莫愛也大王之入武關秋豪無所害（索隱曰案秋豪秋乃成王逸注楚詞云銳毛為豪夏落秋生也）除秦苛法與秦民約法三章耳秦民無不欲得大王王秦者於諸侯之約大王當

王關中關中民咸知之大王失職入漢中秦民無不恨者今大王舉而東三秦可傳檄而定也（索隱曰案說文云檄二尺書也此云傳檄謂為檄以責所伐者）於是漢王大喜自以為得信晚遂聽信計部署諸將所擊八月漢王舉兵東出陳倉（正義曰漢王出散關也出岐州陳倉縣）定三秦漢二年出關（正義曰出函谷關）收魏河南韓殷王皆降合齊趙共擊楚四月至彭城漢兵敗散而還信復收兵與漢王會滎陽復擊破楚京索之間以故楚兵卒不能西漢之敗卻彭城（正義曰兵敗散彭城而退卻）塞王欣翟王翳亡漢降楚齊趙亦反漢與楚和六月魏王豹謁歸視親疾至國即絕河關（索隱曰河關蒲津關）反漢與楚約和漢王

史記九十二　四

使酈生說豹不下其八月以信為左丞相擊魏魏王盛兵蒲坂塞臨晉（索隱曰塞音先代反臨晉縣名在河東之東也）信乃益為疑兵（漢書音義曰益張疑兵以疑敵者）陳船欲度臨晉（索隱曰劉氏云陳船地名在舊關之西今之朝邑非也按京兆有船司空縣不言陳船者陳列船艘欲渡河也）而伏兵從夏陽以木罌缻渡軍（服虔曰以木押縛罌缻以渡韋昭曰以木為器如罌缻以渡軍無船且尚密也○正義曰夏陽故城在同州韓城縣南○索隱曰缻一作缶）襲安邑（正義曰安邑故城在絳州夏縣東北十五里）魏王豹驚引兵迎信信遂虜豹（索隱曰劉氏云夏陽舊無船豹不備之而防臨晉故豹遂降也）定魏為河東郡（正義曰即安邑故城是也）漢王遣張耳與信俱引兵東北擊趙代後九月破代兵禽夏說

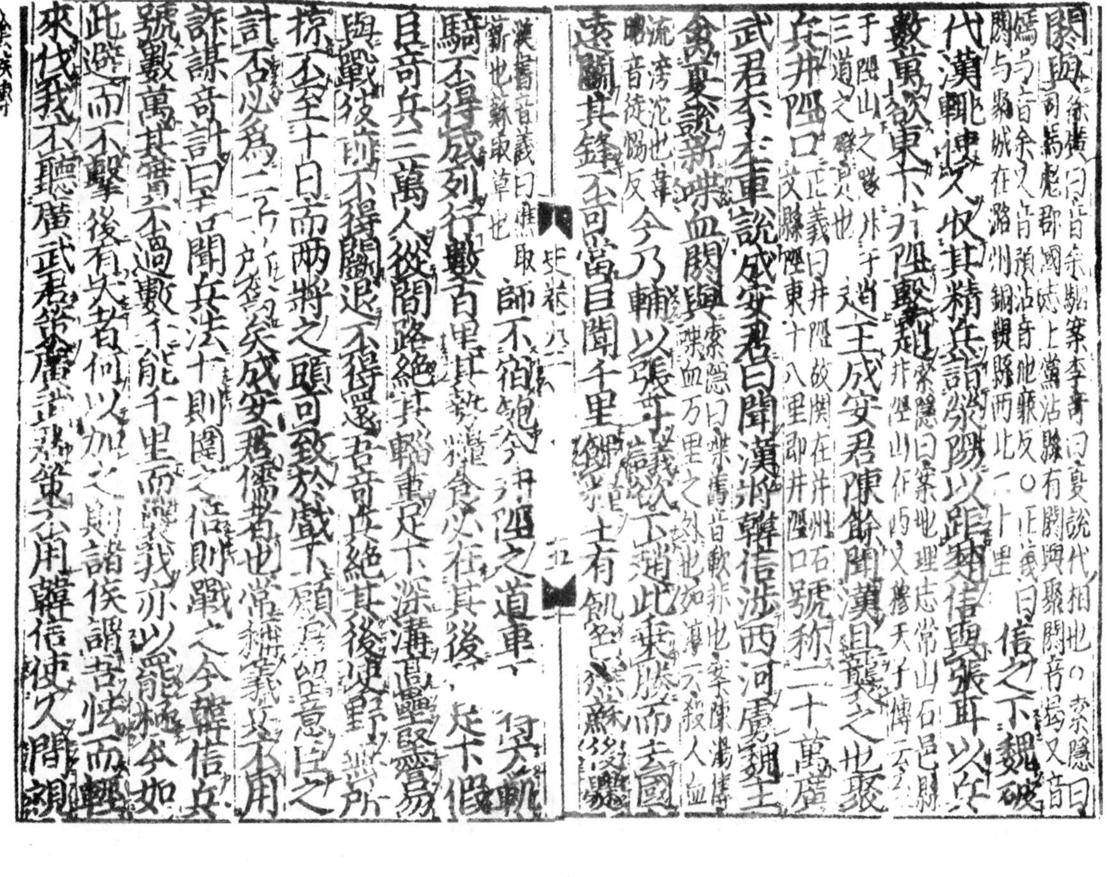

淮陰侯傳

閼與。（徐廣曰：音余。駰案：李奇曰：夏說，代相也。○索隱曰：閼與，司馬彪郡國志上黨沾縣有閼與聚。閼音遏，又音焉；与音余，又音預；沾音他兼反。○正義曰：閼与聚城在潞州銅鞮縣西北二十里。）信之下魏破代，漢輒使人收其精兵，詣滎陽以距楚。信與張耳以兵數萬，欲東下井陘擊趙。（索隱曰：案地理志常山石邑縣井陘山在西。又穆天子傳云：天子□于陘山之隧。[illegible]三道之隧也。）趙王、成安君陳餘聞漢且襲之也，聚兵井陘口，號稱二十萬。（正義曰：井陘故關在并州石艾縣，陘東十八里即井陘口。）廣武君李左車說成安君曰：「聞漢將韓信涉西河，虜魏王，禽夏說，新喋血閼與，（索隱曰：喋，漢書音軼，非也。案：喋血乃里之[illegible]，如淳云：殺人流血滂沱也。喋音徒協反。）今乃輔以張耳，議欲下趙，此乘勝而去國遠鬬，其鋒不可當。臣聞千里餽糧，士有飢色，樵蘇後爨，師不宿飽。（漢書音義曰：樵，取薪也；蘇，取草也。）

史記九十二　十五

今井陘之道，車不得方軌，騎不得成列，行數百里，其勢糧食必在其後。願足下假臣奇兵三萬人，從間道絕其輜重；足下深溝高壘，堅營勿與戰。彼前不得鬬，退不得還，吾奇兵絕其後，使野無所掠，不至十日，而兩將之頭可致於戲下。願君留意臣之計。否，必為二子所禽矣。」成安君，儒者也，常稱義兵不用詐謀奇計，曰：「吾聞兵法十則圍之，倍則戰。今韓信兵號數萬，其實不過數千。能千里而襲我，亦已罷極。今如此避而不擊，後有大者，何以加之！則諸侯謂吾怯，而輕來伐我。」不聽廣武君策，廣武君策不用。韓信使人閒視，

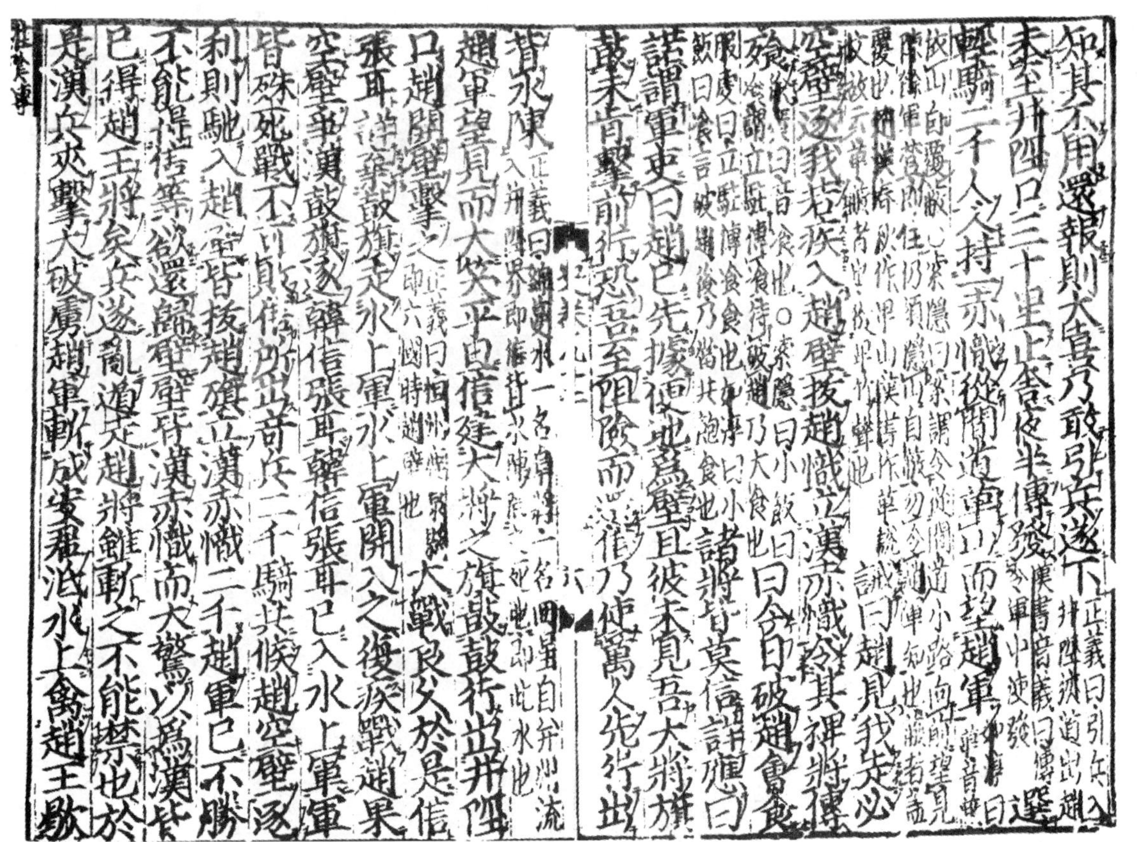

淮陰侯傳

知其不用，還報，則大喜，乃敢引兵遂下。（正義曰：引兵入井陘狹道，出趙。）未至井陘口三十里，止舍。夜半傳發，（漢書音義曰：傳令發也。）選輕騎二千人，人持一赤幟，從間道萆山而望趙軍，（萆音蔽。○索隱曰：萆，[illegible]謂令從間道小路向山[illegible]望見趙軍也。[illegible]）誡曰：「趙見我走，必空壁逐我，若疾入趙壁，拔趙幟，立漢赤幟。」令其裨將傳飧，（徐廣曰：音飧。○索隱曰：小飯曰飧。[illegible]如淳曰：小飯曰飧。[illegible]）曰：「今日破趙會食！」諸將皆莫信，詳應曰：「諾。」謂軍吏曰：「趙已先據便地為壁，且彼未見吾大將旗鼓，未肯擊前行，恐吾至阻險而還。」信乃使萬人先行，出，背水陳。（正義曰：綿蔓水一名[illegible]，自并州流入井陘界，即信背水陳處，亦謂此水也。）趙軍望見而大笑。平旦，信建大將之旗鼓，鼓行出井陘口，趙開壁擊之，（正義曰：[illegible]）大戰良久。於是信、張耳詳棄鼓旗，走水上軍。水上軍開入之，復疾戰。趙果空壁爭漢鼓旗，逐韓信、張耳。韓信、張耳已入水上軍，軍皆殊死戰，不可敗。信所出奇兵二千騎，共候趙空壁逐利，則馳入趙壁，皆拔趙旗，立漢赤幟二千。趙軍已不勝，不能得信等，欲還歸壁，壁皆漢赤幟，而大驚，以為漢皆已得趙王將矣，兵遂亂，遁走，趙將雖斬之，不能禁也。於是漢兵夾擊，大破虜趙軍，斬成安君泜水上，禽趙王歇。

史記九十二　十六

信乃令軍中毋殺廣武君有能生得者購千金於是有縛廣武君而致戲下者信乃解其縛東鄉坐西鄉對師事之諸將效首虜（索隱曰如淳云効致也[illegible]曰効數也[illegible]）休畢賀因問信曰兵法右倍山陵前左水澤今者將軍令臣等反背水陳曰破趙會食臣等不服然竟以勝此何術也信曰此在兵法顧諸君不察耳兵法不曰陷之死地而後生置之亡地而後存且信非得素拊循士大夫也此所謂驅市人而戰之其勢非置之死地使人人自為戰今予之生地皆走寧尚可得而用之乎諸將皆服曰善非臣所及也於是信問廣武君曰僕欲北攻燕東伐

齊何若而有功廣武君辭謝曰臣聞敗軍之將不可以言勇亡國之大夫不可以圖存今臣敗亡之虜何足以權大事乎信曰僕聞之百里奚居虞而虞亡在秦而秦霸非愚於虞而智於秦也用與不用聽與不聽也誠令成安君聽足下計若信者亦已為禽矣以不用足下故信得侍耳因固問曰僕委心歸計願足下勿辭廣武君曰臣聞智者千慮必有一失愚者千慮必有一得故曰狂夫之言聖人擇焉顧恐臣計未必足用願效愚忠夫成安君有百戰百勝之計一旦而失之軍敗鄗下（李音郝[illegible]曰鄗音臛今高邑是）身死泜上今將軍涉西河（索隱曰此之西河當[illegible]也○正義曰郎[illegible]同州龍門河從夏陽度者）虜魏王禽夏說閼與一舉而下井陘不終朝破趙二十萬眾誅成安君名聞海內威震天下農夫莫不輟耕釋耒褕衣甘食（索隱曰褕鄒氏音[illegible]甘食一曰偷苟且也慮不圖久故也漢書作[illegible]）傾耳以待命者（[illegible]）若此將軍之所長也然而眾勞卒罷其實難用今將軍欲舉倦弊之兵頓之燕堅城之下欲戰恐久力不能拔情見勢屈曠日糧竭而弱燕不服齊必距境以自彊也燕齊相持而不下則劉項之權未有所分也若此者將軍所短也臣愚竊以為亦過矣故善用兵者不以短擊長而以長擊短韓信曰然則何由廣武君對曰方今為

將軍計莫如案甲休兵鎮趙撫其孤百里之內牛酒日至以饗士大夫醳兵（魏郡鄴賦曰有醳[illegible]○索隱曰劉氏作[illegible]謂以酒食饗兵士也案史記古醳字從酉[illegible]豈亦謂以酒食醳兵士故字從酉乎）北首燕路（正義曰首音狩向也）而後遣辯士奉咫尺之書（正義曰[illegible]其簡牘或長尺也）暴其所長於燕（正義曰暴音僕）燕必不敢不聽從燕已從使諠言者東告齊齊必從風而服雖有智者亦不知為齊計矣如是則天下事皆可圖也兵固有先聲而後實者此之謂也韓信曰善從其策發使使燕燕從風而靡乃遣使報漢因請立張耳為趙王以鎮撫其國漢王許之乃立張耳為趙王趙數奇兵渡河擊趙趙王耳韓信往來

救趙，因行定趙城邑，發兵詣漢。楚方急圍漢王於滎陽，漢王南出，之宛、葉閒，（正義曰：宛在鄧州，葉縣在許州）得黥布，走入成皋，楚又復急圍之。六月，漢王出成皋，東渡河，獨與滕公俱，從張耳軍脩武。至，宿傳舍。晨自稱漢使，馳入趙壁。張耳、韓信未起，即其臥內上奪其印符，以麾召諸將，易置之。信、耳起，乃知漢王來，大驚。漢王奪兩人軍，即令張耳備守趙地。拜韓信為相國，收趙兵未發者擊齊。（文穎曰：謂趙人未嘗見發者）信引兵東，未渡平原，（正義曰：懷州平原津）聞漢王使酈食其已說下齊，韓信欲止。范陽辯士蒯通說信曰：「將軍受詔擊齊，而漢獨發閒使下齊，寧有詔止將軍乎？何以得毋行也！且酈生一士，伏軾（韋昭曰：軾，今小車中陛起者）掉三寸之舌，下齊七十餘城，將軍將數萬眾，歲餘乃下趙五十餘城，為將數歲，反不如一豎儒之功乎？」於是信然之，從其計，遂渡河。齊已聽酈生，即留縱酒，罷備漢守禦。信因襲齊歷下軍，（徐廣曰：濟南歷城縣）遂至臨菑。齊王田廣以酈生賣己，乃亨之，而走高密，使使之楚請救。韓信已定臨菑，遂東追廣至高密西。楚亦使龍且將，號稱二十萬，救齊。齊王廣、龍且并軍與信戰，未合。人或說龍且曰：「漢兵遠鬭窮戰，其鋒不可當。齊、楚自居其地戰，兵易敗散。（正義曰：近其室家，懷顧也）不如深壁，令齊王使其信臣招所亡城，亡城聞其王在，

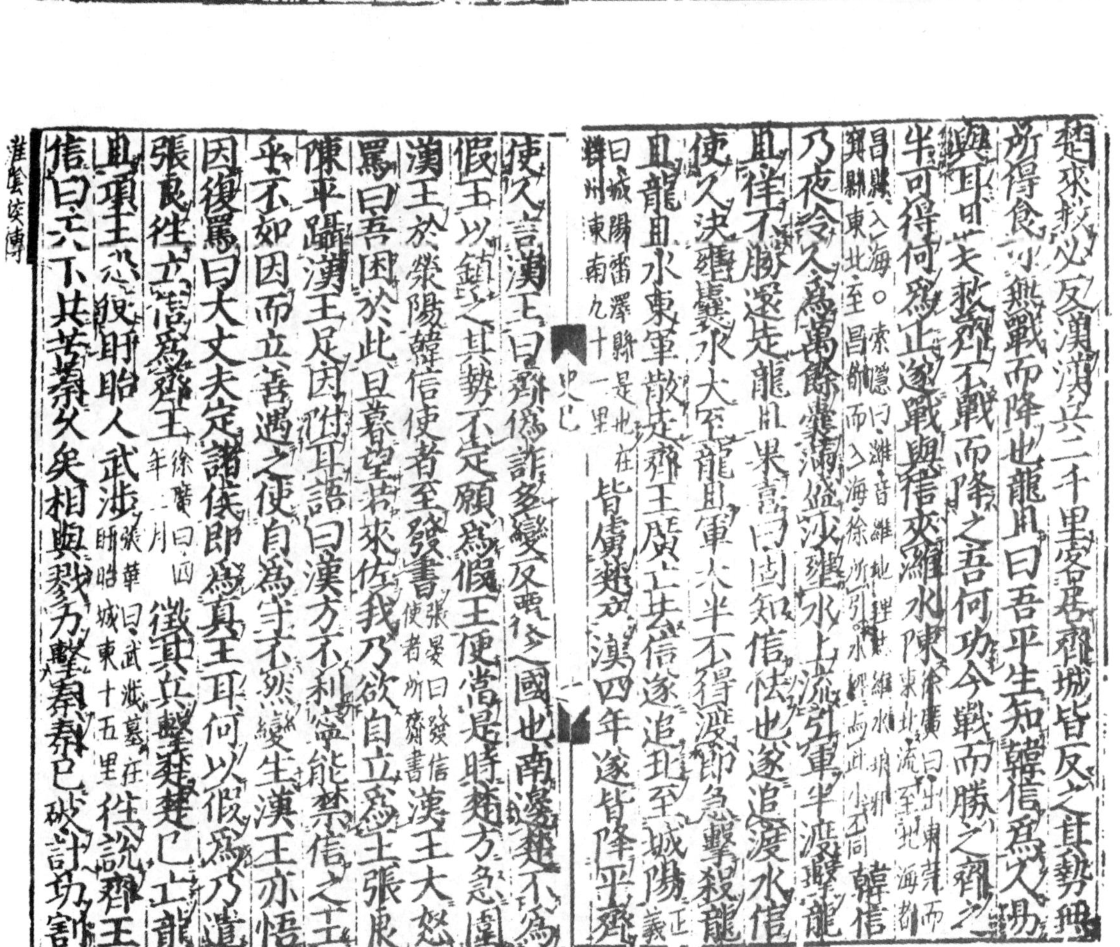

楚來救，必反漢。漢兵二千里客居，齊城皆反之，其勢無所得食，可無戰而降也。」龍且曰：「吾平生知韓信為人，易與耳。且夫救齊不戰而降之，吾何功？今戰而勝之，齊之半可得，何為止！」遂戰，與信夾濰水陳。（徐廣曰：出東莞而東北流，至北海都昌縣入海。○索隱曰：濰音維。地理志濰水出琅邪箕縣東北，至昌都而入海。徐所引水經與此小不同）韓信乃夜令人為萬餘囊，滿盛沙，壅水上流，引軍半渡，擊龍且，詳不勝，還走。龍且果喜曰：「固知信怯也。」遂追信渡水。信使人決壅囊，水大至。龍且軍大半不得渡，即急擊，殺龍且。龍且水東軍散走，齊王廣亡去。信遂追北至城陽，（正義曰：城陽，雷澤縣是也，在濮州東南九十一里）皆虜楚卒。漢四年，遂皆降平齊。使人言漢王曰：「齊偽詐多變，反覆之國也，南邊楚，不為假王以鎮之，其勢不定。願為假王便。」當是時，楚方急圍漢王於滎陽，韓信使者至，發書，（張晏曰：發信使者所齎書）漢王大怒，罵曰：「吾困於此，旦暮望若來佐我，乃欲自立為王！」張良、陳平躡漢王足，因附耳語曰：「漢方不利，寧能禁信之王乎？不如因而立，善遇之，使自為守。不然，變生。」漢王亦悟，因復罵曰：「大丈夫定諸侯，即為真王耳，何以假為！」乃遣張良往立信為齊王，（徐廣曰：四年二月）徵其兵擊楚。楚已亡龍且，項王恐，使盱眙人武涉（張華曰：武涉墓在盱眙城東十五里）往說齊王信曰：「天下共苦秦久矣，相與戮力擊秦。秦已破，計功割

地分王之以伏天下今漢王復興兵而東侵人之分奪人之地已破三秦引兵出關收諸侯之兵以東擊楚其意非盡吞天下者不休其不知厭足如是之甚也且漢王不可必身居項王掌握中數矣（正義曰數，色角反）項王憐而活之然得脫輒倍約復擊項王其不可親信如此今足下雖自以與漢王爲厚交爲之盡力用兵終爲之所禽矣足下所以得須臾至今者以項王尚存也當今二王之事權在足下足下右投則漢王勝左投則項王勝項王今日亡則次取足下足下與項王有故何不反漢與楚連和參分天下王之今釋此時而自必於漢以擊

楚且爲智者固若此乎韓信謝曰臣事項王官不過郎中位不過執戟（張晏曰郎中宿衞執戟之人也）言不聽畫不用故倍楚而歸漢漢王授我上將軍印予我數萬衆解衣衣我推食食我言聽計用故吾得以至於此夫人深親信我我倍之不祥雖死不易幸爲信謝項王武涉已去齊人蒯通知天下權在韓信欲爲奇策而感動之以相人說韓信曰僕嘗受相人之術韓信曰先生相人何如對曰貴賤在於骨法憂喜在於容色成敗在於決斷以此參之萬不失一韓信曰善先生相寡人何如對曰願少閒信曰左右去矣通曰相君之面不過封侯又危不安相君之

背貴乃不可言（張晏曰背則大貴）韓信曰何謂也蒯通曰天下初發難也俊雄豪桀建號壹呼天下之士雲合霧集魚鱗雜遝熛至風起當此之時憂在亡秦而已今楚漢分爭使天下無罪之人肝膽塗地父子暴骸骨於中野不可勝數楚人起彭城轉鬭逐北至於滎陽乘利席卷威震天下然兵困於京索之閒迫西山而不能進者三年於此矣漢王將數十萬之衆距鞏雒阻山河之險一日數戰無尺寸之功折北不救（張晏曰折衄也北奔也）敗滎陽傷成皋（張晏曰於城皐傷也瓚曰謂折傷）遂走宛葉之閒此所謂智勇俱困者也夫銳氣挫於險塞而糧食竭於內府百姓罷極

怨望容容無所倚以臣料之其勢非天下之賢聖固不能息天下之禍當今兩主之命縣於足下足下爲漢則漢勝與楚則楚勝臣願披腹心輸肝膽效愚計恐足下不能用也誠能聽臣之計莫若兩利而俱存之參分天下鼎足而居其勢莫敢先動夫以足下之賢聖有甲兵之衆據彊齊從燕趙出空虛之地而制其後因民之欲西鄉（正義曰鄉音向齊國在東故曰西向也）爲百姓請命（正義曰止楚漢之戰鬭士卒之死故云）則天下風走而響應矣孰敢不聽割大弱彊以立諸侯諸侯已立天下服聽而歸德於齊案齊之故有膠泗之地懷諸侯以德深拱揖讓則天下之君王相率而

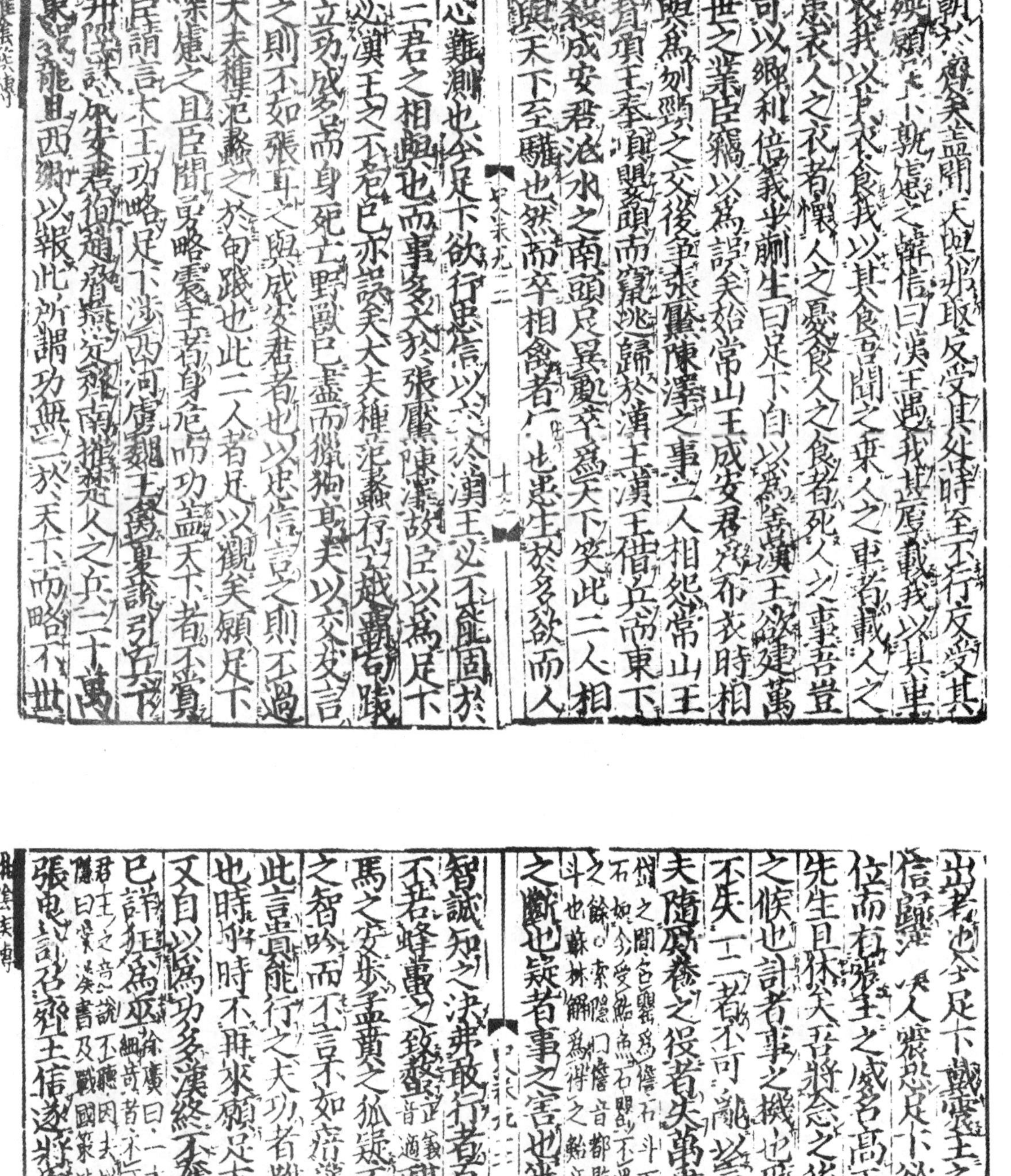

朝於齊矣。蓋聞天與弗取，反受其咎；時至不行，反受其殃。願足下孰慮之。韓信曰：漢王遇我甚厚，載我以其車，衣我以其衣，食我以其食。吾聞之，乘人之車者載人之患，衣人之衣者懷人之憂，食人之食者死人之事，吾豈可以鄉利倍義乎！蒯生曰：足下自以為善漢王，欲建萬世之業，臣竊以為誤矣。始常山王、成安君為布衣時，相與為刎頸之交，後爭張黶、陳澤之事，二人相怨。常山王背項王，奉項嬰頭而竄，逃歸於漢王。漢王借兵而東下，殺成安君泜水之南，頭足異處，卒為天下笑。此二人相與，天下至驩也。然而卒相禽者，何也？患生於多欲而人心難測也。今足下欲行忠信以交於漢王，必不能固於二君之相與也，而事多大於張黶、陳澤。故臣以為足下必漢王之不危己，亦誤矣。大夫種、范蠡存亡越，霸句踐，立功成名而身死亡。野獸已盡而獵狗亨。夫以交友言之，則不如張耳之與成安君者也；以忠信言之，則不過大夫種、范蠡之於句踐也。此二人者，足以觀矣。願足下深慮之。且臣聞勇略震主者身危，而功蓋天下者不賞。臣請言大王功略：足下涉西河，虜魏王，禽夏說，引兵下井陘，誅成安君，徇趙，脅燕，定齊，南摧楚人之兵二十萬，東殺龍且，西鄉以報，此所謂功無二於天下，而略不世

史記九十二　十二

淮陰侯傳

出者也。今足下戴震主之威，挾不賞之功，歸楚，楚人不信；歸漢，漢人震恐：足下欲持是安歸乎？夫勢在人臣之位而有震主之威，名高天下，竊為足下危之。韓信謝曰：先生且休矣，吾將念之。後數日，蒯通復說曰：夫聽者事之候也，計者事之機也，聽過計失而能久安者，鮮矣。聽不失一二者，不可亂以言；計不失本末者，不可紛以辭。夫隨廝養之役者，失萬乘之權；守儋石之祿者，闕卿相之位。故知者決之斷也，疑者事之害也，審豪氂之小計，遺天下之大數，智誠知之，決弗敢行者，百事之禍也。故曰：猛虎之猶豫，不若蜂蠆之致螫；騏驥之跼躅，不如駑馬之安步；孟賁之狐疑，不如庸夫之必至也；雖有舜禹之智，吟而不言，不如瘖聾之指麾也。此言貴能行之。夫功者難成而易敗，時者難得而易失也。時乎時，不再來。願足下詳察之。韓信猶豫不忍倍漢，又自以為功多，漢終不奪我齊，遂謝蒯通。蒯通說不聽，已詳狂為巫。

漢王之困固陵，用張良計，召齊王信，遂將兵會垓下。項羽已破，高祖襲奪

史記九十二　十三

淮陰侯傳

齊王軍徐廣曰以齊爲平原千乘東萊齊郡漢五年正月徙齊王信爲楚王都下邳信至國召所從食漂母賜千金張華曰漂母冢在泗南岸及下鄉南昌亭長賜百錢曰公小人也爲德不卒召辱己之少年令出胯下者以爲楚中尉告諸將相曰此壯士也方辱我時我寧不能殺之邪殺之無名故忍而就於此項王亡將鍾離眛家在伊廬徐廣曰東海朐縣有伊廬鄉駰案韋昭曰今中廬縣○索隱曰徐注出司馬彪郡國志○正義曰括地志云中廬在義清縣北二十里本春秋時廬戎之國也秦謂之伊廬漢爲中廬縣項羽之將鍾離眛家在韋昭及括地志云皆說之也素與信善項王死後亡歸信漢王怨眛聞其在楚詔楚捕眛信初之國行縣邑陳兵出入漢六年人有上書告楚王信反高

帝以陳平計天子巡狩會諸侯南方有雲夢發使告諸侯會陳吾將游雲夢實欲襲信信弗知高祖且至楚信欲發兵反自度無罪欲謁上恐見禽人或說信曰斬眛謁上上必喜無患信見眛計事眛曰漢所以不擊取楚以眛在公所若欲捕我以自媚於漢吾今日死公亦隨手亡矣乃罵信曰公非長者卒自剄信持其首謁高祖於陳上令武士縛信載後車信曰果若人言狡兔死良狗亨張晏曰狡猶猾○索隱曰吳越春秋作郊兔戰國策曰東郭逡海內狡兔也高鳥盡良弓藏敵國破謀臣亡天下已定我固當亨上曰人告公反遂械繫信至雒陽赦信罪以爲淮陰侯信知漢王畏

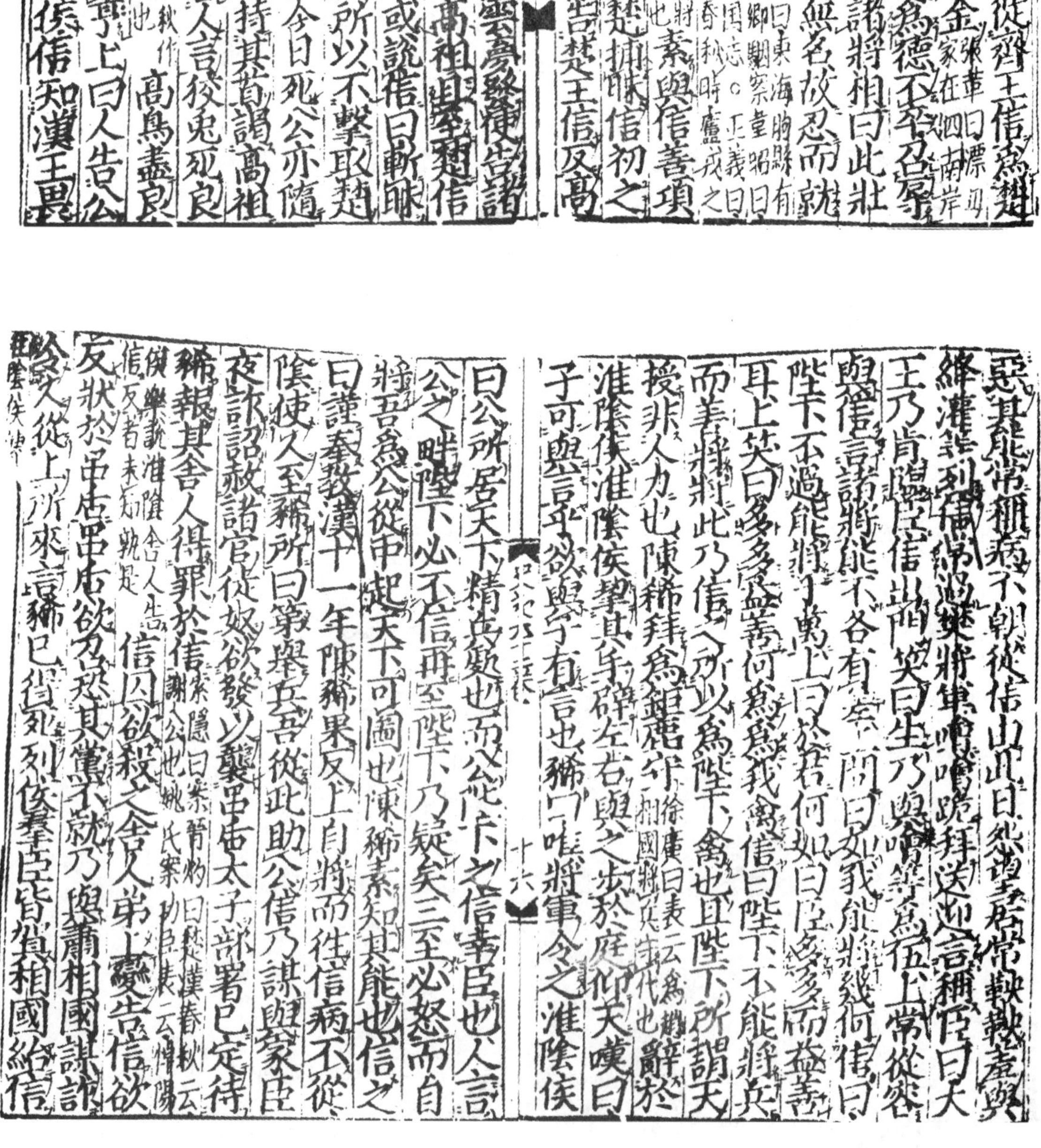

惡其能常稱病不朝從信由此日夜怨望居常鞅鞅羞與絳灌等列信嘗過樊將軍噲噲跪拜送迎言稱臣曰大王乃肯臨臣信出門笑曰生乃與噲等爲伍上常從容與信言諸將能不各有差上問曰如我能將幾何信曰陛下不過能將十萬上曰於君何如曰臣多多而益善耳上笑曰多多益善何爲爲我禽信曰陛下不能將兵而善將將此乃信之所以爲陛下禽也且陛下所謂天授非人力也陳豨拜爲鉅鹿守徐廣曰表云爲趙相國將兵守代也辭於淮陰侯淮陰侯挈其手辟左右與之步於庭仰天嘆曰子可與言乎欲與子有言也豨曰唯將軍令之淮陰侯

曰公所居天下精兵處也而公陛下之信幸臣也人言公之畔陛下必不信再至陛下乃疑矣三至必怒而自將吾爲公從中起天下可圖也陳豨素知其能也信之曰謹奉教漢十年陳豨果反上自將而往信病不從陰使人至豨所曰第舉兵吾從此助公信乃謀與家臣夜詐詔赦諸官徒奴欲發以襲呂后太子部署已定待豨報其舍人得罪於信索隱曰案楚漢春秋云謝公也姚氏案功臣表云慎陽侯樂說淮陰舍人告信反者未知孰是信囚欲殺之舍人弟上變告信欲反狀於呂后呂后欲召恐其黨不就乃與蕭相國謀詐令人從上所來言豨已得死列侯羣臣皆賀相國紿信

曰雖疾彊入賀信入呂后使武士縛信斬之長樂鐘室正義曰長樂宮懸鐘之室信方斬之曰吾悔不用蒯通之計乃爲兒女子所詐豈非天哉遂夷信三族高祖已從豨軍來至見信死且喜且憐之問信死亦何言呂后曰信言恨不用蒯通計高祖曰是齊辯士也乃詔齊捕蒯通蒯通至上曰若教淮陰侯反乎對曰然臣固教之豎子不用臣之策故令自夷於此如彼豎子用臣之計陛下安得而夷之乎上怒曰亨之通曰嗟乎寃哉亨也上曰若教韓信反何寃對曰秦之綱絕而維弛山東大擾異姓並起英俊烏集秦失其鹿天下共逐之集解張晏曰以鹿喻帝位也於是高材疾足者先得焉跖之狗吠堯堯非不仁狗固吠非其主當是時臣唯獨知韓信非知陛下也且天下銳精持鋒欲爲陛下所爲者甚衆顧力不能耳又可盡亨之邪高帝曰置之乃釋通之罪

太史公曰吾如淮陰淮陰人爲余言韓信雖爲布衣時其志與衆異其母死貧無以葬然乃行營高敞地令其旁可置萬家余視其母冢良然假令韓信學道謙讓不伐己功不矜其能則庶幾哉於漢家勳可以比周召太公之徒後世血食矣不務出此而天下已集乃謀畔逆夷滅宗族不亦宜乎

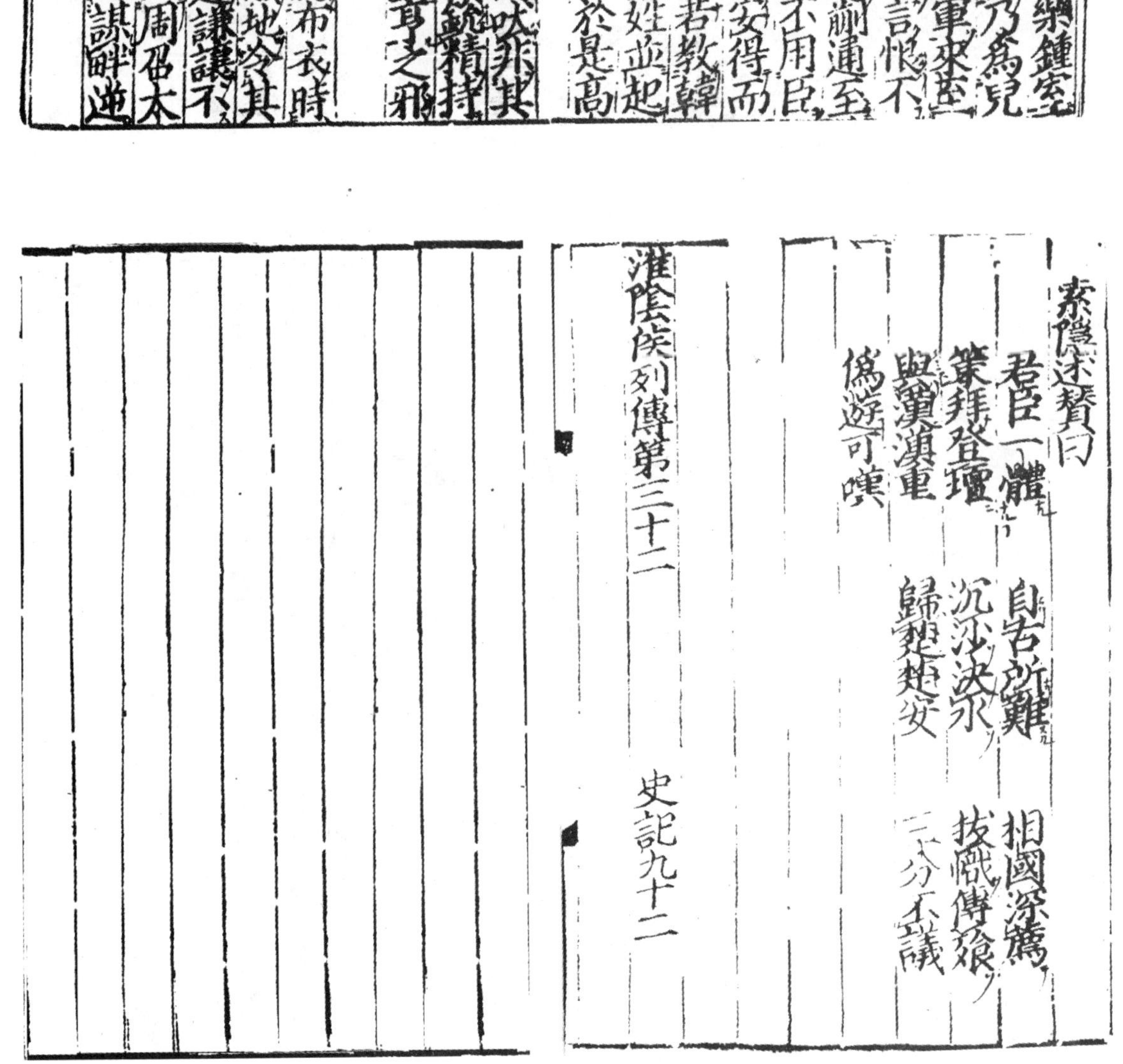
索隱述贊曰君臣一體　自古所難　相國深薦　策拜登壇　沈沙決水　拔幟傳飡　與漢漢重　歸楚楚安　三分不議　偽遊可歎

淮陰侯列傳第三十二　史記九十二

韓王信盧綰列傳第三十三　史記九十三

韓王信者，徐廣曰一云信都○索隱曰按楚漢春秋云韓王信都恐誤也諸書不言信都信初為韓司徒後訛云申徒因誤以為韓王名耳故韓襄王孽孫也，索隱曰何休注公羊以為孽猶樹之有孽生也漢書朝錯云孽子也長八尺五寸。及項梁之立楚後懷王也，燕、齊、趙、魏皆已前王，唯韓無有後，故立韓諸公子橫陽君成正義曰故橫城在宋州宋城縣西南三十里為韓王，徐廣曰二年六月也都陽翟欲以撫定韓故地。項梁敗死定陶，成奔懷王。沛公引兵擊陽城，正義曰河南陽城縣也使張良以韓司徒徐廣曰他本多作申徒申徒與司徒聲相近字由此雜亂耳今有申徒氏云是司徒之後言司聲轉為申降下韓故地，得信，以為韓將，將其兵從沛公入武關。

沛公立為漢王，韓信從入漢中，迺說漢王曰：「項王王諸將近地，而王獨遠居此，此左遷也。士卒皆山東人，跂而望歸，索隱曰跂音企韋昭曰鋒鋭欲東向○鄭氏云鋒軍中將士氣鋒○索隱曰其氣鋒鋭欲東也○正義曰跂音岐及其鋒東鄉，可以爭天下。」漢王還定三秦，迺許信為韓王，先拜信為韓太尉，將兵略韓地。項籍之封諸王皆就國，韓王成以不從無功，不遣就國，更以為列侯。徐廣曰元年十一月誅成○索隱漢書曰封為穰侯○索隱曰地理志穰縣屬南陽及聞漢遣韓信略韓地，迺令故項籍游吳時吳令鄭昌正義曰項籍在吳時昌為吳縣令為韓王以距漢。漢二年，韓信略定韓十餘城。漢王至河南，韓信急擊韓王昌陽城，昌降，漢王迺立韓信為韓王，徐廣曰二年十一月常將韓兵從。三年，漢王出滎陽，韓王信、周苛等守滎陽。及楚敗滎陽，信降楚，已而得亡，復歸漢，漢復立以為韓王，竟從擊破項籍，天下定。五年春，遂與剖符為韓王，王潁川。明年春，徐廣曰即五年之二月駰案漢書曰六年春上以韓信材武，所王北近鞏、洛，南迫宛、葉，東有淮陽，皆天下勁兵處，迺詔徙韓王信王太原以北，備禦胡，都晉陽。正義曰并州信上書曰：「國被邊，李奇曰被音被馬之被匈奴數入，晉陽去塞遠，請治馬邑。」正義曰朔州上許之，信乃徙治馬邑。秋，匈奴冒頓大圍信，索隱曰冒音墨又云莫報反信數使使胡求和解。漢發兵救之，疑信數閒使，有二心，使人責讓信。信恐誅，因與匈奴約共攻漢，反，以馬邑降胡，擊太原。

七年冬，上自往擊，破信軍銅鞮，正義曰潞州縣斬其將王喜。信亡走匈奴。其與將白土人如淳曰白土縣名屬上郡曼丘臣、王黃等立趙苗裔趙利為王，復收信敗散兵，而與信及冒頓謀攻漢。匈奴使左右賢王將萬餘騎與王黃等屯廣武以南，正義曰廣武故城在代州鴈門縣界也至晉陽，與漢兵戰，漢大破之，追至于離石，正義曰石州縣復破之。匈奴復聚兵樓煩西北，正義曰樓煩縣屬鴈門郡漢令車騎擊破匈奴。匈奴常敗走，漢乘勝追北，聞冒頓居代上谷，正義曰今嬀州高皇帝居晉陽，使人視冒頓，還報曰「可擊」。上遂至平城。正義曰朔州定襄縣是也上出白登，服虔曰白登臺名去平城七里如淳曰平城旁之高地若丘陵也○索隱曰姚氏案北疆記桑乾河北有白登山冒頓圍高帝之所今猶有壘壁匈奴騎圍上上乃使人厚遺閼氏正義曰於連反又音燕氏音支單于嫡妻號若皇后閼氏乃說冒頓曰今得漢地猶不能居且兩主不相戹居七日胡騎稍引去時天大霧漢使人往來胡不覺護軍中尉陳平言上曰胡者全兵漢書音義曰言惟有弓弩無雜仗也請令彊弩傅兩矢外鄉索隱曰傅音附徐行出圍入平城漢救兵亦到胡騎遂解去漢亦罷兵歸韓信為匈奴將兵往來擊邊漢十年信令王黃等說誤陳豨十一年春故韓王信復與胡騎入居參合蘇林曰代地也○正義曰故城在朔州定襄縣北距漢漢使柴將軍擊之柴武○索隱曰柴奇晉灼云奇武之子柴奇為將遺信書曰陛下寬仁諸侯雖有畔亡而復歸輒復故位號不誅也大王所知今王以敗亡走胡非有大罪急自歸韓王信報曰陛下擢僕起閭巷南面稱孤此僕之幸也滎陽之事僕不能死囚於項籍此一罪也及寇攻馬邑僕不能堅守以城降之此二罪也今反為寇將兵與將軍爭一旦之命此三罪也夫種蠡無一罪身死亡文穎曰大夫種范蠡也今僕有三罪於陛下而欲求活於世此伍子胥所以僨於吳也索隱曰蘇林曰僨音奮張晏曰僨僵仆也○正義曰[illegible]死故引[illegible]今僕亡匿山谷間旦暮乞貸蠻夷僕之思歸如痿人不忘起索隱曰痿音耳誰反蒲音耳睡反於義為跛張揖曰

痿不能行[illegible]盲者不忘視也勢不可耳遂戰柴將軍屠參合斬韓王信信之入匈奴與太子俱及至穨當城漢書音義曰縣名韋昭曰在匈奴也生子因名曰穨當韓太子亦生子命曰嬰至孝文十四年穨當及嬰率其眾降漢漢封穨當為弓高侯地理志河間有弓高縣也○索隱曰穨當功臣表屬營陵○正義曰滄州縣也嬰為襄城侯索隱曰案服虔云縣名功臣表屬魏郡吳楚軍時弓高侯功冠諸將徐廣曰謚曰壯傳子至孫孫無子失侯嬰孫以不敬失侯徐廣曰表云嬰子澤之元朔四年不敬國除穨當孽孫韓嫣漢書音義曰音鄢陵之鄢○索隱曰音偃又一言反又休延反並通貴幸名富顯於當世其弟說再封數稱將軍卒為案道侯子代徐廣曰[illegible]歲餘坐法死後歲餘說孫曾徐廣曰長君之子也○索隱曰案博物志字季[illegible]拜為龍雒侯續說後索隱曰雒五格反又作額音洛龍額縣名○正義曰史記表衛青傳及漢書表云龍額侯以都尉從大將軍有功封有列封龍額侯以酎金[illegible]元封元年擊東越有功按道侯征和二年孫子曾復封為龍額侯漢書功臣表云武後元年說孫曾封龍額侯表是也

盧綰者豐人也與高祖同里盧綰親與高祖太上皇相愛如淳曰親謂父也及生男高祖盧綰同日生里中持羊酒賀兩家及高祖盧綰壯俱學書又相愛也里中嘉兩家親相愛生子同日壯又相愛復賀兩家羊酒高祖為布衣時有吏事辟匿盧綰常隨出入上下及高祖初起沛盧綰以客從入漢中為將軍常侍中從東擊項籍以太尉

常從出入上下。衣被飲食賞賜，群臣莫敢望，雖蕭曹等，特以事見禮，至其親幸，莫及盧綰。綰封為長安侯。長安，故咸陽也。正義曰：秦咸陽在渭北，漢長安在渭南，蕭何起未央宮處也。漢五年冬，以破項籍，乃使盧綰別將，與劉賈擊臨江王共尉，破之。七月還，從擊燕王臧荼，臧荼降。高祖已定天下，諸侯非劉氏而王者七人。欲王盧綰，為群臣觖望。及虜臧荼，乃下詔諸將相列侯，擇群臣有功者以為燕王。群臣知上欲王盧綰，皆言曰：「太尉長安侯盧綰常從平定天下，功最多，可王燕。」詔許之。漢五年八月，迺立盧綰為燕王。諸侯王得幸莫如燕王。漢十一年秋，陳豨反代地，高祖如邯鄲擊豨兵，燕王綰亦擊其東北。當是時，陳豨使王黃求救匈奴。燕王綰亦使其臣張勝於匈奴，言豨等軍破。張勝至胡，故燕王臧荼子衍出亡在胡，見張勝曰：「公所以重於燕者，以習胡事也。燕所以久存者，以諸侯數反，兵連不決也。今公為燕欲急滅豨等，豨等已盡，次亦至燕，公等亦且為虜矣。公何不令燕且緩陳豨而與胡和？事寬，得長王燕；即有漢急，可以安國。」張勝以為然，乃私令匈奴助豨等擊燕。燕王綰疑張勝與胡反，上書請族張勝。勝還，具道所以為者。燕王寤，乃詐論它人，脫

勝家屬，使得為匈奴閒，而陰使范齊之陳豨所，欲令久亡，連兵勿決。漢十二年，東擊黥布，豨常將兵居代，漢使樊噲擊斬豨。其裨將降，言燕王綰使范齊通計謀於豨所。高祖使使召盧綰，綰稱病。上又使辟陽侯審食其、御史大夫趙堯往迎燕王，因驗問左右。綰愈恐，閉匿，謂其幸臣曰：「非劉氏而王，獨我與長沙耳。往年春，漢族淮陰，夏，誅彭越，皆呂后計。今上病，屬任呂后。呂后婦人，專欲以事誅異姓王者及大功臣。」迺遂稱病不行。其左右皆亡匿。語頗泄，辟陽侯聞之，歸具報上，上益怒。又得匈奴降者，降者言張勝亡在匈奴，為燕使。於是上曰：「盧綰果反矣！」使樊噲擊燕。燕王綰悉將其宮人家屬騎數千居長城下，候伺，幸上病愈，自入謝。四月，高祖崩，盧綰遂將其眾亡入匈奴，匈奴以為東胡盧王。綰為蠻夷所侵奪，常思復歸。居歲餘，死胡中。高后時，盧綰妻子亡降漢，會高后病，不能見，舍燕邸，為欲置酒見之。高后竟崩，不得見。盧綰妻亦病死。孝景中六年，盧綰孫他之，以東胡王降，如淳曰：為東胡王來降也。封為亞谷侯。徐廣曰：亞一作惡。正義：漢表在河內。陳豨者，宛朐人也，索隱曰：地理志屬濟陰。不知始所以得從。及高祖七年冬，韓王信反，入匈奴，上至平城還，乃封豨為列侯，

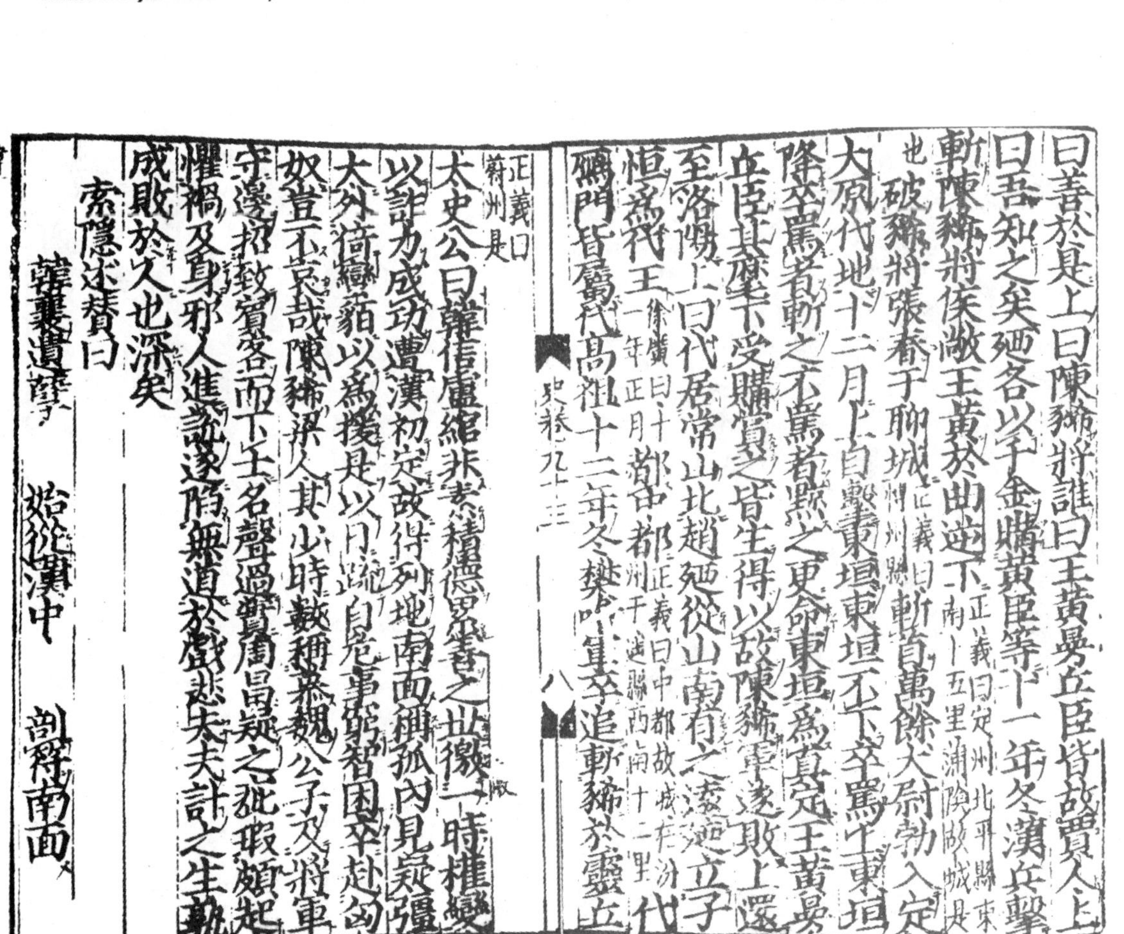

日功臣表曰陳豨以特將將卒五百人前元年從起宛朐至霸上為侯以游擊將軍別定代已破臧荼封豨為陽夏侯以趙相國將監趙代邊兵趙代邊兵皆屬焉豨常告歸過趙趙相周昌見豨賓客隨之者千餘乘邯鄲官舍皆滿豨所以待賓客布衣交皆出客下正義曰言屈己禮下之不用富貴自尊大豨還之代周昌乃求入見見上具言豨賓客盛甚擅兵於外數歲恐有變上乃令人覆案豨客居代者財物諸不法事多連引豨豨恐陰令客通使王黃曼丘臣所正義曰二人韓王信將及高祖七年七月太上皇崩使人召豨豨稱病甚九月遂與王黃等反自立為代王劫略趙代上聞迺赦趙代吏人為豨所詿誤劫略者皆赦之上自往

史卷九十三　十七　三之二冊

至邯鄲喜曰豨不南據漳水北守邯鄲知其無能為也趙相奏斬常山守尉曰常山二十五城豨反亡其二十城上問曰守尉反乎對曰不反上曰是力不足也赦之復以為常山守尉上問周昌曰趙亦有壯士可令將者乎對曰有四人四人謁上謾罵曰豎子能為將乎四人慚伏上封之各千戶以為將左右諫曰從入蜀漢伐楚功未徧行今此何功而封上曰非若所知陳豨反邯鄲以北皆豨有吾以羽檄徵天下兵魏武帝奏事曰今邊有小警輒露檄插羽飛羽檄之意也師古謂此說則以鳥羽插檄書謂之羽檄取其急速若飛鳥也未有至者今唯獨邯鄲中兵耳吾胡愛四千戶封四人以慰趙子弟皆

曰善於是上曰陳豨將誰曰王黃曼丘臣皆故賈人上曰吾知之矣迺各以千金購黃臣等十一年冬漢兵擊斬陳豨將侯敞王黃於曲逆下正義曰定州北平縣東南十五里蒲陰故城是也破豨將張春于聊城正義曰博州縣斬首萬餘太尉勃入定太原代地十二月上自擊東垣東垣不下卒罵上東垣降卒罵者斬之不罵者黥之更命東垣為真定王黃曼丘臣其麾下受購賞之皆生得以故陳豨軍遂敗上還至洛陽上曰代居常山北趙乃從山南有之遠迺立子恒為代王徐廣曰十一年正月都中都正義曰中都故城在汾州平遙縣西南十二里代鴈門皆屬代高祖十二年冬樊噲軍卒追斬豨於靈丘正義曰蔚州是

史卷九十三　八

太史公曰韓信盧綰非素積德累善之世徼一時權變以詐力成功遭漢初定故得列地南面稱孤內見疑彊大外倚蠻貊以為援是以日疏自危事窮智困卒赴匈奴豈不哀哉陳豨梁人其少時數稱慕魏公子及將軍守邊招致賓客而下士名聲過實周昌疑之疵瑕頗起懼禍及身邪人進說遂陷無道於戲悲夫夫計之生孰成敗於人也深矣

索隱述贊曰韓襄遺孼始從漢中剖符南面

徙邑北通　穨當歸國　龍頟有功
盧綰親愛　羣臣莫同　舊燕是王
東胡計窮

韓王信盧綰列傳第三十三　史記九十三

魏作楚

田儋列傳第三十四　史記九十四

田儋者，狄人也，徐廣曰今樂安臨濟縣也。正義曰淄州高苑縣西北北狄故縣城 故齊王田氏族也。儋從弟田榮，榮弟田橫，皆豪，宗彊，能得人。索隱曰儋子市從弟榮榮子廣榮弟橫各遞為王榮并王三齊 陳涉之初起王楚也，使周市略定魏地，北至狄，狄城守。田儋詳為縛其奴，從少年之廷，欲謁殺奴。服虔曰古殺奴婢皆當告官儋欲殺令故詐縛奴而以謁也 見狄令，因擊殺令，而召豪吏子弟曰：諸侯皆反秦自立，齊，古之建國，儋，田氏，當王。遂自立為齊王，徐廣曰二世元年九月也 發兵以擊周市。周市軍還去，田儋因率兵東略定齊地。秦將章邯圍魏王咎於臨濟，急。魏王請救於齊，齊王田儋將兵救魏。徐廣曰二世二年六月 章邯夜銜枚擊，大破齊魏軍，殺田儋於臨濟下。儋弟田榮收儋餘兵東走東阿。齊人聞王田儋死，迺立故齊王建之弟田假為齊王，田角為相，田閒為將，以距諸侯。田榮之走東阿，章邯追圍之。項梁聞田榮之急，迺引兵擊破章邯軍東阿下。章邯走而西，項梁因追之。而田榮怒齊之立假，迺引兵歸，擊逐齊王假。假亡走楚。齊相角亡走趙；角弟田閒前求救趙，因留不敢歸。田榮乃立田儋子市為齊王。徐廣曰二年八月 榮相之，田橫為將，平齊地。項梁既追章邯，章邯兵益盛，項梁使使告趙、齊，發兵共擊章邯。田榮曰：使楚殺田假，趙殺田角、田閒，迺肯出兵。楚懷王曰：田假與國之王，窮而歸我，殺之不義。趙亦不殺田角、田間以市於齊。齊曰：蝮螫手則斬手，螫足則斬足。何者？為害於身也。應劭曰：蝮一名虺，螫人手足則割去其肉，不然則致死。○索隱曰：蝮音芳伏反，螫音釋。○正義曰：按蝮毒蛇，長二三尺，又嶺南北有之。虺長一二尺，頭腹皆遍。說文云：虺博三寸，首大如擘手大指也。擘音步歷反。今田假、田角、田間於楚、趙，非直手足戚也，晉灼曰：言將亡身，非手足戚也。於楚趙非手足之親也。何故不殺？且秦復得志於天下，則齮齕用事者墳墓矣。如淳曰：齮齕猶齚齧也。言將發掘墳墓也。一云墳墓得志，非但辱身，墳墓亦發掘矣，若子胥鞭荊平王墓。○索隱曰：齮音蟻，齕音紇。齮，側齧也。○正義曰：按秦重言死也。楚、趙不聽，齊亦怒，終不肯出兵。章邯果敗殺項梁，破楚兵，楚兵東走，而章邯渡河圍趙於鉅鹿。項羽往救趙，由此怨田榮。

史記九十四　十二

項羽既存趙，降章邯等，西屠咸陽，滅秦而立侯王也，乃徙齊王田巿更王膠東，治即墨。齊將田都從共救趙，因入關，故立都為齊王，治臨淄。故齊王建孫田安，項羽方渡河救趙，田安下濟北數城，引兵降項羽，項羽立田安為濟北王，治博陽。田榮以負項梁不肯出兵助楚、趙攻秦，故不得王；趙將陳餘亦失職，不得王：二人俱怨項王。項王既歸，諸侯各就國，田榮使人將兵助陳餘，令反趙地，而榮亦發兵以距擊田都，田都亡走楚。田榮留齊王巿，無令之膠東。巿之左右曰：項王彊暴，而王當之膠東，不就國，必危。巿懼，乃亡就國。田榮怒，

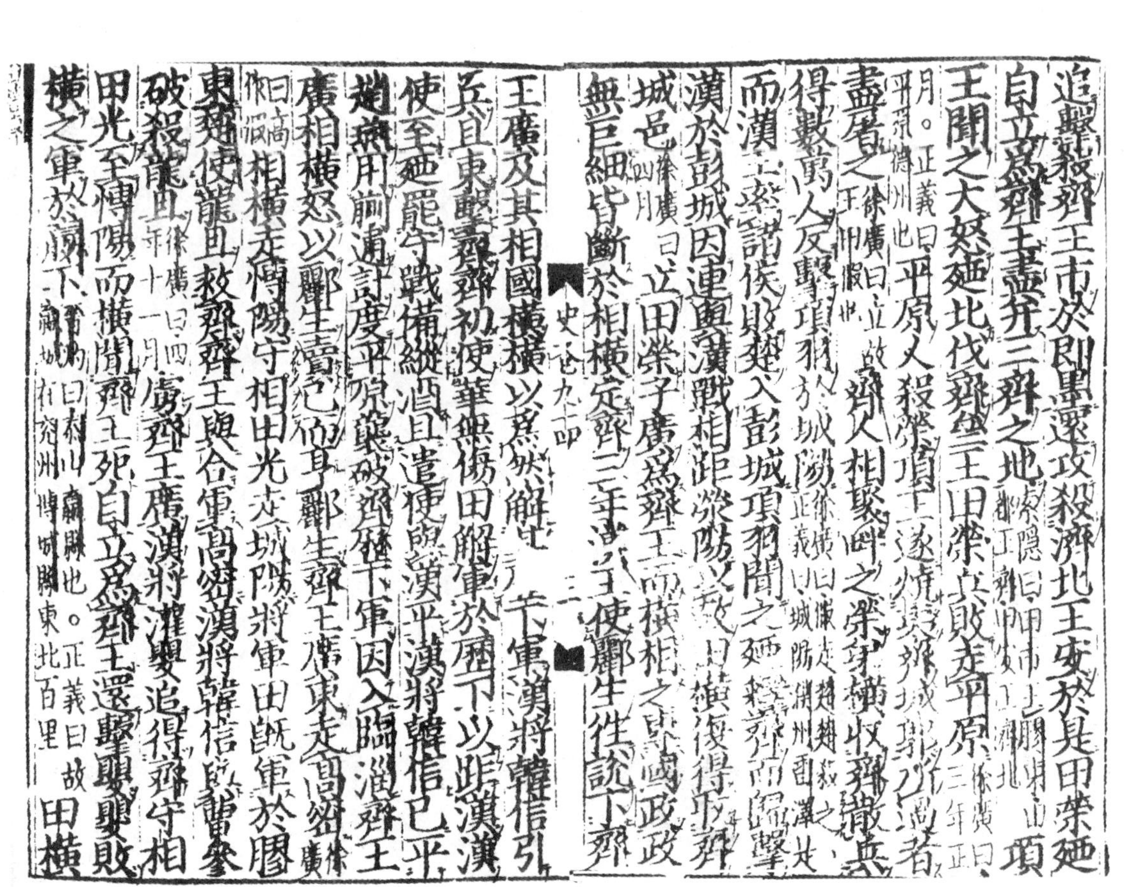

追擊殺齊王巿於即墨，還攻殺濟北王安。於是田榮乃自立為齊王，盡并三齊之地。索隱曰：巿王膠東，都王齊，安王濟北。項王聞之，大怒，乃北伐齊。齊王田榮兵敗，走平原，徐廣曰：三年正月。○正義曰：平原，德州也。平原人殺榮。項王遂燒夷齊城郭，所過者盡屠之。徐廣曰：立故齊王田假也。齊人相聚畔之。榮弟橫，收齊散兵，得數萬人，反擊項羽於城陽。徐廣曰：濮陽之東。○正義曰：城陽，濮州雷澤縣是。而漢王率諸侯敗楚，入彭城。項羽聞之，乃釋齊而歸，擊漢於彭城，因連與漢戰，相距滎陽。以故田橫復得收齊城邑，徐廣曰：四月。立田榮子廣為齊王，而橫相之，專國政，政無巨細皆斷於相。

史記九十四　十三

橫定齊三年，漢王使酈生往說下齊王廣及其相國橫。橫以為然，解其歷下軍。漢將韓信引兵且東擊齊。齊初使華無傷、田解軍於歷下以距漢，漢使至，乃罷守戰備，縱酒，且遣使與漢平。漢將韓信已平趙、燕，用蒯通計，度平原，襲破齊歷下軍，因入臨淄。齊王廣、相橫怒，以酈生賣己，而亨酈生。齊王廣東走高密，徐廣曰：高密作假密。相橫走博陽，守相田光走城陽，將軍田既軍於膠東。楚使龍且救齊，齊王與合軍高密。漢將韓信與曹參破殺龍且，徐廣曰：四年十一月。虜齊王廣。漢將灌嬰追得齊守相田光。至博陽，而橫聞齊王死，自立為齊王，還擊嬰，嬰敗橫之軍於嬴下。徐廣曰：泰山嬴縣也。○正義曰：故嬴城在兗州博城縣東北百里。田橫

亡去，歸彭越。彭越是時居梁地，中立，且為漢，且為楚。韓信已殺龍且，因令曹參進兵破殺田既於膠東，使灌嬰破殺齊將田吸於千乘。正義曰：千乘故城在淄州高苑縣北二十五里。韓信遂平齊，乞自立為齊假王，徐廣曰：二川也。漢因而立之。後歲餘，漢滅項籍，漢王立為皇帝，以彭越為梁王。田橫懼誅，而與其徒屬五百餘人入海，居島中。韋昭曰：海中山曰島。正義曰：按海州東海縣有島山，去岸八十里。高帝聞之，以為田橫兄弟本定齊，齊人賢者多附焉，今在海中不收，後恐為亂，乃使使赦田橫罪而召之。田橫因謝曰：「臣烹陛下之使酈生，今聞其弟酈商為漢將而賢，臣恐懼，不敢奉詔，請為庶人，守海島中。」

使還報，高皇帝乃詔衛尉酈商曰：「齊王田橫即至，人馬從者敢動搖者致族夷！」乃復使使持節具告以詔商狀，曰：「田橫來，大者王，小者乃侯耳；不來，且舉兵加誅焉。」田橫乃與其客二人乘傳詣雒陽。如淳曰：四馬下足為乘傳。未至三十里，至尸鄉廄置，[illegible]置馬以傳驛也。橫謝使者曰：「人臣見天子當洗沐。」止留。謂其客曰：「橫始與漢王俱南面稱孤，今漢王為天子，而橫乃為亡虜而北面事之，其恥固已甚矣。且吾烹人之兄，與其弟並肩而事其主，縱彼畏天子之詔，不敢動我，我獨不愧於心乎？且陛下所以欲見我者，不過欲一見吾面貌耳。今陛下在洛陽，今斬

吾頭，馳三十里間，形容尚未能敗，猶可觀也。」遂自剄，令客奉其頭，正義曰：奉音捧。從使者馳奏之高帝。高帝曰：「嗟乎，有以也夫！起自布衣，兄弟三人更王，豈不賢乎哉！」為之流涕，而拜其二客為都尉，發卒二千人，以王者禮葬田橫。正義曰：齊田橫墓在偃師西十五里。[illegible]既葬，二客穿其冢旁孔，皆自剄，下從之。正義曰：[illegible]悲歌，言人命如薤上之露，易晞滅也。[illegible]高帝聞之，乃大驚，以田橫之客皆賢。吾聞其餘尚五百人在海中，使使召之。至則聞田橫死，亦皆自殺。於是乃知田橫兄弟能得士也。

太史公曰：甚矣蒯通之謀，亂齊驕淮陰，其卒亡此兩人！索隱曰：言欲令此事長則長說之，短則短說之，故戰國策亦名曰短長書是也。蒯通者，善為長短說，論戰國之權變，為八十一首。漢書曰：號為雋永。索隱曰：書名也。雋音松兗反。通善齊人安期生，安期生嘗干項羽，項羽不能用其筴。已而項羽欲封此兩人，兩人終不肯受，亡去。田橫之高節，賓客慕義而從橫死，豈非至賢！余因而列焉。不無善畫者，莫能圖，何哉？索隱曰：言天下非無善畫之人，而不知圖畫田橫及其黨慕義死節之事，何故哉？歎薑之人不知畫此也。

索隱述贊曰：

秦項之際，天下交兵。六國樹黨，

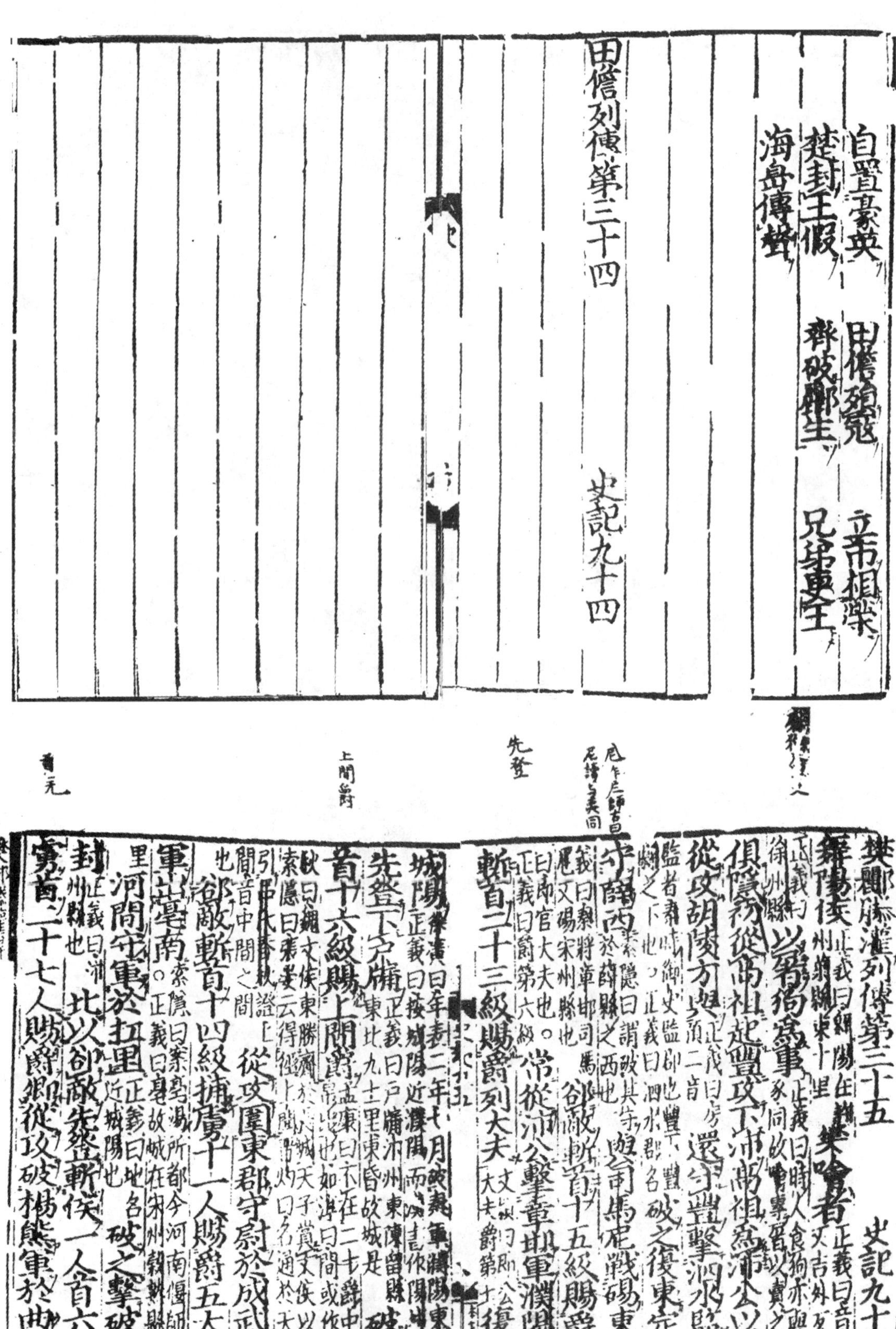

自置豪英，田儋殞寃，立帝相榮。楚封王假，齊破酈生，兄弟更王。海島傳聲。

田儋列傳第三十四　史記九十四

樊酈滕灌列傳第三十五　史記九十五

舞陽侯正義曰：舞陽在許州葉縣東十里。樊噲者正義曰：音快。又古外反。沛人也。以屠狗為事，正義曰：時人食狗亦與羊豕同，故噲專屠以賣之。與高祖俱隱。初從高祖起豐，攻下沛。高祖為沛公，以噲為舍人。從攻胡陵、方與，正義曰：方與二音。還守豐，擊泗水監豐下，索隱曰：案監者秦御史監郡也。豐下，豐邑之下也。正義曰：泗水郡名。破之。復東定沛，破泗水守薛西。索隱曰：謂破其守於薛縣之西也。與司馬𡰥戰碭東，索隱曰：秦將章邯司馬。正義曰：碭，宋州縣也。卻敵，斬首十五級，賜爵國大夫。正義曰：爵第六級。常從，沛公擊章邯軍濮陽，攻城先登，斬首二十三級，賜爵列大夫。文穎曰：列大夫，爵第七。復常從，從攻城陽，徐廣曰：年表二年七月與魏軍濮陽東，屠城陽。正義曰：按城陽近濮陽，而漢書作陽城，大錯誤。先登。下戶牖，正義曰：戶牖，汴州東陳留縣東北九十里東昏故城是。破李由軍，斬首十六級，賜上間爵。孟康曰：在二十爵中。如淳曰：閒或作閭。呂氏春秋曰：魏文侯東勝齊於長城，天子賞文侯以上聞爵。索隱曰：秦漢云得徑上聞，故曰名通於天子也。如淳引呂氏春秋證上間音中間之間也。從攻圍東郡守尉於成武，正義曰：成武，曹州縣也。卻敵，斬首十四級，捕虜十一人，賜爵五大夫。從擊秦軍，出亳南。索隱曰：案亳湯所都，今河南偃師有湯亳是。正義曰：亳故城在宋州穀熟縣西南四十里。河間守軍於杠里，正義曰：地名，近城陽也。破之。擊破趙賁軍開封北，正義曰：汴州縣也。以卻敵先登，斬候一人，首六十八級，捕虜二十七人，賜爵卿。從攻破楊熊軍於曲遇。索隱曰：曲遇音。

潁顥邑名也。○正義曰：此在……反。攻宛陵。索隱曰：地理志云屬河南。過牛恭反。鄭州中牟縣有曲遇聚。也。○正義曰：曲遇故城在鄭州新鄭縣東北三十八里。先登，斬首八級，捕虜四十四人，賜爵封號賢成君。徐廣曰：時賜爵有執帛、執圭……張晏曰：……又有功則賜封列侯……索隱曰：……秦制，列侯乃有封爵也……從攻長社、轘轅，正義曰：在緱氏縣東南三十里。絕河津，正義曰：古平陰津在河南府東北五十里也。東攻秦軍於尸南，正義曰：在偃師縣南。攻秦軍於犨。正義曰：在汝州魯山縣東南。破南陽守齮於陽城。東攻宛城，先登。西至酈，正義曰：酈音擲，在鄧州新城縣西北四十里。以卻敵，斬首二十四級，捕虜四十人，賜重封。張晏曰：乃益祿也。如淳曰：……名也。索隱曰：張晏說是……義亦近是也。

淳求也。小顏以為重封者，兼二號蓋為得也。攻武關，至霸上，斬都尉一人，首十級，捕虜百四十六人，降卒二千九百人。項羽在戲下，欲攻沛公。沛公從百餘騎因項伯面見項羽，謝無有閉關事。項羽既饗軍士，中酒，張晏曰：酒酣也。亞父謀欲殺沛公，令項莊拔劍舞坐中，欲擊沛公，項伯常肩蔽之。時獨沛公與張良得入坐，樊噲在營外，聞事急，乃持鐵盾入到營。營衛止噲，噲直撞入，漢書音義曰：撞音如撞鍾之撞。○正義曰：直江反。立帳下。項羽目之，問為誰。張良曰：「沛公參乘樊噲。」徐廣曰：一本云……而視皆皆血出。項羽曰：「壯士。」賜之卮酒彘肩。噲既飲酒，拔劍切肉食，盡之。項羽曰：「能復飲乎？」噲曰：「臣死且不辭，豈特卮

史記九十五　二

酒乎！且沛公先入定咸陽，暴師霸上，以待大王。……大王今日至，聽小人之言，與沛公有隙，臣恐天下解，……心疑大王也。」項羽默然。沛公如廁，麾樊噲去。既出，沛公留車騎，獨騎一馬，與樊噲等四人步從，從閒道山下歸走霸上軍，而使張良謝項羽。項羽亦因遂已，無誅沛公之心矣。是日微樊噲奔入營誚讓項羽，……沛公事幾殆。明日，項羽入屠咸陽，立沛公為漢王。漢王賜噲爵為列侯，號臨武侯。正義曰：臨武縣也。遷為郎中，從入漢中。還定三秦，別擊西丞白水北，……雍輕車騎於雍南，破之。

史記九十五　三

從攻雍、斄城，先登。擊章平軍好畤，攻城，先登陷陣，斬縣令丞各一人，首十一級，虜二十人，遷郎中騎將。從擊秦車騎壤東，卻敵，遷為將軍。攻趙賁，下郿、槐里、柳中、咸陽；灌廢丘，最。

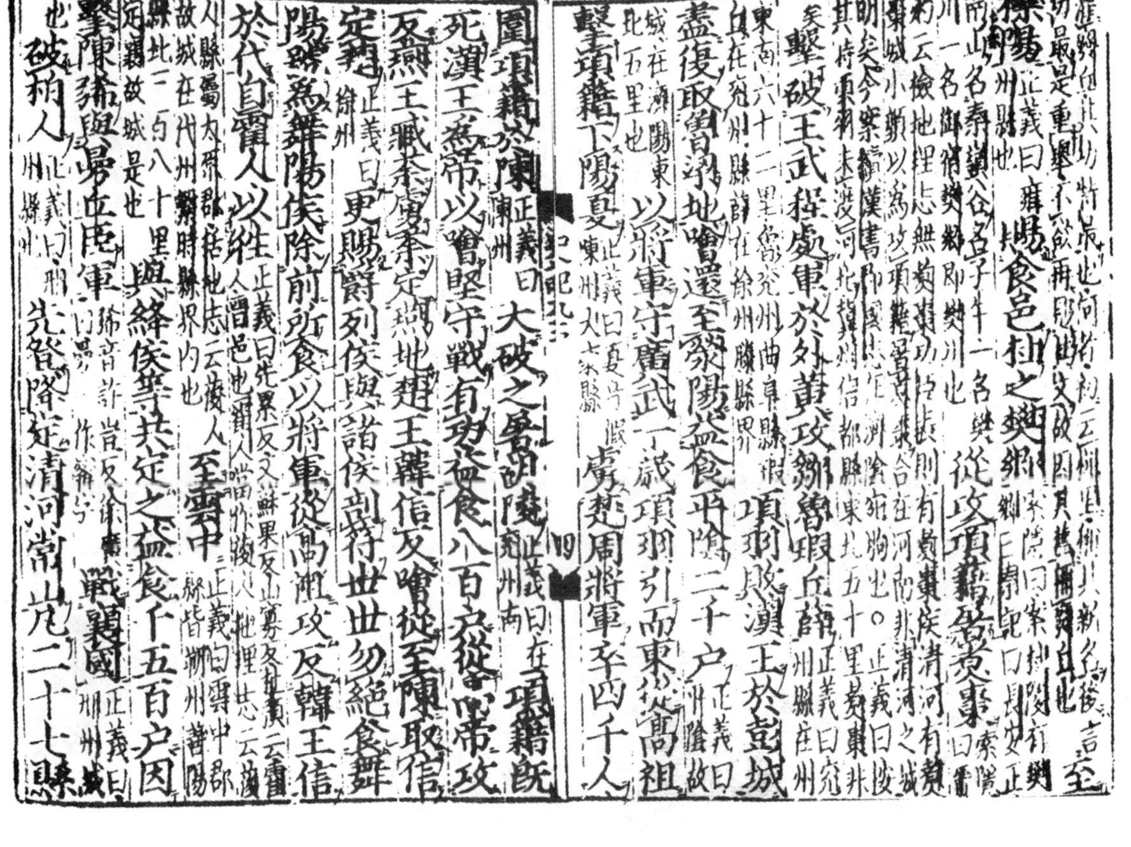

賜食邑杜之樊鄉。從攻項籍，屠煮棗。擊破王武、程處軍於外黃。攻鄒、魯、瑕丘、薛。項羽敗漢王於彭城，盡復取魯、梁地。噲還至滎陽，益食平陰二千戶，以將軍守廣武。一歲，項羽引而東。從高祖擊項籍，下陽夏，虜楚周將軍卒四千人。圍項籍於陳，大破之。屠胡陵。項籍既死，漢王為帝，以噲堅守戰有功，益食八百戶。從高帝攻反者燕王臧荼，虜荼，定燕地。楚王韓信反，噲從至陳，取信，定楚。更賜爵列侯，與諸侯剖符，世世勿絕，食舞陽，號為舞陽侯，除前所食。以將軍從高祖攻反者韓王信於代。自霍人以往至雲中，與絳侯等共定之，益食千五百戶。因擊陳豨與曼丘臣軍，戰襄國，破柏人，先登，降定清河、常山凡二十七縣，

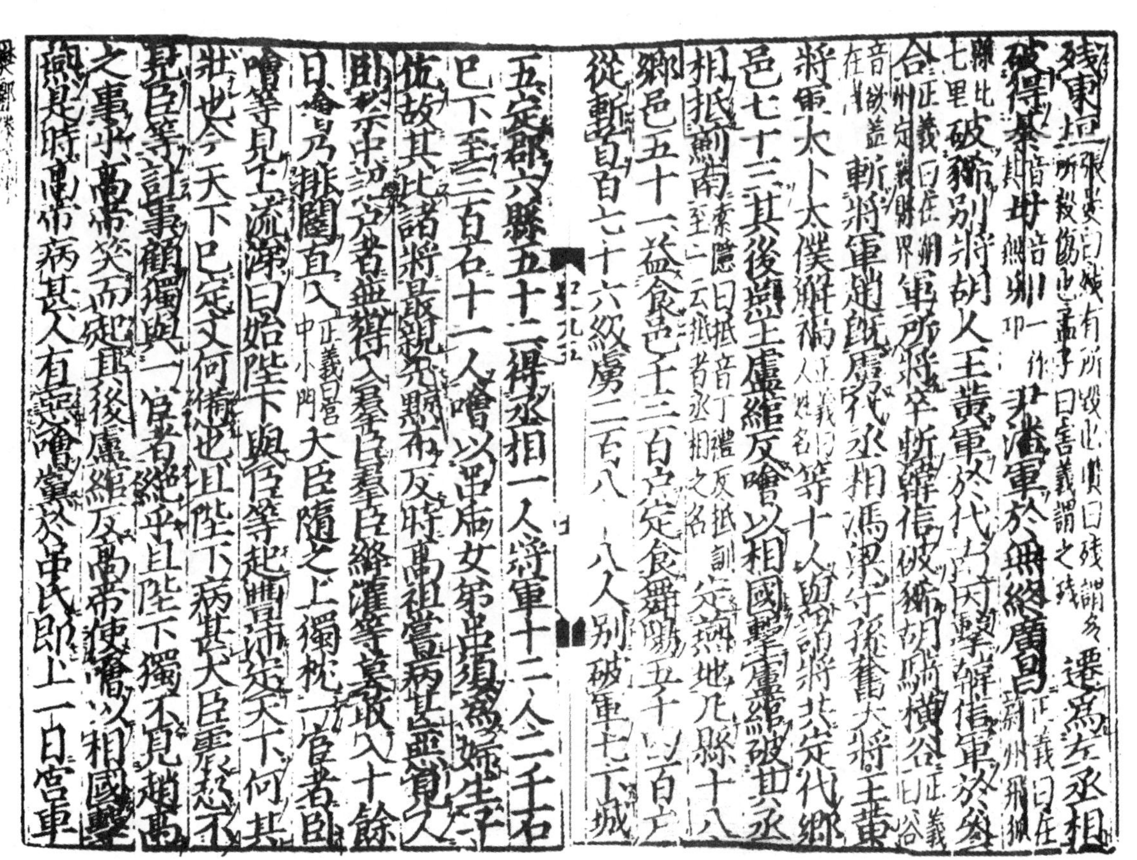

殘東垣，遷為左丞相。破得綦毋卬、尹潘軍於無終、廣昌。破豨別將胡人王黃軍於代南，因擊韓信軍於參合。軍所將卒斬韓信，破豨胡騎橫谷，斬將軍趙既，虜代丞相馮梁、守孫奮、大將王黃、將軍、太僕解福等十人。與諸將共定代鄉邑七十三。其後燕王盧綰反，噲以相國擊盧綰，破其丞相抵薊南，定燕地，凡縣十八，鄉邑五十一。益食邑千三百戶，定食舞陽五千四百戶。從，斬首百七十六級，虜二百八十八人。別，破軍七，下城五，定郡六，縣五十二，得丞相一人，將軍十二人，二千石已下至三百石十一人。噲以呂后女弟呂須為婦，生子伉，故其比諸將最親。先黥布反時，高祖嘗病甚，惡見人，臥禁中，詔戶者無得入群臣。群臣絳、灌等莫敢入。十餘日，噲乃排闥直入，大臣隨之。上獨枕一宦者臥。噲等見上流涕曰：「始陛下與臣等起豐沛，定天下，何其壯也！今天下已定，又何憊也！且陛下病甚，大臣震恐，不見臣等計事，顧獨與一宦者絕乎？且陛下獨不見趙高之事乎？」高帝笑而起。其後盧綰反，高帝使噲以相國擊燕。是時高帝病甚，人有惡噲黨於呂氏，即上一日宮車

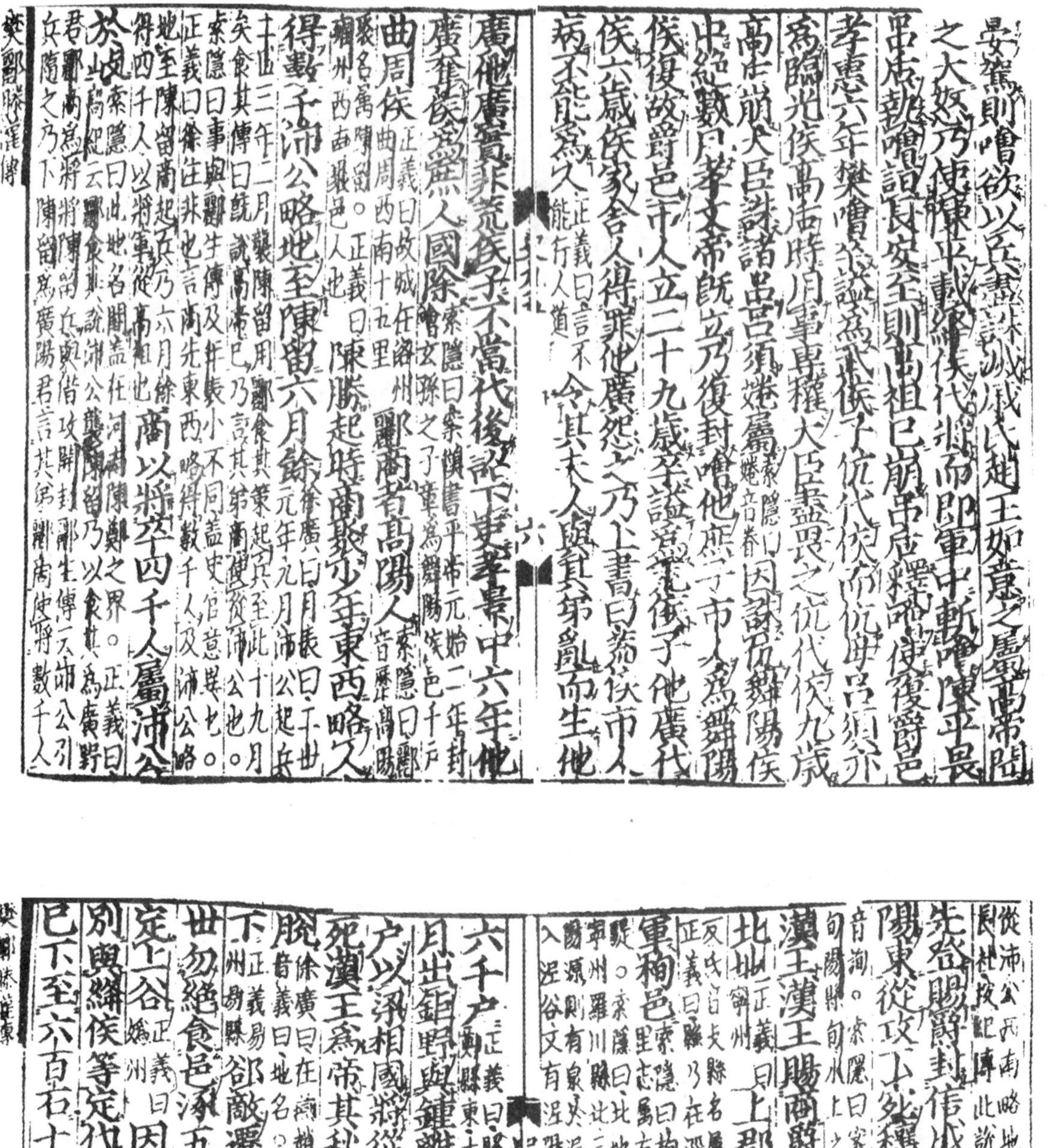

晏駕則噲欲以兵盡誅滅戚氏趙王如意之屬高帝聞
之大怒乃使陳平載絳侯代將而即軍中斬噲陳平畏
呂后執噲詣長安至則高祖已崩呂后釋噲使復爵邑
孝惠六年樊噲卒謚為武侯子伉代侯而伉母呂須亦
為臨光侯高后時用事專權大臣盡畏之伉代侯九歲
高后崩大臣誅諸呂呂須媭屬索隱曰嬃音須因誅伉舞陽侯
中絕數月孝文帝既立乃復封噲他庶子市人為舞陽
侯復故爵邑市人立二十九歲卒謚為荒侯子他廣代
侯六歲侯家舍人得罪他廣怨之乃上書曰荒侯市人
病不能為人正義曰言不能行人道令其夫人與其弟亂而生他

史九十五　六

廣他廣實非荒侯子不當代後詔下吏孝景中六年他
廣奪侯為庶人國除索隱曰案漢書平帝元始二年封噲玄孫之子章為舞陽侯邑千戶
曲周侯正義曰故城在洛州曲周西南十五里酈商者高陽人索隱曰酈音歷高陽
聚名屬陳留。○正義曰雍州西南聚邑人也陳勝起時商聚少年東西略人
得數千沛公略地至陳留六月餘徐廣曰月表曰二世元年九月沛公起兵
十一三年二月襲陳留用酈食其策起兵至此十九月
矣食其傳曰既識高帝已乃言其弟商使從沛公也。
索隱曰事與酈生傳及年表小不同蓋史官意異也。
正義曰徐注非也言商先東西略得數千人及沛公略
地至陳留商起兵乃六月餘商以將卒四千人屬沛公
得四千人以將軍從高祖也
於岐索隱曰此地名闕蓋在河南陳鄭之界。○正義曰
山陽紀云酈食其說沛公襲陳留乃以食其為廣野
君酈商為將將陳留兵與偕攻開封酈生傳云沛公引
兵隨之乃下陳留為廣陽君言其弟酈商使將數千人

樊酈滕灌傳

從沛公正義曰此略地此傳云屬沛公於岐從攻
長社按紀傳此許岐當與陳留高陽相近也從攻長社
先登賜爵封信成君從沛公攻緱氏絕河津破秦軍洛
陽東從攻下宛穰定十七縣別將攻旬關漢書音義曰旬陽縣
音詢。○索隱曰案在漢中旬陽縣旬水上之關也定漢中項羽滅秦立沛公為
漢王漢王賜商爵信成君以將軍為隴西都尉別將定
北地正義曰寧州上郡正義曰鄜州破雍將軍焉氏音支。○索隱曰焉音於然
反氏音支縣名屬安定漢書云破章邯別將也。○
正義曰縣乃在涇州安定縣之東四十里也周類
軍栒邑索隱曰栒邑在豳州地理志屬右扶風栒音荀蘇駔軍於泥陽徐廣曰駔一作
駔。○索隱曰北地縣名駔音祖。○正義曰故城在
寧州羅川縣北三十一里泥谷水源出羅川縣東北泥
陽源則有泉涌出者流二十餘步而流
入泥谷文有泥陽湫在縣東北四十里賜食邑武成

史卷九十五　七

六千戶正義曰縣在華州鄭縣東十三里以隴西都尉從擊項籍軍五
月出鉅野與鍾離眛戰疾鬬受梁相國印益食邑四千
戶以梁相國將從擊項羽二歲三月攻胡陵項羽既已
死漢王為帝其秋燕王臧荼反商以將軍從擊荼戰龍
脫徐廣曰在燕趙之界。○索隱曰案漢書音義曰地名其地闕先登陷陣破荼軍易
下正義曰易州易縣卻敵遷為右丞相賜爵列侯與諸侯剖符世
世勿絕食邑涿五千戶正義曰涿州號曰涿侯以右丞相別
定上谷正義曰媯州因攻代受趙相國印以右丞相趙相國
別與絳侯等定代鴈門得代丞相程縱守相郭同將軍
已下至六百石十九人還以將軍為太上皇衛一歲七

樊酈滕灌傳

月以右丞相擊陳豨殘東垣又以右丞相從高帝擊黥布攻其前拒陷兩陳得以破布軍更食曲周五千一百戶除前所食凡別破軍三降定郡六縣七十三得丞相守相大將各一人小將二人二千石已下至六百石十九人孝惠高后時商病不治其子寄字況與呂祿善及高后崩大臣欲誅諸呂呂祿爲將軍軍於北軍太尉勃不得入北軍於是乃使人劫酈商令其子況紿呂祿呂祿信之故與出游而太尉勃乃得入據北軍遂誅諸呂是歲商卒謚爲景侯子寄代侯天下稱酈況賣交也孝景前三年吳楚齊趙反上以寄爲將軍圍趙城十月不能下得俞侯欒布自平齊來乃下趙城滅趙王自殺除國孝景中二年寄欲取平原君爲夫人景帝怒下寄吏有罪奪侯景帝乃以商他子堅封爲繆侯子康侯遂成立遂成卒子懷侯世宗立世宗卒子侯終根立爲太常坐法國除

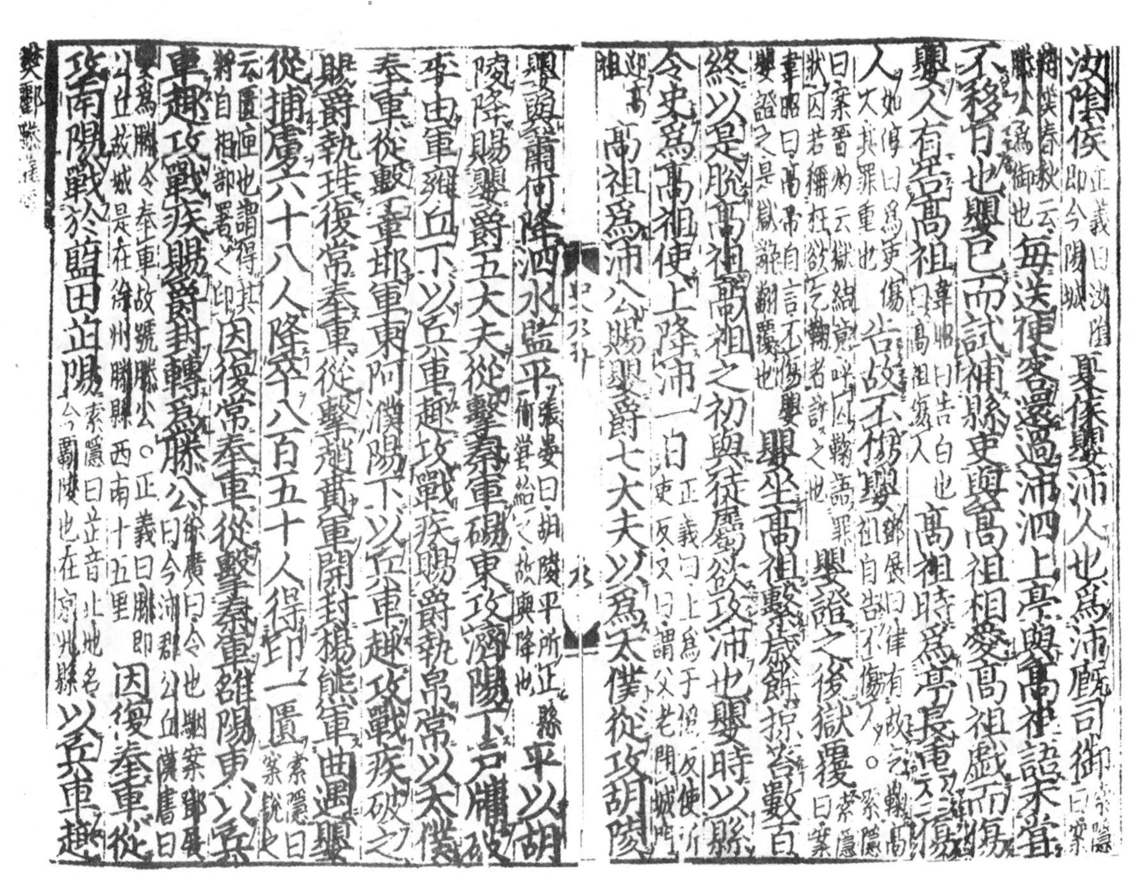

汝陰侯夏侯嬰沛人也爲沛廄司御每送使客還過沛泗上亭與高祖語未嘗不移日也嬰已而試補縣吏與高祖相愛高祖戲而傷嬰人有告高祖高祖時爲亭長重坐傷人告故不傷嬰嬰證之後獄覆嬰坐高祖繫歲餘掠笞數百終以是脫高祖高祖之初與徒屬欲攻沛也嬰時以縣令史爲高祖使上降沛一日高祖爲沛公賜嬰爵七大夫以爲太僕從攻胡陵嬰與蕭何降泗水監平平以胡陵降賜嬰爵五大夫從擊秦軍碭東攻濟陽下戶牖破李由軍雍丘下以兵車趣攻戰疾賜爵執帛常以太僕奉車從擊章邯軍東阿濮陽下以兵車趣攻戰疾破之賜爵執珪復常奉車從擊趙賁軍開封楊熊軍曲遇嬰從捕虜六十八人降卒八百五十人得印一匱因復常奉車從擊秦軍雒陽東以兵車趣攻戰疾賜爵封轉爲滕公因復奉車從攻南陽戰於藍田芷陽以兵車趣

高祖蹶兩兒欲棄之嬰常收載之
面雍樹
南陽方 漢書下

攻戰疾，至霸上。項羽至，滅秦，立沛公爲漢王。漢王賜嬰
爵列侯，號昭平侯，復爲太僕，從入蜀漢。還定三秦，從擊
項籍。至彭城，項羽大破漢軍。漢王敗，不利，馳去。見孝惠、
魯元，載之。漢王急，馬罷，虜在後，常蹶兩兒欲棄之。索隱曰蹶
音厥又音巨月反一音蹷 嬰常收，竟載之，徐行面雍樹乃
馳。据漢書作蹶蹷音蹷 面向樹也 應劭云古者皆立乘嬰恐小兒墜各置一面雍持之樹立也 如淳曰南陽人謂抱小兒爲雍樹 向臨之小兒抱大人頸似懸樹也 恐皆同今則無其言或當時有此說其應服之說蓋謬也
漢王怒，行欲斬嬰者十餘，
卒得脫，而致孝惠、魯元於豐。漢王既至滎陽，收散兵，復
振，賜嬰食祈陽。徐廣曰祈一作沂○索隱曰沂陽鄉名也漢書作沂楚無其縣 復常奉

車從擊項籍，追至陳，卒定楚，至魯，益食茲氏。索隱曰縣名也地理志屬太原
漢王立爲帝。其秋，燕王臧荼反，嬰以太僕從擊荼。
明年，從至陳，取楚王信。更食汝陰，剖符世世勿絕。以太
僕從擊代，至武泉、雲中，索隱曰地理志武泉屬雲中○正義曰二縣在朔州善陽縣界
益食千戶。因從擊韓信軍胡騎晉陽旁，大破之。追北至
平城，爲胡所圍，七日不得通。高帝使使厚遺閼氏，冒頓
開圍一角。高帝出欲馳，嬰固徐行，弩皆持滿外向，卒得
脫。益食嬰細陽千戶。索隱曰地理志云屬汝南 復以太僕從擊胡騎
句注北，大破之。以太僕擊胡騎平城南，三陷陳，功爲多，
賜所奪邑五百戶。漢書音義曰時有罪過奪其邑以賜之 以太僕擊陳豨、

黥布軍，陷陳卻敵，益食千戶，定食汝陰六千九百戶，除
前所食。嬰自上初起沛，常爲太僕，竟高祖崩。以太僕事
孝惠。孝惠帝及高后德嬰之脫孝惠、魯元於下邑之間
也，正義曰宋州碭山縣 乃賜嬰縣北第第一，曰「近我」，以尊異之。孝
惠帝崩，以太僕事高后。高后崩，代王之來，嬰以太僕與
東牟侯入清宮，廢少帝，以天子法駕迎代王代邸，與大
臣共立爲孝文皇帝，復爲太僕。八歲卒，謚爲文侯。索隱曰案
姚氏云三輔故事曰滕文公墓在飲馬橋東大道南俗謂之馬冢 博物志曰公卿送嬰葬至東都門外馬不行
踣地悲鳴得石槨有銘曰佳城鬱鬱三千年見白日吁嗟滕公居此室乃葬之焉 子夷侯竈立，
七年卒。子共侯賜立，三十一年卒。子侯頗尚平陽公主，

立十九歲，元鼎二年，坐與父御婢姦罪，自殺，國除。
灌嬰者，睢陽販繒者正義曰今陳州南頓縣西北十三里灌嬰故城是
也。正義曰宋州宋城縣 高祖之爲沛公，略地至雍丘下，章邯敗殺
項梁，而沛公還軍於碭，嬰初以中涓從擊破東郡尉於
成武及秦軍於杠里，疾鬬，賜爵七大夫。從攻秦軍亳南、
開封、曲遇，戰疾力，服虔曰疾力攻之也 賜爵執帛，號宣陵君。從攻
陽武以西至雒陽，破秦軍尸北，北絕河津，南破南陽守
齮陽城東，遂定南陽郡。西入武關，戰於藍田，疾力，至霸
上，賜爵執珪，號昌文君。索隱曰亦猶宣陵君昌文君皆非爵土加美號耳 沛公立爲
漢王，拜嬰爲郎中，從入漢中，十月，拜爲中謁者。從還定

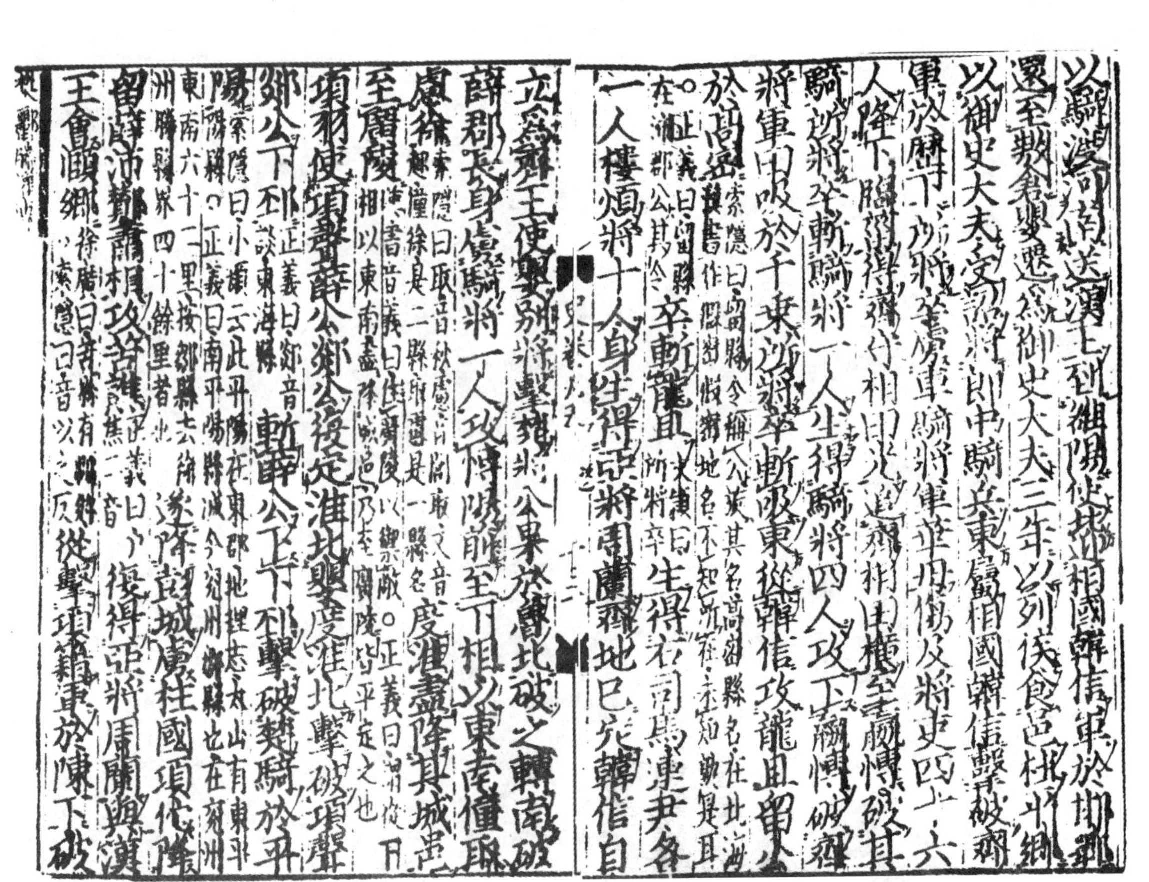

樊酈滕灌列傳

三秦，下櫟陽，降塞王。還圍章邯於廢丘，未拔。從東出臨晉關，擊降殷王，定其地。擊項羽將龍且、魏相項他軍定陶南，疾戰，破之。賜爵列侯，號昌文侯，食杜平鄉。復以中謁者從降下碭，以至彭城。項羽擊，大破漢王。漢王遁而西，嬰從還，軍於雍丘。王武、魏公申徒反，從擊破之。攻下黃，西收兵，軍於滎陽。楚騎來眾，漢王乃擇軍中可為騎將者，皆推故秦騎士重泉人李必、駱甲習騎兵，今為校尉，可為騎將。漢王欲拜之，必、甲曰：「臣故秦民，恐軍不信臣，臣願得大王左右善騎者傅之。」灌嬰雖少，然數力戰，乃拜灌嬰為中大夫，令李必、駱甲為左右校尉，將郎中騎兵擊楚騎於滎陽東，大破之。受詔別擊楚軍後，絕其餉道，起陽武至襄邑。擊項羽之將項冠於魯下，破之，所將卒斬右司馬、騎將各一人。擊破柘公王武，軍於燕西，所將卒斬樓煩將五人，連尹一人。擊王武別將桓嬰白馬下，破之，所將卒斬都尉一人。

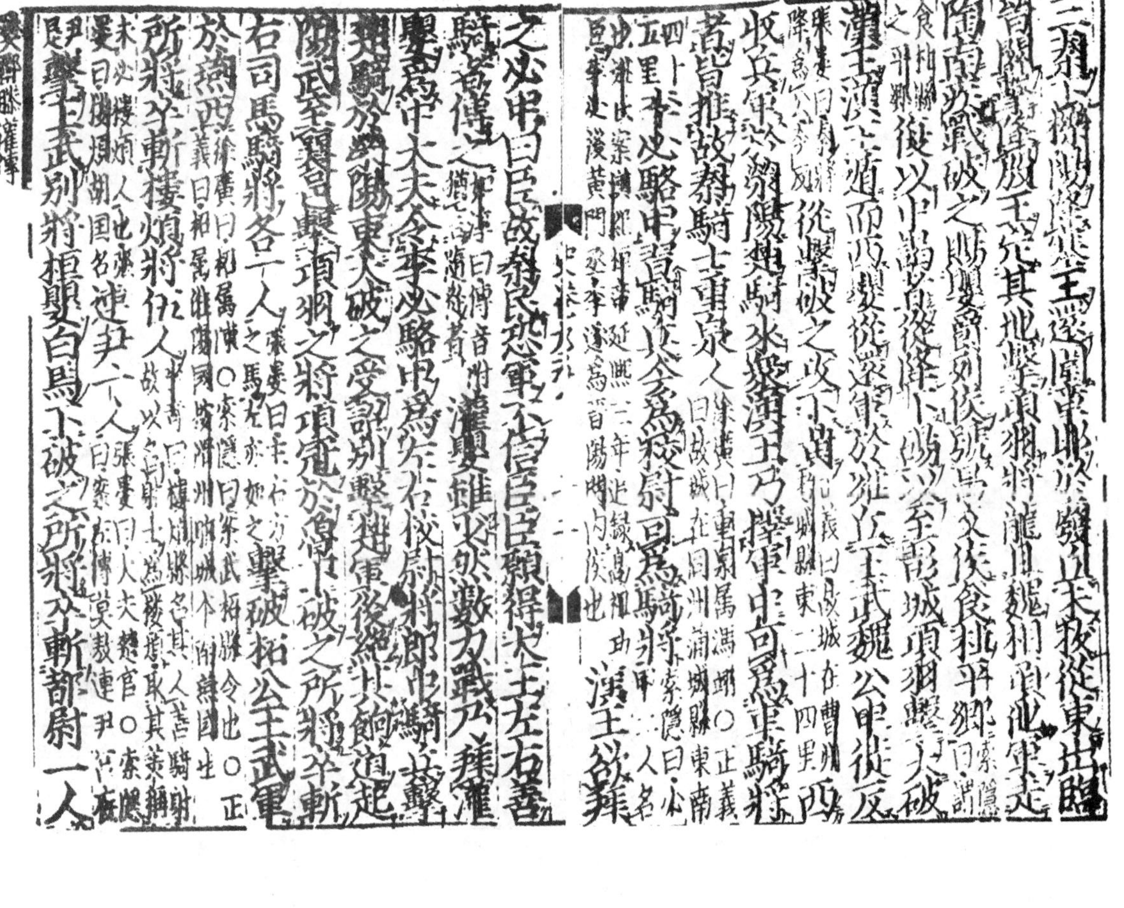

樊酈滕灌列傳

以騎渡河南，送漢王到雒陽，使北迎相國韓信軍於邯鄲。還至敖倉，嬰遷為御史大夫。三年，以列侯食邑杜平鄉。以御史大夫受詔將郎中騎兵東屬相國韓信，擊破齊軍於歷下，所將卒虜車騎將軍華毋傷及將吏四十六人。降下臨菑，得齊守相田光。追齊相田橫至嬴、博，破其騎，所將卒斬騎將一人，生得騎將四人。攻下嬴、博，破齊將軍田吸於千乘，所將卒斬吸。東從韓信攻龍且、留公旋於高密，卒斬龍且，生得右司馬、連尹各一人，樓煩將十人，身生得亞將周蘭。齊地已定，韓信自立為齊王，使嬰別將擊楚將公杲於魯北，破之。轉南，破薛郡長，身虜騎將一人。攻傅陽，前至下相以東南僮、取慮、徐。度淮，盡降其城邑，至廣陵。項羽使項聲、薛公、郯公復定淮北。嬰度淮北，擊破項聲、郯公下邳，斬薛公，下下邳。擊破楚騎於平陽，遂降彭城，虜柱國項佗，降留、薛、沛、酇、蕭、相。攻苦、譙，復得亞將周蘭。與漢王會頤鄉。從擊項籍軍於陳下，破之之從擊，斬樓煩將二人，虜騎將八人。賜益食邑二千五百戶。項籍敗垓下去也，嬰以御史大夫受詔將車騎別追項籍至東城，破之。【正義曰：縣在濠州[illegible]縣東南五[illegible]。】所將卒五人共斬項籍，皆賜爵列侯。降左右司馬各一人，卒萬二千人，盡得其軍將吏。下東城、歷陽。【正義曰：和州歷陽縣即今州城是也。】渡江，破吳郡長吳下，【如淳曰：郡長，長之長也。○索隱曰：下相郡守，此長即令也。如淳以為郡長非也。此郡長即吳郡守也。○正義曰：今蘇州也。按如說非也，吳郡長即吳郡守也。吳郡長兵於吳城下而得吳郡守身也。】得吳守，遂定吳、豫章、會稽郡。還定淮北，凡五十二縣。漢王立為皇帝，賜益嬰邑三千戶。其秋，以車騎將軍從擊破燕王臧荼。明年，從至陳，取楚王信。還，剖符，世世勿絕，食潁陰二千五百戶，號曰潁陰侯。以車騎將軍從擊反韓王信於代，至馬邑，受詔別降樓煩以北六縣，斬代左相，破胡騎於武泉北。【正義曰：縣名，在朔州北二百二十里。】復從擊韓信胡騎晉陽下，所將卒斬胡白題將一人。【服虔曰：胡名也。】受詔并將燕、趙、齊、梁、楚車騎，擊破胡騎於硰石。【服虔曰：硰音沙。○索隱曰：劉氏音千卧反。】至平城，為胡所圍，從還軍東垣。從擊陳豨，受詔別攻豨丞相侯敞軍曲逆下，破之，卒斬敞及特將五人。【索隱曰：特將[illegible]之[illegible]。】降曲逆、盧奴、上曲陽、安國、安平。【正義曰：盧奴，定州[illegible]；曲陽，定州[illegible]縣是；[illegible]安平縣。】攻下東垣。黥布反，以車騎將軍先出，攻布別將於相，破之，斬亞將樓煩將三人。又進擊破布上柱國軍及大司馬軍。又進破布別將肥誅。【徐廣曰：一作銖。○索隱曰：案[illegible]肥銖[illegible]。】嬰身生得左司馬一人，所將卒斬其小將十人，追北至淮上。益食二千五百戶。布已破，高帝歸，定令嬰食潁陰五千戶，除前所食邑。凡從得二千石二人，別破軍十六，降城四十六，定國一，郡二，縣五十二，得將軍二人，柱國、相國各一人，二千石十人。嬰自破布歸，高帝崩，嬰以列侯事孝惠帝及呂太后。太后崩，呂祿等以趙王自置為將軍，軍長安，為亂。齊哀王聞之，舉兵西，且入誅不當為王者。上將軍呂祿等聞之，乃遣嬰為大將軍，往擊之。嬰行至滎陽，乃與絳侯等謀，因屯兵滎陽，風齊王以誅呂氏事，【正義曰：風，方鳳反。】齊兵止不前。絳侯等既誅諸呂，齊王罷兵歸，嬰亦罷兵自滎陽歸，與絳侯、陳平共立代王為孝文皇帝。孝文皇帝於是益封嬰三千戶，賜黃金千斤，拜為太尉。三歲，絳侯勃免相就國，嬰為丞相，罷太尉官。是歲，匈奴大入北地、上郡，令丞相嬰將騎八萬五千往擊匈奴。匈奴去，濟北王反，詔乃罷嬰之兵。後歲餘，嬰以丞相卒，謚曰懿侯。子平侯阿代侯。二十八年卒，子彊代侯。十二年，彊有罪，絕二歲。元光三年，天子封灌嬰孫賢為臨汝侯，續灌氏後，八歲，坐行賕有罪，國除。

太史公曰：吾適豐沛，問其遺老，觀故蕭、曹、樊噲、滕公之

樊酈滕灌傳

家及其素異哉所聞方其鼓刀屠狗賣繒之時豈自知附驥之尾垂名漢廷德流子孫哉余與他廣通爲言高祖功臣之興時若此云 索隱曰案他廣樊噲之孫後失封蓋嘗訝太史公序蕭曹樊滕之功悉具則從他廣而得其事故備也

索隱述贊曰

聖賢影響　雲蒸龍變　屠狗販繒
攻城野戰　扶義西上　受封南面
酈況寰爻　舞陽内援　滕灌更王
奕葉繁衍

樊酈滕灌列傳第三十五　　史記九十五

張丞相列傳第三十六　　史記九十六

張丞相蒼者陽武人也 索隱曰案縣名屬陳留 正義曰鄭州陽武縣也 好書律曆秦時爲御史主柱下方書 如淳曰方版也謂書事在版上者也秦以上置柱下史蒼爲御史主其事或曰四方文書○索隱曰周秦皆有柱下史謂御史也所掌及侍立恒在殿柱之下故老子爲周柱下史今蒼在秦代亦居斯職方書者方板謂小事書於板也或曰主四方文書也姚氏以爲下云明習天下圖書計籍主郡上計則方爲四方文書是也 有罪亡歸及沛公略地過陽武蒼以客從攻南陽蒼坐法當斬解衣伏質 索隱曰質鑕也 身長大肥白如瓠時王陵見而怪其美士乃言沛公赦勿斬遂從西入武關至咸陽沛公立爲漢王入漢中還定三秦陳餘擊走常山王張耳耳歸漢漢乃以張蒼爲常山守從淮陰侯擊趙蒼得陳餘趙地已平漢王以蒼爲代相備邊寇已而徙爲趙相相趙王耳耳卒相趙王敖復徙相代王燕王臧荼反高祖往擊之蒼以代相從攻臧荼有功以六年中封爲北平侯食邑千二百戶遷爲計相 索隱曰能計故號曰計相 一月更以列侯爲主計四歲 張晏曰以列侯典校郡國簿書 如淳曰以其所主因以爲官號與計相同時所并立非以避也○索隱曰謂改計相之名更名主計也此蓋權時立號也 是時蕭何爲相國而張蒼乃自秦時爲柱下史明習天下圖書計籍蒼又善用算律曆故令蒼以列侯居相府領主郡國上計者黥布反亡漢立皇子長爲淮南王而張蒼相之十四年遷爲御史大夫

張丞相傳

周昌者，沛人也。其從兄曰周苛，秦時皆爲泗水卒史。及高祖起沛，擊破泗水守監，於是周昌、周苛自卒史從沛公，沛公以周昌爲職志，徐廣曰主旗幟之官也 索隱曰職志官名也職主也志旗幟也謂掌旗幟之官也 周苛爲客。從入關，破秦。沛公立爲漢王，以周苛爲御史大夫，周昌爲中尉。漢王四年，楚圍漢王滎陽急，漢王遁出去，而使周苛守滎陽城。楚破滎陽城，欲令周苛將。苛罵曰：「若趣降漢王！不然，今爲虜矣！」項羽怒，亨周苛。於是乃拜周昌爲御史大夫。常從擊破項籍。以六年中與蕭曹等俱封：封周昌爲汾陰侯；周苛子周成以父死事，封爲高景侯。徐廣曰元年封二十九年坐謀反死國除

昌爲人彊力，敢直言，自蕭曹等皆卑下之。昌嘗燕時入奏事，漢書音義曰以宴時入奏事 高帝方擁戚姬，昌還走，高帝逐得，騎周昌項，問曰：「我何如主也？」昌仰曰：「陛下即桀紂之主也。」於是上笑之，然尤憚周昌。及帝欲廢太子，而立戚姬子如意爲太子，大臣固爭之，莫能得；上以留侯策即止。而周昌廷爭之彊，上問其說，昌爲人吃，又盛怒，曰：「臣口不能言，然臣期期正義曰期以口吃故重言期期也知其不可。陛下雖欲廢太子，臣期期不奉詔。」上欣然而笑。既罷，呂后側耳於東箱聽，韋昭曰殿東堂也○索隱曰小顏云正寢之東西室皆號曰箱言似箱篋之形也 見周昌，爲跪謝曰：「微君，太子幾廢。」

是後戚姬子如意爲趙王，年十歲，高祖憂即萬歲之後不全也。趙堯年少，爲符璽御史。趙人方與公徐廣曰方與縣名公其號也 謂御史大夫周昌曰：「君之史趙堯，年雖少，然奇才也，君必異之，是且代君之位。」周昌笑曰：「堯年少，刀筆吏耳，正義曰古用簡牘書有錯謬以刀削之故號曰刀筆吏 何能至是乎！」居頃之，趙堯侍高祖。高祖獨心不樂，悲歌，群臣不知上之所以然。趙堯進請問曰：「陛下所爲不樂，非爲趙王年少而戚夫人與呂后有卻邪？索隱曰卻謂不和也 備萬歲之後而趙王不能自全乎？」高祖曰：「然。吾私憂之，不知所出。」堯曰：「陛下獨宜爲趙王置貴彊相，及呂后、太子、群臣素所敬憚乃可。」高祖曰：「然。吾念之欲如是，而群臣誰可者？」堯曰：「御史大夫周昌，其人堅忍質直，且自呂后、太子及大臣皆素敬憚之。獨昌可。」高祖曰：「善。」於是乃召周昌，謂曰：「吾欲固煩公，公彊爲我相趙王。」周昌泣曰：「臣初起從陛下，陛下獨柰何中道而棄之於諸侯乎？」高祖曰：「吾極知其左遷，索隱曰諸侯王相在郡守上秩二千石也 然吾私憂趙王，念非公無可者。公不得已彊行！」於是徙御史大夫周昌爲趙相。既行久之，高祖持御史大夫印弄之，曰：「誰可以爲御史大夫者？」

孰視趙堯曰：「無以易堯。」遂拜趙堯為御史大夫。[徐廣曰十一年也] 堯亦前有軍功食邑，及以御史大夫從擊陳豨有功，封為江邑侯。[徐廣曰一作十一年] 高祖崩，呂太后使使召趙王，其相周昌令王稱疾不行。使者三反，周昌固為不遣趙王。於是高后患之，乃使使召周昌。周昌至，謁高后，高后怒而罵周昌曰：「爾不知我之怨戚氏乎？而不遣趙王，何？」昌既徵，高后使使召趙王，趙王果來。至長安月餘，飲藥而死。周昌因謝病不朝見，三歲而死。[徐廣曰諡悼也○索隱曰漢書列傳及表咸言周昌諡悼韋昭云或諡惠非也漢書又曰傳子至孫意有罪國除景帝復封昌孫左車為安陽侯有罪國除也]

後五歲，[正義曰高后之年] 高后聞御史大夫江邑侯趙堯高祖時定趙王如意之畫，乃抵堯罪，[徐廣曰高后元年國除] 以廣阿侯任敖為御史大夫。

任敖者，故沛獄吏。高祖嘗辟吏，[正義曰上音避] 吏繫呂后，遇之不謹。任敖素善高祖，怒，擊傷主呂后吏。及高祖初起，敖以客從為御史，守豐二歲。高祖立為漢王，東擊項籍，敖遷為上黨守。陳豨反時，敖堅守，封為廣阿侯，食千八百戶。高后時為御史大夫。三歲免，[徐廣曰文帝二年任敖卒諡懿侯曾孫越人元鼎二年為太常坐酒酸國除案漢書任敖孝文元年薨徐據漢書為記而誤云二年○索隱曰徐引漢書為得其實○正義曰按史記書表云孝文二年卒據漢書表又云封九十年卒計高祖十一年封到文帝二年則十九年矣而漢書誤不考乃云徐說何其貳過也] 以平陽侯曹窋為御

史大夫。高后崩，不與大臣共誅呂祿等，免。以淮南相張蒼為御史大夫。蒼與絳侯等尊立代王為孝文皇帝。四年，丞相灌嬰卒，張蒼為丞相。

自漢興至孝文二十餘年，會天下初定，將相公卿皆軍吏。張蒼為計相時，緒正律曆。[徐廣曰緒序也或曰緒業也] 以高祖十月始至霸上，因故秦時本以十月為歲首，弗革。推五德之運，以為漢當水德之時，尚黑如故。[正義曰姚察云蒼是秦人猶用推五勝之法以周赤烏為火漢勝火以水也] 吹律調樂，入之音聲，及以比定律令。[如淳曰比謂五音清濁各有所比也以定十二月律之法於樂官使長行之○索隱曰謂以律定法令律與條令也○正義曰比音鼻或音必避反謂比方使得宜也] 若百工，天下作程品。[如淳曰若順也百工為器物皆有尺寸斤兩皆使得宜此之謂順○索隱曰晉灼云為得] 至於為丞相，卒就之，故漢家言律曆者，本之張蒼。蒼本好書，無所不觀，無所不通，而尤善律曆。[漢書曰著書十八篇言陰陽律曆事]

張蒼德王陵。王陵者，安國侯也。及蒼貴，常父事王陵。陵死後，蒼為丞相，洗沐，常先朝陵夫人上食，然後敢歸家。

蒼為丞相十餘年，魯人公孫臣上書言漢土德時，其符有黃龍當見。詔下其議張蒼，張蒼以為非是，罷之。其後黃龍見成紀，於是文帝召公孫臣以為博士，草土德之曆制度，更元年。張丞相由此自絀，謝病稱老。蒼任人為中候，[張晏曰所選保任者○瓚曰中候官名] 大為姦利，上以讓蒼，蒼遂病免。蒼為丞相十五歲而免。孝景前

五年蒼卒謚為文侯子康侯代八年卒子類代為侯八年坐臨諸侯喪後就位不敬國除初張蒼父長不滿五尺及生蒼蒼長八尺餘為侯丞相蒼子復長及孫類長六尺餘坐法失侯蒼之免相後老口中無齒食乳女子為乳母妻妾以百數嘗孕者不復幸蒼年百有餘歲而卒

申屠丞相嘉者梁人以材官蹶張（徐廣曰勇健有材力開張 駰案如淳曰材官之多力能腳蹋強弩張之故曰蹶張律有蹶張士 索隱曰孟康曰主張強弩蹶音其月反漢令曰蹶張士百人也）從高帝擊項籍遷為隊率（索隱曰所類反）從擊黥布軍為都尉孝惠時為淮陽守孝文帝元年舉故吏士二千石從高皇帝者悉以為關內侯食邑二十四人而申屠嘉食邑五百戶張蒼已為丞相嘉遷為御史大夫張蒼免相孝文帝欲用皇后弟竇廣國為丞相曰恐天下以吾私廣國廣國賢有行故欲相之念久之不可而高帝時大臣又皆多死餘見無可者乃以御史大夫嘉為丞相因故邑封為故安侯（正義曰今易州界武陽城中東南隅故城是也）嘉為人廉直門不受私謁是時太中大夫鄧通方隆愛幸賞賜累巨萬文帝嘗燕飲通家其寵如是是時丞相入朝而通居上傍有怠慢之禮丞相奏事畢因言曰陛下愛幸臣則富貴之至於朝廷之禮不可以不肅上曰君勿言吾私之罷朝坐府中嘉為檄召鄧通詣丞相府不來且斬通通恐入言文帝文帝曰汝第往吾今使人召若通至丞相府免冠徒跣頓首謝嘉坐自如故不為禮責曰夫朝廷者高皇帝之朝廷也通小臣戲殿上大不敬當斬吏今行斬之（如淳曰嘉語其吏曰今便行斬之）通頓首首盡出血不解文帝度丞相已困通使使者持節召通而謝丞相曰此吾弄臣君釋之鄧通既至為文帝泣曰丞相幾殺臣嘉為丞相五歲孝文帝崩孝景帝即位二年鼂錯為內史貴幸用事諸法令多所請變更議以謫罰侵削諸侯而丞相嘉自絀所言不用疾錯錯為內史門東出不便更穿一門南出南出者太上皇廟堧垣（駰案如淳曰堧音畏堧之堧 索隱曰堧音乃喚反又音軟垣外地也）嘉聞之欲因此以法錯擅穿宗廟垣為門奏請誅錯錯客有語錯錯恐夜入宮上謁自歸景帝（正義曰自歸帝自首）至朝丞相奏請誅內史錯景帝曰錯所穿非真廟垣乃外堧垣故他官居其中且又我使為之錯無罪罷朝嘉謂長史曰吾悔不先斬錯乃先請之為錯所賣至舍因歐血而死謚為節侯子共侯蔑代三年卒子侯去病代三十一年卒（徐廣曰一本無此本蔑而云共侯三十三年子侯臾代）子侯臾代六歲

坐爲九江太守受故官送有罪國除自申屠嘉死之後景帝時開封侯陶青桃侯劉舍爲丞相（徐廣曰高祖功臣陶舍之子也謚夷劉舍本項氏親也姓劉氏父襄佐高祖有功舍謚哀侯）及今上時柏至侯許昌（徐廣曰高祖功臣許溫之孫謚哀侯）平棘侯薛澤（徐廣曰高祖功臣平棘侯薛歐之孫謚節侯）武彊侯莊青翟（徐廣曰高祖功臣莊不識之孫）高陵侯趙周（徐廣曰周父兼書言謂趙王戊以大傅諫爭而死）等爲丞相皆以列侯繼嗣娖娖（徐廣曰娖一作斷一作齱□索隱曰娖音測角反小顏云持整之貌尚書斷斷無他技漢書作齱齱音初角反斷音鄒義反義如）廉謹爲丞相備員而已無所能發明功名有著於當世者

太史公曰張蒼文學律曆爲漢名相而絀賈生公孫臣

史記九十六　八

等言正朔服色事而不遵明用秦之顓頊曆何哉（張晏曰不考經典專用顓頊曆何哉）周昌木彊人也（正義曰言其質直如木石焉）任敖以舊德用（張晏曰謂吕后時爲吏）申屠嘉可謂剛毅守節矣然無術學殆與蕭曹陳平異矣孝武時丞相多甚不記莫錄其行起居狀略且紀征和以來有車丞相長陵人也（索隱曰自車千秋以下皆褚先生等所記然丞相傳都省略漢書則備）卒而有韋丞相代韋丞相賢者魯人也以讀書術爲吏至大鴻臚有相工相之當至丞相有男四人使相工相之至第二子其名玄成相工曰此子貴當封韋丞相言曰我即爲丞相有長子是安從得之後竟爲丞相病死而長子有罪論不

張丞相傳

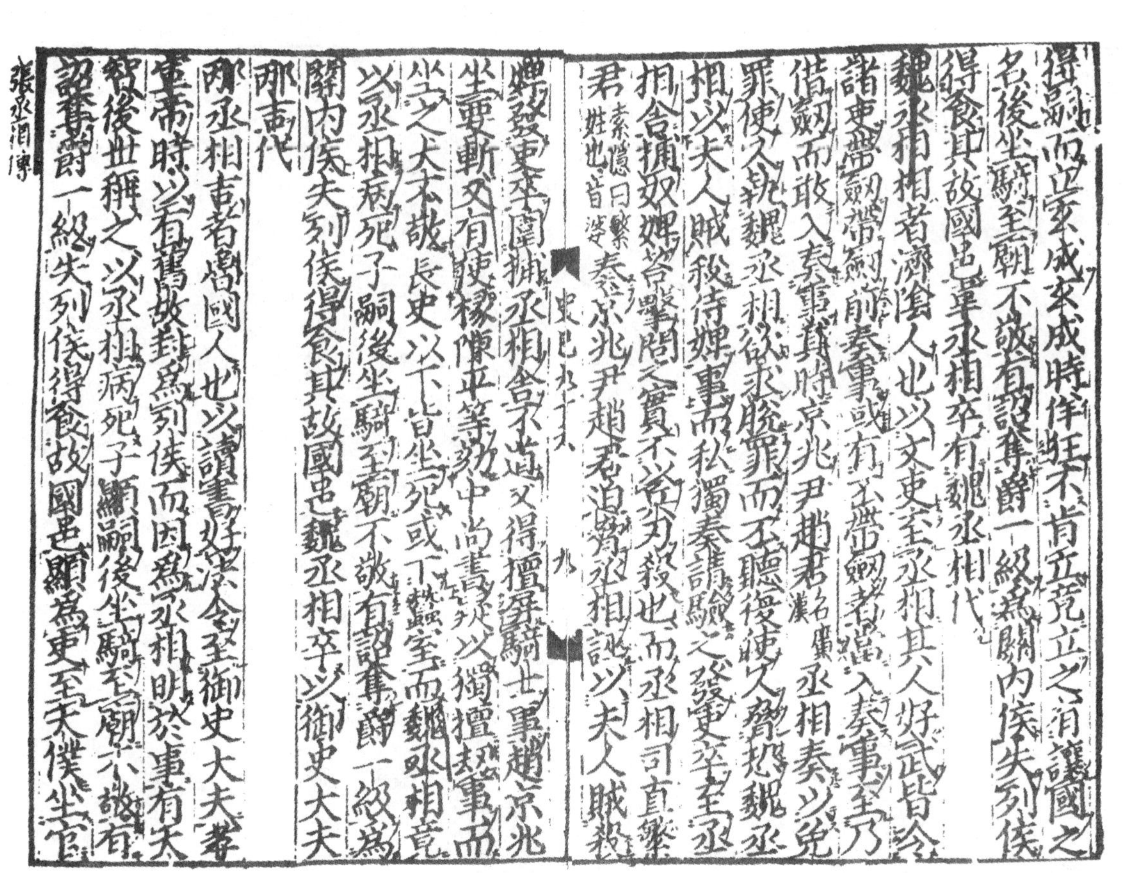

得嗣而立玄成玄成時佯狂不肯立竟立之有讓國之名後坐騎至廟不敬有詔奪爵一級爲關內侯失列侯得食其故國邑韋丞相卒有魏丞相代

魏丞相相者濟陰人也以文吏至丞相其人好武皆令諸吏帶劍帶劍前奏事或有不帶劍者當入奏事至乃借劍而敢入奏事其時京兆尹趙君（名廣漢）丞相奏以免罪使人執魏丞相欲求脫罪而不聽復使人脅恐魏丞相以夫人賊殺侍婢事而私獨奏請驗之發吏卒至丞相舍捕奴婢笞擊問之實不以兵刃殺也而丞相司直繁君（索隱曰繁姓也音婆）奏京兆尹趙君迫脅丞相誣以夫人賊殺婢發吏卒圍捕丞相舍不道又得擅屏騎士事趙京兆坐要斬又有使掾陳平等劾中尚書疑以獨擅劫事而坐之大不敬長史以下皆坐死或下蠶室而魏丞相竟以丞相病死子嗣後坐騎至廟不敬有詔奪爵一級爲關內侯失列侯得食其故國邑魏丞相卒以御史大夫邴吉代

邴丞相吉者魯國人也以讀書好法令至御史大夫孝宣帝時以有舊故封爲列侯而因爲丞相明於事有大智後世稱之以丞相病死子顯嗣後坐騎至廟不敬有詔奪爵一級失列侯得食故國邑顯爲吏至太僕坐官

史記九十六　九

張丞相傳

蔡亂，身及子男有姦贓，免為庶人。邴丞相卒，黃丞相代。長安中有善相工田文者，與韋丞相、魏丞相、邴丞相微賤時會於客家，田文言曰：「今此三君者皆丞相也。」其後三人竟更相代為丞相，何見之明也。

黃丞相霸者，淮陽人也。以讀書為吏，至潁川太守。治潁川，以禮義條教喻告化之。犯法者，風曉令自殺。化大行，名聲聞。孝宣帝下制曰：「潁川太守霸，以宣布詔令治民，道不拾遺，男女異路，獄中無重囚。賜爵關內侯，黃金百斤。」徵為京兆尹而至丞相，復以禮義為治。以丞相病死。子嗣，後為列侯。黃丞相卒，以御史大夫于定國代。于丞

十

相已有廷尉傳，在張廷尉語中。于丞相去，御史大夫韋玄成代。

韋丞相玄成者，即前韋丞相子也。代父，後失列侯。其人少時好讀書，明於詩、論語。為吏至衛尉，徙為太子太傅。御史大夫薛君免，名廣德也。為御史大夫。于丞相乞骸骨免，而為丞相，因封故邑為扶陽侯。數年，病死。孝元帝親臨喪，賜賞甚厚。子嗣後。其治容容隨世俗浮沉，而見謂諂巧。而相工本謂之當為侯代父，而後失之；復自游宦而起，至丞相。父子俱為丞相，世間美之，豈不命哉！相工其先知之。韋丞相卒，御史大夫匡衡代。

張丞相傳

丞相匡衡者，東海人也。好讀書，從博士受詩。家貧，衡傭作以給食飲。才下，數射策不中，至九，乃中丙科。其經以不中科故明習。補平原文學卒史。數年，郡不尊敬。御史徵之，以補百石屬薦為郎，而補博士，拜為太子少傅，而事孝元帝。孝元好詩，而遷為光祿勳，居殿中為師，授教左右，而縣官坐其旁聽，甚善之，日以尊貴。御史大夫鄭弘坐事免，而匡君為御史大夫。歲餘，韋丞相死，匡君代為丞相，封樂安侯。以十年之間，不出長安城門而至丞相，豈非遇時而命也哉！深惟士之游宦所以至封侯者，微甚。徐廣曰：微，一作徵。然多至御史大夫即去者。諸為大夫而丞相次也，其心冀幸丞相物故也。集解韋昭曰：物，無也；故，事也。言無復所能於事。或乃陰私相毀害，欲代之。然守之日久不得，或為之日少而得之，至於封侯，真命也夫！御史大夫鄭君守之數年不得，匡君居之未滿歲，而韋丞相死，即代之矣，豈可以智巧得哉！多有賢聖之才，困戹不得者衆甚也。索隱曰：案此論匡衡已來事，則褚大所述也，或亦褚先生也。公其序述淺陋，以斯詳也。

索隱述贊曰：

張蒼主計，天下作程。孫臣始紀，蒼曆尚行。御史亞相，相國阿衡。申屠面折，周子廷爭。其他娖娖，無所發明。

張丞相列傳第三十六　　史記九十六

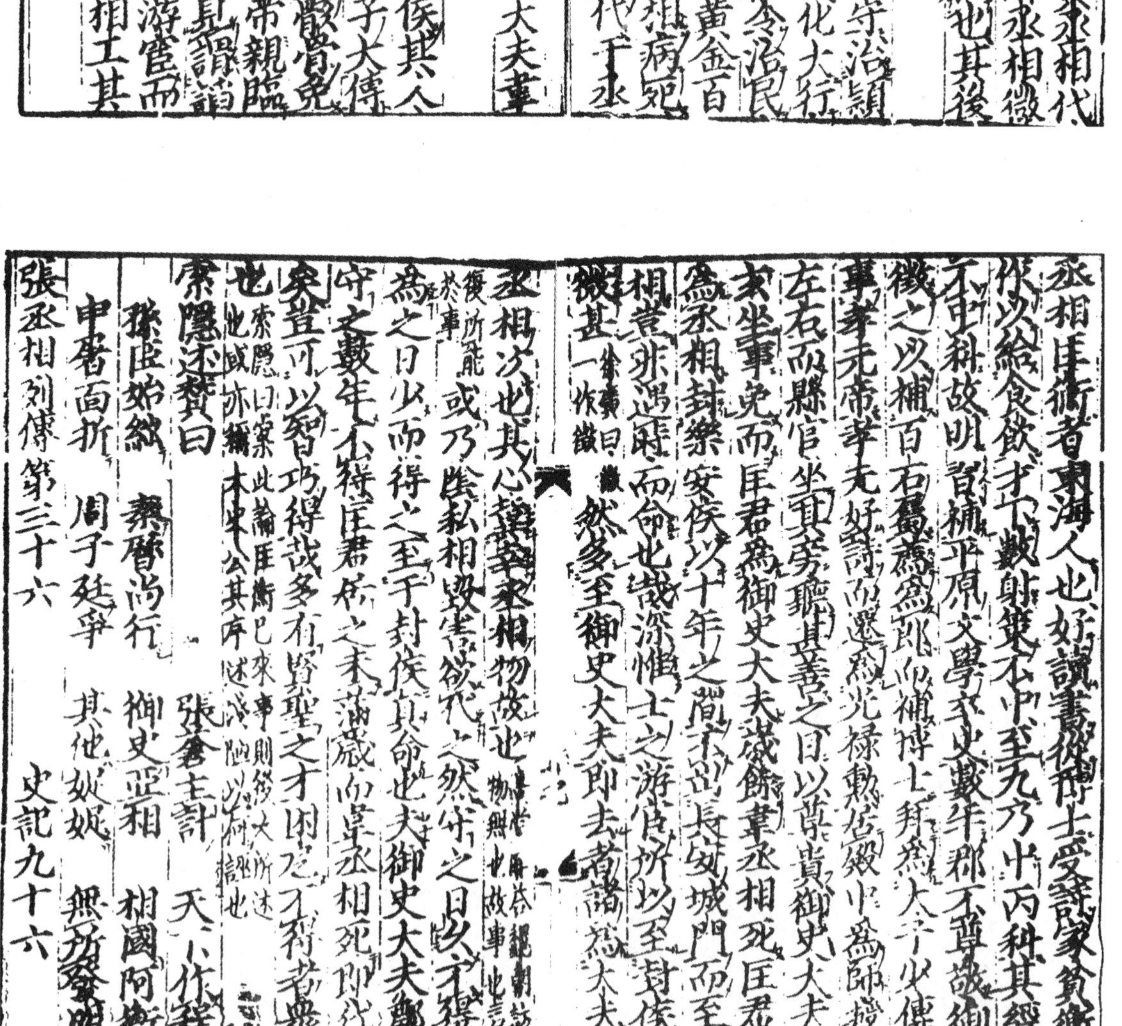
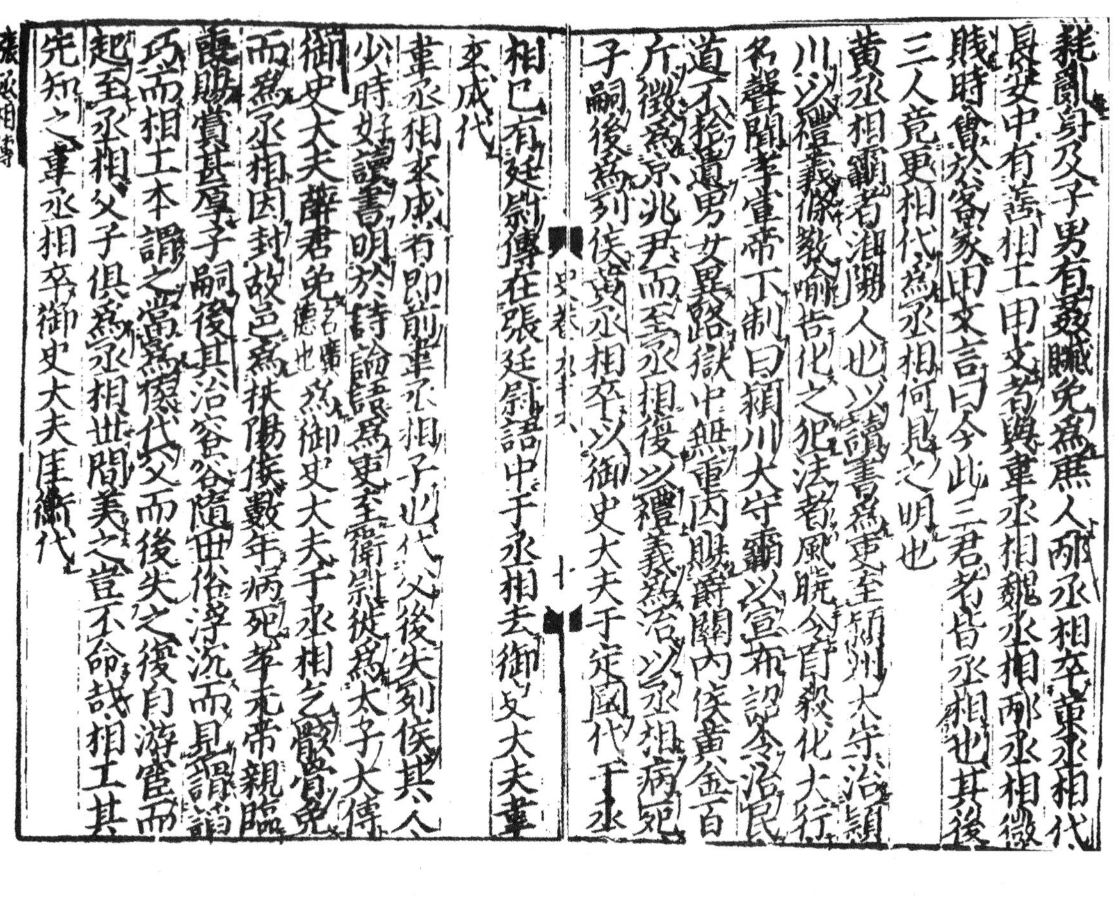

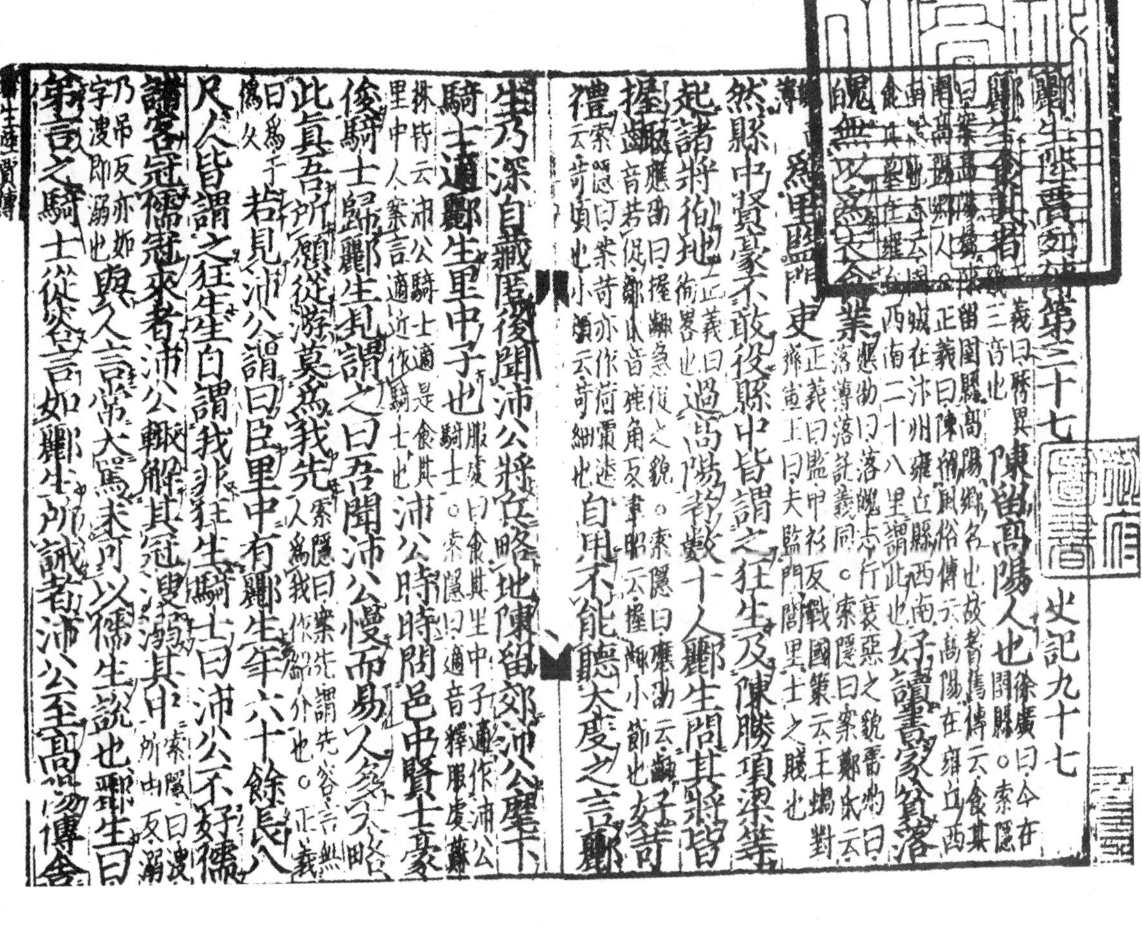

酈生陸賈列傳第三十七　史記九十七

酈生食其者，陳留高陽人也。徐廣曰：今在圉縣。○索隱……正義曰：陳留風俗傳云高陽……故城在汴州雍丘縣西南二十八里，謂此也。好讀書，家貧落魄，應劭曰：落魄，志行衰惡之貌。晉灼曰：落薄落託義同。○索隱曰：案鄭氏云……無以為衣食業，為里監門吏。正義曰：監，甲衫反。戰國策云王蠋對……曰：夫監門閭里士之賤也。然縣中賢豪不敢役，縣中皆謂之狂生。及陳勝、項梁等起，諸將徇地正義曰：徇，略也。過高陽者數十人，酈生聞其將皆握齱應劭曰：握齱，急促之貌。○索隱曰：應劭云齱音……握音烏角反，齱，側角反。韋昭云握齱，小節也。好苛禮索隱曰：案苛亦作荷……云苛，細也。自用，不能聽大度之言，酈生乃深自藏匿。後聞沛公將兵略地陳留郊，沛公麾下騎士適酈生里中子也，服虔曰：食其里中子。○索隱曰：適音釋。服虔、蘇林皆云沛公騎士適是食其里中人。案言適近作騎士也。沛公時時問邑中賢士豪俊。騎士歸，酈生見謂之曰：「吾聞沛公慢而易人，多大略，此真吾所願從游，莫為我先。索隱曰：案先謂先容也。言無人為我作紹介也。○正義曰：為，于偽反。若見沛公，謂曰：『臣里中有酈生，年六十餘，長八尺，人皆謂之狂生，生自謂我非狂生。』」騎士曰：「沛公不好儒，諸客冠儒冠來者，沛公輒解其冠，溲溺其中。索隱曰：溲，所留反。溺，乃弔反，亦如字。溲即溺也。與人言，常大罵。未可以儒生說也。」酈生曰：「弟言之。」騎士從容言如酈生所誡者。沛公至高陽傳舍，

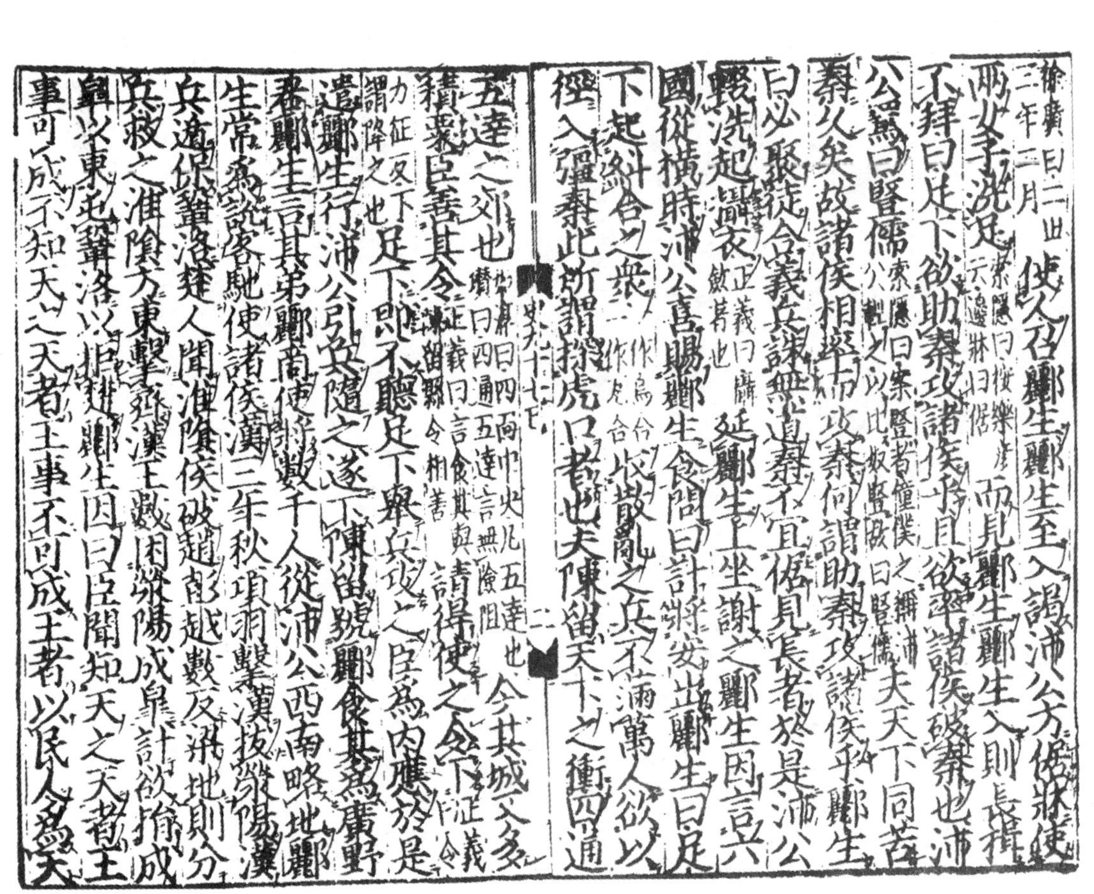

徐廣曰：二世三年二月。使人召酈生。酈生至，入謁，沛公方倨床使兩女子洗足，索隱曰：按樂彥云……而見酈生。酈生入，則長揖不拜，曰：「足下欲助秦攻諸侯乎？且欲率諸侯破秦也？」沛公罵曰：「豎儒！索隱曰：案豎者，僮僕之稱。沛公輕之，以比奴豎，故曰豎儒也。夫天下同苦秦久矣，故諸侯相率而攻秦，何謂助秦攻諸侯乎？」酈生曰：「必聚徒合義兵誅無道秦，不宜倨見長者。」於是沛公輟洗，起攝衣，正義曰：攝，斂著也。延酈生上坐，謝之。酈生因言六國從橫時。沛公喜，賜酈生食，問曰：「計將安出？」酈生曰：「足下起糾合之眾，收散亂之兵，不滿萬人，欲以徑入彊秦，此所謂探虎口者也。夫陳留，天下之衝，四通五達之郊也，如淳曰：四通五達，言無險阻。今其城又多積粟。臣善其令，請得使之，令下足下。正義曰：下，胡稼反。即不聽，足下舉兵攻之，臣為內應。」於是遣酈生行，沛公引兵隨之，遂下陳留。號酈食其為廣野君。

酈生言其弟酈商，使將數千人從沛公西南略地。酈生常為說客，馳使諸侯。

漢三年秋，項羽擊漢，拔滎陽，漢兵遁保鞏、洛。楚人聞淮陰侯破趙，彭越數反梁地，則分兵救之。淮陰方東擊齊，漢王數困滎陽、成皋，計欲捐成皋以東，屯鞏、洛以拒楚。酈生因曰：「臣聞知天之天者，王事可成；不知天之天者，王事不可成。王者以民人為天，

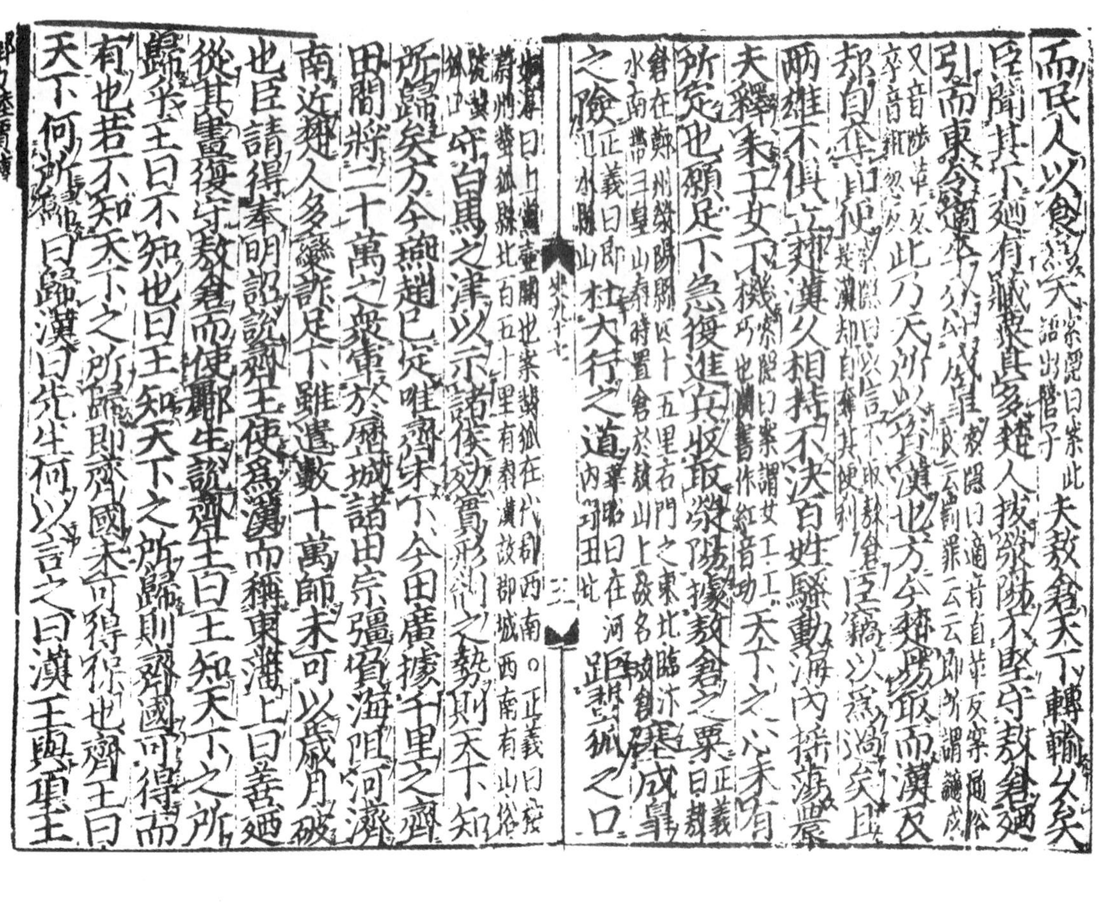
而民人以食為天。夫敖倉，天下轉輸久矣，臣聞其下迺有藏粟甚多。楚人拔滎陽，不堅守敖倉，迺引而東，令適卒分守成皋，此乃天所以資漢也。方今楚易取而漢反郤，自奪其便，臣竊以為過矣。且兩雄不俱立，楚漢久相持不決，百姓騷動，海內搖蕩，農夫釋耒，工女下機，天下之心未有所定也。願足下急復進兵，收取滎陽，據敖倉之粟，塞成皋之險，杜大行之道，距蜚狐之口，守白馬之津，以示諸侯效實形制之勢，則天下知所歸矣。方今燕趙已定，唯齊未下。今田廣據千里之齊，田閒將二十萬之眾，軍於歷城，諸田宗彊，負海阻河濟，南近楚，人多變詐，足下雖遣數十萬師，未可以歲月破也。臣請得奉明詔說齊王，使為漢而稱東藩。上曰：善。迺從其畫，復守敖倉，而使酈生說齊王曰：王知天下之所歸乎？王曰：不知也。曰：王知天下之所歸，則齊國可得而有也；若不知天下之所歸，即齊國未可得保也。齊王曰：天下何所歸？曰：歸漢。曰：先生何以言之？曰：漢王與項王

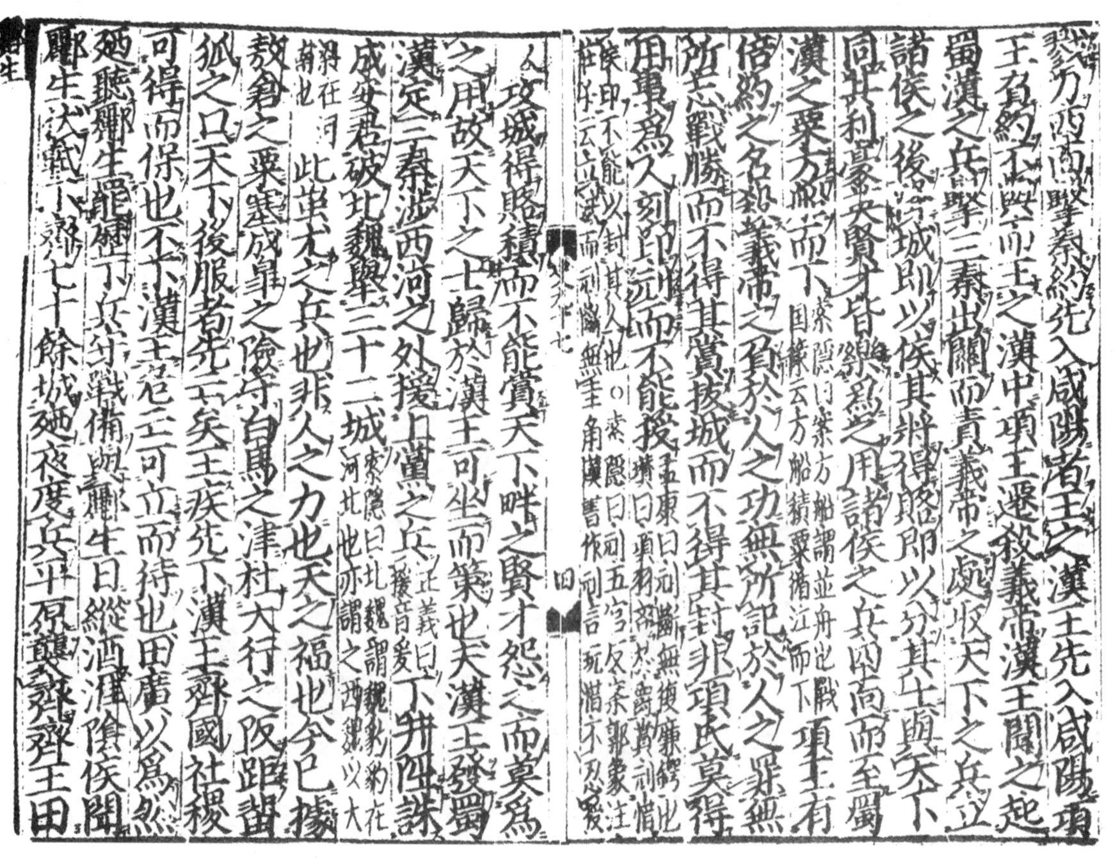
戮力西面擊秦，約先入咸陽者王之。漢王先入咸陽，項王負約不與而王之漢中。項王遷殺義帝，漢王聞之，起蜀漢之兵擊三秦，出關而責義帝之處，收天下之兵，立諸侯之後。降城即以侯其將，得賂即以分其士，與天下同其利，豪英賢才皆樂為之用。諸侯之兵四面而至，蜀漢之粟方船而下。項王有倍約之名，殺義帝之負；於人之功無所記，於人之罪無所忘；戰勝而不得其賞，拔城而不得其封；非項氏莫得用事；為人刻印，刓而不能授；攻城得賂，積而不能賞：天下畔之，賢才怨之，而莫為之用。故天下之士歸於漢王，可坐而策也。夫漢王發蜀漢，定三秦；涉西河之外，援上黨之兵；下井陘，誅成安君；破北魏，舉三十二城：此蚩尤之兵也，非人之力也，天之福也。今已據敖倉之粟，塞成皋之險，守白馬之津，杜大行之阪，距蜚狐之口，天下後服者先亡矣。王疾先下漢王，齊國社稷可得而保也；不下漢王，危亡可立而待也。田廣以為然，迺聽酈生，罷歷下兵守戰備，與酈生日縱酒。淮陰侯聞酈生伏軾下齊七十餘城，迺夜度兵平原襲齊。齊王田

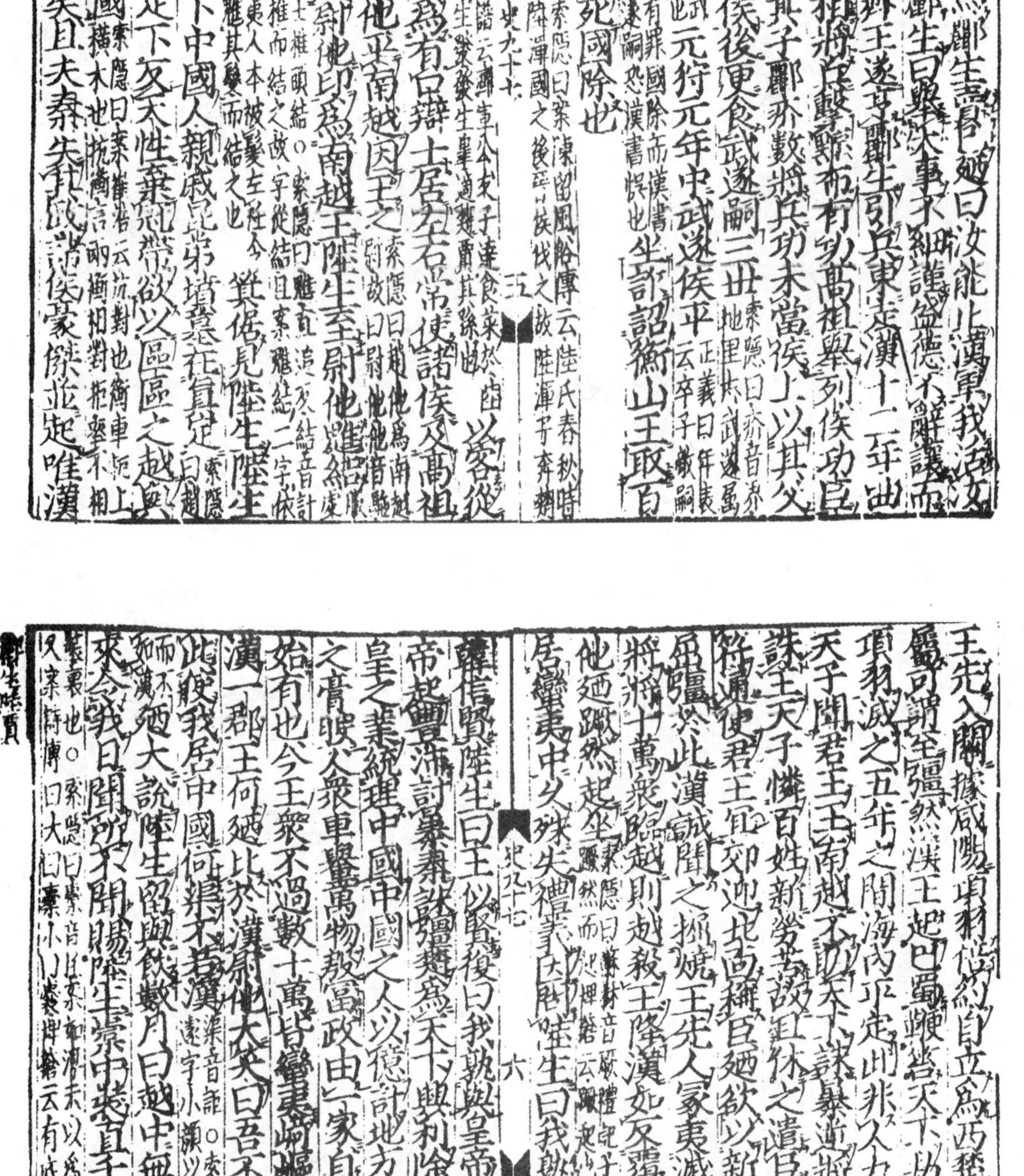

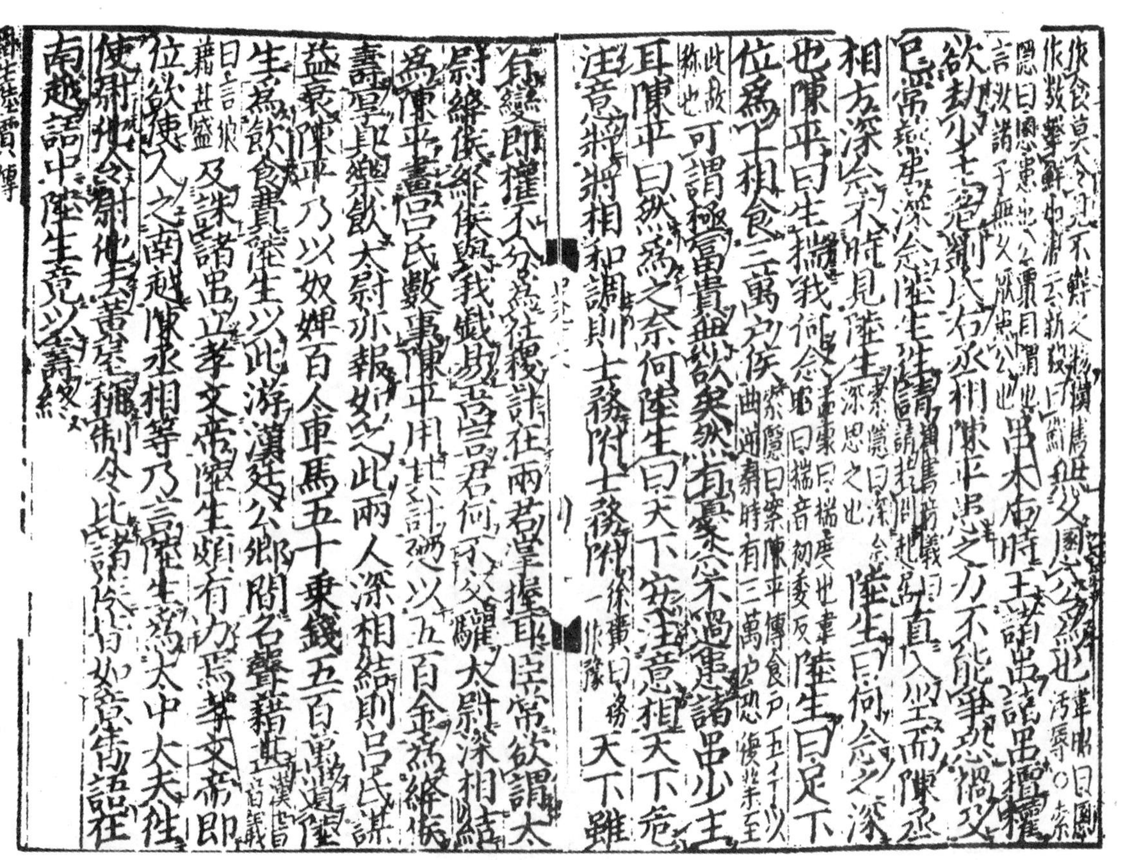

橐中裝直千金，他送亦千金。陸生卒拜尉他為南越王，令稱臣奉漢約。歸報，高祖大悅，拜賈為太中大夫。陸生時時前說稱詩書。高帝罵之曰：迺公居馬上而得之，安事詩書！陸生曰：居馬上得之，寧可以馬上治之乎？且湯武逆取而以順守之，文武並用，長久之術也。昔者吳王夫差、智伯極武而亡；秦任刑法不變，卒滅趙氏。鄉使秦已并天下，行仁義，法先聖，陛下安得而有之？高帝不懌而有慚色，迺謂陸生曰：試為我著秦所以失天下，吾所以得之者何，及古成敗之國。陸生乃粗述存亡之徵，凡著十二篇。每奏一篇，高帝未嘗不稱善，左右呼萬歲，號其書曰新語。孝惠帝時，呂太后用事，欲王諸呂，畏大臣有口者，陸生自度不能爭之，迺病免家居。以好畤田地善，可以家焉。有五男，迺出所使越得橐中裝賣千金，分其子，子二百金，令為生產。陸生常安車駟馬，從歌舞鼓琴瑟侍者十人，寶劍直百金，謂其子曰：與汝約：過汝，汝給吾人馬酒食，極欲，十日而更。所死家，得寶劍車騎侍從者。一歲中往來過他客，率不過再三過，數見不鮮，

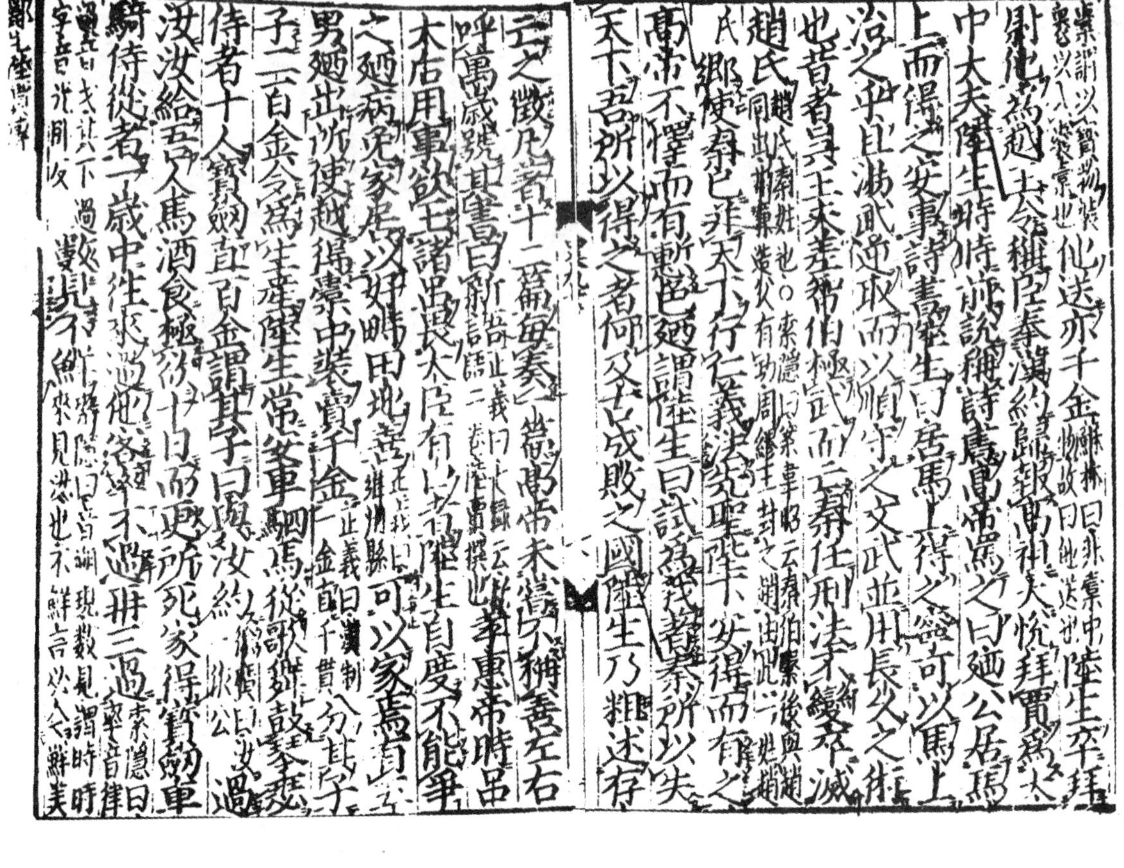

無久慁公為也。呂太后時，王諸呂，諸呂擅權，欲劫少主，危劉氏。右丞相陳平患之，力不能爭，恐禍及己，常燕居深念。陸生往請，直入坐，而陳丞相方深念，不時見陸生。陸生曰：何念之深也？陳平曰：生揣我何念？陸生曰：足下位為上相，食三萬戶侯，可謂極富貴無欲矣。然有憂念，不過患諸呂、少主耳。陳平曰：然。為之柰何？陸生曰：天下安，注意相；天下危，注意將。將相和調，則士務附；士務附，天下雖有變，即權不分。為社稷計，在兩君掌握耳。臣常欲謂太尉絳侯，絳侯與我戲，易吾言。君何不交驩太尉，深相結？為陳平畫呂氏數事。陳平用其計，迺以五百金為絳侯壽，厚具樂飲；太尉亦報如之。此兩人深相結，則呂氏謀益衰。陳平乃以奴婢百人，車馬五十乘，錢五百萬，遺陸生為飲食費。陸生以此游漢廷公卿間，名聲藉甚。及誅諸呂，立孝文帝，陸生頗有力焉。孝文帝即位，欲使人之南越。陳丞相等乃言陸生為太中大夫，往使尉他，令尉他去黃屋稱制，令比諸侯，皆如意旨。語在南越語中。陸生竟以壽終。

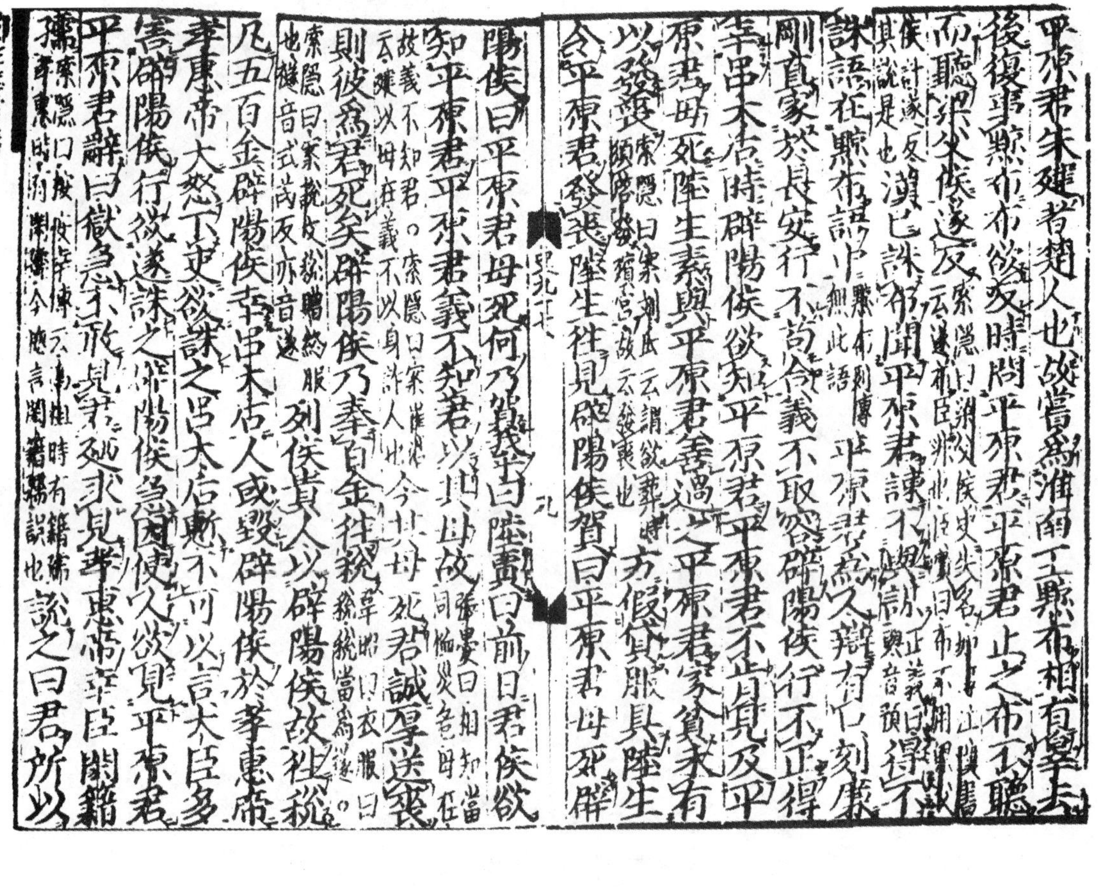

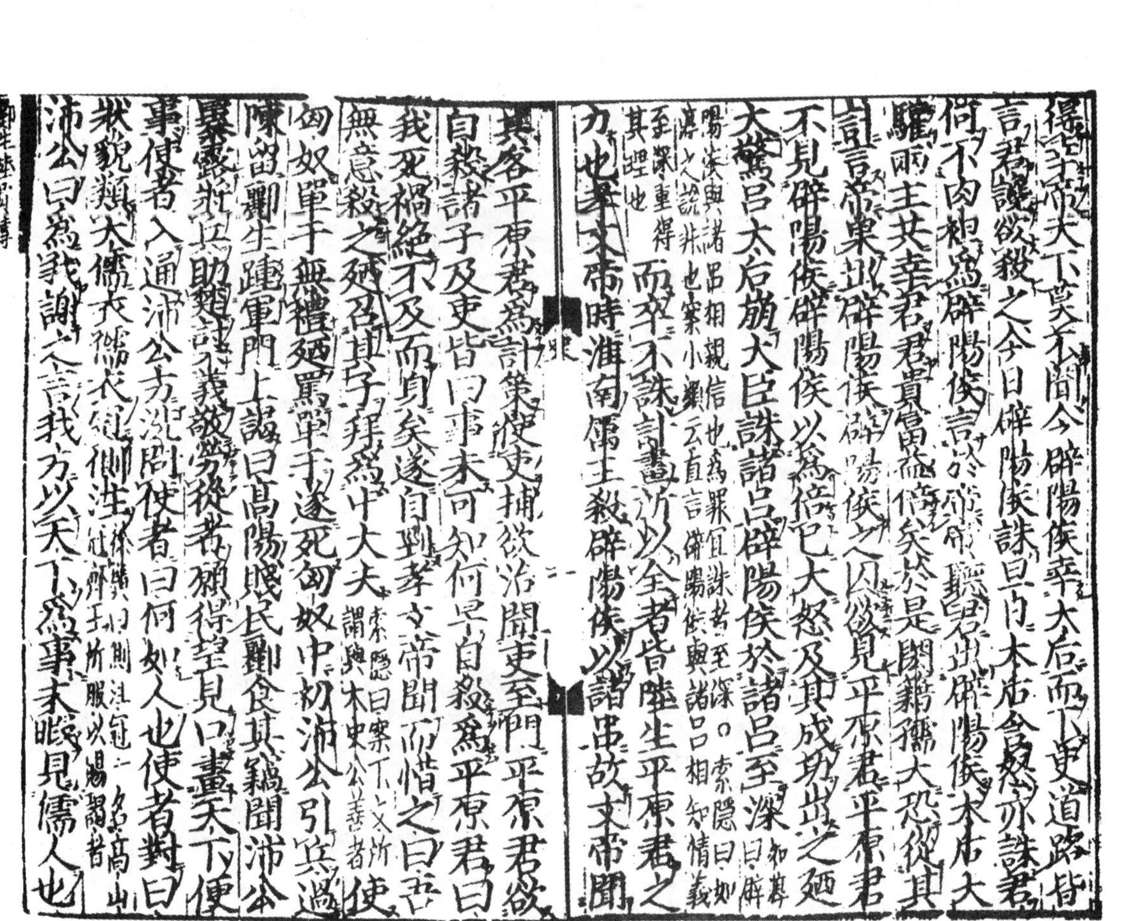

酒徒　雪足　暴衣露冠　皮相　會地　據衝

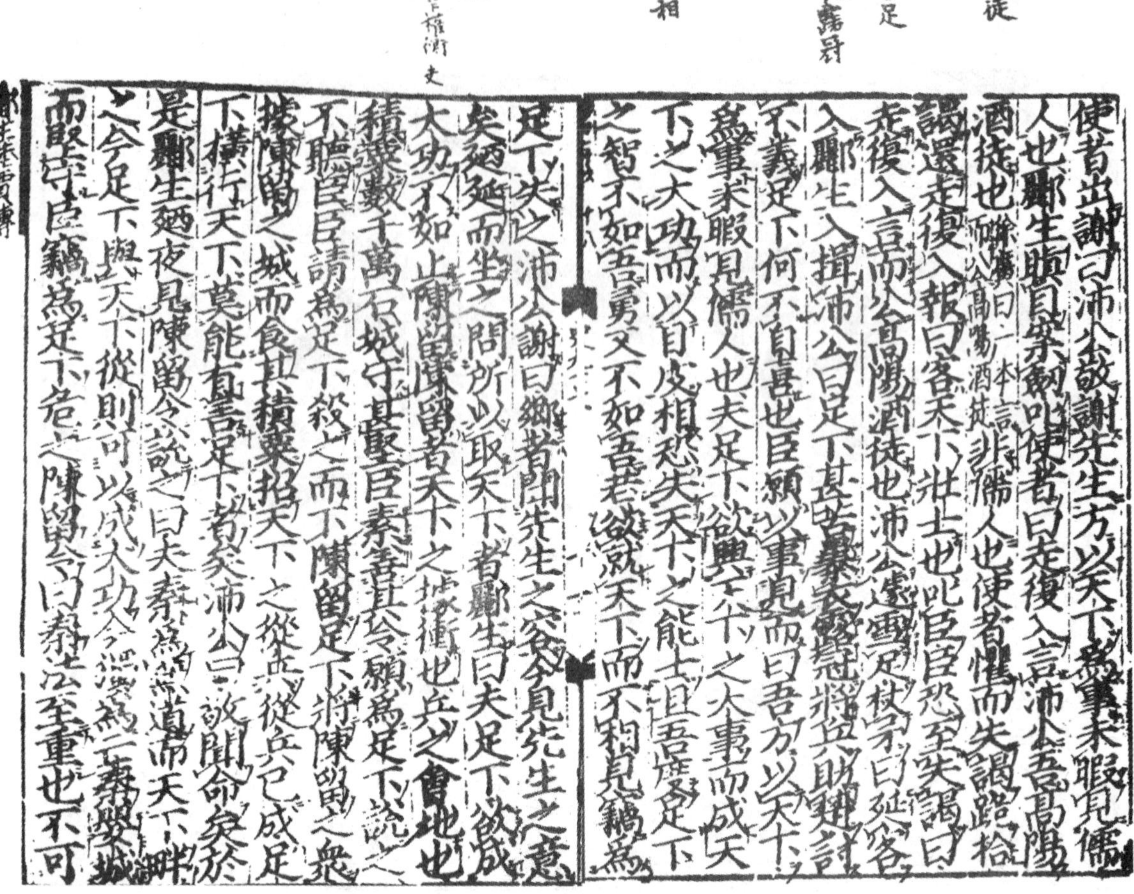
使者出謝曰沛公敬謝先生方以天下爲事未暇見儒人也酈生瞋目案劍叱使者曰走復入言沛公吾高陽酒徒也非儒人也使者懼而失謁跪拾謁還走復入報曰客天下壯士也叱臣臣恐至失謁曰走復入言而公高陽酒徒也沛公遽雪足杖矛曰延客入酈生入揖沛公曰足下甚苦暴衣露冠將兵助楚討不義足下何不自喜也臣願以事見而曰吾方以天下爲事未暇見儒人也夫足下欲興天下之大事而成天下之大功而以目皮相恐失天下之能士且吾度足下之智不如吾勇又不如吾若欲就天下而不相見竊爲足下失之沛公謝曰鄉者聞先生之容今見先生之意矣迺延而坐之問所以取天下者酈生曰夫足下欲成大功不如止陳留陳留者天下之據衝也兵之會地也積粟數千萬石城守甚堅臣素善其令願爲足下說之不聽臣臣請爲足下殺之而下陳留足下將陳留之衆據陳留之城而食其積粟招天下之從兵從兵已成足下横行天下莫能有害足下者矣沛公曰敬聞命矣於是酈生迺夜見陳留令說之曰夫秦爲無道而天下畔之今足下與天下從則可以成大功今獨爲亡秦嬰城而堅守臣竊爲足下危之陳留令曰秦法至重也不可

以妄言妄言者無類吾不可以應先生所以教臣者非臣之意也願勿復道酈生留宿臥夜半時斬陳留令首踰城而下報沛公沛公引兵攻城縣令首於長竿以示城上人曰趣下而令頭已斷矣今後下者必先斬之於是陳留人見令已死遂相率而下沛公沛公舍陳留南城門上因其庫兵食積粟留出入三月從兵以萬數遂入破秦

太史公曰世之傳酈生書多曰漢王已拔三秦東擊項籍而引軍於鞏洛之間酈生被儒衣往說漢王迺非也自沛公未入關與項羽別而至高陽得酈生兄弟余讀陸生新語書十二篇固當世之辯士至平原君子與余善是以得具論之

索隱述贊曰
廣野大度　始冠側注　踵門長揖
深器重遇　說齊歷下　趣鼎何懼
陸賈使越　尉佗慴怖　相說國安
書成主悟

酈生陸賈列傳第三十七　史記九十七

傅靳蒯成列傳第三十八　　史記九十八

陽陵侯傅寬地理志云馮翊陽陵縣 傅寬以魏五大夫騎將從爲舍人起橫陽索隱曰按橫陽邑名在韓韓公子成初封橫陽君張良立爲韓王也○正義曰括地志云故橫陽城在宋州宋城縣西南三十里按蓋橫陽也從攻安陽正義曰後魏地形志云已氏有安陽城隋改曰已氏爲楚丘今宋州楚丘縣西四十里安陽故城是也杠里擊趙賁軍於開封及擊楊熊曲遇正義曰曲丘羽反遇牛恭反司馬彪郡國志云中牟有曲遇聚按鄭州中牟縣也陽武正義曰鄭州縣也斬首十二級賜爵卿從至霸上沛公立爲漢王漢王賜寬封號共德君索隱曰謂美號耳共地邑共音恭從入漢中遷爲右騎將從定三秦賜食邑雕陰徐廣曰屬上郡○索隱曰案王劭云縣名也○正義曰鄜州洛交縣三十里雕陰故城是也從擊項籍待懷服虔曰待高帝於懷○索隱曰小顏案地理志懷屬河內今懷州也賜爵通德侯從擊項冠周蘭龍且所將卒斬騎將一人敖下徐廣曰敖倉之下益食邑屬淮陰索隱曰張晏云信時爲淮陰將云淮陰者蓋言之也擊破齊歷下軍擊田解屬相國參殘博索隱曰博太山縣也殘謂破博縣也益食邑因定齊地剖符世世勿絕封爲陽陵侯二千六百戶除前所食爲齊右丞相備齊張晏曰時田橫未降故設屯備○正義曰按爲齊王韓信相五歲爲齊相國正義曰爲齊悼惠王劉肥相五歲也四月擊陳豨屬太尉勃以相國代丞相噲擊豨一月從爲代相國將屯二歲爲代丞相將屯

孝惠五年卒諡爲景侯子頃侯精立二十四年卒子共侯則立十二年卒子侯偃立三十一年坐與淮南王謀反死國除

信武侯靳歙索隱曰歙音翕以中涓從起宛朐正義曰上於元反下求俱反曹州縣也攻濟陽正義曰曹州冤朐縣西南三十五里濟陽故城也破李由軍擊秦軍亳南開封東北斬騎千人將一人徐廣曰將一作賊首五十七級捕虜七十三人賜爵封號臨平君又戰藍田北斬車司馬二人張晏曰主官車騎長一人張晏曰騎之長首二十八級捕虜五十七人至霸上沛公立爲漢王賜歙爵建武侯遷爲騎都尉從定三秦別西擊章平軍於隴西破之定隴西六縣所將卒斬車司馬候各四人騎長十二人從東擊楚至彭城漢軍敗還保雍丘去擊反者王武等略梁地別將擊邢說軍張晏曰特起兵者也說音悅○索隱曰邢姓說名菑南索隱曰菑音災今爲考城縣屬濟陰也破之身得說都尉二人司馬候十二人降吏卒四千六百八十人破楚軍滎陽東三年賜食邑四千二百戶別之河內擊趙將賁郝軍朝歌索隱曰賁音肥郝音釋○索隱曰此在河北軍朝歌之所擊也破之所將卒得騎將二人車馬二百五十匹從攻安陽以東至棘蒲下七縣別攻破趙軍得其將司馬二人候四人降吏卒二千四百人從攻下邯鄲別下平陽徐廣曰屬鄴有平陽城○正義曰括地志云平陽故城在相

州臨濟縣西二十五里 身斬守相所將卒斬兵守郡守各一人 正義曰兵守郡守 降鄴從攻朝歌邯鄲及別擊破趙軍降邯鄲郡六縣 徐廣曰邯鄲郡 趙國 還軍敖倉破項籍軍成皋南擊絕楚饟道起滎陽至襄邑破項冠軍魯下 正義曰曾城之縣也 略地東至繒郯下邳 南至蘄竹邑 索隱曰二邑名 擊項悍濟陽下還擊項籍陳下破之別定江陵降江陵柱國大司馬以下八人身得江陵王 索隱曰案孔衍云共敖子共尉 生致之雒陽因定南郡從至陳取楚王信剖符世世勿絕定食四千六百戶號信武侯以騎都尉從擊代攻韓信平城下還軍東垣有功遷為車騎將軍并將梁趙齊燕楚車騎別擊陳豨丞相敞破之 索隱曰小顏云侯敞也 因降曲逆從擊黥布有功益封定食五千三百戶凡斬首九十級虜百三十二人別破軍十四降城五十九定郡國各一縣二十三得王柱國各一人二千石以下至五百石 徐廣曰一本无此五字 三十九人高后五年歙卒謚為肅侯子亭代侯二十一年坐事國人過律 索隱曰案劉氏云事役使也謂使人違律數多也 孝文後三年奪侯國除

蒯成侯緤者 索隱曰蒯音苦怪反 沛人也姓周氏常為高祖參乘以舍人從起沛至霸上西入蜀漢還定三秦食邑池陽 正義曰雍州池陽縣西北三里池陽故城是也 東絕甬道從出度平陰遇淮陰侯兵襄國軍乍利乍不利終無離上心 徐廣曰蒯成侯表云遇淮陰侯軍襄國楚漢約分鴻溝以緤為信武侯戰不利不敢離上 以緤為信武侯食邑三千三百戶高祖十二年以緤為蒯成侯除前所食邑上欲自擊陳豨蒯成侯泣曰始秦攻破天下未嘗自行今上常自行是為無人可使者乎上以為愛我賜入殿門不趨殺人不死至孝文五年緤以壽終謚為貞侯 正義曰謚為尊侯一作卓 子昌代侯有罪國除至孝景中二年封緤子居代侯 徐廣曰表云孝景中元年封緤子應為鄲侯謚康中二年侯居 至元鼎三年居為太常有罪國除

太史公曰陽陵侯傅寬信武侯靳歙皆高爵 從高祖起山東攻項籍誅殺名將破軍降城以十數未嘗困辱此亦天授也蒯成侯周緤操心堅正身不見疑上欲有所之未嘗不垂涕此有傷心者 然可謂篤厚君子矣

索隱述贊曰

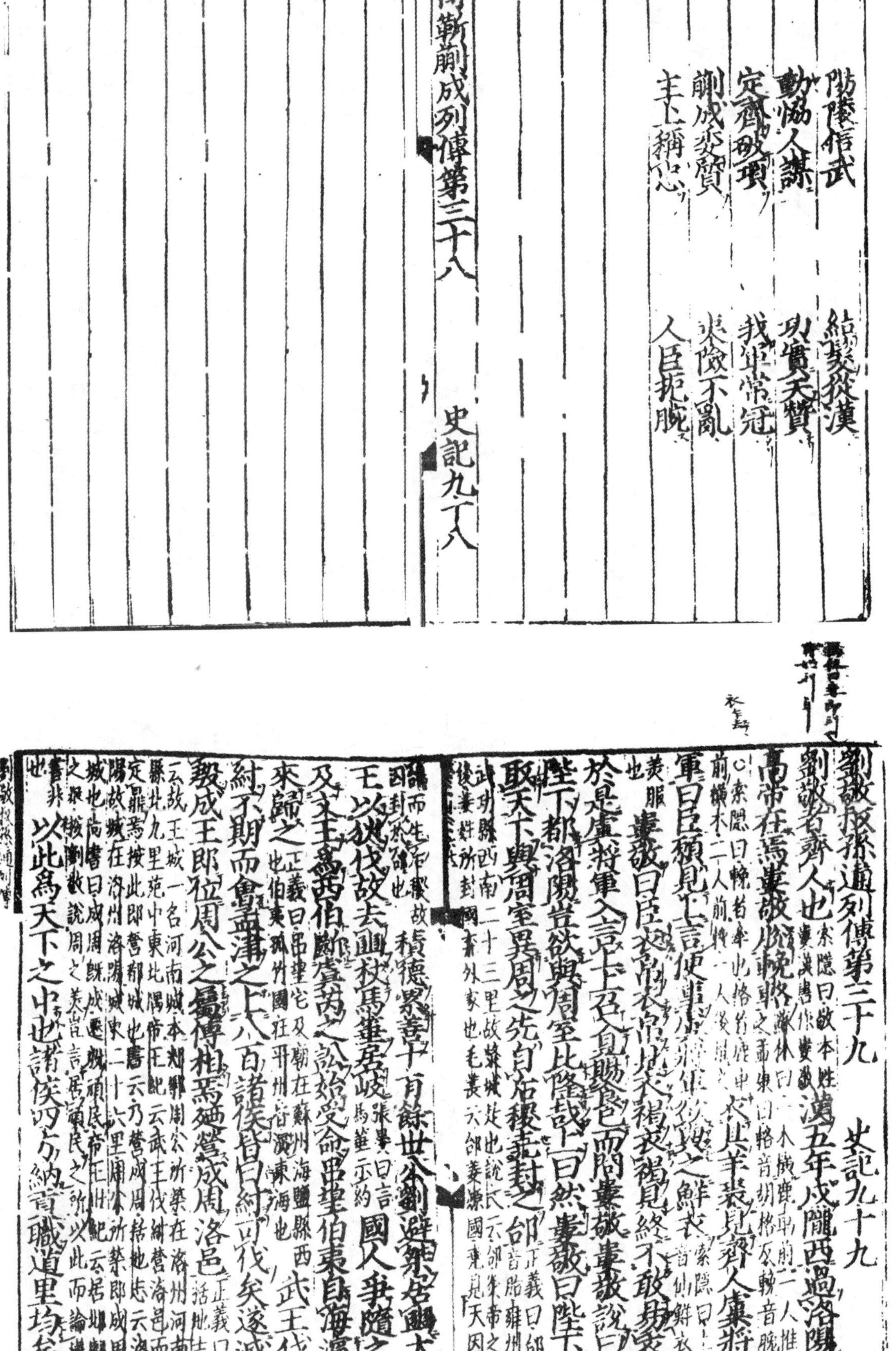

陽陵信武　紀綱從漢
勤協人謀　功實天贊
定齊破項　我軍常冠
蒯成委質　求險不亂
主上稱忠　人臣扼腕

傅靳蒯成列傳第三十八　史記九十八

劉敬叔孫通列傳第三十九　史記九十九

劉敬者，齊人也。索隱曰敬本姓婁漢書作婁敬 漢五年，戍隴西，過洛陽，高帝在焉。婁敬脫輓輅，索隱曰輓者牽也輅者鹿車前橫木二人前輓一人後推之輅音胡格反輓音晚 衣其羊裘，見齊人虞將軍曰：「臣願見上言便事。」虞將軍欲與之鮮衣，索隱曰鮮衣音仙鮮衣美服也 婁敬曰：「臣衣帛，衣帛見；衣褐，衣褐見：終不敢易衣。」於是虞將軍入言上。上召入見，賜食。已而問婁敬，婁敬說曰：「陛下都洛陽，豈欲與周室比隆哉？」上曰：「然。」婁敬曰：「陛下取天下與周室異。周之先自后稷，堯封之邰，正義曰邰音胎雍州武功縣西南二十三里故漦城是也說文云邰炎帝之後姜姓所封周棄外家也毛萇云邰姜嫄國也見天因而生后稷故國於邰也 積德絫善十有餘世。公劉避桀居豳。大王以狄伐故，去豳，杖馬箠居岐，張晏曰言馬箠示約 國人爭隨之。及文王為西伯，斷虞芮之訟，始受命，呂望、伯夷自海濱來歸之。正義曰呂望宅及廟在蘇州海鹽縣西也伯夷孤竹國在平州盧龍東海也 武王伐紂，不期而會孟津之上八百諸侯，皆曰紂可伐矣，遂滅殷。成王即位，周公之屬傅相焉，迺營成周洛邑，正義曰括地志云故王城一名河南城本郟鄏周公所築在洛州河南縣北九里苑中東北隅帝王世紀云武王伐紂營洛邑而定鼎焉按此即營都城也舊云乃營成周括地志云洛陽故城在洛州洛陽縣東二十六里周公所築即成周城也尚書曰成周既成遷殷頑民帝王世紀云居邶鄘之殷頑民按劉敬說周之美豈言居頑民之所以此而論讀書非也 以此為天下之中也，諸侯四方納貢職，道里均矣，

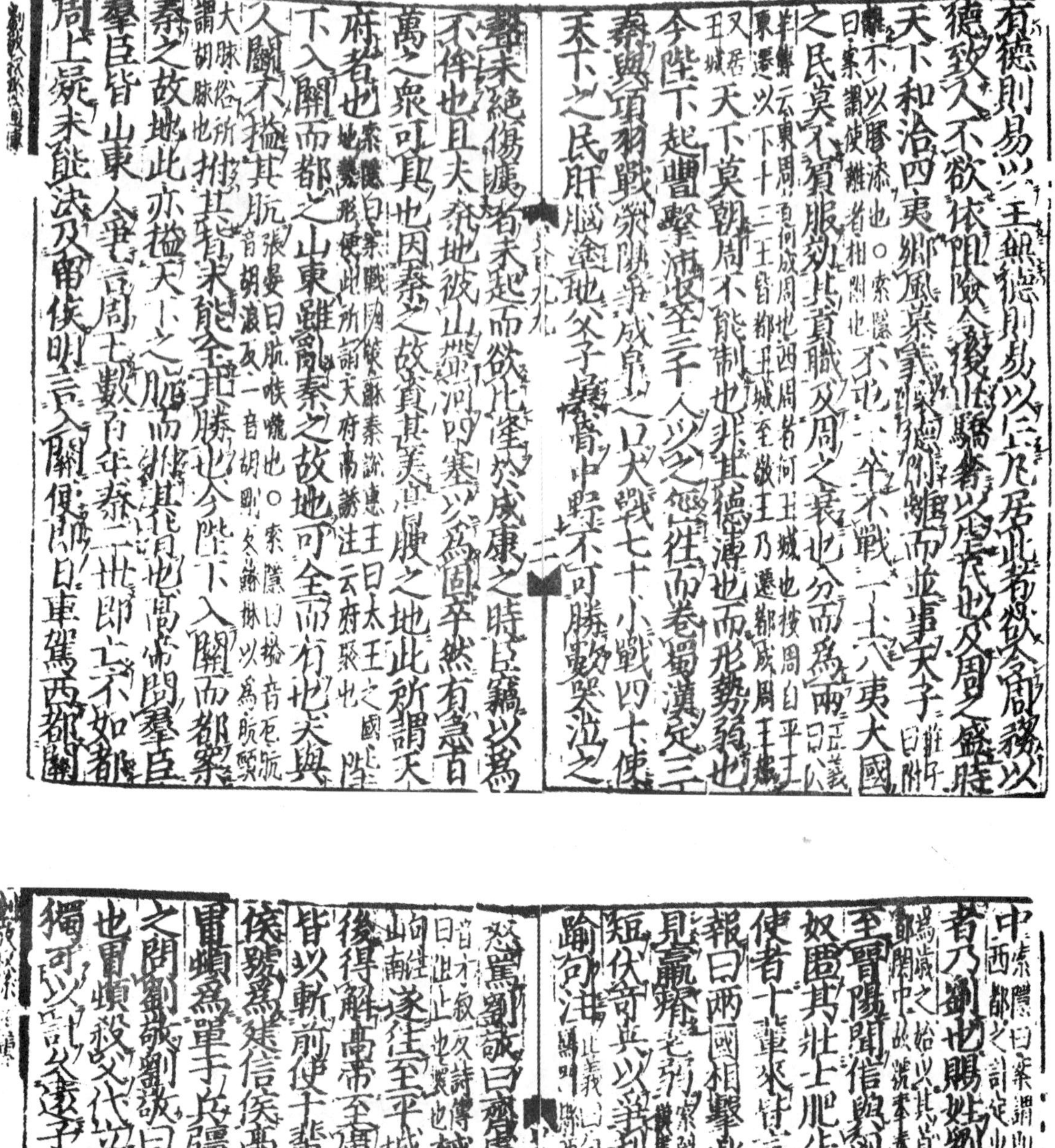

有德則易以王，無德則易以亡。凡居此者，欲令周務以德致人，不欲依阻險，令後世驕奢以虐民也。及周之盛時，天下和洽，四夷鄉風，慕義懷德，附離而並事天子，不屯一卒，不戰一士，八夷大國之民莫不賓服，效其貢職。及周之衰也，分而為兩，天下莫朝，周不能制也。非其德薄也，而形勢弱也。今陛下起豐擊沛，收卒三千人，以之徑往而卷蜀漢，定三秦，與項羽戰滎陽，爭成皋之口，大戰七十，小戰四十，使天下之民肝腦塗地，父子暴骨中野，不可勝數，哭泣之

聲未絕，傷痍者未起，而欲比隆於成康之時，臣竊以為不侔也。且夫秦地被山帶河，四塞以為固，卒然有急，百萬之眾可具也。因秦之故，資甚美膏腴之地，此所謂天府者也。陛下入關而都之，山東雖亂，秦之故地可全而有也。夫與人鬬，不搤其亢，拊其背，未能全其勝也。今陛下入關而都，案秦之故地，此亦搤天下之亢而拊其背也。高帝問群臣，群臣皆山東人，爭言周王數百年，秦二世即亡，不如都周。上疑未能決。及留侯明言入關便，即日車駕西都關

中。於是上曰：本言都秦地者婁敬，婁者乃劉也。賜姓劉氏，拜為郎中，號為奉春君。漢七年，韓王信反，高帝自往擊之。至晉陽，聞信與匈奴欲共擊漢，上大怒，使人使匈奴。匈奴匿其壯士肥牛馬，但見老弱及羸畜。使者十輩來，皆言匈奴可擊。上使劉敬復往使匈奴，還報曰：兩國相擊，此宜夸矜見所長。今臣往，徒見羸瘠老弱，此必欲見短，伏奇兵以爭利。愚以為匈奴不可擊也。是時漢兵已踰句注，二十餘萬兵已業行。上

怒，罵劉敬曰：齊虜！以口舌得官，今乃妄言沮吾軍。械繫敬廣武。遂往，至平城，匈奴果出奇兵圍高帝白登，七日然後得解。高帝至廣武，赦敬，曰：吾不用公言，以困平城。吾皆以斬前使十輩言可擊者矣。乃封敬二千戶，為關內侯，號為建信侯。高帝罷平城歸，韓王信亡入胡。當是時，冒頓為單于，兵彊，控弦三十萬，數苦北邊。上患之，問劉敬。劉敬曰：天下初定，士卒罷於兵，未可以武服也。冒頓殺父代立，妻羣母，以力為威，未可以仁義說也。獨可以計久遠子孫為臣耳，然恐陛下不能為。上曰：誠

可，何為不能！顧為奈何？」劉敬對曰：「陛下誠能以適長公主妻之，厚奉遺之，彼知漢適女送厚，蠻夷必慕以為閼氏，生子必為太子，代單于。何者？貪漢重幣。陛下以歲時漢所餘彼所鮮數問遺，因使辯士風諭以禮節。冒頓在，固為子壻；死，則外孫為單于。豈嘗聞外孫敢與大父抗禮者哉？兵可無戰以漸臣也。若陛下不能遣長公主，而令宗室及後宮詐稱公主，彼亦知，不肯貴近，無益也。」高帝曰：「善。」欲遣長公主。呂后日夜泣，曰：「妾唯太子、一女，奈何棄之匈奴！」上竟不能遣長公主，而取家人子名為長公主，妻單于。使劉敬往結和親約。

劉敬從匈奴來，因言「匈奴河南白羊、樓煩王，張晏曰：白羊，匈奴國名。○索隱曰：案張晏云白羊國名，二者並在河南。○河南者，案在朔方之河南，舊並匈奴地也，今亦謂之新秦中。去長安近者七百里，輕騎一日一夜可以至秦中。秦中新破，少民，地肥饒，可益實。夫諸侯初起時，非齊諸田，楚昭、屈、景莫能興。今陛下雖都關中，實少人。北近胡寇，東有六國之彊族，一日有變，陛下亦未得高枕而臥也。臣願陛下徙齊諸田，楚昭、屈、景，燕、趙、韓、魏後，及豪桀名家居關中。無事，可以備胡；諸侯有變，亦足率以東伐。此彊本弱末之術也。」上曰：「善。」迺使劉敬徙所言關中十餘萬口。索隱曰：案小顏云今高陵、櫟陽諸田，華陰、好畤諸景，[illegible]諸屈、懷，諸昭[illegible]諸懷尚多，皆此時所徙。

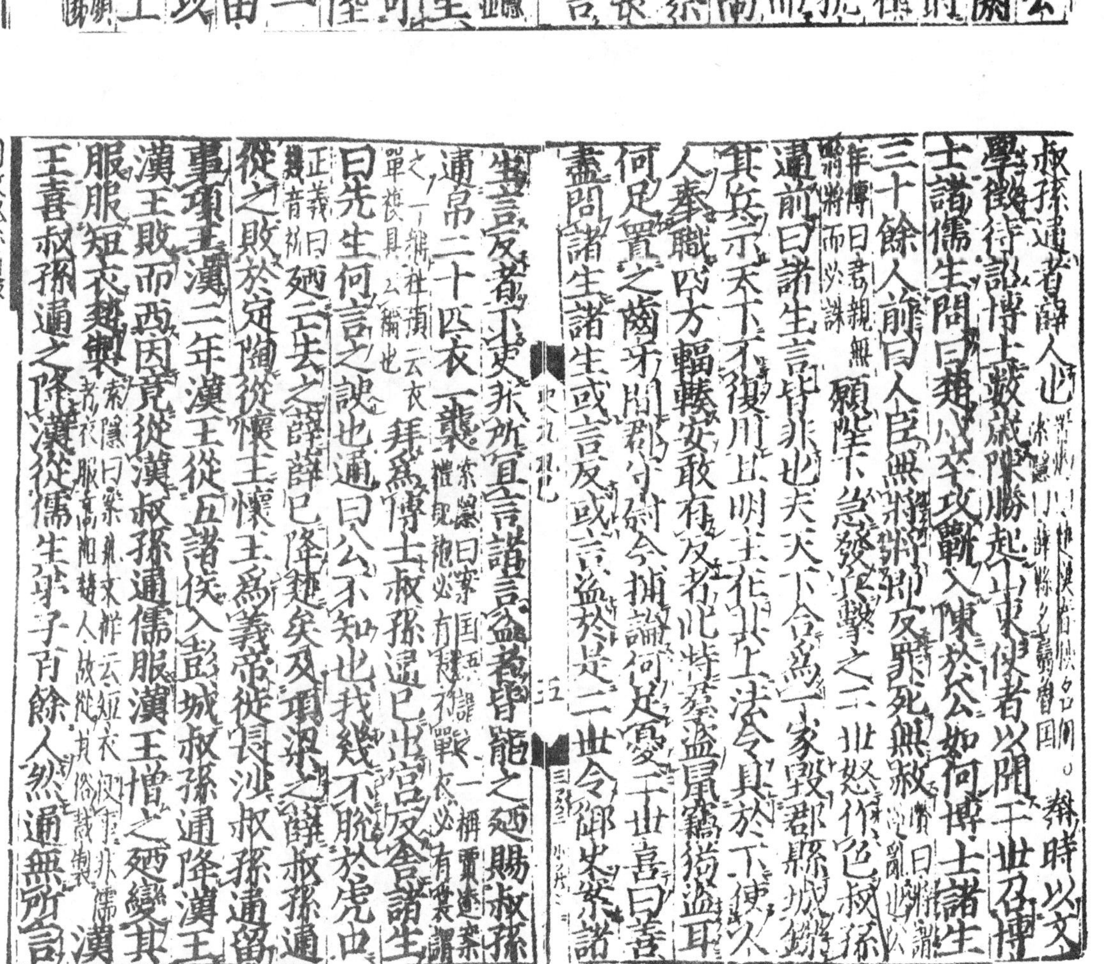

叔孫通者，薛人也。[illegible]秦時以文學徵，待詔博士。數歲，陳勝起山東，使者以聞，二世召博士諸儒生問曰：「楚戍卒攻蘄入陳，於公如何？」博士諸生三十餘人前曰：「人臣無將，將即反，罪死無赦。[illegible]願陛下急發兵擊之。」二世怒，作色。叔孫通前曰：「諸生言皆非也。夫天下合為一家，毀郡縣城，鑠其兵，示天下不復用。且明主在其上，法令具於下，使人人奉職，四方輻輳，安敢有反者！此特群盜鼠竊狗盜耳，何足置之齒牙閒。郡守尉今捕論，何足憂。」二世喜曰：「善。」盡問諸生，諸生或言反，或言盜。於是二世令御史案諸

生言反者下吏，非所宜言。諸言盜者皆罷之。迺賜叔孫通帛二十匹，衣一襲，索隱曰：案[illegible]一稱，[illegible]單複具為一襲也。拜為博士。叔孫通已出宮，反舍，諸生曰：「先生何言之諛也？」通曰：「公不知也，我幾不脫於虎口！」迺亡去，之薛，薛已降楚矣。正義曰：[illegible]及項梁之薛，叔孫通從之。敗於定陶，從懷王。懷王為義帝，徙長沙，叔孫通留事項王。漢二年，漢王從五諸侯入彭城，叔孫通降漢王。漢王敗而西，因竟從漢。叔孫通儒服，漢王憎之；迺變其服，服短衣，楚製，漢王喜。索隱曰：案孔文祥云短衣便事，非儒者衣服。高祖楚人，故從其俗裁製。叔孫通之降漢，從儒生弟子百餘人，然通無所言

進。進之弟子儒竊罵曰：事先生數歲，幸得從降漢，今不能進臣等，專言大猾，何也？叔孫通聞之，迺謂曰：漢王方蒙矢石爭天下，諸生寧能鬬乎？故先言斬將搴旗之士。諸生且待我，我不忘矣。漢王拜叔孫通為博士，號稷嗣君。漢五年，已并天下，諸侯共尊漢王為皇帝於定陶，叔孫通就其儀號。高帝悉去秦苛儀法，為簡易。群臣飲酒爭功，醉或妄呼，拔劍擊柱，高帝患之。叔孫通知上益厭之也，說上曰：夫儒者難與進取，可與守成。臣願徵魯諸生，與臣弟子共起朝儀。高帝曰：得無難乎？叔孫通曰：五帝異樂，三王不同禮。禮者，因時世人情為之節文者也。故夏殷周之禮所因損益可知者，謂不相復也。臣願頗采古禮與秦儀雜就之。上曰：可試為之，令易知，度吾所能行為之。於是叔孫通使徵魯諸生三十餘人。魯有兩生不肯行，曰：公所事者且十主，皆面諛以得親貴。今天下初定，死者未葬，傷者未起，又欲起禮樂。禮樂所由起，積德百年而後可興也。吾不忍為公所為。公所為不合古，吾不行。公往矣，無污我！叔孫通笑曰：

若真鄙儒也，不知時變。遂與所徵三十人西，及上左右為學者與其弟子百餘人為綿蕞野外。習之月餘，叔孫通曰：上可試觀。上既觀，使行禮，曰：吾能為此。迺令群臣習肄，會十月。漢七年，長樂宮成，諸侯群臣皆朝十月。儀：先平明，謁者治禮，引以次入殿門，廷中陳車騎步卒衛宮，設兵張旗志。傳言趨。殿下郎中俠陛，陛數百人。功臣列侯諸將軍軍吏以次陳西方，東鄉；文官丞相以下陳東方，西鄉。大行設九賓，臚傳。於是皇帝輦出房，百官執職傳警，引諸侯王以下至吏六百石以次奉賀。自諸侯王以下莫不振恐肅敬。至禮畢，復置法酒。諸侍坐殿上皆伏抑首，以尊卑

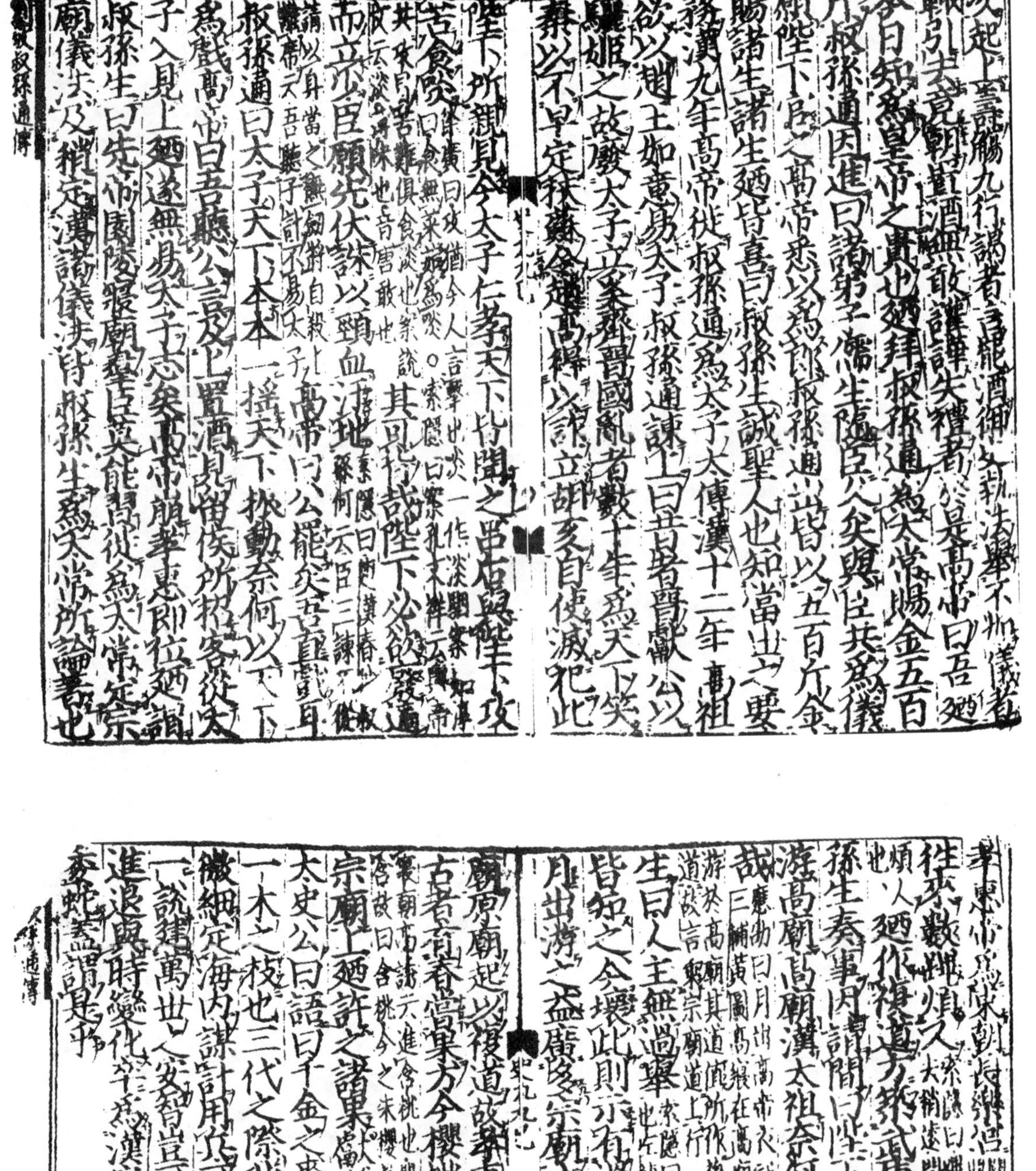

次起上壽觴九行謁者言罷酒御史執法舉不如儀者輒引去竟朝置酒無敢讙譁失禮者於是高帝曰吾迺今日知為皇帝之貴也迺拜叔孫通為太常賜金五百斤叔孫通因進曰諸弟子儒生隨臣久矣與臣共為儀願陛下官之高帝悉以為郎叔孫通出皆以五百斤金賜諸生諸生迺皆喜曰叔孫生誠聖人也知當世之要務漢九年高帝徙叔孫通為太子太傅漢十二年高祖欲以趙王如意易太子叔孫通諫上曰昔者晉獻公以驪姬之故廢太子立奚齊晉國亂者數十年為天下笑秦以不早定扶蘇令趙高得以詐立胡亥自使滅祀此陛下所親見今太子仁孝天下皆聞之呂后與陛下攻苦食啖其可背哉陛下必欲廢適而立少臣願先伏誅以頸血汙地高帝曰公罷矣吾直戲耳叔孫通曰太子天下本本一搖天下振動奈何以天下為戲高帝曰吾聽公言及上置酒見留侯所招客從太子入見上迺遂無易太子志矣高帝崩孝惠即位迺謂叔孫生曰先帝園陵寢廟群臣莫習徙為太常定宗廟儀法及稍定漢諸儀法皆叔孫生為太常所論箸也

孝惠帝為東朝長樂宮及閒往數蹕煩人迺作復道方築武庫南叔孫生奏事因請閒曰陛下何自築複道高寢衣冠月出游高廟高廟漢太祖奈何令後世子孫乘宗廟道上行哉孝惠帝大懼曰急壞之叔孫生曰人主無過舉今已作百姓皆知之今壞此則示有過舉願陛下為原廟渭北衣冠月出游之益廣多宗廟大孝之本也上迺詔有司立原廟原廟起以復道故孝惠帝曾春出游離宮叔孫生曰古者有春嘗果方今櫻桃孰可獻願陛下出因取櫻桃獻宗廟上迺許之諸果獻由此興

太史公曰語曰千金之裘非一狐之腋也臺榭之榱非一木之枝也三代之際非一士之智也信哉夫高祖起微細定海內謀計用兵可謂盡之矣然而劉敬脫輓輅一說建萬世之安智豈可專邪叔孫通希世度務制禮進退與時變化卒為漢家儒宗大直若詘道固委蛇蓋謂是乎

索隱述贊曰
廈藉衆幹　裘非一狐　委輅獻說
緜蕞陳書　皇帝始貴　車駕西都
既安太子　又和匈奴　奉春稷嗣
其功可圖

劉敬叔孫通列傳第三十九　史記九十九

季布欒布列傳第四十　史記一百

季布者，楚人也。爲氣任俠，（集解如淳曰：相與信爲任，同是非爲俠。所謂權行州里，力折公侯者也。或曰：任，氣力也；俠，甹也。○索隱曰：任而禁反。俠音協。如淳說爲近。甹音普名反。其義難諭。）有名於楚。項籍使將兵，數窘漢王。（索隱曰：窘，困也。）及項羽滅，高祖購求布千金，敢有舍匿，罪及三族。季布匿濮陽周氏。周氏曰：「漢購將軍急，跡且至臣家，將軍能聽臣，臣敢獻計；即不能，願先自剄。」季布許之。迺髡鉗季布，衣褐衣，置廣柳車中，（集解服虔曰：東郡謂廣轍車爲柳。鄧展曰：皆大牛車也。車上覆爲柳。李奇曰：大牛車也。車上覆爲柳。瓚曰：茂陵書中有廣柳車，每縣數百乘，是今運轉大車是也。○索隱曰：案服虔、臣瓚所說，則是大車，任載運者，名廣柳車。然則柳爲車通名。鄧展所說事義相協，最爲通允。故禮曰設柳翣，爲使人勿惡也。鄭玄注周禮云：柳，聚也，諸色所聚。則棺車飾柳，故後人通謂車爲柳也。）并與其家僮數十人，之魯朱家所賣之。朱家心知是季布，迺買而置之田。誡其子曰：「田事聽此奴，必與同食。」朱家迺乘軺車（徐廣曰：馬車也。○索隱曰：案謂輕車，一馬車也。）之洛陽，見汝陰侯滕公。滕公留朱家飲數日。因謂滕公曰：「季布何大罪，而上求之急也？」滕公曰：「布數爲項羽窘上，上怨之，故必欲得之。」朱家曰：「君視季布何如人也？」曰：「賢者也。」朱家曰：「臣各爲其主用，季布爲項籍用，職耳。項氏臣可盡誅邪？今上始得天下，獨以己之私怨求一人，何示天下之不廣也！且以季布之賢而漢求之急如此，此不北走胡即南走越耳。夫忌壯

士以資敵國此伍子胥所以鞭荊平王之墓也君何不從容為上言邪汝陰侯滕公心知朱家大俠意季布匿其所迺許曰諾待閒果言如朱家指上迺赦季布當是時諸公皆多季布能摧剛為柔朱家亦以此名聞當世季布召見謝上拜為郎中孝惠時為中郎將單于嘗為書嫚呂后不遜呂后大怒召諸將議之上將軍樊噲曰臣願得十萬眾橫行匈奴中諸將皆阿呂后意曰然季布曰樊噲可斬也夫高帝將兵四十餘萬眾困於平城今噲柰何以十萬眾橫行匈奴中面欺且秦以事於胡陳勝等起于今創痍未瘳噲又面諛欲搖動天下是時殿上皆恐太后罷朝遂不復議擊匈奴事季布為河東守孝文時人有言其賢者孝文召欲以為御史大夫復有言其勇使酒難近索隱曰使音如字近音其靳反因酒縱性謂之使酒即酗酒也至留邸一月見罷季布因進曰臣無功竊寵待罪河東索隱曰季布言己無功能竊承恩寵得待罪河東其詞典雅而文也陛下無故召臣此人必有以臣欺陛下者今臣至無所受事罷去此人必有以毀臣者夫陛下以一人之譽而召臣一人之毀而去臣臣恐天下有識聞之有以闚陛下也韋昭曰闚見陛下深淺也上默然慚良久曰河東吾股肱郡故特召君耳布辭之官楚人曹丘生辯士數招權顧金錢孟康曰招求也以金錢事權貴而求得其形勢以自炫燿也如淳曰事權貴也與通勢以其所有奉戴請托金錢以自顧○索隱曰義如孟康求顧所說是音姑角反○正義曰言曹丘生依倚貴人用權勢為請數求他人顧錢貸金錢也事貴人趙同等徐廣曰漢傳作趙談司馬遷以其父名談故改之與竇長君善季布聞之寄書諫竇長君曰吾聞曹丘生非長者勿與通及曹丘生歸欲得書請季布索隱曰欲使竇長君為介於布請見竇長君曰季將軍不說足下足下無往固請書遂行使人先發書季布果大怒待曹丘曹丘至即揖季布曰楚人諺曰得黃金百斤不如得季布一諾足下何以得此聲於梁楚閒哉且僕楚人足下亦楚人也僕游揚足下之名於天下顧不重邪何足下距僕之深也季布迺大說引入留數月為上

史卷一百　二

客厚送之季布名所以益聞者曹丘揚之也季布弟季心徐廣曰一作子氣蓋關中遇人恭謹為任俠方數千里士皆爭為之死嘗殺人亡之吳從袁絲匿索隱曰袁盎字絲長事袁絲弟畜灌夫籍福之屬嘗為中司馬如淳曰中尉之司馬○索隱曰漢書作中尉司馬中尉郅都不敢不加禮少年多時時竊籍其名以行索隱曰籍音子亦反當是時季心以勇布以諾著聞關中季布母弟丁公晉灼曰楚漢春秋云薛人名固為楚將丁公為項羽逐窘高祖彭城西短兵接高祖急顧丁公曰兩賢豈相戹哉於是丁公引兵而還漢王遂解去及項王滅丁公謁見高祖高祖以丁公徇軍中曰丁公為項王臣不忠使項王失

史卷一百　三

使後世爲人臣者無效丁公。

欒布者，梁人也。始梁王彭越爲家人時，嘗與布游。索隱曰：謂居家之人，無官職也。窮困，賃傭於齊，爲酒人保。漢書音義曰：酒家作保傭也。可保信，故謂之保。數歲，彭越去之巨野中爲盜，而布爲人所略賣，爲奴於燕。爲其家主報仇，燕將臧荼舉以爲都尉。臧荼後爲燕王，以布爲將。及臧荼反，漢擊燕，虜布。梁王彭越聞之，乃言上，請贖布以爲梁大夫。使於齊，未還，漢召彭越，責以謀反，夷三族。已而梟彭越頭於雒陽下，詔曰：「有敢收視者，輒捕之。」布從齊還，奏事彭越頭下，祠而哭之。吏捕布以聞。上召布，罵曰：「若與彭越反邪？吾禁人勿收，若獨祠而哭之，與越反明矣。趣亨之。」索隱曰：趣音促，亨音普庚反，謂亨之也。方提趣湯，徐廣曰：趣一作走。○索隱曰：提音啼。趣，向之也。布顧曰：「願一言而死。」上曰：「何言？」布曰：「方上之困於彭城，敗滎陽、成皋間，項王所以遂不能西，徒以彭王居梁地，與漢合從苦楚也。當是之時，彭王一顧，與楚則漢破，與漢而楚破。且垓下之會，微彭王，項氏不亡。天下已定，彭王剖符受封，亦欲傳之萬世。今陛下一徵兵於梁，彭王病不行，而陛下疑以爲反，反形未見，以苛小案徐廣曰：小一作細。誅滅之，臣恐功臣人人自危也。今彭王已死，臣生不如死，請就亨。」於是上乃釋布罪，拜爲都尉。孝文時，爲燕相，至將軍。布乃稱曰：「窮困不能辱身下志，非人也；富貴不能快意，非賢也。」於是嘗有德者厚報之，有怨者必以法滅之。吳軍反時，以軍功封俞侯，徐廣曰：俞一作鄃。復爲燕相。燕齊之間皆爲欒布立社，號曰欒公社。景帝中五年薨。子賁嗣，爲太常，犧牲不如令，國除。

太史公曰：以項羽之氣，而季布以勇顯於楚，身屨典軍搴旗者數矣，徐廣曰：屨一作屢。○索隱曰：案徐云一作屢。……可謂壯士。然被刑戮，爲人奴而不死，何其下也！彼必自負其材，故受辱而不羞，欲有所用其未足也，故終爲漢名將。賢者誠重其死。夫婢妾賤人感慨而自殺者，非能勇也，其計畫無復之耳。徐廣曰：復一作冀。欒布哭彭越，趣湯如歸者，彼誠知所處，如淳曰：非死者難，處死者難。不自重其死。雖往古烈士，何以加哉！

索隱述贊曰：

季布季心，有聲梁楚。百金然諾，
十萬致距。出守河東，股肱是與。
欒布哭越，犯禁見虜。赴鼎非冤，
誠知所處。

季布欒布列傳第四十　　史記一百

袁盎鼂錯列傳第四十一　　史記一百一

袁盎者，楚人也，（索隱曰鼂音潮盎烏浪反）字絲。父故為羣盜，徙處安陵。高后時，盎嘗為呂祿舍人。及孝文帝即位，盎兄噲任盎為中郎。（如淳曰盎為兄所保任故得為中郎）絳侯為丞相，朝罷趨出，意得甚。上禮之恭，常自送之。（徐廣曰自一作目）袁盎進曰：「陛下以丞相何如人？」上曰：「社稷臣。」盎曰：「絳侯所謂功臣，非社稷臣。社稷臣主在與在，（如淳曰人主在時與共治在時之事）主亡與亡。（如淳曰不以主亡而不行其政令○索隱曰如淳說為得）方呂后時，諸呂用事，擅相王，劉氏不絕如帶。是時絳侯為太尉，主兵柄，弗能正。呂后崩，大臣相與共畔諸呂，太尉主兵，適會其成功，所謂

功臣，非社稷臣。丞相如有驕主色，陛下謙讓，臣主失禮，竊為陛下不取也。」後朝，上益莊，（索隱曰莊謂嚴也）丞相益畏。已而絳侯望袁盎曰：（正義曰望，怨也）「吾與而兄善，今兒廷毀我！」盎遂不謝。及絳侯免相之國，國人上書告以為反，徵繫清室，（漢書作請室。集解應劭曰請室，請罪之室，若今鐘下也。如淳曰請室，獄也，若古刑於甸師氏也）宗室諸公莫敢為言，唯袁盎明絳侯無罪。絳侯得釋，盎頗有力。絳侯乃大與盎結交。淮南厲王朝，殺辟陽侯，居處驕甚。袁盎諫曰：「諸侯大驕必生患，可適削地。」上弗用。淮南王益橫。及棘蒲侯柴武太子謀反事覺，治，連淮南王，淮南王徵，上因遷之蜀，轞車傳送。袁盎時為中郎將，乃諫曰：「陛

下素驕淮南王，弗稍禁，以至此，今又暴摧折之。淮南王為人剛，如有遇霧露行道死，陛下竟為以天下之大弗能容，有殺弟之名，柰何？」上弗聽，遂行之。淮南王至雍，病死。聞，上輟食，哭甚哀。盎入，頓首請罪。上曰：「以不用公言至此。」盎曰：「上自寬，此往事，豈可悔哉！且陛下有高世之行者三，此不足以毀名。」上曰：「吾高世行三者何事？」盎曰：「陛下居代時，太后嘗病，三年，陛下不交睫，不解衣，湯藥非陛下口所嘗弗進。夫曾參以布衣猶難之，今陛下親以王者脩之，過曾參孝遠矣。夫諸呂用事，大臣專制，然陛下從代乘六乘傳馳不測之淵，（徐廣曰大臣共誅諸呂猶尚未可知故曰

不測也）雖賁育之勇不及陛下。（孟康曰孟賁夏育皆古勇士也○索隱曰尸子云孟賁水行不避蛟龍陸行不避虎兕戰國策云夏育叱呼駭三軍身死庸夫高誘曰衛人為中庶所殺賁音奔）陛下至代邸，西向讓天子位者再，南面讓天子位者三。夫許由一讓，而陛下五以天下讓，過許由四矣。且陛下遷淮南王，欲以苦其志，使改過，有司衛不謹，故病死。」於是上乃解，曰：「將柰何？」盎曰：「淮南王有三子，唯在陛下耳。」於是文帝立其三子皆為王。盎由此名重朝廷。袁盎常引大體忼慨。宦者趙同（徐廣曰漢書作談字）以數幸，常害袁盎，袁盎患之。盎兄子種為常侍騎，持節夾乘，（索隱曰案漢書舊儀云持節夾乘輿車騎從者一云常侍騎也）說盎曰：（徐廣曰說一作諫）「君與鬭，廷辱之，使其

毀不用。孝文帝出，趙同參乘，袁盎伏車前曰：臣聞天子所與共六尺輿者，皆天下豪英。今漢雖乏人，陛下獨奈何與刀鋸餘人載。於是上笑，下趙同。趙同泣下車。文帝從霸陵上，欲西馳下峻阪。袁盎騎，並車擥轡。上曰：將軍怯邪。盎曰：臣聞千金之子坐不垂堂，（索隱云恐簷瓦墮中人，或云臨堂邊恐墮墜也。）百金之子不騎衡，（徐廣曰一作行。駰案服虔曰自持身不倚衡。如淳曰騎，倚也。衡，樓殿邊欄楯也。韋昭曰衡，車衡。○索隱曰衡，木行馬也。如淳云騎音於岐反，韋昭云騎音奇。案諸家說，如淳為長。如云欄楯者，案纂要云宮殿四面欄，縱者云欄，橫者云楯，是也。）聖主不乘危而徼幸。今陛下騁六騑，（如淳曰六馬之疾若飛。）馳下峻山，如有馬驚車敗，陛下縱自輕，奈高廟太后何。上乃止。上幸上林，

皇后、慎夫人從。其在禁中，常同席坐。及坐，郎署長布席，（正義曰蘇林云郎署，上林中直衛之署。）袁盎引卻慎夫人坐。（如淳曰盎時為中郎將，天子幸署，豫設供待之，故帥部慎夫人坐。）慎夫人怒，不肯坐。上亦怒，起，入禁中。盎因前說曰：臣聞尊卑有序則上下和。今陛下既已立后，慎夫人乃妾，妾主豈可與同坐哉。且陛下幸之，即厚賜之。陛下所以為慎夫人，適所以禍之。獨不見人彘乎。（張晏曰戚夫人。）於是上乃說，召語慎夫人。慎夫人賜盎金五十斤。然袁盎亦以數直諫，不得久居中，調為隴西都尉。（如淳曰調，選。）仁愛士卒，士卒皆爭為死。遷為齊相。徙為吳相，辭行，種謂盎曰：吳王驕日久，國多姦。今苟欲劾治，彼不

上書告君，即利劍刺君矣。南方卑溼，君能日飲，毋何，時說王曰毋反而已。如此幸得脫。盎用種之計，吳王厚遇盎。盎告歸，道逢丞相申屠嘉，下車拜謁，丞相從車上謝袁盎。袁盎還，愧其吏，乃之丞相舍上謁，求見丞相。丞相良久而見之。盎因跪曰：願請閒。丞相曰：使君所言公事，之曹與長史掾議，吾且奏之；即私邪，吾不受私語。袁盎即跪說曰：君為丞相，自度孰與陳平、絳侯。丞相曰：吾不如。袁盎曰：善，君即自謂不如。夫陳平、絳侯輔翼高帝，定天下，為將相，而誅諸呂，存劉氏；君乃為材官蹶張，遷為隊率，積功至淮陽守，非有奇計攻城野戰之功。且陛下

從代來，每朝，郎官上書疏，未嘗不止輦受其言，言不可用置之，言可受采之，未嘗不稱善。何也。則欲以致天下賢士大夫。上日聞所不聞，明所不知，日益聖智；君今自閉鉗天下之口而日益愚。夫以聖主責愚相，君受禍不久矣。丞相乃再拜曰：嘉鄙野人，乃不知，將軍幸教。引入與坐，為上客。盎素不好鼂錯，鼂錯所居坐，盎去；盎坐，錯亦去：兩人未嘗同堂語。及孝文帝崩，孝景帝即位，鼂錯為御史大夫，使吏案袁盎受吳王財物，抵罪，詔赦以為庶人。吳楚反，聞，鼂錯謂丞史曰：（如淳曰百官表御史大夫有兩丞。丞史，丞相史。）夫袁盎多受吳王金錢，專為蔽匿，言不反。今果反，欲

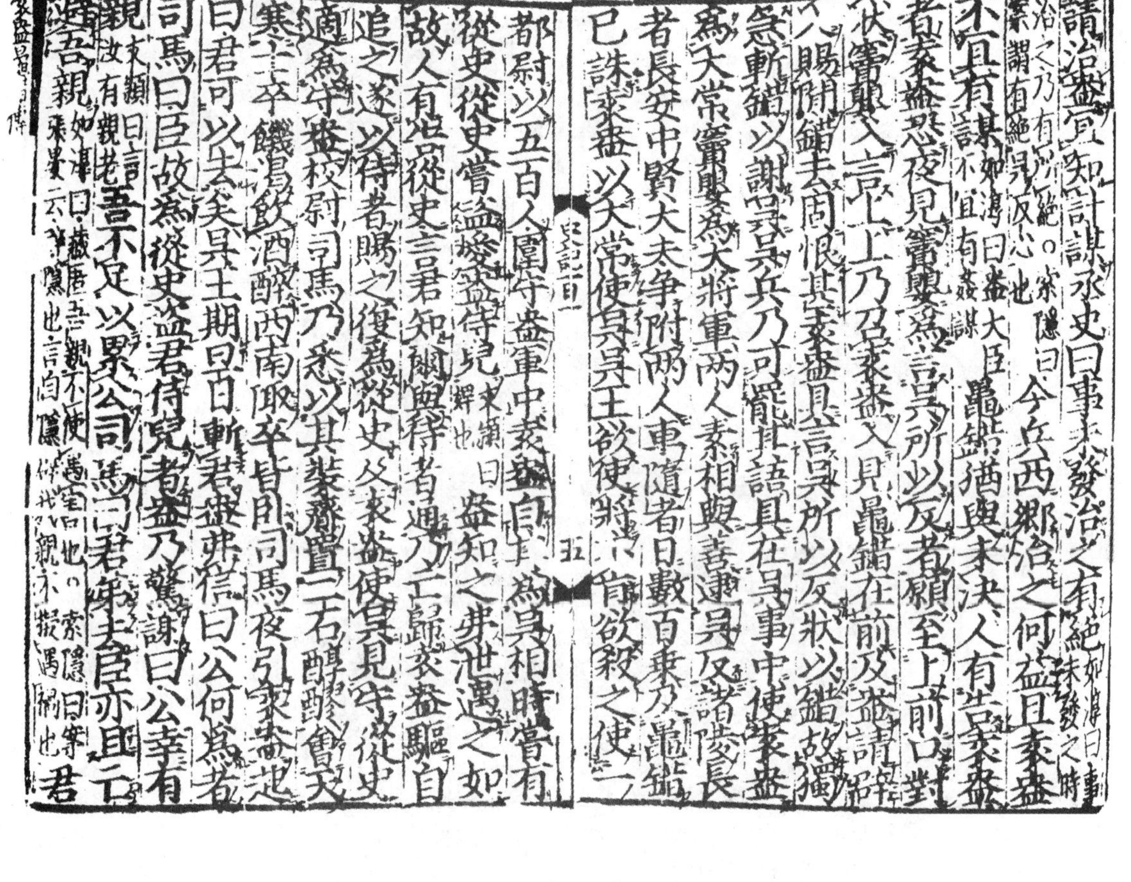

請治盎宜知計謀。丞史曰：事未發，治之有絕。（如淳曰：事未發之時治之，乃有所絕。○索隱曰：案謂有絕其反心也。）今兵西鄉，治之何益！且袁盎不宜有謀。（如淳曰：盎大臣，不宜有姦謀。）鼂錯猶與未決。人有告袁盎者，袁盎恐，夜見竇嬰，為言吳所以反者，願至上前口對狀。竇嬰入言上，上乃召袁盎入見。鼂錯在前，及盎請辟人賜閒，錯去，固恨甚。袁盎具言吳所以反狀，以錯故，獨急斬錯以謝吳，吳兵乃可罷。其語具在吳事中。使袁盎為太常，竇嬰為大將軍。兩人素相與善。逮吳反，諸陵長者長安中賢大夫爭附兩人，車隨者日數百乘。及鼂錯已誅，袁盎以太常使吳。吳王欲使將，不肯。欲殺之，使一

史記一百一　五

都尉以五百人圍守盎軍中。袁盎自其為吳相時，嘗有從史從史嘗盜愛盎侍兒，（[illegible]婢也。）盎知之，弗泄，遇之如故。人有告從史，言君知爾與侍者通，乃亡歸。袁盎驅自追之，遂以侍者賜之，復為從史。及袁盎使吳見守，從史適為守盎校尉司馬，乃悉以其裝齎置二石醇醪，會天寒，士卒飢渴，飲酒醉，西南陬卒皆臥，司馬夜引袁盎起，曰：君可以去矣，吳王期旦日斬君。盎弗信，曰：公何為者？司馬曰：臣故為從史盜君侍兒者。盎乃驚謝曰：公幸有親，（文穎曰：言汝有親老。）吾不足以累公。司馬曰：君第去，臣亦且亡，辟吾親，（如淳曰：藏匿吾親，不使為害也。○索隱曰：案張晏云：辟，隱也。言自隱避我親，不擬遇禍也。）君

袁盎鼂錯列傳

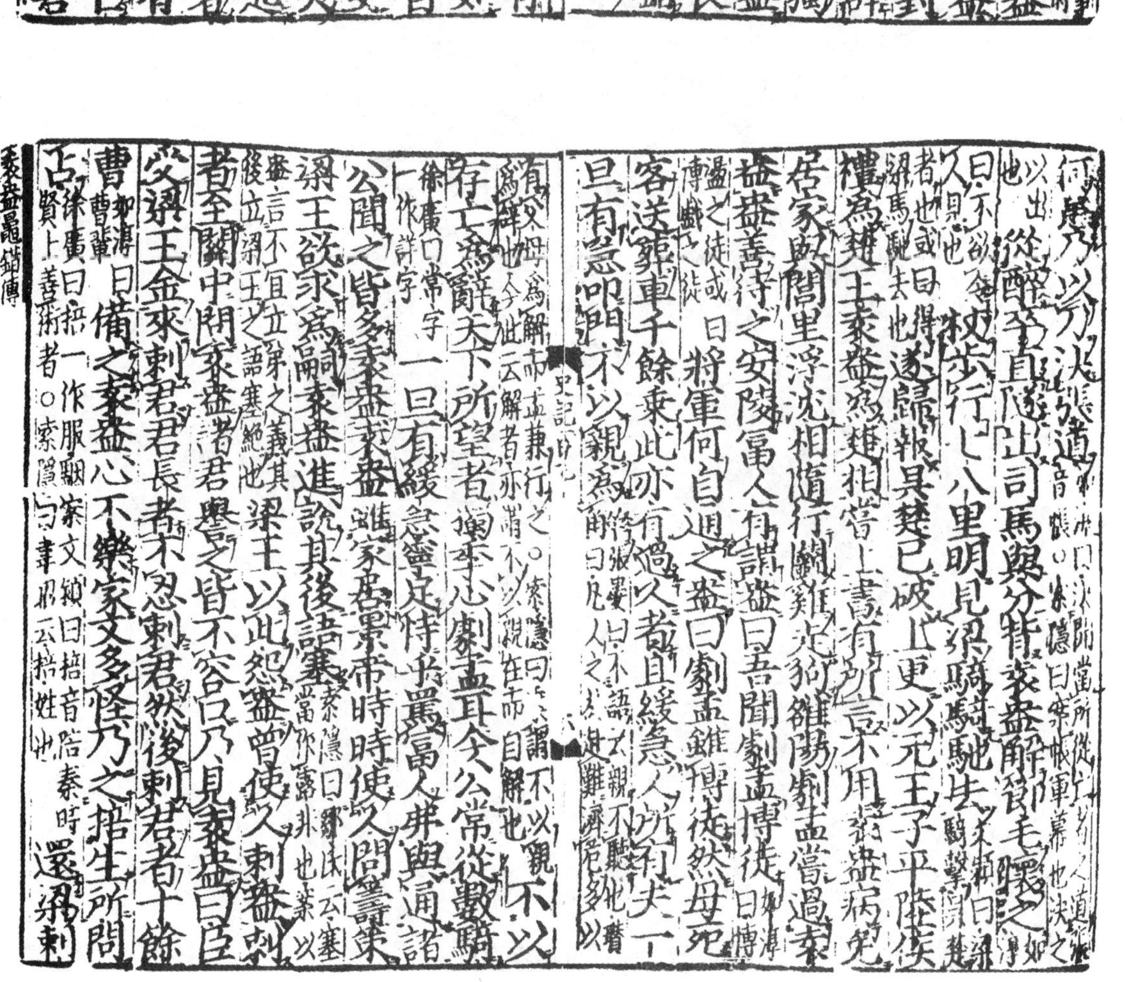

何患！乃以刀決張，道從醉卒直隧出。（如淳曰：決開當所從出之道。○索隱曰：案張，帳軍幕也。決之以出也。）司馬與分背，袁盎解節毛懷之，杖，步行七八里，明，見梁騎，騎馳去，（[illegible]不欲令人見也。或曰：得梁騎馬馳去也。）遂歸報。吳楚已破，上更以元王子平陸侯禮為楚王，袁盎為楚相。嘗上書有所言，不用。袁盎病免居家，與閭里浮沈，相隨行，鬬雞走狗。雒陽劇孟嘗過袁盎，盎善待之。安陵富人有謂盎曰：吾聞劇孟博徒，（如淳曰：博蕩之徒，或曰博戲之徒。）將軍何自通之？盎曰：劇孟雖博徒，然母死，客送葬車千餘乘，此亦有過人者。且緩急人所有。夫一旦有急叩門，不以親為解，（如淳曰：凡人之避難濟厄，多以有父母為解也。今世亦云解者，亦謂不以親在而自解也。○索隱曰：[illegible]謂不以親）

史記一百一　六

不以存亡為辭，天下所望者，獨季心、劇孟耳。今公常從數騎，一旦有緩急，寧足恃乎！（徐廣曰：常，一作詳字。）罵富人，弗與通。諸公聞之，皆多袁盎。袁盎雖家居，景帝時時使人問籌策。梁王欲求為嗣，袁盎進說，其後語塞。（索隱曰：[illegible]當[illegible]也。案以盎言不宜立梁王之義，其後立梁王之語塞絕也。）梁王以此怨盎，曾使人刺盎。刺者至關中，問袁盎，諸君譽之皆不容口。乃見袁盎曰：臣受梁王金來刺君，君長者，不忍刺君。然後刺君者十餘曹，（如淳曰：曹，輩。）備之！袁盎心不樂，家又多怪，乃之棓生所問占。（徐廣曰：棓，一作服。駰案：文穎曰：棓音陪，秦時賢，上善術者。○索隱曰：韋昭云：棓，姓也。）還，梁刺

袁盎鼂錯列傳

客後曹輩果遮刺殺盎安陵郭門外。

鼂錯者，潁川人也。（索隱曰：鼂音朝。錯音厝。一如字讀。案：潁川出陽翟，今西鄂鼂氏自謂子鼂之後也。）學申商刑名於軹張恢先所，（徐廣曰：先即先生。○索隱曰：軹，縣名。張恢，人。）與雒陽宋孟及劉禮同師。（集解：先生所學申商之法。）以文學為太常掌故。（集解：應劭曰：掌故，百石吏，主故事。○索隱曰：服虔云：百石卒吏。漢舊儀云：太常博士弟子試射策，中甲科補郎中，乙科補掌故也。）錯為人陗直刻深。（索隱曰：陗音七笑反。峭，峻也。○索隱曰：按韋昭云：陗，峭也。陗音七笑反。本無術字，或云術道。）孝文帝時，天下無治尚書者，獨聞濟南伏生故秦博士，治尚書，年九十餘，老不可徵，乃詔太常使人往受之。太常遣錯受尚書伏生所。（正義曰：衛宏定古文尚書序云：伏生老不能正言，言不可曉，使其女傳言教錯。齊人語多與潁川異，錯所不知者凡十二三，略以其意屬讀而已也。）還，因上便宜事，以書稱說。詔以為太子舍人、門大夫、家令。（服虔曰：太子家令，秩八百石。）以其辯得幸太子，太子家號曰「智囊」。數上書孝文時，言削諸侯事，及法令可更定者。書數十上，孝文不聽，然奇其材，遷為中大夫。當是時，太子善錯計策，袁盎諸大功臣多不好錯。景帝即位，以錯為內史。錯常數請閒言事，輒聽，寵幸傾九卿，（徐廣曰：九，一作公。）法令多所更定。丞相申屠嘉心弗便，力未有以傷。內史府居太上廟壖中，門東出，不便，錯乃穿兩門南出，鑿廟壖垣。（索隱曰：壖音乃亂反。謂廟垣外之短垣也。文音而緣反也。）丞相嘉聞，大怒，欲因此過為奏請誅錯。錯聞之，即夜請閒，具為上言之。丞相奏事，因言錯擅鑿廟垣為門，請下廷尉誅。上曰：「此非廟垣，乃壖中垣，（正義曰：壖音而緣反。石壖者，廟內垣外游地也。）不致於法。」丞相謝。罷朝，怒謂長史曰：「吾當先斬以聞，乃先請，為兒所賣，固誤。」丞相遂發病死。錯以此愈貴。遷為御史大夫，請諸侯之罪過，削其地，收其枝郡。（一云言景帝曰：諸侯或連數郡，非古之制，久長不便，請削之。上令公卿云云。）奏上，上令公卿列侯宗室集議，莫敢難，獨竇嬰爭之，由此與錯有卻。錯所更令三十章，諸侯皆諠譁疾鼂錯。錯父聞之，從潁川來，謂錯曰：「上初即位，公為政用事，侵削諸侯，別疏人骨肉，人口議（徐廣曰：一作讙。）多怨公者，何也？」鼂錯曰：「固也。不如此，天子不尊，宗廟不安。」錯父曰：「劉氏安矣，而鼂氏危矣，吾去公歸矣！」遂飲藥死，曰「吾不忍見禍及吾身」。死十餘日，吳楚七國果反，以誅錯為名。及竇嬰、袁盎進說，上令鼂錯衣朝衣斬東市。鼂錯已死，謁者僕射鄧公為校尉，（正義曰：漢書作鄧先。孔文祥云名先。）擊吳楚軍為將。還，上書言軍事，謁見上。上問曰：「道軍所來，（如淳曰：道路從吳軍所來也。徐廣曰：道，由也。）聞鼂錯死，吳楚罷不？」鄧公曰：「吳王為反數十年矣，發怒削地，以誅錯為名，其意非在錯也。且臣恐天下之士噤口，不敢復言也！」（索隱曰：噤音其錦反，又音其禁反。）上曰：「何哉？」鄧公曰：「夫鼂錯患諸侯彊大不可制，故請削地以尊京師，萬世之利也。

計畫始行，卒受大戮，內杜忠臣之口，外為諸侯報仇，臣竊為陛下不取也。於是景帝默然良久，曰：公言善，吾亦恨之。乃拜鄧公為城陽中尉。鄧公，成固人也，多奇計。建元中，上招賢良，公卿言鄧公，時鄧公免，起家為九卿。一年，復謝病免歸。其子章以脩黃老言顯於諸公閒。

太史公曰：袁盎雖不好學，亦善傅會，仁心為質，引義慷慨。遭孝文初立，資適逢世。時以變易，及吳楚一說，說雖行哉，然復不遂。好聲矜賢，竟以名敗。鼂錯為家令時，數言事不用；後擅權，多所變更。諸侯發難，不急匡救，欲報私讎，反以亡軀。語曰「變古亂常，不死則亡」，豈錯等謂邪！

索隱述贊曰：

袁盎公直，亦多附會。攬轡見重，卻席翳賴。

鼂錯建策，屢陳利害。尊主卑臣，家危國泰。

悲彼二子，名立身敗。

袁盎鼂錯列傳第四十一　史記一百一

張釋之馮唐列傳第四十二　史記一百二

張廷尉釋之者，堵陽人也，字季。有兄仲同居。以訾為騎郎，事孝文帝，十歲不得調，無所知名。釋之曰：久宦減仲之產，不遂。欲自免歸。中郎將袁盎知其賢，惜其去，乃請徙釋之補謁者。釋之既朝畢，因前言便宜事。文帝曰：卑之，毋甚高論，令今可施行也。於是釋之言秦漢之閒事，秦所以失而漢所以興者久之。文帝稱善，乃拜釋之為謁者僕射。釋之從行，登虎圈。上問上林尉諸禽獸簿，十餘問，尉左右視，盡不能對。虎圈嗇夫從旁代尉對上所問禽獸簿甚悉，欲以觀其能口對響應無窮者。文帝曰：吏不當若是邪？尉無賴！乃詔釋之拜嗇夫為上林令。釋之久之前曰：陛下以絳侯周勃何如人也？上曰：長者也。又復問：東陽侯張相如何如人也？上復曰：長者。釋之曰：夫絳侯、東陽侯稱為長者，此兩人言事曾不能出口，豈斅此嗇夫諜諜也。利口捷給哉！且秦以任刀筆之吏，吏爭以亟疾苛察相高，然其敝徒文具耳〔索隱曰：案，謂空具其文而無其實〕，無惻隱之實。以故不聞其過，陵遲而至於二世，天下土崩。今陛下以嗇夫口辯而超遷之，臣恐天下隨風靡靡，爭為口辯而無其實。且下之化上疾於景響，舉錯不可不審也。文帝曰：善。乃止不拜嗇夫。上就車，召釋之參乘，徐行，問釋之秦之敝。具以質言〔如淳曰：質，誠也〕。至宮，上拜釋之為公車令。頃之，太子與梁王共車入朝，不下司馬門〔如淳曰：宮衛令：諸出入殿門公車司馬門，乘軺傳者皆下，不如令，罰金四兩〕，於是釋之追止太子、梁王無得入殿門。遂劾不下公門不敬，奏之。薄太后聞之，文帝免冠謝曰：教兒子不謹。薄太后乃使使承詔赦太子、梁王，然後得入。文帝由是奇釋之，拜為中大夫。頃之，至中郎將。從行至霸陵，居北臨廁〔李奇曰：霸陵北頭廁近霸水，帝登其上，以遠望也。如淳曰：居高臨垂邊曰廁也。蘇林曰：廁，邊側也。韋昭曰：高岸夾水為廁。○索隱曰：劉氏廁音初吏反，包愷音側，義亦兩通〕。是時慎夫人從，上指示慎夫人新豐道，曰：此走邯鄲道也〔張晏曰：慎夫人，邯鄲人也。如淳曰：走音奏，趨也。○索隱曰：案，走猶向也〕。使慎夫人鼓瑟，上自倚瑟而歌〔漢書音義曰：聲氣依倚瑟也。○索隱曰：倚，於綺反。案，謂歌聲合於瑟聲，相依倚也〕，意慘悽悲懷，顧謂群臣曰：嗟乎！以北山石為槨〔正義曰：顏師古云：美石出京師北山，今宜州石是〕，用紵絮斮陳〔徐廣曰：斮，一作錯。駰案：漢書音義曰：斮絮以漆著其間也。○索隱曰：紵音竹呂反。絮音息慮反。斮音側略反。絮音女居反〕，蕠漆其間〔案，斮，陳絮以漆著其間也〕，豈可動哉！左右皆曰：善。釋之前進曰：使其中有可欲者，雖錮南山猶有郄〔張晏曰：錮，鑄也。帝北向，故云北山；漢南向，故云南山。○索隱曰：案，大顏云北山青石細密，堪為槨，至今猶然。故顏本紀一云作阿房，作驪山，北山石槨乃其是也。故帝欲北山之石為槨，取其精牢。釋之言但使冢中無可欲，雖無石槨，有何憂焉。若使墓冢中有物，雖并錮南山，猶為所發掘也。言南山者，取其高厚之意，張晏殊失其旨也〕；使其中無可欲者，雖無石槨，又何戚焉！文帝稱善。其後拜釋之為廷尉。頃之，上行出中渭橋〔張晏曰：在渭橋中路。○索隱曰：案，今渭橋有三所：一所在城西北咸陽路，曰西渭橋；一所在東北高陵路，曰東渭橋；其中渭橋在故城之北也〕，有一人從橋下走出，乘輿馬驚。於是使騎捕，屬之廷尉。釋之治問。曰：縣人來〔如淳曰：長安縣人〕，聞蹕，匿橋下。久之，以為行已過，即出，見乘輿車騎，即走耳。廷尉奏當，一人犯蹕，當罰金〔如淳曰：乙令：蹕先至而犯者，罰金四兩。○索隱曰：崔浩云：當謂處其罪也。案，百官志云廷尉掌平刑罰，奏當所應。郡國讞疑罪，皆處當以報之也〕。文帝怒曰：此人親驚吾馬，吾馬賴柔和，令他馬，固不敗傷我乎？而廷尉乃當之罰金！釋之曰：法者天子所與天下公共也〔索隱曰：小顏云：公謂不私者也〕。今法如此而更重之，是法不信於民也。且方其時，上使立誅之則已。今既下廷尉，廷尉，天下之平也，一傾而天下用法皆為輕重，民安所錯其手足？唯陛下察之。良久，上曰：廷尉當是也。其後有人盜高廟坐前環，捕得，文帝怒，下廷尉，廷尉治。釋之案律盜宗廟服御物者，為奏，奏當棄市。上大怒曰：「人之無道，乃盜先帝廟器，吾屬廷尉者，欲致之族，而君以法奏之，索隱曰：案以法者謂依律以斷也非吾所以共承宗廟意也。」釋之免冠頓首謝曰：「法如是足也。徐廣曰：足一作止也且罪等，如淳曰：俱死罪也。盜玉環不若盜長陵土之逆也然以逆順為差。今盜宗廟器而族之，有如萬分之一，假令愚民取長陵一抔土，張晏曰：不欲指言，故以取土譬也。○索隱曰：抔音步侯反。案禮運云汙尊而抔飲，鄭氏云抔，手掬之。字從手，字本或作盃，音一勺一杯，兩音並通。文音普廻反，坏者瓦之未燒，名也。張晏云不欲指言，發以取土譬者，蓋不欲言盜開長陵及侵毀，恐慢迫於先帝故也陛下何以加其法乎？」久之，文帝與太后言之，乃許廷尉當。是時，中尉條侯周亞夫與梁相山都侯王恬開徐廣曰：一作啓

漢書作啓。啓者景帝諱也，故或為開見釋之持議平，乃結為親友。張廷尉由此天下稱之。後文帝崩，景帝立，釋之恐，索隱曰：景帝為太子時與梁王入朝不下司馬門，釋之曾奏劾，故恐也稱病。欲免去，懼大誅至；欲見謝，則未知何如。用王生計，卒見謝，景帝不過也。王生者，善為黃老言，處士也。嘗召居廷中，三公九卿盡會立，王生老人，曰「吾韈解」，音義曰：上万越反，下關買反顧謂張廷尉：「為我結韈！」索隱曰：結音如字，又音計釋之跪而結之。既已，人或謂王生曰：「獨柰何廷辱張廷尉，使跪結韈？」王生曰：「吾老且賤，自度終無益於張廷尉。張廷尉方今天下名臣，吾故聊辱廷尉，使跪結韈，欲以重之。」諸公聞之，賢王生而重張廷尉。張廷

張釋之馮唐列傳　史卷一百二　四

尉事景帝歲餘，為淮南王相，猶尚以前過也。久之，釋之卒。其子曰張摯，字長公，官至大夫，免。以不能取容當世，故終身不仕。索隱曰：謂性公直，不能屈折見容於當世，故至免官不仕也

馮唐者，其大父趙人。父徙代。漢興徙安陵。唐以孝著，為中郎署長，[illegible]○索隱曰：謂為郎署長事文帝。文帝輦過，索隱曰：過音戈，謂文帝乘輦過郎署也問唐曰：「父老何自為郎？索隱曰：案崔浩云：自，從也。帝詢唐何從為郎。又小顏云：年老矣，何乃自為郎，怪之也家安在？」唐具以實對。文帝曰：「吾居代時，吾尚食監高祛數為我言趙將李齊之賢，戰於鉅鹿下。今吾每飯，意未嘗不在鉅鹿也。張晏曰：每食念監所說李齊在鉅鹿時父知之乎？」唐對曰：「尚不如廉頗、李牧之為將也。」上曰：「何以？」唐曰：「臣大父在趙時，為官率將，徐廣曰：一云官士將。漢書率作帥，曰百人為徹行，行亦帥師將也。○索隱曰：案國語：闔閭卒百人為徹行，行頭皆官帥。賈逵云百人為一隊也，官帥若隊大夫也善李牧。臣父故為代相，善趙將李齊，知其為人也。」上既聞廉頗、李牧為人，良說，如淳曰：良，善也而搏髀曰：「嗟乎！吾獨不得廉頗、李牧時為吾將，吾豈憂匈奴哉！」唐曰：「主臣！索隱曰：案樂彥云：人臣進對前稱主臣，猶上書前云昧死。案志林云：馮唐面折萬乘，何言不懼。主臣為驚怖也。又魏武謂陳琳云：卿為本初移檄，何乃上及父祖邪？琳謝曰：主臣。益明主臣是驚怖也。解已見前篇陛下雖得廉頗、李牧，弗能用也。」上怒，起入禁中。良久，召唐讓曰：「公奈何眾辱我，獨無閒處乎？」唐謝曰：「鄙人不知忌諱。」當是之時，匈奴新大入朝那，索隱曰：上音朝，下音乃何反

張釋之馮唐列傳　史卷一百二　五

縣名，屬河西安定也。○正義曰：北地郡今寧州百泉縣西北十里，漢朝那縣是也。殺北地都尉卬。索隱曰：案卬，北地都尉姓孫也。上以胡寇為意，乃卒復問唐曰：公何以知吾不能用廉頗、李牧也？唐對曰：臣聞上古王者之遣將也，跪而推轂，曰閫以內者，寡人制之；索隱曰：韋昭曰：此郭門之閫也。門中橛曰闑。閫音苦本反，謂門限也。閫以外者，將軍制之。軍功爵賞皆決於外，歸而奏之。此非虛言也。臣大父言，李牧為趙將居邊，軍市之租皆自用饗士，索隱曰：案謂軍中立市，市有稅，稅即租也。賞賜決於外，不從中擾也。委任而責成功，故李牧乃得盡其智能，遣選車千三百乘，索隱曰：案六韜云有選車之法。彀騎萬三千，索隱曰：如淳云：彀音構，張弓之騎也。百金之士十萬，

索隱曰：良士直百金也。或曰直百金。管子云：金者重也。注云：或若當之說也。劉氏云：其功可賞百金者。事見管子及小爾雅。是以北逐單于，破東胡，滅澹林，索隱曰：徐廣曰：一作襜襤。○索隱曰：崔浩云東胡，烏丸之先也，國在匈奴之東，故云東胡。澹音丁甘反。一本作襜襤。西抑彊秦，南支韓、魏。當是之時，趙幾霸。索隱曰：幾音祈。其後會趙王遷立，其母倡也。索隱曰：案列女傳云邯鄲之倡也。○正義曰：趙幽繆王母，樂家之女也。王遷立，乃用郭開讒，卒誅李牧，索隱曰：案開是趙王寵臣。戰國策云秦多與開金，使為反閒。令顏聚代之。索隱曰：聚音似喻反。漢書作最。最本將。○正義曰：絕復也。是以兵破士北，為秦所禽滅。今臣竊聞魏尚為雲中守，漢書曰：尚，槐里人也。○正義曰：雲中故城在勝州榆林縣東北三十里。其軍市租盡以饗士卒，私養錢，服虔曰：私廩假錢。○索隱曰：案漢市肆租稅之入為私奉養錢。或云私廩假錢是也。或云官所別廩給也。

五日一椎牛，索隱曰：椎音直推反，擊也。饗賓客軍吏舍人，是以匈奴遠避，不近雲中之塞。虜曾一入，尚率車騎擊之，所殺甚眾。夫士卒盡家人子，索隱曰：案謂庶人之家子也。起田中從軍，安知尺籍伍符。如淳曰：漢軍法曰吏卒斬首，以尺籍書下縣移郡，令人故行，不行奪勞二歲。伍符亦什伍之符，約節度也。或曰以尺簡書，故曰尺籍也。○索隱曰：案尺籍者，謂書其斬首之功於一尺之板。伍符者，命軍人伍伍相保，不容姦詐也。故行不行，謂故命人行而身不自行，奪勞一歲也。故與雇同。終日力戰，斬首捕虜，上功莫府，索隱曰：案莫訓大也。又崔浩云：古者出征為將帥，軍還則罷，理無常處，以幕帟為府署，故曰莫府。莫當為幕，古字少耳。一言不相應，索隱曰：應音乙陵反，謂數不同也。文吏以法繩之。其賞不行而吏奉法必用。臣愚，以為陛下法太明，賞太輕，罰太重。且雲中守魏尚坐上功首虜差六級，

陛下下之吏，削其爵，罰作之。由此言之，陛下雖得廉頗、李牧，弗能用也。索隱曰：案大顏云：唐以孝文帝親誶，故以李牧之事不能用頗、牧有激。臣誠愚，觸忌諱，死罪死罪！文帝說。是日令馮唐持節赦魏尚，復以為雲中守，而拜唐為車騎都尉，主中尉及郡國車士。服虔曰：車士，軍之士。七年，景帝立，以唐為楚相，免。武帝立，求賢良，舉馮唐。唐時年九十餘，不能復為官，乃以唐子馮遂為郎。遂字王孫，亦奇士，與余善。

太史公曰：張季之言長者，守法不阿意；馮公之論將率，有味哉！有味哉！語曰：不知其人，視其友。二君之所稱誦，可著廊廟。書曰：不偏不黨，王道蕩蕩；不黨不偏，王道便

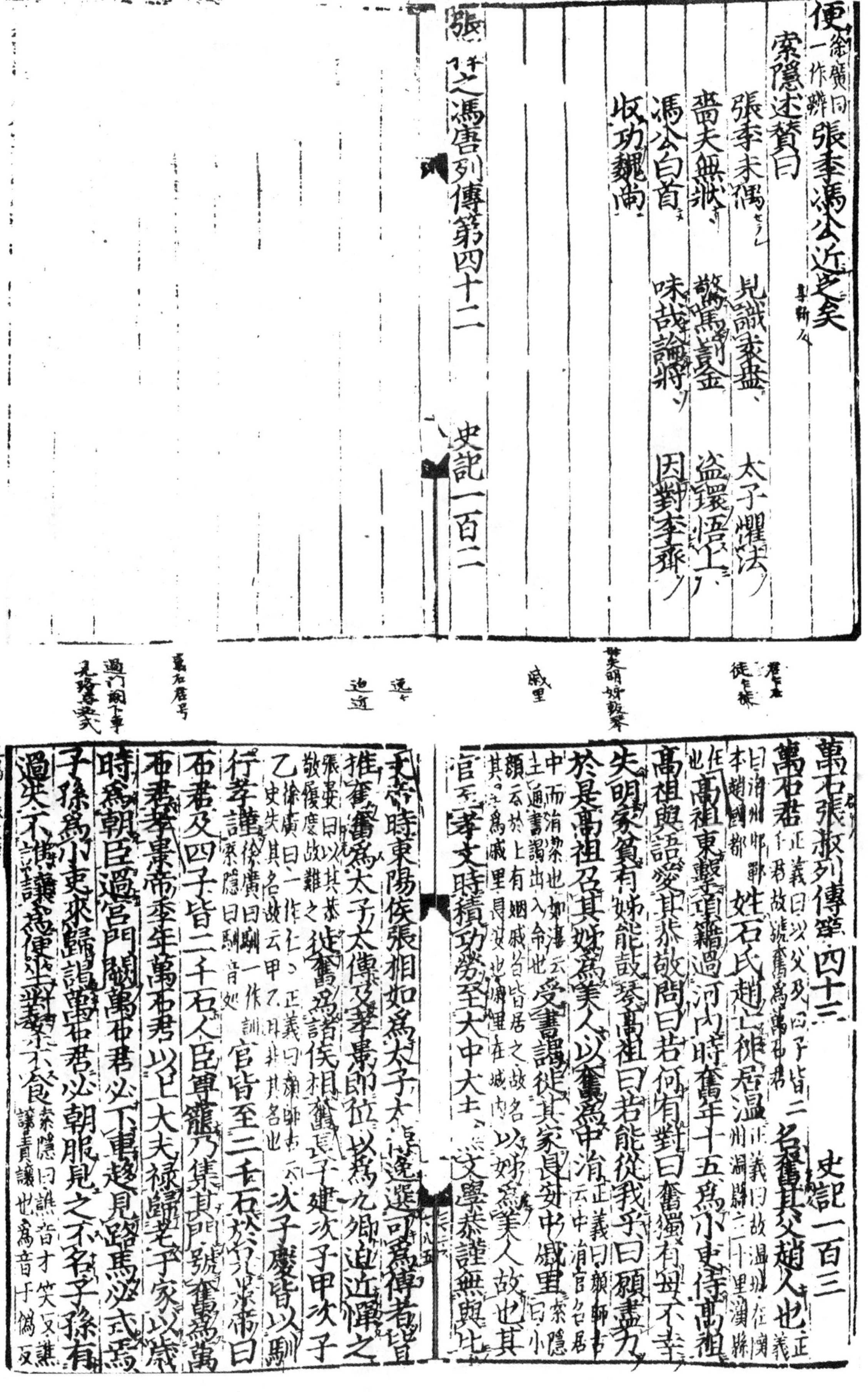

便（徐廣曰一作辯）張季馮公近之矣

索隱述贊曰

張季未偶，見識袁盎。太子懼法，嗇夫無狀。驚馬罰金，盜環悟上。馮公白首，味哉論將。因對李齊，收功魏尚。

張釋之馮唐列傳第四十二　史記一百二

萬石張叔列傳第四十三　史記一百三

萬石君（正義曰以父及四子皆二千石故號奮為萬石君）名奮，其父趙人也，（正義曰邢州邯鄲本趙國都）姓石氏。趙亡，徙居溫。（正義曰故溫城在懷州溫縣西三十里漢縣也）高祖東擊項籍，過河內，時奮年十五，為小吏，侍高祖。高祖與語，愛其恭敬，問曰：「若何有？」對曰：「奮獨有母，不幸失明。家貧。有姊，能鼓琴。」高祖曰：「若能從我乎？」曰：「願盡力。」於是高祖召其姊為美人，以奮為中涓，（正義曰顏師古云中涓官名居中而涓絜也如淳云主通書謁出入命也）受書謁，徙其家長安中戚里，（索隱曰小顏云於上有姻戚者皆居之故名其里為戚里里在城內）以姊為美人故也。其官至孝文時，積功勞至大中大夫。無文學，恭謹無與比。

文帝時，東陽侯張相如為太子太傅，免。選可為傅者，皆推奮，奮為太子太傅。及孝景即位，以為九卿；迫近，憚之，（張晏曰以其恭敬履度故難之）徙奮為諸侯相。奮長子建，次子甲，次子乙，（徐廣曰一作仁正義曰顏師古云史失其名故云甲乙耳非其名也）次子慶，皆以馴行孝謹，（徐廣曰馴一作訓索隱曰馴音巡）官皆至二千石。於是景帝曰：「石君及四子皆二千石，人臣尊寵乃集其門。」號奮為萬石君。孝景帝季年，萬石君以上大夫祿歸老于家，以歲時為朝臣。過宮門闕，萬石君必下車趨，見路馬必式焉。子孫為小吏，來歸謁，萬石君必朝服見之，不名。子孫有過失，不譙讓，為便坐，對案不食。（索隱曰譙音才笑反譙責讓也為音于偽反）

使音婢綿反。蓋謂爲之不處正室，別坐他處，故曰便坐。坐音如字。便坐，非正坐處也，故上若所居有便殿便房，義亦然也。文音牌見反，亦通。然後諸子相責，因長老肉袒固謝罪，改之，乃許。子孫勝冠者在側，雖燕居必冠，索隱曰燕謂閒燕之時燕多也申申如也。僮僕訢訢如也，晉灼曰訢許慎曰古欣字韋昭曰聲和貌也唯謹。上時賜食於家，必稽首俯伏而食之，如在上前。其執喪，哀戚甚悼。子孫遵教，亦如之。萬石君家以孝謹聞乎郡國，雖齊魯諸儒質行，皆自以爲不及也。建元二年，郎中令正義曰百官表云郎中令秦官掌宮殿門戶武帝太初元年更名光祿勳也王臧以文學獲罪，皇太后以爲儒者文多質少，今萬石君家不言而躬行，乃以長子建爲郎中令，少子慶爲內史。正義曰百官表云內史周官秦因之掌治京師景帝分置左內史武帝太初元年更名京兆尹左內史名左馮翊也建老白首，萬石君尚無恙。建爲郎中令，每五日洗沐歸謁親，正義曰孔文祥云建爲郎中令郎光祿勳九卿之職也直五日一下也按五日一下直洗沐日郎五日一下入子舍，索隱曰案謂小房非正堂也小顏以爲諸子之舍若今諸房也竊問侍者，取親中裙廁牏，身自浣滌，徐廣曰牏築垣短版也音住讀牏謂廁牏垣墻建隱於其則浣滌也一讀牏爲窬音豆言建又自洗蕩廁竇瀉除穢惡之穢也呂靜曰械窬褻器也音威豆駰案蘇林曰牏音投賈逵解周官械虎子也窬行清也孟康曰廁行清窬行中受糞者也東南人謂鑿木空中如曹謂之窬晉灼曰今世謂反閉小袖衫爲侯窬此最近身之衣也○索隱曰案親謂父也中裙近身衣也徐廣云牏短板以築廁壇非也未知其義何從恐非也復與侍者，不敢令萬石君知，以爲常。建爲郎中令，事有可言，屏人恣言，極切；至廷見，如

不能言者。是以上乃親尊禮之。萬石君徙居陵里。徐廣曰陵一作鄰。○索隱曰小顏云陵里里名在茂陵非長安之戚里也。○正義曰茂陵邑中里也茂陵故城漢茂陵縣也在雍州始平縣東北二十里內史慶醉歸，入外門不下車。萬石君聞之，不食。慶恐，肉袒請罪，不許。舉宗及兄建肉袒，萬石君讓曰：「內史貴人，入閭里，里中長老皆走匿，而內史坐車中自如，固當！」乃謝罷慶。慶及諸子弟入里門，趨至家。萬石君以元朔五年中卒。長子郎中令建哭泣哀思，扶杖乃能行。歲餘，建亦死。諸子孫咸孝，然建最甚，甚於萬石君。建爲郎中令，書奏事，事下，建讀之，曰：「誤書！馬者與尾當五，今乃四，不足一。徐廣曰作馬字下曲而五建時上事書誤作四。○正義曰顏師古云馬字下曲者尾并四點爲四足凡五上譴死矣！」甚惶恐。其爲謹慎，雖他皆如是。萬石君少子慶爲太僕，御出，上問車中幾馬，慶以策數馬畢，舉手曰：「六馬。」慶於諸子中最爲簡易矣，正義曰漢書慶爲太僕御出上問車中幾馬慶以策數馬畢舉手曰六馬慶於兄弟最爲簡易然猶如此然猶如此。爲齊相，舉齊國皆慕其家行，不言而齊國大治，爲立石相祠。元狩元年，上立太子，選群臣可爲傅者，慶自沛守爲太子太傅，七歲遷爲御史大夫。元鼎五年秋，丞相有罪，罷。趙周坐酎金免。○索隱曰案漢書而知也制詔御史：「萬石君先帝尊之，子孫孝，其以御史大夫慶爲丞相，封爲牧丘侯。」是時漢方南誅兩越，東擊朝鮮，北逐匈奴，西伐大宛，

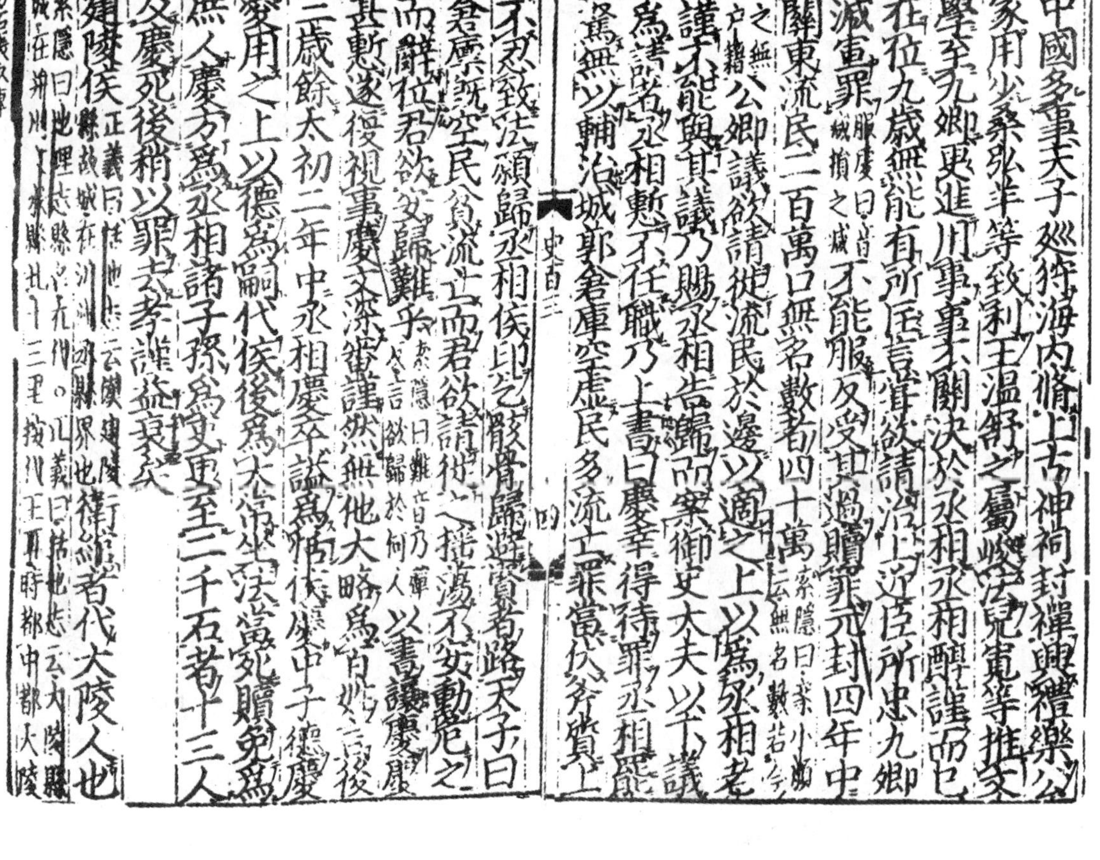

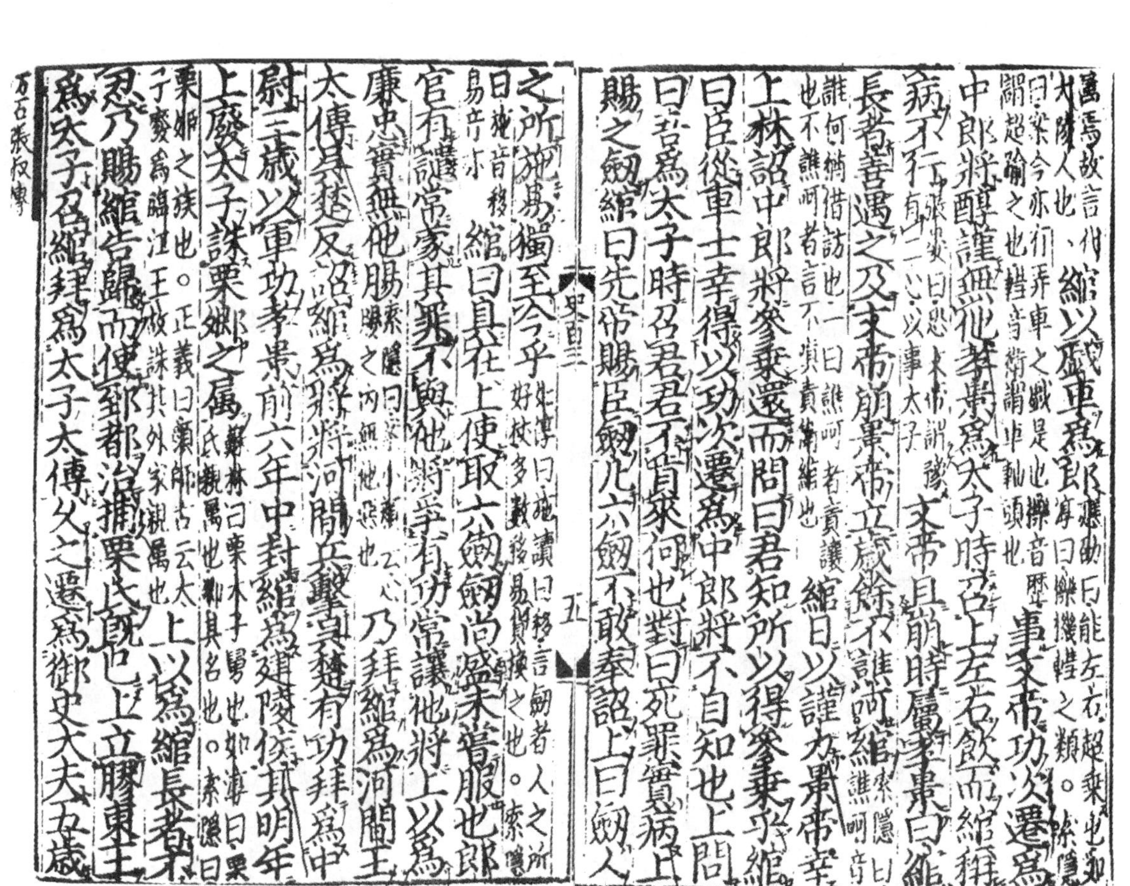

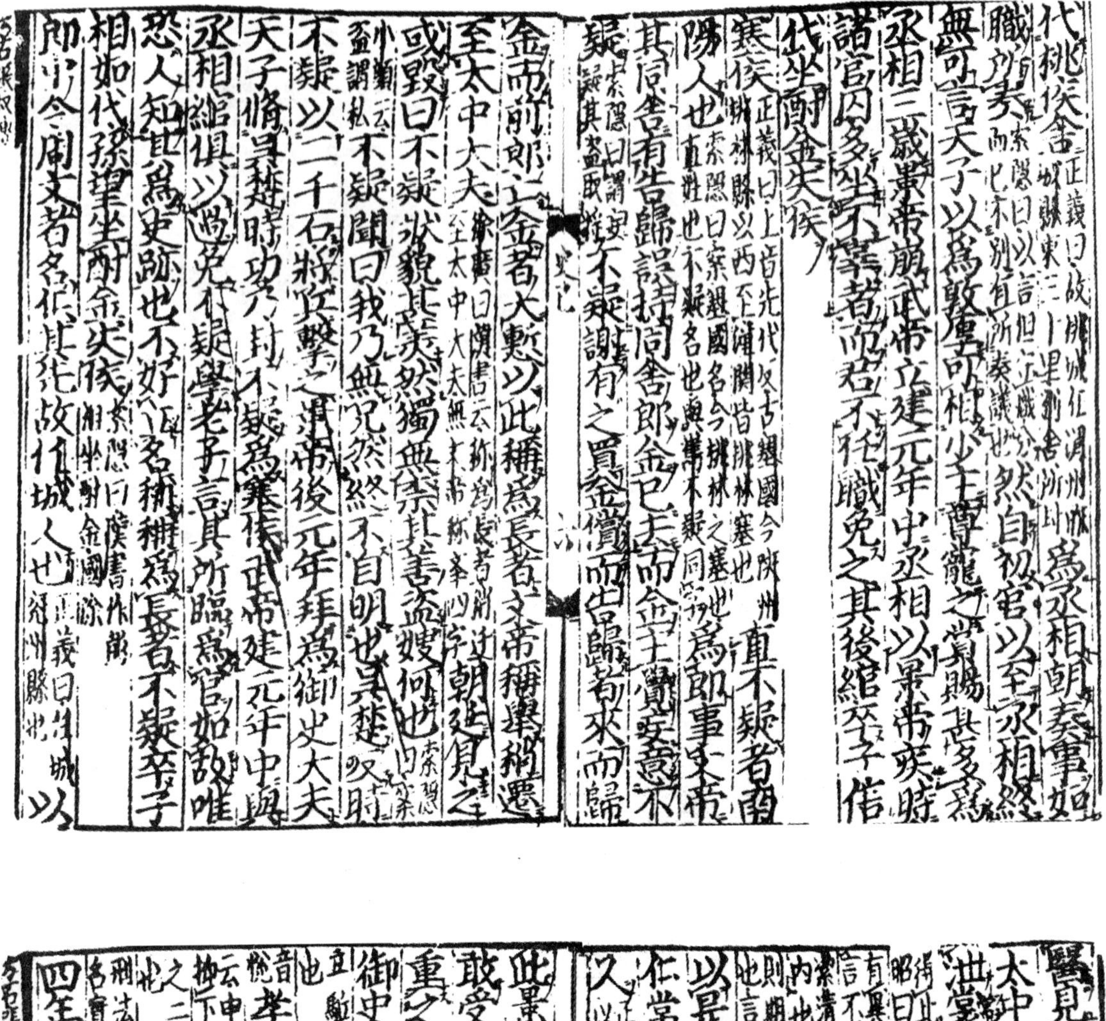

代桃侯舍為丞相。朝奏事如職所奏。然自初官以至丞相，終無可言。天子以為敦厚，可相少主，尊寵之，賞賜甚多。為丞相三歲，景帝崩，武帝立。建元年中，丞相以景帝疾時諸官囚多坐不辜者，而君不任職，免之。其後綰卒，子信代。坐酎金失侯。

塞侯直不疑者，南陽人也。為郎，事文帝。其同舍有告歸，誤持同舍郎金去，已而金主覺，妄意不疑，不疑謝有之，買金償。而告歸者來而歸金，而前郎亡金者大慙，以此稱為長者。文帝稱舉，稍遷至太中大夫。朝廷見，人或毀曰：不疑狀貌甚美，然獨無柰其善盜嫂何也！不疑聞，曰：我乃無兄。然終不自明也。吳楚反時，不疑以二千石將兵擊之。景帝後元年，拜為御史大夫。天子脩吳楚時功，乃封不疑為塞侯。武帝建元年中，與丞相綰俱以過免。不疑學老子言。其所臨，為官如故，唯恐人知其為吏跡也。不好立名，稱為長者。不疑卒，子相如代。孫望，坐酎金失侯。（索隱曰漢書作彭祖坐酎金國除）

郎中令周文者，名仁，其先故任城人也。以

醫見。景帝為太子時，拜為舍人，積功稍遷，孝文帝時至太中大夫。景帝初即位，拜仁為郎中令。仁為人陰重不泄，常衣敝補衣溺袴，期為不絜清，以是得幸。景帝入臥內，於後宮祕戲，仁常在旁。至景帝崩，仁尚為郎中令，終無所言。上時問人，仁曰：上自察之。然亦無所毀。以此景帝再自幸其家。家徙陽陵。上所賜甚多，然常讓，不敢受也。諸侯群臣賂遺，終無所受。武帝立，以為先帝臣，重之。仁乃病免，以二千石祿歸老，子孫咸至大官矣。

御史大夫張叔者，名歐，安丘侯說之庶子也。孝文時以治刑名言事太子。然歐雖治刑名家，其人長者。景帝時尊重，常為九卿。至武帝元朔四年，韓安國免，詔拜歐為御史大夫。自歐為吏，未嘗言

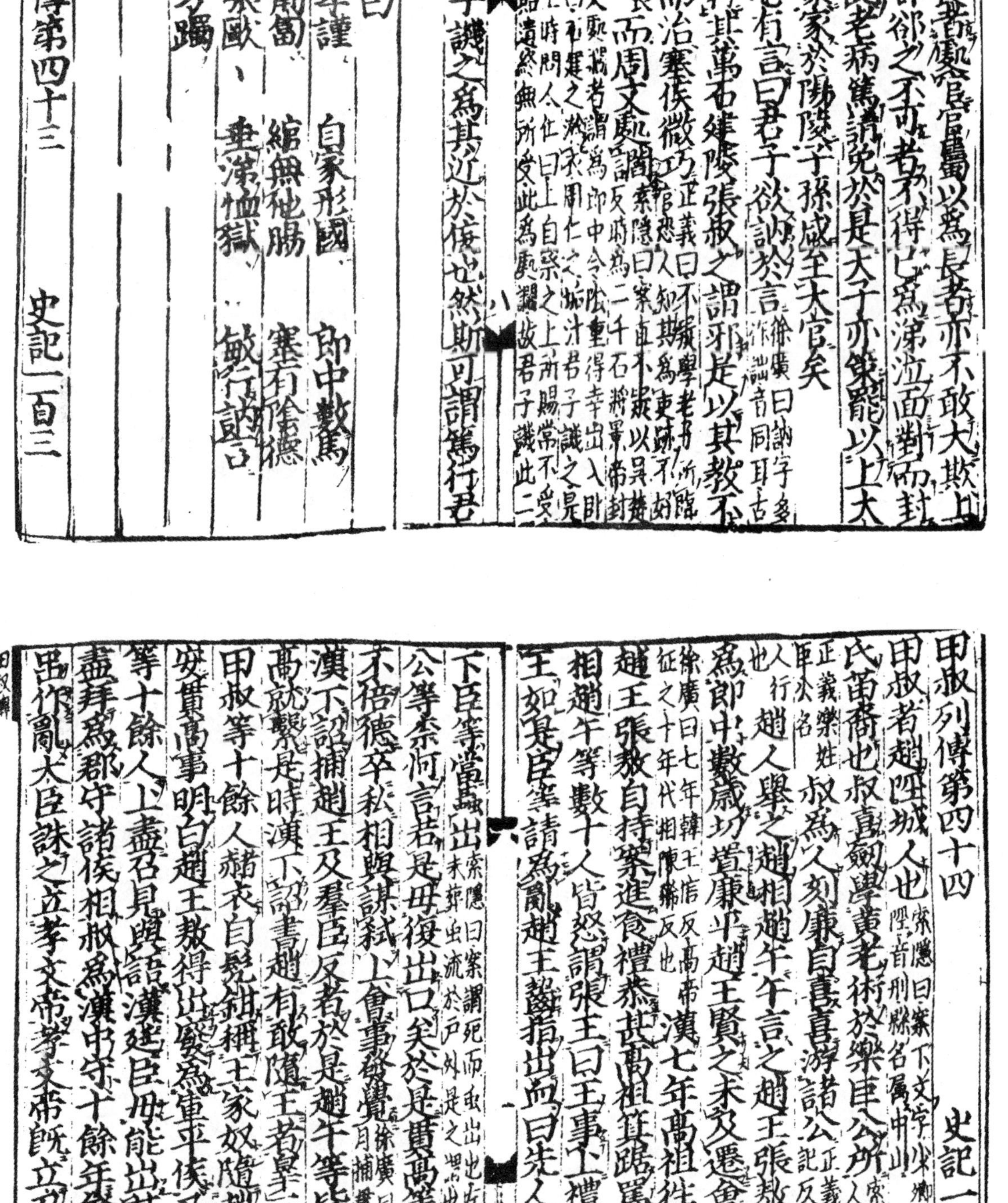

專以誠長者處官，官屬以為長者，亦不敢大欺。上具獄事，有可卻，卻之；不可者，不得已，為涕泣面對而封之。其愛人如此。老病篤，請免。於是天子亦策罷，以上大夫祿歸老于家。家於陽陵。子孫咸至大官矣。

太史公曰：仲尼有言曰「君子欲訥於言 徐廣曰訥字多作詘音同耳古字假借 而敏於行」，其萬石、建陵、張叔之謂邪？是以其教不肅而成，不嚴而治。塞侯微巧，正義曰不疑學老子所臨官恐人知其為吏跡不好立名稱為長者是微巧也 而周文處讇，讇音諂 索隱曰案直不疑以吳楚時為二千石將擊吳楚封 周文處讇者謂為郎中令陰重得幸出入臥內此故中國曰私匿之於衣周仁之文謂汁君子譏之是也 正義曰上時問人仕曰上自察之上所賜常不受又諸侯群臣賂遺終無所受此為處讇故君子譏此二人為其近佞也 君子譏之，為其近於佞也。然斯可謂篤行君子矣！

索隱述贊曰：

萬石孝謹，自家形國。郎中數馬，

內史匍匐。綰無他腸，塞有陰德。

刑名張歐，垂涕恤獄。敏行訥言，

俱嗣芳躅。

萬石張叔列傳第四十三　史記一百三

田叔列傳第四十四　史記一百四

田叔者，趙陘城人也。索隱曰案下文字少卿陘音刑縣名屬中山 其先，齊田氏苗裔也。叔喜劍，學黃老術於樂巨公所。索隱曰本樂毅之後人 正義曰喜音許記反諸公謂丈人 正義樂姓巨名 叔為人刻廉自喜，喜游諸公。趙人舉之趙相趙午，午言之趙王張敖所，趙王以為郎中。數歲，切直廉平，趙王賢之，未及遷。會陳豨反代，徐廣曰七年韓王信反高帝征之十年代相陳豨反也 漢七年，高祖往誅之，過趙，趙王張敖自持案進食，禮恭甚，高祖箕踞罵之。是時趙相趙午等數十人皆怒，謂張王曰：「王事上禮備矣，今遇王如是，臣等請為亂。」趙王齧指出血，曰：「先人失國，微陛下，臣等當蟲出。索隱曰案謂死而蟲出也左傳齊桓死未葬蟲流於戶外是之謂也蟲音逐 公等柰何言若是！毋復出口。」於是貫高等曰：「王長者，不倍德。」卒私相與謀弒上。會事發覺，徐廣曰九年十二月捕貫高等也 漢下詔捕趙王及群臣反者。於是趙午等皆自殺，唯貫高就繫。是時漢下詔書：「趙有敢隨王者罪三族。」唯孟舒、田叔等十餘人赭衣自髡鉗，稱王家奴，隨趙王敖至長安。貫高事明白，趙王敖得出，廢為宣平侯，乃進言田叔等十餘人。上盡召見，與語，漢廷臣毋能出其右者，上說，盡拜為郡守、諸侯相。叔為漢中守十餘年，會高后崩，諸呂作亂，大臣誅之，立孝文帝。孝文帝既立，召田叔問之曰公知天下長者乎對曰臣何足以知之上曰公長者也宜知之叔頓首曰故雲中守孟舒長者也是時孟舒坐虜大入塞盜劫雲中尤甚免上曰先帝置孟舒雲中十餘年矣虜曾一入孟舒不能堅守毋故士卒戰死者數百人長者固殺人乎公何以言孟舒爲長者也叔叩頭對曰是乃孟舒所以爲長者也夫貫高等謀反上下明詔趙有敢隨張王罪三族然孟舒自髡鉗隨張王敖之所在欲以身死之豈自知爲雲中守哉漢與楚相距士卒罷敝匈奴冒頓新服北夷來爲邊害孟舒知士卒罷敝不忍出言士爭臨城死敵如子爲父弟爲兄以故死者數百人孟舒豈故驅戰之哉是乃孟舒所以爲長者也於是上曰賢哉孟舒復召孟舒以爲雲中守後數歲叔坐法失官梁孝王使人殺故吳相袁盎景帝召田叔案梁具得其事還報景帝曰梁有之乎叔對曰死罪有之上曰其事安在田叔曰上毋以梁事爲也上曰何也曰今梁王不伏誅是漢法不行也如其伏法而太后食不甘味臥不安席此憂在陛下也景帝大賢之以爲魯相魯相初到民自言相訟王取其財物百餘人田叔取其渠率二十人各笞五十餘各搏二十（索隱曰搏音博）怒之曰王非若主邪何自敢言若主魯王聞之大慚發中府錢（正義曰王府錢也所收所藏）使相償之相曰王自奪之使相償之是王爲惡而相爲善也相毋與償之於是王乃盡償之魯王好獵相常從入苑中（正義曰括地志云魯苑在兗州曲阜縣南）王輒休相就館舍相出常暴坐（索隱曰暴音步卜反）待王苑外王數使人請相休終不休曰我王暴露苑中我獨何爲就舍魯王以故不大出游數年叔以官卒魯以百金祠少子仁不受也曰不以百金傷先人名仁以壯健爲衛將軍舍人數從擊匈奴衛將軍進言仁仁爲郎中數歲爲二千石丞相長史失官其後使刺舉三河（正義曰百官表云監御史秦官掌監郡漢省丞相遣御史分刺州不常置案三河河南河東河內）上東巡仁奏事有辭上說拜爲京輔都尉（正義曰百官表云右扶風左馮翊京兆尹是爲三輔元鼎四年置三輔都尉服虔云皆治長安城中）月餘上遷拜爲司直（徐廣曰劉屈氂爲丞相也）數歲坐太子事（正義曰戾太子）時左丞相自將兵令司直田仁主閉守城門（漢書百官表曰武帝元狩五年初置司直秩比二千石掌佐丞相舉不法）坐縱太子下吏誅死仁發兵長陵令車千秋上變仁仁族死陘城今在中山國（徐廣曰陘城縣名 正義曰今定州）

太史公曰孔子稱曰居是國必聞其政田叔之謂乎義不忘賢明主之美以救過仁與余善余故并論之

索隱述贊曰

田叔長者，重義輕生。張王既雪，漢中是榮。子卿見發，抗說相明。案梁以禮，相齊得情。子仁坐事，刺舉有聲。

褚先生曰：臣為郎時，聞之曰田仁故與任安相善。任安，滎陽人也。少孤貧困，為人將車之長安，（索隱曰：將車猶御車也。）留，求事為小吏，未有因緣也，因占著名數。（索隱曰：謂自占著家口名數隸於武功。占音之艷反。）武功，扶風西界小邑也，（正義曰：括地志云漢武功縣在渭水南，今盩厔縣西界也。）谷口蜀刻道近山。（正義曰：雍州盩厔縣西南二十里開駱谷道以通梁州也，後行谷有棧道也。）安以為武功小邑，無豪，易高也，（索隱曰：易音以豉反。言邑小無豪，易得高名者也。）安留，代人為求盜亭父。（鄭玄曰：亭卒也。○正義曰：應劭云舊時亭有兩卒，一為亭父，掌開閉掃除；一為求盜，掌逐捕盜賊也。）後為亭長。（正義曰：百官表云十里一亭，亭有長也。）邑中人民俱出獵，任安常為人分麋鹿雉兔，部署老小當壯劇易處，眾人皆喜，曰：「無傷也，任少卿（正義曰：少卿，安字。）分別平，有智略。」明日復合會，會者數百人。任少卿曰：「某子甲何為不來乎？」諸人皆怪其見之疾也。其後除為三老，（正義曰：百官表云十亭一鄉，鄉有三老，一人掌教化也。）舉為親民，出為三百石長，（正義曰：百官表云萬戶已上為令，秩千石至六百石；減萬戶為長，秩五百石至三百石，皆有丞尉也。）治民。坐上行出遊共帳不辦，斥免。乃為衛將軍舍人，與田仁會，

俱為舍人，居門下，同心相愛。此二人家貧，無錢用以事將軍家監，家監使養惡齧馬。兩人同床臥，仁竊言曰：「不知人哉家監也！」任安曰：「將軍尚不知人，何乃家監也！」衛將軍（正義曰：衛青也。）從此兩人過平陽主，主家令兩人與騎奴同席而食，此二子拔刀列斷席別坐。主家皆怪而惡之，莫敢呵。其後有詔募擇衛將軍舍人以為郎，將軍取舍人中富給者，令具鞍馬絳衣玉具劍，欲入奏之。會賢大夫少府趙禹來過衛將軍，將軍呼所舉舍人以示趙禹。趙禹以次問之，十餘人無一人習事有智略者。趙禹曰：「吾聞之，將門之下必有將類。傳曰『不知其君視其所使，不知其子視其所友』。今有詔舉將軍舍人者，欲以觀將軍而能得賢者文武之士也。今徒取富人子上之，又無智略，如木偶人衣之綺繡耳，將奈之何？」於是趙禹悉召衛將軍舍人百餘人，以次問之，得田仁、任安，曰：「獨此兩人可耳，餘無可用者。」衛將軍見此兩人貧，意不平。趙禹去，謂兩人曰：「各自具鞍馬新絳衣。」兩人對曰：「家貧無用具也。」將軍怒曰：「今兩君家自為貧，何為出此言？鞅鞅（徐廣曰：鞅一作快。）如有移德於我者，（徐廣曰：移猶施。）何也？」將軍不得已，上籍以聞。有詔召見衛將軍舍人，此二人前見，詔問能略相推第也。田仁對曰：「提桴鼓立軍門，使士大夫樂死戰鬬，仁不

及任安。任安對曰：夫決嫌疑，定是非，辯治官，使百姓無怨心，安不及仁也。武帝大笑曰：善。使任安護北軍，使田仁護邊田穀於河上。此兩人立名天下。其後用任安為益州刺史（正義曰地理志云武帝改曰梁州百官表云元封五年初置部刺史掌奉詔條察州秩六百石員十三按若今採訪按察六條也），以田仁為丞相長史（正義曰百官表云丞相有兩長史秩千石）。田仁上書言：天下郡太守多為姦利，三河尤甚，臣請先刺舉三河。三河太守皆內倚中貴人，與三公有親屬，無所畏憚，宜先正三河以警天下姦吏。是時河南、河內太守皆御史大夫杜（杜周也）父兄子弟也，河東太守石丞相子孫也（正義曰謂石慶）。是時石氏九人為二千石，方盛貴。田仁數上書言之。杜大夫及石氏使人謝，謂田少卿曰：吾非敢有語言也，願少卿無相誣汙也。仁已刺三河，三河太守皆下吏誅死。仁還奏事，武帝說，以仁為能不畏彊御，拜仁為丞相司直，威振天下。其後逢太子有兵事，丞相自將兵，使司直主城門。司直以為太子骨肉之親，父子之間不甚欲近，去之諸陵過。是時武帝在甘泉，使御史大夫暴君（徐廣曰暴勝之為御史大夫）下責丞相何為縱太子，丞相對言使司直部守城門而開太子。上書以聞，請捕繫司直。司直下吏，誅死。是時任安為北軍使者護軍，太子立車北軍南門外，召任安，與節令發兵。安拜受節，入，閉門不出。武帝聞之，以為任安為詳邪（徐廣曰詳或作佯也○索隱曰詳音羊詳謂詐受節也言發兵不傅會太子者也），不傅事，何也（索隱曰傅音附謂不附會）？任安笞辱北軍錢官小吏，小吏上書言之，以為受太子節，言幸與我其鮮好者（索隱曰鮮音仙謂太子書詔與其鮮好之兵甲也）。書上聞，武帝曰：是老吏也，見兵事起，欲坐觀成敗，見勝者欲合從之，有兩心。安有當死之罪甚眾，吾常活之，今懷詐，有不忠之心。下安吏，誅死。

夫月滿則虧，物盛則衰，天地之常也。知進而不知退，久乘富貴，禍積為祟。故范蠡之去越，辭不受官位，名傳後世，萬歲不忘，豈可及哉！後進者慎戒之。

田叔列傳第四十四　　史記一百四